B. 実験デザイン	
B-01	応用行動分析学の次元（Baer, Wolf, & Risley, 1968）を使い、介入が本来行動タ
B-02	行動分析学の文献の論文をレビューし解釈する。
B-03	独立変数が従属変数に及ぼす影響を実証するため、独立変数を組織的に設計する。
B-04	実験変数除去、およびまたはリバーサルデザインを使う。
B-05	交替処遇（すなわち、マルチエレメント）デザインを使う。
B-06	基準変更デザインを使う。
B-07	多層ベースラインデザインを使う。
B-08	多層プローブデザインを使う。
B-09	デザイン成分の組み合わせを使う。
B-10	成分分析を行い、介入パッケージの有効成分を判定する。
B-11	パラメトリック分析を行い、独立変数の有効なパラメトリック値を判定する。

C. 行動変化についての考慮	
C-01	強化の好ましくない起こりうる影響について述べ、それに備えて計画する。
C-02	弱化の好ましくない起こりうる影響について述べ、それに備えて計画する。
C-03	消去の好ましくない起こりうる影響について述べ、それに備えて計画する。

D. 行動改善の基本成分	
D-01	正負の強化を使う。
D-02	適切なパラメーターと強化スケジュールを使う。
D-03	プロンプトとプロンプトフェーディングを使う。
D-04	モデリングと模倣訓練を使う。
D-05	シェーピングを使う。
D-06	連鎖化（チェーニング）を使う。
D-07	課題分析を使う。
D-08	不連続試行とフリーオペラント計画を使う。
D-09	言語査定の基礎として言語オペラントを使う。
D-10	エコーイック訓練を使う。
D-11	マンド訓練を使う。
D-12	タクト訓練を使う。
D-13	イントラバーバル訓練を使う。
D-14	聞き手訓練を使う。
D-15	弱化子を同定する。
D-16	正負の弱化を使う。
D-17	弱化の適切なパラメーターとスケジュールを使う。
D-18	消去を使う。
D-19	強化と弱化、および消去の組み合わせを使う。
D-20	反応に依存しない（時間ベースの）強化スケジュールを使う。
D-21	分化強化（例えば、DRO, DRA, DRI, DRL, DRH）を使う。

E. 特別な行動改善手続き	
E-01	先行事象、例えば動機づけ操作や、弁別刺激の操作に基づく介入を使う。
E-02	弁別訓練手続を使う。
E-03	インストラクションとルールを使う。
E-04	随伴性契約（例えば、行動契約）を使う。
E-05	独立型、相互依存型、依存型の集団随伴性を使う。
E-06	刺激等価性の手続きを使う。
E-07	行動対比効果を考慮する。
E-08	対応法則を使い、選択に影響する要因を理解する。
E-09	高確率・低確率要求連続を設計する。
E-10	プレマックの原理を使う。
E-11	対提示手続きを使って、新しい条件性強化子と弱化子を作る。
E-12	無謬学習手続きを使う。

応用行動分析学
Applied Behavior Analysis
【2nd Edition】

John O. Cooper　Timothy E. Heron　William L. Heward

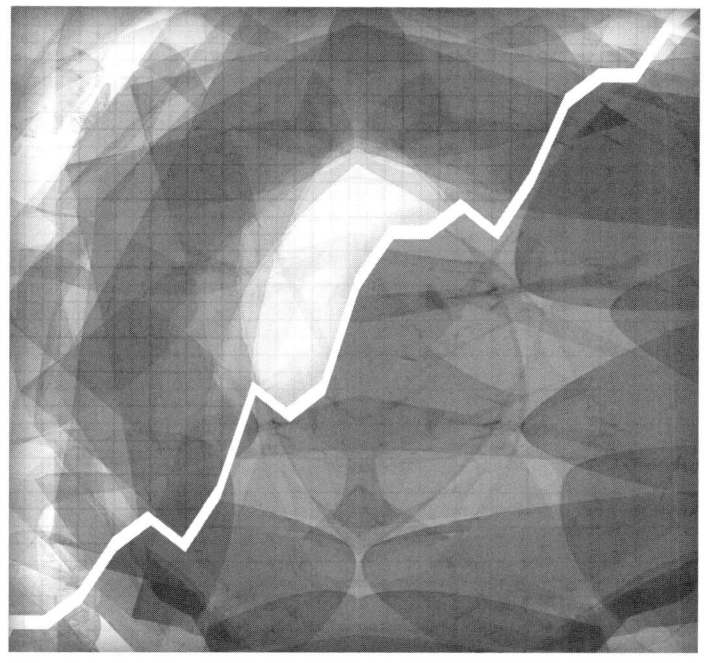

ジョン・O・クーパー／ティモシー・E・ヘロン／ウイリアム・L・ヒューワード

中野良顯 訳
Yoshiaki Nakano

明石書店

Authorized translation from the English language edition, entitled APPLIED BEHAVIOR ANALYSIS, 2nd Edition ISBN: 0131421131 by Cooper, John O.; Heron, Timothy E.; Heward, William L., published by Pearson Education, Inc., publishing as Prentice Hall, Copyright © 2007 by Pearson Education, Inc.
All rights reserved. No part of this book may be reproduced or transmitted in any form or by any means, electronic or mechanical, including photocopying, recording or by any information storage retrieval system, without permission from Pearson Education, Inc.
Japanese language edition published by Akashi Shoten Co., Ltd., Copyright © 2013 Japanese Translation rights arranged with Pearson Education, Inc., publishing as Prentice Hall through The English Agency (Japan) Ltd.

『応用行動分析学第2版』

日本語版序文

　異なる文化圏の尊敬される学者から、この本は翻訳するに値すると評価されることは、書き手にとってまことに光栄なことである。『応用行動分析学』が日本語に翻訳され出版される。それを思うと私たちは謙虚になり、そして気持がわくわくする。それが中野良顯教授のおかげで実現することになった。

　私たちが中野教授に初めてお会いしたのは1992年のことだった。その年オハイオ州コロンバスのオハイオ州立大学で「教育分野で行動分析学に重点的に取り組む会議」（Focus on Behavior Analysis in Education Conference）が開かれた。彼はこの会議に日本から1人参加して、直接教授法について日本で行った重要な研究を発表した。それ以来私たちは彼の研究に注目するようになり、毎年開かれる国際行動分析学会の年次大会で再会しては旧交を温めることになった。その後ビル（ウイリアム・L・ヒューワード）は、日本を何度も訪ねる機会に恵まれ、日本でヨッシュ（中野先生）と共同して仕事をすることになった。

　この本の読者には、応用行動分析学の決定的な特徴が、社会的に重要な行動を改善する、つまり生活の質（QOL）の向上につながる行動を改善するところにあるということを、ご理解いただけることと思う。西欧社会と日本社会の間には、言語の面でも文化の面でも実に大きな違いがある。しかしこの『応用行動分析学』でお示しする基本原理は、物理学の普遍的原理と同様に、そうした違いを超えて通用するものである。社会が違えば、行動を改善する介入を適用する文化の文脈にも違いがあるが、そうした介入の基礎にある行動原理は共通している。この翻訳は、日本の研究者や学生や実践家のみなさんに、教育や臨床の場や、家庭や職場や地域社会に応用するエビデンスベースの実践的なツールを提供することになるはずである。

　このような分厚い本を翻訳することは、大変な努力を要する挑戦的な課題である。中野先生は、恐るべき個人的な傾倒と、専門家としての圧倒的な献身をもって、この課題に取り組まれた。この『応用行動分析学』の翻訳は、彼の勤労の精神と卓越性に対するあくなき追求によって実現したが、読者のみなさんにも同じような勤勉さと献身をもってこの学問に取り組んでいただければと願っている。そうしていただくことによって今後この科学をより効果的に応用して日本社会の子どもと成人の幸福を実現させることが可能になると思われるからである。

ジョン・O・クーパー
ティモシー・E・ヘロン
ウイリアム・L・ヒューワード
2013年2月14日

本書をドナルド・M・ベアに捧げる。
応用行動分析学に対する、彼の並外れた貢献は、
この科学のあらゆる面において明らかである。

ドナルド・マール・ベア（Donald Merle Baer）
（1931 - 2002）

「行動の科学、われわれの振る舞いについての科学、そしてわれわれとは何者かについての科学は成り立つだろうか？　成り立つとすれば、どうしてそれを研究せずにおられようか？」

まえがき

『ホワイトブック』、それは応用行動分析学における「ホワイト・アルバム」である（もちろんそういえば、ビートルズのホワイト・アルバムの重要性を知る著者や読者の年がばれてしまうが）。この本は応用行動分析学の学生からみれば、ほとんどアイドル（崇拝の的）そのものである。あるいは、私の教え子のいう通り、「先生はホワイトブックを読んでいるのではなく、ホワイトブックを生きていますね」（Stevens, 2006）ということになる。クーパー（Cooper）、ヘロン（Heron）、ヒューワード（Heward）が、その『ホワイトブック』第2版を出版した。それは1987年の第1版に代わりうる唯一の教科書であり、非常に重要でタイムリーな補強が施され、まことに当を得たものとなった。

私が初めてジョン・クーパー、ティム・ヘロン、ビル・ヒューワードに会ったのは、国際行動分析学会の年次大会だった。応用行動分析学（ABA）の決定的教科書であると当時も今も考えている本の著者に会うということに、自分が極度に緊張していたことを覚えている。3人に会ったとき、私は大学院生だった。ABAの実践家として数年の駆け出しだったが、大学院に入ってこの学問の歴史的、概念的、実験的基礎を学びたいと願っていた。学問的発達段階からいえば、私は行儀のいい読者なら行動グルーピーと呼び、あまり行儀がよくない同輩なら狂信者と呼ぶようなステージにいた。私は自分が納得できる学問を発見した。自分の教える障害児により有効で役立つ学問であり、データと経験主義を重んじる学問だった。そして実用主義的（pragmatic）であり、日々の生活のいろいろな側面に応用できる学問だった。恩師らは私の問いにこう答えた。「それは実証的問題です」「データが何を語るかを理解しなければなりません」「それは効果を示すこともあれば、効果を示さないこともある。いずれにしろ何かを学ぶことになります」「あなたが問題を解決したと分かるのは、最初に照会してきた人物が不満を言わなくなるときです」。

クープとティムとビルに会ったが、もちろん期待は裏切られなかった。それどころか、火に油を注ぐ結果になったといえる。ここに3人の著名なABAの学者がいる。親しみやすく、才気にあふれ、しかも楽しい。3人は実に時間に寛容であり、学生（教え子も、そのほかの学生も）とともに時間を過ごし、質問に答え、物語る。それを純粋に楽しんでいる風だった。行動分析家の新しい世代が、この学問について、そして科学の優れた世話役（スチュワード）になる方法について、学べるよう援助する。そのことに本当に関心があるように思われた。3人がABAを深く理解していることは、本書を読めば一目瞭然であるが、直に会ってみて、そのことがなおさらよく分かった。しかし3人全員から衝撃を受けたのは、教授としての役割、自分の学生が行動原理を理解し重要な社会的問題を処理するために応用する学習を支援するという役割に、すべてを捧げていることだった。

人々に行動分析学を教えることに対する献身（commitment）は、『応用行動分析学』第1版においてすでに明らかだった。そのことは、この第2版においても歴然としている。クーパー、ヘロン、ヒューワードは、複雑な学問分野を取り上げて、それを学生や、教師や、親や、そのほか

の消費者が近づきやすいものにした。きっと本書第1版をまだ捨てる気になれない人々が沢山いるはずである。しかし私は確信する。そういう人たちも、この第2版は自らの教育や執筆や研究に利用できる、より優れた決定的な情報源であることを悟るに違いない。

私は学生が教授とともにこの『ホワイトブック』第2版を熟読し、原理の定義と例と応用について、討論している姿を想像する。この第2版は、認定行動分析士（BCBA®）の資格を取るために準備しているすべての学生が、到達すべき基準（standard）になるだろう。クーパー、ヘロン、ヒューワードは、このテキストに最新の「BACB®課題リスト」（第4版）を収録した。これによって学生はこの目標により到達しやすくなった。

より多くの人々がＡＢＡについて学べるように手助けするというこの考えは、この学問の実践によく適合している。行動分析家としては、起こりうる結果について改宗させるよりも、原理について時間をかけて教える方がより重要である。将来のユーザーと消費者に行動原理を教えることは、おそらくそれらの原理の、よりよい、より幅広い、応用をもたらすだろう。そしてベア、ウォルフ、リズリー（Baer, Wolf, & Risley, 1968）が私たちに教えたように、「望ましいことは、よりよい応用が結果としてよりよい社会状況を作り出すことである……」(p. 91)。

消費者に行動原理を教えれば、彼らがその原理をよりよく応用する消費者になるために役立つ可能性がある。それは消費者に対する最小限の支援になる。その見返りとして、ユーザーは成果だけに焦点を当てるのではなく、原理の応用の過程に気づくことができる。ドン・ベア（Baer, 1970）が言ったように、「単なる開発の所産ではなく開発の過程こそ、われわれの主題にならなければならないと思う」(p. 241)。彼はさらに続けて、「特定の学習手続き（別名、行動介入戦略）は、それが適切な時点で起こらないならば、生命個体に期待した効果を生みださないかもしれない」(p. 243)と述べた。この声明が応用行動分析学の文脈的特徴についての有力な論拠となり始める。行動が起こる文脈を理解することは重要である。それは、行動の理解にとっても、有効な改善にとっても、欠かすことができない。この文脈依存は、しばしば、ABAの知識の裏づけのない消費者に誤解される。しかしそれは、クーパー、ヘロン、ヒューワードの第2版の読者には誤解されたり、見逃されたりすることはないだろう。

応用行動分析学は、ある興味深い時代の真っただ中にある。一方でこの学問分野では、潜在的な実践家と消費者の数が爆発的に増加している。この数の増加に寄与する要因の1つは、自閉症の罹患率と自閉幼児に対する行動プログラミングの有効性が増大していることである。応用行動分析家に対する需要は、かつてないほど高まっている。もう1つの貢献要因は、積極的行動支援（positive behavior support, PBS）が発達し大規模に採択されるようになっていることである。これは問題行動を処遇する1つのアプローチであり、例えば、ホーナー（Horner）や、スガイ（Sugai）や、カー（Carr）や、ダンラップ（Dunlap）などの行動分析家によって開発され、評価されてきた。PBSは他のどの行動介入よりも、公立学校に広く採択され、公法と財政的支援優先事項の中に完全に統合されている。PBSの基礎となる行動機能査定（functional behavior assessment, FBA）は、連邦法（障害個人教育法－IDEA）によって、学校で問題行動を示す子どもに対して義務づけられるに至っている。またFBAから得られた情報を含んだ行動介入計画も、問題行動を示す子どもに対して、今や連邦法によって義務づけられている。別の言葉でいえば、

学区は特別支援教育連邦法を遵守して、ABAの構成成分を実践するよう義務づけられている。

　他方では、行動分析家の必要性が増大したことから、一部の実践家の側にある種の破廉恥な行動が生じている。週末のワークショップに毛が生えた程度の経験しかないのに、地域で小さな看板を掲げて、自閉症児を抱える家族に対するサービスを商売にする人々がいる。行動分析学共同体は、この難局に質を保証する認証プログラムを開発することによって対処した。しかし行動実践のすべての消費者が、確実に良質の倫理的なサービスを受けられるようにするためには、まだまだなすべきことがたくさんある。われわれはまた、応用行動分析学の学問分野の内部において、潜在的危険も経験しつつある。PBSは合衆国教育省と全国の公立学校に広く受容されているが、すべての行動分析家が両腕を広げてそれを受け入れているわけではない。

　われわれにとっては、行動分析学共同体が直面する問題を速やかに、そして友好的に解決することが、極めて重要である。これらのチャレンジは、クオリティ・コントロールと、訓練と、学問分野の定義とに関わる問題である。それらは社会的妥当性（social validity）に関する問題であると主張することもできるだろう。本書の読者ならご存じのように、社会的妥当性とは、介入の好ましさについて、そして好ましさが介入の持続可能性にどう影響するかについて、介入の消費者に尋ねるという過程である。社会的妥当性は、一次的従属変数とはみなされないが（つまり介入の有効性の判定においては考慮されないが）、介入の持続可能性を予測する大きな因子になる可能性がある。すなわち、実験者が場面を去った後も、その介入が確実に維持される可能性がある。しかし残念ながら、文献を調べれば、効果的な介入だったにもかかわらず持続されなかった例が、いくらでも見出せる（例えば、「プロジェクト・フォロースルー」(Project Follow Through)。*Effective School Practices*, 1995-6, Vol. 15, No. 1参照。その号全部がこのテーマに充てられている）。反対に教育やその他のヒューマン・サービスの諸側面において、有効性を示すデータがないにもかかわらず、お気に入りのまま継続してとどまっている、数において同数の介入例（例えば、ホールランゲージ、精神分析）が存在する。われわれは、行動分析家として、社会的妥当性を用いて、われわれ自身の行動を点検することに対して積極的ではなかった。本書の読者には、自らの実践の社会的妥当性に関するデータを喜んで受け入れ、それらのデータを使って、選択した行動の適切性、実践された介入の好ましさ、介入の成果が満足できる程度について、判定するようになってほしいと願っている。

　社会的妥当性のことを考えると、ドン・ベアについて考えることに行き着く。本書はドン・ベアに捧げられている。私はカンザス大学の大学院生のときドンのもとで学ぶという光栄に浴した。それは大きな喜びだった。ドンは大学院生にとって完璧なアドバイザーだった。究極の教師だった。プロフェッサーらしく見え、プロフェッサーらしく話した。しかも私（やほかの大学院生）を同僚として遇した。君のアイディアは、徹底的に考え抜かれたものではないとか（たいていの場合その通りだった）、私に会う前にもっと徹底的に準備すべきだったとか（たいていの場合それは真実だった）と、面と向かって決して仰らなかった。彼はただ一連の質問を投げかけ、頭をほんの少しわきに傾け、指先を合わせて押しつけながら、私の答えに一心に聴き入っていた。耳を傾けて頷くことを常として、教えようとしたことを語り過ぎたことはなかった。

　この第2版において、クーパー、ヘロン、ヒューワードは、偉大な教師たちから重要な材料を

学ぶ機会を、私たち全員に対して作り出してくれた。私はこの本を自分の教え子とともに味わうことを楽しみにしている。そのとき、私はドンのことを思うだろう。そして語るよりも聴くことによって、より多くを教えることができることがあり、ほとんどの問いに対する最善の答えは、データの中に見出せるということを、思い出そうとするだろう。

イレーヌ・S・シュワルツ
ワシントン大学

序　論

　応用行動分析学の正確で総合的、かつ現代的な解説書を作ろう。これが第2版執筆のねらいだった。こうして1冊の本ができあがった。分量は増え、範囲は広がり、さまざまな概念や原理や手続きや問題が扱われている。この学問を集中して真剣に学んでもらおう。そういう願いが込められている。

　しかし本書『応用行動分析学』（*Applied Behavior Analysis*）は、その分量と、範囲と、徹底した論述にもかかわらず、次の2つの理由から、入門教科書と見なすべきである。第1に、本書の内容を理解するためには、前提となる特定の知識を何ら必要としていない。第2に、応用行動分析学を完全に理解するためには、この教科書を読むだけでなく、それ以上の相当の勉強と応用が必要になる。本書の各ページで提示する主題であって、類書で取り上げられていないものは無い。応用行動分析学を本気で学ぼうとする者は、他の著作を読むことによって、本書から学ぶことを補強することができる。応用行動分析学を十分理解して正しく評価するためには、どれほどの読書が必要だろうか？　ドナルド・M・ベア（Baer, 2005）は、応用行動分析学の創始者の1人であり、私たちがこの第2版を捧げている人物であるが、その彼が次のように推測している。

　　　行動分析学の理論的側面と実験的側面の基本原理とパラダイムをよく知るためには、およそ2000ページの読書と、ある程度の実験室経験が必要である。応用行動分析学は、この行動分析学の理論部門と実験部門との間で、同一の基本原理を共有するが、それだけでなくさらに多数の2次的原理と戦略と戦術を追加保有する。基本原理を、現実世界において、実験室と同様に、正しく機能させるためである。応用行動分析学にはまた、一連の倫理的、人道的実践についての原理が追加される。中でも一際目立つことは、繰り返し徹底的に測定し実験することによって、手がけている具体的事例が確実にうまくいくように、そしてうまく行き続けるようにすることである。なぜなら進歩するにつれてそれは変化していくから。そのすべてを知るためには、約3000ページの読書と、数年間に及ぶスーパービジョンつき実習経験が必要だろうと私は推測する。（pp. 27-28）

　私たちの希望は、本書が将来の多くの行動分析家に、ベアの課した読書課題の700ページ分を提供することである。応用行動分析学のその他の不可欠の読書についての具体的提言は、サヴィルら（Saville, Beal, & Buskist, 2002）の論文と、本書の随所で引用されている概念的、基礎的、応用的な1次資料の著作の中に見出すことができる。

　さらに、私たちの目標は、社会的に重要な行動を組織的に改善するための原理と手続きについての完全な記述を提供することであるが、しかし本書の内容を習得することは、応用行動分析学の勉強の終了ではなくスタートを意味する。もし私たちの努力が成功していれば、真剣で献身的な学生は、応用行動分析学の基本的に信頼できる知識のレパートリーを習得するだろう。それは

上級の勉強とスーパービジョンつき実習経験の基礎になる。今度はそれが、社会的に重要であり、科学的に信頼できる、倫理的に適切な行動の改善と理解を実現するための、自主的な取り組みを生み出すだろう。

専門用語

どんな科学の活動においても、有意義な記述を行うためには、標準的な一連の専門用語が必要である。応用行動分析学の実験デザインと、応用と、およびまたは所産を効果的にコミュニケーションするためには、その学問分野の専門用語を正確に注意深く使用しなければならない。私たちは、この教科書全体を通して、あらゆる努力を払い、行動分析学の専門用語を、概念的に系統立てて、一貫した用法によって、定義して使用するよう心がけた。応用行動分析学の専門語彙を習得することは、この科学を会得し、行動研究者や実践家として効果的に参加するための最初の重要な一歩である。私たちは、学生諸君が、この学問分野の専門用語を勤勉に勉強するよう奨励する。その目的のために、私たちはこの第2版に400以上の専門用語を解説した用語集を追加した。

グラフ、引用、参考文献

科学の専門分野の入門教科書はいずれも、学生にその分野の経験的、概念的な文献に触れさせることを、その重要な機能の1つにしている。したがってこの第2版には、1400点以上の1次資料の著作の引用を収録している。その中には、歴史的に重要な実験、例えば、スキナーの1938年の著書『有機体の行動』（*The Behavior of Organisms*）に示された最初の一連のデータや、応用行動分析学研究の古典例と現代例が含まれている。大部分はこの分野の最も重要な定期刊行物、『応用行動分析誌』（*Journal of Applied Behavior Analysis*）に収録されている。私たちはまた、概念的文献を代表する重要な著作からの抜粋と引用を大量に行った。なぜそうしたかと言えば、これらの著者が提供する歴史的、およびまたは専門的権威のためだけでなく、それらを収録することによって、学生がこの学問分野の豊かな1次資料文献に触れて、正しく評価する機会をより多く得られるようにするためである。

この第2版には、査読つき研究のオリジナル・データを示す100点以上のグラフが収録されている。その多くには、その研究で使われた手続きの詳しい説明が付されている。手続きと、グラフと、参考文献について、数多くの説明を加えることには、4つの目的がある。第1に、私たちは可能な限り、架空の例ではなく、現実の応用と本物のデータによって、行動分析学の原理と手続きを例示したいと願っている。第2に、学生が手続きの説明を読むことは、高度な専門分野の正確さと複雑な環境の制御について正しく評価することを開始する助けとなる。そのような正確さと制御は、研究者と実践家が問題を解決し変数間の関数関係を証明するために達成しなければならないものである。第3に、参考文献を示すことは、グラフや説明によって興味をそそられた学生が、より深く勉強できるように、原典である研究に対して道案内をすることにつながる。そ

して第4に、グラフを示すことは、学生を教える教授者（インストラクター）や指導者（メンター）との演習と討論を通じて、学生がグラフによるデータ表示を視覚的に分析するスキルを発達させるための多くの機会を提供することになる。

第2版の新しい内容と特徴

　第2版は、第1版を徹底的に大規模に見直した改訂版であり最新版である。行動分析学は、なお若い発展途上の科学であるが、第1版が出版されてから20年経ち、その間により成熟し洗練化された。行動の基本原理は変わらないままであるが、行動の科学の相互に関連する3領域（理論研究、基礎研究、応用研究）のすべてにおいて進歩が見られる。それによって、私たちの行動の基本原理の理解が深まり、有効で人道的な行動改善介入を開発し適用するうえでいっそうの有効性がもたらされた。こうした発展は、この第2版に追加された、行動分析学の概念的、基礎的、応用的な文献のほぼ1000篇の新しい参考文献に反映されている。

寄稿者による新しい5つの章

　この第2版には、過去20年にわたる応用行動分析学においてますます重要になっている5つの主題を扱った、独立した章の長さをもつ記述が収められている。新しい5つの章は、行動分析学の最も卓越した数人の研究者が執筆している。執筆者は、『応用行動分析誌』の2人の前編集長、『言語行動分析誌』（*The Analysis of Verbal Behavior*）の前編集長と現編集長、国際行動分析学会の2人の元会長である。行動分析学における過去20年間の最も重要な進歩の多くの最初の報告は、この著名な多作の行動分析家の集団が公刊した論文によって発表されている。

負の強化

　第12章「負の強化」においては、よく誤解され誤って適用されるこの強化形式について、ブライアン・イワタ（Brian Iwata）とリック・スミス（Rick Smith）が、信頼できる説明を提示する。イワタとスミスは、負の強化についての思い違いを一掃するだけでなく、この基本的な行動原理をいかにして行動改善介入に組み込むことができるかについての具体的な指針を示す。

動機づけ

　動機づけは、最近まで、心理学理論と行動の日常的説明において、主要な主題になっていた。それは行動分析学においては、仮定されながら不適切に理解されてきた主題である。今日、行動分析家は、主としてジャック・マイケル（Jack Michael）の著作のおかげで、応用行動分析学における動機づけとその役割について、はるかによく理解するようになった。第16章「動機づけ操作」において、マイケルは、一定の先行事象がいかにして二重の動機づけ効果をもつかを説明

する。1つは行動変更効果であり、一定の行動をより起こりやすく（または起こりにくく）する。他は価値変更効果であり、一定の出来事を強化としてより有効に（またはより無効に）する。

行動機能査定

第24章は「行動機能査定」である。ナンシー・ニーフ（Nancy Neef）とステファニー・ピーターソン（Stephanie Peterson）は、応用行動分析学における近年の最も重要な発展の1つについて解説する。行動機能査定は、問題行動が個人にとって果たす機能（例えば、社会的注目を得る、割り当てられた課題を回避する、感覚刺激を供給する）を発見するための揺るぎない方法になった。実践家は、その情報によって、同じ機能をもつ適応的な代替行動を標的とする介入を設計できるようになる。

言語行動

第25章は「言語行動」である。マーク・サンドバーグ（Mark Sundberg）は、言語に対する伝統的な構造的アプローチに対して、B. F. スキナー（Skinner）の言語行動の関数分析を対比させる。そして、言語オペラントの基本的種類（例えば、マウンド、タクト、テクスチュアル、イントラバーバル）を定義して、それらの例をあげる。そして言語介入プログラムを設計し実践するうえで、これらの概念がもつ意義と応用を説明する。

倫理

第29章「応用行動分析家にとっての倫理の考察」は、ホセ・マルティネス-ディアス（Jose Martinez-Diaz）、トム・フリーマン（Tom Freeman）、マット・ノーマンド（Matt Normand）、ティモシー・E・ヘロン（Timothy E. Heron）が執筆している。彼らは私たちが倫理行動とは何かを理解するための手助けをする。またなぜ倫理行動が応用行動分析家のレパートリーの必要な一部にならなければならないかを説明する。さらに行動分析家にとっての倫理的行為規範についてレビューし、倫理的実践を保証し査定するための具体的な手続きについて解説する。

行動分析士資格認定協会® 第4版課題リスト© に関わるテキスト内容

行動分析士資格認定協会®（BACB）とは、行動分析学のサービスを提供する個人に資格を与える国際的組織である。協会認定準行動分析士®（BCaBA）、または協会認定行動分析士®（BCBA）として認定されるためには、個人は行動分析学の基礎知識（行動分析学の哲学的前提、基本用語の定義、言語オペラントの区別、測定の概念）を習得し、基本的な行動分析学のスキル（測定、実験デザイン、行動変化についての考慮、行動改善の基本成分、特別な行動改善手

続き、行動改善システム）と、クライエントを中心に据えた専門家の責任（問題の同定、測定、査定、介入、実行・運営・スーパービジョン）について、一定数のインストラクションを受講し、最低時間数のスーパービジョンつき実地研究と実習経験（field work and practicum experience）を経て、資格試験に合格しなければならない。受験のための要件についての詳しい情報は、行動分析士資格認定協会のウエブサイトwww.BACB.com から入手できる。

　BACBは大規模な職務分析を行い、行動分析士資格認定協会®第4版課題リスト©（2012）を作った。それはすべての行動分析士が習得すべき最小限の内容を特定している（BACB, 2012; Moor & Shook, 2001; Shook, 1993; Shook, Johnston, & Mellichamp, 2004; Shook, Rosales, & Glenn, 2002）。行動分析士資格認定協会®第4版課題リスト©の全容は、本書に付録として収録されている。

　私たちはBACBと相談し合意した上で、この教科書の内容とBACBが行動分析士として働くために必要であると判断した課題とを統合した。私たちはこのことを2つの方法で行った。第1に、それぞれの章の初めにその章で論じる課題リスト項目を同定する。応用行動分析学では、概念と原理とそれらの応用が相互に関連しているため、直線的な方法によって提示することができない。そうした複雑な特徴のため、一部の課題リスト項目は2つ以上の章にわたって論じられる。第2に、学生がBACBの試験を目指して勉強することを支援するため、BACB第4版課題リスト©のそれぞれの項目について、関連情報を見つけ出せるよう、付録に頁番号を記した（注：邦訳では割愛）。

　この教科書は資格を有する行動分析士が持つべき基礎知識を提示している。本書の内容を習得することは、行動分析士資格認定協会®の試験［それは協会認定準行動分析士®（BCaBA）、または協会認定行動分析士®（BCBA）の最終ステップである］において、合格点を取るために役立つ。しかし認識しなければならない2つの重要な留保事項がある。第1に、行動分析士資格認定協会®の試験は、それぞれ、この入門教科書、あるいはいかなる入門教科書であれ、それらに含まれている内容以上の知識を要求する。したがって、私たちは学生がそれぞれの原典にあたって勉強し、スーパービジョンつき実習を行い、個人的関心領域について信頼できる有能な指導者と討論して、協会の試験のために、さらに準備することをお勧めする。第2に、この教科書がいかに正確であり、広範囲に及び、最新のものであったとしても、そして学生がいかに完璧に内容を習得したとしても、それだけで行動分析士として機能する十分な資格を持つことにはならないということである。行動分析学で要求されるカリキュラム課題（コースワーク）を無事完了することは、BCBAとBCaBAになるための準備の一歩にすぎない。BCaBAやBCBAになるための要件に関する最新の情報については、行動分析士資格認定協会®（Behavior Analyst Certification Board）のウエブサイトwww.BACB.com を参照されたい。

テキストの編成と構造

　本書の29章は、13部によって構成される。第1部の2つの章は、あらゆる科学的努力の基礎となる若干の教義を説明し、行動を理解するための自然科学的アプローチとしての行動分析学の

歴史の概要を述べ、この科学の若干の原理と概念を説明する。

　第2部と第3部では、応用行動分析学として必要な構成成分について検討する。第2部においては、応用行動（applied behavior）をどう選択し、定義し、測定するかに関して、考慮すべき事項と基準と手続きを示す。第3部の5つの章は、行動と環境の関係の実験的分析のための特定の戦術の論理と操作と、行動の分析を設計し再現し評価するための若干の問題を検討する。

　第4部から第8部までは、行動の主要原理（例えば強化、弱化、消去）と、それらの原理から派生する手続き（例えば、シェービング、連鎖化）を取り扱う。それらは、既存の行動の頻度を増加させ、望ましい刺激性制御のパターンを獲得し、新しい行動を形成し、非罰的な手続きによって行動の頻度を減少させるなどの手続きであり、それぞれ独立した章の長さの論述によって構成されている。第9部では行動機能査定を説明する。それは問題行動が本人にとって役に立つ機能を判定するための洗練された方法である。そしてその問題行動を、それと同じ機能を果たす適応的な代替行動と置き換える処遇を設計することにつながる重要な情報を提示する。

　第10部はB. F. スキナーの言語行動の分析と、その言語開発に対する意義と応用について検討する。第11部の2つの章は、行動改善テクノロジーの4つの特別な応用、すなわち随伴性契約、トークンエコノミー、集団随伴性、自己管理についての論拠と活用法、実践手続きと考慮すべき問題点について詳述する。第12部は、行動分析家の行動改善への努力が般性の所産、すなわち時間を超えて維持され、訓練場面を超えた場面と状況において生じ、他の有用な行動に波及する形で継続するような、有用な行動改善をもたらす可能性を高めるための一連の戦略と戦術についての概要を述べる。本書の最後の第13部では、応用行動分析家にとっての倫理の考察と実践について解説する。

学生とインストラクターのための付録と資料

BACB課題リスト付録

　この付録を使えば、「行動分析士資格認定協会®第4版課題リスト©」におけるそれぞれの項目が、この教科書のどこで説明されているかを示す頁数を探し出すことができる。「行動分析士資格認定協会®第4版課題リスト©」の完全なリストは、本書のp.1117-1125に掲載されている。

関連ウエブサイト

　このテキストを補足するよう設計されたユーザー・フレンドリーな「関連ウエブサイト」（www.prenhall.com/cooper）が作られている。学生は次の学習参考書や教材にアクセスして、学習を向上させることができる。

- ・インタラクティブ・チャプター・クイズ：学生が章の内容を理解した程度を測定するために役立つ。

- スペシャル・アサインメント：このモジュールには、この教科書で勉強した主題を通して学生を支援するためのさまざまな種類が課題を収納されている。それには「活動・課題を完了させるためのテンプレートと資料」が含まれている。

- インクラス・アクティヴィティ：このモジュールは、それぞれの章に関係するさまざまな種類の活動を提供する。それには「集団活動」と「レスポンス・カード活動」が含まれる。

- 章の主題に関連する資料：これは、それぞれの章におけるウエッブ・リンクを提供する。学生が章の主題と勉強領域についてのさらなる情報にアクセスするうえで役立つ。

テスト問題つきインストラクター・マニュアル

「インストラクター・マニュアル」には、この教科書の内容を提示し、発展させるための数多くの提言が含まれている。このマニュアルに含まれるのは、章の目的と基本的概念の概観、BACB課題リストスタンダードとの関連、授業での話し合いとエッセーやポジション・ペーパーの主題、協力学習活動やレスポンスカード活動や応用エクササイズや宿題のアイディアなどのクラス内活動、である。「インストラクター・マニュアル」にはまた、コースアウトラインのサンプルが含まれている。それはこの教科書『応用行動分析学』のさまざまな部分を、行動分析家養成プログラムのいろいろなコース（例えば、基本原理の第1コース、応用に関する第2コース、行動研究法のコース）において、一次的読書資料としてどう提供すればよいかを提案している。「インストラクター・マニュアル」にはまた、それぞれの章ごとに、章の内容と結びついたテスト問題が含まれている。「インストラクター・マニュアル」は、www.prenhall.com の「インストラクター・リソース・センター」（Instructor Resource Center）をクリックすれば入手することができる。

謝　辞

　本書『応用行動分析学』(*Applied Behavior Analysis*) 第2版は、多くの人々が総力を挙げて実現させた努力の結晶である。紙数の関係ですべての方のお名前を挙げて感謝することはできないが、このテキストの改訂に費やした4年間に、本書の内容と成果にとくに貢献してくださった方々に対して感謝の言葉を捧げたい。真っ先に感謝したいのは、寄稿して下さった5つの章の執筆者、ジャック・マイケル（動機づけ操作）、ブライアン・イワタとリック・スミス（負の強化）、ナンシー・ニーフとステファニー・ピーターソン（行動機能査定）、マーク・サンドバーグ（言語行動）、ホセ・マルティネス-ディアスとトム・フリーマンとマット・ノーマンド（応用行動分析家の倫理の考察）である。第2版の読者は、この方々の努力のおかげで、第1版の出版以来この20年間に、応用行動分析学において著しく重要性の高まってきた主題、一部の学者がそれらの領域を定義し開拓するために貢献してきた主題に、親しむことができる。

　私たちは、「行動分析士資格認定協会®」（BACB）にも感謝したい。そのおかげでテキストの改訂版全般に「行動分析士資格認定協会®第4版課題リスト©」を組み入れることができた。とくに行動分析士資格認定協会®最高責任者、ジェラルド・シュック（Gerald Shook, Ph.D., BCBA）に感謝する。ジェリーはBACBとの協定の締結について支援し、本書の改訂作業全般についても有益なアドバイスを提供してくれた。また後任のジェームズ・カー（James E. Carr, Ph.D., BCBA-D）に対しても心から感謝する。

　応用行動分析学のような内容の濃い学問領域は、教授者（インストラクター）と学生に対して困難な挑戦をつきつける。教え学ぶ必要のある文字通り何百もの概念と用語とテクニックが存在する。ステファニー・ピーターソンとレニー・ヴァン・ノーマンのおかげで、この第2版を利用するインストラクターと学生は、テキストの内容を教え、学ぶための一助として、一連の総合的な補助資料を参照することができるようになった。ステファニーとレニーは、ロイド・ピーターソン、シャノン・クローザー、ミーガン・ブライソン、ジェシカ・フリーダー、ピーター・モリノ、デイヴィド・ビカードの才能豊かな支援を得て、テキスト付属の「インストラクター・マニュアル」と「関連ウエブサイト」資料を完成させた。2人はこれらの教材を開発する最高の適任者であり、いずれも豊かな学識とスキルに恵まれた行動分析家であり、卓越した教育者である。

　私たちは、まえがきを寄稿してくれた、イレーヌ・シュワルツにお礼申し上げる。彼女は私たち3人を実に優しく観察し描写してくれたが、私たちがそれに値する存在であるとは到底考えられない。それにしても私たちは恐縮するとともに、大変光栄に思う。ジュリー・ヴァルガスとB. F. スキナー財団は、第1章に収めた2枚の極めて重要なスキナーの写真を提供してくれた。またジャック・マイケルは、私たちが本書を捧げるドン・ベアの写真を提供してくれた。そしてとくに名前を挙げさせていただきたいのは、『応用行動分析誌』（*Journal Applied Behavior Analysis, JABA*）のビジネスマネジャー、キャシー・ヒルである。JABAのグラフや、表や、抜粋の転載許可の申請に対して、つねに迅速に丁寧に対処してくれた。マイケル・ブレストンもま

た、国際行動分析学会に版権のある資料を転載させてほしいという私たちの申し入れに便宜を図るため、はかり知れない支援をしてくれた。

　本書の草稿は最初2000ページ以上あった。読者が今手にしている本に仕上げるためには、メリル・プレンティス・ホール出版社の優秀な専門家チームの支援と貢献が必要だった。前編集部長アリソン・シャープが説得してくれたおかげで、私たちはこのプロジェクトに挑戦することができた。上級制作部長リンダ・ベイマは、終始、緊密に連帯して忍耐強く共同作業してくれた。原稿整理編集者パツィ・フォートニーは草稿に手を入れ、見違えるほど良い文章にしてくれた。荒削りの散文を明瞭な分かりやすいテキストに変換する彼女の才能は、すべてのページに表れている。なおギクシャクした表現が残っているとすれば、それは私たちの責任である。制作調整担当リンダ・ツークは、究極のマルチプレーヤーである。その並々ならぬ行動管理スキルによって、すべてをまとめてくれた。私たちはまたメリル社の副社長兼執行出版責任者ジェフ・ジョンストンと、編集主幹アン・キャスル・デーヴィスに感謝したい。彼らは本書だけでなく行動分析学とエビデンス・ベースの実践に関する書籍全体の出版に対して、長期にわたり深く関与してくださっている。

　最後になったが、ケイス「ダッチ」ヴァン・ノーマンにはとくに感謝したい。創造的で魅力的なカバーのデザインによって、この第2版の制作に大きく貢献してくれた。

　本書『応用行動分析学』のような書物の執筆を企てるためには、インストラクションとモデル、そしてインスピレーションが必要である。幸い私たちはこれまでの生涯において、それらを与えてくれる指導者と同僚と学生に恵まれてきた。私たちが本書を執筆するうえでの目標を達成できている限り、彼らがそれぞれの役割を果たしてくれたことになる。最初に私たちに応用行動分析学の手ほどきをしてくださった教授陣は、ソウル・アクシルロド、ヴァンス・コッター、トッド・イーカス、ディック・マロット、ジャック・マイケル、ジョー・スプラドリン、ドン・ホエーリーである。私たちはその学恩にいつまでも感謝し続けるだろう。オハイオ州立大学の同僚は、30年以上もの間、私たちの仕事を評価して、その達成を可能にさせる学問的環境を創造し維持する手助けをしてくれた。多くの情熱的でひたむきな学生は、私たちを激励し動機づけてくれた。彼らとは長い年月、お互いに教え合い、学び合う幸せを共にすることができた。

　最後に、私たちは身近な家族に対して感謝を捧げたい。クーパー家のバニー、クリス、シャロン、グレッグ、故キャロルとヴェラ・クーパー。ヘロン家のレイ、バーニス、マージ、キャシー・ヘロン、そしてクリスティン ＆ マット・ハーシュ。ヒューワード家のジル・ダーディッグ、リー ＆ リン・ヒューワード、そしてジョー ＆ ヘレン・ヒューワード。その愛と支援なしには、本書に取り組むこと、ましてや書き上げることなど不可能だった。その1人1人に対して、初版の献辞で私たちが約束したことを実現する努力をさらに倍加させることを誓う。

目　次

第1部

序論と基本概念 ... 1

第1章 応用行動分析学の定義と特徴 ... 2
- Ⅰ 科学の基本的特徴と定義 ... 3
- Ⅱ 行動分析学の発展小史 ... 12
- Ⅲ 応用行動分析学の典型的特徴 ... 28
- Ⅳ 応用行動分析学の定義 ... 36
- まとめ ... 40

第2章 基本概念 ... 44
- Ⅰ 行動 ... 45
- Ⅱ 環境 ... 49
- Ⅲ レスポンデント行動 ... 52
- Ⅳ オペラント行動 ... 56
- Ⅴ 人間行動の複雑さを認識する ... 76
- まとめ ... 80

第2部

行動を選択し定義し測定する ... 85

第3章 標的行動の選択と定義 ... 86
- Ⅰ 応用行動分析学における査定の役割 ... 87
- Ⅱ 行動分析家の用いる査定方法 ... 89
- Ⅲ 標的行動として選ぶ可能性のある行動の社会的重要性を査定する ... 97
- Ⅳ 標的行動に優先順位をつける ... 108
- Ⅴ 標的行動を定義する ... 112
- Ⅵ 行動改善の基準を定める ... 119
- まとめ ... 120

第4章 行動を測定する ... 124
- Ⅰ 応用行動分析学における測定の定義と機能 ... 125
- Ⅱ 測定可能な行動の次元 ... 129
- Ⅲ 行動を測定する手続き ... 146
- Ⅳ 永続的所産によって行動を測定する ... 163
- Ⅴ コンピューター支援による行動の測定 ... 169
- まとめ ... 170

第5章 行動測定の質を改善し査定する ... 175
- Ⅰ 信頼できる測定の指標 ... 176
- Ⅱ 測定の妥当性に対する脅威 ... 180
- Ⅲ 測定の正確性と信頼性に対する脅威 ... 185

Ⅳ　行動測定の正確性と信頼性を査定する　　189
　　Ⅴ　行動測定を査定するために観察者間一致を用いる　　194
　　まとめ　　210

第3部

行動改善を評価し分析する　　215
第6章　行動データのグラフを作成し解釈する　　216
　　Ⅰ　行動データのグラフィックデスプレイの目的と利益　　218
　　Ⅱ　応用行動分析学で使われるグラフの種類　　220
　　Ⅲ　折れ線グラフをつくる　　241
　　Ⅳ　グラフで表示された行動データを解釈する　　252
　　まとめ　　264
第7章　行動の変化を分析する：基本仮定と戦略　　269
　　Ⅰ　行動の分析の土台となる概念と仮定　　270
　　Ⅱ　応用行動分析学における実験の成分　　276
　　Ⅲ　定常状態戦略とベースライン論理　　284
　　まとめ　　296
第8章　リバーサルデザインと交替処遇デザイン　　301
　　Ⅰ　リバーサルデザイン　　302
　　Ⅱ　交替処遇デザイン　　319
　　まとめ　　336
第9章　多層ベースラインデザインと基準変更デザイン　　340
　　Ⅰ　多層ベースラインデザイン　　341
　　Ⅱ　基準変更デザイン　　370
　　まとめ　　377
第10章　応用行動分析研究を設計し評価する　　381
　　Ⅰ　行動研究における個別被験者の重要性　　382
　　Ⅱ　実験デザインにおける柔軟性の重要性　　387
　　Ⅲ　内的妥当性：実験デザインにおける潜在的な交絡の源泉の制御　　391
　　Ⅳ　社会的妥当性：行動改善とそれを実現させた処遇の応用的価値を査定する　　402
　　Ⅴ　外的妥当性：研究知見の一般性を判定するために研究を再現する　　411
　　Ⅵ　応用行動分析研究を評価する　　417
　　まとめ　　427

第4部

強化　　433
第11章　正の強化　　434

Ⅰ	正の強化の定義と性質	437
Ⅱ	強化子を分類する	455
Ⅲ	潜在的強化子を同定する	465
Ⅳ	正の強化の制御手続き	480
Ⅴ	強化を効果的に活用する	483
まとめ		490

第12章　負の強化　494
ブライアン・A・イワタとリチャード・G・スミス

Ⅰ	負の強化の定義	495
Ⅱ	逃避随伴性と回避随伴性	498
Ⅲ	負の強化の特徴	499
Ⅳ	負の強化の応用	504
Ⅴ	負の強化の使用に関する倫理的考慮	510
まとめ		511

第13章　強化スケジュール　514

Ⅰ	間欠強化	515
Ⅱ	基本的な間欠強化スケジュールを定義する	516
Ⅲ	間欠強化を疎化する	529
Ⅳ	基本的な間欠強化スケジュールのバリエーション	530
Ⅴ	複合強化スケジュール	535
Ⅵ	強化スケジュールの適用場面への応用に関する展望	542
まとめ		544

第5部

弱化　547

第14章　刺激提示による弱化　548

Ⅰ	弱化の定義と性質	550
Ⅱ	正の弱化による介入の例	567
Ⅲ	弱化を効果的に使うためのガイドライン	578
Ⅳ	弱化の使用に関する倫理的考察	585
Ⅴ	まとめの観点	589
まとめ		592

第15章　刺激除去による弱化　596

Ⅰ	タイムアウトの定義	597
Ⅱ	応用場面でのタイムアウト手続き	598
Ⅲ	タイムアウトを効果的に用いるには	605
Ⅳ	レスポンスコストの定義	609

	Ⅴ　レスポンスコストのさまざまな方法	614
	Ⅵ　レスポンスコストを効果的に用いるには	617
	Ⅶ　レスポンスコストで考慮すべき事項	620
	まとめ	621

第6部

先行変数 — 625

第16章　動機づけ操作 — 626
ジャック・マイケル

- Ⅰ　動機づけ操作の定義と特徴 — 627
- Ⅱ　重要な区別：動機づけ関係と弁別関係 — 630
- Ⅲ　無条件性動機づけ操作（UMO） — 631
- Ⅳ　条件性動機づけ操作（CMO） — 641
- Ⅴ　応用行動分析学における動機づけ操作の一般的意義 — 650
- まとめ — 651

第17章　刺激性制御 — 656

- Ⅰ　先行刺激 — 657
- Ⅱ　刺激般化 — 660
- Ⅲ　刺激性制御の発展 — 661
- Ⅳ　刺激等価性 — 665
- Ⅴ　刺激性制御の発展に影響する要因 — 669
- Ⅵ　プロンプトを使って刺激性制御を発展させる — 671
- Ⅶ　刺激性制御の転移 — 674
- まとめ — 681

第7部

新しい行動を形成する — 685

第18章　模倣 — 686

- Ⅰ　模倣の定義 — 687
- Ⅱ　模倣訓練 — 690
- Ⅲ　模倣訓練のガイドライン — 695
- まとめ — 697

第19章　シェーピング — 699

- Ⅰ　シェーピングの定義 — 700
- Ⅱ　反応トポグラフィー間とトポグラフィー内のシェーピング — 704
- Ⅲ　シェーピングの効率を上げる — 708
- Ⅳ　クリッカートレーニング — 708

	Ⅴ シェーピングを行うためのガイドライン	709
	Ⅵ シェーピングの将来の応用	715
	まとめ	717
第20章	連鎖化	721
	Ⅰ 行動連鎖の定義	722
	Ⅱ 連鎖化を使う理論的根拠	724
	Ⅲ 課題分析	725
	Ⅳ 行動連鎖化の方法	731
	Ⅴ 行動連鎖を妨害し止めさせる	740
	Ⅵ 行動連鎖のパフォーマンスに影響を与える要因	744
	まとめ	747

第8部

非罰的手続きによって行動を減らす … 751

第21章	消去	752
	Ⅰ 消去の定義	753
	Ⅱ 消去手続き	755
	Ⅲ 消去効果	760
	Ⅳ 消去抵抗に影響する変数	763
	Ⅴ 消去を効果的に使う	765
	まとめ	771
第22章	分化強化	774
	Ⅰ 分化強化の基本的説明	775
	Ⅱ 非両立行動分化強化と代替行動分化強化	776
	Ⅲ 他行動分化強化	783
	Ⅳ 低反応率分化強化	791
	まとめ	798
第23章	先行介入	802
	Ⅰ 先行介入を定義する	803
	Ⅱ 非条件的強化	806
	Ⅲ 高確率要求連続	812
	Ⅳ 機能的コミュニケーション訓練	815
	まとめ	819

第9部

関数分析 … 821

第24章 行動機能査定	822

ナンシー・A・ニーフとステファニー・M・ピーターソン
- Ⅰ　行動の機能 ……………………………………………… 823
- Ⅱ　介入と予防における行動機能査定の役割 …………… 825
- Ⅲ　FBAの方法の概観 ……………………………………… 828
- Ⅳ　行動機能査定を行う …………………………………… 839
- Ⅴ　FBA過程を例示する事例 ……………………………… 844
- まとめ ……………………………………………………… 858

第10部

言語行動 …………………………………………………… 861

第25章　言語行動 …………………………………………… 862
マーク・L・サンドバーグ
- Ⅰ　言語行動と言語の特徴 ………………………………… 863
- Ⅱ　言語行動の発展 ………………………………………… 864
- Ⅲ　言語行動を定義する …………………………………… 866
- Ⅳ　基本的言語オペラント ………………………………… 867
- Ⅴ　聞き手の役割 …………………………………………… 873
- Ⅵ　言語オペラントを同定する …………………………… 874
- Ⅶ　複雑な言語行動の分析 ………………………………… 877
- Ⅷ　多重制御 ………………………………………………… 882
- Ⅸ　オートクリティック関係 ……………………………… 884
- Ⅹ　言語行動の応用 ………………………………………… 886
- まとめ ……………………………………………………… 896

第11部

特別な応用 ………………………………………………… 901

第26章　随伴性契約、トークンエコノミー、集団随伴性 … 902
- Ⅰ　随伴性契約 ……………………………………………… 903
- Ⅱ　トークンエコノミー …………………………………… 916
- Ⅲ　集団随伴性 ……………………………………………… 929
- まとめ ……………………………………………………… 939

第27章　自己管理 …………………………………………… 941
- Ⅰ　行動の管理者としての「自己」 ……………………… 942
- Ⅱ　自己管理の応用、長所、便益 ………………………… 948
- Ⅲ　先行事象ベースの自己管理戦術 ……………………… 962
- Ⅳ　自己監視 ………………………………………………… 968
- Ⅴ　自分が適用する結果 …………………………………… 982

xxvii

	Ⅵ そのほかの自己管理戦術	991
	Ⅶ 有効な自己管理プログラムを行うための提言	996
	Ⅷ 行動が行動を変える	1002
	まとめ	1003

第12部

般性の行動改善を促進する ... 1009
第28章　行動改善の般化と維持 ... 1010
　　Ⅰ　般性の行動改善：定義と主要な概念 ... 1012
　　Ⅱ　般性の行動改善を計画する ... 1024
　　Ⅲ　般性の行動改善を促進する戦略と戦術 ... 1029
　　Ⅳ　成功する介入を修正し終了する ... 1066
　　Ⅴ　般性のアウトカムを促進する指導方針 ... 1070
　　まとめ ... 1075

第13部

倫理 ... 1081
第29章　応用行動分析家の倫理の考察 ... 1082
　　　ホセ・A・マルティネス-ディアス、トーマス・R・フリーマン、マシュー・ノーマンド、ティモシー・E・ヘロン
　　Ⅰ　倫理とは何か、それはなぜ重要か？ ... 1084
　　Ⅱ　応用行動分析家の専門的実践の基準 ... 1088
　　Ⅲ　専門的能力を確実に習得する ... 1094
　　Ⅳ　クライエントサービスにおける倫理の問題 ... 1097
　　Ⅴ　クライエントを擁護する ... 1108
　　Ⅵ　結論 ... 1111
　　まとめ ... 1112

訳者あとがき ... 1115
付録　行動分析士資格認定協会®第4版課題リスト©のテキスト範囲 ... 1117
用語集 ... 1126
参考文献 ... 1162
事項索引 ... 1213
人名索引 ... 1237
著者について ... 1266
章の執筆者 ... 1267

注：本書では、正確で最新のインターネット情報を提供できるよう、あらゆる努力を払っている。しかしながら、インターネットとそこに公開される情報は常に変化する。したがって、このテキストブックに示したインターネットアドレスの中には、変化するものがあることを避けることができない。

第 1 部

序論と基本概念

　応用行動分析学を学ぶ学生は、行動を分析して改善する具体的原理と戦術を学ぶ前に、この学問の概念的、歴史的基礎を学ばなければならないと、私たちは考える。行動分析学の科学的、哲学的基礎についての基本知識と正しい評価は、この学問の特徴と範囲と将来性を完全に理解するための必要条件である。私たちはまた、基本概念と原理と専門用語を予備的に概観することが、行動分析学の掘り下げた学習をより効果的に行うために役立つと考える。第1部の2つの章は、この2つの考えに応える章である。第1章では、応用行動分析学の科学的、哲学的根源を説明する。そしてこの学問を特徴づける次元、特徴、総合的目標を同定する。第2章では、基本成分（行動とそれに影響を与える環境事象）を定義する。そして応用行動分析家がそれらの間の関係を記述するために使う重要な用語と原理を紹介する。

第1章
応用行動分析学の定義と特徴

キーワード

応用行動分析学（ABA）、行動主義、決定論、経験主義、実験、実験行動分析学（EAB）、説明的虚構、関数関係、仮説的構成概念、心理主義、方法論的行動主義、倹約、哲学的懐疑、徹底的行動主義、再現、科学

行動分析士資格認定協会®BCBA® & BCaBA®
第4版課題リスト©

	Ⅰ 基本的な行動分析学のスキル
B-01	応用行動分析学の次元（Baer, Wolf, & Risley, 1968）を使い、介入が本来行動分析学的か否かを評価する。
B-03	独立変数が従属変数に及ぼす影響を実証するため、独立変数を組織的に設計する。
	Ⅱ クライエントを中心に据えた責任
G-05	私的出来事も含む行動を、行動分析学の用語（心理主義の用語ではなく）によって記述する。
G-08	行動分析学のサービスの必要を減らすような環境改善を同定し実行する。
H-01	観察し記録すべき行動の次元と、詳細な業務計画（ロジスティックス）が決まったら、代表的なデータを収集するための測定システムを選択する。
I-01	観察でき測定できる用語で行動を定義する
K-07	行動プログラムの有効性を評価する。
	Ⅲ 基礎知識
FK-03	決定論
FK-04	経験主義
FK-05	倹約性
FK-06	実用主義（プラグマティズム）
FK-07	行動の環境による（心理主義とは対立するものとしての）説明
FK-08	徹底的行動主義と方法論的行動主義を区別する。
FK-09	概念行動分析学、実験行動分析学、応用行動分析学、行動サービス配信を区別する。
FK-13	反射関係（US-UR）
FK-33	関数関係

©2012　行動分析士資格認定協会®（BACB®）。不許複製。この文書の最新版は、www.bacb.comから入手できる。この文書の転載、複写、配布の請求と、この文書についての質問は、BACBに直接問い合わせられたい。

応用行動分析学は、人間の行動の理解と、その改善に全力を注ぐ科学である。しかし他の学問も似たような意図をもつ。応用行動分析学を他の学問から区別するものは何か？　答えは、応用行動分析学の焦点と、目標と、方法にある。まず焦点は行動である。応用行動分析学の専門家は、社会的に重要な、客観的に定義された行動に焦点を当てる。次に目標は、行動を改善し、因果関係を立証することである。対象となる行動を改善するとともに、介入と行動改善の間に反復しても同じ結果が得られる信頼性の高い関係があることを立証することである。最後に方法であるが、応用行動分析学は科学的探究の方法、すなわち、客観的記述、数量化、コントロールされた実験を用いる。要するに、応用行動分析学、すなわちABAは、社会的に重要な行動に、確実に影響を与える環境変数を発見するとともに、その発見をたくみに実践に応用して、行動改善のテクノロジーを開発する、科学的アプローチである。

　この章では、行動分析学の歴史と発展の概略を述べる。また、この科学の土台にある哲学を考察する。さらに応用行動分析学を応用行動分析学たらしめる典型的特徴を説明する。応用行動分析学は応用の「科学」である。それゆえ、最初に、科学と呼べるすべての学問に共通する、基本的な指針を明らかにしよう。

I　科学の基本的特徴と定義

　科学という言葉が正しく使われる場合、それは組織的方法（systematic approach）を意味する。すなわち、自然界についての知識を探求し、整理する組織的方法である。科学の定義を示す前に、まず科学の目的を考えてみよう。そして研究分野の違いを超えて、すべての科学者の知的営みを方向づける基本過程と態度についても、検討することにしよう。

1．科学の目標

　科学の総合的目標は、研究対象である現象を徹底的に理解することである。応用行動分析学の研究対象は、社会的に重要な行動である。それを完全に理解することが、応用行動分析学の目標になる。科学は、他の方法から区別される。つまり、科学以外の知識の源泉や、私たちを取り巻く世界に関する知識を獲得する科学以外の方法とは区別される。例えば、科学は、瞑想や、常識や、論理や、権威者や、宗教的・精神的信念や、政治的キャンペーンや、広告や、品質証明とは異なる。科学は、自然の真実（nature's truth）の発見を目指す。科学は、しばしば誤って使われる。特定の団体や、会社や、政府や、機関の信奉する、彼らにとって大切なお気に入りの「真実」を合法化するツールとして誤用されることがある。しかし科学は、そのようなツールではない。つまり、科学的知識は、いかなる個人的、政治的、経済的理由からも、またそれ以外の科学的知識を必要とするいかなる理由からも、独立していなければならない。

　科学的研究にはいろいろなタイプがある。それぞれが知識を生み出す。それらの知識は、私たちに一定の理解をもたらす。理解の程度はさまざまであり、3つの水準に区分できる。記述（description）、予測（prediction）、制御（control）である。生み出された知識は、1つか2つ以

上の水準の理解を可能にする。理解の程度には差があるが、どの水準の理解も特定分野の科学的知識ベースに貢献する。

(1) 記述

　組織的観察は、ある現象の理解を深化させる。科学者は、観察することによって、現象を正確に記述することができる。記述的知識とは、観察した出来事に関する事実の集積を意味する。それは数量化できるし、分類することもできる。さらには他の既知の事実との関連を解明することもできる。数量化し、分類し、他の事実との関係を解明することは、いかなる科学においても必要な、しかも重要な活動である。記述的研究によって得られる知識は、さらなる研究を発展させるための仮説や問題を提唱する。

　例えば、ホワイト（White, 1975）は、小学1年生から高校3年生までの担任教師104人の行動を観察した。彼らが教室で子どもたちに与える褒め言葉や励ましなどの是認と、批判や叱責などの否認の「自然生起率」(natural rates) を観察して、その結果を報告したのである。その報告から、次の2大知見が得られた。（1）教師の褒め言葉の生起率は学年進行とともに低下する、（2）小学2年生以上のすべての学年において、子どもたちに与えた否認の生起率は、是認の生起率を上回った。この記述的研究の結果は、その後、多くの研究を刺激した。学年進行とともに是認が減り、また是認より否認が上回るという残念な結果は、どんな要因から起こるかを発見しようとする研究や、教師の是認の生起率はいかにすれば増加させられるかを発見する研究へと、つながっていったのである（例えば、Alber, Heward, & Hippler, 1999; Martens, Hiralall, Bradley, 1997; Sutherland, Wehby, & Yoder, 2002; Van Acker, Grant, & Henry, 1996）。

(2) 予測

　第2水準の科学的理解は、次の場合に起こる。すなわち、観察を繰り返し行っても、2つの出来事がつねに相互に共変化することが見つかる場合である。つまり、ある出来事が存在するとき、もう1つの出来事が起こる。例えば、近づく冬という出来事が存在するとき、ある鳥たちが南に向かって飛翔するというもう1つの出来事が起こる。このように、2つの出来事が、一貫して共変することが確かめられたとき、両者の関係を相関関係（correlation）と呼ぶ。相関関係を使えば、相対的確率を予測することができる。すなわちある出来事が存在するとき、それを手がかりにして他の出来事の生起を予測することができるのである。

　相関研究においては、研究者は変数を一切操作しない。すなわちコントロールしないのである。したがって、観察したさまざまな変数のうちのどれが、他の変数の変化の真の原因であるかを実証することはできない。またそのような因果関係を推論することもできない（Johnston & Pennypacker, 1993a）。例えば、暑い天気と溺死事故の発生増加との間には、強力な相関関係が存在する。しかし、暑くて湿度の高い日を原因として、誰かが溺死するという結果が起こると仮定してはならない。暑い天気と相関するのは、溺死事故の発生だけではない。例えば、水辺に救

いを求める人々の数（泳げる人も泳げない人も）の増加とも相関する。また多くの溺死事故は、アルコールや薬物の使用、犠牲者の遊泳スキルの程度、強い離岸流、救助員の監督不在など、他のさまざまな要因からも起こることが分かっている。

しかし相関研究が示す結果は、因果関係が存在する可能性を暗示する。その関係は、後々の研究において探求される。応用行動分析学の研究文献において報告される最も一般的な相関研究は、観察される（が操作されない）2つ以上の変数の間の相対的生起率、ないしは条件的生起確率を比較するというものである（例えば、Atwater & Morris, 1988; Symons, Hoch, Dahl, & McComas, 2003；Thompson & Iwata, 2001）。例えば、マッカーチャーとトムソン（McKerchar & Thompson, 2004）は、幼稚園の14人の子どもたちの問題行動と、その行動の直後に起こる結果事象との間の相関関係を見出した。結果事象は、先生がその子に注目する（100％の子どもたち）、先生がその子に教材や品物を与える（79％の子どもたち）、教育課題の遂行を免除する（33％の子どもたち）というものだった。この発見は、子どもたちの問題行動を維持するのは人々の対応（社会的結果）であると考え、それを臨床場面の分析に一般的に使用することに対して、経験科学的妥当性を与えるというだけではない。社会的結果の査定から得られた知見を利用した諸種の介入が、幼稚園などの教室場面で自然に起こる条件に対して適切なものになるだろうという予測を、この発見がいっそう確信させることになるのである（Iwata et al., 1994; 第24章を参照）。さらに、マッカーチャーとトムソンの発見は、子どもの問題行動に対する教師の対応が、問題行動を維持し増長させる確率が高いことを浮き彫りにしたが、そうすることによって問題行動によりよく対処する方法を主題とする、教員向けの研修の必要性をも指摘したのである。

（3）制御

ある程度の確信をもって未来を予測する能力は、科学がもたらす重要な、そして有効な結果である。予測によって準備が可能になるからである。しかし科学がもたらす最も大きな潜在的利益は、科学的理解の第3水準の理解、最高の理解、すなわち制御（control）によってもたらされる。物理科学と生物科学における科学的発見がもたらした制御の証拠（evidence）は、われわれの常識である日々のテクノロジーの形式で、われわれを取り巻いている。例えば、殺菌されたミルクとそれを貯蔵する冷蔵庫、インフルエンザの予防接種とそれを受けるために乗って行く自動車、アスピリン、そして薬のニュースと広告でわれわれを責めたてるテレビ。

関数関係は基礎と応用の行動分析研究が生み出す一次産品（加工せず生産したままの形で取引される産物）である。関数関係は、行動を改善するテクノロジーを開発するための最も重要な、最も有効な科学的理解をもたらす。**関数関係**（functional relation）はどんな場合に存在するだろうか。それは1つの出来事（従属変数 [dependent variable]）の特定の変化が、もう1つの出来事（独立変数 [independent variable]）の特定の操作によって、確実に生み出せることが、よく制御された実験によって証明される場合、そして従属変数における変化は独立変数とは別の無関係な要因（交絡変数 [confounding variable]）からは起こりえないことが浮き彫りにされる場合、である。

ジョンストンとペニーパッカー（Johnston & Pennypacker, 1980）は、関数関係を「行動とそれを決定する変数との間の関係についての自然科学的研究の最終的所産」（p. 16）であるとした。

　　そのような「両者の関係」（co-relation）は、$y=f(x)$ の形で表現される。x は独立変数、または関数の独立変数であり、y は従属変数である。観察された関係が本当の関数関係であることを決定するためには、x の値を単独で操作し、それが y を生み出すうえで十分であることを実証しなければならない……。しかし、より強力な関数関係が存在するのは、必然性（y が生起するのは x が生起する場合のみ）が証明されるときである。最も完全な、そして簡にして要を得た経験科学的探究の形式は、関数関係を突きとめるために実験的方法を適用することである。（Johnston & Pennypacker, 1993a, p. 239）

　関数関係の科学的発見から得られる理解は、あらゆる分野における応用テクノロジーの基盤である。このテキストにおいて引用するリサーチのほとんどすべては、標的行動と環境変数（1つまたは複数）の間の関数関係を立証ないし発見した実験的分析である。しかし関数関係はまた相関関係でもあることを理解すること（Cooper, 2005）、そしてまた以下を理解することが大切である。

　　事実、われわれが本当に知ることができるものはすべて、2つの出来事が何らかの形で関係していること、つまり「相関していること」である。あることが他のことを「引き起こす」ということは、あることが他のことの排他的結果であることを意味する。このことを知るためには、それ以外の他のいかなる要因も、貢献的役割を演じていないことを知る必要がある。このことを知ることは実質的には不可能である。それはまず考えうるあらゆる要因を突き止めて、それらがすべて関係していないことを証明する必要があるからである。（Johnston & Pennypacker, 1993a, p. 240）

2．科学の態度

　　科学は何よりもまず一連の行動である。

　　　　　　　　　　　　　　　　　　　　　―B. F. スキナー（Skinner, 1953, p. 12）

　科学の定義は、試験管や、分光計や、電子加速器の中には存在しない。科学者の行動の中に存在する。どのような科学を理解するにしろ、最初にすることは、見てすぐ分かる器具や装置越しに科学者を見て、そこで科学者が何をしているかを調べる必要がある[1]。もし知識の探求が、科学

注1：スキナー（Skinner, 1953）は、望遠鏡とサイクロトロンは「活動中の科学の劇的光景」（p. 12）を示してくれ、しかもこれらの装置なしには科学はこれほど進歩することはあり得ないが、これらの機器や装置自体は科学そのものではない、とした。「科学はまた正確な測定とも同一ではない。われわれは科

を科学たらしめる方法論上の指針と期待に沿ってなされるならば、それは科学と呼んでよい。「科学的方法」とは、あらかじめ決定された一定のステップ、または1組のルールであるというならば、そのようなものは存在しない。しかしすべての科学者は、1つの基本的仮定を共有している。それは科学によって探究できる出来事の特徴と、基本的戦略に関する一般的考えと、研究によって発見したものをどう解釈するかについての考え方をめぐる基本的仮定である。これらが科学の態度である。すなわち、決定論、経験主義、実験、レプリケーション（実験の再現）、倹約性、そして哲学的懐疑である。これらは、すべての科学者の活動を導く、一連の最も重要な仮定と価値観である（Whaley & Surratt, 1968）。

（1）決定論

科学は、**決定論**（determinism）という仮定に基づいている。科学者は宇宙が、あるいは少なくとも科学の方法を用いて精査しようとする宇宙のある部分が、法則性と秩序を持った場所であると仮定する。そこではあらゆる現象が他の出来事の結果として起こる。言い換えれば、もろもろの出来事は、単に行き当たりばったりに起こるわけではない。つまり、それらは他の要因と組織的に関係している。それらの要因もまた科学的探究の対象とすることができる物理的現象である。

宇宙は**偶然論**（accidentalism）によって支配されているとする考え方がある。偶然論とは、あらゆる出来事がハプニングによって、つまり原因となるものなしに起こるとする、決定論とは正反対の哲学的立場を意味する。また宇宙は**宿命論**（fatalism）によって支配されているとする考え方もある。それはあらゆる出来事が、あらかじめ決定されているとする信念である。もし宇宙が偶然論や宿命論に支配されているとするならば、科学的発見も、物事を改善するために関数関係をテクノロジーとして活用することも、不可能となるだろう。

> もし科学の方法を人間に関わるものごとの領域に活用しようとするならば、行動には法則性があり、行動は決定されるものであると、仮定しなければならない。そして人間の振る舞いは、識別可能な諸条件の結果であることを発見しようとしなければならない。そしてこれらの条件が発見されれば、人間の行動を予測することができ、またある程度決定することもできる。(Skinner, 1953, p. 6)

決定論は科学の実践を行ううえで決定的な二重の役割を演じる。すなわち決定論は哲学的スタンスであり、かつ立証である。哲学的スタンスは立証には役立たないが、立証は個々の実験によって追求される。別の言葉で言えば、科学者はまず法則性を仮定する。ついで法則的関係の探求

学的態度を持たなくても、物音を測定し数学的に処理することは可能である。もちろんわれわれは、これらの助けを得ながら科学的になることは可能である」(p. 12)。科学の機器（instruments）は、それによって科学者がその主題にいっそう深く触れることを可能にする。そして測定と数学によって、カギとなる変数のより正確な記述（description）と制御（control）ができるようになる。

に赴くのである。（Delprato & Midgley, 1992）

（2）経験主義

科学の知識は、何よりもまず、**経験主義**（empiricism）の上に構築される。経験主義とは、興味の対象となる現象の客観的観察という実践を意味する。ここでいう客観性とは、「科学者の個人的偏見や、趣味や、個人的意見から独立していること」を意味する。「経験科学的方法がもたらす結果は客観的である。なぜなら、それはいかなる人の観察も受け入れるものであり、個々の科学者の主観的信念に影響されないからである」。（Zuriff, 1958, p. 9）

近代科学の発生以前の時代においては、また今日における非科学的活動やえせ科学の活動においても、知識は沈思黙考や、思索や、個人的意見や、権威や、常識という「疑う余地のない」論理の所産だった（そして今でもそうである）。しかし科学者の経験科学的態度は、興味の対象である現象の完璧な記述と、組織的かつ反復的な測定と、正確な数量化を要求する。

経験主義は、行動の科学において、科学のあらゆる分野における場合と同様に、最も重要なルールである。行動を理解し、予測し、改善するあらゆる努力は、行動分析家の能力に影響される。すなわち、興味の対象である行動の生起と非生起を完全に定義し、組織的に観察し、そして正確にかつ信頼性を持って測定する能力にかかっている。

（3）実験

実験はほとんどすべての科学の基本的戦略である。ホエーリーとスラット（Whaley & Surratt, 1968）は、実験を行う必要性を訴えるために次のような逸話を用いた。

> ある男が郊外の住宅地区に住んでいた。ある日の夕方、隣人が四方を礼拝し、奇妙なメロディーを詠唱し、前庭の芝生の周りを小さな太鼓をたたきながら踊り回るのを見て驚いた。その男はこの儀式を1ヵ月以上ただ見ていたが、ついに好奇心に負け、このことについて聞いてみることにした。
> 「あなたは毎夕なぜ同じ儀式をしているのですか？」男が隣人に尋ねた。
> 「儀式をすると、わが家は虎の恐怖から救われるんです。」と隣人が答えた。
> 「やれやれ！」男が言った。「ここから千マイル以内に、虎なんかいませんよ。ご存知ありませんか？」
> 「もちろんですとも」隣人が笑った。「それが儀式の効果ですよ。お分かりでしょう？」（pp. 23-2 to 23-3）

複数の出来事が同時に変化するか、時間的に近い順序で起こることが観察されるとき、関数関係が存在する可能性がある。しかし観察された従属変数の値はほかの要因によってもたらされた可能性もある。関数関係の存在する可能性を調べるためには、実験（望ましくは一連の実験）を

行わなければならない。その実験では、原因と考えられる要因を組織的に制御し、操作して、調査中の出来事に及ぼす効果を注意深く観察する。デインスムーア（Dinsmoor, 2003）は、実験的という言葉の意味を考察して次のように述べた。

> 2つの行動測定値が統計的に有意な水準で共変化することが見出されることがある。しかしどの要因が原因であり、どの部分が結果であるかはそれによっては明らかにはされない。それどころか両者の間の関係は第3の交絡要因（confounded factor）によって作り出されたものかどうかも明らかにされない。実はどちらもその第3の要因によって、たまたま共変化したかもしれない。例えば、成績のよい子どもたちが、成績の悪い子どもたちよりも頻繁にデートすることが分かったとしよう。よい成績は人々に社会的魅力を与えるだろうか？　それともデートは学業的成功にとっての近道だろうか？　頭が良いことは、それだけのことがあるのだろうか？　あるいは経済的安定と自由時間が、学業的成功と社会的成功をともに可能にさせるのだろうか？　（p. 152）

裏庭の虎の存在に限らず、およそいかなる現象であれ、それを確実に予測し制御するためには、それらの現象をそのようにあらしめる原因となる諸要因を突きとめ操作する必要がある。先ほどの逸話に登場した男性が、その儀式の有効性を評価するために使える実験的方法の1つは、まず定期的に虎が観察される近隣の地域に移動して、それから反虎儀式を行うことを組織的に操作しながら（例えば、1週間儀式を行う、1週間儀式を止める、1週間儀式を行う）、儀式を行う条件と、儀式を行わない条件の下で、虎の存在を観察し記録することである。

> 実験的方法とは、ある出来事のパターンの中から関連する変数を単離する方法である……。実験的方法を採用する場合、1度に1つの要因（独立変数）を変化させ、その状況のそれ以外のあらゆる側面を同じに保ち、それからその要因を変化させたことが標的行動（従属変数）に及ぼす効果を評価することが可能になる。理想通りに行けば関数関係が得られるだろう。実験的制御のフォーマルなテクニックは、比較される条件が、その他の点では確実に同一になるように設計されている。実験的方法を用いることは、実験行動分析学をその他の研究方法から区別するための必要条件（必須要件）である。(Dinsmoor, 2003, p. 152)

したがって、**実験**（experiment）とは、2つ以上の条件を用意して、それら複数の条件下で唯一異なるのは、1度に1つの要因のみ（独立変数）となるようにして、興味の対象となる現象（従属変数）を、何らかの測度で測定し、それらの測定値を注意深く比較することである。応用行動分析学において実験を行うための戦略と戦術については、第7章から第10章において論じる。

（4）レプリケーション（実験の再現）

1つの実験のみでは、その研究がどれほどうまく設計され遂行されたとしても、またその結果

がいかに明瞭で印象的だったとしても不十分であり、その結果が何らかの研究分野における科学的な知識ベースにおいて、人々から受け入れられる地位を獲得することはできない。1つの実験から得られたデータはそれ自身価値をもち、それを軽視することはできないが、その実験が何度も何度も反復され、同じ結果の基本的パターンが得られることによって初めて、科学者たちは徐々にその結果に対して納得を示すようになるのである。

　レプリケーション（replication）、それは実験の反復である。また実験の中で独立変数の条件を反復することである。実験を反復すべきであるという考えは「実験的方法の隅から隅にまで浸透している」。(Johnston & Pennypacker, 1993a, p. 244) 実験の再現は科学者が自らの発見の信頼性と有効性を決定し、自らの誤りを発見する本来的方法である（Johnston & Pennypacker, 1980; 1993a; Sidman, 1960）。科学が自ら誤りを正し最終的に正しい決着をつける営みであることを示す本来的根拠は、科学者の無謬性や生来の正直さにあるのではなく、まさにレプリケーション（実験の再現）にあるのである。(Skinner, 1953)

　一体、1つの実験を何回反復して同じ結果を出せば、その発見を科学者の共同体は受け入れるだろうか？　要求される反復の一定の必要回数は存在しない。理論にしろ実践にしろ、発見の重要性が大きければ大きいほど、反復しなければならない実験回数もそれだけ大きくなる。行動研究において実験の再現が果たす役割と、応用行動分析学で使われる実験の再現戦略については、第7章から10章において説明する。

（5）倹約性

　辞書に示された倹約性の定義の1つは、非常につつましく質素であるということである。そしてこの語義は科学者の行動を、特別な方法で正確に記述する。**倹約性**（parsimony）は科学の態度の1つとして、次のことを要求する。すなわち、研究中の現象を説明する単純で論理的な説明が、実験分析または概念分析によって、すべて不適切であると確認されて初めて、より複雑で抽象的な説明を考慮するようにせよ、と。最小限の仮定に立つ解釈は、科学者が自らの研究結果を研究分野の既存の知識ベースの中に適合させるために役立つ。極限までそぎ落とされたつつましい解釈は、当該現象を説明する必要かつ十分な成分だけによって構成される。倹約の態度は科学的説明にとって極めて重要であり、そのため「倹約の法則」と呼ばれることがある（Whaley & Surrantt 1968）。それはオッカムのカミソリ（Occam's Razor）を起源とする「法則」であり、オッカムのウイリアム（William of Occam, 1285-1349）の功績である。彼はこう述べている。「何事を説明するにしろ、そのために要求される実在するものの数を必要以上に増やしてはならない」。(Mole, 2003) 言葉を変えれば、同じ現象を説明するとき、説得力のある競合する2つの説明の一方を選択するときは、無関係な変数を剃り落とした最も単純な説明、最小限の仮定を要する説明を選ぶようにするのである。

（6）哲学的懐疑

　哲学的懐疑（philosophic doubt）という態度が科学者に期待していることは、事実とされるものの真実性を、絶えず疑うことである。科学的知識は、必ず仮のもの、一時的なものとみなされなければならない。科学者はいつも自分がいちばん気に入っている信念と発見を進んで破棄して、それを新しい発見から生じた知識と置き換える用意がなければならない。

　優れた科学者は健全なレベルの懐疑的態度を維持する。他の研究者の研究に対して懐疑的になることは簡単である。より科学者として難しくしかも決定的に重要なことは、自分自身の発見や解釈の誤りの可能性に対しても開かれた態度を維持し、またその証拠を探そうとする姿勢である。オリバー・クロムウェル（Oliver Cromwell, 1650）が他の文脈においてこう語った。「私がぜひみなさんにお願いしたいことは……自分にも間違う可能性があることを自覚してほしいということです」。真の科学者にとって「新しい発見は困ったことではない。それどころか新しい発見は、さらなる研究と理解を拡大させる機会である」（Todd & Morris, 1993, p. 1159）。

　実践家もまた、研究者と同様に、懐疑的でなければならない。懐疑的実践家は新しい実践を実行する前に科学的証拠を求めようとする。しかしそれだけではない。一旦その実践を実行したならば、その有効性をひき続き評価する。実践家は新しい理論やセラピーや処遇の有効性に対してなされた並外れた主張に対してとくに懐疑的でなければならない。（Jacobson, Foxx, Mulick, 2005; Maurice, 2006）

　　　真実というにはよすぎる主張は、だいたいすぎたるものである……。並外れた主張は並外れた証拠を必要とする（Sagan, 1996; Shermer, 1997）。
　　　並外れた証拠とはどんな証拠か？　最も厳密な意味では、そして有効な教育方法であるという主張を評価するときに用いるべきであるという意味では、証拠とは科学的方法を適用して得られた結果を意味する。つまりある主張や、理論や、実践の有効性を検証するために科学的方法を適用し、そこから得られた結果を証拠というのである。テストがより厳密に行われ、テストがより頻繁に反復され、テストがより大々的に裏づけられるほど、証拠はより並外れたものになる。並外れてよくテストされるとき、証拠は並外れたものになる。（Heward & Silvestri, 2005, p. 209）

　哲学的懐疑についての議論を、2つのアドバイスによって締めくくることにする。1つはカール・セーガン（Carl Sagan）、他はB. F. スキナー（B. F. Skinner）のアドバイスである。「問題は私たちが一連の推論から生じる結論を気に入るかどうかではない。その結論は前提ないし出発点から導き出されるかどうか、そしてその前提は真実であるか否か、それが問題なのである」（Sagan, 1996, p. 210）。「どんな実践も不変であるとしてはならない。改めよう。そしていつでもさらに改めよう。永遠の真実などは一切受け入れるな。実験しよう」（Skinner, 1979, p. 346）。

（7）そのほかの重要な態度と価値

　これまで吟味してきた科学の6つの態度は、科学にとって必要な特徴である。そして応用行動分析学を理解するための重要な背景を提供する。しかし最も生産的で成功する科学者の行動は、思慮深さ、好奇心、根気強さ、勤勉さ、倫理性、正直さなどによっても特徴づけることができる。優れた科学者はこれらの習性を習得する。それはそのように行動することが、科学の進歩にとって有益であることが実証されているからである。

3．科学の定義

　普遍的に認められた、標準的な科学の定義は存在しない。私たちは、これまで論じてきた科学の目的と態度を主題のいかんにかかわらず包括する定義として、次の定義を示すことにする。**科学**（science）は自然現象の理解に対する組織的方法である。それは記述と予測と制御によって証拠づけられる。この組織的方法においては、基本的仮定として決定論を、最も重要な指令として経験主義を、基本的戦略として実験を、信憑性の必要条件としてレプリケーションを、控えめな価値として倹約を、従うべき良心として哲学的懐疑を拠り所にする。

II　行動分析学の発展小史

　行動分析学には大きく分けて3つの分野がある。第1は**行動主義**（behaviorism）である。この分野は行動の科学哲学を扱う。第2は実験行動分析学（EAB）である。この分野は基礎研究に取り組む。第3は応用行動分析学（ABA）である。この分野は行動改善のためのテクノロジーの開発に取り組む。応用行動分析学を完全に知るためには、そこから発展し現在につながる哲学と基礎研究の伝統と発見に関連づけて理解する必要がある。この節では行動主義の基本原理の初歩的解説を行い、行動分析学の発展を特徴づけた主な出来事を概観する[2]。表1.1は、1930年代以降の進歩に貢献した、主な書籍やジャーナル、専門団体のリストである。

1．ワトソンのS-R行動主義

　1900年代初頭の心理学を支配していたのは、意識やイメージ、その他の精神過程（mental processes）の状態を研究することだった。内観（introspection）とは、自分自身の意識レベルの思考と感情を丁寧に観察する行為であり、これが心理学の主たる研究方法だった。20世紀の最初の10年間に出版された心理学のテキストの著者たちは、心理学を行動の科学と定義していたが（Kazdin, 1978 を参照）、ジョン・B・ワトソン（John B. Watson）は、心理学の分野における

注2：行動分析学の歴史を記した情報に富む面白い記述は、次の文献に見出される。Hackenberg (1995), Kazdin (1978), Michael (2004), Pierce & Epling (1999), Risley (1997, 2005), Sidman (2002), Skinner (1956, 1979), Stokes (2003), および『行動分析士誌』（*The Behavior Analyst*）の 2003 年秋号の特集。

表1.1 行動分析学の発展と普及に大きな役割を果たした書籍、ジャーナル、団体の代表的セレクション

年代	書籍	ジャーナル	団体
1930年代	『有機体の行動』(The Behavior of Organisms)、スキナー(1938)		
1940年代	『ウォールデン・ツー』(Walden Two) スキナー(1948)		
1950年代	『心理学の原理』(Principles of Psychology) ケラー&ショーンフェルド(1950) 『科学と人間行動』(Science and Human Behavior)、スキナー(1953) 『強化スケジュール』(Schedules of Reinforcement)、ファースター&スキナー(1957) 『言語行動』(Verbal Behavior)、スキナー(1957)	『実験行動分析誌』(Journal of the Experimental Analysis of Behavior, JEAB) (1958)	実験行動分析学会(Society for the Experimental Analysis of Behavior, SEAB) (1957)
1960年代	『科学研究の戦術』(Tactics for Scientific Research)、シドマン(1960) 『子どもの発達I、II』(Child Development, Vols. I & II)、ビジュー&ベア(1961, 1965) 『行動の分析』(The Analysis of Behavior)、ホランド&スキナー(1961) 『行動修正の研究』(Research in Behavior Modification)、クラスナー&ウルマン(1965) 『オペラント行動:研究と応用の領域』(Operant Behavior: Areas of Research and Application)、ホニッグ(1966) 『人間のオペラント行動の分析』(The Analysis of Human Operant Behavior)、リース(1966)	『応用行動分析誌』(Journal of Applied Behavior Analysis; JABA) (1968)	アメリカ心理学会第25部会実験行動分析学会(American Psychological Association - Division 25 Experimental Analysis of Behavior) (1964)

	『(強化随伴性：理論的分析』(Contingencies of Reinforcement: A Theoretical Analysis)、スキナー（1969）		
1970年代	『自由と尊厳のかなたに』(Beyond Freedom and Dignity)、スキナー（1971）	『行動主義』(Behaviorism、1972) (1990年に『行動と哲学』〈Behavior and Philosophy〉に改題) (Reviza Mexicana de Analisis de la Conducta 1975)	ノルウエー行動分析学会（1973）
	『行動の基本原理』(Elementary Principles of Behavior)、ホエーリー＆マロット（1971）		中西部行動分析学会（MABA）（1974）
	『教育その他の素晴らしい場面における随伴性マネジメント』(Contingency Management in Education and Other Equally Exciting Places)、マロット（1974）	『行動修正』(Behavior Modification,1977)	国際行動分析学会（旧MABA）（1975）
		『組織行動マネジメント誌』(Journal of Organizational Behavior Management, 1977)	メキシコ行動分析学会（1975）
	『行動主義について』(About Behaviorism、スキナー（1974）	『子どもの教育と治療』(Education & Treatment of Children, 1977)	
	『児童青少年に対する行動分析学の手法の応用』(Applying Behavior-Analysis Procedures with Children and Youth)、サルツァーアザロフ＆メイヤー（1977）	『行動分析家』(The Behavior Analyst, 1978)	
	『学習』(Learning)、カタニア（1979）		
1980年代	『人間行動研究の戦略と戦術』(Strategies and Tactics for Human Behavioral Research)、ジョンストン＆ペニーパッカー（1980）	『精密教授とセラレーション誌』(Journal of Precision Teaching and Celeration (旧精密教授誌〈Journal of Precision Teaching〉、1980)	行動分析学振興協会（1980）
			ケンブリッジ行動研究センター（1981）
	『行動主義：概念の再構築』(Behaviorism: A Conceptual Reconstruction)、ザリフ（1985）	『言語行動分析』(Analysis of Verbal Behavior, 1982)	日本行動分析学会（1983）
		『行動介入』(Behavioral Interventions, 1986)	
	『行動分析の最近の問題』(Recent Issues in the Analysis of Behavior)、スキナー（1989）	『行動分析学研究』(Japanese Journal of Behavior Analysis [日本]、1986)	

年代	書籍	雑誌	組織
1990年代	『行動分析の概念と原理』(Concepts and Principles of Behavior Analysis)、マイケル（1983） 『徹底的行動主義：哲学と科学』(Radical Behaviorism: The Philosophy and the Science)、チーザ（1994） 『等価関係と行動』(Equivalence Relations and Behavior)、シドマン（1994） 『問題行動の機能分析』(Functional Analysis of Problem Behavior)、レップ＆ホーナー（1999）	『行動分析学ダイジェスト』(Behavior Analysis Digest、1989) 『行動と社会問題』(Behavior and Social Issues)（1991） 『行動教育誌』(Journal of Behavioral Education)（1991） 『積極的行動介入誌』(Journal of Positive Behavior Interventions、1999)	行動分析学養成プログラム認定協会(Accreditation of Training Programs in Behavior Analysis：Association for Behavior Analysis)（1993） 行動分析士資格認定協会(Behavior Analyst Certification Board, BACB)（1998） 行動分析学大学院プログラムディレクター協議会(Council of Directors of Graduate Programs in Behavior Analysis, Association for Behavior Analysis)（1999）
2000年代		『ヨーロッパ行動分析誌』(European Journal of Behavior Analysis、2000) 『現代の行動テクノロジー』(Behavioral Technology Today、2001) 『行動開発速報』(Behavioral Development Bulletin、2002) 『早期高密度行動介入誌』(Journal of Early and Intensive Behavior Intervention、2004) 『ブラジル行動分析誌』(Brazilian Journal of Behavior Analysis、2005) 『国際行動コンサルテーション＆セラピィ誌』(International Journal of Behavioral Consultation and Therapy、2005)	最初のBACB認定行動分析士（BCBA）、BACB認定准行動分析士（BCaBA）（2000） ヨーロッパ行動分析学会(European Association for Behaviour Analysis)（2002）

新しい方向のスポークスマンとして、広く認められている。ワトソン（Watson, 1913）は、強い影響力を持った「行動主義者から見た心理学」（Psychology as the Behaviorist Views It）という論文においてこう述べている。

> 行動主義者の視点で見ると、心理学は純粋に客観的な自然科学の実験部門である。その理論的目標は行動の予測と制御である。内観はその方法の必要不可欠な部分ではない。また内観のデータの科学的価値は、意識によって解釈できるかどうかによって決定されるものではない。(p. 158)

心理学の適切な主題は、こころ（mind）とか精神過程の状態ではなく、観察できる行動である。ワトソンはそう主張した。さらに、自然科学として行動を客観的に研究することは、環境刺激（S）とそれらの刺激が引き起こす反応（R）との間の関係を直接観察することでなければならないとした。ワトソンの行動主義は、刺激—反応（S-R）心理学として世間に知れ渡った。S-R心理学を大部分の行動を効果的に説明する枠組みとしてサポートする科学的証拠は十分存在してはいなかったが、ワトソンは自分の新しい行動主義が必ず人間行動の予測と制御に至るはずであり、実践家は教育やビジネスや法律などの諸領域におけるパフォーマンスを改善することができるだろうと確信していた。ワトソン（Watson, 1924）は、人間行動について大胆な主張を行った。そのことを示す有名な文章がある。

> 発育の良い健康な赤ちゃんを1ダースと、私が子どもたちを育てるための特別仕様の世界を用意して下さい。その中から誰か1人を無作為に選んで、どんなタイプのスペシャリストにも育ててみせましょう。医師、弁護士、芸術家、商店主、そしてもちろん物乞いでも泥棒でも。その子の才能や、嗜好や、性癖や、能力や、職業や、祖先の人種は問いません。私は自分の実力以上のことをしようとしており、そしてそのことを認めることにやぶさかではありませんが、反対論の唱導者たちも同様に、何千年もそのようにしてきたのです。(p. 104)

このように法外な主張を行い、利用できる科学的知識の範囲を超えて人間行動を予測し制御することが可能であることを強調したことは残念である。ここに挙げた引用は、ワトソンが信頼できない人物であることを証明するために使われてきた。そして現代の行動分析学が立脚する行動主義は、S-Rパラダイムとは根本的に異なっているにもかかわらず、今もなお行動主義全体を貶める目的で使われている。それにもかかわらず、ワトソンの貢献は偉大な意味を持っていた。彼は行動を、物理科学や生物科学と同様に、自然科学として研究するよう、強く訴えたのである[3]。

2．実験行動分析学

行動分析学の実験分野は、公式にはB. F. スキナーの著書『有機体の行動』（*The Behavior of*

注3：J. B. ワトソンの興味深い伝記とその学問的貢献についての検討は、Todd & Morris（1994）参照。

B. F. スキナー、(左) インディアナ大学実験室1945年ごろ、(右) 1967年ごろ

Organisms, 1938/1966) の出版とともに、1938年に開始された。この著作は、スキナーが1930年から1937年の間に行った実験室研究をまとめたものであり、またレスポンデントとオペラントという2種類の行動の全体像を提示したものである。

　レ̇ス̇ポ̇ン̇デ̇ン̇ト̇行̇動̇ (respondent behavior) とは反射行動である。それはイワン・パヴロフ (Ivan Pavlov, 1927/1960) の流れと軌を一にしている。レスポンデントは、その直前に起こる刺激によって誘発 (elicit) される。つまり「引き出される」。先行刺激 (例えば、明るい光) と、それが誘発する反応 (例えば瞳孔収縮) は、反̇射̇ (reflex) という機能単位を構成している。レスポンデント行動は、基本的に不随意 (非自発的) であり、誘発刺激を提示すれば、必ず引き出される行動である。

　スキナーは「すべての行動に科学的説明を与えることに関心があった。その中にはデカルトが"意志がある"として科学の範囲の外に除外した行動も含めていた」(Glenn, Ellis, & Greenspoon, 1992, p. 1330)。しかし、スキナーは、同時代のほかの心理学者と同様に、S-Rパラダイムでは、多くの行動、とくに行動に先行する明らかな原因が環境側に存在しない行動を説明することはできないと感じていた。反射行動には明白な誘発事象が存在するが、それに比べて生物の多くの行動は自発的であり、「随意的」(voluntary) であるように思われた。「随意的」行動の原因となるメカニズムを説明する試みにおいて、ほかの心理学者は認知過程や、動因や、自由意志のような媒介変数を、生物の内部に仮定した。スキナーはそれとは別の方針を採用した。**仮説的構成概念** (hypothetical construct)、つまり推定されるものの観察することはできず、実験的に操作することができない実体を措定する代わりに、スキナーは先行する明らかな原因をもたない行動の決定因子を、環境側に見つけ出そうとし続けた (Kimball, 2002; Palmer, 1998)。

　　彼は行動の決定において生理学的変数が一定の役割を果たすことを否定しなかった。ただ生理学的変数は他の学問領域であり、自分の学問領域としては行動の原因として環境が果たす役割を見極めることに全力を傾けようとし続けた。この決心は、時間軸上のどこか別の場所を探すこと

を意味した。スキナーは労を惜しまずに研究し、行動は先行する刺激によってはあまり変化せず（文脈は重要ではあるが）、行動の直後に起こる結果（すなわち、行動を条件として起こる結果）によってより著しく変化することを示す証拠、たとえ直観とは相いれないにしても極めて重要な証拠を積み重ねていった。この概念を表す非常に重要な公式はS-R-S、別の言い方をすれば3項随伴性である。それはS-Rモデルに取って代わるものではなかった。われわれは、例えば空腹時に料理している匂いをかげばやはり唾液を分泌する。しかし3項随伴性は、学習される行動の大部分を、環境がどのように「選択する」かを説明するものだった。

　スキナーは、3項随伴性によって、私たちに新しいパラダイムを提示した。彼はボーアの原子モデルや、遺伝子のメンデル・モデルにも匹敵する、行動と学習を研究するための、深い思想性をもった、すばらしいものを達成したのである。(Kimball, 2002, p. 71)

　スキナーは、2つめの種類の行動を、オ・ペ・ラ・ン・ト・行・動・（operant behavior）と名づけた[4]。オペラント行動は、先行刺激によっては誘発されない。その代わり、過去においてその行動に後続した刺激変化に影響される。私たちの行動理解に対するスキナーの最も強力で根本的な貢献は、結果が行動に及ぼす影響を発見し、それを実験的に分析したことだった。主要な分析単位としてのオペラント3項随伴性は、概念上、革命的な発想の転換であった（Glenn, Ellis, & Greenspoon, 1992）。

　オペラント行動と「その環境との独自の関係の分析は、独立した重要な研究分野を提供する」（p. 438）と、スキナー（Skinner, 1938/1966）は主張した。彼はこの新しい科学に**実験行動分析学**（experimental analysis of behavior）という名称を与え、それを実践する方法論を説明した。簡単に言えば、スキナーは単体の実験動物（当初はネズミを使い、のちにはハトを使った）が、制御され標準化された実験箱の中で、一定の行動を自発（emit）する割合を記録したのである。

　スキナーが著書『有機体の行動』において提示した最初の一連のデータは、1つのグラフだった。それは、ネズミがレバーを押した直後に食物の粒を与えたとき、「結果として起こる行動の変化の記録を示すもの」（p. 67）だった（図1.1を参照）。スキナーは、反応に食物が後続しても、最初の3回は「観察できるような影響はまったく起こらなかった」、しかし「第4の反応以後は相当の増加率が生じ、素早く最大限の加速を示した」（pp. 67-68）と述べている。

　スキナーの研究手続きは、行動とさまざまな種類の環境事象との間の規則正しい確実な関数関係を、明瞭かつ強力なデモンストレーションを可能にする簡潔な実験方法へと発展して行った[5]。

注4：スキナーは著書『有機体の行動』において、レスポンデント行動の条件づけをタイプS条件づけ、オペラント行動の条件づけをタイプR条件づけと呼んだ。しかし、これらの用語はまもなく破棄された。レスポンデント条件づけ、オペラント条件づけ、3項随伴性については、第2章においてさらに定義し考察する。

注5：スキナーが開拓した実験的アプローチの方法論的特徴（例えば、主要な従属変数としての反応の生起率または頻度、単一被験体内での実験的比較、グラフによるデータ提示の視覚的分析）の大部分は、今も基礎研究と応用研究の双方を特徴づけている。第3部の5つの章において、応用行動分析家がこの実験的アプローチをどう使うかを詳しく説明する。

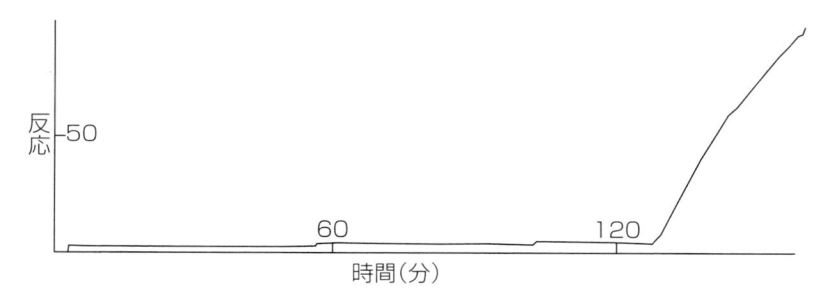

第1章 応用行動分析学の定義と特徴

最初の条件づけ
レバー押し反応はすべて強化された。最初の3回の強化は明らかに有効ではなかった。4回目の強化以後、反応率は急激に上昇した。

図1.1. スキナー著『有機体の行動：実験分析』（1938）に掲載された最初のデータ

From *The Behavior of Organisms: An Experimental Analysis* by B. F. Skinner, p. 67. Original copyright 1938 by Appleton-Century. Copyright 1991 by B. F. Skinner Foundation, Cambridge, MA. Used by permission.

スキナーと共同研究者と学生は、1930年から1950年までの間に、文字通り数千回に及ぶ実験室実験において、行動に先行し行動に後続する、刺激の配置とスケジューリングを組織的に操作することによって、オペラント行動の基本原理を発見し検証した。それは今日の行動分析学に対する経験的基礎を提供し続けている。これらの行動原理の記述（行動と環境上の出来事との間の関数関係の一般的陳述）と、それらの原理から引き出された行動改善の戦術は、このテキストの主要な部分を構成している。

3．スキナーの徹底的行動主義

B. F. スキナーは、実験行動分析学の創始者というだけではない。そのうえに実験行動分析学という科学の哲学についても、多くの論文を執筆している[6]。スキナーの著作は、疑いなく、行動の科学の実践においても、行動原理の新しい領域への応用の提案においても、最も強い影響力を与えてきた。スキナーは1948年に、著書『ウォールデン・ツー』（*Walden Two*）を発表した。

注6：多くの人々はスキナーを20世紀の最も優れた心理学者とみなしている（Haagbloom et al., 2002）。スキナーは291篇の第1次資料論文を単著または共著で執筆している（完全な文献目録はMorris & Smith, 2003を参照）。スキナーは3冊の自伝、『我が人生の顛末』（*Particulars of My Life*, 1976）、『ある行動主義者のシェーピング』（*The shaping of a behaviorist*, 1979）、『結果の問題』（*A matter of consequences*, 1983）を執筆しているが、さらに、スキナーについての多数の伝記が、著作や論文の形で、生前にも死後にも発表されている。スキナーについて学びたい人々にとっての必読書は、ダニエル・ビョーク（Bjork, D., 1997）の『B. F. スキナー：その生涯』（*B. F. Skinner: A Life*）、チャールス・カタニア（Catania, C., 1992）の『B. F. スキナー：オーガニズム』（*B. F. Skinner: Organism*）、フレッド・ケラー（Keller, F., 1990）の『バラス・フレデリック・スキナー（1904-1990）：感謝の言葉』（*Burrhus Frederic Skinner（1904-1990）: A Thank You*）、娘のジュリー・ヴァルガス（Vargas, J., 1990）による『B. F. スキナー：最後の数日』（*B. F. Skinner – The Last Few Days*）、ロバート・エプスタイン（Epstein, R., 1997）による『セルフ・マネージャーとしてのスキナー』（*Skinner as Self-Manager*）である。ABAに対するスキナーの貢献はモリスらの著作（Morris, Smith, & Altus, 2005）に示されている。

それは行動の哲学と原理がユートピア社会においてどのように活用されるかを説明したフィクションである。続いて古典的テキスト『科学と人間行動』（Science and Human Behavior, 1953）が出版された。この著作の中で彼は行動の原理がいかにして、教育や宗教や政治や法律や心理療法などの領域における複雑な人間行動に応用できるかを考察した。

　スキナーの多くの著作は、彼の行動主義哲学の発展と説明にささげられた。スキナーは『行動工学とは何か――スキナー心理学入門』（About Behaviorism, 1974）という著作の冒頭において、次のように論じている。

　　行動主義は、人間行動についての科学ではない。その科学についての哲学である。それが問う問題を挙げてみよう。そのような科学は本当に成り立ちうるか？　それは人間の行動のあらゆる側面を説明することができるか？　その科学ではどんな方法を用いることができるか？　行動の法則には、物理学や生物学の法則と同様に妥当性があるか？　それは結果としてテクノロジーを生み出せるか？　もし生み出せるとしたら、それは人間の問題においてどのような役割を演じることになるか？　(p.1)

　スキナーが切り拓いた行動主義は、ほかの行動主義の形態も含めて、ほかの心理学理論とは、著しく（実に徹底的に）異なっている。行動の研究に対する多くの心理学的モデルとアプローチが存在したし、今日も存在し続けているが、それらの大部分の間に存在する公約数（共通分母）は**メンタリズム**（mentalism）である。

　　一般的用語を使えば、メンタリズムは行動の研究に対する1つのアプローチとして定義されるだろう。このアプローチでは、行動の次元とは異なる、メンタル、すなわち「内部の」次元が存在すると仮定する。この次元は通常、神経系という特性、ないしは、心的、精神的、主観的、概念的、または仮説的な特性を表している。メンタリズムではこの次元における現象が行動のすべてとまでは言えないにしても、少なくともその一部については、行動の直接の原因になるか、少なくともそれらを媒介するもの、とさらに仮定する。これらの現象は、一般に、起動するまたは由来するという意味での、行動の原因としての何らかの行為、状態、メカニズム、プロセス、または実態であると考えられている。メンタリズムでは、これらの現象が何を起源として生じるかという問題については、せいぜい偶然に起こるとみなすだけである。最後に、メンタリズムでは、行動の適切な因果的説明は、メンタルな現象の有効性に直接訴えるものでなければならないと考える。（Moore, 2003, pp. 181-182）

　仮説的構成概念と説明的虚構は、メンタリズムの大事な資産（商売道具）である。それは西欧の知的思考と大部分の心理学理論（デカルト、フロイト、ピアジェ）を支配してきた。そしてメンタリズムは、21世紀の今日に至るまで、支配し続けている。例えば、フロイトは、仮説的虚構である複雑なメンタルの世界（イド、エゴ、スーパーエゴ）を創造した。それこそ人間の行為を理解するためのカギであると、フロイトは主張した。

仮説的構成概念とは「存在する可能性があるが、現時点では観察されない過程ないし実態」（Moore, 1995, p. 36）である。仮説的構成概念は、観察することもできなければ、実験的に操作することもできない（MacCorqudale & Meehl, 1948；Zurriff, 1985）。自由意志（free will）、レディネス（readiness）、生得的解発機構（innate releaser）、言語獲得装置（language acquisition device）、記憶のための貯蔵と検索のメカニズム（storage and retrieval mechanisms for memory）、情報処理（information processing）などは、すべて仮説的構成概念の例であり、それらはいずれも行動から推測されるものである。スキナー（Skinner, 1953, 1974）は、行動に影響を及ぼす出来事を、他の人々がアクセスできないことを理由に、除外することは誤りであると明確に指摘したが、行動の原因を説明するために推定されるものの、観察できないメンタリスティックなフィクション（すなわち仮説的構成概念）を用いることは、機能的説明に対して、いかなる貢献もなさないと考えていた。

　典型的な実験状況を考えてみよう。食物遮断された1匹のネズミが、光が点灯するたびにレバーを押して、食物を受け取る。しかし光が消灯しているときは、そのレバーを押すことはほとんどない（消灯時にレバーを押しても、食物は与えられない）。ネズミはなぜ光が点灯しているときだけレバーを押すか説明せよと問われたら、たいていの人は、そのネズミが光の点灯とレバーを押したときの食物の出現とを「関連づけたから」と答えるだろう。そうした関連づけ（連合）を行った結果、このネズミは今や、光が点灯しているときにのみ、そのレバーを押すべきことを「知っている」ことになる。ネズミの行動を、関連づけ（連合）のような仮説的認知過程や、「知識」と呼ばれる何者かに帰属せしめることによっては、この場面の機能的説明に何事も付け加えることはできない。第1に、その環境（この場合は実験者）が光とレバー押しに対する食物の入手可能性とを組み合わせたのであって、ネズミがそうしたわけではない。第2に、観察した行動を説明するという知識やその他の認知過程は、それ自体は説明されていない。したがって更なる推測が必要になってくる。

　この場合、ネズミの行動の原因とされる「知識」は、**説明的虚構**（explanatory fiction）の一例である。説明的虚構は虚偽変数である。多くの場合、観察した行動を単に別の言葉で言い換えたにすぎない。したがってその行動の開発や維持に関わる原因変数を解明するためには何の役にも立たない。説明的虚構は、「状況の原因と結果を循環させる論法」（Heron, Tincani, Peterson & Miller, 2005, p. 274）における主成分であり、人々に理解できたような錯覚をもたらすにすぎない。

　　観察した行動を架空の内的世界に転換させる試みはいまだに衰えていない。ときには、単なる言葉の練習にすぎなくなる。私たちは形容詞や動詞から、名詞を作ろうとする傾向がある。名詞を作ると、今度はその名詞が表す事物が存在する場所を探さなければならない。例えば、ロープは強い、という。間もなく、その強さを問題にする。こうしてある種の強さを張力と呼ぶようになる。次いでそのロープは、張力をもつがゆえに、強いと説明されるようになる。この誤りは、それほど露骨な誤りではない。しかし事態がより複雑になると、より面倒なことが起こる……。
　　では、行動について同様の例を挙げて考えてみよう。ある人が滑りやすい表面を歩いていて、

少々痛い目（罰的結果）に合う可能性にさらされているとする。彼はおそらく注意深いと呼ばれる仕方で歩くだろう。そして、簡単に表現すると、彼は注意して歩くとか、彼は注意を示すなどという表現になる。この種の表現ならば取り立てて問題にはならない。しかし、彼が慎重に歩くのは、注意深さゆえであると言い出すとすればそれは問題になる（Skinner, 1974, pp. 165-166, 強調は引用者）。

　行動主義では、客観的査定によって操作的に定義できない事象はすべて拒否すると考えている人々がいる。したがってスキナーも、他の人々によって独立して確認できないデータは、すべて彼のシステムから排除してきたと思われている（Moore, 1984）。ムーア（Moore, 1985）は、この操作的考えを「合意による真実への全力集中」（p. 59）と呼んだ。この行動主義哲学についての共通認識は偏狭である。現実には、行動主義には多くの種類がある。スキナーの徹底的行動主義以外に、構造主義や、方法論的行動主義や、原因要因として認知を用いる行動主義の諸形態（例えば、認知的行動修正や社会的学習理論）がある。

　構造主義と方法論的行動主義は、客観的査定によって操作的に定義されない出来事をすべて断固として拒否する（Skinner, 1974）。構造主義者は、自らの活動を行動を記述することに限定する。それによって、メンタリズムに陥ることを回避する。また科学的操作は行わない。それゆえ原因因子の問題には対処しようとしない。方法論的行動主義者は、構造主義者とは違い、科学的操作を行う。そして出来事間の関数関係を探求する。初期の行動主義者の中には、自らの科学の基盤に観察できない現象を据えることに我慢できず、「内的変数」の存在を否定するか、または科学的説明の埒外に置く人たちがいた。このような姿勢は、しばしば**方法論的行動主義**（methodological behaviorism）と呼ばれる。

　方法論的行動主義者も、通常、メンタルな出来事の存在は承認する。しかし行動を分析するときは、それらを対象としない（Skinner, 1974）。方法論的行動主義者は、公的出来事を信頼し、私的出来事は排除する。そのことは人間行動の知識ベースを狭め、行動の科学の革新を妨げる。方法論的行動主義は、行動の理解にとって非常に重要な領域を無視する。それゆえに、方法論的行動主義は限定的である。

　スキナーは、認知心理学が私的出来事に対して関心を示すことに対して、世上で受け取られているようには反対していなかった（Moore, 2000）。スキナーは、思考と感情（彼は「私的出来事」と呼ぶ）は行動であり、公的に観察できる行動を分析するために使われるものと同じ概念的・実験的用具を使って分析すべきものであるとした。個体内部に存在して別個のメンタルワールドの原理によって作動する現象、ないしは変数ではないとした。行動主義者でそのように考えたのは彼が初めてだった。

　スキナーの行動主義は、私的出来事の性質に関して、本質的に３つの大きな仮定をもっている。(a) 思考や感情などの私的出来事は行動である。(b) 皮膚の内部で起こる行動がほかの（「公的な」）行動と異なるのは、それがアクセス不能であるという点だけである、(c) 私的行動は公的にアクセスできる行動と同じ種類の変数によって影響される（すなわち、同じ変数の関数である）。

生物体の皮膚の内側で起こる出来事は、皮膚の内側で起こるからといって、特別な特徴をもつものと考える必要はない。私的出来事は、われわれの知る限り、何か特別な構造または性質のために区別されるわけではない。ただアクセスしにくいために区別されるだけである。(Skinner, 1953, p. 257)

　スキナーは、行動の全概念体系の中に私的出来事を組み込むことによって、**徹底的行動主義** (radical behaviorism) を創設した。その中にあらゆる人間行動を含めて理解しようとする。「皮膚の内側に何があるか、どうすればそれを知ることができるか？　その答えこそ、徹底的行動主義の核心であると思う」。(Skinner, 1974, p. 218) 徹底的行動主義における徹底的という用語の本来の意味は、広範囲に及ぶ、徹底した、である。それはこの哲学が、公的行動だけでなく私的行動も含めて、すべての行動を考慮に入れることを意味する。徹底的という用語はまた、スキナーの行動主義の形態を表す適切な修飾語でもある。なぜならそれは、次のことを求めて、他の概念体系から劇的に離脱することを表明するからである。

　　　それは、従来提案されてきた人間についての考え方を、最も劇的に転換するよう要求する。文字通り、行動の説明をあべこべにすること（内側から外側に転換すること）である。(Skinner, 1974, p. 256)

　スキナーと徹底的行動主義の哲学は、認知過程のような虚構のベースとなる出来事を容認する。徹底的行動主義は、行動の科学を2人以上の人間によって突き止められる現象に制限しない。徹底的行動主義の文脈では、観察するという用語は「触れ合う」(Moore, 1984) ことを意味する。徹底的行動主義者は、例えば虫歯に由来する刺激を考えたり、感じたりする私的出来事は、例えば音読や楽器演奏に由来する音を感じる公的出来事と、何ら違わないと考える。スキナー (Skinner, 1974) によれば、「感じられもの、内省によって観察されるものは、意識や心や精神生活のような非身体的世界ではない。観察する人自身の身体である」(pp. 18-19)。
　私的出来事を受け入れることは、徹底的行動主義の重要な側面である。ムーア (Moore, 1980) は、そのことを次のように簡潔に述べている。

　　　徹底的行動主義にとって、私的出来事とは、自分1人がアクセスできる何らかの刺激に個人が反応するという出来事である……。そのような刺激に対して自発される反応には、それ自体公的なもの、すなわち人々によって観察されるものもあれば、私的なもの、すなわち関与する個人だけがアクセスできるものも含まれる。にもかかわらず、スキナー (Skinner, 1953) の言説を敷衍して言うならば、皮膚の内部で起こる出来事は、皮膚の内部で起こるという理由だけで、何か特別な性質を持つと考える必要はない……。したがって、徹底的行動主義にとっては、私的刺激に対する個人の反応は、公的刺激に対する個人の反応と等しく法則性を持っており、また種類においても同じなのである。(p. 460)

科学者と実践家は、自分の所属する社会的文脈によって影響を受けている。また施設や学校はメンタリズムに支配されている。（Heward & Cooper, 1992；Kimball, 2002）メンタリスティックなアプローチは、環境における制御変数を探求しようとせず、行動を理解しようとして説明的虚構に流されていく。科学者と実践家は、行動の原理の知識に加えて、徹底的行動主義の哲学をしっかり把握することによって、メンタリスティックなアプローチに抵抗することができる。このテキストで示す行動原理と手続きは、公的出来事にも私的出来事にも等しくあてはまる。徹底的行動主義は哲学上の立場であり、このテキストで提示する内容の土台となっている。

　徹底的行動主義について完全に議論することは、このテキストの範囲をはるかに超えている。しかし、応用行動分析学のまじめな学徒なら、スキナーの原典をしっかり学ぶべきである。それだけでなく、行動の科学の哲学的基礎を批判し、分析し、拡大したそのほかの著者の著作についても、十分時間をかけて学ぶことが望ましい[7]。（徹底的行動主義の意味と重要性に関するドン・ベアの見解については、ボックス1.1を参照）

4．応用行動分析学

　オペラント行動の原理を人間に応用した最初の報告の1つは、フラー（Fuller, 1949）の研究である。参加者は18歳の最重度発達障害の少年で、当時の言葉で「植物状態の白痴」と記されていた。彼は仰向けに寝たままで、寝返りを打つこともできなかった。フラーは注射器に温かい砂糖入りのミルクを入れ、少年が右腕（腕をほとんど動かさなかったのでその腕を選んだ）を動かすたびに、その口に少量の液体を流しこむようにした。少年は、4回のセッションで、1分に3回の割合で、その腕を垂直方向に動かすようになった。

> 　担当医たちは……、彼が何かを学ぶことは不可能であると考えていた（医者たちによれば、少年は生まれて18年の間に何1つ学習してこなかった）。しかしオペラント条件づけの技法を活用することによって、たった4回の実験セッションで、少年の行動に新しい行動が1つ追加された。このレベルでは、それはすばらしい成果であるといえた。この実験に参加したり観察したりした人々は、もし時間が許せば、他のいろいろな反応を条件づけることができ、弁別の学習もできただろうと話した。(Fuller, 1949, p. 590)

　1950年代と1960年代初頭にかけて、研究者たちは実験行動分析学の方法を使って、人間以外の実験動物による実験室研究において証明された行動の原理が、人間を対象とした研究において追認できるかどうかを確かめようとした。人間を被験者にした当時の研究の多くは、クリニックや実験室場面において行われた。参加者はこれらの研究の中で新しい行動を学習して、たいてい利益を得ていた。しかし研究者の主要な目的は、実験室で発見された行動の基本原理が、人間を

注7：徹底的行動主義についての優れた考察を挙げておく。Baum (1994); Catania & Harnad (1988); Catania & Hineline (1996); Chiesa (1994); Lattal (1992); Lee (1988); Moore (1980, 1984, 1995, 2000, 2003)。

ボックス1.1
行動主義とは何か

　ドン・ベアは、行動の科学を愛していました。行動の科学について書くことが大好きであり、同じく行動の科学について語ることも大好きでした。ドンは、複雑な哲学的、実験的、専門的諸問題を、概念的にも実践的にも人間的にも必ず意味が通るように、即興で語ることのできる、比類ない能力の持ち主として有名でした。しかも偉大な作家としての語彙と構文を使い、物語の語り部としての練達の口調をもって語りました。ドンが唯一聴衆よりもよく知っているのは、自分の科学についてでした。

　オハイオ州立大学の特殊教育プログラムの大学院生と教授は、「特殊教育と応用行動分析学の現代の諸問題」という博士課程のゼミの貴賓教授として、ベア教授を30年間に3回も招くという光栄に浴しました。以下に示す質問と応答は、ベア教授の3回のテレカンファレンス・ゼミのうちの2回の講義録から採録したものです。

　もし路上である人が先生のところにやってきて、「行動主義とは何ですか？」と尋ねたら、どうお答えになりますか？

　行動主義のキーポイントは、人々がなぜ行動するかを理解できることです。これまでは素人も心理学者も行動を理解するとき、行動とは私たちが考え、私たちが感じ、私たちが望み、私たちが計算するなどした結果であるというふうに理解しようとしてきました。しかし行動をそのように考える必要はありません。行動はそれ自体として起こり、それ自体が原因をもつプロセスであると見ることができます。そして行動の原因は、たいてい外部環境の側に見出すことができるのです。

　行動分析学は科学です。それはぜひ起こってほしい行動ができるだけ起こるように、起こってほしくない行動ができるだけ起こらないようにしたいとき、その環境をどう設計すればよいかを研究する科学です。行動主義とは、環境がどう役立つかについての理解なのです。私たちがより賢くなり、きちんと整理できるようになり、責任を負えるようになるために、そして罰や失望との出会いをより少なくするために、環境をどう使えばよいか、そのことを理解することです。行動主義の核心は、こうまとめることができます。私たちはいま挙げた目的のいくつかを達成するために、自分の内側の自己を作り直さなければならないとすれば、容易なことではありませんが、環境ならばはるかに簡単に作り直すことができます。これこそが行動主義のポイントです。

　あるインタビュアーが、最初の原子爆弾の開発に協力した物理学者エドワード・テラーにこう質問したことがありました。「先生は科学の素人に向かって、科学についてとりわけ物理学について、何がこれほど先生を魅了したかを、説明することができます

か？」。テラーは「いや、それはできません」と答えました。私が感じたのは、テラーは物理学や彼自身を魅了したものを、おそらく科学の素人が理解したり、納得したり、その真価を認めたりすることは無理だろうということを仄めかしたのではないかということでした。もし科学の素人がベア先生に「科学、とくに人間の行動の科学のどこに、先生はそれほど魅力を感じられたのでしょうか？」と質問したら、先生はなんとお答えになりますか？

　エド・モリスは、数年前、国際行動分析学会年次大会でシンポジウムを企画しました。それはまさにこのテーマを扱ったシンポジウムでした。そのシンポジウムでジャック・マイケルは、次のように発言しました。私たちの学問が持つ大きな問題とチャレンジの1つは、私たちが何者であり、私たちは何をしており、そして私たちは何ができるかを、社会に伝えることです。しかし私には普通の人々に向かって、行動分析学とは何かをほんのわずかな言葉でまとめて伝えることが良いこととは思っていません、と。そして次のような例を示してくれました。カクテルパーティーで誰かが量子物理学者に歩み寄って「量子物理学とは何ですか？」と尋ねた場合のことを想像してみましょう、と。ジャックは言いました。その物理学者はきっと答えるでしょう、そしておそらくこう言うに違いないでしょう。「短い言葉ではお答えできません。私の授業に登録して受講されるとよいでしょう」。

　私はジャックの主張に強く共鳴します。しかし私はまた、私たちの学問を社会に関係づけるという政治的問題に直面した人と同じように、なるほどそれは真実の答えかもしれませんが、よい答えであるとはいえないということも承知しています。人々が喜んで耳を傾けたり、そればかりか受け容れたりするのは、答えそのものではありません。そのような答えはただ相手を憤慨させるだけだと思います。したがって、私たちはちょっぴり正直な芸能活動に携わる必要があると思います。もし私が誰かに対して、私をこの学問分野につなぎとめているものは何かについて話さなければならないとすれば、私は子どもの時からずっと、自分にとって最大のご褒美（強化刺激）は、理解と呼ばれるものだったことを知っていましたと、言うだろうと思います。物事がどのように動くのかを知ることが好きでした。そして理解すべき世界中の森羅万象の中で最も魅惑的なものは、人々の行動であるということが、だんだんはっきりしてきました。私は普通の物理科学からスタートしました。ラジオはどう動くのか、電気はどう動くのか、時計はどう動くのか等々を理解することが私の好奇心をそそりました。しかし人々がどう動くか、生物学的にではなく行動的にどう動くかということも、学習できることがはっきりしてきたとき、あらゆる事柄の中でそれこそが最高のものであると感じられたのです。きっと誰でも、それは最も魅力的な主題であることに賛成してくれるでしょう。行動の科学、私たちは何をするかについての科学、私たちは何者かについての科学、そういうものが成り立ちうるとすれば。みなさんもどうしてそれを研究せずにいられるでしょうか？

From "Thursday Afternoon with Don: Selections from Three Teleconference Seminars on Applied Behavior Analysis," by W. L. Heward & C. L. Wood（2003）. In K. S. Budd & T. Stokes (Eds.), *A Small Matter of Proof: The Legacy of Donald M. Baer* (pp. 293-310). Reno, NV: Context Press. Used by permission.

対象とした場合にも作用するかどうかを確かめることだった。例えば、ビジュー（Bijou, 1955, 1957, 1958）は、通常に発達している子どもたちや知的障害のある人々を対象として、いくつかの行動原理を研究した。ベア（Baer, 1960, 1961, 1962）は、就学前の子どもたちに、罰（弱化）、逃避、回避の随伴性が及ぼす影響を研究した。ファースターとデマイヤー（Ferster & DeMyer, 1961, 1962；DeMyer & Ferster, 1962）は、自閉症児を被験者にして行動の原理の組織的研究を行った。リンズリー（Lindsley, 1956, 1960）は、統合失調症の成人の行動に及ぼすオペラント条件づけの影響を査定した。これらの初期の研究者は、行動の原理が人間行動に応用できることをはっきりと立証した。そして彼らは応用行動分析学のその後の発展の基礎を作った。

　後年、応用行動分析学（ABA）と呼ばれるようになる行動分析学の1部門の淵源をたどると、1959年に発表されたアイオウンとマイケルの論文「行動エンジニアとしての精神科看護師」(The Psychiatric Nurse as a Behavioral Engineer)（Ayllon & Michael, 1959）にたどり着く。2人は、州立病院における直接介護職員が行動の原理に基づく多彩な技法を、精神障害や知的障害のある入院患者の機能の改善のためにどう活用するかを検討した。1960年代に、多くの研究者が、社会的に重要な行動を改善するための取り組みにおいて、行動の原理を応用することを試みた。しかしこれらの初期のパイオニアの研究者は多くの問題に直面した。行動を測定するための実験室技法や、さまざまな変数を制御して操作するための実験室技法を、必ずしも入手することができなかった。あるいは実験室技法を応用場面でそのまま使うことは適当とは言えなかった。その結果、応用行動分析学の初期の実践家は、実践しながら新しい実験手続きを開発しなければならなかった。新しい学問を支援する資金は非常に乏しかった。研究者たちは自分の研究をすぐ印刷して発表できる媒体をもっていなかった。そのため、研究者同士が自分たちの研究成果や方法論上の問題についての解決策を議論することができなかった。大部分の専門誌の編集者たちは、社会科学の主流から見れば普及していない実験的方法を使った研究を出版することに難色を示した。社会科学の研究は、多数の被験者と統計的推論の検定を使ったものが主流だったからである。

　問題が山積していたにもかかわらず、当時は希望に満ちた時代であり、新しい重大な発見が続々と生まれていた。例えば、この時期に行動原理の教育への先駆的応用が数多く行われた（例えば、O'Learly & O'Leary, 1972; Ulrich, Stachnik, & Mabry, 1974を参照）。それらの研究から、教師による条件的賞賛と注目（Hall, Lund, & Jackson, 1968）、トークン強化システム（Birnbrauer, Wolf, Kidder, & Tague, 1965）、カリキュラム・デザイン（Becker, Engelman, Thomas, 1975）、プログラム学習（Bijou, Birnbrauer, Kidder, & Tague, 1966; Markle, 1962）などの教育方法が生まれた。そうした初期の応用行動分析家が開発した、子どもたちの成績を確実に向上させる基本的方法は、その後のカリキュラム・デザインや、教授方法や、学級経営や、学習の般化と維持などに対する行動主義的アプローチの基礎を作り、それから数十年を経た今もなお活用され続けている（cf., Heward, 2005）。

　大学における応用行動分析学のプログラムは、1960年代と1970年代初頭に始まった。なかでも、アリゾナ州立大学、フロリダ州立大学、イリノイ大学、インディアナ大学、カンザス大学、オレゴン大学、南イリノイ大学、ワシントン大学、ウエストバージニア大学、ウエスタンミシガ

ン大学などが著名だった。これらの個々のプログラムを推進した教授たちは、その教育と研究を通じて、この分野の急速な成長に偉大な貢献をなした[8]。

　1968年に2つの重大事件が起こった。それら2つの事件は、その年が現代の応用行動分析学の正式の起源であることを象徴していた。第1の大事件は、『応用行動分析誌』（*Journal of Applied Behavior Analysis, JABA*）の創刊である。*JABA*は合衆国において応用分野の問題を扱う最初の専門誌となった。それは実験行動分析学の方法論を活用する研究者たちに、その研究成果を発表する媒体を提供した。*JABA*は応用行動分析学の最高峰の専門誌であったし、今もなおそうあり続けている。*JABA*に発表された初期の論文の多くは、応用行動分析学を実行し解釈する方法の手本となる実例だった。それらがもとになって、応用と実験方法の改善がもたらされた。

　1968年に起こった第2の大事件は、ドナルド・M・ベア、モントローズ・M・ウォルフ、トッド・R・リズリーの論文「応用行動分析学の現在のいくつかの次元」（Some Current Dimensions of Applied Behavior Analysis）の発表である。この3人の著者は、新しい学問の創始者であり、応用行動分析学の研究と実践が応用行動分析学として適切であるかどうかを判定する基準を詳しく説明した。そして科学における応用行動分析学の仕事の守備範囲を明らかにした。1968年の彼らの論文は、応用行動分析学において最も広範囲に引用された論文であり、それは今もこの学問の基準となる論文であり続けている。

Ⅲ　応用行動分析学の典型的特徴

　ベア、ウォルフ、リズリー（Baer, Wolf, & Risley, 1968）は、応用行動分析学が備えているべき基本的条件を明らかにした。それらの条件とは、応用、行動、分析、テクノロジー、概念体系、有効性、そして適切に般化したアウトカムの達成である。ベアらは、1987年に、再び応用行動分析学の条件となる特徴についての論文を発表した。彼らは20年前に提唱した「行動分析学としての活動を導く自覚的な7つの指針」（p. 319）は、「今もなお有効であり、これらの指針は応用行動分析学と呼ばれる活動の現在の特徴を示している」（p. 314）と述べた。ベア、ウォルフ、リズリーの独創的論文が発表されてすでに40年近い年月が流れ、私たちはいまこのテキストを執筆しているが、彼らの提唱した7つの特徴は、応用行動分析学の価値を定義し判断する本来的基準（primary criteria）として生き続けている。

1．応用

　応用行動分析学における応用（applied）とは、人々の生活を改善し向上させるという行動における感動的な改善に、ABAが深く関与していることを示している。この基準を満たすために

注8：これらの中の5大学の応用行動分析学プログラムの歴史を論じた論文は、*JABA*の1994年冬号に発表されている。

は、研究者や実践家が改善すべき行動を選択するとき、参加者の立場から見て社会的に重要な行動を選択しなければならない。参加者にとって社会的に重要な行動とは、社会的行動、言語行動、学業行動、日常生活行動、セルフケア行動、職業行動、レクレーション余暇行動である。それらはいずれも参加者の日々の生活経験をよりよくする行動であり、また参加者の周囲の重要な人々（親、教師、仲間、雇用者）が、参加者とともに、また参加者に対して、より積極的に行動できるようにする行動である。

2．行動

ABAの基準に行動のような分かりきった基準を含める必要は、最初は感じられないかもしれない。が、もちろん、応用行動分析学は行動的（behavioral）でなければならない。しかしベアら（Baer et al., 1968）は、行動という基準に関して、次の3つの点を強調した。第1に、行動であれば何でもよいわけではなく、目標として選ぶ行動は、改善を必要とする当の行動そのものでなければならない。重要な行動の代役を務める類似行動や、当該行動の当人による言語記述は、ふさわしい対象とはいえない。行動分析家は行動そのものを研究する。行動についての研究をするわけではない。例えば、学校の子どもたちにお互い同士仲良くすることを教えるプログラムの効果について評価する研究を行う場合、応用行動分析家ならば、ソシオグラム（集団内の人間関係図表）に対する子どもたちの回答や、お互いに仲良くすることをどう考えるかという質問紙に対する反応といった間接的測度を用いる代わりに、対象となる子どもたちの間に起こる、明確に定義された、相互作用のクラスを、直接観察し測定するだろう。

第2に、行動は測定できるものでなければならない。応用研究においては、基礎研究の場合とまったく同様に、行動については、信頼性のある正確な測定が、決定的に重要な意味をもつ。応用研究者は社会的に重要な行動を、日常場面で測定するという難問に応えなければならない。そしてその場合、行動そのものではなく、行動の代理物（例えば、ソシオグラム、質問紙への反応）を測定することでお茶を濁すようなことがあってはならない。

第3に、研究している間に行動の変化が見られた場合、誰の行動が変化したかを問う必要がある。ひょっとしたら、観察者側の行動だけが変化したのかもしれない。「したがって人間という観察者の観察行動の信頼性をきちんと測定することは、単に優れた技法となるだけでなく、その研究がいみじくも行動の研究だったかどうかを判定する第1の判断基準になる」（Baer et al., 1968, p. 93）。あるいはまたひょっとしたら、予想に反して参加者の行動ではなく実験者の行動が変化したのかもしれない。その場合は、参加者の行動に観察されたいかなる変化も、操作された独立変数に帰属させることは不適切になる。応用行動分析家は、1つの研究に関わったすべての人々の行動をモニターするよう計画しなければならない。

3．分析

応用行動分析学の研究が分析的である（analytic）といえるのはどんなときだろうか。それは

実験者が操作した出来事と、標的として選んだ行動の何らかの測定可能な次元に生じた信頼できる変化との間に関数関係が存在することを実証できたときである。言い換えれば、実験者は行動の生起と非生起をコントロールすることができなければならない。しかし、実験的方法の要件を満たすための重要な行動の反復操作を、社会が許さない場合がある。したがって応用行動分析家は、場面と行動の制約の範囲内で、可能な限り最大限のコントロールを実証しなければならない。そしてその結果を提示して、研究の消費者に判断を委ねなければならない。究極的問題は信憑性である。研究者は実験的コントロールによって信頼性のある関数関係を実証できただろうか？

ABAには必要条件として分析という特徴を備えているからこそ、効果の実証が可能になる。しかしそれだけではない。分析によって、ABAが推奨する介入と、社会的に重要なアウトカムとの間の、反復再現可能な関数関係の「厳密な試験による証拠」（acid test proof）を提示することができる（D. M. Baer, October, 21, 1982, personal communication）。

> 私たちの学問は、しっかりしたデザインに基づいた、データベースの学問です。ですから私たちはすばらしい立場にあります。研究対象とする行動に、自らがテクノロジーを処方することによって、いかようにも作動させることができることを立証できるのです。私たちがしていることは、行動がいかに作動し・うるかについての理論を作ることではありません。疑う余地のない完璧なデザインと、信頼性と妥当性に裏づけられた測定システムとによって、行動がいかに繰り返し作動したかを、現実世界への応用において、組織的に記述しているのです。私たちは行動がそのように作動し・うることを立証することができます。しかしそのことは、もちろん、その行動がそれ以外には作動し・えないことを立証することにはなりません。われわれは、自分たち以外のアプローチを否定できるような学問を追求しているわけではないのです。実験的立証のレベルにおいて、その十・分条件の多くを知ることによって、自らを肯定できる学問をしているだけなのです……。わたしたちの主題は行動の変化です。そして行動を変化させる実行可能ないくつかの十分条件を特定することができるのです。（D. M. Baer, personal communication, October 21, 1982, 強調部分は原文通り）

4．テクノロジカル

応用行動分析学の研究は、どんな場合にテクノロジカル（technological）といえるだろうか？

それはその研究手順のすべてが明らかにされ、十分詳細かつ明確に記述される場合である。そうすれば「読み手には、その応用を再現して、同じ結果を入手する公正なチャンスが与えられることになる」。（Baer et al., 1987, p. 320）

参加者が反応R_1をしたらどうすればいいかを述べるだけでは十分ではない。もし参加者が別の反応 R_2, R_3……、をしたらどうすべきかをできるだけ説明することが必要不可欠である。例えば、子どもが癇癪を起こしたときは、その持続時間に加えて10分間、子ども部屋に閉じ込めておけ

ば、癇癪はたいてい消去されるという文章を読むとする。この手続きの記述のなかに、もし子どもが規定の時間よりも早く部屋を出ていこうとしたり、窓を蹴破ったり、壁に大便を塗りつけたり、絞め殺されるような声を出し始めたり……、といったことをしたら、どうすべきかを説明していなければ、正確なテクノロジーの記述とは言えない。(Baer et al., 1968)

　ある研究で立証された行動改善の方法がいかにパワフルであろうとも、実践家がそれを反復再現できなければ、その価値はほとんど無に等しい。反復再現可能な行動改善のテクノロジーの開発は、ABAが当初から示した典型的特徴であり、現在に至る目標でもある。行動主義の戦術は、反復再現することができ、また人々に教えることができる。同程度のアウトカムを達成するために十分な忠実さをもって反復再現できないような介入は、ABAのテクノロジーの一部であるとはみなされない。
　手続きの記述がテクノロジーとして適切であるかどうかを判断する良い方法は、応用行動分析学の教育を受けた人間にその記述を読ませ、そこに示された手続きを詳しく行動化させることである。もしその人間が、何らかのミスを犯し、何らかの操作を付け加え、何らかのステップを省略し、書かれている説明内容を明らかにするために何らかの質問をしなければならないとすれば、その手続きの記述は、テクノロジーとして十分とはいえず、改善する必要があることになる。

5．概念体系

　ベアら（Baer et al., 1968）はそれほどはっきり述べているわけではないが、応用行動分析学が応用行動分析学であるといえるための重要な特徴は、行動改善のために使われる介入が一定の条件を備えているかどうかに関係する。行動を変化させるために使える戦術や具体的手続きの数は無限にある。しかしそのほとんどすべては、比較的少数の基本的行動原理に基づいており、それらの派生物か組み合わせである。したがってベアらは、応用行動分析学の研究報告では、概念的に体系的であること（be conceptually systematic）ことが望ましいと主張した。行動を改善するために使う手続きと、それらの手続きがなぜどう有効であったかに関する解釈は、もとになった重要な行動原理に関連づけて記述するようにしなければならない。
　ベアら（Baer et al., 1968）は、応用行動分析学においてなぜ概念体系を使用しなければならないかについて説得力をもった論拠を示した。第1に、具体的介入手続きを基本原理に関係づけるようにすれば、研究報告の読み手（consumer）は、同じ原理を使って他の類似の介入手続きを導き出すことができる。第2に、テクノロジーを「コツの寄せ集め」ではなく、統一された学問へと発展させるために、概念体系が必要になる。おおざっぱに関連づけられた程度のコツの寄せ集めでは、組織的発展は望むべくもない。また夥しい数になるため、教えることも学ぶことも難しくなる。

6．有効性

　行動技法の効果的応用は、標的行動を実用的レベルにまで改善しなければならない。「応用においては、ある変数の理論的重要性は問題ではない。その実用的価値、とくに社会的に意義のあるレベルにまで行動を改善する威力こそ、最も重要な基準になる」(Baer et al., 1968, p. 96)。研究者の中には理論的重要性や統計的有意性を示す研究結果を発表する者もいるが、応用行動分析学の研究が研究として有効である（effective）と判断されるためには、臨床的ないし社会的に意義のあるレベルにまで行動変化を作り出す必要がある。

　ある人のある行動に起こる改善が社会的に意義のある改善であると判断されるためには、どの程度まで改善すればよいだろうか？　これは実践的な問いである。ベアらは、その答えはその行動に直面しなければならない人々によって提出される公算が最も大であると、述べている。つまり、行動がどれほど改善されるべきかは、行動に直面する人々に対して問われなければならない、と。それは介入研究への参加者自身、または彼が生活する環境に存在する人々の一方または双方である。彼らから意義ある行動改善であると判断されるためには、行動分析家の側に一定の圧力がかかることになる。行動分析家は「力強い」変数、つまり行動に一貫性のある大きな効果をもたらす介入を、発見する必要がある（Baer, 1977a）。

　ベア、ウォルフ、リズリー（Baer, Wolf, & Risley, 1987）は、1968年の論文の20年後の改訂版において、有効性という次元に関しては、次のような新たな基準を提案した。すなわち、ABAの有効性の判断においては、第2のアウトカム、つまり標的行動は改善したが、その行動を標的に選んだ本来の理由はどうなったか、そこに明白な改善が生じたかどうかを問うべきである、と。もし参加者の生活場面にあったもともとの理由に変化が見られなかったとすれば、ABAは一定の効果を上げたものの、社会的妥当性という極めて重要な基準はクリアしたことにならない（Wolf, 1978）。

　　私たちは多くのソーシャル・スキルを教えたが、それらのスキルが実際に参加者の社会生活を幸福にしたかどうかは調べなかったのではないか。多くの礼儀作法スキルを教えたが、周囲の誰かがそれに気づき関心を示したかどうかは調査せず、多くの安全スキルを教えたが、それ以後参加者が実際により安全になったかどうかは確認せず、多くの言語スキルを教えたが、その結果そのスキルによって参加者が人々と別様に交流したかどうかは検証せず、多くの課題従事スキルを教えたが、その課題の実際的価値を測定しはしなかったのではないか。要するに、多くのサバイバル・スキルを教えたが、その後の参加者の現実のサバイバルは調査しなかったのではないか。(Baer et al., 1987, p. 322)

7．一般性

　行動の変化はどんな時に般化するだろうか。つまり一般性（generality）をもつだろうか。行動の変化が時間を超えて持続し、最初に変化をもたらした介入が行われた場所以外の環境で行動

の変化が起こり、そして介入の直接対象とされなかった他の行動へと変化が広がるとき、またはそのすべてが起こるとき、行動の変化は一般性をもつことになる。最初の処遇手続きが撤収され、その後に行動の変化が持続するとき、その行動変化は一般性を持つ。次に処遇手続きのせいで、非処遇場面や状況において、処遇で標的とされた行動が起こるとき、一般性が立証されたことになる。また介入の焦点とはされなかった行動が変化するとき、一般性が存在することになる。一般性の事実がすべて適応的であるとは必ずしも言えないが（例えば、pet や ripe という単語の p という文字の発音の仕方を学んだばかりの初心者が、phone という単語の p という文字を見て同じ音を出す場合など）、望ましく般化した行動の改善（desirable generalized behavior change）は、応用行動分析学のプログラムの重要なアウトカムである。なぜなら般化した行動の改善は、いわば行動改善の追加配当を表しているからである。行動改善の望ましい般化を促進する戦略と戦術は第28章において詳しく説明する。

8．ABAの付加的特徴

応用行動分析学は、社会に対して問題解決の１つのアプローチを提供する。それは結果に責任を持つ（accountable）、公共的（public）で、実行可能な（doable）、人々に自信を与える（empowering）、楽観主義の立場（optimism）に立つアプローチである（Heward, 2005）。これらの特徴は、ABAを定義する特徴には含まれていないが、多くの領域の意思決定責任者や消費者にとって、事態を改善するために重要な価値ある知的源泉として、行動分析学に期待を寄せる程度を高めるために役立つにちがいない。

（１）結果に責任を持つ

応用行動分析家は、介入の有効性のために全力を注ぎ、行動に確実に影響を与える利用可能な環境変数に焦点を絞り、直接的で頻繁な測定を行う。それによって、行動の変化を突きとめようとする。そのことは免れえない社会的に重要なアカウンタビリティーの形式を生み出す。直接的で頻繁な測定は、ABAによる実践の基礎であり、最も重要な成分である。行動分析家はこの測定によって自分たちの成功を突き止めることができる。そしてそれに劣らず重要な自分たちの失敗も突き止めることができる。だからこそ、彼らは失敗を成功に変えるために、自らを修正することができるのである（Bushell & Baer, 1994; Greenwood & Maheady, 1997）。

> 行動分析学の論理においては、エンジニアリングの場合とまったく同様に、失敗は必ず情報をもたらす。進歩の欠如に対する絶えざる対応こそ、ABAをABAたらしめている顕著な特徴である。（Baer, 2005, p. 8）

ギャンブリル（Gambrill, 2003）は、応用行動分析学のアカウンタビリティーのセンス（良識）と、他人から指示されるまでもなく自ら率先して修正するという特徴を、非常によく説明し

ている。

> 応用行動分析学は行動を理解するための科学的アプローチである。私たちは推測し、それから自分の発想を批判的にテストする。推測しまた推測するという推測の反復は行わない。応用行動分析学は問題解決の過程である。私たちは失敗から学ぶ。応用行動分析学では、間違った知識と怠惰な知識は評価されない。(p. 67)

（2）公共的な

「ABAに関するものはすべて目に見えるものであって、公共的（public）であり、判然として、包み隠すところがない……。ABAには、つかの間の、神秘的な、形而上学的な説明は含まれない。秘密の治療法もなければ、魔術もない」(Heward, 2005, p. 322)。ABAの透明で公共的な特徴は、教育や、親業や子育て、従業員の生産性、老人医学、保健と安全、ソーシャルワークなどの分野でその価値を高めるに違いない。列挙した分野はほんの一部であり、いずれもその目標と方法と結果は、多くの顧客にとって極めて関心の深いものである。

（3）実行可能な

介入を実行した学級の教師や、保護者や、コーチや、職場の監督や、ときには参加者自身が、多くのABA研究が有効であることを見出している。これはABAの実用主義的要素を示すものである。「'ABAを行うこと'（doing ABA）は、少数の簡単な手続きの適用を学ぶことよりもはるかに多くのことを必要としているが、それは非常に分かりにくかったり、骨の折れるものだったりするわけではない。多くの教師が指摘しているように、教室における行動主義的戦略の実践は、古きよき勤勉さという表現によって記述することが一番ぴったりくるだろう」(Heward, 2005, p. 322)。

（4）自信を与える

ABAは実践家が使える本物のツールを提供する。実践家にものごとのやり方を教え、それを達成するツールを持たせれば、自信を植えつけることができる。自分のクライエントや、教え子や、チームメイトや、あるいは自分自身の行動改善を示すデータを見ることは、気分が良くなるだけではなく、将来さらに大きなチャレンジに取り組む自信を強めてくれる。

（5）楽観的

行動分析学に造詣が深く、習熟した実践家は、次の4つの理由から、楽観的であるべき真の原因を有する。第1に、ストレインとジョセフ（Strain & Joseph, 2004）は、次のように述べてい

る。

　　　行動主義が提唱する環境主義の視点は、本来的に楽観的である。それは（甚だしい遺伝因子を除けば）個人はすべてほぼ同じ潜在能力を持っていることを示唆する。行動主義者は、個々人が何らかの本質的に内的な特徴を持つと仮定するよりも、はかばかしい結果が得られないのは、環境と経験が個人の現在の行動をシェービングしたその方法に原因があると仮定しようとする。これらの環境要因と経験要因を同定することができれば、私たちはそのアウトカムを予防し介入するためのプログラムを設計することができる……。したがって行動主義的アプローチが外的コントロールを強調することは……、個々人の可能性を賛美する概念モデルを提供することになる。（Strain et al., 1992, p.58）

　第2に、直接的、継続的に測定することは、実践家にとってはさもなければ見逃しかねない、パフォーマンスの小さな改善を突き止めることを可能にする。第3に、実践家が行動主義の戦術を使い良い結果（行動ベースの介入がもたらすもっとも一般的な結果）を入手すればするほど、将来の成功に対する見通しについてより楽観的になる。

　　　楽観主義のセンスは、「どうして駄目なの？」（やれるじゃないか）という質問に代表される。このセンスはずっとABAの中核的部分だった。そして歴史の初めから、非常に大きなインパクトを与えてきた。私たちはまだ話せない人に話すことを教えることがなぜできないのか？　幼い子どもたちがより多くの創造性を発揮できるよう、子どもたちの環境を改善することを目指して前進し、何とか改善しようとしてはならないのか？　なぜ私たちの多くがすることと同じことを、発達障害のあるこの人が学習できないと決めつけてしまうのか？　どうしてそれをやってみようとしないのか？　（Heward, 2006, p. 323）

　第4に、ABAの査読つき文献は、教育不能と考えられてきた子どもたちを教育することについての多くの成功例を提供している。ABAの継続的なアチーブメントの記録は、将来の発展が、現在は既存のテクノロジーの範囲外にある行動的挑戦に対する解決策をもたらすという、楽観主義の確かな感情を引き起こす。例えば、人々の中には障害がありそれが重度や最重度のレベルであるため、教育不能であるとみなさなければならない人々がいるという考え方に対して、ドン・ベアは次のような考え方を提示した。

　　　われわれのなかには、人はすべて教育可能であるという命題と、一部の人々は教育不能であるという命題には、どちらにも耳を貸さずに、その代わりに、以前は教育不能だった一部の人々を教育する方法について実験を行ってきた者たちがいる。こうした実験によって、明らかに教育可能なグループと比べ、一見して教育不能と思われるグループのサイズは、着々と縮小されていった。もちろん、私たちはこの冒険をまだ完了してはいない。私たちがそれを追求しようと思えば追求できるのに、そして予測せずに追求する方が幸せであるのに、なぜそのアウトカムを予測す

るのか？　一見、教育不能な人々の小さなクラスが、教育不能として指名される人がもはや1人の老人しかいなくなるクラスが、やって来る日を見極めるために、なぜそうしようとしないのか？　もしその日が来れば、それは何と素晴らしい日になるだろう。そしてその次の日はいっそう素晴らしい日になるだろう。(D. M. Baer, February 15, 2002, personal communication, as cited in Heward, 2006, p. 473)

Ⅳ　応用行動分析学の定義

　この章の初めに、応用行動分析学は、人間の行動を改善し理解する取り組みであると述べた。ついで、科学的探究にとって基盤となるいくつかの態度と方法について説明した。そして行動分析学の科学と哲学の発展について短い展望を行った。それからABAの特徴を検討した。これまでに示したものすべては、以下に示す応用行動分析学の定義にとって必要な文脈だった。

　　　応用行動分析学は、行動原理から導き出される戦術を、社会的に重要な行動を改善するために組織的に応用して、実験を通じて行動の改善に影響した変数を同定する科学である。

　この定義には6つのカギとなる成分が含まれる。第1に、応用行動分析学の実践は科学的探究の態度と方法によって導かれる。第2に、あらゆる行動改善の手続きは、組織的で、テクノロジカルな方法によって記述され、実践される。第3に、行動を改善する手続きのすべてに、応用行動分析学の資格を与えるわけではない。行動の基本原理から概念的に派生した手続きだけに、ABAとしての資格を与える。第4に、応用行動分析学の焦点は、社会的に重要な行動である。そしてこの定義における5番目と6番目の成分は、応用行動分析学の双子の目標を明示する。すなわち、改善と理解である。応用行動分析学は、重要な行動に意味のある改善をもたらすことを目指す。そしてその改善の原因となった要因を分析して提示することを目標とする。

1．行動分析学という科学と、その科学に導かれる専門的実践の4領域

　行動分析学という科学と、その人間の問題への応用には4つの領域が含まれる。行動分析学の3部門である行動主義と、実験行動分析学（EAB）と、応用行動分析学（ABA）と、そしてこの科学が情報を提供し実践を導くさまざまな分野の専門的実践である。図1.2は、これら4つの相互に関連する領域についての定義的特質と特徴を示している。ほとんどの行動分析家は、図1.2に示した領域のうち、主に1つか2つの領域で仕事をしているが、1度や2度は多くの領域で働くことが広く見られる（Hawkins & Anderson, 2002; Moore & Cooper, 2003）。
　理論的・概念的問題を追求する行動分析家は、行動主義、すなわち行動分析学の哲学的領域に関与する。この種の仕事の成果としては、対人関係と文化のデザインに対する効果的な介入を理解するうえでの対抗制御（ほかの人々からの嫌悪性制御を経験している人々が示す行動であって、彼らがその制御から逃れ、回避するために役立ち、制御する人々の反応は強化せず、ときに

図1.2　行動分析学という科学と実践の４領域の比較と関係

	行動主義	実験行動分析学（EAB）	応用行動分析学（ABA）	行動分析学による実践
	◀――――― 行動分析学という科学 ―――――▶			
			◀―――― 行動分析学の応用 ――――▶	
範囲	理論と哲学。	基礎研究。	応用研究。	人々がよりよく行動するように支援。
主たる活動	概念的、哲学的分析。	基礎実験の設計、実施、解釈、報告。	応用実験の設計、実施、解釈、報告。	行動改善プログラムの設計、実践、評価。
１次的目標と成果	すべての行動についての既存データと整合する理論的説明。	行動の基本原理の発見と明確化；行動と制御変数の関数関係。	社会的に重要な行動の改善のテクノロジー；社会的に重要な行動と制御変数の関数関係。	行動変化の結果としての参加者/クライエントの生活の改善。
２次的目標	経験的データ不在およびまたは対立領域の同定と解決の提案。	EABおよびまたはABAがさらに探求すべき問題の同定；理論的問題の提起。	EABおよびまたはABAがさらに探求すべき問題の同定；理論的問題の提起。	一次的目標達成の有効性の向上；ABAとEABのための問題の同定。
既存データベースとの一致	可能な限り。しかし理論は意図的にデータベースを超えなければならない。	完全。一連のデータに差異があるが、EABは基礎研究データベースを提供。	完全。一連のデータに差異があるが、ABAは応用研究データベースを提供。	可能な限り。しかし実践家はしばしば既存データがカバーしていない場面を処理しなければならない。
検証可能性	部分的―対象となるすべての行動と変数がアクセスできるわけではない（例えば、系統発生的随伴性）。	ほとんど―技術的制約が一部の変数の測定と実験操作を除外。	ほとんど―EABと同じ制約、プラス応用場面が提起する制約（例えば、倫理的考慮、制御できない出来事）。	部分的―対象となるすべての行動と変数がアクセスできるわけではない（例えば、子どもの家庭生活）。
適用範囲	**最大** ◀――――――――――――――――――▶ **最小**			
	広い適用範囲。理論はあらゆる行動を説明しようとするから。	EABのデータベースが可能とする限りの幅広い適用範囲。	ABAのデータベースが可能とする限りの幅広い適用範囲。	狭い適用範囲。実践家の主要な焦点は具体的場面の支援だから。
精度	**最小** ◀――――――――――――――――――▶ **最大**			
	最小精度。理論がカバーする行動のすべてに関する実験データは不在だから。	EABの現在の実験制御テクノロジーと研究者のスキルが可能にする限りの精密さ。	ABAの現在の実験制御テクノロジーと研究者のスキルが可能にする限りの精密さ。	具体的事例において最も有効な改善を求めて最大限の精密さが求められる。

は罰を与えるような行動）の重要性について考察したデルプラト（Delprato, 2002）の論文がある。

　実験行動分析学は、この科学の基礎研究の部門である。基礎研究の内容は、実験室場面における、人間と動物の両方の被験体を用いた実験である。その目的は行動の基本原理の発見と解明である。その一例はハッケンバーグとアクステル（Hackenberg & Axtell, 1993）の実験である。彼らは人間の行う選択が短期的結果と長期的結果を含む強化スケジュールの動的相互作用によっていかに影響されるかを研究した[9]。

　応用行動分析家は、社会的に重要な行動とそれを制御する変数との間の関数関係を発見し、解明するための実験を行う。それによって行動改善の人道的かつ効果的なテクノロジーのさらなる開発に貢献することができる。その一例はタルボーら（Tarbox, Wallace, & Williams, 2003）の研究である。彼らは失踪（介護者から許可を得ず逃げ出すか立ち去ること）、すなわち障害のある幼児や成人に大きな危険をもたらす行動の査定と治療に関する研究を行った。

　行動分析学の専門的サービスの提供、それが第4の領域で行われる。行動分析学の実践家は、行動改善プログラムを設計し、実践し、評価する。そのプログラムは、基礎研究者が発見した行動の基本原理から導き出された、行動改善の戦術によって構成されたプログラムである。また応用研究者が、社会的に重要な行動に及ぼす影響を、実験的に立証したプログラムである。その例の1つが、自閉症児にホームベースの治療を提供するセラピストである。彼女は子どもが覚え始めた社会的スキルと言語スキルを頻繁に使う機会を、日常的な日々の日課の中に組み込むとともに、子どもの反応に強化的出来事が確実に随伴するように仕組む。もう1つの例は、行動分析学の訓練を受けた学級の教師である。彼は正の強化と刺激のフェーディング（漸次撤去）を利用して、子どもたちに魚類をその形態と大きさと鰭の場所によって同定し、それぞれの種類に分類することを教える。

　行動分析学の4領域は、それぞれ独立に定義して、実践することができる。しかしどの領域もほかの領域から完全に独立していたり、ほかの領域の発展の情報に無知であったりすることはなく、またそうすべきでもない。科学もその知見の応用も、ともに、これら4領域が相互に関係し相互に影響し合うとき、益するところがある（cf., Critchfield & Kollins, 2001; Lattal & Neef, 1996; Stromer, McComas, & Rehfeldt, 2000）。基礎領域と応用領域の間の共生的関係を示す証拠は、基礎領域と応用領域とを「架橋する」研究において明白である。また基礎研究から生まれた知識を「地域社会で活用する最先端の臨床実践」（Lerman, 2003, p. 415）へと翻訳する応用研究において明白である[10]。

注9：強化スケジュールは第13章で考察する。

注10：架橋研究や翻訳研究の実例と考察は*JABA*の1994年冬号と2003年冬号、Fisher & Mazur (1997); Lattal & Neef (1996); Vollmer & Hackenberg (2001) に見られる。

2．ABAの可能性と将来性

ジョン・ベイリー（Bailey, 2000）は、「応用行動分析学の未来派の視点」と題する論文において、次のように述べている。

> 応用行動分析学はかつてないほどより今日的な意味を帯び、市民や保護者や教師やビジネス界や政府のリーダーに対して、ほかのいかなる心理学的アプローチも対抗できない利益を提供するものと思われる……。心理学のさまざまなアプローチの中で、現代の最もやっかいな社会病理に対する最先端の解決法を誇ることができるのは、応用行動分析学を除いては、ほかに見出せない。（p. 477）

私たち筆者もまた、社会的に重要な行動に確実に影響を与える環境変数を発見し、その発見を巧みに、実践的に活用するABAのプラグマティックな自然科学的アプローチは、人類に対してその問題の多くを解決するための最善の希望を提供できると考えている。しかし「行動はどう作動するか」という行動分析学の知識は、基本原理のレベルにおいてさえ不完全であり、それらの原理から引き出される社会的に重要な行動を改善するためのテクノロジーも同様に不完全である。そのことを認識することが大切である。比較的わずかしか解明されていない側面が存在する。そして、さらなる研究が、基礎と応用の両方において、既存のあらゆる知識を解明し拡張し微調整するために必要である（例えば、Critchfield & Kollins, 2001; Friman, Hayes, & Wilson, 1998; Murphy, McSweeny, Smith, & McComas, 2003; Stromer, McComas, & Rehfeldt, 2000）。

にもかかわらず、応用行動分析学というまだ若い科学は、人間の行動が重要である領域のすべての分野において貢献している。応用行動分析学の分野で発表された研究をざっと非公式に見渡しただけでも、社会的に重要な人間の行動のほとんどすべての範囲を、AからZまで、そしてその間に位置づけられる、ほぼ全ての領域において研究が行われていることが明らかになる。すなわち、エイズ予防（例えば、DeVries, Burnette, & Redmon, 1991）、自然資源保護（例えば、Brothers, Krantz, & McClannahan, 1994）、教育（例えば、Heward et al., 2005）、老年学（例えば、Gallagher & Keenan, 2000）、健康と運動（例えば、De Luca & Holborn, 1992）、産業の安全対策（例えば、Fox, Hopkins, & Anger, 1987）、言語獲得（例えば、Drasgow, Halle, & Ostrosky, 1998）、ごみのポイ捨て（例えば、Powers, Osborne, & Anderson, 1973）、医療処置（例えば、Hagopian & Thompson, 1999）、親業（例えば、Kuhn, Lerman, & Vorndran, 2003）、シートベルト着用（例えば、Van Houten, Malenfant, Austin, & Lebbon, 2005）、スポーツ（例えば、Brobst & Ward, 2002）、動物園経営と動物の介護（例えば、Forthman & Ogden, 1992）。

応用行動分析学は、人間行動の理解に対して経験的基礎を与える。しかしそればかりではなく、人間行動を改善するための基礎も提供する。それと同じく重要なことは、ABAがその方法を継続的にテストし評価することである。このテキストの残りの部分では、応用行動分析学を完全に理解するための基礎知識を提供することにする。

まとめ

科学の基本的特徴と定義

1. 科学的探究にはさまざまな種類があり、それらが研究対象となる現象についての記述や予測、ないし制御を可能にする知識を生み出す。

2. 記述的研究は、観察した出来事についての事実の集積をもたらす。それらは数量化し分類することができ、また他の既知の事実との関係を検討することができる。

3. 相関関係を解明する研究、すなわち2つの出来事の間の組織的共変化を明らかにする研究は、その知見を活用して、一方の出来事の生起を基準として他方の出来事の生起の確率を予測することができる。

4. 実験的研究は、1つの出来事（独立変数）の特定の操作が、もう1つの出来事（従属変数）の確実な変化を生み出すことを証明するとともに、従属変数における変化がそれ以外の要因（交絡変数）によって生じるとは考えにくいこと（関数関係という知見）を証明する。実験的研究においては、その結果を使って研究対象としての現象を制御することができる。

5. あらゆる研究分野で仕事をする科学者の行動に見られる特徴は、次のような共通の仮定と態度である：

   - 決定論—宇宙は法則性を持った、秩序正しい場所であり、さまざまな現象はほかの出来事の結果として起こるという仮定。
   - 経験主義—対象とする現象の客観的観察。
   - 実験—研究対象とする現象の何らかの測度（従属変数）を、2つ以上の条件のもとで制御する比較。条件を変化させる場合は、1度に1つの要因（独立変数）のみが変えられる。
   - 反復再現—研究知見の信頼性と有効性を確認するために実験（および実験内の独立変数条件）を反復すること。
   - 倹約—より複雑な、抽象的な説明を考える場合は、その前に単純で論理的な説明が不適切であることを宣言すること。
   - 哲学的懐疑—あらゆる科学理論と知識の真実性と妥当性を絶えず疑問視すること。

行動分析学発展小史

第1章　応用行動分析学の定義と特徴

6．行動分析学には、3大部門がある。行動主義、実験行動分析学（EAB）、応用行動分析学（ABA）である。

7．ワトソンは刺激-反応（S-R）心理学として知られる行動主義の最初の形式を提唱した。それは、行動に先行する明らかな原因を見出せない行動については、説明することができなかった。

8．スキナーは実験行動分析学（EAB）を創始した。それは、行動と、それが関数関係にあるさまざまな環境変数との間の、秩序ある確実な関係を発見する自然科学的アプローチである。

9．EABは、次のような方法論的特徴によって描写される：
- 反応率は最も一般的な従属変数である。
- 慎重に定義された反応クラスに関して、反復性の、または継続的な測定が行われる。
- 実験群と比較群の行動を比較する実験デザインの代わりに、1個体における実験的比較が用いられる。
- 統計的推論よりもグラフ化されたデータの視覚的分析が選ばれる。
- 関数関係の記述が、理論のフォーマルな検証以上に重視される。

10．スキナーと同僚、そして学生たちは、数千の実験室実験を通じて、オペラント行動の基本原理を発見し、それらが真実であることを証明した。それらの原理は、今日の行動分析学の経験的基礎をなす。

11．スキナーは彼が名づけた徹底的行動主義という行動科学の哲学について、たくさんの著述を残している。徹底的行動主義は、思考や感情のような私的出来事を含むすべての行動を説明しようとする。

12．方法論的行動主義は、公共的に観察できない行動上の出来事を、科学の範囲の外側におこうとする哲学的立場である。

13．メンタリズムは、行動を理解する1つのアプローチである。それは行動の次元とは異なるメンタルな、あるいは「内的な」次元が存在するとし、またこの次元で起こる現象が一定の行動形態の直接的原因となるか、少なくともそれらを仲介するものと仮定する。

14．人間を対象としたオペラント条件づけの応用を活字によって最初に報告したのは、フラー（Fuller, 1949）である。この研究では、最重度遅滞の若者に腕挙げ反応を条件づけた。

15．応用行動分析学の公式の開始は、1959年にまでさかのぼることができる。その年にアイオ

ウンとマイケルの論文「行動エンジニアとしての精神科看護師」が公刊された。

16. 現代の応用行動分析学（ABA）は1968年に始まった。その年『応用行動分析誌』（*JABA*）の第1号が出版された。

応用行動分析学の典型的特徴

17. ベア、ウォルフ、リズリー（Baer, Wolf, & Risley, 1968, 1987）は、研究や行動改善プログラムが応用行動分析学として認められるためには、次に示す7つの定義的特徴を満足させなければならないとした：

    - 応用―参加者にとって差し迫った重要性を持つ社会的に重要な行動を研究する。
    - 行動―改善が必要な行動の正確な測定を行い、改善された行動は参加者の行動であることを立証する。
    - 分析―行動の生起と非生起に関する実験的コントロールを実証する。すなわち関数関係を証明する。
    - テクノロジー―研究に使われた手続きのすべてを記述した説明が、十分完全であり詳細であり、それを読めば他の人々が反復再現できる。
    - 概念体系―行動改善のための介入は行動の基本原理から導き出される。
    - 有効性―行動を十分に改善して、参加者やクライエントに対して実際的結果を生み出す。
    - 一般性―改善が時間を経過しても持続し、他の環境においても出現し、他の行動にも波及するような行動改善を生み出す。

18. ABAは社会に対して、社会の多くの問題を解決するためのアプローチ、結果に責任を持つ、公共的で、実行可能な、人々に自信を与え、楽観主義の立場に立つアプローチを提供する。

応用行動分析学の定義

19. 応用行動分析学は、行動原理から導き出される戦術を、社会的に重要な行動の改善のために組織的に応用して、実験を通じて行動の改善に影響した変数を同定する科学である。

20. 行動分析家は相互に関係する4領域、すなわち行動主義（理論的哲学的問題）、実験行動分析学（基礎研究）、応用行動分析学（応用研究）、専門的実践（行動分析学のサービスの消費者への提供）の中の1つか複数の領域で働く。

21. ABAは自然科学的アプローチをとる。それは社会的に重要な行動に確実に影響を与える環境変数を発見し、それらの発見を実践的に活用するテクノロジーを開発するというアプローチ

である。このアプローチは、人類に対して、その多くの問題を解決するための最良の希望を与える。

第2章
基本概念

キーワード

先行子、強化の自動性、嫌悪刺激、行動、行動改善戦術、条件性弱化子、条件反射、条件性強化子、条件性刺激、結果、随伴性、条件的、遮断、弁別オペラント、弁別刺激（S^D）、環境、消去、馴化、高次条件づけ、強化の歴史（履歴）、動機づけ操作、負の強化、中性刺激、個体発生、オペラント行動、オペラント条件づけ、系統発生、正の強化、行動の原理、弱化子、弱化、反射、強化子、レパートリー、レスポンデント行動、レスポンデント条件づけ、レスポンデント消去、反応、反応クラス、飽和、結果による選択、刺激、刺激クラス、刺激性制御、刺激と刺激の対提示、3項随伴性、無条件性弱化子、無条件性強化子、無条件刺激

行動分析士資格認定協会®BCBA® & BCaBA®
第4版課題リスト©

Ⅰ 基本的な行動分析学のスキル	
E-01	先行事象、例えば動機づけ操作や弁別刺激の操作に基づく介入を使う。
E-1	対提示手続を使って、新しい条件性強化子と弱化子を作る。
Ⅱ クライエントを中心に据えた専門家としての責任	
G-05	私的出来事も含む行動を、行動分析学の用語（心理主義の用語ではなく）によって記述する。
I-01	観察でき測定できる用語で行動を定義する
I-02	観察でき測定できる用語で環境変数を定義する。
Ⅲ 基礎知識	
FK-01	行動の法則性
FK-02	選択主義（系統発生的、個体発生的、文化的）
FK-07	行動の環境による（心理主義とは対立するものとしての）説明
FK-10	行動、反応、反応クラス
FK-11	環境、刺激、刺激クラス
FK-12	刺激等価性
FK-13	反射関係（US-UR）
FK-14	レスポンデント条件づけ（CS-CR）

FK-15	オペラント条件づけ
FK-16	レスポンデント-オペラント相互作用
FK-17	無条件性強化
FK-18	条件性強化
FK-19	無条件性弱化
FK-20	条件性弱化
FK-22	消去
FK-24	刺激性制御
FK-25	単一刺激の多重機能
FK-30	動機づけ操作と強化効果を区別する
FK-31	行動随伴性
FK-32	近接性
FK-33	関数関係
FK-41	随伴性形成行動

©2012 行動分析士資格認定協会® (BACB®)。不許複製。この文書の最新版は、www.bacb.comから入手できる。この文書の転載、複写、配布の請求と、この文書についての質問は、BACBに直接問い合わせられたい。

　この章では行動の科学的分析に含まれる基本成分について定義し、科学的分析によって発見されたいくつかの原理を紹介する。最初に検討する概念は行動である。行動こそ何よりも最も基本的な概念である。次に定義するのは環境と刺激の概念である。応用行動分析学においては、最も重要な制御変数は環境の側に見出せる。さらに行動と環境の関係を科学的に研究して発見した、いくつかの最も重要な知見を紹介する。機能的にはっきり区別できる2つの種類の行動がある。レスポンデントとオペラントである。それらを説明する。そして、環境がレスポンデントとオペラントに影響を与える基本的様式である、レスポンデント条件づけとオペラント条件づけを紹介する。3項随伴性、それはオペラント行動と環境との間の時間的で機能的な関係を表現して整理する概念である。応用行動分析学の焦点であり、極めて重要である。そのことを説明する[1]。この章の最後の節では、まず人間の行動が信じられないほど複雑であり、そして行動分析家のもっている知識は不完全であるという、われわれの認識を示すことにする。最後に、応用場面において行動の改善に心血を注ぐ人々が直面する、障壁とチャレンジを明らかにする。

I　行動

　行動（behavior）とは、正確にいえば何だろうか？　行動とは、生きている生命個体（有機体）の活動である。人間の行動は、人々が行うことのすべてである。人々がどのように動くか、

注1：読者はこの章に含まれる多くの専門用語や概念に圧倒される必要はない。この章で紹介されるすべての概念は、レスポンデント行動に関する事柄を除いては、この後の多くの章においてさらに詳しく説明する。この章の基本概念についての概観は、より詳しい説明に先立って、このテキストのそれらの部分を理解するうえで役立つ背景的情報を提供することを意図している。

人々が何を言い、何を考え、何を感じるか、そのすべてが行動である。ピーナツの袋を開けることも行動であるし、袋を開けたらピーナツはさぞ素晴らしい味がするだろうと考えることも行動である。この文章を読むことも行動であり、もしこの本を手にしているとすれば、その手にかかる本の重さや形についての感覚も行動である。

活動（activity）とか運動（movement）などの言葉は、行動の一般的概念を適切に伝えるが、科学の目的のためには、より正確な定義が必要である。ある科学の分野がその主題をどう定義するか？　それは測定と実験と理論的分析を行ううえで、適切かつ可能な方法とは何かという問題に著しい影響を与える。

スキナー（Skinner, 1938）は、行動を「生命個体（organism）が示すか、または外部のさまざまな事物や分野が示す視点（照合枠）から見た、生命個体かその一部が示す運動」と定義した（p. 6）。ジョンストンとペニーパッカー（Johnston & Pennypacker, 1980, 1993a）は、このスキナーの定義を足場にして、今日までに最も概念的に妥当な、経験的に完全な**行動**（behavior）の定義を明確に表現した。

> 生命個体の行動とは、生命個体が環境に対して働きかける部分であって、それは生命個体の身体の一部の空間的位置を時間軸に沿って他の位置に移動させること、しかも感知できるように移動させることを特徴としており、その結果少なくとも環境の1側面に知覚できる変化を生み出すように働きかけることである。(p. 23)

ジョンストンとペニーパッカー（Johnston & Pennypacker, 1993a）は、この定義の各所の主成分について考察した。生命個体の行動（behavior of an organism）という語句は、対象を生きている生命体に限定する。株価の「行動」のような概念は、この用語の科学的用法の範囲には含まれない。

生命個体が環境に対して働きかける部分（portion of the organism's interaction with the environment）という語句は、「行動生起の必要十分条件は、（1）生命個体と環境という2つの独立した実体が存在する、（2）両者間に関係が存在する、ことである」ということを、特定している（Johnston & Pennypacker, 1993a, p. 24）。2人は定義のこの部分を次のように詳しく説明している。

> 行動は生命個体の特性や属性ではない。行動は生命個体とその環境との間にインタラクションが存在する時にのみ起こる。ただしその環境には、生命個体自身の身体も含まれる。これは次のような意味である。生命個体単独で起こる状態は、現実のものであれ仮説上のものであれ、インタラクションの過程が存在しないため、行動という出来事ではないということである。腹が減っているとか不安であるとかは、生命個体単独で起こる状態の例である。それらは説明することになっている行動と混同されることがある。どちらの表現も、空腹や不安の状態にある生命個体がインタラクションする相手である環境側の主体を特定していない。したがってそれらの表現はいずれも行動を意味しない。

同様に、環境側の独立した条件や変化は、行動の生起を定義しない。インタラクションが特定されないからである。誰かが雨の中を歩いて濡れたとする。しかし「濡れること」は行動の例ではない。子どもが算数の問題を正しく解いてトークン（ご褒美引き換え券）を受け取ったとする。しかし「トークンを受け取ること」は行動ではない。トークンを受け取ることは、環境側の変化を意味する。しかし、子どもの側の変化に関しては何も述べていないし、要求してもいない。これとは対照的に、算数問題を解くことと、トークンをポケットに入れることの2つがそろえば、その環境が子どものアクションをプロンプトし、そのアクションによって環境が変えられることになるので、行動上の出来事になる。(Johnston & Pennypacker, 1993a, p. 24)

　行動は動き（movement）である。その大きさは問われない。それゆえに空間的位置を時間軸に沿って他の位置に移動させること（displacement in the space through time）という語句が使われるのである。この定義では、生命個体の静的状態は除外する。しかしそれだけではない。独立した物理力の仕業によって起こる身体のムーブメントも行動上の出来事としては扱わない。例えば、強い突風によって吹き飛ばされることは行動ではない。十分強い風が吹けば、無生物も生命体も同様に動く。動きが行動か行動でないかを区別する有効な方法は、死人テストを適用することである。「死人にできることは行動ではない。死人にできないことは行動である」(Malott & Trojan Suarez, 2004, p. 9)。したがって、強風に吹き倒されることは行動ではない（死人もまた吹き飛ばされる）。しかし人が風に吹き倒されるとき、顔前で腕と手を動かし、身を縮めてよろめき、「ウワァ！」と叫ぶことは行動である[2]。

　空間的位置を時間軸に沿って他の位置に移動させることという語句はまた、測定に最も敏感な行動の特性を強調している。ジョンストンとペニーパッカー（Johnston & Pennypacker, 1993a）は、行動が測定できる基本的特性を、それぞれ、時間上の場所（temporal locus）（特定の行動が時間上いつ起こるか）、時間的広がり（temporal extent）（一定の行動的出来事後の持続時間）、再現性（repeatability）（特定の行動が繰り返し起こる頻度）と呼んだ。応用行動分析家がそれらの特性を測定するために使う方法については、第4章で詳しく論じる。

　ジョンストンとペニーパッカー（Johnston & Pennypacker, 1993a）は、行動の定義の最後の語句、その結果少なくとも環境の1側面に知覚できる変化を生み出すこと（that results in a measurable change in at least one aspect of the environment）がやや冗長であることを認めて、この語句が行動の科学的研究のための重要な修飾語であることを強調したためであるとした。

　　生命個体は環境から切り離すことができない。また行動は生命個体と環境の間の関係である。それゆえ、何らかの方法で行動的出来事が環境に影響を起こさせないようにすることは不可能である……。これは方法論上の重要な核心である。なぜなら、定義のこの部分は、行動をその環境に及ぼす影響という点から検知して測定するようにすべきであるとしているからである。(p. 27)

注2：死人テストは、1960年代中ごろ、教師が測定と改善のための標的として、「静かにしている」のような無生物状態ではなく、本物の行動を選んでいるかどうかを判定するための援助方法として、オグデン・リンズレー（Ogden Rindsley）によって考え出された。

スキナー（Skinner, 1969））が記したように、「反応がいみじくも観察されるためには、環境に何らかの影響を与えなければならない。つまり反応は観察者に対してか、観察用具に対して、影響を与えなければならない。そして観察用具は、今度は観察者に影響を与える。このことは、小さな筋肉線維群の収縮の場合にも、レバー押しや8の字歩きの場合にも等しく言える」（p. 130）。

　行動という言葉は、通常、多くの反応からなる大きな集合、ないしクラス（類）を表すために使われる。1つのクラスに含まれる多くの反応は、何らかの同じ物理的次元（例えば、手をひらひらさせる行動）か、同じ機能（例えば、勉強行動）を共有する[3]。反応という用語は、行動の具体例を表している。**反応**（response）の優れた技術的定義を示そう。反応は「生命個体の効果器（作動体）の振る舞いである。効果器は遠心性神経線維の端末器官であり、自分の環境を機械的に、または化学的に、または他のエネルギー変化という点から変化させるために特化した器官である」（Michael, 2004, p. 8, 傍点は原文）。人間の効果器には、横紋筋（すなわち、二頭筋と大腿四頭筋などの骨格筋）と、平滑筋（例えば、腹筋や膀胱筋）と、腺（例えば、副腎）が含まれる。

　環境における刺激変化と同様に、行動もその形態、つまり身体的特徴によって記述される。**反応トポグラフィー**（response topography）とは、行動の物理的形状、または形態のことである。例えば、ピーナッツ袋を開ける場合、手と指の動きはトポグラフィーという成分を使って記述することができる。しかし、詳しく観察すれば、スナックの袋を開けるトポグラフィーは、毎回微妙に違ってくることが分かるだろう。その違いは大きくもなれば小さくもなるが、個々の「袋開け反応」は、どれ1つとしてほかと同じ反応にはならないだろう。

　トポグラフィーによって行動を記述することが有用な場合もある。しかしそれよりも環境に与える影響によって行動を分析する**関数分析（機能分析）**（functional analysis）こそ、行動分析学を行動分析学たらしめる特徴である。一群の反応が同じ機能をもつ場合（すなわち、その群に属する個々の反応がすべて同じ影響を環境に与える場合）、その反応群は**反応クラス**（response class）と呼ばれる。反応クラスの成員になる資格は反応クラス次第で、緩くもなればきつくもなる。ある反応クラスでは、いろいろな反応形態がそのメンバーになれる（例えば、ピーナッツ袋を開ける方法は多様である）。他の反応クラスでは、そのメンバーになるためのトポグラフィー上の差異は狭く限定される（例えば、個人の署名、ゴルフクラブのグリップなど）。

　構造的記述（structural description）、ないしトポグラフィーによる記述よりも、行動の関数分析（機能分析）の方が重要であることを強調するもう1つの理由は、同じ2つの反応がトポグラ

注3：大部分の行動分析家は、行動という言葉を質量名詞として、この分野全般の主題を表すために使う。しかしそれだけでなく、行動の一定の種類またはクラス（例えば、オペラント行動、勉強行動）を表すために使う。さらにまた可算名詞として特定の行動例（例えば、2つの攻撃行動）を表すためにも使う。行動という言葉は、しばしば動詞に含まれる。だからあえて言う必要はない。フライマン（Friman, 2004）は「われわれの興味の対象が、たたくとかつばを吐くなどの行動であるならば、ただたたく''つばを吐く'とだけ言うことにしよう。後にわれわれの考えを、総称によってまとめようとするときは、それらを行動と呼ぶようにすればよい」（p. 105）と提案した。私たちはこの提案に賛成する。

フィーは同じでも、反応制御変数によってまったく異なる行動になりうるからである。例えば、火事という文字を見て「カジ」と発音する。満員の劇場で煙の臭いを嗅ぎ、炎を見て「カジ！」と叫ぶ。同じ「カジ」でも、2つはまったく異なる行動になる。

　行動分析家は、**レパートリー**（repertoire）という用語を、少なくとも2通りに使う。レパートリーは、人ができる行動のすべてを意味することがある。しかしこの用語のもっと頻繁な用法においては、ある個人が特定の場面や課題に関して学習した知識やスキルの集合、ないしコレクションを意味する。後者の意味では、人はそれぞれが多くのレパートリーを獲得ないし学習していることになる。例えば、私たちは誰でも、くだけた社会的場面にふさわしい行動のレパートリーを身につけている。それはフォーマルな場面を仕切る行動とはやや（または著しく）異なる行動レパートリーである。また人はそれぞれ、言語スキル、学業課題、日々の日課、レクリエーションなどに関して、いくつものレパートリーを持っている。このテキストを使った学習が完了すれば、応用行動分析学についての知識とスキルのレパートリーは豊饒になるだろう。

II　環境

　行動はすべて、例外なく環境の文脈で起こる。空洞な環境または真空状態において、行動が自発されることはありえない。ジョンストンとペニーパッカー（Johnston & Pennypacker, 1993a）は、**環境**（environment）について以下のような定義と、その定義に含まれる行動の科学にとっての2つの重要な意味を示した。

> 「環境」とは、生命個体、または生命個体の参照部分が存在する現実状況の集合体である。その範囲を要約する簡単な方法は、「行動に伴う生命個体の動いている部分以外のすべて」とすることである。1つの重要な含意は……、現実の物理的出来事だけが含まれることである。
> 　行動に関連する環境というこの考え方から生じるもう1つの非常に重要な結果は、それが生命個体の他の側面を含みうることである。すなわち、特定の行動にとっての環境には、その生命個体の外的特徴だけでなく、皮膚の内部の身体的出来事も含まれる。例えば、肌を掻く行為は、おそらく、われわれがかゆみと呼ぶ皮膚の内部にある刺激のみならず、身体が示す視覚刺激、とくに引っ掻かれる部分が示す刺激の制御下に置かれる。実際は、両方の刺激の種類が非常にしばしば行動的制御に貢献する。このことは、行動の法則を理解するうえで、皮膚はとくに重要な境界ではないことを意味する。もっとも皮膚はそれらの法則を発見するための観察上の課題を示す可能性はあるが。(p. 28)

　環境は、場合ごとに異なる、複雑で動的な、出来事の宇宙である。行動分析家は、環境の特定の側面を描写するとき、刺激の条件または刺激の出来事という観点からそれを論じる[4]。**刺激**

注4：刺激と反応という概念は、概念行動分析学、実験行動分析学、応用行動分析学のいずれにとっても有効であることが実証されているが、自然界では刺激と反応は別個の出来事として存在してはいないことを認識する必要がある。刺激と反応は、有機体とその環境との、継続的な、時々刻々変化するインタ

(stimulus）の優れた定義は「生命個体の受容器細胞を通じて生命個体に影響を与えるエネルギー変化」（Michael, 2004, p. 7）である。人間には身体の外側と内側で起こる刺激変化を感知する受容器系が備わっている。外受容器（exteroceptor）は外側の刺激を検知し、視覚、聴覚、嗅覚、味覚、皮膚触覚の機能を有効にする感覚器官である。身体内部の刺激変化を感知する感覚器官は2種類ある。1つは内受容器（interoceptor）で、それは内臓に起因する刺激（例えば腹痛の感覚）を感知する。もう1つは自己受容器（proprioceptor）で、運動とバランスの運動感覚と前庭感覚の機能を有効にする。応用行動分析家はほとんどの場合、身体の外部で起こる刺激変化の影響を研究する。外部の刺激条件と出来事は、観察と操作では内部条件よりもアクセスしやすい。しかしそれだけでなく、外部の刺激条件と出来事は、人々が生活する物理的・社会的世界を構成する重要な特徴にもなっている。

環境は行動に影響を与える。しかし本来行動に影響を与えるのは、静的刺激条件ではなく刺激変化である。マイケル（Michael, 2004）が指摘するように、行動分析家のいう刺激提示とか刺激生起は、実際は刺激変化を指している。

> 例えば、レスポンデント条件づけの場合、条件刺激は音であるなどという。しかし実際に起こった出来事は、音の不在から音の出現への変化である……。そして通常この刺激変化は、あえて言わなくても理解されるが、より複雑な現象を分析するときは見過ごされる可能性がある。オペラント条件づけでも、弁別刺激、条件性強化子、条件性弱化子、条件性動機づけ変数などは、通常、静的条件ではなく刺激変化として重要なのである[5]。（Michael, 2004, pp. 7-8）

刺激上の出来事は、さまざまな方法で記述できる。形状による記述（物理的特徴による記述）も、時間による記述（対象となる行動がいつ起こるかという点からの記述）も、機能による記述（刺激が行動に及ぼす影響による記述）も可能である。行動分析家は、**刺激クラス**（stimulus class）という言葉を使う。それはあらかじめ決定された、1つまたは複数の次元で共通する一連の成分を共有する、任意の刺激群を表す。

1. 刺激の形状の次元

行動分析家は、刺激の形状の次元（formal dimension）、例えば、サイズ、色、強さ、重量、他の事物との関係における空間的位置などによって刺激を記述し、測定し、操作する。刺激は、社会的性格の有無という点から、非社会的刺激（例えば、赤色光、高音）と、社会的刺激（例えば、「もっとピーナツどう？」という友だちの勧め）に分けることができる。

ラクションの、検知可能な「スライス」（1切れ）である。それらは行動を理解し改善するために有効であることが実証されているために、科学者と実践家に選ばれているにすぎない。しかし、行動分析家によって強いられるスライスは、自然に起こる区分と同等ではないかもしれない。

注5：ここで使われているレスポンデント条件づけとオペラント条件づけの諸原理については、本章の後半で紹介する。

2. 刺激の時間上の位置

　行動も、行動に影響を与える環境条件も、時間の中でまた時間を超えて起こる。したがって刺激変化が時間上どの位置を占めるかが重要になる。とくに行動は、行動に先行する刺激変化と、直後に起こる刺激変化に影響される。行動の前に起こる刺激変化は**先行事象**（antecedent）である。この用語は、対象とする行動の前に存在するか生起する環境条件、ないし刺激変化を表す。

　行動は、空洞な環境、ないし真空状態では起こり得ない。それゆえ反応はすべて、特定状況ないし一連の先行条件の文脈で起こる。これらの先行事象は、学習と動機づけに重要な役割を演じる。先行事象は、誰か（例えば、学習者、行動分析家の役割を担う人物、教師）が設計したか否か、その存在に気づいていたか否かにかかわりなく、影響を与える。

　　例えば、ある子どもの数学のテスト（時間制限付き）の成績に影響する先行事象について考えてみよう。テスト成績の先行事象として関数的に関係するのは、例えば、その子の前夜の睡眠量、教室の温度・照明・座席配置、テストで自己ベスト以上の点数を取った子は宿題を免除するという教師の通告、出題された数学問題の種類・形式・順序などがある。これら１つ１つの先行事象の変数は（また他の変数も）、成績に著しく影響することもあれば、多少影響することもあれば、全然影響しないこともある。個々の先行事象についての子どもの経験次第である。（Heward & Silvestri, 2005, p. 1135）

　行動の後に起こる刺激変化は**結果**（consequence）である。これは対象となる行動に後続して起こる刺激変化である。結果には、将来の行動に大きな影響を与えるものがある。とくに行動の直後に起こり、現在の動機づけ状態に密接に関係する刺激変化は、強い影響力をもつ。しかし他の結果は、将来の行動にほとんど影響を及ぼさない。結果は、先行条件と合体して、何が学習されるかを決定する。この場合も、行動を変えようとする個人や第三者がその結果に気づいているか否か、周到に設計するか否かにかかわりなく、影響を与える。

　行動に先行する刺激上の出来事と同様に、結果に関しても社会的性格をもつ出来事と非社会的な出来事がある。表2.1は４つの行動例に対する社会的・非社会的な先行事象と結果事象のさまざまな組み合わせの例である。

3.　行動に対する刺激変化の機能

　刺激変化の中には、行動に即座に強力な制御を発揮するものがある。一方、遅れて影響を与えるものや、はっきりした影響をまったく示さないものもある。私たちは刺激をその物理的特徴（例えば、音の高さとデシベルレベル、人の手と腕の動きのトポグラフィー）によって記述することができ、またしばしばそうしている。しかし刺激変化を理解する最善の方法は、刺激変化が行動に及ぼす効果を機能分析することである。例えば、同じデシベルの音であっても、ある環境と一連の条件のもとでは、ドライヤーの衣類のチェックを促す注意（プロンプト）として機能

表2.1 先行事象（状況）と結果事象には、非社会的なもの（傍点）、社会的なもの（太字）、両者を組み合わせたものがある。

状況	反応	結果
飲料販売機	硬貨を入れる	冷たい飲料
机上の5個のコップ	「1-2-3-4-5、コップ5つ」	**教師のうなずきと笑顔**
友人が「左折」という	左折する	目的地に到着する
友人が「何時？」と聞く	「6時15分」	**友人が「ありがとう」という**

S. S. Glenn. (2004). 'Individual Behavior, Culture, and Social Change'. *The Behavior Analyst, 27*, p.136. Copyright 2004 by the Association for Behavior Analysis. Used by permission.

し、別の場面や状況ではシートベルト着用を知らせる警告として機能する。同じ手と腕の動きが、ある一連の状況では相手からの笑顔と「やあ！」というあいさつを引き出し、別の状況では嫌な顔と卑猥なジェスチャーを引き出す。

　刺激変化は行動に対して次のような2種類の基本的機能ないし効果をもち、その一方か両方を生み出す可能性がある。（1）現在の行動生起頻度を即時的ではあるが暫定的に増加または減少させる効果、（2）その種の行動の将来の生起頻度に及ぼす遅延的ではあるが比較的永続的な効果（Michael, 1995）。例えば曇り空が一変して土砂降りになると、例えば日よけカバーのところに走りこむとか、上着を引き上げて頭を覆うなど、過去に雨を避けるうえで成功した行動すべての生起頻度が即座に増加するだろう。その人が家を出るとき傘を持たない主義の人だったとすれば、その土砂降りによって、将来その人が曇りの日に傘を持たずに家を出る頻度が減るだろう。

III　レスポンデント行動

　健全な生命個体はすべて、一定の刺激に予測できる仕方で反応できる状態で、この世に生まれてくる。学習は不要である。これらの既成の行動は、生命個体を有害な刺激から保護し（例えば、角膜から粒子を除去するよう、目を湿潤にして、瞬きすること）、生命個体の体内バランスと節約を調節すること（例えば、気温と活動水準の変化に応じて心拍と呼吸を変化させること）に役立ち、生殖を促進する（例えば、性的覚醒）。これらの刺激と反応の関係を**反射**（reflex）という。それは生命個体の遺伝的能力の一部である。それは自然界の進化の所産であり、種の生存にとって価値ある能力であったために生き残ったのである。どの特定の種でも、個々のメンバーは同じ無条件反射（無学習性の反射）のレパートリーをもって生まれてくる。反射は生命個体に対して、特定の刺激に対する生来の一連の反応をもたらす。これらの反射は、個々の生命個体が学習する時間をもたなかった行動である。表2.2は人間に共通する反射の例である。

　刺激と反応の反射における反応成分をレスポンデント行動という。**レスポンデント行動**（respondent behavior）は、先行刺激に誘発される行動と定義される。レスポンデント行動は、行動に先行する刺激に誘発される。つまり引き起こされる。反応を引き起こすために必要なもの

表2.2　レスポンデント条件づけの対象となる人間の無条件反射

無条件刺激	無条件反応	効果器の種類
大音や角膜への接触	瞬き（眼瞼が閉じる）	横紋筋
眼瞼の内側への触刺激や化学的刺激物（煙）	涙腺分泌（目の湿潤）	腺（導管）
鼻粘膜の刺激物	くしゃみ	横紋筋と平滑筋
喉の刺激物	せき	横紋筋と平滑筋
低温	震え、顔面血管収縮	横紋筋と平滑筋
高温	発汗、顔面血管拡張	腺、平滑筋
大音	鼓膜張筋とアブミ骨筋収縮（鼓膜振幅低減）	横紋筋
口中の食物	唾液分泌	腺
胃内の消化不能食物	嘔吐	腺
手足への痛刺激	手足のひっこめ	横紋筋
苦痛な、非常に強い、非常に異常な単体刺激	活性化症候群（以下のすべて） 心拍率亢進 アドレナリン分泌 肝臓から血中への糖放出 内臓血管収縮 骨格筋血管拡張 皮膚電気反応（GSR） 瞳孔拡張（さらに多くの変化）	 心筋 腺（内分泌腺） 腺（導管） 平滑筋 平滑筋 腺（導管） 平滑筋

Michael, J. L. (2004). *Concepts and Principles of Behavior Analysis* (rev. ed., pp. 10-11). Kalamazoo, MI: Society for the Advancement of Behavior Analysis.

は、先行刺激以外には何もない。例えば、目の中の明るい光（先行刺激）は、瞳孔収縮（レスポンデント）を誘発する。もし関連する身体部分（すなわち、受容器と効果器）が健全ならば、瞳孔収縮は毎回起こるだろう。しかし、誘発刺激が短期間に反復提示されれば、反応強度ないし大きさは弱くなり、場合によっては全く起こらなくなる。この反応強度の漸減過程は、**馴化**（habituation）として知られている。

1．レスポンデント条件づけ

　新しい刺激は、レスポンデントを誘発する能力を獲得することができる。この種の学習は、**レスポンデント条件づけ**（respondent conditioning）と呼ばれる。ロシアの生理学者イワン・ペト

ローピッチ・パヴロフ（Ivan Petrovich Pavlov 1849-1936）に深く関係している[6]。パヴロフは犬の消化系を研究しているとき、実験室助手が食物を与えようと籠の扉をあけるたびに、動物たちが必ず唾液を分泌することに気づいた。犬は、人が着用する実験用の白衣の光景を目にしても、自然には唾液を分泌しない。しかしパヴロフの実験室の犬たちは、ドアが開くたびに必ず唾液を分泌した。好奇心に駆られたパヴロフ（Pavlov, 1927）は、そこで歴史的な一連の実験を計画し、実行した。この研究の結果は、レスポンデント条件づけを実験的に証明するものとなった。

　パヴロフは、犬に食物を与える一瞬前に、メトロノームをスタートさせた。この**刺激と刺激の対提示**（stimulus-stimulus pairing）を経験するまでは、口中の食物である**無条件刺激**（unconditional stimulus）（US）は、唾液分泌を誘発したが、メトロノームの音である**中性刺激**（neutral stimulus）（NS）は、誘発しなかった。犬たちはメトロノーム音に続く食物提示の試行を数回経験すると、メトロノーム音に対して唾液を分泌し始めるようになった。こうしてメトロノーム音は**条件刺激**（conditioned stimulus）（CS）となり、**条件反射**（conditioned reflex）が形成された[7]。レスポンデント条件づけは、NSがUSの直前に、またはUSと同時に提示されるとき、最も効果的である。しかし、NS開始とUS開始の間にかなりの遅延があっても、多少の条件づけ効果が得られることがある。またUSが先にきてNSが後にくる逆行条件づけでさえ、条件づけ効果が生じることがある。

2．レスポンデント消去

　パヴロフのもう1つの発見は、条件反射の消失である。無条件刺激を提示せず、条件刺激だけを単独で反復して提示する。すると、確立していた条件反射がだんだん弱まり、ついには停止する。例えばメトロノーム音を聞かせる。しかし食物は与えない。後続させない。すると、メトロノーム音が持っていた唾液分泌を誘発する能力は徐々に失われていく。条件刺激を無条件刺激なしに繰り返し提示して、もはや条件刺激が条件反応を誘発しなくなるようにさせる手続きを**レスポンデント消去**（respondent extinction）とよぶ。

　図2.1はレスポンデント条件づけとレスポンデント消去の略図である。この例では、緑内障検査器から発する空気の吹き付けが、瞬き反射を誘発するUS（無条件刺激）になる。眼科医が指で検査器のボタンを押すと、かすかなクリック音がする。しかしこのクリック音は、条件づけ前はNSであり、瞬きに何の影響も与えない。ところがこの指によるボタン押し音は、空気の吹き

注6：レスポンデント条件づけは、古典的条件づけ、パヴロフ型条件づけともいう。反射研究はパヴロフが最初ではない。あらゆる研究者同様、彼の業績は実はほかの研究者、とくにイヴァン・セーチェノフ（Ivan Sechenov, 1829-1905）の研究の発展である（Kazdin, 1978）。パヴロフの研究を描いた、優れた興味深い作品は、グレイ（Gray, 1979）やレスコラ（Rescora, 1988）参照。

注7：無条件刺激と条件刺激は、レスポンデント関係の刺激成分を表す最も一般的な用語である。しかしこれらの用語は、その刺激変化がもたらす即時的な喚起（誘発）効果だけでなく、ある程度永続的な遅延性の機能変更効果（他の諸刺激に対する条件づけ効果）も意味して曖昧なので、マイケル（Michael, 1995）は、これらの変数の喚起機能を論じるときは無条件性誘発子（unconditioned elicitor, UE）と条件性誘発子（conditioned elicitor, CE）という用語を使うよう提案した。

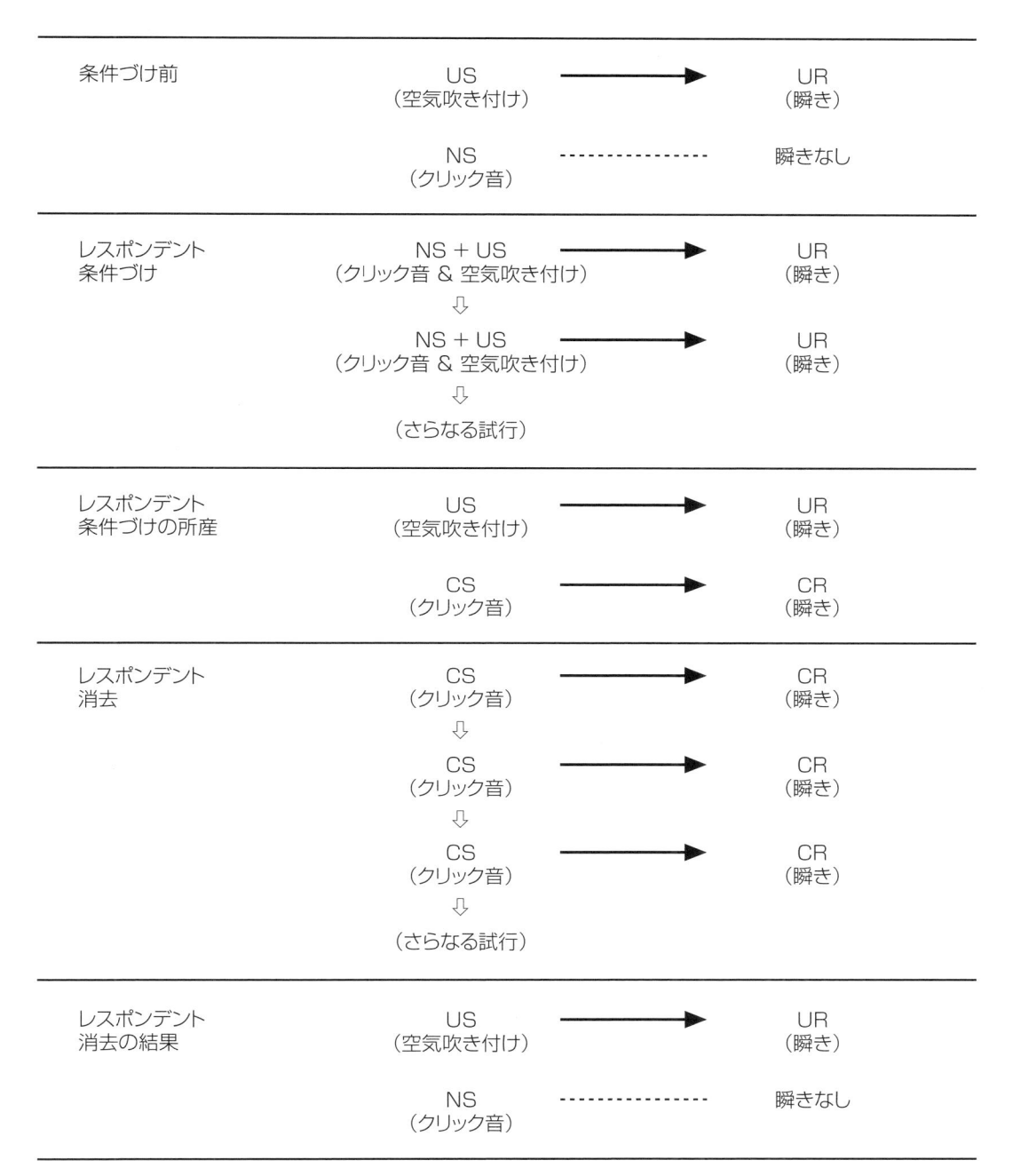

条件づけ前	US (空気吹き付け)	→	UR (瞬き)
	NS (クリック音)	-------	瞬きなし
レスポンデント 条件づけ	NS + US (クリック音 & 空気吹き付け) ⇩ NS + US (クリック音 & 空気吹き付け) ⇩ (さらなる試行)	→ →	UR (瞬き) UR (瞬き)
レスポンデント 条件づけの所産	US (空気吹き付け)	→	UR (瞬き)
	CS (クリック音)	→	CR (瞬き)
レスポンデント 消去	CS (クリック音) ⇩ CS (クリック音) ⇩ CS (クリック音) ⇩ (さらなる試行)	→ → →	CR (瞬き) CR (瞬き) CR (瞬き)
レスポンデント 消去の結果	US (空気吹き付け)	→	UR (瞬き)
	NS (クリック音)	-------	瞬きなし

図2.1　レスポンデント条件づけとレスポンデント消去の略図。最上段は無条件反射。空気の吹き付け（無条件刺激、US）は瞬き（無条件反応、US）を誘発。条件づけ前は、クリック音（中性刺激、NS）は瞬きに何の影響も与えない。レスポンデント条件づけ手続きは、刺激と刺激の対提示。クリック音を空気吹き付けの直前か同時に提示。レスポンデント条件づけの所産は条件反射（CR）。クリック音が条件刺激（CS）に変化し、単独提示でも瞬きを誘発するようになる。下段の2つは、レスポンデント消去の手続きと所産。CSのみの反復提示は徐々に瞬きを誘発する能力を低下させ、ついにはCSが再びNSに変化するところまで行き着く。無条件反射は、レスポンデント条件づけの前もその間中もその後も不変。

付けとほんの数回対提示されただけで、CS（条件刺激）に変化する。その音は条件刺激として、瞬きを誘発するようになる。

条件反射は他の方法でも形成される。NS（中性刺激）とCS（条件刺激）という刺激と刺激の対提示も条件反射を形成する。この形式のレスポンデント条件づけを**高次（2次）条件づけ**（higher order or secondary conditioning）という。例えば、ある患者が緑内障の検査場面で、ボタンのクリック音に対して瞬き反応を学習したとする。この場合、さらに2次レスポンデント条件づけが起こる可能性がある。患者は眼科医の指がボタンに触れてクリック音（CS）を出す直前の微細な指の動き（NS）を感知したとする。この数回のNSとCSの対提示によって、眼科医の指の動きも瞬きを誘発する能力をもつCSに変化する可能性がある。

レスポンデント行動の外形、ないしトポグラフィーは、生涯にわたってほとんど変化しない。例外は次の2つである。（1）いくつかの反射は成熟とともに消失する。例えば、掌に置かれた事物を握る反射は、ふつう年齢3カ月以後は見られなくなる（Bijou & Baer, 1965）。（2）いくつかの無条件反射は、生後すぐには見られず、後に初めて出現する。例えば、性的興奮や生殖に関わる反射がそうである。しかし人の生涯の間には、限りなく多くの刺激（例えば、歯科医のドリルの高い唸り音）が、以前は中性だったのにレスポンデント（心拍亢進と発汗）を誘発するようになる可能性がある。

レスポンデントは、応用行動分析家が普通、関心をもつ行動の中のごく一部にすぎない。スキナー（Skinner, 1953）が指摘したように、「反射は、条件づけられたものであれ、そうでないものであれ、主として生物の体内の生理学に関係している。しかしわれわれが最も関心を抱くのは、周りの世界に多少とも影響を与える行動である」（p. 59）。ではこれから、この後者のタイプの行動と、それが学習される過程を検討することにしよう。

Ⅳ　オペラント行動

赤ちゃんがベビーベッドの中で、ぶら下がっているモビールを、手と腕で動かす。赤ちゃんは文字通り自分の環境を操作している。そしてそのモビールの動きと音は、赤ちゃんが手でおもちゃをたたいたことで生まれた刺激変化である。その動きと音は、赤ちゃんの行動が生み出した即座の結果である。これらの結果を受けて、赤ちゃんの動きは継続的に変化していく。

種を構成するメンバーは、遺伝的に決定された一連の固定的反応によってしか世界と関われないとすれば、遠い祖先が進化過程で経験してきた環境とは異なる複雑な環境のなかでは、生存することはもちろん、発育することすら難しいだろう。レスポンデント行動は、決定的に重要な一連の「生来の」反応（"hardwired" responses）によって構成されている。しかしレスポンデント行動は、自分の行動が生み出す結果を手がかりとして学習していく能力を生物に与えない。生命個体は自らの行動によってもたらす、環境への影響によって行動を変えることができない場合、その生命個体は変転極まりない環境に適応できないだろう。

幸いなことに、人間の赤ちゃんの行動は、遺伝的に受け継がれたレスポンデント行動だけに限られていない。それに加えて、中立的（使途に制約がない）行動（uncommitted behavior）を備

えてこの世に生まれてくる。この中立的行動は、非常に可塑的な行動であり、行動の結果として起こる変化に非常に影響を受けやすい行動である。この種の行動を、オペラント行動という。赤ちゃんは、この種の行動をもっているからこそ、変転極まりない世界にあって、ますます複雑さを増してゆく新しい反応を、生涯にわたって学習していくことができるのである。

オペラント行動（operant behavior）とは、将来の自発頻度が、主として過去の行動の結果の個人史（history of consequences）によって決定される行動である。オペラント行動は、レスポンデント行動のように先行事象によっては誘発されない。結果によって選択され、形成され、維持される。結果とは過去に行動を自発して、それに随伴した出来事である[8]。

レスポンデント行動は、トポグラフィーも、基本的機能も、前もって決定されている。オペラント行動は、それとは違い、無限に多様な形態をとりうる。レスポンデント行動は、形態も機能も定まっており、トポグラフィーによって識別できる（例えば、唾液分泌の基本的形態と機能は常に同一である）。それに比べてオペラント行動は、トポグラフィーによってはその「意味」を突き止めることができない。オペラントは機能によって、つまり行動が与える影響によって定義される。同じオペラントでも、そのなかには、実にさまざまなトポグラフィーをもつ多くの反応が含まれる（例えば、レストランの客が水を1杯もらうには、頷いてみせてもいいし、水のコップを指さしてもいいし、ウエイターに「はい」と答えてもいい）。それだけではなく、スキナー（Skinner, 1969）が説明したように、同じ動きが条件の違いによって別のオペラントになりうる。

> 水が両手を通過するに任せることは、おそらくトポグラフィーとしてなら、適切に描写できるだろう。しかし「両手を洗う」ということになれば、人が過去にこのように行動したら、例えば両手がきれいになったという事実によって、つまり非難や感染という脅威を最小に抑えたという理由から強化的になったという条件によって定義される「オペラント」になる。トポグラフィーは寸分違わない同一の行動が、別のオペラントの一部になることはありうる。両手を単純に刺激すること（例えば、「くすぐり」）が強化だったり、手洗いを教えている子どもに模倣行動を喚起することが強化だったりする場合がそうである。(p. 127)

表2.3はレスポンデント行動とオペラント行動の定義的特徴と主要な特性を比較し対比させたものである。

1．結果による選択

人間の行動は次の3者の共同所産（joint product）である。（1）種の自然選択の原因となる生存随伴性（contingencies of survival）、（2）種の成員が獲得するレパートリーの原因となる強化随

注8：自発する（emit）という動詞は、オペラント行動について使われる。この用法はオペラント行動の定義に適合している。これによって行動の主要な制御変数としての結果を表現することができる。誘発する（elicit）という動詞をオペラント行動について用いることは適切ではない。この動詞は、主として先行刺激が行動を制御することを意味するからである。

表2.3 レスポンデント行動とオペラント行動の定義的特徴と主要特性の比較と対比

特徴または特性	レスポンデント行動	オペラント行動
定義	先行刺激に誘発される行動	行動の結果によって選択される行動
基本単位	反射：1つの先行刺激が、1つの特定の反応を誘発する（S-R）	オペラント反応クラス：すべて環境に同一効果を生み出す一群の反応。先行刺激条件・行動・結果（A-B-C）の3項随伴関係によって記述される。
例	新生児の触覚に対する把握反射と哺乳反射。明るい光に対する瞳孔収縮。喉の痛みに対する咳/喉詰まり。食物の匂いに対する唾液分泌。苦痛刺激からの手の引っ込め。刺激への性的覚醒。	話す、歩く、ピアノを弾く、自転車に乗る、おつりを数える、パイを焼く、カーブを打つ、冗談を聞いて笑う、祖父母を思う、このテキストを読む。
反応を生み出す体の部位（効果器）（これは定義的特徴ではない）	主として平滑筋と分泌腺（アドレナリン噴出器）。ときに横紋筋（骨格筋）も（例えば、膝頭直下を軽くたたくと起こる膝蓋腱反射）。	主として横紋筋（骨格筋）。ときに平滑筋と分泌腺も。
個々の生物にとっての機能または実用性	生物内部の有機的統一（組織）を維持する。生物が学ぶ暇のなかった「既製の」一連の生存反応を提供する。	進化が予想し得なかった、絶え間なく変化する環境において、効果的に相互作用し、適応することを可能にする。
種にとっての機能ないし実用性	種の存続を促進する。直接的方法（生殖関連反射）と、間接的方法（個体が生殖年齢に達するまで生存するために役立つ防御反射）によって。	その行動が結果に対して最も敏感である個人がよりよく生存し繁殖する。
条件づけの過程	レスポンデント（古典的またはパヴロフ型）条件づけ。刺激と刺激の対提示。すなわち無条件性（US）誘発刺激、または条件性（CS）誘発刺激の直前または同時に、中性刺激（NS）を提示することによって、NSがCS（反応を誘発する刺激）になり、条件反射が形成される（図2.1参照）。	オペラント条件づけ。ある反応の直後に起こる刺激変化が、同様の条件下での同様の反応の将来の生起頻度を増加させ（強化）、または減少させる（弱化）。以前中性的だった刺激変化が、条件性強化子または条件性弱化子になる。他の強化子か弱化子との間で、刺激と刺激の対提示がなされた結果である。
レパートリーの限界	レスポンデントのトポグラフィーと機能は、種の自然進化（系統発生）によって決定される。生物として無傷の種の全メンバーは、同じ一連の無条件反射を持つ。レスポンデント行動の新形態は、学習性のものではないが、個人の経験した刺激と刺激の対提示によって、無限数の条件反射が個人のレパートリーの中に出現する（個体発生）。	1人1人のオペラント行動レパートリーのトポグラフィーと機能は、1個人の生涯の間に生じる結果によって選択される（個体発生）。新しいより複雑なオペラント反応クラスが出現する可能性がある。一部のヒューマン・オペラントがもたらす反応所産（例えば飛行機）は、解剖学的構造だけでは不可能な行動（例えば飛翔）を可能にする。

伴性（contingencies of reinforcement）、（3）それに含まれ、社会的環境によって維持される特殊随伴性（special contingencies）（もちろん、それはすべて、究極的には自然選択という事実を表す。なぜならオペラント条件づけは進化から生まれた過程であり、文化的実践はその過程の特殊な応用だからである）。

—B. F. スキナー（Skinner, 1981, p. 502）

スキナーが発見しその後解明した、結果によるオペラント選択（operant selection by consequences）は、当然ながら「革命的」と言われ、「他の行動諸原理が依拠する根本原理」となった（Glenn, 2004, p. 134）。**結果による選択**（selection by consequences）は、「選択理論（selectionism）として知られる生命科学の新しいパラダイムに確実な根拠を与える。この見解の基本となる教義は、単細胞から複雑な文化に至るまで、生命のすべての形態は、機能に関係する選択の結果として進化するという考え方である」（Pennypacker, 1994, pp. 12-13）。

結果による選択は、生命個体の生涯を通じて作用し続ける（**個体発生**）。それは種の進化の歴史（**系統発生**）におけるダーウイン（Darwin, 1872/1958）の自然選択（自然淘汰）の概念と一致する。バウム（Baum, 1994）は、「キリンの首はなぜ長い？」という質問に答えて、自然選択を次のように巧みに説明した。

> なぜ系統発生は特定のコースをたどったのだろうか？　それを説明するには、比較的単純なメカニズムが役立つだろう。ダーウインはそう考えた。それが彼の偉大な貢献である。キリンの首について説明するには、数え切れないキリンの誕生と生涯と死、何百万年ものキリンの先祖について論じる必要がある……。どんな生物の個体群であれ、個々の成員には違いがある。個体差の原因は、一部は環境要因（例えば食物ないし栄養素）、他は遺伝的形質である。例えば現在のタンザニア北部セレンゲティ平原に生きてきたキリンの先祖のことを考えてみよう。ある個体の首は長く、他の個体の首は短い。これは遺伝子の違いである。しかし、気候が少しずつ変化するのにともない、新しい、より背の高い植生（ある区域に集まって生育している植物）がより頻繁に育つようになる。より首の長いキリンの先祖は、より高い所に届くことができる。彼らは平均するとほんの少し多く食べることができた。その結果、首の長い先祖のほうが少しだけより健康になった。病気への抵抗力が少しだけ強まった。そして捕食動物から少しだけ巧みに逃れることができた。これも平均しての話である。より首の長いキリンの個体でも、中には子孫を残さずに死んでいったものがいただろう。しかし平均すれば、首の長い個体のほうがより多く子孫を残し、その子孫は平均するとよりよく生存して、またより多くの子孫を残した。首の長い個体がより頻繁に出現するようになるにつれ、新しい遺伝子の組み合わせが生じた。その結果、一部の子孫は以前よりさらに長い首をもつようになった。そしてさらによく生存した。首の長いキリンのほうが短いキリンよりもより繁殖し続けた結果、個体群全体の平均的な首の長さが長くなった。(p. 52)

異なる肉体的特徴（例えば、長さの違う首をもったキリン）をもった生命個体の集団（個体群）が存在しない限り、自然選択（自然淘汰）は生じない。まったく同様に、行動のバリエーション（変異）が存在しない限り、結果によるオペラント選択は生じない。選択され「生存する」

行動は、行動群の中でも最も満足をもたらす結果を生み出す行動である。その行動がきっかけとなって、より適応的なレパートリーが生じる。ヒトは自然選択によって、何にでも発展できる中立的行動の最初の一群（例えば、乳幼児の喃語や、四肢をあちこち動かすこと）を授かる。これらの中立的行動は、直後の結果の影響に対して非常に敏感であり、その影響を極めて受けやすい。グレン（Glenn, 2004）はこう指摘する。

> 自然選択はヒトという種に、広く中立的な行動レパートリーを与えた。それによってわれわれの種は、ゆとりある革ひもでつながれた犬のように、ゆとりをもって局所的に行動適応することができた。しかしヒトの中立的レパートリーは、オペラント選択に対するヒトの行動の影響されやすさがなかったら、それだけでは致命的だったろう。この行動特徴は多くの種に共通するものであるが、なかでもヒトは選択の行動的随伴性に対して、とりわけ敏感だったといえるだろう。
> （Schwartz, 1974, p. 139）

2．オペラント条件づけ

> オペラント条件づけは、人類の誕生から死に至るまでに現れる多彩な活動に見出される……。それは私たちの最もデリケートな弁別にも、最も巧妙なスキルにも、人類最早期の荒削りの習慣にも、創造的思考の最高の極致にも存在する。
> ——ケラー＆ショーンフェルド（Keller & Schoenfeld, 1950, p. 61）

オペラント条件づけ（operant conditioning）とは、結果が行動に及ぼす過程と選択的影響を意味する[9]。オペラント条件づけの立場から見れば、有効な結果とは、一定の行動の直後に起こる刺激変化のことであり、その種の行動が将来起こる頻度を変化させる。「オペラント条件づけでは、1つのオペラントを『強める』（strengthen）が、それは1つの反応の起こる公算を大にすること、実際にはより頻繁に生起させることを意味する」（Skinner, 1953, p. 65）。乳幼児が手をばたつかせてモビールをたたく。モビールが動き、音が出る。すると、おもちゃの方向に向けた乳幼児の手の動きの頻度が増える。オペラント条件づけが起こったのである。

オペラント条件づけが、反応頻度の増加をもたらす場合、**強化**（reinforcement）が生じたことになる。この場合、反応に随伴して頻度増加の原因となった出来事（結果）は、モビールの動きと音である。この出来事（結果）を**強化子**（reinforcer）[10]と呼ぶ。オペラント条件づけといえば、強化の「増強」効果をさすことが多い。しかしスキナーが初期に述べたように、オペラント

注9：行動という用語は、以後は特に指摘しない限り、オペラント行動を意味する。

注10：スキナー（Skinner, 1966）は、反応率（rate of responding）を研究の基本データとして使った。あるオペラントを強めることは、頻度を増やすことである。しかし行動特徴のうち、影響を受けやすく、かつ測定可能な次元は、反応率（rate）、または頻度（frequency）だけではない。これから第3章、第4章で見るように、行動変化の持続時間（duration）、潜時（latency）、大きさ（magnitude）、およびまたはトポグラフィーを使うことは、実用的見地から重要である。

ボックス2.1
電話が鳴るとき：刺激性制御をめぐる対話

教授は次の話題に入ろうとした。しかし前席から手が挙がった。そちらを向いて、

教授：はい、どうぞ？

学生：先生は、話すこと、書くこと、走ること、読むこと、自動車を運転することなど、およそ私たちがすることの大部分はオペラント行動である。これらの行動はすべて結果によって、つまり反応が自発され、その後に起こる出来事によって、コントロールされる、そうおっしゃいましたね？

教授：そうです。私はそう言いました。その通りです。

学生：でも、私はそのことをなかなか納得することができません。例えば電話が鳴って受話器をとりますよね。これってオペラント反応ですよね？　つまり電話が鳴ったとき応答する行動は反射ではない。これは確かである。人間という種の生存のために役立つ反射として、遺伝的に進化した行動ではない。だからこそ私たちはオペラント行動として扱ってきた。そうですよね？

教授：その通り。

学生：分かりました。だとしますと、私が受話器を取る行動が結果によってコントロールされるなんて、どうして言えるでしょう？　電話が鳴る。だから受話器をとる。他の誰だってそうするでしょう。電話の音が反応をコントロールする。そして電話の音は、受話器をとる反応の前に起こる。だから電話の音は結果ではあり得ない。

教授はすぐ答えずしばらく躊躇した。学生に自分がヒーローであると信じさせるには十分だった。学生は日々の現実世界とは無関係な理論的概念を尊大に話す教授を身動きできないところまで追いつめたと思った。同時に他の学生たちも勝利を感じた。そして次々に自分の意見を述べて、追い打ちをかけにかかった。

別の学生：赤信号を見てブレーキを踏む。これはどうでしょう？　ブレーキを踏む反応をコントロールするのは信号です。これも結果などではないでしょう。

教室の後方の学生：ありふれた教室の例で考えてみましょう。子どもがワークシートの問題

> 　２＋２を見て４と書く。４と書く反応は、書かれている問題そのものによってコントロールされたはずです。さもなければ、一体どうして質問や問題について正しい答えを学習することができるでしょう？
>
> 大部分の学生：本当だ。そうだ、そうだ！
>
> 教授：（皮肉な笑いを浮かべて）諸君はみな正しい……。そして私も正しい。
>
> 教室内の誰か：先生、何をおっしゃりたいのですか？
>
> 教授：それこそ、これからお話ししたかったテーマそのものです。私は諸君にそのことに気づいて欲しかった。（議論の口火を切って発展させてくれた当の学生に感謝の笑みを送った）。私たちの周囲の誰もが、毎日、何千もの変転する刺激条件にさらされています。諸君が話してくれた状況はすべて、行動分析家が刺激性制御と呼んでいる格好の事例です。ある刺激が存在するとき、ある行動を自発する。その頻度は、その刺激が存在しないときより高くなる。そのとき刺激性制御（stimulus control）が作動しているといいます。刺激性制御は、行動分析学では、非常に重要で有用な原理です。刺激性制御は、今学期の主題です。これから大いに議論することになります。
> 　しかし、ここに重要なポイントがあります。弁別刺激、つまり私たちが関心を示す反応の前に起こる先行事象のことですが、それは特定の反応クラスを制御する能力を獲得します。その先行事象が過去に一定の結果と関連づけられたからです。ですから諸君に受話器を取らせたのは、電話の音そのものではない。電話が鳴った。受話器を取った。相手の声が聞こえた。そういう過去の事実が今、あなたに受話器を取らせたのです。実際には、諸君に話しかけたその人物、つまり諸君が受話器を取り上げ、その後に起こった結果が、最初の行動をコントロールしたのです。しかし諸君は電話が鳴るときだけ受話器を取り上げます。なぜでしょう？　相手側に誰かがいることは、電話が鳴るときだけである。そのことを、諸君が学んでいるからです。したがってオペラント行動の制御に関しては、最終的にコントロールしているのは、やはり結果であると言えます。しかし先行刺激は、どんな種類の結果が待ち受けるかをあらかじめ教えることができます。先行刺激が差別的結果（differential consequences）と対にされたからです。この概念を３項随伴性（three-term contingency）と言います。３項随伴性を理解し、分析し、操作する。それこそ応用行動分析学の中核になります。

　条件づけには弱化（パニッシュメント、罰）の原理も含まれる。モビールの動きと音楽によって、赤ちゃんが両手でモビールを動かす頻度が減少する場合、弱化（punishment）が生じたのである。そのモビールの動きと音を、**弱化子**（punisher）と呼ぶ。強化の原理と弱化の原理は、

さらに検討する必要があるが、それを考える前に、まず結果が行動にどう影響するかについての重要な留保条件を確認しておくことが重要である。

（1）結果が影響を与えられるのは将来の行動だけ

行動に随伴する結果が影響を及ぼすのは、将来の行動だけである。厳密に言えば、行動の結果は、将来において、類似する諸反応が、類似の刺激条件下で、自発される相対的頻度に対して影響を及ぼすのである。この点はあまりにも自明である。取り立てて言うほどの価値はないように思われるかもしれない。なぜなら結果としての出来事は、さかのぼって行動に影響を与えることは、論理的にも物理的にも不可能だからである。結果としての出来事が出現するまでに、当の行動は完了している。にもかかわらず、「行動はその結果によって制御される」という言い方は、問題を引き起こす（この論理的誤謬のさらなる議論はボックス2.1参照）。

（2）結果が選択するのは個々の反応ではない。反応クラスである。

以前の反応が強化され、その影響によって自発される反応は、以前の反応と多少なりとも違っている。しかし以前の反応と十分共通する成分を共有しており、どちらも同じ結果を生み出す。

> 強化は反応を強める。強められる反応は、トポグラフィーにおいて、強化された反応とは異なる反応である。例えば、レバー押しを強化し、「こんにちは」というあいさつを強化する。するとトポグラフィーにおいて相当広く違いのあるさまざまな反応が、より高い確率で起こるようになる。これは生存価（survival value）の高い行動がもつ特徴である……。したがってもし強化が同一反応だけを強めるとすれば、生命個体が有効なレパートリーを獲得することは、非常に困難になるだろう。（Skinner, 1969, p. 131）

トポグラフィーは違っていながら、機能的には似ているこれらの反応群が、1つのオペラント反応クラス（an operant response class）を構成する。それどころか「1つのオペラントは、行為のクラス（集合）であり、それらはすべて環境に同じ影響を与える」（Baum, 1994, p. 75）。オペラント条件づけによって強められたり弱められたりするのは反応クラスである。反応クラスという概念は「強化の直前にあった行動の種類（type）の将来の頻度が、強化によって増加したと言えるとき」成立する（Michael, p. 9）。そして反応クラスという概念は、後続する諸章で述べるように、新しい行動の開発と精緻化のカギになる。

もし結果（または自然進化）が非常に狭い範囲の反応（または遺伝子型）のみを選択したならば、その影響は「性質の画一化と完全化に向かう傾向を示す」（Moxley, 2004, p. 110）だろう。そうなれば、環境に変化が起こったとき、その行動（種）は絶滅の危機に瀕するだろう。例えば、もしモビールの動きと音が、正確な狭い範囲の腕と手の動きだけを限定的に強化し、似たような動きをサバイバルさせなかったとすれば、ある日母親がそのモビールをベビーベッドの上の

別の場所に取り付けたとき、赤ちゃんはその強化にコンタクトできなくなるだろう。

（3）即時的結果が最大の影響を与える

　行動は反応の直後、すなわち数秒以内に起こる刺激変化に対して、最も敏感である。

　　　強化の即時性の重要さを強調することは極めて重要である。反応に続いていろいろな出来事が随伴する場合、たった数秒かそれ以上遅れただけでも、それらの出来事は将来の反応頻度を直接には増加させない。長時間遅延した結果によってヒトの行動が影響されたように見える場合、その影響（行動変化）は実際には個人の複雑な社会史、言語史のおかげである。強化による行動の単純な増強の例とすべきではない…。［強化と同様に］弱化においても反応の生起と刺激変化の生起（RとS^p）の間の時間の遅れが長ければ長いほど、関連する反応頻度を変化させるうえでの弱化の効果を、より効果のないものにするだろう。しかしその上限については不明な点が多い（Michael, 2004, p. 110, 36 強調は原著、括弧内の語は追加）。

（4）結果はどんな行動でも選択する

　強化と弱化は、「機会を平等に与える」選別機（selector）である。行動とそれを強めるか弱めるように働く結果との間には、論理的関係は不必要である。健全な関係や、（長期的に）適応できる関係も必要ではない。強化（または弱化）に先立つ直前の行動であれば、どんな行動であれ増加する（または減少する）。

　機能するのは、行動と結果の間の時間的関係（temporal relation）であって、トポグラフィーや論理上の関係ではない。「生命個体に関する限り、随伴性の唯一の重要な性質は時間である。強化子がただ反応に後続する（follow）。どのように後続するかは問題ではない」（Skinner, 1953, p. 85 強調は原著）。オペラント条件づけで行動が強化される（または弱化される）ことがもつ恣意的な特徴は、明白な目的や機能を持っていない風変わりな行動の出現によって例示される。一例はポーカープレーヤーの一定の迷信的な手順である。彼はカードをたたき、一定の手順によってカードを配る。過去に同様の手順を行った後、勝ちの手札がやってきたからである。

（5）オペラント条件づけは自動的に起こる

　オペラント条件づけは、人がそれに気づくことを必要としない。「（自分の行動を）強化されている本人に、強化の関係が知られている必要はない」（Skinner, 1953, p. 75, カッコ内の言葉は追加）。この表現は、**強化の自動性**（automaticity of reinforcement）を表す。すなわち行動は、個人が強化されることに気づいていようといまいと、行動の結果によって修正される[11]。人は自分

注11：強化の自動性（automaticity of reinforcement）と自動強化（automatic reinforcement）は別の概念

の行動と結果の間の関係を理解したり言葉で説明したりする必要はない。あるいは、強化が「作動」するためには、結果が生じたことすら、知る必要はない。

3．強化

　強化は最も重要な行動の原理であり、行動分析家が設計する大部分の行動改善プログラムの重要な成分である（Flora, 2004; Northup, Vollmer, & Serrett, 1993）。ある行動に後続して、ある刺激事象が時間的に接近して起これば、そしてその結果、将来、その種類の行動が類似する刺激条件下で、より頻繁に起こるようになれば、**強化**が生じたことになる[12]。ときにはたった１回の強化子の提示が、重大な行動の変化をもたらす。もっともたいていは、重大な条件づけが起こるためには、複数の反応に対して強化が後続しなければならない。

　強化子として働く大部分の刺激変化は、操作的に記述することができる[13]。すなわち、（１）環境に加えられた（あるいは強度が強められた）新しい刺激、（２）環境から除去された（あるいは強度が弱められた）既存刺激である。これら２つの操作は、強化の２つの形式、正の強化と負の強化を規定する（図2.2を参照）。

　ある行動の直後に、ある刺激提示が後続し、その結果、その行動が将来より頻繁に起こるようになるとき、**正の強化**（positive reinforcement）が起こる。赤ちゃんが両手をばたつかせてモビールをたたく。それがモビールの動きと音楽を生み出す。その行動の頻度が増加すれば、正の強化を示す一例になる。同様に子どもが１人遊びしていて、そのとき親がその１人遊びを褒めて注目を与え、その結果として１人遊びが増加するとき、１人遊びは強化される。正の強化とそれを使って望ましい行動を促進する手続きは、第11章で詳しく説明する。

　以前に反応したことが、刺激の撤去、または停止という結果につながり、そのせいで行動の頻度が増加する場合、この刺激の撤去・停止による行動の増加の操作を**負の強化**（negative reinforcement）と呼ぶ。スキナー（Skinner, 1953）はとくに**嫌悪刺激**（aversive stimulus）という言葉を使って、刺激の停止が強化として働く刺激条件を表そうとした。いま仮にある親がモビールのプログラムをつくり、音楽が一定時間自動演奏されるようにしたとしよう。同様に、もし赤ちゃんがその手か足でモビールをたたいたら、その音楽が即座に数秒間停止するように仕組ん

である。後者は反応が「自分自身の」強化を生み出す反応を意味する（例えば、虫に刺されてかきむしる）。自動強化については第11章で説明する。

注12：強化の基本的影響ないし効果は、しばしば、行動の確率または強さを高めることとして説明される。われわれはまた折りに触れてこれらの語句を用いる。しかしほとんどの用例において、オペラント条件づけの基本的影響について述べる場合は、マイケル（Michael, 1995）の論拠に従い、頻度を用いる。「私は単位時間あたりの反応数、または反応の機会数に対する反応生起数を表すために頻度を用いる。こうすれば、行動を表すとき、確率（probability）や、尤度（ゆうど）（likelihood）や、強度（strength）などの言葉を避けることができる。これらの用語に対する制御変数には問題がある。それゆえにこれらの用語を使うことは、仲介変数の言語使用を奨励するか、または観察できる行動側面以外の何者かを暗に示すことになる」（p. 274）。

注13：マロットとトロージャン・シュアレス（Malott & Trojan Suarez, 2004）はこれら２つの操作を「刺激加算」と「刺激減算」と呼んだ。

だとしよう。赤ちゃんがモビールをたたいてその音楽を停止させ、それからより頻繁にたたくようになったとすれば、負の強化が作動したことになる。そしてその音楽を嫌悪的と呼ぶことができる。

負の強化は逃避随伴性（escape contingencies）、または回避随伴性（avoidance contingencies）という特徴をもつ。赤ちゃんはその手でモビールをたたいて、その音楽から逃避した。シャワーの水が突然熱くなり過ぎたので、人が急いでシャワーから飛び出したとすれば、その人は熱すぎるお湯から逃避したことになる。同様に、ある子どもが教室で妨害行動をして、校長室に送致される。ところがその結果として、その子がますます頻繁に妨害行動をするようになったとする。この場合も負の強化が起こったことになる。その問題行動を起こす子どもは、行動化（acting out）することによって、（その子にとって）嫌悪的な教室の活動から逃避する（あるいはその子の問題行動のタイミングによっては全面的に回避する）。

負の強化という概念は、行動分析学を学ぶ多くの学生を混乱させてきた。さまざまな混乱の源泉をたどると、2つの原因にたどりつく。1つの原因は、この用語の初期の歴史と発展に、一貫性が欠けていたことである。もう1つの原因は、心理学と教育学の教科書、そしてこの用語を誤用する教授らである[14]。最も広くみられる誤りは、負の強化と弱化を同一視するという誤りである。マイケル（Michael, 2004）は、この間違いを避けるため、次のように提案した。

　　もし誰かが（1）あなたは負の強化を好きですか、それとも嫌いですかと尋ねた場合、どう答えるか考えてみよう。同じくもし（2）正の強化と負の強化どちらが好きですかと尋ねた場合、自分がどう答えるか考えてみよう。第1の質問に対するあなたの答えは、もちろん負の強化が大好きです、負の強化とは既存の嫌悪的条件の除去ないし停止だからです、でなければならない。負の強化という用語は、刺激の停止を意味し、停止**のみ**に限られる。実験室における実験手続きの場合、もちろん、先ず刺激をオンにする。それから被験体が重要な反応をする。それを条件として、刺激を停止する。嫌悪刺激がオンになるのは、誰でも嫌である。しかしそれがオンになってしまった場合、それを停止させることは望ましいものになる。第2の質問に対する答えは、次の答えでなければがない。すなわち、正の強化と負の強化のどちらを選ぶかは、関係する正の強化と負の強化の明細を知らなければ決められない、と。よくある誤りは、正の強化を選んでしまうことである。しかし少額の金銭的報酬や食物を手に入れるよりは、耐えられない痛みから解放されるほうをきっと選ぶだろう。食物遮断（food deprivation）が極端でない限り。(p. 32, 傍点と太字は原著)

負の強化は第12章で詳しく検討する。覚えておくべきことは2つある。第1に、強化という用語は常に反応率の増加を意味する。第2に、正の、負のという修飾語は、結果の特徴を最もよく示す刺激変化の操作の違い（すなわち刺激を加える、または取り去る）を表す。これら2つを

注14：心理学と教育学の教科書における行動の原理と行動主義についての不正確な説明の影響の例とその考察については、次の文献を参照されたい。Cameron (2005), Cooke (1984), Heward (2005), Heward & Cooper (1992), Todd & Morris (1983,1992)。

刺激変化の種類

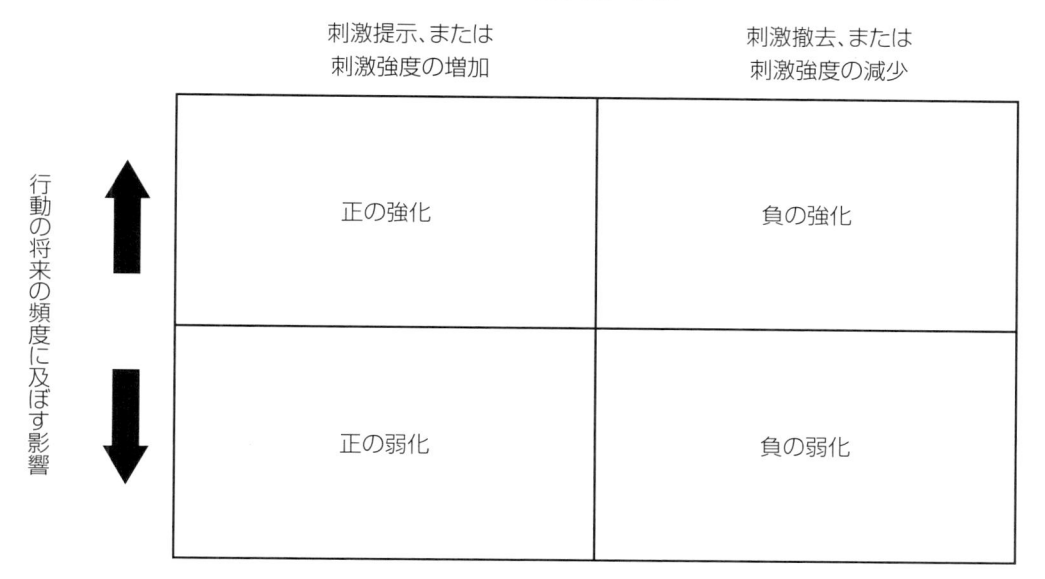

	刺激提示、または 刺激強度の増加	刺激撤去、または 刺激強度の減少
行動の将来の頻度に及ぼす影響 ↑	正の強化	負の強化
↓	正の弱化	負の弱化

図2.2 正と負の強化と弱化。行動の直後に後続する刺激変化操作の種類と、その操作がその種類の行動の将来の頻度に及ぼす影響によって定義される

記憶しておけば、正と負の強化の原理と応用を区別することができる。

　強化によってある行動が確立されてしまえば、行動が起きるたびに強化する必要はない。多くの行動は間欠強化スケジュールで高水準に維持される。第13章では、さまざまな強化スケジュールと、それらが行動に及ぼす効果を説明する。しかしそれまで強化されていた反応クラスに属するすべてのメンバーの強化を撤去すると、これは消去の原理に基づく手続きであるが、その行動の頻度は強化以前の水準に段階的に減少するか、またはまったく起こらなくなる。第21章では、消去の原理と、望ましくない行動を減少させるための消去ベースの行動改善の戦術の活用法について説明する。

4．弱化

　弱化は、強化と同様に、機能的に定義される。ある行動に後続してある刺激変化が起こり、それがその種の行動の類似条件下における将来の頻度を減少させるとき、弱化が生じたという。また弱化は、強化と同様に、刺激変化の2種類の操作のどちらかによって達成される（図2.2の下段の2つの箱を参照）。

　弱化は結果の1つである。行動に後続して行動の将来の頻度を減少させる。この定義は大多数の行動分析家によって支持される（Azrin & Holz, 1966）。しかし従来の文献では、この定義に当てはまる2種類の結果操作を表すため、幅広い用語が使われてきた。例えば行動分析士資格認定協会（BACB, 2012）や、教科書の執筆者（例えば、Miltenberger, 2004）は、正の弱化（positive punishment）と負の弱化（negative punishment）という用語を使う。それぞれ正の強化（positive reinforcement）と負の強化（negative reinforcement）に対応する。正の、負のという修飾語は、弱化を修飾する場合は、強化を修飾する場合と同様に、それによって起こる行動改善の意図や望ましさは表さない。罰的結果として働く刺激変化がどのように影響したか、すなわち提示されたか（正の場合）、撤去されたか（負の場合）を区別するだけである。

　正の弱化と負の弱化は、2つの強化の操作を区別するための用語と一致する。しかし2つの弱化の操作を表す記述用語、条件的刺激提示による弱化（punishment by contingent stimulation）と正の強化子の条件的撤去による弱化（punishment by contingent withdrawal of a positive reinforcer）に比べると、あまり明確ではない。後者の記述用語は、ホエーリーとマロット（Whaley & Malott, 1971）が、その古典的な教科書『行動の基本原理』（Elementary principles of Behavior）において最初に導入した。これらの用語は弱化の2つの形式の手続き上の違いを強調する。弱化ベースの行動低減技法を必要とする場合、応用にとっては、関与する刺激変化の違い、強化子か弱化子か、だけでなく、手続き上の違いも、重要な意義を持つ。フォックス（Foxx, 1982）は、刺激の条件的提示による弱化と、刺激の条件的撤去による弱化に相当する用語として、それぞれタイプⅠ弱化とタイプⅡ弱化を導入した。多くの行動分析家と教師は、フォックスの用語を今も使い続けている。そのほか、負の弱化を表す用語として、例えばペナルティ原理も使われている（Mallott & Trojan Suarez, 2004）。しかしこれらの用語は、ホエーリーとマロットが導入した、より完全な技術用語の単なる代用語にすぎない。このことを忘れてはならない。

　基本的な2つの弱化操作は、正の強化と負の強化の場合と同様に、多くの行動改善手続きに組み込まれる。一部のテキストは弱化という用語を、正の（タイプⅠ）弱化を用いる手続きに限定している。そして正の強化からのタイムアウトとレスポンスコストを、弱化の別個の「原理」、ないし種類として説明する。しかし両方とも行動を低減する方法であり、負の（タイプⅡ）弱化の派生物である。したがってタイムアウトとレスポンスコストは、行動改善の戦術と見なすべきである。行動の基本原理とすべきではない。

　強化と弱化は、それぞれ、2つの異なる操作、すなわち新しい刺激の提示（または現在の刺激強度の増大）か、環境に現存する刺激の撤去（またはその強度の減少）かのどちらかの結果によって達成される（Morse & Kelleher, 1977; Skinner, 1953）。行動分析家の中には、機能的、理論的見地からすれば、行動的結果の基本的影響の記述には、たった2つの原理、強化と弱化しか必要ではないと主張する人々がいる[15]。しかし、手続き的見地（応用行動分析家にとっての重要な要因）に立てば、多数の行動改善の戦術が、図2.2に示された4つの操作のそれぞれから派生する。

　大部分の行動改善の手続きは、いくつもの行動の原理が必要である（ボックス2.2を参照）。行動分析家にとって決定的に重要なのは、行動の基本原理の概念を確実に理解することである。そのような知識があって初めて、一定の状況においてさまざまな原理が演じている役割を認識した

注15：マイケル（Michael, 1975）や、バロンとガリツィオ（Baron & Galizio, 2005）は、正の強化と負の強化はなぜ同じ基本的なオペラント関係の例であるかを論じた説得力のある議論を提示した。この問題は第12章においてさらに議論する。

> ## ボックス2.2
> ### 行動原理と行動改善戦術とを区別する
>
> 　行動原理は、行動と環境の基本的な関係を説明する。この行動と環境の関係は、数百のいや数千の実験で繰り返し実証されている。**行動原理**は行動とそれを制御する1つか複数の制御変数との間の関数関係を表す（$b=fx$の形式で）。この関数関係は、個々の生命個体、種、場面、行動の間で完全な一般性を持つ。行動原理は、多くの実験から推論された、実験で立証できる一般化（empirical generalization）である。それらの原理は行動がいかに作動するかを説明する。原理の例をあげれば、強化、弱化、消去などがある。
>
> 　行動改善戦術とは、一般に1つか複数の行動原理が提供する知識を操作化する方法、ないし実践に変換する方法である。**行動改善戦術**は、リサーチに基づいた、テクノロジーとして一貫性のある、行動改善の方法である。それは1つか複数の行動の基本原理から導き出され、その法則化と普及の正当性を保証する十分な一般性、つまり対象・場面・行動間での一般性を備えている。行動改善戦術は応用行動分析学のテクノロジーとしての側面を構成する。行動改善手続きの例としては、逆向連鎖化、他行動分化強化、シェーピング、レスポンスコスト、タイムアウトなどがある。
>
> 　したがって、行動原理は行動がどう作動するかを説明する。行動改善戦術はその原理を応用行動分析家が現実に役立つものに変換して、人々の学習と社会的に重要な行動の活用を支援するための方法である。行動原理は比較的少数であるが、派生する行動改善戦術は多数にのぼる。さらに例を示せば、強化は行動原理である。なぜならそれは行動と、直後の結果と、将来の同様の条件下で増加する行動頻度との間の法則的関係を説明するからである。しかしトークンエコノミーにおけるチェックマークの発行、あるいは条件的な社会的賛辞の活用は強化原理ではなく、そこから派生する行動改善戦術である。もう1つの例を挙げてみよう。弱化は行動原理である。なぜならそれは結果の提示と将来における同様の行動の減少した頻度との間の実証された関係を説明するからである。他方、レスポンスコストとタイムアウトは行動原理ではなく、行動改善の方法である。それら2つは弱化原理を操作化するために実践家によって使われる戦術である。

行動介入を効果的に設計し、査定することができる。それだけでなく、いま制御している変数をよりよく分析することもできる。

5．強化子、弱化子として働く刺激変化

　オペラント条件づけでは、行動の結果を必要としている。したがって、オペラント条件づけを

利用して行動を改善する人は、適切な結果を同定して、それを制御しなければならない。そのため「どんな刺激変化が強化子や弱化子として働くか？」が、応用行動分析家にとって重要な問題になる。

（1）無条件性強化と無条件性弱化

　一部の刺激変化は強化として機能する。その刺激変化との関連で、生命個体が特定の学習の歴史をもたなくても、それは強化として働く。ある刺激変化が以前にほかの強化形態と一度も対にされたことがないのに、行動の将来の生起頻度を増加させることができるとき、その刺激変化は**無条件性強化子**[16]（unconditioned reinforcer）である。例えば、生命個体の生物学的維持と種の生存を支える食物、水、性的刺激などの刺激は、しばしば無条件性強化子として機能する。直前の2つの文章で、ことができるとしばしばという言葉が使われているが、それらは重要な留保ないし限定を表している。つまり、無条件性強化子の一時的な有効性（momentary effectiveness）は、現下の**動機づけ操作**（motivating operations）に左右される。例えば、食物提示が強化子として働くためには、一定レベルの食物の**遮断**（deprivation）が必要である。しかし、ある人が少し前に大量の食物を食べたばかりならば、すなわち**飽和**（satiation）の条件にあるならば、食物は強化としてはまず機能しない。動機づけ操作の特徴と働きについては、第16章で詳しく説明する。

　同様に、**無条件性弱化子**（unconditioned punisher）も一定の刺激変化である。以前にほかの弱化形態と一度も対にされたことがないのに、行動の将来の生起頻度を減少させる能力を備えている刺激変化である。無条件性弱化子には苦痛刺激が含まれる。細胞組織を傷つける（すなわち体細胞を損傷させる）刺激である。しかし生命個体の受容器が感受する刺激、2、3例をあげれば、光や音や温度は、その強度を上げていくと、実際に細胞組織を傷つけるレベルまでいかなくても、その提示が行動を抑制する（Bijou & Baer, 1965）。

　無条件性強化子、無条件性弱化子として機能する出来事は、種の自然進化（系統発生）が作り出したものである。マロットら（Malott, Tillema, & Glenn, 1978）は、「報酬」と「嫌悪刺激」の自然選択を、こう説明している[17]。

注16：一部の著者は、無条件性強化子と無条件性弱化子を識別するために、一次的な、非学習性の、という修飾語を用いる。

注17：スキナー（Skinner, 1953）は、負の強化子の同義語として嫌悪刺激を使う。さらにこの用語によって、その刺激の開始または提示が弱化として機能する刺激を表す。多くの行動分析家がこの用法を使い続けている（例えば、Alberto & Troutman, 2006; Malott & Trojan Suarez, 2004; Miltenberger, 2004）。嫌悪刺激（および嫌悪刺激を伴う行動改善技法ついて論じる場合の嫌悪性制御）という言葉は、行動分析学関係の文献においては、3つの異なる行動機能の1つまたは複数を表すために広く使われている。すなわち、嫌悪刺激は、（1）その停止が行動を増加させるならば負の強化子、（2）その提示が行動を減少させるならば弱化子、およびまたは（3）その提示が、過去にその刺激を停止させた行動の現在の頻度を増加させるならば動機づけ操作（第16章を参照）。行動分析家は、技術の面から発言したり執筆したりする場合、嫌悪刺激のような多くの意味を持つ用語を使うことが、意図しなかった機能を意味することにならないように注意しなければならない（Michael, 1995）。

報酬と嫌悪刺激の中には、私たちの種が進化した道筋のせいで、私たちの行動をコントロールするようになるものがある。これらを非学習性の報酬および嫌悪刺激と呼ぶ。私たちはある刺激を報酬または嫌悪刺激にする生物学的構造を遺伝的に継承している。この構造が進化したのは、報酬がわれわれの祖先の生存に役立ち、嫌悪刺激が祖先の生存に打撃を与えたからである。非学習性の報酬の中には、食物や水分のように、私たちの体細胞を強健にすることによって、私たちの生存に役立ったものがあった。また、子孫を産んで世話するように仕向けることによって（これらの刺激には性交や子育てから生じる報酬刺激がある）、種がサバイバルするための助けとなった。そして多くの非学習性の嫌悪刺激が、私たちの体細胞を傷つけることによって、生存に打撃を与えた。これらの嫌悪刺激には、やけど（熱傷）、切断、打撲などがある。(p. 9)

　無条件性強化子と無条件性弱化子は、サバイバルにとっては極めて重要である。一方、人々が日常働いたり遊んだりするときにしている日々の日課に含まれている行動のうち、無条件性強化子や弱化子に直接にコントロールされている行動は比較的わずかである。例えば、毎日仕事に出る。仕事でお金を稼ぐ。そのお金で食物を買う。そしてその食物を食べる。口中の食物は、それを手に入れるために行った行動を直接オペラント・コントロールするには、あまりにも遅延しすぎている。思い出してほしい。行動はその即時的結果によって最も大きな影響を受けることを。

（２）条件性強化子と条件性弱化子

　ある刺激事象ないし条件が、他の強化子（または弱化子）が起こるとき存在するか、または他の強化子（または弱化子）が生起する直前か同時に起こるとする。その刺激事象（条件）が、後に行動への結果として単独で随伴するとき、行動を強化（または弱化）する能力があることが判明することがある。これらの能力を獲得した刺激変化を、**条件性強化子**、**条件性弱化子**と呼ぶ。これらが強化子または弱化子として働くようになる唯一の原因は、以前に他の強化子か弱化子と対提示されたことである[18]。条件性強化子や条件性弱化子を作り出す原因となった刺激と刺激の対提示手続きは、レスポンデント条件づけに使われる手続きと同じである。ただし「所産は強化子（または弱化子）として機能する刺激であり、反応を誘発する刺激ではない」(Michael, 2004, p. 66, カッコ内の語句は追加)。

　条件性強化子と条件性弱化子は、生物学的必要や解剖学的構造には関係しない。それらが行動修正能力を獲得するのは、個々人が自分の環境と相互作用を経験してきた独自の歴史があったからである（個体発生）。２人の人間がまったく同じ仕方で世界を経験することはあり得ない。したがって、ある人にとって、ある特定の時間に（適切な動機づけ操作を条件として）、どんな出来事が条件性強化子、条件性弱化子として機能するかを表す個人リストは個人に固有であり、ま

注18：条件性強化子と条件性弱化子を識別するために、二次性の、学習性の、という修飾語を使う著者もいる。

た常に変化する。他方、2人の人間が同様の経験をすればするほど（例えば学校教育、専門的職業、文化一般）、類似する多くの出来事によって同じように影響を受ける。私たちの文化では、社会的賞賛と注目は、非常に効果的な条件性強化子である。社会的注目と賞賛（非難も同様に）は、非常に多数のそのほかの強化子（そして弱化子）と対提示される。そのため、人間の行動に強いコントロールを発揮する。後続する諸章において、行動改善のための具体的戦術を扱うとき、その特徴を説明する。

　共通する文化に生きる人々は、同様の歴史を共有する。したがって行動分析学の実践家が、特定のクライアントに使いたい強化子と弱化子を、他の類似したクライアントに有効だった刺激クラスのリストから探し出すことは、不適切とはいえない。しかし、強化子や弱化子として機能する可能性のある刺激リストは、ここではあえて提示しないことにする。オペラント条件づけの特徴を根本から理解してもらいたいからである。モースとケレハー（Morse & Kelleher, 1977）はこの大事な点を非常に巧みに主張している。

　　強化子と弱化子は、環境上の「事物」として、進行中の行動の秩序だった時間的な変化よりも、はるかに大きな現実性を帯びているように思われる。しかしこのような見方は人を誤解させる。出来事がいつ強化子になり、いつ弱化子になるかを確実に予測するような概念体系は存在しない。すなわち、強化子と弱化子を決定づける特徴は、行動をどのように変化させるかという点にある（傍点追加）。ある出来事がある反応のその後の生起を増加させるか減少させるからといって、その出来事がほかの反応を同じように変化させるとはいえないことがある。
　　強化とは反応を条件とする強化子の提示であるという言い方をすると、その出来事を強調することになり、その条件的関係や先行事象とその後の行動のもつ重要性をどちらも無視しがちになる。強化子と弱化子という用語を定義するのは、それらが行動をどのように（傍点追加）変化させるかである。したがって、これらの定義における鍵は、行動の秩序だった変化である。食物や電気ショックの提示などの特定の環境上の出来事を強化子や弱化子として決めてしまうことは、その出来事を特定の反応に関係づけてスケジュール化したとき反応率に変化が起こったことを見届けた後でない限り、適切であるとはいえない（傍点追加）。
　　強化子と対提示された刺激は、条件性強化子になるという。しかし実際には変化したのは刺激ではなく行動している主体である。……もちろん、条件性強化子について語るほうが、有効簡潔な表現法ではある。……それはちょうど、強化子について語るほうが、特定の反応の生起例に後続して起こり、その後の同様の反応の生起の増加をもたらした出来事について語るよりも便利であるのと同じである。後者の表現は煩雑である。しかしそれには経験的に確認できる指示対象が含まれているという長所がある。多くのさまざまな反応を結果事象によってシェーピングすることができ、また一定の結果事象がさまざまな個人の行動を修正するうえでしばしば有効であるため、修正される行動は特定せずに強化子に言及することが一般的な慣行になっている。しかしこうした一般的慣行は不幸な結果をもたらした。反応は自由裁量であるとか、ある出来事の強化効果や弱化効果はその出来事自体に備わっている特定の特性であるというような誤った見方を、結果的に生み出すことになったからである。(pp. 176-177, 180)

モースとケレハー（Morse & Kelleher, 1977）が指摘したことは、行動と環境の関係を理解するうえで極めて重要である。強化と弱化は一定の刺激事象がもたらす単なる所産ではない。その刺激事象は一定の行動と環境条件を参照することなしに、強化子、弱化子と呼ばれてしまう。刺激には、強化子や弱化子としての恒久的地位を決定する本来的な、または基準となる物理的な特性は備わっていない。それどころか、同じ刺激がある一連の条件下では正の強化子として働き、別の条件下では負の強化子として働く。正の強化子が、愉快なとか、満足させる、などの言葉で定義されることはない。まったく同様に、嫌悪刺激が迷惑なとか、不愉快な、などの言葉で定義されてはならない。強化子と弱化子という用語は、刺激事象が行動に与える推定的効果や、刺激事象それ自身の先天的特性を手がかりにして、使用すべきではない。モースとケレハー（Morse & Kelleher, 1977）はさらに続けて次のように主張する。

> 刺激クラス（正と負、愉快と不愉快）と実験的操作（刺激提示と刺激撤去）を使って、ある表の罫線を指定する。すると、定義によって、表のセルは強化と弱化の升目になる。1つの問題は、刺激を正負として分類するとき、セルに指定した過程があらかじめ仮定されてしまうこと、もう1つの問題は特定の刺激の提示または撤去が、不変の効果をもつよう暗黙に仮定されてしまうことである。罫線の条件を経験的な操作によって指定する。そうすれば、これらの関係はもっと明瞭になる……。行動過程をどう特徴づけるかは、経験的観察によって決定される。同じ刺激事象が、ある条件下では行動を増加させ、別の条件下では行動を減少させる。前者の過程を強化、後者の過程を弱化と呼ぶ。(p. 180)

冗長になる危険を承知したうえで、この重要な概念を繰り返し述べることにする。強化子と弱化子は、刺激事象の機能クラスを表す。どちらのメンバーになるかは、その刺激変化、ないし刺激事象自体の物理的特徴からは、決定されない。それどころか、ある人の個人史と現在の動機づけ状態、それに現在の環境条件を考慮すると、「どんな刺激変化であろうとも、もしその刺激変化の特徴と、観察下にある反応とその刺激変化との時間的関係が正しく選択される限り、すべて『強化子』になりうる」（Schoenfeld, 1995, p. 184）。したがって「あらゆるものは相対的である」という言葉は、行動と環境の機能的関係を理解することに対して完全に当てはまる。

6．弁別オペラントと3項随伴性

これまで、将来の行動頻度に影響を与える結果の役割について考えてきた。しかしオペラント条件づけは、行動とその結果との間の関数関係を確立すること以上のことをする。オペラント条件づけは、行動とそれに先行する一定条件との間の関数関係をも確立する。

「もしAならばBである」（if-A-then-B）という公式（例えばS-R公式）とは対照的に、「ABなぜならCだから」（AB-because-of-C）は、出来事（B）とその文脈（A）の間の関係が、結果（C）のせいであることを表す一般的命題である。これをスキナーの3項随伴性に適用するならば、（A）

場面と（B）行動の間の関係は、（C）以前のAB（場面と行動の）関係に対して起こった結果のせいで存在するということになる。この考えは、強化が単に行動を強めるよりも、場面と行動の関係（setting-behavior relation）を強めることを意味する。（Moxley, 2004, p. 111）

　強化が選択するのは単に一定の行動形式だけではない。将来その反応クラスのメンバーが起こるように喚起する（増加させる）環境条件をも選択する。ある行動が、他の先行条件下よりも、ある先行条件下でのほうが、より頻繁に起こるとき、その行動は**弁別オペラント**（discriminated operant）である。弁別オペラントは、一定の刺激が存在するとき、それが存在しないときよりも、より高頻度で起こる。そのオペラントは**刺激性制御**（stimulus control）を受けているという。電話に出ることは、日常行動の1つである。ボックス2.1で、教授と学生の間で交わされた、先の議論の通りである。それは弁別オペラントである。電話の呼び出し音は、電話に出る行動の**弁別刺激**（S^D）（discriminative stimulus）として機能する。私たちは電話が鳴ると電話に出る。電話が鳴らなければ電話に出ない。

　強化子や弱化子は、その物理的特徴からは識別することができない。それと同様に、どんな刺激にも、それを弁別刺激として機能させることができる先天的な次元ないし特徴は、備わっていない。オペラント条件づけは、行動を先行刺激のさまざまな特徴ないし価値（例えば、サイズや、形や、色や、ほかの刺激との空間的関係）の制御下に組み込む。何がそれらの特徴となるかは、先験的には決定されない（刺激性制御は、第17章において詳しく説明する）。

　　　あるオペラントが強化されるとき存在する刺激はどんな刺激であれ、その刺激が存在しないときよりも存在するときに、その行動の生起率が高くなるという意味で、制御を獲得する。その刺激は牛を追いたてる突き棒のようには働かない。つまり反応の生起を強制する意味での反応の誘発（elicit）は行わない。それは単に、そこである反応が自発され、強化される機会（好機）が備えるべき必須の側面にすぎない。その違いは、それを弁別刺激（またはS^D）と呼ぶことによって明らかになる。生命個体とその環境の間の相互作用を正しく定式化するためには、常に次の3項目を特定しなければならない。（1）反応がそこで起こる機会、（2）反応自体、（3）強化的結果。3者間の相互関係は「強化随伴性」となる。（Skinner, 1969, p. 7）

　弁別オペラントの起源は、3項随伴性である。**3項随伴性**（three-term contingency）（先行事象と行動と結果事象）は、行動分析学のABCsと呼ばれることがある。図2.3は、正の強化、負の強化、正の弱化、負の弱化の3項随伴性の例である[19]。行動分析学という科学は、人間の行動の予測と制御に関して多くのことを発見した。その大部分は、3項随伴性を伴うものであり、それは「オペラント行動の分析において基本的な分析単位であると考えられる」（Glenn, Ellis, &

注19：図2.3に示したような随伴性の図式は、行動とさまざまな環境事象との間の時間的、機能的関係を例示する有効な方法である。随伴性の他のタイプの図式の例と、それらを活用して行動分析学を教え学ぶ提案についてはマタイニ（Mattaini, 1995）を参照。ステイト表記法（state notation）は、複雑な随伴性関係と実験手続きを視覚化するもう1つの方法である。

第2章　基本概念

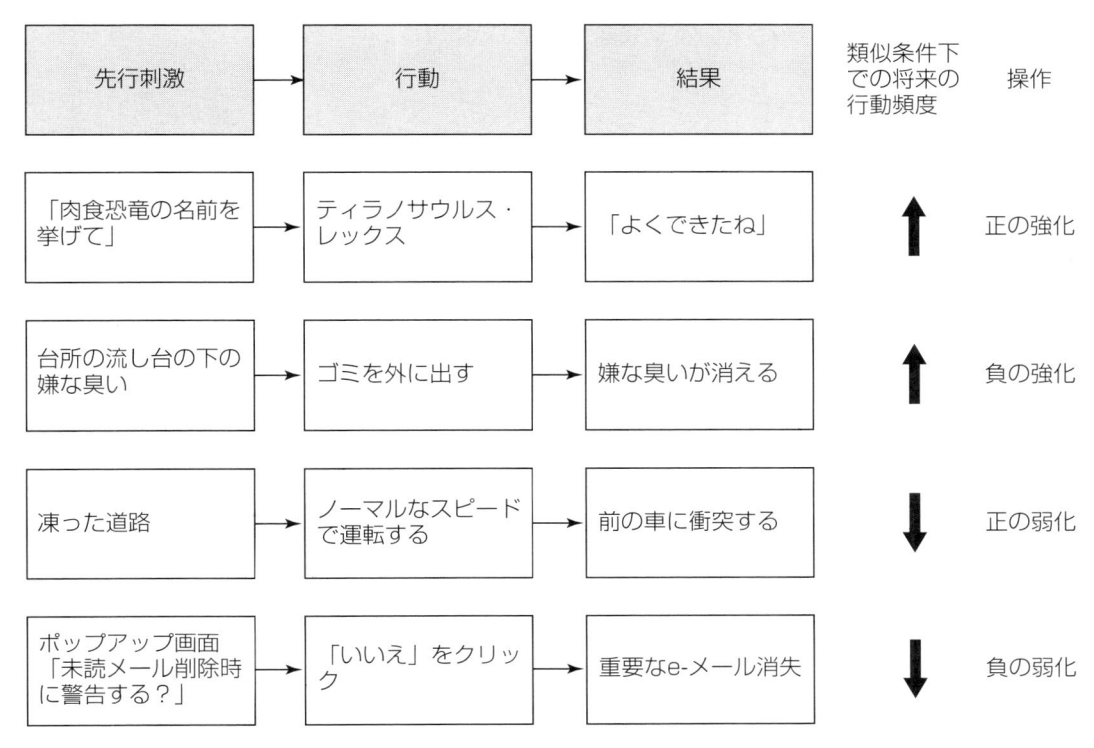

先行刺激	行動	結果	類似条件下での将来の行動頻度	操作
「肉食恐竜の名前を挙げて」	ティラノサウルス・レックス	「よくできたね」	↑	正の強化
台所の流し台の下の嫌な臭い	ゴミを外に出す	嫌な臭いが消える	↑	負の強化
凍った道路	ノーマルなスピードで運転する	前の車に衝突する	↓	正の弱化
ポップアップ画面「未読メール削除時に警告する？」	「いいえ」をクリック	重要なe-メール消失	↓	負の弱化

図2.3　強化と弱化の操作を説明する3項随伴性

Greenspoon, 1992. p. 1332)。

　随伴性（contingency）という用語は、行動分析学の文献では、複数の意味を帯びて登場する。それは行動と先行事象と結果変数の間のさまざまな時間的、機能的な関係を表す（Lattal, 1995; Lattal & Shahan, 1997; Vollmer & Hackenberg, 2001）。おそらく、随伴性が内包する最も一般的な意味は、特定の結果が行動の生起に依存するという**依存性**（dependency）を示している。強化子（または弱化子）が、特定の行動を**条件として**（contingent）いるといわれる場合、結果が起こるためには、まず行動が自発されなければならない。例えば、先生が「肉食恐竜の名前を挙げて」と言ってから、「よくできたね！」と言うかどうかは、子どもの反応「ティラノサウルス・レックス」（または同じクラスの別の恐竜）に依存している[20]。

　随伴性という用語はまた、行動とその結果の時間軸上の**近接性**（temporal contiguity）に関連しても使われる。すでに述べたように、行動は即座に後続する結果によって選択される。それらの結果は、その行動によってもたらされたか、その行動に依存して生み出されたかには無関係である。これはスキナー（Skinner, 1953）の発言、「生命個体に関する限り、随伴性の唯一の重要な特性は、時間である」（1953, p. 85）に示された随伴性を表している。

注20：強化を条件的に行う（to make reinforcement contingent）という語句は、標的行動が生起した後に、はじめて強化子を与えるという研究者や実践家の行動を表す。

Ⅴ　人間行動の複雑さを認識する

　　　行動は（人間の行動であれほかの生命体の行動であれ）なお極めて困難な主題である。
　　　　　　　　　　　　　　　　　　　　　—B. F. スキナー（Skinner, 1969, p. 114）

　実験行動分析学は、基本原理（行動が環境変数の関数によっていかに作動するかを述べた陳述）を数多く発見した。これらの原理のいくつかは、すでにこの第２章で紹介している。これらの原理は、数百いや数千の実験によって、実証され、立証され、反復実験されている。すなわち、これらの原理は、科学的事実である[21]。これらの原理から導き出された行動改善の戦術もまた、ますます洗練され、ますます有効な方法になり、日常場面の幅広い人間行動に応用されてきた。このテキストの内容の大部分は、これらの応用行動分析学の多くから何を学習したかをまとめたものによって構成されている。

　応用行動分析学の技法を組織的に応用すれば、規模において著しくかつ迅速な行動改善を生み出すことができる。それはほかの処遇形態では影響を受けられず、処遇困難とみなされていたクライエントにさえ、改善をもたらすことができる。そのような幸福な（しかし決してまれではない）成果が起こる場合、新参の行動分析家は人間行動の予測と制御について、私たちが知っているよりもより多くのことを知っていると思い込んでしまうという思い上がりに抵抗しなければならない。第１章で認めた通り、応用行動分析学は若い科学である。人間行動の理解とテクノロジーによるコントロールの完全な達成には未だ成功していない。

　応用行動分析学が直面する大きな挑戦は、人間行動の複雑さに対処することである。とくに実験的制御が不可能で、実際的ではなく、非倫理的であるような応用場面でそうすることである。行動の複雑さに貢献する要因の多くは、３つの一般的源泉から生まれる。すなわち、人間のレパートリーの複雑さ、制御変数の複雑さ、そして個人差である。

１．人間のレパートリーの複雑さ

　人は驚くべき範囲の行動を学習することができる。反応に後続して起こる出来事は、明らかな論理的構成がなくても、ときに行動の複雑さを生み出す（Skinner, 1953）。反応連鎖においては、１つの反応が生み出す影響が、そのほかの反応群の自発に影響を及ぼす。例えば、冬のコートを屋根裏部屋に戻す。そこで家族の古い写真のスクラップブックを見つける。その発見がきっかけになってヘレンおばさんに電話をかける。それが彼女のアップルパイの調理法を知る糸口になる。

　言語行動（verbal behavior）は人間行動の複雑さを生み出す最も大きな要因になる可能性がある（Donahoe & Palmer, 1994; Michael, 2003; Palmer, 1991; Skinner, 1957）。まず言うこととする

注21：これらの科学的事実は、あらゆる科学的発見がそうであるように、将来の研究によってより優れた知見が発見されれば見直され、さらに置き換えられすらする。

こととに違いがあり、それがはっきり理解されないと問題が起こる。しかしそれだけでなく、言語行動それ自体が、しばしばその他の多くの言語・非言語行動の制御変数になる。言語行動の分析は、第25章で紹介する。

　オペラント学習は、常にゆっくりと段階を踏んで起こる過程であるとは限らない。ときには新しい複雑なレパートリーが、ほとんどはっきりした直接的条件づけを経験せず、急激に出現することがある（Epstein, 1991; Sidman, 1994）。急激な学習の1つは、随伴性内転（contingency adduction）と呼ばれてきた。一連の条件の下で最初に選択されシェーピングされた行動は、異なる一連の随伴性にリクルートされ、その人のレパートリーの中で、新しい機能を帯びるようになる（Andronis, 1983; Layng & Andronis, 1984）。ジョンソンとレイン（Johnson & Layng, 1992, 1994）は、随伴性内転のいくつかの例を挙げた。シンプルな（成分）スキル（例えば、足し算、引き算、掛け算の事実、シンプルでリニアな等式におけるXの単離と解決）は、流暢なレベルまで教授されると、明白なインストラクションなしに結合されて、新しい複雑な（合成）行動パターン（例えば、複雑な等式の因数分解）を形成するようになる。

　異なるオペラントが絡み合った反応集合は、結合して新しい複雑なオペラントを形成する（Glenn, 2004）。それが反応所産を生み出す。今度はそれが解剖学的構造の空間的・機械的制約を超越した行動の獲得を可能にする。

　　　ヒトの場合、可能性の範囲は無限であるといえる。とくにオペラント行動の所産は、進化する文化的実践の文脈で、ますます複雑になっているからである。例えば、人間には解剖学的制約がある。それがオペラント飛翔を人間のレパートリーに出現させることを阻んできた。しかしそれも行動所産として飛行機が組み立てられるまでのことだった。自然選択の拘束は、オペラント単位の個体発生においては、著しく緩和された。（Glenn et al., 1992, p. 1332）

2．制御変数の複雑さ

　行動はその結果によって選択される。このオペラント行動の巨大な原理は、一見（そして素朴に）単純そうに聞こえる。しかし「他の科学的原理と同じように、その単純な形式はそれが記述する宇宙の複雑さを覆い隠す」（Glenn, 2004, p.134）。環境とそれが行動に及ぼす効果は複雑である。

　スキナー（Skinner, 1957）は、「（1）単独の反応の強度は、複数の変数の関数である可能性があり、そして通常そうである。（2）単独の変数は通常複数の反応に影響を与える」（p. 227）。スキナーはこれを言語行動について述べたのであるが、この多くの原因と多くの結果という考え方は、多くの行動と環境の関係を特徴づける。行動共変化（behavioral covariation）は、多くの結果の例の1つである。例えばスプレイグとホーナー（Sprague & Horner, 1992）は、1つの問題行動の自発を阻止すると、同じ機能クラスに含まれる他の問題行動のトポグラフィーの付随的増加が起きることを見出した。多くの結果の例がもう1つある。嫌悪刺激の提示は、それが後続した行動の将来の生起を抑制する。それに加えてレスポンデント行動を誘発し、さらに逃避と回

避の行動を喚起する。１つの出来事から３つの異なる結果が起こることになる。

多くの行動は多数の原因から起こる。共同制御（joint control）と呼ばれる現象（Lowenkron, 2004）では、２つの弁別刺激が合体して、一般的な反応クラスを引き起こす可能性がある。並立随伴性（concurrent contingencies）もまた合体して、一定状況において程度の差はあれ行動を生起させる。おそらく私たちは、近所から借りていた除草機を最終的には返却する。それは単に隣人がいつも私たちをコーヒーに呼んでごちそうしてくれるからという理由だけではない。その道具を返すことが、２週間も借り放しにしていたことで感じていた「罪悪感」を減らしてくれるからでもある。

並立随伴性は同時には起こりえない行動の制御をしばしば奪い合う。「ベースボール・トゥナイト」という番組を見ることと、近づいてきた試験に備えて勉強（十分に）することとは、同時には実行できない。代数和（argebraic summation）は、行動分析学の専門用語ではない。しかし行動に及ぼす多くの並立随伴性の影響を説明するために使われる。自発される行動は、競合する随伴性の所産である。それは代数における等式の場合のように「相殺される」。

単独の反応クラスと考えられる反応クラス内に階層があり、いくつもの制御変数に組み込まれているかもしれない。例えばリックマンら（Richman, Wacker, Asmus, Casey, & Andelman, 1999）は、攻撃行動の１つのトポグラフィーが１つの強化随伴性によって維持され、もう１つの攻撃形態が別の随伴性によって制御されていたことを見出した。

これらの複雑で並立的で相互関連する随伴性はすべて、行動分析家が関連変数を突きとめて制御することを難しくしている。応用行動分析家が活動する場所は、「騒々しい背景の中で強化が起こる」（Volmer & Hackenberg, 2001, p. 251）と言われる、そういう場所である。そのことは驚くべきことではない。

したがって、私たち行動分析家が認識しなければならないことは、大きな行動改善を生み出すためには、制御変数の間の相互関係と複雑さを理解しなければならず、そのためには時間と多くの試行錯誤が必要になることである。ドン・ベア（Baer, 1987）は、社会を悩ませるより大きな問題（例えば、貧困、薬物依存、識字問題）には、現在のテクノロジーレベルでは、解決できないものが含まれていることを認識した。彼はそうした複雑な問題を解決するときに直面する３つの障壁を明らかにした。

　（a）こうしたより大きな解決されていない問題を解決する権限を私たちはまだ付与されていない。(b) より大きな問題の解決を試みる権限をいかに私たちに与えるかという方法論をまだ分析していない。(c) 問題を解決する権限を私たちに付与するとき、これらの問題を解決するには必須であることが明らかになるであろう、システム分析的な課題分析をまだ行っていない……。私の経験では、長期的努力が必要なプロジェクトがなぜ耐えがたいかと言えば、(a) 現存するシステムを現状維持する強化子に比べて比較的強力な暫定的強化子が自分にはないからである。そのため弱い制御が作動する機会が訪れるのを待たなければならない。あるいは、たとえそうだったとしても、(b) 私はまだその問題の正しい課題分析をしていない。だから試行錯誤し、奮戦しなければならないからである。それに反して (c) 自分に有効な暫定的強化子があり、この問題の正

しい課題分析が分かるときは、長期的問題は単に次のような問題になる。すなわち、その課題分析は、一連の多くの行動改善を、おそらく多くの人々の行動を改善するよう要求する。そしてそれら1つ1つは比較的簡単で迅速であり、それら一連の行動改善は時間としてはそれほど多くの努力を要求しない。そのため辛くはないが退屈になる。それだけである。(pp. 335, 336-337)

3．個人差

　人間はしばしば、同じ一連の環境条件に対して、まったく異なる反応を示す。そのことは、このテキストを読むまでもなく、分かっていたはずである。個人差という事実がときに証拠として引き合いに出されるが、それは環境による選択という考えに基づく行動原理は存在しない、少なくとも健全な信頼できる行動改善のテクノロジーの基盤を提供できるような形式における行動原理は存在しないということを主張するためである。次いで、人々は同じ一連の随伴性にしばしば異なって反応する、したがって行動の制御は個々人の内部から生じなければならない、と主張される。
　私たち1人1人は、異なる強化（弱化）随伴性を経験する。だからこそ一部の行動は強められ（結果によって選択され）、他の行動は弱められる。これがオペラント条件づけの特徴である。それはいわば人間の本性である。2人の人間が、この世界をまったく同じように経験することはあり得ない。だからこそ1人1人は異なった**強化の歴史（履歴）**（history of reinforcement）をひっさげて、現在の状況に到達するのである。個々人はどんな状況に対しても自分の行動レパートリーを持ち込む。それはその人の独自の強化の歴史によって選択され、形成され、維持されてきたものである。1人1人の独特なレパートリーは、その人をその人として定義する。私とは誰か。私は行動する。それが私である。そして私が行動するのは、これまで私が学習してきた行動である。「彼は生命個体として出発する。そして行動のレパートリーを獲得するとともに、人となり自分になる」(Skinner, 1974, p. 231)。
　現在の刺激条件に反応するときに見られる個人差はどこからくるのだろうか。その原因を個人内部の特性や性向に帰属させる必要はない。個人差は異なる強化の歴史がもたらす規則的結果によって生じる。行動分析家はまた、刺激に対する人々の感受性の違い（例えば、聴覚喪失、視覚損傷）や、反応のメカニズムの違い（例えば、脳性まひ）にも注意を払う必要がある。そしてプログラム成分の設計に当たっては、すべての参加者が適切な随伴性に最大限に接触できるように工夫しなければならない（Heward, 2006）。

4．応用場面における行動制御のさらなる障壁

　人々が生活し、労働し、余暇を楽しむ応用場面は、「騒々しい」場面である。その応用場面において人間行動の複雑さに対応することは難しい。その難しさを倍加させるのは、応用行動分析家が、後方支援的理由や財政的理由、社会政治的理由、法律的理由、政治的理由によって、有効な行動改善プログラムの実践を妨げられることである。ほとんどの応用行動分析家は、何らかの

機関に雇われて働く。そうした機関では資源は限られている。そのことが、より完全な分析を行うために必要なデータ収集の足を引っ張ることがある。さらに、参加者や保護者や管理職が、それに一般大衆さえも、行動分析家の有効な介入の選択を制約する恐れがある（例えば「私たちは生徒をトークンのために勉強するような生徒にはさせたくない」）。また重要な行動に対する制御変数を実験的に究明することが、法律的、倫理的理由から不可能になることがある。行動分析家の倫理の問題は第29章で検討する。

　こうした個々の実践上の複雑さは、前に述べた行動と環境の複雑さとあいまって、社会的に重要な行動の応用行動分析学を骨の折れる仕事にする。しかしこの仕事を不可抗力な仕事にする必要はない。人類の向上を目指すことほどやりがいがあり、しかも重要であるような課題はほかにまずない。

　行動を科学的に説明することによって、人間の経験したことの質や喜びが、何らかの形で損なわれると言われることがある。例えば、創造的行動の原因変数について、私たちの知識が増大すると、力強い絵画や美しい交響曲によって引き起される感動を弱めたり、作品を制作した芸術家に対する私たちの尊敬の念を減じたりすることになるということだろうか？　私たちはそうは思わない。この章で紹介され、テキスト全体を通してより詳しく吟味された基本的概念を読者が読んで勉強するとき、行動科学的説明が人間の経験にいかに計り知れないものを追加するかに関して、ネヴィン（Nevin, 2005）が語った次の言葉をぜひ考えてみるようお薦めする。

> 　ダーウインは『種の起源』（*On the Origin of Species*, 1859）の巻末において、私たちに、複雑に入り組んだ浅瀬、その草木と小鳥たち、その昆虫や虫たちのことを深く考え、そこに居住する者たちの複雑さと多様性と相互依存性に驚嘆するとともに、そのすべてが生殖と競争と自然選択の法則から生まれるという事実に畏敬の念を抱いてほしいと呼びかける。複雑に入り組んだ浅瀬についての私たちの喜びと、そこに生きる居住者たちに対する私たちの愛情は、進化の法則の知識によって弱められることはない。人間の活動の複雑な世界における私たちの喜びと、それを演じる俳優たちに対する私たちの愛情が、不確かではあるが成長し続ける行動の法則性についての知識によって弱められるはずはない。(Tony Nevin, personal communication, December 19, 2005)

まとめ

行動

1．一般に、行動は生きている生命個体の活動である。

2．科学的に言えば、行動は「生命個体の環境に対する働きかけ（interaction）の部分であって、生命個体の身体の一部の空間的位置を時間軸に沿って他の位置に移動させること、その

結果少なくとも環境の一側面に知覚できる変化を生み出す働きかけのことである」(Johnston & Pennypacker, 1993a, p. 23)。

3．行動という用語は、通常、一定のトポグラフィーの次元か、または一定の機能を共有する反応群のより大きな集合、またはクラスを指して使われる。

4．反応は、行動の具体例を意味する。

5．反応トポグラフィーとは、行動の物理的形状、または形態を意味する。

6．反応クラスとは、さまざまトポグラフィーをもつ１つの反応群である。属する反応はすべて、環境に対して同じ効果を生み出す。

7．レパートリーとは、人ができる行動のすべて、あるいは特定の場面または課題に関係する行動の集合を意味する。

環境

8．環境は、物理的場面と状況であり、そこに生命個体、ないし生命個体の参照部分が存在する。

9．刺激は「生命個体の受容器細胞を通じて、生命個体に影響を与えるエネルギー変化」(Michael, 2004, p. 7) である。

10．環境が行動に影響を与えるのは、静的な刺激条件ではなく、主として刺激変化である。

11．刺激事象は、形状によって（その物理的特性によって）記述することができる。同じく機能によって（行動に与える影響によって）記述することができる。

12．刺激クラスとは、形式の次元、時間の次元、およびまたは機能の次元に沿って特定された共通要素を共有する一群の刺激である。

13．先行条件、ないし先行刺激変化は、対象とする行動に先立って存在するか、生起する。

14．結果とは、対象となる行動に後続して起こる刺激変化である。

15．刺激変化は行動に対して、２つの基本的影響の一方または双方を与える。（１）行動の現在の頻度を増加させ、または減少させる、即時的であるが一時的な影響、およびまたは（２）

その行動の未来における頻度に関して、遅延するが比較的永続する影響。

レスポンデント行動

16. レスポンデント行動は、先行刺激によって誘発される。

17. 反射は刺激と反応の関係である。先行刺激と、それが誘発するレスポンデント行動（例えば、明るい光と瞳孔収縮）によって構成される。

18. 特定の種の健全なメンバーはすべて、同じ無条件反射のレパートリーをもって誕生する。

19. 無条件刺激（例えば食物）と、それが誘発するレスポンデント行動（例えば唾液分泌）を、無条件反射と呼ぶ。

20. 条件反射はレスポンデント条件づけの所産である。それは刺激と刺激の対提示操作であり、ある中性刺激がある無条件刺激とともに、その中性刺激が条件反応を誘発する条件刺激となるまで、提示される。

21. 条件反射は、中性刺激と条件刺激を対にすることによっても、作り出すことができる。それは高次（2次的）レスポンデント条件づけという過程である。

22. レスポンデント消去は、条件刺激が、それがもはや条件反応を誘発しなくなるまで、無条件刺激を伴わずに単独反復提示するとき起こる。

オペラント行動

23. オペラント行動は、行動の結果によって選択される。

24. レスポンデント行動は、そのトポグラフィーと基本的機能があらかじめ決定されているが、オペラント行動はそれとは違い、実質的には無限の範囲の形態をとりうる。

25. 結果による行動の選択は、生命個体の生涯にわたって作用し続ける（個体発生）。それは種の進化の歴史（系統発生）におけるダーウインの自然選択の概念に対応する。

26. オペラント条件づけには、強化と弱化がある。この条件づけは、結果が行動に及ぼす選択的影響と過程を表す。

- 結果が影響を与えることができるのは、将来の行動に対してだけである。
- 結果が選択するのは、個々の反応ではなく、反応クラスである。
- 即座の結果が、最大の影響を与える。
- 結果は、それにどんな行動が先行しても、それを選択する。
- オペラント条件づけは自動的に起こる。

27. 強化子、または弱化子として機能する刺激変化の大部分は、（1）環境に加算される新しい刺激、または（2）環境から減算される既存の刺激、のいずれかとして記述される。

28. ある行動に後続して、ある刺激が即座に提示され、その行動の将来の頻度を増加させるとき、正の強化が起こる。

29. ある行動に後続して、ある刺激が即座に撤去され、その行動の将来の頻度を増加させるとき、負の強化が起こる。

30. 嫌悪刺激という用語は、しばしば、その停止が強化として機能する刺激条件を表すために使われる。

31. 消去（以前に強化されていた行動に対して、あらゆる強化を差し控えること）は、行動の反応頻度を強化前水準へと減少させる。

32. ある行動に後続してある刺激が即座に提示され、その行動の将来の頻度を減少させるとき、正の弱化が起こる。

33. ある行動に後続してある刺激が即座に撤去され、その行動の将来の頻度を減少させるとき、負の弱化が起こる。

34. 行動原理は、行動とその制御変数の1つまたは複数の間の関数関係を記述する。それは生命個体、種、場面、行動の間で、完全な一般性を示す。

35. 行動改善の戦術は、行動改善のためのテクノロジーとしての一貫性を持つ方法であり、行動の1つまたは複数の基本原理によって導き出される。

36. 無条件性強化子と無条件性弱化子は、以前の学習の履歴のいかんにかかわらず機能する。

37. 条件性強化子、条件性弱化子として機能する刺激変化は、ほかの強化子または弱化子との以前の対提示ゆえに、そのように機能する。

38. 動機づけ操作の重要な働きの1つは、強化または弱化としての刺激変化の現在の価値を変化させることである。例えば遮断と飽和は、食物の強化としての効果をより強く、またはより弱くする動機づけ操作である。

39. 弁別オペラントは、一定の先行条件下で、他の先行条件下でよりも、より頻繁に起こる。刺激性制御と呼ばれる結果である。

40. 刺激性制御とは、先行刺激の存在または不在において観察されるオペラント反応の差異的生起率をいう。先行刺激は、過去に一定の結果と対提示され、そのことによってオペラント行動を制御する能力を獲得する。

41. 3項随伴性（先行事象、行動、結果事象）は、オペラント行動の分析において基本的分析単位である。

42. ある強化子（または弱化子）が特定の行動を条件とするときは、行動の自発がない限り結果は起こらない。

43. 応用行動分析学の手続きはすべて、3項随伴性の成分の1つまたは複数についての操作を必要とする。

人間行動の複雑さを認識する

44. 人は無限の行動レパートリーを獲得することができる。反応連鎖と言語行動も人間行動を著しく複雑にする。

45. 人間行動を支配する変数は、しばしば極めて複雑である。多くの行動は多くの原因をもつ。

46. 強化の歴史と器官損傷における個人差も、人間行動の分析と制御を困難にする。

47. 応用行動分析家による行動の効果的分析は、実際的、後方支援的、財政的、社会政治的、法律的、倫理的な理由のうち、その1つまたは複数によって妨げられることがある。

第 2 部

行動を選択し定義し測定する

　応用行動分析学は、参加者の生活に改善をもたらす、定量化できる行動の改善を実現して、立証しなければならない。したがって行動の注意深い選択と組織的な測定は、応用行動分析学の操作的基礎となる。第3章では、潜在的な標的行動の社会的重要性を同定して査定し、また標的行動に優先順位をつけ、さらに正確で信頼できる測定を可能にするように選ばれた行動を定義するために、応用行動分析家が用いる方法を説明する。第4章では、応用行動分析学における測定の役割を説明する。それによって行動を測定できる次元を同定する。そして、応用行動分析家に広く使われる測定手続きを説明する。第5章では、応用場面における行動の測定の妥当性と正確性と信頼性に及ぼす一般的脅威を突き止める。またこれらの脅威に対処するための提言を行う。そして行動測定の質を査定する方法を説明する。

第3章
標的行動の選択と定義

キーワード

ABC記録、逸話的観察、行動チェックリスト、行動査定、行動カスプ、環境査定、機能に基づく定義、社会参加（ハビリテーション）、ノーマリゼーション、基軸行動、リアクティビティー、行動的ルールの妥当性、社会的妥当性、トポグラフィーに基づく定義

行動分析士資格認定協会®BCBA® & BCaBA®
第4版課題リスト©

Ⅱ クライエントを中心に据えた専門家としての責任	
G-03	照会された問題を同定するためクライエントの予備査定を行う。
I-01	観察でき測定できる用語で行動を定義する
I-02	観察でき測定できる用語で環境変数を定義する。
I-03	個別化された行動査定手続きを設計し実行する。
J-01	観察でき測定できる用語で介入目標を述べる。
J-02	査定結果と入手できる最善の科学的証拠に基づいて、可能な介入を同定する。
J-04	クライエントの好みに基づいて介入戦略を選択する。
J-05	クライエントの現在のレパートリーに基づいて介入戦略を選択する。
J-06	支援的環境に基づいて介入戦略を選択する。
J-13	適切な場合は介入目標として行動カスプを選ぶ。

©2012 行動分析士資格認定協会® (BACB®)。不許複製。この文書の最新版は、www.bacb.comから入手できる。この文書の転載、複写、配布の請求と、この文書についての質問は、BACBに直接問い合わせられたい。

応用行動分析学は、予測し再現できる行動の改善をもたらそうとする。しかし、行動なら何でもよいというわけではない。応用行動分析家がねらいとするのは、個人とその人に接する人々にとって差し迫った、しかも永続する社会的に重要な行動を改善することである。例えば、応用行動分析家は、強化子への接触と罰刺激の回避をもたらす言語スキル、社会的スキル、学業スキル、運動スキルを開発する。重要な予備段階の1つは、測定と改善の標的となる正しい行動を選ぶことである。

　本章では、応用行動分析学における査定の役割について解説する。具体的には、査定前に考慮すべき事項、行動分析家が使う査定方法、標的行動の候補となる行動の社会的重要性についての判定をめぐる問題、標的行動に優先順位をつけるうえで考慮すべき事項、選択した行動の正確かつ確実な測定を可能にするような定義の基準と次元について説明する。

I　応用行動分析学における査定の役割

　査定は、査定・立案・実行・評価という4段階の組織的介入モデルの要であると考えられる（Taylor, 2006）。

1．行動査定の定義と目的

　伝統的な心理・教育査定では、通常、一連の集団基準準拠、およびまたは目標基準準拠の標準検査を使って、人の認知的、社会的、精神運動的領域の長所と短所を突き止める。**行動査定**（behavioral assessment）には、行動改善の標的を同定し定義するための直接観察、インタビュー、チェックリスト、検査など、さまざまな方法がある。総合的な行動査定によって突き止めるものは、改善すべき行動だけではない。標的行動を改善する介入計画に情報を与え、その中に組み込むべき、資源、資産、重要な他者、競合する随伴性、維持と般化の要因、潜在的強化子およびまたは弱化子なども見つけ出す（Snell & Brown, 2006）[1]。

　ラインハン（Linehan, 1977）は、行動査定の目的を簡潔かつ正確に提示した。それは、「何がクライエントの問題か、またそれをどのようにして改善するかを突き止めること」（p. 31）である。ラインハンの表現に含まれている発想は、行動査定は行動能力と欠陥を記述し、分類する実践を超えるものであるということである。行動査定は、精神測定得点や、学年相当データや、評定測度を収集しようとする以上のことをする。それらの知見をほかのさまざまな目的にとっても価値あるものにする。行動査定によって発見しようとするのは、個人の環境において行動が果たす役割（例えば、社会的注目による正の強化、課題の逃避による負の強化）である。行動分析家が総合的行動査定を行えば、その結果、関心のある行動を増やし、減らし、維持し、般化させる変数のイメージが得られる。よく構成された綿密な行動査定を行えば、行動を制御する変数を同

注1：問題行動の行動的査定には、「行動機能査定」と呼ばれる3段階の手続きを含めることが多い。この手続きでは、問題行動を制御している変数と考えられる先行事象と結果事象を同定し、体系的に操作する。詳細は、第24章で述べる。

定し理解するロードマップが手に入る。その結果、以後の介入のねらいをより直接に定め、よりよい成功のチャンスを得ることができるようになる。ブーレットら（Bourret, Vollmer, & Rapp, 2004）は、次のように指摘した。「査定の臨界実験とは……、効果的な教授戦略を差別化して示す度合いのことである」（p. 140）。

2．行動査定の段階

ホーキンス（Hawkins, 1979）は、行動査定を漏斗状の形にまとめて概念化した。すなわち、最初の範囲は幅広く、最後は狭い一貫した焦点に絞られていく。彼は行動査定の5つの段階、ないし機能を説明した。(a) スクリーニングと一般的傾向、(b) 問題ないし望ましい達成基準の定義と大まかな数量化、(c) 処遇すべき標的行動の特定、(d) 進歩の監視、(e) フォローアップ、である。この5段階は、一般的な時間的順序を表すが、重なり合うことも多い。本書の第3部「行動改善の評価と分析」では、査定の監視とフォローアップの段階を解説する。本章では、介入前の査定の機能、すなわち**標的行動**（target behavior）（改善のために選んだ具体的行動）の選択と定義について考える。

応用行動分析家としての有能性を発揮するためには、社会的に重要な行動とは何かを知り、適切な査定方法と査定用具を駆使する技術面のスキルをもち、査定データを介入戦略に合致させることができなければならない[2]。例えば、読みの治療を行う専門家は、上手な読み手が備える重要な行動を理解するとともに、読みの初心者ないし困難者はそれらのスキルのどこに欠陥があるかを突き止め、介入として適切かつ有効な教授（instruction）を提供することができなければならない。同様に、行動治療の訓練を受けた結婚家族療法家は、健全な家族を構成する一連の成分行動についての知識をもち、家族の動態を正確に査定するとともに、機能不全になった相互作用を減らすための、社会的に容認された介入を提供できなければならない。つまり、どんな分析家であれ、標的行動が起こる状況について、精通していなければならない。

3．査定前に考慮すべき事項

公式であれ、非公式であれ、標的行動を特定するための行動査定を行う前に、分析家は根本的な問い、すなわち「誰がその行動の査定を完成させ介入を行う権限、同意、資源、スキルを有するか？」を問わなければならない。実践家が権限ないし同意を得ていなければ、査定と介入の役割は制約される。例えば、行動分析家がレジに並んでいて、そばにひどく暴れている子どもをなんとかなだめようとしている親がいたとする。この分析家は、問題を査定したり、親に介入を提案したりする権限や同意を得ているだろうか？ 答えはノーである。しかし、親がこの問題に対する援助を依頼していて、このエピソードが起こっていたとすれば、この行動分析家は査定とア

注2：機能査定と以後の介入プログラムとの間の橋渡しをする競合行動分析（competing behavior analysis）については、オニールら（O'Neill et al., 1997）を参照。

ドバイスをすることができる。要するに、応用行動分析家は、査定から介入までの連続体において査定が果たす役割を認識するだけでなく、自分の知識とスキルを使って行動を査定し改善することが、適切な状況であるか否かも認識しなければならない[3]。

II 行動分析家の用いる査定方法

査定情報を得るための４つの主要な方法は、(a) インタビュー、(b) チェックリスト、(c) 検査（テスト）、(d) 直接観察、である。インタビューとチェックリストは、間接的査定のアプローチである。これらの測定によって得られるデータが、出来事の回想、復元、または主観的評定だからである。検査と直接観察は、直接的査定のアプローチである。個人の行動に関する情報を行動が起こる通りに提供するからである（Miltenberger, 2004）。間接的査定の方法から有効な情報が得られることは多い。しかし、直接的査定の方法が望ましい。ある人のパフォーマンスの解釈や順位づけや質的指標ではなく、個人の実際のパフォーマンスについての客観的データをもたらすからである（Hawkins, Mathews, & Hamdan, 1999; Heward, 2003）。分析家は、これら４つの主要な査定方法を十分認識するだけでなく、査定の生態学的意義に関するスキルを増大させることによって、査定対象者に対するさらなる支援を提供することができる。

１．インタビュー

査定インタビューは、標的となる人物、およびまたはその人に日々または定期的に接触する人々（例えば、教師、親、保護者）に対して行うことができる。

（1）本人にインタビューする

行動インタビューは、しばしば標的行動として選ぶ可能性のある行動の一覧を発見する、最初の重要なステップとなる。標的行動として選ぶ可能性のある行動は、それ以後の直接観察によって確認されるか放棄される。個人の言語行動が標的行動として選ばれる可能性がある場合、インタビューは直接的査定の方法と考えられる（Hawkins, 1975）。

行動インタビューと従来のインタビューとの違いは、尋ねる質問の種類と求める情報のレベルにある。行動分析家は、主として行動エピソードが起こる前、起こっている最中、起こった後に存在する環境条件に照準を合わせた何という質問と、いつという質問を使う。なぜという質問は使わない。この質問は心理主義的説明を誘い出す傾向があり、そういう説明は問題の理解にはほとんど役立たないからである。

　　　なぜそんなことをしたかとクライエントに問うことは、クライエントが答えを知っていること

注３：第29章「応用行動分析家の倫理の考察」において、この重要な問題を詳しく検討する。

を前提としており、そのことがクライエントをしばしばいらだたせる。なぜなら、彼らはおそらく答えを知らず、しかも知っているべきだと思わせるからである（Kadushin, 1972）。

「なぜ」という質問によって引き出せるのは、例えば「ただ怠けていただけです」などの、通常は役に立たない「動機づけ」である。そうではなく、「……のとき、何が起こる？」と、クライエントに尋ねることもできる。日常環境（natural environment）において実際に起こることを、よく注意して見ることになる。例えば「あなたが何をするか、例を挙げてみてくれますか？」など、行動に焦点を絞った質問をして、行動に注意を向けさせることができる。1つの例を聞き出せたら次の例を求める、というようにして、クライエントが特定の言葉を使って言おうとしている一連の行動が明らかになったと思われるまで、続けるようにすればよい。（Gambrill, 1977, p. 153）

　図3.1は、行動査定インタビューに適用することができる何という質問と、いつという質問の例である。この一連の質問を開発したのは、1人の行動コンサルタントだった。行動化と妨害行動を示す子どもに対して、否定的な反応を示す回数を減らしたいと願う教師の要望に応じて作成された。同様の質問は、家庭や地域場面で起こる状況に対処するためにも、作ることができるだろう（Sugai & Tindal, 1993）。

　図3.1に示した行動査定インタビュー質問の主な目的は、教師の否定的な注目行動が起こる前と、起こっている間と、起こった後に起こる変数を突き止めることである。その行動と関連して起こる環境事象を同定すれば、これらの変数の制御機能について仮説を作り、介入を設計するうえで有益な情報が得られる。仮説の創出は実験的操作と関数関係の発見をもたらす（第24章を参照）。

　クライエントはインタビューを受ける自然の成り行きとして、質問紙やいわゆるニーズ査定調査用紙への記入を求められるかもしれない。質問紙やニーズ査定調査用紙は、インタビュー過程を改善し拡充するため、多くの福祉領域で開発されている（Altschuld & Witkin, 2000）。ときには初回面接の結果として、クライエントが、特定の状況における自分の行動を自己監視するよう求められることもある。自己監視には、特定の出来事を書き留めるかテープレコーダーで記録する必要が生じる可能性がある[4]。クライエントが収集したデータは、以後の査定や介入において標的行動を選び、定義するために役立つ。例えば、あるクライエントが禁煙のため行動処遇を受けに行くとすれば、その日に吸ったたばこの本数と吸ったときの条件（例えば、朝のコーヒーブレイクの時間、夕食の後、交通渋滞にはまったとき、など）を自己記録する。これらのクライエントが集めたデータは、標的行動と相関する先行条件を解明するために役立つ可能性がある。

（2）重要な人々にインタビューする

　行動分析家は、クライエントに個人的にインタビューすることができないことがある。あるい

注4：自己監視は、多くの自己管理（self-management）介入の主成分であり、その手続きについては第27章で解説する。

図3.1　行動インタビュー・サンプル質問

> **問題を特定するためのインタビュー形式**
>
> 照会の理由：大声をあげる、規則に従わないなど、行動化して、教室の秩序を乱す子どもたちに対して、自分は否定的に注目してしまうのでそれを減らせるよう援助してほしいと、教師が助けを求めてきた。
> 1．援助が必要だとあなたに思わせた問題行動を、自分の言葉で定義することができますか？
> 2．そのほかに、教師として現時点で気になっている行動はありますか？
> 3．教師として否定的に注目するとき（つまり、怒号や不服従行動に注目するとき）、教師としての否定的注目行動を起こす直前に、通常何が起こっていますか？
> 4．あなたが教師としての否定的注目を与えた後に、通常何が起こっていますか？
> 5．彼らの不服従行動に対して、大声をあげたり注意したりしたとき、子どもたちはどんな反応をしますか？
> 6．あなたが彼らに向ける否定的注目を起こりにくくするためには、子どもたちはどんな行動をする必要があるでしょうか？
> 7．他の介入を試したことがありますか？　それらの効果はどうでしたか？

はクライエントの生活にかかわる重要な人々（例えば、親、教師、同僚）から情報を得なければならなくなることがある。こういう場合、分析家はおそらく1人か複数の重要な人々に、インタビューすることになるだろう。行動問題や欠陥について説明してほしいと伝えると、彼らはしばしば改善すべき具体的行動を特定することができない一般的用語によって話し始めたり、クライエントに内在する原因因子（例えば、怖がり、攻撃的、やる気がない、怠けている、引っ込み思案、など）をほのめかしたりする。そこで、行動分析家はさまざまな何・いつ・どうしてという質問によって問いかけるようにする。重要な人々はそうした手助けによって、問題を具体的行動とその行動に関連する環境条件や出来事を使って、説明することができる。例えば、子どもが「不服従」だから、「未熟」だからという理由によって行動分析家に助けを求めてきた親に対しては、インタビューで次のように質問すればよいだろう。

- デリクがどんなことをしているとき、あなたは彼を未熟だとか、不服従だとかと呼ぶ可能性が最も高くなると思いますか？
- 1日のどの時間帯に、デリクはいちばん未熟（不服従）に見えますか？　そのとき彼は何をしていますか？
- デリクが不服従になったり、未熟に振る舞ったりする特定の状況や場所がありますか？　もしあるとすればどこですか？　そこでデリクは何をしますか？
- デリクが未熟に（不服従に）振る舞う仕方は何通りありますか？
- デリクが最も頻繁に振る舞う不服従は何ですか？
- デリクがそういう振る舞いをしたとき、あなたや家族の他のメンバーはどう反応しますか？
- もしあなたが望むように、デリクがもっと成熟し自立したら、今とはどのように違う振る舞いをするようになるでしょうか？

図3.2　親または本人の生活にかかわる重要な人々が標的行動に選ぶ可能性のある行動の最初のリストを作るのに役立つ書式

5＋5 行動リスト
子どもの名前：＿＿＿＿＿＿＿＿＿＿＿＿＿＿＿＿＿＿＿＿＿＿＿
記入者：＿＿＿＿＿＿＿＿＿＿＿＿＿＿＿＿＿＿＿＿＿＿＿＿＿＿
記入者の子どもとの関係：＿＿＿＿＿＿＿＿＿＿＿＿＿＿＿＿＿

＿＿＿＿＿＿が今している良いこと5つ	＿＿＿＿＿＿にもっと頻繁に（あるいは少なく）行うよう学んでほしいと思うこと5つ
1.＿＿＿＿＿＿＿＿＿＿＿＿＿＿＿＿＿	1.＿＿＿＿＿＿＿＿＿＿＿＿＿＿＿＿＿
2.＿＿＿＿＿＿＿＿＿＿＿＿＿＿＿＿＿	2.＿＿＿＿＿＿＿＿＿＿＿＿＿＿＿＿＿
3.＿＿＿＿＿＿＿＿＿＿＿＿＿＿＿＿＿	3.＿＿＿＿＿＿＿＿＿＿＿＿＿＿＿＿＿
4.＿＿＿＿＿＿＿＿＿＿＿＿＿＿＿＿＿	4.＿＿＿＿＿＿＿＿＿＿＿＿＿＿＿＿＿
5.＿＿＿＿＿＿＿＿＿＿＿＿＿＿＿＿＿	5.＿＿＿＿＿＿＿＿＿＿＿＿＿＿＿＿＿

説明：最初に、左側の欄に子ども（または生徒）が今いつもしている望ましい行動、すなわちこれからも遂行し続けてほしいものを5つ挙げてみましょう。次に、右側の欄に子どもにもっと遂行してほしい行動（子どもがときどきするがもっと定期的にしてほしいもの）と、頻度を減らしてほしい（あるいはまったくしてほしくない）望ましくない行動を5つ挙げてみましょう。どちらの欄にも5つ以上挙げてかまいませんが、それぞれ最低5つは挙げるようにしましょう。

　図3.2は、親や重要な他者が、標的行動の同定に着手するとき利用することができる書式である。

　行動分析家は、標的行動と介入計画の知識として役立つ潜在的制御変数を同定するため、周囲の重要な人々に支援を求めるが、それだけでなくそのインタビューを通じて、行動改善のための介入を実行することを手助けするうえで重要な人々がどこまで意欲的であり、またそうする能力があるかを見極めることもできる。多くの行動改善プログラムは、両親や、きょうだいや、補助教員やスタッフなどの援助なしには成功できない。

2．チェックリスト

　行動チェックリストと評価尺度は単独でか、またはインタビューと組み合わせて使うようにする。そうすることによって、標的行動として選ぶ可能性がある行動を同定することができる。**行動チェックリスト**（behavior checklist）によって、特定の行動（通常は階層順序によって）と、それぞれの行動が起こるべき条件についての記述が得られる。ある特定の行動（例えば、歯磨き）や、特定のスキル領域（例えば、ソーシャルスキル）を査定するため、場面限定的、ないしプログラム限定的なチェックリストを作ることができるが、ほとんどの実践家は幅広い領域を評定するため、出版されているチェックリスト、例えば、『教師とスタッフのための機能査定チェ

ックリスト』』（*The Functional Assessment Checklist for Teachers and Staff* [March et al., 2000]）を利用する。

　通常使われるのはリッカート尺度である。盛り込まれるのは、行動の頻度、強度、持続時間に影響する可能性のある先行事象と結果事象についての情報である。例えば、『子どもの行動のチェックリスト』（*Child Behavior Checklist: CBCL*）がある。これには、教師記入版、親記入版、子ども記入版があり、5歳から18歳までの子どもに対して使うことができる（Achenbach & Edelbrock, 1991）。教師版には、112個の行動（例えば、「よく泣く」「他の子どもから好かれていない」）があり、それらを3ポイントの尺度、すなわち「あてはまらない」「いくらか、またはときにあてはまる」「非常によく、または頻繁にあてはまる」で評価する。*CBCL*には、例えば、他者と仲良くする、楽しそうに振る舞うなどの社会的能力と適応的機能を示す項目も含まれている。

　『適応行動検査学校版』（*Adaptive Behavior Scale - School, ABS-S*）（Lambert, Nihira, & Leland, 1993）は、もう1つのよく使われる子どもの適応行動を査定するチェックリストである。*ABS-S*の第1部には、自立機能と日常生活スキルに関連する10個の領域が含まれる（例えば、食事、トイレの使用、お金の扱い、数、時間）。第2部では、子どもの不適応な（不適切な）行動を7領域において査定する。『適応行動検査』のもう1つのバージョン*ABS-RC*では、居住場面や地域場面での適応行動を査定する（Nihira, Leland, & Lambert, 1993）。

　優れた行動チェックリスト（すなわち、客観的に記述されたクライエントの生活に関連する項目によって構成）から得られる情報は、より直接的で集中的な査定をする価値のある行動を発見するために役立つ。

3．標準検査

　行動を査定する標準検査は、文字どおり何千も開発されている（Spies & Plake, 2005を参照）。標準検査（standerdized test）では、毎回、同じ質問と課題を特定の方法によって提示し、同じ採点基準と採点手続きを用いる。標準検査の中には、集団基準準拠の得点が得られるものがある。集団基準準拠検査を開発するときは、その検査が対象とする母集団から無作為に選んだ大きな標本に対して検査を実施する。標本を標準化する場合の人々のテスト得点は、その検査における得点が母集団全体にわたっていかに広く分布するかを代表させるために使われる。

　しかし、市場に出回っている大部分の標準検査は、行動査定に貢献することはない。その結果を、指導や治療の対象となる標的行動に直接翻訳することができないからである。例えば、学校で一般に使われる標準検査には、『アイオワ基本スキルテスト』（*Iowa Tests of Basic Skills*）（Hoover, Hieronymus, Dunbar, & Frisbie, 1996）、『ピーボディ個別アチーブメントテスト-R/NU』（*Peabody Individual Achievement Test-R/NU*）（Markwardt, 2005）、『広域アチーブメントテスト-3（WRAT）』（*Wide Range Achievement Test-3[WRAT]*）（Wilkinson, 1994）などがある。それらから得られた結果によって、ある小学4年生が算数では3年生レベル、読みでは4年生レベルであることを示される。そうした情報は、子どものそれらの科目の成績が、一般的な子どもと比

べてどの程度かを見極めるために役立つ。しかし、それは子どもが習得している具体的な算数や読みのスキルを示してはいないし、学力向上ないし補習プログラムにとりかかるための十分で直接的な文脈を示しもしない。さらに実際には資格要件の問題があるため、行動分析家は所定の検査を実施することができない恐れがある。例えば、ある種の知能検査や性格検査は、資格のある心理士（psychologist）だけが実施することができる。

　行動査定の道具として検査が最も役に立つのは、対象とする行動を遂行する個人のパフォーマンスを直接測定することができるときである。近年、行動派の教師が増えてきており、子どもはどのスキルを学ぶ必要があるか、そして同様に重要な、子どもはどのスキルを習得しているかを正確に教えてくれるという意味で、目標基準準拠型とカリキュラム・ベース型の査定に大きな価値があることを認識するようになっている（Browder, 2001; Howell, 1998）。カリキュラム・ベース型の査定は、子どものパフォーマンスの直接的測度とみることができる。収集されるデータは、子どもが遂行する日々の課題と特異的に関係しているからである（Overton, 2006）。

4．直接観察

　クライエントの行動を日常環境において反復して直接観察することは、どの行動を改善すべきかを決定するために最もよく使われる方法である。直接的で連続的な観察の基本形式は、ビジューら（Bijou, Peterson, & Ault, 1968）によって初めて記述された。それは**逸話的観察**（anecdotal observation）ないし**ABC記録法**（ABC recording）と呼ばれている。逸話的観察においては、観察者は対象とする行動のすべての叙述的な時間順序記述と、そしてそれらの行動の先行条件と結果を、クライエントの日常環境で起こる通りに記録する（Cooper, 1981）。この技法によって、候補となる標的行動を同定するために使うことができる行動査定データを収集することができる。

　逸話的観察は、特定の行動の頻度に関するデータを提供するというよりも、クライエントの行動パターンの総合的記述をもたらす。日常的文脈の中で起こるクライエントの行動のこの詳細な記録は、行動改善計画に参加する当人と、その他の人々に対する説明責任を果たす。また介入を設計するうえでもきわめて有用である（Hawkins et al., 1999）。

　行動エピソードが起こるままにリアルタイムで正しく記述するために役立つのは、関連する先行刺激と行動そのものと結果とを、時系列的に記録するという書式である。例えば、ロー（Lo, 2003）は、図3.3に示すような書式によって、特別支援教育の小学4年男児の逸話的観察を記録した。教師が訴えていた問題は、その子が頻繁なおしゃべりと離席行動によって、自分自身の学習を妨げ、クラス全体を妨害することだった。（ABC観察は、インタビューや初回の観察から得られた情報に基づいてクライエントごとに個別に作成した、特定の先行事象、行動、結果事象によって構成されるチェックリストを使って記録することもできる。図24.2を参照）。

　ABC記録法では、観察者は観察対象の個人に対して細心の注意を払わなければならない。学級担任は、例えば、読みグループを管理し、算数問題を黒板に例示し、答案を採点するなど、ほかの活動に従事しながら、この査定手続きを使おうと思っても使うことができない。逸話的観察

図3.3 逸話的ABC記録書式の例

子ども：子ども4　日付：2003/10/3　場所：特別支援教育のリソース・ルーム（算数の時間）
観察者：実験者　　　開始時間：2:40 P.M.　終了時間：3:00 P.M.

時間	先行事象（A）	行動（B）	結果事象（C）
2:40	Tが子どもたちに静かに算数のワークシートに取り組むように言う。	教室の中を回って他の子どもたちを見る。	Tが、「あなた以外、みんな、課題をしているよ。何をするべきか言わなくてもわかるよね。」と言う。
	✓	座って、おかしな音を立てる。	級友の女子が「静かにしてもらえる？」と言う。
	✓	友だちに「何？　私？」と言う。音を立てるのを止める。	友だちは課題を続ける。
2:41	算数のワークシート	自分の席に座って静かに課題に取り組む。	誰も彼に注意を向けない。
	算数のワークシート	両手で机をたたく。	特別支援教育助手がやめるように言う。
2:45	算数のワークシート	声を出す。	ほかの級友は無視する。
	算数のワークシート	Tの名前を3回大きな声で言い、ワークシートを持って彼女のところに行く。	Tが、彼が問題を解くのを助ける。
2:47	皆が静かに課題に取り組んでいる。	立ち上がって席を離れる。	Tが彼に、座って課題をするように言う。
	✓	座って課題に取り組む。	ほかの級友は無視する。
	皆が静かに課題に取り組んでいる。	立ち上がって級友に話しかける。	Tが彼に座って課題をするように言う。
	✓	席に戻って課題に取り組む。	ほかの級友は無視する。
2:55	算数のワークシート、誰も彼に注目していない。	級友の男子の手をつかんで、ワークシートを手伝ってもらおうとする。	級友は断る。
	✓	別の級友の男子に助けてもらおうとする。	級友が彼を助ける。
2:58	✓	課題を終えて、次はコンピューターをしたいとTに伝える。	Tは課題に戻るように言い、まだコンピューターの時間ではないと伝える。
	✓	なぜコンピューターができないのかとぐずる。	Tはほかのクラスの子どもたちがコンピューターを使っていることを説明し、何か本を探して読むように言う。
	✓	コンピューターで遊んでいる級友の後ろに立って、級友がゲームをしているのを見る。	Tは無視する。

Adapted from *Functional Assessment and Individualized Intervention Plans: Increasing the Behavior adjustment of Urban Learners in General and Special Education Settings* (p. 317) by Y. Lo. Unpublished doctoral dissertation. Columbus, OH: The Ohio State University. Used by permission.

は、通常20分から30分の間、連続して行う。したがって責任を別の人に一時的に移せるとき（例えば、チームティーチングのときなど）に行わなければならない。以下に示すのは、逸話的直接観察を行うためのさらなるガイドラインと提案である。

- クライエントがすること、話すことのすべて、クライエントのうえに起こることのすべてを記録する。
- 自己流の速記法や略記法を使い、効率的に記録する。しかし、そのメモは観察セッションが終わり次第、すぐに正確な完全な形に詳述できるものとする。
- 見聞した行為だけを記録し、行為の解釈は記録しない。
- 反応の直前と直後の出来事を書き留めて、個々の反応の時間順序を記録する。
- クライエントの個々の行動例のおよその持続時間を記録する。個々の行動エピソードの始点と終点を記録する。
- 継続的な逸話的観察法は、人目に付きやすい記録法であることが多いことを自覚する。誰かが鉛筆とクリップボードを持ってじろじろ見ていれば、たいていの人はいつもと違う行動をする。そのことをよく理解して、観察者はできるだけ目立たないようにする（例えば、観察対象から適度に距離を取る）。
- 観察を数日間行えば、誰かがクライエントを観察しているという珍しさは減少し、観察を反復することによって、毎日起こる行動の妥当な記述が得られる。

５．生態学的査定

　行動分析家は、人間の行動が複数の事象の関数であり、多くの事象が行動に複数の影響を与えることを熟知している（Michael, 1995 を参照）。査定への生態学的アプローチは、環境と行動の間の複雑な相互関係を受け入れる。**生態学的査定**（ecological assessment）においては、個人についての、そしてその人が生活し労働しているさまざまな環境についての、大量の情報を収集する。個人の生理学的状態、環境の物理的側面（例えば、照明、席の配置、騒音レベル）、他者との相互作用、家庭環境、過去の強化歴など、多くの要因が個人の行動に影響を与える可能性がある。これらの要因はどれも査定の対象領域になりうる。

　生態学的査定を徹底的に行うことによって途方もない量の記述的データが得られるが、査定の根本目的を忘れてはならない。それは、最も差し迫った行動問題と、それを緩和することができそうな方法とを同定することである。度を越した生態学的アプローチによって、必要を大きく超えた情報を収集してしまうことはよくあることである。生態学的査定は、専門家の時間とクライエントの時間の観点から費用がかさむ可能性があり、さらに守秘義務に関連した倫理問題や法律問題を引き起こす恐れもある（Koocher & Keith-Spiegel, 1998）。最終的には、査定情報がどの程度必要かを見定めるため、的確な判断を下さなければならない。ヘロンとヒューワード（Heron & Heward, 1988）は、特別支援教育の教師にとっての生態学的査定の役割をまとめて、次のように提案している。

生態学的査定を使う鍵は、それをいつ使うべきかを知ることである。限られた時間にたくさんの子どもに膨大な数の重要なスキルを教えることを求められる教師には、完全な生態学的査定自体を自己目的として行うことはお勧めできない。たいていの場合、徹底的な生態学的査定のために消費する時間と努力は、直接教授するために活用したほうがよい。生態学的査定の結果は興味深いことが多いが、それによって計画された介入の方向が変えられるとは限らない。では、どんな条件でならば、生態学的査定が処遇の方向に大きな影響を及ぼすようなデータを生み出すだろうか？　ここが問題である。教育者は、次の点で厳しい目利きにならなければならない。(1) 計画した介入が、子どもの当該行動以外の行動に影響する可能性のある状況、(2) 標的行動だけを切り離して見れば効果があるように思えても、ほかの生態学的変数が干渉してくるため介入効果がなくなるかもしれない状況、である。対象となる子どもに関する情報がどの範囲でどれほど入手できるかどうかにかかわらず、教師はなお標的行動の実証的分析をベースに学習指導上の決定（インストラクショナル・デシジョン）を行わなければならない。最終的には、対象となる行動のこうした入念な分析（すなわち、日々の直接的測定）は、ほかの生態学的変数が干渉してくることによって無効になる恐れがある。(p. 231)

6．直接査定におけるリアクティビティー効果

リアクティビティー（reactivity）とは、査定手続きが査定される行動に及ぼす影響を意味する（Kazdin, 1979）。リアクティビティーが最も起こりやすいのは、観察が目立つとき、すなわち被観察者が観察者の存在や目的に気づくときである（Kazdin, 2001）。応用場面に観察者が存在することが、対象者の行動に影響を与えることを、多くの研究が証明している（Mercatoris & Craighead, 1974; Surratt, Ulrich, & Hawkins, 1969; White, 1977）。最も目立つ査定手続きは、対象者（被験者）に自分自身の行動を監視し記録するよう求める手続きだろう。自己監視の手続きは通常、査定される行動に影響を与えることを、自己監視に関する研究が明らかにしている（Kirby, Fowler, & Baer, 1991）[5]。

観察者の存在が被観察者の行動を変化させることは、研究によって示唆されているが、リアクティビティー効果は通常一時的なものである（例えば、Haynes & Horn, 1982; Kazdin, 1982）。それでもなお行動分析家は、できるだけ目立たない査定方法を使い、見かけ上のリアクティビティー効果がなくなるまで観察を繰り返し、観察の結果を解釈するときは、起こりうるリアクティビティー効果を考慮に入れなければならない。

III　標的行動として選ぶ可能性のある行動の社会的重要性を査定する

昔は、教師やセラピストやほかの福祉サービス専門家が、クライエントの行動を改善すべきで

注5：査定のリアクティビティー効果は、必ずしもマイナスではない。自己監視は、査定手続きであるだけでなく、処遇手続きにもなる。第27章を参照。

あると判断していた。そのころは、ごくわずかな問いしか問われなかった。行動を改善することは、当人に利益をもたらすと考えられていた。無遠慮なこの慈善的思い込みは、もはや倫理的に受け容れられなくなった（かつてはそうではなかったが）。行動分析家は行動を予め決定された方向に改善するための有効なテクノロジーを保持する。それゆえに説明責任を果たさなければならない。行動改善プログラムを支持する目標と論拠の両方を開示して、消費者（クライエントとその家族）と、行動分析家による仕事の影響を受けるほかの人々（社会）が、それらを批判的に検討することができるようにしなければならない。標的行動を選ぶにあたり、実践家は誰の行動を査定し改善するのか、それはなぜなのかを熟考しなければならない。

標的行動は、単に現状を維持するため（Budd & Baer, 1976; Holland, 1978）や、行動を改善する立場にある人の興味をそそるなどの理由から、当人ではなくほかの人々にとっての利益を優先させて選ぶようなことをしてはならない（例えば、「動くな、静かにせよ、従順であれ」）（Winett & Winkler, 1972）。以下にそういう例を示そう。

> ある頭脳明晰で良心的な大学院生が、重度の不適応児のためのプログラムについて学位論文を書くことに興味を抱いた。彼は子どもに筆記体を教えたいと思った。しかしその子は、読むことも（自分の名前以外は）、活字体で書くことも、さらにはアルファベットのすべての文字を確実に同定することもできなかった。「それが次に取り組むべき問題だと誰が決めたの？」と私は質問した。(Hawkins, 1975, p. 195)

どの行動を改善すべきかに関して判断をすることは難しい。そうは言っても、実践家には、標的行動を選ぶ際の指針がないわけではない。非常に多くの人々が標的行動を選ぶためのガイドラインと基準を提案している（例えば、Ayllion & Azrin, 1968; Bailey & Lessen, 1984; Bosch & Fuqua, 2001; Hawkins, 1984; Komaki, 1998; Rosales-Ruiz & Baer, 1997）。それらはすべて中核的問い、すなわち「提案された行動改善は、その個人の生活体験をどこまで改善向上させるか？」に関わっている。

1. ハビリテーションの定義

ホーキンス（Hawkins, 1984）は、いかなる行動改善であれ、その潜在的重要性は、**ハビリテーション**（habilitation）という文脈の中で判断されなければならないと提唱した。それは次のように定義される。

> ハビリテーション（適応）とは、個人のレパートリーが、本人とほかの人々に対する短期的・長期的強化子を最大にし、短期的・長期的弱化子を最小にする程度のことである。(p. 284)

ホーキンス（Hawkins, 1986）は、この定義のいくつかの長所を次のように述べている。(a) 概念として行動分析家によく知られている、(b) 処遇を測定可能な成果（outcome）を使って定

第3章　標的行動の選択と定義

図3.4　標的行動の候補となる行動の社会的重要性を評価するためのワークシート

クライエント／子どもの名前：＿＿＿＿＿＿＿＿＿＿＿＿＿＿　日付：＿＿＿＿＿＿

記入者：＿＿＿＿＿＿＿＿＿＿＿＿＿＿＿＿＿＿＿＿＿＿＿＿＿＿＿＿＿＿

評価者のクライエント／子どもとの関係：＿＿＿＿＿＿＿＿＿＿＿＿＿＿＿＿

行動：＿＿＿＿＿＿＿＿＿＿＿＿＿＿＿＿＿＿＿＿＿＿＿＿＿＿＿＿＿＿＿＿

項目	査定	根拠／コメント
その行動は、介入が終わった後のクライエントの日常環境の中で強化を生み出す可能性があるか？	はい　いいえ　わからない	
その行動はより複雑で機能的なスキルに必須の前提技能か？	はい　いいえ　わからない	
その行動は、その人がほかの重要な行動を獲得し応用できる環境への接触を増大させるか？	はい　いいえ　わからない	
その行動を変えることで、ほかの人々がより適切で支援的な方法で関わってくれる素地が作られるか？	はい　いいえ　わからない	
その行動は、行動カスプあるいは基軸行動か？	はい　いいえ　わからない	
その行動は、年齢相応か？	はい　いいえ　わからない	
クライエントのレパートリーからこの行動を減らしたり除去したりすることを標的とすべきときは必ず、望ましい適応的行動を選び、それに置き換えなければならない。	はい　いいえ　わからない	
その行動は、実際の問題や達成ゴールそのものか？　それとも間接的に関係しているだけか？	はい　いいえ　わからない	
それは『ただの話』か、それとも実際の行動か？	はい　いいえ　わからない	
ゴールそのものが具体的な行動ではないならば（例えば、10キロ減らす）、その行動はその達成に役立つか？	はい　いいえ　わからない	

要約／コメント：＿＿＿＿＿＿＿＿＿＿＿＿＿＿＿＿＿＿＿＿＿＿＿＿＿＿＿＿

義している、(c) 社会参加のための幅広い能力育成活動（habilitative activities）に適用できる、(d) 個人的・社会的ニーズを偏りなく中立的に扱っている、(e) 適応（adjustment）を適応行動（adaptive behavior）という連続体に沿って論じており、欠陥主導の考え方をとっていない、(f) 文化的、状況的に相対的である。

　特定の行動改善がその人の総合的ハビリテーション（適応、能力）にどの程度貢献するかを判断することは難しい。一定の行動改善がどれほど有益かまたは機能的かは、たとえ短期的有用性が予測できる場合ですら、多くの場合単純に知ることはできない（Baer, 1981, 1982）。しかし、応用行動分析家は、真に役立ち、ハビリテーションを促す標的行動を選ぶことに最大の重要性を与えなければならない（Hawkins, 1991）。要するに、標的行動の候補となる行動が、ハビリテーションの基準に合致するならば、その人が将来さらなる強化を獲得し、弱化を回避する可能性がより高まるのである。

　倫理的観点からも実用的観点からも、改善の標的にされる行動は、何であれその個人に直接的・間接的に、利益をもたらすものでなければならない。以下の節で述べる10個の質問と考察によって、標的行動の候補となる行動を吟味すれば、それらの行動の相対的な社会的重要性とハビリテーションの価値を明らかにするうえで役立つはずである。図3.4は、これらの考察をワークシート形式に要約したものであり、標的行動の候補となる行動の社会的重要性を評価するために役立つ。

2．この行動は処遇終了後のクライエントの日常環境において強化を生み出す可能性があるか？

　特定の標的行動がクライエントにとって機能的かどうかを判断するためには、提案された行動の変化がその人の日常生活で強化を受けるかどうかを、行動分析家や、周囲の重要な人々や、そして可能なときはいつでもクライエント本人に、問うべきである。アイオウンとアズリン（Ayllon & Azrin, 1968）は、これを**行動の適切性のルール**（relevance of behavior rule）と呼んだ。その意味は、標的行動が個人の日常環境において強化を生み出す可能性があると判定できるときだけ、それを標的行動に選ぼうということである。行動改善プログラムの終了後に、新しい行動が強化を生み出せるかどうかは、新しい行動が維持され、それによってその個人に長期的利益がもたらされる見込みがあるかどうかを決める1次的決定因子である。

　介入がなくても標的行動が強化されるようになるかどうかを判断することは、提案された行動改善が本人の利益のためか、別の誰かの利益のためかを明らかにする助けにもなる。例えば、コミュニケーションと社会的スキルに、広汎性の欠陥のある重度の発達障害児に、計算のスキルを教えようとすることには、親からの希望やプレッシャーがあったとしても、ほとんど価値がないだろう。子どもが現在の環境の中でより効果的に相互交流できるようにするコミュニケーション・スキルを教えることは、将来子どもが使えるようになるかもしれないスキル（例えば、スーパーでお金を崩すスキル）より優先されるべきである。標的行動が適切に選ばれるとき、それがその人にとっての直接的利益になるからではなく、間接的に重要な利益が生じるという理由から

であることもある。間接的利益が生じるのは、いくつかの場合があるが、以下に3つの問いとして記してみよう。

3．この行動は有益なスキルを身につけるために必要な前提技能となるか？

　その行動がほかの機能的行動を学ぶために必要な前提技能であるため、それ自体は重要ではない行動をインストラクションの標的とすることもある。例えば、読みの研究の進歩によって、文字が読めない人に音素認識スキル（例えば、音分離：ノウズ [nose]の最初の音は何？；音素分割：ファット [fat]という単語で聞こえた音は何？；仲間外れ探し：違う音で始まる単語は次のどれ？：キャット [cat]、カウチ [couch]、ファイン [fine]、ケイク [cake]？）を教えることは、読みのスキル獲得にプラスの効果を与えることが証明されている（National Reading Panel, 2000）[6]。

4．この行動はクライエントが他の重要な行動を学習し活用できるような環境にアクセスする機会を増大させるか？

　ホーキンス（Hawkins, 1986）は、クライエントに間接的利益をもたらす手段として、「アクセス行動」を標的に選ぶことを説明した。例えば、特別支援教育を受けている子どもに、ワークブックのページをきちんと仕上げることや、通常学級の先生と礼儀正しく交流することや、先生が前で話をしている間は椅子に座っていることを教えることがある。これらの行動は、通常学級に受け入れてもらえる可能性を増大させ、それゆえ普通教育とその教育プログラムへのアクセスを増大させることを期待して教えられる。

5．クライエントのこの行動を改善すると、周囲はより適切に、より支援的にかかわろうとするようになるか？

　ある行動の改善が本人の生活にかかわる重要な人々に直接的利益をもたらすとき、もう1種類の間接的利益が生じる。その行動が改善すれば、周囲の重要な人々はその個人により役立つように行動することができるようになる。例えば、ある教師が教え子の親に家庭学習の指導プログラムを実行してもらいたがっているとしよう。もし親が毎晩子どもと10分だけ語彙ゲームで遊んでくれれば、子どもの言語スキルは大幅に改善するだろうと教師は考えている。しかし、子どもの両親と面談したとき、子どもの乏しい言語スキルのことを親も同様に心配していたが、親の考えではもっと切迫した別の必要があると考えていることがわかった。それは、子どもに自分の部屋を掃除させ、夕食の片づけを手伝わせることだった。部屋を片づけたり、皿を洗ったりするこ

注6：もう1つの別の重要な行動にとって必要な前提条件になる標的行動がもつ間接的利益を、間接教授（indirect teaching）と混同してはならない。間接教授には、行動の真の目的とは違う標的行動を、関連性があるというビリーフによって選択することが含まれる（例えば、読みのスキルが劣る子どもに、形の弁別や平均台渡りを練習させる）。標的行動選択における直接性の重要さは、本節の後半で考察する。

とは、子どもの究極の幸せにとっては言語発達ほど重要ではないと、たとえ教師が考えたとしても、部屋が散らかっていたり台所の流しが汚い皿でいっぱいになっていたりすることが、親子間のプラスの交流（教師が提案した語彙増強ゲームをすることを含む）を妨げていたとすれば、これらの課題は実際には重要な標的行動になる可能性がある。この場合は、両親に直接的で即時的な利益がもたらされる標的行動として、毎日の家事を選んでもよいだろう。娘が部屋を片づけ、皿洗いの手伝いをしてくれることに両親がより満足するようになれば、学校関連の活動についてももっと子どもを助けるようになるだろうと、期待することができるからである。

6．その行動は行動カスプか、基軸行動か？

　行動分析家は、しばしば積み木を積み上げる方式によって、クライエントのレパートリーを開発する。例えば、複雑なスキル（例えば、2桁の掛け算）を教えるとき、最初にもっと単純でより簡単に達成できるスキル（例えば、足し算、繰り上がり、1桁の掛け算）を標的にする。あるいは、靴ひもを結ぶ場合なら、ひもを交差させる、輪っかをつくる、結び目を縛る、を段階的に教える。スキルの構成要素を習得したら、それらを次第に複雑なレパートリーへとつないでいく（すなわち、連鎖させる）。この発展的なスキルの連続線のどの点においても、実践家はその人がスキルの基準に到達したら強化して、次のスキルレベルに進むかどうかを決定する。このアプローチは組織的で系統的な方法であることが証明されている。そのため、いま分析家は新しい行動を開発するための効率を改善する方法を研究している。標的行動として行動カスプや基軸行動を選ぶようにすれば、この効率を高めることができる可能性がある。

（1）行動カスプ

　ロセイルズ-ルイスとベア（Rosales-Ruiz & Baer, 1997）は、**行動カスプ**（behavioral cusp）を次のように定義した。

> 　行動改善それ自体を超えた結果をもたらす行動。その中には重要だと考えられる可能性のあるものがある。何がある行動改善をカスプ（先端）たらしめるかといえば、それはその行動改善がその個人のレパートリーを新しい環境に、とくに新しい強化子と弱化子や、新しい随伴性や、新しい反応や、新しい刺激性制御や、維持または破壊の随伴性の新しいコミュニティーにさらすからである。そうした出来事の一部かすべてが起こると、個人のレパートリーが拡大する。それがその新しいレパートリーだけでなく一部の古いレパートリーをも区別して選択する維持（differentially selective maintenance）に思いがけなく遭遇する。そのことがおそらくさらなるカスプに導くのだろう。（p. 534）

　ロセイルズ-ルイスとベア（Rosales-Ruiz & Baer, 1997）は、起こりうる行動カスプの例として、例えば、ハイハイする、読む、般性模倣する、を挙げた。それらが「多くの新しい重要な行

動を発展させる新しい随伴性へと、子どもの世界を突然開放する」(p. 535, 強調追加）からである。カスプは、成分行動や前提行動とは異なっている。幼児にとって、特定の腕や頭や脚や姿勢の動きは、ハイハイのための成分行動であろう。しかし、ハイハイはカスプである。それは幼児が動機づけと強化の源泉として、新しい環境や刺激（例えば、おもちゃや両親）に接触することを可能にするからである。そのことが結果として、他の適応行動をさらに形成し選択することを可能にする、新しい随伴性の世界を切り開くことになる。

　　　カスプの重要性は、以下のことによって判断される。(a) それらが行動変化をどこまで組織的に可能にするか、(b) それらは行動を新しいカスプに組織的にさらすか、(c) これらの変化がその生命個体に重要か否かを考える聴衆の視点。聴衆の視点は、今度はどの行動を子どもに発達させ、その発達をいつ引き起こすべきかについての社会的規範と期待によって、しばしば制御されるようになる。(Rosales-Ruiz & Baer, 1997, p. 537)

　ボッシュとフクア（Bosch and Fuqua, 2001）は、「ある行動がカスプかいなかを見極めるための先験的次元を明らかにすることは、カスプ概念が秘めている可能性を実現する重要なステップ」(p. 125) であるとした。彼らは、行動が5つの基準、すなわち「(a) 新しい強化子と随伴性と環境へのアクセス、(b) 社会的妥当性、(c) 生成性、(d) 不適切な反応との競合、(e) 影響を受ける人々の数と相対的重要性」(p. 123) の1つかまたは複数を満たす場合、それはカスプである可能性があると述べた。ある行動が満たす基準が多くなればなるほど、その行動がカスプである事実はより強まる。実践家はカスプとしての価値に基づいて標的行動を同定し査定することによって、サービスを提供する相手の潜在的能力をはるかに超えた「新世界」を実際に切り開くことができるかもしれない。

(2) 基軸行動

　基軸行動は、行動研究において、興味深い有望な概念として、とりわけ、自閉症や発達障害の治療との関連において出現した。R. L. ケーゲルとL. K. ケーゲルら（Koegel & Frea, 1993; Koegel & Koegel, 1988; Koegel, Koegel, & Schreibman, 1991）は、基軸行動の査定と治療のアプローチを、幅広い領域にわたって（例えば、社会的スキル、コミュニケーション能力、破壊的行動）研究してきた。
　簡単に言えば、**基軸行動**（pivotal behavior）とは、ひとたび学べば、それに伴って訓練されないほかの適応行動に修正や共変化をもたらす行動である。例えば、ケーゲルら（Koegel, Carter, & Koegel, 2003）は、自閉症児に「自己開始」(self-initiate)（例えば、ほかの人々に近づく）を教えることは、基軸行動かもしれないとした。「自閉症児の長期的アウトカム・データが示すところによれば、開始（initiation）の存在は、より望ましい長期的アウトカムの予後指標であり、それゆえ多くの領域に幅広いプラスの変化をもたらす可能性がある。それゆえ、'基軸'と言えるだろう」(p. 134)。すなわち、自己開始の改善が基軸となって、訓練されていない反応クラス、

例えば、質問や、会話の産出や多様性の増加の出現がもたらされる可能性がある。

　基軸行動を査定し標的にすることは、実践家にとってもクライエントにとっても有利である。実践家の観点からすれば、まず基軸行動を査定し、次いで比較的わずかなセッションにおいて基軸行動を訓練するようにすれば、それは後に訓練しなかった場面で自発され、訓練しなかった反応に広がる可能性があるかもしれない（Koegel et al., 2003）。クライエントの観点からすれば、基軸行動を学ぶことによって介入期間が短くなり、自分の環境と相互作用するための新しいレパートリーを身につけるようになり、学習の効率が高まり、強化子に遭遇する機会が増大することになる。ケーゲルらが結論づけたように、「障害児に日常環境で言語を学ぶ機会を作り出すよう教える手続きを活用することは、言語指導セッションの外部における継続的学習を望んでいる言語療法の専門家や特別支援教育の専門家にとって、とりわけ有益なものとなるだろう」。(p. 143)

7．これは年齢相応の行動か？

　数十年前は、障害のない普通の大人ならまず間違いなくしないような行動を、発達障害の大人に教えることはよくあることだった。おそらくは精神年齢という概念の副産物として、35歳の女性の言語スキルが10歳児レベルならば、彼女に人形で遊ぶことを教えるべきであると考えられていた。そのような標的行動を選ぶことは、自尊心を傷つけるだけでなく、そういう行動をすることによって、その人の環境にいるほかの人々が、より望ましい適応行動を強化する機会を設定して、よりノーマルな生きがいのある生活にいざなう確率を減らしてしまうことになる。

　ノーマリゼーション（normalization）の原理とは、次第により普通になっていく環境、期待、手続きを使って、「できるだけ文化的にノーマルな個人的行動を確立しおよびまたは維持すること」（Wolfensberger, 1972, p. 28）を意味する。ノーマリゼーションとは単独の技法ではない。障害のある人々を社会のメインストリームに物理的・社会的に統合することをできるだけ実現するというゴールを持つ哲学的立場を意味する。

　年齢と場面に相応しい標的行動を選ぶ哲学的、倫理的理由に加えて、強化子に接触する適応的、自立的、社会的行動は、接触しない行動よりもより維持されることを再び強調しなければならない。例えば、17歳の男子に、おもちゃのトラック遊びや積み木遊びを教えるよりも、スポーツや趣味や音楽関係の活動などの余暇スキルを教えるほうがより有効である。たとえ能力に合わせた形態であれ、そうした行動を身につけた若者は、仲間集団と典型的な方法で交流することができるよりよいチャンスをつかむことになる。そのことが、新しく学習したスキルを確実に維持し、その他の適応行動を学習する機会を得る助けになる。

8．計画した標的行動が減らしたり無くしたりすべき行動であるとき、それはどんな適応行動によって置き換えられるか？

　実践家は、個人のレパートリーから行動を減らしたり除去したりする計画を立てるときは必

ず、次のことを行わなければならない。(a) 代わりにその位置を占める代替行動を突き止める、(b) その代替行動を確実に学習させる介入計画を設計する。教師や福祉サービスを提供する専門家は、厄介だと思う行動にただ反応して除去するのではなく、積極的で適応的なレパートリーを形成することを自らの仕事にすべきである（Snell & Brown, 2006）。子どもの不適応行動がほかの人々にとってはなはだしく迷惑だったり、肉体に損傷を与えるものだったりしたとしても、そうした望ましくない反応は、その子にとっては役立っていることが判明している。すなわち、その不適応行動は、過去においてその子に強化子をもたらし、およびまたはその子が弱化子を回避・逃避する手段として、その子に役立ってきたのである。強化の手段を否定するだけのプログラムは、非建設的アプローチである。不適切な行動に代わる適応行動を教えないからである。

　望ましくない行動を除去するために、最も有効な推奨できる方法には、望ましい代替行動を開発することを主眼とするものがある。ゴールダイアモンド（Goldiamond, 1974）は、行動問題の分析と介入には、除去的アプローチの対極にある「建設的」アプローチを使うことを推奨した。建設的アプローチにおいては、「問題に対する解決策は、レパートリーを除去することではない。レパートリーを構築する（または、それらを復元するか新しい状況に転移させる）ことである」（Goldiamond, 1974, p. 14）。

　そもそも具体的で積極的な代替行動を強く主張することができないとすれば、望ましくない標的行動の除去を支持する説得力ある主張がなされたとはいえなかったはずである。例えば、担任教師が、読みの授業時間に子どもたちを椅子に座らせ続ける行動改善プログラムを欲するならば、「勉強するためには椅子に座っていなければならない」という単純な考えを乗り越えなければならない。教師は教材を選択し、そのゴールを促進する随伴性を設計し、子どもに自分の課題の完成を動機づけるようにしなければならない。

9．この行動は現実の問題ないしゴールを代表しているか、それともただ間接的に関係しているだけか？

　教育によくありがちな誤りは、興味の対象である行動ではなく、関連する行動を教えることである。主たる目的を生産量や作業出力の増大とすべきときに、これまで多くの行動改善プログラムが、課題従事行動を増大させることを目的として設計されてきた。なぜ課題従事行動が選ばれるかといえば、それは生産的な人々が同時に課題に従事する傾向も示すからである。しかし、課題従事（on task）の場合は、通常定義される通り、子どもは課題に従事するが（すなわち、席について、静かにして、教材を見たり触ったりするが）、それにもかかわらず作業はほとんどまたはまったくしていないということは、十分ありうることである。

　必要な前提スキルを標的にすることと、行動分析学の努力を傾注する主要な理由を直接代表したり満たしたりしていない標的行動を選ぶこととを混同すべきではない。前提スキルは、それ自体を最終行動として教えるわけではない。望ましい最終行動の必要成分として教える。関連性はあるが間接的な行動は、必ずしもプログラムの真の目的を達成するとはいえない。そういう行動は、また、それだけではプログラムの真に意図したアウトカムであるともいえない。間接的かど

うかを見抜くため、行動分析家は次の2つの問いを問うべきである。この行動は、意図した最終行動にとっての必要条件といえるか？　この行動は、指導プログラムが実際に意図したことのすべてか？　どちらかの質問に肯定的に答えることができれば、その行動は標的行動としてふさわしいものとなる。

10. これはただの話にすぎないか、それとも対象とする実際の行動か？

　行動派以外の多くのセラピーは、自分は何をしたか、自分はなぜそれをしたかについて、人が語ることに大きく依存している。なぜクライエントの言語行動が重視されるかといえば、それがクライエントの行動を支配するクライエントの内的状態と心的過程を反映すると考えられているからである。したがって、自分自身のことを別様に（例えば、もっと健康的かつ肯定的に、物おじせずに）語るようにさせることが、その人の問題を解決するための重要なステップであるとみなされる。それどころか、この態度の変化がセラピーの主要目的であると考える人すらいる。

　一方、行動分析家は、人々の言うこととすることとを区別する（Skinner, 1953）。知と行は同じではない。自分の不適応行動について理路整然と話せるようにしてその行動を理解させたとしても、必ずしも行動がより建設的な方向に変化するとは限らない。賭博常習者は、病みつきの賭博が自分の生活を台無しにし、賭け事を止めれば損失は食い止められることを知っている。そして、セラピストに向かって、こうした事実を言語化して、これからは賭博はしませんと、非常に説得的に語ることすらできる。しかし依然として、賭け事をし続ける可能性がある。

　言語行動は人が行動することを記述することができる。そのためパフォーマンスそのものと混同されることがある。少年院の教師が、教育ゲーム、グループ・ドリル、時間制限つきテスト、自己グラフ化からなる新しい算数プログラムを導入した。少年らは、例えば、「バカバカしい」「先生、自分がしていることを書くなんてやらないよ」「こんなテスト、やりたいなんて思わない」など、たくさんのネガティブ・コメントによって反応した。もし彼らがプログラムについて話したときにのみ教師が注目したとすれば、最初の日はおそらくそれは見向きもされなかっただろう。しかし、非行少年の仲間集団の間では、学校や勉強についてネガティブ・コメントをするよう期待されていたこと、そして彼らにとって楽しくないと思われた課題を、そのネガティブ発言によって従来は回避できていたことを、教師は認識していた。そこで教師は、ネガティブ・コメントを無視し、彼らがこのプログラムに参加したときに、算数の計算の正確さと割合に対して、注目と報酬を与えることにした。1週間の間に、ネガティブな会話は事実上なくなり、算数の解答率はそれまでになく上昇した。

　もちろん、対象とする行動が、クライエントの言語行動である場合もある。人が話す控えめなコメントの数を減らし、積極的自己表現の頻度を増やすように支援することは、言語行動を標的行動にすべきプログラムの1例である。控えめなコメントは粗末な自己概念の表れだからではなく、問題がクライエントの言語行動だからである。

　どんな場合でも、プログラムが期待する有効な成果は、厳密にいえばどの行動であるかを、決定しなければならない。すなわち、その成果はスキルか、運動能力か、それとも言語行動か？

場合によっては、言語行動と非言語行動とがともに重要になるかもしれない。芝刈機の修理工に応募する研修生は、かかりの悪い芝刈り機のエンジンのスターターをどう直すかを言語で説明できたほうが、雇われやすくなるかもしれない。しかし、ひとたび雇われれば、芝刈り機の修理に堪能で有能でさえあれば、自分のすることを話さなくても、職に留まることはできるだろう。しかし、芝刈り機を自分はどう直せるか話すばかりで、実際に修理することができなければ、非常に長期にわたって職に留まる可能性は低くなるだろう。標的行動は機能的（役立つもの）でなければならない。

11. 行動改善プログラムのゴールが行動ではないときはどうするか？

　人々が生活上で望む重要な改善が、行動ではなく他の特定の行動の結果や所産であることもある。減量がその一例である。見かけ上、選択すべき標的行動は、明白で紛れもないもののように思われる。すわなち、体重減少である。キログラム数は正確に測定できる。しかし、体重、より正確に言えば体重減少は、行動ではない。体重減少は、定義して遂行できる特定の反応ではない。これはほかの行動（食物摂取減少と運動量増加）の所産ないし結果である。「食べる」「運動する」は行動であり、特定的に定義して正確な単位によって測定することができる。

　減量プログラムの中には、ほかの面ではよく設計されているが、行動改善の随伴性が目標（体重減少）に向けてセットされ、その目標を実現するために必要な行動に対してはセットされていないため、成功しないものがある。減量プログラムの標的行動は、食物摂取と運動レベルという測度にすべきであり、介入戦略もこれらの行動をねらいとしなければならない（例えば、De Luca & Holborn, 1992; McGuire, Wing, Klem, & Hill, 1999）。減量プログラムの間は、体重を測定してグラフ化する。それは体重が重要な標的行動だからではない。体重減少が運動量増加や食物摂取減少のプラスの効果を表すからである。

　重要な目標が行動ではなく行動の最終所産である例は、ほかにもたくさんある。例えば、よい成績をとるという目標は、どんな行動がよい成績を生み出すかを分析して特定しなければならない（例えば、ガイド付き練習と自習によって算数の問題を解く）目標の例である。行動分析家は、クライエントの目標と最も直接的、機能的に関連する標的行動を選択する。そうすることによって、目標達成をよりよく支援することができる。

　クライエントが示した目標やクライエントのために設定した目標が、特定の標的行動の直接所産ではなく、より幅広い一般的な目標であることもある。例えば、より成功する、もっと友だちを増やす、もっと創造的になる、よいスポーツマン精神を学ぶ、よりよい自己概念をつくる、など。これらの目標はどれも特定の行動によって定義されていないことは明らかである。いずれも行動成分という点からみて、体重を減らすことや算数でよい成績をとることよりも、より複雑である。例えば、成功するなどの目標は、関連行動のクラス、ないし一般的反応パターンを表す。これらは、一定の仕方で行動する人々を記述するために使われるラベルである。クライエントや子どもがこの種の目標を達成するために役立つように標的行動を選ぶことは、それらが示す複雑さもさることながら、それ以上に目標自体がしばしば人によって異なるゆえにより難しくなる。

成功するためには、広く多様な行動が必要になる可能性がある。ある人は収入や肩書きによって成功とみなす。他の人は仕事の満足と余暇時間の有効活用を成功ととらえるかもしれない。査定と標的行動同定の段階において行動分析家が演じる重要な役割は、クライエントが個人的行動を選択し定義するよう援助することである。選択し定義した個人的行動を合計すると、結果としてクライエントや他の人々は、その行動レパートリーを自分の意図したように評価することになるだろう。

Ⅳ　標的行動に優先順位をつける

　望ましい標的行動の「プール」（候補群）を特定したら、それらの相対的優先度を決定しなければならない。行動査定によって情報を収集すれば、個人のレパートリーの中で、ほかと比べてより改善する必要のある特定の一面が、明らかになることがある。しかし、査定によって露呈するのは、たいていは、改善する必要のある行動そのものではなくそれと関連した行動、そしてときにはあまり関連していない行動の集まりである。直接観察は、行動インタビューやニーズ査定とともに、改善すべき重要な行動の長いリストをもたらす可能性がある。前節で解説した考慮事項を注意深く評価した後に、ふさわしい標的行動が複数残った場合は、「どの行動を最初に改善すべきか？」が問題になる。標的行動として選ぶ可能性のある個々の行動は、次に示す９つの問いによって判断するようにすれば、最初にどの行動に注目すべきか、残りの行動にどんな順序で取り組むべきかを決定するために役立つだろう。

1．この行動は、クライエントやほかの人々に、何らかの危険をもたらすか？　クライエントやほかの人々の個人的安全や健康を損なう原因となり、深刻な怖れをもたらす行動は、最優先に処遇しなければならない。

2．当人がこの新しい行動を使わなければならなくなる機会はどのくらいあるか？　またはこの問題行動はどのくらい頻繁に起こるか？　いつも反転文字を書く子どもは、反転文字をごくたまにしか書かない子どもより、より多くの問題を示す。職業準備教育を受ける生徒に、最初に自分の弁当を詰めることを教えるか、年に１度の２週間の休暇計画の立て方を学習させるかという問題では、前者のスキルを優先させるようにする。将来従業員になれば、平日は毎日、自分の弁当をつくる必要があるからである。

3．その問題やスキル欠如は、どのくらい長期間続いているか？　慢性的な行動問題（例えば、いじめ）や、スキル欠如（例えば、社会的交流スキルの欠如）は、ときどき起こるものや、ごく最近現れたものよりも優先すべきである。

4．この行動を変えることによって、本人に高率の強化を生み出すか？　ほかの考慮事項が等しければ、クライエントに付加的強化をほとんどもたらさない行動よりも、高率で持続的

な水準の強化をもたらす行動を優先すべきである。

5．将来のスキル発達と自立機能にとって、この標的行動の相対的重要性はどの程度か？
個々の標的行動は、最適な学習と発達、そして将来最高水準の自立機能を発揮するうえで必要なほかの重要な行動との関係（すなわち、必要条件か補助的か）の点から判定されなければならない。

6．この行動を改善すれば、他者からのマイナスの、または望ましくない注目を減らすことにつながるか？　行動自体には何の問題もないが、その行動がクライエントに招く不必要な問題のために不適応になる行動がある。発達障害と運動障害の人たちの中には、食事のとき食器とナプキンを適切に使えない人がいる。その場合、公共の場での積極的交流の機会が減ってしまう。確かに、大衆の教育と意識は保証されたほうがよいとしても、大衆の反応のマイナスの影響を考えないとすれば認識が甘いといえるだろう。また、より適切な食事時間のスキルを教えないことは、その人にとってひどい仕打ちになるだろう。公共の場で示す奇異な行動や癖は、それらを修正することによって、よりノーマライズされた場面や重要な学習環境にアクセスしやすくするだろう。そうであるならば、それは優先度の高い標的行動になる。

7．その新しい行動は、周囲の重要な人々に対して強化を生み出すか？　本人以外の人々の利便性とか、現状維持などのためだけに、ある人の行動を修正することはまずめったにないことであるが、ある人の行動の変化が、その人の生活上の重要な人々に与える影響を見逃してはならない。この問いに最もよく答えることができるのは、通常は周囲の重要な人々自身である。その人の生活に直接関わっていない人には、そのことがわからないからである。

>　知的障害の19歳のわが子が、命令されればトイレの水を流し、食事のおかわりがしたければ食物を指さすというスキルを獲得することは、どれほど大きな価値があるか、直接関わっていない人々には分からないだろう。普通の市民は、キャリーがそういうスキルを獲得することが「有意義」だとは考えないのではなかろうか。キャリーがトイレの水を流せることが、どれくらい彼女の個人的強化と弱化の比率を高めるかについてすぐには分からないが、私の場合は1人の親としてそれがその比率を高めると証言することができる。(Hawkins, 1984, p. 285)

8．この標的行動を改善できる可能性はどのくらいあるか？　他の行動に比べて、変えることが難しい行動というものもある。難しさのレベルは、少なくとも3つの情報源を使って査定することができる。より正確に言えば、特定の行動の改善のしやすさ、ないし成功の程度を予測する助けになる。第1に、この行動を変える試みについて、文献にはどう書かれているか？　行動分析家が直面する多くの標的行動は、これまでに研究されている。実践家は、

自分の応用分野において出版される研究報告を常に把握しておくべきである。そうした知識によって、行動改善のための実証された有効な技法をよりよく選べるようになるだけでなく、困難さのレベルや成功のチャンスを予測しやすくなる。

　第2に、その実践家にはどのくらい経験があるか？　当該の標的行動に関する実践家自身の能力と経験を考慮すべきである。行動化（acting out）する攻撃的な子どもに長年うまく対処してきた教師は、すぐにでも使えるたくさんの行動管理戦略をもち、最も難しい子どもにもうまく対処できると予想される。しかし、その同じ教師は、子どもの書き言葉のスキルを改善させることは、あまり得意ではないと思っているだろう。

　第3に、クライエントの環境における重要な変数をどの程度制御することができるか？　問題はある行動を変えられるかどうかではない。応用場面では、しかし、特定の標的行動の制御変数を同定して、それから一貫して操作することが、これから行動が改善するかどうかを決定するだろう。

　第4に、望ましい成果を達成できそうなほど十分な忠実度と高密度の水準において、長期間介入を実行し、維持するための資源が得られるか？　処遇計画がどんなにうまく設計されたとしても、介入を適切に行う人的資源やそのほかの資源なしに計画を実行に移すとすれば、不本意な結果に終わることになるだろう。

9．この行動を変えるためにどのくらい費用がかかるか？　どんな組織的な行動改善プログラムであっても、それを実行する前に、費用について考えておかなければならない。しかし、標的行動の候補となるいくつかの行動について費用便益分析を行い、教育プログラムの費用がかさむことがわかったとしても、それを実行すべきではないという意味にはならない。主要な裁判所は、すべての子どもに障害の重さの程度のいかんにかかわらず、適切な教育を提供することができないことの言い訳として、公的資金の欠如を理由に挙げることをしてはならない、と裁定している（Yell & Drasgow, 2000を参照）。行動改善プログラムにかかる費用は、設備、教材、交通、スタッフの給料などに使われる金額を単純加算することによっては決定することができない。行動改善プログラムがクライエントの時間をどの程度必要としているかということも考慮しなければならない。例えば、重度障害児に微細運動スキルを教えるとすれば、子どもの1日のうちの相当な時間を使うことになり、コミュニケーションや余暇や身辺自立のスキルなど、そのほかの重要な行動を学習するためや、あるいは単に自由時間を過ごすために、わずかの時間しか残されなくなるとすれば、微細運動スキルという目標は、コストがかかりすぎることになる。

1．標的行動の順位マトリクスを開発し利用する

　標的行動として選ぶ可能性のある行動のリストそれぞれに、数字による順位づけを行うようにすれば、これらの行動に優先順位をつけることができる。そうした順位づけマトリクスの1つを図3.5に示す。これは、ダーディグとヒューワード（Dardig & Heward, 1981）が障害児の学習目

第3章　標的行動の選択と定義

図3.5　標的行動の候補を順位づけるためのワークシート

クライエント／子どもの名前：_____　日付：_____

記入者：_____

評価者とクライエント／子どもとの関係：_____

手順：以下の番号を使ってそれぞれの標的行動の候補を順位づけしてください。それぞれの順位づけの基準にどの程度当てはまりますか？　それぞれの標的行動の候補について、チームメンバーの順位づけも加えてください。合計得点が最も高い行動がおそらくは介入すべき優先順位が最も高くなるでしょう。特定のプログラムや個人の状況に合うほかの基準があればそれも加えて構いません。それぞれの基準に異なる重みづけをすることもできます。

番号：0＝いいえ・まったくない；1＝たまに；2＝もしかすると・ときどき；3＝おそらく・たいてい；4＝はい・いつも

標的行動の候補

順位づけの基準	(1)____	(2)____	(3)____	(4)____
この行動は本人やほかの人々に何らかの危険をもたらしますか？	0 1 2 3 4	0 1 2 3 4	0 1 2 3 4	0 1 2 3 4
日常環境において本人がこの新しいスキルを使わなければならない機会はどのくらいありますか？　またはその問題行動はどのくらいの頻度で起こりますか？	0 1 2 3 4	0 1 2 3 4	0 1 2 3 4	0 1 2 3 4
その問題やスキルの欠如は、どのくらい長く続いていますか？	0 1 2 3 4	0 1 2 3 4	0 1 2 3 4	0 1 2 3 4
この行動を変えることは、本人に対する高い割合の強化を生み出しますか？	0 1 2 3 4	0 1 2 3 4	0 1 2 3 4	0 1 2 3 4
この標的行動は、将来のスキル発達と自立的機能にとってどの程度相対的に重要ですか？	0 1 2 3 4	0 1 2 3 4	0 1 2 3 4	0 1 2 3 4
この行動を変えることで、人々からのマイナスなあるいは望ましくない注目が減りますか？	0 1 2 3 4	0 1 2 3 4	0 1 2 3 4	0 1 2 3 4
その新しい行動は、周囲の重要な人々に対して強化を生み出しますか？	0 1 2 3 4	0 1 2 3 4	0 1 2 3 4	0 1 2 3 4
この標的行動を変えることができる可能性はどのくらいありますか？	0 1 2 3 4	0 1 2 3 4	0 1 2 3 4	0 1 2 3 4
この行動を変えるためにどのくらい費用がかかりますか？	0 1 2 3 4	0 1 2 3 4	0 1 2 3 4	0 1 2 3 4
合計	____	____	____	____

標の優先順位を決め、選択するために記述したシステムを翻案したものである。それぞれの行動には、個々の優先順位づけ変数上における、その行動の価値を表す数字がつけられる（例えば、0から4までで、0は価値または貢献なし、4は最大の価値または利益を示す）。

　特定の子どもやクライエント集団に対する行動改善プログラムの設計に関与する専門家は、通常、いくつかの変数に異なる重みづけを与え、特定の選択変数に最大の評定を要求し、およびまたは特に重要なほかの変数を全体的目標に加えるようにしなければならない。例えば、高齢者のための行動改善プログラムを設計する専門家は、おそらく直接の便益をもたらす標的行動を最優先すべきであると主張するだろう。障害のある中学生を教える教師ならば、例えば将来のスキル発達と自立生活のための標的行動の相対的重要性などの要因を支持するだろう。

　行動分析家と、クライエントと、およびまたは周囲の重要な人々が、相いれない目標をもつことがある。親は10代の娘に、週末は午後10時30分までに帰宅させたい。娘は遅くまで外出していたい。学校は行動分析家に子どもを服装規定と社会的ルールの遵守を高めるプログラムの開発を希望する。行動分析家は、そうした規定は時代遅れで、学校が関与する権限の範囲外のことであると考える。誰にとって何が最善かを誰が決めるか？

　食い違いを最小にして折り合いをつける方法の1つは、ゴールを決める過程に、クライエントと親とスタッフと管理者を参加させることである。例えば、障害児に対して特別支援教育サービスを設計する場合は、短期的・長期的目標と処遇手続きを選択するとき、両親と、可能ならば、子ども本人を積極的に参加させることが、法律（2004年障害個人教育改善法）によって求められている。すべての重要な関係者が参加すれば、目標の食い違いを回避し解決することができる。もちろん参加者は、プログラム設計のほかの側面に関しても（例えば、有望な強化子の同定）、かけがえのない情報を提供してくれる。査定の取り組みの結果に目を通し、それぞれの参加者が提案した個々の目標や標的行動の相対的長所について情報入力できるようにする。そうすれば最善の方向に関して、しばしば同意が得られる。プログラムの設計者は、どんな行動であれ第1位に順位づけられたものは必ず最優先の標的行動になると、先験的に約束してはならない。しかし、個人の生活に関わる重要な人々が、図3.5に示したような順位づけ過程を体験していれば、合意と非合意の領域を同定することがしやすくなる。そのことによって、標的行動の選択に関してさらに議論を深め、参加者にとっての重大な関心事に集中することができる。

Ⅴ　標的行動を定義する

　行動を分析できるようにするためには、まず行動を、明瞭に、客観的に、簡潔に定義しなければならない。応用行動分析家は、標的行動の定義を作る前に、その定義の機能的意味とトポグラフィー的意味を考える必要がある。

1．応用行動分析学における標的行動の定義の役割と重要性

　応用行動分析学の妥当性の由来をたずねると、人間行動についての知識の探求と体系化をめざ

す組織的アプローチに行き着く。科学的知識の妥当性の最も基本的な形態は実験の再現（replication）である。予測した行動効果を再現することができれば、行動原理が確認され、実践の方法が開発される。もし応用行動分析家が、ほかの科学者が使えない行動の定義を使えば、実験の再現の可能性は減る。実験の再現なしには、データの有用性や有意義性について、限定された参加者以上に究明することはできず、その結果、有効な技術（technology）としての学問の規則的な発展は制限される（Baer, Wolf, & Risley, 1968）。研究者はしっかり練り上げてうまくまとめた標的行動の定義をもつようにしなければ、研究において、さらには複数の研究にまたがって、同じ反応クラスを正確にかつ信頼性をもって測定することができない。あるいは、自分のデータを収集したり、比較したり、解釈したりすることもできない[7]。

　しっかり練り上げてうまくまとめた標的行動の定義は、ほかの人々による実験の再現や、この学問分野の発展について、さほど関心をもっていない実践家にとっても必要なものである。行動分析学のプログラムの大部分は、学問分野の発展を第一義として実践されるというわけではない。それらのプログラムは、教育者や、臨床家や、そのほかの福祉サービス専門家によって、クライエントの生活を改善するために実践されるからである。しかし、行動分析学の応用に事実上含まれるのは、標的行動が継続する正確な評価である。そのためには行動の明確な定義が絶対に必要になる。

　実践家が、クライエントに最適なサービスを提供するために自分の活動を評価することに関心をもつだけであるならば、次のような疑問をもつことがあるかもしれない。「自分が言う［標的行動の名前］とは何かは、自分でわかっている。それならなぜ具体的定義を記載しなければならないのだろうか？」。第1に、よい行動の定義は操作的である。よい定義は行動の生起・非生起についての完全な情報を入手する機会をもたらす。その定義によって実践家は手続きを正確かつタイムリーに一貫して適用することができるようになる。第2に、よい定義はプログラムの有効性についての正確で信頼できる評価を手に入れる可能性を高める。進行中のプログラムの決定を導くためには、評価は正確でなければならない。それだけでなくそのデータは、プログラムの効果の受益者からみて信頼できるものでなければならない。したがって、たとえ実践家がこの分野全体に対して分析を証明することに興味がなかったとしても、クライエントや親や管理者に対して有効性を実証すること（すなわち、アカウンタビリティー）は、つねに意識していなければならない。

２．２種類の標的行動の定義

　標的行動は、機能ないしはトポグラフィーをベースにして、定義することができる。

注7：行動の正確性と信頼性を測定する手続きは第4章で解説する。

図3.6　さまざまな標的行動の機能に基づく定義

子どもたちの積み木遊びにおける創造性

子どもの積み木遊びの行動を、「積み木の形態」という所産によって定義した。研究者はよく見られる任意の20個の形態のリストを作成した。

　　「橋」－つながっていない2つの背の低い積み木の上に1つの積み木が置かれたもの。
　　「ランプ」－1つの積み木がもう1つに対して寄りかかっているか、三角形の積み木がもう1
　　　　　　つの積み木とくっついて置かれていて、高速道路のランプのように見えるもの。
　　「階層」－1つの積み木の上にもう1つが重なるように、2つ以上の積み木が置かれていて、
　　　　　　上の積み木が下の積み木だけによって支えられているもの。
　　「タワー」－2つ以上の積み木のストーリーで、一番下の積み木の高さが幅に比べて少なくと
　　　　　　も2倍あるもの（Goetz & Baer, 1973, pp. 210-211）。

肥満の男児のエクササイズ

「サイクリング・マシンに乗る」－車輪が回転するごとに1つの反応とする。電磁カウンターによって自動的に記録されたもの（Deluca & Holborn, 1992, p. 672）。

自動車運転者が止まれの標識を守ること

「完全に止まる」－観察者は、車が交差点に入る前にタイヤの回転が止まったら、車が完全に止まったものとして記録した（Van Houten & Retting, 2001, p. 187）。

社員によるリサイクル

「事務用紙のリサイクル」－リサイクル箱とゴミ箱に入った紙の重さ。リサイクル可能なものとして認められる全種類の紙とリサイクルに適さない紙の例を同定した（Brothers, Krantz, & McClannahan, 1994, p. 155）。

子どもの銃遊びを予防するための安全スキル

「拳銃に触る」－子どもが身体部位のどこか、あるいは拳銃を動かすことになるあらゆる物体（例えば、おもちゃ）によって拳銃にふれる。
「場所から離れる」－拳銃を見たら10秒以内に拳銃が置いてある部屋から移動する（Himle, Miltenberger, Flessner, & Gatheridge, 2004, p. 3）。

（1）機能に基づく定義

機能に基づく定義（function-based definition）では、標的とした反応クラスのメンバーとして反応を指定するときは、もっぱら環境に及ぼす共通の効果だけによって行わなければならない。例えば、アーヴィンら（Irvin, Thompson, Turner, and Williams, 1998）は、手を口に入れる行動を、結果的に「指、手、または手首が、口、唇、または舌に接触すること」（p. 377）につながるすべての行動と定義した。図3.6は、機能に基づく定義のいくつかの例である。

応用行動分析家は、可能なときはいつでも、標的行動の機能に基づく定義を用いるべきである。理由は、以下の通りである。

- 機能に基づく定義には、反応クラスのすべての適切な形態が含まれる。しかし、標的行動を特定のトポグラフィーのリストに基づいて定義した場合、反応クラスの一部の適切なメンバーが除外され、およびまたは不適切な反応トポグラフィーが含まれてしまう。例えば、仲間に対して遊ぼうと誘う行動を、子どもの特定の言語と動作によって定義すると、その誘いに仲間が応じて遊ぶという反応が除外され、およびまたは仲間が拒否する行動が含まれる恐れがある。

- 行動の成果、すなわち機能は、最も重要である。このことはその行動にとって形態や美学が社会的に重要である、と評価されるための中核となるような標的行動においてさえ当てはまる。例えば、書道における筆の流れるような筆致や、体操の床運動の優雅な動きは、ほかの人々に与える影響、ないし機能（例えば、書道の先生からの賞賛、体操審判からの高得点）ゆえに、重要なのである（すなわち、選択されてきたのである）。

- 機能的定義は、トポグラフィーに基づく定義よりも、しばしば単純で簡潔である。このことは結果としてより簡単で正確かつ信頼できる測定につながり、また一貫して介入を適用する機会を作り出す。例えば、ウォードとカーンズ（Ward & Carnes, 2002）は、大学のアメフト選手のスキル遂行に関する研究において、明瞭・単純な定義「攻撃側のボールキャリアーを止められたか」（p. 3）を使って、正しいタックルを記録した。

　　機能に基づく定義は、行動分析家が標的行動の自然なアウトカムに直接にしかも信頼性をもってアクセスできない状況、または倫理や安全上の理由から標的行動の自然なアウトカムを使えない状況においても、使うことができる。そういう場合は、代用品による機能に基づく定義（function-based definition by proxy）を考慮すればよい。例えば、逃亡（すなわち、介護者からの許可を得ず逃げ出したり立ち去ったりする）の当然のアウトカムは、行方不明の子どもである。ターボックスら（Tarbox, Wallace, & Williams, 2003）は、逃亡を「セラピストの許可なく1.5メートル以上離れること」（p. 240）と定義することによって、この社会的に重要な標的行動を安全かつ有意義に測定し処遇することを可能にした。

（2）トポグラフィーに基づく定義

　トポグラフィーに基づく定義（topography-based definition）は、行動の外形や形態によって標的行動の例を同定することである。次の場合はトポグラフィーに基づく定義を使うべきである。すなわち、行動分析家が、(a) 標的行動の機能的成果に、直接、確実、簡単に、アクセスできないとき、およびまたは (b) 標的行動が日常環境に適切な成果を生み出さないか、成果がほかの出来事によって生み出されるため、行動の機能に頼れないとき、である。例えば、シルヴェストリ（Silvestri, 2004）は、教師の肯定的発言の2つのクラスを、発言を構成する単語によって定義し測定した。発言が特定の成果を生み出したかどうかには従わなかった（図3.7を参照）。

図3.7　2種類の教師の言葉かけ（コメント）のトポグラフィーに基づく定義

一般的な肯定的言葉かけ

　一般的な肯定的言葉かけは、教師による耳で聞こえる言い方であって、1人か複数の子どもの行動や努力の所産について、望ましいものまたは賞賛すべきものとして言及したもの（例えば、「あなたを誇りに思うよ」や「みんな、よくやったね」）として定義された。教室の中のほかの大人に対して発せられた言葉で、子どもに聞こえるくらい大きな声で、子どもの行動努力の所産に直接なされたものは記録した（例えば、「今日はみんな、とても静かに勉強していると思わない？」）。一連の肯定的な言葉かけであって、子どもの名前も行動も特定せず、2秒以内の間隔でなされた複数の言葉かけは、1つの言葉かけとして記録した。例えば、教師が、3～4人の子どもの勉強ぶりをほめるときに、「いいね、いいね、いいね。すごくいいと思うよ」と言った場合、1つの言葉かけとして記録した。

　一般的な肯定的言葉かけとしなかった教師の発言は、(a) 具体的な行動や子どもの名前に言及していない発言、(b) 学業上の反応が正しいことを示すだけの中立的な発言（例えば、「いいです」「正解」）、(c) 子どもの行動に関係のない肯定的発言（例えば、同僚に「出席簿を届けてくれてありがとう」と言う）、(d) 聞き取れなかったり、聞こえなかったりしたコメント、である。

行動を特定した肯定的言葉かけ

　行動を特定した積極的な言葉かけは、観察可能な行動に対してはっきり言及しているものとした（例えば、「鉛筆をしまってくれてありがとう」）。特定的な肯定的言葉かけは、クラスの全体の行動（例えば、「みんな静かに自分に席に戻れましたね」）や、学業的な行動パフォーマンス（例えば、「すごくいい答えだね！」）に言及しているものもよいことにした。特定的な肯定的言葉かけが互いに2秒以上離れているか、ほめる行動が違っていれば、別々の行動として記録した。反対に、1つの望ましい行動についての発言で、その行動をした複数の子どもの名前が続けて挙げられていた場合は、1つのコメントとして記録するようにした（例えば、「マリッサ、トニー、マーク、道具を使い終えた後、上手に片づけられたね」）。しかし、複数の別々の行動に言及した教師の肯定的言葉かけは、1つの言葉かけの終わりと次の言葉かけの始まりとの間隔のいかんにかかわらず、複数の言葉かけとして記録した。例えば、「ジェード、とても素早く片づけられたね。チャーリー、ワークブックをしまってくれてありがとう。みんな、静かに並べられてえらいね」ならば、3つの肯定的言葉かけとした。

Adapted from The Effects of Self-Scoring on Teachers' Positive Statements during Classroom Instruction (pp. 48-49) by S. M. Silvestri. Unpublished doctoral dissertation. Columbus, OH: The Ohio State University. Used by permission.

　トポグラフィーに基づく定義は、反応クラスの望ましくないバリエーションによって、関連する成果が日常環境に生み出されることがあるような標的行動のためにも使うことができる。例えば、下手なゴルファーがめちゃくちゃなスイングをしたのに、よい成果が生まれる（すなわち、ボールがグリーンにのる）ことがある。そのため、正しいスイングの定義は、ゴルフ・クラブとゴルファーの足・腰・頭・手の位置と動きを使って行った方がよい。

　トポグラフィーに基づく定義は、関連する成果を日常環境に典型的にもたらすあらゆる反応形態を含めるようにすべきである。トポグラフィーは、標的行動を定義するための重要な成分を提供するが、応用行動分析家はトポグラフィーをベースにするだけで標的行動を選択することのないように、とくに注意しなければならない（ボックス3.1参照）。

ボックス3.1
その問題行動はどの程度深刻か？

あなたが行動分析家として、以下の4つの行動を変えるための介入を設計し、実践を支援するよう依頼されたとします。

1. ある子どもは、繰り返し手を挙げ、手でものをつかんだり放したりするように指を開いたり閉じたりする。

2. ある発達障害をもつ大人は、握りこぶしを作り、その角で素早く目をこするような形で、自分の目を手で強く押す。

3. ある高校生は、毎日数回、リズミカルに太鼓を叩くように指を上下に動かす。それが時間にして10から15分続くことがある。

4. ある人は、ほかの人の腕や脚をその人がひるんで「痛い！」と言うほどに繰り返しつかんだり、強く握ったりする。

これらの行動は、その人やその人の現在と未来の環境を共有する人々にとって、どの程度、問題になるでしょうか？ それぞれの行動をあなたはどのように評価しますか？ 軽度ですか？ 中度ですか？ 重度ですか？ 4人の行動レパートリーからこれらの行動を減らしたりなくしたりすることを標的とすることは、どの程度重要でしょうか？

これらの問いに対する適切な答えは、トポグラフィーに基づく記述だけからは導き出すことができません。どんなオペラント行動でも、その意味と相対的重要性は、行動を定義する環境内の先行事象と結果事象の文脈の中にしか見出すことができません。次に、先の例に示した4人が実際にしていたことを挙げます。

1. 赤ちゃんが「バイバイ」と手を振ることを学んでいる。

2. アレルギーの男性が、目をこすってかゆみを和らげようとしている。

3. 学生が、適当に文字をタイプして、キーボード操作の流暢さと持久力を向上させようとしている。

4. マッサージ師が、リラックスさせるための筋肉マッサージをして、お客さんを気持ちよく幸せにしている。

応用行動分析家は、どんな行動でもその意味は、形態ではなく、機能によって決まるということを覚えておかなければなりません。行動は、トポグラフィーだけに基づいて修正する標的としてはなりません。

注：例1と2は、Meyer and Evans, 1989, p. 53 を翻案した。

3．標的行動の定義を書く

　標的行動の優れた定義は、改善すべき（したがって測定すべき）行動を正確に完全に簡潔に記述する。その行動の定義には何が含まれないかも明示する。夕食の席を中座させてほしいという要求は、観察し測定することができ、数えられる行動である。それと比べて、「行儀よくする」は、何か特定の行動を記述していない。礼儀正しく社会的に受け容れられる行動を表す一般的反応クラスを指しているにすぎない。ホーキンスとドゥービス（Hawkins and Dobes, 1977）は、よい定義の3つの特徴を示した。

1. 定義は客観的でなければならない。行動（および必要ならば環境）の観察可能な特徴だけに言及しているか、推論に基づく用語（例えば、「敵意を示す」「助けようと意図する」「興味を示す」）をより客観的な用語で言い換えたものであるべきである。

2. 定義は明瞭でなければならない。つまりそれは判読でき、一義的であり、熟練の観察者なら、それを読んで直ちに正確に言い換えられるものであるべきである。

3. 定義は完全でなければならない。反応の例として何を含めるべきか、何を除外すべきかについての「境界」が正確に記述されていれば、起こりうるあらゆる状況において観察者の指針となり、観察者の判断が入る余地は少なくなる。（169ページ）

　簡潔にいえば、第1に、よい定義とは客観的でなければならない。定義した標的行動の具体的な事例を、信頼性をもって観察し記録できることが保証されなければならない。客観的な定義は、プログラムの有効性を、正確に信頼性をもって評価できる可能性を増大させる。第2に、明瞭な定義とは、技術的（technological）であり、他の人々もそれを使って再現できるということである（Baer et al., 1968）。それゆえ明瞭な定義は、現在と将来の目的に対して、いつでも使うことができるものである。第3に、完全な定義は、何が標的行動の例になるか、何が例にならないかを区別する。完全な定義があれば、ほかの人々が標準的方法を使って、標的行動の生起は記録し、非生起は記録しないようにすることができる。完全な定義とは、対象となる行動の明瞭で簡潔な記述である。図3.6と図3.7に示した標的行動の定義が、客観性、明瞭性、完全性という基準をいかに満たしているかをよく見てほしい。

　モリス（Morris, 1985）は、標的行動の定義をテストするためには、3つの質問を問うことを提唱した。

1. その行動が、例えば、15分、1時間、または1日の間に起こった回数を、数えることができるか？　あるいは子どもがその行動をするのに何分かかるかを、計ることができるか？すなわち、その行動が今日、「x」分の間に「x」回起こったかを、誰かに伝えることができるか？　（あなたの答えは「イエス」でなければならない）

2．修正しようと計画している標的行動について部外者に伝えたとき、その人は何を見るべきかを正確に識別できるか？　すなわち、その行動が起こったとき、子どもがその行動をしていると実際に分かるか？（答えは、「イエス」でなければならない）

3．その標的行動を、より小さな行動成分に分解することができるか？　それらは元の標的行動より具体的で観察しやすいか？（答えは、「ノー」でなければならない）

標準的な標的行動の定義の資料集を作れば、応用研究者による正確な再現の可能性が高まり、場面ごとに特定の定義を開発してテストするために必要な時間を少なからず節約できるようになるのでは、という提案がある。これに対して、ベア（Baer, 1985）は次のような見解を示している。応用行動分析プログラムが実行されるのは、行動を変える必要があると誰か（例えば、教師、親、その人自身）が「不平を訴える」からである。応用行動分析学において、行動の定義が妥当性を持つのは、その不平を訴えた本人がまさに懸念している行動のすべての側面を、観察者が捉えることができるというときだけである。したがって、応用の観点から妥当であるためには、標的行動の定義は場面特定的でなければならない。行動の定義を標準化する試みは、すべての状況の間のとてもあり得ない類似性を前提としている。

VI　行動改善の基準を定める

応用行動分析学の研究のために標的行動が選ばれるのは、関係する人々にとってそれが重要だからである。応用行動分析家は、適応的な望ましい行動を増加させ、維持し、般化させ、そして不適応な望ましくない行動の生起を減少させようとする。行動分析学は、重要な行動を標的とするだけではない。個人の生活が積極的で有意義な方向に変わるまで、すなわち**社会的妥当性**[8]（social validity）があるといえるまで、その行動を変えようとする。しかし、その人の生活に意味のある違いを作り出すためには、その前に標的行動をどの程度変える必要があるだろうか？

ヴァン・ホーテン（Van Houten, 1979）は、標的行動を修正する取り組みを始める前に、望ましいアウトカムを特定することに対して賛成論を主張した。

> ほとんどの行動には、その範囲内ならばパフォーマンスが最も適応的になるという一定の反応範囲というものが存在する。そう考えるならば、このステップ［アウトカム基準の特定］は、その前のステップ［社会的に重要な標的行動の選択］と同程度に重要である。特定の行動に関してこの範囲の境界が不明である場合、行動の遂行がこれらの境界を上回るか下回っているときに、処遇を終えることもありうる。したがって、その行動は、最適の範囲内で起こっていなかった可

注8：社会的妥当性の第3の成分は、行動を改善するために用いた処遇の方法と手続きが社会にどの程度受け容れられるかに関するものである。応用行動分析学の評価における社会的妥当性の重要性については、第10章で議論する。

能性がある……。
　　実践家は、処遇をいつ始めいつ終えるかを知るために、社会的妥当性に裏づけられた基準を必要としている。(pp. 582, 583)

　ヴァン・ホーテン（Van Houten, 1979）は、社会的に妥当な目標を決定する2つの基本的アプローチを提案した。(a) 非常に有能であると判定された人々の行動遂行（パフォーマンス）を査定する、(b) さまざまなレベルのパフォーマンスを実験的に操作して、どれが最適な結果を生み出すかを経験的に確定する。
　使われる方法のいかんにかかわらず、介入を始める前に処遇の目標を特定するようにすれば、処遇を継続し終結する指針を得ることができる。さらに、目標を決定すれば、プログラムの有効性を評価する人々の間の不一致や偏見を、あらかじめ定めた目標によって取り除くことができる。

まとめ

応用行動分析学における査定の役割

1．行動査定には、一連の探究方法が含まれる。行動改善の標的を同定し定義するための、直接観察、インタビュー、チェックリスト、および標準検査である。

2．行動査定は、漏斗状の形によって概念化することができる。最初の範囲は幅広く、最後は狭く絞られた一定の焦点になる。

3．行動査定は、5段階または機能によって構成される。(a) スクリーニング、(b) 問題または目標の定義と数量化、(c) 処遇すべき標的行動の特定、(d) 進歩の監視、(e) フォローアップ、である。

4．行動分析家は、行動査定をする前に、自分には行動を査定し変化させる権限と同意、資源、スキルがあるかどうかを判断しなければならない。

行動分析家の用いる査定方法

5．査定情報を得るためには主要な4つの方法がある。(a) インタビュー、(b) チェックリスト、(c) 標準検査、(d) 直接観察、である。

6. クライエント・インタビューは、クライエントのいう問題となる行動または達成目標を確定するために用いる。何、いつ、どこの質問を重視して、クライエントの実際の行動と、その行動に対する周囲の重要な人々の反応に焦点を当てる。

7. インタビューで収集した情報を補うために、クライエントに質問紙やニーズ査定調査用紙に回答してもらうことがある。

8. クライエントに特定の状況や行動を自己監視するよう求めることがある。本人が収集したデータは、標的行動を選択し定義するために役立てることができる。

9. 周囲の重要な人々にもインタビューして、査定情報を収集したり、場合によっては、その人たちに介入の手助けをしてくれる意思があるかどうか、また実際にできるかどうかを調べたりすることもできる。

10. さまざまなスキルの具体的な記述を含む行動チェックリストを使って直接観察すれば、標的行動として選ぶ可能性のある行動を示すことができる。

11. 逸話的観察は、ABC記録とも呼ばれ、興味の対象となるすべての行動や、それらの行動の先行条件と結果を、それらがクライエントの日常環境において起こるままに記録した、記述的な時系列に沿った報告を生み出す。

12. 生態学的査定は、個人とその人が生きて働く環境についての膨大な量の情報（例えば、生理的条件、環境の物理的側面、他者との相互作用、過去の強化の歴史）を収集することを要求する。完全な生態学的査定は、たいていの応用行動分析プログラムでは必要ではないし、正当化もされない。

13. リアクティビティーとは、査定手続きが査定される行動に与える影響のことである。それは被観察者が観察者の存在や目的に気づいたとき、最も起こりやすい。行動分析家はできるだけ目立たない査定方法を使い、目に見えるリアクティビティー効果がなくなるまで繰り返し観察するとともに、観察結果の解釈においてはリアクティビティー効果を考慮しなければならない。

標的行動として選ぶ可能性のある行動の社会的重要性を査定する

14. 応用行動分析学における標的行動は、人のハビリテーション（適応、能力）を増大させる、社会的に重要な行動でなければならない。

15. 標的行動の候補となる可能性のある行動の相対的な社会的重要性と、ハビリテーションの価値は、以下の点を考察すれば明らかになる。

- その行動は、その人の日常生活において強化されるか？ 行動が妥当であると判断されるためには、標的行動が介入を終えた後の環境において、その人にとっての強化子を生み出すことが必要である。
- その行動は、有用なスキルを獲得するために必要な前提となる行動か？
- その行動は、その人がほかの重要な行動を学習し、使用できる環境へのアクセスを増大させるか？
- その行動は、ほかの人々がより適切で支援的な仕方でその人に関わりやすいようにさせるか？
- その行動は、カスプか基軸行動か？ 行動カスプは、個人を新しい環境、強化子、随伴性、反応、刺激制御に導き、それらを経験させ、それゆえそれ自体の固有の変化をはるかに超えた突然の劇的な結果をもたらす。基軸反応はそれを学習すれば、訓練していないほかの行動における類似の修正または共変化を生み出す。
- その行動は、年齢相応か？
- 行動を減少させたり除去したりすることを標的とするときは、それに置き換えるために必ず望ましい適応的行動を選択しなければならない。
- その行動は、実際の問題や達成目標を代表するか？ それとも間接的に関係するだけか？
- 人の言語行動を、対象である実際の行動と混同してはならない。しかし、状況によっては、クライエントの言語行動を標的行動として選ぶべきである。
- 個人の目標が具体的な行動でないならば、望ましい結果や状態をもたらすような標的行動を選択しなければならない。

標的行動の優先順位を決める

16. 査定の結果、標的行動として選ぶ可能性のある行動やスキル領域が、しばしば複数明らかになることがある。優先順位づけは、標的行動として選ぶ可能性のある行動を、次に示す事柄に関わる重要な質問に照らして評定することによって行うことができる。相対的危険度、頻度、長期間の存在、強化の見込み、将来のスキル発達と自立機能との関連性、ほかの人々からのマイナスの注目の減少、成功の可能性、および費用である。

17. 行動を改善させられる本人、親およびまたはほかの家族メンバー、スタッフ、管理者が、標的行動を定義し優先順位を決める場に参加するようにすれば、目標の不一致を減らすうえで役立つ。

標的行動を定義する

18. しっかり練り上げてうまくまとめた標的行動の定義は、研究者が研究している間も、さらに複数の研究にまたがる場合でも、同じ反応クラスを正確にかつ信頼性をもって測定するために、あるいは彼らのデータを収集し比較し解釈するためにも必要である。

19. よい標的行動の定義は、実践家にとって、正確で信用できるデータを収集し、進行中のプログラムの決定を導き、手続きを一貫して適用し、クライエント、親、管理者に対してアカウンタビリティーを果たすために必要である。

20. 機能に基づく定義では、環境にもたらす共通の結果によってのみ、反応を標的反応クラスのメンバーとして指定する。

21. トポグラフィーに基づく定義では、行動の外形や形態によって、標的反応クラスの行動の例を定義する。

22. よい定義は、客観的で、明瞭で、完全でなければならない。そして何が標的行動の例であり、何が例ではないかを区別するものでなければならない。

23. 標的行動の定義が妥当といえるのは、「不平を訴えた本人」がまさに懸念している問題のすべての側面を、観察者が捉えることを可能にするときである。

行動改善の基準を定める

24. 行動の改善が社会的妥当性をもつのは、それが当人の生活のいくつかの側面を重要な意味で変化させる場合である。

25. 行動改善がどの程度望まれ、必要とされているかを特定する成果基準は、標的行動を修正する取り組みを始める前に確定しておくべきである。

26. 社会的に妥当な行動遂行（performance）の基準を決めるためには、２つのアプローチがある。(a) 非常に有能であると判定された人々の行動遂行を査定する、(b) さまざまなレベルの行動遂行を実験的に操作して、どれが最適な結果を生み出すかを実験的に確定する。

第4章
行動を測定する

キーワード

アーティファクト、セラレーション、セラレーション時間、セラレーション・トレンド・ライン、カウント、不連続試行、持続時間、事象記録法、フリーオペラント、頻度、反応間時間（IRT）、マグニチュード、測定、永続的所産による測定、瞬間タイムサンプリング、部分インターバル記録法、百分率（パーセンテージ）、プランド・アクティヴィティ・チェック（プラチェック）、率、再現可能性、反応潜時、時間的広がり、時間上の場所、タイムサンプリング、トポグラフィー、基準達成試行、全インターバル記録法

行動分析士資格認定協会®BCBA® & BCaBA®
第4版課題リスト©

	I 基本的な行動分析学のスキル
A－01	頻度（すなわち、カウント）を測定する。
A－02	比率（すなわち、単位時間当たりのカウント）を測定する。
A－03	持続時間を測定する。
A－04	潜時を測定する。
A－05	反応間時間（IRT）を測定する。
A－06	生起百分率を測定する。
A－07	基準達成試行を測定する。
A－09	測定手続きの正確性と信頼性を評価する。
A－12	連続的測定手続き（例えば、事象記録法）をデザインし実行する。
A－13	非連続的測定手続き（例えば、部分インターバルと全インターバル・タイムサンプリング、瞬間タイムサンプリング）をデザインし実行する。
D－08	不連続試行とフリーオペラント計画を使う。
H－01	観察し記録すべき行動の次元と、詳細な業務計画（ロジスティックス）が決まったら、代表的なデータを収集するための測定システムを選択する。
H－02	観察し記録する期間のスケジュールを選択する。
H－04	レベル、トレンド、変動性の変化を評価する。

Ⅲ　基礎知識

FK-47	行動の測定可能な次元（例えば、比率、持続時間、潜時、または反応間時間）を同定する。
FK-48	連続的測定手続きと非連続的測定手続き（例えば、部分インターバルおよび全インターバル記録、瞬間タイムサンプリング）を使う長所と短所を述べる。

©2012　行動分析士資格認定協会®（BACB®）。不許複製。この文書の最新版は、www.bacb.comから入手できる。この文書の転載、複写、配布の請求と、この文書についての質問は、BACBに直接問い合わせられたい。

　イギリスの数学者、物理学者のケルヴィン卿（Lord Kelvin）は、「人が話していることは、それを数字で表現ができ、測定できるようになるまでは、その知識は貧弱であり、不十分である」と言ったといわれている。測定（自然事象を記述し識別するため量的ラベルを適用すること）はあらゆる科学的発見と、それらの発見から生まれるテクノロジーの発展と、応用の成功のための基礎となる。応用行動分析学では、直接、頻繁に測定することが、その基盤となる。応用行動分析家は測定によって、さまざまな環境設計が社会的に重要な行動の獲得や維持、般化に及ぼす影響を発見し、比較する。

　しかし応用行動分析家が測定できる、また測定しなければならない行動とは何か？　それらの測度は、どのようにして入手すべきか？　そして私たちはそれらの測度を入手した暁には、その測度を使って何をすべきか？　本章ではどんな次元を使えば行動を測定できるかを明らかにし、行動分析家がそれらを測定するためによく使う方法を説明する。しかし最初に、応用行動分析学における測定の定義と機能について考える。

Ⅰ　応用行動分析学における測定の定義と機能

　測定（measurement）とは、「対象ないし事象の特定の特徴に、数字と単位を割り当てる過程である……。そのためには、観察された次元量の程度を表す数字を、適切な単位に当てはめる必要がある。数と単位が組み合わされて対象ないし事象の測度が構成される」（Johnston & Pennypacker, 1993a, pp. 91-95）。次元量（dimesional quantity）とは、測定された対象や事象の特定の特徴のことである。例えば、ある現象が単独で起こる。仮に「キャットというスペルはどう綴る？」と質問されて、「キャット（c-a-t）」と反応したとする。これに対して、数字の1と、単位ラベルのコレクト（正しい）が割り当てられたとしよう。同じ反応クラスのもう1つの生起例が観察されれば、そのラベルは2コレクトに変わることになるだろう。ほかのラベルもまた、認められた命名法に基づいて適用することができるだろう。例えばもし観察された10反応中の8が「コレクト」という基準的定義を満たすならば、反応の正確さは、80％コレクトというラベルによって記述することができるだろう。もし1分当たり8の正反応が自発されたとすれば、1分当たり8という率（rate）または頻度（frequency）のラベルが適用されることになるだろう。

　ブルームら（Bloom, Fisher, & Orme, 2003）は、測定とは、事象、現象、ないし観察された属

性の生起に適用されるコンセンサス・ベースのルールの標準セットを使って、それらに量的または質的ラベルを適用する行為または過程である、とした。そして、測定という概念にはまた、測定されるものの特徴や、測定用具の質と適切さや、測定者のテクニカル・スキルや、得られた測度の使われ方も含まれるとした。結局、測定は、共通の意味を伝える一連のラベルによって、行動を記述し比較するための共通手段を、研究者と実践家と消費者に提供するのである。

1. 研究者は測定を必要とする

　測定とは科学者が経験主義（empiricism）をどう操作化するかである。客観的測定は、科学者がみずから観察する現象を、正確に、一貫性をもって、公共的に立証できるような方法で、記述することを可能にする（それどころか、そうすることを科学者に要求する）。科学的知識の3レベル、すなわち、記述（description）、予測（prediction）、制御（control）は、測定がなければすべて、「科学者の個人的偏見、好み、私的意見に属する」当て推量に格下げされるだろう（Zuriff, 1985, p. 9）。私たちは、実験から導き出された化学者の命題よりも、延命の不老不死薬について錬金術師が想像したことの方が、優先される世界に生きることになるかもしれない。

　応用行動分析家は、行動を測定することによって、社会的に重要な行動と環境変数の間の関係の存在と性質についての問いに対する答えを入手する。行動を測定すれば、異なる環境条件の中と間で生じる人の行動を比較することができる。その結果、それらの条件が行動に及ぼす影響についての実験ベースの結論を引き出すことができる。例えば、情緒行動障害の子どもに、これから取り組む学業課題を選択させることが、それらの課題に取り組み、妨害行動を行うことに何らかの影響を与えるかどうかを知るために、ダンラップら（Dunlap, et al., 1994）は、選択条件と非選択条件下における子どもたちの課題従事行動と妨害行動を測定した。測定はそれぞれの条件下における両方の標的行動のレベルと、選択を導入した場合と取り除いた場合に行動は変化するか、どれくらい変化するかと、それぞれの条件の下でそれらの行動がどれくらい変動するか、あるいは安定するかを明らかにした。

　研究者が行動を科学的に理解する能力は、それを測定する能力に左右される。測定することにより、環境が行動に及ぼす選択的影響について、これまで発見されてきた事実上すべての事柄について、突きとめて立証することが可能になる。行動分析学の基礎分野と応用分野における実験から得られたデータベースは、行動の測定の組織的集成によって構成される。『実験行動分析誌』（Journal of the Experimental Analysis of Behavior）と『応用行動分析誌』（Journal of Applied Behavior Analysis）に掲載された実質的にすべてのグラフは、行動的測定の進行中の記録、またはサマリーを示している。手短にいえば、測定は、行動について科学的に有意義な方法で学習し、話すためのまさしく土台を提供する[1]。

注1：測定は科学的理解を達成するために必要ではあるが十分ではない。第7章を参照。

２．実践家は測定を必要とする

　行動派の実践家は、クライアントの生活を改善することに献身的に取り組む。それはクライアントの社会的に重要な行動を改善することによって達成される。実践家はまず行動を測定する。それによって標的行動の現在のレベルを突きとめる。そしてそのレベルがさらなる介入のための基準を満たすかどうかを明らかにする。もし介入が必要であると判断されれば、実践家は自らの働きかけがどれくらい成功するかを測定する。実践家は行動を測定して、①行動は改善したか、いつ改善したか、②行動の改善はどの程度、どの期間起こったか、③介入の前、介入の間、介入の後、行動はどのくらい変動するか安定するか、④重要な行動改善がほかの場面や状況で起こったか、ほかの行動に広がったか、を明らかにする。

　実践家は処遇（treatment）前後の標的行動の測定を比較する（ときには非処遇場面や状況において収集された処遇前、処遇後の測度も含まれる）。それは行動改善プログラムの総体的影響を評価するためである（総括的評価）。処遇中の行動を頻繁に測定すること（形成的評価）によって、処遇の継続、修正、または終結に関する動的な、データに基づいた意思決定が可能になる。

　介入の標的となった行動の測度を頻繁に収集して、注意して実践することをしない実践家は、予防できる２つの誤りを犯しやすい。（1）効果のない処遇を、現実には行動改善が起こっていないのに、継続する。（2）効果のある処遇を、主観的判断では改善が見られないため、やめてしまう（例えば、教師が測定しないため、子どもの音読が１分当たり70語から80語に増えたことに気づかない）。したがって、実践家が直接的測定を頻繁に行えば、成功と同様に失敗も突き止め、失敗を成功に変えるよう修正することができる（Bushell & Baer, 1994；Greenwood & Maheady, 1997）。

　　　行動改善のテクノロジーは、行動の測定と実験デザインのテクノロジーでもある。それはそのようなパッケージとして発展した。そしてそのようなパッケージとして存続する限り、それは自らを評価する営為となる。成功は成功の大きさのわかる成功である。失敗はほとんど即座に失敗として認識される。そして結果が何であれ、原因は幸運な出来事や偶然の一致ではなく、既知の入力と手続きによるものだとすることができる。（D. M. Baer, personal communication, October 21, 1982）

　頻繁に測定すれば、時々刻々のプログラム・モニタリングと、データに基づく意思決定を行うことができる。しかしそれだけではない。実践家と彼らが奉仕するクライアントに対して、そのほかにも重要な利益をもたらす。

- 測定は実践家の有効性を最適化するために役立つ。実践家が介入を最適化するためには、時間と資源の面から行動改善の効率を最大にしなければならない。実践家は関連するアウトカム・データとの緊密で継続的な接触を維持して初めて、最適な有効性と効率の達成を期待すること

ができる（Bushell & Baer, 1994）。シドマン（Sidman, 2000）は、教室における教師の教育実践を最大にするには、直接、頻繁に測定することが決定的な役割を果たすことを指摘し、教師は「生徒のメッセージに常に波長を合わせ、（教授法における）修正と評価をいつでも行える準備ができている必要がある。そうすれば、指導はただ生徒の行動を変化させる問題にとどまらなくなる。それはインタラクティブな社会的過程である」（p. 23, 括弧内の語を追加）。直接的で頻繁な測定は、実践家がクライエントのメッセージに耳を傾ける過程である。

- 測定することによって実践家は、「エビデンスベース」（evidence base）と喧伝される治療の正当性を立証することができるようになる。実践家は、近年ますます、エビデンスベースの介入を用いるよう期待され、一部の分野では法律で義務づけられている。エビデンスベースの実践とは、大量の良質な科学的研究によって実証された処遇または介入をいう。例えば、連邦法「2001年子どもを1人も落ちこぼすな法」（No Child Left Behind Act of 2001）では、すべての子どもが「非常に有能な」教師によって、厳密な科学的研究によって正当性が立証されたカリキュラムと教授法によって教育されること、すべての公立学区はそのことを保証することが要求される。処遇をエビデンスベースの実践として格づけするために必要な研究の種類（例えば、無作為化臨床試験、単一事例研究）や量（例えば、査読つきジャーナルに発表された研究論文数、最低の参加者数）については、ガイドラインと質の指標がすでに提案されている。しかし完全なコンセンサスが得られる可能性は低い（たとえば、Horner et al., 2005; U.S. Department of Education, 2003）。実践家はどんな処遇を実践するにしろ、それを支持する研究の種類や量のいかんにかかわらず、サービスを提供する子どもやクライエントに対して有効性を実証するためには、直接、頻繁に、測定することができるし、またそうしなければならない。

- 測定することは、実践家がえせ科学や、一時的人気や、流行や、イデオロギーに基づく処遇を突きとめ、その使用をやめさせることに役立つ。多くの教育方法と処遇が、提唱者によって飛躍的発見（ブレークスルー）として喧伝されてきた。発達障害と自閉症の人々に対して、問題となる多くの処遇や治癒の提案（例えば、ファシリテーティド・コミュニケーション、抱っこ療法、大量ビタミン療法、得体の知れない食餌療法、加重ベスト、イルカ療法）が、有効性についての信頼できる科学的証拠が示されないままに、奨励されてきた（Heflin & Simpson, 2002; Jacobson, Foxx, & Mulick, 2005）。これらのいわゆるブレークスルー治療法は、実行してみると、多くの人々や家族にとって、落胆と貴重な時間の無駄になる。場合によっては悲惨な結果になっている（Maurice, 1993）。これらの方法の大部分は効果がないことを、十分統制された研究が実証している。そしてこれらのプログラムには、効果やリスクや利益を示す信頼できる科学的証拠がない。そのため、十分な根拠がある方法とはみなされない。にもかかわらず保護者と実践家は、なお誠実な善意の証言による攻撃にさらされている。有効な処遇を発見して立証し、インターネット上の証言と口のうまい広告によって最強の支持を得ている処遇を根絶させる。そのために、測定は実践家にとって最善の協力者になる。実践家は有効性を主張

する宣伝文句に対して、健全な懐疑的態度を持ち続けなければならない。

　ヘロンら（Heron et al., 2002）は、テストされていないえせ教授学のアイデアを用いる教師と実践家のメタファー（隠喩）として、プラトンの「洞窟の比喩」を使って、こう主張した。実践家は科学的アプローチを採択して、えせ教育理論と哲学を放棄するようにすれば、よりよい待遇を受けられるようになるだろう、と。すべての介入と処遇プログラムにおいて、直接、頻繁に測定することを強く主張する実践家は、経験的支持（empirical support）を手に入れ、証明されていない処遇を採択するよう強要する政治的、社会的圧力をはねのけるだろう。実際、そういう実践家はカール・セーガン（1996）が「でたらめ発見キット」（baloney detection kit）と呼んだツールによって武装することができる。

- 実践家は測定によって、クライエントと、消費者と、雇用主と、社会に対して、責任を果たすことができる。実践家は自分の実践を直接、頻繁に測定することによって、親やそのほかの保護者から寄せられる質問に、自信を持って答えることができるようになる。

- 測定は実践家が倫理基準を実現するために役立つ。行動分析学の実践家の倫理的行動規定は、クライエントの行動を直接、頻繁に測定することを要求する（第29章を参照）。効果的処遇や効果的教育を受けるクライエントの権利が尊重されているかどうかを判断するためには、求められたあるいは意図された処遇の対象となった行動を測定することが要求される（Nakano, 2004；Van Houten et al., 1988）。自分が援助するクライエントに生じる有意義な行動改善の特徴と程度を測定しない行動実践家は、誤った実践に非常に近いところにいる。カウフマン（Kauffman, 2005）は、教育者に関する著作において、測定と倫理的実践の関係に関して、次のような考えを提唱した。

　　自分の教えている生徒の関連行動を絞り込んで、測定することができないか、または測定しようとしない教師は、おそらく非常に有能になることはないだろう……。したがって、生徒の行動の過剰と欠陥を正確に定義せず、測定しないことは基本的誤りである。生命兆候（心拍率、呼吸数、体温、血圧）の測定を不要とした看護師が犯す医療過誤と同じである。おそらく本人は、自分は忙しすぎる、自分の生命兆候の主観的推量は極めて適切である、生命兆候は患者の健康の単なる表面的な推測にすぎない、生命兆候は基本的病理の特徴の表れではない、と主張するだろう。教育はもっぱら行動を改善するという課題、行動を明白に良い方向に改善するという課題に捧げられる専門職である。それが教育の課題ならば、自分の教え方がもたらす行動の改善を正確に定義せず、信頼できるように測定しない教育実践など、何をか言わんやである。とても擁護できるものではない。(p. 439)

Ⅱ　測定可能な行動の次元

　友人がコーヒーテーブルを測定してくれと言ってきたとする。頼まれたほうはなぜそのテーブ

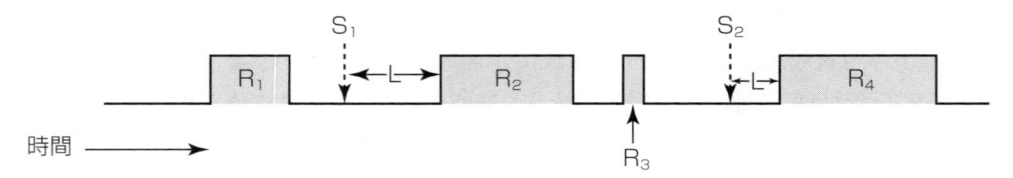

図4.1 再現性、時間の広がり、時間上の場所の略図。再現性は、観察期間内の任意の反応クラスの4つの生起例（R_1, R_2, R_3, R_4）の回数で示される。個々の反応の時間の広がり（すなわち、持続時間）は、時間軸に沿って盛り上がった陰影のついた部分によって示される。2つの反応の時間軸上の場所の1つの側面（反応潜時）は、2つの先行刺激事象（S_1とS_2）の開始と続いて起こる反応の開始（R_2とR_4）の間の経過時間（←L→）によって示される

ルを測定したいのかと聞くに違いない。言い換えれば、友人は測定によってそのテーブルの何を知りたいのか？　その高さか、幅か奥行きか？　そのテーブルの重さか？　興味があるのはテーブルの色か？　このようにテーブルを測定するにはそれぞれに理由がある。理由次第でテーブルの異なる次元量（すなわち、長さ、質量、光反射）の測定が要求される。

　行動にも、コーヒーテーブルや物理的世界のあらゆる実在と同様に、測定できる特徴がある（ただしその特徴には、長さと、重量と、色は含まれない）。行動は時間内に、そして時間の間で起こる。したがって行動には、行動分析家が測定できる次のような3つの基本的性質、すなわち次元量（dimensional quantity）が含まれる。これらの基本的性質を、ジョンソンとペニーパッカー（Johnson & Pennypacker, 1993a）は、次のように記述した。

- **再現性**（加算性とも）：時間軸上において、反応クラスに含まれるメンバーが、繰り返し起こる（すなわち、行動は数えることができる）。

- **時間の広がり**：行動のすべての生起例は、一定量の時間のなかで起こる（すなわち、行動の持続時間は、測定することができる）。

- **時間上の場所**：行動のすべての生起例は、時間上の一定の時点において、ほかの出来事との関係において起こる（すなわち、行動が起こる時点は、測定することができる）。

　図4.1は、再現性（repeatability）、時間の広がり（temporal extent）、時間上の場所（temporal locus）を図式的に表したものである。これらの次元量は、応用行動分析家によって活用される基本的、派生的測度をもたらす。以後の記述では、測定可能なこれらの行動の次元とそのほかの2つの次元（その形式と強さ）を検討する。

1．再現性に基づく測度

（1）カウント

カウント（count）は、行動が生起した数の単純な計算（tally）である。例えば、算数の練習問題用紙に書かれた正答と誤答の数、スペリングテストで正しく綴られた単語の数、会社員が相乗り通勤した回数、子どもが遅刻した授業時間数、生産した部品の数、など。

ある行動がどれほど頻繁に起こるかは、しばしば大きな関心事である。しかし実践家が有効なプログラムを決定し分析するためには、カウントという測度だけでは十分な情報提供であるとはいえない。例えばケイティが、連続3回の算数の授業で、割算の筆算問題に、5、10、15問、正答したとする。データは成績がよくなっていることを示唆する。しかしこの3つのカウントという測度が、それぞれ5分、20分、60分という観察時間に収集されていたとしたら、ケイティの成績について、かなり異なる解釈が示唆されるだろう。したがって、カウントの測度を報告するときは、観察期間、またはカウント時間（counting time）を必ず記録しなければならない。

（2）率・頻度

応用行動分析学では、観察時間とカウントを組み合わせることによって、最も広く使われる測度の1つができあがる[2]。**率**（ないし**頻度**）である。それは単位時間当たりの反応数と定義される。率（rate）または頻度（frequency）という測度は、カウント（反応数）と時間（そのカウントが得られた観察期間）の次元量によって構成される比率（ratio）である。

カウントを率または頻度に変換することは、測定をより有意義にする。例えば、ユミは1分間に95個の単語を正しく読み、4個の単語を間違って読んだ。リーは10分間で250の単語を書いた。ジョーンの自傷行動は1時間当たり17回起った。これらの知識は、重要な情報と文脈を提供する。前に述べたケイティの算数の授業の成績の3つの測度は、率にすると、連続3時間の算数の授業時間に、割算の筆算問題に1.0、0.5、0.25の率で正答したことになる。

研究者と実践家は、通常、率データを、10秒当たりのカウント、1分当たりのカウント、1日当たりのカウント、1週間当たりのカウント、1月当たりのカウント、1年当たりのカウントとして報告する。実験内、または実験間で、時間単位が標準通りである限り、率の測度は比較可能である。長さが違う観察期間の間に収集されたカウントに基づく反応の率同士を比較することもできる。例えば、ある生徒が長さの違う4回の日常学級活動において、許可を得ない発言（トークアウト）を20分間に12回、12分間に8回、25分間に9回、18分間に12回したとすれば、その生徒の反応率（response rate）は1分当たり0.60、0.67、0.60、0.67である。

注2：率と頻度との間には、いくつかの技術的区別があるが、2つの用語は、行動分析学の文献においては、しばしば互換的に使われる。2つの用語のさまざまな意味と、カウントと観察時間を組み合わせて比率を計算するさまざまな方法例についての考察は、ジョンストンとペニーパッカー（1993b、選集4『カウントと時間の比率によって行動を記述する』を参照）。

以下に示す6つのルールとガイドラインは、研究者と実践家がカウントと率のデータを、最適な方法で収集し記述し解釈するために役立つだろう。

カウント時間を必ず挿入する。研究者と実践家が反応率（rate of response）データを報告する場合、必ず観察時間の持続時間（すなわち、カウント時間）を併記しなければならない。カウント時間への言及がない率測度（rate measure）の比較は、結果としてデータの誤った解釈へと導く。もし2人の生徒が、同じテキストから1分当たり100語という等しい読み率を示す場合、2人の成績は同じように見える。しかし、カウント時間がわからなければ、これら2つの成績は評価することができない。例えば、サリーとリリアンが1マイル7分の割合（率）で走ったとしよう。2人の走った距離が併記されない限り、2人のパフォーマンスは比較できない。1マイル7分の割合で1マイル（約1609m）走ることは、1マイル7分の割合でマラソン距離（42.195km）を走ることとは、別の行動のクラスである。

カウント時間がセッションとセッションで変わる場合、それぞれのセッションで使われたカウント時間に、それぞれの率測度を併記する必要がある。例えば教師は、算数問題を解くための設定カウント時間（例えば1分タイミング）を設けるよりも、その生徒がそれぞれの授業セッションで課された一連の算数問題を完了するために要した全時間数を記録するようにする。そうすれば、セッションごとの1分当たりの正答数と誤答数を報告することができる。そしてセッションとセッションでカウント時間が変わるので、セッションごとのカウント時間も報告する。

スキルの発達を査定する場合は正反応率と誤反応率を計算する。参加者が正反応と誤反応を示すチャンスがあれば、両方の反応について反応率（rate of response）を報告すべきである。スキルの発達の評価において、正反応率（rate correct）と誤反応率（rate incorrect）を計算することは決定的に重要である。正反応率（correct rate）を知るだけでは、パフォーマンスの改善を査定することができないからである。正反応率（rate of correct response）だけでもパフォーマンスが改善していることを知ることはできる。しかしもし誤反応も同時に増加しているとすれば、その改善は錯覚であると言えるだろう。正反応率と誤反応率の測度を合わせて示すことで、生徒がどのように進歩しているかを教師が評価するために役立つ重要な情報が提供される。理想的には、正反応率が遂行基準ないしゴールに向かって加速し、誤反応率が低く安定した水準に向かって減速していくことが望ましい。また正反応率と誤反応率を報告することは、測定の次元量を維持しながら、比例的正確さ（proportional accuracy）の査定を提供することになる（例えば、1分当たり20の正反応と5の誤反応＝80％の正確さ、またはX4の倍数の比例的正確さ）。

正反応率と誤反応率は、流暢な遂行（fluent performance）（すなわち、習熟）を査定するために不可欠なデータを提供する（Kubina, 2005）。流暢さ（fluency）の査定は、単位時間当たりの正反応数と誤反応数（すなわち比例的正確さ）の測定を要求する。分析家は正反応率だけを使って流暢さを査定することはできない。流暢な遂行は同時に正確でなければならないからである。

反応のさまざまな複雑さを考慮に入れる。反応率（rate of responding）は、スキル獲得と流暢

な遂行の発達に対する敏感で適切な測度である。ただし、観察内の、また観察を横断しての、反応から次の反応への困難さと複雑さのレベルが一定である場合に限られる。これまでに議論してきた反応率測度（rate-of-response measure）では、反応要求がある反応から別の反応へと基本的に同一である純粋な単位（whole unit）が扱われてきた。しかし多くの重要な行動は、2つ以上の成分行動が複合したものである。そして状況の違いによって、成分行動のさまざまな順序や組み合わせが要求される。

多成分行動のさまざまな複雑さを考慮に入れた反応率を測定する方法の1つは、正反応を達成するために要求される操作を数えることである。例えば、研究者が子どもの算数計算の遂行を測定する場合、2桁と3桁の足し算問題を正答と誤答に分けて数える方法ではなく、それぞれの問題を正しい順序で解くためのステップに着目して測定する方法も考えられる。ヘルウイッグ（Helwig, 1973）は、算数問題を解くために必要な操作数を利用して、反応率を計算することにした。子どもは毎回のセッションで、120問の問題の集合からランダムに選ばれた、掛け算と割り算20問を与えられた。教師はそれぞれのセッションの持続時間を記録した。すべての問題は、a×b＝c と a÷b＝c の2種類だった。子どもは問題ごとに、積、被除数、除数、または商の4因子の1つを見つけ出すよう求められた。欠けている因子を見つけ出すために必要な操作は、問題によって1から5の間になった。たとえば、55×5＝？という問題に275という答えを出して書き入れる場合、欠けている因子を見つけ出すために4つの操作が必要となる。そのため、4つの正反応として採点することになる。

1．1の位の数を掛ける：5×5＝25。
2．1の位の5を書き入れ、10の位に2を繰り上げる。
3．10の位の数を掛ける：5×5（0）＝25（0）。
4．繰り上げられた2を足して、合計（27）を書き入れる。

答えを見つけ出す方法が2通り以上あった場合は、その問題に対する平均操作数を計算した。例えば、4×？＝164 という問題に対する答えは、2操作の掛け算によるか、4操作の割算によって、算出することができる。平均操作数は3である。ヘルウイッグは、問題20題1組ごとに正しく行われた操作と、誤って行われた操作の数を数えた。そして正反応率と誤反応率を報告した。

フリーオペラントを測定するためには反応率を使おう。反応率は、フリーオペラントという特徴をもつすべての行動に対して都合のいい測度である。**フリーオペラント**（free operant）という用語は、不連続な始点と終点をもち、生命個体（有機体）の時間と空間における移動を最小限要求し、ほぼどんな時でも自発することができ、完了するために大量の時間を必要とせず、幅広い反応率を持って自発できる行動を指して言う（Baer & Fowler, 1984）。スキナー（Skinner, 1966）は、実験行動分析学を開拓するとき、主たる従属変数として、フリーオペラントの反応率（rate of response）を用いた。人間以外の動物の実験室研究では、典型的なフリーオペラント

反応として、レバー押しとキーつつきが使われた。人間を対象とする基礎的な実験室研究なら、キーボードのキー押しが使われるだろう。社会的に重要な行動の多くが、フリーオペラントの定義を満足させる。例えば、1分のカウント期間に読まれる単語の数、1分あたり頭をたたく数、3分間に文字を書く動作の数、など。人はこれらの反応をほとんどいつでも示すことができる。1つ1つの不連続な反応は、あまり時間をかけない。それぞれの反応クラスは、広い範囲の率を生起させる。

　反応率は、フリーオペラントに好んで用いられる測度である。なぜなら、行動の値の変化（例えば、音読は1分当たりゼロから250かそれ以上の正読語率として生起する）に敏感であるため、そしてまた単位時間当たりの回数を定義することによって、明瞭性（clarity）と精度（precison）を表すことができるためである。

　不連続試行中に起こる行動を測定するときは、率は使わないようにしよう。反応率は、限定された、または制約された状況においてのみ起こる行動に対しては、有用な測度とはいえない。例えば、**不連続試行**（discrete trial）※中に起こる行動の反応率は、その反応を自発するよう定められた機会によって制御される。実験室で人間以外の動物を使って行われる研究で利用される典型的な不連続試行には、迷路やシャトルボックスの一端から他端への移動が含まれる。応用研究において用いられる典型例には、教師の提示する一連のフラッシュカードに反応することが含まれる。教師にプロンプトされた質問に答える。見本刺激の色を提示されたら、3色の色配列から見本刺激の色と一致する色を指さす。これらも不連続試行の例である。これらの例では、どれも先行刺激の提示によって反応率が制御される。不連続試行において起こる行動は機会制約型（opportunity bound）である。そのため、反応率という測度ではなく、反応の自発が生じた反応機会の百分率や、基準達成試行（trials-to-criterion）などの測度を用いるべきである。

　長時間起こる連続的行動を測定するときは反応率を使わないようにしよう。運動場でのゲームに参加する、プレイセンターや活動センターで活動するなど、長時間にわたって起こる連続的行動の場合も、反応率は同様にふさわしくない測度である。それらの行動を測定する最善の方法は、任意の時間に行動が「オン」になっているか「オフ」になっているかを調べることである。こうすればインターバル記録法によって収集される持続時間、または持続時間の概算値についてのデータが得られる。

（3）セラレーション

　反応率は加速し減速する。それは自動車のドライバーがアクセルペダルを踏むと加速し、ペダ

※訳注　数学用語では、discreteは「離散（の）」というが、一般には「不連続な」「ばらばらの」「分離した」という意味である。discrete trialは「離散訓練」と訳す者もいるが、「不連続試行」の方が数学ではなく心理学の専門用語として適切であり、また一般の人々にも理解しやすいので、そう訳すことにする。

ルを離すかブレーキペダルを踏むと減速するのとまったく同じである。**セラレーション**（celeration）は、反応率が時間とともにどう変化するかを表す測度である。反応率は連続するカウント期間に参加者がより速く反応すれば加速し、連続する観察の間に反応が緩やかになれば減速する。セラレーションには、3つの次元量（次に示す傍点部分）を組み入れる。**カウント・パー・ユニット・タイム/パー・ユニット・オヴ・タイム**、である。別の言い方をすれば、**率/パー・ユニット・オヴ・タイム**、である（Graf & Lindsley, 2002; Johnston & Pennypacker, 1993a）。セラレーションは、行動の変化の動的パターンの直接測度を、研究者と実践家にもたらす。例えば、ある安定した反応状態から別の状態への移行や、流暢レベルのパフォーマンスの獲得、など（Cooper, 2005）。

スタンダード・セラレーション・チャート（図6.14参照）は、セラレーションの測度を図示する標準書式を提供する（Pennypacker, Gutierrez, Lindsley, 2003）[3]。標準セラレーション・チャートには4つの種類がある。(a) 分当たりカウント、(b) 週当たりカウント、(c) 月あたりカウント、(d) 年あたりカウント、としての率（rate）を表す。これらの4つのチャートは、セラレーションを見て解釈するために、異なる倍率のレベルを提供する。反応率はチャートの縦軸、すなわちy軸に表示され、日・週・月・年の連続的カレンダー時間は、横軸、すなわちx軸に表示される。教師やその他の行動実践家は、分あたりカウント、すなわち逐次的カレンダー・デイ・チャートを最も頻繁に用いる。

セラレーションは、すべての標準セラレーション・チャート上に、**セラレーション・トレンド・ライン**によって表示される。トレンド・ラインは、一連のグラフ化されたデータポイントによって描かれる直線であり、データにおけるトレンドの方向と程度を視覚的に表す[4]。セラレーション・トレンド・ラインは、倍数を示す。それによってそのセラレーションの期間（例えば週当たり率、月当たり率、年当たり率、四半世紀当たり率）に、反応率が掛け算（加速）しているか、割り算（減速）しているかを示す倍数である。**セラレーション・タイム・ピリオド**は、すべての標準セラレーション・チャートの水平軸の20分の1である。例えば、逐次的カレンダー・デイ・チャートのセラレーション・ピリオドは、週ごとである。逐次的カレンダー・ウイーク・チャートのセラレーション・ピリオドは月ごとである。

すべての標準セラレーション・チャートにおいて、左下隅から右上隅に向かって描かれたトレンド・ラインは、34度の傾斜を示す。それはX 2「タイムズ—2」と読む。セラレーションは、掛け算または割り算として表される加速値をもつ）である。セラレーションのこの34度という角度は、時間経過とともに起こる行動変化のリニアな測度であり、それこそがこのチャートをスタンダードなものにしている。例えば反応率が月曜日には1分当たり20、次の月曜日には1分当たり40、さらに次の月曜日には1分あたり80だったとすれば、逐次的カレンダー・デ

注3：セラレーションは、加速（アクセラレーション）と減速（デセラレーション）を語源としている。それは加速または減速する反応率を具体的に特定しない一般的用語である。実践家と研究者は、反応の加速率または減速率を記述する場合、加速または減速を使うべきである。

注4：トレンド・ラインを計算し描き出す方法は第6章において説明する。

イ・チャート上のセラレーション・ライン（すなわちトレンド・ライン）は、X2加速を示す。週当たりの率において2倍である。逐次的カレンダー・ウイーク・チャート上でのX2加速は毎週の率において2倍となる（例えば第1週は20、第2週は40、第3週は80）。ほとんどの場合、セラレーション値は、7以下のデータポイントによって計算されてはならない。第6章では標準セラレーション・チャート上でのセラレーション・データをプロットし解釈するためのより多くの情報を提供する。

2．時間的広がりをベースとする測度

（1）持続時間

持続時間（duration）とは、その間に行動が生起する時間量のことである。時間的広がりの基本的測度である。研究者と実践家は、時間の標準単位として、持続時間を測定する（例えば、エンリックは今日12分24秒間、ピアチューターと協調的に勉強した）。

　持続時間は、人が標的行動に従事する時間量を測定するとき重要になる。応用行動分析家は、行動の持続時間を測定する。例えば、発達障害児が1度かんしゃくを起こすと1時間以上持続するとか、生徒が学業課題に1度に30秒以上続けて取り組むことはないなど、人が行動にあまりにも長時間従事するか、あまりにも短い時間しか従事しない場合に、持続時間を測定する。

　持続時間はまた、非常に高率で起こる行動（例えば、体をゆする、頭・手・足を素早くぴくぴく動かす）や、長時間にわたって起こる課題志向的な継続的行動（例えば、共同遊び、課題従事行動、課題から外れた行動）を測定するための適切な測度である。

　行動分析学の研究者と実践家は、通常、2種類の持続時間測度、すなわちセッション（観察期間）当たりの**全持続時間**（total duration）、または**生起ごとの持続時間**（duration per occurrence）の一方、または両方を測定する。

　セッションごとの全持続時間。全持続時間は、人が標的行動に従事する累積的時間量という測度である。応用行動分析家は2つの手続きを使って、全持続時間を測定し報告する。1つの方法は、特定された観察期間内に行動が起こる時間の累積量を測定することである。例えば、ある幼稚園児があまりにも多くの時間1人遊びをしていることを幼稚園の教師が心配したとする。そのとき教師は、毎日30分間の自由遊び時間を観察して、子どもが1人遊びをしていた全時間（トータルタイム）を記録すればよい。手続きとしては、その子が1人遊びを始めたら、教師がストップウォッチを押す。1人遊びが終わると、ストップウォッチをとめる。しかしリセットしない。子どもが再び1人遊びを始めると、教師は再びストップウォッチを押す。30分の自由遊び時間の間に、子どもはトータルで18分間1人遊びに従事したとする。自由遊び時間の長さが日によって変動する場合、観察した全時間の百分率として、1人遊びの全持続時間を報告することになる（すなわち、1人遊び行動の全持続時間÷自由遊び時間の長さ×100＝1自由遊び時間における孤立行動の％）。この観察では、30分のセッションにおける18分の累積的1人遊びは60％

になる。

　チョウら（Zhou, Iwata, Goff, & Shore, 2001）は、全持続時間という測定方法を使って、重度発達障害の人々のレジャー商品の選好度を査定した。彼らはストップウォッチを使い、2分間の試行の間に、人々が示した商品との身体的関わり（手で商品に接触すること）を記録した。2分間の試行をそれぞれ3回行い、それぞれの持続時間を加算して、総接触秒数を報告した。マッコードら（McCord, Iwata, Calensky, Ellingson, & Thomson, 2001）は、ストップウォッチを始動・停止させて、2人の重度・最重度の知的障害の成人が、問題行動に従事した総持続時間秒数を測定した（図6.6を参照）。

　総持続時間を記録するその他の測度には、人がある活動に従事するために費やす時間量、または特定の課題を仕上げるために必要な時間がある。その場合、最大または最小の観察期間は特定しない。たとえば、あるコミュニティ・プランナーが、新しく作ったレクリエーション・センターに高齢者が何時間ぐらい参加したかを知りたい場合、高齢者1人1人がセンターで1日当たり何分過ごすかのトータルな分数を報告すればよいだろう。

　生起ごとの持続時間。生起ごとの持続時間は、標的行動が起こるたびに、その時の行動の時間の長さを記録するという持続時間測度である。例えば子どもが頻繁に離席して、離席している時間の長さはまちまちだったとしよう。この場合ストップウオッチを使って、子どもが席を離れる度にその離席行動を記録する。子どもが席を離れているときは、ストップウオッチをオンにし、席に戻ってくると、オフにする。そしてトータルな時間を記録する。ストップウオッチはリセットして、ゼロにする。子どもが再び席を離れると、この手続きを繰り返す。その結果得られる測度は、観察期間の間に起こったそれぞれの離席行動の生起の持続時間に関するデータである。

　グリーンら（Green, Bailey, & Barber, 1981）は、スクールバスにおける子どもたちの騒がしい妨害行動を減らすための介入を評価するため、ある音声記録装置を利用した。その記録装置は、特定した閾値を超えて騒音が激発する回数と、個々の激発が閾値を超えているときの持続時間の秒数とを記録した。研究者らは介入効果を評価する1つの測度として、騒がしい妨害行動の生起ごとの平均持続時間を用いた。

　カウントと持続時間の測度を選択して組み合わせる。カウントと、総持続時間と、生起ごとの持続時間の測定は、行動についての異なるイメージを提供する。カウントと持続時間は行動の異なる次元量を測定する。そしてこれらの違いは、どの次元を測定すべきかを選ぶための根拠を示す。事象記録は再現性（repeatability）を測定する。持続時間記録は時間の広がり（temporal extent）を測定する。例えば、離席が「多すぎる」子どものことを心配する教師なら、その子どもが席を離れるたびに、マークをつけて記録する。その行動は不連続である。その回数を数えることが難しいほど高率で起こる可能性は低い。どの隣席行動の生起例も長い時間起こる可能性があり、そして子どもが離席している時間の量は、その行動の社会的に重要な側面であるため、教師は総持続時間記録法もできれば用いたほうがよい。

　カウント数を使って離席行動を測定する場合、子どもが席を離れた時間の回数が得られる。総

持続時間測度は、観察期間中に子どもが席を離れていた時間の量と率を示す。この場合、時間的広がりが重要であることから、持続時間のほうがカウントよりもより良い測定を提供することになるだろう。教師は30分の記録時間に子どもが1回だけ離席することを観察する。30分に1回の行動生起は、問題とはされないかもしれない。しかし30分の観察時間の29分を子どもが離席したままでいるとすれば、非常に違った行動のイメージが得られるだろう。

　この場合生起ごとの持続時間を選ぶほうが、カウントや総持続時間を記録する方法を選ぶよりも、よりもはるかに優れた測定選択になるだろう。それは生起ごとの持続時間が、行動の再現性と時間的広がりの両方を測定するためである。生起ごとの持続時間という測度は、子どもが離席した回数と、1離席生起ごとの持続時間についての情報を教師にもたらすだろう。生起ごとの持続時間は、総持続時間よりしばしば望ましい。それは標的行動の生起例の数に対して敏感だからである。さらに、ほかの目的で総持続時間の測度が必要となる場合は、生起した回数と計測された時間のそれぞれについての個別持続時間の合計を出すことができる。しかしながらもし行動の持続時間（例えば、学業への取り組み、運動性の動作）が主要な関心事である場合は、総持続時間記録法で十分だろう（例えば3分間の朗読、10分間の自由作文、10kmの走行）。

3．時間上の場所に基づく測度

　すでに述べたように、時間上の場所（temporal locus）とは、ほかの重要な出来事との関係で起こる行動の生起例を表す。時間上の場所の基準点として、研究者によって最もよく使われる出来事は2つある。先行刺激事象の開始と、前の反応の終結とである。これらの2つの基準点は、反応潜時と反応間時間を測定する文脈を提供する。これらは行動分析学の文献において最も頻繁に報告される時間上の場所の2つの測度である。

（1）反応潜時

　反応潜時（response latency）（あるいはより一般的には潜時）という測度は、刺激の開始からそれに続く反応の開始までの経過時間である[5]。潜時は研究者と実践家が、行動を発する機会と行動が開始される時間までの間にどれくらいの時間が経過するかを問題にするときにふさわしい測度になる。例えば、子どもは教師から指示され、それに従うまでに、度を超えた遅れを示すかもしれない。反応潜時は、教師の指示の完了と、子どもが指示通り行動し始める時間までに経過した時間になる。短すぎる潜時が問題になることもある。教師が問題を言い終えるまで待つことができず、子どもが間違った答えを言ってしまう場合である。若者が仲間からのわずかな挑発に即刻報復する場合は、状況を沈静化して、より良い交流につながる代替行動を思いつく時間を持て

注5：潜時（latency）は、先行する刺激変化の開始と、反応の開始との間の時間を記述するために最も多く使われる。しかしこの用語は、反応の時間上の場所ならば、どんな種類の先行事象に関するどんな測度を表す場合にも、使うことができる。ジョンストンとペニーパッカー（Johnston & Pennypacker, 1993b）を参照。

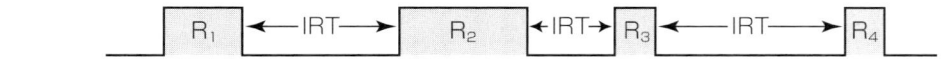

図4.2 3種の反応間時間（IRT）の略図。IRT、すなわちある反応の終結から次の反応の開始までに経過した時間は、よく使われる時間上の場所の測度である。

ないことを意味する。

　研究者は、通常、反応潜時データを、観察期間当たりの個々の潜時測度についての平均や中央値と範囲（range）によって報告する。例えばリーマンら（Lehman, Kelley, Vorndran, Kuhn, and LaRue, 2002）は、潜時という測度を使って、異なる強化の大きさ（すなわち、強化への20秒、60秒、300秒のアクセス）が、強化後の反応休止（postreinforcement pause）に及ぼす効果を査定した。彼らは個々の強化アクセス・インターバルの終了から標的行動（コミュニケーション反応）の最初の生起例までに経過した秒数を測定した。それから、それぞれのセッションにおいて測定された反応潜時の平均、中央値、範囲（レンジ）を計算して、グラフに表した（Lehman et al., 2002, p. 41を参照）。

（2）反応間時間

　反応間時間（interresponse time, IRT）とは、1つの反応クラスに属する2つの反応の連続生起例の間で経過する時間量である。IRTは反応潜時と同様に、時間上の場所の測度である。なぜなら、ある特定の行動生起例が、別の事象（すなわち前の反応）との関係においていつ生起するかを特定するからである。図4.2は反応間時間を図式的に表したものである。

　IRTは、時間上の場所を示す直接的測度である。しかしそれは機能的には反応率に関係している。短いIRTは高反応率とともに起こり、長いIRTは低反応率とともに起こる。応用行動分析家にとって、ある反応クラスの生起例と生起例の間の時間が重要になる場合に、IRTを測定する。IRTは、低反応率分化強化（DRI）、すなわち強化を使って反応率を減らす手続き（第22章参照）を用いて介入を実践し、影響を評価するための基本的測度を与える。IRTは、潜時のデータと同様に、普通、観察期間ごとの平均（または中央値）と範囲（レンジ）によって報告され、グラフ表示される。

4．派生的測度

　百分率（percentage）と、基準達成試行（trial-to-criterion）は、行動の次元量の直接的測度から派生する2つの形態である。それらは応用行動分析学において頻繁に使われる。

（1）百分率

　百分率は、例えば、カウント（すなわち、数÷数）や、時間（すなわち、持続時間÷持続時間：潜時÷潜時）など、同じ次元量を組み合わせて作られる比率（すなわちプロポーション）である。百分率は一定の出来事の比例量（proportional quantity）を表す。その出来事が起こったであろう100回の機会当たりのその出来事が起こった回数に関する比例量である。例えば、子どもが50題の試験問題で39題正答した場合、正答を全試験項目数で割り、結果を100倍して算出される（39÷50＝.78×100＝78％）。

　百分率は応用行動分析学において頻繁に使われる。総正反応数の割合を報告するためである。例えば、ウォードとカーンズ（Ward & Carnes, 2002）は、大学のアメフトチームのラインバッカー（LB）に対する目標設定と公的掲示が、3つの防御スキルのスキル遂行に及ぼす影響を評価する研究において、正遂行百分率（percenrage correct peroformance）という測度を使った。彼らは1人1人のプレーヤーのリード、ドロップ、タックルの正しい遂行と間違った遂行の回数を記録し、各タイプのプレーを行った機会の数をベースにして正確さを計算した（この研究データは、図9.3に示されている）。

　応用行動分析学においては、百分率は標的行動が起こった観察インターバルのプロポーションを報告するためにも、頻繁に使われる。これらの測度は通常1セッション内のインターバルのプロポーションとして報告される（例えば、図21.4を参照）。百分率は全観察セッションに対しても計算することができる。ニーフら（Neef, Bicard, & Endo, 2001）は、注意欠陥多動性障害の子どもたちの衝動的行動に、強化子の提示率、質、即時性、反応努力が及ぼす差異的効果（differential effect）を分析する研究において、同時に入手できる2組の算数問題に個々の子どもが配分した時間の百分率を報告した（例えば、高品位の遅延性強化子をもたらす算数問題に配分した時間÷可能な全時間×100％）。

　百分率は教育学や心理学、ポピュラーメディアにおいて広く使われる。大抵の人々は百分率で表される比例関係（proportional relationship）を理解する。しかし百分率はしばしば不適切に使われ、よく誤解される。したがって私たちは百分率の活用とその解釈に関して、いくつかの注意書きを示すことにする。

　百分率は100かそれ以上の除数（ないし分母）によって計算されるとき、行動におけるレベルと改善を最も正確に反映する。しかし行動分析学の研究者と実践家によって使われる大部分の百分率は、100よりもはるかに小さい除数によって計算される。小さな除数に基づく百分率測度は、行動における小さな変化によって不当に影響される。例えば、10回の機会当たりわずか1反応という回数の変化は、百分率にして10％変化させる。ギルフォード（Guilford, 1965）は、20より小さい除数によって百分率を計算することは賢明ではないと注意した。研究という目的のためには、応用行動分析家は、できるだけ最低30回の反応機会、または観察インターバルをベースにして、結果としての百分率が得られるように、測定システムを設計することをおすすめする。

　ときには百分率の変化が誤ってパフォーマンスの改善をほのめかす可能性がある。例えば、誤

反応の頻度が同じか悪くなっているときでさえ、正確さの百分率は増加することがある。ある子どもの算数問題に対する月曜日の解答の正確さは50％（問題10題のうち5題が正しかった）、そして火曜日のそれは60％（問題20題のうち12題が正しかった）だったとする。比例的正確さ（proportional accuracy）は改善しているにもかかわらず、誤答の数は増加した（月曜の5から火曜の8へと）。

比例関係をよく伝えることのできる測度は、百分率以外にはないが、百分率が次元量を持たないことから、その行動量としての使用は制約される[6]。例えば、百分率は習熟した流暢な行動の発達を査定するためには使えない。なぜなら習熟度の査定は、回数や時間に触れることなしに行われることはあり得ないからである。しかしそれは習熟度の発達の間に起こる標的行動の比例的正確さを表すことができる。

行動の変化を査定する測度としての百分率のもう1つの限界は、データに上限と下限を強いられることである。例えば、正しさの百分率（percent correct）を使って子どもの読み能力を査定することは、成績の測定に人為的上限（artificial ceiling）を強要する。提示された単語を100％正しく読む学習者は、使用される測度によっては改善を示すことができない。

同じデータの集合から異なる百分率を報告することができる。個々の百分率は、著しく異なる解釈を示唆する。例えば、ある子どもが20題の事前テストで4正反応（20％）を示し、同じ20題の事後テストを課されて16正反応（80％）を示したとする。事前テストから事後テストへの子どもの改善を表す最もわかりやすい記述（60％）は、最初のベースないし除数（20題）を使って、2つの測度を比較することである。子どもの事後テストにおける成績は、事前テストよりも12題多く正反応を示したため、事前テストの成績の60％の増加（ゲイン・スコア）と報告することができる。そして子どもの事後テストの得点は、正反応において4倍の改善を表しているとすると、事後テスト得点は事前テストの300％の改善であると報告する人がいるかもしれない。40％の改善をもとにして全く異なる解釈をすることになる。

100％よりも大きな百分率が報告されることがあるが、厳密に言えば、そうすることは正しくない。100％よりも大きな行動変化は印象的に思われるが、それは数学的には不可能である。百分率は全体集合の比例測度（proportional measure）である。そこでは y（全体）の x（プロポーション）は、100の中の一部として表現される。何らかのプロポーション（比率）は、何らかの全体を超えることはできない。またゼロより少なくなることもあり得ない（すなわち、マイナスの百分率というものもない）。「つねに110％全力投球する」すべてのコーチのお気に入りの選手などは、絶対に存在しない[7]。

注6：百分率は同じ次元量をベースとした比率であるため次元量は相殺され、次元量はもはや百分率の中には存在しない。例えば正反応数を反応機会数で割ることによって得られる正確さの百分率（accuracy percentage）は、実際のカウント数を取り去る。しかし異なる次元量から作られた比率（ratio）は、それぞれの成分の次元量を保持する。例えば、率（rate）は単位時間当たりの生起数を保持する。さらに詳しい説明は、ジョンストンとペニーパッカー（Johnston & Pennypacker, 1993a）を参照。

注7：人が100％を超える百分率を報告する場合（例えば「われわれの投資信託は最近の下げ相場のなかで120％成長した」）、おそらく彼はそのプロポーションとしてではなく、前の基本単位との比較において、誤って申し立てた百分率を使っている。この例では、投資信託の20％の上昇は、下げ相場が始まっ

（2）基準達成試行

基準達成試行（trials-to-criterion）とは、あらかじめ決定された遂行レベルを達成するために必要な反応機会の数という測度である。何が試行を構成するかは、標的行動の特徴と望ましい遂行水準とに左右される。靴ひも結びなどのスキルの場合、靴ひもを結ぶ個々の機会は、試行と考えられる。そして基準達成試行データは、学習者がプロンプトやアシスタンスなしに靴ひもを正しく結ぶために必要な試行数として報告される。多数の例題に適用されなければならない問題解決や弁別を伴う行動が有用となるためには、ブロックすなわち一連の反応機会によって、一試行が構成されるかもしれない。その場合、個々の反応機会は、解決すべき問題ないし区別すべき弁別の異なる見本を含むことになる。例えば、Oという文字の短母音と長母音を弁別するための1試行は、連続10の反応機会からなる1ブロックになり、個々の反応機会は、Oという文字を含む単語の提示となり、短母音と長母音のOの単語（例えば、*hot* や *boat*）がランダムな順序で提示されることになる。基準達成試行データは、学習者が10単語すべてのOを正しく発音することを要求する10試行のブロック数として報告されるだろう。カウント数は基準達成試行データを取り出すための基本測度になる。

基準達成試行データを決定するためには、率、持続時間、潜時などの他の基本測度も使うことができる。例えば、くり下がりのある2桁と2桁の引き算問題を解決するための基準達成試行の測度は、ランダムに作られ順序づけられた20の問題からなる練習シートとすることができる。学習者は1枚のシートの20の問題すべてを3分以内に解決できるようになるまで、やり遂げなければならない。

基準達成試行データは、しばしば、処遇ないし教授法の「コスト」の1つの重要な側面の事後測度（ex post facto measure）として計算され、報告される。例えば、トラスク-タイラーら（Trask-Tyler, Grossi, & Heward, 1994）は、発達障害と視覚障害の3人の子どもが、2セッションにわたって連続2回、介添えなしにレシピにある3種の食物を調理するために、それぞれが必要とした教授試行数を報告した。それぞれのレシピは、課題分析された10から21のステップを必要とした。

基準達成試行データは、しばしば、2つ以上の処遇ないし教授法の相対的有効性を比較するために使われる。例えば、ある子どもが週ごとの単語綴りのセットをマスターするために必要な練習試行を2つの練習方法によって比較すれば、教師は子どもが一方でするよりも他方でするほうがより効率的に学習できるかどうかを突き止めることができる。基準達成試行データは、あらかじめ決定された遂行基準に必要な教授時間（分）についての情報によって補足されることがある（例えば、Holcombe, Wolery, Werts, & Hrenkevich, 1993; Repp, Karsh, Johnson, & VanLaarhoven, 1994）。

基準達成試行測度はまた従属変数として、研究の初めから終わりまで収集して、分析することができる。例えば、R. ベア（R. Baer, 1987）は、幼稚園児の行動に及ぼすカフェインの影響を査

たときよりも、その価値を 1.2 倍にさせたことになる。

定する研究において、従属変数として対連合記憶課題に関する基準達成試行を記録しグラフ化した。

基準達成試行データは、学習者が概念の関連クラスを獲得する上で向上する能力を査定するためにも有効である。例えば、赤色のような概念を子どもに教える場合、その方法としては、子どもに「赤」と「赤でない」ものを提示し、正反応に分化強化を与えることが考えられる。基準達成試行データは、子どもがこの弁別の特定された遂行レベルを達成するまでに必要な、「赤」と「赤でない」ものの見本数を収集することができる。同じ教授手続きとデータ収集方法を、今度はその子に別の色を教えるために用いることができる。新しく導入される個々の色を、その子がより少ないインストラクション試行によってマスターできることを示すデータは、子どもが色概念の学習において、ますます素速く正確になっていく証拠となるだろう。

5．定義的測度

すでに議論した基本的次元と派生的次元に加えて、行動はさらに形態と強度によっても定義し測定することができる。反応過程の形態（すなわち、トポグラフィー）も、強度（すなわち、マグニチュード）も、行動の次元量ではない。しかし、どちらも多くの反応クラスを定義し立証するための重要な量的媒介変数である。ある反応のトポグラフィーやマグニチュードを、行動分析学の研究者と実践家がなぜ測定するかといえば、それはその反応が標的行動の生起を意味するかどうかを確認するためである。標的行動がトポグラフィーやマグニチュードをベースにして立証されれば、次いでその生起が回数や、時間的広がりや、時間上の場所など、1つか複数の次元によって測定される。言い換えれば、トポグラフィーやマグニチュードの測定は、標的反応クラスに属する実例が生起したかどうかを確認するために必要となることがあるが、しかしそれらの反応のそれ以後の数量化は、カウント、生起率、持続時間、潜時、IRT、百分率、基準達成試行という基本的・派生的測度によって記録され、報告され、分析されることになる。

（1）トポグラフィー

トポグラフィー（topography）とは、行動の物理的形態ないし外形である。それは測定できかつ制御できる行動次元である。トポグラフィーがなぜ測定できる行動の量かといえば、さまざまな形態の反応群を相互に識別できるからである。トポグラフィーがなぜ柔軟な行動側面かといえば、さまざまな形態の反応群が結果によって形成され選択される事実があるからである。

トポグラフィーの著しく違う反応群が同じ機能をもつ（すなわち1つの反応クラスを形成する）ことがある。例えば、トポグラフィーという単語を図4.3のように、いろいろな書き方で書いてみたとしよう。書き方は違っていても、それらは読み手に対してほぼ同じ効果を生み出すだろう。しかし反応クラスによっては、その成員が狭いトポグラフィー範囲に収まる反応に限定される場合がある。図4.3 の個々の反応トポグラフィーは、大部分の書字コミュニケーションに求められる機能的要件を満たすかもしれないが、書道の上級クラスの生徒に期待される基準は満た

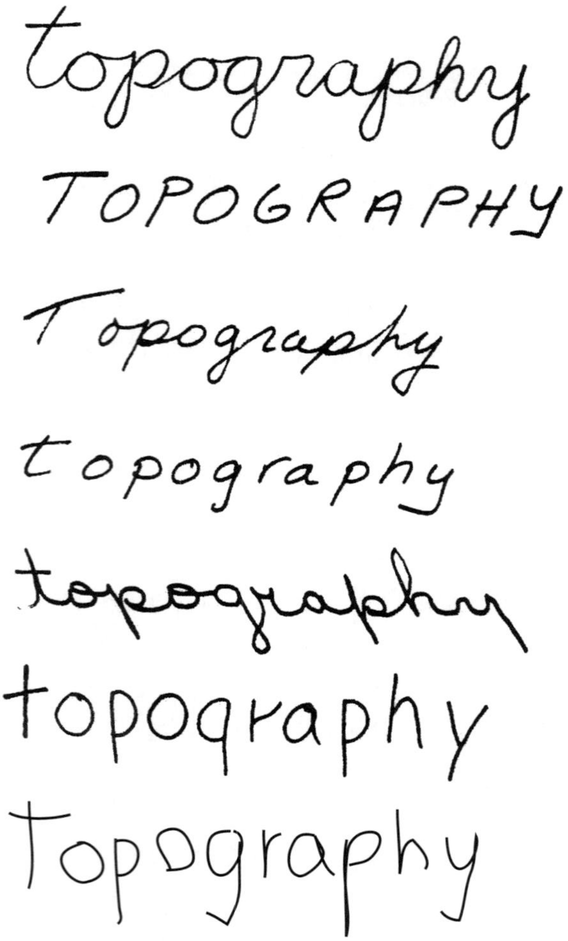

topography

TOPOGRAPHY

Topography

topography

topography

topoqraphy

Topography

図4.3　トポグラフィー、すなわち行動の物理的形態ないし外形は、行動の測定できる次元である

さないだろう。
　トポグラフィーは、行動の形態や、スタイルや、巧妙さ自体に価値のあるパフォーマンス領域（例えば、絵画、彫刻、ダンス、体操）では明らかに極めて重要である。行動の機能的結果が特定のトポグラフィーと著しく相関する場合も、トポグラフィーに差のある反応を測定し、差異的結果を伴わせることが同じく重要になる。よい姿勢で教師を見る子どもは、机に頭を載せてだらしない格好をする子どもより、積極的注目と授業参加の機会を得やすいだろう（Schwarz & Hawkins, 1970）。バスケットボール選手が一定のフォームでフリースローする方が、自己流でシュートするより、高率でシュートできるだろう（Kladopoulos & McComas, 2001; 図6.3を参照）。
　トラップら（Trap, Milner-Davis, Joseph, & Cooper, 1978）は、小学1年生の筆記体の筆跡のトポグラフィーを測定した。透明なプラスティックのシートを使い、子どもたちが書いた大文字と小文字が、モデルの文字を逸脱する程度を突き止めた（図4.4を参照）。トラップらは正しい文字の筆跡、すなわち特定したトポグラフィー基準（例えば、すべての文字の筆跡はシートの2ミリ

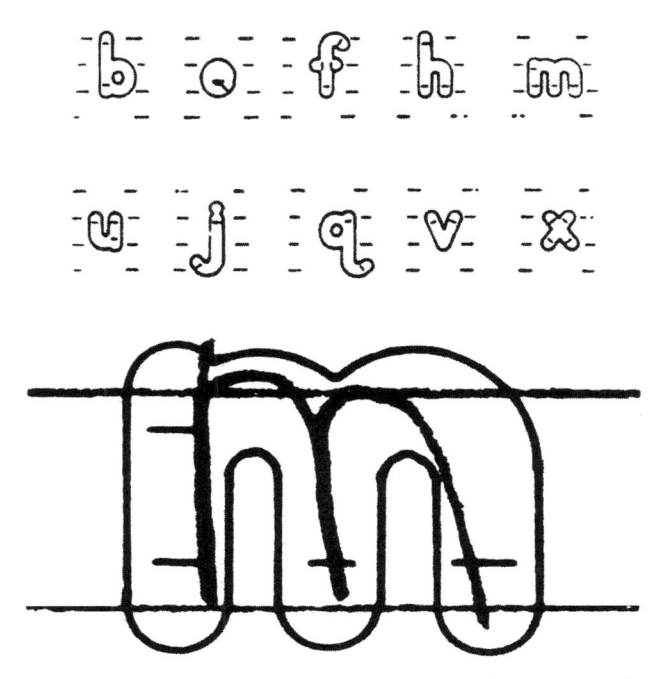

図4.4　手書き文字の内側と外側の境界線を測定するために使われる透明シート上の線画の例と、mという文字を測定するための透明シートの使用例。mという文字の縦線が線画の境界線からはみ出しているため、正反応のトポグラフィーの基準を満たしていない

From "The Measurement of Manuscript Letter Strokes," by J. J. Helwig, J. C. Johns, J. E. Norman, J. O. Cooper, 1976. *Journal of Applied Behavior Analysis, 9*, p. 231.Copyright 1976 by the Society for the Experimental Analysis of Behavior, Inc. Used by permission

パラメーター内に収まり、切れ目がなくつながっており、最後まで書ききり、長さが十分であること）を満たした手書き文字の数を数えた。そして個々の子どもが書いた全筆跡の正反応百分率を用いて、視覚的・言語的フィードバックと修了証書が子どもたちの筆記体のスキルに及ぼす効果を査定した。

（2）マグニチュード

マグニチュード（magnitude）とは、反応を自発するときの強さ（force）、ないし激しさ（intensity）である。行動によっては、その望ましい結果が、一定の強度ないしエネルギー、またはそれ以上（それ以下）で反応することを条件とする場合がある。ねじで止めたり外したりするには、ねじ回しを十分な力で回さなければならない。判読可能な痕跡を残すには、十分な筆圧で鉛筆を紙に押し付ける必要がある。反対に、位置合わせしていないねじやボルトにねじる力をかけすぎると、ねじ山をすり減らし、鉛筆を強く押し付けすぎると、芯を折ってしまう恐れがある。

話し言葉やその他の発声が、大きすぎたり小さすぎたりするとされる場合のマグニチュードを測定したいくつかの研究がある。シュワルツとホーキンス（Schwarz & Hawkins, 1970）は、小

学6年女児カレンの声の大きさを測定した。彼女は教室の中で非常に小さい声で話すため、ほかの人々はいつもその声を聞き取れなかった。カレンの声を毎日2つの授業時間にビデオテープで記録した（そのほかの2つの行動、すなわち顔に触ることと、カレンがだらしなく座っている時間量についてのデータもビデオテープで記録した）。次いでシュワルツらは、そのビデオテープを、音量メーター付きテープレコーダーに吹き込み、針が音量メーターの一定のレベルを超えたときの回数を数えた。彼らはカレンが話した単語100語あたりの針の変化の数（プロポーション）を、カレンの授業中の声のボリュームを高めるための介入の効果を測定するための主要測度として用いた。

グリーンら（Greene et al., 1981）は、自動音声記録装置を使って、中学生のスクールバスにおける騒がしい妨害音のマグニチュードを測定した。その記録装置は、あらかじめ設定した閾値を超える音のレベルだけが装置を作動させるように調整することができた。この装置は、騒音の発生が特定の閾値（93 dB）を超える回数と、その音が閾値を超えて生起していた秒単位の総持続時間数とを、ともに自動的に記録した。騒音レベルが特定の閾値を超えると、すべての生徒が見えるパネルに光が自動的に点灯した。光が消灯しているときは、中学生はバスに乗っている間、音楽を聴くことができた。騒がしい妨害音の回数が基準未満であれば、当選賞品がもらえるくじ（ラッフル）に参加することができた。この介入は騒音の発生とそのほかの問題行動とを合わせて劇的に減少させた。グリーンらは、介入の効果を評価する測度として、騒がしい妨害の数と生起当たりの平均持続時間の両方を報告した[8]。

表4.1は、測定できる行動次元と、使用する場合の考慮事項のまとめである。

Ⅲ 行動を測定する手続き

応用行動分析家が行動を測定するために最もよく使う手続きは、以下に示す事象記録、時間計測、さまざまなタイムサンプリング法のいずれか、またはそれらの組み合わせである。

1．事象記録

事象記録（event recording）には、対象となる行動が生起する回数を検知し記録する多彩な手続きが含まれる。例えばクーヴォら（Cuvo, Lerch, Leurquin, Gaffaney, & Poppen, 1998）は、知

注8：研究者は反応トポグラフィーとマグニチュードの独立変数としての推定される影響を査定するため、それらを操作し制御することがある。ピアツァら（Piazza, Roane, Kenney, Boney, & Abt, 2002）は、3人の女性の異食症（栄養価のない生命を脅かす物質の摂取）の頻度に及ぼす異なる反応トポグラフィーの効果を分析した。異食の対象となる物質をさまざまなところに置き、それを入手するためには、参加者は異なる方法で反応しなければならなかった（手を伸ばす、腰をかがめる、床に乗る、容器を開ける）。異食の対象を手に入れるためにより複雑な反応トポグラフィーが要求されるとき、異食症は減少した。ヴァンホーテン（Van Houten, 1993）は、激しい高頻度の顔たたきの長い歴史を持つ少年が、1.5ポンドの重りを腕に装着すると、顔たたきは即座に減少してゼロになったと報告した。これらの研究は、トポグラフィーまたはマグニチュードの点から見てより努力を要する反応を必要とする行動に従事するとき、問題行動が減少する可能性を示唆する。

第4章 行動を測定する

表4.1 行動を測定し記述することができる基本的次元、派生的次元、定義的次元

基本的測度	どう計算するか	考慮すべきこと
カウント：観察期間に自発された反応数。	観察した反応数の単純な計算（タリィ） ジューダは10分間のクラス討論で5回発言した。	・回数を記録した観察時間を記入しなければならない。 ・複数の観察の間で、観察時間（カウント時間）が一定であるとき、比較が最も有効。 ・率／頻度、セラレーション、百分率、基準達成試行の測度計算に使われる。
率／頻度：観察時間当たりのカウントの率；しばしば標準時間当たり（例えば、1分、1時間、1日当たり）のカウントとして表される。	観察が行われた時間当たり記録された反応の数を報告する。 10分間のクラス討論の間にジューダの発言をカウントした場合、彼の反応率（rate of responding）は10分当たり5発言になる。 多くの場合、計算は、記録された反応数を、観察された標準時間単位数で割ることによって行われる。 ジューダは1分当たり0.5の率（rate）で発言した。	・複数の測定間で観察時間が異なる場合、標準時間単位を使って計算する。 ・カウント時間を報告することによって誤った解釈を最小にする。 ・スキル発達と流暢さを評価する場合は、正反応率と誤反応率の測定が必要である。 ・反応率を計算するときは、さまざまな複雑さと困難さを説明する。 ・率は再現性の変化に最も敏感な測度である。 ・フリーオペラントで推奨される測度。 ・不連続試行で起こる行動や、長時間起こる行動には不適切な測度。 ・行動の再現性に最も敏感な測度。
派生的測度	どう計算するか	考慮すべきこと
セラレーション：時間に伴う率の変化（加速または減速）。	単位時間当たりのカウントをベースにする；反応過程が加速または減速（掛け算または割り算）している因子として表される。 ジューダの4週間の1分当たりの平均発言率は、それぞれ0.1、0.2、0.4、0.8コメントであり、それらをつなぐトレンド・ラインは週当たり×2の倍数による加速（アクセラレーション）を示す。	・例えば、ある安定状態から他の安定状態へや、流暢性の獲得など、行動変化のダイナミックパターンを明らかにする。 ・スタンダード・セラレーション・チャート上のトレンド・ラインとして表示される（第6章を参照）。 ・計算には最低7つの率測度が要求される。
基本的測度	どう計算するか	考慮すべきこと
持続時間：行動が生起する時間の量。	総持続時間：2つの方法：（a）1観察期間中の各反応の個別量を加算する；または（b）人が活動に従事する	・標的行動の生起持続時間が長すぎるか短かすぎるため問題になるとき重要になる測度。

147

	か、課題完了に要する総時間を、最大ないし最小の観察期間なしに記録する。 ジューダは、今日の授業で、1.5分発言した。 生起あたり持続時間：行動のそれぞれの生起例の時間の長さを記録する；しばしばセッション当たりの持続時間の平均または中央値と範囲（レンジ）によって報告される。 ジューダの今日の6回の発言の平均持続時間は11秒、範囲（レンジ）は3秒から26秒だった。	・非常に高率で起こる行動で、正確な事象記録法が難しい対象（例えば、指先の素早い動き）に対して有用な測度。 ・不連続な始点のない行動で、事象記録法が難しい対象（例えばハミング）に対して有用な測度。 ・課題指向性のまたは持続性のある行動（例えば共同遊び）に有用な測度。 ・生起当たりの持続時間には、回数と総持続時間が含まれるため、総時間数ではなく、こちらがしばしば選ばれる。 ・行動の持続時間の増加が目標である場合は、総持続時間を使う。 ・生起当たりの持続時間の測定には、反応を数える必要がある。それは反応率の計算に利用できる。
反応潜時：先行刺激の生起に関して、反応が起こる時点。	先行刺激事象の開始から反応の開始までの経過時間を記録する。 ジューダの今日の発言は、仲間の発言から平均30秒の潜時（5秒から90秒のレンジ）だった。	・長過ぎるか短すぎる潜時によって行動が自発されるため標的行動が問題になるとき重要な測度。 ・減少する潜時によって、人のスキルの習得の向上を明らかにすることができる。
反応間時間（IRT）：前の反応の生起に関して、反応が起こる時点。	前の反応の終わりから次の反応の始まりまでに経過する時間を記録する。しばしばセッション当たりのIRTの平均か中央値と範囲（レンジ）によって報告される。 ジューダの今日の発言の反応間時間は、メジアン2分IRT（範囲10秒から5分）だった。	・反応と反応の間、ないし行動のペーシングが焦点となる場合に重要な測度。 ・IRTは時間上の場所の測度であるが、それは反応率と相関する。 ・DRL（第22章を参照）を実践し評価するときの重要な測度。
派生的測度	どう計算するか	考慮すべきこと
百分率：割合、100当たりの…分の1という数で表される。通常、ある種の反応の、総反応数（または反応が起こる機会ないしインターバルの総数）当たりの割合として表される。	特定の基準を満たす反応（例えば正反応、最小IRTを持つ反応、特定のトポグラフィーの反応）を、自発された総反応数（または総反応機会）によって除して、100倍する。 今日のジューダの発言の70%は、議題に関係していた。	・20より小さい除数に基づく百分率は行動のわずかな変化に不当に影響される。研究においては最低30の観察機会ないし反応機会を推奨する。 ・百分率の変化は遂行の改善を誤って示唆する可能性がある。 ・百分率測度のベースとなった除数を必ず報告する。 ・習熟度や流暢性の査定には使えない。

第4章　行動を測定する

- 遂行に上限下限を強いる（100%を超えられない）。
- 同じ１組のデータから非常に異なる百分率が報告される可能性がある。
- 異なる分母に基づく百分率（例えば、90% [9/10]、87.5% [7/ 8]、33% [1/ 3]、100% [1／1]）から総合的百分率を計算するためには、成分百分率の総分子数（例えば18）を総分母数で割る（例えば18/22 =81.8%）ようにする。百分率自体の平均は、異なる結果を導く（例えば、90% ＋ 87.5% ＋ 33% ＋ 100% /4 ＝ 77.6%）。

定義的測度	どう計算するか	考慮すべきこと
基準達成試行：あらかじめ決定された遂行基準を達成するために必要な反応、教授試行、練習機会の数。	学習者が特定された基準を達成するために必要な反応、ないし練習試行の和を求める。 通級学級でのクラス討論の練習で、ジューダが議題に関連した発言を10回中8回できるようになるまで、10回の発言機会のブロックを14必要とした。	・処遇または教授法の「コスト」の事後説明を提供する。 ・異なるインストラクションや訓練の方法の相対的有効性を比較するために有用。 ・学習者が新しいスキルを習得する割合における変化（機敏さ）の査定のために有用。
トポグラフィー：行動の形態または形状。	反応がトポグラフィーの基準を満たすかどうかを決定するために使われる。これらの基準を満たす反応は、１つか複数の基本的、派生的測度（例えば、トポグラフィー基準を満たす反応の百分率）によって測定され、報告される。 アマンダのスイングでは、ゴルフクラブの水平面は、バックスイングからフォロースルーまで、プラスまたはマイナス２度にとどまった。	・行動の望ましい成果が一定のトポグラフィーを満たす反応に左右される場合に重要な測度。 ・形態、スタイル、巧妙さが重視されるパフォーマンス領域では重要な測度。
マグニチュード：行動の強度、激しさ、強さ。	反応がマグニチュードの基準を満たすか否かを判断するために使われる。基準を満たす反応は、１つまたは複数の基本的・派生的測度（例えば、マグニチュード基準を満たす反応の回数）によって測定され、報告される。 ジルは60ポンドのバーを20回ベンチプレスした。	・行動の望ましいアウトカムが一定のマグニチュードの範囲（レンジ）に収まる反応を条件とする場合に重要な測度。

的障害の成人と幼稚園児が年齢相応の課題（例えば成人は銀製の食器を分類する、幼稚園児はお手玉を投げ上げるか、ハードルを飛び越える）に従事しているとき、作業課題と強化スケジュールが彼らの選択行動に与える影響を分析するため、事象記録を用いた。彼らは分類された個々の銀製食器、投げ上げられた個々のお手玉、飛び越えられた個々のハードルを記録した。

（1）事象を記録するための用具

　事象を記録するためには、紙と鉛筆があれば十分であるが、次に示す用具と手続きがあれば、事象の記録はよりやりやすくなるだろう。

- リストカウンター。リストカウンターは、子どもの行動を数えるのに便利である。ゴルファーは、こうしたカウンターを使って、自分の打撃を記録する。たいていのリストカウンターは、0～99までの反応を記録することができる。これらのカウンターは、スポーツ用品店や大きなデパートに行けば買うことができる。

- ハンドタリー・デジタルカウンター。このデジタルカウンターは、リストカウンターと類似している。ハンドタリー・カウンターは、食料品のチェーンストアや、カフェテリアや、軍隊の食堂や、有料道路の料金ゲートなどで、利用者の人数を記録するために、しばしば使われる。これらの機械的カウンターは、単チャンネルのものもあれば、多チャンネルのものもある。そして手のひらによくなじむ。実践家は練習すれば、多チャンネルカウンターを片手だけで迅速確実に操作できるようになる。これらのデジタルカウンターは、オフィス用品店に行けば購入できる。

- そろばんリストカウンターとそろばんシューストリング・カウンター。ランドリーとマグリーヴィ（Landry & McGreevy, 1984）は、行動を測定する2種類のそろばんカウンターを説明した。そろばんリストカウンターは、皮製のリストバンドに取り付けられたパイプクリーナーとビーズで作られている。それは1のくらいの数と10のくらいの数に割り当てられた列からなるそろばんである。観察者は、そろばんと同じやり方によって、ビーズをスライドさせ、1～99までの行動生起を記録することができる。そろばんシューストリング・カウンターも、同じ方法によって反応を記録する。ただしそろばんの玉は、キーホルダーに取り付けられた靴ひもの上をスライドさせる。このキーホルダーは、観察者のベルトか、ベルト通しか、ボタン穴などの布切れに取り付けて使う。

- マスキングテープ。教師は自分の腕かデスクに取り付けた、マスキングテープの上にマークを書き記すことができる。

- 小銭、ボタン、ペーパークリップ。標的行動が起こるたびに、それらの品物を1個、一方の

第4章 行動を測定する

セッション日付： **5月21日**　　セッション番号：　**16**　　観察者：　**ジェニー**

標的児：　**ジョーダン**　　級友：　**イーサン**　　IOA day：　(YES)　　NO

標的行動：　**積んだ積み木に1つ載せる**　　条件：　**5秒時間遅延**

符号：　C＝正反応　　N＝無反応　　A＝近似反応　　I＝不適切反応

試行	標的児の反応	標的児への教師の反応	級友の反応	教師の賞賛
1	ⓒ N A I	プロンプト (賞賛)	ⓒ N A I	(賞賛)
2	ⓒ N A I	プロンプト (賞賛)	ⓒ N A I	(賞賛)
3	ⓒ N A I	プロンプト (賞賛)	ⓒ N A I	(賞賛)
4	C N Ⓐ I	(プロンプト) (賞賛)	ⓒ N A I	(賞賛)
5	ⓒ N A I	(プロンプト) (賞賛)	C N Ⓐ I	賞賛
6	C N Ⓐ I	(プロンプト) (賞賛)	ⓒ N A I	(賞賛)
7	ⓒ N A I	プロンプト (賞賛)	ⓒ N A I	(賞賛)
8	ⓒ N A I	プロンプト (賞賛)	ⓒ N A I	(賞賛)
9	ⓒ N A I	プロンプト (賞賛)	ⓒ N A I	(賞賛)
10	ⓒ N A I	プロンプト (賞賛)	ⓒ N A I	(賞賛)

標的児の正反応数：　**8**　　　　　　　　　　　　　級友の正反応数：　**9**

****

標的行動：　**紙にシールを貼る**　　　　　　　　　条件：　**5秒時間遅延**

試行	標的児の反応	標的児への教師の反応	級友の反応	教師の賞賛
1	ⓒ N A I	プロンプト (賞賛)	C Ⓝ A I	賞賛
2	C N Ⓐ I	(プロンプト) (賞賛)	ⓒ N A I	(賞賛)
3	C N Ⓐ I	(プロンプト) (賞賛)	ⓒ N A I	(賞賛)
4	ⓒ N A I	プロンプト (賞賛)	ⓒ N A I	(賞賛)
5	C N Ⓐ I	(プロンプト) (賞賛)	ⓒ N A I	(賞賛)
6	C N Ⓐ I	プロンプト (賞賛)	C N A Ⓘ	賞賛
7	C N A Ⓘ	(プロンプト) 賞賛	ⓒ N A I	(賞賛)
8	C N Ⓐ I	(プロンプト) (賞賛)	ⓒ N A I	(賞賛)
9	ⓒ N A I	プロンプト (賞賛)	ⓒ N A I	(賞賛)
10	ⓒ N A I	プロンプト (賞賛)	ⓒ N A I	(賞賛)

標的児の正反応数：　**4**　　　　　　　　　　　　　級友の正反応数：　**8**

図4.5　2人の子どもと1人の教師の一連の不連続試行中の行動を記録するためのデータ収集用紙

Adapted from *The Effects of Embedded Instruction within the Context of a Small Group on the Acquisition of Imitation Skills of Young Children with Disabilities* by J. E. Valk (2003), p.167. Unpublished doctoral dissertation, The Ohio State University. Used by permission.

ポケットから他方のポケットに移動させる。

- ポ︎ケ︎ッ︎ト︎電︎卓︎。出来事を記録するために、ポケット電卓を使うこともできる。

　事象記録は、不連続試行における行動の測定にも応用することができる。この場合、個々の試行や反応の機会のカウントは1または0である。それは行動の生起、または非生起を表す。図4.5は、障害のある幼稚園児と、通常に発達したピアパートナーが示す模倣反応の生起を記録するために使われた記録用紙である。それは進行中の教室活動に埋め込んだ、一連のインストラクション試行において使用された（Valk, 2003）。観察者は、それぞれの試行において、標的児とピアが示した正反応、無反応、近似反応、または不適切な反応の生起を、それぞれの行動を表すアルファベットに丸をつけて記録した。この記録用紙は、教師が標的児の模倣行動をプロンプトしたか、褒めたか、についても記録できた。

（2）事象記録で考慮すべきこと

　事象記録は簡単に行える。ほとんど誰でも、最初から、不連続行動を正確に記録することができる。反応率がそれほど高くない限り、事象記録は他の活動を妨げることがない。教師は標的行動の生起を記録しながら、インストラクションを続けることができる。

　事象記録は、大部分の行動に対して、有効な測定を提供する。しかし標的行動の個々の生起は、不連続な開始点と終了点をもつものでなければならない。事象記録は、例えば質問に対する子どもの口頭反応、算数問題に対する子どもの書字解答、息子や娘に対する親の褒め言葉などの標的行動に適用することができる。ただし、ハミングのような行動は、事象記録では測定することが難しい。それは1つのハミングがいつ終わり、次のハミングがいつ始まるかを、判断し難いからである。事象記録は、例えば、フリープレー活動中の遊具への没頭など、具体的な不連続のアクションや対象関係を特定することなしに定義される行動に対しては、適用することが難しい。遊具への没頭は、特定の不連続なアクションや対象関係を示さない。それゆえ観察者は、1つの没頭がいつ始まりいつ終わるかを、そしてもう1つの没頭がいつ始まるかを判断することが難しい。

　事象記録についてもう1つ考慮すべきことは、標的行動が極めて高率で生起するため、観察者が個々の不連続な生起を正確に数えることが難しくなるようなことになってはならないということである。例えば早口でしゃべる、体をゆする、物をたたくなど、高頻度行動は事象記録では測定することが難しい。

　事象記録は、長い時間的広がりをもって起こる標的行動、例えば、ずっと課題をする、人の話を聞く、1人で静かに遊ぶ、離席している、指しゃぶりしている、などに関しては正確な測度をもたらさない。課題志向的なまたは継続的な行動（例えば「課題従事」）は、事象記録を必要としない標的行動の例である。時間を超えて起こる継続的行動のクラスは、通常、応用行動分析家の主たる関心事ではない。例えば、読むことそれ自体は、正しく読めた単語数と正しく読めなか

第4章　行動を測定する

った単語数や、読解問題で正しく答えられた数と正しく答えられなかった数ほど、問題にされない。同様に、理解していることを行動で示す行動は、「聞いている行動」の測定よりも重要である。また子どもが自習時間に自発する学業的反応数は、課題従事よりも重要である。

2．時間計測（タイミング）

　研究者と実践家は、持続時間と反応潜時と反応間時間を測定するため、さまざまな時間計測（timing）の用具と手続きを用いる。

（1）行動の持続時間の計測

　応用行動分析学の研究者は、しばしば、持続時間を記録するために、半自動化されたコンピューター駆動式システムを使う。しかし実践家は持続時間を記録するために、自動化されていない道具を最も頻繁に使う可能性がある。自動化されていない最も正確な道具は、デジタルストップウォッチである。実践家は持続時間を測定するために壁の時計や腕時計を使うことができる。しかしそれによって得られる測度はストップウォッチで得られる測度よりも正確さに欠ける。
　ストップウォッチを使って、標的行動の全持続時間を記録する手続きでは、(a) 行動がスタートするときストップウォッチを起動させ、(b) そのエピソードの終了時にストップウォッチを止める。それから観察者はストップウォッチをリセットせず、行動の2つめの生起の開始時点でストップウォッチを再起動させ、その2番目のエピソードの終了時点でストップウォッチを止める。このようにして観察者は、観察期間が終了するまで、持続する時間の長さを累積し続け、それからストップウォッチが示している合計時間の長さをデータシートに転記する。
　ガストラ（Gast et al., 2000）は、フットスイッチとテープレコーダー付きの次のような時間測定手続きを利用した。この方法を使えば実践家はセッションの間中、両手を使って刺激教材を提示したり、その他の方法で参加者と交流したりすることが可能になる。

> 　子どもの標的行動の持続時間は、生テープを装置したカセット・オーディオ・テープレコーダーによって記録された。それは教師が足を使ってテープレコーダーに接続されたゼリービーンのスイッチを「オン」にできるようになっていた。子どもが標的行動を行ったとき、教師はスイッチを「オン」にさせ、テープの走行をスタートさせた。子どもがその行動への従事をやめると、教師は再びそのスイッチを作動させてテープを止めた。セッションの終わりに教師は「終わりです」と言い、テープレコーダーを止めて、テープを巻き戻した。セッション終了後、教師はテープを最初からプレイにして、「終わりです」というところまでの持続時間を、ストップウオッチを使って時間計測した。

　マケンティーとソーンダース（McEntee & Saunders, 1997）は、バーコード・データ収集システムを使い、生起当たりの持続時間を記録した。測定したのは、(a) 教材への機能的関わりと

常同的関わり、(b) 教材との関わりなしの常同行動とその他の問題行動、だった。彼らはバーコードを作ってデータシートに配列して、重度・最重度の知的障害のある4人の青年の行動を記録した。バーコード・フォントとソフトウエアを装備したコンピューターがバーコードを読み取り、特定の事象の年月日と時間を記録した。バーコード・データ収集システムは、教材への関わりと問題行動への従事のリアルタイムの持続時間の測定をもたらした。

(2) 反応潜時と反応間時間の計測

　潜時と行動間時間を測定する手続きは、持続時間の測定に使われる手続きに類似している。潜時の測定では、対象となる先行刺激事象の開始から標的行動の開始までの間に経過した時間を正確に探知し、記録しなければならない。IRTの測定では、標的行動の個々の生起の終了から次の開始までに経過する正確な時間を記録しなければならない。ウイービーとホラハン（Wehby & Hollahan, 2000）は、算数課題の開始を命じる教示に対して、学習障害の小学生が示した服従潜時を測定した。彼らは潜時を検知するよう設計されたソフトウエアつきのラップトップ・コンピューター（MOOSES観察システムについては、Tapp, Wehby, & Ellis, 1995参照）を利用して、教示から服従開始までの潜時を測定した。

3．タイムサンプリング

　タイムサンプリング（time sampling）は、インターバルの間か、時間上の特定の瞬間に起こる行動を観察し記録する多彩な方法である。基本的手続きは、観察期間を時間インターバルに分割して個々のインターバル内か終了時の行動の在不在を記録する、というものである。

　タイムサンプリングは、もともとは動物の行動を現地で研究した動物行動学者によって開発された（Charlesworth & Spiker, 1975）。動物の行動を継続的に観察することはできず、また実行できる可能性も低かったため、彼らは比較的短いが、頻繁な、観察インターバルから構成される組織的スケジュールを設計した。これらの「サンプル」から得られる測度は、測度がそこから得られた全期間の行動を代表するものと考えられた。例えばゴリラの行動についての私たちの大部分の知識は、ジェイン・グッドール（Jane Goodall）のような研究者によって、タイムサンプリング観察法を用いて収集されたデータをベースにしている。

　応用行動分析家によってしばしば使われるタイムサンプリングには3つの形式がある。全インターバル記録法、部分インターバル記録法、瞬間タイムサンプリング法である[9]。

注9：応用行動分析学では、スケジュール化されたインターバルの間か、その終了時点で行動を観察し記録する測定手続きを、いろいろな用語で表す。専門家によっては、タイムサンプリングを、瞬間タイムサンプリングに限定する。本書では、タイムサンプリングに、全インターバル記録法と、部分インターバル記録法を含める。タイムサンプリングが、しばしば、観察期間のインターバル中に人が自発する行動の代表的「サンプル」を提供する非連続的測定方法として実践されるからである。

（1）全インターバル記録法

　全インターバル記録法は、しばしば、継続的行動（例えば共同遊び）を測定するために使われる。それはまた、非常に高率で起こるため、観察者が個々の反応を識別することは難しく（例えば、体をゆする、鼻歌を歌う）、しかしある時間にそれが起こっているかいないかは突きとめることができる行動を測定するために使われる。**全インターバル記録法**（whole-interval recording）では、観察期間は一連の短い時間インターバル（典型的には5秒から10秒）に分割される。観察者は、個々のインターバルの終了時点で、標的行動がそのインターバルの間ずっと生起していたかどうかを記録する。子どもの課題従事行動を10秒全インターバル記録法で記録する場合、その行動がそのインターバルで起こっていると記録されるためには、子どもはインターバルの間ずっと課題に従事するという定義を満たさなければならない。ある10秒のインターバル中9秒間、子どもが課題に従事していた場合、そのインターバルでは課題に従事していなかったと記録される。したがって全インターバル記録法を使って得られたデータは、通常、その行動が実際に起こった観察期間の全百分率を過小評価する、つまり低く見積もることになる。観察インターバルが長くなればなるほど、全インターバル記録法が行動の実際の生起を低く見積もる度合いも大となる。

　全インターバル記録法で収集されるデータは、標的行動が生起として記録される全インターバルの百分率として報告される。全インターバル記録法のデータは、人がその標的行動に従事していた全観察期間の比率（プロポーション）を表すため、それらは全持続時間の推定値（概算）をもたらす。例えば全インターバル記録期間が6個の10秒インターバル（1分の時間枠）によって構成されるとする。もし標的行動がこれら全インターバルのうちの4個において起こり、残り2個では起こらなかったと記録されれば、全持続時間推定値の40秒が得られる。

　図4.6は全インターバル記録用紙のサンプルである。これは4人の子どもの学業自習時間における課題従事行動を測定するために使われた（Ludwig, 2004）。個々の1分は4個の10秒観察インターバルに分割された。個々の観察インターバルには、5秒の記録時間が後続する。その間に観察者はその直前の10秒間に標的行動が起こったか起こらなかったかを記録する。観察者は最初に子ども1を10秒間継続して観察する。次の5秒間は子どもから目を離し、子ども1が直前の10秒間ずっと課題従事していたかどうかを、記録用紙の YES か NO に丸をつけて記録する。観察者は5秒インターバルを子ども1の行動の記録のために使い、それから顔を上げて子ども2を10秒間継続して観察し、その後に子ども2の行動をその用紙に記録する。子ども3と子ども4についても、同じ観察と記録の手続きが適用される。このようにして個々の子どもの課題従事行動が、1分あたり1つの10秒インターバルにおいて、観察され記録された。

　この観察インターバルと記録インターバルの順序が、30分の観察期間中、継続して適用された。個々の子どもの課題従事行動を表す30個の10秒測度（すなわちサンプル）が得られた。図4.6のデータは、4人の子どもが、第17セッションにおいて、それぞれ、インターバルの87％、93％、60％、73％の割合で課題に従事していたと、観察者が判定したことを示している。このデータは、観察の全期間を通じて、個々の子どもの行動レベルを代表させようとしたものである

課題従事行動記録用紙

日付： **5月7日**　　グループ番号： **1**　　セッション番号： **17**

観察者： **ロビン**　　　　IOA セッション： ___ Yes **X** No

実験条件：　　　　　ベースライン　　　課題従事　**生産性**

観察開始時間： **9:42**　　終了時間： **10:12**

10秒間隔	子ども1		子ども2		子ども3		子ども4	
1	(YES)	NO	(YES)	NO	(YES)	NO	YES	(NO)
2	(YES)	NO	(YES)	NO	(YES)	NO	(YES)	NO
3	(YES)	NO	(YES)	NO	YES	(NO)	(YES)	NO
4	(YES)	NO	(YES)	NO	YES	(NO)	(YES)	NO
5	(YES)	NO	(YES)	NO	(YES)	NO	(YES)	NO
6	(YES)	NO	(YES)	NO	YES	(NO)	YES	(NO)
7	(YES)	NO	(YES)	NO	YES	(NO)	(YES)	NO
8	(YES)	NO	(YES)	NO	(YES)	NO	YES	(NO)
9	YES	(NO)	(YES)	NO	(YES)	NO	(YES)	NO
10	YES	(NO)	(YES)	NO	(YES)	NO	(YES)	NO
11	(YES)	NO	(YES)	NO	YES	(NO)	YES	(NO)
12	(YES)	NO	YES	(NO)	(YES)	NO	YES	(NO)
13	(YES)	NO	(YES)	NO	(YES)	NO	(YES)	NO
14	YES	(NO)	YES	(NO)	(YES)	NO	YES	(NO)
15	(YES)	NO	(YES)	NO	YES	(NO)	YES	(NO)
16	(YES)	NO	(YES)	NO	(YES)	NO	(YES)	NO
17	(YES)	NO	(YES)	NO	(YES)	NO	(YES)	NO
18	(YES)	NO	(YES)	NO	(YES)	NO	(YES)	NO
19	YES	(NO)	(YES)	NO	YES	(NO)	(YES)	NO
20	(YES)	NO	(YES)	NO	(YES)	NO	(YES)	NO
21	(YES)	NO	(YES)	NO	YES	(NO)	(YES)	NO
22	(YES)	NO	(YES)	NO	YES	(NO)	(YES)	NO
23	(YES)	NO	(YES)	NO	(YES)	NO	(YES)	NO
24	(YES)	NO	(YES)	NO	(YES)	NO	YES	(NO)
25	(YES)	NO	(YES)	NO	YES	(NO)	(YES)	NO
26	(YES)	NO	(YES)	NO	YES	(NO)	(YES)	NO
27	(YES)	NO	(YES)	NO	(YES)	NO	(YES)	NO
28	(YES)	NO	(YES)	NO	YES	(NO)	(YES)	NO
29	(YES)	NO	(YES)	NO	(YES)	NO	(YES)	NO
30	(YES)	NO	(YES)	NO	(YES)	NO	(YES)	NO
計	26	4	28	2	18	12	22	8
課題従事間隔 %	86.6%		93.3%		60.0%		73.3%	

(Yes) = 課題従事行動　　(No) = 課題から外れた行動

図4.6　4人の子どもの自習時間における課題従事行動の全インターバル記録に使われる観察記録用紙

Adapted from *The Effects of Embedded Instruction within the Context of a Small Group on the Acquisition of Imitation Skills of Young Children with Disabilities* by J. E. Valk (2003), p.167. Unpublished doctoral dissertation, The Ohio State University. Used by permission.

が、個々の子どもは観察期間の30分間にわずか5回しか観察されなかったことに注意しなければならない。

　観察者がどんな書式のタイムサンプリングを使うにしろ、すべてのインターバルにおいて必ず何らかの種類の反応を記録しなければならない。例えば、図4.6のような書式を使う観察者は、各インターバルにおける標的行動の生起・非生起を、YES または NO に○を付けて記録することになる。印を付けないインターバルをそのままにしておくと、今、記録用紙のどこを記録しているかがわからなくなり、間違ったインターバル・スペースに観察結果を記録してしまう恐れがある。

　タイムサンプリング法はすべて、個々の観察インターバルと記録インターバルの開始と終了の時間を知らせるタイミング装置（時限装置）を必要としている。紙と鉛筆とクリップボードとタイマーを使ってインターバル測定を行う観察者は、しばしば、クリップボードにストップウオッチを取り付ける。しかし、同時にストップウオッチを見なければならない場合、観察行動と記録行動が測定の正確さに悪影響を及ぼしかねない。この問題に対する有効な解決法は、事前に吹き込んでおいた観察インターバルと記録インターバルを知らせる聴覚的合図を観察者がイヤホンを通して聞くようにすることである。例えば、今述べたような全インターバル記録手続きを使う観察者は、例えば、まず「子ども1観察」、10秒後に「子ども1記録」、5秒後に「子ども2観察」、10秒後に「子ども2記録」のように、あらかじめ順序を言葉で吹き込んだオーディオレコーディングを聞くようにしてもよい。

　観察インターバルを知らせるために、触角プロンプティング装置を使うこともできる。例えば、ジェントル・リマインダー（dan@gentlereminder.com）とモゥティヴ・エイダー（www.habitchange.com）は、タイミングを知らせる小さな装置であり、ユーザーがプログラミングした時間インターバルごとに振動によって知らせてくれる。

（2）部分インターバル記録法

　部分インターバル記録法（partial-interval recording）を使うとき、観察者はあるインターバルのどの瞬間に行動が起こっても必ず記録する。部分インターバル・タイムサンプリングにおいては、あるインターバルの間に行動が何回起こったか、どのくらい長時間起こったかは問わない。ただそのインターバルのどこかの時点で行動が起こったことを問題にする。インターバルの間に何回標的行動が起こっても、ただ1度起こったものとして記録する。部分インターバル記録法を使って、子どもの妨害行動を測定する場合、標的行動の定義を満たしていればどんな形の妨害行動であれ、どんな時間量であれ、そのインターバル内に起こっていれば、観察者はそのインターバルを記録する。つまり、子どもが6秒インターバルにおいて、たった1秒だけ妨害行動を示したとしても、そのインターバルは妨害行動として記録される。そのため、部分インターバル記録法によって収集されたデータは、その行動が実際に起こった観察期間（すなわち全持続時間）の百分率をしばしば過大評価する。

　部分インターバル法のデータは、全インターバル法のデータと同様に、たいていの場合、標的

	1	2	3	4
子ども1	Ⓐ T S D N	Ⓐ T S D N	Ⓐ Ⓣ S D N	A T S D Ⓝ
子ども2	A T Ⓢ D N	A Ⓣ S D N	A T S Ⓓ N	Ⓐ T S D N
子ども3	A T S D Ⓝ	A T S Ⓓ N	Ⓐ T S Ⓓ N	A Ⓣ Ⓢ D N

符号:
A = 学業反応
T = 勝手なおしゃべり
S = 離席
D = 他の妨害行動
N = 標的行動非生起

図4.7　3人の子どもの4つの反応クラスの部分インターバル記録に使われた記録用紙の一部

　行動が記録された全インターバルの百分率として報告される。部分インターバル法のデータは、標的行動が起こった全観察期間の比率（プロポーション）を代表させるために使われるが、しかし部分インターバル記録は全インターバルのデータとは異なり、生起当たりの持続時間に関する情報はもたらさない。それは生起時間がいかに短くても、そのこととは無関係に、標的行動が起こりさえすれば、すべての生起例において、そのインターバルを記録するからである。

　もしインターバルの短い部分インターバル法を使って、1回当たりの生起時間が短い不連続反応を測定すると、最低の反応率の大雑把な推定値としてのデータが得られる。例えば、切れ目ない6秒インターバルによって構成される（すなわち、連続するインターバルが行動の観察されない時間によって区切られない）部分インターバル記録法によって行動が測定され、全インターバルの50％において行動が生起したことが明らかになった場合、それは1分当たり5反応という最低反応率（平均すると、1分当たり10インターバルのうちの少なくとも5インターバルにおいて1反応が生起した）という意味になる。部分インターバル記録法は、しばしば全生起時間を過大評価するが、高頻度行動の割合を過小評価する可能性がある。これは人が8つの非言語的音声を発した1インターバルが、たった1つの音声を発したインターバルと同じになるからである。標的行動の評価と理解が、正確で敏感な反応率の測度を要求している場合は、事象記録法を使うべきである。

　部分インターバル記録法を使う観察者は、個々のインターバルのどの時点かで行動が起これば（全インターバル法でインターバルの初めから終わりまで行動を観察しなければならない場合と比べて）それだけを記録することが求められるため、多くの行動を同時に記録することができる。図4.7は20秒インターバルの部分インターバル記録法を使って、3人の子どもの4つの反応クラスを測定するために使われる記録用紙の一部を示している。観察者は最初の20秒インターバルの初めから終わりまで子ども1を観察する。次の20秒では子ども2を観察し、次の20秒では子ども3を観察する。個々の子どもは、観察期間の個々の1分のうちの20秒を観察されることになる。子どもが観察インターバルのどこかの時点で、測定される行動のどれかに従事すれ

ば、観察者はそれらの行動に対応するアルファベットに印をつける。子どもがあるインターバルで観察されるどの行動にも従事しなければ、観察者はNという字に印をつける。それは標的行動の非生起を意味する。例えば、子ども1を観察した最初のインターバルで、子どもは「太平洋」（学業的反応）と言った。子ども2を観察した最初のインターバルで、子どもは席を離れ鉛筆を投げた（「他の妨害行動」の反応クラスに含まれる行動）。子ども3を観察した最初のインターバルで、子どもは4つの標的行動をどれも自発しなかった。

（3）瞬間タイムサンプリング法

瞬間タイムサンプリング記録法（momentary time sampling）を使う観察者は、個々のタイム・インターバルが終わる瞬間に行動が起こっているかどうかを記録する。1分インターバルの瞬間タイムサンプリング法を使う場合、観察者は観察期間の1分マークのところで対象者を見て標的行動が起こっているかいないかを即座に判断して、その決定を記録用紙に表示する。1分後（すなわち観察期間に入ってから2分のところで）、観察者は再びその人を見て、それから標的行動の存在・不在を記録する。この手続きは観察期間が終わるまで続く。

　瞬間タイムサンプリング法によるデータは、インターバル記録法の場合と同様に、通常、行動が起こった全インターバルの百分率として報告される。そして行動が起こった全観察期間の比率（プロポーション）を測定するために使われる。

　瞬間タイムサンプリングの主たる長所は、観察者が継続して測定に参加する必要がないことである。それに対して、インターバル記録法は観察者が切れ目なく参加し続けることを要求する。

　瞬間タイムサンプリング法では、人が観察されるのはほんの一瞬であるため、多くの行動が見逃される。瞬間タイムサンプリング法は、主に、例えば課題や活動への従事のような、継続的活動を測定するために使われる。このような行動は、簡単に同定できるからである。瞬間タイムサンプリング法は、低頻度の、短い生起時間の行動を測定するためには推奨されない（Saundargas & Zanolli, 1990）。

　多くの研究において、いろいろな長さのインターバルを使った瞬間タイムサンプリング法から得られた測度が、連続的持続時間記録法によって得られた同じ行動の測度と比較された（例えば、Gunter, Venn, Patrick, Miller, & Kelly, 2003; Powell, Martindale, Kulp, Martindale, & Bauman, 1977; Powell, Martindale, & Kulp, 1975; Simpson & Simpson, 1977; Saundagras & Zanolli, 1990; Test & Heward, 1984）。一般に、瞬間的タイムサンプリング法は、タイム・インターバルが2分以上になると、連続持続時間測度を過大に評価し、過少にも評価することが、この研究によって明らかとなった。インターバルが2分未満である場合は、瞬間タイムサンプリング法によって得られたデータは、連続持続時間測度を使って得られた測度とより一致した。

　ガンターら（Gunter et al., 2003）による研究の結果は、この研究を代表するものである。彼らは情緒行動障害の3人の小学生の2分、4分、6分のインターバルで行われた、瞬間タイムサンプリング法によって得られた7つのセッションの測度を、連続的持続時間記録法によって得られた同じ行動の測度と比較した。4分と6分のタイムサンプリング法を使って得られた測度は、連

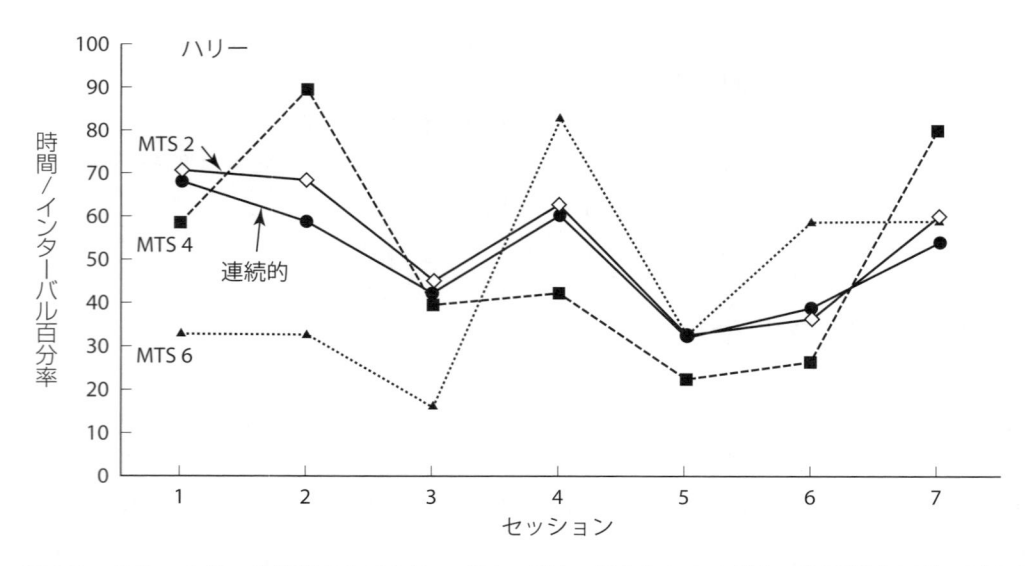

図4.8　2分、4分、6分瞬間タイムサンプリング法で収集した1小学生の課題従事行動の測度と、同じ行動の連続的持続時間記録法で収集された測度の比較

From "Efficacy of using momentary time samples to determine on-task behavior of students with emotional/behavioral disorders" by P. L. Gunter, M. L. Venn, J. Patrick, K. A. Miller, and L. Kelly, 2003, *Education and Treatment of Children, 26*, p. 406. Used by permission.

続的測定によって得られたデータとは著しく食い違うデータ経路を生み出した。しかし2分インターバルを使って得られたデータは、連続的持続時間法を使って得られた測度と著しい一致を示した。図4.8は子どもたちの1人が示したデータである。

（4）プランド・アクティヴィティー・チェック

　瞬間タイムサンプリング法の1つのバリエーションとして、**プランド・アクティヴィティー・チェック（プラチェック）**（planned activity check, PLACHECK）がある。これは頭数を使って「グループ行動」を測定する。プラチェックを使う教師は、各タイム・インターバルの終わりに子どものグループを観察し、標的活動に従事する子どもの数を数え、同じグループの子どもの総数の集計を記録する。例えば、ドークとリズリー（Doke & Risley, 1972）は、プラチェックによって収集したデータを使い、必修参加と選択参加の始業前学校活動における集団参加を比較した。観察者は3分インターバルの終了時点における必修参加活動領域と選択参加活動領域における子どもたちの数を記録した。それからどちらかの領域における活動に実際に参加している子どもたちの数を記録した。彼らはこれらのデータを必修参加活動か選択参加活動に参加する子どもたちの独立した百分率としてそれぞれ報告した。

　ダイヤーら（Dyer, Schwartz, & Luce, 1984）は、プラチェックのバリエーションを使い、居住施設で生活する障害児が年齢相応の機能的活動に従事した百分率を測定した。子どもたちは観察エリアに入ると、彼らが従事する活動を決定するために必要な時間が続く限り、個別に観察され

第4章 行動を測定する

測定方法	1	2	3	4	5	6	7	8	9	10	
持続時間											55%
WI	−	−	＋	＋	−	−	−	＋	−	−	30%
PI	−	＋	＋	＋	−	＋	−	＋	＋	＋	70%
MTS	−	＋	＋	＋	−	−	−	＋	＋	−	50%

連続して観察されたインターバル

▓ ＝ 連続的持続時間記録法によって測定された実際の行動の生起
＋ ＝ インターバル中に起こっていると記録された行動
− ＝ インターバル中に起こっていないと記録された行動

WI ＝ 全インターバル記録法
PI ＝ 部分インターバル記録法
MTS ＝ 瞬間タイムサンプリング法

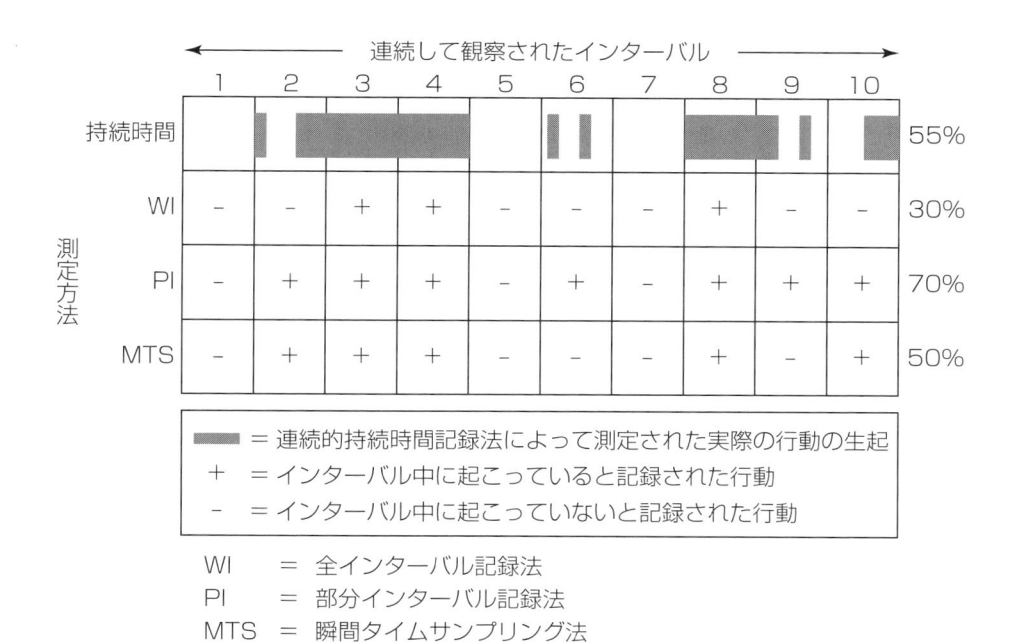

図4.9 異なる３つのタイムサンプリング法によって収集された同じ行動の測度と、連続的持続時間記録法によって収集された測度の比較

た。子どもたちはあらかじめ決定された順序で、１人当たり10秒を超えないように観察された。

　文献にはプラチェック測定のほかのバリエーションも見出せる。もっともそれらは通常、タイムサンプリング、ないし瞬間タイムサンプリングと呼ばれている。例えば、日々の算数の授業において、小学３年生が示す妨害行動に及ぼす反応カードの効果を検討する研究において、アーメンダリスとアンブライト（Armendariz & Umbreit, 1999）は、教室の個々の子どもたちが妨害的な行動をしていた１分インターバルを記録した。反応カードを使わないすべての（ベースライン）セッションにおいて収集されたプラチェックデータを組み合わせて、それらの結果を個々の１分マークにおいて妨害的だった子どもたちの百分率としてグラフ化した。そしてすべての反応カードセッションのプラチェックデータに関して同じことを行った。アーメンダリスとアンブライトは、通常の授業の始めから終わりまで、反応カードが使われた場合と使われなかった場合の「グループ行動」における違いを示す明瞭で強力なイメージを作り出した。

（５）タイムサンプリング測度における人為的変動性を認識する

　すでに述べたように、すべてのタイムサンプリング法は、行動が実際に起こる推定値を提供するにすぎない。測定サンプリング手続きが違えば、異なる結果が生み出される。それは決定と解釈に影響を及ぼす可能性がある。図4.9は同じ行動を異なるタイムサンプリング法を使って測定することによって得られる結果が、いかに異なるかを例示する。陰影部分は切れ目のない10インターバルに分割された観察期間の中で、行動がいつ起こっているかを表している。陰影部分

は、行動の3つの次元量のすべてを明らかにする。すなわち、再現性（行動の7つの生起例）、時間的広がり（それぞれの反応の持続時間）、時間上の場所（反応間時間は陰影部分の間のスペースによって描かれる）である。

　応用行動分析学において使われるタイムサンプリング法は、たいてい、行動が起こる全観察期間の比率（プロポーション）の測度とみなされ、解釈される。そのため、タイムサンプリング法の結果と、持続時間の継続的測定とを比較することが重要になる。継続的測定は、図4.9に描かれた行動が観察期間の時間の55％において生起したことを明らかにする。同じ観察期間の同じ行動が全インターバル記録法を使って記録した場合、その測度は行動の実際的生起を著しく過小評価し（すなわち33％ 対 55％）、部分タイムサンプリング法では実際の生起を著しく過大評価し（すなわち70％ 対 55％）、瞬間的タイムサンプリング法は行動の実際的生起に極めて近い推定値を生み出す（50％ 対 55％）。

　瞬間タイムサンプリング法が、実際の行動に最も近い近似値測度を生み出すということは、それがいつも好もしい測度であることを意味しない。観察期間における行動の異なる分布（すなわち時間上の場所）は、図4.9に示されるセッションと同じ総頻度と持続時間においてさえ、3つのタイムサンプリング法のそれぞれから非常に異なる結果を生み出すだろう。

　さまざまな測定方法から得られた測度の間の食い違いは、通常、それぞれの方法の相対的正確さ、ないし不正確さによって説明される。しかし、正確さはここでは問題ではない。もし図4.9の陰影部分が行動の真の数値を代表しているとすれば、それぞれのタイムサンプリング法は完全な正確さで行われていたことになり、その結果としてのデータは、それぞれの方法を適用することによって得られたはずである。測定方法の1つの不正確な使用例としては、例えば全インターバル記録法を使う観察者が、図の「インターバル2」において起こっている行動に印をつけてしまったものの、全インターバル記録法のルールに従えばその行動は起こっていなかったという場合がある。

　しかし、その行動は観察期間に実際には55％起こっていたとして、もし不正確ではないとすれば、30％と70％という人を惑わせる誤った測度を、何と呼ぶべきだろうか？　この場合、人を誤らせるデータはそれらを収集するために使われた測定手続きのアーティファクト（人工産物）である。**アーティファクト**（artifact）は、調査され測定される方法を原因として存在するようになると考えられるものである。全インターバル記録法で収集された30％という測度と、部分インターバル記録法で収集された70％という測度は、それらの測度が実行された方法によってもたらされたアーティファクトである。全インターバル記録法と部分インターバル記録法によって収集されるデータは、連続的持続時間記録法によって測定される行動の実際の生起を、それぞれ一貫性をもって、過小評価し過大評価するという事実は、よく知られているアーティファクトの例である。

　インターバル測定と瞬間タイムサンプリング法は、結果として明らかにデータに何らかのアーティファクトとしてのばらつきをもたらす。このことはこれらの測定方法によって収集される結果を解釈する場合、慎重に考慮されなければならない。測定のアーティファクトが起こるいくつかの一般的原因と、それらをいかに回避するかについては、第5章で考察する。

Ⅳ 永続的所産によって行動を測定する

　行動は、人の行為を観察して、興味ある反応が起こるがままに記録することによって、リアルタイムで測定することができる。例えば教師は、ある子どもがクラス討論において、挙手する回数を記録し続けることができる。行動の中には、行動が環境に及ぼす影響を、起こるがままに記録することによって、リアルタイムで測定できるものがある。例えば野球の打撃のインストラクターは、バッターが投球を2塁の右翼側に打つたびに、携帯カウンターの針を進める。

　行動の中にはリアルタイムではなく、それが起こった後で測定できるものがある。環境に一貫性のある影響を与える行動は、もしその影響ないし所産がその行動によって後に残され、測定が行われるまでそれが変化せず残される場合は、行動が起こった後に測定することができる。例えば、野球のバッティングの練習中に、バッターが打ったボールのフライトが妨げられず、ボールがグラウンド上に転がっていたとすれば、打撃のインストラクターは、そのバッターの番が終わってから、2塁の右翼側のフェアグラウンドに転がっている1つ1つのボールを数えることによって、そのバッターの遂行に関するデータを収集することができるだろう。

　行動が起こった後、その行動が環境にもたらした影響を測定して行動を測定することは、**永続的所産による測定**（measurement by permanent product）として知られている。永続的所産を測定する方法は、データ収集の遡及的な方法である。測定が行動の生起後に行われるからである。永続的所産とは、行動によってもたらされた環境の変化であり、測定が行われるまでそのままに十分長くとどまるもののことである。

　永続的所産による測定は、しばしば行動を測定する方法として誤って記述されるが、一定の測定手続きや方法を指すものではない。そうではなくて永続的所産による測定とは、測定の時間（すなわち行動が起こってしまった後）と、測定者がそれによってその行動と接触する（すなわち観察する）媒体（すなわち行動そのものではなく行動がもたらした結果ないし影響）を意味する。本章で説明した行動測定の方法（事象記録法、時間計測法、タイムサンプリング法）は、すべて永続的所産の測定にも適用することができる。

　永続的所産は、行動の自然な結果であることもあれば、人為的に作られた結果であることもある。永続的所産は、教育環境や、職業環境や、家庭環境や、地域社会環境で起こる、社会的に重要な幅広い行動の、自然で重要な結果である。教育における例としては、書かれた作文（Dorow & Boyle, 1998）、書かれた算数問題の計算（Skinner, Fletcher, Wildmon, & Belfior, 1996）、書かれた単語綴り（McGuffin, Martz, & Heron, 1997）、仕上げられたワークシート（Alber, Heward, & Hippler, 1999）、提出された宿題（Alber, Nelson, & Brennan, 2002）、解答されたテスト問題（例えば、Gardner, Heward, & Grossi, 1994）、などがある。モップによる床掃除や食器洗い（Grossi & Heward, 1998）、失禁（Adkins & Matthews, 1997）、トイレの落書き（Mueller, Moore, Deggett, & Tingstrom, 2000）、リサイクリング（Brothers, Kranz, & McClannahan, 1994）、ゴミ拾い（Powers, Osborne, & Anderson, 1973）も同様に、行動が環境にもたらす自然で重要な変化によって測定することができる。

　社会的に重要な多くの行動は、物理的環境に直接の影響を与えない。朗読する、よい姿勢で座

る、反復的に指を振るは、通常環境に自然な所産を残さない。それにもかかわらず、これらの行動の遡及的な測定は、人為的に作られた永続的所産を介して、しばしば実現する。例えば、子どもたちの朗読を録音する（Eckert, Ardoin, Daly, & Martens, 2002）、女の子が教室で座っている様子をビデオ録画する（Schwarz & Hawkins, 1970）、男の子が手をひらひらさせている様子をビデオ録画する（Ahearn, Clark, Gardenier, Chung, & Dube, 2003）などによって、研究者はこれらの行動を測定するための人為的な永続的所産を収集した。

人為的な永続的所産は、ごく一時的に自然な永続的所産をもたらす行動を測定するために、役に立つことがある。例えば、ゲッツとベア（Goetz & Baer, 1973）は、子どもたちが組み立てた立体構成の写真をもとにして、子どもたちの積み木積みの形態のバリエーションを測定した。トゥーヒグとウッド（Twohig & Wood, 2001）は、爪噛みをする人の手の写真から、指の爪の長さを測定した。

1．永続的所産による測定の長所

永続的所産による測定は、実践家と研究者に対して、多くの便宜を提供する。

（1）実践家は自由に別の課題をすることができる

行動が起こっているところを観察し記録する必要がないならば、その観察期間に実践家は何か別のことをすることができる。例えば、クラス討論における子どもの質問やコメントやおしゃべりを、テープレコーダーによって記録する教師は、子どもの発言に集中し、個別に支援するなど、いろいろなことができる。

（2）不便なアクセスできない時間や場所で起こる一部の行動の測定を可能にする

社会的に重要な多くの行動は、研究者や実践家にとって不便な、またはアクセスできない時間と場所で起こる。行動がまれに起こる、さまざまな環境で起こる、長時間にわたって起こるなどのため、標的行動が起こる現場で観察しにくい場合、永続的所産を測定しなければならない。例えば音楽の教師ならば、ギターを学ぶ生徒に、家で毎日行う練習セッションの一部をテープレコーダーで記録させることができる。

（3）測定がより正確になり、完全になり、継続的になる可能性がある

現場で起こるがままに行動を測定すれば、データに最も直接的にアクセスできるが、必ず最も正確で、完全で、代表的なデータを得られるとは限らない。永続的データを使って行動を測定する観察者は、マイペースで、ワークシートを採点し直し、ビデオテープを視聴し直すことができる。ビデオテープをゆっくり再生し、止め、セッションの一部を繰り返すことができる。文字通

り行動を「動かさずじっとさせ」、必要に応じて何度も何度も検査し測定することができる。観察者は行動のさらなるニュアンスや側面を、またライブパフォーマンスのときは見過ごし、全く気がつかなかったほかの行動を視聴することができる。

　永続的所産による測定は、より多くの参加者に関するデータの収集を実現する。観察者はビデオテープを一度見て、1人の参加者の行動を測定し、次にまたテープを再生して、2人めの参加者の行動を測定することができる。

　ビデオやテープへの行動の記録は、標的行動の全生起例に関するデータを提供する（Miltenberger, Rapp, & Long, 1999; Tapp & Walden, 2000）。行動のすべての生起例の永続的所産を残すことは、後で内蔵目盛り付きデジタルタイマー（例えばビデオカセットレコーダー）を使ってスコアリングしたり、セッション開始時点で0秒または第1フレームを設定したり、行動の開始と終了の正確な時間を記録したりするために適している。さらにソフトウエア・プログラムによって、正確な時間計測に基づくデータ収集と分析が促進される。PROCORDERは、ビデオ録画された行動の収集と分析を促進するソフトウエア・システムである。ミルテンバーガーらによれば「観察セッションにおける標的行動の開始と終了の正確な時間を記録することによって、行動の頻度や持続時間を報告することができる」(p. 119)[10]。

（4）観察者間一致と治療の完全性のためのデータ収集を促進する

　ビデオテープとオーディオテープは、観察者間一致データの収集（第5章を参照）や、治療の完全性の査定（第10章）などのデータ収集課題に役立つ。行動の永続的所産は行動の反復測定を可能にする。それは研究や治療の場面に多くの観察者を動員する必要を取り除く。

（5）複雑な行動や多重反応クラスの測定を可能にする

　永続的所産、とりわけ行動のビデオ記録は、忙しい社会環境における複雑な行動や多重反応クラスを測定する機会を与える。シュワルツとホーキンス（Schwarz & Hawkins, 1970）は、2回の授業時間に撮影されたビデオテープから1人の小学生の姿勢と、声の大きさと、顔を触る癖の測度を収集した。その女の子の「低い自尊感情」を操作的に定義した結果、標的としてこの3つの行動が選ばれた。研究者は、そのテープを反復してみることにより、異なる行動に関してスコアリングすることができた。この研究では、介入の一部として、女の子自身にビデオテープの自分の行動を視聴させ、評価させることにした。

　図4.10は、シルベストリ（Silvestri, 2004）によって使われた記録用紙の例である。それによっ

注10：エドワードとクリストファーセン（Edwards & Christophersen, 1993）は、2時間から400時間の範囲（レンジ）の観察期間に起こる行動を1回2時間のテープタイムサンプルに自動的に記録する低速度撮影ビデオテープレコーダー（TLVCR）について記述した。12時間記録するようプログラムされたTLVCRは、毎秒0.10を記録する。このようなシステムは、非常に頻度の低い行動や、長期間にわたって生起する行動（例えば子どもの睡眠行動）を記録するのに便利である。

て教師による3種類の言葉（全体的なプラスの言葉、特定的なプラスの言葉、特定的なマイナスの言葉）を測定した（これらの行動の定義については、図3.7を参照）。動きと、多くの声と、全体的混乱が教室の全般的特徴である場合、それらが組み合わされれば、ライブ・オブザーバーがこれらの行動を一貫して検知し、正確に記録することは、不可能ではないにしろ、極めて困難になるだろう。この研究では、参加者である個々の教師は、小さなワイヤレスマイクを装着した。それを通じてカセットテープレコーダーに接続されたレシーバーに信号を送った。

2．永続的所産による測定は適切か否かを判断する

　永続的所産による測定には著しい長所がある。そのため永続的所産による測定はリアルタイム測定より好ましいかのように見える。次に示す4つの質問に答えることは、研究者と実践家が、永続的所産による測定が適切かどうかを判断するために役立つだろう。リアルタイム測定は必要か？　行動は永続的所産によって測定できるか？　仕組まれた永続的所産の収集は行動に不当な影響を与えるか？　コストはどれくらいか？

（1）リアルタイム測定は必要か？

　治療手続きと実験条件について、データに基づいて意思決定をすることは、応用行動分析学の定義的特徴であり、主たる長所の1つである。データに基づく意思決定は、行動の直接で頻繁な測定以上のものを要求する。それはまた、測度がもたらすデータに対して時々刻々のタイムリーなアクセスを必要とする。行動が起こる現場で測定することは、データへの最も直接的なアクセスを実現する。リアルタイムで永続的所産を測定することは、一定の場面では実現できる（打者がバッティング練習するとき、2塁の右翼に着地した打球を1つ1つ数える）。しかし永続的所産による測定は、ほとんどの場合、指導（インストラクション）や実験セッションが完了した後になされる。

　ビデオテープやオーディオテープから得られる測度は、セッションが終了した後、テープを見直すまでは、収集することができない。この行動から測定までの時間差は、治療上の意思決定をセッションごとのベースで行う場合でも、次のセッションの前までにデータがテープから収集される限り、問題にならない。しかしセッション中の参加者の行動に応じて、そのときどきに治療上の意思決定をしなければならない場合は、リアルタイムの測定が必要になる。例えば、行動分析家が、ある人の自傷行動（SIB）の割合を、その人が自傷行動をしない時間を長くしていくことを条件として、好きな刺激にアクセスさせることによって減らそうとする場合について、考えてみよう。この治療手続きを正確に実践するためには、反応間時間（IRT）をリアルタイムで測定しなければならないだろう。

第4章 行動を測定する

参加者　　T1　　　セッション日　　4/23　　　実験条件　　　自己採点の般化
観察者　　スーザン　　観察日　　4/23　　　観察期間　　15:00　　　小数　　15.0

プラスの言葉、マイナスの言葉、対応時間指標、反復発言時間指標を以下の欄に転記する。

全体的な プラスの言葉 （文頭表記）	時間 指標	反復時間 指標		特定的な プラスの言葉 （文頭表記）	時間 指標	反復時間 指標		特定的なマイ ナスの言葉 （文頭表記）	時間 指標	反復時間 指標	
よくできた	0:17	1:37	3:36	友だちのお手伝い、よくできたね。	1:05						
		4:00	4:15								
		7:45	9:11	おしゃべり我慢してくれてありがとう。	1:57	2:10	3:28				
		10:22	10:34								
お見事	0:26	1:44	1:59	うまい！とても難かしい言葉だね。	2:45	6:53	8:21				
		9:01	11:52			9:56					
		13:09		えらい。ちゃんと挙手したね。	3:37	4:33					
うまいね	0:56	1:22	4:42	よくできた！これ新しい単語だよ。	3:46						
		5:27	5:47								
		6:16	6:38	集中して聞いてくれてありがとう。	4:56						
		8:44	9:25								
賢いな	5:14	7:06	11:59	書かなかったんだね。ありがとう。	7:50						
ハイタッチ	8:00										
カウント 28	反復 % 83%			カウント 13	反復 % 46%			0	反復 %		
分当たり数 1.9				分当たり数 0.9							
プラスの言葉総数 カウント 41				分当たり数 2.7	反復 % 71%						

図4.10　ビデオ録画セッションからの教師の3クラスの発言と時間上の場所を記録するデータ収集用紙

From *The effects of self-scoring on teachers' positive statements during classroom instruction* by S. M. Silvestri (2004), p. 124. Unpublished doctoral dissertation, The Ohio State University. Used by permission.

（2）その行動は永続的所産によって測定できるか？

　すべての行動が永続的所産による測定に適しているわけではない。一部の行動は、測定という目的から見れば信頼性に乏しいかなり永続的な環境への変化をもたらす。例えばSIBは、しばしば、その行動が生起した後に初めて測定することのできる長期的影響（打撲傷、ミミズばれ、皮膚の裂傷や出血）を生み出す。しかしSIBの正確な測度は、クライアントの体を定期的に検査するようにしても、得ることができない。変色した皮膚、すり傷、その他同様の印の存在は、その人の体が傷つけられていることを示唆するが、多くの重要な問題がうやむやのまま残されることになる。SIBは何回ぐらい生起したか？　皮膚上に観察可能な印を残さないSIB行為は存在したか？　組織の損傷の個々の例は、SIBの結果といえるか？　これらはどんな治療であれ、その効果を評価するための重要な問題である。しかし、これらの永続的所産は、SIBを測定するためには、十分正確であるとはいえないので、それらの問題に確信をもって答えることはできない。永続的所産による測定に適合する行動は、次の2つのルールを満たさなければならない。

　ルール1：標的行動の1つ1つの生起は、同じ永続的所産を生みださなければならない。永続的所産は、測定される反応クラスのすべての例による結果でなければならない。標的行動のトポグラフィー上のすべての変異形と、標的行動の定義を満たすさまざまなマグニチュードのすべての反応は、同じ永続的所産を生み出さなければならない。従業員の労働生産性を、本人の「完成品」の箱の中にある正しく組み立てられた製品の数を数えることによって測定することは、このルールに合致する。このケースにおける標的行動の生起は、正しく組み立てられた製品として機能的に定義される。皮膚上のマークによってSIBを測定することは、ルール1を満たさない。SIBの中には識別できるマークを残さないものがあるからである。

　ルール2：その永続的所産は、その標的行動によってのみ生み出される。このルールは、その永続的所産が、(a)参加者による標的行動以外のいかなる行動、または(b)参加者以外のいかなる人間の行動によっても、決して生み出されないことを要求する。従業員の「完成品」の箱の中の正しく組み立てられた製品の数を使って彼の生産性を測定することは、(a)その従業員が箱の中に自分が組み立てなかった製品を入れていないこと、(b)その従業員の箱の中の組み立てられた製品は、その従業員以外の誰かによって入れられたものではないことを観察者が確認できる場合に限って、ルール2に合致する。自傷行動の測定に、永続的所産として皮膚上のマークを使うことは、ルール2を満たすことにまたしても失敗する。皮膚上のマークは、ひょっとすると本人の別の行動の所産（例えば、早く走り過ぎてつまずいて頭を打つ、ツタウルシの中に踏み込む）かもしれないし、ほかの人々の行動（例えば、ほかの人に殴られる）の所産かもしれないからである。

（3）人為的な永続的所産の収集は、行動に不当な影響を与えるか？

　実践家と研究者は必ず、リアクティビティー（reactivity）を考慮しなければならない。すなわち測定手続きが、測定される行動に及ぼす影響である。リアクティビティーは、観察と測定の手続きが、ひどく目立つ場合に起こる。ひどく目立つ測定は環境を変化させる。その環境変化が測定される行動に影響を与える。録音装置を使って得られた永続的所産は、それが存在したことによって、人の行動を変化させた恐れがあるため、人為的な永続的所産（contrived permanent product）と呼ばれる。例えばテープレコーダーを使って会話を録音すると、そのことが参加者をいつもより多弁にするかまたは無口にする。しかし、人間の観察者の存在に対するリアクティビティーは、ありふれた現象であり、リアクティビティー効果は、通常、一時的であることを認識しておくべきである（例えば、Haynes & Horn, 1982; Kazdin, 1982, 2001）。たとえそうであったとしても、その装置が標的行動に及ぼす影響を予想しておくべきである。

（4）永続的所産を収集し測定するためにコストがどれくらいかかるか？

　標的行動を永続的所産によって測定することの適否を判断するために考慮すべき最後の問題は、入手可能性と、コストと、努力である。もし人為的な永続的所産を得るために、記録装置が必要とされる場合は、その装置は入手可能か？　もし入手できなければ、その装置を購入するか借用するために、どのくらいのコストがかかるか？　その装置の使用法を学習するのに、最初どれくらい時間がかかるか？　その装置を使って研究や行動改善プログラムを行う間に、それを組み立て、貯蔵し、活用することはいかに難しく、時間がかかるか？

V　コンピューター支援による行動の測定

　行動の測定とデータ分析のためのコンピューターのハードウエアソフトウエアのシステムは、特に応用研究者にとって、ますます精巧で便利なものになっている。開発者は、ラップトップや（Kahng & Iwata, 2000; Repp & Karsh, 1994）、ノートパソコンや（Saundargas & Bunn, 1989）、携帯情報端末（Emerson, Reebver, & Felce, 2000）を利用する観察測定用のデータ収集分析ソフトウエアを開発した。システムの中には、データ収集用にバーコードスキャナーを用いるものもある（例えば、McEntee, Saunders, 1997; Saunders, Saunders, &Saunders, 1994; Tapp & Wehby, 2000）。ほとんどのコンピューターソフトウエア・システムは、DOSかウインドウズのオペレーティング・システムも必要としている。少数ではあるがMac OS用のソフトウエア・システムも開発されている。コンピューター・オペレーティング・システムのいかんにかかわらず、カーングとイワタ（Kahng & Iwata, 2000）は、次のように述べている。

　　これらのシステムは、紙と鉛筆をベースとする伝統的で厄介な方法と比べて、記録の信頼性と正確性を改善することによって、観察という課題を容易にし、データの計算とグラフ化の効率性

を改善する可能性を秘めている。(p.35)

　マイクロチップテクノロジーの発達は、これらのシステムの測定とデータ分析能力を高め、そのソフトウエアをますます学習しやすく、応用しやすいものに変えている。これらの半自動式システムの多くは、不連続試行、単位時間当たり反応数、持続時間、潜時、反応間時間（IRT）、タイムサンプリング用固定インターバルと変動インターバルなど、多数の事象を記録することができる。これらのシステムは、率、持続時間、潜時、IRT、インターバル百分率、試行百分率、条件つき確率として計算されたデータを提示することができる。

　コンピューターベースの観察測定システムの明らかな長所は、事象の率や、時系列分析や、条件つき確率や、直列依存や、相互関係や、組み合わせを統合する場合、これらのデータがクラスター化され、分析される可能性があることである。これらのシステムは、多くの次元にわたる多くの行動を同時記録することを可能にするため、紙と鉛筆という方法では難しく、時間のかかるさまざまな視点から、アウトプットを検討し分析することを可能にする。

　行動を記録しデータを計算することに加えて、これらのシステムは、観察者間一致（例えば、小およびまたは大、全体、生起、非生起）の分析や、オーディオ・ビデオ・ドキュメントからの測定も提供する。半自動式コンピューター駆動システムは、広く使われる紙と鉛筆によるデータ記録と分析方法と比べて、観察者間一致、観察測定の信頼性、データ計算の効率を改善する可能性を秘めている（Kahng & Iwata, 1998）[11]。

　コンピューター支援測定システムは非常に効率的であり、かつ利用しやすい。そこから生じる実際的価値は、現在は機械的計算機やタイマーや紙と鉛筆を使って観察記録する応用研究者や実践家に、それらを一層活用するように促すだろう。

まとめ

応用行動分析学における測定の定義と機能

1．測定とは、出来事を観察して得られた特性に、数量ラベルをつける過程である。そうするためには、一連の標準的な規則を使う。

2．測定とは、科学者が経験論（訳注：経験を認識の根拠とする主張）を操作化する方法である。

注11：さまざまなコンピューター支援行動測定システムの特徴と可能性についての説明は、次の文献に示されている。Emerson, Reebver, & Felce(2000)；Farrell (1991); Kahng & Iwata (1998, 2000); Repp, Harman, Felce, Vanacker, & Karsh(1989); Saunders, Saunders, &Saunders(1994); Tapp & Walden(2000); Tapp & Wehby (2000)。

3. 科学知識の3水準は、記述、予測、制御であるが、測定なしにはすべて当て推量と、主観的意見になってしまう。

4. 応用行動分析家が問うのは、「社会的に重要な行動と環境変数との間に関数関係が存在するか、存在するとすればその性質はどのようなものか？」である。行動を測定することによって、この問いに対する答えを手に入れる。

5. 実践家は、総括的評価と、形成的評価を行う。総括的評価は、介入の前後に行動を測定して、介入の全体的効果を評価するために行う。形成的評価は、介入中の行動を頻繁に測定して、介入を継続するか、修正するか、終結するかを決定するために行う。

6. 実践家は、介入目標としての行動を、頻繁に測定しなければならない。そうしないと、(a) 効果のない介入を、実際には行動が改善していないのに継続するか、(b) 効果のある介入を、主観的判断では改善を発見できないために停止することになる。

7. 測定を使えば、実践家にとって、次のメリットが生じる。①自らの実践家としての有効性を最適化することができる。②「エビデンスベース」として喧伝されている実践が本物かどうか検証できる。③えせ科学、流行、ファッション、イデオロギーによる介入を突き止めることができる。④クライエント、消費者、従業員、社会に対して、アカウンタビリティー（訳注：客観的手段で実績を説明する責任）を果たすことができる。⑤倫理基準を達成することができる。

測定できる行動の次元

8. 行動は時間内と時間間で起こる。それゆえ、3つの次元量をもつ。①繰り返しの次元（カウント）、②時間の広がりの次元（持続時間）、③時間上の場所の次元（行動が起こる時点）。これらの性質は、単独で、または組み合わせて使われる。応用行動分析家が使える基本的測度と派生的測度の詳しい解説については、表4.1を参照。

9. カウントとは、反応の数である。参加者が観察期間中に自発する反応数である。

10. 率、ないし頻度とは、観察期間当たりのカウントの比率である。標準時間単位当たりのカウントとして表現されることが多い。

11. セラレーションとは、単位時間当たりの反応率における変化（加速または減速）の測度である。

12. 持続時間とは、行動が起こる時間の量である。

13. 反応潜時とは、刺激開始から、その後に起こる反応の開始までの間に経過した時間という測度である。

14. 反応間時間（IRT）とは、ある反応クラスに含まれる2つの連続生起例の間で経過する時間の量である。

15. 百分率は、同一次元量を組み合わせて作る比率のことである。事象が起こる100機会当たりの、実際の事象生起回数を単位とする、事象の比例量として表す。

16. 基準達成試行とは、既定の遂行水準を達成するために必要な反応機会の数という測度である。

17. 反応には、形状（すなわちトポグラフィー）と、強さ（すなわちマグニチュード）がある。これらは、行動の基本的次元量ではないが、多くの反応クラスの生起を定義し立証するための重要な量的媒介変数である。

18. トポグラフィーとは、行動の物理的形状、ないし外形である。

19. マグニチュードとは、反応が自発されるときの強さ、ないし激しさである。

行動を測定する手続き

20. 事象記録には、さまざまな手続きが含まれる。観察対象である行動が観測された回数を検出し、記録する手続きである。

21. 持続時間、反応潜時、反応間時間の測定のためには、さまざまな時間計測装置と手続きが使われる。

22. タイムサンプリングとは、インターバル中か、特定の瞬間に起こる行動を観察し記録するさまざまな方法のことである。

23. 観察者が、全インターバル記録法を使うときは、観察期間を一連の等しい長さの時間インターバルに分割する。そしてそれぞれのインターバルの終了時点で、標的行動がそのインターバルの初めから終わりまで、連続して生起していたかどうかを記録する。

24. 観察者が、部分インターバル記録法を使うときは、観察期間を一連の等しい長さの時間インターバルに分割する。そしてそれぞれのインターバルの終了時点で、行動がそのインターバ

25. 観察者が、瞬間タイムサンプリング法を使うときは、観察期間を一連の時間インターバルに分割する。そしてそれぞれのインターバルが終了するその特定の瞬間において、標的行動が生起したかどうかを記録する。

26. プランド・アクティヴィティー・チェック（プラチェック）とは、瞬間タイムサンプリングのバリエーションである。観察者はグループ内の個々人が標的行動に従事したかどうかを記録する。

27. 測定のアーティファクトは、タイムサンプリング法でよく起こる。

永続的所産によって行動を測定する

28. 行動が起こった後に、環境に及ぼした影響を測定して、行動を測定する方法は、永続的所産による測定である。

29. 人が作り出した永続的所産によって、多くの行動を測定することができる。

30. 永続的所産による測定には、多くの長所がある。実践家は自由にほかの課題をすることができる。不便な、またはアクセスできない時間と場所で起こる行動を測定することができる。測定がより正確になり、完全になり、継続的になる。観察者間一致と、介入の完全性についてのデータの収集を促進する。複雑な行動と多くの反応クラスの測定を可能にする。

31. もしセッション中のそのときどきで、治療の意思決定を行わなければならないときは、永続的所産による測定は望ましくない。

32. 永続的所産による測定にふさわしい行動は、2つのルールを満たさなければならない。ルール1：標的行動の個々の生起例は、同一の永続的所産を生み出さなければならない。ルール2：その永続的所産は、その標的行動によってのみ生み出すことができる。

コンピューター支援による行動の測定

33. 行動測定とデータ分析のためのコンピューターのハードウエアとソフトウエアのシステムは、ますます洗練され、使いやすくなっている。

34. 開発者は、データ収集・分析用ソフトウエアを開発した。それは、ラップトップ、携帯（ハ

ンドヘルド）コンピューター、携帯情報端末（PDA）、デスクトップコンピューターを活用して観察測定するソフトウエアである。

35. 一部のシステムは、多くの次元にわたる、多くの行動の、同時記録を可能にする。そのアウトプットは、紙と鉛筆では困難であり時間もかかるようなさまざまな角度から、検討し分析することができる。

第5章
行動測定の質を改善し査定する

キーワード

正確さ、信憑性、カリブレーション、継続的測定、直接的測定、非継続的測定、各インターバルカウント完全IOA、間接的測定、観察者間一致（IOA）、各インターバルIOA、各インターバルカウント平均IOA、各生起平均持続時間IOA、測定バイアス、研究情報を知らない観察者、観察値、観察者間ドリフト、観察者のリアクティビティー、信頼性、記録されたインターバルIOA、全カウントIOA、全持続時間IOA、各試行IOA、真の値、記録されなかったインターバルIOA、妥当性

行動分析士資格認定協会®BCBA® & BCaBA®
第4版課題リスト©

	Ⅱ　クライエントを中心に据えた専門家としての責任
J-15	意思決定はさまざまな書式で表示されたデータに基づいて行う。
K-03	行動査定と行動改善の手続きを遂行する責任者に対して、コンピテンシー・ベースの訓練を設計し活用する。
	Ⅲ　基礎知識
FK-48	連続的測定手続きと非連続的測定手続き（例えば、部分インターバルおよび全インターバル記録、瞬間タイムサンプリング）を使う長所と短所を述べる。

©2012　行動分析士資格認定協会®（BACB®）。不許複製。この文書の最新版は、www.bacb.comから入手できる。この文書の転載、複写、配布の請求と、この文書についての質問は、BACBに直接問い合わせられたい。

行動を測定して得られるデータは、行動分析学の研究者と実践家にとって、自らの仕事を導き評価するための1次資料である。応用行動分析家は社会的に重要な行動を測定する。そうすることによってどの行動を改善する必要があるかを決定するための手助けとし、さまざまな介入が改善の標的となる行動に及ぼす影響を比較し、行動改善の獲得と維持と般化を評価する。

　研究者としてであれ、実践家としてであれ、行動分析家のすることの非常に多くが、測定に左右される。そのため、測定のもたらすデータの正当性について考慮することを最優先にしなければならない。そのデータはその行動を測定する本来の理由を正しく反映しているか？　そのデータは、行動が実際に起こった大きさを表しているか？　そのデータは行動と矛盾しない実像を提供するか？　言い換えれば、そのデータは信頼できるか？

　第4章では行動の測定可能な次元を同定し、応用行動分析学において最も頻繁に使われる測定方法について説明した。本章では行動測定の質を改善し、査定することに焦点を当てる。まず信頼できる測定の本質的指標である、妥当性、正確性、信頼性を定義することから始める。次に測定に対する一般的な脅威を同定して、脅威とどう戦うかを提案する。本章の最終節では、行動測定の正確性、信頼性、信憑性を査定する手続きを詳しく説明する。

I　信頼できる測定の指標

　　友人のジョン、ティム、ビルが、3人そろってサイクリングに出かけた。走り終わったときジョンが、ハンドルについているバイクコンピューターを見て、「68マイル走ったよ。最高だ！」といった。「僕のコンピューターは67.5マイルだ。よく走ったね、みんな」とティムが答えた。3人めのビルが、自転車を降りて、背中をさすりながら、「うわあ、ひぇー、痛てぇ！　100マイルは走ってるよ！」といった。数日後、3人の友人は同じルートを走った。2回めのサイクリングを終わると、ジョンのコンピューターは68マイルになっていた。ティムのコンピューターは70マイルだった。そしてビルは、最初のサイクリングよりも痛みがひどくなかったので、今度は90マイルだよと言った。同じカントリーロードを3回目に走破したジョン、ティム、ビルは、それぞれ68、65、80マイルと報告した。

　サイクリスト3人が報告した測度はどれだけ信頼できるだろうか？　3人の友人のデータのうち、どれが走ったマイルの科学的説明に使えるか？　科学に最も役立つためには、測定は妥当であり、正確であり、信頼できるものでなければならない。3人の友人の測定は、妥当性、正確性、信頼性という特徴を備えていたか？

1.　妥当性

　測定が生み出すデータが、測定された現象と、それを測定する理由とに、直接関連しているとき、測定は**妥当性**（validity）をもつ。測定の妥当性を判断する場合は、次の問いをよく考えなければならない。研究の焦点である行動の関連次元が、直接、筋道通り、測定されたか？

3人のサイクリストが走ったマイルの測定には妥当性があるか？ 3人は毎回どれくらいの距離を走ったかを知りたかった。それゆえ走行マイル数は、自転車に乗る行動に関連する次元、すなわち妥当性をもつ次元だった。もし3人の主要な関心が、どれくらい長く、またはどれくらい速く走れたかであったならば、走ったマイル数は妥当な測度とはいえなかっただろう。ジョンとティムが走行マイルを直接測定するため、自転車のコンピューターを利用したことは、妥当な測度だった。ビルは自分が走ったマイル数を測定するため、非直接的測度（自分の背中の相対的圧痛）を使った。そのため、ビルのマイレージデータの妥当性は疑わしいものになる。測定対象となる実際の行動の直接的測度は、間接的測度よりも常により妥当性が高くなる。なぜなら直接的測度は、興味の対象となっている行動との関連性について、推論を要しないからである。一方、非直接的測度は、そのような推論を必ず必要とする。痛みは走った距離と関連しているかもしれないが、それはまた自転車のサドルにまたがって乗っていた時間や、道路のでこぼこの度合いや、走行スピードや、その人が最近どれほどたくさん（または少なく）自転車に乗っていたかなどの要因にも影響されるので、マイレージの測度としての痛みは、ほとんど妥当性を持たないことになる。

　応用行動分析学における妥当な測定に必要なものは、次に示す等しく重要な3成分である。(1)社会的に重要な標的行動（第3章を参照）を直接測定する、(2)その行動についての問題や関心に関連する標的行動の次元（例えば、率、持続時間）（第4章を参照）を測定する、(3)データがその行動についての問題や関心に最も関連する条件と時間帯で生じる行動生起を確実に代表させるようにする。これらの成分のいずれかに疑問があるかまたは欠如している場合は、そのデータを導きだした測定がいかにテクノロジーとしては優れていても（すなわち正確であり信頼できるものであっても）、結果として得られるデータの妥当性は危うくなり、おそらく無意味なものになるだろう。

2．正確性

　正確性（accuracy）という言葉は、測定との関係で使われる場合、**観察値**（observed value）、すなわ事象を測定することによって得られる数量的ラベルが、その事象が自然に存在する通りの真の状態、ないし真の値と一致する程度を意味する（Johnston & Pennypacker, 1993a）。言い換えれば、測定は測定された事物の真の値と合致すればするほど正しいものになる。**真の値**（true value）とは、評価されるデータを生み出した手続き、そしてそれに対して研究者が「考えうるあらゆる誤りの源泉を確実に回避しまたは除去するため、特別な並外れた予防策を講じた」（p. 136）手続きから独立した、それとは異なる手続きによって得られる測度のことである。

　さきの3人のサイクリストの走行マイル測度はどの程度正確だっただろうか？ それぞれのサイクリストは同じ出来事から異なる測度を得ているので、彼らのデータがすべて正しいということはあり得ない。3人のサイクリストが主張しているトレーニングマイルに疑いをもった友人のリーが、自分の車の後部バンパーに運輸省走行距離計を装着して同じカントリーロードを走行した。そのルートを走りきると走行距離計は58マイルを示していた。リーは運輸省走行距離計に

よって得られた測度を、そのルートの距離の真の値として用いて、どのサイクリストの測度も正しいとはいえないと結論づけた。それぞれのライダーは、真のマイレージを過大評価していた。

　ジョン、ティム、ビルが報告したマイレージをそのルートの距離の真の値と比較することによって、リーはライダーのデータが正しくなかったことを発見しただけではない。3人のライダー全員によって報告されたデータが、測定バイアスと呼ばれる、特定のタイプの測定エラーによって悪影響を受けていることも見出したのである。**測定バイアス**（measurement bias）とは無作為ではない測定誤差（nonrandom measurement error）である。すなわち、測定において一定方向に向かいやすい誤りである。測定誤差が無作為である場合は、事象の真の値を過大評価もすれば、過小評価もする。ジョン、ティム、ビルは、自分たちが走行した実際のマイルを一貫して過大評価していたため、そのデータは測定バイアスを含んでいた。

3．信頼性

　信頼性（reliability）とは、「測定手続きが同じ自然状態に反復して接触させられた場合、同じ値を生み出す」程度のことである（Johnston & Pennypacker, 1993a, p. 38）。言い換えれば、信頼性のある測定とは、一貫性のある測定である。妥当性と正確性と同じように、信頼性は相対的概念である。すなわちそれは程度の問題である。同じ事象の反復測定によって得られた値が相互に似ていればいるほど、信頼性は大きくなる。逆に同一の事象の反復測定から得られた観察値が相互に違えば違うほど、信頼性は低くなる。

　3人のサイクリストの測定にはどの程度の信頼性があっただろうか？　ジョンはそのルートを測定するたびに68マイルと言う同じ値を得ていたので、彼の測定は完全な信頼性をもっていたことになる。ティムの同じ走行の3つの測度、67.5マイル、70マイル、65マイルは、お互いに5マイルほど違っていた。したがってティムの測定はジョンのそれより信頼性が低いことになる。ビルの測定システムは、すべての中で最も信頼性が低かった。同じルートの測定値の範囲（レンジ）は80マイルから100マイルだった。

4．妥当性、正確性、信頼性の相対的重要性

　行動的測定は、行動改善を評価し、研究と治療上の意思決定を導くための正当なデータを提供しなければならない。最高品質のデータ（すなわち科学的知識を前進させ、データベースの実践を導くために、最も有用で、信頼できるデータ）は、妥当で正確で信頼できる測定によって生み出される（図5.1を参照）。妥当性、正確性、信頼性は相対的概念である。どれにも高低がある。

　データを信用できるものにするためには、測定は妥当性と正確性をともに備えていなければない。もし測定が妥当性を備えていなければ、正確性は意味を持たなくなる。研究の焦点とは異なる行動を正確に測定すること、標的行動の無関係な次元を正確に測定すること、あるいは分析に関連する条件や時間を代表していない状況や時間にその行動を正確に測定することは、妥当性をもたないデータを生み出すことになる。逆に、正しい行動の意味のある次元を関連する状況と時

測定に…			
妥当性	正確性	信頼性	があれば次のようなデータを生み出す
イエス	イエス	イエス	…科学的知識を進歩させ、データベースの実践を導くために最も有効である。
ノー	イエス	イエス	…測定が目指す目的に対して無意味である。
イエス	ノー	イエス	…常に誤っている[1]。
イエス	イエス	ノー[2]	…時に誤っている[3]。

1. 標準的サイズと方向性をもった一貫性のある測定誤差を調整すれば、不正確なデータでもなお使用可能である。
2. 1組のデータのすべてのデータの正確性が確認できれば、信頼性が未解決の問題になる。しかし実践においては、その可能性はめったにない。したがって妥当で正確な測定システムが一貫性をもって適用されたということを知っていることは、そのデータセットの全体的信用性の確信度のレベルに貢献する。
3. ユーザーはよいデータと悪いデータを区別できない。

図5.1　妥当で正確で信頼できる測定は、科学と科学に基づく実践にとって最も信頼でき、そして有効なデータを生み出す。

間において測定したとしても、観察値が行動の正確性を欠いた実像をもたらす場合は、得られるデータは、ほとんど役に立たない。不正確な測定は、そのほかの点では妥当な測定によって得られたデータであるにもかかわらず、妥当性のないデータをもたらす。

信頼性と正確性を混同してはならない。ジョンの自転車コンピューターによる測定は完全な信頼性は備えていたが、正確性はまったく欠如していた。

> データの正確性を優先させて考えず、信頼性を問題にすることは、信頼性と正確性を混同していると考えられる。活字にされた研究を読んでいる研究者や人々が問うべき問題は、「データは信頼できるか？」ではない。「データは正確か？」である。（Johnston & Pennypacker, 1993a, p. 146）

正確性が信頼性に勝っているならば、そしてまさにその通りであるが、ではなぜ研究者と実践家は測定の信頼性を考慮しなければならないのか？　高い信頼性は高い正確性を意味しないが、低い信頼性は正確性に問題があることを明らかにする。ティムとビルの測定の信頼性は低かった。それゆえに、彼らが報告したデータの少なくとも一部は、正確ではあり得ないことがわかる。それがわかれば、彼らの測定用具と手続きの正確性のチェックにつながる可能性があり、またそうすべきである。

信頼性の高い測定とは何か？　それはその測定システムには、程度の差はあれ、正確性（または不正確性）が存在することが、そのデータから一貫して明らかになることを意味する。もしジョンのコンピューターから、一貫した量ないし割合で、真の値より高い観察値が確実に（信頼性をもって）得られることを測定することができれば、その一貫した不正確性の程度に適合するように、データを調整することができるだろう。

本章の次の2つの節では、行動的測定の妥当性、正確性、信頼性に対する一般的脅威を除去す

る方法を説明する。

Ⅱ　測定の妥当性に対する脅威

　行動データの妥当性は、測定が非直接的であるとき、標的行動の間違った次元が測定されるとき、あるいは測定が生み出すデータが実際の事象のアーティファクト（人為的に作り出した間違った結果）を生み出すようなやり方で測定が行われるとき、脅威にさらされる。

1．非直接的測定

　直接的測定（direct measurement）は、「実験の焦点である現象が、測定される現象とまったく同一である」（Johnston & Pennypacker, 1993a, p.113）ときになされる。逆に**非直接的測定**（indirect measurement）は、「実際に測定されるものが（興味の対象である標的行動とは）何らかの点で異なる」（Johnston & Pennypacker, 1993a, p.113）ときに起こる。行動の直接的測定は、非直接的測定より、より妥当性のあるデータをもたらす。これは非直接的測定が間接的な、または「フィルター処理された」情報を提供するからである（Komaki, 1998）。それは研究者や実践家に対して、測定された事象と対象である実際の行動との関係について、推論することを要求する。

　非直接的測定が起こるのは、研究者や実践家が対象となる実際の行動の代理、または代役を測定するときである。非直接的測定の例としては、子どもたちがどれくらい頻繁に、そしてどの程度よい人間関係を維持しているかを示す測度として、質問紙に対する子どもたちの反応を使う場合がある。標準算数学力検査の子どもの得点を、学校カリキュラムに含まれる算数のスキルの習得の指標として使うことも、非直接的測定のもう1つの例である。学力検査における子どもの得点を、その子の学校カリキュラムの能力を妥当性をもって反映するものとして受け容れるためには、推論が必要になる。それとは対照的に、最近教えたカリキュラム内容の算数問題によって正確に組み立てられたテストにおいて子どもが示した得点は直接的測度であり、カリキュラムにおけるその子の成績に関して、それが何を意味するかについての推論を一切必要としない。

　非直接的測定は、応用行動分析学では、通常、問題にはならない。なぜならABAの応用の特徴（次元）を満たすためには、標的として社会的に重要な行動を選び、それを有意味に（すなわち妥当性をもって）測定しなければならないからである。しかし、時には研究者や実践家が対象となる行動に直接的に信頼性をもってアクセスすることができず、したがって何らかの非直接的な測定の形式を使わなければならない場合がある。例えば、研究者が医学的養生計画の遵守について研究する場合、家庭における患者の行動を直接観察し測定することはできないため、データとして自己報告に依存することになる（例えば、La Greca & Schuman, 1995）[1]。

注1：自己報告の正確性を高める戦略については、クリッチフィールドら（Critchfield, Tucker, & Vuchinich, 1998）や、フィニーら（Finny, Putnam, & Boyd, 1998）の研究に求めることができる。

非直接的測定は、私的事象や感情状態についての推論を行うために使われることがある。例えば、グリーンとリード（Green & Reid, 1996）は、最重度重複障害者の「幸福度」を表すために、笑い（スマイリング）という直接的測度を使った。しかし、私的事象に関する研究だからといって、非直接的測定を必ず必要とするわけではない。研究参加者が、自分自身の私的事象を観察することを訓練され、対象となる行動を直接測定している例がある（例えば、Kostewicz, Kubina, & Cooper, 2000; Kubina, Haertel, Cooper, 1994）。

研究者が非直接的測定を使う場合、結論を導き出したいと思っている行動について、測定された事象がそれに関わる何ものかを直接反映している証拠を、信頼できる有意味な方法によって提出することが研究者の責任となる（Johnston & Pennypacker, 1993a）。別の言葉でいえば、自分のデータの妥当性に対して人を納得させる主張を提供する責任は研究者にある。測定していると主張する事柄の名前を、現実に測定している事柄に対して、単に張り付けることによって妥当性を主張することがときどきあるが、そうしたことでは目的を達成することはできない。この点に関してマー（Marr, 2003）は、アブラハム・リンカーンにまつわる次のような逸話を紹介している。

「あなたは、このロバには何本の脚があると思いますか？」
「4本です。リンカーン大統領」
「それでは尻尾は何本ありますか？」
「1本です。リンカーン大統領」
「さて、もし私たちが尻尾を脚と呼ぶことにしたとすれば、ロバは何本の脚を持つことになりますか？」
「5本です。リンカーン大統領」
「いいえ。尻尾を脚と呼ぶことによって、尻尾を脚に作り替えることはできませんよ」。(pp. 66-67)

2．標的行動の間違った次元を測定する

行動測定の妥当性は、非直接的測定によってよりも、対象となる行動の間違った次元を測定することによって、はるかに多く脅威にさらされる。妥当な測定は、人が測定によって答えを求めようとしている行動についての疑問に関係するデータをもたらす。妥当性が危機にさらされるのは、測定がその行動を測定する理由にとって不適当な、あるいは関係ない行動の次元についての値を生み出す場合である。

ジョンストンとペニーパッカー（Johnston & Pennypacker, 1980）は、測定する理由と一致する次元を測定することの大切さを、次のような優れた例をあげて説明した。「水の入ったポットの温度が上がりました。そこでポットに定規を当てたとします。こうすれば、水深については、非常に信頼できる測度が得られるでしょう。しかし温度変化については、まったく何の情報も得られないでしょう」（P. 192）。定規上の測定単位は長さを、この場合は深さを、測定するには最

適であるが、しかし温度の測定にはまったく有効ではない。つまり妥当性がない。水を測定する目的が、ポットの水が紅茶を淹れる最適の温度に達したかどうかを知ることだったとすれば、正しい道具は温度計である。

もし子どもが朗読に取り組む持久力を測定したいというときに、子どもが朗読した全時間を測定して報告するのではなく、1分当たりの正しく読めた単語数と間違えた単語数を数えるとすれば、それは誤りである。この方法では、持久力に関する妥当なデータを得ることができない。1分当たり朗読した単語数は、朗読（すなわち学業的持久力）を測定する目的と一致しないからである。持久力を測定するためには、実践家は朗読のときの持続時間（例えば30分）を報告しなければならない。同様に、子どものスキルの流暢性の発達の問題を解明する場合、子どもが正しく反応した試行数の百分率を測定することによっては妥当なデータは得られない。1分当たりの正反応数や反応変化率（セラレーション）を測定するのであれば、妥当なデータが得られるだろう。

3．測定のアーティファクト

社会的に重要な標的行動の関連次元を直接測定する。それだけでは妥当な測定は保証されない。データがいかに正確であり、信頼できるものであったとしても、行動を有意義に（すなわち妥当に）描写することができなければ、つまり正しく代表させることができなければ、妥当性は減少する。測定が行われた方法のせいで、データが誤解を招く恐れのある不当な行動像を提示するとすれば、そのデータはアーティファクト（artifact）と呼ばれる。第4章で紹介したように、測定のアーティファクト（measurement artifact）とは、測定された方法ゆえに存在しているように見えるもののことである。非連続的測定や、不適切にスケジュール化された測定期間や、感度の鈍い制約的な測定尺度の使用は、測定のアーティファクトの一般的原因となる。

（1）非連続的測定

行動は時間とともに生起し変化する、動的で途切れのない現象である。したがって、連続的測定は行動研究の究極的基準（ゴールド・スタンダード）である。**連続的測定**（continuous measurement）とは、対象となる反応クラスに属するすべての例が、観察期間中に検出されるように行われる測定のことである（Johnston & Pennypacker, 1993a）。**非連続的測定**（discontinuous measurement）とは、対象となる反応クラスに属する一部の例が検出されないような測定のことである。非連続的測定はいかに正確で信頼できるものであれ、アーティファクトのデータを生み出す。

トムソンら（Thomson, Holmber, & Baer, 1974）による研究は、非連続的測定によってもたらされた可能性のある1組のデータのアーティファクトのばらつきの程度を示す優れた実例を提供している。豊富な経験を持つ1人の観察者が、幼稚園での64分のセッションに生起した4人の参加者（先生2人、園児2人）の行動を測定するため、3つの異なる手続きによるタイムサンプ

リング観察を計画した。トムソンらは、この３つの手続きを、切れ目なし法、交代法、順次法と名づけた。それぞれのタイムサンプリング手続きにおいて、観察者の持ち時間の４分の１（すなわち16分）が、４人の参加者のそれぞれに割り当てられた。

切れ目なし法を用いるときは、観察者は参加者１の行動を最初の16分間ずっと記録し、次の16分間は参加者２の行動を16分間記録するというようにして、４人の参加者すべてを観察した。交代法を用いるときは、セッションの前半に参加者１、２を交代インターバルで観察し、後半に参加者３、４を同様の方法で観察した。具体的には、最初の４分間は参加者１を観察し、次の４分は参加者２を観察するというようにして、32分間観察し続けた。セッションの残りの32分間も同様の手続きを使って、参加者３、４を４分ずつ交互に観察した。順次法では、４分の観察時間ごとに４人の参加者をローテーションさせて観察した。参加者１を最初の４分、参加者２を２つめの４分間、参加者３を３つめの４分間、参加者４を４つめの４分間に観察するというようにして、この順序を４回繰り返して、全体として64分間の観察を終了させた。

これら３つのタイムサンプリング手続きのスケジュールから得られるデータの、アーティファクトによる食い違いの百分率を得るため、トムソンら（Thomson et al., 1974）は、その観察者のデータを、同じく64分間のセッションについて４人の参加者をそれぞれ連続測定して収集した「実質比率」（actual rate）と比較した。この研究結果から明らかになったことは、切れ目なし法と交代法からは標的行動を最も代表していない（したがって、妥当性がより低い）測度が得られるということだった（しばしば、連続測定とは50％以上の食い違いが起こった）。一方、順次法と名づけたサンプリング手続きからは、連続的記録法から得られたデータに、より近い結果が得られた（連続測定との食い違いは４〜11％だった）。

非連続的測定には固有の限界があるにもかかわらず、応用行動分析学の多くの研究においてこの方法が用いられる。すなわち、個々の観察者が、同じセッションの中で多くの参加者によって示される行動を測定する。非連続的測定がもたらす妥当性に対する脅威をできるだけ減らすためには、観察と測定の時期をどのようにスケジュール化するかを入念に考慮する必要がある。正確性と信頼性はどれほど高くても、測定の頻度が低いと、アーティファクトの結果をしばしば生み出す。単一の測定は、ある瞬間における標的行動の在不在を明らかにするが、それは行動の典型的値を代表しない可能性がある[2]。一般的ルールは、観察はたとえ短い時間でも、毎日、頻繁に行われるようにスケジュール化せよ、である。

理想的には、対象となる行動のすべての生起例を記録すべきである。しかし、使える財源は限られているため、全観察期間の連続測定ができない場合は、サンプリング手続きを使う必要が起こる。サンプルが対象となる行動の真の媒介変数の妥当な近似値を代表するならば、意思決定と分析のためにはサンプリング手続きでも十分かもしれない。全観察期間の連続測定が不可能な場合は、低頻度の長いインターバルを使うよりも、全セッションに均等に分布させた、多くの短い

注２：単一の測定には、例えば事前テストと事後テストがある。それはイストラクションや処遇の前後における個人の知識とスキルに関する重要な情報を提供することができる。プローブ、すなわち行動改善の維持と般化を測定するための時折ではあるが、しかし組織的な測度の活用については、第28章で考察する。

観察インターバルにおける標的行動の生起サンプルを収集するほうが望ましい（Thomson et al., 1974; Thomson, Symons, & Felce, 2000）。例えば、参加者の行動を30分セッションに均等に分布させた30個の10秒インターバルにおいて測定することは、30分に1回、参加者を5分だけ観察するよりも、より代表的なデータを生み出すだろう。

観察インターバルが短すぎても長すぎても、行動測定によって得られるデータは、行動の真の生起を甚だしく過大評価するか過小評価するものとなるだろう。例えば、10分インターバルの部分インターバル記録法によって、課題から外れた行動を測定すると、最も勤勉な生徒でさえいつも課題から外れているように思わせるデータを生み出す可能性がある。

（2）劣悪なスケジュールの測定期間

観察スケジュールは、セッションとセッションの間で行動の生起・非生起の機会が等しくなるように、また環境条件が観察セッションと次の観察セッションで一貫性が保たれるように、標準化されなければならない。これらの要件がどちらも満たされない場合、得られるデータは代表性をもたず、妥当性に欠けるものとなるだろう。行動の頻度を正しく代表しない時間、およびまたは場所において観察時期をスケジュール化すると、データは反応が高い時期と低い時期を代表しなくなる可能性がある。例えば、毎日20分の共同学習集団活動の最初の5分だけ、子どもたちの課題従事を測定するとすれば、その集団活動全体で生じる課題従事行動の実態よりも高く見えるデータが得られるだろう。

介入や処遇の効果をデータによって判定するためには、最も低い値が出るであろう観察時間を選ぶようにする。すなわち、治療によって期待され、予測される成果から、最も遠い生起頻度が起こる時間帯に、標的行動の測定を行う。減らしたい行動は、その行動が最も高い反応率で、最も起こりやすい時間帯に測定する。逆に、増やしたい行動は、高頻度の反応が最も起こりにくい時間帯に測定する。介入を計画しない場合、例えば記述的研究を行う場合、行動を代表するデータが起こる可能性の最も高い観察時間を選ぶようにすることが大切である。

（3）感度の鈍い、およびまたは限界をもつ測定尺度

アーティファクト・データが生じるのは、関係する測定値のレンジの一部しか検出できない測定尺度や、行動の有意義な変化に鈍感な尺度を使うためである。関係するパフォーマンスのレンジの一部しか検出できない測定尺度によって収集されたデータは、計測された測度レベル以上またはレベル以下では、行動は起こり得ないという誤ったニュアンスを伝える恐れがある。その尺度によって、パフォーマンスに対する人為的下限ないし上限が課されるためである。例えば、子どもの朗読の流暢さを測定するために、1分当たりの朗読量として100語を与えることにすれば、最大パフォーマンスは1分当たり100語（wpm）であることを暗示するデータが得られることになる。

行動の有意義な変化に鈍感すぎる、または敏感すぎる測定は、有意義な行動変化が起こった

（または起こらなかった）と誤解させるデータをもたらす。例えば、正しく加工された製品の92％というベースラインレベルから97、98％の範囲（レンジ）へと百分率を改善することが、許容できる（すなわち採算のとれる）パフォーマンスとできないパフォーマンスの境界である場合、製造プラントの品質管理に及ぼす介入の効果を、増加量10％スケールの百分率測度を使って評価しても、重要な改善は検出されない恐れがある。

Ⅲ 測定の正確性と信頼性に対する脅威

　応用行動分析学におけるデータの正確性と信頼性に対する最大の脅威はヒューマンエラーである。実験行動分析学では、通常、測定は機械によって自動化され測定される。これに対して応用行動分析学においては、大部分の研究は行動を測定するために、人間の観察者を用いる[3]。測定のヒューマンエラーにつながる要因としては、測定システムの設計が不完全であること、観察訓練が不十分であること、どんなデータになるべきかという期待があること、などが考えらえる。

1．不完全に設計された測定システム

　不必要に面倒で扱いにくい測定システムは、正確性と信頼性を無用に失わせる。応用場面における行動データの収集には、注意と、鋭い判断と、根気強さが必要である。測定システムの使用が難しく骨の折れるものであればあるほど、観察者が標的行動のすべての生起例を一貫して検出し、記録する可能性は減る。測定システムはできるだけ簡単にする。そうすればエラーは最小になる。

　測定の複雑さは、さまざまな変数から生じる。被観察者の人数、記録する行動の数、観察の持続時間、およびまたは観察インターバルの長さ、である。これらはすべて測定の質に影響する。例えば、1人を観察するより、数人を観察するほうがより複雑である。1つの行動を記録するより、複数の行動を記録するほうが複雑である。データを記録するための時間があるシステムを使うよりも、観察結果を記録するためのインターバルなしの5秒切れ目なし観察インターバルを使うほうが困難である。

　複雑さを減らすための具体的提言は、研究の具体的特徴によって左右される。しかし、応用行動分析家は、タイムサンプリング測定を用いる場合、次の点を考慮するようにしよう。一度に観察する人数や行動は減らせるか？　観察セッションの持続時間は短縮できるか（例えば30分から15分へ）？　時間インターバルの持続時間は延ばせるか（例えば5秒から10秒へ）？　そのほか、観察者訓練における練習量を増やす、観察コードの習得基準をより高く設定する、観察者に対するフィードバックの頻度を増やす、などについても考慮するようにする。そうすれば、複雑な測定の否定的影響を減らすことができる。

注3：できる限り自動データ記録装置を使うことを推奨する。例えば、男児のサイクリングマシンにおけるエクササイズの量を測定するため、デルカとホルボーン（DeLuca & Holborn, 1992）は車輪の回転数を自動的に記録する電磁カウンターを使用した。

2．不適切な観察者訓練

　観察者を選択し訓練するときは、慎重な注意を払う必要がある。信用できるデータを収集するためには、観察者に対して入念に計画された組織的な訓練を行うことが必要不可欠である。観察と符号化システムに必要なことは、観察者が特定の行動クラスまたは事象の生起・非生起を、ほかの行動や事象によって構成されるしばしば複雑でよく変化する背景から弁別して、自分が観察したことをデータシートに記入することである。観察者は測定すべき個々の反応クラスまたは事象の定義を学習しなければならない。さらに、それぞれの変数に対する符号や記号による表記方法や、キー打ちやスキャン動作などの共通する一連の記録手続きや、手書き・キー打ち・スキャンで起こる不注意なミス（例えば、マイナス記号の代わりにプラス記号を書いてしまう、F5キーの代わりにF6キーを打ってしまう、間違ったバーコードをスキャンしてしまう）を修正する方法も学習する必要がある。

（1）観察者を注意深く選ぶ

　正直なところ、応用研究者はデータ収集者を懸命になって探し出すことが多い。そうかといってしかしすべてのボランティアを訓練に受け入れるわけにはいかない。観察候補者と面接して、観察測定活動の過去経験や、現在の日程と今後の参加予定や、仕事の倫理と動機づけや、全体的ソーシャルスキルを、きちんとチェックする必要がある。面接では観察とスキルの現在のレベルをチェックするための事前テストを行うこともある。候補者に観察を依頼する行動と類似する行動の短いビデオクリップを見てもらい、その遂行が基準をクリアするかどうかを確かめるようにする。

（2）観察者を客観的能力基準に達するまで訓練する

　訓練を受ける観察者は、応用場面で観察する前に、特定された記録基準を満たさなければならない。観察者は訓練中、標的行動に含まれる例と含まれない例について記録する練習を数多く行い、批評と遂行についてのフィードバックを受ける必要がある。観察者は実際のデータ収集を行う前に数多くの練習セッションをもつべきである。訓練はあらかじめ決定しておいた基準を達成するまで（例えば連続2、3セッションで95％の正確さ）継続して行う。例えば、コマキ（Komaki, 1998）は、兵士による重装備の予防保守課題の完了を測定する観察者訓練において、3セッション連続で、真の値と最低でも90％一致させることを要求した。
　観察者を訓練するためには、短い見本場面（サンプル・ビネット）や、物語描写（ナラティヴ・デスクリプション）や、ビデオ・シーケンスや、ロールプレイや、実際にデータを収集する環境における練習セッションなど、さまざまな方法を使うことができる。日常場面における練習セッションは特に有益である。そこでは観察者と参加者の両方がお互いの存在に適応し合うことが可能となり、観察者の存在が参加者の行動に及ぼすリアクティビティー効果を減らすことがで

きるからである。以下のステップは、観察者訓練に対する組織的アプローチの例である。

ステップ1　訓練生は標的行動の定義を読む。そして、データ収集用紙や、観察したことを記録する手続きや、測定や記録のための装置（例えば、テープレコーダー、ストップウォッチ、ノートパソコン、PDA、バーコードスキャナー）の正しい使用法を習得する。

ステップ2　訓練生は行動描写（ビネット）の簡易版物語描写を記録する練習を行う。そしてあらかじめ決められていた事例生起数において100％の正確さを達成する。

ステップ3　訓練生は行動ビネットのより長く、より複雑な物語描写を記録する練習を行う。そしてあらかじめ決められていたエピソード数において100％の正確さを達成する。

ステップ4　訓練生は標的行動が日常環境において起こるときと同じスピードと複雑さで描写されるビデオテープかロールプレイのビネットを観察し、記録する演習をする。訓練ビネットは、標的行動の生起と非生起の弁別がますます困難になって行く練習を訓練生に提供するように、台本化され、順序化されていなければならない。訓練生に同じビネットシリーズを再度記録させ、彼らの測度の信頼性を比較させる。こうすることによって、訓練生が測定システムを適用する一貫性を査定する。訓練生はあらかじめ設定された正確性と信頼性の基準を達成するまでこのステップにとどまる（作文や学業ワークシートなど、日常的な永続的所産からデータを収集することを必要とする研究においては、ステップ2から4までの間に、ますます大量のより困難なスコア例を訓練生に練習させるようにする）。

ステップ5　観察者訓練の最後の訓練ステップは、日常環境においてデータを収集する練習である。熟練した観察者が訓練生に同行して、標的行動をそれぞれが同時に測定する。練習セッションの終わりには毎回、訓練生と熟練観察者がそれぞれのデータシートを比較して、疑問のある例や、これまで予測できなかった例について話し合う。熟練観察者と訓練生の間のあらかじめ設定された一致基準（例えば3連続セッションにおける最低90％）が達成されるまで訓練を継続する。

（3）観察者ドリフトを最小にするため継続的訓練をほどこす

　研究を進める間に、観察者は知らず知らずのうちに測定システムを適用する方法を変更することがよくある。この意図しないデータ収集の方法の変更は、**観察者ドリフト**（observer drift）と呼ばれる。これは測定エラーを生み出す。観察者ドリフトには通常、訓練で使われた標的行動の定義を観察者が解釈することによるシフトが伴う。観察者ドリフトは、観察者が標的行動の本来の定義を拡張するか圧縮するとき起こる。例えば1人の子どもが示す同じ行動が、研究の第1週においては不服従の生起例として記録され、研究の最後の週では服従の生起例としてスコアされる場合は、観察者ドリフトに原因があるかもしれない。観察者は通常、自分の測定におけるドリフトには気づかない。

観察者ドリフトは、研究の間に、観察者再訓練か追加セッションをときどき行うことによって、最小に減らすことができる。継続訓練は観察者が測定の正確性と信頼性に関するフィードバックを頻繁に受ける機会を提供する。継続中の訓練は、あらかじめスケジュール化されたインターバルによって定期的に（例えば毎週金曜午前）行ってもよいし、ランダムに行ってもよい。

3．観察者に対する意図しない影響

　理想的には、観察者によって報告されたデータは、測定するよう訓練された標的行動の実際の生起・非生起によってのみ影響されているはずである。しかし現実には、観察者に対するさまざまな意図しなかった望ましくない影響が生じる。それが彼らの報告するデータの正確性と信頼性を脅かす可能性がある。この種の測定エラーの一般的原因には、観察者がデータの予想結果について抱いているであろう前提や、ほかの人々が同じ行動を測定しているという観察者の意識などがある。

（1）観察者の予測期待

　標的行動は特定の条件の下、一定の水準で生起するはずだ、あるいは環境に変化が加えられたときは標的行動は変化するはずだと観察者が予測を持つことは、正確な測定にとって大きな脅威となる。例えば、もし教師がトークンエコノミーを実践すれば、子どもの不適切な行動の頻度は減少すると観察者が予測するとする。その場合、観察者は、トークン強化条件下でのほうが、その予測をもたずに記録したであろうときよりも、不適切な行動をより少なく記録するだろう。観察者の予測や、研究者を喜ばせる結果を得ようとする努力によって影響されたデータは、測定バイアスという特徴をもつ。

　観察者の予測によってもたらされる測定バイアスを最小にする最も確実な方法は、何も知らない観察者を使うことである。完全に**何も知らない観察者**（naïve observer）とは、観察の訓練は受けているが、研究目的についてはまったく知らないか、およびまたはある研究段階ないし観察期間において実施されている実験条件を知らない観察者である。研究者は観察訓練生に対して、研究目的についての情報は十分教えることができないこと、そしてそれはなぜかということを知らせなければならない。しかし観察者の無知を維持するのは難しいことであり、ときには不可能である。

　観察者が研究の目的、または仮定された結果を知っている場合、測定バイアスを最小にするためには、行動の控えめな臨床像を与える標的行動の定義と記録手続き（例えば5秒インターバルではなく10秒インターバルの全インターバル記録法による課題従事行動の記録）を使い、正確なデータを収集することの重要性について率直で頻繁な話し合いを行い、観察者のデータが真の値、または何も知らない観察者によって収集されたデータにどこまで一致するかについての頻繁なフィードバックを行うようにすることである。観察者のデータが仮定された結果や処遇目標とどれくらい一致するか、矛盾するかの程度についてのフィードバックを観察者に与えることは避

けなければならない。

（２）観察者のリアクティビティー

　観察者が報告するデータをほかの人々が評価していることに気づいている結果起こる測定エラーは、**観察者のリアクティビティー**（observer reactivity）と呼ばれる。参加者が自分の行動を観察されていることに気づくとき起こるリアクティビティーと同じように、観察者の行動（すなわち彼らが記録し報告するデータ）もまたほかの人々がデータを評価しているという知識によって影響を受ける可能性がある。例えば研究者またはもう１人の観察者が、同時に同じ行動を観察していることを知ること、または後刻ビデオテープかオーディオテープによってその測定をモニターされることを知ることは、観察者のリアクティビティーを生み出す。もしも、もう１人の観察者がその行動を何らかの方法によって記録するだろうと観察者が予測するならば、その観察者のデータはもう１人の観察者が何を記録するだろうかと予測することによって影響を受ける可能性がある。

　観察者を監視するときは、予測不可能なスケジュールによって、できるだけ控えめに監視するようにする。そうすれば観察者のリアクティビティーを減らすことになる。複数の観察者が観察するときは、距離やパーティションによって引き離すようにする。そうすれば、お互いの測定に影響が起こる可能性を減らすことができる。研究室や臨床場面の中にはマジックミラーを備えているところがある。それは第１観察者と第２観察者の視覚的接触を避けるためである。セッションをオーディオテープかビデオテープで記録すれば、第２観察者はその行動を後刻測定することができる。すると第１観察者は第２観察者とまったく接触しなくてもよいことになる。マジックミラーを利用できない場所では、さらにオーディオテープやビデオテープによる記録が邪魔になる場合は、第２観察者が第１観察者に知られない時点で、行動の測定を開始するようにすればよい。例えば第１観察者が第１インターバルで行動の測定を開始するとすれば、第２観察者は10分経過してから行動の測定を開始する。比較に使われるインターバルは、10分のマークのところから始めて、それ以前に第１観察者が記録したインターバルは無視するようにする。

Ⅳ　行動測定の正確性と信頼性を査定する

　標的行動を正しく代表させる測定システムを設計して、観察者がそのシステムを使って正確で信頼できるデータを収集できるように訓練したならば、測定に関する研究者の次の課題は、そのデータが実際にどこまで正確であり信頼できるかを評価することである。基本的には、行動データの正確性と信頼性を査定するすべての手続きには、何らかの形の「測定システムの測定」が必要になる。

1. 測定の正確性を査定する

　測定は、観察値（すなわち事象を測定することによって得られた数値）が事象の真の値と一致すれば、正確である。データの正確性を判断する基本的理由は、今さら言うまでもないが、間違ったデータに基づいて研究の結論を導き出したり、処遇上の意思決定を行ったりすることを願う者はいないからである。もっと具体的にいえば、正確性の査定を行うことは、次に示す相互に関連する4つの目的に貢献する。第1に、そのデータが、実験上、処遇上の意思決定を行うための基礎として十分耐えうるかどうかを、分析の早い段階で判断することが大切である。研究者や実践家がデータは正確であると説得すべき第1の人物は自分自身である。第2に、正確性の査定は、測定エラーの特定の生起例を発見し、修正することを可能にする。データの質を査定する方法にはほかに2つあるが、それらは本章の後半で議論する。すなわち、信頼性の査定と、観察者間一致である。これらもまた、測定エラーの可能性を研究者に教えることはできるが、いずれのアプローチも、エラーそのものを突き止めることはできない。測定の正確性を直接査定することによってのみ、実践家や応用研究者は誤ったデータを突きとめ、それを修正することができる。

　正確性の査定を行う第3の理由は、測定エラーの一貫したパターンを明らかにすることである。それは測定システムの総合的改善、すなわち**カリブレーション**（calibration）（測定器の精度の基準量による調整）を可能にする。測定エラーがその方向と値において一定ならば、そのデータはエラーを相殺するように調整することができる。例えば、ジョンの自転車のコンピューターは、58マイルという真の値を持つルートに対して、68マイルという測度を、信頼性を持って算出した。それは3人のサイクリストが手元にあるデータを修正する（この場合、彼らがお互いに、そして友人のリーに、自分たちは前に主張したほど多くのマイル数を走っていないと告白する）よう導いただけでなく、将来の測度をより正確なものにするよう、彼らの測定用具の精度を調整する（この場合、車輪の外周のセッティングをジョンの自転車のコンピューターに合わせる）ことも導いたのである。

　どんな測定用具のカリブレーションであれ、機械的ツールであろうと人間観察者であろうと、そのツールによって収集されたデータを、真の値と比較することが必要になる。運輸省の走行距離計によって得られた測度は、ジョンの自転車のコンピューターのカリブレーションのための真の値として使われた。ストップウォッチやカウントダウンタイマーなどの時間計測用具のカリブレーションは、あの有名な基準「原子時計」を使って行われる[4]。

　時間計測用具を原子時計と比較して、違いが見つからなかった場合、または意図された測定目的に照らして違いが耐えられる範囲である場合、カリブレーションは満たされたことになる。もし大きな違いが見つかった場合は、その計測装置を基準に合わせてリセットする必要がある。分析の初期段階では、正確性を頻繁に査定することが望ましい。その後、その査定が高い正確性を

注4：合衆国のオフィシャルタイムには、規格基準局とアメリカ海軍天文台の原子時計によって、アクセスすることができる（実際には63個の原子時計の平均値によってオフィシャルタイムを算出している）：http://tycho.usno.navy.mil/what1.html. 原子時計は1日当たり10億分の1秒、600万年に1秒の誤差という正確さである！

もたらした場合は、その記録機器のカリブレーションのチェックは、さほど頻繁に行わなくてもよくなる。

　正確性の査定を行う第4の理由は、消費者に対してデータが正確であることを保証するためである。研究報告に正確性の査定結果を記載することは、解釈のために提出されたデータの信憑性を読者が判断する助けとなる。

（1）真の値を確定する

　「一連の測度の正確性を査定する方法が唯一存在する。それは、観察値を真の値と比較することである。比較はどちらかといえば簡単である。しばしば問題になるのは、真の値であると正当性をもって考えられるような行動の測度を入手することの難しさである」（Johnston & Pennypacker, 1993a, p. 138）。真の値（true value）とは、すでに定義した通り、評価されているデータを生み出した手続き、そしてそれに対して研究者が「考えうるあらゆる誤りの源泉を確実に回避しまたは除去するため、特別な並外れた予防策を講じた」（p. 136）手続きから独立した、それとは異なる手続きによって得られた測度のことである。

　行動によっては真の値は歴然としており、広く受け入れられる。例えば、数学や文字の綴りなどの学業領域における正反応の真の値を収集することは簡単である。2 + 2 = ？　という計算問題に対する正反応は、4という真の値を持つ。英単語のスペリングの測定の正確性を査定するための真の値の源泉はオックスフォード英語辞典である[5]。応用研究者と実践家にとって、対象となる社会的に重要な行動の多くの真の値は、普遍的ではないとはいえ、局地的文脈に基づいて、条件的に確立することができる。例えば、料理学校の生徒に与えられる小テストにおいて「グレイビーソースのとろみづけとして推奨される3つのスターチの名前をあげなさい」という質問に対する正しい反応は、普遍的な真の値を持たない。にもかかわらず、その小テストを受ける生徒にとって関連性のある真の値は、インストラクターの教材の中に見出すことができる。

　これまで述べた例のそれぞれに対する真の値は、評価されるべき測度から独立した源泉を通じて得られた。応用行動分析家によって研究される多くの行動の真の値を確立することは困難である。真の値を決定するプロセスが、その真の値と比較したいと思っているデータを収集するために使われる測定手続きとは、異なっていなければならないからである。例えば、子どもたちの共同遊びのような行動の生起について真の値を決定することは、その行動に何らかの値を与える唯一の方法が、最初のデータを生み出すために使われた手続きと同じ観察手続きによって、それを測定することだからである。

　真の値を、真の値と見えるだけの値と誤解するのは簡単である。例えば、4人のよく訓練された観察者が教師と子どもの相互交流のビデオテープを見たとしよう。彼らの課題は、学業達成を条件とする教師の褒め言葉のすべての生起例の真の値を同定することである。観察者1人1人

注5：単語の望ましい綴りは変化する（例えば、*judgement*が*judgment*になる）。しかしそういう場合は、新たな真の値が確立される。

が、そのテープを単独で視聴して、教師の条件的賞賛のすべての生起例を数える。4人の観察者はそれぞれの観察を記録してから、彼らの測定を相手に伝え、不一致について話し合い、不一致の理由を提案する。4人の観察者は、もう1度、個別に条件的賞賛を記録する。彼らは再びその結果を相手に伝え、結果について議論する。この記録とシェアリングの過程を何度も反復した後、すべての観察者は彼らが教師の賞賛の全生起例を記録したことに同意する。しかし、次の2つの理由から、観察者は教師の賞賛の真の値を生み出すことはなかった。(1) 教師の賞賛について、自分の測定を、教師が賞賛する独立の基準とカリブレーションすることができなかった、(2) 教師が賞賛するすべての生起例を同定するために使われたプロセスにはバイアスがあったかもしれない（例えば、観察者の1人が、残りの3人に対して自分の測度が真の値を代表していると説得したかもしれない）。真の値を確立することができない場合、自分のデータの質を評価するために、信頼性査定と観察者間一致の測度を頼りにしなければならない。

(2) 正確性査定の手続き

　測定の正確性を判断することは、分かりやすい計算過程である。査定された個々の測度、またはデータの真の値との一致を計算すればよい。例えば、ある子どもの30語の綴りテストの成績について、採点者によって報告されたスコアの正確さを査定する研究者または実践家は、そのテストのそれぞれの単語に対する採点者のスコアを、辞書で引いたその単語の真の値と比較する。そのテストの個々の単語のうち、辞書が示した正しい文字の順序（すなわち正字法）と一致し、かつ採点者によって正答とマークされたものは、その採点者による正確な測度であろう。その採点者によって誤答とマークされ、辞書の綴りとマッチしない個々の単語も同様である。もしもテストの30語のうち29語に対する採点者の最初のスコアリングが、それらの単語の真の値と一致していたとすれば、採点者の測度は96.7％の正確さということになる。

　個々の研究者や実践家は、自分が収集したデータの正確さを査定することができるが、複数の独立した観察者がしばしば使われる。ブラウンら（Brown, Dunne, & Cooper, 1996）は、朗読の理解に関する研究における測定の正確性を査定するために用いた手続きを次のように記述している。

　　　私たちの測定の正確さを毎日査定するために、1人の独立した観察者が、1人の子どもの遅延性1分口述再話（oral retell）のオーディオテープをレビューした。私たちの遅延性再話の計算がオーディオテープに録音された正再話と誤再話の真の値にどれだけ近いかの査定を提供した。独立の観察者は、帽子の中から子どもの名前を取り出して、毎日のオーディオテープをランダムに選び出した。それからそのテープを聞いて、教師と同じ定義を使って、正再話と誤再話をスコアした。観察者のスコアは教師のスコアと比較された。もし両者のスコアに食い違いがあれば、観察者と教師がそのテープ（すなわち、真の値）を一緒にレビューして、食い違いの原因を突き止め、データシートと標準セラレーションチャートにおける数え間違いを修正した。観察者はストップウォッチも使い、オーディオテープの持続時間も計測して、時間計測の正確さも確保した。

私たちは、教師にそのプレゼンテーションか再話の時間を再計測させ、1分当たりの5秒以上の時間計測の食い違いの頻度を再計算させた。しかし、すべての時間計測は5秒という正確性の定義を満たしていた。(p.392)

(3) 正確性査定を報告する

　研究者はデータの正確性を査定するために使った手続きを記述するだけでなく、正確性がチェックされた測度の数と百分率、見出された正確性の程度、測定エラーが検出された度合い、そしてそれらの測定エラーがデータにおいて修正されたか否かについても、報告しなければならない。ブラウンら（Brown et al., 1996）は、正確性の査定の結果を報告するため、次のような談話（narrative）を用いた。

独立の観察者と教師はチェックされた37セッションのうち23において100％の一致を達成した。教師と観察者は、ともにテープをレビューして、測定の食い違いが認められた14セッションの測定エラーの原因を突きとめ、その測定エラーを修正した。再チェックされた37セッションの正確なデータは、標準セラレーションチャート上に表示された。測定エラーのマグニチュードは非常に小さく、多くは1から3程度の食い違いにとどまった。(p.392)

　正確性の査定結果を完全に記述し報告することは、論文の読者がそれに含まれたすべてのデータの正確性を評価するために役立つ。例えば、ある研究者が、ランダムに選択した20％のデータについて正確性のチェックを行い、それらの測度に97％の正確さと3％のエラーが見出され、バイアスは無く、査定されたデータは必要に応じて修正したと報告したとしよう。その研究の読者は、20％のデータが100％の正確さをもつことを知り、残りの80％のデータ（すなわち正確性をチェックされなかったすべての測度）も97％正確であることをかなりの程度確信するだろう。

2. 測定の信頼性を査定する

　測定が同じ事象の反復測度のすべてにおいて同じ値を生み出すとき、その測定は信頼性を持つ。信頼性は、同じ観察者が、視聴覚機器やその他の形式の永続的所産として保存された反応所産から得られた同じデータセットを繰り返し測定するとき確立される。一貫性のある観察パターンが頻繁に生み出されれば生み出されるほど、その測定はより信頼できるものになる（Thompson et al., 2000）。逆に反復観察によって類似する観察値が得られないときは、そのデータは信頼できないものとみなされる。これは正確性についての懸念を呼ぶ。正確性は良質の測定の第1の指標である。
　しかし、繰り返し指摘しているように、信頼できるデータは必ずしも正確なデータではない。3人のサイクリストが発見したように、完全に信頼できる（すなわち一貫性のある）測定がまっ

たく誤っている可能性がある。測定の正確性を判断する基礎として測定の信頼性を拠り所にすることは、哲学者ヴィトゲンシュタイン（Wittgenstein, 1953）がいうように「朝刊のコピーを数部買って、そこで言われていることが真実であると自分を確信させる」(p. 94) ようなものである。

しかし、多くの研究とほとんどの実践的応用において、すべての測度の正確性をチェックすることは不可能であり、実行できることではない。別の場合は標的行動の測度の真の値は確立することが困難である。個々のデータの正確性を確かめることが可能ではないか、実際的ではない場合、あるいは真の値が入手不可能な場合、測定システムが高い一貫性をもって適用されたということを知ることはデータの全体的信憑性に貢献する。高い信頼性が高い正確性を保証することはできないが、低いレベルの信頼性を発見することは、測定システムにおける問題が確定され修復されるまでは、そのデータは十分疑わしく尊重し得ないことを示唆する。

行動測定の信頼性の査定においては、自然の永続的所産かまたは人為的な永続的所産が必要である。観察者が同じ事象を再測定できるようにするためである。子どもが作文で使った形容詞や動作動詞の数といった変数の測定の信頼性は、観察者に作文をもう1度採点させることによって得ることができる。家庭の夕食のテーブルで、両親が子どもたちに与えた反応プロンプトとフィードバックの言葉の数と種類を測定したとする。その信頼性はその家族の食事時間のビデオテープを観察者に再生させ、採点させ直し、2回の測定から得られたデータを比較することによって、査定することができる。

観察者は、同じ永続的所産を、最初に測定した直後に再測定してはならない。そうすると、2回目のスコアリングによって得られる測度は、最初のスコアリングで観察者が記憶していたものによって影響される恐れがあるからである。このような望ましくない影響を回避するためには、研究者は前にスコアされたいくつかの作文やビデオテープを、観察者によって記録される一連の「新しいデータ」にランダムに挿入するようにすればよい。

V 行動測定を査定するために観察者間一致を用いる

観察者間一致は、応用行動分析学においては、最も一般的に使われる測定の質を表す指標である。**観察者間一致**（interobserver agreement, IOA）は、2人またはそれ以上の観察者が同じ事象を測定した後に、同じ観察値を報告する程度のことである。IOAを計算する技法は、おびただしく存在する。それぞれは観察者間の一致と不一致の程度と特徴について、やや異なる見方を提供する（例えば、Hartmann, 1977; Hawkins & Dotson, 1975; Page & Iwata, 1986; Poling, Methot, & LeSage, 1995; Repp, Dietz, Boles, Dietz, & Repp, 1976）。

1．IOAの利点と用途

観察者間一致を算出して報告することは、4つの明確な目的に役立つ。第1に、一定レベルのIOAは、新しい観察者の能力を判断するための基準として使うことができる。すでに述べたよ

に、訓練をうけたばかりの観察者と熟練の観察者の間の一致の程度の高さは、新人の観察者が熟練の観察者と同じ方法でその行動を測定している程度を表す客観的指標となる。

第2に、研究の過程を通じてIOAを組織的に査定すれば、観察者ドリフトをつき止めることができる。複数の観察者が、研究の開始時点で、同じ行動事象を測定して、同じかほぼ同じ観察値を得たとする（すなわち、IOAが高かったとする）。彼らが研究の後半では同じ事象の異なる測度を得ているとすれば（すなわち今やIOAが低くなっている）、そのうちの1人がドリフトした標的行動の定義を使っている可能性がある。IOA査定の劣化が、観察者のデータのどれがドリフトによって影響されているかを、確信をもって示すことはできない。しかしその情報は、そのデータのさらなる評価と、およびまたは観察者の再訓練とカリブレーションの必要性を明らかにする。

第3に、2人以上の観察者が、一貫して類似するデータを得ているという情報は、標的行動の定義が明瞭で曖昧さがないこと、そして測定コードとシステムが難しすぎないことをますます確信させる。第4に、データ収集者として複数の観察者を採用する研究にとって、一貫して高いレベルのIOAは、データにおける変動性が、いずれかの観察者がいずれかのセッションに対してたまたま当番となったせいではないということ、それゆえデータにおける変化は行動の実際の変化をより反映している可能性があることを、ますます確信させる。

IOAを査定する理由のうち、最初の2つは事前対策的である。それらは、観察者がどの程度訓練基準を満たしたかを、研究者が判断し記述するために役立つ。また観察者による測定システムの活用において起こる可能性のあるドリフトを突きとめるためにも役立つ。IOAの2番目の2つの目的ないし利益は、観察者の間の測定の一貫性の総括的記述子としてのものである。研究者はIOA査定の結果を報告することによって、消費者がデータの相対的信憑性を、信頼できるもの、解釈に値するものとして判断することを可能にする。

2．妥当なIOA測度を得るための必要条件

IOAの妥当な査定は、3つの等しく重要な基準によって左右される。これらの基準はおそらく分かりきったものだろう。しかしそれにもかかわらず、それらを明白にすることは重要である。2人の観察者（通常は2人であるがもっと多くなることもある）は、（a）同じ観察コードと測定システムを使わなければならない、（b）同じ参加者と事象を観察し、測定しなければならない。そして（c）相互にいかなる影響も受けずに、行動を観察し記録しなければならない。

（1）観察者は同じ測定システムを使わなければならない

観察者間一致の査定は、すでに述べた4つの理由のうちのどの理由のためであれ、同じ標的行動の定義と、観察手続きとコードと、測定用具を使うことを、観察者に要求する。データの信憑性を査定するために（観察訓練生のパフォーマンスを評価するためではなく）使われるIOA測度に参加するすべての観察者は、測定システムに関して同一の訓練を受けており、その使用におい

て同じレベルの能力に達している必要がある。

（2）観察者は同じ事象を測定しなければならない

　観察者は、同じ参加者を、正確に同じ観察インターバルで、同じ時期に、観察することができなければならない。リアルタイム測定によって収集されたデータのIOAは、両方の観察者がその場に同時に存在する必要がある。リアルタイムの観察者は、同じ観察対象と環境を観察できるように、それぞれの場所を確保しなければならない。例えば、教室の対極サイドに座る2人の観察者は、それぞれの見晴らしが異なるため、1人の観察者だけが標的行動の一定の生起を見たり聞いたりできることになる。その結果、異なる測度を収集することになる。

　観察者はまったく同時に観察期間をスタートさせ、終了させなければならない。観察者間のほんの数秒の時間差でさえ、測定に深刻な不一致をもたらす。これを避けるためには、時間計測用具を観察場面の外部で同時にスタートさせるようにすればよい。ただし、データ収集が実際にスタートするのは事前に計画された時間（例えば、5つめの1分が始まる起点きっかり）においてであることを、データ収集を始める前に理解しておく。代案としては、あまり望ましいことではないが、観察者の一方が観察を始めようとしたまさにその瞬間に、他方に合図を送るようにしてもよい。

　広く普及している有効な手続きは、両方の観察者がイヤホンを通じて、事前に録音された各観察インターバルの初めと終わりを知らせるキューを収めたオーディオテープを聞く方法である（第4章を参照）。同一のテープレコーダーに2つのイヤホンを差し込める安価な光信号分配機があれば、観察者は同時キューを目立たないように受け取り、お互いに頼らなくてもすむことになる。

　永続的所産から収集するデータのIOAを査定する場合、2人の観察者が同時に行動を測定する必要はない。例えば、観察者は同じビデオまたはオーディオテープを別々の時間に視聴し、データを記録することもできる。しかしその手続きは、必ずどちらの観察者も同じテープを視聴し、その独立の観察を正確に同じテープ・ポイントにおいて開始させ終了させるように、なされなければならない。仕上げた宿題や、加工した製品など、標的行動が自然の永続的所産を産出する場合、2人の観察者は確実に同じ事象を測定する必要がある。そのためには、セッション番号や、日付や、条件や、作成者の名前を明確に記録するとか、2番目の観察者が自分の測度を収集するまで支障が起こらないよう、反応所産を管理するなどの手続きが求められる。

（3）観察者は独立していなければならない

　妥当なIOA査定に欠かせない第3の要因は、どちらの観察者もお互いに相手の測定に影響されないよう保証することである。各観察者の独立性を保証して、手続きを実施する。例えば、行動のリアルタイム測定を行う観察者は、「一方が反応を観察し記録するとき、他方がそれを見聞できないように、自らの場所を定めなければならない」（Johnston & Pennypacker, 1993a, p. 147）。

観察者同士が相互に近すぎるため、一方の観察者が他方の観察者の記録を見たり影響されたりしないように、それぞれの座席やポジションを決めなければならない。

　一方の観察者がすでにマークしたワークシートや宿題を他方の観察者に渡すことは、観察者の独立性を侵すことになる。独立性を保つためには、被験者によって仕上げられたままの状態の、純粋で何もマークされていないワークシートや宿題のコピーを、2番目の観察者に渡すようにしなければならない。

3．IOAを計算する方法

　IOAを計算する方法は、おびただしく存在する。それぞれは観察者間の一致と不一致の程度と特徴について、やや異なる見方を提供する（例えば、Hartmann, 1977; Hawkins & Dotson, 1975; Page & Iwata, 1986; Poling, Methot, & LeSage, 1995; Repp, Dietz, Boles, Dietz, & Repp, 1976）。これから説明するさまざまなIOAの形式は、第4章で説明した行動データを測定する主要な3つの方法、すなわち事象記録、時間計測、インターバル記録またはタイムサンプリングを使って整理する。応用行動分析学においては、IOAを報告する方法としては、ときにほかの統計方法が使われることもあるが、観察者間一致の百分率が、群を抜いて最も広く使われることが慣例となっている[6]。したがってそれぞれのタイプのIOAの一致百分率を計算する公式を提示した。

（1）事象記録法によって収集したデータに対するIOA

　事象記録によって得られるデータに対する観察者間一致を計算するさまざまな方法は、そのベースとして、(a) 個々の観察者が測定期間ごとに記録した全カウントを比較する、(b) 個々の観察者が測定期間内のより小さな一連の時間インターバルのそれぞれにおいて印をつけたカウントを比較する、(c) 個々の観察者の試行ごとの1または0のカウントを比較する、という方法が用いられる。

　　全カウントIOA[7]　事象記録データのIOAの最も単純で自然な指標は、個々の観察者が測定期間

注6：IOAはプロダクト-モメント相関によっても計算することができる。その場合範囲（レンジ）は、+1.0から-1.0になる。しかし、IOAを相関係数によって表現することには2つの大きな弱点がある：(a) もし1人の観察者が一貫してある行動の生起をほかの行動よりもより多く記録すると、高い相関係数が報告される、(b) 相関係数は観察者が行動のいずれかの生起例においてその生起について一致したことを何ら保証しない（Poling et al., 1975）。ハートマン（Hartmann, 1977）は、IOAの測度としてカッパ（k）の活用を説明した。k統計は偶然の結果として予想される観察者一致の割合を判断する手続きとしてコーエン（Cohen, 1960）によって開発された。しかしk統計は、行動分析学の文献で報告されることはまれである。

注7：応用行動分析学の文献においては、IOAを計算する同じ方法に対して多くの用語が使われる。そして同じ用語がときに異なる意味を表すために使われる。ここで使われるIOA用語は、この学問において最もよく使われる慣例法を表している。IOA測度のバリエーションの間の一定の有意義な区別を指摘する努力の一環として、われわれはいくつかの用語を紹介した。

インターバル(時間)	観察者1	観察者2	各インターバルIOA
1(1:00-1:05)	///	//	2/3 = 67%
2(1:05-1:10)	///	///	3/3 = 100%
3(1:10-1:15)	/	//	1/2 = 50%
4(1:15-1:20)	////	///	3/4 = 75%
5(1:20-1:25)	0	/	0/3 = 0%
6(1:25-1:30)	////	////	4/4 = 100%
	全カウント=15	全カウント=15	各インターバル平均IOA=65.3% 各インターバル完全IOA=33%

図5.2 小さな時間インターバルにおいて記録された事象記録データの観察者間一致（IOA）を算出する2つの方法。

ごとに記録した全カウントを比較することである。**全カウントIOA**（total count IOA）は、2人の観察者が記録した反応の総数の間の一致百分率として表現される。それは小さいほうのカウントを大きいほうのカウントによって割って100倍して算出される。その公式は次のとおりである。

$$\frac{小さい方のカウント}{大きい方のカウント} \times 100 = 全カウントIOA \%$$

例えば、居住施設で働く保育士（チャイルドケアワーカー）が、30分の観察期間に、9歳のミッチェルが10回悪態をついたことを記録し、2番目の観察者が同じ期間にミッチェルが9回悪態をついたことを記録したとしよう。この観察期間における全カウントIOAは90%（9÷10×100=90%）になる。

全カウントIOAの解釈には、大きな注意が必要である。なぜならば高い確率で一致しているからといって、2人の観察者が同じ行動例を記録したという確証にはならないからである。例えば、2人の観察者がミッチェルの悪態を測定したとする。2人が報告したデータが、同じ行動を90％に近いどこかで一致して測定したとはいえない例は、数えきれないほどある。一方の保育者は、30分の観察期間の最初の15分間に、悪態が10回起こったことをすべて記録したかもしれない。第2の観察者は報告した9回の全反応のうちの4回だけをその時期に記録したのかもしれない。

各インターバルカウント平均IOA 2人の観察者の報告したカウントデータの間に著しい一致

が見られた場合、それが２人とも同じ事象を測定したことを意味する可能性を高めるためには、（ａ）全観察期間を分割して、より小さな一連のカウント時間を作る、（ｂ）観察者に各インターバルにおける行動の生起数を記録させる、（ｃ）各インターバルの２人の観察者のカウントの一致を計算する、（ｄ）全観察期間のIOAを計算するためのベースとして、インターバルごとの一致を使う、というようにする。図5.2に架空のデータを示す。これを使って、各インターバルカウントIOAを計算するための２つの方法、各インターバルカウント平均IOA（mean count-per-interval IOA）と、各インターバルカウント完全IOA（exact count-per-interval IOA）を例示する。２人の観察者が、30分の観察期間に、６回の５分インターバルを使って観察した。各インターバルにおいて、標的行動の生起例を目撃するたびに、独立にそのカウントを記録した。

　それぞれの観察者は、30分の観察期間に全部で15の反応を記録した。にもかかわらず、２人のデータシートは観察期間内での高率での不一致を暴露する。全観察期間の全カウントIOAは100％であるにもかかわらず、各５分インターバル内における２人の観察者の間の一致の範囲（レンジ）は０％から100％だった。各インターバルカウント平均IOAは65.3％になった。

各インターバルカウント平均IOAは次の公式で計算される。

$$\frac{インターバル１IOA＋インターバル２IOA＋インターバルＮ\ IOA}{n インターバル} \times 100 = 各インターバルカウント平均IOA \%$$

・各・イ・ン・タ・ー・バ・ル・カ・ウ・ン・ト・完・全・IOA　事象記録法によって収集される大部分のデータセットのIOAの最も説得力のある記述は、**各インターバル完全IOA**である。それは、２人の観察者が同じカウントを記録した総インターバルの百分率である。図5.2に示したデータを記録した２人の観察者は、６インターバルのうち、わずか２つにおいてだけ、同じ反応数を記録している。各インターバルカウント完全IOAは33％である。

　各インターバルカウント完全IOAは、次の公式を使って計算する。

$$\frac{100\%\ IOAのインターバル数}{n インターバル} \times 100 = 各インターバルカウント完全IOA \%$$

・試・行・別・IOA　不連続試行行動の生起・非生起を２人の観察者が記録する場合、個々の試行、ないし反応機会に対するカウントは、０か１のみである。この観察者の間の一致は、観察者の全カウントを比較するか、または彼らのカウントを試行別ベース（trial-by-trial basis）で比較して計算することができる。不連続試行データに対する全カウントIOAの計算は、フリーオペラント・データに対する全カウントIOAと同じ公式を用いる。すなわち、２人の観察者によって報告され

た2つのカウントのうち、小さいほうを大きいほうで割って100倍する。しかしこの場合、それぞれの観察者が行動の生起を記録した試行の数がそのカウントになる。例えば、研究者と第2観察者が独立に、その研究者が子どもに漫画を見せる試行を20回行うとき、子どもが笑う行動の生起・非生起を測定したとしよう。2人の観察者はそのセッションの終わりにデータシートを比較する。そして彼らが子どもの笑い（スマイル）をそれぞれ14試行と15試行記録していたことを見出したとする。このセッションに対する全カウントIOAは93％（すなわち、14÷15×100＝93.3％）である。経験の浅い研究者ならば、この標的行動はよく定義され、両方の観察者によって一貫性を持って測定されていると結論づけるだろう。しかしその結論は正しいとはいえない。

　不連続試行データに対する全カウントIOAは、フリーオペラント・データに対する全カウントIOAと同様の制約を受ける。それは実際の一致の程度を過大評価する傾向がある。そしてどれだけ多くの反応が、またはどの反応、試行、ないし項目が、一致の問題に関わったかを示すことはできない。2人の観察者の14試行と15試行というカウントを比較すると、20試行のうちの1試行においてのみ、スマイリングの生起に関して、一致しなかったかのように思わせる。しかし、実験者によって「ノースマイル」とスコアされた6試行のうちの1つが、第2観察者によって「スマイル」試行とスコアされた可能性があり、第2観察者によって「ノースマイル」と記録された5試行のうちの1つが、実験者によって「スマイル」と記録された可能性がある。したがって、93％という全カウントIOAは、2人の観察者がセッション中に子どもの行動を測定した実際の一致を著しく過大評価する可能性がある。

　不連続試行データに対するより控えめで有意義な観察者間一致の指標は、**試行別IOA**（trial-by-trial IOA）である。それは次の公式によって計算される。

$$\frac{一致した試行（項目）数}{全試行（項目）数} \times 100 = 試行別IOA \%$$

　2人の観察者のスマイリング・データに対する試行別IOAは、前の例で示した、考えられる最悪の一致度を使って計算すると、すなわち、第1観察者が「ノースマイル」とスコアした6試行のすべてが、第2観察者によって「スマイル」と記録され、第2観察者によって「ノースマイル」と記録された5試行のすべてが、実験者によって「スマイル」と記録されたとすると、それは45％になる（すなわち一致としてスコアされた9試行÷20試行×100）。

（2）　時間計測によって収集したデータのIOA

　持続時間や反応潜時や反応間時間（IRT）の計測によって収集されたデータに対する観察者間一致は、基本的には事象記録データのIOAと同じである。2人の観察者が個別に、標的行動の持続時間、反応潜時、またはIRTを計測する。そしてそれぞれの観察者によってそのセッションの

間に収集されたトータルタイム、または個々の観察者によって記録された行動生起ごと（持続時間の場合）、または反応ごと（潜時とIRT測度の場合）の時間のいずれかを比較することをベースにしてIOAを求める。

全持続時間IOA　**全持続時間IOA**（total duration IOA）は、観察者によって報告された２つの持続時間のうち短いほうを長いほうで割って100倍することによって計算する。

$$\frac{短い持続時間}{長い持続時間} \times 100 = 全持続時間IOA \%$$

事象記録データの全カウントIOAの場合と同様に、高い全持続時間IOAは、観察者らが同じ持続時間を、同じ行動の生起として記録したことを何ら保証しない。これは、観察者による個々の反応の時間計測の間の大きな不一致が合計の中では捨象されたかもしれないからである。例えば、２人の観察者が行動の５つの生起の持続時間を秒単位で次のように記録したとしよう。

	R1	R2	R3	R4	R5
観察者１ （全持続時間＝90秒）	35	15	9	14	17
観察者２ （全持続時間＝85秒）	29	21	7	14	14

これらのデータの全持続時間IOAは、おそらくいい気分になれる94％である（すなわち、85÷90×100＝94.4％）。しかし２人の観察者が、５つの反応のうち同じ持続時間を計測したのはたった１つだけだった。そして個々の反応の時間計測は、最大で６秒もの食い違いを示した。全持続時間IOAのこの限界を認識したうえで、全持続時間を従属変数として記録し分析する場合、全持続時間IOAを報告することは適切である。可能な場合は、全持続時間IOAを各生起平均持続時間IOAによって補うことが望ましい。これを次に説明する。

各生起平均持続時間IOA　各生起の持続時間データについては、**各生起平均持続時間IOA**（mean duration-per-occurrence IOA）を計算すべきである。それは全持続時間データに対するIOAの、より控え目でより有意義な査定である。各生起平均持続時間IOAを計算するための公式は、インターバル平均IOAを測定するときに使われる公式に類似している。

$$\frac{R1\,持続時間\,IOA + R2\,持続時間\,IOA + Rn\,持続時間\,IOA}{持続時間IOAを伴うn反応} \times 100 = 各生起平均持続時間IOA \%$$

この公式を使って、今説明した2人の観察者の5つの反応の時間計測データに対する各生起平均持続時間IOAを計算するときは、次のようなステップで行う。

1．それぞれの反応に対して各生起持続時間IOAを計算する：R1, 29÷35=.83; R2, 15÷21=.71; R3, 7÷9=.78; R4, 14÷14=1.0; R5, 14÷17=.82

2．各生起の個々のIOAの百分率を加算する。
.83＋.71＋.78＋1.00＋.82＝4.14

3．各生起の個々のIOAの合計を2人の観察者が測定した持続時間の反応総数によって割る。
4.14÷5＝.828

4．100倍して、小数点以下を四捨五入する。
.828×100＝83％

　この基本公式は、潜時とIRTのデータの各反応平均潜時IOA（mean latency-per-response IOA）や、各反応平均IRT IOA（mean IRT-per-response IOA）を計算するためにも利用される。セッションにおける潜時またはIRTの観察者による計測は加算してはならない。そして別の観察者によって収集された全時間と比較された同様の全時間を、潜時とIRTの測度に対する計算の基礎として用いるべきである。
　時間計測データに対するIOA査定は、生起ごとの平均一致を報告することに加えて、観察者の時間計測と、2人の観察者が一定のエラーの範囲（レンジ）の中でそれぞれ収集した測度の反応百分率との間の食い違いの範囲（レンジ）についての情報によって強めることができる。例えば、テンプルの服従に対する各生起平均持続時間IOAは87％だった（反応間のレンジは、63％から100％）。そして第2観察者によって収集されたすべての時間計測の96％は、第1観察者の測度プラスマイナス2秒の範囲内だった。

（3）インターバル記録法とタイムサンプリング法によって収集されたデータのIOA

　インターバルデータに対するIOAを計算するために、応用行動分析家が広く活用する技法は、次の3つである。インターバル別IOA、記録されたインターバルIOA、記録されなかったインターバルIOA。

　インターバル別IOA　インターバル別IOA（ポイント別法や全インターバル法ともいう）を使う場合は、個々のインターバルに対する第1観察者の記録が、同じインターバルに対する第2観察者の記録と照合される。**インターバル別IOA**（interval-by-interval IOA）を計算する公式は次

第5章　行動測定の質を改善し査定する

$$\frac{一致インターバル数}{一致インターバル数＋不一致インターバル数} \times 100 ＝ 各インターバルIOA ％$$

　図5.3の架空データは、各インターバルIOAの計算方法を示す。そのベースは、2人の観察者が記録した、10個の観察インターバルで生じた行動の生起（×）と非生起（○）である。観察者のデータシートは、7つのインターバル（2，3，4，5，7，9，10インターバル）において行動の生起・非生起が一致したことを示している。このデータセットのインターバル別IOAは70％（すなわち、7÷［7+3］×100＝70％）である。
　インターバル別IOAは、非常に高率か低率で起こる行動を、複数の観察者が測定した実際の一致を過剰に評価しやすい。それはインターバル別IOAが、観察者間の無作為なまたは偶然の一致に影響されやすいからである。例えば、実際の一致は10回の観察インターバルのわずか1～2インターバルである行動に対して、十分な訓練を受けていないため十分信頼できない観察者が、行動が起こっているわずかな生起例を見逃し、逆に起こっていない一部のインターバルを行動生起として誤って記録することがある。そういう観察者は、大部分のインターバルに対して、非生起のマークをつけることになりやすい。この偶然の一致の結果、インターバル別IOAは、非常に高くなる可能性がある。非常に高率か低率で起こる行動のインターバルデータにおける偶然の一致の影響を最小にするIOAの方法は2つある。記録されたインターバルIOAと記録されなかったインターバルIOAである（Hawkins & Dotson, 1975）。

　記録されたインターバルIOA　観察者のいずれか一方または両方が、標的行動が生起したと記録したインターバルだけを使って計算する。これが**記録されたインターバルIOA**（scored interval IOA）である。両方の観察者が同じインターバルで行動が起こったと記録したときは一致として数え、一方の観察者が行動の生起を記録し、他方が行動の非生起を記録したインターバルは不一致として数える。例えば、図5.4に示すデータでは、1，3，9インターバルのみが、記録されたインターバルIOAの計算に使われることになる。2，4，5，6，7，8，10インターバルは無視される。両方の観察者がそのインターバルでは行動は起こらなかったと記録したからである。2人の観察者が一致して行動が起こったとしたのは、3つの記録されたインターバルのうちの1つ（3インターバル）においてのみである。記録されたインターバルIOA測度は33％（1一致インターバル÷［1一致インターバル＋2不一致インターバル］×100＝33％）である。

　記録されなかったインターバルIOA　観察者のいずれか一方または両方が、標的行動が生起しなかったと記録したインターバルだけを使って計算する。これが**記録されなかったインターバルIOA**（unscored interval IOA）である。両方の観察者が同じインターバルで行動が起こらなかっ

各インターバルのIOA										
インターバル番号	1	2	3	4	5	6	7	8	9	10
観察者1	X	X	X	O	X	X	O	X	X	O
観察者2	O	X	X	O	X	O	O	O	X	O

X = 行動はインターバル中に生起したと記録された
O = 行動はインターバル中に生起しなかったと記録された

図5.3　各インターバルIOAを計算するときは、両方の観察者が行動の生起・非生起に関して一致したインターバル数（陰影部）を全観察インターバル数で割る。ここに示したデータの各インターバルIOAは70％（7/10）

記録されたインターバルIOA										
インターバル番号	1	2	3	4	5	6	7	8	9	10
観察者1	X	O	X	O	O	O	O	O	O	O
観察者2	O	O	X	O	O	O	O	O	X	O

X = 行動はインターバル中に生起したと記録された
O = 行動はインターバル中に生起しなかったと記録された

図5.4　記録されたインターバルIOAは、どちらかの観察者が行動の生起を記録したインターバル（陰影部）だけを使って計算する。ここに示したデータの記録されたインターバルIOAは33％（1/3）

記録されなかったインターバルIOA										
インターバル番号	1	2	3	4	5	6	7	8	9	10
観察者1	X	X	X	O	X	X	O	X	X	O
観察者2	O	X	X	O	X	X	O	X	X	X

X = 行動はインターバル中に生起したと記録された
O = 行動はインターバル中に生起しなかったと記録された

図5.5　記録されなかったインターバルIOAは、どちらかの観察者が行動の非生起を記録したインターバル（陰影部）だけを使って計算する。ここに示したデータの記録されなかったインターバルIOAは50％（2/4）

たと記録したときは一致として数え、一方の観察者が行動の非生起を記録し、他方が行動の生起を記録したインターバルは、不一致として数える。例えば、図5.5に示すデータでは、1，4，7，10インターバルだけが、記録されなかったインターバルIOAの計算に使われることになる。インターバル4と7では、2人の観察者は一致して行動は起こらなかったとした。従って、この例における記録されなかったインターバルIOAは50％（2一致インターバル÷［2一致インターバル＋2不一致インターバル］×100＝50％）である。

　比較的高率で起こる行動の場合は、記録されなかったインターバルIOAのほうがインターバル別IOAよりもより厳密な観察者間一致の査定を提供する。過剰インフレのため誤解を招く恐れのある測度を回避するため、約70％かそれ以上のインターバルの頻度で起こる行動の場合は、記録されなかったインターバルIOAを使うことをおすすめしたい。

4．観察者間一致の選択、収集、報告において考慮すべきこと

　以下に示すガイドラインおよび勧告は、行動測定の質を評価する観察者間一致の使用に関連する一連の質問によって構成されている。

（1）IOAはどんな頻度でいつ収集すべきか？

　観察者間一致の査定は、研究の条件や段階ごとに行うことが望ましい。そして週に何日か、1日に何回か、いろいろな場面で、複数の観察者に対して、分散させるべきである。このようにIOA査定をスケジュール化すると、結果として研究で収集されるすべてのデータの代表的な（すなわち妥当な）イメージを提供することになる。行動研究法を扱うテキストの著者らが示す現在の実践と勧告に従えば、IOAは最低でも研究セッションの20％について収集すべきであり、できればセッションの25％から33％になることが望ましい（Kennedy, 2005; Poling et al., 1995）。一般に、リアルタイム測定によって得られるデータを使う研究においては、永続的所産から得られるデータを使う研究においてよりも、より高い百分率のセッションに対してIOAを査定するようにする。

　観察者間一致によってデータを査定する頻度は、測定コードの複雑さや、観察者の数と経験や、条件や段階の数や、IOA査定そのものの結果によって変動する。複雑なまたは新しい測定システムや、経験の浅い観察者や、多くの条件や段階を使用する研究においては、より頻繁なIOA査定が期待される。研究の早い段階において、IOAを収集し計算するための適度に控えめな方法によって、高水準の一致が明らかになる場合は、IOAを査定するセッションの数と割合は、研究の進行とともに減ってゆくだろう。例えば、分析の開始段階では、1つ1つのセッションにおいてIOA査定を行い、その後は4～5セッションに1回のスケジュールへと減らしてゆくようにする。

（2）IOAはどんな変数に対して収集され報告されるべきか？

　一般に、研究者はIOAの収集と報告を、研究の結果と考察と同じレベルで行うべきである。例えば研究者は、2つの処遇条件が2つの場面で4人の参加者の2つの行動に与える相対的効果を分析する場合、処遇条件と場面とに分けて、それぞれの参加者の両方の行動について、IOAアウトカムを報告すべきでる。こうすれば、この研究の読者は、この実験の各成分内でのデータの相対的信憑性を判断することができる。

（3）IOAはどの方法を使って計算すべきか？

　偶然の結果、実際の一致を過大評価する可能性のある方法よりも、より厳しくより保守的なIOA計算法を使うべきである。パフォーマンスの正確さを評価するために使われる事象記録データの場合は、試行別IOAまたは項目別IOAをベースとする全体的IOAを報告する。そして正反応と誤反応に対する別々のIOA計算によって補うことをおすすめする。インターバルまたはタイムサンプリングによって得られたデータの場合は、行動の相対的頻度次第で、インターバル別IOAを、記録されたインターバルIOAか、記録されなかったインターバルIOAによって、補うことをおすすめする。第1観察者が標的行動を約30％かより少ないインターバルで起こっていると記録した場合、記録されたインターバルIOAはインターバル別IOAに対する厳しい補足を提供することになる。逆に第1観察者が標的行動をおよそ70％かそれ以上の割合で起こっていると記録した場合は、記録されなかったインターバルIOAがインターバル別IOAを補足するはずである。標的行動が生起する割合が、研究の条件または段階の間で、非常に低いから非常に高いへと変化するか、非常に高いから非常に低いへと変化する場合、記録されなかったインターバルIOAと記録されたインターバルIOAの両方を報告することが正しいということになるだろう。
　どのIOA形式を報告すべきかについて疑問がある場合、いくつかのバリエーションを計算して提示することが、そのデータの信憑性を読者自身が判断するのに役立つだろう。しかし解釈や意思決定のためにデータを受け容れることが、IOAを計算するためにどの公式を選択するかにかかっている場合は、データの信憑性についての深刻な問題が存在しているので、それを解決するために努力すべきである。

（4）容認できるIOAレベルとは何か？

　慎重に収集され控えめに計算されたIOA査定は、一致が100％に近づくにつれ、データの信憑性をますます高めることになる。応用行動分析学における通常の慣習は、観察記録法を使う場合は、独立の観察者が平均80％以上を達成することが期待される。しかし、ケネディ（Kennedy, 2005）が指摘するように「なぜ80％が必要かについての科学的正当性は存在しない。研究者がこの百分率を容認可能性の基準として用いており、その研究活動で成功しているという長い歴史があるのみである」。（p. 120）

ミラー（Miller, 1997）は、IOAは確立されている測度に対しては90％かそれ以上、新しい変数に対しては最低80％とすべきであるとした。特定の状況で働くさまざまな要因が、80％または90％の基準を低すぎるものにするか、高すぎるものにするかを決定する。子どもの作文に含まれる単語数についての観察者間一致が90％の場合、そのデータの信憑性に関して深刻な問題が提起されるはずである。永続的所産から得られたカウントデータの信憑性を高めるためには100％近いIOAが必要である。しかし複雑な環境における複数の参加者の多くの行動の同時測定に対しては75％という低い平均IOAであっても、そのデータを受け容れる分析家がいるかもしれない。特に範囲（レンジ）の小さい（例えば73％から80％）十分な数の個別的IOA査定をベースにする場合は受け容れられるだろう。

観察者間一致の容認可能性のレベルを決定するときは、そのデータによって明らかにされる行動変化の度合いも考慮すべきである。ある条件から他の条件への行動の変化が小さいときは、データにおける変動性は、行動の実際の変化よりも一貫性に欠ける観察を表していることがある。それゆえ、条件と条件の間での行動の変化が小さければ小さいほど、容認可能なIOA百分率については、より高い基準にすべきである（Kennedy, 2005）。

（5）IOAはどのように報告すべきか？

IOAスコアは、談話で報告することもできれば、表やグラフで報告することもできる。どの方法を選ぶにしろ、観察者間一致をどんな方法で、いつ、どれほどの頻度で行ったかを示すことが大切である。

談話による記述　IOAの報告に対する最も一般的なアプローチは、一致百分率の平均と範囲（レンジ）についての談話を単純に記述するという方法である。たとえば、クラフトら（Craft, Alber, & Heward, 1998）は、4つの従属変数を測定した研究におけるIOA査定の方法と結果を次のように記述した。

> 子どもによるリクルーティングと教師の賛辞　研究は40セッション行われ、うち12セッション（30％）に、第2観察者が参加した。2人の観察者は、単独で、同時に、4人の子どもを観察した。子どもが自発したリクルート反応と、受け取った教師の賛辞の数を記録した。観察者が記録した記述的談話ノートによって、1つ1つのリクルーティング・エピソードの一致が突き止められた。観察者間一致は、一致総数を一致と不一致の総数によって割り、それに100をかけて、エピソード・バイ・エピソードのベースで計算された。子どものリクルーティングの頻度に対する一致は、子どもの間で88.2％から100％のレンジだった。リクルートされた教師の賛辞の頻度に対する一致は、4人の子どもすべてで100％だった。リクルートされなかった教師の賛辞の頻度のレンジは93.3％から100％だった。
> 学業課題完成と正確さ　第2観察者が、単独で、10（25％）セッションにおける子どもの学業課題達成と正確さを記録した。綴りワークシートの完成度と正確さの双方の観察者間一致は4人の

表5.1　参加者と実験条件ごとの各従属変数の観察者間一致の結果

台本付き交流、精緻化、台本無し交流における子ども別と条件別の観察者間一致のレンジと平均百分率

交流の種類	ベースライン レンジ	M	教授 レンジ	M	新しい受け手 レンジ	M	台本フェーディング レンジ	M	新しい活動 レンジ	M
台本付き										
デイヴィッド			88-100	94		100		100		
ジェレマイア			89-100	98		100		—[a]		
ベン			80-100	98		90		—[a]		
精緻化										
デイヴィッド			75-100	95	87-88	88	90-100	95		
ジェレマイア			83-100	95	92-100	96		—[a]		
ベン			75-100	95		95		—[a]		
台本無し										
デイヴィッド		100		100	87-88	88	97-100	98	98-100	99
ジェレマイア		100		100	88-100	94	93-100	96		98
ベン		100		100		100	92-93	92	98-100	99

a：台本撤去後に観察者間一致を取得したため、台本付き反応と、台本フェーディング条件における精緻化のデータは入手できず（すなわち、台本がないため、あるのは台本無し反応のみ）

From "Social Interaction Skills for Children with Autism: A Script-Fading Procedures for Beginning Readers," by P. J. Krantz and L. E. McClannahan, 1998, *Journal of Applied Behavior Analysis, 31*, p. 196. Copyright 1998 by the Society for the Experimental Analysis of Behavior, Inc. Reprinted by permission.

子どもすべてにおいて100％だった。

表による報告　観察者間一致のアウトカムを表の形式で報告する例は、表5.1に示されている。クランツとマクナラハン（Krantz & McClannahan, 1998）は、3人の子どもの各実験条件の間での3種類の社会的交流に対して計算されたIOAのレンジと平均を報告した。

グラフ表示　観察者間一致は、図5.6のように、第2観察者によって収集された測度を第1観察者のデータのグラフに書き込むことによって、視覚的に表現することもできる。同じグラフ上の両方の観察者のデータを見れば、観察者間の一致の程度と、観察者間ドリフトないしバイアスの存在が明らかになる。図5.6の架空の研究は、観察者ドリフトの不在を示唆する。第2観察者の測度が、第1観察者の測度に呼応して変化しているからである。2人の観察者が同じ測度を得ているのは、10セッション中、IOAの査定された2セッション（セッション3と8）においてのみであるが、一方の観察者が他より高いか低い測度を一貫して報告していないという事実は、観

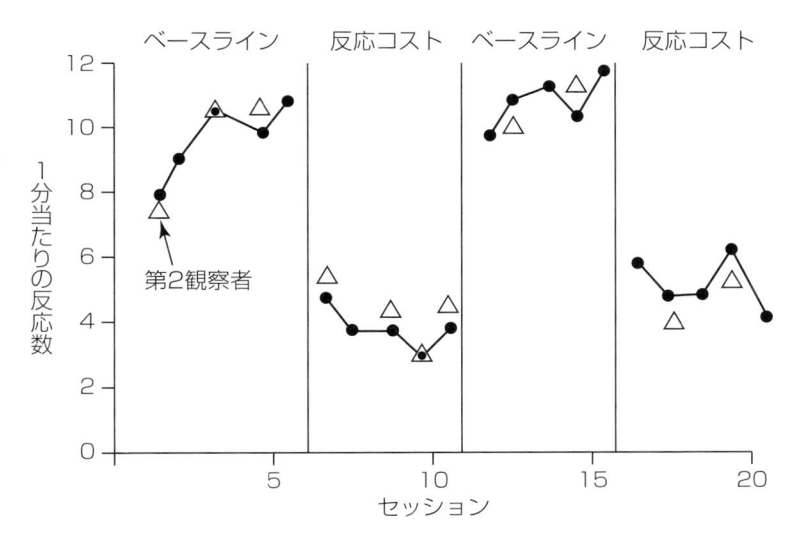

第5章　行動測定の質を改善し査定する

図5.6　第1観察者のデータのグラフ上に第2観察者が収集した測度を描き入れると、観察者間一致の程度と特徴を視覚的に表現できる

察者バイアスの不在を示唆する。バイアス不在は通常、過剰評価と過小評価のランダムなパターンによって示される。IOA査定のグラフ表示は、観察者ドリフトとバイアスを明らかにするだけでなく、第3に、図5.6に示されているように、測定の信憑性を高めることができる。第1観察者が報告したデータが、実験条件ないし段階の間で明瞭な変化を示す場合、第2観察者が各段階で報告するすべての測度は、第1観察者が収集した観察値のレンジの中に収まる。それはデータが測定された行動の実際の変化を表し、ドリフトや外的な実験随伴性による第1観察者の行動の変化を表すものではないという確信を強める。

応用行動分析学の分野で発表された研究報告でIOA測度のグラフ表示のあるものはまれであるが、研究の間にグラフ表示を作成して活用することは、観察者が一連の百分率を比較しても証拠のはっきりしない行動を測定しているという一貫性（または非一貫性）のパターンを、研究者が突き止めるための簡単で直接的な方法である。

（6）測定の質の査定にどのアプローチを使うべきか：正確性か、信頼性か、観察者間一致か？

測定の正確性と、測定の信頼性と、異なる観察者が同じ測度を収集する程度を査定すると、それぞれからデータの質の異なる指標が得られる。究極的には、測定の質についてどんな種類の査定を行うにしろ、その理由は研究中の測定を改善するとともに、人々にデータの信憑性を判断させ確信させるという2つの目的のために使用できる量的証拠を得るためである。

応用行動分析家は、自らが何を測定し、どう測定しているかの妥当性を確保したならば、信頼性や観察者間一致よりも、測定の正確性の査定を、可能ならいつでも、選ぶようにすべきである。データセットのすべての測定が正確性の容認基準を満たすと判断できるならば、測定の信頼

性と観察者間一致に関する問題は意味がなくなる。正確さが確認されたデータに関しては、信頼性やIOAなどの追加査定をする必要はない。

　真の値が入手できないために、測定の正確性を査定することができない場合、信頼性の査定が、質を示す次善の指標を提供する。自然のまたは人為的な永続的所産を保存できるならば、応用行動分析家は測定の信頼性を査定することができる。観察者はセッションが変わっても、条件が変わっても、段階が変わっても、一貫性をもって行動を測定したことが読者にはわかる。

　真の値も永続的所産の記録も手に入らない場合、あるレベルのデータの信憑性を観察者間一致が提供する。IOAは測定の妥当性、正確性、信頼性を示す直接的指標ではないが、応用行動分析学においては貴重な役に立つ研究用具であることが立証されている。応用行動分析学の分野で発表される研究においては、観察者間一致を報告することが、何十年もの間、期待され要求される成分だった。その限界にもかかわらず、「観察者間一致というこの分野でかくも広く使われた素朴な測度はまさに今日的意味を持つ」(Baer, 1977, p. 119)。それは行動改善のための強固なテクノロジーを開発する努力にとって有意義な測度である。

　　　　一致の百分率は、インターバル記録のパラダイムにおいて、直接的で有用な意味をもつ。すなわち、1人の研究対象を観察する2人の観察者が、しかも同じ行動の定義によって装備されているとき、その行動が起こるところ、または起こらないところを、同じ標準時間にどれほど頻繁に目撃するか？　2つの答え「2人はその生起についてX％の関連インターバルで、その非生起についてY％の関連インターバルで一致を示す」は、優れて有用である。(Baer, 1977, p. 118)

　研究者は、同じデータセットを複数の査定手続きを使って評価する。そのことを妨げる理由はない。時間と資源の許す限り、査定の組み合わせを盛り込むことは望ましくさえある。応用行動分析家は、できるならどんな査定の組み合わせでも（例えば、正確性＋IOA、信頼性＋IOA）、使うことができる。そのうえ、データセットの一部を正確性または信頼性の査定に使い、他はIOAの査定に使うこともありうる。ブラウンら（Brown et al., 1996）が報告した正確性の査定の先の例では、正確性とIOAの査定が盛り込まれていた。観察者が単独で、子どもの正しい遅延性再話と、誤った再話を記録した。IOAが100％未満だったとき、その子とセッションのデータが、正確性に関して査定された。IOAは信憑性を高める査定として使われ、同時に正確性に関して査定されるデータを選択する手続きとしても使われた。

まとめ

信用できる測定の指標

1. 科学にとって、測定が最も有用であるためには、妥当であり、正確であり、信頼できるもの

2. ABAの妥当な測定には、等しく重要な3成分が含まれる。(a) 社会的に重要な標的行動を直接測定する、(b) その行動についての問題や関心と関連する標的行動の次元を測定する、(c) その行動を測定する理由にとって最も関連する条件と時間帯において起こる行動生起をデータが確実に代表するようにさせる。
3. 観察値、すなわち事象を測定して得られるデータが、その事象の真の状態、ないし真の値と一致するとき、測定は正確である。
4. 同じ事象を繰り返し測定しても同じ値が得られるとき、測定は信頼できる。

測定の妥当性に対する脅威

5. 非直接的測定（対象である行動とは異なる行動を測定すること）は、妥当性に脅威を与える。収集した測度と、対象である実際の行動との関係について、研究者または実践家に推論することを要求するからである。
6. 非直接的測定を用いる研究者は、測定した行動が、結論を出したいと願っている行動についての何かを直接的に反映しているという証拠を、信頼できる有意味な方法によって提出しなければならない。
7. 行動を測定する理由として不適当な、または無関係な行動の次元を測定することは、妥当性を危うくする。
8. 測定のアーティファクトとは、行動についての不当な、誤解を招く恐れのある臨床像を与えるデータである。それは測定が行われた方法に起因する。非連続的測定、計画が不完全な観察、感度が鈍いか限界のある測定尺度は、測定のアーティファクトのよく見られる原因である。

測定の正確性と信頼性に対する脅威

9. 応用行動分析学におけるほとんどの研究では、人間の観察者を用いて行動を測定する。そのためデータの正確性と信頼性に対して、ヒューマンエラーが最大の脅威となる。

10. 測定エラーに寄与する要因には、不完全に設計された測定システム、不十分な観察者訓練、データはこうなるはずだという予測が含まれる。

11. 観察者は測定システムについて、組織的訓練と練習を受けなければならない。そしてデータの収集に入る前に、正確性と信頼性に関するあらかじめ決定された基準をクリアしなければならない。

12. 観察者ドリフト（観察者が用いる測定システムの方法が研究の過程で意図せずに変化するこ

と）は、追加訓練と、測定の正確性と信頼性に関するフィードバックを行うことによって、最小にすることができる。

13. 予測される望ましい研究結果についての観察者の期待または知識は、データの正確性と信頼性を傷つける恐れがある。

14. 観察者は、収集するデータが仮定された結果や治療目標をどの程度支持するか、その逆になっているかについてのフィードバックを受けてはならない。

15. 観察者の予測によって起こる測定バイアスは、何も知らない観察者を用いることによって回避することができる。

16. 観察者のリアクティビティーは測定エラーである。それは自分の報告するデータがほかの人々によって評価されているという観察者の意識によって起こる。

行動測定の正確性と信頼性を査定する

17. 研究者と実践家はそのデータの信頼性を査定する。そうすることによって（a）早い分析の段階で、実験や治療上の意思決定を行うためにデータが使えるかどうかを判断する、（b）測定エラーを発見し修正する、（c）測定エラーの一貫したパターンを突きとめ、測定システムの全体的改善やカリブレーションを行う、（d）ほかの人々にデータの相対的信憑性を伝達する、ことが可能になる。

18. 測定の正確性の査定は、分かりやすい過程である。査定された個々の測度ないしデータの真の値との一致度を計算すればよい。

19. 応用行動分析家が興味を示す多くの行動の真の値は明白であり、広く受け入れられ、ローカルな文脈によって条件的に確立することができる。行動の中には真の値を得ることが難しいものもある（例えば、共同遊び）。なぜなら、真の値を決定する過程は、真の値と比較したいと思うデータを収集するために用いられる測定手続きとは異なるものでなければならないからである。

20. 観察者が妥当で正確な測定システムを、どの程度確実に信頼性をもって適用しているかを査定することは、データの全体的信憑性を示す有効な指標を示すことにつながる。

21. 測定の信頼性を査定するためには、自然の、または人為的な永続的所産が必要である。観察者がそれによって同じ行動事象を再測定できるようにするためである。

22. 高い信頼性は高い正確性を保証するものではないが、低いレベルの信頼性が見つかることは、そのデータが疑わしいものであり、測定システムの問題が発見され修理されるまでは、そのデータを無視すべきであるということを教えるものである。

行動測定を査定するために観察者間一致を用いる

23. ABAにおいて最も広く使われる測定の質を表す指標は、観察者間一致（IOA）である。2人以上の独立の観察者が、同じ事象を測定した後に、同じ観察値を報告する度合いのことである。

24. 研究者と実践家は、IOAの測度を使って、次のことを行う。（a）新しい観察者の能力を判断する、（b）観察者ドリフトを突きとめる、（c）標的行動の定義が明瞭であり、システムの使用が難しすぎないかどうかを判断する、（d）ほかの人々にデータの相対的信憑性を確信させる。

25. IOAの測定には2人以上の観察者が（a）同じ観察コードと測定システムを使う、（b）同じ参加者と出来事を観察し測定する、（c）ほかの観察者からの影響を受けずに行動を観察し記録する、ようにする。

26. IOAの計算技法はたくさんある。それぞれが観察者間の一致と不一致の程度と特徴について、少し違う見方を提示する。

27. 観察者間の一致百分率はABAにおけるIOA報告の最も広く使われる慣習である。

28. 事象記録法によって収集されるデータに対するIOAは、次のどれかを比較することによって計算できる。（a）測定期間ごとに個々の観察者によって記録された全カウント、（b）観察期間に含まれるより小さな一連の時間インターバルにおいて、それぞれの観察者が記録したカウント、（c）試行ごとの計測をベースとして個々の観察者が記録した1か0のカウント。

29. 全カウントIOAは、事象記録データのIOAのうち、最も簡単で加工されていない指標である。そして各インターバルカウント完全IOAは、事象記録法で収集された大部分のデータセットに対する最も厳格なIOAである。

30. 持続時間、反応潜時、反応間時間（IRT）の時間計測によって収集されたデータに対するIOAは、基本的には事象記録データと同じ方法で計算される。

31. 全持続時間IOAは、観察者によって報告された2つの持続時間の短いほうを長いほうで割る

ことによって計算される。各生起平均持続時間IOAはより控えめで、普通より有意義な全持続時間IOA査定である。それは各生起持続時間データについて計算しなければならない。

32. インターバル・データに関するIOAを合計するために広く使われる３つの技法とは、インターバル別IOA、記録されたインターバルIOA、記録されなかったインターバルIOAである。

33. インターバル別IOAは、観察者間の無作為のまたは偶然の一致の影響を受けやすいので、非常に低率か高率で起こる行動を測定する観察者の間の一致度を過大評価しやすい。

34. 記録されたインターバルIOAは、比較的低頻度で起こる行動に対してすすめられる。記録されなかったインターバルIOAは、比較的高頻度で起こる行動に対してすすめられる。

35. IOA査定は個々の実験条件と段階において行われるべきである。そして週に何日か、１日に何回か、いろいろな場面で、複数の観察者に対して、分散させるべきである。

36. 研究者は研究の結果を報告し考察するのと同じレベルで、IOAを収集して報告すべきである。

37. 最も厳格で控えめなIOAの方法は、偶然の結果として起こる一致を過大評価する方法以上に、より使われなければならない。

38. 容認されるIOAの慣習は、最低80％だった。しかし決まった基準はない。IOAの容認できるレベルを決定する場合は、測定される行動の特徴と、データによって明らかにされる行動の変化の度合いを考慮すべきである。

39. IOAスコアは、談話形式、表形式、グラフ形式で報告することができる。

40. 研究者は、そのデータの質を査定するために複数の指標を使うことができる（例えば、正確性＋IOA、信頼性＋IOA）。

第3部
行動改善を評価し分析する

　第2部では標的行動を選択し定義するための考え方と手続きを説明した。そして行動を測定する詳しい方法を考察した。また測定の正確さを改善し査定し報告するテクニックについて吟味した。これらの測定の所産はデータと呼ばれる。それは行動分析家がそれを使って仕事をする媒体である。しかし行動分析家はデータを用いて何をするのか？　第3部の5つの章は、行動データのプレゼンテーションと解釈、そして介入効果の分析のための実験のデザインと実施と評価に充てられている。

　第6章では、研究者、実践家、消費者が、行動データを理解するために使うグラフによる表現について説明する。行動分析家が最も頻繁に使う主要な種類のグラフを選択し、構成し、解釈するために考慮すべき事柄について検討する。測定とグラフによる表現によって、行動は変化したか、いつ、どの程度変化したかを明らかにすることはできる。しかしそれだけでは、何が行動を改善させたかを明らかにすることはできない。第7章から10章までは、応用行動分析学における分析について考察する。第7章では、行動分析学におけるすべての実験に必要な成分について説明する。そして研究者と実践家が行動とその制御変数の間の関数関係を追跡し立証するために、いかにして定常状態戦略と基本的論理の3成分（予測・立証・再現）を適用するかを説明する。第8章と9章では、リバーサルデザイン、交替処遇デザイン、多層ベースラインデザイン、基準変更デザインの論理と操作を説明する。これらは応用行動分析学において最も広く使われる実験デザインである。第10章では、行動研究をより完全に理解するために必要な広範囲の主題を取り上げる。まず、いかなる科学の研究方法であれ、それには研究対象の特徴が反映されなければならないという仮定から出発する。そして個々のクライエント、ないし研究参加者のレベルにおいて、行動を分析することの重要性について検討する。そして実験デザインにおける柔軟性の大切さについて議論し、実験の内的妥当性に影響を与えるいくつかの一般的な交絡変数を同定する。また応用行動分析学の社会的妥当性を査定する方法を示す。さらに再現を用いて研究の外的妥当性をいかにして判定するかを説明する。第10章と第3部の最後に、締めくくりとして応用行動分析学において発表された研究の「よさ」を評価するために考慮すべき一連の問題と問いを提示することにする。

第6章
行動データのグラフを作成し解釈する

キーワード

棒グラフ、累積記録、累積記録器、データ、データ経路、従属変数、グラフ、独立変数、レベル、線グラフ、局所反応率、全反応率、散布図、半対数チャート、中心分割推移線、標準セラレーション・チャート、トレンド、変動性、視覚分析

行動分析士資格認定協会®BCBA® & BCaBA®
第4版課題リスト©

	Ⅰ 基本的な行動分析学のスキル
A-10	等間隔グラフを使ってデータをデザインし、描き、解釈する。
A-11	データを表示するため累積記録を使ってデータをデザインし、描き、解釈する。
B-02	行動分析学の文献の論文をレビューし解釈する。
F-04	精密教授を使う。
	Ⅱ クライエントを中心に据えた専門家としての責任
H-03	関連する量的関係を効果的に伝えるためのデータ表示法を選択する。
H-04	レベル、トレンド、変動性の変化を評価する。
H-05	観察された変数間の時間的関係（セッション内と間、時系列）を評価する。
I-05	観察されたデータを整理し、分析し、解釈する。
J-15	意思決定はさまざまな書式で表示されたデータに基づいて行う。

©2012 行動分析士資格認定協会® (BACB®)。不許複製。この文書の最新版は、www.bacb.comから入手できる。この文書の転載、複写、配布の請求と、この文書についての質問は、BACBに直接問い合わせられたい。

第6章　行動データのグラフを作成し解釈する

　応用行動分析家は、行動を直接的、反復的に測定して、行動の変化を詳しく記録し、定量化する。これらの測定の結果が**データ**(data)である。それは行動分析家がそれによって仕事をするための手段（媒体）である。データという言葉は、日常の用法では、事実と称して提出される、幅広い、しばしば正確さを欠いた、主観的な情報を意味する。科学用語としてのデータは「通常、定量化された測定結果」(Johnston & Pennypacker, 1993a, p. 365)[1]を意味する。

　行動変化は動的な永続的過程である。そのため行動分析家（実践家と研究者）は、研究対象である行動と直接的で継続的な接触を維持しなければならない。行動改善プログラムや実証研究を通じて収集されるデータは、そういう接触のための手段である。それらは日々の重要な意思決定のための経験的基礎である。すなわち、現在の手続きを継続させるため、別の介入を試みるため、そして以前の条件を再導入するための手段である。しかし加工されていないデータそのもの（一連の数字）から、妥当性と信頼性のある意思決定を行うことは困難である。それは不可能ではないにしろ非能率的である。数字の長い列を調べて分かるのは、非常に大きなパフォーマンスの変化か、または変化なしの場合だけである。そして行動変化の重要な特徴が、簡単に見過ごされてしまう。

　次に示す3組のデータを考えてみよう。それぞれは一連の数字であり、一定の標的行動の連続的測度を表している。第1のデータセットは、2つの異なる条件（AとB）のもとで自発された、反応数の継続的な測度の結果を表す。

条件 A　　　　　　　　　　　　条件 B
120, 125, 115, 130,　　　　　　114, 110, 115, 121,
126, 130, 123, 120,　　　　　　110, 116, 107, 120,
120, 127　　　　　　　　　　　115, 112

第2のデータセットは、正反応の百分率の連続的な測度を表す。

80, 82, 78, 85, 80, 90, 85, 85, 90, 92

第3のデータセットは、連続する学校日に収集された標的行動の1分ごとの反応測度である。

65, 72, 63, 60, 55, 68, 71, 65, 65, 62, 70, 75, 79, 63, 60

　これらの数字はあなたに何を伝えるだろうか？　それぞれのデータセットからあなたならどんな結論を導き出すだろうか？　あなたが結論を得るまでに、どれだけの時間がかかっただろうか？　あなたはどの程度の確信がもてるだろうか？　もしそのデータセットが、解釈されるべき

注1：データは単数形として（例えば、"The data *shows* that...."）使われることが多いが、本来はラテン語を語源とする複数形であり、正しくは複数動詞とともに用いられる（例えば"These data *are*....."）。

さらに多くの測度をもっていたとしたらどうだろうか？　行動改善プログラムや実証研究に興味をもつほかの人々が、どの程度同じ結論に達するだろうか？　これらのデータはいかにしてほかの人々に直接的、効率的に伝達できるだろうか？

　グラフ（graph）（一連の測定と関連変数の間の関係を視覚的に表す比較的簡単な書式）は、人々に量的情報を「なるほど」と思わせるうえで役に立つ。グラフは応用行動分析家の主たる道具であり、それによって自分の仕事の結果を整理し、貯蔵し、解釈し、伝達する。図6.1は先に示した3つのデータセットのそれぞれを表すグラフである。上段のグラフでは条件Aより条件Bにおいて低レベルの反応を示していることが分かる。中段のグラフは、反応測度が上昇傾向にあることをはっきり示している。下段のグラフには、各週の最初の部分での増加傾向と各週の終わりに向かっての減少傾向を特徴とする、変動する反応パターンが明示されている。図6.1のグラフは時間とともに変化する行動の3つの基本的特徴であるレベル、トレンド、変動性を示している。それぞれの詳しい議論は、本章でこの後に詳しく説明する。行動データのグラフによる表示は、行動変化のこれらの3つの特徴を突き止め、分析し、伝達する有効な手段であることを示している。

I　行動データのグラフィックデスプレイの目的と利益

　多くの研究者が行動処遇と研究の結果を解釈し伝達するための一次的手段としてグラフを使うことの利益を論じてきた（例えば、Baer, 1977; Johnston & Pennypacker, 1993a; Michael, 1974; Parsonson, 2003; Parsonson & Baer, 1986、1992；Sidman, 1960）。パーソンソンとベア（Parsonson & Baer, 1978）はそのことを最適に表現している。

　　　　突き詰めて言えば、グラフの機能は、事実の迅速で正確な分析を可能にするデータの記述と要旨を、理解しやすく魅力的な方法によって伝達することである。(p. 134)

　行動データのグラフ表示と視覚分析には、少なくとも6つの利点がある。第1に、行動の1つ1つの測度を、観察期間の直後にグラフ上にプロットすることによって、参加者の行動の時々刻々の視覚的記録を、実践者や研究者に即座にアクセスできるようにする。研究や教育プログラムが完了するまで待つ代わりに、行動変化が継続的に評価されるため、参加者のパフォーマンスに応じて、処遇と実験の意思決定を敏感に行うことができるようになる。グラフは「関連するアウトカムデータとの緊密な継続的接触」をもたらし、それが「測定可能な優れたインストラクション」を導くことを可能にする（Buschell & Baer, 1994, p. 9）。
　第2に、いつでも分析できる書式によって、データと直接的、継続的に接触することによって、研究者のみならず実践家もまた、行動に起こる興味深い変化を探求することができるようになる。行動についての最も重要な発見のなかには、科学者があらかじめ決定された実験計画に従ったからではなく、自分のデータが示唆する手がかりに従ったがゆえに見出されたものがある（Sidman, 1960, 1994; Skinner, 1956）。

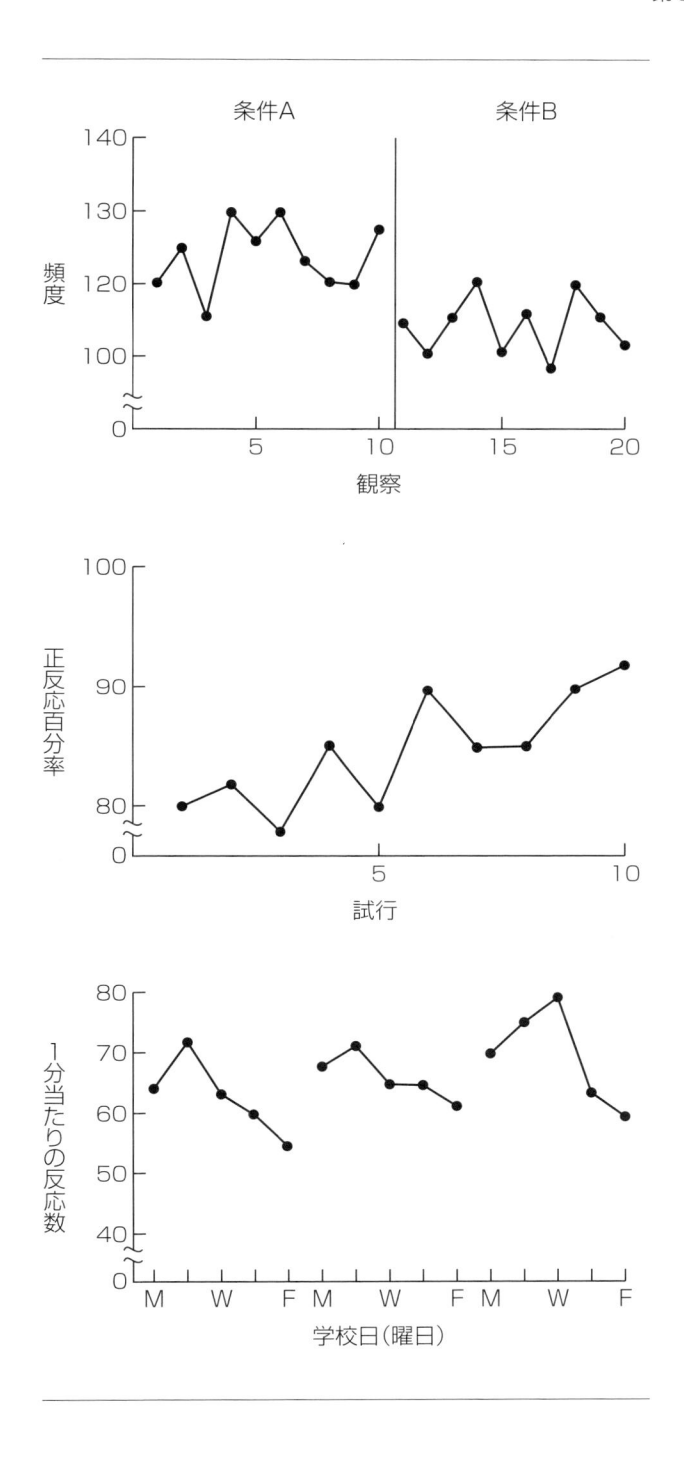

第6章　行動データのグラフを作成し解釈する

図6.1　3組の架空データのグラフ化。条件間の反応レベルの変化（上段）、トレンド（中段）、周期的変動性（下段）

第3に、グラフは、行動変化の統計分析と同じように、判断を助けるものである。すなわち、それは実践家や実験者が研究や処遇の結果を解釈することを助けてくれる道具である（Michael, 1974）。グラフ化されたデータの視覚分析は、群間比較研究において用いられる推論の統計的検定とは対照的に、あまり時間を要しない。また比較的学習しやすく、行動変化の重要性を判断するために、あらかじめ決められた恣意的レベルを押し付けるようなことはしない。そしてデータを特定の数学的特徴や分析されるべき統計的仮定に合わせることを要求しない。

　第4に、視覚分析は行動変化の重要性を決定するための控えめな方法である。数学的確率の統計的検定によって、統計的に有意であると判断された行動変化であっても、そのデータを実験ないし処遇の条件の内部および間のデータの範囲（レンジ）と、変動性と、トレンドと、オーバーラップを明らかにするグラフ上に記入してみると、さほど印象的には見えなくなる可能性がある。応用行動分析学においては、ほんのわずかな影響か不安定な影響しかもたらさない介入は、重要な発見として報告されることはまずない。逆に、わずかな、または不安定な影響は、有意義な行動変化を確実に継続的に生み出す制御変数を発見しようとする、更なる実験を導き出す可能性がある。力強い介入を支持し、弱い変数をふるい落とすこの選別が、応用行動分析家による行動改善の有益なテクノロジーの開発を可能にした（Baer, 1977）[2]。

　第5に、グラフは行動改善の意味と重要性についての独立の判断と解釈を可能にし、かつ奨励する。応用行動分析学で発表された報告を読む人々は、データの統計的操作や、著者の解釈に基づいた結論に依存しなければならないどころか、自分自身でデータの視覚分析を行い、独立した結論を構成することができる（また、そうすべきである）[3]。

　第6に、グラフの第1の目的は、行動改善（ないしその欠如）と、実践家か研究者が操作した変数との間の関係を表示することであるが、それに加えてグラフは、グラフが表示する行動の遂行者に対して有効なフィードバックをもたらす源泉にもなりうる（例えば、DeVries, Burnette, & Redmon, 1991; Stack & Milan, 1993）。自分自身の遂行をグラフにすることもまた、さまざまな学業改善と行動改善という目的にとって有効な介入であることが、すでに実証されている（例えば、Fink & Carnine, 1975; Winett, Neale, & Grier, 1979）。

Ⅱ　応用行動分析学で使われるグラフの種類

　応用行動分析学で最も頻繁に使われるデータのグラフ表示の視覚書式は、折れ線グラフ、棒グラフ、累積記録、半対数チャート、散布図である。

注2：グラフ化されたデータの視覚分析と有意差の統計的検定に基づく推論との比較は、第10章において提示される。

注3：グラフは、データの一定の解釈をある程度それらしくするために、統計と同じように操作することができる。しかし統計とは異なり、行動分析学において使われるグラフ表示の大部分の形式は、もとのデータへの直接的アクセスを提供する。そのことは、知識欲のある、または疑い深い読者に対して、データの再グラフ化（すなわち操作）を可能にする。

第6章　行動データのグラフを作成し解釈する

1．折れ線グラフ

　簡単な**折れ線グラフ**（line graph）、または頻度多角形（frequency polygon）は、応用行動分析学ではデータを表す最も一般的なグラフ形式である。折れ線グラフはデカルト平面、つまり2本の垂直線の交点によってつくられる2次元領域をベースにしている。その平面の中の任意の点は、交差する線によって記述される2次元の間の特異的関係を表す。応用行動分析学では、折れ線グラフ上の個々の点は、測定が行われたときに効力があった特定の時点およびまたは環境条件、すなわち**独立変数**（independent variable）との関係における標的行動、すなわち**従属変数**（dependent variable）の一定の数量化可能な次元のレベルを表す。グラフ上の点と点を比較することによって、条件内と条件間のレベルや、トレンドや、およびまたは変動性における変化の存在と程度を明らかにする。

（1）基本的折れ線グラフの成分

　グラフはその最後の姿においてはかなりさまざまであるが、適切に構成された折れ線グラフは、すべて一定の同じ成分を共有する。簡単な折れ線グラフの基本的成分は、図6.2のとおりである。以下にそれらを説明する。

　1．水平軸
　水平軸（horizontal axis）は、x軸（x axis）とか横座標（abscissa）とも呼ばれるまっすぐな水平線である。たいていは、時間の経過と独立変数の存在、不在、およびまたはその数値を表す。応用行動分析学を定義する重要な特徴は、時間を横断して行動を繰り返し測定することである。時間はまた、回避できない次元であり、その次元においてすべての独立変数の操作が起こる。折れ線グラフの大部分において、時間の経過は水平軸の上に等間隔に記される。図6.2は逐次的10分セッションである。器物損壊反応（未遂を含む）が測定され、水平軸上に記されている。この研究では、1日当たり8〜10セッション行われた（Fisher, Lindauer, Alterson, & Thomson, 1998）。

　グラフによっては、水平軸は時間ではなく独立変数の異なる値を表す場合がある。例えば、ラリーら（Lalli, Mace, Livezey, & Kates, 1998）は、その研究の1つのグラフにおいて、0.5m未満から9.0mを縮尺で図示した。それは重度の知的障害の少女の自傷行動が、セラピストと少女との距離の増加に伴って、生起しなくなっていく様子を表している。

　2．垂直軸
　垂直軸（vertical axis）はy軸（y axis）とか縦座標（ordinate）とも呼ばれる。これは水平軸の左端から上に向かって描かれる垂直線である。垂直軸はたいてい従属変数の数値の範囲（レンジ）を表す。従属変数は、応用行動分析学においては、つねに行動の一定の数量化できる次元を表す。水平軸と垂直軸の交点は原点と呼ばれる。それは通常、従属変数の0の数値を表す。しか

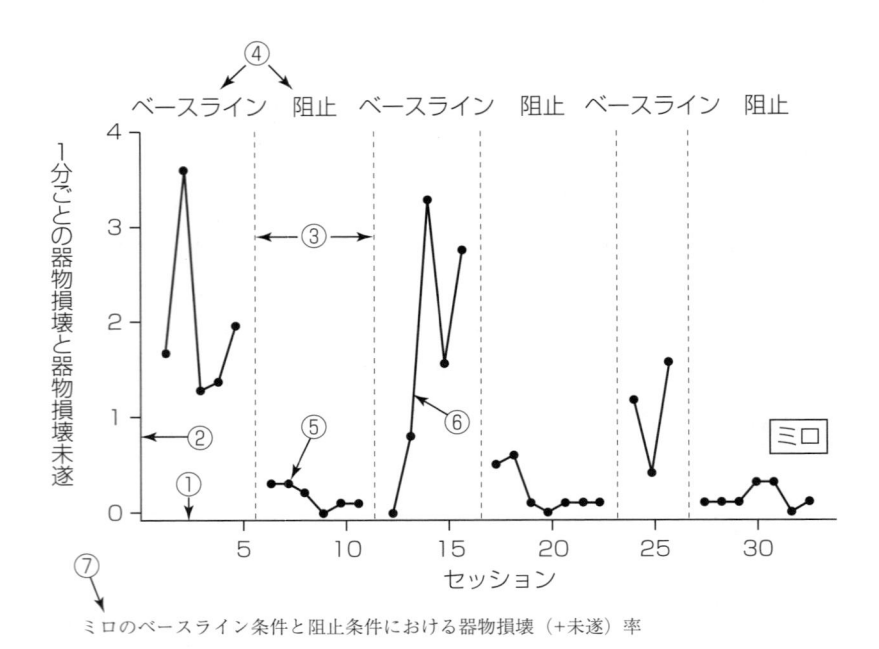

図6.2　簡単な折れ線グラフの主成分。①水平軸、②垂直軸、③条件変更線、④条件のラベル、⑤データポイント、⑥データ経路、⑦図のキャプション

From "Assessment and Treatment of Destructive Behavior Maintained by Stereotypic Object Manipulation" by W. W. Fisher, S. E. Lindauer, C. J. Alterson, and R. H. Thompson, 1998, *Journal of Applied Behavior Analysis, 31,* p. 522. Copyright 1998 by the Society for the Experimental Analysis of Behavior, Inc. Used by permission.

し必ずそうともいえない。垂直軸上で逐次的に上昇していく個々の点は、従属変数のより大きな値を表す。最も一般的に行われている方法は、垂直軸を等間隔のスケールで描くことである。等間隔垂直軸（equal-interval vertical axis）上では、軸上の等しい距離は行動の等しい量を表す。図6.2の垂直軸は1分当たりの器物損壊反応（および未遂）の数を表し、その範囲（レンジ）は1分当たり0～4反応であることを示している。

3．条件変更線

条件変更線（condition change line）は、独立変数の変更が起こった時点を表すため、水平軸から上部方向に向かって描かれる垂直線である。図6.2の条件変更線と介入の導入と撤去とは、同時に起こっている。この介入は研究者らによって阻止（ブロッキング）と名づけられている。条件変更線は実線で描いてもよいし点線で描いてもよい。1つの条件内で比較的小さな変化が起こる場合は、その小さな変化をほかの条件における大きな変化から区別するために、点線の垂直線を使わなければならない。大きな変化は実線によって表す（図6.18を参照）。

4．条件のラベル

条件のラベル（condition label）は、単独語か短い記述句の形で書く。それはグラフの上段に、水平軸と並行に、活字体で記入する。これらのラベルは、研究の各段階で作動中の実験条件

(すなわち独立変数の存在、不在、または一定の値）を同定する[4]。

5．データポイント

グラフ上の1つ1つのデータポイント（data point）は、2つの事実、(a) 任意の観察期間に記録される標的行動の定量化しうる測度、(b) それが測定された時間および、または実験条件を表す。例として図6.2の2つのデータポイントを使って確かめてみよう。第1ベースライン段階の最後のセッション、すなわち第5セッションにおいては、器物損壊反応と未遂反応は1分当たり約2反応の割合で生じた。第1ブロッキングの第4セッション、すなわち第9セッションにおいては、標的行動の生起例は0と記録された。

6．データ経路

任意の条件内での逐次的データポイントをまっすぐな線で結ぶと、データ経路（パス）ができる。**データ経路**（data path）は逐次的データポイントの間の行動のレベルとトレンドを表す。そしてそれは、グラフ化されたデータの解釈と分析における注目の第1の焦点である。応用行動分析学では、行動が継続して観察され記録されることはめったにない。したがってデータ経路は、2つの測度の間で経過する時間に行動がたどる実際のコースの推定値を表す。単位時間当たりの測定と結果としてのデータポイントが多ければ多いほど（正確な観察記録システムを前提として）、データ経路によって語られたストーリーに、より一層信頼を寄せることができる。

7．図のキャプション

図のキャプション（figure caption）（表題または説明）は、簡潔な陳述であるが、軸と条件との標示と相まって、読者に独立変数と従属変数を同定するための十分な情報を提供する。図のキャプションは、従属変数に影響を与えたかもしれない何らかのシンボル、または観察されたが計画はされなかった事象を説明し（図6.6を参照）、混乱させる恐れのあるグラフの特徴を指摘することが必要である（図6.7を参照）。

(2) 簡単な折れ線グラフのバリエーション：複数データ経路

折れ線グラフは、行動の変化を表すための極めて用途の広い伝達手段である。図6.2は折れ線グラフの最も簡単な形式（時間と実験条件を横断する行動の一連の逐次的測度を示す1つのデータ経路）の例であるが、複数のデータ経路を追加することによって、折れ線グラフは、より複雑な行動と環境の関係を表すことができる。応用行動分析学では、複数のデータ経路を含むグラフがしばしば使われる。それによって、(a) 同じ行動の2つ以上の次元、(b) 2つ以上の異なる

注4：条件（condition）と段階（phase）は関係があるが、意味は同じではない。条件は任意の時点で作動する環境設計を意味する。段階は、1つの研究ないし行動改善プログラムの内部における時間帯を表す。例えば、図6.2に示される研究は、2つの条件（ベースラインと阻止）と6つの段階によって構成される。

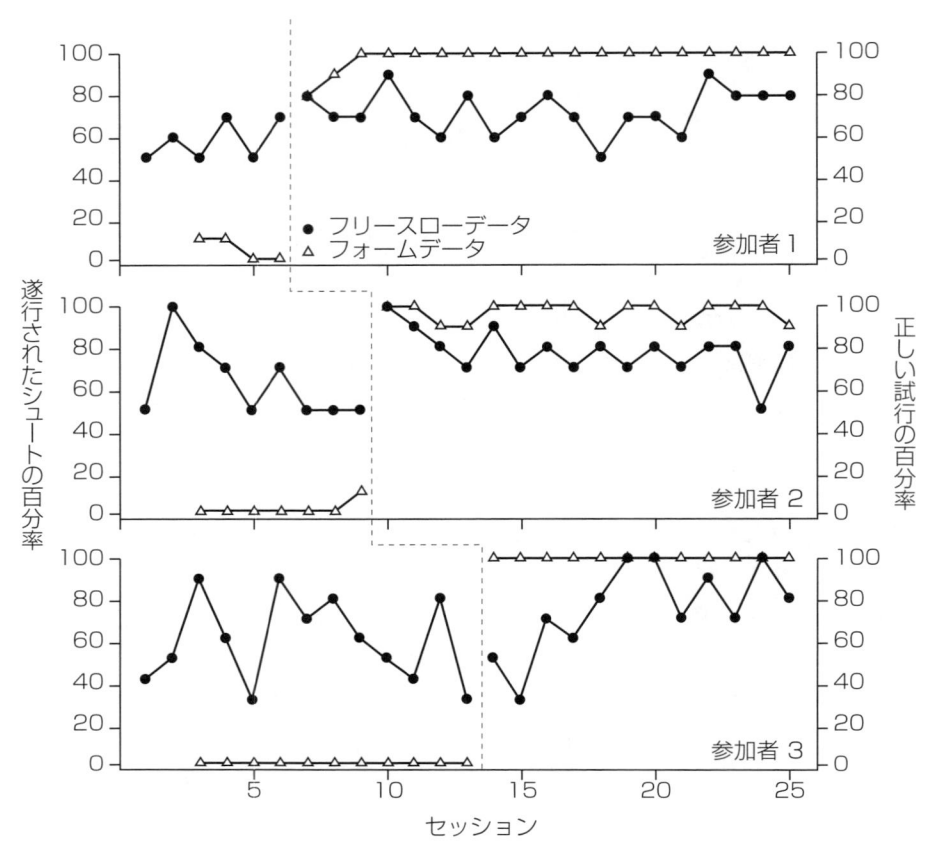

図1. 個々の参加者が行ったフリースロー（黒丸）の百分率と正しいフォームで遂行したフリースロー（白三角）の百分率

図6.3　複数のデータ経路を使って、独立変数（フォームの訓練）が標的行動の2つの次元（正確性とトポグラフィー）に与える影響を表すグラフ

From "The Effects of Form Training on Foul Shooting Performance in Members of a Women's College Basketball Team," by C. N. Kladopoulos and J. J. McComas, 2001, *Journal of Applied Behavior Analysis, 34,* p. 331. Copyright 2001 by the Society for the Experimental Analysis of Behavior, Inc. Used by permission.

行動、(c) 別々の交代する実験条件のもとでの同一の行動、(d) 独立変数の数値の変動によって変動する標的行動の変化、(e) 2人以上の参加者の行動、が表示される。

　同じ行動の2つ以上の次元。同じグラフ上に従属変数の複数の次元を表示するようにすれば、それらの次元に及ぼす独立変数の絶対的、相対的効果の視覚分析が可能になる。図6.3は、ある女子大学のバスケットボールチームの3人のメンバーにフリースローの正しいフォームを訓練する効果を調べた研究結果を表す（Kladopoulos & McComas, 2001）。白三角形のデータポイントを結んでつくられたデータ経路は、正しいフォームで遂行されたフリースローの百分率の変化を示すが、黒丸のデータポイントを結んだデータ経路は、フリースローが行われた百分率を示す。この実験者がプレイヤーのフリースローのフォームだけを記録してグラフ化したとすれば、訓練の焦点となった標的行動（フリースローの正しいフォーム）における改善が、それによって研究の

社会的重要性が判定される行動、すなわちフリースローの正確性の改善と同時に起こったかどうかを知ることはあり得なかっただろう。同じグラフ上にフォームと結果の両方を測定して図示することによって、実験者は彼らの処遇手続きが従属変数の2つの重要な次元に及ぼす影響を分析することを可能にした。

　2つ以上の異なる行動。複数のデータ経路はまた、実験的操作が2つ以上の行動に及ぼす効果の同時比較をしやすくするためにも使われる。独立変数における変化の関数として起こる2つの行動の共変化を判断することは、もし両者を同じ軸の組み合わせ上に表示することができれば、より簡単に実現することができる。図6.4は自閉男児が3つの条件の間で示した常同行動（例えば、反復的ボディームーブメント、ロッキング）のインターバルの百分率と、男児が注目を得るために行った挙手の回数（注目条件）と、休憩を求めて手話でサインを出した回数（要求条件）と、好きな有形の刺激へのアクセスを求めて手話でサインを出した回数（非注目条件）を示す。この研究は機能的コミュニケーション訓練という戦略を調べた研究である（Kennedy, Meyer, Knowles, & Shukla, 2000）[5]。研究者は、常同反応と適切な行動の両方を記録しグラフ化することによって、代替コミュニケーション反応（挙手とサインづくり）の増加が、常同行動の減少とともに起こったかどうかを判断することができた。図6.4ではサインづくり頻度の適切な次元単位と尺度を示すために、右側に2本めの垂直線が使われているので注意しよう。2本の垂直軸を使ったグラフを読むときは、とくに行動変化のマグニチュードを査定しているときは尺度が異なるため、注意してグラフを見る必要がある。

　異なる条件下での同じ行動の測度。複数のデータ経路は、1つの実験段階を通じて交替する異なる実験条件の下で収集される同一の行動の測度を表すためにも使われる。図6.5は、発達障害の6歳女児が、異なる4条件下で示した、1分当たりの自傷反応数を示す（Moore, Mueller, Dubard, Roberts, & Sterling-Turner, 2002）。同じ軸の組み合わせ上に、複数の条件下における1個人の行動を図示するようにすれば、任意の時間における反応の絶対水準の違いだけでなく、時間とともに起こる遂行の相対的変化についても、視覚的に直接比較することを可能にする。

　独立変数の変化する値。複数のデータ経路のグラフはまた、独立変数の値の変化（第2のデータ経路によって表示）に応じた、標的行動の変化（第1のデータ経路によって表示）を示すためにも使われる。図6.6の2つのグラフのそれぞれにおいて、1つのデータ経路はノイズレベルの変化に応じた、問題行動の持続時間（左側のy軸に秒スケールで図示）を表す。それは第2のデータ経路（右側のy軸にデシベル尺度で表示）によって表される（McCord, Iwata, Galensky, Ellingson, & Thompson, 2001）。

　2人以上の同じ行動　複数のデータ経路はときによって2人以上の参加者の行動を同じグラフ

注5：機能的コミュニケーション訓練は第23章で説明する。

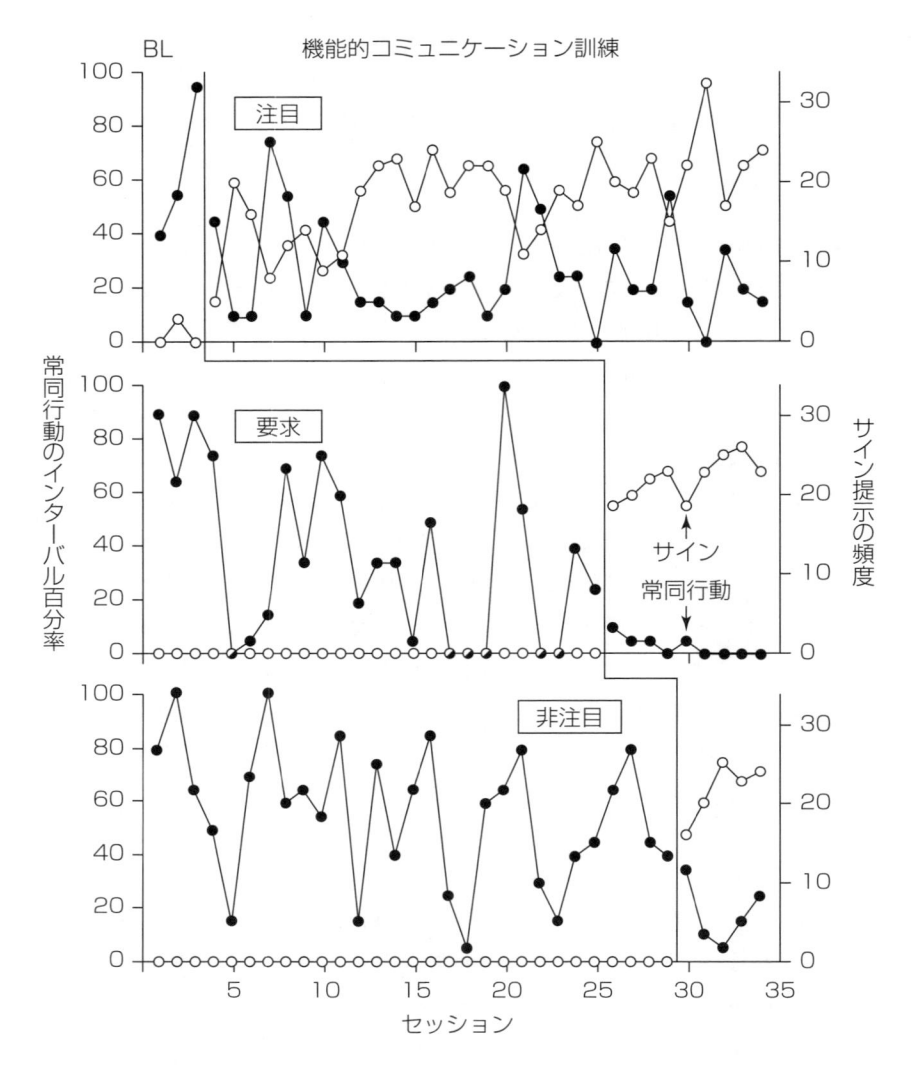

図2．注目条件、要求条件、非注目条件の間でのジェームズの常同行動の生起。左 y 軸のデータは常同行動のインターバル百分率、右 y 軸はセッションごとの手話によるサイン提示数。

図6.4　1参加児がベースラインと訓練段階で示す2種類の異なる行動の3種類の異なる条件にわたるデータ経路のグラフ。2つの垂直軸によって別の次元と尺度が表現されていることに注意しよう

From "Analyzing the Multiple Functions of Stereotypical Behavior for Students with Autism: Implications for Assessment and Treatment," by C. H. Kennedy, K. A. Meyer, T. Knowles, and S. Shukla, 2000, *Journal of Applied Behavior Analysis, 33*, p. 565. Copyright 2000 by the Society for the Experimental Analysis of Behavior, Inc. Used by permission.

上に示すために使われる。

　各データ経路に含まれるデータのレベルと変動性次第で、最大4種類の異なるデータ経路を1つの軸の組み合わせ上に効果的に図示することができる。しかしとくにルールはない。ディデンら（Didden, Prinsen, & Sigafoos, 2000, p. 319）は、1つのグラフに5つのデータ経路を表示した。もし同じグラフにあまり多くのデータ経路が盛り込まれると、大きすぎる視覚的「ノイズ」

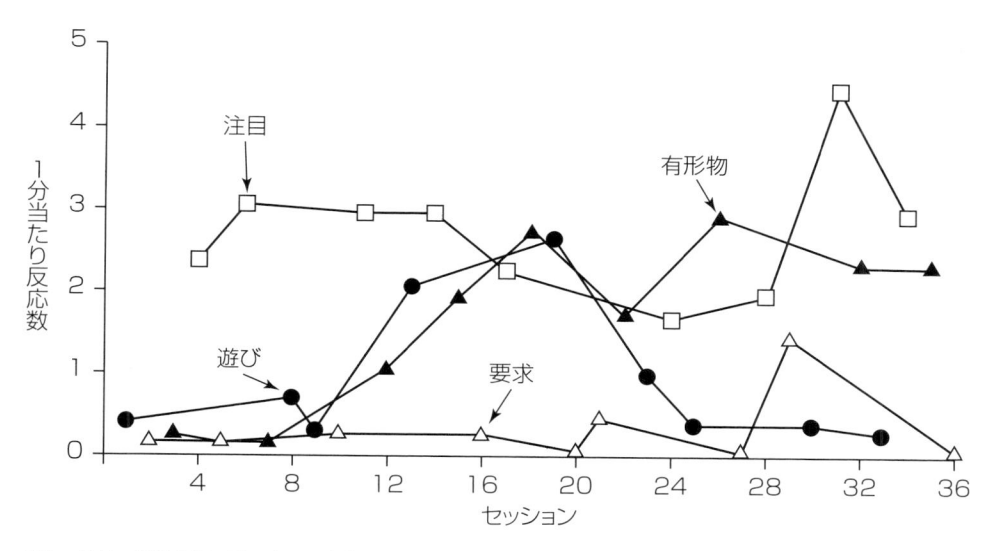

第6章　行動データのグラフを作成し解釈する

図1．最初の関数分析の間に生じた自傷行動の割合
図6.5　異なる4条件下で測定した同じ行動を表す複数のデータ経路のグラフ
From "The Influence of Therapist Attention on Self-Injury during a Tangible Condition" by J. W. Moore, M. M. Mueller, M. Dubard, D. S. Roberts, and H. E. Sterling-Turner, 2002, *Journal of Applied Behavior Analysis, 35,* p. 285. Copyright 2002 by the Society for the Experimental Analysis of Behavior, Inc. Used by permission.

という注意転導によって、付加的比較を行う利益が損なわれる恐れがある。4種類以上のデータ経路を同じグラフ上に表示しなければならないときは、ほかの表示方法も組み込むようにすればよい[6]。

　例えばガトウスキーとストローマー（Gutowski & Stromer, 2003）は、伝統的なデータ経路と、縞模様と陰影つき棒グラフとを組み合わせて、知的障害の人たちが話した名前と、見本合わせ反応の百分率を示した（図6.7を参照）。

2．棒グラフ

　棒グラフ（bar graph）はヒストグラム（histogram）とも言う。それは行動データをグラフによって要約するための、簡単で用途の広い形式である。棒グラフは、折れ線グラフ同様に、デカルト平面をベースにしており、折れ線グラフの特徴をほぼ共有しているが、大きな違い1つだけがある。棒グラフには、通時的な逐次的反応測度を表す明確なデータポイントがないことである。棒グラフは多様な形態をとることができる。参加者間および、または条件間における遂行の

注6：視覚的表示技法の絶妙な例は、チャールス・マイナード（Charles Minard）が示したスペースタイムストーリー・グラフィックスの活用である。それはナポレオンの1812-1813の不運なモスクワ進軍の6変数の相互関係を示すために使われた（Tufte, 1983, p. 41を参照）。タフト（Tufte）は、マイナードのグラフを、おそらく「これまで描かれた最高の統計グラフィックスの傑作」（p. 40）に違いないと評した。

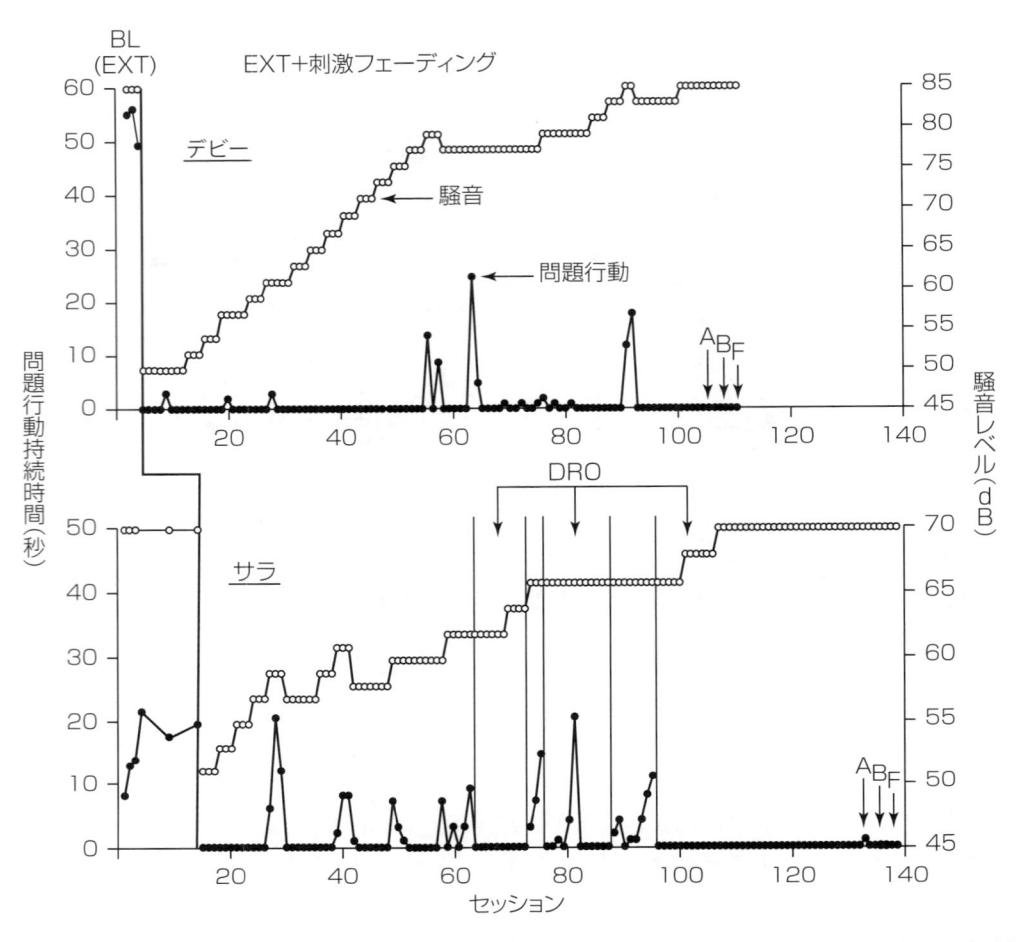

図4. デビーとサラの処遇評価の結果。処遇終端近いAとBのセッションは日常環境における2つの般化プローブを示す。Fはフォローアップ・プローブを示す。

図6.6　騒音レベルの漸増（独立変数）に伴う重度、最重度知的障害成人2名の問題行動の持続時間数を2つのデータ経路を使って表すグラフ

From "Functional Analysis and Treatment of Problem Behavior Evoked by Noise" by B. E. McCord, B. A. Iwata, T. L. Galensky, S. A. Ellingson, and R. J. Thomson, 2001, *Journal of Applied Behavior Analysis, 34*, p. 457. Copyright 2001 by the Society for the Experimental Analysis of Behavior, Inc. Used by permission.

迅速で簡単な比較を可能にする。

　棒グラフは、応用行動分析学では、2大機能を果たす。第1に、棒グラフは不連続なデータセットを表示し比較するために使われる。そのデータセットは、それによって水平軸がスケール化される共通の基盤となる次元によって相互に関連づけられない。例えば、ゴットシャルクら（Gottschalk, Libby, & Graff, 2000）は、確立操作が好みの査定に及ぼす効果を分析する研究において、棒グラフを使い、4人の子どもが別々の品物に手を伸ばし、拾い上げた試行の百分率を示した（図6.8を参照）。

　棒グラフのもう1つの一般的用法は、1人の参加者か参加者集団が、1つの実験に含まれる異

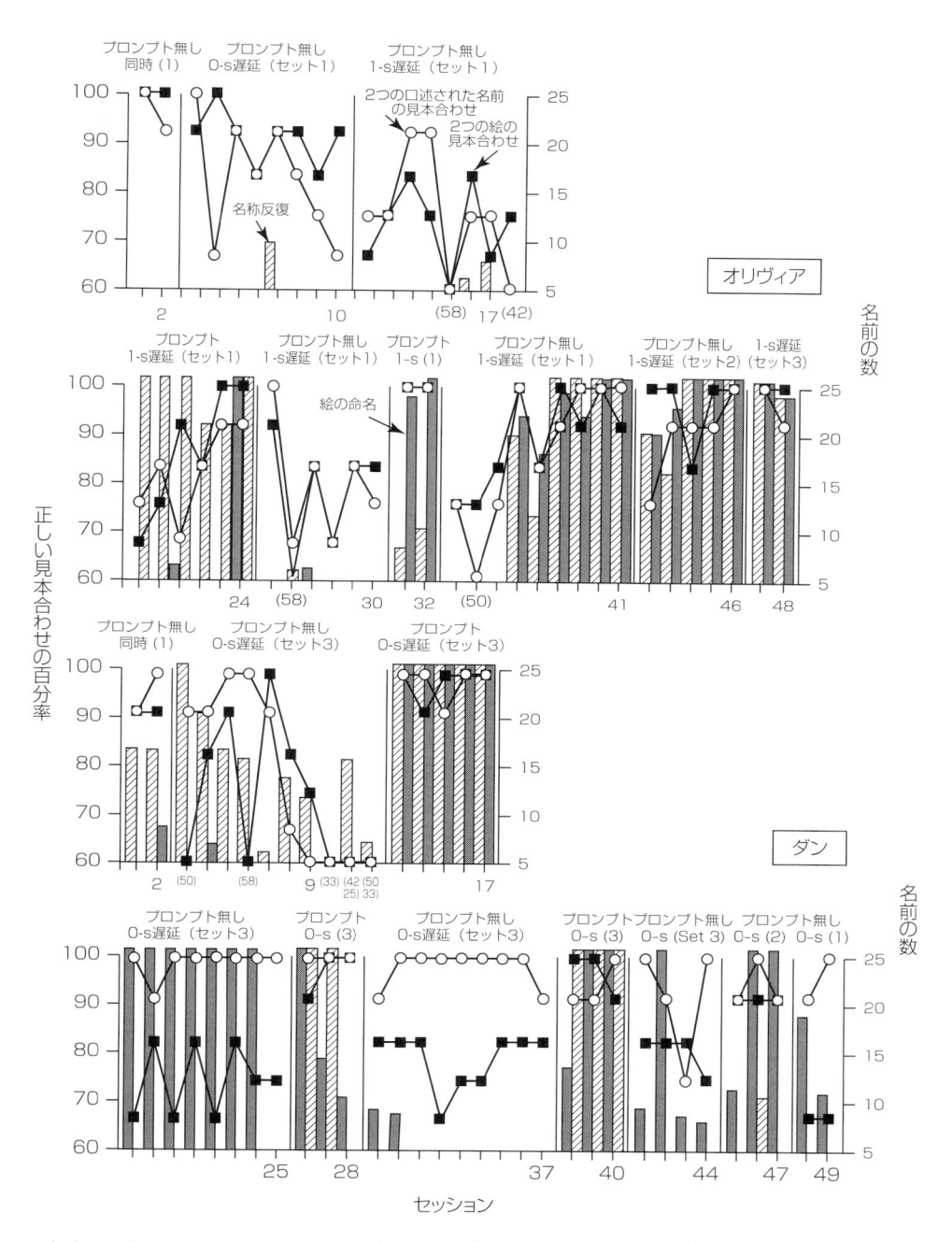

第6章　行動データのグラフを作成し解釈する

図4. 同時プロンプト、遅延プロンプト、プロンプト無し条件間のオリヴィアとダンの結果。○と■は正しい見本合わせの百分率を表す。縞模様と陰影の棒グラフはそれぞれ2つの名前と2つの絵の見本を使った試行において名前を言えた数を表す。横軸上の延長目盛り付き棒グラフは名前の数が25を超えたことを示す。

図6.7 異なるプロンプティング条件下の2種類の見本合わせ刺激に対する2つの反応クラスの変化を表すため棒グラフとデータポイントの組み合わせを使ったグラフ

From "Delayed Matching to Two Picture Samples by Individuals With and Without Disabilities: An Analysis of the Role of Naming" by S. J. Gutowski and Robert Stromer, 2003, *Journal of Applied Behavior Analysis, 36*, p. 498. Copyright 2003 by the Society for the Experimental Analysis of Behavior, Inc. Reprinted by permission.

なる条件の時間帯において示すパフォーマンスの視覚的要約を提示することである。例えば、図6.9は4人の子どもが、ベースライン段階と、勉強しながら教師の注意をリクルートする方法の個別訓練を行った後の一般化プログラミングと維持条件を組み合わせた段階において、完了した綴りワークシート項目の平均百分率と、正確に完了した項目の平均百分率を示している（Craft, Alber, & Heward, 1998）。

　棒グラフは大量のデータを簡単な解釈しやすい形式によって要約し比較するうえで効率的である。それと引き換えに行動の変動性とトレンドは犠牲になる（それらは折れ線グラフでは明瞭である）。棒グラフはデータの重要な変動性を隠す可能性があることを承知したうえで読まなければならない。棒グラフは、ふつう、個々の条件の平均またはメジアンのスコアなどの中心傾向の測度を表すために使われるが、平均によって表される測度のレンジもグラフに組み込むことができる（例えば、Lerman, Kelley, Vorndran, Kuhn, & LaRue, 2002の図5を参照）。

3．累積記録

　累積記録（cumulative record）（またはグラフ）は、実験行動分析学におけるデータ収集の主要手段として、スキナーによって開発された。**累積記録器**（cumulative recorder）という装置は、被験体が実際に自分自身でグラフを描くことを可能にする（図6.10を参照）。ファースターとスキナー（Ferster & Skinner, 1957）は、6年間の強化スケジュールの実験的研究を収録した著作において、累積記録を次のように説明した。

　　　グラフは縦座標上に反応数を、横座標上の時間に対して示す。それはこの研究で観察された行動を表すためにはうってつけの表現方法であることが分かった。幸い、このような「累積」記録は、実験すると直ぐにつくられる。この記録はローデータ（原資料）である。しかしそれはまた行動を直接観察するときは不可能である率（rate）と、そして率の変化（changes in rate）の直接目視も可能にする……。鳥が反応するたびに、ペンが紙を横切って1ステップ動く。同時に、紙が継続的に送り込まれる。もし鳥がまったく反応しなければ、紙が送り込まれる方向に水平線が描かれる。鳥が早くつつけばつつくほど、線は急峻になる。(p. 23)

　累積記録は手で描くこともあれば、コンピューター作図プログラムによってつくられることもある。応用行動分析学では、コンピューター作図が最も頻繁に行われる。その場合はそれぞれの観察期間において記録された反応数が、それ以前のすべての観察期間に記録された総反応数に追加される（それゆえに累積という用語が使われる）。累積記録では、いかなるデータポイントのy軸の値もデータ収集開始以来記録された反応総数を代表する。例外は反応総数がy軸スケールの上限を超えた場合に起こる。その場合累積曲線上のデータ経路はy軸上の0値にリセットされる。そして再びその上昇階段が始まる。累積記録ほとんどつねに頻度データとともに用いられる。ただし持続時間や潜時など、行動のほかの次元も累積的に表現することは可能である。

　図6.11は応用行動分析学から得られた累積記録の例である（Neef, Iwata, & Page, 1980）。それ

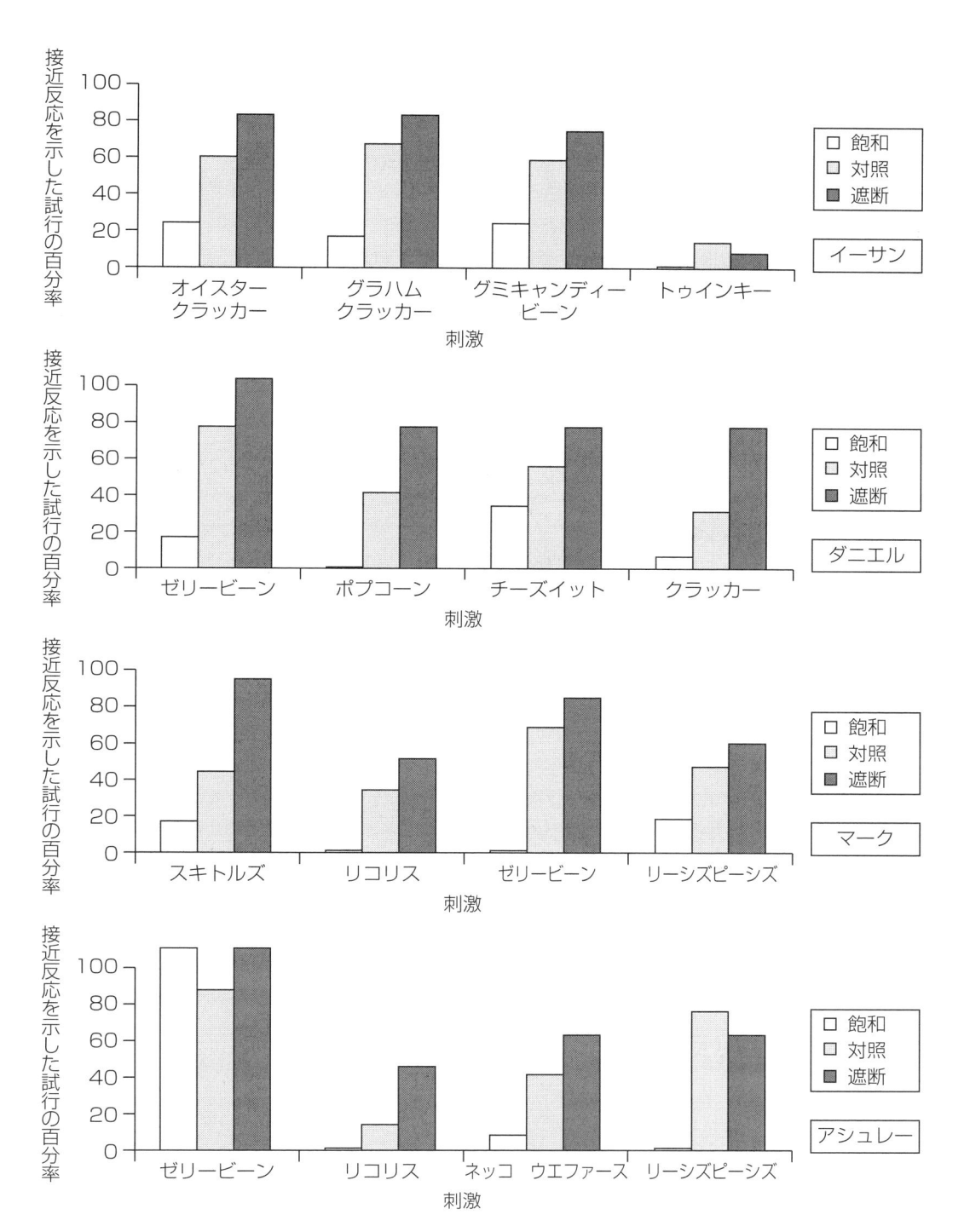

第6章 行動データのグラフを作成し解釈する

図1．イーサン、ダニエル、マーク、アシュレーの条件間の接近反応の百分率

図6.8 横軸の尺度化を可能にする基本次元（例えば、時間、刺激提示持続時間）を欠いた別個の条件下において収集された測定結果を要約し図示するために使われる棒グラフ

From "The Effects of Establishing Operations on Preference Assessment Outcomes," by J. M. Gottschalk, M. E. Libby, and R. B Graff, 2000, *Journal of Applied Behavior Analysis, 33,* p. 87. Copyright 2000 by the Society for the Experimental Analysis of Behavior, Inc. Reprinted by permission.

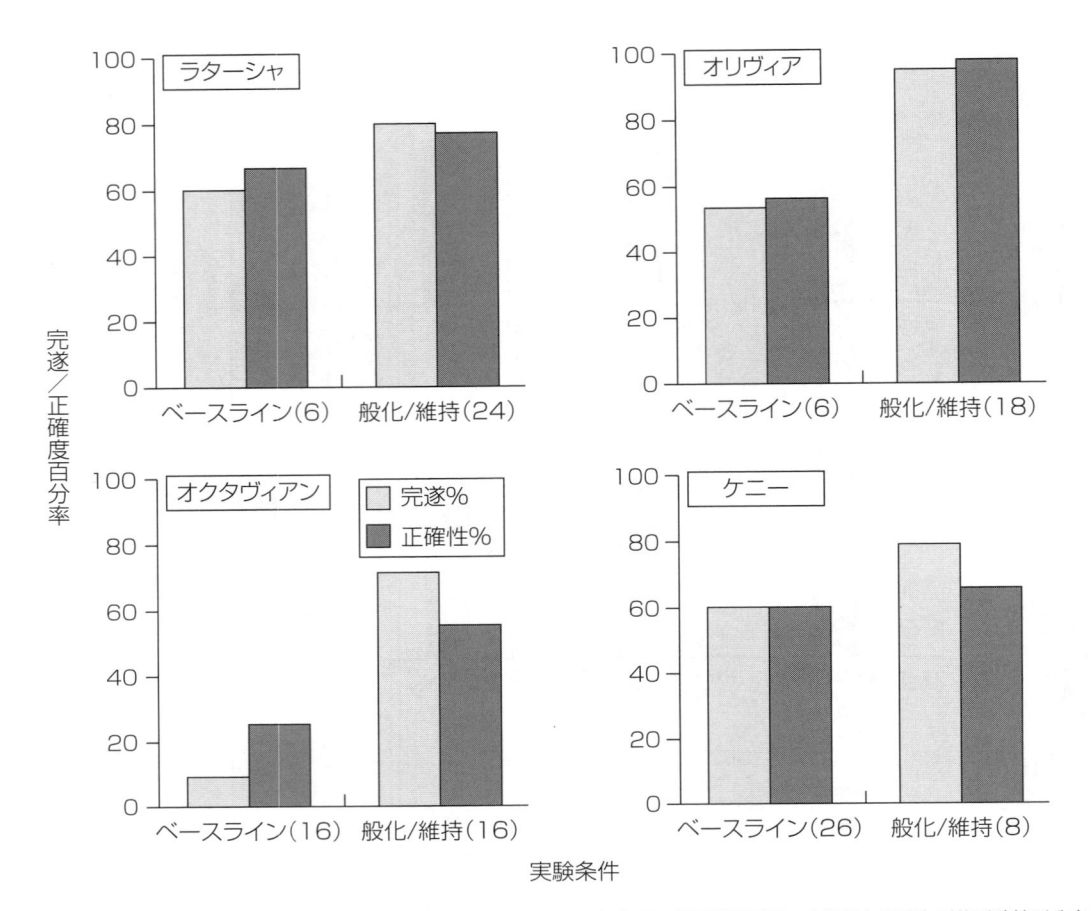

図4. ベースラインと般化維持併合プログラミング条件における子ども別の練習問題用紙の完遂綴り課題と平均正確性百分率

図6.9　実験条件間での参加者のパフォーマンスの2つの次元の平均レベルを比較する棒グラフ

From "Teaching Elementary Students with Developmental Disabilities to Recruit Teacher Attention in a General Education Classroom: Effects on Teacher Praise and Academic Producivity" by M. A. Craft, S. R. Alber, and W. L. Heward, 1998, *Journal of Applied Behavior Analysis, 31*, p. 410. Copyright 1998 by the Society for the Experimental Analysis of Behavior, Ic. Reprinted by permission.

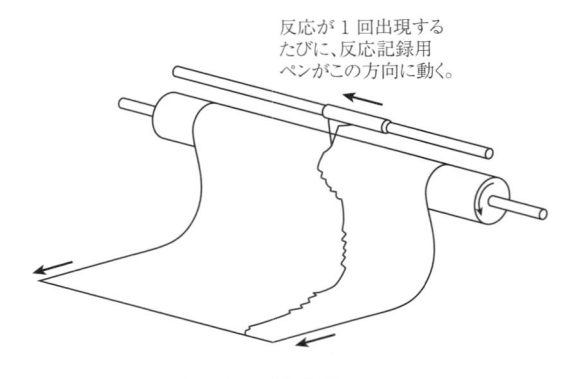

図6.10　累積記録器の模式図

From *Schedules of Reinforcement*, pp. 24-25, by C. B. Ferster and B. F. Skinner, 1957, Upper Saddle River, NJ: Prentice Hall. Copyright 1957 by Prentice Hall. Used by permission.

は知的障害の人が、ベースライン段階と、２つの訓練条件の間に習得した単語のスペルの累積数を表す。このグラフは、その人が12セッションのベースライン段階（単語のスペルを正確に綴る反応に対する社会的賞賛と、間違って綴った単語の３回書き直し）において、合計１語を習得したことを示している。また分散条件（ベースライン手続きに追加して未知の単語が提示されるたびに以前に学習した単語を提示する手続きをプラス）では総単語数22語を習得し、そして高密度強化条件（ベースライン手続きに追加して注目してきれいに書くなどの課題関連行動が生じた試行の後に社会的賞賛を与える手続きをプラス）のもとでは総単語数11語を習得したことが示されている。

　累積記録は、任意の時点で記録される反応の総数のほかに、全般的反応率と局所反応率を示す。率（rate）とは、単位時間当たり自発した反応数である。応用行動分析学では通常１分当たりの反応として報告される。**全般的反応率**（overall response rate）とは、一定の時間、例えば１つの実験の特定のセッション、段階、条件などにおいて生じる平均反応率である。全般的反応率は、その期間に記録された反応総数を水平軸に示された観察期間の数で割ることによって計算される。図6.11では、全般的反応率は分散条件と高密度強化条件においてそれぞれセッションごとに習得された単語数は、0.46と0.23である[7]。

　累積記録上では、勾配が急峻であればあるほど、反応率も高くなる。累積グラフ上で全般的反応率の視覚的提示を行うためには、所定のシリーズの観察の最初のデータポイントと最後のデータポイントをまっすぐな線で結ぶ。図6.11ではポイントａとポイントｂを結ぶ直線は、分散条件における学習者の単語綴りの全習得率を表す。ポイントａとポイントｅを結ぶ直線は、高密度強化条件における全般的反応率を表す。相対的反応率は勾配と勾配を視覚的に比較することによって判断することができる。勾配が急峻であればあるほど、反応率は高くなる。勾配a−cとa−eを視覚的に比較すると、分散条件がより高い全般的反応率を生み出したことが明らかになる。

　反応率はしばしば一定期間内で変動する。**局所反応率**（local response rate）とは、全般的反応率が示される期間よりも小さな時間帯に起こる反応率を意味する。図6.11に示された研究の最後の４セッションにわたって、学習者は分散訓練（勾配b−c）の間、局所反応率を示した。それはこの条件における全般的反応率よりもかなり高かった。同時に、高密度強化条件における最後の４セッションにわたる遂行（勾配d−e）は、この条件での全般的反応率よりも低い局所反応率を示している。

　一部の代表的反応率の勾配に説明を加えるようにすれば、同じ軸の組み合わせ上に描かれた累積曲線の内部と間の両方における相対的反応率を判断し比較するうえで、かなりの助けになる（例えばKennedy & Souza, 1995, 図２を参照）。しかし、非常に高い反応率は、累積記録上では、相互に視覚的に比較することが困難である。

注７：技術的には、図6.11は反応の真の率を表していない。なぜなら測定されたのは正しいスペルの単語数であり、それらが綴られたときの率やスピードではなかったからである。しかしそれぞれのデータ経路の勾配は、セッション当たり全部で10個の新しい単語を提示するという文脈の中での、それぞれのセッションにおける単語綴りの異なる習得「率」（rate）を表す。

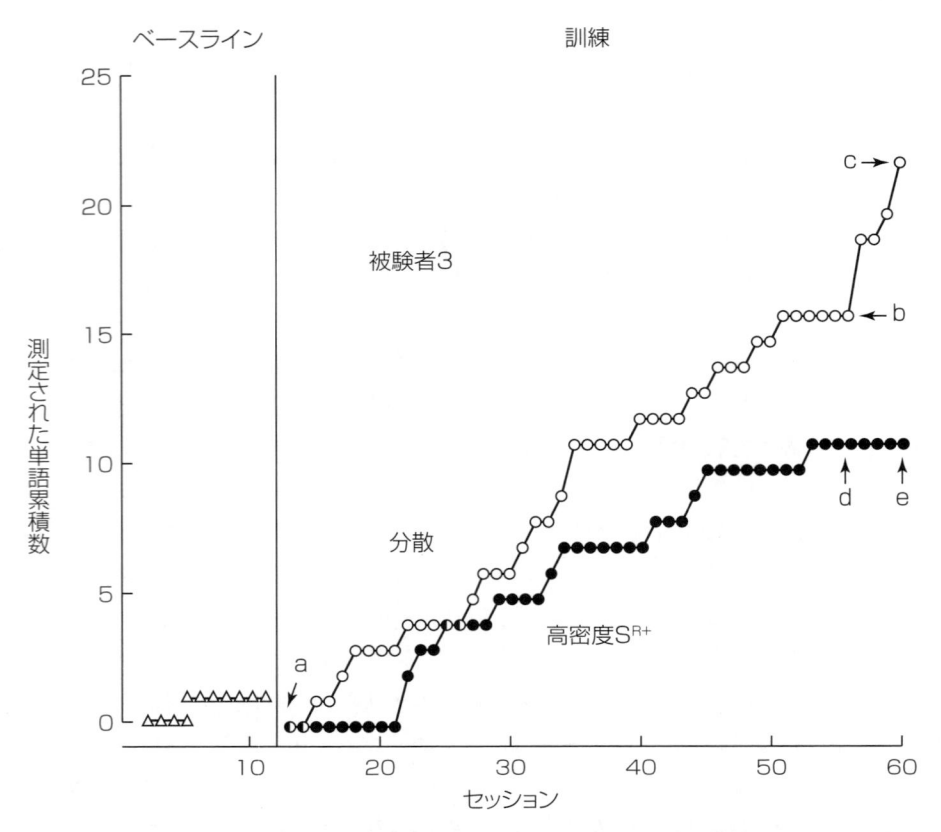

図6.11　ベースライン、分散訓練、高密度強化訓練において知的障害男性が学習した綴り語数の累積グラフ

From "The Effects of Interspersal Training Versus High Density Reinforcement on Spelling Acquisition and Retention" by N. A. Neef, B. A. Iwata, and T. J. Page, 1980, *Journal of Applied Behavior Analysis, 13,* p. 156. Copyright 1980 by the Society for the Experimental Analysis of Behavior, Inc. Adapted by permission.

反応率は曲線の勾配に直接比例する。しかし80度を超える勾配では、小さな角度の違いが、率における大きな違いを表す。これらは正確に測定できるが、「視覚的」検査では簡単に評価することができない。(Ferster & Skinner, 1957, pp. 24-25)

継続的記録から導き出される累積記録は、入手できる行動データの最も直接的な記述的表示である。それでもなお、非常に高率の反応を比較することの困難さに加えて、一部の累積グラフにおいては、そのほかに次に示す行動の2つの特徴に関して判断することに困難が伴う。第1に、任意のセッションにおいて、記録された反応数を突き止めることは困難である。データ収集を開始して以来の反応総数は、累積グラフ上で簡単に見ることができるが、データポイントの数と垂直軸の尺度を考えると、突き止めることは難しい。第2に、ある率からほかの率への勾配の段階的変化を累積グラフ上で突き止めることは同様に難しい。

非累積的な折れ線グラフよりも累積グラフのほうが望ましい場合が4つある。第1に、時間を

かけて生じた総反応数が重要である場合や、特定のゴールに向かう進歩が行動の累積単位によって測定可能である場合は、累積記録が望ましい。習得した新しい単語数、節約したドル、近づいてきたマラソンのために訓練したマイル数は、その例である。グラフ上の最も新しいデータポイントを一瞥すれば、その時点までの行動の総量が明らかになる。

　第2に、累積グラフは、参加者に対するフィードバックの資料として使う場合は、非累積的グラフよりも効果的である可能性がある。トータルな進歩と遂行の相対的比率が、ともに視覚的検査によって簡単に突きとめられるからである（Weber, 2002）。

　第3に、標的行動が観察セッション当たりわずか1回起こるか起こらないような場合は、累積記録を使わなければならない。こうした場合は、非累積的グラフよりも累積グラフでのほうが突き止めやすい。図6.12は同じデータを非累積グラフと累積グラフで描いたものである。累積グラフは、行動と介入の間の関係をはっきり示している。それに対して非累積グラフは、現実に存在するよりもより大きな変動性という視覚的印象を与える。

　第4に、累積記録は「行動と環境の間の複雑な関係を明らかにする」ことができる（Johnston & Pennypacker, 1993a, p. 317）。図6.13は累積グラフが行動変化の詳細な分析をいかに可能にするかを示す優れた例である（Hanley, Iwata, & Thompson, 2001）。この研究者らは、単独のセッションのデータを10秒インターバルで累積的に図示することによって、セッションごとのデータのグラフでは示せない反応パターンを明らかにした。結果が累積的にグラフ化された3つのセッションのデータ経路（Mult#106、Mixed#107、Mixed#112）を比較することによって、複合スケジュールのときに起こりやすい2つの望ましくない反応パターン（この場合、自傷行動と攻撃性の代替反応として、「私に話しかけてください。お願いします」という音声出力装置を操作させるスイッチを押すこと）と、スケジュールに関連する刺激を含めることの利益（Mult#106）とを明らかにした。

4．半対数チャート

　これまで論じたグラフはすべて、等間隔のグラフだった。すなわちそれぞれの軸上の任意の2つの連続したポイントの間の距離はつねに同じだった。x軸上ではセッション1とセッション2の間の距離は、セッション11とセッション12の間の距離と等しい。y軸上では、1分当たり10反応と20反応の間の距離は、1分当たり35反応と45反応の間の距離と同じである。等間隔グラフ上では、行動における等しい絶対的変化は、遂行における増加であろうと減少であろうと、y軸上の等しい間隔によって表される。

　行動変化を見るもう1つの方法は、比例的、相対的変化（proportional, or relative change）を調べることである。対数の尺度は、相対的変化を表示し伝達するために適切である。対数尺度上では、測定される変数の等しい相対的変化は、等しい距離によって表示される。行動は時間とともに測定され図表化され、等しい間隔によって前進するため、x軸は等しい間隔によって区分される。そしてy軸だけが対数的に尺度化される。したがって、**半対数チャート**（semilogarithmic chart）とは、1つの軸のみが比例的に尺度化されるグラフを指して言う。

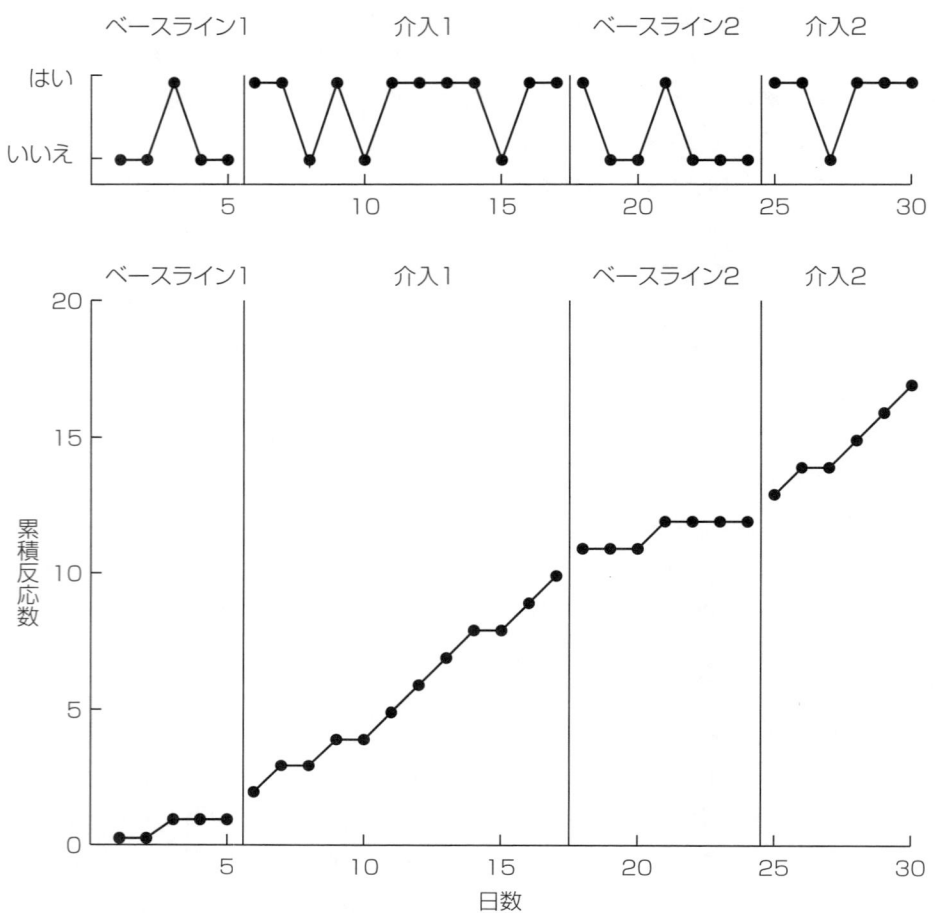

図6.12　非累積グラフと、累積グラフに描かれた同じ一連の架空のデータ。累積グラフの方が各測定期間に1回だけ起こりうる行動の反応パターンと変化をより明瞭に見せる

From *Working with Parents of Handicapped Children*, p. 100, by W. L. Heward, J. C. Dardig, and A. Rossett, 1979, Columbus, OH: Charles E. Merrill. Copyright 1979 by Charles E. Merrill. Used by permission.

　半対数チャート上では、等しい比例の行動変化はすべて、垂直軸上の等しい垂直距離によって表される。それらの変化の絶対値は問われない。例えば、1分当たりの反応率が4から8へと2倍になることは、半対数チャート上では、1分当たり50反応から100反応に倍増することと同じ変化量として出現する。同様に、1分当たり75反応から50反応への反応の減少（3分の1の減少）は、垂直軸上では1分当たり12反応から8反応への変化（3分の1の減少）と同じ距離を占めることになる。
　図6.14は同じデータを、等間隔チャート（算術、または加減チャートと呼ばれることもある）上と、半対数チャート（比率ないし乗除チャートと呼ばれることもある）上に表したものである。算術チャート上で指数曲線として現れる行動変化は、半対数チャート上では直線として描かれる。図6.14における半対数チャートの垂直軸は、ログベース2、またはX2サイクルによって

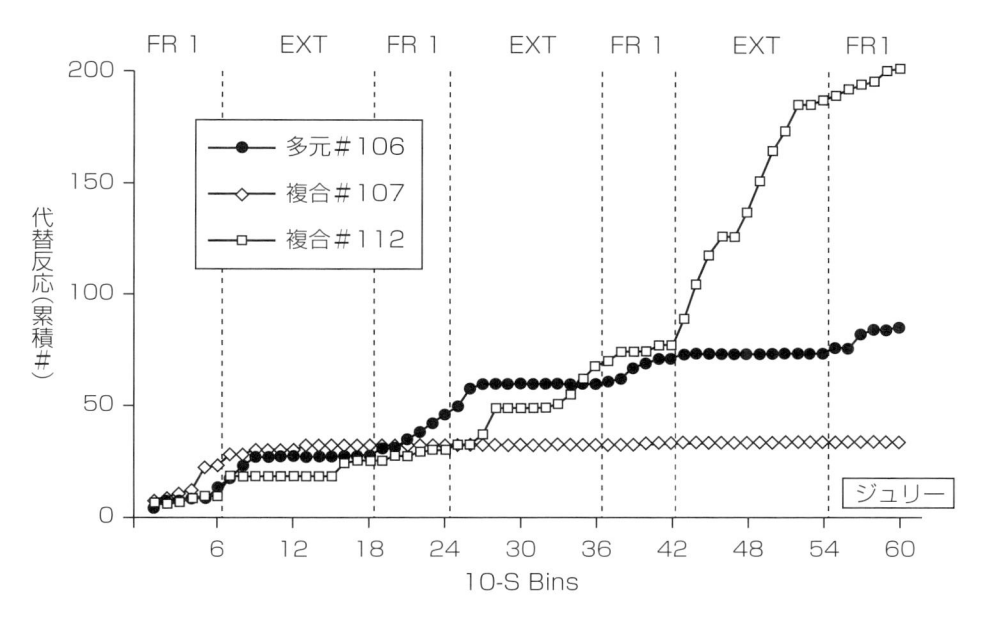

[図: FR1とEXTを交互に繰り返すスケジュール下での多元#106、複合#107、複合#112の代替反応累積記録。縦軸「代替反応（累積#）」0-200、横軸「10-S Bins」0-60。ジュリー]

図4．ジュリーのスケジュール関連刺激の査定から得られた3セッションのスケジュール成分間の代替反応累積数

図6.13　1つの研究に含まれる特定のセッション内での多元強化スケジュールと複合強化スケジュールの成分間の行動を詳しく分析し比較するために使われる累積記録

From "Reinforcement Schedule Thinning Following Treatment with Functional Communication Training" by G. P. Hanley, B. A. Iwata, and R. H. Thompson, 2001, *Journal of Applied Behavior Analysis, 34*, p. 33. Copyright 2001 by the Society for the Experimental Analysis of Behavior, Inc. Used by permission.

尺度化される。それは y 軸上を上昇するそれぞれのサイクルが、その下のサイクルの2倍の増加（すなわち倍増）を表すことを意味する。

（1）標準セラレーション・チャート

　1960年代、オグデン・リンズリー（Ogden Lindsley）は、行動の頻度が時間とともにいかに変化するかを図表化して分析する標準的方法として、**標準セラレーション・チャート**（Standard Celeration Chart）を開発した（Lindsley, 1971; Pennypacker, Gutierrez, & Lindsley, 2003）。標準セラレーション・チャートは、垂直軸上に6つのX10サイクルをもつ半対数チャートである。それには24時間当たり1（1分当たり0.000695）の低さから、1分当たり1000の高さまでの反応率を収めることができる。

　標準チャートは4種ある。水平軸の尺度化によってお互いに区別される。すなわち、140暦日の日例チャート、週例チャート、月例チャート、年例チャートである。図6.15は日例チャートであり、最もよく使われる。表6.1によって標準セラレーション・チャートの主要パーツと、基本的作図法を説明する。

　標準セラレーション・チャートの標準とは、一般に考えられているチャートのサイズでもなければ、y 軸と x 軸の一貫した尺度化でもない。標準セラレーション・チャートを標準たらしめて

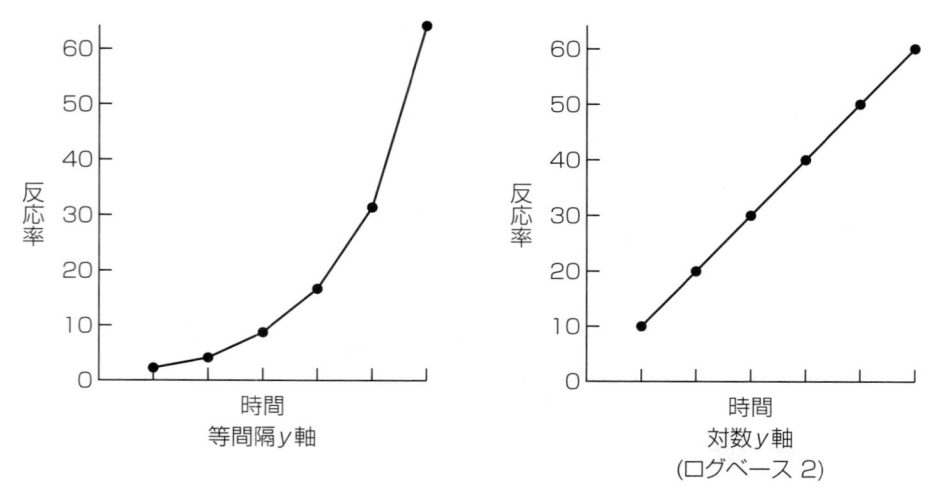

図6.14　等間隔算術尺度（左）と等比率尺度（右）上の同一データセット

いるのは、セ̇ラ̇レ̇ー̇シ̇ョ̇ン̇を一貫して表示することである。セラレーションとは時間とともに起こる頻度の変化の尺度単位であり、それによって単位時間当たりの頻度を乗除する因数のことである。加速するパフォーマンスは、ア̇ク̇セ̇ラ̇レ̇ー̇シ̇ョ̇ン̇（acceleration）という用語によって、減速するパフォーマンスは、デ̇セ̇ラ̇レ̇ー̇シ̇ョ̇ン̇（deceleration）という用語によって表わされる。

　左下隅から右上隅を結んで描かれる直線は、すべての標準セラレーション・チャートにおいて、34度の勾配を示す。この勾配はX2（「タイムズ-2」と読む、セラレーションは倍数か約数で表される）のセラレーション値をもつ。X2セラレーションは、セラレーション期間当たりの頻度が倍増すること（doubling in frequency）である。セラレーション期間は、日例チャートでは週ごと、週例チャートでは月ごと、月例チャートでは6ヵ月ごと、年例チャートでは5年ごとである。

　標準セラレーションを活用するために、精̇密̇教̇授̇（precision teaching）というインストラクションの意思決定システム（an instructional decision-making system）が開発された[8]。精密教授は、以下の命題を拠り所にしている。(a) 学習は反応率の変化によって最もよく測定される、(b) 学習は、行動の比例的変化によって最も頻繁に起こる、(c) 過去の遂行の変化は、未来の学習を予測することができる。

　精密教授が焦点を合わせるのは、多くの人々が考えるように、正反応と誤反応の具体的頻度にではなく、セラレーションである。頻度はチャート上の強調点ではないということは、チャートが大部分の頻度値の概算を使うことによって明らかである。実践家や研究者は「チャートを見ただけでは子どもが24, 25, 26, 27反応を自発したかどうか分からないからチャートは使わない」と

注8：精密教授の詳しい説明と例は以下に示されている。*Journal of Precision Teaching and Celeration*；The Standard Celeration Society のウェブサイト（http://celeration.org）；Binder (1996); Kubina & Cooper (2001); Lindsley (1990, 1992, 1996); Potts, Eshleman, & Cooper (1993); West, Young, & Spooner (1990); White & Haring (1980).

第6章 行動データのグラフを作成し解釈する

表6.1 日例標準セラレーション・チャートの基本的作図法（図6.15も参照）

用語	定義	慣例書式
1．チャートされた日	行動が記録され、チャート化された日。	1.相当日の線上のチャート上に行動頻度をチャートする。 2.チャートされた日々を結ぶ。段階変更線、ノーチャンス日、無視日は除く。
a）加速標的頻度	実行者が加速を意図した反応。	相当日の線上に点（●）をつける。
b）減速標的頻度	実行者が減速を意図した反応。	相当日の線上に（×）をつける。
2．ノーチャンス日	行動が起こる機会がなかった日。	日例チャート上の日を飛ばす。
3．無視日	行動が起こったかも知れないが誰も記録しなかった日。	日例チャート上の日を飛ばす（無視日を越えてデータを結ぶ）。
4.カウンティングタイムバー（またの名を記録フロアという）	カウンティングタイムで実行者の最低遂行（ゼロ以外）をチャート上に示す。必ず「カウンティングタイム当たり1度」と記される。	チャート上の「カウンティングタイムバー」の火曜から木曜までのところに水平実線を引く。
5．ゼロ遂行	記録期に遂行記録がない。	「カウンティングタイムバー」の真下の線上にチャートする。
6．段階変更線	ある介入段階の最後にチャートした日と、新しい介入段階の最初にチャートした日の間のスペースに描かれた線。	介入の段階と段階の間に水平線を引く。データの頂上から「カウンティングタイムバー」に向かってその線を引く。
7．変化指標	チャート上の適切な段階に書かれた語・シンボル・句。その段階における変更を表す。	語・シンボル・および、または句を書く。矢印（→）を使い、新しい段階への変更の継続を示す。
8．目指す星	(a) 望ましい頻度、(b) 頻度を実現する望ましい日付を表すために使うシンボル。	脱字記号のポイントを入れる。 ∧アクセラレーションデータ ∨デセラレーションデータ ……望ましい目標日付。望ましい頻度に水平バーを入れる。脱字記号と水平線が「星」をつくる。
9.カレンダー同期	すべてのチャートをスタートさせる標準時間。	丸1年をカバーするため3つのチャートが必要。レイバーデー（9月の第1月曜）の前日の日曜日が最初のチャートの第1週のはじまりとする。レイバーデーから21週目に第2チャートを開始。レイバーデーから41週目に第3チャートを開始。
10.セラレーション・ライン	チャートした7～9日かそれ以上を通じて引かれた直線。この線は任意の期間に生じた改善の量を表す。加速標的、減速標的の段階ごとに新しい線を引く（注意：研究以外のプロジェクトでは手書きでセラレーション線を引いてよい）。	加速標的　　減速標的

出典：From the *Journal of Precision Teaching and Celeration*, 19 (1), pp. 49-50. Copyright 2002　by the Standard Celeration Society. Used by permission.

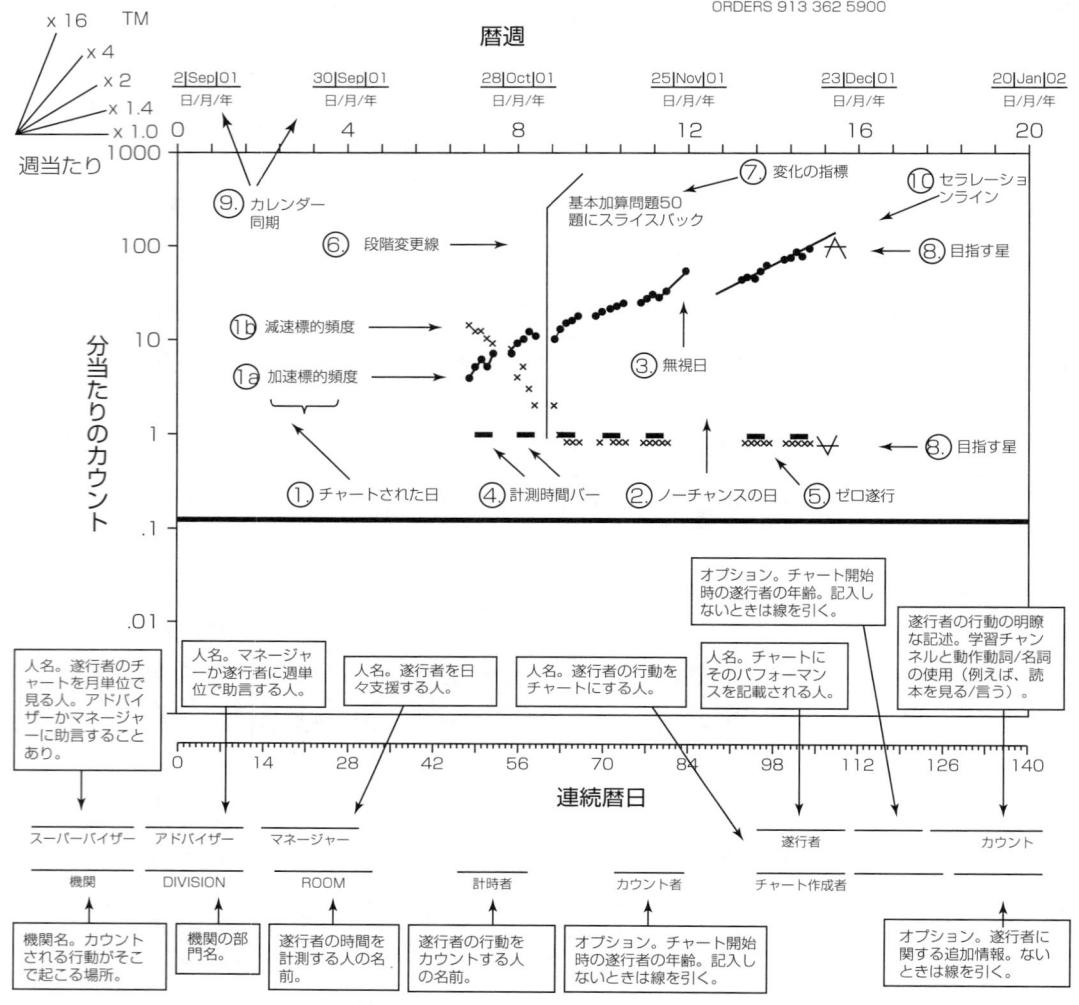

図6.15　標準セラレーションチャートの基本的作図法（説明は表6.1を参照）

From the *Journal of Precision Teaching and Celeration, 19*(1), p.51. Copyright 2003 by The Standard Celeration Society. Used by permission.

いうかもしれない。しかしチャートの目的からすれば、問題は具体的頻度ではなくセラレーションであるから、そのような細かい区別は関係ないことになる。24や27の頻度は、進歩の進行方向、すなわちセラレーション・コースを変化させることはないだろう。

精密教授を行う教師が使うチャーティングの慣例書式の上級編は、図6.16によって例示され、表6.2によって説明される。標準セラレーション・チャートとその活用法の詳しい説明は、クーパーら（Cooper, Kubina, & Malanga, 1998）、グラフとリンズリー（Graf & Lindsley, 2002）、ペニーパッカーら（Pennypacker, Gutierrz, & Lindsley, 2003）らの論文や著作に見出すことができる。

5．散布図

散布図（scatterplot）はグラフ表示の1つである。データ・セットにおける個々の測度の相対的分布を表す。それはx軸とy軸によって描かれた変数についての分布である。散布図上のデータ・ポイントは、つながっていない。散布図は、1つの軸に描かれた変数の値の変化が、ほかの軸によって表示された変数の値と、どれほど相関するかを示す。平面やクラスター上の線に沿って起こるデータポイントのパターンは、一定の関係を示唆する。

散布図を使えば、データの異なる部分集合の間の関係を明らかにすることができる。例えば、ボイスとゲラー（Boyce & Geller, 2001）は、図6.17のような散布図をつくった。異なる人口統計学的集団を代表する個人の行動が、安全運転の1要素である運転速度と追従距離の比率（ratio）にどう関連していたか（例えば、グラフの危険領域に入る若年男性のデータポイントのほかの集団を代表する運転者の比率と比較しての比率）を知るためだった。各データポイントは、速度と追従距離からみた単独の運転者の行動と、速度と追従距離の組み合わせが安全か事故の危険にあるとみなされるかを示している。この種のデータは、一定の人口統計学的集団を介入の目標にするために使えるだろう。

応用行動分析家は、散布図を利用して、標的行動の時間分布を見つけ出すことがある（例えば、Kahng et al., 1998; Symons, McDonald, & Webby, 1998; Touchette, MacDonald, & Langer, 1985）。トゥシェットら（Touchette, MacDonald, & Langer, 1985）は、行動の生起がいつも一定の時間と関連しているかどうかをグラフで表す散布図をつくるための行動観察記録手続きについて説明した。散布図記録法の使い方については、第24章でさらに説明する。

III　折れ線グラフをつくる

歪みのない効果的なグラフィック・デスプレイを作図するために必須のスキルは、行動分析家のレパートリーにおいていずれ劣らず重要である。応用行動分析学が発達するにつれて、グラフの作図についての一定の様式上の慣習と期待も発達した。効果的なグラフは、データを正確に、完全に、明瞭に提示する。そしてグラフを視る側のデータ理解という課題をできるだけ容易にする。グラフ作成者はこれらの個々の要件を満たすために懸命に努力すると同時に、グラフのデザインや作図において歪みやバイアスを生み出す恐れのある特徴への警戒を怠らないようにする。

表6.2　日例標準セラレーション・チャーティング慣例書式上級編（図6.16も参照）

用語	定義	慣例書式
頻度 1．頻度変化（FC）（別名頻度急上昇、急下降）	ある段階の最終頻度を次段階の当初頻度と比較する乗「×」または除「÷」値。計算は（1）セラレーションラインがある段階の最終日と交差する場所の頻度を、（2）セラレーションラインが次の段階の初日と交差する場所の頻度と比較して行う（例えば、6／分から18／分への頻度急上昇。FC＝×3.0）。	分析行列の上左セルに「FC＝」と入れる。その値を「×」か「÷」の記号で示す（例えば、FC＝×3.0）
セラレーション 2．セラレーション計算（4等分交差法）	セラレーションラインをグラフで判断する過程（別名「ベストフィットライン」）。（1）各段階の頻度を4等分に除する（無視日、ノーチャンス日も含む）、（2）各2分の1のメジアン頻度の位置を見つける、（3）4等分交差点を結ぶセラレーションラインを引く。	
3．セラレーション探知器	セラーレーションライン値を計算するために使える標準セラレーションライン透明シート。	商品を買うか、標準セラレーション・チャート上の垂直軸のパーツをコピーして切り抜く。
4．プロジェクション・ライン	セラレーションラインから未来に向けて伸びる破線。	チャーティング慣例書式上級編サンプルチャートを参照。
5．セラレーション変化（CC）（別名セラレーション上昇、下降）	ある段階のセラレーションを次段階のセラレーションと比較する乗「×」または除「÷」値（例えば、×1.3から÷1.3へのセラレーション下降。CC＝÷1.7）。	分析行列の上中央セルに「×」「÷」記号で表示した値を入れる（例えば、CC＝÷1.7）。
6．セラレーション・コレクション	ほぼ同じ時間帯の間に同じ行動を関連づける別々の遂行者の3つ以上のグループ。	セラレーション・コレクションにおける高・中・低セラレーションを数的に同定し、そのコレクションの総数を表示する。
7．弾み変化（BC）	ある段階の弾みを次段階の弾みと比較する乗「×」または除「÷」値。（1）ある段階の総弾みを（2）次の段階の総弾みと比較して計算する（例えば、5.0から×1.4への弾み変化、BC＝÷3.6）。	分析行列の上右セルに乗「×」または除「÷」記号で表示した値を入れる（例えば、BC＝÷3.6）。
8．分析行列	分析行列は、2つの段階の間で、独立変数が頻度・セラレーション・弾みに及ぼす影響に関する数的変化情報を提供する。	比較される2つの段階の間に分析行列を入れる。加速標的ではデータの上に行列を入れる。減速標的ではデータの下に行列を入れる。

第6章　行動データのグラフを作成し解釈する

オプション

9. 頻度変化 p-値（FCP）　　頻度変化p-値は、頻度における顕著な変化が偶然生じた可能性を示す確率である（p-値はフィッシャーの直接確率計算式を使って計算する）。　　「FCP=」を使い、分析行列上の下左セルに示す（例えば、FCP=.0001）。

10. セラレーション変化p-値（CCP）　　セラレーション変化p-値は、セラレーションにおける顕著な変化が偶然生じた可能性を示す確率である（p-値はフィッシャーの直接確率計算式を使って計算する）。　　「CCP=」を使い、分析行列上の下中央セルに示す（例えば、CCP=.0001）。

11. 弾み変化p-値（BCP）　　弾み変化p-値は、弾みにおける顕著な変化が偶然生じた可能性を示す確率である（p-値はフィッシャーの直接確率計算式を使って計算する）。　　「BCP=」を使い、分析行列上の下右に示す（例えば、BCP =.0001）。

From the *Journal of Precision Teaching and Celeration, 19* (1), pp. 52-53. Copyright by the Standard Celeration Society. Used by permission.

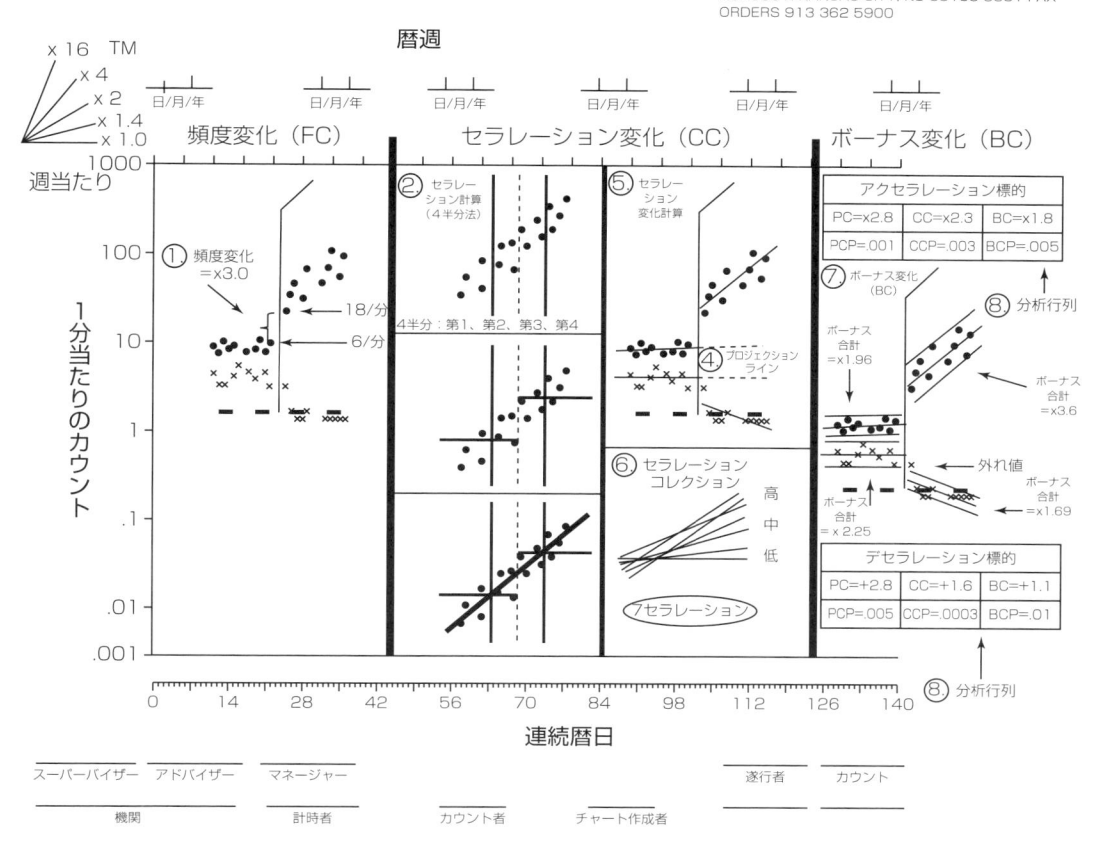

図6.16 標準セラレーションチャートの上級作図法（説明は表6.2を参照）

From the *Journal of Precision Teaching and Celeration, 19*(1), p.54. Copyright 2002 by The Standard Celeration Society. Used by permission.

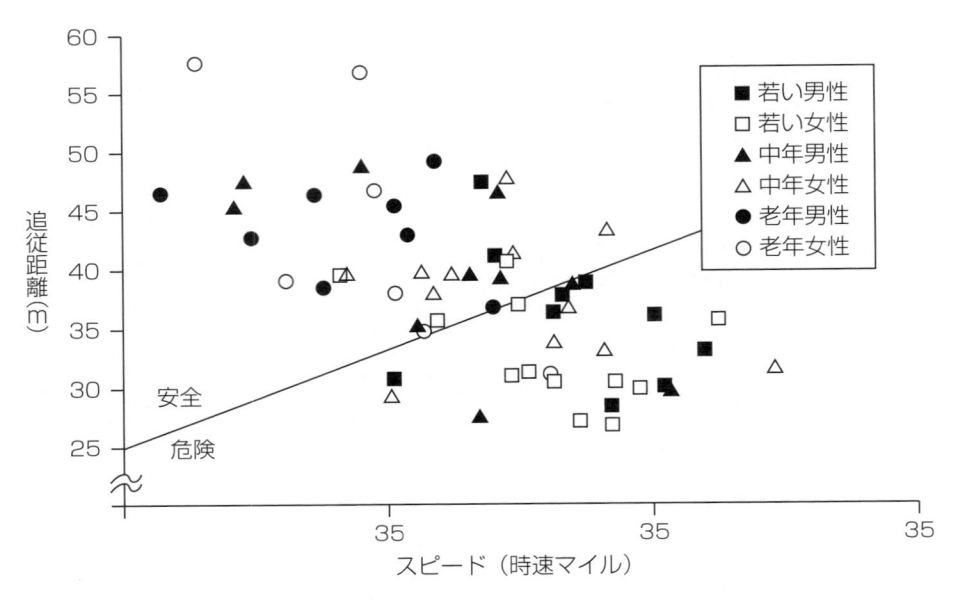

図6.17　さまざまな人口統計学的集団に属する個人の行動が、安全運転の標準測定値とどう関係するかを示す散布図

From "A Technology to Measure Multiple Driving Behaviors without Self-Report or Participant Reactivity" by T. E. Boyce and E. S. Geller, 2001, *Journal of Applied Behavior Analysis, 34*, p. 49. Copyright 2001 by the Society for the Experimental Analysis of Behavior, Inc. Used by permission.

それらの歪みやバイアスは、グラフ作成者によることもあれば、将来それを見る側がグラフによって描かれた行動変化の程度と特徴を解釈するときに起こることもある。

　応用行動分析学においてグラフが顕著な役割を果たすにもかかわらず、行動グラフをどう作図するかについての詳しい解説書は、これまであまり出版されてこなかった。注目すべき例外は、パーソンソンとベア（Parsonson & Baer, 1978, 1986）の著作に収められた諸章と、ジョンストンとペニーパッカー（Johnston & Pennypacker, 1980, 1993a）によるグラフィック・ディスプレイの方策に関する考察である。本節の執筆には、これらの優れた書籍やほかの情報源（*Journal of Applied Behavior Analysis*, 2000; American Psychological Association, 2001; Tufte, 1983, 1990）の提言が貢献している。さらに、必要な情報を最も明瞭に伝えるための特徴を発見する目的で、応用行動分析学の文献に発表された何百というグラフも検討した。

　グラフ作成のためのゆるぎないルールはほとんど存在しないが、以下の慣例に従うようにすれば、よくデザインされた明瞭なグラフィック・デスプレイが得られる。それは形式と体裁において、現在の実践と一致する。ほとんどの提言は、このテキストの至るところで示されるグラフによって例示されるが、ここで提案する実践の大部分のモデルとするために、図6.18と図6.19をデザインしてみた。ここで示す提言は、すべての行動グラフに広く適合する。しかし、個々のデータセットと、データの収集された条件が、グラフ作成者に対してそれ自体の課題を提示する。

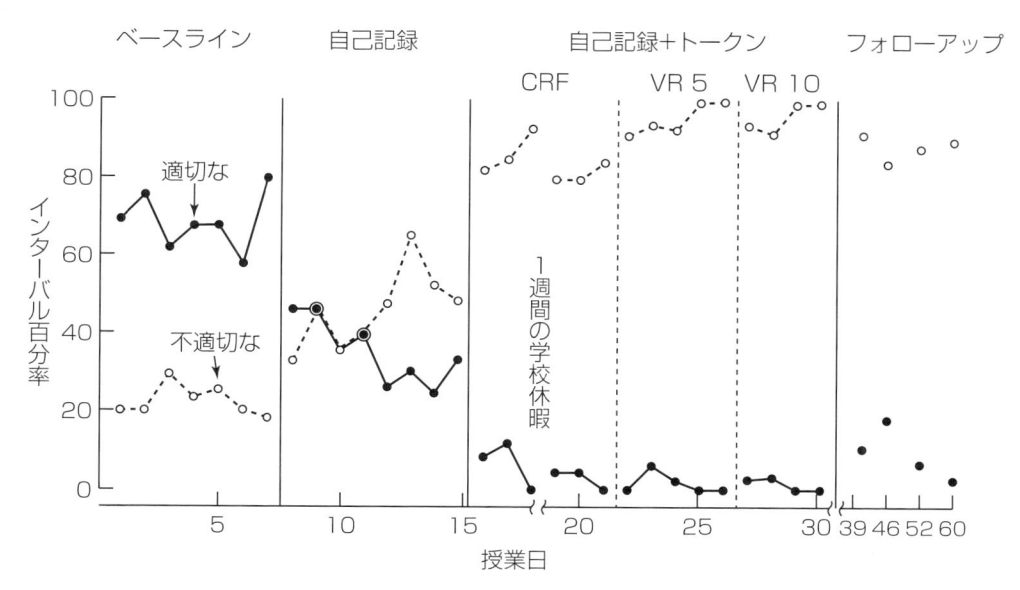

図1. 8歳男児が適切な勉強行動と不適切な勉強行動を自発する10秒インターバル百分率。各インターバルは、適切か、不適切か、どちらでもないと記録されているため、2つの行動を合計しても必ず100%になるわけではない。

図6.18　グラフのさまざまな表示法とガイドラインを示すための架空データのグラフ

1．軸を描き、尺度化し、名前をつける

（1）縦軸と横軸の比率

　水平軸に対する垂直軸の相対的長さは、軸の尺度設計と合わせて、グラフが所与のデータセットの変動性をどの程度際立たせるか、それとも最小限に抑えるかを決定する。高さと幅の比率にバランスをもたせ、データがすぐそばに来すぎたり、バラけて広がりすぎたりしないようにすれば、グラフの読みやすさは向上する。行動研究文献における、水平軸に対する垂直軸の比率、ないし相対的長さに対する提言は、5：8（Johnston & Pennypacker, 1980）から3：4（Katzenberg, 1975）に及ぶ。タフト（Tufte, 1983）は、効果的なグラフづくりの技法のガイドラインと作例の宝庫である著書『量的情報のビジュアル・デスプレイ』（*The Visual Display of Quantitative Information*）において、水平軸に対する垂直軸の比率を1：1.6にすることを提案している。

　水平軸の長さのおよそ3分の2の垂直軸は、ほとんどの行動グラフにおいて効果的である。1つの図上に複数の軸セットをお互いに提示する場合や、水平軸上に記されるデータポイントの数が非常に大きい場合は、水平軸と比較しての垂直軸の長さは短くしてもよい（図6.3と6.7）。

（2）水平軸を尺度化する

　水平軸は等しい間隔によってマークすべきである。個々の単位は、左から右へと、等しい期間

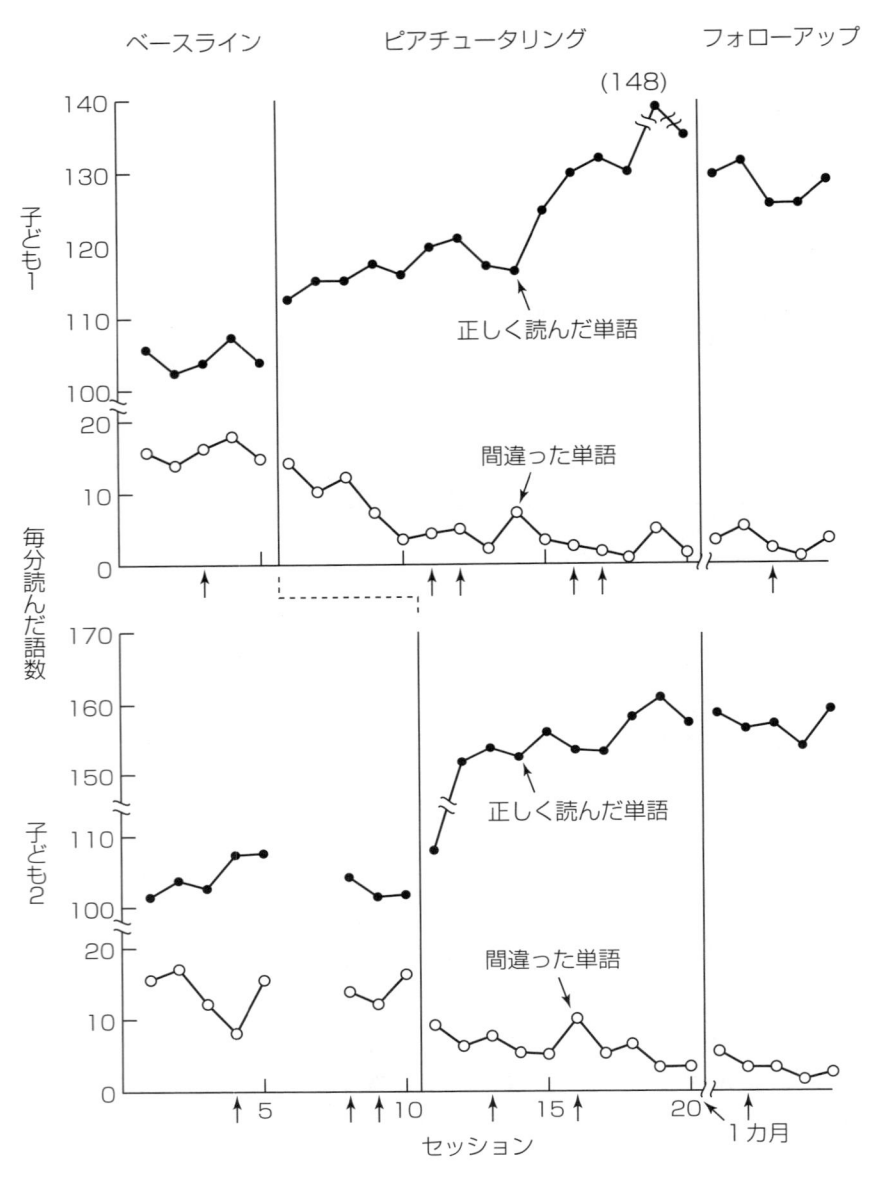

図1. 各セッション後の1分プローブの間に正しく読んだ語数と間違って読んだ語数。横軸の下の矢印は子どもが家から持ってきた読み教材を使ったセッションを示す。子ども2のデータ経路の断線は、2日間学校を休んだために生じた。

図6.19 グラフのさまざまな表示法とガイドラインを示すための架空データのグラフ

または反応機会（例えば、日、セッション、試行）からなる時間順序を表す。その間に行動が測定され（または測定が予定され）、それをもとに行動変化の解釈が行われる。多くのデータポイントを記入する場合は、必ずしもx軸に沿って1つ1つのポイントをマークする必要はない。その代わり不必要な混乱を避けるため、水平軸上に規則的間隔を設けて、そのポイントに、5s、10s、または20sという番号を付した目盛マーク（tic marks）を表示するようにする。

2つ以上の軸セットを垂直に積み重ね、それぞれの水平軸が同じ時間枠を表す場合は、上層の水平軸の目盛マークに番号をつける必要はない。しかし、それぞれの水平軸に最下層で番号を振られた目盛マークに対応するハッチマーク（hatch marks）を記入する。任意の時点において各層に及ぶパフォーマンスを比較しやすくするためである（図6.4を参照）。

（3）水平軸における時間の非連続性を表す

　行動変化と、その測定と、治療変数や実験変数の操作のすべては、時間内か時間間で生起する。したがって時間はあらゆる実験の基本変数である。グラフィック・デスプレイにおいて歪められたり、恣意的に描かれたりしてはならない。水平軸上に等間隔で示された１つ１つの単位は、等しい時間経過を表していなければならない。水平軸における時間の進行の途切れは、目盛の断線（scale break）、すなわち両端の波形記号によって区切られた軸上の空白点（open spot）によって表さなければならない。x 軸上の目盛の断線は、データを収集しなかった期間か、規則的に並べたデータ・ポイントが等しくないインターバルで行われた継続的測定を示している期間（図6.18のフォローアップ条件の授業日の番号づけを参照）を表すために使われる。

　測定が標準時間単位ではなく、連続的観察（例えば、読み聞かせ、食事の時間、相互交流）にまたがって行われる場合、水平軸はなお時間進行の視覚的表示として働く。そこに記入されたデータは、順々に記録されたものだからである。このような図を伴うテキストは、連続的測定がなされたリアルタイムを知らせなければならない（例えば「２〜３回のピアチュータリング・セッション（peer tutoring sessions）が授業日に毎週行われた」）。そしてその時間の前後における途切れは目盛の断線によってはっきりマークされなければならない（図6.19を参照）。

（4）水平軸のラベリング

　水平軸の尺度化に用いた次元は、活字体で書いた短いラベルによって、水平軸の下に、それと並行して、中央に配置して、特定しなければならない。

（5）垂直軸を尺度化する

　等間隔グラフでは、垂直軸の尺度化は、そのグラフの最も重要な特徴である。レベルの変化とデータの変動性を画像化するからである。広く行われている方法は、原点に０をマークする（累積グラフでは、水平軸の底辺をゼロにする）。そしてデータセットによって描かれる値の全範囲（full range）が収まるように垂直軸の境界を決める。それぞれの測定単位の間の距離が垂直軸上で大きくなると、データの変動性は拡大される。一方垂直軸上の測定単位を縮小することは、データセットの変動性の描写を最小にする。グラフ作成者は、不適切な解釈に導く恐れのあるグラフィック・デスプレイのゆがみを監視しながら、データセットをいくつかの異なる垂直スケールに対してプロットしてみるべきである。

垂直軸を尺度化するときは、グラフ化される行動の行動変化のさまざまなレベルの社会的重要性を考慮しなければならない。もしもパフォーマンスにおける比較的小さな数値の変化が社会的に重要である場合は、y軸スケールにはより小さな範囲（レンジ）の値を反映させるべきである。例えば、1人の従業員の安全性チェックリストにおいて正しく遂行されたステップの百分率が、安全ではない介入前の80％から90％の範囲（レンジ）から、介入後の無事故レベル100％へと増加した訓練プログラムにおいて収集されたデータを最も効果的にデスプレイするためには、垂直軸は80％から100％の範囲（レンジ）に焦点を当てる必要がある。一方、行動における小さな数値の変化が社会的に重要ではなく、尺度の圧縮によって不明瞭になった変動性の程度があまり重要でない場合は、垂直軸の尺度化は縮小すべきである。

　垂直軸上に規則的間隔の目盛マークをつけて、そこに水平に番号をうつ。そうするとその尺度が利用しやすくなる。垂直軸は、その軸尺度上の最大値を表すハッチマークを超えないようにする。

　データセットに0の測度がいくつも含まれる場合は、水平軸の少し上のポイントから垂直軸をスタートさせるようにする。そうすれば軸上にデータポイントが直接来ることを避けることができる。こうすればきれいなグラフができ、見る側がゼロに近い測度のデータポイントと、0値のデータポイントを区別しやすくなる（図6.18を参照）。

　目盛の断線は、垂直軸では、たいていの場合、使うべきではない。とくにデータ経路がその断線と交差する場合はそうである。しかし2つのデータセットがあり、それらが桁違いであり、範囲（レンジ）が重なり合わないとする。その場合は、同じy軸にデスプレイして、目盛の断線を使って、それぞれのデータセットに含まれる測度の範囲（レンジ）を分離するようにしてもよい（図6.19を参照）。

　多層グラフ（multiple-tier graph）では、個々の垂直軸上の等しい距離は、行動の等しい変化を表し、層間のデータを比較しやすいようにする。また、多層グラフの個々の垂直軸は、可能な限り、従属変数における同様の絶対値を表すようにする。層と層の間の行動の測度に違いがあり、垂直軸が長くなりすぎる場合は、目盛の断線を使うことによって、絶対値における違いを際立たせるとともに、y軸の位置の2点間比較を容易にするようにする。

（6）垂直軸をラベリングする

　活字体による短いラベルを用いて、軸を尺度化した次元を特定する。それは垂直軸と並行に、そして軸の左側の中央に配置するようにする。多層グラフでは、すべての垂直軸に描かれる次元を1つのラベルによって同定するようにしてもよい。その場合はすべての軸を1つのグループとして扱い、それらの中央に配置する。それぞれの軸セット内部においてグラフ化された異なる行動（またはほかの何らかの関連側面）を同定するために、追加のラベルを使うことがある。それらはそれぞれの垂直軸の左側に、並行して活字体で記入する。これらの個別の層ラベルは、全垂直軸を尺度化した次元を同定するためのラベルよりも右側に、より小さなサイズのフォントを用いて、活字体で記入するようにしなければならない。

2．実験条件を同定する

（1）条件変更線

　水平軸から上方に伸びる垂直線は、処遇や実験の手続きの変更を表す。条件変更線（condition change line）は、その線で示された条件変更が起こる前の最後の測度を表すデータポイントの次に（右側に）、そして手続きにおける変更の後に収集される最初の測度を表すデータポイントの前に（左側に）配置しなければならない。こうすれば、データポイントは、明らかに変更線のどちらかのサイドに来て、変更線自体の上に来ることはなくなる。条件変更線は、垂直軸と同じ高さになるように描く。そうすれば見る側は、垂直軸の範囲（レンジ）のトップに近いデータポイントの値を推定しやすくなる。

　条件変更線は実線で描いてもよいし、破線で描いてもよい。しかし実験や治療プログラムが、継続中の条件の内部で比較的小さな変更を行う場合、実線と破線を組み合わせて使い、条件における大きな変更と小さな変更を区別するようにする。例えば、図6.18では、実線はベースライン条件から、自己記録、自己記録＋トークン、フォローアップへの条件変更を示し、破線は強化スケジュールの自己記録＋トークンの条件の内部におけるCRFから、VR5、VR10への変更を示している。

　多層グラフの水平軸の異なる時点で、独立変数の同じ操作が起こる場合、ある層の条件変更線をほかの層の条件変更線と、くの字型（ドッグレッグ）に結ぶことは、その実験における出来事の順序とタイミングを追うことを容易にする（図6.19を参照）。

　実験や治療のプログラムの間に起こる予想外の出来事、そして条件変更線を必要としない小さな手続きの変更は、関係するデータポイントの隣か（図6.6を参照）x軸の真下（図6.19）に付ける小さな矢印や、星印や、そのほかのシンボルによって表すようにすればよい。

（2）条件のラベル

　実験の各時期に働いている条件を表すラベルは、条件変更線によって線引きされた空間の上部中央に配置する。空間が許す限り、条件のラベルは水平軸と平行にする。ラベルは短くするが記述的（例えば、処遇とするよりも条件的賞賛と記述する方が望ましい）でなければならない。そしてラベルは、その条件を記述するために添えられるテキストで使われる用語や句と同じものを使うようにする。空間やデザインの制約のため、完全なラベルを活字体で表記できない場合は、略称を用いてもよい。単一の条件ラベルを上部に配置する。そしてその条件の中での小さな変更を同定する複数のラベルにまたがるようにする（図6.18を参照）。条件ラベルに数字を追加する場合がある。1つの研究でその条件が働く回数を示すためである（例えば、ベースライン1、ベースライン2）。

3．データポイントのプロットと、データ経路の描写

（1）データポイント

　行動分析家がデータを手描きでグラフ化する場合、それぞれのデータポイントをそれが表す測定の水平軸と垂直軸の値の座標に正確に書き込むよう細心の注意を払わなければならない。データポイントの不正確な書き込みは、グラフィック・デスプレイの不必要な誤りの源泉である。それは臨床的判断および、または実験方法における誤りに導く可能性がある。正確な書き込みの助けになるのは、書き込むべきデータにとって適切な大きさとスペースの格子線を備えたグラフ用紙を周到に選ぶことである。垂直軸上に多くの異なる値を狭い距離で書き入れなければならない場合は、1インチ当たり多くの格子線をもつグラフ用紙を使うようにする[9]。

　データポイントが垂直軸尺度によって表された値の範囲（レンジ）を超えてしまう場合、超えた尺度の真上に書き込み、測定の実際値をデータポイントの隣に括弧書きで示すようにする。尺度を外れたデータポイントにつながる、またそのせいで生じるデータ経路の中断は、その差を強調するのに役立つ（図6.19のセッション19を参照）。

　データポイントは、データ経路と区別しやすい、肉太のシンボルで描くようにする。グラフに1組のデータしか表示しない場合は、中黒点が最もよく使われる。同じ軸セットに多くのデータセットを書き込む場合、それぞれのデータセットに対して異なる幾何学シンボルを使う。それぞれのデータセット用のシンボルを決めるときは、データポイントがそのグラフの同じ座標の上か近傍に来る場合、それぞれのデータポイントの値を判断できるような選び方をしなければならない（図6.18のセッション9－11を参照）。

（2）データ経路

　データ経路（data path）は、点と点をまっすぐな線で結んでつくる。すなわち、所与のデータセットに含まれる個々のデータポイントの中心から、同じセットの次のデータポイントの中心に向かって、直線を引くことによってつくる。所与のデータセットにおけるすべてのデータポイントは、このようにして接続されるが、次のような例外がある。

- 条件変更線のどちらかのサイドに来るデータポイントは結合しない。

- 行動が測定されない大きな時間スパンの間では、データポイントを結合しない。そうすることは、結果としてのデータ経路が、測定を行わなかった時間のスパンの間の行動のレベルと

注9：1990年代半ばから、行動分析学のジャーナルに発表された大部分のグラフは、コンピューター・ソフトウエア・プログラムによって作図されている。それはデータポイントの正確な書き込みを保証する。手描きでグラフを描く方法を知ることは応用行動分析家にとってなお重要なスキルである。手描きのグラフを使ってセッションごとのベースで治療の意思決定をしばしば行うからである。

トレンドを表すことを意味することになる。

- 水平軸時間の切れ目を超えて、データポイントを結合してはならない（図6.18における1週間の学校休暇を参照）。

- 定期的にスケジュール化された測定期間のどちらかのサイド、その期間ではデータが収集されなかったか、失われたか、壊れたか、そのほか何らかの理由（例えば参加者の欠席、記録用具の故障）で入手できなかった場合のデータポイントは、結合してはならない（図6.19の下段のベースライン条件を参照）。

- フォローアップまたはポストチェックのデータポイントは、相互に結合してはならない（図6.18）。ただし、それらが実験のほかの期間に収集された測度と同様の時間間隔で収集された逐次的測度を代表する場合（図6.19を参照）はその限りではない。

- データポイントが垂直尺度に表示された値を超える場合は、そのデータポイントと表示された範囲（レンジ）内に収まっているデータポイントを結ぶデータ経路に中断を入れなければならない（図6.19の上段のグラフのセッション19のデータポイントを参照）。

同一のグラフ上に複数のデータ経路を表すときは、それぞれのラインスタイルを変えることができる。またそれぞれのデータポイントを、別々のシンボルによって表すこともできる。そうした工夫は、データ経路の間の違いを表す助けとなるだろう（図6.19を参照）。それぞれのデータ経路によって示される行動は、はっきり識別されなければならない。活字体で書かれたラベルを矢印とともにデータ経路に描き込んだり（図6.18と6.19を参照）、凡例によってシンボルとラインスタイルのモデルを提示したり（図6.13を参照）すれば分かりやすくなる。2つのデータセットが同じ経路をたどる場合は、両方のラインをお互いのすぐ近くに、並行して描くようにする。そうすれば、事態を明瞭にするうえで役立つだろう（図6.18のセッション9-11を参照）。

4．図のキャプションを書く

図のキャプションは、グラフの下に活字体で記入する。簡潔に、しかし完全に、図を説明する。キャプションはまた、見過ごされる恐れのあるグラフの特徴（例えば、尺度の変更）に見る者の注意を向けさせ、特別な出来事を表す追加されたシンボルの意味を説明するようにしなければならない。

5．グラフをプリントする

グラフは黒1色でプリントする。カラーを使えば、ビジュアル・ディスプレイの魅力を高め、一

定の特徴に光を当てて、効果的に際立たせることができる。しかしデータの科学的プレゼンテーションはそれによって抑制される。あらゆる努力を払って、データそのものを独立させなければならない。カラーを使えば、パフォーマンスや実験の効果の知覚は促進され、同じデータを黒でデスプレイするときとは異なる知覚を生み出す。しかしグラフと図表は、専門雑誌（ジャーナル）や書籍に再録される可能性がある。それも黒1色でプリントすべきもう1つの理由である。

6．コンピューターソフトウエアでグラフを作図する

　コンピューターで処理するグラフ作成用ソフトウエアプログラムは、すでに利用できる段階に来ており、ますます洗練され、利用しやすくなってきている。本書にデスプレイされているグラフの大部分は、コンピューターソフトウエアによって作図されている。コンピューターグラフィックス・プログラムは、手作業でグラフを描くことに比べて、驚異的な時間の節約をもたらす。とはいえ、データポイントの正確な打ち込みと、データ経路の精密なプリンティングのためには、利用できる尺度の範囲（レンジ）と、プリンターの性能に関して、慎重に検討する必要がある。

　カーとバークホールダー（Carr & Burkholder, 1998）は、マイクロソフト・エクセルを利用して、単一被験者デザイングラフをつくるための手引きをつくった。シルヴェストリ（Silvestri, 2005）は、マイクロソフト・エクセルを利用して、行動グラフを作成するための詳しいステップ・バイ・ステップの使用説明書を執筆した。彼女の指導書（tutorial）は、本書に付属するコンパニオン・ウエブサイト、www.prenhall.com/cooper で見つけ出すことができる。

Ⅳ　グラフで表示された行動データを解釈する

　劇的で、再現可能な、時間を経ても持続する、行動の変化をもたらす介入の効果は、よくデザインされたグラフィック・デスプレイを見れば、すぐに理解できる。行動分析学の正式な訓練をほとんど受けていない人々も、そういう場合はグラフを読むことができる。しかし多くの場合、行動の変化はそれほど大きくないし、一貫性や、持続性にも欠けている。行動は変化しても、それは散発的であり、一時的であり、遅延的であり、コントロールされていないように見えることがある。そして行動は時にはほとんどまったく変化しないこともある。この種のデータパターンを示すグラフもまた、しばしば、行動とその制御変数についての重要な興味深い微妙な特徴を見せることがある。

　行動分析家は、グラフで表示されたデータを解釈するために、**視覚分析**（visual analysis）として知られている、組織的な検討方法を採用する。応用行動分析学の研究データの視覚分析は、2つの問いに答えるために行われる。(a) 行動は有意義に変化したか、(b) もし変化したとすれば、行動の変化はどの程度独立変数のせいだといえるか？　視覚分析の公式化されたルールは存在しない。しかし行動の動的特徴、有効な介入を発見するという科学的・技術的必要、社会的に有意義な遂行レベルを生み出すという応用的要件、これらすべてが1つになって、行動分析家

の解釈の焦点は、すべての行動データに共通する一定の基本的特徴に絞られていく。すなわち、(a) データにおける変動性の程度と種類、(b) データのレベル、(c) データのトレンドである。視覚分析は、実験に含まれる異なる条件と段階の内部と間でのこれらの特徴のそれぞれを検討することを必要とする。

ジョンストンとペニーパッカー（Johnston & Pennypacker, 1993b）が、非常に適切に指摘したように、「グラフィックデータの解釈は、グラフ自体のさまざまな特徴によって影響されずに行うことは不可能である」（p. 320）。したがって、グラフに示されたデータの意味を解釈しようとする前に、読む側はグラフ全体の構成を慎重に検討しなければならない。第1に、図のキャプション、軸のラベル、すべての条件のラベルを読んで、そのグラフが何についてのグラフかを基本的に理解しなければならない。次に読み手はそれぞれの軸の尺度化に目を向け、その位置と数値と尺度中断があれば、その相対的重要性に注意を払う必要がある。

次に、それぞれのデータ経路を視覚的に追視して、データポイントが正しく結合されているかどうかを判断する。それぞれのデータポイントは、単一の測定や観察を代表しているか、それともそのデータは「塊状にされ」、個々のデータポイントは多くの測定の平均またはそのほかの要約を表すものにされているか？　そのデータは個別の被験者のパフォーマンスを表しているか、それとも被験者集団の平均的遂行を表しているか？　もしも塊状にされ、グループデータが表示されていれば、提示されたスコアの範囲（レンジ）やバリエーションの視覚表示は示されているか（例えば、Armendariz & Umbreit, 1999; Epstein, et al., 1981）、それともデータ自体がそのグラフで圧縮された変動性の量の判断を可能にさせるか？　例えば、もしも水平軸が週によって尺度化され、それぞれのデータポイントは、子どもの毎日5語の綴り字テストの平均スコアを表していたとすれば、0近くかクローズド・スケールの上端、例えば4.8などのデータポイントについては、あまり問題にならない。それらはその週の日々のスコアの小さな変動性の結果である可能性があるからである。しかしスケールの中央付近のデータポイント、例えば2から3は、安定した遂行からも極めて変動する遂行からも起こる可能性がある。

もしも見る側が、グラフの作成によって生み出された歪みをうすうす感じるならば、データの解釈上の判断は、そのデータを軸のセットに再プロットしてみるまで保留すべきである。データを集約するときの重要なデータの特徴を失ったために起こるゆがみは簡単には修復できない。見る側はローデータにアクセスするまでは、その報告が不完全であるとみなし、何らかの解釈的結論は未然に食い止めなければならない。

見る側が、そのグラフが表す行動と環境の出来事を視覚的にゆがめることなく適切に作図されていることに満足できる場合にのみ、データそのものの検討に進むべきである。それからそのデータを点検して、研究の各条件の間に測定された行動について、それが何を明らかにしたかを調べるようにする。

1．条件内での視覚分析

所定の条件内におけるデータを検討して、次のことを判断する。(a) データポイントの数、

(b) データにおける変動性の特徴と程度、(c) 行動測度の絶対的，相対的レベル、(d) データの方向性とトレンドの程度。

(1) データポイントの数

　第1に、見る側はそれぞれの条件において報告されたデータの量を判断しなければならない。そのためにデータポイントの単純なカウンティングが必要である。一般的ルールとしては、単位時間当たりの従属変数の測定が多ければ多いほど、また測定が行われた期間が長ければ長いほど、データ経路の概算値が行動変化の真実のコースであることを信頼できることになる（もちろん、観察測定システムが妥当性と正確性を備えていると仮定した上で）。

　所定の条件における行動の信頼できる記録を示すために必要なデータポイントの数は、研究の中で同じ条件が何回反復されたかにも左右される。ルールとしては、実験の後段で条件を再度適用するときに必要とされるデータポイントの数は、実験の前段でその条件を適用したときに認められた遂行レベルとトレンドと同じものをそのデータが描き出している場合は、より少なくてよいということである。

　どれぐらい多くのデータポイントならば十分かを判断する場合に、応用行動分析学の公表された文献もまた、ひと役買うことになる。一般に、以前に研究された既知の変数の間の関係を調べる実験においては、その実験の結果も先行研究の結果と類似している場合は、長い段階は必要とされない。新しい発見を実証するためには、新しい変数が研究されていようといまいと、より多くのデータを必要とする。

　データが多ければより優れているというルールに対しては、そのほかにも例外がある。改善がほとんど期待できない実験条件（例えば治療しないベースライン条件や、問題行動を悪化させる変数を明らかにすることを意図した条件）のもとで、一定の行動（例えば、自傷行動）を反復測定することは、倫理的懸念から許されない。また、（例えば、並行観察によって子どもが掛け算と引き算に必要な成分スキルを学習していないことが明らかになっているとき、割算の筆算についての正答数を測定する場合のように）被験者がその行動を当然遂行できない状況において、反復測定することには、ほとんど目的が見出せない。同様に、実際には行動生起の機会が存在しないときに、行動が生起しなかったことを実証するために、多くのデータポイントを集めることにも意味はない。

　グラフを見る側が、測定される反応クラスと、それが測定される条件について精通することは、どれだけ多くのデータポイントがあれば信憑性があるかを判断するための最大の助けになるだろう。一定の条件において必要とされるデータの量は、また所定の研究において採用される分析の方策によっても、ある程度決定される。実験デザインの方策については、第7章から10章までにおいて解説する。

（2）変動性

　行動の複数の測度がどれほど頻繁に、またどの程度異なるアウトカムを生み出すかは、**変動性**（variability）と呼ばれる。所定の条件内で変動性が非常に大きいということは、通常、研究者や実践家が、その行動に影響を与える要因に対して、ほとんどコントロールを実現していなかったことを意味する（この説明に対する重要な例外は、介入の目的が行動の変動性を生みだす場合である）。一般に、所定の条件内で変動性が大きければ大きいほど、予測できる遂行パターンを達成するために必要なデータポイントの数もより多くなる。それに反して、それらのデータの変動性が比較的小さい場合は、予測できる遂行パターンを示すために必要なデータポイントの数はより少なくなる。

（3）レベル

　一連の行動測度がその回りに集中する垂直軸スケール上の値は、**レベル**（level）と呼ばれる。行動データの視覚分析では、レベルは y 軸スケール上の絶対値（平均、メジアン、およびまたはレンジ）と、安定性または変動性の程度と、あるレベルからほかのレベルへの変化の程度によって分析される。図6.20のグラフは、レベルと変動性の異なる4つの組み合わせを示す。

　1つの条件内における一連の行動測度の平均レベルは、**平均レベルライン**（mean level line）の加算によって、グラフィックに例示できる。すなわち、垂直軸上のそのポイントにおける条件内の一連のデータポイントによって描かれた水平線は、一連の測度の平均値に等しい（例えば、Gilbert, Williams, & McLaughlin, 1996）。平均レベルラインは所定の条件や段階内における平均遂行の分かりやすいサマリーを提供するが、それらは慎重に使われ、解釈されなければならない。非常に安定したデータ経路では、平均レベルラインはなんら深刻な問題を生み出さない。しかし一連のデータポイント内で変動性が少なければ少ないほど、平均レベルラインに対するニーズも少なくなる。例えば図6.20のグラフAでは、平均レベルラインはほとんど用途がない。図6.20においてグラフB、C、Dには平均レベルラインが追加されているが、3つの中で平均レベルラインがレベルの適切な視覚的サマリーを提供しているのはグラフBだけである。グラフCの平均レベルラインは、その段階で収集された行動のいかなる測度も代表していない。グラフCにおけるデータポイントは、その条件の間に行動がはっきり区別できる2つのレベルで起こっていることを示す特徴をもった行動を表している。そしてこのデータポイントは、はっきりしたレベルの違いの原因要因の究明を求めている。グラフDにおける平均レベルラインもまた不適切である。なぜならデータの変動性が非常に大きく、12個のデータポイントのわずか4個だけが平均レベルラインの近くあるだけだからである。

　メジアンレベルライン（median level line）は、ある条件における行動の全体的レベルを要約するもう1つの方法である。メジアンレベルラインは、条件内における最も典型的な遂行を示す。したがって残りの測度の範囲（レンジ）のはるか外側に来る1つか2つの測度によってはそれほど影響されない。したがって、高くても低くても、いくつかの異常値を含む一連のデータポ

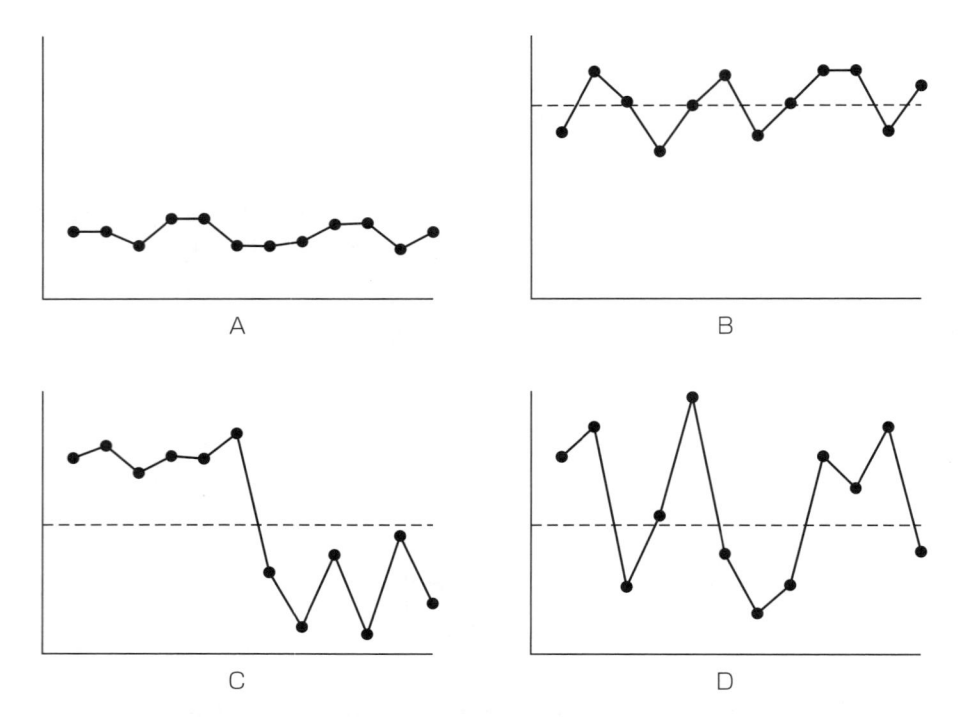

図6.20　4つの反応レベルを表す4つのデータ経路。（A）低い安定した反応レベル、（B）高い変動する反応レベル、（C）最初は高く安定し、後で低く変動する反応レベル、（D）何の一般的レベルも示さない極端に変動する反応パターン。グラフB、C、Dの横破線は、反応の平均レベルを示す

イントの中央傾向をグラフによって表すためには、平均レベルラインではなくメジアンレベルラインを使うべきである。

　ある条件内でのレベルの変化は、その条件内での最初と最後のデータポイントの間のy軸上の絶対値の違いを計算することによって判断される。データの変動性による影響がやや少ないもう1つの方法は、その条件内での最初の3つのデータポイントのメジアン値とその条件内の最後の3つのデータポイントのメジアン値との違いを比較する方法である（Koenig & Kunzelman, 1980）。

（4）トレンド

　データ経路によって示される全体的方向（overall direction）は、その**トレンド**（trend）である。トレンドは、方向性（増加トレンド、減少トレンド、またはゼロトレンド）と、程度またはマグニチュードと、トレンドの周囲のデータポイントの変動性の程度によって記述される。図6.21のグラフはさまざまなトレンドを例示する。グラフ化された一連のデータにおけるトレンドの方向と程度は、トレンドライン（trend line）、または推移線（line of progress）と呼ばれるデータによって描かれる直線によって視覚的に代表させることができる。一連のデータに対してトレンドラインを計算し調整する方法がいくつか開発されている。人は誰でもグラフ化されたデー

タを簡単に調べて、データを貫く最良適合を視覚的にもたらす直線を引くことができる。このフリーハンド法に対して、リンズリー（Lindsley, 1985）は、データシリーズの値の範囲（レンジ）を著しく逸脱する１つか２つのデータポイントは無視して、残りのスコアにトレンドラインを適合させることを提案した。フリーハンド法はトレンドラインを描く最速の方法であり、発表されたグラフを見る側にとって便利である。しかし手描きのトレンドラインは、必ずしもトレンドの正確な表現にはつながらず、発表された研究のグラフのなかには通常見出せない。

　トレンドラインはまた、最小２乗線形回帰方程式（ordinary least-squares linear regression equation）と呼ばれる数式を使って計算することができる（McCain & McCleary, 1979; Parsonson & Baer, 1978）。この方式で決定されるトレンドラインには、完全な信頼性という長所がある。すなわち、同じデータセットから、必ず同じトレンドラインが生み出される。この方法の短所は、多くの数学的操作であり、トレンドラインを計算するためは、それらの操作を行わなければならない。この方程式を解くことができるコンピュータープログラムは、最小２乗トレンドラインを計算するための時間の問題を取り除くことができる。

　フリーハンド法よりも信頼性が高く、直線回帰法よりもはるかに時間のかからない、推移線を計算し描画する方法がある。**中心分割推移線法**（split-middle line of progress）である。中心分割技法は、ホワイト（White, 1971, 2005）によって半対数チャートに描かれた率データを活用するために開発された。それはこれらのデータから将来の行動を予測する有用な技法であることも実証された。中心分割推移線法は、等間隔の垂直軸に書き込まれたデータも描くことができるが、この種のラインは全体のトレンドを集約する概算値にすぎないことを忘れてはならない（Bailey, 1984）。図6.22は中心分割推移線をステップ・バイ・ステップで描く方法を示している。トレンドラインは、垂直軸における尺度の断線（scale break）にまたがる一連のデータポイントによっては、どんな方法を使っても描くことができない。そして一般に水平軸における尺度の断線にまたがって描くべきではない。

　半対数チャートに書き入れられたデータのトレンドのアクセラレーションやデセラレーションの具体的程度は、数値用語で量化される。例えば、日例標準セラレーション・チャートでは、「タイムズ-2」セラレーションは、反応率が週ごとに倍増することを意味する。そして「タイムズ-1.25」は、反応率が毎週４分の１の因数でアクセラレーションすることを意味する。「デバイドバイ-2」セラレーションは、反応率が毎週、前の週のそれよりも２分の１になることを意味する。「デバイドバイ-1.5」は毎週３分の１ずつデセラレーションすることを意味する。

　等間隔チャートに書き込まれたデータから、トレンドが増加するか減少する具体的変化率を視覚的に判断する直接的方法は存在しない。しかし等間隔チャートのデータによって描かれたトレンドラインの視覚的比較は、行動変化の相対的割合についての重要な情報をもたらす。

　すべてのデータポイントが、トレンドライン上かその近傍に収まる場合、トレンドは非常に安定している可能性がある（図6.21のグラフCとEを参照）。データ経路は、データポイントの間に高い変動性があっても、トレンドに従う可能性がある（図6.21のグラフDとFを参照）。

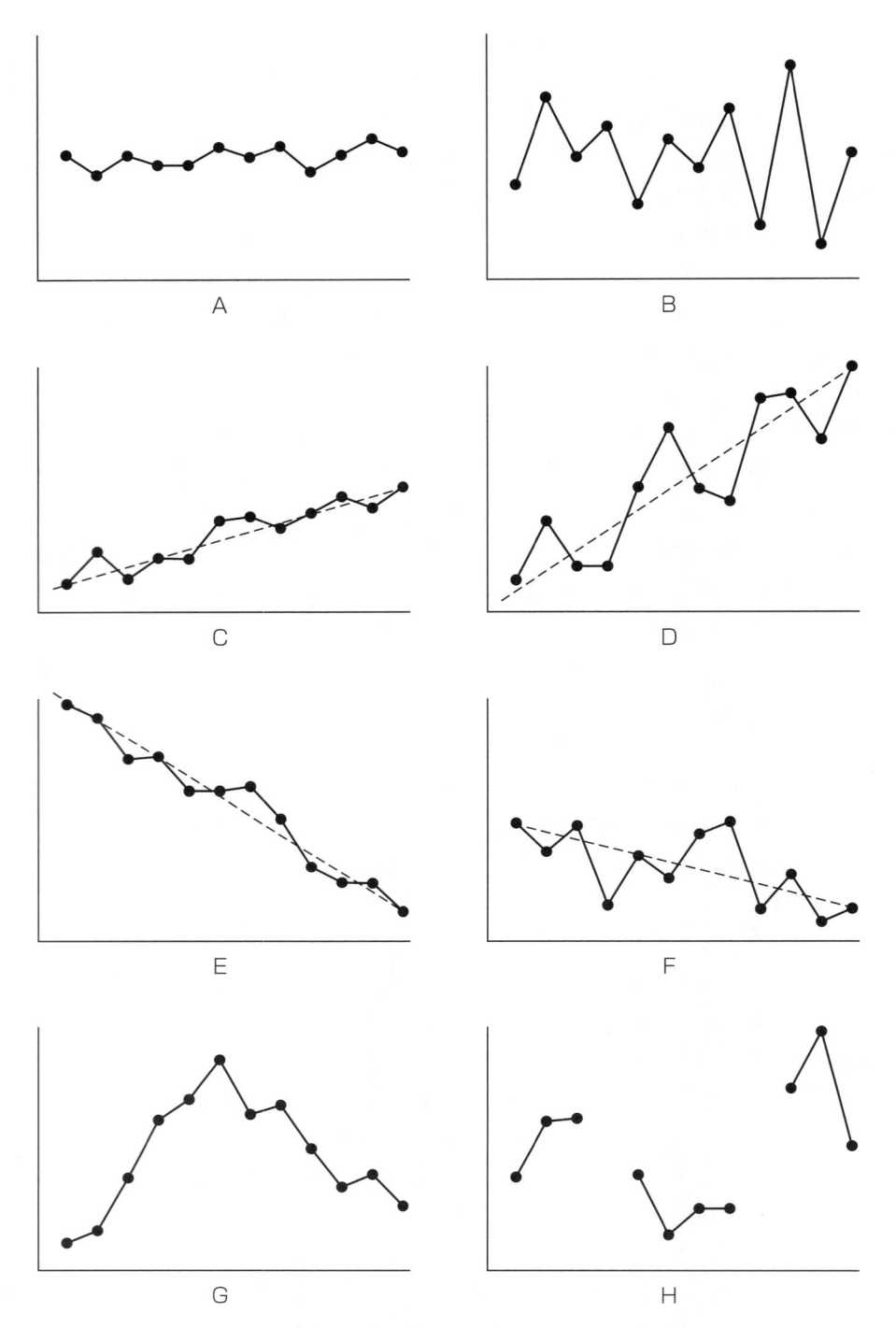

図6.21 トレンドの方向、程度、変動性のさまざま組み合わせを示すデータパターン。(A) 高い安定性を示すゼロトレンド、(B) 高い変動性を示すゼロトレンド、(C) 徐々に増加する安定したトレンド、(D) 変動する急増トレンド、(E) 安定した急減トレンド、(F) 変動性があり徐々に減少するトレンド、(G) 急増するトレンドの後に続く急減するトレンド、(H) 過剰変動性とデータ欠落を伴う意味不明のトレンド。C–Fのグラフには中心分割推移線追加

2．条件間の視覚分析

　視覚分析では、まず1つの研究に含まれる個々の条件や段階内のデータの点検を行う。それが完了したら、条件と条件の間のデータの比較へと進む。適切な結論を導くためには、すでに論じた行動データの特徴（レベル、トレンド、安定性または変動性）を、異なる条件の間と類似する条件の間で行う必要がある。

　条件変更線は、任意の時点において独立変数が操作されたことを意味する。その時点で行動における即座の変化が起こったかどうかを判断するためには、行動変更線の前の最後のデータポイントと新しい条件の最初のデータポイントの間の違いを比較する必要がある。

　データはまた、条件と条件の間におけるパフォーマンスの全体的レベルという観点からも点検されなければならない。一般的に、1つの条件におけるすべてのデータが、隣接する条件におけるすべてのデータポイントの値の範囲（レンジ）の外側にくる場合（すなわち、1つの条件において得られた最高値と、別の条件において得られた最低値の間にまったく重複がない場合）、1つの条件から次の条件へと行動が変化したことはまず疑う余地がない。隣接する条件において多くのデータポイントが垂直軸上でお互いに重複する場合は、独立変数の影響が条件の変化と関連していたとは、あまり信じることができなくなる[10]。

　平均レベルラインまたはメジアンレベルラインは、条件と条件の間の全体的レベルを検討するために役立つ。しかし、平均レベルラインまたはメジアンレベルラインを使って、条件と条件の間での、データ全体の中心傾向を要約し比較することには、2つの深刻な問題が伴う。第1に、こういうビジュアル・ディスプレイを見る側は、「中心傾向の測度の間の一見大きな差異によって、同程度に大量のコントロールされない変動性の存在が視覚的に圧倒」（Johnston & Pennypacker, 1980, p. 351）されないように警戒しなければならない。グラフィック・ディスプレイにおけるパフォーマンスの平均的変化を強調することは、データによって正当化できる以上のより大きな程度の実験的制御が得られたと、見る側に信じさせる可能性がある。図6.23の上段のグラフでは、条件Bにおける半分のデータポイントが、条件Aの間に得られた測度の値の範囲（レンジ）のなかに収まっているが、平均レベルラインは、行動における明らかな変化をほのめかしている。第2に、中心傾向の測度は、中心傾向の指標によって示唆されたトレンド以外の解釈を正当化するデータの重要なトレンドをあいまいにさせる可能性がある。平均ラインまたはメジアンラインは、平均的または典型的なパフォーマンスを表すが、どちらも増加または減少するパフォーマンスのいかなる指標も与えない。図6.23の下段のグラフでは、例えば、平均ラインは、条件Aよりも条件Bにおいてより高いパフォーマンスレベルを示唆するが、しかしトレンドを検討してみると条件AとBの内部と間で行動変化について非常に異なるイメージを生み出す。

　行動データを分析する者はまた、新しい条件が一定期間実施された後に起こるレベルの何らかの変化と、新しい条件の初期に起こり後に失われるレベルにおける何らかの変化にも注意しなけ

注10：行動における記録された変化を独立変数の関数として解釈すべきか否かは、その研究で使われた実験デザインに左右される。実験をデザインする戦略と戦術は、第7章から10章において解説する。

ステップ1
要約すべきデータを等しい2部分に分割。データポイントが同数ならば、分割線はこの例のように、2群の率の中間になる。データポイントが奇数ならば、分割線はそのうちの1つのデータポイント上に来る。

ステップ2
2部分のそれぞれの中間の率と中間の日付の交点を見つけ出す。この例では、2部分にそれぞれ5個のデータポイントがあるので、中間の率はグラフを上下に数えて3つ目のデータポイント、中間の日付はグラフを左右に数えて3つ目のデータポイントになる。この例の前半部分で例示されているように、複数のデータポイントはすべてその中間の率に収まる。

ステップ3
上記ステップ2で見つけた2交点を貫通するデータを通る線を引く。この過程のこのステップで終わる場合は、4半分交点推移線が得られることになる。中心分割推移線を得るためには、下記ステップ4を完了させる。

ステップ4
上記ステップ3で引いた線の上と下に来るデータポイントの数を数える。その線上かそれを上回るデータポイント数と、その線上かそれを下回るデータポイント数は同数でなければならない。そうでない場合は、均衡するまでその線を上か下に平行移動する(元の線との平行を保つ)。

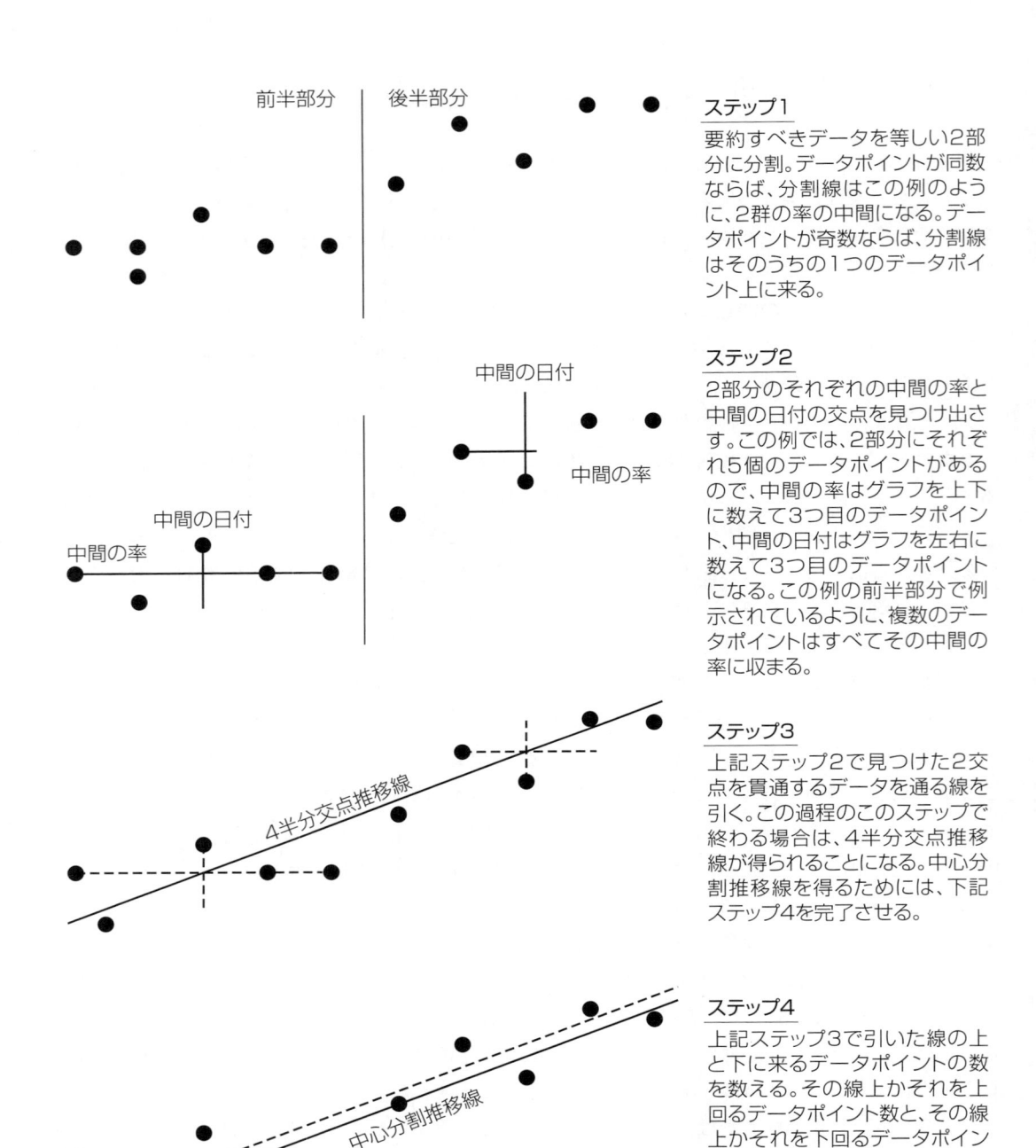

図6.22 グラフに示した一連のデータポイントを通して中心分割推移線をどう描くか

Adapted from *Exceptional Teaching*, p. 118, by O. R. White and N. G. Haring, 1980, Columbus, OH: Charles E. Merrill. Copyright 1980 by Charles E. Merrill. Used by permission.

ればならない。そうした遅延性のまたは一時的な影響は、独立変数が一定期間実施されなければならず、その後に初めて行動が変化することを意味する可能性がある。あるいは一時的なレベルの変化はコントロールされなかった変数の結果であることを示唆する可能性がある。いずれの場合も、関連変数を単離して制御することを目指して更なる研究を行う必要がある。

　隣接する条件の間のデータの視覚分析には、第1の条件において見出されたトレンドがその後の条件における方向または勾配を変化させたかどうかを判断するために、それぞれの条件におけるデータが示したトレンドを分析することが含まれる。実際には、それぞれの一連のデータポイントがレベルとトレンドに寄与するため、2つの特徴を互いに同時に見ることになる。図6.24は、隣り合った条件の間で見られるレベルとトレンドにおける変化または変化の欠如の4つの基本的組み合わせを示す定型化されたデータ経路である。もちろん、ほかの多くのデータパターンでも、これと同じ特徴を表現することができる。レベルとトレンドを際立たせるために、ほとんどの行動の反復測定に見られる変動性を除去した、理想化された直線データ経路が使われている。

　視覚分析は隣接する条件と条件の間のレベルとトレンドの変化の検討と比較を含んでいるだけではない。それには類似する条件の間のパフォーマンスの検討も含まれている。応用行動分析学から得られるデータが何を意味するかを解釈することは、レベルとトレンドと変動性の視覚分析と、それらの同定と記述以上のことを要求する。処遇プログラムや実証研究の過程で行動変化が実証された場合は、次の問いを問わなければならない。行動における変化は処遇または実験の変数の関数だったか？　第3部の残りの諸章では、応用行動分析家が有意義な答えを提出することを目指して用いる実験デザインの戦略と戦術を説明する。

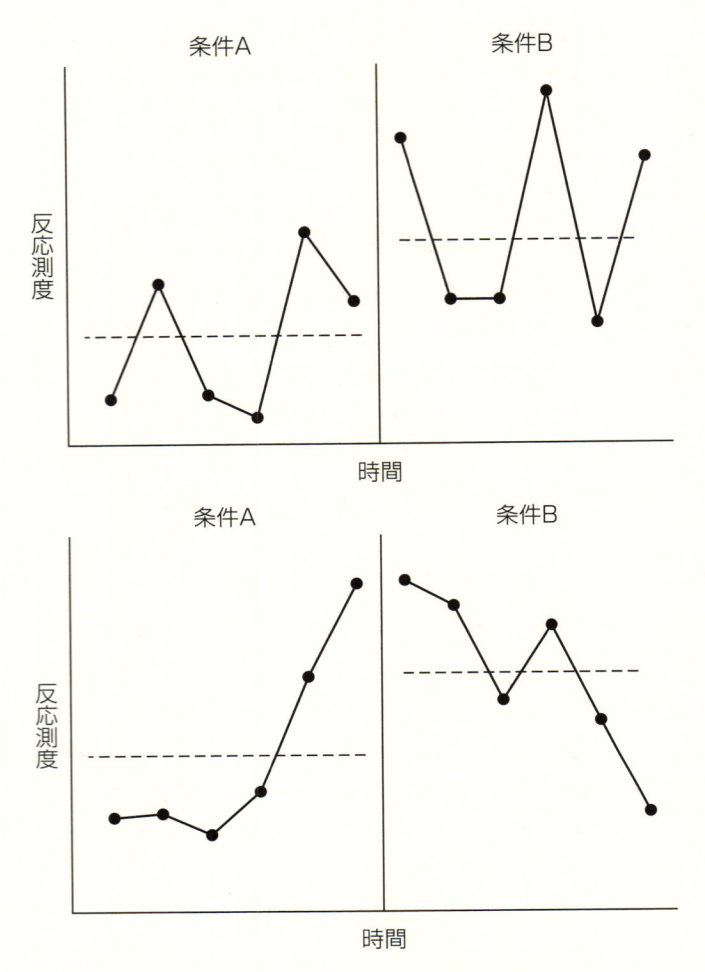

図6.23 平均レベルラインの不適切な使用。条件Bにおける反応の全般的レベル（上段のグラフ）とトレンド（下段のグラフ）をより高く解釈するよう奨励し異なる結論を正当化させる

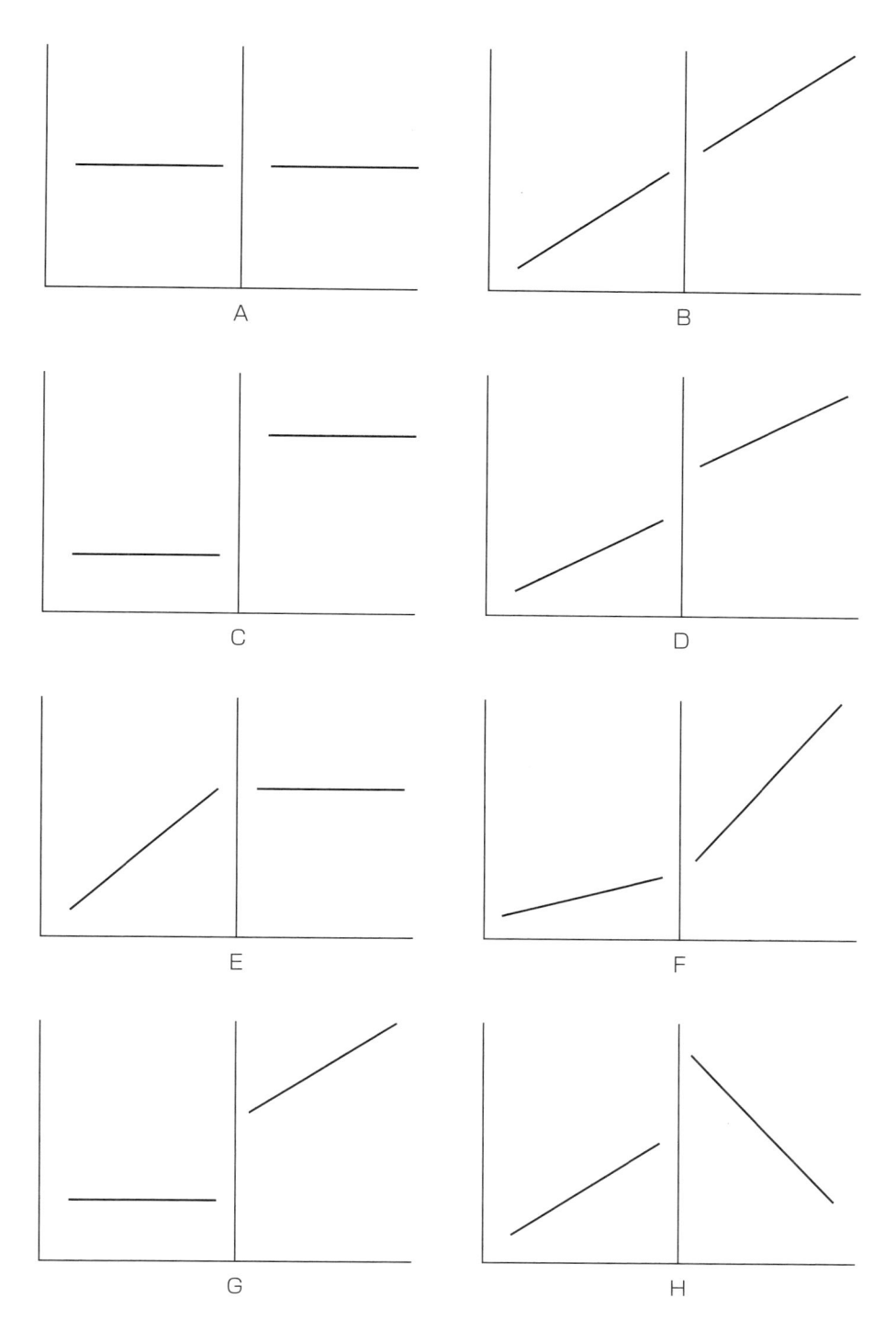

第6章 行動データのグラフを作成し解釈する

図6.24 隣り合った2条件のレベルとトレンドの変化または無変化のさまざまな組み合わせを表す定型化されたデータ経路。グラフA、Bは2条件の間でレベルかトレンドに変化がないことを示す。グラフC、Dはレベルの変化とトレンドの無変化を表す。グラフE、Fは即時的なレベルの変化とトレンドの変化がないことを示す。グラフG、Hはレベルとトレンドの両方が変化していることを示す

From "Time-Series Analysis in Operant Research" by R. R. Jones, R. S.Vaught, and M. R. Weinrott, 1977, *Journal of Applied Behavior Analysis, 10,* p. 157. Copyright 1977 by the Society for the Experimental Analysis of Behavior, Inc. Adapted by permission.

まとめ

1. 応用行動分析学は、行動の直接的・反復的測定によって、行動の変化を立証し数量化する。それらの測定の所産はデータと呼ばれる。

2. グラフは、一連の測定と関連変数の間の関係を視覚的にデスプレイする比較的簡単な形式である。

行動データのグラフィック・デスプレイの目的と利益

3. 行動の個々の測度を収集された通りにグラフ化すると、実践家や研究者に、参加者の行動の即時的で時々刻々の視覚的記録をもたらす。それは参加者の遂行に対する敏感な、処遇上、実験上の意思決定を可能にする。

4. 分析可能な形式によってデータと直接、継続的に接触することは、実践家や研究者が行動における興味ある変数を、それが起こる時点で同定し、研究することを可能にする。

5. グラフィック・デスプレイは、実験結果を解釈するための判断の補助として迅速な、比較的学習しやすい方法である。それは行動の変化を評価するために、恣意的な有意性のレベルを一切押し付けない。

6. グラフ化されたデータの視覚分析は、行動変化の重要性を判断する控えめな方法である。有意義な影響を繰り返す変数のみが重要であると考えられ、弱い、テストできない変数はふるい落とされる。

7. グラフはほかの人々が示す行動変化の意味と重要性を、独立して判断することを可能にし、そうすることを奨励する。

8. グラフは、その行動が描かれている当該の人々に、フィードバックを与えるための、有効な情報源として役立つ。

応用行動分析学で使われるグラフの種類

9. 折れ線グラフは、行動データのグラフィック・デスプレイのために、最も広く使われる形式である。それはデカルト平面、すなわち2本の垂直線の交差によってつくられる2次元領域をベースにしている。

10. 簡単な折れ線グラフの主要パーツは、水平軸（x軸とも呼ばれる）、垂直軸（y軸とも呼ばれる）、条件変更線、条件ラベル、データポイント、データ経路、図のキャプションである。

11. 同じ軸のセット上に複数のデータ経路をもつグラフは、応用行動分析学においては、次のことを示すために利用される。(a) 同じ行動の2つ以上の次元、(b) 2つ以上の異なる行動、(c) 異なる、交代する実験条件のもとでの同一の行動、(d) 独立変数の変動する値と関連する標的行動の変化、(e) 2人以上の参加者の行動。

12. 2本目の垂直軸、それは水平軸の右側に描かれるが、それは複数のデータ経路に対する異なるスケールを示すために使われることがある。

13. 棒グラフは、主な2つの目的のために利用される。(a) 水平軸を尺度化するために利用できる基本的な次元によっては関連づけられない、不連続データを表示するため、(b) 参加者か参加者集団が異なる実験条件の間に示すパフォーマンスを要約し、簡単に比較することを可能にするため。

14. 累積記録上の個々のデータポイントは、測定が開始されて以来の、被験体によって自発された全反応数を表す。累積記録上のデータ経路の勾配が急峻であればあるほど反応率は高くなる。

15. 全般的反応率とは、所定の期間における反応の平均率を意味する。局所反応率とは全般的反応率が示されるより大きな期間の中に含まれる、より小さな時間帯で起こる反応率を意味する。

16. 累積記録は、次の場合のデータを表示するために、とくに効果的である。(a) 時間経過の中でなされた反応の総数が重要である場合、(b) グラフが被験者に対するフィードバックの情報源として利用されるとき、(c) 標的行動が測定期間当たり1回だけ起こる可能性があるとき、(d) 実験から得られたデータの単独の生起例か、その部分の精細な分析が望ましいとき。

17. 半対数チャートは、対数スケール化されたy軸を利用する。等しい変化率（例えば、反応測度の倍増）の行動における変化が、垂直軸上で等しい距離で示されるようにする。

18. 標準セラレーション・チャートは、6サイクルの乗除グラフである。セラレーションと、時間とともに起こる頻度の変化の尺度単位と、それによって単位時間当たりの頻度を乗除する因数の標準チャーティングを可能にする。

19. 散布図は、x軸とy軸によって描かれる変数に関するデータセットにおける個々の測度の相対的分散を示す。

折れ線グラフをつくる

20. 垂直軸は水平軸の3分の2の長さに描く。

21. 水平軸は等しい間隔で区分する。それぞれ左から右へ、行動がその中で測定される等しい時間帯のクロノロジカルな連続を表す。

22. 時間の切れ目は、目盛の断線によって、水平軸上に示す。

23. 垂直軸は、測定される行動の次元と、収集された測度値の範囲（レンジ）と、標的行動におけるさまざまな変化レベルの社会的重要性に関連づけて尺度化される。

24. 条件変更線は、処遇プログラムまたは独立変数の操作の変化を表す。垂直軸と同じ高さで描かれる。

25. 短い記述的ラベルは、実験や行動改善プログラムの個々の条件を示す。

26. データポイントは、肉太の塗りつぶした点を使って正確に書き入れる。複数のデータ経路を使う場合は、それぞれのデータセットを区別するため、異なる幾何学シンボルを使う。

27. データ経路は、逐次的データポイントを直線で結んでつくる。

28. 逐次的データポイントは、次の場合は結合しない。(a) それらが条件変更線のどちらかのサイドに来る、(b) それらがかなり長い時間に広がり、その間行動が測定されない、(c) 水平軸上の時間の非連続の間に広がる、(d) 規則的にスケジュール化された測定期間のどちらかのサイドに入り、そこではデータが収集されないか紛失し、破壊され、または何らかの形で利用できなくなる、(e) フォローアップかポストチェックに入り、時間間隔が研究の他の期間のように規則的ではない、(f) ペアの一方のメンバーが、垂直軸によって記述された値の範囲（レンジ）の外側に来る。

29. 図のキャプションは、グラフの簡潔であるが完全な説明を与え、そのデスプレイを解釈するために必要なすべての情報を提供する。

30. グラフは黒インク1色でプリントしなければならない。

グラフィック・デスプレイされた行動データを解釈する

31. グラフ化されたデータの視覚分析は、2つの問いに答えようとする。(a) 行動に社会的に有意義な変化が起こったか？ (b) もし起こったとすれば、その行動変化は独立変数の変化のせいにできるか？

32. グラフに表示されたデータの評価を始める前に、グラフの構成について慎重に検討することが必要である。グラフの構成の特徴が原因で歪みが疑われる場合は、新しい座標軸にデータを描き直して、それから解釈を試みるようにする。

33. 塊状に一括されたデータと、被験者集団の平均遂行を表すデータは、デスプレイ上では重要な変動性が失われることを理解した上で考察する必要がある。

34. 所定の条件内のデータの視覚分析では、データポイントの数、遂行の変動性、遂行のレベル、データの方向性とトレンドの程度に焦点を絞る。

35. 一般的ルールとして、ある条件におけるデータが多ければ多いほど、そしてそれらのデータの安定性が大きければ大きいほど、その時間における行動のデータ経路の概算値の信憑性もより大となる。ある条件の間の行動測度の変動性が大きければ大きいほど、追加データの必要性がより高くなる。

36. 変動性とは、多数の行動の測度が異なるアウトカムを生み出す頻度と程度のことである。一定の条件内での著しい変動性は、行動に影響する要因に対するコントロールがほとんど実現できていないことを意味する。

37. レベルとは、一連のデータポイントがそこに収斂する垂直軸上の値を意味する。一定の条件におけるデータがすべて、特定のレベルかその近傍に収まるときは、行動はレベルの点で安定しているとみなされる。1つ1つの行動測度がかなり変動する場合は、その度合いに応じて、そのデータはレベルに関して変動性があると見なされる。極端な変動性が見られる場合は、遂行が特定レベルで生じているとは言えない。

38. ある条件における全体的平均または典型的パフォーマンスを表すために、平均レベルラインまたはメジアン・レベルラインが、グラフィック・デスプレイに追加されることがある。平均レベルラインまたはメジアン・レベルラインを用い、解釈する場合は、慎重に行わなければならない。それらはデータにおける重要な変動性とトレンドをあいまいにする可能性があ

るからである。

39. トレンドは、データ経路によって示される全体的方向性を意味する。トレンドはその方向性（増加トレンド、減少トレンド、ゼロトレンド）、程度（穏やか、急峻）、トレンドの周囲のデータポイントの変動性の程度という観点から図示される。

40. トレンドの方向と程度は、一連のデータポイントを通じて、トレンドライン、または推移線を描くことによって視覚的に図示することができる。トレンドラインは、フリーハンドか、最小２乗回帰方程式を使うか、中心分割推移線法を使って描くことができる。中心分割推移線法は、すばやく確実に描くことができる。そしてこの方法は行動変化の分析に有効であることが証明されている。

41. 条件間のデータの視覚分析によって、レベル、変動性、およびまたはトレンドに変化があったか、どんな変化がどの程度重要だったかを判断する。

第7章
行動の変化を分析する：基本仮定と戦略

キーワード

A-Bデザイン、後件肯定の論理、上昇ベースライン、ベースライン、ベースライン論理、交絡変数、従属変数、下降ベースライン、実験的制御、実験デザイン、実験の問い、外的妥当性、剰余変数、独立変数、内的妥当性、パラメータ分析、練習効果、予測、再現、単一被験者デザイン、安定したベースライン、定常状態反応、定常状態戦略、変動ベースライン、立証

行動分析士資格認定協会®BCBA® & BCaBA®
第4版課題リスト©

	I 基本的な行動分析学のスキル
B-03	独立変数が従属変数に及ぼす影響を実証するため、独立変数を組織的に設計する。
B-04	実験変数除去/リバーサル・デザインを使う。
B-10	成分分析を行い、介入パッケージの有効成分を判定する。
B-11	パラメトリック分析を行い、独立変数の有効なパラメトリック値を判定する。
	II クライエントを中心に据えた専門家としての責任
H-04	レベル、トレンド、変動性の変化を評価する。
H-05	観察された変数間の時間的関係（セッション内と間、時系列）を評価する。
I-01	観察でき測定できる用語で行動を定義する
I-05	観察されたデータを整理し、分析し、解釈する。
J-09	処遇の有効性を実証するため、実験デザインを使うときは、実際的、倫理的問題を同定して対処する。
J-15	
K-07	意思決定はさまざまな書式で表示されたデータに基づいて行う。 行動プログラムの有効性を評価する。
	III 基礎知識
FK-33	関数関係

©2012 行動分析士資格認定協会®（BACB®）。不許複製。この文書の最新版は、www.bacb.comから入手できる。この文書の転載、複写、配布の請求と、この文書についての質問は、BACBに直接問い合わせられたい。

行動を測定すれば、行動は変化したか、変化したとすれば、いつ、どのように、どれほど変化したかを、明らかにすることができる。しかし測定だけでは、なぜ行動が変化したか、より正確にいえば、行動がどんな理由で変化したかを説明する（ハウという問いに答える）ことはできない。行動改善のテクノロジーを有効にするためには、望ましい行動変化を生み出すように環境変数を整える具体的計画（specific arrangements）について理解する必要がある。これを理解していなければ、行動改善への努力は、１回限りの単発の出来事とみなされてしまう恐れがある。すなわち、何でも入っている秘策袋の中から無作為に取り出された、ある場面からほかの場面への一般化がほとんどまたはまったく期待できない、単独の手続きに終わる可能性がある。
　社会的に重要な行動とその制御変数の間の信頼できる関数関係を探求し実証することは、応用行動分析学を応用行動分析学たらしめる重要な特徴である。応用行動分析学の大きな強みは、論証（proof）の方法として、実験という方法（experimentation）を強調する点にある。それは時々刻々自己修正しながら有効性（effectiveness）を探索することを可能にし、またそうすることを要求する。

　　　私たちの行動改善のテクノロジーは、行動測定と実験デザインのテクノロジーでもある。それはパッケージとして発達した。それがパッケージとしてとどまる限り、自ら評価することを忘らない企て（self-evaluating enterprise）である。その成功は、大きさがわかる成功である。その失敗はほぼ即座にわかる失敗である。その結果が何であれ、それらは偶然の成り行きや一致ではなく、原因を既知の入力と手続きに帰属できる出来事である。（D. M. Baer, personal communication, October 21, 1982）

　一定の行動が環境上の具体的変化とどう関連して機能するかを判断するためには、実験的分析を完遂しなければならない。本章では、応用行動分析学における分析の基礎となる基本的概念と戦略を紹介する[1]。本章ではまず科学の一般的概念を簡単に展望する。次いで実験的方法を決定し、主題に最も貢献する行動の特徴についての２つの定義的特徴と２つの仮定について考察する。さらに応用行動分析学のすべての実験に必要な成分を説明する。最後に結論として応用行動分析家によって使われる実験方法の道しるべとなる基本的論理を説明する。

I　行動の分析の土台となる概念と仮定

　第１章で論じたように、科学者は一連の共通する態度ないし考え方（perspectives）を共有する。研究する現象の本質についての仮定（決定論）と、興味ある現象に関して収集すべき情報の

注１：行動の分析は、実験方法の文献において特に顕著な２冊の著作から大きな利益を得ている。すなわちシドマン（Sidman, 1960/1988）の『科学的研究の戦術』（*Tactics of Scientific Research*）と、ジョンストンとペニーパッカー（Johnston & Pennypacker, 1980, 1993a）の『人間行動研究の戦略と戦術』（*Strategies and Tactics of Human Behavior Research*）である。両書は行動分析学のまじめな学生や実践家にとって必須の推薦図書であり、実用的な参考書である。本章を執筆するにあたって、両書が重要な役割を果たしたことをここに記す。

種類（経験主義）と、自然の仕組みについての疑問を最も効果的に調べる方法（実験主義）と、実験の結果を判断する仕方（倹約主義と哲学的懐疑）である。これらの態度は、行動の科学的研究も含めて、すべての科学の分野に適用される。「科学の基本的特徴は、いかなる特定の主題にも限定されないことである」。（Skinner, 1953, p. 11）

　すべての科学の目標は、研究する現象（応用行動分析学の場合は、社会的に重要な行動）を理解し尽くすことである。科学によって記述（description）と、予測（prediction）と、制御（control）という3つのレベルにおいて、さまざまな程度の理解が可能になる。第1のレベルは記述であるが、科学者は組織的観察を行うことによって自然現象の正確な記述が可能になり、それらの理解が促進される。この種の記述的知識は、観察された出来事についての事実の集積をもたらす。これらは数量化し分類することのできる事実であり、すべての科学の領域において必要な重要成分である。

　第2のレベルの科学的理解は、観察を繰り返すことによって、2つの出来事が一貫して共変化することを発見したときに生じる。すなわち、ある出来事（例えば「結婚」）の生起は、もう1つの出来事（例えば「より長い平均余命」）の生起と、一定レベルの信頼できる確率をもって関連する。2つの出来事の間の組織的共変化は相関（correlation）という用語で表され、1つの出来事がほかの出来事の存在に基づいて起こる確率を予測するために使われる。

　首尾よく予測できる能力は、科学が生み出す有用な結果である。すなわち、予測は準備を可能にする。しかし、科学の最大の潜在的利益は、第3のレベルそして最高レベルの科学的理解から導き出される。それは実験的制御の確立によってもたらされる。「実験の方法とは、出来事のパターンの内部において関連する変数を単離する方法である。観察された相関だけに頼り、実験的介入を行わない方法は、本質的に明晰さを欠く方法である」。（Dinsmoor, 2003, p. 152）

1．実験的制御：行動分析学への道とその目標

　行動とは生命個体（有機体）とその環境の相互作用である。行動を最適に分析するためには、環境に加えた変化の結果として起こる行動の変化を測定すればよい。この陳述は行動研究における一般的戦略と目標を具体的に表現する。すなわち、標的行動における測定された変化は、環境における実験的に操作された変化のせいで起こることを立証することである。

　実験的制御（experimental control）は、どんな場合に達成されるか。それは人の環境（独立変数）の何らかの側面を組織的に操作して、行動（従属変数）に予測可能な変化を確実につくり出せるときである。環境操作が行動に与える影響を実験的に確定し、その影響を確実につくり出せることを実証することが、応用行動分析学における分析（analysis）である。行動の分析が実現できたといえるのは、行動と環境の特定の側面の間の信頼できる関数関係が、説得力をもって実証されたときである。行動分析家が関数関係を知ることができれば、行動を確実に有意義に変化させることができる。

　行動の分析は「行動の生起または非生起の原因になりうる出来事の信頼できる証明を要求する。実験者が行動を制御することができるとき、行動の分析を達成したのである」（Baer, Wolf,

& Risley, 1968, p. 94)[2]。ベアらが示した分析の本来の定義では、重要なポイントが強調される。行動分析学が追求し尊重することは、行動は環境変数の関数である（それによって決定される）といえるような一定の環境変数を実験的に単離することであるということは、行動の原因を極端に単純化してとらえることに対する支持としてしばしば誤解されてきた。行動は一定の変数の関数として変動するという事実は、ほかのさまざまな変数の関数として変動するということを排除しない。それゆえベアらは、実験的分析とは、ある変数が、観測された行動変化の原因になりうることを説得的に説明することであるとした。たとえ行動の完全な分析（すなわち理解）は、多くの原因のすべてが説明されるまでは実現されないにしても、応用（すなわちテクノロジーとして有効な）分析は、研究者が社会的に重要な行動の改善を信頼性をもって生み出す1つの環境変数（または処遇パッケージとして同時に機能する変数群）を単離したときに達成される。行動の応用分析（*applied* analysis of behavior）はまた、標的行動が実際的に倫理的に操作できる1つの環境事象の関数であることも要求する。

　行動は独立変数の関数であり、制御されない未知の変数の結果ではないことを説得的に示す実験は、高水準の**内的妥当性**（internal validity）をもつと言われる。内的妥当性をもたない研究は、実験で検討された変数間の関数関係についての有意義な陳述を引き出すことができない。またその知見のほかの人々や場面や、およびまたは行動に対する一般性（般化）に関するどんな陳述の基礎としても用いることができない[3]。

　最初に実験を計画するとき、そして後に進行中の研究の実際のデータを検討するとき、研究者は内的妥当性に対する脅威につねに目を光らせていなければならない。独立変数に影響を与える制御されない変数は、既知のものであれ、推測されたものであれ、**交絡変数**（confounding variable）と呼ばれる。例えば、ある研究者が、高校で生物を学ぶ生徒の学習に、ガイド付き講義ノートが及ぼす影響を、翌日の小テストの点数を測定することによって分析したいとする。研究者が考慮すべき1つの潜在的な交絡変数は、具体的なカリキュラム内容に対する個々の生徒の変動する興味のレベルと背景知識である（例えば、海洋生物の講義の翌日の小テストにおけるある生徒の高得点は、この生徒の事前の海釣りについての知識のせいであって、講義中に配付されたガイド付きノートのせいではないかもしれない）。

　実験の内的妥当性を評価する場合の主要因は、実験が興味ある研究課題をなお研究しながら、交絡変数の影響をどこまで除去または制御するかの程度のことである。実験における制御されない変動性のすべての源泉を排除することは不可能である。もっとも、研究者はつねにその理想を追求する。現実には、実験デザインの目標は、制御されない変数をできるだけ多く排除しながら、その効果を突き止めるために意図的に操作する実験変数以外のすべての変数の影響を一定に保つことである。

注2：主張された関数関係が信じられるもの、または納得できるものであると最終的に判断するのは研究者の聴衆である。研究の知見の信憑性については、第10章でさらに検討する。

注3：外的妥当性（external validity）とは、一般に、研究結果をほかの被験者や場面およびまたは行動に一般化（般化）できる程度を表す。実験的に証明された関数関係の外的妥当性を査定し拡大する戦略は第10章で考察する。

2．行動：行動の分析を導く定義的特徴と仮定

　　　行動は難しい主題である。接近できないからではなく、非常に複雑だからである。行動は過程であって、物ではないため、観察のため簡単に静止させておくことができない。行動は変化し、流動的であり、みるみる消えて行く。この理由から、科学者の創意工夫の能力とエネルギーに、多大な技術的要求が課される。

　　　　　　　　　　　　　　　　　　　　　　　　　－B. F. スキナー（Skinner, 1953, p. 15）

　科学は主題をどのように定義するか。その定義の仕方が主題を理解するための、最も有効な実験戦略に大きな影響を与え、一定の制約を課す。「行動の科学的研究をできるだけ有効にするためには、科学の方法の側がその主題の特徴に合わせる必要がある」（Johnston & Pennypacker, 1993a, p. 117）。行動分析学の実験的方法は、行動の２つの定義的特徴、すなわち（a）行動は個別的現象であるという事実と、（b）行動は継続的な現象であるという事実によって導かれ、また、行動の特徴についての２つの仮定、すなわち（a）行動は決定されるという前提と、（b）行動の変動性は、生命個体にとって外因性のものであるという前提とによって導かれる。

（1）行動は個別的現象

　行動とは人が環境と行う相互作用であると定義されるならば、行動を支配する一般原則ないし法則性の発見を目指す行動の科学は、個々人の行動を研究しなければならない。人々の集団は行動しない。個々の人々が行動する。したがって行動分析学の実験的戦略は、被験者内（または単一被験者）分析法（within-subject or single-subject methods of analysis）をベースにする。

　個々人の集団の平均パフォーマンスは、興味深く有用な情報であることが多い。そしてその集団に含めるべき個人を選ぶ方法次第では、その集団によって代表されたより大きな母集団の平均パフォーマンスについての確率的陳述を可能にする。しかし「グループデータ」は、どんな個人の行動についても、どんな個人が将来どう振る舞うかについても、何ら情報を提供しない。例えば、為政者も納税者も、学年ごとの子どもの読解力向上の平均値に関心を抱くのは当然であるが、その種の情報は所定の子どもの理解スキルをどう向上させるかを決定しなければならない担任教師にはほとんど役に立たない。

　にもかかわらず、行動と環境の関係が多くの個々人にどう作用するかを学ぶことは不可欠である。行動の科学が行動改善の有用なテクノロジーに貢献するのは、個々人の違いを超えた一般性を備えた関数関係を発見できる度合いにかかっている。問題はその一般性をいかにして実現するかである。行動分析家は、一般性を備えた行動原理の発見は、すでに実証されている関数関係を更なる被験者を対象に再現することによって最もよく達成されるということを見出した。

（2）行動は動的で継続的な現象

　行動は空洞な環境においては起こりえない（それはどこかある場所で起こる）。まったく同様に、行動は特定の時点において起こる。行動は静的出来事ではない。一定時間に起こり、時間とともに変化する。したがって、単独の測定や、時間上にまばらに分散された複数の測度ですら、行動の適切な記述を示すことはできない。長い時間をかけて継続的に測定することによってはじめて、環境が行動に影響を与える文脈において起こる行動の完全な記録を提出することができる。真の継続的測定は、応用場面ではめったに実行できない。したがって行動の組織的な反復測定（第4、5章で説明したように）が応用行動分析学の品質証明になる。

（3）行動は決定される

　第1章で論じたように、すべての科学者は、宇宙は法則性をもった秩序ある場所であり、自然現象はほかの自然事象と関連して起こるものと考える。

> あらゆる科学的研究の評価基準は秩序である。実験行動分析学の場合は、環境変数と被験者の行動の間の関係に見られる秩序は、実験者がそれをよりどころにして前進する作業仮説でもあり、そうすることを可能にさせる観察事実でもあり、実験上の意思決定の焦点を継続的に合わせていく目標でもある。すなわち、実験者は被験者の行動が（原因は何もないと考えるのではなく）、環境の変数の結果であるという仮定から出発する。(Johnston & Pennypacker, 1993a, p. 238)

　言い換えれば、すべての出来事の生起は、それがもつほかの出来事との間の関数関係によって決定される。行動分析家は行動を、あらゆる自然現象と同様に、決定される自然現象とみなす。決定論はつねに仮説にとどまらなければならない（真実としては証明しえない）が、しかしそれは強い経験的支持（empirical support）をもつ仮説である。

> あらゆる科学分野で収集されたデータは、決定論（determinism）が自然全体を通じて有効であることを示唆する。明らかになったのは、決定論の法則（law of determinism）、すなわち物事はすべて決定されるということが、行動の領域でも生きているということである……。私たちは、現実の行動を見ていると、状況1で行動が引き起こされ、状況2で行動が引き起こされ、状況3で行動が引き起こされ……、状況1001で行動が引き起こされることを見出した。実験者が何らかの行動か、または行動における何らかの変化を生み出す独立変数を導入するたびに、われわれは、行動は引き起こされる、すなわち決定論的であるという更なる経験的証拠をもつようになる。
> (Malott, General, & Snapper, pp. 170, 175)

（4）行動の変動性は生命個体にとって外因性のもの

　ある実験の任意の段階において、すべての条件を一定に保って、行動を反復測定すると、データに大きな「バウンド」が生じる（すなわち、被験者は一貫性をもって反応しない）とき、行動は変動性（variability）を示したと言う。
　心理学をはじめそのほかの社会科学や行動科学（例えば、教育学、社会学、政治学）で最も一般的に用いられる実験的アプローチでは、このような変動性について2つの仮定を設定する。(a) 行動の変動性は生命個体に内在する特徴である、(b) 行動の変動性はどんな母集団においても個々人の間にランダムに分布する。この2つの仮定は決定的に重要な方法論的意義をもつ。(a) 変動性を実験的に制御したり詳しく調べたりしようとすることは、時間の無駄である（それはただ存在する、それは所与である）。(b) 大きな集団の中の個々の被験者のパフォーマンスを平均することによって、変動性のランダムな特徴は統計的に制御され、または相殺される。変動性をめぐるこれらの仮定は、両方とも誤りである可能性がある（経験的証拠は逆を示す）。彼らが推奨する方法は、行動の科学にとっては弊害をもたらす。「変数は統計的には相殺されない。ただそれらを隠して影響を見えないようにするだけである」(Sidman, 1960/1988, p. 162) [4]。
　行動分析家は、自分のデータの変動性に対してまったく別のアプローチをとる。そのデザインの根底にあって、行動分析学の実験を導く基本的仮説は、行動の変動性は生命個体に内在する特徴ではなく、環境の影響がもたらす結果であるという考え方である。その環境の影響とは、すなわち研究者がそれによって変化を生み出そうとする独立変数と、実験自体のコントロールされていない側面と、およびまたは実験の外部にあってコントロールされていない、または未知の側面とである。
　外在的変動性の仮説は、次のような方法論上の意義をもたらす。すなわち、変動性を隠そうとして（そしてそれを理解し制御する機会を失う結果として）、多くの被験者のパフォーマンスの平均値を取る代わりに、行動分析家は変動性の原因として疑われる要因を実験的に操作する。原因要因の探求は、行動の理解に貢献する。なぜなら変動性の原因を実験的に操作することは実験的制御を意味し、ひいてはもう1つの関数関係を意味するからである。事実「これらの答えを見つけ出すことは、本来の実験の問いに答える以上に結果としてさらに報われることになる」(Johnston & Pennypacker, 1980, p. 226)。
　純粋に科学的観点からすれば、変動性の源を実験的に追跡してとらえることは、つねに推奨されるアプローチである。しかし応用行動分析家は、解決すべき問題を抱えて、しばしば変動性をあるがままにとらえなければならない（Sidman, 1960/1980）。応用研究者は、疑われたそれらしい変動性の源すら実験的に操作する時間にも資源にも恵まれないことがある（例えば、1日のごく限られた時間しか1人の子どもと関われない教師は、教室の外側にある多くの変数を制御することは無理である）。ほとんどの場面において応用行動分析家は、野放しの変数によってもたら

注4：研究者によっては、無作為に分布した変動性を相殺するのではなく、より外的妥当性があると信じる結果を生み出すために、群間比較デザインを使う。群間比較法と被験者内実験法の比較は、第10章で行う。

される変動性を克服し、標的行動に望ましい影響を生み出すうえで十分強力な処遇変数を探し求める（Baer, 1977b）。

II 応用行動分析学における実験の成分

> 自然は、これに従うことなしには征服されない……。しかし、裏を返せば、ひとたびそれに従えば、自然は征服されうる。
>
> －B. F. スキナー（Skinner, 1956, p. 232）

　実験は科学者が自然の法則を発見する方法である。妥当性と信頼性が証明された発見は、行動改善の有効なテクノロジーに貢献することができる。応用行動分析学におけるすべての実験には、次のような不可欠の成分が含まれる：

- 最低1人の参加者（被験者）

- 最低1つの行動（従属変数）

- 最低1つの場面

- その行動を測定し、データを時々刻々視覚的に分析するシステム

- 最低1つの処遇または介入の条件（独立変数）

- 独立変数が従属変数に及ぼす影響がもしあれば、それを突き止められるような独立変数の操作（実験デザイン）

　いかなる実験であれ、それを行う理由は、自然から何かを学ぶことである。それゆえよく計画された実験は自然に対する具体的問いから出発する。

1．実験の問い

> 私たちは自分が知らないものを発見するために実験を行う。
>
> －マレー・シドマン（Sidman, 1960/1988, p. 214）

　応用行動分析家にとって、シドマンの言う「自分が知らないもの」とは、社会的に重要な行動の有意義な改善と1つか2つ以上の制御変数との間の関数関係の存在およびまたは具体的特徴についての問いという形で投げかけられる。**実験の問い**（an experimental question）とは、「研究者

が実験することによってそこから学びたい事柄についての短いが具体的な陳述」（Johnston & Pennypacker, 1993, p. 366）である。応用行動分析学の研究の公刊された報告では、実験の（または研究の）問いは、はっきりとした問いの形で、例えば次のように述べられる。

- 単語10語の1つ1つを試して自己修正する方法と、単語10語のリストを試して自己修正する方法のどちらが、学習障害の小学生の、（a）週末テストで測定された新しい場合の単語綴りの獲得と、（b）1週間維持テストで測定された場合の練習した単語綴りの維持に、よりよい影響を及ぼすか？（Morton, Heward, & Alber, 1998）

- 特別支援学級の学習障害の中学生に教師の注目をリクルートする方法を訓練することが、（a）通常学級で自発するリクルート反応の数と、（b）通常学級における生徒の学業的生産性と正確性に、どのような影響を及ぼすか？（Alber, Heward, & Hippler, 1999, p. 255）

しかし、それよりも多いのは、実験によって検討された研究上の問いは、研究目的の陳述のなかに暗に示される。例えば：

- 本研究の目的は、食物拒否に及ぼすスプーンの非撤去と身体的ガイダンスの相対的有効性を比較し、それぞれの手続きがもたらす付随的行動を査定することだった。（Ahearn, Kerwin, Eicher, Shantz, & Swearingin, 1996, p. 322）

- 本研究は、トゥーレット症候群の子どもの言語チック治療において、習慣反転法（habit reversal）が有効かどうかを検討するために行われた。（Woods, Twohig, Flessner, & Roloff, 2003, p. 283）

- 本研究の目的は、有形強化刺激条件時に観察される自傷行動が、セラピストの注目の同時提示によって悪化するかどうかを検討することだった。（Moore, Mueller, Dubard, Roberts, & Sterling-Turner, 2002, p. 283）

- 本研究の目的は、自然に起こる食事が、大好きな食べ物を強化として用いる食事後のセッションのパフォーマンスに不利に作用するかどうかを検討することだった。（Zhou, Iwata, & Shore, 2002, pp. 411-412）

実験の問いが、疑問の形ではっきり述べられようと、目的の陳述において間接的に示されようと、実験デザインのすべての側面と実験の遂行は、その問いに従って行われる。

　　　よいデザインとは、その疑問に説得力をもって答えるデザインである。そのため、その組み立ては、教科書を模倣するのではなく、その疑問に対して構成され、ついでその文脈における議論

を通じてテストされる必要がある（「とことんまで考えぬく」といわれることもある）。(Baer, Wolf, & Risley, 1987, p. 319)

2．参加者（被験者）

　応用行動分析学における実験は、ほとんどの場合、**単一被験者**（または**単一事例**）**デザイン**（single-subject or single-case design）と呼ばれる。これは行動分析研究が、必ずただ1人の試験者に対して行われなければならない（一部の研究は確かにそうである）からという理由からではなく、行動変化を分析する実験論理または推論が、しばしばその被験者を自らの対照群として用いるからである[5]。言い換えれば、それぞれの被験者の行動の反復して収集される測度は、その研究のそれぞれの条件（例えば、独立変数の存在と不在）にさらされているときに収集される。被験者は、実験の過程でしばしばそれぞれの条件に何度もさらされる。実験のそれぞれの段階における被験者の行動の測度は、その後の条件において実験変数が提示され撤去されるときの実験変数の影響を比較するための基礎を提供する。

　大部分の応用行動分析学研究には、2人以上の被験者（4人から8人が普通）が含まれるが、それぞれの被験者のデータは別々にグラフ化され分析される[6]。それぞれの被験者が自らの対照群となる実験を表すため一部の著者は、単一被験者デザインを使う代わりに、**被験者内デザイン**（within-subject design）、ないし**被験者内部デザイン**（intra-subject design）という、より適切な記述語を使う。

　ときに行動分析家は、例えば、小学5年生のあるクラスのメンバーによって提出された宿題の数のような、被験者のグループ内での処遇変数のトータルな影響を査定することに関心をもつことがある。この場合、完成された宿題のトータルな数が、「単一被験者」デザイン内での従属変数として、測定され、グラフ化され、分析される。しかし、個々の子どものデータが個別にグラフ化され解釈されない限り、個々の子どもの行動は分析されることはなく、そしてグループとし

注5：行動分析学の文献においては、その行動が実験における従属変数になる人物を、より伝統的用語である被験者と呼ぶかわりに、参加者と呼ぶことが普及してきている。このテキストでは両方の用語を使う。読者はこの問題についてのシドマンの見解（Sidman, 2002）をぜひ検討していただきたい。「私たちはもはや私たちの被験者を"被験者"と呼ぶことは許されなくなっている。この用語は意図的に人間性を奪うものと考えられ、したがって私たちは彼らを"参加者"と呼ばなければならなくなっている。私は、これは完全に誤っていると考えている。実験者もまたその実験の参加者である。実験者を非参加者にすることによって、科学と科学者についての私たちの知覚に何が起こるか？　実験者は単なるロボットであり、処方された、やぶることの許されない科学的ルールに従う存在なのか？　実験者はただ変数を操作し、操作の結果を冷たく記録しなければならないのか？　実験者を参加者の行動の非参加型操作者、記録者として切り離すことは、単に実験者ばかりでなく、彼らとともに、科学の過程全体をまさに非人間化することである」。(p. 9)

注6：リンドファスら（Rindfuss, Al-Attrash, Morrison, & Heward, 1998）による実験は、**単一被験者研究**という用語がどの程度ならば誤った名称になりうるかを示す好例を提供する。被験者内リバーサルデザインを使い、中学2年生のアメリカ史の5つのクラスの授業において、85人の生徒の小テストと試験の点数に及ぼす反応カードの影響が評価された。この研究には生徒の大きな集団が参加したが、それは実際には85の個別実験によって構成されていた。あるいは1つの実験と84のレプリケーションだった！

てのデータは個別被験者の誰をも代表しないということを忘れてはならない。

　1人の参加者、または少数の参加者を使用して、それぞれの参加者を完全な実験とみなす考え方は、心理学やそのほかの社会科学で伝統的に使われてきた多数の被験者を用いる群間比較デザインとは、際立って対照的である[7]。群間比較デザインの支持者は、多数の被験者を用いることが、先に論じた変動性を制御し、いかなる知見であれ、被験者がそこから選ばれた母集団に対する一般性（または外的妥当性）を増大させると考えている。異なるグループの被験者の平均的パフォーマンスの比較に対する、個別の被験者の行動の被験者内比較に基づく実験的アプローチの長所と短所は、第10章で考察する。当面はこの問題をジョンストンとペニーパッカー（Johnston & Pennypacker, 1993b）の鋭い観察にゆだねることにしよう。

　　　被験者内デザインの手続きは、うまく実行されれば、被験者間の変動性に汚染されずに、行動の純粋な特徴を保存する。それとは対照的に、群間デザインは最善に実践されても、行動の代表性をさまざまな面で混乱させる。とくに被験者間の変動性を処遇誘導型の変動性と混ぜ合わせることによって。（p. 188）

3．行動：従属変数

　応用行動分析学における標的行動は、より正確にいえば、その行動の測定可能な次元量（例えば、率、持続時間）は、**従属変数**（dependent variable）と呼ばれる。なぜそう呼ばれるのか。標的行動が間違いなく研究者の操作する（1つまたは複数の）独立変数に左右される（その関数である）ことを正確に結論づけるため、実験が設計されるからである（応用行動分析学の応用の要件を満たすように反応クラスを選択し定義する基準と手続きについては、第3章において説明されている）。

　研究によっては2つ以上の行動が測定される。なぜ複数の行動が測定されるのか。その理由の1つは、一定のデータパターンを提供するためである。すなわち、1つの独立変数を複数の標的行動の1つ1つに逐次適用して、それを評価し再現することに対してコントロールの役目を果たすデータパターンを示すためである[8]。複数の従属測度を使う2つめの理由は、独立変数の影響が、それを直接適用した反応クラス以外の行動にまで及ぶのか、及ぶとすればどの程度なのかを査定するためである。この戦略が使われるのは、興味あるほかの諸行動にその独立変数が付随的影響（望ましいものであれ、望ましくないものであれ）を与えたかどうかを判断するためである。これらの諸行動は、2次的従属変数と呼ばれる。実験者はそれらの生起率の定期的測度を収集する。ただし1次的従属変数の測度を記録する頻度と同じ頻度ではない。

　複数の行動を測定するさらにもう1つの理由がある。実験の最中に被験者以外の人の行動にも

注7：単一事例研究の歴史についてはケネディ（Kennedy, 2005）を参照。
注8：これは行動間多層ベースラインデザイン（multiple baseline across behavior design）の際立った特徴である。それは応用行動分析学において広く使われる実験戦術である。多層ベースラインデザインについては第9章で論じる。

変化が起こるか、その変化が今度は被験者の行動に観察される変化を説明するかということを判断するためである。この戦略を実行に移す主たる理由は、疑わしい交絡変数の影響を査定するコントロール戦略として用いることである。すなわち、測定される余分な行動は、行われている分析という意味では真の従属変数とはいえない。例えば、女子中学生による自己記録が教室における勉強行動に及ぼす影響を分析した古典的研究において、ブローデンら（Broden, Hall, & Mitts, 1971）は、実験の間中、担任教師がその中学生に与えた注目の数を観察して記録した。もし教師の注目が中学生の勉強行動の変化と共変化することが見出されていたならば、自己記録と勉強行動の間の関数関係は実証されなかっただろう。その場合は、教師の注目が潜在的交絡変数として同定された可能性がある。そして研究の焦点は、その変数を実験的にコントロールする（すなわち教師の注目を一定に保つ）取り組みを含めるか、またはその影響を組織的に操作し分析することへとシフトされた可能性がある。しかし、この実験では、教師の注目が交絡変数（confounding variable）となる懸念が最も高かった最初の4つの段階において、教師の注目と勉強行動との間の関数関係は、データによって明らかにされなかった。

4．場面

  環境をコントロールしよう。そうすれば行動に潜む秩序が見えてくるだろう。
               ——B. F. スキナー（Skinner, 1967, p. 399）

 関数関係が立証されるのは、行動に観察される変動性が、環境に課された特定の操作に起因するといえるときである。**実験的制御**（experiemntal control）が実現されるのは、行動（従属変数）における予測可能な変化が、被験者の環境の一定の側面（独立変数）の組織的操作によって、信頼性をもって繰り返し生み出されるときである。このような原因帰属を適切なものにするためには、研究者は何よりもまず2組の環境変数を制御しなければならない。第1に、研究者は独立変数を提示し、撤去し、およびまたはその値を変更することによって、独立変数を制御しなければならない。第2に、実験場面のそのほかのすべての側面、つまり**剰余変数**（extraneous variables）を一定に保つことによって、想定外の環境変動を防ぐように制御しなければならない。これらの2つの操作（独立変数の正確な操作と、実験場面のほかのすべての関連側面の恒常性の維持）は、実験的制御の第2の意味を明らかにする。

 実験室での基礎研究では、実験的制御が最大限になるように、実験空間を設計し、実験設備を設置する。例えば、採光、温度、音声はすべて恒常に保つ。プログラムされた装置によって、先行刺激の提示と結果の賦与が計画通りに実行されることを実質的に保証する。しかし応用行動分析家の場合は、社会的に重要な行動が自然に起こる場面、すなわち教室や家庭や職場において研究を行う。応用環境のすべての特徴をコントロールすることは不可能である。その困難さに加えて、被験者が実験場面にいるのは、ふつう毎日のごく一部である。彼らはほかの場面で作用する出来事と随伴性をもち込む。

 応用場面は複雑であり、変転きわまりない特徴をもつ。にもかかわらず、行動分析家は、一見

関係がありそうなすべての環境側面を一定に保つようあらゆる努力を払わなければならない。想定外の変動が生じた場合、それらの影響が消え去るのを待つか、それらを実験デザインに組み込むかするようにする。いずれにしろ、被験者の行動の反復測定は、想定外の環境の変化が問題になるかどうかを査定するバロメーターである。

応用研究はしばしば2つ以上の場面で行われる。研究者は複数の場面で収集する同一行動の同時測度を、各場面で順次その行動に適用される独立変数の影響を分析するためのコントロール（比較対照）として利用する[9]。さらに、第1場面で観察された行動変化が、ほかの場面（群）でも起こる程度を査定する（行動変化の場面間般化を容易にする戦略については第28章を参照）。

5．測定システムと継続的な視覚分析

行動分析学の初心者は、この学問は行動の観察と測定に関連する問題と手続きに終始していると思うことがある。かれらはぐずぐずせずに分析をやりたがる。しかし、どんな実験の結果でも、何が測定されたかということによってのみ提示され、解釈されうる。そして研究で使われた観察と記録の手続きは、何が測定されたかだけでなく、どれだけよく観察されたかをも決定する（すなわち、被験者の実際の行動をどの程度代表するかは、実験データによって提供される概算値である。行動のすべての測定は、いかに頻繁にかつ技術的に正確に行われようと、真の値の概算値である）。決定的に重要なことは、観察と記録の手続きを、実験の1つ1つのセッションにおいて、完全に標準化された方法を使って行うことである。標準化は、標的行動（従属変数）の定義から、観察スケジュールのつくり方から、ローデータを記録用紙からセッションサマリー用紙へ移項する仕方から、データをグラフ化する方法に至るまで、測定システムのあらゆる側面に及ぶ。測定戦術を偶発的に変更すれば、その結果、第5章で詳しく論じたように、無用の変動性や交絡変数の混入した処遇効果をもたらす恐れがある。

前章では、行動研究者がグラフィック・デスプレイを継続的に目視検査して実験データに直接接触し続けると自然に起こる長所の概要を説明した。行動分析家は変動性のレベルとトレンドと程度の変化がデータに現れてくるのを巧みに認識できるようにならなければならない。行動は継続的で動的な現象である。したがって、その制御変数を発見するよう計画された実験では、研究者が研究の進行とともにデータを継続的に検査して、データに反応することができなければならない。行動分析家はこの方法によってのみ、関数関係が最もよく解明され交絡変数の影響が最も少なくなるような時間と方法によって、環境の特徴をいつでも操作できるようになる。

6．介入または処遇：独立変数

行動分析家が探求するのは、行動と環境変数との間の信頼できる関係、行動がその関数である

注9：この分析戦術は場面間多層ベースラインデザイン（multiple-baseline across settings design）として知られている。多層ベースラインデザインは第9章で論じる。

環境変数との間の確実な関係である。被験者の行動に影響を及ぼすか否かを発見するため、実験者によって操作される環境の特定の側面は、**独立変数**（independent variable）と呼ばれる。この実験成分は、介入（intervention）、処遇（treatment）、または実験変数（experimental variable）と呼ばれることもある。なぜ独立変数かといえば、研究者が被験者の行動やそのほかのいかなる事象とも無関係に、その変数を制御または操作できるからである（しかし、すぐ明らかになるように、従属変数に何が起こっているかについてはお構いなしに独立変数を操作することは賢明ではない）。研究を遂行するために実験場面で行わなければならない変更（例えば、行動を測定するための観察者の追加）はすべて、従属変数に及ぼす影響が最小になるように行われるのに対して、「独立変数における変更は、実験者によって反応に与える影響を最大にするように計画される」。（Johnston & Pennypacker, 1980, p. 260）

7．独立変数の操作：実験デザイン

実験デザイン（experimental design）とは、研究において独立変数の存在、不在、または数値の違いがもたらす影響を有意義に比較できるように、条件を特別に設計することを意味する。独立変数は、行動間、場面間、被験者間で、導入することも撤去することもできるし、変数の数値を増減させることも、変数を組み合わせることもできる。その操作は無限に存在する[10]。しかし任意の被験者の任意の場面における行動に関してなしうる独立変数の変更は、たった2つの基本的種類が存在するのみである。

> できることは、新しい条件を導入するか、古い条件を再導入することである……。実験デザインは、行動間と場面間でさまざまな新しい条件と古い条件を時間的に配列することにすぎない。それは研究者と聴衆にとって説得力あるデータを生み出すように配列することである。（Johnston & Pennypacker, 1980, p. 270）

最も単純な場合（分析の観点からいえば単純であるが、実践の観点からすれば必ずしも単純とはいえないが）、研究のそれぞれの期間（time period）または段階（phase）において、独立変数を存在させるか不在にさせるかのいずれかに操作することができる。1つの研究において独立変数がこれらのいずれかの条件にある場合、その実験はノンパラメトリック研究と呼ばれる。一方、**パラメトリック分析**（parametric analysis）では、一定範囲の独立変数の数値の示差的効果（differential effect）を発見しようとする。例えばラーマンら（Lerman, et al., 2002）は、強化子のマグニチュードの違い（すなわち20秒、60秒、または300秒のおもちゃへのアクセスか、同じ秒数の要求回避）が、強化後の反応休止の長さと消去抵抗に及ぼす効果を査定するパラメトリッ

注10：どれほど多くの異なる実験デザインが存在するか？ 実験デザインには、本章で説明する実験成分のすべて（すなわち、被験者、場面、行動など）に関する注意深い選択と考慮が含まれる。また実験の直接的再現はカウントしない。そのため、実験デザインは非常に多く、実験の数だけ存在するといえるだろう。

ク研究を行った。パラメトリック実験がときに使われるのは、関数関係が独立変数の複数の値をベースとする場合、その関係がより多くの一般性をもつかもしれないからである。

　実験者はときにいくつかの処遇選択肢間の効果を比べてみたいと思うことがある。この場合、多くの独立変数が実験成分として含まれることになる。例えば、2つの別個の処遇だけでなく、ことによれば第3の処遇つまり2つの変数の組み合せ変数の効果も評価することになるかもしれない。しかし、多くの独立変数を扱う実験でも、研究者は単純であるが基本的な実験のルール、1度にただ1つの変数のみを変更せよ、に注意を払う必要がある。この方法においてのみ、行動分析家は測定された行動の変化が、特定の独立変数に起因すると結論づけることができる。もしも2つかそれ以上の変数に同時に変更を加えて、その結果、従属変数に変化が起こった場合、変更を加えた変数のどれが行動の変化に関与したかについては、何ごとも語りえない。もしも2つの変数に同時に変更が加えられたとすれば、結果としての行動変化に両方とも等しく貢献した可能性がある。すなわち、その変化に関与したのは、1つの変数だけだったかもしれない。または主に関与したのはその変数だったかもしれない。あるいは一方の変数がマイナスの影響ないし逆効果を与えていたが、他方の独立変数が十分強力だったため、マイナスの影響が相殺されて、正味のプラスの効果がもたらされた可能性もある。これらのどれもが、またその組み合わせが、行動の変化を説明することになる。

　すでに述べたように、応用行動分析家は、しばしば「騒々しい」環境、つまり個人的安全や緊急事情に関係する理由から有効な処遇が要求されるような環境において実験を行う。そういうケースでは、応用行動分析家は、多くの独立変数が関与することを承知しながら、効果の実証されている多くの有効な処遇法を「パッケージ化する」ことがある。すでに述べたように、パッケージ介入は、多くの独立変数が1つのプログラムに組み込まれた、またはバンドルされた介入である（例えば、トークン強化＋賞賛、＋自己記録＋タイムアウト）。しかし、実験分析の観点からすれば、ルールはなお生きている。治療パッケージを操作する場合、実験者は1つ操作するたびに、パッケージが全体として掲示され、撤去されるようにつねに心がけるようにしなければならない。この状況では、評価されるのはパッケージ全体である。パッケージを構成する個々の成分が評価されるわけではない。そのことを承知していることが大切である。もし分析家が、後刻、パッケージの構成成分の相対的貢献度を検討したいと思ったならば、成分分析（component analysis）を行う必要がある。成分分析の実験的戦術は、第8章と第9章において論じる。

　どんな研究課題にも使えるレディーメードの実験デザインというものはない（Baer et al., 1987; Johnston & Pennypacker, 1980, 1993a; Sidman, 1960/1988; Skinner, 1956, 1966）。研究者はテキストに載っている「デザイン」に合わせようとしてはならない。なぜなら、テキストに示されたデザインは、(a) 自分が研究しようとする関数関係の性質に関して、演繹的仮定（事実や経験に基づかない推測）を要求し、(b) 行動の想定外の変化に対して鈍感だからである。その代わり行動分析家は、研究課題に最も適合する実験的戦術を選択し組み合わせるべきである。一方、「即席の、急速に変化するデザインを使って、変数を操作することによって、関連変数を探求する」（Skinner, 1966, p. 21）用意がいつでもできているべきである。

　応用行動分析学の発展と成功と同時に起こり、またその発展と成功をもたらした主たる原因と

なったのは、行動と環境の関係を分析する非常に柔軟な実験戦術の強力な一群が発展し洗練化されたことだった。これらの戦術のなかで最も広く使われるものについては、第8章と第9章で詳しく説明することにする。とはいえ、これらの戦術を最も効果的に選択し、修正し、組み合わせるためには、行動分析家は、まず第1に、単一被験者内の比較を行うための根拠を与える実験的推論、ないし論理を完全に理解しておかなければならない。

Ⅲ　定常状態戦略とベースライン論理

　定常なまたは安定した反応状態（steady or stable responding）、それは「測定された反応次元の量において比較的小さな変動を一定期間示す反応パターンとして定義される」（Johnston & Pennypacker, 1993a, p. 199）。この定常反応状態は、行動分析学において広く使われる実験的推論の強力な形式に対する基礎を与える。その実験的推論はベースライン論理と呼ばれる。**ベースライン論理**（baseline logic）は3つの成分を内包する。予測（prediction）、立証（verification）、再現（replication）である。それらの1つ1つは、定常状態戦略という総合的な実験アプローチに従属する。**定常状態戦略**（steady state strategy）は、被験者を任意の条件に繰り返しさらして、無関係な影響がその行動に生じることを助長または制御することを試みるとともに、次の条件を導入する以前に安定した反応パターンを確保することを必要とする。

1．ベースラインデータの特徴と機能

　行動分析家は、行動と環境の関係を発見する。それは、その実験のさまざまな環境条件のもとで、被験者の行動を繰り返し測定して得られるデータを比較することによって行われる。任意の変数の影響を評価する最も一般的な方法は、その変数が存在しない状態で得られている進行中の行動の測度にその変数を適用することである。この元のデータは**ベースライン**（baseline）の役目を果たす。それを基準とすれば、独立変数が適用されたときに観察される行動の変化を比較することができる。ベースラインはコントロール条件（実験の対照条件）の役目を果たす。必ずしもインストラクションや処遇そのものの不在を意味するわけではない。単に実験的興味の対象である特定の独立変数の不在を意味するにすぎない。

（1）なぜベースラインを設定するか

　反応のベースラインレベルを確立する第1の目的は、純粋な科学的、分析的観点からすれば、独立変数が不在の事態における被験者のパフォーマンスを、将来独立変数が導入されたときの影響を突き止めるための客観的基礎として使うことである。しかしながら、ベースラインデータを取ることは、多くの応用的利益を生み出す。第2に、処遇変数が導入される前に標的行動を組織的に観察することは、その行動の直前と直後に起こる環境事象を探してそれに気づく機会を提供する。そのように実証的に観察された先行事象と行動と結果事象の相互関係の記述は、しばしば

効果的な介入を設計するうえですこぶる有益である（第24章を参照）。例えば、子どもの妨害行動が発生すると必ず親や教師の注目が随伴することを暗に示すベースライン観察は、突然暴れ出す行動は無視し、望ましい行動には条件的注目を与えるという介入をデザインするために使うことができる。

　第2に、ベースラインデータは強化の最初の基準を設定するための有益なガイダンスを提供することができる。とくに随伴性が初めて導入されるときはとりわけ重要なステップになる（第11章を参照）。もしもその基準が高すぎる場合は、被験者が随伴性を経験することはまったく起こらない。もしもそれが低すぎる場合は、ほとんどまったく改善を期待することができない。

　ベースラインデータを収集する第3の理由は、実践的観点によるものであり、主観的オピニオンに対する客観的測定のメリットに関係する。組織的ベースライン測定の結果はときに、行動分析家や重要な他者に対して、その行動を改善する試みの必要性と価値に関する考え方を修正するよう説得する。例えば、ある行動の最近の数回の極端な発生という理由から介入の対象として考慮されたものの、ベースラインデータによってそれが減りつつあることが示されたために、標的にされることがなくなることがある。あるいは、ある行動のトポグラフィーが教師や親から必要以上に注目されたものの、数日間の客観的ベースライン測定から、その行動は介入を正当化するほどの頻度では起こっていないことが明らかになることがある。

（2）ベースラインデータパターンの種類

　ベースライン測定からときどき4つのデータパターンが生じる。その例を図7.1に示す。これらの仮説的ベースラインは、実験者や実践家が出遭うさまざまな幅広いベースラインデータパターンのわずか4例にすぎない。このことを強調しておかなければならない。変動性のさまざまなレベルと、トレンドと、程度の組み合わせの可能性は、もちろん無限に存在する。にもかかわらず、初心の行動分析家にガイダンスを提供する努力においては、図7.1に示されるデータパターンによって正当化されるかもしれない実験的決定について、ある程度の一般性をもった陳述を行うことができるだろう。

　グラフAが示しているのは、比較的**安定したベースライン**（stable baseline）である。このデータは、上方に向かうトレンドを示す証拠も、下方に向かうトレンドを示す証拠も示していない。測度のすべては、狭い数値の範囲（レンジ）に収まっている。安定したベースラインは、最も望ましいベース、ないし文脈を提供する。それを基準にして、独立変数の影響を探求する。もしもグラフAに示されているような極めて安定したベースライン上に独立変数を導入したところ、それと同時にレベル、トレンド、およびまたは変動性に変化が起こるとすれば、それらの変化は独立変数に関係しているかもしれないと当然疑うことができる。

　グラフBとCのデータはそれぞれ**上昇ベースライン**（ascending baseline）と**下降ベースライン**（descending baseline）を表す。グラフBのデータ経路は行動が時間とともに増加するトレンドを示し、一方グラフCのデータ経路は減少するトレンドを示す。応用行動分析家は、上昇するベースラインデータと下降するベースラインデータを注意深く扱わなければならない。定義によっ

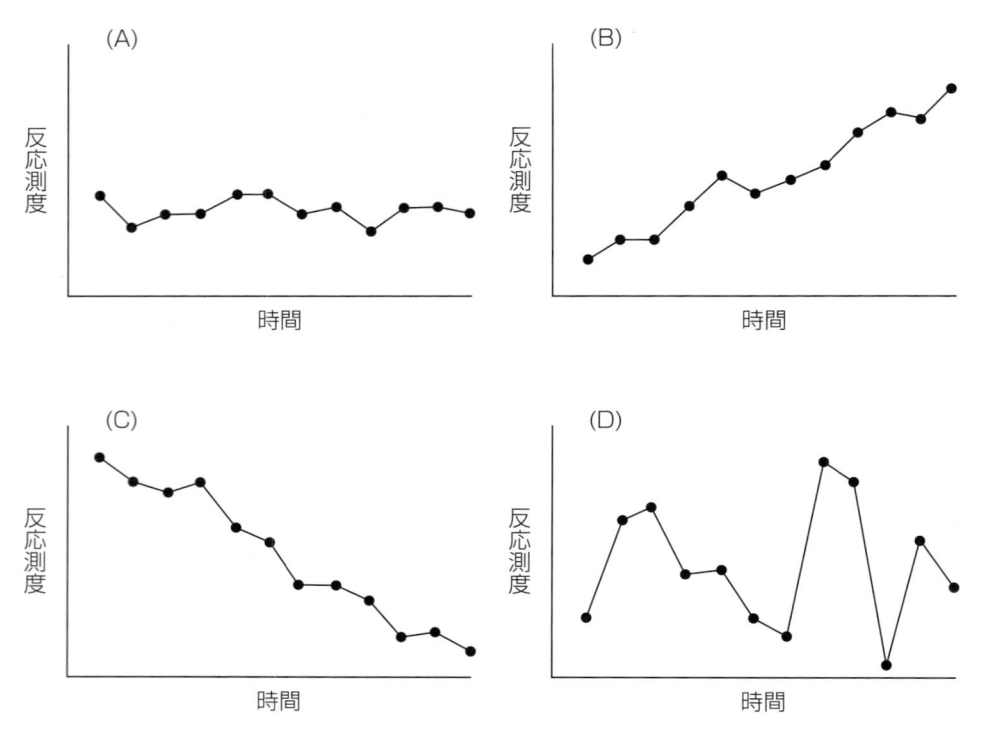

図7.1　安定ベースライン（A）、上昇ベースライン（B）、下降ベースライン（C）、変動ベースライン（D）を示すデータパターン

て、応用行動分析学における従属変数は、改善する必要のある標的行動として選ばれた標的行動を代表するがゆえに選ばれている。しかし上昇するベースラインと下降するベースラインは、それらの行動が現在変化の過程にあることを暴露する。この時点で導入される独立変数の効果は、すでに起こりつつある変化の原因となる変数によって、曖昧になるか交絡されるかする可能性がある。しかしもし応用研究者がその行動を直ちに改善しなければならないとしたらどうすればいいだろう？　応用的考え方がこのジレンマの解決に役立つ。

　処遇変数を導入すべきかどうかは、トレンドを示すベースラインデータが、遂行の改善を示すか劣化を示すかに左右される。上昇するかまたは下降するベースラインが治療的に望ましい方向に変化していることを表す場合は、処遇を差し控えて、従属変数をベースライン条件下で、モニターし続けるべきである。その行動の改善がストップするか（安定した反応によって証拠づけられる）、劣化し始める場合は、独立変数を適用すればよい。もしもそのトレンドが安定せず、その行動が改善し続ける場合は、もともとの問題はもはや存在しなくなり、計画した通りに処遇を導入する理由が何もなくなる（研究者は「自発的な」改善の原因変数を単離して分析したいと思うかもしれないが）。すでに改善しつつある行動に独立変数を導入することは、いかに継続する改善であれ、それが独立変数の関数として起こることを主張しにくくし、しばしば不可能にする。

　上昇するかまたは下降するベースラインが著しく悪化するパフォーマンスを表す場合は、独立

第7章　行動の変化を分析する：基本仮定と戦略

変数の即座の適用のサインとなる。応用的観点からすれば、介入の決定は明らかである。すなわち、被験者の行動は劣化しており、それを改善するようにデザインされた処遇は導入されるべきである。望ましい行動改善の方向に影響を及ぼすことができる独立変数は、ほかの変数がその行動を逆方向に「プッシュする」にもかかわらず、力強い変数である可能性が高く、それは行動分析家の有効な処遇のリストに喜んで受け入れるべき追加となるだろう。悪化するベースラインに処遇変数を導入する意思決定はまた、分析的観点からみても、健全な決定である。そのことは次の節で考察する。

　図7.1のグラフDは、極めて不安定な、すなわち**変動するベースライン**（variable baseline）を表す。グラフDのデータは、不安定な反応を表す多くの可能なパターンの1つにすぎない。そのデータポイントは、一貫して狭い範囲の数値に収まらず、何の明瞭なトレンドも示唆しない。そのような変動性が存在するときに独立変数を導入することは、実験の観点からすれば賢明ではない。変動性は、環境変数の結果であると推定される。環境変数は、グラフDによって示されるケースにおいては、制御不能な形で作用しているように思われる。研究者が独立変数の影響を効果的に分析することができるようになる前に、これらの制御不能な変動性の原因を単離し制御しなければならない。

　安定したベースラインを示す反応は、研究者が確立した実験的制御の度合いを表す指標を与える。ジョンストンとペニーパッカーはこの点を『人間行動研究の戦略と戦術』（*Strategies and Tactics of Human Behavioral Research*）という著作の両方の版において強調した。

　　　もしベースライン条件のもとで、承服しがたい変動する反応が起こる場合、これは研究者が処遇条件を導入する準備ができていないことを表すステートメントであり、それは効果が疑問視されている独立変数を追加することを必要とさせる処遇条件である。（1993a, p. 201）

　ジョンストンとペニーパッカーは、この著作の初版において、このことをより直接的に、単刀直入に指摘している。

　　　もし十分に安定した反応が得られない場合は、研究者は、起こりうるが未知の影響力をもつ独立変数を追加する立場にはいない。そうすることは、混乱の度合いを増し、更なる無知へと導く。（1980, p. 229）

　しかし、やはり応用的動機は、純粋な科学的追求に対してバランスをとらなければならない。応用分野の問題は、解決されるまで待っていることができないかもしれない（例えば、重度の自傷行動）。あるいは、被験者の環境や、研究場面における交絡変数が、単純に実験者の制御を超えていることもあるかもしれない[11]。そういう場合、独立変数は、それがあることによって安定

注11：応用研究者は、望まない変動性が自ら単離し制御する能力や資源の範囲を超える変数の関数であり、それゆえに潜在的に重要な関数関係の探求をし続けることができないと自動的に仮定することに対して注意深く警戒する必要がある。

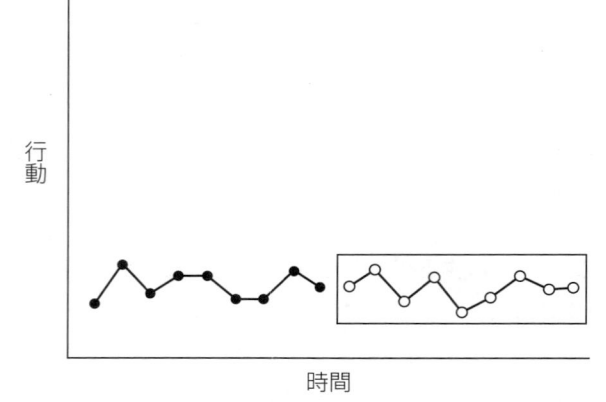

図7.2　黒丸データポイントは、安定したベースラインで起こる現実の行動測度を表す。長方形内の白丸データポイントは、もし環境がコンスタントならば収集した測度に基づいて予測される反応レベルを表す

した反応を生み出すことを希望して導入される。シドマン（Sidman, 1960/1988）は、「行動エンジニアは通常、変動性を見出す通りに受け取り、それを人生の不可避の事実として扱わなければならない」（p. 192）ことに同意した。

2．予測

　予測（prediction）とは次のように定義できる。つまり「今は未知のすなわち将来なされる測定の予想されるアウトカムである。それはあらゆる科学的、技術的活動の検証が基礎を置くべき数量化の最も科学的精密さと簡潔さをそなえた活用である」（Johnston & Pennypacker, 1980, p. 120）。図7.2に示されているのは一連の仮説的測度である。それはベースライン反応の安定したパターンを表している。図の一連の測度の最初の5個のデータポイントは一貫性を示しており、もし被験者の環境に何の変化も起こらなかったとすれば、その後の測度はこれまでに得られた数値の範囲（レンジ）内に収まるという予測を奨励している。実際、6番目に収集される測度は、この予測に信憑性を与える。次もまた同じ予測がなされ、今度はより確信をもってなされる。そしてその次の行動の測度はその予測が正しいことを示す。ベースライン（またはほかのいかなる実験条件）の全期間を通じて研究者が現在の条件のもとでは、反応測度はどう考えても変化しないだろうと信じられるに至るまで予測は継続して行われ確認される。図7.2の囲まれた部分に収められているデータは、「相対的にコンスタントな環境条件」[12]のもとでの将来の反応の、まだ収集してはいないが予測される測度を表している。すでに収集されている測度の安定性を前提とすれば、経験を積んだ科学者がその予測に異議を唱えることはまずないだろう。

注12：「上に述べた'相対的にコンスタントな環境条件'とは、その実験者が関数関係にある環境事象において、承知していて制御していない変動性を生み出していることを意味する」。（Johnston & Pennypacker, 1980, p. 228）

第7章　行動の変化を分析する：基本仮定と戦略

　どれくらい多くの測度を収集すれば、実験者は一連のデータポイントを使って将来の行動を予測することができるだろうか？　ベアら（Baer et al., 1968）は、ベースライン測定は「その安定性が明らかになる」まで、継続して行うよう提言した。定常状態の予測能力については、定められた答えはないものの、一定の一般的説明は可能である。すべてのものが等しい場合、多数の測定のほうが少数の測定よりも優れている。そして安定した反応が得られる期間が長ければ長いほど、それらの測度の予測能力はより優れてくる。また、もし実験者が、測定によって安定した反応がもたらされたかどうか確信できない場合は、十中八九は反応はまだ安定していず、独立変数を導入する前に、もっと多くのデータを収集しなければならない。最後に、研究している行動のコンスタントな条件における特徴について実験者が知っていることが、ベースライン測定をいつ終了して独立変数をいつ導入するかを決定するうえで極めて重要になる。そのような知識は、類似する反応クラスに関する安定したベースラインを収集するという個人的経験から生まれる。同様に出版された文献に見いだされるベースライン反応のパターンに精通することからももたらされる。

　明らかにしておくべきことがある。「ベースラインデータは最低でも5セッションは収集せよ」とか、「ベースライン測度は、連続2週間は収集せよ」などというガイドラインは、誤っているか、または科学的裏づけのないものであるということである。1、2週間のベースライン条件の間に収集された5つのデータポイントは、定常状態反応の説得的イメージを提供することもあれば提供しないこともあり、それは状況次第である。問われなければならない問いは、「そのデータには十分な安定性があり、実験的比較の基礎として役立つか？」である。この問いは、あらゆる関連条件がコンスタントに保たれる環境において、反復測度を使った、継続して行われる予測と立証によってのみ答えることができる。

　行動分析家は、しばしば、インストラクション変数と新しいスキルの獲得との間の関数関係を分析することに興味をもつ。そういう状況では、ベースライン測度が0であると仮定される場合がある。例えば、靴ひもを1度も結んだことのない子どもの反復観察は、完全に安定した正反応0のベースラインをもたらすと、人々は予想するだろう。しかし子どもが特定のスキルを使うことを1度も示したことがない非公式の観察は、科学的に妥当なベースラインとはいえない。そしてインストラクションの有効性についてのいかなる主張を正当化するためにも使うべきではない。もし反応する機会を反復して与えられれば、子どもはその標的行動を0以外の反応率で自発し始めることは十分ありうる。**練習効果**（practice effect）という言葉は、ベースライン測定を収集できるようにその行動を反復して自発する機会を与えられることによって起こるパフォーマンスの改善を意味する。例えば、算数問題に取り組む子どもたちについて安定したベースラインデータを収集しようとしたとする。その試みによって、測定過程に内在する単なる反復練習が原因となって、反応レベルの改善がもたらされる可能性がある。練習効果は、研究に交絡変数をもたらす。練習とインストラクションが、子どもの最終的パフォーマンスに及ぼす影響を分離して、それらの割合を明らかにすることは不可能である。ベースライン測度を反復して収集することによって、練習効果の存在を明らかにするか、またはその不在を実証するようにすべきである。練習効果が疑われるか、見出された場合は、ベースラインデータ収集を定常状態反応が達成

289

されるまで継続して行うべきである。

　安定したベースラインを明示し、実践の効果を実験的に制御する必要があるからといって、必要な処遇や介入を応用行動分析家が差し控える必要はない。被験者のレパートリー内に存在するとは合理的に期待できない行動について、不当に長いベースラインを収集したとしても、何の得にもならない。例えば、被験者が一定の前提となる行動を遂行する能力をもっていなければ、多くの行動は自発されない。もしも子どもが現在靴ひもをつかめないとすれば、その子が靴ひもを結ぶ合理的可能性は存在しない。またもし子どもが引き算と掛け算をすることができなければ、割算を解く可能性は存在しない。こういう場合の長期間にわたるベースラインデータの収集は、不必要な形式だけの測定である。こういう測度は「ゼロ行動というよりはむしろ、行動が起こる機会が0というべきであり、行動を遂行することができないときによく測定されたデータのレベルで行動が起こらないことを、ドキュメントする必要はない」（Horner & Baer, 1978, p. 190）。

　幸い、応用行動分析家は、定常状態戦略の活用を放棄する必要もなければ、処遇を開始することを犠牲にして、存在しない行動を反復測定する必要もない。第9章で説明する多層プローブデザインは、定常状態論理の活用を可能にする実験戦術である。それは、独立変数の導入以前に被験者のレパートリーに存在しなかったことが明らかな行動の獲得とインストラクションとの関数関係を分析するためのものである。

3．後件肯定の論理

　定常状態の反応は予測するパワーをもつ。そのため行動分析家は、**後件肯定の論理**（affirmation of the consequent）として知られる一種の帰納論理を使うことができる（Johnston & Pennypacker, 1980）。実験者が安定したベースライン上に独立変数を導入する。そのとき明白な仮定がなされている。すなわち、もし独立変数が適用されなければ、その行動は、ベースラインのデータ経路から示唆されるとおり、変化しないだろう。実験者はまた、その独立変数は行動の変化をもたらすだろうと予測して（より正確にいえば変化をもたらすだろうかと問うて）いる。

　後件肯定の論理の背後にある論理的推論は、真の先件-後件（もしAならばB）命題から出発して、次のように進む。

1．もしもAが真実であれば、Bは真実である。

2．Bが真実であることが判明する。

3．それゆえに、Aは真実である。

　この推論の行動分析家のバージョンは以下の通りである。

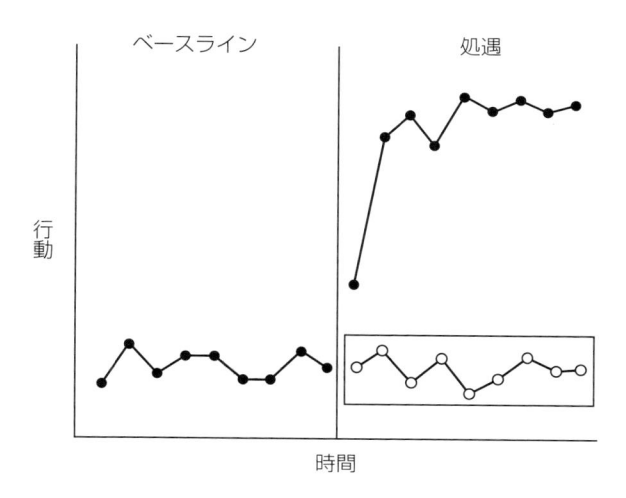

図7.3 行動と処遇変数の間の関数関係の可能性を支持する後件肯定。処遇変数が存在するとき収集される測度は、処遇変数が存在しないとき予想される反応レベル（長方形内の白丸データポイント）と異なっている

1. もしも独立変数が行動の制御要因であるならば（A）、その独立変数が存在するときに収集されるデータは行動が変化したことを示すだろう（B）。

2. データ、独立変数が存在するとき、行動が変化したことを示している（Bは真実である）。

3. したがって、独立変数はその行動の制御変数である（したがって、Aは真実である）。

この論理にはもちろん欠陥がある。ほかの要因が、Aの真実性の原因になりうる。しかし、これから示すように、成功する（すなわち説得力のある）実験は、もしAならばBの可能性を複数回肯定する。それら1つ1つが、観察された行動の変化の原因が独立変数以外の要因である可能性を減少させる。

図7.3から7.5は架空の実験であるが、そこに示されるデータは、リバーサルデザイン（反転法）によって、どのように予測し、立証し、再現するかを例証する。リバーサルデザインは、行動分析家が用いる最も一般的で強力な分析戦略の1つである（第8章を参照）。図7.3は成功する後件肯定を示す。ベースラインの間の定常状態の反応は、もしも環境に何の変化も起こらないならば、測定を継続すると、グラフの箱で囲まれた部分と同じようなデータを生み出すだろうという予測を可能にする。次に独立変数が導入される。この処遇条件の間に従属変数が反復して測定される。その測度はその行動が実際には変化したことを示す。このことは2つの比較を可能にする。1つは実際の比較、もう1つは仮説的な比較である。第1に、独立変数が存在するときに収集される測度と、ベースラインレベルの反応との間の現実の差異は、独立変数の推定される影響の程度を表すとともに、処遇はその行動を変化させるという予測を支持する。

第2に、仮説的な比較は、処遇条件において収集されるデータと、処遇変数が導入されない場

合に予測される測度（すなわち、図7.3の箱で囲まれた領域の白丸のデータポイント）とを比較するものである。この比較は、行動分析家の仮説的な、理想に接近するが達成は不可能な実験デザインを表す。すなわち、個別の被験者の行動の、処遇変数の存在と不在の両方における同時的な測定と比較である（Risley, 1969）。

　図7.3のデータは、最初の先件-後件命題（独立変数が存在するときに行動の変化が観察される）を支持する（肯定する）。この時点では、独立変数と従属変数の間の関数関係を主張することは保証されない。この実験はまだ、行動の変化の原因がほかの変数にある可能性を排除していない。例えば、行動の変化の原因であるそのほかの事象も、独立変数が導入されたときと同じ時点で生じている可能性がある[13]。

　しかしながら、もしも独立変数が存在するときに、従属変数の変化が観察されない場合は、この時点で処遇と行動の関係についてのより断固とした陳述をすることができる。行動の正確な測度と、行動の変化に対する敏感な測定システムとが存在すると仮定すれば、独立変数が存在するときの行動の無変化は、後件の不当性を証明する（Bは真ではないことが示される）ことになる。そして独立変数は制御変数として排除される。しかし影響が観察されないことを根拠にして処遇を制御変数の地位から排除することは、最高次の実験的制御を前提とすることになる（Johnston & Pennypacker, 1993a）。

　しかしながら、図7.3に例示されている状況においては、独立変数が存在するときに行動の変化が観察された。独立変数と行動変化との間の相互関係を暴露している。観察された行動変化は、どの程度まで、独立変数の関数だっただろうか？　この問題を探求するため、行動分析家はベースライン論理の次の成分である、立証を採用する。

4. 立証

　実験者は、観察された行動上の変化が、独立変数の導入と関数関係にあったとする確率を高めることができる。それは、変化していなかったベースライン測度についての最初の予測を立証することによって可能となる。では、どうすれば**立証**（Verification）できるだろうか。もしも独立変数を導入しなければ、先行するベースライン反応のレベルは、変化しないままにとどまっていたであろうことを実証するようにすればよい（Risley, 1969）。もしもそのことが実証できれば、この操作によって安定した継続的なベースライン反応という最初の予測の正確さが立証され、そして観察された行動上の変化の原因が制御されない何らかの（交絡）変数である確率を減少させることになる。またしても、後件肯定の論理の背後にある推論が、実験的戦略の基礎をなす論理になる。

　図7.4で説明するのは、架空の実験の実験結果の立証である。独立変数が存在するとき定常状

注13：2段階実験は、処遇前ベースライン条件と処遇条件から構成される（**A-Bデザイン**という）。それはベースラインレベルにおける反応が継続するという予測を立証しない。独立変数の影響の再現も可能にしない。にもかかわらず、A-Bデザインを用いる研究は重要で有用な知見に貢献する可能性がある（例えば、Azrin & Wesolowski, 1974; Reid, Parsons, Phillips, & Green, 1993）。

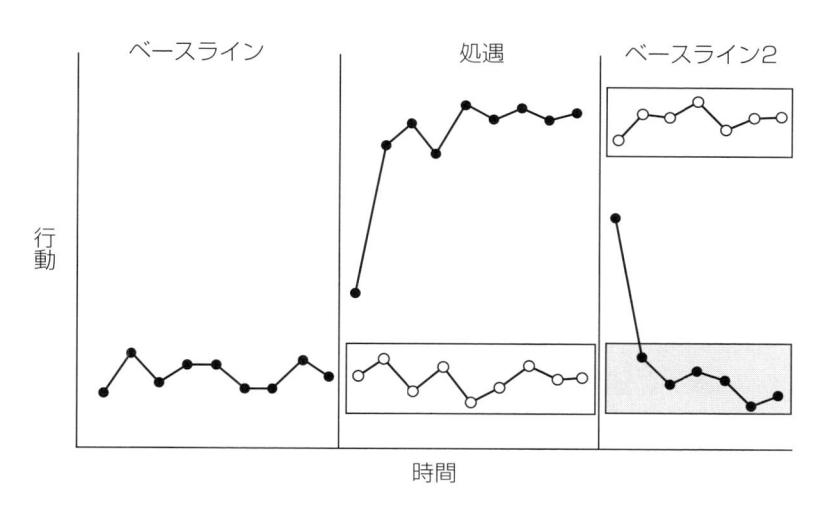

図7.4 処遇変数の終了または除去による事前に予測されたベースライン反応の立証。ベースライン２で収集された測度（網かけ部分の黒丸データポイント）は、処遇が継続して存在する場合に予測される反応レベル（ベースライン２の白丸データポイント）との比較をベースとする第２の後件肯定を表す

態の反応が確立されれば、研究者はその処遇変数を取り除き、そうすることによって以前のベースライン条件に復帰する。この戦術は、２つの異なる先件-後件の立言を可能にする。第１の立言と、その肯定は次の通りである。

1．もし独立変数がその行動を制御する要因であるならば（A）、独立変数を取り除くとき、同時に反応測度における変化が起こるだろう（B）。
2．独立変数を取り除くと、それに伴って行動の変化が起こっている（Bは真である）。
3．したがって、その独立変数は反応を制御している（したがって、Aは真である）。

第２の立言とその肯定は次のパターンに従う。

1．もしも最初のベースライン条件がその行動を制御していたのであれば（A）、ベースライン条件に戻せば、その結果同じような反応レベルが生じるだろう（B）。
2．ベースライン条件に戻してみると、最初のベースライン段階で得られたレベルと同じレベルの反応が観察されている（Bは真である）。
3．したがってベースライン条件は、その時点でも現時点でもその行動を制御していた（したがってAは真である）。

図7.4の架空の実験のベースライン２において収集された陰影部分の６つの測度は、ベースライン１に関して立てられた予測を立証している。ベースライン２の箱に囲まれた部分の白丸のデータポイントは、もしも独立変数が除去されていなかったならば、予測されたであろう反応レベルを表している（ベースライン論理の予測成分は、実験の任意の段階において収集される定常状

態反応に適用され、それはベースライン条件にも処遇条件にも同様に適用される)。処遇段階で実際に収集されたデータ（黒丸のデータポイント）と、ベースライン2で収集されたデータ（黒丸のデータポイント）との間の差異は、第1のAならばBの立言（if-A-then-B statement）を後件肯定する。すなわち、もしもその処遇が制御変数ならば、その除去は行動における変化をもたらすだろう。ベースライン2の段階において収集された測度と、ベースライン1の段階で収集された測度との間の類似性は、第2のAならばBの立言を支持する。すなわち、もしベースライン条件が以前にその行動を制御していたならば、ベースライン条件を復元することは、その結果として同じレベルの反応をもたらすだろう。

　この場合もやはり、言うまでもなく、独立変数の適用と除去に関連して観察された行動の変化は、2つの出来事の間の関数関係の主張とは異なる解釈を免れない。しかし、関数関係の存在を擁護する主張は一層強くなる。その独立変数が適用されたとき、行動の変化が観察された。そして独立変数が除去されたとき、行動はふたたび変化し、反応がベースラインレベルに復帰した。実験者が独立変数の存在と不在を効果的に制御し、そして行動に影響を及ぼす可能性のある実験場面のほかのすべての変数を一定に保つようにすればするほど、関数関係の可能性は高まる。すなわち、独立変数の導入と除去によって重要な行動の変化がもたらされ、取り消されたのである。この立証過程によって、独立変数以外の変数が観察された行動の変化の原因である可能性は弱められる。

　この予測と立証の2段階戦略は、関数関係の十分な証明になるか？　もし何らかの制御されない変数が、独立変数の提示と撤去と同時に変化して、この制御されない変数が実際には観察された行動の変化の原因だったとすればどうなるだろうか？　もしそういうことが起こっていた場合は、標的行動と独立変数との間の関数関係の主張はよく見ても正確ではないし、最悪の場合は、実際の制御変数を同定し制御することが行動改善の有効な信頼できるテクノロジーに貢献するかもしれないのに、その探求を終わらせることになるだろう。

　適度に懐疑的な研究者（そして研究の消費者）は、収集された結果の信頼性に疑問をもつ。この立証された行動の変化はどれほど信頼できるか？　見かけ上の関数関係はつかの間の1度限りの現象か？　独立変数の反復適用は、同じようなパターンの行動変化を確実に（すなわち一貫して）もたらすか？　効果的な（すなわち説得力のある）実験デザインは、これらの重要な問いに答えるデータを生み出す。不確かな信頼性を調べるため、行動分析家は最終的なそしておそらく最も重要なベースライン論理と実験デザインの成分、すなわち再現を採用する。

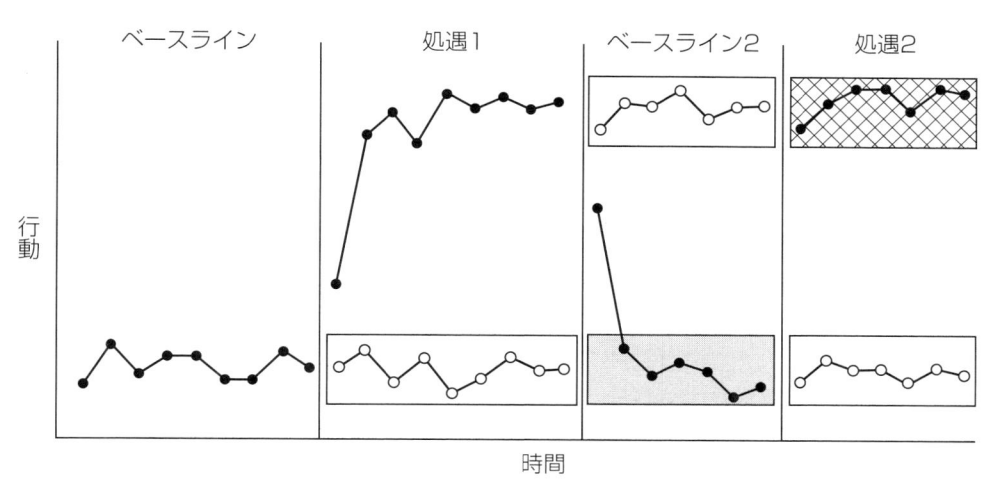

図7.5 処遇変数の再導入によって達成される実験結果の再現。処遇2で収集された測度（斜交平行模様の黒丸データポイント）は、処遇変数と標的行動の間の関数関係の論拠を強める

5．再現

　　再現は信憑性の核心である。
　　　　　　　　　　—ベア、ウォルフ、リズリー（Baer, Wolf, & Risley, 1968, p. 95）

　どんな実験の文脈の中でも、**再現**（replication）とは、その研究において以前に行われた独立変数の操作を繰り返して、同様のアウトカムを獲得することである[14]。1つの実験の内部における再現には2つの重要な目的がある。第1に、以前に観察された行動の変化を再現させることによって、今や2回観察された行動変化の原因が独立変数以外の変数であった確率を減少させることになる。第2に、再現は行動変化の信頼性を実証する。すなわちそれを再び引き起こさせることができる。

　図7.5の架空の実験には再現の成分が付け加えられる。この図ではベースライン2の段階で定常状態の反応が得られた後、独立変数が再導入される。これが処遇2の段階である。処遇の2番目の適用の段階で得られたデータ（図の斜交平行模様のかかった領域内のデータポイント）が、治療1の段階で観察された反応レベルに類似する限り、再現が起こっている。この架空の実験では、今や独立変数と従属変数の間に関数関係が存在することを示す強力な証拠が生み出された。関数関係があるという主張に人がどこまで確信をもつかは、非常に多くの要因に依存する。その最も重要な要因の一部は、測定システムの正確さと感度、すべての関連変数に対して実験者が維持した制御の程度、実験段階の持続時間、それぞれの段階における反応の安定性、条件と条件の

注14：再現はまた以前の実験において発見された関数関係の信頼性を確認し、それらの発見がほかの被験者、場面、およびまたは行動に、どこまで拡大できるかの程度（すなわち一般性または外的妥当性）を決定するために、実験を繰り返すことを意味する。実験の再現は第10章において検討する。

間の行動の変化のスピードや大きさや一貫性である。もしこれらの考慮すべき事柄の1つ1つが、実験デザインによって満たされ、そのデザインの中で表示される通りのデータによって支持されるならば、関数関係の主張において、おそらく結果の再現が最も決定的な要因になるだろう。

　独立変数は、1つの実験の中で結果を何度も再現することを目指して、操作することができる。関数関係を説得力を持って実証するために必要な再現の数は、先に挙げた諸条件のすべてを含めて多くの考慮すべき事柄に関係しており、そして同じ結果を生み出したほかの同様の実験の存在にも関係している。

まとめ

序

1．測定を行えば、行動は変化したか、いつ変化したかを示すことはできるが、しかし測定するだけでは、その変化がどのような理由で起こったかを明らかにすることはできない。

2．行動改善のための組織的で有効なテクノロジーを開発するためには、行動と環境の間の厳密な関数関係を知ることが必要である。

3．任意の行動が特定の環境事象と関係してどのように機能するかを突きとめるためには、実験的分析を行わなければならない。

行動の分析の土台となる概念と仮定

4．科学の総合的な目標は、研究する現象を、つまり応用行動分析学の場合は社会的に重要な行動を、理解し尽くすことである。

5．科学は、記述と、予測と、制御という3つのレベルの理解をもたらす。

6．記述的研究は、観察された事象についての事実、つまり数量化され、分類される、事実の集積をもたらす。

7．2つの事象がお互いに組織的に共変化するとき相関が存在する。ある事象が別の事象の生起に基づいて起こる確率について、予測することが可能になる。

8. 科学の最大の潜在的利益は、科学的理解の第3の、そして最高のレベルにある、実験的制御の確立によってもたらされる理解から導き出される。

9. 実験的制御が実現するのは、人の環境の一定の側面（独立変数）の組織的操作によって、行動における予測可能な変化（従属変数）を、信頼性をもって生み出すことができるときである。

10. 関数分析によって、研究対象である行動が、そのほかの変数の関数である可能性を取り除くことにはならない。

11. 行動の変化は独立変数の関数であり、制御されない未知の変数の結果ではないことを説得力をもって示す実験は、内的妥当性をもっている。

12. 外的妥当性とは、1つの研究の結果が、ほかの被験者、場面、およびまたは行動に対して一般化できる程度のことである。

13. 交絡変数は、従属変数に対して制御できない未知の影響を及ぼす。

14. 行動は個人的現象である。そのため行動分析学の戦略の基礎は、被験者内（または単一被験者）分析法である。

15. 行動は時間という枠組みの中で起こり、時間経過とともに変化する継続的現象である。そのため行動の反復測定は、応用行動分析学の顕著な特徴である。

16. 決定論という前提が、行動分析学の方法論を導く。

17. 行動分析学における実験的方法の基礎には、変動性の原因は生命個体の外部にあるという仮定が存在する。すなわち、変動性は環境変数によって与えられものであり、したがって生命個体に内在している特性ではない。

18. 行動分析家は、多くの被験者のパフォーマンスを平均することによって変動性を隠すようなことはしない。変動性の原因となる環境要因を分離して、実験的に操作しようとする。

応用行動分析学における実験の成分

19. 実験の問いとは、実験者が実験を遂行することによって何を知ろうとするかを表す陳述であり、その問いは実験のデザインのすべての側面に反映されなければならない。

20. 応用行動分析学における実験は、ほとんどの場合、単一被験者（または単一事例）研究デザインと呼ばれる。行動変化を分析する実験の論理ないし推論が、しばしば被験者自身を比較対象として用いるからである。

21. 応用行動分析学における従属変数は、標的行動の測定可能な次元量である。

22. 行動分析家が一部の研究において複数の反応の測度（従属変数群）を用いるのは、以下の3つの主たる理由があるからである。（1）独立変数の影響を評価し再現するための比較対照（control）として働く更なるデータ経路を提供するためである。それらは個々の行動に順次的に適用される。（2）独立変数が適用された反応クラス以外の行動に対して処遇効果が般化するかどうかを査定するためである。（3）被験者以外の個人の行動の変化が実験の過程で生起するかどうか、そしてそのような変化が今度は被験者の行動に見出される変化を説明するかどうかを突きとめるためである。

23. 行動分析家は、独立変数を正確に操作する。それに加えて、場面のほかのすべての側面（剰余変数）を一定に保つようにしなければならない。想定外の環境の変化が起こることを防ぐためである。

24. 実験場面で想定外の出来事ないし変化が起こる場合、行動分析家はその影響が過ぎ去るのを待つか、それらを実験デザインに組み込むかしなければならない。

25. 観察と測定の手続きは、実験全体を通じて標準的方法で行われなければならない。

26. 行動は継続的で動的な現象である。そのため実験の経過を通じてデータの継続的な目視検査が必要である。それはレベルやトレンドや変動性における変化が起こるときに、それを同定するためである。

27. 独立変数の変更は、標的行動に対するその影響を最大にすることを目指して行われる。

28. 実験デザインという用語は、研究において独立変数が操作される方法を意味する。

29. 独立変数を操作し組み合わせる方法はたくさんある。その結果として無限の実験デザインが可能になる。しかし独立変数の変化には、基本的にたった2つの種類しかない。新しい条件の導入か、古い条件の再導入である。

30. パラメトリック研究では、独立変数の異なる数値の範囲（レンジ）の影響の違いを比較す

第7章　行動の変化を分析する：基本仮定と戦略

る。

31. 独立変数の基本的ルールは、一時にただ1つの変数を変化させよ、である。

32. 行動分析家は、しゃくし定規の形式的な実験デザインに従うよりも、本来の研究上の問いに合致する実験的戦術を選ぶべきである。同時に「即席の、急速に変化するデザインを使って、変数を操作することによって、関連変数を探求する」(Skinner, 1966, p. 21) 用意がいつでもできているべきである。

定常状態戦略とベースライン論理

33. 安定した、定常状態の反応は、行動分析家が強力な帰納的推理形式、ときにベースライン論理と呼ばれる形式を用いることを可能にする。ベースライン論理は、予測、立証、再現という3つの成分を伴う。

34. 任意の変数の影響を評価する最も一般的な方法は、その変数が不在であるときに収集される継続的な行動の測度に対して、その変数を適用することである。この介入前データは、ベースラインとして働く。それによってその後の行動の変化をすべて突きとめて評価する。

35. ベースライン条件は、必ずしもインストラクションや処遇そのものの不在を意味しない。実験的関心の対象である特定の独立変数の不在だけを意味する。

36. ベースラインを確立する主要な目的は、独立変数の影響を評価することである。ベースラインデータの収集には、そのほかに3つの理由がある。（1）介入に先立って標的行動を組織的に観察すると、先行事象と行動と結果事象の間の相互関係についての情報、効果的介入を設計するうえで有用な情報が得られることがあるためである。（2）ベースラインデータは、最初の強化基準を設定する際の重要なガイダンスを提供するからである。（3）ときにベースラインデータは、標的とされる行動に対する介入が必要ではないことを教えるからである。

37. ベースラインデータ・パターンには4つの種類がある。安定、上昇、下降、変動というパターンである。

38. 独立変数の導入は、安定したベースライン反応が達成されてから行う。

39. 上昇または下降ベースラインがパフォーマンスの改善を示唆する場合は、独立変数の導入を差し控えるべきである。

40. 上昇または下降ベースラインがパフォーマンスの劣化を示唆する場合は、独立変数を導入すべきである。

41. 著しく変動する不安定なベースラインに対しては、独立変数を適用すべきではない。

42. ほとんど、またはまったく変動を示さない行動を反復測定すれば、それに基づいて比較的コンスタントな環境条件下における将来の行動の予測が可能となる。

43. 一般に、反応が安定している場合は、データポイントがたくさんあればあるほど、またそれらを収集する期間が長ければ長いほど、予測はより正確になる傾向がある。

44. 練習効果とは、反復測度を収集するために提供されなければならない行動自発の機会によってパフォーマンスの改善がもたらされることを意味する。

45. 行動が生起する論理的機会が存在しない行動に対して、長期間ベースライン測定を行う必要はない。

46. ベースライン論理の核心にあるのは、後件肯定と呼ばれる帰納的推論である。

47. 後件肯定の論理は完全に正しいとはいえない（何らかの別の出来事が行動の変化の原因になっていたかもしれない）が、しかし有効な実験デザインは、複数の「AならばB」の可能性を強め、そうすることによって、観察された行動の変化の原因となるそのほかの要因を排除する。

48. 予測の立証は、もし独立変数が導入されなければ、ベースライン反応の以前のレベルが変化しないままにとどまったであろうことを実証することによって達成される。

49. 1つの実験内における再現とは、独立変数を再導入することによって、以前に観察された行動変化を再び生み出すことを意味する。1つの実験内における再現は、独立変数以外の変数が行動変化の原因である確率を減少させ、行動変化の信頼性を実証する。

第8章
リバーサルデザインと交替処遇デザイン

キーワード

A-B-Aデザイン、A-B-A-Bデザイン、交替処遇デザイン、B-A-Bデザイン、DRI/DRAリバーサルテクニック、DROリバーサルテクニック、不可逆性、マルチエレメントデザイン、多重処遇干渉、多重処遇リバーサルデザイン、(NCR) リバーサルテクニック、リバーサルデザイン、シーケンス効果、除去デザイン

行動分析士資格認定協会®BCBA® & BCaBA®
第4版課題リスト©

	Ⅰ　基本的な行動分析学のスキル
B-03	独立変数が従属変数に及ぼす影響を実証するため、独立変数を組織的に設計する。
B-04	実験変数除去／リバーサル・デザインを使う。
B-05	交替処遇（すなわち、多成分）デザインを使う。
D-11	マンド訓練を使う。
D-20	反応に依存しない（時間ベースの）強化スケジュールを使う。
	Ⅱ　クライエントを中心に据えた専門家としての責任
H-05	観察された変数間の時間的関係（セッション内と間、時系列）を評価する。
I-04	機能査定手続の全範囲を設計し実行する。
I-05	観察されたデータを整理し、分析し、解釈する。
J-09	処遇の有効性を実証するため、実験デザインを使うときは、実際的、倫理的問題を同定して対処する。
J-15	意思決定はさまざまな書式で表示されたデータに基づいて行う。
K-07	行動プログラムの有効性を評価する。
	Ⅲ　基礎知識
FK-33	関数関係
FK-44	マンド

©2012　行動分析士資格認定協会®（BACB®）。不許複製。この文書の最新版は、www.bacb.comから入手できる。この文書の転載、複写、配布の請求と、この文書についての質問は、BACBに直接問い合わせられたい。

本章では、リバーサルデザイン（反転デザインともいう）と交替処遇デザイン（条件交替デザインともいう）を説明する。これらは応用行動分析家によって広く使われる2種類の実験分析戦術である。リバーサルデザインでは、独立変数を導入し、除去（すなわちその焦点の「リバーサル」）し再導入することが、標的行動に及ぼす影響を観察する。交替処遇デザインでは、2つ以上の実験条件を急速に交替させ、行動に及ぼす影響のちがい（differential effect）を判断する。ここではそれぞれのデザインが、定常状態戦略（steady state strategy）の3成分である予測、立証、再現をどう組み込むかを説明する。そしてそれぞれの主要バリエーションを表す代表例を提示する。リバーサルデザインと交替処遇デザインを選択し活用するうえで考慮すべき注意点についても説明する。

I リバーサルデザイン

実験に**リバーサルデザイン**（reversal design）を使う場合は、行動を一定場面で反復測定する必要がある。その場合、少なくとも次の3つの段階を用意しなければならない。(a) 最初のベースライン段階。独立変数が不在である段階。(b) 介入段階。独立変数が導入され、行動との接触が保たれる。(c) ベースライン条件への復帰。独立変数の除去を伴う。応用行動分析学において実験デザインを表すために広く使われる表記法においては、第1条件と第2条件を表すためそれぞれ大文字の*A*、*B*を充てる。各条件は1つの研究に導入される。一般的には、まずベースライン（A）データの収集を、定常状態反応が達成できるまで行う。次に介入条件（B）を適用する。それは処遇すなわち独立変数の存在を表す。1つのリバーサルを含む実験を**A-B-Aデザイン**（A-B-A design）という。A-B-Aデザインを使った研究論文が発表されているが（例えば、Christle & Schuster, 2003; Geller, Paterson, & Talbott, 1982; Jacobson, Bushell, & Risley, 1969; Stitzer, Bigelow, Liebson, & Hawthorne, 1982）、それよりも**A-B-A-Bデザイン**（A-B-A-B design）のほうが好まれる。B条件を再導入することが、処遇効果の再現を可能にするからである。それは実験的制御の証明を補強する（図8.1を参照）[1]。

A-B-A-Bリバーサルは、環境操作と行動との間の関数関係を証明するための最も直接的で、一般に最も強力な被験者内デザインである。リバーサルデザインによって関数関係が証明されれば、行動はどのような動きをするかがデータによって示される。

一般的説明としては、リバーサルデザインが示す説明は、決して悪い説明ではない。「この反応

注1：一部の研究者はA-B-A-B分析に基づく実験を**除去デザイン**（withdrawal design）という用語で表し、リバーサルデザインという用語は、本章で後に説明するDROおよびDRI/DRAリバーサルテクニック（例えば、Leitenberg, 1973; Poling, Methot, & LeSage, 1995）など、処遇変数の行動焦点がリバースされる（またはもう1つの行動にスイッチされる）研究を示すために使う。しかし、リバーサルデザインは、行動分析学の文献で最も頻繁に使われる通り、独立変数の除去とリバーサルの両方を表す。それは「行動の反転可能性」（Baer, Wolf, & Risley, 1968; Thompson & Iwata, 2005）を実証する研究者の試みを表している。除去デザインはまた、標的行動の維持を目指して処遇変数の効果を分析した後に、処遇変数を順次、または部分的に除去する実験を表すために使われることがある（Rusch & Kazdin, 1981）。

第8章　リバーサルデザインと交替処遇デザイン

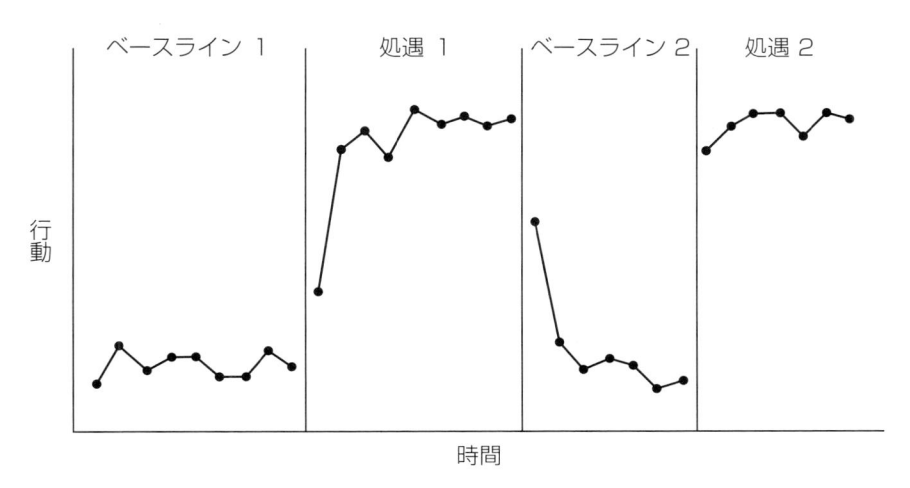

図8.1　A-B-A-Bリバーサルデザインのグラフの原型

はどのような動きをするか？」という問いに答えて、われわれはその反応がそのように動いたと確実に指し示すことができる（例えば図8.1を参照）。もちろん、反応はほかの経路をたどって動く可能性もある。しかしわれわれは、適切なグラフを見るまではじっと待つ。それから別の経路で動くことに同意する。（Baer, 1975, p. 19）

　ベアの指摘を見落としてはならない。すなわち、一定の変数が存在するときと存在しないときに、行動が予想通り確実に動くことを証明することは、その問い、すなわち「この行動はどのように動くか？」に対してほんの1つの答えを提出するにすぎないということである。その標的反応クラスに対してはそのほかの制御変数が存在する可能性がある（そしてその可能性は非常に高い）。そうしたほかの可能性を探るために更なる実験が必要かどうかは、より完全な分析を入手することにどれほどの社会的、科学的重要性があるかということによって決まってくる。

1．リバーサルデザインの操作と論理

　リズリー（Risley, 2005）は、リバーサルデザインの論拠と工程を次のように説明した。

　　ウォルフがクロード・ベルナールの実験医学における初期の実験を手がかりにして新たに考案したリバーサルデザイン、すなわちA-B-A-Bデザインでは、① 繰り返して行う観察を数量化して十分にベースラインを確立し、そこでトレンドを確かめ、そのトレンドの近い将来における形状を予測する（A）、② それから条件を変更して観察を繰り返し、予測したトレンドとは異なるものになるかどうかを確かめる（B）、③ それから条件を元に戻して観察を繰り返し、再び元の予測を裏づけるかどうか確かめる（A）、④ そして最後に、変更した条件を再導入して観察を繰り返し、再

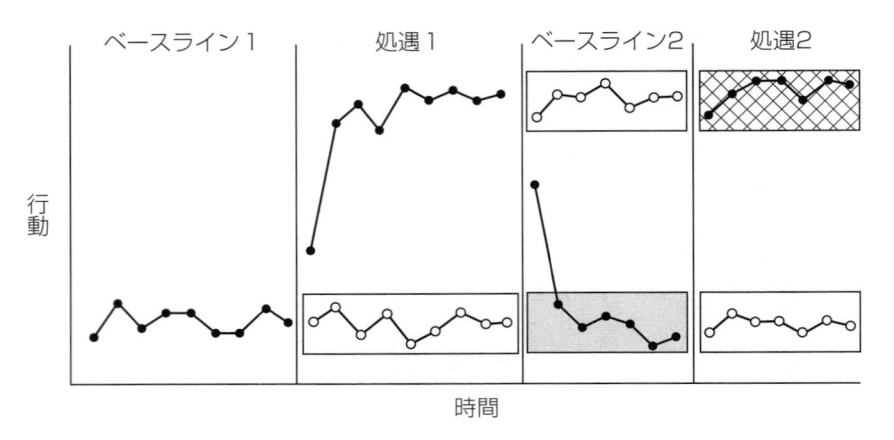

図8.2　A-B-A-Bリバーサルデザインの説明図。白丸データポイントは前段階の条件がそのまま有効ならば予測されるデータを表す。ベースライン2段階で収集されたデータ（陰影長方形内）はベースライン1からの予測を立証する。処遇2のデータ（斜交平行線模様）は実験効果を再現する

び予測とは異なるトレンドになるかどうかを確かめる（B）、ことを必要とする。(pp. 280-281)[2]

　リバーサルデザインは、すでに第7章で、ベースライン論理を例示するために使っているので、ここではリバーサルデザインにおける予測、立証、再現の役割を簡単にレビューするだけにとどめておく。図8.2は図8.1と同じデータを示している。ただし白丸データポイントを追加している。それはもし条件が前段階と変わらず同じならば予測されるであろう行動測度を表している。ベースライン1において反応の定常パターン、すなわち反治療的トレンドが収集されたら、その後に独立変数を導入する。この架空の実験において、処遇1の段階で収集された測度を、ベースライン1の測度と、ベースライン1で予測された測度と比較してみよう。処遇1の段階の測度は、行動が変化したこと、そして行動の変化は介入と同時に起こっていることを示している。処遇1において反応が定常状態になったら、その後に独立変数を除去し、ベースライン条件に戻す。ベースライン2において反応レベルがベースライン1の段階で収集された測度と同じか、それに極めて近い場合は、ベースライン1のデータからの予測が立証されたことになる。換言すれば、もし介入が導入されず、最初のベースライン条件が引き続き維持されていたとすれば、ベースライン2で示されている通りの予測されたデータ経路が出現していただろう。独立変数の除去によってその導入と結び付いていた行動変化の逆転（リバーサル）が起こったとすれば、その介入が観察された行動変化の原因であると強く主張することができる。もしも処遇2において独立変数を再導入して処遇1の段階で観察された行動変化が再びもたらされるとすれば、結果の再現

注2：リバーサルデザインと多層ベースラインデザイン（multiple baseline designs）の最初の実験を設計した功績は、モントローズ・ウォルフ（Motrose Wolf）にあると、リズリー（Risley, 1997, 2005）は考える。「これらの研究においてウォルフが開拓したリサーチの方法は画期的だった。その方法論が、結果として応用行動分析学の定義へとつながった」(pp. 280-281)。

が達成され、関数関係が証明されたことになる。再び別の言い方をすれば、もしも介入が継続されており、第2ベースライン条件が導入されていなかったとすれば、予測される処遇のデータ経路は、処遇2に示されたように現れていただろう。

ロマニウクら（Romaniuk et al., 2002）は、A-B-A-Bデザインの素晴らしい例を提供した。研究に参加したのは3人の発達障害児だった。彼らは学業課題を課されると、問題行動（例えば、たたく、かみつく、駄々をこねる、泣く、離席する、不適切な身振りや騒音や発言をする）を頻繁に示した。実験に先立って関数分析（第24章を参照）を行った。それぞれの子どもの問題行動は、課題からの逃避によって維持されていることが分かった（すなわち、問題行動をすると課題を免除され、休みを取ることが許され、そのときに問題行動が最も頻繁に起こっていた）。研究者らは、子どもたちにやりたい課題を選択させることが、たとえ問題行動を起こしても依然として休みを取れるときでさえ、問題行動の頻度の減少をもたらすかどうかを明らかにしたいと思った。実験に含まれた2つの条件は、無選択（A）と選択（B）だった。どちらの条件でも、教師が指定した同じ一連の課題が使われた。

無選択条件における個々のセッションでは、最初に実験者が子どもに課題を与え、「あなたが今日取り組む課題はこれです」というか、「課題に取り組む時間ですよ」というかした（p. 353）。選択条件の段階（B）では、実験者は子どもの前の机に4～6つの課題に関係する教材を並べて、「今日はどの課題をやりたいですか？」と質問した（p. 353）。子どもはまた、セッション中はいつでも、申し出さえすればほかの課題に切り替えることができると言われた。どちらの条件においても、問題行動が起これば、実験者は「お休みしていいですよ」といい、10秒間の休憩を与えた。

図8.3はこの実験の結果を示す。データは、3人の子どもすべてにおいて、取り組む課題を選択する機会と、問題行動の生起の減少との間には明らかな関数関係が存在することを証明している。個々の子どもが問題行動を示したセッション時間の百分率（ビデオカセットレコーダーのタイマーに示された開始と終了の秒を記録して収集したトータルの持続時間測度として報告された）は、選択条件が実行されると、無選択（ベースライン）レベルから急激に減少した。それは選択が除去されると、ベースラインレベルに逆戻りし、選択を再び導入すると再び減少した。A-B-A-Bデザインによって、ロマニウクらは、単刀直入な、まぎれもない証明を示すことができた。すなわち個々の子どもの問題行動の著しい減少は、課題の選択を許されることの関数だったのである。

1960年代と1970年代初頭には、応用行動分析家はA-B-A-Bリバーサルデザインをほとんど独占的に拠りどころにしていた。シンプルなA-B-A-Bデザインは、応用行動分析学の初期においては支配的役割を果たしていた。そのためそれはこの学問分野のシンボルとなった（Baer, 1975）。これはもちろん、少なくても部分的には、リバーサルデザインの持つ能力、すなわち変数をありのままに（つまり強くて信頼性があるか、または弱くて不安定である）さらけ出す能力に起因していた。リバーサルデザインが優勢だったもう1つの理由は、その当時は、予測と立証と再現という被験者内実験を効果的に組み合わせるためのこれ以外の分析戦術がほとんど利用できなかったせいだったからかもしれない。今日ではリバーサルデザインは、応用行動分析家が使える多く

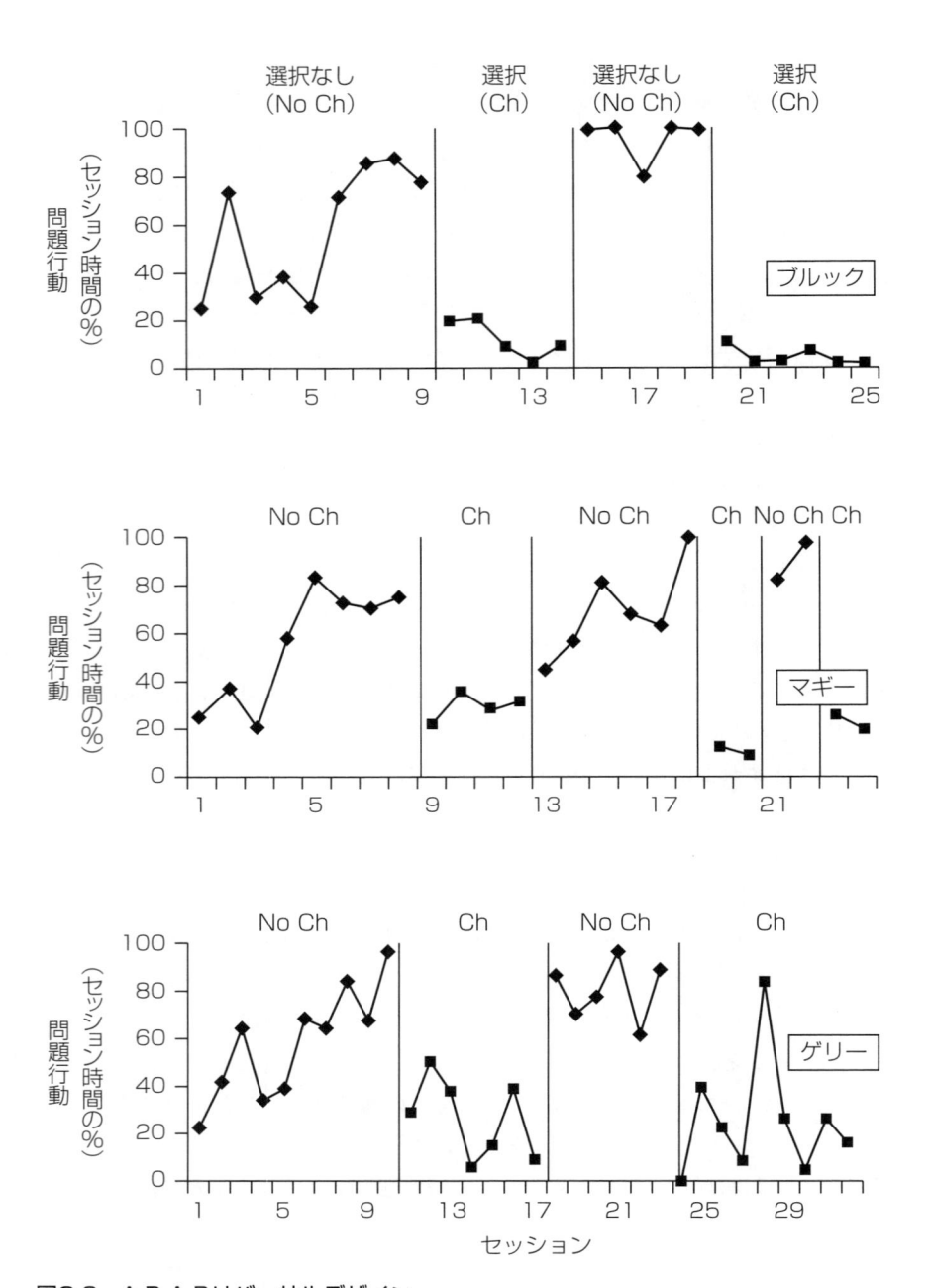

図8.3 A-B-A-Bリバーサルデザイン

From "The Influence of Activity Choice on Problems Behaviors Maintained by Escape versus Attention" by C. Romaniuk, R. Miltenberger, C. Conyers, N. Jenner, M. Jurgens, and C. Ringeberg, 2002, *Journal of Applied Behavior Analysis, 35,* p. 357. Copyright 2002 by the Society for the Experimental Analysis of Behavior, Inc. Reprinted by permission.

の実験デザインの1つにすぎないが、シンプルで飾り気のないA-B-A-Bデザインは応用行動分析学の文献において主要な役割を演じ続けている（例えば、Anderson & Long, 2002［図21.27を参照］; Ashbaugh & Peck, 1998［図15.7を参照］; Cowdery, Iwata, & Pace, 1990［図22.7を参照］; Deaver, Miltenberger, & Stricker, 2001［図21.3を参照］; Gardner, Heward, & Grossi, 1994; Levondoski & Cartledge, 2000; Lindberg, Iwata, Kahng, & DeLeon, 1999［図22.7を参照］; Mazaleski, Iwata, Rodgers, Vollmer, & Zarcone, 1994; Taylor & Alber, 2003; Umbreit, Lane, & Dejud, 2004）。

2．A-B-A-Bデザインのバリエーション

応用行動分析学の多くの研究において、A-B-A-Bデザインの変形版や拡張版が使われる。

（1）反復リバーサル

A-B-A-Bデザインの最も明白な変形版は、その単純な拡張である。A-B-A-B-A-Bの形で、独立変数の除去と導入が2度行われる（図8.3のマギーのグラフを参照）。1つ1つの追加提示と除去は、前に観察された行動への影響を再現する。それによってその行動変化は独立変数の操作の結果である可能性が増大する。ほかのすべてが同一である場合、多くのリバーサルを組み込む実験は、リバーサルが1度の実験よりもより説得力があり、納得のいく関数関係の証明をもたらす（例えば、Fisher, Lindauer, Alterson, & Thompson, 1998［図6.2］; Steege et al., 1990）。とはいうものの、リバーサルを追加しても、分析知見がそれ以上著しく向上することはないという冗長さに達する可能性もある。

（2）B-A-Bデザイン

B-A-Bデザインでは、独立変数、すなわち処遇の適用が最初に来る。最初の処遇段階（B）において安定した反応を生み出した後に独立変数を除去する。もしも独立変数の不在（A条件）において行動が劣化したら、最初の治療段階で得られた反応のレベルを取り戻すため、処遇変数を再導入する。そうすることが最初の処遇段階で得られたデータ経路に基づく予測を立証することになる。

B-A-Bデザインは、A-B-Aデザインと比べて、応用という意味からすればより望ましい。処遇変数を適用した状態で、研究を終了させるからである。しかし、独立変数と従属変数の関数関係を実証する観点からみると、B-A-BデザインはA-B-Aデザインより劣ることになる。介入以前の反応レベルに及ぼす独立変数の影響の査定ができないからである。B-A-Bデザインにおける非介入（A）条件は、それ以前の存在しなかったベースラインの予測を立証することができない。この短所は、B-A-B-A-Bデザインのように、独立変数を除去し次いで再導入すれば改善することができる（例えば、Dixon, Benedict, & Larson, 2001［図22.1を参照］）。

B-A-Bデザインは、A条件において収集される行動測度が介入前の遂行を代表するかどうかを

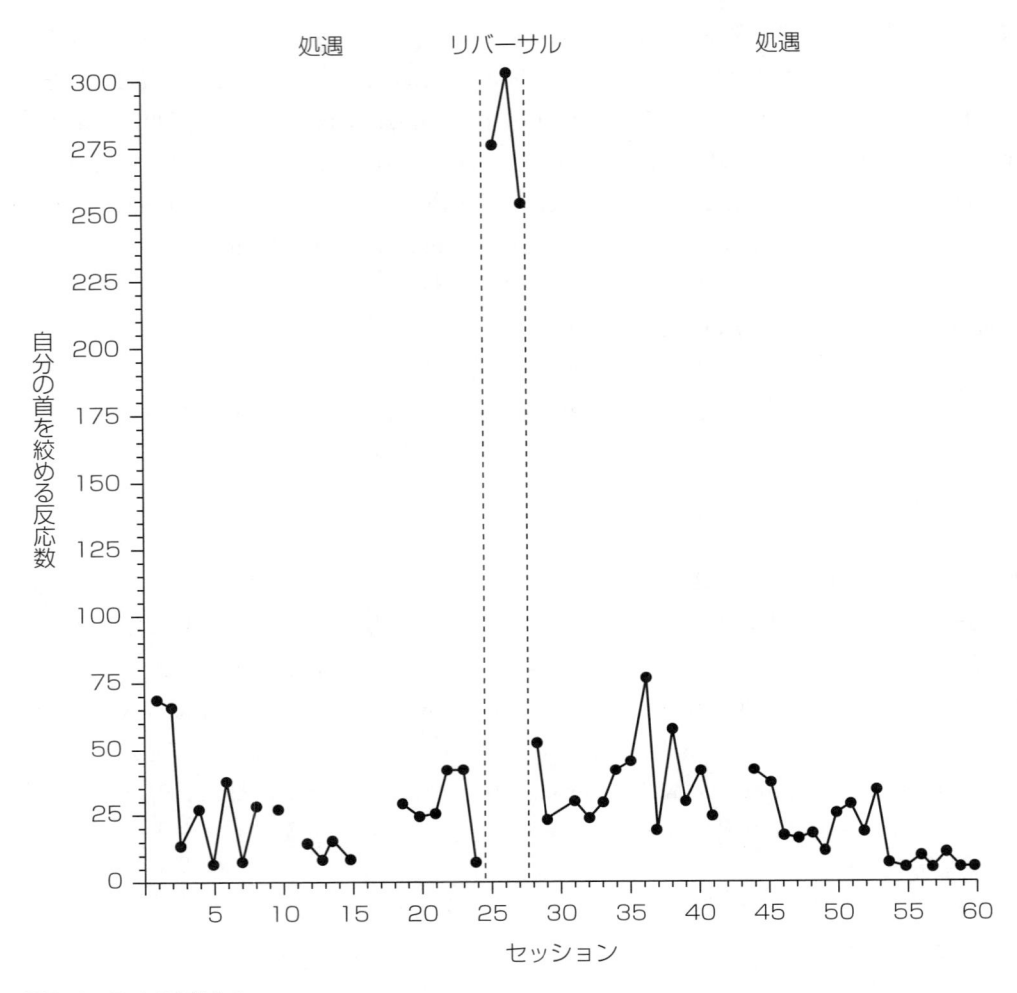

図8.4　B-A-Bデザイン

From "The Use of Mild Punishment in Combination with Reinforcement of Alternate Behaviors to Reduce the Self-Injurious Behavior of a Profoundly Retarded Individual" by R.J.Murphy, M. J. Ruprecht, P. Baggio, and D. L. Nunes, 1979, *AAESPH Review*, 4, p. 191. Copyright 1979 by the *AAESPH Review*. Reprinted by permission.

決定するデータを提供しない。それゆえシーケンス効果（sequence effect）を排除できない。A条件の間に観察された行動のレベルは、処遇条件がそれに先行したことによって影響されているかもしれない。にもかかわらず、最初のベースラインデータを収集できない差し迫った状況が存在する。例えば、B-A-Bデザインは、参加者やほかの人々にとって肉体的損傷や危険をもたらすような標的行動に対しては適切である。そういう状況においては、有効となる可能性のある処遇を、安定したベースライン反応パターンが収集できるまで差し控えることは、倫理的問題を引き起こす恐れがある。例えばマーフィーら（Murphy, Ruprecht, Baggio, & Nunes, 1979）は、軽微な罰と強化の組み合わせが、24歳の最重度知的障害の男性の自分で首を絞める行動に及ぼす効果を評価するためにB-A-Bデザインを使った。その治療が24セッションにわたって効果を示した

後に、治療を3セッション除去した。その間に自分の首を絞める行動の急激で大きな増加が記録された（図8.4を参照）。治療パッケージの再導入によって、最初の治療段階で記録された行動レベルが再現した。B-A-B 研究の各段階における自己絞首の平均数は、それぞれ22、265、24だった。B-A-Bデザインを使ったマーフィーらの研究結果は、行動の印象的減少にもかかわらず、最初の介入以前の行動レベルに関する客観的に測定されたデータを収集し報告することによって、よりよいものになったかもしれない。おそらく、マーフィーらは、倫理的実際的理由から、最初のベースラインを収集しないことを選択したにちがいない。彼らはその介入の直前に、学校職員が異なる手続きを使って自傷行動を減らそうとしたとき、自己絞首が1日当たり平均して434回に達したことを逸話的に報告した。この逸話的情報は、B-A-B デザインから得られた実験データによって示された関数関係の信憑性を増大させた。

　より伝統的なA-B-A-B デザインではなくB-A-B デザインが正当視される状況は少なくても2つ存在する。（1）すでに治療が行われている場合（例えば、Marholin, Touchette, & Stuart, 1979; Pace & Troyer, 2000）と、（2）行動分析家が、実際的社会的に有意な結果を実証する時間をもてない場合、である。例えばロビンソンら（Robinson, Newby, & Ganzell, 1981）は、18人の多動男児のクラスに対して、4週間以内にプログラムの効果を証明する契約を結んで、行動マネジメントシステムを開発するよう求められた。「4週間以内での成功という条件だったため、B-A-Bデザインを用いた」（pp. 310-311）のである。

（3）多重処遇リバーサルデザイン

　リバーサルデザインを使って、2つ以上の実験条件の影響をベースライン条件と比較するか、およびまたは実験条件同士を比較する実験がある。これが**多重処遇リバーサルデザイン**（multiple treatment reversal design）である。その場合、追加される実験条件はC, D……などの文字で表される。ファルコマータら（Falcomata et al., 2004）は、A-B-C-A-C-B-C デザインを用いた。ラーマンら（Lerman et al., 2002）は、A-B-C-B-C-B-C デザインを用いた。ウイークスとゲイロード・ロス（Weeks & Gaylord-Ross, 1981）は、A-B-A-C-A-D-A-C-A-Dデザインを用いた。ジェイソンとリオッタ（Jason & Liotta, 1982）はA-B-A-B-B+C-B-B+Cデザインを用いた。これらのデザインは、すべて、リバーサルデザインのバリエーションと見ることができる。リバーサル戦術の実験法と論理を含んでいるからである。すなわち、それぞれの段階における反応は、その後の段階（予測）のためのベースライン（または比較条件）データを提供する。前段階の条件で観察された行動レベルを再現するため、独立変数を除去する。分析に十分貢献する個々の独立変数は、最低2回は導入される（再現）。独立変数を導入し、除去し、その値を変えたり、組み合わせたり、その他さまざまに操作したりして、実験デザインの果てしない種類を生み出す。

　例えば、ケネディとソーザ（Kennedy & Souza, 1995）は、A-B-C-B-C-A-C-A-Cデザインを使って19歳の最重度障害の生徒が示す眼球突きに及ぼす2種類の競合する刺激源の効果を分析し比較した。ジェフは昼食後やバスを待つ時間などの非活動期間に、自分の人さし指で両眼を突く行動を、12年間にわたって行ってきた。2つの処遇条件は、音楽（B）と、ビデオゲーム（C）だ

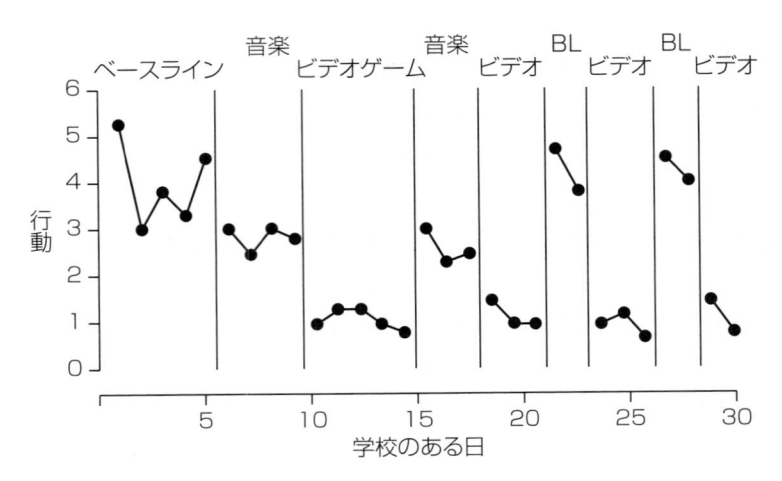

図8.5　多重処遇リバーサルデザイン（A-B-C-B-C-A-C-A-C）

From "Functional Analysis and Treatment of Eye Poking" by C. H. Kennedy and G. Souza, 1995, *Journal of Applied Behavior Analysis, 28,* p. 33. Copyright 1995 by the Society for the Experimental Analysis of Behavior, Inc. Reprinted by permission.

った。ジェフは、音楽という条件では、ソニーのヘッドフォン付きラジオ内蔵ウォークマンを与えられた。ラジオの周波数は、ジェフのお気に入りとして担任教師と家族が判断した放送局に同調された。この条件では、ジェフは継続して音楽にアクセスし、そしてそのヘッドフォンをいつでも外すことができた。ビデオゲーム条件では、ジェフは小型携帯ゲーム機を与えられた。スクリーンにはさまざまな視覚的パターンとイメージが消音状態で提示された。音楽条件の場合と同様に、ジェフは継続してビデオゲームにアクセスし、そしていつでも使用を止めることができた。

　図8.5はこの研究の結果である。最初のベースライン段階（A）では、ジェフは1時間あたり平均4回眼球を突いた。音楽条件（B）を導入すると、眼球突きは1時間当たり2.8回に減少した。次にビデオゲーム（C）を実施すると、眼球突きはさらに1時間当たり1.1回にまで減少した。次の2つの段階、すなわち音楽（B）の再導入と、ビデオゲーム（C）の第2段階では、収集された測度はそれぞれの条件以前の反応レベルを再現した。この実験におけるB-C-B-Cの部分は、ビデオゲーム条件と、相対的に音楽よりも低頻度の眼球突きとの間の関数関係を示した。実験の最後の5段階（C-A-C-A-C）では、ビデオゲームとベースライン（非処遇）条件との実験的比較が行われた。

　多くの独立変数を含む拡張デザインは、ほとんどの場合、最初から計画されたものではない。応用行動分析家は、いつどのように実験的操作を行うかを指令するあらかじめ決められたしゃくし定規の構造に従うのではなく、継続中のデータの査定をベースにしてデザインの決定を行う。

　この意味で、個々の実験は、独立変数と従属変数の間の関係を明らかにするために全体として必要な多くの継続的実験としてとらえることができるだろう。したがって研究の進行とともに姿

を現すデータに呼応して、何らかのデザイン上の決定が行われる可能性がある。このデザインについての判断のセンスは、実験者がより動的な形で、実験的制御の問題の解決を、その出現に即応しながら追求することを奨励する。(Johnston & Pennypacker, 1980, pp. 250-251)

応用行動分析学を学ぶ学生は、この実験デザインの説明を、独立変数の操作に対する自由な形式のアプローチを奨励するものとして解釈してはならない。研究者はつねに一時に1つの変数のみを変化させなければならないというルールに細心の注意を払う必要がある。そして合法的な比較のチャンスと、その結果から導き出せる結論に一定の操作順序がもたらす制約とを、理解しなければならない。

リバーサルデザインを利用して2つ以上の治療を比較する実験は、シーケンス効果という交絡変数の影響を受けやすい。**シーケンス効果**(sequence effect)とは、先行する条件において被験者が体験する経験の結果、所与の条件における被験者の行動に影響が現れることである。例えば、A-B-C-B-Cデザインから得られる、実践においてよく見られる次のような出来事の順序から起こる結果を解釈する場合は、注意を払う必要がある。すなわち、ベースライン(A)をとって、最初の処遇(B)を実践するが、行動改善はほとんど観察されない。そこで2番目の処遇(C)を試みると、行動が改善する。そこで最初の処遇(B)を再導入してリバーサルを行い、次に2番目の処遇(C)を再導入する(例えば、Foxx & Shapiro, 1978 [図15.3])。この場合、Bの後にCが来る場合のCの効果については、あたかも知っているかのように述べることができるだけである。2番目の処遇条件を導入する前に、最初のベースラインの反応レベルを再現する(すなわち、A-B-A-C-A-C順序)ことは、シーケンス効果の脅威を減らすことにつながる(またはそれらをあるがままに見せるために役立つ)。

A-B-A-B-C-B-C デザインは、例えば、BとA、CとBの直接比較を可能にする。しかしCとAを直接比較することはできない。A-B-A-B-B+C-B-B+Cという実験デザイン(例えば、Jason & Liotta, 1982)ならば、B+Cの加算的、ないし相互作用的効果は評価することができるが、Cがもたらす単独の貢献は明らかにされない。これらの両方の例では、CがBよりも前に実行されていたら、行動にもしあるとすればどんな影響が起こったかを突きとめることは不可能である。実験におけるそれぞれの条件がお互いにほかの条件に先行しまた後続するように、それぞれの条件を操作すること(例えば、A-B-A-B-C-B-C-A-C-A-C)は、確実に知るための唯一の方法である。しかし多くの条件を操作するためには、大量の時間と資源が必要であり、そのような拡張デザインは、実験者が制御できない成熟やそのほかの歴史的変数という交絡変数の影響をより受けやすくなる。

(4) NCRリバーサルテクニック

正の強化による介入では、行動に見られる変化は、強化によって環境が改善され、参加者自身の気分がよくなった結果であり、条件的強化が特定の反応クラスに即座に随伴したからではないと考えることもできる。この仮説は、社会的強化による介入が含まれる場合、最もしばしば提出されている。例えば、教師による賞賛と注目がどのように与えられたかは問題ではない。つま

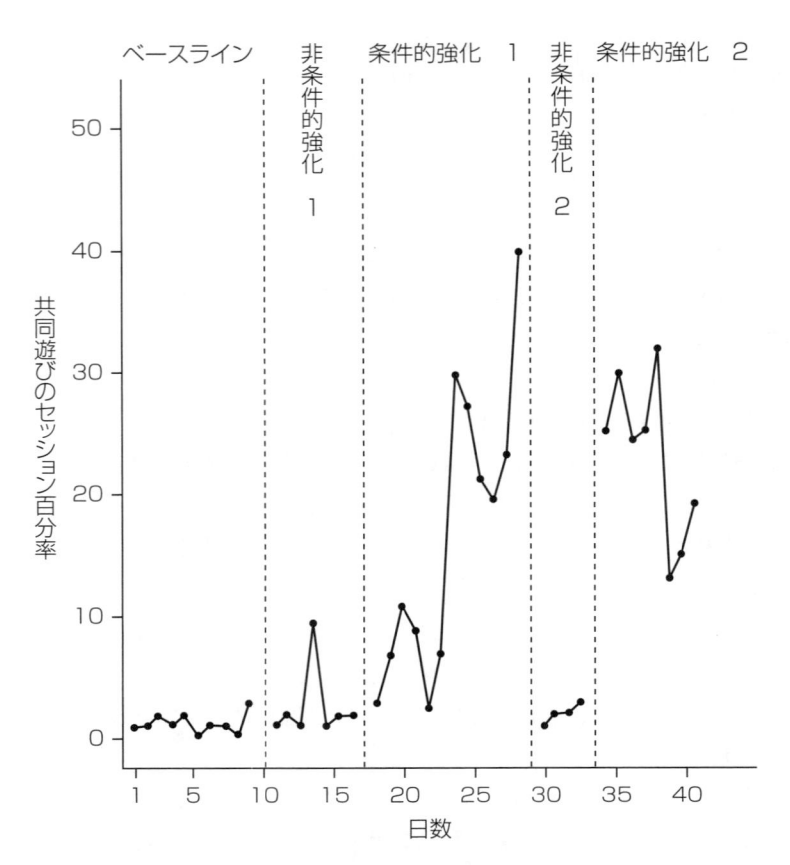

図8.6 対照技法として非条件的強化を使ったリバーサルデザイン

From "Recent Examples of Behavior Modification in Pre-School Settings" by D. M. Baer and M. M. Wolf in *Behavior Modification in Clinical Psychology*, pp.14–15, edited by C. Neuringer and J. L. Michael, 1970, Upper Saddle River, NJ: Prentice Hall. Copyright 1970 by Prentice Hall. Adapted by permission.

り、子どもの行動が改善したのは、賞賛と注目が思いやりのある支援環境を作り出したからであると主張する人がいるかもしれない。しかしながら、条件的強化の条件の間に観察された行動の改善が、もし標的行動の生起とは無関係に同様の量の同様の結果が与えられる条件の間に失われるとすれば、その強化随伴性と行動改善の間の関数関係は証明されることになる。別の言葉で言えば、この実験的制御のテクニックによって、行動の変化が単なる刺激事象の提示、ないしそれとの接触によってではなく、条件的強化によってもたらされたものであることを証明することができる（Thompson & Iwata, 2005）。

ベアとウォルフ（Baer & Wolf, 1970a）は、ある幼稚園児の共同遊びに及ぼす教師の社会的強化の影響を研究した。それはNCRリバーサルテクニック（NCR reversal technique）（図8.6）の好例である。彼らはこの活用と目的を次のように説明した。

［教師らはまず次のようなベースライン・データを収集した］。すなわち、その子どもの共同遊びやそのほかの関連行動と、教師ら自身のその子との交流についてのベースラインである。10日間

第8章　リバーサルデザインと交替処遇デザイン

の観察の結果、その子は毎日およそ50％程度を、ほかの子どもたちの近くで（屋内では3フィート以内、屋外では6フィート以内）過ごしていたことが分かった。しかしその子が頻繁に他児の近くにいるにもかかわらず、共同遊びをしたのは1日あたり2％にすぎなかった。教師側は1日の約20％をその子と過ごしていたが、そのすべてが楽しい関わりではなかったことが分かった。そこで教師たちは濃密に社会的強化を与える時間を計画した。その社会的強化は、共同遊びを条件とするものではなく、どんな反応もまったく要求することなく与えられた。教師らは代わる代わる女の子の傍に立ち、その子の活動にしっかり付き添い、いろいろな教材を与え、楽しそうに感嘆しながらその子とともに微笑んだり、笑ったりした。この無条件の（非条件的な）社会的強化の大盤振る舞いを7日間行った結果は、ストレートだった。すなわちグループのほかの子どもたちはこのシーンにすっかり魅了され、その子に共同遊びのチャンスをほぼ2倍提供した。それにもかかわらず、その子の共同遊びはまったく変化しなかった。この7日間は何ら有用な変化をもたらさなかった。そのため、教師側は共同行動に対する計画的な強化に着手した……。無条件の強化期間に与えた量の半分未満の条件的社会強化を行うと、その子の共同遊びは、12日間の強化期間の間に、通常の2％から40％もの高さまで増加した。その時点で、教師らは確実性を確かめるため、条件的強化を中止し、無条件強化に切り替えた。その4日の間、教師側はこの研究の強化期間に獲得した共同行動をすべて失った。その子はその期間、共同遊びを平均して5％行った。当然ながら、研究の最終段階では、社会的強化の条件的活用に戻って、望ましいレベルの共同遊びを回復させ、その行動を維持するために行う教師の役割を段階的に除去していった。(pp. 14-15)

　NCRを対照条件（コントロール条件）として用いて、関数関係を証明することは、条件的強化に使われる出来事や活動を完全に除去することが不可能であるか不適切な場合に、好都合である。例えばラッタル（Lattal, 1969）は、サマーキャンプにおいて子どもたちの歯磨きに対する強化としての水泳の効果を「反転」させるため、NCRを対照条件として採用した。条件的強化条件においては、子どもたちは歯磨きをしたときにのみ水泳に出かけることができた。NCR条件においては、歯磨きをしようがしまいが水泳に行くことができた。子どもたちは条件的強化条件においてより頻繁に歯磨きをした。
　NCRを与える通常の手続きは、被験者の行動とは無関係に、固定時間または変動時間スケジュールによって行う。NCR対照手続きの潜在的弱さは、先行する条件的強化段階において望ましい行動が高率で起こっていた場合に明らかになる。そのような状況においては、あらかじめ決められた時間スケジュールにしたがって、少なくとも一部の例においては、標的行動の生起に時間的に接近してNCRが与えられるため、思いがけない、「偶発的強化」（Thompson & Iwata, 2005）として機能する可能性がある。それどころか、故意にではなく間欠強化スケジュールができてしまい、その結果条件的強化のもとで得られたパフォーマンスよりもより高レベルのパフォーマンスが生まれることがある（間欠強化スケジュールとその効果は、第13章において解説する）。そういう場合、つぎに説明する2種類の制御テクニックを使うことを検討してもよいだろう。どちら

313

にも、随伴性の行動焦点の「反転」が伴う[3]。

（5）DROリバーサルテクニック

　標的行動が起こる。その直後に強化子が随伴する。そうならないようにするにはどうすべきか？　1つの方法は、被験者による標的行動以外の任意の行動の遂行に対して、強化を即座に随伴させることである。**DROリバーサルテクニック**（DRO reversal technique）において、対照（比較）条件となるのは、標的行動以外の任意の行動の自発に対して、強化の働きをすると推定される出来事を提供することである（例えば、Baer, Peterson, & Sherman, 1967; Osbourne, 1969; Poulson, 1983）。例えば、レイノルズとリズリー（Reynolds & Risley, 1968）は、教師の条件的注目（contingent attention）によって、貧困児童のための就学前プログラムに参加している4歳女児の談話を増加させようとした。教師が言語反応に対して条件的注目を与えると、女児の談話は観察インターバルの平均11%から75%に上昇した。それからDRO、すなわち言語反応以外の任意の行動に教師らが注目するという条件を適用した。6日間のDROでは、女児の言語反応は6%に下降した。次に、言語反応を条件として教師が注目を与えると、女児の言語反応は「即座に平均51%まで上昇した」。(p. 259)

（6）DRI/DRAリバーサルテクニック

　DRI/DRAリバーサルテクニック（DRI/DRO reversal technique）においては、対照条件の段階において、標的行動と同時には起こりえない行動（すなわち、それら2つの行動を同時に自発することは不可能である）か、または標的行動に代替する行動が起こると、即座にそれまで条件的強化として標的行動に随伴していた結果と同一の結果を随伴させるようにする。ゲーツとベア（Goetz & Baer, 1973）は、幼稚園児の創造遊び（creative play）に対する教師の賞賛の効果を研究した。それはDRI対照（比較）条件の活用例である。図8.7は、その研究に参加した3人の子どもが作った異なる積み木の形状（例えば、アーチ、タワー、屋根、高速道路への出入道路）の数を表す。ベースライン段階（文字 N で示されるデータポイント）では、「子どもが積み木を積むとき、教師はその子のそばに座り、親しげにしかし声はかけずに見守り、積み木のどんな特定の使い方に対しても、批評したり強い関心を示したりしなかった」(p. 212)。次の段階（D データポイント）では、「子どもがそのセッションでの積み木の積み方でそれまで見たことがなかった形状を作るように積み木を置いたり置き直したりすると、そのたびに必ず、'まあ素敵ねえ。いままでのとは違うわ' と、興味と強い関心と喜びを伴わせてコメントした」(p. 212)。それから、

注3：厳密に言えば、NCRを実験的制御テクニックとして使い、それが有効であるためには強化の条件的適用が必要であることを実証することは、A-B-Aリバーサルデザインの独立したバリエーションではない。テクニックとしては、NCRリバーサルテクニックは、次に解説するDROとDRI/DRAリバーサルテクニックも同様であるが、多重処遇デザインである。例えば、図8.6に示されたベアとウォルフ（Baer & Wolf, 1970a）による社会的強化の研究では、A-B-C-B-Cデザインが使われた。BはNCR条件を表し、Cは条件的強化条件を表す。

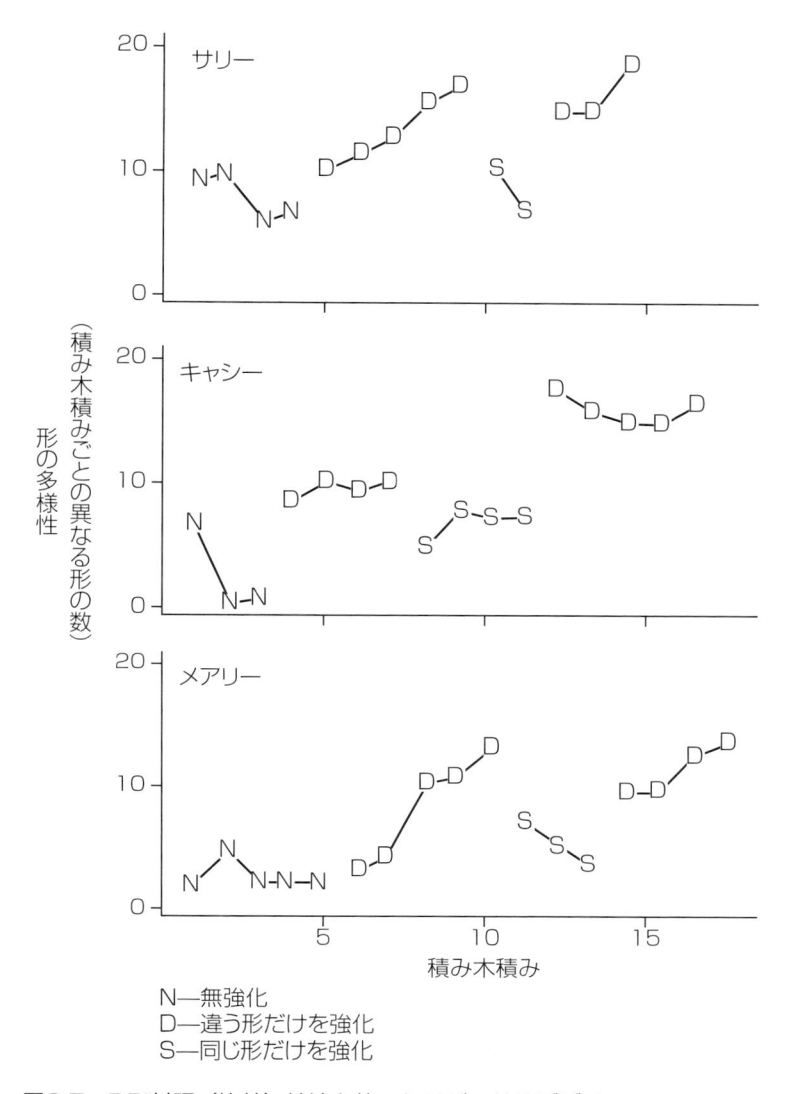

図8.7 DRI対照（比較）技法を使ったリバーサルデザイン

N—無強化
D—違う形だけを強化
S—同じ形だけを強化

From "Social Control of Form Diversity and the Emergence of New Forms in Children's Blockbuilding" by E. M. Goetz and D. M. Baer, 1973, *Journal of Applied Behavior Analysis, 6,* p. 213. Copyright 1973 by the Society for the Experimental Analysis of Behavior, Inc. Reprinted by permission.

形状の多様性の増加がはっきり確立したところで、単に言語賞賛を止めて最初のベースライン条件に戻る代わりに、子どもたちが同一の形状を作ったときだけ、教師が記述的賞賛（descriptive praise）を与えるようにした（Sデータポイント）。「こうして、次の2〜4セッションの間、教師は興味と強い関心と喜びを示し続けたが、それは子どもがそのセッションで前に現れた形状を反復して作るように積み木を置いたり置き直したりするときに限って与えるようにした……。したがって、そのセッションで初めて使われた形状は強化されず、その形状の2回目の使用とその後のそのセッション内でのすべての使用には、'まあ素敵ねえ。またアーチだわ' とコメントし

た」(p. 212)。実験の最終段階では、形状の違いに対する記述的賞賛への復帰が行われた。この結果は子どもたちの積み木の積み方の形状の多様性が、教師の賞賛とコメントの関数であることを示している。DRIリバーサル戦術を使うことによって、ゲーツとベアは、子どものより創意に富んだ積み方を生み出すためには、教師がただ賞賛とコメントを与えればよいのではなく、異なる形状を条件として賞賛と注目を与える必要があったと言い切ることができたのである[4]。

3. リバーサルデザインの適切性の考慮

　リバーサルデザインの第一の強みは、独立変数と従属変数の間に関数関係があること（またはないこと）を明白に実証する能力があることである。研究者が特定の変数を提示し除去することによって、標的行動を確実に作動させ停止させる。それは明瞭で説得力のある実験的制御の証明である。その上リバーサルデザインは、介入前の反応レベルを上回る行動変化量を数量化することを可能にする。そしてベースラインへの復帰は、維持のプログラミングの必要性についての情報を提供する。さらに、完全なA-B-A-Bデザインは、処遇条件が実施されている状態で終了する[5]。

　リバーサルデザインは、分析の道具としての長所を備えているにもかかわらず、使用する前に考慮すべき、潜在的な一定の科学的、社会的短所を含んでいる。考慮すべきは次の2点である。第1は不可逆性であり、それは科学的実用性に影響を与える。第2は一見して有効な介入の除去に関わる社会的、教育的、倫理的問題である。

（1）不可逆性

　処遇変数のなかには、まさにその性質上、1度導入すれば除去できないものがある。リバーサルデザインは、そういう処遇変数の効果を評価するためには、適切とはいえない。強化と弱化の随伴性を伴う独立変数は、実験者がその随伴性を提示するか、または除去するかすることによって、ある程度の確実性をもって操作することができる。しかし、情報提示やモデリング（示範）などの独立変数は、1度提示すれば絶対に除去することができない。例えば教師が現職研修のための講習会に参加する。そこで参加者は、子どもに対して条件的賞賛と注目を与える指導教師（master teacher）の模範演技を観察する。この現職研修への参加がもたらす効果を分析する実験においては、リバーサルデザインは有効ではない。参加者は条件的賞賛を活用する論拠について講義を受け、指導教師がそのモデルを示すところを観察する。この経験によって提供される体験

注4：この研究では、子どもの積み木積みの多様性が増加したことに対して、教師が与えたコメントに含まれた注目と賞賛（「まあ素敵ね」）と、記述的フィードバック（「…いままでのとは違うわ」）がどこまで貢献したかを確定することはできない。社会的注目と記述的フィードバックがパッケージとして与えられたからである。

注5：完全な介入の存在しない状態で、行動を改善されたレベルに維持する必要がある場合や、そうすることが望ましい場合は、介入成分の部分的なまたは順次的な除去という形での追加操作が行われる（Rusch & Kazdin, 1981 を参照）。

は、消し去ることができない。このような介入を不可逆的介入と呼ぶ。

　リバーサルが有効な分析的戦術かどうかを検討する場合は、従属変数の不可逆性についても考慮しなければならない。**行動の不可逆性**（behavioral irreversibility）とは、初期段階において観察された行動のレベルを、たとえ実験条件を初期段階と同じにしても、再現することができないことを意味する（Sidman, 1960）。応用行動分析家が研究対象とする多くの標的行動は、行動を改善する原因となった介入を取り去っても、新たに獲得した改善水準を維持する。臨床的または教育的観点からすれば、そのような状況は望ましいことである。すなわち、その行動改善には継続性があることが示されたからである。継続的処遇が存在しなくなっても改善が持続するのである。しかし、行動改善において独立変数が果たす役割を証明するためには、ベースラインレベルの反応を再現させることによって立証しなければならないとすれば、不可逆性には問題がある。

　例えばベースライン観察によって、ある幼児の会話と社会的交流の生起率が非常に低いかほとんど不在であることが明らかになったとする。教師がその子の会話と交流に対して社会的強化を行う。この介入をしばらく行った結果、幼児はクラスメートと同じ程度と方法によって、仲間と会話し交流するようになったとする。この場合の独立変数は、教師による強化である。それは、ベースラインレベルの会話と交流の生起率を再現させるために、停止することができる。しかし、その子の行動の最初の改善に影響を及ぼしたと思われる介入を除去しても、その子はクラスメートと会話し交流し続けるかもしれない。この場合、実験者によってコントロールされない強化の源泉、すなわちその子の仲間との会話と交流の結果として、クラスメートが与える会話と遊びは、教師が与える強化をもはや与えなくなったとしても、高い行動生起率を維持する可能性がある。このような不可逆性の例においては、A-B-A-Bデザインは、独立変数と標的行動の間の関数関係を明らかにすることに失敗するだろう。

　にもかかわらず、応用行動分析学の主たる目標の１つは、実験的処遇を通じて社会的に重要な行動を確立することである。すなわち、その行動が日常的な（自然の）「強化のコミュニティ」と接触するようになって処遇が不在になっても、行動改善が維持されるようにすることである（Baer & Wolf, 1970b）。不可逆性が疑われるか、明白である場合は、比較技法として、DROかDRI/DRAを考慮すべきであるが、それに加えて研究者はさらに別の実験戦術を考慮することもできる。最も著名な戦術は、第９章で解説する多層ベースラインデザインである。

（２）有効な介入の撤去：社会的、教育的、倫理的考慮

　行動改善における役割を評価するために、効果のありそうな介入を取り除く操作は、実験的制御の明白な証明をもたらすものの、それは当然懸念のもとになる。よくなった行動をベースラインの反応レベルまで悪化させる（それどころか、それを狙いとする）ことを放置する手続きは何であれ、その適切性を問題にしなければならない。リバーサルデザインのこの基本的特徴に関して、これまでにさまざまな憂慮が語られてきた。それらの懸念の間にはかなりの重複が見られるが、分類すれば、主として社会的、教育的、倫理的原則に関わるものに分けることができる。

社会的問題。応用行動分析学は、その名が示す通り、社会的事業である。行動は人々によって、人々のために、選択され、定義され、観察され、測定され、修正される。応用行動分析学に関わりを持つ人々、すなわち、管理職や、教師や、保護者や、参加者は、彼らが望ましい行動改善と結び付けて考える介入を取り去ることに反対することがある。リバーサルは、たとえいま研究している行動と環境の関係について完全な説明を与えるとしても、主要な参加者がその介入を取り去ることを望まないならば、最適の分析戦術とはいえないかもしれない。リバーサルデザインが科学的に最善の実験的アプローチを示し、かつ倫理的問題をまったく提起しないならば、行動分析家はその戦術を好まない人々に対して、その行程と目的を説明する道を選んでもよいだろう。しかし参加する人々、とくに介入を取り去る責任を負う羽目になる人々からの全面的支持を得ることができないならば、リバーサルを試みることは賢明ではない（Tawney & Gast, 1984）。彼らの協力が得られないならば、実験の手続きの完全性（integrity）は、容易に弱体化する可能性がある。例えば、処遇を取り去ることに反対する人々は、その介入または少なくとも彼らが最も重要だと考える介入部分を実践することによって、ベースライン条件への復帰をサボタージュするかもしれない。

　　教育的、臨床的問題。リバーサルデザインに関する教育的または臨床的問題は、しばしばリバーサル段階において失われるインストラクションの時間に関して発生する。それと同様に、介入の間に観測された行動改善が、ベースライン条件に復帰した後に処遇を再開したときに、再現されない恐れがあることも問題になる。シュトルツ（Stolz, 1978）は、「長期にわたるリバーサルは擁護できない」と主張したが、われわれもその考えに同意する。もしも反応の介入前レベルが速やかに目標に達した場合、リバーサル段階は非常に短くすることができる。最初のベースライン生起率の再現を証明するためには、わずか3〜4セッションでよい場合もある（例えば、Ashbaugh & Peck, 1998［図15.7］; Cowdery, Iwata, & Pace, 1990［図22.6］）。ほんの2、3回の短いリバーサルによって、非常に説得力のある実験的制御を証明することができる。処遇変数を再導入したとき、改善された行動水準を回復できないのではないかという恐れは分かるが、これまで実験的証拠によってそのことが支持されたことはない。一連の環境条件のもとで獲得された行動は、それらの条件を後に再び適用すると、再び急速に獲得できるということが、発表された何百という研究によって証明されている。

　　倫理的懸念。自傷やそのほかの危険な行動の処遇を評価するためにリバーサルデザインを使おうとする場合は、深刻な倫理的懸念について考慮しなければならない。軽度の自傷または攻撃行動の場合、1、2回のベースラインプローブ（baseline probes）からなる短いリバーサル段階でも、関数関係を明らかにするために必要な実験的証拠を提供することができる場合がある（例えば、Kelley, Jarvie, Middlebrook, McNeer, & Drabman, 1984; Luce, Delquadri, & Hall, 1980; Murphy et al., 1979［図8.4］）。例えば、コダックら（Kodak, Grow, & Northlop, 2004）は、注意欠陥多動性障害児の脱走（すなわち、管理体制から逃げ出すこと）に対する治療を評価する研究において、ただ1セッションだけをベースライン条件に戻した（図8. 8を参照）。

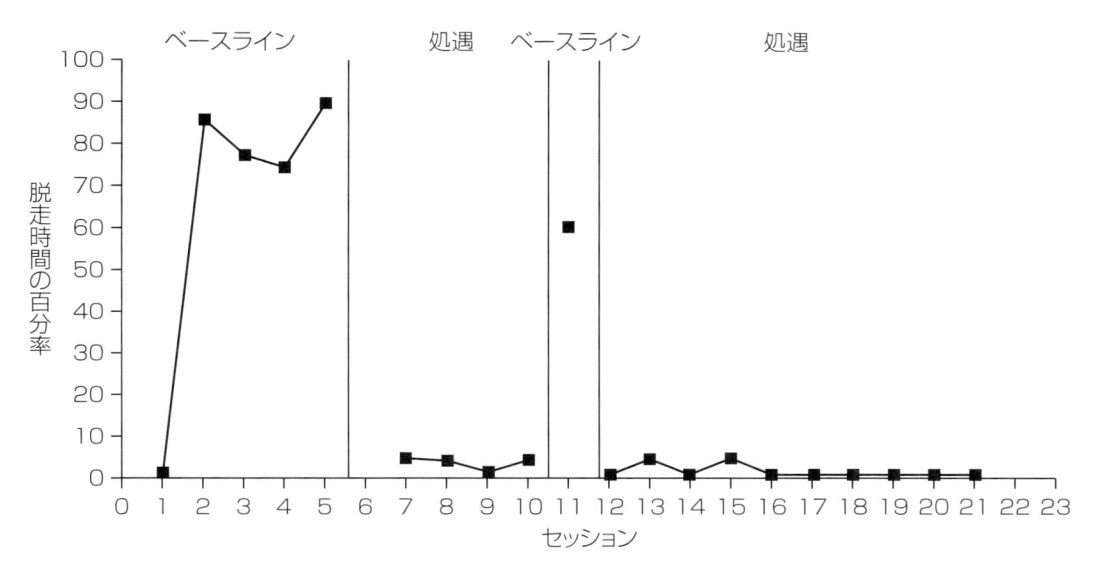

図8.8　潜在的に危険な行動の処遇効果を評価し立証するための1セッションベースライン復帰プローブつきリバーサルデザイン

From "Functional Analysis and Treatment of Elopement for a Child with Attention Deficit Hyperactivity Disorder" by T. Kodak, L. Grow, and J. Northrup, 2004, *Journal of Applied Behavior Analysis, 37,* p. 231. Copyright 2004 by the Society for the Experimental Analysis of Behavior, Inc. Reprinted by permission.

にもかかわらず、行動によっては、プローブのために、改善に関連した介入をわずか1セッション除去するだけで、倫理的理由から適切ではないと判断されることがある。そういうケースでは、リバーサル戦術に依拠しない実験デザインを使うようにしなければならない。

II 交替処遇デザイン

行動を変化させる責任を負う教師やセラピストやそのほかの人々がしばしば問う1つの重要な問題がある。「この子またはクライエントにとってこれらの処遇の内のどれが最も有効か？」という問いである。多くの場合、研究文献と、分析家の経験と、行動原理の論理的拡張に基づいて、1つではなく複数の可能な介入が推奨される。可能な複数の処遇や処遇の組み合わせの内のどれが行動に最大の改善をもたらすか。それを決定することが応用行動分析家の第一の課題になる。すでに述べたとおり、多重処遇リバーサルデザイン（例えば、A-B-C-B-C）を使えば、2つかそれ以上の治療法の効果を比較することができる。しかしこれらのデザインは、いくつかの内在的限界をもっている。多重処遇リバーサルデザインでは、個々の段階で異なる処遇が一定の順序で起こる。そのためこのデザインは、シーケンス効果（例えば処遇 C は、それ自体が有効だったからではなく、処遇 B の後に適用されたから効果があった可能性がある）という交絡変数の影響をとりわけ受けやすい。多くの処遇をリバーサル戦術によって比較することがもたらす第2の短所は、差異的影響を実証するために必要な時間が長期化することである。教師やセラピストによって標的とされる行動の大部分は、即座の改善が必要であるために選ばれる。可能な複数

のアプローチから最も有効な処遇を迅速に明らかにする実験デザインは、応用行動分析家にとって重要である。

交替処遇デザインは、2つまたはそれ以上の治療法の効果を比較するための、実験的に正しく、効率的な方法をもたらす。交替処遇デザインという言葉は、バーローとヘイズ（Barlow & Hayes, 1979）が提案したものであるが、このデザインの操作を正しく伝えている。この分析戦術を表すために応用行動分析学の文献において使われるその他の用語としては、**マルチエレメントデザイン**（multielement design）（Ulman, & Suzer-Azaroff, 1975）、多元スケジュールデザイン（multiple schedule design）（Hersen & Barlow, 1976）、並立スケジュールデザイン（concurrent schedule design）（Hersen & Barlow, 1976）、同時処遇デザイン（simultaneous treatment design）（Kazdin & Hartmann, 1978）がある[6]。

1．交替処遇デザインの操作と論理

交替処遇デザイン（alternating treatments design）の特徴は、2つかそれ以上の独立の処遇（すなわち独立変数）を急速に交替させることである。その間、それらが標的行動（すなわち従属変数）に及ぼす影響を測定する。リバーサルデザインでは、任意の実験段階で定常状態の反応が達成されてから実験的操作が行われるが、それに対して交替処遇デザインでは、反応水準とは無関係に異なる介入が操作される。このデザインは刺激弁別という行動原理を基礎にしている（第17章を参照）。任意のセッションにおいて作動している処遇条件を参加者が弁別しやすいように、はっきり区別できる刺激（例えば、標識、言語教示、色違いのワークシート）がしばしばそれぞれの処遇に結び付けられる。

> 個々の介入に対応するデータは別々に表示する。個々の介入の効果を視覚的に分かりやすく表示するためである。処遇適用時間などの交絡変数のファクターは、カウンターバランスによって中性化されており、2つの処遇は教示やそのほかの弁別刺激によって参加者にとって弁別しやすくなっているため、個々の介入に対応する行動変化の個々の表示の違いは、介入そのものによるものとみなされる。したがって2つ（またはそれ以上の）処遇の直接比較が可能になる。(Barlow & Hayes, 1979, p. 200)

図8.9はA、B2つの処遇が何らかの反応測度に及ぼす影響を比較する交替処遇デザインのグラフの見本である。交替処遇デザインでは、さまざまな方法によって異なる処遇を交替させることができる。例えば、次のような方法によって処遇を適用する。(a) 1つの処遇が日替わりに作動

注6：2つかそれ以上の処遇を同時に提示するデザイン、そして参加者が複数の処遇から選択するデザインは、並立スケジュールデザイン、または同時処遇デザインと呼ぶのが正しい。著者によって同時処遇デザインと記述されて発表された研究の中には、実際には交替処遇デザインが使われていたものがある。バーローとヘイズ（Barlow & Hayes, 1979）が応用研究文献において見つけ出すことができた同時処遇デザインの実例は1つだけで、ブラウニング（Browning, 1967）による研究だった。10歳男児の誇示行動を減らすための3種の技法が比較された。

第8章　リバーサルデザインと交替処遇デザイン

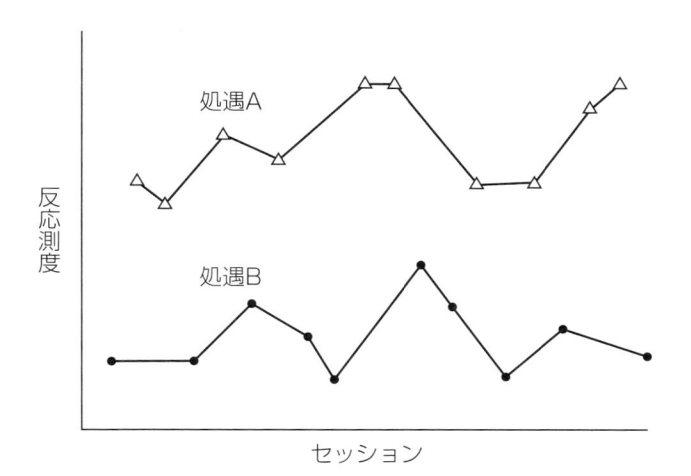

図8.9　2つの処遇（AとB）の異なる効果を比較する交代処遇デザインのグラフの原型

するようにする。(b) 同一日に別々のセッションが起こるようにする。(c) 同一セッションに区切りを入れて、それぞれの区間に異なる処遇が起こるようにする。行動に変化が見られるとすれば、原因が処遇以外の変数に帰属する確率を減少させなければならない。そのために、曜日や、1日の中の時間帯や、異なる処遇の適用順序や（例えば、日替わりで1番目と2番目を変えるなど）、異なる処遇を適用する人物などに関して、カウンターバランス操作（差異の相殺手続き）を実施する。例えば、図8.9における処遇Aと処遇Bを、同日内の1回30分のセッションごとに適用したとする。2つの処遇の日々の順序は、コインフリップ（硬貨はじき）によって決定する。

　図8.9のデータポイントは、日々の処遇の実際の順序を反映するように水平軸上に描写されている。したがって、水平軸のラベルはセッションと名づけられる。そして継続するセッションの個々のペアは、1日の間に起こった。1日（または1セッション）の間に、2つかそれ以上の処遇が提示される交替処遇デザインを使った実験報告のなかには、それぞれの処遇において収集された測度を、水平軸上の同じポイントの上に描き出すものもある。したがって複数の処遇が同時に適用されたことを意味することになる。この描写方法は、出来事の時間順序を覆い隠すとともに、そしてその研究者にとっても読者にとっても、可能性のあるシーケンス効果を見つけ出すことを困難にするという不幸な結果をもたらす。

　定常状態戦略の3成分は、予測、立証、再現であるが、それらは交替処遇デザインにおいて見出される。しかしそれぞれの成分は、デザインの個々の段階ではなかなか同定できない。交替処遇デザインでは、特定の処遇に対応する継続的な個々のデータポイントは、3つの役割のすべてを演じる。すなわち、それは (a) その処遇下における将来の反応水準を予測する基礎を提供する。(b) その処遇下における遂行についての過去の予測の可能な立証を提供する。(c) その処遇によって生み出された過去の影響を再現させる機会を提供する。

　この論理の展開を理解するためには、図8.9のそれぞれの処遇の最初の5セッションのデータポイントを除くすべてのデータポイントの上に、1枚の紙片をかぶせる必要がある。見えている

321

データ経路の部分は、それぞれの処遇下における未来の遂行を予測するための基礎を提供する。その紙片を右側に移動させると、次の日の２つのデータポイントが明らかになる。それぞれが前の予測の立証の程度を与える。より多くのデータが記録されるほど、個々の処遇の内部における反応の任意のレベルの予測は、継続する立証によって（それらの追加データが、先行データと同じレベルかトレンドに合致すれば）、一層強められる。処遇 Aが再導入されるたびに再現が起こる。そして測定によって、以前の処遇 Aの測度に類似し、処遇 Bが作動しているときに収集された測度とは異なる反応が明らかになる。同様に、処遇Bの再導入が結果として以前の処遇Bの測度と類似し、処遇 Aの反応水準とは異なる反応を生み出すたびに、また別の小規模の再現が達成される。立証と再現の一貫した順序は、実験的制御の証拠である。そして２つの処遇と反応水準の差異との間の関数関係についての研究者の確信を強固にする。

　交替処遇デザインにおける実験的制御の存在と程度は、異なる処遇を代表するデータ経路の間の差異を目視検査（visual inspection）によって突き止めることができる。実験的制御とは、この場合は、異なる処遇の存在によって、異なる反応水準が予測性と信頼性をもってもたらされることである。２つの処遇に対応するそれぞれのデータ経路が相互に重なり合わず、定常水準か対照的トレンドを示すとき、実験的制御が明快に証明されたことになる。図8.9 はその例である。データ経路の重なり合いは見られず、影響の違いを示す状態像は明らかである。データ経路の一部が重なり合う場合も、任意の処遇に対応するデータポイントの大多数が、対照的処遇に対応するデータポイントの大多数の数値の範囲（レンジ）の外側にあれば、標的行動に対する一定の実験的制御は、なお証明されることになる。

　２つの処遇がもたらす影響の間にどれくらいの差異があるかは、それぞれのデータ経路の間の垂直距離、ないし分離（fractionation）によって決定され、その違いは垂直軸によって数量化される。垂直距離が大きければ大きいほど、２つの処遇が反応測度に及ぼす影響の違いも大きくなる。２つの処遇の間の実験的制御は証明されても、行動改善の大きさは社会的に意味があるものにはならない可能性がある。例えば重度の自傷行動の生起を１時間当たり10回から２回に減らす処遇に関して実験的制御が実証されたとしても、参加者は依然として自傷行動に従事することになる。しかしながら、もし垂直軸が有意義に尺度化されるならば、垂直軸以上のデータパスの距離間隔が大きければ大きいほど、その差が社会的に有意義な影響を表す可能性は大となる。

　学業不振の小学４年生の単語の綴りの正確さに及ぼす２種類の集団随伴性の条件的報酬の効果を比較した実験がある（Morgan, 1978）。そのデータは、交替処遇デザインがいかに実験的制御と差異的影響の数量化を明示するかを例証する。この研究に参加した６人の児童は、事前テストの得点に基づいて、スキルの等しい２人ずつの３組のチームに編成された。児童は前日に単語のリストを受け取り、テストを受ける直前に５分間の勉強時間を与えられた。交替処遇デザインにおいて、３種の異なる条件が使われた。すなわち、(a) ノー・ゲーム（no game）：単語綴りテストが即座に採点され、児童に返される。その日の次の学校活動が開始される。(b) ゲーム（game）：テスト用紙が即座に採点され、最高の総得点を達成したチームの各メンバーが謄写版印刷のアチーブメント証明書を渡され、起立して歓声を上げることを許された。(c) ゲームプラス（game plus）：ゲーム条件と同じ手続きを使うが、それにプラスして勝利チームの個々の児

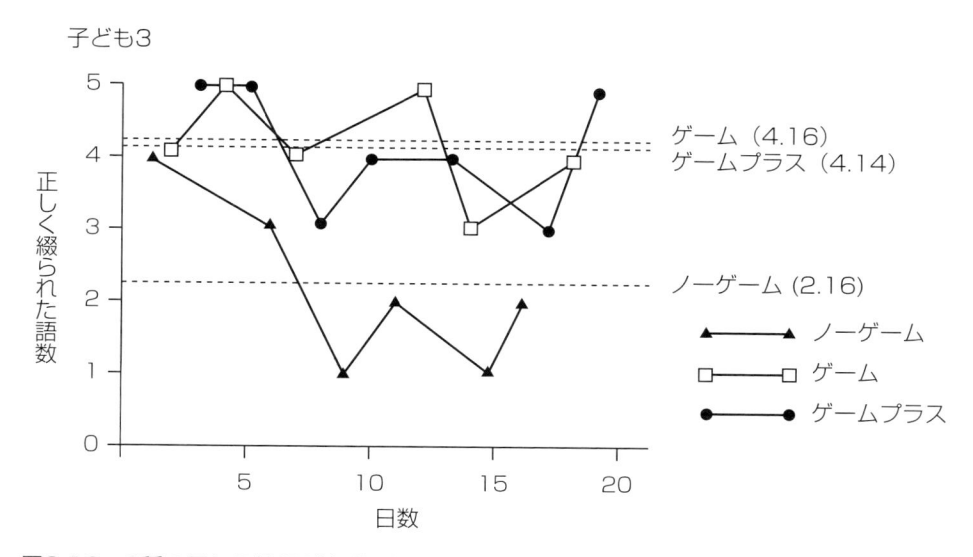

第8章　リバーサルデザインと交替処遇デザイン

図8.10　3種の異なる処遇が小学4年生の綴りの正確さに及ぼす効果を比較する交代処遇デザイン

From *Comparison of Two "Good Behavior Game" Group Contingencies on the Spelling Accuracy of Fourth-Grade Students* by Q. E. Morgan, 1978. Unpublished master's thesis. The Ohio State University. Reprinted by permission.

童がちょっとした小物（例えば、ステッカーや鉛筆）を受け取る。

　児童3の結果を示そう（図8.10）。ノーゲーム条件と、ほかの2つの条件（ゲーム条件およびゲームプラス条件）との間には、綴りの正確さに対する実験的制御が得られたことが示された。ノーゲーム条件のデータポイントのうち、ゲーム条件、またはゲームプラス条件の低得点範囲（レンジ）と重なり合うのは、最初の2ポイントだけである。しかし、ゲーム条件とゲームプラス条件のデータ経路は完全に重なり合い、しかも研究のはじめから終わりまで継続して起こっており、2つの処遇（指導法）の間には単語綴りの正確さにおいて差異は見出されなかった。データ経路間の垂直距離は、ノーゲーム条件と2つのゲーム条件（ゲームとゲームプラス条件）の間の単語綴りの正確さにおける改善を表す。2つのゲーム条件と、ノーゲーム条件との間の平均差異は1テスト当たり2単語だった。この程度の差異が有意義な改善であるといえるかどうかは教育の問いであって、数学や統計上の問いではない。しかし、5単語のうちの2単語を正しく綴ることができるように改善されたことは、とくにその改善が何週間たっても維持され続けるものならば、大部分の教師や保護者は社会的に有意義な改善であるとみなすだろう。180日の1学年の間に起こる効果は素晴らしいものとなるはずである。子ども3の単語綴りの成績は、ゲーム条件とゲームプラス条件との間でほとんど差がない。しかしながら、さらに大きな平均的差異は、ゲーム条件とゲームプラス条件との間の実験的制御が欠如していたため、この研究の結論には貢献しなかっただろう。

　子ども6は、ゲーム条件やノーゲーム条件よりもゲームプラス条件において、より高い単語綴りの得点を一貫して獲得した（図8.11）。子ども6にとってはゲームプラス指導法とほかの2つの指導法との間に実験的制御が実証されたが、ノーゲーム条件とゲーム条件との間では実証され

323

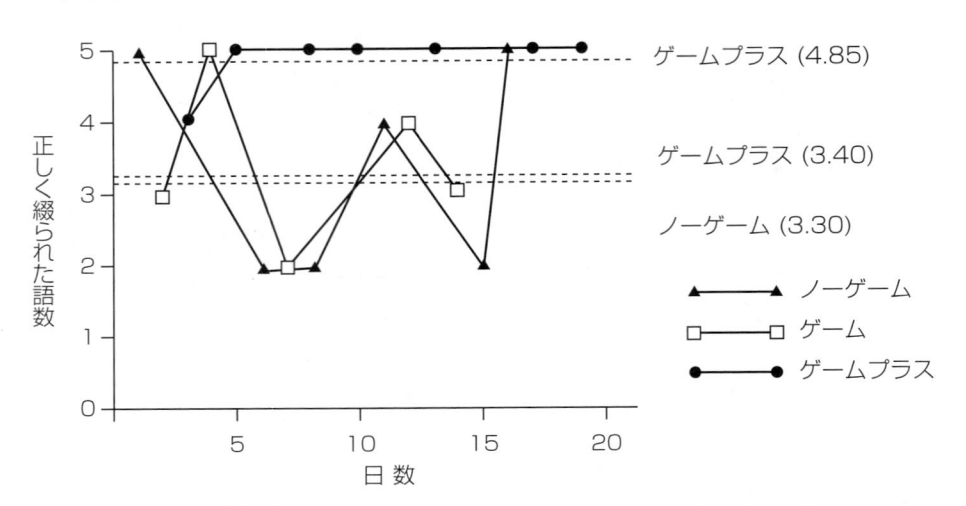

図8.11　3種の異なる処遇が小学4年生の綴りの正確さに及ぼす効果を比較する交代処遇デザイン

From *Comparison of Two "Good Behavior Game" Group Contingencies on the Spelling Accuracy of Fourth-Grade Students* by Q. E. Morgan, 1978. Unpublished master's thesis. The Ohio State University. Reprinted by permission.

なかった。これらの指導法の間の反応の差異は、この場合もデータ経路間の垂直距離によって数量化される。このケースでは、ゲームプラス条件とノーゲーム条件の間の正しい単語綴りの平均差異は1.55語だった。

　図8.10と図8.11は、交替処遇デザインについてのさらに2つの重要なポイントを例示している。第1に、この2つのグラフは、交替処遇デザインによって、介入の迅速な比較がいかに可能になるかを示している。この研究は、追加データを収集すれば、さらに強力なものになったはずであるが、しかし20セッションの後には、個々の子どもにとって最も有効な結果（強化法）を教師が選択するうえで、十分な実験的証拠を入手することができた。もしも2つの条件だけを比較したとすれば、さらに短いセッションによって、最も有効な介入を同定できたはずである。第2に、これらのデータは処遇の効果を個々の参加者のレベルで評価することの大切さを浮き彫りにしている。6人の子どもはすべて、ノーゲーム条件よりも、ゲーム条件の一方か両方において、より多くの単語を正しく綴っていた。しかし、子ども3の綴りの正確さはゲーム条件とゲームプラス条件のどちらの随伴性によっても改善されたが、子ども6の得点は、有形の報酬がもらえるときだけ高くなっている。

2．交替処遇デザインのバリエーション

　交替処遇デザインを使えば、1つか2つ以上の処遇を処遇不在またはベースラインと比較したり、パッケージ介入の個々の成分の相対的貢献度を査定したり、独立変数のさまざまな数値を交替させて行動改善に及ぼす差異的効果を決定するというパラメトリック研究を行ったりすること

ができる。中でも最も一般的な交替処遇デザインのバリエーションは次の通りである。

- 処遇不在の比較条件を使わない1段階交替処遇デザイン

- 2つまたはそれ以上の条件を交替させるが、その1つは処遇不在比較条件であるような1段階デザイン

- 最初のベースライン段階の後に、2つまたはそれ以上（1つは処遇不在比較条件でもよい）の条件を交替させる2段階デザイン

- 最初のベースライン段階の次に、第2段階で2つまたはそれ以上（1つは処遇不在比較条件でもよい）の条件を交替させ、最後の段階で最も有効であることが実証された処遇を実行する3段階デザイン

（1）処遇不在の比較条件を伴わない交替処遇デザイン

　交替処遇デザインの1つの応用に、2つまたはそれ以上の処遇条件の効果を比較する1段階実験がある（例えば、Barbetta, Heron, & Heward, 1992; McNeish, Heron, Okyere, 1992; Morton, Heward, & Alber, 1998）。ベルフィオーレら（Belfiore, Skinner, & Ferkis, 1995）は、このデザインの優れた実例を示している。彼らは2つのインストラクションの方法、試行反復法（trial-repetition）と反応反復法（response-repetition）が、読みの学習障害をもつ小学生3名の基本語彙（sight words）の獲得に及ぼす効果を比較した。それぞれの条件において用いる最初の5つの単語の訓練リストは、未知の単語のプール（1人1人の子どもへの事前テストで決定）の中から無作為に選択して作成した。個々のセッションではまず、未知の単語と訓練単語について、非インストラクション性の査定を行った。それから2つの条件を適用した。各インストラクションの順序は、セッションごとにカウンターバランスされた。非インストラクション性の査定で連続3回正しく読めた単語は習得されたとみなして、未知の単語からなる訓練単語に置き換えられた。

　試行反復法では、1単語ごとに挿入する5回の練習試行のそれぞれの中で反応機会を1回与える。実験者は机に1枚の単語カードを示して、「この単語を見て、単語を言って」と言った。子どもが3秒以内に正反応を示したら、実験者は「そうだね、この単語は_____だね」と言った（p. 347）。もし子どもの最初の反応が間違っていたときは、実験者が「違うよ。この単語は_____だよ」と言った。子どもはその単語を反復した。次に実験者は次の単語カードを提示して、この手続きを反復して、それぞれの単語について練習試行（先行事象と反応とフィードバック）が5回完了するまで行った。

　反応反復法でも同様に、1単語当たり5回の反応機会が与えられた。しかし、5回の反応はすべて、単語ごとに行われる1回の練習試行の中で起こった。実験者は机に1枚の単語カードを示して、「この単語を見て、単語を言って」と言った。子どもが3秒以内に正しく反応したら、実

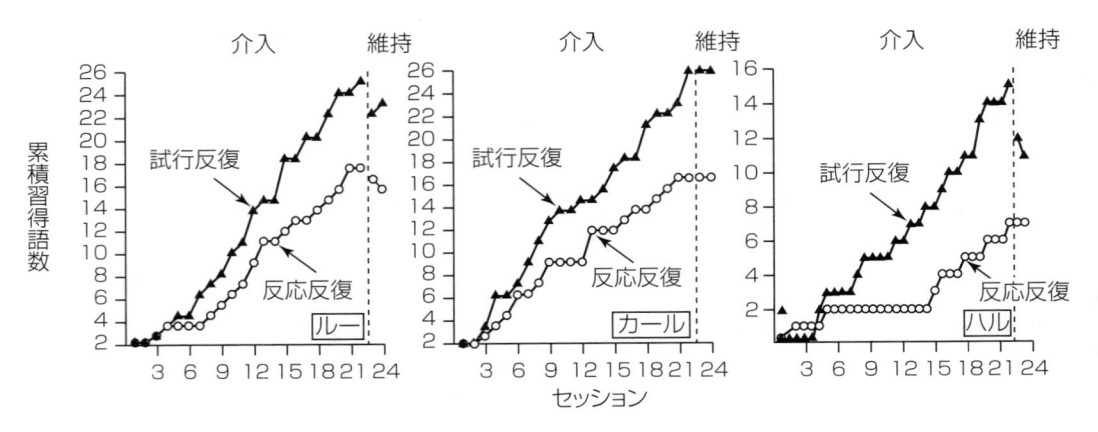

図8.12 処遇不在対照条件を伴わない1段階交代処遇デザイン

From "Effects of Response and Trial Repetition on Sight-Word Training for Students with Learning Disabilities" by P. J. Belfiore, C. H. Skinner, and M. A. Ferkis, 1995, *Journal of Applied Behavior Analysis, 28*, p. 348. Copyright 1995 by the Society for the Experimental Analysis of Behavior, Inc. Reprinted by permission.

　験者が「そうだね。この単語は_____だね。単語をあと4回繰り返して」と言った（p. 347）。もし子どもが3秒以内に間違って反応するか、何の反応もしなかったならば、「違うよ。この単語は_____だよ」と言った。それから子どもはその単語を反復して、さらに4回反復するよう教示された。

　図8.12は、両方の条件において、個々の子どもが習得した累積単語数を表す。どちらの条件でもインストラクションの間に1単語当たり自発した正反応数が同じであっても、3人の子どもはすべて、反応反復法の条件よりも試行反復法の条件でのほうが、新しい単語を学習する比率は高かった。このシンプルな交替処遇デザインによって得られたこれらの結果から、ベルフィオーレら（Belfiore et al., 1995）は次の結論を導き出すことができた。「学習試行（すなわち、3項随伴性）の文脈から外れた反応反復は、正反応に関わる先行刺激と結果刺激が含まれた反復と同程度に有効とは言えなかった」（p. 348）、と。

（2）処遇不在の比較条件を伴う交替処遇デザイン

　交替処遇デザインでは、処遇不在の条件はこのデザインの要件とは言えないが、比較すべき処遇の1つとして、しばしばその中に組み込まれる。例えば、モーガン（Morgan, 1978）の研究におけるノーゲーム条件は、処遇不在比較条件としての働きをしている。それに対して、ゲーム条件とゲームプラス条件における児童の単語綴りの得点が比較されている（図8.10、8.11を参照）。

　交替処遇デザインにおいて、処遇不在比較条件を実験条件の1つとして組み入れることは、介入処遇下と、処遇不在下とにおける反応の何らかの差異に関して重要な情報を提供する。しかしながら、処遇不在の比較条件において収集された測度を、未知の介入前の反応水準を代表すると解釈してはならない。処遇不在条件において収集された測度は、進行中の一連の処遇条件の中にその条件が挿入された場合における処遇不在条件下での行動水準のみを代表するものであり、交

替処遇デザインを開始した以前に存在した行動水準は代表していない可能性がある。

（3）最初のベースラインを伴う交替処遇デザイン

　交替処遇戦術を使う研究者は、しばしば2段階実験デザインを使う。まずベースライン測度を収集する。そして安定した反応水準、ないし反治療的トレンドを収集してから、交替処遇デザインを適用する（例えば、Martens, Lochner, & Kelly, 1992［図13.6を参照］）。交替処遇段階に入っても、ベースライン条件を継続させることがある。処遇不在比較条件にするためである。

　シンとシン（Singh, J., & Singh, N., 1985）の研究は、最初のベースラインを伴う交替処遇デザインを示す優れた実例である。この実験では、知的障害児の音読の間違いの数を減らす2つの指導法の相対的有効性を評価した。研究の第1段階は、10日間のベースライン条件だった。子どもたち1人1人に、毎日100語からなる新しい文章の1節を与えて、「これが今日の授業の物語です。読んでください。できるだけ間違わないように頑張ってね」と教示した（p. 66）。実験者は近くに座っていたが、子どもを助けたり、間違いを直したり、子ども自身による修正に注目したりすることは一切しなかった。子どもが新しい単語や難しい単語に遭遇して教えてとリクエストすると、「続けて読んでね」とプロンプトした。

　研究の交替処遇段階になると、毎日約5分の独立したセッションを用意して、比較条件（ベースラインと同じ手続き）、言語供給（word supply）、言語分析（word analysis）という3種の異なる条件を適用した。条件から条件へのシーケンス効果ないし持越し効果を最小にするため、3条件は毎日ランダムな順序で提示し、どの条件においても、その前にこれから行われる条件を特定する具体的教示を与え、連続するセッションとセッションの間に、最低5分間のインターバルを挟んだ。単語供給段階では、どの子にも次の教示を与えた。「これが今日の授業の物語です。読んでください。間違ったら手伝ってあげます。単語の正しい読みを教えるから、聞きながら本のなかのその単語を指さしてね。そのあと、その単語を繰り返し音読してね。できるだけ間違わないように頑張ってね」、と（p. 67）。実験者は子どもが読み間違えると、正しい単語を供給した。そして、子どもに正しい単語を1度だけ反復読みさせた。それからまた読み続けるように教示した。単語分析条件では、1人1人に次のように教示した。「これが今日の授業の物語です。読んでください。間違ったら手伝ってあげます。あなたの単語の発音の仕方を助けてあげるね。そうしてその単語を正しく読めるようになったら、残りの物語を読み続けてください。できるだけ間違わないように頑張ってね」、と（p. 67）。この条件で子どもが間違った場合は、実験者は子どもの注意をその単語の音声成分（phonetic elements）に向けさせ、子どもがその単語のそれぞれの要素を正しく発音するよう誘導した。それから実験者は子どもにその単語全体をノーマルなスピードで音読させ、その節の終わりまで読み続けるように教示した。

　研究に参加した4人の児童の結果を図8.13に示す。ベースラインデータの個々のポイントは、1日3回のセッションで間違えた数の平均値である。個々の条件でのデータは著しく変動したが（おそらく用いた異なる文節の難度に違いがあったからだろう）、実験的制御は歴然としていた。4人の児童はすべて、言語供給と言語分析の条件下での方が、比較条件下でよりも間違いをおか

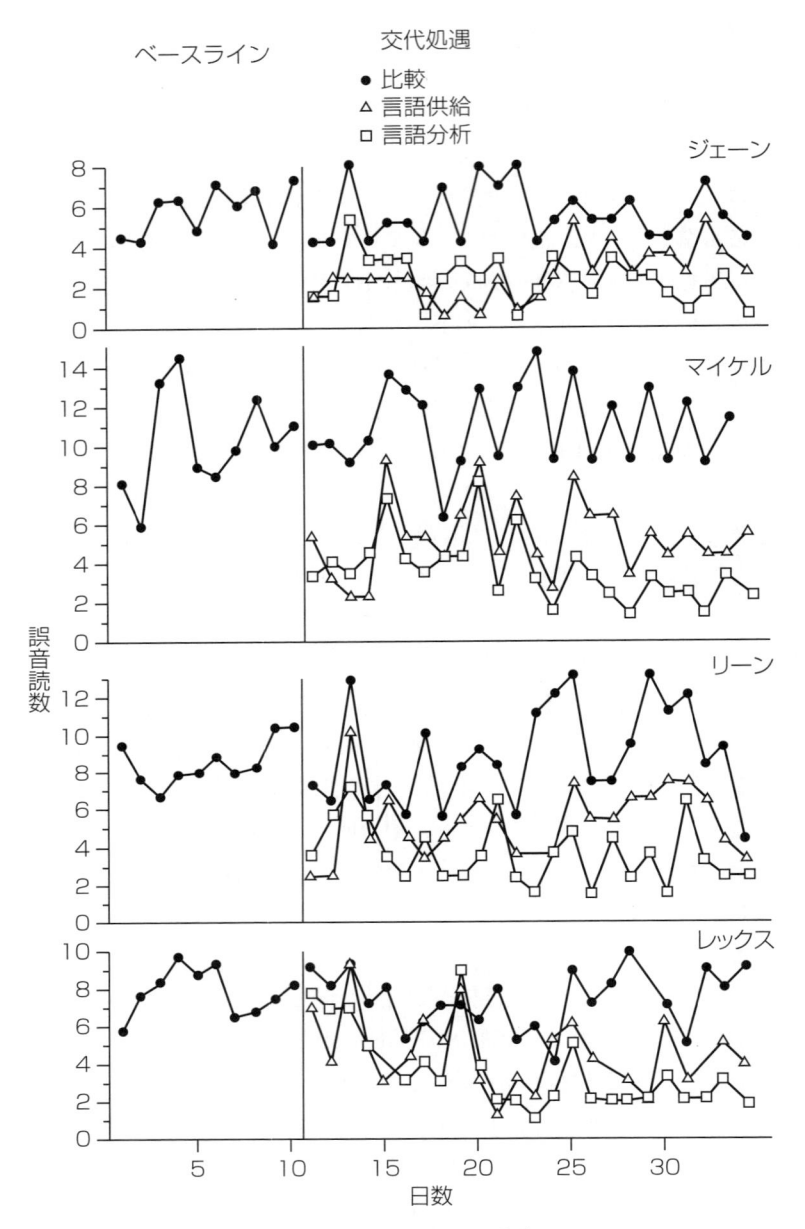

図8.13 最初のベースラインを伴う交代処遇デザイン

From "Comparison of Word-Supply and Word-Analysis Error-Correction Procedures on Oral Reading by Mentally Retarded Children" by J. Singh and N. Singh, 1985, *American Journal of Mental Deficiency, 90,* p. 67. Copyright 1985 by the *American Journal of Mental Deficiency.* Reprinted by permission.

すことが少なかった。音読の間違いの実験的制御は、データ経路の一部が重なり合っているため完全ではないが、言語供給と言語分析の間でも実証された。4人の児童はすべて、言語分析条件での方が、間違いは少なかった。

　シンとシン（Singh, J., & Singh, N., 1985）は、ベースライン段階から研究を始めたことによって、それぞれの処遇（指導法）において収集された反応水準を、どちらかのエラー修正介入の導入に影響されない自然な遂行水準と比較することができた。その上、最初のベースラインは、研究の交替処遇段階の比較セッションにおいて収集された測度を予測し査定するための基礎として役立った。交替比較条件において収集された測度は、最初のベースライン中に観察された比較的高いエラー頻度と一致していた。それは（a）単語供給条件と単語分析条件のデータ経路の間の垂直距離は、それぞれの処遇（指導法）によってもたらされた真実の改善量を表し、（b）比較条件中のエラーの頻度は他の2つの処遇（指導法）中の減少したエラーによって影響されなかった（すなわち、音読エラーにおける指導された文節から指導されなかった文節への般性減少［generalized reduction］は生じなかった）ことを示す証拠を提供した。

（4）最初のベースラインと最後の最良処遇段階を伴う交替処遇デザイン

　交替処遇デザインの広く活用されるバリエーションは3段階によって構成される。すなわち、最初のベースライン、交替する処遇を比較する第2段階、最も有効な処遇（指導法ないし治療法）だけが適用される最終段階である（例えば、Heckaman, Alber, Hooper, & Heward, 1998; Kennedy & Souza, 1995, Study 4; Ollendick, Matson, Esvelt-Dawson, & Shapiro, 1980; Singh, N., & Singh, J., 1984; Singh, N., & Winton, 1985）。ティンカーニ（Tincani, 2004）は、最初のベースラインと最後の最良処遇段階を伴う交替処遇デザインを活用して、2人の自閉症児によるマンド（好きな品物のリクエスト）獲得に及ぼす手話（サインランゲージ）と絵交換コミュニケーションシステム（PECS: Picture Exchange Communication System）の相対的有効性を研究した[7]。この研究に関連する問いは、子どもの既存の運動模倣スキルとサインランゲージまたはPECSによるマンド学習能力との間に関連性があるか否かである。ベースラインに先立って、それぞれの子どもに2つの査定が行われた。刺激選好査定（Pace, Ivancic, Edwards, Iwata, & Page, 1985）によって、10から12個の選好品（例えば、ドリンク、食物、おもちゃ）のリストを同定するとともに、それぞれの子どもの、サインランゲージに必要な手、腕、指の動きと類似する27個の運動模倣能力を査定した[8]。

　ベースラインの目的は、2人の子どもが訓練前は、PECSでも、サインランゲージでも、話し言葉でも選好品をリクエストできないことをはっきり示すことだった。ベースライン試行では、子どもが選好品に10～20秒間無条件にアクセスできるようにさせ、その品物を短時間除去し

注7：マンドは、スキナー（Skinner, 1957）によって同定された6種類の初歩的言語オペラントの1つである。第25章では、スキナーによる言語行動の分析と応用行動分析学におけるその重要性が論じられる。

注8：刺激選好査定法は、第11章で解説する。

て、それから子どもの手が届かない場所に置くようにした。そして5センチ四方のラミネート加工した品物の写真を子どもの前に提示した。もし子どもが10秒以内にこの写真のシンボルを実験者の手に渡すか、品物の名前のサインを作るか、品物の名前を言うかしたら、実験者はその品物へのアクセスを許した。子どもがそうしなかった場合はその品物を除去して、リストにある次の品物を提示した。ベースラインは3セッション行った。その間いずれの方法によっても自主的マンドを示さなかった。次いで交替処遇段階を開始した。

サインランゲージの訓練方法は、サンドバーグとパーティントン (Sundberg & Partington, 1998) の著書『自閉症やその他の発達障害児に言語を教える』(*Teaching Language to Children with Autism or Other Developmental Disabilities*) をもとに翻案した。教えたのは、それぞれの品物に対応するアメリカン・サインランゲージ（アメスラン）の最も単純なサインだった。PECS訓練条件で使った方法は、ボンディとフロスト (Bondy & Frost, 2002) の著書『PECS訓練マニュアル』(*The Picture Exchange Communication System Training Manual*) をもとに翻案した。どちらの条件においても、選好されたそれぞれの品物に関する1セッションあたりの訓練は、5～7試行続けさせるか、子どもがその品物に関心を示さなくなるまで行うようにした。その時点で次の品物に関する訓練に進み、その参加児の10～12の選好品リストをすべて提示し終わるまで続けさせた。この研究の最終段階では、2人の子どもはサイランゲージかPECSのどちらかを訓練された。選ばれたのは、交替処遇段階で最もよい成績を収めた方だった。

この研究全体を通じて2人の子どもが示した自主的マンドの百分率は、図8.14（ジェニファー）と図8.15（カール）の通りである。ジェニファーの場合はサインランゲージよりもPECS訓練の方が、明らかに効果的だった。ジェニファーは、ベースライン前査定において、弱い運動模倣スキルを示していた。ベースライン前模倣査定において試みた筋肉運動動作のうち、正しく模倣したのは20％にすぎなかった。カールの場合は、プロンプト依存をなくすため、サインランゲージ訓練方法をマイナー修正したが、その後カールはPECS訓練よりもサインランゲージ訓練中により頻繁に自主的マンドを自発した。カールのベースライン前に存在した運動模倣スキルは、ジェニファーよりも優れていた。ベースライン前模倣査定で試した筋肉運動動作のうち正しく模倣したのは43％だった。

この研究は、個別分析と研究で操作されなかった変数の影響の可能性を調べることの大切さを浮き彫りにしている。ティンカーニ (Tincani, 2004) は、研究結果の考察において、つぎのように述べている。

> 多くの自閉症児は手の運動模倣スキルをもっていないが、そういう学習者にとってはPECS訓練の方がふさわしいかもしれない。少なくとも最初のマンド獲得に関してはそうであろう。ジェニファーは、介入前は、弱い手の運動模倣スキルをもっていた。そしてサインランゲージよりもPECSをより迅速に学習した。中程度の手の運動模倣スキルをもつ学習者にとっては、サイランゲージ訓練が勝っているとはいえないが、等しく適切であるといえるかもしれない。カールは介入前に中程度の手の運動模倣スキルをもっており、PECSよりもサインランゲージをより早く学んだ。(p. 160)

第8章　リバーサルデザインと交替処遇デザイン

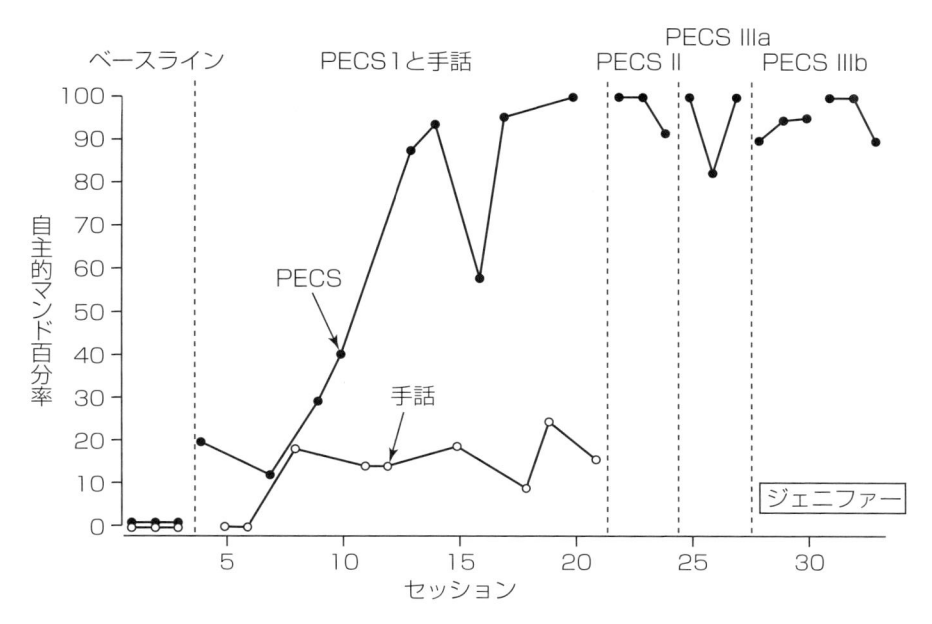

図8.14　最初のベースラインと最後の最良処遇のみ条件を伴う交代処遇デザイン

From "Comparing the Picture Exchange Communication System and Sign Language Training for Children with Autism" by M. Tincani, 2004, *Focus on Autism and Other Developmental Disabilities, 19*, p. 160. Copyright 2004 by Pro-Ed. Used by permission.

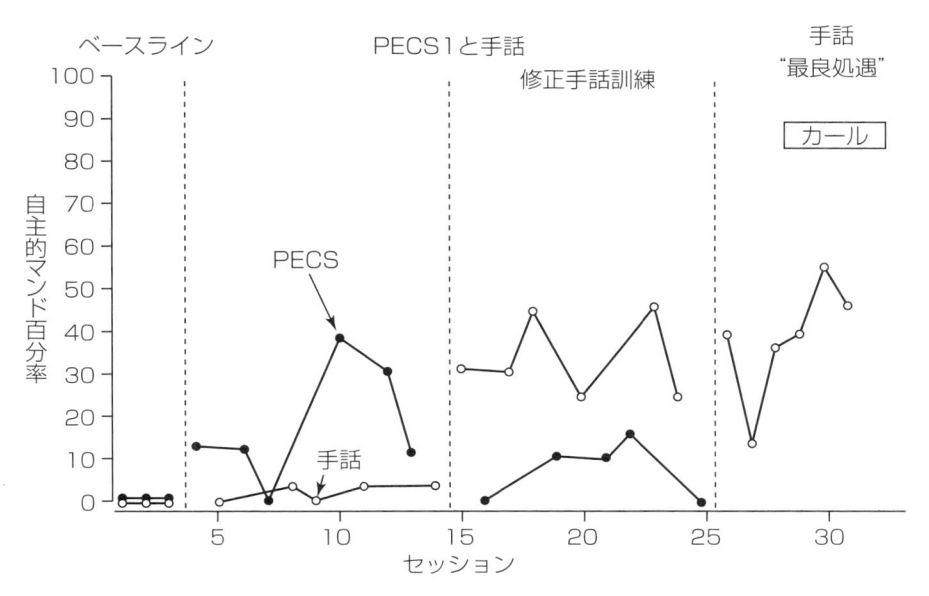

図8.15　最初のベースラインと最後の最良処遇のみ条件を伴う交代処遇デザイン

From "Comparing the Picture Exchange Communication System and Sign Language Training for Children with Autism" by M. Tincani, 2004, *Focus on Autism and Other Developmental Disabilities, 19*, p. 159. Copyright 2004 by Pro-Ed. Used by permission.

331

3．交替処遇デザインの長所

　交替処遇デザインには、2つまたはそれ以上の独立変数を評価し比較するうえで多くの利点がある。これから述べる大部分の利点は、ウルマンとサルツァーアザロフ（Ulman & Sulzer-Azaroff, 1975）が解説したものである。応用行動分析学の社会に、交替処遇デザインの論理と可能性を初めてもたらしたのは、彼らの功績であると考えられる。

（1）処遇の除去を必要としない

　交替処遇デザインの大きな長所は、研究者が有効そうに見える処遇（指導法、または治療法）を取り去って、関数関係を実証する必要がないことである。行動改善を元に戻すことには倫理的問題が生じる。交替処遇デザインならばそれを回避することができる。しかし倫理的憂慮のいかんにかかわらず、管理職と教師にとってはリバーサルデザインよりも交替処遇デザインの方が、たとえ交替処遇の1つが処遇なしの比較条件であったとしても、受け容れやすい。「高水準の望ましい行動を長期にわたってまず確立して、それからベースライン行動に復帰させることは、教師にとって受け容れがたいことであるが、それに比べれば、2日おきとか3日おきにベースライン条件に戻すことは、さほど不愉快ではない」。（Ulman & Sulzer-Azaroff, 1975, p. 385）

（2）比較のスピード

　交替処遇デザインにおいては、2つまたはそれ以上の処遇を実験的に速やかに比較することができる。ある研究では、交替処遇デザインによって、わずか4日後に、6歳男児の協力行動を増加させるうえで、ある指導法がほかの指導法よりも勝っていることを突き止めることができた（McCullough, Cornell, McDaniel, & Mueller, 1974）。交替処遇デザインは有効な結果を速やかにもたらす能力がある。それが行動機能分析において使われる基本的実験戦術である主な理由である（第24章および図24.4、24.5、24.6、24.9を参照）。
　交替処遇デザインにおいて異なる処遇の効果が早期に明らかになれば、研究者は短期間に最も有効な処遇だけをプログラミングするよう切り替えることができる。交替処遇デザインの効率性は、実験を早期に終了させなければならないときでさえ、研究者に有意義なデータを残してくれることになる（Ulman & Sulzer-Azaloff, 1975）。それに対して、リバーサルデザインや多層ベースラインデザインは、関数関係を示すために、最後までやり通さなければならない。

（3）不可逆性の問題を最小にする

　行動のなかには、介入の適用によってもたらされ、または修正されたものですら、その介入が取りやめになるとベースライン水準に戻らないため、A-B-A-Bデザインによる分析に抵抗するも

のがある。しかし、処遇と処遇なし（ベースライン）条件を速やかに交替させることによって、2つの条件の間での反応の差異が明らかになる可能性がある。とくに実験の早期においては、処遇なし条件における反応が、処遇条件における反応レベルに近づき始める前に分かることがある。

（4）シーケンス効果を最小にする

交替処遇デザインを適切に使えば、実験結果にシーケンス効果という交絡変数を混入させる程度を最小にすることができる。シーケンス効果は、どんな実験でもその内的妥当性に脅威を与えるが、とくに多重処遇を伴う実験において脅威となる。シーケンス効果に対する憂慮は、次の簡単な問いによって要約される。「もしも処遇の順序に違いがあっても、同じ結果が得られただろうか？」。リバーサルや多層ベースライン戦略（第9章を参照）を使って、2つまたはそれ以上の独立変数を比較する実験の場合は、シーケンス効果を制御することは非常に難しくなる。それぞれの実験条件をかなり長期間作動させておくため、それによって特定の出来事の順序が生み出されるからである。しかしながら、交替処遇デザインでは、独立変数は特定の順序が生じないように素早く相互に無作為に交替される。また、それぞれの処遇は短い期間作動する。そのため、繰り越し効果の可能性は低くなる（O'Brien, 1968）。交替処遇デザインにはシーケンス効果を最小にする能力がある。そのため複雑な行動分析のためのパワフルなツールになる。

（5）不安定なデータでも使える

不安定なデータが存在するとき、行動と環境の関数関係を究明することは、応用行動分析家に対して深刻な問題を提起する。定常状態反応を使って、行動変化を予測し、立証し、再現することは、行動分析学における実験的推論の基礎である（Sidman, 1960）。しかしながら、安定したベースライン反応を獲得することは、応用行動分析家が関心をもつ、多くの社会的に重要な行動にとって極めて困難である。参加者に標的行動を自発する機会を反復して提供するだけで、遂行の段階的改善を作り出すことができる。練習効果には、応用的、科学的重要性がある。そのため、経験的研究の対象とする価値がある（Greenwood, Delquadri, & Hall, 1984; Johnston & Pennypacker, 1993a）。とはいうものの、それによって生ずる不安定なベースラインは、介入変数の分析にとっては問題になる。次第に複雑になる教材を使ったカリキュラムを進めるときに内在する課題難度水準における変化もまた、多くの学業行動にとって、定常状態反応を獲得させることを困難にする。

　交替処遇デザインでは、異なる処遇条件を急速に交替させるため、また個々の処遇は研究がカバーするそれぞれの期間全体を通じて何回も提示されるため、そして、どの単一条件もかなり長期にわたって提示されることはないため、練習や課題難度の変化、成熟やそのほかの歴史的変数のいかなる効果も個々の処遇条件において同等となる。したがって任意の1つの条件に対して多かれ少なかれほかの条件よりも異なる影響をもたらすことはないだろう。例えば、異なる2つの

指導法のもとで、ある子どもの読みの遂行を表す2つのデータ経路のそれぞれが変動する上昇トレンドを示し、それが練習効果と等しくないか、カリキュラム教材のせいであったとしても、データ経路の間の一貫した分離と垂直距離は、指導法の違いに帰属させることができる。

（6）効果の般化を査定するために利用できる

実験者は興味あるさまざまな条件を交替させることによって、有効な処遇からそのほかの興味ある条件へと、行動改善の般化の程度を継続的に査定することができる。例えば、シンとウィントン（Singh, N. & Winton, 1985）は、異食行動研究の最終段階において、異なるセラピストを交替させることによって、過剰修正という処遇が異なる人物によって提示されても、どこまで有効かを突きとめることができた。

（7）介入を即座に開始できる

介入前の反応水準を突きとめることは一般的に望ましいことであるが、行動のなかには即座に改善を試みる臨床上の必要から、介入せずに反復測定することを不可能にするものがある。必要があれば、最初のベースライン段階なしに交替処遇デザインを利用することができる。

4．交替処遇デザインの適切性を考える

交替処遇デザインの長所は著しい。しかしながらどんな実験戦術においてもそうであるように、交替処遇デザインにも一定の短所があり、答えを出せないまま一定の問題が残される。それらは更なる実験によってのみ対処することができる。

（1）多くの処遇の干渉

交替処遇デザインの基本的特徴は、2つまたはそれ以上の独立変数を、それぞれの処遇において収集される行動測度のいかんにかかわらず、急速に交替させることである。急速な交替はシーケンス効果を最小にし、処遇同士を比較するために必要な時間を短くするが、交替させた処遇のいずれかにおいて観察された効果が、個々の処遇を単独で適用した場合にも同じといえるかどうかという重要な問題を提起する。**多重処遇干渉**（multiple treatment interference）とは、同一の研究においてある処遇の効果によって影響された参加者の行動に対して、もう1つの処遇がもたらす交絡変数の混入効果である。

多重処遇干渉は、交替処遇デザインにおいては、必ず疑われなければならない（Barlow & Hayes, 1979; McGonigle, Rojahn, Dixon, & Strain, 1987）。しかしながら、交替処遇段階のあとに最も有効な処遇条件だけが作動する段階を後続させることによって、実験者はその処遇を単独で適用した場合の効果を査定することができる。

（2）処遇を素早く交替させることの不自然さ

　処遇から処遇への急速な切り替えは、臨床的、教育的介入が適用される典型的方法を表しているとはいえ、インストラクションの観点からすれば、処遇の急速な切り替えは人為的であり、望ましくないとみなされる。しかしながら大部分の例においては、交替処遇デザインにおいて提供される急速な処遇比較は、その不自然な特徴についての憂慮を埋め合わせるものである。参加者が条件の急速な交替による有害な影響を受けるかどうかという問題は、実験によってのみ確定することができる経験的問いである。また、交替処遇デザインの1つの目的が、有効な介入をできるだけ早く特定して、参加者の教育目標に向けての進歩を遅らせる、効果のないインストラクションアプローチや処遇に耐える必要がないようにすることであることを覚えておくことも、実践家にとっては有益である。結局、効果的な介入を特定するために、処遇を急速に切り替えることの長所は、そのような操作が原因で起こる望ましくない影響を上回る。

（3）能力の限界

　交替処遇デザインは、2つかそれ以上の処遇の差異的効果を比較する、洗練された科学的に正しい方法を可能にする。しかしそれは、無限数の処遇を比較できるような上限のないデザインではない。交替処遇デザインは最高5つの条件まで報告されているが（例えば、Didden, Prinsen, & Sigafoos, 2000）、たいていの場合、交替処遇デザインの単一段階において効果的に比較できるのは、最大4つの異なる条件（そのうちの1つは非処遇の比較条件）までである。そして多くの例では、わずか2つの異なる処遇のみが受け容れられている。個々の処遇条件の効果を、交替処遇デザインの諸側面から生じる可能性のあるいかなる影響からも分離するため、個々の処遇はその適用に関連する側面（例えば、1日の間の時間帯、プレゼンテーションの順序、場面、セラピスト）のすべてにわたって、注意深くカウンターバランス（相殺）されなければならない。多くの応用場面では、2つまた3つ以上の処遇を相殺し遂行するための後方支援は面倒であり、必要なセッションが多すぎて、実験を完了できないことにもなりかねない。また、競合処遇が多すぎると、処遇を弁別する被験者の能力を減少させ、その結果そのデザインの有効性を殺ぐことにもなる。

（4）処遇の選択

　理論的には、交替処遇デザインは、いかなる2つの別個の処遇の効果を比較するために利用できるはずであるが、実際にはこのデザインはさらに制約されている。条件の間の弁別の確率を強めるため（すなわち、行動における確実な測定できる違いを獲得するため）、処遇は相互に大きな差異を具現していなければならない。例えば、交替処遇デザインを使って、集団規模が学習指導中の子どもの学業遂行に及ぼす影響を研究する研究者は、4人、10人、20人という条件を含

めるかもしれない。一方、6人、7人、8人の子どもの交替条件は、集団規模とパフォーマンスの間の関数関係を明らかにすることはあまりない。しかしながら、交替処遇デザインにおいては、ある処遇条件のデータ経路が別の処遇条件のデータ経路から簡単に区別されるかもしれないとの理由だけから、1つの処遇条件を選んで含めるべきではない。応用行動分析学における応用には、処遇条件の性質も研究する行動の性質も含まれる（Wolf, 1978）。処遇条件を選択する際の重要な考慮事項は、現在の実践、または実行されるかもしれない実践を代表する度合いでなければならない。例えば、授業のある日に出される1晩あたりの5分、10分、30分の算数の宿題が、算数の成績に及ぼす影響を比較する実験は有益であるかもしれないが、1晩あたり5分、10分、3時間の算数の宿題の影響を比較する研究はそうではないだろう。そのような研究が、毎晩3時間の算数の宿題のプログラムが、子どもの算数の成績を向上させるうえで極めて有効であることが発見されたとしても、1つの教科領域における3時間の夜の宿題プログラムを実行する教師も親も管理職も子どももまずいないだろう。

　もう1つ考慮すべきことは、介入のなかには継続する期間一貫して実施されるまでは、重要な行動改善を生み出さないものがあることである。

　　　多層ベースラインデザインが採用される場合は、重複するデータは必ずしも1つの実験手続きの可能な効率の良さを除外しない。セッションごとの条件の交替は、同じ条件が複数の連続するセッションの間提示されたとしたら、観察されたであろう効果を分かりにくくするかもしれない。したがって、特定の処遇が、リバーサルまたは多層ベースラインデザインでは有効であることが証明されるが、交替処遇デザインでは証明されない可能性がある。（Ulman & Sulzer-Azaroff, 1975, p. 382）

　特定の処遇が単独で長期間提示されれば、それは有効かもしれないという疑いは、実験によってのみ適切に探求することができる実験的問いである。1つのレベルにおいては、単一の処遇の長期間にわたる適用が、結果として行動改善をもたらすならば、実践家は満足して、それ以上のアクションは必要なくなるかもしれない。しかしながら、実験的制御を確定することに関心をもつ実践家であり研究者であるならば、交替処遇デザインに戻って、単独の処遇のパフォーマンスをもう1つの介入のパフォーマンスと比較するかもしれない。

まとめ

リバーサルデザイン

1. リバーサル戦術（A-B-A）は、特定の場面において、3つの連続する段階、すなわち（a）ベースライン段階（独立変数の不在）、（b）処遇段階（独立変数の導入）、（c）ベースライ

ン条件への復帰（独立変数の除去）における反復測定を必要とする。

2．このデザインは、リバーサルデザインに、独立変数を再導入するというステップを追加して A-B-A-B デザインとすることによって、著しく補強される。A-B-A-B デザインは、関数関係を証明するための最も分かりやすく、そして一般に最も強力な被験者内デザインである。

A-B-A-Bデザインのバリエーション

3．リバーサルのステップを繰り返し導入して A-B-A-B デザインを拡大していくことは、リバーサルを1つだけもつデザインよりも、より説得力を持つ証明をもたらす可能性がある。

4．B-A-Bリバーサルデザインは、倫理的または実際的理由から、最初のベースライン段階が不適切であるか不可能であるような標的行動に対して適用することができる。

5．多重処遇リバーサルデザインは、リバーサル戦術を使って、2つまたはそれ以上の実験条件の効果を、ベースラインおよびまたは実験条件相互の間で比較する。

6．多重処遇リバーサルデザインは、とくに順序効果による交絡変数の影響を被りやすい。

7．NCRリバーサルテクニックは、強化の条件的側面の単離と分析を可能にする。

8．DRO と DRI/DRA 比較条件を組み込むリバーサルテクニックは、条件的強化の効果を証明するためにも使うことができる。

リバーサルデザインの適切性を考える

9．リバーサル戦術に基づく実験デザインは、まさにその本質から、一度提示されれば除去することのできない処遇変数（例えば、インストラクション、モデリング）の効果を比較するためには有効ではない。

10．行動のなかには、一度改善すると、独立変数が除去されても、ベースライン水準に戻らないものがある。このような行動の不可逆性は、リバーサルデザインを効果的に活用する妨げとなる。

11．行動を改善するうえで処遇変数が果たす役割を科学的に検証するため、効果をあげていそうな処遇変数を除去することに対しては、しばしば社会上、教育上、倫理上当然の懸念が、浮上する。

12. 非常に短いリバーサル段階でも、わずか1セッションのベースラインプローブでさえも、信頼できる実験的制御を実証することができる場合がある。

交替処遇デザイン

13. 交替処遇デザインは、2つ以上の異なる処遇（すなわち独立変数）を比較する。その間それらの処遇が及ぼす標的行動（すなわち従属変数）に対する効果を測定する。

14. 交替処遇デザインで使われる特定の処遇において次々に示される個々のデータポイントは、以下に示す3つの役割を演じる。(a) その処遇において将来起こる反応レベルを予測するための基礎としての働きをする。(b) 以前に行われたその処遇におけるパフォーマンスの予測を裏づけるための有望な立証としての働きをする。(c) その処遇が生み出す効果を再現する機会としての働きをする。

15. 交替処遇デザインにおいては、2つの異なる処遇のデータ経路がほとんど重なりあわないならば、実験的制御が証明される。

16. 2つの処遇が生み出した差異的効果の程度は、それぞれのデータ経路の間の垂直距離によって決定され、垂直軸の尺度によって量化される。

交替処遇デザインのバリエーション

17. 交替処遇デザインのよく知られたバリエーションには、以下のものがある。
    - 非処遇比較条件なしの単段階交替処遇デザイン
    - 非処遇比較条件ありの単段階交替処遇デザイン
    - 2段階デザイン：最初のベースライン段階と交替処遇段階
    - 3段階デザイン：最初のベースライン段階、交替処遇段階、最後の最良処遇段階

交替処遇デザインの長所

18. 交替処遇デザインの長所は、次の通りである。
    - 処遇を除去する必要がない。
    - 処遇の相対的効果を迅速に比較する。
    - 不可逆性の問題を最小にする。
    - 順序効果を最小にする。
    - 不安定なデータパターンでも使える。
    - 効果の般化を査定するために使える。

- 介入を即座に始められる。

交替処遇デザインの適切性を考慮する

19. 交替処遇デザインは、多重処遇干渉を受けやすい。しかしながら、交替処遇段階の後にただ1つの処遇を適用することによって、実験者はその処遇の効果を単離して査定することができる。

20. 処遇から処遇への急速な切り替えは、介入が適用される典型的な方法を表しているとはいえない。その急速な切り替えは、人為的であり望ましくないとみなされるかもしれない。

21. 交替処遇段階は、通常、最大4つの異なる条件に限定される。

22. 交替処遇デザインは、相互に大きく異なる処遇条件の差異的効果を証明するため最も有効なデザインである。

23. 交替処遇デザインは、次のような独立変数の効果を査定するためには有効ではない。すなわち時間を途切らせることなく連続して適用することによってはじめて、重要な変化を生み出せるような独立変数の効果を査定するためには適していない。

第9章
多層ベースラインデザインと基準変更デザイン

キーワード

基準変更デザイン、遅延性多層ベースラインデザイン、行動間多層ベースラインデザイン、場面間多層ベースラインデザイン、被験者間多層ベースラインデザイン、多層ベースラインデザイン、多層プローブデザイン

行動分析士資格認定協会®BCBA® & BCaBA®
第4版課題リスト©

	Ⅰ　基本的な行動分析学のスキル
B-03	独立変数が従属変数に及ぼす影響を実証するため、独立変数を組織的に設計する。
B-06	基準変更デザインを使う。
B-07	多層ベースラインデザインを使う。
B-08	多層プローブデザインを使う。
	Ⅱ　クライエントを中心に据えた専門家としての責任
H-05	観察された変数間の時間的関係（セッション内と間、時系列）を評価する。
I-05	観察されたデータを整理し、分析し、解釈する。
J-09	処遇の有効性を実証するため、実験デザインを使うときは、実際的、倫理的問題を同定して対処する。
J-15	意思決定はさまざまな書式で表示されたデータに基づいて行う。
K-07	行動プログラムの有効性を評価する。
	Ⅲ　基礎知識
FK-33	関数関係

©2012　行動分析士資格認定協会®（BACB®）。不許複製。この文書の最新版は、www.bacb.comから入手できる。この文書の転載、複写、配布の請求と、この文書についての質問は、BACBに直接問い合わせられたい。

本章では、行動と環境の関係を分析する更に２つの実験戦術、多層ベースラインデザインと基準変更デザインを解説する。多層ベースラインデザインでは、まず２つ以上の行動、場面、または人々について、最初のベースラインデータを同時に収集する。次に行動分析家は、これらの行動、場面、または人々に、順を追って処遇変数（指導または治療）を適用する。一方、基準変更デザインでは、強化を受けるために必要な反応レベルの基準を段階的に漸増させ、その増加する基準変更の関数として、行動の改善を分析する。どちらのデザインでも、独立変数の導入が適用されるか、新しい基準が確立された後に、行動が定常状態のベースラインから新しい定常状態へと変化すれば、実験的制御と関数関係が実証されることになる。

I　多層ベースラインデザイン

　多層ベースラインデザインは、応用行動分析学において、処遇の効果を評価するために、最も広く活用される実験デザインである。それは非常に柔軟な戦術であり、研究者と実践家は多くの行動、場面、または被験者にわたって、独立変数の影響を分析することができる。しかも行動の改善が処遇の適用の直接的結果であることを立証するために、処遇変数を除去する必要がない。第８章で述べたように、リバーサルデザインでは、まさにその本質から、ベースラインで立てた予測を立証するために、独立変数を除去しなければならないが、多層ベースラインデザインではそうする必要がない。

1．多層ベースラインデザインの操作と論理

　ベア、ウォルフ、リズリー（Baer, Wolf, & Risley, 1968）は、応用行動分析学の文献において初めて**多層ベースラインデザイン**（multiple baseline design）の解説を行った。彼らは次の２つの状況において、多層ベースラインをリバーサルデザインの代替手段として使うことを提唱した。(a) 標的行動を元に戻せない（不可逆的である）可能性があるとき。(b) 条件を逆転させることが望ましくないか、実行できないか、倫理に反するとき。図9.1は、ベアらが提示した多層ベースラインデザインの基本操作に関する説明である。

> 　多層ベースラインテクニックにおいては、それをもとにして変化を評価することができるように、多数の反応を同定する。そして時間をかけてそれらを測定して、ベースラインをつくる。これらのベースラインを確立したら、次に実験者はそれらの行動の１つに実験変数を適用して、それを変化させる。そしてたぶん残りのベースラインにはほとんど変化が生じないことを観察するだろう。もしそうならば、実験変数によってひき起こしたばかりの変化を元に戻す代わりに、まだ変化させていない残りの反応の１つに実験変数を適用する。もしそれがその時点で変化すれば、その実験変数は真に有効であり、その前の変化も偶然の一致ではなかったことを示す証拠がもたらされたことになる。次いでその変数はさらに次の反応へと順を追って適用されていく。実験者は自分が信頼できる変数を所有していることを証明しようとしているのである。なぜなら１

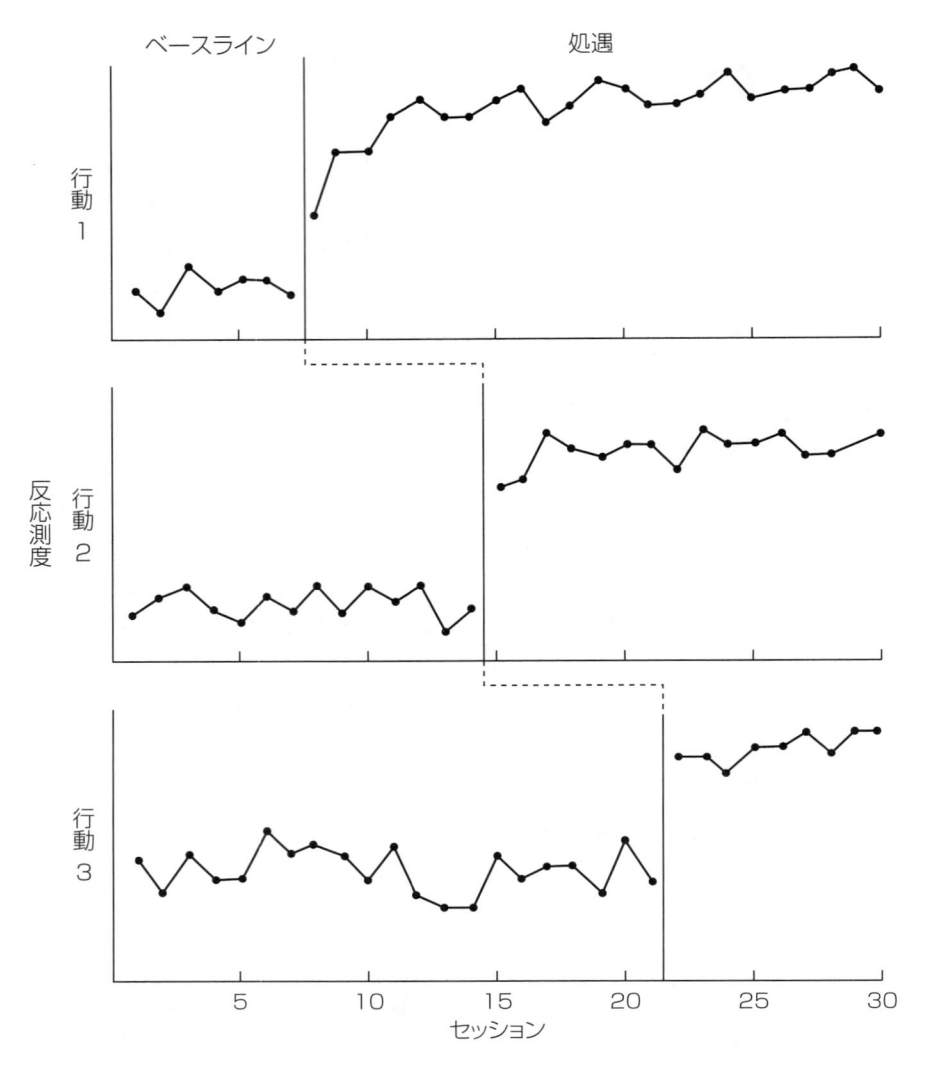

図9.1 多層ベースラインデザインのグラフの原型

つ1つの行動は、それに実験変数を適用したときにのみ変化するからである。(p.94)

多層ベースラインデザインには、次の3種の基本形態がある。

- 行動間多層ベースラインデザイン。同じ被験者の2つ以上の行動によって構成される。

- 場面間多層ベースラインデザイン。2つ以上の異なる場面、状況、または時間帯における、同じ被験者の、同じ行動によって構成される。

- 被験者間多層ベースラインデザイン。2人またはそれ以上の参加者（ないしグループ）の、

第9章　多層ベースラインデザインと基準変更デザイン

同じ行動によって構成される。

　多層ベースラインデザインの基本形態のうち、「行動間」デザインと名づけられているのはただ１つしかないが、多層ベースランデザインはすべて、形の上では異なる（独立しているという意味の）行動に対して、時間差を設けて処遇を適用することが求められている。すなわち、場面間多層ベースラインデザインでは、たとえ被験者の同じ標的行動の遂行が、２つ以上の場面で測定される場合でも、１つ１つの行動と場面の組合せは、分析する場合は異なる行動として概念化され処遇される。同じように、被験者間多層ベースラインデザインでは、個々の被験者と行動の組み合わせは、デザインの操作においては、異なる行動として機能することになる。

　図9.2は、図9.1に示したデータセットと同じものを示しているが、さらに２群のデータポイントが付け加えられている。１群のデータポイントは、もしベースライン条件を変更しなかったとすれば予測されるであろう測度を表している。もう１群は陰影部分のデータポイントであり、多層ベースラインデザインにおいてベースライン論理の３成分である、予測、立証、再現を、いかにして操作化できるかを例示している[1]。「行動１」に関して安定したベースライン反応が得られれば、予測が成り立つ。すなわち、環境を一定に保ったまま継続して測定すれば、同じレベルの反応が得られるだろうという予測である。そういう予測への研究者の確信が正当な高さに達したならば、「行動１」に独立変数を適用する。図9.2の処遇段階に描かれた「行動１」の白丸データポイントは、予測された反応レベルを表す。一方、黒丸データポイントは、処遇条件において収集された実際の測度を表す。両者のデータは、もし環境に何の変更も加えられなければ予測されたであろう反応レベルとの食い違いを表す。したがって行動における変化の原因は、その処遇にあることが明らかになる。多層ベースラインデザインにおいて「行動１」に関して収集されたデータは、A-B-A-Bリバーサルデザインにおける最初の２つの段階で収集されたデータと同じ機能を果たす。

　この実験で残りの２つの行動のベースラインを続けて収集すれば、その測度によって、「行動１」の予測を立証する可能性が生じる。多層ベースラインデザインにおいては、予測を立てたときの条件を残りの行動にさらに適用し続けて残りの行動（層）のデータ経路にほとんど変化が観測されなければ、予測された１つの行動（層）の反応レベルが立証されることになる。図9.2において、「行動２」と「行動３」のベースライン条件におけるデータ経路の陰影部分は、「行動１」の予測を立証している。実験のこの時点では、次の２つの推論が成り立つ。（a）行動１は不変の環境においては変化しないだろうという予測には妥当性がある。「行動２」と「行動３」

注１：このテキストでは実験デザインの戦略として作図または選択した大部分のグラフィック表示は、非累積的な垂直軸にプロットされたデータを示す。しかし、任意の種類の実験デザインの中で収集された反復測定データは、非累積的グラフだけでなく累積的グラフによってもプロットできることを忘れないでほしい。例えば、ラーリら（Lalli, Zanolli, & Wohn, 1994）や、ミュラーら（Mueller, Moore, Doggett, & Tingstrom, 2000）は、累積的グラフを使って、多層ベースラインデザイン実験において収集したデータを表示した。また、ケネディとソーサ（Kennedy & Sousa, 1995）や、サンドバーグら（Sundberg, Endicott, & Eigenheer, 2000）は、リバーサルデザインにおいて収集したデータを累積的グラフに表示した。応用行動分析学の研究者は、グラフ表示されたデータのための異なるテクニックと、実験的分析の戦術とを混同しないように注意すべきである。

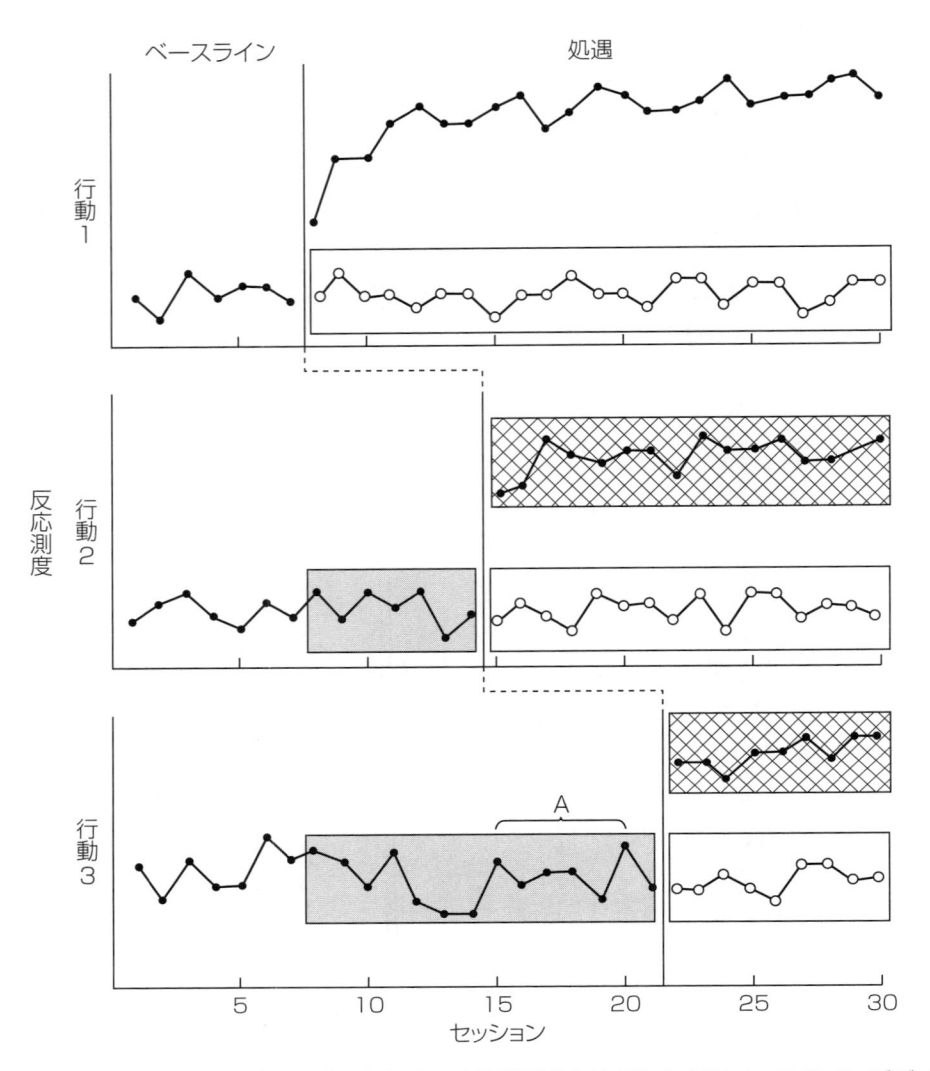

図9.2 ベースライン論理の成分を示すため陰影部分を追加した多層ベースラインデザインのグラフの原型。白丸データポイントはベースライン条件が変わらないとき予測される測度を表す。行動2と3の陰影部分のベースラインデータポイントは行動1に対してなされた予測を立証する。行動3の大括弧Aの部分のベースラインデータは行動2に対してなされた予測を立証する。行動2と3の処遇条件において収集されたデータ（斜行平行線部分）は実験効果の再現を示す

に対する環境が一定に保たれ、それぞれの反応レベルは変化していないからである。(b)「行動1」で観察された変化は、独立変数によってもたらされたものである。独立変数にさらされたのは「行動1」だけであり、変化したのも「行動1」だけだからである。

多層ベースラインデザインでは、処遇されていない行動に変化が起こらないことによって、一定の行動を変化させる独立変数の機能が推測される。しかしながら、リバーサルデザインのように、機能の立証は直接的には示されない。その結果、多層ベースラインデザインは、独立変数と標的行動の間の関数関係を明らかにするための戦術としては、本質的に弱い（実験的制御の観点

からすれば説得力が弱い）戦術になる。しかしながら多層ベースラインデザインは、一連の類似する予測を立証または反証する機会を提供することによって、この弱さを多少とも補償する。図9.2の「行動1」の予測は、「行動2」と「行動3」の継続的に安定したベースラインによって立証されるが、それだけでなく「行動3」のベースラインデータの大括弧で囲まれた部分（A）も、「行動2」に対して立てられた予測を立証する役割を果たしている。

　処遇条件の下における「行動1」の反応レベルが安定するか、あらかじめ決定された遂行基準に到達するかしたら、次に独立変数を「行動2」に適用する。「行動2」が「行動1」で観察された変化と同様に変化すれば、独立変数の効果の再現が達成されたことになる（斜行平行線模様の陰影のついたデータ経路で示されている）。「行動2」が安定するか、あらかじめ決定された遂行基準に到達するかしたら、独立変数を「行動3」に適用して、その効果が再現されるかどうかを確かめる。独立変数は、関数関係が説得力をもって実証され（または拒否され）、改善の標的とされたすべての行動に処遇が行き渡るまで、さらに次々と行動に適用されてゆくだろう。

　多層ベースラインデザインでは、1つ1つの行動に独立変数が及ぼす具体的な効果の再現は、立証と同じように、直接的には操作されない。その代わり、独立変数を一連の行動に適用することによって、実験を構成するすべての行動に及ぼす独立変数の効果の一般性が実証される。正確な測定と、関連変数の適切な実験的制御（すなわち、実験の過程で変化する唯一の環境要因を、独立変数の存在または不在だけに限定すること）が行われると仮定すれば、独立変数が導入されたとき、そしてそのときだけ、1つ1つの行動が変化するとすれば、そのたびに関数関係が存在することについての確信が強まることになる。

　多層ベースラインデザインは、信頼できる関数関係の証明を行うために、どれくらいの数の異なる行動や、場面や、被験者を含めるべきだろうか？　ベア、ウォルフ、リスレー（Baer, Wolf, & Risley, 1968）は、必要とされる再現の数は、どのデザインにおいても最終的には研究の消費者によって決定されるものであるとした。この意味で、多層ベースラインデザインを用いる実験では、その実験とその研究者の主張に反応するように求められる人々（例えば、教師、管理職、保護者、資金源、ジャーナルの編集者）を説得するために必要な最小限の再現数を含んでいなければならない。2層の多層ベースラインデザインでも完全な実験であり、独立変数の有効性に対して強い支援を与えることができる（例えば、Lindberg, Iwata, Roscoe, Worsdell, & Hanley, 2003［図23.2を参照］；McCord, Iwata, Galensky, Ellingson, &Thomson, 2001［図6.6を参照］；Newstrom, McLaughlin, & Sweeney, 1999［図26.2を参照］；Test, Spooner, Keul, & Grossi, 1990［図20.7を参照］）。マクラナハンら（McClannahan, McGee, MacDuff, & Krantz, 1990）は、12人の参加者間の8層デザインに独立変数を順次適用する多層ベースラインデザイン研究を行った。最も一般的な多層ベースラインデザインは、3層から5層である。独立変数の効果が大であり、確実に再現できるときは、3層か4層の多層ベースラインデザインならば、実験的効果の納得がいく証明を行うことができる。あえて言うなら、より多くの再現を行えば、証明はより説得力をもつことになる。

　応用行動分析学の文献において最も初期の多層ベースラインデザインの例は、次の研究者らによるものである。リズリーとハート（Risley & Hart, 1968）、バリッシュら（Barrish, Saunders,

& Wolf, 1969)、バートンら（Barton, Guess, Garcia, & Baer, 1970)、パンヤンら（Panyan, Boozer, & Morris, 1970)、シュワルツとホーキンス（Schwarz & Hawkins, 1970)。多層ベースラインテクニックの先駆的応用のなかには、略式の実験であって、あまりはっきりしないものもある。著者自身がその実験デザインを多層ベースラインデザインとは認識していなかったかもしれない（例えば、Schwarz & Hawkins, 1970)。そして層と層を積み重ねて、すべてのデータが同じ図の中に図示されるようにするという、今では一般的になっている多層ベースラインデザインの方法は、当初は必ずしも用いられていなかった（例えば、Maloney & Hopkins, 1973; McAllister, Stachowiak, Baer, & Conderman, 1969; Schwarz & Hawkins, 1970)。

1970年に、ヴァンス・ホール、コニー・クリストラー、シャロン・クランストン、ボニー・タッカーは、3つの実験を記述した1つの論文を発表した（Hall et al., 1970)。それぞれの実験は多層ベースラインデザインの3つの基本形態である、行動間、場面間、被験者間デザインの例を示していた。ホールらの論文は、重要な論文だった。それが今日でも多層ベースラインデザインのモデルとして役立つ優れた実例を提供しているというだけでなく、この研究が教師と保護者によって行われ、実践家が「手持ちの資源を使って、日常場面において、重要な意義深い研究を遂行できる」(p. 255) ことを示しているからでもある。

(1) 行動間多層ベースラインデザイン

行動間多層ベースラインデザイン（multiple baseline across behaviors design）は、単独の参加者の2つ以上の行動を同時に測定することから開始する。研究者がベースライン条件下で定常状態の反応を収集できたら、複数の行動の1つに独立変数を適用するとともに、残りの行動にはベースライン条件を維持する。この最初の行動で、定常状態または基準レベルの遂行が達成されたら、その独立変数を次々と残りの行動に適用する（例えば、Bell, Young, Salzberg, & West, 1991; Gena, Kranz, McClannahan, & Poulson, 1996; Higgins, Williams, & McLaughlin, 2001 ［図26.8を参照］)。

ウォードとカーンズ（Ward & Carns, 2002）は、行動間多層ベースラインデザインを使って、目標の自己設定（self set）と公的掲示（public posting）が、大学のアメリカンフットボールチームの5人のラインバッカーによる以下の3つのスキルの遂行に及ぼす効果を評価した。(a) リード：ラインバッカーがパスプレー、またはスクリメージラインからのランにおいて、敵の攻撃意図を読んでポジショニングし、特定のフィールドエリアをカバーすること。(b) ドロップ：ラインバッカーがチームの攻撃的配置に従って正しいポジションに移動すること。(c) タックル。すべての練習セッションと試合中のプレーヤーの動きをビデオカメラで撮影した。個々のプレーヤーが個々のスキルを発揮する最初の10機会についてデータを収集した。リードとドロップは、プレーヤーがコーチのプレーブック（攻撃・守備のフォーメーションを図解した本）で同定されたゾーンに移動したら、正反応として記録された。タックルは、攻撃側のボールキャリア（ボールを持っているプレーヤー）をストップさせたとき、正反応として記録された。

ベースライン査定の後、個々のプレーヤーは、そのプレーヤーの任意のスキルの平均ベースラ

イン遂行を記述した研究者の1人と面談した。プレーヤーは練習セッションにおけるパフォーマンスのゴールを設定するよう求められた。ゲームにおけるゴールの設定は求められなかった。ベースライン段階における5人のプレーヤーすべての正反応パフォーマンスは60〜80％の範囲（レンジ）だった。そしてすべてのプレーヤーが、90％の正反応パフォーマンスを目標に設定した。プレーヤーは、毎日の練習の正反応パフォーマンスを、次回の練習セッションの前に、チャートで掲示されると告知された。個々のプレーヤーの名前のわきに、Y（Yes）か、N（No）のマークが付けられ、自分が設定したゴールを達成したかどうかを知らされたのである。プレーヤーのパフォーマンスがチャートに掲示されたのは、介入対象となったスキルについてだけだった。そのチャートはロッカールームの壁に貼り出された。チームのプレーヤー全員がそれを見ることができた。ヘッドコーチがチームのほかのプレーヤーにその目的を説明した。ゲーム中のプレーヤーのパフォーマンスは、そのチャートには掲示されなかった。

　図9.3は、1人のプレーヤー、ジョンの結果を示している。ジョンはすべての練習において、3つのスキルのそれぞれに関して90％正反応パフォーマンという自分のゴールを満たすか上回っていた。そのうえ、彼の改善されたパフォーマンスはゲームにも般化した。同じ結果のパターンは、この研究に参加したほかの4人のプレーヤーについても同様に収集された。これは行動間多層ベースラインデザインが、個々の被験者が自分自身の比較対照（control）の役割を演じる単一被験者実験戦略であることを例示している。個々のプレーヤーは、完全な実験を構成しており、このケースではそれぞれがそのほかの4人の参加者とともに結果を再現していた。

（2）場面間多層ベースラインデザイン

　場面間多層ベースラインデザイン（multiple baseline across settings design）では、個人（または集団）の1つの行動を、2つ以上の場面または条件（例えば、場所、1日の時間帯）において標的とする。ベースライン条件のもとで、安定した反応が示されたら、1つの場面に独立変数を導入するとともに、残りの場面ではベースライン条件を適用したままにしておく。最初の場面において、最大の行動変化または基準レベルのパフォーマンスが達成されたら、第2の場面、第3の場面へと、独立変数を次々に適用していく。

　ローンら（Roane, Kelley, & Fisher, 2003）は、場面間多層ベースラインデザインを用いて、8歳男児が異物を口に入れる比率を減らすように設計された処遇の効果を評価した。ジェイソンは自閉症と脳性まひと中度知的障害の診断を受けていた。そしておもちゃや衣切れ、紙、樹皮、草、ごみなどの異物を口に入れる病歴をもっていた。

　ジェイソンの異食行動のデータを、教室と、プレールームと、戸外の3つの場面で同時に収集した。それらの場面には、さまざまな異物があり、介護者らはジェイソンの異食行動が問題であると報告していた。観察者は、それぞれの場面において、10分セッションの間、ジェイソンが異物を口に入れその唇の平面を通過させた回数を控えめに記録した。研究者らは、ジェイソンの異食行動が通常一連の不連続なエピソードであり、長時間の連続的な出来事ではなく、そしてしばしば多くのもの（異物と食物）を同時に口に入れていたと報告した。

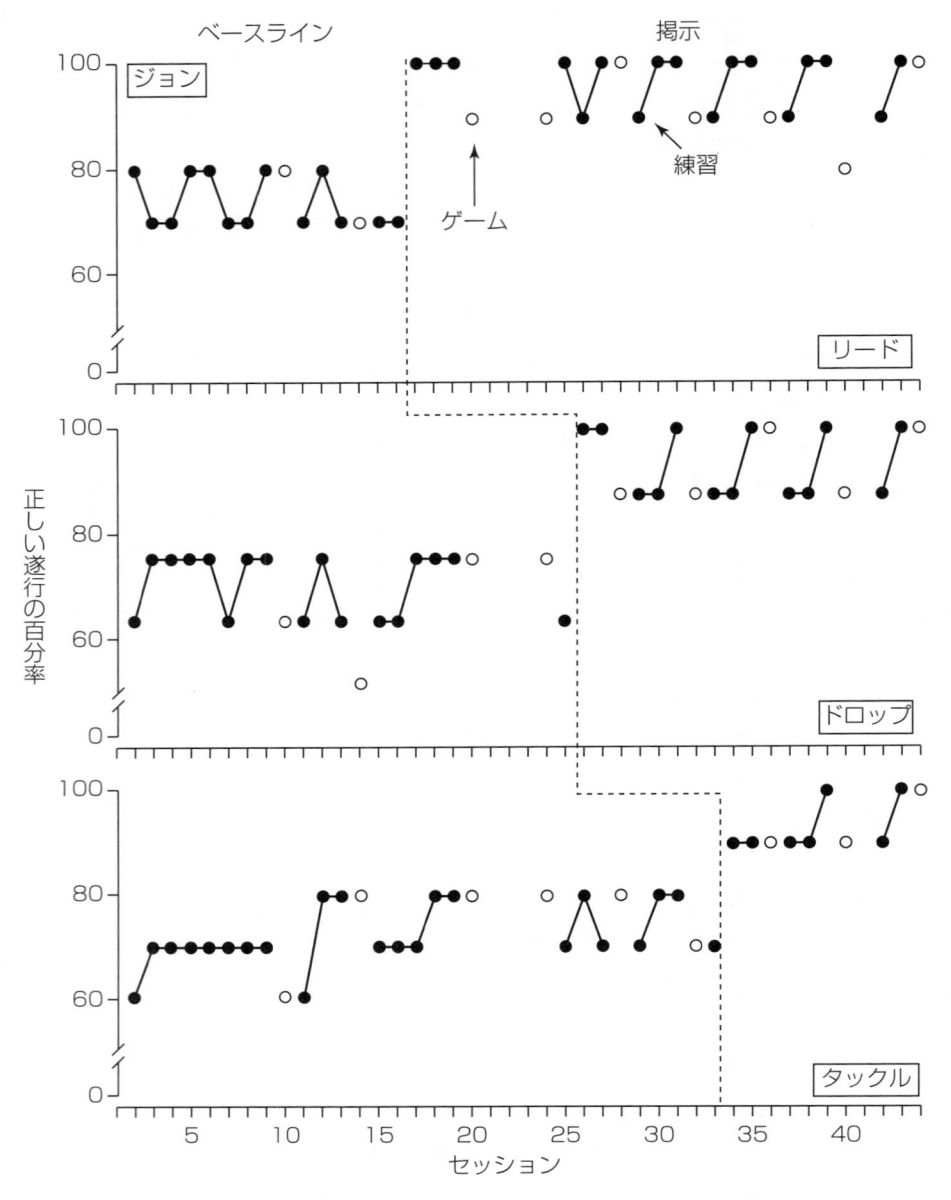

図9.3 行動間多層ベースラインデザイン。大学アメフトプレーヤーによるリード、ドロップ、タックルの百分率を示す

From "Effects of Posting Self-Set Goals on Collegiate Football Players' Skill Execution During Practice and Games" by P. Ward and M. Carnes, 2002, *Journal of Applied Behavior Analysis, 35,* p.5. Copyright 2002 by the Society for the Experimental Analysis of Behavior, Inc. Reprinted by permission.

ローンら（Roane et al., 2003）は、ジェイソンのベースラインと処遇の条件を次のように述べた。

　　ベースライン条件は、関数分析の結果をベースに設定された。すなわち異物を口に入れる行動は、自動強化（automatic reinforcement）によって維持され、社会的結果とは独立して起こっていることが分かった。ベースライン段階では、1人のセラピストが陪席した（ジェイソンから約1.5〜3m離れていた）。しかし異食行動が起こってもすべて無視した（すなわち、異食行動に対する社会的結果は何も用意されなかった）。ジェイソンはものを口に入れることを許された。ベースライン段階では食物を入手することはできなかった。処遇条件はベースラインと同じだったが、次の点だけが異なっていた。すなわち、ものを口にする行動が起こるとき、ジェイソンは事前に食べきることが観察されていた食物――チューインガム、マシュマロ、ハードキャンディー（飴玉）――は自由に続けて食べることができた。ジェイソンはこれらの食物が入ったウエストポーチを腰に着用していた。(pp. 580-581) [2]

　図9.4は、それぞれの場面で実行された、時期をずらした処遇順序と、その結果を示している。ベースライン段階では、ジェイソンの異食行動は教室とプレールームと戸外場面でそれぞれ1分間に平均0.9、1.1、1.2回の割合で生じていた。それぞれの場面に食物入りのウエストポーチを導入すると、即座に異食行動はゼロかほぼゼロの割合へと減少した。場面間多層ベースラインデザインは、この処遇とジェイソンの異食行動の頻度の間の疑う余地のない関数関係を明らかにした。治療条件において収集された測度は、ベースラインにおいて収集された測度の最低値をいずれも下回っていた。3つの場面間における27処遇セッションの22において、ジェイソンは異物をいっさい口にしなかった。

　ローンら（Roane et al., 2003）による研究で行われたように、場面間多層ベースラインデザインの各層のデータ経路は、ふつう、異なる物理的環境において収集される（例えば、Cushing & Kennedy, 1997; Dalton, Martella, & Marchand-Martella, 1999）。しかしながら、場面間多層ベースラインデザインでは、異なる「場面」が同じ物理的場所に存在していて、それらの間の違いは作動している随伴性の違い、一定の人々の存在または不在、およびまたは同一日の異なる時間帯になることがある。例えばパーカーら（Parker et al., 1984）による研究においては、訓練室におけるほかの人々の存在または不在が、異なる場面（環境）を構成し、それぞれの場面で独立変数の効果が評価された。ケネディら（Kennedy et al., 2000, 図6.4を参照）による多層ベースラインデザイン研究における異なる場面は、注目と要求と非注目（すなわち、作動している随伴性）によって定義された。ダンラップら（Dunlap et al., 1991）による場面間多層ベースラインデザインにおいては、授業がある日の午後と午前のパートが、異なる場面として機能した。彼らはそれらの場面でカリキュラムの修正が及ぼす子どもの妨害行動と課題逸脱行動への効果を分析した。

　場面間多層ベースラインデザインを用いた研究のなかには、参加者がさまざまだったり、変化

注2：関数分析と自動強化は、それぞれ第24章と第11章で解説する。

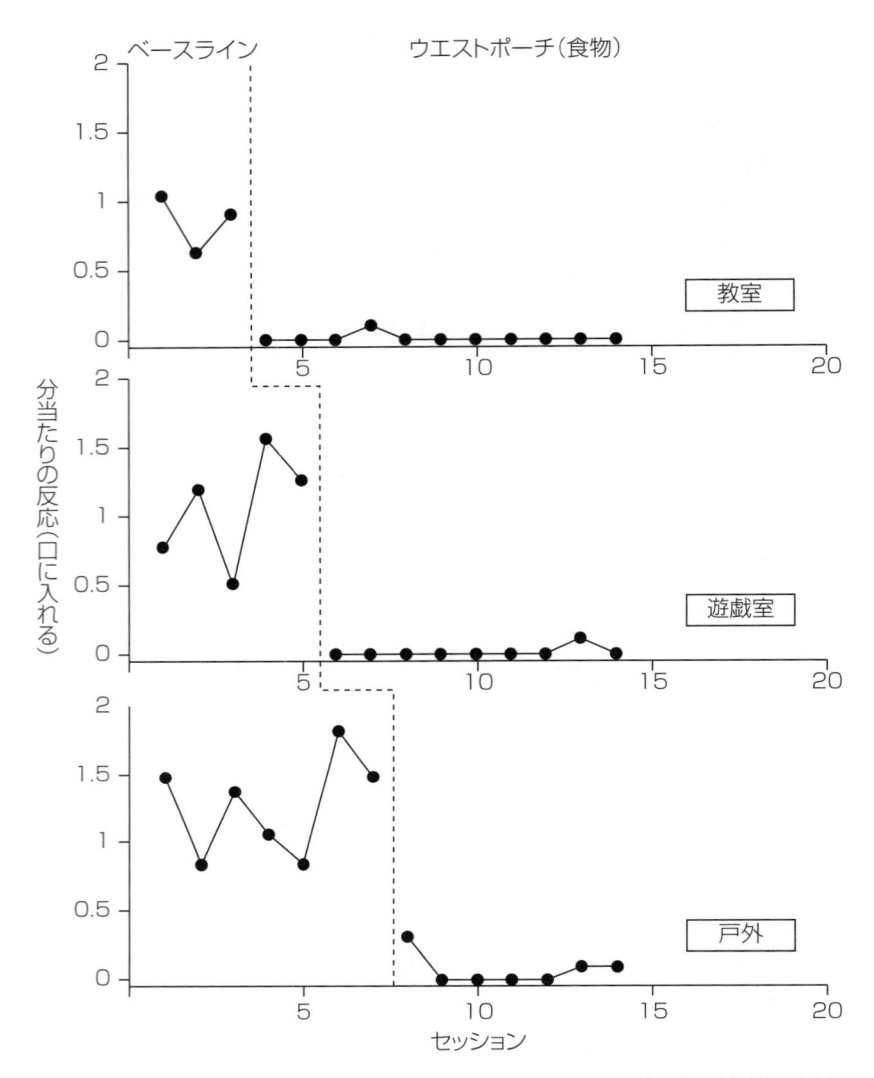

図9.4　場面間多層ベースラインデザイン。ベースライン条件と処遇条件における1分当たりの物を口に入れる反応数を示す

From "The Effects of Noncontingent Access to Food on the Rate of Object Mouthing across Three Settings" by H. S. Roane, M. L. Kelly, and W. W. Fisher, 2003, *Journal of Applied Behavior Analysis, 36*, p. 581. Copyright 2003 by the Society for the Experimental Analysis of Behavior, Inc. Reprinted by permission.

したりするものがある。研究者にも参加者が誰なのか不明である例すらある。例えば、ヴァンホーテンとマーレンファント（Van Hauten & Malenfant, 2004）は、人通りの多い2つの横断歩道の間の多層ベースラインデザインを使って、ドライバーに対する徹底的な交通法規励行プログラムが、歩行者に道を譲るドライバーの百分率と、自動車と歩行者の衝突の数に及ぼす効果を評価した。ワトソン（Watson, 1996）は、大学のキャンパスの男性用トイレ間の多層ベースラインデザインを使って、トイレの落書きを減らす標識を掲示することの効果を査定した。

（3）被験者間多層ベースラインデザイン

被験者間多層ベースラインデザイン（multiple baseline across subjects design）においては、同じ場面にいる2人以上の被験者（または集団）を対象として、1つの標的行動を選択する。ベースライン条件下で定常状態の反応が得られたら、被験者の1人に独立変数を適用し、ほかの被験者にはベースライン条件を適用し続ける。第1の被験者に関して基準レベルまたは安定した反応が得られたら、第2、第3……の被験者に対して次々に独立変数を適用していく。多層ベースラインデザインの3形態の中で被験者間多層ベースラインデザインは、最も広く活用される。その理由の1つは、教師や臨床家やそのほかの実践家が、通常、同じスキルを学習するか、同じ問題行動を除去する必要のある2人以上の子どもかクライエントに直面するからである（例えば、Craft, Alber, & Heward, 1998; Kahng, Iwata, DeLeon, & Wallace, 2000［図23.1を参照］; Killu, Sainato, Davis, Ospelt, & Paul, 1998 [図23.3を参照]; Kladopoulos & McComas, 2001［図6.3を参照］)。多層ベースラインデザインは、参加者の「集団」の間で行われることもある（例えば、Dixon & Holcomb, 2000［図13.7を参照］; Lewis, Powers, Kelk, & Newcomer, 2002［図26.12を参照］; White & Bailey, 1990［図15.2を参照］)。

クランツとマクラナハン（Kranz & McClannahan, 1993）は、被験者間多層ベースラインデザインを使って、自閉症児に仲間との交流を教えるため、台本（script）の導入とフェーディング（fading）がもたらす効果を研究した。4人の参加児は、年齢9歳から12歳であり、重度のコミュニケーション障害と、あるかなしかの学業的、社会的、余暇的スキルをもっていた。研究に先立って、それぞれの子どもたちは、最初に写真を使った活動スケジュール（Wacker & Berg, 1983）、後に文字による活動スケジュールに従うことを学習した。これらのスケジュールは、学業と、身辺自立と、余暇活動の連鎖に従事することをプロンプトするものだった。子どもたちの教師は社会的交流をモデリングし、子どもたちが交流するよう言葉でプロンプトし、交流したことに対して条件的賞賛と好きなスナックや活動を与えたが、子どもたちは大人のプロンプトなしに交流を開始することが一貫してできていなかった。

個々のセッションは、連続10分間インターバルだった。子どもたちはその間3つの絵画活動―線描画、塗り絵、お絵かき―を行った。研究の間、3つの活動はセッション間でローテンションされた。観察者は個々の子どもが仲間に働きかけ、仲間に反応した回数を記録した。クランツとマクラナハン（Kranz & McClannahan, 1993）は、従属変数を次のように説明した。

　　仲間への始動（initiation to peers）とは、理解できる発言か質問と定義された。それは、大人によってプロンプトされた発言や質問ではなく、他児に向け自分から相手の名前を呼ぶか相手の方に顔を向けるかして発されたものであり、そして話題の変化か相互作用の受け手の変化によって話し手のそれまでの発話とは区別されるものとした……。台本つき交流（scripted interactions）とは、例えば「ロス、君の絵好きだな」などと書かれた台本と一致した発言だった。台本にない交流（unscripted interactions）とは、最低でも接続詞、冠詞、前置詞、代名詞が台本とちがうか、動詞の時制がちがう発言とした。「もっと紙ほしいですか？」は、台本にない始動として記録され

た。なぜなら「紙」という名詞が台本には書かれていなかったからだった。反応（response）とは、文脈的発話（単語、句、または文）と定義された。それは教師によってプロンプトされた発話ではなく、標的児に向けてなされた発言や質問に対して5秒以内になされた発話とした……。反応の例としては「何？」「オーケー」「はい、欲しいです」などが含まれた。（p. 124）

ベースライン段階では、それぞれの子どものそばに、お絵描き教材と、「お絵かきしよう」「もっとお話して」という文書教示が記された紙片を置いた。教師は子ども1人1人に文書教示を読むようにプロンプトして立ち去った。台本条件の段階では、ベースラインにおける2つの文書教示にさらに10の文章と質問からなる台本が追加された。例えば「（〜ちゃん）、今日はお外で（ブランコ、ローラースケート、自転車乗り）楽しかった？」「（〜ちゃん）、先生の（ペン、クレヨン、絵筆）どれか使いたい？」（p. 124）、など。それぞれのセッションの直前に、教師は台本の空白部分に、子どもがし終わったか、計画していた活動、または教室環境の事物を反映する文章を記入した。個々の子どもの台本には、ほかの3人の子どもたちの名前が記入され、質問と文章はセッションと子どもごとに変えるようにした。

台本条件の適用は1度に1人ずつ、時期をずらして行った（図9.5）。最初は教師が子どもの手を取って台本に合わせてガイダンスした。ほかの子どもに向かって発言する文章を読ませ、それが終わったら発言する文章の隣に鉛筆でチェックマークをつけさせるプロンプトを与えたのである。クランツとマクラナハン（Kranz & McClannahan, 1993）は、プロンプティングと台本フェーディング手続きを次のように記述した。

　　教師は参加児の背後に立ち、子どもの手に鉛筆を握らせた。そして教示で示すか台本で示すかした発言や質問文を指さすように指示した。最後にテキストの下辺に沿って、鉛筆を動かすように導いた。必要ならば教師は、子どもの頭に手を添えて、発言や質問を向ける相手の子どものほうに向けさせた。もし子どもが5秒以内に発言か質問を口に出して言わない場合は、マニュアルガイダンスの手続きを繰り返した。もし子どもが発言文を読むか発言するかしたり、質問文を読むか質問するかしたりしたら、教師は同種のマニュアルガイダンスを使って、台本のその部分の左側にチェックマークを付けさせた。マニュアルプロンプトはできるだけ速やかにフェーディングした。ケイト、マイク、ウォルト、ロスには、それぞれ15、18、23、27セッション以後は、プロンプトを与えなかった。そしてその後のセッションでは、教師は教室の周辺にとどまるようにした。標的児に対するマニュアルガイダンスをフェーディングすると、次は台本のフェーディングを開始した。台本は最後から最初へという順番で、5段階でフェーディングした。例えば、「マイク、一番何やりたい、楽しい金曜日に？」という質問では、(a)「マイク、一番何やりたい？」、(b)「マイク、何や？」(c)「マイク、何」(d)「マ」、(e)「……」のようにした。（p. 125）

ケイトとマイクは、ベースライン段階では1度も始動しなかったが、台本条件の段階ではセッション当たり、それぞれ平均15回と13回ずつ始動した。ウォルトの始動はベースライン段階の平均0.1回から台本条件段階の17回へ、ロスはベースライン段階の平均2回から台本条件段階の

第9章　多層ベースラインデザインと基準変更デザイン

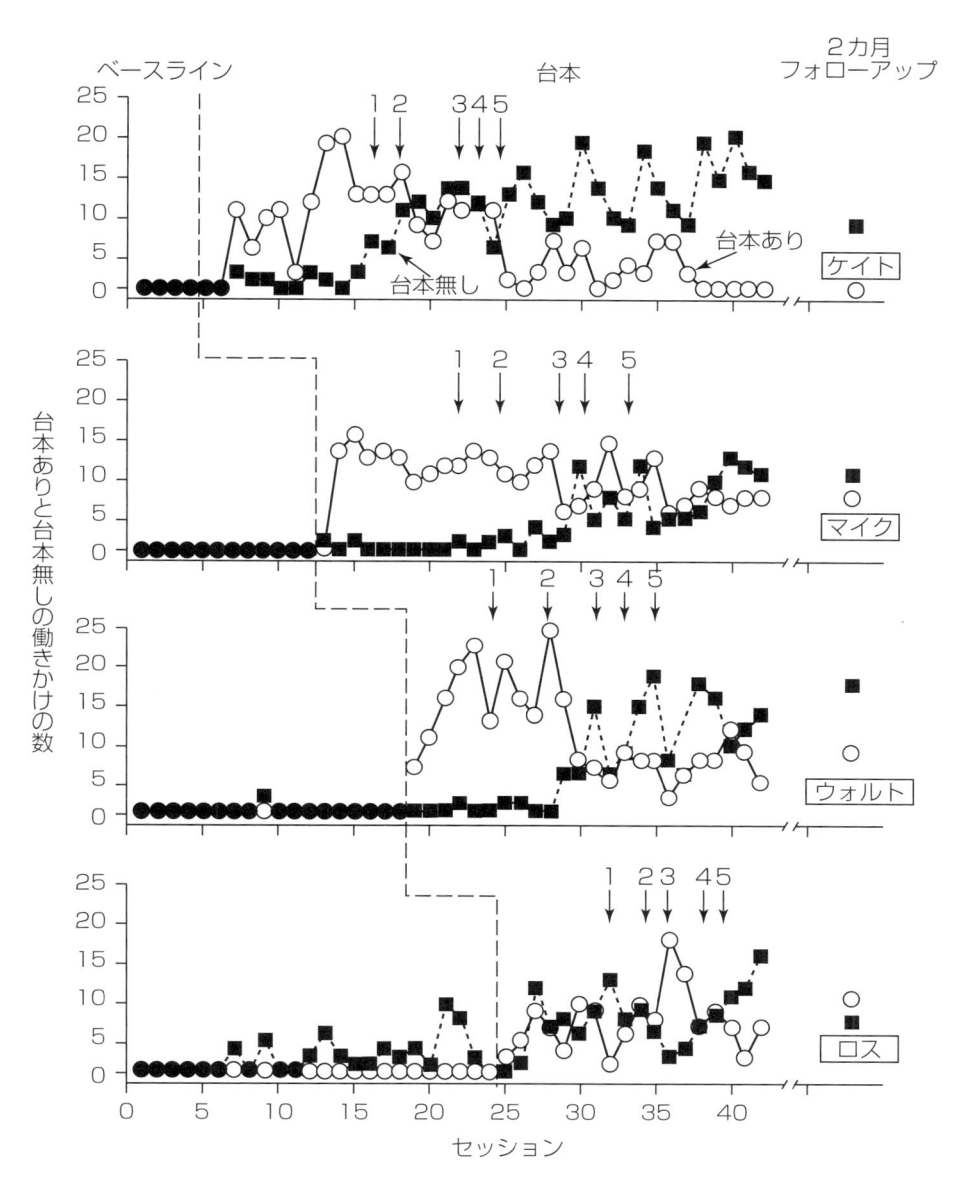

図9.5　被験者間多層ベースラインデザイン。4人の自閉症児のベースライン、台本セッション、フォローアップセッションにおける台本ありと台本無しの級友への働きかけと反応。矢印はフェーディングステップが起こった時点を示す

From "Teaching Children with Autism to Initiate to Peers: Effects of a Scrip-Fading procedure" by P. J. Krantz and L. E. McClannahan, 1993, *Journal of Applied Behavior Analysis, 26*, p. 129. Copyright 1993 by the Society for the Experimental Analysis of Behavior, Inc. Reprinted by permission.

14回へと増加した。台本がフェーディングされるにつれ、それぞれの子どもの、台本によらない始動の頻度は増大した。台本がフェーディングされた後には、4人の参加児の始動の頻度は、通常に発達した3人の普通児のサンプルと同じ範囲（レンジ）内に収まった。研究者らは台本のフェーディング段階を参加児ごとにそのパフォーマンスに応じて実行し、あらかじめ決めてお

たスケジュールによることはしなかった。こうして行動の科学の焦点である行動と環境の関係を追求するために必要な柔軟さを保持した。

　しかしながら、個々の被験児は自分自身の比較対照群の役割を果たしていなかった。そのためこの研究は被験者間多層ベースラインデザインが真の単一被験者デザインではないことを示している。その代わり、それぞれの被験者のベースラインデータに基づく予測の立証は、まだベースライン段階にとどまっているほかの被験者の比較的安定した測度から推論されるはずである。そして効果の再現は、ほかの被験者が独立変数と接触する機会が訪れると、彼らの行動に変化が起こることから推論されるはずである。これは被験者間多層ベースラインデザインの短所であり、潜在的長所でもある（Johnston & Pennypacker, 1993a）。そのことは後に本章で考察する。

2．多層ベースラインデザインのバリエーション

　多層ベースラインデザインには2つのバリエーションがある。多層プローブデザインと、遅延性多層ベースラインデザインである。多層プローブデザインにおいては、行動分析家は多層ベースラインデザイン戦術のオペレーションとロジックを、つぎのような行動や状況に拡大することができる。すなわち、多層ベースラインデザインの成分であるすべての行動を同時測定することが不必要であるか、潜在的にリアクティブであるか、実行することが難しいか、費用がかかりすぎるかするような行動や状況に、適用することができる。遅延性多層ベースラインの技法は、計画していたリバーサルデザインが、もはや不可能であるか、効果のないことが実証されたかした場合に使うことができる。それはまた、例えば、進行中の研究に新たな被験者を追加する場合のように、すでに実行されている多層ベースラインデザインに新たな層を付け加えることを可能にする。

（1）多層プローブデザイン

　多層プローブデザイン（multiple probe design）は、ホーナーとベア（Horner & Baer, 1978）によって初めて説明された。それは独立変数と漸次的接近反応や課題順序の獲得の間の関係を分析する方法である。多層ベースラインデザインとは対照的である。多層ベースラインデザインでは、実験に含まれる個々の行動、場面、または被験者について、ベースライン段階の始めから終わりまで、データを同時的に収集する。ところが多層プローブデザインでは、間欠的測度、すなわちプローブによって、介入以前に行動変化が起こっていたかどうかを判定する基礎が与えられる。ホーナーとベアによれば、多層プローブデザインは、学習すべき関連行動の連鎖か順序に適用されると、次の4つの問いに対する答えが提出される。(a) その順序を構成する個々のステップ（行動）における最初のパフォーマンスレベルは何か？　(b) その順序を構成する個々のステップを訓練する前に、それらを遂行する機会を順次的に与えられた場合どんなことが起こるか？　(c) 個々のステップに訓練を適用した場合、どんなことが起こるか？　(d) 先行するステップにおいて基準レベルのパフォーマンスに達したとき、その順序に含まれる未訓練のパフォ

第9章　多層ベースラインデザインと基準変更デザイン

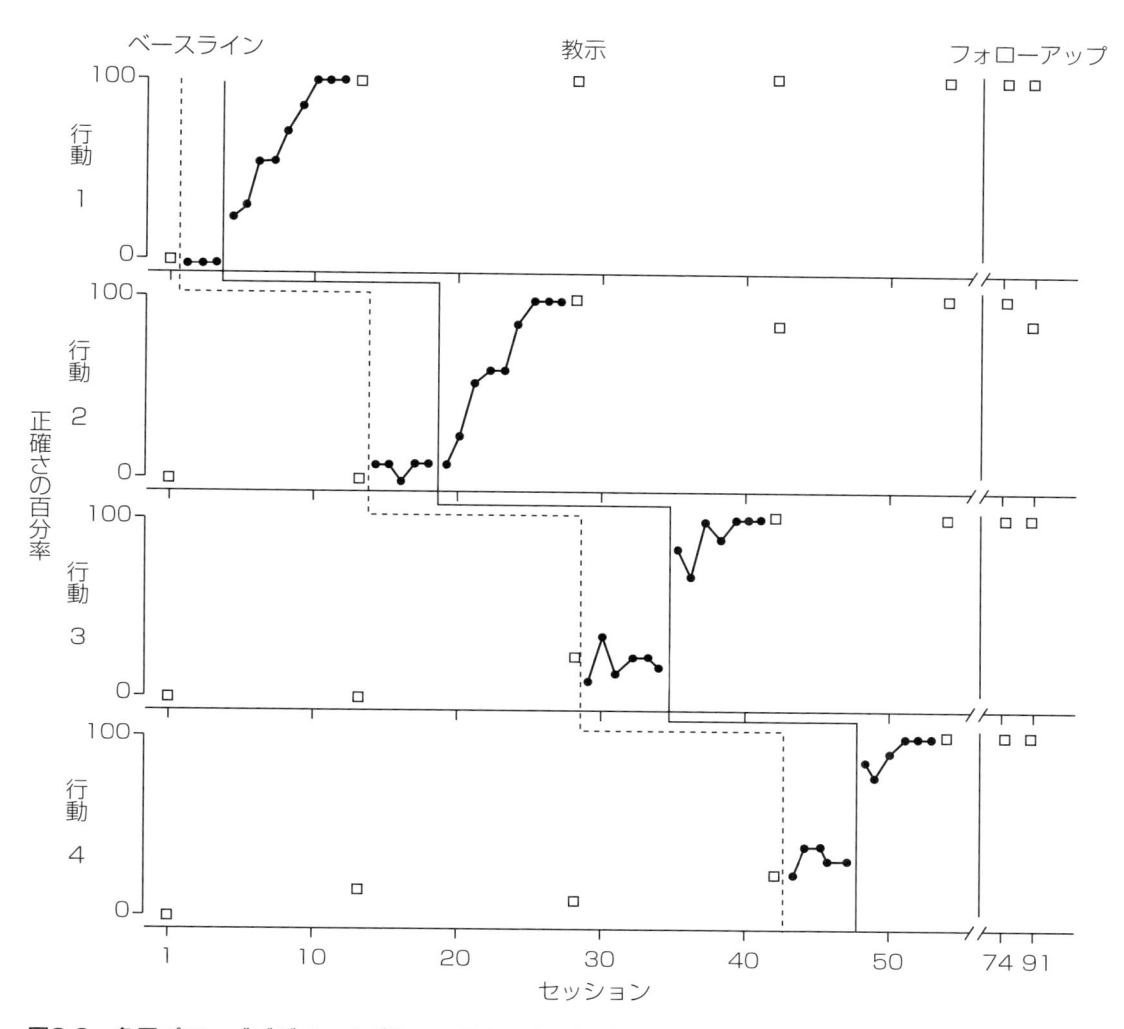

図9.6　多層プローブデザインのグラフの見本。白四角データポイントは一連のすべての行動（1—4）がテストされたプローブセッションの結果を表す

ーマンスにどんなことが起こるか？

　多層プローブデザインのグラフの見本を図9.6に示す。多層プローブテクニックのバリエーションが研究者によって多数開発されているが、基本的デザインのカギとなる特徴は次の3つである。(a) 最初のプローブを収集してその順序を構成する個々の行動に関する被験者の遂行レベルを判定する。(b) 個々のステップを訓練する前に、それぞれのステップに関する一連のベースライン測度を収集する。(c) 訓練のどのステップかで基準レベルのパフォーマンスが達成されたら、その後はその順序の個々のステップのプローブを収集して、ほかのどれかのステップのパフォーマンスに変化が起こったかどうかを判定する。

　トムソンら（Thompson, Braam, & Fuqua, 1982）は、多層プローブデザインを使って、プロンプトとトークン強化からなるインストラクション手続きが、発達障害の3人の生徒の洗濯スキル

355

の複雑な連鎖の獲得に及ぼす効果を分析した。人々の洗濯行動を観察した結果74個の独立した反応によって構成される詳細な課題分析が得られた。それらは7大成分（例えば、仕分け、洗濯機への充填など）にまとめられた。各成分について訓練する前に、プローブとベースラインセッションを行い、個々の生徒のパフォーマンスを査定した。プローブとベースラインセッションでは、生徒に対してまず「洗濯しよう」という教示を出す。生徒が誤反応を自発するか、続けるようにプロンプトしても5秒以内に何の反応も示さなければ、生徒を洗濯エリアから遠ざけて座らせた。そこで訓練者が正反応を遂行して、生徒を洗濯エリアに呼び戻し、洗濯順序の残りの部分を続けて査定できるようにした。

　　　　プローブセッションは2つの点でベースラインセッションと異なっていた。第1にプローブでは、全連鎖の個々の反応を測定した。測定はすべての成分についてベースラインと訓練を行う直前に行われた。ベースラインセッションはそのプローブの後に行われた。測定したのは、以前に訓練した成分プラスこれから訓練する成分だけだった。ベースラインデータとして収集したのは、訓練セッションの直前の、変動する数の連続セッションに関してだけだった。第2に、プローブの段階では、トークンも記述的賞賛も一切与えなかった。ベースライン段階では、トークンは前に訓練した反応に対してだけ与えた……。ベースラインに続いて、3段階累進プロンプト手続き（Horner & Keilitz, 1975）、すなわち、言語教示、モデリング、段階的ガイダンスを使って、各成分を訓練した。もしあるプロンプト水準が5秒以内に正反応を引き出せなかったときは、次の水準のプロンプトを導入した……。生徒が連続2試行100％の正確さで遂行したら、洗濯の全連鎖の最初の反応からマスターしたばかりの最新の反応までを遂行するよう要求した。前にマスターした部分までの全連鎖について訓練を行い（連鎖訓練条件）、連続2試行プロンプト無しで間違わずに遂行するまで行った。（Thompson, Braam, & Fuqua, 1982, p. 179）

　生徒の1人、チェスターの結果を図9.7に示す。チェスターの遂行は、プローブとベースラインセッション段階では、低い正反応百分率だったが、訓練を個々の成分に適用した後は、100％の正反応の遂行を示した。訓練後に行った近隣のセルフサービス式コインランドリーで行った般化プローブの段階では、チェスターは、連鎖全74反応のうち82％を正しく遂行した。般化プローブの段階で誤って遂行した反応を再訓練するとともに、「訓練場面とコインランドリー装置の間にコインスロットやマイナーな違いが存在することによって必要となった追加反応」（p. 179）を訓練するため、さらに5回の追加セッションを必要とした。チェスターは、訓練終了10カ月後に行われた2回のフォローアップセッションで、過去2カ月ランドリー課題をしていなかったにもかかわらず、90％の正確さで遂行した。この研究に参加したほかの2人の生徒からも同様の結果が得られた。

　トムソンら（Thompson et al., 1982）は、自らの研究に連鎖訓練条件（chain training condition）を追加したが、それは単独スキルとして訓練された成分は、連鎖訓練の練習なしには、正しい順序で自発されることはありえないと考えたからだった。注意すべきことは、この実験者らがベースライン観察段階において安定した反応が達成されるまで、新しい成分の訓練を決

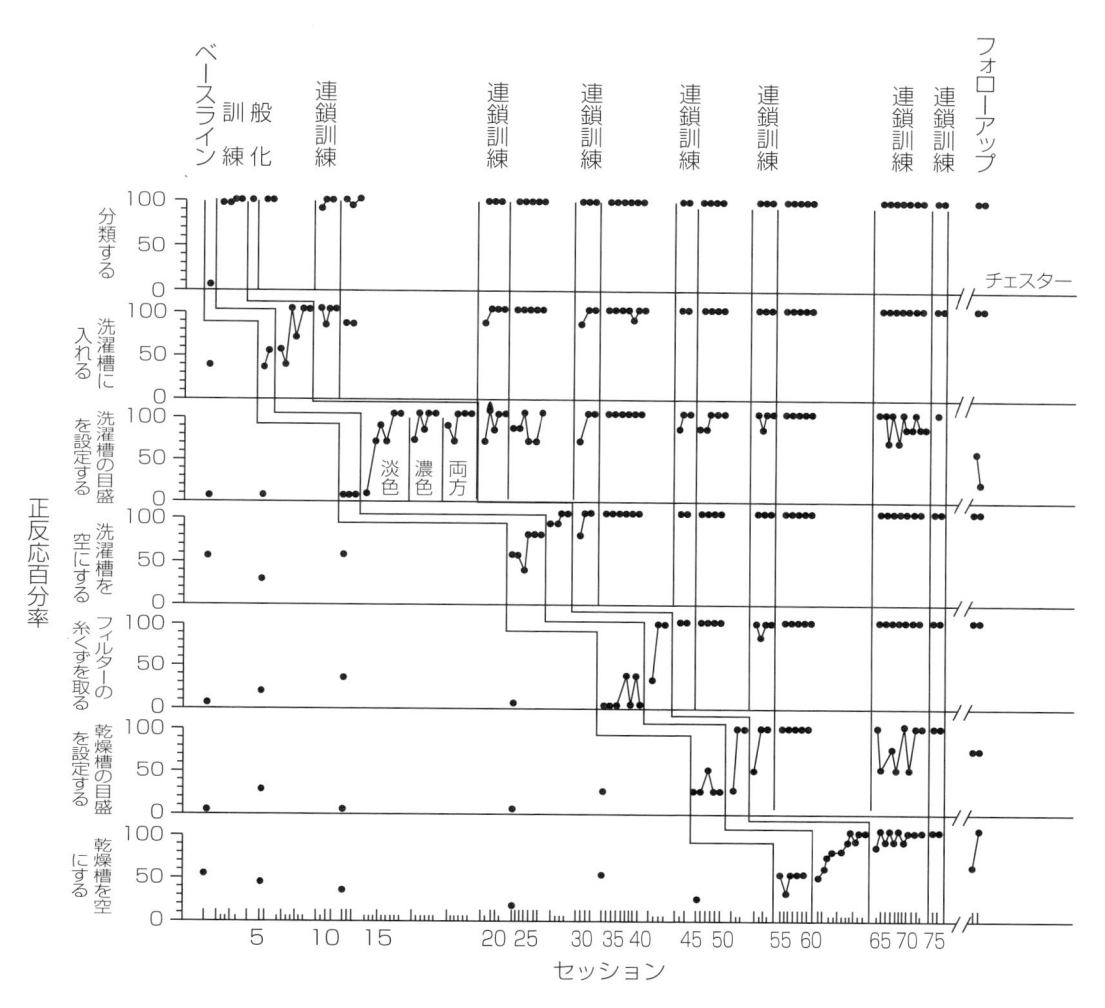

図9.7　多層プローブデザイン。知的障害若年成人男性のランドリーの各成分の各試行の正反応の百分率を示す。横軸上に示した長い垂直線は漸次的訓練セッションを、より短い垂直線はセッション内の試行を表す

From "Training and Generalization of Laundry Skills: A Multiple-Probe Evaluation with Handicapped Persons" by T. J. Thompson, S. J. Braam, and R. W. Fuqua, 1982, *Journal of Applied Behavior Analysis, 15*, p. 180. Copyright 1982 by the Society for the Experimental Analysis of Behavior, Inc. Reprinted by permission.

して開始しなかったことである（図9.7の下段4層のベースラインデータを参照）。このように訓練を遅延させたために、訓練とスキル獲得の間の関数関係を鮮やかに実証することができたのである。

　多層プローブデザインは、スキル順序に対するインストラクション効果を評価するためにとくに適している。スキル順序においては、前段階のステップを獲得しない限り、シーケンス（順序）の後のステップのパフォーマンスを被験者が改善できることはありえない。例えば、足し算、引き算、掛け算のスキルを獲得していない子どもについて、割算の問題解決の精度を何度測定しても、分析を深めることはできないだろう。ホーナーとベア（Horner & Baer, 1978）の指摘

は、この点についての至言である。

> 割算のベースラインの必然的なゼロの得点は、なんら本当の意味をもたない。つまり、割算はゼロ（またはテスト形式によっては偶然）以外にありえない。したがってそれを測定することはまったく何の役にも立たない。そのような測定は、形式だけのものである。すなわち、それらは多層ベースラインの図式を埋めはするが、真実ではあっても幻影にすぎない。行動がゼロであるというよりも、行動の起こる機会がゼロであることを象徴している。したがって、行動できないときに行動が起こらないことを、よく測定されたデータのレベルで、ドキュメントする必要はないのである。（p. 190）

それゆえに、多層プローブデザインは、連鎖または順序のどの成分であれ、その遂行がその前段階の成分を獲得していなければ、不可能であるか起こり得ないときに、儀式的にベースラインデータを収集する必要性を否定する。多層プローブテクニックには、すでに述べたとおり、複雑なスキル順序に及ぼすインストラクションの効果を分析することと、ありそうもない生起機会をもつ行動についてのベースライン測定の量を減らすことの2つの用途がある。それだけでなく、このデザインは長期にわたるベースライン測定が、リアクティビティーをもたらすか、実行不可能であるか、コストがかかりすぎるかが判明するような状況に対しても有効性をもつ実験戦略である。非処遇条件（指導や処遇を行わない条件）におけるスキルの反復測定は、子どもによっては嫌悪的なものになる可能性がある。そして消去や、退屈や、そのほかの望ましくない反応が起こりうる。クーヴォ（Cuvo, 1979）は、「一方で安定したベースラインを確立するために従属測度を反復適用することと、他方で参加者に潜在的な罰の経験をさせることによってパフォーマンスを低下させるリスクをとることとの間の二律背反」（pp. 222-223）を研究者は認識しなければならないと指摘した。さらに、シーケンスに含まれるすべてのスキルの完全な査定は、あまりにも多くの時間を必要とするかもしれない。その時間はインストラクションのために活用できた可能性がある。

多層プローブデザインのそのほかの例には、アーンツェンら（Arntzen, Halstadtr, & Halstadr, 2003）、コールマン・マーチンとウォルフ・ヘラー（Coleman-Martin & Wolff-Heller, 2004）や、オレイリーら（O'Reilly, Green, & Brauning-McMorrow, 1990）や、ワーツら（Werts, Caldwell, & Wolery, 1996 [図20.6を参照]）の研究がある。

（2）遅延性多層ベースラインデザイン

遅延性多層ベースラインデザイン（delayed multiple baseline design）は、最初のベースラインと介入を開始し、それに続くベースラインは時間差をつけて、または遅らせて追加する実験戦術である（Heward, 1978）。図9.8は、遅延性多層ベースラインデザインのグラフの見本である。このデザインはフルスケール多層ベースラインデザインと同じ実験的推論を採用するが、次の点で違っている。すなわち、先行する行動、場面、または被験者に独立変数を適用して、その後に開

第9章　多層ベースラインデザインと基準変更デザイン

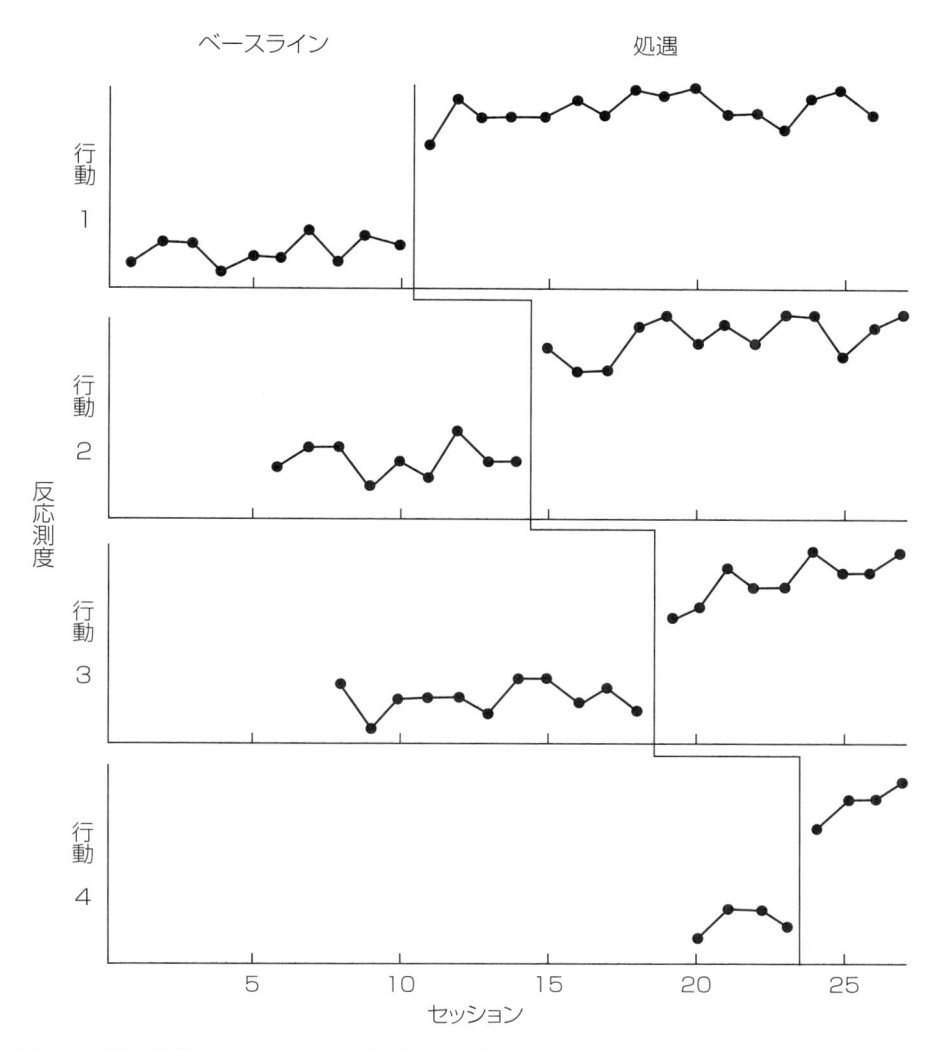

図9.8　遅延性多層ベースラインデザインのグラフの原型

始されるベースラインのデータは、このデザインの先行層をベースとした予測を立証するために活用することができない。図9.8では「行動2」と「行動3」のベースライン測定は、それらのデータを「行動1」についての予測を立証するために活用するうえで十分間に合うように早期に開始されている。「行動3」のベースラインの最後の4つのデータポイントも「行動2」についての予測を立証する。しかしながら、「行動4」のベースライン測定は、先行する3つの行動のそれぞれに独立変数が適用され、その後に開始されているため、このデザインにおける再現（replication）の追加証明という役割は制約されている。

　遅延性多層ベースラインデザインは、行動分析家がほかの実験戦術を実行できないような一定の環境において、研究を行うことを可能にする。ヒューワード（Heward, 1978）は、そのような状況を3つ指摘している。

- リバーサルデザインがもはや望ましくないか不可能である場合。応用場面では研究環境が変化して、以前に計画したリバーサルデザインが使えなくなることがある。そういう変化には、被験者の環境が変って、標的行動をもはやベースライン水準に戻せない事態が含まれる。また保護者、教師、管理職、被験者/クライエント、または行動分析家の行動が変化し、理由の多少にかかわらず、以前に計画したリバーサルデザインがもはや望ましくないか不可能になる事態も含まれる……。もし独立変数を適用することがふさわしいほかの行動や場面や被験者が存在するならば、行動分析家はなお遅延性多層ベースラインテクニックを使って、関数関係の証拠を追及することができる。

- 限られた資源、倫理上の問題、または実際的困難から、フルスケール多層ベースラインデザインが使えない場合。こういう事態は、例えば行動分析家が、当初1つの行動や場面、または被験者に限って、記録と介入を行える程度の資源をコントロールしていて、ほかの研究戦略が不適切な場合に起こる。また、最初の介入の結果として、追加ベースラインを収集するため、より多くの資源が利用できるようになることがある。これは、治療前の行動形態と行動比率の両方またはいずれか一方が、スタッフ資源の法外な支出を要求していたが、そうした行動が改善されたため、その後に利用できるようになる可能性がある。あるいは、気乗りしなかった管理職が、最初の介入の成功の結果を目の当たりにして、更なる分析に必要な資源を提供するようになることもある。行動の中には、倫理上の問題から、長期にわたるベースライン測定が不可能なものもある（例えば、Linsheid, Iwata, Ricketts, Williams, & Griffin, 1990）。また、ホッブスとホルト（Hobbs & Holt, 1976）が、3つの場面の1つにおいてベースライン測定を遅らせなければならない理由として挙げたような「実際的困難」も含まれるだろう。

- 「新しい」行動、場面、または被験者が使えるようになる場合。遅延性多層ベースラインデザインテクニックは、別のリサーチデザインが本来は計画されていたが、環境の変化によって（例えば、被験者が実験変数による介入がふさわしい別の行動を自発し始めたか、被験者が元の標的行動を別の場面で自発し始めたか、同じ標的行動を示す更なる被験者を使えるようになったなど）、多層ベースライン分析が望ましいアプローチになった場合に使われることがある。(pp. 5-6を翻案)

遅延性多層ベースラインデザインは、さまざまな介入の効果を評価するために、研究者によって使われてきた（例えば、Baer, Williams, Osnes, & Stokes, 1984; Copeland, Brown, & Hall, 1974; Hobbs & Holt, 1976; Jones, Fremouw, & Carples, 1977; Linsheid et al., 1990; Risley & Hart, 1968; Schepis, Reid, Behrmann, & Stutton, 1998; White & Bailey, 1990［図15.1］）。ポウシェら（Poche, Brouwer, & Swearingen, 1981）は、遅延性多層ベースラインデザインを使って大人による児童誘拐を予防するために設計された訓練プログラムの効果を評価した。被験児として通常に発達した

第9章　多層ベースラインデザインと基準変更デザイン

　3人の就学前児童を選んだ。スクリーニングテストにおいて、3人は見知らぬ大人についていくことを簡単に受け入れたからである。従属変数は、大人の容疑者が子どもに接近して、シンプルな誘惑（「お散歩に行く？」）、権威的誘惑（「君が私と一緒に行ってもいいって先生が言ってたよ」）、褒償的誘惑（「自動車のなかにすてきなサプライズがあるよ。一緒においでよ。見てみようよ」）によって、子どもを誘拐しようとしたとき、個々の児童が自発する自己防衛反応の適切さのレベルとした。

　各セッションではまず教師が子どもを戸外に連れ出し、それから適当な理由を告げて「先生は教室に戻らなければならない」と伝えた。大人の容疑者（実験者の共謀者で子どもが知らない人物）が子どもに近づいて、誘惑の中の1つを提案した。共謀者はまた観察者の役割も果たした。子どもの反応を0～6スケールで採点した。6点を望ましい反応（「いいえ。先生の所に行って聞いて来てからにします」といい、3秒以内に容疑者から最低20フィート離れる）とし、0点は子どもが容疑者と一緒に学校の建物から一定距離遠ざかることとした。訓練は、モデリング、行動リハーサル、正反応に対する社会的強化とした。

　図9.9はこの訓練プログラムの結果を示す。3人の子どもすべてが1～3セッション以内に報償的誘惑に対する正反応を習得した。残りの2つの誘惑に対する正反応を習得するためには、それぞれさらに1～2セッションを必要とした。全体として、訓練はおよそ1人当たり90分、5～6セッションを要した。学校から150～400フィート離れた歩道の場所で般化プローブを行って子どもを誘惑したとき、3人ともそのすべてに正しく反応した。

　この研究の個々のベースラインは同じ長さであり（すなわち同数のデータポイントになっており）、多層ベースラインデザインのベースラインの長さには、かなりの違いがなければならないという一般的ルールに反しているが、ポウシェらがそれぞれの参加児に対して、彼らがしたように訓練を開始したことには2つのもっともな理由がある。第1に、個々の子どものベースラインパフォーマンスのほとんどすべての安定性は、訓練プログラムの評価に対する十二分なベースを提供した（大人の容疑者の誘惑への圧倒的な脆弱性に対する唯一の例外は、4番目のベースライン観察において、スタンが容疑者とともに実際にそこを離れる代わりに、容疑者のそばにとどまっていたことだった）。第2に、そしてより重要なことは、標的行動の性質からして、個々の子どもにできるだけ早く教える必要が生じたことである。どの多層ベースラインデザインであれ、それぞれの層の間で長さの異なるベースライン測定を継続することは、純粋な実験の観点からすれば望ましいことではあるが、訓練を差し控えて大人の誘惑に繰り返し子どもをさらすことに含まれる潜在的危険を考えれば、この場合にそういう実践を行うことは、倫理の点から見て非常に問題となるだろう。

　遅延性多層ベースラインデザインには、いくつかの限界がある（Heward, 1978）。第1に、応用の観点からすれば、行動分析家が重要な行動を修正するまであまりに長く待機することを要求するとすれば、このデザインは優れたものとはいえない。とはいえ、この問題はすべての多層ベースラインデザインに本来的に備わっている問題である。第2に遅延性多層ベースラインデザインにおいては、遅延するベースライン段階が標準多層ベースラインデザインに見られるよりもより少ないデータポイントを含む傾向がある。標準デザインではすべてのベースラインが同時に開

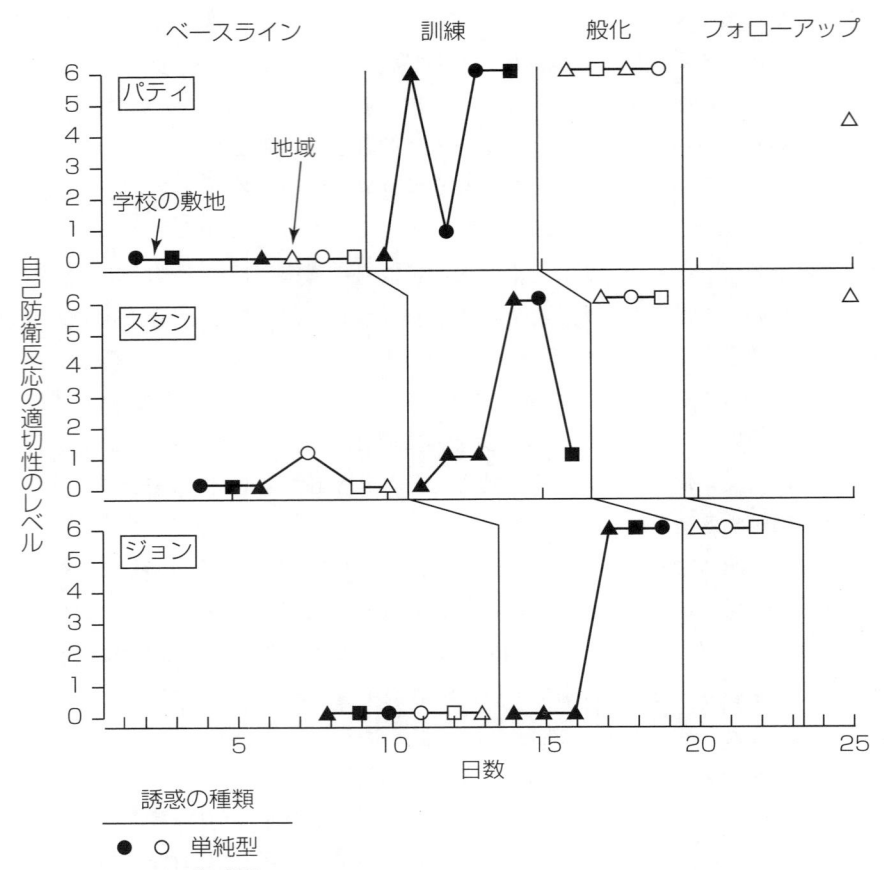

図9.9 遅延性多層ベースラインデザイン。学校場面と地域場面におけるベースライン、訓練、般化プローブ段階の自己防衛反応の適切性のレベルを示す。塗りつぶし記号は学校の近くで収集したデータ、白抜き記号は学校から離れた場所で収集したデータを表す

From "Teaching Self-Protection to Young Children" by C. Poche, R. Brouwer, and M. Swearingen, 1981, *Journal of Applied Behavior Analysis, 14*, p. 174. Copyright 1981 by the Society for the Experimental Analysis of Behavior, Inc. Reprinted by permission.

始される。その結果かなり長い、そして長さの変動するベースライン段階が生じる。長いベースラインは、もし安定していれば、実験的制御の説得的実証を可能にする予測能力を示す。行動分析家は、どんな種類の多層ベースラインデザインを使うにせよ、ベースラインがいつ開始されるかのいかんにかかわらず、すべてのベースラインは実験的効果を比較するための信頼できる基礎を提供するうえで十分な、しかも変動する長さをもつものにしなければならない。遅延性多層ベースラインデザインの第3の限界は、従属変数の間の相互依存を隠ぺいする恐れがあることである。

どんな多層ベースラインデザインにも共通する長所がある。それは実験者が独立変数を適用す

るまでは、そしてまさに適用するそのときまでは、未処遇の行動にはほとんど何の変化も見られないことである。遅延性多層ベースラインデザインでは、後に起こる行動に関して収集される「遅延性ベースライン」データは、そのデザインに含まれるほかの行動の実験操作を原因として変化したパフォーマンスを表す恐れがある。したがって実験に先立って存在した真のオペラントレベルを代表しないかもしれない……。そういう場合、遅延性多層ベースラインは結果として「偽陰性」をもたらし、そのため実際には同時ベースラインデータが欠如していたため、行動が同時に変化していたことを発見できなかったにもかかわらず、その介入はその後の行動には有効ではなかったと、研究者が誤って結論づけるかもしれない。これは遅延性多層ベースラインデザインのもつ大きな弱点である。そのためフルスケールの多層ベースラインを利用できるときは、科学的戦術としては遅延性多層ベースラインデザインは必ず2番目に位置する選択になる。しかしこの弱点については、後に続くベースラインの開始を、可能なときはいつでも、先行するベースラインにおける介入よりも少なくとも数セッション早めることによって対処することが可能であり、またそうすべきである。(Heward, 1978, pp. 8-9)

多層プローブデザインと遅延性多層ベースラインデザインはどちらも、長期にわたるベースライン測定が不必要である場合や、実行不能か、費用がかさみすぎるか、利用できない場合に、多層ベースライン分析を追求するための応用行動分析家にとっての代替戦術となる。遅延性多層ベースラインテクニックの最も有益な応用は、おそらくすでに使用している多層ベースラインデザインにさらに層を付け加えることだろう。研究の早期段階でプローブして、それによって遅延性ベースラインを補足することができる限り、実験的制御は強められる。一般的原則としては、ベースラインデータは多ければ多いほどより望ましい。

3. 多層ベースラインデザインを用いる仮定とガイドライン

多層ベースラインデザインは、ほかのすべての実験戦術と同様に、研究中の行動と環境の関係がどのように機能するかに関して、研究者が一定の仮説をつくることを要求する。たとえ行動と環境の間の関係の存在と操作を発見することが、まさしく研究を行う理由であったとしても、そうしなければならない。この意味で、行動実験のデザインは、経験的な推測ゲーム（実験者が推測し、データが答える）に似ている。研究者は行動とその制御変数に対する関係についての仮定、つまり非公式な意味での仮説を作り、ついでこれらの推測を立証または反証できるデータを生み出せるように設計された実験を組み立てる[3]。

注3：ここで用いている仮説と、理論から演繹される仮説を確認するか棄却するために統計的推測（推計学）を使う正式な仮説検証モデルとを混同してはならない。ジョンストンとペニーパッカー（Johnston & Pennypacker, 1993a）が指摘しているように、「研究者がもし自然について問うている場合は仮説を述べる必要はない。その実験的問いが単に独立変数と従属変数の間の関係を問題にしているなら、データから何を学べるかについて予測を立てる科学的理由は存在しない」(p. 48)。しかし、ジョンストンとペニーパッカー（Johnston & Pennypacker, 1980）は、こうも認めている。「より控えめな仮説は、疑わしい制御関係の細部に対する一層の信頼を確立するためにも、絶えず実験的検証にさらされている。実

多層ベースラインデザインによる立証と再現は、独立変数の順次的適用の結果として、ほかの行動群に何が起こるか起こらないかに依存する。したがって実験者は、データが示す何らかの関係に対する最大限の信頼を与えられるようにそのデザインを計画し遂行するよう、細心の注意を払うようにしなければならない。多層ベースラインデザインは一見やさしそうに見えるが、デザインの適用を成功させるためには、2つ以上の行動か場面か被験者を選び、一定量のベースラインデータを収集し、それから処遇条件を次々に行動に導入する以上のことを要求する。多層ベースラインデザインを用いる実験を設計し遂行するためのガイドラインを示そう。

（1）独立しているがしかし機能的に類似するベースラインを選ぼう

　多層ベースラインデザインによる関数関係の実証は、次の2つの出来事の生起に左右される。(a) 独立変数を適用した行動には変化が見られ、その間ベースライン状態にある行動には、レベルや変動性やトレンドにおいて、何ら変化が見られない。(b) 個々の行動は、独立変数を適用したとき、そしてそのときにのみ変化する。したがって実験者は、多層ベースラインデザインにおいて分析の標的となる行動群について、時には対立するかに見える2つの仮定を設定しなければならない。その仮定とは、行動は相互に機能的に独立していること（行動は相互に共変化しないこと）、にもかかわらずそれらの行動が同じ独立変数の適用によって変化するほど十分に類似していることである（Tawney & Gast, 1984）。どちらの仮定に誤りが生じたとしても、関数関係の実証は失敗する恐れがある。

　例えば、次のような場合を考えてみよう。最初の行動に独立変数を導入したところ、レベルとトレンドの両方または一方に変化が見られた。しかしまだベースライン状態にある残りの行動も変化してしまった。この場合、まだベースライン状態にある行動はなぜ変化したのだろうか？ それらすべての行動に変化をもたらしたものは、制御されなかった変数だったのだろうか？ しかも独立変数は効果的処遇であることを意味するだろうか？ あるいは処遇されていない行動が同時に変化したということは、最初の行動の変化は独立変数によって生じ、それが残りの行動に般化したという意味だろうか？ あるいはまた、それに代わる仮定として、最初の行動は独立変数が導入されたとき変化したが、その後の行動は独立変数が適用されたとき変化しなかったということだろうか？ この再現の失敗は、最初の行動に観察された変化の原因となったものが独立変数以外の要因であるという意味だろうか？ あるいはその後の行動が実験変数の関数としては作動していなかったというだけであり、最初の行動に観察された変化は独立変数によって影響された可能性があるとみるべきだろうか？

　これらの問題に対する答えは、更なる実験的操作によってのみ追求することができる。多層ベースラインデザインは、上記（a）（b）両方の実験的制御の実証に失敗した場合でも、独立変数

者は特定の命題の結果を肯定することを計画するときは必ず、仮説を検証しているのである。もっともその言語の実際の使用に［行動分析学において］お目にかかることはまれであるが。この比較的インフォーマルな意味での仮説検証は、予想外の結果の重要性に対して研究者を盲目にすることなく、実験の構築へと導く」(pp. 38-39)。

と、その変数を適用した時点で変化した行動との間の関数関係の可能性は排除されない。(a)の例では、もともと計画されたデザインによる実験的制御の証明の失敗は、多くの行動を同時に変化させるほど十分な強さをもつ変数を詳しく調べ、ことによるとそれを単離するチャンスによって相殺される。行動間、場面間、およびまたは被験者間に般化する変化を確実にもたらす変数を発見することは、応用行動分析学の大きな目標である。そしてもし実験者が、観察される行動の変化以前にも、変化している間にも、それ以後にも、ほかのすべての関連変数を一定に保つことができると確信することができるならば、さらに研究するための第1候補は、もともとの独立変数になる。

(b)の場合、行動から行動へと変化を次々に再現することに失敗したときは、実験者はおそらくリバーサルテクニックを使って、独立変数と第1の行動の間の関数関係の可能性を追求することができるし、変化しなかった行動に対する有効な介入を、後で発見しようと努力すればよいだろう。もう1つの可能性はもともとの独立変数を完全に撤回して、標的行動のすべてに有効な別の処遇を探求することである。

(2) 同時に生起し関連していそうな多層ベースラインを選ぼう

多層ベースラインにおいて、実験者は行動の機能的独立性を確保しようとするあまり、お互いにあまりにも関連性がなく、比較するための妥当な手段を見出せないような反応クラスや場面を選択してはならない。1つの行動の継続中のベースライン測定を、前に独立変数を適用したほかの行動の予測を立証するための最強の基礎とするためには、次の2つの条件を満たす必要がある。(a) その2つの行動を同時に測定しなければならない。(b) 1つの行動に影響を与えるすべての関連変数に、別の行動にも影響を及ぼす機会を与えなければならない。被験者間、および場面間多層ベースラインアプローチを用いる研究では、そのデザインの論理がしばしばその能力を超えて濫用される。例えば、1人の子どもの親の指示に従う行動の安定したベースライン測度を、別の家に住む別の子どもの親の指示に従う行動に対する介入の効果を立証するための根拠として用いることは、問題の多い研究方法である。2人の子どもに影響を与える一連の変数は、実験変数の存在または不在だけでなく、必ずそれ以上のものによって違ってくるにちがいない。

> 多くの行動または場面の組み合わせを、同じ実験の成分として機能させる意図をもって指定することには、いくつかの重要な限界がある。多くの行動と場面の使用を同じデザインの成分とし、それによって実験的推論を拡大させるためには、2つの反応（1人の被験者の2つの反応か、2人の被験者の1つの反応）が自発され測定される全体的な実験条件が同時に継続されていなければならない……。［独立変数への］接触は、異なる行動または場面の組み合わせに同時になされる必要はないが、［しかし］それはその2つの反応および／または場面に影響を及ぼす、付随して起こる無関係な変数と同様に、同一の処遇条件でなければならない。なぜかといえば、1つの行動または場面の組み合わせに適用される条件は、第2の組み合わせに対して実際に適用される条件のいかんにかかわらず、別の行動または場面の組み合わせに対して、同時に影響を与える機

会をもっていなければならないからである。……したがって、異なる場面で反応している2人の被験者の反応を用いることは、処遇効果を突きとめるためには同じ空間を占める機会が存在しなければならないという要件を満たさないことになる。そうなれば、ある処遇条件は［同様に1人の被験者の行動変化の原因となる可能性のあるそのほかの無数の変数も］、別の被験者の反応に接触できないことになる。なぜなら2番目の被験者の反応はおそらくまったく別の場所で起こるからである……。一般に、2つの反応が単一の処遇［そしてそのほかすべての関連変数］によって影響されているであろう可能性が大きければ大きいほど、ただ1つの行動における変化を示すデータによって証拠づけられる実験的制御の証明はより強力になる。（Johnston & Pennypacker, 1980, pp.276-278）

多層ベースラインデザインにおいてベースライン論理の立証成分を作動させるためには、同時性（cuncurrency）と、真実で合理的に思われる影響（plausible influence）という要件を満たさなければならない。しかしながら、効果の再現は独立変数がどこでまたはいつ適用されるかとは無関係に、ベースラインの定常状態が独立変数の導入によって変化するたびに、多かれ少なかれ実証される。こうした非同時性のおよびまたは関連性のないベースラインは、処遇の効果の一般性に関する重要なデータを提供することができる[4]。

この議論の解釈にあたっては、それぞれ異なる場面で反応する異なる被験者間では、妥当な（すなわち論理的に完全な）多層ベースラインデザインは遂行できないと受け止めてはならない。被験者間、反応クラス間、およびまたは場面間の混合多層ベースラインデザイン（mixed multiple baseline design）を用いた多数の研究が、有効な行動改善のテクノロジーを開発するために貢献している（例えば、Dixon et al., 1998; Durand, 1999 [図23.4を参照]; Ryan, Ormond, Imwold, & Rotunda, 2002）。

ここで教員研修におけるある特定の介入の効果を分析するように設計された実験について考えてみよう。おそらく、この介入は一斉授業において個々の子どもの反応機会を増やす戦術を活用するというような研修であろう。この実験に参加する教員の教室において、子どもの反応機会の頻度についての同時測定を開始する。安定したベースラインが確立したら、最初に1人の教師（または教師集団）に研修を行う。そして最終的にはすべての教師に、カギ型の多層ベースラインができるように、研修を行う。

この例では、たとえ異なる被験者（教師）がすべて異なる環境（別々の教室）で行動している

注4：行動間、場面間、およびまたは参加者間の関連する一連のA-Bデザインにおいては、A-Bの順序は別々の時点で実施される。この関連した一連のA-Bデザインは、非同時性多層ベースラインデザイン（nonconcurrent multiple baseline design）（Watson & Workman, 1981）と呼ばれることがある。しかしながら、同時測定の不在は、多層ベースラインデザインの実験の論理に違反し、事実上それを中性化する。3つのA-Bデザインを同じページに記入してそれらをカギ線で結ぶことは、多層ベースラインデザイン「のように見える」ものを生み出す可能性がある。しかしそうすることの有用性は疑わしいし、正当と認められる以上の実験的制御を示唆することによって、読者を誤った方向に導く恐れがある。このような研究は、一連のA-Bデザイン、ないしA-Bデザインの集積と言うべきであり、個々のA-B順序がほかと関連して起こった通りに、実際の時間枠をはっきり描き出せるように、結果をグラフ化すべきである（例えば、Harvey, May, & Kennedy, 2004, 図2）。

としても、彼らのベースライン条件を比較することは実験的には正しい。なぜなら彼らのティーチングスタイルに影響を与える可能性のある変数は、彼らのすべてがそこで行動する、より大きな共通の環境（学校と教育コミュニティー）において、作動するからである。にもかかわらず研究者と消費者は、異なる場所で反応する異なる被験者を参加させる実験が提案されたり出版されたりした場合は、必ずそれらのベースライン比較の間の論理的関係に関して、疑いの目をもって見るようにしなければならない。

（3）独立変数を次の行動にすぐ適用してはならない

　繰り返し言うが、多層ベースラインデザインによって立証する場合は、1つの行動に独立変数を適用して行動が変化することを観察して、ほかのまだ処遇していない行動には変化がほとんどまったく観察されないことを、はっきり証明しなければならない。実験的制御の強力な証明の可能性が、多くの研究において損なわれてきたが、それは独立変数を以後の行動に適用することが早すぎたからである。多層ベースライン戦術においては、たとえ独立変数を近接した時間インターバルによって導入したとしても、順を追って適用するという操作要件を満たすことにはなるが、そのように時間的に接近した操作によって可能となる実験的推論は最小になる。

　　　存在するかもしれない未知の、同時に起こる、無関係な変数の影響は、1日か2日後でさえ、なお相当大きなものになる可能性がある。この問題は次の方法によって回避することができる。すなわち、第1の行動または場面の組み合わせに対して処遇を導入している間と導入した後に、第2の組み合わせに対して起こる恐れのある何らかの影響を突きとめるうえで十分な長さの時間が経過してしまうまで、第2の組み合わせにおける反応が引き続き安定していることを証明すればよいのである。（Johnston & Pennypacker, 1980, p. 283）

（4）多層ベースラインの長さを有意に変動させよう

　一般に、多層ベースラインデザインにおいては、ベースライン段階の長さが相互に異なっていればいるほど、デザインはより強力になる。長さの著しく異なるベースラインは、単に独立変数が適用されたときにそれぞれの行動が変化するだけでなく、独立変数が適用されるまではそれぞれの行動は変化しないと、はっきり結論（有効な処遇変数が前提になるが）づけることを可能にする。もしもさまざまなベースラインが同じ長さか似たような長さであれば、独立変数を導入したときに観察される変化は、練習や観察と測定に対するリアクティビティーなどの交絡変数の結果であり、実験変数の関数ではない可能性がある。

　　　……練習、順応、ウオームアップ、自己分析などと呼ばれるそうした効果は、それらが何であれ、それらがどう呼ばれるにしろ、多層ベースラインデザインでは、訓練パッケージを導入する前にそれらが起こる時間の長さ（セッション、日、週）を組織的に変動させることによって、そ

れらの効果を制御する……。こうした制御は必要不可欠である。そしてこのデザインがわずか2つのベースラインによって構成されるときは、実験的介入前のそれぞれのデータポイント数を、できるだけ徹底的に異なるように、少なくとも2倍は異なるようにすべきである。私の場合は介入前にベースラインの長さを組織的に変化させないで、可能な限りまたできるだけ実践的に変化させることなど放置することはできない。そうすることに失敗すれば……このデザインはあまりにも弱体になり信頼できないものになる。（D. M. Baer, personal communication, June 2, 1978）

（5）最も安定したベースラインに最初に介入する

　理想的な多層ベースラインデザインにおいては、それぞれに定常状態反応が得られるまでは、どの行動にも独立変数を適用しない。しかし応用行動分析家は、単に実験的分析の強度を増すためだけに処遇を遅らせるという選択肢を拒否されることがある。デザインの各層で安定性が明白になる前に、介入を開始しなければならないことがあり、その場合は最も安定したレベルのベースライン反応を示す行動、場面、ないし被験者に、独立変数を適用するようにすべきである。例えば、ある研究において、ある指導法が4人の子どもの算数の計算の進度に及ぼす効果を評価するとする。子どもたちを何らかの特定の順序で教えるべき論理的理由がなければ、最も安定したベースラインを示す子どもから指導を始めるべきである。しかしこの勧告に従わなければならないのは、このデザインに含まれる大多数のベースラインが適度の安定性を示している場合だけである。

　順を追って独立変数を適用するときは、次に適用するそれぞれの時点において、最大の安定性を示す行動、場面、ないし被験者から順番に適用していかなければならない。しかしながら、またしても応用の世界における現実に注意を払う必要がある。特定の行動を改善することが社会的にどれほど重要かを、実験デザインの要件を満たしたいという欲望よりも上位に置かなければならないことがある。

4．多層ベースラインの適切性を考える

　多層ベースラインデザインには著しい長所がある。もちろんそれゆえにこそ研究者と実践家に広く活用されている。しかしながら、任意の状況においてそれが適切かどうかを決定するためには、そうした長所をこのデザインの限界および弱点と比較して、検討しなければならない。

（1）多層ベースラインデザインの長所

　おそらく多層ベースラインデザインの最大の長所は、実験的制御を証明するために、一見して効果がありそうな処遇を除去する必要がないということである。このことは、自傷または他害という標的行動にとって、決定的に重要になる考慮事項である。多層ベースラインデザインは、この特徴を備えているからこそ、まさにその性質上撤回しえない独立変数の効果を評価するため

の、そしてまた不可逆的に見えるか、不可逆的であることが分かった標的行動を研究するための適切な方法なのである（例えば、Duker & van Lent, 1991）。さらに多層ベースラインデザインは、治療的改善のベースラインレベルへの復帰を強制しないため、保護者や教師や管理職は、介入の効果を証明する方法として、これを快く受け入れる可能性がある。

多層ベースラインデザインの要件は、多くの行動や場面や被験者に独立変数を順次適用することであるが、そのことは多くの行動の改善を生み出すことを目標にしている多くの実践家の日常的実践にぴったり合致する。教師の責任は多くの子どもたちが多くの場面で使う多くのスキルを学習するよう支援することである。同様に、臨床家は、通常、クライエントが2つ以上の反応クラスを改善させ、多くの場面でより適応的な行動を自発するよう支援する。多層ベースラインデザインは、応用場面における多くの実践家に求められる、漸進的な多くの行動改善を評価するために最も合致している。

多層ベースラインデザインは、2つ以上の行動、場面、被験者の同時測定を必要とする。それゆえに行動改善の般化の生起を査定するために有効である。複数の行動を同時にモニタリングすれば、行動分析家はそれらの共変化が独立変数の操作の結果であることを突き止める機会を与えられる（Hersen & Barlow, 1976）。まだベースライン条件下にある行動が変化すれば、多層ベースラインデザインのもつ実験的制御を証明する能力は損なわれるが、こうした変化は独立変数が望ましい一般性をもった行動改善を生み出しうる可能性を示唆することになる。その結果として更なる一連の研究上の問いと分析戦術が提案されることになる（例えば、Odom, Hoyson, Jamieson, & Strain, 1985）。

最後に、多層ベースラインデザインには、概念的にはどちらかといえば解釈しやすい長所がある。そのため研究法の正式な訓練を受けていない教師や保護者に対して有効な実験戦術を提供する（Hall et al., 1970）。

（2）多層ベースラインデザインの限界

多層ベースラインデザインは、少なくとも3つの科学的制約ないし問題を提起する。第1に、多層ベースラインデザインでは、独立変数とそれが適用される行動との間に関数関係が存在するにもかかわらず、実験的制御を証明できない恐れがある。まだベースライン条件下にある行動において、処遇条件の行動に起こる同時変化に似た変化が起これば、元のデザインの中で関数関係を証明することはできなくなる。第2に、ある視点から見れば、多層ベースラインデザインは、実験的制御を示すうえで、リバーサルデザインよりも弱い方法である。なぜなら多層ベースラインデザインで扱われる個々の行動に関してなされるベースライン予測の立証は、その行動を使って直接には行われず、ほかの行動に変化が起こらないことによって、推測されなければならないからである。多層ベースラインデザインのこの弱点は、しかしながら、異なる行動、場面、被験者にわたって多くの再現をもたらすこのデザインの長所と比較して評価されなければならない。第3に、多層ベースラインデザインは、どれか特定の標的行動の機能についてよりも、処遇変数の有効性について、より多くの情報をもたらす。

あくまで多層ベースラインは、反応の実験的分析というよりも、反応を変化させるために使われるテクニックの実験的分析である。リバーサルデザインでは、反応が何度も繰り返し働くようにさせられるが、多層ベースラインデザインでは、何度も繰り返し働くのは主にテクニックであって、反応はそれぞれ1度だけ働くか（もし異なる反応が用いられる場合は）、さもなければ単独の反応がそれぞれの場面ごとに1度、またはそれぞれの被験者ごとに1度働くだけである。同じ反応が同じ被験者か同じ場面で繰り返し働くことが表示されることはない。しかし、反応が繰り返し働くことは差し控えられるものの、実験的テクニックは最大限繰り返され、多様な働きをさせられる。そういうことはリバーサルデザインでは起こらない。(Baer, 1975, p. 22)

　多層ベースラインデザインの適切性を決定するときに評価しなければならない応用面からの2つの重要な考慮事項がある。実行するために必要な時間と資源である。多層ベースラインデザインにおいては、前の行動、場面、または被験者に処遇変数の効果が観察されるまでは、後続する行動や場面や被験者に処遇変数を適用することができない。そのためこのデザインでは、一部の行動や場面や被験者に対して、介入をおそらく長期間、差し控えることが要求される。この遅延は、実際的、倫理的な問題を引き起こす。行動によっては処遇を遅らせることができない。その重要性から見て、処遇を遅らせることは実行不可能である。そしてシュトルツ（Stolz, 1978）が指摘したように「もしその介入が有効であると広く認められているならば、単に多層ベースラインデザインを達成するためにそれを否定することは、非倫理的になる恐れがある」(p. 33)。第2に、多くの行動の同時測定に必要な資源を考慮しなければならない。多層ベースラインデザインを使うと、行動を複数の場面で観察し測定しなければならない場合は、とくに費用がかさむ。しかし、ベースライン段階において継続的測定を行う代わりに間欠プローブを用いることが認められるならば（Horner & Baer, 1978）、多くの行動を同時に測定するコストを減らすことができる。

II　基準変更デザイン

　単一の標的行動に対して処遇を累進的または段階的に適用して、その効果を評価するためには、基準変更デザインを使うことができる。応用行動分析学の文献において、基準変更デザインが最初に記載されたのは、ヴァンス・ホールと共著者による2つの論文（Hall & Fox, 1977; Hartman & Hall, 1976）によってだった。

1．基準変更デザインの操作と論理

　読者はまず図9.10のグラフを見てみよう。その後で、次のハートマンとホール（Hartman & Hall, 1976）の**基準変更デザイン**（changing criterion design）の解説を読んでみよう。読み終わったらもう一度、図9.10のグラフを眺めてみよう。

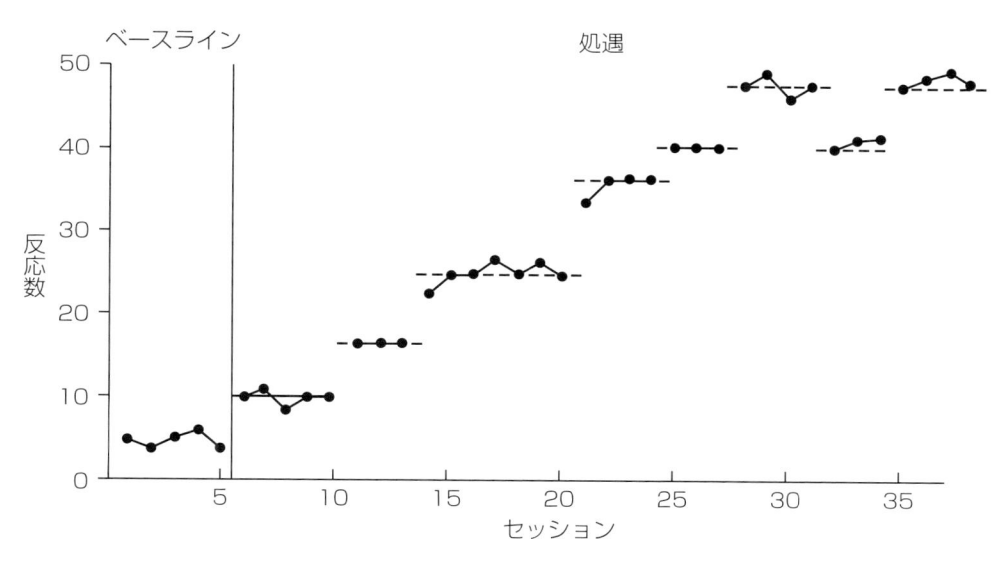

図9.10 基準変更デザインのグラフの原型

　このデザインでは、まず単一の標的行動の最初のベースラインを観察しなければならない。このベースライン段階の後に、1つの処遇プログラムが、一連の処遇段階の1つ1つの段階に対して適用される。1つ1つの処遇段階は、標的行動の基準率（criterion rate）の段階的な変化と結び付いている。したがって、このデザインの1つ1つの段階は、後続する段階のベースラインを提供することになる。基準の1つ1つの段階的な変化に伴って、標的行動の比率が変化するとき、治療による変化が再現され、実験的制御が実証される。(p. 527)

　ベースライン論理の2つの成分は予測と再現である。基準変更デザインではそれらのオペレーションは明白である。将来の反応の予測は、このデザインの各段階において反応が安定すれば成立する。再現は、基準の変更に伴って行動のレベルも組織的に変化すれば、そのたびに成立する。しかし予測の実証は、このデザインでは、それぞれの段階を基礎にして明白に提示できるとはいえないが、この問題には次の2つの方法によって対処することができる。第1に、段階の長さを組織的に変動させるようにする。そうすれば、自明の立証の形態が可能になる。基準の変更がなされない限り、反応レベルに変化は起こらないという予測が成立する。基準は変更されず、反応が安定して継続するとすれば、予測は立証される。このデザインにおいて、基準が変更されない限り、変動する段階の長さのいかんにかかわらず、反応レベルにも変化が起こらないということを証明できれば、実験的制御は明白になる。ホールとフォックス（Hall & Fox, 1977）は、もう1つの立証可能性を提唱した。「実験者は前の基準に戻すことができる。その結果もし行動が前の基準レベルと一致すれば、高レベルの行動制御という説得力のある主張もまた成立することになる」(p. 154)。この反転された基準は、図9.10の最後から2番目の段階で示されている。前の基準レベルに戻ることは、行動における着実な改善を短期間妨げなければならないが、この

リバーサル戦術はこの分析をかなり強めるため、ほかの要因が不適切であることが示されない限り、基準変更デザインに含めるべきである。

　基準変更デザインのとらえ方の1つに、それを多層ベースラインデザインの1つのバリエーションとみなす方法がある。ハートマンとホール（Hartman & Hall, 1976, p. 530）、ホールとフォックス（Hall & Fox, 1977, p. 164）は、ともに基準変更デザイン実験から得られたデータを多層ベースライン形式にプロットし直した。その場合、多層ベースラインの各層は、この実験で使われた基準レベルの1つにおいて、標的行動の生起または非生起を表す。垂直の変更線は、各層を通じてカギ型に進む。それは強化基準が、個々の層ごとに引き上げられたことを意味する。グラフには、個々のセッションで標的行動が、各層に示されたレベルかそれ以上のレベルで、そのレベルへの基準変更の前と後の両方において、自発されたかどうかを描き出す。そのようにすれば、ある種の多層ベースライン分析が示されることになる。しかしその多層ベースラインの主張の強さは、それほど説得力がない。それぞれの層によって代表された「異なる」行動が、相互に独立的ではないからである。例えば、もしあるセッションで標的行動が10回自発されたとすると、10反応未満の基準を表す層はすべて、その行動が生起したとしなければならない。そして11反応以上の基準を表す層はすべて、その行動の非生起、すなわち0反応であることを示さなければならないだろう。効果の立証と再現を示しているかのように見える大部分の層は、実際にはほかの層にプロットされた出来事ゆえに、こうした結果を示せるにすぎない。多層ベースラインデザインは、このデザインに含まれるそれぞれの行動に関して収集された測度が、その行動に対する制御変数の関数であって、別の行動の測定のアーティファクトではないからこそ、実験的制御についての説得力をもった証明を提供することになる。したがって基準変更デザインのデータを多くの層からなる多層ベースラインフォーマットに作り直すことは、しばしば実験的制御に有利になるように描かれた、偏向したイメージを作り出す。

　たとえ多層ベースラインデザインが完全な相似形にならないとしても、基準変更デザインは新しい行動の開発を分析する方法として、とらえることができる。シドマン（Sidman, 1960）が指摘したように、「行動のある側面の特定された数値を条件として強化すること、そしてその数値を独立した反応クラスとして扱うことは可能である」（p. 391）。基準変更デザインは、独立変数の操作（すなわち基準変更）の関数として、行動の新しい比率を反復して生みだすことを示すための効果的戦術になりうる。

　ハートマンとホール（Hartmann & Hall, 1976）、およびハートマンとフォックス（Hartmann & Fox, 1977）の論文に収められた実験以外には、応用行動分析学の文献として出版された純粋な基準変更デザインの例は比較的少数である（例えば、De Luca & Holborn, 1992［図13.2を参照］；Foxx & Rubinoff, 1979; Johnston & McLaughlin, 1982）。研究者のなかには、より大きなデザインの中の1つの分析成分として、基準変更デザインを使う者もいる（例えば、Martella, Leonard, Marchand-Martella, & Agran, 1993; Schleien, Wehman, & Kiernan, 1981）。

　アレンとエバンス（Allen & Evans, 2001）は、基準変更デザインを使って、15歳の少女エミーによる血糖レベルの過剰検査を減らす介入の効果を評価した。エミーはその研究のおよそ2年前に、インスリン依存性糖尿病と診断されていた。この形態の糖尿病の人々は、低血糖症（すなわ

ち低い血糖）を防がなければならない。低血糖症は、頭痛、めまい、震顫、視覚障害、心悸亢進などの一連の症状を生み出し、発作と意識消失にいたる可能性のある疾患である。低血糖症の症状の発現は身体的に不快であり、社会的なきまり悪さの原因にもなりうる。そのため患者のなかには、それを避けるために異常に警戒して、必要以上に頻繁に低血糖をチェックして、わざと高血糖レベルを維持する者がいる。その結果、代謝調節が悪化し、失明や、腎不全や、心臓疾患などの合併症のリスクが増大する。

　家庭では両親がエミーの血糖レベルのモニタリングと、インスリン注射の手伝いをし、学校ではエミーが独りで血糖レベルをチェックした。彼女の医者はエミーに自分の血糖レベルを75〜150ミリグラム・デシリットル（mg/dl）に維持するよう勧告した。そのためにはエミーが1日に6〜12回、血糖をチェックする必要があった。エミーは血糖値が40mg/dlに低下した低血糖症状の発現を1度経験していた。その症状の発現以来、エミーは血糖レベルをますます頻繁にチェックするようになり始めた。彼女が照会されてきたときは、1日当たり80〜90回チェックしていた。そのため、両親は試薬検査片の代金として、週当たりおよそ600ドル負担することを強いられていた。エミーは血糖レベルを275〜300mg/dlに維持していた。それは良好な代謝調節のために推奨されるレベルをはるかに上回っていた。

　5日間のベースライン条件の後に治療が開始された。エミーと両親に課されたのは、血糖レベルの情報量を段階的に低減させていく処置だった。9カ月の期間にわたって、エミーの両親はエミーに毎日与える試験片の数を徐々に減らしていった。最初の治療段階は60片から開始された。アレンとエバンス（Allen & Evans, 2001）は、治療条件と基準変更の手続きを次のように説明した。

　　しかしながら両親は、基準レベルのいかんにかかわらず、エミーがさらなるチェッキングを必要とする事態に遭遇するのではないかと恐れた。両親が血糖値レベルの情報接触についての治療計画を守れるかどうか心配したため、段階的治療計画が作られた。エミーは両親の設定した上限に加えて、追加の少量の試験片を受け取ることができた。エミーが家事を30分すると、そのたびに追加の試験片を1個手に入れることができた。上限20個またはそれ以上という試験片を基準として設定した場合は、エミーは最大5個の追加試験片を手に入れることができた。基準として20個未満を設定した場合は、エミーは2個の追加試験片を手に入れることができた。両親が進んで守れるレベルに基準を設定したことによって、試験片に対するアクセスは、徐々により多く減らされていった。連続3日間エミーが基準以下の試験片の使用量を守ることに成功すると、それを条件として基準変更が行われた。(p. 498)

　図9.11は、基準変更と、それぞれの基準レベルの最後の10日間に、エミーがその血糖レベルをモニターした回数を表す。この結果はエミーがこの治療によく反応して、その基準を超えることはめったになかったことを示している。エミーは9カ月の治療プログラムが経過する間に、血糖をモニターした回数をベースライン段階の1日当たり80〜95回から1日当たり12検査未満へと減少させた。それは3カ月のフォローアップ時にも維持された。エミーの両親は、この基準をそ

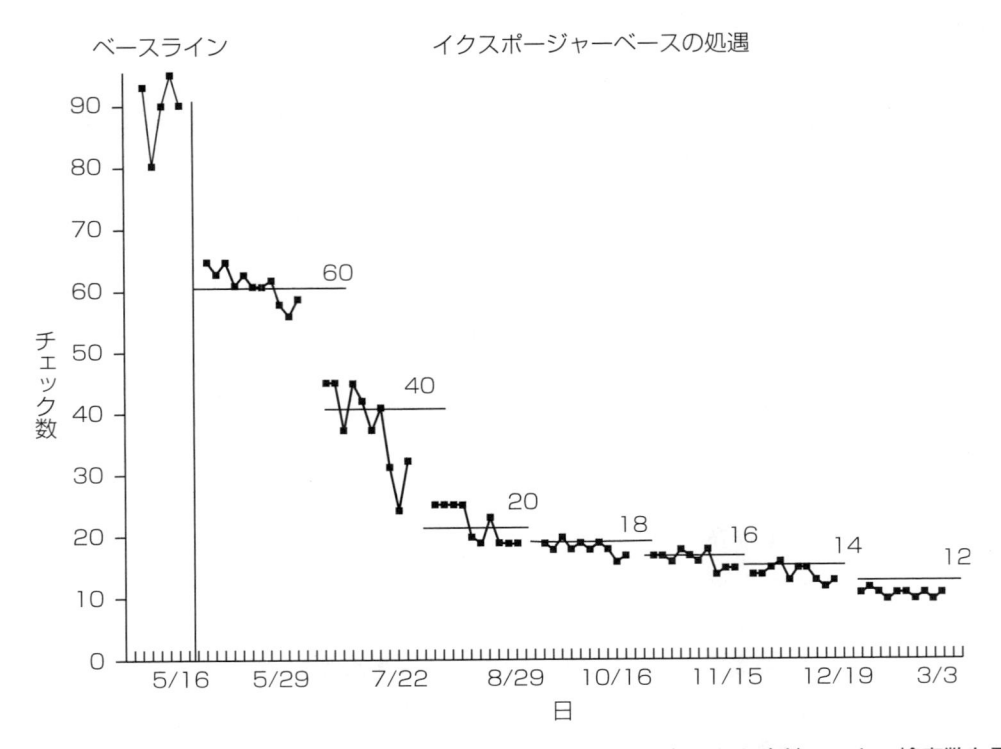

図9.11 基準変更デザイン。各基準レベルの最後の10日間に行われた血糖モニター検査数を示す。各線と対応する数字は各レベルに割り当てられた試験片の最大数を表す。基準レベルを超えるチェックはエミーが獲得した追加試験片によって行われた

From "Exposure-Based Treatment to Control Excessive Blood Glucose Monitoring" by K. D. Allen and J. H. Evans, 2001, *Journal of Applied Behavior Analysis, 12*, p. 499. Copyright 2001 by the Society for the Experimental Analysis of Behavior, Inc. Reprinted by permission.

れ以上引き下げようとは考えていないと話した。1つの問題は、エミーが治療中に高血糖レベルを維持するかもしれないということだった。著者らは、彼女の血糖レベルが、治療の間最初は増加したものの、治療プログラムを通して、徐々に125から175mg/dl の範囲（レンジ）に減少し、それは勧告レベルの範囲内かそれに近い数値だったと報告している。

このグラフはそれぞれの基準レベルの最後の10日間だけのデータを示しているが、その段階は長さにおいて変動しているようである[5]。この研究は、2つのマグニチュード、すなわち20と2からなる7回の基準変更によって構成されていた。基準変更のマグニチュードには大きなバリエーションがあり、以前に達成したより高い基準レベルへの復帰が実験的制御のより説得力のある証明を与えるかもしれないものの、そうすることの実際的倫理的考慮には疑問がある。応用行動分析家は、いつものことながら、実験的制御と、行動を最も効果的、効率的、倫理的に改善する必要との間で、バランスをとらなければならない。

注5：介入の開始から終了までエミーによって行われたチェック回数のデータは、アレンとエバンス（Allen & Evans, 2001）の論文から入手できる。

この研究は基準変更デザインの柔軟性を非常によく示している。そして行動分析家とクライエントが協力し合うことを示す好例である。「それぞれの基準変更の度合いの調節を両親にゆだねたため、介入は非常に長期間に及んだ。しかしながら、彼らの情報接触の調整を容認できる水準で行うことを両親に認めたことによって、全般的な手続きへの忠実性が向上した可能性がある」（Allen & Evans, 2001, p. 500）。

2．基準変更デザインの活用のガイドライン

基準変更デザインを正しく遂行するためには、デザインの3つの要因、すなわち、段階の長さと、基準変更のマグニチュードと、基準変更の回数を、注意深く操作する必要がある。

（1）段階の長さ

基準変更デザインの1つ1つの段階は、次の段階で測定される反応の変化を比較するためのベースラインとして働く。そのため1つ1つの段階は安定した反応を達成するほど十分に長くなければならない。「それぞれの処遇段階は、標的行動の比率が、変更された新しい比率において再び安定することができるように、十分長くしなければならない。説得力のある制御の証明を生み出すうえで決定的に重要なことは、基準変更を行ってから、次の基準段階が導入される前までに見られる安定性である」（Hartmann & Hall, 1976, p. 531）。したがって、より変化の遅い標的行動は、より長い段階が必要である。

基準変更デザインにおける段階の長さは、そのデザインの妥当性を高めるために相当程度変動しなければならない。基準変更デザインにおいて、実験的制御を明らかに示すためには、標的行動は単に個々の新しい基準によって要求される水準にまで、予測どおりに（望むらくは即座に）変化する必要があるだけでなく、新しい基準が作動している限り十分長くその新しい基準に合致していなければならない。長さがさまざまに変動する時間の間に実施されるより要求の厳しい基準に、標的行動が次々としっかり従うとき、観察された行動結果が独立変数以外の要因（例えば、成熟、練習効果）の関数である可能性は減少する。ほとんどの場合、研究者はそれぞれの基準を作動させておくためのあらかじめ決められたセッション数を設定しておくべきではない。現在の基準段階の長さを延長するか、それとも新しい基準を導入するかを、進行中に意思決定する場合は、データに任せることが最善である。

（2）基準変更の大きさ

基準変更のサイズ（マグニチュード）を変動させるようにすれば、実験的制御についてより説得力をもって証明することができる。標的行動が変化するのは新しい基準が実施されるときだけではなく、それが新しい基準によって特定されたレベルにまで変化するならば、関数関係の確率は高められる。一般に、大きな基準変更を満足させるような標的行動の測度の変化は、小さな基

準変更に応じた行動変化よりも、より印象的である。しかしながら基準変更が大きすぎると、2つの問題が起こる。第1に、実践的配慮を除外してデザインの観点だけから語るならば、大きな基準変更は最終的遂行レベルにより早く到達するため、十分な数のデザインの変更（第3のデザイン要因）を含めることができなくなるだろう。第2の問題は、応用の観点から起こる。基準変更は優れた教授実践と矛盾するほど大きくすることはできない。基準変更は検出可能な程度まで十分大きくなければならないが、達成しえないほど大きくしてはならない。したがって、基準変更のサイズは、それぞれの段階におけるデータの変動性を考慮して、決定しなければならない。非常に安定した反応水準ならば、より小さな基準変更を使うことができるが、変動性が見られる状況において行動の変化を証明するためには、より大きな基準変更が要求される（Hartmann & Hall, 1976）。

　行動分析家が基準変更デザインを使う場合は、各段階で可能な反応水準に対して、人為的な上限（または下限）を与えることに注意しなければならない。この種の明らかな誤りは、例えば、算数問題に対する強化基準が5題であるとき、子どもに解かせる問題を5題だけしか与えないことである。子どもが解けるのは5題未満であるとしても、基準を超える可能性が排除されてしまい、その結果おそらく印象的に見えるグラフは得られるものの、それは悪しき実験手続きによって傷つけられたグラフになるだろう。

（3）基準変更の回数

　一般に、標的行動の変化が新しい基準をより多く満たせば満たすほど、実験的制御はより説得力を増す。例えば、図9.10に例示された基準変更デザインにおいては、基準は8回変更され、そのうちの1回は前のレベルへのリバーサルだった。そしてアレンとエバンス（Allen & Evans, 2001）は、基準変更を7回行った（図9.11）。どちらのケースでも、実験的制御を証明するために十分な数の基準変更が起こっている。しかしながら実験者はそのデザインに対して、基準変更の望ましい数を追加することはできない。基準変更デザインの中で可能な基準変更の回数は、段階の長さと、基準変更の大きさと関係している。段階の長さがより長くなれば、分析を完成させるために必要な回数は増加する。研究を完成させるための時間が制約されれば、段階の数が大きくなればなるほど、個々の段階の長さはより短くなる可能性がある。

3．基準変更デザインの適切性を考える

　基準変更デザインは、行動分析家が行動の組織的改善を評価するための一連の戦術に対する有効な追加手法である。多層ベースラインデザインと同じように、基準変更デザインは行動の改善を逆転させることを要求しない。しかしながら、以前の遂行レベルへの部分的リバーサルは、このデザインによって実験的制御を証明する威力を強める。多層ベースラインデザインと異なるのは、ただ1つの標的行動を必要する点である。

　基準変更デザインに備わっているいくつかの特徴が、その有効な適用範囲を狭くしている。こ

のデザインを使える標的行動は、被験者のレパートリーに含まれている既存の行動、そして段階的修正に適している行動である。しかしながらこの限界は、思われるほど深刻ではない。例えば、子どもたちが多くの学業スキルをある程度は遂行することができるが、その遂行率は有効とはいえないとする。これらのスキル（例えば、算数の問題解決、読解など）の多くは、基準変更デザインによる分析に適している。子どもたちができるだけ効率的に進歩できるようにすること、そして同時に基準変更分析のデザイン要件を満たすことは、取り分け難しくなる可能性がある。タウニーとガスト（Towney & Gast, 1984）は、次のように指摘している。「学習の最適率を妨げることなしに実験的制御の証明を可能にさせるような基準水準を同定するという課題」は、すべての基準変更デザインにおいて解決の難しい問題である。（p. 298）

　基準変更デザインは、シェーピングプログラムの効果を分析する実験戦術として推奨されることがあるが、それはこの目的のためには適切とはいえない。シェーピングにおいては、そもそも個人のレパートリーの中にない新しい行動が、段階的に変更される基準を満たすような反応、すなわち漸次的接近反応を強化することによって、最終行動に向かって形成されていく（第19章を参照）。しかしながら、シェーピングにおいて使われる反応変更基準は、実際にはトポグラフィー（形態）に関する基準である。すなわち、個々の新しいレベルにおいて、異なる行動形態が要求される。しかしながら、多層プローブデザイン（Horner & Baer, 1978）は、シェーピングプログラムを分析するためにふさわしいデザインである。なぜなら、個々の新しい反応基準（漸次的接近反応）は、別々の反応クラスを表すからである。その生起頻度は、シェーピングプログラムにおけるほかの基準を満たす行動頻度に完全に依存することはない。反対に、基準変更デザインは、インストラクションテクニックが、単一の標的行動の比率、頻度、正確さ、持続時間、または反応潜時における段階的変化に及ぼす効果を評価するには最適な戦術である。

まとめ

多層ベースラインデザイン

1. 多層ベースラインデザインにおいては、最初に2つ以上の行動のベースラインの同時測定を行う。安定したベースライン反応に達したら、そこで行動の1つに独立変数を適用し、残りの行動にはベースライン条件を適用し続ける。その第1の行動に最大の変化が認められてから、その後に、独立変数をこのデザインに含まれるほかの行動に、順次適用していく。

2. 多層ベースラインにおいては、独立変数がそれぞれの行動に適用されるとき、しかも適用されるときに限って、行動が変化するということによって、実験的制御が証明される。

3. 多層ベースラインデザインには、3つの基本形態がある。(a) 同一被験者の2つ以上の異な

る行動によって構成される行動間多層ベースラインデザイン。(b) 同一被験者の同一行動の2つ以上の異なる場面によって構成される場面間多層ベースラインデザイン。(c) 2人以上の異なる参加者の同一行動によって構成される被験者間多層ベースラインデザイン。

多層ベースラインデザインのバリエーション

4. 多層プローブデザインは、スキル順序に及ぼすインストラクションの効果を評価する場合に有効である。スキル順序の次のステップにおける被験者のパフォーマンスが、インストラクションなしに、または連鎖に含まれる前のステップの習得なしに、改善するなどということはまずありえない。多層プローブデザインは、長期にわたるベースライン測定によって、リアクティビティーや、実行不可能性や、費用のかかりすぎが起こることが明らかになる状況においても同様に適切なデザインになる。

5. 多層プローブデザインにおいては、実験の着手時点においてデザインに含まれるすべての行動についての間欠的な測定、ないしプローブが、行われる。その後は、順序に含まれる行動やスキルの1つが被験者によって達成されるたびにプローブが行われる。それぞれの行動に対してインストラクションを行う直前に、一連の真のベースライン測度が安定するまで、測定の収集が行われる。

6. 遅延性多層ベースラインデザインは、次の状況において分析を可能にする戦術を提供する。(a) 計画されたリバーサルデザインが、もはや望ましいものでも、実行可能なものでもなくなったとき。(b) 資源不足からフルスケールの多層ベースラインデザインが不可能になったとき。(c) 多層ベースライン分析にふさわしい新しい行動、場面、または被験者を使えるようになったとき。

7. 遅延性多層ベースラインデザインにおいては、このデザインの前半の行動のベースライン測定を開始してしばらくしてから、後半の行動のベースライン測定を開始する。このデザインの前半の行動がまだベースライン条件の下にある間に測定が開始されたベースラインだけが、前半の行動について行った予測を立証するために、使うことができる。

8. 多層ベースラインデザインには、次のような限界がある。(a) ある行動を修正するまでに待機しなければならない時間が長くなりすぎる。(b) ベースライン段階に含まれるデータポイントが少なすぎる傾向がある。(c) このデザインでは前半の行動に独立変数を適用してしまってからベースラインを開始するため、そのことによって、相互依存（共変化）が隠蔽される可能性がある。

多層ベースラインデザインを用いることに伴う仮定とガイドライン

9. 多層ベースラインデザインを構成する行動は、相互に機能的に独立していなければならない（すなわち、それらは共変化してはならない）。そしてそれぞれは独立変数が適用されると変化するという合理的可能性を共有していなければならない。

10. 多層ベースラインデザインのために選ばれる行動は、時期を同じくして測定されなければならない。そして同じ一連の関連変数に影響される均等な機会を与えられなければならない。

11. 多層ベースラインデザインにおいて、独立変数が次の行動に適用されるのは、それに先行する行動が最大限に変化してからであり、そしてまだベースライン条件に置かれている行動に影響が起こるかどうかを突きとめるための十分な時間が経過してからでなければならない。

12. 多層ベースラインデザインに含まれる個々の行動のベースライン段階の長さは、相当程度変動しなければならない。

13. ほかの事柄がすべて等しい状態において、最も安定したレベルのベースライン反応を示している行動に対して、最初に独立変数を適用しなければならない。

14. 多層ベースラインデザインにおいて1つ以上の層においてリバーサル段階を行うようにすれば、関数関係の証明を強めることができる。

多層ベースラインデザインが適切かどうかを検討する

15. 多層ベースラインデザインの長所としては、次の事実が含まれる。(a) 効果があるように見える処遇の除去を必要としない。(b) 独立変数を順次的に適用することは、異なる場面およびまたは被験者の多くの行動を改善するという課題をもつ、多くの教師と臨床家の実践と一致している。(c) 多くの行動を同時に測定することは、行動改善の般化の直接的モニタリングを可能にする。(d) このデザインの概念は比較的とらえやすくまた簡単に実行することができる。

16. 多層ベースラインデザインの短所には次の事実が含まれる。(a) もしこのデザインに含まれる2つ以上の行動が共変化するとすれば、関数関係が存在していたとしても、それを証明することはできないだろう。(b) 多層ベースラインデザインは、ほかの行動の変化の欠如から立証を推論しなければならないため、独立変数と所与の行動の間の実験的制御を示すことにおいて、リバーサルデザインよりも本来的に劣っている。(c) 多層ベースラインデザインは、デザインに含まれる行動を分析するというよりも、独立変数の一般的有効性を評価することである。(d) 多層ベースラインデザインを実行するためには、かなりの時間と資源が

必要となる。

基準変更デザイン

17. 基準変更デザインを使えば、処遇が被験者のレパートリーにすでに含まれている行動の漸進的、段階的な改善に及ぼす効果を評価することができる。

18. まず安定した反応を獲得する。それから最初の処遇段階を開始する。その場合、強化（または弱化）は、通常、特定されたレベル（基準）を被験者が遂行することを条件として行う。このデザインでは、一連の処遇段階が必要である。それぞれの段階は、前の段階を超えた改善のレベルを遂行することを要求する。基準変更デザインで実験的制御が証明されるのは、被験者の行動が段階的に変更される基準にきちんと合致するときである。

19. 基準変更デザインが実験的制御を証明する可能性は、次の3つの特徴の組み合わせによって左右される。(a) 段階の長さ、(b) 基準変更の大きさ、(c) 基準変更の回数。基準変更デザインの信憑性が強まるのは、以前の基準を復元すると、それによって被験者の行動がその基準のもとで以前に観察されたレベルに逆戻りする場合である。

基準変更デザインが適切かどうかを検討する

20. 基準変更デザインの主たる長所は、(a) 見たところ効果がありそうな処遇を除去するか、元に戻すこと（リバーサル）を要求しないこと、(b) それによって、段階的に改善していく行動の文脈の中で、実験的分析が可能になり、それゆえに多くの教師の実践を補完することを可能にすること、である。

21. 基準変更デザインの短所は、標的行動が被験者のレパートリーのなかにすでに存在していなければならないこと、そしてこのデザインに必要な特徴を組み込むことが最適の学習率を妨げること、である。

第10章
応用行動分析研究を設計し評価する

キーワード

成分分析、直接再現、二重盲験比較法、プラシーボ制御、手続きの忠実性、再現、組織的再現、処遇ドリフト、処遇の完全性、タイプIエラー、タイプIIエラー

行動分析士資格認定協会®BCBA® & BCaBA®
第4版課題リスト©

	I 基本的な行動分析学のスキル
A-10	等間隔グラフを使ってデータをデザインし、描き、解釈する。
B-01	応用行動分析学の次元（Baer, Wolf, & Risley, 1968）を使い、介入が本来行動分析学的か否かを評価する。
B-02	行動分析学の文献の論文をレビューし解釈する。
B-03	独立変数が従属変数に及ぼす影響を実証するため、独立変数を組織的に設計する。
B-04	実験変数除去／リバーサル・デザインを使う。
B-05	交替処遇（すなわち、多成分）デザインを使う。
B-09	デザイン成分の組み合わせを使う。
B-10	成分分析を行い、介入パッケージの有効成分を判定する。
	II クライエントを中心に据えた専門家としての責任
H-04	レベル、トレンド、変動性の変化を評価する。
H-05	観察された変数間の時間的関係（セッション内と間、時系列）を評価する。
I-02	観察でき測定できる用語で環境変数を定義する。
I-05	観察されたデータを整理し、分析し、解釈する。
I-06	確立し、維持し、増加させ、または減少させるべき行動について提言する。
J-02	査定結果と入手できる最善の科学的証拠に基づいて、可能な介入を同定する。
J-07	環境と資源の制約に基づいて介入戦略を選択する。
K-02	行動改善手続きを実行する責任者の行動を制御する随伴性を同定し、それに従って介入を設計する。
K-07	行動プログラムの有効性を評価する。
	III 基礎知識
FK-33	関数関係
FK-36	反応般化

©2012 行動分析士資格認定協会®（BACB®）。不許複製。この文書の最新版は、www.bacb.comから入手できる。この文書の転載、複写、配布の請求と、この文書についての質問は、BACBに直接問い合わせられたい。

これまでの章では、①標的行動を選択する際の留意点と手続きのあらましを述べ、②測定手続きを設計するための詳しい戦略を論じ、③行動データを提示し解釈するためのガイドラインを示し、④標的行動に見られる変化が介入のせいで起こったか否かを明らかにするための実験戦術について説明した。本章では、これまで解説してきたこれらの情報を補足することにする。具体的には、行動研究を計画し、再現し、評価するときに処理すべき問題と考慮事項を検討する。最初に行動研究において個々の被験者が果たす中心的役割を考える。ついで実験デザインにおいては柔軟性が大切であることを議論する。

I　行動研究における個別被験者の重要性

　科学における研究方法の有効性を最大にするためには、その科学の主題（対象）の定義的特徴を尊重するようにしなければならない。行動分析学は、行動の制御変数を発見し理解することに全精力を傾注する。その主題は、生きている生命個体の活動、個々の生命個体のレベルで起こる動的現象として定義される。したがって、行動分析家に最もよく使われる研究方法は、個別の生命個体（定義により、行動を見出しうる唯一の場所）の行動を反復測定することを特色とする。応用行動分析家はこのように個別被験者の行動を焦点とすることによって、社会的に重要な幅広い行動に対して有効な介入を発見し、洗練化することが可能となった。

　応用行動分析学にとって、この個別の被験者ないしクライエントを焦点とすることの大切さをさらに説明するため、ここで応用行動分析学をさまざまな集団の被験者の合計測度を表すデータを比較することを中心に展開する研究モデルと比較してみよう。実験を設計し評価するための、こうした群間比較という研究方法は、心理学、教育学、およびそのほかの社会科学における「行動研究」を何十年もの間ずっと支配し続けてきた。

1．群間比較実験の簡単な概説

　群間比較実験の基本的形式は、次のように説明することができる[1]。まず研究上の問い（例えば、XYZという集中的な音素プログラムによって、字の読めない小学1年生が不意に見せられるテキストを読む能力を向上させるか？）に相応しい適切な母集団（例えば、ある学区の字が読めない小学1年生のすべて）の中から、被験者の集合（例えば、字が読めない小学1年生 60 名）を無作為に選出する。その被験者を、実験群（experimental group）と比較群（control group）の2群に無作為に割り当てる。研究に参加するすべての被験者を対象として、従属変数（例えば、読みスキル検査得点）の最初の測度（事前検査）を収集する。両群の被験者の事前検査の個別得点を合計する。その事前検査の集団ごとの成績（performance）の平均と標準偏差を計算する。次に実験群の被験者に独立変数（例えば、6週間のXYZプログラム）を適用する。比較群の

注1：群間比較デザイン研究の最も単純な形式についてここに示す短い素描は、多くの重要な細部と制御を省略している。集団研究法の完全な詳述と実例に興味ある読者には、キャンベルとスタンレー（Campbell & Stanley, 1966）などの権威あるテキストを参照されたい。

被験者には独立変数を適用しない。この処遇プログラムが完了したら、すべての被験者を対象として従属変数の事後検査の測度を収集する。そしてそれぞれの集団の事後検査の得点の平均と標準偏差を計算する[2]。ついでそれぞれの集団の事前検査と事後検査に生じる何らかの変化を比較する。そのデータにさまざまな統計的検定を適用するが、それによって2群の成績の間に何らかの違いがみつかったとすれば、それは独立変数のせいであるとする可能性について推論することができる。例えば、実験群と比較群の事前検査の平均得点が類似しており、事後検査の測度では実験群の平均得点に改善が見られ、比較群には見られなかった場合は、統計的分析によって、その差が偶然に起こる数学的確率を示すことができるだろう。起り得る要因としての偶然が統計的検定によって排除されるならば、研究者は従属変数に起こった結果（例えば、実験群における事前検査から事後検査への改善）が、独立変数のせいであると推論することになる。

　研究者が被験者の集団の測度をこのように合計して比較する理由は大きく2つある。これらについては、それぞれ第7章で論じたとおりである。第1に、グループデザインの支持者は、多くの被験者のパフォーマンスの平均を求めることによって、被験者間の変動性を制御することができると考える。したがって、パフォーマンスに生じるどのような変化も、独立変数の仕業であると仮定する。大集団の被験者を使う第2の論拠は、1つの研究における被験者の数を増やせば増やすほど、研究結果の外的妥当性が高まると考えられることである。すなわち、実験群の被験者に対して有効であることが確かめられた処遇変数は、サンプルとしてそこから被験者を選んだ母集団のほかの被験者に対しても同様に有効であるということになる。研究結果の一般性がより強まったという仮定については、本章の後半で述べる再現に関する節において考察する。次の節では、被験者の集団を使う第1の理由、すなわちそうすることが、被験者間の変動性を制御するという仮定について論評することにする。ここでは実験的推論に強く影響を及ぼす典型的な群間比較デザインに潜む3つの基本的問題を明らかにする[3]。

2．集団データは個別被験者のパフォーマンスを代表しないかもしれない

　応用行動分析学は、その名が示す通り、個人の行動を改善することを課題としている。変化した被験者の集団の平均パフォーマンスを明らかにしても、個別の被験者のパフォーマンスについては、何事も明らかにならない恐れがある。実験群の被験者らの平均パフォーマンスが改善したという可能性は極めて高いが、一方で、一部の被験者のパフォーマンスは同じ状態のままであり、ほかの被験者のパフォーマンスは悪化した可能性も考えられる。同様に、被験者の大多数はまったく改善せず、一部の被験者は悪化し、少数の被験者が、全体に対して統計的に有意な平均

注2：グループデザインの特徴として、独立変数の測度が少数（しばしばわずか2つの測度、事前検査と事後検査）になるのはなぜか。1つには研究者が「大量の被験者を扱わなければならないことによって強いられる純粋に兵站業務的な要求」(Johnston & Pennypacker, 1980, p. 256) に応じなければならないからである。

注3：多くの被験者の混合データによって提起される多くの問題を完全に議論することは、このテキストの範囲を超える。この重要な問題のより完全な理解を得たいと思う読者は、ジョンストンとペニーパッカー (Johnston & Pennypacker, 1980, 1993b) や、シドマン (Sidman, 1960) をぜひ参照されたい。

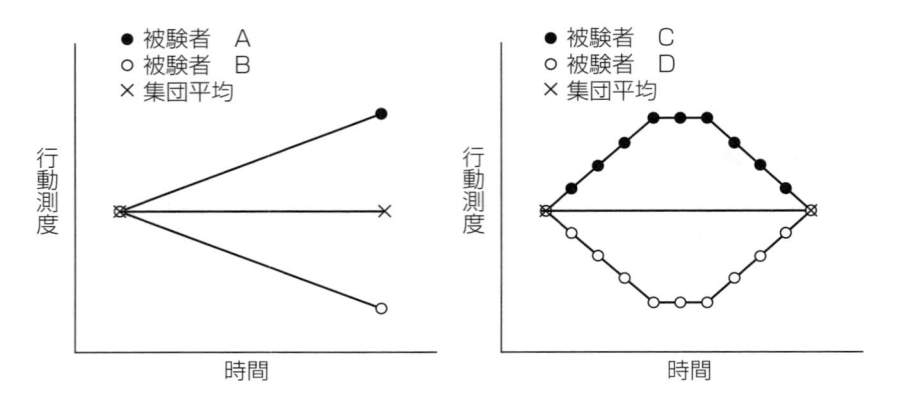

図10.1 被験者集団の平均遂行が個別被験者の行動を示さないかもしれない架空のデータ

的な改善をもたらすほど十分に改善した可能性もある。

　群間比較法を擁護していうならば、その方法を使えばある処遇が全般的に有効であるとか、どの処遇も誰にも有効ではないとか、人々は個別に異なって反応するというようなことを証明することができると言えるかもしれない。しかしある処遇によって集団の平均パフォーマンスが改善するという事実は、とりわけ学業上の問題や、社会性の問題や、そのほかの行動上の問題に対して、緊急な支援を必要とする人々に対しては、採用する理由としては不十分である。一般的有効性では十分ではない。すなわち、その処遇によって1人の被験者には改善が起こり、ほかの被験者には改善が起こらなかった要因を発見しなければならない。処遇を最も有効なものにするためには、人々がその処遇に接触して、その処遇によって影響を受けたレベル、すなわち個人レベルにおいて、処遇を理解するようにしなければならない。

　図10.1の2つのグラフは、集団平均得点に基づいて研究を解釈する場合に犯す可能性のある、多数の誤った結論のいくつかを示している。1つ1つのグラフは、それぞれ2人の被験者によって構成される2つの集団が示す個別と平均のパフォーマンスについての仮想データを表している。どちらの集団でも、このデータでは事前検査から事後検査への平均的な反応測度には変化はまったく生じていない。図10.1の両方のグラフにおける事前検査と事後検査の集団データは、その独立変数が被験者の行動に何の効果ももたらさなかったということを暗に示している。しかしながら、図10.1の左側のグラフは、被験者Aのパフォーマンスが事前検査から事後検査へと改善し、被験者Bの行動が同じ期間に悪化したことを示している[4]。右側のグラフは、被験者CとDの事前検査と事後検査の測度が同じになっているが、もしも被験者Cの行動と被験者Dの行動を事前検査と事後検査の間にも反復して測定していたとすれば、2人の被験者内でも被験者間でも、大きな変動性が暴露されていたに違いない。

注4：図10.1の左側のグラフにおける事後検査のデータポイントは、はだしの足を氷のバケツに入れ、頭には火がついている男のことを連想させる。その男に「どんな感じがしますか？」と尋ねたとすれば、「平均すれば元気です」と答えただろう。

3．集団データはデータの変動性を隠す

　被験者集団の平均パフォーマンスに関する第2の問題は、それがデータの変動性を隠ぺいするということである。被験者Cの行動と、被験者Dの行動の事前検査と事後検査の間の反復測定が、図10.1に示されているように行われていたとしても、集団の平均パフォーマンスを、行動変化の第一次指標と信じる研究者は、被験者内と被験者間で起こっていた変動性には気づかないだろう。

　反復測定によって著しい変動性のレベルが明らかになる場合は、変動性の原因となる要因を突き止めて制御する狙いをもつ実験的探究が必要となる。研究で制御されなかった変数が与える効果は、どうにかすれば従属変数の統計的操作によって制御できるという、広く受け入れられている信念は実は間違っている。

>　統計的制御は決して実験的制御にとって代わることはできない……。制御されない変数がデータに影響しているかどうかを判断する唯一の方法は、入手できる最も微細なレベルにまで分解して、通常は1人1人の被験者の各ポイントについて、そのデータを検査することである。そうした影響をあいまいにしようとして、データを統計的に合成することは、何の益にもならない。（Johnston & Pennypacker, 1980, p. 371）

>　群間比較という方法は、変動性の源泉を事前に制御する代わりに、事後に変動性を統計的に制御することを重視する。これら2つの戦術がデータベースに対して与える影響は同じではない。現実の変動性を制御する努力は、反応に対する制御の改善を導く。したがってそれぞれの条件の影響についてより鮮明な映像を生み出す。しかし変動するデータを統計的に操作することによっては、すでにデータにされてしまった影響を取り除くことはできない。（Johnston & Pennypacker, 1993, p. 184）

　統計的操作によって変動性を「相殺」しようとしても、その企てによっては、データから変動性を除去することもできないし、原因となる変数を制御することもできない。未知の変数ないしは制御されていない変数の影響を偶然のせいにしようとする研究者は、重要な変数の同定と分析から自分自身をいっそう遠ざけることになる。シドマン（Sidman, 1960）は、その記念碑的労作『科学的研究の戦術』（*Tactics of Scientific Research*）において、この決定的に重要な問題を、繰り返し、力強く論じている。

>　一部の実験者にとって偶然とは、制御されていない変数の複合効果を表す名称にすぎない。もしそうした変数が実際には制御可能であるならば、その時この意味での偶然は、粗雑な実験に対する言い訳にすぎなくなる。したがってそれ以上コメントする必要はない。もしもその制御されていない変数が実際に未知であるならば、その時はその偶然性は、ボーリング（Boring, 1941）が指摘したように、無知と同義語である……。行動科学の、最も落胆させると同時に挑戦的でもあ

る1つの側面は、途方もなく大量の変数に対して行動が示す敏感さである……。しかしながら変数は統計によっては相殺されない。単にその影響が見えなくなるように覆い隠されるだけである。望んでいなかった変数の動きを統計によって静止させる論拠は、そうした変数の仮定された無作為性（random nature）に基づいている……。制御されていない変数に関する無作為性という仮定は、検証されていない仮定であるばかりか、とうていありえない仮定である。行動の世界では、ランダムな現象というものは、たとえあったとしても、ごくわずかである。（pp. 45, 162-163）

シドマン（Sidman, 1960）はまた、厄介なシーケンス効果を処理する試みとして、統計を利用しようとする実験者の対応に関して次のように批評した。

　　実験者は袖の中に素晴らしいトリックを覆しもっている。条件Aの下で両方の被験者のデータを1つにして平均化し、そしてまた条件Bの下でも同様に平均化して、シーケンス効果を「相殺」し、不可逆性の問題を完全に回避する。単純な算術操作によって、2人の被験者を1人にし、そして1つの変数を除去する。
　　それは実際にはどこかに消えてしまったわけではない。数字はお互いに加算し減算することによって、消滅させられるかもしれない。5つのリンゴから3つのリングを引くと2つのリンゴになる。数はわずかなペンの動きによって簡単に変化させることができる。しかしリンゴ自体の姿を消すためには、一部を食べてしまわなければならない。（p. 250）

どんな変数であれ、その影響を制御するためにしなければならない「食べること」は、2つの方法によって、すなわち、（a）実験の間中その変数を一定に保つか、または（b）疑わしい要因を独立変数として単離して、実験の間に、その存在と不在とおよびまたは数値について操作することによってのみなし遂げることができる。

4. 集団デザインでは被験者内再現が欠けている

　群間比較の統計的推論の研究モデルがもつ第3の弱点は、1人1人の被験者に対する再現効果の力が失われることである。被験者内実験デザインの偉大な長所の1つは、デザイン自体の内部で起こる再現によって可能となる、説得力をもった関数関係を証明することである。応用行動分析研究においては、普通多くの被験者を参加させるにもかかわらず、それぞれの被験者は常に別々の実験として扱われる。行動分析家もしばしばすべての被験者のデータを1つの群として表示し記述することがあるが、実験的効果を判断し解釈するための基礎としては、個別の被験者のデータを使用する。応用行動分析家は賢明にも、ジョンストンとペニーパッカー（Johnston & Pennypacker, 1980）の警告「個別のデータを合成した後にはじめて浮上してくる効果は、おそらく人為性のものであって、いかなる現実の行動過程を表すものでもないだろう」（p. 257）に従う。
　この議論は被験者集団の全体的パフォーマンスを、応用行動分析学の戦術や戦略では研究でき

ないし、またそうすべきではないという意味として解釈してはならない。集団の全体的パフォーマンスが社会的に重要になるような応用場面は数多く存在する。例えば、ブラザーズら（Brothers, Kranz, & McClannahan, 1994）は、ある学校の25人のスタッフメンバーによってリサイクルされる、再利用可能なオフィスペーパーのポンド数を増加させるための介入を評価した。この場合もまた、集団データが個々の参加者のパフォーマンスを代表しないこと、そしてその逆もまた同様であることを覚えておくことが重要である。たとえばロイドら（Lloyd, Eberhardt, & Drake, 1996）は、協力的な集団学習条件という文脈において集団強化随伴性と個別強化随伴性がスペイン語クラスの受講生の小テストの得点に及ぼす効果を比較した。その結果、個別随伴性の条件と比べて、集団随伴性の方が、全体としてのクラスの小テストでより高い平均得点をもたらすことが明らかになった。しかしながら、クラスレベルの全体としての恩恵は、個々の生徒が示した差異的結果によって弱められた。集団としての結果が個々のパフォーマンスを代表しないとき、研究者は個々人の結果によって、理想的にはグラフィック・デスプレイによって、集団データを補足すべきである（例えば、Lloyd et al., 1996; Ryan & Hemmes, 2005）。

　しかしながら、ときには行動分析家が被験者の実験場面や随伴性へのアクセスを制御できない場合がある。あるいは誰が被験者かを同定することができないことすらある（例えば、Van Houten & Malenfant, 2004; Watson, 1996）。そういう場合は、実験場面に参入する個々人の行うすべての反応によって、従属変数を構成しなければならなくなる。この方法は、コミュニティベースの行動分析研究において、しばしば使われる。例えば、従属変数として、大学キャンパスのごみ散乱の抑制（Bacon-Prue, Blount, Pickering, & Drabman, 1980）を選ぶ場合や、大学生による自動車相乗り通学（Jacobs, Fairbanks, Poche, & Bailey, 1982）や、ドライバーの一時停止標識の遵守と注意（Van Houten & Malenfant, 2004）や、ショッピングカートにおける子どもの安全ベルトの着用（Barker, Bailey, & Lee, 2004）や、トイレの壁の落書きの減少（Watson, 1996）などを標的に選ぶ場合は、集団データを収集して分析するという方法が使われてきた。

II　実験デザインにおける柔軟性の重要性

　効果的な実験デザインとは、程度の差はあれ、研究者と聴衆にとって興味深く、説得力のあるデータを生み出すような、独立変数の操作の種類と順序を設計することである。デ・ザ・イ・ンという言葉は、この文脈では、とりわけ動詞としても名詞としても適切である。すなわち、有能な行動研究者は1つ1つの実験を積極的にデ・ザ・イ・ン（設計）して、それぞれ独自の優れたデ・ザ・イ・ン（計画）を実現しなければならない。選択を待ち受けているレディーメイドの実験デザインというものは存在しない。先の2つの章で示した見本としてのデザインは、実験的推論と制御の形式を可能にする分析戦術の例である。それらは応用行動分析家にとって興味深い幅広い現象の理解を促進するうえで有効性が証明された形式である。ジョンストンとペニーパッカー（Johnston & Pennypacker, 1980, 1993a）は、「デザインの種類についての包括的カテゴリーというものが存在し、それらを採集しなければならないと、人によっては考えるかもしれない漠然とした思い」（1980, p. 293）は、行動の科学の実践にとっては逆効果であると、明瞭性と一貫性をもって明言

した。

　　被験者内比較（within subject comparison）をどうデザインし解釈するかを説明するために、似通った設計やデザインのカテゴリーを開発しようとしたくなる。そうするためには、それぞれのカテゴリーに何らかのラベルをつけなければならなくなる。そうするとラベルをつけられたカテゴリーは、今度はそれぞれをほかから区別する何らかの重要な違いが存在するかのように思わせることになる。（1993a, p. 267）

　　有用な比較を作れという要請を、簡単なルールや公式を示したマニュアル本に矮小化することはできない……。そうしたマニュアル本は学生を誤った方向に導く。特定の種類の設計には固有の機能があると思わせ、そして無限の実験的オプションの可能性に開かれた考慮すべき基本問題を理解するように奨励しなくなるからである。（1993a, p. 285）

　シドマン（Sidman, 1960）は、研究者が実験デザインには既定の一連の規則が存在すると信じるならば、好ましくない影響が起こると、さらに強く主張した。

　　それらの例は、実験のデザインにおいて従うべき一連の規則として受け止められる恐れがある。これによって大損害がもたらされることは、いくら強調してもしすぎることはない。規則には必ず例外があるという使い古された表現を使うこともできたが、これでは強さが足りない。実験デザインの規則は柔軟であり、まさに必要なところで使えばいい、という砕けた表現も十分ではない。事実として、実験デザインに規則はないのである。（p. 214）

　シドマンの言うとおりである。応用行動分析を学ぶ者は、第8章と9章で解説した分析戦術が、いずれも実験デザインそのものであると、信じるようなことがあってはならない[5]。そうは言ってもやはり、最も広く使われる分析戦術を、第8章と9章で示したようなデザインの形で示すことは、有用であると思う。理由は2つある。第1に応用行動分析学の分野を進歩させてきた大多数の研究は、第8章と9章で述べた分析戦術を1つ以上組み合わせた実験デザインを使ってきたことである。第2に、行動分析学の初心者は、単一の実験戦術とその応用の具体的な事例を詳しく調べることによって、利益が得られると考えるからである。すなわち、それは学習の1ステップであり、分析戦術を選択し設計するための指針となる仮定と戦略原理を学ぶことによって、差し迫った研究上の問いに効果的にかつ説得力をもって対処するための実験デザインを設計することができるようになるからである。

注5：第8章と9章で示した分析戦術は、別の理由からも、もっぱら実験デザインとしてのみ受け止めるべきではない。すなわち、すべての実験には、独立変数の操作の種類と順序に加えて、デザイン成分（例えば、被験者、場面、従属変数、測定システム）が組み込まれているからである。

1. 分析戦術を組み合わせる実験デザイン

　多層ベースライン戦術とリバーサル戦術を結合すれば、どちらかを単独で使うよりも、実験的制御をより説得力をもって証明することができる可能性がある。例えば、処遇変数を除去（ベースラインへの復帰）し、それからそれを多層ベースラインにおける1つ以上の層に再び適用することによって、研究者は多層ベースラインを構成する独立変数と個々の行動、場面、被験者の間の関数関係の存在を突き止め、そしてそれらの層にわたって独立変数の有効性を分析することができる（例えば、Alexander, 1985; Ahearn, 2003; Barker, Bailey, & Lee, 2004; Blew, Schwartz & Luce, 1985; Bowers, Woods, Carlyon, & Friman, 2000; Heward & Eachus, 1979; Miller & Kelley, 1994［図26.3］; Zhou, Goff & Iwata, 2000）。

　研究者は、興味ある研究課題を研究するために、よく分析戦術の組み合わせを伴う実験デザインをつくる。例えば、実験者が多くの処遇を評価するため、多層ベースラインの形式を使って、それぞれの処遇を順次適用する。これは珍しいことではない（例えば、Bay-Hinitz, Peterson, & Quilitch, 1994; Iwata, Pace, Cowdery, & Miltenberger, 1994; Van Houten, Malenfant, & Rolider, 1985; Wahler & Fox, 1980；Yeaton & Bailey, 1983）。2つ以上の独立変数の効果を比較したり、処遇パッケージの**成分分析**（component analysis）をしたりするために、その根拠として、多層ベースライン、リバーサル、およびまたは交替処遇の戦術を組み合わせる実験デザインを使うことができる。例えばクーパーら（Cooper et al., 1995）が使った実験デザインでは、摂食障害児に対する処遇パッケージの積極的変数を同定するために、一連の多重処遇リバーサルの内部において、交替処遇比較が使われた。

　ハリングとケネディ（Haring & Kennedy, 1990）は、タイムアウトと他行動分化強化（DRO）が、2人の重度障害の中学生の問題行動の頻度に及ぼす効果を比較する実験デザインにおいて、場面間多層ベースラインデザインとリバーサル戦術とを使った（図10.2を参照）[6]。サンドラとラフはそれぞれ、反復的で常同的な問題行動（例えば、体ゆすり、大声をあげる、手振り、つば吐き）をもっぱら行って、教室と地域におけるの活動を妨げていた。研究者らは、このデザインを使うことによって、無処遇のベースライン条件に対するタイムアウトとDROの介入の効果を査定しただけでなく、インストラクション課題と余暇の文脈におけるそれぞれの処遇の相対的効果を比較することができた。ハリングとケネディ（Harring & Kennedy, 1990）は、このデザインによって、タイムアウトとDROの介入が、適用された活動文脈によって異なる結果を生み出すことを発見することができた。どちらの参加者に対しても、課題文脈においてはDROの方が、タイムアウトよりも問題行動を抑制するうえで効果があった。余暇文脈では反対の結果が得られた。タイムアウトが問題行動を減少させ、DROは有効ではなかったことが証明された。

　多層ベースライン成分を含んだ実験デザインに、交替処遇を組み込んだ実験者もいる。例えば、エイハーンら（Ahern, Kerwin, Eicher, Shantz, & Swearingin, 1996）は、被験者間多層ベースラインデザインの形式で実行された交替処遇デザインによって、拒食に及ぼす2つの処遇の相対

注6：タイムアウトと他行動分化強化（DRO）はそれぞれ第15章と22章で説明する。

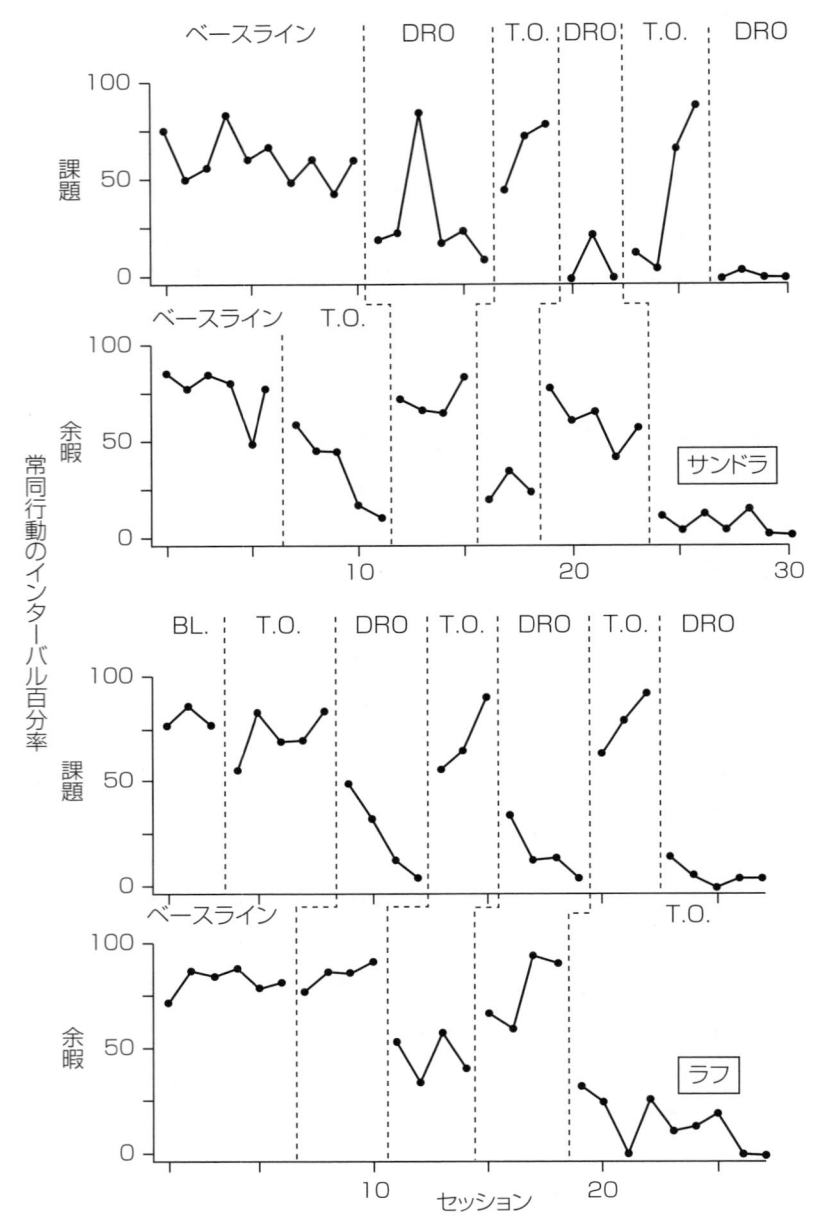

図10.2 タイムアウト（TO）と他行動分化強化（DRO）の処遇条件の効果を分析するため2人の被験者間でカウンターバランスさせた場面間多層ベースラインとリバーサル戦術を採用した実験デザイン

From "Contextual Control of Problem Behavior" by T. G. Haring and C. H. Kennedy, 1990, *Journal of Applied Behavior Analysis, 23*, pp. 239–240. Copyright 1990 by the Society for the Experimental Analysis of Behavior, Inc. Reprinted by permission.

的効果を評価した。同様に、マギーら（McGee, Krantz, & McClannahan, 1985）は、自閉症児に言語を教える複数の手続きの効果を、行動間多層ベースライン成分に交替処遇を組み込んだ実験デザインによって、さらにそれらを総合的な被験者間多層ベースライン形式の中に組み込むという方法によって評価した。ザノリとダゲット（Zanolli & Daggett, 1998）は、多層ベースライン、交替処遇、およびリバーサル戦術からなる実験デザインを使って、社会的引きこもりの就学前児童の社会的行動の自発的開始に及ぼす強化率の効果を検討した。

図10.3は、シッソンとバレット（Sisson & Barrett, 1984）が、2種類の言語訓練手続きの効果を比較するデザインの中に、行動間多層プローブ成分と、交代処遇分析と、行動間多層ベースライン成分を、どのように組み込んだかを示している。研究者らは、このデザインを使うことによって、これら2人の児童にはトータルコミュニケーション法が優れていることを発見することができた。また、特定の文章に関して学習が起こるためには、処遇の直接的な適用が必要であるという事実も解明することができた。第3の被験児について見出された結果も、図10.3に結果が示された2人の子どもにおいて見出されたものと同じ形式と方向性をもつ関数関係を示していた。ただしトータルコミュニケーション法の優位性はそれほど強くは示されなかった。

これまで分析戦術を組み合わせる実験例を複数取り上げて解説してきたが、それらをモデルデザインとして例示するために論じてきたわけではない。それどころか、独立変数の操作をさまざまな組み合わせと順序で設計することによって、可能な実験デザインは無数に存在することを示すためだった。あらゆる例において最も効果的な（すなわち説得力のある）実験デザインは、ベースライン論理の3成分である予測と立証と再現を使うための基礎として、個々の被験者のデータの継続的な評価を活用するデザインである。

Ⅲ 内的妥当性： 実験デザインにおける潜在的な交絡の源泉の制御

実験を行った結果、観察された行動変化の唯一の原因は、疑う余地なく独立変数だったことが証明されれば、その実験は面白く、しかも説得力をもち、また応用に対して最も有用な情報をもたらすことになる。明瞭な関数関係を証明する実験は、高度の内的妥当性をもつといわれる。実験デザインの長所は、次の出来事の程度によって決定される。（a）それは信頼性のある結果をどこまで実証するか（すなわち、独立変数の反復操作によって、一貫した行動変化のパターンをどこまで生み出せるか）、そして（b）独立変数以外の要因が行動変化をもたらした可能性を、どこまで取り除き減少させられるか（すなわち、交絡変数を制御するか）にかかっている。

実験的制御（experimental control）という用語は、しばしば研究者が独立変数を操作することによって、特定の行動変化を確実に生み出す能力を表すために使われるが、この用語に暗に含まれているのは、研究者が被験者の行動を制御するという考えである。しかし「行動の制御」という表現は正確ではない。実験者が制御できるのは被験者の環境の一部の側面にすぎないからである。したがって研究者によって実現される実験的制御のレベルとは、所与の実験のすべての関連変数をどこまで制御するかの程度のことである。研究者はこの制御を実験デザインの文脈の内部で行う。実験デザインは、最初にいかに注意深く設計されようとも、最終形態は研究者による

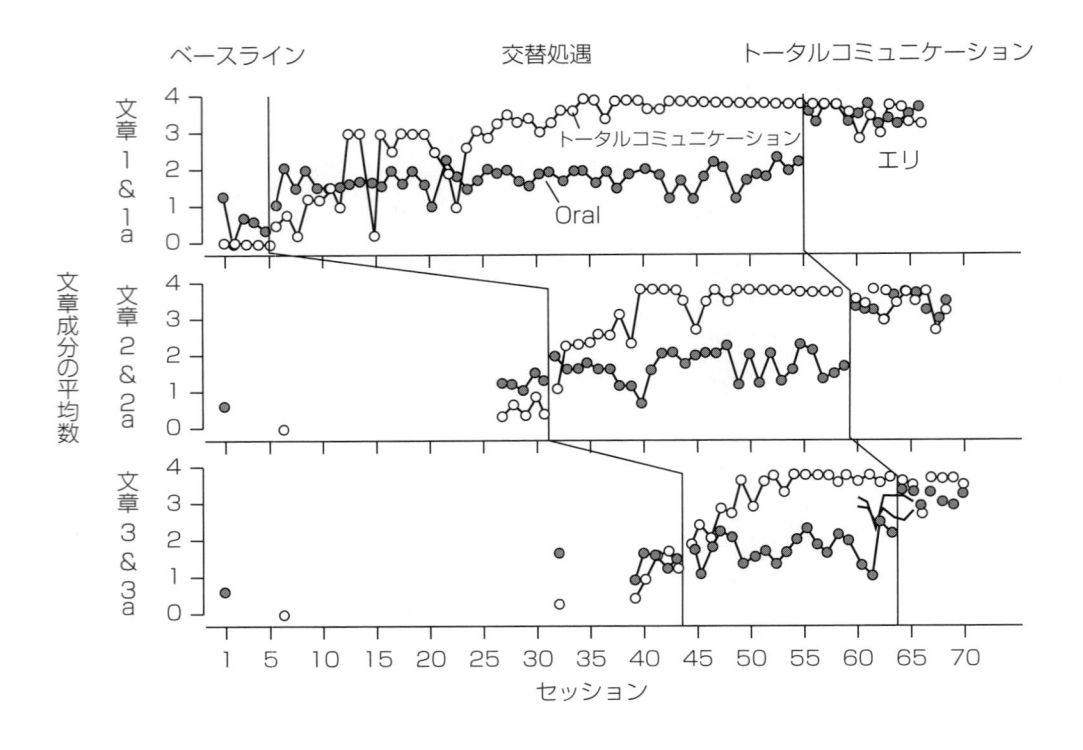

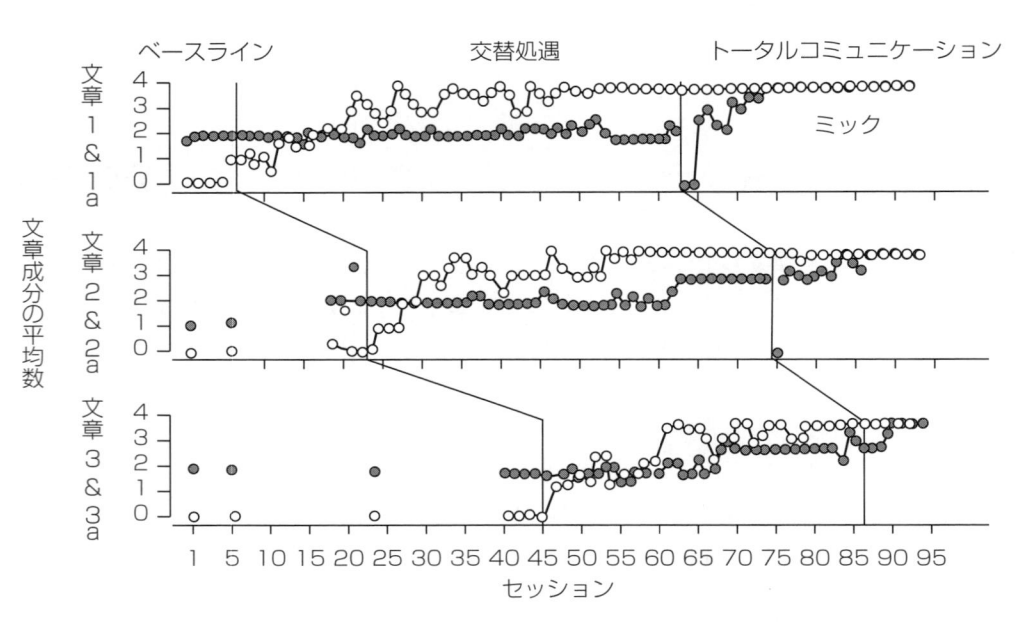

図10.3　交替処遇戦術、多層プローブ、行動間多層ベースライン分析を採用した実験デザイン

From "Alternating Treatments Comparison of Oral and Total Communication Training with Minimally Verbal Retarded Children" by L. A. Sisson and R. P. Barrett, 1984, *Journal of Applied Behavior Analysis, 17*, p. 562. Copyright 1984 by the Society for the Experimental Analysis of Behavior, Inc. Reprinted by permission.

データの継続的点検とそれに対する反応によって決定される。

　第7章で述べたように、効果的な実験デザインは、独立変数と従属変数の間の揺るぎない関数関係を（もし存在するとすれば）明らかにし、それと同時に、観察された行動変化が未知の、あるいは制御されていない変数の結果である可能性を最小にする。従属変数の変化がもっぱら独立変数の関数として証明されるとき、実験は高度の内的妥当性をもつ。実験を計画するとき、そして後に進行中の研究の実際のデータを検討するとき、研究者は常に内的妥当性に対する脅威に対して警戒を怠ってはならない。従属変数に影響したことが分かっているか、影響した疑いのある、制御されていない因子（uncontrolled factors）は、交絡変数（confounding variable）と呼ばれる。研究を進める間に研究者が払う多くの努力は、交絡変数を除去するか制御することに向けられる。

　定常状態の反応を達成することは、応用行動分析家が実験的制御の程度を査定するための基本手段である。独立変数の効果を、潜在的な交絡変数の効果と区別するためには、潜在的な交絡変数がもはや存在しないか、実験条件の間で一定に維持されていたか、または1つの独立変数として操作できるように単離されていたことを示す、明瞭で経験的な証拠がなければならない。どんな実験であれ、ほとんど無限と言っていいほど多数の潜在的な交絡変数によって影響を受ける可能性がある。そして実験デザインのあらゆる側面の場合と同様に、交絡変数を同定し制御するために研究者が頼りにできる一連の規則というものはない。しかしながら、交絡変数としてよく起こる源泉とみられるものの一部や、それらを制御すると考えられる戦術は、同定することができる。交絡変数は、1つの実験に含まれる4つの成分、すなわち被験者、場面、従属変数の測定、独立変数という成分の1つに、主として関係していると考えられる。

1．被験者の交絡

　多種多様な被験者変数が、研究結果に交絡する（混合する）可能性がある。成熟（maturation）は、実験の間に被験者の中で起こる変化であるが、それは潜在的な交絡変数である。例えば、被験者が研究の後半の段階で示すパフォーマンスの改善は、身体的成長の結果や、学業的行動や社会的行動やそのほかの行動の獲得の結果であって、独立変数の操作とは関係ないかもしれない。実験デザインの中に、急速に変化する条件や、時間をかけた多数回の独立変数の導入や除去を組み込むことは、通常、成熟を効果的に制御する。

　応用行動分析学のほとんどの研究では、被験者は実験場面にいて、1日のほんの一部だけ、研究者が実施する随伴性に接触する。どの研究でもそうであるが、被験者が個々のセッションで見せる個々の行動は、本来、実施されている実験条件の関数だろうという仮説が作られる。しかし実際には、被験者の個々の行動は、実験の外部で起こった出来事によっても、影響される可能性がある。例えばある研究で、従属変数をクラス討論での発言頻度にしたとしよう。これまである子どもが討論に高率で発言していたが、クラスが始まる直前にランチルームで起こったけんかに巻き込まれ、従来のクラスの反応レベルよりも発言がかなり減ったとする。この子の行動の変化は、ランチルームで起こったけんかの結果かもしれないし、そうでないかもしれない。ランチル

ームのけんかと独立変数の変化が同時に起こっていたとすれば、実験条件がどんな影響をもたらすにしろ、それを実験の外部で起こった出来事と区別して検出したり、分離したりすることは、取りわけ難しくなるだろう。

　研究者は、研究中に起こる変動性の推定原因となる出来事の一部には気づくかもしれないが、そのほかの多くの潜在的な交絡変数には気づかずにやり過ごすかもしれない。繰り返し測定することは、それらの変数の存在と影響を制御するだけでなく、それらを検出するための手段にもなる。被験者にとって「悪い日」になったり、いつになく「良い日」になったりする原因となる非制御変数は、従属変数の測定が少数だったり、およびまたは測定間隔を広くとったりする研究デザインではとくに厄介である。これは処遇プログラムの効果の評価に事前検査と事後検査の比較を使う場合の大きな弱点の1つになる。

　群間比較実験は、被験者の関連特徴（例えば、性、年齢、民族、文化的言語的背景、現在のスキル）が似通っていることに基づいて行われるため、被験者間の個人差による交絡変数の混入を受けやすい。応用行動分析学の単一事例実験では、一般に1人かそれ以上の被験者の特徴が実験の結果に交絡するという心配はない。第1に、人がなぜ研究に参加するかといえば、その人の標的行動がうまく改善すれば当人に利益がもたらされるからである。第2に、被験者の特異的特徴が真の単一被験者内実験デザインを使う研究を交絡させることは不可能である。行動研究では個々の参加者が、被験者間多層ベースライン分析以外は自分自身の比較群としての働きをする。そのため、被験者と比較群とが同一人物になる。したがって、すべての実験条件において、まったく同等の被験者（identically matched subjects）が保証される。第3に、単一被験者分析の結果の外的妥当性は、被験者がほかの人々と一定の特徴を共有する度合いに依存しない。関数関係がほかの被験者にどこまで当てはまるかは、ほかの被験者を使った実験の再現によって立証される。

2．場面の交絡

　ほとんどの応用行動分析家が研究するのは、多くの変数に対して制御が及ばない日常場面である。日常場面における研究は、剰余変数（extraneous variable）をより厳密に管理できる実験室研究と比べると、制御されない事象（uncontrolled events）によって交絡される可能性がより大となる。たとえそうであっても、応用実験者には場面の交絡（setting confounds）の有害な影響を緩和する資源がないわけではない。例えば、制御されない事象が同時に生起していることを応用研究者がデータの中で観察するとき、彼は可能性のあるすべての実験側面を一定に保ちながら、安定した反応が再び示されるまで反復測定を継続して行わなければならない。もし想定外の出来事が標的行動に強い影響を与えると思われるときや、研究者にとって別の面で興味があり、実験的操作が可能である場合は、研究者はそれを1つの独立変数とみなして、考えられる影響を実験的に検討する必要がある。

　場面の交絡を懸念する応用研究者は、実験場面の内外で「密売される」強化の入手可能性についても、警戒しなければならない。場面の交絡がいかに作動するかを示す好例は、被験者が実験

者に気づかれずに、潜在的強化子をいつでも手に入れられるときに起こる。そういうケースでは、それらの結果の強化子としての有効性は減少する。

3．測定の交絡

　第4章と5章では、正確な、リアクティビティーを起こさせない測定システムを設計するときに考慮すべき多くの要因について考察した。それでもなお、よく設計された測定システムの中に、多くの交絡の源泉が潜んでいる可能性がある。例えば、観察者のドリフトや、観察者に及ぼす実験者の行動の影響、およびまたは観察者のバイアスなどの交絡変数が、データに混入するかもしれない。観察者に実験条件と期待される結果を知らせないようにすれば、観察者のバイアスが交絡する可能性は減る。しかし観察者が独立変数の適用をしばしば観察する応用場面において、それを成し遂げることはむずかしい。それは認めざるを得ない。これと関連するのは、観察者が永続的所産（答案用紙など）を採点する場合である。それぞれの所産は誰が作ったか、どんな実験条件下で作ったかを示す識別マークがつかないようにしなければならない。ベースライン条件と処遇条件で収集したペーパーを観察者に採点してもらうときは、順序をランダムにして採点してもらう。そうすれば、観察者のドリフトやバイアスが交絡変数として、1つの処遇条件段階の内部のデータに混入する可能性が減る。（この手続きは、観察者が実験後の正確性を査定したり、IOAすなわち観察者間一致を査定したりするときに起こるドリフトやバイアスを制御するためにより適している）。

　測定手続きに対するリアクティビティーは、完全に非侵入的な測定システム（例えばマジックミラーを使う秘密観察システムや、被験者からかなり距離をとって行う観察）を開発しない限り、起こりうる交絡として常に考慮に入れておかなければならない。この起こりうる交絡を補正するため、実験者はベースライン条件を十分長くとって、リアクティビティー効果を自然に経過させ、安定した反応が得られるまで続ける必要がある。測定に対するリアクティビティーが望ましくない影響（例えば、攻撃行動、生産性の停止）を与え、かつ侵入性のより低い測定手続きを考案できないときは、間欠プローブを考慮すべきである。練習効果、順応効果、ウオームアップ効果という交絡変数も、特にベースラインの初期段階においは、測度に混入してくる可能性がある。この場合も適切な手続きは安定した反応が得られるまでか、または変動性が最低レベルへと減少するまで、ベースライン条件を続けることである。練習効果が起こる可能性のある行動のベースライン測定には、間欠プローブは使うべきではない。これは、もし標的行動が練習効果によって影響を受けやすい場合には、より頻繁な測定が行われる介入条件においても、そうした影響を受ける可能性があり、結果として交絡変数が独立変数の効果に混入することになるからである。

4．独立変数の交絡

　大部分の独立変数は、多くの側面によって構成されている。すなわち、通常、処遇条件には研

究者が興味をもつ特定の変数以上のものが含まれている。例えば、トークンエコノミーが子どもの学業的生産性に及ぼす影響について考えてみよう。それには、子どもとトークンを与える教師との人間関係や、トークンを与えたり交換したりするときの社会的相互作用や、トークンシステムを実行すれば成績が向上するという教師と子どもの期待などのさまざまな変数が交絡する可能性がある。もし研究目的がトークン強化自体の効果の分析であるならば、これらの潜在的な交絡変数を制御しなければならない。

シュワルツとホーキンス（Schwartz & Hawkins, 1970）は、行動改善の原因である処遇から、関連側面を除外する制御手続きの好例を示した。彼らはトークン強化が、重度の引きこもりとされた1人の小学生の3つの不適応行動に及ぼす効果を評価した。処遇段階でセラピストと女児は放課後毎日ミーティングして、その日以前に作られた子どもの教室行動のビデオテープを鑑賞した。セラピストはまた、ビデオテープに録画された女児の不適応行動がだんだん減っていくことを条件として、女児にトークンを与えた。

シュワルツとホーキンスは、この研究のデザインに潜んでいる介入とは無関係な交絡の存在を認識した。もしも処遇の関数として改善が起こったとしよう。残る問題は子どもの行動が改善した理由である。セラピストが女児を温かく見守りトークンという報酬を与える。それは女児の自己概念を改善する。自己概念の改善が今度はその子の教室での不適応行動（卑小な自己概念の症状）を改善する。そうも考えられると彼らは推論した。そうだとすれば、シュワルツとホーキンスは条件的トークンが行動を改善するうえで重要な役割を演じたとは言い切れないことになる。シュワルツとホーキンスはこの起こりうる交絡を予想して、それを単純で直接的な方法を使って制御した。ベースラインの後、毎日放課後セラピストが女児とミーティングして、手書きの文字の改善を条件として、社会的注目とトークン強化を与えることにした。この比較対照段階では、3つの標的行動、すなわち、顔に触る、前かがみになる、小さな声で話す、には何の変化も起こらなかった。それによって研究者らは、その後の介入段階における女児の最終的な行動改善は、トークン強化によってもたらされたとする結論に対するの確信を深めた。

医療研究者が薬物効果を検証するための実験をデザインするときは、その薬物が実際にもたらした効果と、その薬物を摂取したために改善したと被験者が知覚した期待によってもたらされたかもしれない効果とを分離するために、**プラシーボ対照**（placebo control）と呼ばれるテクニックを使う。典型的な群間比較デザインにおいては、実験群の被験者は本物の薬物をもらう。対照群の被験者は偽薬（プラシーボピル）をもらう。プラシーボピルには、不活性物質が含まれているが、検証される本物の薬物が含まれているピルと、外観も手触りも味もまったくそっくりである。

応用行動分析家も、同様に、単一被験者実験において、プラシーボ対照を用いてきた。例えば、ニーフら（Neef, Bicard, Endo, Coury, & Aman, 2005）は、注意欠陥多動性障害児の衝動性を薬物によって治療する方法を評価する研究を行った。薬剤師に頼んで、同一のゼラチンカプセルに入れたプラシーボと薬物を、それぞれの子どもに1週間分用意してもらった。子どもが薬を飲んだかプラシーボを飲んだかは、子どもも観察者も知らなかった。被験者にも観察者にも、セッションからセッションへ、独立変数が存在するか存在しないか分からないとき、この種の制御手

続きは、**二重盲験対照法**（double-blind control）と呼ばれている。二重盲験対照法によれば、被験者の期待、保護者と教師の期待、他者が行う別の処遇、および観察者のバイアスによる交絡が排除される。

（1）処遇の完全性

これまでの多くの実験では、独立変数を一貫性を欠いて適用することによって、結果が交絡されてきた。研究者は全力をあげて、独立変数を計画した通り正確に適用して、計画した処遇とともに計画しなかったほかの変数が不用意に混入しないようにすべきである。**処遇の完全性**（treatment integrity）と**手続きの忠実性**（procedural fidelity）という用語は、独立変数をどこまで計画通りに適用したか、または遂行したかの程度を意味する。

処遇の完全性が劣化してくると、実験の中に主要な交絡源を招きいれられる恐れがある。自信をもって結果を解釈することができなくなるとまではいえないにしろ、解釈がむずかしくなる。ある実験において、独立変数が不適切に一貫性を欠いてバラバラに適用され、およびまたは過剰投与や過少投与という形で適用されたとする。そこから得られるデータは（得られた結果によるが）、たいてい擬陽性（関数関係が存在しないのに存在すると主張する）か、偽陰性（実際には関数関係が存在するのにそれを同定することに失敗する）の結論を導く。データの分析によって仮に関数関係が明らかになったとする。それでも、処遇変数が実験者の説明どおりにその原因だったのか、それともそれは実際に適用された介入に混入していた剰余の制御されていない成分（extraneous, uncontrolled element）の関数だったのかについて確信をもてない。他方、重要な行動変化を生み出せなかったのは、独立変数が有効ではなかった証拠であると解釈するのも、同様に誤りである可能性がある。換言すれば、その独立変数が計画通り実施されていれば、有効だったかもしれない。

応用場面では、処遇の完全性に対する脅威がたくさん存在する（Billingsley, White, & Munson, 1980; Gresham, Gansle, & Noell, 1993; Peterson, Homer, & Wonderlich, 1982）。実験者のバイアスは1つの脅威である。それがもとになって、独立変数をベースライン条件や比較条件より不当に有利になるように適用する可能性がある。**処遇ドリフト**（treatment drift）も問題である。それは実験の後期段階での独立変数の適用が、研究の初期段階での適用と違ってしまうときに起こる。処遇ドリフトは、独立変数の複雑さから起こる可能性がある。複雑になれば、実践家は実験の間に全成分を一貫性をもって実践できなくなる恐れがある。独立変数を実践する責任のある人々の行動に影響する随伴性も、処遇ドリフトを生み出す可能性がある。例えば教師は、介入手続きのうち自分の好きなところだけを適用し、完全な介入は実験者が見ているときだけ実践するかもしれない。

・・・・・・
正確な操作的定義　高レベルの処遇の完全性を実現する手順は、まず処遇手続きの完全で正確な操作的定義の作成から開始する。処遇条件を操作的に定義することは、介入を実践する候補者を訓練するための基盤を与える。またそれを使って達成された処遇の完全性のレベルを判定する。しかしそれだけではない。それは応用行動分析学の7つの次元のうちテクノロジーの次元

（Baer et al., 1968）を満たすための必要条件にもなる。実験者がしっかりした処遇変数の操作的定義を提供することができなければ、実践家による介入の普及と正しい活用を実現することはできない。そして他の研究者がその研究結果を再現し、その正当性を最終的に立証することもできなくなる。

グレシャムら（Gresham et al., 1993）は、独立変数の記述は、従属変数の定義の質の査定に使われる明白さと同じ基準によって判断されるべきであるとした。すなわち、独立変数の記述は、明瞭性、簡潔性、一義性、客観性を備えていなければならない。より具体的にいえば、グレシャムらは、処遇の言語次元、物理次元、空間次元、時間次元の4次元のすべてを、操作的に定義しなければならないとした。彼らは独立変数の操作的定義の例として、メイスら（Mace, Page, Ivancic, & O'Brien, 1986）のタイムアウト手続きの定義を示した。

> すなわちそれは（a）標的行動の生起に即座に随伴させるようにした（時間次元）、（b）セラピストが「だめ、タイムアウトに行こう」と言った（言語次元）、（c）子どもの腕をとりあらかじめ設定しておいたタイムアウト椅子に連れて行った（物理次元）、（d）部屋の隅を向いて座らせた（空間次元）。（e）子どもの尻がタイムアウト椅子から離れるか、子どもの頭部が45度以上回転したら（空間次元）、セラピストはタイムアウト手続きに従わせるために必要な最小量の力を行使した（物理次元）。（f）2分後（時間次元）、セラピストはタイムアウト椅子を角から45度回転させ（物理次元と空間次元）、そして立ち去った（物理次元）。（pp. 261-262）

単純化し、標準化し、自動化する　処遇の完全性を高めるためには、実験を計画するとき、独立変数を単純化し標準化することを最優先にする。そして処遇を実践する責任をもつ人々に対して、基準に基づいた訓練と練習を提供するようにする。単純で、正確で、短い処遇、また比較的わずかな努力ですむ処遇ほど、そうでない処遇よりも一貫性をもって遂行される可能性が高くなる。また、単純で実行しやすいテクニックは、そうでないものよりも、実践家に受け入れられ、活用されやすい。それゆえ、ある程度自明の社会的妥当性をもつことになる。単純化はもちろん相対的な考慮事項であって、命令的なものではない。すなわち、何らかの社会的に重要な行動を効果的に改善しようとするならば、集中的で複雑な介入を長期間にわたって適用しなければならず、また多くの人々を参加させるようにしなければならないだろう。ベア（Baer, 1987）は、この点を次のように簡潔に述べている。

> 長い問題は実は単純な問題である。その課題分析が一連の多くの、おそらくは多くの人々の、行動改善を要求する問題である。それら1つ1つを改善することは、比較的簡単に素早くできるものの、それらが連続すると、時間的にはそれほど多くの努力を必要とせず、難儀なことにはならないが、ただ退屈になるだけである。（pp. 336-337）

実践家は介入の複雑さによって挫折したり動揺したりする必要はない。すなわち、必要なことは、処遇の完全性の意味をはっきり自覚することである。しかしながらすべての事柄が等しけれ

ば、おそらく単純で短い処遇は、複雑で長い処遇よりも、より正確に、より一貫性をもって、適用されることになるだろう。

　実験者は独立変数を確実に一貫して適用するため、費用と実践の許す限り、できるだけ多くの側面の標準化をはかるべきである。処遇の標準化は、さまざまな仕方によって行うことができる。複雑なおよびまたは長い行動順序が必要となる処遇ならば、処遇を実践する人に台本を渡すようにする。そうすれば、独立変数の適用の正確性と一貫性を増すことができる。例えば、ヘロンら（Heron, Heward, Cooke, & Hill, 1983）は、オーバーヘッドプロジェクター用の透明紙に台本として設計した授業案を使って、子どもたちの集団に全教室規模のピアチューター訓練プログラムを、確実に適用するようにした。

　介入を自動化（automating）すると何らかの形で介入が弱まることがない限り、研究者は独立変数を「缶詰化する」（canning）ことを考えてもよい。そうすれば独立変数を自動装置によって提供することができるようになる。ヘロンら（Heron et al., 1983）の研究では、ビデオテープを使ってチューター訓練が行われた。それによって、教師が集団ごとに、また一連のチュータリングスキルごとに、授業のプレゼンテーションの仕方を微妙に変えることから起こる潜在的交絡を除去しただろう。しかし缶詰化されたプレゼンテーションを使ったため、訓練プログラムのもつ望ましい双方向的で人間的な側面もおそらく捨象されてしまっただろう。処遇変数の中には、自動化されたプレゼンテーションに大変適しているものもある。それは受容性と実行可能性からみて、オートメーション（たとえば、省エネ住居のモデルを示すビデオテーププログラムの活用）が、処遇の好ましさを制約することもなければ、社会的妥当性を著しく低下させることもないからである。

　訓練と練習　独立変数を正しく適用するために訓練と練習を行うようにする。そうすればこれから処遇や実験セッションを実施する人々に対して、処遇の適用のために必要なスキルと知識を提供することができる。個人に実験場面（例えば教室）の一般的能力と経験があれば、独立変数を実験場面に正確に一貫して確実に適用できると仮定することは誤りである。

　すでに述べたように、処遇手続きを詳しく述べた台本と、介入のステップを想起させプロンプトするキューカードやそのほかの道具は役に立つ。しかし研究者は、介入の実践者に詳しい台本を与えれば、それだけで高度の処遇の完全性が保証されると考えてはならない。ミューラーら（Mueller et al., 2003）は、親に高レベルの処遇の完全性をもって小児科の授乳プログラムを実行させるためには、言語教示と、モデリングと、およびまたはリハーサルの組み合わせが必要であることを発見した。パフォーマンス・フィードバックもまた、親と実践家が行動支援計画と明確な教授技法を実践する際の完全性を高めることが示されている（例えば、Codding, Feinberg, Dunn, & Pace, 2005; Sarakoff & Strumey, 2004; Witt, Noell, LaFleur, & Mortenson, 1997）。

　処遇の完全性を査定する　単純化と標準化と訓練は、処遇の完全性の程度を高めるうえで役立つ。しかし保証はされない。もし正確性と一貫性をもった独立変数の適用について何らかの疑念がある場合、研究者は独立変数の正確性と信頼性に関するデータを提示すべきである（Peterson et al., 1982; Wolery, 1994)。研究期間を通じてすべての実験条件を実際に実行するのと、研究報告の方法欄に書かれている記述とがどこまで一致するかは、処遇の完全性（または手続きの忠実性）のデータによって明らかにされる[7]。

　独立変数の存在と不在を効果的に制御することは、内的妥当性を備えた実験のための必要条件である。とはいえ、応用行動分析家は独立変数の完全性を保証するための努力を必ずしも十分に払ってきたとは言えない。『応用行動分析誌』（*Journal of Applied Behavior Analysis, JABA*）に1968年から1990年までに発表された論文を分析した2篇のレビュー論文がある。それらによって、大多数の著者は独立変数をどの程度適切かつ一貫性を持って適用したかの程度を査定するデータを報告していなかったことが明らかにされた（Gresham et al., 1993; Peterson et al., 1982）。ピーターソンら（Peterson et al., 1982）は、応用行動分析学では「不思議なダブルスタンダード」が発展したと述べている。すなわち、論文を発表するための要件として、従属変数に関しては、観察者間一致の測度が求められていた。しかし、独立変数に関しては、そのようなデータはめったに示されることはなかったし要求されることもなかった、という。

　ピーターソンら（Peterson et al., 1982）は、従属変数の測度の正確性と信憑性を査定し、向上させるために開発されたテクノロジー（第5章を参照）は、手続きの忠実性のデータの収集にも完全に適用できることを示唆した。重要なことは、処遇実行者のカリブレーションが必要かどうか（すなわち、介入実践者の行動を独立変数の真の値と一致させる必要があるかどうか）を示すデータは、独立変数の観察と記録を通じて実験者に提供されるということである。観察とカリブレーションを行うことによって、研究者は、再訓練と練習を利用して高レベルの処遇の完全性を実験期間を通して確保する継続的な能力をもつことができるのである。

　図10.4は、逃避によって維持された問題行動に対する処遇パッケージにおいて、強化の量と持続時間の違いが問題行動と規則遵守とコミュニケーションに与えた影響を評価した研究において、熟練の観察者が使った処遇の完全性を表すデータを収集するための用紙である（Van Norman, 2005）。観察者は、研究の個々の条件と段階に含まれる全セッションの約3分の1から2分の1の無作為に選んだセッションのビデオテープを視聴した。それぞれの条件の処遇の完全性の百分率は、セッション中に実験者が正しく遂行したステップ数を、完了した全ステップ数で割って算出された。

　これまで概観した潜在的な交絡変数の源泉は、当然ながら完全なものであるとはいえない。実験研究の内的妥当性に影響を及ぼす潜在的な脅威のすべてについての完全な目録の作成は、このテキストの範囲を優に超えている。そしてそうしたリストを提示すれば、研究者に求められるのは列挙された変数を制御することだけであり、それ以外は何も心配する必要はないと示唆する恐れがある。実際には潜在的交絡のリストは、実験ごとに固有なものである。有能な研究者とは、できるだけ多くの関連変数の影響を考えて徹底的に調べる人物である。すべての潜在的な交絡を制御できる実験デザインはない。すなわち、できるだけ多くの潜在的な交絡変数の影響を減ら

注7：処遇の完全性のレベルまたは程度の差異は、独立変数として操作することによって、ある介入の全面実施と部分実施や、諸種の処遇「ミス」の影響を分析することができる（例えば、Holcombe, Wolery, & Snyder, 1994; Vollmer, Roane, Ringdahl, & Marcus, 1999）。

第10章 応用行動分析研究を設計し評価する

ビデオクリップ#＝ 1-1AL　　評定者頭文字： E. B.　　日付： 7/6/05

段階1/A（SD）

手続段階	機会	正反応	正反応%	はい	いいえ	N/A
1．指導者はセッションの初めに課題プロンプトを出す。例えば「勉強の時間です」など。				(Y)	N	N/A
2．参加者が反応しないときは、指導者が教材を再提示するか随伴性を再言明する。	—	—	—	Y	N	(N/A)
3．休憩カード（類似物）を勉強課題教材と同時に（3秒以内）示す。	正正正 丨	正正正 丨	16/16	(Y)	N	N/A
4．勉強選択（勉強と関連する教材に触る）の結果として、 　a．課題教材を除去する。 　b．緑色のキューカード付きタイマーを提示する。 　c．非常に好きな品物にアクセスできるようにする。 　d．参加者と1分遊ぶ。	正 丨丨	正	7/7	(Y)	N	N/A
5．休憩の要求の結果として、 　a．課題教材を除去する。 　b．黄色のキューカード付きタイマーを提示する。 　c．中位に好きな有形物と中立的コメントに30秒アクセスできるようにする。	正 丨丨丨	正 丨丨丨	8/8	(Y)	N	N/A
6．問題行動の結果として指導者は10秒以内に、 　a．課題教材や遊び教材を除去する。 　b．赤色キューカード付きタイマーを提示する。 　c．10秒間注目や有形物を与えない。				Y	N	(N/A)
7．休憩カード（類似物）は各々の選択に対して左右どちら側に提示されたか（参加者のR=右、L=左）	R R L L L R L R R L R L R L L R					

図10.4　処遇の完全性のデータを記録するために使われる記録用紙の例

Adapted from "The Effects of Functional Communication Training, Choice Making, and an Adjusting Work Schedule on Problem Behavior Maintained by Negative Reinforcement" by R. K. Van Norman, 2005, p. 204. Unpublished doctoral dissertation. Columbus, OH: The Ohio State University. Used by permission.

し、排除し、または同定することが課題になる。

Ⅳ　社会的妥当性：行動改善とそれを実現させた処遇の応用的価値を査定する

　モントローズ・ウォルフ（Wolf, 1978）は、その画期的論文、「社会的妥当性：主観的測定擁護論、あるいは応用行動分析学はいかにその核心を発見するか」（Social Validity: The Case for Subjective Measurement or How Applied Behavior Analysis Is Finding Its Heart）において、当時における「ラジカルな概念、すなわち、介入の目標と結果と方法を、クライエント（扶養家族の親や保護者、さらには社会的プログラムを支援する納税者も）が理解し、素晴らしいと思える必要があるとする考え」（Risley, 2005, p. 284）を提唱した。ウォルフは、応用行動分析学の研究の社会的妥当性の査定は、標的行動の社会的重要性と、手続きの適切性と、結果の社会的重要性という3通りの方法によって行うべきであるとしたのである。

　社会的妥当性を査定すれば、その研究が出版される可能性は高まり、行動プログラムの市場開拓（marketing）と広報活動（PR）にも役立つ（Hawkins, 1991; Winett, Moore, & Anderson, 1991）。とはいえ、社会的妥当性の査定の究極的目標は、「［行動改善］プログラムの開発と応用の選択と案内に役立たせること」（Baer & Schwartz, 1991, p. 231）である。社会的妥当性の査定では、ほとんどの場合、行動改善プログラムの直接的消費者（学習者、クライエント、研究の被験者）、およびまたは間接的消費者集団（例えば、家族の成員、教師、セラピスト、地域の人々）に、質問してそのプログラムの目標の適切性と重要性に関してどこまで満足したか、その手続きは受け容れられるか、実現した行動改善の結果はどれほど価値があったかを明らかにする[8]。

　実践家と消費者が、ある処遇やプログラムは感じがよく効果もあると言ったとする。その言語陳述を、プログラムが有効だったとか、有効だったので消費者はその方法を続けて使うはずだという証拠として、受け取るべきではない。ホーキンス（Hawkins, 1991）は、ベアら（Baer, Wolf, & Risley, 1968）による「被験者自身の非言語行動についての言語記述は、通常、現実の行動の測度としてはおそらく受け容れられないだろう」（p. 93）という警告を指摘して、社会的妥当性（social validity）ではなく消費者満足度（consumer satisfaction）という用語を使うべきであるとした。なぜなら、この用語は社会的妥当性の査定によって通常得られるものが「基本的に消費者意見（consumer opinion）の収集物である」（p. 205）ことを認めているからである。しかしそれが妥当であるかどうかはこれまでのところ確認されていない。

　　　消費者の言語判断を測定するとき、われわれが唯一期待しているのは、これらの言語行動が目前にあるハビリテーション（適応）の課題の直接関連変数によって著しく制御され、したがって

注8：社会的妥当性とそれを査定する手続きについては、フクアとシュエイド（Fuqua & Schwade, 1986）や、ヴァン・ホーテン（Van Houten, 1979)や、ウォルフ（Wolf, 1978）の論文や、『応用行動分析誌』（JABA, Journal of Applied Behavior Analysis）の1991年夏号の社会的妥当性の特集において詳しく考察されている。

それがある程度ハビリテーションの成果を予測するということである。そのような消費者判断の妥当性は、まだ証明されていない。したがってそれを妥当性の基準とみなすべきではなく、専門家より情報を与えられ、あまり偏見にとらわれていないといえるかどうか不明な、素人によるセカンドオピニオンとみなすべきである。(p. 212)

1. 行動改善の目標の社会的重要性の妥当性を検証する

行動改善の目標の社会的妥当性は、目標の明白な記述から始まる。

> 目標の社会的重要性を査定するためには、研究者は行動改善への取り組みの目標について、(a) 広い社会的目標(例えば、養育行動の改善、ソーシャルスキルの拡大、心臓血管の健康の改善、自立性の向上)、(b) 広い社会的目標に関連していると考えられる行動のカテゴリー(例えば、養育行動、すなわち、教示的フィードバックの提示や、タイムアウトの活用など)、(c) 興味の対象となる行動カテゴリーを構成する反応(例えば、タイムアウトの活用、すなわち、ほかの人々から離れた場所に子どもを連れて行く、子どもに特定の時間「そこにいてね、仲間のところには戻らないでね」のように指示する、など)のレベルで、正確を期さなければならない。社会的妥当性の検証(social validation)は、これらの目標のレベルのいずれかに関して行われる可能性がある。(Fawcett, 1991, pp. 235-236)

ヴァン・ホーテン(Van Houten, 1979)は、社会的に妥当な目標を突き止める2つの基本的アプローチを提唱した。(a) 能力があると思われる人々のパフォーマンスを査定する、そして(b) どれが最適な結果を生み出すかを経験的に確定するため、異なるレベルのパフォーマンスを実験的に操作する。典型的な遂行者(performer)のパフォーマンスを観察することによって、行動改善の目標とパフォーマンスの目標水準とを同定し、妥当性を検証する。グロッシら(Grossi, Kimball, & Heward, 1994)は、レストランで働く2人の障害をもつ成人に対するソーシャルスキル訓練の社会的に妥当なパフォーマンス基準を見出すため、障害のない4人のレストラン従業員を2週間観察して、彼らが同僚からの言語開始行動に応答する頻度を測定した。これらの観察から明らかになったことは、障害のない従業員は、自分に向けられた言語開始行動の平均90%に対して応答していたことだった。このレベルのパフォーマンスが、この研究における2人の標的従業員に対する目標として選択された。

ウォーレンら(Warren, Rogers-Warren, & Baer, 1976)は、社会的に妥当なアウトカムを見出すために、さまざまなレベルのパフォーマンスの効果をテストする好個の一例を示した。研究者らは、クラスメートに遊具を共同で使おうという子どもたちの提案が、その提案に対するクラスメートの反応に及ぼす効果を査定した。明らかになったのは、共同で使おうという提案が、中程度の頻度で、すなわち多すぎず、少なすぎず、提案されるとき、クラスメートが一貫してそれらの提案に応答するということだった。

図10.5 処遇承諾可能性評定用紙−改訂版（Reimers & Wacker, 1988）。重度障害の中学生の問題行動の処遇に使われた介入の承諾可能性について消費者の意見を得るための書式

処遇承諾可能性評定用紙改訂版（TARF-R）

1．提案されている手続きを、あなたはどれくらいよく理解していますか？

___ ___ ___ ___ ___ ___ ___
まったく理解　　　　　　　どちらともは　　　　　　　非常によく
していない　　　　　　　　っきりしない　　　　　　　理解している

2．あなたが心配しているこの子に対して、この戦略はどのくらい受け容れられると思いますか？

___ ___ ___ ___ ___ ___ ___
まったく受け　　　　　　　どちらともは　　　　　　　非常に受け容
容れられない　　　　　　　っきりしない　　　　　　　れられる

3．提案された手続きについて説明を受けて、あなたはどれくらいそれを実行したいと思いますか？

___ ___ ___ ___ ___ ___ ___
まったく実行　　　　　　　どちらともは　　　　　　　非常に進んで
したくない　　　　　　　　っきりしない　　　　　　　実行したい

4．子どもの行動上の問題を考えると、提案されている手続きはどれくらい正当だと思いますか？

___ ___ ___ ___ ___ ___ ___
まったく穏当　　　　　　　どちらともは　　　　　　　非常に道理に
ではない　　　　　　　　　っきりしない　　　　　　　かなっている

5．こうした戦略を実践するとすれば、どれくらい負担がかかると思いますか？

___ ___ ___ ___ ___ ___ ___
まったく負担は　　　　　　どちらともは　　　　　　　非常に負担が
かからない　　　　　　　　っきりしない　　　　　　　かかる

11．提案された手続きを自分の教室で実践するとすれば、それはどのくらい面倒なことになると思いますか？

___ ___ ___ ___ ___ ___ ___
まったく妨げに　　　　　　どちらともは　　　　　　　非常に妨げに
ならない　　　　　　　　　っきりしない　　　　　　　なる

13．これらは手ごろな手続きですか？

___ ___ ___ ___ ___ ___ ___
まったく手が　　　　　　　どちらともは　　　　　　　とても手ごろ
届かない　　　　　　　　　っきりしない　　　　　　　である

14．提案された手続きは、どれくらい好きですか？

___ ___ ___ ___ ___ ___ ___
まったく好き　　　　　　　どちらともは　　　　　　　非常に好き
ではない　　　　　　　　　っきりしない　　　　　　　である

17．これらの手続きによって、あなたの子どもはどの程度の不快を経験すると思いますか？

| まったく不快を感じない | | どちらともはっきりしない | | 非常な不快を経験する |

19. これらの手続きを実践する場合、教室の日課をどれくらい喜んで変更するつもりですか？

| まったく分かっていない | | どちらともはっきりしない | | 非常に明確に理解している |

20. これらの手続きを実践することは、教室の日課にどれくらいよく適合しますか？

| まったく合わない | | どちらともはっきりしない | | 非常によく合う |

From "The Effects of Functional Communication Training, Choice Making, and an Adjusting Work Schedule on Problem Behavior Maintained by Negative Reinforcement" by R. K. Van Norman, 2005, pp. 248–256. Unpublished doctoral dissertation. Columbus, OH: The Ohio State University. Used by permission.

2．介入の社会的受容度の妥当性を検証する

　行動介入の好ましさについての消費者の意見を知るため、いくつかのスケールや質問紙が開発されている。例えば、『介入評定プロフィール』（*Inervention Rating Profile*）は、教室の介入の満足度を査定する15項目のリッカート型尺度である（Martens, Witt, Elliott, & Darveaux, 1985）。『処遇満足度評定用紙』（*Treatment Acceptability Rating Form*, TARF）は、外来クリニックで使われる行動処遇の満足度を親が評定する20の質問によって構成される（Reimer & Wacker, 1988）。図10.5は、処遇の満足度に関する情報を参加者の親、教師、セラピスト、行動支援スタッフから聴取するため、ヴァン・ノーマン（Van Norman, 2005）が使った、TARFの実験者用修正版である。意見を求められた人々の中には、子どもに適用された介入に立ち会っているか、介入を撮影したビデオを視聴した者も含まれていたが、個々の消費者にまず介入についての以下のような説明を個別に読み聞かせて、それからそれぞれの質問に回答してもらうようにした。

　　　まず私たちは査定をしました。ザカリーがどんな動機から、ものを投げ、人をたたき、床に倒れるなどの問題行動を起こしているのかを発見するためでした。ザカリーは、少なくともある程度は、課題の要求を逃れるか避けるために、問題行動を起こしていることがわかりました。
　　　次に私たちは、問題行動の代替行動として、休みをとりたいと要求する行動を、ザカリーに教えました。そのとき身体的プロンプティングを使い、大好きなものや、たくさんの注目や、長い休み時間（3分）にアクセスするために、休みをとりたいと要求する反応を身につけさせました。
　　　それから私たちは、ザカリーに次のどちらかを選ばせるようにしました。すなわち、学習教材に簡単に触って（基本的には課題の最初の部分に取り組んで）、勉強したいと伝えて、大好きなものや注目や長い休み時間（1分）を選ぶか、それとも最初から休みたいと要求して、ほどほどに

好きなものをより短い休み時間（30秒間）の間に選ぶかのどちらかにするように言いました。この手続きの間にザカリーが問題行動を起こしたら、注目もなく、活動も品物もない10秒間休みを与えることにしました。

　最後に、私たちは続けてザカリーに、勉強したいか、休みたいか、それとも問題行動を起こしたいかを選ぶようにさせました。ただしこの段階になるとザカリーにより多くの課題関連のインストラクションに従うよう要求して、それから大好きな活動や、注目や、1分の休み時間を手に入れてよいというようにしました。セッションごとにわれわれは、課題に関連するインストラクションの回数を増やしてゆき、それに従うよう要求して、それから大好きな休み時間を獲得させるようにしました。

　身体的プロンプティングを使ったのは、ザカリーに新しい反応、特に休み時間を要求する方法と、勉強を要求する方法を教える最初の段階だけにしました。そのほかの点では、ザカリーは選択を求められるとすべて自分から選んでいました。(p.247)

3．行動改善の社会的重要性の妥当性を検証する

　アウトカムの社会的妥当性を査定する方法には、（a）参加者のパフォーマンスを標準サンプルのパフォーマンスと比較する、（b）参加者のパフォーマンスの社会的妥当性を消費者に評定してもらう、（c）参加者のパフォーマンスをエキスパートに評価してもらう、（d）標準査定用具を利用する、（e）参加者が新たに学習したレベルのパフォーマンスを日常環境でテストする、がある。

（1）標準サンプル

　ヴァン・デン・ポルら（Van den Pol et al., 1981）は、障害のある若者に対して補助を受けずに1人で食事をオーダーし、支払いを済ませるように教えた。それから、典型的なファストフードレストランの顧客の標準サンプルのパフォーマンスを利用して、訓練後のパフォーマンスの社会的妥当性を評価した。最初に、10人の典型的な顧客をランダムに選んで、彼らがファストフードレストランで食事をオーダーして食べる様子を、簡単に観察した。そして顧客らが22ステップの課題分析のそれぞれのステップを遂行するときの正確さを記録した。フォローアップ・プローブ段階での青年のパフォーマンスは、標準サンプルの22の具体的スキルのうち4つを除くすべてにおいて、顧客のパフォーマンスと同じか、それを凌駕していた。

　行動改善の社会的妥当性を標準サンプルを使って査定する方法は、処遇後の比較だけに限るわけではない。被験者の行動を標準サンプルの行動の継続的プローブと比較する。そうすることによって、どれだけ多く改善したか、どれだけ多くの改善が残されているかについての形成的評価の測度が得られる。社会的妥当性の継続的な査定の好例は、ロードら（Rhode, Morgan, & Young, 1983）の研究である。その研究では、トークン強化と自己評価の手続きによって、6人の行動障害児の教室行動を改善した。この研究の全体的目標は、6人の子どもの望ましい教室行動（例

第10章 応用行動分析研究を設計し評価する

凡例:
● リソースルーム（被験児）
■ 通常学級（被験児）
△ 通常学級（級友）
▨ レンジ/通常学級（被験児）

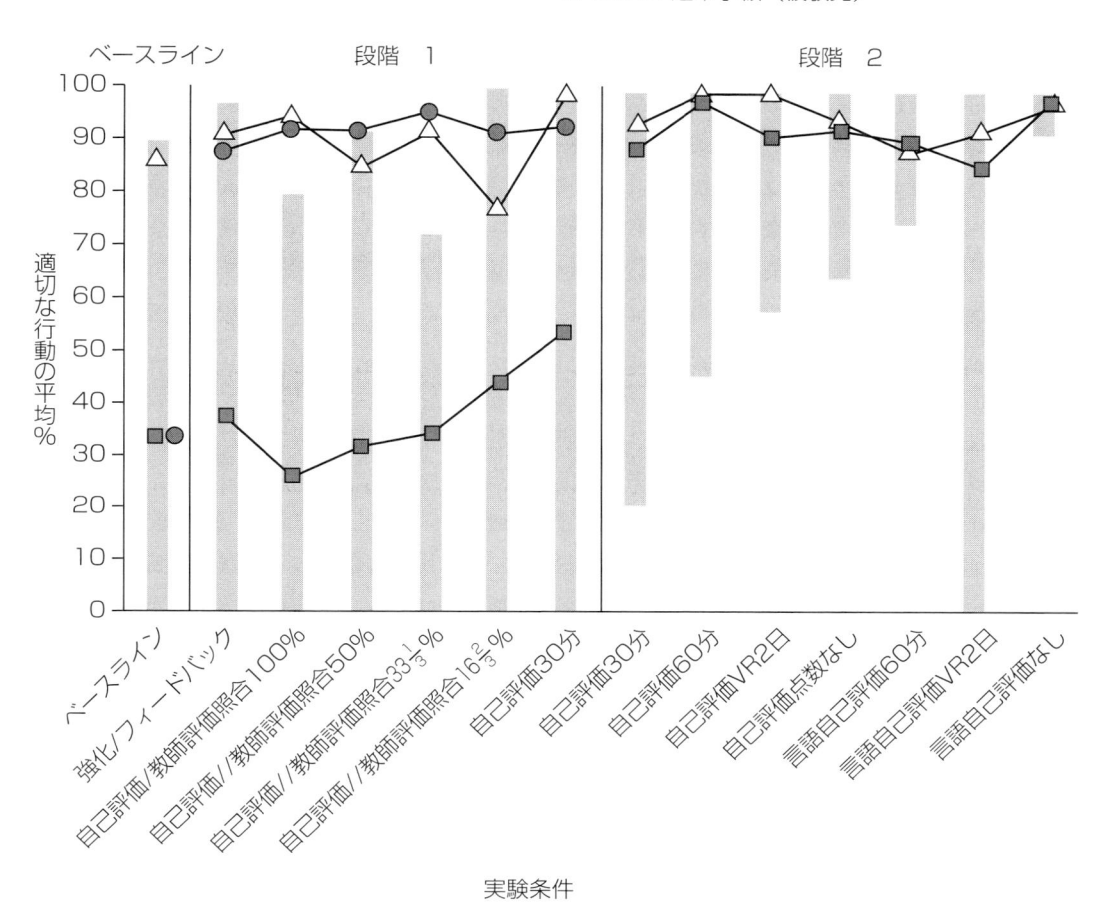

図10.6 規範的サンプル基準を使って行動改善プログラムの結果の社会的妥当性を測定する例

From "Generalization and Maintenance of Treatment Gains of Behaviorally Handicapped Students from Resource Rooms to Regular Classrooms Using Self-Evaluation Procedures" by G. Rhode, D. P. Morgan, and K. R. Young, 1983, *Journal of Applied Behavior Analysis, 16*, p. 184. Copyright 1984 by the Society for the Experimental Analysis of Behavior, Inc. Reprinted by permission.

えば、教室の規則に従う、先生から出された課題を仕上げる、適切な反応を志願する）を伸ばし、不適切な行動（例えば、勝手にしゃべる、従わない、攻撃する）を減らして、通常学級に迎えられうまくやれるように援助することだった。研究者らは17週の研究過程全体を通じて最低1日1回、観察するために通常学級のクラスメートを無作為に選んだ。6人の標的児の行動を測定するために使われたものと同じ観察コードと手続きを使って、標準データを収集した。

図10.6は研究のそれぞれの条件と段階で、6人の子どもの標準サンプルと比較した適切な行動の平均と範囲である。（ロードらの論文には、ほぼ90近いセッションで6人全員が示したリソー

407

スルームと通常学級での適切な行動の百分率の個別グラフが収録されている）。ベースライン段階では、6人の男児の適切な行動のレベルは、障害のないクラスメートのそれよりずっと低かった。研究の段階Ⅰで、被験児は自己評価を学習した。子どもたちのリソースルームでの行動は、通常学級のクラスメートの行動に匹敵するレベルまで改善した。しかしながら、段階Ⅰでは子どもたちが通常学級にいるときは、標準サンプルであるほかの子どもたちの行動よりも劣っていた。段階Ⅱに進むと、治療的改善の般化と維持を促進するさまざまな戦略が使われ、6人の男児の適切な行動の平均水準は、障害のないクラスメートのそれと同じになった。そして6人の男児の間のちがいは少なくなった（ただし、1人の男児を除く。彼は最後から2番目の条件において、1セッションの間適切な行動を全く示さなかった）。

（2）消費者の意見

　社会的妥当性を査定するために最もよく使われる方法は、消費者に対して、できれば被験者やクライエントにも研究やプログラムの間に行動改善が起こったと思うか、起こったとしたらその行動改善は重要な価値あるものだと思うか質問することである。図10.7は、ヴァン・ノーマン（Van Norman, 2005）が、消費者（すなわち、被験者の親、教師、指導助手、学校管理職、行動支援スタッフ、作業療法士、学校心理士、心理助手）から、逃避によって維持されていた問題行動を減らすようにデザインされた介入の結果の社会的妥当性についての意見を聞くために使った質問紙である。ヴァン・ノーマンは、介入前と介入後のセッションからランダムに選んだ一連の5分間ビデオクリップを作り、CDにランダムな順序で記録した。社会的妥当性の評価者には、それぞれのクリップが介入前のセッションか介入後のセッションかを知らせなかった。それぞれのクリップを見た後で、消費者は図10.7の質問紙に答えを記入した。

（3）エキスパートの評価

　行動改善によっては社会的妥当性を判定するために、エキスパート（専門家）に意見を求めてもよい。例えば、ホワイト（White, 1991）は、学習障害の高校生の社会科の授業で、教師がつくったガイドつきノートによる指導によって生じた、補助なしでノートを取るスキルの変化の社会的妥当性についての1つの測度として、16人の高校の社会科の教師に、その生徒のベースラインと介入後の講義ノートを、次の3次元について評定してもらった。(1) 講義内容と比べた場合の正確性と完全性、(2) 講義内容のテストのため行う勉強の有用性、(3) そのノートが典型的な普通教育の高校生のノートにひけを取らない程度。（教師らは自分の評定している個々の一連のノートが、ベースライン条件のものか、介入後の条件のものか知らされていなかった）。
　フォーセット（Fawcett, 1991）は、「エキスパートの評定が十分高いとはいえないとき、[研究者がすべきことは] 社会的妥当性をプログラミングするために、ほかに何ができるか考えることである。最大限の努力をしたにもかかわらず、査定してみると消費者である判定者から、研究目標は重要ではない、介入手続きは歓迎できない、結果はつまらないと受け取られたことが判

図10.7　重度障害の中学生の問題行動の処遇に使われた介入の結果の社会的妥当性について消費者の意見を求める書式

結果の社会的妥当性の質問紙

説明：　　　　　　　　　　　　　　　　　　　　　　　　　　　ビデオクリップ#_____

このビデオを見て、以下の3つの質問にお答えください。それぞれ賛成か反対かを表す5つの選択肢があります。最もよくあてはまるもの1つに丸をつけてください。

1．子どもは学業課題か職業作業課題に取り組んでいる。行儀よく（尻を座席につけて）座り、教師か教材に集中している。

　　　　　1　　　　　2　　　　　3　　　　　4　　　　　5
　　　強く反対　　反対　　はっきりしない　　賛成　　強く賛成

2．子どもは問題行動をしている。教師や教材に集中していない。

　　　　　1　　　　　2　　　　　3　　　　　4　　　　　5
　　　強く反対　　反対　　はっきりしない　　賛成　　強く賛成

3．子どもの感情状態はよさそうに見える。

　　　　　1　　　　　2　　　　　3　　　　　4　　　　　5
　　　強く反対　　反対　　はっきりしない　　賛成　　強く賛成

ビデオクリップの子どもの行動についての意見：_____
_____
この子どもの行動全般についての意見：_____
_____
_____
名前（無記名可）：_____
ビデオの子どもとの関係（書かなくてもよい）：_____

Adapted from "The Effects of Functional Communication Training, Choice Making, and an Adjusting Work Schedule on Problem Behavior Maintained by Negative Reinforcement" by R. K. Van Norman, 2005, p.252. Unpublished doctoral dissertation. Columbus, OH: The Ohio State University. Used by permission.

明することもありうる」（p.238）としている。

（4）標準検査

　行動改善プログラムの成果の社会的妥当性の一部は、標準検査を使って査定することができる。イワタら（Iwata, Pace, Kissel, Nau, & Farber, 1990）は、『自傷外傷尺度』（*Self-Injury Trauma Scale, SITS*）を作って、研究者やセラピストが自傷行動によってもたらされた損傷の数と、種類と、重症度と、場所を測定できるようにした。SITSを使うと、0～5点の数指標と、重傷度指標と、現在のリスクの概算値が得られる。処遇プログラムで収集したデータによって、

自傷を生み出す行動（例えば、目をつつく、顔をたたく、頭をぶつける）が著しく減少したことが示されたとしても、その処遇の社会的重要性は、損傷が減っているという証拠によって、妥当性が証明されなければならない。イワタらは次のように述べている。

　　　……その行動の社会的妥当性は、その外傷のアウトカムにある。身体損傷を処遇前に測定すれば、クライエントや被験者が深刻な配慮を必要とする行動を現実に示しているという事実を立証することができる……。逆に処遇後に損傷を測定すれば、行動に観察された改善を確認することができる。なぜならば、損傷を生み出す反応が一定水準以下に減ることは、目に見える外傷の最終的消失に反映されるはずだからである。これらの両方の事実において、損傷に関するデータは、社会的妥当性（Wolf, 1978）を査定する手段を提供する。（pp. 99-100）

　トゥーヒグとウッズ（Twohig & Woods, 2001）は、SITS を使って、通常に発達した2人の成人男子の慢性的皮膚つつきに対する習慣反転療法（habit-reversal treatment）の成果の妥当性を検証した。2人の男性の話では児童期から皮膚つつきをしていて、指の爪を指の先に食い込ませ、皮膚をむしりとったり切り裂いたりして、出血させたり、傷跡をつけたり、感染症を引き起こしたりしていたという。2人の観察者が SITS を使って個別に、2人の男性の治療前、治療後、フォローアップにおける手の写真を評定した。2人の男性の治療前写真の数指標（NI）と重傷度指標（SI）の SITS 得点はそれぞれ1と2だった。それらはそれぞれどちらか一方の手の1カ所から4カ所の損傷と、皮膚の明白なしかし表層的な破れを意味した。両方の男性の治療後写真のNIとSIの得点は0であり、損傷の明らかな不在を意味した。治療が終ってから4カ月後に撮影されたフォローアップ写真では、2人とも SITS のNIとSIの得点は1であり、それは皮膚が赤くなっていたか炎症を起こしていたことを意味した。

（5）現実世界のテスト

　学習者が新たに獲得した行動の社会的妥当性を査定する社会的に最も妥当な方法は、おそらくそれを日常環境における真正のテストにかけることだろう。例えば、学習障害の3人の若者が道路標識と交通法規について学んだとする。その社会的妥当性は、彼らがオハイオ州自動車局の検査に合格し、仮の運転免許証を取得したときに証明されたことになる（Test & Heward, 1983）。
　同様に、発達障害と視覚障害のある3人の中学生が料理スキルを学習した。その社会的妥当性は、調理したばかりの食物を分配するプローブセッションの終了時点で、クラスメートがやってきたとき、たびたびテストされた（Trask-Tyler, Grossi, & Heward, 1994）。現実世界のテストは、社会的妥当性の直接的な真正の査定を提供するだけではない。学習者のレパートリーを日常場面で起こる強化随伴性と接触させることになる。それが新しく獲得した行動の維持と般化を促進する可能性がある。

V　外的妥当性：研究知見の一般性を判定するために研究を再現する

　外的妥当性（external validity）とは、特定の実験で信頼性と社会的妥当性が見出された関数関係が、他の条件下においても有効である程度を意味する。限局的な一連の条件においてのみ有効であり、元の実験の何らかの側面が変更されると有効ではなくなることが判明する介入は、信頼性があり役に立つ行動改善のテクノロジーの開発には限定的にしか貢献しない。注意深く制御された実験によって、特定の処遇が特定の被験者の標的行動に、一貫性のある、社会的に重要な改善をもたらすことが証明されたとする。その場合は、次のような一連の重要な問いを問わなければならない。同じ処遇を別の行動に適用した場合、同様に有効か？　手続きのどこかを変更した場合（例えば、その日の別の時間帯に、別の人が、別のスケジュールで、実行する）にも、なお有効であり続けるか？　それは元の実験とは別の場面でもうまくいくか？　年齢や背景やレパートリーが違う参加者に対しても役に立つか？　外的妥当性に関する問いは、抽象的でもないし、修辞的（答えを必要としない問いかけ）でもない。それらは経験的問い、経験的方法によってのみ解決できる問いである。

　外的妥当性、すなわち一般性を持つ関数関係は、さまざまな条件の下で機能し続ける。外的妥当性は程度の問題である。全か無か（オール・オア・ナッシング）という性質のものではない。元の変数とまったく同じ組み合わせ（元の被験者を含む）以外は、どんな条件の下でも再現できないような関数関係には、外的妥当性は備わっていない。この連続体の他端には、どんな時でも、どんな条件でも、どんな場面でも、どんな行動に対しても、どんな被験者を相手にしても、有効であるという手続きが存在する。それは完全な一般性（起こりえない事態）をもつ。たいていの関数関係は、この連続体の両端の中間のどこかに落ち着く。そして高度の一般性をもつ関数関係は、応用行動分析学にいっそう大きな貢献をする。群間比較研究法を使う研究者は、外的妥当性の問題に対して、被験者内研究法を使う研究者とはまったく違う方法によってアプローチする。

1．外的妥当性と集団デザイン研究

　すでに述べたように、群間比較実験デザインの実践家は、大集団の被験者を用いることについて、2つの長所を主張する。集団デザインを使う研究者は、集団の被験者のデータを合計する。それが被験者間の変動性を制御すると仮定する。それだけでなく、1つの実験に多くの被験者を参加させることは、研究結果の外的妥当性を高めると考える。表面的にはこの仮定は完全に論理的である。そして正しいレベルの外挿（訳注：既知の事柄から未知の事柄を推定すること）から見れば、それは真実でもある。関数関係の実証された被験者が多ければ多いほど、同様の特徴を共有するほかの被験者にもその関数関係が有効となる可能性はより大となる。そして実際は、さまざまな被験者に対してさまざまな場面で関数関係を証明することこそ、まさに応用行動分析家が外的妥当性を証明する方法である。

しかしながら、もし研究者が群間比較研究のもたらす知見は、実験の被験者を抽出した母集団内のほかの個人に対しても一般性をもつと主張するならば、彼は群間比較法の基本的前提を踏みにじり、行動の決定的特徴を無視することになる。群間デザイン研究の結果についての正しい推論は、サンプルから母集団（population）へ、であって、サンプルから個人へ、ではない（Fisher, 1956）。無作為抽出法（ランダム・サンプリング・メソッド）という群間デザイン研究で使われる注意深い方法が守られているのは、研究の参加者がそこから選択された母集団において見出だされた、すべての関連特徴の異成分サンプルを代表することを保証するためである。それどころか、サンプルがそこから抽出された母集団をより正しく代表すればするほど、結果のもつ重要性は個別のどの被験者にとってもより小さくなる。「唯一言えることは、その特定の構成からなる集団の平均反応についてであり、残念ながらそういう構成を再び作り出せる見込みはまずない」（Hersen & Barlow, 1976, p. 56）。

　群間比較研究の結果を他の人々に（そして気をつけない限り、図10.1で示したように、ときにはその研究に参加した被験者にさえ）拡大しようすることには、2つめの問題が含まれている。それは、集団デザイン実験は、どの被験者の行動についても、行動と一定の環境面の間の関数関係は証明しないということである。換言すれば、行動分析学の見方からすれば、集団デザイン実験の結果には、外的妥当性をもちうるものはまったく存在しない。すなわち、般化させるものは何もないのである。ジョンストンとペニーパッカー（Johnston & Pennypacker, 1993a）は、この点を繰り返しはっきり主張する。

　　　群間デザインは、荷馬車を引くべき馬の前方に、荷馬車をつなぐ傾向がある。多数の被験者からなるさまざまな集団に異なるレベルの独立変数を適用して、彼らが母集団のテストされない部分を代表するかどうかを問い、そうすることによって彼らの反応を集合的に扱うという戦術は、どの集団のどのメンバーのことも説明しない比較をもたらす。こうした伝統的方法は、実験的制御に慎重な注意を払って個人に焦点を当てることをしない。それによって、そもそも規則的関係を発見するチャンスは著しく低下し、その結果被験者の一般性という問いの現実的意味は失われる。（1993 a , p. 352）

　　　研究者の第1の目的は、1人1人の被験者について、実験条件と従属変数の関係を真に代表するデータを収集することである。もしこれが達成されなければ、ほかはどうでもよくなる。研究結果が「真実」であるとき、これらの結果の有意味性ないし普遍性の問いが初めて意味を持つ。（1993 a , p. 250）

　群間比較デザインと統計的推論は、長い間、心理学、教育学、そのほかの社会科学を、支配してきた。この長期にわたる支配にもかかわらず、この研究伝統が行動改善の有効なテクノロジーにどこまで貢献したかは極めて疑わしい（Baer, 1977b; Birnbrauer, 1981; Michael, 1974）。教育の分野はおそらく、集団デザイン研究が教育実践の改善をもたらすデータを提供できないことを物語る最も明確な例だろう（Greer, 1983; Heward & Cooper, 1992）。教室における学習指導の方法

は、学習に影響する（学習の関数となる）変数の厳密で持続的な実験分析によって生み出される累積的知識と理解によりも、一時的流行と、個々の教師の個人的スタイルと、イデオロギーによってしばしば影響される（Heron, Tincani, Peterson, & Miller, 2005; Kozloff, 2005; Zane, 2005）。

　群間比較実験の方法は、応用行動分析家が基本的興味をもつ問題（個人の行動をすべての関連条件下で反復測定し分析することによってのみ追求できる経験的問い）に答えるためには、まったく不適切である。ジョンストンとペニーパッカー（Johnston & Pennypacker, 1993）の言うとおりである。

> 　われわれは、そうしたすべての手続きの基礎にある推論が、行動の自然科学の主題と目標のどちらにも適合しない（無縁である）ものであると判断する。そして群間比較によって可能となるデータの数学的処理がどんなに科学的精密さと簡潔さを備えていようとも、群間比較の有用性は極めて限られていると考える……。［群間比較実験の構成要素となるのは］ほとんど完全に逆転された科学的研究の過程である。自然現象についての問いを使って実験デザインについての意思決定を導く代わりに、問うべき問いの形式と内容の双方をデザインのモデルに指令させる。これは科学における実験の確立された役割とは正反対である。そればかりか、群間比較デザインによって許された問いの種類は、行動の決定因子を把握するためには大部分は不適当であり無意味である。（pp. 94-95）

　群間比較デザインが行動分析学にとって本来的な限界をもつという議論と、集団デザインと統計的推論は世界についての経験的知識を探求する研究方法としては何の価値もないとする見解とを、混同すべきではない。それどころか、群間比較デザインと統計的推論は、そのために考えられた種類の問いに対する答えを探究するための極めて有効なツールである。適切にデザインされ、うまく遂行された群間比較実験は、多くの大規模な評価を伴う問いに対して、具体的な確かさの程度（すなわち確率）をもって、答えを提供することができる。例えば、政府機関の省庁は、新法規が任意の個人に及ぼす影響には関心を示さない（その法規とその個人の行動の間に関数関係が存在するかどうかには、それ以上に関心を示さない）。それよりも、その法規によって母集団の予測可能なパーセンテージの行動が影響される確率に対して、より大きな関心を示す。前者の関心は行動的関心であり、行動分析学の実験的方法がそれに取り組む手段を提供する。後者の関心は統計数理的関心であり、無作為抽出、群間比較、統計的推理という方法によって最もよく追求される。

２．外的妥当性と応用行動分析学

　応用行動分析学の研究成果の外的妥当性（一般性）は、実験の再現によって査定され、証明され、特定される。

> 　ある特定の結果が、別の研究の被験者や、さまざまな応用場面において、得られるかどうかを

知るために、われわれが真に知る必要のあるものは何か。それは、その結果を発生させるにはどんな変数が必要か、その発生を阻むのはどんな変数か、そしてそれを加減するのはどんな変数か、である……。この情報は、対照群と実験群のサイズを増やすことによっては得ることができない。これら3つのカテゴリーの1つに該当する変数を同定し研究するための一連の実験を行うことを要求する。（Johnston & Pennypacker, 1993a, p. 251）

この文脈における**再現**（replication）とは、以前の実験の反復を意味する[9]。シドマン（Sidman, 1960）は、2種類の主要な科学的再現、すなわち直接再現と組織的再現を説明する。

（1）直接再現

直接再現（direct replication）では、研究者はあらゆる努力を払って、前の実験条件を厳密に複製しようとする。直接再現において、同じ被験者を用いるならば、その研究は被験者内直接再現（intrasubject direct replication）である。実験内における被験者内再現は、応用行動分析研究の定義的特徴であり、関数関係の存在と信頼性を確立する本来的戦術である。被験者間直接再現（intersubject direct replication）においては、前の実験のあらゆる面を維持するが、類似してはいるが別の被験者（すなわち、同年齢、類似するレパートリー）を参加させる。被験者間再現は、研究結果が被験者間で一般性が見られる程度を究明する本来的方法である。

日常場面では、多くの制御されない変数が存在する。そのことが実験を実験室の外部で直接再現することを著しく困難にしている。にもかかわらず、応用行動分析学においては、被験者間再現は当然であり、決して例外ではなくなっている。おびただしい数の単一被験者研究に参加しているのは、たった1人の被験者であるが（例えば、Ahern, 2003; Dixon & Falcomata, 2004; Kodak, Grow, & Northup, 2004; Tarbox, Williams, & Friman, 2004）、応用行動分析学で発表される大多数の研究には、被験者間直接再現が含まれている。通常、1人1人の被験者が、1つの完全な実験とみなされるからである。例えば、ある行動分析研究において、同じ場面で、6人の被験者に、独立変数を厳密に同じ方法で操作するとする。この場合は5つの被験者間再現が生み出されることになる。

（2）組織的再現

実験の直接再現は関数関係の信頼性を証明するが、ほかの条件に対するその研究結果の一般性は、重要な条件を意図的、組織的に変動させる反復実験によってのみ立証される。研究者が**組織**

注9：ジョンストンとペニーパッカー（Johnston & Pennypacker, 1980）は、実験を再現することと、結果を再生することとの違いを指摘した。再現の質は「［元の実験に］使われたものと同等の環境操作がそっくり再現される程度によってのみ判断されなければならない……。したがって人は結果を再生することを目指して、手続きを再現する」（pp. 303-304）。しかしながら、たいていの研究者は「再現の失敗」を報告するとき、再現の結果が前の研究で得られた結果と一致しないという意味で報告する（例えば、Ecott, Foate, Taylor, Critchfield, 1999; Friedling & O'Leary, 1979）。

的再現（systematic replication）を行うときは、前の実験の1つ以上の側面を意図的に変動させる。組織的再現によって前の研究の結果がうまく再現されれば、前の研究結果の信頼性を証明するだけでなく、異なる条件下で同じ効果が得られることを証明することによって、前の研究結果の外的妥当性を強めることにもなる。組織的再現においては、被験者、場面、独立変数の適用、標的行動など、前の実験のどんな側面でも変動させることができる。

直接再現は、調べている変数について新しい知見を生み出すことができるため、より大きな潜在的報酬がもたらされるが、それには一定のリスクも伴う。シドマン（Sidman, 1960）は、組織的再現をギャンブルとして、しかしいちかばちかやってみる価値のあるものとして描き出す。

> もしも組織的再現が失敗すれば、元の実験をまたしなければならないだろう。そうしない限り、再現の失敗が第2の実験に新しい変数を導入したために起こったのか、または第1実験において関連要因の制御が不適切だったから起こったのかを究明することはできない。
>
> 他方、もしも組織的再現が成功すれば、その見返りは素晴らしい。元の研究知見の信頼性が増すばかりでなく、ほかの生命個体とほかの実験手続きについての一般性が著しく増強される。さらに、これによって第1実験の単なる反復によっては得られなかった追加のデータが手に入ることになる。(pp. 111-112)

シドマンはさらに続けて、限られた資源を節約することは、科学者が研究プログラムをどう進めるかを決定するうえで、重要な役割を果たすとしている。長期にわたる高額な実験の直接再現は、関数関係の信頼性に関するデータを提供できるにすぎないのに対して、組織的再現は調べている現象の信頼性と一般性についての情報ばかりか、さらなる実験のための新しい情報も提供することができる。

群間比較研究の結果の外的妥当性は、研究するために使われる方法（例えばサンプリング手続き）を検査すれば直接査定できるものであるため、所定の実験に本来備わっている特徴と考えることができる。もしその論理が単一被験者実験に拡張されるならば、単一被験者実験の研究結果はいかなる外的妥当性ももっているとは言えないことになる。しかしバーンブラウアー（Birnbrauer, 1981）が指摘するように、外的妥当性は単独の研究が有するものではない。むしろ多くの研究がもたらす産物である。外的妥当性は、組織的再現の積極的過程を通じてのみ追求することができる。

> 一般性が確立され、またはおそらく制約されるのは、内的妥当性のあるもろもろの研究を累積することによって、かつそれらの結果を組織的文脈の中に位置づけることによって、すなわち特定の手続きが明確に述べているように見える原理と媒介変数を探し出すことによってなのである。最も有益な研究は、いかにすれば先の肯定的な結果が、現在の状況において、現在の問題に関して、反復されるかを問うことである。(p. 122)

応用行動分析学の多くの文献は、組織的再現によって構成される。それどころか、ほとんどす

べての応用行動分析学研究は、少なくともなんらかの面で以前の研究の組織的再現であると、極めて説得力をもって主張することができるだろう。著者らがそのことを指摘していない場合でさえ、実際には発表されたすべての実験が、以前の実験と手続き面で著しく類似していることは明らかである。しかしながら、組織的再現とは、ここでこの言葉を使っている通り、関数関係の一般性を証明し特定するための、計画され方向性をもった組織的努力を意味する。例えばハムレットら（Hamlet, Axelrod, & Kuerschner, 1984）は、2人の11歳の学童における、要求された際に視線を合わせること（例えば「～ちゃん、こっち向いて」）と、大人の指示に従うこととの間の関数関係を見出した。発表された同じ報告には、同じ研究者らによって1年間にわたり、年齢2歳から21歳までの9人の被験者に対して行われた、6つの再現の結果が収められている。これは被験者間の直接再現の例とみなす者がいるかもしれないが、ハムレットらの再現はさまざまな場面において（例えば、教室、家庭、施設）行われており、したがって結果の信頼性を証明しているだけでなく、異なる年齢の異なる場面における被験者間の著しい一般性を証明した一連の組織的再現とみなされるべきである。

　被験者間の組織的再現によって異なるパターンの結果が現れることがある。そのとき研究者はそれを被験者の特定の特徴や文脈変数の関数として研究するかもしれない。例えばハゴピアンら（Hagopian, Fisher, Sullivan, Acquisto, & LeBlanc, 1998）は、入院患者21人のケースについて、消去と弱化を伴う機能的コミュニケーション訓練（functional communication training, FCT）と伴わないFCTについての一連の組織的再現の結果を報告した[10]。ラーマンら（Lerman, Iwata. Shore, & DeLeon, 1997）は、弱化のFR1スケジュールを間欠弱化へと疎化することによって、最重度知的障害をもつ5人の成人の自傷行動にさまざまな結果をもたらすことを見出した。

　組織的再現の中には、ほかの研究者によって報告された結果を、少し異なっている状況ないし文脈において再現しようとする試みもある。たとえばサイとウマー（Saigh & Umar, 1983）は、アメリカの教室で報告された「よい行動ゲーム」（good behavior game）（Barrish, Saunders, & Wolf, 1969; 図26.13参照）で成功した結果を、スーダンの教室においても首尾よく再現させた。サイとウマーは「このゲームは文化の違いを超えて非常に有用であることが立証された」（p. 343）と報告した。

　研究者によっては、個々の実験が一定の関数関係に影響を及ぼす変数を研究する組織的再現として働く、多重実験を報告することがある。例えば、フィッシャーら（Fisher et al., 1993）は、消去と弱化を伴うFCTと、伴わないFCTの有効性を検討する目的で4つの研究を行った。

　研究チームが一連の一貫した関連研究を、時間をかけて追求するとき、組織的再現が明らかになる。再現に対するこのアプローチの例は、運転者の行動と歩行者の安全に影響する変数を詳しく調べたヴァン・ホーテンらの研究や（例えば、Huybers, Van Houten, & Malenfant, 2004; Van Houten & Nau, 1981, 1983; Van Houten, Nau, & Marini, 1980; Van Houten & Malenfant, 2004; Van Houten, Malenfant, & Rolider, 1985, Van Houten & Retting, 2001）、注意欠陥多動性障害（ADHD）児の衝動性に関するニーフやマーケルらの実験や（例えば、Bicard & Neef, 2002; Ferreri, Neef, &

注10：機能的コミュニケーション訓練（FCT）については第24章で解説する。

Wait, 2006; Neef, Bicard, & Endo, 2001; Neef, Bicard, Endo, Coury, & Aman, 2005; Neef, Markel, et al., 2005)、子どもに安全性のスキルを教えるミルテンバーガーらの一連の研究（例えば、Himle, Miltenberger, Flessner, & Gatheridge, 2004; Himle, Miltenberger, Gatheridge, & Flessner, 2004; Johnson, Miltenberger et al., 2005; Johnson, Miltenberger et al., 2006; Miltenberger et al., 2004; Miltenberger et al., 2005）に見出すことができる。

　重要な一連の研究を追求し拡大するために必要な組織的再現においては、多くの場合、お互いに相手の研究を知っており、その成果に基づいて、異なる場所で研究を進める研究者たちによる自主的な努力が必要である。地理的に異なる場所にいる独立した研究者のチームが類似の研究成果を報告するとき、最終的に得られる結果は重要な科学的完全性と技術的価値をもつ一連の知識である。こうした努力の結集が、エビデンスベースの実践を開発し精緻化するために必要な介入の、改良と厳密な検証とを加速させ向上させる（Horner et al., 2005; Peters & Heron, 1993）。さまざまな場所で組織的再現を報告する独立した研究チームの一例は、レスポンスカードが子どもの学業への従事と学習と集団指導中の行動に及ぼす効果を探求する伸び盛りの研究である。研究者らはレスポンスカードをさまざまな子どもたち（普通教育の子ども、特別支援教育の子ども、第2言語としての英語を学ぶ［ESLの］子ども）と、さまざまなカリキュラム内容（例えば、算数、理科、社会、綴り）と、さまざまな学習指導場面（例えば、小学校、中学校、高等学校、大学の教室）に適用して、類似するパターンの研究結果を報告している（学習指導への参加の増大、授業内容の記憶の向上、およびまたは課題から外れた行動や妨害行動の減少）（例えば、Armendariz & Umbreit, 1999; Cavanaugh, Heward, & Donelson, 1996; Christle & Schuster, 2003; Davis & O'Neill, 2004; Gardner, Heward, & Grossi, 1994; Kellum, Carr, & Dozier, 2001; Lambert, Cartledge, Lo, Heward, 2006; Marmolejo, Wilder, & Bradley, 2004）。

Ⅵ　応用行動分析研究を評価する

　応用行動分析学における模範的な研究に対する期待と特徴のすべてをリスト化するとしたら、それは非常に長いものになるだろう。これまでのところ優れた応用行動分析学に対する、非常に多くの必要条件が確認されている。現在の目的は、応用行動分析学における研究の質を評価する際に問う、一連の問いにおけるそれらの必要条件を集約することである。それらの問いは、4つの大きな見出しのもとにまとめることができる。すなわち、内的妥当性、社会的妥当性、外的妥当性、科学の理論的重要性である。

1．内的妥当性

　行動が分析されたか否かを判断するためには、読み手である応用行動分析学研究の読者が、関数関係が証明されたかどうかを判定するようにしなければならない。判定を下すためには、測定システムと、実験デザインと、研究者による潜在的交絡の制御の程度を慎重に検討するとともに、データの注意深い視覚分析と解釈を進める必要がある。

図10.8　応用行動分析学の研究において、従属変数の定義と測定を評価する際に問うべき質問

- 従属変数は、正確に、完全に、一義的に定義されていたか？
- 標的行動の例とそうでない例は示されていたか？　そうすることによってより明瞭になっていたか？
- 標的行動の最も関連性があり、測定できる次元（例えば反応率、持続時間）が特定されていたか？
- 同時に起こる重要な行動は測定されていたか？
- 観察と記録の手続きは、標的行動にとって適切だったか？
- 測定は、取り上げた問題や研究課題にとって妥当な（すなわち、意味のある）データをもたらしたか？
- 測定尺度は行動の社会的に重要な改善をとらえるのに十分幅広く、よい感度をもっていたか？
- 研究報告者は、観察者の訓練と水準調整に関して、十分な情報を提供したか？
- 測定の正確性を査定し保証するため、どんな手続きが使われたか？
- 観察者間一致（IOA）査定は、研究結果が示されるレベルで（例えば、被験者と実験条件によって）、報告されていたか？
- 観察セッションは、問題や研究課題に最も関連性のある時間と活動と場所においてスケジュール化されていたか？
- 観察は時間に沿った行動の変化の説得力を持った概算値を提供するために十分な頻度と厳接さによって生起していたか？
- この研究において観察者の行動に影響したかもしれない何らかの随伴性が作用していたか？
- 測定システムに対して従属変数がリアクティブになったかもしれないような何らかの期待や兆候が存在したか？　もし存在したとすればリアクティビティを査定しおよびまたは制御する手立ては講じられていたか？
- 報告されたデータの正確性と信頼性の査定は適切だったか？

（1）従属変数の定義と測定

　内的妥当性を評価する第1段階は、その実験データが標的行動の正確で妥当な測度として受け容れられるかどうかを、実験過程を通して判断することである。この判断において考慮すべき重要な問題の一部は、図10.8に示した問いによってとらえることができる。

（2）グラフィックデスプレー

　もしも読者が実験データを実験過程の間の従属変数の正確で妥当な表現として受け容れたならば、次にすべきことはそれぞれの研究段階における標的行動の安定性の程度を査定することである。しかしながら、データ経路の安定性を評価する前に、グラフ表示を歪曲させる原因（例えば、軸の尺度化、水平軸上の時間の歪曲など。第6章を参照）について調べておく必要がある。研究者や消費者が、グラフの何らかの成分が、データによる解釈の不当性を助長する恐れがあると疑念をもった場合は、新しく適切に尺度化された軸の一式を使って、そのデータを描き直してみる必要がある。実験内のいろいろな段階において従属変数の安定性を査定する場合は、段階または条件の長さと同様に、データ経路のトレンドの存在についても、考慮する必要がある。読者

はそれぞれの段階において、作動する条件が練習効果をもたらすかどうかを問わなければならない。もしそうであれば、練習効果は実験変数を操作する前に作動する状態におかれていただろうか？

(3) ベースライン条件の有意味性

　独立変数を導入し、独立変数が存在する状態で後続するパフォーマンスを評価する基礎として、ベースライン条件の代表性ないし公平性を査定する必要がある。言い換えれば、ベースライン条件は、標的行動と、場面と、実験で問う研究課題との関連において、有意味だろうか？　例えば、ミラーら (Miller, Hall, & Heward, 1995) の2つの実験を考えてみよう。それらの実験では、日課の10分間の練習セッションで行う1分間のタイムトライアルを実施するための2つの手続きが、子どもの算数問題の解答の遂行率と正確さに及ぼす効果を評価した。どちらの実験でも、すべての条件と段階を通して、子どもたちはできるだけ多くの問題を解くよう教示され、自分のパフォーマンスについてフィードバックを受けた。どちらの実験でも、その間の子どもたちのワークシートは、次のように記入され採点された。

　　　実験者は、1人1人の子どものワークシートの誤答のわきに「X」印をつけた。そして1枚目のワークシートの上段に、正答数÷手を付けた問題総数と、子どもが挑戦し続けるよう激励するプラスのコメントを記入した。子どもの得点が以前の最高得点を下回ったときは、「頑張ろう、サリー！」「もっと早くやろう！」「しっかりやり続けよう！」などのコメントを書き入れた。子どもが今までで最高の得点を挙げたら、「よくできたね、ジミー！　今までで最高だね！」のように紙の束に書き込んだ。子どもが自分の最高得点と同じ点をとったときは、「ベストスコアとタイ記録だね」と紙の束に記入した。

　それぞれのセッションを始めるとき、子どもたちに前日のセッションで採点され記入されたワークシートが、返却された。ベースライン条件として機能した10分間の連続勉強時間条件では、それぞれのセッションの開始時点で、担任教師が子どもたちにこう言った。「一生懸命がんばってベストを尽そう。できるだけたくさん問題を解こう。でも全部解けなくても心配しないでね。紙の束には誰が解いても解ける以上の問題が並んでいる。ベストを尽くそうとするだけでいいから」(p.326)。
　最初のベースライン (A) 段階に続いて、2つのタイムトライアル条件 (BとC) が、A-B-A-B-C-B-Cデザインという形で適用された。どちらのクラスの子どもたちが示した結果も、2つのタイムトライアル条件と正反応率と正確さの増加との間に、ベースライン条件を上回って明瞭な関数関係が存在することを示した。しかしながら、もし担任教師が、個々のベースライン・セッションの前に、子どもたちに向かって、ベストを尽そう、できるだけ多くの問題を解こうと教示し、催促することをしなかったとしたら、そしてもし子どもたちがワークシートに関するフィードバックを受けていなかったとしたら、タイムトライアル条件において改善したパフォーマンス

	本来、関数関係は存在する	
	はい	いいえ
研究者が関数関係は存在すると結論づける　はい	正しい結論	タイプIエラー（偽陽性）
いいえ	タイプIIエラー（偽陰性）	正しい結論

図10.9　理想的には、実験デザインとデータ分析の方法は、独立変数と従属変数の間の関数関係が、事実そういう関係が本来存在する（存在しない）とき、存在する（存在しない）と、研究者が正しく結論づけるために役立つ。本来関数関係が存在しないときに、実験結果は存在すると結論づけるのは、タイプIエラーである。逆に独立変数が従属変数に影響を与えているのに、与えていなかったと結論づけるのは、タイプIIエラーである。

は疑わしいものとなったはずである。そのようなベースライン条件に照らして、明白な関数関係が証明されたとしても、応用研究者と消費者はそのような結果の重要性に疑問をもつことができるし、またそうすべきである。もしかすると子どもたちは単に早く作業するよう期待されていることを知らなかっただけかもしれない。おそらく子どもたちは、ベースライン条件でも「早くやろう」と告げられ、パフォーマンスに関するフィードバックと、進歩に対する賞賛と、より多くの問題を解こうという激励を与えられていたとすれば、タイムトライアル条件と同じ高率で問題を解いていただろう。ミラーらは、ベースライン条件の成分として、しっかりがんばろう、できるだけ多くの問題を解こうという日々のインストラクションを含めた。そして子どもたちにワークシートを返却した。そうすることによって、2つのタイムトライアル条件の効果をそれに照らしてテストし比較する対照となるベースライン段階における有意義なデータ経路を収集した。

（4）実験デザイン

　実験デザインによって、どんな種類の実験的推論が可能になるかを明らかにするために、実験デザインを分析する必要である。予測と立証と再現は、デザインのどの要因によって可能になるか？　そのデザインは研究が問題にしている研究上の問いにふさわしいか？　デザインは交絡変数を効果的に制御するか？　もしそうした問いが許されるならば、そのデザインは、成分分析およびまたはパラメーター分析の基礎を与えるか？

（5）視覚分析と解釈

　単一被験者デザインの行動データを評価し、関数関係の存在を究明するため、さまざまな統計的手法が推奨されてきたが（例えば、Gentile, Roden, & Klein, 1972; Hartmann, 1974; Hartmann et al., 1980; Jones, Vaught, & Weinrott, 1977; Pfadt & Wheeler, 1995; Sideridis & Greenwood, 1996）、視覚分析は依然として最も広く使われている。それは応用行動分析学のデータ解釈の最も適切な方法と考えられる。応用行動分析学では、統計的有意性の検定よりも視覚分析が奨励される4つの要因を簡潔に示すことにする。

　第1に、応用行動分析家は行動の改善が、介入の統計的に有意なアウトカムであることを知ることにはほとんど関心がない。応用行動分析家は社会的に重要な行動の改善を生み出すことに関心がある。「もし行動が改善されたとすれば、それは目で見ることができる。すなわち、もし統計的有意性を検定しなければならないならば、問題は解決していない」（Baer, 1977a, p. 171）。

　第2に、視覚分析は、強力で、大規模な、信頼できる効果を生み出す変数の同定に適している。それは行動改善の有効で強力なテクノロジーに貢献する。他方、統計的分析の強力な検定によって、独立変数と従属変数の間に辛うじて見られる相関を突き止めることができる。それはテクノロジーにおける脆弱で不確かな変数を取り入れることにつながる可能性がある。

　実験結果の判定では、2種類のエラーが起こる可能性がある（図10.9参照）。独立変数が従属変数に影響を与えたと研究者が結論づけ、実際にはそのような関係はまったく存在しないとき、**タイプⅠエラー**（疑陽性ともいう）が起こる。**タイプⅡエラー**（偽陰性ともいう）は、タイプⅠエラーの逆である。この場合、独立変数は従属変数に影響を与えなかったと研究者は結論づけ、実際には影響を与えていたことになる。理想的には、研究者は十分考え抜いた実験戦術を使い、正しい実験デザインに裏づけられ、データ分析の適切な方法によって補強され、そのうえで独立変数と従属変数との間に関数関係が存在する（または存在しない）と正しく結論づけるだろう。

　ベア（Baer, 1977b）は、行動分析家が実験効果を突き止める際、目視検査に頼ることでタイプⅠエラーが起こる可能性は低くなるが、タイプⅡエラーを犯す可能性は高くなると指摘した。統計的有意性の検定を信頼して実験効果を判定する研究者は、行動分析家よりもはるかに多くのタイプⅠエラーを犯すが、多少の効果を生み出す可能性のあるごくわずかな変数、多少の影響を与えるかもしれない変数は見落す。

　　　比較的多くのタイプⅠエラーを犯す科学者は、さまざまな行動に影響を与えると考えられる変数（そのうち予測できる一部はとても変数などと呼べる代物ではないが）の非常に長いリストを記憶せざるを得ない。それとは対照的に、タイプⅠエラーをごくわずかしか犯さない科学者が記憶しなければならないのは、比較的短い変数のリストである。さらに、もっと重要なことは、そのリストを構成するのは、通常、非常に強固で、一様に有効な変数だけだということである。タイプⅠエラーを犯す人は、多くの弱い変数を明らかにする。彼らは、疑う余地なく、より多くを知るだろう。ただしそのより多くの一部は誤りであり、大部分は怪しげである……。タイプⅡエラーの確率を低く抑える人は、タイプⅡエラーの確率が高い人と比べて、実際に機能する変数を

それほど頻繁に拒否することはしない。さらに、疑う余地なく、タイプⅡエラーの確率がより低い実践家は、より多くを知るだろう。しかしまたしても、そのより多くが示す特徴は、しばしば、弱さ、機能の非一貫性、または厳しい特化という意味でとらえられる……。個別被験者デザインの実践家は……、集団パラダイムに準拠する人々と比べると、必然的に非常に低い確率のタイプⅠエラーと、非常に高い確率のタイプⅡエラーを犯す。その結果、彼らはより少数の変数について学ぶ。しかしこれらの変数は通常、より強力で、一般的で、信頼でき、（また非常に重要であるが）ときにはすぐに使うことができる。これらはまさしく、その上に行動のテクノロジーを構築することができる可能性のある変数である（Baer, 1977b, pp. 170-171）。

　行動データに含まれる関数関係の存在を突き止めるために、統計的手法を使うことから起こる第3の問題は、相当量の変動性を伴うボーダーライン・データセットに関わるものである。変動するデータセットが与えられれば、研究者はより一貫した実験的制御を達成し、変動性を引き起こす要因を発見しようとして、さらなる実験を行おうとするにちがいない。関数関係の証拠として統計的有為性のテストの結果を受け容れることに賛成して、追加実験なしで済ませる研究者は、重要な知見を未知の領域にあえて放置することになる。

　　　有意性検定が有用になるかもしれない状況とは、通常は、解釈可能な関係が存在するとは実験者も読者も確信できないような、従属変数における十分な制御されない変動性が含まれる状況である。これは関連する行動が良好な実験的制御下にない証拠であり、より複雑な補助具ではなく、より効果的な実験を必要とする状況である（Michael, 1974, p. 650）。

　第4に、有意性の統計的検定は、あらかじめ定められた基準に合致するデータセットにのみ適用することができる。もし実験的効果を究明する統計的方法が、応用行動分析学においてより高い価値を与えられるようになれば、研究者はそのような検定が計算できるよう実験をデザインし始める可能性がある。その結果として起こる実験デザインの柔軟性の喪失は、行動分析学の継続的発展にとって逆効果となるだろう（Johnston & Pennypacker, 1993b; Michael, 1974）。

2．社会的妥当性

　応用行動分析学の分野で発表された研究論文を読む際は、論文を3点から判定しなければならない。標的行動の社会的重要性、手続きの適切性、成果の社会的重要性である（Wolf, 1978）。
　第3章では、応用行動分析家が標的行動の選択において指針とすべき多くの留意点を詳しく論じた。従属変数の社会的妥当性は、それらの要因も踏まえて査定されなければならない。究極的には、標的行動の選択に関わる問題と留意事項のすべてはただ1つの問い、すなわち「この行動の測定される次元における増加（または減少）は、その人の人生を直接的にあるいは間接的に改善するか？」に向けられる。
　次に独立変数については、それが従属変数に及ぼす影響という観点からだけでなく、その社会

的容認性、複雑性、実用性、およびコストの観点からも、評価されなければならない。どんな理由からであれ、容認できない、望ましくないと実践家や保護者およびまたはクライエントに受け止められる処遇は、効果のいかんにかかわらず、使われる見込みはまずない。したがって、そうした処遇が行動改善のテクノロジーに貢献するチャンスは決して起こらないだろう。極度に複雑であり、それゆえに学んだり教えたり応用したりしにくい独立変数についても、同じことが言える。同様に、実践するために大量の時間およびまたは資金を要する処遇手続きは、素早くそしてまたは安価に適用できる手続きよりも社会的妥当性が低くなる。

行動改善がたとえグラフィックデスプレイで明確に視認できる場合でも、参加者やその環境に存在する重要な他者にとって、社会的に妥当な改善を象徴するとは限らない。応用行動分析学の研究結果を評価するとき、読者は次の問いを問わなければならない。すなわち、参加者（または参加者の人生における重要な人々）は、その行動が改善したために今ではいっそう幸福であるか？ この新しいレベルのパフォーマンスは、現在または将来、被験者に対する強化の増加（または弱化の減少）につながるか？（Hawkins, 1984）。場合によっては、被験者（または重要な他者）に対して、あなたの行動は改善したと思うかと問うことが重要である（Wolf, 1978）。

（1）行動改善の維持と般化

行動の改善が最も有益となるのは、その改善が長続きし、ほかの適切な環境において出現し、ほかの関連する行動に溢れ出すときである。この種の効果を生み出すことは、応用行動分析学の主要な目的である（第28章では、行動改善の維持と般化を促進する戦略と戦術を分析する）。応用行動分析学の研究を評価するとき、消費者は研究に対する自分の評価において、行動改善の維持と般化を検討しなければならない。印象的な行動改善であっても、長続きしなかったり特定の訓練場面に限られていたりするならば、社会的に重要であるとはいえないかもしれない。研究者は非訓練環境でフォローアップの観察と測定を行い、それによって維持と般化の査定結果を報告したか？ いやそれよりも、そうしたフォローアップ観察で維持およびまたは般化の証拠が見出せなかったとき、実験者は維持およびまたは般化を起こさせて分析するために、そのデザインを修正し、手続きを実践したか？ 加えて、読者は反応般化（標的行動の改善に付随して起こる機能的に類似しているが処遇対象になっていなかった行動の改善）は、その研究で適切な関心事になっているかどうか問う必要がある。もしそうならば、実験者はこの反応般化現象を査定し、分析し、考察しようとしたか？

3．外的妥当性

本章ですでに論じたように、特定の実験知見のほかの被験者、場面、行動に対する一般性は、その研究自体の内在的側面に関してのみによっては査定できない。行動と環境の関係の一般性は、組織的再現という積極的過程を通じて初めて立証することができる。したがって、応用行動分析学の研究論文の読者は、特定の研究結果を、関連特徴を共有する他の発表された研究結果と

比較しなければならない。論文を発表した著者は、論文の導入部において、彼らが最も関連性があると考える実験を特定する。特定の研究から得られたデータの外的妥当性を効果的に判定するためには、読者はしばしばその文献の先行研究を突きとめ、それらの研究結果を現在の実験結果と比較しなければならない。

　外的妥当性が研究自体の特徴とみなされるべきではない場合でさえ（Birnbrauer, 1981）、1つの実験のさまざまな特徴は、読者に対して、その結果の一般性についての、期待されたまたは起こりうるレベルを暗示する。例えば、年齢や背景や現在のレパートリーが異なる6人の被験者で、類似した形態と程度の関数関係を実証した実験があったとする。それは、年齢や背景や現在のレパートリーが同じ被験者で同じ結果を実証した研究と比べると、ほかの被験者に対してより高確率の一般性を示すだろう。同様に、その実験がさまざまな場面で行われ、多数の異なる人々がその独立変数を適用したとすれば、その結果のもつ外的妥当性にはさらなる信頼性が認められる可能性がある。

4．理論的意義と概念的センス

　発表された実験は、その科学的利益という観点からも評価されなければならない。ある研究が独立変数と社会的に重要な標的行動との間の関数関係を明確に証明し、そしてそれゆえに応用の観点からみれば重要であると判定されるにもかかわらず、この分野の発展にほとんど貢献しないことはあり得る[11]。重要な行動改善を確実に再現しながら、それと同時に、観察された関数関係の原因としてどの変数が関与したかについては、十分な理解をもたらさないことはありうる。シドマン（Sidman, 1960）は、この種の単純な信頼性（simple reliability）と「知識に満ちた再現性」（knowledgeable reproducibility）を区別した。後者は重要な要因のすべてを同定し制御した、より完全なレベルの分析を意味する。

5．社会的に重要な行動のより徹底した分析の必要

　行動改善の有効なテクノロジーを開発する上で、組織的再現が必要であり、それが中心的役割を果たすということに異を唱える行動分析家はいない。そして組織的再現も少なくともゆるい形式においては広く行われていることを示す証拠が文献によって示されている。それにもかかわらず研究文献をより批判的に分析してみると、研究されている関数関係のより徹底した分析が必要であることが示唆される。数え切れないほど多くの著者が、応用行動分析学における分析の側面に応用の側面と同程度に焦点を当てることの大切さについて考察してきた（例えば、Baer, 1991;

注11：記憶にとどめるべき重要なことがある。確かに応用行動分析学の研究の中には、行動の考え方についてのわれわれの理解をほとんど何も助けないがゆえに、中身のない研究として公正に批判されうるものがある。しかし、社会的に妥当な処遇変数（パッケージであろうとなかろうと）を適用して、有意義な標的行動を社会的に妥当なレベルにまで改善する場合、その研究は参加者にとってもまた環境を共有する周囲の重要な人々にとっても、決して浅薄な研究であるとはいえない。

Birnbrauer, 1979, 1981; Deitz, 1982; Hayes, 1991; Iwata, 1991; Michael, 1980; Morris, 1991; Johnston, 1991; Pennypacker, 1981)。ヘイズら（Hayes, Rincover, & Solnick, 1980）は、『応用行動分析誌』（*Journal of Applied Behavior Analysis, JABA*）の最初の10巻（1968～1977）に発表された大多数の実験論文を分析した後、この分野では概念分析から遠ざかり、クライエントの治癒に近づくというテクニカル・ドリフト（技術的漂流）が生じたと結論づけた。彼らは応用場面における行動の改善という、技術的側面に純粋に焦点を絞る結果、科学的理解を喪失する恐れのあることに警告を発し、行動のより完全な分析を遂行する努力を一層行うよう要請した。

> 成分分析やパラメーター分析、そしてその他のより精妙な分析を試みることは大切である。しかしその重要性は、しばしば「制御」（即時的応用の意味で）においてよりも、「理解」（科学的な意味で）においてより多く見出されるべきである。例えば、攻撃的行動は、罰を使えば攻撃性の理解には有意義な貢献をもたらさなくても簡単に制御することができるだろう。例えば、有効なパッケージ・プログラムをもっていれば、成分分析を行う明白な価値はないかもしれない。しかし、こうしたより複雑な分析を行うことは、実際に機能する変数についてのわれわれの知識を増大させ、その結果より効率的で一般的な行動プログラムを作り出す能力を向上させるだろう。おそらくわれわれは、最終的により有効になることを犠牲にして、即座に応用しようという方向に進みすぎ、処遇的に意義のあるもっとアナログ的で分析的な研究を促進することに失敗しているのだろう。（Hayes, Rincover, & Solnick, 1980, pp. 282-283）

ベア、ウォルフ、リズリー（Baer, Wolf, & Risley, 1987）は、『応用行動分析誌』創刊20周年記念号に寄せて、行動改善を（できるだけ説得力をもって）実証することから、実証の成功の根底にある原理をより完全に分析し概念的に理解することへと、シフトする必要があることを強調した。

> 20年前は、分析的という言葉は、説得力をもつ実験デザインを意味し、概念的という言葉は、行動についての総合的理論と関連することを意味した。これからは応用行動分析学は特定の行動改善を生み出す方法を説得力をもって証明したとき、しかもその行動改善の方法が組織的、概念的に納得できるものだったときにのみ、分析的学問とみなされることになる。過去20年の間にわれわれは行動を特定した通りに改善したことをときに説得力をもって証明したが、組織的、概念的に納得したとはいえない方法によって証明していた。すなわち、それらの方法がなぜ有効だったかは明らかになっていなかった。そういう事実はときにわれわれが納得のいくほど応用的であり行動的ではあったものの、それにもかかわらずなお十分に分析的ではなかったことを知らしめる。（p. 318）

社会的に重要な行動を制御する変数を、より精妙に徹底的に分析する必要がある。幸い、最近の文献を読めば、より完全な行動の理解（徹底的に有効な行動改善のテクノロジーを開発するために必要な理解）のために必要なステップとしての成分分析とパラメーター分析を示す数多くの

例が明らかになる。組織的再現の例として本章ですでに引用したいくつかの研究は、成分分析とパラメーター分析を組み込んでいる。

　ある現象の一般性の範囲は、再現可能性の必要十分条件のすべてが特定されて初めて理解される。分析は関数関係に影響する変数のすべてが同定され説明されて初めて完全であるとみなされうる。たとえそうであっても、完全な分析という概念は、誤解を招く恐れがある。「関数関係において、どちらかの変数をさらに詳しく分析し精緻化すれば、不可避的に新たな変動性が明らかにされ、そうして分析が再び前進する……。行動の分析は決して完結することができない」（Pennypacker, 1981. p. 159）。

　科学的重要性を評価するときは、著者による実験の技術的説明や、結果の解釈と考察についても考慮に入れるようにする。手続きの記述は、少なくともその研究の独自の側面が再現できるように、十分詳しく書かれているか？ [12]

　読者は実験報告に示された概念の完全性のレベルを考慮しなければならない。その文献レビューは、その研究を先行研究に注意深く関連づけていることを明らかにしているか？　その文献レビューは、その研究の研究上の問いを十分に正当化させるものになっているか？　著者らの結論は、その研究において収集されたデータに基づいているか？　著者らは行動の基本原理と行動改善の戦術との違いを尊重していたか？　著者自らがデータを超えて憶測していることを明らかにすることなくそうしているか？　著者らは研究した問題をさらに分析するためのさらなる研究の方向性を示しているか？　その研究は実際に得られた結果以外の理由によって重要であるか？例えば、新しい測定技法を示している。新しい従属変数や独立変数を研究している。交絡変数を制御する新しい戦術を組み込んでいる。そういう実験は、たとえその研究が実験的制御を達成したり、社会的に重要な行動の改善をもたらしたりすることに失敗していたとしても、行動分析学の科学的進歩に貢献する可能性がある。

　応用行動分析学において発表された研究の「よさ」を評価するためには、数え切れない基準と考慮事項が関与している。それぞれの基準はあるレベルまたは別のレベルにおいて重要であるが、どんな実験であれ基準のすべてを満たすことはあり得ない。そして、それどころか、1つの実験がよいとみなされるために基準のすべてを満たすことは不必要である。にもかかわらず、これらの考慮事項を1つの研究にできるだけ数多く組み入れることは、応用行動分析学としての社会的重要性と科学的価値を向上させる。

注12：理想的には、発表された手続きの記述には、熟練の研究者がその実験を再現できるほど、十分詳しい記述が含まれていなければならない。しかしながら大部分のジャーナルには紙数制限があるため、そのような詳しい記述はしばしば制約される。発表された研究を再現する場合に推奨される一般的な慣行は、原著者に完全な実験計画（protocols）を送ってほしいと依頼することである。

まとめ

行動研究における個別被験者の重要性

1. 応用行動分析家は、個々の被験者の行動に焦点を合わせることによって、広い範囲の社会的に重要な行動に対する有効な介入を発見し、精緻化することができた。

2. 被験者のグループ（集団）の平均パフォーマンスが変化したことを明らかにしても、1人1人の被験者のパフォーマンスについては、何1つ明らかにならない。

3. 処遇の有効性を最大にするためには、人々が処遇と接触して、その影響を受けるレベル、すなわち個々人のレベルにおいて、処遇を理解するようにしなければならない。

4. 反復測定によって著しい変動性が明らかになる場合、研究者はその原因となる要因を同定し、制御するように努力しなければならない。

5. 変動性を統計的操作によって相殺しようとしても、そのような操作では、データにおける変動性の存在を取り除くことも、原因となる変数を制御することもできない。

6. 未知の変数や制御されない変数の影響を偶然のせいにするような研究者は、重要な変数を同定し分析することに成功することはありえない。

7. どんな変数であれ、その影響を制御するためには、研究者は実験の間ずっとそれを一定に保つか、1つの独立変数として操作するかしなければならない。

8. 被験者内実験デザインの大きな長所は、デザイン自体の内部における再現によって可能となる関数関係を説得力をもって証明することである。

9. 集団全体のパフォーマンスは多くの状況において社会的に重要である。

10. 集団の結果が1人1人のパフォーマンスを代表しないとき、研究者は集団データを個別の結果によって補足しなければならない。

11. 行動分析家が実験場面へのアクセスを制御したり、個々の被験者を同定したりできないときは、従属変数はその実験場面に参入する個々人が示す反応によって構成されなければならな

い。

実験デザインにおける柔軟性の重要性

12. 優れた実験デザインとは、任意の順序と種類の独立変数を操作することであり、研究上の問いに有効に、かつ説得力をもって取り組むデータを生み出す。

13. 興味のある研究上の問いを研究するためには、実験者はしばしば分析戦術の組み合わせを使った実験デザインを構築しなければならない。

14. 最も効果的な実験デザインは、ベースライン論理の3成分である、予測、立証、再現を用いるための基礎として、個々の被験者のデータの継続的評価を使う。

内的妥当性：実験デザインにおける潜在的な交絡の源泉の制御

15. 独立変数と標的行動の間の明瞭な関数関係を実証する実験は、高い内的妥当性をもつと考えられている。

16. 実験デザインの説得力は、（a）それが確実な効果を証明する程度と、（b）独立変数以外の要因が行動の変化を生み出す可能性を除去するか低減させる程度とによって左右される。

17. 行動の制御という語句は、技術的には不正確である。実験者が制御するのは被験者の環境の何らかの側面だけだからである。

18. 交絡変数とは、従属変数に影響を及ぼしたことが知られているかその疑いのある、制御されない要因である。

19. 定常状態反応とは、応用行動分析家がそれによって実験的制御の程度を査定する第1の手段である。

20. 交絡変数は実験の4成分、すなわち、被験者、場面、従属変数の測定、独立変数のうちの1つに、主として関係していると考えられる。

21. 処遇を受けることによって改善するだろうという被験者の期待から生じる可能性のある何らかの効果を、処遇によって実際にもたらされた効果から分離するために、プラシーボ対照がデザインされる。

第10章　応用行動分析研究を設計し評価する

22. 二重盲験対照手続きでは、被験者も観察者も独立変数がいつ存在するか存在しないかを知らされない。

23. 処遇の完全性と手続きの忠実性は、独立変数が計画された通りに実践されまたは遂行される程度を意味する。

24. 処遇の完全性が低い場合は、実験に交絡の源泉を呼び込む。それは研究結果を確信を持って解釈することを不可能にするとはいわないまでも困難にする。

25. 処遇の完全性に対する１つの脅威である処遇のドリフトは、実験の後半段階における独立変数の適用が、研究の初期段階で行われた処遇の適用とは異なる場合に起こる。

26. 高度の処遇の完全性を達成するためには、まず処遇手続きの操作的定義から開始する。

27. 単純で正確で短い処遇は、そして比較的わずかな努力しか要しない処遇は、そうでない処遇よりも一貫性をもって適用される可能性が高い。

28. 研究者は、人に一般的能力や実験場面における経験があれば、または介入実行者に文書化された詳しいインストラクションや台本を与えるようにすれば、高度の処遇の完全性が保証されると仮定してはならない。

29. 処遇の完全性（または手続きの忠実性）についてのデータは、実験手続きの実際の適用が、研究論文中の方法について述べた部分の記述と一致する程度を測定するものである。

社会的妥当性：行動改善の応用的価値とそれを達成した処遇を査定する

30. 応用行動分析学の社会的妥当性は、３種の方法によって査定することができる。すなわち、標的行動の社会的重要性、手続きの適切性、結果の社会的重要性である。

31. 社会的妥当性の査定は、ほとんどの場合、消費者に意見を求めることによって行われる。

32. 社会的妥当性を備えた目標は、高い能力があると判定された人々の遂行を査定し、さまざまな異なるレベルのパフォーマンスを実験的に操作して社会的に妥当な成果を突きとめることによって、経験的に確定することができる。

33. 行動介入の好ましさに対する消費者の意見を収集するために、複数の尺度と質問紙が開発されている。

34. アウトカムの社会的妥当性を査定する方法には次の5つが含まれる。（a）参加者のパフォーマンスを標準サンプルのパフォーマンスと比較する、（b）標準査定用具を利用する、（c）消費者に依頼して、参加者のパフォーマンスの社会的妥当性を評定してもらう、（d）参加者のパフォーマンスをエキスパートに評価してもらう、（e）参加者が新たに学習したパフォーマンスレベルを日常環境においてテストする。

外的妥当性：研究知見の一般性を判定するために研究を再現する

35. 外的妥当性とは、特定の実験において見出された関数関係に関する信頼性と社会妥当性が、異なる条件下においても適用できる程度を表す。

36. 群間比較研究の結果についての正しい推論は、サンプルから母集団へであって、サンプルから個人へ、ではない。

37. 群間比較実験では、いかなる被験者の行動と、彼または彼女の環境の何らかの側面との間の関数関係を証明しないため、その結果の外的妥当性は疑わしい。

38. 群間比較デザインと統計的有意性の検定は、研究上のある種の問いに対しては必要で有効なツールであるにもかかわらず、行動改善の有効なテクノロジーに対してはほとんど貢献してこなかった。

39. 応用行動分析学における研究成果の一般性は、実験の再現によって査定され、立証され、特定される。

40. 直接的再現においては、研究者はあらゆる努力を払って、以前の実験条件を再現する。

41. 組織的再現においては、研究者は意図的に以前の実験の1つ以上の側面を変動させる。

42. 組織的再現が以前の研究の結果を成功裏に再現するときは、異なる条件下においても同じ効果が得られることを示すことによって、以前の研究成果の信頼性を実証するだけでなく、以前の研究成果の外的妥当性を向上させる。

43. 組織的再現は、特定の領域における多くの実験者の研究によって、計画的にまた意図せずに起こる。そしてそれらは大きな科学的完全性と技術的価値を伴った知識体系として結実する。

応用行動分析学の研究を評価する

44. 応用行動分析学の研究の質と価値は、その研究の内的妥当性と、社会的妥当性と、外的妥当性と、科学的理論的重要性にかかわる、一連の問いに対する答えを追求することによって評価される可能性がある。

45. タイプⅠエラーは、独立変数が従属変数に効果を起こさせなかったにもかかわらず、研究者が、効果があったと結論づけるときに起こる。タイプⅡエラーは、独立変数が従属変数に効果を起こさせていたにもかかわらず、研究者が、効果がなかったと結論づけるときに起こる。

46. 視覚分析は強力で大規模かつ確実な効果を生みだす変数を効果的に同定する。それは行動改善の有効かつ強力なテクノロジーに貢献する。統計的分析は独立変数と従属変数の間の可能性のある極微な相関を突き止める。それは結果として脆弱で信頼し得ない変数の同定とテクノロジーへの組み入れをもたらす。

47. 研究は独立変数と社会的に重要な標的行動の間の関数関係を実証することができる（そしてそれゆえに応用の観点からみて重要なものになりうる）にもかかわらず、この分野の進歩にはほとんど貢献しないことがある。

48. 分析は、関数関係に影響を及ぼす変数のすべてが同定され説明されたときにのみ、完全であるとみなされる。

49. 研究論文の科学的重要性を評価するときは、論文の読者は実験のテクノロジカルな記述、結果の解釈と考察、概念的意味と完全性のレベルを考慮に入れて行わなければならない。

第 4 部
強 化

　第4部の3つの章では強化を扱う。強化は最も重要な、広く応用される行動分析学の原理である。強化とは一見やさしそうに見える行動と結果の関係であり、オペラント行動選択の基本的成分である。「第11章 正の強化」ではまず強化の操作と、それが行動に与える決定的な影響を検討する。次に先行刺激条件が強化の影響をどう調節するかを簡潔に説明し、強化の有効性に影響を与える要因を考察する。さらに刺激変化はいかにして強化機能を獲得するかを明らかにし、強化子としてしばしば機能する出来事の種類を同定する。そして潜在的強化子を同定しそれらの効果を査定する方法を詳述する。また正の強化随伴性が反応の増加の原因であるかどうかを検証する実験的制御テクニックの概要を説明し、強化を効果的に活用するための若干のガイドラインを提示する。

　「第12章 負の強化」では、ブライアン・イワタとリチャード・スミス（Brian Iwata & Richard Smith）が、最もよく誤解される行動原理、つまり負の強化を説明する。負の強化とは、反応に続く結果としての刺激が、停止、減少、延期される結果、反応が増加するオペラント随伴性である。イワタとスミスは負の強化を定義し、それを正の強化と弱化と比較対照させる。逃避随伴性と回避随伴性を区別し、負の強化子として機能する出来事を説明する。負の強化を活用して望ましい行動を強める方法を例示し、負の強化を使うときに起こる倫理的問題を考察する。

　スキナーの最も重要な発見の1つは、強化がすべての反応に随伴する必要はなく、それどころか多くの間欠強化スケジュールの下では、つまり強化が標的行動の生起のすべてではなく一部に随伴するスケジュールの下では、すべての反応に強化が随伴する連続強化スケジュールの下でよりも、反応がより高率になり、より一貫して起こるようになるということである。「第13章 強化スケジュール」では、反応のさまざまな組み合わせ、およびまたは時間的要件のさまざまな組み合わせに基づいて、強化スケジュールをつくるいくつかの方法を説明する。またそれぞれのスケジュールと関連反応の特徴的パターンを特定する。実践家は行動の強化スケジュールの影響を理解すれば、新しいスキルの効果的で効率的な獲得を促進する強化プログラム、確立したスキルの遂行を改善し持続させる強化プログラム、そして介入後の学習者の環境において重要な行動改善を維持する強化プログラムを開発することができる。

第 11 章
正の強化

キーワード

自動強化、条件性強化子、般性条件性強化子、正の強化、正の強化子、プレマックの原理、強化子査定、反応遮断仮説、刺激選好査定、無条件性強化子

行動分析士資格認定協会®BCBA® & BCaBA®
第 4 版課題リスト©

I 基本的な行動分析学のスキル	
A－14	選択測度をデザインし実行する。
C－01	強化の好ましくない起こりうる影響について述べ考慮する。
C－02	弱化の好ましくない起こりうる影響について述べ考慮する。
C－03	消去の好ましくない起こりうる影響について述べ計画を立てる。
D－01	正負の強化を使う。
D－02	適切なパラメーターと強化スケジュールを使う。
D－03	プロンプトとプロンプトフェーディングを使う。
D－08	不連続試行とフリーオペラント計画を使う。
D－20	反応に依存しない（時間ベースの）強化スケジュールを使う。
D－21	分化強化（例えば、DRO, DRA, DRI, DRL, DRH）を使う。
E－03	インストラクションとルールを使う。
E－10	プレマックの原理を使う。
E－11	対提示手続きを使って、新しい条件性強化子と弱化子を作る。

II クライエントを中心に据えた専門家としての責任	
I－07	選好査定を設計し実行して、推定される強化刺激を同定する。
G－05	私的出来事も含む行動を、行動分析学の用語（心理主義の用語ではなく）によって記述する。
J－09	処遇の有効性を実証するため、実験デザインを使うときは、実際的、倫理的問題を同定して対処する。
J－15	意思決定はさまざまな書式で表示されたデータに基づいて行う。
K－07	行動プログラムの有効性を評価する。

III 基礎知識	
FK－22	消去
FK－23	自動強化、自動弱化
FK－30	動機づけ操作と強化効果を区別する
FK－31	行動随伴性

©2012　行動分析士資格認定協会®（BACB®）。不許複製。この文書の最新版は、www.bacb.comから入手できる。この文書の転載、複写、配布の請求と、この文書についての質問は、BACBに直接問い合わせられたい。

第11章　正の強化

　大学院時代のことを振り返ってみると、一番大事なことを学んだのは、同じ院生のバーラス・フレデリック・スキナー（Burrhus Frederic Skinner）（私は彼をバーラス、仲間はフレッドと呼んでいた）からだったという気がする。この男は1つの箱を持っていた。そのなかにもう1つの小さな箱が入っていた。その箱のなかに研究用の空腹のラットを入れていた。ラットは箱の中を探索した。たまたま壁から突出したレバーを押した。すると、レバーの真下のトレイのなかに、小粒の食物が射出された。ラットはその条件下で、レバーを押せば食事が手に入ることを、ほんの数分、時には数秒で学習した。ラットはレバーを押し続け、食物がごくたまにしか射出されなくなると、時には一層急ピッチで押し続けた。しかも食物供給が完全に止んでもなお、動物はしばらくレバーを押し続けていたのである。

—フレッド・ケラー（Keller, 1982, p. 7）

　一部の人々は、動物の学習の実験室研究から発見されたことは、人間行動には応用できないと、今もなお信じている。しかし応用研究者は、教育や治療における正の強化の重要性を、50年近く前の1960年代半ばまでにすでに立証していた。「スキナーが強化の詳細な実験室分析（Skinner, 1938）をしていなかったら、今日の『応用行動分析学』の分野はありえなかった。そう言っても過言ではない。少なくとも、私たちが知るような応用行動分析学にはならなかったはずである」（Vollmer & Hackenberg, 2001, p. 241）。正の強化は最も重要な、最も広く応用されている行動分析学の原理である。

　ちょうど良い具合に、『応用行動分析誌』（Journal of Applied Behavior Analysis, JABA）第1巻の巻頭論文には、正の強化が子どもたちの行動に及ぼす影響を示した一連の実験が報告されている（Hall, Lund & Jackson, 1968）。この古典的研究に参加したのは6人の小学生だった。子どもたちは、頻繁に妨害行動やぶらぶら歩きをしていた。従属変数である勉強行動は、教えた教科ごとに、子どもごとに個別に定義された。しかし一般化して言えば、勉強行動とは、子どもが席について適切な対象や人物の方に目を向けて（例えば、教材か講義する教師の方を見る）、授業に参加すること（例えば、課題に答えを書く、教師の質問に答える）と定義された。一方、独立変数は教師の注目だった。1人の観察者が、小さな正方形の色紙を、標的児に気づかれないように持ち上げて、教師に合図した。教師はこの合図によって子どもの机の傍に行き、ひとこと言葉をかけ、肩をたたくなどしてその子に注目を与えた。

　教師の条件的注目が6人の子どもたち全員の行動に与えた効果は衝撃的だった。図11.1は、「ほとんど勉強せず、著しく妨害行動をする子どもであるという理由で参加児に選ばれた小学3年生、ロビーの結果である」（p. 3）。ベースラインの間、ロビーが勉強行動に従事したのは、全観察インターバルのうち平均25％にとどまっていた。残りの時間、彼は輪ゴムを投げたり、ポケットのなかに入っているもので遊んだり、クラスメートとおしゃべりして笑ったり、空になった牛乳パックで遊んだりしていた。ベースラインの間、ロビーが教師から受けた注目の多くは、これらの非学習活動に随伴していた。すなわち教師はベースライン中、ロビーに勉強するよう促し、牛乳パックを片づけるよう言い、クラスメートにちょっかいを出すのはやめるよう注意した。

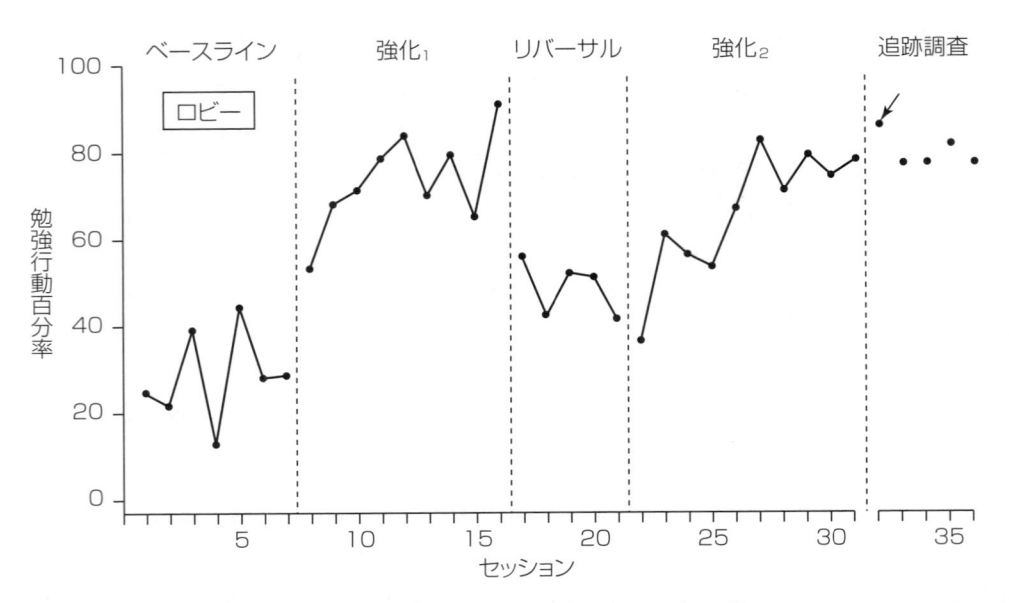

図11.1　1人の小学3年生のベースライン条件と強化条件における勉強行動のインターバル百分率。追跡調査の第1データポイントの矢印は、この子への注目を促す教師への合図を中止したときの勉強行動の割合を示している

From "Effects of Teacher Attention on Study Behavior" by R. V. Hall, D. Lund, and D. Jackson, 1968, *Journal of Applied Behavior Analysis, 1*, p. 3. Copyright 1968 by the Society for the Experimental Analysis of Behavior, Inc. Reprinted by permission.

　ベースラインの後、実験者は教師にロビーの勉強行動のグラフを見せ、大人の注目を随伴させることが子どもの行動を改善させたことを示す先行研究の結果を示して、社会的強化の基本について話し合った。実験者のホールら（Hall et al., 1968）は、2つの強化段階で実行した手続きについて、次のように述べている。

　　　ロビーが1分間続けて勉強に従事するたびに、観察者が教師に合図を送った。この手がかりによって、教師はロビーに近づき、「良くやってるね」「勉強してるんだね」などと話しかけた。教師はそれまで妨害行動を含む非勉強行動に注目してきたが、それには注目しないようにした。(p. 4)

　強化1の段階では、ロビーの勉強行動は平均71％にまで増加した。次いでベースライン条件に戻すと、彼の勉強行動は平均50％に減少した。しかし、強化2の段階では、教師が再び勉強行動に注目すると、ロビーの勉強行動は再び改善し、全観察インターバルの70〜80％の範囲で安定した。教師への合図送りを止めてから14週間後の追跡調査の観察の結果、ロビーの勉強行動は79％に維持されていたことが分かった。教師はまた、ロビーの勉強行動の増加と関連するポジティブな行動の改善も報告している。強化2の最終週までに、ロビーはより一貫性をもって綴り字の課題を完成させ、妨害行動を減少させ、牛乳を飲んでいる間も勉強を続け、飲んだ後に牛乳パックで遊ぶこともしなくなった。

第11章　正の強化

　ロビーがクラスでより適切に行動できるよう援助するために、教師が活用した上述の介入は、正の強化の原理に基づく戦術である。本章では、正の強化の定義と性質について吟味する。また潜在的強化子を特定する方法、それらの効果を測定する方法についても説明する。さらに正の強化随伴性が反応の増加の原因であるかどうかを証明する実験的制御テクニックの概要を述べる。そして正の強化を効果的に活用するためのガイドラインを示す。

I　正の強化の定義と性質

　強化の原理は一見やさしそうに見える。「強化の基本的なオペラント関数関係は次の通りである。すなわち、ある行動（R）が起こり、それに後続して強化（S^R）が起こると、その行動の将来の頻度が増加する」（Michael, 2004, p. 30）[1]。しかし、マイケルやほかの著者らが指摘してきたように、強化の効果が起こる条件に関して、3つの留保条件を考慮しなければならない。すなわち、(a) 反応から結果の開始までの時間差（遅延）、(b) 反応自発時に作動する刺激条件、そして (c) 結果に対する現在の動機づけの強さ、である。この節では、これらの留保条件について検討する。また強化がどう「機能する」かを完全に理解するために必要なほかのいくつかの概念を考察する。

1．正の強化の操作と特徴的効果

　ある反応が起こる。後続して即座にある刺激が提示される。その結果、将来類似の反応がより頻繁に起こるようになる。**正の強化**（positive reinforcement）が起こったのである。ある反応に時間的に接近してある刺激が後続して提示される現象を2項随伴性（two-term contingency）とよぶ。図11.2は2項随伴性とそれが将来の反応に及ぼす影響、この場合は正の強化と定義される影響を図解したものである。この2項随伴性は、あらゆるオペラント行動の選択の根本をなす基本要素である（Glenn, Ellis, & Greenspoon, 1992）。
　刺激提示の結果、その後の反応の生起を増加させる働きをする刺激を**正の強化子**（positive reinforcer）、あるいは単に強化子と呼ぶ。図11.1に示された、ポジティブなコメントの形でなされた教師の注目は、ロビーの学習行動を増加させる働きをした強化子である。また図11.2に示された、コップに注がれる冷たい水や、美しい色の小鳥を目にすることは、それぞれの行動の強化子である。
　強化子は、すでに自発されてしまった直前の反応には、影響を与えない（与えることができない）。このことを覚えておくことが大切である。強化子によって増やすことができるのは、類似

注1：行動分析家は強化の基本的効果を説明するため、ときにさまざまな用語を使う。例えば、行動を強めるとか、将来の反応の可能性を増加させる、など。それらの用語は本書にもときどき登場するが，私たちはマイケル（Michael, 1995）の懸念、すなわちそれらの用語を使うことによって「仲介変数の言語、すなわち観察できる行動の側面以外の何らかの存在に対する暗黙の言及を奨励する」（p. 274）という懸念を認め、強化の一次的効果を論じる場合は、できるだけ将来の頻度の増加という表現を使うことにする。

437

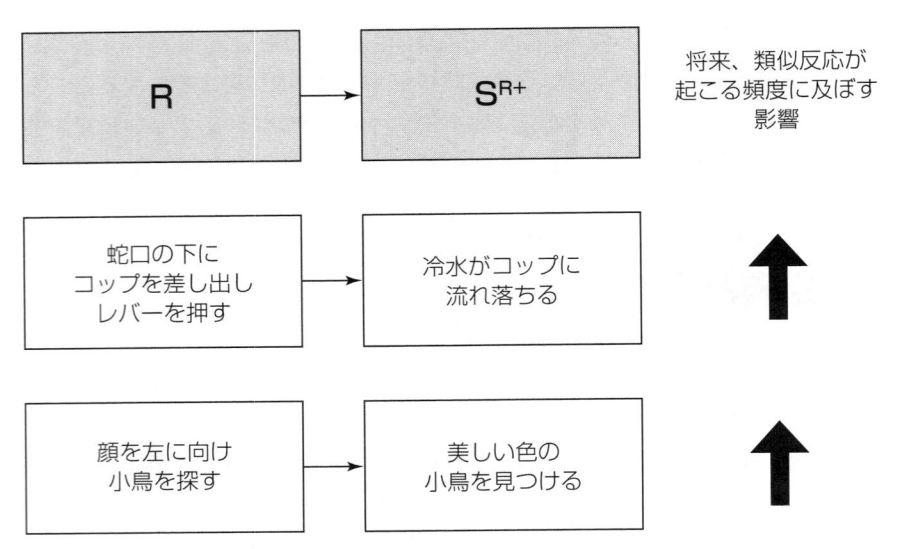

図11.2　正の強化を示す2項随伴性。反応（R）直後に刺激変化（S^{R+}）が後続して起こり、その結果、類似反応が将来起こる頻度が増加する

する反応の将来の自発だけである。

> オペラント強化は「強化に先行する反応を強める」という言い方は正しくない。その反応はすでに起こってしまっている。すでに起こってしまった反応を変えることはできない。変えられるのは、同じクラスに属する反応の将来の生起可能性（確率）である。条件づけられるのは、特定の例としての反応というよりもむしろ、行動のクラスとしてのオペラントである。(Skinner, 1953, p. 87)

スキナー（Skinner, 1966）は、強化の研究のための基礎的データとして反応率（rate of responding）を使った。オペラント反応を強化することは、その反応の生起頻度を増大させることである[2]。しかし、強化することで選択、形成、操作される行動の次元は反応率（ないし頻度）だけではない。強化することによって、行動の持続時間、潜時、大きさ（マグニチュード）、トポグラフィーも増強させることができる。例えば、もし強化があるマグニチュードの範囲内の反応、つまり最小の物理的な力以上、最大の物理的な力未満の反応に限って随伴し、そのマグニチュードの範囲外の反応には随伴しない場合、効果はその範囲内の反応の生起頻度の増加に限定される。複数の基準を満たす反応を条件とする強化は、それらの基準を満たす反応の部分集合を強めることになる（例えば、ゴルファーが10フィートパットを練習する場合、狭い範囲の物理的な力と形態内に収まる反応だけが成功をもたらす）。

注2：反応の増大をもたらす結果のうち、すでに存在する刺激を停止させまたは撤去することとして最もうまく説明できる場合は、負の強化が起こったといえる。正の強化と負の強化の基本的性質や留保条件は同じである。負の強化の詳細は第12章で解説する。

2．強化の即時性の重要性

　強化の即時性（immediacy of reinforcement）の重要性を強調することは極めて重要である。強化の直接効果は、「行動とおよそ数秒後の結果の間の時間関係」から起こる（Michael, 2004, p. 161）。人以外を対象とした研究では、行動と結果の間の時間差を連続線上にとれば、一端では30秒まで遅らせても効果の決定的喪失は起こらないことが示されている（例えば、Byrne, LeSage, & Poling, 1997; Critchfield & Lattal, 1993; Wickenfeld, Nickel, Blakely, & Poling, 1992）。しかし、反応から強化までのわずか1秒の遅延が、0秒遅延と比べるとその効果を弱める。これは、その遅延の間に標的行動以外の行動が起こってしまうからである。つまり、強化子の提示に時間的に最も近接した行動が、その提示によって強化される。シドマン（Sidman, 1960）が述べたように、「もし強化を受けるために必要な反応に、即座に強化子が後続しなければ、強化子は何らかの別の行動に後続することになる。すると強化子の主効果は、確かに偶然ではあるが、強化と時間的に最も近い関係にある行動に対して起こるだろう」（p.371）。

　マロットとトロージャン・シュアレス（Malott & Trojan Suarez, 2004）は、即時強化の重要性を次のように論じた。

> もし強化子が特定の反応を強化するのであれば、強化子はその反応に即座に後続させなければならない。しかし、どのくらい即座ならば即座といえるだろうか？　人間に関しては即時性についての実験データはまったく存在しない。しかし言語のない動物に関する研究では、1、2分で限界を超えてしまうことが示唆される（30秒でも厳しい）。そして、もし言語のない子どもを指導する行動分析学の専門家と話をすれば、ほとんどがそのことに同意するだろう。子どもに個々の強化子を与えるまで60秒待たなければならないとすれば、彼らは仕事を辞めて別の仕事に移るだろう。60秒遅延は、成人にさえも何の学習も起こさせないことを（少なくとも望ましい学習を何も起こさせないことを）保証する手っ取り早い方法である。
>
> 　したがって、もしある反応を強化しようとするならば、60秒の限度を超えてはならない。他端の0秒に近づけるべきである。遅延を大きくするにつれて、強化の直接効果は、たとえ3、4秒でも、たちまち小さくなる。そして、1秒の遅延でさえ、間違った反応を強化してしまう。もし幼児に「こっち見て」と言い、反応して1秒後に強化子を与えるとすれば、他方を見る行動を強化する恐れがある。そのため、遅延強化によって起こる1つの問題は、間違った反応（強化を与える直前に生起した反応）を強化することである。(p. 6)

　一般的誤解は、遅延性の結果が行動を強化できるという誤解である。反応が起こって数日後、数週間後、あるいは数年後に結果が起こっても、強化することができるという誤った考えである。「人間の行動が一見して遅れに遅れた結果に影響されたように見えるとき、その変化は実はその人間の複雑な社会的、言語的歴史のせいで起こっている。強化による行動の単純な増強の例と見るべきではない」。（Michael, 2004, p. 36）

　例えば、子どもがピアノを学んでいる。州規模のコンテストに備えて、毎日従順に数カ月間練習した。そのコンテストでピアノ独奏の1等賞を取った。この例で考えてみよう。彼女の日々の

ねばり強い練習を強化したのはその賞だった。そう思う人がいるかもしれない。それは間違いである。遅延性の結果は行動を直接強化しない。遅延性の強化は、言語と組み合わるようにすれば、教示性制御（instructional control）とルール遵守（rule following）によって、将来の行動に影響を与えることができる。ルールとは、行動随伴性の言語による記述ある（例えば、「カブの種は、8月15日までに播けば、凍害前に収穫できるだろう」）。ルール遵守を学ぶことは、行動に直接影響を与えるには遅すぎる結果の制御の下に行動を組み込む1つの方法である。「もし今からコンテストの日まで課題曲を毎日1時間練習すれば1等賞を取れます」というピアノの先生の言明が、ピアノを学ぶ子どもの日々の練習に影響を及ぼすルールとして機能した可能性がある。もしその子の日々の練習が先生のルールのせいで起こっていたとすれば、子どもの日々の練習はルール支配行動（rule governed behavior）だったことになる[3]。以下に示す条件は、行動が強化の直接的効果よりも教示性制御ないしルール遵守の結果であることを示す強力な指標である（Malott, 1988, Michael, 2004）。

- 行動に対する即時的結果は見当たらない。
- 反応から結果までの時間差は30秒以上ある。
- 行動が強化なしに変化する。
- 1回の強化例だけで、行動生起頻度の著しい増加が起こる。
- 行動に対する結果は、自動強化も含めて一切存在せず、ルールのみが存在する。

3．強化は循環論法の概念ではない

　広く認められる誤解は、強化は循環論法の産物であり、それゆえに私たちの行動の理解には何ら貢献しないというものである。循環論法は誤った論理形式である。そこでは観察された結果を記述するために使われる名称が、現象の原因と間違えられる。この結果と原因の混同はなぜ循環論的になるのか。それは推定される原因を突き止めるため、観察された結果を唯一の根拠として使ってしまうからである。循環論法では、推定される原因は結果から独立していない。原因も結果も1つであり同一である。

　ここに、循環論法の1例がある。教育場面でしばしば見られる例である。ある子どもが読解学習の困難を継続的に示す（結果）。この場合その子は学習障害と診断される。すると今度は学習障害が、その子の読解問題の説明概念に使われる。例えば、「ポールの読解問題は学習障害のせいである」。ポールに学習障害があることはどうして分かるか？ 彼が読解を学習しなかったからである。なぜポールは読解を学習しなかったか？ 学習障害が読解の学習を妨げたからである。こうして堂々巡りがぐるぐる回り続ける。

注3：ルール支配行動についての優れた考察は、Baum (1994); Chase & Danforth (1991); Hayes (1989); Hayes, Zettle, & Rosenfarb (1989); Malott & Garcia (1991); Mallot & Trojan Suarez (2004); Reitman & Gross (1996); Vaughan (1989) に示されている。

第11章 正の強化

　同様に、「ロビーの勉強行動を増加させたのは教師の注目である。教師の注目が強化子だからである」は循環論法である。一方、「ロビーの勉強行動が増加したのは直後に教師の注目が後続したとき（そしてそのときだけ）である。それゆえに教師の注目は強化子である」は正しい言い方である。その違いは、単に陳述の方向、ないし意味論的な言葉のまやかしにとどまらない。循環論法では、推定される原因が行動に影響を与えるかどうかを調べるために、それを独立変数として操作することをしない。循環論法では結果と原因が同一であるため、そのような実験的操作は不可能である。ポールの学習障害は独立変数として操作できない。なぜなら、学習障害の概念をこの例のように用いた場合、学習障害は従属変数（結果）を表すもう1つの名前にすぎなくなるからである。

　強化は循環論法の概念ではない。反応と結果の関係に含まれる2つの成分を分離できるからである。そして結果を操作することによって、それが随伴する行動の頻度を増加させるかどうかを究明することができる。エプスタイン（Epstein, 1982）は、そのことを次のように説明している。

　　　ある反応の頻度が増加する。それは反応に特定の刺激が随伴するからである（理由はただ刺激を随伴させるだけである）。そのことが証明できるとき、その刺激を強化子、その強化子の提示操作を強化と呼ぶ。ここには堂々めぐりはない。そのことに注意しよう。強化とは、世界の出来事の間に一定の関係が認められるときに適用する言葉である。［しかし］例えば特定の刺激が反応行動を増大させるのはその刺激が強化子だからであると言えば、強化子という言葉は循環論法的に使われることになる。刺激が強化子と呼ばれるのは、刺激が行動を増加させるからこそである。（p. 4）

　エプスタイン（Epstein, 1982）は、さらに行動を理論的に説明するために強化など実験で証明された原理を使うことと、循環論法の主張を使うこととに違いがあることを、次のように説明する。

　　　スキナーはいくつかの著作において、一定の行動（例えば言語行動）が起こるようになったのは、強化のせいだろうと推測する。例えば、一定の行動が優勢になるのは、過去にそれが強化されたためであると婉曲に言うことがある。この概念の使用は循環論法ではない。単なる推測あるいは解釈である。強化と言う言葉をこのように使うことは、その人が膨大なデータベースを蓄積している限り妥当である……。スキナーが一部の日常行動を過去の強化子の結果であると考えるとき、膨大なデータベースと、制御された条件の下で立証された行動原理に基づいて、納得できる推測をしている。（p. 4）

　強化という用語は、正しく使われる場合、実験的に実証された関数関係（また理論的概念的分析においては思弁的関係）を表す。それは、ある反応の直後に起こる刺激変化（結果）と、将来同様の反応を自発する頻度の増加との間にある関数関係である。表11.1は、カタニア（Catania,

表11.1　強化の語彙*

用語	限定条件	例
強化子（reinforcer）（名詞）	刺激	ラットのレバー押しに対する強化子（reinforcer）として、フードペレットが使われた。
強化の（reinforcing）（形容詞）	刺激の性質	その強化刺激（reinforcing stimulus）は、ほかの非強化刺激よりも、より頻繁に提示された。
強化（reinforcement）（名詞）	操作としては、反応が起こったとき結果を与えること。プロセスとしては、強化の結果、反応の増加が起こること。	強化（reinforcement）の固定比率スケジュールによって、10回目のキーつつきごとに食物を与えた。猿の実験で、社会的結果によって強化（reinforcement）が起こることを実証した。
強化する（to reinforce）（動詞）	操作としては、反応が起こったとき結果を与えること。強化されるのは生命個体ではなく反応。プロセスとしては、強化操作によって、反応を増加させること。	子どもの学業完了を強化する（reinforce）ために、自由遊び時間を活用した。子どもの成績が向上した。金星が小学1年生の共同遊びを強化する（reinforce）かどうか確かめるため実験を計画した。

＊この用語集は、以下の3条件が存在するとき、そして存在するときにのみ妥当である。（1）反応が結果を生み出す。（2）その反応形式は、それらの結果を生み出さないときより生み出すとき、より頻繁に起こる。（3）反応に結果が伴うがゆえに反応の増加が起こる。弱化（刺激としての弱化子と動詞としての弱化するを含む）についても、同様の語彙が適切になる。ただし弱化の場合、結果は反応生起の増加ではなく減少をもたらす。

From *Learning interim* (4th ed.) by A. C. Catania, 2007, p. 69. Cornwall-On-Hudson, NY : Sloan Publishing.

1998）が提案した、強化子（名詞）、強化の（形容詞）、強化（名詞）、強化する（動詞）という用語についての制限（または限定）と正しい用例を表している。ボックス11.1は、強化について専門家が講演したり執筆したりするときよく犯す4つの誤りについて説明している。

4．強化は先行刺激条件を意味あるものにする

　強化は、それが随伴する行動の将来の生起頻度を増加させる以上のことをする。すなわち、強化された行動の直前にあった刺激の機能を変化させる。先行する出来事は、反応と強化子の随伴性（response-reinforcer contingency）と時間的に対提示され、そのおかげでその反応クラスに含まれる成員（反応例）を引き起こす（より起こりやすくする）能力を獲得する。第2章で紹介したように、弁別刺激（discriminative stimulus）（S^D、「エスディー」と発音する）とは先行刺激であり、それは生命個体が特定の反応クラスを自発すれば強化が得られる可能性と関連した刺激である。S^Dがあるとき個体が反応する。そうすれば、その反応は強化を引き起こす。S^Dがないときは（刺激デルタ [stimulus delta]［S^Δ、エスデルタと発音する］と呼ばれる状況）、個体が反

第11章　正の強化

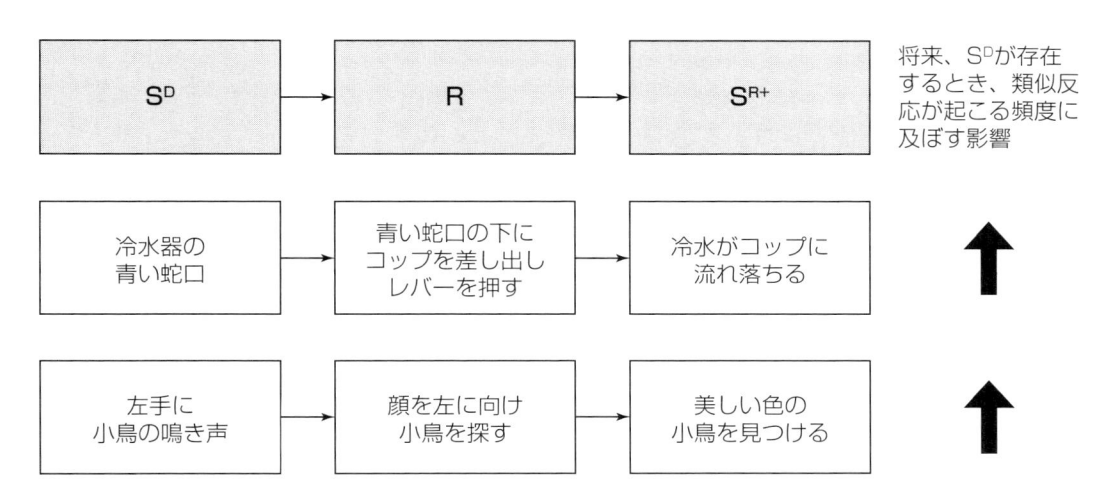

```
[S^D] → [R] → [S^R+]    将来、S^Dが存在
                         するとき、類似反
                         応が起こる頻度に
                         及ぼす影響

[冷水器の    → [青い蛇口の下に  → [冷水がコップに    ↑
 青い蛇口]      コップを差し出し     流れ落ちる]
               レバーを押す]

[左手に      → [顔を左に向け    → [美しい色の        ↑
 小鳥の鳴き声]   小鳥を探す]        小鳥を見つける]
```

図11.3　弁別オペラントの正の強化を例示する3項随伴性。弁別刺激（S^D）が存在するとき個体が反応（R）を自発する。そして時間的に接近して、反応に刺激変化（S^R+）が随伴する。その結果、将来S^Dが存在するとき類似反応が起こる頻度が増加する。弁別オペラントは、条件づけの履歴の所産である。すなわち、S^Dがあるとき反応して強化を手に入れ、S^Dがないとき（刺激デルタ［S^Δ］と呼ばれる条件）類似反応を自発して強化を入手できなかった（あるいは、S^D条件のときよりも強化の量や質が低下した）という履歴の所産である

応しても、強化を引き起こすことができない。この強化の履歴（history of reinforcement）の結果として、人はS^Dがないときよりもあるときに、反応をより多く自発するようになる。その時その行動は、刺激性制御（stimulus control）（第17章を参照）の支配下にあると考えられる。

S^Dが加わることによって、強化の2項随伴性は、弁別オペラント（discriminated operant）の3項随伴性（three-term contingency）へと転換する。図11.3は、正の強化の3項随伴性の例である。いまある人にとって冷たい水が強化刺激になっていた。彼は青色の蛇口だけから冷たい水を手に入れた経験（履歴）をもっていた。彼の場合、コップを冷水器の青色の蛇口の下（例えば赤色の蛇口の下よりも）に差し出す可能性が高くなる。同様に、いま別の人にとって美しい色の小鳥を見ることが強化刺激になっていた。彼女は鳥のさえずり音がする方向に（例えばほかの音や静寂の方向よりも）目を向けた。そのとき、より頻繁に鳥を目撃した経験（履歴）をもっていた。彼女の場合、将来鳥のさえずり音が聞こえたとき、首をめぐらして左の方向を見る反応をより高頻度で示すだろう。

5．強化は動機づけに左右される

この前の段落で示した、いまある人にとって冷たい水が強化刺激になっていたという表現は、強化を理解するもう1つのカギである。強化は一般に人々を動機づける方法と考えられている。たしかにその可能性はある。しかし何らかの刺激変化がある瞬間に強化として有効になるかどうかは、当該の刺激変化に対する現存の動機づけレベルに左右される。第2章で紹介したように、動機づけ操作は、強化としての刺激変化の現時点における価値を変化させる（Michael, 2004）。

443

ボックス11.1
強化についての講演や執筆でよく見られる誤り

　どんな科学的活動においても、納得できるように説明するためには、一連の標準的な専門用語が必要になる。応用行動分析学の計画と実践と結果を効果的に伝達できるか否かは、この学問の専門的言語を正確に使うかどうかにかかっている。強化という言葉には、行動分析家の語彙の最も重要な成分のいくつかが含まれている。

　この囲み記事では、強化に基づく介入を説明するとき、応用行動分析学の研究者がよく犯す4つの誤りを検討する。おそらく最も一般的な誤解は、弱化と負の強化の混同だろう。ここではそれは話題にしない。この用語上の誤りは、すでに本書の第2章で述べ、次の第12章でもさらに議論するからである。

「強化の対象は人である」は誤り

　強化子を学習者に与えるという表現（例えば、教師はボビーが質問するたびに彼にトークンを与える）は正しいが、「教師はボビーが質問すればボビーを強化した」や「クロエが単語を正しく綴るたびに、クロエは褒め言葉で強化された」などの表現は正しくない。強化されるのは行動であって人ではない。ボビーの教師が強化するのは質問行動であり、ボビーではない。もちろん、強化は人全体に作用して影響を与える。強化が人のレパートリーに含まれる行動を強めるからである。しかし、介入の焦点や強化の主効果は、強化が随伴する行動である。

「スキルの強化としての練習」は誤り

　「練習はスキルを強化する」。だから子どもはスキルを練習すべきだ。そう教師が言うことがあるだろう。もしその話し手が、練習がもたらす一般的結果を、「何かをより強める」（例えば、鋼棒をコンクリートに埋め込んで強化する）のように、日常言語における強化の意味で言っているならば、その表現は問題にならない。スキルについてよく設計されたドリルや練習を行えば、たいていは保持がよくなり、潜時が短くなり、反応率が高くなり、持久力が増すなど、そのような形で、より強力なパフォーマンスが起こる（例えば、Johnson & Layng, 1994; Swanson & Sachse-Lee, 2000）。残念ながら、「練習はスキルを強化する」などの表現は、オペラント条件づけの専門用語として、しばしば誤用される。

　練習されるスキルは、練習の結果としてしばしばより強力になる。しかし練習自体は練習した行動の強化子にはなりえない。練習とは何か？　それは標的スキルが自発されるという形態であり様式である（例えば、算数の問題を1分間にできるだけ多く解く）。練習は行動であり、好きな活動などのさまざまな結果によって強化される可能性がある（例えば「これ

らの算数問題を練習しなさい。できたら自由時間を10分あげます」)。あるスキルを練習する機会が強化子として働き、もう1つのスキルの練習を強化する可能性がある(例えば、「算数の問題を終わらせたら、読みの反復練習を10分間していいです」)。そうなるかどうかは、学習者の過去の履歴や好みに依存する。

「人為的強化」という表現は誤り

　自然的強化子(natural reinforcer)と人為的強化子(artificial reinforcer)を区別する場合がある。例えば「子どもの成功率が改善したので、私たちはステッカーやトリンケット(ちょっとしたアクセサリー)などの人為的強化子の活用を少しずつ減らして、自然的強化子の活用を増やしていった」のように。専門家のなかには、行動原理を応用すると「人為的制御」(artificial control)(例えばSmith, 1992)をつくり出すと言う人もいる。行動と結果の随伴性(behavior-consequence contingency)は、強化としては有効であることもあれば、有効でないこともある。しかし随伴性の成分(その行動、その結果、または結果としてのその行動改善)はどれも人為的ではなく、また人為的にはなりえない。
　どんな行動改善プログラムでも、強化随伴性と強化子として使われる刺激は、つねに仕組まれたものである。さもなければプログラムなど不必要である。しかしそれらは決して人為的ではない(Skinner, 1982)。強化随伴性について語るときに有意義な区別は、自然と人工の区別ではない。行動改善プログラム以前に存在していた場面にあった既存の随伴性と、プログラムの一部として仕組まれた随伴性とを区別する。それこそが重要である(Kimball & Heward, 1993)。行動改善プログラムの最終的効果は、仕組まれた随伴性(contrived contingency)から自然発生的随伴性(naturally occurring contingency)へのシフトに左右されるかもしれないが、人為的強化などというものはない。

「強化とフィードバックは同義語」は誤り

　強化とフィードバックを同義語扱いする誤りを犯す講演者や執筆者がいる。これら2つの用語は別々の操作と結果を表す。もっともどの用語であれ、一部はほかの用語の意味の一部と重複するものであるが。フィードバックとは、人が何らかの行動を完了した後、自分の行動の一定の側面についての情報を当人が受け取ることである(例えば、「ぴったり合ってるよ、キャシー。25セント2つで50セントだね」)。フィードバックはたいていパフォーマンスについての言語的説明の形で提供されるが、振動や光のようなほかの方法を使って与えることもある(例えば、Greene, Bailey, & Barber, 1981)。フィードバックは結果であり、その後の行動の生起頻度をしばしば増加させる。そのせいで強化にはフィードバックを含めなければならないとか、強化はフィードバックを表す行動主義者の用語にすぎないなどの誤った認識が生じることがある。
　強化は反応の将来の生起頻度を必ず増加させる。それに対してフィードバックは、次の

(a)（b）の両方またはどちらか一方をもたらす。(a) 子どものパフォーマンスの将来の頻度を増加させる。(b) 学習者のパフォーマンスの何らかの側面の将来の頻度を減少させる。(a) の場合、将来の頻度を増加させるのは、フィードバックの強化効果、または次回の反応の仕方についてのプロンプトやインストラクション（例えば、「君の綴りは良くなってきているよ、ジェーソン。ただ、Tの文字の横線を引くのを忘れないようにね」）の両方またはどちらか一方のせいである。(b) の場合、将来の頻度を減少させるのは、フィードバックがもつ弱化またはインストラクション（例えば、「君の投球ではひじが下がるよ。ひじを下げないように」）の働きのせいである。フィードバックは、パフォーマンスのある側面を増加させ、ほかの側面を減少させるなど、一度に複数の効果をもたらすことがある。フィードバックはまた、どんな将来の反応にも影響を及ぼさないことがある。

　強化は機能的に定義される。決め手になるのは将来の反応に及ぼす影響である。一方フィードバックは、形態的特徴（パフォーマンスの何らかの側面についての情報）によって定義される。しかしどちらの操作も、他方にとっての必要条件でもなければ十分条件でもない。つまり、強化はフィードバックなしに起こる。フィードバックは強化効果なしに起こる。

時には常識的言語のほうが良い

　行動分析学の専門用語は複雑である。習得は簡単ではない。行動分析学の初学者だけが専門用語を誤解するわけではない。十分に訓練された実践家、定評ある研究者、経験のある著者でも、行動分析学の話をしたり、文章を書いたりするとき、用語上の誤りを犯すことがある。多くの過程と制御されない未知の変数の含まれる複雑な状況を、正の強化などの行動概念と原理を使って、自信たっぷりに説明することは誤りである。これは最も用心深く良心的な行動分析家でさえも、ときに陥る誤りである。

　時間的に遠く離れた結果が行動に及ぼす影響を説明するために、強化という専門用語や概念を持ち出すよりは、以下に示すジャック・マイケル（Michael, 2004）のアドバイスに従う方が賢明だろう。そして日常使われる説明用語を使い、常識的な話にとどめておく方が良いだろう。

　　誤って使われる専門用語は、常識的な言語よりさらに悪質である。専門用語を使うと、あたかも事態が十分に理解されているかのような印象を与えて、更なる分析に向かうまじめな追求を止めてしまうからである。［強化の］間接的影響に関わるさまざまな過程の正確な分析を提示できるようになるまでは、日常的な説明言語を使い続ける方が良い。したがって「科研費申請の成功は、同じ方向への将来の努力を促進する可能性がある」と言うようにしよう。しかし背後にあたかも行動の科学が存在しているかのように言うべきではない。労働争議の成功的解決をストライキに対する強化であると言ったり、政治候補者の選挙での成功を政治的活動に対する強化であると言ったりするのはよそう。……良い成績は場合によっては学習行動を維持させている原因であることが疑いないにしても、それを効果的な学習行動に対する強化として話す

> ことはやめよう。単にそれらは維持の原因であると言うべきである。この種の制限は私たちの技術的知識を（誤って）示す機会を奪うことになるが、そのほうがずっといい。(p. 165, 原典で強調)

　動機づけ操作（MO）は環境変数である。それは行動に２つの影響を与える。（１）それらはある特定の刺激、事物、事象が備えているオペラント強化の有効性を変化させる（価値変更効果）。（２）それらの刺激、事物、事象によってかつて強化されたすべての行動のその瞬間の生起頻度を変化させる（行動変更効果）。価値変更効果は、反応と強化の間の遅延と同様に、条件づけを行う時点における強化子の強化の有効性に関係する。また結果が強化であると言うことは、関連MOが有効であり、十分な強さであることを意味する。(p. 31)

言い換えると、どんな時でも、刺激変化が強化として「働く」ためには、学習者がすでにそれを欲しがっていることを必要としている。このことは、これからその下で強化の効果が見られる環境条件という観点から見て、決定的に重要な必要条件である。マイケル（Michael, 2004）はこの必要条件について、次のように説明している。

　行動変更効果は、強化される行動の将来の生起頻度の増加に関係している。それはオペラント強化関係に対する第３の必要条件として加えられなければならない。つまり、ある刺激状況（S）において、ある種の行動（R）が起こり、その直後に強化（S^R）が後続する。すると、将来、同じまたは類似する刺激状況において、その種の行動の生起頻度は増加する。ただし現実に生起頻度が増加するのは、過去に使われた強化に関連したMOが、再び有効になっているときのみである。(p. 31, 原典で強調)

　動機づけ操作は、２つの形をとる。強化子の現在の有効性を高めるMOは確立操作（establishing operation, EO）である（例えば、食物遮断という動機づけ操作は、食物の強化子としての有効性をより有効にする）。強化子の現在の有効性を弱めるMOは無効操作（abolishing operation, AO）である（例えば、食物摂取という動機づけ操作は食物の強化子としての有効性を弱める）[4]。

　弁別オペラントに確立操作（EO）を加えると、図11.4に示すように、結果として４項随伴性（four-term contingency）が得られる。暑くて風通しの悪い部屋で、水なし状態で数時間過ごす。これはEOである。それは (a) 強化子としての水の有効性を高め、(b) 過去に水を出現させたすべての行動の瞬間的生起頻度を増大させる。同様に、ハイキングに出かける前に、公園管理者がハイカーに向かって、ある鳴き声を発する鳥の色を説明できれば、土産物店で使える５ドル分のトークンを差し上げます、と言う。これもEOである。それは (a) その鳴き声を発する鳥を

注4：動機づけ操作は第16章で詳しく論じる。

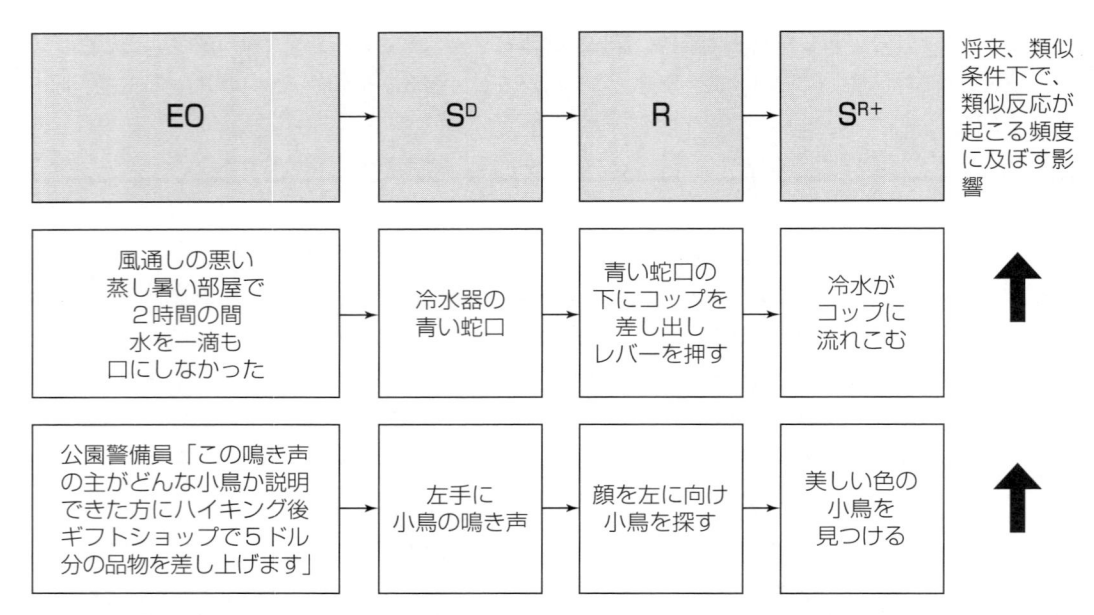

| | EO | → | S^D | → | R | → | S^R+ | 将来、類似条件下で、類似反応が起こる頻度に及ぼす影響 |

| 風通しの悪い蒸し暑い部屋で2時間の間水を一滴も口にしなかった | → | 冷水器の青い蛇口 | → | 青い蛇口の下にコップを差し出しレバーを押す | → | 冷水がコップに流れこむ | ↑ |

| 公園警備員「この鳴き声の主がどんな小鳥か説明できた方にハイキング後ギフトショップで5ドル分の品物を差し上げます」 | → | 左手に小鳥の鳴き声 | → | 顔を左に向け小鳥を探す | → | 美しい色の小鳥を見つける | ↑ |

図11.4　動機づけ操作によって有効にされた弁別オペラントの正の強化の4項随伴性による説明。動機づけ操作（MO）により、強化子としての刺激変化の瞬間的な効果が増大し、S^Dが過去に刺激変化によって強化されてきた行動をより引き起こすようになる

発見することの強化の有効性を高める、(b) 過去に同様の結果（この例では、音の発生源の発見）をもたらしたすべての行動（例えば、頭を回し、周りを見回す）の生起頻度を増大させる。
　分かりやすい言葉で言えば、確立操作（EO）は、どんな特定の瞬間であれある個人が欲しがるものを決定する。EOは動的であり、つねに変化する。強化子としての価値（欲しいもの）は、遮断（deprivation）レベルが上がるにつれて高まり、飽和（satiation）レベルが上がるにつれて弱まる。ヴォルマーとイワタ（Vollmer & Iwata, 1991）は、3つの刺激クラス（すなわち、食物、音楽、社会的注目）の強化効果が、遮断と飽和の状況においていかに変化するかを実証した。参加者は発達障害のある5人の大人だった。従属変数は2つの運動課題（スイッチを押す、容器から小さなブロックを取り出し別の容器の上部の穴に入れる）における1分間の反応数だった。すべてのセッションは10分続き、実験者の「[〇〇さん]、これやって」という言葉とモデリングから始まった。ベースラインの間、参加者の反応には、プログラム化された結果は随伴させなかった。遮断条件と飽和条件では、参加者の反応に対して、食物、音楽、社会的注目のいずれかを与えた。最初は、どの反応にもプログラム化された結果を与えた。それから結果の提示を徐々に、3回目の反応、5回目の反応、10回目の反応へと、シフトさせた。
　すべての刺激クラスに対して、遮断条件と飽和条件をつくり出すために、異なる手続きが使われた。例えば食物に関しては、参加者の定例ランチタイムの30分前にベースライン条件と遮断条件のセッションを行った。飽和条件のセッションは、参加者がランチを食べ終えて15分以内に実施した。社会的注目に関しては、ベースライン条件と遮断条件のセッションは、参加者が15分間1人でいたか、15分間他人との相互交流をまったくしなかったことが観察されたかのい

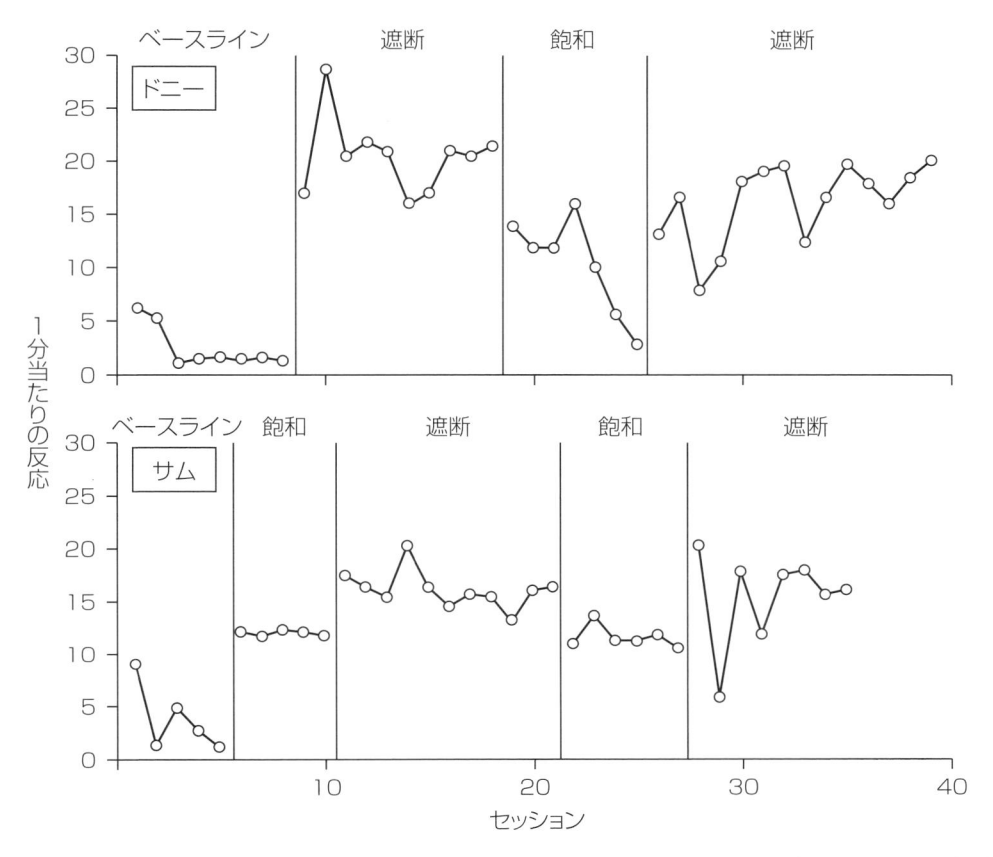

図11.5　ベースライン条件の間の2人の子どもの1分当たりの反応と、社会的注目の遮断条件と飽和条件において社会的注目が強化子として利用されたときの反応

From"Establishing Operations and Reinforcement Effects" by T. R. Vollmer and B. A. Iwata, 1997, *Journal of Applied Behavior Analysis, 24,* p. 288. Copyright 1991 by the Society for the Experimental Analysis of Behavior, Inc. Reprinted by permission.

ずれかの場合に、その直後に行われた。飽和条件のすべてのセッションでは、実験者がセッションの直前の15分の間、参加者に対して継続的な社会的交流（例えば、簡単なゲームや会話）を行った。

　5人の参加者はすべて、飽和条件よりも遮断条件において、より高い反応率を示した。図11.5は、2人の研究参加者ドニーとサムに対する社会的注目の強化子としての効果が、遮断と飽和によってどのように影響されたかを示している。ほかの研究者も同様の発見を報告している。すなわち、さまざまな刺激や出来事の遮断と飽和が、強化の相対的有効性に影響を与える動機づけ操作として影響することが見出されている（例えば、Gewirtz & Baer, 1958; Klatt, Sherman, & Sheldon, 2000; North & Iwata, 2005; Zhou, Iwata, & Shore, 2002）。

6．強化の自動性

　　強化の関係（reinforcing connection）は、強化される個人に明らかである必要はない。
　　　　　　　　　　　　　　　　　　　　　　　—B. F. スキナー（Skinner, 1953, p. 75）

　強化が起こるためには、人は自分の行為と強化的結果の間にある関係を理解したり言語化したりする必要はない。さらに言えば、結果が起ったことに気づくことすら必要ではない。この事実は強化の自動性（automaticity of reinforcement）として知られている。スキナー（Skinner, 1983）は自叙伝の最後の第3巻『大事なこと』（*A Matter of Consequences*）において、自動性についての面白い例を挙げている。その出来事は、政治活動において意図性が果たす役割について議論するために招かれた高名な学者たちとの会議の場で起こった。会議のある時点で、心理学者エーリッヒ・フロム（Erich Fromm）が、「人間は鳥ではない」と主張し出した。おそらくは、思考と自由意志の所産である人間の行動は、正の強化に基づくオペラント分析では説明できないと言いたかったのだろう。スキナーはその後に起こったことについて詳しく記している。

　　私は何かをしなければならないと決心した。1枚の紙切れに「フロムの左手を見ていてごらんよ。私が空手チョップの動作をシェーピング［漸次的接近による強化］してみせるから」と書いて、それを（グループの一員の）ハレックがいるテーブルに回した。フロムは真向かいのテーブルに座っており、主に私に向かって話していた。私はイスを少しずらして、彼を目の片隅でとらえられるようにした。彼はジェスチャーをたくさんまじえて話をした。そこで彼の左手が上がってくる度に、私は必ず彼を直視するようにした。彼が手を下ろしたら、私はうなずいて微笑むようにした。5分もしないうちに彼はあまりにも元気に空中をチョップするようになったので、腕時計が彼の腕から滑り落ちてしまった。（p. 150-151, 角括弧の語は追加）

7．選択される行動の恣意性

　　生命個体に関する限り、随伴性の唯一の重要な性質は時間だけである。
　　　　　　　　　　　　　　　　　　　　　　　—B. F. スキナー（Skinner, 1953, p. 85）

　強化が起こるためには、行動と強化的結果の間に論理的または適応的関係が存在する必要はない。言い換えれば、強化は何であれ、その直前に起こるあらゆる行動を増加させる。選択される行動のこの恣意的特徴は、強化を理解するために決定的に重要である。そのほかの関係（例えば、論理的関係、望ましい関係、便利な関係、適切な関係）はすべて、行動と結果の間に存在する決定的に重要な時間的関係と競合しなければならない。「強化が反応を条件として行われると言うことは、強化が反応の後に起こるという以外の何ものも意味しない……。条件づけが起こる唯一の理由は、おそらく時間的関係にある。それは反応と強化の順序と近さで表される」（Skinner, 1948, p. 168）。

スキナー（Skinner, 1948）は、最も有名な実験論文の１つである「鳩の'迷信行動'」において、強化によって選択される行動の恣意的特徴を実証している。彼は、「ハトの行動が何であれそれらとは無関係に」(p. 168)、15秒ごとに少量のエサを与えた。強化は行動の直後に随伴しさえすれば、どんな行動でも増加させるという事実は、すぐに証明された。8羽のハトのうち6羽が、風変わりな行動を形成した。それらの行動は「あまりに明白に定義されていたので、2人の観察者は生起例を数えるうえで完璧に同意することができた」(p. 168)。1羽のハトは鳥かごの周りを反時計回りに歩いた。ほかの1羽は鳥かごの上部の角の1つに繰り返し頭を強く押し付けた。別の2羽のハトは、「頭と胴体を使った振り子運動、つまり頭を前方に伸ばし、鋭い動きで右から左へと揺すり、次いでややゆっくり元に戻る」動きを獲得した（p. 169）。鳥かごに適応する段階や、エサが定期的に提示される以前の段階では、ハトは風変わりな行動を「それと分かる強さでは」まったく示していなかった。

じょうご形の餌を落とす装置（food hopper）が出現するとき、ハトがたまたま遂行していた行動は、何であれ繰り返される傾向が見られた。そのことが、次にエサが出現する機会に、その行動が起こる可能性をより高くした。換言すれば、強化随伴性は、その行動を条件とするもの（行動に依存するという意味での）ではなかった。強化がときどきその行動に随伴したのは、偶然の一致にすぎなかった。このように偶然に強化された行動は、「迷信」行動と呼ばれる。なぜなら偶然に強化された行動は、強化操作の決定に何の影響も与えなかったからである。人間は多くの迷信行動をする。スポーツ界には、無数の例を見つけ出すことができる。例えば、バスケットボール選手は、フリースローをする前に、自分のショートパンツをぐっと引っ張る。ゴルファーはラッキーだったボールマーカー（ほかの競技者の邪魔にならないようにボールの位置を示す目印）を持ち歩く。バッターはそれぞれの投球の前に、リストバンドの調節を同じ順序でする。大学のアメフトのファンは、自チームに幸運をもたらそうと、食べられないナッツでつくられたおかしな形状のネックレスを身につける[5]。

強化の恣意性を理解することは重要である。それは、罪のない風変わりな迷信行動がなぜ発展するかに関して可能な説明を与えるだけではない。多くの不適応的な問題行動の獲得と維持も、強化による選択がもつ恣意的特徴によって説明することができる。例えば、自分の体を傷つける人を慰めたり注意をほかに向けさせたりするつもりで、介護師が善意から社会的注目を与えたとする。それが介護師の阻止し除去しようとしている当該行動を、形成し維持することに貢献する恐れがある。カーングら（Kahng, Iwata, Thompson, & Hanley, 2000）は、発達障害の大人、3名の自傷行動（SIB）と攻撃行動が、社会的強化によって維持されていることを示す関数分析のドキュメントを提出した。カーングらのデータは、異常行動が強化の恣意性を原因とする社会的注目によって選択され維持されてきた可能性があるという仮説を支持している。

注5：すべての迷信行動が偶発的な強化の直接的な結果であると考えるのは誤りである。多くの迷信行動はおそらく、文化的習わしに従う結果である。例えば、高校の野球選手は、終盤の反撃が必要になったとき、自分の帽子を裏返しにし、ツバを後ろ向きにして被る。それは同じ状況でメジャーリーガーがラリーキャップ（一発逆転を狙うとき願掛けのために行ういつもとは違う被り方）をするのを見ているからである。

8. 自動強化

　行動のなかには、ほかの人々の仲介から独立して、それ自身が強化を生み出すものがある。例えば、虫に刺されたところをかいて痒みから解放される。ほかの人々による結果の提示なしに起こる行動と強化の関係を特定するため、行動分析学では**自動強化**（automatic reinforcement）という用語を使う（Vaughan & Michael, 1982; Vollmer, 1994, 2006）。自動強化は、社会的媒介から独立して起こる。自動強化の働きをする反応所産は、しばしば自然に起こる感覚的結果、例えば「それはいいね」（sounds good）、「きれいだね」（looks good）、「いい味だね」（tastes good）、「いい匂いだね」（smells good）、「手触りがいいね」（feels good to touch）、「動きが美しいね」（the movement itself is good）」のような形で出現する（Rincover, 1981, p. 1）。

　持続的で、無目的で、反復的な自己刺激行動（例えば、指をはじく、首をまわす、体を揺する、つま先で歩く、髪をひっぱる、体を撫でる）は、自動強化の働きをする感覚刺激を生み出す可能性がある。そのような「自己刺激」は、自傷行動（Iwata, Dorsey, Slifer, Bauman, & Richman, 1994）や、常同的反復的動作や、さまざまな「神経症的習慣」を維持させる一要因と考えられる。こうした癖には、例えば、髪をひっぱる（Rapp, Miltenberger, Galensky, Ellingson, & Long, 1999）、爪を噛む、口や唇を噛むなどのほか、しきりに鉛筆を回す、宝石を撫でる（Miltenberger, Fuqua, & Woods, 1998）などの物いじりなども含まれる。

　自動強化の働きをする反応所産は無条件性強化子か、または強化の働きをする別の刺激と対提示されて条件性強化子となった、かつての中性刺激だった可能性がある。サンドバーグら（Sundberg, Michael, Partington & Sundberg, 1996）は、この種の条件づけされた自動強化を説明できる2段階条件づけ（two-stage conditioning）について、次のように述べた。

　　例えば、ある人が映画を見ようと家路につき、歌を歌ってもはっきりした直接の強化は何も随伴しないのに、ずっと歌うかハミングしていたとする。この行動が自動的に強化された行動として起こるためには、特別な2段階の条件づけの歴史が必要である。第1段階では、何らかの刺激（例えば歌）が、既存の形態の条件性強化または無条件性強化（例えば、面白い映画、ポップコーン、気晴らし）と、対提示されなければならない。その結果、その新しい刺激が、条件性の強化形態になる可能性がある（例えば、その歌を聞くことは、今や新しい条件性の強化形態かもしれない）。第2段階では、ある反応の自発（どんな目的であれ）が、ある反応所産（すなわち歌うことから起こる聴覚刺激）を生み出す。その反応所産は、前は中性だったその刺激（例えば、その歌）と形が似ている。それが今や自己強化的な性質を帯びるようになる。(pp. 22-23)

　ところで幼児はなぜたくさんの喃語を自発するのだろうか。また喃語はどうして未分化な発声から母語の話し言葉の音声へと、他者の明白な介入なしに自然にシフトするのだろうか。この問題を説明するために、自動強化が役立つ可能性があると、何人かの理論家が示唆した（例えばBijou & Baer, 1965; Mowrer, 1950; Skinner, 1957; Staats & Staats, 1963; Vaughan & Michael,

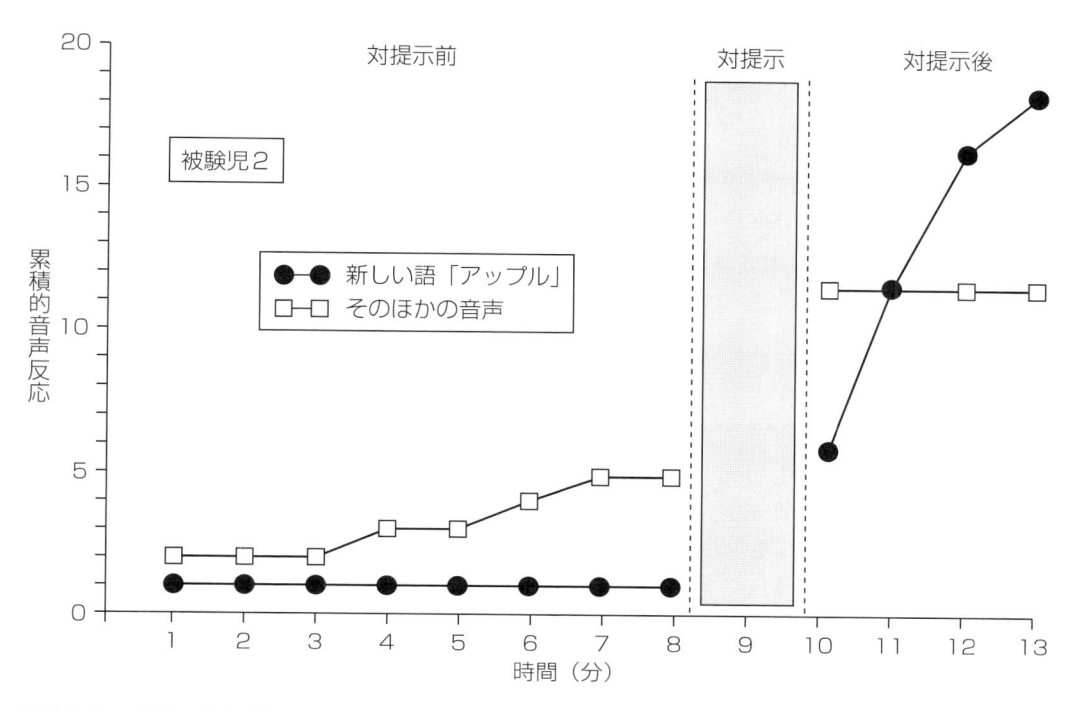

図11.6　4歳の自閉症児が、強化の確立された形態と「アップル」が反復して対提示された前後において「アップル」いう音を出した累積回数。対提示後に「アップル」と発する頻度の増加は自動強化によって説明されるかもしれない

From "Automatic Reinforcement" by M. L. Sundberg, J. W. Partington, and C. A. Sundberg, 1996, "Repertorie-Altering Effects of Remote Contingencies" *The Analysis of Verbal Behavior, 13*, p.27. Copyright 1996 by the Association for Behavior Analysis, Inc. Used by permission.

1982)。赤ちゃんの世話をする人は、抱いたり、授乳したり、入浴させたりしながら、しじゅう話しかけ、歌いかける。世話をする人の声の音は、さまざまな強化子（例えば、おっぱいやぬくもり）と繰り返し対提示される。その結果、それらの音声は赤ちゃんにとって条件性強化子になる可能性がある。赤ちゃんの喃語は、それが世話をする人の音と一致するか、かなり近い音として産出されるとき、自動的に強化される。その時点で「幼児は育児室に1人でいても、人々の話し言葉を耳にしたとき聞いた音をつくり出して、自分自身の探索的な発声行動を自動的に強化している可能性がある」。(Skinner, 1957, p. 58)

　自動強化が初期の言語獲得に貢献する1要因であるという考えは、何年も前に提案されていたが、この現象の実験的分析が文献に現れたのはごく最近のことだった（例えば Miguel, Carr, & Michael, 2002; Sundberg et al., 1996; Yoon & Bennett, 2000）。サンドバーグら（Sundberg et al., 1996）は、直接的強化も反応プロンプトもなしに、刺激と刺激を対提示するという操作の影響だけによって、子どもの新しい音声の発声頻度を増加させられることを示す最初の研究を報告した。参加したのは5人の子どもだった。年齢は2歳から4歳であり、広範囲の言語能力を代表していた。刺激の対提示以前のベースライン条件では、両親と出張指導者とが子どもから2、3フィート離れて座り、子どもが電車セットといくつかのおもちゃで遊んでいるときに自発する言葉

と音声をすべて記録した。データは連続1分インターバルを使って収集した。大人は対提示前のベースライン段階では、子どもとは一切やりとりしなかった。刺激と刺激の対提示の操作では、1人の親しい大人が子どもに近づいて、そちらを向いて標的音声や単語や語句を自発した。それから直ぐ、子どもの強化形態としてすでに確立されている刺激（例えば、くすぐる、褒める、大人が広げたパラシュートで跳ねさせる）を与えた。この刺激と刺激の対提示の操作は、1～2分の間に15回繰り返された。大人は標的音声や単語や語句を発声するとき、さまざまな音の高さやイントネーションを用いた。対提示後条件の段階は、刺激と刺激の対提示のすぐ後に開始した。この段階では大人は子どもから離れて、対提示前の条件と同じ条件にした。

　音声、単語、語句と、確立された強化子とを対にする刺激と刺激の対提示操作に続く対提示後条件においては、5人の子どもすべてにおいて、標的語の生起頻度の増加が生じた。図11.6は、参加児2の4歳自閉男児に行った3種類の対提示の1つの代表的サンプルの結果を示す。参加児2には200以上のマンド、タクト、イントラバーバルのレパートリーがあったが、自分から発声したり、音声遊びに従事したりすることはめったになかった[6]。対提示前条件の段階では、子どもは標的単語を話さず、それ以外の発声を0.5分当たり平均4回発していた。刺激と刺激の対提示の操作段階では、アップルという単語とくすぐりを、60秒当たりおよそ15回対提示した。この対提示の直後、子どもは4分の間に17回、1分当たり4.25回の割合で「アップル」と言った。おまけに、子どもは、対提示後条件の最初の1分間に「くすぐったい」という言葉を4回発した。サンドバーグらによる結果は、子どもの音声反応所産が、ほかの強化形態と対提示されたことによって、自動的条件性強化子として機能した可能性を実証している。

　ケネディ（Kennedy, 1994）は、応用行動分析家は自動強化を2つの意味で使うと述べている。第1の例では、自動強化は社会的媒介の不在によって定義される（Vollmer, 1994, 2006）。第2の例では、行動機能査定によって固執行動の強化子が同定できない場合、行動分析家のなかには自動強化が制御変数であると仮定する者がいる（第24章「行動機能査定」を参照）。社会的注目やそのほかの既知のどんな強化形態がなくても、SIB（自傷行動）が起こる場合、しばしば自動強化が関わっているだろうと推測する（例えば、Fisher, Lindauer, Alterson, & Thompson, 1998; Ringdahl, Vollmer, Marcus, & Roane, 1997; Roscoe, Iwata, & Goh, 1998）。ある行動が自動強化で維持されていることをつきとめ、その強化の源泉を極力単離するか代替させる（例えば、Kennedy & Souza, 1995, 本書の図8.5を参照; Shore, Iwata, DeLeon, Kahng, & Smith, 1997）。そうすることは、その行動のもつ自動強化の性質を利用するか、またはその影響を弱めるための介入を設計するうえで重要な意義をもつ（第21章, 22章, 23章を参照）。

　自動強化の概念としての効用と限界を要約して、ヴォルマー（Vollmer, 1994）は次のように提言した。

- 実践家が認識しておかなければならないことは、強化はすべて設計され、社会的に仲介され

注6：マンド、タクト、イントラバーバルは、スキナー（Skinner, 1957）によってはじめて記述された3種の基本的言語オペラントであり、それらは第25章で説明する。

るとは限らないことである。

- 自動強化によって維持される行動のなかには（例えば、自己刺激、常同行動）、一定の操作（例えば、タイムアウト、計画的無視、消去）では減らしたり除去したりできないものがある。

- 観察された現象に短絡的に自動強化というラベルを貼ることは望ましくない。現実に行動を維持している強化子を同定する一層の努力を排除し、私たちの分析と有効性を制約する恐れがあるからである。

- 社会的に媒介される随伴性を計画しにくいか、または単に入手できない場合、実践家は自動強化を潜在的目的とみなしてよいかもしれない。

II 強化子を分類する

　この節では、強化子の専門的な分類を展望する。まず起源による分類を概観する。次いでいくつかの実務的カテゴリーによる分類を概観する。実践家と研究者はしばしば実務的カテゴリーを使って強化子を形式的特徴によって記述し分類する。しかしながら、すべての強化子は、タイプや分類のいかんにかかわらず、最も重要な（すなわち定義的）特徴において、同一であることを認識する必要がある。すなわち、強化子はすべてその直前に起こる行動に対して、将来の生起頻度を増加させる働きをするということである。

1．起源による強化子の分類

　第2章で紹介したように、強化子は起源から見れば、基本的に2種類に分類される。すなわち、種の進化の所産としての強化子（無条件性強化子）と、個人の学習の履歴の結果としての強化子（条件性強化子）である。

（1）無条件性強化子

　ある刺激変化を**無条件性強化子**（unconditioned reinforcer）と呼ぶためには、その刺激変化に関して、学習者側に学習歴がまったくないのに、その刺激変化が強化として働くという条件をクリアしなければならない（無条件性強化子の同義語として1次性強化子と非学習性強化子という用語を使う者もいる）。無条件性強化子は種の進化の歴史（系統発生）の所産である。そのため、ある種に属する生物学的に正常なメンバーはすべて、同じ無条件性強化子による強化に多かれ少なかれ影響される。例えば、食べ物や水、酸素、ぬくもり、性的刺激は、強化子として機能するために、過去の学習歴を必要としない刺激の例である。食物を遮断された人間にとって、食物は無条件性強化子として機能する。水分を遮断された人間にとって、水は無条件性強化子とし

て機能する、など。

人に触ること（human touch）もまた、無条件性強化子である可能性がある（Gewirtz & Pelaez-Nogueras, 2000）。ペレス-ノゲラスら（Pelaez-Nogueras et al., 1996）の研究から、幼児は接触刺激を含む対面的交流を好むことが分かった。その研究では2つの条件づけ介入がカウンターバランスをとって交互に行われた。接触条件では、幼児がアイコンタクト反応をしたら、即座に大人の注目（アイコンタクト）や、微笑みや、優しい語りかけや、幼児の脚や足の撫でさすりを随伴させた。接触なし条件でのアイコンタクト反応には、アイコンタクトや、微笑みや、優しい語りかけは随伴させたが、撫でさすりは伴わせなかった。撫でさすりを含む随伴条件では、実験に参加したすべての赤ちゃんが、より長時間アイコンタクトを持続させ、より高い割合で笑顔を示し、声を挙げた。そして泣いたり反発したりする時間はより少なかった。ペレス-ノゲラスらは、これらの結果と関連したいくつかの研究に基づいて、「これらの結果から、接触刺激は幼児の行動に対して、1次性強化子として機能しうることが示唆された」（p. 199）と結論づけている。

（2）条件性強化子

条件性強化子（conditioned reinforcer）（しばしば、2次性強化子、あるいは学習性強化子と呼ばれる）は、もともとは中性の刺激変化だったものが、1つかそれ以上の無条件性強化子か条件性強化子との刺激と刺激の対提示を通して、強化子としての働きを獲得したものである。対提示を繰り返すことで、かつての中性刺激は対提示された強化子の強化機能を獲得する[7]。例えば、ある音が食べ物と繰り返し対提示されており、EOによって食べ物が現時点での有効な強化子として働くようにされていれば、その音は強化子として機能するだろう。

人間の場合は、中性刺激は別の強化子と物理的に直接対提示されなくても、条件性強化子になりうる。アレッシ（Alessi, 1992）が名づけたアナログ型言語条件づけ（verbal analog conditioning）という対提示がなされるだけでよい。

> 例えば、ある幼稚園の子どもたちのクラスでは、学業成績が良いとM&Mチョコレートキャンディーを与えられていたとする。そのクラスで、細かく切った黄色の画用紙の切片を見せて、「こちらの黄色の画用紙は、上級生がもらっているご褒美ですよ」と説明する（Engelmann, 1975, pp. 98-100）。そのグループの子どもたちの多くは、即座にM&Mを受け取るのを拒否し、いつも以上に熱心に勉強に取り組み、ご褒美として黄色の画用紙だけを受け取るようになる。
>
> 黄色の画用紙は「学習性強化子」として機能すると言ってよいだろう。実験室研究では、中性刺激は1次性強化子（またはほかの「学習性強化子」）との直接的対提示によってのみ、強化子になりうることを教える。しかし黄色の画用紙の切片はどんな強化子とも対提示されず、もちろん1次性強化子（M&M）とも対提示されなかった。それなのに子どもたちはM&Mを受け取ることを拒

注7：対提示するのは学習者ではなく環境である。このことを覚えておこう。学習者が2つの刺激を「連合」させる必要はない。

否し、代わりに黄色の画用紙の切片を要求した。このことから、黄色の紙は1次性強化子よりもはるかに強力な強化的性質を獲得したと言えるだろう（この例の場合、子どもたちはセッション直前にM&Mに飽和していたわけではないと仮定する）。(p. 1368)

　条件性強化子の「強化力」（パワー）は、それがほかの強化子と対提示された回数によって決まるとされることがある。しかし「音と食べ物が対提示されればされるほど、音の強化力はより強まるだろう」というような叙述は、完全に正確であるとはいえない。音が条件性強化子として働くようになる可能性は、確かに最初は大量の対提示によって強められるだろう（1回の対提示で十分である場合もあるが）。しかし、その音の強化子としての瞬間的有効性は、それまで対提示されてきた強化子に関連するEOによって左右されるだろう。もし音が食べ物とだけ対提示されてきたとすれば、その音は食べ物を遮断された学習者に対しては有効な強化子として機能するだろう。しかし、もし学習者が大量の食べ物を摂取したばかりならば、その音は強化子としてほとんど機能しないだろう。食べ物といかに多数回対提示されていようと、その回数には影響されない。

　般性条件性強化子（generalized conditioned reinforcer）とは、どんな特定の強化形態に関連するEOであれ、その有効性を現在のEOに頼る必要のない条件性強化子である。それは多くの無条件性強化子と条件性強化子と対提示されてきた結果そうなったのである。例えば、社会的注目（接近、アイコンタクト、賞賛）は、多くの人々にとって般性条件性強化子であるが、それは多くの強化子と同時に生起するためにそうなる。般性条件性強化子はより多くの強化子と対提示されればされるほど、どんな場合でも有効になる可能性が増すだろう。お金もまた現在働いている確立操作には影響されない般性条件性強化子である。お金がほとんど無限に多様なバックアップ強化子と交換できるからである。

　条件性強化子が般性条件性強化子と呼ばれるのは、広範囲の行動に対して強化として機能するからであると考えられることがある。しかしそれは誤りである。どんな強化子でも、その生起に先行する行動なら何であれ、それを増加させることができるからである。条件性強化子が般性条件性強化子と呼ばれるのは、広範囲のEO条件にわたって強化として有効だからである。般性条件性強化子は、このさまざまなEO条件にわたる多用途性という性質ゆえに、実践家に極めて多くの利益をもたらす。実践家は特定の強化子に関連するEOをしばしば制御できないからである。

　般性条件性強化子は、・ト・ー・ク・ン・エ・コ・ノ・ミ・ーを実践するための基盤を提供する。トークンエコノミーは、強化に基づくシステムである。それは多様な人々の多様な行動を改善することができる（例えば、Higgins, Williams, & McLaughlin, 2001; Phillips, Phillips, Fixen, & Wolf, 1971）。トークンエコノミーに参加する人々は、さまざまな標的行動を条件として、トークン（例えば、ポイント、チェックマーク、ポーカーチップス）を入手することができる。参加者はトークンを貯めておき、特定の時間にバックアップ強化子のメニュー（例えば、自由時間、コンピューターを使える時間、スナック）の中から自分の欲しいものを選んで、それとトークンを交換する。トークンエコミーシステムの例と、それらをデザインし実践するためのガイドラインは、第26章におい

て説明する。

2．形式的特徴による強化子の分類

応用行動分析学の専門家は、強化子を物理的特徴によって記述することがある。この方法を使えば、研究者と実践家と治療教育機関とサービス受益者との間のコミュニケーションが促進される。強化子を形式的特徴によって記述する場合、典型的には、食物強化子（edible reinforcer）、感覚強化子（sensory reinforcer）、有形強化子（tangible reinforcer）、活動性強化子（activity reinforcer）、社会的強化子（social reinforcer）に分類される。

（1）食物強化子

研究者と実践家が利用してきた食物強化子は、少量の食物、スナック、キャンディ、飲み物などだった。食物を強化子として利用した興味深い重要な一事例は、慢性の拒食症の児童の処遇への適用例である。例えば、リオーダンら（Riordan, Iwata, Finney, Wohl, & Stanley, 1984）は、病院の治療施設で4人の子どもの食物摂取を増加させるために「大好きな食物」を強化子として利用した。それは子どもが標的食品（例えば、野菜、パン、卵）を摂取したら、それを条件として大好きな食物（例えば、シリアル、ヨーグルト、缶詰フルーツ、アイスクリーム）を与えるという処遇プログラムだった。

ケリーら（Kelley, Piazza, Fisher, & Oberdorff, 2003）も、通院処遇プログラムに参加した拒食症と哺乳瓶依存を主訴とする3歳男児アルに対して、哺乳瓶ではなくコップから飲む行動を増加させるための治療を、食物強化子を利用して試みた。ケリーらが測定したのは、アルがコップに入れられた3種類の異なる液体を7.5ml摂取した試行数のパーセンテージだった。ベースライン段階では、褒め言葉が使われた。アルがもしオレンジジュース、水、チョコレート・ドリンクをコップから摂取したら、褒め言葉を与えることにした。摂取試行の平均パーセンテージは、それぞれ0％、44.6％、12.5％だった。このコップ飲み介入における正の強化段階では、アルが飲料を摂取するたびにセラピストがアルを褒め（ベースラインと同じ）、さらにスプーン摺り切りいっぱいの桃（好物の食物）をその口に流し入れることにした。この正の強化条件では、アルは3種類の異なる飲料による全試行において100％摂取した。

（2）感覚強化子

感覚を刺激するさまざまな形式が、これまで強化子として効果的に使われてきた。例えば、バイブレーション（例、マッサージ）、触覚刺激（例、くすぐり、羽毛製襟巻でなでること）、フラッシュや火花による光提示、そして音楽など（例えば、Bailey & Meyerson, 1969; Ferrari & Harris, 1981; Gast et al., 2000; Hume & Crossman, 1992; Rincover & Newsom, 1985; Vollmer & Iwata, 1991）である。

（3）有形強化子

有形強化子としてさまざまな品物、例えば、ステッカー、小物のアクセサリー、学校教材、トレカ（トレーディングカード）、小さなおもちゃなどが、しばしば使われてきた。事物の本来的価値は、正の強化子としての究極的効果には何の関係もない。事実上、あらゆる有形の品物が正の強化子としての役割を果たす。黄色の画用紙の切片を求めて頑張ったエンゲルマン（Engelmann, 1975）の幼稚園児のことを思い出してみよう！

（4）活動性強化子

ある行動に従事するチャンスが、強化としての役割を果たす場合、その行動は活動性強化子と呼んでよいだろう。活動性強化子は、日々の活動（例えば、ボードゲーム遊び、余暇の読書、音楽を聴くこと）の場合もあれば、特権（例えば、先生とのランチ、体育館でのバスケットシュート、列の先頭に並ぶこと）の場合もあれば、特別な出来事（動物園への遠足）の場合もある。

マッキボイとブラディ（McEvoy & Brady, 1988）は、自閉症と行動障害の 3 人の子どもたちが、算数のワークシートを仕上げることを条件として、いろいろな教材で遊べることの有効性を検証した。ベースライン段階では、教師は子どもたちに、ベストを尽くして問題をやり終えるよう指示した。そしてもし 6 分以内に問題プリントをやり終えたら、まだ終わっていないほかの課題を仕上げるか、それとも「何かほかにやることを探そう」と話した。それ以外には、問題プリントを完了させるためのプロンプトも、教示も与えなかった。問題プリントをやり終えたら、教師は子どもを褒めた。

介入段階の第 1 日目に、子どもは別室に連れていかれ、さまざまなおもちゃや遊具を見せられた。そして、算数問題の 1 日当たりの基準を満たしたら、それらの遊具で 6 分ほど遊んでよいと説明された。図11.7はその結果である。ベースライン段階では、3 人全員が問題を正しく解いた割合は、低率であるか（ディッキー）、非常に変動的だった（ケンとジミー）。遊び活動への条件的参加という介入が導入されると、どの子の問題解決の割合も増加し、最終的には基準レベルを超える結果になった。

プレマック（Premack, 1959）は、フリーオペラント状況における行動の相対的分布を見ることによって、活動性強化子を同定することができるという仮説を提唱した。プレマックは、行動そのものを強化子として利用できると考えた。そして、もしある行動をする機会がほかの行動をすることを条件として得られるならば、ある行動が強化子としてどれほど有効になりうるかを判定するためには、行動の相対的頻度が重要な要因になると考えた。**プレマックの原理**（Premack principle）とは、相対的に高いフリーオペラント（ベースライン）率で起こる行動に従事するチャンスを、低頻度行動が起こることを条件として与えるようにすると、低頻度行動に対する強化として機能するということである。ふだん宿題をするよりもテレビをみることにはるかに多くの時間を費やす子どもの場合、プレマックの原理（非公式には「おばあちゃんの法則」として知ら

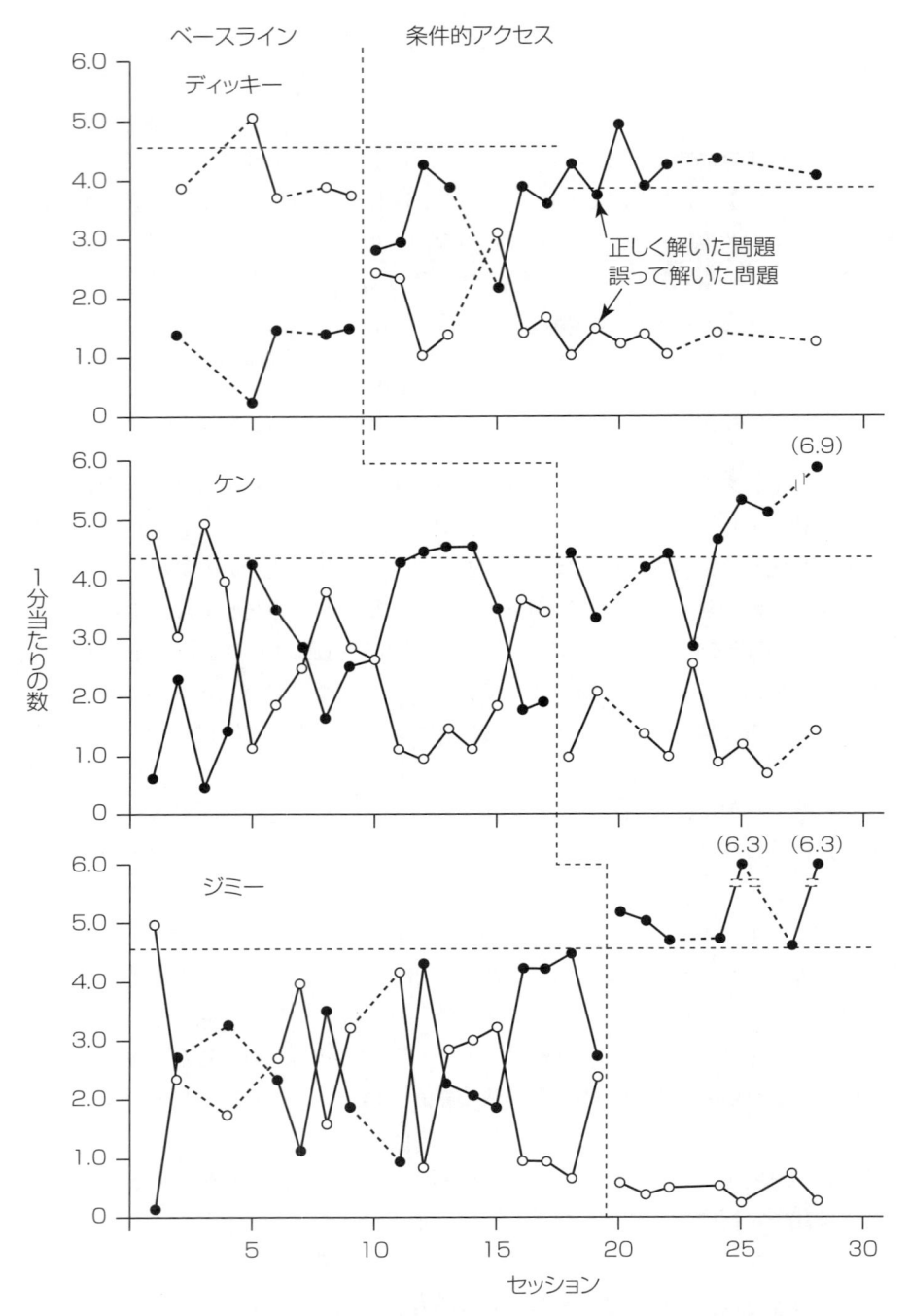

図11.7 ベースラインと条件的遊具遊び段階での3人の特別支援教育対象児が示した、1分当たりの正しく解いた算数の問題数と間違えた問題数。破線の水平線は完遂基準を示す

From "Contingent Access to Play Materials as an Academic Motivator for Autistic and Behavior Disordered Children" by M. A. McEvoy and M. P. Brady, 1988, *Education and Treatment of Children*, 11, p.25. Copyright 1998 by the Editorial Review Board of *Education and Treatment of Children*. Used by permission.

れる）に基づく随伴性は、「宿題やったら、テレビみていいよ」になるだろう。

　ティンバーレイクとアリソン（Timberlake & Allison , 1974）は、プレマックの概念に基づいて**反応遮断仮説**（response-deprivation hypothesis）を提唱した。この仮説は、ある行動（条件的行動）に従事する権利が、ほかの行動（道具的反応）に対する強化の働きをするかどうかを、それぞれの行動が起こる相対的なベースライン比率に基づいて予測するモデル、そしてその条件的行動に従事する権利がベースラインにおける従事レベルと比べて制限を表すかどうかを予測するモデルとして提唱された。ある行動に従事する権利を制限することは、おそらく遮断の1形態として働き、その遮断はEOとしての機能を果たし、こうして制限された行動に従事するチャンスを強化の有効な形式にする（Allison, 1993; Iwata & Michael, 1994）。

　イワタとマイケル（Iwata & Michael, 1994）は、反応遮断仮説の信憑性と応用への示唆を実証する研究として、コナルスキーら（Konarski and colleagues）による一連の3つの研究を引用した。第1の研究では、子どもたちが算数問題を完了（低確率行動）すれば、それを条件として塗り絵をすること（高確率行動）に接近できる仕組みを作った。すると子どもたちは算数問題への取り組みに多くの時間を費やした。ただし、それは強化スケジュールが制限を意味する場合、すなわち塗り絵に費やす時間量がベースラインより制限される場合だけだった（Konarski, Johnson, Crowell, & Whitman, 1980）。研究者らは、ベースライン段階で算数問題の完了に費やした時間以上に塗り絵のためにより多くの時間を獲得できる随伴性は、有効ではないことを見出した。これらの基本的発見は、第2の研究でも再現された。すなわち、読み（あるいは参加児によっては算数）への接近が、算数（あるいは読み）を条件として容認される場合、同じ結果が見出されたのである（Konarski, Crowell, Johnson, & Whitman, 1982）。第3の研究では、コナルスキーら（Konarski, Crowell, & Duggan, 1985）は、反応遮断仮説を一歩前進させた。彼らは被験者内での「強化の可逆性」（reversibility of reinforcement）を検討した。つまり、条件的活動に対する反応遮断条件において、書きか算数の2つの活動のいずれか一方に従事することが、他方の活動の遂行を増加させる強化として機能するかどうかを検証した。条件的反応としての書きを反応遮断すると、結果として算数（道具的反応）の増加が生じた。反対に、条件的反応としての算数を反応遮断すると、書きの増加が生じた。これら3つの研究のすべてにおいて、反応制限は条件的反応へのアクセスが強化の働きをすることを決定するカギとなる要素となった。

　イワタとマイケル（Iwata & Michael, 1994）は、コナルスキーらの研究の総合的結果が、反応遮断仮説に基づく3つの予測のすべてを説明すると結論づけた（以下の例では、ベースラインにおける宿題遂行とテレビ視聴の比率が1：2であることを前提とする）。

- 高生起率の条件的行動を入手する権利をベースライン水準以下に制限すれば、低生起率の標的行動を強化する（例えば、宿題を30分すれば、テレビを30分みる機会が得られる）。

- 高生起率の条件的行動を入手する権利をベースライン水準以下に制限しなければ、低生起率の行動を強化しない（例えば、宿題を30分すれば、テレビを90分みる機会が得られる）。

- 低生起率の行動を入手する権利をベースライン水準以下に制限すれば、高生起率の標的行動

を強化する（例えば、テレビを30分みれば、宿題5分の結果を生み出す）。

イワタとマイケル（Iwata & Michael, 1994）は、テレビ視聴のようなすでに高率で起こる行動の生起率を増大させる強化プログラムを実践家がデザインすることはまずないと認めながらも、次のように述べている。

> 人が非常に飛び抜けた成績（例えば、最初から優れている最上級の学業成績や運動能力の場合のように）をおさめたいと願う例はたくさんある。そういう場合、もし比較的低率で起こる活動に対して適切な遮断スケジュールを計画できたとすれば、より高率で起こるほかの活動を、強化として機能させるために、見つけ出す必要はない。(p. 186)

どの活動が強化子として働くか働かないかを教えてくれる先見的リストは、ほかのすべての強化子の記述的カテゴリーと同様に存在しない。ある学習者にとって有効な強化として働く活動は、別の学習者の行動にはまったく違う影響を与えるだろう。例えばコナルスキーら（Konarski et al., 1982）の研究では、算数へのアクセスが3人の子どもにとって読みを増やすための強化の働きをした。一方、4番目の子どもにとっては読むことが算数の問題を完遂するための強化として働いた。何年も前、古典的な風刺画がこの決定的ポイントを非常に巧みに描き出した。その風刺画は、放課後に黒板と黒板消しを律儀にきれいにしている2人の子どもを描いている。一方が他方にこう言っている。「君は罰として黒板消しをキレイにしてるんだろう!?　ぼくは宿題を仕上げたご褒美として、黒板消しをきれいにするチャンスをもらったんだ」。

（5）社会的強化子

身体的接触（例えば、ハグ、背中を叩く）や、近接（人に近づく、近くに立つ、近くに座る）や、注目と賞賛は、しばしば、社会的強化子として機能する出来事の例である。大人の注目は、子どもにとって最も強力で有効な般性の強化形態の1つである。強化として条件的に随伴する社会的注目は、ほとんどあらゆる場合に有効である。そのため一部の行動分析家は社会的注目のある側面に無条件性強化が含まれていると考えている（例えば、Gewirtz & Pelaez-Nogueras, 2000; Vollmer & Hackenberg, 2001）。

強化としての大人の社会的注目が子どもの行動に及ぼす威力を最初に実験的に証明し発見したのは、1960年代初期にモントローズ・ウォルフ（Montrose Wolf）によってデザインされた一連の4つの研究だった。実践したのはワシントン大学児童発達研究所の附属幼稚園の先生たちだった（Allen, Hart, Buell, Harris, & Wolf, 1964; Harris, Johnston, Kelly, & Wolf, 1964; Hart, Allen, Buell, Harris, & Wolf, 1964; Johnston, Kelly, Harris, & Wolf, 1966）。リズリー（Risley, 2005）は、これら初期の研究を評して次のように述べた。

> 私たちはこれほどの威力を見たことがなかった！　大人の注目のようなどこにでもあるものを

第11章　正の強化

単純に調整するだけで、現実世界の子どもたちの行動に及ぼした効果の速さと大きさには、驚嘆すべきものがあった。40年後、社会的注目（肯定的注目、賞賛、「子どもたちのよい所をみつける」）は、アメリカの親や教師に対する大部分の助言や訓練の中核となった。そのことがこれを現代心理学の最も影響力の強い発見たらしめたことはほぼ間違いない。（p. 280）

古くから知られていながら十分に活用されていないこの現象は、極めて重要である。そのため強化としての条件的注目が子どもの行動に及ぼす効果を実証した2番目の研究を説明する。『応用行動分析誌』の第1巻には、ウォルフらの社会的強化に関する先駆的研究を踏まえて拡大適用した研究が少なくとも7篇収められている[8]。そのうち2つはR. ヴァンス・ホールらが行った。1つはこの章のはじめに引用し紹介したホールら（Hall, Lund, & Jackson, 1968）によるロビーに対する教師の正の強化の使用例であるが、さらにホールら（Hall, Panyan, Rabon, & Broden, 1968）が報告した3つの実験は、社会的強化としての教師の注目の有効性についての説得的証明として、同様に役立ち続けている。

　実験の1つに参加したのは、教職1年目の先生だった。受け持ったのは6年生30人のクラスだった。子どもたちは非常に高率で妨害行動と課題から外れた行動を示した。校長先生は「完全に制御不能」なクラスだと嘆いた。ホール（Hall, Panyan et. al., 1968）らは、この研究の間、学校日の最初の時間に連続30分間の観察時間を設けて、教師の注目と子どもの行動を測定した。研究者らは勉強行動（例えば、課題の答えを書く、本を見る、先生の質問に答える）と、非勉強行動（例えば、おしゃべり、離席、窓の外を見る、友達と争うか殴る）を測定するために、10秒間部分インターバル観察記録法を用いた。また観察者らは教師の注目の生起もインターバルごとに記録した。言葉による教師の注目は、個々の子どもか集団に対するコメントとして定義され、適切な勉強行動に随伴したものならば「＋」、非勉強行動に随伴したものならば「－」として、それが起こるたびに記録された。

　ベースライン段階では、クラスの勉強行動のインターバルは平均44％、勉強行動に対する1セッション当たりの教師のコメントは平均1.4だった（図11.8を参照）。「ほとんど例外なく、勉強行動に随伴したコメントは是認だった。そして、非勉強行動に随伴したコメントは、言葉による叱責の形をとった」（Hall, Panyan et al., 1968, p. 316）。支援教師が授業の仕方を実演した日（黒矢印のデータポイントを参照）のクラスの勉強行動レベルは90％になった。ベースラインの間に校長が教師と面接する機会が3回あった（白矢印のデータポイントを参照）。校長は子どもたちの行動を改善するため、学級経営の方法について、教師と話し合った。この3回のカウンセリングセッションの結果、教師は（1回目の話し合いの後）黒板にすべての課題を書き出した。そして（3回目の話し合いの後）座席表を変えた。こうした改善策は、子どもたちの行動に対して、何の明白な効果ももたらさなかった。

　第1強化段階の初日を迎える前に、教師に対して、クラスの勉強行動と教師が勉強行動に随伴

注8：『応用行動分析誌』（1968）の第1巻は古典的研究の宝庫であり、シンプルでエレガントな実験がオペラント条件づけと随伴性の力強い効果を示している。応用行動分析学に強い関心をもつ学生に、第1巻を最初から最後まで読むことをお勧めしたい。

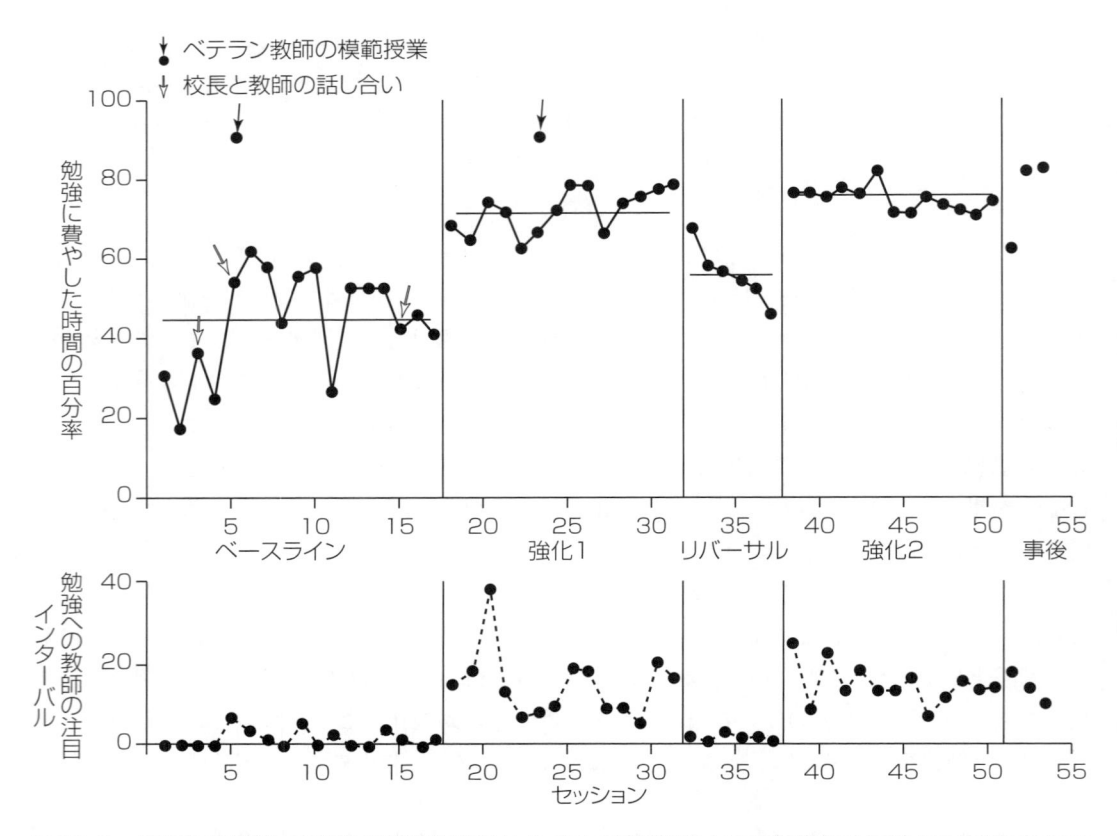

図11.8　6年生の教室での読みの時間におけるクラスの勉強行動とその勉強行動に対する教師の注目の記録。ベースライン＝実験手続き導入前；第1強化段階＝勉強に対する教師の注目の増加：リバーサル＝勉強への教師の注目の除去；第2強化段階＝勉強への教師の注目の増加の再現；実験手続き終了後20週まで、事後のフォローアップチェックが行われた

From "Instructing Beginning Teachers in Reinforcement Procedures Which Improve Classroom Control" by R. V. Hall, M. Panyan, D. Rabon, and M. Broden, 1968, *Journal of Applied Behavior Analysis, 1,* p. 317. Copyright by the Society for the Experimental Analysis of Behavior, Inc. Reprinted by permission.

させた注目の頻度のベースラインデータを見せた。そして、子どもが勉強行動に従事したとき、子どもにプラスのコメントを与える頻度を増やすように指導された。この第1強化段階の各セッションでは、授業が終わるたびに、教師はクラスの勉強行動のレベルと勉強行動に随伴させた教師自身のコメントの頻度を見せられた。第1強化段階において教師が勉強行動に随伴させたプラスのコメントは、平均14.6へと上昇した。そして勉強行動の平均レベルも72％になった。教師と校長とデータ収集者は、クラスがよりよくコントロールされるようになり、騒音が大幅に減少したと報告した。

　ベースラインに短期間復帰すると（リバーサル）、この段階の教師は「勉強行動に対してほとんど何の強化」も与えなかった。それによってクラスの勉強行動に鋭角的下降傾向が観察された。教師と校長とデータ収集者は、異口同音に、妨害行動と高い騒音レベルに逆戻りしたと報告した。強化条件を再び導入した第2強化段階では、勉強行動に随伴する教師のコメントの平均頻度は14となり、勉強行動インターバルは平均76％となった。

Ⅲ 潜在的強化子を同定する

　私たちは、実験室で、簡単なテストの使い方を学んだ。私たちの掌にキャンディを置く。それを子どもに見せる。キャンディをもったまま、拳をかなりかたく握り閉める。そして子どもがキャンディを取るために、私たちの指を引き離そうとするかどうか確かめる。もし拳をますます固く握りしめても、子どもがそれに抗して、なお指をこじ開けようとするならば、キャンディは間違いなく強化子である。

　　　　　　　　　　　　　　　　　　　　　　—マレー・シドマン（Sidman, 2000, p. 18）

　多くの行動改善プログラムを成功させるためには、実践家や研究者の側に制御できる有効な強化子が求められる。幸いなことに、大部分の学習者のために有効で身近な強化子を見つけ出すことは比較的簡単である。シドマン（Sidman, 2000）は、キャンディが強化子として機能するかどうかを突き止めるための早くて簡単な方法を説明している。しかし、強化子として機能しそうな刺激や出来事のすべてを手のひらに握ることはできない。

　重度重複障害の多くの学習者のための強力な信頼できる強化子を見つけ出すことは大きな挑戦である。多くのありふれた出来事は、たいていの人々にとって有効な強化子として働くが（例えば、賛辞、音楽、自由時間、トークン）、これらの刺激はすべての学習者に強化子として機能するとは限らない。もしも事実に基づかない、推測による強化子を使ったために、計画された介入が失敗することになるとしたら、時間と労力と資源が無駄になるだろう。

　また、強化子の好みの変化と、好みの移ろいやすさは、文献の中で繰り返し報告されている（Carr, Nicholson, & Higbee, 2000; Deleon et al., 2001; Kennedy & Haring, 1993; Logan & Gast, 2001; Ortiz & Carr, 2000; Roane, Vollmer, Ringdahl, & Marcus, 1998）。好物の査定は、年齢や、興味のレベルや、その日の時間や、仲間との社会的交流や、特定の確立操作（EO）の存在とともに変化する可能性がある（Gottschalk, Libby, & Graff, 2000, 図16.8を参照）。教師が９月に子どもの好物を突き止めるために訊ねる質問は、１カ月後に（あるいはもっと早く）繰り返して質問しなければならないこともある。同様に、セラピストが午前中のセッションで、クライエントに「あなたのご褒美は何ですか？」と訊ねた場合、午後のセッションでは同じ刺激が好物としては語られないことに気づかされるかもしれない。

　ローガンとガスト（Logan & Gast, 2001）は、最重度重複障害の人々の好物と強化子を評価した13本の公刊された論文をレビューして、好物の刺激が必ずしも強化子として機能するとは限らず、またある時点で選好される刺激はその後変化するという結論を導き出した。さらに、重度から最重度の発達障害の人々は、いろいろな活動に従事する時間が非常に短くなる可能性があるため、ある刺激変化が強化子かどうかをはっきり判定することが難しくなる。

　有効な強化子の同定というこの難問に答えるため、研究者と実践家はさまざまな手法を開発してきた。それらの手法は２つの名称、刺激選好査定（stimulus preference assessment）と強化子査定（reinforcer assessment）の下に分類される。ピアッツァら（Piazza, Fisher, Hagopian, Bowman, & Toole, 1996）が説明する通り、刺激選好査定と強化子査定は、しばしば相前後して

刺激選好査定			強化子査定
尋ねる	フリーオペラント	試行ベース	

- 本人
- 周囲の重要な人々
- 課題前選択

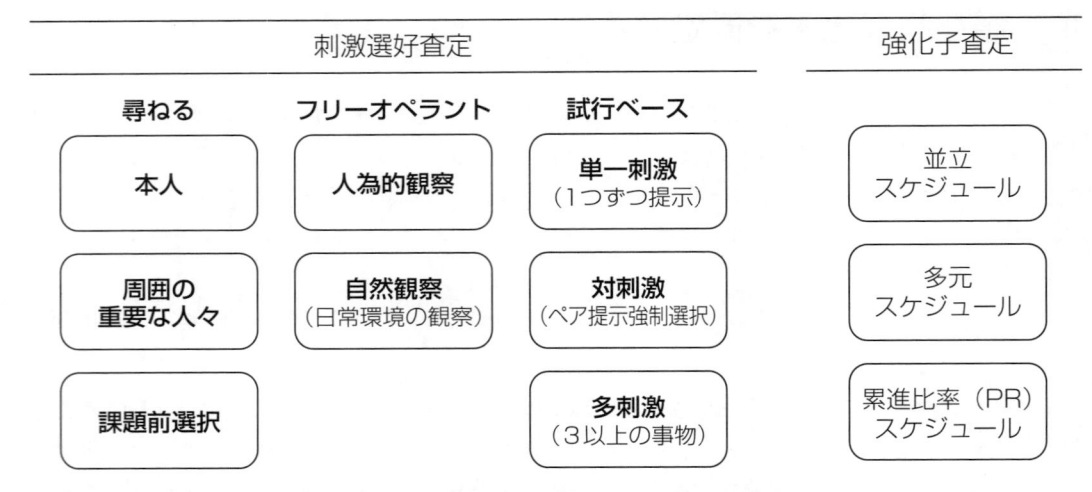

- 人為的観察
- 自然観察（日常環境の観察）

- 単一刺激（1つずつ提示）
- 対刺激（ペア提示強制選択）
- 多刺激（3以上の事物）

- 並立スケジュール
- 多元スケジュール
- 累進比率（PR）スケジュール

図11.9　潜在的強化子を同定するための刺激選好査定と強化子査定の方法

実施される。

　　選好査定の段階では、選好される刺激を同定するために、比較的多数の刺激が評価される。次いで強化子査定の段階では、少数の刺激集合（すなわち、大好物の刺激）の強化効力が評価される。選好査定は多数の刺激の中から潜在的強化子を突き止めるための効率的方法であるが、それらの刺激の強化効力を評価するものではない。(pp. 1-2)

　刺激選好査定では、強化子として機能しそうな刺激を突き止める。強化子査定では、それらの潜在的強化子を直接テストする。すなわち、ある行動の生起を条件としてそれらの強化子を随伴させ、反応率に及ぼす効力を測定する。この節では、刺激選好査定と強化子査定（図11.9を参照）を実行するために研究者と実践家が開発してきた、さまざまな技法を説明する。これらの方法は、全体として、簡便で迅速なものから複雑で時間のかかるものへと、さまざまなアプローチの連続体になる。

1．刺激選好査定

　刺激選好査定（Stimulus preference assessment）にはさまざまな手法が含まれるが、明らかにするのは（a）人が好む刺激群、（b）それら刺激群の間の相対的選好度（高選好性と低選好性）、（c）課題の要求、遮断の程度、強化スケジュールの変化に伴って、選好度が変動する諸条件、である。刺激選好査定は、一般的にいえば、2段階過程を経て進められる。（1）強化子として使われる可能性のある大量の刺激群を収集する、（2）対象者にそれらの刺激群を組織的に提示し、対象者の選好を突き止める。実践家にとって不可欠なことは、可能性のある刺激領域を絞り込んで、強化子として機能する確率の高い領域を特定することである。

第11章　正の強化

　刺激選好査定は、より明確に言えば、基本的な3種の方法を使って行うことができる。すなわち、（1）当人（または周囲の重要な他者）に質問して、好物の刺激を突き止める。（2）フリーオペラント状況で人がさまざまな刺激と相互作用するか関与する様子を観察する。（3）刺激を対提示するか多重提示する試行テストを行って人の反応を測定する。どの方法を使うかを決める場合、実践家は以下の2つの競合する視点の間のバランスを考えなければならない。（a）最大量の選好査定データを最小量の時間内に入手し、偽陽性（誤判定、すなわち好物であるといいながら実際は好物でなかったもの）は避ける。（b）時間と労力を要する査定を行い、介入を遅らせてでも、より決定的な証拠を入手する。

（1）刺激の好みを質問する

　人がさまざまな刺激の中のどれを好むかは、単に「何が好きですか？」と質問するだけで分かるかもしれない。質問することで刺激選好査定に必要な時間を大幅に減らすことができる。また質問することによって、介入プログラムに統合できる情報をしばしば得ることができる。質問するという方法には、いくつかのバリエーションがある。すなわち、対象である当人に質問する、当人の生活に関わる周囲の重要な人々に質問する、または課題前選択査定を提供することである。

　当人に質問する　刺激選好を見つけ出す簡単な方法は、対象となる当人に何が好きか質問することである。典型的なバリエーションには、開かれた質問をする、選択肢のリストを提供する、または選択肢のリストに順位をつけてもらう、が含まれる。

- 開かれた質問　開かれた刺激選好査定は、当人の言語能力に応じて口頭か、筆記で行われる。強化子の一般的カテゴリーの中から好きな物の名前を挙げてくださいと質問する。例えば、自由時間にどんなことをするのが好きですか？　あなたの好きな食べ物や飲み物は何ですか？　好きな音楽の種類か、好きな歌手や演奏家はいますか？　などである。開かれた質問による査定は、単にできるだけ多くの好きな活動や項目を挙げて下さいと、学習者に頼むことによって完成させることができる。好きな日常的事物や活動だけでなく、特別な品物や活動を挙げてもらうようにする。第26章の図26.6は、番号と空欄だけの簡単な解答用紙である。家族がその用紙を使って、随伴性契約に示された課題を完遂することによって本人が獲得したいと思うであろう潜在的報酬を同定する。
- 選択フォーマット　このフォーマットには、次のような質問を含めることができる。「何を手に入れるためなら、大変な作業でもやり遂げることができるでしょう？　ポテトチップやクッキー、ポップコーンなどの食べ物がいいですか、それとも芸術活動をしたり、コンピューターゲームで遊んだり、図書館にでかけたりするなど、何かする方がいいですか？」（Northup, George, Jones, Broussard, & Vollmer, 1996, p. 204）。

467

- **順位づけ** 学習者にさまざまな品物や刺激の書かれたリストを渡して、1番好きなものから1番好きでないものまで、順位づけするよう指示する。

言語スキルが十分とは言えない学習者の場合は、品物の写真や、図形（アイコン）や、できれば実物刺激を提示すればよい。例えば教師は、図形を指さしながら「何が好きか言って。ジュース飲むの好き？　コンピューター使うのは？　バスに乗るのは？　テレビ見るのは？」と質問する。子どもはただ首を縦か横にふって「はい」か「いいえ」を示せばよい。

子どもの好物を査定するための諸種の調査が開発されている。例えば、小学校の教師なら、『児童用強化調査』（Child Reinforcement Survey）を使う。それには、4カテゴリーに含まれる36の報酬が示されている。すなわち、食べるもの（例えば、フルーツ、ポップコーン）、有形のもの（例えば、ステッカー）、活動（例えば、美術、コンピューターゲーム）、社会的注目（例えば、教師か友だちが「それいいね」と言う）（Fantuzzo, Rohrbeck, Hightower, & Work, 1991）。そのほかの調査としては、小学4年生から高校3年生用の『学校強化調査スケジュール』（School Reinforcement Survey Schedule）（Holmes, Cautela, Simpson, Motes, & Gold, 1998）や、『重度障害者用強化査定』（Reinforcement Assessment for Individuals with Severe Disabilities）（Fisher, Piazza, Bowman, & Almari, 1996）がある。

好みについて個人に質問する方法はそれほど複雑ではないが、選好されたものが強化子として機能するかどうかを確認しなければならないという点で、誰にでもできる方法であるとは言えない。「言語による自己報告とその後の行動とがなかなか一致しないことは古くから指摘され、しばしば実証されてもいる」（Northup, 2000, p. 335）。子どもは、好きなこととしてアニメを見ることを挙げたとする。しかしアニメを見ることは土曜の午前中に家にいるときだけ強化子となり、日曜夜に祖母の家にいるときは強化子にならないかもしれない。

もっといえば、子どもが強化子として強く好むものとあまり好まないものは、調査という方法では正確に区別することができない恐れがある。ノーサップ（Northup, 2000）は、調査の結果とその後の強化子の機能とを比較して、注意欠陥多動性障害（ADHD）の子どもが選んだ好物がチャンスレベルを超えないことを見出した。「偽陽性（好物であると答えながら実際は好物でないもの）の数と、偽陰性（好物でないと答えながら実際は好物であるもの）の数とを比較すると、偽陰性の方が相対的に少なくなる。調査では強化子である刺激よりも強化子でない刺激の方がより正確に同定されるということがやはり示唆されるのである」（p. 337）。子どもに好みをただ一度尋ねるという方法だけでは、偽陽性（つまり、子どもはある出来事か刺激を強化子として選択するが、実際には強化しないかもしれない）が導き出される可能性がある。

周囲の重要な人々に質問する　強化子として使われる可能性のある刺激群は、両親やきょうだい、友だちや世話をしている人たちに質問して、収集することができる。その子はこういう活動や、品物や、食べ物や、趣味や、おもちゃが好きだろうとこの人たちが考えているものを同定してもらうのである。例えば、『重度障害者用強化子査定』（Reinforcer Assessment for Individual with Severe Disabilities, RAISD）は、世話をする人に向けて質問するための面接計画

(interview protocol）である。介護者に、視覚、聴覚、嗅覚、味覚、触覚、そして社会的領域にわたって、好物刺激を同定してもらうのである（Fisher et al., 1996）。こうして選び出された好物は、今度は周囲の重要な人々によって、高い好物刺激と低い好物刺激という基準に基づいて順位づけされる。最後に、周囲の重要な人々は、個別品目がそこで強化子として機能するであろう諸条件（例えば、ミルクとクッキーか、クッキーだけかのように）を同定するよう求められる。またしても言えることであるが、周囲の重要な人々によって高い好物刺激として特定された刺激は、必ずしも強化子として有効であるとは限らないが、しかししばしばそれらは強化子として有効である。

　課題前選択の提供　この方法では、課題を始める前に参加者に課題をやり遂げたら報酬に何を求めるかを選択するよう、実践家が要求する。それから参加者は、見せられた2つか3つの選択肢の中から1つを選ぶ（Piazza et al., 1996）。課題前選択として見せられるすべての刺激は、すでにほかの査定方法によって選択された刺激となるだろう。例えば、教師は次のように言うだろう。「ロビン、算数の問題を仕上げたら、10分間好きなことをしていいよ。マーチンと戦艦遊びをしてもいいし、静かに本を読んでもいいし、社会科のポスター発表の準備をするオブツ先生の手伝いをしてもいいよ。課題が終わったらどの活動をしたい？」。学習者が結果を選んだからといって、その結果は必ずしも研究者や実践家が選んだ結果より有効な強化子になるとはいえないだろう（Smith, Iwata, & Shore, 1995）。

（2）フリーオペラント観察

　いろいろな行動の中から自由に選択できるとき、人が最も高頻度で従事する行動は、低確率行動に従事することを条件としてそれに従事できる場合、しばしば有効な強化子として機能するだろう。対象者が数々の活動に自由にアクセスできる時間に従事する活動を観察し記録する方法をフリーオペラント観察と呼ぶ。その人が個々の刺激項目や活動に費やす時間の全持続時間測度（total duration measure）が記録される。人が1つの品物に関わる時間が長ければ長いほど、その品物が好まれるとする推論はより説得力をもつようになる。
　手続き的に言えば、人は何ら拘束を受けず、同時に、あらかじめ定められた一連の品物や活動、ないし環境の中で日常的に手に入る材料や活動にアクセスできる。反応するための必要条件は何もない。人はすべての刺激項目にアクセスでき、すべては視界内の手の届くところにある。人が関わったか選択した刺激は、その後除去されることは決してない。オーティスとカー（Ortiz & Carr, 2000）によると、そうでなければ刺激が除去されると観察される異常な行動も、フリーオペラント反応によっては起こりにくい。フリーオペラント観察は、人為的場面で行ってもよいし、自然条件（日常場面）で行ってもよい。

　人為的フリーオペラント観察　あらかじめ決めておいた一連の活動や材料のそれぞれに対して、人がいつ、どのように、どのくらい関与するかを突き止めるため、実践家は人為的観察を行

図11.10　放課後の2時間の自由時間の間に活動に使った時間数（分）

活動	月	火	水	木	金	計
楽しみのための読書	—	10	—	10	—	20
テレビ視聴	35	50	60	30	30	205
友だちと電話	15	15	10	20	10	70
ビデオゲーム	70	45	40	60	80	295
組み立て式おもちゃ	—	—	10	—	—	10
観察した分数	120	120	120	120	120	600

う。観察がなぜ人為的かと言えば、学習者に興味がありそうなさまざまな材料によって、研究者や実践家が環境に「味付けする」からである。

　フリーオペラント査定では、人がすでに環境の中を動き回っていろいろ調べてみる十分な時間が与えられ、すべての刺激や材料や活動のそれぞれを経験する機会をもっていたことを前提とする。学習者は、フリーオペラント観察期間が始まる直前に短期間、何の条件も課されずに、1つ1つの品物に触れることが許される。次いですべての品物は見えるところ、簡単にアクセスできるところにおかれ、学習者はそれからすべてを自由に手に取って調べ、選択する機会を与えられる。観察者は学習者が個々の刺激項目や活動に関与する総持続時間を記録する。

　　自然的フリーオペラント観察　フリーオペラント反応の自然観察は、学習者の日常環境（例えば、遊び場、教室、家）において行われる。観察者はできるだけ控えめに、学習者が時間をどのように配分するかをメモし、それぞれの活動に何分費やしたかを記録する。例えば図11.10は、10代の少年マイクが、放課後2時間の自由時間を、どう配分したかを示している。マイクの両親は息子がそれぞれの活動に従事した時間を分単位で表に記録する方法によってこれらのデータを収集した。この1週間の要約表では、マイクが毎日、コンピュータービデオゲームをしたり、テレビを見たり、友だちと電話で話したりしていたことが分かる。週の2日間は、図書館の本を読むことにそれぞれ10分ずつ費やし、水曜日には短時間、新しい組み立て式のおもちゃで遊んだ。2つの活動、つまりテレビ視聴とビデオゲームには、最も頻繁に最も長時間没頭した。もしマイクの両親がこの章の始めに紹介したプレマックの原理を応用して、楽しみのための読書や組み立て式おもちゃ（すなわち低確率行動）に費やす時間の量を増やしたいとすれば、楽しみのための読書や組み立て式のおもちゃに一定時間費やすことを条件として、テレビ視聴とビデオゲーム（すなわち高確率行動）を許すようにすればよいだろう。

（3）試行ベースの方法

　刺激選好査定の試行ベースの方法においては、一連の試行という形式で刺激を学習者に見せるように示す。それらの刺激に対する学習者の反応を測定する。その反応が好みを表す指標とみな

される。試行ベースの刺激選好査定では、学習者の反応は3種の測度、すなわち、刺激への接近、接触（DeLeon & Iwata, 1996）、積極的関与（DeLeon, Iwata, Conners, & Wallace, 1999 ; Hagopian, Rush, Lewin, & Long, 2001; Roane et al., 1998）によってとらえられ、その1つかそれ以上が記録される。接近（approach）反応とは、人がその刺激の方向に向かう何らかの動き（例えば、じっと見る、頭を向ける、体を傾ける、手を伸ばす）を表す。接触（contact）は人がその刺激に触ったり、手に取ったりすることであり、そのたびに記録される。刺激への積極的関与（engagement）とは、人がその刺激と相互作用した総時間数、または観察インターバル百分率（例えば、人が脚にマッサージャーを当てる）を測度にして記録する。人はある刺激に接近し、触るか手に取り、積極的に関与する。その頻度が高ければ高いほど、その人はその刺激を好むと仮定される。デレオンら（DeLeon et al., 1999）が言うように、「刺激に接触する持続時間は、強化子としての価値を表す妥当な指標である」。(p. 114)

選好される刺激は、高選好刺激（HP）、中選好刺激（MP）、低選好刺激（LP）のように、事前に決められた基準（例えば、全時間の75％かそれ以上選好される刺激を高選好刺激とする）によって、ラベルづけされることがある（Carr, Nicolson, & Higbee, 2000; Northup, 2000; Pace, Ivancic, Edwards, Iwata, & Page, 1985; Piazza et al., 1996）。高選好刺激は強化子として機能するだろうという推測は、暗黙ではあるが検証可能な仮定である。この推測はあらゆる場合に仮定できるとはいえないが（Higbee, Carr, & Harrison, 2000）、出発点としては効率的な仮定であることが分かっている。

試行ベースの刺激選好査定にはさまざまなバリエーションがあるが、それらは提示方法の違いによって、単一刺激法（継時選択）、対刺激法（強制選択）、多刺激法に分類される。

単一刺激法　単一刺激提示法は「漸次選択」法（"successive choice" method）とも呼ばれ、好物を同定するために使われる最も基本的な査定法である。簡単に言うと、1つの刺激を見せ、人が示す反応を記録する。1度に1つの刺激を見せることは、「2つかそれ以上の刺激から1つを選ぶことが難しい人に適しているといえるだろう」（Hagopian et al., 2001, p. 477）。

全感覚系（すなわち、視覚、聴覚、平衡感覚、触覚、嗅覚、味覚、多感覚）に関わる標的刺激を、ランダムな順序で1度に1つずつ見せる。それぞれの刺激に対する人の反応を記録する（Logan, Jacobs et al., 2001; Pace et al., 1985）。人の接近反応または拒否反応は3つの測度、すなわち、生起（イエス・ノー）、頻度（1分間の接触回数）、持続時間（ある刺激への関与に費やす時間）によって記録する。記録したら、次の順番の品物を提示する。例えば、鏡を見せる。人がそれを注視したり、触ったり、拒否したり（すなわち、押しやったり）する持続時間を突き止めるためである。品物はすべて複数回見せなければならない。提示順序は変えなければならない。

対刺激法　対刺激提示法は、「強制選択」法（"forced choice" method）と呼ばれることもあるが、1度の試行で2つの刺激を同時に見せる。観察者は学習者が2つの刺激のどちらを選ぶかを記録する。査定の過程では、1つの刺激を残りのすべての刺激群とランダムに組み合わせる（Fisher et al., 1992）。対刺激査定によって得られたデータから、個々の刺激が人に何度選ばれた

かが分かる。それから刺激群は高選好、中選好、低選好によって順位づけされる。ピアッツァら（Piazza et al., 1996）は、高・中・低選好を突き止めるため、66から122回の対刺激試行を使った。ペイスら（Pace et al., 1985）は、対刺激法は単一刺激法によるよりも、高選好と低選好をより正確に区別できることを見出した。対刺激法は強化子の最終的同定において単一刺激法よりも優れている。（Paclawskyj & Vollmer, 1995）

対刺激査定では、ありうる刺激の組み合わせがすべて提示される。そのため刺激をずらりと並べて同時提示する多肢刺激法より時間がかかる可能性がある。しかしながら、デレオンとイワタ（DeLeon & Iwata, 1996）は、「対提示法の方がより一貫した結果をもたらすことを考えると、より少ないセッションで、あるいは単独のセッションで、安定した好みを突き止めることができるという理由から」（p. 520）、対刺激法の方が最終的にはより効率的だろうと主張する。

多刺激法　多刺激提示法は対刺激法の拡張版であり、フィッシャーら（Fisher et al., 1992）によって開発された。人は、3つ以上並んだ刺激の中から好きなものを1つ選ぶ（Windsor, Piche, & Locke, 1994）。多くの刺激を同時に見せるので、査定時間は短縮される。例えば、6つの刺激の群があり、そこから2つ取り出して対提示する場合、一連の試行によってありうるすべての組み合わせを提示し、すべてのペアを見せ終わるまで続けることになる。多刺激法では、そうする代わりに、6つの刺激をすべて同時に提示する。

多刺激選好査定には2つの主要なバリエーションがある。差し替え型多刺激法（multiple stimuli with replacement）と非差し替え型多刺激法（multiple stimuli without replacement）である。両者の違いは、ずらりと並んだ刺激の中から人が好きなものを選んだ後、次の試行を用意するとき、どの刺激を除去するか差し替えるかの違いである。差し替え型多刺激法では、学習者が選択した刺激は列のなかに残され、選択しなかった刺激は新しい刺激に差し替えられる。非差し替え型多刺激法では、選択された刺激は列から除外され、残りの刺激の順序や配置が再配列され、刺激数を減らした配列を使って次の試行が開始される。

いずれの場合も、「一番欲しいものはどれですか？」（Higbee et al., 2000）、「1つ選びなさい」（Ciccone, Graff, & Ahearn, 2005）という質問でどの試行も始まり、最初の配列か、徐々に品数が減っていく配列から、含まれる刺激がすべて選択されるまで続けられる。試行が一巡したら、ふつうは全順序を数回繰り返す。もっとも、1巡目の試行だけで、強化子として機能する刺激が同定される可能性もある（Carr et al., 2000）。

毎回の試行で提示する刺激は、有形の事物そのものだけでなく、事物の写真や言葉による説明を使うこともある。ヒグビーら（Higbee, Carr, & Harrison, 1999）は、多刺激法のバリエーションとして、有形の事物を使う場合と事物の写真を使う場合の刺激選好選択に差が起こるかどうかを検討した。その結果、有形の事物による場合の方が、写真の場合よりも、選好のバリエーションと分布により広がりが出ることが見出された。コーエン-アレイダら（Cohen-Almeida, Graff, & Ahearn, 2000）は、有形の事物を使う査定と言葉を使う査定を比較した。効果はどちらもほぼ同じだったが、言葉を使う査定の方が短時間でできることが分かった。

デレオンとイワタ（DeLeon & Iwata, 1996）は、刺激の好みを同定するために必要な時間を短

縮するため、多刺激提示と対刺激提示の改訂版を作り、それを簡易刺激査定（brief stimulus assessment）と名づけて使用した。簡易刺激査定では、基本的には、特定の刺激項目が1度選ばれると、その刺激は配列に戻されない。その後の試行では、項目数を減らして提示し、その中から選択させるようにする（Carr et al., 2000; DeLeon et al., 2001; Roane et al., 1998）。デレオンとイワタ（DeLeon & Iwata, 1996）は、非差し替え型多刺激法による方が、差し替え型多刺激法を使う場合のおよそ半分の時間で、好きな刺激を同定できることを見出した。ヒグビーら（Higbee et al., 2000）によれば、「簡易刺激選好法によって、実践家は効率的で正確な強化子同定法を手に入れることになる」。(pp. 72-73)

（4）刺激選好査定の選択と活用のためのガイドライン

実践家は複数の査定法を組み合わせることができる。そうして単一刺激法と対刺激法、対刺激法と多刺激法、フリーオペラント法と試行ベース法を比較する（Ortiz & Carr, 2000）。日々の実践では、比較アプローチを用いた簡易刺激提示が強化子の同定を促進するだろう。そうすることによって、それらの強化子を活用した可能な介入の速度を上げることができる。要するに、刺激選好査定のゴールは、強化子として最も機能しそうな刺激を同定することである。どの選好査定法にも、選好を同定するうえで長所と欠点がある（Roane et al., 1998）。刺激選好査定を行う場合、実践家は次のガイドラインが便利であることに気づくだろう（DeLeon & Iwata, 1996; Gottschalk et al., 2000; Higbee et al., 2000; Ortiz & Carr, 2000; Roane et al., 1998; Roscoe, Iwata, & Kahng, 1999）。

- 結果に影響を及ぼす恐れのあるEOに気づくために、刺激選好査定セッションを実行する前の一定期間、学習者の活動を観察する。
- 刺激選好査定の複数のオプションを利用する。そうすることによって、簡易査定（しかし偽陽性の可能性も含む）の費用便益と、強化子同定を遅らせかねないより長期間の査定とのバランスを取れるようにする。
- 好きな刺激の順位づけをもたらす刺激選好法を利用することと、順位づけはもたらさないがより頻繁に実施できる査定法とのバランスを取り、選好の変動を相殺する。
- 時間に制約がある場合、項目数の少ない刺激配列による簡易刺激選好査定を実施する。
- 可能ならば、多刺激査定法から得られるデータと、刺激選好の情報源（例えば、学習者と周囲の重要な人々への質問、フリーオペラント観察、課題前選択、試行ベース法）を統合する。

2．強化子の査定

　　一定の出来事が、一定の条件で、ある生命個体に対して、強化の働きをするかどうかを判断するための唯一の方法は、直接テストすることである。

　　　　　　　　　　　　　　　　　　　　　　　　—B. F. スキナー（Skinner, 1953, pp. 72-73）

　高選好刺激（非常に好きな刺激）は、必ずしも強化子として機能するとは限らない（Higbee et al., 2000）。子どもがシドマンの手をこじ開けて手に入れたキャンディでさえ、一定の条件のもとでは、強化子として機能しないだろう。逆に、ある条件のもとでは、一番好まれない刺激が、強化子として機能するかもしれない（Gottschalk et al., 2000）。特定の刺激が強化子として機能するかどうかを確実に知る唯一の方法は、ある行動の生起の直後にそれを提示して、反応に及ぼす効果に注目することである。

　強化子査定（Reinforcer assessment）とは、標的反応を条件として1つ以上の刺激を提示し、その反応生起率に及ぼす将来の効果を測定するために使われる、データに基づく直接的な諸種の方法のことである。研究者と実践家は、諸種の強化子査定法を開発してきた。それらはさまざまな変化する条件のもとで特定の刺激が強化子として機能する相対的効果を突き止め、また特定の条件のもとで多くの刺激が特定の行動に強化子として機能する相対的効果を査定する方法である。強化子査定は、しばしば、並立強化スケジュール、多元強化スケジュール、累進比率強化スケジュールにおいて起こる反応に対して、強化子ではないかと推測される刺激を条件的に提示することによって達成される[9]。

（1）並立スケジュール強化子査定

　2つ以上の強化随伴性が独立して同時に、2つ以上の行動に作用するとき、**並立強化スケジュール**（concurrent schedule of reinforcement）が有効になる。並立スケジュールが強化子査定の手段として使われる場合、このスケジュール計画では基本的に2つの刺激を相互に対抗させる。反応に対する結果として2つの刺激が提示されるとき、どちらが反応により大きな増加を生み出すかを確かめるためである。もし学習者が並立スケジュールの一方の成分に他方以上により大きな反応比率を配分するならば、その成分に対する条件的結果として使われる刺激はより有効な強化子である。例えば、並立スケジュールをこのように用いれば、高選好（HP）刺激と低選好（LP）刺激の強化子としての相対的有効性が明らかになる（Koehler, Iwata, Roscoe, Rolider, & O'Steen, 2005; Piazza et al., 1996）。

　並立スケジュールはまた、刺激の相対的強化効果と絶対的強化効果の違いを突き止めるためにも利用できる。つまり、高選好（HP）刺激の不在事態で低選好（LP）刺激が条件的に提示され

注9：これらの強化スケジュールとほかの強化スケジュール、およびそれらが行動に及ぼす効果については、第13章で説明する。

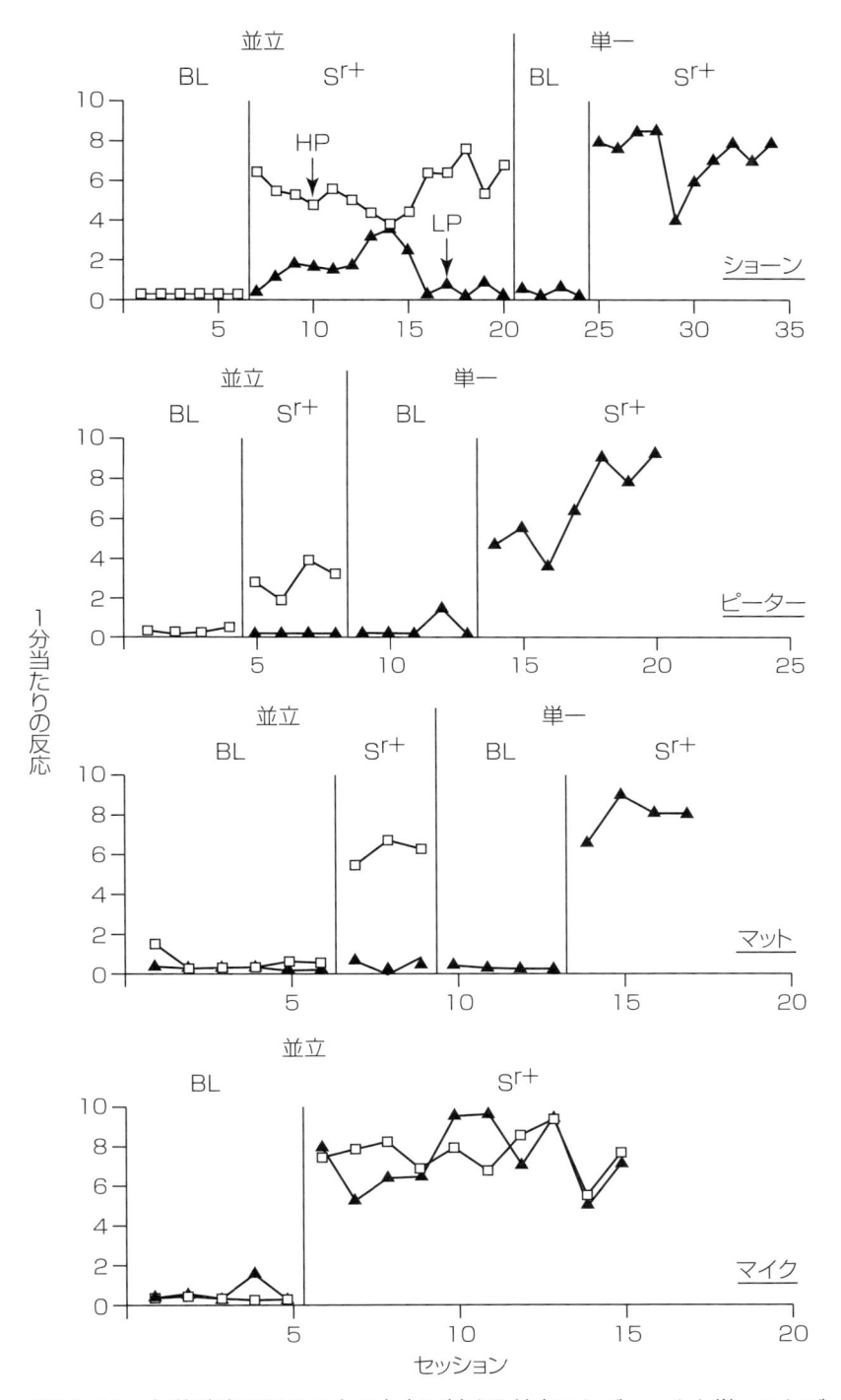

図11.11　知的障害のある4人の大人に対する並立スケジュールと単一スケジュールのもとでのベースラインと強化条件における1分当たりの反応

From "Relative versus Absolute Reinforcement Effects: Implications for Preference Assessments" by E. M. Roscoe, B. A. Iwata, and S. Kahng, 1999, *Journal of Applied Behavior Analysis, 32,* p.489. Copyright 1999 by the Society for the Experimental Analysis of Behavior, Inc. Used by permission.

る場合、それは強化子として機能するだろうか？　ロスコーら（Roscoe et al., 1999）は、発達障害の8人の大人に、並立スケジュールを使い、HP刺激とLP刺激の強化子としての効果を比較した。選好査定に続いて、高選好刺激と低選好刺激を使い、並立強化スケジュールを確立した。標的反応は2つのマイクロスイッチパネルのどちらかを押すことである。それぞれのパネルの色は異なっていた。パネルを押すと、中心部分に僅かな光が点灯した。ベースラインに入る前に、トレーニング条件が実施された。それによってパネル押しを参加者のレパートリーのなかに確立し、反応の結果を経験させるためだった。ベースライン段階では、どちらのパネルを押しても、プログラムされた結果は随伴しなかった。強化段階になると、1つのパネルの背後の皿の上にHP刺激が、他方のパネルの背後の皿の上にLP刺激が置かれた。どちらのパネルに対する反応でも反応すれば必ず結果として参加者はそれぞれのパネルの背後にある皿の上の品物を直ちに受け取った（つまり、強化のFR1強化スケジュールである）。

　並立強化スケジュールでは、参加者は同じFR1スケジュールで強化子を選ぶことができた。大多数の参加者は、HP刺激が強化としてもたらされるパネルに、自分の反応の大部分を配分した（例えば、図11.11のショーン、ピーター、マットの結果を参照）。しかしながら、これらの同じ参加者が、後刻、単一スケジュールの随伴性（すなわち、押すパネルが1つだけ）によって、LP刺激を強化子として入手する機会を与えられると、並立スケジュールのときHP刺激の側で得られたのと同様の反応レベルのベースラインを超える増加を示した。ロスコーら（Roscoe et al., 1999）の研究によって、並立スケジュールをどう使えば、強化子としての刺激の相対的効果を同定できるかが実証された。この研究はまた、ある刺激が並立スケジュールによってほかの刺激と対抗させられると、その刺激の強化子としての潜在的有効性が、遮蔽ないし隠蔽される可能性があることも示している。そういう場合は、潜在的強化刺激が時期尚早に見捨てられてしまうかもしれない。

（2）多元スケジュール強化子査定

　多元強化スケジュール（multiple schedule of reinforcement）は、1つの反応に対する2つ以上の成分強化スケジュールによって構成される。ただしどの時点でも、成分スケジュールの1つだけが有効である。弁別刺激（S^D）は各々の成分スケジュールの存在を知らせ、スケジュールが有効である限りその刺激は存在する。多元強化スケジュールは強化子査定に利用することができる。1つの方法は、多元強化スケジュールの1成分では標的行動が生起すること（つまり、反応依存）を条件として、もう1つのスケジュール成分では固定時間強化スケジュール（つまり、反応非依存）を条件として、同じ刺激事象を提示する方法である。例えば、もしある実践家が多元強化スケジュールを使って、社会的注目が強化子として機能するかどうかを査定したいと思うならば、多元強化スケジュールの1成分が有効であるとき協調遊びの生起を条件として社会的注目を提示し、またほかの成分のときは同量の同種類の社会的注目を、固定時間スケジュールの場合以外は、協調遊びとは独立させて提示する（つまり、非条件的強化）ようにする。その教師は午前中の遊び時間に反応依存スケジュールを適用し、午後の遊び時間には反応非依存スケジュール

を適用するようにすればよい。もし社会的注目が強化子として機能したとすれば、午前中は共同遊びが増加してベースライン生起率を上回るだろう。そして、午後には社会的注目は共同遊びと何の関連もなかったので、何の効果も与えなかっただろう。この状況は多元スケジュールに従う。なぜなら1つの行動クラス（つまり、共同遊び）と、働いている個々の随伴性のための弁別刺激（つまり、午前と午後の遊び時間）と、そして異なる強化条件（つまり、反応依存と反応非依存）が存在するからである。

（3）累進比率スケジュール強化子査定

低い反応要件（例えばFR 1）を伴う刺激選好査定は、より高い反応要件（例えばFR 10スケジュールでは、子どもは強化を獲得するために問題を10題解かなければならない）とともに刺激が提示される場合の、刺激の強化子としての効果を予測できない可能性がある。デレオンら（DeLeon, Iwata, Goh, & Worsdell, 1997）が言うように：

> 現行の査定方法では、訓練計画で用いる課題が強化を与える前により多くの反応かより多くの努力を要求するときは、強化子の効果について不正確な予測をしてしまう可能性がある。……一部の強化子のクラスの場合、スケジュール要求の同時増加は、要求が低かったときは突き止められなかった好みのわずかな違いを拡大させる可能性がある。そういう場合、低い反応要件（FR 1）スケジュールを伴う刺激選好査定は、増加した反応要件のもとでの強化子の相対的有効性を正確には予測しない。(p. 440, p. 446)

累進比率スケジュールは、反応要件が増加するときの刺激の強化としての相対的有効性を査定するための枠組みを提供する。累進比率強化スケジュール（progressive-ratio schedule of reinforcement）では、強化のための反応要件は、参加者の行動とはかかわりなく、時間とともに組織的に増加する。累進比率スケジュールでは、実践家は参加者が好物として選んだ刺激を提示するごとに、徐々により多くの反応を要求し、やがて限界に達して反応比率が低下するまで行う（Roane, Lerman, & Vorndran, 2001）。例えば、はじめは反応するたびに強化される（FR 1）。それから2つ目の反応ごとにその後に強化される（FR 2）。それからおそらく5回目、10回目、20回目の反応ごとにその後に強化される（FR 5、FR 10、FR 20）。どこかの時点で、好物として選んだ刺激は、もはや強化として機能しなくなるだろう。

デレオンら（DeLeon et al., 1997）は、並立スケジュールの中で累進比率を使い、2つの刺激の強化子としての相対的有効性をテストした。参加者はイレインとリックの2人の知的障害の成人で、標的反応はマイクロスイッチパネル押しだった。強化子として取り上げたのは、選好度のよく似ている2つの刺激（例えば、クッキーとクラッカー）と、選好度の似ていない2つの刺激（例えば、飲み物と風船）だった。1つのパネルは青色、もう1つのパネルは黄色だった。実験者は2つの強化子を別々の皿に載せ、それらの皿をそれぞれのパネルの後ろに置いた。参加者は、1回の試行で（リックはセッション当たり24試行、イレインはセッション当たり14試行）、

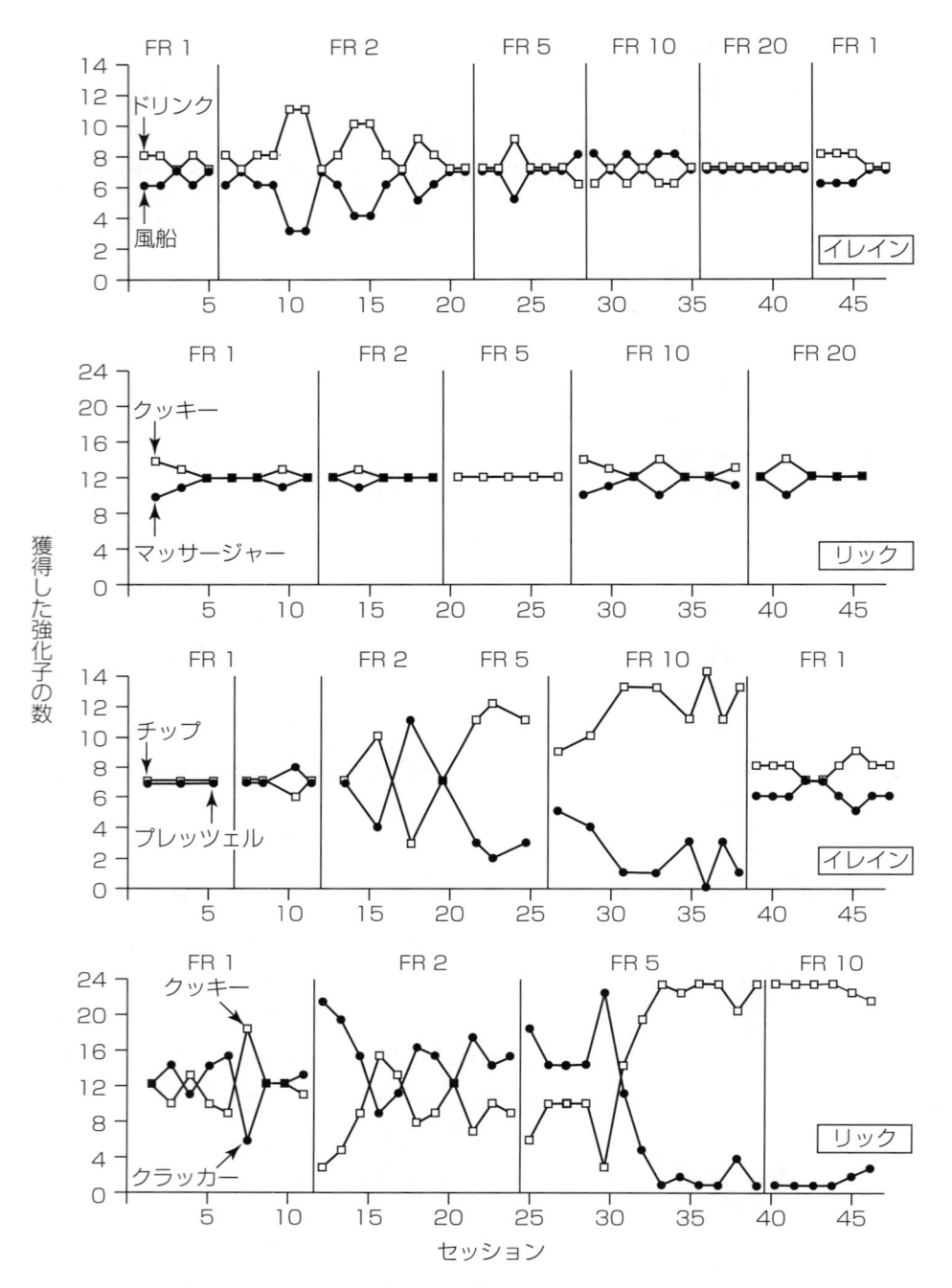

図11.12 知的障害のある2人の大人の、並立強化スケジュール条件と単一強化のベースライン条件における毎分ごとの反応

From "Emergence of Reinforcer Preference as a Function of Schedule Requirements and Stimulus Similarity" by I. G. DeLeon, B. A. Iwata, H. Goh, and A. S. Worsdel, 1997, *Journal of Applied Behavior Analysis, 30,* p.444. Copyright 1997 by the Society for the Experimental Analysis of Behavior, Inc. Used by permission.

2つのパネルのどちらか一方を押し、即座にそのパネルの後ろの皿の上の品物を受け取った。第1段階では、FR 1スケジュールが使われた（すなわち反応すれば必ず皿の上の品物を受けとれた）。後になると、品物を受け取るための反応要件は徐々に増加していった（FR 2，FR 5，FR 10, FR 20）。

イレインとリックは、FR 1の段階では、選好度に差のある2つの品物を手に入れるために、それぞれのパネルにほぼ同率で反応した（図11.12上段の2つのグラフを参照）。選好度に差のある2つの刺激を受け取るための反応要件が増加したが、イレインとリックは継続して2つのパネルに対する反応を均等に割り当てた。しかし、当初類似して等価だった強化子（FR 1における食べ物）を反応要件の増加するスケジュールのもとで比較してみると、2つのパネルに対する反応率には差が出始め、明瞭で一貫した選好が出現した（図11.12下段の2つのグラフを参照）。例えば、イレインの場合、食べ物を得るためにより多くの作業をしなければならなくなると、プレッツェルを生み出すパネルよりもチップスを生み出すパネルに反応の大部分を割り当てるようになった。リックの場合も同様に、強化を得るために必要な反応数が増加するに伴い、クラッカーよりクッキーを選好することが明瞭になった。これらの結果から言えることは、「一部の強化子のクラスの場合、スケジュール要求の同時増加は、要求が低かったときは突き止められなかった好みのわずかな違いを拡大させる可能性がある」（DeLeon et al., 1997, p. 446）ということである。

並立スケジュールの中で反応要件を増加させることは、強化子間の選択において反応要件を増加させることが生み出す影響を反映する可能性がある。また2つの強化子が相互に代替可能か、どんな条件下なら可能かを明らかにするかもしれない。もし2つの強化子が同じ機能を果たすなら（すなわち、同じ確立操作によって有効になるなら）、2つの強化子の一方の値段（つまり反応要件）の高騰は、代替可能な強化子が入手できる限り、高価な品物の方の消費の減少をもたらすだろう（Green & Freed, 1993）。デレオンら（DeLeon et al., 1997）は、図11.12に見られる結果を説明するためのアナロジーとして、ペプシよりもわずかにコーラを好む仮想の人物を用いた。

> コーラとペプシがどちらも1杯1ドルで手に入り、ある人がコーラのほうをわずかにより好むとする。その人はおそらくそれらの選択の配分をほぼ均等にするだろう。それは好きな方のコーラに定期的に飽和する結果そうなる。しかし全体としてはコーラの選択がやや上回るだろう。さてそれぞれの値段が1杯5ドルに高騰したとする。この値段になるとコーラへの好みが明白になりそうである。それとは対照的に、コーラとバス用トークン（代理貨幣）を使って同様の設定をすると、結果に違いが生じるだろう。再び、どちらの値段も1ドルならば、2つの選択肢の間の選択はほぼ均等になり、それは驚くにはあたらない。ただしそれぞれに対する確立操作によってどちらも一時的に同等の価値になっているものとする。しかしながら、これらの品々ははっきり異なる機能を果たすものであり、代替は不可能である。つまり、一方を他方と自由に交換できるものではないし、機能的に類似する強化を同じレートで受け取り続ける。その人はどちらの強化子の値段が著しく高騰したとしても、均等に選択し続ける可能性は高い。

この実験で得られた結果に対しても、同じことが言えるかもしれない。クッキーとクラッカーのような２つの代替可能な品物を使った選択では、それぞれの値段の並立的高騰が１つの品物に対するわずかな選り好みの表明を「強制した」かもしれない。しかし、クッキーとマッサージャーのような、代替できそうにもない強化子が並立して利用できて、均等に好まれていた場合、値段の高騰は好みへの影響をほとんど生み出さなかった。(pp. 446-447)

　課題の要求が低いか、強化スケジュールの密度が濃いときは、刺激Xも刺激Yもそれぞれ強化子として機能する可能性があるが、課題要求が増加するか、強化スケジュールの密度が疎になれば（つまり、１強化当たりより多くの反応が要求されるようになれば）、参加者は刺激Yだけを選択するかもしれない。デレオンら（DeLeon et al., 1997）は、こうした関係を警戒する実践家ならば、当初の好みは環境条件が変化しても維持されると考えることに懐疑的になり、介入をスタートさせてからは強化の提供を課題割り当てと関連させてどう設計するかという問題を慎重に考慮するようになるだろうと指摘している。つまり、課題要求が低いときに、ある種の好きな刺激をほかの同レベルの好みの刺激の代わりに使うよりも、それらの刺激を課題要求が高くなるときのために残しておく方がいいかもしれない。

Ⅳ　正の強化の制御手続き

　正の強化の制御手続きは、潜在的強化子の条件的提示を操作して、行動の将来の生起頻度にどんな影響が起こるかを観察するために使われる。制御（control）は、ここで使われる用語としては、標的反応の生起を条件とする刺激提示が正の強化子として機能することを実験的に証明することを要求する。制御を証明するためには、まず随伴性がある場合とない場合の反応生起率を比較し、次いで随伴性のあるなしによって、行動のスイッチを入れたり切ったり、増やしたり減らしたりできることを実証する必要がある（Baer, Wolf, & Risley, 1968）。歴史的に言えば、研究者と実践家は、正の強化の主要な制御方法として、リバーサルテクニックを使ってきた。簡単に言えば、リバーサルテクニックには、２つの条件と最低４段階（つまり$ABAB$）が含まれる。A条件では行動が繰り返し測定される。それは強化随伴性がない状況で安定するまで続けられる。随伴性の不在を制御条件（比較対照条件）という。B条件では、強化随伴性が提示される。つまり、同じ標的行動が継続して測定され、刺激変化の影響が査定される。強化随伴性の存在は実験条件と呼ばれる。もし随伴性の存在によって反応生起率が増加すれば、随伴性の不在と存在が標的行動を下降させ上昇させるかどうかを知るため、分析家は次に強化随伴性をとりやめてA条件とB条件に復帰する。

　しかしながら、リバーサル段階（A条件への復帰段階）で制御条件として消去を使うことは、実践上、概念上の問題を提起する。第１に、強化をとりやめると、その結果、消去が生み出す副作用（例えば、初期の反応生起率の上昇、感情的反応、攻撃性。第21章を参照）が発生する。それは制御の証明に影響を与える。第２に、状況によっては、強化随伴性を完全に断つことはできないかもしれない（Thompson & Iwata, 2005）。例えば、教師がA条件の間、教師による注目

第11章 正の強化

を完全に取り除けるとは考えられない。これらの問題に加えて、トムソンとイワタ（Thompson & Iwata, 2005）は次のように述べている。

> 消去は正の強化の行動への影響を元に戻す（リバースする）ことにしばしば成功してきたが、それを制御手続きとして用いると、解釈上の困難が生じる。基本的には、消去は標的反応を制御している変数としての強化随伴性を適切に単離できない。同様に実行可能な説明として、単なる刺激提示を排除できないからである。（p. 261, 強調追加）

トムソンとイワタ（Thompson & Iwata, 2005）によれば、「正の強化の理想的な制御手続きは、一方で刺激提示の単独の影響を制御しながら、標的反応の生起と刺激提示の間の条件的関係を除去することである」（p. 259）。彼らは、強化を突き止めるための制御手続きとして、リバーサルテクニックの3つのバリエーション、すなわち、非条件的強化（NCR）、他行動分化強化（DRO）、代替行動分化強化（DRA）の有効性に関して展望を行っている[10]。

（1）非条件的強化

非条件的強化（noncontingent reinforcement, NCR）とは、標的行動の生起とは無関係な固定時間（FT）スケジュールや、変動時間（VT）スケジュールによって、潜在的強化子を提示することである。潜在的強化子の反応非依存型の提示は、標的行動と刺激提示の間の条件的関係を取り除くとともに、単独の刺激提示がもたらすあらゆる影響を突き止めることを可能にする。つまりNCRは、トムソンとイワタ（Thompson & Iwata, 2005）が正の強化の理想的な制御手続きとして提唱した基準を満たすことになる。

NCRのリバーサルテクニックは、最低でも5つの段階（*ABCBC*）を必要とする。つまり、*A*はベースライン条件、*B*はNCR条件（潜在的強化子を標的行動とは無関係に固定間隔スケジュールか変動間隔スケジュールで提示する）、そして*C*は潜在的強化子が標的行動の生起を条件として提示される条件を表す。次いで*B*条件と*C*条件が繰り返される。反応と結果の随伴性の有無の関数として、反応レベルの減少と増加が生じるかどうかを突き止めるためである。この分析の*B*条件と*C*条件の条件的提示と非条件的提示を行う場合は、強化の質、量、割合をほぼ同一に保つべきである。

NCR（非条件的強化）は、しばしば持続する反応を生み出す。それはおそらく、反応非依存型スケジュールでときに起こる偶発的強化のせいか、または類似するEOと先行刺激条件がその粘り強い反応を引き起こすからかもしれない。原因が何であれ、持続する反応はNCR制御手続きの限界である。リバーサル効果（反応の減少）を達成するためには、持続する反応が消去つきリバーサルテクニックよりも、より多くの時間を必要とするからである。この効果を達成するため

注10：第8章に、単一事例実験デザインの文脈におけるABAB, NCR, DRO, DRAコントロールテクニックを示す。

には、NCRスケジュールとの長期間の接触が必要になるだろう。

（2）他行動分化強化

他行動分化強化（differential reinforcement of other behavior, DRO）を活用する実践家は、一定の時間インターバル内に標的行動が起こらなかったときに必ず潜在的強化子を与える。DROリバーサルテクニックには最低5つの段階（ABCBC）が含まれる。Aはベースライン条件、Bは強化条件（標的行動の生起を条件として潜在的強化子を提示する）、CはDRO制御条件（標的行動の不在を条件として潜在的強化子を与える）である。次いで分析家はB条件とC条件を繰り返す。反応と結果の随伴性の不在と存在の関数として、反応レベルが減少し増加するかどうかを突き止めるためである。

DROスケジュールでは、制御手続きのリバーサル段階では、強化随伴性の継続提示を可能にする。1つの条件では、標的行動の生起とともに随伴性が活性化する。もう1つの条件では、標的反応の非遂行に対して随伴性が活性化する。DROの制御手続きはNCRスケジュールよりも短時間でリバーサル効果を生み出す。標的行動に対する偶発的強化が除去されるからだろう。

（3）代替行動分化強化

代替行動分化強化（differential reinforcement of alternative behavior, DRA）を制御条件として使う場合、標的行動に代わる望ましい代替行動が起こることを条件として、潜在的強化子が提示される[11]。DRAリバーサルテクニックには最低5つの段階（ABCBC）が含まれる。Aはベースライン条件、Bは強化条件（標的行動の生起を条件として潜在的強化子を提示する）、Cは代替行動の生起を条件として潜在的強化子を提示する条件（すなわち、DRA）である。次いで分析家はB条件とC条件を繰り返す。反応と結果の随伴性の不在と存在の関数として、反応レベルが減少し増加するかどうかを確かめるためである。

トムソンとイワタ（Thompson & Iwata, 2005）は、正の強化をテストするための制御条件の手続きとして、DROとDRAを使用することに伴う制約について、次のようにまとめている。

> ［DROとDRAでは］当初の実験計画にはなかった新しい随伴性を導入する。その結果として、随伴性のリバーサル（取り消し）のもとで起こる標的反応の減少の原因としては、(a) 標的反応と強化子との間の随伴性の終結、または (b) 標的反応の不在か競合反応の生起に対する強化の導入、が考えられるだろう。加えて、一定の反応特徴を条件とする強化が、随伴性リバーサル段階で与えられることを考えると、実験条件と制御条件の間で刺激提示率を制御することは難しいかもしれない。もし反応がすぐに減少しないか（DRO）、強化を生み出す反応に再配分されるか（DRA）すれば、制御条件における強化率は、実験条件における強化率よりも、相対的に少なくな

注11：第22章では、望ましくない行動の頻度を減らすための行動改善戦術としてのDRO, DRAの活用を解説する。

強化基準設定の公式は

行動を増やすため
　　ベースライン平均＜最初の強化基準≦ベースライン段階における最高の遂行

行動を減らすため
　　ベースライン平均＞最初の強化基準≧ベースライン段階における最低の遂行

例

標的行動	遂行ゴール	最低	最高	ベースライン平均	最初の基準レンジ
1人で遊ぶ	増やす	2分	14分	6分	7-14分
アルファベット文字を識別する	増やす	4文字	9文字	5文字	6-9文字
脚のエクササイズの完了数	増やす	0	22	8	9-22
算数問題の正解率	増やす	25%	60%	34%	40-60%
文字の誤タイピング数	減らす	16	28	22	16-21
1日のカロリー摂取量	減らす	2,260	3,980	2,950	2,260-2,900

図11.13　強化の最初の基準を設定するために、学習者のベースラインのパフォーマンスにおけるデータを利用する例

From "A Formula for Individualizing Initial Criteria for Reinforcement" by W. L. Heward, 1980, *Exceptional Teacher*, 1 (9), p.8. Copyright 1980 by the *Exceptional Teacher*. Used by permission.

るかもしれない。これが起こる場合、随伴性リバーサル方略は、伝統的な消去の手続きと機能的に類似することになる。(p. 267)

トムソンとイワタ（Thompson & Iwata, 2005）は、消去つきリバーサルテクニックと、その3つのバリエーションに対する配慮を前提として、NCRは最も徹底的で交絡変数を排除した正の強化の影響についての証明を提供すると結論づけた。

V　強化を効果的に活用する

これから正の強化を効果的に適用するための9つのガイドラインを実践家向けに提供する。これらのガイドラインは、3つの主な情報源、すなわち実験行動分析学の研究文献と、応用行動分析学の研究文献と、私たちの個人的経験に由来する。

1．簡単に達成できる最初の強化基準を設定する

　強化の適用においてよく見られる誤りは、最初の強化基準を高く設定しすぎて、学習者の行動を随伴性に接触させることを妨げてしまうことである。実践家は強化を効果的に活用するために、最初の基準を参加者の最初の反応が強化を引き出せるように設定し、それから遂行の改善に合わせて徐々に強化基準を上げてゆくようにすべきである。ヒューワード（Heward, 1980）は、最初の強化基準をベースライン段階における学習者の反応レベルをベースにして設定するために、次のような方法を提案した（図11.13を参照）。

　　　増やしたいと思う行動には、最初の強化基準が、ベースライン段階におけるその子どもの平均的遂行よりは高く、最高の遂行よりは低いか同等になるように設定しよう。生起頻度を減らしたいと思う行動には、最初の強化基準が、ベースライン段階の平均よりも低く、最低（または最高）よりも高いか同等になるように設定しよう。(p. 7)

2．十分な大きさの良質な強化子を使用する

　単純な課題を行う反応を維持する強化子は、より困難な課題やより時間のかかる課題を行う反応と同レベルの反応を生み出す能力をもってはいないかもしれない。実践家の場合は、より多くの努力や忍耐を要する行動に対してより質の高い強化子を使う必要が出てくるだろう。選好査定のときに選ばれた高選好刺激は、質の高い強化子として機能することがある。例えば、ニーフら（Neef et al., 1992）は、単位時間当たりの強化子の数は少ないが、質の高い強化子を受けとった行動の生起頻度が増え、単位時間当たりの強化子の数は多いが、質の低い強化子を受けとった行動の生起頻度は減ることを見出した。強化子の質は、また学習者が反応すれば現在入手できるほかの結果とも関連している。

　応用行動分析家は、強化子の大きさ（あるいは量）を以下の3通りに定義する。(a) 強化子にアクセスできる持続時間、(b) 単位時間当たりの強化子数（強化子率）、(c) 強化子の強度。強化子の大きさの増大は、行動と強化子の関係の効果の増大と相関する可能性がある。しかし、強化子の大きさの効果はあまりよく知られていない。なぜなら「単独オペラント配置で大きさが反応に及ぼす効果を検討した応用研究はほとんどない」（Lerman, Kelly, Vorndran, Kuhn, & LaRue, 2002, p. 30）からである。どれほど多くの強化を使うべきかに関する判断は、次の格率（一般原則）、「ふんだんに強化しよう、しかし大盤振る舞いはするな」に従うべきである。強化の量は強化子の質と、標的反応を自発するために必要な労力とに比例させるよう提案する。

3．強力な確立操作を維持するために多様な強化子を使おう

　強化子は頻繁に使えば使うほど、強化子としての能力はしばしば低下する。特定の強化子を過

剰に与えると、飽和のために強化子の瞬時的効果は減少する可能性がある。実践家は多彩な強化子を使うことによって、飽和の影響を最小にすることができる。スポーツ関係の特定の本を読むことが強化子として機能するとする。教師がこの強化子ばかりを頼りにすると、最終的にはその本を読むことで強化が得られなくなるだろう。逆に既知の強化子であるがつねに入手できるとは限らない強化子が再導入されると、効果が増大するかもしれない。ある教師が「列の先頭に並ぶ」が強化子になることを立証したとする。しかしこの強化子を週に1回だけしか使わないときは、「列の先頭に並ぶ」を頻繁に使うよりも、その強化効果は大きくなるだろう。

　強化子に変化をもたせると、あまり好まれない刺激でも強化子として機能させることができるかもしれない。例えば、ボーマンら（Bowman et al., 1997）は、学習者によってはあまり好まれない刺激であっても、いろいろな刺激を使うようにすれば、ずっと好きな刺激を単独で連続して使うときと比べて、よりよく反応することを発見した。同様に、多様な強化子群を使うようにすれば、どんな1つの特定の強化子の能力も高く保ち続けられるかもしれない。例えば、エーゲル（Egel, 1981）は、試行ごとにランダムに選んだ3つの強化子の1つにアクセスできるようにすると、試行に成功するたびに刺激の1つを提示するコンスタントな強化条件と比べて、子どもの正反応と課題従事行動がより高まることを見出した。1つのセッションの中でさえ、やろうとすれば教師は、子どもにメニューの中から多様な結果を選ばせることができるだろう。同様に、1つの強化子の1つの特性を変えることによって、その強化能力をより長時間維持することができるかもしれない。もしコミック本を強化子として利用するときは、いくつかの異なるジャンルのコミック本を入手できるようにすれば、それらの有効性は維持できるだろう。

4．できるだけ間接的ではなく直接的な強化随伴性を活用する

　直接的な強化随伴性では、標的反応の自発が強化子への直接接触を生み出す。つまり、この随伴性はどんな媒介ステップも必要としない。間接的な強化随伴性では、反応が強化を直接には生み出さない。実践家が強化子を与える。いくつかの研究によって、直接的な強化随伴性はパフォーマンスを高めるかもしれないことが示唆された（Koegel & Williams, 1980; Williams, Koegel, & Egel, 1981）。例えば、トムソンとイワタ（Thompson & Iwata, 2000）は、直接的な随伴性と間接的な随伴性の定義を、自動強化（すなわち直接）と社会媒介強化（すなわち間接）の違いに結びつけて、直接的な強化随伴性と間接的な強化随伴性のもとでの反応獲得についての彼らの研究を次のように要約している。

　　どちらの随伴性のもとでも、同一の課題群（数種類の容器の1つを開ける）の完了が同一の強化子群へのアクセスを生み出した。直接的な随伴性のもとでは、強化子を開封すべき容器のなかに入れておいた。間接的な随伴性のもとでは、セラピストが強化子をもち、課題が完了したら参加者に手渡すようにした。1人の参加者はどちらの随伴性のもとでも、即座に課題を100％の正確さで遂行した。3人の参加者は、直接的な随伴性のもとでは、より即座のまたはより大幅な遂行の改善を示した。残りの2人の参加者は、直接的な強化随伴性のもとでのみ、遂行の改善を示し

た。間接的な随伴性のもとでの「無関係な」行動の生起に関して収集されたデータ（例えば、課題を遂行せず強化子に手を伸ばす）から、これらの無関係な行動が課題の遂行を妨げ、それらの生起は異なる刺激性制御の結果であったという一定の証拠が得られた。(p. 1)

できるときはいつでも、実践家は直接的な強化随伴性を使うべきである。とりわけ行動レパートリーの狭い学習者にはそうすべきである。

5．反応プロンプトと強化を組み合わせる

反応プロンプトとは、S^Dが存在するときに正反応をするように促す補足的先行刺激である。そして最終的には行動を制御するのはS^Dになる。応用行動分析家は反応プロンプトを標的行動の遂行前か遂行中に与える。主な反応プロンプトの形態には、言語教示、モデリング、身体的ガイダンスの3つがある。

言語教示に関して言えば、随伴性を説明すること（すなわち言語教示）が、言語スキルのある学習者にとっては動機づけ操作の役割を果たし、それによって学習者をより早く強化に接触できるようにさせる可能性がある。例えば、メイフィールドとチェイス（Mayfield & Chase, 2002）は、5つの基本的な代数法則を学んでいる大学生に、彼らの強化随伴性を説明した。

強化手続きに関する説明は、研究の始めに与えた全般的教示において行われた。参加者はすべてのテストにおいて正答すればお金をもらえた。誤答してもペナルティは科されなかった。1回ごとのテスト後のセッションにおいて、参加者はそのテストで獲得した彼らの総所得の記録を見せられた。これは、これらのテストにおける参加者の成績について与えられた唯一のフィードバックだった。(p. 111)

ブレットら（Bourret, Vollmer, & Rapp, 2004）は、3人の自閉症の参加者の音声言語マンドレパートリーを査定するとき、言語による反応プロンプトを使った。

個々の発声査定セッションは10試行であり、持続時間はそれぞれ1分だった。試行開始10秒後に、非特異的プロンプト（随伴性の説明）を与えた（例えば、「もしこれ欲しかったら、そう言ってね」）。試行開始20秒後に、標的の完全発話（例えば、「もしこれ欲しかったら、'チップ'と言って」）のモデルを含むプロンプトを与えた。試行開始30秒後に、参加者は標的反応の最初の音素（例えば、「もしこれ欲しかったら、'チッ'と言ってね」）だけを言うようプロンプトされた。

第17章では、反応プロンプトをめぐる更なる考察を示す。そこでは反応プロンプトと強化を組み合わせる具体的手続きや、主な反応プロンプトである言語教示やモデリングや身体的ガイダンスの更なる活用例を提示する。

6．最初は行動の生起ごとに強化する

　行動を強めるためには、何よりもまず新しい行動を学習する最初の段階では、標的行動の生起ごとに必ず強化しよう（すなわち連続強化）。行動が確立されたら、強化の比率を徐々に疎にしてゆこう。行動の生起のすべてではなく一部が強化されるようにしよう（すなわち、間欠強化）。例えば、教師は最初フラッシュカードにプリントされたサイトワード（一瞥して自動的に識別できるようになるべき基本単語）に子どもが正反応したらすべて強化し、それから比率スケジュールを用いて強化を疎にしていく。初期学習の後は反応を安定させるため、数試行の間は正反応を2回したら強化を与え、それからは4回の正反応のセットごとに強化を与えるというようにする。ハンレーら（Hanley et al., 2001）は、非常に密な固定間隔（FI）1秒強化スケジュール（FIスケジュールでは、インターバル終了に続く最初の標的反応が強化を生み出した）から、だんだんより疎になってゆくスケジュールへと移行させた。すなわちインターバルの長さを2秒、4秒、8秒、16秒、25秒、35秒、46秒、そして最終的にはFI-58秒まで増やしていった。例えば、FI58秒が経過する前に起こった標的反応は強化されなかったが、58秒過ぎた後に起こった最初の正反応は強化された。第13章では、連続強化と間欠強化の活用についての更なる情報を提供する。

7．条件的注目と記述的賞賛を活用する

　この章のはじめの方で論じたように、社会的注目と賞賛は、多くの人々にとって強力な強化子である。しかしながら、賞賛の後に起こる行動改善には、しばしば、強化の直接的な影響というよりも何かそれ以上のもの、またはまったくの別ものが含まれる。マイケル（Michael, 2004）は、賞賛と注目の後に増加する反応は強化がもたらした結果であると思い込む、よくある概念的誤解について論じている。

　　　社会的承認を示す何らかの一般的表現（笑顔と「よくやった！」のような多少のコメント）を伝える記述的賞賛と、そして、それに加えて、その承認のもとになった行動についての短い説明（「君のそういう……なところが好きだ！」）の一般的用法について考えてみよう。そのような賞賛を年齢5〜6歳以上の言語がノーマルに発達している人に与えたとする。そのときそれはおそらく教示の一形態として、または1つのルールとして機能するだろう。まるで賞賛した人が「もし、これから続けて承認してもらいたければ、あなたは〜する必要があるよ」と言わんばかりである。例えば、工場の現場監督が工場の床にこぼれたオイルを掃除していた従業員のところに歩み寄って微笑みかけ、「ジョージ、誰かがそれを踏んでしまう前に拭き取ってくれるなんて、君は本当に思いやりがあるね」と言ったとする。ここで、ジョージがこのとき以来きれいに掃除するようになったとしよう—ただ1度の強化のエピソードが行動に随伴したということを考えれば、これはかなり大きな行動の変化である。私たちは、その賞賛が単に強化として機能したのではなく、むしろルールや教示という形で機能しており、そうしてジョージはまたオイルがこぼれてい

るたびに、さまざまな理由から、自分自身に同様の教示を与えていたのではないかと推測するだろう。(pp. 164-165, 原典で強調)

ゲッツとベア（Goetz & Baer, 1973）によるある研究では、就学前児童の積み木を使った創造的遊びに及ぼす教師の賞賛の影響を検討した。この研究では1つの条件において、言葉による記述的賞賛が用いられた。「子どもがそのセッションでの積み木の組み立てで、前にはなかった形を創ろうと、積み木を置いたり、置き直したりするたびに、教師が必ず興味と情熱と喜びを込めて……、『まあ、それって素敵。今までと違うね』と感想を述べた」(p. 212)。3人の4歳女児は、条件的な記述的賞賛の各段階において、積み木の形の組み立ての多様さを増加させた。ゲッツとベアは、女児のパフォーマンスの改善のどこまでが、積極的注目（「それって素敵！」）という形式の強化のおかげなのか、どこまでが女児が受け取ったフィードバック（「今までと違うね！」のおかげなのかを突き止めるための成分分析を行っていない。女児はその積極的注目とフィードバックによって、従うべきルール（「積み木で違うものを組み立てれば教師の注目が得られる」）を創ることができた。著者たちは次のように推量している。

> ある子どもに対しては、どちらか［強化的注目と記述的賞賛］一方があれば他はなくても十分だろう。しかしほかの子どもにとってはこれら2つの混合の方がどちらか1つよりもより効果的になるだろう。もしそうなら、応用上の目的からいえば、積極的注目と記述的賞賛を組み合わせることが、おそらく子ども一般に対して適用するベスト・テクニックになるだろう。(p. 216, 角括弧の言葉を追加)

注目と賞賛が任意の学習者に治療的逆効果を生み出したことを証明するデータは存在しないが、実践家の方々には、正の強化を伴ういかなる介入にも、条件的賞賛と注目を組み込むことをおすすめする。

8．反応から強化までの時間遅延を徐々に拡大してゆこう

私たちは前に示したガイドラインで、実践家は学習の初期段階では標的行動が生起するたびに強化し、それから間欠強化スケジュールに切り替えることによって、強化子の提供を疎にしていくことをおすすめした。ストローマーら（Stromer, McComas, & Rehfeldt, 2000）は、日常環境において反応を維持させるために随伴される結果はしばしば遅延するという理由から、連続強化ス

ケジュールと間欠強化スケジュールの活用は、日常場面における結果のプログラミングではほんの最初のステップにすぎないだろうと警告した。「行動レパートリーの最初の段階を確立するためには、標的反応が起こったら即座に強化が起こるようプログラミングされた結果を活用することが必要である。しかしながら、応用行動分析家の仕事には、遅延強化の戦略的活用も必要になる。遅延強化を生み出す行動は、日常生活においては極めて適応的な行動であるが、それらを確立し維持することは困難である」(p.359)[12]。

人々が遅延性の結果に効果的に反応することを支援するため、応用行動分析家が用いてきた戦術の例を挙げてみよう。(a) 短い遅延に始まり、遅延の程度が徐々に拡大されていくような、遅延から強化までの時間インターバル（Dixon, Rehfeldt, & Randich, 2003; Schweitzer & Sulzer-Azaroff, 1988）。(b) 遅延の間に要求する作業の拡大（Dixon & Holcomb, 2000）。(c) 行動と強化子の「溝を埋める」ために遅延の間に行う活動（Mischel, Ebbesen, & Zeiss, 1972）。そしてこれが重要であるが、(d) 遅延後には強化子が手に入ることを保障する形の言語教示（例えば、「計算機はあなたの普通預金口座に振り込まれる金額を教えてくれるでしょう。[その日の]あなたの普通預金口座にあるすべての5セント硬貨を手に入れることができるでしょう」）(Neef, Mace, & Shade, 1993, p. 39)。第28章では、行動改善の般化と維持を促進するための遅延性結果の活用について、更なる情報を提示する。

9. 人為的強化子から自然発生的強化子へと段階的に切り替えてゆく

マレー・シドマン（Sidman, 2000）が行動原理の人間行動への応用が始まって「間もないころ」に何を学んだかを述懐した、洞察力に富んだ思考を大いに刺激する記述からの引用をもって、この章を終わることにする。シドマンは、1965年から1975年まで行われたプロジェクトのことを話した。そのプロジェクトでは、精神遅滞と診断され、州の施設で生活させられていた6〜20歳の少年らに対して、正の強化を活用することが強調されていた。その中で、般性条件性強化子としてのトークンの導入が、いかにして最終的にはプロジェクトスタッフの賞賛へ、そして後には学習そのものが少年たちにとっての強力な強化子になっていったかを、次のように回想している。

私たちはトークンから始めた。トークンは目に見えて、簡単に扱えるという利点があった。後になって、少年らはトークンを貯金し、数を理解することを学んだ。それからは、ポイントを導入することができるようになった。少年らはトークンとポイントを稼いでそれらがまたほかの強

注12：連続強化スケジュールから間欠強化スケジュールへの移行は、強化子の遅延を拡大する手段として説明されることがある（Alberto & Troutman, 2006; Kazdin, 2001）。しかしながら、間欠強化スケジュールは、特定されない限り、「遅延強化」を必要としない。間欠強化スケジュールでは、標的行動のごく一部の生起だけが強化されるが（第13章を参照）、随伴性を満たす反応の直後に強化が与えられる。例えば、固定比率10強化スケジュールでは、10回目の反応が毎回即時強化を生み出す。強化に至るまでの遅延（delay to reinforcement）や強化遅延（reinforcement delay）は、随伴性が満たされた後の反応から強化子提供までの間の時間経過を表す。

化子を彼らにもたらした。そのことが私たちにはとてもうれしかった。私たちが喜ぶ姿を見た少年らは、私たちの喜びもまた彼らにとって大事なものになった。こうして私たちは褒め言葉も強化子として使えるようになった。少年らがもっともっと学ぶにつれ、彼らの多くは彼らが学んだことが少しずつ開けてくる彼らの世界を効果的に処理することを可能にしてくれると理解するようになった。彼らにとって学習それ自体が強化になった。(p.19)

環境の操作の成功こそ、究極的な自然発生的強化子かもしれない。スキナー（Skinner, 1989）が指摘した通り、この強力な強化子は「教育する目的のためにわざと企む必要はない。どんな特定の種類の行動とも関係しない。それゆえにいつでも入手できる。私たちはそれを成功と呼ぶ」(p.91)。

まとめ

正の強化の定義と性質

1．正の強化は、2項随伴性によって定義される関数関係（機能的関係）である。反応に後続して即座に刺激が提示される。その結果、将来、類似する反応がより頻繁に起こる。

2．反応の増加の原因となる刺激変化は強化子と呼ばれる。

3．強化の即時性の重要性は強調されなければならない。反応から強化までのわずか1秒の遅延が、意図した効果を損なう恐れがある。強化子の提示に時間的に最も近い行動が、強化子の提示によって強化されるからである。

4．長く遅延された結果が人の行動にもたらす影響は、強化の直接的な効果に帰すべきではない。

5．人々が抱く誤解は、強化は循環論法の概念であると考えることである。循環論法は誤った論理の一形態である。原因と結果が混合され、互いに独立していない。強化は循環論法の概念ではない。反応と結果の関係を構成する2成分は分離できる。そして結果を操作して、結果が随伴する行動の生起頻度を増加させるかどうかを究明することができる。

6．強化は随伴する行動の将来の生起頻度を増やすだけでなく、先行刺激の機能も変化させる。先行刺激は、強化の入手可能性と関連づけられたため、行動を喚起する。そのため弁別刺激と呼ばれる（S^D）。

7. 弁別オペラントは、$S^D \to R \to S^{R+}$の3項随伴性によって定義される。

8. 強化としてのあらゆる刺激変化の瞬時的効果は、その刺激変化に対する動機づけの現在の水準に依存する。確立操作（EO）（例えば遮断）は、強化子の現在の効果を増加させる。無効操作（AO）（例えば飽和）は、強化子の現在の効果を減少させる。

9. 弁別オペラントの強化の完全な説明は、$EO \to S^D \to R \to S^{R+}$の4項随伴性を必要とする。

10. 強化の自動性とは、強化が起こるためには人が行動と強化的結果の関係を理解したりそれに気づいたりする必要がないという事実のことである。

11. 強化はそれに先行して直前に起こるあらゆる行動を増加させる。行動と強化的結果との間の論理的ないし適応的関係は必要ではない。

12. 被験者の行動とは関係しない固定時間スケジュールによって強化が提示される場合にしばしば現れる迷信行動の発達は、強化によって選択される行動の任意性を説明する。

13. 自動強化は、行動がほかの人々の媒介に依存せず、行動自体が強化を生み出す場合に起こる。

強化子を分類する

14. 無条件性強化子は、学習履歴を必要とせず強化として機能する刺激のことである。これらの刺激は、系統発生的発達の所産であり、種のすべての成員が刺激の同じ性質に影響を受けることを意味する。

15. 条件性強化子は、1つかそれ以上の強化子との対提示の結果、強化子として機能する、以前は中性だった刺激である。

16. 般性条件性強化子は、多くの無条件性強化子と条件性強化子と対提示され続けた結果、その有効性がどんな特定の強化形態の現在のEOにも左右されない条件性強化子である。

17. 強化子を物理的特徴によって記述する場合、一般に食物強化子、感覚強化子、有形強化子、活動性強化子、社会的強化子に分類される。

18. プレマックの原理は、低確率行動をすることを条件として、高確率行動に従事する機会を与

えるようにすると、低確率行動に対する強化として機能するようになることを言う。

19. 反応遮断仮説は、ある行動に従事する権利が、ほかの行動に従事することに対する強化として働くかどうかを、その条件的行動に従事する権利がベースラインにおける従事レベルと比べてその活動の制限を表すかどうかに基づいて予測するモデルである。

潜在的強化子を同定する

20. 刺激選好査定は、(a) 人が好む刺激、(b) それらの刺激間の相対的選好度（高いか低いか）、(c) それらの選好度が有効であり続けるための条件、の3点を特定するために使われるさまざまな手続きである。

21. 刺激選好査定を行うためには、標的となる人が何を好むかを本人およびまたは重要な他者に質問するか、フリーオペラント観察を行うか、試行ベースの査定（すなわち、単独提示、対提示、多刺激提示）をするかすればよい。

22. 好まれる刺激は必ずしも強化子として機能せず、刺激の好みはしばしば時間とともに変化する。

23. 強化子査定とは、異なる条件、変化する条件のもとでの、任意の刺激の強化子としての相対的効果、または特定の条件のもとでの多くの刺激の任意の行動に対する強化子としての相対的効果を突き止めるための、データに基づく、さまざまな直接的方法のことである。強化子査定は、しばしば並立強化スケジュール、多元強化スケジュール、累進強化スケジュールによって行われる。

正の強化の制御手続き

24. 正の強化の制御手続きは、潜在的強化子の提示を操作し、行動の将来の生起頻度に及ぼす効果を観察するために活用される。正の強化の制御手続きは、標的反応の生起に後続させる条件的提示が正の強化として機能することを、説得力をもって実証することを要求する。制御の証明は、随伴性がある場合とない場合の反応生起率を比較すること、そして随伴性の有無によって行動のスイッチを入れたり消したり、増やしたり減らしたりすることができるかどうかを証明することによって行われる。

25. 制御条件として強化随伴性の撤回（消去）を用いるリバーサルデザインに加えて、強化の制御条件として、非条件的強化（NCR）、他行動分化強化（DRO）、代替行動分化強化（DRA）を使うことができる。

強化を効果的に活用する

26. 正の強化による介入の効果を高めるガイドラインは以下の通りである。

- 最初の強化基準は容易に達成できるものにする。
- 十分な大きさの質の高い強化子を使う。
- 多様な強化子を使う。
- 可能であればつねに、間接的な強化随伴性よりも直接的な随伴性を使う。
- 反応プロンプトと強化を組み合わせる。
- はじめは行動の生起ごとに強化し、それから徐々に強化スケジュールを疎にする。
- 条件的賞賛と注目を使う。
- 反応から強化までの遅延を徐々に広げてゆく。
- 人為的強化子から自然に起こる強化子へと徐々にシフトする。

第12章
負の強化

キーワード

回避随伴性　負の条件性強化子　弁別性回避　逃避随伴性　フリーオペラント回避
負の強化　負の無条件性強化子

**行動分析士資格認定協会®BCBA® & BCaBA®
第4版課題リスト©**

	Ⅰ　基本的な行動分析学のスキル
C-01	強化の好ましくない起こりうる影響について述べ考慮する。
D-08	不連続試行とフリーオペラント計画を使う。
	Ⅱ　クライエントを中心に据えた専門家としての責任
I-03	個別化された行動査定手続きを設計し実行する。
I-04	機能査定手続きの全範囲を設計し実行する。
	Ⅰ　基本的な行動分析学のスキル
FK-16	レスポンデント‐オペラント相互作用
FK-17	無条件性強化
FK-31	行動随伴性

©2012　行動分析士資格認定協会®（BACB®）. 不許複製。この文書の最新版は、www.bacb.comから入手できる。この文書の転載、複写、配布の請求と、この文書についての質問は、BACBに直接問い合わせられたい。

本章はブライアン・A・イワタ（B. A. Iwata）、リチャード・G・スミス（R. G. Smith）が執筆した。

第12章　負の強化

　第11章では学習の最も基本的な原理、正の強化について説明した。正の強化が教育や治療プログラムに利用されることはごく当たり前になり、決して珍しくなくなった。そのため正の強化という用語は、強化とほとんど同義語として使われるようになっている。現実には、強化といえば、専門外の一般的用語では、単に報酬である。正の強化とは、第11章で述べたように、刺激を提示する結果、反応が増加することである。これを補完して言えば、例えば朝、目覚まし時計を止めることによって騒音という刺激を停止させるように、反応することによって刺激を停止することもできる。刺激停止の結果として、反応が増加する場合、学習は負の強化によって生じたことになる。この章では、オペラント随伴性の議論を発展させて負の強化を取り上げることにする。まず負の強化を定義し、次いで逃避随伴性と回避随伴性を区別する。さらに負の強化の根拠となる出来事について説明し、負の強化を利用して行動を増加させる方法を例示する。そして負の強化を用いることによって起こる倫理的問題を考察する。負の強化に関する基礎研究と応用研究の掘り下げた議論に関心のある読者は、ハインライン（Hineline, 1977）やイワタ（Iwata, 1987）によるレビュー論文を参照されたい。

I　負の強化の定義

　負の強化（negative reinforcement）の随伴性とは、反応を生起させることが刺激の除去、終了、減少、遅延を生み出し、その結果その反応の将来の生起の増加をもたらすことである。負の強化を完全に説明するためには、負の強化の4項随伴性を詳しく解説する必要がある（図12.1を参照）。すなわち、(a) 負の強化によって維持される行動に対する確立操作（EO）とは、それが存在するとき逃避（その出来事の終了）が強化となるような先行事象である。(b) 弁別刺激（S^D）とは、それが存在するとき反応が強化される可能性を高めるもう1つの先行事象である。(c) 反応とは、強化を生み出す行為である。(d) 強化子とは、EOとして働いた出来事の終了である。

1．正の強化と負の強化

　正の強化と負の強化は、どちらも反応を増加させるという意味で、行動に同様の影響を与える。しかし、図12.2に示すように、行動に後続して起こる刺激変化の種類（タイプ）には違いがある。どちらの場合も、刺激変化（結果）はそれに先行する行動を強める。つまり、姉に「サンドイッチ作って」と頼む行動は、食物の獲得によって強化され、雨の防具を携行する行動は、雨の遮断によって強化される。しかし、正の強化で維持される行動は、行動（反応）する前には存在しなかった刺激をもたらす。一方、負の強化で維持される行動は、行動（反応）する前に存在していた刺激を終了させる。すなわち、食物は要求するまでは手元になかったが、要求してから手に入った（正の強化）。雨は新聞紙を被るまで衣服に降りかかっていたが、被ってから降りかからなくなった（負の強化）。

　それゆえ、正の強化と負の強化を分ける重要な違いは、反応した後に続いて起こる刺激変化の

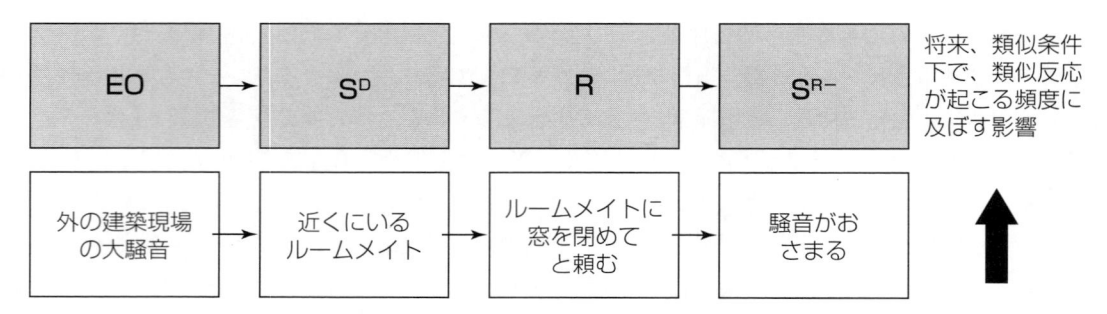

```
   EO    →    S^D    →     R    →    S^R−        将来、類似条件
                                                 下で、類似反応
                                                 が起こる頻度に
                                                 及ぼす影響

 外の建築現場      近くにいる     ルームメイトに     騒音がお
 の大騒音         ルームメイト    窓を閉めて       さまる
                              と頼む                           ↑
```

図12.1　負の強化を図示する４項随伴性

種類にある。多くの刺激変化は、はっきり区別できる開始と停止をもち、「全か無か」の操作を伴う。例えば、テレビをつける効果（正の強化）や、寝室の明かりを消す効果（負の強化）は誰にでもすぐわかるだろう。そのほかの刺激変化は少量から多量へと連続線上で起こる。例えば、ステレオの音がよく聞こえるようにボリュームを上げたり（正の強化）、音が大き過ぎたのでボリュームを下げたり（負の強化）する。しかしながら、ときには刺激変化が曖昧であるため、反応の増加が正の強化によるのか負の強化によるのか区別しにくいことがある。例えば、気温の変化ならば量的に測定できるので、それを随伴させれば行動が増加するか減少するかを知ることができるが、気温が摂氏５度のとき暖房をつけたことが「暖気を生み出した」から正の強化の例になるのか、「寒気を除去した」から負の強化の例になるのかは判然としない。もう１つの例は、教室での強化子として自由時間を用いたオズボーン（Osborne, 1969）の古典的研究に見出される。ベースライン段階では、長い勉強時間の間に子どもたちが頻繁に席を立つ様子が観察された。処遇段階では、10分の勉強時間の間ずっと着席していたら５分の自由時間が許され、子どもたちの着席行動は増加した。一見すると、自由時間という随伴性には、負の強化（適切な行動を条件とする着席要求の停止）が伴っていたかにみえる。しかしオズボーンが指摘したように、自由時間に子どもがアクセスできた活動（ゲームや社会的交流など）が、正の強化として作用したのかもしれない。

　刺激変化には曖昧な性質が含まれることを前提として、マイケル（Michael, 1975）は、刺激が提示されるか除去されるかを基準にして、正の強化と負の強化を区別する必要はないかもしれないとした。その代わりに、反応が生み出す環境変化の種類（タイプ）を、「変化前」と「変化後」の両条件を構成した主要な刺激特徴という観点から、特定することの重要性を強調した。そしてこれを実行すれば、変化前条件から変化後条件への推移を、刺激提示と刺激除去を伴う推移として記述する必要がなくなり、環境と行動の間の関数関係の一層の完全な理解が進むだろうと述べた。

　マイケル（Michael, 1975）の論文が発表されて以来、状況はほとんど変わっていない。すなわち、学習原理を扱うあらゆるテキストにおいて、正の強化と負の強化の区別が強調され続けており、また応用研究において負の強化という用語への言及が増えてすらいる（Iwata, 2006）。バロンとガリチオ（Baron & Galizio, 2005）は、この議論を再開させるため、マイケルの見解を改め

第12章　負の強化

正の強化

EO	S^D	R	S^R+
子どもが学校で給食を食べ損ねた	帰宅したら姉がいた	サンドイッチを作ってと頼んだ	姉がサンドイッチを作り、子どもが食べた。

将来、類似条件下で、類似反応が起こる頻度に及ぼす影響 ↑

負の強化

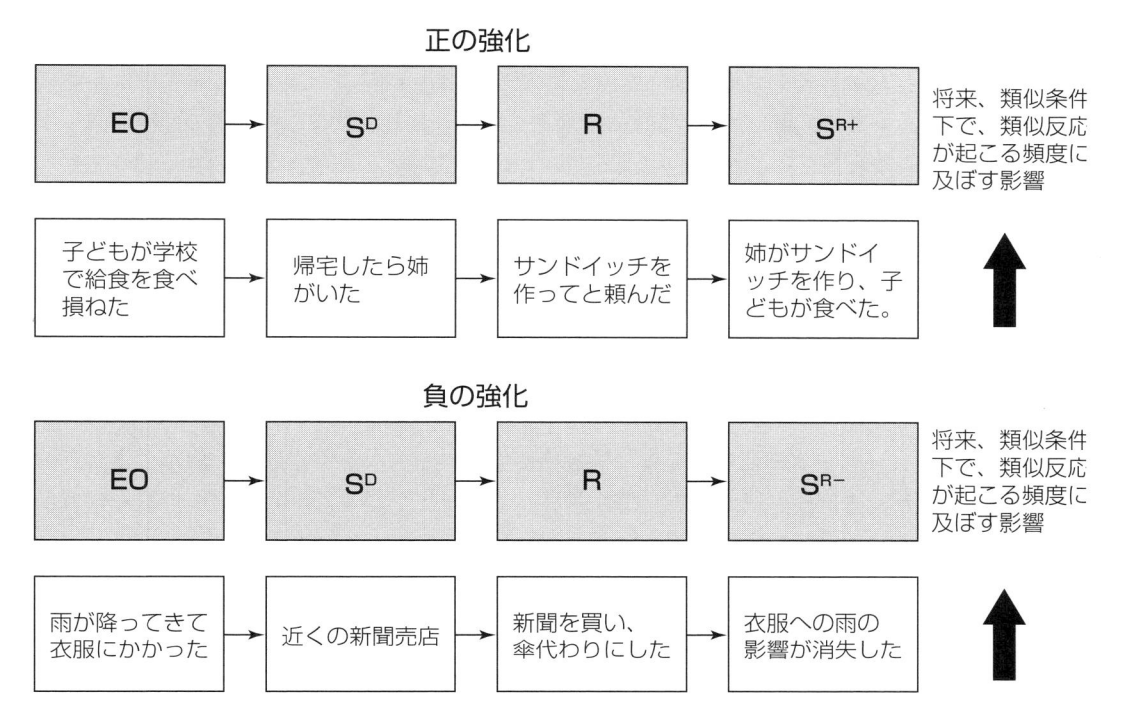

EO	S^D	R	S^R−
雨が降ってきて衣服にかかった	近くの新聞売店	新聞を買い、傘代わりにした	衣服への雨の影響が消失した

将来、類似条件下で、類似反応が起こる頻度に及ぼす影響 ↑

図12.2　正の強化と負の強化の類似性と差異性を図示する4項随伴性

て表明するとともに、いくつかの強調点を追加した。このような専門用語をめぐる問題は複雑であり、概念、手続き、歴史など、さまざまな点から検討することができ、現在もまだ解決されていない。この主題に興味をもつ読者は、バロンとガリチオ（Baron & Galizio, 2005）の論文に対する一連の反応（Chase, 2006; Iwata, 2006; Lattal & Lattal, 2006; Marr, 2006; Michael, 2006; Sidman, 2006）と、それらに対する答弁（Baron & Galizio, 2006）を参照されたい。

2．負の強化と弱化

　負の強化（negative reinforcement）は弱化（punishment）と混同されることがある。理由は2つある。第1に、正の強化の一般的用語は報酬であるため、負の強化は強化の反対を表す専門用語（弱化）であると人々は誤解する。しかし、正と負という用語は、「良い」「悪い」を表すのではなく、行動に後続する刺激変化の種類（提示と除去）を表す（Catania, 1998）。第2に、負の強化と弱化に含まれる刺激は、ほとんどの人々に「嫌悪的性質をもつもの」（aversive）と受け止められる事実から誤解が起こる[1]。同じ刺激が、ある文脈では負の強化子としての役割を果たし、異なる文脈では弱化子として働くことは事実であるが、その刺激変化の特徴も、それが行動

注1：嫌悪的性質をもつものという用語は、刺激に本来備わる特徴を表すものではなく、それを提示することが弱化として機能するか、それを除去することが負の強化として機能する刺激を意味する。

に及ぼす効果も異なっている。負の強化随伴性においては、何らかの反応を示す結果、存在する刺激に終止符が打たれ、そのことによって反応の頻度が増加する。一方、弱化随伴性においては、何らかの反応を示す結果、存在しなかった刺激が出現し、それによって反応の頻度が減少する。つまり、大きな騒音を終了させる反応は、負の強化の関数として増加し、大きな騒音を立てる反応は弱化の関数として減少する（弱化に関するさらなる考察は第14章を参照）。

II　逃避随伴性と回避随伴性

　負の強化は、最もシンプルな形式においては、**逃避随伴性**（escape contingency）を伴う。すなわち、ある反応を示すことが、継続中の刺激を終了させる（刺激からの逃避を生み出す）。ケラー（Keller, 1941）による初期の研究は、逃避に関する典型的な実験室研究を例示する。ラットを実験室に入れ、まばゆいライトを点灯する。するとラットはすばやくレバー押しを学習した。レバーを押せばライトを消すことができたからである。先に示したオズボーン（Osborne, 1969）の自由時間の随伴性の研究もまた、応用場面における逃避学習の例といえるかもしれない。その随伴性の重要な特徴が勉強の要求を終了させることである限り、10分間の勉強時間中の着席行動は、5分間の逃避を生み出していたことになる。

　逃避を伴う状況は日常生活でよく見られるが（例えば、やかましい騒音をオフにする、太陽の光から目を保護する、攻撃者から逃れる）、負の強化によって維持される行動の大部分は、**回避随伴性**（avoidance contingency）によって特徴づけられる。回避随伴性においては、反応することによって刺激の発生を防ぐか、または延期させる。先の実験室の例に戻れば、実験者はあの逃避随伴性に、ある仕組みを追加することができる。例えば、まばゆい光の提示に先行させて、音のような別の刺激を提示し、音がしているときに反応すれば、次に音が提示されるまで、明かりの提示を除去するか、延期させることができるような仕組みを追加することができる。このような仕組みは**弁別性回避**（discriminated avoidance）と呼ばれる。この場合、信号が存在するときに反応すれば、逃避が強化子であるような刺激の発生を防ぐことができる。音が存在するときの反応が強化され、音が不在のときの反応は何の効果ももたらさないので、その音は弁別刺激である。すなわち、その弁別刺激が存在するとき反応すれば、強化を受ける可能性は増大する（刺激性制御に関する詳しい議論は第17章を参照）。

　回避行動は信号が不在でも獲得することができる。いま実験者が、あるスケジュールを設計したとする。そのスケジュールでは、30秒ごとにまばゆい光が5秒間点灯し、そのインターバルのどこかの時点で1回（または数回）反応すれば、時計がゼロにリセットされる。このような環境設計は、**フリーオペラント回避**（free-operant avoidance）として知られている。どの時点でも回避行動を「自由に生じさせ」、まばゆい光の出現を遅延できるからである。

　先に述べた3種類の随伴性はそれぞれ、アズリンら（Azrin, Rubin, O'Brien, Ayllon, & Roll, 1968）が行った猫背の姿勢に関する巧妙な研究によって例証されている（図12.3を参照）。参加者らは猫背になると電気回路が閉じられる装置を装着した。スイッチが閉じると可聴クリック音が鳴り、クリック音から3秒経過すると、55-dBの音が随伴する。その音が鳴っている間に姿勢

第12章 負の強化

図12.3 アズリンら（Azrin et al., 1968）が正しい姿勢を維持させるために使った3種類の負の強化随伴性

フリーオペラント回避

正しい姿勢を維持→クリック音と55-dB音の回避

弁別性回避

猫背（よくない姿勢）→可聴クリック音
クリック音から3秒以内に正しい姿勢→55-dB音の回避

逃避

猫背（よくない姿勢）→可聴クリック音
3秒以内に姿勢を正さない場合→55-dB音
姿勢を正す→55-dB音を切る

を正せば、音が消える（逃避）。また、クリック音に続く3秒の間に姿勢を正せば、その音が鳴るのを防ぐことができる（弁別性回避）。さらに、正しい姿勢を維持していれば、クリック音の発生も阻止できる（フリーオペラント回避）。次に示す宿題の管理に関する架空の事例もまた、このような随伴性を例証する。子どもが学校から帰ってきたら、親が直ちに自室に向かわせ、宿題を仕上げるまで自室から出ることを認めなかったとする。親は逃避随伴性を設計したことになる。つまり、宿題の完了が、自室からの逃避をもたらす。親が最初に警告（例えば、「もし10分以内に宿題に取りかからなければ、自分の部屋で宿題をやりなさいね」）を与えたとする。親は弁別性回避の随伴性を設計したことになる。つまり、警告に従って宿題を始めることが、自室で宿題をしなければならないことを回避できる。最後に、親が自室内での遂行を夕方遅くまで待ってやるとする。親はフリーオペラント回避の随伴性を設計したことになる。つまり、学校から帰ってからいつ宿題を仕上げても、後に自室で宿題をしなければならないことを回避することができる。

Ⅲ 負の強化の特徴

1. 負の強化によって獲得され維持される反応

　嫌悪刺激がさまざまな反応を生み出すことは、よく知られている事実である（Hutchinson, 1977）。その一部はレスポンデント行動だろう（強い刺激に対する反射行動のように）。しかしこの章の焦点はオペラント行動である。嫌悪刺激の提示は、逃避に対するEO（確立操作）として働く。過去の類似刺激からの逃避につながった行動を喚起する。そのことを思い出してみよう。刺激をうまく終了させた反応は、何であれ強められる。その結果、広範囲の行動が負の強化によって獲得され、維持される。これらの行動はすべて、環境との効果的な相互交流を可能にする。それゆえ適応的である。しかしながら、一部の行動はほかの行動よりも社会的により適切で

ある。この章の後半で論じるように、負の強化は学業的スキルを開発する上で重要な役割を果たすかもしれないが、妨害的行動や危険な行動を発展させる主因になる可能性もある。

2．負の強化子として機能する出来事

　負の強化によって行動を強めることができる刺激の種類について考察するとき、正の強化子の記述に適用された用語と同じ用語を使おうとすると、問題が起こる。正の強化子を表すとき、食物やお金や褒め言葉などをリストアップすることは、よくあることである。しかしながら、行動を強めるのは、刺激の提示である。食物自体ではなく、食物を提示することが、正の強化子である。それにもかかわらず、私たちはただ刺激をリストアップしただけで、「提示」が理解されたとしばしば思い込む。同じように、負の強化子には電撃や騒音や親の叱責などが含まれるというとすれば、記述としては不完全である。忘れてはならない大切なことは、負の強化子として記述される刺激は、その刺激の除去を表すということである。なぜなら、既に述べたように、行動に先行して提示されれば、同じ刺激がEOとして働き、行動に後続して提示されれば、弱化として働くからである。

3．学習の履歴

　正の強化子の場合と同様に、負の強化子も行動に影響を与える。なぜなら、(a) 私たちは負の強化子に反応する遺伝的能力を備えているか、または (b) 学習の履歴によって負の強化子としての威力が確立されているからである。刺激の中には、先行学習がないにもかかわらず、その除去が行動を強める働きをする刺激がある。そういう刺激は**負の無条件性強化子**（unconditioned negative reinforcer）である。これらの刺激は通常、不快な出来事である。例えば、電撃や、大きな音や、強烈な光や、極端に高いまたは低い温度や、体への強い圧力などである。事実、どんな痛みや不快の源泉（たとえば頭痛）であれ、それらは行動を引き起こす。その不快をうまく取り除く反応は何であれ強化される。他の刺激は**負の条件性強化子**（conditioned negative reinforcer）である。それはかつての中性的な出来事であり、現存する（無条件性または条件性の）負の強化子と対提示され、それらと同じ効力を獲得する。例えば自転車常用者は、通常、空を覆う厚い雲を見ると帰路につく。なぜならこれまでに暗雲と悪天候とが極めて高い相関を示すことを経験しているからである。親の小言のような諸種の社会的威圧は、私たちが最もよく遭遇する負の条件性強化子である。例えば、子どもに自分の寝室を掃除するように言う。しかし子どもはその通りにしない。そのときは子どもを自室まで連れて行き、掃除し終えるまで居続けさせるなど、追加の結果を随伴させる。そうしない限り、言葉だけでは子どもの行動にほとんど影響は起こらない。ただがみがみ言うだけでなく、自室に連れて行く行為によって確実に「バックアップ」することがカギである。そうすれば最終的には子どもは、止まない小言を終わらせるか、小言を言われないようにするために、言われた通りにするだろう。ここで興味深いことを指摘しておこう。負の強化の場合、中性的出来事（暗い空、小言）は、弁別刺激と負の条件性強化子の

両方の働きをする。すなわち、(a) それらが存在するとき反応すれば、別の結果を回避できることを知らせる弁別刺激として、(b) 別の結果と対提示され、回避または逃避すべき刺激となったため、負の条件性強化子として、機能する。

4．負の強化の源泉

　負の強化子を分類するもう1つの方法は、それらがいかにして除去されるか（すなわち源泉）をベースにする方法である。第11章では、社会的に媒介される強化と自動強化とを区別した。社会的に媒介される強化では、結果がもう1人の行動を介してもたらされる。自動強化の場合は、結果がもう1人の行動を介することなく、反応から直接的にもたらされる。この区別は負の強化にも適用できる。図12.1の例に戻ってみると、建設現場の騒音の停止は負の社会的強化（ルームメイトの行為が窓を閉めた）であることはすぐわかる。しかし、騒音で「嫌な思いをしている」本人が、ただ単に部屋を横切り、窓を閉めてくることも、しようと思えばできたはずである（負の自動強化）。これは、多くの強化子がどちらの方法でも除去または停止できる事実を示している。つまり、頭痛で苦しいときは医師に相談することもできれば（社会的）、鎮痛剤を飲むこともできる（自動的）。問題が難しければ教師に助けてもらうこともできれば（社会的）、頑張って自力で解決することもできる（自動的）。

　負の強化の源泉を考慮に入れれば、介入の焦点をどこにしぼるかを決めることによって、行動改善の介入のデザインが容易になることがある。例えば、ある従業員がとても複雑な作業課題に直面したとき、それからひたすら逃がれたいために、間違ったまま終わりにするかもしれないし（自動強化）、助けを求めるかもしれない（社会的強化）。従業員を部署替えさせることはさておき、最も早い解決策は従業員に援助を提案して、援助を求める従業員の行動を強化することだろう。しかし最終的には作業を1人で仕上げるために必要なスキルを、現場監督がその従業員に教えなければならないだろう。

5．負の強化の文脈を特定する

　第11章では、正の強化子を突き止めるいくつかの方法を説明した。負の強化子における違いは、行動が一度起こると負の強化子は消え去り、観察できなくなるため、先行する出来事（EO）も、強化的結果も、両方を等しく強調しなければならないことである。言語能力が損われ、自分が嫌悪刺激を経験していることを人に説明できない場合は、EOを同定することが難しいかもしれない。これらの人々は言語以外の行動、例えば、癇癪や、場面を逃れる企てや、破壊的行動や、攻撃や、自傷すら示すことがある。例えば、ウイークスとゲイロードーロス（Weeks & Gaylord-Ross, 1981）は、重度障害の子どもたちの行動を、課題がない場合、簡単な課題を課す場合、難しい課題を課す場合について観察した。課題がない場合は、問題行動はほとんどあるいはまったく見られなかった。そして簡単な課題と困難な課題を比べると、困難な課題のときの方が少しではあるが問題行動がより頻繁に観察された。これらの結果は、子どもたちの問題行動

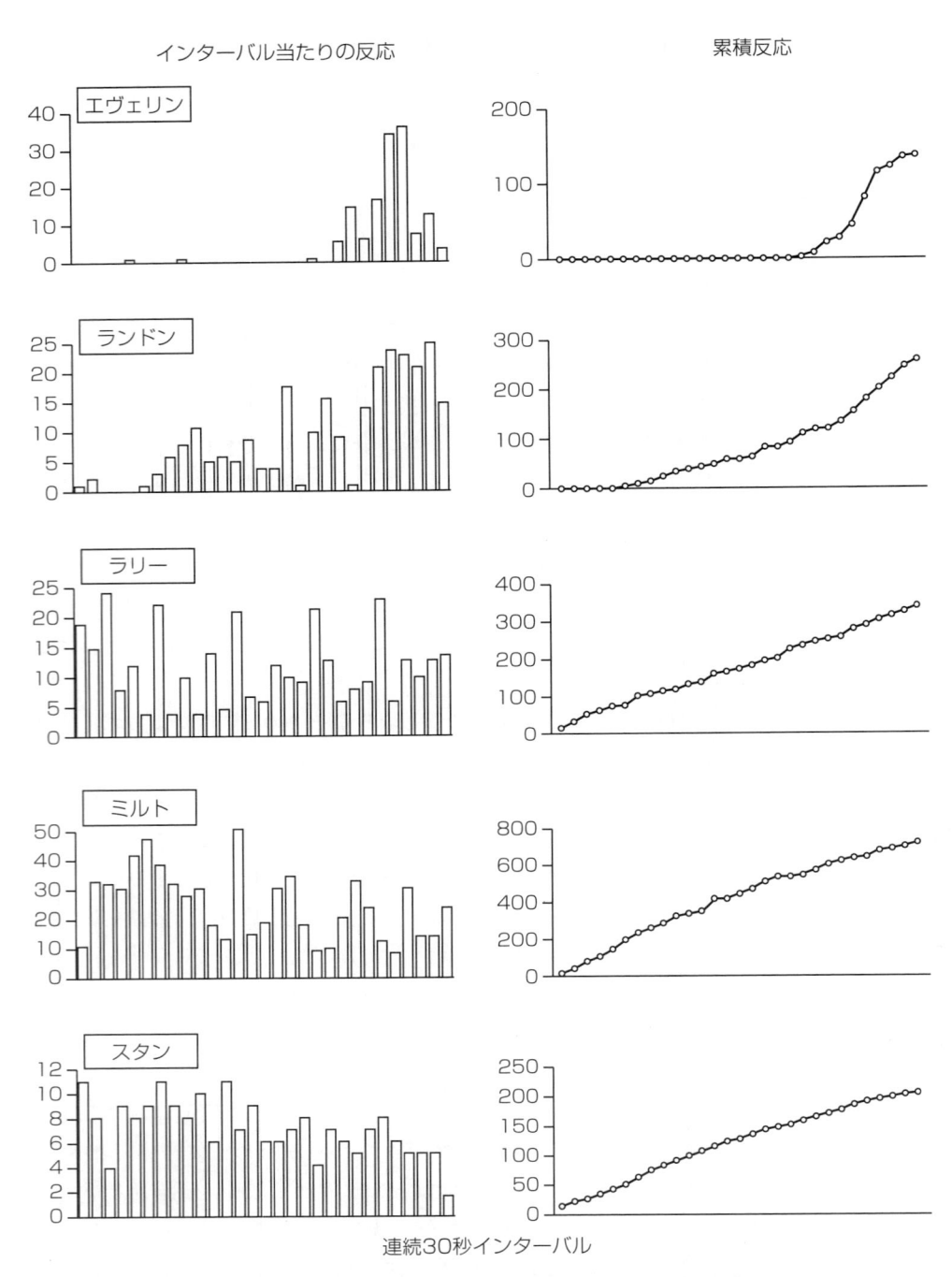

図12.4 発達障害成人5人の作業セッション経過に伴う自傷行動（SIB）の頻度分布（左列）と累積記録（右列）

From "Analysis of Establishing Operations for Self-Injury Maintained by Escape" by R. G. Smith, B. A. Iwata, H. Goh, and B. A. Shore, 1995, *Journal of Applied Behavior Analysis, 28,* p. 526. Copyright 1995 by the Society for the Experimental Analysis of Behavior, Inc. Reprinted by permission.

が課題要求からの逃避で維持されること、そして困難な課題は簡単な課題よりいっそう「嫌悪的」であることを物語っている。しかし、この研究では問題行動に随伴した結果は不明であり、問題行動が例えば注目などほかの何らかの結果によって維持され、それが正の強化子だった可能性も排除することはできない。

イワタら（Iwata, Dorsey, Slifer, Bauman, & Richman, 1994）は、どんな種類（タイプ）の随伴性が問題行動を維持するかを同定する方法を開発した。それは先行事象と結果事象の両方に関して差をつけた一連の条件の下で、人々を観察することによって同定する。ある条件では、課題要求を提示し（EO）、問題行動が起これば その課題要求を撤去した（逃避）。ほかの条件よりもこの条件の下でより高率で起こった問題行動は、問題行動が負の強化によって維持されることを示唆した（この査定アプローチについてのより詳しい議論は第24章を参照）。

スミスら（Smith, Iwata, Goh, & Shore, 1995）は、どんな特徴があれば課題要求が嫌悪性を帯びるようになるかを同定することによって、ウイークスとゲイロード-ロス（Weeks & Gaylord-Ross, 1995）とイワタら（Iwata et al., 1994）の知見を発展させた。まず実験の参加者（重度障害の人々）が問題行動を維持するのは、問題行動によって課題要求から逃避できるからであることを確認した。次いで課題の新規性や、作業セッションの長さや、要求提示の度合いなど、課題に違いを起こさせる可能性のある複数の次元を調べた。これらの分析から得られた結果の1つが図12.4である。ここにはセッションの開始から終了までの問題行動の頻度分布と累積記録が描かれている。これらのデータは、負の強化の根拠を突き止めるためには、査定を個別に行う必要があることを明らかにしている。なぜなら参加者の2人（エヴェリンとランドン）は作業セッションの経過に伴って問題行動が増加しているのに対して、別の2人（ミルトとスタン）は逆の傾向を示しているからである。

6．負の強化の有効性に影響を与える要因

負の強化随伴性が行動改善にとって有効になるかどうかを決定づける要因は、正の強化の有効性を決定づける要因と同様である（第11章を参照）。それらは、(a) 随伴性の強さと、(b) 競合する随伴性の存在に関係する。一般的には、以下の条件があれば、負の強化は任意の反応に対してより効果的になるだろう。

1．その刺激変化は、標的反応の生起に続いて、即座に起こる。

2．強化の大きさ（マグニチュード）が大きい。反応が起こる前と後に存在する刺激の違いを指す。

3．標的反応の生起は、EOからの逃避や遅延を、終始一貫して生み出す。

4．競合（非標的）反応は、強化が得られない。

Ⅳ　負の強化の応用

　負の強化は学習の基本原理であり、基礎研究において縦横に研究されてきた（Hineline, 1977）。日常生活においても、逃避と回避の学習の例は数多く見られる。しかし応用行動分析学の研究では、負の強化より正の強化を活用することが著しく強調されてきた。それは主として倫理的理由によるものである（このことについては、本章の最終節で述べることにする）。それにもかかわらず負の強化は、さまざまな行動を確立する方法の1つとして活用されてきた。この節では、負の強化のいくつか治療的活用例を示す。また負の強化が問題行動を強化するという予期せぬ役割についても明らかにする。

1．適応的行動の獲得と維持

（1）慢性的拒食

　小児科の摂食問題は広く知られている。とくに発達障害児の間では、この問題は一般的である。障害はさまざまな形をとる。選択的摂食（偏食）や、固形食の摂取不良や、完全な拒食も含まれる。深刻な場合は、チューブによる食物摂取や、十分な栄養摂取のためのそのほかの人工的手段が必要になる。授乳問題の大部分は医学的原因によるものとはいえず、むしろ学習性の反応と見るべきであり、たいていは逃避か回避によって維持されている。

　小児期の摂食障害の治療は、オペラント学習に基づく介入が極めて有効である。それは多くの研究結果によって証明されている。エイハーンら（Ahearn, Kerwin, Eicher, Shantz, & Swearingin, 1996）による研究は、介入形態として負の強化子を利用した例である。3人の小児が慢性的拒食症の病歴で病院に入院した。3人はまずベースライン条件（正の強化）で観察された。この条件では食物を提示し、子どもが食物摂取すれば、それを条件としておもちゃで遊べるように設定された。しかし、子どもたちは摂食拒否によって試行を停止させ逃避した。次いで、実験者は2つの介入の効果を比較した。1つの処遇条件（スプーン非除去条件）では、食物を提示し、下唇の位置にスプーンを当て、ひとかじりするまでそれを退けないことにした。もう1つの処遇条件（身体的ガイダンス）では、食物を提示し、子どもが受け付けなければ口を開かせて、食物が口に入っていくようにした。どちらの処遇にも負の強化随伴性が含まれる。すなわち、子どもが食物を受け付ければ、試行を終了させることだった。そうすればスプーンを退けてもらえるか、身体的ガイダンスを回避することができたからである。

　図12.5は、3人の子どもから得られた結果である。ベースライン段階では、正の強化が得られたにもかかわらず、どの子も食物をわずかしか受け付けなかった。被験者間多層ベースラインデザインを使って2つの介入が実施され、交代処遇（マルチエレメント）デザインによって両者が比較された。研究の第2段階に図示されているように、どちらの介入も即座に食物摂取の著しい増加を生み出した。これらの結果は、適切な行動に対する正の強化は、別の行動（拒否）によって負の強化が得られる場合は効果が乏しいこと、問題行動を維持する負の強化は、代替行動を確

第12章　負の強化

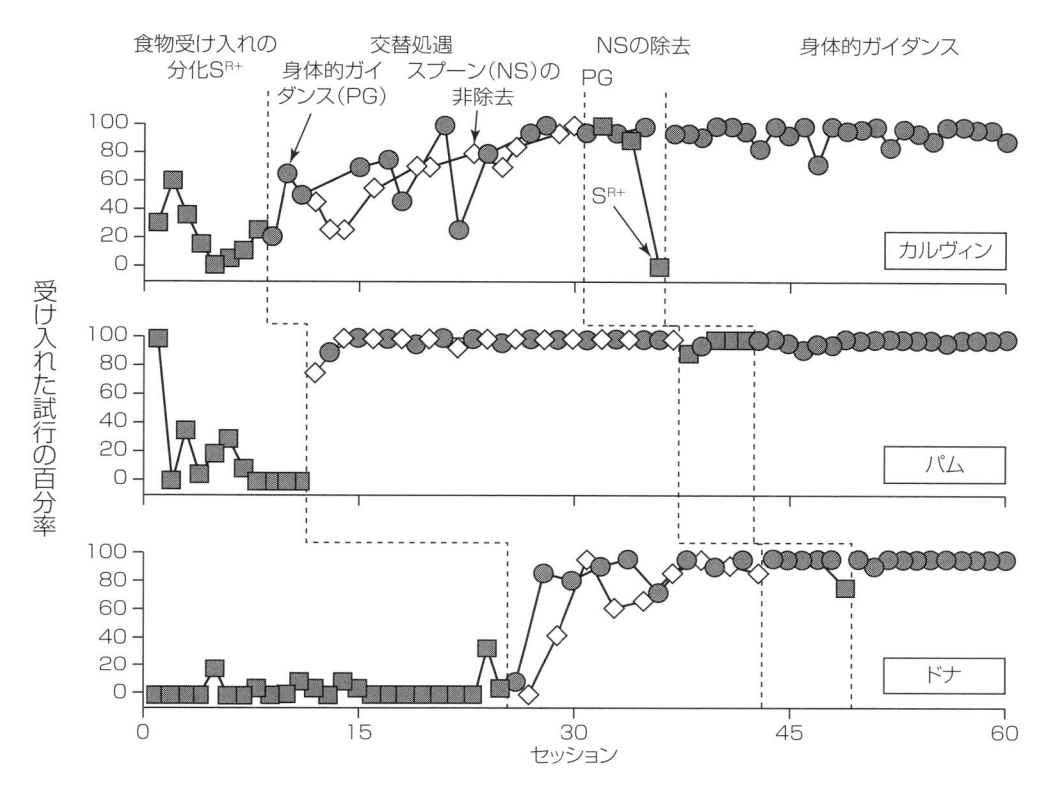

図12.5　慢性的拒食歴の子ども3人の正の強化ベースラインと、2種の処遇条件、すなわちスプーン非除去と身体的ガイダンスにおいて食物片を受け入れた試行百分率

From "An Alternating Treatments Comparison of Two Intensive Interventions for Food Refusal" by W. H. Ahearn, M .E. Kerwin, P.S.Eicher, J.Shantz, and W. Swearingin, 1996, *Journal of Applied Behavior Analysis, 29,* p. 326. Copyright 1996 by the Society for the Experimental Analysis of Behavior, Inc. Reprinted by permission.

立するために利用できることを示している。

（2）エラー修正戦略

　第11章で指摘したように、正の強化は有効な学習指導の基本的動機づけ成分である。広く見られるように、教師は子どもの正しい行動を条件として、賞賛や特権やそのほかの形式の報酬を与える。もう1つの一般的手続きは、正の強化ほど注目されていないが、次のような手続きによって子どもの誤りを修正する方法である。すなわち、学習試行を繰り返させ、正しい遂行を練習させ、または追加の勉強を与えて誤りを修正する。正しく遂行する限り、これらの治療的手続きを回避できるとすれば、子どもが改善する原因は、正の強化と同じくらいに負の強化に帰することができるだろう。

　ワースデルら（Worsdell et al., 2005）は、行動獲得段階における正と負の強化随伴性の相対的貢献度を検討した。学習課題はフラッシュカードに書かれた単語を読むことだった。興味深かっ

505

たのは、単語を読み間違えたら正しい読みを繰り返させる介入だった。著者らが指摘したように、この手続きは正反応の追加練習をもたらしただけでなく、回避随伴性も表していた。これらの効果を単離するため（研究３）、著者らは２つのエラー修正条件を適用した。「関係あり」（レリバント）条件では、練習と負の強化の効果を組み合わせるようにした。子どもたちは１回誤読すると、それを条件として、読み間違えた単語を５回正しく発音するようプロンプトされた。「関係なし」（イレリバント）条件では、１回誤読すると、それを条件として、無関係な非標的語を５回繰り返すようプロンプトされた。無関係語の繰り返しは、読み間違え語を正しく読む練習を与えないため、負の強化だけを含むことになる。

　図12.6は、研究３の結果を表している。これは９人の参加者が習得した累積単語数である。すべての参加者が、どちらのエラー修正条件においても、ベースライン段階より改善を示した。ベースライン段階では、どちらのエラー修正手続きも適用されなかった。３人の参加者（テス、アリエル、アーニー）の成績は、関係あり条件（読み間違えた単語の反復）のときの方が良好だった。しかしマークの成績は、関係なし条件（無関係語のエラー修正）のときの方が明らかに勝っていた、残りの５人（ヘイリー、ベッキー、カーラ、メイシー、セツ）の成績はどちらの条件でも同じだった。したがって、すべての参加者は無関係語を練習したときでさえ、読みの成績で改善を示した。そして大部分の参加者（９人中６人）は、無関係語の練習で、関係語の練習と同等かそれ以上の成績を示した。これらの結果は、多くの治療的（エラー修正）手続きが、少なくとも部分的には、負の強化によって成功する可能性があることを示唆している。

２．問題行動の獲得と維持

　よく設計された学習指導手続きは、課題従事行動を高レベルで維持し、学習の改善をもたらす。しかしときには要求している勉強が難しかったり繰り返しだったりするために、課題要求の提示が逃避行動に対するEOとして働く恐れがある。逃避の最初の形態には、注目の欠如や軽度の妨害が含まれるだろう。要求遵守（コンプライアンス）に対する正の強化が最適レベルを下回ると、逃避しようとする試みは持続し、より深刻な問題行動形態へとエスカレートする可能性がある。事実、問題行動の査定と処遇の研究では、課題要求からの逃避が、器物損壊や攻撃や自傷に対する負の強化の一般的源泉になることが示されている。この主題は第24章でより幅広く取り上げるが、とくに負の強化との関連が深いため、ここでも考察しておく。

　オライリー（O'Reilly, 1995）はある個人の攻撃行動のエピソードを査定した。参加者は重度精神遅滞の成人だった。彼は昼間職業プログラムに参加していた。攻撃行動が正の強化と負の強化のどちらで維持されているかを突き止めるため、オライリーは２つの条件の下で参加者を観察した。それらの条件は、交代処遇（マルチエレメント）デザインを用いて、交互に入れ替えられた。１つめの条件（注目）では、セラピストが参加者を無視した（EO）。ただし攻撃の後にだけ叱責した（正の強化）。２つ目の条件（要求）では、セラピストは参加者に困難な作業を提示した（EO）。そして攻撃の後に試行を短時間停止した（負の強化）。

　図12.7が示すように、攻撃行動は要求条件においてより頻繁に起こり、負の強化によって維持

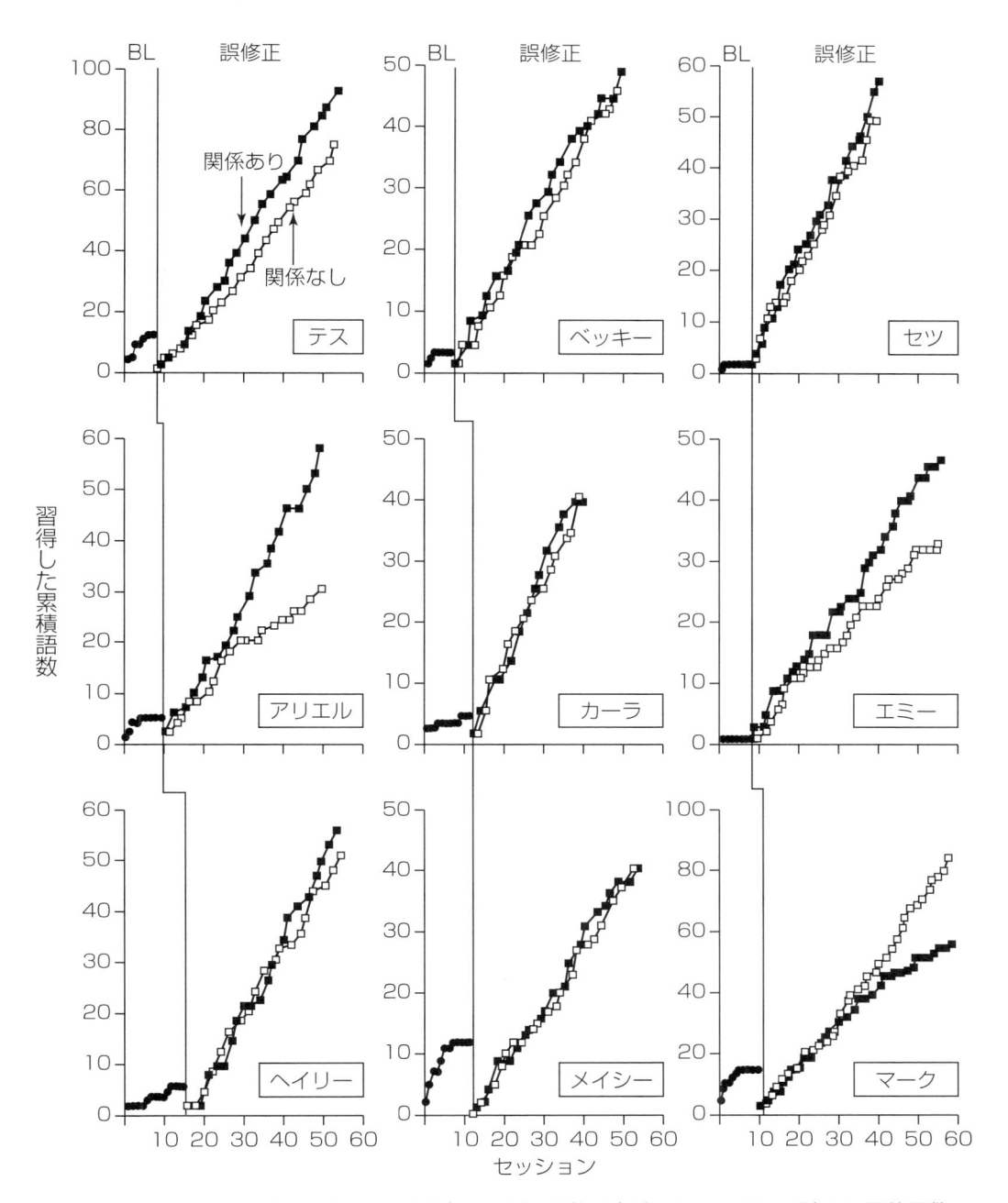

図12.6 ベースライン（正反応の正の強化）と2種の誤修正条件において正しく読めた累積語数。1つの条件では正反応は誤読（関連）語の反復練習を回避。別の条件では正反応は関係ない（無関係な）語の練習を回避。「無関係な」条件での遂行改善は、誤修正手続きにおいて負の強化が影響を与えることを意味する

From "Analysis of Response Repetition as an Error-Correction Strategy During Sight-Word Reading" by A.S.Worsdell, B. A. Iwata, C.L.Dozier, A. D. Johnson, P. L. Neidert, and J. L. Thomason, 2005, *Journal of Applied Behavior Analysis, 38,* p. 524. Copyright 2005 by the Society for the Experimental Analysis of Behavior, Inc. Reprinted by permission.

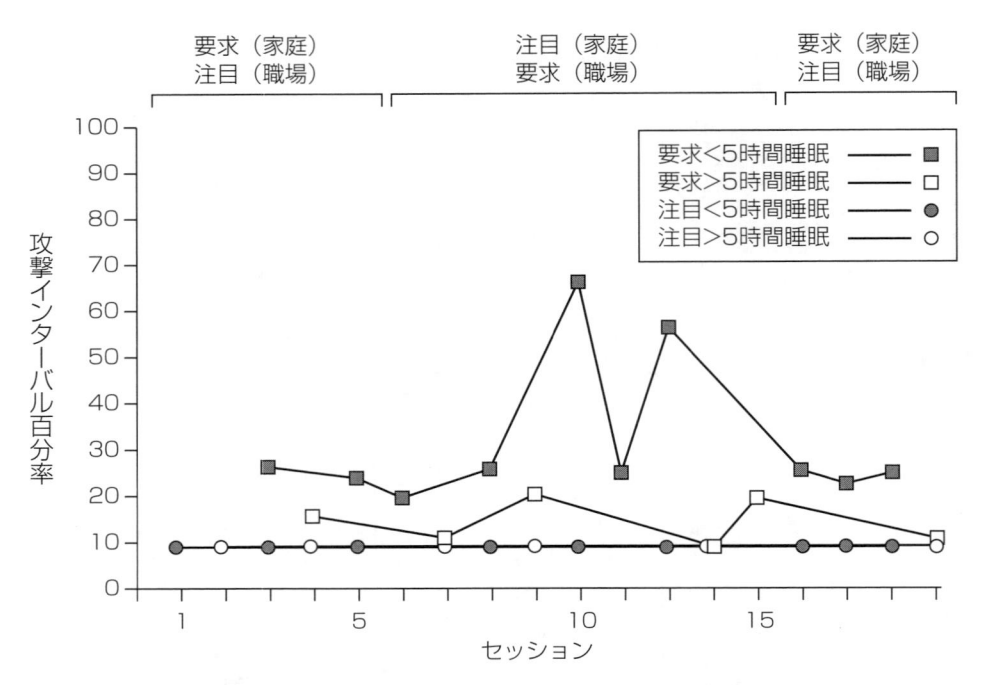

図12.7　重度知的障害成人男性の逃避で維持された攻撃に対するEOの効果が睡眠遮断によって悪化したことを示すデータ

From "Analysis of Response Repetition as an Error-Correction Strategy During Sight-Word Reading" by A. S. Worsdell, B.A. Iwata, C.L.Dozier, A. D. Johnson, P. L. Neidert, and J. L. Thomason, 2005, *Journal of Applied Behavior Analysis, 38,* p. 524. Copyright 2005 by the Society for the Experimental Analysis of Behavior, Inc. Reprinted by permission.

されていることが示された。逸話報告から、参加者はまた前夜あまりよく眠れなかった日に攻撃的になるらしいことがわかったので、両条件のデータをさらに参加者の前夜の睡眠時間が5時間以上か以下かで分けてみた。すると最も高い割合で攻撃が起こったのは、睡眠が奪われた場合だった。これらのデータは極めて興味深い。それは2つの先行事象が負の強化によって維持される行動に影響することを例証しているからである。つまり、作業課題は逃避に対するEOとして機能したが、それは睡眠の欠如において一層甚だしかったのである。

3．行動置換戦略

　負の強化によって維持される問題行動は、多くの方法で治療することができる。1つの戦略は、より社会的に適切な置換行動を負の強化を使って強めることであり、デュランドとカー（Durand & Carr, 1987）による研究によって例示される。彼らはまず特別支援教育を受けている4人の子どもたちの「常同」行動が課題要求からの逃避によって維持されていることを確かめた。それから子どもたちに代替反応（「手伝って」）を教え、それが言えたら目前の課題を手伝ってやるようにした。図12.8に見られるように、子どもたちはすべて、ベースライン段階では、中度から高度の常同行動を示した。「手伝って」という語句の使用法を教えられてからは、子ども

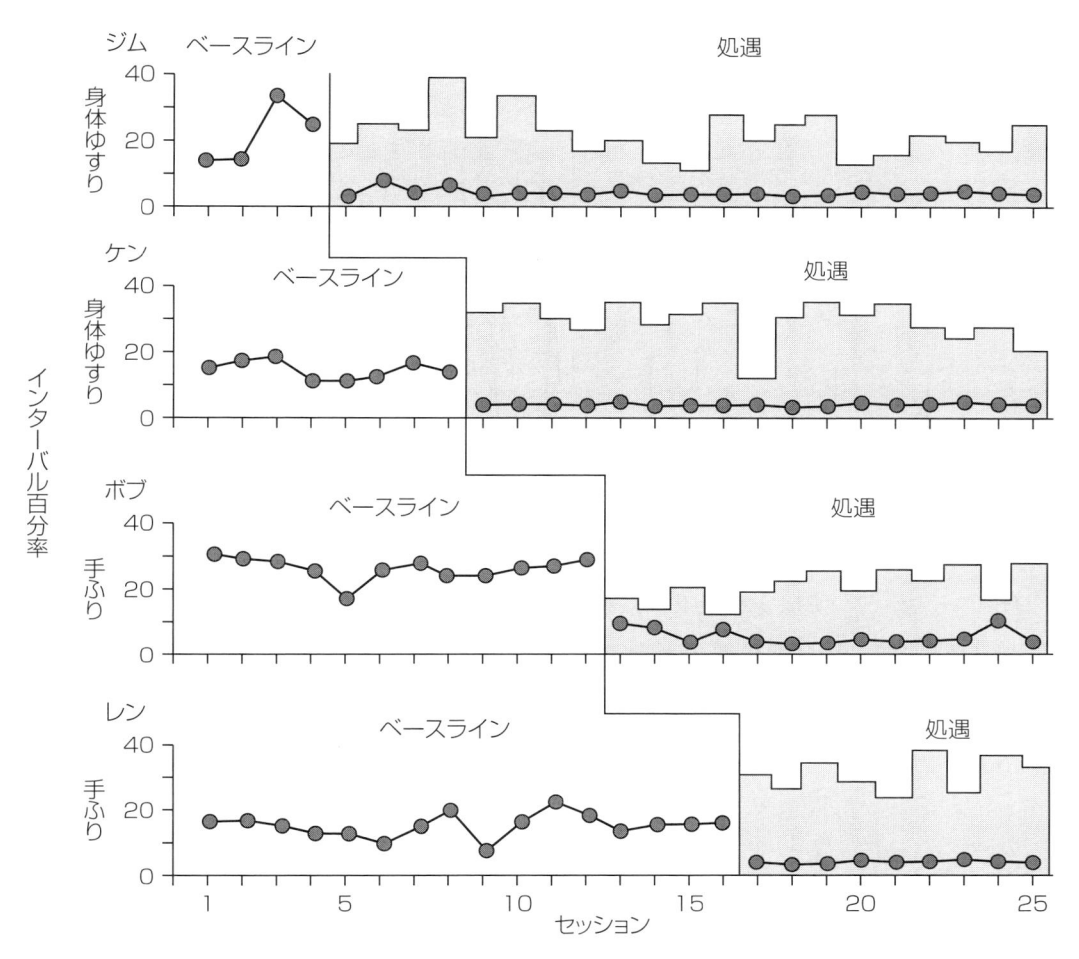

図12.8　特別支援教育の子ども4人が、ベースライン段階と、目前の課題で助けてもらうため代替反応（「手伝って」）を教えられる処遇段階において、課題要求からの逃避で維持されていた常同行動の百分率

From "Social Influences on 'SelfStimulatory' Behavior: Analysis and Treatment Application" by V. M. Durand and E. G. Carr, E. G., 1987, *Journal of Applied Behavior Analysis, 20,* 128. Copyright 1987 by the Society for the Experimental Analysis of Behavior, Inc. Reprinted by permission.

たちはその教わった行動を見せ始め、常同行動は減少した。

　デュランドとカー（Durand & Carr, 1987）の研究結果は、望ましくない行動が望ましい行動に置き換えられることを示している。しかしながら、その代替行動は必ずしも課題遂行の改善を促進するとはいえないため、理想的であるとはみなされないかもしれない。このことは、マーカスとヴォルマー（Marcus & Vollmer, 1995）によるその後の研究によって明らかにされた。著者らはまずある少女の従順な行動と妨害行動のベースラインデータを収集した。それからリバーサル（反転）デザインを使って、2つの治療の効果を比較した。1つめの条件では彼女が「終わった」と言えたら、課題を短時間休むことができた。これはDNR（differential negative reinforcement）（負の分化強化）コミュニケーションと名づけられた。2つめの条件では、1つの教示に従えば休憩が与えられた（休憩の基準は、後に3つの教示に従うまで引き上げられ

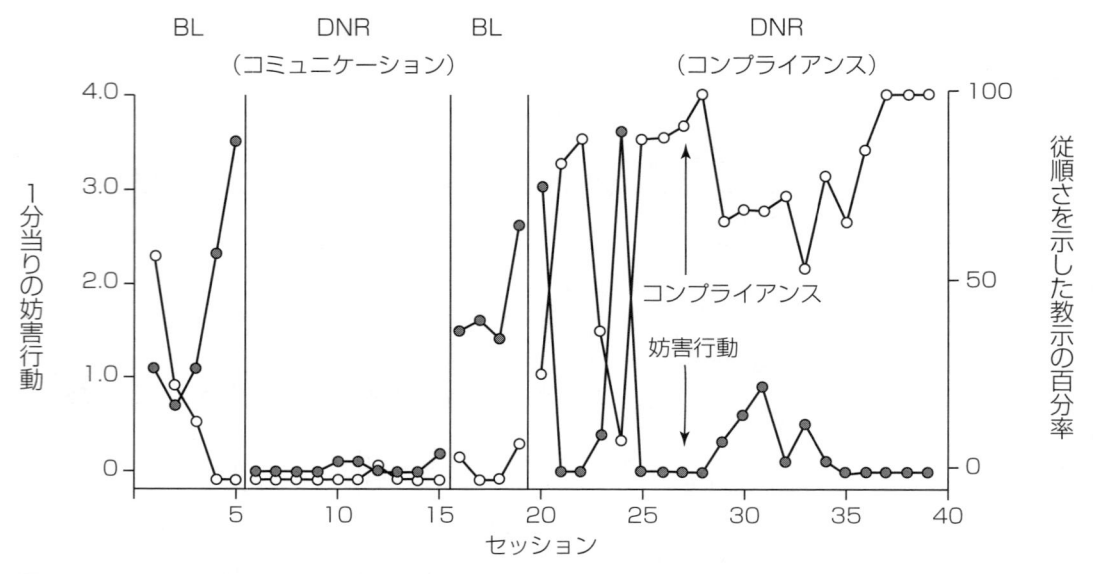

図12.9 ベースラインと2種の負の分化強化条件における5歳女児の妨害と従順

From "Effects of Differential Negative Reinforcement on Disruption and Compliance" by B. A. Marcus and T. R. Vollmer, 1995, *Journal of Applied Behavior Analysis, 28,* p. 230. Copyright 1995 by the Society for the Experimental Analysis of Behavior, Inc. Reprinted by permission.

た）。これはDNR（負の分化強化）コンプライアンスと名づけられた。この比較の結果（図12.9を参照）は、どちらの処遇も妨害行動の著しい低下をもたらしたことを示している。しかしながら、DNRコンプライアンス条件においてのみ、課題遂行の増加が起こった。

V 負の強化の使用に関する倫理的考慮

　正の強化と負の強化の使用についての倫理的懸念は類似している。それは行動を起こさせる先行事象（EO）の過酷さに由来する。正の強化によって維持される行動に対する大部分のEOは、遮断（欠乏させる）状態（deprivation state）によって特徴づけられる。それは過酷になれば、人間の権利の不当な制限に結び付く。一方、負の強化によって維持される行動に対する大部分のEOは、嫌悪的出来事とみることができる。極端に有害な出来事は、先行刺激として提示される場合、通常の行動改善プログラムの成分としては正当とはみなされない。
　負の強化に関するもう1つの懸念は、嫌悪刺激の存在そのものが、望ましい行動の獲得と競合する行動を生み出す可能性があることである（Hutchinson, 1977; Myer, 1971）。例えば、社会的引きこもりの子どもは、ほかの子どもの中に連れて来られると、仲間と遊ぶどころか大声を上げて逃げ出すこともある。最後に、負の強化に基づく行動改善プログラムを実践する場合は、弱化に典型的に結びつく望ましくない副作用（第14章を参照）が観察される可能性もある。

まとめ

負の強化の定義

1. 負の強化とは、反応の生起を条件として起こる刺激の停止、減少、遅延である。それはその反応の将来の生起頻度の増加をもたらす。

2. 負の強化随伴性に必然的に伴うのは、(a) それが存在するとき逃避することが強化となる確立操作（EO）、(b) それが存在するとき反応すれば強化される可能性が高まる弁別刺激（S^D）、(c) 強化を生み出す反応、(d) EOとしての役割を果たす出来事の終了、である。

3. 正の強化と負の強化は、どちらも反応を増加させるという意味で類似している。両者の違いは、正の強化が刺激の条件的提示なのに対して、負の強化が刺激の条件的停止である点にある。

4. 負の強化と弱化の違いは、(a) 負の強化が刺激の条件的停止を伴うのに対して、弱化は刺激の条件的提示を伴うこと、(b) 負の強化が反応の増加をもたらすのに対し、弱化は反応の減少をもたらすことである。

逃避随伴性と回避随伴性

5. 逃避随伴性とは、反応することによって継続中の刺激を停止させる随伴性である。回避随伴性は、反応することによって刺激提示を遅延させるか防止する随伴性である。

6. 弁別性回避では、信号が存在するとき反応することによって刺激提示を防止することができる。フリーオペラント回避では、どの時点で反応しても刺激提示を防止できる。

負の強化の特徴

7. 嫌悪刺激をうまく停止させる反応はすべて強化される。結果として、広範囲の行動が負の強化によって獲得され維持される可能性がある。

8. 負の強化は学業的スキルを発達させるうえで重要な役割を果たすが、妨害的で危険な行動を発展させる原因にもなりうる。

9. 負の無条件性強化子は、先行学習が存在しないにもかかわらず、その除去が行動を強める働きをする刺激である。負の条件性強化子は、以前にほかの負の強化子と対提示された結果、その除去が行動を強める働きをするようになった刺激である。

10. 負の社会的強化は、別の人間の行為を介した刺激停止をもたらす。負の自動強化は、反応の直接の結果としての刺激停止をもたらす。

11. 負の強化子の同定は、反応に先行し後続して作用している刺激条件を特定することを必要とする。

12. 一般に、任意の反応に対する負の強化が有効になるのは、（a）刺激変化が標的反応の生起に即座に随伴し、（b）強化の規模が大きく、（c）標的反応がEOからの逃避またはその遅延を一貫して引き起こし、（d）競合反応では強化が得られない場合である。

負の強化の応用

13. 負の強化は基礎研究で縦横に研究されてきた学習の基本原理であるが、応用行動分析学では負の強化より正の強化を使うことが著しく強調されてきた。

14. 応用研究者は、小児科の摂食問題の処遇において、負の強化を治療的に活用する方法を探求した。

15. 子どものパフォーマンスが、学習試行の反復、正しいパフォーマンスの練習、追加勉強の提供を伴うエラー修正の結果として改善する場合は、負の強化の関数かもしれない。

16. 学習指導中に行う課題要求の提示は、逃避に向かわせるEOとして機能する可能性がある。逃避の最初の形態には、注意欠如や軽度妨害行動が含まれる。コンプライアンス（要求や規則の遵守）に対する正の強化が最適レベルを下回ると逃避行動が持続し、エスカレートさえしかねない。

17. 負の強化によって維持される問題行動を治療するための1つの戦略は、負の強化によってより社会的に適切な置換行動を強めることである。

負の強化の使用に関する倫理的考慮

18. 正の強化と負の強化を使用することに関する倫理的懸念は類似している。それは行動を引き起こす先行事象（EO）の過酷さに由来する。負の強化によって維持される行動に対するEO

の大部分は、嫌悪的出来事とみなすことができる。極端に有害な出来事は、先行刺激として提示される場合、通常の行動改善プログラムの成分としては正当とはみなされない。

19. 負の強化に関するもう1つの懸念は、嫌悪刺激の存在それ自体が望ましい行動の獲得と競合する行動を生み出す可能性があることである。

第13章
強化スケジュール

キーワード

付随的行動（スケジュール誘導性行動）、論理和スケジュール（alt）、連鎖強化スケジュール（chain）、複合強化スケジュール、並立スケジュール（conc）、論理積スケジュール（conj）、連続強化（CRF）、逓減率分化強化（DRD）、高反応率分化強化（DRH）、低反応率分化強化（DRL）、固定間隔（FI）、固定比率（FR）、間欠強化スケジュール（INT）、制限時間、対応法則、混合スケジュール（mix）、多元スケジュール（mult）、強化後の反応休止、累進強化スケジュール、比率挫折、強化スケジュール、スケジュールの疎化、連結スケジュール（tand）、変動間隔（VI）、変動比率（VR）

行動分析士資格認定協会®BCBA® & BCaBA®
第4版課題リスト©

	I 基本的な行動分析学のスキル
D-02	適切なパラメーターと強化スケジュールを使う。
D-08	不連続試行とフリーオペラント計画を使う。
D-21	分化強化（例えば、DRO、DRA、DRI、DRL、DRH）を使う。
E-08	対応法則を使い、選択に影響する要因を理解する。
I-03	個別化された行動査定手続きを設計し実行する。
I-04	機能査定手続きの全範囲を設計し実行する。
	III 基礎知識
FK-21	強化スケジュール、弱化スケジュール
FK-40	対応法則

©2012 行動分析士資格認定協会®（BACB®）。不許複製。この文書の最新版は、www.bacb.comから入手できる。この文書の転載、複写、配布の請求と、この文書についての質問は、BACBに直接問い合わせられたい。

第13章　強化スケジュール

　強化スケジュール（schedule of reinforcement）とは、強化随伴性を記述する規則（ルール）のことである。それは行動が強化を生み出す条件を決定するという環境の設計のことである。連続強化と消去は、ほかのすべての強化スケジュールに対して境界を与える。**連続強化**（continuous reinforcement, CRF）スケジュールでは、行動を自発すれば必ず強化が与えられる。例えば、教師が連続強化スケジュールを使うときは、初見で読ませたい頻出基本用語（サイトワード）を子どもが正しく識別すると、そのたびに褒める。連続強化を生み出しやすい行動例としては、水栓を開く（水が出る）、鳴った電話に出る（声が聞こえる）、自動販売機にお金を入れる（製品を入手する）、などがある。消去（extinction, EXT）では、行動を起こさないことが強化を生み出す（消去の詳しい説明は第21章を参照）。

I　間欠強化

　連続強化と消去の間には、多くの**間欠強化スケジュール**（intermittent schedule of reinforcement, INT）がある。このスケジュール（INT）では、行動の生起のすべてではなく、一部が強化される。間欠強化スケジュールでは、選ばれた行動の生起だけが強化される。CRFは主として新しい行動を学習する初期段階において、行動を強めるために使われる。応用行動分析家は、間欠強化を使って確立された行動を維持する。

1．行動の維持

　行動の維持（maintenance of behavior）とは、行動の永続的改善のことである。応用行動分析家は、用いた行動改善の技法や、処遇中の成功の程度のいかんにかかわらず、処遇プログラムを終了してから後の進歩の維持にも関心をもたなければならない。例えば、メアリーは中学1年生であり、第1外国語としてフランス語をとっている。数週間後、教師は両親に彼女がこのままではフランス語の単位を落とすだろうと伝える。教師は、メアリーのフランス語の問題は、毎日の言語練習と勉強が足りないことから起こっていると考える。両親と教師は、メアリーがフランス語を毎夕30分勉強するたびに、家族掲示板に貼り出されたグラフに印をつけることにする。両親は彼女の練習と勉強成果に褒め言葉を与え、彼女を励ます。3週間後のフォローアップ面談で、両親と教師はメアリーがとてもよく頑張っているので、グラフに印をつける手続きをやめることにする。残念ながら、数日後に、メアリーは再びフランス語で遅れをとり始める。
　フランス語を毎日練習させるよいプログラムは開発された。しかし、グラフに印をつける手続きを止めると、進歩は維持されなかった。両親と教師は間欠強化の手続きを設定しなかった。何が起こったか、何が起こりえたか振り返ってみよう。連続強化を正しく使ったので、毎日の勉強行動を生み出した。しかし、勉強行動が定着して、グラフに印をつける手続きを止めた後は、毎日の練習を両親が褒めて励まし続け、その励ましをだんだん減らしてゆくようにすべきだった。毎日の練習の成果を、2日おき、次は4日おき、そして1週間おきに、というように褒めることができたはずだった。間欠的に褒めてもらえれば、メアリーはグラフに印をつける手続きを止め

た後も、毎日の練習を続けていただろう。

2．自然発生的強化への発展

　大部分の行動改善プログラムがめざす主要目標は、自然に発生する強化の働きをする活動、刺激、または出来事を開発することである。読書が好きだから読書する。その方が教師や両親の仕組む強化を手に入れるために読書するよりよい。運動競技が楽しいから運動する。その方がよい成績を取るためや医師の指示に従うためにそうするよりよい。家事手伝いが自己満足をもたらすから手伝う。その方がお小遣いをもらうためにするよりよい。自然発生的強化（naturally occurring reinforcement）へと発展させるためには、通常、間欠強化が必要である。なかには楽器を演奏するのが楽しくて毎日何時間も練習する人がいるだろう。しかしこの持続的行動は、時間をかけて発展していった可能性が高い。音楽を学び始めたばかりの子どもは、「今日は本当によく練習したね」「どうしてこんなに上手なの！　信じられない」「コンテストで1等取ったって、あなたのママが教えてくれたよ。最高だね！」など、盛大に強化されなければ、活動は続けられないだろう。これらの社会的結果（強化）は、教師や家族や仲間から与えられえるそのほかの結果と対提示される。子どもが上達するにつれて、外発的結果（outside consequence）は頻繁ではなく間欠的になっていく。結果的に、演奏自体が強化子になり、他者から強化されなくても、演奏活動に長時間従事するようになるだろう。

　この例では、子どもが「外発的に強化される人」から「自己強化する音楽家」に変化している。内発的動機づけ（intrinsic motivation）が発展したからだと説明する人もいるだろう。それは人の内部にある何かが行動を維持させた原因であることをほのめかす。この考えは行動分析学の観点からは正しくない。応用行動分析家は、内発的動機づけを強化として説明する。強化はもちろん物理的環境を操作することによって与えられる。人は自転車に乗り、バックパッキングし、読書し、執筆し、人を援助する。それはそれらの活動に従事すると、それらの環境操作によって、強化がもたらされるからである。

Ⅱ　基本的な間欠強化スケジュールを定義する

1．比率スケジュールと間隔スケジュール

　応用行動分析家は、大部分の治療プログラムに、比率強化スケジュール（ratio schedules of reinforcement）と、間隔間欠強化スケジュール（interval intermittent schedules of reinforcement）、とりわけ比率スケジュールを、直接または間接に組み入れる（Lattal & Neef, 1996）。比率スケジュールでは、1つの反応が強化を生み出すまでに、一定数の反応を自発することを要求する。もしある行動に対する比率要求（ratio requirement）が10回の正反応であるならば、10回目の正反応だけが強化を生み出す。間隔スケジュールでは、1つの反応が強化を生み出す前に、一定の時間経過を要求する。もし間隔要求（interval requirement）が5分であれ

ば、直近に強化された反応から5分経ってから自発する最初の正反応を条件として強化が与えられる。

比率スケジュールでは、強化を受けるためには、多数の反応を自発することが要求される。つまり、時間の経過は、数の随伴性（number contingency）を変更させない。そうではなくて、強化率（rate of reinforcement）を決定するのは、参加者の反応率（response rate）である。比率要求を速く満たせば満たすほど、強化はそれだけ速く起こる。逆に、間隔スケジュールでは、1つの反応によって強化を生み出すためには、一定の時間経過が必要である。間隔スケジュールで自発される反応の総数は、強化子がいつどれほど頻繁に与えられるかには関係しない。間隔スケジュールでは、反応を高率で自発することは、強化の比率を増大させない。強化は要求された時間が経過した後に1つの反応を自発することだけを条件として与えられる。間隔スケジュールでは、強化の入手可能性は、時間制御型（time-controlled）になる。比率スケジュールでは、強化の比率は「自己制御」型（self-controlled）になる。個人が比率要求を速く達成すればするほど、強化はそれに見合って速く起こる。

2．固定スケジュールと変動スケジュール

応用行動分析家は、固定随伴性（fixed contingency）、または変動随伴性（variable contingency）として強化を与えるために、比率スケジュールと間隔スケジュールを計画することができる。固定スケジュールでは、反応比率（response ratio）または要求時間（time requirement）は一定である。変動スケジュールでは、反応比率か要求時間によって、1つの強化された反応から、次に強化される反応までを変動させることができる。比率または間隔、固定または変動を組み合わせることによって、4つの基本的な間欠強化スケジュール、すなわち固定比率、変動比率、固定間隔、変動間隔が定まる。

以下の各節では、4つの基本的な間欠強化スケジュールを定義し、それぞれのスケジュールの例を挙げ、更に基礎研究に由来する、十分に立証された、いくつかのスケジュール効果を提示する。

3．固定比率の定義

固定比率（fixed ratio, FR）強化スケジュールでは、いくつかの反応を完了しなければ、強化を生み出すことはできない。例えばFR4スケジュールでは、正（標的）反応を4つ自発すると、そのたびに強化される。FR15スケジュールでは、強化を生み出すためには、15反応を自発しなければならない。スキナー（Skinner, 1938）は、それぞれの比率要求を1反応単位と考えた。したがって、強化子を生み出すのは反応単位であって、各比率の最後の反応ではない。

ビジネスや産業の仕事には、FRスケジュール（例えば出来高払い）によって賃金が支払われる例がある。例えば労働者は一定数の作業（例えば、部品15ピース組み立て、オレンジ1ボックス摘み取り）を完了させれば賃金がもらえる。また子どもは頻出基本用語（サイトワード）を

5つ学習すれば、スマイルマークをもらい、算数問題を10題解けば、一定数のポイントを入手する。

デルーカとホルボーン（De Luca & Holborn, 1990）は、肥満児と非肥満児の、ベースラインとFR強化スケジュール下でのエクササイズバイクを漕ぐ反応率の比較を報告している。エクササイズの時間の長さは、ベースラインでもFRスケジュールでも同じだった。デルーカとホルボーンは、ベースラインで漕ぐ反応率が安定してから、ベースライン中に生み出された強化率に対応するFRスケジュールを導入した。すべての参加者は、FRスケジュールの導入によって、漕ぐ反応率を増加させた。

4．固定比率スケジュールの効果

（1）パフォーマンスの一貫性

FRスケジュールは、次のような典型的反応パターンを生み出す。(a) 参加者は、比率要求の最初の反応を自発すれば、その後は反応と反応の間でほとんどためらうことなく、要求された反応群を完遂する、(b) 強化後に**強化後の反応休止**（postreinforcement pause）が起こる（すなわち、参加者は強化が起こると、その後は一定期間反応を自発しない）。比率の大きさは、強化後の反応休止期間の長さに影響を与える。つまり、大きな比率要求は長い休止を生み出し、小さな比率要求は短い休止を生み出す。

（2）反応率

FRスケジュールは、しばしば高い反応率（rate of response）を生み出す。FRスケジュールにおける迅速な反応は、強化頻度を最大化する。反応率が速ければ速いほど、強化率も大となるからである。固定比率では、比率要求を達成すれば強化を受けられるので、人々の作業は速くなる。契約制でコンピューターのキーボードをたたく人々（タイピスト）は、たいていFRスケジュールで仕事をする。彼らは契約した作業に対して特定の報酬を受け取る。25ページの原稿を仕上げるタイピストは、最高率によって作業するだろう。原稿を速くタイプすればするほど、すぐ賃金が支払われ、1日にできる仕事量も増えていく。

FRスケジュールでは、その比率の大きさが反応率に影響を及ぼす可能性がある。比率要求が大きくなれば、反応率もある程度までは高くなるといえる。子どもが算数の問題に正解すると、3問ごとに教師が強化したとする。そしてこの比率要求を課された子どもが、決められた時間内に12問解いて4回強化されたとする。もし教師が3問ではなく12問の正解を条件として強化するようにすれば、子どもはもっと多くの問題をもっと短時間で完成させるかもしれない。しかしながら、もしその比率要求が大きくなりすぎると、反応率は低下する。最大比率は、参加者の過去のFR強化歴、動機づけ操作、強化子の性質、比率要求を変化させる手続きによって、一部は決定される。例えば、もし比率要求を長い時間をかけて次第に引き上げてゆけば、極端に高い比

定義 特定反応数の自発を条件として与える強化。

スケジュール効果 強化後、強化後の休止が起こる。休止後、比率要求は、高反応率と反応間のごくわずかな躊躇によって完了される。比率サイズは休止と反応率の両方に影響を与える。

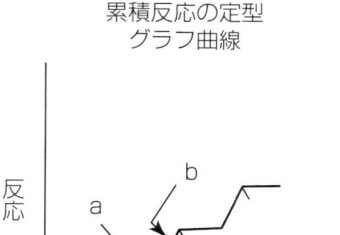

累積反応の定型グラフ曲線

a = 強化後の反応休止
b = 高反応率「ラン」
c = n番目の反応の自発を
　　条件として与える強化子

図13.1　強化中のFRスケジュールの概要

率要求も達成されるだろう。
　図13.1に、FR強化スケジュールによって典型的に生み出されるスケジュール効果を要約して説明する。

5．変動比率の定義

　変動比率（variable ratio; VR）強化スケジュールでは、強化子を生み出すために、不規則に変動する反応数を完遂することを要求する。VRスケジュールは強化のために要求される標準（例えば、平均）反応数の数値によって、区別される。例えば、VR 10スケジュールでは、平均して10回目の正反応が強化を生み出す。強化は、1回、20回、3回、13回、あるいはn回の反応後に出現する。しかし強化のために要求される平均反応数は10である（例えば、1＋20＋3＋13＋18＝55；55／5＝10）。
　賭博用スロットマシーン（ワンアームド・バンディット）の稼働は、VRスケジュールの好例である。これらのマシーンはプレイされた時間の一定の比率で払い戻すようにプログラムされている。プレイヤーは次にいつ払い戻されるかを予測することはできない。プレイヤーは2～3回続けて勝つかもしれないし、それから20回以上勝てないかもしれない。
　デルーカとホルボーン（De Luca & Holborn, 1992）は、VRスケジュールが3人の肥満児と3人の非肥満児のエクササイズバイクを漕ぐ反応率に及ぼす効果を検討した。子どもたちは、分析されたどの週においても、月曜から金曜までエクササイズバイクを使うことができたが、奨励はされなかった。ベースライン条件の開始時に、参加児は「漕ぎたいだけ漕いでいいよ」と教示された。デルーカとホルボーンはベースラインにおける漕ぐ反応率が安定するのを待って、VR強化スケジュールを導入した。彼らはベースラインでの1分当たりの平均ペダル回転数を計算し

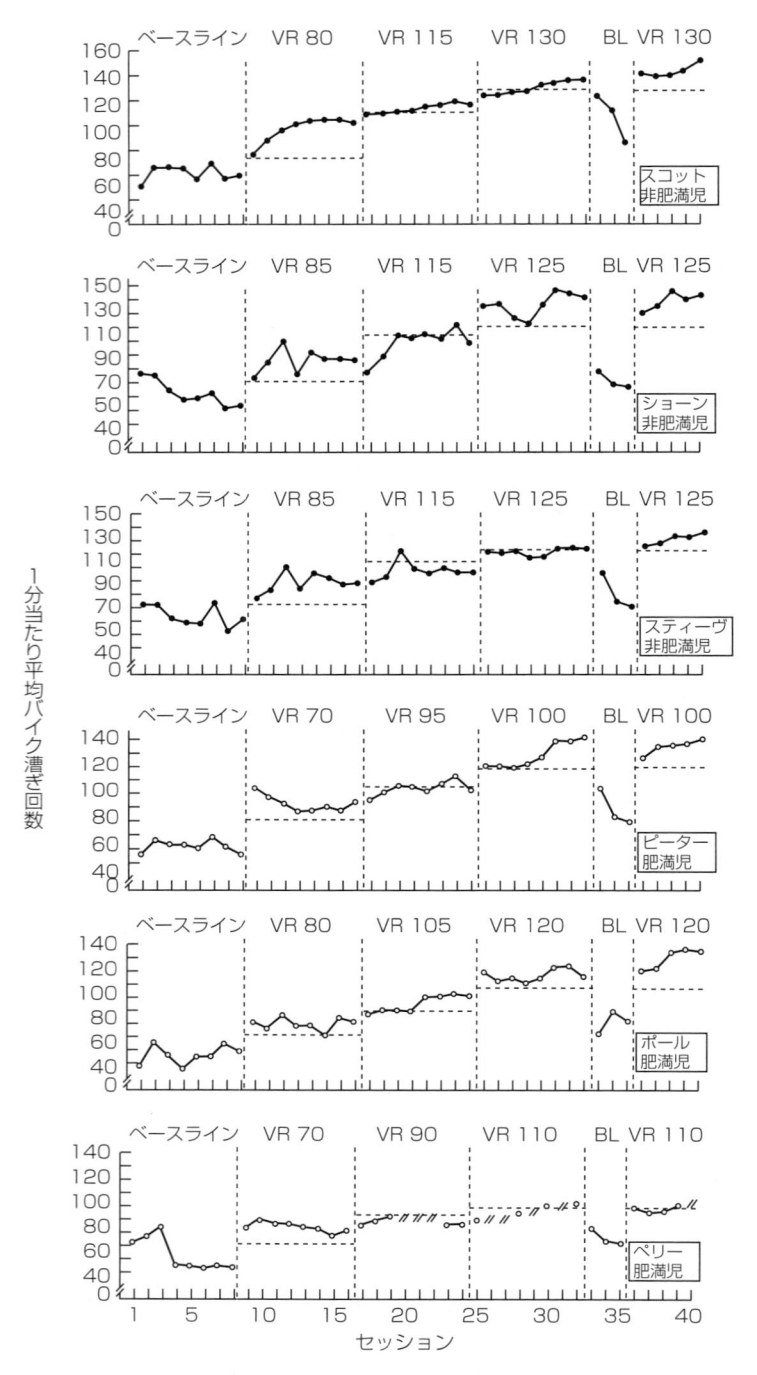

図13.2 肥満児と非肥満児のベースライン、VR1（VRレンジ70〜85）、VR2（VRレンジ90〜115）、VR3（VRレンジ100〜130）、ベースライン復帰、VR3段階への復帰における1分当たりの平均バイク漕ぎ数

From "Effects of a Variable-Ratio Reinforcement Schedule with Changing Criteria on Exercise in Obese and Nonobese Boys" by R. V. De Luca and S.W. Holborn, 1992, *Journal of Applied Behavior Analysis, 25,* p. 674. Copyright 1992 by the Society for the Experimental Analysis of Behavior, Inc. Reprinted by permission.

て、最初のVR随伴性をベースライン平均より約15％速く漕ぐようプログラミングした。子どもたちはVRスケジュールによって、バックアップ強化子と交換できるポイントを与えられた。デルーカとホルボーンはVRスケジュールを更に２通りの方法で増加させた。１回当たり約15％の増加とした。すべての参加児はそれぞれのVR値においてペダルを漕ぐ反応率を組織的に増加させた。すなわち、変動比率が大きくなればなるほど、反応率も高まっていった。デルーカとホルボーンは、以前の研究において、FRスケジュールよりVRスケジュールの方がより高い反応率を生み出したと報告している（De Luca & Holborn, 1990）。図13.2は、ベースラインとVR（70から85、90から115、100から130へのVR変化）条件下での、参加児のパフォーマンスを表している。

　子どもたちが行動して強化を与えられるのは、通常、変動比率を完遂した後である。子どもたちは、通常、先生がいつ自分を指名して答えを要求し、いつ強化されるかを予測することができない。よい成績も、受賞も、昇進も、すべては予想できない反応数を遂行した後にやってくる。そして先生が子どもたちの自習（座業）をチェックする場合は、ある子どもは10題解けば遂行が強化され、ほかの子どもは３題解けば遂行が強化されるだろう。

６．変動比率スケジュールの効果

（１）パフォーマンスの一貫性

　VRスケジュールは、一貫性と安定性のある反応率を生み出す。VRスケジュールでは、FRスケジュールのように、強化後の反応休止は起こらない。反応休止が起こらないのは、おそらくいつ次の反応が強化されるかについての情報がないためだろう。次に反応すれば強化される可能性があるからこそ、反応は安定性をもって継続されるのである。

（２）反応率

　VRスケジュールは、FRスケジュールと同様に、素早い反応率を生み出しやすい。またFRスケジュールと同様に、比率の大きさが反応率に影響を及ぼす。比率要求が大きくなれば、反応率も高くなる。再びFRスケジュールと同様に、もし時間をかけて変動比率要求を次第に疎にしてゆけば、参加者は非常に高い比率要求に反応するだろう。VR強化スケジュールによって典型的に生み出される効果を図13.3に要約して説明する。

７．応用場面における変動比率スケジュール

　基礎研究者は、コンピューターを利用して、VR強化スケジュールを選択し、プログラムをつくる。応用場面で使われるVRスケジュールは、計画性をもって組織的に実践されることはまれである。言い換えれば、大部分の介入において、強化子は偶然に成り行き任せで提示される。このような非組織的な強化子の提示は、VRスケジュールの効果的な活用とはいえない。教師もま

定義 変動する反応数の自発後に与える強化。

スケジュール効果 比率要求は、非常に高い反応率と反応間の小さな躊躇で完了する。強化後の反応休止はVRスケジュールの特徴ではない。反応率は比率要求の大きさに影響される。

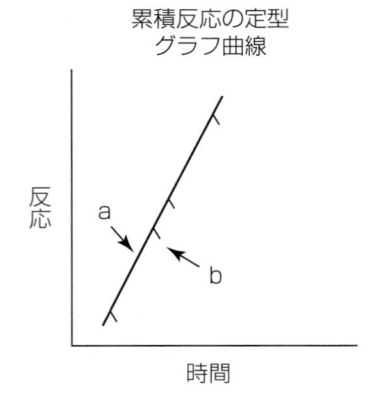

累積反応の定型グラフ曲線

a ＝ 高い定常的な反応率
b ＝ 要求された変動反応数の自発後に与える強化

図13.3　強化中のVRスケジュール効果の概要

た基礎研究で使われるVRスケジュールに近似するVRスケジュールを選択して、あらかじめ計画を立てて使うことができる。例えば、教師は次のようにすれば、変動比率の計画を立てることができる。(a) 所定の活動に対して最大比率（例えば15回の反応）を選択する。(b) 乱数表を使って特定の変動比率強化スケジュールをつくる。乱数表を使えば、例えば、8、1、1、14、3、10、14、15、6のような比率順序を作り出せる。これによってVR 8強化スケジュール（平均8回目の反応に強化子を与える）を設計することができる。反応率のレンジは1から15の範囲内に収まる。

　教師は、学業行動や社会的行動を標的とした、次のような個別または集団の強化随伴性としてのVR手続きを適用することができる。

三目並べによるVR手続き

1. 教師は子どもに、個別にまたは集団で、最大数を設定する。選択した最大数が大きければ大きいほど、随伴性を達成できなくなる確率も大となる。例えば、100回のうち1回のチャンスは、20回のうち1回のチャンスより、選ばれる見込みは少なくなる。

2. 教師は子どもに、個別にまたは集団で、三目並べの格子を与える。

3. 子どもは、それぞれの格子に、最大数を超えない数を書き入れる。例えば、もし最大数が30ならば、スコアシートは次の頁のようになるだろう。

4. 教師は、数字を書いた複数の紙片（数字は最大数を超えない）を、箱などの容器に入れ

る。それぞれの数字は、例えば、1が5回、2が5回、3が5回のように、複数回入るようにする。

5. 標的行動の生起を条件として、子どもは箱の中から紙片を1枚取り出す。もし紙に書かれている数字が三目並べシートにある数字と一致したら、子どもは枠にある数字を塗りつぶす。

6. 子どもが水平か、垂直か、対角線か、いずれかの1列方向に3つの数字を塗りつぶすことができれば、強化子を与える。

例えば、子どもが宿題を1題やり終えたら、終わるごとに紙片1枚を取り出すとする。3つの数を一列分塗りつぶせれば、クラスの係掲示板にある活動（例えば、先生の手伝い、牛乳費の徴収、プロジェクターの操作）を1つ選べることにする。それが結果（強化）としての役割を果たすだろう。

クラスでのくじ引きによるVRの手続き

1. 子どもたちは、割り当てられた課題を正しくやり終えたら、索引カードに自分の名前を書き入れる。

2. 子どもたちは、記名したカードを、教師の机にある箱に入れる。

3. 一定の時間間隔（例えば、1週間）の経過後に、教師は箱から記名されたカードを取り出して、その子が勝者であると宣言する。このクジによって、1位、2位、3位、または任意数の勝者を決めることができる。子どもが箱に入れたカードが多ければ多いほど、それらのカードの1枚が引き当てられる確率は高くなる。

教師はこれまで、課題以外の自発的読書など、子どものさまざまな活動に対して、学級くじを利用してきた。例えば、子どもは本を1冊読むごとに、カードに自分の名前と読んだ本のタイトルを書く。教師は2週間ごとに箱の中からカードを引き、勝利した子どもに新しい本を与える。その本がとくにその子の望ましい結果（強化）になるように、その本に子どもの名前、クラス、日付（例えば、「ブライアン・リー、5年生、本書をハイストリート小学校図書館に寄贈する2007年5月22日」）を刻印して、返却する権利を与えるようにする。

卓上カレンダーによるVRの手続き

1．子どもたちはカレンダー立てにルーズリーフ式の日付頁が固定された卓上カレンダーをもらう。

2．教師がカレンダー立てから、ルーズリーフ式の日付頁を取り除く。

3．教師は子どもたちのための、最大比率を決定する。

4．教師は索引カードに、1から最大比率までの番号を、連続して順々に記き入れる。それぞれの番号のカードを複数つくる（例えば、1を5枚、2を5枚）。もし平均比率を大きくしたければ入れる番号も大きくし、小さくしたければ小さい番号を使う。

5．教師は穴あけ機を使って、その索引カードに穴をあけ、カードをカレンダー立てに取り付けられるようにする。

6．教師か子どもが索引カードをシャッフルして、順序を準ランダムにする。その索引カードをカレンダー立てに裏返しに取り付ける。

7．子どもたちは索引カードを1度に1枚ずつめくって、自分のVRスケジュールをつくる。子どもが比率要求を満たしたら、2枚目のカードをめくって、次の比率をつくる。

　子どもたちは、卓上カレンダー立てを使えば、ほとんどのカリキュラム領域（例えば、算数）で、VRスケジュールをプログラム化することができる。例えば、子どもが先生から算数のワークシートをもらったら、最初のカードをめくる。カードに5と書かれている。問題を5問解いたら、子どもは挙手して、比率要求を満たしたことを教師に合図する。教師は子どもの答えを点検し、フィードバックを与え、正解に対して結果（強化）を与える。子どもが2枚目をめくる。比率要求は1である。子どもは1問解く。先生から結果（強化）を受け取り、3枚目をめくる。今度の比率要求は14である。このようにして、カードの山を使い切るまでこれを繰り返す。それから、新しいカードを追加するか、古いカードをシャッフルし直すかして、新しい数列をつくりだす。シャッフルし直しても数の平均は変らない。

8．固定間隔スケジュール

　固定間隔（fixed interval, FI）強化スケジュールでは、一定時間経過後に起こる最初の反応に対して強化が行われる。FI 3分スケジュールでは、3分が経過後の最初の反応に強化子が与えられる。FIスケジュールの手順についてよく誤解されるのは、時間さえ経過すれば強化子が与え

られる、つまり強化子は一定の決められた時間間隔の終わりごとに与えられるとみなされてしまうことである。しかし、強化される反応の間には、一定の決められた時間間隔以上の時間が経過することもある。決められた時間間隔が経過すれば強化子は入手できる状態になるが、その状態は最初の反応が起こるまで継続される。決められた間隔が過ぎた後のどの時点かで最初の反応が起こるとその反応が即座に強化され、次の固定間隔の計時は強化子の提示とともにスタートする。このFIサイクルはセッションが終わるまで繰り返される。

　日常生活におけるFIスケジュールの実際例は、見つけることが難しい。しかしながら、状況によってはFIスケジュールに近似していて、実際にFIスケジュールとして機能することがある。例えば、郵便は毎日固定時間に近い時間に配達される。郵便物を見に郵便箱へ何度も足を運ぶが、郵便物が配達された後の郵便箱を見に行く行動だけが強化される。多くのテキストブックに挙げられる郵便の例のようなFIスケジュールの例では、FIスケジュールの定義を満たすことはできない。しかし、その例はFIスケジュールに極めて近いように見える。例えば時給、日給、週給、または月給によって労働賃金としての給与を受け取ることは、給与を発生させる給料日の最初の反応を条件として起こる。もちろん、給与を受け取るためには、一定の間隔の間に、多くの反応をする必要があり、それらが最終的な給与の受け取りにつながる。本当のFIスケジュールでは、間隔の間の反応は、強化に影響を与えない。

　FIスケジュールは、応用場面では比較的利用しやすい。ある教師が算数のワークシートの正反応に対して、FI 2分スケジュールで強化を与えるとする。2分の間隔経過を合図するカウントダウン機能をもつ電子タイマーを、教師か子どもが使えばよい。間隔経過後の最初の正反応が強化を生み出す。それから教師は次の2分間隔のために、タイマーをリセットする。同様に、教師は間隔経過を振動で知らせてくれる小型の計時機器、「ジェントルリマインダー」（Gentle Reminder, dan@gentlereminder.com）や、「モーティブエイダー」（MotivAiders, www.habitchange.com）などの器材を使うことができる。

9．固定間隔スケジュールの効果

（1）パフォーマンスの一貫性

　FIスケジュールでは、固定間隔の出だしの部分で強化後の反応休止が起こる。初めは緩慢で間隔の終わりに向かって加速する反応率が明白に現れる。たいていそれは強化子提示の直前に最大に達する。この間隔の終わりに向かって加速する反応率はFIスキャロップ（scallop）と呼ばれる。累積グラフ（図13.4）に示されているように、丸みを帯びた曲線だからである。

　FIにおける強化後の反応休止とスキャロップ効果は、多くの日常の状況においても見られる。大学生は学期末レポートを出されると、概してすぐ図書館に駆け込んだり、レポートにとりかかったりはしない。彼らはしばしば数日から数週間、間を置いてから作業に取りかかる。しかしながら締切日が近づくにつれ、レポート課題への取り組みは加速度的に増加し、授業の直前に最後の草稿をタイプし終える者が多い。中間試験や最終試験にむけた詰め込み学習も、FIスキャロッ

定義 指定された一定時間量が経過した後の最初の正反応が強化子を生み出す。

スケジュール効果 FIスケジュールは、緩慢から中位の反応率と、強化後の反応休止を生み出す。反応はインターバル終点に向かって加速を開始する。

累積反応の定型グラフ曲線

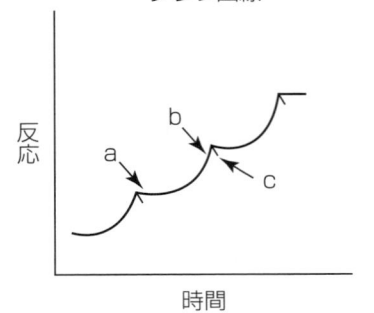

a = 強化後の反応休止
b = インターバルが進み強化子が入手できるようになると反応率が増加する
c = 強化子はインターバル後の最初の正反応を条件として与えられる

図13.4 強化中のFIスケジュール効果の概要

プ効果のもう1つの例である。

　強化後の反応休止とスキャロップ効果に関するこれらの例は、FI強化スケジュールによって生み出されたように見える。しかしながら、そうではない。給与の例と同様に、大学生はその間隔の間に期末レポートを作成したり、試験でよい成績を取ったりするために、多くの反応を完遂しなければならないからであり、そして期末レポートや試験には締め切りがあるからである。FIスケジュールの場合は、間隔中の反応は無関係であり、またFIスケジュールには反応の締め切りというものはない。

　なぜFIスケジュールは特徴的な休止とスキャロップ効果を生み出すのか？　参加者はFIスケジュールに順応した後、(a) 時間の経過を弁別することを学習し、(b) 強化された反応の直後に自発された反応は決して強化されないことを学習する。したがって、固定間隔の出だしの部分での消去が、強化後の反応休止の原因になっているのかもしれない。FIとFRの強化スケジュール効果は、両方とも強化後の反応休止を生み出す点で類似している。しかしながら、それぞれのスケジュール下で出現する行動の異なる特徴を認識することは重要である。FRスケジュール下での反応は、比率要求を達成するまでは一貫した率で自発される。一方、FIスケジュール下では、緩慢な率で始まり、個々の間隔の終わりに向かって加速していく。

(2) 反応率

　全体的に見れば、FIスケジュールは、緩慢から中程度の反応率を生み出す傾向がある。間隔の長さは強化後の反応休止と反応率に影響を与える。ある程度は、固定間隔の要求が大きくなるほ

ど、強化後の反応休止は長くなり、全般的な反応率は低くなる。

10. 変動間隔スケジュール

　変動間隔（variable interval, VI）強化スケジュールでは、さまざまな時間間隔が経過した後の最初の正反応を強化する。VIスケジュールの特徴は、「強化の間の間隔がランダム、またはランダムに近い順序で変化する」（Ferster & Skinner, 1957, p. 326）ことである。行動分析家は強化機会までに経過する標準（すなわち平均）時間間隔を使って、VIスケジュールを記述する。例えばVI 5分スケジュールでは、強化から次の強化の機会までの時間間隔の平均の長さは5分である。VI 5分スケジュールにおける実際の時間間隔は、2分かもしれないし、5分、3分、10分、またはn分（もしくは数秒）になる可能性もある。

　日常状況におけるVI強化の例は、ある人が電話中の相手に電話をかけるときに起こる。これは、電話中の人が話を終えて電話を切り、かかってきた電話がつながるようにするために、さまざまな時間間隔が必要となるため、VIスケジュールになる。その間隔が経過した後、電話中だった人の番号に最初にかける電話が、おそらく相手につながる（強化子）。VIスケジュールでは反応回数（試す回数）は、強化の入手可能性に影響を与えない。どんなにたくさん電話をかけても、電話中である限りつながらない。そして、VIスケジュールでは、その時間間隔は予測できない。つまり、電話は短いかもしれないし、長いかもしれない。

11. 変動間隔スケジュールの効果

（1）パフォーマンスの一貫性

　VI強化スケジュールにおける反応率は、持続的であり安定している。累積グラフにおけるVIスケジュールの傾きには、反応の休止がほとんど見られず一定に見える（図13.5を参照）。VIスケジュールは、通常、反応の間にほとんど躊躇を起こさせない。例えば、予測できない抜き打ちテストでは、固定間隔スケジュールで実施されるテストよりも、子どもの一貫した勉強行動を引き起こす傾向がある。そのうえ、抜き打ちテストが行われそうなときは、子どもは授業中や勉強時間中は、競合する課題から外れた行動に従事する傾向が弱まる。抜き打ちテストは、VIスケジュールの例としてしばしば使われる。パフォーマンス効果がVIパフォーマンスに似ているからである。しかしながら、抜き打ちテストは、間隔の間に要求される反応や、強化を受けるための締め切りのため、本当のVIスケジュールを代表しない。

（2）反応率

　VI強化スケジュールでは、反応率は低めから中程度になる傾向がある。FIスケジュールと同様に、VIスケジュールにおける時間間隔の平均の長さは反応率に影響する。つまり、平均間隔が長

定義 変動時間インターバル後の最初の正反応が強化子を生み出す。

スケジュール効果 VIスケジュールは、一定の安定した緩慢から中位の反応率を生み出す。VIスケジュールでは強化後の反応休止はあるとしてもごく少ない。

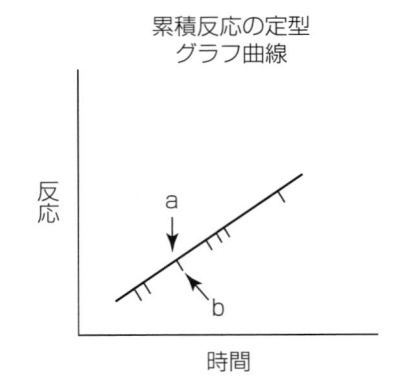

a ＝ 定常反応率、強化後の反応休止はあるとしてもごくわずか
b ＝ 与えられる強化子

図13.5　強化中のVIスケジュール効果の概要

ければ長いほど、全体的な反応率はある程度低くなる。図13.5には、VIスケジュールの典型的な効果が要約されている。

12. 応用場面における変動間隔スケジュール

　基礎研究者は、VRスケジュールの場合と同様に、コンピューターを使ってVIスケジュールを選択しプログラム化する。教師が計画的、組織的にVIスケジュールを応用することはめったにない。例えば、教師がどんな間隔や順序を使うかについて事前に何の計画も立てずに、1分から10分の範囲で変動する間隔によって電子カウントダウンタイマーをセットしたとする。この自己流に設定する時間間隔の選択は、VIスケジュールの基本的な要求に近似している。しかしそれはVIスケジュールで強化を与える最も有効な方法とはいえない。変動する時間間隔を計画的、組織的に適用すれば、VIスケジュールの効果は増大するだろう。

　例えば、応用行動分析家は、秒だろうと分だろうと、パフォーマンスを維持し、なおかつその状況にとって適切な、最大の時間間隔を選択することができる。応用行動分析家は、なるべくなら、直接査定からのデータを利用して最大のVI間隔の選択を導くか、あるいはせめて直接観察に基づいた臨床的判断をしたほうがよい。分析家は乱数表を使って、1から最大間隔までの変動する間隔を選択することができる。それからVIスケジュール用の平均値を計算することによって、VIスケジュールを同定する。VIスケジュールでは、時間間隔を選択した後に、調整が必要になるかもしれない。例えば、もし平均時間間隔がより大きいほうが合理的であるようであれば、教師は小さい間隔のいくつかを、より大きい間隔に取り替えることができる。逆に、大きすぎるようであれば、大きい間隔を小さい間隔と入れ替えるようにする。

13. 制限時間のある間隔スケジュール

　間隔スケジュールに**制限時間**（limited hold, LH）が加わると、強化が入手可能なのはFIかVIの間隔経過後の有限時間の間になる。もし制限時間内に標的反応が起こらなければ、参加者は強化を受ける機会を失う。例えば、制限時間30秒つきFI 5分スケジュールの場合は、5分経過後の最初の正反応が強化されるが、5分間隔終了後30秒以内に反応が起こるときに限定される。もし30秒以内に反応が起こらなければ、強化を入手する機会は失われ、新しい間隔が始まる。LHという略語は、制限時間を使う間隔スケジュールを特定する（例えば、FI 5分LH 30秒，VI 3分LH 1分）。間隔スケジュールの制限時間（反応時間制限ともいう）は、通常、FIスケジュールとVIスケジュールの全体的反応特徴を、可能な反応率の増加域を超えて変えることはない。

　マーテンスら（Martens, Lochner, & Kelly, 1992）は、社会的強化のVIスケジュールを使って、小学3年生のクラスの8歳男児2人の学業従事行動を増加させた。クラス担任は男児らが深刻な課題から外れた行動を示すと報告していた。実験者は20秒固定時間経過を知らせるテープを内蔵したマイクロカセットレコーダーに接続したイヤフォンを装着した。その合図テープは、VI強化スケジュールで、言語賞賛という形式によって学業従事を強化する機会を与えるようにプログラム化されていた。もしVI間隔が時間切れになったとき、男児が学業に従事していなかったら、次の合図がくるまで強化の機会を失うことになる。つまりこのVIスケジュールは、非常に短い制限時間の強化入手可能性を伴っていた。実験者はベースラインの次に、擬似ランダムベースで日替わりするVI 5分かVI 2分スケジュールによって条件的賞賛を与えた。どちらの男児もVI 5分の学業従事は、ベースライン従事に近いものだった。どちらの男児もベースラインとVI 5分条件よりもVI 2分スケジュールにおいて、より高率の学業従事を示した。図13.6は、ベースラインとVI条件における学業従事率を表している。

Ⅲ　間欠強化を疎化する

　応用行動分析家は**スケジュールの疎化**（schedule thinning）のため、しばしば2つの手続きの中の1つを用いる。第1に、反応率や時間間隔の長さを徐々に拡大して、現在のスケジュールを疎にする。もし子どもが2～3セッションの間、足し算問題に効果的に答え、CRFにスケジュールによく反応したら、教師は強化随伴性を足し算1問正解からVR 2かVR 3スケジュールへと、ゆっくりと疎化してもいいだろう。密スケジュール（すなわち、反応が高頻度の強化を生み出す）から疎スケジュール（すなわち、反応が低頻度の強化を生み出す）への前進を、子どものパフォーマンスによって導かなければならない。応用行動分析家は、疎化中のスケジュール変化の微増と学習者のパフォーマンスの継続評価を利用して疎化過程を調整するとともに、以前の改善の喪失を回避しなければならない。

　第2に、教師はしばしばインストラクション（教示）を使って、強化スケジュールをはっきり伝え、疎化過程におけるスムーズな移行を促がす。教示には、ルール、命令、サインが含まれる。参加者は有効な間欠強化の環境随伴性を自覚する必要はないが、どんなパフォーマンスが強

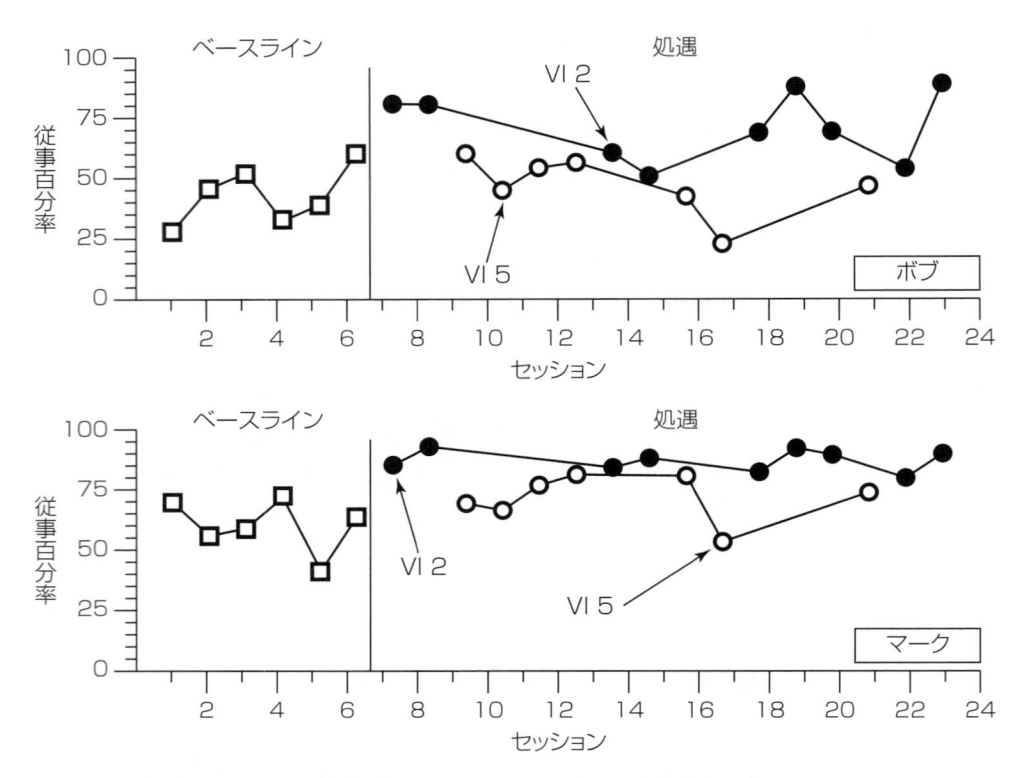

図13.6　実験2における全条件の間のそれぞれの子どもの学業従事の百分率

From "The Effects of Variable-Interval Reinforcement on Academic Engagement: A Demonstration of Matching Theory" by B. K. Martens, D. G. Lochner, and S. Q. Kelly, 1992, *Journal of Applied Behavior Analysis, 25,* p.149. Copyright 1992 by the Society for the Experimental Analysis of Behavior, Inc. Reprinted by permission.

化を生み出すかが参加者に伝えられれば、インストラクションは介入の有効性を高めるだろう。
　比率挫折（ratio strain）は、より密な強化スケジュールからより疎な強化スケジュールに移行するとき、比率要求の値を急に大きくする結果として起こる。比率挫折に関連する一般的な行動特徴は、回避、攻撃、予測できない反応休止である。応用行動分析家は、比率挫折が明らかであれば、比率要求を減らすべきである。行動が回復した後は、分析家は比率要求を再び徐々に疎にすることができる。比率要求の小さく緩やかな増加は、比率挫折の発展と回避するために役立つ。比率挫折は、比率があまりにも大きくなり、強化が反応レベルを維持できなくなるか、反応要求が参加者の生理的能力を超えるときも起こる。

Ⅳ　基本的な間欠強化スケジュールのバリエーション

1．反応率分化強化スケジュール

　応用行動分析家は、人々が一定の行動を遂行する反応率から起こる行動問題にしばしば遭遇する。あまりにも低頻度で、またはあまりにも高頻度で反応することは、社会的相互作用や学業学

習に弊害をもたらす恐れがある。分化強化は、反応率に関わる行動問題のための介入を用意する。特定行動率分化強化（differential reinforcement of particular rates of behavior）は、比率スケジュールのバリエーションである。反応の生起が予め決められた一定の基準を上回るか下回るとき、それを条件として強化子が与えられる。予め決められた基準を上回る反応に対する強化は、**高反応率分化強化**（differential reinforcement of high rates, DRH）と呼ばれる。基準を下回るときだけ反応が強化される場合のスケジュールは**低反応率分化強化**（differential reinforcement of low rates, DRL）である。DRHスケジュールはより高い反応率を生み出し、DRLスケジュールはより低い反応率を生み出す。

　応用行動分析家は、DRHスケジュールとDRLスケジュールについての3つの定義を使う。第1の定義は、一定の持続時間によって隔てられた反応だけが強化されるスケジュールである。この第1の定義は、間隔を空ける反応DRH（spaced-responding DRH）、または間隔を空ける反応DRL（spaced-responding DRL）と呼ばれることがある。反応間時間（interresponse time, IRT）は2つの反応間で経過する時間の長さを特定する。IRTと反応率は機能的に関係する。長いIRTは低い反応率を生み出す。短いIRTは高い反応率を生み出す。DRHスケジュールでは、基準時間が経過する以前に反応が起れば、反応は必ず強化を生み出す。もし基準時間が30秒ならば、IRTが30秒かそれより短いときだけ、参加者の反応は強化を生み出す。DRLスケジュールでは、基準時間が経過した後に反応が起れば、反応は強化を生み出す。もし決められたDRLの基準時間がまた30秒であれば、IRTが30秒かそれより長いときだけ、反応が強化を生み出す。

　DRHとDRLをIRT強化スケジュールとしてとらえるこの最初の定義は、ほぼ例外なく実験室場面において使われてきた。応用場面で用いられない2つの明白な理由がある。(a) ほとんどの応用場面には、IRTを測定し、IRT基準を使って強化を与えるための十分な自動装置がない。(b) IRT基準を満たす個々の反応に対して、通常、強化が与えられるが、必ず与えられるとは限らない。ほとんどの指導場面では、そのような頻繁な強化は子どもの活動を妨害する。しかしながら、コンピューターが個別指導や学業反応の実践にますます利用されるようになるにつれ、学業反応を加速し減速させるためにIRTベースの強化スケジュールを利用する機会は、ますます可能になってきているはずである。コンピューターは、学業反応間の反応休止をモニターして、学習指導の活動をほとんど妨げることなく、IRT基準を満たす個々の反応に結果をもたらすことができる。

　デイツ（Deitz, 1977）は、先に示したDRLスケジュールをプログラム化するための実験室手続きをベースにして、応用場面において反応率分化強化を利用するための2つの追加的手続きに名前をつけて説明した。すなわち、フルセッションDRHまたはDRLと、間隔DRHまたはDRLである。デイツは最初、問題行動に対するDRL介入として、フルセッション手続きと間隔手続きを用いた。しかしながら、フルセッション手続きと間隔手続きはDRHにも適用できる。

　DRHフルセッションスケジュールでは、もしセッション中の反応総数が数の基準を満たすか超過すれば、強化が与えられる。もしセッション中に参加者が特定反応数を下回る反応しか自発しなかった場合、その行動は強化されない。DRLフルセッションスケジュールは、手続きとしてはDRHスケジュールと同じである。ただし基準限度かそれを下回る反応が強化される点だけが

異なる。もし参加者がセッション中に特定された反応数を上回る反応を自発した場合は、強化は与えられない。

　間隔DRHスケジュールと間隔DRLスケジュールの定義によれば、セッション中に短い間隔の間に最低かそれを上回る反応率で反応が起こるときだけ強化が与えられる。応用行動分析家が、間隔DRHスケジュールを応用するには、学習指導セッションを等時間間隔によって組織し、子どもが反応数基準と同じかそれ以上の反応数を自発した場合に、個々のインターバルの終わりに強化子を与えるようにする。間隔DRLスケジュールは、手続きとしてはDRHインターバルスケジュールと同じであるが、違いは基準限度かそれを下回る反応に対して強化が与えられることである。

　逓減率分化強化（differential reinforcement of diminishing rates; DRD）スケジュールでは、個人のパフォーマンスをベースに反応数が時間間隔の間で徐々に減らされていく基準を下回るとき（例えば、5分に5反応以下、5分に4反応以下、5分に3反応以下）、予め決められた時間間隔の終わりに強化を与える。デイツとレップ（Deitz & Repp, 1973）は、集団DRD随伴性を利用して、15人の女子高生の課題から外れたおしゃべりを減少させた。デイツらは、DRD基準限度として、最初は個々の50分授業で5回かそれ以下のおしゃべりという基準を設定した。それからDRD基準限度を徐々に3回かそれ以下、1回かそれ以下、最後は無反応へと逓減させた。彼女らが課題から外れたおしゃべり回数を月曜から木曜までDRD限度かそれ以下に抑えると、金曜の授業は自由時間になった。

　上述のDRDスケジュールの例では、フルセッションDRLで述べた手続きとまったく同じ手続きが使われた。DRDは、デイツ（Deitz, 1977）や、デイツとレップ（Deitz & Repp, 1983）が述べた、間隔DRLスケジュールの手続き面のバリエーションである。問題行動に対する介入として間隔DRLを使う典型的手続きでは、短い間隔当たり1反応か無反応の自発を条件として強化を与える。応用行動分析家は、問題行動が最初の基準で安定すると、その後は間隔当たり1反応か無反応という最大基準を維持するが、セッション間隔の長さを増加させることによって、行動を更に減少させる。セッション間隔の長さは、問題行動が最後の低反応率を達成するまで、徐々に増やし続ける。

　後にデイツとレップ（Deitz, & Repp, 1983）は、間隔当たり1反応を超える回数の基準の間隔DRLプログラムを作り、次いで間隔当たりの最大反応数を徐々に減らしながら（例えば、5分で5反応以下、5分で4反応以下、5分で3反応以下）、間隔の長さは一定に保つようにした。間隔当たり1回以上という最大基準数を使うDRDスケジュールと間隔DRLスケジュールは、同じ手続きを表す別の用語である。フルセッションDRLと間隔DRLは、応用行動分析学においては、長い応用の歴史をもつ（反応率分化強化の詳しい説明は第22章を参照）。DRDは、応用行動分析家に、間隔DRL手続きに対する新しく、そしておそらくは改善されたラベルを提供する。

2．累進強化スケジュール

　累進強化スケジュール（progressive schedule of reinforcement）では、参加者の行動から独立

して、個々の継続的な強化機会を組織的に疎にしていく。累進比率（progressive ratio, PR）強化スケジュールと累進間隔（progressive interval, PI）強化スケジュールは、(a) 継続する個々の比率または間隔に、一定量を追加していく等差数列、または (b) 前の比率や間隔の一定の比率を継続的に加えていく等比数列を使って、スケジュール要求を変化させる。累進強化スケジュールは、以下の節で述べる強化子査定や行動介入にしばしば使われる（第14章も参照）。

3．累進強化スケジュールを強化子査定に用いる

　応用行動分析家は、通常、既存行動を増加させるか維持させるために選好刺激を提示しながら、強化子査定のあいだは密な強化スケジュール（例えばCRF）を使う。しかしながら、ローンら（Roane, Lerman, & Vorndran, 2001）は、「典型的な強化子査定のあいだに手に入る強化効果は、スケジュール疎化やそのほかの複雑な強化計画が使われる場合、処遇の有効性に対する一般性は制約される恐れがある」（p. 146）と警告した。彼らは、密な強化スケジュールでは2つの強化子は等しく有効でありうるが、強化スケジュールが1強化当たりの反応数をより多く要求する場合は、強化子の有効性に差が生じる可能性があるとして、臨床的に重要な指摘をした。累進強化スケジュールは、スケジュール要求が増加しても処遇効果は維持される強化子を識別する査定手続きを提供する。累進スケジュールは、通常、セッション中に参加者が反応しなくなる「限界点」まで疎にする。個々の強化子と関連する限界点と対応反応数を比較すれば、相対的強化効果を突き止めることができる。

4．累進強化スケジュールを介入に用いる

　応用行動分析家は、自己制御を発達させるため、累進強化スケジュールを利用してきた（例えば，Binder, Dixon, & Ghezzi, 2000; Dixon & Cummins, 2001）。例えば、ディクソンとホウルカム（Dixon & Holcomb, 2000）は、知的障害と精神障害の二重診断を受けた6人の成人に共同作業行動と自己制御を発達させるため、累進強化スケジュールを用いた。彼らは2つのグループに分かれて参加した。グループ1は男性3名、グループ2は女性3名によって構成された。自然ベースライン条件の間、グループはトランプをカテゴリーによって（すなわち、ハートをハートになど）積み上げる共同課題を完成させるため、カードを交換し共有するよう教示された。ディクソンとホウルカムは、成人の1人がカード分類をやめた時点で、そのグループの自然ベースライン条件を打ち切った。

　選択ベースライン条件と自己制御訓練条件では、カード分類課題の作業に応じて、それぞれのグループがポイントを受け取った。2つのグループは、稼いだポイントを3ポイントから100ポイントの値段の範囲で、ソーダ水やカセットプレイヤーのような品物と交換した。

　選択ベースライン条件では、グループの参加者は、トランプを分類する前に即時性の3ポイントを受け取ることを選択するか、トランプを分類した後に遅延性の6ポイントを受け取ることを選択できた。どちらのグループも、強化を遅延させて多くのポイントを受け取るよりも、即時性

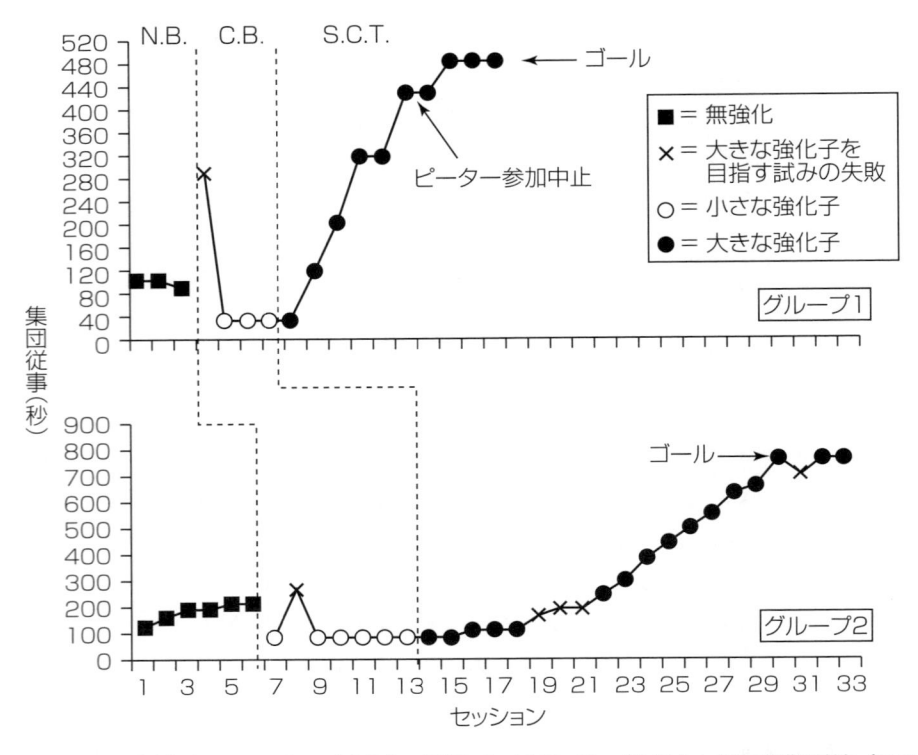

図13.7　自然ベースライン（N.B.）、選択ベースライン（C.B.）、自己制御訓練（S.C.T.）における各グループ参加者の共同カード分類の同時遅延活動における従事秒数。●は正確な基準レベル遂行を表す。Xデータポイントは基準未満の従事秒数を表す。

From "The Effects of Magnitude and Quality of Reinforcement on Choice Responding During Play Activities" by H. Hoch, J. J. McComas, L. Johnson, N. Faranda, and S. L. Guenther, 2002, *Journal of Applied Behavior Analysis, 35,* p.177. Copyright 1992 by the Society for the Experimental Analysis of Behavior Inc. Reprinted by permission.

の少ないポイントを受け取ることを選択した。

　自己制御訓練では、参加者は共同作業の間に「いま3ポイント欲しい？　それともトランプの分類をしてからZ分Z秒後に6ポイントをもらうほうがいい？」と質問された（pp. 612–613）。その遅延は、どちらのグループもはじめは0秒だった。強化への累進的遅延は、グループパフォーマンスが課題従事秒数の厳密な基準を満たしたそれぞれのセッションの終了後60秒から90秒の範囲となった。強化までの遅延の最終目標は、グループ1は490秒、グループ2は772秒だった。どちらのグループも、これらの強化までの遅延の目標を達成した。累進遅延手続きの導入後は、どちらのグループも、より多くのポイントを稼ぐ結果をもたらす強化への累進的遅延を選択するために必要な、共同作業への従事と自己制御をともに改善させた。図13.7は、両方のグループの自然ベースライン、選択ベースライン、自己制御訓練条件におけるパフォーマンスを示す。

V　複合強化スケジュール

　応用行動分析家は、連続強化（CRF）、4つの間欠強化スケジュール（FR, VR, FI, VI）、さまざまな反応率分化強化スケジュール（DRH, DRL）、そして消去（EXT）の成分を組み合わせて、強化の**複合スケジュール**（compound schedule）をつくる。これらの基本的スケジュールの成分は、次のように起こる。

- 連続的に、または同時的に。
- 弁別刺激とともに、または弁別刺激なしに。
- それぞれの単独成分の強化随伴性として、またはすべての成分要素を組み合わせて形成される強化随伴性として（Ferster & Skinner, 1957）。

1．並立強化スケジュール

　並立強化スケジュール（concurrent schedule, conc）は、(a) 2つかそれ以上の強化随伴性が、(b) 独立してそして同時に、(c) 2つかそれ以上の行動に対して作用するときに起こる。日常環境（natural environment）にいる人々は、同時に（並立的に）入手できる出来事から選択する機会をもつ。例えば、シャロンは毎日宿題を仕上げ、チェロを練習して、それらを条件として、週ごとに親からお小遣いをもらう。彼女は放課後いつ宿題を仕上げ、いつチェロの練習をするかを選択し、これら2つの同時に入手できる強化スケジュールの間に自分の反応を分配することができる。応用行動分析家は、並立スケジュールを強化子査定と行動介入のために利用することができる。

（1）並立強化スケジュールを強化子査定に使う

　応用行動分析家は、結果の選好査定（assessment of consequence preference）や、反応の量（例えば、力、大きさ）と強化子の量（例えば、比率、期間、即時性、量）の査定において、選択を与えるために、並立強化スケジュールを広く活用してきた。並立強化スケジュールに対する反応は、望ましい査定手続きを提供してくれる。なぜなら、(a) 参加者が選択を行う、(b) 査定中に選択することは、日常環境に近似する、(c) このスケジュールは、参加者の環境において作動している潜在的強化子についての仮説を作り出すうえで有効である、(d) これらの査定は、参加者に特定の刺激に対する好みを述べるよりも、刺激の中から選択することを要求する、からである（Adelinis, Piazza, & Goh, 2001; Neef, Bicard, & Endo, 2001; Piazza et al., 1999）。
　ローンら（Roane, Vollmer, Ringdahl, & Marcus, 1998）は、1人の参加者に10個の品物を、1度に2つずつ提示した。参加者は5秒の間に、手を伸ばす反応をして選択した品物に触り、1つの品物を選択した。選択に対する結果として、参加者は品物を20秒間受け取った。分析家は、も

し参加者が5秒以内に反応しなければ、言語によって反応をプロンプトし、プロンプトした反応が生起するまで更に5秒間待機した。もしある品物が（a）最初の5回の提示の間に選択されず、または（b）最初の7回の提示において選択される回数が2回かそれを下回れば、その品物は査定から除外された。参加者は、残りの品物の中から、総計10回の選択を行った。10回の機会の中で選択した回数が、選好指標として使われた。

（2）並立強化スケジュールを介入に使う

　応用行動分析家は、並立強化スケジュールを、職業スキル、学業スキル、社会的スキルを改善するために、応用場面において広く活用してきた（例えば、Cuvo, Lerch, Leurquin, Gaffaney, & Poppen, 1998; Reid, Parsons, Green, & Browning, 2001; Romaniuk et al., 2002）。例えば、ホックら（Hoch, McComas, Johnson, Faranda, & Guemther, 2002）は、自閉男児3人に対して、2つの並立反応を用意した。男児らは1つの場面では仲間やきょうだいと遊ぶことができ、別のエリアでは1人で遊ぶことができた。ホックらはおもちゃにアクセスできる時間（つまり、強化の大きさ）と、好み（すなわち、強化子の質）を操作した。1つの条件では、強化子の大きさと質は、両方の場面で等しかった。もう1つの条件では、強化子の大きさと質は、1人遊び場面よりも仲間やきょうだいと遊ぶ場面での方が大きかった。強化子の大きさと質がより大きな条件を導入すると、男児らは1人遊び場面よりも仲間やきょうだいと遊ぶ場面に、遊び反応をより多く配分した。強化子の大きさと質は、3人の男児が行った選択に影響を与えた。図13.8は並立する遊び領域に割り当てた反応の百分率を示している。

（3）並立パフォーマンス：対応法則に形を与える

　クーヴォら（Cuvo et al., 1998）は、並立強化スケジュールは、通常、2つの反応パターンを生み出すと報告した。並立間隔スケジュール（conc VI VI、conc FI FI）によって、参加者は「通常、自分の反応のすべてをより豊かなスケジュール（つまり、より高率の強化を生み出すスケジュール）に排他的に割り当てることはしない。むしろ、それぞれ独立したスケジュールにおいて実際に得られる強化の割合に対応するか近似するように、反応を2つのスケジュールに分配する」（p. 43）。逆に並立比率スケジュール（conc VR VR、conc FR FR）では、参加者は比率スケジュールに敏感であり、主として高率の強化を生み出す比率の方に反応することによって、強化を最大化させる傾向がある。
　ウイリアムズ（Williams, 1973）は、並立スケジュールにみられる3つのタイプの相互作用を突き止めた。第1に、並立反応のそれぞれに同様の強化がスケジュール化されると、より高い頻度で強化を受け取れる反応が増加する一方、ほかの行動の反応率がそれに付随して減少する。第2に、ある反応が強化を引き起こし、ほかの反応が弱化を引き起こす場合、弱化につながる反応は減少する。その減少は、強化を引き起こす行動の生起率をより高める可能性がある。第3に、ある反応が強化を引き起こし、ほかの反応が嫌悪刺激の回避を生み出すようにプログラムされた

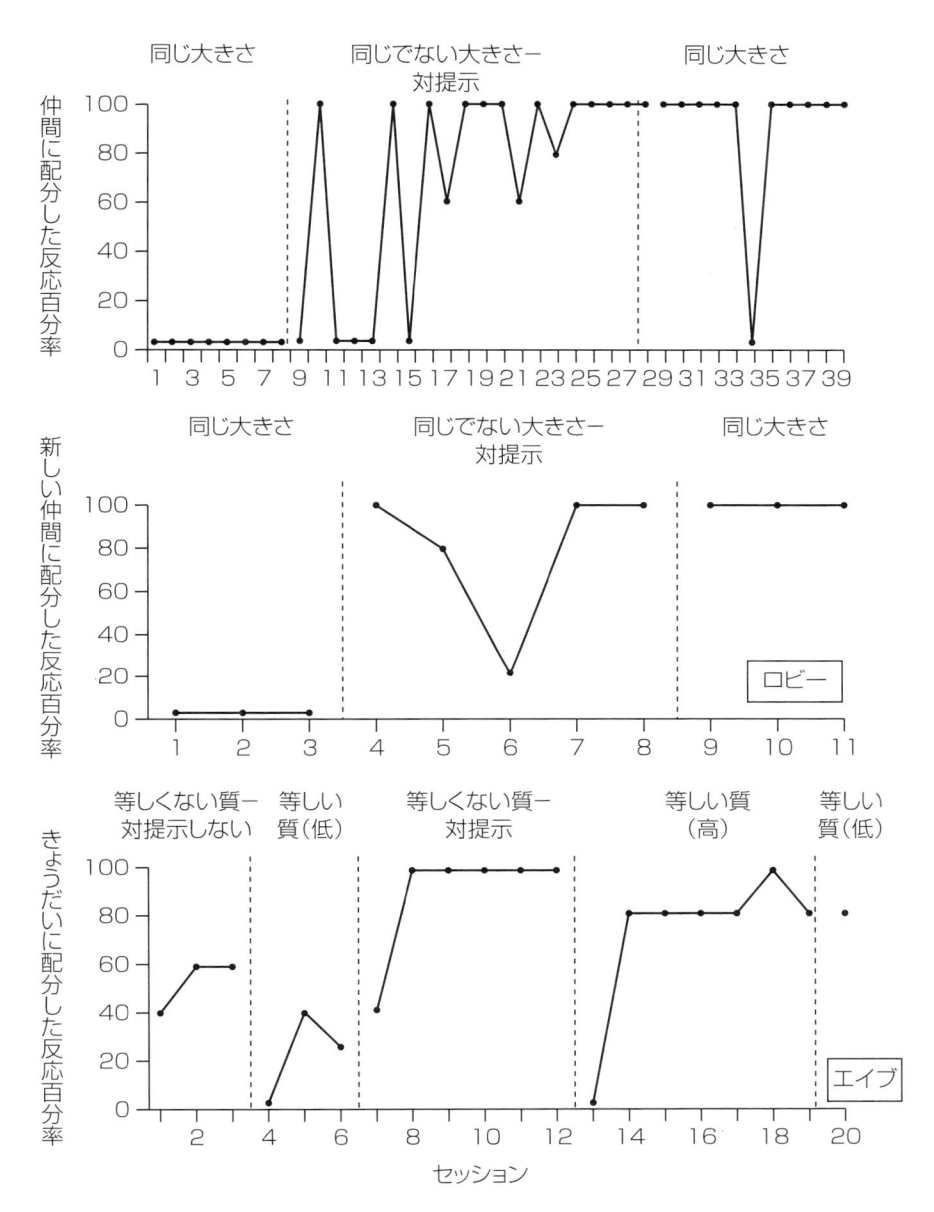

図13.8 ロビーに対する強化の大きさを分析するための実験セッションの間に仲間のいる遊び領域に配分された反応の百分率（上段）と、日常場面での教室の別の仲間とのプローブで配分された反応の百分率（中段）、およびエイブに対する強化の質を分析する実験セッションの間にきょうだいのいる遊び領域に配分された反応の百分率（下段）

"The Effects of Magnitude and Quality of Reinforcement on Choice Responding During Play Activities" by H.Hoch, J. J. McComas, L. Johnson, N. Faranda, and S. L. Guenther, 2002, *Journal of Applied Behavior Analysis, 35,* p.177. Copyright 1992 by the Society for the Experimental Analysis of Behavior Inc. Reprinted by permission.

並立スケジュールでは、回避反応の割合は嫌悪刺激の激しさや頻度の増加に伴って加速する。回避反応が加速するにつれて、その強化スケジュールにおける反応は、通常、それ以後減少する。

クーヴォやウイリアムズによって詳述された上述の並立スケジュールにおけるパフォーマンスの特徴は、ヘアンスタイン（Herrnstein, 1961, 1970）によって、**対応法則**（matching law）として定式化された関係と一致する。対応法則は、並立強化スケジュールで入手可能な選択に対する反応配分を扱う。基本的に、反応率は、通常、それぞれの選択肢から受け取れる強化率に比例する。

2．強化の弁別スケジュール

（1）多元強化スケジュール

　多元強化スケジュール（multiple schedule, mult）では、2つかそれ以上の基本スケジュールを交互に、たいていはランダムな順序で提示する。多元強化スケジュールにおける基本スケジュールは、逐次的にかつ独立して生起する。弁別刺激はそれぞれの基本スケジュールと関連しており、スケジュールが作動している限り、その弁別刺激は存在する。
　学業行動は、多元強化スケジュールのコントロールに敏感になる可能性がある。子どもは先生の教える基礎的な算数の事実に反応し、また家庭教師の教える基礎的な算数の事実にも反応するかもしれない。子どもは先生に対しては小集団指導において算数の事実に反応する。つぎに家庭教師はその事実について個別指導と練習を与える。この状況は多元スケジュールに従う。なぜなら1つの行動クラス（すなわち、算数の事実）と、作動するそれぞれの随伴性の弁別刺激（すなわち、教師と家庭教師、小集団と個別）と、異なる強化条件（すなわち集団指導の方が強化頻度はさほど高くない）が存在するからである。多元強化スケジュールのもう1つの日常例を示そう。ジムは金曜午後と土曜朝に両親が家の掃除をするのを手伝う。ジムは金曜午後に祖母の寝室とバスルームを掃除し、土曜朝は居間と階下のバスルームを掃除する。ジムは祖母の部屋を掃除して週5ドルもらうが、居間と階下のバスルームを掃除してもお金はもらえない。この場合も、対象となる行動クラス（すなわち、部屋を掃除すること）と、作動するそれぞれの随伴性を知らせる手がかり（すなわち、金曜日の祖母の部屋か、土曜の別の部屋）と、異なる手がかりに結びついた別個の強化スケジュール（すなわち祖母の部屋で5ドル、別の部屋では無償）が存在する。

（2）連鎖スケジュール

　連鎖スケジュール（chained schedule, chain）は多元強化スケジュールに似ている。多元強化スケジュールと連鎖スケジュールには、逐次的に起こる2つまたはそれ以上の基本的スケジュール要求と、それぞれ独立したスケジュールに関連する弁別刺激がある。連鎖スケジュールは3つの点で多元強化スケジュールとは異なる。第1に、連鎖スケジュールにおける基本スケジュールは、いつも特定の順序で起こり、決してランダムや予測できない順序では起こらない。第2に、連鎖のすべての成分に対して行動は同じかもしれないし、連鎖の別々の成分に対して異なる行動

が要求されるかもしれない。第3に、連鎖の1番目の成分における反応に対する条件性強化（conditioned reinforcement）は、2番目の成分の提示であり、2番目の成分における反応に対する条件性強化は、3番目の成分の提示であり、連鎖のすべての成分が特定順序で完遂されるまで続く。最後の成分は通常、実験室場面では無条件性強化、応用場面では条件性強化を生み出す。

　次の例は、特定順序で起こらなければならない異なる行動の手の込んだ順序を示している。自転車のヘッドセット（フレーム頭部の頭管の上下に付いているフォーク操縦管用玉軸受セット）を修理するため、整備士は13成分からなる連鎖を完遂させる。（1）前部ブレーキケーブルを外す。（2）ハンドルバーを外す。（3）前輪を外す。（4）緩み止めナットを外す。（5）調整レース（回転するエレメントが接触する表面）を回して外す。（6）フレームから二股を取る。（7）レースを点検する。（8）スタックの低いところにあるベアリングボールにグリスを塗り交換する。（9）上部レース用ベアリングボールにグリスを塗り交換する。（10）ステアリングコラム（操舵装置）のネジ山にグリスを塗る。（11）フォークをフレームに入れ、ねじ山のあるレースを装着する。（12）ロックのワッシャーを戻す。（13）ヘッドセットを調節し、ロックをかける。最終成果（クリーンな、グリスを塗った、整備された自転車のヘッドセット）は、13成分の完遂を条件としている（行動連鎖の詳しい解説と、個人が新しくより複雑な行動連鎖を学習することを、応用行動分析家がいかにして援助するかについては第20章を参照）。

3．強化の非弁別スケジュール

（1）混合スケジュール

　混合スケジュール（mixed schedule, mix）は、多元強化スケジュールとまったく同じ手続きを用いる。1つだけ違うのは、混合スケジュールには、独立したスケジュールと関連する弁別刺激がないことである。例えばmix FR 10 FI 1スケジュールでは、強化は10の反応を完遂してから起こるときもあれば、前の強化から1分インターバルが経過して起こる最初の正反応に対して起こるときもある。

（2）連結強化スケジュール

　連結スケジュール（tandem schedule; tand）は、連鎖スケジュールとまったく同じ手続きを用いる。1つだけ違うのは、混合スケジュールと同様に、連結スケジュールは、連鎖成分と関連する弁別刺激を用いないことである。tand FR 15 FI 2では、参加者が15反応をした後、2分経過後の最初の正反応が強化を生み出す。

　先行刺激は日常環境におけるほとんどの行動生起と機能的に関係しているように思われる。それゆえおそらく、混合スケジュールと連結スケジュールは、現時点では応用場面にはほとんど適用されないだろう。しかしながら、基礎研究は、混合スケジュールと連結スケジュールが行動に及ぼす効果に関して、かなりのデータを生み出している。応用行動分析学の知識ベースが発展す

るにしたがって、応用行動分析家がいかにして混合スケジュールと連結スケジュールを査定と介入と分析に効果的に応用できるかがより明らかになるだろう。

４．反応数と時間を複合するスケジュール

（１）論理和スケジュール

　論理和スケジュール（alternative schedule; alt）では、比率スケジュールか間隔スケジュール（altを構成する基本スケジュール）のいずれかの要求が満たされれば必ず強化を与える。最初にどちらの成分スケジュールの要求が満たされるかには関係しない。alt FR 50 FI 5分スケジュールでは、次の２つの条件、(a) 50回の正反応、ただし５分インターバルが経過していなかったことを条件とする、(b) ５分経過後の最初の反応、ただし50回未満の反応が自発されていたことを条件とする、のどちらかが満たされれば必ず強化する。

　例えば、教師がalt FR 25 FI 3分スケジュールを用いる場合、25問の算数問題を割り当て、3分経過後に子どもの正答と誤答を査定する。もし子どもが3分経過前に25問終わらせていれば、教師は子どもの解答をチェックして、FR 25スケジュールと一致する結果を与える。しかしながら、もし算数問題25問の比率要求が3分経過しても完遂されていなければ、3分後の最初の正反応が強化を生み出す。論理和スケジュールは、子どもがしかるべき期間内にFR要求を満たせなくても、強化を得る第２のチャンスという利点を提供する。FIは１つの反応に強化を与え、その強化された反応がFR要求の新規のスタートとともに継続して反応することを後押しするだろう。

（２）論理積スケジュール

　論理積スケジュール（conjunctive schedule, conj）は、比率強化スケジュールと間隔強化スケジュールの両方の反応要求を完遂させたことに対して強化が随伴するとき、作動することになる。例えば、少なくとも２分が経過し、50回の反応をしていれば、子どもの行動は強化を生み出す。この設定はconj FI 2 FR 50強化スケジュールである。論理積強化スケジュールでは、もし反応の基準数を達成していれば、時間間隔の終結に続く最初の反応が強化を引き起こす。

　4人のセラピストが14歳の自閉症の男児に教示しているとき、そのうちの２人のセラピストに対して高率の攻撃行動を示した。高率の攻撃行動の対象は、別の処遇施設で以前にその男児を指導していた２人のセラピストだった。プロガーら（Progar et al., 2001）は、別の施設から来たその２人のセラピストに対する攻撃行動の水準を、現在の施設にいるあと２人のセラピストに対して起こっている水準にまで下げるために介入を行った。その男児の攻撃行動は要求場面（例えば、ベッドメーキングするよう言われる）で起こり、逃避によって維持されている行動だった。最初の介入は、次の３つの結果を用いた。（１）首を絞めようとする行動に対する10分間の着席タイムアウト、（２）逃避の消去（第21章を参照）、（３）10分間セッション中に攻撃行動を起こ

第13章　強化スケジュール

表13.1　複合強化スケジュールを定義する基本次元の要約と比較

次元	複合スケジュールの名称							
	並立	多元	連鎖	混合	連結	論理和	論理積
実施されている基本的強化スケジュール数	2つ以上	2つ以上	2つ以上	2つ以上	2つ以上	2つ以上	2つ以上
関与する反応クラス数	2つ以上	1	1つ以上	1	1つ以上	1	1
各成分スケジュールと結合した弁別刺激やキュー	可能性	はい	はい	いいえ	いいえ	可能性	可能性
基本スケジュールの継続提示	いいえ	はい	はい	はい	はい	いいえ	いいえ
基本スケジュールの同時提示	はい	いいえ	いいえ	いいえ	いいえ	はい	はい
基本スケジュールの最終成分に限定された強化	いいえ	いいえ	はい	いいえ	はい	いいえ	はい
基本スケジュールの独立成分に対する強化	はい	はい	いいえ	はい	いいえ	はい	いいえ

さないことに対する他行動分化強化（DRO、第22章を参照）。この介入は、別の施設でその男児に使われた方法と同じものだった。それは現在の施設では男児の攻撃行動に対して効果がなかった。

　最初の介入に効果がなかったため、プロガーらはconj FR VI-DRO強化スケジュールを最初の介入に追加した。彼らはゴミ捨てや事物の整頓など3成分課題の完遂（FR 3スケジュール）と、平均2.5分ごとに攻撃行動が起こらないこと（すなわち、VI-DRO 150秒）を条件として食物強化子を与えた。攻撃行動の生起はconjスケジュールをリセットする。（注記：このconjスケジュールのリセットは、標準手続きを用いた。DROインターバル中のどんな問題行動の生起も、インターバル開始時間を即座にリセットするからである）。プロガーらは、conj FR VI-DROスケジュールが別の処遇施設出身の2人のセラピストに対する攻撃行動をかなり減少させることを実証した。

　ダヴィンスキーとポッペン（Duvinsky & Poppen, 1982）は、論理積スケジュールによる人間のパフォーマンスは、比率要求と間隔要求に影響されることを見出した。間隔要求との関連で課題要求が高い場合、人々は利用できる時間の間は、間断なく課題に取り組む可能性が高い。しかしながら、大きな時間インターバルと低比率の要求がある場合、人々は課題要求とは別の行動に従事しやすくなる。

　表13.1には、複合スケジュールの特徴の要約が示されている。

541

Ⅵ　強化スケジュールの適用場面への応用に関する展望

1．間欠スケジュールの応用研究

　基礎研究者は、間欠強化スケジュールが生命個体のパフォーマンスに及ぼす影響を組織的に分析してきた（例えば、Ferster & Skinner, 1957）。それらの結果はゆるぎないスケジュール効果を生み出した。これらのスケジュール効果は、多くの種や、反応クラスや、実験室を超えて、強い一般性をもつ。しかしながら、スケジュール効果に関する応用論文のレビュー（例えば、*Journal of Applied Behavior Analysis*, 1968年から2006年）は、基礎研究者が強い興味を示したほどには、応用行動分析家はスケジュール効果の分析を喜んで受け容れてきたわけでないことを示している。その結果、応用場面ではスケジュール効果は、はっきり立証されていない。以下のような応用場面の制御されない変数が、強化スケジュールに対する参加者の感受性に影響を与える。

1．応用行動分析家による教示、自己教示、環境補助具（例えば、カレンダー、時計）は、人間参加者を時間的スケジュール制御に対して抵抗させる。

2．間欠強化スケジュールに対する反応の過去の履歴が、現在のスケジュールに対する感受性や非感受性に影響を与える可能性がある。

3．強化スケジュールの直近の履歴は、遠い過去の経験よりも、現在のスケジュールパフォーマンスに影響を及ぼす可能性がある。

4．間欠強化スケジュールの応用場面への多くの適用において求められる順次的反応（例えば、賃金につながる労働、抜き打ちテストのための勉強）は、強化スケジュールのまれな適用（とくに間隔スケジュールでは）である。

5．制御されない確立操作は、応用場面における強化スケジュールとともに、スケジュール効果を混乱させる。

　基礎研究で見出されしっかり基礎づけられたスケジュール効果の一部は、本章のはじめにおいて紹介されている。しかしながら、応用行動分析家がスケジュール効果を応用場面に外挿する場合は、以下の理由から注意しなければならない。

1．強化スケジュールの応用場面への大部分の応用は、とくに日常環境ではめったに起こらない間隔スケジュールの応用は、真の実験室強化スケジュールにかろうじて近似するだけである（Nevin, 1998）。

2．応用場面における多くの制御されていない変数は、強化スケジュールに対する参加者の

感受性に影響を及ぼす（Madden, Chase & Joyce, 1998）。

2．複合スケジュールの応用研究

　応用研究者は、複合強化スケジュールの効果についてほとんど分析してこなかったが、並立スケジュールと、やや程度は下がるが、連鎖スケジュールについては注目すべき例外がある。応用研究者は、自らの研究計画に複合スケジュールの分析を含めなければならない。行動に及ぼす複合スケジュールの効果についてより深く理解することは、応用行動分析学の発展とその応用を前進させるだろう。この視点は重要である。複合強化スケジュールが人間行動に直接作用し、またほかの環境変数（例えば、先行刺激、動機づけ操作）と相互作用して行動に影響を与えるからである（Lattal & Neef, 1996）。

3．スケジュール誘導性行動の応用研究

　この章では、強化スケジュールが強化を生み出す特定の行動に及ぼす効果を強調した。個人が特定の強化随伴性に反応するとき、ほかの行動が、起こる可能性がある。これらのほかの行動は、スケジュールによる制御とは独立に起こる。そういう行動の典型例には、だらだらする、タバコを吸う、おしゃべりする、酒を飲むなど、ノーマルな時間の埋め草が含まれる。こうした時間の埋め草的な行動の頻度が、強化スケジュールによって維持されるほかの行動の副作用として増加するとき、そのような行動は**付随的行動**（adjunctive behaviors）、ないしスケジュール誘発性行動（schedule-induced behavior）と呼ばれる（Falk, 1961, 1971）。

　人間以外の被験体を用いた多くの種類の付随的行動に関して、大量の実験論文が作られた（レビュー論文，Staddon, 1977; Wetherington, 1982を参照）が、人間を被験者にした基礎研究もあった（例えば、Kachanoff, Leveille, McLelland, & Wayner, 1973; Lasiter, 1979）。実験室実験で観察された一般的な付随的行動例には、攻撃行動、排便、異食、ホイル回転など、多様な行動が含まれる。よくみられる人間の過剰な問題行動の一部は、付随的行動として発展した可能性がある（薬・タバコ・カフェイン・アルコールの摂取、過食、爪噛み、自慰、自傷）。これらの潜在的に過剰な付随的行動は社会的に重要であるが、そのような過剰が付随的行動として発展し維持される可能性は、応用行動分析学においては基本的に無視されてきた。

　フォスター（Foster, 1978）は『応用行動分析誌』の読者層への「拡張通信欄」（extended communication）に発表した論文で、応用行動分析家が付随的行動の潜在的に重要な領域を軽視してきたと報告した。彼は応用行動分析家が付随的現象のデータや知識ベースをもっていないと述べた。同様にエプリングとパース（Epling & Pierce, 1983）は応用行動分析家に対して、社会的に重要な人間行動の理解と制御のために、実験室ベースの付随的行動の知見を拡大するよう呼びかけた。私たちの知る限り、ラーマンら（Lerman, Iwata, Zarcone & Ringdahl, 1994）の論文が、1968年から2006年までの『応用行動分析誌』に発表された付随的行動に関する唯一の研究である。ラーマンらは、付随的行動としての常同的な自傷行動の査定を示した。この予備的研究

のデータは、間欠強化は自傷を誘導しないが、人によっては常同行動が付随的行動の特徴を示すことを示唆している。

フォスター（Foster, 1978）や、エプリングとパース（Epling & Pierce, 1983）は、多くの教師やセラピストが付随的行動に機能的に関連する変数よりも、付随的行動に介入を直接適用する可能性があることに警告を発する。このような直接的介入は、金銭的にも時間的にも努力においても無益であり、高くつく可能性がある。付随的行動がオペラント随伴性を使った介入に抵抗するように思われるからである。

付随的行動が発展し維持される条件は、応用行動分析学の将来の研究の主要な領域である。付随的行動の応用研究は、応用行動分析学という科学を発展させ、セラピーやインストラクションの実践を改善するための重要な基盤を提供する。

まとめ

間欠強化

1．強化スケジュールは、行動の特定の生起が強化を生み出す確率を規定するルールである。

2．間欠強化スケジュールでは、行動の選ばれた生起のみが強化を生み出す。

3．応用行動分析家は、学習の最初の段階では、そして行動を強めるためには、連続強化を用いる。

4．応用行動分析家は行動を維持するために間欠強化を用いる。

基本的な間欠強化スケジュールを定義する

5．固定比率スケジュールは、反応が強化を生み出す前に、特定数の反応を要求する。

6．変動比率スケジュールは、強化を受ける前に、変動する数の反応を要求する。

7．固定間隔スケジュールでは、前に強化された反応から、ある特定の、一定の時間の長さを経過した後の最初の反応を強化する。

8．変動間隔スケジュールでは、前に強化された反応から、変動する時間の長さを経過した後の最初の反応を強化する。

9. 間隔スケジュールに制限時間が加えられる場合、強化はFI、またはVIインターバル経過後の限られた時間は入手可能になる。

10. それぞれの基本的強化スケジュールは、反応の一貫性、反応の出現率、消去中のパフォーマンスを決定する独特の反応特徴をもつ。

間欠強化を疎にする

11. 応用行動分析家は、しばしば強化スケジュールを疎にするために2つの手続きの1つを利用する。現行のスケジュールの疎化は、反応比率を徐々に増大させるか、時間間隔の長さを徐々に増大させることによって行う。

12. 応用行動分析家は、疎化の間はスケジュール変化を微増させ、学習者のパフォーマンスを継続的に評価することによって、疎化過程を調整し、以前の改善の喪失を回避しなければならない。

13. より密な強化スケジュールからより疎な強化スケジュールへ移行するときの比率要求の突然の増加が、比率挫折を生み出す恐れがある。

基本的な間欠強化スケジュールのバリエーション

14. DRHとDRLは比率スケジュールのバリエーションであり、基準反応率を上回るか下回って起こる反応を条件として強化が与えられる。

15. 逓減反応率分化強化スケジュールでは、反応数が基準を下回る場合に、前もって決められた時間間隔の終わりに強化を与える。反応数の基準は個人のパフォーマンスをベースにして時間間隔に沿って徐々に減らしていく。

16. 累進強化スケジュールでは、参加者の行動から独立して、それぞれの逐次的強化機会を組織的に疎にしてゆく。

複合強化スケジュール

17. 連続強化スケジュール、4つの簡単な間欠強化スケジュール、反応率分化強化スケジュール、そして消去が複合されて、複合強化スケジュールができる。

18. 複合強化スケジュールには、並立、多元、連鎖、混合、連結、論理和、論理積スケジュール

が含まれる。

強化スケジュールの応用場面への適用の展望

19. 基礎研究で発見された、いくつかのゆるぎなく確立されたスケジュール効果が本章で紹介された。しかしながら応用行動分析家は、これらの効果を応用場面に外挿する場合は注意しなければならない。

20. 応用研究者は、自分たちの研究課題に、基本的な間欠スケジュールと複合スケジュールの分析を含めるべきである。応用場面におけるスケジュール効果のより一層の理解は、応用行動分析学の発展とその応用を前進させるだろう。

21. 付随的行動が発展し維持される条件は、応用行動分析学における将来の重要な研究領域である。

第 5 部
弱 化

　弱化（罰）※は、人に害を及ぼす反応を繰り返すなということを教える。弱化はよく悪いもの（強化と対極をなす不幸な敵役）であると考えられるが、学習にとっては、強化と同様に重要である。苦痛や不快や強化の喪失をもたらす結果から学ぶことには、生命個体と種にとって生存価値（survival value）がある。

　強化と同様に、弱化随伴性において結果の働きをする刺激変化は、多くの場合、2種類の操作、すなわち新しい刺激の提示か、既存の刺激の除去のどちらかで説明することができる。第14章「刺激提示による弱化」では、弱化の基本原理を定義する。そして、反応の抑制をもたらす結果の操作の特徴に基づいて正の弱化と負の弱化を区別する。章の残りの部分では、正の弱化を中心に論じる。すなわち、弱化の副作用と限界を検討し、弱化の有効性に影響を与える要因を同定し、正の弱化を伴ういくつかの介入例を述べ、弱化を効果的に使うためのガイドラインを示し、弱化の使用についての倫理の問題を考察する。第15章「刺激除去による弱化」では、負の弱化に基づく2つの行動改善戦術、すなわち正の強化からのタイムアウト（time-out from positive reinforcement）とレスポンスコスト（response cost）について説明する。応用行動分析家が、タイムアウトとレスポンスコストを利用してどのように望ましくない行動を減らし、取り除いてきたかを示す例を挙げ、この2つの戦術を効果的に実践するためのガイドラインを提案する。

※訳注　弱化は、英語ではパニッシュメント（punishment）、つまり罰である。罰は日常言語としても、科学用語としても使われる。日常言語の罰は、否定的イメージを呼び起こす。科学用語として、否定的イメージを引きずる用語を使うことは誤解を招く。そこで日本では罰の否定的イメージを払拭して、中性的な科学用語にするため、弱化という訳語が発明された。日本の行動分析学では、「強化」に対して「弱化」が対概念として広く使われるようになった。科学用語としての弱化は、たいていの文脈において、中性的な操作的な用語としてうまく機能する。しかし、原文のパニッシュメントを、すべての文脈において弱化と訳して、否定的イメージを払拭しようとすると、かえって理解しにくくなるところもある。そこで本書では、日常言語のイメージを残した方が理解しやすいと思われる個所では、弱化（罰）、または罰（弱化）と訳した。単独で罰と訳した個所もある。いずれも同じパニッシュメントであることを覚えておいていただきたい。

第14章
刺激提示による弱化

キーワード

行動対比、条件性弱化子、弱化の弁別刺激、般性条件性弱化子、負の弱化、過剰修正、積極的練習型過剰修正、正の弱化、弱化子、弱化（罰）、反応制止、原状回復型過剰修正、無条件性弱化子

行動分析士資格認定協会®BCBA® & BCaBA®
第4版課題リスト©

	I　基本的な行動分析学のスキル
C-02	弱化の好ましくない起こりうる影響について述べ考慮する。
D-08	不連続試行とフリーオペラント計画を使う。
D-15	弱化子を同定する。
D-16	正負の弱化を使う。
D-17	弱化の適切なパラメーターとスケジュールを使う。
D-19	強化と、弱化および消去の組み合わせを使う。
E-07	行動対比効果を考慮する。
	II　クライエントを中心に据えた専門家としての責任
I-03	個別化された行動査定手続きを設計し実行する。
I-04	機能査定手続きの全範囲を設計し実行する。
J-10	行動を減らすときは、確立しまたは増やすべき望ましい代替行動を選択する。
	III　基礎知識
FK-19	無条件性弱化
FK-20	条件性弱化
FK-21	強化スケジュール、弱化スケジュール
FK-38	行動契約

©2012　行動分析士資格認定協会®（BACB®）。不許複製。この文書の最新版は、www.bacb.comから入手できる。この文書の転載、複写、配布の請求と、この文書についての質問は、BACBに直接問い合わせられたい。

第14章 刺激提示による弱化

暗い部屋で明かりを点けようと急いでスイッチの方に歩き出してつま先をぶつけ、それからはゆっくり歩くようになったことはないだろうか？ ビーチ・パーティーで、誰もいないところにサンドイッチを放置して、カモメにさらわれるのを見て、それからは次のご馳走をピクニックバスケットから取り出したら目を離さないようにしようとしたことはないだろうか？ これと同様の経験をしたことがあるとすれば、あなたは弱化の恩恵を受けている人である。

つま先をぶつけ、サンドイッチをさらわれた人を弱化の「犠牲者」と言わず、経験から恩恵を受けた人と言うのは、おかしいと思われるかもしれない。多くの人が弱化（punishment）は悪いもの（強化と対極をなす不幸な敵役）としてとらえるが、弱化（罰）は学習にとって強化と同様に重要である。苦痛や不快をもたらし、強化の喪失を引き起こす結果から学ぶことは、生命個体と種にとって生存価値（survival value）がある。弱化は、人に害をもたらす反応を繰り返すなということを教える。幸運なことに、何度もつま先をぶつけなくとも、また何度ピクニックのごちそうをも取られなくとも、弱化はしばしば、こうした結果をもたらす行動の頻度を減らしてくれる。

弱化は、「風や雨のように起こる」（Vollmer, 2002, p. 469）自然現象であり、オペラント条件づけの基本原理の１つであるが、あまりよく理解されていず、しばしば誤って使われ、その応用には賛否両論を呼び起こす可能性がある。行動改善プログラムにおける弱化の活用をめぐる誤解や議論は、実験から導き出された行動原理としての弱化と、日常で使われ法律で意味するこの概念の多様さとを混同することから、少なくともその一端が発生する。誰もが知っている罰（弱化）の意味の１つは、不法行為をした人に将来その悪事を繰り返させないよう教訓を与える目的で、例えば、肉体的苦痛、精神的苦痛、特権の喪失、罰金などの嫌悪的結果を適用することである。弱化は罰を適用する個人や機関の側の報復行為として使われることもあれば、正しく振る舞うにはどうすべきか「ほかの人々に対して教訓」を与えるために使われることもある。例えば懲役や罰金のような法体系によって科される罰（弱化）は、有罪判決を受けた触法者が社会への負債を返済する過程として、とらえられることが多い。

こうした日常の、また法律上の罰（弱化）という概念は、それ自体の文脈で妥当性の程度には差があるとはいえ、行動原理としての弱化とはほとんど関係ないし、あったとしてもわずかである。日常的な罰（弱化）の意味においては、クラスで悪ふざけした生徒を校長室に行かせる先生や、運転者にスピード違反の切符を切る警察官は、違反した者を処罰したものとして、たいていの人は納得するだろう。しかしながら、行動原理としての弱化は人を罰する（punishing the person）という意味ではない。弱化とは、反応→結果の随伴性である。同様の反応の、将来の生起頻度を抑える随伴性である。科学の観点からも、行動分析学の実践の視点からも、校長室送りはその子が校長室に行ったことによって（その関数として）、その子が将来クラスで悪ふざけする頻度が減らなければ、悪ふざけを弱化したことにはならない。警察官の切符切りも、運転者が制限速度を超えて運転する頻度が切符を切る前より減らなければ、スピード違反を弱化したことにはならない。

本章では、弱化の原理を定義し、その副作用と限界を考察する。弱化の有効性に影響する要因を同定し、弱化を組み込んだいくつかの行動改善戦術の実例を説明する。そして弱化の使用の際

549

の倫理的配慮について考察し、弱化を効果的に活用するためのガイドラインを示す。本章の結びの節では、弱化に関する一層の基礎研究と応用研究の必要性を強調するとともに、行動分析家は、弱化をほかの介入が失敗したときのデフォルトテクノロジー（訳注：ほかに打つ手がないときに使う標準技術）として実践すべき刺激の条件的提示としてとらえるべきである、というイワタ（1988）の勧告を改めて表明する。

I 弱化の定義と性質

　本節では次のことを述べる。弱化を定義する基本的関数関係、弱化を行うためにできる２つの操作、弱化の弁別効果、弱化からの回復、無条件性弱化子と条件性弱化子、弱化の有効性に影響する要因、考えうる弱化の副作用と問題である。

1．弱化の操作と弱化を定義づける効果

　弱化は強化と同じように２項関数関係（a two-term functional relation）、すなわち行動の将来の生起頻度に与える影響によって定義される行動→結果の関数関係である。**弱化**（punishment）は、反応の直後に刺激変化が随伴して、同様の反応の将来の生起頻度を減らすとき起こる（Azrin & Holz, 1966）。
　ホールら（Hall et al., 1971）が行った初期の研究には、弱化の典型例が示されている。聴覚障害の７歳女児アンドレアは、「ことあるごとに、自分や、友だちや、先生や、教室を訪れた人たちを、つねったり噛んだりした。先生の報告によればあまりにも妨害が激しくて学習指導（academic instruction）ができなかった」（p. 24）。第１ベースラインの６日間、アンドレアの噛んだりつねったりは、１日平均71.8回だった。介入条件では、アンドレアが誰かを噛んだりつねったりすると、先生が即座に腕を伸ばして彼女を指差して、「ダメ！」と大声で叫んだ。介入初日に、アンドレアの噛んでつねる頻度は著しく減った（図14.1を参照）。アンドレアの攻撃行動は、第１介入の間に減少の一途をたどり、１日平均5.4回に減った。それから３日間ベースラインに戻したところ、アンドレアの噛んでつねる行動は、１日平均30回の割合になった。先生が介入を再開して、アンドレアが噛んでつねるたびに指差して「ダメ！」と言うと、彼女の問題行動は１日平均3.1回に減った。第２介入期間に、アンドレアのクラスメートはもはや彼女を避けようとしなくなった、と先生は報告した。これはおそらく、クラスメートがアンドレアの近くにいることが、噛んでつねることによって弱化される頻度が減ったからだろう。
　弱化は結果を与える人間の行為（社会的に媒介される弱化の場合）によって定義されるわけでもなければ、結果の性質によって定義されるわけでもないことを指摘しておくことは重要である[1]。結果に基づく介入を弱化と称するためには、行動の将来の生起頻度が減ることが観察され

注１：自動弱化（automatic punishment）という用語は、行動分析学の分野ではあまり使われないが、これは自動強化（automatic reinforcement）と似ている。自動弱化は、弱化の結果（例、火傷した指）が、社会的に媒介されない、反応の不可避の結果（例、熱いストーブに触る）である場合に起こる。

第14章 刺激提示による弱化

```
                       噛みつきとつねりに突きつけ
        ベースライン₁     た指と「ダメ」₁        B₂  突きつけた指と「ダメ」₂
100
 80
 60
 40
 20
  0
       5    10   15   20   25   30   35
                    日数
```

1日当たりの噛みつきとつねりの数

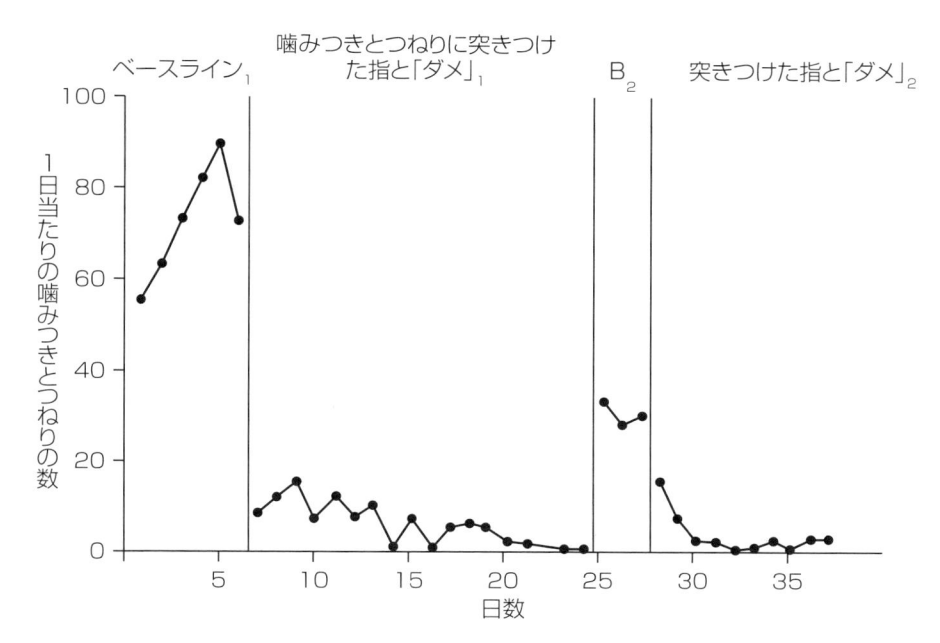

図14.1　7歳女児のベースラインと弱化（「ダメ」と指差し）における噛みつきとつねりの数

From "The Effective Use of Punishment to Modify Behavior in the Classroom" by R. V. Hall, S. Axelrod, M. Foundopoulos, J. Shellman, R. A. Campbell, and S. S. Cranston, 1971, *Educational Technology, 11*(4), p. 25. Copyright 1971 by Educational Technology. Used by permission.

なければならない。アンドレアの噛んでつねる頻度を減らすことに成功したことを証明した介入（先生がその子を指差して「ダメ！」と叫んだこと）は、その抑制効果によってのみ、弱化に基づく介入として分類される。もしアンドレアに介入を適用しても、ベースラインの反応レベルで噛んだりつねったりし続けていたとすれば、先生の指さしと「ダメ！」という介入は、弱化とは言えなかっただろう。

　弱化子の提示は、しばしば、弱化される行動と両立しない行動を呼び起こす。そのため、弱化の即時的な抑制効果がつい過大評価されがちである。マイケル（Michael, 2004）がよい例を示して説明している。

　　　罰された反応が起こる頻度は、罰が随伴したという理由によって減少するが、しかしそういう頻度の減少は、罰的刺激変化の喚起する行動が停止するまでは、見られないだろう。罰的刺激変化の（レスポンデント無条件性・条件性誘発因子としての、またはオペラント弁別刺激やMOとしての）喚起効果（evocative effect）は、反応の結果としての罰が生み出す将来の変化（罰を受けた行動が弱まること）と同じ方向性を持つ。そのため、容易に前者（喚起効果）が後者（将来の変化）として誤解される。例えば幼児がいたずらして厳しく叱られる。いたずらは即座に止む。しかしその主たる理由は、そもそも叱責が、いたずらと両立しない行動（叱っている大人に注目する、自分の責任ではないという、泣き出すなどの感情的行動、など）を制御するからである。いたずらのこの突然の全面的な停止は、いたずらをする将来の頻度が減ったことを意味しない。将

来の頻度が減ることが罰の真の効果であろう。(pp. 36-37)

　罰（弱化）の真の効果を突き止めることを難しくしているもう1つの要因は、反応率の減少がしばしば、問題行動に強化を差し控えることから起こる消去効果（できればいつでも弱化に基づく介入の一部となるべきもの）によって交絡されることである (Iwata, Pace, Cowdery, & Miltenberger, 1994)。

2．正の弱化と負の弱化

　強化と同様に、弱化も刺激変化の2種類の操作のどちらかによって達成される。ある行動の直後に刺激を提示すると（あるいは既存刺激の強度を増すと）その行動の頻度が減るとき、それは**正の弱化**（positive punishment）である。つま先をいすの足にぶつけることは、正の弱化の一形式である（もしそれがつま先をぶつける以前にあった行動の頻度を抑制するならば）。というのも、疼痛刺激こそ新しい刺激の存在を最もよく表すからである。正の弱化を利用した行動改善戦術は、標的行動の生起直後に、刺激の条件的提示を随伴させることである。アンドレアの先生が使った介入は正の弱化だった。すなわち、先生の指差しと「ダメ！」は、アンドレアの環境に提示されたか追加された刺激だった。

　負の弱化（negative punishment）とは、ある行動の直後に、既存の刺激を停止すること（あるいは既存の刺激の強度を減らすこと）によって、その行動の将来の生起頻度が減ることである。ビーチパーティーで食物を放置したあの出席者は、カモメにサンドイッチをさらわれたことによって負の弱化を受けた。ある刺激変化が負の弱化として機能するためには、それは要するに正の強化子を除去することであるが、「正の強化子に対する動機づけ操作が有効になっていなければならない。有効になっていなければ、刺激を除去することが弱化にならなくなる」(Michael, 2004, p. 36)。カモメが腹を空かせている人のサンドイッチをさらっていくことは、彼の注意不足に対する弱化として機能するが、おそらく腹いっぱいでサンドイッチを放置している人の行動には、ほとんど影響を与えないであろう。

　負の弱化に基づく行動改善戦術は、行動の直後に手に入る強化子の条件的喪失が随伴するか（すなわち、レスポンスコスト、罰金と同種の手続き）、さらなる強化子を獲得する機会を一定の期間取り除くこと（すなわち、強化からのタイムアウト、ゲームの最中の出場停止と同種の手続き）を意味する。レスポンスコストとタイムアウトという形式の負の弱化については第15章で論じる。

　第2章で述べたように、行動分析学の文献では、弱化の2種類の操作が、さまざまな用語を使って表されている。正の弱化と負の弱化は、それぞれタイプⅠ弱化、タイプⅡ弱化と呼ばれることがある (Foxx, 1982)。マロットとトロージャン・シュアレス (Malott & Trojan Suarez, 2004) は、負の弱化を表すため、罰則原理（penalty principle）という用語を使っている。行動分析士資格認定協会（BCBA, 2001）や一部の教科書の著者（例えば、Baum, 1994; Catania, 1998; Michael, 2004; Miltenberger, 2001）は正の強化、負の強化という用語に対応させて、正の弱化、

負の弱化という用語を使っている。弱化に使われる正の（positive）、負の（negative）という修飾語は、強化の場合と同様に、もたらす行動改善についての意図も、その望ましさのことも表していない。それらはただ罰的結果の働きをする刺激変化がどのような影響を受けたかを、つまり最上の表現をしたとしても、新しい刺激を提示（正の弱化）したか、または既存の刺激を停止（または強度や量を減ら）したか（負の弱化）を、明細化するだけである[2]。

　正の弱化と負の強化はよく混同される。正の弱化にも負の強化にも嫌悪的出来事が関連するため、これら2つの原理の一方か両方を伴う介入を説明するために、嫌悪性制御（aversive control）という包括的用語が使われる。同じ嫌悪的出来事が、同時に起こる正の弱化随伴性と負の強化随伴性に含まれていれば、2つの原理を区別することは難しい。例えば、バウム（Baum, 1994）は身体を殴る行為の適用と殴るという脅しが、警察国家に生きる人々の行動をいかに条件づけるかを説明した。

> もし正直に話せば殴打されるとする。そのときは正直に話すことが正の弱化を受ける。もし嘘をつくことで殴打を回避できたとする。そのときは嘘をつくことが負の強化を受ける。この2つは密接に関係する。すなわち、もしある行動が罰（弱化）されれば、通常、罰（弱化）を避ける何らかの代替行動が存在する。(p. 153)

　同時に起こる正の弱化随伴性と負の強化随伴性に同じ嫌悪刺激が含まれているとき、両者を同定し区別するカギは、(a) 2つの随伴性が行動の将来の生起頻度に及ぼす正反対の影響を認識する、(b) 同じ結果（すなわち、刺激変化）が同じ行動に対して正の弱化と負の強化として働くことはできないので、2つの異なる行動が含まれなければならないことを認識する、ことである。正の弱化随伴性では、反応の前に刺激は存在せず、反応の結果として出現する。一方、負の弱化随伴性では、反応の前に刺激が提示されており、反応の結果として除去される。例えば、アズリンら（Azrin, Rubin, O'Brien, Ayllon & Roll, 1968）の研究では、正の弱化随伴性と負の強化随伴性が同時に作動した。この研究では、成人が普段の労働日の間中、1つの装置を装着した。その装置は成人が前かがみ（肩か上背を3秒間丸めること）になると、それを条件として55dBの音を自動的に鳴らし、肩をまっすぐにすると即座に音を停止した。前かがみの姿勢は音をもたらし（正の弱化）、肩を真っ直ぐにすると音から逃避でき（負の強化）、前かがみにならなければ音を回避できた（負の強化）。

　もしある行動をすれば罰（弱化）すると人を脅すことと、罰（弱化）とを混同してはならない。罰（弱化）は行動→結果の関係である。一方、人がこれから一定の仕方で行動すれば、何かが起こる恐れがあると脅すことは、行動に対する先行事象である。もし罰（弱化）の脅しが行動

注2：正の弱化と負の弱化という用語は、マイケル（Michael, 2004）が述べたように、強化と同様、「非常に誤解を呼びやすい。もし正の罰（弱化）か負の罰（弱化）かどちらかを受けなければないとしたらどちらがいいか？　強化と同様、それぞれが具体的に何によって構成されるかが分かるまでは、もちろん決めるべきではない。負の強化と正の弱化ならどちらがいいか？　もちろん、負の強化である」(p. 37)。

を抑制したとする。それは確立操作としての役割を果たす脅しのせいで起こった可能性がある。その確立操作が代替行動を喚起して、脅された罰（弱化）を避けさせるのである。

3．弱化の弁別効果

　弱化は真空の文脈では起こらない。弱化が起こる先行刺激状況は、弱化の抑制効果が将来観察される環境条件を特定するうえで重要な役割を演じる。弱化に影響するオペラント関数関係に対する3項随伴性は、「強化に影響する3項随伴性とそっくり同じに記述することができる。すなわち、（1）特定の刺激状況（S）において、（2）ある種の行動（R）が、（3）一定の刺激変化（S^P）によって即座に随伴されるとき、将来同じか同様の状況において、生起頻度の減少を示す」（Michael, 2004, p. 36）。

　もし弱化が、ある刺激条件だけで起こり、ほかの条件では起こらないとすれば（例、子どもが夕食前にクッキー缶に手を伸ばすと叱られるのは、部屋に大人がいるときだけである）、弱化の抑制効果はそれらの条件において最も優勢になる（Azrin & Holz, 1966; Dinsmoor, 1952）。弱化の弁別オペラントは、条件づけの歴史の所産である。すなわち、特定の刺激が存在するとき、反応が弱化され、その刺激が存在しないとき、同様の反応は弱化されなかった（または弱化の頻度や大きさが減少した）。高速道路のスピード違反は、多くの運転者のレパートリーに含まれる1つの弁別オペラントである。運転者はかつてスピード違反で警察に停車させられた場所では制限速度内で走るが、パトカーに見つけられたことのない場所では制限速度を超えて運転し続ける。

　行動分析学の文献では、弱化と結びついて刺激性制御を獲得する先行刺激を表すための標準用語や記号は存在しない。ある者は3項弱化随伴性における先行刺激を表すため、強化の弁別刺激の省略記号（S^D）を修正して使おうとした。サルツァー・アザロフとマイヤー（Sulzer-Azaroff & Mayer, 1971）が用いたS^{D-}などはその例である。また、ほかの著者は弱化随伴性の存在に関係する先行刺激を簡単に表すため、**弱化ベース**のS^D（*punishment-based* S^D）という用語を充てている（例えばMalott & Trojan Suarez, 2004; Michael, 2004）。私たちは**弱化の弁別刺激**の記号として、オドンネル（O'Donnell, 2001）が提案したS^{Dp}を採用した。すなわち「S^{Dp}はある刺激が存在するとき、反応を条件として起こる弱化が起こる結果、それがあるときはないときより反応の生起確率がより低くなる刺激条件として定義することができる」（p. 262）。図14.2は、正の弱化と負の弱化の弁別オペラント3項随伴性の図式を表している。

4．弱化からの回復

　弱化が中断すると、通常、反応に対する抑制効果は永続しない。この現象は**弱化からの回復**（recovery from punishment）と呼ばれ、消去に似ている。ときには、弱化が中断した後の反応率は回復するばかりか、弱化の前に起きていたレベルよりやや上回ることがある（Azrin, 1960; Holz & Azrin, 1962）。反応が弱化前のレベルに戻りやすいのは、弱化（罰）が軽いときや、弱化随伴性がもはや作動していないことを個人が弁別できるときである。弱化が反応を弱める効果

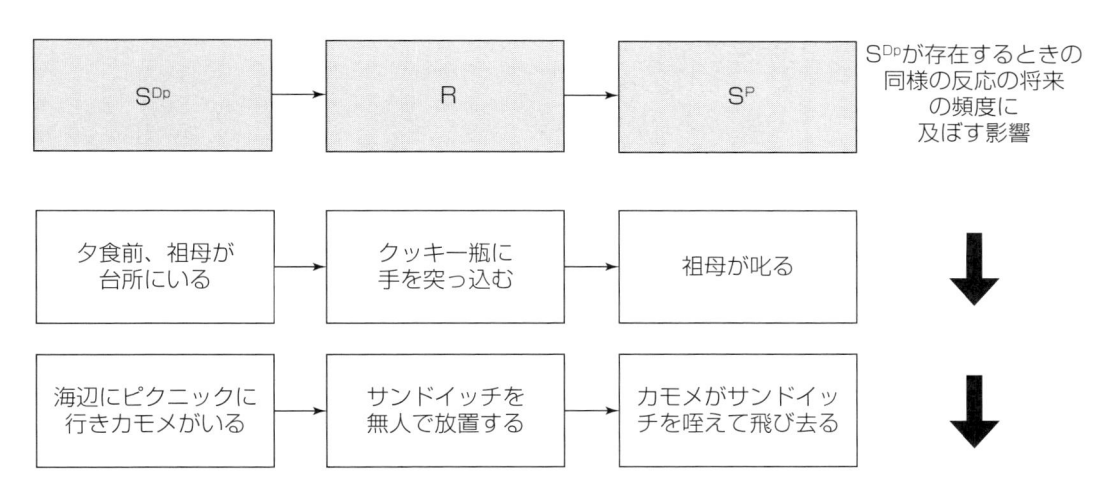

```
┌─────────┐    ┌─────┐    ┌─────┐       S^Dpが存在するときの
│  S^Dp   │ →  │  R  │ →  │ S^P │       同様の反応の将来
└─────────┘    └─────┘    └─────┘       の頻度に
                                         及ぼす影響

┌─────────┐    ┌─────────┐   ┌─────────┐
│夕食前、祖母が│ → │クッキー瓶に│ → │祖母が叱る│      ↓
│ 台所にいる │   │手を突っ込む│   │         │
└─────────┘    └─────────┘   └─────────┘

┌─────────┐    ┌─────────┐   ┌─────────┐
│海辺にピクニックに│→│サンドイッチを│→│カモメがサンドイッ│  ↓
│行きカモメがいる│  │無人で放置する│  │チを咥えて飛び去る│
└─────────┘    └─────────┘   └─────────┘
```

図14.2 弁別オペラントの正の弱化と負の弱化を示す3項随伴性。弁別刺激（S^{DP}）が存在するとき、自発する反応（R）は、刺激変化（S^P）が時間的に接近して後続する。すると、将来S^{DP}が存在するとき、同様の反応の頻度が減少するようになる。弱化の弁別オペラントは、S^{DP}が存在するとき反応が弱化され、S^{DP}が存在しないとき同様の反応が弱化されなかった（または結果としてS^{DP}が存在するときよりも弱化の頻度や大きさが減った）という条件づけの履歴の所産である

は、弱化が中断されると薄れることが多いが、強化が反応を強める効果も、以前に強化されていた行動が消去状態に置かれると、同様にしばしば消えていく（Vollmer, 2002）。マイケル（Michael, 2004）は次のように述べている。

　　弱化からの回復は、弱化（罰）を使って行動を減らすことに反対する主張として提起されることがある。「弱化の効果は一時的に過ぎないから用いるな」である。しかし、当然のことながら同じことは強化についても言える。強化が行動を強める効果は、行動して強化が随伴しなければ弱まる。弱化が行動を弱める効果は、行動しても弱化が随伴しなければ弱まる。(p. 38)

　ほぼ永久不変の反応抑制は、激しい罰（弱化）によって反応率がゼロになるまで行動の完全な抑制が実現したとき、起こる可能性がある。アズリンとホルツ（Azrin & Holz, 1966）は、弱化に関する基礎研究のレビュー論文において、次のように述べている。

　　激しい罰（弱化）は、単に反応を無条件レベル、またはオペラントレベルまで減らすだけではなかった。絶対的ゼロレベルまで減らすこともあった。弱化は反応が起こった後にのみ与えられるため、被験者が反応しない限り、弱化が起きていないことを検出する機会は得られない。もし罰（弱化）が反応を完全に除去するほど激しくなれば、弱化を検出する機会はもはや存在しないことになる。(p. 410)

5．無条件性弱化子と条件性弱化子

　弱化子（punisher）とは、行動の生起の直後に随伴して、その種の行動の将来の生起頻度を減らす刺激変化である。正の弱化随伴性における刺激変化は、正の弱化子またはより簡単に弱化子と呼ばれる。同様に、負の弱化子という用語は、負の弱化に関わる刺激変化に適用することができる。しかしながら、この言葉の使い方は少しおかしい。なぜなら、負の弱化子は標的行動の生起を条件として除去される正の強化子を意味するからである。したがって、ほとんどの行動分析家は、弱化子という用語を、その提示が弱化として機能する刺激（すなわち、正の弱化子）の意味で使う。強化子と同様に、弱化子も無条件性弱化子と条件性弱化子に分類することができる。

（1）無条件性弱化子

　無条件性弱化子（unconditioned punisher）とは、ほかのどんな弱化子とも対提示されたことがないにもかかわらず、その刺激提示が弱化として機能する刺激である。一部の著者は、無条件性弱化子の同義語として、1次性弱化子（primary punisher）や生得性弱化子（unlearned punisher）という用語を使う。無条件性弱化子は、種の進化史（系統発生）の所産である。そのため、種の生物学的に健全な成員はすべて、同じ無条件性弱化子に多かれ少なかれ影響されやすい。例えば、体への身体外傷、特定の臭いと味、身体拘束、体の支えの喪失、極端な筋肉運動などから起こる疼痛刺激は、ヒトに無条件性弱化子として作用する典型的な刺激変化の例である（Michael, 2004）。無条件性弱化子は、無条件性強化子と同様に、生命個体の「適応度に直接関係する系統発生上の重要な出来事」（Baum, 1994, p. 59）である。
　しかしながら、実際にはどんな刺激であれ、生命個体の受容体が反応する刺激（ほんの数例を挙げれば、光、音、温度）は、たとえ実際に組織損傷を与えるレベルを下回っても、それを提示すれば行動を抑制するポイントまで、強めていくことができる（Bijou & Baer, 1965）。食物や水などの無条件性強化子は、その有効性が確立操作によって左右されるが、多くの無条件性弱化子は、それとは違い、ほとんどの条件の下で、その開始に先行するどんな行動も抑制する。例えば、電撃の開始が弱化（罰）として機能するためには、生命個体から「電気刺激を遮断しておく」必要はない（しかしながら、短期間に多くの電撃、特に強度の強くない電撃を受けたばかりの行動は、次の電撃に比較的影響されない可能性がある）。

（2）条件性弱化子

　条件性弱化子（conditioned punisher）は、人が条件づけの個人史（履歴）をもつ結果、弱化として機能するようになる刺激変化である。条件性弱化子の同義語として、2次性弱化子（secondary punisher）や学習性弱化子（learned punisher）という用語を使う人もいる。条件性弱化子は、1つまたは複数の無条件性弱化子または条件性弱化子との間で、刺激と刺激の対提示が起こることによって、弱化子として機能する能力を獲得することになる。例えば、可聴音など

の以前は中性的な刺激変化を、電撃と同時にか非常に近い瞬間に開始させる結果、条件性弱化子となり、後にその音を電撃なしに提示しても音の直前に存在する行動を抑制する能力をもつようになる（Hake & Azrin, 1965）[3]。もし、条件性弱化子を最初に対にした弱化子を伴わずに反復して提示すると、その弱化としての有効性は弱まってゆき、ついに弱化子ではなくなる。

以前の中性刺激はまた、別の弱化子と物理的に対提示されなくても、アレッシ（Alessi, 1992）のいう言語アナログ条件づけ（verbal analog conditioning）の過程によって、人間の条件性弱化子になる可能性がある。これは第11章で条件性強化子の条件づけのために紹介した言語的対提示の例に似ている。エンゲルマン（Engelmann, 1975）は、就学前の子どもたちのグループに黄色の紙切れを見せて、「大きいお兄さんお姉さんは、この黄色い紙を手に入れるために勉強しています」（pp. 98-100）と話した。するとこのときから多くの子どもたちは黄色い紙切れのために、超勤勉に勉強するようになり始めた。ミルテンバーガー（Miltenberger, 2001）は次のような例を挙げた。ある大工が見習いに、もし電気ノコギリから煙が出始めたら、ノコギリのモーターが破損したか、刃が折れたかであると話した。この大工の言葉は、ノコギリから出る煙を、条件性弱化子として確立した。それは煙が出る直前のいかなる行動（例えば、ノコギリを強く押し過ぎる、不適切な角度でノコギリを持つ）の頻度も減らせる能力をもっていた。

多くの無条件性、条件性弱化子と対にされた刺激変化は、**般性条件性弱化子**（generalized conditioned punisher）になる。例えば叱責（「ダメ」「それをしてはいけません」）や、社会的否認（例、顔をしかめる、首を横に振る、眉をひそめる）は、多くの人にとって般性条件性弱化子である。なぜなら、広範囲の無条件性、条件性弱化子（例えば、火傷した指、特権の喪失）と繰り返し対にされてきたからである。般性条件性弱化子は、般性条件性強化子と同様に、特定の動機づけ条件の制御から自由であり、ほとんどの条件の下で弱化子として機能する。

冗長になる危険を冒して、ここで再度重要な点を強調したい。それは、弱化子は強化子と同じように、物理的性質ではなく機能によって定義されることである（Morse & Kelleher, 1977）。ほとんどの条件の下でその提示が無条件性強化子や無条件性弱化子として機能する刺激であっても、一定の条件の下では反対の効果を持つことがある。例えば、一片の食物でも、食べ過ぎてしまった人にとっては、弱化子として働くだろう。食物遮断された生命個体にとっては電撃でさえも、もしそれが食物の入手可能性を知らせるならば、条件性強化子として機能する可能性がある（例えば、Holz & Azrin, 1961）。もし子どもがよく勉強したので笑顔マークのステッカーと賞賛を受け取ったところ、その子の生産性が低下したとすれば、笑顔マークのステッカーと賞賛はその子にとって弱化子である。家では弱化子になるものも、学校では弱化子にはならないこともある。ある一連の状況で弱化子となるものが、別の一連の状況では弱化子にならないものもある。日常的体験では、大部分の人々にとっては、多くの同じ刺激事象が条件性弱化子として作用することを意味するが、ある人にとっての弱化子は、ほかの人にとっての強化子になるということも

注3：ほかの弱化子と対提示されることによって条件性弱化子となる刺激は、その対提示の前に中性刺激である必要はない。その刺激はほかの条件下で既に強化子として機能していたということもありうる。例えば、青い光がある条件下では強化と、ほかの条件下では弱化と、繰り返し対提示されていたとすれば、場面によって条件性強化子になり、条件性弱化子になる。

ある。(第11章に登場する２人の子どもが、放課後、黒板消しを掃除する様子を描いた風刺画を思い出してほしい。１人にとってこの活動は弱化であるが、もう１人にとっては強化である)。

６．弱化の効果に影響を与える要因

　弱化に関する基礎研究と応用研究を展望すると、弱化の有効性のカギとして、以下の変数が、一貫して同定される。すなわち、弱化の即時性、弱化子の強度、弱化のスケジュールまたは頻度、標的行動に対する強化子入手可能性、代替行動に対する強化子入手有効性である（例えば、Axelrod, 1990; Azrin & Holz, 1966; Lerman & Vorndran, 2002; Matson & Taras, 1989）。

（１）即時性

　標的反応が起こった後、可及的速やかに弱化子の開始が起こるとき、最大の抑制効果が得られる。

　　　反応の生起と刺激変化の生起の間のタイムラグが長くなればなるほど、関連反応の生起頻度を変化させる弱化の効力はそれだけ低下する。しかしその上限については、あまりよくわかっていない。(Michael, p. 36)

（２）強度、大きさ

　基礎研究者は、（量や持続時間の観点から）強度や大きさの変動する弱化子の効果について研究してきた。彼らは３つの信頼できる知見を報告した。（１）弱化刺激の強度と反応抑制の間には正の相関がある。弱化刺激の強度が大であればあるほど、より即座にかつ徹底的に行動生起を抑制する（例えば、Azrin & Holtz, 1966）。（２）弱化からの回復と弱化刺激の強度との間には負の相関がある。弱化子が強ければ強いほど、弱化が終結しても反応は再び起こりにくい（例えば、Hake, Azrin, & Oxford, 1967）。（３）弱化として使われた強い刺激であっても、最初は弱く徐々に強められていく場合、弱化としては効力を失う可能性がある（例えば、Terris & Barnes, 1969）。しかし、ラーマンとヴォーンドラン（Lerman & Vorndran, 2002）が指摘するように、弱化の強度と治療効果との関係性についての応用研究はあまりなされていない。そして、その応用研究から得られた結果は基礎研究の知見との間で一貫せず、ときには矛盾する結果になっている（例えば、Cole, Montgomery, Wilson & Milan, 2000; Singh, Dawson, & Manning, 1981; Williams, Kirkpatrick- Sanchez, & Iwata, 1993）。実践家は、弱化刺激の強度を選ぶとき、こう問うべきである。「この弱化刺激の量は、問題行動の発生を抑制するか？」。ラーマンとヴォーンドラン（Lerman & Vorndran, 2002）はこう提言する。

　　　弱化刺激を効果的に適用するためには十分な強度にしなければならないが、必要以上に強くす

べきではない。実践者は、強度に関して応用研究が更に行われるまで、臨床研究において安全さと有効性が証明されている強度を、そしてその強度が治療を実行する人々から容認できるものであり有効であるとされる限り、その強度を選ぶようにしなければならない。(p. 443)

（3）スケジュール

弱化子の抑制効果が最大になるのは、連続弱化スケジュール（FR 1）である。その場合、弱化的結果が個々の行動の生起に随伴する。一般に、弱化子が随伴する反応の割合が大きければ大きいほど、反応の減少は顕著になる（Azrin, Holz, & Hake, 1963; Zimmerman & Ferster, 1962）。アズリンとホルツ（Azrin & Holz, 1966）は、連続スケジュールと間欠スケジュールの弱化の相対的効果を以下のようにまとめた。

> 連続弱化は、弱化随伴性が維持されている限り、間欠弱化よりも大きな抑制をもたらす。しかし、弱化随伴性が打ち切られると、連続弱化は反応のより早い回復を可能にする。それは恐らく、弱化がなくなることを、より早く弁別できるからだろう。(p. 415)

間欠弱化も、一部の条件の下では、多少効果的である（例えば、Clark, Rowbury, Baer, & Baer, 1973; Cipani, Brendlinger, McDowell, & Usher, 1991; Romancyzk, 1977）。ラーマンら（Lerman, Iwata, Shore & DeLeon, 1977）による研究の結果は、徐々に疎化する弱化スケジュールによって、最初は連続スケジュール（FR 1）で与えられていた弱化の抑制効果を維持できる可能性があることを証明した。実験参加者は最重度知的障害の5人の成人だった。手を口に入れて噛む、頭をたたくという形式の慢性的な自傷行動の経歴をもっていた。弱化（罰）による治療（1人は強化からのタイムアウト、残り4人は条件的拘束）を連続スケジュール（FR 1）で行った結果、4人すべての自傷行動をベースライン水準よりも減少させた（図14.3は5人中3人の結果を示す）。実験参加者はその後、間欠弱化スケジュール（固定間隔〔FI〕120秒かFI 300秒）の下に置かれた。FI 120秒スケジュールでは、セラピストが前の弱化の適用か、セッション開始から120秒経過後の最初のSIB（自傷的行動）反応を条件として弱化を与えた。間欠弱化スケジュールの下でのSIBの生起頻度は、1人（ウエイン、図14.3には示されていない）を除くすべての参加者においてベースライン水準まで上昇した。

研究者らは、それぞれの参加者に、FR 1の弱化を用いて、低レベルのSIBを確立した後、弱化のスケジュールを徐々に疎化していった。例えば、ポールのスケジュールの疎化では、固定間隔の長さを30秒ずつ（すなわち、FR 30秒→FR 60秒→FR 90秒、など）増やしてゆき、FI 300秒にした。弱化スケジュールは57セッションの間に徐々に疎化していったが、ポールのSIBは、数セッションを例外として、低い水準を維持した。最後の11セッションでは、弱化がFI 300秒スケジュールで提示されたが、彼のSIBは観察インターバルの平均2.4％（ベースラインの33％と比べて）で生起した。もう1人の参加者ウエンディ（図14.3には表示されていない）でも、弱化スケジュールの漸次的疎化によって、同様の成功のパターンが得られた。

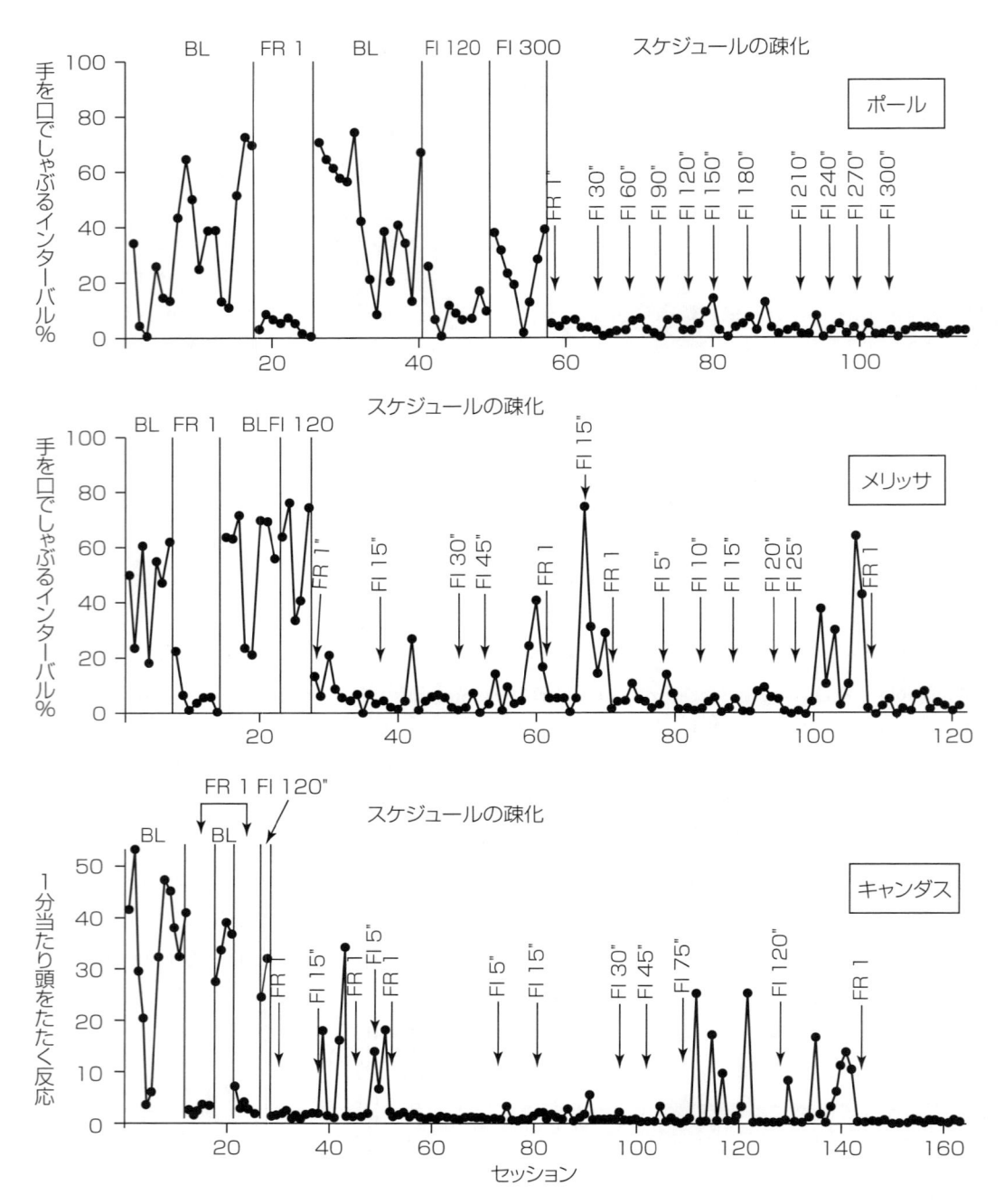

図14.3　最重度知的障害の成人3人の、ベースライン、連続弱化（FR1）、さまざまな固定間隔スケジュール弱化における自傷行動（SIB）

From "Effects of Intermittent Punishment on Self-Injurious Behavior: An Evaluation of Schedule Thinning" by D. C. Lerman, B. A. Iwata, B. A. Shore, and I. G. DeLeon, 1997, *Journal of Applied Behavior Analysis, 30,* p. 194. Copyright 1997 by the Society for the Experimental Analysis of Behavior, Inc. Used by permission.

FI 300秒スケジュールの弱化は、5人の参加者のうち3人、ポール、ウエンディ、ウエインに対して有効だった（そのSIBは弱化が突然FR 1からFI 120秒、次いでFI 300秒に変更されたが低く維持された）。そのため、弱化のまばらな適用が可能になった。それは実際面では、セラピストやスタッフを連続的行動モニタリングから解放したことになる。

　しかし、メリッサとキャンダスでは、弱化スケジュールの漸次疎化を何度繰り返しても、SIBの生起頻度をFR 1弱化（罰）によって達成された水準に維持することに成功しないことが証明された。ラーマンら（Lerman et al., 1977）は、FIスケジュールの弱化に効果がないことの1つの説明として、人がFIスケジュールをしばらく経験すると、弱化の提示が「弱化（罰）から解放される期間に対する弁別刺激として機能して、FI弱化の下での反応を総じて緩やかに上昇させる」（p. 198）のではないかと推測した。

（4）標的行動に対する強化

　弱化の有効性は、問題行動を維持する強化随伴性によって加減される。問題行動が心配の種になるほど十分な頻度で起こっているとしたら、問題行動は恐らく強化を生み出しているのである。標的反応が一度も強化されていなかったとしたら、「反応は滅多に起こっていなかったのだから、弱化することもまたほとんどできなかっただろう」（Azrin & Holz, 1966, p. 433）。

　問題行動を維持する強化を減らすか除去することができれば、それだけ弱化はより効果的になる。もちろん、問題行動に対するすべての強化を撤去できれば、結果として消去スケジュールとなり、弱化随伴性の存在とは無関係に、行動の減少をもたらすだろう。しかし、アズリンとホルツ（Azrin & Holz, 1966）は次のように指摘している。

　　　物理的世界は、しばしば、簡単には取り除けない強化随伴性を与える。歩行による移動であれ、自動車を運転しての移動であれ、空間を速く移動すればするほど、行こうとする場所により早くたどり着く。したがって、ランニングと自動車の高速走行は不可避的に強化される。ランニングと自動車の高速走行の消去は、空間移動の結果として起こるすべての強化事象を除去するという実行不可能な手続きによってのみ達成できる。（p. 433）

（5）代替行動に対する強化

　ホルツら（Holz, Azrin, & Ayllon, 1963）は、精神病的行動を減らすためには、特にその行動が患者にとって強化を受けるための唯一の手段となる場合は、弱化（罰）は有効ではないことを発見した。ところが、強化を生み出す代替反応を患者が自発できる場合は、弱化は不適切な行動を減らすうえで有効になる。ミレンソン（Millenson, 1967）は、同じ知見を報告した基礎研究と応用研究を要約して、次のように述べている。

　　　一定の行動を除去するために、もし弱化を使うとすれば、望ましくない行動が結果的にどんな

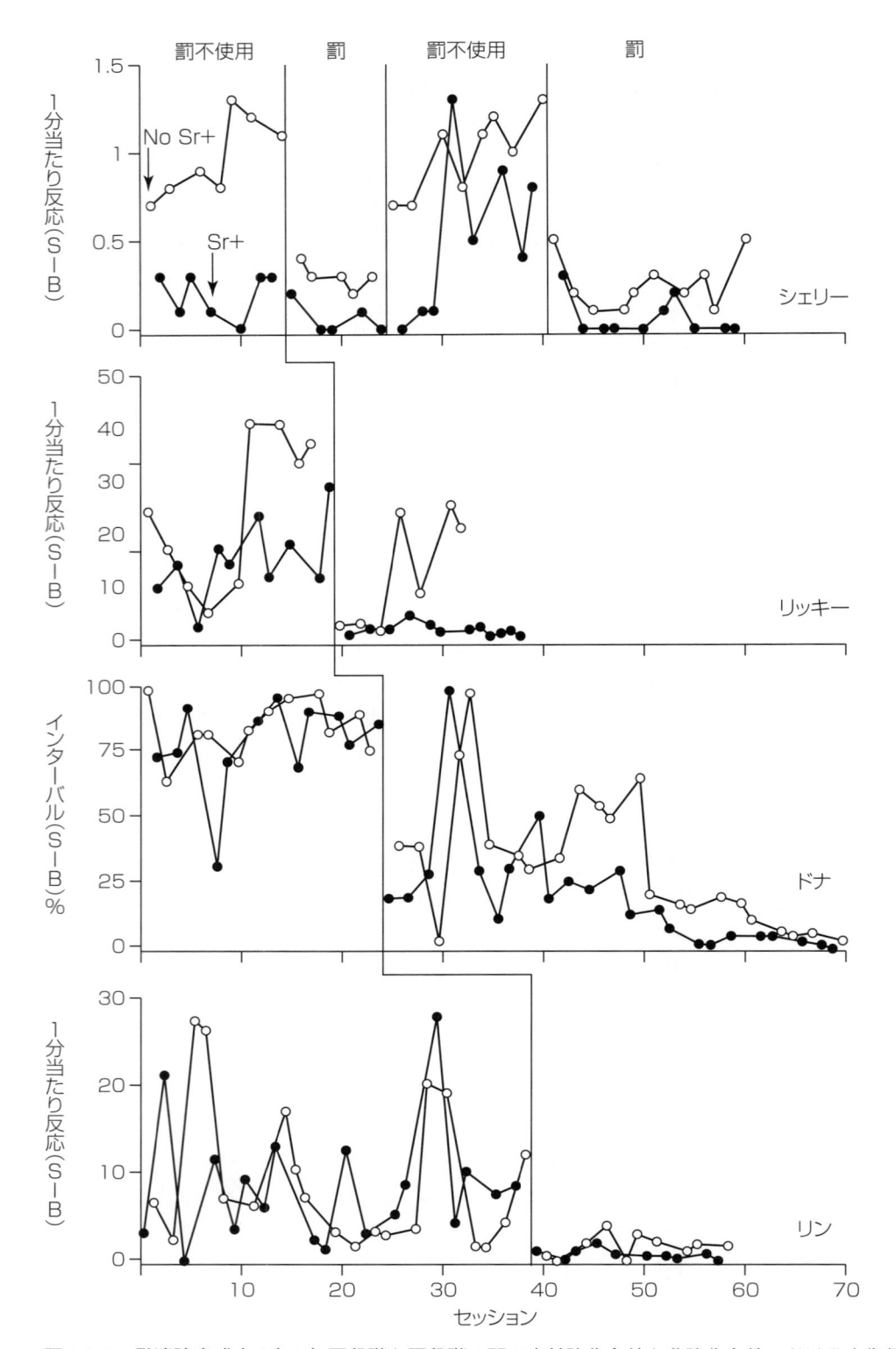

図14.4　発達障害成人4人の無罰段階と罰段階の間の交替強化条件と非強化条件における自傷行動。

From "Effects of Reinforcement for Alternative Behavior during Punishment for Self-Injury," by R.H.Thompson, B.A.Iwata, J. Conners, and E.M.Roscoe, 1999, *Journal of Applied Behavior Analysis, 32*, p. 323. Copyright 1999 by the Society for the Experimental Analysis of Behavior, Inc. Used by permission.

強化を手に入れていたとしても、その強化をもっと望ましい行動を通じて手に入るようにすべきである。教室での「問題行動」に対して子どもを罰する（弱化させる）だけでは、永続的効果はほとんど得られないだろう……。「問題行動」の強化子を分析して、これらの強化子を別の反応によって、あるいは別の場所において、手に入るようにしなければならない。しかし、これが起こるようにするためには、弱化される反応の代わりに、報酬を受ける代替行動を用意することが重要になるだろう。(p. 429)

トムソンら（Thompson, Iwata, Conners & Roscoe, 1999）による研究は、弱化の抑制効果が代替行動への強化によっていかに高められるかを示した優れた研究である。この研究には、SIBに対する昼間治療プログラムに照会された、発達障害の4人の成人が参加した。例えば28歳のシェリーは、つばを吐いて、それをどこか（例えば、テーブルや窓）にこすり付けていた。その結果、頻繁に感染症にかかっていた。そして34歳男性のリッキーは、目が見えず、耳も聞こえなかった。彼はしばしば自分の頭や体をたたき、あざや挫傷をつくっていた。適切行動分化強化（differential reinforcement of appropriate behavior）や、反応阻止（response blocking）や、防護装置（protective equipment）など、以前に行われた介入は、4人の参加者すべてのSIBを減らすうえで効果がなかった。

それぞれの参加者の行動機能分析（functional behavior analysis）（第24章を参照）の結果、SIBは自動強化によって維持されていたことが示唆された。最高レベルの接触か操作を生み出し、最低レベルのSIBを引き出す教材（例えば、木製のひも通しビーズ、振動や音楽を生み出す鏡のついたマイクロスイッチ、風船）を見つけるため、強化子査定が行われた。次に研究者らは、それぞれの参加者の自傷行動を最低75％減らす最も非侵入的な結果を突き止めるため、弱化子査定を行った。

トムソンら（Thompson et al., 1999）は、交代処遇、リバーサル、被験者間多層ベースラインの成分を組み合わせた実験デザインを使って、代替行動の強化を伴う弱化と伴わない弱化の効果を分析した。弱化なし（罰不使用）の条件においては、セラピストは部屋にいるが参加者と交流せず、SIBに対して何の結果も（強化も罰も）与えなかった。弱化あり（罰使用）の条件においては、参加者がSIBをするたびにセラピストは前もって参加者にとって弱化子として同定された結果を提示した。例えば、

　　シェリーは、つばを吐くたびに、セラピストに叱責（「つばは吐かない」）を受けて、両方の手（およびほかの湿っている表面）を布で短時間ぬぐわされた。リッキーは、SIBをするたびに、両手をひざの上で15秒間押さえられた。ドナとリンは、どちらも、SIBの後は言葉による叱責を受け、腕を15秒間胸に交差させて押えられた。(p. 321)

弱化なし（罰不使用）と、弱化あり（罰使用）の各段階において、強化あり条件と強化なし条件のセッションが交互に行われた。強化ありセッションでは、参加者はレジャー用具や活動に連続してアクセスすることができた。それらは事前に大好きなものとしてとして同定されていた。

一方、強化なしセッションでは、それらにアクセスすることができなかった。リッキーの場合は、強化子査定では自分から一度もレジャー用具を手で操作しなかったが、M&Mキャンディーには査定試行の最高率でアプローチした。そこで、強化ありセッションでは、リッキーについては、チョッキに取り付けられた複数の品物（例えば、クッシュボール、ビーズ、ファー）のどれかを手でいじったら、2秒ごとに食物強化を与えることにした。

図14.4は、この研究の結果である。弱化なし（罰不使用）のベースライン段階では、シェリーの自傷行動だけが、強化なしセッションよりも強化ありセッションにおいて、一貫して低い水準を示した。4人の参加者全員が、弱化（罰使用）の導入によって、自傷行動をベースラインレベルより減少させたが、代替行動の強化が得られるセッションでは、弱化（罰使用）がより有効になった。同様に、実践者には興味深いに違いないが、強化が得られる場合は弱化条件のセッションにおける弱化子の提示がより少なくなった（リッキーは、強化なし弱化の条件の間に、手をひざに押さえられる手続きに対して抵抗を示し始めた。そしていくつかのセッションは、セラピストが手を押さえる手続きを安全に遂行することができなくなったため、早い段階でセッションを中止した。したがって、強化なし条件における弱化は7セッションで終り、強化あり条件における弱化は追加6セッションまで継続して行われた）。

トムソンら（Thompson et al., 1999）は、彼らの研究における主要な研究結果を、以下の結論によって要約した。

> この研究結果は、アズリンとホルツ（Azrin & Holz, 1966）の提言と一致している。弱化効果は代替反応が強化されるとき、高くなる可能性があることを示している。そのうえこれらの結果は、弱化刺激の嫌悪性を強める以外の手段によって、弱化の有効性を高める方法を提案している。それによってより有効であるがより制約性の少ない介入が開発されるようになるだろう。(p. 326)

7．起こりうる弱化の副作用と問題

弱化の適用には、さまざまな副作用と問題がしばしば関連している。望ましくない情動反応と攻撃性の誘発、逃避と回避、非弱化条件下における問題行動の出現率の上昇が挙げられる（例えば、Azrin & Holz, 1966; Hutchinson, 1977; Linscheid & Meinhold, 1990）。指摘されるそのほかの問題には、望ましくない行動のモデリングと弱化適用者の行動が負の強化を受けるがゆえの弱化の過剰使用が含まれる。

（1）感情的、攻撃的反応

弱化はときに感情的で攻撃的な反応を引き起こす。その反応にはレスポンデント行動と条件性オペラント行動の組み合わせが含まれることがある。弱化は、とりわけ嫌悪刺激の形をとる正の弱化は、レスポンデント成分とオペラント成分を含む攻撃行動を喚起するだろう（Azrin & Holz,

1966)。例えば、電撃は実験動物において反射形式の攻撃や闘争を誘発した（Azrin, Huntchinson, & Hake, 1963; Ulrich & Azrin, 1962; Ulrich, Wolff & Azrin, 1962）。こうした、苦痛によって誘発されるレスポンデント攻撃性（respondent aggression）は、近くにいる人や物なら何にでも向かっていく。例えば、厳しく罰された（弱化された）子どもは、手あたり次第にものを投げたり壊したりし始めるだろう。あるいはまた、子どもは罰（弱化）を与えている人物を攻撃しようとするかもしれない。罰（弱化）の後に起こる攻撃行動は、過去にその人が嫌悪刺激から逃避することを可能にさせてくれたために起こる。それはオペラント攻撃性（operant aggression）と呼ばれる。（Azrin & Holz, 1966）

基礎実験の研究者は、避けられない強力な弱化子を使って、人間以外の動物にレスポンデント攻撃性とオペラント攻撃性を確実に作り出したが、弱化に関する多くの応用研究は、攻撃の証拠を報告していない。（例えば、Linscheid & Reichenbach, 2002; Risley, 1968）

（2）逃避と回避

逃避と回避は、嫌悪刺激に対する自然な反応である。逃避行動と回避行動にはさまざまなバリエーションがある。なかには、弱化される標的行動以上に厄介な問題もある。例えば、いい加減な勉強ぶりだったり、予習せず授業に出たりすることによって、繰り返し注意されていた子どもは、教室に完全に来なくなるかもしれない。人は、弱化を回避するために、嘘をついたり、だましたり、隠したり、そのほかの望ましくない行動を示したりするかもしれない。マイヤーら（Mayer, Sulzer & Cody, 1968）は、回避と逃避は必ずしも文字通りの形式をとらなければならないわけではないとしている。人はときに、麻薬や酒を飲んだり、単に「ほかのチャンネルに変えたり」（関心をもたなくなったり）するだけで、処罰的な（弱化の）環境から逃避する。

弱化子の強度が増せば、逃避や回避が起こる可能性もまた高まる。例えば、喫煙を減らすための介入として、ふたを開けるとユーザーに電撃が流れるように特別に設計されたタバコのホルダーの効果を評価する研究において、パウェルとアズリン（Powell & Azrin, 1968）は「弱化の強度が上昇するにつれ、被験者がその随伴性に我慢して接触し続ける時間の長さが短くなった。そしてついにその強度は、被験者がそれを経験することを完全に拒否するまでになった」（p. 69）ことを見出した。

弱化（罰使用）の副作用としての逃避や回避は、感情的、攻撃的反応と同様に、弱化の適用の回避と強化の提示をともにもたらす、問題行動に代替する望ましい反応を個人に身に付けさせることによって減らすことができるし、完全にゼロにすることもできる。

（3）行動対比

レイノルズ（Reynolds, 1961）は、2成分からなる多元スケジュールにおいて、一方の成分の反応率を増加させるか減少させる変化が、変更されなかった他方の成分の反応率を反対方向に付

随的に変化させる現象を表すため、**行動対比**（behavioral contrast）という用語を導入した[4]。行動対比は、多元スケジュールの一方の成分の強化か弱化の密度の変化の関数として起こる可能性がある（Brethower & Reynolds, 1962; Lattal & Griffin, 1972）。例えば、弱化の行動対比は次のような一般的形式をとる。(a) 多元スケジュールの２つの成分において、反応がいま同じような比率で起こっている（例えば、ハトがバックライトキーをつつくと、ライトは交互にブルーかグリーンになる。このとき、両方のキーに同じスケジュールで強化が与えられる。するとハトはキーの色に関係なく、大体同じ比率で両方のキーをつつく）。(b) スケジュールの１成分の反応は弱化され、それに対して他成分の反応は弱化されずに、継続して強化される（例えば、ブルーキーをつつくと罰され、グリーンキーをつつくと以前と同じ比率で強化され続ける）。(c) 罰された成分の反応率は減少し、罰されない成分の反応率は増加する（例えば、ブルーキーをつつく行動は抑制され、グリーンキーをつつく行動は以前ほど強化を生み出さなくとも増加する）。

　弱化の対比効果についての架空の応用例を挙げてみよう。ある子どもが、彼のおばあちゃんがいようといまいと同じ頻度で夕食の前に、台所にあるクッキー缶からクッキーを取り出して食べているとする。ある日、おばあちゃんが夕食前にクッキーを食べることについてその子を叱る。すると、おばあちゃんがいるときは、夕食前にクッキーを食べる頻度が減る（図14.2を参照）。しかし、おばあちゃんが台所にいないときは、弱化以前に監視されずに食べていたときよりもより高頻度でクッキーを缶から取り出して食べるようになる。弱化の対比効果は、最小にすることも、完全に予防することもできる。すなわち、関連性のあるすべての場面や刺激条件で、標的行動が起こるたびに一貫して弱化を与えるようにする。標的行動への強化に本人がアクセスするのを完全に抑えるか、少なくとも最小にするのである。そしてそれに代る望ましい代替行動を提供するのである（子どもが夕食前にクッキーを食べる子どもの架空例のケースについて言えば、ただクッキー缶を持ち去ることをお勧めする！）。

（４）弱化は、望ましくないモデリングを伴う可能性がある

　読者のほとんどは、子どもをたたきながら「これで友だちをたたいちゃだめだってことがわかるでしょう！」などといっている親の例をよく見聞きするだろう。不幸にも、子どもは親の言葉ではなく行動をより見習う可能性がある。20年以上におよぶ研究の結果、幼児が行き過ぎた厳しい弱化にさらされることと、青年期や成人期の反社会的行動や行動障害との間には相関関係があることが分かってきた（Patterson, 1982; Patterson, Reid & Dishion, 1992; Sprague & Walker, 2000）。弱化の原理に基づく行動改善戦術の適切な使用には、過酷な処置や否定的な対人的かかわりは含まれないが、実践家はこの点に関するバンデューラ（Bandura, 1969）の重要な忠告に耳を傾けるべきである。

　　　特定の面倒な反応を制御しようとして、行動の懲罰的形態を示範すること（モデリング）は避

注４：強化の多元スケジュールは、第13章で説明されている。

けなければならない。それは直接訓練の効果とは逆の作用をするばかりでなく、将来、人が対人的妨害に対応するとき、懲罰的形態の真似をして反応する確率を高めてしまう。(p. 313)

（5）弱化遂行者の行動に対する負の強化

罰（弱化）が子育てや、教育や、社会において、広く使われ（効果も必要もない場合があまりに多い）、頼りにされてきた（ほとんどは見当違いだった）理由は、負の強化にあるのかもしれない。AさんがBさんの問題行動に、叱責やそのほかの嫌悪的結果を与える。即座の効果として、しばしば、その問題行動が止む。するとそのことがAさんの行動に負の強化として働く。あるいはエレン・リース（Ellen Reese, 1966）が端的に言う通り「罰は罰する人を強化する」(p. 37)。アルバーとヒューワード（Alber & Heward, 2000）は、典型的な教室で作動する自然の随伴性が、いかにして妨害行動に対する先生の叱責を強め、適切な行動に対する賞賛や注目を弱めるかを説明した。

> 子どもが不適切な行動をしているときその子を注意する（例えば、「カルロス、今すぐ席につきなさい！」）。その不適切な行動は即座に止む（例えば、カルロスが走りまわるのをやめて席に戻る）。それによって、注意を与えることが負の強化を受ける。その結果、将来その教師は子どもの妨害行動に一層目が行くようになる……。子どもの問題行動をちゃんと叱ることについて、研修を受ける必要のある教師はまずいない。しかし子どもの成果をもっと頻繁に褒めるように支援されなければならない教師はたくさんいる。通常、教師の褒める行動は、教師の叱る行動ほど効果的に強化されない。子どもの適切な行動を褒めても、通常、即座には効果を生み出さない。子どもは褒められたとき、ただ勉強し続けるだけである。与えられた課題に生産的に取り組むことに対して子どもを褒めると、将来その子がそう行動する公算は強まるかもしれないが、教師の側には即時的な結果は何も起こらない。反対に子どもを叱ると、教師の側に即座に良いこと（一時的であるが）が起こる。それが叱る行動に対して有効な負の強化として機能する。(pp. 178-179)

たとえ叱責が問題行動の将来起こる頻度を抑制する効果がないとしても、その面倒な行動を即座に止める効果は強力な強化であり、教師が将来不適切な行動に直面したとき叱責するという行動の頻度を増やす。

II　正の弱化による介入の例

正の弱化（罰の提示）に基づく介入はさまざまな形をとる。この節では、5つ説明する。叱責、反応阻止、条件的練習、過剰修正、条件的電撃刺激提示、である。

1．叱責

　教師が**叱責**（reprimand）に頼り過ぎ、しかも乱用していると言ったばかりで、最初の正の弱化の介入例として、叱責を臆面もなくとりあげることは、おかしいと思われるかもしれない。問題行動が起きた後、言葉による叱責を随伴させることは、まぎれもなく未遂の正の弱化の最もありふれた形式である。しかしながら、「ダメ！」とか「こら！　やめなさい！」などと厳しく叱責することは、行動生起の直後に与えれば将来の反応を抑制できることが、多くの研究によって示されてきた（例えば、Hall et al., 1971［これについては図14.2を参照］; Jones & Miller, 1974; Sajwaj, Culver, Hall & Lehr, 1972; Thompson et al., 1999）。

　望ましくない行動を抑制するために叱責が広く使われているにもかかわらず、驚くべきことに、叱責の弱化子としての有効性を検証した研究はほとんどない。ヴァン・ホーテンら（Van Houten, Nau, Mackenzie-Keating, Sameoto, & Colaveccnia, 1982）は、教室での問題行動に対する弱化子としての叱責の有効性を強める変数を特定する一連の実験を行った。その結果、以下のことが示された。(a) 叱責にアイコンタクトと「子どもの肩を強くつかむ」を伴わせる方が、そうした非言語的要素なしの叱責より効果があった。(b) 子どもの近距離で叱る方が、教室の端の方から叱るよりも効果的だった。

　子どもに穏やかに「座って」と繰り返し注意する教師は、それよりも一度だけ強く「座りなさい！」と言う方がいいだろう。命令は一度だけにすると、子どもは指示に従いやすくなる。命令が繰り返されると、子どもは何度も言われることに慣れてしまうかもしれない。そしてその叱責は弱化子としての効果を少しずつ失っていくことになる。しかし、大声で叱ることは必ずしも普通の声量よりも有効であるとはいえない。オリアリーら（O'Leary, Kaufman, Kass & Drabman, 1970）は興味深い研究を行っている。叱られている子どもだけに聞こえるような小さな声で叱ると、教室の多くの子どもたちに聞こえるような大声で叱るよりも、問題行動を減らすうえでより有効であることを発見した。

　子どもが大人に注目してもらう唯一の手段が叱責である場合、驚くには当たらないが、叱責が弱化よりも強化として機能する。実際、マッドセンら（Madsen, Becker, Thomas, Koser & Plager, 1968）は、子どもが離席するたびに繰り返し叱ると、離席を減らすよりも増やすことになってしまうことを見出した。ほかの弱化（罰）刺激に関する研究とも一致するが、叱責は問題行動へのモチベーションを最小にし、代替行動の入手可能性を最大にすると、弱化子としてより有効になる（Van Houten & Doleys, 1983）。

　親や教師はいつも叱っているパターンには陥りたくない。叱責は、適切な行動を条件として頻繁に褒めて注目することを併用しながら、思慮深く慎重に使うべきである。オリアリーら（O'Leary, et al., 1970）は次のように勧めている。

　　　理想的な組み合わせは、頻繁に褒め、ときに軽く叱り、ごくまれに大声で叱責することだろう……。軽い叱責は、褒めることと併用するようにすれば、妨害行動を減らすうえで非常に有益になる可能性がある。対照的に大声で叱ると、ますます叱ることにつながり、その結果妨害行動

の一層の増加を招くという悪循環に陥るようである。(p. 155)

2．反応阻止

反応阻止（response blocking）とは、人が問題行動を自発し始めたら直ぐ身体的に介入し、その反応の完遂を抑えるか、「ブロック」することである。反応阻止は、例えば慢性的指しゃぶりや、眼球つつきや、異食のような一部の問題行動の頻度を減らすうえで有効であることが証明されている（例えば、Lalli, Livezy & Kates, 1996; Lerman & Iwata, 1996; Reid, Parsons, Phillips & Green, 1993）。セラピストは、できるだけ最低量の身体接触と拘束を使って反応を抑えるとともに、その行動を止めるよう言葉で叱ったりプロンプトしたりするといいだろう（例えば、Hagopian & Adelinis, 2001）。

ラーマンとイワタ（Lerman & Iwata, 1996）は、ポール（32歳の最重度知的障害）の慢性的指しゃぶり（手のあらゆる部分と唇や口を接触させる行為）の治療において反応阻止を用いた。ベースライン条件では、ポールは椅子に座り、誰も彼に関わらず、レジャー用具も入手できなかった。次にFR 1スケジュールの反応阻止を適用した。1人のセラピストがポールの後ろに座り、彼が手を口に入れようとするとそれを妨げた。「ポールは手を口に持っていくのを妨げられたわけではなかった。セラピストがポールの口の約2 cm前に掌をもってゆき、手を口に入れることを阻止した」(p. 232)。反応阻止によって、手を口に入れる企ては、即座に急速にほぼ0レベルに減った（図14.5を参照）。

反応阻止は、関数分析によって社会的に媒介される結果が存在しない事態において反応が一貫して起こることが明らかになったとき、つまり反応が生み出す感覚刺激によってその行動が自動強化され、それによって維持されている可能性が明らかになったとき、自傷行動や自己刺激行動に対する治療法としてしばしば使われる。反応阻止は反応によって通常もたらされる感覚刺激に学習者が接触することを妨げるため、それ以後の反応低下は消去が原因で起こる可能性がある。ラーマンとイワタ（Lerman & Iwata, 1996）は、反応阻止による抑制効果は弱化のメカニズムによるのか阻止のメカニズムによるのかを見分ける有力な方法として、自らの研究を紹介している。彼らはその推論を次のように説明している。

> 反応が一定の割合で阻止されるとき、行動が減らされるメカニズム（阻止対弱化）によって、異なる強化スケジュールか弱化スケジュールが作動する。例えば、反応が4回に1回（.25）阻止される。そのとき、その行動は固定比率（FR）1.3強化スケジュールにさらされるか（阻止が消去として機能すれば）、FR 4の弱化スケジュールにさらされる（阻止が弱化として機能すれば）ことになる。また反応が4回中3回（.75）阻止されると、その行動はFR 4強化スケジュールか、FR 1.3弱化スケジュールにさらされることになる。つまり、反応の大部分が阻止されればされるほど、強化スケジュールは疎になり、弱化スケジュールは密になる。反応阻止が消去を引き起こすときは、より多くの反応が阻止されるに連れ（すなわち、強化スケジュールが疎にされるに連れ）、反応率は増加するかまたは維持される。それはその進行のある時点で、消去［の効果］［す

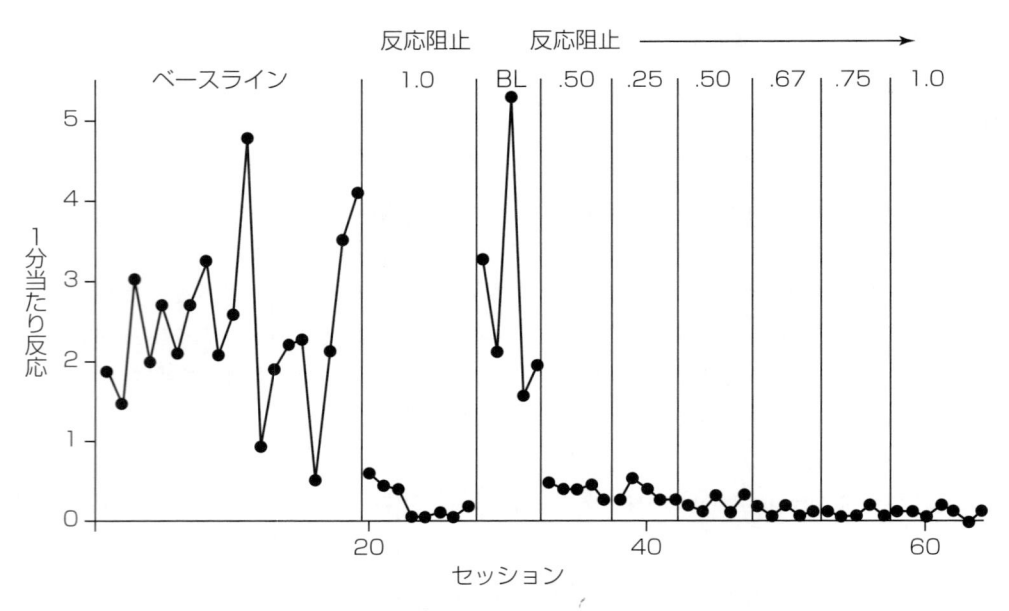

図14.5 ベースラインと反応阻止の変動スケジュールにおける手を口でしゃぶる反応率

From "A Methodology for Distinguishing between Extinction and Punishment Effects Associated with Response Blocking," by D. C. Lerman and B. A. Iwata, 1996, *Journal of Applied Behavior Analysis, 29,* p. 232. Copyright 1996 by the Society for the Experimental Analysis of Behavior, Inc. Used bypermission.

なわち減少した反応率]が起こるまで継続される。逆にこの手続きが弱化として機能するときは、多くの反応が阻止されればされるほど（すなわち、弱化スケジュールが濃くなればなるほど）、反応率は減少するはずである。(pp. 231-232)

　すべての反応が阻止される条件は、消去スケジュール（すなわち、すべての反応に感覚刺激の形式の強化を与えないこと）として機能するか、または連続弱化（FR 1）スケジュール（すなわち、すべての反応に身体接触を随伴させること）として機能する可能性がある。ラーマンとイワタ（Lerman & Iwata, 1996）が説明するように、いくつかの反応が阻止されるだけならば、その状況は間欠強化スケジュールとして機能するか、または間欠弱化スケジュールとして機能するだろう。したがって、異なる割合の反応が阻止される条件の間で、反応率を比較すれば、その効果が消去によるか、弱化によるかが示されるはずである。

　もしポールの指しゃぶりに反応阻止が消去として機能したとすれば、すべての反応に阻止手続きが適用されたとき、反応率の冒頭の増加（消去急騰）が予想されたはずである。しかし、消去急騰は観察されなかった[5]。もし、反応阻止が弱化として機能したとすれば、すべての反応を阻止することは連続弱化スケジュールとなり、急激な反応の減少が予想されたはずである。そして、それがまさしくこの結果の示すところである（図14.5の最初の反応阻止［1.0］のデータを参

注5：消去手続きが初めて適用されたときは、反応率が低下し始める前に反応の増加が見られることがある。それは消去急騰（extinction burst）と呼ばれる。消去の原理と、手続きと、効果は、第21章において詳しく説明する。

照)。

　一方、反応阻止がポールの指しゃぶりに消去として機能したとすれば、反応のすべてではなく一部を阻止することによって、指しゃぶり行動は間欠強化スケジュール下に置かれ、反応がベースラインレベルより上昇することが予想された。そしてこれまで以上の割合の反応を阻止することは、強化スケジュールを疎にすることになり、反応率はそのため一層上昇する結果になるはずである。ところがより多くの割合の反応を阻止すればするほど、ポールのSIBに及ぼす抑制効果はより顕著になった。それは弱化スケジュールが濃くなるときに予想される結果である。総合すれば、結局この実験の結果は、反応阻止がポールの指しゃぶりに弱化として機能したことを示していた。

　ところが、スミスら (Smith, Russo & Le, 1999) が行ったラーマンとイワタ (Lerman & Iwata, 1996) の実験の組織的再現 (追試) によると、反応阻止によって治療された41歳の女性の眼球つつき行動の生起頻度は少しずつ減少した。それは消去を示唆する反応パターンだった。スミスらは、「阻止はある参加者の行動を弱化によって減らし、ほかの参加者の行動を消去によって減らす可能性がある」(p. 369) と結論づけている[6]。

　反応阻止は、反応生起後の嫌悪刺激の提示よりもより制約度が低く、より人間的な介入であるとみなされるかもしれないが、反応阻止も十分注意して適用する必要がある。例えば、攻撃性や反応阻止手続きに対する抵抗などの副作用が、いくつかの研究において報告されている (Hagopian & Adelinis, 2001; Lerman, Kelley, Vorndran & Van Camp, 2003)。代替反応にプロンプトと強化を与えるようにすれば、抵抗と攻撃性を最小にすることができる。例えば、ある中度知的障害と双極性障害の26歳の男性の異食 (紙や鉛筆やペンキの塊や人間の大便を食べる) を治療したとき、代替行動へのプロンプトと再方向づけを使って反応阻止を補足することによって (このケースではポップコーンを入手できる部屋の一隅に男性を移動させることによって)、攻撃行動を減らした (Hagopian & Adelinis, 2001)。

3. 条件的練習

　条件的練習 (contingent exercise) という介入では、人に問題行動と形態上の関連性がない反応を遂行することを要求する。条件的練習は弱化として、さまざまな自己刺激行動、常同行動、妨害行動、攻撃行動、自傷行動に対して有効であることが見出されている (例えば、DeCatanzaro & Baldwin, 1978; Kern, Koegel, & Dunlap, 1984; Luce & Hall, 1981; Luiselli, 1984)[7]。弱

注6：反応阻止は反応が自発される前に起こり、弱化と消去はともに反応→結果の関係 (消去の場合の結果は、過去に行動に随伴した強化がなくなること) であることから、反応阻止の抑制効果は、弱化のせいでも消去のせいでもないという主張が成り立つ可能性がある。ラリーら (Lalli, Livezy, & Kate, 1996) の言うように、反応阻止によって妨げられるのは、反応→結果のサイクルが起こることである。しかしながら、もし問題行動の反応クラスの概念に、関連反応のどの部分の生起も含めるようにするならば、人が頭に触るため手を動かし始めた後に手に対して適用する反応阻止は結果であって、その抑制効果は消去か、弱化か、または両方の視点から分析することができる。

注7：行動を遂行するために要求される努力や力を増大させることは、反応を減らす有効な戦略になる可

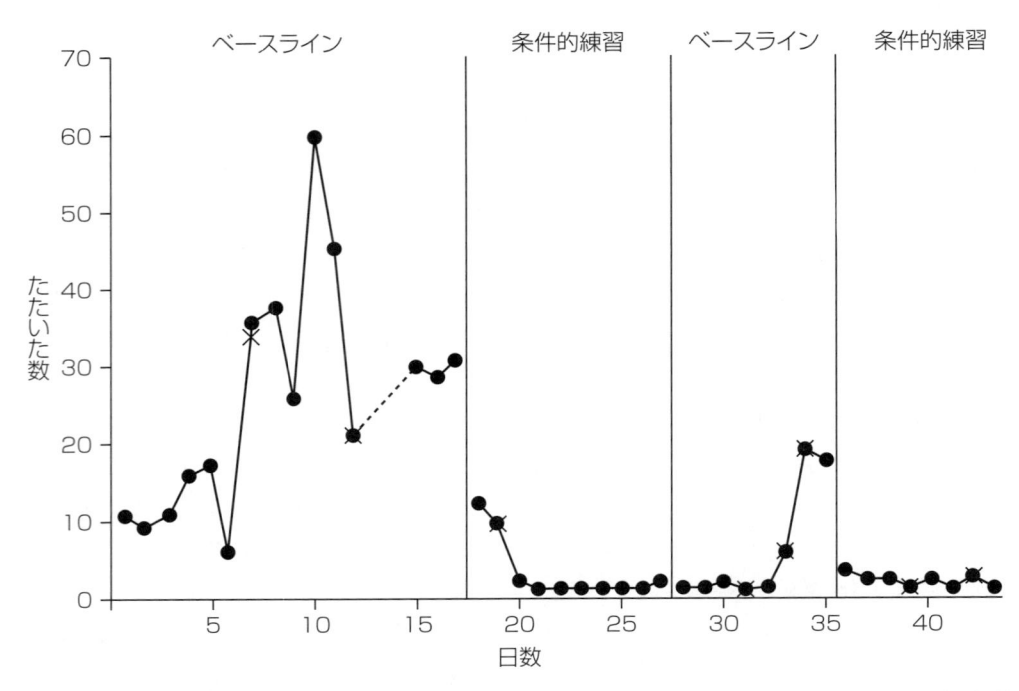

図14.6　7歳男児がベーススラインと条件的練習において他児をたたいた回数。Xは第2観察者によって記録された反応測度を表す

From "Contingent Exercise: A Mild but Powerful Procedure for Suppressing Inappropriate Verbal and Aggressive Behavior," by S. C. Luce, J. Delquadri, and R. V. Hall, 1980, *Journal of Applied Behavior Analysis, 13,* p. 587. Copyright 1980 by the Society for the Experimental Analysis of Behavior, Inc. Used by permission.

化としての条件的練習としておそらく最もよく引用される例は、ルースら（Luce, Delquadri & Hall, 1980）の研究であろう。この実験では、重度障害をもつ2人の男児の攻撃行動に軽い条件的練習を繰り返して適用した。すると、攻撃行動はほぼゼロレベルにまで減少した。図14.6は、ベンの結果である。この7歳男児は、学校でよくほかの子をたたいていた。ベンが誰かをたたくたびに、起立着席を10回行わせた。最初は、ベンは起立するため、身体的プロンプトを受けなければならなかった。つまり、アシスタントが彼の手を押さえて、上半身を前方に引っ張った。身体的プロンプトと同時に、「起立」「着席」という言語プロンプトを与えた。すると間もなく、たたく行動が起こったときはいつでも、そばにいた大人が「ベン、たたかないで。起立着席10回よ」という言語的プロンプトを与えるようにすると、それだけで十分エクササイズを完了させることができるようになった。もし条件的練習をしている間にたたく行動が起こった場合は、この手続きが再導入された。

能性がある（Friman & Poling, 1995）。弱化が反応の減少に寄与するかどうかに関して、コンセンサスは得られていない。反応阻止に関しては、増加する反応努力は弱化の手続きであるという見方がある。それは増大した努力要件に接触させるために必要な動きを、標的行動の反応クラスのメンバーとみなすことである。この場合、継続して反応を完了させるために求められるより大きな努力は、(a) 学習者をそれとの接触に導いた反応に随伴する結果であり、そして(b) 将来の反応の生起頻度が減少するため弱化の働きをする嫌悪刺激である。

4. 過剰修正

　過剰修正（overcorrection）は、問題行動が起こると、毎回その生起を条件として、学習者に努力を要する行動、しかも問題に直接的にまたは論理的に関連している行動を遂行するよう要求する行動減少戦術である。過剰修正はそもそもフォックスとアズリン（Foxx & Azrin, 1972, 1973; Foxx & Bechtel, 1983）によって開発された。施設に収容された知的障害の成人の妨害的な不適応行動を減らすための方法だった。過剰修正は弱化（罰）の抑制効果と、積極的練習の教育効果を組み合せる。過剰修正には2つの成分、原状回復（restitution）と積極的練習（positive practice）のいずれか一方または両方が含まれる。

　原状回復型過剰修正（restitutional overcorrection）では、問題行動を条件として、問題行動が引き起こした損害を修復することを学習者に要求する。その環境をまず元の状態に戻す。次に追加行動として、その環境を問題行動が起こる前よりもはるかによい状態にまで持ってゆかせる。例えば、子どもが台所の床を泥足で何度も歩き回って汚したので、親が原状回復型過剰修正を適用するとする。まず子どもに床の泥を拭き取らせて、また靴もきれいにさせる。それから床のその部分をモップできれいに拭かせてワックスを塗らせ、また自分の靴も磨かせる。こうすることによって、問題行動がもたらした影響を過剰に修正させる。

　アズリンとフォックス（Azrin & Foxx, 1971）は、トイレットトレーニングプログラムに原状回復型過剰修正を適用した。おもらしした人に命じて、まず服を脱がせ、洗わせ、干して乾かさせ、シャワーを浴びさせ、きれいな衣服に着替えさせて、それからトイレの一部をきれいに掃除させた。アズリンとウェソローキー（Azrin & Wesolowki, 1975）は、入院中の知的障害の成人の食べ物盗りをやめさせた。盗った食べ物か、まだ食べきっていない残りを返させるだけでなく、その食べ物の追加品目を売店で買わせて被害者に届けさせた。

　アズリンとベサレル（Azrin & Besalel, 1999）は、彼らのいう単純修正（simple correction）の手続きと過剰修正とを区別した。単純修正では不適切な行動が起こった後に、学習者に環境を以前の状態に修復することを要求する。例えば、子どもが昼食を待つ列の先頭に割り込んだとする。その列の後部に行かせるならば、それは単純修正である。一方、そのほかの子ども全員を行列させ、全員が食事を受け取るまで待たせて、それからその子を列に復帰させるとすれば、それはこの例における過剰修正になる。アズリンとベサレルは、重症ではなく、頻繁には起こらず、故意ではなく、人を著しく妨害したり困らせたりしないような行動は、単純修正を使って減らすことを提言している。

　問題行動が取り返しのつかない結果（例えば、1つしかない皿を壊した）を生み出す場合や、修正行動が個人の財力やスキルを超える場合は修正は不可能である。こういう場合、アズリンとベサレル（Azrin & Besalel, 1999）は次のように提言する。個人の行動が引き起こした損害にできるだけ近い修正行動をとらせ、修正のすべての時点に同席させ、どんな修正部分であれできるだけ本人に手伝わせる。例えば、隣近所の家の高窓を壊した子どもには、ガラスの破片を片づけさせ、窓の大きさを測らせ、窓の取り替えについて店と交渉させ、新しい窓に取り替えられてい

る間中そこに同席させ、あらゆる段階を手伝わせる。

積極的練習型過剰修正（positive practice overcorrection）では、問題行動が起こることを条件として、学習者に正しい形態の行動、または問題行動と両立しない行動を、特定の持続時間か、特定の反応回数分、反復して遂行するよう要求する。積極的練習型過剰修正は、人に適切な代替行動を行うよう要求する点において教育的要素を含んでいる。泥足で何度も歩き回って床を汚した子どもには、親が積極的練習の成分を追加することができる。例えば、外のドアマットで靴を拭いそれから家に入るという一連の行動を、2分間または連続5回行うことを要求する。原状回復と積極的練習を含む過剰修正は何をしてはいけないかだけでなく、何をすべきかを教えるために役立つ。かけがえのない皿を割ってしまった子どもには、多くの皿をやさしくゆっくりと、過剰なくらい注意深く洗うよう要求する。

研究者も実践家も、積極的練習型過剰修正を、トイレットトレーニング（Azrin & Foxx, 1971）、自己刺激と常同行動（Azrin, Kaplan & Foxx, 1973; Foxx & Azrin, 1973）、異食（Singh & Winton, 1985）、歯ぎしり（Steuart, 1993）、きょうだいげんか（Adams & Kelly, 1992）、授業妨害（Azrin & Powers, 1975）などの問題行動の頻度を減らすために用いている。積極的練習型過剰修正は、学業行動にも使われている（Lenz, Singh & Hewett, 1991）。最もよく使われるのは、音読ミスと綴り字ミスを減らすためである（例えば、Ollendick, Matson, Esveldt-Dawson & Shapiro, 1980; Singh & Singh, 1986; Singh, Singh & Winton, 1984; Stewart & Singh, 1986）。

積極的練習型過剰修正は、修理修復して元の状態に戻せる永続的反応所産を生み出さない行動を減らしたり除去したりするためにも適用することができる。例えば、ヒューワードら（Heward, Dardig & Rossett, 1979）は、積極的練習型過剰修正をどう使えば、10代の娘が話し言葉の文法上の間違いを止めるよう支援できるかを紹介した。ユーニスはたびたび3人称単数で"doesn't"ではなく"don't"という短縮形を使った（例えば"He don't want to go."）。正の強化プログラムとして、ユーニスが"doesn't"を正しく使うと、そのたびに好きな活動と交換できるポイントを稼ぐことができるようにしたが、その話し言葉にほとんど効果がなかった。ユーニスは、正しく話すべきであるという両親の主張には同意したが、自分の行動はクセであると主張した。ユーニスと両親は、この強化プログラムを軽度弱化手続きによって補うことにした。ユーニスか両親のどちらかが、彼女の話し言葉で"don't"の誤用を見つけると、そのたびに今さっき話したばかりの完全な文章を、正しい文法を使って連続10回言うことにした。ユーニスは、腕輪型カウンターを装着した。それは自分の話を聞いて積極的練習型過剰修正を使った回数を記録することを忘れないためだった。

積極的練習が問題行動の抑制に効果的であるときでも、どんな行動メカニズムが行動改善の原因になったかは明らかではない。弱化（罰）によって反応頻度が減るのかもしれない。問題行動の結果として、努力を要する行動に従事するからである。積極的練習の成果として問題行動の頻度が減るのは両立しない行動の頻度の増加の関数、つまり集中的、反復的練習によって個人のレパートリーの中で強められる正しい行動が増加したせいかも知れない。アズリンとベサレル（Azrin & Besalel, 1999）は、積極的練習がなぜ効果的かの理由は、問題行動が「意図的」なものか、スキル欠如によるのかによって変化するとした。

積極的練習は、それに伴う不便さと努力のせいで有効なのかもしれないし、追加学習をもたらすせいで有効なのかもしれない。子どもの誤りが意図的行為によって引き起こされたものならば、積極的練習に含まれる追加の努力が、将来の問題行動のやる気をそぐことになる。しかしもしその問題行動が不十分な学習の結果であるならば、子どもは正しい行動を集中練習するせいで、その問題行動（または誤り）を止めることになるだろう。(p.5)

　過剰修正を実行するための具体的手続きは、問題行動とそれが環境や場面や望ましい代替行動に及ぼす影響によって、また学習者の現在のスキルによっても大きく違ってくるが、一定の一般的ガイドラインを示すことはできる（Azrin & Besalel, 1999; Foxx & Besalel, 1983; Kazdin, 2001; Miltenberger & Fuqua, 1981）。

1．問題行動が起こったら（またはその影響を発見したら）即座に落ち着いた、感情的にならない声の調子で、学習者に君は間違いをしたと伝え、なぜその行動が修正されなければならないかを短く説明する。責めたり叱ったりしない。過剰修正は、将来の問題行動の生起を減らすため論理的に関係した結果を必要とする。非難や叱責は、この戦術の効果を高めないし、学習者と実践家の人間関係を害する恐れがある。

2．学習者が遂行しなければならない過剰修正の順序を示す明確な言語指示を与える。

3．問題行動が起こった後、できるだけ早く、過剰修正の順序を適用する。状況によって過剰修正の順序にすぐ着手できないときは、学習者にいつ過剰修正の過程を行うかを伝える。過剰修正は後で行っても有効であるという研究結果が、いくつかの研究によって見出されている（Azrin & Powers, 1975; Barton & Osborne, 1978）。

4．学習者の過剰修正活動を一部始終モニターする。反応プロンプトは身体的ガイダンスを含めて必要最小限にする。学習者が過剰修正のすべての順序を確実に遂行するために必要な範囲内にとどめる。

5．学習者に正反応に対する最小限のフィードバックを与える。過剰修正の順序の間は、あまり褒め過ぎても注目してもいけない。

6．学習者が通常の活動をしているとき、適切な行動を「自発的に」行ったら、そのたびに褒めて注目し、そのほかの形の強化を与える（代替行動の強化は、技術上は過剰修正手続きに含まれないが、それによって弱化に基づくすべての介入を補完することが推奨される）。

「望ましくない行動をした後の数分間の修正訓練の結果として、急速で長持ちする治療効果を招

いてきた」（Kazdin, 2001, p. 220）が、実践家は過剰修正にまつわるいくつかの問題と限界に留意すべきである。第1に、過剰修正は労働集約的で時間を取る手続きである。それを行う実践家は細心の注意を払わなければならない。過剰修正の適用は、通常、過剰修正の過程の間ずっと学習者をモニターすることを実践家に要求する。第2に、過剰修正を弱化として有効にするためには、学習者が過剰修正の順序をモニターする人と一緒に過ごす時間が、強化にならないようにしなければならない。「もしそうなら、ママが息子とおしゃべりしてミルクとクッキーの休憩時間を与えるときはいつも、台所の床全体をワックスがけする価値があることになってしまう」（Heward et al., 1979, p. 63）。

　第3に、頻繁に問題行動をする子どもは、長いリストの「おそうじ」行動をまさにそう命令されるが故に遂行しないかもしれない。アズリンとベサレル（Azrin & Besalel, 1999）は、過剰修正の順序を遂行することを拒否する可能性を最小にする3つの戦術を提言した。（1）学習者により厳しいどんな懲戒処分が待っているかを、そしてもし拒否し続ければ処分が強制されるということを思い出させる。（2）問題行動が起こる前に修正の必要性を話し合っておく。（3）どんな妨害行動をしても、そうすれば必ず修正が予想され、それが日常習慣となるようにする。もし子どもがあまりにも強く反抗するか攻撃的になるならば、過剰修正は実行可能な治療法ではないかもしれない。成人の学習者ならば、過剰修正の一連の動作を遂行する決断を自発的にしなければならない。

5．条件的電気刺激提示

　弱化としての**条件的電気刺激提示**（contingent electric stimulation）は、問題行動が起こった直後に、短時間、電気刺激提示を行うことである。治療に電気刺激（電撃）を使うことには賛否両論があり、強い意見を引き起こすが、デューカーとザイス（Duker & Seys, 1996）は、条件的電気刺激提示は慢性的な生命を脅かす自傷行動（SIB）を抑制するための、安全かつ極めて有効な方法になる可能性があることを46本の研究が示していると報告した。頭部や顔面を自分で殴打する行動に電気刺激を与えて弱化させる最も厳密に研究され慎重に適用された手続きの1つは、自傷行動抑止装置（Self-Injurious Behavior Inhibiting System, SIBIS）である（Linscheid, Iwata, Ricketts, Williams & Griffin, 1990; Linscheid, Pejeau, Cohen, & Footo-Lenz, 1994; Linscheid & Reichenbach, 2002）。SIBIS装置は、感知モジュール（頭に装着）と、刺激モジュール（足や腕に装着）でできている。それには、無線受信機と、9Vバッテリーと、電気刺激を発生させ計時する電気回路が収納されている。頭部か顔面に閾値以上の殴打が加えられると、感知モジュールの衝撃検出機が作動する。そこから無線信号が刺激モジュールの受信機に送信される。するとそれが可聴音を生み出し、その音に電気刺激（84V、3.5mA）が0.08秒間随伴する。「主観的には、その電気刺激経験の両極端の一方は微小で感知できないもの（低）、他方は腕にゴムバンドをはじかれた程度のもの（高）として説明されてきた」（Linscheid et al., 1990, p. 56）。

　リンシャイドら（Linscheid et al., 1990）は、「積年の、重度の、以前は手がつけられなかった」自傷行動のある5人に対する治療法としてのSIBISを評価した。参加者の1人ドナは、最重

度知的障害があり、言葉がなく、自力で食べて排泄するスキルが欠如していた。ドナの両親の報告によると、研究の10年以上も前から、ドナは瘢痕ができるほど強い力で自分の顔や頭を殴るようになっていた。ドナが自分を傷つけるのをやめさせるため、他行動分化強化（DRO）や、「ジェントル・ティーチング」や、再方向づけや、反応阻止など、さまざまな治療法を試みたが、どれも成功しなかった。「例えば、ベッドで頭をたたくのを防ぐため、両親はドナが眠るまで、毎晩腕を押さえつけていなければならなかった。ときには、3、4時間も切れ目なしに注意し続けなければならなかった。両親はもう続けられないと感じていた」(pp. 66-67)。ドナは歩けるのに、研究を始めたときは1日のほとんどの時間、SIBを防ぐため車椅子に乗せられ、肘掛けに腕を縛り付けられていた。

ドナのSIBに対するSIBISの効果は、リバーサルデザインによって評価された。それにはSIBIS作動中とSIBIS停止中の条件が含まれていた。すべてのセッションは10分間か、ドナが25回頭をたたくまで続けられた。SIBIS停止中のセッションでは、ドナは感知モジュールと刺激モジュールを装着していたが、刺激モジュールは作動を停止されていた。第1ベースラインとSIBIS停止段階はそれぞれ6セッション行われた。その間ドナは平均最低1秒に1回（1分あたりそれぞれ68.1回と70.2回。図14.7を参照）の割合で頭をたたいていた。SIBISを作動させた最初のセッションで、ドナのSIBは1分に2.4回まで減った。SIBIS作動中の全セッションにおいて頭をたたいた回数は、平均1分当たり0.5回だった。これに対して、ベースラインとSIBIS停止中の全セッションにおいては、合わせてそれぞれ1分当たり平均50.2回（1.7から78.9回）と、32.5回（0から48.0回）だった。SIBISは、ドナの頭たたき行動をベースライン水準から98.9％減少させたことになる。SIBIS作動セッションをすべて合わせると、ドナは電気刺激を32回、合計2.6秒与えられた。SIBIS作動中のセッションでは、危険のため中断することはなかった。一方、ベースラインセッションでは100％、SIBIS停止中のセッションでは64％において、ドナが25回頭をたたいたため、セッションを中断した。

5人の参加者から、同様の結果が得られた。すなわちSIBISによる治療は、即時的にほぼ完全にSIBを停止させた。電気的嫌悪刺激提示の使用に関しては、法律的、倫理的、道徳的な問題や懸念があるが、リンシャイドとライケンバック（Linscheid & Reichenbach, 2002）は、次の見解を示した。「嫌悪刺激治療を用いるという決定は、多くの要因を考慮したうえで行わなければならないが、これらの考慮の中にSIB抑制の早さと程度も含めることを提案する」(p. 176)。公式なデータと逸話的報告においてネガティヴな副作用がなく、いくつかのポジティヴな副作用が起こることが示されている。例えば、ドナの両親の報告によれば、彼女の全体的適応に向上が見られ、もはや夜はベッドに拘束する必要はなくなった。ドナの教師は次のように報告した。

> SIBIS導入以後、教室にはまったく新しい女の子が入ったように見える。ドナはもはや手を縛られる必要はなくなった。レスリング用ヘルメットを着けたり、頚部の首当てを付けたりすることなく、教室を歩き回っている。彼女はより笑うようになったし、騒ぐこともはるかに少なくなった。教室で起こっていることにより注意を払うようにもなった。前よりも物や人に手を伸ばしてくる。(p. 68)

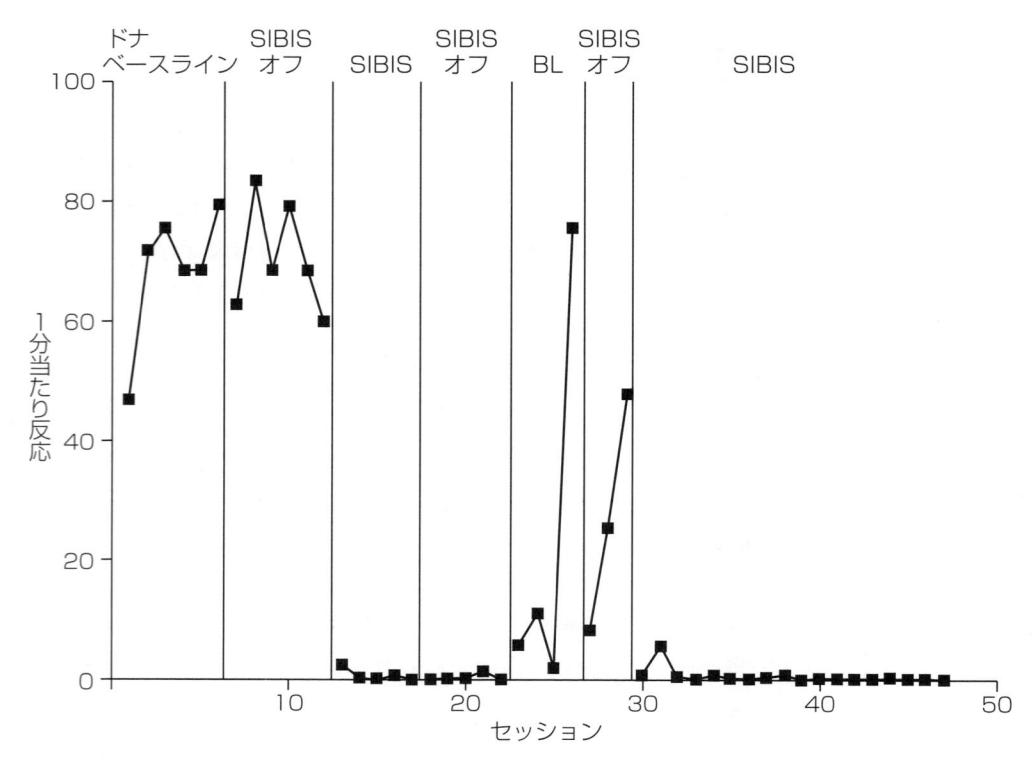

図14.7　10年の自傷行動歴をもつ17歳女子のベースライン、SIBISオフ条件、SIBISオン条件における1分当たりの頭をたたく回数

From "Clinical Evaluation of SIBIS: The Self-Injurious Behavior Inhibiting System" by T. R. Linscheid, B. A. Iwata, R. W. Ricketts, D. E. Williams, and J. C. Griffin, 1990, *Journal of Applied Behavior Analysis, 23,* p. 67. Copyright 1990 by the Society for the Experimental Analysis of Behavior, Inc. Used by permission.

　抑制効果の維持については広く実証されてはいないが（Ricketts, Goza & Matese, 1993）、SIBISの長期的な有効性についてはいくつかの報告がなされている（Linscheid & Reichenbach, 2002）。例えば、サルヴィら（Salvy, Mulick, Butter, Bartlett & Linscheid, 2004）は、頭をたたく行動を18ヵ月間繰り返して慢性化した履歴をもつ3歳女児のSIBが、SIBISの1年後のフォローアップで、ほぼゼロレベルに維持されていたと報告した。

Ⅲ　弱化を効果的に使うためのガイドライン

　研究と臨床的応用によって、弱化（罰）は問題行動に急激で長期的な抑制を生み出すことが証明されてきた。行政機関の方針や、人間被験者の審査手続きや、歴史的慣例によって、臨床ベースの場面において弱化を研究や治療に使うことが制限されてきた（Grace, Kahng & Fisher, 1994）。しかしながら、弱化は次の場合は治療の選択肢になりうる。(a) 問題行動が肉体に深刻な損傷をもたらし、即座に抑制しなければならない。(b) 強化ベースの治療によっては、問題行動を社会的に許容できるレベルまで減らせない。(c) 問題行動を維持する強化子を同定できな

いか制止できない（Lerman & Vorndran, 2002）。

　弱化ベースの治療の使用を決定する場合は、弱化刺激をできるだけ確実に有効にするためのステップを踏むようにしなければならない。以下のガイドラインは、実践家が望ましくない副作用や問題を最小にして効果を最大にするように、弱化を使ううえで役立つだろう。これらのガイドラインの基盤には、問題行動を維持する変数を同定する行動機能査定が分析家によってなされており（第24章を参照）、問題行動の媒介変数に関して曖昧さが最小限になるように問題行動が定義されており（第3章を参照）、参加者は弱化を回避し逃避することができないということが前提になっている。

1．有効で適切な弱化子を選ぶ

（1）弱化子査定を行う

　第11章で紹介した強化子査定と同様に、弱化子として機能する可能性のある刺激を同定するために、それと同じ過程を適用することができる。フィッシャーら（Fisher et al., 1994）は、入院治療機関に照会された3人の子どもの異食行動を減らすため、経験的に引き出した弱化子と強化子の組み合わせを個別に適用したうえで、弱化子査定をすることの2つの利点を突き止めた。第1に、有効な弱化子を早く特定すればするほど、問題行動への適用が早くなる。第2に、弱化子査定のデータから問題行動の抑制に必要な弱化子の大きさや強度が明らかになる可能性もあるので、実践家は最小強度でなお有効な弱化子を与えることができるようになる。

　弱化子査定は、刺激選好およびまたは強化査定そっくりである。ただし、行動分析家はそれぞれの刺激への関与や接触期間を測定する代わりに、それぞれの刺激と関連した否定的な言辞、回避の動き、逃避の試みを測定する。弱化子査定のデータは、それぞれの刺激変化の弱化子としての相対的有効性についての仮説をつくるために使われる。

　潜在的有効性をもついくつかの弱化子の中からどれを選ぶかの決定は、弱化が生み出す相対的侵入性の程度と、弱化手続きを臨床場面や教室や家で実行することになるセラピストや教師や両親などが、一貫して安全に与えるうえでの容易さに基づいてなされるべきである。それに続いて観察を行えば、侵入性が少なく時間がかからず適用がさほど難しくない結果を使えるようになることが明らかになるかもしれない。トムソンら（Thompson et al., 1999）は次のような経験を報告している。

　　　私たちは、それぞれの参加者について短い評価を行い、有効な弱化手続きを同定した。評価のための手続きは、SIBの形態（トポグラフィー）と、見かけ上最小の侵入度と、実験者がその手続きを安全有効に適用できる能力に基づいて選ばれた。この段階で私たちは短期ABデザインを使って幾つかの手続きを評価し、SIBの75%かそれ以上の減少をもたらした最小制約手続きを選んだ。例えば、まずシェリーに対して、手で15秒間拘束する方法を評価した。この手続きの間、セラピストは言葉による叱責を与え、シェリーの手をひざのところで15秒間押さえ、そして布でシェリ

ーの手を拭った。この手続きはSIBを規定のレベルまで減少させた。しかし、その後、セラピストが叱って（例えば「つば出さない」）、シェリーの手を拭くだけでも（ひざのところで手を押さえなくても）、SIBが同程度減ることが観察された。そこで私たちは、叱責と手を拭く手続きを採用した。(p. 321)

（2）十分な有効性と大きさの弱化子を用いる

　弱化子の質（有効性）は、実験参加者に影響を与えるたくさんの過去と現在の変数に関係している。例えば、トムソンらは、15秒間の身体拘束がリッキー、ドナ、リンにとっては非常に質の高い（有効な）弱化子だったが、この身体拘束はシェリーには有効ではなかったことを見出した。逃避や回避行動を確実に喚起する刺激は、質の高い弱化子として機能することが多いが、ある行動を効果的に抑制する刺激変化は、他の行動には有効ではなく、高く動機づけられた問題行動は、特に質の高い弱化子によってしか抑制できない恐れがあることを、実践家は認識しておくべきである。

　一般に、基礎研究者と応用研究者は、弱化刺激の強度（大きさか量）が強ければ強いほど、行動の抑制も大きくなることを発見した。しかしこの研究結果は、時間をかけてレベルを少しずつ上げていくのではなく、最初から最大のレベルの強度で弱化刺激を提示するという条件つきで言えるものである（Azrin & Holtz, 1966）。例えば、トムソンら（Thompson et al., 1999）は、以前紹介した弱化子査定の手続きを使って、弱化刺激の最適水準の強度、すなわち4人の成人参加者のSIBをベースライン水準より75％以上減らす強度を決定した。この基準を満たした弱化刺激は次の通りだった。「リッキーがSIBを起こせばそのたびに手を15秒間ひざのところで押さえた。ドナとリンはどちらもSIBを起こせば言葉による叱責を受け、両手を15秒間胸の前にクロスさせて押さえるようにした」。(p. 321)

　十分な強度の弱化刺激から開始するということは重要である。なぜなら参加者は徐々に強度が上昇すると、その弱化刺激に適応してしまうからである。例えば、もしトムソンらが弱化刺激を3秒間から始めて、その大きさを3秒間隔で徐々に上げていったとしたら、リッキーとドナとリンのSIBに対する15秒の運動拘束は、弱化刺激としては不十分だった可能性がある。

（3）変化に富む弱化子を用いる

　弱化刺激の有効性は、その刺激が反復して提示されることによって、低下する可能性がある。変化に富む弱化子を使うことは、馴化効果（habituation effect）を妨げるのに役立つかもしれない。さらに多様な弱化子を使うことによって、侵入性の低い弱化子の効果を高める場合もある。例えば、チャーロップら（Charlop, Burgio, Iwata & Ivancic, 1988）は、多様な弱化子を提示する場合と、単一の弱化子を提示する場合を比較した（すなわち、きつく「ダメ」と言う、過剰修正、身体的拘束によるタイムアウト、大きなノイズ）。3歳、5歳、6歳の発達障害児が実験参加者となった。彼らの問題行動は、攻撃（子ども1）、自己刺激行動と妨害行動（子ども2）、攻

第14章 刺激提示による弱化

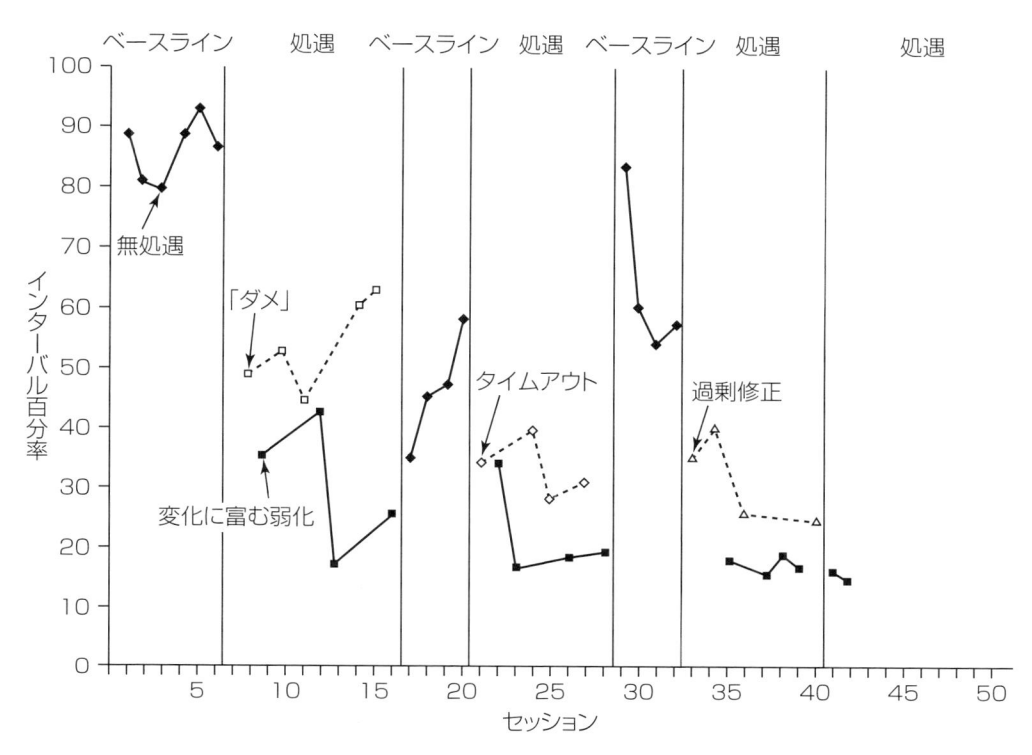

図14.8 6歳自閉女児の自己刺激と破壊行動の生起インターバル百分率

From "Stimulus Variation as a Means of Enhancing Punishment Effects," by M. H. Charlop, L. D. Burgio, B. A. Iwata, and M. T. Ivancic, 1988, *Journal of Applied Behavior Analysis, 21,* p. 92. Copyright 1988 by the Society for the Experimental Analysis of Behavior, Inc. Used by permission.

撃性と離席（子ども3）だった。変化に富む弱化条件は単一提示条件よりやや効果的であり、侵入度のより低い弱化刺激に対する敏感性を高めた。チャーロップらは「一般的に使われる弱化子をさまざまな形式で提示することによって、より侵入度の高い弱化手続きを使わなくとも、問題行動はさらに減少する」（p. 94、図14.8を参照）と結論づけている。

2．行動連鎖の最初の時点で弱化子を提示する

　問題行動が始まったらすぐ弱化を与えることは、その行動連鎖が完了するまで待つよりも効果的である（Solomon, 1964）。問題行動を構成する反応順序が1度始まると、連鎖のそれぞれのステップの完遂に結びついた強力な2次性強化子がプロンプトとなって、その継続を促す可能性がある。そしてそれが、連鎖の最後に起こる弱化の制止的抑止的効果を弱めてしまう恐れがある。したがって、実践場面においては、弱化刺激は常に行動連鎖の後の方よりも早い方に提示すべきである。例えば、激しい腕振りが確実に眼球つつきの自傷行動の前兆になっていれば、弱化（例えば、反応阻止、拘束）は、腕振りが始まったときすぐに提示すべきである。

3. 最初は行動の個々の生起を弱化する

各々の反応に弱化子が随伴するとき、弱化は最も有効になる。これは、弱化による介入を初めて実行するときとくに重要である。

4. 徐々に間欠スケジュールに移行する

問題行動のそれぞれの生起に弱化子が即座に随伴するとき弱化は最も有効になるが、実践家には行動のそれぞれの生起に対応するための資源も時間もないため、連続弱化スケジュールは不可能であることに気づくかもしれない（O'Brien & Karsh, 1990）。反応が連続弱化スケジュールによって減少した後は、間欠弱化スケジュールによって行動を社会的に認められる程度の頻度に十分維持できることが、いくつかの研究によって明らかにされた（例えば、Clark, Rowbury, Baer & Baer, 1973; Lerman et al., 1997; Romanczyk, 1977）。

間欠弱化スケジュールを使うための２つのガイドラインを提言する。第１に、これが特に重要であるが、最初に連続弱化スケジュール（FR 1）を使って、問題行動を臨床的に許容できるレベルまで減らし、それから徐々に疎にして間欠弱化スケジュールにしてゆくべきである。第２に、間欠弱化と消去を組み合わせよう。問題行動を維持する強化子を同定してそれを保留することができなければ、減った反応が間欠スケジュールで継続されるとは考えにくい。間欠弱化スケジュールについてのこの２つのガイドラインを満たしたとき、問題行動が許容範囲を超えて上昇した場合は連続弱化スケジュールに戻し、許容できる低い反応率を回復させてから、前に使ったよりも濃い間欠弱化スケジュール（例えば、VR 4 よりも VR 2）に向かって徐々にシフトさせていく。

5. 反応から弱化への遅延による媒介を用いる

強化子の場合と同様に、反応直後に随伴して起こる弱化子のほうが、反応が起こって一定時間が経過してから提示される弱化子より有効である。強化子の文脈では、ストローマーら（Stromer, McComas, & Rehfeldt, 2000）が、連続強化スケジュールと間欠強化スケジュールの使用が、日常場面に対するプログラミングのまさに最初のステップかもしれないことに気づかせてくれた。なぜなら日常環境において反応を維持させる働きをする結果は、しばしば遅延性だからである。

> 行動レパートリーの最初の生起例を確立するためには、通常、標的反応の起きた直後にプログラム化された結果が起こるように用いなければならない。しかし、応用行動分析家の仕事には、遅延強化を戦術的に活用することも含まれる。(p. 359)

応用行動分析家の仕事には、弱化までの遅延インターバル（delay-to-punishment interval）を

伴う随伴性の戦術的プログラミングも含まれる。ラーマンとヴォーンドラン（Lerman & Vorndran, 2002）は次のように述べている。

　　　問題行動に対する結果は、日常環境においてはしばしば遅れる。保護者や教師は、行動をしっかりモニターしたり、問題行動の生起例の直後に非常に長い弱化子（例えば、15分間の条件的作業）を提示したりすることができないことが多い。個人が弱化を与える主体と争ったり逃げ出したりして、プログラム化された結果の適用に対して積極的に抵抗する場合も、弱化は遅延するかもしれない。場合によっては、問題行動は主として弱化を与える主体がいないときに起こり、その行動が突き止められるまでは、プログラム化された弱化は必然的に遅れて与えられる。(pp. 443-444)

　一般に、応用行動分析家は、弱化までの遅延インターバルをプログラミングすることを避けてきた。ラーマンとヴォーンドラン（Lerman & Vorndran, 2002）は、弱化の基礎研究と応用研究のレビュー論文において、弱化までの遅延の有効活用に関連する変数について論じた応用研究は2本だけだったことを発見した（Rolider & Van Houten, 1985; Van Houten & Rolider, 1988）。そしてこれらの応用行動分析家が、問題行動の生起と弱化の結果の間の遅れを媒介するさまざまな技法を用いていたことを指摘した。

　　　[彼らは]情緒障害と発達障害の子どもに対するさまざまな媒介性遅延弱化の効果を実証した。媒介の形態の1つは、その日の早い時間に収集された子どもの妨害行動のビデオ録画を再生するというものだった。それから弱化性の結果（身体拘束や言葉での叱責）を提示した。一部のケースでは、記録が収集されている対象児にそのテープレコーダーがはっきり見えるようにした。そして遅延性弱化の提示においてテープレコーダーの果たす役割についての言語説明も与えた。これらの要因は、（例えば、弱化の弁別刺激として機能することによって）不適切な行動とその結果との時間的ギャップを埋める役割を果たした可能性がある。(p. 444)

6. 介入実践において補助的に弱化を使う

　一般に、応用行動分析家は、弱化を単一の介入としては使わない。すなわち彼らはほかの介入、主として分化強化や、消去や、さまざまな先行介入を使って、弱化を補足する。基礎研究者と応用研究者は、学習者が強化に対してほかの反応を行うことができるとき、弱化の効果を高めることができることを、一貫して見出している。ほとんどの場合、応用行動分析家は弱化を補完するために、治療プログラムに代替行動分化強化（DRA）と、非両立行動分化強化（DRI）と、他行動分化強化（DRO）（第22章を参照）を組み入れなければならない。問題行動の減少手続きとして分化強化を使う場合、それは2つの成分から構成される。(1)問題行動以外の行動の生起を条件として強化を与える。(2)問題行動に対して強化を与えない（すなわち消去。第21章を参照）。本章で前に紹介したトムソンら（Thompson et al., 1999）の研究（図14.4を参照）は、

代替行動の強化がいかに弱化の抑制効果を強め、「比較的温和な弱化手続き」でさえも、これまで変化に抵抗してきた慢性の問題行動に対して有効にさせるかを示した優れた例を提供している。

　実践家には代替行動を大量に強化することを提言したい。さらに、学習者が適切な行動を自発することによって強化を入手すればするほど、問題行動を自発することへの動機づけは弱まる。言い換えれば、代替行動に大量の一貫した強化を与えることは、問題行動の頻度を弱める（減らす）無効操作（abolishing operation）として機能する。

　代替行動の強化を提言する重要な理由はさらにもう1つある。応用行動分析家は、自分の奉仕するクライエントや子どもが、新しいスキルと自分の環境をコントロールして成功するために、より有効な方法を教えることを業務としている。弱化は（一部の過剰修正手続きを除いて）、人のレパートリーから行動を除去する。それらの行動が自分のレパートリーから消失することによってその人がより幸せになるとしても、弱化はただ何をすべきでないかということしか教えてくれず、代わりに何をすべきかは教えてくれない。

　機能的コミュニケーション訓練（functional communication training, FCT）や、高確率要求連続（high-probability request sequence）や、非条件的強化（noncontingent reinforcement, NCR）などの先行介入は、問題行動を維持する強化子の有効性を弱めることによって、問題行動の生起頻度を減少させる（第23章を参照）。これらの介入の有効性は、弱化と組み合わせることによって高められる。例えば、フィッシャーら（Fisher et al., 1993）は、機能的コミュニケーション訓練（FCT）はコミュニケーション能力の欠如した重度遅滞の4人の参加者の妨害行動を臨床的に有意義なレベルにまで減らすことができなかったが、FCTと弱化を組み合わせることによって問題行動の最大の最も一貫した減少を生み出すことを見出した。

7．否定的副作用の準備をしておく

　弱化によって起こる可能性のある副作用は予見しにくい（Reese, 1966）。弱化による1つの問題行動の抑制は、別の望ましくない行動の増加につながる恐れがある。例えば、自傷行動の弱化は、一層高いレベルの不服従や攻撃を生み出す恐れがある。1つの問題行動の弱化が、別の望ましい行動の同時減少につながることもある。例えば子どもに着想のよくない段落について書き直しを要求すると、その結果あらゆる学業的作業を停止させることがある。弱化が望ましくない副作用を何ら生み出さなくとも、実践家は例えば逃避や回避、感情の爆発、行動対比などの問題に注意を怠ってはならない。また起こるかもしれないそうした出来事に対処する計画を立てておくべきである。

8．日々のデータを記録し、グラフ化し、評価する

　弱化ベースの介入の初期セッションにおけるデータ収集は特に重要である。消去や代替行動の分化強化など、抑制効果がたいてい緩慢な行動減少の手続きとは違って、弱化の抑制効果は突然

に起こる。弱化に関する基礎研究の古典的なレビュー論文において、アズリンとホルツ（Azrin & Horz, 1966）はこう述べている。

> 事実上、弱化についての研究はすべて、その弱化がそもそも効果的ならば、弱化による反応の減少は即座に起こるということで完全に一致している。データが１日当たりの数や反応によって提示されているならば、弱化が適用されたまさに最初の日に反応は激的に弱められるか、または除去される。データが時々刻々の変化によって提示されているならば、弱化の最初の数回の提示によって、あるいは最初の数分の間に、反応の減少が見られる。(p. 411)

本章で示しているすべてのグラフの、弱化条件で見られる最初のデータポイントは、アズリンとホルツによる弱化の即時的効果についての記述に対するさらなる経験的証拠を与える。弱化の効果は突然起こるため、実践家は介入の第１セッションか第２セッションのデータにとりわけ注意を払う必要がある。弱化に基づく介入において最初の２回のセッションで問題行動の顕著な減少が見られなければ、実践家はその介入に調整を加えるべきである。

弱化の観点からデータをこまめに点検するよう心がければ、介入の目的に関与した人々に問題行動が意図したように減っているか除去されているかに気づかせ、減少しているか除去されているかどうかを明らかにする。臨床的、社会的に有意義な改善が起こり維持されていることがデータによって示されれば、弱化は間欠スケジュールにシフトすることができるか、おそらく完全に停止させることができるだろう。

IV 弱化の使用に関する倫理的考察

弱化の使用に関する倫理的考察は、３つの主要な問題を中心に繰り広げられる。すなわち、安全で人道的な処遇を受ける権利、最小制約手続きを用いる専門家としての責任、効果的処遇をうけるクライエントの権利である[8]。

１．安全で人道的な処遇を受ける権利

ヒポクラテスの誓い（Hippocrates, 460BC-377BC）によれば、すべての福祉サービスの提供者にとって第１の倫理規範と責任は、害をなすなかれ、である。したがって、どんな行動改善プログラムであれ（生命を脅かす自傷行動を減らす弱化ベースの介入であれ、新しい学業スキルを教える正の強化の適用であれ）、関係者全員にとって身体的に安全でなければならないし、参加者を辱めたり礼を失したりするような成分を含んでいてはならない。

対象となる個人の保護者も当人も、身体的、精神的、社会的に危険にさらされないならば、その処遇は安全であるとみなされる（Favell & McGimsey, 1993）。人道的処遇とは何かについての

注８：第29章において、応用行動分析家の倫理的問題と倫理的実践に関する詳しい考察を紹介する。

普遍的に認められた定義は存在しないが、合理的に考えれば、人道的処遇とは、(a) 治療的効果が上がるようにデザインされ、(b) 優しく思いやりをこめて提供され、(c) 形成的評価によって効果を判定され、効果が実証されなければ中止され、(d) 個人の身体的、心理的、社会的ニーズ全般に敏感であり、それらに対応するものである、といえるだろう。

2. 最小制約選択肢

　福祉サービスの専門家にとっての第2の倫理規範は、クライエントの生命への侵入は効果的介入を提供するために必要なときだけに限ることである。最小制約選択肢の原則（doctrine of the least restrictive alternative）では、まず侵入性の少ない手続きを試みて、その効果がないことを確かめてから、より侵入的な手続きを適用すべきであるとされている。介入は制約性の連続線に沿い、最小制約介入から最大制約介入に至る範囲に収まる。処遇手続きが個人の生命や独立性、例えば日常環境で日々の活動を普通に行う能力に対して影響を与えれば与えるほど、その制約性はより大きくなる。完全に非制約的な介入というのは論理的誤謬である。いかなる処遇であれ、介入としての資格をもつためには、何らかの形で個人の生命に影響を与えなければならない。連続体の他端には絶対的制約性が存在する。それは独房監禁の場合であり、その間個人は独立性を享受することができない。応用行動分析家が開発して適用する行動改善介入は、すべてこの両極の間に収まる。

　何らかの弱化ベースの介入を選ぶということは、原則として、すべての正のアプローチ、ないし正の抑制的アプローチでは行動が改善できないことが証明されたため、それに基づいてそれらを効果のないものとして排除することである。例えば、ゲイロード-ロス（Gaylord-Ross, 1980）は、異常行動を減らす意思決定モデルを提唱した。それは実践家が弱化を適用する前に、査定判断や、不適切なまたは効果のない強化スケジュールや、生態学的変数や、カリキュラム修正を検討して、そのうえでそれらを考慮の対象から除外するというモデルである。

　一部の著者や専門団体は、弱化ベースの手続きはすべて本来的に侵入性があり、決して使うべきではないという見解を提案している（例えば、Association for Persons with Severe Handicaps, 1987; La Vigna & Donnellen, 1986; Mudford, 1995）。ほかの人々は逆の見解を提案する。弱化ベースの手続きは本来的に侵入性があるため、もっぱら最後の手段として用いるべきであるという（Gaylord-Ross, 1980）。

　ほとんどの人が、正の強化をベースとする介入の方が負の強化をベースとする介入より制約性が少ないと評価するだろう。すなわち、強化による介入の方が弱化（罰）による介入より制約性が少なく、負の弱化（消極的罰）を用いる介入の方が正の弱化（積極的罰）を用いる介入より制約性が少ない、と。しかしながら、ある介入の侵入性や制約性は、基になる行動原理によっては決定することができない。制約性というのは相対的概念である。それは手続きの細部によって左右され、究極的には適用される人のレベル次第である。遮断（強化を遠ざけておくこと）を要する正の強化の介入は、間違って反応するたびにブザーが鳴る正の弱化よりもより制約的である。また、ある人にとって侵入的に思われるものでも、ほかの人にとっては何ら不快を感じさせない

ものもあるだろう。ホーナー（Horner, 1990）は、弱化の介入が次に示す条件を満たすならば、問題行動（challenging behavior）を減らす介入として、ほとんどの人が受け容れるだろうと述べた。すなわち、「（a）肉体的苦痛を与えない、（b）医学的配慮を要するような影響はもたらさない、（c）社会において人々が相互にどう遇するべきかについての通常の規範から外れていないと主観的に判断される」（pp.166-167）。

　弱化の原理に基づく反応減少介入のレビュー論文において、フライマンとポーリング（Friman & Poling, 1995）は、弱化ベースの戦術、例えば問題行動の生起を条件として努力を要する反応を個人に求める介入は、ホーナー（Horner, 1990）の提唱した容認できる反応減少介入基準に収まることを指摘した。フライマンらは「それらの手続きはどれも苦痛を引き起こし、医学的配慮を必要とし、社会的規範に反するものではなかった。例えば、コーチは指揮に従わない選手にトラックを走らせ、教練教官は不正行為をする新兵に腕立て伏せをさせる」（p. 585）と述べた。

　最小制約的選択肢による実践は、まず侵入性の少ない手続きを試して、効果のないことを確かめて、それからより侵入的な手続きを導入することを前提とするが、実践家はこのアプローチを効果基準（effectiveness standard）と照合してバランスを取らなければならない。ガストとウォレリー（Gast & Wolery, 1987）は、もし侵入性は低いが効果がない手続きと、侵入性はあるが効果のある手続きとの間で選択しなければならないときは、後者を選ぶべきであると提案した。行動分析学会から指名された「効果的な処遇を受ける権利に関する調査特別委員会」（A Task Force on the Right Effective Treatment）は、証明された有効性の程度を基準にして、処遇の選択肢の究極的制約性を判断することが重要であることに関して、次のような見解を示した。

　　　制約性が最も少なく、しかも有効な治療をという哲学をかんがみると、その手続きが安全で臨床的に有意義な行動改善を生み出すことが証明できない限り、制約的な手続きに個人をさらすことは容認できない。同様に、査定の結果や利用できる研究から、別の手続きの方が有効であることが示された場合、制約性の低い介入（またはその種の一連の介入）に個人をさらすことも容認できない。それどころか、効き目の遅い非制約的な手続きは、治療を長引かせて危険性を高め、必要な訓練プログラムへの参加を著しく制限または妨害し、一層最適な社会環境ないし生活環境への参入を遅らせて、最終的にはもっと制約的な手続きの使用とそれへの馴化に至るとすれば、極めて制約的な方法であると考えられる。したがって場合によっては、クライエントが効果的治療を受ける権利は、一時的には制約的であるがより効き目の速い治療法を即座に使用する必要を意味することがある。

　　　ある手続き全体の制約性の水準は、制約性の絶対水準と、臨床的に容認できる結果を生み出すために要する時間量と、遅らせた介入にまつわる結果との複合関数である。なお、そのうえに、特定の処遇技法の選択は、個人の信念に基づかせてはならない。技法の「良し」「悪し」は、結果刺激より先行刺激を、弱化より強化を用いることが含まれるかどうかで判断してはならない。例えば、強化は弱化と同様に、多数の間接的影響をもたらす。その中には望ましくないものも含まれる。

まとめると、治療選択に関連する決定は、その行動に関する査定の間に得られた情報やその選択がもたらすリスクやその制御変数に基づいて、また利用できる処遇選択肢のもつ相対的有効性やリスクや制約性や潜在的副作用についての慎重な考慮に基づいて、そして治療が適用される全体的文脈の調査に基づいて行われる（Van Houten et al., 1988, pp. 113, 114）。

3．効果的な処遇を受ける権利

　弱化の使用に関する倫理的議論は、非常に多くの場合、起こりうる副作用の問題と、弱化子を経験することがその人にどの程度、不必要な苦痛と起こりうる精神的危害をもたらすかを中心に繰り広げられる。これらの問題はいずれも慎重に考慮するに値するが、効果的な処遇を受ける権利も、これらに劣らず同様に重要な倫理的問題を提起する。それは特に、慢性的で生命を脅かすような問題行動を経験する人々にとって重要である。自分のクライエントの自己破壊行動に対して、類似した行動を抑制するうえで有効であることが研究によって証明された弱化（罰）手続きを適用しないことは、非倫理的であると主張する者もいる。というのは、そうすることによって、潜在的に有効な治療を与えないことになり、本人にとって危険で不快な状況を継続させる危険を冒すことになるからである。例えば、ベア（Baer, 1971）は、「人々が自らの習慣的行動によって引き起こしている一層大きな弱化から彼らを救い出すならば、［弱化は］正当と認められ賞賛に値する合法的な治療技法である」（p. 111）と述べた。

　一部のクライエントには、慢性的に危険な行動がある。なかには正の強化や、消去や、正の減少アプローチ（代替行動分化強化など）を利用しても、改善に抵抗することが確認され、その頻度や持続時間や程度を減少させる唯一の手段は、弱化ベースの介入になるものがある。そういう状況では「弱化を使うことは、必ずしもそうせざるを得ないわけではないが、正当化される可能性がある」（Thompson et al., 1999, p. 317）。イワタ（Iwata, 1988）が説明したように、成功の確かな機会を約束する十分な研究ベースをもった侵入性の低い処遇がすべて失敗した場合は、弱化の手続きを用いることが唯一の倫理的選択肢になる。

　　理想世界では治療の失敗は起こらない。しかし現実世界では、最善の努力をするにもかかわらず失敗は起こる。そしてそれはいくつかの選択肢を残す。問題行動が続けば、行き着く先は、悲劇的結末、拘束、鎮静剤、または嫌悪刺激である。もしわれわれのスキルを正の強化プログラムの効果を最大にするために適用すれば、たいてい成功するだろうと私は推測する。このような道をたどった後さらに推測されるのは、もしわれわれがこれらの最終的なデフォルトオプション（他に打つ手がないときに使う標準技術）の中から、選択しなければならない時点に到達すれば、クライエントの擁護者や、両親や、必要ならば裁判所が、嫌悪刺激という選択肢を選択するだろう。なぜか？　それは、そうした状況下においてはそれが唯一の倫理的行為だからである。（pp. 152-153）

4．弱化の指針と手続き上の安全装置

　実践家は、実験文献の知識や、取り組んでいる現実世界の変数と随伴性（すなわち、生命を脅かす慢性的な問題）や、倫理的行動規範に根差した実践と手続きによって武装することによって、自分のケアする人々に有意義なプログラムを提供するため、必要があれば弱化のアプローチを考えることができる。ベストプラクティス・アプローチ（best practice approach）を確実に用いることを保証する仕組み（Peters & Heron, 1993）の1つは、実践家に明確なガイドラインと安全策をもたらす動的方針と手続きを採用し活用することである。

　いかなる弱化ベースの介入を適用する場合も、必ず従わなければならない方針と手続きのガイドラインを開発することによって、安全で人道的、かつ最小制約的で効果的な処遇を受けるクライエントの権利を、政府機関が保護するための一助にすることができる。（Favell & McGimsey, 1993; Griffith, 1983; Wood & Braaten, 1983）。図14.9は、こうした文書に含まれうる成分のアウトラインと例をまとめたものである。

　実践家はまた、弱化の使用に関する、地方や州や全米の専門団体の政策綱領を調べておくようにすべきである。例えば、「行動療法振興学会」（Association for the Advancement of Behavior Therapy, AABT）は、弱化も含めた処遇方法の選択を扱ったガイドラインを示している（Fravell et al., 1982）。「国際行動分析学会」（The Association for Behavior Analysis）は、「アメリカ心理学会倫理綱領」（2004）を遵守する。そこでは処遇問題が論じられている。全体としては、政策綱領には、弱化ベースの介入を機関が適用するとき使うべき適用要件、手続き上のガイドラインと予防措置、評価方法が書かれている。第29章では、応用行動分析家のための倫理基準に関する追加情報と、インフォームドコンセントを確実に手に入れ、クライエントの権利を守り、安全で人道的な介入を保証する手続きを示す。

Ⅴ　まとめの観点

　最後に、弱化の原理と、条件的嫌悪刺激提示による弱化を含めた介入の開発と適用についての3つの補足的観点に関して簡単にコメントして本章を閉じることにする。応用行動分析学は、もし次の条件が満たされるならば、一層強力で有能な学問になり、実践家はより効果を高められるだろう。(a) 生存と学習における弱化の自然的役割と貢献が認識され正しく評価される、(b) より多くの弱化に関する基礎研究と応用研究が行われる、(c) 正の弱化を治療の主役にする処遇を、ほかのすべての方法が失敗に終わったときに限って使われるデフォルトテクノロジーとしてとらえる。

1．学習における弱化の自然で必要な役割が認識されるべきである

　行動分析家は弱化について尻込みすべきではない。正の弱化と負の弱化の随伴性は、日々の生活において、強化と弱化の随伴性が並立する複雑な混合の一部として、自然に起こっている。バ

図14.9　罰の倫理的で安全で有効な利用を保証するために役立つ機関方針と手続きのガイドラインの推奨成分

> 方針要件
> - 介入は地方・州・連邦の全ての法律に従わなければならない。
> - 介入は関連専門団体の方針と倫理行為基準に従わなければならない。
> - 介入は代替行動を強め教える手続きを含まなければならない。
> - 介入を開始する前に、クライエントか親か法的代理者からインフォームドコンセントを得なければならない。
>
> 手続上の予防対策
> - 介入を開始する前に、関連スタッフ全員が、（a）罰手続きを正しく実行するための技術面の詳細、（b）クライエントとスタッフの身体的安全とクライエントの人道的処遇を保障する手続き、（c）感情的爆発、逃避型や回避型の攻撃、不服従など、マイナスの副作用が発生した場合は何をすべきかについて、訓練を受けなければならない。
> - 罰介入を実施するスタッフのスーパービジョンとフィードバックを提供しなければならない。そして必要ならば補助推進訓練を提供しなければならない。
>
> 評価要件
> - 問題行動の各生起を観察し記録しなければならない。
> - 罰因子の個々の提示を記録し、クライエントのリアクションを書き留めなければならない。
> - 親/擁護者、スタッフ、技術コンサルタントのチームによるデータの定期的レビューを行い、効果のない処遇を長引かせたり、有効な処遇を終結させたりしないようにしなければならない。
> - （a）処遇の受け入れ可能性、（b）行動改善がクライエントの現在の状況と将来性に及ぼす現実の、そして起こり得る影響に関する社会的妥当性のデータを、クライエントと周囲の重要な人々とスタッフから収集しなければならない。

ウム（Baum, 1994）は、これを次の例によって非常にうまく説明している。

> 人生は強化と弱化のさまざまな混合を提供する選択肢の間の選択でいっぱいである。仕事に行くことには、稼ぐこと（正の強化）と、職場の厄介な問題に悩まされること（正の弱化）が含まれる。病気で休むからと電話すると、賃金はいくらか削られ（負の弱化）、厄介な問題は回避でき（負の強化）、休暇は得られ（正の強化）、仕事場からの多少の非難を招く（正の弱化）。どの関係の組み合わせが勝利を収めるかは、どの関係が十分強力で優勢になるか次第であり、それは現在の環境とその人が受けてきた強化と弱化の歴史に左右される。(p. 60)

弱化は人生の自然な一部である。ヴォルマー（Vollmer, 2002）は、弱化の科学的研究は続けるべきであると提言した。なぜなら弱化は、計画されたものであろうとなかろうと、頻繁に起こり、計画され洗練された弱化の適用は、応用行動分析家の探求の範囲内にあるからであるという。弱化は社会的に媒介されたものであろうとなかろうと、計画されたものであろうとなかろうと、洗練された実践家によって行われたものであろうとなかろうと、行動の科学はそれを研究すべきであるという点で、ヴォルマーに賛成する。

　　　　　人間の行動の本質に興味を抱く科学者は、弱化の研究を無視したり別の方法でなくしたりする

ことはできない。このことに異論はないはずである。科学者も実践家も、弱化は起こるというほかならぬ理由によって、弱化の性質を理解するよう義務づけられている。(p. 469)

2．弱化に関するさらなる研究が必要である

　不適切で効果のない弱化の適用の多くは、誤った理解の結果であるが、そのほかの弱化の誤用は、不十分な基礎研究と応用研究の結果として、われわれの原理についての理解が不完全であることを反映していることは間違いない（Lerman & Vorndran, 2002）。

　弱化の応用とその奨励の根拠となる知識は、大部分が40年以上前に行われた基礎研究に由来している。現在もなお重要な問いを説明する正しい科学的データに賞味期限はないとはいえ、効果的な弱化を生み出すメカニズムと変数に関するさらにいっそう多くの基礎研究が必要である。

　実験室の基礎研究は、応用場面では達成が難しいか不可能な、変数の制御を可能にする。しかし、基礎研究においてひとたびメカニズムが明らかにされれば、現実世界の挑戦への応用を、潜在的有効性と限界の程度に関してより自信をもって、発明し翻案することが可能になる。実践家は弱化の技法がいつ、いかに、なぜ、どのような条件下で、相手とする人々の行動の抑制を生み出すかを認識しなければならない。

　弱化の研究を現場環境に実践的に応用しようというホーナー（Horner, 2002）の呼びかけを私たちは支援する。環境変数がよく制御されないかもしれない状況において、弱化子を与える実践家が訓練された専門家ではないかもしれない状況において、弱化がいかに作用するかを突き止めることは重要である。弱化の教育的応用や臨床的応用はまた、応用行動分析家に対して効果的適用を生み出す個人的変数、文脈的変数、環境変数を理解するよう要求する。これらの変数と条件についての明確で洗練された知識ベースなしに、行動の科学としての応用行動分析学が自らの基本概念の総合的分析を達成したと合理的に主張することはできない（Lerman & Vorndran, 2002; Vollmer, 2002）。

3．正の弱化を主役とする介入は、デフォルトテクノロジーとして扱われるべきである

　イワタ（Iwata, 1988）は、嫌悪刺激の条件的適用を伴う弱化ベースの介入は、デフォルトテクノロジーとして扱われるべきであると提案している。デフォルトテクノロジーは、実践家がほかのすべての方法に失敗したとき頼りにする方法である。イワタは、行動分析家は嫌悪的テクノロジーの活用の唱道者になるのではなく（なぜならそのような主張は有効ではなく、必要でもなく、この分野にとって最大の利益にもならない）、有効な嫌悪テクノロジーの研究と開発に従事すべきであると提言する。

　　われわれは好むと好まざるとにかかわらず、この仕事をしなければならない。デフォルトテクノロジーは失敗のあるところに必ず生まれてくるからである。嫌悪刺激の場合、われわれはいくつかの貢献をする独特の立場にいる。第1に、そのテクノロジーを効果的で安全なものにするよ

う修正することができる。第2に、正の強化随伴性をそれに組み込むことによって改良することができる。第3に、その応用が思慮深く倫理的なやり方で前進するよう調整することができる。第4に、そして最後に、これが恐らく最も重要であるが、デフォルトテクノロジーがそこから生まれてくる条件と、テクノロジー自体を研究することによって、最終的にはその両者を廃棄できるようになるかもしれない。あなたは応用行動分析学の分野のよりよい未来を思い浮かべることができるだろうか？　（p. 156）

まとめ

弱化の定義と性質

1. 反応の直後に刺激変化が随伴し、同様の状況下における同種の行動の将来の生起頻度が減るとき、弱化が起こる。

2. 弱化は、結果を提示する人の行為によっても、結果の性質によっても定義されない。結果ベースの介入が弱化としての資格をもつためには、その前にその行動の将来の生起頻度が減ることが観察されなければならない。

3. 正の弱化は、行動の直後の刺激提示（または刺激強度の増加）によって、反応頻度が減る場合に起こる。

4. 負の弱化は、行動の直後の刺激除去（または刺激強度の減少）によって、反応頻度が減る場合に起こる。

5. 正の弱化や負の強化には不快な出来事が結びつくので、これら2つの原理の一方または両方を含む介入を説明するため嫌悪性制御という用語がしばしば使われる。

6. 弱化の弁別刺激、すなわちS^{Dp}は、S^{Dp}が存在するとき反応が罰され、その刺激がないときは同様の反応が罰されない（または弱化の頻度や大きさが減じられる）という条件づけの履歴の結果として、その種の反応がS^{Dp}がないときよりも低頻度で起こる刺激条件のことである。

7. 弱化子とは、行動の生起の直後に随伴して、その種の行動の将来の生起頻度を減らす刺激変化のことである。

8. 無条件性弱化子とは、その存在が他のいかなる弱化子とも対提示されることなく弱化として

機能する刺激のことである。

9. 条件性弱化子とは、無条件性弱化子か条件性弱化子と対提示されることによって弱化としての能力を獲得した刺激のことである。

10. 般性条件性弱化子は、以前に多くの無条件性弱化子と条件性弱化子と対提示されていることから、さまざまな動機づけ操作のもとで弱化として機能する。

11. 一般に、基礎研究と応用研究の結果によれば、以下のときに弱化はより有効である。
    - 弱化子の開始が、標的反応の生起後できるだけ速やかに起こる。
    - 弱化子の強度が強い。
    - 行動のそれぞれの生起に弱化の結果が随伴する。
    - 標的行動に対する強化が減る。
    - 代替行動に対する強化が手に入る。

12. 弱化は時によって、次のような望ましくない副作用と問題を引き起こす。
    - 嫌悪刺激に対する感情的、攻撃的反応。
    - 回避行動と逃避行動。
    - 行動対比：ある状況において弱化によって反応が減ると、それに付随して反応が弱化されない状況における反応の増加が起こる可能性がある。
    - 望ましくない行動をモデリングする。
    - 弱化を与える人の行動の負の強化（すなわち、問題行動の即時停止）による弱化の過剰使用。

正の弱化による介入の例

13. 叱責：控えめに使うと、「ダメ！」のような厳しい叱責で、将来の反応を抑制できる。

14. 反応阻止：学習者が問題行動を自発し始めたら、セラピストがその反応の完遂を妨げるか「ブロックする」身体的介入を行う。

15. 過剰修正とは、弱化ベースの戦術であり、問題行動が起こるごとに、学習者はそれを条件としてその問題に直接的または論理的に関連する、労力を要する行動に従事するよう求められる。

16. 原状回復型過剰修正では、学習者は問題行動によって引き起こした損害を修復し、次に環境を問題行動の前よりもはるかに良い状態にまで戻さなければならない。

17. 積極的練習型過剰修正では、学習者は決められた時間あるいは決められた回数だけ、その行動の正しい形態か、問題行動と両立しない行動を繰り返し行う。

18. 条件的電気刺激提示は、生命を脅かす慢性の自傷行動を抑制する、安全で有効な方法である。

弱化を効果的に使うためのガイドライン

19. 望ましくない副作用を最小にし、効果が最大になるように弱化を使うためには、実践家は次のようにすべきである。
    - 有効で適切な弱化子を選択する：(a) 連続して安全に使える最も侵入性の低い弱化子を同定するため、弱化子査定を行う。(b) 十分な質と大きさの弱化子を使う。(c) 変化に富む弱化子を用いて馴化を防ぎ、侵入性のより低い弱化子の有効性を高める。
    - 問題行動が反応連鎖によって構成される場合、反応順序のできるだけ早い段階で弱化子を提示する。
    - 問題行動が起こるたびに弱化する。
    - 可能であれば段階的に間欠弱化スケジュールに移行する。
    - 反応から弱化への遅延による媒介を用いる。
    - 弱化を補完的介入、とくに分化強化、消去、先行介入によって補完する。
    - 望ましくない副作用を監視しそれに備える。
    - 日々データを記録しグラフ化し評価する。

弱化の使用に関する倫理的考察

20. 福祉サービスのすべての専門家と団体にとって第一の倫理的責任は、害をなすなかれ、である。いかなる介入も身体的に安全でなければならないし、参加者を辱めたり礼を失したりするような成分を含んではならない。

21. 最小制約選択肢をという原則は、最初により侵入性の低い手続き（例えば、正の抑制的アプローチ）を適用して、それが無効であることを確認してから、より侵入性の高い手続き（例えば、弱化ベースの介入）を適用することである。

22. 効果的処遇を受けるクライエントの権利は、重要な倫理的問題を提起する。クライエントに類似した行動を抑制するうえで有効であることが研究によって証明された弱化（罰）手続きを適用しないことは、非倫理的であると主張する者もいる。というのはそれによって効果の可能性がある治療を与えず、その人にとって危険で不快な状況を継続させるかもしれないか

23. 応用行動分析学のサービスを提供する機関や個人は、一連の政策基準と、手続きの安全対策と、評価の要件を作成し、それらを遵守することによって、弱化ベースの介入の適用を確実に安全で人道的で倫理的で効果的にすることを保証するために役立つ。

弱化に関するまとめの観点

24. 応用行動分析学は、自然場面における弱化の役割について、また学習にとっての弱化の重要性について認識し評価すべきである。

25. 弱化の誤用は、多くの場合、その原理についてのこの分野における知識の不完全性を反映している。弱化に関するさらなる基礎研究と応用研究が必要である。

26. イワタ（Iwata, 1988）は、条件的嫌悪刺激提示を含めた弱化ベースの介入はデフォルトテクノロジーとして扱うよう提案する。デフォルトテクノロジーは、実践家がほかのすべての方法に失敗したとき頼りにする方法である。彼は、行動分析家は嫌悪的テクノロジーの活用の唱道者になるのではなく、そうした介入に関する研究に従事することによって、(a) そのテクノロジーを効果的で安全なものにする、(b) 正の強化随伴性をそれに組み込んで改善する、(c) 思慮深く倫理的な応用になるよう調整する、(d) デフォルトテクノロジーが使われる条件を研究して、最終的にはそれを不要にするべきである、と主張した。

第15章
刺激除去による弱化

キーワード

ボーナスレスポンスコスト、条件的観察、排除型タイムアウト、廊下型タイムアウト、非排除型タイムアウト、衝立型タイムアウト、計画的無視、レスポンスコスト、正の強化からのタイムアウト、タイムアウトリボン

行動分析士資格認定協会®BCBA® & BCaBA®
第4版課題リスト©

	I　基本的な行動分析学のスキル
C-02	弱化の好ましくない起こりうる影響について述べ考慮する。
D-08	不連続試行とフリーオペラント計画を使う。
D-15	弱化子を同定する。
D-16	正負の弱化を使う。
D-17	弱化の適切なパラメーターとスケジュールを使う。
D-19	強化と、弱化および消去の組み合わせを使う。
	II　クライエントを中心に据えた専門家としての責任
I-03	個別化された行動査定手続きを設計し実行する。
I-04	機能査定手続きの全範囲を設計し実行する。

©2012　行動分析士資格認定協会®（BACB®）。不許複製。この文書の最新版は、www.bacb.comから入手できる。この文書の転載、複写、配布の請求と、この文書についての質問は、BACBに直接問い合わせられたい。

刺激の条件的撤去（contingent removal）による弱化は、負の弱化（negative punishment）と呼ばれる。負の弱化では環境の変化が起こる。つまり行動すると、続いて刺激が除去される。それに応じてその環境の変化に先だって起こっていた行動の将来の頻度が減少する。一方、正の弱化（positive punishment）では、刺激が提示される。そして、それに応じて行動の将来の頻度が減少する。図15.1に、環境の刺激変化に着目した正の弱化と負の弱化の違いを示す。

負の弱化は次の2つの主要な仕方で起こる。すなわち、正の強化からのタイムアウトと、レスポンスコストである（表15.1の陰影部分を参照）。本章では、正の強化からのタイムアウトと、レスポンスコストを定義して、操作できるようにする。そしてこれら2つの弱化手続きが応用場面でどう使われるかを例示する。最後に実践家がタイムアウトとレスポンスコストを効果的に活用するためのガイドラインを提案する。

I タイムアウトの定義

正の強化からのタイムアウト（time-out from positive reinforcement）、または単なるタイムアウトは、行動を起こすことを条件として、特定の期間、正の強化を得る機会を取り除くこと、または、正の強化子を得る機会を喪失すること、として定義される。これらの手続きの効果はどちらも同じである。つまり、標的行動の将来の生起頻度が減少するということである。このタイムアウトの定義に暗黙に含まれているのは、次の3つの重要な側面である。すなわち、(a)「タイムイン」（活動従事）環境と、タイムアウト（活動停止）環境に、違いがあること、(b) 反応することを条件として、強化を入手する権利を失うこと、(c) 結果として行動の将来の生起頻度が減ること、である。タイムアウトは、一般に考えられているほど、排他的に定義されているわけではない。また、タイムアウトが求めているのは、個人を人目につかない隔絶した場所に立ち退かせることだけではない。このように人を立ち退かせる手続きであるならば、隔離型タイムアウト（Costenbader & Reading-Brown, 1995）を正確に記述することができるかもしれないが、それがタイムアウトを使える唯一の方法であるとはいえない。専門的に言えば、負の弱化手続きとしてのタイムアウトは、行動が起こることを条件として、長さを特定した時間だけ強化刺激を除去することであり、効果はその行動の将来の生起頻度を減らすことである。

タイムアウトは、手続きと概念と機能の点から見ることができる。手続の点から見れば、それは時間帯であり、その時間の間だけ人が強化される環境から立ち退かされるか（例えば、子どもが教室から5分だけ退席させられる）、環境のなかにある強化子を入手する権利を失う（例え

表15.1　正の弱化と負の弱化の区別

将来の頻度	刺激変化	
	刺激を提示する	刺激を除去する
行動は弱められる	正の弱化 （例えば「ダメ！」、過剰修正）	負の弱化 （例えば、タイムアウト、反応コスト）

ば、子どもが5分だけ強化子を手に入れる資格を失う）。概念の点から見れば、タイムイン環境とタイムアウト環境の区別が決定的に重要になる。タイムイン状況での強化が大きければ大きいほど、タイムアウトは弱化としてより効果を高めることになる。別の言い方をすれば、タイムインにおける強化の価値と、タイムアウト場面における強化の価値の不在との間の違いが大きければ大きいほど、タイムアウトの効果は大きくなる。機能の点から見れば、タイムアウトは行動の将来の生起頻度の減少を引き起こす。将来の行動の生起頻度が減らなければ、たとえ手続き的にはその人がその場面から立ち退かされ、強化子を入手する権利を奪われたとしても、タイムアウトは意味をなさない。例えば、教師が子どもを教室（推定上のタイムイン場面）から退席させたとしても、子どもが帰ってきた途端また問題行動を続けるとすれば、効果的なタイムアウトとは言えない。

II 応用場面でのタイムアウト手続き

　タイムアウトには非排除型と排除型の2つのタイプがある。どちらのタイプにもいくつかのバリエーションがあり、実践家は行動を減らすための行動方針を柔軟に決めることができる。原則として、第1に非排除型タイムアウトを選ぶことが推奨される。望ましいバリエーションを決めるとき、最も強力であるが最も制約的でない選択肢を選ぶように、実践家が倫理的に方向づけられているからである。

1. 非排除型タイムアウト

　非排除型タイムアウト（nonexclusion time-out）とは、参加者がタイムイン場面からその身体を完全に排除されないことを意味する。その場のその人の相対的位置は変えられるものの、その環境にいることはいる。非排除型タイムアウトは、次の4つのいずれかの形式で起こる。計画的無視、特定の強化子の除去、条件的観察、タイムアウトリボンである。どの場合にも共通の成分がある。すなわち、個人は強化子を入手する権利を奪われるが、タイムイン場面にいることはいるということである。例えば、子どもが戸外の休み時間に問題行動を起こしたときは、一定期間、運動場の監視役の大人の隣に立っていることを要求される。

（1）計画的無視

　計画的無視（planned ignoring）が起こるのは、不適切な行動をしたらそれを条件として短期間、社会的強化子（通常、注目や、身体接触や、言葉による交流）を除去する場合である。計画的無視が前提とするのは、タイムイン場面が強化的であり、それ以外のすべての正の強化の源泉は除去される可能性があるということである。
　操作の点から見れば、計画的無視は、特定の時間、組織的に個人から目をそらす、沈黙したままでいる、どんな交流もしないことが含まれる可能性がある（Kee, Hill & Weist, 1999）。計画的

無視は、非侵入型なタイムアウト手続き（nonintrusive time-out procedure）であり、タイミングよく迅速に適用できる長所がある。

例えば、薬物更生の集団療法のセッションで、クライエントの女性が、お金を盗んで麻薬を買うことに魅力を感じると話し始めたとしよう。その時点で、グループのほかのメンバーが、目と目を合わせることを止め、彼女の言葉に一切応答しなくなり、彼女のコメントがグループの話題と一致するまでそれを続けるとすれば、計画的無視が実施されたことになる。この場合、グループのメンバーが行動減少手続きに参加しているので、これはピア媒介型タイムアウト（peer-mediated time-out）になるだろう（Kerr & Nelson, 2002）。

（2）特定の正の強化子の除去

ビショップとスタンファウザー（Bishop & Stumphauzer, 1973）は、不適切行動を条件として特定の正の強化子を除去することによって、その行動のレベルを低下させることを証明した。彼らの研究では、テレビマンガの条件的停止が3人の子どもの指しゃぶりの頻度を低下させることに成功した。子どもに分からないように、テレビに遠隔操作でオン、オフができるスイッチを設けた。ベースラインデータによると、どの子もマンガを見ているとき指しゃぶりを高頻度で行うことが分かった。タイムアウトのこのバリエーションでは、指しゃぶりが起こったら即座にテレビをオフにし、指しゃぶりが止んだらオンにした。この手続きは、処遇場面（オフィス）だけでなく、学校でのお話しの時間での指しゃぶりを減らすうえでも効果的だった。

ウェストとスミス（West & Smith, 2002）は、タイムアウトのこのバリエーションの新しい集団への適用を報告した。彼らは、学生食堂の壁に交通信号機の複製を設置した。そのライトにさまざまな閾値の騒音を感知するセンサーを取り付けた。例えば、許容レベル音量で会話がなされていると、緑のライトが点灯して音楽が流れる（つまり、タイムイン条件が実施される）。学生が適切なレベルの音量で会話している限り音楽を聴くことができる。会話の音量が上昇すると信号が緑から黄に変わり、学生らにこれ以上うるさくなれば赤のライトの点灯と音楽の喪失（つまり、タイムアウト）が起こると視覚的に警告した。赤光で示される一定のデシベル閾値を超える騒音をセンサーが記録すると、音楽が10秒間自動的にオフになった。この集団手続きによって、不適切な行動は減少した。

集団タイムアウト随伴性（group time-out contingency）には、いくつかの利点がある。第1に、既存の環境で使用できるので、学生を排除する特別な設備は必要ない。第2に、電子装置を使うことによって、いつタイムインになりいつタイムアウトになるかを自動的に合図できる。ウェストとスミスの研究では、学生は不適切なうるさい会話を続ければ強化子（例えば音楽）を喪失することをすぐ弁別した。

（3）条件的観察

条件的観察（contingent observation）においては、人を現在の場面のなかの別の場所に移す。

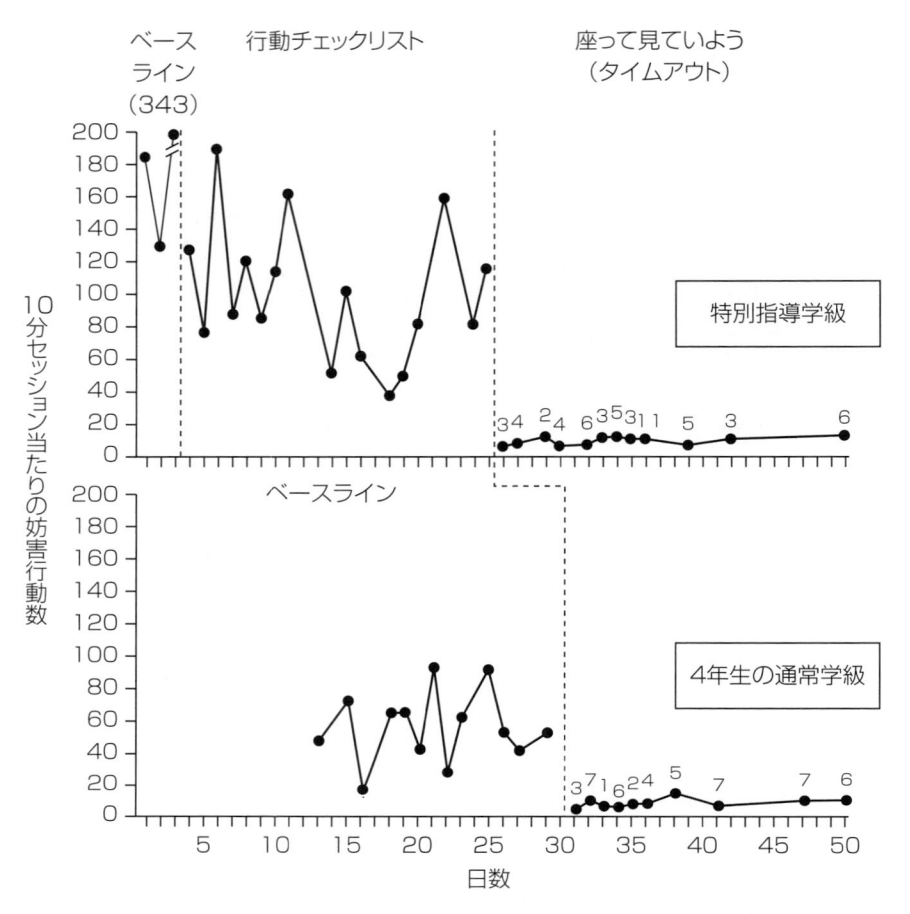

図15.1　10分の観察期間あたりの妨害行動数。データポイントを上回る数値は、授業中に「座って見ていよう」が実行された数を示す

From "Reducing Disruptive Behaviors of Elementary Physical Education Students with Sit and Watch" by A. G. White and J. S. Bailey, 1990, *Journal of Applied Behavior Analysis, 23,* p.357. Copyright 1990 by the Society for the Experimental Analysis of Behavior, Inc. Reprinted by permission.

人は進行中の活動は観察できるが、強化を入手する権利は奪われる。例えば、子どもが望ましくない行動を起こす。教師がその子をグループから離して座らせ、一定時間、強化子を入手させない（Twyman, Johnson, Buie & Nelson, 1994）。これは条件的観察である。手短に言えば、その子は「座って見ていなさい」（sit and watch）（White & Bailey, 1990）と言われる。条件的観察の期間が終わると、子どもはグループに再び参加して、適切な行動に対する強化を入手することができる。図15.1は、ホワイトとベイリーが特別指導学級と4年生の通常学級の2つの体育の授業で条件的観察を使い、多くの妨害行動を減少させたことを示している。条件的観察が施行されると、2つの学級における妨害行動が減り、ほぼ0水準にとどまった。

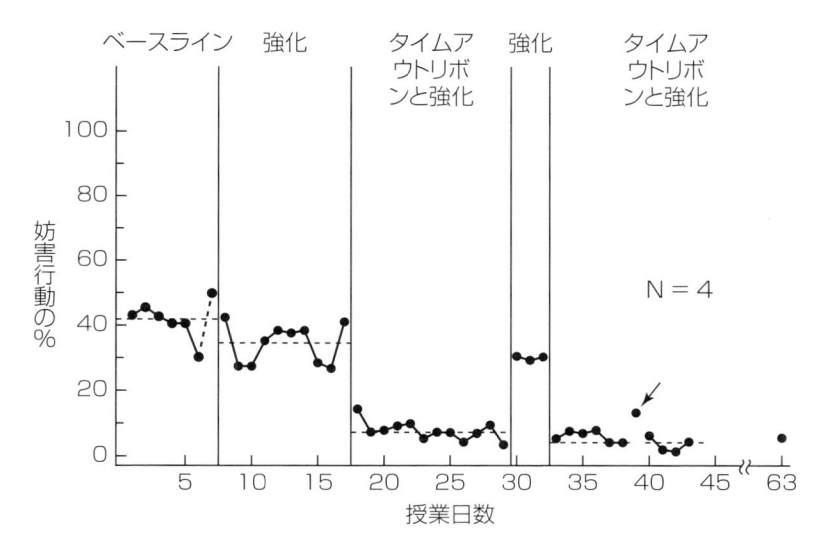

図15.2 4人の子どもが教室での妨害行動に従事していた時間の平均百分率。水平破線は各条件の平均を示す。矢印は1日プローブ（第39日）であり、タイムアウト随伴性が一時中止された。追跡観察は第63日目に行われた

From "The Timeout Ribbon: A Nonexclusionary Timeout Procedure" by R. M. Foxx and S. T. Shapiro, 1978, *Journal of Applied Behavior Analysis, 11*, p.131. Copyright 1978 by the Society for the Experimental Analysis of Behavior, Inc. Reprinted by permission.

（4）タイムアウトリボン

　タイムアウトリボン（time-out ribbon）とはカラーの腕輪であり、子どもの腕に装着され、強化を受けるしるし（弁別刺激）になっている状態として定義される（Alberto, Heflin & Andrews, 2002）。リボンが子どもの腕にあるときは、その子は強化子を受け取ることができる。子どもが問題行動をするとリボンは取られ、一定期間（例えば2分）、その違反児との社会的交流はどんな形であれ停止される。

　フォックスとシャピロ（Foxx & Shapiro, 1978）は、タイムアウトリボンを使って4人の小学生の妨害行動を減らした。不適切な行動を条件として、その子からリボンを取り外し、その子とのいかなる形式の社会的交流も3分間停止された。しかし、その子は教室にいることは許された。3分間後もまだ不適切な行動をしていたら、その問題行動が終わるまでタイムアウトを延長した。図15.2は、タイムアウトリボン＋強化が実行されているとき、4人の子どもの妨害行動が顕著に減ったことを示している。

　ララウェイら（Laraway, Snycerski, Michael, & Poling, 2003）は、タイムアウトリボンを取り外すことを、動機づけ操作（MO）の文脈に位置づけて、考察している。彼らの見方では、タイムアウトリボンを取り外すことは、現に存在する確立操作（EO）と関係しているために、弱化子として機能する。ララウェイらは、フォックスとシャピロ（Foxx & Shapiro, 1978）の研究の遡及的分析（retrospective analysis）において、次のように述べている。「したがって、タイムインにプログラム化された強化子に対するEOは、同様にリボン喪失の弱化効果も確立した（すなわ

ち、弱化事象としてのリボン喪失に対するEOとして機能した)、そしてリボン喪失につながった問題行動を減少させた」(p. 410)。ララウェイらは、さらに続けて彼らがタイムアウトリボンに関係づけたEOの果たす役割について、次のように説明した。

　ありふれた言葉で言えば、結果を得る機会を喪失することが切実な問題となるのは、その結果を人がいま「望んでいる」ときだけである。したがって、特定の事物や事象の強化効果を高めるMOは、同時にそれらの事物や事象を入手できなくすること（すなわち、タイムアウト）のもつ弱化効果を高めることになる……。単一の環境事象が同時に複数の働きをする動機づけ効果をもつことができるのである。(p. 410)

2．排除型タイムアウト

　排除型タイムアウト（exclusion time-out）の際立った特徴は、標的とされた不適応行動を起こすと、それを条件として特定期間その人がその環境から外されることである。排除型タイムアウトは、教室の場面で行うことができる。その方法は次の3つである。(a) 子どもをタイムアウトルームに連れ去ることができる。(b) 衝立で仕切って、子どもを残りのグループから分離することができる。(c) 子どもを廊下に立たせることができる。

（1）タイムアウトルーム

　タイムアウトルームとは、参加者の普段の教育環境や処遇環境の外部にある閉ざされたスペースである。そこには正の強化子がなく、人を一定期間安全に居させる。タイムアウトルームは、なるべくタイムイン環境の近くに設ける。また家具（例えば、イスやテーブル）も最小限にする。光や温度や換気は十分にしなければならないが、ほかの潜在的な強化的特徴（例えば、壁に掛かった絵画、電話、壊せる物）は入手できないようにする。この部屋は安全に、カギはかからないようにしなければならない。

　タイムアウトルームには、実践家にとって魅力的ないくつかの長所がある。第1に、タイムアウト中は強化を得る機会を失わせる。あるいは著しく減少させる。タイムアウト環境を、強化の生起が最小になるように、物理的に構成するからである。第2に、子どもはタイムアウトルームを数回経験すると、その後はこの部屋を同じ建物のほかの部屋と区別するようになる。この部屋は条件づけられた嫌悪的特性を帯びてくるため、タイムイン環境をより望ましいものとみなすようになる確率を高める。そして第3に、攻撃的な子どもをこのスペースに連れ出すと、タイムイン場面でその子がほかの子どもを傷つけるリスクが減る。

　しかし、実践家はまた、タイムアウトルームを利用するにあたって、いくつかの短所についてもよく考えておかなければならない。第1に必要なことは、子どもに付き添ってタイムアウトルームまで行くことである。タイムアウトの実施を告げてから実際にその部屋に入れるまでの間に抵抗が起こることが考えられる。実践家が排除型タイムアウトのバリエーションを使うときは、

感情の爆発に対処するよう、それを予見して十分に準備しておくべきである。第2に、人をタイムイン環境から除外すると、前に述べた非排除型のオプションとは違い、進行中の学業や社会性の指導をその人が受ける機会を禁じてしまう。失われる指導時間は最小にしなければならない。そしてタイムアウトが過剰に使われたり、それが教師に負の強化となっていたことがわかったりした場合は、全面的に考え直さなければならない（Skiba & Raison, 1990）。第3に、タイムアウトルームでは、やめさせるべきだったのに見過ごしてきた行動（例えば、自傷行動、自己刺激行動）をするかもしれない。第4に、そして最後に、実践家はタイムアウトルームに対する世間の目に敏感でなければならない。どんなに温和なタイムアウトルームでも、行動マネジメントプログラム全体に占めるその目的や場所について人々に誤った情報が伝えられれば、その部屋は恐ろしい場所とみなされる可能性がある。

（2）衝立型タイムアウト

衝立型タイムアウト（partition time-out）では、参加者はタイムイン場面にとどまるが、そこでの参加者の視界は衝立や壁や作業スペースやそれに類する構造物によって制限される。教師は子どもが問題行動を起こしたら、それを条件として特定の期間、自分の座席から教室のなかの作業スペースの後ろの場所に移動させる。これは衝立型タイムアウトの1つの活用例である。衝立型タイムアウトでは、子どもをタイムイン場面に置き続けられる長所がある。子どもはおそらく学業内容や他児が適切に行動して教師から褒められるのを聴いている。しかしこれには欠点もある。子どもはなお他児からこっそり強化を得る可能性がある。他児から強化されていれば、妨害行動が減ることは起こりにくい。また、この型の排除についても世間の目を考えなければならない。子どもを教室内にとどめ、衝立型タイムアウトエリアに無難な名前（例えば、静かなスペース、オフィス、個人的スペース）をつけたとしても、どんな形にせよ教室のほかのメンバーから遠ざけることは差別であると考える親もいるだろう。

（3）廊下型タイムアウト

廊下型タイムアウト（hallway time-out）は、教師にとって、またおそらく親にとっても、とくによく知られた妨害行動に対処する方法だろう。この方法では、子どもを教室の外に出して廊下に座るよう指示する。この方法は上に述べたさまざまな長所を共有するが、以下の2つの理由からこの方法はあまりすすめられない。(a) 子どもは多くの源泉（例えば、ほかの教室の子ども、廊下を歩く人）から強化を得る可能性がある。(b) 子どもがタイムアウトに向かう途中で逆らえば逃避する可能性が高まる。教室のドアが開いていたとしても、教師はふつうタイムイン場面での活動で忙しく、廊下にいる子どもをきちんと監視することができない。このアプローチは、指示に従う年少児にはより有益かもしれないが、規則を守る基本的スキルに欠けている子どもには誰であれ明らかに不適切である。

3．タイムアウトの望ましい側面

（1）適用の簡単さ

　タイムアウト、とくに非排除型のバリエーションは、比較的簡単に適用することができる。子どもを環境から物理的に排除する場合でも、教師がビジネスライクに振る舞い、子どもに恥をかかせないようにすれば、比較的簡単に実施できるだろう。個人的に指示を出す（例えば、「ディオン、モニカを2度邪魔したね。さあタイムアウトだよ」）ようにすれば、問題行動をしながら教室を出ていきたがらない子どもでも扱いやすくなるだろう。タイムアウトされても当然の問題行動であれば、教師はその子に出ていくよう主張しなければならない。しかし、子どもが仲間の間で面目を保つため教師に堂々と食ってかかる状況に追い込まないよう、主張は近距離で伝えるべきである。教師が子どもに退去を命じるとき管理職を呼ぶべきかどうかについては、学区の方針を調べておく必要がある。

（2）許容性

　タイムアウト、とくに非排除型バリエーションは、許容基準に適合する。実践家がそれを適切で公正で有効であるとみなすからである。ただし、たとえそうであっても、実践家が大小の違反にタイムアウトを適用するときは、その前に必ず適切な行政機関と相談して、機関の方針と整合性を保つようにしなければならない。

（3）行動の素早い抑制

　タイムアウトは効果的に適用すれば、通常、標的行動を中位から急速に抑制する。時には、ほんの数回適用するだけで、満足できる減少レベルを達成できることがある。ほかの行動を減らす手続き（例えば、消去、低反応率分化強化）でも、行動を確実に減らすことができるが、時間がかかる可能性がある。多くの場合、実践家は、行動が減るまでに何日もまたは1週間も待つほどの贅沢さが許されているわけではない。こういう場合タイムアウトは大いに考慮する価値がある。

（4）組み合わせた適用

　タイムアウトは、ほかの手続きと組み合わせることができる。それによって応用場面での使い勝手がよくなる。分化強化と組み合わせれば望ましい行動を増やし、望ましくない行動を減らすことができる（Byrd, Richards, Hove & Friman, 2002）。

第15章　刺激除去による弱化

図15.3　タイムアウト実践チェックリスト

ステップ　課題	完了日	教師の頭文字
1. より嫌悪性の少ない技法を試して、結果を記録する。	_____	_____
2. 妨害行動を操作的に定義する。	_____	_____
3. 標的行動のベースラインを記録する。	_____	_____
4. 現在の強化レベルを知る（必要なら強める）。	_____	_____
5. タイムアウト手続きを使うことを決める。	_____	_____
6. タイムアウトエリアを決める。	_____	_____
7. タイムアウト期間の長さを決める。	_____	_____
8. 子どもにタイムアウトを適用するときの言葉を決める。	_____	_____
9. タイムアウト停止を合図する具体的基準を設定する。	_____	_____
10. タイムアウト手続きを正式にレビューする日付を定める。	_____	_____
11. よくあるタイムアウト問題のバックアップ手続きを定める。	_____	_____
12. すべての手続きを文書化する。	_____	_____
13. 仲間とスーパーバイザーに手続きをレビューしてもらう。	_____	_____
14. 親/保護者から承認を受け、プログラムを文書化して子どものIEP（個別教育計画）に含める。	_____	_____
15. 本人とクラス（必要なら）に手続きを説明する。	_____	_____
16. 手続きを実践し、データを取り、進歩を毎日レビューする。	_____	_____
17. 決めた通りに、手続きを正式にレビューする。	_____	_____
18. 必要なら手続きを修正する。	_____	_____
19. 将来の教師とプログラムのために、結果の記録を残す。	_____	_____

From "The Use and Abuse of Using the Timeout Procedure for Disruptive Pupils" by T. H. Powell and I. Q. Powell, 1982, *The Pointer*, 26 (2), p.21. Reprinted by permission of the Helen Dwight Reid Educational Foundation. Published by Heldref Publications, 1319 Eighteenth St., N.W., Washington DC 20036-1802. Copyright © 1982

Ⅲ　タイムアウトを効果的に用いるには

　実践家がタイムアウトを効果的に適用するためには、タイムアウトの適用前、適用中、適用後に、いくつかの決定を行わなければならない。図15.3はパウエルとパウエル（Powell & Powell, 1982）が作成したタイムアウトの実践についてのチェックリストである。これは意思決定の過程に役立つだろう。以下の節では、多くの決定の基礎となる主要なポイントを詳しく説明する。

1．タイムイン環境を強化的に豊かにする

　タイムアウトを有効にするためには、タイムイン環境を強化的にしなければならない。タイムイン環境を強化的にするためには、実践家はタイムアウトを適用する行動の代替行動か非両立行動を強化する方法（例えば、代替行動分化強化、非両立行動分化強化）を模索すべきである。分化強化は適切な行動の発達を促進する。そのうえ、タイムアウトから戻ってきたら、できるだけ早く適切な行動を強化しなければならない。

2．タイムアウトを招く行動を定義する

　タイムアウトを実施する前に、適切な関係者のすべてに、どんな行動をすればタイムアウトを招くかを知らせなければならない。教師がタイムアウトを適用すると決めたならば、明確で客観的な言葉で、タイムアウトを招く行動を説明しなければならない。例えば、子どもに妨害行動をすればタイムアウトされるという情報を与えるだけでは十分ではない。妨害行動という言葉が意味する具体例とそうでない例を示すことは、進むべきよりよい方向だろう。レディックとチャプマン（Readdick & Chapman, 2000）は、タイムアウト後の子どもとのインタビューによって、なぜタイムアウトされたかの理由を必ずしも知られていなかったことを見出した。明白な例とそうでない例を示せば、この問題に対処することができる。

3．タイムアウトの時間の長さについての手続きを定義する

　学校や居住施設やデイケアセンターなど大部分の応用環境では、タイムアウトの最初の時間は短くすべきである。2〜10分で十分である。ただし、その個人がすでにより長時間のタイムアウトを経験していれば、短い持続時間は、最初は効果がないかもしれない。原則として、15分を超えるタイムアウトはあまり効果を期待できない。そのうえ、より長時間のタイムアウトは、いくつかの理由から逆効果になる。第1に、より長時間のタイムアウトに対する耐性を発展させ、タイムアウト中に強化を得る手段を見つけさせてしまう恐れがある。自己刺激行動の履歴をもつ人にこの事態が起りやすい。タイムアウトの持続時間が長ければ長いほど、強化的な活動（例えば、自己刺激）に従事する機会も増えてしまい、タイムアウトの効果がより薄れてしまう。第2に、より長いタイムアウト期間は、それだけその人から教育や治療や家族と過ごす時間へのタイムインを排除して、学習して強化子を入手する機会を奪うことになる。第3に、長時間のタイムアウトに伴う望ましくない実際的、法的、倫理的側面を考慮すると、実践家にとって最初の賢明な行動方針は、比較的短いが一貫性のあるタイムアウトを使うことである。タイムアウトの期間を短くすれば、子どもの学業成績にマイナスの影響が生じないようにすることができる（Skiba & Raison, 1990）。

4．終了の基準を定義する

　タイムアウトが終わるとき問題行動をしていた場合、その不適切な行動がやむまで延長すべきである（Brantner & Doherty, 1983）。したがってタイムアウトを停止する決定は、経過時間だけを基にして行うべきではない。行動がどこまで改善したかも、タイムアウトを終える最終的基準として使うべきである。不適切な行動が少しでも起こっている場合は、どんな状況であってもタイムアウトを終了させてはならない。

　もしタイムアウトを招いた不適切な行動が、予定していた終了時点でも起ることが予想されれば、実践家は2つの方略を試してみるとよい。第1に、実践家はその人が不適切な行動を止める

まで、予定されたタイムアウト期間（例えば、5分）は開始しないと告げることができる。第2の選択肢は、単純にその妨害行動が止むまでタイムアウト時間を延長することである。

5．非排除型タイムアウトか排除型タイムアウトかを決める

応用場面でどんなタイムアウトのバリエーションを使えるかについて、教育委員会の方針や施設の規則が制限を設ける可能性がある。それに加えて、建物のなかの物理的要因（例えば、利用できる空間がない）によって、排除型タイムアウトが禁じられるかもしれない。概して方法としては非排除型タイムアウトが好まれる。

6．タイムアウトのルールを説明する

教師はタイムアウトを適用する行動を、ポスターなどに掲示して教えるだけでなく、そのルールもはっきり言うべきである。そうしたルールでは、最低でもタイムアウトの最初の時間の長さと、出口の基準（つまり、タイムアウトはいつ終るか、タイムアウトの終わりに不適切な行動が続いているとどうなるか）に焦点を当てなければならない。

7．承認を得る

実践家がタイムアウト、とくに排除型バリエーションを使う前にしておかなければならない最も重要な課題の1つは、承認を得ることである。タイムアウトを誤って使う恐れがあるため（例えば、タイムアウトの適用が長くなりすぎる、効果がないのにタイムアウトを使い続ける）、実践家はそれを使う前にあらかじめ管理職から承認を得ておかなければならない。しかしながらほとんどの応用場面では、相互作用があまりにも素早く起こるため、事例ごとに承認を得るという基準は非常に面倒である。方法として好まれるのは、実践家が管理者と協力してあらかじめ一定の不法行為に適用するタイムアウトの種類（例えば、非排除型か、排除型か）や、タイムアウトの長さ（例えば、5分）や、タイムイン環境に戻るにはどんな行動を示せばよいかを決定しておくことである。これらの手続きおよびまたは方針を保護者に伝えておくことが望ましい。

8．タイムアウトを一貫して適用する

望ましくない行動の生起のそれぞれに対してタイムアウトを適用すべきである。教師や親やセラピストが、標的行動の生起のそれぞれに対してタイムアウトという結果を与える立場にないとすれば、タイムアウト以外の行動抑制技法を使う方がいいかもしれない。タイムアウトをたまに使用すると、どの行動が許容されどの行動が許容されないかについて、子どもやクライエントに混乱を招く恐れがある。

9. 効果を評価する

　一般に、教育者と研究者は、応用場面においてタイムアウトを使うことについて定期的に評価することを要求する（Reitman & Drabman, 1999）。最低でも最初にタイムアウトを招いた不適切行動についてのデータを収集しなければならない。タイムアウトが有効だったとすれば、その行動レベルは十分下がったはずであり、その減少がその環境にいるほかの人々に気づかれているはずである。法律的、倫理的な理由から、タイムアウトの使用と、それぞれのタイムアウトエピソードの時間の長さと、タイムアウト以前・タイムアウト中・タイムアウト以後の個人の行動を証拠づける更なる記録をつけておかなければならない（Yell, 1994）。

　標的行動のデータを収集するだけでなく、それに加えて共変化行動（collateral behaviors）や、予期しなかった副作用や、ほかの場面での標的行動についてのデータも収集しておくとよい。例えば、タイムアウトが感情的行動（例えば、泣き、攻撃、引きこもり）を生み出し、それがタイムアウトの積極的利益を隠蔽して、ほかの場面にまで溢れ出すかもしれない。こういうエピソードの記録を残しておくことが役に立つ。また、ライトマンとドラブマン（Reitman & Drabman, 1999）は、家庭でタイムアウトを適用する場合、親がその日付や、時間や、タイムアウトの長さのほかに、タイムアウトの効果の短い逸話記録も記録しておくように提案している。熟練の専門家とともにこれらの逸話的日記を検討すれば、セッションごとのパフォーマンスの概略が得られ、タイムアウト手続きの調整をより情報に基づいて行うことができる。彼らはそのレビュー論文においてこう記している。

> 　タイムアウト記録とそれを軸にした考察によって、問題行動の種類や頻度や前後関係や割合も含めた豊富な情報が得られた……。これらのデータをグラフ化した結果、治療者とクライエント双方に行動改善がどの程度起ったかについての視覚的フィードバックがもたらされ、それが新しい目標の設定につながった。(p. 143)

10. ほかの選択肢を考慮する

　タイムアウトはこれまで行動を減らすために有効であることが示されてきたが、それは最初に選択する方法にすべきではない。行動を減らす課題に直面する実践家は、まず消去やポジティヴな減少手続き（例えば、他行動分化強化、非両立行動分化強化）を考慮すべきである[1]。より侵入度の低いこれらの手続きが失敗したときにのみ、タイムアウトを考えるべきである。

注1：更にタイムアウトを含めた弱化手続きを使う場合の選択肢として、ゲイロード-ロスの意思決定モデルも考慮することをおすすめする（Gaylord-Ross, 1980 を参照）。

11. タイムアウトに関する法的、倫理的問題

　応用場面でタイムアウトを用いることについては、これまでかなり議論されてきた。この手続きを使うことをめぐる訴訟は、主として施設収容者を中心に提訴されてきたが（例えば、モラレス VS ターマシ, 1973；ヤット VS スティックニー, 1974）、これらのケースにおける判決は、ほかの場面でのタイムアウトの使用に、極めて重要な影響を与えた。裁判所に訴えられる問題は、クライエントの権利の保護や、タイムアウトが冷酷で異常な罰かどうかや、タイムアウト手続きが世間から容認される程度に関するものに絞られる。

　裁判所の主要な判決の要点は、人が処遇を受ける権利には必要のない制約的な隔離から自由になる権利も含まれることだった。しかしそれらの判決には、行動改善プログラムがきちんとモニターされ、スーパーバイズされ、当人にもほかの人々にも肉体的危害が生じないように設計されている限り、プログラムにおけるタイムアウトの使用は容認されるという文言が含まれている。

　この裁判所の判決から、少なくとも2つの結論が導き出されてきた。第1に、人を施錠された部屋に移動させることは、隔離が全体的処遇計画の一環であることを証明できない限り、またそのプログラムが慎重かつ厳密なモニタリングを受けていない限り違法とみなされる。第2に、タイムアウトの長さは短くするよう（つまり10分以内に）意図される。それ以上の延長は、正当に構成された審査委員会によってのみ承認される。

Ⅳ　レスポンスコストの定義

　不適切な行動を減らす必要に迫られる教師なら、レスポンスコストがタイムアウトに代わる有効な選択肢であることに気づく可能性がある。レスポンスコストには即効性があり、子どもとの対立を回避でき、ほかの行動減少手続き（例えば、消去）より時間が短くて済むという処遇選択肢を提示してくれるからである。

　レスポンスコスト（response cost）とは、不適切な行動が起こったら、それを条件として特定量の強化を取り去るという形式の弱化であり、その結果その行動の将来の生起頻度が減ることである。レスポンスコストは、機能によって負の弱化として分類され定義される。具体的には、反応を条件とする正の強化子の除去によって、弱化された行動の将来の生起頻度が減るとき、レスポンスコストが起こったといえる。しかしながら強化子を取り去ることが、行動のレベルを上昇させるか、行動のレベルに何の影響ももたらさないときは、レスポンスコストは起こらなかったことになる。このように適用と効果を区別することは、レスポンスコストの定義における重要な側面である。

　もし教師が子どもの規則違反に応じて、休憩時間の長さ（分単位の数）を減らしたり、前に稼いだか賞として与えられたステッカーを返還させたり、あるいは何か別の方法で「罰金」を科したとする。その結果標的行動の将来の生起頻度が減ったとする。そのときはいつでもレスポンスコストが起こったことになる。不適切な行動を起こすと、そのたびにその人がもっていた一定量の正の強化の喪失を招くのである。レスポンスコストは、通常、般性条件性強化子（例えば、お

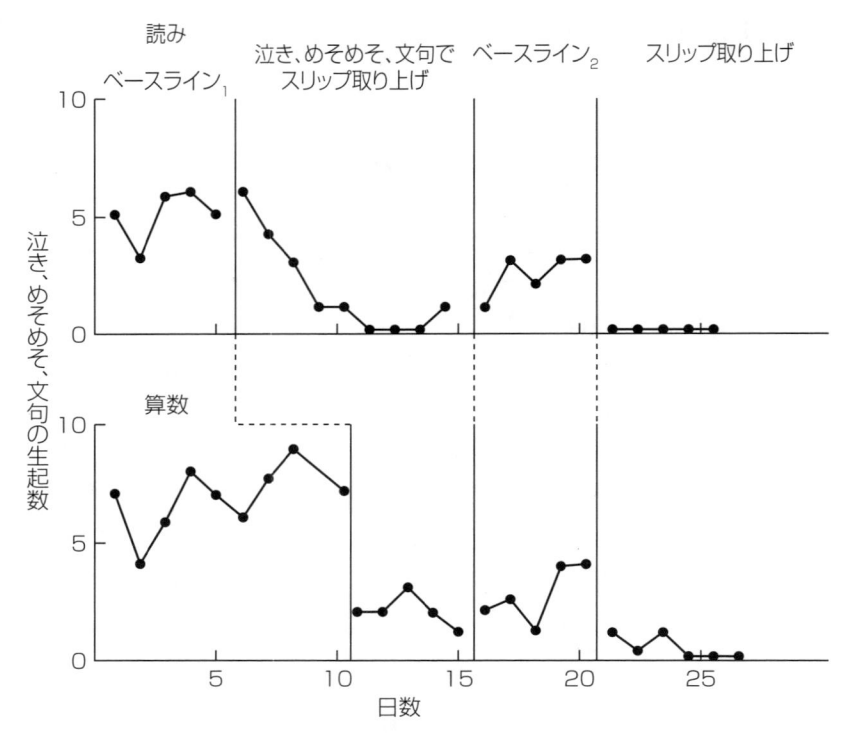

図15.4 30分の読み授業と算数の授業でビリーが泣き、めそめそし、文句を言った数

From "Modification of Disrupting and Talking-Out Behavior with the Teacher as Observer and Experimenter" by R. V. Hall, R. Fox, D. Williard, L. Goldsmith, M. Emerson, M. Owen, E. Porcia, and R. Davis, 1970, paper presented at the American Educational Research Association Convention, Minneapolis. Reprinted with permission.

金やトークン）や、有形物（例えば、ステッカー）や、活動（例えば、音楽を聴く時間）の喪失を伴う（Keeney, Fisher, Adelinis & Wilder, 2000; Musser, Bray, Kehle & Jenson, 2001）。

1．レスポンスコストの望ましい側面

　レスポンスコストには、応用場面での使用を望ましいものにするいくつかの特徴がある。すなわち、中程度か急速に行動を減らす効果があり、利便性があり、ほかの手続きと組み合わせる能力がある。

（1）中程度から急速に行動を減らす

　レスポンスコストは、ほかの形式の弱化と同様に、通常、中程度から急速な行動の減少をもたらす。実践家はレスポンスコストの抑制効果を突き止めるためにさほど長く待つ必要はない。この手続きが行動を減らすうえで効果がありそうなときは、ほんの2～3セッションの試行期間があれば、十分その効果に気づくことができる。

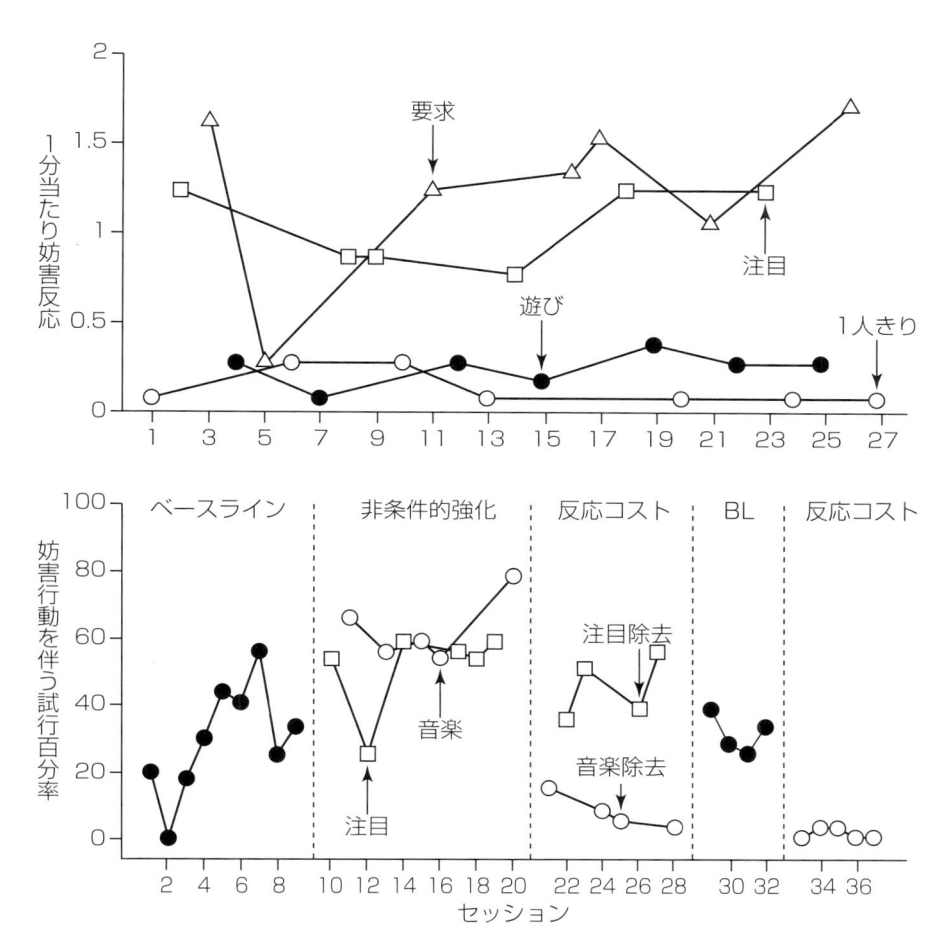

図15.5 非条件的強化（NCR）と反応コストの関数分析（上段）と処遇分析（下段）における妨害行動率

From "The Effects of Response Cost in the Treatment of Aberrant Behavior Maintained by Negative Reinforcement" by K. M. Keeney, W. W. Fisher, J. D. Adelinis, and D. A. Wilder, 2000, *Journal of Applied Behavior Analysis, 33,* p. 257. Copyright 2000 by the Society for the Experimental Analysis of Behavior, Inc. Reprinted by permission.

（2）利便性

　レスポンスコストは使い勝手がよく、学校や家庭のいろいろな場面で使うことができる（Ashbaugh & Peck, 1998; Musser et al., 2001）。例えば、子どもが教室での慣例や規則や規約に従うよう期待されていたとする。その場合はどんなルール違反も結果として罰になるだろう。問題行動の生起の1つ1つが、明確な科料の徴収と、正の強化子の喪失につながる。その科料はさらにそれ以上のことを教える。将来その問題行動を起こせば、同様の結果が伴うだろうと暗示するのである。

　ホールら（Hall et al., 1970）は、反応生起を条件として、子どもの名前を書いた紙片を撤去することが、情緒障害児の発する不平不満の回数を減らす効果があることを発見した。読みと算数の授業の前に、子どもの机の上に子どもの名前を書いた紙片を置いた。読みと算数の授業中に、

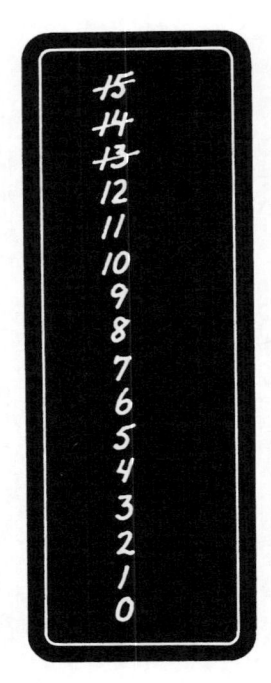

図15.6 反応コスト・チャートの見本。3回のルール違反後に自由時間が何分残っているかの総数を表す

　その男児が泣いたり、めそめそしたり、文句を言ったりしたら、そのたびにその紙片を取り去った。図15.4は、レスポンスコストが作動しているとき、問題行動が顕著に減少したことを示している。レスポンスコストが作動していないときは、これらの行動は増加した。
　キーニーら（Keeney et al., 2000）は、重度発達障害の33歳の女性の妨害行動の関数分析を行い、それからレスポンスコストを、ベースライン条件と非条件的強化と比較した。関数分析の目的は、行動を維持している条件を同定することだった。図15.5（上段）は、要求（逃避）条件と注目条件によって最高レベルの妨害行動が生み出されていたことが、関数分析によって明らかになったことを示している。図の下段に示されているベースライン条件では指示に従うと褒められ、妨害行動を起こすと当面の課題を30秒間中断できること（逃避）を示している。非条件的強化の期間は、ヘルパーの付き添い、肯定的な言葉かけ、音楽の聴取が可能だった。レスポンスコストでは、セッションの開始時点では音楽や注目を入手できたが、妨害行動を起こすと即座に音楽や注目が30秒間除去された。
　全体として、データは平均して30％ほどの上昇ベースラインを示した。非条件的な音楽提示は、妨害行動の減少をもたらさなかった。しかし、レスポンスコスト（音楽の30秒間除去）は、妨害行動の即座にして反復可能な減少をもたらした。この研究でカギとなるのは、関数分析によって制御変数（要求）の証拠が示されたこと、事前の強化子査定によって好きな強化子が音楽であることが突き止められたことである。要するに強化子選好査定は、逃避によって維持された妨害行動に対する処遇としてのレスポンスコストプログラムを開発するための方法として役立ったのである。
　家庭では、レスポンスコストは、既存の小遣いプログラムに組み入れれば便利である。例えば子どもが自分の部屋を掃除して食後に食器を流しに運ぶと、週7ドル（1日1ドル）のお小遣いをもらえていたとする。もしそのどちらか一方、または両方をしなかった場合は、お小遣いを減らされる（例えば、1度に50セント）ようにするのである。家庭場面でも学校場面でも、レスポンスコストを図表にすれば、子どもに自分の状況についてのフィードバックを与えることになるだろう。そして教師や親にとっては、子どもの進歩の視覚的メモの使い勝手がよくなるだろう（Bender & Mathes, 1995）。
　図15.6には、教室や個別指導の場面で使えるレスポンスコストの図表の見本が示されている。

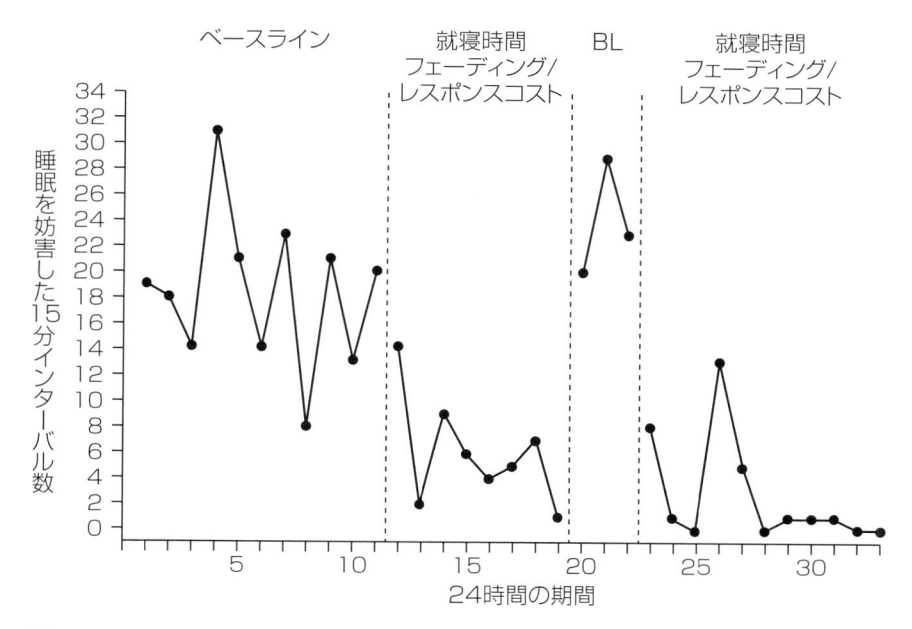

図15.7　ベースラインと反応コスト付き就寝時間フェーディングにおける24時間当たりの睡眠妨害15分インターバル数

From "The Effects of Response Cost in the Treatment of Aberrant Behavior Maintained by Negative Reinforcement" by K. M. Keeney, W. W. Fisher, J. D. Adelinis, and D.A. Wilder, 2000, *Journal of Applied Behavior Analysis, 33*, p.257. Copyright 2000 by the Society for the Experimental Analysis of Behavior, Inc. Reprinted by permission.

教師はレスポンスコスト手続きを適用するため、黒板に数字を縦に並べてだんだん減るように書いていく。妨害行動が起これば、いつでも教師は残っている最大の数字に斜線を引く。教師が黒板に15から0まで書いておき、妨害行動が3回起こったら、その日子どもに残される自由時間は12分になる。

（3）ほかのアプローチと組み合わせる

　レスポンスコストは、ほかの行動改善手続きと組み合わせることができる（Long, Miltenberger, Ellingson, & Ott, 1999）。例えば、レスポンスコストと就寝時間フェーディング手続（faded bedtime procedure）を組み合わせて、睡眠障害の治療が行われている（Ashbaugh & Peck, 1998; Piazza & Fisher, 1991）。アシュボーとペック（Ashbaugh & Peck, 1998）の研究では、ピアッツァとフィッシャー（Piazza & Fisher, 1991）の研究の組織的再現として、主要な2つの段階、ベースラインと就寝時間フェーディング手続＋レスポンスコストについて検討した。ベースラインでは、ふつうの家庭で子どもをベッドに寝かせる方法が使われた。すなわち、子どもが疲れたようなら休ませた。そして本来目覚めていなければならない日中に眠っていた場合や、本来眠っていなければならない時間（例えば、真夜中）に起きていた場合は、とくに起こそうとはしなかった。子どもが夜目を覚ましたら、両親の部屋で一緒に寝せるようにした。

就寝時間フェーディング手続＋レスポンスコストでは、まずベースラインデータに基づいて、標準就眠時間（午後10:30）を設定した。この就眠時間は、前夜子どもが実際に寝た時間に応じて毎晩調節された。例えば、ベースラインの標準就眠時間が10:30 P.M.だった場合、子どもが10:30 P.M.の15分以内に就寝したら、前夜の10:30 P.M.から10:00 P.M.に調節した。レスポンスコストは、子どもをベッドに寝かせても15分以内に就寝しなかったとき、子どもをベッドから30分間出させることだった。それからの30分は、おもちゃで遊ぶか、両親と話をするかして、起きていなければならないことにした。また夜中に起き出して、両親のベッドで寝ようとしたら、自分のベッドに連れ戻すようにした。

　図15.7によれば、ベースラインでは、妨げられた睡眠の15分インターバルは平均24回だった。しかし、就寝時間フェーディング手続とレスポンスコストを適用すると、妨げられた睡眠のインターバルはほぼ3回に減少した。両親は自分たちがよく眠れるようになり、その結果は1年後も維持されていると報告した。

　レスポンスコストは、発達に遅れのある5歳児の摂食拒否の治療に、代替行動分化強化（DRA）と組み合わせて用いられたことがある。カーングら（Kahng, Tarbox & Wilke, 2001）は、ケーニーら（Keeney et al., 2000）の研究を追試した。ただし1点だけ変更を加えた。DRAにレスポンスコストを追加した。ベースライン条件では、30秒ごとにさまざまな食物グループを提示する試行が行われた。もしその食物を食べたら褒め言葉を与えた。もし拒否したら無視した。強化子査定に基づいて、DRAとレスポンスコスト条件では、食事のとき本と音楽テープを入手できるようにした。もし食物を食べたら褒め言葉を与えた。もし拒否したら本と音楽テープを30秒撤去した。次の試行で食物を食べたら、それを条件として本と音楽テープを元に戻した（つまり、DRA）。親と祖父母にも、DRAとレスポンスコストの手続きを訓練した。その結果、食物を食べるインターバル百分率が著しく上昇した。食物拒否と妨害のインターバル百分率が劇的に減少した。

　要約して言えば、レスポンスコストをほかの手続きと直接組み合わせた研究の結果は肯定的だった。レスポンスコストを単独で使おうと、ほかの手続きと組み合わせて使おうと、どちらの場合も、実践家はタイムインのときたっぷり強化するように心がければ成功しやすくなる。別の言い方をすれば、レスポンスコストはほかのすべての弱化手続きと同様に、新しい行動を教えることはしない。そのためレスポンスコストを行動修正のための単一のアプローチとして用いるべきではない。行動を形成するアプローチ（例えば、DRA）とレスポンスコスト手続きを組み合わせることがよい計画である。

Ｖ　レスポンスコストのさまざまな方法

　レスポンスコストには4種類の適用法がある。直接罰金、ボーナスレスポンスコスト、正の強化との組み合わせ、グループアレンジメントである。

1．罰金

　レスポンスコストは、罰金として特定量の正の強化子を人から直接取り立てることによって行うことができる。指示に従わない行動を起こすたびに、休憩時間を5分失う子どもは、その一例である。この場合レスポンスコストは、参加者には強化的で入手できることが分かっている刺激に対して適用される。しかし、場合によっては、参加者から無条件性強化子や条件性強化子（例えば、食物や自由時間）を取り除くことが、法的、倫理的に不適切だったり望ましくなかったりすることがある。例えば、発達障害者から、計画されている余暇や自由時間を奪うことは勧められない。問題が起こる恐れがあれば、実践家はそれを避けるため、地域の人権審査委員会から同意を得るか、レスポンスコストの随伴性を変更するかしなければならない。

2．ボーナスレスポンスコスト

　実践家は参加者に追加の強化子を、とくにレスポンスコスト随伴性によって強化子を除去するとき、無条件に入手できるよう設計することができる。例えば小学校レベルの子どもたちに、学区として、通常、毎朝15分の休憩時間を与えることにしていたとする。その場合、**ボーナスレスポンスコスト**（bonus response cost）の方法では、さらに15分の休憩時間が入手できるようにする。そしてもし学級規則違反が起こったら、その中から事前に指定した長さの時間を除去するようにする。子どもたちは定期的な休憩時間は確保できるが、違反や問題行動を起こすたびに、ボーナス時間は一定数（例えば3分）差し引かれる。したがって、ある子どもが問題行動を3回起こしたとする。するとその子のその日の休憩時間は、定期休憩時間（つまり15分）プラス追加ボーナス時間6分となる。子どもが改善するにつれ、入手できるボーナス時間の長さ（分数）を少しずつ減らしていく。

3．正の強化と組み合わせる

　レスポンスコストは正の強化と組み合わることができる。例えば、子どもは学業成績の改善によってトークンを稼ぎ、同時に不適切な行動によってトークンを失う。また別の例では、子どもは午前中10個の学業課題を完成させるたびにポイントか星印かステッカーをもらえるが、大声で6回叫ぶたびにポイントか星印かステッカーを失う。このシナリオでは、子どもはその日合計4ポイント獲得することになる（つまり、課題をこなしたことで10ポイント獲得し、大声で叫んだことで6ポイントマイナスとなり、合計プラス4ポイントになる）。

　マッサーら（Musser et al., 2001）は、情緒障害と反抗挑戦性障害の3人の子どもの不服従行動を改善するために、レスポンスコストと正の強化を組み合わせた。手短に言えば、この手続きには、先生が子どもに従うよう普通に要求すること（例えば、「本を片づけてね」）が含まれていた。子どもが5秒以内に従えば褒められた。そして30分経って不服従行動のエピソードが記録されなければ、子どもにステッカーが与えられた。もし、子どもが5秒以内に要求に従わなけれ

ば、先生は5秒待ってもう一度指示を出す（例えば、「本を片づけなさい」）。そして、指示に従うまでさらに5秒待つ。子どもが従った場合は褒め言葉を与え、従わなかった場合はその不服従に対してステッカーを1つ取り上げた。ステッカーは後刻「秘密の楽しみ」（例えば、福袋からのバックアップ強化子）と交換された。その結果3人とも、不服従行動を顕著に減少させた。したがってこの二重システムは、利用者にとって使いやすく便利な方法だった。子どもは服従行動のインターバルに対してステッカーを入手し、不服従行動に対してステッカーを失った（レスポンスコスト）。その限りにおいてこのシステムは有効であることが判明した。

　この第3のレスポンスコスト法には、少なくとも2つの長所がある。(a) レスポンスコストによってトークンやポイントをすべて失うことがない限り、残りはバックアップ強化子と交換することができ、多くのプログラムに組み込まれる強化刺激成分を追加することになる。(b) 強化子は適切な行動をすれば再補給することができ、そのことによって法的、倫理的懸念は減少する。次の挿話は2人の息子が夕食のとき喧嘩するのを減らすため、父親がボーナスレスポンスコストをどのように実施したかを示している。

父親：お前たちに、話したいことがある。
トムとピート：うん、いいよ。
父親：夕飯のとき喧嘩や口論をするのは止そう。どうしたら止められるか考えよう。お前たちがそんなことをすると家族みんながいらいらする。お父さんも安心して夕飯が食べられなくなる。
トム：うーん、だいたいはピートが始めるんだよ。
ピート：そんなことない！
トム：いや、そうだよ、それに……
父親：（さえぎって）もう十分だ！　これこそ正にお父さんが言いたいことだ。お互いの悪いところばかり探しあって。実に馬鹿げているし、止めなければいけない。少し考えたんだが、これからやろうというのはこうだ。2人には家事をすればそれぞれ毎週5ドルあげていたね。今度2人のどちらかが喧嘩したら全部没収したいくらいだ。けれどそれはやらないことにした。その代わり、2人にさらにそれぞれ5ドルあげよう。ただし夕飯のテーブルで悪口を言ったり喧嘩したりしたら、そのたびに追加の5ドルから1ドル返してもらおう。つまり、ちゃんとしていたら追加の5ドルはもらえる。2回喧嘩したら、2ドル取られる。3ドルしかもらえない。いいかな？
ピート：トムが言い始めて、僕がやらなかったらどうなの？
父親：どんな喧嘩や口論をどちらがやっても1ドル無くなる。トムが何か始めて、お前がトムに取り合わない。そのときはトムだけが失う。トム、お前も同じだ。ピートが何か始める。お前が知らん顔をする。そのときはピートだけが失う。更に、もう1つ言っておこう。夕飯の時間は、テーブルに呼ばれたときに始まり、テーブルから離れるときに終わる。何かほかに質問は？
トム：それいつから始めるの？

父親：今夜から始めよう。

　重要なことは、父親が息子たちに、その随伴性を完全に説明していることである。喧嘩が起こらなければどうなるか、そしてどちらかが喧嘩を仕掛けて、他方がそれを無視したときはどうなるかを説明している。更に父親は夕食がいつ始まり、いつ終わるかもはっきり定義している。こうした説明はどれも随伴性の完璧な説明のために必要だった。おそらく父親は夕食の時間に2人が適切に行動したことを褒めてやり、それらの行動を強化して強めるようにしただろう。

4．集団への結果と組み合わせる

　レスポンスコストを適用できる最後の方法として、集団への結果が挙げられる。つまり、集団のメンバーの誰かが不適切な行動をすれば、それを条件として集団全員が特定量の強化を失う。第26章では「よい行動ゲーム」（The Good Behavior Game）を取り上げるが、それはレスポンスコストをどうすれば集団に適用できるかを示す好例であり、そこでレスポンスコストの方法を更に詳しく説明する。

Ⅵ　レスポンスコストを効果的に用いるには

　レスポンスコストを効果的に用いるためには、レスポンスコストの標的となる行動と罰金の額をはっきり言う必要がある。また、レスポンスコスト手続きに従うことを拒否する場合に適用されるルールをすべて説明する必要がある。標的行動の定義には、行動が起こるごとにそれに応じて起こる失点も含めるようにすべきである。しかし、多くの行動にレスポンスコストの随伴性が科される事態や、レスポンスコストが行動の深刻さの程度によって決められる事態では、それに応じてより深刻な行動により大きな罰金が科されるようにしなければならない。実際には弱化（レスポンスコスト）の大きさは、規則違反の程度に合わせて決めるべきである。

　ウイーナー（Weiner, 1962）は、レスポンスコストという用語の創始者であるが、彼によればレスポンスコストの科料の大きさが重要であるという。科料の大きさが大きくなれば、それに応じて望ましくない行動が起こる割合は減る可能性がある。しかし、強化子の喪失があまりに大きくあまりに急速になると、標的となる不適切な行動の減少の割合は、逆効果を招く恐れがある。参加者は強化子の在庫をすぐ使い果たしてしまい赤字状態になるだろう。一般的ルールとして、科料は将来の行動生起を抑制するために十分なほどの大きさにすべきであるが、その人を破産させたりその制度の効果を失わせてしまったりするほど大きくすべきではない。要約すれば、クライエントがトークンやそのほかの強化子をあまりにも高率で失うと、あきらめて受け身になるか攻撃的になることがある。その結果この手続きは効果を失うだろう。また、科料は恣意的に変更すべきではない。午前中は不服従行動が起こるたびに休憩時間を5分失わせるように指導してきた教師が、午後になると同じ不服従行動に15分の科料を科すというようなことをしてはならない。

1．罰金の即時性を決定する

理想的には、罰金は望ましくない行動が起こるたびにその直後に科されるべきである。行動の生起後のレスポンスコストの適用が早ければ早いほど、この手続きはより効果的になる。例えば、アシュボーとペック（Ashbaugh & Peck, 1998）は、睡眠妨害行動のある幼児に、一定の時間内に睡眠が始まらず入眠失敗インターバルが過ぎると、即座にレスポンスコストの随伴性を適用して成功した。

2．レスポンスコストかボーナスレスポンスコストか？

どのレスポンスコストのバリエーションが、行動を減らすうえで最も有効かを決定することは、通常、経験的な問いである。しかし、次の3点を考慮することは、実践家にとって有益だろう。第1に、最初は嫌悪性が最小の手続きを使うべきである。最小制約的選択肢の原理と整合するように、最小量の時間に対して最小の強化子喪失が確実に起こるように努力すべきである。ボーナスレスポンスコストは、2つのバリエーションのなかでは嫌悪性が最も少ない。なぜならその人が強化子を直接に減らされることはないからである。その代りこれから手に入る可能性のある強化子の蓄え（つまり、ボーナス）のなかから強化子が差し引かれることになる。

第2に考慮すべきことは、第1点とも似ているが、「何が攻撃的な感情の爆発を招く恐れがあるか？」という疑問形で述べることができる。社会的妥当性の視点からみれば、おそらく子ども（とその親）は自分の稼いだものからではなく、これから手に入る蓄えから強化子を失う方がより喜んで同意できると思うだろう。したがって、ボーナスレスポンスコスト手続きの方が攻撃性や感情の爆発を招くことを少なくし、子どもや親から反感を買うことを減らすだろう。

第3に考慮すべきことは、行動を素早く減少させることの必要性である。好戦的なまたは不服従の行動は、レスポンスコストによってより適切に抑制できる可能性がある。入手できる強化子をレスポンスコストの随伴性が直接減らすからである。反応を条件とした強化子の除去は行動を速やかにそして顕著に減らすように作用する。

3．強化の蓄えを保証する

正の強化子は、それを全然もっていない人から取り去ることはできない。実践家はレスポンスコストを使う前に、十分な量の強化子の蓄えを確保しなければならない。そういう蓄えがなければ、手続きが成功するとは考えられない。例えば、教師が非常に妨害行動の多い学級で不適切な行動が起こるたびに反応を条件として自由時間の撤去を使えば、1時間も経たないうちに子どもたちが使える自由時間をすべて使い果たし、教師はその日の残りをどうしようかと悩むことになりかねない。翌日分からさきの自由時間を差し引いていくやり方が役に立つとはとても思えない。

入手できる強化子を無くしてしまう恐れを減らすために次の2つの提案が有効である。第1に、稼ぐポイントと失うポイントの比率は調整できる。もしベースラインデータによって不適切な行動が高率で起こっていることが分かったら、より多くの強化子をプログラム化してそこから取り去ることが考えられる。また罰金の大きさを決め、それを前もってはっきり説明しておくことも役に立つ。小さな違反には当然比較的小さい罰金が科され、大きな違反には当然より大きな罰金が科される。第2に、もし強化子がすべて失われ、また不適切な行動が起こったら、タイムアウトを適用すればよいかもしれない。それ以後に適切な行動をすることによって強化子を再び獲得すれば、レスポンスコストを再開することができることになる。

入手できる強化子の最初の数量を決定するために、実践家は1日または1セッション当たりの不適切な行動の生起のベースラインデータを収集する。強化子の数量のために、平均ベースラインの数字を増やしておくようにすれば、レスポンスコストを実施しても、強化子がすべて消えてしまうことがないようにすることができる。実験的に検証できるガイドラインはないが、強化子はベースラインの平均生起数の25％増しにしておくことが賢明である。例えば、ベースラインデータから1日当たりの妨害数が20回であることが分かったら、実践家は初期水準として自由時間（正の強化子）を25分（すなわち、20×1.25）に設定すればよいだろう。もし実践家がパーセンテージではなくポイントで計算するなら、破産防止のための十分な準備金として更に10〜20ポイント追加しておくようにする。

4．計画外、想定外の結果の可能性を認識しておく

2つの状況において、随伴性計画を実行することが要求される可能性がある。第1は、レスポンスコストを繰り返して科すことが、望ましくない行動に対する罰というよりも強化として作用するときである。こういう事態が起こったときは、実践家はレスポンスコストの使用を中止して、ほかの行動減少手続き（例えば、タイムアウトや代替行動分化強化）に切り替えるようにしなければならない。第2は、個人が正の強化子を手放すことを拒否する場合である。こういう出来事が起こりそうな事態を減らすため、実践家は前もってもし拒否したらどうなるかをはっきり伝えておく。そして、（a）バックアップ強化子の十分な供給を確実に入手できるようにする、（b）強化子（例えば、ステッカー）を手放さないときは、追加の罰金を要求する（Musser et al., 2001）、およびまたは（c）即刻の支払いに応じるときは、罰金の小数部分の一部を返還するようにする。

5．レスポンスコストの過剰使用を避ける

レスポンスコストは、自分が注目されるようアピールする深刻な望ましくない行動、そして即座に抑制しなければならない行動のために、とっておかなければならない。教師や親が本来注意を集中すべきは強化の対象となる積極的な行動である。レスポンスコストは最後の手段にしなければならない。そして適切な行動を形成するほかの手続きと組み合わせなければならない。

6．記録を取り続ける

　レスポンスコストの1つ1つの生起と、それを招いた行動を記録する。分析家は、最低でも、罰金が科された回数と、罰金は誰に科されたかと、そして罰金の効果とを記録するようにする。日々のデータ収集はレスポンスコスト手続の有効性を判断する助けとなる。行動分析家はプログラムの効果をグラフ化することによって、その手続の抑制効果を確認することができる。

Ⅶ　レスポンスコストで考慮すべき事項

1．攻撃を増加させる

　反応の生起を条件として正の強化子を撤去することは、子どもの言語的、身体的な攻撃性を増大させる恐れがある。何枚かのトークンをとくに短時間のうちに失う子どもは、言葉か体で教師を攻撃することがある。レスポンスコストの執行に伴って感情的行動が起こる場合はできるだけ無視する（Walker, 1983）。とはいえ教師はそれが起こる可能性を予想すべきである。そして、(a) 感情的行動をきっかけとしてもっと悪い状況が起こる可能性をうすうす感じたら、教師は先手を打ってレスポンスコストを使う決断をする、または (b)「難局を切り抜ける」準備をしておく。

2．回避

　レスポンスコストが起こる場面かそれを実践する人が、条件性嫌悪刺激になる恐れがある。もし学校でこういう状況が起これば、子どもは欠席したり遅刻したりして、学校や教室や教師を回避するかもしれない。教師は適切な行動に対して正の強化を条件的に提示することによって、条件生嫌悪刺激になる公算を減らすことができる。

3．望ましい行動まで2次的に減らしてしまう

　反応を条件として1つの行動から正の強化子を撤去することが、ほかの行動の頻度にも影響を与える可能性がある。算数の授業中にシャショナが大声で叫ぶたびに、教師が休憩時間を1分ずつ減らすことにした場合、そのレスポンスコストの手続きは単に彼女の大声を減らすだけでなく、算数の生産性をも減らしてしまうかもしれない。シャショナは「大声を出したら休憩時間を取り上げられちゃったから算数なんかやる気になれないわ」と教師に言うかもしれない。彼女はまた、ただ座るだけで腕組みして勉強しないという受動的な攻撃性を示す恐れもある。教師やそのほかの実践家はこのような付随的な行動が起こることを予想して、レスポンスコストのルールをはっきり説明し、ほかのクラスメートを適切な行動のモデルとして強化して、直接的対決を回

避しなければならない。

4．弱化される行動への注意を呼んでしまう

レスポンスコストは望ましくない行動への注目を促す。というのは不適切な行動が起こると、子どもは強化子の喪失を通告されるからである。そして教師の注目は強化子喪失の告知という形をとる場合でさえ、強化的結果として作用する可能性がある。実際、教師の注目は将来の問題行動の生起頻度を増やす可能性がある。例えば、子どもによっては教師が黒板につけるマークがすべて、正の強化子（例えば、自由時間の分数）が失われたことを意味するため、教師が困ることがある。更に、それが望ましくない行動への注目を呼び起こし、気づかずにそれを強化するかもしれない。こういう場合は教師が戦術を変えて、例えばレスポンスコストとタイムアウトの組み合わせを用いるべきである。また、不適切な行動への注意喚起の可能性に歯止めを掛けるため、実践家は強化対レスポンスコスト随伴性の比率を強化の方が有利になるようにすべきである。

5．予測不可能である

ほかの弱化形態の場合と同様に、レスポンスコストの副作用も予測できない可能性がある。レスポンスコストの効果は多くの変数と関連している。それらはまだ十分理解されておらず、さまざまな参加者や場面や行動を対象にして、十分研究されてきていないように思われる。これらの変数には、罰金の大きさ、参加者の弱化と強化の過去経験、行動に罰金が科される頻度、強化される資格のある代替行動の入手可能性が含まれる。

まとめ

タイムアウトの定義

1. 正の強化からのタイムアウト、または単なるタイムアウトは、行動の生起を条件とした正の強化を稼ぐ機会の除去、または正の強化を入手する権利の一定時間の喪失として定義される。

2. タイムアウトは負の弱化子であり、それに先行する行動の将来の生起頻度を減らす効果をもつ。

応用場面でのタイムアウト手続き

3．タイムアウトには２つの基本的タイプがある。非排除型と排除型である。

4．非排除型のタイプに含まれる主な方法は、計画的無視、特定の正の強化子の除去、条件的観察、タイムアウトリボンである。

5．排除型のタイムアウトに含まれる主な方法は、タイムアウトルーム、衝立型タイムアウト、廊下型タイムアウトである。

6．タイムアウトは、行動を減らす望ましい選択肢である。適用が簡単であり、容認される可能性が高く、早い行動抑制効果があり、ほかのアプローチと組み合わせることができるからである。

タイムアウトを効果的に用いるには

7．タイムアウトを有効にするためには、タイムイン環境を強化的にしなければならない。

8．タイムアウトを有効利用するためには、タイムアウトを招く行動、タイムアウトの持続時間、タイムアウトを停止させる基準を明確に記述する必要がある。更に実践家は、非排除型と排除型タイムアウトのどちらを使うかを選ばなければならない。

9．ほとんどの適用においては、タイムアウトを適用する前に、同意が必要である。

10．実践家は、タイムアウトを実施する前に、考慮すべき法的、倫理的問題を承知していなければならない。それは弱化手続きとして、ポジティヴな行動減少手続きが失敗した後にのみ使用しなければならない。そして計画的モニタリング、スーパービジョン、評価への配慮がなされていなければならない。

レスポンスコストの定義

11．レスポンスコストは弱化の一形態であり、不適切な行動の遂行を条件として、特定量の強化の喪失が起こり、その結果として行動の将来の生起確率の減少が起こる。

12．レスポンスコストを実施する４つの方法（13を参照）は、実践家にとって魅力的手続きである。それらには、中程度から急速な行動抑制と、利便性と、ほかの手続きと組み合わせる可能性とが含まれる。

レスポンスコストのさまざまな方法

13. レスポンスコストを実施する4つの方法は、直接的罰金、ボーナスレスポンスコスト、正の強化との組み合わせ、集団への結果との組み合わせである。

レスポンスコストを効果的に用いるには

14. レスポンスコストを効果的に用いるためには、実践家は罰金の即時性を決定し、ボーナスレスポンスコストが望ましいオプションかどうか判断し、強化子の蓄えを確保し、計画外や想定外の結果の可能性を認識し、その効果をきちんと記録するようにしなければならない。

レスポンスコストで考慮すべき事項

15. レスポンスコストを適用すると、子どもの攻撃性を高め、回避反応を生み出し、望ましい行動を付随的に減少させ、弱化される行動への注目を喚起する可能性がある。レスポンスコストの効果もほかの弱化形態と同様に、予測できない可能性がある。

第 6 部

先 行 変 数

　第4部と第5部では、行動の直後に後続するさまざまな種類の刺激変化がもたらす効果を詳しく論じた。第6部の2つの章は、行動に先行する刺激条件と刺激変化がもたらす影響を取り扱う。行動は空虚な環境、ないし真空の中で起こるわけではない。あらゆる反応は、特定の一連の先行条件の文脈において自発される。そしてこれらの先行事象は、動機づけと学習において重要な役割を果たす。

　ある特定の瞬間に人が行うことは、少なくとも部分的には、その瞬間にその人がしたいと思うことの関数である。第16章でジャック・マイケルは、動機づけ操作、すなわち（a）ある刺激事物または事象の強化子（または弱化子）としての一時的な有効性を変更し、（b）その強化形態によって後続されたすべての行動の現在の頻度を変更する環境変数について、完全な説明を与える。動機づけ操作の理解の深化は、近年における行動分析学の1つの大きな進歩を示す。

　強化の定義的特徴は、行動の将来の頻度における増加であるが、強化は第2の重要な影響を生み出す。第17章「刺激性制御」では、反応の直前に存在するか、強化の間に存在する刺激が、いかにして行動の将来の生起に対する喚起機能を獲得するかを詳しく説明する。この章では、行動分析家が変化する先行刺激条件の下での分化強化を利用して、いかにして望んでいる程度の刺激弁別を達成し、等価機能を持つ刺激クラスを形成するかを説明する。

第16章
動機づけ操作

キーワード

減少効果、無効操作（AO）、行動変更効果、条件性動機づけ操作（CMO）、弱化の弁別刺激（S^D）、確立操作（EO）、喚起効果、機能変更効果、動機づけ操作（MO）、弱化手続きからの回復、再帰性条件性動機づけ操作（CMO-R）、レパートリー変更効果、強化子無効効果、強化子確立効果、代理性条件性動機づけ操作（CMO-S）、他動性条件性動機づけ操作（CMO-T）、無条件性動機づけ操作（UMO）、対提示解除、価値変更効果

行動分析士資格認定協会®BCBA® & BCaBA®
第4版課題リスト©

	Ⅰ　基本的な行動分析学のスキル
D-08	不連続試行とフリーオペラント計画を使う。
E-01	先行事象、例えば動機づけ操作や弁別刺激の操作に基づく介入を使う。
	Ⅲ　基礎知識
FK-26	無条件性動機づけ操作
FK-27	条件性動機づけ操作
FK-28	他動性、再帰性、代理性動機づけ操作
FK-29	弁別刺激と動機づけ操作を区別する
FK-30	**動機づけ操作と強化効果を区別する**

©2012　行動分析士資格認定協会®（BACB®）。不許複製。この文書の最新版は、www.bacb.comから入手できる。この文書の転載、複写、配布の請求と、この文書についての質問は、BACBに直接問い合わせられたい。

この章はジャック・マイケル（J. Michael）が執筆した。

第16章　動機づけ操作

　素朴心理学では、人が何かするときは、どんな場合であれ、少なくともその瞬間にその人が欲するもの（欲望）が関係していると考える。しかし行動心理学では、スキナーの動因分析（Skinner, 1938, 1953）に基づいて、人が何かを欲するということは、（a）欲するものが出現すると、それがその瞬間、たぶん強化子として働くのだろう、（b）それによって過去にそのように強化されていた行動なら何であれ、その現在の生起頻度が増加するのだろう、というふうに解釈する。この章では、こうした２つの動機づけ効果をもつ変数について調べてそれらを分類することにする。

I　動機づけ操作の定義と特徴

1. 基本的特徴

　ケラーとショーンフェルド（Keller & Schoenfeld, 1950）は、動因（drive）という概念を環境の特定の変数（それを彼らは確立操作と呼んだ）と行動の特定の変化の間の関係という面からとらえた。現在使われている**確立操作**（establishing operation, EO）は、彼らの使い方とぴったり一致するわけではないが、次のような環境変数を表す用語として、1982年に再導入されたものである（Michael, 1982, 1993）。それは任意の環境変数であって、（1）一定の刺激、事物、事象の強化子としての有効性を変え、（2）それらの刺激、事物、事象によって強化されてきたすべての行動の現在の生起頻度を変える変数である。確立操作（EO）という用語は、現在、応用行動分析学において広く使われるようになっている（例えば、Iwata, Smith, & Michael, 2000; McGill, 1999; Michael, 2000; Smith & Iwata, 1997; Vollmer & Iwata, 1991）。

　動機づけ操作（motivating operation, MO）という用語は確立操作に代わる用語として最近提案されたものである（Laraway, Snycerski, Michael, & Poling, 2003）。同時に先に述べた２つの定義的効果を表すため、価値変更（value altering）と、行動変更（behavior altering）という用語も導入された。本章ではより最近提案されたこの用語法について論じることにする[1]。

　価値変更効果とは、（1）一定の刺激、事物、事象の強化の有効性（reinforcing effectiveness）が増加するか、（2）強化の有効性が減少することである。（1）の場合のMOを**確立操作**（EO）と呼び、（2）の場合のMOを**無効操作**（abolishing operation, AO）と呼ぶ。つまり、MOには、確立操作と無効操作の２つが含まれる。一方、**行動変更効果**とは、（1）一定の刺激、事物、事象によって強化されてきた行動の現在の生起頻度（current frequency of behavior）が増加するか、（2）一定の刺激、事物、事象によって強化されてきた行動の現在の生起頻度が減少することである。（1）の場合を**喚起効果**（evocative effect）、（2）の場合を**減少効果**

注1：カンター（J. R. Kantor）のセッティング因子（setting factor）（1959d, p. 14）は、上述の動機づけ操作を含んでいたが、２つの効果という点から見た特異的定義と適合しないいくつかの事象も含んでいた。行動に影響する先行事象としてのセッティング因子の扱いについては、スミスとイワタ（Smith & Iwata, 1997, pp. 346-348）を参照してほしい。

図16.1　動機づけ操作（MO）とその２つの定義的効果

確立操作（EO）

- **価値変更効果**：一定の刺激、事物、事象の、強化としての現在の有効性の増加。
- **行動変更効果**：それらの刺激、事物、事象によって強化されてきたすべての行動の、現在の頻度の増加（すなわち、**喚起効果**）。

無効操作（AO）

- **価値変更効果**：一定の刺激、事物、事象の、強化としての現在の有効性の減少。
- **行動変更効果**：それらの刺激、事物、事象によって強化されてきたすべての行動の、現在の頻度の減少（すなわち、**減少効果**）。

図16.2　食物に関する動機づけ操作

確立操作（EO）としての食物遮断

- **価値変更効果**：食物の強化の有効性の増加。
- **行動変更喚起効果**：食物によって強化されてきたすべての行動の、現在の頻度の増加。

無効操作（AO）としての食物摂取

- **価値変更効果**：食物の強化の有効性の減少。
- **行動変更減少効果**：食物によって強化されてきたすべての行動の、現在の頻度の減少。

図16.3　苦痛刺激に関する動機づけ操作

確立操作（EO）としての苦痛刺激の増加

- **価値変更効果**：痛みの減少の強化の有効性の増加。
- **行動変更喚起効果**：痛みの減少によって強化されてきたすべての行動の、現在の頻度の増加。

無効操作（AO）としての苦痛刺激の減少

- **価値変更効果**：痛みの減少の強化の有効性の減少。
- **行動変更減少効果**：痛みの減少によって強化されてきたすべての行動の、現在の頻度の減少。

　（abative effect）[2]と呼ぶ。これらの関係を図16.1に示す。

　例えば、食物遮断（食べ物を食べさせないこと）はEO（確立操作）である。食物の強化子としての有効性を増加させ、食物によって強化されてきた全ての行動を喚起する。食物摂取（食物を食べさせること）はAO（無効操作）であり、食物の強化子としての有効性を減少させ、食物

注２：アベイティヴ（abative）という新しい用語の有用性については、ララウェイら（Laraway, Snycerski, Michel, Poling, 2001）によって、詳しく解説されている。

によって強化されてきたすべての行動を減少させる。これらの関係を、図16.2に示す。

　苦痛刺激を増大させることもEO（確立操作）である。痛みを和らげることの強化子としての有効性を増大させ、痛みを和らげることによって強化されてきたすべての行動を喚起する。苦痛刺激を減らすことはAO（無効操作）である。痛みを和らげることの強化子としての有効性を減少させ、痛みを減少させることによって強化されてきたすべての行動を減少させる。これらの関係を図16.3に示す。

　本章において価値変更効果と行動変更効果を議論する場合、ほとんどは弱化よりも強化に関わる関係について述べることにする。もちろんMOは、理論上は、弱化にかかわる関係にも等しくあてはまるものと考えて構わない。すなわち、MOは弱化子（punisher）としての一定の刺激、事物、事象の有効性を変更して、確立効果か無効効果を生み出す。またそれらの刺激、事物、事象によって弱化されたすべての行動の現在の生起頻度を変更して、減少効果または喚起効果を生み出す。しかし、応用行動分析学は、現在のところ、弱化に関する動機づけについては、まだ取り組み始めたばかりである。本章では、この後に、短い節を設けて、弱化におけるUMO（無条件性動機づけ操作）の役割について考察する。しかし今後の動機づけの議論においては、MOと強化についての現在の議論の大部分を弱化に対しても拡大して論じることができそうである。

2．追加の考慮事項

（1）直接的効果と間接的効果

　行動変更効果は、実際のところ、これまでに述べてきた説明よりも複雑である。頻度の変更が起こるのは、（1）MOが反応頻度を増加または減少させる直接的効果と、（2）関連弁別刺激（S^D）の喚起強度または減少強度に及ぼす間接的効果、のせいである。またMOが任意の関連する条件性強化子に対して価値変更効果を及ぼし、次いでそれらの条件性強化子によって強化されてきた行動に行動変更効果を及ぼすとも考えられる。この関係は後に条件性動機づけ操作との関連において考察することにする。

（2）頻度だけではない

　MOの変化によって変更されるのは頻度だけではない。そのほかの行動側面にも変更が起こる。例えば、反応の大きさ（より強力な、または微力な反応）や、反応潜時（MOかS^Dの生起から最初の反応が起こるまでの時間の短縮または延長）や、相対的頻度（総反応機会数に対する反応の比率の増大または減少）も変化する。しかし、頻度はオペラント関係の測度として最もよく知られているので、本章の残りの部分では、行動変更として頻度を取り上げることにする。

（3）よくある間違い

　行動変更効果を解釈するとき、生命個体がより有効なまたは有効でない強化の形態に遭遇したことに起因する頻度変更であると解釈されることがある。この解釈では、行動の増加や減少が起こるのは、強化子を獲得した後においてのみであるということになる。この考えを否定する決定的な観察結果が存在する。すなわち、消去（強化子を受け取れない状態）において、MOレベルと反応との間に強い関係が存在するということである（Keller & Schoenfeld, 1950, pp. 266-267と図60を参照）。生命個体の全体的な有効性の点から見れば、MOは関連行動を、たとえ最初は成功しなくても、喚起するはずである。現在のところ、2つの効果（価値変更効果と行動変更効果）は、神経学的レベルにおいてはおそらく関連しているとはいえ、一方が他方に由来しないという意味では、独立しているといえるだろう。

（4）現在の効果と将来の効果：行動変更効果とレパートリー変更効果

　生命個体は、環境との履歴の結果として、MO（動機づけ操作）とS^D（弁別刺激）とR（反応）の関係というオペラントレパートリーを獲得する（また、第2章で述べたように、反応を誘発できる刺激のレスポンデントレパートリーも存在する）。MOとS^Dは現存するレパートリーの構成成分である。すなわち、これらは先行変数であり、行動変更効果をもつ。先行変数は反応を喚起するか、減少させることができるが、しかし単に先行変数が起こるだけでは、生命個体の関数関係のオペラントレパートリーを変更することはしない。これらの先行変数は、結果変数とは著しく対照的である。結果変数の主効果は、生命個体の関数関係のレパートリーを変化させることである。その結果、生命個体は、将来、前とは違って行動することになる。結果変数に含まれるのは、強化子、弱化子、強化子を伴わない反応生起（消去手続き）、または弱化子を伴わない反応生起（**弱化手続きからの回復**）である。その意味するところは、MOとS^DはそのMOに関連するすべての行動の現在の頻度を変更するが、それに対して、強化子と、弱化子と、強化子も弱化子も伴わない反応生起は、これらの直前に起こるあらゆる行動の将来の頻度を変更するということである。

　行動に関連する出来事がもたらすこれらのまったく異なる2つの効果に対して異なる名称を与えることは有用である。それゆえ本章では、**レパートリー変更効果**（Schlinger & Blakely, 1987）を行動変更効果と対比させる。本章では、両者を通常は、現在の頻度を論じるか、将来の頻度を論じるかの違いによって区別することにする。

Ⅱ　重要な区別：動機づけ関係と弁別関係

　MOとS^Dはどちらも先行変数である。それらはある特定の種類の行動の現在の頻度を変化させる。それらはまたどちらもオペラント変数である（レスポンデントではない）。なぜならどちらも（レスポンデント無条件刺激とではなく）強化的結果や弱化的結果と関係して、反応頻度を制

御するからである。しかしこれら2種類の先行変数の間には決定的な違いがある。それゆえ、ここで、それらの対照的定義を概観しておくことは有用であろう。

S^Dはある種の行動を制御する刺激であるが、それはその刺激がその種の行動に対する有効な強化子の差異的入手可能性（differential availability）と関連づけられてきたからである。差異的入手可能性とは、その刺激が存在するとき関連する結果が入手できていたということであり、逆に存在しないときは入手できていなかったということである。食物遮断と苦痛の増大を推定上のS^Dとみなすためには、それらの条件が存在するときに食物と苦痛除去が入手できることが必要となる。しかしこう考えることには問題がある。なぜなら食物遮断と苦痛の増大は、両方とも強化子が入手できない状況において起こりうるし、またしばしばまさにそういう状況において起こるからである。真のS^Dであるということは、少なくとも、反応した後に関連する結果が随伴することを、確率的に保証することに等しい。生命個体は、相当の期間食物を遮断され、苦痛刺激にさらされることになり、その間はその条件を緩和することができないことになる。

S^Dとして解釈するためにさらに重要なことがある。S^Dがないときは強化子が手に入らないということは、その手に入らなかった事象がもし獲得されていたならばたぶん強化子として有効だっただろうということを暗に示すことである。この必要条件があるからこそ、大多数の動機づけ変数は弁別刺激としての資格を得られないのである。確かに食物強化は、ある程度までは、食物遮断がなければ手に入らないし、苦痛軽減の強化は、苦痛がなければ手に入らないが、しかしこれは弁別訓練において起こるような、そして真のS^Dの喚起効果を発展させるような、そういう種類の入手不可能性ではない（Michel, 1982）。食物遮断や苦痛刺激が存在しない限り、MOが食物や苦痛の除去を強化子として有効にさせることはない。したがって、弁別関係に関連するという意味での強化子の入手不可能性は存在しないことになる。

しかし、食物遮断や苦痛刺激は、MOとしての資格なら簡単に獲得することができる。MOとは、一定の刺激、事物、事象の強化子としての有効性を変更させ、また同時にこれらの刺激、事物、事象によって強化されてきた行動の頻度を変更させる条件だからである。

要約すると、通常、次のように対比させるようにすればよい。弁別刺激は、特定の種類の行動に対して現在有効となっている形式の強化の差異的入手可能性に関わるものであり、一方、動機づけ変数（MO）は、特定の種類の環境事象の差異的強化有効性（differential reinforcing effectiveness）に関わるものである。

Ⅲ 無条件性動機づけ操作（UMO）

すべての生命個体には、非学習性の動機づけの価値変更効果をもつ事象、操作、刺激条件が存在する。人間には、生来、食物遮断されると食物強化に対してより敏感になる能力がある。また苦痛が起こるか増大すると、苦痛を減少させる強化に対して敏感になる生来的能力がある。したがって、食物遮断や苦痛刺激を、**無条件性動機づけ操作**（unconditioned motivating operation,

UMO）[3]と呼ぶ。対照的に、カギのかかったドアを開けて部屋に入る必要は、ドアに対するカギを有効な強化子として確立するが、この価値変更効果は、明らかにドアとカギに関わる学習の履歴の関数である。このような種類のMOは、条件性動機づけ操作（conditioned motivating operation, CMO）と呼ばれる。これについては本章の後半で詳述する。

MOを無条件性として分類させるのは、価値変更効果における非学習性（生来性）という側面であることに注意を払う必要がある。MOの行動変更効果の方は、通常、学習性のものである。別の言い方をすれば、私たちは食物遮断の結果として食物強化によって影響される生得的な能力をもっているが、食物を獲得する行動の大部分（誰かに頼む、食物が保管されている場所に行くなど）は、すべて学習されなければならない。

1．人における9つの主なUMO

（1）遮断と飽和のUMO

食物、水、酸素、活動、睡眠の遮断はすべて、結果として、**強化子確立効果**（reinforcer-establishing effect）と喚起**効果**を生み出す。対照的に、食物や水の摂取、酸素の吸入、活動への従事、睡眠は、**強化子無効効果**（reinforcer-abolishing effect）と減少**効果**を生み出す。

（2）性的強化に関わるUMO

人以外の多くの哺乳類においては、メスのホルモンの変化は、時間経過や、周辺光の条件や、日々の平均気温や、生殖の成功に系統発生的に関連するそのほかの環境の特徴と関係している。こうした環境の特徴、またはホルモンの変化、あるいはそれら両方が、無条件性動機づけ操作（UMO）と考えられる。それがメスにとってオスとの接触を有効な強化子に変える。それらはメスの体の一定の側面に視覚的変化を生み出し、そして化学的（嗅覚的）誘引物質を発生させる。それらはオスに対するUMOとして機能し、メスとの接触を強化子として確立し、メスとの接触を生み出したあらゆる行動を喚起する。さまざまなホルモン変化もまた、メスによる一定の行動（例えば、性的に受け容れる姿勢をとること）を喚起する。これらの行動は、オスによる性的行動のためのUMOとして機能する刺激である。この一群のUMOと無条件性誘発因子の集合に重なるのが遮断効果であり、それはまたUMOとして機能する。

人の場合は、性的行動の決定に対して学習が強力な役割を果たす。そのため、非学習性の環境と行動の関係の果たす役割を確定することは難しい。女性のホルモン変化が、女性の行動に及ぼ

注3：無条件性（unconditioned）、条件性（conditioned）という用語は、レスポンデント誘発刺激と、オペラント強化子および弱化子を修飾する用法と同じように、MOを修飾するためにも使われる。無条件性動機づけ操作は、レスポンデント行動に対する無条件性誘発刺激や、無条件性強化子や弱化子と同様に、学習の履歴に依存しない効果をもつ。条件性動機づけ操作の効果は、条件性誘発刺激や条件性強化子や弱化子の効果と同様に、学習の履歴に依存する。

す影響ははっきりしないし、化学的誘引物質が男性の行動に及ぼす役割についても同様である。ほかの条件が同じなら、男性も女性も前回の性的活動からの経過時間（遮断）に影響されるようである。これはUMOとして機能して、性的刺激の強化子としての有効性を確立し、かつて性的な強化を得るために成功した行動を喚起する。逆方向に作用する場合、UMOとして機能する性的オルガスム（絶頂感）は、強化子としての性的刺激の有効性を無効にし、かつて性的な強化を得るために成功した行動（の頻度）を減少させる。加えて、性欲を刺激する身体部位に対する触覚刺激もUMOとして機能するようである。それは更なる類似の刺激を強化として一層有効なものにするとともに、過去にそうした更なる刺激を得るうえで成功したすべての行動を喚起する。

（3）温度変化

不快なほど寒くなることはUMOである。それはより暖かくなることを強化子として確立し、その効果を得るうえで成功したあらゆる行動を喚起する。通常の温度条件に戻ることもUMOである。それは強化子としての暖かさの増加を無効にし、暖かくするうえで有効だった行動を減少させる。不快なほど暑くなることもUMOである。温度条件を下げることを有効な強化子として確立し、過去に体を冷やす効果を生み出したあらゆる行動を喚起する。通常の温度条件への復帰は、涼しくなることの強化子としての効果を無効にし、体を冷やす行動を減少させる。

これらの温度関連UMOは、1つにまとめようと思えばまとめることができる。温度に関して不快になることをUMOとして特定するようにすればよい。それは快適な方向に向かう変化を強化子として確立し、その種の効果をもたらしたいかなる行動も喚起するUMOである。こうすれば、通常の温度条件に復帰することは、無効効果と減少効果をもつ適切なUMOになる。しかしやはりこの時点ではひとまとめにせず、異なるUMOを含む状況としてとらえた方がよいだろう。また、これらのUMOは苦痛UMOとして分類し、広くは嫌悪刺激というカテゴリーに含めることもできるだろう。しかし現時点では、それらを別個に扱った方がより明確になるだろう。

（4）苦痛刺激

苦痛刺激が増大することは、苦痛を減少させることを強化子として確立するとともに、苦痛を減少させることに成功した行動（逃避行動という）を喚起する。苦痛刺激が減少することは、苦痛を減少させることの強化子としての有効性を無効にし、苦痛を減少させることによって強化されてきた行動を減少させる。

苦痛刺激は、苦痛の減少を強化子として確立し、苦痛の減少に成功した行動を喚起するだけではない。ほかの生命個体の存在する場面における苦痛刺激の生起は、その生命個体に対する攻撃行動を喚起する。人も含めて一定の生命個体にとって、この攻撃性の一部は、レスポンデント無条件刺激（US）としての苦痛機能が誘発する結果であるかもしれない（Ulrich & Azrin, 1962）。しかし、苦痛刺激はまたUMOの機能を果たすともいえる。すなわち、別の生命個体に対する損傷のサイン（兆候）のような出来事を強化子として有効にするとともに、そのような兆候を生み

表16.1　9つの無条件性動機づけ操作（UMO）とそれらの強化子確立効果と喚起効果

無条件性動機づけ操作 （UMO）	強化子確立効果	喚起効果
食物遮断	強化子としての食物摂取の有効性を増加させる	以前食物によって強化された全ての行動の現在の頻度を増加させる
水分遮断	強化子としての水分摂取の有効性を増加させる	以前水分によって強化された全ての行動の現在の頻度を増加させる
睡眠遮断	強化子としての睡眠の有効性を増加させる	以前睡眠をとることができたことによって強化された全ての行動の現在の頻度を増加させる
活動遮断	強化子としての活動の有効性を増加させる	以前活動によって強化された全ての行動の現在の頻度を増加させる
酸素遮断*	強化子としての呼吸の有効性を増加させる	以前呼吸できるようになったことによって強化された全ての行動の現在の頻度を増加させる
性的遮断	強化子としての性的刺激の有効性を増加させる	以前性的刺激によって強化された全ての行動の現在の頻度を増加させる
暑くなりすぎること	温度が下がることの強化子としての有効性を増加させる	以前涼しくなることによって強化された行動の現在の頻度を増加させる
寒くなりすぎること	温度が上がることの強化子としての有効性を増大させる	以前暖かくなることによって強化された行動の現在の頻度を増加させる
苦痛刺激の増加	痛みの減少の強化子としての有効性を増加させる	以前苦痛刺激の減少によって強化された行動の現在の頻度を増加させる

＊UMOとして働くのは、実際は酸素遮断ではない。二酸化炭素を排出できず、その結果血中の二酸化炭素が増加することである。それは呼吸できないためか、呼気と同じくらいに二酸化炭素が充満した空気を吸うためである。

出すことによって強化されてきた行動を喚起するからである。スキナーは、怒りの分析においてそのように主張し（1953, pp. 162-170）、その分析を愛情と恐れの感情へと拡大した[4]。

（5）UMO効果の概観

表16.1は、人における9つのUMOの強化子確立効果と喚起効果をまとめたものである。同様に、表16.2は、強化子無効効果と減少効果を表している。

（6）認知的誤解

人間の行動に及ぼすUMOの行動変更効果については、ある程度広く理解されている。寒くなりすぎる結果として、過去に暖をもたらした行動の現在の頻度が増加する。これは日常経験の一部であるが、同様に常温に戻れば、この行動は停止する。また水分遮断は過去に水分を獲得した

注4：MOの一般的文脈における情動的な素因に対するスキナーのアプローチに関する議論については、Michael（1993, p. 197）を参照してほしい。

表16.2 強化子の有効性を減少させ、関連行動を減少させるUMO

無条件性動機づけ操作（UMO）	強化子無効効果	減少効果
食物摂取（食物遮断後）	食物の強化子としての有効性を減少させる	以前食物によって強化されていた全ての行動の現在の頻度を減少させる
水分摂取（水分遮断後）	水分摂取の強化子としての有効性を減少させる	以前水分によって強化されていた全ての行動の現在の頻度を減少させる
睡眠（睡眠遮断後）	睡眠の強化子としての有効性を減少させる	以前睡眠によって強化されていた全ての行動の現在の頻度を減少させる
活動すること（活動遮断後）	活動の強化子としての有効性を減少させる	以前活動によって強化されていた全ての行動の現在の頻度を減少させる
呼吸すること（呼吸できなかった後）	呼吸の強化子としての有効性を減少させる	以前呼吸ができるようになったことで強化されていた全ての行動の現在の頻度を減少させる
オーガズムや性的刺激（性遮断後）	性的刺激の強化子としての有効性を減少させる	以前性的刺激によって強化されていた全ての行動の現在の頻度を減少させる
涼しくなること（暑くなった後）	温度が下がることの強化子としての有効性を減少させる	以前涼しくなることによって強化されていた行動の現在の頻度を減少させる
暖かくなること（寒くなった後）	温度が上がることの強化子としての有効性を減少させる	以前暖かくなることによって強化されていた行動の現在の頻度を減少させる
苦痛刺激の減少	痛みの減少の強化子としての有効性を減少させる	以前苦痛刺激の減少によって強化されていた行動の現在の頻度を減少させる

行動を喚起する。そして水分が獲得されればこの行動は停止する。ここまではかろうじて妥当であるように思われる。しかしこれらの効果の原因変数は、しばしば誤って解釈される。

　言語の洗練された個人の行動にUMOが及ぼす行動変更効果を認知的に解釈する場合は、まず個人がその状況を理解し（言葉によって記述することができ）、それからその理解の結果として適切に行動するというように解釈される。反対に、強化することが、強化された行動を将来関連UMOに喚起され減少されることになる行動レパートリーのなかに、自動的に追加するという行動論的解釈は、必ずしも十分理解されてはいない。行動的観点からすれば、MOが価値変更効果と行動変更効果をもつためには、人が言語的に洗練されていようといまいと、何であれ「理解する」必要はないのである。

　行動変更効果を認知的に誤って解釈すると、2種類の非効果的実践を生み出す。第1に、音声言語レパートリーが十分ではない個人は、環境と行動の間の適切な関係を理解することができないだろうと考えて、それを口実にして、適切な行動を教える努力を十分にしなくなることである。第2に、関連する強化にどんな行動（多くは、叫ぶ、泣くなどの、何らかの不適切な行動形態）が先行するにしろ、またしてもその個人が自分の行動と何らかの結果の間の関係を理解するだろうとは考えられないため、それらの行動の増加を予測して事前に十分な準備をしなくなってしまう恐れがあるということである。

（7）効果の般化に対するMOの重要性

　応用領域では、MOの強化子確立効果はますます理解され、活用されているようである。例えば、食物が指導中の行動に及ぼす強化子としての効果を高めるために、一時的に食物を与えないようにする。同様に、音楽や、おもちゃや、大人の注目も、強化子としての効果を高めるために一時的に与えないことがある。しかし、必ずしも広く認識されていないのは、これらの強化子によって教えられた行動は、たとえ十分に学習され、学習者のレパートリーの一部になったとしても、将来の環境において関連するMOが有効になっていない限り、起こらないということである。この問題は弱化の場合についても考えられる（この後に述べる「弱化のためのUMO」の節を参照）。弱化の場合は、将来の環境において行動が起こるときにMOが果たす役割はより複雑になり、よりいっそう見落とされやすくなる。

　学習された行動を般化させる場合は、教えているときの刺激条件を、般化場面や状況に存在する刺激条件と似させることが重要である。このことは広く理解されている。しかし、その行動を般化させ維持するためには、関連するMOも同様に有効になっていなければならない。この事実はより簡単に見落とされるようである。

2．UMOの効果を弱める

　実践上の理由から、MOの効果を弱める必要があることがある。UMOの強化子確立効果も喚起効果も、関連する強化子無効操作と減少操作によって、どちらも一時的に弱めることができる。例えば食物摂取は、食べ物を盗むなど、食物遮断によって喚起される望ましくない行動に対して、減少効果を生み出す。しかしこうした行動は、遮断が再び行われれば、また再発することになる。一般的にいえば、UMOの価値変更効果を永遠に弱めることは不可能である。水分遮断は、必ず水分を強化子としてより有効にするだろう。苦痛の増加は、苦痛の減少を必ず強化子としてより有効にするだろう。しかし行動変更効果は、明らかに強化の履歴をベースにしている。そしてそのような強化の履歴は消去手続きによって逆転される。消去とは喚起された行動を強化を伴わせずに起こすことである（また、弱化の履歴の減少効果は、弱化を伴わせずに反応を起こさせることによって逆転される。弱化手続きからの回復である）。しかし、UMOに関しては、望ましくない行動を消去しているときは、関連強化子が何らかの容認できる方法によって手に入るようにしなければならない。さまざまな無条件性強化子はUMOによって制御される。この無条件性強化子なしに、人に何か行動することを期待することはできない。

3．弱化のためのUMO

　刺激、事物、ないし事象の弱化効果を変更し、弱化されてきた行動の頻度を変更する環境変数は、弱化のためのMOである。もしある環境変数の価値変更効果が学習の履歴に依存しないとすれば、その変数はUMOとしての条件を満たすことになる。

（1）価値変更効果

　苦痛刺激の増加は、苦痛刺激の現在のレベルがそれほど高くないため増加することがない限り、弱化として作用する。したがってUMOであるためには、苦痛の現在のレベルを更に増加させることができるレベルになければならない。または、更に増加させることができないような非常に高いレベルからそのようなレベルへの変化でなければならない。このことは、痛みの増加は一般に必ずと言っていいほど無条件性弱化子として働くことを意味する[5]。このことはほかの種類の刺激、例えば一定の音や臭気や味など、無条件性弱化子として機能するものについても当てはまる。

　しかし、人に影響する大部分の弱化子がなぜ有効かといえば、それは学習の履歴のせいである。つまり、それらは条件性弱化子（学習性弱化子）であって、無条件性弱化子（生得性弱化子）ではない。もしその学習の履歴が条件性弱化子と無条件性弱化子の対提示だったとすれば、これらの無条件性弱化子に対する無条件性動機づけ操作（UMO）は、条件性弱化子に対する条件性動機づけ操作（CMO）になる（このUMO-CMO関係は、次のCMOの節でより詳しく説明する）。それらが弱化子になった原因が、学習の履歴において、強化子入手の減少と関係していたならば、これらの強化子のためのMOは、条件性弱化子のためのMOである。弱化子として食物を除去することは、そしてより一般的にはそれが存在するとき食物がより手に入りにくくなる刺激への変化は、食物が現在強化子として有効であるときにのみ、弱化子として機能する。したがって、弱化子としての食物除去のためのMOは食物遮断である。

　社会的否認（しかめ面、首を横に振る動作、「だめだ」「まずい」などの特定の音声反応などによって表現される）とは、否認する人物によって与えられていた典型的強化子が、それが存在するとき差し控えられているという刺激条件のことである。しかしそのような刺激条件は、それらの差し控えられた強化子のためのMOが、現在効力をもっているときにだけ、弱化として機能する。強化からのタイムアウトという弱化手続きも同様である。人がタイムアウトされるとき、手に入らなくなる強化子が弱化時点で本当に有効な強化子であるときにのみ、弱化手続きが弱化として機能する。レスポンスコストとは、さまざまな強化子と交換できるトークンなどの事物を取り上げるか、または金銭による罰金か貯ったポイントや得点を差し引くという形の罰金を科するという手続きのことである。これは弱化操作がなされる時点と、強化子が実際に減らされる時点との間に時間遅延が生じる、より複雑な種類の手続きである。それでもやはり遅延性除去の対象となる事象（トークン、ポイント、お金と交換できる事物）が、レスポンスコスト手続きが起こる時点において強化子として有効でないならば、弱化は起こらない。弱化については、第14章、15章において、より詳しく論じている。

注5：苦痛刺激は条件性弱化子（conditioned punisher）になりうる。例えば、はっきりとは言えないものの、苦痛が何らかのより深刻な事態が起こっている証拠である場合のように、その刺激が過去に何らかほかの弱化子と連合されていた場合である。一方、苦痛刺激は条件性強化子（conditioned reinforcer）になりうる。筋肉痛が有効な練習トレーニングをしてきたことと結びついている場合や、苦痛刺激が何らかの性的強化形態と対提示されてきた場合のように、苦痛刺激がそれ自体の終結に加えて、過去の履歴として何らかの強化子と連合していた場合である。

（2）行動変更効果

　一般に、弱化効果を観察することは、強化効果を観察するよりも複雑である。なぜなら、弱化される行動が起こる原因となる変数の状態も考慮しなければならないからである。これはMOの効果にも当てはまる。強化のためのMOの行動変更喚起効果（behavior-altering evocative effect）は、そのように強化されてきたどんな行動であれ、その行動の現在の頻度が増加することである。例えば、食物遮断は、食物で強化されてきたすべての行動を喚起する（現在の頻度を増加させる）。一方、弱化のためのMOの行動変更効果は、そのように弱化されてきた全ての行動の現在の頻度を減少させることである。MOの開始は、弱化されてきた行動の種類に対して減少効果を生み出すだろう。しかし、弱化のためのMOが起こったとき、前に弱化された行動がすでに十分な頻度で起こっていて、その減少が観察できるまでになっていない限り、そのような減少効果を観察することはできない。すなわち、弱化のためのMOの減少効果を観察するためには、弱化される行動に関して、強化のためのMOの喚起効果が必要になる。強化のためのMOが存在しない限り、たとえMOに減少効果が備わっていたとしても、弱化のためのMOによって減少されるべき行動は存在しないことになる。

　治療場面を妨害するある行動を弱化するため、タイムアウト手続きが使われていたとしよう。タイムアウトが弱化としてはたらくことを期待できるのは、その場面で手に入る強化子に関連するMOが有効である場合のみである。そして、これらのMOが有効であるときにのみ、この妨害行動に対する弱化手続きの減少効果を見ることが期待できる。しかし、その妨害行動に対するMOがまた有効であるときにのみ、減少させるべき妨害行動が存在することになる。こうした複雑な行動関係は、概念的、実験的、応用的文献においてあまり注目されてこなかった。しかし、現存する強化と弱化と動機づけ操作に関する知識から、自然に理解されるようになったようである。行動分析家は、弱化を伴うときはどんな状況であれ、こうした行動関係が関与する可能性があることに気づいていなければならない[6]。

4．厄介な問題：同じ変数がもたらす多重効果

　行動的に重要な出来事は何であれ、一般に2つ以上の効果を持っている。そして、それらのさまざまな効果をすべてはっきり識別し、相互に混同させないことが、概念上も実践上も重要になる（Skinner, 1953, pp. 204-224）。多重効果は、簡単なオペラント連鎖の公開動物実験によってたちまち明らかになる。食物遮断されたラットが、部屋の天井からつるされたコードを引いて、ブザー音などの聴覚刺激のスイッチをオンにすることを教えられる。次いでラットは、ブザー音が

注6：余談になるが、ときどき話題になるのは、人の行動の複雑さを分析するためには行動原理は単純すぎる、それゆえ何らかの非行動的（たいていは認知的）アプローチが必要であるという主張である。このように主張する人々の行動レパートリーが、行動の複雑さを分析する課題を遂行するには単純すぎることは真実だろう。だが行動原理それ自体は、いわれるほど単純なものではない。前述した弱化MOの効果を理解する努力や、苦痛刺激の学習された機能に関する注5からも、そのことは分かるはずである。

第16章 動機づけ操作

表16.3 UMOとしての環境事象と弱化子としてのそれの行動変更効果とレパートリー変更効果の比較

環境事象	UMOとしての現在の行動に対する喚起効果	弱化としての将来の行動に対するレパートリー変更効果
食物、水、睡眠、活動、性交の遮断	食物、水、睡眠、活動、性交によって強化されていた全ての行動の現在の頻度を増加させる。	弱化になりうるが、行動の結果として機能するには、あまりにも徐々に開始する。
酸素遮断	息をすることができることによって強化されていた全ての行動の現在の頻度を増加させる。	突然息ができなくなることは、息ができなくなった事実に先行した一定の行動の将来の頻度を減少させる。
寒くなりすぎること	温かくなることによって強化されていた全ての行動の現在の頻度を増加させる。	寒くなりすぎた事実に先行した一定の行動の将来の頻度を減少させる。
暑くなりすぎること	涼しくなることによって強化されていた全ての行動の現在の頻度を増加させる。	暑くなりすぎた事実に先行した一定の行動の将来の頻度を減少させる。
苦痛刺激の増加	苦痛を軽減することによって強化されていた全ての行動の現在の頻度を増加させる。	苦痛が増加した時期に先行した一定の行動の将来の頻度を減少させる。

鳴っているときレバーを押し、食物ペレットを入手することを教えられる。ブザー音の開始は、今や、2つの明らかなオペラント効果を生み出すことになる。すなわち、（a）それはレバー押し反応を喚起するS^Dであり、（b）コード引き反応の将来の頻度を増加させる条件性強化子である。第1は行動変更喚起効果であり、第2はレパートリー変更強化効果である。これらの効果は、現在の頻度を増加させ、将来の頻度を増加させるという意味で、必ずしも同じ種類の反応に対して作用するわけではないが、方向においては一致している[7]。

同様に、弱化に関連する弁別刺激（S^D）として機能する刺激は、一定の反応の現在の頻度に対して減少効果をもち、その開始に先行する一定の反応の将来の頻度を減少させる条件性弱化子として機能するだろう。再び、効果は同じ方向に向かうが、この場合は両方とも減少させることである。

UMOとして機能する環境事象は、S^Dとして機能する事象と同様に、一般に（そのUMOとしての機能によって）ある種の行動の現在の頻度に対して行動変更効果をもち、そして（結果として）その事象の開始直前に先行するあらゆる行動の将来の頻度に対してレパートリー変更効果をもつ。苦痛刺激の増加は、MOとして苦痛を軽減する全ての行動の現在の頻度を増加させ、行動の結果として苦痛が増加した事実に先行したあらゆる行動の将来の頻度を減少させる。しかし、この多重制御（multiple control）の場合は、それぞれの効果は反対の方向に向かう。

一般に、UMO喚起効果をもつ事象は、その事象の開始に先行する直前の反応に対して、弱化としても機能する。ただしこの説明には一定の留保が必要である。（食物遮断のように）徐々に始まる事象においては、反応の結果としては簡単に機能することができないからである。表16.3

注7：ブザー音はまた、口のなかの食物によって典型的に誘発される、平滑筋と腺の反応に対するレスポンデント条件性誘発刺激としても機能する。そして、そのとき存在するほかの任意の刺激にその反応を条件づける。これは高次条件づけの例である。しかし、この章ではオペラント関係に焦点を当てる。

は、一定の事象の強化子としての有効性を確立するUMOがもたらすこれらの多重効果を表している。現在の頻度に関してUMO減少効果をもつ事象は、一般に、十分急激に開始するならば、行動の結果として機能して（例えば食物摂取）、先行する直前の行動の強化子となる。

（1）応用的意義

多くの行動的介入は、(a) その操作のMO価値変更効果か行動変更効果を理由として、または (b) 強化子か弱化子としてのレパートリー変更効果かを理由として、選択されるという操作を伴う。しかし大切なことは、操作の目的の如何にかかわらず、逆方向に向かう効果が起こる恐れがあり、それが問題になることもあれば、ならないこともあることを知っていることである。強化はまた飽和の一形式であるという事実は、その強化子の大きさを非常に小さくすることができるならば問題にならない。飽和の操作はまたそれに先行する行動を強化するという事実は、その行動が望ましくないものでないならば問題にならない。強化子として今後生産的に使えるかもしれない事象に対する遮断操作はまた、その操作に先行する行動に対する弱化子として機能する可能性があるという事実は、遮断の開始の動きが非常に遅かったり、弱化される行動がその人のレパートリーの大事な部分でなかったりする場合は問題にならない。

表16.3は、どんなUMOでも一定の事象を強化としてより有効にするために使われるか、またはその事象によって強化されてきた一定の行動を喚起するために使われるが、それらはまたその操作の直前に先行して起こる行動に対して、それが何であれ、弱化子として機能することを示している。呼吸する能力を制限する、環境を寒すぎるか暑すぎる状態にする、苦痛刺激を増加させるなどは、応用場面では行動を制御するために意図的に使われることはまずないが、そういう変化は別の理由（行動分析家の制御下にない理由）からも起こることがある。そのため、それらが持ちうる2種類の異なる効果を知っておくことは重要である。

同様に正反対に作用する効果は、何であれ人の状態を悪化させる[8]操作においても、予想されることである。その悪化がたとえ学習の履歴と関係していたとしても逆方向に作用する可能性がある。そのような悪化させる操作は、改善を強化子として確立するとともに、これまでそのように強化されてきた行動なら何であれそれを喚起する。社会的注目の強化子としての性質の起源は明らかではないが（Michael, 2000, p. 404）、強化子としての注目の有効性を増加させるように設計されたどんな操作（例えば、注目遮断）であれ、それはまたその操作に先行する行動に対する弱化子としても機能すると考えてよいだろう。

逆に、操作に先行する行動の将来の頻度を減少させる弱化として設計された任意の操作（例えば、タイムアウト手続き）も、その操作によって生みだされた条件から逃避するために使われて

注8：悪化させる（worsening）とは、ここでは、その刺激に先行する行動に対して弱化として機能する可能性のあるあらゆる刺激変化を意味する。このCMOを記述するために弱化という用語を使うことは、行動の将来の頻度の減少には触れないので、あまり適切であるとはいえない。同様に、改善（improvement）という用語は、先行する行動に対して強化として機能する可能性のある変化を表すために使われるが、行動の将来の頻度の増加には触れないときに使われる。悪化と改善という言葉は、この文脈では便利な用語であるが、ここでは専門用語としては使われていない。

きたあらゆる行動を喚起するMOとして機能するだろう。

　行動分析家が同様に認識しておかなければならないことは、ある事象の強化としての効果を低下させるように設計された何らかの強化子無効操作（例えば、飽和手続き）や、その種の強化の獲得に有効だった行動を減らすように設計された同様の操作は、同時に操作の直前に先行して起こった行動に対する強化としても機能するということである。食物摂取は強化としての食物に対する無効操作であり、食物によって強化されていたどんな行動も減少させる。しかし、食物摂取はまた、食物摂取の直前に先行して起こった行動に対する強化としても機能する。無条件の注目を高レベルで提示することは、強化子無効効果と減少効果をもたらすだろう。しかし、この操作に先行するあらゆる行動に対して強化子としても機能するだろう。反対に強化として機能するよう設計されたどんな操作であれ、同様にMO強化子無効効果と行動減少効果を示すだろう。

（2）嫌悪刺激

　MO喚起効果と、レパートリー変更弱化効果と、一定の平滑筋や腺の反応（心拍数増加、副腎分泌など）に対するレスポンデント喚起効果とが複合した環境事象は、しばしば嫌悪刺激（aversive stimulus）と呼ばれる。その場合、特定の行動的機能［MO、弱化刺激（S^p）、無条件刺激（US）］は特定されない。

　現在のところ、これらのいくつかの機能の間の相関関係が一体どれくらい近接しているかは明らかではなく、またこの種の一括的用語のもつ長所が、その限定性の欠如という短所を上回るかどうかもはっきりしていない。嫌悪刺激という用語の一部の用法が、「不愉快な感情」「不快な心的状態」などの常識的表現の単なる行動的翻訳であることは明らかである。この使用形態は、もしかすると用語に限定性がないことによってかえって助長されているかもしれない。こうした理由から、本章ではMOやレパートリー変更変数について論じる場合、嫌悪刺激という用語は使わない。

Ⅳ　条件性動機づけ操作（CMO）

　動機づけ変数のうち、ほかの刺激、事物、事象の強化効果を変更するが、もっぱら生命個体の学習の履歴の結果としてそうする動機づけ変数を、**条件性動機づけ操作**（conditioned motivating operation, CMO）と呼ぶ。UMOと同様に、CMOはまた、そうしたほかの事象によって強化されてきたすべての行動の一時的頻度（momentary frequency）をも変更する。常識的な言葉で言えば、環境変数の中には、私たちの経験の結果として、それらの変数に遭遇する前に私たちが欲していたものとは別のものを欲するように私たちを変えさせ、こうしていま私たちが欲するものを手に入れるように仕向けるものがある。

　CMOには少なくとも3種類あるように思われる。それらはすべて、もう1つのMOか、または強化ないし弱化の形式に関連づけられるまでは、動機づけとしては中性的な刺激だった。3種類の条件性動機づけ操作は、行動的に重大な事象または条件とどう関係するかによって、代理性

（surrogate）CMO、再帰性（reflexive）CMO、他動性（transitive）CMOに分類される。**代理性CMO（CMO-S）** は、それが対にされたMOが遂行することを遂行する（そのMOの代理である）。**再帰性CMO（CMO-R）** は、それ自身との関係を変更する（それ自身の除去を、強化として有効にする）。**他動性CMO（CMO-T）** は、（それ自身を変更するというよりも）何か他のものを強化として有効にする。

1. 代理性CMO（CMO-S）：もう１つのMOと対提示されてきた刺激

（１）代理性CMOの説明

　レスポンデント条件刺激（respondent conditioned stimulus, CS）、オペラント条件性強化子（operant conditioned reinforcer, S^r）、オペラント条件性弱化子（operant conditioned punisher, S^p）は、それぞれ行動的に有効な刺激と対提示されることによって、行動的有効性の形式を獲得した刺激である。UMO^9と対提示された刺激は、UMOと同じ価値変更効果と行動変更効果を発揮するようになる可能性がある。その刺激を、そのMOとしての特徴から、代理性CMO、すなわちCMO-Sと呼ぶ。

　この関係は次の例で示すことができる。温度低下と時間的に結びつけられた刺激は、温度低下そのものと同様のMO効果を持つようになる。すなわち、その刺激が存在すると、温度上昇はより有効な強化子になる。そして温度上昇を生み出した行動が、現実の温度にふさわしい頻度よりも、より高頻度で出現するようになる。この領域の研究はマイケル（Michael, 1993, pp. 199-202）によって詳しく検討されているが、ここでは立ち入らない。ただそういう効果を示す証拠は強力ではないとだけ言っておこう。また、この種の学習性の動機づけ操作の存在は、進化論の観点から見れば、若干問題がある（Mineka, 1975）。MOが働いていないとき、あたかもMOが働いているかのように行動することは、生命個体の生存にとって得策ではないようである。現在必要としている温度条件以上に温かくしようとすることは、健康によいとはいえない。そして、そういう行動はより重要な行動に取って代わるかもしれない。しかし、進化は必ずしも完璧に作用するとは限らない。

　性的動機づけや、攻撃的行動のMOや、そのほかの情緒的MOについては、以前は、CSやS^rやS^pとの違いが強調されていなかったために、問題がCMOに特定した言葉によって議論されてこなかった。代理的CMOは、応用行動分析学において、やっと考慮されはじめたばかりである（McGill, 1999, p. 396を参照）。しかしその効果は、きわめて広く行きわたる可能性がある。実践の観点から見ると、一部の不可解な行動、とくに不合理な行動の起源を理解しようとするとき、この種のCMOの可能性を考慮するとよいかもしれない。

注9：中性刺激は、UMOではなくCMOに関連づけられる可能性がある。効果は同様に転移する。

（2）代理性CMOの効果を弱める

対提示手続きによって作られた関係は、いずれも、一般に、2種類の**対提示解除**（unpairing）によって弱められる。すなわち、前に中性的だった刺激を前に有効だった刺激なしに提示するか、前に有効だった刺激を前に中性的だった刺激が存在するときと同程度にそれが存在しない状態で頻繁に提示するかする。例えば、CMO-Sを仮に視覚刺激としてみよう。これまでそれは極度の寒さと頻繁に対提示されていた。それが今ではふつうの温度で頻繁に起こるようになったとする。するとその価値変更効果と行動変更効果は弱まるだろう。同様に極度の寒さが、今やCMO-S不在において、存在するときと同様に、頻繁に生じたとする。そのCMO-Sの効果は弱まるだろう。

先に述べたように、CMO-Sは応用行動分析学において、まさに扱われ始めたばかりである（例えば、McGill, 1999, p. 396を参照）。しかしそれは問題行動に関係している可能性がある。それゆえ行動分析家は、そのようなCMOをどうして弱めるかを理解しておくべきである。

2．再帰性CMO（CMO-R）：ある種の悪化または改善の形式に一貫して先行した刺激

（1）再帰性CMOの説明

伝統的な「弁別回避手続き」[10]においては、試行の合間（intertrial interval, ITI）を設定する。そのITIの後、中性的な警告刺激を開始する。そして次に苦痛刺激（普通は電気ショック）を与える。動物がある任意の反応（その動物の系統発生的な苦痛－逃避レパートリーにはない反応）、例えばレバー押しをする。すると、苦痛刺激が停止する（動物は苦痛から逃避する）。続いてまた試行の合間を開始する。そして警告刺激を開始する。その警告刺激の間に前と同じレバー押し反応をすれば、警告刺激を停止させ、その試行における電気ショックの開始を阻止することができる。この手続きのこの段階における反応は、苦痛を回避したと言われ、回避反応と呼ばれる。この手続きにさらされる結果、多くの生命個体は、警告刺激が起こるときは、ほとんどの場合、回避反応を自発することを学習する。こうして、ショックはほとんど受けなくなる。

この逃避反応に対するMOとしての電気ショックの果たす役割の分析を思い出してみよう。逃避反応を強化したのは、電気ショックの停止である。警告刺激も同様の機能をもつが、ただし警告刺激自体の終結を強化の有効な形態として確立する能力は、個体発生を起源としている。すなわち、警告刺激を苦痛刺激の開始に結びつける個人の履歴がもたらす結果である。言いかえると、苦痛刺激がUMOとして逃避反応を喚起するのと同様に、警告刺激はCMOとしていわゆる回避反応を喚起する。どちらの場合も、関連刺激は反応の結果の入手可能性にではなく、その強化の有効性と関連している。

注10：弁別という用語が生まれたのは、この種の手続きが、ショック自体のほかにはプログラム化された外受容刺激を伴わずに起こる逃避手続き（警告刺激を伴わない逃避と呼ばれる）と区別できるようにするためだった。

より一般的に言えば、どんな刺激でも苦痛刺激の開始に規則的に先行して起こる刺激であるならば、それはCMO-Rになる。なぜならその刺激自身の停止が強化子として機能し、それが生起することがそのように強化が随伴していた行動を何であれ喚起するからである。この一連の機能的関係は、悪化の形態としての苦痛刺激に限られない（あるいは、後に示すように悪化一般にすら限られない）。生命個体は苦痛開始のみならず、それ以外の刺激変化を警告する刺激（食物の提示頻度の減少を警告する刺激、もっと努力せよと警告する刺激、反応比率要求の上昇を警告する刺激、食物遅延の延長を警告する刺激など）に関しても、それらを停止させることを学習することができる。これはよく知られた事実である。そしてこれらの事象に関連する刺激は、しばしば特定の行動的機能を特定することなく、条件性嫌悪刺激と呼ばれる。

そういう刺激を弁別刺激（S^D）とみなすことに反対する主張を繰り返すことは役立つだろう。弁別刺激は、一定の行動をすれば一定の結果が得られるという、現時点での結果入手可能性に対して関係づけられる。入手可能性には２つの成分がある。すなわち、(a) その刺激が存在するとき、その反応をすれば、有効な結果（現在そのMOが有効である結果）が、必ず随伴したはずである。(b) その刺激が存在しないとき、その反応をすれば、有効な結果（もしそれを獲得したら強化子として有効だっただろう結果）が必ず随伴しなかったはずである。警告刺激と結果入手可能性との関係においては、このうち第２の成分は満たすことがない。警告刺激が存在しないときは、ちょうどS^Dが存在しないときに起こす消去反応のように、反応に随伴することに失敗したはずだった有効な結果というものは存在しない。回避反応は、存在しない警告刺激を停止させることはしない。この事実は、決して消去反応ではなく、食物で飽和した生命個体には食物強化が無効であるのと同じように、行動的にはむしろ中性的であるということである。

それではここで何らかの改善と正の相関を示す刺激について考えてみよう。もしその刺激がそれ自身の停止を有効な弱化子として確立し、そしてそのように弱化されてきた行動を何であれ減少させるとすれば、そのCMO-R効果が生じていることになる。この関係は極めて妥当であるように思われるが、直接関係する研究はほとんど行われていなかったようである。

（２）CMO-Rの人における例

CMO-Rは、人が人に向けるどんな意図的嫌悪性も含んでいないように見える日々の多くの相互作用に含まれる否定的側面を突き止める上で重要な役割を果たす。一般にそういう相互作用は、一連の弁別刺激として解釈される。つまりそれぞれの参加者がほかの人に対してある種の正の強化を提供する機会を提供する一連の機会と考えられる。

マンドへの応答。 知らない人から「この建物はキャンパスのどこにありますか？」とか、「いま何時ですか？」と尋ねられたとしよう（質問は通常、言語的アクションを求めるマンドである。第25章を参照）。この場合の適切な反応は、素早く情報を伝えるか、「知りません」と答えるかすることである。尋ねた人は、通常、笑顔でその情報に感謝する。またこちらの応答も同胞が助かったという事実によって強化されるだろう。質問はある意味で質問する前は得られなか

ったこれらの強化子を獲得する機会である。しかし、質問は同様に警告刺激とも考えられる短いスパンを開始させる。もしすぐ反応しなければ一種の社会的悪化が起こるだろう。こちらが速やかに反応しないと、質問者は質問を反復し、よりはっきりと、より大きな声で言い、そしてこちらを変な奴だと思うだろう。こちらも、何も答えないのは社会的によくないことだと考えるだろう。無反応に対して質問者は明らかな脅しをほのめかさないまでも、私たちの社会の歴史がそういう条件下では不適切な行動を続けることに対して暗に一種の悪化をほのめかすことになる。そういう状況の多くには、おそらく肯定的成分と否定的成分が混在しているだろう。しかし質問に答えることが相手に不都合になる場合は（例えば、聞き役の側が急いでいる）、質問者による感謝は、強力な強化子ではないし、同胞を助けることも、強力な強化子にはならないだろう。再帰性CMOがおそらく主要な制御変数なのだろう。

（3）刺激停止に関わる複雑な状態

　実験室の典型的な回避手続きにおいては、反応すれば警告刺激は停止する。この種の分析を人の状況に拡大するとき認識しなければならないことは、警告刺激は単に相互作用を開始させた事象にはとどまらないということである。さきの例では、再帰性CMOは音声によるリクエストそれ自身ではない。実際に停止されるにはそれは短すぎる。そうではなく、停止されるのはより複雑な刺激状況である。含まれているのは、人に尋ねられていること、そして応答する相応しい時間に応答していないことである。この刺激状況の終了が、応答することに対する強化になる。ある刺激との社会的相互作用の一部は（顔の表情や攻撃的態勢）、動物実験ではむしろ回避反応によって停止される警告刺激により近いものになるが、しかしたいていの場合、先に述べたように、リクエストとその後に続く短い期間からなる、より複雑な刺激状況を含むことになる。

「ありがとう」「どういたしまして」。　ある人がほかの人に何か親切なことをすると、その人に感謝することが慣習になっている。何が感謝反応を喚起し、何が感謝反応の強化なのか？　感謝反応はもちろんその人が示した好意や親切によって喚起される。では好意を示すことは純粋なS^Dとみなすべきだろうか？　それが存在するとき、人は「ありがとう」と言い、相手から「どういたしまして」と言う強化を受けることができるのだろうか？　多くの場合、ふつうの丁寧な言葉には、CMO-Rの成分が含まれる。次のシナリオを考えてみよう。人物Aは荷物を両手いっぱいに抱えて、建物を出て車の方に向かおうとする。人物Aが建物の玄関のドアに近づくと、人物Bがそのドアを開け、人物Aが外に出るまでドアを開けていてくれる。ふつう、Aは笑顔で「ありがとう」と言う。CMO-R成分は、Aがその好意に対してお礼をいわず通りすぎた場合を仮定すれば、説明することができる。そういう状況では、人物Bが皮肉たっぷりに「どういたしまして！」と叫ぶだろう。これは決して珍しいことではない。誰かが誰かに好意を示すことは、警告刺激（CMO-R）である。すなわち、その好意が何らかの形で感謝されない場合、何らかの形式の非難が始まる前に、一貫して先行してきた警告刺激である。

　応用行動分析学では、CMO-Rはしばしば社会的・言語的レパートリーに欠陥のある個人を訓

練したり教えたりする手続きの一部になっている。例えば、言語訓練プログラムでは、学習者はふつう、明らかに再帰性CMOとして機能する質問を受けたり、言語教示を受けたりする。それに正しく反応しないと、後続してより集中的な社会的相互作用が起こる。そういう質問や教示は、賞賛やそのほかの正の強化子を受ける可能性を知らせるS^Dとしてよりも、おそらく再帰性CMOとして優先的に機能するだろう。この種の嫌悪性を完全に取り除くことはおそらく不可能だろうが、その特徴と起源を理解しておくことは重要である。

（4）再帰性CMOの効果を弱める

　CMO-Rの効果は消去によるか、または2種類の対提示解除によって、弱められる。消去とは強化なしに反応が起こることである。CMO-Rによって喚起される反応を強化するのは、警告刺激の終了である。反応を繰り返しても警告刺激の停止が起こらず、一定期間が経過して最終的な悪化が起こるとすれば、何らかの消去手続きと同様に、その反応は弱められるだろう。

　2種類の対提示解除もまた、消去と同じように再帰性CMO関係を弱めさせる。1つの対提示解除では、警告刺激を終わらせない状態で[11]、悪化の最終形態を起こさせないことが必要である。この種の対提示解除では、警告刺激を終わらせるという強化を弱くして、それによってCMO関係を弱くする。警告刺激を終わらせることが強化となるのは、警告刺激オフ条件が改善となる場合であり、それがあくまでも警告刺激オン条件を上回る限りにおいてのみである。警告刺激がオンになっても後続して最終的な悪化が起こらないならば、それは警告刺激オフよりも悪くはならないので、回避反応に対する強化は弱まる。

　もう1つの対提示解除が起こるのは、反応によって警告刺激を終わらせ続けていても、警告刺激を終わらせなければ起こってしまっていたはずの最終的な悪化が、どっちみち起こってしまうときである。この場合、警告刺激オフ条件が警告刺激オン条件と同様に悪くなるので、回避反応に対する強化はやはり弱まる。

　発達障害の子どもに通常の学業達成を要求する場面では、一連の要求の初期の段階で典型的な問題行動（例えば、かんしゃく、自傷、攻撃行動）が喚起されることがある。そして問題行動を起こせば、要求の初期の段階を終わらせ、その後のもっと強い要求段階へは進めなくなる。問題行動はそのことによって強化される。もし仮に教えるべき適切なレパートリーが重要であるため、一連の要求の最終段階を実行しなければならないとしよう。そして最終段階の嫌悪性を減らせないとしよう。そのとき、実用的価値をもつ唯一の手続きは、問題行動を消去することである。消去手続きとは問題行動が起ころうと起こるまいと関係なく、一連の要求を課し続けることである。しかしどちらの対提示解除手続きも有効ではないだろう。第1の手続きでは、どんな訓練も実施することができないだろう。第2の手続きでは、後半の訓練段階を始めるやいなや、直ちに問題行動が起こるだろう。

注11：この手続きはよく間違って回避反応の消去と呼ばれることがある。しかし本当の回避消去手続きでは、警告刺激の終結なしに反応が起こる必要がある。

しかしもちろん、要求の最終段階の嫌悪性は減らせないなどと仮定すべきではない。教授法の有効性を高めることである。そうすれば、要求場面における子どもの失敗が減り、より頻繁な強化が起こり、そのほかの全般的改善が起こる。要求場面が要求ではなく、賞賛や食物などを獲得する機会として機能するまでになる。

3．他動性CMO（CMO-T）：ほかの刺激の価値を変更する刺激

（1）他動性CMOの説明

　ある環境変数があり、それが別の刺激とある種の改善との間の関係に関係しているとする。するとその環境変数の存在が、他動性CMOすなわちCMO-Tとして機能して、第2の条件の強化効果を確立し、その強化子によって随伴されていた行動を喚起する。またUMOとして機能するすべての変数は、条件性強化子である刺激に対して他動性CMOとして機能する。その刺激は、関連する無条件性強化子と関連づけられたために条件性強化子になったものである。先に述べた単純なオペラント連鎖を考えてみよう。食物遮断されたラットがひもを引く。それがブザー音を鳴らす。ブザー音が鳴っているとき、ラットがある別の反応を自発する。その反応は食物ペレットの放出を生み出す。食物遮断は食物を無条件性強化子として有効にする。この関係には学習の履歴は不要である。また食物遮断は、ブザー音を条件性強化子として有効にする。これには明らかに学習の履歴が必要である。したがって、食物遮断は食物の強化効果に対するUMOであるが、ブザー音の強化効果に対するCMO-Tでもある。人間の場合、食物遮断は食物だけを強化子として確立するわけではない。食物の獲得に関係してきたすべての刺激（レストランのよく気が利く接客係、メニュー、食物を口に運ぶ用具など）を、強化子として確立するのである。

　他動性CMOはこのようにUMOに由来する。そう理解するためには、UMOの効果を理解するために必要な知識以上の特別な知識は必要ではない。同様に、このような他動性CMOの喚起効果は、S^Dの喚起効果と簡単には混同されない。食物遮断が食物によって強化されていた行動に対するMO（S^Dではなく）であることが理解できれば、食物に関連するさまざまな条件性強化子によって強化されてきた行動に対するMO（S^Dではなく）としての機能の理解へと簡単に拡張することができる。

　多くの（おそらくは大部分の）条件性強化子の強化効果は、先に述べたように関連UMOによって変更されるだけではない。追加の学習の履歴のために、そのほかの刺激条件によっても左右される。この考えは条件づけられた強化効果がしばしば「文脈」に左右されると言われる事実の根拠になる。文脈が適切でないとき、刺激は手に入るかもしれないが、その文脈では強化子として有効ではないため、アクセスされないだろう。適切な文脈に変えれば、それらの刺激が随伴していた行動が喚起されるだろう。それらの刺激は今や条件性強化子として有効になっている。その行動の生起は、その結果の入手可能性にではなく、その結果の価値に関連づけられる。例えば懐中電灯は、家庭場面で通常手に入るが、停電によって価値あるものになるまではアクセスされない。そういう意味では、停電（突然の暗闇）が、過去に懐中電灯を手に入れた行動（特定の引

き出しのなかをくまなく探す）を喚起する。このCMO-T関係の動機づけの特徴は広く認識されていない。そして通常その喚起変数（突然の暗闇）はS^Dとして解釈される。

（2）CMO-Tの人における例

職人が設備の一部を分解しており、彼が道具を要求すると助手がそれを手渡す場合を考えてみよう[12]。職人はマイナスねじに出くわし、取り外さなければならない。そこで、ねじ回しを要求する。ねじという視覚刺激が要求を喚起したのである。それに対する強化は、道具を受け取ることである。CMO-Tの観点から分析する前は、ねじの光景は要求に対するS^Dと考えられたところだったろう。しかしマイナスねじは、道具の要求に対する強化の入手可能性に特定的に結び付けられてはいなかった。典型的な職人の歴史においては、助手はたいてい要求された刺激条件とは無関係に、要求された道具を手渡してきた。ねじの光景はS^Dではなく、要求に対するCMO-Tとして解釈するほうがより正確になるだろう。

この複雑な状況には、幾つものS^Dが含まれているという事実が、分析をより難しくしている。ねじは（手にねじ回しを持って）ねじを回して外す動作にとってのS^Dである。言葉による要求は、CMO-Tとしてのマイナスねじの視覚刺激によって喚起されるが、S^Dとしての助手の存在に左右される。差し出されたねじ回しは、手を伸ばす動作に対するS^Dである。しかし、重要な問題は、要求を喚起するときのねじの役割であり、それは弁別関係というよりむしろ動機づけ関係である。

人間の場合によく見られるもう１つの例は、関連する一定の防衛行動を喚起するある種の危険に関連する刺激を含んでいる。夜間警備員がある地域を巡回していて、不審な物音を聞きつける。彼は電話のボタンを押して、もう１人の警備員に知らせる。もう１人の警備員は、自分の電話を稼働させて、助けが必要かどうか聞く（これは第１の警備員の電話に対する強化子である）。この不審な物音は、それが存在するとき第２の警備員からの反応をより得やすくすることを知らせるS^Dではない。むしろそれが存在するときより価値が高まるCMO-Tである。しかしいくつかのS^Dも含まれている。電話が鳴り響く音はS^Dである。その音が存在するとき、電話を稼働させ、受話器に向かって何か言えば、別の人から反応が返ってきて強化される。鳴らない電話に応答しても、ふつう、そのように強化されることはなかった（ちなみに、危険信号の効果は、CMO-Rのように、それ自身の停止をもたらす行動を喚起するのではなく、何かほかの出来事、この場合は支援を申し出る警備仲間の声を生み出す行動を喚起することに注意しよう）。

動物におけるCMO-Tアナログ（相似型）[13]として、格納式レバーと天井から垂れ下がった鎖のついた部屋にいる食物遮断されたサルのことを考えてみよう。鎖を引くとレバーが部屋のなかに入ってきて５秒だけとどまる。（部屋の壁の）ライトが点いている間にそのレバーを押すと、食

注12：このシナリオは、最初、マイケル（Micheal, 1982）の論文で説明された。当時、CMO-Tは確立刺激（establishing stimulus）、またはS^Eと呼ばれていた。

注13：この動物の例は、最初、マイケル（Micheal, 1982）の論文で記述された。言葉は現在の専門用語により合致するように変えられている。

第16章　動機づけ操作

物が提供されるが、ライトが消えているときレバーを押すと、何の効果も起こらない。ライトはサルの行動とは無関係に、ランダムな時間をベースにして点いたり消えたりする。鎖を引くと、ライトの条件に関係なく、部屋のなかにレバーが入ってくることに注意しよう。よく訓練されたサルの鎖引き行動は、ライトが消えているとめったに起こらないが、ライトの点灯によって喚起される。この状況では、前の例におけるマイナスねじや不審な音と同様に、ライトの点灯はCMO-Tである。

最近まで、たいていの行動分析家は他動性CMOをS^Dとして解釈してきた。その違いは、強化子の入手可能性と刺激の存在・不在との間の関係によって決まる。その刺激が不在のときよりも、存在するときに強化子が入手可能であれば、その刺激はS^Dである。その刺激が不在のときも、その刺激が存在するときと同様に強化子が入手可能であれば、その刺激はCMO-Tである。ねじ回しはふつう、ねじがないときもあるときも、まったく同様に入手可能だった。警備員仲間からの反応は、不審な物音がないときも、あるときとまったく同様に入手可能だった。サルにとって格納式レバーは、ライトが消えているときも、点いているときと同様に、（鎖を引くために）入手可能だった。

（3）他動性CMOの効果を弱める

CMO-Tの喚起効果は一時的に弱めることができる。一連の行動の最終的所産に関連したMOを弱めるようにすればよい。ねじ回しを要求する職人の例と、部屋のなかにレバーを出現させるために鎖を引くサルの例で考えて見よう。職人はその設備を分解しなくてよいと言われ、サルは実験室に入れられる前に大量の食物を与えられるというように、仕事をする理由を取り去ることによって、CMO-T関係を一時的に弱めることは可能である。もちろん、次の機会に、職人はねじ回しを使ってはずさなければならないねじを見たら、再び彼は助手にねじ回しを要求するだろう。サルが再び部屋のなかで食物遮断され、そしてライトが点灯されれば、鎖引き反応が起こるだろう。

より永続的に弱めることは、消去手続きによるか、2種類の対提示解除によって可能である。マイナスねじによって喚起された職人のリクエストを消去するためには、そういうリクエストがもはや尊重されなくなるように、環境内の何かが変化しなければならないだろう（例えば、助手らが今や職人は道具を自分で取るべきであると考えるようになる）。サルの例では、鎖を引いても、もはや部屋のなかにレバーが入ってこないようにする。2種類の対提示解除のうちの1つは、例えばマイナスねじは今やすべて溶接されており、ねじ回しがもはやマイナスねじを回して外すために役立たなくなる例によって説明できるだろう。職人はなお要求すればねじ回しを手に入れることができる。しかしそういう道具がもはや役に立たなくなるとすれば、ねじ回しの価値は最終的に失われる。サルのシナリオでは、サルが鎖を引けばなおレバーが部屋のなかに入ってくるが、しかしレバーを押してももはや食物は提供されなくなる。もう1つの対提示解除は、建設施工法が変化して、マイナスねじは手でもねじ回しでも簡単に外せるようになった場合、またはライトが消えているときも、点いているときと同様に、レバー押しすれば食物が提供される場

649

合によって、説明できるだろう。

（4）言語訓練におけるCMO-Tの重要性

マンド訓練は、音声言語レパートリーに重い障害のある個人の言語プログラムにおいて必須の側面であることが次第に認識されるようになっている（第25章を参照）。そのような個人にとって、マンド反応はタクトや理解言語訓練から自然に起こることはない。学習者は何かを望み、適切な音声言語反応を行い、望んだものを受け取ることによって、強化されなければならない。この手続きによって、その反応は関連MOの制御下に組み入れられる。UMOをうまく活用すれば、無条件強化子に対するマンドを教えることができるが、このレパートリーは比較的わずかにとどまっている。しかし、CMO-Tを活用することは、別の目的のための手段となりうるものが何であれ、学習者に欲しがらせる方法になる。どんな刺激、事物、事象であれ、その刺激が条件性強化子として機能できるような環境を設計しさえすれば、マンドの基盤とすることができる。したがって、お気に入りのおもちゃで遊ぶ機会を得るために、紙片に鉛筆で印をつけることが要求されるとすれば、鉛筆と紙片を要求するマンドを教えることができる。この種の訓練の論拠と、必要となるさまざまな手続きについては、第25章でより詳しく説明する。

（5）CMO-T一般の実用的意義

CMO-Tは刺激開始であり、結果の入手可能性よりも結果の価値に関係するがゆえに行動を喚起する。この区別は、行動変数をさまざまな実践目的のために効果的に理解し操作することと、それとなく関連していなければならない。行動制御の2つの形式、S^DとCMO-Tは、その起源がまったく異なっているが、そのほかの重要な方法においても異なることが期待されるだろう。この問題は専門用語の洗練化の例であり、何らかの新しい経験的関係の発見ではない。この洗練化の価値は、もし価値があるとすれば、それによってその音声言語行動が影響されてきた人々の理論的・実践的有効性の改善において見出されることになるだろう。

V　応用行動分析学における動機づけ操作の一般的意義

行動分析学では、刺激、反応、結果を含む3項随伴性を大いに活用する。しかし、刺激による制御を発展させるうえで果たす結果の強化または弱化の有効性は、MOによって左右される。そして反応を喚起する刺激の将来の有効性は、その将来の条件において同じMOが存在するかどうかに左右される。言い換えれば、3項随伴性は、動機づけ操作の徹底的な理解なしには、実践の目的のために十分理解することもできないし、最大限有効に活用することもできないのである。

まとめ

動機づけ操作の定義と特徴

1. 動機づけ操作（MO）は、(a) ある刺激の強化子としての有効性を変更する。これを価値変更効果という。また (b) それらの刺激によって強化されてきたすべての行動の現在の頻度を変更する。これを行動変更効果という。

2. 価値変更効果は、(a) ある刺激の強化の有効性が増加するか、(b) 強化の有効性が減少することである。前者の場合のMOは確立操作（EO）であり、後者の場合のMOは無効操作（AO）である。

3. 行動変更効果は、(a) ある刺激によって強化されてきた行動の現在の頻度が増加するか、(b) ある刺激によって強化されてきた行動の現在の頻度が減少することである。前者は喚起効果、後者は減少効果と呼ばれる。

4. 頻度における変更は、(a) 反応頻度に及ぼすMOの直接的な喚起効果または減少効果、および または (b) 喚起強度または減少強度に及ぼす関連弁別刺激（S^D）の間接的効果となる可能性がある。

5. MOは頻度を変更するだけでなく、反応の強さ、潜時、相対頻度など、ほかの行動側面も変更することができる。

6. MOの行動変更効果は、生命個体が多かれ少なかれ効果的な強化形態に遭遇したせいで起こると解釈することは正しくない。MOレベルと反応過程との間には、強化子が与えられていないときも、強力な関係が存在する。

7. 行動変更効果と機能変更効果を比べてみよう。MOとS^Dはともに行動変更効果をもつ先行変数である。一方、強化子、弱化子、または強化子なしの反応生起（消去手続き）、弱化子なしの反応生起（弱化手続きからの回復）は、生命個体の将来の行動の仕方を変えるように生命個体のレパートリーを変える行動結果である。S^DとMOは行動の現在の頻度を変更するが、強化子と、弱化子と、結果を伴わない反応生起は、行動の将来の頻度を変更する。

重要な区別：動機づけ関係と弁別関係

8. S^Dはある種の行動を制御する。S^Dがその種の行動にとって有効な強化子の差異的入手可能性

（differential availability）に関係づけられてきたからである。このことは、S^Dが存在するときに関連する結果を入手できて、それが存在しないときに関連する結果を入手できなかったという意味である。動機づけ操作の資格をもつ大部分の変数は、このS^Dの第2の要件を満たすことができない。なぜならその変数が存在しないとき、関連する強化子にとってのMOは存在せず、したがって強化子の入手不可能性も存在しないからである。

9．有用な対比。S^Dは、特定の種類の行動に対する現在の有効な強化形態の差異的入手可能性に関連している。一方MOは、特定の種類の環境事象の差異的強化有効性に関連している。

無条件性動機づけ操作（UMO）

10．人にとっての主要な無条件性動機づけ操作（UMO）は、食物、水、酸素、活動、睡眠についての遮断と飽和に関係している動機づけ操作である。また、性的強化、快適な温度条件、苦痛刺激にも関連している動機づけ操作である。それぞれの変数ごとに2つのMOがある。1つは確立操作（EO）、ほかは無効操作（AO）である。また、それぞれの変数は、喚起効果と減少効果をもつ。したがって、食物遮断は確立操作（EO）であり、関連する行動に対して喚起効果をもつ。そして食物摂取は無効操作（AO）であり、関連する行動に対して減少効果をもつ。

11．行動変更効果の認知的解釈においては、人は状況を理解し（すなわち、言語的に記述でき）、その理解の結果として適切に行動すると解釈する。しかし強化は、実は、強化した行動を、関連するUMOによって喚起されるか減少されるレパートリーに、自動的に追加する。動機づけ操作（MO）がその効果をもつためには、人は何ごとも「理解」する必要はない。認知的に誤った解釈から2種類の無益な実践が生じる。言葉のレパートリーが非常に限られた人々を訓練しようとする努力を十分にはしなくなる。強化に先行して起こる問題行動の増加に備えて適切な準備をしなくなる。

12．訓練効果の般化に関して刺激条件が果たす役割についてはよく知られている。しかし訓練された行動が新しい条件において起こるためには、訓練のときに使われた強化子に対する動機づけ操作（MO）もまた、有効になっていなければならない。

13．確立操作（EO）の効果は、関連する無効操作（AO）と減少操作によって、一時的に弱めることができる。例えば、食物を摂取させれば、食物遮断によって起こった望ましくない行動を減少させることができる。しかし、遮断が再び効力をもつようになれば、その行動も戻って来る。行動変更効果をより永続的に弱めるためには、消去手続き（すなわち、MOによって喚起された望ましくない行動を強化なしで生起させること）を用いればよい。

14. 刺激、事物、事象の弱化効果を変更し、そうして弱化された行動の頻度を変更する変数は、弱化のためのMOである。もしその価値変更効果が学習の履歴に依存しなければ、その変数はUMOである。苦痛の増加は苦痛の現在のレベルがそれほど高くないため、増加が起こり得ないとするならば、弱化として機能するだろう。もしある刺激が強化子の入手可能性の減少に関連しているがゆえに弱化子であるならば、その強化子のためのMOは、弱化子のためのMOである。したがって、弱化としての食物除去のためのMOは食物遮断である。

15. 社会的否認、強化からのタイムアウト、レスポンスコストは、通常、弱化として機能する刺激条件である。なぜならある種の強化子の入手可能性の減少に関係しているからである。それらの弱化の形態にとってのMOは、より入手しにくくなった強化子のためのMOである。

16. 多重効果。UMOとして機能する環境事象は、ふつう、ある種の行動の現在の頻度に対して行動変更効果をもつ。そして（結果として）、その事象の開始の直前に先行していた行動なら何であれその将来の頻度に関して機能変更効果をもつ。

17. 行動的介入は、多くの場合、（a）介入のMO行動変更効果か、（b）介入のレパートリー変更効果（強化子か弱化子として）を理由として選択される。しかし介入目的のいかんにかかわらず、ねらいとした方向とは逆方向の効果も現れるので、そのことを考慮しなければならない。

条件性動機づけ操作（CMO）

18. 動機づけ変数のうち、ほかの刺激、事物、事象の強化効果を変更するが、もっぱら生命個体の学習の履歴の結果としてのみそうするものは、条件性動機づけ操作（CMO）と呼ばれる。CMOもまた、UMOと同様に、そうしたほかの事象によって強化され（または弱化され）てきたすべての行動の一時的頻度を変更する。

19. 代理性CMO（CMO-S）とは、そのMOとしての効力をほかのMOとの対提示によって獲得した刺激である。そしてそれらと対提示されたMOと同じ価値変更効果と行動変更効果をもつ。

20. 何らかの形の悪化または改善に先行することによって、MOの効力を獲得した刺激は再帰性CMO（CMO-R）と呼ばれる。典型的な逃避・回避手続きにおける警告刺激はその例である。それはそれ自体の強化としての停止を確立するとともに、その停止を成就させた全ての行動を喚起する。

21. 回避反応を喚起する場合、CMO-Rは通常S^Dとして解釈されてきた。しかしながら、CMO-R

は、S^{D}としての資格を満たすことができない。なぜなら、それが存在しないとき、入手できなくなる強化子にとってのMOが存在しない、したがって強化子の入手不可能性が存在しないからである。しかしそれがMOとしての資格を満たすことは明らかである。それはまたそのMOとしての特徴がその学習の履歴に依存するためCMOとしての資格も満たす。

22. CMO-Rは、多くの日常的な相互作用の負の側面を同定する。その相互作用はさもなければおそらく正の強化のための一連の機会として解釈されただろう。1例は情報の要求である。情報の要求は短い期間を始動させ、その間に何らかの反応をすることによってだんだん高まってゆく社会的気まずさの期間を、停止させなければならない。

23. CMO-Rは、しばしば、効果的な社会的・言語的行動を教えるときに使われる手続きの気づかれない成分である。学習者は質問されるか教示され、もしそれらに適切に反応しなければ、続いて更に集中的な社会的相互作用が起こる。この質問や教示は、賞賛やそのほかの正の強化子を受ける機会に結びつくS^{D}というよりは、多くの場合、警告刺激として、つまりCMO-Rとして機能するだろう。

24. CMO-Rは、反応しても警告刺激の停止は起こらない（例えば、問題行動が起ころうと起こるまいと一連の要求を提示し続ける）場合は消去によって弱めることができる。あるいは2種類の対提示解除（最終的悪化が起こることに失敗するか、回避反応とは無関係に起こる）によっても、弱めることができる。

25. ほかの刺激の強化の有効性を確立（あるいは無効に）し、そのほかの刺激によって強化されてきた行動を喚起する（または減少させる）環境変数は他動性CMO、すなわちCMO-Tである。

26. UMOとして機能する変数は、無条件性強化子と結びついたために条件性強化子となった刺激に対する他動性CMOとしても機能する。食物遮断は（UMOとして）、食物を強化子として確立するだけでなく、（CMO-Tとして）食物を獲得することに関わってきた全ての刺激（例えば、食物を口に運ぶ食事道具）をも強化子として確立する。

27. 多くの条件性強化子の強化の有効性は、関連UMOによって変更されるだけでなく、追加の学習の履歴のせいで、ほかの刺激条件にも依存することがある。それらの刺激条件は、したがって、CMO-Tとして、その条件性強化子を獲得した行動をも喚起する。その行動の生起は、その結果の入手可能性にではなく、その結果の価値に関係している。

28. CMO-Tにとってのモデルは、道具によって操作されなければならない環境の特徴である。それはその道具を獲得する行動を喚起する。例えばそれをほかの人にリクエストすることで

ある。人の場合のもう１つの例は、何らかの形の危機に関連していて関連する保護反応を喚起する刺激である。

29. CMO-Tの喚起効果は、一連の行動の最終的結果に関わるMOを弱めることによって、一時的に弱めることができる（例えば、道具を要求する行動に関連していた仕事がもはや必要なくなる）。それをより永続的に弱めるためには、消去手続き（例えば、道具を要求する行動がもはや尊重されない）か、２種類の対提示解除（その道具ではもはや課題を完成できないか、またはその道具がなくても課題を達成できる）を用いるようにすればよい。

30. CMO-Tは、マンドを教える言語プログラムにおいて、とりわけ有用である。それは学習者にほかの目的のための手段となる何らかの事物を欲しがらせ、そして欲しがった事物に対する適切なマンドを強化するという方法である。

応用行動分析学における動機づけ操作の一般的意義

31. 刺激と反応と結果の３項随伴性は、行動分析学の本質的成分である。しかし、動機づけ操作の徹底的理解がなければ、この３項関係を十分理解することはできないし、最大限有効に活用することもできない。

第17章
刺激性制御

キーワード

先行刺激クラス、恣意的刺激クラス、概念形成、弁別刺激（S^D）、特徴的刺激クラス、見本合わせ、反射性、刺激性制御、刺激デルタ（S$^\Delta$）、刺激弁別訓練、刺激等価性、刺激般化、刺激般化勾配、対称性、推移性

行動分析士資格認定協会 BCBA® & BCaBA®
第4版課題リスト©

I	基本的な行動分析学のスキル
E-01	先行事象、例えば動機づけ操作や弁別刺激の操作に基づく介入を使う。
E-02	弁別訓練手続きを使う。
E-06	刺激等価性手続きを使う。
E-13	見本合わせ手続きを使う。
II	クライエントを中心に据えた責任
J-14	インストラクション手続きを設計して、生成的学習（すなわち派生関係）を促進する。
III	基礎知識　定義し例を示す
FK-12	刺激等価性
FK-14	レスポンデント条件づけ（CS-CR）
FK-29	弁別刺激と動機づけ操作を区別する
FK-34	条件性弁別
FK-37	刺激般化

©2012　行動分析士資格認定協会®（BACB®）。不許複製。この文書の最新版は、www.bacb.comから入手できる。この文書の転載、複写、配布の請求と、この文書についての質問は、BACBに直接問い合わせられたい。
行動

オペラント反応を強化すると、反応の将来の頻度が増加する。しかしそれだけでなく、反応の直ぐ前に先行して起こる刺激に対しても影響が生じる。反応の前に起こる刺激（すなわち先行刺激）は、関連する行動を引き起こす（喚起する）能力をもつように変化する。オペラント条件づけの典型的な実験室の範例実験では、ネズミを実験箱に入れ、梃子を押す機会を与える。ネズミが梃子を押すと、それを条件として、ペレット（小粒のエサ）を与える。梃子押し反応を強化すると、梃子押し反応の頻度が増加する。

研究者は、この簡単な範例実験を、その他の変数を操作することによって、より複雑にすることができる。例えば、ときどきブザーを鳴らしたとしよう。そしてブザーが鳴っている間に梃子を押したときだけ、ネズミがペレットを受け取れるようにする。梃子押しに先行して起こるブザー音を**弁別刺激**（discriminative stimulus, S^D、「エスディー」と読む）という。ネズミはそれを何度か経験すると、ブザー音（S^D）が鳴っていないときよりも、つまり**刺激デルタ**（stimulus delta, S^Δ、「エスデルタ」と読む）の条件のときよりも、ブザー音が鳴っている間に、より多く梃子を押すようになるだろう。S^Dが存在するときは、存在しないときよりも、より頻繁に起こる行動は、刺激性制御下にあるという。専門的には、先行刺激があると、反応の出現率や、潜時や、持続時間や、大きさが変化するとき、**刺激性制御**（stimulus control）が起こるという（Dinsmoor, 1995a, b）。ある刺激が反応に対する制御を獲得するのは、その刺激が存在するとき自発した反応が、刺激が存在しないとき自発した反応よりも、より頻繁に強化されるときだけに限られる。

刺激性制御は実験室の範例実験だけに見られる興味深い手続きと考えるべきではない。刺激性制御は、日常の複雑な行動（例えば、言語系、概念行動、問題解決）や、教育や、治療において、重要な役割を果たす（Shahan & Chase, 2002; Stromer, 2000）。人は呼び出し音が鳴らなければ、電話を取ろうとはしない。車を運転している人は、赤信号が点灯しているときの方が、点灯していないときよりも、より頻繁に停車する。スペイン語と英語の両方を話せる人は、スペイン語を話す聴衆とコミュニケーションするときはおそらくスペイン語を使い、英語は使わないだろう。

ある文脈で不適切であるとみなされる行動も、別の文脈で自発されれば、適切な行動として受け容れられる。例えば、教師は大声のおしゃべりを、遊び場でならば適切な行動として受け容れるだろう。しかし教室では認めないだろう。パーティーでは15分か20分遅れてやってくることは適切であるが、就職面接では適切ではない。親や教師や社会一般によって不適切だとされる行動のなかには、それ自体は行動上の問題ではないかもしれない。問題は他の人々に不適切であるとみなされる時間や場所や状況で、それらの行動を自発することである。これは刺激性制御の問題であり、応用行動分析学にとって重要な関心事である。本章では刺激性制御の発展に関係する諸要因を取り扱うことにする。

I　先行刺激

オペラント反応の刺激性制御は、レスポンデント行動の条件刺激（conditioned stimulus）に

よる制御に似ている。S^Dも条件刺激もどちらも先行刺激であり、どちらも行動の生起を喚起する。しかしながら、応用行動分析家は、オペラント行動にとってのS^Dの働きと、レスポンデント条件づけにおける条件刺激の働きとを区別しなければならない。この区別はオペラント行動の環境性制御（environmental control）を理解するうえで重要である。レスポンデント条件づけの典型的な実験室の範例実験では、実験者は犬に食物を与える。食物は無条件刺激（unconditioned stimulus）として働き、無条件反応（唾液分泌）を誘発する。実験者は次いでブザー音（中性刺激）を導入する。そのブザー音は唾液分泌を誘発しない。その後、ブザー音と食物提供を何度か対提示すると、ブザー音は条件刺激になる。ブザー音は食物（無条件刺激）が不在でも、唾液分泌（条件反応）を誘発するようになるだろう。

オペラント条件づけとレスポンデント条件づけの実験室実験は、先行刺激が行動への制御を獲得することを、一貫して証明してきた。ブザーが鳴ると、ネズミが梃子を押す。ブザーが鳴ると、犬が唾液を分泌する。両者は似ている。にもかかわらず、梃子押しはオペラント行動、唾液分泌はレスポンデント行動である。S^Dと条件刺激とでは、制御機能を獲得する仕方が非常に異なっている。S^Dは、行動のすぐ後に起こる刺激変化と結びついて、その制御機能を獲得する。逆に条件刺激は行動に先行して行動を誘発する別の先行刺激（すなわち、無条件刺激、または条件刺激）と結びついて、その制御機能を獲得する。

環境は人が感知できる多くの形態のエネルギーに満ちている。環境に対する進化的適応は、生命個体にこれらのエネルギー形態を検知する解剖学的構造（すなわち器官受容器）を与えた。例えば、目は電磁放射（その一部が可視光線）を感知する。耳は気圧の振動を、舌と鼻は化学的エネルギーを、肌の受容器は機械的圧力と温度変化を感知する（Michael, 1993）。

応用行動分析家は、刺激の物理的性質を使って、刺激が行動に及ぼす効果を詳しく調べる。しかしながら、物理的エネルギーは、生命個体の感覚性能と関係づけられなければならない。例えば、紫外線放射も電磁放射であり、物理的エネルギーであるが、紫外線放射は人に対して刺激として機能しない。そのエネルギーはオペラント行動との間に何の関係も作り出さないからである。紫外線放射はその放射を感知する特別な装置があるところでならば、人に対する刺激として機能するだろう。また犬笛（dog whistle）は犬には刺激として機能するが、人には刺激として機能しない。犬には笛の空気圧振動が聞こえるが、人には聞こえない。生命個体に感知できる物理的エネルギーならばどんな形態であれ、弁別刺激として機能することができる。

1. 刺激の弁別機能と動機づけ機能

弁別刺激と確立操作（establishing operation）には、2つの重要な類似性がある。（a）どちらの出来事も当該行動が起こる前に起こる、（b）どちらの出来事も喚起機能をもつ。行動を喚起するということは、呼び起こすか引き起こすかして、行動させるということである。先行性制御の性質を区別することは、難しいことが多い。行動はS^Dによって喚起されたのか、確立操作（EO）によって喚起されたのか、それとも両方によって喚起されたのか？

場合によっては、先行刺激の変化が反応の頻度を変えるため、S^D効果をもつように見えること

がある。例えば、典型的な電撃逃避の手続きでは、動物を実験箱に入れる。動物が反応して、指定された期間電撃を除去するまで、電撃を与える。電撃を除去すると再び電撃を導入する。動物がまた反応して電撃を停止させるまで続ける。それを繰り返す。熟練した動物はたちまちその電撃を除去するようになる。そういう場合、人によっては、その電撃がS^Dとして働くというかもしれない。電撃は先行刺激であり、反応を喚起する。その反応は負の強化を受ける（電撃は除去される）。しかしこの場合、電撃はS^Dとしては機能しない。S^Dならば、反応はS^Dがないときよりもあるときに、より頻繁に強化を引き出すはずである。たとえ動物が電撃を除去して、強化を受けたとしても、電撃の不在は低頻度の強化を意味しない。反応が強化されるためには、その前に電撃をオンにする必要がある。この例の場合の電撃は、EOとして機能する。なぜなら、それが変えるのは何が強化として機能するかであり、強化の入手可能性を変えるわけではないからである(Michael, 2000)。しばしば、見かけ上のS^D効果は、反応の頻度の変化と関連した有効な分化強化の履歴をもたない。これらの事態は、おそらく刺激性制御によりも、動機づけ操作（MO）に関係しているだろう。

　マイケルの実験室見本を応用文脈に翻訳すると、次のようなシナリオになる。教師が子どもに答えを要求する。子どもは要求された直後に攻撃行動を自発する。攻撃行動によって、教師は要求を退ける。それから教師がまた答えを要求する。子どもがまた攻撃行動を自発して要求を退ける。このサイクルが続く。実験室見本と同様に、人によっては、教師の要求はS^Dとして働くというかもしれない。要求は先行刺激であり、攻撃を喚起し、攻撃は負の強化を受ける（要求は退けられる）。しかしこの応用例では、要求はS^Dではなく、攻撃行動を喚起する確立操作（EO）である。電撃がないときに反応を喚起するS^Dのことを話すのは理屈にあわないのと同様に、要求がないときに攻撃行動を喚起するS^Dのことを話すのも理屈にあわない(McGill, 1999)。生命個体は、電撃や要求（EO）がないときは、逃避「したい」とは思わない。先行刺激があるとき特定の反応や反応群を行えば強化が起こり、先行刺激がないときに同じ反応を行っても強化が起こらないときにだけ、先行刺激はS^Dとして機能する(Michael, 2000)。

　実験室例と応用例に修正を加えれば、MOの喚起機能と刺激性制御の喚起機能との違いを示すことができる。実験室例では、セッション中にいろいろな時期にブザーを鳴らし、ブザーが鳴っているとき反応するときだけ電撃を除去し、ブザーが鳴っていないとき反応しても強化が起きない（すなわち電撃は除去されない）ように条件を変える。このような条件では、ブザーはS^Dとして機能し、刺激性制御が証明されるだろう。応用例の場合は、2人の教師が子どもを指導するように条件を変えてみる。一方の教師は子どもが攻撃行動をすれば要求を取り下げる。他方の教師は攻撃行動をしても要求を取り下げない。この異なる対応の結果、一方の教師の存在は有効な負の強化を生み出し、他方の教師の存在は負の強化を生み出さなくなる。要求の取り下げに応じた教師は、子どもから攻撃行動を引き起こすS^Dとなる。これらの修正例においては、先行性制御の特徴は、ブザーと一方の教師の存在と不在によって、異なってくる。ブザーと一方の教師は、強化頻度の増大に結びつけられる。

II　刺激般化

　ある先行刺激が、その存在の下で強化の対象となった反応を喚起する履歴をもつとき、その刺激に類似する刺激群もまたその反応を喚起するようになるという一般的傾向がみられる。この喚起機能は、その先行制御刺激と物理的に類似した特徴を共有する刺激において起こる。この傾向を**刺激般化**（stimulus generalization）という。逆に別の刺激群が反応を喚起しないとき**刺激弁別**（stimulus discrimination）が起こる。刺激性制御の程度の違いによって、刺激般化と弁別の定義的特徴が生まれる。刺激般化と弁別の関係は相対的である。刺激般化は、程度のゆるい刺激性制御を表す。それに対して弁別は、相対的に程度の厳しい刺激性制御を表す。単純な日常場面では、次のような刺激般化が見られる。幼児は父親という存在に対して「パパ」と呼ぶことを学習する。そして近隣住民や、お店の売り子や、同様の年恰好の男性の存在に対しても「パパ」という。さらに条件づけが進むと刺激性制御の程度が強められ、1つの特定の刺激、すなわち子どもの父親だけを制御することになるだろう。

　刺激般化は、先行制御刺激と類似する物理的次元を共有する新刺激群において起こる。例えば、青色刺激があるとき強化を生み出した履歴を持つ反応は、赤や黄色の刺激よりも、より明るい青かより暗い青に対して、刺激般化を起こさせるだろう。また、新しい刺激と制御刺激との間に他の共通点（例えば、大きさや形）があるときも、刺激般化が起こる可能性は強まる。円に反応して強化を生み出した行動をもつ子どもは、三角形より長円形に対して同じ反応を示す可能性がある。

　刺激般化勾配（stimulus generalization gradient）は、刺激般化と弁別の程度を図の形で描き出す。それはある刺激条件で強化を受けた反応を、未訓練の刺激群が存在するときに自発する程度を表す。勾配の傾斜が比較的平坦なとき、それとわかるような刺激性制御はほとんど見られない。しかし勾配の傾斜が増すと、徐々に大きな刺激性制御を示すようになる。

　行動分析家は、刺激性制御の勾配を生み出すため、さまざまな手続きを使ってきた。ガットマンとカリシュ（Guttman & Kalish, 1956）の古典的テクニックはその代表例である。彼らのテクニックは重要である。なぜなら、彼らより前の多くの研究者は、被験体のグループに同じ刺激値を条件づけ、それからいろいろな刺激値への般化テストを1個体に1つの刺激値を1回だけ提示して個別に行い、複数の被験体から合成された刺激般化勾配を収集していたからである。この種のテクニックでは、当然、個々の被験体にとっての刺激性制御の程度を証明することはできない。ガットマンとカリシュは、個々の被験体の勾配を収集する方法を示して、刺激性制御の支配原理をより深く理解する基礎を作った。

　ガットマンとカリシュは、人には黄緑色に見える光源（すなわち、波長550ミリミクロン）で点灯された円盤をハトがつつくと、それをVI 1分スケジュール（強化から次の強化の機会までの平均経過時間が1分となる不規則なスケジュール）で強化した（訳注：そうすると強化された反応の消去抵抗がより大となるからである）。ハトが円盤を安定してつつくようになると、そこで消去条件を設けてその下でハトの刺激般化をテストした。提示したのは、元の刺激と訓練中一度も提示されなかった11種類の異なる波長の無作為化された一連の刺激だった。

自傷行動の刺激般化勾配

[グラフ: 縦軸「セッション間の全反応百分率」0-100、横軸「距離（メートル）」<.5M, 1.5, 3.0, 4.5, 6.0, 7.5, 9.0]

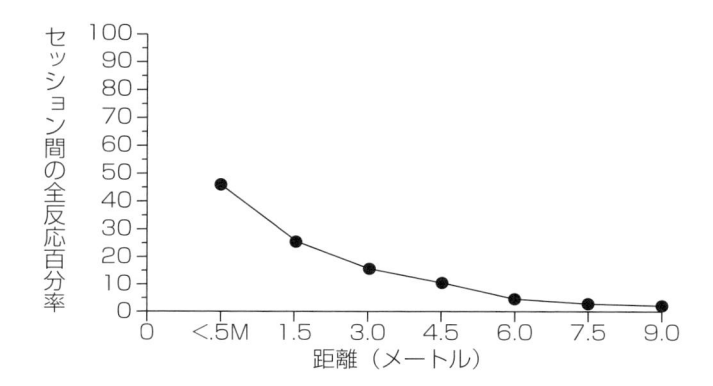

図17.1　般化テストの間に一定の距離で行われたセッションにおける全反応百分率<0.5、1.5、3.0、4.5、6.0、7.5、9.0は、セラピストと参加者間の距離（メートル）を示す

From "Assessment of Stimulus Generalization Gradients in the Treatment of Self-Injurious Behavior" by J. S. Lalli, F. C. Mace, K. Livezey, and K. Kates, 1998, *Journal of Applied Behavior Analysis, 31,* p.481. Copyright 1988 by the Society for the Experimental Analysis of Behavior, Inc. Used by permission.

　刺激般化とは、ある反応がある刺激の存在の下で条件づけられると、その後は新しい類似の刺激に対しても反応を示すようになることである。もし刺激般化テストの間に反応が強化されたとすれば、最初の反応の後に起こる新しい刺激に対する反応は、刺激般化のせいで起こるのか、強化スケジュールのせいで起こるのか、はっきり区別することができなくなる。そこでガットマンとカリシュは、般化をテストするために消去条件を選んだ。そうすることによって、彼らの結果が交絡される問題を回避した。
　ラリーら（Lalli, Mace, Livezey, & Kates, 1998）は、刺激般化勾配を査定して表示する優れた応用例を報告した。彼らは、成人の物理的接近と10歳の重度知的障害女児の自傷行動（SIB）との関係を、刺激性制御勾配を使って査定した。図17.1に示された結果は、セッション間での全SIBの百分率が、セラピストと女児の間の距離が増大するにつれ漸減することを示している。

Ⅲ　刺激性制御の発展

1．刺激弁別訓練

　刺激弁別訓練（stimulus discrimination training）の伝統的手続きでは、1つの行動と、2つの刺激条件が必要である。1つの刺激条件、すなわちS^Dが存在するときは反応が強化されるが、別の刺激、すなわちS^Δが存在するときは反応は強化されない。教師がこの訓練手続きを適切に一貫して適用するようにすれば、S^Dが存在するときの反応は、S^Δが存在するときの反応を上回るようになる。しばしば、時間経過に伴って、参加者はS^Δが存在するときは反応しないことを学

習する。

　応用行動分析家は、分化強化による弁別訓練の伝統的手続きを強化と消去の条件交替として説明することが多い。それはS^{D}条件においては反応が強化を生み出し、S^{Δ}条件では生み出さないことを意味する。しかしながら重要なポイントを明瞭にして強調すると、S^{Δ}は０強化（消去）の条件を表すためだけでなく、S^{D}条件よりもより少量の、より質の劣った強化を与える条件を示すためにも使われる。

　マグリーリら（Maglieri, DeLeon, Rodriguez-Catter, & Sevin, 2000）は、プラダーウィリー症候群（通常、肥満や食物泥棒と関連している深刻な疾患）の14歳女児の食物窃取を減らすための介入の一部として弁別訓練を使った。弁別訓練のとき教師は女児に２つのクッキー容器を示した。１つの容器には警告表示、すなわちS^{Δ}がついていた。別の容器には警告表示がついていなかった。すなわちS^{D}だった。教師はクッキーを食べてよいのは警告表示がない容器からだけであることを女児に伝えた。教師は女児に２つの容器を見せて、「どちらのクッキーなら食べていいの？」とたずねた。女児が警告表示のない容器のクッキーなら食べてよいと答えたら、その容器からクッキーを１つ食べさせるようにした。この弁別訓練手続きによって、警告表示が記されている容器からの食物窃取が減少した。

２．概念形成

　弁別訓練を論じた前節では、先行刺激が反応に対する制御をいかにして獲得するかを、つまり刺激が存在するときは存在しないときよりも行動がより頻繁に起るということを解説した。弁別訓練手続きは、幼稚園児に原色の名前を教えるためにも使うことができるだろう。例えば、赤色を教えるためには、教師は赤いボールなどの赤いものをS^{D}条件として使い、黄色いボールなどの赤とは違うものをS^{Δ}条件として使う。教師は２つのボールを子どもの前にランダムにおき、子どもに赤いボールの色の名前を言って指さすように指示する。そして正反応を強化し、誤反応を強化しない。数回試行した後、その赤いボールは、子どもの反応に対する刺激性制御を獲得する。子どもは赤いボールと黄色いボールを確実に区別するようになる。しかしながらこの簡単な弁別訓練は、赤色の同定という教授目的を十分に満たすとは限らない。教師は赤いボールと他の色のボールの区別を学習させたいだけではなく、赤という概念も子どもに学習させたいと願うだろう。

　概念形成（concept formation）や**概念獲得**（concept acquisition）という言葉は、多くの人々にとって、１つの精神過程を表す、何らかの仮説的構成概念を意味する。しかしながら概念を獲得することは、明らかに、先行刺激が存在するときの反応と、その反応に後続する結果に依存する。概念形成は、刺激般化と弁別の行動上のアウトカムである（Keller & Schoenfeld, 1950/1995）。**概念形成**は、刺激クラス内の刺激般化と、刺激クラス間の弁別を必要とする刺激性制御の複雑な例である。**先行刺激クラス**（antecedent stimulus class）は一連の刺激である。それらは共通する関係を共有する。先行刺激クラスに含まれるすべての刺激は、同じオペラント反応クラスを喚起するか、または同じレスポンデント行動を誘発する。この喚起機能ないし誘発機

能は、そのクラスの唯一の共通する特徴である（Cuvo, 2000）。例えば、赤の概念に相当する刺激クラスを考えてみよう。赤いものが赤と呼ばれるのは、特定の条件づけの履歴をもつからである。この分化強化の条件づけの履歴が、明るい赤から暗い赤までの異なる波長の光波に対して赤の反応を喚起するのである。赤の反応を喚起するこの赤色の異なる陰影は、条件づけの履歴を共有し、同じ刺激クラスに包含される。赤の反応を喚起しない赤の別の陰影（例えば薄い赤）は、その刺激クラスのメンバーではない。したがって赤という概念は、訓練された刺激から刺激クラス内の他の多くの刺激に対する刺激般化を必要とする。もしも先に述べた幼稚園児が、赤の概念を獲得したとすれば、その子は赤いボールを同定することができる。そして具体的な訓練や強化なしに、赤い風船や、赤いおもちゃの車や、赤い鉛筆などを、選ぶことができるようになる。

　概念は、刺激般化に加えて、刺激クラスのメンバーと非メンバーの間の弁別を必要とする。例えば、赤という概念は、赤とほかの色との弁別、そしてたとえば形や大きさのような関係のない刺激次元の弁別を要求する。この概念の出発点は、赤いボールと黄色いボールの弁別であるが、赤いドレスと青いドレス、赤いおもちゃの車と白いおもちゃの車、赤鉛筆と黒鉛筆の弁別に到達する。

　弁別訓練は概念行動を教える基礎である。共通の関係を共有する刺激群を代表する先行刺激（すなわち刺激クラス）と、別の刺激クラスの先行刺激とを提示しなければならない。概念を獲得させるためには、教師はその概念は何か（すなわちS^D条件）、その概念でないものは何か（すなわちS^Δ条件）の範例を示す必要がある。このアプローチは、すべての概念発達にあてはまる。高度な抽象的概念（例えば、正直、愛国心、正義、自由、分かち合い）においても同様である。概念の獲得は、代理弁別訓練（vicarious discrimination training）と分化強化（differential reinforcement）によっても可能である。概念形成にとっては、概念の言語定義と、その概念の例と例でないものとがあれば十分であり、さらなる直接訓練は要求しない。

　児童文学の著者は、例えば、善・悪、正・不正、勇敢・臆病などの概念を代理学習の形式によって教える。例えば、店で働く若者を雇用したいと考えている家族経営の食料品店のオーナーの物語について考えてみよう。仕事は床掃除、食料品の袋詰め、棚の整頓だった。オーナーは正直な人に働いてもらいたかった。そこでその人が正直かどうかを全員にテストすることにした。最初に応募した若者は、オーナーが雇用を約束する前に、試しに仕事をする機会を与えられた。しかしオーナーは、応募者が仕事に来る前に、その若者が見つけ出すことが分かっている場所に1ドル紙幣を隠しておいた。テスト期間終了時、オーナーがその応募者に、店での仕事はどのぐらい気に入ったか、仕事をしたいか、何か驚くことや変わったことがあったかとたずねた。その応募者は仕事がしたいと答え、驚くようなことは何もなかったと答えた。食料店主はこの応募者に、応募してきたほかの人たちについても検討してみたいと告げた。2番目の応募者も、テスト期間働き、最初の人と同様の結果を示した。この人も採用されなかった。その食料品店で働きたいという3番目の若者は、床を掃除していて、1ドル紙幣を見つけ、即座に食料店主に届けた。その3番目の応募者は、お客のどなたかご主人が落としたかもしれないので、その1ドル紙幣を届け出たと話した。食料品店主はその応募者に、仕事は気に入ったか、ここで働きたいかと質問した。その若い女性はそうしたいと答えた。食料品店主は彼女にあなたは正直な人だからあなた

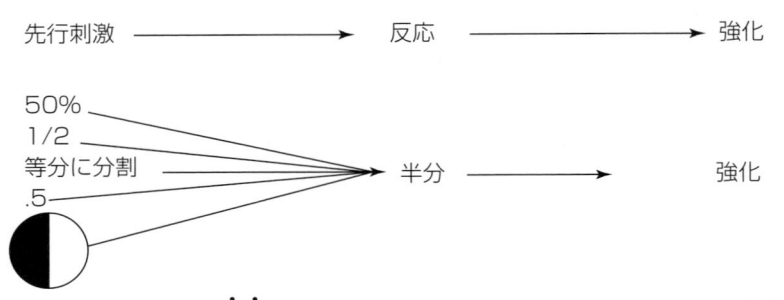

```
先行刺激　──────→　反応　──────→　強化

  50%
  1/2
 等分に分割 \
  .5         \____ 半分 ──────→ 強化
  ◐         /
```

図17.2 同じ反応、半分を引き起こす物理的形態の異なる先行刺激。恣意的刺激クラスの例

を雇うと告げた。またその1ドル紙幣はとっておくようにとも告げた。

　この童話は正直な行動と不正直な行動の範例を示している。正直な行動は報われ（すなわち正直な人が就職した）、不正直な行動は報われなかった（すなわち最初の2人の応募者は職に就けなかった）。この物語は正直さについての一部の概念を代理的に教授する。

　クラスを構成する刺激群は、特徴的刺激クラス（feature stimulus class）と恣意的刺激クラス（arbitrary stimulus class）の中で機能する可能性がある（McIlvane, Dube, Green, & Serna, 1993）。**特徴的刺激クラス**の中の刺激群は、共通の物理的特徴（例えばトポグラフィの構造）か、共通の相対的関係（例えば、空間的配置）を共有する。特徴的刺激クラスには、無限数の刺激が含まれ、概念的行動の大半を構成する。例えばイヌという概念は、特徴的刺激クラスに基づいている。すべてのイヌに共通する物理的形態は、その刺激クラスのメンバーになるだろう。幼児は分化強化を通じて、イヌをウマやネコやウシなどと区別することを学ぶだろう。物理的形態は、多くの特徴的刺激クラス群、例えば、本、机、家、樹木、コップ、じゅうたん、自動車という反応を喚起する刺激クラス群に対して、共通の関係を提供する。リレーショナルな、すなわち相対的な関係は、他の特徴的クラスの間にも存在する。こうした相対的関係に基づく特徴的刺激クラスの例は、例えば、より大きい、より熱い、より高い、の上に、の左になどの概念に見出される。

　恣意的刺激クラスを構成する刺激群は、同じ反応を喚起するが、それらは共通の刺激特徴を共有しない（すなわち物理的形態において似ていないし、相対的関係を共有していない）。恣意的刺激クラスは限られた数の刺激によって構成される。例えば、50%、1/2、等分に分割、.5という刺激を使って、恣意的刺激クラスを形成することができる（図17.2を参照）。訓練すれば、異なる物理的形態をもつこれらの刺激は、半分という同じ反応を喚起するようになるだろう。サヤマメ、アスパラガス、ジャガイモ、トウモロコシは、1つの恣意的刺激クラスを形成して、野菜という反応を喚起するようにすることができる。子どもは母音と、A. E. I. O. Uおよび、ときにはYという文字の恣意的クラスとを連合することを学習する。

　概念と複雑な言語リレーションの発達は、育児、介護、教育、治療において重要な役割を果たす。応用行動分析家は、概念を教え、特徴的刺激クラスと恣意的刺激クラスを生み出す複雑な言語リレーションを教えるとき、別種のインストラクション手続きを考慮しなければならない。特徴的刺激クラスに対して使われる一般的なインストラクションの手続きは、その概念である例

(S^D) と、概念でない例 ($S^Δ$) に対する反応を、差異的に強化することである。特徴的刺激クラスでは、幅広い般化が普通に見られる。すなわち、参加者の機能レベル次第であるが、特徴的刺激クラスの概念を発達させるためには少数の訓練例があれば十分だろう。しかしながら刺激般化は、恣意的刺激クラスの特徴を示すものではない。応用行動分析家は、**見本合わせ**（matching-to-sample）の手続きを使って、恣意的刺激の間に刺激等価性を形成して、恣意的刺激クラスを発展させてきた。

Ⅳ 刺激等価性

シドマン（Sidman, 1971）は、歴史的影響を与えた実験において、恣意的刺激の間に刺激等価性を創り出すことを実証した。参加者は重度遅滞男児だった。男児は実験前に次のことができた。

1．言われた名前に絵を合わせる。
2．絵の名前を言う。

また、実験前には、次のことができなかった。

3．言われた名前に文字を合わせる。
4．絵に文字を合わせる。
5．文字を読む。

シドマンはその男児に、言われた名前に文字を合わせること（＃3）を教えた。すると、それ以上教えられなくても、絵に文字を合わせ（＃4）、文字に絵を合わせ（＃5）、文字を読むこと（＃6）ができることを発見した。言い換えると、1つの刺激と刺激の関係（＃3）を学習すると、その結果、それ以上教えても強化してもいないのに、ほかの3つの刺激と刺激の関係（＃4、＃5、＃6）が出現した。シドマンが刺激と刺激の関係の対（セット）を2つかそれ以上関連づけると、教えても強化してもいなかったこれら別の刺激と刺激の関係が出現したのである。この男児の理解言語と表現言語は、実験開始前に存在したものを超えて拡大した。これはまさに大当たりである。これこそカリキュラムデザインと訓練プログラムがねらっているものである。

シドマンの研究（Sidman, 1994を参照）に続いて、刺激等価性は複雑な言語関係の多くの領域において、基礎研究と応用研究の一大領域となった。例えば、読み（Kennedy, Itkonen, & Lindquist, 1994）、言語技術（Lane & Critchfield, 1998）、算数（Lynch & Cuvo, 1995）、など。例えば、ローズら（Rose, De Souza, & Hanna, 1996）は、読めない子ども7人に、51の訓練語の読みを教えた。子どもは話し言葉に文字を合わせ、文字を書写し、文字を音読した。子どもはすべて、51の訓練語の読みを学んだ。7人中5人が、般化語を読んだ。ローズらのデータは、読み指導の過程としての刺激等価性の潜在力を証明している。

刺激等価性の研究は、人の複雑な行動の間の刺激と刺激の関係の理解に貢献した。シドマン（Sidman, 1971）と、1970年代に刺激等価性を研究したそのほかの人々（例えば、Sidman & Cresson, 1973; Spradlin, Cotter, & Baxley, 1973）は、将来の応用行動分析家に、刺激と刺激の関係（すなわち、条件性刺激性制御）を教える有力な方法を提供した。

1. 刺激等価性を定義する

等価性とは、一部の刺激と刺激の関係に対する反応を強化すると、その後は訓練も強化もしない刺激と刺激の関係に対して、正しい反応が出現することである。行動分析家は、刺激と刺激の関係の間の反射性、対称性、推移性をテストし、そうすることによって**刺激等価性**（stimulus equivalence）を定義する。一連の恣意的刺激の間の等価関係の定義を満たすためには、3つの行動テスト（すなわち、反射性、対称性、推移性）のすべてを肯定的に証明する必要がある。シドマンとテイルビー（Sidman & Tailby, 1982）は、この定義の基礎を数学的命題に求めた。

a. もしA=B、そして
b. B=C、ならば
c. A=C

反射性（reflexivity）が起こるのは、訓練と強化なしに、それ自体と対にされた刺激（例えば、A=A）を、反応によって選択できるときである。例えば、参加者に自転車の絵と、選択用の3枚の絵（自動車、飛行機、自転車）を提示する。もし参加者が選択用の3枚の絵から教示なしに自転車を選択すれば、反射性が起こったことになる。反射性は般性同一性マッチング（generalized identity matching）とも呼ばれている。

レインとクリッチフィールド（Lane & Critchfield, 1998）は、中度知的障害の2人の少女に、文字と話し言葉（母音または子音）の般性同一性マッチングを教えた。比較刺激AとD、OとVには、見本口語母音が同伴した。見本口語母音を示された参加者は、OとVの刺激から比較刺激Oを選び、マッチしない見本V刺激を拒否し、AとDの刺激から比較刺激Aを選び、マッチしない見本D刺激を拒否した。そのとき般性同一性マッチングが起こった。

対称性（symmetry）は、見本刺激と比較刺激の可逆性とともに起こる（例えば、A=BならB=A）。例えば、話し言葉（口語）の自動車（見本刺激A）を提示されたら、比較刺激の自動車の絵（比較B）を選ぶように、学習者に教える。自動車の絵（見本刺激B）を提示されたら、それ以上訓練も強化もされなくても、学習者は口語の自動車（比較A）を選ぶようになる。

推移性（transitivity）は、刺激等価性の最後の重要なテストである。それは別の2つの刺激と刺激の関係（例えば、A=BとB=C）の訓練の所産として生じる派生性（すなわち未訓練）の刺激と刺激の関係（例えば、A=C, C=A）のことである。例えば、もし以下の1と2に示した2つの刺激と刺激の関係を訓練し、それ以上の教示や強化をしなくても、3に示す関係が出現すれば、推移性が証明されることになる。

第17章　刺激性制御

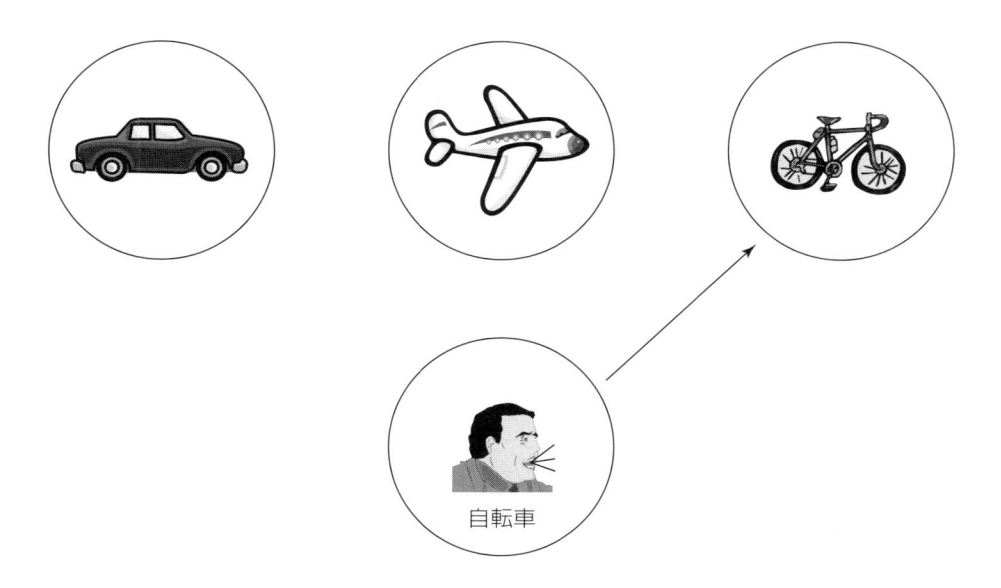

図17.3　A=Bの関係（口語の名前と絵）

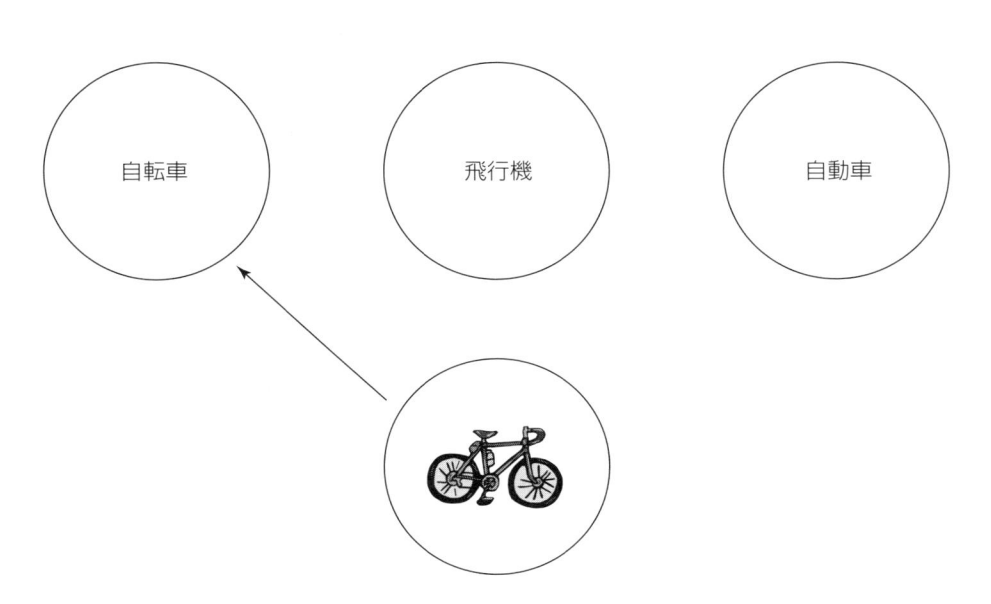

図17.4　B=Cの関係（絵と書き言葉）

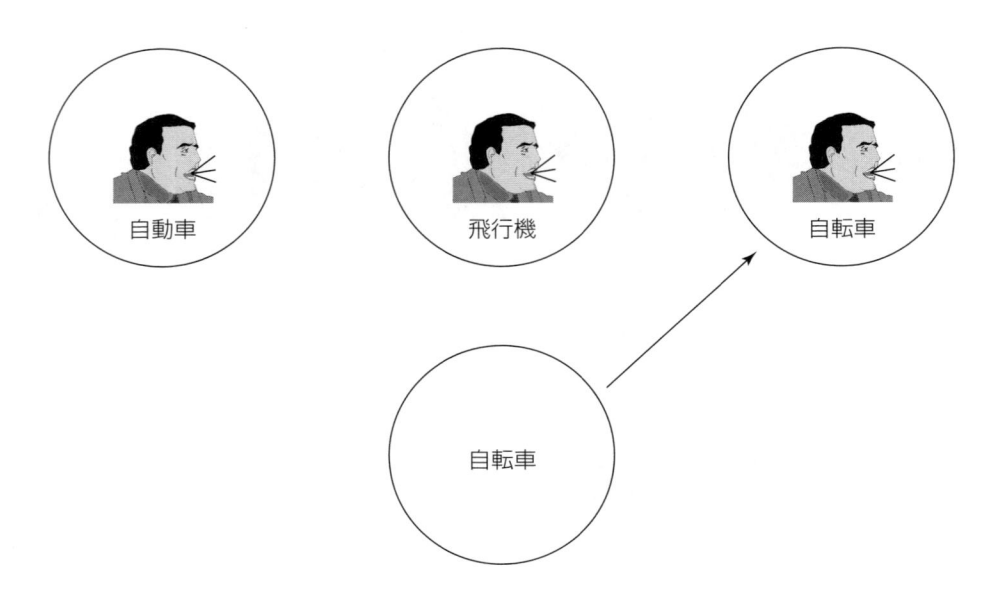

図17.5　C＝A（書き言葉と口語）の推移的関係の例。それはA＝B（口語の名前と絵）、B＝C（絵と書き言葉）の関係の訓練の結果として出現する

1．もし、A（例えば口語の自̇転̇車̇）＝B（例えば自転車の絵）（図17.3を参照）、そして
2．B（自転車の絵）＝C（例えば文字の自̇転̇車̇）（図17.4参照）ならば、
3．C（文字の自転車）＝A（口語の自転車）（図17.5）

（1）見本合わせ

　基礎研究者も応用研究者も、見本合わせを利用して刺激等価性を発展させてテストしてきた。ディンスムーア（Dinsmoor, 1995b）は、スキナーが見本合わせという実験手続きを提案したとして、スキナーの手続きを次のように説明した。ハトに3つの水平のつつきキーを提示した。真ん中のキーにある色を点灯して、試行を開始した。点灯しているキーをつつくとそのキーは消灯し、両サイドのキーが点灯した。両サイドのキーの1つは、真ん中に点灯した見本色と同じだった。見本キーと同色のサイドキーをつつけば強化された。誤反応は強化されなかった。
　3項随伴性は、複雑な刺激性制御レパートリーの開発における基本分析単位である。スキナーの見本合わせ手続きには3項随伴性が含まれていた。

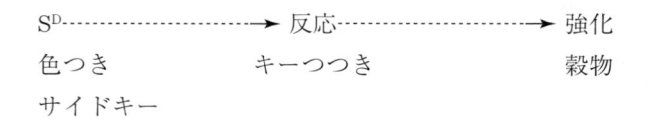

S^D ──────→ 反応 ──────→ 強化
色つき　　　　　キーつつき　　　　穀物
サイドキー

　しかしながらこの基本的随伴性は、環境文脈に由来する制約を受けるため、完全とはいえな

い。3項随伴性に影響を与えている文脈上の出来事が条件性（条件つき）弁別になる（Sidman, 1994）。スキナーの手続きにおいて、見本刺激は条件性刺激（conditional stimulus）である。3項随伴性はそれが見本刺激と一致（マッチ）するときにのみ有効になる。別の3項随伴性（ノンマッチ、すなわち不一致）は有効ではない。強化は、S^D以外の弁別刺激の文脈を条件としている。すなわち、3項随伴性の有効性は、文脈性制御下に組み込まれる。条件性（条件つき）弁別は、4項随伴性のレベルにおいて展開する。

文脈刺激 ------------→ S^D ------------→ 反応 ------------→ 強化

条件性見本　　　　色つき　　　　キーつつき　　　　穀物
　　　　　　　　サイドキー
キーの色
　　　　　　　　S^Δ
　　　　　　　　見本と一致
　　　　　　　　しない色

見本合わせ試行を開始するために、参加者は反応（観察反応という）を行って、見本刺激（すなわち条件性見本）を提示させるだろう。比較刺激（すなわち弁別事象）は、通常、見本刺激を除去した後に提示される。しかしつねにそうであるとは限らない。そして有効な3項随伴性と、別の有効ではない3項随伴性を用意する。ある比較が条件性見本と一致する。一致した比較を選び、一致しない比較を拒否する反応は強化を生み出すことになる。図17.6は観察反応、条件性見本、弁別事象、比較一致の例を示す。一致しない比較刺激を選択する反応は強化されない。条件性（条件つき）弁別訓練の間は、同じ選択は1つの条件性刺激に対しては正しく、1つか2つ以上の別の見本刺激に対しては誤りでなければならない。大部分の見本合わせの応用においては、誤反応に対して修正手続きが使われる。修正手続きの1つは、正反応が強化されるまで、学習者に同じ見本刺激と比較刺激に反応させ続けることである。誤反応修正手続きと比較刺激を無作為に配置することによって、位置反応（position responding）を制御するようにする。

V　刺激性制御の発展に影響する要因

応用行動分析家は、S^D条件が存在するときとしないときに、行動の分化強化を頻繁に行って、刺激性制御を確立する。効果的な分化強化のためには、強化子として働く結果を、一貫して使う必要がある。刺激性制御の発達には、例えば、前注目スキル（preattending skill）、刺激の顕著さ（stimulus salience）、遮蔽（masking）、隠蔽（overshadowing）などの付加的要因も影響する。

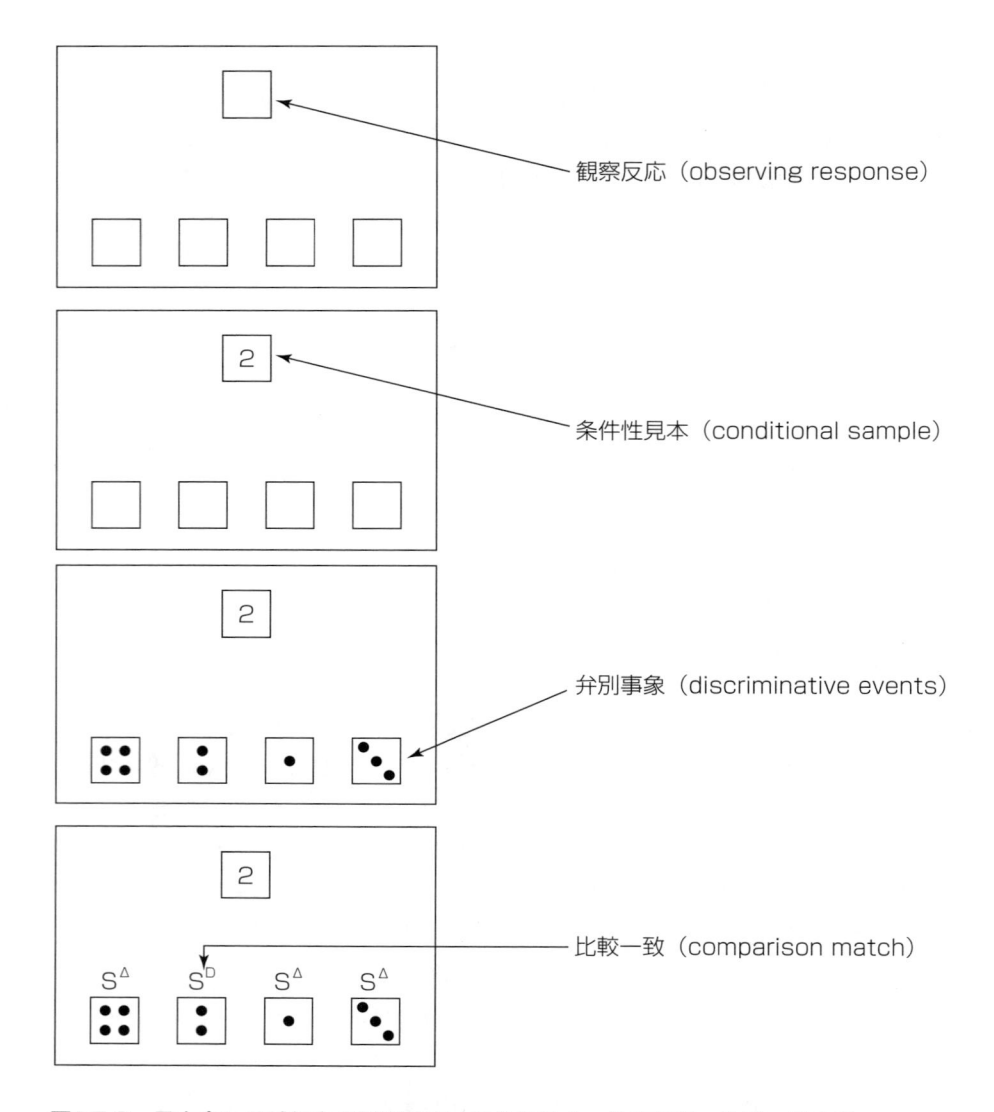

図17.6　見本合わせ試行中の観察反応、条件性見本、弁別事象、比較一致の例

1. 前注目スキル

　刺激性制御が発達するためには、一定の前提スキルが必要である。学業スキルや社会的スキルのためには、子どもは教授場面においてS^{D}に対する適切な定位行動に従事しなければならない。そうした前注目スキルには、教材を見る、反応が示範されるとき必ず教師を見る、口頭での教示を聞く、短い間静かに座る、などが含まれる。これらのスキルを発達させていない学習者に対しては、前注目スキルを特別に教える直接行動介入を使わなければならない。学習者は刺激性制御を発達させるために、感覚受容器を適切なS^{D}に定位する行動群を自発しなければならない。

2．刺激の顕著さ

　刺激の顕著さは、刺激への注目、ひいては刺激性制御の発達に影響を及ぼす（Dinsmoor, 1995b）。顕著さとは、人の環境にある刺激が目立つことである。例えば、コナーズら（Conners, et al., 2000）は、多成分関数分析の文脈に、顕著な手がかり（例えば特定の室内色、特定のセラピスト）を包含した。彼らの分析結果によれば、顕著な手がかりは、それが存在するときのほうが、存在しないときよりも、より早くより明瞭なアウトカムを生み出すことによって、関数分析の効率を促進すること示唆した。

　刺激の中にはほかの刺激よりもより目立つ顕著さをもつ刺激がある。それは個人の感覚能力や、過去の強化履歴や、環境の文脈に依存する。例えば、ある子どもは視力が弱いために黒板に書かれた文字に注目しないのかもしれない。過去に学習に失敗したせいで、カリキュラム教材に注目しないのかもしれない。あるいは、机の中のおもちゃに注意を集中しているため、教師の指示に注目していないのかもしれない。

3．遮蔽と隠蔽

　遮蔽と隠蔽は刺激の顕著さを減少させる方法である（Dinsmoor, 1995b）。遮蔽においては、たとえ1つの刺激が行動に対する刺激性制御を獲得したとしても、競合する刺激がその刺激の喚起機能を妨げる。例えば、子どもが教師の質問の答えを知っていたとしても、仲間集団の存在するところでは答えようとしないだろう。仲間集団はこの例では別の強化随伴性をもつライバルである。関連S^{D}に「注目する」ことをより困難にする、単なる先行刺激ではない。隠蔽においては、1つの刺激条件の存在が、ほかの刺激の刺激性制御の獲得を妨げる。一部の刺激は他の刺激よりもより顕著である。例えば、窓の外を見てチアリーダーの練習を眺めることは、代数の授業中に提示される教授刺激に注目することから注意を転導させる可能性がある。

　応用行動分析家は、隠蔽と遮蔽が刺激性制御の発展を妨げる恐れがあり、これらの影響を減少させる手続きを適用することができることを認識しなければならない。隠蔽と遮蔽の影響を減少させる例を示そう。（a）物理的環境を再配置する（例えば、窓のブラインドを下げる、気を散らすものを取り除く、座席の割り当てを変える）、（b）教授刺激を適度に強める（例えば、速いペースの教授や、多くの反応機会や、適切なレベルの難度や、目標を設定する機会の提供）、（c）教授関連刺激が存在するときの行動を一貫して強化する。

VI　プロンプトを使って刺激性制御を発展させる

　プロンプトとは、反応の前に与える補足刺激である。S^{D}は最終的に行動を制御することになる刺激であるが、プロンプトはそのS^{D}が存在するとき、正反応を引き起こすために使われる。応用行動分析家は、行動を遂行する前か、遂行している最中に、反応プロンプトと刺激プロンプトを与える。反応プロンプトは、反応に対して直接働きかける。刺激プロンプトは、先行する課題刺

激に対して直接働きかけ、重要なS^{D}と共同して、正反応を引き起こす手がかりを与える。

1．反応プロンプト

反応プロンプトの3つの主な形態として、言語教示、モデリング、身体的ガイダンスがある。

（1）言語教示

応用行動分析家は、補足的な反応プロンプトとして、機能的に適切な言語教示を使う。言語による反応プロンプトは、音声言語教示（例えば口頭教示、語り）と非音声言語教示（例えば、文字、手のサイン、絵）の形式をとり、ほとんどあらゆる訓練文脈において頻繁に使われる。

教師はよく音声言語教示プロンプトを使う。教師が1人の子どもに「植物が成長するために必要なものは、土と大気と水である」という文章を読むよう要求したとする。子どもは「植物が必要なもの……、植物が必要なもの……、植物が必要なもの……」と読む。教師は次に続く言葉を引き出すため、任意の数の言語プロンプトを使うことができる。教師は「次の言葉は土、土を指差して、土と言って」というかもしれない。あるいは土に代わる押韻語を使うかもしれない。別の例として、アドキンスとマシューズ（Adkins & Mathews, 1997）は、尿失禁と認知症の2人の成人の排尿手順を改善するため、訪問介護者に音声言語反応プロンプトを使うことを教えた。訪問介護者は、午前6時から午後9時まで、1時間か2時間おきに、おしめが濡れていないか点検した。濡れていないときはそれを褒め、トイレを使うように言い、必要があれば定期的スケジュールチェックで濡れていないとき介助した。この簡単な反応プロンプト手続きは、ベースライン条件後に導入された。2人のうちの1人は、この方法によって、2時間おきのプロンプトつき排尿条件では、回収された濡れたおしめの尿のグラム数を1日平均22％減らした。また1時間おきのプロンプト条件では、平均69％減らした。2人目の成人は、1時間のプロンプトつき排尿条件のみを適用され、回収されたおしめの尿を1日平均55％減らした。

クランツとマクラナハン（Kranz & McClannahan, 1998）、およびサロコフら（Sarokoff, Taylor, & Poulson, 2001）は、自閉症児の自発的な社会的交流を改善するため、埋め込まれた台本（embedded script）という形式の非音声的な言語教示を使った。写真による子どもの活動スケジュールに収められた内蔵プロンプトには、ねえ、こっち見て、スナックを食べようなどの例が含まれた。もう1つの非音声的な言語教示反応プロンプトの例では、ウォンら（Wong, Seroka, & Ogisi, 2000）が、記憶障害のある糖尿病の女性の、血糖値の自己査定をプロンプトするため、54ステップのチェックリストを作った。参加者はチェックリストの順序に従い、各ステップを完了するごとに確認の印をつけた。

（2）モデリング

応用行動分析家は、望ましい行動を実演して、反応をプロンプトすることができる。すなわち

モデリング（模範を示すこと）である。モデリングは、特に模倣に必要な成分行動の一部をすでに学習している学習者に対して、行動を効果的にプロンプトすることができる。いまバスケットボールのプレーヤーが、ボールをホールドし、頭上に上げ、体から押し出すことができたとする。コーチはこのプレーヤーに、ボールをリングにシュートする適切なフォームを示す。このモデリングは、簡単で、実際的な、成功する指導法である。ある重度障害児がいて、靴ひもを手でつかめなかったとする。その子に、モデリングを使って靴ひも結びを教えようとする教師はまずいないだろう。加えて、注目スキルが重要である。学習者はパフォーマンスの模倣を可能にしてくれるモデルを、よく観察しなければならない。最後に、反応プロンプトとしてのモデリングは、模倣スキルをすでに発達させている子どもだけに使うべきである。モデルを利用して学業的行動や社会的行動を適切に支援できることは、繰り返し証明されている。モデリングと模倣については、第18章で詳しく考察する。

（3）身体的ガイダンス

　身体的ガイダンスは、幼児や、重度障害の学習者や、身体的制約をもつ年長の成人に対して最もよく使われる。教師は、身体的ガイダンスを使って、子どもの動作を部分的に身体的に指導する。あるいは反応の最初から最後までの動作を身体的に指導する。

　ハンレイら（Hanley, Iwata, Thompson, & Lindberg, 2000）は、最重度知的障害の参加者に、身体的ガイダンスを使って、レジャー用の品物を巧みに扱う手助けをした。コナガンら（Conaghan, Singh, Moe, Landrum, & Ellis, 2000）は、知的障害と学習障害の成人に、身体的ガイダンスを使って、手話の使い方をプロンプトした。参加者が手話の作り方を間違えたときは、教師がその人の手を身体的にガイドして、正反応をプロンプトした。別の例では、個人トレーナーが重度障害で、骨粗鬆症で、関節炎がある3人の高齢者を指導した。トレーナーは、参加者が1人でダンベルのプッシュを開始できないときや、練習基準に達する前にプッシュをやめたときは必ず身体的に指導した（Cooper & Browder, 1997）。

　身体的ガイダンスは、有効な反応プロンプトである。しかし言語教示やモデリングよりも侵入的である。それは教師と子どもとの直接的な身体的関わりを必要とする。そのことが子どもの進歩の正確な査定を難かしくする。身体的な反応プロンプトは、教師の直接的支援なしに子どもがその行動を自発するチャンスを子どもにほとんど与えない。もう1つ考えられる問題は、一部の学習者が体に触られることを嫌がることである。しかし学習者の中には、身体的ガイダンスの活用を必要とする者がいる。

2．刺激プロンプト

　応用行動分析家は、刺激プロンプトとして、先行刺激の動きと、位置と、冗長さを、よく利用してきた。例えば、動きの手がかりを使えば、学習者の1セントと10セント硬貨の弁別を支援することができる。同定すべきコインを指さすか、コツコツたたくか、触るか、見るかする。位

置の手がかりによっても、コインの弁別課題を支援することができる。子どものより近いところに、教師が正しいコインを置くのである。冗長さの手がかりを使うときは、2つ以上の刺激か反応の次元（例えば、色、大きさ、形）を正しい選択と対提示する。例えば、色媒介手続きを使って数字と色を結びつけ、次に色名を算数的事実の答えと結びつけるのである（Van Houten & Rolider, 1990）。

VII 刺激性制御の転移

　応用行動分析家は、反応プロンプトと刺激プロンプトを、教授の獲得段階の間にだけ補足的先行刺激として与えなければならない。応用行動分析家は、行動が確実に起こるようになれば、刺激性制御を反応プロンプトと刺激プロンプトから、日常に存在する刺激へと、転移させる必要がある。応用行動分析家は、刺激を徐々に漸次導入（fade in）するか、漸次撤去（fade out）することによって、つまり先行刺激を徐々に提示するか除去することによって、刺激性制御を転移させる。最終的には、日常刺激（自然な刺激）か、部分的に修正された刺激か、新しい刺激が、その反応を喚起するようになるだろう。反応プロンプトと刺激プロンプトのフェーディング（漸次導入、漸次撤去）は、プロンプトから日常刺激へと刺激性制御を転移させるため、そして日常刺激の存在するときの誤反応の数を最小にするために使われる手続きである。

　テラス（Terrace, 1963a, b）は、刺激のフェーディングと重ね合わせ提示（superimposition）を利用した刺激性制御の転移について強い影響力を与える研究を行った。これは刺激性制御の転移の古典的研究例である。テラスは一連の研究において、ハトに赤と緑、垂直と水平の弁別を、誤反応を最小にして教えた。刺激性制御を徐々に転移させる彼のテクニックの方法は、無謬学習（errorless learning）と呼ばれた。テラスは赤と緑の弁別を教えるとき、弁別訓練の初期に、S^D（緑光）がハトの反応に刺激性制御を示す前に、S^Δ（赤光）を提示した。赤光の導入の初期には、明るさを暗くし、提示時間も短くした。刺激の漸次的な提示の間、テラスは徐々に赤光の強度（明るさ）と提示時間の長さを増やしてゆき、ついに緑光との違いは色だけになるようにした。テラスはこの手続きによって、ほんの最小数のエラー（S^Δへの反応）で、赤と緑を弁別することを教えた。

　テラスはさらに赤光と緑光によって獲得された刺激性制御が、最小数のエラー（すなわちS^Δがあるときの反応）によって、水平線と垂直線に転移できることを実証した。彼の手続きでは、まず緑光（S^D）の上に白い垂直線を重ね合わせ、赤光（S^Δ）の上に白い水平線を重ね合わせた。それからハトに、これらの複合刺激を複数回提示した。赤光と緑光の強さは徐々に減光され、最終的には垂直線と水平線だけが刺激条件として残るようにした。ハトは刺激性制御の赤光と緑光から垂直線と水平線へのほぼ完璧な転移を示した。すなわち、ハトは垂直線（S^D）があるときは反応を自発し、水平線（S^Δ）があるときはほとんど反応しなくなった。

　テラスの研究に続いて、ほかの先駆的研究者（例えば、Moore & Goldiamond, 1964）が、人の学習者を対象にして、ほとんど誤反応なしに刺激性制御を転移できることを示す画期的研究を行った。それは応用場面において刺激性制御を反応プロンプトから日常刺激に転移させる有効な手

続きを開発する基礎となった。

1. 刺激性制御の反応プロンプトから日常に存在する刺激に転移させる

ウオルリーとガスト（Wolery & Gast, 1984）は、刺激性制御を反応プロンプトから日常刺激に転移させる4つの手続きを述べた。最大から最小へのプロンプト、段階的ガイダンス、最小から最大へのプロンプト、時間遅延である。

（1）最大から最小へのプロンプト

応用行動分析家は、参加者が日常刺激に反応しないとき、あるいは誤反応するときはいつでも、最大から最小への反応プロンプトを使って、刺激性制御を反応プロンプトから日常刺激に転移させることができる。最大から最小への反応プロンプトを適用する場合、分析家はまず参加者に全遂行順序を身体的にガイドする。それから試行から試行へ、セッションからセッションへと訓練が進行するにつれて、与える身体的支援量を徐々に減らしてゆく。通例、最大から最小へのプロンプティングにおいては、身体的ガイダンス、視覚プロンプト、音声教示へと進み、最終的にはプロンプトなしの日常刺激へと進んでいく。

（2）段階的ガイダンス

応用行動分析家は、必要なら身体的ガイダンスを与えるが、しかし段階的ガイダンスを使うときは、刺激性制御を転移させるため、身体的プロンプトの漸次撤去に直ちに着手する。段階的ガイダンスでは、応用行動分析家はまず参加者に手を近づけてその動きに追従するが、参加者には触らない。分析家は続いて、だんだん身体的プロンプトの位置を変え、自分の手と参加者の間の距離を離してゆく。例えば、応用行動分析家が、身体的ガイダンスを使って、コートのファスナーを閉める手の動きを指導したとする。そのときはプロンプトを手から手首へ、ひじへ、肩へ、身体的接触なしへと進めてゆくだろう。段階的ガイダンスは、必要に応じて即時的な身体的プロンプトの機会を提供する。

（3）最小から最大へのプロンプト

応用行動分析家が、最小から最大へのプロンプトによって、刺激性制御を反応プロンプトから転移させる場合は、試行ごとに最小量の補助で反応する機会を参加者に与える。正反応が伴わない試行が続く場合は、参加者はそのたびにより強い補助を受ける。最小から最大へのプロンプティング手続きにおいては、日常的S^D（natural S^D）を提示して、それから一定の制限時間内（例えば3秒）に、参加者が正しく反応するよう要求する。もしも制限時間内に正反応が起こらなければ、応用行動分析家は再びその日常的S^Dと、最小補助の反応プロンプト、例えば音声の反応プ

ロンプトを与える。もし同じ制限時間（例えば、次の3秒）が過ぎても、参加者が正しく反応しなければ、分析家はその日常的S^{D}と新手の反応プロンプト、例えばジェスチャーを与える。もしその弱いプロンプティングでは正反応が起こらないときは、参加者に部分的ないし全面的な身体的ガイダンスを与える。応用行動分析家が最小から最大への反応プロンプト手続きを使うときは、それぞれの訓練試行の間、日常的S^{D}を与え、同一の制限時間を課する。例えばヘッカマンら（Heckaman, Alber, Hooper, & Heward, 1998）は、教示、非特異的な音声プロンプト、モデリング、身体的プロンプティングという最小から最大への5秒反応プロンプト階層を使って、4人の自閉症児の妨害行動を改善した。

（4）時間遅延

　刺激性制御の転移を起こさせるためには、最大から最小へのプロンプト、段階的ガイダンス、最小から最大へのプロンプトを、日常刺激に引き起こされる反応の形態と位置と強さの段階的な変化に応じて、結果として起こるようにする。反対に、先行性の反応プロンプトとしての時間遅延手続き（time delay procedure）では、日常刺激提示と反応プロンプト提示の間の時間間隔のバリエーションだけが使われる。一定時間遅延（constant time delay）と、漸進的時間遅延（progressive time delay）があるが、それらは日常刺激提示に続くプロンプト提示を遅らせることによって、刺激性制御をプロンプトから日常刺激に転移させる。

　一定時間遅延では、最初にゼロ秒遅延（すなわち、日常刺激と反応プロンプトの同時提示）を使って試行を数回提示する。通常は、しかし必ずというわけではないが（Schuster, Griffen, & Wolery, 1992）、同時プロンプト条件に従って進める試行では、日常刺激提示と反応プロンプト提示の間の固定時間遅延（例えば3秒）を適用する（Caldwell, Wolery, Werts, & Caldwell, 1996）。

　漸進的時間遅延の手続きは、一定時間遅延の場合と同様に、日常刺激と反応プロンプト提示のゼロ秒遅延から開始する。通常、教師は時間遅延を拡大する前に数回のゼロ秒試行を使う。ゼロ秒試行を何回行うかは、課題難度と参加者の機能レベルに依存する。教師は同時提示に続いて、徐々にそして組織的に、たいていは1秒間隔で、時間遅延を拡大していく。時間遅延の延長は、特定の提示回数後、個々のセッション後、特定のセッション回数後、または遂行基準達成後に、行うようにすればよい。

　ヘッカマンら（Heckaman et al., 1998）は、次のような漸進的時間遅延の手続きを使った。最初は0秒試行から開始した。例えば、身体的プロンプトやモデルなど制御性反応プロンプトと課題教示とを同時に提示した。その同時提示は、参加者が9正反応基準を満たすまで継続して行った。最初の時間遅延は0.5秒に設定した。0.5秒基準を満たした後、研究者は1秒ずつ延長して、最大5秒まで遅延させた。反応プロンプトの前か、プロンプトから3秒以内に正反応が起こると、プラスのフィードバック発言（例えば「正解」）を与えた。誤反応が起こるとマイナスのフィードバック発言（例えば「違うよ、それは正しくないよ」）と制御プロンプトを与えた。また、誤反応後の次の試行では、以前の遅延レベルに戻された。制御プロンプトは、妨害行動に対しても与えられた。

2．刺激性制御シェーピングを利用した刺激性制御の転移

　これまでの節では、課題刺激や教材は変更しない反応プロンプトに焦点を当ててきた。この節で示す刺激性制御シェーピング手続き（stimulus control shaping procedure）では、課題刺激や教材を段階的に組織的に修正して、反応をプロンプトする。刺激性制御を刺激プロンプトから日常刺激に転移するため、補足的な刺激条件を漸次導入し、または漸次撤去する。刺激性制御シェーピングは、刺激フェーディングと、刺激形状変形によって、達成することができる（McIlvane & Dube, 1992; Sidman & Stoddard, 1967）。

（1）刺激フェーディング

　刺激フェーディングとは、刺激の物理的次元（例えば、色、大きさ、位置）を強調することによって、正反応の起こる可能性を高めることである。際立たせる次元や、強調する次元は、徐々に漸次導入され、または漸次撤去される。次に示す（a）手書きの大文字Aと、（b）答えが9になる算数問題の例は、刺激の組織的な漸次撤去を示す実例である。

A A A A A

$4 + 5 = 9, 4 + 5 = 9, 4 + 5 = 9, 4 + 5 = 9$

　クランツとマクラナハン（Kranz & McClannahan, 1998）は、写真による活動スケジュールに埋め込まれた台本（すなわち、ねえとこっちをみてという言葉）を漸次撤去した。埋め込まれた台本は、自閉症児の社会的交流をプロンプトした。ねえとこっちみてという言葉は、9cmの白いノートカードに72ポイントのフォントとボールド体（肉太体）で印字された。クランツとマクナラハンは、まず台本カードの3分の1を除去して、その言葉の漸次撤去を開始した。そして次の3分の1を除去した。ときには、台本フェーディングの間に、文字の一部がねえのねのように、なおカードに見えるようになっていた。最終的には、台本とカードを除去した。

　パーテルら（Patel, Piazza, Kelly, Ochsner, & Santana, 2001）が報告した摂食障害の治療は、刺激の漸次導入と漸次撤去の例である。重度の食物選択異常は、摂食障害によくみられる問題である。例えば一部の子どもは、著しく質感の違った食物は、吐き気がするため、嫌悪的で危険であると感じる。パーテルらは、広汎性発達摂食障害の6歳男児の治療において、水の中に最初は「カーネーション・インスタント・ブレックファスト」（CIB）（訳注：ネスレのドリンクエキス）を、続いてミルクを少しずつ加えていった（フェードイン）。男児は水なら少量飲んでいた。研究者らは漸次導入手続きを、まず240mlの水にCIBの包を20％ずつ加えることから開始した。20％の混合物を飲むセッションを3回行った後、徐々にその水にさらに多量のCIBを追加していった。最初は5％ずつ、ついで10％ずつ増やしていった。CIBを1包加えた240mlの水を男児が飲むようになってから、研究者らは、CIBと水の混合物にミルクを少しずつ加えていった。

CIBと水の混合物にミルクを10%ずつ徐々に追加し、一方水は漸次撤去された（たとえば、ミルク10%と水90%に１包のCIBを加え、続いてミルク20%と水80%になるようにした）。

　応用行動分析家は、刺激の重ね合わせ提示と刺激フェーディングを併用してきた。ある例では、１つの刺激が漸次撤去されたとき、刺激性制御の転移が起こる。もう１つの応用では、１つの刺激が漸次導入され、別の刺激が漸次撤去される。赤と緑の弁別から垂直と水平の弁別への刺激性制御の転移を実証したテラス（Terrace, 1963a, b）の研究では、２つの特定の刺激クラスの重ね合わせ提示と、１つの刺激クラスの漸次撤去が示されている。線が色光に重ね合わされた。そして光が徐々に漸次撤去された。垂直線と水平線だけが弁別刺激として残された。図17.7はテラスによって使われた、重ね合わせ提示と刺激のフェーディング手続きを応用した例を示す。この図は7－2＝＿＿＿を教える算数プログラムの一連のステップを示している。

　よく使われるそのほかの手続きでは、日常刺激を漸次導入し、刺激プロンプトを漸次撤去する。図17.8はこの重ね合わせ手続きを示す。この図ではプロンプトが漸次撤去され、日常刺激8＋5＝＿＿＿が漸次導入される。

（２）刺激形状変形

　刺激形状変形（stimulus shape transformation）の手続きでは、正反応をプロンプトする最初の刺激形状を使う。最初の形状はだんだん変形され日常刺激となり、正しい反応は維持される。例えば、刺激形状を変形して、数字認識を教えるプログラムには、次のステップを含めることができる（Johnston, 1973）。

　刺激プロンプトの形態は徐々に変形しなければならない。そうすれば子どもは正しく反応し続ける。刺激形状変形を使って単語同定を教える場合、次のようなステップを含めることができる（Johnston, 1973）。

　図17.9は、算数の指導で、刺激の重ね合わせ提示を刺激のシェービングとどう併用するかを示す。＋と＝の記号が、刺激シェーピングプログラムに重ね合わされ、それからだんだんフェードイン（漸次導入）される。

　まとめれば、刺激性制御を反応プロンプトと刺激プロンプトから日常刺激に転移させるさまざまな手続きが存在する。現在のところ、反応プロンプトの刺激性制御を転移させる手続きの方が、刺激形状変形よりも指導場面では実際に役立つ。なぜなら、刺激変形手続きは、教材準備により大きなスキルと時間を必要とするからである。

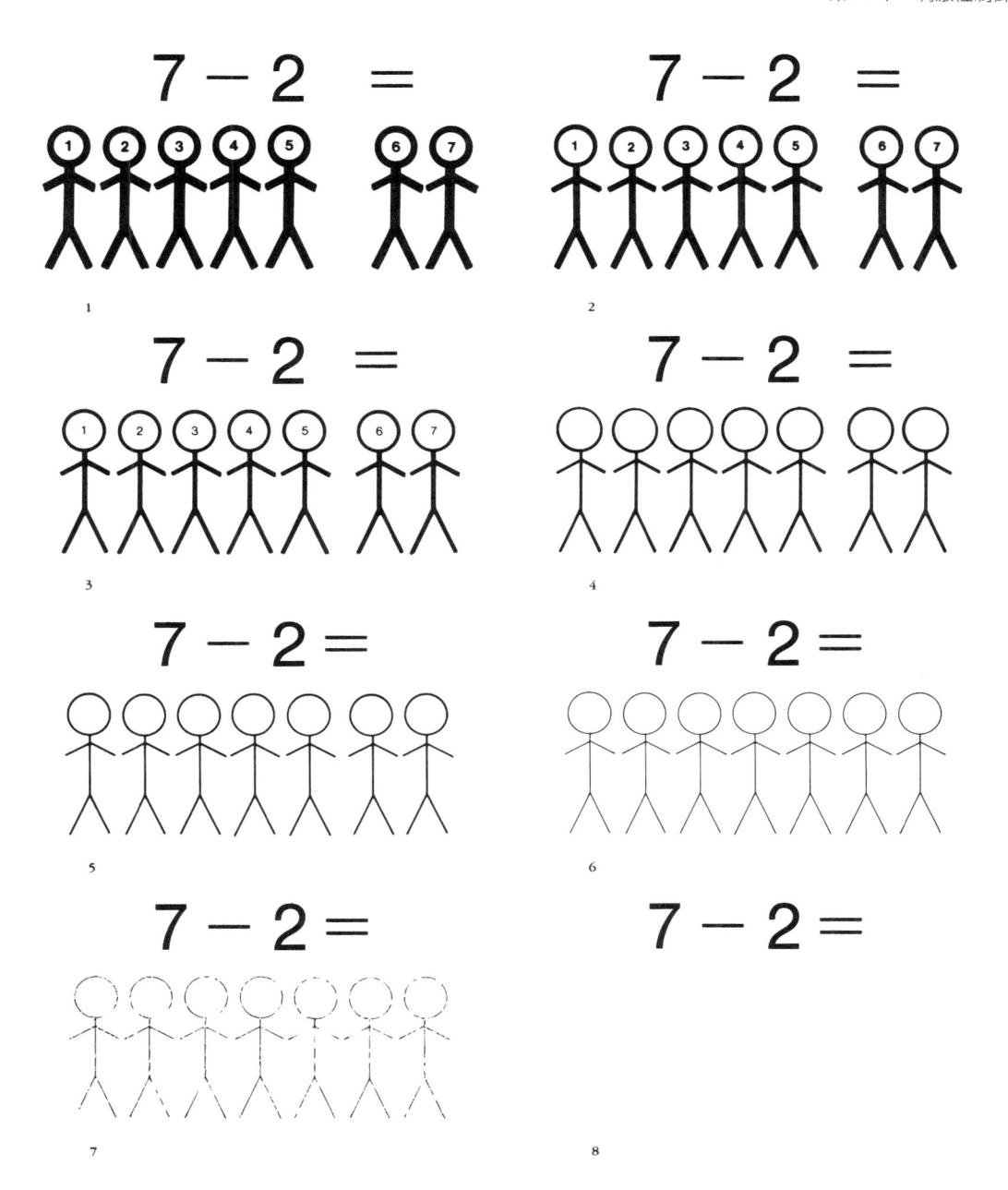

図17.7 2つの重ね合わせ刺激クラスの例。そのうち1刺激クラスはフェーディングされる

From *Addition and Subtraction Math Program with Stimulus Shaping and Stimulus Fading* by T. Johnston, 1973, unpublished project, Ohio Department of Education. Reprinted by permission.

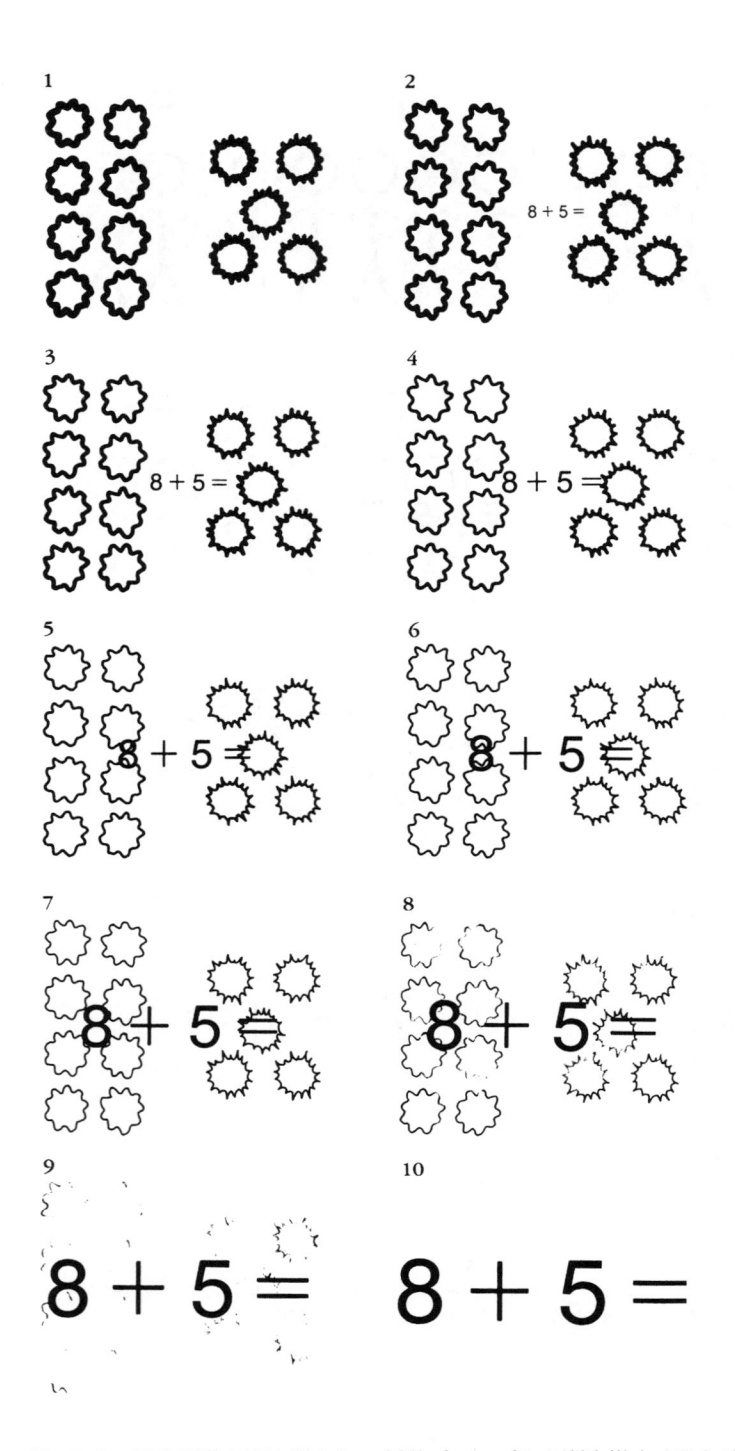

図17.8　日常刺激を漸次導入し、刺激プロンプトを漸次撤去するための、重ね合わせと刺激フェーディングの例

From *Addition and Subtraction Math Program with Stimulus Shaping and Stimulus Fading* by T. Johnston, 1973, unpublished project, Ohio Department of Education. Reprinted by permission.

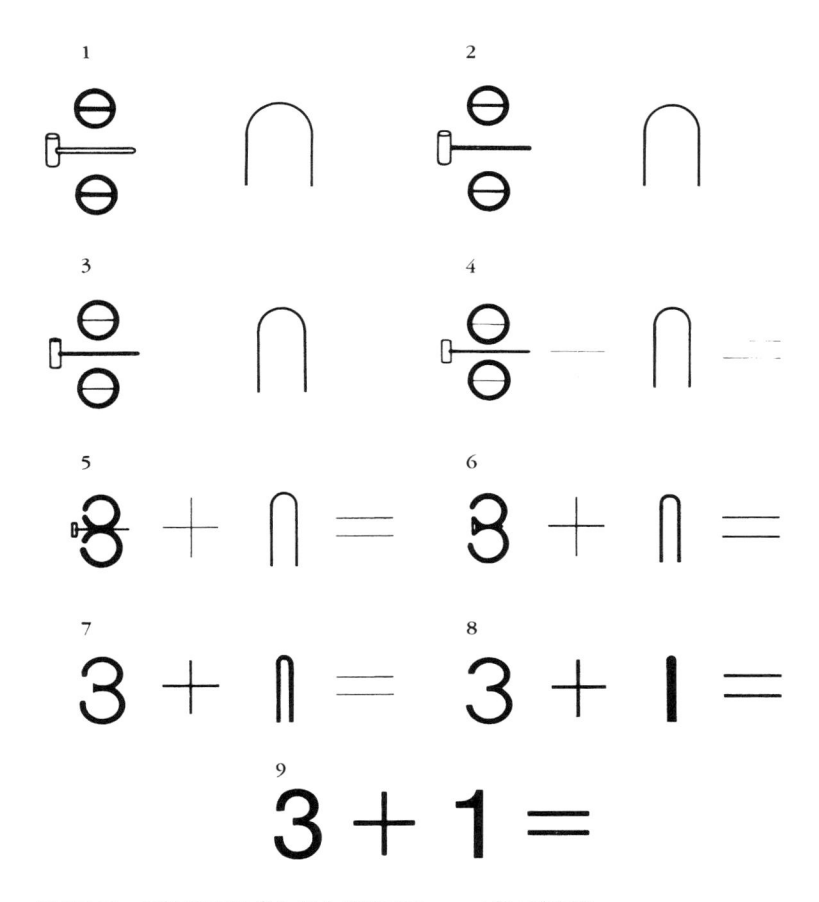

図17.9　刺激の重ね合わせと刺激のシェーピングの例

From *Addition and Subtraction Math Program with Stimulus Shaping and Stimulus Fading* by T. Johnston, 1973, unpublished project, Ohio Department of Education. Reprinted by permission.

まとめ

先行刺激

1. オペラント反応を強化すると、将来の反応頻度を増加させるとともに、反応の直前に先行する刺激に影響を与える。反応に先行する刺激（すなわち先行刺激）は、関連する行動を喚起する能力を獲得する。

2. 先行刺激が存在すると、反応の出現率や、潜時や、持続時間や、大きさに変化が起こるとき、刺激性制御が起こるという（Dinsmoor, 1995a, b）。ある刺激が制御を獲得するのは、そ

の刺激が存在するとき自発した反応が、強化を生み出すときだけである。

3. 弁別刺激と動機づけ操作には、2つの重要な類似性がある。(a) どちらの出来事も当該行動が起こる前に起こる、(b) どちらの出来事も喚起機能をもつ。

4. S^Dの働きのように見える喚起効果は、多くの場合、反応の頻度の変化と関連した分化強化の履歴の所産ではない。これらの事態は、おそらく刺激性制御よりもむしろ動機づけ操作（MO）に関係する。

刺激般化

5. ある先行刺激が、それが存在するとき強化対象になった反応を喚起する履歴をもつとき、類似刺激群もまたその反応を喚起する一般的傾向がある。この喚起機能は、その制御性先行刺激と類似した物理的特徴を共有する刺激とともに起こる。この傾向を刺激般化という。逆にその新しい刺激群が反応を喚起しないとき、弁別が起こる。

6. 刺激般化は、程度のゆるい刺激性制御を示す。一方、弁別は相対的に程度の厳しい制御を表す。

7. 般化勾配は、刺激般化と弁別の程度を図の形で表現する。それはある刺激条件で強化された反応が、未訓練の刺激群が存在するとき自発される程度を示す。

刺激性制御の発展

8. 刺激弁別訓練の伝統的手続きでは、1つの行動と、2つの刺激条件が必要である。反応は1つの刺激条件、すなわちS^Dが存在するとき強化され、別の刺激$S^Δ$が存在するとき強化されない。

9. 概念形成は、刺激クラス内の刺激般化と、刺激クラス間の弁別を必要とする刺激性制御の複雑な例である。

10. 先行刺激クラスとは、共通する関係を共有する一連の刺激である。先行刺激クラスに含まれるすべての刺激は、同じオペラント反応クラスを喚起するか、同じレスポンデント行動を誘発する。

11. クラスを構成する刺激群は、特徴的刺激クラスと恣意的刺激クラスの中で機能する可能性がある。

刺激等価性

12. 等価性とは、一部の刺激と刺激の関係に対する反応を強化すると、その後は訓練も強化もしない刺激と刺激の関係に対して、正しい反応が出現することである。

13. 行動分析家は刺激等価性を、刺激と刺激の関係の間の反射性、対称性、推移性をテストすることによって定義する。一連の恣意的刺激の間の等価関係の定義を満たすために必要なことは、3つの行動テスト（すなわち、反射性、対称性、推移性）のすべてを肯定的に証明することである。

14. 基礎研究者と応用研究者は、見本合わせ手続きを使って、刺激等価性を発展させてテストしてきた。

刺激性制御の発展に影響する要因

15. 応用行動分析家は、S^D条件が存在するときとしないときに、行動の分化強化を頻繁に行うことによって、刺激性制御を確立する。効果的な分化強化のためには、強化子として働く結果を、一貫して使用しなければならない。例えば、前注目スキル、刺激の顕著さ、遮蔽、隠蔽などの付加的要因も、刺激性制御の発展に影響する。

プロンプトを使って刺激性制御を発展させる

16. プロンプトとは、補足的な先行刺激（例えば、教示、モデリング、身体的ガイダンス）である。それを使って、最終的に行動を制御することになるS^Dが存在するとき、正反応が起こるようにする。応用行動分析家は、行動の遂行前か、遂行中に、反応プロンプトと刺激プロンプトを与える。

17. 反応プロンプトは、反応に対して直接働きかける。刺激プロンプトは、先行する課題刺激に対して直接働きかけ、重要なS^Dと共同して、正反応を引き起こす手がかりを与える。

刺激性制御の転移

18. 応用行動分析家は、反応プロンプトと刺激プロンプトを、教授の獲得段階に限って、補足的先行刺激として与えなければならない。

19. 反応プロンプトと刺激プロンプトのフェーディングは、プロンプトから日常刺激へと刺激性

制御を転移させるため、そして日常刺激の存在するときの誤反応の数を最小にするために使われる手続きである。

20. 刺激性制御を反応プロンプトから日常刺激に転移させる手続きは、(a) 最大から最小へのプロンプト、(b) 段階的ガイダンス、(c) 最小から最大へのプロンプト、(d) 時間遅延、である。

21. 刺激フェーディングは、正反応が起こる可能性を高めるため、刺激次元を強調しなければならない。強調された次元は徐々にフェードアウト（漸次撤去）される。

22. 刺激形状変形手続きは、正反応をプロンプトする最初の刺激形状を使う。その最初の形状はだんだん変形され日常刺激となり、一方正しい反応は維持される。

第 7 部

新しい行動を形成する

　第7部の3つの章では、新しい行動レパートリーを形成する方法を説明する。第18章「模倣」では、異なる種類のモデルと、模倣レパートリーを形成する手続きと、模倣訓練のテクニックについて検討する。第19章「シェーピング」では、最終目標行動に漸次接近する反応を強化することによって、いかにして反応トポグラフィーの内部と間で新しい行動を形成するかを説明する。この章ではまた、行動シェーピングの効率を高める手続きと、応用場面においてシェーピングを活用する指針を述べる。第20章「連鎖化」では、どのように不連続反応を結合して、より複雑な行動の行動連鎖を形成するかを説明する。また課題分析の手続きを提示する。この章では、連鎖化のさまざまな活用法と、行動連鎖の遂行に影響を与える要因について検討する。

第18章
模倣

キーワード

模倣

行動分析士資格認定協会® BCBA® & BCaBA®
第4版課題リスト©

	Ⅰ 基本的な行動分析学のスキル　D. 行動改善の基本的成分
D-03	プロンプトとプロンプトフェーディングを使う。
	Ⅲ 基礎知識　言語オペラントを区別する
FK-43	エコーイック

©2012　行動分析士資格認定協会®（BACB®）。不許複製。この文書の最新版は、www.bacb.comから入手できる。この文書の転載、複写、配布の請求と、この文書についての質問は、BACBに直接問い合わせられたい。

模倣のレパートリーは、例えば幼児の社会的スキルやコミュニケーションスキルの発達など、さまざまな行動の獲得を比較的速やかに促進する。模倣の過程を理解すれば、応用行動分析家は新しい行動を引き起こす介入として、模倣を使うことができる。模倣のレパートリーなしに人が新しい行動を速やかに獲得することはまずない。

模倣は数十年にわたって、実験的、理論的な注目を集めてきた（例えば Bear & Sherman, 1964; Carr & Kologinsky, 1983; Garcia & Batista-Wallace, 1977; Garfinkle & Schwartz, 2002; Wolery & Schuster, 1997）。人はほかのオペラント行動を獲得し維持する方法と同じ方法で、模倣的行動とエコーイック行動を獲得し維持する。そのことを、実験研究文献が示している[1]。すなわち、(a) 模倣の頻度は強化によって増加する。(b) 一部の模倣行動が強化されると、ほかの模倣行動は特別な訓練や強化を受けなくても生起する。(c) 一部の模倣しない子どもは、教えることによって模倣できるようになる。本章では、模倣を定義し、模倣しない学習者に行う模倣訓練の手続きを提案する。

I　模倣の定義

模倣（imitation）は行動と環境の4つの関係によって機能的に定義される。(a) どんな体の動きも模倣のモデルとして機能する。モデルは模倣行動を引き起こす先行刺激である。(b) 模倣行動はモデル提示の直後に起こらなければならない（例えば3〜5秒以内）。(c) モデルと行動の間には、形態の類似性がなければならない。(d) モデルは模倣行動の制御変数でなければならない（Holth, 2003）。

1．モデル

（1）計画性モデル

計画性モデル（planned model）は、あらかじめ仕組まれた先行刺激である。学習者が新しいスキルを獲得したり、既存のスキルの特定の成分のトポグラフィー（形態）を洗練させたりする助けとなる。計画性モデルは、学習者に何をすればよいかを厳密に示す。人が特定の行動を自発しているビデオテープは、計画性モデルとして使うことができる。例えば、ルブランら（LeBlanc et al., 2003）は3人の自閉症児に視点取得スキル（perspective-taking skill）を教えるため、ビデオモデルを使った。子どもはボールや箱などの物体に触る、指さすなどのビデオモデルを模倣することを学習した（子どもはまた、例えば「ボールの下」と言う、1という数字の書かれた箱を特定するため「いち」と言う、などの口頭言語行動をエコーした）。

注1：第25章では、エコーイック・オペラントを定義し、機能によって模倣と区別する。基本的には、エコーイックは口頭言語行動（vocal verbal behavior）の文脈で使う専門語であり、模倣は非口頭言語行動（nonvocal verbal behavior）と非言語行動（nonverbal behavior）で使われる。

（2）非計画性モデル

　模倣を引き起こす力をもつ先行刺激はすべて潜在的には非計画性モデル（unplanned model）である。非計画性モデルは、多くの新しい形態の行動を引き起こす。なぜならば、日常の社会的交流（例えば、学校、職場、遊び）で他人の行動を模倣することは、新規の有用な適応的行動を生み出すからである。例えば、初めて市営バスを使って街に出かける若者が、ほかの乗客が運賃を払う行動を模倣して、運賃を払う方法を学習する。

2．形態の類似性

　形態の類似性（formal similarity）は、モデルと行動が互いに身体的に類似しており、同じ感覚モードにある（すなわち、同じように見える、同じように聞こえる）とき成立する（Michael, 2004）。例えば、教師が house という単語を指綴りする（すなわち、モデル）。子どもがそれを観察して、それからその指綴りを再現する（すなわち、模倣）。その模倣的指綴りは、モデルとの間に形態の類似性がある。高い椅子に座っている赤ちゃんは、母親が自分の指でお盆をトントンたたくのを見ると、即座に自分の指でお盆をたたく。赤ちゃんの模倣性のトントンは、母親のトントンと形態の類似性がある。

3．即時性

　モデルと模倣行動との間の即時性（immediacy）という時間的関係は、模倣の重要な特徴である。しかしながら、模倣という形態（トポグラフィー）は、日常生活場面の文脈では、時間が経過してから起こることもある。例えば、若者がバスに初めて乗って、模倣を使ってバス運賃の支払い方法を学習すると、帰路には若者の前に乗客が誰も運賃を支払わなくても、新しく学習したバスの運賃を支払う行動を用いることができる。house という指綴りを模倣した子どもの親が、「今日は学校で何を習ったの?」と尋ねると、子どもは house という指綴りをやってみせるだろう。

　モデル（例えば、バスの運賃支払いや指綴り）がないときに、前の模倣形態が起こったとしても、その遅延行動は模倣ではない。以前に存在した文脈で見られたバスの運賃支払いや指綴りの遅延行動が、模倣行動に似た形態をもっていたとしても、別の制御変数の結果として起こる。弁別刺激（例えば、バス運賃徴収装置）や、動機づけ操作（例えば、親の質問）と遅延行動の関係は、モデルと模倣行動の関係とは機能的に異なっている。したがって、以前の模倣モデルの形態を用いた遅延行動は、定義に従えば模倣とはいえない[2]。

注2：遅延性模倣は、しかしながら、模倣関係の文献では広く使われる用語である（例えば、Garcia, 1976）。

4. 制御関係

　模倣行動は、同じことをする（doing the same）ことであると考えられがちである。形式の類似性という意味では同じことをするは模倣の必要条件であるが、十分条件ではない。モデルによる類似行動の機能的制御がなくても、形態の類似性は存在しうる。モデルと類似行動の間の制御関係こそ、模倣を定義する最も重要な特徴である。モデルの行動と模倣者の行動との間に制御関係があると推定されるのは、新しいモデルが類似行動に対して強化の履歴がないにもかかわらず、その類似行動を引き起こすときである。模倣行動とは、新規の先行事象（すなわちモデル）に後続して起こる新しい行動である。モデルが模倣を引き起こすと、その後はその行動が強化随伴性と接触することになる。これらの新しい強化随伴性は、弁別オペラントの制御変数になる（すなわち、MO/S^D → R → S^R）。

　ホルツ（Holth, 2003）は、模倣訓練の文脈における弁別オペラント（discriminated operant）を次のように説明している。

　　　飼い主が椅子に座ると必ず犬もお座りし、飼い主が回ると必ず犬もくるくる回るように訓練された犬がいたとしよう。犬は飼い主の行動を模倣するのだろうか。まずそれはあり得ない。飼い主がくるくる回るとき犬がお座りし、飼い主が座ったとき犬がくるくる回るように教えることもたやすくできただろう。このように模倣に見えるものが、直接教授された弁別オペラントのシリーズにほかならないこともある。何が制御しているかは、新規の見本を導入したときにのみ特定することができる。犬が新しいパフォーマンスに対して「同じことをする」ことによって反応することを証明しない限り、犬の反応の形態を決定するうえで、飼い主の行動との類似性が重要であるという証拠はない。したがって、犬が飼い主の新しい形態の行動に対しても「同じことをする」ことによって反応しない限り、犬が飼い主の行動を模倣したという真の証明にはならないのである。(p. 157)

（1）制御関係と模倣である例とそうではない例

　2人のギタリストがコンテンポラリーロックバンドで演奏しているとしよう。1人のギタリストが短いリフ（反復楽句）を即興演奏する（すなわち、新規のモデル）。もう1人のギタリストがそのリフを聞いて、そのリフを同じコード、同じ音符で再生する（すなわち、模倣行動—新規の行動）。これこそが、模倣の3条件、すなわち、即時性、形態的類似性、モデル（すなわち、即興リフ）が制御関係を生み出す、という3条件のすべてを満たす例である。

　コンテンポラリーロックバンドの2人のギタリストの話を続けよう。1人がもう1人に、「オープニング曲についてすばらしいアイデアがあるんだ。弾いて聴かせるから、もし君が気に入ったら弾き方を教えるよ」と言ったとしよう。もう1人はその演奏が気に入った。彼女がそれを覚えるまで、2人でフレーズを一緒に練習した。そして2人はこのリフをオープニングナンバーに追加した。ステージ上で、1人目のギタリストがリフを弾き、すぐにもう1人がそれを再現し

た。これは模倣の例ではない。なぜなら、最初のギタリストが演奏したリフは新規のモデルではなく、2番目のギタリストの類似行動は、訓練された強化の履歴がある類似反応だったからである。それは、弁別オペラントの例である。

　もう1つ模倣ではない例として、2人のクラシックプレーヤーが楽譜を使ってフーガを演奏している場面を思い浮かべてみよう。フーガは短いメロディーをベースにした音楽形式の1つである。まず1人のプレーヤーによって最初に演奏されるショートメロディかアンサンブルの1セクションにもとづく音楽形式であり、続いてもう1人のプレーヤーかセクションがそのショートメロディーを繰り返す。フーガの演奏は、模倣に似ている。1人のプレーヤーかセクションがメロディーを提示する。すると別のプレーヤーかセクションがすぐにそのメロディーを繰り返す。そしてこの2つのメロディーの間には形式の類似性がある。しかしながら、フーガは模倣の実例ではない。なぜならば、ショートメロディーの最初の導入は、類似行動を制御しないからである。制御変数を提供するのは、楽譜上の印刷された音符である。楽譜を使ったフーガの演奏は、模倣ではなく弁別オペラントの例である。

　模倣ではない最後の例として、ティムがビル（野球経験がある）に野球ボールを投げたとしよう。ビルはボールをキャッチし、すぐにティムに投げ返した。ビルはティムの投球を模倣したのだろうか？　模倣したようにみえる。ティムの投球は、先行事象（モデル）であり、ビルの投球はその直後に起こり、モデルに対する形態の類似性がある。しかし、これは模倣の例ではない。なぜならビルがティムに投球したのは、ティムの投球の制御のもとで起こった投球の新しい行動例ではないからである。重ねていうと、制御変数は弁別オペラントを生み出した強化の履歴である。

II　模倣訓練

　ふつうに発達する子どもは、非計画性モデルを模倣することによって多くのスキルを獲得する。両親やそのほかの養育者は、ふつう、模倣スキルを促進するための特定の介入をする必要はない。しかしながら、発達障害の幼児や児童のなかには、模倣しない子どもがいる。これらの子どもは模倣のレパートリーがないために、必要最小限のスキルを超えて発達することに大きな障害を抱えている。それにもかかわらず、模倣しない一部の子どもに模倣を教えることは可能である。

　模倣しない子どもに模倣を教える効果的な方法として、ベアら（例えば、Baer, Peterson, & Sherman, 1967; Baer & Sherman, 1964）の手続きが有効であることが、応用行動分析家によって繰り返し立証されている。例えば、彼らの研究の1つ（Baer, Peterson, & Sherman, 1967）では、参加者として3人の最重度知的障害の子どもたちが参加した。模倣訓練では、教師が「こうして」と言語の反応手がかり（verbal response cue）を与え、そしてモデルを提示した（例えば、片手を挙げた）。それから、子どもに単純な弁別（すなわち、モデルに類似した）反応（例えば、片手を挙げる）を自発するよう教えた。ベアは参加者に相応しいスキルレベルを選んだ（例えば、粗大運動動作、微細運動動作）。また、教師は最初、身体的ガイダンスを使って、類似

反応をプロンプトした。その後試行が進むにつれて、だんだんガイダンスを減らしていった。そして食物の欠片を使い、モデルにますます似てくる反応を強化することによって、弁別反応をシェーピングした。そして形態の類似性をもつ反応を強化した。

　ベアらが開発した模倣訓練計画は、一部の模倣しない学習者に模倣することを教えた。ということは、新規のモデルが、それらの行動に対する特定の訓練や強化なしに、模倣行動を制御したことを意味する。1人目の参加者は、130個の異なるモデルについて類似性の模倣訓練を受けた後、やっと新規のモデルを模倣した。2人目の参加者も1人目の参加者と同様の結果を示した。3人目の参加者はほかの参加者よりも短期間の訓練によって模倣することを学習した。この参加者は9番目のモデルを模倣した。それは訓練歴も強化歴もない新規モデルだった。

　ベアらの結果を要約すると、(a) 模倣レパートリーのなかった子どもが、反応手がかり、プロンプト、シェーピング、強化を使った訓練によって、模倣を学習した。(b) いくつかの模倣行動が強化を引き出すと、参加者は強化なしに新しいモデルを模倣した。(c) 参加者は学習セット（Harlow, 1959）として知られる効果、すなわち学習を学習する現象（learning-to-learn phenomenon）を示した。模倣訓練を通して上達するにつれ、参加者はますます少数の訓練試行を必要とするだけで、モデルと類似した新規の弁別反応を学習した。

　模倣訓練の主な目的は、モデルを提供する人のすることなら、示範される行動が何であれ、学習者が遂行するように教えることである。モデルがすることをその通り行うことを学ぶ学習者は、特定の訓練と関係していなかったモデルを模倣する可能性がある。そしてそれらの模倣は多くの状況と場面で、計画された強化を受けなくても、しばしば起こるようになる[3]。しかしながら、模倣は訓練中に使われた反応クラスの媒介変数に依存する。例えば、ヤングら（Young, Krantz, McClannahan, & Poulson, 1994）は、自閉症児が、訓練に使われた音声と、おもちゃ遊びと、パントマイムという反応の種類の内部では、新しいモデルを模倣したが、その模倣は異なる反応の種類には般化しなかったことを見出した。たとえそうであっても、模倣は新しくて複雑な行動の比較的早い獲得をもたらす。これは人の多くの活動に見られる特徴である。模倣は、身体の援助への不当な依存や、以前の強化への考慮なしに、新しい行動を生み出す。

　ベアらの実験的方法に基づいて、ストリーフェル（Striefel, 1974）は実践家向けの模倣訓練プログラムを開発した。ストリーフェルの手続きの成分は次の通りである。(a) 模倣訓練の前提スキルを査定し必要なら教える。(b) 訓練のためのモデルを選ぶ。(c) 予備テストを行う。(d) 訓練のためにモデルを序列化する。(e) 模倣訓練を行う。

1. 模倣訓練の前提スキルを査定し、必要なら教える

　学習者はモデルの提示に注目しなければ、模倣することができない。したがって、モデルに注目することが、模倣訓練の前提条件である。ストリーフェル（Striefel, 1974）は注目すること

注3：般性模倣（generalized imitation）は模倣文献でしばしば使われる用語である。プロンプトされたり、訓練されたり、強化されたりしなかった反応であって、モデルの行為と形態的に類似している参加者の反応を表す。新しいモデルに対するこうした反応を、われわれは、単に、模倣と呼ぶ。

(attending）をこう定義した。すなわち、教示の間は着席していて、手を膝に置き、名前を呼ばれたら必ず訓練者をみて、訓練者が特定した対象をみることである。また、訓練者は訓練を妨げる問題行動（例えば、攻撃行動、絶叫、異様な手の動き）をしばしば減らさなければならない。

注目スキルを査定するために提案された手続きは以下の通りである。

1. 着席している。学習者を座らせ、着席している持続時間を記録する。
2. 教師をみる。注目をひくように学習者の名前を呼び、子どもが視線を合わせるかどうか記録する。
3. 手を膝に置く。手を膝に置くよう子どもにプロンプトし、子どもが手を膝の位置に保つ時間の長さを記録する。
4. 対象を見る。いくつかの物体をテーブルに置いて「これ見て」という。そう指示した直後、指を学習者の目の前から対象の1つに移し、子どもがその対象を見たかどうか記録する。

教師は注目スキルを最低3セッション査定する。もし査定データによって適切な注目スキルのあることが明らかになれば、教師は模倣訓練を始めることができる。もし注目スキルを発達させなければならないならば、教師は模倣訓練を始める前に、注目スキルそのものを教える。

2. 模倣訓練のためのモデルを選ぶ

訓練者は、最初の模倣訓練でモデルとして使うためにおよそ25個の行動を選ぶ。そのなかに粗大運動（例えば、片手を挙げる）と微細運動（例えば、手話）を入れておけば、学習者に模倣スキルのより正確な分化を発達させる機会を与えることができる。

訓練者は、最初の訓練試行では、通常、1度に1つのモデルを使い、連続動作は使わない。学習者が1度に1つのモデルをうまく模倣できるようになってからなら、一連の行動など、より複雑なモデルを選んでもよい。また、最初の訓練には、モデルとして、通常、次のものを含めるようにする。(a) 身体部位の動き（例えば、鼻を触る、片足でぴょんと跳ぶ、手を口に持っていく）、(b) 物理的対象の操作（例えば、バスケットボールをパスする、グラスを手に取る、コートのファスナーを閉める）。

3. 予備テストを行う

選んだモデルに学習者がどう反応するかを確かめるため、予備テストを行う。予備テストをすると、学習者が一部のモデルを訓練なしに模倣することが明らかになるかもしれない。ストリーフェル（Striefel, 1974）の提唱した予備テストの手続きは次の通りである。

1. 予備テストに備えて学習者に注目行動をさせ（例えば、席に座る、手を膝に置く）、訓練

者も学習者と同じ準備姿勢をとる。
2．物体をモデルとして使うときは、その物体を学習者の正面に置き、指導者の前にも1つ置く。
3．予備テストを始めるときは、まず学習者の名前を呼ぶ。そして学習者が視線を合わせたら、「こうして」という（すなわち、子どもの名前を呼び、一呼吸おいて、「こうして」という）。
4．モデルを提示する。例えば、ボールを手に取る行動を選んだならば、指導者がボールを手に取り、数秒間握ってみせる。
5．モデルと形が似ている反応をしたら、それらをすべて即座に褒め、できるだけ速く強化子（例えば、ハグ、食物）を与える。
6．学習者の反応を、正反応か、誤反応（または無反応）か、モデルにどれだけ近い反応か（例えば、ボールに触りはするが、手に取らない）に分けて記録する。
7．残りのモデルについて予備テストを続ける。

訓練者は、すべての動作モデルと口頭言語モデル（例えば、名前を呼び、一呼吸置いて、「こうして」「ボールって言って」という）に対して、予備テスト手続を使うことができる。ストリーフェルは、予備テストに数セッションを充てるように、そしてすべてのモデルを最低3回テストするように提言している。学習者が予備テストの間に、テスト用に選んだモデルに対して、決められた達成基準を満たす正反応を示したならば（例えば、3試行中3正反応）、訓練者は次のモデルに進む。もし学習者が達成基準を満たさなければ、それを模倣訓練のモデルに選ぶようにする。

4．選んだモデルを訓練のために序列化する

訓練者は、予備テストの結果を使って、選んだモデルを最も簡単に模倣できるものから最も模倣が難しいものへと、順々に序列化する。模倣訓練に最初に使うモデルは、予備テスト試行のすべてではないが、一部の学習者が正しく模倣できたものとする。次に使うモデルは、誤反応だったがモデルと近似する反応だったものを選ぶ。訓練用の最後には、学習者が失敗したり、不正確に遂行したりしたモデルを選ぶ。

5．模倣訓練を行う

ストリーフェル（Striefel, 1974）は模倣訓練のための次の4条件を使うよう提案する。すなわち、（1）事前査定、（2）訓練、（3）事後査定、（4）模倣行動の確かめ（プローブ）、である。模倣訓練で使う手続きは、予備テストで使ったものと同じである。ただし、選んだモデルの提示をいつどれくらい頻繁に行うかだけが違っている。

（1）事前査定

　事前査定（preassessment）とは、それぞれの訓練セッションの前に行う短い事前テストのことである。訓練者は事前査定のために訓練用にあらかじめ選んでおいた最初の3つのモデルを使う。事前査定では、これらの3つのモデルを、ランダムな順序で、それぞれ3回提示する。もし学習者の行動が、提示されたモデルに3回とも類似していたら、そのモデルは訓練から除外する。事前査定手続きによって、訓練者はそのセッションで訓練用に選んだモデルについての学習者の現在のパフォーマンスを評価することができる。そしてモデルに反応する学習において、学習者が示す進歩を測定することができる。

（2）訓練

　訓練（training）では、事前査定で使った3つのモデルの1つを、訓練者が繰り返し提示する。訓練用に最初に選んだモデルは、事前査定で最も頻繁に反応したモデルである（すなわち、その行動は事前査定の提示のすべてではないが一部において、モデルに似ていた）。しかしながら、もし学習者が正反応ではなくモデルに近い行動だけをしていたときは、その中でモデルに最も近い行動を最初の訓練用に選ぶ。訓練は学習者が連続5試行、モデルに正しく反応するまで続ける。
　模倣訓練では、もし学習者が反応に失敗すれば、身体的ガイダンスを使って反応をプロンプトする可能性が高い。例えば、学習者の行動が完全な反応に達するまで、訓練者が身体的ガイダンスを行う。学習者は身体的ガイダンスによって、その反応とその特定の動作に対する強化子を経験することができる。訓練者は完全な反応を身体的に補助したら、身体的ガイダンスをだんだん減らしてゆき、つかんでいた子どもの身体を、完全な動作が完了する直前に、放すようにする。そして、それ以後の個々の試行では、より早めに身体的サポートを除去する。こうして、身体的ガイダンスのフェーディングを続ける。最終的には、学習者は補助なしで動作を完成させる。学習者が連続5試行、プロンプトなしでモデルに正しく反応できたら、そのモデルを事後査定にまわす。

（3）事後査定

　事後査定（postassessment）では、訓練者は以前に学習したモデルを5つと、まだ模倣訓練で使用中のモデルを5つ選んで、それぞれ3回提示する。連続3回の事後査定において、学習者が身体的ガイダンスなしに15回中14回、モデルに正しく反応すれば、訓練者はごく最近学習した行動をその後の模倣訓練から除外する。しかしながら、事後査定においても身体的ガイダンスを使うことは適切である。もし学習者がこの達成基準（事後査定15回中14回）を達成しなければ、そのモデルを使って模倣訓練を続けるべきであると、ストリーフェル（Striefel, 1974）は推奨している。訓練者は、事後査定の手続きによって、学習者が以前に、そしてごく最近に学習し

た行動をどのくらいうまくやれるかを評価することができる。

（4）模倣行動の確かめ（プローブ）

　確かめ、つまりプローブ（probe）は、模倣が起こるかどうかを厳密に調べることである。訓練者は、それぞれの模倣訓練セッションの終わりに、およそ5つの未訓練の新規モデルを使い、模倣が起こるかどうかを確かめる（プローブする）。プローブは訓練試行のなかに混ぜて行ってもよい。プローブの手続きには、事前査定と同じものを使うが、先行の言語反応プロンプト（すなわち、子どもの名前を呼び、一呼吸おいて、「こうして」という）や、そのほかの形式の反応プロンプト（例えば、身体的ガイダンス）は使わない。未訓練の模倣をプローブすることによって、学習者が模倣のレパートリーの発達において進歩しているか、言い換えればモデルがすることをどこまでできるかについてのデータが得られる。

Ⅲ　模倣訓練のガイドライン

1．訓練セッションは機敏に短く行う

　ほとんどの訓練者は、模倣訓練に短い訓練セッションを使う。通常は10分から15分程度である。しかし1日当たり2セッション以上の訓練スケジュールを立てる。長いセッションを1回行うよりも、短いセッションを2、3回行った方が効果的である。迅速で活気ある訓練を維持するためには、訓練者は試行の合間を数秒以上空けるべきではない。

2．プロンプト付き反応と模倣反応をどちらも強化する

　模倣訓練の初期の段階では、訓練者はプロンプト付き反応と真の模倣の両方を強化すべきである。学習者が参加するために賞賛以外の強化を必要とする場合は、即座に少量を学習者がすぐ平らげてしまえるように与える（例えば、シリアル小片、音楽5秒間）。訓練者はモデル提示から3～5秒以内に起こった一致反応（matching response）、すなわち模倣行動だけを強化しなければならない。一貫して正しい一致反応は自発するが、モデルに続いて即座には自発しない学習者に対しては、より短い反応潜時を強化していくようにすべきである（例えば、7秒、6秒、5秒、4秒への漸減随伴性を使う）。

3．有形強化子に言語賞賛と注目を組み合わせる

　多くの学習者、とくに重度から最重度の発達障害児は、模倣訓練中に、食べ物や飲み物など有形の結果（tangible consequence）を必要とする。訓練が進むにつれて、訓練者は一致反応、ないし模倣行動を維持するために、社会的注目と、言語賞賛の使用を試してみる。それはほかの結

果と社会的・言語的賞賛の対提示によって行う。社会的注目（子どもの腕を優しくたたく）およびまたは記述的な言語賞賛は、正反応やそれに近い反応に対して、ほかの結果と同時に即座に提示しなければならない。学習者の模倣訓練への参加に対するやる気は、訓練者がそれぞれのセッションに、学習者の好きな活動をスケジューリングすることによって高められる。

4．進歩が止まったら、前に戻ってゆっくり前進する

　パフォーマンスを低下させた明確な理由があるかもしれない。例えば、強化子の飽和が起こったか、気が散る場面だったか、あるいはもしかすると訓練者が提示したモデルが学習者にとって複雑すぎたか、などである。パフォーマンスを低下させた明確な理由のあるなしにかかわらず、訓練者は成功した以前のパフォーマンスレベルに戻るべきである。そして成功する模倣反応を再確立させて、それから訓練を前進させるようにすればよい。

5．記録をつける

　あらゆる行動改善プログラムと同様に、行動分析家は学習者のパフォーマンスを直接測定して記録し、それぞれのセッションの後にデータを見直すべきである。訓練者は測定を頻繁に直接的に行うことによって、訓練プログラムの効果について、客観的で、情報に基づいた、データベースの判断が可能となる。

6．言語反応プロンプトと身体的ガイダンスをフェードアウトする

　幼児の日常環境で生活する親や養育者は、ほぼ必ず言語反応プロンプトと身体的ガイダンスを使って、模倣スキルを教える。例えば、養育者は子どもに「バイバイして」と言い、バイバイのモデルを示し、子どものバイバイを身体的にガイドする。あるいは親が子どもに「牛はなんて鳴くの？」と質問する。それから親はモデル（「牛はモーと鳴くよ」）を示し、子どもに「モーと言って」といい、子どもが「モー」と言ったら賞賛と注目を与える。この自然な教授過程は、本章で述べた模倣しない学習者に模倣を教えるのと同じ過程である。言語反応プロンプトを与え（「こうして」）、モデルを提示し、必要なら身体的ガイダンスを使う。しかしながら、模倣訓練は反応プロンプトがすべて除去されなければ完成しない。子どもは反応プロンプトによるサポートなしにモデルがする通りにすることを学ぶ必要がある。したがって訓練者は、模倣の効果的使用を促すため、訓練される一致反応を獲得する間に使われた反応プロンプトをフェードアウトしなければならない。

7．模倣訓練を終える

　模倣訓練を終えるかどうかは、学習者の行動と訓練プログラムの目標によって決定する。例え

ば、子どもが新規モデルの初回提示を模倣するか、または子どもが一連の行動（例えば、手を洗う、歯を磨く、指綴りする）を模倣するかしたら、訓練者は動作模倣訓練を終えることができる。

まとめ

模倣の定義

1．4つの行動と環境の関係が、模倣を定義する。(a) 任意の体の動きが模倣のモデルとして機能する。モデルは模倣行動を引き起こす先行刺激である。(b) 模倣行動はモデル提示後3秒以内に自発されなければならない。(c) モデルと行動は形態の類似性を備えていなければならない。(d) モデルは模倣行動の制御変数でなければならない。

形態の類似性

2．形態の類似性はモデルと行動が相互に身体的に類似しており、同じ感覚モードにあるときに起こる（すなわち、同じように見える、同じように聞こえる）。

即時性

3．モデルと模倣行動の間の即時性という時間的関係は、模倣の重要な特徴である。しかしながら、模倣の形態（トポグラフィー）は、日常生活場面の文脈において、いつでも起こりうる。モデルがない状態で以前の模倣の形態が起こるとき、その遅延行動は模倣行動ではない。

制御関係

4．私たちはしばしば模倣を同じことをすることとみなす。同じことをすることの形態の類似性は、模倣の必要条件ではあるが十分条件ではない。形態の類似性は、モデルが類似行動を機能的に制御しなくても存在しうる。

5．モデルの行動と模倣者の行動との間の制御関係は、新規モデルが強化の履歴なしに類似行動を引き起こすことによって推論される。

6．模倣行動は、新規の先行事象（すなわちモデル）に続いて自発される新しい行動である。モ

デルが模倣行動を引き起こした後は、その行動は強化随伴性に接触することになる。これらの新しい強化随伴性は、間もなく弁別オペラントの制御変数となる（すなわち、MO/$S^D \to R \to S^R$）。

模倣しない学習者に模倣を教える

7．応用行動分析家は、模倣しない子どもに模倣を教えるベアらの教授法が有効であることを繰り返し実証した。

8．ベアらの実験的方法に基づいて、ストリーフェル（Striefel, 1974）は実践家のための模倣訓練プログラムを開発した。

9．ストリーフェルの手続きの成分は次の通りである。(a) 模倣訓練の前提スキルを査定し必要なら教える。(b) 訓練のためのモデルを選ぶ。(c) 予備テストを行う。(d) 訓練のためにモデルを序列化する。(e) 模倣訓練を行う。

模倣訓練のガイドライン

10．訓練セッションは機敏に短く行う。

11．もし学習者が参加するために賞賛以外の強化子を必要とするならば、学習者が素早く消費できるように、即座に少量与える。

12．言語賞賛と注目を有形強化子と対にする。

13．もし進歩が止まったら元に戻って、またゆっくり前進する。

14．学習者のパフォーマンスを測定して記録し、それぞれのセッションが終わるたびにそのデータを見直す。

15．言語反応プロンプトと身体的ガイダンスを漸次撤去（フェードアウト）する。

16．子どもが新規のモデルを一貫して模倣したら、または一連の行動（例えば、手を洗う、歯を磨く、指綴りする）を模倣したら、動作模倣訓練を終了する。

第19章
シェーピング

キーワード
クリッカートレーニング、分化強化、反応分化、シェーピング、漸次的接近反応

行動分析士資格認定協会®BCBA® & BCaBA®
第4版課題リスト©

I 基本的な行動分析学のスキル　D. 行動改善の基本的成分	
D-03	プロンプトとプロンプトフェーディングを使う。
D-05	シェーピングを使う。
D-21	分化強化（例えば、DRO, DRA, DRI, DRL, DRH）を使う。

©2012　行動分析士資格認定協会®（BACB®）。不許複製。この文書の最新版は、www.bacb.comから入手できる。この文書の転載、複写、配布の請求と、この文書についての質問は、BACBに直接問い合わせられたい。

シェーピング（shaping）は行動形成ともいう。最終行動に次々と近づいていく反応を、一貫して分化強化する過程である。シェーピングは、多くの日常生活場面で、学習者が新しい行動を獲得するよう援助するために使われる。例えば、言語療法士はシェーピングを使う。まずクライエントの口唇の動きを強化し、次に音を出すことを強化し、最終的に単語や文によって表現することを強化する。こうして、話し言葉を形成する。重度障害児を教える教師は、視線合わせと、1語文のあいさつと、会話のための話し言葉とを分化強化する。こうして社会的相互作用をシェーピングする。バスケットボールのコーチは、まずバスケットゴールよりも数フィート手前の位置からの選手の正確なシュートを分化強化する。次いで15フィートのフリースロー規定ラインにだんだん近い位置からの正確なシュートを分化強化する。こうして選手のフリースロー行動をシェーピングする。さらに、動物訓練士は、シェーピングによって、動物に仕事のための望ましい行動を教え（例えば、馬や付き人を傷つけないように馬の群れをトレーラーに積み込む）、人にアピールしたり実用的任務を果たしたりするための望ましい行動を教える（例えば、イルカのショーの型通りの演技をイルカに教える）。

シェーピングは、最終行動に到達するために、多数の漸次的接近反応を必要とすることがある。それは行動の複雑さと、前もって学習者に必要なスキルによって左右される。最終行動を達成する時間や試行数や方向はめったに予測できないし、即時的にも直線的にも達成できない。学習者が最終行動により近い接近反応を自発しても、訓練者がそれを見抜いて強化することに失敗したとすれば、最終行動の達成は遅れるだろう。しかし、もし組織的アプローチを採用すれば、つまり最終行動により近い接近反応を見抜いて強化するようにすれば、ふつう、進歩をもっと早めることができる。シェーピングには多くの時間が必要であるが、新しい行動を教える重要なアプローチである。とくに教示や、偶発的経験ないし接触や、模倣や、身体的手がかりや、言語プロンプトでは、簡単に学習できない行動を教えるための重要な方法である。

本章ではシェーピングを定義するとともに、異なる反応トポグラフィー（response topography）の間とトポグラフィー内で、行動をいかにシェーピングするかを例示する。そしてシェーピングの有効性を高める方法を説明する。クリッカートレーニングは、動物に新しい行動をシェーピングするために動物訓練士が使う1つの方法であり、その例を解説する。次いでシェーピングを実行するためのガイドラインを示し、そして最後にシェーピングの将来の応用を検討して本章を締めくくることにする。

I シェーピングの定義

スキナー（Skinner, 1953）は、著書『科学と人間行動』（*Science and Human Behavior*）において、比喩を使ってシェーピングの概念を示した。

> オペラント条件づけは、彫刻家が粘土の塊を成形するように、行動をシェーピングする……。最後にできあがったものは、デザインの特別な統一性や完全性を備えているように見えるが、それがどの時点で突然現れてくるのかは知るよしもない。同様にオペラントも生命個体の行動とし

て完全に成長した形で現れてくるわけではない。それは絶え間ないシェーピングの過程によってもたらされるものである。(p. 91)

　芸術家は、最初のまだ分化していない粘土の塊を手で注意深く巧みにこねあげて、粘土のある部分を元のまま残し、ほかの断片を削り取り、さらにほかの部分をこね直して成形して、最後の彫刻像のデザインへと、ゆっくり形づくっていく。同様に熟練の訓練者も、最後にできあがる行動とはほとんど似ていない最初の反応から、新しい行動の形をシェーピングする。行動シェーピングを使う訓練者は、最終行動に進んでゆく漸次的接近反応に対して分化強化を行う。シェーピングの到達点である最終行動（terminal behavior）が最終行動と言えるのは、標的行動のトポグラフィー（形態）か、頻度か、潜時か、持続時間か、大きさ（amplitude/magnitude）が、あらかじめ決められた到達基準に達したときである。次にシェーピングの鍵となる2つの手続き成分、分化強化と漸次的接近反応について、説明しよう。

1．分化強化

　　砲丸を投げて一定のマークを越えたとき、棒高跳びや跳躍で水平バーをクリアしたとき、野球の打球がフェンスを越えたとき、（そしてその結果として、記録が更新され、試合やゲームに勝ったとき）、分化強化が働いているのである。

　　　　　　　　　　　　　　　　　　　　　　　　　　—B. F. スキナー（Skinner, 1953, p. 97）

　分化強化（differential reinforcement）は、1つの手続きである。この手続きでは、あらかじめ決められた次元や質を共有する反応に強化を与え、そういう質を示さない反応に強化を与えない。例えば夕食の席で、子どもが「お願いします」「……していただけますか」など、丁寧語を使ってリクエストすれば、親が欲しいものを渡してやり、丁寧語を使わずにリクエストすれば、それを渡してやらないとする。この場合は分化強化を使っていることになる。分化強化は2つの結果をもたらす。すなわち、強化された行動に似た行動はより高頻度で自発され、強化されなかった行動に似た行動はより低頻度で自発される（すなわち、消去を受ける）ことになる。
　もしある反応クラスの中で分化強化が一貫して適用される場合、その二重効果によって、主として前に強化された下位クラスの特徴を共有する反応群によって構成される新しい反応クラスが出現する。この新しい反応クラスの出現を**反応分化**（response differentiation）という。もし子どもの要求のすべてに丁寧語が含まれていれば、夕食の席での親の分化強化の結果としての反応分化が、はっきり起こったことになる。

2．漸次的接近反応

　シェーピングを利用する訓練者は、最終行動にどこか似ている反応を分化強化する。シェーピングの過程は、学習者の現在のレパートリーに含まれていて、重要なトポグラフィー上の特徴を

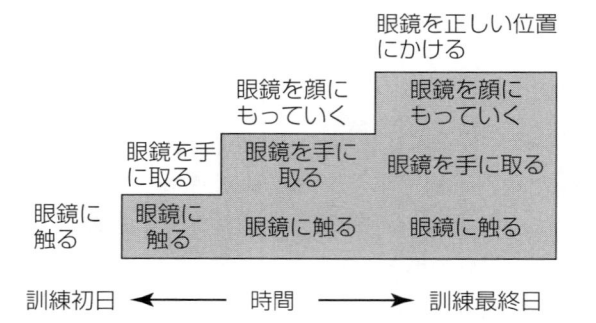

図19.1　眼鏡かけの分化強化による漸次的接近反応。陰影部分はもはや強化されない行動を含む
From *How to Use Shaping* by M. Panyan, 1980, p. 4, Austin, TX: PRO-ED. Copyright 1980 by PRO-ED. Reprinted by permission.

最終行動と共有する反応か、または最終行動にとって前もって必要な反応を強化することから始まる。最初に強化された反応がより頻繁に起こるようになると、訓練者は強化基準をシフトして、最終行動にもっと近づいた反応を強化する。シェーピングの間に強化基準を徐々に変化させていき、その結果として一連の新しい反応クラス、すなわち**漸次的接近反応**（successive approximations）が生まれる。1つ1つの反応は、それによって置き換えられる反応クラスよりも、より最終行動に近い形態になる。スキナー（Skinner, 1953）は、漸次的接近反応の本質的特徴について次のように述べている。

　　最終形態としての反応の最初の確率は非常に低い。場合によってはゼロであることさえある。このようにして、さもなければ生命個体のレパートリーに現れてこないような複雑なオペラントを形成する。一連の漸次的接近反応を強化し、そのことによって、まれに起こる反応を短い間に非常に高い確率にまでもっていく。これが有効な手続きであるのは、複雑な行為の連続的性質を認識して活用するからである。(p. 92)

　図19.1は、ウォルフら（Wolf, Risley, & Mees, 1964）が、矯正眼鏡を習慣的に着用しなければ、視力を失う危険にあった就学前の子どもに、眼鏡をかける行動をシェーピングしたときに使った漸次的接近反応の経過である。最初に強化したのは、眼鏡を触る行動だった。眼鏡を触る行動が確立したら、眼鏡を手に取る行動を強化し、眼鏡を触る行動は消去状態に置かれた（図の陰影部分を参照）。次に眼鏡を顔にもっていく行動が強化された。そして前に強化された2つの行動は消去状態に置かれた。訓練は顔に眼鏡をかける最終行動が自発されるまで続けられ、それ以前の行動はすべて消去状態に置かれた。

3．パフォーマンスの異なる次元のシェーピング

　行動のシェーピングは、トポグラフィーと、頻度と、潜時と、持続時間と、大きさ（表19.1を

第19章 シェーピング

表19.1 シェーピングによってさまざまな行動次元のパフォーマンスを改善できる例

次元	例
トポグラフィー（行動の形態）	・ゴルフのスイング、投球モーション、棒高跳びなどに関係した運動動作の改善。 ・手書き練習中の筆記体、筆写字形の改善。
頻度（単位時間当たりの反応数）	・算数ドリル課題で毎分解ける問題数を増やす。 ・毎分正しくスペルを綴り、適切に使用できる語数を増やす。
潜時（先行刺激の開始から行動生起までの間の時間）	・「自分の部屋を掃除して」という親の教示から、部屋を掃除する行動を開始するまでの時間を短くする。 ・重度の感情障害の子どもが攻撃的発言に対してやり返すまでの遅延を長くする。
持続時間（行動が生起してからの総経過時間）	・子どもが課題に取り組む時間の長さを増やす。 ・勉強に従事する行動の分数を増やす。
大きさ/強度（反応の強度あるいは物理的な力の強さ）	・スピーカーから出る声の大きさを45dBから65dBへ増やす。 ・体育の授業を受けている子どもの高跳びのバーの高さを上げる。

参照）に関して行うことができる。分化強化を使えば、子どもに会話の音量（dB）で話すことを教えることもできる。いつも非常に低い声（例えば、45dB未満）で話すため、教師も同級生もよく聴きとれない子どもを、ある行動分析家が治療すると仮定しよう。65dBが普通の会話の声の大きさである。それに近づく漸次的接近反応は、45dB、55dB、最後は65dBである。最低45dBの大きさを下回る反応は、分化強化によって消去状態に置かれる。子どもが一貫して45dBかそれ以上の大きさで話していたら、基準を55dBに引き上げる。同じようにして、55dB、最後は65dBが達成されたら、これまでの低い大きさのレベルは強化されない（すなわち、消去状態に置かれる）。

フリースら（Fleece et al., 1981）は、シェーピングを使って、身体障害児と発達障害児の私立幼稚園に在籍した2人の園児の声の大きさを高めた。ベースラインデータとして通常学級の声の大きさを収集した。声の大きさは、0から20ポイント尺度で測定した。0は子どもの声の大きさが普段は聞き取れないレベル、10は正常な音量レベル、20は絶叫レベルを意味した。シェーピング手続きは、子どもたちに音声で起動する中継装置の前で、童謡を朗誦させることだった。中継装置によって音量が光ディスプレーを稼働させた。光の強さは声の大きさの増加と対応した。すなわち、高い声は明るい光を、低い声は暗い光を点灯させた。教師は中継装置の感度の閾値を引き上げていくことによって、声の大きさをシェーピングした。訓練の初期段階では、小さな声でもライトを暗く光らせるには十分だったが、後半段階では同じ効果を得るためにはより大きな声で話さなければならなかった。ライトの起動に必要な声の大きさのレベルを上げていく1つ1つが、最終音量に向かう漸次的接近反応を意味した。

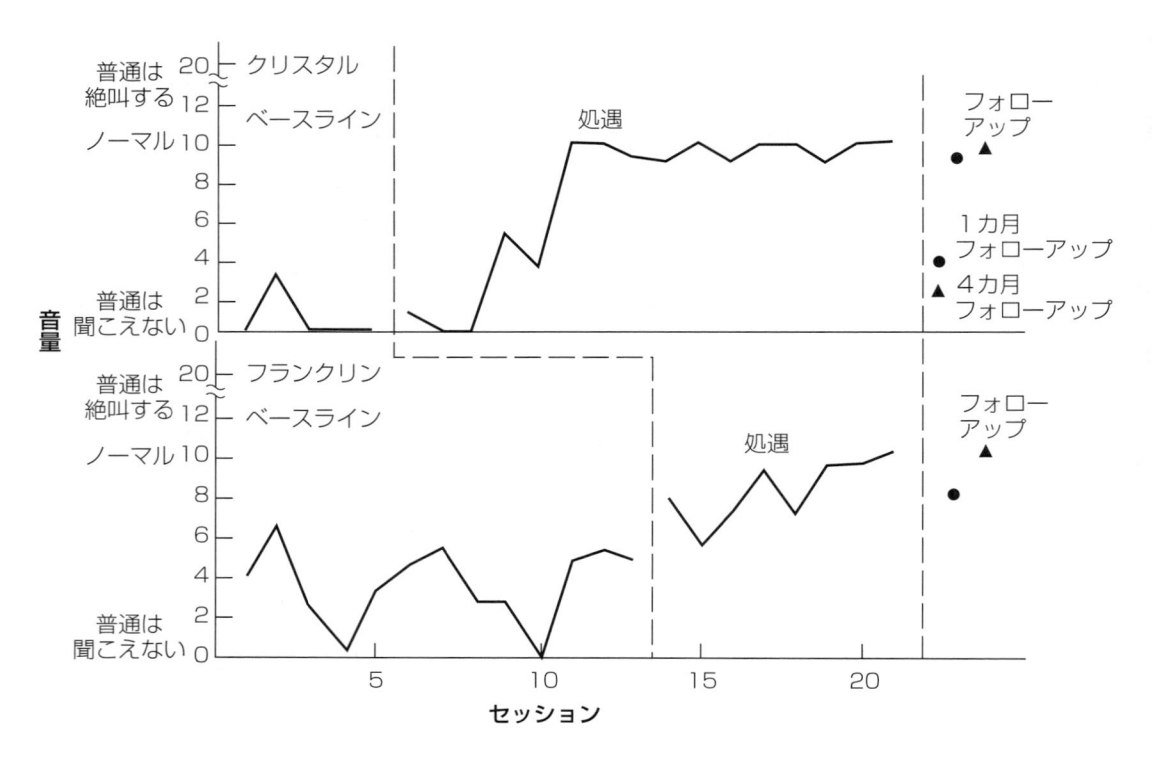

図19.2　教室場面におけるセッション当たりの音量レベル

From "Elevation of Voice Volume in Young Developmentally Delayed Children via an Operant Shaping Procedure" by L.Fleece, A. Gross, T. O'Brien, J. Kistner, E. Rothblum, and R. Drabman, 1981, *Journal of Applied Behavioral Analysis, 14*, p. 354. Copyright by the Society for the Experimental Analysis of Behavior, Inc. Reprinted by permission.

　被験者間多層ベースラインデザインを使って子どものパフォーマンスを分析したところ、処遇の関数として教室場面での声の大きさが増加した（図19.2を参照）。また、子どもたちの声量は、4カ月後の時点でも高いまま維持された。最後に幼稚園のスタッフの逸話報告によれば、子どもたちの高い声は教室場面を越えて他の場面にも般化したという。
　実践の立場からすれば、増加するdBの測度は、音声に敏感なテープレコーダーや、特定の閾値に達したときだけ信号（ライトや音）を発する聴力測定器を使って収集することもできただろう（Fleece et al., 1981）。基準レベルに達しない音声は、記録装置を起動させないだろう。

II　反応トポグラフィー間とトポグラフィー内のシェーピング

　異なる反応トポグラフィー間の行動のシェーピング（shaping behavior across different topography）とは、1つの反応クラスに属する選ばれたメンバーが分化強化され、他の反応クラスに属するメンバーは強化されないことである。先に述べたように、唇の動き、話し言葉の音、1語発話、句や文章の表出は、話す行動（speaking behavior）という層状反応クラス（layer response class）に含まれる異なるトポグラフィーを表す。すなわち、それらは話すこと

（speaking）の前提行動である。異なる反応トポグラフィー間の行動のシェーピングでは、訓練者は強化を与える前に、パフォーマンス基準を徐々に上げていく。

　アイザックスら（Isaacs, Thomas, & Goldiamond, 1960）は、反応トポグラフィー間と、トポグラフィー内で、いかに行動をシェーピングできるかを示す古典的研究を行った。彼らは、緊張型統合失調症と診断されたアンドリューの発声行動をシェーピングすることに成功した。彼は話し言葉の表出のために多くの治療を受けてきたにもかかわらず、19年間話すことができなかった。基本的には、観察力の鋭い心理士が、アンドリューの普段の活気のない表情が、何かの拍子でガムの包みが床に落ちたとき、わずかに変化したことを知ったときから、シェーピング手続きが始まった。そのガムが、話す（talking）反応クラスの行動を形成する有効な強化子になるかもしれない。そう気づいた心理士は、最終行動として言語産出（speech production）を選んだ。

　シェーピング過程の次のステップは、強化する最初の行動を選ぶことだった。選ばれたのは唇の動き（lip movement）だった。それはガムの包みがあるとき唇がわずかに動いたこと、そしてもっと重要なことに唇の動きが話し言葉の反応クラス（response class of speech）のメンバーだったことに心理士が気づいたからだった。分化強化によって唇の動きが確立されると、心理士はすぐ最終行動に至る次の漸次的接近反応を待った。この段階では、唇の動きだけではもはや強化を与えなかった。唇の動きに音が伴うとき（lip movement with sound）だけ強化を与えた。アンドリューが喉音（guttural sound）を出しはじめると、声を出すこと（vocalization）が分化強化の対象になった。それから喉音自体がシェーピングされ（反応トポグラフィー内の分化強化）、アンドリューがガムという単語を発するまで続けられた。シェーピングの6週間後、心理士はアンドリューにガムと言ってと要求した。それに対してアンドリューは「ガム、プリーズ」と応えた。そのセッションの間、そしてそれ以後、アンドリューは心理士や施設の他の職員と、彼のアイデンティティや生育歴について会話するようになった。このパワフルなシェーピングの実例では、最終行動（言語産出）とスターティングポイント（唇の動き）を選ぶと、その後は最終行動への漸次的接近反応の分化強化によって、反応クラスのそれぞれのメンバーがシェーピングされた。

　反応トポグラフィー内の行動のシェーピング（shaping a behavior within a response topography）とは、行動の形態はそのままにして、行動のもう1つの測定可能な次元に、分化強化を適用することである。実例によって説明しよう。大学の体育の授業で、教師が学生に水中での安全を教える場面を考えてみよう。具体的には、少し離れたところでおぼれている人に救命具を投げる方法を教えている。この活動で重要なスキルは、おぼれている人の近くに救命具を投げることである。そのため体育教師は、所定の距離まで投擲する漸次的接近反応を強化する。それによって、正確な投擲をシェーピングする。言い換えれば、おぼれている人の近く（例えば、2メートル以内）への投擲は褒められ、その範囲外への投擲は褒められない。学生がより正確になってくる。するとその範囲は狭められ、最終行動は人の腕の長さの範囲内への投擲になる。このケースでは、行動の大きさがシェーピングされ、投擲の形態はそのまま維持される。

　反応トポグラフィー内のシェーピングの別の例として、子どものピアノ練習時間を増やそうとする親の試みがある。この特定のプログラムの成功基準、すなわち最終行動は、子どもに30分

練習を週3回させること（例えば、月、水、金）である。この目的を達成するためには、だんだん長くなる練習時間を強化するようにすればよい。例えば、週1回、夜数分から始める。それから練習時間を、10分、12分、15分、20分、25分、そしてついに最大30分、しかも月曜だけにする。水曜と金曜には随伴性を適用しない。中間基準（例えば、20分）が達成されるや否や、20分未満の練習には強化を与えない。ただし、パフォーマンスがより高いレベルで失速して、進歩が妨げられた場合は別である。

シェーピングの次の段階では、この過程が水曜夜にも反復される。この段階になると、子どもが月曜と水曜の両方でこの基準を満たさなければ、強化を与えない。最後は、この一連の過程を月、水、金の3夜すべてで繰り返すようにする。覚えておくべき大切なことは、この例でシェーピングされるのは、ピアノ演奏という行動ではないことである。子どもはすでにピアノは弾けている。つまり、その反応クラスのトポグラフィーはすでに学習されている。分化強化によってシェーピングされたのは、反応クラス内の1次元、すなわち、ピアノ練習の時間の長さである。

1. シェーピングのポジティブな側面

シェーピングは新しい行動を教える。シェーピングは組織的、漸進的に適用されるので、最終行動が常に視野に入っている。また、シェーピングは、ポジティブアプローチを使って、新しい行動を教える。最終行動への漸次的接近反応の生起を条件として、一貫して強化が与えられる。一方漸次的接近反応が起こらなければ消去され、罰（弱化）やその他の嫌悪刺激は、シェーピングプログラムには通常含まれない。最後に、シェーピングは、他の確立した行動改善や行動形成の手続き（例えば、連鎖化）と組み合わせることができる。例えば行動分析家が、子どもに靴ひもの結び方を教える7ステップの課題分析をデザインしたとしよう。しかしながら、課題分析のステップ5を子どもが完了できなかったとする。そのときはシェーピングを単独で用いて、ステップ5により接近する反応を教えることができる。シェーピングによってステップ5が学習されれば、課題分析の残りのステップに連鎖化を適用し続けることができるだろう。

2. シェーピングの限界

少なくともシェーピングには5つの限界がある。実践家はこれらの限界を知っておき、それらの問題が起こったときに、対処する方法を考えておくべきである。第1に、新しい行動のシェーピングには時間がかかる。最終行動を達成するまでに、多くの漸次的接近反応が必要だからである（Cipani & Spooner, 1994）。

第2に、最終行動へ向けての進歩は、必ず線形であるとは限らない。すなわち、学習者は1つの漸次的接近反応から次の反応へと、継続的、論理的な順序で前進するとは限らない。進歩は不規則であるかもしれない。もし行動があまりに不規則であるならば（すなわち、最終行動により接近する反応に似ていないならば）、接近反応をもっと引き下げて、より多くの強化と進歩を可能にすべきである。最終行動に近づく次の最小接近反応を知って強化する実践家のスキルは、シ

ェーピングを成功させるために決定的に重要になる。不注意によるし忘れであれ、経験不足のせいであれ、他の課題に気を取られていたせいであれ、もし実践家が次の近似段階の諸反応を強化できなければ、類似する反応の生起は少なくなり、ごくまれになってしまう恐れがある。もし一定の近似段階のパフォーマンスに対する強化が必要以上に長びけば、最終行動に向かう進歩は妨げられるだろう。

　第3に、シェーピングは、学習者を一貫してモニターすることを実践家に要求する。最終行動により近い次の接近反応が遂行されたことを示す、微妙な徴候を見つけ出すためである。多くの実践家、例えば多忙なあるいは大変な労力を要する学級の教師は、行動をしっかりモニターして微細な変化に気づくことができない。その結果、シェーピングが不適切に、または少なくても非効率的に、実践される恐れがある。

　第4に、シェーピングは間違って適用される可能性がある。例えば子どもが父親から注目されたいために、小さな声で呼びかける（例えば、「パパ、アイスクリーム欲しい」）。父親はその最初の呼びかけに応じない。子どもの企てが次々に不成功に終わると、子どもは本気で父親の注目を得ようとする。そのため、叫び声の頻度と大きさを高める（例えば、「パパ、アイスクリーム頂戴！」）。父親は最高潮に達した要求の声を聴いて、はじめてアイスクリームを与える。次の機会に子どもはもっと大きな声で欲しいものを要求して、父親の注目を獲得する。このシナリオでは、父親はどんどん激しくなっていく注意引き行動のレベルを分化強化して、さらに高レベルで声高にアイスクリームを要求する行動をシェーピングした。スキナー（Skinner, 1953）は、この例を背景にして、こう指摘する。「何かに夢中になっていたり、無頓着だったりする親が適用する分化強化は、仮にわれわれが子どもを厄介な存在にするよう条件づける課題を課されたとき、われわれが採用する手続きとほとんど同じになる」（p. 98）。

　第5に、有害な行動がシェーピングされる可能性がある。例えば，レイシーとイヴァーセン（Rasey & Iversen, 1993）は、分化強化を使えばネズミがプラットフォームに落ちるところまで、ネズミの行動をシェーピングできることを示した。食物を得るため崖の瀬戸際を超えて鼻を突き出す反応を分化強化して、ついに出っ張りから落ちてしまった[1]。スリルと恐怖を求めるテレビ番組として考案され有名になった「やれるならやってみて」（Dear and Double Dear）のような青少年用のゲームは、危険で時には悲劇的な行動に至る恐れのある、リスクテイキング（冒険）のレベルがどんどん高まるため、分化強化を受ける人につけ込んでそれを利用していることは想像に難くない。

3．シェーピングと刺激フェーディング

　シェーピングとフェーディングは、どちらも行動を徐々に変化させる。ただし方法は大きく異なっている。シェーピングでは、先行刺激はいつも同じであるが、反応はますます分化されていく。刺激フェーディングでは、逆のことが起こる。先行刺激は徐々に変化するが、反応は基本的

注1：研究者はセーフティネットを使ったため、ネズミが傷つくことはなかった。

に同じである。

Ⅲ　シェーピングの効率を上げる

　アイザックスら（Isaacs et al., 1960）は、反応トポグラフィー間とトポグラフィー内で行動がどうシェーピングされるかを示しただけでなく、シェーピングのもう1つの側面である、効率のことも例示している。プログラムの初期段階で、心理士は強化子を提示する前に、行動の次の接近反応が起こるのを待った。待つことは多大な時間を要するし無駄が多くなる。そこでアイザックスらは、6番目の訓練セッション以後は、「ガムって言って」という言語反応プロンプトを使って効率を高めた。たぶん、もし心理士が言語プロンプトを使わなかったとすれば、よい結果が得られるまでに、さらに余分のセッションを必要としただろう。

　シェーピングは、3つの方法によって促進することができる。第1に、シェーピングに弁別刺激（S^D）を組み合わせてもよい。例えば、発達障害の成人に挨拶スキルとして握手をシェーピングしようとするとき、教師は「フランク、手を差し出して」というだろう。スコットら（Scott, Scott, & Goldwater, 1997）は、音声プロンプト「リーチ！」（腕を伸ばせ！）を使って、大学レベルの棒高跳び選手が走路を疾走して、跳躍枠に竿をしっかり立てさせるようにした。そのプロンプトは、跳躍する前に両腕を伸ばすことに選手の注意を集中させるように設計された。カズディン（Kazdin, 2001）は、特に個人のレパートリーが弱く、区別できる漸次的接近反応の可能性が低い場合、さまざまなプロンプティングのメカニズムを使って、反応をプライミングする（呼び起こす刺激を提示する）ことが有益であるとした。「たとえその反応がクライエントの反応レパートリーになかったとしても、プライミング手続きによって、反応の最初の成分を始動させ、シェーピングを促すことができる」（p. 277）。シェーピングを促進する第2の方法は、身体的ガイダンスを使うことである。先に述べたフランクの例では、教師が手を添えて腕を伸ばすよう援助すればよい。シェーピングを促進させる第3の技法は、教師が模倣プロンプトを使い、腕の伸展をしてみせることである（例えば、「フランク、こんなふうに腕を伸ばしてみて」）。シェーピングを速めるために使う人為的プロンプトは、後にどれもフェーディングしなければならない。

Ⅳ　クリッカートレーニング

　プライヤー（Pryor, 1999）は、**クリッカートレーニング**（clicker training）を、正の強化を使って行動をシェーピングする科学に基づいたシステムとして説明した。クリッカーは、手に持って操作する道具であり、金属の爪を押すとクリック音がする。そのクリッカーの音と強化が組み合わされ、音が条件性強化子になる。最初はイルカの行動を身体的ガイダンスなしにシェーピングするために利用された（Pryor & Norris, 1991）。後にクリッカートレーニングは他の動物（例えば、猫や馬）に使われ、最終的には航空機のパイロットのスキルのような、複雑な行動を人間にシェーピングするために使われるようになった（Pryor, 2005）。

クリッカートレーナーの焦点は行動形成である。行動をやめさせることではない。飛び付く犬を怒鳴りつけるのではなく、クリックしてお座りさせる。馬を蹴りつけて前に進ませるのではなく、クリックして歩かせる。それからクリックを繰り返し、より長いお座り、より長い歩行を「シェーピング」し、最終的に望む結果を形成する。行動を一度学習させたら、賞賛し、是認することでそれを維持する。クリッカーとご馳走は、次に訓練したい新しい内容のためにセーブする。(Pryor, 2003, p. 1)

図19.3には、クリッカートレーニングを始めるための15のヒントが示されている。

V　シェーピングを行うためのガイドライン

　実践家は、シェーピングの適用を決める前に、多くの要因を考慮しなければならない。まず、学習する最終行動の特徴と、使える資源を査定しなければならない。例えば小学5年生を受けもつ教師が、学習障害児の解く算数問題の数を増やしたいとする。子どもは現在、算数の授業で0〜10問の範囲のうち、5問解いていたとする。もしその子が問題を解いて、授業の最後に1人で自分の成績をチェックできているならば、算数の問題を完了させる数について分化強化するシェーピングを実行することができる。授業時間内に5問、7問、9問、そして11問かそれ以上の問題を正しく完了することに対して強化を与えるのである。このケースでは、算数問題を解くことは、同じ特定の反応トポグラフィー内の行動であり、自分のパフォーマンスをその子がモニターすることができる。

　そのうえ、シェーピングには多くの漸次的接近反応が必要であり、線形的進歩は予測できないので、実践家は最終行動の達成までに必要な総時間量を試算するよう求められる。そうした試算は、同様の行動をシェーピングするのにどのくらいのセッションがかかったかを同僚に質問するか、あるいは最終行動に接近する少数の行動を自分で分化強化し、その経験を基にして最終行動を形成するために必要な総時間量を推定して確定する。これらの2つのやり方では、多くの場合、大ざっぱな試算しか得られない。思いがけない要因がいくらでも、進歩を加速させたり、減速させたりするからである。もし計画していたよりも多くの時間が必要になると感じるならば、実践家は他の戦略を考えるようにする。一部の行動はシェーピングを行動形成技法として用いることを排除する。例えば、もし高校の英語教師が生徒の人前で話す行動のレパートリーを増やしたいと思うならば、シェーピングよりも、プロンプティング、モデリング、ピアチュータリングの方がより有効かもしれない。すなわち、生徒にジェスチャーや抑揚やメタファーの使い方を説明したり、やって見せたりする方が、これらの別個の反応クラスをそれぞれ単独でシェーピングしようとするよりも、はるかに速いだろう。

　シェーピングを活用することを決定したら、プライヤーの「シェーピング10則」が、応用場面でこの一連の作業を実行する実践家にとって役立つだろう（図19.4を参照）。

figure 19.3 クリッカーを始める15のヒント

1. 弾力あるクリッカーの端を押したり離したりして、2音程のクリックを鳴らす。それからご馳走を与える。ご馳走はいつも少なめにする。最初は美味しいご馳走にする。犬や猫なら小さな角切りにしたローストチキン。ドッグフードのようなひと塊の粗びき穀物ではだめ。
2. 望ましい行動をしたら、**その間に**クリックする。行動が終わってからではだめ。クリックのタイミングが極めて重要。ペットがクリック音を聴いて行動をやめても動転しない。クリック音で行動を終わらせる。その後、ご馳走を与える。ご馳走を与えるタイミングは重要ではない。
3. あなたがして欲しいことを犬や他のペットがしたらクリックする。ペットが自分でやれそうなことから始める（アイデア：座る、寄ってくる、鼻を手につける、足を上げる、エンピツやスプーンなどの標的物に触って追いかける）。
4. 一度だけクリックする（押して離す）。特別な熱狂を表したいときは、ご馳走の数を増やす。クリックの数ではない。
5. 練習セッションを短くする。退屈な繰り返しに1時間かけるより、5分のセッションを3回する方がはるかに多くのことを学習する。普通の日課に合わせてあちこちで1日数回クリックすることで劇的結果が得られ、ペットに多くの新しいことを教えられる。
6. よい行動をクリックすることによってよくない行動を直す。子犬が正しい場所で排泄したらクリックする。足を来客の上にではなく地面の上に置く行動をクリックする。騒音を立てることを叱るのではなく、静かにすることをクリックする。革紐を引っ張る行動は、たまたま紐が緩んだときクリックしてご馳走を与えることによって矯正する。
7. こちらの目標に向かう自発的な（偶然の）動きにクリックする。なだめたり、煽てたり、誘惑したりして、動物に動作や姿勢をとらせてもいいが、押したり、引いたり、押えたりしてはならない。その行動をするにはどうすればいいかを、動物に自分で発見させる。安全のために革紐が必要ならば、紐を自分の肩にかけるか、ベルトにつなぐ。
8. 「全体像」が見えるとか完璧な行動が起こるまで待たない。正しい方向に進む小さな動きが見えたらクリックし、ご馳走を与える。犬を座らせたいなら、後ろにかがみはじめたらクリックする。呼んだら来て欲しいのなら、こちらに向かって数歩寄ってきたらクリックする。
9. 目標を上げ続ける。よい反応が得られたら、例えば犬が自発的に横になったり、近寄ってきたり、繰り返し座ったりしたら、すぐにもっと要求を出す。少し長くふせをし、もっと近くにやってきて、もっと早くお座りするまで何拍か待つ。そうしてからクリックする。これを行動の「シェーピング」という。
10. 飼っている動物がクリックを求めて何かすることを学習したら、こちらに向かってその行動を自発的にやって見せて、クリック音を出させようとするようになる。そうなったら言葉や、手の合図など、手がかりを与える時期である。手がかりを出している間かその後に行動が起こったら、クリックを開始する。手がかりを出していないときに行動したら無視することを開始する。
11. 動物にあれこれ命令しない。クリッカートレーニングは命令ベースではない。もしペットが手がかりに反応しなかったとしても、指示に背いているわけではなく、ただ手がかりを完全には学習していないだけである。望ましい行動に手がかりを与えてクリックするより多くの方法を見つけだそう。しばらく、より静かな気の散らない場所で、訓練してみよう。2匹以上のペットを飼っているなら、訓練ではそれらを引き離し、順番に行う。
12. クリッカーを携行して、首をかしげる、尻尾を追っかける、片足を上げるなどのかわいらしい行動を「捕まえよう」。多くの異なる行動に対して、偶然それらに気づいたとき、ペットを混乱させずに、クリックすることができる。
13. もし腹が立ったら、クリッカーを片づけてしまう。叱ったり、革紐を急にぐいと引っぱったり、矯正訓練したりすることを、クリッカートレーニングと混同しない。動物のクリッカーに対する信頼を失わせ、たぶんこちらへの信頼も失わせるだろう。
14. もし特定の行動について進歩が見られないならば、恐らくクリックするのが遅すぎるのだろう。正確なタイミングが重要である。誰かに様子を見てもらい、自分に対して数回クリックしてもらうといいだろう。
15. 何よりも楽しもう。クリッカートレーニングは、どんな学習者との関係でも豊かにしてくれるすばらしい方法である。

出典：*Click to Win!* by Karen Pryor, 2002. Sunshine Books, Waltham, MA.

図19.4　プライヤーのシェーピング10則

1. 基準の引き上げは最小量にしよう。そうすれば対象者は常に強化を入手する現実的機会を得られる。
2. どんな特定の行動であれ、1度に1つの側面を訓練しよう。同時に2つの基準によって行動をシェーピングしないようにしよう。
3. シェーピングの間は、基準を加えたり引き上げたりする前に、現在の反応レベルに変動比率強化スケジュールを適用しよう。
4. 新しい基準や、新しい行動スキルの側面を導入するときは、古い基準を一時的に緩めるようにしよう。
5. 対象者の先を行こう。シェーピングプログラムを完全に設計して、もし対象者が突然進歩したら次は何を強化するかが分かるようにしておこう。
6. 訓練の途中でトレーナーを変えないようにしよう。1人のトレーニーにつき複数のトレーナーがいてもかまわないが、1つの行動につき、それをシェーピングするトレーナーは1人という原則を守ろう。
7. もし1つのシェーピング手続きが進歩を導き出さなければ、別の手続きをみつけよう。トレーナーが行動を改善させたいと思う数だけ多くの方法がある。
8. 訓練セッションを根拠なしに中断しないようにしよう。それは罰になってしまう。
9. もし行動が悪化したら「幼稚園に戻ろう」。一連の簡単に手に入る強化子によってシェーピング過程全体を素早く見直そう。
10. できれば、どのセッションも高い調子で終わるようにしよう。とにかくこちらが優勢のうちに終わるようにしよう。

Reprinted with the permission of Simon & Schuster Adult Publishing Group from *Don't Shoot the Dog! The New Art of Teaching and Training* (revised edition) by K. Pryor, 1999, pp. 38-39. Copyright © 1984 by Karen Pryor.

1．最終行動を選ぶ

　実践家はしばしば、複数の行動を変える必要のある学習者を相手にする。それゆえ、最も優先度の高い行動を素早く割り出さなければならない。この決定の究極的基準は、行動改善後その個人に期待される自立性、つまりその個人が環境からさらなる強化を獲得できる可能性である（Snell & Brown, 2006）。例えば、もし子どもが頻繁に教室を徘徊して、他の子どもにちょっかいを出し、彼らのプリントを無断で取りあげ、言葉を使って嫌がらせをするとする。この場合、シェーピング手続きは、教室を徘徊する行動とは両立しない行動から開始することが最善である。本人や他の子どもにとってそれが有用だからである。

　そのうえ、もし着席行動が発達すれば、子どもと関わるスタッフがそれに注目し、強化を与える可能性が高まる。このケースでは、シェーピングはより長時間の着席行動の分化強化とすべきである。

　最終行動を正確に定義することも大切である。例えば、行動分析家が重度遅滞者に適切な着席行動をシェーピングしたいとする。そうするためには、座ることをこう定義すればよい。椅子に座って体を真っ直ぐにさせ、部屋の正面に向かい、臀部を椅子の底につけ、背中を椅子の支えにもたせかけて、朝の15分の活動を過ごす。この定義を使えば、分析家はその行動がいつ達成されたか、また何がその行動ではないか（例えば、子どもが椅子に半分着席し、半分椅子から離れているとか、子どもは椅子に着席はしているが部屋の後ろを向いている）を特定することができ

る。これはシェーピングを効果的に行うための重要な区別である。

2．成功基準を決める

　最終行動を同定したら、実践家は成功基準を特定しなければならない。この場合、実践家はシェーピングできたと判断する前に、行動がどの程度の正確さと、速さと、強度と、永続性を備えていなければならないかを決定する。成功基準を確立するために、いくつかの測度を適用することができる。より一般的な測度としては、頻度、大きさ、持続時間が含まれる。最終行動しだいで、これらの次元のうちのどれか、またはすべてを使って達成を査定することができる。例えば、特別支援教育の教師なら、算数の計算問題を解くパフォーマンスの頻度を、子どもの現在のレベル（たとえば1分間に1問の半分を解く）から、より速い反応率（例えば、1分間に1問解く）へとシェーピングするようにすればよい。

　成功基準は、同じ仲間集団の行動を測定するか、文献に記されている確立された基準を参考にすれば、決定することができる。例えば、最終行動に向けた進歩の正当性を確認するためには、学年ごとの読みの速度（Kame'enui, 2002）や、年齢ごとの体育のスキル（President's Council on Physical Fitness, 2005）や、学年ごとの宿題の指針（Heron, Hippler, & Tincani, 2003）などの基準と指針を参照するようにすればよい。

　先述の例では、子どもが朝の活動時間の90%を5日間連続して椅子に適切に座ることが成功基準になる。この例では、2つの基準が特定されている。セッションごとに許容される着席行動の百分率（すなわち90%）と、行動を確立するために基準を満たさなければならない日数（すなわち、連続5日間）である。

3．反応クラスを分析する

　反応クラスを分析する目的は、シェーピングの順序において自発されるかもしれない、漸次的接近反応を同定しようと試みることである。接近行動が分かり、予想できれば、実践家は接近反応を観察して、それが起こったとき強化しやすくなる。しかしながら、推定された漸次的接近反応は、自発されるかもしれない行動の推測値であるということを、実践家は認識していなければならない。実践家は、前に自発された行動が、過去に自発されて強化された行動よりも、最終行動により近い行動か近くない行動かを、専門的に判断することができなければならない。ガルビッカ（Galbicka, 1994）によれば、

　　成功するシェーパー（行動形成家）は、個人の現在の反応レパートリーの特徴を丁寧に確定し、訓練の終わりに起こる最終行動の特徴をはっきりと定義し、正しい反応を正しい時間に沿ってもたらすように強化と消去の間の時間経過を計画して、反応を完全に消失させることなく、最終行動順序を促進するようにしなければならない。(p. 739)

第19章　シェーピング

　1つの反応クラス内と反応クラス間の適切な漸次的接近反応は、いくつかの方法によって分析することができる。第1に、実践家はその分野の専門家に相談して、一定の行動の適切な接近反応の順序についての自分の見解を決定することができる（Snell & Brown, 2006）。例えば、3桁のかけ算を長年教えている教師に相談して、この種の計算課題を解くための前提となる行動を彼らの経験から学ぶことができる。第2に、先に述べたように、出版された研究から得られた標準的データを使って、必要な漸次的接近反応の推定値を算出することができる。第3に、ビデオテープを使えば、成分行動を分析することができる。ビデオテープは、実践家が最初のライブパフォーマンスでは検出できないかもしれない動きを見る助けとなるだろう。しかし、それを観察することによって、実践家が動きを観察することに習熟するようになれば、それを検出できるようになる。第4に、これが最後であるが、訓練者は標的行動を自分で実演して、行動をしながら個々の行動成分を丁寧にメモすることができる。

　漸次的接近反応と、その接近順序と、所定の接近反応において強化を与える時間の長さと、接近反応を省略するか反復させるかの基準を決定することは、その実践家のスキルと判断次第になる。最終的には、学習者のパフォーマンスが、いつ接近のサイズを増加させ、維持させ、減少させるかを決定するようにすべきであり、それが実践家による一貫した用心深いモニタリングを絶対不可欠なものにする。

4．強化する最初の行動を同定する

　強化する最初の行動を同定するため、2つの基準が提案されている。(a) その行動はある最低頻度ですでに起こらなければならない。(b) その行動は標的反応クラスのメンバーでなければならない。第1の条件によって、最初の行動の生起を待つ必要性を減少させる。行動が自発されるのを待つことは、治療上は逆効果になり、通常は無益となる可能性がある。第2の基準によって、最終行動と共通する1つの次元をもつ既存の行動成分に対して強化をもたらす機会が作られる。例えば、もし最終行動がアンドリューのケースのように表現言語であるならば、唇の動きは適切な最初の選択になる。

5．邪魔する刺激または無関係な刺激を排除する

　シェーピングの間の注意転導の原因を排除すれば、シェーピング過程の有効性を高めることができる。例えば、娘が地域の体育館で行う着衣行動の1つの次元（例えば、服を着る速さ）をシェーピングしたいと考える親が、テレビでマンガが流れている部屋でシェーピング手続きを開始しようとすれば、そのシェーピングプログラムはうまくいかないだろう。なぜならマンガが娘の注意と競合するからである。注意転導の原因を減らすか排除できるような時と場所を選ぶようにすれば、より効率がよくなるだろう。

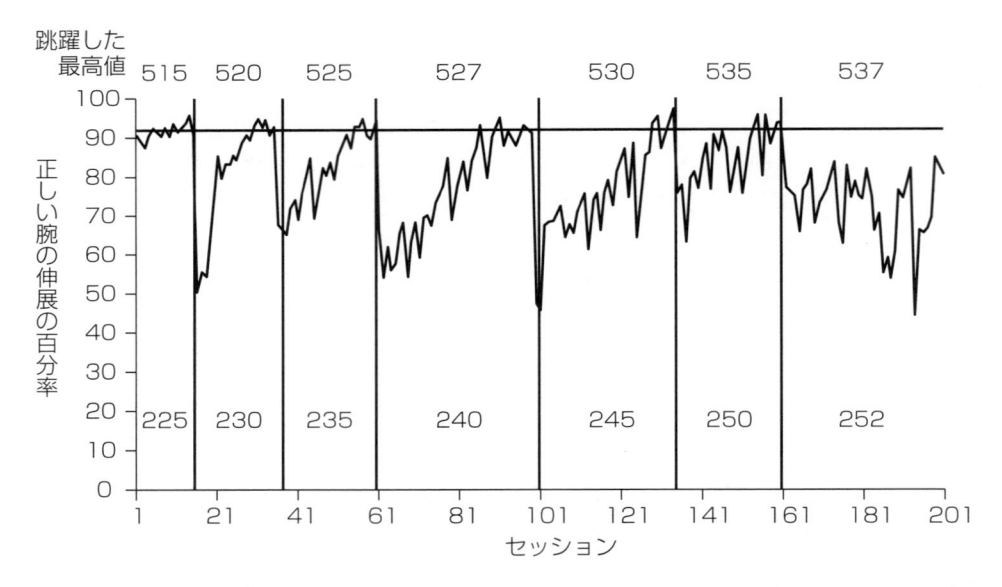

図19.5 7つの異なる高さにおける正しい腕の伸展の百分率。各基準条件内の数値は光電ビームの高さを表す

From "A Performance Improvement Program for an International-Level Track and Field Athlete" by D. Scott, L. M. Scott, & B. Goldwater, 1997, *Journal of Applied Behavior Analysis, 30* (3), p. 575. Copyright by the Society for the Experimental Analysis of Behavior, Inc. Reprinted by permission.

6．漸進的段階で前進する

　最終的目標に向けて、緩やかな段階で前進する大切さは、どれほど強調しても強調しすぎることはない。実践家は1つの接近反応から次の接近反応へ前進する速さにおける変化を予想し、学習者の行動が命じる通りに進めるよう準備しなければならない。最終行動に向かう漸次的接近反応が新しく起こるたびに、それを検出して強化しなければならない。もしそうしなければ、シェーピングは最悪の場合不成功に終わるか、よくても行き当たりばったりとなり、より多くの時間を要することになる。さらに、所定の接近反応における行動の生起は、最終行動に近づく次の反応が即座に正確に生み出されることを意味しない。図19.5はスコットら（Scott et al., 1997）の研究結果を示す。高跳び選手の腕の伸展の正反応の割合は、最初のうちはバーの高さが上がると減少した。はじめの高さでは90％の腕の伸展の正反応が示されているが、バーの高さが高められるたびに、高跳び選手の正反応は概しておよそ70％に低下した。新しい高さでの漸次的企てがなされた後、90％の正しい基準が再確立された。

　実践家はまた、対象者が次の接近反応に進めるようになるまでには、所定の接近反応において多くの試行が求められる可能性があることを知っておかなければならない。図19.5はこのことも同様に例示している。他方、必要とされる試行数はごくわずかになる可能性もある。実践家は注意深く観察して、所定の接近反応において多くの試行を強化するか、あるいは最終目標に向かって素早く移行する準備をしていなければならない。

7．それぞれレベルで接近数を制限する

　ある接近反応から次の接近反応への移行の漸次性が重要であることと同様に重要なことは、所定の接近反応において、多すぎる試行数を提供されて、進歩が妨げられないように保証することである。こうすることが、行動をしっかり定着させることになる。そして進歩が再び始まる前に、その接近反応が消去されていなければならないから（Catania, 1998）、所定の接近反応において強化がより頻繁に与えられれば与えられるほど、その過程がより長くなる可能性がある。一般に、学習者が着実に進歩していれば、おそらく強化は正しいペースで与えられるだろう。もし誤反応が多過ぎるか、行動が完全に中断する場合は、強化基準があまりにも急激に引き上げられたということである。最終的には、もしパフォーマンスが一定のレベルで安定すれば、おそらくシェーピングは必要以上にゆるやかに進行するだろう。実践家は、シェーピングされる行動に最終的につながる漸次的接近反応の間に、これら3つの条件をすべて経験する可能性がある。そのため実践家は警戒を怠ってはならず、必要ならば手続きを調整しなければならない。

8．最終行動が達成されたとき強化を続ける

　最終行動が示され強化された場合、それを強化し続ける必要がある。そうしなければその行動は失われ、パフォーマンスはより低いレベルに戻ってしまうだろう。強化は、成功基準が達成され、強化の維持スケジュールが確立されるまで、続けなければならない。

VI　シェーピングの将来の応用

　シェーピングの新しい応用が、文献で発表されている。新しい応用はその効用を拡張し、その効率を高める。そして究極的には、訓練およびまたはスキル開発がより短くなるという意味で個人に利益をもたらす（Shimoff & Catania, 1995）。少なくともシェーピングについては将来の応用が3つ考えられる。すなわち、パーセンタイルスケジュールを使う、コンピューターを使ってシェーピングスキルを教える、シェーピング手続きをロボット技術と組み合わせる、ことである。

1．パーセンタイルスケジュール

　シェーピングは科学というより芸術であり、シェーピングの使用法は血のにじむような直接的経験によってはじめて習得できるという考え方がある。ガルビッカ（Galbicka, 1994）は、しばしば耳にするこのような考え方に反論する。ガルビッカのシェーピングの概念は、20年以上に及ぶ百分位数強化スケジュール（percentile reinforcement schedule）についての実験室研究に基づいて作られた。それは反応と強化の基準を数学用語によって特定し、そうすることによって、シェーピング過程をシェーピングする人に関係なく標準化する。彼はこういう。

百分位数スケジュールは、シェーピング過程を構成成分に分解し、それらの構成成分をシンプルで数学的な陳述に翻訳する。そしてこれらの等式を、実験者か訓練者が特定した媒介変数とともに用いて、基準反応を現時点で何によって構成し、それゆえ強化すべきかを特定する。(p. 740)

　ガルビッカ（Galbicka, 1994）は、百分位数スケジュールを応用場面で効果的に使うために次のことを承認する。すなわち、(a) 行動は絶えず測定しなければならない、(b) 以前の反応と比較するシステムを使って、行動を序列化しなければならない。もし反応が基準値を超えれば強化を与える。超えなければ強化は差し控える。ガルビッカは百分位数スケジュールがどう機能するかを理解することによってどんな結果が得られるかを、次のように推測する。

　　行動をシェーピングする複雑な社会的・非社会的ダイナミックスの理解が深まり……、オペラント条件づけと分化手続きにおける実験的に関連する刺激に対する未曽有の制御が可能となり、拡張と応用のためにわれわれが向けるべき視野に無限ともいえる地平が提供される。(p. 759)

2．コンピューターを使ってシェーピングを教える

　現在、コンピューターないしは特殊なソフトウエアとコンピューターベースの応用の組み合わせを使って、シェーピングスキルを教えるいくつかのオプションが存在する。例えば、「スニッフィー」（Sniffy）、「バーチャルラット」（Virtual Rat）は、スキナーボックスの中のシロネズミをコンピューター上にデジタル化したアニメーションである。学生はこの仮想シミュレーションを使って、自分のパソコン上で基本的シェーピングを練習することができる。
　シモフとカタニア（Shimoff & Catania, 1995）は、行動分析学の原理（例えば、シェーピング）を大きな学生集団に対話形式で教えることの実践上の制約を認識して、シェーピングの概念を教えるコンピューターシミュレーションを開発し改良した[2]。「シェーピングゲーム」（The Shaping Game）という彼らのシミュレーションでは、4水準の難易度（やさしい、ふつう、難しい、とても難しい）が、一連の精緻化によってプログラミングされている。学生はやさしい課題から始め、非常に難しいレベルへと進む。そして強化すべきレバー押し行動と、強化すべきでない行動に対する漸次的接近を発見することを教授される。さらに後のバージョンでは、学生はアニメーションラットがスキナーボックスの一方から他方へ移動するようシェーピングすることを期待される。シモフとカタニアは、次のように述べて、コンピューターシミュレーション擁護論を提唱した。「コンピューターなら、たとえ現実の（シミュレーションではない）実験室経験を提供しない授業であっても、随伴性形成行動のように見える洗練された行動を確立する重要かつ有効な道具になる可能性がある」(pp. 315-316)。
　マーチンとペア（Martin & Pear, 2003）は強く主張した。コンピューターは行動の一定の次元（例えば、トポグラフィー）を、人よりもはるかに速くシェーピングすることができる。なぜな

注2：彼らは強化スケジュールのシミュレーションも開発した。

ら、コンピューターなら強化提示の詳しい意思決定ルールの目盛を調整し、プログラミングすることができるからである、と。さらに彼らは、医療への応用事例（例えば、切断患者、脳梗塞犠牲者）においては、人間の観察では微細な筋肉の動きを検出できないが、マイクロプロセッサーならシェーピングできる反応を検出できると述べた。彼らの考えによれば、「コンピューターは……、正確でしかも高速であり、そのためにどのシェーピング手続きが最も有効かという基本的問題に対する回答を提出するために有効である……。コンピューターは少なくともある種の行動に関しては、人と同様に効果的にシェーピングできる可能性がある」。(p. 133)

3．シェーピングをロボット工学と組み合わせる．

　一部の研究者は、ロボット訓練にシェーピングをどのように応用できるかを研究し始めた（例えば、Dorigo & Colombetti, 1998; Saksida, Raymond, & Touretzky, 1997）。基本的には、シェーピングは、ロボットを開始段階から一連の中間段階へ、そして最終目標段階へと前進させ、より複雑な一連の命令を達成するようにプログラミングする1方法と考えられている。サヴェッジ（Savage, 1998）によれば、

> 　シェーピングは、広く多様な生命個体が、現実世界の変化する状況にいかに適応するかを決める重要な決定因子であると仮定すると、シェーピングは現実世界のロボットの相互作用のモデルとしての可能性を秘めている。しかしながら、この戦略が成功するかどうかは、ロボット研究者側の生物学的シェーピングの原理の明確な理解と、これらの原理のロボットによる効果的な遂行にかかっている。(p. 321)

　ドリゴとコロンベティ（Dorigo & Colombetti, 1998）や、サクシーダら（Saksida et al., 1997）は、漸次的接近反応の行動原理をロボットに適用することの難しさを認めているが、この問いの流れは、人工知能に関して生まれつつある知識と相まって、胸躍る将来の展望を提供する。

まとめ

シェーピングの定義

1. シェーピングは、望ましい行動に向かう漸次的接近反応に対する分化強化である。シェーピングでは、分化強化を適用することによって一連のわずかに異なる反応クラスを生み出し、それぞれの漸次的な反応クラスがその前の反応クラスよりも最終行動に一層近い接近反応になるようにする。

2. 最終行動は、シェーピングの最終所産である。最終行動と言えるのは、標的行動のトポグラ

フィー、頻度、潜時、持続時間、大きさが、あらかじめ定められた基準レベルに到達したときである。

3．分化強化とは、既定の次元や質を共有する反応を強化し、そういう質を示さない反応には強化を差し控える手続きである。

4．分化強化には2つの効果がある。すなわち、強化されてきた反応と類似する反応は高頻度で起こる。強化されなかったメンバーに類似する反応はより低頻度で自発される（すなわち、消去を受ける）。

5．分化強化の二重効果は、反応分化をもたらす。主として前に強化された下位クラスの特徴を共有する反応によって構成される新しい反応クラスが現れてくる。

6．シェーピング中に、強化基準を徐々に変えていくことによって、一連の新しい反応クラス、すなわち漸次的接近反応が生まれる。1つ1つは、それが置き換わる反応クラスよりも、形態において、最終行動により近づいていく。

反応トポグラフィー間とトポグラフィー内のシェーピング

7．異なる反応トポグラフィー間の行動のシェーピングとは、1つの反応クラスに属する選ばれたメンバーを分化強化して、他の諸々の反応クラスのメンバーは強化しないことである。

8．1つの反応クラス内で1つの行動をシェーピングするときは、その行動の形態は一定に維持するが、その行動の1つの次元（例えば、頻度、持続時間）に分化強化を適用する。

9．シェーピングにはいくつかの制約が伴う。実践家はそれを適用する前にそれらを考慮しなければならない。

10．シェーピングにおいては、先行刺激は同じままにとどまる。反応はだんだんより分化していく。刺激フェーディングにおいては、反応は同じままにとどまるが、先行刺激がだんだん変化していく。

シェーピングの効率を上げる

11．シェーピングの効率は、いくつかの方法によって改善される可能性がある。弁別刺激や、音声プロンプトや、身体的ガイダンスや、模倣プロンプトや、プライミング（呼び起こす刺激の提示）を使用することである。どんなプロンプトであれ、導入されたならば、後にフェー

ディングする。

クリッカートレーニング

12. クリッカートレーニングは、正の強化を使って行動をシェーピングする、科学に基づいたシステムである。

13. クリッカーは、金属つまみを押すとクリック音が出る、手に持って操作する道具である。それはクリック音が鳴っているとき行動を遂行すると、強化が随伴することを知らせる合図を与える。

シェーピングを行うためのガイドライン

14. シェーピングを使うことを決定する前に、学習される行動の性質と入手可能な資源を査定しなければならない。

15. シェーピング手続きを使うことを決定したならば、実践家は次のステップを履行する。すなわち、最終行動を選ぶ、達成基準を決める、反応クラスを分析する、強化を与える最初の行動を同定する、妨害刺激や無関係な刺激を除去する、漸次的段階を踏んで進む、それぞれのレベルでの接近反応数を制限する、そして最終行動が達成されたとき強化し続ける。

シェーピングの将来的応用

16. シェーピングの将来の応用には、パーセンタイルスケジュールを応用する、シェーピング手続きを利用する行動分析学を教授するためのコンピューター技術を統合する、シェーピング手続きと新たなロボット工学の技術を組み合わせる、ことが含まれる。

第20章
連鎖化

キーワード

逆向連鎖化、前方飛躍型逆向連鎖化、行動連鎖、行動連鎖中断戦略、制限時間付き行動連鎖、順向連鎖化、課題分析、全課題連鎖化

行動分析士資格認定協会®BCBA® & BCaBA®
第4版課題リスト©

	Ⅰ　基本的な行動分析学のスキル　D. 行動改善の基本的成分
D-06	連鎖化（チェーニング）を使う。
D-07	課題分析を使う。
	Ⅱ　クライエントを中心に据えた責任　J. 介入
J-03	課題分析に基づいて介入戦略を選択する。

©2012　行動分析士資格認定協会®（BACB®）。不許複製。この文書の最新版は、www.bacb.comから入手できる。この文書の転載、複写、配布の請求と、この文書についての質問は、BACBに直接問い合わせられたい。

本章では行動連鎖を定義し、応用場面において行動連鎖を確立するための理論的根拠を示し、行動連鎖訓練における課題分析の重要性を論じる。また課題分析を組み立てて妥当性を確認する手続きと、個別習得レベルを査定する手続きも紹介する。順向連鎖化、全課題連鎖化、逆向連鎖化、前方飛躍型逆向連鎖化を考察するとともに、応用場面でどの行動連鎖化手続きを用いるかを決定するためのガイドラインを示し、制限時間付き行動連鎖について解説する。不適切な連鎖を中断する技法についても説明する。行動連鎖のパフォーマンスに影響を与える要因を検討してこの章を締めくくる。

I 行動連鎖の定義

行動連鎖（behavior chain）とは、分離した反応の特定の配列である。それぞれの反応は1つ1つ特定の刺激条件と結びついている。それぞれの独立した反応と、結びついている刺激条件は、その連鎖の個々の成分として働く。個々の成分が相互に結びついたとき、結果として最終的成果を生み出す行動連鎖になる。連鎖内の個々の反応は、それぞれ刺激変化を生み出す。その刺激変化は、同時に2つの機能を果たす。それを生み出した反応に対する条件性強化子としての機能と、その連鎖の次の反応に対する弁別刺激（S^D）としての機能である。2つの反応成分を互いに結びつける刺激は、それぞれ二重の機能を果たす。すなわち、条件性強化子であり、S^Dである（Reynolds, 1975; Skinner, 1953）。連鎖における最後の反応によって生み出される強化は、その連鎖のなかのそれぞれの反応に対して条件性強化子とS^Dとして働くそれぞれの刺激変化の効果を維持する。それらの成分が果たす二重機能には、連鎖の最初と最後の刺激において、顕著な例外が起こる。この2つだけは、単一の機能を果たす。つまりS^Dとしてか、条件性強化子として働く。

レイノルズ（Reynolds, 1975）は、行動連鎖の実験室例を示した（図20.1に図示）。

> 連鎖の実験の例は、ハトに青キーを提示するところから始める。ハトがキーをつつくと、それが赤に変わる。キーが赤に変わってから、ハトがペダルを押すと、キーは黄に変わる。黄の間にバーを動かすと緑に変わる。最後に、緑の間にキーをつつくと、それが穀物粒給餌装置の操作と関連刺激によって強化される。つまり、それが存在するとき、ハトは穀物容器に近づいて、それを食べることによって強化される。（pp. 59-60）

レイノルズの例では、その結びつきが次の順序で配列された。すなわち、青→キーつつく→赤、赤→ペダル押す→黄、黄→バー押す→緑、緑→キーつつく→穀物容器、穀物容器→食べる→食物摂取。「それぞれの刺激が、弁別刺激と条件性強化子という二重の機能をもつため、その結びつきは重なり合う。事実、この二重の機能こそが、連鎖を1つにまとめているのである」（Reynolds, 1975, p. 60）。

図20.1に示すように、この連鎖には4つの反応（R_1、R_2、R_3、R_4）と、それぞれの反応に結びついた特定の刺激条件（S_1、S_2、S_3、S_4）が含まれている。青色光（S_1）は最初の反応（R_1）を引き起こすS^Dであり、キーつつきによって青色光を消し、赤色光（S_2）の点灯をもたらす。その

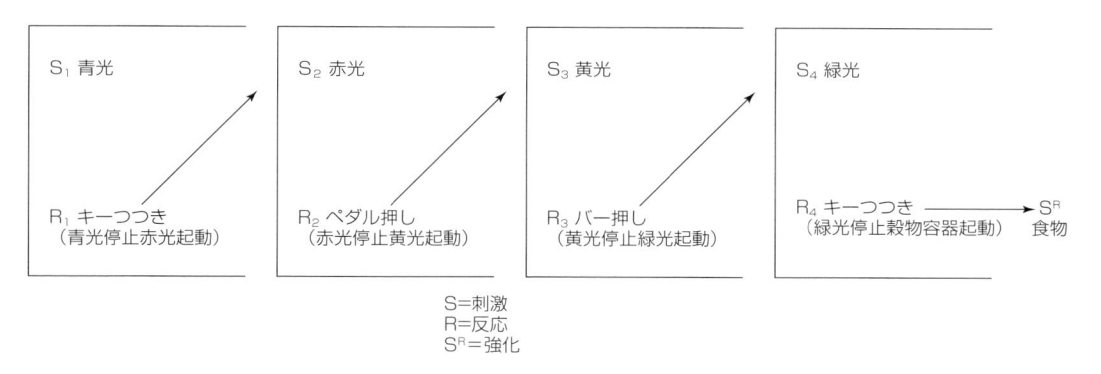

```
S₁ 青光                S₂ 赤光                S₃ 黄光                S₄ 緑光

R₁ キーつつき          R₂ ペダル押し          R₃ バー押し            R₄ キーつつき ──────→ Sᴿ
（青光停止赤光起動）   （赤光停止黄光起動）   （黄光停止緑光起動）   （緑光停止穀物容器起動）  食物
```

S=刺激
R=反応
Sᴿ=強化

図20.1　4成分の行動連鎖の例

Based on a chain described by Reynolds (1975, pp.59–60).

赤色光は、R_1 の条件性強化子としての機能と、R_2（ペダル押し）の弁別刺激としての機能を果たす。ペダル押し（R_2）によって、赤色光が消え、黄色光（S_3）の点灯をもたらす。このように続いてゆき、最後の反応が食物をもたらし、こうしてこの連鎖は完了され維持される。

　表20.1は、教室例を使って行動連鎖のつながりを示している。教師が幼稚園の教室で園児に休憩の準備をさせており、ある園児に「コートを着て」と言うとしよう。教師の発言は、S^D（S_1）として機能し、連鎖のなかの最初の反応（R_1）、すなわちクローゼットからコートを取る反応を引き出す。教師の発言が存在するときの園児の反応が教師の発言を終わらせ、園児の手のなかのコート（S_2）の開始を生み出す。園児の手のなかのコートは、クローゼットからコートを取ること（R_1）を強化する条件性強化子として機能し、袖を片腕に通すこと（R_2）の S^D（S_2）としても機能する。両手にコートが存在しているときに、片方の腕を袖に通す反応は、園児の両手のなかのコートという刺激条件を終わらせ、袖に通った片方の腕と袖に通っていないもう片方の腕（S_3）の開始を生み出す。

　この刺激変化は、一方の腕を袖に通すことの条件性強化子と、残りの腕をもう1つの袖に通すこと（R_3）の S^D（S_3）として機能する。その反応によって、袖に通った片方の腕と袖に通っていないもう片方の腕という条件を終わらせ、完全に着用されるコートのための S^D（S_4）を生み出す。完全に着用されたコートは、2番目の腕をもう一方の袖に通したことへの条件性強化子として機能し、ファスナーを閉めること（R_4）への S^D として機能する。最後にコートのジッパーを引き上げ閉めることによって連鎖は完了し、教師の賞賛をもたらす。

　行動連鎖には次の3つの重要な特徴がある。(a) 行動連鎖は、特定の順序で起こる一連の独立した反応（discrete response）を含む。(b) その順序におけるそれぞれの行動のパフォーマンスはその環境を変化させる。その変化は先行行動に対して条件性強化を生み出し、後続反応に対して S^D として機能する。(c) その連鎖における反応は、特定の順序で、通常は時間的に接近した連続として、遂行されなければならない。

表20.1　行動連鎖のサンプルにおけるそれぞれの弁別刺激、反応、強化間の関係の概要的説明

弁別刺激	反応	条件性強化子
S₁「コートを着て」	R₁ クローゼットからコートを取る	手のなかのコート
S₂ 手のなかのコート	R₂ 片方の腕を袖に通す	袖に通った片方の腕
S₃ 袖に通った片方の腕	R₃ ２番目の腕を袖に通す	着ているコート
S₄ 着ているコート	R₄ コートのファスナーを上げる	教師の賞賛

1. 制限時間付き行動連鎖

　制限時間付き行動連鎖（behavior chain with a limited hold）は、一連の行動であり、それらの行動は強化を生み出すために、特定の時間内に正確に遂行されなければならない。このように制限時間付き行動連鎖は、正確で熟達したパフォーマンスを特徴としている。制限時間付き行動連鎖のよい例として生産ラインにおける組み立て課題がある。労働者は、仕事の必要生産高を満たすため、30 のカプラー（連結器）を30のシャフト（軸）に 30 分の間に（１分につき１つ）組み立てなければならないとする。カプラーをシャフトに取り付けると、留め金具をあてがい、その一式（ユニット）を規定された時間内に生産ラインの次の人に送ると、強化が与えられる。制限時間付き行動連鎖では、強化を得るためには、人は自分のレパートリーのなかに前もって必要な行動をもっているだけでなく、それらの行動を矢継ぎ早に自発しなければならない。

　行動分析家は、制限時間付き行動連鎖では、正確さと速さが最も重要な次元となることを認識しなければならない。例えば、もし正しい順序で連鎖を完了させることができたとしても、連鎖のなかの１つかそれ以上の反応を遂行するスピードが遅い人がいるとすると、パフォーマンスの速度を速めることに焦点を移すのは当然である。そうするための１つの方法は、連鎖のなかの個々の反応を完了させる時間基準を設定することであり、もう１つは連鎖全体を完了させる時間基準を設定することである。

II　連鎖化を使う理論的根拠

　行動連鎖は強化によって終わる反応群の特定の順序であるという意味を内包しているが、**連鎖化（チェーニング）**という用語は、刺激と反応を特定の順序で結びつけて、新しいパフォーマンスを形成するさまざまな方法を指している。順向連鎖化では、順序のなかの最初の行動から始めて、次々に行動を結びつけていく。逆向連鎖化では、順序のなかの最後の行動から始めて、次々に行動を結びつけていく。これらの両方の手続きと、それらのバリエーションについては、本章の後半で詳しく述べる。

　人々に新しい行動連鎖を教える理由はいくつかある。第１に、発達障害児の教育の重要な側面に、自立して生活するスキル（例えば、公共施設を利用する、個人的ニーズに対処する、旅行スキルを実行する、社会生活によく適応する）を増やすことがあげられる。これらのスキルが開発

されると、最小制約環境においてより効果的に機能したり、大人の監督なしに活動に参加したりする可能性が高まる。連鎖化の手続きによって開発された複雑な行動によって、個人が独立して機能することができるようになる。

　第2に、連鎖化の手続きは、それによって一連の独立した行動を組み合わせて、正の強化を提示する機会をもたらす一連の反応を形成するための手段を提供する。換言すれば、基本的に、連鎖化を使えば、既存の行動レパートリーに行動を追加することができる。例えば、発達障害者は、組み立て課題をする間、同僚かジョブ・コーチに絶えず援助してもらおうとするかもしれない。連鎖化の手続きを使えば、強化を得る前に遂行しなければならない課題の数を増やすことができる。そのために教師は、その仕事を完成させるために組み立てなければならない部品を文字か絵で表したリストを与えてもよい。個人は課題の最初の部分が終わったら線を引いてリストの最初の言葉や絵を消し、2番目の課題へと進む。行動的側面から言えば、リストの最初の言葉や絵は、最初の課題を完了させる反応を引き起こすS^Dとして機能する。その反応は、リストの言葉や絵が存在しているとき、最初の刺激を終わらせ、次の刺激であるリストの2つ目の言葉や絵をもたらす。2つ目の課題の完了は、その課題を完了させることに対する条件性強化として機能し、3つ目のS^Dの開始を生み出す。連鎖化の手続きは、このようにして簡単な行動を組み合わせて、より長い一連の複雑な行動にすることを可能にする。

　第3に、これが最後であるが、連鎖化はより複雑で適応的なレパートリーを構築するため、行動を改善するほかのプロンプティング、教示、強化の手続きと組み合わせることができる（McWilliams, Nietupski, & Hamre-Nietupski, 1990）。

Ⅲ　課題分析

　行動分析家は連鎖の個々の成分を結びつける前に、行動順序を構成する成分の課題分析を行いその妥当性を確認するとともに、課題分析の個々の行動についての学習者の習得レベルを査定しなければならない。**課題分析**（task analysis）には、複雑なスキルを教授できるより小さな単位に分解することが含まれ、分析の結果として順々に並んだ一連のステップや課題が得られる。

1．課題分析を行いその妥当性を確認する

　課題分析を行いその妥当性を確認するねらいは、所定の課題を効果的に完了させるために必要十分な行動順序を確定することである。個人が遂行しなければならない行動順序は、ほかの人が同じ結果を達成するために必要な順序と同じではない。課題分析は問題になっている人の年齢やスキルレベル、先行経験にしたがって個別化しなければならない。更に、一部の課題分析は、限られた数の主要なステップによって構成され、それぞれの主要なステップには4～5個の下位課題が含まれる。図20.2はマックウィリアムズら（McWilliams et al., 1990）が作成した、ベッドメーキングの課題分析である。

　課題分析の成分を同定し妥当性を確認するためには、少なくとも3つの方法を使うことができ

図20.2　ベッドメーキング・スキルの課題分析

くしゃくしゃのベッドカバー、毛布、枕、フラットシーツ（上側のシーツ）、フィットシーツ（下側のシーツ）からなるメーキングされていないベッドがある。子どもは、

セクション1：ベッドの準備
1. 枕をベッドから取り除く。
2. ベッドカバーをベッドの足元の方向に引き抜く。
3. 毛布をベッドの足元の方向に引き抜く。
4. フラットシーツ（上側のシーツ）をベッドの足元の方向に引き抜く。
5. フィットシーツ（下側のシーツ）のしわを伸ばす。

セクション2：フラットシーツ（上側のシーツ）
6. フラットシーツの上端を頭板まで引っ張る。
7. フラットシーツの右側の角をベッドの足元で整える（右三角コーナーをつくる）。
8. フラットシーツの左側の角について7を繰り返す（左三角コーナーをつくる）。
9. マットレス上端でシーツを均一にならす。
10. 寄ったしわを伸ばす。

セクション3：毛布
11. 毛布の上端をベッドの頭板まで引っ張る。
12. 毛布の右角をベッドの足元で整える。
13. 毛布の左角について12を繰り返す。
14. マットレス上端で毛布をシーツと均一にならす。
15. 寄ったしわを伸ばす。

セクション4：ベッドカバー
16. ベッドカバーの上端をベッドの頭板まで引っ張る。
17. ベッドカバーの右側の角をベッドの足元から床に引っ張る。
18. ベッドカバーの左側の角について17を繰り返す。
19. ベッドカバーの左右両側を床から同じ高さにする。
20. 寄ったしわを伸ばす。

セクション5：枕
21. ベッドカバーの上端を枕幅4インチ分折り返す。
22. 折り返した部分の上に枕を置く。
23. 折り返した部分で枕を覆う。
24. 枕の上と周りのベッドカバーのしわを伸ばす。

From "Teaching Complex Activities to Students with Moderate Handicaps Through the Forward Chaining of Shorter Total Cycle Response Sequences," by R. McWilliams, J. Nietupski, & S. Hamre-Nietupski, 1990, *Education and Training in Mental Retardation 25*, p. 296. Copyright 1990 by the Council for Exceptional Children. Reprinted by permission.

表20.2 公衆電話の使用についての課題分析とそれぞれの課題遂行の制限時間

ステップ		制限時間
1.	周囲にある電話の場所を見つけ出す。	2分
2.	電話番号を見つけ出す。	1分
3.	正しい小銭を選ぶ。	30秒
4.	左手で受話器を取る。	10秒
5.	受話器を左耳に当て、ダイヤル音を聴く。	10秒
6.	最初のコインを挿入する。	20秒
7.	2枚目のコインを挿入する。	20秒
8-14.	7けたの番号をダイヤルする。	10秒（番号1つにつき）
15.	最低5回電話が鳴るまで待つ。	25秒
16.	誰かが応答したら会話を始める。	05秒
17.	話し中なら電話を切り、お金を回収する。	15秒

From "Teaching Adolescents with Severe Disabilities to Use the Public Telephone," by D. W. Test, F. Spooner, P. K. Keul, & T. A. Grossi, 1990, *Behavior Modification*, 3rd ed., p. 161. Copyright 1990 by Sage Publications. Reprinted by permission.

る。第1の方法は、有能な個人による望ましい行動順序の遂行を観察して、その順序に含まれる行動成分を明らかにする方法である。例えば、テストら（Test, Spooner, Keul, & Grossi, 1990）は、2人の大人による課題遂行を観察することによって、公衆電話の使い方についての課題分析を行い、それから1人の発達障害者にその課題分析を使うための訓練を実施して、順序の妥当性を確かめた。研究者らはその訓練を手がかりにして、オリジナルな課題順序の一層の修正を行った。表20.2は17のステップからなる最終的な課題分析である。

　公衆電話の使い方についての課題分析のいくつかのステップは、異なる順序になったり、異なる組み合わせになったりしても差し支えない。例えば、ステップ3の「正しい小銭を選ぶ」は、ステップ2の「電話番号を見つけ出す」と入れ替えることができるし、18番目のステップとして「小銭をポケットに戻す」を追加することもできる。ステップの数や順序を特定する絶対的なルールはない。しかしながら、ステップの範囲と順序を特定するときは、実践家は学習者の身体的スキル、感覚スキル、運動スキルのレベルを考慮に入れたほうがよい。

　課題分析の妥当性を確認する第2の方法は、その課題の遂行に長けた専門家や人々に相談して助言を求めることである（Snell & Brown, 2006）。例えば、発達障害の若者に繕いものをするスキルを教える場合、女性裁縫師や中高校レベルの家庭科の先生に相談して意見を聞くことを勧める。そうした専門家の評価に基づいて、査定と訓練の基準となる課題分析を構成することができる。

　課題分析の行動順序を決定し妥当性を確認する第3の方法は、自分でそれを遂行してみることである（Snell & Brown, 2006）。例えば、靴ひもを結ぶことを教えたいと思っている実践家は、自分の靴ひもを繰り返し結んで、正しく靴ひもを結ぶために必要な、独立した、観察可能なステ

表20.3　靴ひも結びを教えるための最初のステップと拡張ステップ

より短い順序	より長い順序
1. 両方の靴ひもを部分的に締め付ける。 2. 両方の靴ひもを強く引っ張る―垂直に引っ張る。 3. 両方の靴ひもを交差させる。 4. 両方の靴ひもを締める―水平に引っ張る。 5. 両方の靴ひもを結んで結び目をつくる。 6. 蝶結びをつくる。 7. 蝶結びを締める。	1. 靴ひもを指先でつまむ。 2. 靴ひもを引っ張る。 3. 靴ひもの両端を靴の対応する側に掛ける。 4. 両方の靴ひもを、対応する両手で取る。 5. 靴ひもを靴の上に引き上げる。 6. 右ひもを左ひもと交差させテント型にする。 7. 左ひもを子どもの方にもっていく。 8. 左ひもをテントにくぐらせて引っ張る。 9. 両方のひもを互いに引き離す。 10. 左ひもをたわませて輪をつくる。 11. 左手で輪をつまむ。 12. 右ひもを指の向こう側に（輪のまわりに）もっていく。 13. 右ひもを穴に押し込む。 14. 2つの輪を互いに引き離して引っ張る。

Sources: (a) Santa Cruz County office of Education, Behavioral Characteristics Progression. Palo Alto, California, VORT Corporation, 1973. (b) Smith, D. D., Smith, J. O., & Edgar, E. "Research and Application of Instructional Materials Development." In N. G. Haring & L. Brown (Eds.), *Teaching the Severely Handicapped* (Vol. 1). New York: Grune & Stratton, 1976. From *Teaching Infants and Preschoolers with Handicaps*, p. 47, by D. B. Bailey & Wolery, 1992, Columbus, OH: Charles E. Merrill. Used by permission.

ップをメモするようにすればよい。自分で課題を遂行してみることの利点は、学習者を訓練する前に、課題が要求する順序に接触する機会をもって、教えることになる行動と、それぞれの行動を起こさせるために必要な関連S^Dについて、より明確な知識をもつことである。課題の自己遂行を繰り返せば、学習者がその順序を最も効果的に用いるために必要な反応トポグラフィーを、更に精緻化することができる。表20.3は靴ひも結びの最初の7ステップ順序を、行動の自己遂行を経ることによって、いかに14ステップに拡張できるかを示している（Bailey & Wolery, 1992を参照）。

　組織的な試行錯誤手続きは、行動分析家が課題分析を開発するために役立つ。組織的な試行錯誤の方法を使って最初の課題分析をつくり、それからテストを重ねながら洗練して修正していく。実地テストから得られる修正と改善によって、より機能的で適切な課題分析を達成することができる。例えば、テストら（Test et al., 1990）は、先に述べたように、公衆電話の使い方についての最初の課題分析を、2人の大人が課題を完了させる様子を観察することによってつくり出した。彼らはそれに続いて、そのプロセスを一歩進めて、1人の発達障害者に同じ課題をやってもらい、それに応じて課題分析を修正した。

　どんな方法を使ってステップを順番に並べるにしろ、S^Dとそれに対応する反応を同定しなければならない。しかし、1つの反応を遂行できるだけでは十分とはいえない。すなわち、個人は所定の反応をそのもとで遂行すべき条件を弁別することができなければならない。弁別刺激と関連反応のリストをつくることは、自然に起こるS^Dが異なる反応や多くの反応を引き起こすかど

うかを訓練者が確かめるために役立つ。このテーマについては章の後半で詳しく検討する。

２．習得レベルを査定する

習得レベルを査定して、個人が課題分析のどの成分を１人で遂行できるかをつきとめる。訓練に先だって、個人がどこまで課題分析された行動を習得しているかを査定する主な方法は２つある。単一機会法と多重機会法である（Snell & Brown, 2006）。

（１）単一機会法

単一機会法（single-opportunity method）は、課題分析されたそれぞれの行動を学習者が正しい順序で遂行する能力を査定するためにつくられている。図20.3は、学習者のパフォーマンスを記録するために使われた書式の例である。具体的には、プラス記号（＋）、マイナス記号（－）は、正しく自発された行動と、誤って自発された行動のそれぞれに付けられる。

この例における査定は、教師が「トム、補聴器つけて」と言うところから始まった。それから、課題分析のステップに対するトムの反応が記録された。図20.3は、査定の最初の４日間のトムのデータを示している。１日目にトムは、補聴器の箱を開けて、装具を取り出した。すなわち、これら２つのステップを、正しく、１人で、順序通りに、６秒の制限時間内に遂行した。しかし、次にトムは、ステップ３と４をとばして、補聴器の装着具をかぶろうとした（ステップ５）。この行動を10秒以上続けてやろうとしたため、教師は査定を止めてステップ３と４と残りのすべてのステップを誤反応として記録した。２日目にトムは、ステップ１の後で制止された。それ以後のステップを順序バラバラに遂行したからだった。３日目と４日目には、ステップ４以後は、査定を中断した。ステップ５の遂行に６秒以上かかったためだった。６秒以内、正確度100％、連続３回プローブという習得基準を設定すると、トムが基準をパスしたのはステップ１だけだった（ステップ２、３、４の３つの＋は、連続して記録されたものではない）。

（２）多重機会法

課題分析査定の多重機会法（multiple-opportunity method）では、課題分析のすべての行動の個人の習得レベルを評価する。もしステップを誤って遂行したり、順序を間違えたり、ステップ完了制限時間をオーバーしたりしたら、行動分析家が学習者の代わりにそのステップを行い、それから学習者を次のステップに向かわせる。たとえ学習者が前のステップで間違っていたとしても、個々のステップを正しく遂行すれば、正反応として記録する。

図20.4は、キャシーが教示キューを与えられた後、この順序の最初のステップ（箱を開ける）を遂行しなかったため、マイナスと記録されたことを示している。そこで教師が箱を開け、キャシーを箱の正面の位置に着かせた。キャシーはそれから装着具を取り出し（ステップ２）、ストラップに腕を通した（ステップ３）。そこでこれらステップのそれぞれに＋と記録した。キャシ

図20.3　補聴器の装着を単一機会法で査定するための課題分析データシート

```
補聴器の装着の課題分析
教示キュー：「補聴器つけて」
教師：クリスティン
査定方法：単一機会法
生徒：トム
```

ステップの行動	10/1	10/2	10/3	10/4
1 箱を開ける	＋	＋	＋	＋
2 装着具を取り出す	＋	－	＋	＋
3 ストラップ1を通して1を固定する	－	－	＋	＋
4 ストラップ2を通して2を固定する	－	－	＋	＋
5 装着具をかぶる	－	－	－	－
6 装着具を締める	－	－	－	－
7 ポケットのホックを外す	－	－	－	－
8 箱から補聴器を取り出す	－	－	－	－
9 補聴器をポケットに挿入する	－	－	－	－
10 ポケットのホックを留める	－	－	－	－
11 イヤモールドを手に取る	－	－	－	－
12 イヤモールドを耳に入れる	－	－	－	－
13 補聴器のスイッチを入れる	－	－	－	－
14 コントロールボタンを合わせる	－	－	－	－
正しくできたステップの百分率	14%	7%	28%	28%

教材：補聴器の箱、装着具（ハーネス）、イヤモールド
反応潜時：6秒
記録記号：＋（正反応）—（誤反応）
基準：連続3日100%正パフォーマンス

From "Teaching Severely Multihandicapped Students to Put on Their Own Hearing Aids," by D. J. Tucker & D. W. Berry, 1980, *Journal of Applied Behavior Analysis, 13*, p. 69. Copyright 1980 by the Society for the Experimental Analysis of Behavior, Inc. Adapted by permission.

ーがステップ4を仕上げる前に6秒がすぎてしまった。そのためキャシーの代わりに教師がそのステップを遂行し、マイナスと記録し、ステップ5に取りかからせた。するとキャシーはステップ5を遂行した。残りの査定もこのやり方で続けた。

　課題分析の査定に多重機会法を使うときにカギとなるのは、指導と査定を絶対に混同しないことである。言い換えれば、もし教師がそのステップを身体的にガイドしたり、モデル提示したりすれば、正確な査定結果は得られない。したがって、どのステップも教師が子どものすることを助けないことが肝要である。

　単一機会法と多重機会法は、両方とも行動連鎖のなかの最初のスキル群の習得を測定する効果的方法である。両者のうち、単一機会法は遂行できなかった最初のステップで査定を終わるという意味で、より控え目な測定法である。また一旦教示を開始すると、教師にもたらされる情報は減るが、しかし素早く実施することができる。とくに課題分析が長くなるときに好都合である。そして、査定中に学習が起こる可能性も減らせる（Snell & Brown, 2006）。多重機会法は、やり終えるまでにより時間がかかるが、行動分析家により多くの情報を提供してくれる。というの

図20.4　補聴器の装着を多重機会法で査定するための課題分析データシート

```
補聴器の装着の課題分析
教示キュー：「補聴器つけて」
教師：マージ
査定方法：多重機会法
生徒：キャシー
                                           日付
ステップの行動                    10/1   10/2   10/3   10/4
 1 箱を開ける                     −     +     +     +
 2 装着具を取り出す                 +     −     +     +
 3 ストラップ1を通して1を固定する    +     −     +     +
 4 ストラップ2を通して2を固定する    −     −     +     +
 5 装着具をかぶる                  +     −     +     −
 6 装着具を締める                  −     +     −     +
 7 ポケットのホックを外す           +     −     +     +
 8 箱から補聴器を取り出す           +     −     +     +
 9 補聴器をポケットに挿入する       +     +     −     +
10 ポケットのホックを留める         +     −     +     −
11 イヤモールドを手に取る           +     −     +     −
12 イヤモールドを耳に入れる         −     −     −     +
13 補聴器のスイッチを入れる         −     −     −     −
14 コントロールボタンを合わせる     −     −     −     −
正しくできたステップの割合          57%   21%   57%   64%
教材：補聴器の箱、装具、イヤモールド
反応潜時：6秒
記録記号：＋（正反応）―（誤反応）
基準：連続3日100％正パフォーマンス
```

From "Teaching Severely Multihandicapped Students to Put on Their Own Hearing Aids," by D. J. Tucker & D. W. Berry, 1980, *Journal of Applied Behavior Analysis, 13*, p. 69. Copyright 1980 by the Society for the Experimental Analysis of Behavior, Inc. Adapted by permission.

は、課題分析のどのステップを学習者がすでに習得しているかを教師が知ることができるため、学習者のレパートリーにすでにあるステップを教える必要を取り除くことができるからである。

　これまで連鎖成分を結びつける次の2つの前提条件をみてきた。(a) 行動順序の成分の課題分析を行い、妥当性を確かめる。(b) 連鎖のそれぞれの成分について、学習者にすでに存在するスキルを査定する。次の節では第3の成分、すなわち連鎖のそれぞれのステップを矢継ぎ早に遂行するよう教えることについて検討することにしよう。

Ⅳ　行動連鎖化の方法

　課題分析を構成し、その妥当性を確かめ、成功基準とデータ収集の方法が確定したら、次のステップはどの連鎖化の手続きを使って、新しい行動順序を教えるかを決めることである。行動分析家には4つの選択肢がある。順向連鎖化、逆向連鎖化、全課題連鎖化、前方飛越型逆行連鎖化である。

1．順向連鎖化

　順向連鎖化（forward chaining）では、課題分析によって特定された行動を、それらが自然に起こる順序で教える。具体的には、順序の最初の行動が規定の基準に到達したら強化子を与える。その後は、ステップ1と2の基準達成に対して強化子を与える。引き続くそれぞれのステップでは、その前までのすべてのステップの正しい順序による累積的パフォーマンスが要求される。

　例えば、表20.3に示したような14ステップの課題分析に基づいて靴ひも結びを学んでいる子どもは、最初のステップ「靴ひもを指先でつまむ」を3回連続して正確に遂行したら強化を受ける。次はそのステップと次のステップ「ひもを引っ張る」を同じ基準で遂行したとき強化を与える。次いで「靴ひもの両端を靴の対応する側に掛ける」を追加して、これら3つのステップを正しく遂行したら強化を与える。最終的には、課題分析の14ステップのすべてを同じ方法で遂行しなければならない。しかしながら、どの訓練ステップにおいても、反応を生み出すために、さまざまな反応プロンプティングや、そのほかの方略を使うことができる。

　行動の長い連鎖は、より小さな連鎖や、スキルのまとまり（クラスター）に分けることができる。それぞれを単一の反応に対して使われるのと同じ方法で教えることができる。1つのスキルのクラスターを習得すると、それは次のクラスターに結びつけられる。第1のスキルのクラスターの最後の反応が、第2のスキルのクラスターの最初の反応の機会を提供する。基本的に、このさまざまなスキルのクラスターは、行動の単位として類似性をもつようになり、これらのクラスターが結びつけられるのである。

　マックウィリアムズら（McWilliams et al., 1990）は、3人の発達障害児にベッドメーキングスキルを教えるため、順向連鎖化とスキルクラスターを組み合わせた。ベッドメーキング反応の課題分析（図20.2を参照）に基づいて、5つのスキルクラスターが特定された。それぞれが4つから5つの下位課題を含んでいた。ベースラインが測定され、「ベッドメーキングやってみせて」というキューが存在するとき、全連鎖を完了させる最低の正確さを示すベースラインが収集されると、複雑な行動をより小さな連鎖（図20.5を参照）に分けることによって、1度に1つのクラスターを教えるというインストラクション手続きが選択された。

　最初の訓練は図20.2のセクション1と2の課題の連鎖を教師が実演してみせることから始める。それに続く訓練では、その順序の前のセクションと、教授対象である現在のセクションと、次のセクションの指導が含まれる。例えば、セクション2の訓練を行うとすれば、セクション1、2、3を実演で示す。次いで子どもは教授対象となっている順序を2〜5回練習する。その順序を正しく遂行したら、賞賛を与える。もし誤りが生じたら、3段階修正手続き（three-part correction procedure）、すなわち言語による再指令、再指令＋モデリング、およびまたは身体的ガイダンスが開始され、その試行を正反応で終わるまで続けられる。第1のスキルクラスターを習得したら（S_1）、第2のスキルクラスター（S_2）を導入し、次いで第3（S_3）、第4（S_4）と続けていく。

　結果の示すところによれば、順向連鎖化は子どもにベッドメーキングスキルを教えるうえで有

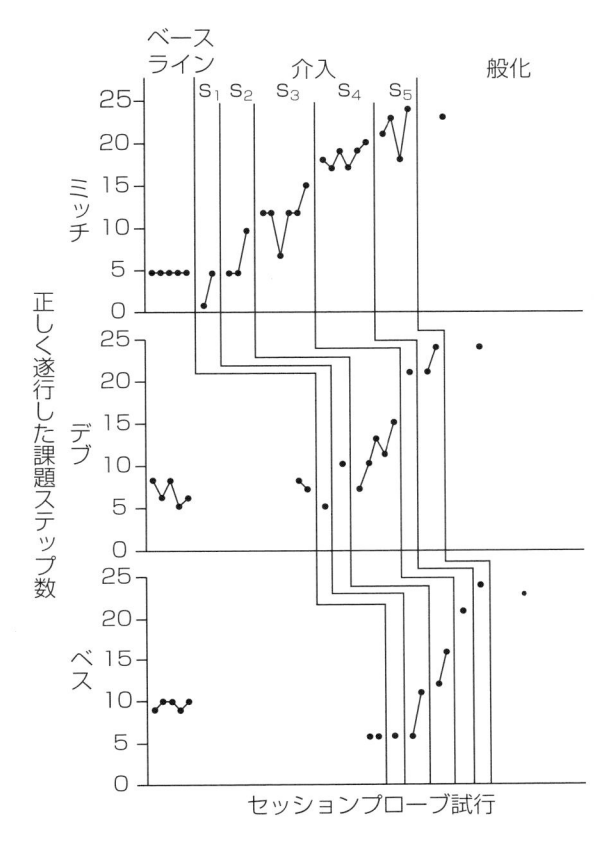

図20.5　ベースライン、介入、般化プローブ試行において正しく遂行したステップ数

From "Teaching Complex Activities to Students with Moderate Handicaps Through the Forward Chaining of Shorter Total Cycle Response Sequences," by R. McWilliams, J. Nietupski, & S. Hamre-Nietupski, 1990, *Education and Training in Mental Retardation, 25*, p. 296. Copyright 1990 by the Council for Exceptional Children. Reprinted by permission.

効だった。すなわち、すべての子どもが、教師が指示したとき、1人で、または最小限の援助で、ベッドを整えることができるようになった。更に全員が般化場面（例えば家庭）でベッドを整えることができるようになった。

　マックウィリアムズら（McWilliams et al., 1990）の研究は、順向連鎖化の2つの大きな長所を示している。(a) より小さな連鎖をより大きな連鎖に結びつけるために使うことができる。(b) 比較的簡単であるため、教師がそれを教室で使えそうである。

　これまでの議論は、教師の直接教授によって行動連鎖を教えることに焦点を当ててきた。しかしながら、連鎖化された反応は、観察によっても学習できることを示すいくつかの証拠がある（Wolery, Ault, Gast, Doyle, & Griffen, 1991）。

　グリフェンら（Griffen, Wolery, & Schuster, 1992）は、定時間遅延（constant time delay, CTD）手続きを使って、知的障害児に一連の連鎖課題、食品調理行動を教えた。1人の子どもを対象にしたCTDでは連鎖化された反応を教え、残りの2人の子どもがそれを見ていた。結果によれば、観察していた2人の子どもは、直接教授を受けなくても、少なくとも連鎖の正しいステッ

プの85%を学習した。

2. 全課題連鎖化

全課題連鎖化（total-task chaining）は、全課題提示（total-task presentation）とか、総課題提示（whole-task presentation）ともいう。順向連鎖化のバリエーションの１つである。学習者はすべてのセッションにおいて、課題分析のそれぞれのステップについて訓練を受ける。その個人が１人では遂行できないステップにはすべて、訓練者が援助を与える。そして学習者がその順序のすべての行動を既定の基準に達するように遂行できるところまで連鎖訓練が行われる。連鎖の複雑さ、学習者のレパートリー、入手可能な資源に応じて、身体的ガイダンス、およびまたは段階的ガイダンスが組み込まれる。

ワーツら（Werts, Caldwell, & Wolery, 1996）は、ピアモデルと全課題連鎖化を使って、小学校の通常学級に在籍する３人の障害児に、例えば、オーディオテープの操作、えんぴつ削り、計算機の使い方などのスキルを教えた。反応連鎖は１人ずつ個別化された。３人が何を学ぶべきかを教師に相談し、その提案に基づいて、１人１人の反応連鎖順序を個別化した。各セッションはパートに分けて、次の３部構成とした。(a) ３人の障害児の全課題反応連鎖の遂行能力をプローブする。(b) 連鎖遂行能力のあるピアモデルが全連鎖を実演して、同時にそれぞれのステップを説明する。(c) モデルのパートナーとなった障害児を再びプローブして、連鎖のパフォーマンスを測定する。ピアモデリングの前と後で行われたプローブでは、障害児らにその連鎖を完成させるよう指示した。もし子どもが成功すれば正反応を記録したが、フィードバックは一切与えなかった。もし成功しなければ、その子の視野を一時的に遮り、その間に教師が連鎖のそのステップを完了させた。それから再び残りのステップを完成させるよう指示した。反応連鎖のそれぞれの行動は得点化された。

３人の子どもはすべて、ピアモデリングの後に、反応連鎖を完成させることを学習し、この研究が行われている間に、反応連鎖基準（３日のうち２日、100％正反応）に到達した。この研究に参加した３人のうちの１人、チャーリーの結果を図20.6に示す。

テストら（Test et al., 1990）は、全課題連鎖化と最小から最大へのプロンプティング手続きを組み合わせて、重度知的障害の２人の若者に、公衆電話の使い方を教えた。課題分析によって17ステップ（表20.2を参照）を同定して、妥当性を確かめた後、家の電話番号の書かれた３×５インチのインデックスカードと10セント硬貨２枚を渡して、「自宅に電話をかけて」と指示し、ベースラインデータを収集した。訓練の間に若者が課題分析成分の17ステップのどこかでつまずくと、最小から最大へのプロンプティング手続きが適用された。それは３水準のプロンプト（言語、言語＋身ぶり、言語＋ガイダンス）から成っていた。それぞれの教授セッションでは、２つの訓練試行を実施し、続いてプローブを行って、１人で完成させたステップ数を測定した。般化プローブは更にほかの２つの場面で、少なくとも週１回行われた。

結果の示すところによれば、全課題連鎖化とプロンプトの組み合わせは、２人の若者が正しく遂行した課題分析のステップ数を増やし、またそのスキルは２つの地域社会場面に般化した（図

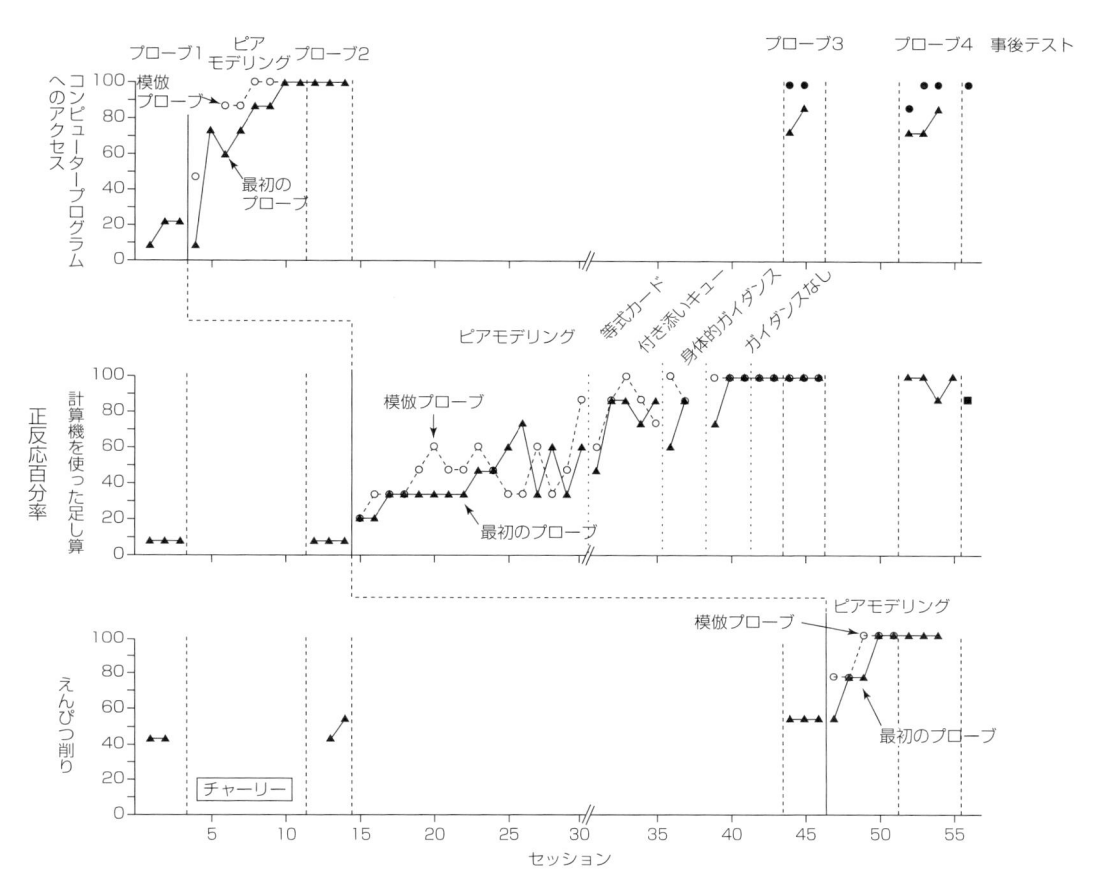

図20.6 チャーリーが正しく遂行した反応3連鎖ステップの百分率。▲は最初のプローブの正しいステップの百分率を表す。○は模倣プローブでの正しいステップの百分率を表す

From "Peer Modeling of Response Chains: Observational Learning by Students with Disabilities," by M. G. Werts, N. K. Caldwell, & M. Wolery, 1996, *Journal of Applied Behavior Analysis, 29*, p. 60. Copyright 1996 by the Society for the Experimental Analysis of Behavior, Inc. Reprinted by permission.

20.7を参照)。テストら(Test et al., 1990)は、全課題連鎖化は、とくに週2回の訓練計画の文脈で使うと、地域社会場面において学習者を支援する実践家にメリットをもたらす、と結論づけた。

3. 逆向連鎖化

逆向連鎖化(backward chaining)の手続きを使うときは、訓練者が課題分析で同定した行動連鎖の最後の行動以外のすべてを完遂する。そして学習者が連鎖の最後の行動だけを、既定の基準レベルまで遂行すれば、強化を与える。次は連鎖の最後の行動と、最後から2番目の行動を基準レベルまで遂行すれば強化を与える。その次は連鎖の最後の3個の行動群を基準レベルまで遂行すれば強化を与える。この順序は連鎖を逆向きに遡って進め、そして逆順に導入される課題分析の全ステップを累積的に練習し終わるまで続ける。

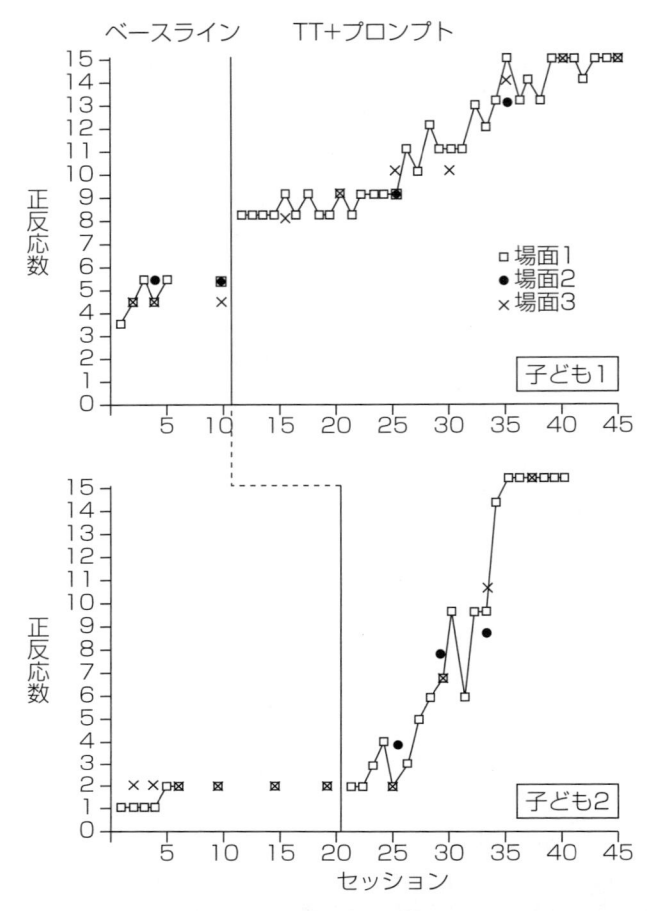

図20.7　ベースラインと全課題連鎖（TT）プラス反応コストの間に2人の生徒が公衆電話課題分析で正しく遂行したステップ数。場面2と3のデータポイントは般化プローブの遂行を示す

From "Teaching Adolescents with Severe Disabilities to Use the Public Telephone," by D. W. Test, F. Spooner, P. K. Keul, and T. A. Grossi, 1990, *Behavior Modification, 14*, p. 165. Copyright 1990 by Sage Publications. Reprinted by permission.

　ピエールとシャーマン（Pierrel & Sherman, 1963）は、ブラウン大学でバーナバスと名づけた白ネズミを使って、逆向連鎖化の古典的範例実験を行った。ピエールとシャーマンは、バーナバスに螺旋階段を登り、跳ね橋を押し下げて渡り、梯子を登り、鎖のついたミニカーを引き、そのミニカーに乗ってペダルを踏んでトンネルを通り抜け、一連の階段を登り、閉じたチューブを走り抜け、エレベーターに入り、ブラウン大学の旗のミニチュアレプリカを掲揚し、エレベーターを降りて、最後にバーを押して、一粒の食物を受け取るように教えた。バーナバスはこの複雑な順序をこなすパフォーマンスによって有名になり「大学教育を受けたネズミ」としての名声を獲得した。この11反応連鎖訓練は、最初に、ブザー音が鳴っている間に連鎖の最後の反応（バーを押す）を条件づけることから始めた。ブザー音はバー押しのS^Dとして確立した。それからエレベーターの立坑の底部にエレベーターがあるところで、連鎖の最後から2番目の反応（エレベーターを降りる）を条件づけた。こうして連鎖のそれぞれの反応を順次追加してゆき、別個の刺激

が次の反応のS^{D}となり、先行反応の条件性強化子として機能するようにした。

　教室における逆向連鎖化の例を示そう。幼稚園の教師が園児に靴ひもの結び方を教えるとする。教師はまず靴ひもの結び方を課題分析し、成分行動を論理的順序に並べる。

1．両方の靴ひもを交差させる。
2．結び目を結ぶ。
3．靴の右側にひもで輪をつくり、それを右手で持つ。
4．左手を使って、もう片方のひもをその輪に巻き付ける。
5．左手の人差し指か中指を使って、左のひもをひもの間の隙間に押し通す。
6．両方の輪をそれぞれの手で1つずつつかむ。
7．輪をひっぱり、こじんまり整える。

　教師は順序の最後のステップ、ステップ7から訓練を開始する。園児が連続3試行間違いなく達成できるようになるまで続ける。ステップ7で、それぞれの正試行に対して強化を与える。それから教師は、最後から2番目のステップ、ステップ6を導入する。そして園児がステップ6とステップ7を合わせて遂行するよう教える訓練を始める。強化はステップ6とステップ7のパフォーマンスを成功させることを条件に与える。教師は次にステップ5を導入する。そしてそのステップとそれ以前のすべてのステップ（すなわち、ステップ5、ステップ6、ステップ7）を正しい順序で確実に実行できるようにする。強化はそれらを条件として与える。教師はどのステップの行動についても、追加の反応プロンプトを使って、正反応を喚起することができる。しかしながら、どんな反応プロンプトでも（言語プロンプトであれ、絵のプロンプトであれ、実演によるプロンプトであれ、身体的プロンプトであれ）訓練中に導入したものは訓練プログラムの後段ではフェーディングして、子どもの行動が自然に起こるS^{D}の刺激性制御を受けるようにしなければならない。手短にいえば、逆向連鎖化手続きを使うときは、課題分析の順序は逆順に配列され、最後のステップが最初に訓練される。

　逆向連鎖化では、学習者が1人で遂行する最初の行動、つまり「靴ひもを結ぶ」ことが最終の強化を生み出す。最後から2番目の反応は、そのステップを強化する刺激条件を開始させるとともに、その刺激条件はまた最後の行動（すなわち学習者の行動レパートリーのなかにいま確立されたばかりの最後の行動）のS^{D}として機能する。この強化順序は、繰り返し残りのステップに適用される。

　ハゴピアンら（Hagopian, Farrell, & Amari, 1996）は、逆向連鎖化とフェーディングを組み合わせて、自閉症と知的障害の12歳男児、ジョッシュの生命を脅かす行動を減らした。この研究を始める6カ月前、ジョッシュはさまざまな胃腸要因が関連する合併症と、頻繁な嘔吐と、便秘のため、食物や液体の経口摂取を拒否していた。実際、以前は口から食物を摂取すると、それを吐き出してしまっていた。

　70日におよぶジョッシュの治療プログラムでは、液体の受け入れ、排泄、嚥下、そして標的行動であるコップから水を飲む行動の回避に関して、データが収集された。ジョッシュの10cc

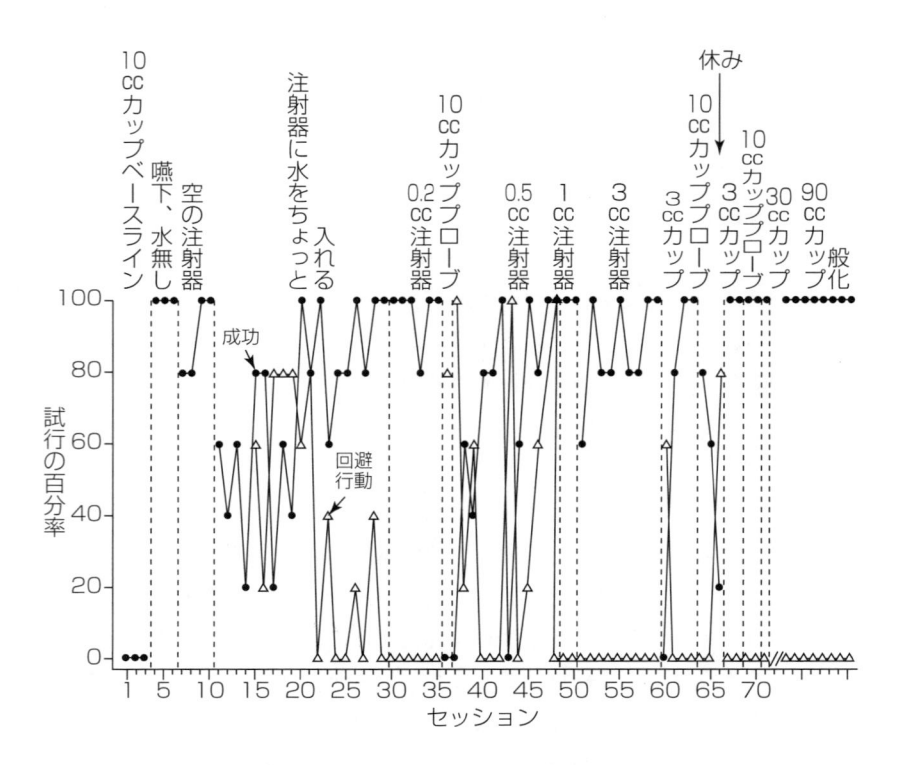

図20.8　嚥下に成功した試行と回避行動をした試行の百分率

From "Treating Total Liquid Refusal with Backward Chaining and Fading," by L.P. Hagopian, D. A. Farrell, & A. Amari, 1996, *Journal of Applied Behavior Analysis, 29*, p. 575. Copyright 1996 by the Society for the Experimental Analysis of Behavior, Inc. Used with permission.

の水を飲み込む能力についてベースラインを収集してから、水なしで嚥下する条件が適用された。基本的には、空の注射器を口に入れ、それを押し下げて、飲み込んでと指示した。次に注射器に少量の水をいれて、ジョッシュが水を飲み込んだら強化を与えた。それに続く段階では、注射器の水量を0.2cc、0.5cc、1ccと徐々に増やしていった。次の条件では、ジョッシュが強化されるためには、最初はコップの水3cc、最後は30ccの標的連鎖を自発しなければならなかった。研究の終わりには、90ccの水とジュースを混ぜた液体による般化プローブを実施して成功した。結果が示すところによれば、この連鎖化手続きによってジョッシュの標的連鎖を自発する能力を向上させることができた（図20.8を参照）。ハゴピアンらは彼らの手続きを次のように説明している。

　　われわれはまず、既存反応（嚥下する）を標的にすることから着手した。それはコップから飲むという行動連鎖の3番目の、そして最後の反応だった。次に連鎖の最後にくる2つの反応群（口に入れる、嚥下する）に強化を与えた。最終的には、連鎖に含まれる3つの反応がすべて起こったときにだけ強化を与えた。(p. 575)

逆向連鎖化の一番の利点は、学習者が教示を受けるたびに、連鎖の最終強化子と接触することである。強化の直接的成果として、強化のとき存在する刺激が、その弁別的特性を高める。更に、連鎖のすべての行動を繰り返し強化することが、強化されるすべての行動とその強化子に関連するすべての刺激の弁別能力を高める。逆向連鎖化の主な欠点は、連鎖の初頭のステップには、学習者が受動的に参加する可能性があるため、そのことがどの訓練セッションにおいても参加者の自発する反応総数を制約する可能性があることである。

4．前方飛躍型逆向連鎖化

　スプーナーら（Spooner, Spooner, & Ulicny, 1986）は、逆向連鎖化のバリエーションとして、**前方飛躍型逆向連鎖化**（backward chaining with leap ahead）と名づけた方法の使用を報告した。前方飛躍型逆向連鎖化は、基本的には、逆向連鎖化と同じ手続きである。違いは課題分析のステップの全部を訓練しない点である。一部のステップはプローブされるだけに留まる。前方飛越型行動修正のねらいは、連鎖を学習するために必要な総訓練時間を減らすことである。伝統的な逆向連鎖化の場合は、順序に含まれる行動の段階的反復は、学習過程を減速させる恐れがある。とくに学習者が連鎖の一部のステップを完全に習得してしまった場合にそうなる。例えば、先に挙げた靴ひも結びの例では、子どもはステップ7、つまり順序の最後の行動を遂行したら、ステップ4に前方飛躍してもよいかもしれない。ステップ5と6はすでに子どものレパートリーにあるからである。しかしながら覚えておかなければならない大切なことは、学習者が強化を受けるためには、今までどおり連鎖の他のステップとともに、ステップ5と6を正しく遂行しなければならないということである。

5．順向型、全課題型、逆向型の連鎖化：どれを使うべきか？

　順向型、全課題型、逆向型の連鎖化は、それぞれ広範囲のセルフケア行動、職業行動、自立生活行動に有効であることが証明されている。最初に選ぶべきはどの連鎖化手続きか？　今日までに行われた研究からは、明確な答えは得られない。1980年から2001年までに報告された証拠を検討したカズディン（Kazdin, 2001）は、「直接比較によっては、1つ（順向連鎖化、逆向連鎖化、全課題連鎖化）が他より一貫してより有効であるという確証は得られていない」（p. 49）と結論づけた。

　圧倒的で決定的なデータが、ある連鎖化の方法を他よりもよいとすることはないが、逸話的証拠と論理的分析から、子どもが次の場合は、全課題連鎖化がよいといえる可能性のあることが示唆される。(a) 子どもが連鎖のなかの多くの課題を遂行できるが、学ぶべきはその順序であるとき、(b) 子どもが模倣のレパートリーをもつとき、(c) 子どもに中度から重度の障害があるとき（Test et al., 1990）、およびまたは (d) 課題順序またはサイクルがそれほど長くなく、複雑でないとき（Miltenberger, 2001）。

　どの方法に従うことが望ましいかについては不確実であるが、次の方法によればその不確実さ

を最小にすることができる可能性がある。学習者に対して個別課題分析を行う。単一機会法か多重機会法を組織的に適用して教示の始点を確定する。文献のなかで実験的根拠のあるデータベースの研究を信頼する。そのアプローチに関する評価データを収集し、その個人に対する有効性を確定する。

V　行動連鎖を妨害し止めさせる

　これまでの議論では行動連鎖を形成する手続きに焦点を当ててきた。連鎖化（チェーニング）は、幅広い人々や多様な課題にわたってレパートリーを増やし、向上させるためにうまく活用されてきた。それでも実践家にとって行動と行動をどう結びつけるかを知るだけでは十分とはいえない。状況によっては、行動連鎖がどう機能するかに関する知識を活用して、既存の連鎖（例えば、トーストをつくる）の実行を妨害して、異なる反応クラスのスキル（例えば、スピーチスキル）を促進することができる。それ以上に、連鎖のなかには不適切なものもあるため（例えば、食物の過剰摂取）、不適切な行動連鎖をどのようにして無効にするかを知れば、その知識によってポジティブな結果を達成することができる（例えば、適切な量の食べ物を食べ、そのポイントで食べるのを止める）。

1．行動連鎖妨害戦略

　行動連鎖妨害戦略（behavior chain interruption strategy, BCIS）では、個人が連鎖の重要な成分を1人で遂行できるスキルを利用するが、既定のステップで連鎖を妨害して、別の行動を自発できるようにさせる。BCISは最初話し言葉と口頭反応を増やすために開発されたが（Goetz, Gee, & Sailor, 1985; Hunt & Goetz, 1988）、やがてその適用範囲は、絵カードコミュニケーションシステム（Roberts-Pennell & Sigafoos, 1999）や、手話（Romer, Cullinan, & Schoenberg, 1994）や、スイッチの作動（Gee, Graham, Goetz, Oshima, & Yoshioka, 1991）へと拡大された。
　BCISは次のように進められる。まず査定を行う。人が3つかそれ以上の成分の連鎖を1人で遂行できるかどうか確かめる。図20.9は、トースターでパンを焼く連鎖を5ステップに分けて、観察者によって特定のステップが邪魔され妨害されたとき、どの程度苦痛を感じ、完了させる努力がどの程度影響されたかを査定した例である。苦痛の程度は3件法で評定され、完了させる努力は二分法で記録された（すなわち、はい、いいえ）。査定によって、苦痛の程度は平均2.3、努力の百分率の総計は66％だった。
　応用場面でBCISを使い、行動を増やすことを考えてみよう。訓練用の連鎖として、その連鎖を遂行中に中断されると中程度の苦痛を感じるが、その行動は時たま起こり自傷に至るほどではないという苦痛をベースにして選択する。まず増やしたい標的行動（例えば、発声）のベースラインを収集する。それから対象者に指示して、連鎖を開始させる（例えば「トースターでパン焼いて」）。あらかじめ決められた連鎖のステップ――例えば、ステップ3（押し下げる）――のところで、その人が連鎖を完結させる能力を妨げる。例えば、実践家が一瞬その人のトースターへの

図20.9　連鎖を評価するために使われるスコアシートの例

```
                        連鎖のプリテスト
子どもの名前: チャック              連鎖：トースターでパンを焼く
日付：5/2                       *印はステップの始点で妨害する

ステップの順序        苦痛の程度        完了させる努力     コメント
1．パンを袋から出す*
                    1  ②  3      はい  (いいえ)
                   （低い）（高い）

2．トースターに入れる   1   2   3     はい   いいえ

3．押し下げる*        1  ②  3      (はい)  いいえ    ノブを触ろうとする

4．焼けたパンを取り出す 1   2   3     はい   いいえ

5．皿に置く*         1   2  ③      (はい)  いいえ    非常に混乱；自虐的
─────────────────────────────────────────────
              x̄苦痛：7/3＝2.3    合計2/3＝66%
```

From "Using a Chain Interruption Strategy to Teach Communication Skills to Students with Severe Disabilities," by L. Goetz, K. Gee, & W. Sailor, *Journal of the Association of Persons with Severe Handicaps, 13* (1), p. 24. Copyright by the Association of Persons with Severe Handicaps. Used by permission.

アクセスを消極的に邪魔して、それから「どうしたいの？」と言って発声をプロンプトする。その人が連鎖を完結させるためには、何か発声することが要求される。すなわち、その人は例えば「押し下げて」と言うなどの反応をしなければならない。

　BCISを使う結果、何がパフォーマンスを向上させるのか。そのことを説明する厳密な行動メカニズムは、これまで特定されていない。しかし現場ベースの研究の努力はなされており、そのなかには般性の結果を検討した研究（Grunsell & Carter, 2002）も含まれている。そしてBCISは治療効果のあるアプローチ、とくに重度障害者に対して有効なアプローチであることが立証された。例えば、カーターとグランゼル（Carter & Grunsell, 2002）は、BCISの有効性に関する文献レビューを行った。そしてそれが建設的で有益な方法であることを示した。彼らのレビュー論文にはこう書かれている。

　　BCIS（行動連鎖妨害戦略）は、経験的に支持された、ほかのナチュラリスティックなアプローチを補うものとしてとらえられるかもしれない……。数は少ないが増えつつある文献によって、重度障害者がBCISによって要求行動を獲得したことが証明された。その上、研究はBCISの適用が要求行動の割合を増やす可能性があることを証明している。(p. 48)

図20.10 BCISの主な成分と特徴

- 教示は、連鎖順序の最初ではなく中程で開始される。それが順向連鎖化と逆向連鎖化との違いである。教示が順序の中程で始まるため、順序を妨害することが、過渡的な条件性動機づけ操作、または負の強化として機能する。妨害の除去は行動を増加させる。
- 手続き的にいえば、BCISは人が連鎖を1人で完結させることができるが、連鎖の中程で妨害されると中程度の苦痛を経験するということを立証する査定に基づいている。
- 妨害の時点で言語プロンプト（例えば、「どうしてほしいの?」）が使われるが、モデリングや身体的ガイダンスなど、全範囲の反応プロンプトが採用されてきた。
- 妨害訓練は、日常場面（例えば、洗髪のための洗面器、クッキーを焼くための電子レンジ）で行われる。
- 維持と般化と社会的妥当性に関するデータは、すべての研究で圧倒的に証拠づけられてはいないが、BCISはほかの介入（例えば、マンドモデル法、時間遅延法、偶発教授法）に含めて使われるべきであるということを十分に示唆している。

　BCISの査定の基礎にある仮定は、「課題完結への固執と、妨害への感情的反応は、課題完結への高い動機づけの操作的定義としての役目を果たす」（Goetz et al., 1985, p. 23）ということである。妨害は学習者の課題完了による強化子の入手を一瞬妨げるので、妨害はブロックされた確立操作、すなわち他に何らかの追加行為や行動を起こさない限り、強化子が手に入らないときに存在する条件として働く（第16章を参照）。更にまた、BCISにおいて負の強化が果たす役割と、妨害時点で起こる組織的な環境変化は、十分分析されていない。そのためそれぞれの相対的貢献度は確定されていない。

　カーターとグランゼル（Carter & Grunsell, 2001）によれば、BCISにはいくつかの成分と特徴が含まれている。そのためにBCISが日常場面における有効な行動改善戦術になっている。図20.10はこれらのカギとなる特徴のレビューを示している。

2．不適切な連鎖を止めさせる

　不適切な行動連鎖（例えば、爪かみ、喫煙、過剰な食物摂取）は、次のようにすれば止めさせられる。すなわち、最初のS^Dを確かめて代替行動のS^Dと置き換えるか、連鎖を拡大して時間遅延に組み込む。連鎖の最初のS^Dが最初の反応を引き起こすとすると、今度はその最初の反応が最初のS^Dを終わらせ、第2のS^Dを生み出すという連続が、連鎖の間中起こることになる。もし最初のS^Dの起こる頻度がより低くなれば、連鎖全体もあまり起こらなくなる。マーチンとペア（Martin & Pear, 2003）は、例えば過食を強化する行動連鎖は、食物を一口食べるごとに、食器をテーブルに置くよう要求するリンクを導入するか、3〜5秒の時間遅延を導入することによって、次の一口はその後でなければ開始できないようにするかすれば、止めさせられるかもしれないとした。彼らの考えによれば、「望ましくない連鎖では、現在の一口の食物を食べ終える前に、次の一口を口に入れる準備ができてしまう。より望ましい連鎖では、これらの成分を分離して、短い遅延を取り入れるようにする」（p. 143）のである。

　連鎖成分を分離することについて考えてみよう。中度知的障害者がレストランの実習生とし

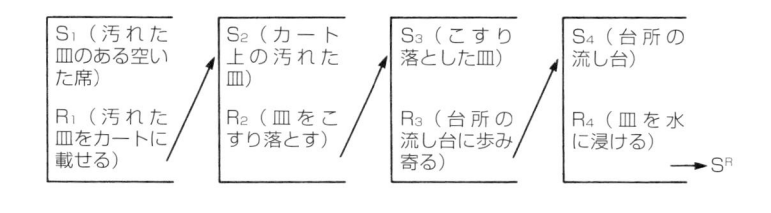

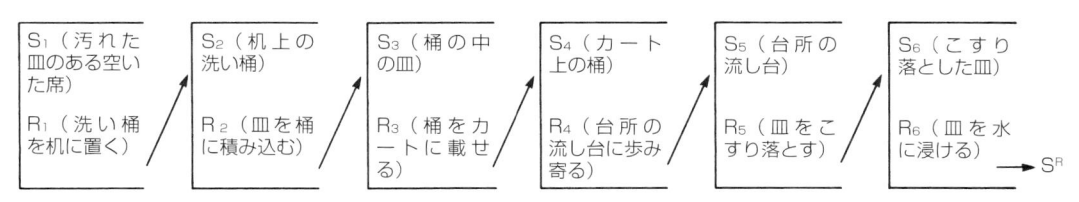

```
S₁（汚れた      S₂（カート     S₃（こすり    S₄（台所の
皿のある空い    上の汚れた    落とした皿）   流し台）
た席）          皿）
R₁（汚れた      R₂（皿をこ     R₃（台所の    R₄（皿を水
皿をカートに    すり落とす）   流し台に歩み   に浸ける）
載せる）                      寄る）                    → Sᴿ
```

```
S₁（汚れた    S₂（机上の   S₃（桶の中    S₄（カート   S₅（台所の   S₆（こすり
皿のある空い  洗い桶）     の皿）         上の桶）     流し台）     落とした皿）
た席）
R₁（洗い桶    R₂（皿を桶    R₃（桶をカ    R₄（台所の   R₅（皿をこ   R₆（皿を水
を机に置く）  に積み込む）  ートに載せ    流し台に歩    すり落とす） に浸ける）
                           る）           み寄る）                              → Sᴿ
```

図20.11 元の行動連鎖（上段）と不適切な反応順序を中止させるための改訂版（下段）

て、テーブルの片づけを教えられてきたとする。訓練プログラムが完了したとき、その実習生はテーブルを片づける連鎖のそれぞれの必要行動を正確に上手に遂行できるようになった（図20.11の上段を参照）。しかし仕事の現場では、新しい従業員が不適切な行動順序を自発し始めた。具体的には、その従業員は客のいないテーブルに汚れた食器があるとき、余分の食べ残しをそのテーブルにかき落としてしまい、汚れ食器を食器運搬カートに載せようとしなかった。言い換えれば、テーブル片づけ連鎖の最初のS^Dは、客のいないテーブルの汚れた食器であるが、それが連鎖の後で起こるべき反応（皿の汚れ落とし）を引き起こしていたのである。行動分析家がこの不適切な連鎖をやめさせるためには、考えられるいくつかの問題の原因を考慮しなければならない。(a) S^Dと反応を再検討する。(b) 似ているS^Dが別の行動の手がかりになっているかどうか確認する。(c) 仕事の場を分析して、関係するS^Dと関係しないS^Dを同定する。(d) 仕事の場のS^Dと訓練場面のS^Dが違うかどうかを突き止める。(e) 環境にある新規刺激の存在を突き止める。

（1）S^Dと反応を再検討する

　課題分析においてS^Dと反応のリストを再検討するねらいは、連鎖が引き起こす関連反応のもともとの連鎖が、主として専門家の意見や、時間動作研究や、実際的効率によってつくられた恣意的なものだったかどうかを確かめることである。さきの例では、訓練担当者は客のいないテーブルの汚れた食器の存在が、それらを食器運搬カートに載せる反応を喚起することを願っている。そこで、S^Dと反応の連鎖を整理し直して、それを訓練した（図20.11の下段を参照）。

（2）似ているS^Dが別の行動の手がかりになっているかどうか確かめる

　図20.11（上段）は、2つの似ているS^D、すなわち、客のいないテーブルの汚れた食器と、カートの上の汚れた食器を示している。それらが食物の残りをテーブルにかき落としてしまう一因

になっているかもしれない。言い換えれば、R_2（皿の残飯をかき落とす）は、S_1（テーブルの汚れた食器）によって制御されるようになった可能性がある。図20.11（下段）は、行動分析家がS^Dと関連反応をどう整理し直して、その順序を修正したかを示している。皿の残飯をかき落とすのは、今度の連鎖では5番目の反応になり、台所の流しで、つまりレストランのテーブルと食事する人から離れたエリアで、起こることになる。こうすれば、起こる可能性のある混乱は減らされるか除去される。

(3) 日常場面を分析して、関係するS^Dと関係しないS^Dを同定する

訓練プログラムは、関係する（すなわち、重要な）刺激成分と、関係しないバリエーションを学習者が弁別するように設計する必要がある。図20.11（下段）は、S_1に関係する少なくとも2つの特徴を示している。客のいないテーブルと、そのテーブルの汚れた食器である。関係しない刺激は、そのテーブルのレストラン内の位置や、テーブル上の食器一式や、食器一式の配置である。台所の流しの存在というS_5の関係する特徴は、水栓であり、流しの構造であり、汚れた食器である。最後に、関係しない刺激は、台所の流しのサイズや、水栓のタイプや、そのスタイルである。

(4) 日常場面のS^Dが訓練のS^Dと違うかどうか確かめる

弁別刺激S^Dのいくつかのバリエーションは、訓練段階では教えることができない可能性がある。この理由から多くの研究者が、行動連鎖の遂行が期待される日常場面において、最後の訓練セッションを実施するよう提言する。こうすれば、どんな違いであれ、訓練者がその存在を認識できるようになり、そしてその後の弁別訓練を現場で更に洗練させることができる。

(5) 環境における新規刺激の存在を突き止める

オリジナルな訓練場面では予想されなかった新規刺激があるとすれば、それが不適切な連鎖を起こすプロンプトとなる可能性がある。レストランの例では、混んでいる客の存在は、順序通りの連鎖の遂行を妨げるかもしれない。同様に妨害刺激（例えば、客の往来、テーブルのチップ）は、不適切な連鎖を引き起こす恐れがある。また、仕事仲間がうっかりして実習生に矛盾した教示を与えるかもしれない。これらのすべての状況において、新規刺激を突き止めて、環境のそのほかのS^Dと合わせて、学習者にそれらを弁別するよう教えなければならない。

VI 行動連鎖のパフォーマンスに影響を与える要因

行動連鎖のパフォーマンスに、いくつかの要因が影響を与える。以下の節ではこれらの要因の概要を述べ、それらに対応するためのアドバイスを提言する。

1．課題分析の完全性

　課題分析が完全で正確になればなるほど、人はその順序をより効果的に前進するだろう。連鎖を構成する成分が適切に順序づけられなければ、あるいはそれぞれの反応に対応するS^Dが同定されなければ、その連鎖を学習することはより困難になるだろう。

　行動分析家が正確な課題分析を発展させたいと思うならば、2つのカギとなるポイントを覚えておく必要がある。第1に、訓練の前に計画を立てなければならない。課題分析を構成してその妥当性を確かめるために使われる時間は、有効に使わなければならない。第2に、課題分析を構成した後は、課題分析のさまざまなステップで、課題分析を調整したり、より侵入性の強いプロンプトの使用が必要になったりすることを予想して、訓練を始めなければならない。マックウィリアムズら（McWilliams et al., 1990）は、ベッドメーキングスキル訓練に参加した3人のうちの1人が、課題分析のいくつかのステップにおいて、パフォーマンスの向上のために、大量の試行とより多くのプロンプトを要したと述べている。

2．連鎖の長さと複雑さ

　長くて複雑な行動連鎖は、短くてあまり複雑でない行動連鎖よりも、学習するために時間がかかる。同様に行動分析家は、2つかそれ以上の連鎖がつながっている場合は、訓練時間が長くなることを予想すべきである。

3．強化スケジュール

　連鎖において1つの行動のパフォーマンスの後に強化子が提示されると、連鎖を構成するそれぞれの反応に影響を及ぼす。しかしながら、それぞれの反応に対する効果はまったく同じではない。例えば、逆向連鎖化では、連鎖の最後になされる反応はより頻繁に強化を受けるため、連鎖の前方でなされる反応よりも、より速く強められる。行動分析家は2つのポイントを覚えておくとよい。(a) 連鎖は適切な強化スケジュールを使えば維持することができる（第13章を参照）。(b) 強化スケジュールを決めるときは、連鎖のなかの反応数を考慮する必要があるかもしれない。

4．刺激のバリエーション

　ベラミーら（Bellamy, Horner, & Inman, 1979）は、刺激のバリエーションが連鎖のパフォーマンスにどう影響するかについて、優れた図的記述を示した。図20.12の上段の写真は、カムスイッチの軸受けをカムスイッチの車軸に付ける前と後を示している。下段の写真は組み立て過程で使われる4つの異なるタイプの軸受けを示している。軸受けを軸に付ける反応は、軸受け（S^D）の存在によって制御されるが、しかしながら軸受けの間のバリエーションは、反応がそれぞれ重

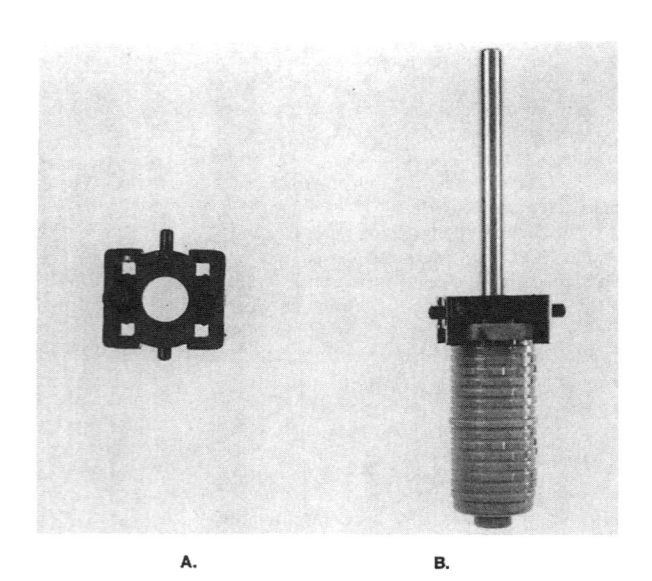

A.　　　　B.
カムスイッチ軸に取り付ける前後のカムスイッチ軸受

図20.12　上段：カムスイッチ軸に取り付ける前後のカムスイッチ軸受。下段：カムスイッチ組み立てに使われる4種の異なる軸受。

From *Vocational Habilitation of Severely Retarded Adults*, pp.40 & 42, by G. T. Bellamy, R. H. Horner, and D. P. Inman, 1979, Austin, TX: PRO-ED. Copyright 1979 by PRO-ED. Reprinted by permission.

要な特徴を共有する複数のS^Dのよって制御されることを要求する。それぞれの軸受けには、中央に1.12cmの穴があり、軸受けの表面には1つ以上の六角ナット用の溝穴がある。これらの刺激特徴をもつどの軸受けも、ほかの関係ない次元（例えば、色、材質、重さ）が存在していても、軸受けを軸に付けるという反応を喚起しなければならない。これらの特徴をもっていない刺激は、その反応を引き起こしてはならない。

　行動分析家は、もし可能ならば、学習者が遭遇するであろう可能なすべてのS^Dのバリエーションを取り入れるべきである。行動連鎖のいかんにかかわらず、刺激バリエーションの提示は、それが存在するとき正反応が起こる可能性を高める。このなかには、例えば、組み立て課題ならばさまざまなキャニスター（筒状容器）やシャフト、着替えスキルならば異なるファスナーやボタン、歯磨きならば種々雑多なチューブやポンプ式歯磨き粉が含まれる。

ペンチを使ってはめる

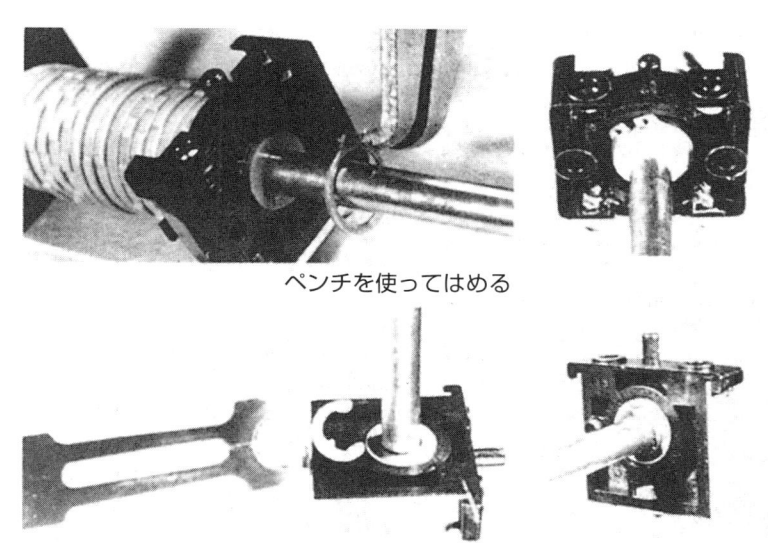

押し込み工具を使ってはめる

図20.13 軸受をカム軸に取り付けるために止輪をはめる2つの方法。

From *Vocational Habilitation of Severely RetardedAdults*, p. 44, by G. T. Bellamy, R. H. Horner, and D. P. Inman, 1979, Austin, TX: PRO-ED. Copyright 1979 by PRO-ED. Reprinted by permission.

5．反応のバリエーション

　刺激のバリエーションが起こるときは、同じ効果を生むためには、しばしば反応のバリエーションも起こらなければならない。ベラミーら（Bellamy et al., 1979）はまた、カムシャフトの組み立ての実例を示している。図20.13の左上の写真では、軸受けがカムシャフトに取り付けられ、1対のペンチを使って取り付けるために保持クリップがセットされている。写真右上は取り付けられたクリップの位置を示す。写真左下は異なった反応を要求する異なった軸受けの外形（すなわち、S^Dが異なる）を示す。保持クリップをペンチで軸受けキャップの上に持ち上げる代わりに、レンチ型ツールでそれをキャップの上に押し込まなければならない。持ち上げる、または押し込めるという反応が変化すると、適切なツールを選択する反応も変化した。したがって、行動分析家は刺激のバリエーションを導入するときは、その連鎖内での反応の訓練または再訓練も、あわせて必要になることを認識しなければならない。

まとめ

行動連鎖の定義

1．行動連鎖とは、独立した反応の特定の順序である。それぞれの反応は特定の刺激条件と結び

ついている。それぞれの独立した反応と関連刺激条件は、その連鎖の個別成分となる。個別成分が互いに結びつけられたとき、結果として得られるのが最終的結果を生み出す行動連鎖である。

2．連鎖のなかの連続する2つの反応を結びつけるそれぞれの刺激は、二重の機能を果たす。それが生み出した反応に対する条件性強化子であり、連鎖の次の反応のS^Dである。

3．制限時間付き行動連鎖では、強化を与えるためには、行動順序が正しく遂行され、かつ特定の時間内に遂行されなければならない。習熟した反応は制限時間付き連鎖の際立った特徴である。

行動連鎖を使う理論的根拠

4．行動分析家が行動連鎖を形成するスキルを磨くべき3つの理由がある。(a) 連鎖を利用すれば、自立生活スキルを向上させることができる。(b) 連鎖はそれによってほかの群の行動をより複雑な連鎖に組み込む手段を提供することができる。(c) 連鎖はほかの手続きと組み合わせることによって、般化場面において行動レパートリーを形成することができる。

5．連鎖化（チェーニング）とは、刺激と反応がこれらの特定の順序によって結びつけられ、新しいパフォーマンスが形成される道筋である。順向連鎖化では、行動をその連鎖の最初の行動から始めて順次結びつけていく。逆向連鎖化では、行動をその連鎖の最後の行動から始めて順次結びつけていく。

課題分析

6．課題分析は、複雑なスキルを、より小さく、教授可能な単位に分解することである。課題分析によって、一連の順序をもったステップや課題が得られる。

7．課題分析を構成しその妥当性を確かめる目的は、完全な課題を構成し、効率的遂行を導く、段階的に並んだ重要な行動順序を決定することである。課題分析は、能力ある個人の課題遂行ぶりを観察するか、専門家に相談して意見を求めるか、その順序を自己遂行するかすることによって、組み立てることができる。

8．習得レベルを査定する目的は、課題分析のどの成分がすでに1人で遂行できるかを確かめることである。査定は単一機会法か多重機会法を使って行うことができる。

行動連鎖化の方法

9. 順向連鎖化では、課題分析で同定された行動を、自然な順序によって教える。具体的には、連鎖の最初の行動が既定の基準に達したとき、強化を与える。その後、ステップ１とステップ２が基準に達したとき、強化を与える。それ以後のそれぞれのステップでは、それまでに訓練されたステップのすべてを正しく遂行することを条件として、強化を与える。

10. 全課題連鎖化は、順向連鎖化のバリエーションである。学習者はすべてのセッションにおいて、課題分析されたそれぞれのステップについて訓練を受ける。個人が遂行できないステップのすべてに対して、訓練者による援助が、反応プロンプトを使って提供される。学習者が連鎖のすべての行動を遂行するまで、連鎖の訓練を行う。

11. 逆向連鎖化では、課題分析で同定されたすべてのステップが、最後のステップを除いて、すべて訓練者によって遂行される。その最後のステップの学習者による遂行が基準に達したとき、強化を与える。次は学習者が最後から２番目のステップと最後のステップを遂行することを条件として強化を与える。次に強化を与えるためには、学習者は最後の３つのステップを遂行しなければならない。逆向連鎖化の主な長所は、学習者が強化随伴性に即座にさらされ、関数関係が形成され始めることである。

12. 前方飛躍型逆行連鎖化は、基本的には逆向連鎖化と同じ手続きに従う。ただし、課題分析されたステップのすべてが訓練されるわけではない点が異なる。前方飛躍型行動修正では、連鎖のなかで訓練されていない行動に対するプローブか査定が提供される。この連鎖化の目的は、行動連鎖の訓練のスピードを速めることである。

13. 順向連鎖化を使うか、全課題連鎖化を使うか、逆向連鎖化を使うかの決定は、課題分析の査定結果と、確実な経験的根拠をもつデータベースの研究と、機能的評価をベースにして、個人の認知的能力や、身体的能力や、運動能力や、ニーズを考慮して、行われなければならない。

行動連鎖を妨害し止めさせる

14. 行動連鎖妨害戦略（BCIS）は、参加者が連鎖の重要な成分を１人で遂行する学習者のスキルを利用する介入であるが、その連鎖は既定のステップにおいて妨害され、ほかの行動が自発されるようにする。

15. 不適切な連鎖は以下の方法によって止めさせることができる。連鎖の最初の行動を引き起こす最初のS^Dを確かめて、代替S^Dに置き換える。代替S^Dは課題分析におけるS^Dと反応のリスト

を再検討することによって決定することができる。類似したS^{D}が異なる反応の手がかりになっているかどうかを確かめる。日常場面を分析して、関係するS^{D}と関係しないS^{D}を同定する。日常場面のS^{D}と訓練のS^{D}が異なっているかどうかを確かめる。およびまたは、環境に新規S^{D}が存在するかどうかを突き止める。

行動連鎖のパフォーマンスに影響を与える要因

16. 行動連鎖のパフォーマンスに影響する要因には、(a) 課題分析の完全性、(b) 連鎖の長さないし複雑さ、(c) 強化スケジュール、(d) 刺激のバリエーション、(e) 反応のバリエーション、が含まれる。

第 8 部

非罰的手続きによって行動を減らす

　第8部では、問題行動を減らす、または無くすための非罰的介入を説明する。第21章「消去」では、正の強化、負の強化、自動強化によって維持される行動に関連した問題行動に対する消去手続きを示す。この章には、消去効果、消去抵抗に影響する変数、消去を効果的に活用する指針が含まれる。第22章「分化強化」では、問題行動を減らすための分化強化を最もよく研究した4つのバリエーション、（a）非両立行動分化強化、（b）代替行動分化強化、（c）他行動分化強化、（d）低反応率分化強化、を紹介する。そしてこれらの分化強化のそれぞれの応用例と、有効活用の指針を示す。第23章「先行介入」では、問題行動に対する3つの先行介入、すなわち非条件的強化と、高確率要求連続と、機能的コミュニケーション訓練について、それらを定義し、それぞれの例を示し、それらを活用するための指針を示す。

第21章
消去

キーワード

逃避消去、消去（オペラント）、消去急騰、消去抵抗、感覚消去、自発的回復

行動分析士資格認定協会®BCBA® & BCaBA®
第4版課題リスト©

Ⅰ　基本的な行動分析学のスキル	
C-03	消去の好ましからざる起こりうる影響について述べ計画を立てる。
D-01	正負の強化を使う。
D-08	不連続試行とフリーオペラント計画を使う。
D-18	消去を使う。
D-19	強化と、弱化および消去の組み合わせを使う。
E-03	インストラクションとルールを使う。
Ⅱ　クライエントを中心に据えた専門家としての責任	
I-03	個別化された行動査定手続きを設計し実行する。
I-04	機能査定手続きの全範囲を設計し実行する。
Ⅲ　基礎知識	
FK-23	自動強化、自動弱化

©2012　行動分析士資格認定協会®（BACB®）。不許複製。この文書の最新版は、www.bacb.comから入手できる。この文書の転載、複写、配布の請求と、この文書についての質問は、BACBに直接問い合わせられたい。

第21章 消去

　この章では、以前に強化されていた行動の頻度を、強化を差し控えることによっていかに減らすかについて解説する。これは消去として知られている原理である。消去は手続きとしては、確率ゼロの強化を与えることである。それはまた、行動の反応率が減っていく過程でもある。実践家は、例えば家庭や学校や施設などのさまざまな場面で、また重度の自傷から軽度の妨害行動に至るさまざまな問題行動に対して、消去の行動原理を効果的に適用してきた。しかしながら、応用場面における消去の有効性は、主として強化的結果の同定と、一貫した手続きの適用によって左右される。消去は行動を減らすために嫌悪刺激の適用を必要としない。すなわち、罰を与える人が示す言語的、身体的モデルを人に提示しない。消去に必要なことは、単に強化子を差し控えることだけである。本章では、消去を定義し、消去を適用する手続きを説明する。さらに消去行動と消去抵抗について考察する。消去は単純な過程のように見えるが、応用場面におけるその適用は難しい場合がある。

I　消去の定義

　消去（extinction）は、手続きとしては、以前に強化されていた行動の強化が中止されるときに起きる。その結果、その行動の将来の頻度が減る[1]。この原理を別の言い方で述べてみよう。ケラーとショーンフェルド（Keller & Schoenfeld, 1950/1995）は、消去をこう定義した。「条件性オペラントは、行為と結果の関係を断ち切ることによって消滅する……。タイプR［オペラント］消去の原理はこう言えるだろう。すなわち、条件性オペラントの強さは、強化を差し控えることによって減る」（pp. 70-71）。同様にスキナー（Skinner, 1953）はこう書いた。「強化がもはや起こらなくなると反応は次第に低下する。それは'オペラント消去'と呼ばれる」（p. 69）。

　小学3年生のデショーナの例で考えて見よう。彼女は先生がほかの子を指導していると、頻繁に先生を邪魔した。デショーナは先生の注意をほかの子から自分に向けさせようとしているように見えた。先生はデショーナの邪魔に対していつも次のように対応していた。すなわち、デショーナが質問したら答える、自席に戻りなさいと言う、ほかの子を指導しているときは邪魔しないでという、自分の番が来るまで待たなければいけませんと説明する。それに対してデショーナはいつもわかりました、先生の邪魔をしないようにします、と答えていた。しかし彼女の厄介な妨害行動は止まらなかった。先生はデショーナが注意を引きたくて邪魔することに気づいた。それまでときどき邪魔しないように言い聞かせてきたが効果がなかったので、今度はデショーナの妨害行動を無視してみることにした。デショーナは依然として妨害を続けたが、もはや先生の注意を引くことはできなかった。それが4日間続くと、その後は先生を妨害しなくなった。

　この例では、子どもの邪魔（すなわち、問題行動）は、教師の注目（すなわち、強化刺激）によって維持されていた。教師はデショーナの妨害行動を無視することによって、消去の手続きを適用した。この手続きは妨害の頻度を減らした。この消去手続きは、問題行動を起こさせないこ

注1：消去という用語は、条件性レスポンデント反射（第2章参照）においても用いられる。条件刺激（CS）を無条件刺激なしに反復して提示してCSがもはや条件反応を誘発しなくなることをレスポンデント消去と呼ぶ。

と（例えば、妨げること）はしなかった。そのかわり、問題行動がもはや強化（例えば、教師の注目）を生み出さないように環境を変えたのである。

1．手続きとしての消去形態と、機能としての消去形態

行動分析家は、行動機能査定（第24章を参照）を使うことによって、手続きのバリエーションとしての消去（無視すること）と、機能のバリエーションとしての消去（維持している強化子を差し控えること）をはっきり区別できるようになった。手続きのバリエーションとしての消去と機能のバリエーションとしての消去を明確にすることによって、より効果的な処遇ができるようになった（Lerman & Iwata, 1996a）。

歴史的に見れば、応用行動分析家の中には、機能としての消去形態（すなわち、維持している強化子を差し控えること）よりも、手続きとしての消去形態（例えば、とにかく問題行動を無視しよう、そうすればなくなるだろう）を強調した人たちがいた。手続きとしての消去形態の適用はしばしば効果がない。行動分析家は行動機能査定を使うことによって、手続きとしての消去形態（無視すること）と、機能としての消去形態（維持している強化子を差し控えること）をはっきり区別できるようになった。その結果として、基礎研究の消去手続きを応用場面で活用する研究が増加した可能性がある。消去手続きが行動の機能と一致すると、通常その介入は有効になる。

2．消去：専門用語の誤用

応用行動分析学において最も誤解され、誤用されている専門用語は、負の強化（negative reinforcement）以外では、おそらく消去であるといえるだろう。応用行動分析家は消去という専門用語を、行動を維持している強化子を差し控える手続きを同定するためだけに使うべきである。次節では、広く見られるこの専門用語の４つの誤用を示す。

（1）行動の減少のすべてを指すために消去を使う

一部の人々は、何が行動の変化をもたらしたかとは無関係に、行動の減少ならばすべて消去という用語を使う。例えば、強化からのタイムアウトや、行動の身体拘束などの罰（弱化）の結果として人の行動が減る場合、「行動が消去しつつある」という言い方をすれば、誤解を招く恐れがあり、専門的意味では正しくない。生起率ゼロに達する行動減少のすべてに消去という名称を与えることも、広く見られるこの専門用語の誤用である。

（2）忘却と消去を混同する

消去と忘却を混同すると、消去という用語を誤用することになる。忘却においては、人がその

行動を自発する機会を持たずに時間が経過することによって行動が弱められる。消去においては、行動が強化を生み出さないことによって、行動が弱められる。

(3) 反応阻止と感覚消去を混同する

応用行動分析家は、自動強化によって維持されている反応の生起を阻止するため、感覚刺激を遮断するよりも、ゴーグルや、手袋や、ヘルメットや、腕に装着させる錘を利用してきた。反応阻止（response blocking）を適用して問題行動を減らすことは、一見すると感覚消去（sensory extinction）のように見える。しかしながら反応阻止は、消去手続きではない。感覚的結果も含めて消去手続きが適用されるときはすべて、個人は問題行動を自発することができる。ただしその行動は強化を生み出さない。それとは対照的に反応阻止では、標的行動の生起を妨げる（Lerman & Iwata, 1996a）。

(4) 非条件的強化と消去を混同する

応用行動分析学の文献では、現在、消去の２つの定義が見られる。それぞれの定義は、行動を減らすため異なる手続きを使う。本章では消去の１つの定義だけを使う（すなわち、Keller & Shoenfeld, 1950/1995; Skinner, 1953）。それは消去と呼ばれる行動原理に最も強く結びついた定義である。この消去の定義は、実験行動分析学と応用行動分析学において長年役立ってきた。

第２の定義の手続きでは、問題行動を維持する強化子を差し控えることはしない。こちらの手続きでは、それらの強化子を非条件的に提示する（NCR）。ということは、応用行動分析家が個人に対して、反応とは完全に独立して、既知の強化特性を持つ刺激を、固定時間スケジュールか、変動時間スケジュールによって、適用するということである（第23章を参照）。

NCRは問題行動を少なくするための重要な効果的介入である。しかしNCRは行動に対して、消去原理が作用する仕方とは別の仕方で作用する。消去は結果刺激を変えることによって行動を減らす。NCRは動機づけ操作を変えることによって行動を減らす。どちらの手続きも行動を減らすが、その行動効果は異なる制御変数によってもたらされる。確立された１つの用語を使って、２つの異なる手続きがもたらす効果を説明することは紛らわしい。

II 消去手続き

消去の手続きは、具体的には、はっきり異なる３つの形態をとる。それらは正の強化、負の強化[2]、自動強化によって維持される行動と結びついている。

注２：正の強化によって維持される行動に関連する消去は、応用行動分析学の文献では、しばしば注目消去（attention extinction）と呼ばれる。とくに行動機能査定（functional behavior assessment, FBA）の文献ではそう呼ばれる。FBAの文献では、社会的注目による強化が、FBAによって探求される条件または仮説の１つになっている。

1. 正の強化で維持される行動の消去

　正の強化（positive reinforcement）で維持される行動は、いままでのように行動しても強化子を生み出せなくなるとき、消去状態に置かれることになる。ウイリアムズ（Williams, 1959）は、1つの古典的研究において、正の強化の除去（消去）が、生後21カ月の幼児の示す暴君のような行動に及ぼす効果を記述した。幼児は生後18カ月の間、重い病気に罹っていたが、この研究が始まったときは完全に回復していた。この男児は、両親から特に就寝時に特別に注目してもらうことを要求し、両親が注目しないと癇癪（例えば、絶叫する、大騒ぎする、泣く）によって反応した。どちらかの親が、就寝の時間が来るたびに、男児が眠るまで寝室で30分から2時間過ごしていた。

　ウイリアムズは、その癇癪がどのようにして発展したかについて推測していないが、考えられる説明は想像に難くない。男児は生後18カ月間の多くを重い病気で過ごした。そのため泣くことが、不快や苦痛を感じているか、助けが必要であるかを知らせる信号となっていたに違いない。実際は、泣くことが、両親の注目によって、強化されてきただろう。泣くことは、長期に及ぶ病気の間に高頻度行動となり、その子の健康が改善されてからも、続いて起こっていた。両親はおそらく最終的には、わが子が注目を得るために就寝時に泣き声をあげることに気づいて、泣くことを無視しようとしただろう。しかし、両親が部屋にいなくなると、ますます激しく興奮して泣いた。何日も何週間もたつうちに、就寝時に完璧な注目を要求するその子の行動は一層悪化した。両親はおそらく就寝時にわが子と一緒にいることを止めようと再び決意したに違いない。しかし泣き方はいっそう強くなり、また新たにいくつかの癇癪行動も起こるようになった。両親は子どもの部屋に戻ってその癇癪の言いなりになり、そのことによってあたかも暴君のように振る舞うことを、子どもに教えたのである。

　暴君のような行動が3カ月続いた後、両親はわが子の癇癪について何かしなければならないと決断した。親の注目がこの癇癪を維持しているように見えた。そのため消去原理を適用することを計画した。両親は穏やかな落ち着いた調子で子どもをベッドに寝かせ、寝室を出てドアを閉めた。両親はドアを閉めた瞬間から、絶叫と泣きの時間の長さを記録した。

　図21.1は消去中の癇癪の時間の長さを示す。子どもは最初にベッドに寝かされたとき、45分の間癇癪を起こしていた。癇癪は徐々に減ってゆき、第10セッションまでには「両親が部屋を出ていっても、もはやめそめそしたり、騒ぎ立てたり、声を上げて泣いたりしなくなった。むしろ2人が出て行くとき、笑うようになった。両親は、わが子は眠りにつくまで幸せそうな声を上げていた、と報告した」（Williams, 1959, p. 269）。

　癇癪はほぼ1週間まったく起こらなかった。しかし叔母が男児を寝かすようになると、癇癪が再び起こり始めた。子どもが癇癪を始めると叔母が寝室に戻って、子どもが眠るまで付き添った。癇癪は以前の高レベルまで逆戻りして、再び減らさなければならなかった。

　図21.1は、叔母が介入して以後の10日間の癇癪の長さを示す。データの曲線は、両親による最初の注目の場合と同じである。癇癪の長さは2回目の注目除去の方がやや長くなっているが、第9セッションまでにゼロに達した。ウイリアムズは、2年後のフォローアップでも、就寝時にこ

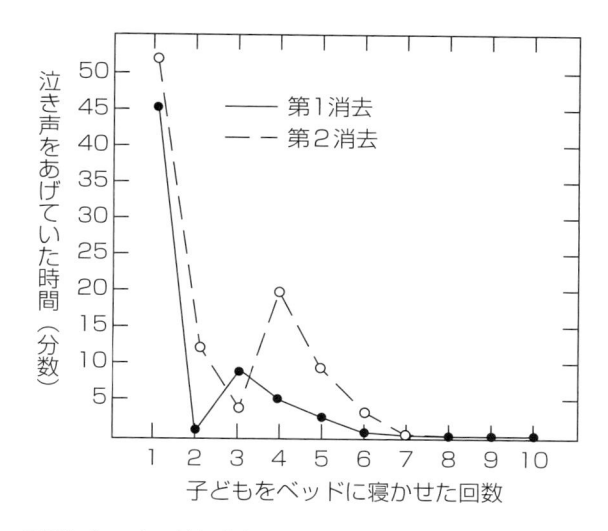

図21.1 ベッドに寝かされる関数としての泣く時間を表す2回の消去シリーズ

From "The Elimination of Tantrum Behavior by Extinction Procedures" by C. D. Williams, 1959, *Journal of Abnormal and Social Psychology, 59*, p. 269. Copyright 1959 by the American Psychological Association. Reprinted by permission of the publisher and author.

れ以上癇癪を起こしていないと報告した。

2. 負の強化で維持される行動の消去

　負の強化（negative reinforcement）で維持される行動は、いままでのように行動しても嫌悪刺激を除去できないとき、つまり個人が嫌悪状況から逃れられないとき、消去状態に置かれる（またの名を**逃避消去**［escape extinction］という）。アンダーソンとロング（Anderson & Long, 2002）や、ドーソンら（Dawson et al., 2003）は、行動介入としての逃避消去の優れた例を示した。

　アンダーソンとロング（Anderson & Long, 2002）は、自閉症と中度から重度の知的障害をもつ、8歳男児ドリューの問題行動を減らすための処遇を示した。ドリューの問題行動は、自傷行動（SIB）、攻撃、妨害だった。アンダーソンとロングは、行動機能査定をやり終えた。その後、問題行動を維持しているのは課題状況からの逃避であるという仮説を立てた。この仮説に基づいて、スピーチセラピストが逃避消去を使って、ドリューが見本合わせと理解言語課題を行っているとき起こす問題行動を減らそうとした。これらの課題は最高率の問題行動を引き起こしていた。スピーチセラピストは課題の間、教示プロンプトを与えた。ドリューが教示プロンプトに続いて問題行動を自発すると、スピーチセラピストは身体的ガイダンスを使って課題を完了させた。逃避消去は見本合わせと理解言語課題中の問題行動を著しく減少させた。図21.2はベースライン（すなわち逃避）と逃避消去条件において問題行動が自発された1分あたりの回数を示す。

　ドーソンら（Dawson et al., 2003）は、食べ物を全く受け付けない完全拒食に対する日帰り治療プログラムに参加した3歳女児メアリーの摂食拒否を、逃避消去を使って軽減したことを報告

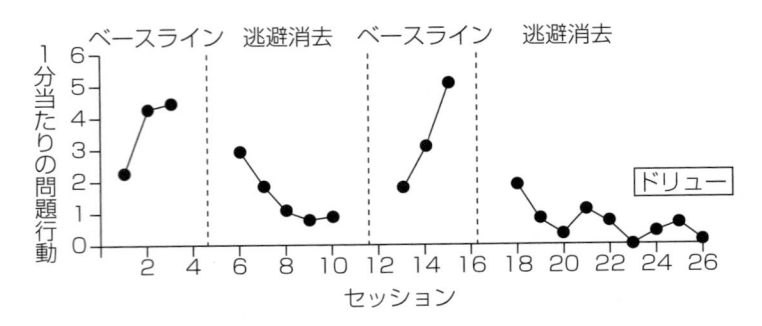

図21.2 ベースラインと逃避消去の間のドリューの1分当たりの問題行動の数

From "Use of a Structured Descriptive Assessment Methodology to Identify Variables Affecting Problem Behavior" by C. M. Anderson & E. S. Long, 2002, *Journal of Applied Behavior Analysis, 35* (2), p.152. Copyright 2002 by Society for the Experimental Analysis of Behavior, Inc. Adapted by permission.

した。メアリーの病歴には、ほかの医療問題とともに、胃と食道の反射、遅延性の胃内容排出、胃瘻チューブ依存が、含まれていた。メアリーの示す拒食には、食べ物を1口差し出されると顔を背ける、スプーンやセラピストの手や腕を手で押える、両手かよだれかけで顔を覆う、などが含まれていた。

　逃避消去手続きは、12セッションの拒食に対して適用された。もしメアリーが食べ物を拒否したら、セラピストがメアリーの口にスプーンを当てて、食べるまでそのまま保持した。もしメアリーが食物片を吐き出したら、食物をまた提示して、嚥下するまで続けた。この手続きによって、メアリーは食物を拒否しても食物から逃避することができなくなった。セラピストは、メアリーが食物を12回嚥下したら、セッションを終了した。メアリーは12回のベースラインセッションでは食物を一切受け付けなかった。しかし、逃避消去を2セッション経験してからは、メアリーの食物受け入れは、100%の従順さにまで増加した。

3．自動強化で維持される行動の消去

　自動強化（automatic reinforcement）で維持される行動は、いままで得られていた感覚上の結果（音・匂い・味など）を弱める（mask）か取り除くことによって、消去状態に置かれる（またの名を**感覚消去**［sensory extinction］という）。行動の中には、行動することによって自然な感覚上の結果を生み出して、その行動を維持するものがある。リンコーバー（Rincover, 1981）は、自然に起きる感覚上の結果を、「いい音だね、見栄えがいいね、いい味だね、いい匂いだね、いい感触だね、動き自体が気持ちいいね」（p.1）のような刺激として説明した。

　自動強化に関連した消去は、問題行動に対する治療オプションとしては勧められない。社会的結果や負の強化で維持される自己刺激に対してすら勧められない。しかしながら自動強化は、自傷行動（SIB）や、無目的で反復的な永続性の自己刺激行動（例えば、指をひらひら振る、頭を揺する、つま先立ちで歩く、髪の毛を引っ張る、体の一部を撫で回す）を維持している可能性がある。例えば、ケネディとソーサ（Kennedy & Sousa, 1995）は、最重度障害の19歳の男性が、

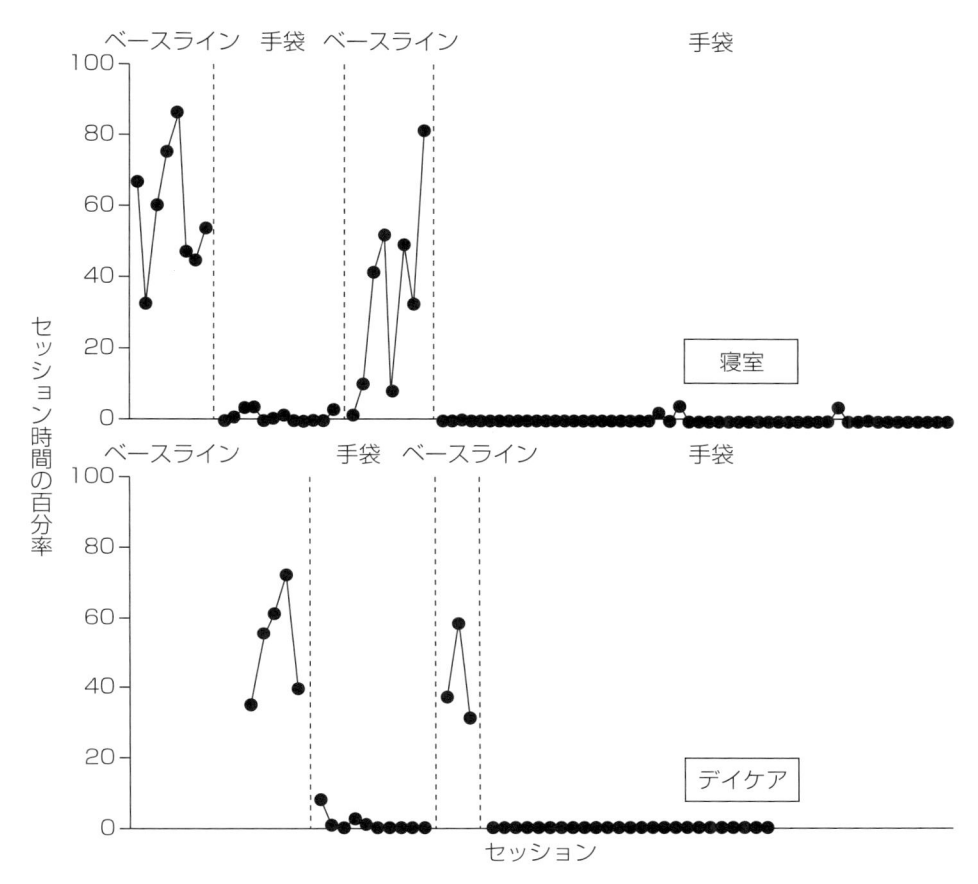

図21.3　家とデイケア場面でのベースラインと処遇条件における髪いじりのセッション時間の百分率

From "Functional Analysis and Treatment of Hair Twirling in a Young Child" by C. M. Deaver, R. G. Miltenberger, and J. M. Stricker, 2001, *Journal of Applied Behavior Analysis, 34* p. 537. Copyright 2001 by Society for Experimental Analysis of Behavior, Inc. Used by permission.

12年間にわたってずっと自分の目を突ついてきために、両眼とも視力を失ってしまったと報告した。眼球突つきは、彼が1人でいるとき最も頻繁に起こっていたので、感覚を刺激しているものと考えられた。ケネディとソーサはゴーグルを使って、両眼への接触を遮断してみた。すると彼の目を突つく行動は激減した（図8.5を参照）。

　社会的結果は、しばしば、攻撃行動を維持するが、つねに維持するとは限らない。自動強化もまた、攻撃行動を維持する可能性がある。それはSIBや自己刺激行動と同様である（Thompson, Fisher, Piazza, & Kuhn, 1998）。ディーヴァーら（Deaver, Milteberger, & Sticker, 2001）は、消去を使って髪いじりを減らした。髪いじりは、しばしば髪を引っ張る行動の前兆になる。それは深刻な自傷行動である。ティナは年齢2歳5カ月のとき、髪いじりと髪引っ張りの治療を受けた。関数分析によって、ティナが髪をいじったり引っ張ったりするのは、注目を得るためではなく、1人で寝るときに最も頻繁に起こることが明らかになった。この場合の感覚消去の手続きは、デイケア場面と家で寝るときに、ティナに薄い木綿の手袋をはめさせることだった。図21.3は、感

覚消去によって、家とデイケアの場面で髪いじりがほぼゼロ水準に減少したことを示している。

リンコーヴァーら（Rincover, Cook, Peoples, & Packard, 1979）と、リンコーヴァー（Rincover, 1981）は、自動強化を消去する例として、次のような事例を挙げた。

1．子どもが電気を素早く点けたり消したりすることにこだわっていた。そこでスイッチの接続を外して、視覚の結果を除去した。

2．子どもが自分の体をしつこく血が出るまで掻きむしっていた。その子の手に薄いゴム手袋をはめさせ、皮膚に触れないようにさせて、触覚（タッチする）の結果を除去した。その後、手袋を少しずつ切除して、フェーディングした。

3．子どもが食べたものを吐き出して、それから吐瀉物を食べていた。味覚（風味）消去手続きは、吐瀉物にアオイマメ（白いんげんに似た豆で北米で栽培される）を追加することだった。その子はアオイマメが嫌いだった。その結果、吐瀉物はいい味がしなくなり、正の感覚結果が弱められた。

4．子どもが両腕を横に伸ばして、絶え間なく指と手と腕をひらひらさせて、運動感覚刺激（すなわち、筋肉、腱、関節を刺激する）を手に入れていた。感覚消去の手続きは、手の裏側にテープで小さな振動装置を止めて、運動感覚刺激を弱めることだった。

5．子どもがお皿のようなものを机の上で絶えまなく回して、聴覚刺激をつくり出していた。彼がものを回していた机の表面に敷物を敷くことによって、皿回しで得られる聴覚刺激を弱めた。

III 消去効果

　いままで強化されていた行動に、それを自発してもこれまでのように強化的結果が伴わなくなれば、その行動の生起は徐々に強化以前の水準まで減るか、または完全に停止するはずである。消去されている行動は、通常、反応率とトポグラフィーに関する予測できる特徴と関連している。こうした消去効果は、種と反応クラスと場面の間で、強い一般性を持つ（Lerman & Iwata, 1995, 1996a; Spradlin, 1996）。しかしながら、応用行動分析家は、問題行動に対する治療パッケージの成分として消去を使う以外には、基本的な消去手続きについての研究には、多くの努力を払ってこなかった（Lerman & Iwata, 1996a）。したがって、応用場面では消去効果はデータによって明確に立証されていない。

　ラーマンとイワタ（Lerman & Iwata, 1996a）は、応用行動分析家に警告を発した。データによって明確に立証されたこうした消去効果は、応用行動分析学においては一般性が狭められるかもしれない、と。応用研究者と実践家は、消去効果を基礎研究ではなく行動介入や応用研究に関連づける場合は、消去効果に関する次に示すコメントすべてを、暫定的なものとみなさなければならない。応用行動分析家は、必ずといっていいほど、消去を処遇パッケージの1成分として適用

する。そうすることによって、応用場面における消去行動の理解を混乱（交絡）させている。

1．頻度と大きさの漸次的減少

　消去は、行動の漸次的減少を生み出す。しかしながら、強化が突然撤去されると、それに続いて強化されない多くの反応が起こる可能性がある。反応頻度のこの漸次的減少は散発的になりがちであり、それに反応と反応の間の休止には漸次的増加が伴うだろう（Keller & Schoenfeld, 1950/1995）。消去すると、最初は行動の頻度と大きさがかえって増加し、それからゆっくり減少していく。そのため、教師や親にとって、消去の適用はしばしば実行しにくい。例えば、癇癪行動は親にとって嫌悪性が非常に強い。そのため、癇癪行動を十分な期間無視することは、親が嫌がる可能性がある。ロリダーとヴァン・ホーテン（Rolider & Van Hauten, 1984）は、この実践上の問題に対する戦術を示した。子どもが寝るとき泣く場合は、無視する時間をだんだん長くしていくことを親に教えるよう提案した。彼らはベースラインデータを使って、子どもが寝るとき泣いたら、親は子どもに応対するまで、どのくらい長い時間無理なく無視できたかを査定した。それから親は無視する時間をだんだん長くしていった。2日ごとに、子どもに応対するまでの待ち時間を、さらに5分ずつ長くしてゆき、ついに十分な長さのトータルな時間数を達成することができた。

2．消去急騰

　消去手続きがもたらす一般的効果は、正の強化、負の強化、自動強化を除去すると、その直後に反応頻度が増加することである。行動文献では、反応頻度のこうした初期の増加を表すため、**消去急騰**（extinction burst）という用語が使われている。図21.4は消去急騰のイラストレーションである。ラーマンら（Lerman, Iwata, & Wallace, 1999）は消去急騰を、「処遇の最初の3セッションにおける反応が、ベースラインの最後の5セッションのすべて、またはベースラインのすべてで観察されていた反応を上回って増加すること」（p. 3）と、操作的に定義した。消去急騰は、基礎研究ではデータによって十分証拠づけられている。しかし応用研究では十分証拠づけられていない（Lerman & Iwata, 1995, 1996a）。報告されている例では、急騰が起こるのはわずか数セッションの間であり、その間目立った問題は起こっていなかった。

　ゴーとイワタ（Goh & Iwata, 1994）は、消去急騰を示すデータを提示した。スティーブは、最重度知的障害の40歳の男性だった。彼は自傷（頭を激しくぶつける、頭を殴る）の治療のために照会されてきた。関数分析によれば、自傷は教示からの逃避によって強化されていた。ゴーとイワタは、スティーブの自傷の治療に消去を使った。図21.5の上段は、2段階消去のそれぞれの開始時点で、消去急騰が起こっていることを示す。

　応用研究者は消去急騰についてまれにしか報告していないが、消去急騰は応用場面で確かに起こる（例えば、Richman, Wacker, Asmus, Casey, & Anderson, 1999; Vollmer et al., 1998）。問題行動は消去の間、改善する前に悪化する可能性がある。例えば、教師は消去中に妨害行動の最初の

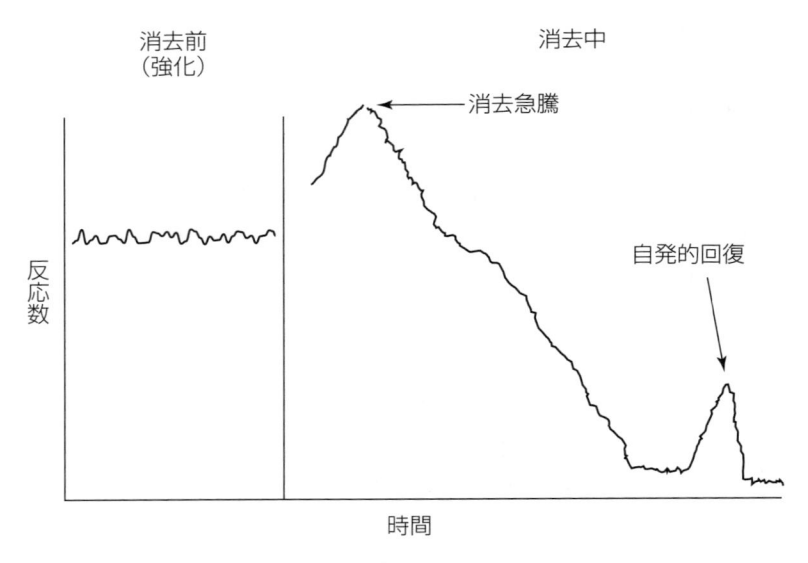

図21.4　消去急騰と自発的回復の図解

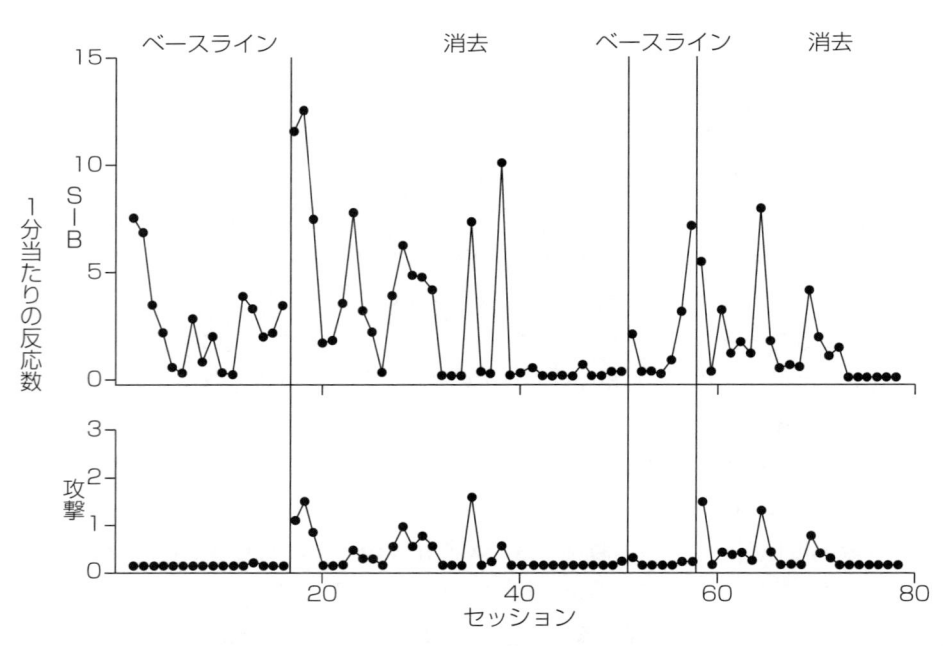

図21.5　スティーヴのベースラインと消去中の自傷行動（SIB）（上段）と攻撃（下段）の1分当たりの反応数

From "Behavioral Persistence and Variability during Extinction of Self-Injury Maintained by Escape" by H-L. Goh and B. A. Iwata, 1994, *Journal of Applied Behavior Analysis, 27*, p. 174. Copyright 1994 by Society for the Experimental Analysis of Behavior, Inc. Used by permission.

上昇を予期していなければならない。その後は、問題行動は減り始め、強化以前のレベルまで戻るはずである。応用行動分析家は、消去急騰を予想して、強化的結果を一貫して差し控えるようにしなければならない。消去急騰は通常、その問題行動を維持している強化子が、成功裏に同定されたことを示唆する。それは効果的な介入のよい機会が存在することを意味する。

3．反応の大きさの初期の増加

　消去急騰とは反応頻度の増加であるが、それに加えて消去中には、反応の大きさや力の初期の増加も起こる可能性がある。寝るときの子どもの癇癪を親が無視し始めると、癇癪が減り出す前に、叫び声の大きさ（すなわち、アンプリチュード）と蹴る力が増大することを経験するだろう。

4．自発的回復

　消去中は、行動は普通、強化以前の水準に達するか最終的に止むまで、減少傾向を示し続ける。しかしながら、消去過程によく関連して起こる現象は、それが強化以前の水準にまで減るか、完全に止むかした後に、再びその行動が現れることである。基礎研究者は、通例この消去効果を報告し、それを**自発的回復**（spontaneous recovery）と呼んでいる。自発的回復においては、消去過程で消失した行動が、その行動をしても強化を生み出さないにもかかわらず再現する。自発的回復は、消去手続きが作用している限り、短期間に終わり、限定的である（図21.4）。
　応用行動分析家は、自発的回復の特徴と発生率については研究してきていない（Lerman & Iwata, 1996a）。しかしながらセラピストや教師は、自発的回復について知る必要があり、そうしなければ消去手続きはもはや有効ではないと誤って結論づける恐れがある。

Ⅳ　消去抵抗に影響する変数

　行動分析家は、消去手続き中に反応が起こり続けることを、**消去抵抗**（resistance to extinction）と呼ぶ。消去中に起こり続ける行動は、すぐに弱くなる行動よりも、より大きな消去抵抗をもつといわれる。消去抵抗は相対的な概念である。消去抵抗を測定するために広く使われているのは3つの方法である。レイノルズ（Reynolds, 1968）は、そのうちの2つの手続きを説明した。反応頻度の減少率と、反応が一定の最終の低いレベルを達成するか停止するまでに自発される全反応数である。ラーマンら（Lerman, Iwata, Shore, & Kahng, 1996）は、消去抵抗の測定を、行動が既定の基準に到達するために要する時間の長さとして報告している。

1．連続強化と間欠強化

　第13章では、連続強化スケジュール（CRF）と、間欠強化スケジュール（FR、VR、FI、VI）

の効果を説明した。3つの試案的記述によって、消去抵抗を連続強化スケジュールと間欠強化スケジュールに関連づけて記述することができる。(a) 間欠強化は連続強化によって生み出される抵抗よりも、より大きな消去抵抗をもった行動を生み出す可能性がある。例えば、連続強化スケジュールによって維持される行動は、間欠強化スケジュールによって維持される行動よりもより速やかに弱まるだろう（Keller & Schoenfeld, 1950/1995）。(b) 間欠スケジュールの中には、ほかよりも大きな抵抗を生み出すものがある（Ferster & Skinner, 1957）。2つの変動スケジュール（VR、VI）は、固定スケジュール（FR、FI）よりも大きな消去抵抗を生み出す可能性がある。(c) ある程度は、間欠強化スケジュールが疎であればあるほど、消去抵抗はより大となるだろう。

応用行動分析学入門の授業を受けた1人の学部学生が、間欠強化の効果が粘り強さに及ぼす効果についての興味深い例を教えてくれた。消去抵抗についての講義を終えたおよそ2カ月後、その学生がこんな経験を話してくれた。

> ご存知のように、間欠強化はしつこさに実に影響を与えるんですね。私の知り合いのアイツは、いつも私に電話をかけてデートに誘っていました。私はアイツのことが好きではなかったし、一緒に居ても楽しくありませんでした。ですからアイツがデートに誘ってきても、ほとんど一緒に出かけることはありませんでした。たまに、アイツのしつこさに根負けしてしまって、デートに応じていました。それが先生の講義をうかがってから、アイツの電話を間欠強化スケジュールで維持していたことに気づきました。これでアイツのしつこさが説明できました。この事態を変えるぞと決断した私は、アイツに連続強化スケジュールを適用することにしました。アイツがデートの電話をかけてくると、必ず出かけることを承知しました。週4回、3週間、夕方一緒に過ごしました。それから突然何の理由も言わず、デートの誘いを受け容れることを止めました。それ以来アイツは電話をかけてきたのはたった3回で、この4週間、アイツからは一切電話がかかってきません。

2．確立操作

強化子の働きをする刺激はすべて、最低レベルの確立操作を必要とする（すなわち、動機づけが存在しなければならない）。最低レベルを超える確立操作（establishing operation, EO）の強さは、消去抵抗に影響を与える。基礎研究の示すところによれば、「消去抵抗は、低い動機づけのもとでよりも高い動機づけのもとで消去されるときの方がより大きくなる」（Keller & Schoenfeld, 1950/1995, p. 75）。確立操作と消去抵抗との間には、応用場面でも実験室場面でも、関数関係が存在すると考えられる。例えば、先のアイツの例では、もし彼が仲間との間で、彼女がまたデートする方にかなり大きな賭けをしていたとすれば、彼女にしつこく電話をかけてデートに誘い続けるだろう。

3．強化の数、大きさ、質

　行動が強化を生み出した回数が、消去抵抗に影響する可能性がある。長い強化歴をもつ行動は、短い強化歴をもつ行動よりも、より大きな消去抵抗をもつだろう。就寝時の癇癪が、1年間にわたって強化を引き出していたとすれば、1週間しか強化を引き出してこなかった癇癪よりも、より大きな消去抵抗をもつだろう。

　ラーマンら（Lerman, Kelley, Vorndran, Duhn, & LaRue, 1996）は、強化子の大きさが消去抵抗にどんな影響を与えたかを応用行動分析家は立証してこなかったと報告した。しかしながら、強化子の大きさと質は、消去抵抗に影響を及ぼす可能性がある。規模が大きく質の高い強化子は、規模が小さく質の低い強化子よりも、より大きな消去抵抗を生み出すだろう。

4．以前の消去試行数

　条件づけと消去の漸次的適用は、消去抵抗に影響を及ぼす可能性がある。消去中に問題行動が減少して、それから図らずも強化によって強められることがある。このようなことが起こったら、応用行動分析家はその消去手続きを再適用すればよい。通常は、消去の再適用中は、行動はより少ない反応総数によって、速やかに減少するだろう。参加者が消去の開始を弁別することができれば、この効果はさらに強まるだろう。消去のそれぞれの漸次的適用にともなって、行動の減少はますます急速になり、ついには強化を差し控えれば、反応はわずか1回しか起こらないことになるだろう。

5．反応努力

　限られてはいるが、応用研究者は反応努力とそれが消去抵抗に及ぼす影響に関する若干のデータを提出している（Lerman & Iwata, 1996a）。反応に要求される努力は、その消去抵抗に明らかに影響する。より大きな努力を要する反応は、少ない努力を要する反応よりも、消去中により速やかに弱まるだろう。

Ⅴ　消去を効果的に使う

　消去を効果的に使うための多数のガイドラインが出版されている。ほとんどの著者が似たような提言をしている。ここでは10のガイドラインを示す。消去を適用する前と、適用中に、守ることが望ましい。すなわち、問題行動を維持している強化子をすべて差し控える。強化を一貫して差し控える。消去をほかの手続きと組み合わせる。教示を利用する。消去によって起こる攻撃行動を考慮する。消去の試行数を増やす。消去に周囲の重要な人々を含める。意図しない消去を警戒する。消去によって減った行動を維持する。消去を使うべきではない環境を認識する。

1. 問題行動を維持するすべての強化子を差し控える

　消去を効果的に使う第1ステップは、標的行動を維持する可能性のある強化の源泉をすべて同定して差し控えることである。消去の有効性は、問題行動を維持している結果を正しく同定することにかかっている（Iwata, Pace, Cowdery, & Miltenberger, 1994）。行動機能査定によって、消去の応用場面への適用と、その有効性が著しく改善された（Lerman, Iwata, Wallace, 1999; Richman, Wacker, Asmus, Casey, & Anderson, 1999）。

　応用行動分析家は問題行動と時間的に関係する先行刺激と結果刺激についてデータを収集する。そして次のような重要な問いに答えを出す。

1．何か問題行動を引き起こすような出来事（例えば、要求や要望）がその環境で起こると、問題行動はより頻繁に起こるか？
2．問題行動の頻度は、先行刺激と社会的結果とは無関係か？
3．その問題行動は、ほかの人々からの注目を生み出すとき、より頻繁に起こっているか？

　もし第1の問いに対する答えがイエスならば、その問題行動は負の強化によって維持されている可能性がある。もし第2の問いに対する答えがイエスならば、応用行動分析家は、触覚・聴覚・視覚・味覚・嗅覚・運動感覚の結果を単独で、または組み合わせて差し控えることを考える必要がある。もし第3の問いに対する答えがイエスならば、その行動は社会的注目の形態での正の強化よって維持されている可能性がある。

　問題行動に随伴してそれを維持している結果は、一部の応用場面では簡単にわかるように見えることがある。ウイリアムズ（Williams, 1959）の研究では、例えば、両親の注目が、就寝時の暴君のような行動を維持する唯一の強化の源泉のように見える。しかしながら、行動はしばしば多くの強化の源泉によって維持されている。教室のひょうきん者の行動は、教師が妨害行動に注目することによって、仲間が彼を注目することによって、または両方の組み合わせによって、維持されている可能性がある。ジョニーは、親が幼稚園に連れていくと、幼稚園から逃げ出すために泣き、親を一緒にいさせたいために泣き、先生から心配と注目を引き出したいために泣くかもしれない。あるいはこれら3つの幾つかを組み合わせて達成したいから泣くのかもしれない。多くの強化の源泉が問題行動を維持している場合は、強化の1つの源泉を同定して差し控えることによって与えうる影響はごくわずかであるか、または何の影響も与えないかもしれない。もし教師と仲間の注目がひょうきん者の教室内行動を維持しているならば、教師の注目を差し控えるだけでは、問題行動にほとんど変化を生み出さない恐れがある。教師は注目を差し控えなければならないが、同時に消去手続きを効果的に適用するためには、ほかの子どもたちにもひょうきん者の行動を無視するように指導しなければならない。

2．強化を一貫して差し控える

　強化的結果を同定したら、教師はそれらを一貫して差し控える必要がある。行動改善の手続きは何であれすべて一貫した適用を要求するが、とりわけ消去の場合は一貫性が必要不可欠になる。教師も親もセラピストも、そして応用行動分析家も、消去を使ううえで一貫性が唯一の最も難しい側面であることをしばしば報告する。強化を一貫して差し控えないという誤りは、消去手続きの有効性を否定するものであり、この点はいくら強調しても強調しすぎることはない。

3．消去をほかの手続きと組み合わせる

　消去は単独の有効な介入である。しかしながら教師もセラピストも、応用研究者も、テキストの執筆者も、消去を単独で使うことを推奨することはまずない（Vollmer et al., 198）。応用行動分析家は必ず、消去をほかの処遇、とくに代替行動の強化と組み合わせるよう提言する。この提言を支持する2つの理由がある。第1に、消去の効果は、ほかの手続き、とくに正の強化と組合わされるとき高まる可能性がある。例えば、応用行動分析家は、消去を適切な行動の分化強化と組み合わせることによって、適切な代替行動を強化し、問題行動を消去状態に置くように環境を変える。介入中は、その消去手続きによって、参加者が享受していた正の結果の総量が減らないようにしなければならない。第2に、分化強化と先行手続きによって、急騰や攻撃性のような消去の否定的効果を減らすことが期待できる（Lerman, Iwata, & Wallace, 1999）。

　レーフェルトとチェインバース（Rehfeldt & Chambers, 2003）は、社会的注目という形の正の強化によって維持される言語的固執を治療するため、消去と分化強化を組み合わせた。参加者は自閉症の成人だった。レーフェルトとチェインバースは、固執的ではない適切な話し言葉を条件として、社会的注目を与えるとともに、患者の不適切な言語行動に対して反応しないことによって注目消去を行った。この処遇の組み合わせは、適切な言語反応の増大と、固執性の減少をもたらした。これらのデータは、一部の自閉症者の異常な話し言葉が、強化随伴性によって維持されている可能性のあることを示唆している。

4．教示を使う

　強化随伴性は、行動の将来の頻度に、自動的に影響を及ぼす。したがって、自分の行動に随伴性が影響していることを人々が知ったり、それを説明したり、ましてやそれを感じとったりする必要はまったくない。しかしながら、教師が子どもたちに消去手続きを説明した方が、消去中に行動がより速やかに減ることがある。例えば、教師はほかの子どもを自席で自習させながら、しばしば小集団指導を行う。自席で自習している子どもが質問すると、その質問によって小集団指導が中断される。多くの教師は、質問行動を消去状態に置くことによって、この問題を修正する。教師はただ小集団指導が終わるまで、子どもの質問を無視するのである。この戦術は多くの場合有効であるが、小集団指導を終えるまでは、すべての質問を無視すると教師が子どもたちに

教示しておくと、その消去手続きはより有効になる傾向がある。

5．消去が生み出す攻撃を考慮する

　消去中に問題行動を置き換えることによって、過去に頻繁に起こっていなかった行動が、顕著になることがある。こうした副作用としての置き換え行動は、多くの場合、攻撃行動である（Lerman et al., 1999）。スキナー（Skinner, 1953）は、反応トポグラフィーの変化（例えば、副作用）を、消去にときに同伴する攻撃性を含めて、感情的行動と解釈している。

　ゴーとイワタ（Goh & Iwata, 1994）は、標的行動が消去状態に置かれたとき、消去誘発性攻撃行動（extinction-induced aggression）がいかに生じたかを示す説得的実証を提示した。スティーブは最重度知的障害の40歳男性だった。彼は自傷行動（頭を激しくぶつける、頭を殴る）を評価するために照会されてきた。関数分析によって、自傷は教示からの逃避によって強化されていたことが明らかになった。ゴーとイワタは、スティーブの自傷の治療に消去を適用した。スティーブは2つのベースライン段階では、他人をたたいたり蹴ったりする（すなわち、攻撃する）ことはめったになかった。しかし2つの消去段階では開始とともに攻撃行動が増加した（図21.5下段を参照）。スティーブの攻撃は、ベースライン条件と消去条件の間、処遇を受けていないままだったにもかかわらず、自傷が安定して低くなったそれぞれの消去段階の終わりまでには、攻撃は基本的に停止した。

　応用行動分析家は、消去の副作用として攻撃が起こるとき、攻撃行動のマネジメントを計画しておかなければならない。消去誘発性攻撃行動が、強化を生み出さないようにすることが大切である。親や教師、セラピストは、しばしばその攻撃に注目をもって応じる。そのことが、消去誘発性攻撃行動に対して、強化として働く可能性がある。例えば、教師は小集団を指導している間、デショーナの質問を無視することにする。デショーナは教師に質問して指導を中断させる。教師は応じない。するとデショーナは、自習中のほかの子どもを妨害し始める。教師はデショーナを静かにさせるため「ああ、いいよ、デショーナ、何を知りたいの？」と応じる。実際にはこの教師の行動は、小集団指導中のデショーナの妨害行動と、それに伴う自習中のほかの子どもを邪魔する不適切な妨害を強化した可能性がある。

　多くの場合、消去誘発性攻撃行動は、言葉による悪態の形をとる。しばしば教師と親は、それに応じる必要はない。もし消去誘発性攻撃行動が強化を引き出すならば、個人は言葉による悪態のようなほかの不適切な行動をたやすく使って強化を生み出すだろう。教師と親は一定の形態の攻撃と自傷行動は無視することができないし、またそうすべきでもない。教師と親は次のことを知っておくべきである。（a）自分は一部の攻撃を無視することができる、（b）自分がいつその攻撃に介入しなければならないかを知っている、（c）介入のために自分が何をすべきかを知っている。

6．消去試行数を増加させる

　行動しても強化を引き出せないならば、そのたびに消去試行が起こることになる。応用行動分析家は、可能ならばつねに、問題行動に対する消去試行の回数を増やすべきである。消去試行を増やすことによって消去過程が促進され、消去効率が高まる。応用行動分析家は、問題行動の頻繁な発生に応用場面が対応できるときは、消去の試行を増やしてもよい。例えば、ビリーの両親は、彼の癇癪を減らすため、消去手続きを採用することにした。両親は、ビリーの癇癪は夜遅く起きている、スナックを食べる、外に行く、などのことが思い通りにできないとき、最も頻繁に起こることが分かった。このプログラムの目的を実現するため、両親はビリーが思い通りにならない追加状況を毎日いくつか設定することにした。そのためビリーは、その不適切な行動をより高率で自発するようになった。そのことによって、両親にはそれを無視するより多くの機会が与えられた。その結果、通常の反応率で起こるままにしておいたときよりも、より短い期間にビリーの癇癪は減少した。

7．消去に周囲の重要な人々を参加させる

　重要なことは、その環境にいるほかの人々が望ましくない行動を強化しないようにすることである。例えば教師は、教室で支援してくれる可能性のある人々、例えばボランティアとして参加する親、祖父母、音楽教師、スピーチセラピスト、技術科の専門家などに、消去計画を知らせる必要がある。彼らが不適切な行動を強化することを避けるためである。学習者と接触する人々はすべて、有効な処遇のために同じ消去手続きを適用しなければならない。

8．意図していない消去を防ぐ

　望ましい行動はしばしば故意にではなく消去状態に置かれる。初任教師は、課題に従事する1人の子どもと、課題に従事しない多くの子どもに直面する。教師はおそらくほとんどの注意を、多くの子どもたちのほうに向け、勉強している子どもにはほとんど注意しないだろう。問題に対して最大の注意を払い（キーキー音を立てる車輪は油を注入してもらえる）、順調に進行している状況は無視するということはよくあることである。しかしながら、行動はそれが維持されるべきであるならば、強化を継続して与えなければならない。すべての教師は、課題に取り組む子どもに対して、注目しなければならない。

9．消去によって減った行動を維持する

　応用行動分析家は消去によって減った行動を維持するため、その消去手続きをいつまでも作動させておかなければならない。逃避消去と注目消去を永続的に適用することは望ましい手続きである。応用行動分析家は1部の感覚消去手続きに関しても永続的適用を使うことができる。例え

ば、ものを回すために使われるテーブルの上を敷物で覆えば、無期限にそうして置くことができる。感覚消去の適用の中には、それを永続的に作動させ続けると、不適切で不便に見えるものがある。例えば、ティナにデイケアのお昼寝の時間と家での就寝時間に両手に木綿の手袋を永続的にはめさせることは、不適切であり不便でもあるように思われる（図21.3を参照）。こうしたケースでは、応用行動分析家はその感覚消去手続きを徐々にフェードアウトすることによって、治療による改善を維持することができる。例えば3～4日ごとにその手袋の掌の部分を、1度に1インチ（2.54センチ）ずつ切りとってゆき、最終的にはその掌の部分が除去されるようにすればよい。それから分析家は指の部分を1回に1本ずつ取り除き、手袋を徐々に取り除いていくようにすればよい。

10. いつ消去を使わないか

（1）模倣

　消去状態に置かれる行動がほかの人々によって模倣される可能性がある場合、消去は不適切であることがある。行動の中には、それが1人の人間によってのみ自発される場合は耐えられるが、複数の人間がそれを自発する場合は耐えられなくなるものがある。

（2）極端な行動

　少数の例外を除いて、単独介入としての消去が適用された例は、ほとんどの場合、重要ではあるが比較的マイナーな問題行動（例えば、教室妨害行動、癇癪、過度の騒音、軽度の攻撃）に限られていた。しかしながら行動の中には、自他に対して非常に有害なもの、あるいは器物を著しく破壊するものがあり、最も急速かつ人道的に使用できる手続きによって制御しなければならないものがある。そういう場合は、単独介入としての消去は勧められない。

　単独介入としての消去を使って、自分や他人や器物に対する激しい攻撃を減らすことは、倫理的問題を引き起こす。ピンクストンら（Pinkston, Reese, LeBlanc, & Baer, 1973）は、この倫理問題を取り上げて、人が自分や犠牲者を傷つけなかった消去技法の効果を分析した。彼らのアプローチにおいては攻撃者は無視されたが、犠牲者は攻撃から保護された。ピンクストンらは、クラスの友だちの首をしめる、かみつく、つねる、たたく、蹴るなど、極端な攻撃を示す1人の幼稚園男児に対して、安全な消去技法を適用して、その有効性を実証した。ベースライン条件では、教師らはその攻撃に対して従来してきたように対応した。「典型的には、『ケイン、ここではそんなことはしませんよ』とか、『ケイン、あなたがよい子になるまでここでは遊んではいけませんよ』などの警告や叱責を与えるという形をとっていた」（p. 118）。消去中は、教師らは、その男児の攻撃行動に注目しなかった。彼が1人の友だちを攻撃したときは、教師らが即座にその友だちに対応した。犠牲者はなぐさめられ、おもちゃで遊ぶ機会を与えられた。さらに、教師らはその男児の望ましい行動に注目した。この消去手続きは、攻撃を激減させるうえで有効だった。消

去の適用には、健全で成熟した、人道的で倫理的な、専門家としての判断が求められる。

まとめ

1. 手続きとしての消去は、確率ゼロの強化を与えることである。それはまた反応率を減らす行動過程でもある。

2. 応用行動分析家は、行動機能査定によって、手続きとしての消去（無視する）と機能としての消去（維持している強化子を差し控える）をはっきり区別することができる。

3. 消去は専門用語であり、応用行動分析家は、行動を維持している強化子を差し控える手続きを同定するためだけに使うべきである。

消去手続き

4. 消去のための手続きは、独立した3つの形態をとる。それらは、正の強化によって維持される行動、負の強化によって維持される行動、自動強化によって維持される行動と関連している。

5. 正の強化で維持されている行動は、それらの行動が強化子を生み出さないとき、消去状態に置かれる。

6. 負の強化で維持されている行動は、それらの行動が嫌悪刺激の除去を生み出さないとき、つまり個人が嫌悪状況から逃れられないとき、消去状態に置かれる。

7. 自動強化で維持される行動は、感覚上の結果を弱めるか取り除くかすることによって、消去状態（またの名を感覚消去という）に置かれる。

消去効果

8. 消去状態に置かれている行動は、通常、反応率とトポグラフィーにおける予測できる特徴と関連している。

9. 消去は行動の漸次的減少を生みだす。

10. 消去手続きがもたらす一般的効果は、正の強化、負の強化、自動強化を取り除くと、反応頻度の即座の増加を生み出すことである。行動文献においては、この最初の反応頻度の増加を表すため消去急騰という用語が使われる。

11. 自発的回復においては、消去過程中に弱まった行動は、その行動が強化を生み出さなくても再現される。

消去抵抗に影響する変数

12. 消去中に起こり続ける行動は、速やかに弱まる行動よりも、より大きな消去抵抗もつといわれる。消去抵抗は相対的な概念である。

13. 間欠強化スケジュールは、連続強化スケジュールによって生み出される抵抗よりも、より大きな消去抵抗をもつ行動を生み出す。

14. 変動強化スケジュール（例えば、VR、VI）は、固定スケジュール（例えば、FR、FI）よりも、より大きな消去抵抗を生み出す可能性がある。

15. ある程度は、間欠強化スケジュールが疎であればあるほど、消去抵抗はより大となる。

16. 消去抵抗は、差し控えられる強化子に対する確立操作（EO）の強さとともに、増加する傾向がある。

17. 強化子の数と大きさと質は、消去抵抗に影響を与える可能性がある。

18. 条件づけと消去の漸次的適用は、消去抵抗に影響を与えることがある。

19. 反応に要求される努力は、明らかに消去抵抗に影響を与える。

消去を効果的に使う

20. 消去を効果的に使う最初のステップは、問題行動を維持しているすべての強化子を差し控えることである。

21. 教師は強化的結果を突きとめたならば、それらを一貫して差し控えるようにしなければならない。

22. 応用行動分析家は、消去をほかの手続きと組み合わせることを、つねに考えるべきである。

23. 消去中に適用されている消去手続きを人に知らせると、行動はより速やかに減少することが多い。

24. 応用行動分析家が消去を使うときは、消去誘発性攻撃行動に対して、計画を立てておかなければならない。

25. 消去試行の回数を増やすことは、消去過程を促進して消去効率を高める。

26. 学習者に接触する人々はすべて、有効な処遇にするために、同じ消去手続きを適用しなければならない。

27. ほかの人々によって模倣される可能性のある行動に対しては、あるいは自他を傷つける行動に対しては、消去を適用すべきではない。

第22章
分化強化

キーワード

代替行動分化強化（DRA）、非両立行動分化強化（DRI）、低反応率分化強化（DRL）、他行動分化強化（DRO）、固定間隔DRO（FI-DRO）、固定瞬間DRO（FM-DRO）、全セッションDRL、間隔DRL、間隔を空ける反応DRL、変動間隔DRO（VI-DRO）、変動瞬間DRO（VM-DRO）

行動分析士資格認定協会®BCBA® & BCaBA®
第4版課題リスト©

	I　基本的な行動分析学のスキル
D-08	不連続試行とフリーオペラント計画を使う。
D-21	分化強化（例えば、DRO, DRA, DRI, DRL, DRH）を使う。
J-10	行動を減らすときは、確立しまたは増やすべき望ましい代替行動を選択する。

©2012　行動分析士資格認定協会®（BACB®）。不許複製。この文書の最新版は、www.bacb.comから入手できる。この文書の転載、複写、配布の請求と、この文書についての質問は、BACBに直接問い合わせられたい。

問題行動を減らしたり、無くしたりするために、実践家は幅広い有効な手続きの中から、適切な方法を選ぶことができる。主として消去や罰（弱化）をベースとする介入は、標的とした問題行動を減らすためにしばしば有効であるが、望ましくない副作用を生み出す恐れがある。長期にわたって一貫して強化されてきた歴史をもつ行動が消去状態に置かれると、不適応性の情緒的行動と、通常より高い反応率とが広く観察される。罰（弱化）は、逃避や、回避や、攻撃や、その他の望ましくない対抗制御形態を喚起する恐れがある。問題行動を減らすための主たる方法としての消去と罰（弱化）には、望ましくない副作用に加えてもう1つの限界がある。どちらのアプローチも、それまで望ましくない行動を通して入手してきた強化子を、それに代わって入手できるような適応行動を強めることも、教えることもしないことである。最後に、単独の消去か、罰の諸形態のいずれかに頼る介入は、望ましくない副作用の可能性と、教育的価値の欠如以外に、重要な倫理的法律的問題を引き起こす（Repp & Singh, 1990）。

応用行動分析家は、これらの問題をすべて考慮して、強化ベースで問題行動を減らす効果的な手続きを開発した（例えば、Kazdin, 1980; Lerman & Vorndran, 2002; Singh & Katz, 1985）。これらのポジティヴな行動減少手続きは、分化強化をベースにして、問題行動を減らすか除去する。

I 分化強化の基本的説明

分化強化（differential reinforcement）の適用にはすべて、1つの反応クラスを強化し、ほかの反応クラスの強化を差し控えるという手続きが伴う[1]。問題行動を減らす手続きとして分化強化を使う場合、それは次の2つの成分によって構成される。（a）問題行動以外の行動が起こるか、問題行動が低率で起こることを条件として強化を与える、（b）問題行動にはできるだけ強化を差し控える。分化強化を実践する場合は消去が伴うが、カウダリーら（Cowdery, Iwata, & Pace, 1990）は、次のように指摘した。

> 分化強化には、進行中の活動の長期的中断（例えば、タイムアウト）や、正の強化子の条件的除去（例えば、レスポンスコスト）や、嫌悪刺激の提示（例えば、罰）は含まれていない。分化強化にはこうした特徴があるため、すべての行動介入のなかで最も侵入性の少ない介入になっている。またおそらくそのために幅広い人気を博しているのであろう。(p. 497)

分化強化にはいろいろな形態がある。それらは問題行動を減らすための、最も有効な、広く知られた、そして広く使われている技法の1つである。不適切な行動を減らす分化強化のなかで最も研究されたバリエーションには、次の4つの形態がある。非両立行動分化強化（differential reinforcement of incompatible behavior, DRI）、代替行動分化強化（differential reinforcement of

---

注1：分化強化は、問題行動を減らすためだけに使われるわけではない。本書のほかのところで解説されているように、分化強化は新しい行動をシェーピングするための決定的な特徴である（第19章を参照）。分化強化の随伴性のさまざまな形態は、実験的制御手続きとしても使われる（第8章およびThompson & Iwata, 2005 を参照）。

alternative behavior, DRA）、他行動分化強化（differential reinforcement of other behavior, DRO）、低反応率分化強化（differential reinforcement of low rates, DRL）である。本章では、これら4つの問題行動を減らす分化強化の手続きをそれぞれ定義し、その適用の例を挙げ、それらを有効に活用するためのガイドラインを提唱する。

II 非両立行動分化強化と代替行動分化強化

　DRIとDRAには、問題行動を弱める効果と、標的となる問題行動とは両立しないかそれに代替する望ましい行動を強める効果がある。非両立行動または代替行動の分化強化は、問題行動の処遇として適切に実践されるならば、1つの強化スケジュールとしてとらえることができる。すなわち、このスケジュールでは2つの並立オペラント、つまり減らす標的となる不適切な行動と、選び出した適切な行動が、異なる比率で強化を受けることになる（Fisher & Mazur, 1997）。分化強化スケジュールでは適切な行動を優遇する。そのためクライエントは、適切な行動により多くの反応を配分し、問題行動（それは消去状態に置かれる）により少ない反応を配分する（Vollmer, Roane, Ringdahl, & Marcus, 1999）。例えば、フライマン（Friman, 1990）は、多動な幼稚園児の着席行動を強化した。すると離席行動が著しく減少した。

　DRIとDRAの2つの介入は、行動を適切に選択することによって、教育的、社会的、個人的スキルの発達を促進する。実践家は、DRIとDRAによって、適切な行動の発達を制御するとともに、問題行動と望ましい置換行動とを同時に測定する。教師やセラピストや親は、教育や治療や日々の社会的交流において、DRIとDRAを利用してきた長い歴史をもっている。実践家は、4つの分化強化手続きのうちDRIとDRAが、通常、一番適用しやすい方法であることを理解する。

1．非両立行動分化強化

　実践家が**非両立行動分化強化**（differential reinforcement of incompatible behavior, DRI）を使うときは、標的問題行動とは同時には起こりえない行動に強化を与え、問題行動の生起例に後続する強化は差し控えるようにする。強化される行動（例えば、子どもが自席に着席する）と消去状態に置かれる問題行動（例えば、子どもが離席する）は相互排他的な反応クラスであり、トポグラフィー（形態）に違いがあるため、両方の行動を同時に自発することはできない。

　ディクソンら（Dixon, Benedict, & Larson, 2001）は、DRIを使って中度知的障害と精神障害をもつ25歳の男性ファナンドの不適切な言語行動を治療した。不適切な発声に含まれた行動は、文脈に関係のない発話、性的に不適切な発言、文章中の単語を非論理的に並べる、および「病的」発言（例えば、「私の頭の上にチャックルという紫のヘラジカが乗っている」、p. 362）だった。研究者らは、適切な言語行動を、不適切な発声の決定的特徴を満たしていない発話のすべてと定義した。関数分析の結果、不適切な言語発言は、社会的注目によって維持されていることが明らかになった。

　研究者らは、ファナンドの不適切な言語行動を無視するとともに、適切な発言に注目すること

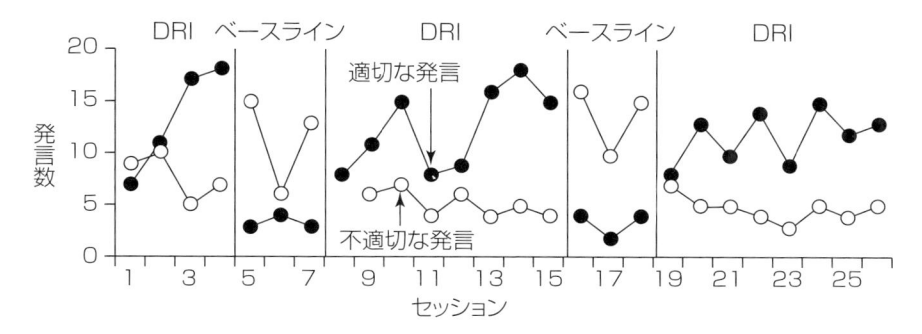

図22.1 DRIとベースライン条件における成人男性の適切な発言と不適切な発言の数。

Adapted from "Functional Analysis and Treatment of Inappropriate Verbal Behavior" by M. R. Dixon, H. Benedict, & T. Larson (2001), *Journal of Applied Behavior Analysis, 34*, p. 362. Copyright 2001 by the Society for the Experimental Analysis of Behavior, Inc. Used by permission.

によって、DRIを適用した。注目としては、ファナンドの適切な発言に対して10秒間コメントをすることにした。例えばファナンドが自分のしたい活動について何か発言したら、実験者がそれは面白いね、それがまたすぐできるといいね、と語りかけた。比較ベースライン条件では、不適切な行動が注目され、適切な言語行動は無視された。ファナンドの不適切な言語行動は、DRI介入によって効果的に減少し、適切な発話が増加した（図22.1を参照）。

2．代替行動分化強化

代替行動分化強化（DRA）は、DRIとよく似た手続きである。実践家は**代替行動分化強化**（differential reinforcement of alternative behavior, DRA）を使うことによって、問題行動に代わる望ましい選択肢であるが、両立しないとは言い切れない行動の生起を強化する。行動分析家は代替行動を使って、いつもは問題行動のために使われていた時間を占拠する。しかしながら、代替行動と問題行動は、トポグラフィーにおいて両立しないとは言えない。例えば、教室の教師は、頻繁に口論する2人の子どもに、協力して学級プロジェクトに取り組まなければならない仕事を割り当てる。そうすることによって、そのプロジェクトの開発に関わる協力行動を強化することができる。学級プロジェクトに協力して取り組むことは、口論と両立しないわけではない。2つの反応クラスは、同時に起こりうる。しかし、2人の子どもが協力行動をしているときは、それほど口論しない可能性がある[2]。

注2：DRIにおける強化のために選ばれる行動はすべて、問題行動に代わる「代替」選択肢を学習者に提供する。しかしDRAにおいて強化のために選ばれるすべての行動が、問題行動と両立しないわけではない。DRIとDRAの違いは微細であり、当然議論を引き起こす可能性がある。例えば、ディクソンら（Dixson et al., 2001）や、ワイルダーら（Wilder, Masuda, O'Connor, & Baham, 2001）の研究で使われた介入は、DRAの適用であると記されている。しかしながら、それぞれの研究において、適切な言語行動として定義されたのは、不適切な発声の決定的特徴を満たしていない発話だった。彼らが強化した反応クラスは、問題行動と両立しないわけではない。もし強化のために選ばれた代替行動が、問題行動と同時には起こりえない場合は、その手続きは正しくはDRIと命名されるべきであると考える。

ローンら（Roane, Lerman, & Vorndran, 2001）は、絶叫（すなわち、会話レベルを超える短い音声）の代替行動として、プラスチックの積み木をバケツに入れる行動を選んだ。ラーマンら（Lerman, Kelley, Vorndran, Kuhn, & LaRue, 2002）は、課題の教材の投げ捨てや攻撃などの妨害行動の代替行動として、コミュニケーションカードに触る行動を選び、それをシェーピングして維持した。

　不適切な行動を減らすための分化強化手続きの強化子として、課題や要求場面からの逃避を使うことがある。このような介入を代替（または非両立）行動の負の分化強化（differential negative reinforcement of alternative [or incompatible] behavior）（DNRAまたはDNRI）と呼ぶことがある（Vollmer & Iwata, 1992）。DRIとDRAの介入では、負の強化子も使うことができる（Marcus & Vollmer, 1995; Piazza, Moses, & Fisher, 1996）。DNRAとDNRIの適用によって課題や要求文脈からの逃避で維持される問題行動の生起を減らす場合の手続きは、課題から短期間逃避する形式の代替行動の負の強化と、問題行動に対する逃避消去とによって構成される。そのうえ、代替行動およびまたは非両立行動への正の強化もしばしば提供される。

　ラリーら（Lalli, Casey, & Kates, 1995）は、参加者らが異常行動に代わる行動として、1つの代替反応（例えば、「休憩」とプリントされたカードをセラピストに渡す、または「いや」と言う）を行えば、それを条件として課題から30秒逃避できることにした。研究者らはまた、参加者が代替反応を使ったことに対して褒め言葉を与えた。訓練が進むと、参加者が課題から逃避するためには、その条件として訓練された言語反応を使用することと、徐々に増加する課題のステップ数を完遂することが要求された。このDNRA介入は、訓練された言語反応の使用を増やし、問題行動を減らした[3]。

3．DRIとDRAのガイドライン

　実践家は幅広い問題行動に対する介入として、しばしばDRIとDRAを使う。多くの研究者と実践家は、DRIとDRAの有効性を改善するため、以下に示すガイドラインを発見した。

（1）非両立行動およびまたは代替行動を選ぶ

　不適切な行動と両立しない行動か、あるいは不適切な行動の代替行動を選ぶときは、理想的には、次の条件を満たす行動を選ぶ。（a）学習者の現在のレパートリー内に既に存在する。（b）問題行動と等しいか、できればより少ない努力によって遂行できる。（c）DRIとDRAの介入前に、強化の機会を十分生み出す比率で自発されている。（d）介入が停止された後も、学習者の日常環境において強化されやすい。これらの基準を満たす行動は、DRIとDRAの最初の有効性を

注3：DRAは機能的コミュニケーション訓練（functional communication training, FCT）の主要成分である。FCTとは問題行動と同じコミュニケーション機能を果たす代替行動が選ばれる介入（例えば、「休ませて」と言うことが、それまで攻撃や癇癪によって入手していた強化と同じ強化をもたらす）である。FCTの詳細は第23章で解説する。

第22章 分化強化

図22.2　教室でよく起こる行動上の問題にDRIやDRAを適用するとき、非両立行動や代替行動として選ばれる行動の例

問題行動	ポジティヴな非両立代替選択肢
言い返す	「はい先生」「いいです」「わかりました」などの積極的反応。または「それについて質問していいですか？」「私の言い分をお話していいですか？」などの容認できる質問。
ののしる	「ちぇっ」「やっ」など容認できる叫び声。
課題逸脱行動をする	何らかの課題従事行動。例えば、本を見る、書く、教師を見る、など。
離席する	着席している（尻が椅子に接し、体がまっすぐ伸びている）。
不服従	○○秒以内に指示に従う（制限時間は子どもの年齢による）。2回目の指示を出される前に指示に従う。
勝手にしゃべりだす	挙手して、名前を呼ばれるまで静かに待つ。
汚い答案を出す	答え以外は消して、きれいにしてから出す。
たたく、つねる、蹴る、押す、あるいは強く押す	怒りを言葉で表わす。自分の手をこぶしでたたく。隣の子どもらに触れずに座るか立つ。
遅刻する	ベルが鳴ったら（または望ましい時間までに）席につく。
自傷行動、自己刺激行動	両手を机かひざに置く。両手を体のどこにもつけない。頭を起こして、何（机、肩など）にも触らない。
教材を不適切に使う	教材を適切に持ち、使う（例えば、適切な紙だけに書く）。

Adapted from "Accentuate the Positive ...Eliminate the Negative" by J. Webber and B. Scheuermann, 1991, *Teaching Exceptional Children*, 24(1), p. 15. Copyright 1991 by Council for Exceptional Children. Used by permission.

高め、介入終了後の行動改善の維持と般化を促す。

　実践家はできれば学習者が新しいスキルや別の有効なスキルを獲得する機会をもたらしたり増やしたりするような、非両立行動や代替行動を分化強化すべきである。それらの基準を満たす行動を同定できないときは、簡単に教えられる代替行動を選ぶか、DRO手続きを利用するかすることを考慮すればよい。図22.2に非両立行動または代替行動の若干例を示す（Webber & Sheuermann, 1991）。

（2）一貫して与えることのできる強力な強化子を選ぶ

　強化ベースのどんな介入であれ、その効果が最も脅かされるのは、それを実践する側だけが強化の機能を果たすだろうと思い込んでいる刺激変化を、行動に後続させて適用する場合だろう。

非両立行動や代替行動に対する結果として、刺激選好査定や強化子査定（第11章を参照）によって同定された刺激変化か、または行動機能査定（第24章を参照）によって同定された刺激変化を与えるようにすれば、DRIやDRAの効果を高めることができるだろう。それに加えて、強化子を選ぶときは、処遇場面に自然に存在するか人為的に創り出せる確立操作（例えば、処遇セッション前の強化子遮断）に関連している強化子を選ぶべきである。

多くの場合、介入以前にその問題行動を維持していたものと同じ結果が、代替行動ないし非両立行動にとって最も有効な強化子である（Dixon et al., 2001; Wilder et al., 2001）。デュランドら（Durand, Crimmins, Caufield, & Taylor, 1989）は、それぞれの子どもの適切な代替行動を分化強化するために、個別に選んだ強化子を効果的に使用した。その結果、不適切な行動の頻度を減少させた。

分化強化を含むどのような介入であれ、その効果は現在強化として働いている刺激変化を実践家が一貫して提供する能力と、差し控える能力に左右される。したがって、実践家が選ぶ刺激変化は、強化子としての潜在的有効性をもつだけでなく、それに加えて、代替行動や非両立行動が起こったら即座に一貫して与えることができ、問題行動が起こったら一貫して差し控えることができるような刺激変化にしなければならない。

分化強化の介入で使われる強化子の大きさは、その一貫した提示と制御に比べれば、おそらくさほど重要ではない。ラーマンら（Lerman, Kelly, Vorndran, Kuhn, & LaRue, 2002）は、大きさが20秒から300秒の正の強化（おもちゃの使用許可）と負の強化（要求からの逃避）を提示した。強化の大きさは治療中の反応に最小限の影響を与えるものの、治療が終わった後の維持にはほとんど影響を与えないことがわかった。

（3）非両立行動や代替行動を即座に一貫して強化する

非両立行動や代替行動に対して、実践家は最初に連続（CRF）強化スケジュールを使うべきである。それから間欠強化スケジュールに移行する。強化子は非両立行動や代替行動が起こるたびに、それに後続させて一貫して即座に提示しなければならない。非両立行動や代替行動をしっかり確立させたら、実践家は徐々に強化スケジュールを疎にすべきである。

（4）問題行動への強化を差し控える

分化強化が問題行動に対する介入としてどれほど有効かは、問題行動よりも非両立行動や代替行動によって、より高率の強化が得られるかどうかによって決定される。この2つの反応クラスから得られる強化率の違いを最大にするためには、問題行動に対するすべての強化を差し控えなければならない（すなわち、消去スケジュール）。

理想的に言えば、代替行動はつねに（少なくとも最初は）強化され、問題行動は決して強化されないようにすることである。ヴォルマーら（Vollmer et al., 1999）が指摘したように、「分化強化を完全に適用するためには、適切な行動が起こったときできるだけ早く（例えば、5秒以内

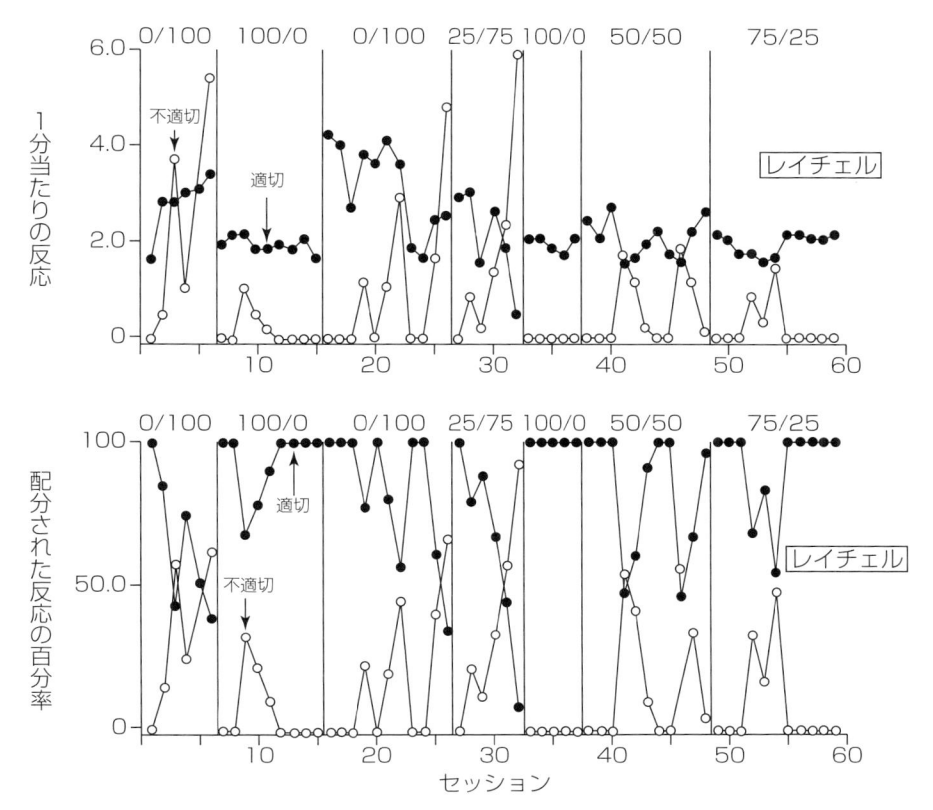

図22.3 DRAフル適用（100/0）と部分適用レベルにおける17歳障害生徒の1分当たりの適切な反応と不適切な反応（上段）と、適切な反応と不適切な反応への配分（下段）。

Adapted from "Evaluating Treatment Challenges with Differential Reinforcement of Alternative Behavior" by T. R.Vollmer, H. S. Roane, J. E. Ringdahl, and B. A. Marcus, 1999, *Journal of Applied Behavior Analysis, 32,* p. 17. Copyright 1999 by the Society for the Experimental Analysis of Behavior, Inc. Used by permission.

に）強化子を提示しなければならない。強化の遅延が長くなるにつれて、とくにときどき不適切な行動が強化される場合は、処遇効果は下がる恐れがある」(p. 21)。しかしながら、実践家はしばしばDRIやDRA手続きを、最適とはいえない条件において適用しなければならない。つまり代替行動や非両立行動の生起の一部に強化が与えられず、問題行動がうっかりしてときに強化される条件において実践しなければならない。

ヴォルマーら（Vollmer et al., 1999）の研究結果は、そのような処遇「ミス」が起きた場合でさえ、分化強化はなお有効であることを示唆した。研究者らはDRAの「フル適用」、すなわち代替行動の生起例の100%が強化され（CRF）、異常行動の生起例の0%が強化される（消去）場合と、さまざまなレベルの「部分適用」とを比較した。例えば、25/75適用スケジュールでは、適切な行動の生起例の4回に1回だけ強化し、不適切な行動の生起例の4回に3回を強化した。予想した通り、分化強化のフル適用は、不適切な行動に最大の効果をもたらした。すなわち、それは「事実上適切な行動に置き換えられた。そしてより低レベルの適用は、強化スケジュールが不適切な行動を優遇するとき、処遇効果を最終的に減少させた」(p. 20)。図22.3は、自傷行動（例

えば、頭をたたく、手を噛む）と他者攻撃（例えば、引っ掻く、たたく、髪を引っ張る）を示す最重度知的障害の17歳の少女、レイチェルの結果を示す。

　ヴォルマーら（Vollmer et al., 1999）の研究の重要な、そしておそらく驚くべき発見は、一定の条件では部分適用が有効だったことである。部分適用の間、参加者の行動は、以前にフル適用されていた場合は、「適切な行動に向かう不均衡な傾向」（p. 20）を示した。研究者らは、あらかじめ適用レベルを意図的に疎化すれば、処遇の忠実性の維持が難しそうな場面に分化強化介入を拡大することができる可能性があることを、この発見は示唆すると結論づけた。彼らは時間が経つと処遇効果が失われる恐れがあることを認識して、適切な行動の優勢を再確立するため、ときどきフル適用の効果促進セッション（booster session）を実行するよう提言した。

（5）DRIとDRAをほかの手続きと組み合わせる

　DRIとDRAの介入は、問題行動に対して特定の結果を伴わせない。そのことを考えれば、問題行動が破壊的で、本人やほかの人々にとって危険だったり、健康や安全を脅かしたりする場合は、実践家はDRIやDRA（またはDRL）を単独介入として適用することはまずないだろう。こういう場合、実践家はDRIやDRAを他の行動減少手続き（例えば、反応阻止、タイムアウト、刺激の段階的提示や撤去）と組み合わせて、より強力な介入にする可能性がある（例えば、Patel, Piazza, Kelley, Oschsher, & Santana, 2001）。

　例えば、リングダールら（Ringdahl et al., 2002）は、教示の段階的提示（フェーディング）付きDRAと、教示の段階的提示なしのDRAが、8歳女児クリスティナの問題行動の頻度に及ぼす効果を比較した。クリスティナは自閉症と診断され、中度知的障害のレベルで機能していた。学業課題中のクリスティナの問題行動（破壊＝教材を投げる・破く・壊す。攻撃＝たたく・蹴る・噛み付く。自傷行動＝自分を噛む）が非常に激しくなった。そのため、病院の日帰り治療プログラムの支援を受けることが認められた。以前の関数分析によって、クリスティナの問題行動は課題の完遂を求める教示からの逃避によって維持されていることが明らかになった。そのため、両方の条件におけるDRA成分として、クリスティナが問題行動を起こすことなく、課題（例えば、ものを数える、同じ色や形のカードを合わせる）を1人で完遂すれば、それを条件として課題からの1分休憩と、余暇教材の使用許可を与えることにした。教示の段階的提示なしのDRA条件では、クリスティナにほぼ1分に1回の割合で勉強課題をするよう教示した。教示の段階的提示付きのDRA条件では、最初の3セッションでは、クリスティナに教示を与えなかった。次いで15分ごとに1回教示を与えた。教示の割合は徐々に増えてゆき、最後は教示の段階的提示なしのDRAと等しくなった。教示の段階的提示なしのDRA条件の開始時点では問題行動は高率で起こったが、セッションを重ねていくうちに減って行き、最後の3セッションでは1分当たり平均0.2反応に減少した（図22.4を参照）。教示の段階的提示付きのDRAでは、問題行動は最初から低率であり、2つのセッション（セッション9と14）だけで問題行動が起こった。教示の段階的提示付きDRAの最後の3セッションでは、クリスティナは問題行動をまったく起こさず、教示の提示率は教示の段階的提示なしのDRAと等しくなった（1分当たり0.5回）。

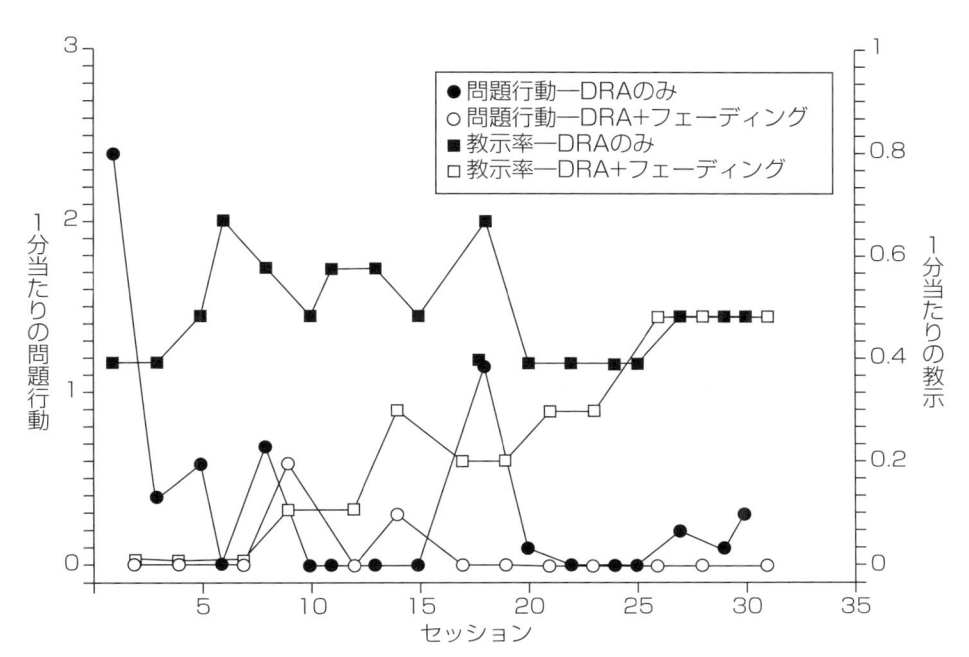

図22.4 DRAのみと、教示の段階的提示（フェーディング）つきDRAにおける8歳自閉症女児の1分当たりの問題行動（左y軸）と、与えた教示（右y軸）

From "Differential Reinforcement with and without Instructional Fading" by J. E. Ringdahl, K. Kitsukawa, M. S. Andelman, N. Call, L. C. Winborn, A. Barretto, & G. K. Reed (2002), *Journal of Applied Behavior Analysis, 35*, p. 293. Copyright 2002 by the Society for the Experimental Analysis of Behavior, Inc. Used by permission.

Ⅲ　他行動分化強化

　他行動分化強化（differential reinforcement of other behavior, DRO）を使うときは、特定時間の間か、または特定時間の瞬間に（瞬間DROは章の後半を参照）、問題行動を起こさなかったとき、実践家は必ず強化子を与えるようにする。DROは、レイノルズ（Reynolds, 1961）が述べたように、「反応しないことに対する強化」（p. 59）を与えることである。DROでは、標的行動を起こさないこと、または省略（オミット）することを条件として、強化を与える。そのため、ゼロ反応分化強化（differential reinforcement of zero responding）とか、省略訓練（omission training）と呼ばれることがある（例えば、Weiher & Harman, 1975）[4]。

　DROで強化をどう与えるかは、行動の省略要件をどう実行し、どうスケジュール化するかを組み合わせて決定する。強化を受けるためには、(a) 全時間間隔にわたって問題行動を起こして

注4：DROとDRL（本章の後半で論じる）においては、標的問題行動が起こることが、しばしば強化を遅延させるため、一部の行動分析家はDROとDRLを強化技法ではなく、負の弱化手続きとして概念化するよう提案した。例えば、ヴァン・ホーテンとロリダー（Van Houten & Rolider, 1990）は、DROとDRLを、彼らが条件的強化遅延（contingent reinforcement postponement, CRP）と呼ぶ手続きのバリエーションであると考える。

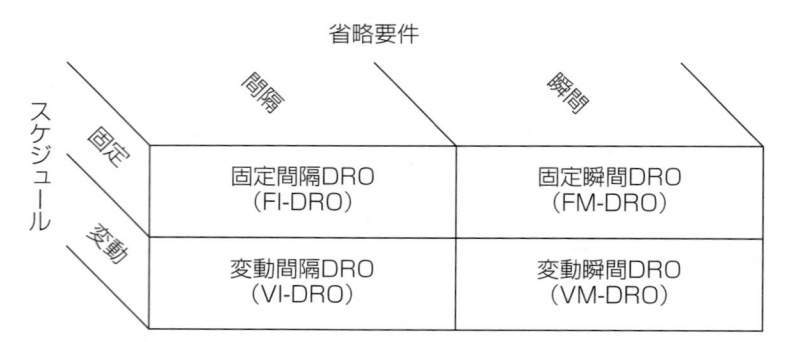

	省略要件	
スケジュール	間隔	瞬間
固定	固定間隔DRO (FI-DRO)	固定瞬間DRO (FM-DRO)
変動	変動間隔DRO (VI-DRO)	変動瞬間DRO (VM-DRO)

図22.5 スケジュール（固定か変動）と省略要件（間隔か瞬間）を変えることによってできるDROの4種の基本バリエーション

Adapted from "DRO Contingencies: An Analysis of Variable Momentary Schedules" by J. S. Lindberg, B. A. Iwata, S. W. Kahng, & I.G. DeLeon, 1999. *Journal of Applied Behavior Analysis, 32*, p. 125. Copyright 1999 by the Society for the Experimental Analysis of Behavior, Inc. Used by permission.

はならないとするか（間隔DRO）、それとも（b）特定の瞬間だけ起こしてはならないとするか（瞬間DRO）を、省略要件によって決めることができる。間隔DROでは、観察によって全間隔期間ずっと問題行動が起こらなかったことが分かれば強化を与える。標的である問題行動が起こった事実があれば、間隔をリセットして強化を延期する。瞬間DRO手続きでは、特定の時点において問題行動が起こらなかったならば、それを条件として強化を与える。

研究者や実践家は、省略要件が（間隔の終わりにか特定の瞬間に）満たされたかどうかを、固定スケジュールか変動スケジュールによって確かめることができる。これら2要因を組み合わせると（省略要件を間隔にするか瞬間にするか、適用を固定スケジュールにするか変動スケジュールにするか）、図22.5に示す基本的4DRO配列ができ上がる（Lindberg, Iwata, Kahng, & DeLeon, 1999）。

1．間隔DRO

以下の節では固定間隔DRO、変動間隔DRO、固定瞬間DRO、変動瞬間DROスケジュールを適用する手続きを紹介する。たいていの研究者や実践家は、問題行動に対する介入として、固定間隔DROを使う。しかしながら、変動間隔DROスケジュールと、瞬間DROスケジュールの適用を探ろうとする研究者や実践家の数は徐々に増えている。

（1）固定間隔DRO（FI-DRO）

大部分の間隔DROにおいては、等しい長さで次々に起こる時間間隔の各終端において省略要件が適用される。**固定間隔DRO（FI-DRO）**（fixed-interval DRO）を適用するためには、実践家は（a）時間間隔を定め、（b）その間隔の間に問題行動が起こらなかったらその間隔の終端で強化を与え、（c）問題行動が起こったら何であれ即座にタイマーをリセットし、新しい間隔を

開始する[5]。例えば、アレンら（Allen, Gottselig, & Boylan, 1982）は、FI-DRO手続きを集団随伴性（group contingency）として用いて、小学3年生の教室内妨害行動を減少させた[6]。キッチンタイマーを5分間隔でセットして、妨害行動が起こらなくなるまで作動させ続けた。もし誰かが5分間隔のどこかの時点で妨害行動を起こしたらタイマーをリセットして、新たに5分間隔を開始させた。妨害行動なしに5分間隔が終了したことをタイマーが知らせたら、ご褒美としてクラス全員に1分間の自由時間を与えた。それらは累積され、授業時間の最後に使われた。

DRO間隔と治療セッションの長さは、個人の行動の改善に伴って延ばしていくことができる。カウダリーら（Cowdrey, Iwata, & Pace, 1990）はFI-DROを使って、9歳男児ジェリーを支援した。彼は自分の体の表面を頻繁に激しく掻きむしりこするため、体中に傷の塞がらない病斑ができて、そのため1度も学校に行かず、大部分の時間を入院して過ごしていた。治療の間、実験者は部屋を出てゆき、マジックミラーからジェリーを観察した。カウダリーらは、2分間の「掻きむしり無し」間隔を条件として、褒め言葉とトークンによって強化した。その間隔の長さは、ベースライン査定によって決定された。ジェリーが間隔の間に掻きむしったら、実験者が部屋に入り、「ジェリー、残念だ、1セントもらえなかったね、またがんばろう」と告げた。ジェリーの自傷行動（SIB）は、DROを最初に適用したとき、即座にゼロに減り、そしてDRO間隔が徐々に延びていっても（2分間隔3回から、4分間隔3回へ）、SIBは低いままにとどまった。ベースライン条件への短時間の復帰によってジェリーの掻きむしりはすぐ上昇したが、セッションあたり5間隔のDROを再導入して、次いでセッションの長さを1分刻みで延長していった。ジェリーは今では1セッションあたり総計10個のトークンを稼ぐことができた。掻きむしらなかった間隔ごとにトークン1個、そして5間隔全部を掻きむしらなかったら、ボーナストークン5個を入手することができた。ジェリーのSIBは、セッションの長さとDRO間隔とを延長してゆくと徐々に減ってゆき、やがてゼロとなった（図22.6を参照）。第61セッションは、DRO15分間隔1回だった。それから25分間隔、30分間隔になった。

（2）変動間隔DRO（VI-DRO）

長さの変動する予測できない間隔において、標的問題行動が起こらないことを条件に強化を与えるとき、**変動間隔DRO（VI-DRO）**（variable-interval DRO）スケジュールを適用していることになる。例えばVI-DRO 10秒スケジュールでは、平均10秒という変動間隔（例えば、2秒、5秒、8秒、15秒、20秒間隔のランダムな順序）で、行動を起こさないこと（オミッション）を条件として、強化を与える。

チャンら（Chiang, Iwata, & Dorsey, 1979）は、VI-DRO介入を使って、発達障害のある10歳男

注5：DRO随伴性は、永続的所産測定データを使っても適用することができる。例えば、アルバートとトラウトマン（Alberto & Troutman, 2006）は、子どもが落書きのない答案（レポート）を提出するたびに強化を与える手続きを述べた。もし答案（レポート）が基本的に同じ長さや種類のものであれば、その手続きは固定間隔DROのバリエーションといえるだろう。

注6：集団随伴性は、第26章で解説する。

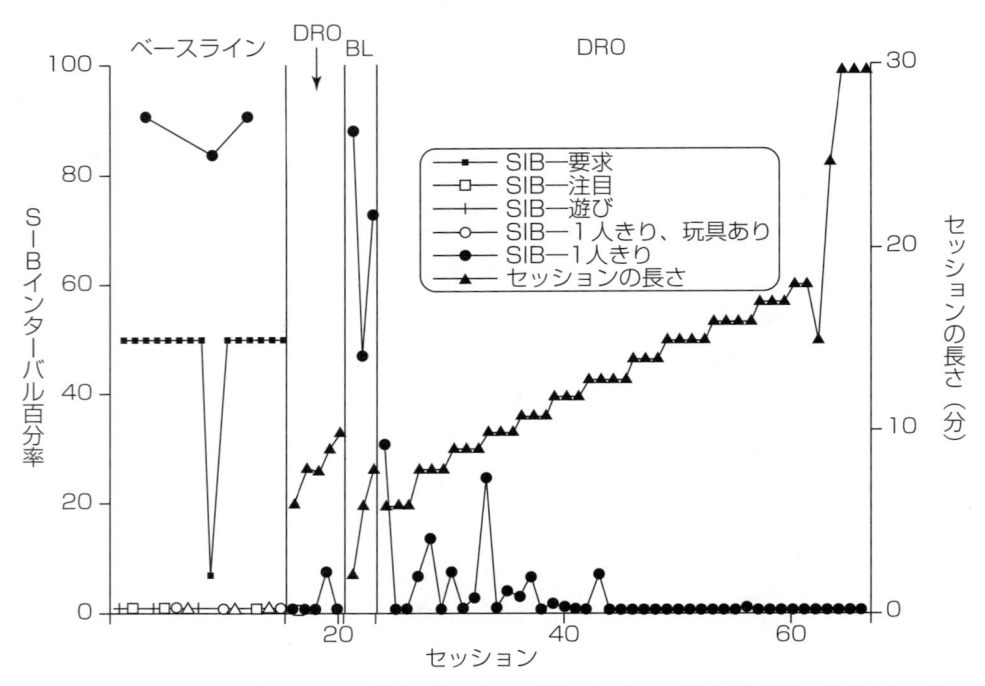

図22.6 ベースラインとDROにおけるジェリーのSIBインターバル百分率と、DROセッションの長さ（右y軸）。第1ベースライン段階のそのほかのデータポイントは、ジェリーのSIBが1人きりの時最も頻繁に起こることを確認した関数分析の結果を示す。

From Cowdery, G., Iwata, B. A., & Pace, G. M. (1990). Effects and Side Effects of DRO as Treatment for Self-injurious Behavior. *Journal of Applied Behavior Analysis, 23*, 497–506. Copyright 1990 by the Society for the Experimental Analysis of Behavior, Inc. Used by permission.

児が登下校スクールバス内で示す不適切な行動を減らした。その男児の妨害行動には、攻撃（例えば、たたく、つつく、ぶつ、蹴る）、離席、常同行動、不適切な発声（例えば、絶叫する、怒鳴る）が含まれた。チャンらは、DRO間隔を、経過時間をベースにして決定する代わりに、彼らが「距離ベース」と呼ぶ興味深い手続きを使った。すなわち、スクールバスの運転士が、バスの走路をいくつかの区画に分割し、目印に一時停止の標識や、交通信号機などを指定した。そして運転士は、バスのダッシュボード上に4桁の手動カウンターを取り付けた。このカウンターは運転士の手の届くところにあり、子どもも見ることができた。運転士はあらかじめ決めておいたそれぞれの目印のところで、そのDRO間隔に子どもが妨害行動を自発しなかったならば、子どもの行動を褒め、手動カウンターにポイントを1つプラスした。運転士は、子どもの家か学校に着くと、子どもが獲得したポイント数をカードに書き、それをその子の養父か担任教師に手渡した。子どもは獲得したポイントをご褒美（例えば、おもちゃの使用許可、家庭と学校での特典、小さなお菓子）と交換した。

チャンらは、2層の場面間多層ベースラインデザインを使ってVI-DRO介入を評価した。ベースライン段階では、妨害行動は午後の帰宅バスではレンジ20〜100％、平均66.2％だった。朝の登校バスでは、レンジ0％〜92％、平均48.5％だった。午後のバス乗車だけにVI-DRO手続きを適

用すると、妨害行動は即座に平均5.1％（レンジ0～40％）に減ったが、朝のバス乗車での行動には変化が見られなかった。その介入を朝の乗車にも導入すると、すべての妨害行動が消失した。

プロガーら（Progar et al., 2001）は、論理積強化スケジュール（conjunctive schedule of reinforcement）の1成分としてVI-DROを使い、自閉症の14歳男児ミルティの攻撃行動を減らした。この場合の論理積強化スケジュールは、課題完遂に対する固定比率3スケジュールと、攻撃を起こさないこと（オミッション）に対する変動間隔148秒スケジュールによって構成した。そして両方のスケジュール成分の要件を満たすときにのみ強化を与えた。ミルティは変動間隔において攻撃を行わずに、3つの課題成分（例えば、自室のベッド・メーキングをする、電気掃除機をかける、部屋のものを片づける）を完遂すると、食物強化子を入手することができた。FR 3秒要件を完了させる前に攻撃行動を起すと、論理積スケジュールの両方の成分がリセットされた。この介入は攻撃行動の顕著な減少をもたらした。

2．瞬間DRO

固定瞬間DRO（FM-DRO）（fixed-momentary DRO）スケジュールと、**変動瞬間DRO（VM-DRO）**（variable-momentary DRO）スケジュールでは、間隔DRO（FI-DRO、VI-DRO）と同じ手続きを使う。ただし違いは、各間隔の終端でのみ問題行動が起こらないことを条件として強化を与えることである。全間隔DROのように全間隔の間ずっと問題行動が起こらないことを条件とすることはしない。

リンドバーグら（Lindberg, Iwata, Kahng, & DeLeon, 1999）は、VM-DRO介入を使って、重度発達障害の50歳の女性ブリジットを援助した。彼女はしばしば自分の頭をものに強く打ちつけ、自分で頭と体を殴っていた。関数分析によって、ブリジットのSIBは、社会的な正の強化によって維持されていることが分かった。VM-DRO介入では、彼女のSIBは消去状態に置かれ、各間隔の終端で、頭をぶつけたり、自分を殴ったりしていなければ、セラピストから3～5秒間の注目を得ることができた。ブリジットは、間隔の間ずっとSIBを我慢している必要はなく、間隔の終端においてのみSIBをしていなければよかった。図22.7は、ベースラインに続いてVM-DRO15秒スケジュールを5セッション実行すると、ブリジットのSIBがベースラインレベルから急激にほぼゼロに減少したことを示す。ベースライン復帰でブリジットのSIBは増加したが、その後研究者らは11秒のVM-DRO治療条件を再導入した。さらにその長さは22秒へ、そして最大標的間隔300秒へと疎化された。

3．DRO活用のガイドライン

従来、瞬間DROよりも間隔DROの方がより幅広く使われてきた。一部の研究者は、問題行動を抑制するためには瞬間DROより間隔DROの方がより有効であること、また瞬間DROは間隔DROによって生じた低い問題行動のレベルを維持するうえで最も有効であることを見出した

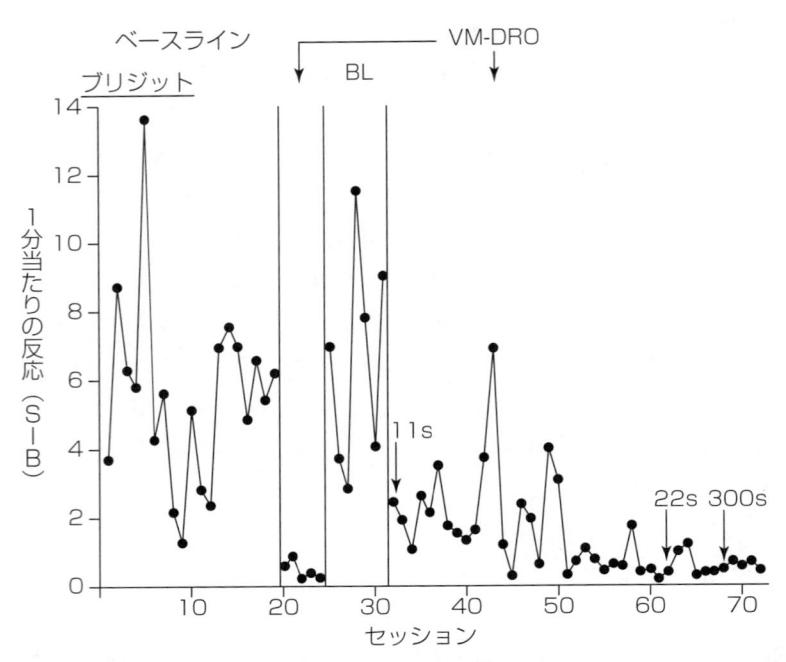

図22.7　ベースラインと処遇条件における自傷行動（SIB）の1分当たりの反応

From "DRO Contingencies: An Analysis of Variable-momentary Schedules" by J. S. Lindberg, B. A. Iwata, S. W. Kahng, & I. G. DeLeon, 1999. *Journal of Applied Behavior Analysis, 32*, p. 131. Copyright 1999 by the Society for the Experimental Analysis of Behavior, Inc. Reprinted by permission.

（Barton, Brulle, & Repp, 1986; Repp, Barton, & Brulle, 1983）。リンドバーグら（Lindberg et al., 1999）は、FI-DROスケジュールよりもVM-DROスケジュールの方が優れている可能性があることを示す理由を2つ挙げた。第1に、VM-DROスケジュールは、参加者の行動を実践家が常にモニターしなくてもよいため、より実際的であると考えられる。第2に、これらの研究者らが収集したデータは、FI-DROで参加者が獲得した強化率よりも、VM-DROで獲得した全強化率の方がより高いことを示した。

　強化子としての可能性がある強化子を選ぶことに加えて、DROの有効活用についての以下のガイドラインを提案する。

（1）DROの限界を知る

　DROは問題行動を減らすうえで、しばしば実際的でありかつ極めて有効な方法ではあるが、欠点がないわけではない。間隔DROの場合、間隔の間に問題行動が起こらないことを条件とし、それだけで強化を与える。その間に別の不適応行動が起こっても強化する。例えば、トゥーレット症候群の若者の顔面チックを減らすため、20秒間隔DROを実行することを考えてみよう。20秒間隔の各終了時点で、それまでに顔面チックがなければ強化する。しかしながら、もしその若者が悪態をつく行動を間隔のどこかでまたは終端で自発してもなお強化する。悪態をつく行

動と時間的に近接して、顔面チックの不生起を条件とする強化を行うと、そのことによってその不適切な行動をうっかり強めてしまう恐れがある。そういうケースでは、DRO間隔の長さを短くするか、およびまたは問題行動の定義を拡大して、別の望ましくない行動も含めるようにする必要がある（例えば顔面チックおよび悪態の不生起を条件とする強化）。

瞬間DROでは、不適切な行動が多くの間隔でずっと起こっていたとしても、各間隔の終端でその問題行動が起こってさえいなければ強化する。先述の例を続けるならば、FM-DRO 20秒スケジュールでは、もし顔面チックが間隔の50％、75％、90％で起こっていたとしても、順次生起する20番目の秒のまさにその一瞬に顔面チックが起こっていなければ、強化することになる。そういう場合は、実践家は間隔DROを使い、DRO間隔の長さを短くするようにしなければならない。

DROは、必ず成功するわけではない。実践家は情報を得たうえで決断できるよう、自分のデータに警戒を怠ってはならない。例えばリンシャイドら（Linscheid, Iwata, Ricketts, Williams, & Griffin, 1990）は、DROとDRIを組織的に適用したが、発達障害の5人の慢性的な自傷行動を除去できないことを発見した。最終的にはその行動を除去するため、より侵入的な罰（弱化）の手続きを開始しなければならなかった。

（2）最初のDRO間隔を頻繁な強化を保証するように設定する

実践家は、DRO随伴性を適用する場合、最初のDRO時間間隔の設定を学習者の現水準の行動が強化と確実に接触できるようにしなければならない。カウダリーら（Cowdery et al., 1990）は、最初、「掻きむしりなし」2分間間隔を条件として、褒め言葉とトークン強化を与えることにした。その長さにしたのは「以前ジェリーが1人にされたとき、掻きむしりせずに我慢する姿を目撃した最長時間」だったからである（p. 501）。平均ベースライン反応間時間（interresponse time, IRT）と同等か、やや少ない間隔によって開始するようにすれば、通常、最初のDRO間隔を有効にすることができる。平均IRTは、実践家がベースライン測定の全持続時間を、ベースラインで記録された全反応数で割ることによって算出する。例えば、30分のベースライン測定で、合計90反応が記録されたとすれば、平均IRTは20秒になる（すなわち1,800秒÷90反応）。実践家は、これらのベースラインデータを指針として、最初のDRO間隔を20秒かそれ以下に設定するようにすればよい。

（3）ほかの望ましくない行動をうっかり強化しない

「純粋な」DROスケジュールでは、標的となる問題行動の不生起という非常に一般的な反応クラスを条件として強化が与えられる。したがって、「純粋な」DROは、通常は、人々が非常に高率で自発する深刻な行動上の問題に対して、もしその人々の現レパートリーに代替行動や非両立行動として機能する可能性のある行動はあったとしてもごくわずかであり、またその人々がするかもしれない行動はほぼ何であれ標的行動以上には問題にはならない場合は、最適の治療法とし

て利用される。

　DROで強化するときは、どんな特定の行動であれ、強化のために自発することを要求することはしない。それゆえ、強化を与えるとき、その人がしていることは何であれ、将来、より頻繁に起こる可能性がある。したがってDROを使う実践家は、うっかりほかの望ましくない行動を強めることのないように注意しなければならない。実践家がDROを使うときは、スケジュールによって特定された間隔か瞬間に、問題行動が不在であることを条件とするだけでなく、それに加えてほかのどんな重大な不適切行動も不在であることを条件として、強化を与えるようにすべきである。

（4）DRO間隔を徐々に長くする

　実践家は、最初のDRO間隔が問題行動を効果的に制御したら、その後はDRO間隔を長くすることができる（すなわち、強化スケジュールの疎化）。DROスケジュールは、最初は少しずつ徐々に増えていく一連の増分によって、間隔を長くしながら疎化しなければならない。

　ポーリングとライアン（Poling & Ryan, 1982）は、DRO間隔の長さを延ばして行く3つの方法を提案した。

1. DRO間隔を、一定の時間間隔（constant duration of time）で増加させる。例えば、実践家は、間隔を増やす各機会において、DRO間隔を15秒ずつ増やしていく。

2. 間隔を、比例的に（propoetionately）増やしていく。例えば実践家は、間隔を変える各機会において、DRO間隔を10％ずつ増やすことができる。

3. DRO間隔を、学習者のパフォーマンス（learner's performance）をベースにして、セッションごとに変える。例えば、実践家は、それぞれのセッションのDRO間隔を、前のセッションの平均IRTと等しくなるように設定する。

　より長いDRO間隔を導入して、問題行動が悪化するときは、実践家は問題行動を再び制御できるレベルまで間隔の長さを短くすればよい。そして前に達成した問題行動の減少を回復させ、それからDRO間隔をより小さいより緩やかな時間間隔によって拡大していく。

（5）DROの適用をほかの場面と1日のほかの時間に拡大する

　問題行動の頻度が処遇場面において大幅に減少したら、そのDRO間隔をその人の日常環境におけるほかの活動や時間帯に導入すればよい。教師や親やほかの介護者にDROスケジュールによる強化提示に着手してもらえれば、効果の拡大に役立つ。例えば、カウドリーら（Cowdery et al., 1990）は、治療セッションでジェリーのSIBを十分制御できるようになってから（図22.6）、そのDRO介入を1日のほかの時間帯や場所で適用し始めた。最初は、さまざまなスタッフメン

バーが、余暇活動や、教示セッションや、自由時間において、単一の30分DRO間隔の間、掻きむしりを我慢したら、強化としてジェリーに褒め言葉とトークンを与えた。それからさらに30分単位でDRO間隔を追加してゆき、ついにジェリーが目覚めているすべての時間へと、そのDRO随伴性を拡大した。ジェリーのSIBは十分に減り、2年間で初めて退院して自宅に戻ることができた。ジェリーの両親は自宅でそのDRO手続きをどう実行すればよいかを教えられた。

(6) DROをほかの手続きと組み合わせる

DROは単独の介入として使うことができる。しかしながら、DRIやDRAと同様に、DROをほかの行動減少手続きと組み合わせて1つの処遇パッケージにすると、しばしばより効率的で効果的な行動改善を生み出す。デ・ズビカレイとクレア（De Zubicaray & Clair, 1998）は、DROとDRIと原状回復（罰）手続きとを組み合わせて、慢性精神障害者のための居住施設で生活する知的障害の46歳の女性の身体的・言語的虐待と身体的攻撃を減少させた。さらに、ロリダーとヴァン・ホーテン（Rolider & Van Houten, 1984）による3つの実験の結果は、DRO＋叱責からなる介入の方が、DRO単独よりも子どものさまざまな問題行動（例えば、4歳女児による妹への身体的虐待、12歳男児の親指しゃぶり、就寝時の癇癪）を減らすうえでより効果的であることを示した。

DROはまた、十分な結果を生み出さなかった介入に対する追加措置として適用することもできる。マッコードら（McCord, Iwata, Galensky, Ellingson, & Thomson, 2001）は、重度知的障害と視力障害のある41歳女性サラの問題行動を減らすために、刺激フェーディング介入を行ったが、「大きな成功には至らなかったため」DROを追加した。彼女の問題行動には、重度の自傷行動や、器物損壊、騒音によって引き起こされる攻撃などがあった。DROを適用して、騒音の大きさを2dBずつ段階的に高めてゆきながら、「問題行動が観察されずに6秒間隔が経過するごとに、セラピストがサラに好きな食べ物（チーズシュークリーム半分）を与えた。問題行動が起こったら食べ物を差し控え、DRO間隔をリセットした」（p. 455）。サラが問題行動を起こさずに、連続3回の1分セッションを達成するごとに研究者らはDRO間隔を2秒ずつ増やした。このスケジュールの疎化は、最終的にはサラが問題行動を起こさずにそのセッションを完了できるまでになった。次いでセラピストは、食べ物をセッションの終わりだけに与えた。介入に対するDROの追加は、サラの問題行動を即座に減らし、処遇場面では40セッション以上にわたってほぼゼロに維持した（第6章、図6.6下段のグラフ参照）。訓練終了後に行われた騒音下でのプローブによって、その処遇効果は維持され、サラの家庭にも般化したことが示された。

Ⅳ 低反応率分化強化

実験室研究では、ファースターとスキナー（Ferster & Skinner, 1957）が、反応しない時間間隔をだんだん延ばしてゆき、その経過後に反応することを強化するようにすると、全体の反応率を減らすことができることを発見した。標的行動の生起を減らす介入として、この方式で強化を

与えるとき、その手続きを**低反応率分化強化**（differential reinforcement of low rates, DRL）という。DRLスケジュールでは、DROのように行動の完全な不生起を条件として強化を与えるのとは反対に、標的行動が生起することを条件として強化を与える。そのため行動分析家は、頻繁に起こりすぎる行動を完全に除去するためではなく、その比率を減らすためにDRLを使う。例えば実践家は、行動の形態のせいではなく、それが頻繁に起きすぎるせいで、一定の行動を問題行動として同定することがある。例えば、自習時間に子どもが挙手したり、先生の机のところにやってきたりして、先生に助けを求めることはよいことである。しかしそれが過度に起こる場合は問題行動になる。

　学習者のなかには、行動をあまり頻繁に起こさないよう注意されたり、適切な反応率を指定するルールを課されたりすると、行動を低率で自発する者もいる。しかし教示（インストラクション）だけでは、問題行動の生起を減らせない場合、実践家は結果ベースの介入を使う必要があるかもしれない。DRLは教示だけでは問題行動が強すぎ、しかしより制約的な結果（例えば罰）にまでは及ばないような問題行動を減らすための介入を実践家に提供する。デイツ（Deitz, 1977）は、3種のDRL手続きを命名して解説した。フルセッションDRL、間隔DRL、間隔を空ける反応DRLである。

1．フルセッションDRL

　フルセッションDRL（full-session DRL）手続きでは、標的行動がセッション全体であらかじめ決めておいた基準数と同数かより少数で起こるとき、教示セッションまたは処遇セッションの終了時に強化を与える。もしそのセッションの反応数が決められた制限を超えた場合は、強化を差し控える。例えば、教師が1授業あたり4回の妨害行動という基準制限つきフルセッションDRLを適用する場合は、4回以下の妨害行動を条件として授業の終わりに強化を与える。フルセッションDRLは、教育や処遇場面の問題行動に対する効果的で効率的で適用しやすい介入である。

　デイツとレップ（Deitz & Repp, 1973）は、フルセッションDRLが教室での不作法さを減らすうえで有効であり、扱いやすいことを実証した。彼らは発達障害の11歳男児の勝手な発言を減らした。10日間のベースラインでは、50分セッション当たり平均5.7回、勝手な発言をしていた。フルセッションDRLを導入すると、男児は50分セッション当たり、勝手な発言が3回以下であることを条件として、1日の終わりに5分の遊びを許された。DRL条件での勝手な発言は、50分当たり平均0.93回に減った。ベースライン復帰では、勝手な発言はやや増えてセッション当たり平均1.5回になった（図22.8を参照）。

2．間隔DRL

　実践家が、**間隔DRL**（interval FRL）強化スケジュールを適用する場合は、全セッションを一連の等しい間隔に分割し、その間隔間の問題行動の生起数が制限基準に等しいか下回る、各間隔

第22章　分化強化

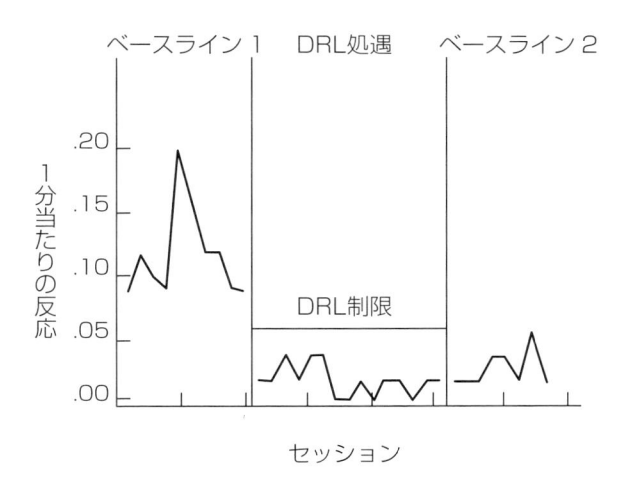

図22.8　発達障害男児のベースラインと処遇段階における勝手な発言の比率。

From "Decreasing Classroom Misbehavior Through the Use of DRL Schedules of Reinforcement" by S. M. Deitz and A. C. Repp, 1973, *Journal of Applied Behavior Analysis, 6*, p. 458. Copyright 1973 by the Society for the Experimental Analysis of Behavior, Inc. Reprinted by permission.

の終わりに強化を与える。もし学習者がその時間間隔の間に反応基準数を上回れば、実践家は強化の機会を取り去り、新しい間隔を開始する。例えば、もしDRLの制限基準が1時間当たり4回の問題行動ならば、実践家はそれぞれの15分の終わりに、問題行動の生起が1回だけしか起きないこと条件として強化子を与える。もし参加者がその間隔の間に2つめの問題行動を自発したら、実践家は直ちに新たな15分間隔を開始する。新たな間隔の開始は、強化の機会を先送りする。

デイツ（Deitz, 1977）は、最初、間隔DRL強化スケジュールを間隔当たり1反応か0反応の基準を使う方法として定義した。しかしながら、デイツとレップが実際にプログラミングしたのは、間隔当たり1回を上回る基準を使った間隔DRLスケジュールだったと報告した。「1時間当たり平均14回起こる反応なら、15分間隔当たりの制限を3回の生起とする。3回という反応制限は、次は間隔当たり2回の反応に、さらに次は間隔当たり1回の反応へと減らすことができる」（p. 37）。

デイツら（Deitz et al., 1978）は、間隔DRL強化スケジュールを使って、学習障害児の妨害行動を減らした。その7歳の児童には困難な教室内での不作法な行動（例えば、走る、押しのける、突く、たたく、物を投げる）が複数あった。子どもは1枚の紙を渡された。紙には線が引かれ、15区画が作られていた。それぞれの区画は2分間隔を表していた。子どもが2分間に不作法な行動を1回か0回に抑えて過ごせばスター印をつけた。スター印1つ当たり1分、校庭で先生と遊ぶことができた。2分間隔に2回不作法な行動を自発したら、教師は直ちに新しい2分間隔を開始した。

間隔DRL（および次の節で解説する間隔を空ける反応DRL手続き）を効果的に適用するためには、問題行動の連続モニタリングと、注意深い時間計測と、頻繁な強化が必要である。多くの実

践家にとって、助手の助けがなければ、間隔DRL手続きを集団場面に適用することは難しい。間隔DRLと間隔を空ける反応DRL手続きが無理なく使えるのは1対1指導か、有能な助手と協力して指導できるときである。

3．間隔を空ける反応DRL

実践家が**間隔を空ける反応DRL**（spaced-responding DRL）強化スケジュールを使うときは、前の反応から少なくとも最小の時間量を空けて反応したら、その生起に対して強化子を与える[7]。第4章を思い出せば、2つの反応の間の時間の長さを表す専門用語は反応間時間（interresponse time）（IRT）である。IRTと反応率は相互に直接に関連する。すなわち、IRTが長ければ長いほど、全体の反応率はより低くなる。より短いIRTはより高い反応率と相関する。したがって少しずつ長くなっていくIRTを条件として強化するようにすれば、反応率は減っていくだろう。

ファヴェルら（Favell, McGimsey, & Jones, 1980）は、間隔を空ける反応DRL強化スケジュールと反応プロンプトを使って、4人の最重度発達障害者の早食いを減らした。処遇の開始時点では、一口と一口の間の短い独立した休止（IRT）を条件として強化した。それから一口ごとの休止を徐々により長くなるように要求した。研究者らはまた、手動プロンプトを使って一口一口を分離させ、それから口に食べ物を運ぶ動作のすべて間のおよそ75%において、自主的に最低5秒間の休止を取るようになったら、それらの反応プロンプトをフェーディングした。最後にファヴェルらは、食物強化と賞賛を段階的に疎化した。食べる頻度は、処遇前ベースラインにおいては30秒当たり平均10〜12回だったが、間隔を空ける反応DRL条件においては30秒当たり3〜4回に減少した。

大部分の結果操作型の行動減少手続きは、行動をゼロ生起まで減らせるパワーがある。しかし間隔を空ける反応 DRLでは、ゼロ生起まで減らす可能性は低い。その理由から、間隔を空ける反応 DRL 随伴性は、行動の程度を減らす重要な介入になる。すなわち、間隔を空ける反応 DRL 随伴性は、学習者に対して、「あなたの行動はよいのですが、ただその回数は減らしましょう」というメッセージを伝えるのである。例えば、教師は間隔を空ける反応 DRL スケジュールを使って、多すぎる質問という子どもの問題行動を減らすことができる。質問が頻繁に起こりすぎるため、教室での学習と教授が妨害される。教師は多すぎる質問に介入するため、もし子どもが質問する前に最低5分間質問していなかったら、そのときは応答するというようにすればよい。この間隔を空ける反応 DRL 介入によって、質問を減らすことができる。しかし質問をなくしてしまう恐れはない。

シンら（Singh, Dawson, & Manning, 1981）は、間隔を空ける反応 DRL 介入を使って、最重度知的障害の10代の女児3人の常同反応（例えば、反復的な体の運動、体ゆすり）を減らした。間隔を空ける反応 DRL 介入の最初の段階では、セラピストは女児が前の常同反応から最低12秒

注7：間隔を空ける反応DRLにおいては、標的行動の例が起これば即座に強化を与える。そのため、ファースターとスキナー（Ferster & Skinner, 1957）によって記述されたDRL 強化スケジュールと非常に酷似したDRL 応用バリエーションである。

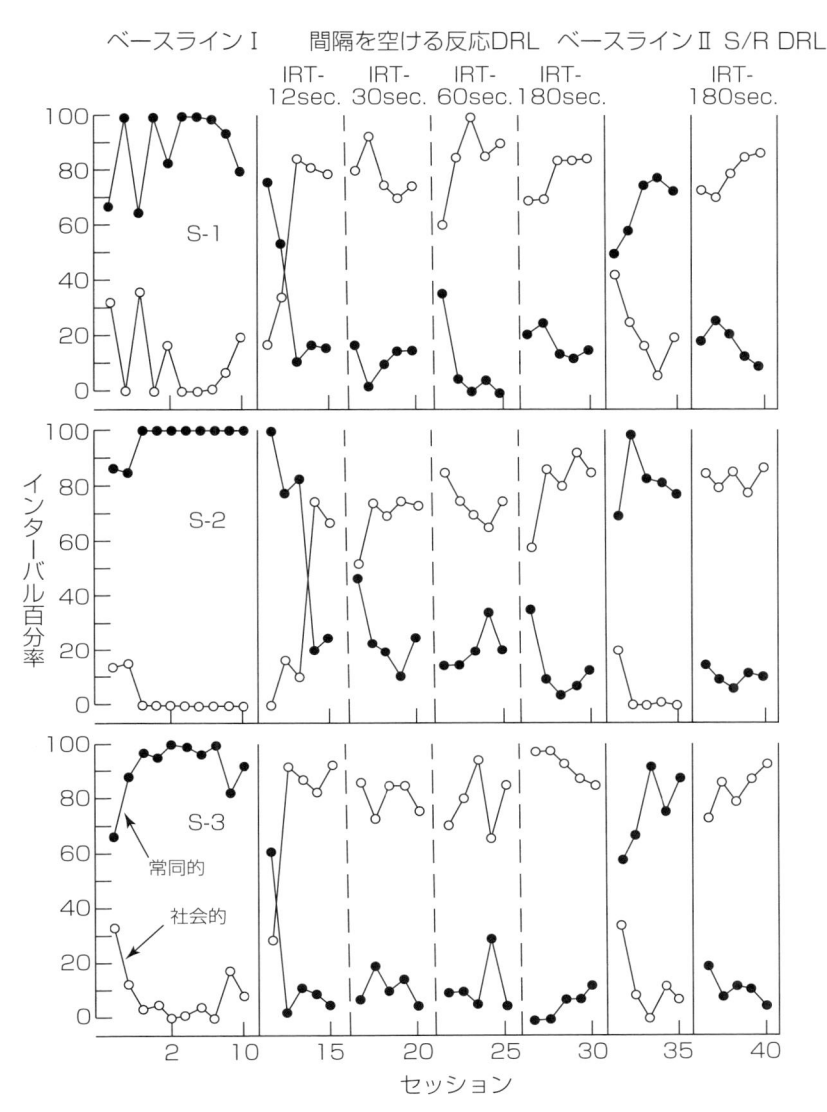

図22.9　間隔を空ける反応DRLが最重度知的障害10代女児3名の常同反応に及ぼす効果

From "Effects of Spaced Responding DRL on the Stereotyped Behavior of Profoundly Retarded Persons" by N. N. Singh, M. J. Dawson, and P. Manning, 1981. *Journal of Applied Behavior Analysis, 38*, p. 524. Copyright 1981 by the Society for the Experimental Analysis of Behavior, Inc. Reprinted by permission.

経過して常同反応を自発したら、いつでもそれぞれの女児を褒めた。実験者の1人が間隔を計測して、自動点灯システムを使ってセラピストに対して強化を与えてよいというシグナルを伝えた。DRL 12秒IRTを適用すると、3人の女児すべての常同行動に突然の減少が起こった（図22.9を参照）。シンらはIRT基準を30秒、60秒、そして180秒へと組織的に漸増させた。その間隔を空ける反応DRL手続きは、3人の女児すべての常同反応を減らしたばかりでなく、適切な行動（例えば、笑う、話す、遊ぶ）の増加という同時効果も生みだした。

4．DRL活用のガイドライン

　問題行動の程度を減らす3つのスケジュールの有効性に対して、複数の要因が影響を与える。次のガイドラインは、それらの要因を扱っている。

（1）DRLの限界を知る

　もし、実践家が不適切な行動を速やかに減らす必要があるならば、DRLは最初に選ぶべき方法ではない。DRLは速度が遅い。不適切な行動を適切な水準にまで減らすためには、実践家の許せる以上の時間が必要になる。さらにDRLを自傷行動や暴力や危険性の高い行動などに使うことは勧められない。最後に実践の観点からすれば、DRLを使うことは実践家が不適切な行動に焦点を絞らなければならないことを意味する。例えば、もし教師が警戒していないと、故意にではなく不適切な行動に注目を与えすぎ、不用意に強化してしまうだろう。

（2）最も適切なＤＲＬ手続きを選ぶ

　フルセッションDRL、間隔DRL、間隔を空ける反応DRLスケジュールは、学習者に異なるレベルの強化を与える。DRLの3つの手続きの中では、間隔を空ける反応DRLだけが、特定の反応が起こった直後に強化を与える。すなわち最小IRT経過後に反応を自発しなければ強化は与えられない。実践家は間隔を空ける反応DRLを使って、行動の生起を減らしながら、それらの行動を低率で維持する。
　フルセッションDRLと間隔DRLでは、参加者は強化子を得するために、反応する必要はない。問題行動の割合がゼロに達するか、行動除去という目標に向かう最初のステップとすることを、実践家が容認できるならば、フルセッションDRLか、間隔DRLを適用してもよいだろう。
　間隔を空ける反応DRLと間隔DRLは、通常、フルセッションDRLの強化よりもより高率の強化をもたらす。重い問題行動を持つ学習者に対して、強化随伴性との接触を頻繁にするように設計することは本来的に適切であり、そしてほとんどの場合必要なことでもある。

（3）最初の反応かIRT制限は、ベースラインデータを使って選択する

　実践家は、フルセッションDRLの最初の基準を設定するときは、ベースラインセッションで自発した平均反応数か、平均よりやや低めの反応数を使えばよい。例えば、5回のベースラインセッションで、1セッションあたり8回、13回、10回、7回、12回の反応を記録したとすれば、平均して10回の反応が得られる。したがって、フルセッションDRL基準としては、1セッションあたり8〜10反応が適切な基準となる。
　間隔DRLと間隔を空ける反応DRLでは、最初の時間基準は、ベースライン平均かやや低めに設定すればよい。例えば、60分セッション当たり4反応というベースライン平均から計算すると、

間隔DRLの最初の基準としては、15分当たり1反応が適切である。同じベースラインデータ（すなわち60分セッション当たり4反応）を使って、間隔を空ける反応DRLスケジュールを使う場合は、最初のIRTを15分とすることは理に適っている。すなわち、前の反応から最低15分経過した後の反応だけが強化される。

（4）DRLスケジュールを徐々に疎化する

実践家はDRLスケジュールを段階的に疎化して、望ましい最終反応率を達成する。実践家は最初のDRL時間基準を疎化するため、一般に次の3つの手続きを使う。

1. ･フ･ル･セ･ッ･シ･ョ･ン･DRLでは、実践家は新しいDRL基準を設定するとき、参加者の現在のDRL遂行を使うことができる。もう1つの選択肢は、最近のDRLで自発された平均反応数よりもやや低めに、新しいDRL基準を設定することである。

2. ･間･隔･DRLでは、実践家は現基準が間隔当たり2反応以上ならば、間隔当たり反応数を段階的に減らしていくようにすればよい。あるいは、現基準が間隔当たり1反応ならば、基準間隔の長さを徐々に延ばしてゆくようにすればよい。

3. ･間･隔･を･空･け･る･反･応･DRLでは、実践家は最近のセッションの平均IRTか、平均よりやや低めのIRTをベースにしてIRTを調整するようにすればよい。例えば、ライトとヴォルマー（Wright & Vollmer, 2002）は、17歳女児の早食いの減速に成功した治療パッケージにおいて、前の5セッションの平均IRTをDRL成分のIRTとして設定した。研究者らは、女児の食物摂取を1分当たり4口の割合を下回るまで減らす必要はなかったため、15秒のIRTを超えないようにした。

DRL強化スケジュールの疎化を成功させるためには、実践家はフルセッションDRL、間隔DRL、間隔を空ける反応DRLというバリエーションに関わる時間と反応の基準を、ひたすら段階的に、しかし組織的に変更するようにする。

DRLスケジュールを疎化するための可能な2つの意思決定ルールとは、

･ル･ー･ル･1：実践家は、学習者が連続3セッションの間、基準を達成するか、超えるならば、DRL基準をいつでも変更してよい。

･ル･ー･ル･2：実践家は、学習者が連続3セッションの間、強化機会の少なくとも90％において強化されているならば、DRL基準をいつでも変更してよい。

（5）学習者にフィードバックを与える

　DRL手続きの有効性を高めるためには、学習者が自分の反応率をモニターできるように、フィードバックを与えてやればよい。フルセッションDRL、間隔DRL、間隔を空ける反応DRLでは、参加者に異なるレベルのフィードバックを与える。最も正確なフィードバックは、間隔を空ける反応DRLである。IRT基準を満たす各反応に強化が随伴するからである。IRT基準を満たさない反応が起これば強化を差し控え、時間間隔を即座にリセットし、新しい間隔を開始する。この手続きでは学習者に間隔当たりの反応に対して即時的フィードバックを与える。

　間隔DRLもまた高いレベルのフィードバックを提供する。しかしながら、それは間隔を空ける反応DRLにおけるそれよりは少ない。間隔DRLは学習者に2種類のフィードバックを与える。第1の問題行動は、フィードバックを提供しない。しかし、第2の問題行動は、時間間隔をリセットするため、問題行動に結果を与える。その間隔の間に問題行動が1回か0回しか起こらない場合は、その間隔の終了時点で強化が与えられる。これら2つのフィードバックは、間隔DRL介入の有効性を高める（Deitz et al., 1978）。

　応用行動分析家は、フルセッションDRLの計画において、フィードバックつきにすることも、フィードバック無しにすることもできる。通常の適用計画では、反応の瞬間瞬間の累積に関するフィードバックは与えない。デイツ（Deitz, 1977）は、フルセッションDRLでは、学習者はDRL基準に対してのみ反応するとした。すなわち、もし学習者が基準を超えれば、強化される機会を失う。学習者が一度強化の機会を失えば、高率の問題行動を結果の随伴なしに自発する。瞬間瞬間のフィードバックなしのスケジュールが設計されれば、学習者は、通常、DRL制限よりはるかに低いレベルにとどまる。フルセッションDRLは、瞬間瞬間のフィードバックがない場合、間隔を空ける反応DRLや、間隔DRLと同様に、重度問題行動のある学習者に対して、有効であるとはいえない可能性がある。フルセッションDRLの有効性は、最初に与える強化随伴性の言語説明に著しく依存する（Deitz, 1977）。

まとめ

分化強化の基本的説明

1. 問題行動を減らす手続きとして、分化強化を使う場合、それは次の2つの成分によって構成される。（a）問題行動以外の行動が起こるか、問題行動が低率で起こることを条件として強化を与える、（b）問題行動にはできるだけ強化を差し控える。

非両立行動分化強化と代替行動分化強化

2．非両立行動分化強化や代替行動分化強化は、同時に起こる2つのオペラント、すなわち減少の標的とされる不適切な行動と、選ばれた適切な行動が、異なる比率の強化を受ける強化スケジュールとしてとらえることができる。

3．DRIやDRAには、問題行動を弱めると同時に、標的問題行動と両立しないか代替される望ましい行動を強めるという二重効果がある。

4．DRIでは、標的となる問題行動とはトポグラフィーにおいて同時には起こりえない行動に強化を与え、問題行動の生起例に後続する強化を差し控える。

5．DRAでは、標的問題行動に代替される望ましい行動に強化を与え、問題行動の生起例に対する強化は差し控える。

6．DRIやDRAを使う場合は、実践家は次のように行う。

- 学習者の現在のレパートリー内に既に存在し、問題行動と等しいか、できればより少ない努力で遂行でき、介入前に強化の機会を十分生み出す比率で自発され、介入が停止された後も、学習者の日常環境において強化されやすい非両立行動か代替行動を選ぶ。
- 非両立行動や代替行動が起きたときに与え、問題行動が起きたときに差し控えることができる潜在的強化子を選ぶ。介入前に問題行動を維持してきた行動結果と同じ結果が、しばしばDRIやDRAに対する最も効果的な強化子である。
- 代替行動や非両立行動は、最初、連続強化スケジュールで強化し、それから徐々に強化スケジュールを疎化する。
- 問題行動を消去状態に置くことによって、代替行動や非両立行動に対する強化率と問題行動に対する強化率の違いを最大にする。
- DRIやDRAを他の行動減少手続きと組み合わせて、より有力な介入を作り出す。

他行動分化強化

7．DROにおける強化は、特定の長さの時間か瞬間（すなわち瞬間DRO）に、問題行動が生起しないことを条件として与えられる。

8．間隔DROスケジュールでは、特定の時間間隔において問題行動が起こらなかったとき、そ

の間隔の終わりに強化を与える。

9. 瞬間DROスケジュールでは、特定の瞬間に問題行動が起こらないとき強化を与える。

10. 間隔DROと瞬間DRO手続きでは、強化の入手可能性は、固定時間か変動時間スケジュールで起こる。

11. DROを使うときは、実践家は次のように実践する。

    • 最初のDRO時間間隔を設定するときは、DRO随伴性を適用すると学習者の現水準の行動が確実に頻繁に強化されるようにする。

    • ほかの不適切な行動を意図せずに強化しないように注意する。

    • DROスケジュールによって特定された間隔か瞬間に問題行動が起こらないこと、そしてほかのどんな重大な不適切行動も起こらないことを条件として強化を与える。

    • DRO間隔を、問題行動の減少をベースにして、徐々に増やしていく。

    • 処遇場面で問題行動が著しく減ったら、それからDROをその日のほかの場面や時間帯に拡大する。

低反応率分化強化

12. DRLスケジュールは、低い一貫した反応率を生み出す。

13. フルセッションDRLスケジュールでは、教示または処遇の全セッションの間、反応が制限基準と同じかそれより少ないとき、強化子を与える。

14. 間隔DRLスケジュールでは、全セッションを一連の等しい間隔に分割し、その間隔の問題行動の反応数が制限基準に等しいか下回るそれぞれの間隔の終わりに強化を与える。

15. 間隔を空ける反応DRLスケジュールでは、前の反応から少なくても最小の反応間時間（IRT）だけ隔たって標的行動が起こるとき、各反応に強化を与える。

16. DRLを使うとき、実践家は次のように実践すべきである。

    • もし問題行動を速やかに減らさなければならない場合はDRLを使わない。

    • 自傷やそのほかの激しい行動にはDRLを使わない。

- 最も適切なDRLスケジュールを選ぶ。問題行動の割合がゼロに達するか、行動除去という目標に向かう最初のステップとすることが容認できるなら、フルセッションDRLか、間隔DRLにする。低い行動の割合を学習者のレパートリーの中に維持するときは間隔を空ける反応DRLにする。

- ベースラインデータを最初の反応制限かIRT制限を選ぶ指針とする。

- DRLスケジュールを徐々に疎化して、望ましい最終反応率を達成する。

- 学習者にフィードバックを与え、反応率をモニターするよう支援する。

第23章
先行介入

キーワード

先行介入、行動モメンタム、固定時間スケジュール（FT）、機能的コミュニケーション訓練（FCT）、高確率要求連続、非条件的強化（NCR）、変動時間スケジュール（VT）

行動分析士資格認定協会®BCBA® & BCaBA®
第4版課題リスト©

I 基本的な行動分析学のスキル	
A-05	反応間時間（IRT）を測定する。
D-03	プロンプトとプロンプトフェーディングを使う。
D-08	不連続試行とフリーオペラント計画を使う。
D-20	反応に依存しない（時間ベースの）強化スケジュールを使う。
E-01	先行事象、例えば動機づけ操作や弁別刺激の操作に基づく介入を使う。
E-09	高確率・低確率要求連続を設計する。
F-07	機能的コミュニケーション訓練を使う。
II 基本的な行動分析学のスキル	
J-10	行動を減らすときは、確立しまたは増やすべき望ましい代替行動を選択する。
III 基礎知識	
FK-39	行動モメンタム

©2012 行動分析士資格認定協会®（BACB®）。不許複製。この文書の最新版は、www.bacb.comから入手できる。この文書の転載、複写、配布の請求と、この文書についての質問は、BACBに直接問い合わせられたい。

応用行動分析家は従来、3項随伴性を強調してきた。すなわち結果が、行動にどう影響を与えるか、結果の違いが弁別刺激（S^D）と刺激性制御をどう作り出すかを強調してきた。先行事象そのものが行動にどう影響を与えるかについて注目することは稀だった。しかし、非常に大きな影響を与えた2つの論文、すなわち確立操作に関する論文（Michael, 1982）と、関数分析（ないし機能分析）に関する論文（Iwata, Dorsey, Slifer, Bauman, & Richman, 1982/1994）が発表されて以来状況は一変した。動機づけ操作（MO）と行動機能査定が合流した結果、応用行動分析家は、刺激性制御（例えば、S^D）以外の先行条件に関する応用研究を、行動の基本原理と整合させることができるようになった。この合流によって、先行事象が行動にどう影響を与えるかについての理解が進んだ。それは歴史的には応用行動分析学においてあまり強調されてこなかった領域だった。

しかし実践家は、すでに十分長い間、先行因子を効果的に活用してきた。先行因子を利用して、望ましい行動を発達させ、問題行動を減らし、社会的環境、学業的環境、余暇的環境、労働環境において適応的行動を選び出す環境を設計してきた。教師は行動を改善するため、間違いなく、結果の設計（例えば、強化、罰、消去）よりも、先行介入をより頻繁に活用するだろう。先行条件を設計して行動を改善する実践は、長い歴史をもっている。そのことが、先行条件の変化と機能的に関連して起こる望ましい行動所産に関する実験的データベースの増加に対して、一層の支援を与えている（例えば、Wilder & Carr, 1998）。表23.1は、一般的な問題行動と、実践家がそれらの問題を処理するために使ってきた先行介入を示す。

I 先行介入を定義する

1. 先行介入の概念的理解

一部の教科書や雑誌論文では、先行ベースの行動改善戦略をすべて1つの言葉によって分類する。例えば、先行手続き（antecedent procedure）、先行性制御（antecedent control）、先行操作（antecedent manipulation）、先行介入（antecedent intervention）などが使われる。同一の用語によって、刺激性制御（S^D）をベースとする介入と、動機づけ操作（MO）が関与する介入を同定することは経済的ではあるが、これら先行事象の機能の違いを混同したり、認識しなくなったりする恐れがある。S^Dがなぜ行動を喚起するかといえば、それは強化の入手可能性の増大と結びついていたからである。MOも行動を喚起する機能をもつが、しかしそれは有効な強化の入手可能性の違いとは関係しない。有効な強化子が入手できないときでさえ、MO（例えば、確立操作）は、一定の種類の行動の現在の頻度を増加させる。応用行動分析家は、S^DとMOの喚起機能の基礎にある要因の違いを認識しなければならない。

S^Dが行動を喚起する機能と、MOが行動を喚起する機能には、異なる原因があることを理解することは、概念の明瞭さと一貫性を高めるだけでなく、応用的にも重要な意義をもつ。刺激性制御を伴う先行処遇には、結果事象の操作を含めなければならない。すなわちS^Dが存在するときと存在しないときで、強化の入手可能性に差をつけなければならない。一方、動機づけ操作をベー

表23.1　問題行動とそれらを処理する先行介入の例

問題行動状況	先行介入
宿題するか入浴するかに関連して、妨害行動や不従順行動を示す。	選択を与える。「最初に宿題する？　それともお風呂に入る？」
好きなものを選べるセルフサービス方式で夕食を摂るとき、発達障害者が社会化スキルとコミュニケーションスキルの貧弱さを示す。	大皿から取る家族方式の座席配置に変える。
子どもが悪さをして他児の邪魔をする。	悪さをする子どもの机を、邪魔された級友から遠ざけて、教師の近くにもってくる。
ハイハイ段階の乳幼児が、多くの危険な目に遭う恐れがある。	階段にゲートを設け、電気コンセントの差し込み口をふさぎ、キャビネットの戸にカギをかけ、テーブルランプを取り除く。
子どもが算数ワークシート25問全部を解くように言われると、妨害行動をする。	5問ずつ5組に分けて出す。
リソースルーム（特別指導教室）に入ると、悪さをする子どもがいる。	教師が掲示板に子ども1人1人の索引カードをピンで留める。カードに、個別に理解すべき問題を書いておく。子どもたちがリソースルームに入るとき、掲示板から自分のカードをとり、自分の机に行き、カードに問題の答えを書く。

スとする行動改善戦略では、結果ではなく先行事象を変えなければならない。こうした違いを理解することは、先行事象を伴ったより効果的で効率的な行動改善活動をより一層発展させるだろう。

2．先行刺激の機能を分類する

（1）随伴性依存型

　随伴性依存型先行事象（contingency-dependent antecedent event）は、行動に対する喚起効果（evocative effect）と減少効果（abative effect）を、後続する結果に依存して発展させる。刺激性制御の機能はすべて、随伴性依存型である。例えば、2＋2＝？が存在するとき、子どもは4と反応する。それは2＋2＝？の刺激があるからではなく、過去に4と答えることに強化が随伴した履歴があるからである。それにはおそらく4と答える以外のどんな別の反応にも強化が随伴しなかった履歴も含まれるだろう。本章では、この随伴性依存型先行事象を先行制御（antecedent control）という用語によって、同定することにする。

表23.2　無効操作を使う先行介入の例

無効操作	例
先行事象として、修正プロンプトを与える。	先行性の学業修正のプロンプトによって、妨害行動をゼロに減らした（Ebanks & Fisher, 2003）。
強化子として働く刺激に、セッション前に触れさせる。	父親の要求に従順に従うセッションに先立って、父親と息子を遊ばせることが、子どもの従順さを改善した（Ducharme & Rushford, 2001）。
自由に余暇活動をさせる。	余暇用品を手で操作させることが、自動強化で維持されていたSIBとうまく競合した（Lindberg et al., 2003）。
騒音レベルを下げる。	騒音レベルを下げると、常同的に両手で両耳を塞ぐ行動が減少した（Tang et al., 2002）。
対人的近さのレベルを変える。	対人的近さのレベルを下げて遠ざけると、攻撃行動が減少した（Oliver et al., 2002）。
選択させる。	課題を選ぶ機会を与えると逃避で維持された問題行動が減少した（Romaniuk et al., 2002）。
反応努力を増やす。	努力しなければ異物を食べられないようにすると、異食が減少した（Piazza et al., 2002）。

（2）随伴性独立型

　随伴性独立型先行事象（contingency-independent antecedent event）は、行動に対する喚起効果と減少効果を、行動に随伴する結果に依存せずに発展させる。先行事象そのものが、行動と結果の関係に影響を与える。動機づけ操作は、随伴性独立型である。例えば、睡眠遮断は、問題行動に対する強化や罰と対提示された履歴が存在しなくても、問題行動の生起に影響を与えることができる。本章では、随伴性独立型先行事象に基づく行動改善戦術を、**先行介入**[1]（antecedent intervention）という用語によって、同定することにする。

3．先行介入

（1）無効操作

　応用行動分析家は、問題行動を維持する強化子の有効性を減少させるため、いくつかの先行介

注1：随伴性依存型先行事象（すなわち、刺激性制御）は第17章で論じたため、本章では随伴性独立型先行事象（すなわち、MO）を中心に議論する。

入を単独か、処遇パッケージに含めるかして使用してきた（すなわち、無効操作）。表23.2は、問題行動を維持する強化子の有効性を減少させるための無効操作（abolishing operation）を利用した先行介入と、対応する行動の減少例である。

（2）一時的効果

スミスとイワタ（Smith & Iwata, 1997）は、MOの効果が一時的であることに注意するよう促した。先行事象そのものによる介入は、行動の恒久的な改善はもたらさない。しかし、教師やセラピストは、一方で先行介入を使って問題行動を減らしながら、同時に例えば問題行動を減らすための消去や、問題行動と競合する代替行動の分化強化などの手続きを適用することができる。MOの効果は一時的である。そのためほとんどの場合、先行介入は処遇パッケージの1成分としてその役割を果たす（例えば先行介入を、消去や、代替行動分化強化や、そのほかの手続きと組み合わせる）。この種の処遇は、維持効果を生み出す可能性がある。

実験によって実証された結果をもつ先行介入は3つある。非条件的強化（non-contingent reinforcement）と、高確率要求連続（high-probability request sequence）と、機能的コミュニケーション訓練（functional communication training）である。本章では以後これら3つの先行介入を詳述し、それらの効果的活用についての定義と指針を示すことにする。

II 非条件的強化

非条件的強化（noncontingent reinforcement, NCR）（非随伴性強化ともいう）は先行介入の1つであり、学習者の行動とは無関係に、既知の強化特性をもつ刺激を固定時間（FT）スケジュールか変動時間（VT）スケジュールによって提供する（Vollmer, Iwata, Zarcone, Smith, & Mazaleski, 1993）[2]。非条件的強化では、問題行動を維持する強化子を自由にかつ頻繁に入手することができる。それゆえに問題行動を効果的に減らす可能性がある。正の刺激によって豊かになったこの環境が、無効操作（AO）として機能して、問題行動に従事する動機づけを減少させる可能性がある。NCRは3つの別個の手続きを使う。どれも既知の強化的特性をもつ刺激を同定して提供する。すなわち、(a) 正の強化（つまり、社会的媒介）、(b) 負の強化（つまり、逃避）、(c) 自動強化（つまり、社会的媒介不在）、である。NCRは問題行動に対して重要で有効な介入を提供する。それは発達障害の人々に対してよく使われる処遇である。

注2：本章では、非条件的強化子の提供を記述するために、既知の強化特性をもつ刺激の提示（presenting stimuli with known reinforcing properties）という語句を使う。NCRの手続きを、固定時間や変動時間スケジュールによって強化子を提示するか、または強化子を非条件的に提示することとして解釈することは、専門的にいえば強化の機能的な定義と整合しない（Poling & Normand, 1999）。強化は、反応と強化子の関係を要求する。本章では*NCR*という用語を、問題行動を減らすための時間ベースの手続きを記述するために用いる。なぜなら、応用行動分析学の領域では、その用法が継続して使われており、*NCR*という用語が、有用な記述的目的に役立つからである。

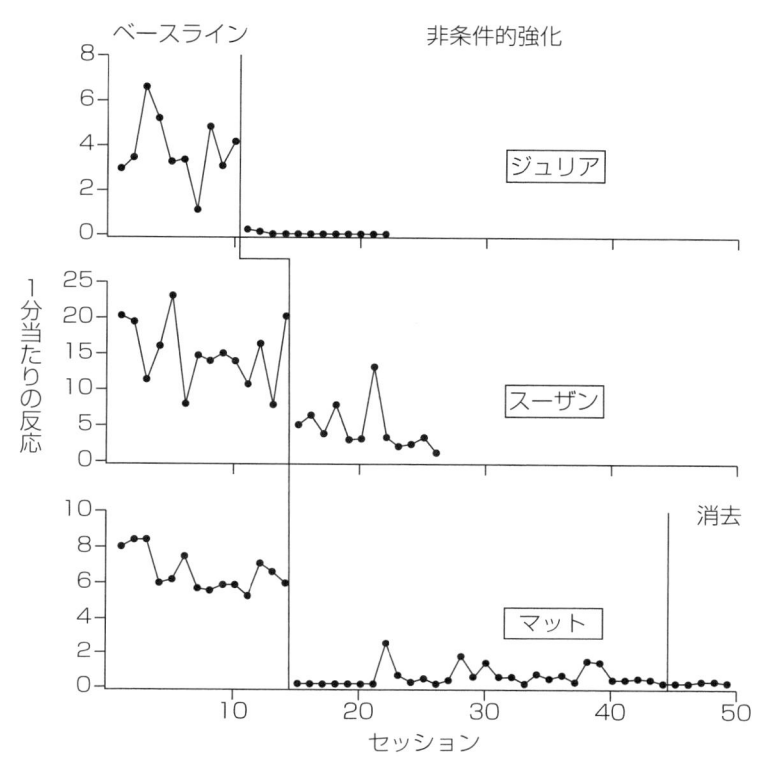

図23.1 発達障害成人3人のベースラインとNCRにおける1分当たりのSIB、または攻撃反応の数

From "A Comparison of Procedures for Programming Noncontingent Reinforcement Schedules" by S. W. Kahng, B. A. Iwata, I. G. DeLeon, & M. D. Wallace 2000, *Journal of Applied Behavior Analysis, 33*, p. 426. Used by permission. Copyright 2000 by the Society for the Experimental Analysis of Behavior. Reproduced by permission.

1．正の強化によるNCR

カーングら（Kahng, Iwata, Thompson, & Hanley, 2000）は、正の強化のNCRの優れた適用例を示した。関数分析の結果、発達障害の3人の成人の自傷行動（SIB）や攻撃が、社会的な正の強化によって維持されていることが明らかになった。ベースライン段階では、SIBや攻撃が起こるたびに2人の成人には注目を与え、3人目の成人には少量の食べ物を与えた。NCRの最初の数セッションでは、3人は固定時間（FT）スケジュール（例えば、5秒）で、注目か食べ物のかけらを受けとった。後になるとスケジュールは疎化され、最終基準の300秒に達した。図23.1には、3人の成人のベースラインとNCRにおける遂行が示されており、またNCR手続きがSIBと攻撃の生起を効果的に減らしたことが示されている。

2．負の強化によるNCR

コダックら（Kodak, Miltenberger, & Romaniuk, 2003）は、NCR逃避が4歳の自閉男児アンデ

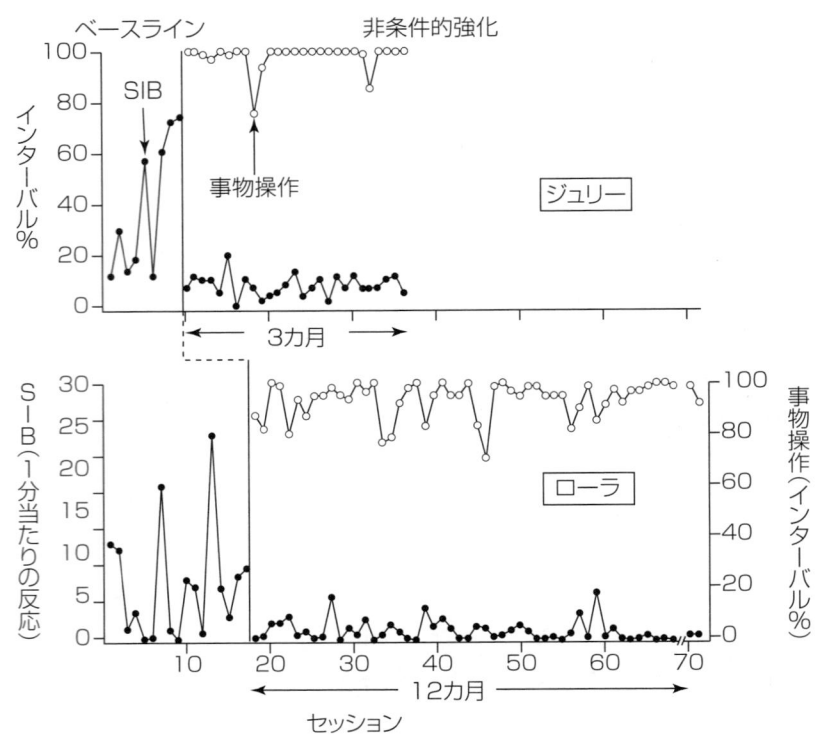

図23.2 NCRを日々実践しているとき家庭で観察されたジュリーとローラによるSIBと事物操作のレベル

From "Treatment Efficacy of Noncontingent Reinforcement during Brief and Extended Application" by J. S. Lindberg, B. A. Iwata, E. M. Roscoe, A. S. Worsdell, & G. P. Hanley, 2003, *Journal of Applied Behavior Analysis, 36*, p. 14. Copyright 2003 by the Society for Experimental Analysis of Behavior. Reproduced by permission.

ィとジョンの教授課題に対する従順さ（compliance）と問題行動に与える効果を分析した。アンディの課題は、教師が特定したカード上の絵や単語や文字を指差すことだった。ジョンの課題は、マーカーを使ってそこに書かれている単語の文字を1つずつなぞることだった。問題行動は、プロンプトに抵抗する、物を投げる、たたく、だった。ベースライン段階では、セラピストは課題をするよう教示し、教示後に問題行動を起こしたら、それを条件として教材を撤去し、子どもから10秒間顔を背けるようにした。NCR逃避条件の段階では、セラピストは最初FT 10秒の逃避スケジュールを使った。つまり、そのセッションでは10秒ごとに、教示の要求を小休止することができた。男児が連続2セッションで基準を達成すると、FTスケジュールは、最初の10秒から20秒、30秒、1分、1分30秒へと疎化された。NCR逃避手続きは、従順さを増加させ、問題行動を減少させた。

3．自動強化によるNCR

リンドバーグら（Lindberg, Iwata, Roscoe, Worsdell, & Hanley, 2003）は、NCRを最重度知的障

害の2人の女性の自傷行動（SIB）を減らす処遇として活用した。関数分析によって、そのSIBが自動強化によって維持されていることが証明された。ジュリーとローラは、NCR手続きによって、2人の大好きな、家庭にあるさまざまな余暇用品（例えば、ビーズや糸）を自由に使うことができた。2人は1日中それらを手にして遊ぶことができた。図23.2は、大好きな余暇用品のNCR事物操作が、SIBを効果的に減少させたことを示している。そして効果は1年後も維持された。この実験の重要性は、NCR事物操作が、SIBの生起を減らすうえで、自動強化に競合できることを示した点にある。

4．NCRを効果的に用いる

（1）有効性を高める

NCRの有効性を高めるための手続きを提言しよう。それには、3つのカギとなる成分が含まれる。(a) NCRの有効性には、既知の強化特性をもつ刺激の量と質が影響する。(b) NCR介入のほとんどの処遇には、それを消去することが含まれる。(c) 強化子の好みは介入中に変化する可能性がある。ということは、NCRの刺激は、問題行動を維持する強化子といつまでも競合することはないかもしれない。デレオンら（DeLeon, Anders, Rodriguez- Catter, & Neidert, 2000）は、NCR介入では、好みの変化という問題を減らすために、入手できる多様な刺激を定期的に使用するよう提言した。

（2）行動機能査定

NCRを使用する場合、その有効性は、問題行動を維持する正の強化子、負の強化子、または自動強化子の正しい同定に依存する。行動機能査定が進歩した結果、強化の維持随伴性の同定が促進され、それによってNCRの有効性は著しく改善された（Iwata et al., 1982/1994）[3]。

（3）NCRを強調する

応用行動分析家は、NCR介入で既知の強化特性をもつ刺激を与えるとき、非NCR条件における強化率よりもより大量に与えることによって、介入の有効性を高めることができる。例えば、リングダールら（Ringdahl, Vollmer, Borrero, & Connell, 2001）は、ベースライン条件とNCR条件で、与える強化が同量であるときは、NCRが有効ではなかったことを発見した。しかしながら、ベースラインスケジュールよりもNCRスケジュールがより密になると（すなわち、連続強化）、NCRは有効になった。応用行動分析家は、ベースライン段階の強化率を利用して、最初のNCR条件スケジュールを確立し、ベースライン条件とNCR条件に確実な違いを作ることができる。

注3：行動機能査定は第24章において詳しく解説する。

リングダールら（Ringdahl et al., 2001）は、NCR介入段階における強化を強調する3つの手続きを提案した。(a) 既知の強化特性をもつ刺激提示を増やす、(b) 治療開始時に、明らかに異なる強化スケジュール（例えば、連続強化）を使う、(c) 他行動分化強化（DRO）をNCR治療パッケージと組み合わせる。DROは時間ベースのNCRスケジュールに由来する問題行動の偶然の強化を減らすだろう。

（4）時間ベースのNCRスケジュール

　NCRの大部分の適用においては、**固定時間スケジュール（FT）**によって、既知の強化特性をもつ刺激を提示する。これらの刺激を提示する時間間隔は、提示から提示まで同一である。応用行動分析家が、NCRの時間間隔を提示から提示へと時間が変動するようにプログラムするとき、それは**変動時間スケジュール（VT）**と呼ばれる。例えば、NCR VT 10秒スケジュールとは、平均して10秒ごとに、既知の強化特性をもつ刺激を提示することを意味する。このVTスケジュールは、5秒、7秒、10秒、12秒、15秒などの時間間隔を、ランダムな順序で配列して使うことができる。NCR手続きのほとんどの適用において、FTスケジュールが使われてきたが、VTスケジュールもまた有効になる可能性がある（Carr, Kellum, & Chong, 2001）。
　最初のNCR時間スケジュールを設定することは、NCR手続きの重要な側面である。最初のスケジュールが、介入の有効性に影響を与える可能性がある（Kahng, Iwata, DeLeon, & Wallace, 2000）。応用行動分析家は一貫して、最初は密なFTまたはVTスケジュールを用いるよう推奨してきた（例えば、Van Camp, Lerman, Kelley, Contrucci, & Vorndran, 2000）。セラピストは、自由裁量で、密な時間値（例えば4秒）を設定してよい。しかしながら、通常は、問題行動の生起数をベースに、最初の時間値を設定すると、NCR刺激との頻繁な接触を確実にするため、より効果的である。
　次の手続きを使うことによって、最初のNCRスケジュールを決めることができる。すなわち、すべてのベースラインセッションの全期間を、ベースライン段階で記録された問題行動の全生起数によって割る。そして、最初の間隔をその商と同じか、わずかに下回るところに設定する。例えば、もし参加者が5日間のベースラインの間に、300回の攻撃行動を自発しとすれば、それぞれのベースラインセッションの長さが10分だった場合は、3000秒を300回の反応によって割ると、10秒という商が得られる。したがって、これらのベースラインデータは、最初のFT間隔を、7秒〜10秒にするよう提案することになる。

（5）時間ベースのスケジュールを疎化する

　応用行動分析家がNCR手続きを始めるときは、密なFTかVTスケジュールを使う。そしてNCR間隔に小さな増分を追加しながらスケジュールを疎化する。しかし、時間ベースのスケジュールの疎化は、最初のNCR間隔が問題行動の低減をもたらした後にのみ始めた方がよい。
　応用行動分析家は、NCRスケジュールを疎化するため、3つの手続きを用いてきた。(a) 等時

間増加、(b) 比例時間増加、(c) セッションごとの時間の増加または減少（Hanley, Iwata, & Thompson, 2001; Van Camp et al., 2000）。

　等時間増加（Constant Time Increase）。　セラピストは、FTまたはVTスケジュールの間隔を、等しい時間の長さ（constant duration of time）によって、増やしていくことができる。そして、学習者がNCR刺激を入手できる時間量を等しい時間の量によって減らしていけばよい。例えば、セラピストは、スケジュールの間隔をそれぞれの機会ごとに7秒ずつ増やし、そのたびにその刺激へのアクセスを3秒ずつ減らすことができる。

　比例時間増加（Proportional Time Increase）。　セラピストは、FTまたはVTスケジュールの間隔を比例的に（proportionately）増加させることができる。つまり、スケジュールの間隔を、同じ時間比率によって、毎回増やしていく。例えば、時間間隔を毎回5％ずつ増やしていく（例えば、60秒＝最初のFTスケジュール、最初のスケジュール増加＝90秒［60の5％＝30］、2回目の増加＝135秒［90の5％＝45］）。

　セッションごとの増加または減少（Session-to-Session Time Increase or Decrease）。セラピストは、学習者の遂行を利用して、スケジュール間隔をセッションごとに変えていくことができる。例えば、セラピストはあるセッションの最後に、次のセッションの新しいNCR時間間隔を設定する。そのセッションで起こった問題行動数をセッションの長さで割って、その商を次のセッションのFT間隔にするのである。
　セラピストは、もし問題行動がスケジュールを疎化する過程で悪化し始めたら、間隔の長さを減らすだろう。そして問題行動の制御が再び確立された後に、NCR間隔の長さをより緩やかな増分によって再び増加させることができる。

（6）最終基準を決める

　応用行動分析家は、通常、NCRスケジュールを疎化するとき、自由裁量で最終基準を選ぶ。カーングら（Kahng et al., 2000）は、応用研究では5分のFTスケジュールが、最終基準として広く使われてきており、それは実践的で効果的な基準であるように思われると報告した。更に彼らは、最終基準の5分FTスケジュールが、より密なスケジュール（例えば3分）や、より疎なスケジュール（例えば10分）より優れていることは、研究によって確定されていないとも報告した。

（7）NCRを使うことについての考察

　NCRは効果的介入を作る。有効性に加えて、いくつかの長所と短所がある。表23.3は、NCRを使うことの長所と短所の一覧である。

表23.3 考えられるNCRの長所と短所

長所

NCRはほかの積極的な行動減少技法よりも適用しやすい。ほかの技法では強化子を条件的に提示するため、学習者の行動をモニターする必要がある（Kahng, Iwata, DeLeon, & Wallace, 2000）。

NCRは積極的な学習環境をつくる助けとなる。処遇中はそういう環境がつねに望ましい。

消去つきNCRを含む処遇パッケージは、消去によって引き起こされる反応急騰を減らす可能性がある（Van Camp et al., 2000）。

適切な行動と既知の強化特性をもつ刺激のNCR提示が偶然に対提示される結果、それらの望ましい行動を強め、維持する可能性がある（Roscoe, Iwata, & Goh, 1998）。

短所

NCR刺激へのフリーアクセスは、適応的行動に従事する動機づけを減らす可能性がある。

問題行動と既知の強化特性をもつ刺激のNCR提示が偶然に対提示される結果、問題行動を強める可能性がある（Van Camp et al., 2000）。

NCR逃避（すなわち、負の強化）は、教授過程を妨害するかもしれない。

Ⅲ 高確率要求連続

　高確率（高-p）要求連続（high-probability request sequence）を使用するときは、教師は、一連のやりやすい要求、参加者が従順さを示した履歴をもつ要求（すなわち、高-p要求）を提示する。そして、学習者がやりやすいいくつかの高-p要求に順々に応じたら、教師は即座に標的要求（すなわち、低-p）を与える。高確率要求連続の行動的効果は、無効操作（AO）の減少効果を次の2点によって示唆する。(a) 低確率要求に従わないことの強化価値を減らす（すなわち、要求からの逃避の価値を減らす）、(b) 低-p要求にしばしば関連した攻撃と自傷を減らす。

　教師やセラピストは、高-p要求連続を適用するため、2～5個の短い課題を選ぶ。それらは学習者が過去に従順さを示した履歴をもつものとする。これらの短い課題は、高-p要求に対する反応を提供する。教師やセラピストは、標的課題の低-p要求を出す直前に、高-p要求連続を与える。スプレイグとホーナー（Sprague & Horner, 1990）は、高-p手続きを説明するため、次のような着衣についての逸話を使った。

　　典型的教示
　　　教師：「シャツを着なさい」（低-p要求）
　　　子ども：癇癪を起こして、その難しい課題から逃避する。

　　高-p要求連続を伴う典型的教示
　　　教師：「ハイタッチ！」（高-p要求）

子ども：教師が伸ばした手を打つ。
教師：「いいぞ、よくできた！ じゃ、このボール取って、ポケットに入れて」（高-p要求）。
子ども：ポケットにボールを入れる。
教師：「すごいな！ 正解！ じゃあ、シャツ着て」（低-p要求）。
子ども：補助してもらい、シャツを着る。

　子どもの従順さは、多くの重要な行動を発達させる機会を与える。しかし、不従順は発達障害や行動障害の人々によく見られる問題である。高-p要求連続は、逃避によって維持される問題行動の程度を減らすことによって、従順さを高める非嫌悪的手続きをもたらす。高-p要求連続は、要求に反応する時間や、課題完遂に費す時間の過度の遅さを減らす可能性がある（Mace et al., 1988）。

　エンゲルマンとコルヴィン（Engelmann & Colvin, 1983）は、重度の問題行動を管理するための従順訓練手続き（compliance training procedure）において、正式な高-p要求連続についての初めての記述の１つを提出した。彼らは、難しい課題への従順さを要求する直前に、３〜５個の簡単な要求を出す手続きを同定するため、ハード課題（hard task）という用語を使った。応用行動分析家は、散在要求（interspersed request）（Horner, Day, Sprague, O'Brien, & Heathfield, 1991）や、課題前要求（pretask request）（Singer, Singer, & Horner, 1987）や、**行動モメンタム**（behavior momentum）（Mace, & Belfiore, 1990）のようないくつかの名称を使って、この介入を識別してきた。現在、ほとんどの応用行動分析家が、この先行介入を高-p要求連続という名称によって、識別している。

　キルーら（Killu, Sainato, Davis, Ospelt, & Paul, 1998）は、発達に遅れのある３人の幼稚園児を対象にして、高-p要求連続が低-p要求に対する従順反応と問題行動の起こり方に及ぼす効果を評価した。研究者らは、高-p要求を選ぶため、２人の幼児には80％かそれ以上の従順さの基準を使い、３番目の幼児には60％の従順さの基準を使った。低-p要求を選ぶためには、40％未満の従順さを使った。

　要求連続として、まず実験者か訓練者が、３〜５個の高-p要求を提示することにした。子どもが少なくとも連続３個の高-p要求に従順に従ったら、即座に低-p要求を提示した。それぞれの従順反応には即座に賞賛を与えた。図23.3に、高-p連続の前、中、後における幼児の遂行を示す。２人の異なる訓練者が行った要求連続は、３人の幼児の低-p要求に対する従順反応を増加させた。従順反応は時間間と場面間で維持された。

１．高-p要求連続を効果的に使う

（１）現在のレパートリーから選ぶ

　高-p要求連続の課題を選ぶときは、学習者の現在のレパートリー内にあって、一定不変の従順さで起こり、生起の長さが非常に短い課題にすべきである。アードインら（Ardoin, Martens, &

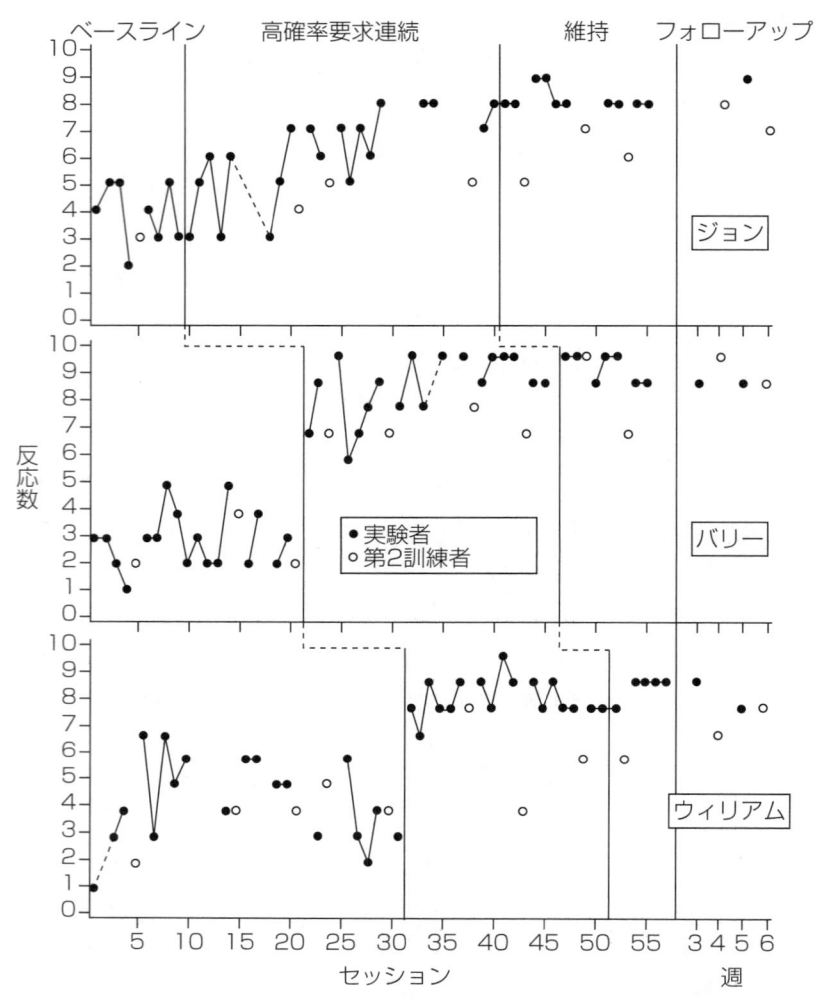

図23.3 実験者と第2訓練者による低確率要求に対する従順な反応数。各セッションで参加児は10個の低-p要求を課された。

From "Effects of High-Probability Request Sequences on Preschoolers' Compliance and Disruptive Behavior" by K. Killu, D. M. Sainato, C. A. Davis, H. Ospelt, & J. N. Paul, 1998, *Journal of Behavioral Education, 8*, p. 358. Used by permission.

Wolfe, 1999) は、次の方法で、高-p要求を選んだ。(a) 子どもの従順さに対応する要求リストを作成する、(b) リストのそれぞれの要求を、5つの別個のセッションの間に提示する、(c) 高-p要求としては、子どもが100%の時間、従順に従った課題だけを選ぶ。

メイス（Mace, 1996）は、高-p連続の有効性は、どうも高-p要求の数が増えると高まるらしいと報告した。5個の要求の高-p要求連続は、2個の要求の要求連続よりも効果的だろう。しかし、効果を高めると効率が犠牲になる。例えば、もし2個か3個の高-p要求によって、5個か6個の要求による効果と同等かほぼ同等の効果が得られるとする。その場合はより効率的であるという理由から、教師はより短い連続を選んでもよいだろう。参加者が一貫して低-p要求に従順に従う場合、訓練者は高-p要求の数を徐々に減らしてゆくべきである。

図23.4　高-p要求連続の使用についての考慮事項

> 1. 問題行動が起こった直後には、高-p要求連続は使わない。子どもは、低-p要求のとき問題行動を起こせば、問題行動によって一連のより簡単な要求を生み出せることを学習するだろう。
> 2. 指導期間の最初から、そして指導中ずっと、高-p要求連続を提示して、問題行動が強化子を生み出す可能性を減らすようにしよう（Horner et al., 1991）。
> 3. 教師は故意にまたは知らず知らずに、教示を低-p要求からもっぱら高-p要求にドリフトさせ、簡単な課題を選んで、逃避に動機づけられた子どもの行動、つまり低-p要求と関連した逃避に動機づけられた攻撃や自傷行動から起こりうる結果を回避している可能性がある（Horner et al., 1991）。

（2）要求を素早く提示する

高-p要求は素早く連続させて、要求間の間隔を短くして、提示しなければならない。最初の低-p要求は、高-p要求に従順に従ったために与えた強化子の後に即座に提示すべきである（Davis & Reichle, 1996）。

（3）従順さにこたえる

学習者の従順さにはすぐ気づいて、それにこたえるべきである。さきの着衣の例を思い出してみよう。教師は次の要求を出す前に子どもの従順さに気づいて、どのように褒め言葉を与えていたか（「いいぞ、よくできた！」）に注意しよう。

（4）強力な強化子を使う

人は低-p要求の要請を逃れるため、攻撃や自傷行動をするかもしれない。メイスとベルフィオア（Mace & Belfiore, 1990）は、逃避行動の動機づけが高い場合は、社会的賞賛では従順さは増加しないかもしれないと警告した。したがって、従順さに対して高品質の正の刺激を即座に与えることが、高-p介入の効果を高めることになるだろう（Mace, 1996）。図23.4は、高-p要求連続の適用についての考慮事項の一覧である。

Ⅳ　機能的コミュニケーション訓練

機能的コミュニケーション訓練（FCT）では、確立操作（EO）によって喚起される問題行動と競合する適切なコミュニケーション行動を確立する。機能的コミュニケーション訓練はEOを変えるのではなく、EOに敏感な代替行動を発達させる。これはEOの効果を変える非条件的強化と高確率要求順序介入とは対照をなす。

機能的コミュニケーション訓練は、介入によって問題行動を減らすための先行事象として代替コミュニケーション反応を開発するため、代替行動の分化強化（DRA）の適用であるといえる

(Fisher, Kuhn, & Thompson, 1998)。代替コミュニケーション反応は、問題行動を維持してきた強化子を、問題行動に代わって生み出す。そのため、そのコミュニケーション反応を、問題行動と機能的に等価にする（Durand & Carr, 1992）。代替コミュニケーション反応には、発声、サイン、コミュニケーションボード、単語や絵カード、音声出力システム、ジェスチャーなど、さまざまな形態がある（Brown et al, 2000; Shirley; Iwata, Kahng, Mazaleski, & Lerman, 1997）。

　カーとデュランド（Carr & Durand, 1985）は、機能的コミュニケーション訓練を2段階過程によって定義した。(a) 行動機能査定を完成させて、問題行動を維持している既知の強化的特性をもつ刺激を同定する。(b) それらの刺激を強化子として使い、問題行動に取って代わる代替行動を開発する。FCTは、社会的注目によって維持されている多くの問題行動に対して、効果的な処遇を提供する。

　FCTベースの介入は、通常、代替コミュニケーション反応を教えるが、それに加えていくつかの行動改善戦略も使う。例えば、応用行動分析家は、反応プロンプティングや、タイムアウトや、身体拘束や、反応阻止や、再方向づけや、問題行動の消去を組み合わせて使うことが多い。

　デュランド（Duland, 1999）は、学校と地域社会場面でFCTを使って、5人の重度障害児の問題行動を減少させた。デュランドは、最初に行動機能査定を完成させ、問題行動を維持している事物と活動を同定した。その機能査定に続いて、子どもたちはデジタル言語を生み出すコミュニケーション装置の使用法を学んだ。それを使って行動機能査定で同定された事物や活動を要求することができた。5人は、学校と地域社会場面で問題行動の発生を減らし、そこでデジタル言語を使って地域社会の人々とコミュニケーションした。図23.5に、地域社会場面でそれぞれの子どもが起こした問題行動のインターバル百分率のデータを示す。これらのデータは社会的に重要である。日常場面で強化をリクルートするスキルを教え、そうすることによって介入効果の維持と般化を促進することの大切さを示したからである。

1．FCTの効果的な活用

（1）密な強化スケジュール

　コミュニケーション訓練の初期段階では、連続強化スケジュールを使い、問題行動を維持している強化子を、代替コミュニケーション反応によって、生み出さなければならない。

（2）言語プロンプトの使用を減らす

　代替コミュニケーション反応を教えるときは、しばしば「見て」「こっち見て」などの言語プロンプトを使う。訓練者はコミュニケーション反応をしっかり確立し、次いで言語プロンプトを徐々に減らし、できれば完全に無くして、介入に伴うすべてのプロンプト依存を取り除く（Miltenberger, Fuqua, & Woods, 1998）。

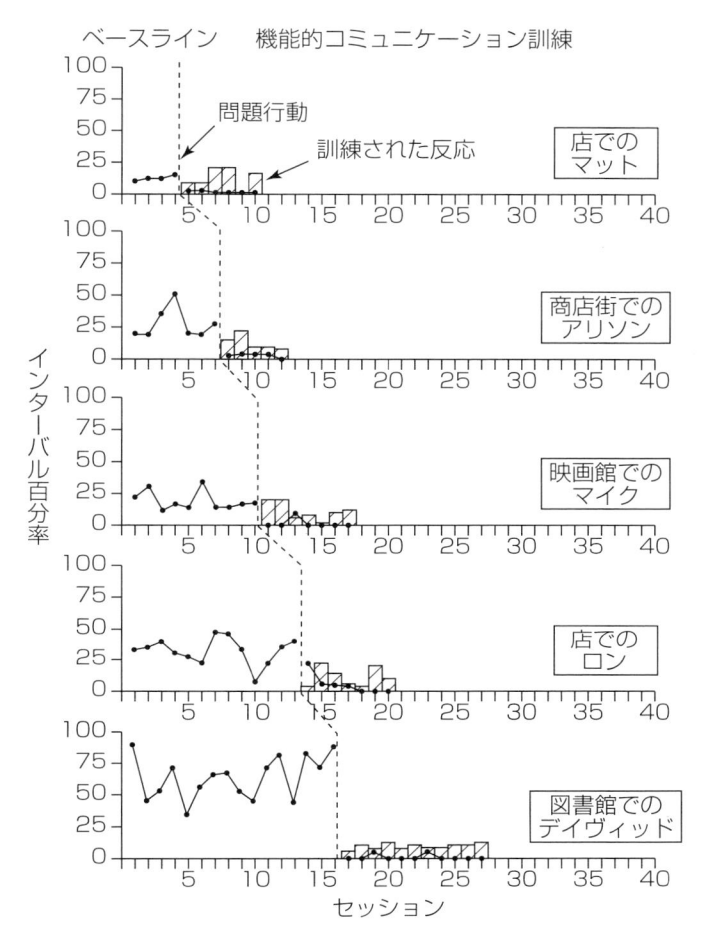

図23.5 5人の参加児それぞれの地域場面でのベースラインとFCTで示した問題行動のインターバル百分率。斜線棒グラフは個々の子どものプロンプトされないコミュニケーションのインターバル百分率を示す。

From "Functional Communication Training Using Assistive Devices: Recruiting Natural Communities of Reinforcement" by V. M. Durand, 1999, *Journal of Applied Behavior Analysis, 32*, p.260. Copyright 1999 by the Society for Experimental Analysis of Behavior. Reproduced by permission.

（3）行動減少手続き

　処遇パッケージに、問題行動の消去と、タイムアウトなどのほかの行動減少手続きを含めると、FCTの効果が高まる可能性がある（Shirley et al., 1997）。

（4）スケジュールを疎化する

　しっかり確立したコミュニケーション反応の強化スケジュールを疎化することは、FCT治療パッケージの重要な部分である。先に述べたNCRスケジュールを疎化する時間ベースの手続き、す

表23.4　機能的コミュニケーション訓練の考えられる長所と短所

長所
代替コミュニケーション反応は、しばしば周囲の重要な人々から強化子をリクルートする機能を果たすため、そのコミュニケーション反応を般化させ維持する素晴らしい機会である（Fisher et al., 1998）。
社会的妥当性が高くなる可能性がある。参加者は行動を減らすほかの手続きよりも、FCTが好きだと報告する（Hanley, Piazza, Fisher, Contrucci, & Maglieri, 1987）。
代替コミュニケーション行動と問題行動が同じ強化スケジュール（例えばFR 1）をもつとき、FCT介入は消去を使わなくても有効だろう（Worsdell, Iwata, Hanley, Thompson, & Kahng, 2000）。

短所
FCT処遇パッケージには、通常、消去が含まれる。望ましくない効果を生み出すかもしれない（第19章の消去の効果についての議論を参照）。
消去手続きは、一貫して使うことがとても難しい。そうなると問題行動の間欠強化を許してしまう。
参加者は、強化子をリクルートするために、高率の代替コミュニケーション反応を不適切に自発する可能性がある（Fisher et al., 1998）。
強化子のリクルートは、介護者にとって不都合な、または不可能な時間に起こる可能性がある（Fisher et al., 1998）。
FCTは問題行動を引き起こす環境を元のまま残しておく。その事実がFCTの総体的有効性を制約するかもしれない（McGill, 1999）。

なわち等時間増加、比例時間増加、セッションごとの時間増加または減少は、代替コミュニケーション反応におけるスケジュール疎化には適切ではない。FCT介入は問題行動を引き起こすEOを変えないため、それらの疎化手続きは代替コミュニケーション行動を分化強化するために使われる方法とは両立しない。代替コミュニケーション行動は、問題行動と競合するEOの喚起機能に敏感であり続けなければならない。例えば、難しい課題を出されると自己刺激行動をする履歴をもつ発達障害児のことを考えてみよう。セラピストはその子に課題が難しいとき援助を求める行動（すなわち、代替コミュニケーション行動）を教える。それは自己刺激行動を減らす。セラピストと介護者は、援助を求める行動をしっかり確立した後は、課題に対する援助を求められたとき、援助を減らしたい（強化スケジュールを疎化したい）とは思わないだろう。援助の提供を減らせば、代替コミュニケーション行動と強化子の随伴性の結合をご破算にして、自己刺激行動を復活させる恐れがある。

　ハンレイら（Hanley et al., 2001）は、代替コミュニケーション反応の初期の指導の間は、密な固定間隔強化スケジュール（例えば、FI 2秒、FI 3秒）を使ったスケジュール疎化手続きを推奨した。コミュニケーション反応が確立してから、そのFIスケジュールを徐々に疎化するよう提案した。この手続きは時間ベースのスケジュールとは対照的に、反応と強化の間の随伴性を維持した。彼らはFCT介入の間にFIスケジュールを疎化すると、家庭や教室場面を妨害する恐れのあ

る、望ましくない高率の代替コミュニケーション反応を生み出す可能性があると警告した。ハンレイらは更に、望ましくない高率のコミュニケーション反応を制御する可能な方法として、いつ強化が入手できるかを知らせる絵の手がかりと、外部の「時計」を利用するよう提案した。表23.4には、FCTの使用における長所と短所が要約されている。

まとめ

先行介入を定義する

1．先行（antecedent）という言葉は、行動が起こる前に起こる刺激や出来事の時間的関係を言う。

2．動機づけ操作（MO）と行動機能査定に関する研究の合流は、応用行動分析家が刺激性制御（例えばS^D）以外の先行条件の効果についての応用研究を、行動の基本原理と概念的に整合させることを可能にした。

3．先行刺激ないし事象の機能は、随伴性依存型（刺激性制御）か、随伴性独立型（MO）に分類することができる。

4．概念としては、本章では先行介入という用語を随伴性独立型の先行刺激ベースの行動改善戦術を識別するために使う。

5．応用行動分析家は、治療パッケージにおいて問題行動を維持している強化子の効果を減らすため（すなわち、無効操作）、いくつかの先行介入を単独でか、または治療パッケージとして使ってきた。

先行介入

6．MOの効果が一時的であるため、先行介入は多成分の治療パッケージの1成分として、その役割を果たすことが多い（すなわち先行介入は、消去や、分化強化や、そのほかの手続きと組み合わされる）。

非条件的強化

7．非条件的強化（NCR）とは、子どもの行動とは無関係に、固定時間（FT）スケジュール

か、変動時間（VT）スケジュールで、既知の強化特性をもつ刺激を提示することである。

8. NCRは、既知の強化特性をもつ刺激を同定して提示する3つの明確な手続きを使う。(a) 正の強化（すなわち、社会的媒介）。(b) 負の強化（すなわち、逃避）。(c) 自動強化（すなわち、社会的媒介なし）。

9. 豊かなNCR環境は問題行動に従事する動機づけを減らすので、無効操作（AO）として機能する可能性がある。

高確率要求連続

10. 高確率（高-p）要求連続の行動効果は、無効操作（AO）の弱化効果を次のことによって示唆した。(a) 低確率要求に対する不従順を強化する有効性を減らす（すなわち課題から逃げる価値を減らす）、そして (b) 低-p要求にしばしば関連する攻撃や自傷を減らす。

11. 教師やセラピストは、高-p要求連続を適用するために、学習者が従順さを示した履歴をもつ短い課題を2～5選ぶ。これらの短い課題は、高-p要求に対する反応を提供する。教師やセラピストは標的課題、すなわち低-p要求を要求する前に、高-p要求連続をすばやく提示する。

12. 応用行動分析家は、この介入を同定するためにいくつかの名称、例えば散在要求、課題前要求、行動モメンタムなどを使ってきた。

機能的コミュニケーション訓練

13. 機能的コミュニケーション訓練（FCT）は、代替行動分化強化（DRA）の1形式である。介入が問題行動を減らすための先行事象として代替コミュニケーション反応を発達させるからである。

14. 機能的コミュニケーション訓練は、確立操作（EO）によって引き起こされる問題行動と競合する適切なコミュニケーション行動を確立するための先行介入パッケージである。機能的コミュニケーション訓練は、NCRや高-p要求連続のように、EOの価値を変えるのではなく、問題行動を維持するEOに対して敏感な代替行動を発達させる。

15. 代替コミュニケーション反応は、問題行動を維持してきた強化子を生み出す。それがそのコミュニケーション反応を問題行動と機能的に等価にする。

第 9 部

関 数 分 析

　序論で指摘したように、行動を改善するためには、乗り越えるべき困難が多く、混乱したり、フラストレーションを感じたりすることが多いものである。行動分析家の課題には、何をすべきか、どうすべきかを決定することが含まれるが、慢性的な問題行動をもつ人々を援助するとき、これらの課題がとくに難しくなる可能性がある。第24章「行動機能査定」では、行動がその人にとって果たす機能（または目的）についての情報を提供する査定手続きについて、ナンシー・ニーフとステファニー・ピーターソンが説明する。わかりやすい言葉でいえば、行動分析家は、行動機能査定によって、問題行動がなぜ起こるかについての、実験的根拠に基づいた仮説を作ることができる。それは有効な介入の設計に向かわせる可能性がある。ニーフとピーターソンは、問題行動を処遇し予防するための行動機能査定の基礎とその役割を解説する。2人は行動機能査定の多くの例と、それらを実行するための詳しい方法と手続きを示す。

第24章
行動機能査定

キーワード

条件付き確率、随伴性反転、記述的行動機能査定、関数分析（機能分析）、行動機能査定（FBA）、機能的に等価な、間接的機能査定

行動分析士資格認定協会®BCBA® & BCaBA®
第4版課題リスト©

	Ⅰ　基本的な行動分析学のスキル
A-14	選択測度をデザインし実行する。
B-03	独立変数が従属変数に及ぼす影響を実証するため、独立変数を組織的に設計する。
	Ⅱ　基本的な行動分析学のスキル
G-03	照会された問題を同定するためクライエントの予備査定を行う。
I-03	個別化された行動査定手続きを設計し実行する。
I-04	機能査定手続きの全範囲を設計し実行する。
J-02	査定結果と入手できる最善の科学的証拠に基づいて、可能な介入を同定する。
J-15	意思決定はさまざまな書式で表示されたデータに基づいて行う。
J-10	行動を減らすときは、確立しまたは増やすべき望ましい代替行動を選択する。
	Ⅲ　基礎知識
FK-23	自動強化、自動弱化

©2012　行動分析士資格認定協会®（BACB®）。不許複製。この文書の最新版は、www.bacb.comから入手できる。この文書の転載、複写、配布の請求と、この文書についての質問は、BACBに直接問い合わせられたい。

この章はナンシー・A・ニーフ（N. A. Neef）とステファニー・M・ピーターソン（S. M. Peterson）が執筆した。

昼食の前に手を洗う時間がくると、ある子どもは水道の栓をひねって、流水の下に両手を差し出す。しかし別の子どもは大声で叫び、癇癪を起こす。なぜか？　それらの行動は、第1章で解説した決定論という科学の格言どおり、環境のほかの出来事と法則的に関係している。**行動機能査定**（functional behavior assessment, FBA）を行えば、特定の種類の環境事象と行動との間の関係について、仮説をつくることができる。具体的には、FBAは行動がその人にとって果たす目的（機能）についての情報を収集するよう設計されている。本章ではFBAの基礎と、それが行動問題の解釈と予防に果たす役割と、機能査定に代わるアプローチについて解説する。

I　行動の機能

　数十年に及ぶ研究の証拠によれば、望ましい行動も望ましくない行動も、手洗いであれ叫び声と癇癪であれ、どれも社会的、物理的環境との相互作用を通して学習され維持される。第11章と12章で解説した通り、これらの行動と環境の相互作用は、正の強化随伴性か負の強化随伴性として記述される。行動は「何かを手に入れる」か、または「何かから逃れる」ことによって、強められる可能性がある。

　FBAは、問題行動を強める強化にはどんな種類があり、源泉はどこにあるかを突き止める目的で使われる。それは問題行動の生起を減らすために設計される基本的介入の取り組みの基礎となる。FBAは一種の強化子査定と考えることができる。それは問題行動を現時点で維持している強化子を明らかにする。問題行動の強化子はその人と関わる人から与えられる正負の社会的強化子か、行動そのものが直接生み出す自動強化子のいずれかである。FBAの背後にあるのは、もしこれらの行動随伴性を同定することができれば、これらの随伴性を変更して問題行動を減らし、適応行動を増やす介入を設計できるという考え方である。FBAは問題行動への事前対策型の積極的介入を促進する。強化随伴性はほかの諸章でも議論するが、それらがFBAにおいて果たす役割をここで簡単に振り返っておいた方がいいだろう。

1．正の強化

（1）正の社会的強化（注目）

　問題行動を起こすと、しばしば、人が振り向いたり、驚いた表情をしたり、叱ったり、なだめたり、忠告したり、気を紛らせたりする。つまり人々が即座に注意を向ける。これらの反応は、問題行動に対して正の強化として働き（故意ではなくとも）、そしてその問題行動は類似の状況においてより起こりやすくなる。人々の反応という形式の正の強化によって維持される問題行動は、その人が望ましい仕方で注目を得るためのレパートリーをもたないからか、その環境にいる他者が概していつものようにほかのことで忙しいからか、いずれにせよ問題行動をしなければ注目がめったに起こらない状況において、頻繁に起こる可能性が高い。

（2）有形の強化

　多くの行動は、自発すれば、強化として働く有形物やそのほかの刺激を入手できる。テレビのリモコンボタンを押すと、チャンネルが切り替わり、見たいテレビショーにつながる。まさにそれと同様に、問題行動は自発すれば、強化として働く結果を生み出す。子どもは泣いて癇癪を起こして、好きなテレビのショーを点けてもらう。ほかの子からキャンディーを盗むことによって、キャンディーを入手することができる。問題行動は自発すれば欲しい品物や出来事が確実に手に入るとき、発展する可能性がある。ではなぜこうしたことがしばしば起こるのだろうか？それは、その品物を与えることによって、問題行動（例えば、癇癪）を一時的に止めさせることができるからである。ただしその問題行動は将来、類似の状況でより起こりやすくなるという不本意な結果を招く恐れがある。

（3）正の自動強化

　行動の中には、自発すれば、ほかの人々の行動に頼らなくても、結果が手に入るものがある。すなわち一部の行動はそれ自体の強化を直接生み出す。例えば親指しゃぶりは、手か口から生じる肉体刺激によって強化される。行動は社会的強化子を除外した後（例えば、1人でいるときにその行動が起こる場合）、初めて自動強化によって維持されていると推定される。

2．負の強化

（1）負の社会的強化（注目）

　多くの行動は、嫌悪的出来事を終わらせ、または先延ばしさせるうえで有効である。その結果として、それらの行動が学習される。受話器を置くことが、セールス電話を終わらせる。課題や雑用をやり終えることが、「それをしなさい」という人々の要求や、課題自体にまつわる要求を終わらせる。問題行動も同様にして維持される可能性がある。攻撃や自傷行動（SIB）などの問題行動や異様な言語は、そうすることによって望んでいない対人交流を終わらせ、回避している可能性がある。例えば不服従によって、好んでいない活動をすることを先送りすることができる。教室で妨害行動を起こせば、たいていその子は教室の外に追い出される。その結果その子は学習指導（インストラクション）の課題や教師の要求から逃れられる。これらの行動はすべて、難しいか嫌いな課題や活動や交流から逃避させ、回避させる働きをする限り、負の強化によって強められている可能性がある。

（2）負の自動強化

　肉体的苦痛や不愉快さなどの嫌悪刺激を提示する操作は、その終結を強化にする動機づけ操作

(EO) である。嫌悪刺激提示を直接終結させる行動は、したがって、その反応の自動的結果である負の強化によって維持される。負の自動強化によって望ましい行動と有害な行動を説明することができる。例えば、ツタウルシにかぶれてできた発疹に、カラミンローション（皮膚炎症鎮静薬）を塗ることは、かゆみの緩和という結果によって負の強化を受ける。しかし激しく長く掻きむしって皮膚を傷つけることもまた、同様に負の強化を受ける可能性がある。一部のSIBの形態は、ほかの苦痛の源泉から気を紛らわせる働きをする。そのことが特定の病状との相関を説明する可能性がある（例えば、DeLissovoy, 1963）。

3．機能とトポグラフィー

行動の強化の源泉についての上述の議論から、いくつかの大事な点を強調することができる。まず環境の影響は、行動の望ましいトポグラフィーと望ましくないトポグラフィーを区別することなく起こることを認識することが大切である。すなわち、望ましい行動の原因となる同じ強化随伴性が、望ましくない行動の原因にもなるということである。例えば、昼食の前に子どもが手を洗って濡れた手を拭く。そうすれば、おそらく「よくできたね」と褒められるだろう。同じ状況において癇癪を頻繁に起こす子どもも注目（叱られるという形で）を受けてきた可能性がある。どちらの形の注目もそれぞれの行動を強化する可能性がある。

同様に、行動の同じトポグラフィーが、人が違えば異なる機能を果たす可能性がある。例えば癇癪は、ある子どもにとっては、注目という形の正の強化によって維持され、別の子どもにとっては、逃避という形の負の強化によって維持されている可能性がある（例えば、Kennedy, Meyer, Knowles, & Shukla, 2000）。

非常に違って見える異なる行動が同じ機能を果たす可能性があり、そして同じ形態の行動が異なる条件下で異なる機能を果たす可能性がある。そのため、行動の・ト・ポ・グ・ラ・フ・ィ・ー（topography）、すなわち形態は、行動を説明する条件についての有益な情報をほとんど明らかにしないことが多い。一方、行動（その機能）の原因となる・条・件（condition）を突き止めることは、その行動を変化させるためにどんな条件を修正しなければならないかを示唆する。したがって、行動の機能の査定（assessment of the function of a behavior）は、効果のありそうな介入戦略という点で有益な情報をもたらすことができる。

II　介入と予防における行動機能査定の役割

1．FBAと介入

環境事象と行動の因果関係（cause-and-effect relation）を特定できれば、その関係を修正することができる。そうすればその後の問題行動の生起を減らすことができる。FBA介入は、少なくとも先行変数の修正、結果変数の修正、代替行動の教授という3つの戦略によって構成することができる。

（1）先行変数の修正

　FBAは先行事象を特定して、それを修正することによって、問題行動の生起を減らすことができる。問題行動の先行事象を修正することによって、（a）問題行動の動機づけ操作か、（b）問題行動の引き金となる弁別刺激か、のいずれかを変化させ、およびまたは取り除くことができる。例えば、子どもに昼食の前に手を洗うように命じる動機づけ操作が、癇癪を引き起こしていたとする。この動機づけ操作は、昼食と結びついていた特徴を変化させることによって修正することができる。特定の事象の回避がもはや強化の働きをしなくなるようにするのである（例えば、最初にテーブルセッティングの要求を減らす、席順を変えてきょうだいや仲間のあざけりを最小にする、ランチ前のおやつを減らす、昼食にもっと好きな食べ物を出す）。あるいはFBAの結果、子どもが手を洗うよう命じられたとき流水が弁別刺激となって、問題行動を引き起こしていたことが分かったとする。その場合は、その子に水不要の抗菌ハンドジェルを与えるようにすればよいだろう。こうすれば、問題行動の弁別刺激が除去され、その結果、問題行動が減ることになる。

（2）結果変数の修正

　FBAによって除去すべき問題行動を強化している源泉を特定することもできる。例えば、FBAによって、癇癪は負の社会的強化（回避か逃避）で維持されていることが分かったとする。そのFBAからさまざまな処遇選択肢を提案することができる。さまざまな選択肢は、行動と結果の関係を変更することによって、以下のように有効にすることができる。

1．問題行動を消去状態に置くことができる。問題行動（癇癪）を起こしても、もはや強化子（例えば昼食回避）が確実に後続しないようにする。

2．スケジュールを修正してもよい。あまり好きでない出来事の後に、手を洗わせるようにする（そうして、その嫌な出来事からの逃避をもたらすようにする）。

（3）代替行動の教授

　FBAを行えば、適切な代替行動に随伴すべき強化の源泉を突き止めることもできる。癇癪と同じ機能を果たす（すなわち、同じ強化子を生み出す）適切な代替行動は、教えようと思えば教えられる。例えば、手を洗って、それから「もっと後で」を伝えるカードにタッチするよう教える。タッチすれば昼食の席に着くことを遅らせることができる。

2．FBAとデフォルトテクノロジー

　FBAベースの介入は、恣意的に選んだ介入に比べて、より有効になる可能性が高い（例えば、Ervin et al., 2001; Iwata et al., 1994b）。行動はなぜ起こるか（その機能）を理解することは、しばしば、それをどうすればよりよく改善できるかを示唆する。その一方、問題行動が当人のどの目的に役立つかをまず理解する前に、問題行動を早く処遇しようとする努力は、非効率的であり、効果がなく、有害ですらある。例えば、昼食の前に手を洗うよう指示されると必ず癇癪を起こす子どものことを考えてみよう。その問題を軽減させるため、タイムアウト手続きを実行したとする。子どもは手を洗う活動を中断され、部屋の隅の椅子に座らされる。しかしながら、通常手洗いに続いて起こる出来事（例えば、テーブルセッティングの要求や人々との交流など、昼食時間に関連した出来事）が、その子にとって嫌悪的であるかもしれない。つまり癇癪はそれらの出来事を回避するために、有効に働いている可能性がある。その場合、上述の介入は癇癪と昼食関連の嫌悪的出来事を先送りする結果との間の関係を変更することに関しては、何もしなかったことになる。それどころかその介入が、子どもにとって望ましい結果を生み出していたとすれば、かえって問題を悪化させる恐れがある。手洗いを止めさせ、癇癪に対するタイムアウトとして子どもを椅子に座らせるとすれば、それは嫌悪的な昼食時間の出来事を回避させてくれる。そのため癇癪は、将来、類似の状況において、より起こりやすくなる恐れがある。タイムアウト介入が成功しなければ、別の介入が試されるだろう。しかし、問題行動の果たす機能を理解することなしに、それらの介入の有効性を予測することはできない。

　自由裁量で選んだ介入を評価する試行錯誤過程はよくても時間がかかり、しかも非効率的である。そのようなアプローチは、最悪の場合、かえってその問題行動をより常習的に、または重篤にさせる。その結果、介護者はますます侵入的で威圧的な、ないしは罰に基づく介入に訴える恐れがある。それは、しばしばデフォルトテクノロジーと呼ばれる。

　FBAはデフォルトテクノロジー依存を減らし、幾通りかの方法によってより有効な介入に貢献する可能性がある。FBAを行うと、罰成分を含む介入よりも、強化ベースの介入が実践される可能性が高まる（Pelios, Morren, Tesch, & Axelrod, 1999）。その上、FBAベースの介入は、問題行動の機能を考慮しない介入よりも、効果がより永続する可能性がある。もしも人為的随伴性が、問題行動を維持している未知の随伴性に重ね合わされれば、行動の改善を維持するためには、人為的随伴性を継続することがしばしば必要になる。もし、それらの重ね合わされた人為的随伴性が中断されれば、その行動はそれ以前から作動中の随伴性に影響され続けるだろう。

3．FBAと予防

　FBAはその下で一定の行動が起こる条件を一層理解することによって、問題の予防にも貢献することができる。問題行動は罰の手続きを使えば、その機能を問わず抑制することができるが、問題行動に対する動機づけ操作はそのままなので、罰の随伴性を受けないさらなる行動が出現する恐れがある。例えば、特権の条件的喪失（contingent loss of privileges）は、手を洗うよう命じ

られると必ず起こしていた癇癪を取り除くかもしれない。しかし強化子としての回避や、それを強化子として確立した条件は取り除かない。したがって、例えば攻撃や器物損壊や逃走など、回避につながるほかの行動が発展する恐れがある。問題行動の強化機能を検討する介入（それより優位に立つとか競合するのではなく）を使うようにすれば、これらの意図しない効果が起こりにくくなる。

　広い規模でFBAデータを累積すれば、問題行動をさらに悪化させる危機を生み出す条件を特定し、そうすることによって予防努力に一層役立つことができる。そうすれば、危機を生み出す条件に、予防努力を集中させることができる。例えば、イワタら（Iwata et al., 1994b）は、自傷行動（SIB）の強化機能の152の分析から得られたデータに基づいて、ケースの最大の割合において、行動の主因が課題要求やそのほかの嫌悪刺激からの逃避であることを見出した。彼らはこの結果がより攻撃的な治療の提供への動きの意図しなかった結果だった可能性があると推論した。例えば、子どもが手を洗うように言われて癇癪を起こす。教師は子どもが手をどう洗えばいいかわからないのではないかと推測する。そこで遊び時間を、衛生についての集中指導に置き換える。こうした介入は、問題行動を減らすよりも、逆に激化させる恐れがある。イワタら（Iwata et al., 1994b）によって報告されたデータは、予防努力を指導環境の修正（例えば、望ましい行動のより頻繁な強化や、休憩の機会や、難しい課題に対する助けを要求し入手する手段の提供）に向かわせるべきであり、予防努力が逃避を生み出す嫌悪刺激の源泉（動機づけ操作）にならないようにしなければならないことを示唆している。

Ⅲ　FBAの方法の概観

　FBAの方法は、3種類に分類することができる。すなわち、(a) 関数（実験）分析、(b) 記述的査定、(c) 間接的査定、である。これらの方法は、使いやすさと、もたらす情報の種類と正確さによって、連続線上に配列できる。特定の状況に最適な方法、ないしその組み合わせを選ぶためには、それぞれの方法の長所と限界を考慮に入れる必要がある。最初に関数分析（functional analysis）（機能分析ともいう）について考察する。記述的機能査定や間接的機能査定は、関数分析の副産物として発展したからである。関数分析は後に述べるように、実践家が問題行動と環境事象の間の関数関係に関する仮説の真実性を立証できるFBAの唯一の方法である。

1．関数分析（実験分析）

（1）基本的手続き

　関数分析においては、人の日常環境における先行事象（antecedents）と結果事象（consequences）を表す出来事を準備して、問題行動に及ぼすそれぞれの別個の効果を観察し測定できるようにする。この種の査定はしばしばアナログ（相似型）と呼ばれる。なぜなら、日常場面の日課で起こる先行事象と結果事象に相似した（アナログな）出来事を組織的に提示する

表24.1　関数分析の典型的な対照条件とテスト条件における動機づけ操作と強化随伴性

条件	先行条件（動機づけ操作）	問題行動に後続する結果
遊び（対照）	続けて好きな活動ができ、社会的注目が与えられ、何の要求も課されない。	問題行動は無視されるか、中立的に再方向づけられる。
条件的注目	注目を逸らすか、差し控える。	軽く叱るか、なぐさめのことば（例えば「そんなことしないで。誰かを傷つけるよ」）をかけるという形で注目を与える。
条件的逃避	3段階プロンプト（例えば、[1]「タオルたたんで」という、[2] タオルたたみのモデルを提示する、[3] 手に手を添えてタオルたたみを補助する）を使い、課題を連続的に要求する。	課題教材を取り除き、課題を完成させるプロンプトを停止して、課題を小休止させる。
1人きり	低レベルの環境刺激（すなわち、セラピストも、課題教材も、遊び教材も不在にする）。	問題行動は無視されるか、中立的に再方向づけられる。

が、その分析は日常場面で起こる日課の文脈では行われないからである。アナログ条件がなぜしばしば使われるかといえば、問題行動に関係している可能性のある環境変数を、行動分析家が日常場面で起こる状況で制御するよりも、アナログ条件で制御する方がよりよく制御できるからである。アナログとは、査定を行う場面を指すのではなく、変数の準備（arrangement of variables）を意味する。日常環境（例えば、教室場面）で行われる関数分析は、シミュレーション場面で行われる関数分析と比べると、しばしば同じ（そしてケースによってはより明瞭な）結果生み出すことが、研究によって明らかにされた（Noell, VanDerrtHeyden, Gatti, & Whitmarsh, 2001）。

　関数分析は通常4つの条件によって構成される。3つのテスト条件（すなわち、条件的注目、条件的逃避、1人きり）と、1つの対照条件（強化が自由に入手でき、相手に何も要求しないため、問題行動は低いことが予想される）である（表24.1を参照）。それぞれのテスト条件には、問題行動の動機づけ操作（MO）と潜在的な強化源が含まれている。それぞれの条件を1度に1つずつ交代で提示し、どの条件が予見可能な形で問題行動を引き起こすかを突き止める。それぞれのセッションにおいて、問題行動の生起を記録する。セッションを繰り返すことによって、問題行動がほかの条件に比べて一貫して1つの条件、または2つ以上の条件において、よりしばしば起こる程度を突き止めるのである。

（2）関数分析を解釈する

　問題行動が人にとって果たす機能は、分析結果のグラフを目視検査して、行動が高率で起こる条件を突き止めることによって、確定することができる。それぞれの起こりうる行動機能のグラフを図24.1に示す。問題行動は遊び条件においては、低いことが予想される。なぜなら遊び条件

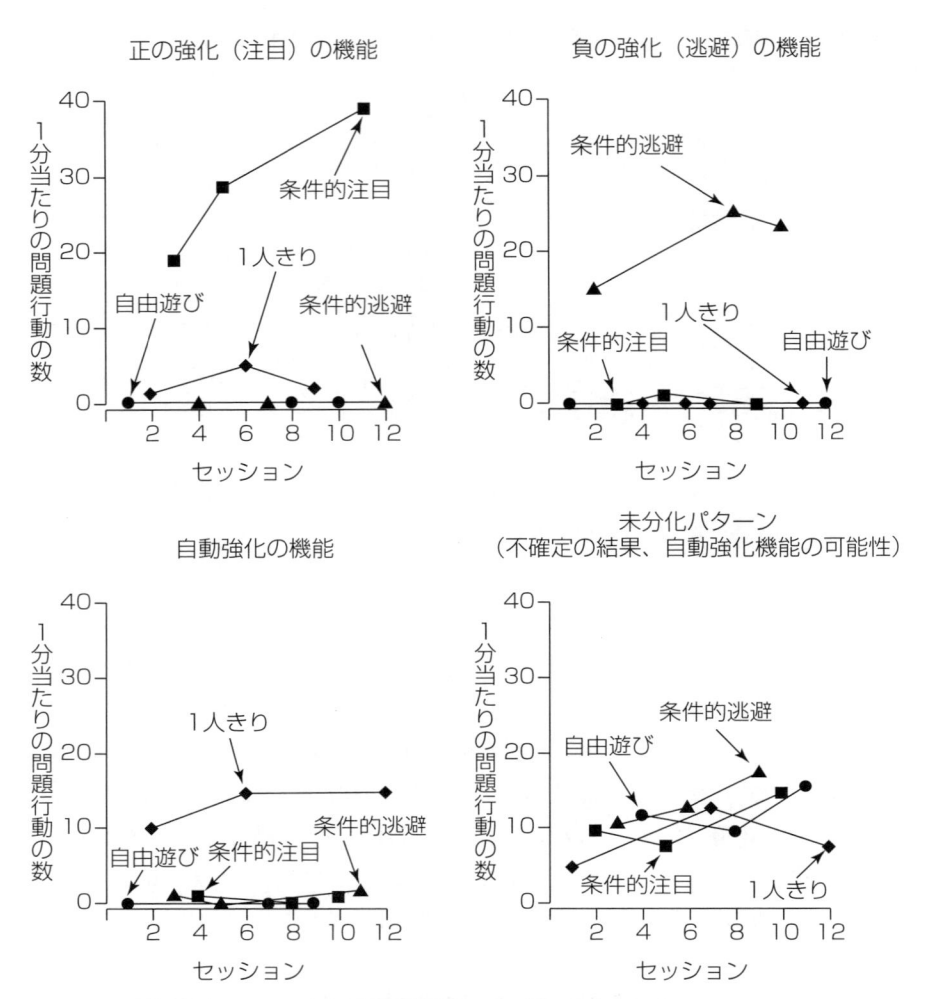

図24.1 関数分析において各行動機能が示す典型的なデータパターン

では、問題行動に対する動機づけ操作を何も提示しないからである。次に条件的注目の条件において高くなる問題行動は、その問題行動が正の社会的強化によって維持されていることを示唆する（図24.1の左上のグラフ参照）。また条件的逃避の条件において高くなる問題行動は、その問題行動が負の強化によって維持されていることを示唆する（図24.1の右上のグラフ）。1人きりの条件において高くなる問題行動は、その問題行動が自動強化によって維持されていることを示唆する（図24.1の左下のグラフ）。自動強化の源泉が正か負かを明らかにするためには、さらなる分析が必要になる。問題行動は多くの強化の源泉によって維持されている可能性がある。例えば、もし問題行動が条件的注目と条件的逃避において高くなるならば、正と負の両方の強化によって維持されている可能性が最も高くなる。

もし問題行動が上述の4つの条件（遊びの条件を含めて）のすべてにおいて頻繁に起こったり、それらの条件間で変動したりする場合は、その問題行動は未分化型（undifferentiated）（図24.1右下のグラフ参照）であると考えられる。そのような結果は決定的ではないが、それはまた

自動強化によって維持される行動においても起こる可能性がある。

　関数分析はこれまで、何百という研究において反復再現され、拡大適用されてきた。それによって、幅広い行動問題の査定と処遇に対する1つのアプローチとして、その一般性が証明されている（関数分析の応用のサンプルについては、『応用行動分析誌』1994年特集号［1994 special issue of the *Journal of Applied Behavior Analysis*］を参照）。

（3）関数分析の長所

　関数分析の第1の長所は、問題行動が起こることに関連する変数について、明瞭な証明をもたらす能力があることである。事実、関数分析（実験分析）は、科学的証拠の標準としての役割を果たす。ほかの査定選択肢は、この標準によって評価される。そしてそれは問題行動の査定と処遇の研究において、最も頻繁に使われる方法になっている（Arndorfer & Miltenberger, 1993）。関数分析を行えば、問題行動を維持する変数に関して、妥当な結論を導き出すことができる。また、そのことによって、強化ベースの効果的処遇を開発することができ、罰手続きへの依存を減らすこともできるようになった（Ervin et al., 2001; Iwata et al., 1994; Pelios et al., 1999）。

（4）関数分析の限界

　しかしながら、関数分析にはリスクがある。第1に、その査定過程がその望ましくない行動を、一時的に容認できないレベルにまで強めたり増加させたりする恐れがある。あるいはまた、その行動が新しい機能を獲得するという結果を招く可能性もある。第2に、関数分析の手続きが実践家にどこまで容認されるかについては、ほとんど知られていない（Ervin et al., 2001）。しかし関数分析の目的（すなわち、そうした条件が日常の日課において起こる出来事のアナログであること）を理解していない人々にとっては、問題行動を引き起こす機会を与え、ことによっては強化する条件をわざわざ用意することは、直感的には理解できない可能性がある。第3に、一部の行動（例えば、深刻ではあるが頻繁には起こらない行動）は関数分析に素直に従うことはないかもしれない。第4に、仕組まれた場面において行われる関数分析は、とくにその行動が関数分析の条件には示されない特異的変数によってコントロールされている場合は（例えば、Noell et al., 2001）、日常環境において起こる問題行動を説明する変数を突き止めることができるとは限らない。第5に、そしてこれが最後であるが、関数分析を実行し解釈するために必要な時間と努力と専門的知識技術は、しばしば指摘されてきたように、それを実践において幅広く活用するための障害となってきた（例えば、Spreat & Connelly, 1996; 2001, Volume 2 issue of *School Psychology Review*）。

　もちろん、処遇されない問題行動や、非効果的な処遇を受けた問題行動もまた、大量の時間と労力を消耗する（建設的な長期にわたる成果は得られない）。そして効果的な処遇（それらを維持する変数の理解をベースにした）は、関数分析をするために必要なスキルと同様のスキルを要求する可能性がある。こうした問題は、例えば実践者訓練の方法や（Iwata et al., 2000;

Pindiprolu, Peterson, Rule, & Lignugaris/ Kraft, 2003)、簡略化した査定や（Northup et al., 1991）、以下の節で述べるFBAの代替法の開発など、関数分析の実践における活用を強化する方法に関する研究を導くことになった。

2．記述的行動機能査定

記述的行動機能査定（descriptive functional behavior assessment））には、関数分析と同様に、行動の直接観察が含まれる。しかし関数分析とは違い、観察は日常的に起こる条件の下で行われる。したがって記述的査定では、問題行動を組織的方法によって整えられていない出来事と関連させて観察する。この直接査定のルーツは、応用行動分析学の初期の段階にまでさかのぼる。ビジューら（Bijou, Peterson, & Ault, 1968）は、行動と連続する環境事象とを客観的に定義し、観察し、コード化する方法を初めて記述した。この方法はその後、標的行動と相互に関連する可能性のある出来事を突き止めるために使われてきた。標的行動と著しく相関することが明らかになった事象は、行動の機能（behavioral function）についての仮説を示唆する可能性がある。ここでは記述的分析の3つのバリエーション、ABC（先行事象と行動と結果事象）連続記録法、ABCナラティヴ記録法、散布図法について述べる。

（1）ABC連続記録法

ABC連続記録法（ABC continuous recording）では、観察者は標的である問題行動と、選んだ環境事象の生起を、日常の日課において一定期間記録する。特定の先行事象と問題行動と結果事象を記録するためのコードは、機能査定面接かABCナラティヴ記録法（後に述べる）から得られた情報に基づいてつくればよい。例えば、ラリーら（Lalli, Browder, Mace, & Brown, 1993）は、ナラティヴ記録法を使って面接と観察を行い、それから教室活動における問題行動の先行事象（例えば個別指導、集団指導）と、後続事象（注目、有形の強化、逃避）の生起と非生起を記録する刺激コードと反応コードを開発した。

ABC連続記録法では、特定の事象の生起を（部分インターバル記録か、瞬間タイムサンプリングか、頻度記録を使って）データシート上にマークする（図24.2を参照）。標的となる環境事象（先行事象と結果事象）は、問題行動とともに生起するしないにかかわらず、起これば必ず記録する。この方法を使ってデータを記録すれば、標的行動と時間的に密接に関係して起こる出来事を明らかにすることができる。例えば、記述的データによって、子どもの癇癪（行動）がしばしば、手を洗うようにという教示（先行事象）を与えたときに起こることが示されたとする。そのデータはまた、癇癪を起こせば、通常、課題要求の除去が随伴することを示したとする。この場合考えられる仮説は、妨害行動は学業要求によって動機づけられ、それらの要求からの逃避（負の強化）によって維持されているということになる。

ABC連続記録法の長所 連続記録をベースとする査定においては、（関数分析と同様に）正確

第24章 行動機能査定

図24.2　ABC連続記録法のサンプルデータ収集用紙

```
ABC記録用紙
観察者：R. ヴァン・ノーマン
開始時間：9：30 A.M.　終了時間：10：15 A.M.
日付：2006年1月25日
```

先行事象	行動	結果事象
□課題プロンプト・教示 ☒注目そらし □社会的相互作用 □好きな活動に従事した □好きな活動が除去された □1人きり（注目不在・活動不在）	☒癇癪 □攻撃	□社会的注目 ☒叱責 □課題要求 □好きな品物へのアクセス □課題除去 □注目そらし
☒課題プロンプト・教示 □注目そらし □社会的相互作用 □好きな活動に従事した □好きな活動が除去された □1人きり（注目不在・活動不在）	☒癇癪 □攻撃	□社会的注目 □叱責 □課題要求 □好きな品物へのアクセス ☒課題除去 □注目そらし
☒課題プロンプト・教示 □注目そらし □社会的相互作用 □好きな活動に従事した □好きな活動が除去された □1人きり（注目不在・活動不在）	☒癇癪 □攻撃	□社会的注目 □叱責 □課題要求 □好きな品物へのアクセス ☒課題除去 □注目そらし
□課題プロンプト・教示 ☒注目そらし □社会的相互作用 □好きな活動に従事した □好きな活動が除去された □1人きり（注目不在・活動不在）	☒癇癪 □攻撃	□社会的注目 □叱責 □課題要求 □好きな品物へのアクセス □課題除去 ☒注目そらし
☒課題プロンプト・教示 □注目そらし □社会的相互作用 □好きな活動に従事した □好きな活動が除去された □1人きり（注目不在・活動不在）	□癇癪 □攻撃	□社会的注目 □叱責 □課題要求 □好きな品物へのアクセス □課題除去 □注目そらし
☒課題プロンプト・教示 □注目そらし □社会的相互作用 □好きな活動に従事した □好きな活動が除去された □1人きり（注目不在・活動不在）	☒癇癪 □攻撃	□社会的注目 □叱責 □課題要求 □好きな品物へのアクセス ☒課題除去 □注目そらし
□課題プロンプト・教示 ☒注目そらし □社会的相互作用 □好きな活動に従事した □好きな活動が除去された □1人きり（注目不在・活動不在）	□癇癪 □攻撃	□社会的注目 □叱責 □課題要求 □好きな品物へのアクセス □課題除去 □注目そらし

☒課題プロンプト・教示		□社会的注目
□注目そらし		□叱責
□社会的相互作用	☒癇癪	□課題要求
□好きな活動に従事した	□攻撃	□好きな品物へのアクセス
□好きな活動が除去された		☒課題除去
□1人きり（注目不在・活動不在）		□注目そらし
□課題プロンプト・教示		□社会的注目
□注目そらし		☒叱責
☒社会的相互作用	☒癇癪	□課題要求
□好きな活動に従事した	□攻撃	□好きな品物へのアクセス
□好きな活動が×除去された		□課題除去
□1人きり（注目不在・活動不在）		□注目そらし
☒課題プロンプト・教示		□社会的注目
□注目そらし		□叱責
□社会的相互作用	☒癇癪	□課題要求
□好きな活動に従事した	□攻撃	□好きな品物へのアクセス
□好きな活動が除去された		☒課題除去
□1人きり（注目不在・活動不在）		□注目そらし
□課題プロンプト・教示		□社会的注目
□注目そらし		□叱責
☒社会的相互作用	☒癇癪	□課題要求
□好きな活動に従事した	□攻撃	□好きな品物へのアクセス
□好きな活動が除去された		□課題除去
□1人きり（注目不在・活動不在）		☒注目そらし

Source Recording form developed by Renée Van Norman. Used by permission.

な測定を使う。そしてケースによってはその相関は因果関係を表す可能性がある（例えば、Sasso et al., 1992）。この査定は問題行動が起こる文脈で行われるため、そのあと関数分析が必要になれば、その分析を設計するための有効な情報をもたらす可能性がある。さらにこの方法では、個人の日課を中断させる必要はない。

　ABC連続記録法の限界　この種の記述分析は、特定の事象と問題行動との相関を示すが、多くの場面でそうした相関を突き止めることは難しいかもしれない。とくに影響力のある先行事象と結果事象が、行動に確実に先行したり後続したりしない場合に、こうしたことが起こりやすい。そういうケースでは、条件付き確率を計算することによって、記述的データを分析しなければならないかもしれない。**条件付き確率**（conditional probability）とは、標的となる問題行動が所定の状況において起こる尤度（likelihood）のことである。図24.2に示した例でいえば、癇癪の条件付き確率は、（a）教示という先行事象が先行した癇癪の生起の割合と、（b）課題の除去が結果事象となった癇癪の生起の割合を計算すれば、算定することができる。この例では、9回の癇癪生起例が記録された。そのうち6回の生起に課題の除去が随伴した。したがって課題要求が存在するとき癇癪が起こりその癇癪に逃避が随伴した条件付き確率は.66である。条件付き確率が1.0に近ければ近いほど、逃避が問題行動を維持している変数であるという仮説はより確実になる。

しかしながら、条件付き確率は、誤解を招く恐れがある。もし行動が間欠強化によって維持されている場合、その行動は特定の結果事象が一貫して随伴しなくても、頻繁に起こる可能性がある。例えば、教師は癇癪が非常に頻繁にまたは激しく起こって耐えられなくなるときだけ、子どもをタイムアウトに送り出すとする。このケースでは、癇癪のほんの一部だけに、タイムアウトという結果事象が随伴することになる。そのため条件付き確率は低くなるだろう。したがって1つの可能性としては、存在する関数関係（例えば、逃避による癇癪の負の強化）が検出されないかもしれない。そのうえ、子どもへの現在の行動介入計画では、教示を3回反復し、身体的補助を与える試みを実行して、それからタイムアウトを実行するよう要求しているかもしれない。この状況では、注目が随伴する癇癪の条件付き確率は高くなる。したがって、存在しない関数関係（癇癪の注目による正の強化）が、記述的分析によって示唆されるかもしれない。おそらくこうした理由からか、条件付き確率計算を使って、記述的方法が関数分析と同じ仮説に導く程度を検証した研究では、一般に低い一致が見出されている（例えば、Lerman & Iwata, 1993; Noell et al., 2001）。

（2）ABCナラティヴ記録法

ABCナラティヴ記録法（ABC narrative recording）は、記述的査定の1形態である。継続的記録との違いは、（a）対象となる行動が観察されたときにのみデータを収集する、（b）記録は無制限である（標的行動に即座に先行し後続する出来事は何であれ記録する）（p. 54の図3.3を参照）、である。ナラティヴ記録法は、標的行動が起こったときだけデータを記録するため、継続的記録法より時間がかからない。反対にナラティヴ記録法には、先に述べた短所のほかに、さらにいくつかの短所がある。

ナラティヴ記録法の限界　ナラティヴ記録データは、正式発表された研究での報告はほとんどないため、行動の機能を突き止めるための有用性が確立されていない。しかしながら、ABCナラティヴ記録法では、先行事象と結果事象を標的行動と関連づけてだけ記録するため、存在しない関数関係を同定する可能性がある。すなわち特定の事象が標的行動の不在においても同じ頻度で起こるかどうかは、ABCデータでははっきり分からない。ABCデータは、ある子どもに対する仲間の注目が、その子が妨害行動をしていないときも同じ頻度で起こっていたにもかかわらず、仲間の注目と妨害行動との間に相関があると誤って示す可能性がある。

ABCナラティヴ記録法のもう1つの潜在的限界は、その正確さに関係している。観察者は適切な訓練を受けていないと、観察可能な出来事を客観的用語で記述する代わりに、推定した状態や主観的印象（例えば「恥ずかしい思いをした」「イライラさせられた」）を報告することがある。そのうえ、多数の環境事象が相互に時間的に接近して起こることを考えると、行動を引き起こした出来事を弁別することは難しくなる。ABCナラティヴ記録法は、連続記録法や関数分析に情報をもたらす予備的情報収集手段として最適である。

(3) 散布図法

散布図法（scatterplot）は、ある標的行動がほかの時間帯ではなくある特定の時間帯で、より頻繁に起こる程度を記録する手続きである（Symons, McDonald, & Wehby, 1998; Touchette, MacDonald, & Langer, 1985）。具体的には、散布図では1日を時間のブロック（例えば一連の30分区切り）に分割する必要がある。観察者はすべての時間区分において、標的となる問題行動が多量に起こったか、いくらか起こったか、まったく起こらなかったかを、異なるシンボルを使って観察用紙に記録する。一連の日数についてデータを収集し、その後それらをパターン（問題行動に典型的に結びつく特定の時間帯）に分析する。もし繰り返される反応パターンが同定されれば、その行動の時間分布を特定の環境事象と関連づけて検討することができる。例えば、行動が頻繁に起こる時間帯は、多くの場合、要求が増大したり、注目が低くなっていたり、一定の活動、または特定の人物の存在と相関していたりする可能性がある。もしそうであれば、それをベースにして改善を図ることができる。

散布図法の長所　散布図の第1の長所は、問題行動が起こる時間帯を同定することである。そうした情報は、問題行動の機能に関してさらなる情報を収集するために、より焦点を絞ったABC査定を1日のうちどの時間帯に行えばよいかを特定するうえで有用である。

散布図の限界　散布図は実践においてしばしば使われるが、その有用性についてはほとんど分かっていない。時間パターンが定期的に明白になるかどうかはっきりしない（Kahng et al., 1998）。さらに、行動がどれくらい頻繁に起こるかについての評定（「多量に」対「いくらか」）は主観的である。そのため解釈が難しくなる恐れがある（教師や評定者の間で、これらの数値データの基準が異なる可能性がある）。

3．間接的な行動機能査定

間接的機能査定（indirect functional assessment）の方法においては、問題行動を示す人物と親しい人々（例えば、教師、親、介護者、およびまたは本人自身）から、構造化面接、チェックリスト、評定尺度、または質問紙を使って、日常環境において問題行動と相関すると考えられる条件や事象を突き止めるための情報を収集する。こうした手続きは、行動の直接観察を必要とせず、その行動についてのほかの人々による回想に基づいた情報を集めるため、「間接的」と呼ばれる。

(1) 行動インタビュー

査定では、面接がごく普通に使われる。行動面接（behavioral interview）の目標は、問題行動と先行事象と結果事象について、明瞭で客観的な情報を収集することである。これには、(a) そ

の行動（と結果）、（b）その行動はいつ（時間）、どこで（場面、活動、出来事）、誰と、どれくらい頻繁に起こるか、（c）通常その行動に何が先行するか（先行事象）、（d）その子どもとほかの人々は、通常、その行動に続いて即座に何をするか、（e）その問題を処理するために以前どんな措置が講じられどんな結果が得られたか、についての記述の明確化が含まれる。同様の情報は、問題行動と対比する適切な行動を予測するパターン、ないし条件を発見するため、望ましい行動（ないし望ましくない行動が起こらない条件）についても収集することができる。子どもの明白な好み（例えば、好きな品物や活動）や、スキルや、コミュニケーション手段についても、情報を収集することができる。熟練の面接者なら、解釈や影響を最小にして、出来事についての具体的で、完全な、事実に基づく反応を引き出すことができるように質問する。

　これまでに面接の質問リストが発表されている。それらは面接か質問紙によって情報を収集する、一貫した構造化された書式である。例えば『機能査定面接』（Functional Assessment Interview）（O'Neill et al., 1997）には、11のセクションがある。それには、行動の形態（トポグラフィー）、行動に影響する一般的要因（薬物、職員配置パターン、日々のスケジュール）、行動の先行事象と結果事象、行動の機能レパートリー、コミュニケーションスキル、潜在的強化子、処遇史が含まれる。

　『機能査定面接』には、子ども自身が情報提供者になる子ども版もある（Kern, Dunlap, Clarke, & Childs, 1995; O'Neill et al., 1997）。質問として含まれるのは、学校でトラブルの原因となる子どもの行動、子どもの所属する学級のスケジュールと問題行動との関係の記述、それぞれの授業時間と1日の間に起こる行動の強度の1～6点尺度による評定、行動と関連する場面の諸側面（例えば、教材の難しさ、退屈さ、不明瞭さ、仲間によるからかい、教師の叱責）、行動に影響するそのほかの出来事（例えば、睡眠不足、対立）、結果事象（個人がその行動をするとき何が起こるか）、考えられる代替行動、可能なサポートプランの戦略である。

　そのほかの2つの質問紙として『行動診断処遇情報調査』（Behavioral Diagnosis and Treatment Information Form）（Bailey & Pyles, 1989）と、『刺激性制御チェックリスト』（Stimulus Control Checklist）（Rolider & Van Houten, 1993）がある。これらもまた、行動が起こる条件と起こらない条件と、どれくらい頻繁に起こるかについての質問をする。さらに、行動に影響する可能性のある生理学的要因についても質問する。

（2）行動評定尺度

　機能査定用に設計された行動評定尺度は、特定の条件下で行動がどの程度起こるかを、情報提供者にリッカート尺度（例えば、まったく起こらない、たまに起こる、たいてい起こる、いつも起こる）で評定してもらう。行動の機能についての仮説は、それぞれの条件と結びついた得点をベースにして作られる。累積値または平均値として最高の評定を与えられる条件が、問題行動に関係しているという仮説が作られる。例えば、情報提供者が子どもに要求を課すと必ず問題行動が起こるという話をすれば、負の強化仮説が作られる。表24.2にいくつかの行動評定尺度の特徴をまとめて示す。

表24.2 問題行動の予想される機能の査定に使われる行動評定尺度の通覧

行動評定尺度	査定される機能	項目の形式と数	項目例と可能な機能
動機づけ査定尺度（MAS）(Durand & Crimmins, 1992)	感覚強化、逃避、注目、有形強化。	16の質問（それぞれの機能ごとに4問）、いつもから決しての7点尺度。	その行動は、あなたが部屋にいるほかの人々に話をすると、起こると思いますか？（注目）
動機づけ分析評定尺度（MARS）(Wieseler, Hanson, Chamberlain, & Thompson, 1985)	感覚強化、逃避、注目	6つの陳述（3つの機能のそれぞれに2つ）、いつもから決しての4点尺度。	あなたが指導や要求を止めると、その人がしていた行動も、直後に止みますか？（逃避）
問題行動質問紙（PBQ）(Lewis, Scott, & Sugai, 1994)	仲間の注目、教師の注目、仲間の注目からの逃避や回避、教師の注目からの逃避や回避、セッティング事象の査定。	質問、7点レンジ。	問題行動が起こると、仲間がその子に言葉で反応するか、笑うかしますか？（仲間の注目）
関数分析スクリーニングツール（FAST）(Iwata & DeLeon, 1996)	社会的強化（注目、好きな品物）、社会的強化（逃避）、感覚刺激提示による自動強化、苦痛軽減による自動強化	その陳述がその通りかどうかについての「はい」「いいえ」。	行動が起こると、あなたは普通その人をなだめるか、好きな活動（余暇の品物、おやつなど）によって気を逸らすかしますか？（社会的強化、注目、好きな品物）
行動機能質問（QABF）(Paclawskyj, Matson, Rush, Smalls, & Vollmer, 2000)	注目、逃避、非社会的、肉体的、有形。	陳述、4点レンジ。	参加者はあなたから反応を得ようとして行動しますか？（注目）

（3）間接的なFBAの長所

　間接的査定法の中には、以後のより客観的な査定に役立つ有益な情報源を提供し、問題行動を引き起こすか維持する変数についての仮説作りに貢献するものがある。FBAの間接的形態は、問題行動の直接観察を必要としないため、多くの人々が使いやすいとみなしている。

（4）間接的なFBAの限界

　間接的FBAの大きな限界は、行動とそれが起こる条件について、情報提供者が正確に、バイアスをかけずに、思い出すことができない恐れがあること、あるいはその問いが求めている要件に合致するように、その想起を報告することができないかもしれないことである。恐らくこうした

理由からだと思われるが、間接的査定方法から得られる情報の信頼性を支持する研究はほとんど見られない。『動機づけ査定尺度』(Motivation Assessment Scale, MAS)は、その技法的適切性を評価された数少ない行動評定尺度の1つである。いくつかの研究において、MASの評定者間一致が評価された。そしてほとんどすべてが、一致度が低いことを見出した（Arndorfer, Miltenberger, Woster, Rortvedt, & Gaffanney, 1994; Barton-Arwood, Wehby, Gunter, & Lane, 2003; Conroy, Fox, Bucklin, & Good, 1996; Crawford, Brockel, Schauss, & Miltenberger, 1992; Newton & Sturmey, 1991; Sigafoos, Kerr, & Roberts, 1994; Zarcone, Rodgers, & Iwata, 1991）。バートン-アーウッドら（Barton-Arwood et al., 2003）は、『問題行動質問紙』(Problem Behavior Questionnaire, PBQ）の技法的適切性についても評価した。彼らはPBQとMASを情緒障害か行動障害の子どもたちに適用した場合、どちらも同定された行動機能についての評定者間一致が変動し、安定性に疑問があることを報告した。FBAの間接的方法には、妥当性と評定者間一致についての実験データが欠けているため、行動の機能を発見するための主要な手段としては奨励できない。しかしながらこれらの尺度は、最初の仮説をつくるための有益な情報を提供する。それらは後に検証することができる。

Ⅳ　行動機能査定を行う

さまざまなFBA手続きの長所と限界を考慮すると、FBAは次の4段階過程とみなすことが最適である。

1．間接的で記述的な査定を使って情報を収集する。
2．間接的で記述的な査定から得られた情報を解釈して、問題行動の目的に関する仮説をつくる。
3．関数分析を使って仮説を検証する。
4．問題行動の機能をベースにして、介入の選択肢を開発する。

1．情報を収集する

FBA過程の開始に当たっては、まず教師や、親や、介護者、およびまたは本人と親しいつながりのあるほかの人々と、機能査定面接を行うことが、しばしば有用である。その面接は、評価者が直接観察を行う準備を進めるうえで役立つ。直接観察は、標的となる問題行動を発見して定義し、観察される可能性のある有力な先行事象と結果事象を発見して定義し、問題行動と本人の長所についての全体像を把握することによって行う。その面接はまた、より大規模なFBAを行う前に、ほかの査定を行うことが正しいかどうかを決定するためにも役立つ。例えば、その面接によって個人が現時点で治療されていない慢性の耳の感染症をもっていることが明らかになれば、そ

れ以上の行動査定を進める前に、医学的評価を行わなければならない。

　多くの場合、問題行動を示す本人が、面接の質問を理解し応答する言語スキルをもっている場合は、本人と面接することが有益である。ときには本人が、自分はなぜ特定の文脈で問題行動を起こしているかについて、有益な洞察をもつことがある（Kern et al., 1995）。

　この時点で、日常の日課の中で、問題行動を直接観察することが有益になる。そうした観察は、面接から得られた情報の正当性を確認し、不当性を証明する助けとなる。その問題行動が、いつ最も頻繁に起こるかはっきりしない場合は、さらなる行動観察をどの時点ですべきかを決定するため、散布図法による分析をすることが有用であろう。問題の時間帯を突き止めたら、行動分析家はそこでABC査定を行うようにすればよい。評価者は標的行動と先行事象と結果事象についての明確な定義をすでにもっているはずであるから、面接から得られた情報はABC査定を進めていくうえで役立つ。しかしながら行動分析家は、日常環境において起こる想定外のさらなる先行事象と結果事象についても警戒を怠らないことが大切である。教師や介護者は、問題行動の引き金となり、あるいは随伴する特定の刺激を、ときに見過ごすか気づかないことがある。

2．情報を解釈し仮説を作る

　間接的査定から得られた結果を分析して、問題行動の機能についての仮説を作るため、行動と環境事象のパターンを探し出す必要がある。もしも問題行動が低水準の注目を得られるときに最もしばしば起こり、そして問題行動がしばしば注目を生み出しているとすれば、注目が問題行動を維持しているという仮説は適切である。もしその問題行動が高い要求状況において最も頻繁に起こり、そして問題行動がしばしば課題の一時停止（例えばタイムアウト、出席停止、または別の形の課題遅延）を生み出しているのであれば、逃避がその問題行動を維持しているという仮説が適切である。問題行動が予測できないパターンで起こっているか、授業のある日はすべて高率で起こっているとすれば、その行動は自動強化によって維持されているという仮説が適切だろう。行動分析家は、査定結果を検討して、可能な仮説を考慮するとき、忘れてはならないことがある。すなわち、行動は多くの機能を果たしている可能性があり、問題行動のトポグラフィーが違えば、果たす機能も違ってくる可能性があるということである。

　仮説の陳述は、ABCフォーマットによって描写すべきである。具体的には、仮説の陳述は、問題行動の引き金になっていると仮定される先行事象と、問題行動のトポグラフィーと、維持している結果事象について記述しなければならない。例えば、次のようになる。

仮定された機能	先行事象	行動	結果事象
手洗いおよびまたは昼食からの逃避	トニシャが昼食の準備として手を洗うようプロンプトされると……	大声を出して癇癪を起こす。それに随伴して……	タイムアウトに送られることによって手洗いと昼食が中断。

　仮説の陳述をこのように描写することは、それが行動分析家に可能な介入のルートに焦点を絞

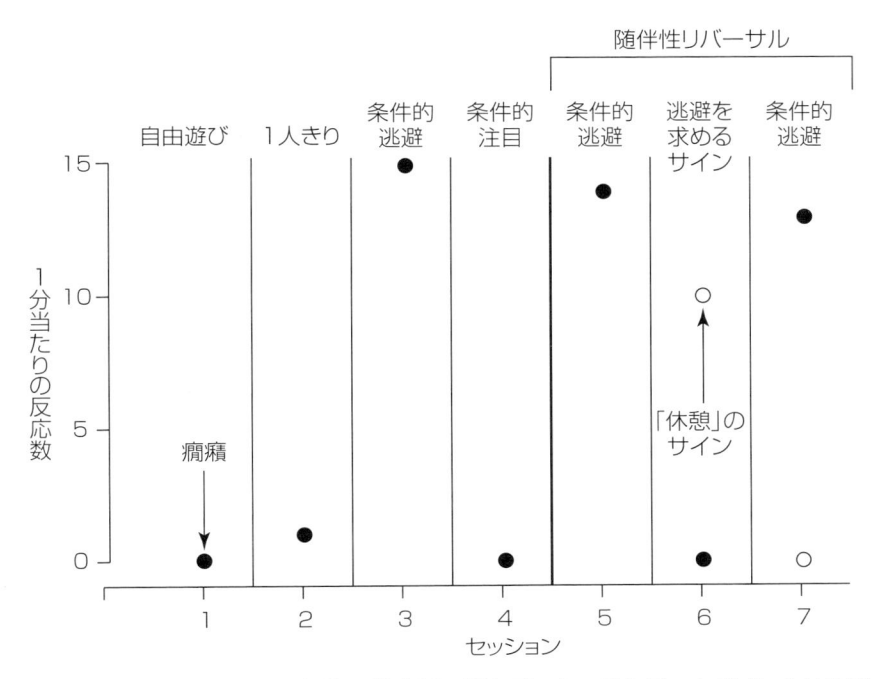

図24.3 トニシャの癇癪の短期関数分析の架空データ。黒丸データポイントは癇癪、白丸データポイントは休憩を要求する手のサイン。最初の4セッションは短期関数分析、セッション5から7は随伴性リバーサルを示す。

るよう要求するがゆえに有益である。すなわち、先行事象を修正し、およびまたは強化随伴性を修正することである（それには、新しい行動を教えることと、どの行動を強化しまたは消去状態に置くべきか変更することを、必要とするかもしれない）。

3．仮説をテストする

　仮説をつくったら、それを検証するために、関数分析を行う。関数分析には必ず、問題行動をもたらす働きが最も低頻度である対照条件を含めるようにする。大部分の人々にとって、この対照条件は遊び条件である。それは（a）好きなおもちゃおよびまたは活動の継続的な入手可能性、（b）要求不在、（c）継続的に入手可能な注目、から構成される。次に、仮説を検証する条件を選ぶ。例えば主要仮説が、問題行動は逃避によって維持されるというのであれば、条件的逃避条件を実行しなければならない。ほかの検証条件を実行する必要はない。

　実行すべき検証条件をしっかり選ぶことは、関数分析をできるだけ短期間にとどめるうえで役立つ。しかしながらさらなる検証条件を実行しない場合、問題行動のさらなる機能に関しては何ら結論を導き出すことはできない。例えば、遊びと条件的逃避が唯一の検証条件であるとしよう。そして問題行動が条件的逃避条件において最も頻繁に起こり、遊び条件ではめったにあるいはまったく起こらないとしよう。この場合は、問題行動は逃避によって維持されているという結論が支持されることになる。しかしながら、条件的注目条件は実行されていないため、問題行動

が注目によっても維持されている可能性を排除することはできない。

　短い時間にすべての可能な仮説を検証する方法の1つは、短期関数分析手続き（brief functional analysis procedure）を使うことである（例えば、Boyajian, DuPaul, Wartel Handler, Eckert, & McGoey, 2001; Cooper et al., 1992; Derby et al., 1992; Kahng & Iwata, 1999; Northup et al., 1991; Wacker et al., 1990)。この技法では、それぞれの対照条件とそれぞれのテスト条件に関して、1セッションずつ実行することが要求される。もしもテスト条件の1つにおいて問題行動の増加が観察されたならば、すべての条件を何度も反復するよりは仮説の真実性を立証するために**随伴性リバーサル**（contingency reversal）を実行するようにする。例えば、対照条件とテスト条件のそれぞれを1回行って、トニシャの癇癪が条件的逃避条件において、高くなったと仮定してみよう（図24.3）。行動分析家はこの仮説の真実性を立証するため、条件的逃避条件を復元し、次いで随伴性リバーサルを後続させ、問題行動がもはや逃避を生み出さないようにする。もっと正確に言えば、問題行動をもう1つの行動（しばしば、リクエスト）に置き換える。例えば、トニシャのケースでは、プロンプトによって「休憩」という指のサインを作らせ、「休憩」のサインの自発を条件として、課題の休憩を与えるようにする。この随伴性リバーサルの後に条件的逃避条件を復元して、「休憩」のサインを消去状態に置き、癇癪が再び逃避を生み出すようにする。最初の分析で問題行動が高くなったすべての条件において、この過程が繰り返される。

　カーングとイワタ（Kahng & Iwata, 1999）は、ケースの66％において、短期関数分析が問題行動の機能を正確に同定する（すなわち、長期関数分析と同様の結果を生み出す）ことを見出した。短期関数分析は、時間が非常に限られている場合に有効である。しかしながら、短期関数分析は、少なくともその回数の3分の1は長期関数分析（extended functional analysis）の結果と一致しないことを思えば、状況の許す限り長期関数分析をすることがおそらく賢明であろう。さらに、短期関数分析では結論が出ないとき、より長い長期関数分析を行うことが勧められる（Vollmer, Marcus, Ringdahl, & Roane, 1995）。

4．介入を開発する

　FBAが完成すれば、問題行動の機能と一致する介入を作ることができる。介入はさまざまな形態をとりうる。FBAは問題行動の処遇においてどの介入が有効かを同定しないが、本章ですでに述べたように、問題行動の引き金となる先行事象と、治療しなければならない潜在的な行動欠陥と、修正できる強化随伴性は同定する。しかしFBAは、介入パッケージの成分として使える強力な強化子については、もちろん同定する。介入は問題行動と**機能的に等価**（functionally equivalent）でなければならない。つまり、問題行動が逃避機能を果たすなら、介入はより適切な反応に対して逃避（例えば、課題要求からの休憩という形で）を与えるようにする。あるいは介入によって課題要求を修正して、逃避の強化的働きを弱めるようにする。

　介入を設計する1つの効果的方法は、真実性の立証された仮説を再検討して、より積極的な行動を促進するためにABC随伴性をいかに修正できるかを判断することである。例えば、トニシャのために作った仮説を考えてみよう。

第24章　行動機能査定

仮定された機能	先行事象	行動	結果事象
手洗いおよびまたは昼食からの逃避	トニシャが昼食の準備として手を洗うようプロンプトされると……	大声を出して癇癪を起こす。それに随伴して……	タイムアウトに送り出され、手洗いと昼食が停止される。

　この先行事象は、変更することができる。1日のうちでトニシャに手を洗うよう命じる時間を変更するのである（昼食に先行させないようにして、逃避に動機づけられた癇癪を減らす）。

仮定された機能	先行事象	行動	結果事象
手洗いおよびまたは昼食からの逃避	トニシャが昼食の準備として手を洗うようプロンプトされると…… トニシャは休み時間の前に手を洗うようプロンプトされる	N/A（問題行動は回避される）	N/A（問題行動が起こらないので、結果事象は無関係である）

　その行動はトニシャに新しい行動を教えることによって（例えば、手話で「休憩」を要求する）、同じ結果（昼食からの逃避）を生み出させるように変更することができる。

仮定された機能	先行事象	行動	結果事象
手洗いおよびまたは昼食からの逃避	トニシャが昼食の準備として手を洗うようプロンプトされると……	大声を出してかんしゃくを起こす。 トニシャは手話で「休憩」を要求するようプロンプトされる。それに随伴して……	手洗いと昼食が停止される。

　あるいは、結果事象を修正することもできる。例えば、問題行動に対する強化子を差し控えて、問題行動が消去されるようにする。

仮定された機能	先行事象	行動	結果事象
手洗いとおよびまたは昼食からの逃避	トニシャが昼食の準備として手を洗うようプロンプトされると……	大声を出して癇癪を起こす。それに随伴して……	タイムアウトに送付されることによる手洗いと昼食の中止。 手洗いと昼食という活動の継続提示。

　介入はまた、いくつもの異なる成分によって構成することもできる。トニシャに置換行動（手話による「休憩」の要求）を教える。それが昼食の中止をもたらす。一方同時に癇癪を逃避消去状態に置く。
　FBAは、効果のない介入や問題行動を悪化させる介入を同定するためにも役立つ。タイムアウ

843

ト、校内校外出席停止、計画的無視などの介入は、逃避によって維持される問題行動に対しては禁忌（訳注：普通なら適切な療法であるのにそれを施してはいけない事態）である。叱責、話し合い、カウンセリングなどの介入は、注目によって維持されている問題行動には禁忌である。

　介入について最後にひとこと。介入が開発されてしまっていれば、FBAは「なされ」ない。査定は、介入を実行するとき継続してなされる進行中の実践である。重要なことは、介入の有効性を継続して監視（モニタリング）することである。行動の機能は静的ではない。それどころかそれらは動的であり、時間とともに変化する。介入は時間とともに効果が失われる。問題行動の機能が時間とともに変化するからである（Lerman, Iwata, Smith, Zarcone, & Vollmer, 1994）。そうしたケースでは介入を改訂するため、追加の関数分析を行う必要がある。

V　FBA過程を例示する事例

　FBAは非常に個別的な過程である。人それぞれが独特の一連のスキルと行動を示し、個人としての独自の強化の履歴をもつ。そのため、2つのFBAがまったく同じになることはまずありえない。FBAには行動原理の完全な理解が必要である。その理解に基づいて、面接とABC査定から関連情報を区分し、関連仮説を形成し、それらの仮説を検証しなければならない。これらのスキルのほかに、効果的な処遇を問題行動の機能と一致させるため、行動介入についての確実な理解（例えば、分化強化手続き、強化スケジュール、維持と般化の促進戦略）も求められる。これは非常に困難な過程のように思われる。個々人に特有な違いに合わせてFBAを応用する仕方を実際に示すため、以下に4つの事例を示すことにする。

1．ブライアン：問題行動の多くの機能

（1）情報を収集する

　ブライアンは、広汎性発達遅滞、反抗挑戦性障害、注意欠陥多動性障害の診断を受けた13歳男児だった。彼は認知的、適応的スキルにおいて中度の遅れがみられた。ブライアンには攻撃、器物損壊、癇癪を含む複数の問題行動があった。ブライアンの攻撃で、何人かの教師が打撲傷を受け、器物損壊と癇癪によって、しばしば日々の教室活動が妨害された。

　担任のベーカー先生に『機能査定面接』（O'Neill et al., 1997）を行った。先生は、ブライアンの問題行動がいちばん頻繁に起こるのは、何であれ力仕事を要する課題（例えば書類をシュレッダーにかける）をするよう命じられたときであり、いちばん起こらないのは余暇活動のときであると話した。しかし、ブライアンは好きな活動をやめるように言われたときも、しばしば問題行動を起こしているということだった。そしてブライアンは複雑な言葉（文章）を使うとも言った。とはいえ、しばしば言葉の脅し（例えば、汚い言葉）およびまたは攻撃や、器物損壊や、癇癪を使って、自分の欲望や必要を伝えているとも指摘した。

表24.3 ブライアンの攻撃、器物損壊、癇癪のABC査定結果

先行事象	行動	結果事象
大人の注意が逸れて他児に向かう。教師がニンテンドーの使用を否認する（「これで遊んでいい？」と聞くと駄目といわれる）。	教師に向けて怒鳴る。「そんなの不公平だ！ 先生何で僕を嫌うの？」	「落ち着きなさい」と言われる。
教師が他児を相手にする。	ソファをたたいて、教室を出て行こうとする。	好きな活動を選んでいいが教室に居なさいと言葉で注意される。
教師の注意が逸れて他児に向かう。	その子に大声で「やめろ！」と言う。	教師が叱る。「ブライアン、心配しないで。私が何とかするから」。
お話の時間。教師がほかの子らの相手をしている。	大声で笑う。	教師に「やめなさい！」と叱られる。
教師がほかの子らの話を聞いている。	ほかの子らの話に割って入る。「ちょっと、僕の番だよ。その先どうなるか知っているよ」と。	教師に「話を聞かなくちゃだめでしょ」と叱られる。

　ブライアンは言語能力があったので、『子ども版機能査定面接』（Student-Assisted Functional Assessment Interview）（Kern et al., 1995）も利用した。この面接でブライアンは、数学の勉強は難しすぎるが、書くことや電卓を使うのは超簡単だ、ときどき先生方に助けて欲しいというと助けてくれる、ときどき自分がよいことをしていると先生やスタッフがそれに気づいてくれる、よくやっているとときどきご褒美をくれる、と答えた。そして授業時間がいつも長すぎ、とくに書類をシュレッダーにかける作業時間にそう感じると話した。ブライアンは、学校での問題がいちばん少ないのは、電話に出ること（教室での彼の係）を許されるとき、数学問題を解いているとき、ゲームボーイで遊んでいるときだと言った。学校での問題が最も多いのは、外でほかの子どもたちと遊んでいるときであり、みんながブライアンをからかい、悪口をいい、罵るからだと話した。

　ABC査定は2つの別々の機会に行った。ABC査定結果を表24.3に示す。

（2）情報を解釈して仮説を作る

　面接とABC査定では、ブライアンの問題行動の機能ははっきりしなかった。ブライアンの一部の問題行動は、大人の注目と好きな品物へのアクセスによって維持されているという仮説が立てられた。この仮説はABC査定の結果に基づいて作られ、ブライアンの問題行動の多くは、大人の注目が低いときか、好きな品物へのアクセスが制限されるときに起こっていたことが示されていた。ブライアンが問題行動を起こすと、しばしば大人の注目が得られ、好きな活動にアクセスすることができた。ブライアンの問題行動はまた、逃避で維持されているという仮説も作られた。なぜなら担任は課題要求があるときブライアンはよく問題行動を行うと報告し、ブライアン自身

表24.4 ブライアンの仮説の陳述

仮定された機能	先行事象	行動	結果事象
大人と級友からの注目を得る。	大人と級友の注意がブライアンから逸れると……。	さまざまな問題行動をする。その結果……。	大人と級友から注目される。
好きなおもちゃや活動にアクセスする。	ブライアンの好きなおもちゃや活動へのアクセスが制限されると……。	さまざまな問題行動をする。その結果……。	好きなおもちゃや活動にアクセスする。
難しい、およびまたは好きでない課題から逃避する。	ブライアンが難しい、または好きでない課題をするよう要求されると……。	さまざまな問題行動をする。その結果……。	課題が取り下げられる。

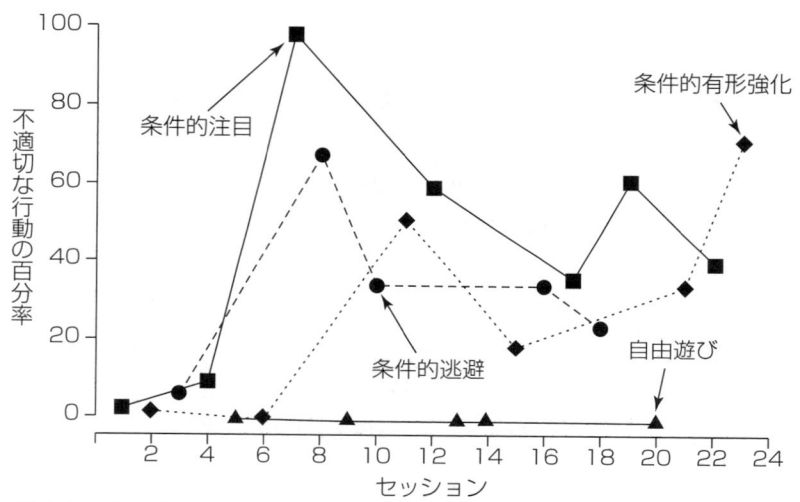

図24.4 ブライアンの関数分析の結果。不適切な行動は、攻撃、器物損壊、癇癪

Functional analysis conducted by Renée Van Norman and Amanda Flaute.

は一部の作業は難し過ぎるし、作業時間が長すぎると報告したからだった。こうして、これらの仮説を検証するため、関数分析が行われた。ブライアンの仮説の陳述を表24.4にまとめて示す。

（3）仮説をテストする

次に、ブライアンの関数分析を完成させた。関数分析の中身はすでに解説した条件と同じもので構成されたが、例外が2つだけあった。第1に1人きりの条件は設定しなかった。ブライアンの問題行動が自動強化の機能を果たすと信じる理由が何もなかったからである。第2に、条件的有形物条件を追加した。ブライアンは、好きな有形物と活動へのアクセスを得るために、問題行動をしていると確信する理由があったからである。この条件は遊び条件とまったく同じだった

(すなわち、ブライアンはセッションの始めに大人の注目と好きなおもちゃにアクセスした)。ただし例外として、セッションの途中で間欠的に、「おもちゃを先生に返す時間ですよ、何か別のもの(あまり魅力的でないもの)で遊びなさい」と言われた。ブライアンが、教師におもちゃを返すよう要求され、それに従うとあまり好きでないおもちゃが与えられた。もし問題行動をすると、短い時間、好きなおもちゃで遊び続けることが許された。

図24.4に関数分析の結果を示す。問題行動は遊び条件では決して起こらなかったことが分かる。しかし問題行動は3つのテスト条件(条件的注目、逃避、有形物)のすべてにおいて高率で起こった。これらの結果は、ブライアンの問題行動が、逃避と、注目と、好きな品物へのアクセスによって維持されることを示していた。しかし、遊び条件では、継続的注目と好きな品物が入手できるようにして、ブライアンに何の要求も課さないようにすると、問題行動はまったく起こらなかった。

(4) 介入を開発する

関数分析の結果に基づいて、多成分介入(multiple component intervention)をつくって適用した。介入成分は、場面に応じていろいろな時点で変更した。表24.5は、これらの成分を問題行動の機能と関係づけてまとめたものである。例えば、ブライアンが課業をしているときは、休憩を要求する機会を頻繁に与えることを奨励した。それに加えて、課業の場面では、教師がこれまで使ってきたタイムアウト介入を中止した。余暇の時間には、以前はブライアンが1人で遊ぶことを求められていたが、教室のスケジュールを組み替えて、ブライアンが仲間と遊んで交流するように変更した。また仲間と遊んでいるとき、ブライアンにおもちゃを適切に要求するよう教えた。さらに、適切な行動に対する教師の注目をもっと増やすために、いくつかの介入を適用した。ブライアンには、適切に教師の注目を要求する方法を教えた。そして教師の側は彼の要求を無視せず(それまでは無視してきた)、それに応じるようにし始めた。さらに、自己監視計画(self-monitoring plan)を作って、ブライアンに自分の行動をモニターして自己記録をつくるよう教え、教師の記録と一致するようにさせた。ブライアンは正確な自己記録をつくると教師にほめられ、教師と一緒に好きな活動をすることができた。教師らはブライアンが自習中に問題行動をしていない限り、5分ごとにブライアンに注目と賞賛の言葉かけをすることを増やすために教師らが自前で計画を作りそれを実行した。

2．ケイトリン：問題行動の注目機能

(1) 情報を収集する

ケイトリンは12歳女児で、注意欠陥多動性障害と診断されていた。また彼女には、いくつかの微細運動と粗大運動の欠陥がみられた。ケイトリンは6年生の通常学級と、特別支援学級の両方に就学していた。彼女はよく離席し、ほかの子どもたちに触り(例えば、机の下で足を触って

表24.5　ブライアンの介入成分

注目機能に対する介入オプション			
介入	先行事象	行動	結果事象
新しい行動を教える（社会的注目）	大人か級友の注目がブライアンから逸れると……	手を挙げて「すみませんが……」という。	大人と級友がブライアンに注目する。
新しい行動を教える	大人か級友の注目がブライアンから逸れると……	適切な自習行動を自己監視し、教師の記録と一致させる……	特定の基準を満たせば教師が1対1の指導時間を与える。
先行事象を変える	自習時間に大人が5分ごとに注目を与える。	ブライアンが1人で適切に学習する確率を増やす……	大人が適切な行動を褒め、注目する機会が増える。
先行事象を変える	余暇の時間にブライアンが級友と遊べるようにする……	ブライアンが適切に遊ぶ確率を増やす……	大人が適切な行動を褒め、級友が肯定的に反応する機会が増える。

有形機能に対する介入オプション			
介入	先行事象	行動	結果事象
新しい行動を教える	ブライアンが好きなおもちゃと活動へのアクセスを制限される……	彼が「それ返していただけますか？」という……	すると教師が好きなおもちゃと活動へのアクセスを認める。

逃避機能に対する介入オプション			
介入	先行事象	行動	結果事象
新しい行動を教える	ブライアンが難しい、好きでない課題をするように言われる……	「いまお休みにしていいでしょうか？」という。	机を離れ、休んでいいと、教師がブライアンに許可する。
強化随伴性を変える	ブライアンが難しい、好きでない課題をするように言われる……	さまざまな問題行動をする……	続けて課題をするように言われ、タイムアウト介入は中断される。

ふざけ合う）、騒ぎ立て、順番を守らず発言するなどの、課題から外れた行動（off-task behavior）をしていた。ケイトリンの担任に対して『機能査定面接』(O'Neil et al., 1997)を行った。ケイトリンは難しい課題を出されると、ひっきりなしに質問するということだった。担任はまた、ケイトリンは日課を変更されるとたいてい混乱し、そのために多くの補助を必要としているとも話した。わずか1人の担任に対し、ほかに25人の生徒がいた。そのため、ケイトリンが特別に多くの注目を受けえることはほとんどなかった。担任は彼女が注目を得るために課題から外れた行動をするのではないかと推定した。

　ABC査定の結果によれば、ケイトリンはしばしば、教室では大人からほとんど注目されていなかった。例外は課題から外れた行動をするときだけだった。課題から外れた行動は、注目が彼女から逸れているときに起こったが、同時に多くの場合、それは大きな努力を必要とする課題に従事しているときだった。そのため、どちらの先行事象（低注目か、高要求活動）が彼女の問題行

表24.6　ケイトリンの課題から外れた行動についての仮説

仮定された機能	先行事象	行動	結果事象
第一仮説―大人から注目を得る。	教師の注目がケイトリンから逸れると……。	課題から外れた行動をする。その結果……。	教師が注目する（叱責、課題プロンプト）。
代替仮説―難しい学業課題から逃避する。	ケイトリンが学業課題をするように言われると……。	課題から外れた行動をする。その結果……。	それらの課題が取り下げられる。

動に関係していたかはっきりしなかった。

（2）情報を解釈して仮説を作る

　ケイトリンの課題から外れた行動は、面接とABC査定から得られた情報に基づいて、注目機能を果たしていると推測された。表24.6はケイトリンのために作られたこの仮説をまとめたものである。しかしながら、ケイトリンは、概して学業活動と低い注目状況が組み合わされた状態で観察されたため、課題から外れた行動において課題の困難さがどういう役割を演じていたかはっきりしなかった。彼女が注目を得るために問題行動をしたのか、学業課題が難しかったからそうしたのかが不明だった。ケイトリンに遊び用教材を与えたとき、注目が逸れた状態での楽な学業課題と難しい学業課題と比べて、同レベルの問題行動を示すだろうか？　これらの問題に答える関数分析を設計することが重要だった。

（3）仮説をテストする

　ケイトリンの関数分析は、多くの種類の仮説をテストするために関数分析の条件をいかに構成することができるかを示す実例になる。彼女の関数分析は、前に述べたように標準的な遊び条件と逃避条件によって構成された。しかしいくつかの異なる条件的注目条件が適用された。それは要求と低注目条件が相互に影響し合って、問題行動を引き起こしているかどうかを突き止めるためだった。
　3種類の条件的注目条件が実施された。すなわち、自由遊び活動中の条件的注目（contingent attention during free play activities; CA/FP）、楽な学業活動中の条件的注目（contingent attention during easy academic activities; CA／易）、難しい学業活動中の条件的注目（contingent attention during difficult academic activities; CA／難）だった。これら3種のすべての条件において、注目はケイトリンが課題から外れた行動をするまで逸らされていた。課題から外れた行動を条件として、教師は彼女に近づいて軽く叱った（例えば「ケイトリン、何しているの？　いましなければならないのはこの活動でしょ。すぐ自分の活動に戻りなさい」）。条件の違いは、ケイトリンが取り組むよう命じられた活動の種類の違いにあった。CA/FPでは、ケイトリンは自分の選んだゲームで遊ぶことが許された。CA／易条件では、1ケタの足し算を解くよう要求された。CA／難条件では、ケイトリンは繰り上がり繰り下がりを要する多くの桁数をもつ引き算問題を解くよう

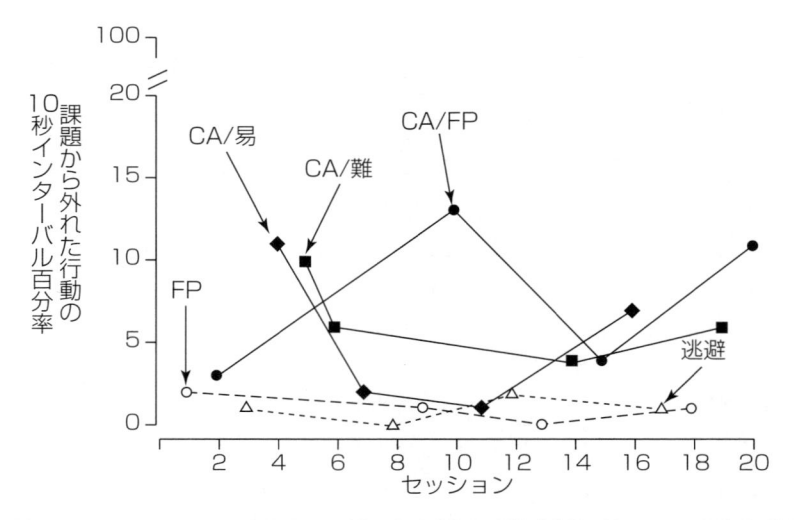

図24.5 ケイトリンの課題から外れた行動の関数分析の結果。FP=自由遊び、CA/FP=自由遊び活動中の条件的注目、CA/易=易しい学業活動中の条件的注目、CA/難=難しい学業活動中の条件的注目。

Functional analysis conducted by Jessica Frieder, Jill Grunkemeyer, and Jill Hollway.

要求された。

　図24.5に関数分析の結果を示す。自由遊び条件と逃避条件では課題から外れた行動はごくわずかしか起こらなかった。したがって、ケイトリンが課題から逃避するために問題行動を起こすという仮説は支持されなかった。条件的注目の3つの条件では、すべてにおいて課題から外れた行動が増加した。これらのデータによってケイトリンの課題から外れた行動は、彼女が取り組んだ行動の種類のいかんにかかわらず、注目機能を果たしていることが示された。

（4）介入を開発する

　ケイトリンには言語能力があり、たいていは注目を適切に要求した。したがってケイトリンは、自分が1人で勉強したり遊んだりするよう要求されたとき、課題従事行動と課題から外れた行動を自己監視するよう指導された。最初にケイトリンは毎10秒ごとに自分の行動を監視することを教えられた（10秒はベースラインにおいて彼女がプロンプトされずに課題に取り組むことができる最長の長さだった）。ケイトリンと教室助手は、振動タイマー（モウティヴ・エイダー）[1]を装着した。それはほかの子には注意転導をさせなかった。タイマーが振動すると、ケイトリンは自己監視用紙に、課題をしていたかしていなかったかマークをつけた。もしケイトリンが課題をしていたら、助手がケイトリンにサムアップサインを送って微笑んだ。助手はまたときど

注1：モウティヴ・エイダーは、特定の時間インターバルをセットできる装置である。モウティヴ・エイダーは次のサイトで入手できる。www.habitchange.com.

きケイトリンに近づいて背中をそっと撫でて、「課題をやってるね」といった。もし課題をしていなかったら、彼女から目を背けた。10分の終わりに助手とケイトリンはマークを比較した。ケイトリンが60チェック中50において課題をしており、60チェック中57まで教師と一致したら、特別な活動を助手と一緒に5分間することが許された。インターバルの長さと観察期間とは、時間とともに徐々に延長され、最終的にはケイトリンが全期間を適切に勉強するようになった。

3．デショーン：問題行動の自動機能

（1）情報を収集する

　デショーンは、自閉症と診断された10歳男児である。彼は重度発達遅滞であり、目が不自由だった。行動を制御するためリスパダール（非定型抗精神病薬）を服用していた。デショーンはしばしば部屋の向こうに物を投げ、物や課題教材を机から落とし、弧を描くように腕を動かして机から事物を払いのけ、それが学業課題への取り組みの邪魔になった。『機能査定面接』（O'Neil et al., 1997）からは、ほとんど有効な情報が得られなかった。教師は、デショーンの投げる、落とす、払いのけるが、予測できない行動であると話したからである。担任はその問題行動に先行するどんな先行事象も発見できなかった。その時点で適用されていた介入は、投げる恐れのある物へのデショーンの接近と距離を制限することだった。日常の日課についてのABC観察からも、有効な情報はほとんど得られなかった。教師らが問題行動のすべての生起を阻止し、妨害していたからだった。問題行動の生起はごくわずかしか観察されなかった。デショーンが授業に積極的に参加することはめったになかった。例えば、教師が子どもたちに本を読み聞かせするとき、デショーンには絵が見えなかったため、参加することができなかった。別の機会にデショーンは、個別自習課題に取り組んだが、これらの課題は彼のスキルレベルからすれば、意味のある適切なものとは思えなかった。

（2）情報を解釈し仮説を作る

　面接した担任教師と直接観察から得られた限られた情報に基づいて、仮説をつくることは難しかった。デショーンは、教室の活動に積極的に参加したり興味を示したりするようには思われなかったので、投げる、落とす、払いのけるは、自動強化されていると推測された。しかし、注目仮説や、逃避仮説や、多くの機能仮説など、ほかの仮説についても、排除することはできなかった。

（3）仮説をテストする

　関数分析は、遊び、条件的注目、条件的逃避の3つの条件によって構成された。1人きり条件

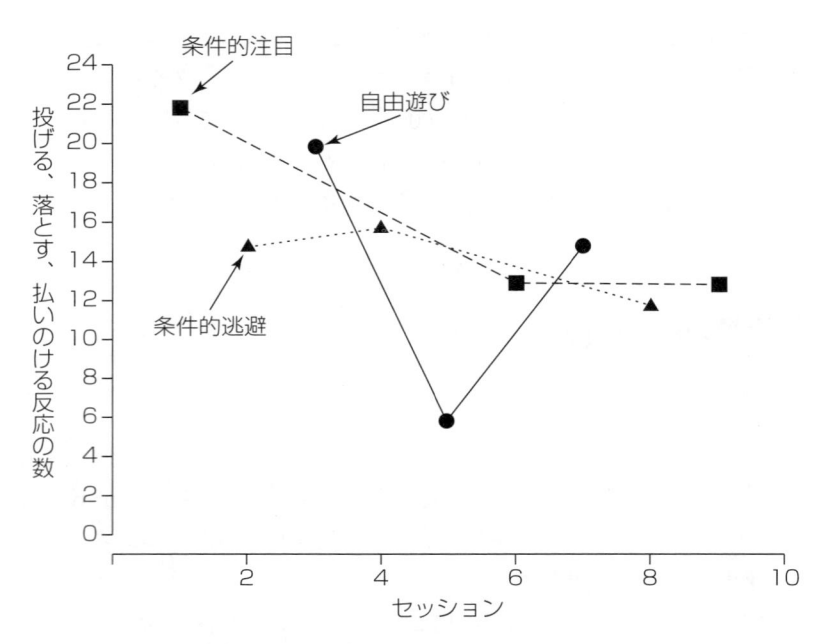

図24.6 デショーンの関数分析の結果

Functional analysis conducted by Susan M. Silvestri, Laura Lacy Rismiller, and Jennie E.Valk.

は適用しなかった。デショーンをこっそり観察し監督することができる部屋がなかったからである。図24.6に関数分析の結果を示す。投げる、落とす、払いのけるは、3つの条件のすべてにおいて、変動しながら高率で起こった。それは未分化型のパターンを示していた。これらの結果は決定的なものではなかったが、投げる、落とす、払いのける、の自動強化を示唆していた。

　さらに分析を進めれば、強化の源泉（例えば、払いのける動作、事物の落ちる音、何もない机の表面）をより正確に突き止めることができたかもしれない。そうする代わりに、自動的に維持される問題行動と競合する可能性のある代替強化子を発見しようと試みた。

　われわれは、強制選択選好査定（Fisher et al., 1992）によって、非常に好まれる刺激を同定した（これらの手続きの詳しい考察については第11章を参照）。この査定の結果を 図24.7に示す。デショーンは、最も頻繁にポテトチップを選んだ。データはまた、デショーンが投げる前にそれぞれの品物を弄んだ秒数についても収集した（彼はそれぞれの品物に30秒間アクセスすることを許された。したがって30秒のデータポイントは、彼が全時間その品物で遊び、投げ出すことはなかったことを示す）。デショーンがポテトチップとどれくらい長く「遊んだ」かについては、データは一切収集できなかった。彼はポテトチップでは遊ばず、それを食べていたからである。しかしながら、デショーンは決してポテトチップを投げなかったし、ポテトチップが手に入るときはそのエリアでほかのものを投げることも一切しなかったということを指摘しておかなければならない。彼はポテトチップを即座に口に入れて食べた。これら2つの情報は、ポテトチップが非常に好まれたこと、そして投げる、落とす、払いのける行動と競合する可能性のある強化子として機能するかもしれないことを示唆した。騒音を出すチューブが2番目に頻繁に選択され

第24章　行動機能査定

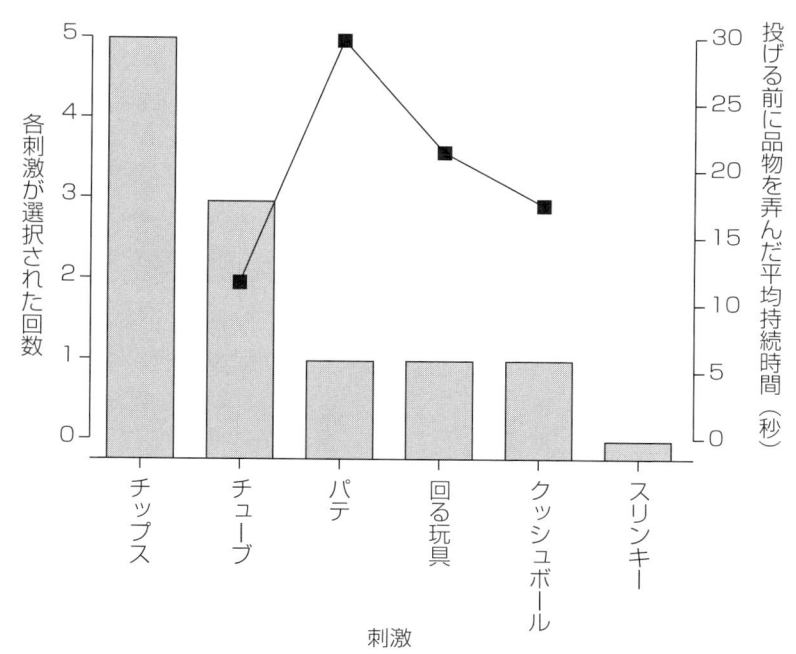

（縦軸左）各刺激が選択された回数
（縦軸右）投げる前に品物を弄んだ平均持続時間（秒）
（横軸）チップス　チューブ　パテ　回る玩具　クッシュボール　スリンキー
刺激

図24.7　デショーンの選好査定の結果。棒グラフは各刺激が選択された回数を示す。折れ線グラフはデショーンがそれぞれの品物を投げる前に弄んだ平均秒数を示す。

Functional analysis conducted by Susan M. Silvestri, Laura Lacy Rismiller, and Jennie E.Valk.

たが、デショーンはそれとわずか12秒遊んだだけで、例によってそれを投げた。

　次の査定では、ポテトチップが、「ポテトチップちょうだい」という音の出るマイクロスイッチを押すことへの強化子として使えるかどうか、そしてポテトチップを使うことが投げることと競合するかどうかを評価した。それはワッカーら（Wacker, Berg, Wiggins, Muldoon, & Cavanaugh, 1985）のマイクロスイッチ査定法をベースにして行われた。第1に、適切なスイッチ押し（その音を活性化するようスイッチを1度押す）の回数と、不適切なスイッチ押し（スイッチを何度も押す、バンバンたたく）の回数と、スイッチ投げを試みた回数、そして、ほかの物を投げ、落とし、払いのけた回数について、ベースラインデータを収集した。ベースライン段階では、デショーンはマイクロスイッチにアクセスする機会を与えられた。しかしスイッチを押してもポテトチップもスリンキー（階段を上り下りするおもちゃ）も提示されなかった。次の段階では、適切なスイッチを押すと、それを条件として、スイッチが「ポテトチップちょうだい」という音を出し、ポテトチップが与えられた。次の条件では、適切なスイッチを押すと、それを条件として、スイッチが「スリンキーちょうだい」という音を出し、スリンキー（好きでないおもちゃ）が与えられた。最後の段階では、適切なスイッチ押しを条件として、そのスイッチが「ポテトチップちょうだい」という音を出し、ポテトチップが与えられた。こうしてABCBリバーサルデザインが構成された。

　図24.8にマイクロスイッチ査定の結果を示す。ポテトチップが条件的に与えられると、適切な

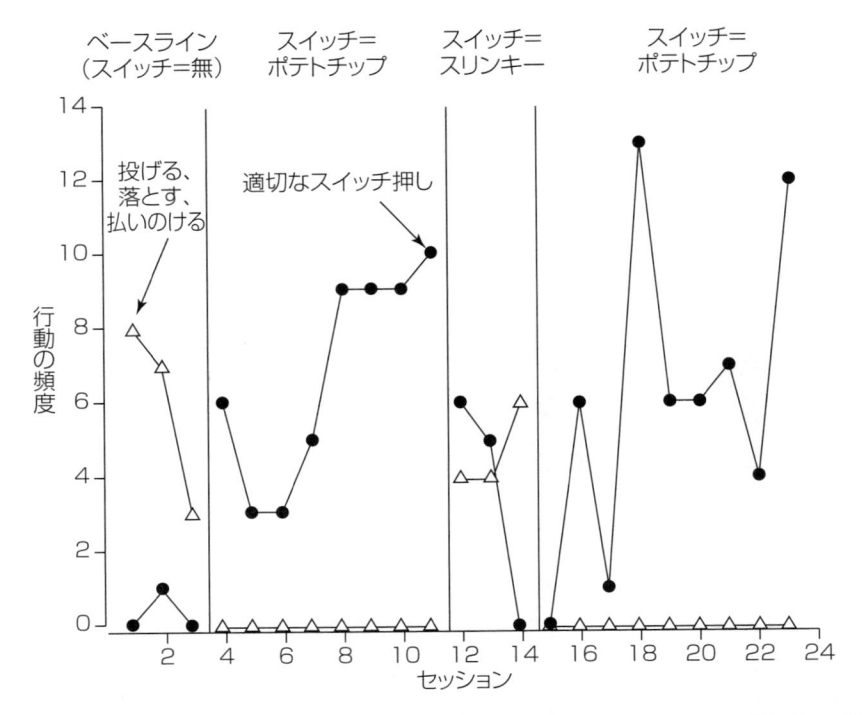

図24.8 デショーンのマイクロスイッチ査定の結果。ベースラインではスイッチに触っても有形刺激は得られなかった。スイッチ＝チップでは、スイッチに触るとポテトチップが得られた。スイッチ＝スリンキーでは、スイッチに触るとスリンキーに30秒アクセスできた。

Reinforcer assessment conducted by Renée Van Norman, Amanda Flaute, Susan M. Silvestri, Laura Lacy Rismiller, and Jennie E. Valk.

マイクロスイッチ押しが増加した。興味深いことに、ポテトチップが手に入るときは、投げることも、落とすことも、払いのけることも起こらなかった。ときに不適切なスイッチ押しも見られたが、適切なスイッチ押しの方がより頻繁に起こった。マイクロスイッチ押しが、好きでないおもちゃをもたらすと、適切なスイッチ押しが減り、投げる、落とす、払いのけるが増加した。このことは、ポテトチップが投げる、落とす、払いのけることと効果的に競合することを示唆した。

（4）介入を開発する

これらの査定に基づいて、1つの介入が設計された。その介入では、デショーンが教室の活動に適切に参加すると、ほんの少しポテトチップを与えられた。そのうえ、教室での活動と日課を修正して、デショーンの参加を増やすようにした。またカリキュラムを修正して、より役に立つ活動についての指導（インストラクション）を盛り込んだ。

4．ロレーン：多機能を果たす多トポグラフィー

ロレーンは32歳であり、中度知的障害があった。ダウン症候群と診断され、両極性精神障害の症状を示し、ゾロフト（選択的セロトニン再取り込み阻害薬）とリスパダール（非定型抗精神病薬）を処方されていた。また発作を制御するためテグレトール（てんかん発作予防薬）も服用していた。彼女には言語能力があったが、その言語スキルは低く、発音は不明瞭だった。一部のサインや、簡単なコミュニケーション装置や、ジェスチャーや、限られた単語によって、コミュニケーションをしていた。

ロレーンはグループホームに9年間在住していた。そして日中は保護作業所に就労していた。ロレーンは、両方の場において、不従順、攻撃、SIBを示したが、FBAはグループホームでの問題行動に絞ることにした。そちらでの方がより症状が重く、頻繁に起こっていたからである。不従順とは、ロレーンが頭をテーブルの下に入れる、人々から離れる、何か要求されると部屋を出て行くことだった。攻撃とは、ほかの人々を蹴る、人をめがけて物を投げる、人を噛む、人の腕を非常に強く握ることだった。SIBとは、自分の腕を噛む、髪を引っ張る、皮膚をつねることだった。

（1）情報を収集する

ロレーンと、両親と、作業所の職員と、グループホームの職員に、面接を行った。ロレーンの両親は、彼女の一部の行動上の問題が、服用する薬が変わると増えることを指摘した。作業所の職員は、ロレーンの回りに人々が集まると、より問題行動を示すようになると指摘した。職員はまた2カ月前に服用する薬の投与量が変化した直後、不従順が増えたとも述べた。グループホームの職員は、日々の雑用をするように要求されると、グループホームを出ていってしまうことが、いちばん心配だと話していた。ロレーンは、しばしばグループホームを飛び出して、警察に保護されるまで戻ってこなかった。多くの隣人が文句を言った。ロレーンが隣家のポーチに何時間も座り続け、警察が来て排除するまで動こうとしなかったからである。

作業所とグループホームでABC査定を行い、2つの場面の間で環境変数に違いがあるかどうかを検討した（例えば、課題提示の仕方、全般的注目レベル）。作業所では、ロレーンは宝石類の組み立て課題に従事していた（彼女が楽しいと報告した課題）。彼女は2時間半もの長きにわたって働いた。彼女は人々が注目するとより働くように見えた。無視されるとしばしば課題から外れるようだった。しかしながら、仕事をしているときは、問題行動は観察されなかった。グループホームでは、職員がロレーンを無視すると、攻撃が観察された。それ以外の問題行動は起こらなかった。グループホームでは、ABC観察の間は、ロレーンに要求は一切課されなかった。グループホームの職員は、彼女の問題行動を避けようとしたので、要求を課すことはめったになかった。

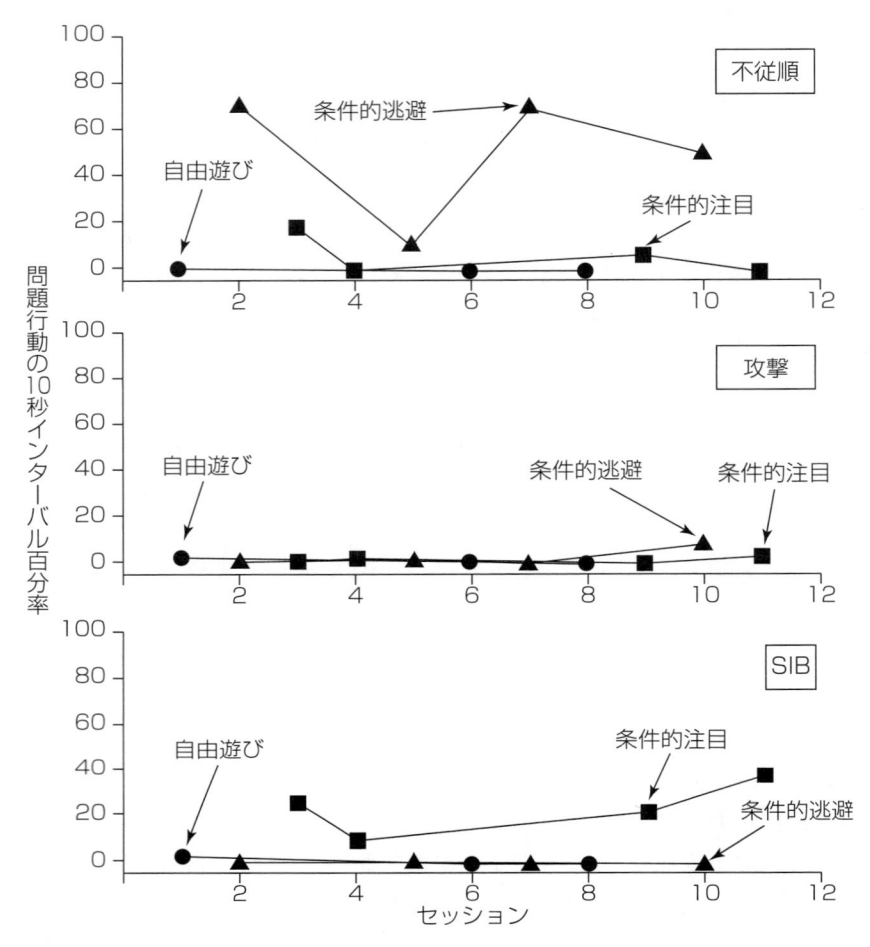

図24.9　ロレーンの関数分析の結果

Functional analysis conducted by Corrine M. Murphy and Tabitha Kirby.

（2）情報を解釈し仮説を作る

　ロレーンの一部の問題行動は、服用する薬の投与量の変化に関係しているように思われた。ロレーンの医者は、彼女の服薬は治療レベルであると判断していたため、彼女の問題行動に関係している環境側の出来事を分析することに決定した。ABC査定の間の問題行動の観察は制約された。作業所の職員が問題行動を避けるため、ロレーンに最小の要求しか課さなかったからである。しかしながら、ロレーンの不従順は、要求が課されるとき起こると報告されていた。したがって、これらの問題行動は課題要求からの逃避によって維持されていると推定された。攻撃は、ABC観察の間に、ロレーンが無視されたとき起こった。SIBはABC査定の間は観察されなかったが、グループホームの職員はロレーンがしばしば攻撃を喚起した状況と同じ状況でSIBに没頭すると報告した。したがって、攻撃とSIBは注目によって維持されていると推定された。

（3）仮説をテストする

　関数分析は、自由遊び、条件的注目、および条件的逃避の3条件によって構成された（図24.9を参照）。問題行動は異なる機能を果たしている可能性があったため、それぞれの問題行動をコード化し、個別にグラフ化した。不従順は条件的逃避条件の間に最も頻繁に起こった。そして自由遊び条件や条件的注目条件においてはめったに起こらなかった。SIBは条件的注目条件において最も頻繁に起こり、遊び条件や条件的逃避条件ではめったに起こらなかった。これらのデータは、不従順が逃避機能を果たし、SIBが注目機能を果たすことを示唆していた。低頻度、高強度の行動がしばしばそうであるように、攻撃の機能についての仮説をつくることは、FBA条件のいずれにおいてもその行動がめったに起こらなかったため難しかった。

（4）介入を開発する

　FBAによってそれらの行動それぞれ異なる機能を果たしていることが示唆されたため、それらの問題行動に対してそれぞれ異なる介入が作られた。不従順に対しては、難しい課題のときは休憩を要求するようロレーンに教えることにした。課題は極めて小さなスモールステップに分解された。ロレーンには1回につき1つの課題の1ステップだけを提示した。課題要求が課されるたびに、ロレーンは自分が休憩を要求できること（「休憩をお願いします」というか、休憩カードに触るかすることによって）を教えられた。彼女が休憩を要求すると、課題材料が短い時間取り下げられた。それから再び課題要求が課された。またもしロレーンが不従順を示したときは、課題から逃避することは許されなかった。そのかわり彼女はその課題の1つのステップをプロンプトされ、それからその課題のもう1つのステップを提示された。最初ロレーンは、課題が提示されるたびに、もし適切に休憩を要求すれば、課題を完全に逃避することを許された。しかしながら時間がたつにつれ、休憩が許されるためには、ますます多くの量の仕事を完成するよう要求されるようになった。

　攻撃に対する介入は、ロレーンに注目を得るための適切な方法を教え（例えば、誰かの腕を軽く触って「すみませんが」という）、そしてグループホームの職員にロレーンがそういう要求をしたとき、必ずロレーンに対応するよう指導することとした。さらに、彼女の発音が非常に悪かったので、ピクチャーコミニュケーションブックを作って、彼女が人々と会話するよう支援した。このコミニュケーションブックは、職員が理解できなかった単語を明確にするために使うことができた。最後に職員はSIBが起こったときはロレーンのSIBを無視するよう奨励された。以前はSIBが起こったとき職員がロレーンに近づいて、その行動に没頭するのをやめさせていた。この介入は関数分析によってSIBを増加させていた可能性があることが判明したため、この慣習は中止された。

まとめ

行動の機能

1. 多くの問題行動は、正の強化、負の強化、およびまたは自動強化によって学習され維持される。この点において、問題行動は「機能」をもつといえる（例えば、刺激に接近する、刺激を逃れる）。

2. 行動のトポグラフィー、すなわち形態は、行動を説明する条件について有益な情報をほとんどもたらさない。行動（その機能）を説明する条件を同定することは、行動を改善するためにどんな条件を変更すべきかを示唆する。したがって、行動の機能の査定は、効果の可能性の高い介入戦略に関して、有益な情報をもたらす。

介入と予防における行動機能査定の役割

3. FBAは、少なくても3つの方法によって効果的介入を導く。（a）FBAは問題行動を予防するために修正できる先行変数を同定する、（b）それは修正できる強化随伴性を突き止めて、もはや問題行動が強化を入手できないようにさせることができる、（c）それは代替置換する行動のための強化子を同定するために役立つ。

4. FBAは、デフォルトテクノロジー（ますます侵入的で威圧的になる罰ベースの介入）に頼ることを減らし、より有効な介入のために貢献できるようにする。FBAを実行すれば、罰成分を伴う介入よりも、強化ベースの介入の方が実行しやすくなる。

FBAの方法の概観

5. FBAの方法は、3種に分類できる。（a）関数分析（実験分析）、（b）記述的査定、（c）間接的査定、である。これらの方法は、使いやすさや、もたらされる情報の種類と正確さなどの考慮事項の点から、連続線上に配列できる。

6. 関数分析には、問題行動を維持すると思われる環境上の出来事の、実験デザイン内における組織的操作が含まれる。関数分析の第1の長所は、問題行動の生起に関連する変数の明白な証明を生み出す能力である。しかしながら、この査定方法は、それを実行し解釈するため一定量の専門的知識と技術を要する。

第24章　行動機能査定

7．記述的査定には、組織的に準備されない出来事に関して、問題行動を観察することが含まれる。それはＡＢＣ記録法（連続的とナラティヴ）や、散布図法などである。これらの査定方法論の第1の長所は、関数分析よりも実行しやすく、個人の日常の日課において起こる随伴性を代表することである。しかしながら、記述的査定から得られる情報を解釈するときは、注意が必要である。なぜなら、それらにはバイアスが含まれ、信頼性に欠け、そして（関数関係とは反対の）相関を表すからである。

8．間接的機能査定法では、構造化面接、チェックリスト、評定尺度、質問紙を使い、問題行動を示す個人と親しい人々（例えば教師、親、介護者、およびまたは本人自身）から情報を収集する。そして日常環境で考えられる問題行動と相関する条件や出来事を同定する。この場合もやはり、これらの形態のFBAはやりやすいが、正確さは限定される。それはそうであるが、おそらく仮説形成にとっては、とっておきの方法である。これらの仮説のさらなる査定が、しばしば必要になる。

行動機能査定を行う

9．さまざまなFBA手続きの長所と限界を考えると、FBAは4段階過程としてとらえるのが最善である。

　a. 間接的査定と記述的査定から、情報を集める。

　b. 間接的査定と記述的査定から得られた情報を解釈し、問題行動の目的についての仮説をつくる。

　c. 関数分析を使って仮説をテストする。

　d. 問題行動が果たす機能をベースに介入選択肢を開発する。

10．時間が非常に限られている場合は、仮説をテストするため、短い関数分析を使ってもよい。

11．問題行動に置き換えるための代替行動を教えるときは、置換行動は、問題行動と機能的に等価でなければならない（すなわち、置換行動はそれまで問題行動を維持してきた強化子と同じ強化子によって強化されなければならない）。

FBA過程を例示する事例

12．人は1つの問題行動を2つ以上の理由から行うことがある。ブライアンのケースがそうである。そういう場合、介入を多くの成分によって構成して、問題行動のそれぞれの機能に対処しなければならない。

13. 関数分析は、ケイトリンの例のように、特定のおよびまたは特異的な仮説をテストするために調整することができる。

14. 関数分析で問題行動を同定できない場合は、自動強化機能が示唆され、さらなる評価を行うことが正当化されることがある。デショーンの事例がそうである。そういうときは、代替強化子を突き止めて介入に効果的に使用し、問題行動を減らし、適応的反応を向上させることができる。

15. 人はときに問題行動の多くのトポグラフィー（例えば、自傷と攻撃）を示す。それぞれのトポグラフィーは異なる機能を果たす。ロレーンの例がそうである。そういう場合は、問題行動のそれぞれのトポグラフィーに対して異なる介入が必要になる。

第 10 部

言 語 行 動

　第25章では言語行動を取り扱う。言語行動は人間の行動レパートリーの際立った特徴である。言語行動は人間をとくに興味深い存在にしている現象であり、人間存在に対する興味を表現する媒体でもある。言語行動はある世代から次の世代に向けての進歩を可能にする。そして、科学と技術と芸術の発展を促す。この章では、マーク・サンドバーグ（Mark Sundberg）が、スキナー（Skinner, 1957）の概念分析を踏まえて、典型的な人間の発達の文脈における言語行動を説明する。その際、自閉症やほかの発達障害の子どもたちの言語査定と介入プログラムを強調する。

第 25 章
言語行動

キーワード

聴衆、自律的、自動弱化、自動強化、収束的多重制御、テキストコピーイング、発散的多重制御、エコーイック、形態的類似性、一般的タクト拡張、非純粋タクト、イントラバーバル、聞き手、マンド、隠喩的タクト拡張、換喩的タクト拡張、多重制御、部分ごとの対応、私的出来事、破格的タクト拡張、話し手、タクト、テクスチュアル、トランスクリプション、言語行動、言語オペラント

行動分析士資格認定協会®BCBA® & BCaBA®
第4版課題リスト©

Ⅰ 基本的な行動分析学のスキル	
D-08	不連続試行とフリーオペラント計画を使う。
D-09	言語査定の基礎として言語オペラントを使う。
D-10	エコーイック訓練を使う。
D-11	マンド訓練を使う。
D-12	タクト訓練を使う。
D-13	イントラバーバル訓練を使う。
D-14	聞き手訓練を使う。
F-06	偶発教授を使う。
A-14	選択測度をデザインし実行する。
B-03	独立変数が従属変数に及ぼす影響を実証するため、独立変数を組織的に設計する。
Ⅲ 基礎知識	
FK-43	エコーイック
FK-44	マンド
FK-45	タクト
FK-46	イントラバーバル

©2012　行動分析士資格認定協会®（BACB®）。不許複製。この文書の最新版は、www.bacb.comから入手できる。この文書の転載、複写、配布の請求と、この文書についての質問は、BACBに直接問い合わせられたい。

この章はマーク・L・サンドバーグ（M. L. Sundberg）が執筆した。

行動分析家はなぜ、言語行動について問題意識をもたなければならないのだろうか？　第1章の応用行動分析学の定義を調べてみれば、この疑問についての答えが得られるはずである。

　　応用行動分析学は、行動の原理から導き出される戦術が社会的に重要な行動の改善のために組織的に応用して、行動の改善に関係する変数を実験を用いて同定する科学である。（p. 20）

　定義のポイントである、社会的に重要な行動の改善（improve socially significant behavior）に注目してみよう。人間行動のうちで言語行動は社会的に最も重要な行動である。言語獲得、社会的相互作用、学業、知能、理解、思考、問題解決、知識、知覚、歴史、科学、政治、宗教は、すべて言語行動に直接関係する。更に、多くの人間の問題、例えば、自閉症、学習障害、識字問題、反社会的行動、夫婦間の葛藤、暴力、そして戦争も、言語行動に関係する。つまり、言語行動は、人間生活の主要な側面の大部分と、法律、会議、記録文書、社会の諸活動において、中心的な役割を果たす。これらの主題は、心理学のほとんどの入門書のメーンテーマである。これらは行動分析家が取り組まなければならない社会的に重要な行動である。しかし、これらの主題の言語分析は、まさにいま始まったばかりであり、本格的な研究はこれからである。

Ⅰ．言語行動と言語の特徴

1．言語の形態と機能

　言語の研究で大切なことは、言語の形態的特徴と機能的特徴を区別することである（Skinner, 1957）。形態的特徴（formal property）は、言語反応のトポグラフィー（すなわち、形態、構造）に関係しており、一方、機能的特徴（functional property）は、言語反応の原因（理由）に関係している。言語を完全に説明するためには、これら両方の要素を考慮しなければならない。

　構造言語学という分野は、専ら言語の形態についての記述を取り扱う。話し言葉のトポグラフィーは、(a) 音素（語を構成する個々の語音）、(b) 形態素（意味の構成要素の単位）、(c) 語彙目録（特定の言語を構成する語の総体）、(d) 統語論（文中の語、句、節の構成）、(e) 文法（特定の言語の既成の約束事の遵守）、(f) 意味論（語が意味するもの）（Barry, 1988; Owens, 2001）によって測定することができる。

　言語の形態はまた、語を名詞、動詞、前置詞、形容詞、副詞、代名詞、接続詞、冠詞に分類することによっても記述することができる。言語の形態の記述のそのほかの側面としては、前置詞句、節、修飾語句、動名詞、時制標識、不変化詞、述部がある。そして文は、言語行動の語彙目録のカテゴリーを、特定の言語共同体の文法的慣習に従って、統語的に整列したものである。言語の形態的特徴には、更に、構音、韻律（プロソディ）、抑揚、高さ、強勢も含まれる。

　言語の形態的分類の場合は、話し手が存在しなくても、あるいは話し手がなぜそう言ったかについての知識をもたなくても、分類することができる。テキストやテープレコーダーから文章を取ってきて、文法通りかどうかを分析することができる。例えば、子どもの"Juice all goned"（ジ

ュース全部なくなった）という言い方の録音記録から、時制の誤った使用（「なくなった」goned）を簡単に同定することができる。

　スキナー（Skinner）は、言語行動の分析において、言語の形態の分類を拒否しているかのように、広く誤解されている。しかし、彼は反応の分類や記述にケチをつけたわけではない。むしろ、分類の「原因」ないし機能の説明ができていないことを指摘したのである。ある人が、言葉をなぜどう発するかを分析することは、言語学と結びついた心理学、つまり、心理言語学の仕事である。

2．言語の理論

　さまざまな言語理論があるが、どれも言語の原因とは何かを見極めようとしている。言語理論は重なりあっているが独立した3つの見解に分類することができる。生物学的見解、認知的見解、環境的見解である。生物学的見解では、言語は生理学的過程と機能の関数であるという基本姿勢をとる。例えばチョムスキー（Chomsky, 1965）は、言語は人間にとって生得的であると主張した[1]。つまり、人間の言語能力は遺伝の産物であり、生まれたときから存在するというのである。

　おそらく、言語の原因について最も広く認められている見解は、認知心理学から生まれた理論である（例えば、Bloom, 1970; Piaget, 1952）。言語に対する認知的アプローチの擁護者は、言語は内的情報処理システムによって制御されると主張する。そのシステムは、言語情報を受信し、分類し、符号化し、符号解読し、貯蔵する。話し言葉も書き言葉も、思考の構造ないし体系とみなされる。生物学的見解と認知的見解を区別することは難しい。多くはそれらが混合しており（例えば、Pinker, 1994）、言語行動を説明するために貯蔵や処理などの認知的メタファーに訴えたり、あるいは脳（brain）と心（mind）という言葉を交互に使ったりしている（例えば、Chomsky, 1965）。

Ⅱ　言語行動の発展

　スキナーは1934年に言語の行動分析の研究に着手した。ホワイトヘッド（Alfred North Whitehead）の挑戦に応じた結果である[2]。ホワイトヘッドは、ハーバード大学ソサエティ・オブ・フェローズの夕食会で、（シニア・フェローとしてジュニア・フェローの）スキナーの席の隣に座った。そしてその挑戦を突きつけた。スキナー（Skinner, 1957）は、そのやりとりを次のように記している。

注1：詳しくはマブリー（Mabry, 1994, 1995）、ノヴァク（Novak, 1994）を参照。
注2：ホワイトヘッド（Whitehead, A. N., 1861-1947）は、当時の最も著名な哲学者だった。バートランド・ラッセル（Russell, B. A. W., 1872-1970）との共著『数学原理』（*Principia Mathematica*, 1910, 1912, 1913）全3巻によって最も有名である。

私たちはたまたま行動主義の話になった。行動主義は、当時はまったく「主義」の段階にとどまっていた。そして私はその熱烈な信奉者だった。これは行動主義に加勢する見逃せない機会だった……。ホワイトヘッドは……、もし言語行動を除外するなら、科学は人間行動の説明に成功するだろうという意見に同意した。そして彼は、言語行動には（行動主義とは）別の何かが作用しなければならないと強く主張した。彼は話のしめくくりに次のように友好的に挑戦をしてきた。「私がここに座って『このテーブルには黒サソリは落ちてきません』と言います。この私の行動をどう説明しますか？」。そして「あなたのお手並みを拝見したいですね」、と言った。翌朝、私はこの言語研究についての略図を描いた。(p. 457)

　スキナーは、この略図の細部を描き込むために、それから23年を要した。そしてついに著書『言語行動』(*Verbal Behavior*, 1957) を完成させた。その最終結論はスキナーにとって極めて重要なものだった (Skinner, 1978)。そして『言語行動』こそ自分の最も重要な研究であることが証明されるだろうと信じていた。しかし、この本が出版されて20年も経ってから、彼が証明されるだろう (would prove to be) という表現を使ったということは、言語行動についての彼の分析が思ったほどインパクトを与えなかったことを暗に示している。

　『言語行動』が正しく評価されるまでなぜ時間がかかったのだろうか。いくつかの理由がある。この本が出版された直後、言語学の分野から、そして台頭しつつあった心理言語学の分野から、直ちに反論が起こった。最も注目すべき反論は、MITの若い言語学者ノーム・チョムスキー (Chomsky, 1959) による論評である。彼は、『言語行動』が出版されたのと同じ年に、言語についての彼自身の所説 (Chomsky, 1957) を出版した。チョムスキーは、スキナーの分析には何の価値もないと主張した。チョムスキーはスキナーの分析のあらゆる側面を批判し、そればかりか、行動主義の哲学全般を批判した。しかし、『言語行動』を理解する者がチョムスキーの論評を読めば、チョムスキーは多くの学者同様、スキナーの徹底的行動主義（radical behaviorism）—それは『言語行動』の哲学的、認識論的基盤をなすものであるが—をまったく理解していなかったことが分かるだろう (Catania, 1972; MacCorqoudale, 1970)。

　スキナーはチョムスキーの論評に一切反論しなかった。チョムスキーの論評には反論の余地がなく、チョムスキーは妥当な批判を行ったという結論が広く知れ渡っているのは、このとき反論しなかったせいだろうと、多くの人が感じていた。マコークデイル (MacCorqoudale, 1970) は、チョムスキーの論評に誰も反論しなかったのは、それが相手を見下すような調子で書かれていたのと、スキナーの行動主義を明らかに誤解していたからであると指摘した。

　スキナーは言語学者からの反応にはまったく驚かなかった。それは彼らが言語の機能より構造を重視していたからである。しかし、最近では、言語学の分野からスキナーの著書に対する肯定的論評が発表され、スキナーは言語学の歴史を変えたと認識されている (Andresen, 1991)。

　スキナーは、行動分析学の外側からの批判は予想していたけれども、行動分析学の内側からの『言語行動』に対する無関心や否定的反応については、おそらく予想していなかっただろう。多くの行動主義者がこの問題を吟味した。そして身内ともいうべき行動分析家がすぐには『言語行動』を受け入れなかった理由を、こぞってリストアップした（例えば、Eshleman, 1991; Michael,

1984; E. Vargas, 1986)。おそらく当時の行動分析家にとって最も厄介だったのは、『言語行動』は思索的であり、実験的データがなかったということであろう（Salzinger, 1978）。

　言語行動に関する研究の欠如は、1980年代に入ってからも行動分析家を大いに悩ませた（例えば、McPherson, Bonem, Green, & Osborne, 1984）。しかし、この状況は今変わりつつある。そして、研究と応用における多くの進歩は『言語行動』に直接関連している（Eshleman, 2004; Sundberg, 1991, 1998）。これらの進歩の多くは、専門誌『言語行動分析誌』（*The Analysis of Verbal Behavior*）に掲載されている。

Ⅲ　言語行動を定義する

　スキナー（Skinner, 1957）は、言語は学習される行動であり、そして言語以外の行動を制御する環境変数と原理（例えば、刺激性制御、動機づけ操作、強化、消去）と同じ環境変数と原理によって獲得され、拡張され、維持されるという考えを提出した。彼は**言語行動**（verbal behavior）を他者の行動を媒介として強化される行動と定義した。例えば、「ドアを開けて」という言語反応は、聞き手の行動を介して、開かれたドアという強化子を生み出す。この強化子は間接的に入手されるが、しかしドアを開けることによって非言語的に入手できる強化子と同じ強化子である。

　スキナーは、言語行動を、その形態よりも機能によって定義した。したがって、スキナーの機能的定義に基づけば、いかなる反応形態も言語になる。例えば、生後2カ月の赤ちゃんの泣き分けも言語になる。同じく指差しも、注目を得ようと手をたたくことも、腕を振って注目されようとするなどの身ぶりも、書くことも、タイプすることも、言語である。言い換えれば、言語行動は、話し手と聞き手の間の社会的相互作用を必要としている。

1．話し手と聞き手

　定義によって言語行動は、**話し手**（speaker）の行動と**聞き手**（listener）の行動をはっきり区別する。言語行動は話し手と聞き手の社会的相互作用を必要としている。その相互作用によって、話し手は聞き手の行動を媒介として、強化へのアクセスを手に入れ、自らの環境を制御する。言語へのほとんどのアプローチとは対照的に、スキナーの言語行動は話し手の行動に主要な関心を置く。彼は、表現言語（expressive language）や理解言語（receptive language）などの用語を避けた。なぜならそれらは単に、根底にある同じ認知過程を別々に表現しているからである。

　聞き手は話し手の言語行動をいかにして強化するかを学習しなければならない。つまり、聞き手は言葉に反応することと、話し手と相互作用することを教えられる。子どもに教える大切なことは、話し手によって提供される言語刺激に適切に反応すること、そして話し手となって言語的に行動することである。しかしながら、これらの行動の機能は異なっている。時には1つの行動（すなわち、話し手または聞き手）の学習が、もう1つの行動の学習を促進する。しかしこれ

は、聞き手としてまず語の意味を学習し、次に話し手になってその語をさまざまに使うこととして解釈するよりも、やはり動機づけ操作と先行刺激と反応と結果という角度から理解する必要がある。

2．言語行動：専門用語

スキナーは、自分の言語分析の主題をどう呼ぶべきかを探し求めた。そして次のような用語が必要であると考えた。(a) 個々の話し手を強調する用語、(b) 結果によって選択され維持される行動を表す用語、(c) 言語の専門家にあまりなじみのない用語。選んだのは、言語行動（verbal behavior）という用語だった。しかし、近年では、言語行動という用語は、スキナーの用法を離れて、新しい意味をもつようになった。言語病理学の分野では、言語行動（verbal behavior）は音声言語行動（vocal behavior）と同義になっている。また、心理学では1970年代から非言語的コミュニケーション（nonverbal communication）という用語がポピュラーになり、言語行動と対比されるようになった。言語行動は音声言語コミュニケーション（vocal communication）、非言語行動（nonverbal behavior）は非音声言語コミュニケーション（nonvocal communication）というニュアンスをもつようになっている。言語（verbal）という用語は、大学入試のGREやSATのテストでそうであるように、定量的（quantitative）という表現とも対比される。この区別は数学的行動が言語的（バーバル）ではないことを示唆する。しかし、スキナーの定義に従えば、多くの数学的行動は言語的である。言語行動は、音声言語行動（vocal-verbal behavior）と非音声言語行動（nonvocal-verbal behavior）の両方を含んでいることに注意しなければならない。このことは、スキナーの分析を学習する人々をときに混乱させる。

3．分析単位

言語行動の分析単位は、2つの変数の間の関数関係である。すなわち、1つの言語反応と独立変数の間の関数関係である。この独立変数は非言語行動をコントロールする変数と同じ制御変数である。それらは、(a) 動機づけ操作、(b) 弁別刺激、(c) 結果、である。スキナー（Skinner, 1957）は、分析単位としての言語行動を**言語オペラント**（verbal operant）と呼んだ。ここで言うオペラントとは、具体的な反応例ではなく、行動の種類またはクラスを意味する。そして、特定の人物が示す言語行動の分析単位の集合は言語レパートリー（verbal repertoire）と呼ぶことにした。言語レパートリーは言語学における単位とは違う。後者には語、句、文、発話の平均的長さ（MLU）が含まれる。

Ⅳ　基本的言語オペラント

スキナー（Skinner, 1957）は言語オペラントの6つの基本単位を同定した。マンド（mand）、タクト（tact）、エコーイック（echoic）、イントラバーバル（intraverbal）、テクスチュアル

表25.1　スキナーの言語オペラントの基本的6単位の平易な定義

マンド	自分が欲しい強化子を要求する。靴がほしくてクツと言う。
タクト	事物・動作・出来事などを命名し同定する。靴を見てクツと言う。
エコーイック	聞いたことを繰り返す。誰かがクツと言い、続いてクツと言う。
イントラバーバル	質問に答える。または会話する。そのとき、自分の言葉は他人の言葉によってコントロールされる。誰かが足に履くのは何？　と言い、クツと言う。
テクスチュアル	書かれた言葉を読む。靴という文字を見てクツと言う。
トランスクリプション	話された言葉を書き綴る。クツと言われ靴と書く。

(textual)、トランスクリプション（transcription）である。彼は、聴衆関係（audience relation）とテキストコピーイング（copying a text）も基本単位に含めているが、この章の議論においては、聴衆（または聞き手）は独立の単位として扱うが、テキストコピーイングはエコーイックに含め、その一種として扱うことにする。表25.1はこれらの用語の平易な言葉による定義である。基本的言語オペラントの個々の専門的定義と例は以下の節で述べる。

1．マンド

　マンドは言語オペラントの1つである。マンドによって話し手は、自分に必要なもの、ほしいものを言う（言葉で表現する、要求する、暗に伝える）。例えば、道に迷ったとき方向を尋ねる行動はマンドである。スキナー（Skinner, 1957）がこの種の言語関係を表すためにマンドという用語を選んだのは、それが短くて便利であり、命じる（command）、要求する（demand）、命令を取り消す（countermand）などの平易な英語に似ていたからである。マンド（mand）は言語オペラントである。マンドの反応形態は、動機づけ操作（motivating operations、MOと略記）と、特異的強化（specific reinforcement）によって機能的にコントロールされている（表25.2を参照）。例えば、食物を遮断すると（MO）、(a) 食物が強化子として有効になり、(b) 過去に「クッキー」と言う行動によってクッキーを得たことがあれば、「クッキー」と言うマンド行動を喚起する。
　マンドを強める特異的強化は、関連する動機づけ操作（MO）と直接関係する。例えば、母親との身体的接触を求めるMOが存在すれば、特定された特異的強化は身体的接触である。その反応形態はトポグラフィー上さまざまなバリエーションを取りうる。例えば、泣く、きょうだいを押しのける、手を伸ばす、「抱っこして」と言う、など。これらの行動は、MOと反応と特異的強化の履歴との間に関数関係が存在すれば、すべて身体的接触を求めるマンドになりうる。しかし、反応形態単独では、マンドやほかの言語オペラントに分類するためには不十分である。例えば、泣く行動の例では、それが条件刺激や無条件刺激に誘発される場合、それは同時にレスポンデント行動でもある。
　マンドは初期の言語発達や、子どもと大人の日々の言語的交流にとって、非常に重要である。マンドは人間の子どもが最初に獲得する言語オペラントである（Bijou & Baer, 1965; Novak,

表25.2　6つの基本的言語オペラントを制御する先行刺激と結果

先行刺激	反応	結果
動機づけ操作（MO）（水を4時間与えない）	マンド（「水をください」）	特異的強化（コップ一杯の水）
非言語刺激（おもちゃのトラックを見る）	タクト（「トラック」）	般性条件性強化（GCSR）（賞賛と承認）
部分ごとの対応があり、形態的類似性もある言語刺激（「本」という言葉を聞く）	エコーイック（「本」と言う）	GCSR
部分ごとの対応も形態的類似性もない言語刺激（「猫と…」という言葉を聞く）	イントラバーバル（「犬」と言う）	GCSR
部分ごとの対応があり、形態的類似性がない言語刺激（「りんご」と書かれた文字を見る）	テクスチュアル（「りんご」と言う）	GCSR
部分ごとの対応はあるが、形態的類似性はない言語刺激（「りんご」という言葉を聞く）	トランスクリプション（りんごと書く）	GCSR

1996)。これら初期のマンドが、泣き分けという形態をとって生じるのは、子どもが空腹のとき、疲れたとき、痛いとき、寒いとき、怖いとき、おもちゃがほしいとき、注目してほしいとき、助けてほしいとき、物や人に動いてほしいとき、指図してほしいとき、不快刺激を取り除いてほしいときである。典型的発達を示す子どもは、泣くことをすぐに言葉やサインや、そのほかの標準的コミュニケーション形態に置き換えることを学習する。マンド行動は強化子の提供を制御するだけではなく、更なる言語発達に不可欠な話し手と聞き手の役割の形成を開始させる。

マンドは話し手に直接的に利益をもたらす唯一の言語行動である。スキナー（Skinner, 1957）はそう指摘した。つまり、話し手はマンドによって食べ物やおもちゃや注目を手に入れ、不快刺激を除去してもらう。結果としてマンドは特異的強化のせいで、多くの場合、言語行動のなかでも強い形態になる。強化はしばしば差し迫った飢餓状態を満たし、不快刺激を除去する。例えば幼い子どもは、聞き手に対するマンドの効果ゆえに、しばしば高率でマンドを自発する。その上、言語レパートリーが弱いか、遅れているか、欠如している子どもたちの場合は、多くの問題行動がマンドになる（例えば、Carr & Durand, 1985）。子どもは最終的には、誰？　何？　どこ？の問いについての言語情報を得るためにマンドすることを学ぶ。そして新しい言語行動の獲得が急激に進む（Brown, Cazden, & Bellugi, 1969）。最後にマンドは非常に複雑になり、社会的相互作用や会話や学業的行動や雇用、そして人間の行動のあらゆる側面で、決定的役割を果たすようになる。

2. タクト

　タクトは、言語オペラントの1つである。タクトによって話し手は何らかの感覚器官を通して直接接触できる事物や行為の名前を言う。例えば、子どもが車を見て「クルマ」といえばそれはタクトである。スキナー（Skinner, 1957）がタクトという用語を選んだのは、物理的環境と接触すること（making contact with the physical environment）を表すためだった。**タクト**（tact）は言語オペラントであり、非言語的弁別刺激（nonverbal discriminative stimulus）によって機能的にコントロールされる。そして般性条件性強化（賛辞・注目など、強化機能を獲得した、非特異的で一般的な強化、GCSR）を生み出す（表25.2を参照）。非言語刺激は弁別訓練の過程で弁別刺激（S^D）になる。例えば、靴があるときに「クツ」と言い、それに分化強化が随伴してはじめて、靴は「クツ」という言語反応の弁別刺激（S^D）として機能するようになる。

　さまざまな非言語刺激が、タクト関係を呼び起こす。例えば、ケーキは非言語的な視覚的、触覚的、嗅覚的、味覚的刺激を発する。そのどれかが、あるいはすべてが、「ケーキ」というタクトのS^{D}になりうる。例えば、静的なもの（名詞）、一過性のもの（動詞）、物同士の関係（前置詞）、物の属性（形容詞）、動作の属性（副詞）などは、非言語刺激になりうる。つまり、非言語刺激は靴のように単純なものもあれば、がん細胞のように複雑なものもある。1つの刺激の形状には多数の非言語的属性が含まれる。そして1つの反応はそれら多数の属性の制御下に組み込まれるかもしれない。例えば「赤いトラックが小さなテーブルの上にある」というタクトのように。非言語刺激は観察できるものもあれば、できないもの（例えば、痛み）もある。些細なものもあれば、目立つもの（例えば、ネオンの光）もある。ほかの非言語刺激との関係を示すもの（例えば、大きさ）もある。非言語刺激の変異性（variation）と偏在性（ubquity）を考えると、タクトが言語研究の主要テーマであることは驚くには当たらない。

3. エコーイック

　エコーイックは、言語オペラントの1つである。話し手が別の話し手の言語行動を繰り返すとき、エコーイックが生じる。例えば、母親が「クッキー」と言う。それを聞いた子どもが「クッキー」と言う。これがエコーイックである。他人の語や句や音声言語行動を繰り返すことは、日々の会話でよくあることであるが、エコーイックである。**エコーイック・オペラント**（echoic operant）は、反応と部分ごとの対応があり、形態的に類似する言語的弁別刺激によって制御される（Michael, 1982）（表25.2を参照）。

　この場合の**部分ごとの対応**（point-to-point correspondence）とは、言語刺激の最初・中間・最後が、反応の最初・中間・最後と一致するときの刺激と反応、ないし反応所産の間の対応のことである。また**形態に類似性がある**（formal similarity）ということは、先行刺激と反応ないし反応所産が、(a) 感覚器による感覚を共有し（例えば、刺激と反応がともに視覚系、聴覚系、触覚系）、(b) お互いに物理的に類似している、ということである（Michael, 1982）。エコーイック関係においては、刺激は聴覚系であり、反応所産も聴覚系であり、かつ刺激と反応も互いに物理

的に類似している。

　エコーイック行動は、賞賛や注目のような般性条件性強化を引き出す。他者の言葉をエコーする能力は、物体や動作の同定を学習するためには不可欠である。親が「あれはクマよ。クマって言える？」と言う。子どもが「クマ」と反応できると、親は「正解！」と言う。最終的には、子どもはエコーイック・プロンプトなしに、クマを名指してクマということを学習する。これは、ほんの数回の試行で起こる。例えば、親が「クマ」と言い、その後子どもが「クマ」（またはそれに近い音声）と言えたとする。そうなれば、クマの絵か動物園のクマを見たとき、「クマ」と言うように教えることができる。エコーイック・レパートリーは、言語に遅れのある子どもに言語を教えるとき極めて重要である。そしてより複雑な言語スキルを教えるとき、決定的に重要な役割を果たす（例えば、Lovaas, 1977; Sundberg & Partington, 1998）。

　動作模倣はエコーイック行動と同じ言語的特性をもちうる。それは、聾児の手話獲得において動作模倣が果たす役割によって実証されている。例えば、子どもはまずクッキーのサインの模倣を学習する。次に模倣プロンプトなしにクッキーをマンドすることを学習する。模倣は、耳は正常であるが音声言語をもたない子どもに手話を教えるにも決定的に重要である。音声言語の指導（instruction）を受けられるだけの十分なエコーイック・レパートリーをもっていない多くの子どもたちには、十分な時間を費やしてエコーイック行動を優先的に教えるようにする。有用な言語行動の指導はそれからである。もし強力な模倣レパートリーができれば、教師は直ちに手話を活用して、より上級の言語形態（例えば、マンド、タクト、イントラバーバル）を指導することができる。これによって子どもは、ほしいものを手に入れるために、不適切な行動（例えば、癇癪）に訴えることなく、他者とコミュニケーションすることを速やかに学習することができる。

　スキナーはまた、言語行動の１つとして**テキストコピーイング**（copying a text）を提案した。テキストコピーイングでは、書字言語刺激と書字言語反応との間に、部分ごとの対応と形態的類似性が存在する。テキストコピーイング関係は、エコーイックと手話関連模倣などと同じ定義的特徴をもつ。したがってこの３者は単一のカテゴリー、すなわちエコーイックとして扱うことにする。

４．イントラバーバル

　イントラバーバルは、言語オペラントの１つである。イントラバーバルでは話し手が他者の言語行動に対して別の言語行動によって応じる。例えば、誰かが「土曜の試合でどっちが勝った？」と言う。それを聞いて「バッカイ（オハイオ州立大学チーム）さ」と応じる。これはイントラバーバル行動である。典型的発達を示す子どもは、歌を歌う、物語を話す、活動を描写する、問題を説明するなどのイントラバーバル反応を頻繁に自発する。イントラバーバル反応はまた多くの典型的な知的レパートリーの重要な構成要素でもある。例えば、「カリフォルニア州の首都は？」と聞かれて「サクラメント」と答える。「８×８は？」と聞かれて「64」と答える。「３項随伴性とは？」と聞かれて「先行子、反応、結果」と答える。典型的な成人の話し手のイントラバーバル・レパートリーには、何百、何千というイントラバーバル関係が含まれる。

イントラバーバル・オペラント（intraverbal operant）が起こるのは、言語的弁別刺激に対して、その言語刺激とは直接対応しない言語反応（反応の最初・中間・最後が刺激側のそれらと一致しない反応）を自発するときである（Skinner, 1957）。つまり、エコーイックやテクスチュアルのようには、言語刺激と言語反応が重ならない。イントラバーバルは、マンド以外の言語オペラントと同様に、般性条件性強化を生み出す。例えば、教育の文脈では、通常、子どもが正しい答えを言うと、何らかの般性条件性強化の形式の強化が伴う。例えば、「正解！」や、得点（単位）や、次の問題や項目の遂行を許可されるというチャンスは、般性条件性強化である（表25.2を参照）。

　イントラバーバル・レパートリーは、ほかの言語的・非言語的行動を獲得する手助けとなる。イントラバーバル行動によって、話し手はすぐ先に起こる刺激に素早く正確に反応することができる。したがって会話を続けるうえで重要な役割を果たす。例えば、大人の話し手がある文脈で「農場」と言う。それを子どもが聞く。子どもは農場という刺激から、関連イントラバーバル反応、例えば「納屋」「牛」「雄鶏」「馬」を自発する。そうすれば子どもは大人の言語行動のほかの部分、例えば最近の農場訪問についての話にも、よりよく反応することができる。またこうも言えるだろう。子どもはいま農場のことを考えている。そしていまその大人の言語行動に更に反応するための関連言語反応を十分もっている。イントラバーバル刺激は、聞き手のレパートリーに探りを入れ、更なる会話への準備をさせる。マンドとタクトとイントラバーバルは、全体として会話に次のように貢献する。(a) マンド・レパートリーがあると、話し手は質問することができる。(b) タクト・レパートリーがあると、実在する事物や出来事についての言語行動をすることができる。(c) イントラバーバル・レパートリーがあると、話し手は質問に答えることができ、また目の前に物理的に存在しない事物や出来事について話す（考える）ことができる。

5．テクスチュアル

　テクスチュアル行動（Skinner, 1957）とは声を出して読むことである。読み手が読む内容を理解するかどうかは問わない。読む内容を理解するには、通常、イントラバーバル行動や理解言語（例えば、教示に従うこと、コンプライアンス）などの別の言語的・非言語的オペラントが必要である。例えば、靴と書かれた単語を見てクツと言うのはテクスチュアル行動である。靴は足に履くものということを理解することはテクスチュアルとは言わない。理解は一般に読解と同一とみなされる。スキナーは読む（reading）という用語が同時に多くの過程を意味するので、テクスチュアルという用語を選んだ。

　テクスチュアル・オペラント（textual operant）では、刺激と反応所産の間に部分ごとの対応はあるが、形態的類似性はない。例えば、(a) 言語刺激は視覚か触覚（つまり、1つの感覚）に提示されるが、反応は聴覚（つまり、ほかの感覚）でなされる。そして (b) 聴覚による反応は、視覚または触覚刺激とマッチする。表25.2にテクスチュアル関係を図示した。

　テクスチュアルとエコーイックは3つの点で似ている。(a) どちらも般性条件性強化を生み出す。(b) どちらも先行言語刺激に制御される。(c) 先行刺激と反応の間に部分ごとの対応があ

る。テクスチュアルとエコーイックの重要な違いは、テクスチュアル行動の反応所産（例えば、話された語）がその制御刺激とは類似性がないことである（例えば、書き文字が引き出すのは、発話反応、ないし聴覚系の反応所産である）。テクスチュアル・オペラントには形態的類似性がないのである。それは、S^Dがテクスチュアル反応と同じ感覚モダリティではなく、S^Dとテクスチュアル反応との間に物理的類似性がないという意味である。書かれた語は視覚的であり、個々の文字によって構成される。他方、読む反応は音素から成る聴覚反応所産を生み出す。しかし、テクスチュアル反応ではなく、エコーイック反応の所産の場合には、制御する言語刺激とエコーイック反応との間に形態的類似性が存在する。

6．トランスクリプション

　トランスクリプション（transcription）は、話された言葉を書くこと、綴ること、である（Skinner, 1957）。スキナーはこの行動を口述筆記（taking dictation）とも呼んでいる。その重要なレパートリーには、手で文字を書くことだけでなく、口頭言語を正しく綴ることも含まれる。専門用語では、トランスクリプションとは言語行動の1つであり、そこでは話された言語刺激が、書く反応、タイプする反応、空書する反応を制御する。トランスクリプションは、テクスチュアル・オペラントと同様、刺激と反応は直接的に対応するが、形態的類似性はない（表25.2を参照）。例えば、「帽子」という口頭言語を示され、それを綴るよう言われて、「ぼ-う-し」（ボ-ウ-シ、帽-子）と綴る反応はトランスクリプションである。刺激と反応所産は直接対応するが、それらは同じ感覚モダリティには属さず、相互の物理的類似性も存在しない。英語の言葉を綴ることは獲得しにくいレパートリーである。英語では多くの言葉の音と綴りが一致しない。そのため、正しい弁別レパートリーをシェーピングすることが難しい。

V　聞き手の役割

　言語行動のスキナーの分析では、話し手に焦点がしぼられる。一方、大部分の言語学者や、心理言語学による言語の説明は、聞き手を重視する。スキナーは、聞き手の役割はふつう思われているほど重要ではないとした。なぜなら、聞き手の行動としてよく描かれる行動（例えば、思考、理解）の多くは、正しくは話し手の行動として分類されるからだという。つまり、（以後の考察で見るように）話し手も聞き手も、たいていは同一人物の皮膚の内側に存在するということである。

　ではスキナーの言語の説明では、聞き手はどんな役割を果たすだろうか？　スキナーは、聞き手の行動の分析において、言語エピソードには話し手と聞き手が必要であると考えた。聞き手は単に話し手の行動に対する強化の媒介者として重要な役割を果たすだけではない。聞き手は話し手の行動の弁別刺激でもある。聞き手が弁別刺激として機能するとき、彼は言語行動の1人の**聴衆**（audience）である。「聴衆はそのとき弁別刺激である。つまりそれが存在するとき、言語行動は特徴的に強化される。したがって聴衆が存在するとき特徴的に力強くなる」（Skinner, 1957,

p. 172)。スキナー（Skinner, 1978）が「聞き手の行動のうち、言語として識別する価値のある行動はごくわずかしかない」（p. 122）と言うとき、聞き手が一聴衆の役割を果たし、弁別刺激として機能する場合のことを言っているのである。

聞き手は強化子の媒介者として、また弁別刺激として、その役割を果たすだけではない。それ以外にも付加的役割を果たす。例えば、話し手が聞き手に話すとき、言語行動は弁別刺激として機能する（すなわち刺激性制御）。問題は、言語行動が聞き手の行動に及ぼす影響とは何かである。言語弁別刺激は、聞き手のエコーイック、テクスチュアル、トランスクリプション、またはイントラバーバル・オペラントを引き起こすかもしれない。ここがスキナーのポイントである。つまり、話し手と聞き手は同一人物の皮膚の内側で表裏一体となり、聞き手は同時に話し手として行動する。言語刺激に対する最も重要で複雑な反応が起こるのは、その言語刺激が聞き手に潜在的なイントラバーバル行動を引き起こすときである。そのとき聞き手は話し手になって、自分自身の聴衆として機能する。例えば、「何がパブロフの技法だったか？」と話し手が言う。パブロフのレスポンデント条件づけの業績に関わる言語弁別刺激である。この言語弁別刺激は、聞き手に潜在的イントラバーバル行動、例えば「彼はメトロノームの音と肉粉を対提示した」という思考を引き起こすかもしれない[3]。

言語的刺激性制御はまた、聞き手の非言語行動を引き起こすことがある。例えば、誰かが「ドアを閉めて」と言う。実際にドアを閉めるのは非言語的行動である。それは言語刺激によって引き起こされる。スキナー（Skinner, 1957）はこの種の聞き手の行動を理解とみなした。「聞き手は適切に振る舞うだけで、聞き手のいうことをちゃんと理解したとみなされる」（p. 227）。

言語刺激は非常に複雑になることがある。聞き手の言語行動と非言語行動の分離が難しいからである（Parrott, 1984; Schoenberger, 1990, 1991）。例えば、金物店に行って一定の種類と型式の配管用具を買ってくるよう指示される。この指示に成功するためには、複数の配管用具から一定の種類と形式を弁別する非言語行動だけでなく、自己エコーイック・プロンプト（例えば、「欲しいのは4分の3インチの用具、4分の3インチ」）や、用具のタクト（例えば、「これは4分の3インチの用具らしい」）や、情報のマンド（例えば、「これは4分3インチのパイプに合うと思いますか？」）などの言語行動も必要になるだろう。

VI　言語オペラントを同定する

同一の単語（すなわちその行動のトポグラフィーないし形態）が、基本的言語オペラントのすべての定義に登場する可能性がある。なぜなら、言語オペラントは、言語刺激の形態によってではなく、制御変数によって定義されるからである。言語行動は、そのトポグラフィーないし形態

注3：スキナーは3冊の著書において、いずれも1つの章のすべてを思考のテーマに充てている。すなわち『科学と人間行動』（1953, 第16章）、『言語行動』（1957, 第19章）、『行動主義について』（1974, 第7章）である。いくつかの節は、理解のテーマを扱っている（例えば『言語行動』pp. 77-280、『行動主義について』pp. 141-142）。思考と理解の行動分析では、大部分は、聞き手と話し手が同一人物の皮膚の内側に存在する状況が含まれる。

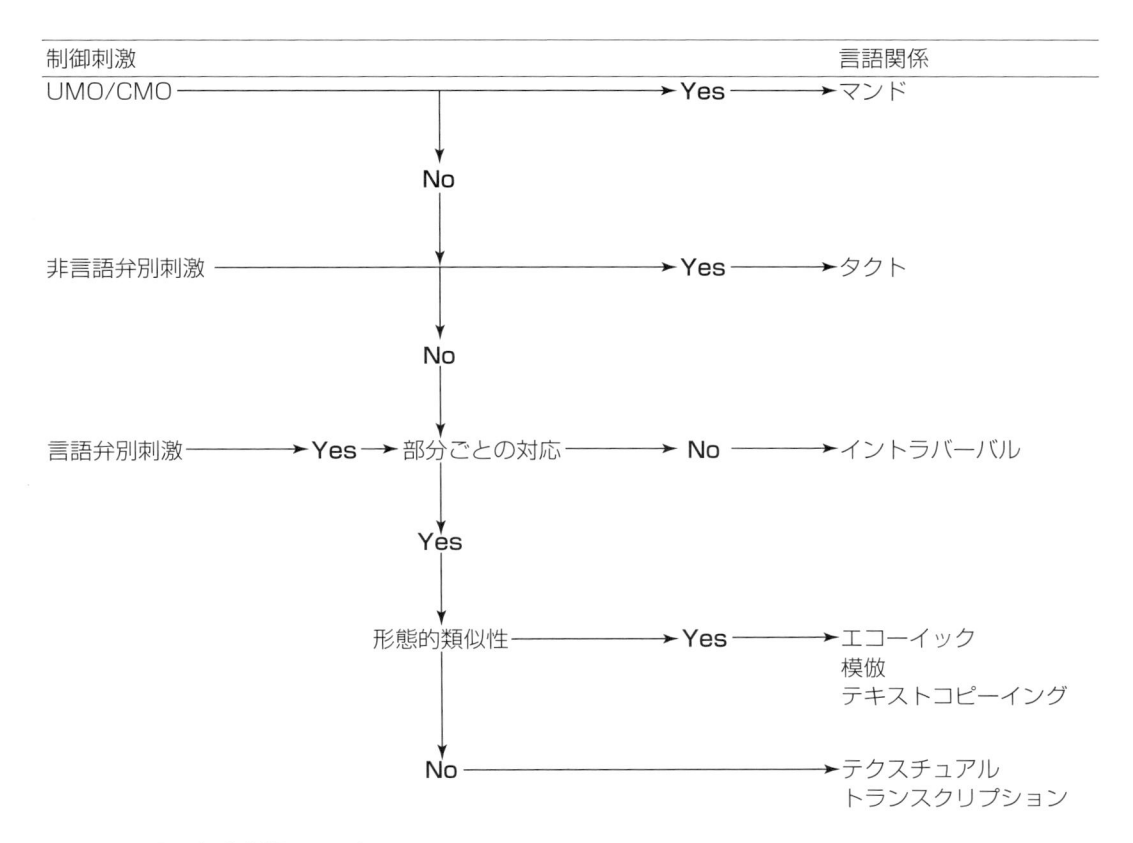

制御刺激					言語関係
UMO/CMO		→Yes		→	マンド
	↓No				
非言語弁別刺激		→Yes		→	タクト
	↓No				
言語弁別刺激	→Yes→	部分ごとの対応	→No	→	イントラバーバル
		↓Yes			
		形態的類似性	→Yes	→	エコーイック 模倣 テキストコピーイング
		↓No		→	テクスチュアル トランスクリプション

図25.1　言語行動分類チャート

（すなわち単語自体）によっては定義されない。言語オペラントの分類は、特定の反応形態を引き起こす関連制御変数についての一連の質問をしていくことによって達成することができる（図25.1を参照）。言語行動の分類課題のサンプルを表25.3に示す。

1．動機づけ操作（MO）は反応形態を制御するか？　もしそうなら、少なくともそのオペラントの一部はマンドである。

2．S^Dはその反応形態を制御するか？　もしそうなら、その場合は：

3．そのS^Dは非言語刺激か？　もしそうなら、少なくともそのオペラントの一部はタクトである。

4．そのS^Dは言語刺激か？　もしそうなら、その場合は：

5．言語S^Dと反応の間に部分ごとの対応があるか？　なければ、少なくともそのオペラントの一部はイントラバーバルである。もし部分ごとの対応があれば、その場合は：

6．言語S^Dと反応の間に形態的類似性があるか？　あれば、そのオペラントはエコーイック、

表25.3　言語行動の分類練習

以下の結果として	人はこうする傾向がある	これは……である
1. 犬を見る	「犬」と言う	_____
2. 飛行機の音を聞く	「飛行機」と言う	_____
3. 飲み物が飲みたい	「水」と言う	_____
4. 「お元気ですか」というのを聞く	「元気です」と言う	_____
5. クッキーが焼けるにおいがする	「クッキー」と言う	_____
6. スープを味見する	「塩を取って」と言う	_____
7. 「本」というのを聞く	「本」と書く	_____
8. 「本」というのを聞く	「本」のサインを作る	_____
9. 「本」というのを聞く	「本」と言う	_____
10. 「本」というのを聞く	「読む」と言う	_____
11. 「本」というのを聞く	「読む」のサインを作る	_____
12. 「本」というのを聞く	「本」と空書する	_____
13. 本を見る	「本」と書く	_____
14. 本がほしい	「本」と書く	_____
15. 「本」という手話	「本」と書く	_____
16. 「色」というのを聞く	「赤」と言う	_____
17. テーブルの上に犬がいるのを見る	「降りなさい」と言う	_____
18. 「止まれ」と書いてあるのを見る	ブレーキをかける	_____
19. 「スキナー」というのを聞く	「行動」と書く	_____
20. 煙のにおいがする	「火事だ」と言う	_____
21. お腹がすく	店に行く	_____
22. 「りんご」と書かれているのを見る	「りんご」のサインを作る	_____
23. 「5」を見る	「ご」と言う	_____
24. 物がほしい	「ありがとう」と言う	_____
25. 「あなたの名前を書いてください」というのを聞く	名前を書く	_____
26. 「走る」というのを聞く	「走る」と空書する	_____
27. 「家」というサインを見る	「バトル・クリーク」というサインを作る	_____
28. 電話が鳴るのを聞く	「電話」と言う	_____
29. スカンクのにおいをかぐ	「スカンク」と言う	_____
30. 「テーブル」というのを聞く	「メーサ（頂上が平らで周囲は絶壁の地形を指す言葉）」と言う	_____
31. 幸せになる	笑う	_____
32. パイロットに見てほしい	「SOS」と書く	_____
33. 青がほしい	「青」と言う	_____
34. 「赤、白、そして」というのを聞く	「青」と言う	_____
35. あめをなめる	「おいしい」と言う	_____

36. 言語行動の例を挙げよ
37. 形容詞を含むマンドの例を挙げよ
38. においのタクトの例を挙げよ
39. 部分的にマンドで部分的にタクトの反応の例を挙げよ
40. 部分的にタクトで部分的にイントラバーバルの例を挙げよ
41. 複数の反応を含むタクトの例を挙げよ
42. 筆記を使ったイントラバーバルの例を挙げよ
43. 手話を使った受容言語の例を挙げよ

表25.3の言語行動の分類練習の答え　略号はそれぞれ次の言葉オペランドを表す。（M マンド；T タクト；E エコイック；IV イントラバーバル；TR トランスクリプション；TX テクスチュアル；NV 非言語行動）

1.T; 2.T; 3.M; 4.IV; 5.T/M; 6.M; 7.TX; 8.IV; 9.E; 10.IV; 11.IV; 12.TR; 13.T; 14.M; 15.IV; 16.IV/T; 17.M; 18.NV; 19.IV; 20.T/M; 21.NV; 22.IV; 23.IV; 24.M; 25.IV; 26.TX; 27.IV; 28.T/M. 29.T; 30.IV; 31.NV; 32.M; 33.M; 34.IV; 35.T; 36.「赤いのがほしい」; 37.「誰かタバコを吸っている」; 38.「のどが渇いています」; 39.「それどこで買ったの？」と聞かれて「メイシーの店だよ」と答える; 40.「あれは大きいハンバーガーだ！」; 41.電子メールに返信する; 42.誰かが「とまれ」の手話をしているときに止まる

模倣、またはテキストコピーイングである。なければ、そのオペラントはテクスチュアルかトランスクリプションである。

VII 複雑な言語行動の分析

より複雑な言語行動の分析には、自動強化や、タクト拡張（般化）や、私的出来事が含まれる。これらのテーマを以下の各節で紹介する。

1. 自動強化

言語行動の文脈における強化をめぐってよく見られる誤解は、強化が起こるのは聞き手が強化子を仲介するときのみであるという勘違いである。目に見える強化子の提供なしにも行動は起こる。そのときは、しばしば高次精神過程が働いていると仮定される（例えば、Brown, 1973; Neisser, 1976）。目に見える結果が存在しなくても行動が起こる場合、一部は間欠強化によって説明することができる。しかし結果なしに起こる行動のすべてが間欠強化によって説明できるわけではない。一部の行動は、外的結果ではなく、その反応所産（response product）によって強められ、または弱められる。そのとき、その反応所産は強化または弱化の効果をもつ。スキナーは、多くの著書において、**自動強化**（automatic reinforcement）と**自動弱化**（automatic punishment）という用語を使い、それによってただ誰かが結果を提供しなくても、効果的結果が生じる事実を表そうとした（cf., Vaughan & Michael, 1982）。

言語行動には自動強化を生み出す能力がある。自動強化は言語行動の獲得と維持に重要な役割を果たす。例えば、典型的に発達する幼児は、なぜはっきりした強化子が提供されないのに、喃語を盛んに発するのだろうか。自動強化ならこの現象を説明できるかもしれない。スキナー（Skinner, 1957）は、幼い子どもは手探りで音声を発するが、それが両親や世話する人、そのほかの人々の発するスピーチサウンド（語音）とたまたま一致すると、その探索的な音声行動が自動強化を生み出す可能性があることを指摘した。

スキナー（Skinner, 1957）は、音声反応を自動強化子として定着させる二段階条件づけ史を説明した。第1に、中性的言語刺激が既存の条件性強化形態ないし無条件性強化形態と対提示される。例えば、母親の音声は、食物や暖かさの提供と不快刺激の除去（例えば、おむつかぶれに薬を塗る）などの条件と対提示される。その結果、母親の音声は、以前は中性的だったが、新たに条件性強化子になる。いまや母親の音声は、音声に先行するどんな行動も強化するようになる。

第2に、子どもの音声反応は、声帯のランダムな筋肉運動か反射行動かのいずれかであるが、それが聴覚反応を生み出す。その聴覚反応は、時に母親の言葉や抑揚や声の高さに似た音になる。こうして音声反応は子どもの音声行動の頻度を自動的に増加させ、それによって強化として機能できるようになる[4]。

　自動強化はまた言語行動のより複雑な側面の発達、例えば統語や文法的慣習の獲得などにおいて、重要な役割を果たす。例えば、ドナホーとパーマー（Donahoe & Palmer, 1994）や、パーマー（Palmer, 1996, 1998）によれば、子どもの使う文法がその環境にいる他者の使う文法に似ていると自動強化を生み出す。しかし変だったり普通でなかったりすると、自動弱化が起こるという。パーマー（Palmer, 1996）はこれを同等達成（achieving parity）と呼んだ。

　自動的に強化される行動を引き起こす刺激条件は、あらゆるところに見出されるだろう。なぜなら、反応が自動的に強化されるたびに、存在するあらゆる刺激条件の反応喚起能力を変化させる可能性があるからである。例えば、ある人が映画を見る。帰りに車を運転する。そして車のなかで映画のテーマソングを歌ったりハミングしたりし続ける。その理由は上述の二段階条件づけ過程にある。しかしそのテーマソングは、映画が終わった後も周期的に数時間いや終日、呼び起こされるかもしれない。その歌が繰り返し歌われるたびに、信号機や、道路の角や、ネオンサインなどの新しい刺激が、ある程度の刺激性制御を獲得する可能性があるからである。その人が次の機会にある刺激、例えば、赤信号に遭遇したとすれば、その歌を歌ったりハミングしたりする傾向が生じるだろう。この効果によって、自閉症児に見られる遅延性エコラリアとしばしば呼ばれる症状を説明できるかもしれない（Sundberg & Partington, 1998）。しかし現在のところ、自動結果（automatic consequences）によって起こる刺激性制御の実証的研究は、非常に興味をそそられる重要な研究領域のように思われるが、まだ行われていない。

2．タクトの拡張

　随伴性は刺激クラスと反応クラスを確立し般化を定着させる。その随伴性が新規のさまざまな弁別刺激に言語行動を生起させる能力を付与する。スキナー（Skinner, 1957）はこう述べた。

　　　1つの言語レパートリーは、船や飛行機の乗客リストの類とは異なっている。乗客リストの場合は、1つの名前は1人の人物に対応する。1人の名前が1度も呼ばれなかったり、2度も呼ばれたりすることはない。ところが刺激性制御はそこまで厳密とはいえない。ある反応が、ある機会に、または機会のクラスに、強化されたとする。するとその機会や、その機会のクラスに共通している特徴はすべてある程度の制御を獲得するようになる。そのような特徴の1つをもつ新規

注4：乳幼児が高率で喃語を自発する原因の一部は自動強化のような過程ではないかと最初に指摘したのは、おそらくミラーとダラード（Miller & Dollard, 1941）である。それ以来、ほかの多くの人々が自動強化が言語獲得に果たす役割を検討し研究した（例えば、Bijou & Baer, 1965; Braine, 1963; Miguel, Carr, & Michael, 2002; Mowrer, 1950; Novak, 1996; Osgood, 1953; Smith, Michael, & Sundberg, 1996; Spradlin, 1966; Staats & Staats, 1963; Sundberg, Michael, Partington, & Sundberg, 1996; Vaughan & Michael, 1982; Yoon & Bennett, 2000）。

刺激が反応を引き起こすようになる可能性がある。かつてある反応が強化され、そのとき存在した刺激にある新規刺激が似るようになる場合、いくつかの方法がある。したがって、「拡張タクト」と呼ばれるものにもいくつかの種類がある。(p. 91)

スキナー (Skinner, 1957) は、4つの拡張タクトを区別した。一般的、隠喩的、換喩的、破格的タクトである。その区別は、新規刺激が元刺激の関連特徴または非関連特徴をどの程度共有するかをベースにしてなされる。

(1) 一般的拡張

一般的拡張 (generic extension) では、新規刺激が元の刺激の関連特徴、ないし定義的特徴をすべて共有する。例えば、白のポンティアック・グランダムがあるとき話し手が「クルマ」とタクトすることを学習する。その話し手が青の新車マツダ RX-7 を見て「クルマ」とタクトする。一般的タクト拡張は、単純な刺激般化によって喚起される。

(2) 隠喩的拡張

隠喩的拡張 (metaphorical extension) では、新規刺激が元刺激に結びついた関連特徴のすべてではないが一部を共有する。例えば、ロミオは美しくよく晴れた暖かい日を経験していた。このめずらしくよいお天気が、レスポンデント反応（例えば、いい気分）を誘発した。そのロミオがジュリエットに出会った。ジュリエットの存在はあのよく晴れた日のときと同様のレスポンデント反応を誘発した。そのとき彼は「ジュリエットはまるで太陽だ」と言った。太陽もジュリエットも、ロミオに同様の影響を与えた。そしてその2つが「ジュリエットはまるで太陽だ」という隠喩的タクト拡張を制御した。

(3) 換喩的拡張

換喩的拡張 (metonymical extension) は、新規刺激に対する言語反応である。その新規刺激は、元刺激の形状の関連特徴を何1つ共有しないが、ある非関連性のしかし関係のある特徴が刺激性制御を獲得した刺激である。簡単にいえば、換喩的拡張においては、ある語が別の語に置き換えられる。つまり部分を使って全体を表すのである。例をあげれば、ガレージの写真を見せられて「クルマ」と言う、「リンカーン大統領が要求した」という代わりに「ホワイトハウスが要求した」という、など。

(4) 破格的拡張

破格的拡張 (solecistic extension) が生じるのは、刺激のある性質がタクト関係にほんの間接

的にしか関連していないのに、例えば言葉の滑稽な誤用（malaprop）のような非標準的な言語行動を引き起こすときである。例えば、ある人は破格的（文法違反的）タクト拡張を使って、「上手に読めたね」（You read well.）と言うところを「よく読めたね」（You read good.）と言う（goodを副詞にして動詞「読む」を修飾しwellの代用とするのは非標準的語法）。自動車の運転手を「クルマ」と言うのも、破格的タクト拡張である。

3．私的出来事

1945年、スキナーは初めて、彼の哲学である、徹底的行動主義の特徴を説明した。徹底的行動主義の中核を成すのは、私的刺激の分析である（Skinner, 1953, 1974も参照）。それ以来、私的刺激の制御下にある言語行動は、行動の理論的、哲学的分析の主要テーマになった。1957年、スキナーは「宇宙の小さなしかし重要な一部は、各個人の皮膚の内側に収まっている。…だからといってその当然の帰結として…それはいかなる点から見ても、皮膚の外側の世界や他人の皮膚の内側の世界とは異なっているということにはならない」（p. 130）と述べた。

日々の大量の言語行動は、部分的には私的出来事（private event）に制御されている。ふつう思考と言われるものは、成分として顕在的刺激性制御と私的出来事（例えば、潜在的刺激性制御）を含んでいる。私的刺激とそれがどうして刺激性制御を獲得するかを分析することは簡単ではない。次の2つの問題があるからである。（a）当事者は私的刺激を直接観察できるが、行動分析家は観察できない（行動の予測と制御を制約する要因）。（b）日常環境の言語エピソードの私的刺激性制御は、私的刺激と行動を検知する用具が今後どれほど感度を増そうとも、なお私的なままにとどまり続ける可能性がある。スキナー（Skinner, 1957）は、保護者が子どもに自分の私的刺激をタクトすることを教える4つの方法を同定した。公的付随、併発反応、共通属性、反応減小である。

（1）公的付随

観察可能な刺激が、私的刺激に伴って同時に起こるとき、公的付随（public accompaniment）が起こる。例えば、子どもがボールを追いかけて、頭をテーブルにぶつける。それを父親が目撃する。父親がアクセスできるのは公的刺激である。しかし子どもが経験する私的でより顕著な苦痛刺激、つまり私的刺激にはアクセスできない。父親は子どもが苦痛を経験していることを、自分自身の体が何かにぶつかったときの自分史を手がかりにして、推測することはできる。そして「痛い」とか、「ぶつけて怪我しただろう」と言うだろう。このようにして父親は、ぶつけること（観察可能な刺激）を、私的刺激の刺激性制御を受ける言語行動を発現させる機会として活用する。子どもの言語行動は、まず私的刺激に対するエコーイックとして起こる可能性がある。次いでその刺激性制御は私的刺激に転移する。具体的には、その子は苦痛刺激が存在するとき、父親の「痛い」をエコーするようになる。そしてすぐに（その子のエコーイックからタクトへの転移の歴史にもよるが）、苦痛刺激だけで「痛い」とタクトするようになる。

（2）併発反応

　保護者はまた、私的刺激とともに確実に起こる併発反応（collateral response）（すなわち観察可能な行動）を活用すれば、子どもに自分の私的刺激をタクトすることを教えることができる。例えば、父親は子どもが頭をぶつける瞬間は目撃していない。しかし、頭を抱えて泣いている子どもは見る。これらの頭を抱えて泣く併発行動は、苦痛刺激の存在を父親に知らせる。併発反応の訓練においても、公的付随と同じ訓練手続きを使うことができる。苦痛の私的刺激は突出している。それゆえ苦痛刺激がタクト関係の刺激性制御を獲得するには、たった1度の試行で十分だろう。

　タクト訓練の初期段階では、親は公的付随と併発反応の両方を活用すべきである。しかし、私的出来事をタクトするレパートリーが発達した後でさえも、子どもが「胃が痛い」とか「今、頭痛がする」と訴えるとき、私的出来事が現実に存在するかどうかを親や聞き手が確かめることは難しい。

　またおそらく公的付随と併発反応を使えば、私的行動のタクトを学習することも可能になるだろう。それらを使って、例えば幸せ、悲しみ、恐れ、動揺などの言葉で私たちがタクトする私的感情（行動）を喚起する私的刺激をタクトすることを獲得するのである。こういう私的出来事をタクトする学習は、訓練中に私的刺激が存在しなければ困難である。例えば、子どもに感情をタクトすることを教えるため、人が笑っている写真や怒っている写真（すなわち公的刺激）を使う。この方法は喜びや不機嫌（すなわち私的刺激）を喚起する変数を使う訓練方法と比べると、それほど効果的であるとはいえない。

（3）共通属性

　先に述べた2つの手続きでは、私的出来事をタクトすることを成立させるために公的刺激を活用する。共通属性（common property）ないし特性の場合も、同様に公的刺激が伴う。しかしその方法は異なる。話し手はまず、事物の時間的属性、幾何学的属性、記述的属性をタクトすることを学ぶ。それからそのタクト関係を私的刺激に般化させる。スキナー（Skinner, 1957）が指摘したように、「感情語彙の大部分は、現実には隠喩的である。私たちが、内的状態を'イライラする''落ち込んでいる''活気にあふれた'などと表現するとき、一定の幾何学的、時間的、内包的属性が、反応の隠喩的拡張を生み出したのである」(p. 132)。感情的出来事についての私たちの言語行動の多くは、この種の刺激般化を通して獲得される。

（4）反応縮小

　ほとんどの話し手は、自分の動きや姿勢のような体の特徴をタクトすることができるようになる。動きや姿勢から起こる運動感覚刺激（kinesthetic movement）は、言語反応に対するコントロールを獲得することができる。動きのサイズが小さくなっても（内密にまたはカバートになっ

ても）その運動感覚刺激は残る。残る刺激は顕在的動きがもたらす運動感覚刺激とほとんど同じである。学習者のタクトはその刺激般化の例として起こる。例えば、子どもは泳ぐイメージを報告することができる。あるいは予定されている誰かとの会話についての独り言を報告することができる。あるいは新しいおもちゃを買ってもらおうと考えていることを報告することができる（Michael & Sundberg, 2003）。人には分からない（カバートな）私的言語行動が生み出す反応は、ほかの言語行動を喚起することができる。これについては後に更に詳しく考察する。

VIII　多重制御

　すべての言語行動には、多数の関数関係が含まれる。それらは先行刺激、行動、結果の関数関係である。「言語行動はどの例をとってみても、同時に働く多くの変数の関数である」（Skinner, 1957, p. 228）。言語行動分析の基礎は、マンド関係、タクト関係、エコーイック関係、イントラバーバル関係、テクスチュアル関係の機能単位である。多重制御（multiple control）と複雑な言語行動の分析の理解には、これらの機能単位の実際的知識が必要不可欠である。

1．収束的多重制御

　マイケル（Michael, 2003）は、単一の言語反応の生起がどんな場合に2つ以上の変数の関数となるかを識別するため、**収束的多重制御**（convergent multiple control）という用語を使った。応用行動分析家の課題は、言語行動の例を制御する関連源泉を突き止めることである。例えば、「なぜアメリカ合衆国は第二次世界大戦に参戦したか？」という発言はどんな源泉から引き起こされるだろうか。考えられるのは、(a) MOか（その発言を部分的マンドにする）、(b) 言語弁別刺激か（その発言を部分的エコーイック、イントラバーバル、テクスチュアルにする）、(c) 非言語刺激か（その発言を部分的タクトにする）か、特定の聴衆の存在である。例えば、「なぜアメリカ合衆国は第二次世界大戦に参戦したか？」というマンドは、戦争を不名誉とみなす聴衆（すなわちMO）によって引き起こされる可能性がある。この質問は、進行中の会話に対するイントラバーバルや、その部屋にあった非言語刺激やテクスチュアル刺激の関数というよりも、この変数（MO）の関数である可能性が高い。他方では、その話し手には回答への強いMOはないかもしれない。なぜ質問するかといえば、政治的参加に関係する社会的強化へのMOに関係するからかもしれない。

2．発散的多重制御

　多重制御はまた、単一の先行刺激が多数の反応の強度に影響するときにも起こる。例えば、ただ1つの単語（例えば、アメフト）が、いろいろな人々からさまざまなイントラバーバル反応を引き出す。また同じ人からも、時が違えば、異なるイントラバーバル反応を引き出すだろう。マイケル（Michael, 2003）は、この種の制御を他から区別するため**発散的多重制御**（divergent multiple control）という用語を使った。発散的多重制御は、マンド関係やタクト関係でも起こる。マンド関係では、単一のMOがさまざまな反応を強める。例えば、食物遮断は、「腹が減った」や「レストランに行こう」などの反応を強める。また、タクト関係では、単一の非言語刺激がさまざまな反応形態を強める。例えば、1枚の車の写真が「クルマ」「自動車」「フォード」などの諸反応を強める。

3．主題的、形態的言語オペラント

スキナー（Skinner, 1957）は、主題的言語オペラント（thematic verbal operant）と、形態的言語オペラント（formal verbal operant）が、多重制御の源泉となることを突き止めた。主題的言語オペラントとは、マンド、タクト、イントラバーバルである。それには1つの共通変数に制御される異なる反応トポグラフィーが含まれる。イントラバーバルの主題的言語オペラントの例を示そう。「青」というS^Dは、「湖」「海」「空」などの言語反応を引き出す。また形態的言語オペラントは、エコーイック（模倣、テキストコピーイング）とテクスチュアル（トランスクリプション）である。これらは共通変数に制御され、部分ごとの対応をもつ。例えば、「ゲンゴ」というS^Dは、「センゴ」「ベンゴ」「ゼンゴ」などの言語反応を引き出す（英語なら、"ring"というS^Dが、"sing" "wing" "spring"という言語反応を引き出す）。

4．多数の聴衆

聴衆の役割で問題になるのは、多数の聴衆（多重聴衆）の存在である。聴衆が違えば、引き出される反応形態も異なってくる。例えば、2人の行動分析家（すなわち、専門家の話し手と専門家の聞き手）が話しているときと、行動分析家が子どもの親と話しているとき（つまり、専門家の話し手と専門家以外の聞き手）では、使う言語反応形態は自ずと違ってくる。肯定的聴衆（positive audience）は、とりわけその数が多いとき（例えばある運動のための集会のように）、特別な影響を生みだす。それは否定的聴衆（negative audience）についても同様である。肯定的聴衆と否定的聴衆の2つが同時に存在するときは、否定的聴衆の影響が最も顕著になる。「扇動的な街頭演説家が遠くから警察官が近づいてくるのを目撃する。すると否定的聴衆がより優勢になる。それに伴って演説家の行動の力が弱まる」（Skinner, 1957, p. 231）。

5．多重制御の精緻化

収束的多重制御（2つ以上の変数によって1つの言語反応がコントロールされる現象）は、ほとんどの言語行動で起こる。聴衆はつねに刺激性制御の一源泉である。話し手が自分自身の聴衆になるときもそうである。更に、別々の言語オペラントにつながる多くの制御変数のうちの2つ以上が、特定の言語行動に関係するときも、同じことが言える。MOと非言語刺激でも、収束的多重制御がしばしば起こる。その結果、1つの反応であって一部がマンドで一部がタクトである

ような反応が起こる。例えば「ずいぶんお元気そうですね」という発言は、一部は話し手の目前にある非言語刺激に制御される（タクト）。しかしそれだけでなく、早く立ち去りたいとか起こりうる不快な出来事を回避したいというMOにも制御される（マンド）。スキナー（Skinner, 1957）は、制御変数のこの特別の混合を、**非純粋タクト**（impure tact）（すなわちタクト関係にMOが影響していて純粋ではない）を呼び起こす混合として区別した。

　言語刺激と非言語刺激も、分担して1つの特定の反応を制御する。例えば、「車の色は何色？」という言語刺激と、緑色という非言語刺激が、「ミドリのクルマ」という発話傾向を喚起する。

　多数の制御源が主題的源泉と形態的源泉の任意の組み合わせである場合もある。例えば多重タクトや多重イントラバーバルのように、1つの言語オペラントのなかにさえ多数の制御源はありうる。スキナーはこれらの個々の源泉は加算的であるため、「多くの原因から、言葉遊び、ユーモア、スタイル、詩的表現、形態的歪曲、言い間違い、言語による思考の多くのテクニックなど、さまざまな興味深い言語影響が生じる」（p. 228-229）とした。加算的制御源がひとりでに明らかになることもある。例えば、新しい帽子（hat）をかぶった肥満の友人の前で、話し手が「君の脂肪（fat）いいと思うよ」と、「フロイト派的言い間違い」をする場合がある。多数の制御源は、言語によるユーモアや聞き手の楽しみの基盤を提供する。

Ⅸ　オートクリティック関係

　この章では、話し手は自分自身の聞き手になりうるし、しばしばそうしていることを強調してきた。話し手はなぜどうして自分自身の聞き手になり、それから自分自身の言語行動を更なる言語行動によって操作するようになるのだろうか。この問題を分析することは、オートクリティック関係というテーマを扱うことである。スキナー（Skinner, 1957）は、**オートクリティック**（autoclitic）という用語を導入して、話し手自身の言語行動が、話し手の更なる言語行動のS^DやMOとして機能する場合を特定することにした。言い換えれば、オートクリティックとは、話し手自身の言語行動についての言語行動である。この行動には、結果として最終的聞き手による分化強化が伴う。つまり、聞き手はその言語刺激に対する強化の媒介者として機能するか否かを弁別する。話し手は、自分自身の言語行動とその制御刺激の聞き手になり、また観察者になる。そして今度は再び話し手になる。この効果はとても速い。ふつう2水準の反応から構成される単文の自発のうちに生じる。

1．1次的、2次的言語オペラント

　応用行動分析家は、話し手自身の言語行動を、1次的（レベル1）言語オペラントと2次的（レベル2）言語オペラントに分類すればよいと、マイケル（Michael, 1991, 1992）は提案した。レベル1では、MOとS^Dの一方または双方が存在し、1次的言語オペラントに影響を与える。話し手には何か話すことがある。レベル2では、話し手は自分自身の言語行動の1次的制御

変数と、自分の1次的言語行動を自発する傾向を観察する。話し手は、これらの制御変数を弁別し、聞き手にそれを説明する。2次的言語オペラントは、聞き手の行動を強化の媒介者にする。例えば、MOないしS^{D}が「彼女はオハイオ州のコロンバスにいる」という反応を引き出したとする。強化の媒介者としての聞き手にとって重要なことは、話し手の行動を制御する1次的変数を弁別することである。「彼女はオハイオ州のコロンバスにいる」という言語オペラントは、話し手がなぜそう言ったかを聞き手に教えない。「コロンバス特報という新聞で読んだんだけど、彼女はオハイオ州のコロンバスにいるよ」ならば、聞き手に1次的制御刺激を教える。第1レベルは「彼女はオハイオ州のコロンバスにいる」（1次言語オペラント）、第2レベルは「コロンバス特報という新聞で読んだんだ」（オートクリティック言語オペラント）である。

2. オートクリティック・タクト関係

　オートクリティックのなかには、聞き手にオートクリティックが同伴する一次的言語オペラントの種類を教えるものがある（Peterson, 1978）。オートクリティック・タクトは、聞き手に1次的言語オペラントの非言語的側面を教える。それはしたがって非言語刺激に制御される。例えば、子どもの発言「ママ見たよ」は、オートクリティック・タクトを含んでいるかもしれない。1次的言語オペラント（すなわちタクト）は、(a) その子の母親、(b)「ママ」という反応、(c) 関連する強化の歴史、という非言語S^{D}である。2次的言語オペラント（すなわちオートクリティック・タクト）は、非言語S^{D}が1次的言語オペラントを引き起こしたことを教える話し手のタクトである。この場合、非言語S^{D}は子どもの母親の視覚刺激である。そして、「見たよ」という反応は、この1次的タクトを生じさせた制御源を聞き手に知らせる。もし子どもが母親の声は聞いたけれども姿は見ていなかったとすれば、「声を聞いたよ」というオートクリティック・タクトが適切になるだろう。
　聞き手は、オートクリティック・タクトの実在やその性質を疑うかもしれない。例えば、「どうしてそれがママだと分かったの？」、と。疑うことは、効果的なオートクリティック行動がシェーピングされ、適切な刺激性制御下に組み込まれるための一方法である。
　オートクリティック・タクトはまた、1次的オペラントの強度を聞き手に知らせる。「ママだと思う」と「分かるよ。ママだよ」という言語刺激の例では、「と思う」ならば1次的タクトの制御源は弱く、「分かる」ならば強いことを、聞き手に知らせる。

3. オートクリティック・マンド関係

　話し手はオートクリティック・マンドを頻繁に使用する。それは聞き手に有効な強化子を知らせる助けにするためである（Peterson, 1978）。特定のMOがオートクリティック・マンドを制御する。その役割は、聞き手が一次的言語オペラントに特定の方法で反応するよう、聞き手にマンドすることである。「分かるよ。ママだよ」にはオートクリティック・マンドが含まれる。例えば、「分かる」が反応強度のタクトでないならば、「早くして」という意味のMOかもしれない。

オートクリティック・マンドはどこでも起こる。しかし、聞き手がそのマンドを制御するMOを知ることは難しい。その理由は制御源が私的だからである。例えば、オートクリティック・マンドに隠された意図は、よほど注意深い観察者にしか分からないことがよくある。例えば、ある製品の売り上げについての質問に対する回答のような1次的イントラバーバルには、オートクリティック・マンドが含まれることがある。例えば、「あなたは売り上げにきっと満足されるでしょう」というときの「きっと満足されるでしょう」が、「売り上げの詳細は聞いてくれるな」という反応を制御するMOと同じMOに制御される場合のように。

4．オートクリティック関係の開発

話し手はいくつかの方法でオートクリティック関係を発達させる。例えば、父親が子どもの母親への贈り物を包んでいる。そばにいた子どもが「ママ」と言ったとする。父親は子どもの「ママ」という反応を制御する1次的変数を特定するため「ママ見た？」と尋ねるかもしれない。「見たよ」という答えが「ママ」がタクトであることがはっきりすれば贈り物を隠すし、「ママ」へのマンドなら贈り物を包み続けるというように、父親は異なって反応するだろう。「ママ」という反応の制御源は贈り物かもしれない。「それはママのためのものだね」という場合がそうである。「のためのもの」（すなわちオートクリティック）は、「ママ」という1次的タクトを制御する非言語刺激がその贈り物であることを父親に知らせる。そして父親は贈り物を包み続ける。スキナー（Skinner, 1957）が指摘したように、「オートクリティックは、話し手の行動の属性か、またはその属性の原因となる状況のいずれかを知らせることによって、聞き手に影響を及ぼす」（p. 329）。

言語学習の初期段階で、学習者がオートクリティック反応を自発することはまずない。スキナーの立場は明快である。「ほかの言語行動が存在しなければ、どんなオートクリティックであれ起こり得ない。（基本的）言語オペラントがしっかり確立されて初めて、話し手は自分がオートクリティック行動を確立する更なる随伴性の支配下にあることに気づくようになる」（p. 330）、と。したがって、初歩的言語介入には、オートクリティック訓練を含めるべきではない。

X　言語行動の応用

スキナーの言語行動の分析は、言語についての概念的枠組みを提供する。それは応用行動分析家にとって非常に有用である。言語は学習された行動であり、話し手と聞き手の社会的相互作用を含み、基本単位は言語オペラントである。こうとらえることによって、臨床家と研究家が言語に関する問題にアプローチし改善する方法に変化が起こる。スキナーの言語理論は、ますます多くの分野にうまく応用されてきている。例えば、この分析は典型的な言語と子どもの発達（例えば、Bijou & Baer, 1965）、小学校や高校の教育（例えば、Johnson & Layng, 1994）、大学教育（例えば、Chase, Johnson, & Sulzar-Azaroff, 1985）、識字問題（例えば、Moxley, 1990）、作文（例えば、Vargas, 1978）、記憶（例えば、Palmer, 1991）、第2言語獲得（Shimamune & Jitsumori,

1999)、臨床的介入（例えば、Layng & Andronis, 1992）、問題行動（例えば、McGill, 1999）、外傷性脳損傷（例えば、Sundberg, San Juan, Dawdy, & Arguelles, 1990）、人工知能（例えば、Stephens & Hutchison, 1992）、類人猿の言語獲得（例えば、Savage-Rumbaugh, 1984）、行動薬理学（例えば、Critchfield, 1993）に応用されている。スキナーの言語行動の分析の最も生産的な応用例は、自閉症児やそのほかの発達障害児の言語査定と介入プログラムである。この応用分野について次節で詳述する。

1．言語査定

　言語に遅れのある子どものために計画された標準的言語査定の大部分は、子どもの理解言語と表現言語を検査することで、年齢相応のスコアを求めようとする（例えば、ピーボディ絵画語彙検査Ⅲ［Peabody Picture Vocabulary Test III］［Dunn & Dunn, 1997］，総合的理解表現語彙検査［Comprehensive Receptive and Expressive Vocabulary Test］［Hammill & Newcomer, 1997］）。この情報はいろいろな用途に役立つ。しかしこれらの検査は、マンド、タクト、イントラバーバルのレパートリーを区別していない。そのため重要な言語の欠陥を同定することができない。例えば、これらの検査は、弁別刺激（例えば、写真、単語、質問）に制御される言語スキルを査定する。しかし、言語行動のかなりの割合は、MOの制御下にある。マンドは主要なタイプの言語行動であるが、標準検査で査定されることはまずない。自閉症やそのほかの発達障害をもつ子どもたちは、大量のタクトや理解言語はあってもマンドができないことがよくある。MOの制御に関係する言語スキルの遅れや欠陥を言語査定で同定できないと、適切な介入プログラムを確立することも難しくなる。標準査定の大部分では、イントラバーバル・レパートリーを十分に査定することができていないのも、同様に問題である。

　言語に遅れのある子どもが言語検査に照会されてきたときどうすべきか。行動分析家は、言語病理学者が開発した標準検査の情報を入手する。それだけでなく、個々の言語オペラントの現在の有効性を検査する。第1に、子どものマンド・レパートリーの情報を集める。動機づけ操作がつきとめられ、それが強いことがわかったとき、子どもはその強化子を得るためにどんな行動をするだろうか？　強化子を入手できたら、マンド行動は止むだろうか？　さまざまなマンドの単位の頻度や複雑性はどうだろうか？　第2に、エコーイック・レパートリーの質や強さを調べる。その情報によって、ほかの言語的インタラクションに不可欠な反応トポグラフィーを起こさせるうえでの潜在的問題が明らかになる。第3に、タクト・レパートリーを徹底的に調査する。それによって非言語刺激の言語反応に対する制御の程度が明らかになる。第4に、受容言語とイントラバーバル・レパートリーを組織的に調査する。それによって、言語刺激による制御が明らかになる。つまり、個々の言語オペラントや関連する数々のスキルの強さや弱さを知ることによって、またそのほかの関連スキルを明らかにすることによって、言語の欠損のより完全な理解と、したがってより有効な言語介入プログラムを入手することができる（例えば、Partigton & Sundberg, 1998; Sundberg, 1983; Sundberg & Partington, 1998）。

表25.4　刺激性制御をMO制御に転移させることでマンドを教える

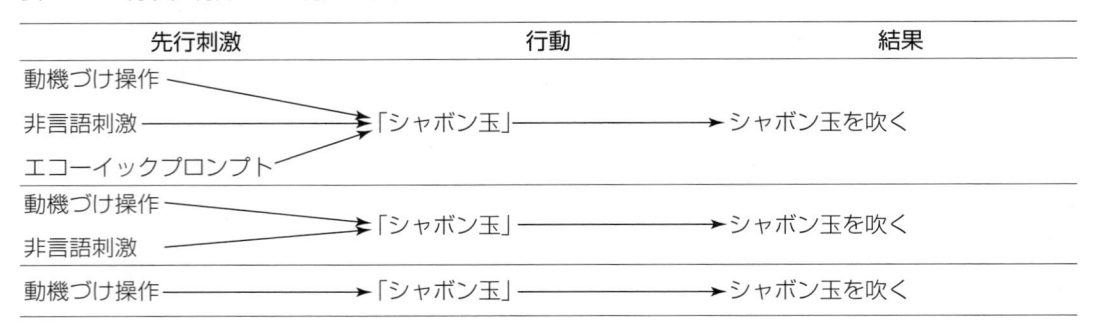

先行刺激	行動	結果
動機づけ操作 非言語刺激 エコーイックプロンプト	「シャボン玉」	シャボン玉を吹く
動機づけ操作 非言語刺激	「シャボン玉」	シャボン玉を吹く
動機づけ操作	「シャボン玉」	シャボン玉を吹く

2．言語介入

　スキナーの分析によれば、完全な言語レパートリーを構成するのは、個々の基本的オペラントと、独立した話し手と聞き手のレパートリーである。こうして個々の言語オペラントは、より上級の言語行動を形成する基礎と考えられる。それゆえ、言語介入プログラムは、基本的言語オペラント・レパートリーの1つ1つを確実に確立する。それらを確立してから、オートクリティックや多重制御反応のようなより複雑な言語関係に進む。以下の節では、マンド、エコーイック、タクト、イントラバーバルを教える手続きを簡単に説明する。また関連する研究についても考察する。

3．マンド訓練

　マンドは、先に述べたように、言語獲得の初期の学習者にとって、極めて重要である。子どもはマンドをもっていれば、強化子の価値が最も高まった時点で、強化子の入手をコントロールできる。その結果、親や言語指導者の行動（とくに言語行動）と強化子のペアリングを、絶好のタイミングで（欲しいものへのMOが高まっているときに）、行うことができる。マンドによって、子どもはまた単なる聞き手としてではなく、話し手としての役割も確立し始める。それによって、子どもは社会的環境のコントロールを実感するようになる。マンドが典型的なしかたで発達しないと、マンドの機能を果たす癇癪、暴力、社会的引きこもり、自傷などの否定的行動が出現する（したがって、それらが社会的環境をコントロールする）。それゆえ、言葉のない子どもへの言語介入プログラムには、適切なマンドを教える手続きを含める必要がある。ほかのタイプの言語行動も軽視すべきではないが、マンドがあれば子どもは欲しいときに欲しいものを手に入れることができる。

　マンド訓練において最も複雑なのは、反応を関連MOの制御下におかなければならないという事実である。したがって、マンド訓練は、関連MOが強いときだけに行うことができ、最終的にはマンド反応がほかの制御源（例えば、非言語刺激）から自由になることが必要である。マンド訓練のもう1つの困難は、個々のMOごとに異なる反応形態を確立する必要があることである。

もちろん音声言語が最も一般的な反応形態であるが、手話、絵、書き言葉なども利用することができる。

　マンドを確立する基本的手続きは、プロンプティング、フェーディング、分化強化である。そのねらいは制御を刺激変数から動機づけ変数に転移させることである（Sundberg & Partigton, 1998）。例えば、子どもはシャボン玉のボトルに手を伸ばして、シャボン玉を見たいというMOを示し、それから空間を漂うシャボン玉を見てニコニコ笑う。そのときは、マンド訓練を始めるよいタイミングである。その子どもが「シャボン玉」という単語や、それに近い「シャ」のような音をエコーすることができれば、マンドを教えるのは容易である（表25.4を参照）。第１段階として、指導者はシャボン玉のボトル（非言語刺激）とエコーイック・プロンプト（言語刺激）を提示する。そして「シャボン玉」に漸次接近する反応を、シャボン玉を吹いてやること（特異的強化）によって、分化強化する。第２段階では、エコーイック・プロンプトをフェーディングして、「シャボン玉」という反応が、MOと非言語刺激（シャボン玉のボトル）の多重制御下に確実に組み込まれるようにする。最後の第３段階では、非言語刺激をフェーディングして、反応をMOの単独制御下に組み込むようにする。

　初期の言語介入プログラムで教える最も簡単なマンドは、子どもにとってMOが頻繁に強くなり、なかなか飽和しないもの（例えば、食べ物、おもちゃ、ビデオ）へのマンドである。重要なことは、推定されるMOの現在の強さをつねに査定することである。それには子どもに選択させる手続きが必要である。また、自由オペラント状況（つまり、要求がない状況）における子どもの反応、強化子に接触するまでの潜時、強化子をすぐに消費するか否かなどの観察が必要である。初期のマンド訓練の目標は、異なるMOに異なる反応形態（例えば、単語）を機能的制御下に組み込ませることによって、いくつかの異なるマンドを確立することである。大事なことは、時間によってMOの強さは変化すること、その効果は一時的であることを自覚することである。更に、子どもに要求を課すことが、MOの強さを弱め、マンド訓練を難しくすることにも注意しなければならない。より困難な学習者に初歩的マンドを教えるためには、多くの付加的方法が存在する。代替コミュニケーション、身体的プロンプト、音声プロンプト、そしてより注意深いフェーディングと分化強化の手続きなどである（Sundberg & Partington, 1998を参照）。

　ほかの言語オペラントを獲得しても、マンドが重要な言語レパートリーの一部であることに変わりはない。典型的な子どもは、食物強化子や有形強化子へのマンドを獲得すると、すぐ次の対象として、アクション（動詞）、注目、不快刺激の除去、ある場所への移動（前置詞）、アイテムの一定の特性（形容詞）とアクション（副詞）、言語的情報（WH質問）などをマンドすることを学習する。言語に遅れのある子どもにこれらのマンドを教えることは難しい。訓練目的のために、関連MOをとらえたり、作り出したりしなければならないからである（Sundberg, 1993, 2004）。幸い、マイケル（Michael, 1993）が行ったさまざまなMOの種類の分類は、MOをとらえたり仕組んだりするための手引きとして有用である。例えば、どうすれば日常場面で他動性条件性動機づけ操作（transitive conditioned motivative operation, CMO-T）をとらえることができるだろうか。そのためには、ある刺激がほかの刺激の価値を高める状況を活用するようにすればよい。ここに消防車が好きな子どもがいる。窓外に消防車が駐車している。その子がそれを目撃す

る。この刺激条件（駐車中の消防車）は、第2の刺激条件である、開かれたドアの価値を高める。そして過去にドアを開ける助けになった行動を喚起する。ベテランの指導者ならば、この出来事をよく見ていて、すかさず「開けて」や「外」という言葉のマンド訓練をするだろう。ハートとリズリー（Hart & Risley, 1975）の研究と彼らの偶発教授モデルは、この教授戦略の範例である。

また他動性CMOを使えばマンド訓練を仕組むこともできる（例えば、Hall & Sundberg, 1987; Sigafoos, Doss, & Reichele, 1989; Sundberg, Loeb, Halem & Eigenheer, 2002）。例えば、ホールとサンドバーグ（Hall & Sundberg, 1987）は、自閉症で聴覚障害の10代の子どもに、その子が非常に欲しがるインスタントコーヒーを、お湯なしで提示するという方法によって、仕組まれたCMO-T手続きを活用した。コーヒーはお湯の価値を高める。過去にお湯をもたらした行動が喚起される。ベースライン期では、その行動は癇癪だった。上述の制御手続きの転移（transfer of control procedure）を活用することによって、このCMO-Tが有効になったので、適切なマンド（つまり、「お湯」の指サイン）を教えるのは容易だった。事実、この手続きを利用して、たくさんのマンドを教えた。そして、この手続きはしばしば未訓練マンドの自発と否定的行動の大幅な減少とをもたらした。

自閉症やそのほかの重い言語遅滞の子どもたちのためにデザインされた介入プログラムなら、どんなプログラムであっても、マンド訓練が大きな部分を占めるようにすべきである。適切なマンド・レパートリーがなければ、子どもはMOが強い場面で強化を得ることはできない。あるいは社会的環境を十分コントロールすることができない。その結果、その子に関わる人々は条件性嫌悪刺激になるか、マンド機能を果たす問題行動が獲得されるだろう。どちらか一方ではなく両方が起こってしまうかもしれない。こうした問題行動や対人関係は、それに代わるマンドを確立しない限り、改善することが難しくなる。言語介入プログラムの初期においてマンドを教えることは、マンドとしての否定的行動の獲得を予防するために役立つ。更に、親や教師は成功するマンドと対提示され、条件性強化子になることができる。人々が子どもに対してより強化的な存在になれば、社会的引きこもりや、逃避と回避や、不服従などを減らすことができるだろう。

4．エコーイック訓練

初歩的な言語学習者にとって、言葉の反復を求められたら反復するという能力は、ほかの言語オペラントの発達に大きな役割を果たす（さきのシャボン玉の例のように）。もし子どもがエコーイック刺激性制御下で単語を自発することができるなら、刺激性制御手続きの転移を使うことができる。それによって、その同じ反応形態をMOの制御下に組み込むことができる。それだけでなく、事物（タクト）や質問（イントラバーバル）の制御下にも組み込むことができる。自閉症やそのほかの言語遅滞の子どもたちの多くは、エコーイック行動を自発することができない。エコーイックレパートリーを開発するためには、特別な訓練手続きが必要である。

エコーイック訓練の第1目標は、言葉の反復を求められたとき、親や指導者が自発した語句を子どもが繰り返すよう教えることである。一度エコーイック制御が確立すれば、次の目標は新し

表25.5 マンドの枠組みを用い、多重制御からエコーイック制御に転移させることで、エコーイックを教える

先行刺激	行動	結果
動機づけ操作 非言語プロンプト ───→「シャボン玉」───→ シャボン玉を吹く エコーイック刺激		
非言語プロンプト エコーイック刺激 ───→「シャボン玉」───→ ほめる（GCR）		
エコーイック刺激 ───→「シャボン玉」───→ ほめる（GCR）		

い語や組み合わせを反復できるよう般性レパートリーを確立することである。しかし、エコーイック・レパートリーの最終目標は、その反応形態をほかの言語オペラントに転移させることである。この転移プロセスは即座に開始できる。般性レパートリーの獲得は条件としない。第1目標のエコーイック刺激性制御の確立を達成するためにはいくつかの方法がある。それらを説明する。

　エコーイック訓練の最も一般的な形態は、エコーイック直接訓練である。この手続きでは、言語刺激を提示し、標的反応に近似した行動を分化強化する。この手続きには、プロンプト、フェーディング、シェーピング、消去、強化のテクニックの組み合わせが含まれる。スピーチセラピストは、口を指差す、動きを誇張する、子どもの唇を物理的に動かす、唇の動きを見る鏡を使うなどのプロンプトを活用する。標的音声に漸次接近する反応を強化し、他は無視する。ついでプロンプトは撤去し、純粋なエコーイック反応を強化する。多くの子どもたちにとって、この手続きはエコーイック・コントロールを確立し、強固にし、発音を改良するうえで効果的である。しかし子どもによってはこの手続きが有効ではなく、付加的手段が必要となる場合がある。

　エコーイック訓練をマンドの枠組みに組み入れることも、エコーイック刺激性制御を確立する一層有効な手続きである。MOは言語訓練の強力な独立変数である。そのためほかの言語オペラントを確立するために一時的に利用することができる（例えば、Carroll & Hesse, 1987; Drash, High, & Tudor, 1999; Sundberg, 2004; Sundberg & Partington, 1998）。エコーイック訓練では、行動を引き起こす手段として、標的であるエコーイック先行子に加えて、MOや非言語刺激を追加することができる（表25.5を参照）。例えば、子どもがシャボン玉に強いMOを示したとする。そのMOが強いうちに、そしてシャボン玉のボトルという非言語刺激が存在するときに、エコーイック試行を実施する。「シャボン玉って言って」というエコーイック・プロンプトに、こうした付加的制御源が加わると、エコーイック反応が起こりやすくなる。「シャボン玉」に漸次接近する反応にはすべて、シャボン玉を吹くという特異的強化を伴わせる。これらの付加的先行刺激は撤去しなければならない。また強化も特異的強化から般性条件性強化に変えてゆくようにしなければならない。実物より絵を使う方が、MOからエコーイック制御への転移が容易な子どもたちもいる（これによってMOの喚起効果が低減される）。

音声行動の頻度が低い子どもたちに、エコーイック制御を確立することは難しい。これらの子どもたちには、どんな音声行動でも、それらをひたすら増加させる手続きを適用する。それによって最終的エコーイック制御の確立を促進する。1つの方法は、すべての音声行動を直接強化することである。この手続きを1ステップ進めて、子どもが特定の音声をランダムに自発したら、行動分析家がその反応を強化する。そして強化子を与えた直後に、その音声を使ってエコーイック試行を行う。中には自分が最初に自発した音声を反復できるようになる子どもたちがいる。このやりとりによって、エコーイック制御を促進する基礎的変数を構築する。

　自動強化手続きも、音声行動の頻度を高めるために活用できる。中性刺激をすでに確立した強化形態と対提示する。これで中性刺激は条件性強化子になる。例えば、シャボン玉を吹くとき、その直前に指導者がシャボン玉という単語を自発する。シャボン玉という単語が強化子になる。この対提示手続きによって、子どもの音声遊びの割合を増加させ、結果として以前はエコーしたことのなかった標的音声と標的言語の自発を生みだす。そのことが研究によって報告されている（Miguel, Carr, & Michael, 2002; Sundberg, Michael, Partington, & Sundbegr, 1996; Smith, Michael, Sundberg, 1996; Yoon & Bennett, 2000）。例えば、ユーンとベネット（Yoon & Bennet, 2000）は、標的音声を発声させるには、直接的エコーイック訓練よりも、この対提示手続きの方が有効であることを示した。この手続きや本節で示したすべての手続きの組み合わせによって、エコーイック・レパートリーの獲得に困難を抱える子どもたちが、利益を得ることができるかもしれない。

5．タクト訓練

　タクト・レパートリーの範囲は広く、多くの言語介入プログラムの主要な焦点である。幅広いタクトの対象は、事物、行為、事物の属性、行為の属性、前置詞的位置関係、抽象概念、私的出来事などに及び、子どもはこれらを学習しなければならない。指導の目標は、言語反応が非言語刺激によってコントロールされるようにもっていくことである。子どもが強力なエコーイック・レパートリーをもっていれば、タクト訓練はとても容易である。言語の指導者は、非言語刺激とエコーイック・プロンプトを提示し、正反応を分化強化し、エコーイック・プロンプトを撤去する。しかし、なかにはタクト訓練が難しい子どももいて、特別な手続きが必要である。

　タクトの確立にも、マンドの枠組みを利用することができる（Carroll & Hesse, 1987）。手続きはエコーイック反応のところで述べたものと同様である。訓練はまず、欲しい事物へのMO、非言語刺激、エコーイック・プロンプトからスタートする（表25.6）。シャボン玉を例にとれば、第1ステップと第2ステップはマンド訓練と同じである。目標は反応を動機づけ制御から解放して自由にすることである。手続きは特異的強化ではなく、般性条件性強化を与えることである。この時点では、エコーイック訓練同様、事物そのものよりも事物の絵や写真を使った方が、転移が速く起こる可能性がある。また、子どもによってはMOを撤去する前にエコーイック・プロンプトをフェーディング（段階的撤去）した方が効果的である。第3ステップでは、エコーイック・プロンプトの段階的撤去を行い、反応を非言語刺激だけで制御されるようにする。つまりタ

表25.6 マンドの枠組みを用い、多重制御から非言語刺激の制御に転移させることによって、タクトを教える

先行刺激	行動	結果
動機づけ操作 非言語刺激 エコーイック刺激	「シャボン玉」	シャボン玉を吹く
非言語刺激 エコーイック刺激	「シャボン玉」	ほめる（GCR）
非言語刺激	「シャボン玉」	ほめる（GCR）

クトである。ここでエコーイック以外の言語プロンプト、例えば「これ何？」を追加するのも効果的だろう。しかし、これらの言語プロンプトも追加的制御源であり、タクト獲得の分析によって説明する必要がある。

　より複雑なタクトを教える方法においても、刺激性制御の転移手続きを利用することができる。例えば、行為のタクトの指導では、非言語刺激のムーブメントを示す。そしてそのジャンプする行為が、例えば「ジャンプ」などの反応をコントロールするようにさせる。タクトの指導では、前置詞、形容詞、冠詞、副詞などを教える。いずれも非言語刺激による刺激性制御を確立しなければならない。しかし、これらの上級タクトは、しばしば見た目より複雑である。そしてフォーマルな訓練で形成される刺激性制御のタイプは、典型的発達を示す子どもたちに同様のタクトを引き出させる刺激性制御のタイプとは違うかもしれない（Sundberg & Michael, 2001）。例えば、初歩的学習者用訓練プログラムのなかには、私的刺激に言語行動を制御させることを教えようとするものがある。その私的刺激には、感情状態（悲しい、幸せ、恐い）や、痛みや、かゆみや、尿意や、空腹や、吐き気などが含まれる。このような言語行動は、誰にとっても重要なレパートリーである。しかしこの言語レパートリーの場合、教師や親は学習者に作用する制御変数に直接接触することができない。そのため正確なタクト関係を開発することは難しい。人の体内にある私的関連刺激を指導者は提示してみせることができない。そのため事物や行為のタクトなら正しい反応を強化することができるが、それと同じ方法で私的刺激の正しいタクトを正確に分化強化することはできない。腕部に発する刺激を子どもが正しく「かゆい」とタクトするよう教えるためには、この刺激の公的付随（肌の発疹を観察すること）と子どもの平行反応（子どもが腕を掻くのを観察すること）に教師が反応しながら、間接的に訓練するようにするほかない。しかし、この方法には多くの困難が伴う（発疹はかゆくないかもしれない、真似して掻いているのかもしれない）。こういうレパートリーは、大人でさえもしばしば非常に不正確である。

6．イントラバーバル訓練

　自閉症や発達障害やそのほかの言語遅滞の子どもたちの多くは、イントラバーバル・レパート

表25.7 マンドの枠組みを用い、多重制御から言語刺激の制御に転移させることによって、イントラバーバルを教える

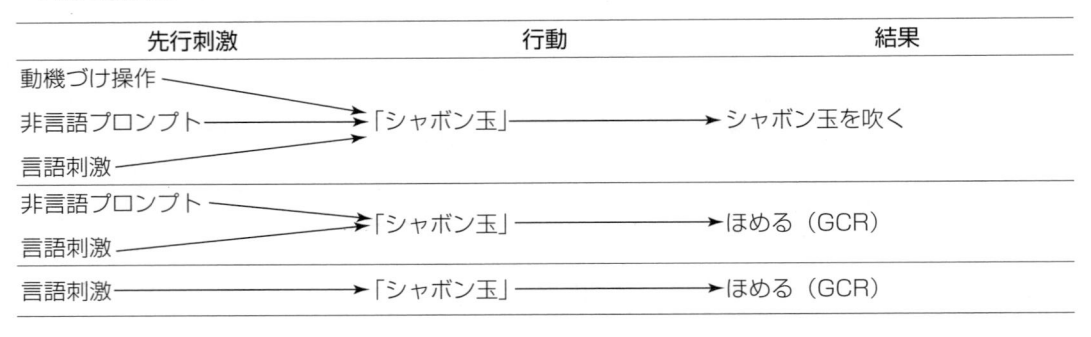

先行刺激	行動	結果
動機づけ操作 非言語プロンプト ──→ 「シャボン玉」 ──→ シャボン玉を吹く 言語刺激		
非言語プロンプト 言語刺激 ──→ 「シャボン玉」 ──→ ほめる（GCR）		
言語刺激 ──→ 「シャボン玉」 ──→ ほめる（GCR）		

リーに問題があるか、まったく欠損している。何百ものマンドやタクトや理解言語反応を自発できる子どもたちでさえそうである。例えば、ある子どもは、(a) 他人が「ベッド」と言うのを聞いて「ベッド」と言ったり（エコーイック）、(b) ベッドを見て「ベッド」と言ったり（タクト）、(c) 疲れているときベッドを要求したり（マンド）しさえするが、(d) 誰かに「どこで眠るの？」とか、「君が眠るのは……？」と聞かれて、「ベッド」と答えることはしない。認知的用語では、このタイプの言語障害は、聴覚刺激の処理の失敗とされるか、そのほかの仮説的な内的プロセスによって説明される。しかし、言語的刺激性制御と非言語的刺激性制御は同じではない。幼い学習者がタクトとして獲得した反応は、特別な訓練をしなければ、自動的にはイントラバーバルとして使われることはない（例えば、Braam & Poling, 1982; Luciano, 1986; Partington & Bailey, 1993; Watkins, Pack-Teixteiria, & Howard, 1989）。

　一般的に、言語刺激による言語反応のコントロールを確立することは、非言語刺激によるコントロールを確立するよりも難しい。これは、イントラバーバルはすべてどんなタクトよりも難しいという意味ではない。イントラバーバルのなかにも、単純で獲得しやすいものがある。しかし、言葉に遅れのある子どもたちに、いつイントラバーバル行動のフォーマルな訓練を始めるべきかといえば、その子がマンド、タクト、エコーイック、模倣、理解、見本合わせのレパートリーを十分確立してからでなければならない（Sundberg & Partington, 1998）。初期のイントラバーバル訓練でよくある間違いは、イントラバーバル関係を早く教えすぎたり、発達順序を無視した複雑すぎるイントラバーバル、例えば個人的情報（例えば、「きみの名前と電話番号は？」）などを教えようとしたりすることである。一番簡単なイントラバーバル関係は、穴埋め式の歌（例えば、バスの歌「バスの車輪がくーるくる、バスの車輪がくーるくる…」）や、楽しい遊び（例えば、「イナイイナイバア…」）である。イントラバーバルの初歩の訓練目標は、とりあえず言語反応をマンド、エコーイック、タクトの制御源から抜けださせ、自由にさせることである。つまり、新しい反応トポグラフィーは一切教えない。すでに知っている言葉を新種の刺激性制御下に組み込むのである。

　MOは刺激性制御の転移を促進する有用な独立変数になりうる。イナイイナイバアの例や、エコーイックとタクトのところで述べたマンドの枠組みで示したとおりである。しかし、子どもは

最終的にはMOの制御から自由になったイントラバーバル反応を自発できるようにならなければならない。例えば、子どもはシャボン玉が好きだとする。そして標的のイントラバーバルは、言語刺激「きみが吹くのは…」が、言語反応「シャボン玉」を引き起こすことだとする。するとイントラバーバル訓練では、MOと非言語刺激によるコントロールから言語刺激によるコントロールへと、制御を転移する必要がある（エコーイック・プロンプトも利用できる）。言語の指導者は、MOが強まっているときに、言語刺激（例えば「君が吹くのは…」）を非言語刺激（例えば、シャボン玉のボトル）とともに提示する。そして、イントラバーバル反応に特異的強化ではなく般性条件性強化を与え、実際の品物ではなく絵や写真を使い、最終的には非言語プロンプトを撤去するようにする（表25.7を参照）。

イントラバーバル・レパートリーの重要性は、言語刺激とそれに関連する反応がより多様化し複雑化するにつれ、ますます高まってくる。よく使われる言葉の組み合わせ（例えば「お母さんと…」）、穴埋め（例えば「きみがバウンドさせているのは…」）、動物の鳴き声（例えば「猫の鳴き声は…」）、そして最終的にはなに疑問文（例えば「なに食べたの？」）は、言語刺激と言語反応の内容とバリエーションを拡大するために役立つ。それによってイントラバーバル行動を強めることができる。その上、これらの手続きによって、言語刺激クラスと言語反応クラスを開発することができるし、タクトやエコーイックの刺激性制御の源泉には制約されない、より流暢なイントラバーバル反応を発達させることができる。より上級のイントラバーバル訓練は、さまざまな方法によって達成することができる（Sundberg & Partington, 1998）。例えば言語刺激は、条件性弁別が必要な多くの成分、「朝食でなに食べる？」と「夕食でなに食べる？」のように、1つの言語刺激が別の言語刺激の喚起効果を変化させるような成分をもちうる。拡張プロンプト「ランチでほかになに食べる？」も活用できるし、また追加WH疑問文「ランチどこで食べる？」「ランチいつにする？」も活用することができる。イントラバーバル行動を段階的に複雑にさせる指針としては、典型的な発達順序が役に立つ。それはほかの言語レパートリーにおいても同様である。また『基礎的学習スキルと言語スキルの査定：ABLLS』（*Assessment of Basic Learning and Language Skills: The ABLLS*）（Partington, & Sundberg, 1998）で紹介した言語オペラント課題分析も役に立つ。

7．言語訓練の更なる側面

言語行動プログラムとカリキュラムには、これら4つの基本的レパートリーのほかに、更にいくつかの成分がある。例えば、理解言語訓練、見本合わせ、試行の混合と多様化、多重反応訓練、文章構成、会話スキル、ピアとの交流、読み、書き、など（Sundberg & Partington, 1998）。これらのプログラムを説明することは、本章の射程を超えているが、これらのスキルを教える手続きには、本章で説明した刺激性制御の転移と同じ基本成分が含まれる。

まとめ

言語行動と言語の特性

1. 言語行動は、他者の行動を媒介として強化される行動と定義される。

2. 言語行動の形態的特性には、言語反応のトポグラフィー（つまり、形態、構造）が含まれる。

3. 言語行動の機能的特性には、その反応の原因（つまり、先行刺激と結果）が含まれる。

4. スキナーの言語行動の分析は、言語学の分野から強く反論され、行動分析学の分野からも関心をもたれなかった。しかし、1978年にスキナーは著書『言語行動』が彼の最も重要な研究であると分かるときがくるだろうと予測していた。

言語行動を定義する

5. 言語行動には、話し手と聞き手の社会的相互作用が含まれる。それによって、話し手は、聞き手の行動を通して強化にアクセスし、環境を制御する。

6. 言語オペラントとは、言語行動の分析の単位である。反応と、(a) 動機づけ変数、(b) 弁別刺激、(c) 結果、の間の関数関係である。

7. 言語レパートリーとは、特定の人が自発する一連の言語オペラントである。

基本的言語オペラント

8. マンドとは、その反応形態が動機づけ操作（MO）と特異的強化の機能的制御下に組み込まれる言語オペラントである。

9. タクトとは、非言語弁別刺激の機能的制御下にある言語オペラントであり、般性条件性強化を生み出す。

10. エコーイックとは、ある言語反応との間に部分ごとの対応と形態的類似性のある言語弁別刺激から構成される言語オペラントである。

11. 刺激と反応の部分ごとの対応は、言語刺激の最初・中間・最後が言語反応の最初・中間・最後と一致するときに起こる。

12. 形態的類似性は、先行刺激と、反応または反応の所産が、(a) 感覚モダリティを共有しており（例えば、両方とも視覚的、聴覚的、触覚的）、(b) 物理的に類似しているときに起こる。

13. イントラバーバルとは、部分ごとの対応のない言語反応を引き起こす言語弁別刺激から成る言語オペラントである。

14. テクスチュアルとは、刺激と部分ごとの対応があるが、形態的類似性はない弁別刺激からなる言語オペラントである。

15. トランスクリプションとは、書く、タイプする、空書するという反応を制御する言語弁別刺激から成る言語オペラントである。テクスチュアルと同様、刺激と反応の所産に部分ごとの対応があるが、形態的類似性はない。

聞き手の役割

16. 聞き手は強化を媒介するだけではなく、言語行動の弁別刺激としても機能する。聞き手の行動の多くは、潜在的な言語行動である。

17. 聴衆は、それが存在する状況では言語行動が特徴的に強化されるような弁別刺激である。

18. 制御変数を分析することによって、言語反応を、マンド、タクト、イントラバーバルなどに分類することができる。

複雑な言語行動の分析

19. 自動強化とは、特定の条件づけの履歴の結果、反応の所産が強化的特性をもつようになった条件性強化の一種である。

20. 自動弱化とは、特定の条件づけの履歴の結果、反応の所産が弱化的特性をもつようになった条件性弱化の一種である。

21. 一般的タクト拡張では、新規刺激が元の刺激の重要な定義的特徴をすべて共有している。

22. 隠喩的タクト拡張では、新規刺激が元の刺激の重要な特徴をすべてではないがいくらか共有している。

23. 換喩的タクト拡張では、新規刺激は元の刺激の重要な特徴を共有していないが、しかし重要ではないが関連する特徴が刺激性制御を獲得している。

24. 破格的タクト拡張では、タクト関係に間接的にしか関連していない刺激特性が、非標準的な言語行動を喚起する。

25. 私的出来事とは、体内で起こる刺激である。

26. 公的付随とは、公に観察できる刺激が私的刺激に付随するときに起こる。

27. 併発反応とは、私的刺激とともに起こる公的に観察できる反応である。

28. 共通特性とは、私的刺激が公的刺激の特性のいくらかを共有している般化の一種である。

29. 反応縮小とは、動作や姿勢から生じる運動感覚的刺激が、言語行動に対する制御を獲得している般化の一種である。動作のサイズが小さく（カバートに）なっても、運動感覚的刺激は顕在的な動作による運動感覚的刺激と十分似ているかもしれない。

多重制御

30. 収束的多重制御は、1つの言語反応が複数の制御変数の関数であるような場合に起こる。

31. 発散的多重制御は、1つの先行刺激がたくさんの反応の強度に影響するような場合に起こる。

32. 主題的言語オペラントは、マンド、タクト、イントラバーバルであり、同じ変数によって制御される異なるトポグラフィーも含む。

33. 形態的言語オペラントは、エコーイック（手話やテキストコピーイングに関連するので模倣も）、テクスチュアル、トランスクリプションで、部分ごとの対応のある変数によって制御される。

34. 多くの聴衆とは、異なる反応形態を起こさせる異なる聴衆である。

35. 非純粋タクトは、非言語刺激とともにMOによっても制御される場合に起こる。

オートクリティック関係

36. オートクリティック関係とは、関連するが別々の2つの3項随伴性を含む関係である。そこでは、話し手自身の言語行動のある側面が、話し手の更なる言語行動のS^DやMOとして機能する。

37. 1次的言語行動には、話し手が発する基本的な言語オペラントが含まれる。

38. 2次的言語行動には、話し手自身の進行中の言語行動のある側面によって制御されている言語反応が含まれる。

39. オートクリティック・タクトによって、聞き手は、1次的言語オペラントの非言語的側面、つまり、非言語刺激によって制御されている側面を知ることができる。

40. オートクリティック・マンドはMOによって制御され、聞き手に1次的言語オペラントにある特定の仕方で反応するよう要求する。

言語行動の応用

41. 言語オペラントは、さまざまな言語障害の査定に使われる。

42. マンド訓練では、言語反応がMOの制御を受けるようにする。

43. エコーイック訓練では、言語反応が、その反応と部分ごとの対応と形態的類似性のある言語的弁別刺激の制御を受けるようにする。

44. タクト訓練では、言語反応が、非言語刺激の制御を受けるようにする。

45. イントラバーバル訓練では、言語反応が、その反応と部分ごとの対応のない言語的弁別刺激の制御を受けるようにする。

第 11 部

特別な応用

　第4部から第10部では、基本的な行動原理と、それらの原理から引き出された行動改善戦略を説明した。この第11部では、行動改善テクノロジーの4つの特別な応用を解説する。これらのそれぞれの応用は、多くの原理と戦術を必要とする行動改善の戦略的アプローチとしてとらえることができる。第26章では、いま話題の3つの処遇、すなわち随伴性契約と、トークンエコノミーと、集団随伴性を扱う。第27章では「自己管理」に章のすべてを充てる。広範囲の被験者・場面・行動を対象とした、多彩な自己管理の戦術の有効性を実証する重要な研究文献が存在するからである。

第26章
随伴性契約、トークンエコノミー、集団随伴性

キーワード

バックアップ強化子、行動契約、随伴性契約、依存型集団随伴性、集団随伴性、ヒーロー手続き、独立型集団随伴性、相互依存型集団随伴性、レベルシステム、自己契約、トークン、トークンエコノミー

行動分析士資格認定協会®BCBA® & BCaBA®
第4版課題リスト©

Ⅰ 基本的な行動分析学のスキル	
D-08	不連続試行とフリーオペラント計画を使う。
E-03	インストラクションとルールを使う。
E-04	随伴性契約(例えば、行動契約)を使う。
E-05	独立型、相互依存型、依存型の集団随伴性を使う。
Ⅱ クライエントを中心に据えた専門家としての責任	
I-07	選好査定を設計し実行して、推定される強化刺激を同定する。
K-10	サービスが必要なくなったら、きちんとした終結を設計する。
Ⅲ 基礎知識	
FK-42	ルール支配行動

©2012 行動分析士資格認定協会® (BACB®)。不許複製。この文書の最新版は、www.bacb.comから入手できる。この文書の転載、複写、配布の請求と、この文書についての質問は、BACBに直接問い合わせられたい。

第26章　随伴性契約、トークンエコノミー、集団随伴性

　本章では、行動手続きの特別な応用として、随伴性契約と、トークンエコノミーと、集団随伴性を取り上げる。まずそれぞれの応用を定義する。次にそれらと行動原理との関係を説明する。さらにそれらの手続きの必要成分を検討する。そしてそれぞれを設計し実施し評価するガイドラインを示す。これらの主題を一括して論じるのは、いくつかの共通する特徴を共有しているからである。第1に、これらの主題には一括して扱うことを支持する有効なしっかりした文献がある。第2に、これらの主題はほかのアプローチとともにパッケージ・プログラムに組み込んで、相加的効果をもたらすことができる。またそれぞれは、個別的に計画しても、集団的に計画しても、活用することができる。これら3つの特別な応用には柔軟性があるため、実践家にとって魅力的な選択肢（オプション）になる。

I　随伴性契約

1. 随伴性契約の定義

　随伴性契約（contingency contract）は、**行動契約**（behavioral contract）ともいう。それは1つの文書（ドキュメント）であり、特定の行動をやり遂げれば、特定の報酬（例えば、自由時間、A・B・Cなどの記号による成績、好きな活動に従事する機会など）が入手できるか、提供されるという条件的関係（contingent relationship）が明記されている。

　一般に契約は、2人以上の人々が互いに相手に対してどう振る舞うかを明らかにする。このような対等交換協定（quid pro quo agreement）では、一方の契約者の行動（例えば、夕食を準備する）が、他方の契約者の行動（例えば、前夜、決められた時間までに、食器を洗うか片づける）に依存する。口約束は法的意味では契約とみなされる可能性があるが、それは随伴性契約とは言えない。なぜなら、随伴性契約における設計と実施と評価の明細性（specificity）の方が、当事者間の口約束における明細性をはるかに上回るからである。そのうえ、随伴性契約では、契約書に署名するという肉体的行為と、その行為が著しく人目を引くということが、不可欠の一部になっている。

　随伴性契約と行動契約はこれまで、さまざまな行動の修正に使われてきた。例えば学業成績（Newstrom, McLaughlin, & Sweeny, 1999; Wilkinson, 2003）や、体重管理（Solanto, Jacobson, Heller, Golden, & Hertz, 1994）や、食事療法の遵守（Miller & Stark, 1994）や、運動技能（Simek, O'Brien, & Figlerski, 1994）、など。はっきりいえば、随伴性契約が人々を惹き付ける長所は、それを単独で実施することもできれば、2つかそれ以上の介入を同時に組み込んだパッケージ・プログラムとしても実施できる点にある（De Martini-Scully, Bray, & Kehle, 2000）。

2. 随伴性契約の成分

　大部分の契約には、課題の記述、報酬の記述、課題の記録の3主成分が含まれる。契約では、本来、課題遂行者、課題範囲と順序、課題完遂環境ないし基準を特定する。図26.1は10歳男児の

```
┌─────────────────────────────────────────────────────────────────┐
│                          契　約                                  │
│        課題                          報酬                        │
│  誰が： マーク                  誰が： ママとパパ                 │
│  何を： 登校の準備をする        何を： ジミーが泊まりに来て一緒にご馳走を食 │
│  何時： 毎登校日                       べる                      │
│  いかによく： マークは登校日には毎朝ベッドか  何時： 完全にできた週の金曜夜 │
│  ら起き、洋服を着て、7:15までに朝食を食べ終   どれくらい多く： ジミーは放課後マークと一緒 │
│  える。ママかパパからの注意は1回だけとする。  に家にきて1泊する。男児2人は夜食にピザと │
│  登校日の5日間はすべてバスに乗る準備ができ   アイスクリームを食べてよい。 │
│  ている。そうすれば報酬がもらえる。                              │
│                                                                  │
│         署名： マーク・デーヴィッドソン    日付： 2007年2月12日    │
│         署名： ベリンダ・デーヴィッドソン  日付： 2007年2月12日    │
│                          課題記録                                │
└─────────────────────────────────────────────────────────────────┘
```

月	火	水	木	金	月	火	水	木	金	月	火	水	木	金
★	★		★	★	★	★	★	★	★	★	★	★	★	★
	失敗	マ	ー	ク	よ	く	や	っ	た	ね		褒美		褒美

図26.1　随伴性契約の例

From *Sign Here: A Contracting Book for Children and Their Parents* (2nd ed., p.31) by J. C. Dardig and W. I. Heward, 1981, Bridgewater, NJ: Fournies and Associates. Copyright 1981 by Fournies and Associates. Reprinted by permission.

両親が、息子の毎朝の起床と登校準備の学習を支援するために実行した随伴性契約である。

（1）課題

　契約の課題部分は、4つのパーツによって構成される。誰がは、課題を遂行して報酬を受ける人物、このケースでは、マークである。何をは、その人物がしなければならない課題ないし行動である。このケースでは登校準備をすることである。いつは、課題を完了する時間を特定する。この場合は、登校日のすべてである。いかによくは、課題の最重要部分、そしておそらく契約全体の最重要部分である。それには課題についての明細書が必要である。場合によっては、一連のステップないし下位課題を列挙すると効果的である。本人が自分は何をしなければならないかについてのチェックリストとして、利用できるからである。なお例外があれば、すべてこの部分に書き込む。

（2）報酬

　契約の報酬部分は、課題部分と同様に、完全かつ正確に特定しなければならない（Ruth,

1996)。人によっては契約の課題部分を特定することが非常に得意である。つまり、自分が他人に何をしてほしいかがわかっている。しかし、報酬部分になると明細性を失い、問題を起こすことがある。例えば「どこかのテレビを見ることができる」「チャンスがあればキャッチボールする」というような報酬の書き方は、課題をやり遂げる人にとって、明確でも具体的でも公正でもない。

　報酬部分では、誰がは、課題の完了を判定して、報酬の提示を制御する人物である。マークの登校準備契約では、判定し制御する人物は両親である。何がは報酬である。いつは報酬を獲得する人物が報酬を受け取る時間を特定する。どんな契約であれ、報酬は課題を首尾よく完了した後に提示することが決定的に重要になる。しかしながら、多くの報酬は課題を完了しても即座には提示することができない。そのうえ、中には報酬を与える場所や時間が決められているため、入手可能性が制約され、一定時間においてのみ、与えることができるものがある（例えば、ホームグラウンドで野球チームのプレーを観る）。マークの契約では、報酬を獲得しても、それを受け取るのは金曜夜だけである。どれだけ多くは、課題をやり遂げて獲得できる報酬量を表す。ボーナス随伴性は何であれ組み込む必要がある。例えば「アイリーンは月曜から金曜まで契約を守れば、土曜と日曜に追加の報酬を受け取る」のようにする。

（3）課題記録

　契約書に課題の完了を記録する場所を設ける目的は2つある。第1に、契約上に課題完了と報酬提示を記録することは、当事者のすべてにその契約を定期的に点検する機会を与える。第2に、報酬を獲得するために一定数の課題をやり遂げる必要があれば（例えば、子どもは連続5日、登校前に、1人で洋服を着なければならない）、課題をうまくやり遂げるたびに、課題記録上にチェックマークや、スマイルフェースや、星印をつけるようにする。契約書にこのようなマークをつけることは、課題をやり遂げて報酬を獲得するまで、本人を集中させておくために役立つ。マークの両親は、課題記録の上列のマスを登校日の曜日の記入のために利用した。中列のマスには、マークが契約条件を満たした日に、それぞれ両親が星印のシールを貼り付けた。下列にはマークの両親が契約の進歩についてコメントを書いた。

3. 随伴性契約を実行する

（1）契約はどう作用するか？

　随伴性契約の背後にある行動原理は、一見したところ、やさしそうに見える。人が行動し、その後で条件的報酬が出現する。これは間違いなく正の強化のケースである。しかしながら、ほとんどの契約において、報酬は条件的に起こるものの、特定された行動を直接的に強化するためにはあまりにも遅れて出現する。そして多くの成功した契約においては、特定された報酬は、実際には課題に対する強化子としては機能しない。課題の完了の直後に報酬が提示される場合ですら

そうである。さらに、行動契約は単独の関連行動と単独の強化子からなる単独の手続きではない。契約はいくつもの行動原理と手続きを組み合わせた介入パッケージとしてとらえる方がより正確である。

　それならば契約はいかにして目的通りに作用するのか？　いくつもの原理と手続きと因数が当てはまる可能性がある。確かに強化は含まれる。しかしながら最初に見えていたように簡単に、そして直線的には作用しない。おそらくルール支配行動（rule-governed behavior）が関与すると考えられる（Malott, 1989; Malott & Garcia, 1991; Skinner, 1969）。契約はルールを記述する。すなわち、特定された行動に、特定された（そして適度に即時的な）結果が後続する。契約は標的行動の遂行を促す反応プロンプトとしての役割を果たす。そして結果（たとえば土曜日夜、映画に行く）の有効活用を可能にする。ただしその結果は、一定の行動（例えば、火曜日にトランペットを練習する）を強化するためには、それ自体では遅すぎる。遅延性の結果は、言語行動によって、ルール（例えば、「トランペット練習を終えたぞ！　これで土曜日の映画のためにもう1つチェックマークをつけられる」）、あるいは、暫定的トークン強化子（例えば、練習を終えて契約書につけたチェックマーク）に結びつけられ、関連づけられれば、何時間も何日も前に遂行された行動を制御するために役立つ。その契約の物理的可視性もまた、「罪悪感」逃避の反応プロンプトとして働く可能性がある（Malott & Garcia, 1991）。この分野における知識の発展の現段階においては、契約は単にプレマックの原理（第11章を参照）に大まかに基づいた正の強化である、とはいえない。それどころかそれは複雑なパッケージ介入であり、それには関連する正負の強化随伴性とルール支配行動が単独でかまたは同時に作用する。

4．随伴性契約の適用

（1）教室での契約

　教室における契約の活用はすでに定着している。例えば、教師は契約を使って、特定の規律や、パフォーマンスや、学業課題（Kehle, Bray, Theodore, Jenson, & Clark, 2000; Ruth, 1996）に対処してきた。ニューストロームら（Newstrom et al., 1999）は、例えば、1人の行動障害の中学生に随伴性契約を使って、綴りと文字言語に関係する書き文字システムを改善した。文字綴りと文章作成において、大文字表記と句読点マークが正しく使われた百分率のベースラインデータを収集した後、生徒と交渉して随伴性契約を結び、パフォーマンスを改善すれば教室のコンピューターを自由に使える時間が手に入るという約束に署名した。それぞれの言語技術の授業では、綴り字のワークシートと日記（すなわち文章）を書くことに取りかかる前に、生徒に契約条項を思い出させた。

　図26.2は、随伴性契約による介入の結果を示す。文字綴りと文章作成についてそれぞれのベースラインをとると、両方の変数の正しさの平均は20％の範囲だった。契約を始動させると、生徒の文字綴りと文章作成のパフォーマンスが即座に改善して、平均約84％の正しさにまで上昇した。ただし、随伴性契約が文字綴りに対して適用されると正しいパフォーマンスの百分率が即

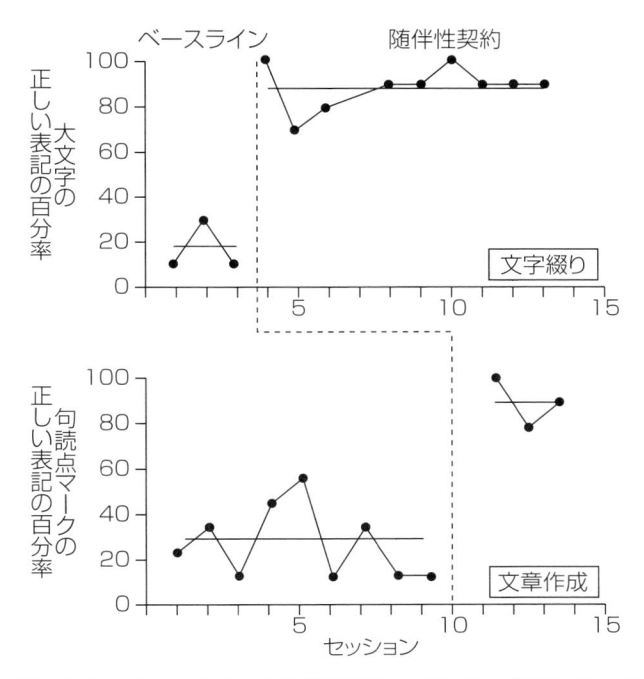

第26章　随伴性契約、トークンエコノミー、集団随伴性

図26.2　ベースラインと随伴性契約において文字綴りワークシートと日記で大文字表記と句読点マークを正しく使った百分率

From "The Effects of Contingency Contracting to Improve the Mechanics of Written Language with a Middle School Student with Behavior Disorders" by J. Newstrom, T. F. McLaughlin, & W. J. Sweeney, 1999, *Child & Family Behavior Therapy, 21* (1), p. 44. Copyright 1999 by The Haworth Press, Inc. Reprinted by permission.

座に上昇した（セッション4から12まで）が、文章作成の百分率は随伴性契約が適用されるセッション11以前は、向上しなかった。このことから、契約とパフォーマンスの改善との間に関数関係があることが証明された。著者らはまた、この生徒を教えているほかの教師らから得られた、文字綴りと文章作成に関するプラスの逸話的証拠についても報告している。

　ウイルキンソン（Willkinson, 2003）は、随伴性契約を使って小学1年女児の妨害行動を減らした。妨害行動とは、課題から外れた行動や、割り当てた作業や指示に対する服従拒否や、仲間との喧嘩や、癇癪であった。クラス担任との行動コンサルテーションの取り組みを開始し、問題の同定と分析と介入と評価を行った。随伴性契約では、子どもが3つの行動、すなわち課題従事時間と、他児との適切な交流と、教師の要求への服従を増加させれば、それを条件としてその子が好きな報酬と、教師からの社会的賞賛を入手できることとした。ベースラインと随伴性契約は合計13セッション行われ、その間の彼女の行動の観察によって、随伴性契約を実施すると妨害行動のインターバル百分率が減少したことが証明された。ウイルキンソンは、4週間のフォローアップ期間に子どもの妨害行動が大幅に減少し、低い状態にとどまっていたことを報告した。

　ルース（Ruth, 1996）は、情緒障害児に対する長期5カ年研究を行った。その研究では、随伴性契約が目標設定と組み合わせて使われた。子どもたちは担任と話し合って契約を結んだ。次に目標設定の成分が追加された。それには日々の目標と、週単位の目標と、成功基準水準とが含ま

れていた。5年間で43人の子どもたちがこのプログラムを卒業して行った。そのうちの37人の結果を見ると、日々の目標の75％、週単位の目標の72％、全目標の86％が達成された。ルースは2つの戦略を組み合わせることで得られる有益な効果について、次のようにまとめている。「契約に［目標設定の］方法を組み入れると、そのことによって、行動契約と目標設定の動機づけの側面が結合して、最大の努力と成功が生み出される可能性がある」（p. 156）。

（2）家庭での契約

　ミラーとケリー（Miller & Kelley, 1994）は、随伴性契約と目標設定を組み合わせることによって、過去に宿題を完成させることができず、そのほかの学業問題（例えば、提出期限を守れない、課題から外れた行動をする、提出物に間違いがある）にもリスクがある4人の9歳から12歳の子どもの、宿題の遂行を改善した。ベースライン段階では、子どもが宿題に取り組んだ時間と、完了させた問題の種類と正確さと、正しく解いた問題数を親が記録した。それから、親子は目標設定と随伴性契約の段階に進んだ。その前の親訓練では、子どもと交渉して目標を設定し、契約書を書き上げる方法について訓練した。親子は毎晩、それぞれの目標を設定し、話し合いに基づいて歩み寄りの目標を決定した。課題と報酬と契約が履行されないときの罰則を、毎週、再交渉した。進歩の測定には記録用紙を使った。

　図26.3にこの研究の結果を示す。目標設定と随伴性契約を組み合わせると、すべての子どもの正確な遂行が増加した。ミラーとケリーの研究結果は、随伴性契約を他の戦略とうまく組み合わせることによって有効な結果を生み出すことができることを再確認している。

（3）行動契約の臨床への応用

　フラッドとワイルダー（Flood & Wilder, 2002）は、随伴性契約と機能的コミュニケーション訓練とを組み合わせて、注意欠陥多動性障害（ADHD）と診断された小学生の、課題から外れた行動を減らした。その子は課題から外れた行動が憂慮すべきレベルに達したため、クリニックベースのプログラムに紹介されてきた。クリニックのセラピールームで、先行査定と、機能的コミュニケーション訓練と、随伴性契約が実施された。先行査定では、具体的には、学業課題の難度に関しては易しいものから難しいものへ、セラピストによる注目に関しては低から高へと変動させながら、課題から外れた行動のレベルを測定した。それだけでなく選好査定も実施した。課題で困ったとき助けて欲しければ挙手すること（例えば、「この問題を手伝っていただけますか？」）を、不連続試行訓練によって子どもに教えた。セラピストは近くに座り、助けてほしいという適切なリクエストに応じ、それ以外の発言は無視した。子どもが適切に助けを求められるようになったら、随伴性契約をつくった。子どもはその契約によって、課題を正しく完了することを条件として、選好査定で同定された大好きな品物を手に入れることができた。結果の示すところによれば、ベースライン段階では課題から外れた遂行は、算数の割算と単語の問題で著しかった。介入を導入すると、割算と単語問題で課題から外れた行動が即座に減ることが認められ

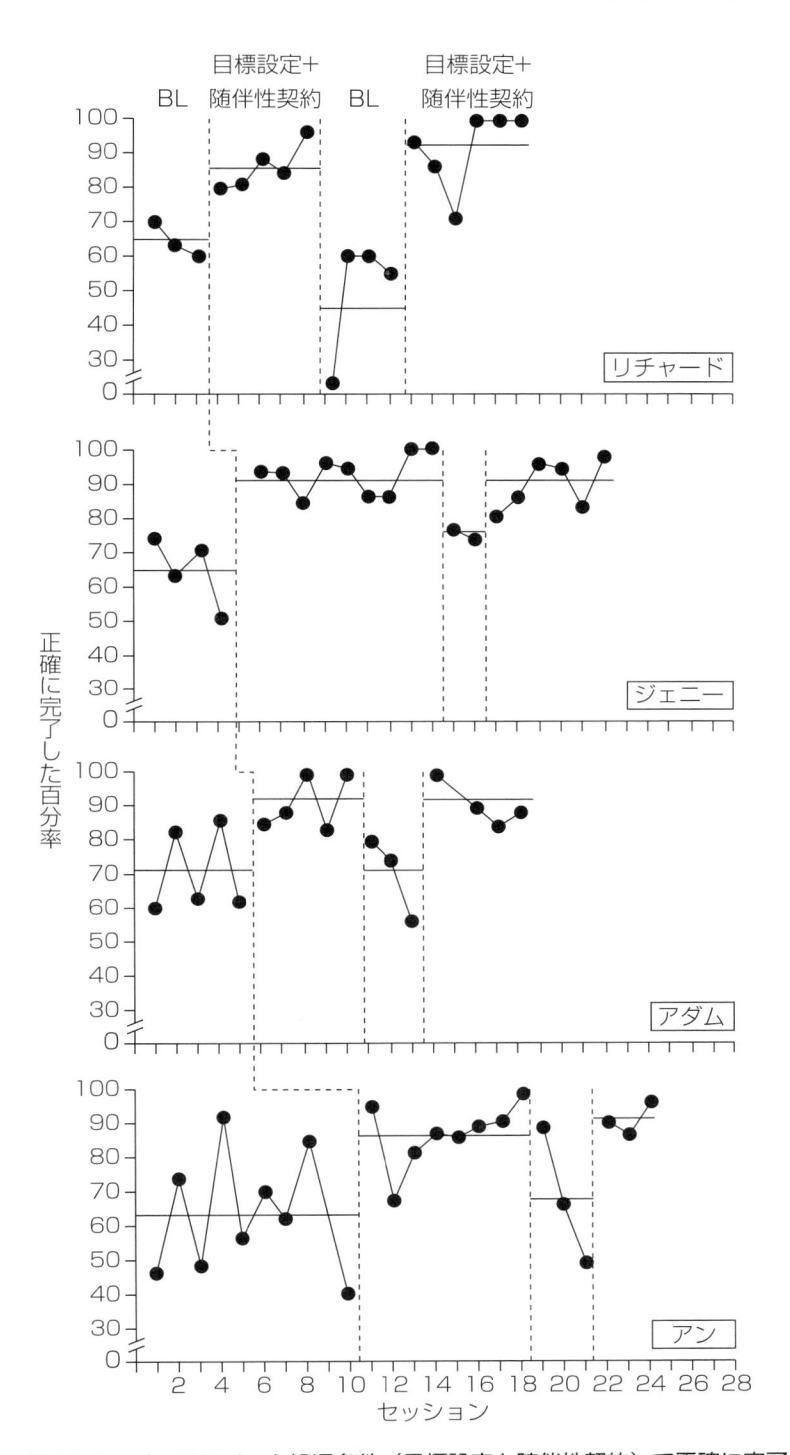

第26章　随伴性契約、トークンエコノミー、集団随伴性

図26.3　ベースラインと処遇条件（目標設定と随伴性契約）で正確に完了した宿題の百分率。セッションは学校があり宿題が出される日の順序に対応（月曜から木曜）。宿題が出されない日のデータは収集せず。

From "The Use of Goal Setting and Contingency Contracting for Improving Children's Homework Performance" by D. L. Miller & M. L. Kelley, 1994, *Journal of Applied Behavior Analysis, 27*, p. 80. Copyright 1994 by the Society for the Experimental Analysis of Behavior, Inc. Reprinted by permission.

た。また割算と単語問題を解く正確さも同様に改善された。ベースライン条件の段階では、割算と単語問題の各正答率は5％と33％だったが、介入段階では各正答率は24％と92％になった。

（4）契約を使って子どもに自己管理を教える

理想的に言えば、随伴性契約では、契約の開発から実施、そして評価に至るまで、終始子ども自身が積極的に参加することが望ましい。自分がしたい特定の行動を同定し、環境の一定の側面を整備して、それらの行動を起こりやすくし、行動に報酬が随伴するように設計するという行動契約は、多くの子どもたちにとって初めての経験である。もし契約過程のすべての部分を決定するのではなく、組織的、段階的に子どもに委譲するようにすれば、子どもは自己契約に関して上達するようになる。**自己契約**（self-contract）とは、人が自分自身と結ぶ随伴性契約である。それには、自分が選んだ課題と、報酬と、課題完遂の自己監視と、報酬の自己提示とが組み込まれる。自己契約のスキルは、多段階過程を経て達成することができる。最初は課題と報酬のすべての成分を実質的には大人に処方させ、次いで諸成分の設計を段階的に子どもに委譲する。

5．随伴性契約を作る

教師やセラピストや親は、子どもやクライエントに対して、契約を一方的に決定することができるが、一般的に契約作りにおいて関係する当事者のすべてが積極的な役割を果たすとき、契約はいっそう効果的になる。随伴性契約を作成する方法とガイドラインは、これまでいくつも提案されてきた（Dardig & Heward, 1981; Downing, 1990; Homme, Csanyi, Gonzales, & Rechs, 1970）。契約の作成では、課題と報酬の仕様を、それぞれの当事者が曲がりなりにも同意でき、かつ利益になるように決定することが必要である。ダーディグとヒューワード（Dardig & Heward, 1981）は、課題と報酬を同定するための5ステップの手続きを明らかにした。それは教師や家族が使える手続きである。

ステップ1：会議を開く　グループのすべて（家族や学級）を契約過程に参加させるためには、会議を開かなければならない。この会議では、契約はどんな役割を果たし、どうすれば自分たちがグループで協力して相互によりよく付き合えるようになり、どうすれば契約が個人的目標の達成に役立つかについて、メンバーで話し合うことができる。親も教師も、契約の実施に向けて含まれる全ステップに参加することを強調しなければならない。大切なことは、子どもから見て、契約とは大人たちが自分に押し付けるものではなく、グループのメンバーのすべてが共有する行動交換過程であると思えるようにすることである。以下のステップで解説する実地に検証されたリスト作成手続きは、家族契約と学級契約において課題と報酬を選択するための簡単で論理的な枠組みを提供する。大部分のグループは、この手続きを1～2時間もあればやり遂げることができる。

図26.4　随伴性契約の候補課題を自分で選ぶ書式

```
リストA      名前：ジーン
家族のために自分ができること            それ以外に家族と自分のためにできること
1. クイニーとチッピーに餌をやる         1. 夕食の時間に間に合う
2. 自分の部屋を掃除する                 2. 部屋を出るとき電気を消す
3. ピアノを練習する                     3. 居間のゴミを捨てる
4. 食器を洗う                           4. 裏庭を掃除する
5. パパの洗濯を手伝う                   5. 学校から帰ったらコートを掛ける
6.                                      6.
7.                                      7.
```

From *Sign Here: A Contracting Book for Children and Their Parents* (2nd ed., p. 111) by J. C. Dardig and W. L. Heward, 1981. Bridgewater, NJ: Fournies and Associates. Copyright 1981 by Fournies and Associates. Reprinted by permission.

　ステップ2：リストAに書き込む　それぞれのメンバーは、契約文書を実際に書き上げる前に、3つのリストを完成させなければならない。リストA（図26.4を参照）は、それぞれのメンバーが契約の文脈において遂行できる課題だけでなく、グループを支援するため自分がすでにしている課題を同定するために役立つように設計されている。このような方法によって、1人1人のメンバーが、現在満足して完遂している適切な行動に積極的に注目できるようになる。

　1人1人のメンバーに、リストAのコピーを配る。全員がすべての課題をできるだけ明細に記述するように注意しなければならない。それから、グループは、記入したリストをわきに置いておいて、次のステップに進む。もしメンバーのなかに文字を書けない者がいれば、その人は口頭でリストを言うようにすればよい。

　ステップ3：リストBに書き込む　リストB（図26.5を参照）は、ほかのグループメンバーに可能な契約課題と、それらの人々によって現在遂行されている有用な行動を、グループメンバーが同定する助けとなるように設計されている。リストBを使えば、一定の課題が実際には適切に定期的に遂行されているかどうかに関して、グループメンバー間に食い違いが見られる領域を同定することもできる。

　メンバー1人1人に、リストBのコピーを配付し、上段の3つの空欄すべてに彼または彼女の名前を記入してもらう。これらのリストはテーブルの回りに順に回され、誰もが自分以外の人のリストの両サイドに最低1つの行動を記入するチャンスが与えられるようにする。誰もが自分以外のすべてのリストBに記入し、そして1人1人が自分以外の全員のリストBに最低1つのプラスの行動を記入するように求められる。これらのリストが完成したら、次のステップに移る前に、それらを脇に置いておく。

図26.5　ほかの人々の随伴性契約の候補課題を選ぶ書式

リストB　　名前：ボビー

家族のためにボビーができること
1. 言われたら電気掃除機をかける
2. 自分のベッドを整える
3. 妹に本を読んでやる
4. ゴミを捨てる
5. 落ち葉を掃く
6.
7.

それ以外にボビーが家族のためにできること
1. 汚れた衣服を洗濯物かごに入れる
2. 夜、言われなくとも自分から、宿題をする
3. 自分で弁当のサンドイッチを作る
4. 夕食後、テーブルの食器を片付けて、スポンジで拭く
5.
6.
7.

From *Sign Here: A Contracting Book for Children and Their Parents* (2nd ed., p. 113) by J. C. Dardig and W. L. Heward, 1981, Bridgewater, NJ: Fournies and Associates. Copyright 1981 by Fournies and Associates. Reprinted by permission.

図26.6　随伴性契約の候補報酬を自分で選ぶ書式

リストC　　名前：スー・アン

私の好きなもの、活動、特別な楽しみ
1. レコードを聴く
2. 映画
3. ピンポン
4. ミニゴルフ
5. 水泳
6. アイススケート
7. アイスクリームサンデー
8. アクエリアムと魚
9. ピクニック
10. コイン収集
11. 乗馬
12. パパと釣り
13.
14.
15.

From *Sign Here: A Contracting Book for Children and Their Parents* (2nd ed., p. 115) by J. C. Dardig and W. L. Heward, 1981, Bridgewater, NJ: Fournies and Associates. Copyright 1981 by Fournies and Associates. Reprinted by permission

ステップ4：リストCに書き込む　リストC（図26.6を参照）は、グループメンバーの1人1人が、契約課題を完遂させることによって手に入れたい報酬の候補を同定するため、線に番号をふっただけの簡単な用紙である。参加者は日常好きな事物や活動だけでなく、長い間欲しかった特別な事物や活動も列挙しなければならない。2人以上が同じ報酬をリストアップしてもまったく構わない。リストCを書き上げたら、1人1人がほかの2つの自分のリストも集めて、それらを注意深く読み、誤解されていた項目があれば、それについて話し合う。

　ステップ5：契約を書き上げる　最後のステップは、まず1人1人の最初の契約の課題を選ぶことである。話し合いはグループメンバーの間をあちこち動き回りながら進められる。メンバーはお互いに助け合って、最初にスタートさせるべき最も重要な課題はどれかを決定しなければならない。あらゆるメンバーが、誰がその課題をすることになるか、その課題は正確には何であるか、それはいつ、そしてどれくらいよく行うべきか、考えられる例外は何か、について書かなければならない。あらゆるメンバーが、リストCを見ながら報酬を選ぶ。それは選んだ課題にとって過剰でも無価値でもなく、公正なものでなければならない。個々のメンバーは、誰が報酬を管理するか、何が報酬か、報酬をいつ与えるか、どれくらいの量を与えるかを書かなければならない。グループのあらゆるメンバーが、第1回の会議で、1つの契約を書き上げなければならない。

6．契約実施のためのガイドラインと考慮すべき点

　随伴性契約が特定の問題に対して有効な介入であるかどうかを決定するためには、実践家は望んでいる行動改善の性質と、参加者の言語的、概念的スキルと、契約を結ぶ相手になる人物と本人との関係と、利用できる資源について、考慮する必要がある。随伴性契約によって改善する標的行動は、当人のレパートリーにすでに存在しており、その反応を望んでいる環境において通常適切な刺激性制御下に組み込まれている行動でなければならない。もしその行動が本人のレパートリーの中にないならば、他の行動形成技法（例えばシェーピング、連鎖化）を試してみるべきである。契約が最も有効となるのは、永続的所産（例えば、割り当てられた宿題の完成、掃除が終わったベッドルーム）を生みだす行動、または報酬を与える人物（例えば、教師や親）が存在するところで行われる行動である。

　参加者による読み能力は、契約が成功するための前提条件にはならない。しかしながら、個人は契約の視覚的文章または口頭による陳述（すなわちルール）による制御を受けることが可能でなければならない。読む能力に欠ける人との契約には3種類のクライエントが含まれる。すなわち、（a）話す能力に優れた幼稚園生、（b）読む能力に劣る学齢児童、（c）適切な言語的、概念的スキルはあるが、読み書きスキルに欠ける成人、である。アイコン、シンボル、絵、写真、オーディオテープ、そのほかの非言語的表示を使った契約は、読む能力に欠ける3群のすべてに属する子どもと成人のそれぞれのスキルに合わせて、作ることができる（図26.7）。

図26.7　文字が読めない子どものための随伴性契約

From *Sign Here: A Contracting Book for Children and Their Parents* (2nd ed., p. 113) by J. C. Dardig and W. L. Heward, 1981, Bridgewater, NJ: Fournies and Associates. Copyright 1981 by Fournies and Associates. Reprinted by permission.

　随伴性契約に参加することを拒否する人々がいる。これはもう1つの考慮すべき問題である。多くの子どもたちは契約を強く望み、あるいは少なくても前向きに取り組もうとするが、なかには契約という考え方全体に関わりを持ちたがらない子どもがいる。協力的アプローチ（Lassman, Jolivette, & Wehby, 1999）によって随伴性契約を利用するようにすると、不服従の可能性を減らせるかもしれない。そしてステップ・バイ・ステップの方法をとれば、契約のそれぞれの意思決定の時点で、確実に同意に達する上で役立つだろう（Downing, 1990）。しかしながら、現実には一部の署名拒否者は、システムに組み込まれた最善の積極的アプローチをもってしても、随伴性契約に参加することに同意しない恐れがある。そういう場合は、その標的行動に対応するため、別の行動改善戦略をとることがよりよい代替選択肢となるだろう。有効な随伴性契約のためのルールとガイドラインの膨大なリストが公表されている（例えば、Dardig & Heward, 1976; Downing, 1990; Homme et al., 1970）。表26.1は、よく例示されるガイドラインとルールのリストである。

7. 契約を評価する

　随伴性契約の評価において重点的に取り組むべきことは、標的行動を客観的に測定することである。契約を評価する最も簡単な方法は、課題の遂行の生起を記録することである。契約書に課題記録を含めると、評価を契約過程の自然の副産物にする上で役立つ。課題記録を契約前の課題遂行のベースラインと比較すれば、改善が生じたかどうかについて、客観的に測定することができる。優れた成果とは、特定された課題が契約前の遂行の頻度を超えて、より頻繁に遂行されるようになることである。

第26章　随伴性契約、トークンエコノミー、集団随伴性

表26.1　随伴性契約のガイドラインとルール

契約のガイドラインとルール	解説
公平な契約を作る	課題難度と報酬量との関係は公平でなければならない。目標は当事者同士がお互いに有利な状況を達成することであり、一方が他方より有利になるようにすることではない。
明瞭な契約を作る	契約の最大の長所は、多くの場合、個々人の期待を詳しく述べることである。教師や親の期待がはっきり述べられていれば、遂行はより改善されやすい。随伴性契約はそれが何を意味するかを述べ、述べていることは何を意味するかを示さなければならない。
公正な契約を作る	課題を同意通り完了させれば、特定された時間に、特定された量だけ報酬が与えられるとき、公正な契約が存在することになる。公正な契約では、課題を特定された通り完了させなければ、報酬は与えられない。
多層の報酬を盛り込む	契約には、1日、1週、1カ月あたり最高記録をたたき出したらボーナス報酬を出す条項を含めることができる。ボーナスを加えれば、動機づけ効果が高まる。
レスポンスコスト随伴性を加える	ときに同意通り課題を完了させなければ「罰金」（報酬の除去）を科す必要があることがある。
見える場所に契約を掲示する	契約を公共の場に掲示すれば、関係者全員が契約目標の達成に向けての進歩を目で見ることができる。
当事者の一方ばかりがいつも不利になっているときは、再交渉して契約を修正する	契約は当事者すべてにとってプラスの経験になるよう設計する。生存者を決めるための退屈な耐久競争ではない。契約がうまく履行されなければ、課題部分か報酬部分か、または両方を見直すべきである。
随伴性契約を終結する	随伴性契約は目的のための手段である。1人でうまく遂行できるようになれば、契約を終結することができる。さらに、当事者の一方または双方が、契約の条項を一貫して果たすことができないならば、契約を終結することができ、またそうすべきである。

　結果のデータを見ると、課題は契約前と比べてより頻繁により一貫して遂行されているのに、参加している当事者はなお幸福ではないことがある。そういう場合は、契約の締結を促した問題や目標が達成されていないか、契約を履行する仕方を1人かそれ以上の参加者が気に入っていないことになる。前者は、契約の課題部分に対して間違った行動を選んだ結果として起こる可能性がある。例えば、代数の成績がDとFだった中学3年生のジョンが、課題として学校がある日の夜は1時間「数学を勉強する」という規定を作って、両親と契約を結んだとする。数週間後、ジョンは要件の1時間勉強をさぼったのはたった2晩しかなかったにもかかわらず、中学校の代数の成績は向上していない。ジョンの契約は目的通りに機能しただろうか？　正答は、はいでもあれば、いいえでもある。ジョンは既定の毎日1時間の勉強を一貫してやり遂げた。その意味で、ジョンの契約は成功している。しかし本来の目的である代数の成績の向上については、この契約は失敗している。ジョンの契約は彼が規定した行動を改善するために役立ったが、彼が特定した課題は間違っていた。1時間勉強は、少なくてもジョンにとっては、目標と直接の関係はなかっ

915

た。代数方程式を毎晩10題正しく解くこと（代数のテストでよい成績をとるために必要な行動）を義務づけるように契約を改めれば、よい成績をとるという目標は実現した可能性がある。

同様に重要なことは、契約に対する参加者の反発を考慮することである。特定された標的行動に望ましい改善をもたらすものの、ほかの不適応な反応や感情的反応を生みだすもとになるような契約は、好ましい解決策ではないだろう。クライエントを契約作りの交渉に参加させ、協力して定期的に進歩をチェックするようにすれば、こうした事態を避けるために役立つ。

II　トークンエコノミー

トークンエコノミーは、十分に発展し、よく研究された、行動改善システムである。それは考えられるあらゆる教育場面と治療場面に応用され、成功を収めてきた。トークンエコノミーは、教育や治療に抵抗してきた行動を改善するために有用である。そのことは文献によって十分確認されている（Glynn, 1990; Musser, Bray, Kehle, & Jenson, 2001）。本節では、トークンエコノミーを説明して定義し、応用場面において活用する効果的手続きについて解説する。

1．トークンエコノミーの定義

トークンエコノミー（token economy）という行動改善システムは、3大成分によって構成される。すなわち、(a) 特定された標的行動のリスト、(b) 参加者が標的行動を自発して受け取るトークンまたはポイント、(c) 参加者が獲得したトークンを交換して入手するバックアップ強化子の品物のリスト（好きな品物、活動、特別な権利）、である。トークンは、標的行動に対する般性条件性強化子として機能する。第1に、強化される行動を同定し定義する。第2に、交換する媒体を選択する。その交換媒体は**トークン**と呼ばれるシンボル、事物、ないし品物である。第3に、**バックアップ強化子**を提供する。それはトークンによって購入することができる。店舗ベースまたはメーカーベースのクーポンは、トークンエコノミーに似ている。消費者が参加店舗から品物を買うと、レジ係は買い手にクーポン（交換媒体）を提供する。それはトークンの役割を果たす。クーポンは後刻、別の品物と割引価格で交換される。あるいは即座にバックアップ強化子と交換される。貨幣はトークンのもう1つの例である。それは後刻、バックアップとなる事物と活動（例えば、食物、衣服、運賃、娯楽）と交換することができる。

第11章で解説したように、トークンは般性条件性強化子の例である。それは幅広い多様なバックアップ強化子と交換することができる。般性条件性強化子は特定の動機づけ状態から独立している。なぜなら幅広く多様なバックアップ強化子と結びついているからである。しかしながら、般性条件性強化子は相対的概念である。すなわち、その有効性は、バックアップ強化子が広範囲にわたる程度に大幅に依存するからである。幅広く多様なバックアップ強化子と交換できるトークンは、クライエントの欠乏状態を職員が制御しにくい学校やクリニックや病院では、かなり効用がある。

例えば、カートンとシュバイツァー（Carton & Schweitzer, 1996）は、重い腎疾患によって定

期的血液透析を必要とするため入院している10歳男児に、トークンエコノミーを使って、素直に従う行動（コンプライアンス）を増加させた。この患者は素直に従わない行動を発展させ、それが看護師や介護係との交流を妨げていた。ベースライン段階では、4時間ブロックを8つの30分区画に分割することによって、30分の素直に従わないインターバルの数を測定した。トークンエコノミーを導入するとき、男児には次のように伝えた。素直に従わないエピソードを起こすことなく30分を過せば、そのたびにトークンを1個もらえる、と。そしてトークンは週単位で野球カードと漫画とおもちゃと交換された。

カートンとシュバイツァーは、トークンエコノミーの開始と素直に従わない行動の減少との間の関数関係を報告した。トークンが作動すると、素直に従わない行動は、実際には無になってしまった。トークン強化停止後3カ月と6カ月後に収集されたフォローアップ・データによれば、看護師と介護係の要求に素直に従わない行動は引き続き低レベルに留まっていた。

ヒギンスら（Higgins, Williams, & McLaughlin, 2001）は、トークンエコノミーを使って、学習障害の小学生の妨害行動を減らした。その子は離席行動、勝手な発言、悪い着席姿勢を、高水準で示した。離席、勝手な発言、悪い着席姿勢のベースラインを収集した後、トークンエコノミーを実施した。子どもは減らす標的とされた行動に代わって代替行動を自発すると、1分ごとに自由時間と交換できるチェックマークを獲得した。持続時間効果を測定するため、その後2つの機会において維持チェックが行われた。図26.8は3種の従属変数についての研究結果を示す。トークンエコノミーの開始と、妨害行動の減少の間の関数関係が立証された。さらに、維持チェックによって、トークンエコノミーの終結後も、妨害行動が低水準で維持されたことが示された。

（1）レベルシステム

レベルシステム（level system）とはトークンエコノミーの1種である。参加者は標的行動に関して特定の遂行基準を達成することを条件として、レベル階層を上昇する（ときには下降する）。参加者があるレベルから次のレベルへと「上昇」するとき、より多くの特権を入手し、いっそうの独立性を示すよう期待される。トークン強化のスケジュールは徐々に疎化され、最高レベルにおいては参加者が日常場面と同様の強化スケジュールによって機能できるようにする。

スミスとファレル（Smith & Farrell, 1993）によれば、レベルシステムは、1960年代末から1970年代に始まった2つの大きな教育の進歩、すなわち、(a) ヒューイット（Hewett, 1968）の著作によって提唱された「工学的手法による教室」（*Engineered Classroom*）と、フィリプスら（Phillips, Phillips, Fixen, & Wolf, 1971）の論文に示された「達成する場所」（*Achievement Place*）から生まれた副産物である。どちらのケースにおいても、組織的な学業的、社会的プログラミングが行われる。それはトークン強化と、個人指導システムと、子どもによる自己管理と、管理協定との組み合わせである。スミスとファレルは、レベルシステムは次のように設計されると述べている。

子どもが自己管理によって改善し、社会的、感情的、学業的パフォーマンスに対する個人的責

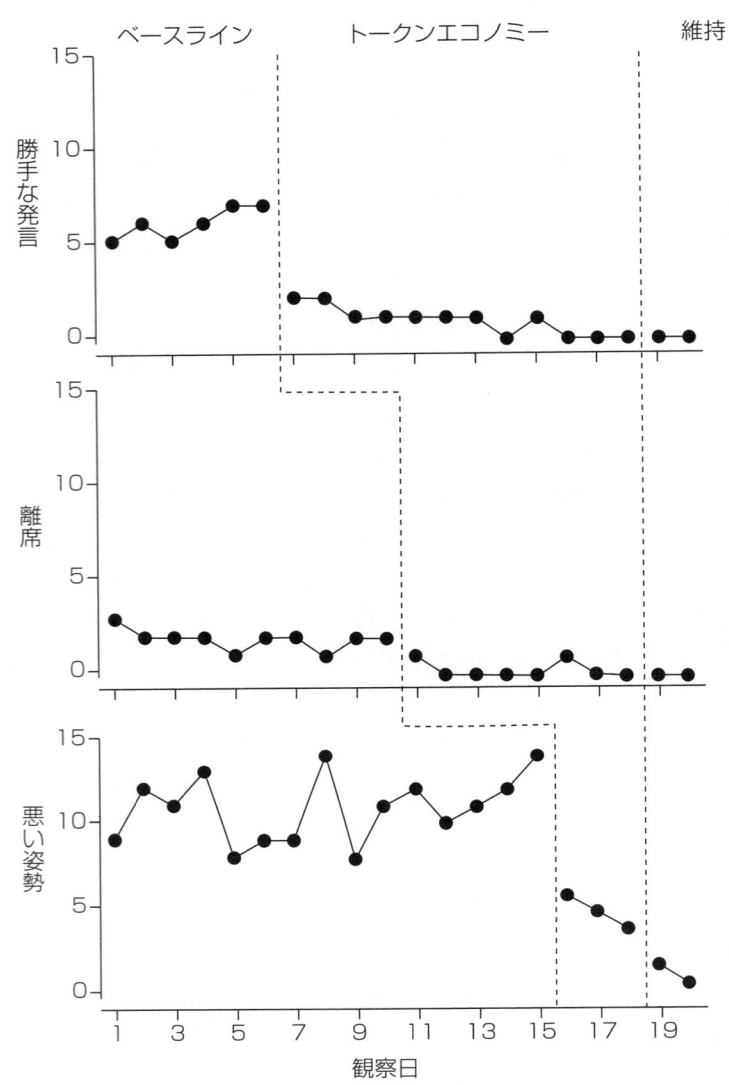

図26.8 ベースライン、トークンエコノミー、維持条件における勝手な発言と、離席行動と、悪い姿勢の数

From "The Effects of a Token Economy Employing InstructionalConsequences for a Third-Grade Student with Learning Disabilities: A Data-Based Case Study" by J. W. Higgins, R. L. Williams, and T. F. McLaughlin, 2001, *Education and Treatment of Children, 24* (1), p. 103. Copyright 2001 by The H. W. Wilson Company. Reprinted by permission.

任を発展させ……、子どもを制約度の低い主流（メインストリーム）の場へと移行させるように設計される……。子どもは自分の達成の証拠を示すとともに、さまざまなレベルを通じて進歩する。（p. 252）

レベルシステムにおいては、子どもはますます洗練されていくレパートリーを獲得し達成することが求められる。一方、トークンや社会的賞賛やそのほかの強化子は、それと連動して減らさ

れていく。レベルシステムには、参加者が一連の特別な権利を通じて前進していくメカニズムが内蔵されている。それらは少なくても3つの仮定に基づいている。すなわち、(a) 単独で個別の随伴性を導入するよりも、いわゆる「パッケージプログラム」と呼ばれる組み合わせ技法の方がより有効である、(b) 子どもの行動と期待は、はっきり記述しなければならない、(c) 次のレベルへと向かう一層の漸次的接近反応を強化するために、分化強化をする必要がある（Smith & Farrell, 1993）。

　ライオンとラガード（Lyon & Lagarde, 1997）は、3つのレベルの強化群を提唱した。望ましさがそれほど高くない強化子をレベル1とする。このレベルでは、子どもは1週間の間に特定の品物を購入するため、子どもが獲得できる最大185ポイントのうち148ポイント、すなわち80%を獲得しなければならない。レベル3になると、子どもが最低167ポイント、または獲得できる全ポイントの90%を蓄積するときにのみ、非常に望ましい強化子を購入することができた。レベルが上がるにつれ、遂行への期待も高められていく。

　キャヴァリアら（Cavalier, Ferretti, & Hodges, 1997）は、自己管理アプローチと既存のレベルシステムを組み合わせて、2人の学習障害の中学生の学業的、社会的行動を改善した。2人にとっての個別指導計画（IEP）の目標は、通常学級への参加を増やすことだった。基本的には、教室のほかの生徒は、教師が工夫した6レベルのポイントシステムに沿って順調に進歩したが、2人の標的生徒は授業中不適切な発言をするため、レベル1にとどまっていた。研究者らは不適切な発言数についてのベースラインデータを収集し、その後2人にその日の50分インターバルの2回について、これらの行動生起の自己記録をつけるよう訓練した。不適切な発言ははっきり定義され、模擬試行の間は、自己記録の練習を行い、教師がそのインターバルで同時に行った観察によってフィードバックされた。強調されたのは生徒の記録の正しさだった。正しい記録には望ましい強化子が与えられた。介入段階（レベルシステム＋自己記録）では、生徒に対して、50分インターバルを2回、自己記録の正しさについて教師が観察すると告げた。生徒がそれぞれのレベルの基準（例えば不適切な発言が前のセッションより5回減る）を満たすと、強化子を与えた。生徒がレベルからレベルへと進歩するとともに、強化子もより望ましい品物へと変化した。その結果、ベースライン段階では多数の不適切な発言が見られていたが、生徒1にパッケージ介入を導入すると、不適切な発言は減少した。同じ成果が、生徒2においても再現された。それはこの介入と不適切な発言の減少の間の関数関係を支持した。

2．トークンエコノミーを設計する

　トークンエコノミー実施のための設計と準備の基本的ステップは次の通りである。

1．交換媒体として働くトークン（例えば、ポイント、ステッカー、プラスチック片）を選ぶ。
2．標的行動とルールを特定する。

3．バックアップ強化子のメニューを選ぶ。

4．交換比率を定める。

5．トークンをいつ、どのように分配し、交換するか、そしてトークンを獲得するための要件が満たされないときは何が起こるかも特定する手続きを書く。システムにレスポンスコスト手続きを含めるか？

6．システムの本格的実施の前にそれを実地テストする。

（1）トークンを選ぶ

　トークンは有形のシンボルである。行動の直後に与えられ、後刻、既知の強化子と交換することができる。しばしば使われるトークンには、薄い金属板（ワッシャ）や、チェッカーの駒、クーポン、ポーカーチップ、ポイントやタリーマーク（合印）、教師のイニシャル、カードに空けた穴、プラスチック片などである。トークンそのものの選択を考えると基準は重要である。第1に、トークンは安全でなければならない。学習者にとって有害なものであってはならない。年少児や重度の学習問題や行動問題をもつ人にトークンを渡すときは、飲み込んだり、それによって傷つけたりする恐れのあるものであってはならない。第2に、分析家はトークンの交付をコントロールしなければならない。交付したトークンの海賊版を学習者が製造できないようにする。タリーマークを使う場合は、分析家だけが使える特別なマーキングペンを使って、特別なカードに記入するようにしなければならない。同様に、カードに穴をあけるときは、そのペーパーパンチは分析家だけが使えるものとし、偽造を避けるようにする。

　トークンは耐久性のあるものとする。長期間使わなければならない可能性があるからである。トークンはまた、運んだり、操作したり、積み上げたり、保管したり、蓄積したりしやすいものでなければならない。そしてトークンは、実践家が交付したいときにいつでも、敏速に手渡せるよう準備しておかなければならない。重要なことは、標的行動に後続して即座に提示することである。トークンは価格の安いものにする。トークンを買うために高い代金を支払う必要はない。ゴムスタンプ、スターマーク（星印）、チェックマーク、バッジは値段が安く、トークンとして利用できる。最後にトークン自体は魅力的であってはならない。ある教師がトークンとして野球カードを使った。子どもたちはそのトークンを非常に長い時間いじっていた（例えば、選手についての説明を読んでいた）。そのため、子どもたちの関心は、トークンシステムの目的から逸れてしまった。

　子どもによっては、執着物がトークン強化子として役立つことがある（Charlop-Christy & Haymes, 1998）。彼女らの研究では、放課後プログラムに参加した3人の自閉症児が被験児になった。3人の子どもたちは全員、つねに活動中に課題から外れ、何らかの事物に夢中になり、自己刺激行動に熱中していた。ベースライン段階では、子どもたちは適切な行動をすると星印を獲得した。不適切な行動や誤反応に対しては「もう1度やって」「違うよ」といった対応を受け

た。子どもたちは星印を５つ獲得すると、それはバックアップ強化子（例えば、食物、鉛筆、メモ帳）と交換された。トークン条件の段階では、トークンとして、「執着」物（子どもたちがそれまで熱中していた事物）が使われた。子どもたちは執着物を５つ獲得すると、それらを食物やそのほかの既知の強化子と交換することができた。チャーロップ－クリスティとヘイメスは、トークンに執着物が使われるとき、全体の反応パターンが、子どもたちの遂行の向上を証明したと報告した。

（２）標的行動とルールを同定する

　第３章では行動改善の標的の選択と定義を論じた。第３章で提示した基準は、トークンエコノミーのルールと標的行動の選択と定義にも当てはまる。一般に、トークンエコノミーのために行動を選ぶガイドラインは、(a) 測定でき観察できる行動のみを選択する、(b) 課題を首尾よくやり遂げる基準を特定する、(c) 個人が簡単に達成できる少数の行動からスタートする、(d) どんな標的行動であれ、個人が前提スキルを確実に持っている行動とする（Myles, Morgan, Ormsbee, & Downing, 1992）。
　全員に適用されるルールと行動を定義したら、学習者ごとに行動と基準を特定して確立しなければならない。多くのトークンエコノミーが失敗するのは、すべての学習者に同じ行動を要求し、同じ基準を設定するからである。トークンエコノミーは、通常、個別化されなければならない。例えば、教室場面では、教師は子ども１人１人に別の行動を選びたければ選んで差し支えない。あるいは、トークンエコノミーを教室のすべての子どもに適用する必要はないかもしれない。おそらく教室の中で最も機能の低い子に対してだけ適用すべきだろう。しかしながらトークンシステムを必要としない子どもたちも、ほかの何らかの形の強化が継続して受けられようにすべきである。

（３）バックアップ強化子のメニューを選ぶ

　大部分のトークンエコノミーでは、バックアップ強化子として、日常的に起こる活動や出来事を使うことができる。例えば、教室や学校場面では、トークンを使って人気のゲームや教材で遊ぶ時間を購入することができる。あるいは、例えば連絡係や、紙を配る人や、先生の助手や、メディア操作係など、教室の大好きな仕事と交換することもできる。トークンはまた、例えば図書館や自習室への入構証や、ほかの授業（例えば体育）を特別に受ける時間や、校内パトロール係、食堂監視係、個別指導係などの特別な責任のある仕事といった、全校規模の特別な権利を入手するために使うこともできる。ヒギンスら（Higgins et al., 2001）は、彼らの研究において、日常的に起こる活動と出来事をトークンエコノミーのバックアップ強化子として使った（すなわち、子どもたちはコンピューターゲームや余暇用の書物にアクセスできた）。しかしながら、遊具や、ホビータイプのゲームや、スナックや、テレビの時間や、小遣いや、家に帰ったり繁華街に出かけたりする許可や、スポーツのイベントや、ギフトクーポンや、特別な衣装なども、多く

の場面でよく見られる事物や品物であり、バックアップ強化子として使うことができる。

もし日常的に起こる活動や出来事によってはうまくいかない場合は、特定のプログラムでは通常与えられないバックアップの品物を考慮してもよい（例えば、映画スターやスポーツ選手のピンナップ写真、CDやDVD、雑誌、食料品）。こういう品物は、一般に、もっと日常的に起こる活動では効果がないことが確認されてから、考慮するようにすべきである。押し付けがましさが最も少なく、そして最も日常的に起こる強化子が推奨される。

バックアップ強化子の選択は、倫理的、法的問題や、州と地方の教育機関の方針も考慮し、それらに従って行うようにする。学習者の基本的ニーズ（例えば食物）や、個人的に特別に許可された情報や出来事へのアクセス（例えば、メールへのアクセスや、電話を使う特権や、礼拝への参加や、医療ケアなど）を認めないトークン強化随伴性は、用いてはならない。さらに、すべての市民に認められる基本的権利に関わる一般的快適さ（例えば、清潔な衣服や、適切な暖房や、空調や、給湯）も、トークンプログラムで用いてはならない。

（4）交換比率を定める

獲得したトークンの数とバックアップの品物の値段との間の比率は、最初は少なくして学習者に即時の成功をもたらすようにする。その後は交換比率を調整して参加者の反応性を維持するようにする。獲得したトークンとバックアップの品物の値段の比率を確立するためのいくつかの一般的ガイドラインを以下に示す。

1．最初の比率を低く保つ。

2．トークン獲得行動と収入が増えるにつれ、バックアップの品物のコストを高くし、トークンの価値を下げ、バックアップの品物の数も増やす。

3．獲得高が増えるとともに、豪華なバックアップの品物の数を増やす。

4．必要なバックアップの品物の価格を、豪華な品物の価格よりもより高くする。

マイルスら（Myles et al., 1992）は、トークンエコノミーを確立し維持するガイドラインを示した。それにはトークンの交付と回収も含まれる。次にトークンに関係してしばしば寄せられる質問に答える。

トークンを交付するときどんな手続きを使うか？　タリーマークやカードにあけた穴などの事物をトークンとして選ぶ場合は、学習者がどうすればそれらを受け取れるかは明らかである。クーポンやポーカーチップなどの事物を使う場合は、それらがバックアップの品物と交換されるまで、たまったトークンを保管するための何らかの容器が必要になる。実践家の中には学習者に対して、自分のトークンを貯めるための紙挟みや容器を個々に作らせる人もいる。コーヒー缶のプ

ラスチックの蓋に切り込みを入れたスロットからトークンを預金するようにするのも１つのアイデアである。年少の学習者の場合は、トークンをつないで、首飾りや腕飾りを作らせるようにしてもよい。

トークンをどのように交換させるか？　バックアップの品物のそれぞれに一定の価格をつけたメニューを提示する。学習者はそのメニューから品物を選ぶことができる。多くの教師はすべての品物（例えば、ゲーム、ゴム風船、おもちゃ、特別な権利の証明書）をテーブルに展示して、店を開く。ショッピングの時間の喧噪と混乱を避けるため、購入する品物を書き込むかチェックする個別注文書に記入させてもよい。それらの品物を注文書とともに袋に入れ、上部をホチキスでとめて、購入者に返すようにする。最初は、ストアは１日２回のように頻繁に開く。機能の低い学習者の場合は、交換期間をもっと頻繁にする必要があるかもしれない。後になれば、交換期間は水曜と金曜だけにするとか、金曜だけに限るようにする。トークンの交換は、できるだけ速やかに、間欠ベースになるようにする。

（５）トークン要件が満たされなければ何が起こるかを特定する手続きを書く

ときにはトークンの要件が何らかの理由で満たされないことがある。１つの対処法は個人に文句を言うことである。「宿題をしてこなかったね。トークンを獲得するには宿題を仕上げなければならないことは知っているはずだ。どうして宿題をやらなかったの？」。もっといい対処法は、事実に即して随伴性を再提示することである。「残念だけど、今回は交換できるほど十分にトークンが貯まっていなかったね。また頑張ろうね」。大事なことは、個人がトークンを獲得するために必要なスキルを身につけているかどうかを知ることである。学習者は常に反応要件を満たす能力がなければならない。

学習者がこの制度を試すときどうするか？　学習者が自分はトークンやバックアップの品物などいらないというとき、実践家はどう応じるべきか？　１つの対処法は、学習者を説得するか、論争するか、おだてて丸め込むことである。もっといい対処法は、何か中性的なこと（例えば「あなたが決めることよ」）を言って歩み去り、説得や論争ができないようにすることである。こうすれば対決は回避され、学習者に対するトークンの提示の機会は設定されたままになる。ほどんどの学習者は、バックアップの品物を選択するために発言することができるし、またそうすべきである。その入力によって、トークンエコノミーのルールを生み出し、バックアップの品物の値段を確立し、その制度を管理する一般的義務を果たさせるようにする。学習者はストアの販売員になることもできるし、簿記係になることもできる。そうして誰がどれぐらい多くのトークンを持っており、どんな品物が購入されたかを記録する。学習者がトークンエコノミーに関与し、それに対する責任を強調するようにすれば、その制度を試す可能性は減ってくる。

トークンエコノミーにレスポンスコストの手続きを含めるか？　トークンエコノミーにレスポ

ンスコストを含める手続きについては、第15章で説明した。大部分のトークンエコノミーは、不適切な行動とルール違反に対するトークン喪失の随伴性を含んでいる（Musser et al., 2001）。レスポンスコストの対象となる行動はすべてルールの中ではっきり定義され、述べられていなければならない。学習者はどんな行為がトークンの喪失につながり、その行動はどれくらいの値段になるかを、知らされていなければならない。不適切な行動が深刻になればなるほど、トークンの喪失も大きくならなければならない。明らかに、争いや行動化（アクティングアウト）や不正行為は、小さな違反（例えば離席、勝手な発言）よりも、いっそう大きなトークン喪失につながらなければならない。トークン喪失は、学習者がトークンを持っていないときは、行動に適用してはならない。子どもに借金を許してはならない。そうすることは、トークンの強化価値を減らすことになる。学習者が失うトークンよりも獲得するトークンの方が、常に多くなるようにしなければならない。

（6）システムの実地テストをする

　トークンシステムを実際に実施する前の最後のステップは、実地テストをすることである。3日から5日の間、あたかもトークンが獲得されるかのように正確に計算を行うが、実地テストの間は、トークンは実際には与えられない。実地テストから得られたデータは、査定のために使われる。学習者には、実際には標的スキルが欠如しているか？　一部の学習者は、実際には介入の標的とされた行動を習得している様子が見られるか？　学習者の中にトークンを受け取っていない者がいるか？　これらの問題に対する答えに基づいて、システムの最終調整を行うことができる。一部の学習者に対してはもっと難しい行動を定義する必要があるかもしれない。一方、また別の学習者に対しては、もっと低い要求の標的行動が必要になるかもしれない。おそらくバックアップ強化子の値段に応じて、トークンをより多く与えたり、より少なく与えたりする必要があるだろう。

3．トークンエコノミーを実行する

（1）最初のトークン訓練

　トークンエコノミーを実施する最初の訓練をどう進めるか？　それは学習者の機能水準次第である。高機能学習者や軽度障害者の場合は、最初の訓練は最小の時間と努力で十分である。中身は言語教示や示範（モデリング）が主体となるだろう。彼らに対する最初の訓練は、通常、30分から60分のセッション1回で終えることができる。普通は次の3つのステップがあれば十分である。第1に、システムの例を示す。実践家は、トークンシステムを次のように説明する。

　　　これはトークンです。これはこうすれば［行動を特定する］獲得できます。先生がみんなの行動を見ていますよ。これをやり遂げたら［行動を特定する］、トークンを獲得できます。それか

ら、これをやりつづけたら［行動を特定する］、もっと多くのトークンを獲得することができます。みんなはこの時間に［時間を特定する］獲得したトークンを、この価格表の中の自分が欲しいものの中から、これは買えるなと思う物と交換することができます。それぞれの品物には買うために必要なトークンの数が書かれています。使えるのは自分が獲得したトークンだけです。もし獲得した以上のトークンを使わなければ欲しい物が買えなければ、一定期間［期間を特定する］トークンを貯金しておこうね。

　第2のステップは、トークンを与える手続きを示範（モデリング）することである。例えば、1人1人の学習者に、特定の行動を自発するように指示する。その行動が起こったら、その直後に学習者を褒め（例えば「エンリック、先生うれしいなあ！　1人でよく勉強しているね」）、トークンを与える。
　第3のステップは、トークンを交換する手続きを示範（モデリング）することである。学習者をストアに連れてゆき、購入できる品物を見せる。すべての学習者はすでにトークンを1個持っていなければならない。それはトークンを与えるモデルを示範した段階で、すでに獲得されているものである。この時点では、1個のトークンで、例えば、ゲーム、5分間の自由時間、鉛筆削り使用許可証、先生を手伝う特別な権利など、いくつかの品物を購入できるようにしておく（値段は後に値上げするかもしれない）。子どもたちはこの交換において実際にトークンを使わなければならない。機能の低い学習者の場合は、最初のトークン訓練のセッションを数回行って、トークンシステムを有効にする必要があるかもしれない。そして、さらなる反応プロンプトも必要となる可能性がある。

（2）継続中のトークン訓練

　トークン強化訓練の段階では、実践家と子どもは強化の有効な活用のガイドライン（第11章を参照）に従うべきである。例えば、トークンの交付は、望ましい行動が起こることを条件として、即座に行わなければならない。トークン交付と交換の手続きは明瞭にしておき、それに従って一貫して行うようにしなければならない。どうすればトークンを獲得し交換できるかをよりよく理解するために、補助推進（ブースター）セッションが必要であるならば、実践家はプログラムの初期段階でそうすべきである。最後に、重要なことはトークンの提示を通じて望ましい行動を形成し増加させることである。望ましくない行動をレスポンスコストによって減らすことではない。
　総合的な訓練の一部として、行動分析家もトークンエコノミーに参加することを選んでもよい。例えば行動分析家は増やすべき個人的行動を正確に指摘して、それから自分の行動のパフォーマンスが基準を満たしていないときはどう行動すればいいか、トークンはどう貯めるか、進歩をどう記録するかを示範することもできる。2、3週間たったらトークンエコノミーシステムの見直しが必要になるかもしれない。普通望ましいことは、学習者らに自らが改善したい行動や、手に入れたいバックアップの品物や、交換のスケジュールについて話し合わせることである。も

し一部の参加者がめったにトークンを獲得しないならば、もっと簡単な反応か前提スキルが必要になるかもしれない。他方、もし一部の参加者が手に入るトークンをいつもすべて獲得しているとすれば、要件を変更してより複雑なスキルにする必要があるかもしれない。

（3）実施中の管理上の問題

　獲得したトークンを管理する方法を子どもたちに教えなければならない。例えば、トークンを受け取ったら、それを安全なしかしアクセスしやすい容器に保管して、人目につかないようにしておく。しかし必要なときはいつでも取り出せるようにしておかなければならない。もしトークンをよく見えるところにおき、いつでもアクセスできるようにしておくと、子どもの中には先生が割り当てた学業課題を遂行することを忘れ、トークンで遊んでしまう子もいるかもしれない。また、トークンを安全な場所に保管することは、ほかの子どもがそれを偽造したり盗んだりするリスクを減らすことにつながる。トークンを受け取った子ども以外の誰かが簡単に偽造したり入手したりすることができないように、先制手段を講じることが必要である。もし偽造や盗みが起こったら、別のトークンに切り替えるようにする。それは詐取したトークンで交換行為を行う恐れを減らすために役立つ。

　しかしながら、管理上のもう１つの問題は、子どものトークンの在庫総量に関係する。トークンを貯めこんでしまい、バックアップ強化子と交換しない子どもがいる。また、トークンをバックアップ強化子と交換しようとするが、必要なトークン数をそろえられない子どもがいる。どちらも極端な例であるが、それらは避けなければならない。すなわち、子どもたちは獲得したトークンの少なくとも一部を定期的に交換する必要がある。そして必要なトークン数を揃えられない子どもは、交換に参加することを許さないようにする。ということは、バックアップ強化子をクレジットで買うことは許さないということである。

　管理上の最後の問題は慢性的な規則違反者、またはことあるごとにトークンシステムを試す子どもの問題である。実践家は、次の手段を講じてこの状況を最小に抑えるようにする。(a) トークンを般性条件性強化子として確実に機能させる、(b) 強化子査定を行い、バックアップ強化子が子どもたちに好まれ、強化子として機能するかどうか確かめる、(c) 慢性的な規則違反者にレスポンスコスト手続きを適用する。

（4）トークンエコノミーを撤収する

　トークンシステムやレベルシステムを設計し実行する場合は、それらのシステムが使われない場面に対して、標的行動を般化させ維持させる戦略を考慮する必要がある。最初のトークンプログラムを適用する前に、分析家は将来そのプログラムをどのように撤去するかを計画しておくべきである。トークンプログラムの１つの目標は、トークンと同時に提示する記述的な言語賞賛が、トークンの強化能力を獲得できるようにすることである。トークンエコノミーの組織的な目標には、プログラムを撤去することを、最初の段階から予定に入れておく必要がある。そのよう

なアプローチは、実践家にとって実用的な有効性がある（すなわちトークンを永遠に出し続ける必要がなくなる）ばかりでなく、学習者にとっても長所となる。例えば、特別支援教育の教師が、トークンエコノミーを利用して、ある子どもを小学4年生の通常学級にフルタイムで統合することを計画している場合、教師はトークンエコノミーがなくても子どもの反応が確実に維持されるようにしたいと願うだろう。通常学級においてその子どもが同じようなトークンシステムに出会うことはまずないからである。

基準レベルの行動が達成された暁に、トークン強化子を徐々に撤去するため、これまでさまざまな方法が活用されてきた。実践家は次の6つのガイドラインによって、トークン強化子を効率的に開発し撤去することができる。

第1に、トークンを常に社会的承認や言語賞賛と対提示するようにする。これによって社会的賞賛の強化効果を高め、トークン撤去後の行動維持に役立たせることができる。

第2に、1つのトークンを獲得するために必要な反応数を徐々に増やしていくようにする。例えば、子どもが最初は1頁を読むだけでトークンを1つ受け取っていたとする。後にはトークンを受け取るためにもっと多くの頁を読むことを要求するようにしていかなければならない。

第3に、トークンエコノミーが作動する時間の長さを徐々に減らしていくようにする。例えば学年初めの9月には、システムを1日中作動させる。10月になったらその時間を8:30 A.M. から12:00 P.M.と2:00 P.M.から3:00 P.M.にする。11月になったら、8:30 A.M. から10:00 P.M.と2:00 P.M.から3:00 P.M.にする。12月になったら時間は11月と同じであるが、週4日だけにする、など。

第4に、訓練されていない場面にありそうで、バックアップの品物として働く可能性のある活動や特別な権利の数を、少しずつ増やしていくようにする。例えば、分析家は通常学級では与えていない有形の品物は、ストアから減らすことにとりかかる。食べ物はストアで売ってよいか？通常学級では普通、食べ物は強化としては使われない。徐々に、通常学級で使うもの（例えば、特別の賞状、金星、よいことを親に知らせる連絡帳）を導入していくようにする。

第5に、交換できる品物の値段は、より魅力的なものを組織的により高い値段にしてゆき、魅力的ではないものを非常に安い値段に抑えておく。例えば中度から重度の知的障害の女子中学生に対するトークンシステムにおいては、チョコレートの棒菓子と、食堂への立ち寄りと、化粧品（例えば、櫛、デオドラント）の値段を、最初はほぼ同じ価格に設定する。棒菓子のような品物の値段は徐々に高くしてゆき、それを買うためにトークンをためておくことはもはやできないほど高い値段にする。より多くの中学生がトークンを使って化粧品を買う。それは棒菓子よりもはるかに安い値段で買うことができる。

第6に、時間とともに、トークンの物理的証拠物件をフェーディングしていく。次に示す順序は、どうすれば物理的証拠物件をフェーディングすることができるかの具体例である。

- 学習者はポーカーチップやワッシャ（薄い金属板）などの物理的トークンを獲得する。

- 物理的トークンを紙片に置き換える。

- その紙片を、学習者が持っているインデックスカードに記入するタリーマークに置き換え

る。
- 学校場面なら、そのインデックスカードを学習者の机にテープで止める。
- インデックスカードを学習者から取り上げて分析家が保管する。ただし学習者はいつでも自分のバランスをチェック（照合）できる。
- 分析家はタリーを保管するが、日中のチェック（照合）は認めない。その日の終わりに合計を発表し、それから1日おきに発表する。
- トークンシステムをもはや作動させない。行動分析家は、ポイントをつけ続けるが、ポイントの合計は発表しない。

4．トークンエコノミーを評価する

　トークンエコノミーを評価するためには、信頼性と妥当性があり、実地テストを経た、最良の実践デザインをいくつ使ってもよい。大部分のトークンエコノミープログラムが、小集団を対象に行われることを考えると、参加者が自分の対照群になる単一被験者評価デザインを使うことをお勧めする。さらに、標的である参加者とその人に接触する重要な人々から、トークン介入前、介入中、介入後に、社会的妥当性データを収集することを提案する。

（1）トークンエコノミーの有効性の理由

　トークンエコノミーは、次の3つの理由から、しばしば応用場面において有効である。第1に、トークンは行動の生起と、バックアップ強化子提示との間の時間のギャップを橋渡しする。例えば、トークンを午後獲得するが、バックアップ強化子は翌朝まで与えない。第2に、トークンは行動とバックアップ強化子提示との間の場面の違いを埋め合わせる。例えば、学校で獲得したトークンは、家庭で強化子と交換することができる。あるいは午前中に通常学級の教室で獲得したトークンは、午後特別支援教育学級で交換できる。最後に、般性条件性強化子としてのトークンは、行動分析家による動機づけ管理をさほど重要なものではなくしてくれる。

（2）さらなる検討事項

　侵入性　トークンシステムは、侵入的になる恐れがある。トークンプログラムを確立し実行し評価するためには、時間とエネルギーと資源が必要である。また、ほとんどの日常環境では人の行動をトークンで強化することはしない。そのためパフォーマンスを維持しながら、同時にトークンスケジュールを疎化する方法を注意深く考えなければならない。いずれにせよ、トークンエコノミープログラムには多くの「可動部」があり、実践家はそれらを処理する準備をしておかなければならない。

無限継続性 トークンエコノミーは、行動を維持する効果的手続きとしての可能性がある。したがって分析家は、プログラムの結果によって非常に勇気づけられ、システムを除去したいと思わなくなる恐れがある。そうなると学習者は、日常環境においては通常獲得できない強化のために努力し続けることになる。

厄介さ トークンエコノミーは、実施するには厄介な手続きになる恐れがある。特に多くの参加者がおり、多くの強化スケジュールを使う場合にそうなる。システムは、学習者と行動分析家に対して、さらなる時間と努力を要求する恐れがある。

州による義務づけ レベルシステムの文脈にトークンを導入する場合、実践家は次のレベルに進む前に特定数のトークンを獲得することを、子どもに明確に画一的に要求することが、個別化されたプログラムを要求する州の義務づけの方針や意図の侵害につながることのないように注意する必要がある。ショイヤーマンとウエバー（Scheuermann & Webber, 1996）は、レベルシステムの中に埋め込まれたトークンやそのほかのプログラムは個別化されるべきであり、レベルシステムと自己管理技法を組み合わせることによって、インクルージョンプログラムを成功させる可能性が増大する、とした。

Ⅲ 集団随伴性

このテキストでは、これまで、個々の個人に焦点を当て、その一定の行動の将来の生起頻度を変えるために、強化随伴性をいかに適用できるかを議論してきた。しかし随伴性は集団に対しても適用できることを、応用研究が実証してきた。そして行動分析家は、ますます、さまざまな領域における集団随伴性に、注意を向けるようになった。例えば、成人の余暇活動（Davis & Chittum, 1994）、全校規模の応用（Skinner, Skinner, Skinner, & Cashwell, 1999）、教室（Brantley & Webster, 1993; Kelshaw-Levering, Sterling-Turner, Henry, & Skinner, 2000）、遊び場（Lewis, Powers, Kelk, & Newcomer, 2002）、など。集団随伴性を適切に管理するようにすれば、それは多くの人々の行動を同時に改善する有効で実際的なアプローチになりうることが、これらの個々の応用によって実証されている（Stage & Quiroz, 1997）。

1．集団随伴性の定義

集団随伴性（group contingency）とは、集団の1メンバーの行動を条件として、または集団の一部の人々の行動を条件として、あるいは集団全員の行動を条件として、共通の行動結果（必ずというわけではないが、通常は、強化として機能させることを意図した報酬）を伴わせるという随伴性である。集団随伴性は、依存型、独立型、相互依存型に分類することができる（Litow & Pumroy, 1975）。

2．集団随伴性の論拠と長所

　応用場面において、なぜ集団随伴性を使うか？　それにはたくさんの理由がある。第1に、それを適用している間は時間を節約することができる（Skinner, Skinner, Skinner, & Cashwell, 1999）。実践家は、グループの1人1人のメンバーに行動結果を繰り返し適用する代わりに、グループのすべてのメンバーに1つの行動結果を適用すればよい。後方支援の観点からすれば、実践家の作業負担は減る可能性がある。集団随伴性は、行動改善を生み出すうえで、有効であることが実証されてきた（Brantley & Webster, 1993）。集団随伴性は、その実施において少数の実践家か、またはより少ない時間しか必要としないため、有効かつ経済的である可能性がある。
　もう1つの長所は、実践家は個別随伴性が非現実的である状況において、集団随伴性を使うことができることである。例えば、教師が複数の子どもの妨害行動を減らそうとしたとする。教師が教室の子どもの1人1人に、個別プログラムを適用することは難しいかもしれない。とりわけ代用教員ならば、集団随伴性の使用が実際的な代替選択肢であると感じられる可能性がある。なぜなら代用教員は、子どもたちのそれまでの強化の履歴についての知識が限られており、そして、集団随伴性であればさまざまな行動や場面や子どもに応用できるからである。
　集団随伴性はまた、深刻な妨害行動が起こる場合のように、実践家が速く問題を解決しなければならないケースに活用することができる。実践家の関心は妨害行動を速く減らすことにとどまらず、適切な行動をより高いレベルまで育てることにも向けられる可能性がある（Skinner et al., 2000）。
　さらに言えば、実践家は集団随伴性を使って、仲間による影響や仲間による監視をフルに活用することができる。なぜなら集団随伴性は仲間に対して、行動改善の実行者として振る舞う機会を与えるからである（Gable, Arllen, & Hendrickson, 1994; Skinner et al., 1999）。認めざるを得ないことであるが、仲間の圧力は一部の人々にとっては有害な影響を与える恐れがある。それらの人々がスケープゴートになり、マイナスの影響が出てくる可能性がある（Romeo, 1998）。しかしながら、随伴性の成分をランダムに構成するようにすれば、潜在的に有害な、または否定的な結果を最小限に抑えることができる（Kelshaw-Levering et al., 2000; Poplin & Skinner, 2003）。
　実践家は積極的な社会的交流と、積極的な行動支援を集団の中で促進する集団随伴性を確立することができる（Kohler, Strain, Maretsky, & Decesare, 1990）。例えば、教師は障害のある子どもや子どもの集団に、集団随伴性を確立することができる。障害のある子どもを通常学級に統合して、障害のある1人か2人以上の子どものパフォーマンスを条件として、クラス全員に自由時間という賞を与えるというように随伴性を設計することができる。

3．独立型集団随伴性の適用

　独立型集団随伴性（independent group contingency）とは、集団全員に随伴性を提示するが、強化はその随伴性に示された基準を満たしたグループメンバーだけに限定して与えるという取り決めのことである（図26.9を参照）。独立型集団随伴性は、しばしば、随伴性契約とトークン強

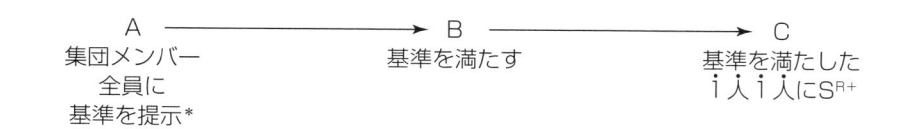

第26章　随伴性契約、トークンエコノミー、集団随伴性

```
A ──────────→ B ──────────→ C
集団メンバー      基準を満たす      基準を満たした
全員に                         1人1人にS^R+
基準を提示*
```

＊（例えば、「金曜日のテストで単語10題のうち9題正しく綴れた子はボーナス点10点を獲得できます」）

図26.9　独立型集団随伴性

化プログラムとを組み合わせて使われる。なぜなら、これらのプログラムは、通常、強化スケジュールをその集団のほかのメンバーのパフォーマンスとは無関係に設定するからである。

ブラントレーとウエブスター（Brantley & Webster, 1993）は、通常学級で独立型集団随伴性を使って、25人の小学4年生の妨害行動を減らした。教師らは、課題から外れた行動と、勝手な発言と、離席に関してデータを収集した後、注目する、許可を得て発言する、着席していることについてルールを掲示した。設定された独立型集団随伴性では、子ども1人1人が、教室に公示された名前のリストのわきに、1日の間にマークされた観察時間のどれかのインターバルで、チェックマークを獲得することができた。子どもが適切なまたは向社会的な行動を自発すれば、チェックマークを記録してもらえた。報酬獲得基準は、週5日中4日の間、チェックマークを4から6へと増やされた。

結果の示すところによれば、8週間後の妨害行動（課題から外れた行動、勝手な発言、離席行動）の総数は70％以上減少した。そして課題から外れた行動の一部（例えば人に手を出す）は完全に除去された。このアプローチに対する教師の満足は肯定的であり、親は学校で子どもたちに適用された手続きを理解できると報告した。ブラントレーとウエブスター（Brantley & Webster, 1993）は、次のように結論づけた。

　　独立型随伴性は、明確な時間インターバルを使うことによって子どもたちに構造を与えた。そして守るべきルールを限定し操作的に定義して、行動を一貫してモニターし、子どもたちに達成できる基準を設定することによって、教師の期待をはっきり伝えた。(p. 65)

4．依存型集団随伴性の適用

依存型集団随伴性（dependent group contingency）においては、集団全体に対する報酬が1人の子どもか小集団のパフォーマンスによって決定される。図26.10は3項随伴性としての依存型集団随伴性を表す。この随伴性は次のように作動する。1個人（または全集団に含まれる小集団）が、ある行動を特定の基準まで遂行する。すると、集団全体が強化子を共有する。その集団の報酬へのアクセスは、個人（または小集団）のパフォーマンスに依存する。もし1個人のパフォーマンスが基準未満であれば、集団への報酬は与えられない。1個人または小集団がクラスに

931

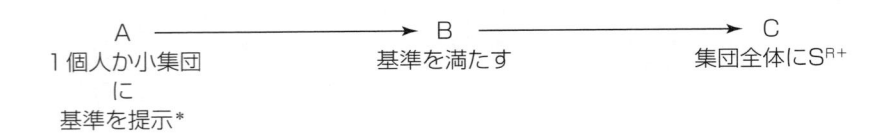

```
A ─────────────→ B ─────────────→ C
1個人か小集団       基準を満たす        集団全体にS^{R+}
    に
 基準を提示*
```

  ＊（例えば、「第2テーブルの子全員が算数の課題を仕上げたら、クラス全体が5分の自由時間をもらえます」）

図26.10　依存型集団随伴性

対する報酬を獲得するとき、この随伴性はときに**ヒーロー手続き**（hero procedure）と呼ばれる。

　カーとネルソン（Kerr & Nelson, 2002）によれば、ヒーロー手続きによって子どもたちの間に積極的な交流を促すことができる。なぜなら集団随伴性で標的とされた子どもの行動が改善すれば、それによってクラス全体が利益を受けるからである。

　グレシャム（Gresham, 1983）は、随伴性は家庭において適用し、報酬は学校において提示するという依存型集団随伴性を研究した。この研究では、家庭で非常に妨害的な8歳男児（例えば、火をつける、家具を壊す）が、家庭において非妨害的行動をすると丸印をもらう。ビリーが破壊的な行動を起こさなければ、毎日丸印をつけられた（1日ごとの通信簿）。個々の丸印は、翌日学校において、ジュースと休憩とトークン5個と交換することができた。ビリーが丸印を5個受け取ると、クラス全体がパーティーを開き、そこでビリーがホスト役を務めた。グレシャムは、この依存型集団随伴性によって妨害行動の量が減ったと報告した。そしてこれは家庭場面と学校場面を組み合わせた依存型集団随伴性の最初の応用だったと報告した。

　アレンら（Allen, Gottselig, & Boylan, 1982）は、興味深い依存型集団随伴性のバリエーションを用いた。彼らの研究では、29人の学級中、5人の妨害的小学3年生が標的児童になった。介入の初日、担任が教室のルールを掲示して説明した。それは、挙手する、席を立つ、人を妨害する、助けを求めることについてのルールだった。そして、算数の時間と言語科目の時間の5分インターバルの間に起こる妨害行動の量が減ることを条件として、クラス全員が休み時間の1分追加を獲得するというものだった。5分インターバルの間に妨害行動を起こすと、教師はその妨害した子どもの名前を違反者としてあげ（例えば「ジェームズ、スーを邪魔したね」）、タイマーを次の5分インターバルへとリセットした。教師はまた、累積時間をイーゼルに掲げて、クラス全員に分かるようにした。結果の示すところによれば、依存型集団随伴性のもとでは、妨害行動の生起は減少した。

5．相互依存型集団随伴性

　相互依存型集団随伴性（interdependent group contingency）は、集団のメンバー全員が（個別にそして集団として）随伴性の基準を満たし、そうすれば誰もが報酬を得られることになる

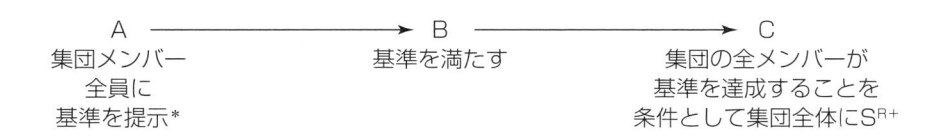

第26章　随伴性契約、トークンエコノミー、集団随伴性

```
   A ─────────→ B ─────────→ C
集団メンバー      基準を満たす     集団の全メンバーが
全員に                         基準を達成することを
基準を提示*                     条件として集団全体にS^R+
```

＊（例えば、「クラス全員が遠足に行くためには、今学期第6週までに、1人1人が少なくても4つの理科プロジェクトを完了しなければなりません」）

図26.11　相互依存型集団随伴性

（Elliott, Busse, & Shapiro, 1999; Kelshaw-Leverting, et al., 2000; Lewis et al., 2002; Skinner et al., 1999; Skinner et al., 2000）。理論的には、相互依存型集団随伴性は、子どもたちを結びつけて共通の目標を達成させ、それによって仲間の圧力と集団凝集性をフルに生かすようにすれば、独立型と依存型の集団随伴性を上回る付加価値的な長所をもつことになる。

依存型と相互依存型の集団随伴性の有効性は、その随伴性の一部の成分か、すべての成分をランダムに調整することによって、高められるかもしれない（Poplin & Skinner, 2003）。ということは、ランダムに選んだ子どもか、行動か、強化子が、随伴性の標的にされるということである（Kelshaw-Levering, et al., 2000; Skinner et al., 1999）。ケルショー－レヴァリングら（Kelshaw-Levering, et al., 2000）は、報酬だけか随伴性の多くの成分（例えば子どもや、行動や、強化子）かのどちらかをランダム化することが、妨害行動を減らすうえで有効であることを実証した。

手続き的には、相互依存型集団随伴性は、(a) 集団全員が基準を満たすか、(b) 集団が平均集団得点を達成するか、または (c)「よい行動ゲーム」か「よい子どもゲーム」の結果をベースとするかして、実行することができる。いずれにしろ、相互依存型集団随伴性は「全か無か」の協定のことである。すなわち、すべての子どもが報酬を得るか、誰も報酬を得られないかである（Poplin & Skinner, 2003）。図26.11は3項随伴性としての相互依存型集団随伴性を表す。

（1）集団全員が基準を満たす

ルイスら（Lewis et al., 2002）は、集団全員が基準を満たすバリエーション（total group meets criterion variation）を使って、郊外の小学校に就学する子どもたちの遊び場での問題行動を減らした。教師のチームが遊び場の問題行動を査定した後、教室と遊び場におけるソーシャルスキル教示と集団随伴性を組み合わせた。子どもたちは、ソーシャルスキ教示の間に、どうすれば友だちとうまくやっていけるか、お互いに協力することができるか、親切にすることができるかを学んだ。子どもたちは、集団随伴性の間に、腕にはめることができる伸縮性の輪を獲得することができた。休憩時間の後、子どもたちはその輪を先生の教卓の缶の中に入れた。缶が一杯になると、その集団が強化子を獲得した。図26.12は、1日3回の休憩時間の間のソーシャルスキルプラス集団随伴性の介入結果を示す。

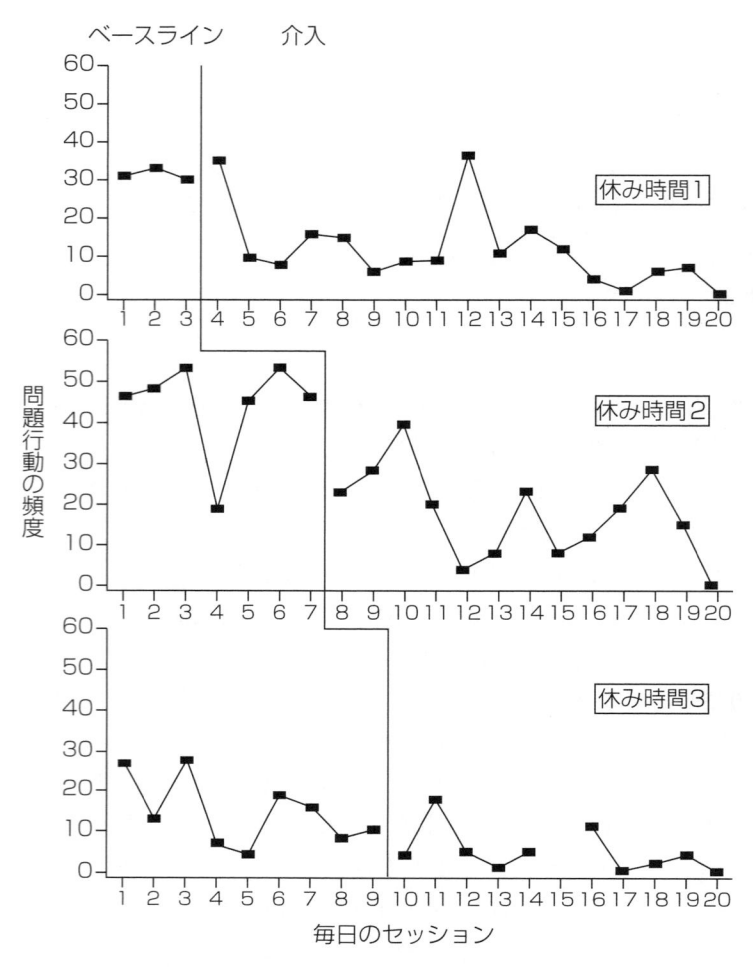

図26.12 休み時間の問題行動の頻度。休み時間1は小学2年生と4年生。休み時間2は小学1年生と3年生。休み時間3は小学5年生と6年生。幼稚園生は休み時間1，2で運動場にいた

From "Reducing Problem Behaviors on the Playground: An Investigation of the Application of School-Wide Positive Behavior Supports" by T. J. Lewis, L. J. Powers, M. J. Kelk, and L. L. Newcomer, 2002, *Psychology in the Schools*, *39* (2), p.186. Copyright 2002 by Wiley Periodicals, Inc. Reprinted by permission of John Wiley & Sons, Inc.

（2）集団を平均する

　ベアとリチャーズ（Baer & Richards, 1980）は、集団平均化相互依存型集団随伴性（group averaging interdependent group contingency）を使い、5人の小学生の算数と国語の成績を改善した。その研究では、クラスの子ども10人すべてが、標的となった5人を含めて、次のように告げられた。すなわち、子どもたちがクラスとして前の週の平均点を超えて向上すれば、1点ごとに1分の休み時間をもらえます、と。また、すべての子どもたちに、この同じ随伴性を記載した契約書を与えた。余分の休憩時間は、次の週の毎日のご褒美として与えられた。例えば、もし

子どもの週平均が前週の平均より3ポイント上昇したら、子どもたちは毎日3分の余分な休憩時間をもらうことができた。22週の研究結果は、集団随伴性が作動するときは、すべての子どもたちが向上したことを示した。逸話的データの示すところによれば、この研究の過程にはすべての子どもが参加して、余分の休憩時間を享受した。

（3）よい行動ゲーム

　バリッシュら（Barrish, Saunders, & Wolf, 1969）は、よ・い・行・動・ゲ・ー・ム・（Good Behavior Game）を使って、相互依存型集団随伴性を説明した。このゲームでは、1つの集団を2つかそれ以上のチームに分ける。ゲームに入る前に、どちらのチームでも最・少・量・のマークを獲得したチームは、ゲームの終わりに特別な権利を与えられると告げられた。それぞれのチームはまた、特定されたマーク数より少ないマークを獲得したとき（DRLスケジュール）、特別な権利を与えられると告げられた。バリッシュらによって報告されたデータは、この戦略が教室における妨害行動を減らす有効な方法になる可能性を示している。算数と読みの間にゲーム条件が作動すると、勝手な発言と離席行動は低水準にとどまった。ゲーム条件が作動していないと、妨害行動ははるかに高水準で起こった（図26.13を参照）。

　よい行動ゲームでは、教師の注意が問題行動の生起の観察と記録に向けられる。そしてもし1つか2つ以上のチームが基準数より少ない違反を示せば、強化子が与えられるという誘因を与えられる。よい行動ゲームの長所は、競争が集団の間ではなく、チームの内部において、基準に基づいて起こることである。

（4）よい子どもゲーム

　よ・い・子・ど・も・ゲ・ー・ム・（Good Student Game）では、（よい行動ゲームのような）相互依存型集団随伴性と、自己監視戦術とが組み合わされる（Babyak, Luze, & Kamps, 2000）。基本的には、よい子どもゲームは、自習時間に問題行動が浮上したとき、実施するよう意図されている。よい子どもゲームでは、教師は（a）修正すべき標的行動を選び、（b）目標と報酬を決定し、（c）集団監視するか個人監視（または両方）するかを決定する。

　子どもたちは、示範−指導−検証（model-lead-test）という教示順序を使って、よい子どもゲームの訓練を受ける。すなわち、子どもたちを4〜5の集団に編成し、標的行動を定義し、その例とその例でないものを提示し、教師の監督下で練習を行い、1人か2人以上の子どもに自分自身か集団のパフォーマンスを記録させる。表26.2はよい子どもゲームとよい行動ゲームの比較である。両者の違いは、標的行動と、報酬提示と、フィードバックに関わるものであることに注意しなければならない。

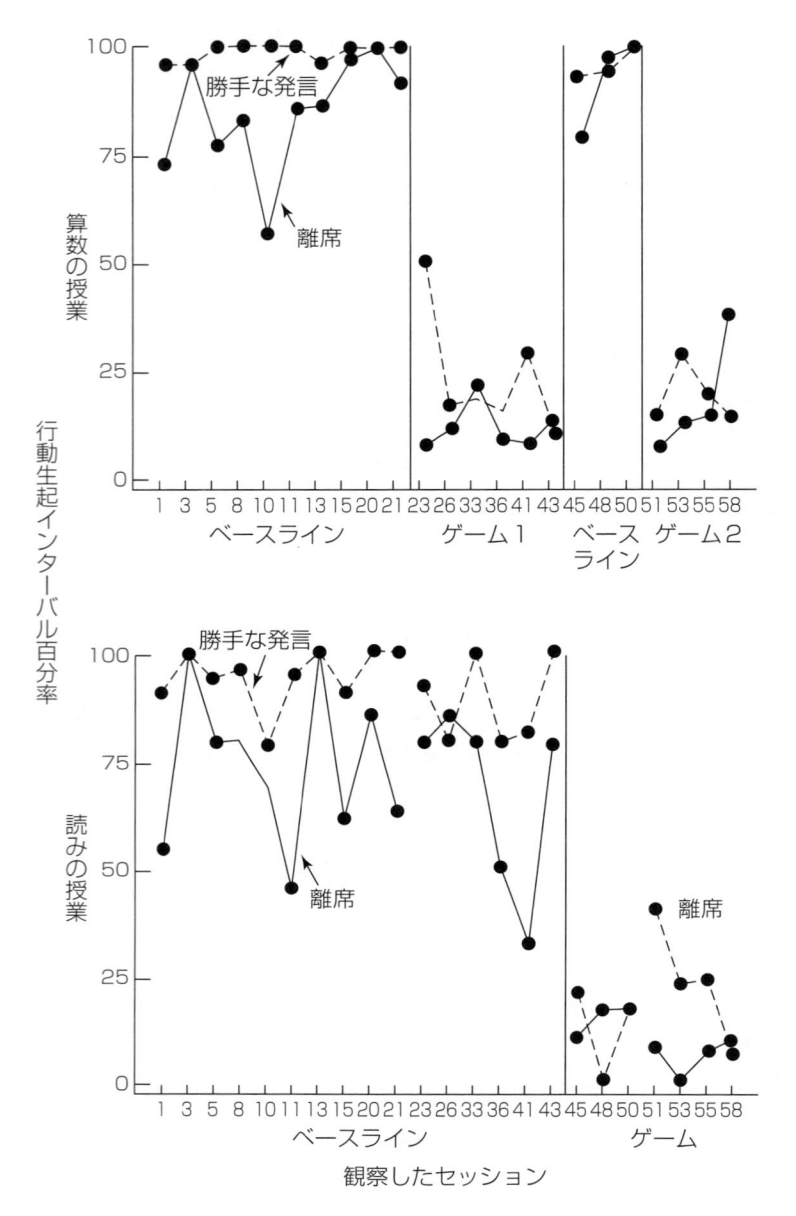

図26.13　算数と読みの授業における小学4年生24名のクラスの、勝手な発言と離席行動の1分インターバル百分率

From "Good Behavior Game: Effects of Individual Contingencies for Group Consequences on Disruptive Behavior in a Classroom" by H. H. Barrish, M. Saunders, and M. M. Wolf, 1969, *Journal of Applied Behavior Analysis, 2*, p. 122. Copyright 1969 by the Society for the Experimental Analysis of Behavior, Inc. Reprinted by permission.

表26.2　よい行動ゲームとよい子どもゲームの成分

成分	よい行動ゲーム	よい子どもゲーム
組織	子どもはチームでプレーする	子どもはチームか個人でプレーする
管理	教師が行動を監視し記録する	子どもが自分の行動を自己監視し記録する
標的行動	行動は規則違反か規則遵守として記載する	行動は規則遵守として記載する
記録	規則違反行動が起こったら、教師がその出来事を記録する。	子どもが変動間隔スケジュールで規則遵守行動を記録する
強化システム	正の強化	正の強化
強化基準	チームは一連の規則違反行動数を超えてはならない	集団または個人が一連の規則遵守行動の百分率を達成するか超過する
強化提示	集団パフォーマンスに依存	個人か集団のパフォーマンスに依存
フィードバック	規則違反行動が起きたら、教師はフィードバックを与える	教師がインターバルでフィードバックを与える。望ましい行動を強化するためゲーム中に賞賛と激励を与える。

6. 集団随伴性を実施する

　集団随伴性の実施に当たっては、ほかの行動改善手続きと同様に、できるだけ事前に準備する必要がある。ここに示す6つのガイドラインは、集団随伴性を適用する前と、適用中に従うべきものである。

（1）有効な報酬を選ぶ

　集団随伴性の最も重要な側面の1つは、行動結果の強さである。結果は有効な報酬として機能するよう、十分強くなければならない。実践家は、あらゆる機会に、般性条件性強化子、または強化子メニューを活用するよう奨励される。これらの戦略はどちらも随伴性を個別化する。そうすることによって、その威力と、柔軟性と、適用可能性を高める。

（2）改善すべき行動と、影響を受ける可能性のある併発行動を決める

　依存型集団随伴性が確立されたと仮定しよう。クラス全体が、1人の発達障害児の学業成績の向上を条件として、10分間の余分の自由時間を楽しんでいる。教師がその子の学業成績に関するデータを収集することは当然である。しかしながらその子と障害のないクラスメートとの積極的交流の数に関しても、教室の中と外でデータを収集しなければならない。集団随伴性を活用する付加的恩恵は、発達障害児がクラスメートから受けるプラスの注目と激励である。

7．適切な遂行水準を設定する

　もし集団随伴性を活用するとすれば、随伴性が適用される人々は、特定された行動を遂行するための前提スキルを身に付けていなければならない。そうでなければ、彼らは基準を満たすことができず、嘲られ、罵られる対象となる恐れがある（Stolz, 1978）。

　ハンブリンら（Hamblin, Hathaway, & Wodarski, 1971）によれば、集団の平均パフォーマンスか、高パフォーマンスか、低パフォーマンスを標準として使うことによって、集団随伴性の基準を設定することができる。平均パフォーマンス集団随伴性においては、集団の平均パフォーマンスは平均化され、その平均得点かそれより高い得点の達成を条件として強化が与えられる。算数の練習問題の平均得点が20題の正答であるとすれば、20点以上の得点で、報酬を獲得することになる。高パフォーマンス集団随伴性においては、報酬を受けるために必要なパフォーマンス水準は高得点になる。綴り字テストの高得点が95％だったとすれば、95％の得点を達成した子どもだけが報酬を受ける。低パフォーマンス集団随伴性においては、低パフォーマンス得点が強化子を決定する。社会科の期末試験の低得点がCならば、C以上の子どもは強化子を受け取ることができる。

　ハンブリンら（Hamblin et al., 1971）は、これらのパフォーマンス随伴性では、差異的影響が認められる可能性があることを示唆した。彼らのデータの示すところによれば、高パフォーマンス随伴性の下では、能力の低い子どものパフォーマンスはより悪くなり、能力の高い子どものパフォーマンスはこの随伴性のもとで最高になった。ハンブリンらのデータは、集団随伴性が行動改善のために有効である可能性があるが、その有効性は集団のメンバーの違いによって変化することを理解したうえで、適用すべきであることを示唆する。

（1）適切な場合は他の手続きと組み合わせる

　ラロウら（LaRowe, Tucker, & McGuire, 1980）によれば、集団随伴性は単独でも、ほかの手続きと組み合わせても、パフォーマンスを組織的に改善するために利用することができる。ラロウらの研究は、小学校のランチルームの過度の騒音を減らすために設計された。彼らのデータは、集団随伴性に低反応率分化強化（DRL）を簡単に組み込むことができることを示唆している。高レベルの集団パフォーマンスが望まれる状況においては、高反応率分化強化（DRH）を使うことができる。DRLにしろDRHにしろ、基準変更デザインを使えば、処遇効果の分析がしやすくなる。

（2）最も適切な集団随伴性を選ぶ

　特定の集団随伴性の選択は、可能ならばいつでも、実践家と親と（あてはまる場合は）参加者の全体的なプログラム目標をベースにするべきである。例えば、集団随伴性が1個人か小集団の行動を改善するために設計されるとすれば、依存型集団随伴性を採用すべきだろう。もし実践家

が適切な行動を分化強化したいならば、独立型集団随伴性を考慮すべきであろう。しかし、もし実践家が集団内の個々人を一定水準で行動させたいとするならば、相互依存型集団随伴性を選ぶべきだろう。どの集団随伴性を選ぶにしろ、第29章で議論する倫理の問題を考慮しなければならない。

（3）個人と集団の遂行をモニターする

集団随伴性を使う場合、実践家は集団と個人双方のパフォーマンスを観察しなければならない。ときには集団のパフォーマンスは改善するが、集団内の一部のメンバーは改善しないか、少なくとも同じ速さでは改善しないことがある。集団の一部のメンバーは、集団随伴性をサボタージュして、集団が強化を達成することを妨げようとしさえするかもしれない。こうしたケースでは、サボタージュする人に集団随伴性と組み合わせて個別随伴性を計画すべきである。

まとめ

随伴性契約

1．随伴性契約は、行動契約ともいい、1つの文書（ドキュメント）である。それによって、特定の行動の完了と、特定の報酬（例えば、自由時間や、ABCなどで表される成績や、好きな活動に従事する機会など）に対するアクセスや交付との間の条件的関係が特定される。

2．すべての契約には、課題の記述、報酬の記述、課題の記録の3大成分が含まれる。課題のもとでは、誰が、何を、いつ、いかによく、が特定されなければならない。報酬のもとでは、誰が、何を、いつ、どれだけが、特定されなければならない。課題の記録は、契約の進行を記録し、暫定的報酬を提供する場所を提供する。

3．契約を実行に移すためには、複雑なパッケージ介入が必要である。その介入は、関連する正負の強化随伴性とルール支配行動が単独かまたは同時に作動する。

4．契約は教室や、家庭や、臨床場面において、幅広く活用されてきた。

5．契約はまた、子どもに自己管理を教えるためにも活用されてきた。

6．自己契約は個人が自分で作成する随伴性契約である。自分が選ぶ課題と報酬と、課題完了の

自己監視および報酬の自己提示が組み込まれる。

トークンエコノミー

7. トークンエコノミーは行動改善のシステムである。3大成分、すなわち（a）強化されるべき標的行動が特定されたリスト、（b）参加者が標的行動を自発して受け取るトークンまたはポイント、さらに（c）獲得したトークンとの交換で参加者が選択し入手する品物や活動や、特別な権利や、バックアップ強化子についてのリストのメニュー、から構成される。

8. トークンは、般性条件性強化子として機能する。幅広い多様なバックアップ強化子と対提示されてきたからである。

9. レベルシステムは、トークンエコノミーの一種である。参加者は標的行動に関する特定の遂行基準を満たすことを条件として、レベル階層を上昇または下降する。

10. トークンエコノミーの設計には基本的6ステップが存在する。（1）交換媒体の働きをするトークンを選ぶ、（2）標的行動とルールを特定する、（3）バックアップ強化子のメニューを選ぶ、（4）交換比率を定める、（5）トークンをいつどのように交付し交換するか、トークンを獲得する要件が満たされない場合に何が起こるかも特定する手続きを文書化する、（6）システムの本格的実施前に実地テストをする。

11. トークンエコノミーを設定するときは、システムをどのように開始し、実施し、維持し、評価し、除去するかを決定しなければならない。

集団随伴性

12. 集団随伴性は、集団の1メンバーの行動を条件として、または集団の一部の人々の行動を条件として、あるいは集団全員の行動を条件として、共通の行動結果を伴わせる随伴性である。

13. 集団随伴性は、独立型、依存型、相互依存型に分類することができる。

14. 実践家が集団随伴性を実行に移すには、6つのガイドラインが役立つ。（a）強力な報酬を選ぶ、（b）改善すべき行動と影響を受ける可能性のある併発行動を測定する、（c）適切な遂行基準を設定する、（d）適切な場合はほかの手続きと組み合わせる、（e）最も適切な集団随伴性を選ぶ、（f）個人と集団のパフォーマンスをモニターする。

第27章
自己管理

キーワード

習慣反転、集中練習、自己制御、自己評価、自己教示、自己管理、自己監視、系統的脱感作

行動分析士資格認定協会®BCBA® & BCaBA®
第4版課題リスト©

I 基本的な行動分析学のスキル	
D-01	正負の強化を使う。
D-08	不連続試行とフリーオペラント計画を使う。
E-01	先行事象、例えば動機づけ操作や弁別刺激の操作に基づく介入を使う。
E-03	インストラクションとルールを使う。
F-01	自己管理の戦略を使う。
II クライエントを中心に据えた専門家としての責任	
G-05	私的出来事も含む行動を、行動分析学の用語（心理主義の用語ではなく）によって記述する。
K-02	行動改善手続きを実行する責任者の行動を制御する随伴性を同定し、それに従って介入を設計する。
III 基礎知識	
FK-24	刺激性制御

©2012　行動分析士資格認定協会®（BACB®）。不許複製。この文書の最新版は、www.bacb.comから入手できる。この文書の転載、複写、配布の請求と、この文書についての質問は、BACBに直接問い合わせられたい。

レイリーンは、前は物忘れがひどかった。自分がしなければならないことや、したかったことを、いつもしそこなっていた。彼女の毎日は本当に忙しかった！　しかしレイリーンは、てんてこ舞いの生活を何とか管理できるようになってきた。例えば今朝は衣装戸棚のドアにポストイットのメモを貼っておいた。それで昼食会用にグレーのスーツを着ていくことを忘れず実行することができた。完成した販売報告も、冷蔵庫に張っておいたメモの助けで、仕事に持っていくことができた。そしてレイリーンは、自分の車に乗るとき、手には販売報告をもち、グレースーツでパシッと決め、また前夜図書館で借りていた本を運転席に置いておいたおかげで、その日のうちに本を図書館に返して、期限切れの罰金をまた払うことを避けることができそうだ。

　ダリルが修士論文のための最終データを収集してから、かれこれ1年が過ぎようとしていた。研究テーマは、ダリルが楽しんで取り組み、重要であると信じている素晴らしいテーマだった。しかしダリルは、論文を書き上げることができず、ずっと悪戦苦闘している。自分が毎日机に1〜2時間座って取り組むようにすれば、論文を書き上げることができることは分かっている。しかし、課題の大きさと困難さに圧倒されて、怖気づいてしまう。自分が座って書く能力が、それを避ける能力の半分でもあればいいのになぁと思っている。

　「［自分の行動の自己管理を］頻繁にじょうずにできる者もいれば、そういうことを滅多にせず、また上手にできない者もいる」(Epstein, 1997a, p. 547)。レイリーンは、最近、自己管理（self management）、すなわち行動することによって自分が制御したい別の行動の生起を変更することを発見して有頂天になっている。ダリルは自己管理の必要性を痛いほど感じていながら、毎週、前よりいっそう具合が悪くなっていると感じている。本章では、自己管理を定義し、自己管理の用途と自己管理スキルの教授と学習の利益とを同定し、さまざまな自己管理戦術を説明し、成功する自己管理プログラムを実践するためのガイドラインを提案する。まず行動の管理者としての自己が果たす役割について考えることから始めよう。

I　行動の管理者としての「自己」

　徹底的行動主義の基本方針は、行動の原因を環境の中に発見することである (Skinner, 1974)。生存随伴性（contingencies of survival）によって選択された原因変数は、人類の進化を通して、遺伝的形質として伝えられてきた。遺伝的形質以外の行動の原因は、強化随伴性（contingencies of reinforcement）、つまり個々人の生涯の行動と環境との間の相互作用を記述する強化随伴性のなかに見出される。では自己（self）が演じる役割は、そういうものが多少ともあるとすれば、何だろうか？

1．ローカス・オヴ・コントロール：行動の内的原因または外的原因

　行動のなかには、その出来事の展開を観察すれば、その近因が誰にでもすぐ分かるものがあ

第27章　自己管理

る。幼児が泣いている。母親がその子を抱き上げて抱き締める。幼児が泣き止む。警告標識があるのに速度を落とさず車が猛スピードで走ってくる。それを見た高速道路の労働者が道路から飛び降りる。釣り人が前に食いのあったスポットに疑似餌（ルア）を投げ入れる。行動分析家は、これらの出来事に、それぞれ、逃避と、回避と、正の強化の随伴性が関与していると言うだろう。行動分析家ではない人は、それぞれのシナリオにおいて、人がなぜそう反応したかについて、心理主義的（mentalistic）な説明（例えば、子どもの泣き声が母親の母性本能の引き金となった）を与えるかもしれない。が、大部分の人々は、教育や信条のいかんにかかわらず、専門家も素人も等しく、3つのシナリオの関数変数として、同じ先行事象（赤ん坊が泣いた、車が猛スピードで接近した、魚が疑似餌に食いついた）を識別するだろう。3つのエピソードを分析すれば、まず確実に直前に起こった出来事が関数の役割を果たしたこと（逃避反応か回避反応を喚起する動機づけ操作としての泣く幼児と猛スピードの車、強力な強化子としての食いついた魚）が、ほぼ確実に明らかになるはずである。

しかし人類の多くの行動は、そのように明白に関連する先行事象に後続して即座に起こるわけではない。にもかかわらず、われわれ人類は、行動の直前に先行して起こる出来事に、原因者としての地位を与える長い歴史をもってきた。スキナー（Skinner, 1974）が述べた通り、「われわれは1つの物事がもう1つの物事に後続して起こるとき、それは多分それによって引き起こされたのだとしばしば早まって言いがちである。古代の格言、すなわちポスト・ホック・エルゴ・プロプター・ホック（post hoc, ergo propter hoc）（「この後に、したがって、これゆえに」、つまり時間の前後関係を因果関係と混同した虚偽の論法）が示すごとく」（p. 7）。もし直近の周囲の環境を探しても原因変数がすぐ分からなければ、スキナーが説明した通り、行動の原因を人間の内側に求める傾向がとりわけ強められる。

> われわれが最も親しい人物、それは自分自身である。自分が行動する直前にわれわれが観察する物事の多くは、自分の体内で起こっている。したがって、われわれが体内で起こっていることを行動の原因として解釈することは簡単である……。感情はまさに行動の原因として働くためにちょうどいい時間に起こる。そして何世紀もの間、感情は行動の原因と言われてきた。われわれは、人々がわれわれと同じように行動するとき、人々もわれわれと同じように感じるものだと思い込む。(pp. 7, 8)

1人の大学生は、学期の第1週から、習慣的な勉強スケジュールを維持する。それなのになぜルームメートは、毎晩のようにパーティーに出かけるのだろうか？　一群の人々が減量プログラムや禁煙プログラムに参加する。それぞれのグループメンバーは、同じ介入にさらされる。そして一部の人々は自分の決めた目標を達成する。それなのになぜほかの多くの人々は達成しないのか？　身体能力に恵まれない高校バスケットプレーヤーが、彼より運動能力に恵まれたチームメートを凌駕するプレーをする。なぜだろうか？　よく勉強する学生は、あまり勉強が好きではないルームメートより、強い意志力をもつと言われる。体重を減らしたり喫煙をやめたりしたグループメンバーは、目標を達成できないか落伍してしまった仲間よりも、より強い欲望をもってい

943

たと考えられる。運動選手が示した優れたプレーは、彼の並外れた動因の結果であるとみなされる。心理学理論のなかには、意志力（willpower）や、欲望（desire）や、動因（drive）などの仮説的構成概念（hypothetical construct）に原因者としての地位を与えるものがある。しかしこれらの説明的虚構は循環論法へと導き、彼らが説明すると主張する行動の理解には一歩も近づくことができない[1]。

2．スキナーによる自己制御の２反応概念化

スキナーは、自己によって制御されていると通常考えられる行動に対して、徹底的行動主義の哲学と理論を初めて適用した。スキナーは古典的テキスト、『科学と人間行動』（*Science and Human Behavior*）のなかで、自己制御に１章を充てて論じた。

> 人が自分自身をコントロールするとき、行動方針を選択するとき、問題の解決策を考え出すとき、自己認識を高めようとするとき、人は行動しているのである。人が自分自身をコントロールするとき、彼は誰かほかの人の行動を制御するのとまったく同様に、行動がその関数である変数を操作して自分自身を制御する。自分自身を制御する行動は、適切な分析対象である。そして最終的には、その人自身の外部に存在する変数によって説明されなければならない。（pp. 228-229）

スキナー（Skinner, 1953）は**自己制御**（self-control）を２反応現象（a two-response phenomenon）として概念化し、続けて次のように説明した。

> １つの反応、すなわち制御する反応（controlling response）は、もう１つの反応、すなわち制御される反応（controlled response）の確率を変化させるように、さまざまな変数に影響を与える。制御する反応は制御される反応がその関数であるさまざまな変数のいずれかを操作する。それゆえ自己制御には、実に多くの異なる形態が存在する。（p. 231）

スキナー（Skinner, 1953）は、多種多様な自己制御のテクニックの例を示した。２～３の例を挙げれば、例えば、身体的拘束（例えば、欠伸をしてきまり悪い思いをする瞬間、手で口をパッと押さえる）を使う、先行刺激を変化させる（例えば、食べすぎを減らすため、キャンディーボックスを見えないところにおく）、「何か別のことをする」（例えば、特定の話題について話すのを避けるため別の話題を話す）、など。スキナーの最初のテクニックのリスト以来、自己制御のいろいろな分類と目録が作られてきた（例えば、Agran, 1997; Kazdin, 2001; Watson & Tharp, 2007）。すべての自己制御（または自己管理）の戦術は、以下の２つの行動によって操作化することができる。すなわち、(a) 人が改善したいと思う標的行動（スキナーの制御される反応）、(b) 標的行動を制御するために自発する自己管理行動（スキナーの制御する反応）である。例

注１：説明的虚構と循環論法は、第１章で考察している。

えば、次の表を考えてみよう。

標的行動	自己管理行動
・つまらないもののために無駄遣いする代わりに貯金する。	・給料天引きプランに加入する。
・木曜夜に生ゴミとリサイクル缶をガレージから持ち出して歩道の縁石に置き、金曜早朝に収集してもらう。	・木曜朝、仕事に出かけるため車をガレージからバックさせて出した後、夕方帰ってきて車を駐車させるガレージスペースまで、ゴミとリサイクリング缶を引き出しておく。
・毎夕30分、運動用の自転車に乗る。	・自転車に何分乗ったかグラフを作る。それを毎朝同僚に見せる。
・20頁の論文を書く。	・（1）論文の概要をつくり、4頁のパーツを5つに分ける。（2）それぞれのパーツの締切日を特定する。（3）嫌いな団体に当てた10ドル小切手を5枚つくり、ルームメイトに預ける。（4）それぞれの締切日に書き上げた論文のパーツをルームメイトに見せて、10ドル小切手1枚を取り戻す。

3. 自己管理の定義

　自己管理については神秘的なものは何もない[2]。前に挙げた例が示す通り、自己管理は人が自発するただの行動である。それは別の行動に影響を与えるために自発するにすぎない。しかし人が毎日自発する多くの反応は、ほかの行動の頻度に影響を与える。歯ブラシに歯磨き粉をつけることは、間もなく歯を磨く行動が起こる可能性を非常に高める。しかしチューブを絞って歯ブラシに絞り出すことが、歯を磨く行動の頻度を変えるからといって、それを私たちは「自己管理」の行動であるとは考えない。特定の行動に自己管理という特別な地位を与えるものは何か？

　自己制御、ないし自己管理については、たくさんの定義が提唱されてきた。それらの多くは、ソアセンとマホーニー（Thoresen & Mahoney, 1974）の提唱した定義に似ている。彼らは、直接的な外的制御が「比較的不在」である事態において、人がある行動を自発し、それによってほかの行動を制御しようとするとき、自己制御が起こるという考えを提案した。例えば、ある男性が1人で在宅している。彼はしたいことを「何でも自由に」することができる。それなのにいつもしているピーナツとビールをやめて、代わりに運動用の自転車に20分間乗る。これは自己制御である。しかしソアセンとマホーニーの定義に従えば、もしこの制御反応が、直接的で明らかな外的事象によって喚起されるならば、自己制御は関与しないことになる。もしそこに妻がいて、男の食べすぎを指摘し、運動用の自転車に乗るように言い、乗ったら褒め言葉を与え、乗った時

注2：自己管理については新しいものもまた何もない。エプスタイン（Epstein, 1997）が指摘した通り、スキナーがまとめた自己制御のテクニックの多くは、古代ギリシャとローマの哲学者が述べたものであり、多くの組織化された宗教がミレニアムのために示した教えである（Bolin & Goldberg, 1979; Shimmel, 1977, 1979 を参照）。

間とマイレージをグラフに書き込むとする。そのとき男が自己制御したとは言えないだろう。

　しかし、その男が妻に向かって、「ぼくがエクササイズするようにプロンプトしてね」「それができたら褒めて、グラフに書き入れてね」と、妻に頼んだとしたらどうだろうか？　彼が妻に依頼する行動は、1種の自己制御ではないか？　自己制御は「外的制御」が不在のときだけに起こると定義すると1つの問題が起こる。自分が改善したい行動に外的制御を必然的に伴う随伴性を自分から設定する事態を除外してしまうことである。「外的制御が比較的不在である」という概念には、更に次の問題も伴う。すべての原因変数が実際には最終的に環境側に存在するとき、内的制御変数と外的制御変数との間に虚偽の区別を作り出してしまうことである。

　カズディン（Kazdin, 2001）は自己制御を「人が自分の選んだ結果を実現するために意図的に企てる行動」（p. 303）と定義した。このような定義は応用行動分析学にとってはより役に立つ。この定義によれば、自己制御が起こるのは、人が意図的に環境を変化させる行動を自発して、もう1つの行動を修正するときである。自己制御が目的をもつ（purposeful）ということは、自分の反応は特定の結果（例えば、毎日吸うタバコの本数を減らす）を実現するために設計した反応であると、自ら命名する（タクトする）からである。

　われわれは、**自己管理**（self-management）とは、行動に望ましい変化を生み出すために行動改善戦術を私的に適用することであると定義する。これはわざと広くとった実用的な自己管理の定義である。この定義には、例えばクローゼットのドアにメモをはって、翌日グレーのスーツを忘れず着ていくというレイリーンの1度限りの自己管理も含まれれば、人が1つか2つ以上の随伴性を設計し実行して、自分の行動を改善するという複雑で長期的に自分を方向づける行動改善プログラムも含まれる。それがなぜ役に立つ定義かといえば、自己管理を実証するためには、標的行動の望ましい改善を起こさなければならないからである。

　自己管理は相対的概念である。行動改善プログラムには、わずかな程度の自己管理もあれば、すべて本人によって着想され、設計され、実施されるものまで含まれる。自己管理は連続線上で起こる。線の一端では、個人が行動改善プログラムの1成分を制御する。他端では個人がすべての成分を制御する。行動改善プログラムが1人の人（例えば、教師、セラピスト、親）によって、もう1人の人（例えば、生徒、クライアント、子ども）のために実施される場合は、外部の改善実行者が動機づけ操作を操作し、弁別刺激を用意し、反応プロンプトを与え、分化結果を与え、標的行動の生起非生起を観察し、記録する。人がその行動改善プログラムの何らかの成分を遂行する（換言すれば、制御する）とすれば、必ず一定程度の自己管理が含まれることになる。

　認識すべき重要なことがある。自己管理とは行動に望ましい変化をもたらす行動改善戦術の私的な適用であると定義しても、その現象を説明したことにはならないということである。われわれの自己管理の定義は、単に記述的であるにすぎない。したがって意味は非常に広い。自己管理戦術は、3項随伴性または4項随伴性の特定の成分を強調することによって、あるいは特定の行動原理との構造的類似性（例えば、刺激性制御、強化）によって分類することができるが、すべての自己管理戦術には、多くの行動原理が含まれる可能性がある。研究者と実践家が自己管理の戦術を記述するときは、使われる手続きの正確で詳しい記述を示さなければならない。行動分析家は、自己管理介入の効果と特定の行動原理との関係を実証する実験的分析なしに、その効果を

4．専門用語：自己制御か自己管理か？

自己制御（self-control）と自己管理（self-management）は、行動関連文献では、しばしば互換的に登場する。しかしわれわれは自己管理を「以後の行動を変化させるために何らかの形で」（Epstein, 1997, p. 547強調は原文）行動する個人に対して、用いることを提案する。このように提案する理由を3つ挙げる。

第1に、自己制御は、「本来的に誤解されやすい」用語である。それは最終的な行動の制御が、個人の内部にあることを暗示するからである（Brigham, 1980）。スキナー（Skinner, 1953）は、人が一定の行動に対して、その行動の頻度に影響を及ぼす変数を操作するように行動することによって、実際的制御を達成することができることを認めたが、制御行動自体がその人と環境との相互作用によって学習されると主張した。

> 人間はとてつもない時間をかけて、自分の人生を設計するだろう。つまり自分が住むことになる環境を注意深く選び、日々の環境を大規模に操作する。そうした活動は、高次の自己決定を表すかのように見える。しかしそれもまた行動である。われわれはそれを、環境に存在する他の変数と、個人の歴史によって説明する。これらの変数こそ、最終的な制御を与えるものである。(p.240)

言い換えれば、「自己制御」（すなわち制御行動）の原因となる要因は、ある人の環境の経験のなかに見出すべきである。エプスタイン（Epstein, 1997）は、決められた時間にベッドから起き出すため（制御される変数）、目覚まし時計をセットする（制御する変数）人の例によって筆を起こし、ホーマーのオデッセイの主人公の印象的な自己制御の例をもって結論を導きつつ、自己制御の起源をこう説明した。

> すべてのオペラントについてあてはまるように、元来は任意の数の現象、例えば、インストラクション、モデリング、シェーピング、あるいは生成的過程が、［制御する］行動を生み出した可能性がある（Epstein, 1990, 1996）。その生起は自分が発したルール（「もし目覚まし時計をセットすれば、必ず早く起きられるに違いない」）によって媒介され、そのルールにはまた任意の数の起源が存在していた可能性がある。オデッセイは、自分がセイレンの歌の方向に舵を切る（制御される変数）可能性を低めるため、水夫らに自分の体を帆柱に縛らせた（制御する変数）。これは素

注3：行動的視点からの自己制御または自己管理の多様な概念分析については、ブリガム（Brigham, 1983）、カタニア（Catania, 1975, 1976）、ゴールダイヤモンド（Goldiamond, 1976）、ヒューズとロイド（Hughes & Lloyd, 1993）、カンファーとカロリー（Kanfer & Karoly, 1972）、マロット（Malott, 1984, 1989, 2005a, b）、ネルソンとヘイズ（Nelson & Hayes, 1981）、ニューマンら（Newman, Buffington, Hemmes, & Rosen, 1996）、ラックリン（Rachlin, 1970, 1974, 1995）、ワトソンとサープ（Watson & Tharp, 2007）を参照。

晴らしい自己制御の例である。しかしそれは完全にインストラクションに駆動されていた。魔女のキルケがそうするように教えていたからである。(p. 547)

　第2に、任意の行動の原因を自己制御に帰することは、説明的虚構として働く恐れがある。ボーム (Baum, 2005) が指摘したように、自己制御は「［独立した］内面的自己を制御すること、あるいは外的行動を制御する内面的自己が［存在する］ことをほのめかすように思われる。行動分析家はそのような見方を心理主義として退ける。その代わりに問うのは、人々が『自己制御』と呼ぶ行動とは何か？ である」(p. 191, 角括弧の語を追加)。時には自己はこころ（マインド）と同義語になる。そして「古代の概念、ホムンクルス（自分が宿っている外側の人物の行動を説明するためにまさに必要な仕方で行動する内側の人物）からさほど遠くない概念である」(Skinner, 1974, p. 121) [4]。

　第3に、素人はもちろん、行動研究者も同様に、自己制御を人が「満足を遅延させる」(Mischel & Gilligan, 1964) 能力を表すために、しばしば用いる。オペラント用語では、この自己制御は、即座に手に入る価値の低い報酬を得るために行動する代わりに、時間はかかってもより大きな、またはより良質な報酬を得るために行動するという意味を言外に含んでいる (Schweitzer & Sulzer-Azaroff, 1988) [5]。同じ用語を、行動改善の戦術を表すためだけでなく、その戦術の所産である一定の種類の行動を表すためにも使うとすれば、よくても混乱は免れず、論理的欠陥を表すことになる。自己制御を、一定の種類の行動を記述することに限定して使用するならば、自己制御を独立変数と従属変数の両方を指す名称として使用することから起こる混乱を減らすことができるかもしれない。この意味で自己制御は、その行動が外部の媒介者が実行した介入の所産か、被験者が実行した介入の所産かのいかんにかかわらず、行動改善プログラムの可能な目標、またはアウトカムとすることができるだろう。したがって人は、自己管理を用いて、とりわけ自己制御を達成することができる。

II　自己管理の応用、長所、便益

　本節では自己管理の4つの基本的応用を同定する。そして、自己管理を使用する人々と、それをほかの人々に教える実践家と、社会全体とに対してもたらす多数の長所と便益を説明する。

注4：初期の生物理論では、ホムンクルスは卵子か精子のなかに存在すると考えられていた、完全に形成された人間だった。

注5：そういう自己制御を示すことに失敗する行動はしばしば「衝動的」と呼ばれる。ニーフら（例えば、Neef, Bicard, & Endo, 2001; Neef, Mace, & Shade, 1993）とディクソンら（例えば、Binder, Dixon, & Ghezzi, 2000; Dixon et al., 1998; Dixon, Rehfeldt, & Randich, 2003）は、衝動性を査定し、遅延性の報酬に対する耐性という形式の自己制御を教えるための手続きを開発した。

1．自己管理の応用

　自己管理は、人が日々の生活で、より効果的、効率的になるための助けとなる可能性がある。それだけでなく、悪い習慣をよい習慣に置き換え、難しい課題を達成し、個人的目標を実現する助けとすることもできる。

（1）日々より効果的、効率的に生活する

　レイリーンは自分用のメモを書き、図書館から借り出した本を車の座席に置いた。これは忘れっぽさや組織的に行動する能力が欠如していることを克服するために活用できる自己管理のテクニックの例である。たいていの人々は、例えば、店に行く前にショッピングリストを作ったり、1日の計画を立てる方法として「すべきこと」のリストを作ったりするなどして、簡単な自己管理のテクニックを利用している。しかしながら、自分がしていることが「自己管理」であると考える人はまずいない。最も広く活用されている自己管理のテクニックの多くは、常識とみなされる可能性がある。しかし行動の基本原理を理解していれば、その知識を活用して、そうした常識のテクニックを自分の生活にもっと組織的に一貫して応用することができる。

（2）悪い習慣をやめ、よい習慣を獲得する

　私たちがもっと頻繁に（またはもっと少なく）実行したい行動、そして私たちが実行すべきである（またはすべきでない）と考えている行動の多くは、強化の罠にはまる。バウム（Baum, 2005）は、衝動性や、悪い習慣や、先送りは、自然に存在する強化の罠（reinforcement trap）の所産であるとした。すなわち、即座に手に入るが取るに足りない結果が、時間がかかっても得られるより重要な結果よりも、より大きな影響を及ぼすという罠である。バウムは喫煙におけるこの強化の罠を説明している。

　　　衝動的に行動すると、小さいけれども相対的にすばやく起こる結果が得られる。喫煙がもたらす短期的強化は、ニコチンの効き目と、大人らしくおしゃれに見えるという社会的強化子である。衝動的行動がもたらす不幸は、長期的に起こる悪い影響である。悪い習慣の代価である癌や、心臓疾患や、肺気腫などの結果は、何カ月も何年も経ってから訪れる。
　　　衝動性に代わる選択肢は禁煙であるが、それにも短期的結果と長期的結果がともに随伴する。短期的結果は罰であり、禁断症状（例えば、頭痛）と、もしかすると起こるかもしれない社会的不愉快である。しかしそれらは比較的小規模であって長続きしない。一方、長い目で見れば……、禁煙はがんや心臓疾患や肺気腫のリスクを減らし、最終的には健康を増進する。（pp. 191-192）

　強化の罠は、両面性をもった随伴性である。それは悪習慣を促進する働きをして、長期的に恩

恵となる行動を選択するうえで不利に作用する。そのような随伴性を記述するルールは、分かっていても守ることは難しい。マロット（Malott, 1984）は弱いルールを、時間がかかり、少しずつ増えてゆき、または予測することができないような結果を表すルールとして描き出した。守りにくい弱いルールの例に、たばこはやめなくちゃ、さもないといつか癌になって死ぬ、がある。潜在的結果（癌と死）は深刻であるが、しかしそれは遠い将来に起こることである。しかも確実に起こるとは言えない（15歳以来1日2箱喫煙した人が、85歳まで生きた例があることを誰でも知っている）。そのことは、行動の結果としての効果を、非常に限られたものにしてしまう。そのため、「喫煙するな、癌になるかもしれないぞ」というルールには従いにくい。1本のたばこがもたらす有害な効果は小さい。あまりにも小さいので、気づかれることすらない。肺気腫と肺がんは、おそらく何年も経って何千回もプカプカ吹かした後に起こる。もう一服が何を損なうというのか？

　自己管理は、強化の罠の有害な効果を回避する1つの戦略を提供する。人は自己管理の戦術を使うことによって、現在自己破壊行動を維持している行動結果に対抗する即時的結果を設計することができる。

（3）困難な課題を達成する

　何か行動すると結果が起こるが、その結果が人を重大な結果に向けて「ほんの少し近づける」程度のものであるならば、いま起こる結果が行動を制御することはない（Malott, 1989, 2005a）。自己管理をめぐる問題の多くは、そうした小さな、しかし積もり積もれば重大な結果につながるような結果を原因として発生する。

　マロット（Malott, 2005a）は、われわれの行動を制御するのは1つ1つの個別の反応であって、非常に多くの反応の累積的影響が制御するわけではないと主張した。

　　　もし個々の反応がもたらす結果の1つ1つがあまりにも小さすぎて、まるで起こっているように見えないならば、たとえ積もり積もれば重大な影響をもたらすような結果であっても、1つの反応とその結果の間で起こる自然な随伴性（natural contingency）は役に立たないだろう。そのため自分が行動しても1つ1つは小さな結果しか生み出していないのに、繰り返し行動していると非常に深刻な結果につながる場合、われわれは自分の行動の管理に苦労することになる。そして自分の行動の1つ1つから重大な結果が起こるならば、その重大な結果がたとえ非常に遅くやってくる場合でも、われわれは自分の行動の管理にあまり苦労しないことになる。

　　　米国で肥満している人々はたいていもし過食を繰り返していればいつかは肥満になるだろうという随伴性を記述するルールを知っている。問題なのは、肥満についてのこのルールを分かっていても、ホイップクリームとマラスキーノ酒で味付けされたサクランボでトッピングされた、とびきり美味いファッジ・アイスクリームを食べるこの1回の行動は、抑制することができないということである。このデザートを1回食べても、そのエピソードによって体に何か害が起こるというわけではない。それどころか素晴らしい味を楽しむことができる。自然随伴性を記述する行動

ルールの知識は、暴飲暴食をほとんど制御しないのである。

　しかし同様にわれわれの行動の結果は、起こる確率がある程度あることが必要である。道路を走り出すとすぐ重大な自動車事故に巻き込まれる恐れがあったとしても、多くの人はシートベルトを締めるというルールを守ることができずに苦労している。シートベルトの締め忘れから自動車事故が起こるまでの時間差がわずか数秒だったとしても、事故が起こる確率があまりにも低いため、シートベルトを締め忘れてしまうのである。しかし、そういうドライバーであっても、危険なオートレースに出るときや、危険なスタント運転のデモンストレーションをするときは、必ずシートベルトを締めてから運転するだろう。なぜなら重大な事故の起こる確率がかなり高くなっているからだろう。(pp. 516-517)

　たばこをもう1本吸い、温かいチョコレートソースをかけたパフェをもう1個食べる人は、その結果が明らかに肺がんや肥満により近づくということに気づくことができない。それと同様に、大学院生のダリルはあと1センテンス（文）書き進めることが、修士論文を完成させる長期目標にあと1歩近づくことになるということに気づくことができない。ダリルはあと1センテンス書く能力をもっている。しかし残りの課題の大きさに比べれば、1つ1つの反応は目に見える変化をほとんどまたはまったくもたらさない。私たちの多くがそうであるように、そのような困難な課題に着手して、黙々とやり通すということにしばしば苦労する。彼はぐずぐずと先延ばしする。

　この種のパフォーマンス問題に自己管理を適用するためには、1つかそれ以上の人為的随伴性（contrived contingency）を設計して適用することが必要である。そうして、効果のない自然随伴性に対抗させるようにしなければならない。自己管理随伴性は、1つ1つの反応や少数の一連の反応に対する即時的な、または短期的な結果を提供する。これらの人為的結果は、標的反応の頻度を増加させる。そのことが長い間にその課題を完成させるために必要な累積的効果を生み出す。

（4）個人的目標を達成する

　人は、自己管理を利用して、個人的目標を達成することができる。例えば、楽器の演奏を学び、外国語を学び、マラソンを走り、日々のヨガのセッション・スケジュールに従う（Hammer-Kehoe, 2002）。毎日少量の時間を確保して、リラックスしたり（Harrell, 2002）、楽しい音楽を聴いたりする（Dams, 2002）。優れたギタリストになりたいと思っていた大学院生は、例えば、自己管理を使って、音階と和音を練習する時間を増やした（Rohn, 2002）。彼は寝る前に基準時間数（分）だけ、音階と和音の練習をすることに失敗したら、友だちに罰金1ドルを払った。彼の自己管理プログラムには、プレマックの原理（第11章を参照）をベースにした複数の随伴性も含まれていた。例えば、音階の練習（低頻度行動）を10分間したら、歌の演奏（高頻度行動）をしてもよいことにした。

2. 自己管理の長所と便益

　自己管理のスキルを学ぶ人や、自己管理のスキルを子どもや学生に教える実践家には、1ダースの潜在的長所と恩恵がもたらされる。

（1）自己管理は外部の改善実行者がアクセスできない行動に影響を与えることができる

　自己管理を活用すれば、ほかの人々の観察を不可能にするトポグラフィーをもつ行動を改善することができる。例えば、自信を喪失する思考や、強迫観念や、抑うつ感情などの行動は私的出来事であり、自己管理の処遇アプローチを必要としている（例えば、Kostewicz, Kubina, & Cooper, 2000; Kubina, Haertel, & Cooper, 1994）。
　公的に観察できる標的行動でさえも、行動改善をするための外部の実行者にとって接近可能な場面や状況で必ず自発されるとは限らない。ときによっては、人が改善したいと願っている行動は、その人が出遭うすべての状況と環境において、日単位、分単位でプロンプトされ、モニターされ、評価され、強化されまたは罰されなければならない。人がほかの人が設計し運営する行動改善プログラムに登録する場合でさえ、禁煙や、減量や、エクササイズや、習慣反転のプログラムで最大の成功を収めるためには、参加者が処遇場面を離れるとき、さまざまな自己管理のテクニックを使うことに依存するところが大きい。臨床家にもち込まれる多くの行動改善の目標は、同じ1つの課題を与える。すなわち「クライエントがどこに行こうと、つねにクライエントにつき従う、有効な随伴性をどうすれば設計できるか？」である。例えば、ある秘書の自尊心と自己主張の向上をねらいとして設計された標的行動は、セラピストのオフィスのなかでなら同定して練習することができる。しかし職場で積極的随伴性を活用するためには、自己管理のテクニックが必要になる。

（2）外部の改善実行者はしばしば行動の重要な生起例を見過ごす

　ほとんどの教育場面や処遇場面、とくに大集団場面では、多くの重要な反応が、行動改善手続きを適用する責任をもっている個人に注目されることなく終わってしまう。例えば学校の教室は、とりわけ忙しい場所である。子どもが望ましい行動をしても、しばしば注目されることなく終わってしまう。なぜなら教師がほかの課題や子どもに関わっていて忙しいからである。その結果、子どもはいつも反応する機会を失い、あるいは反応しても行動的意味では教師がそこにいないため、何のフィードバックも受けられないままに終わってしまうことになる。しかしながら、子どもに自分自身のパフォーマンスを評価して、必要なときに担任の先生から援助と褒め言葉を求めることを成分とする自己提示型報酬と誤答修正の形式によって自分自身にフィードバックを与えることを教えるようにすると（例えば、Alber & Heward, 2000; Bennett & Cavanaugh, 1998; Olympia, Sheridan, Jenson, & Andrews, 1994）子どもは、すべての課題において教師の指示とフ

ィードバックに依存しなくても済むことになる。

（3）自己管理は行動改善の般化と維持を促進することができる

行動の変化が（a）処遇が終わっても継続し、（b）最初に学んだ場面や状況以外の関連場面や状況において起こり、（c）ほかの関連行動に広がるとき、それは一般性をもつことになる（Baer, Wolf, & Risley, 1968）。重要な行動の変化が、そうした般性の結果を伴わないならば、継続する処遇によって永久にサポートされなければならない[6]。子どもやクライエントが行動の改善を習得した場面を離れるや否や、たちまち望ましい反応を自発しなくなる可能性がある。教育プログラムを実行した人（教師、親）を含む最初の処遇環境の一定の側面は、新しく学習された行動の弁別刺激となる。学習者はその弁別刺激によって一定の随伴性が存在する場面と存在しない場面を弁別することができる。処遇環境以外の環境に対する般化はまた、それらの場面において自然に存在する随伴性が、その標的行動に対する強化を与えないとき、同様に妨げられる。

般性の成果を実現する課題は、学習者が自己管理スキルを習得すれば克服することができる可能性がある。ベアとファウラー（Baer & Fowler, 1984）は、新しく学習されたスキルの般化と維持を促進することに関わる実際問題に関して、問題提起し、その解答を示した。

> どんな行動改善の実行者ならば、子どもに同伴して、すべての必要な授業に出席し、いつなんどきも、カリキュラムの要求するすべての行動の望ましい形態をプロンプトし、強化することができるだろうか？　子ども自身の「自己」なら、この1つ1つの条件をつねに満たすことができる。(p. 148)

（4）自己管理スキルの小さなレパートリーが多くの行動を制御することができる

少数の自己管理戦術の適用法を学習すれば、可能性としては無限に広い範囲の行動を制御することができる。例えば、自己監視（自分自身の行動を観察し記録すること）は、課題従事行動や（例えば、Blick & Test, 1987）、学業的生産性と正確性や（例えば、Maag, Reid, & DiGangi, 1993）、従業員の生産性と仕事の満足や（例えば、Christian & Poling, 1997）、独立性（例えば、Dunlap, Dunlap, Koegel, & Koegel, 1991）を増加させ、習慣やチックなどの望ましくない行動（例えば、Koegel & Koegel, 1991）を減らすために利用されてきた。

（5）多様な能力をもつ人々が自己管理スキルを学習できる

年齢も知的能力も違う広い範囲の人々が、自己管理の戦術を活用することに成功してきた。幼

注6：般性の行動改善を生み出すことは、応用行動分析学を特徴づける目標であり、それは第28章で論じる。

稚園児も（例えば、Sainato, Strain, Lefebvre, & Rapp, 1990; DeHaas-Warner, 1992）、通常に発達する小学校から高校までの子どもも（例えば、Sweeney, Salva, Cooper, & Talbert-Johnson, 1993）、学習障害児も（例えば、Harris, 1986）、情緒・行動障害児も（例えば、Gumpel & Shlomit, 2000）、自閉症児も（例えば、Koegel, Koegel, Hurley, & Frea, 1992; Newman, Reinecke, & Meinberg, 2000）、知的障害やそのほかの発達障害の子どもと成人も（例えば、Grossi & Heward, 1998）、自己管理の活用においてすべて成功している。大学教授も自己管理を使えば、そのパフォーマンスを改善することができる（Malott, 2005a）。

（6）自分で選んだ課題と遂行基準の方がよりよく遂行する人たちがいる

　強化随伴性を自分が選ぶか他人が選ぶかを比較した大部分の研究は、自分が選んだ随伴性と他人が決定した随伴性の有効性は、一定の条件においては、行動の維持において同等になりうることを見出した（例えば、Felixbrod & O'Leary, 1973, 1974; Glynn, Thomas, & Shee, 1973）。それにもかかわらず一部の研究では、自分の選んだ作業課題と結果の方が、よりすぐれたパフォーマンスを生み出すことが示されている（例えば、Baer, Tishelman, Degler, Osnes, & Stokes, 1992; Olympia et al., 1994; Parsons, Reid, Reynolds, & Bumgarner, 1990）。例えば、ロヴィットとカーチス（Lovitt & Curtiss, 1969）は、単一被験者を使った3つの短い実験において、生徒が選んだ報酬と随伴性が、教師の選んだパフォーマンス基準よりも、より有効であることを見出した。実験1の第1段階では、被験者の12歳男子生徒は、特別支援学級において、正しく解いた数学課題と読み課題の数に基づいて、教師の特定した自由時間（分）を獲得した。研究の第2段階では、生徒は自由時間のそれぞれの1分を獲得するために必要な数学と読みの正答数を自分で決定することを許された。研究の最終段階では、元通りに教師の決定した学業的生産性と強化の比率が再導入された。自分が選んだ随伴性の段階で生徒が示したメジアン学業反応率は、1分当たり2.5の正反応だった（数学と読み課題を合わせて報告された）。それに比べて、教師が選んだ2つの段階ではそれよりも低く、正反応の割合は1.65と1.9だった。

　ディッカーソンとクリードン（Dickerson & Creedon, 1981）は、彼らの実験において、ヨークトコントロール（yoked-control）（Sidman, 1960/1988）と、30人の小学2、3年生から成る群間比較実験デザインを使用した。そして基準を子どもが選ぶようにすると、読みと算数の課題の両方で、有意に高い学業生産性が生じたことを見出した。ロヴィットとカーチスの研究でも、ディッカーソンとクリードンの研究でも、ともに自分が選んだ強化随伴性が、教師の選んだ随伴性よりも、より有効になりうることを実証している。しかしながら、この領域における研究は、ただ自分のパフォーマンス基準を子どもに設定させるだけでは、高水準のパフォーマンスは保証されないことも示している。一部の研究では、子どもに選択の機会が与えられると、甘すぎる基準を選ぶことが見出されている（Felixbrod & O'Leary, 1973, 1974）。しかし興味深いことに、オリンピアら（Olympia et al., 1994）が行った、子どもによって管理された宿題チームの研究では、自分自身のパフォーマンスゴールを選択できたチームに割り当てられた子どもは、教師が選んだゴールに向かって勉強したチームの子どもに要求された90％という正確さの基準よりも甘い正確

さの基準を選びはしたが、子どもがゴールを選んだチームの方が全体としてのパフォーマンスは、教師が選んだゴールを目指して取り組んだチームのそれよりもわずかながら上回っていた。子どもが適切な基準を自分で選んで維持する条件を突きとめる更なる研究が必要である。

（7）優れた自己管理スキルの持ち主は、より効果的で効率的な集団環境に貢献する

　仕事や勉強の環境を共有する人々の集団が何であれ、集団の個々のメンバーのパフォーマンスを監視監督して、フィードバックを与える責任を1人の個人に負わせるならば、集団全体としての有効性と効率性は制約される。個々の子どもやチームメンバーやバンドメンバーや従業員が、すべての課題について、教師やコーチやバンド・ディレクターやシフトマネジャーに頼ることなしに、働くことを可能にさせる自己管理スキルを身に付けていれば、集団や組織全体の総合的なパフォーマンスは改善する。例えば教室では、伝統的には教師がパフォーマンス基準と目標を設定し、子どもの業績を評価し、子どものパフォーマンスに結果を与え、子どもの社会的行動を管理するすべての責任を負っていた。これらの仕事が要求する時間は相当なものである。もし子どもが自分の業績を自己採点し、解答のカギや自己チェック教材を利用して自分自身にフィードバックを与え（Bennett & Cavanaugh, 1998; Goddard & Heron, 1998）、教師の助けなしに適切に行動できたとする。そうすれば教師はそれだけ解放され、カリキュラムのほかの側面に取り組み、教授のほかの義務を果たすことができる（Mitchem, Young, West, & Benyo, 2001）。

　ホールら（Hall, Delquadri, & Harris, 1977）は、小学校の教室を観察して、子どもの積極的反応（active student response, ASR）が低水準であることを見出した。彼らは子どもの高率の学業的生産性は、実際には教師にとっては罰になっているのではないかと推測した。子どもの高率の反応機会と学業達成を結び付ける証拠はたとえ大量に存在するとしても（例えば、Ellis, Worthington, & Larkin, 2002; Greenwood, Delquadri, & Hall, 1984; Heward, 1994）、大部分の教室では、子どもの学業反応を数多く生み出すようにすれば、結果として教師が答案の採点に時間を割かなければならなくなる。どんな簡単な自己管理スキルであっても、子どもがそれを身につけていさえすれば、それによって節約できる時間は膨大なものになる。ある研究では小学生5人からなる特別支援学級において、毎日20分のセッションにできるだけたくさんの算数問題を解かせるようにした（Hundert & Batstone, 1978）。答案の採点を教師が行うと、セッションを準備して実行し、1人1人の子どものパフォーマンスを採点し記録するために平均50.5分かかった。子どもに自分の答案を採点させるようにすると、算数の授業に教師が要した総時間は平均33.4分に減った。

（8）子どもに自己管理スキルを教えることは、学校カリキュラムのほかの領域にも有意義な練習を提供する

　行動を定義して測定する。そして自分の反応をグラフ化して評価し分析する。子どもがそれを習得するときは、それに関連して算数と理科のさまざまなスキルを練習していることになる。

A-Bデザインを使って自分の自己管理プロジェクトを評価する自己実験の進め方を子どもに教えれば、論理的思考と科学的方法の有意義な練習を与えることになる（Marshall & Heward, 1979; Moxley, 1998）。

（9）自己管理は教育の究極的目標である

　子どもたちにどんな教育を実現すべきかを特定してほしいと問われると、大部分の人々は（教育の専門家も素人も同様に）その答えとして、ほかの人々の監督を受けずに、適切かつ建設的に行動することができる自立した自律的な人間を育てることを挙げる。ジョン・デューイ（Dewey, 1939）は、わが国で最も強い影響力をもつ教育哲学者の１人であるが、「教育の理想的な目標は、自己制御を生み出すことである」（p. 75）と述べた。教師はガイドまたはファシリテータとなって、子どもが自律的能力と自分自身のパフォーマンスを評価する能力を伸ばすことは、長い間人道的教育の礎石であると考えられてきた（Carter, 1993）。

　ロヴィット（Lovitt, 1973）が30年以上も前に観察した通り、自己管理スキルの組織的教授は、ほとんどの学校カリキュラムの正規の一部にはなっていない。この事実は逆説的である。なぜなら、「教育制度において表明されている目的の１つは、独立独歩の自立した個人を育てること」（p. 139）だからである。

　自己制御は社会によって期待され重視されるソーシャルスキルであるが、学校カリキュラムの直接のねらいとされることは滅多にない。自己管理をカリキュラムの不可欠の成分として教えることは、子どもにかなり洗練されたスキル順序を学ぶことを要求する（例えば、Marshall & Heward, 1979; McConnell, 1999）。しかしながら自己管理スキルの組織的教授は、もし成功すれば、必要とされる努力に値するものであり、子どもは外的制御のほとんどない状況を処理するための手段を習得する。子どもが自律的な独立の学習者になるために使える教材と授業計画は存在するし、それを手に入れることもできる（例えば、Agran, 1997; Daly & Ranalli, 2003; Young, West, Smith, & Morgan, 1991）。ボックス27.1は、子もたちがそれを利用して、学校と家庭で使うための自己管理ツールを開発することのできるフリーソフトウエア・プログラムを説明している。

（10）自己管理は社会に恩恵をもたらす

　自己管理は社会に対して２つの重要な役割を果たす（Epstein, 1997）。第１に、自己管理スキルを備えた市民は、自分の潜在能力を実現させ、社会により大きく貢献する可能性が高くなる。第２に、自己管理は、これまで非常に長い間先延ばしされてきて、将来の世代だけが経験することになるような破壊的な結果（例えば自然資源の枯渇、地球温暖化）に関連している即時的強化子を人々が差し控えるよう（例えば、低燃費の自動車を買う、公共交通機関を利用する）行動するために役に立つ。資源を節約し、リサイクルし、化石燃料の消費を低く抑える助けとなる自己管理のテクニックを学んだ人々は、すべての人々にとってよりよい世界を創造するために貢献す

る。自己管理スキルは、すぐれた意図ををもちながら守ることがむずかしいルール、すなわち地球規模で考え、地域規模で行動しよう、を実現させる手段を人々に提供する。

（11）人は自己管理のおかげで自由になる

ボーム（Baum, 2005）は、強化の罠にはまっていて、常習行動や衝動性や問題の先送りすることと、そうした行動の結果として起こる恐れのある最終的結末との間にある随伴性を理解する人は不幸であり、自由ではないと指摘した。しかし「強化の罠から逃れた人は、抑圧から逃れた人と同様に自由であり幸福である。常習から抜け出した人なら誰でもいいから聞いてみればよい」。(p. 193)

皮肉なことに、決定論に基礎を置く行動と環境の関係の科学的分析から導き出された自己管理のテクニックを巧みに使う人は、自分の行動が自由意志の所産であると思い込んでいる人よりも、より大きな自由を感じる可能性がある。エプスタイン（Epstein, 1997）は、哲学的決定論と自己制御の見かけ上の食い違いを論じて、2人の人物（一方は自己管理スキルがまったくない人、他方は私的問題の管理に非常に長けた人）について比較した。

ボックス27.1
子どものための自己管理ソフト

「キッズツール」（KidTools）と「キッズスキル」（KidSkills）と「戦略ツール」（StrategyTools）は、ソフトウエアプログラムである。子どもがさまざまな自己管理戦術や、物事をまとめていくスキルや、学習戦略を創り出して活用するために役立つ。子どもは、これらのプログラムを使って、自分の社会的、学業的行動を自分の責任で改善し維持することができる。「イーキッズツール」（eKidTools）と「イーキッズスキル」（eKidSkills）は、年齢7歳から10歳の子どものための用具である。「キッズツール」と「キッズスキル」は、年齢11歳から14歳までの子どものための用具である。「戦略ツール」は、中学・高校生のための拡大版自己管理・学習戦略ツール、移行計画ツール、自己訓練モジュールである。3つのプログラムはすべて、達成しやすい定型書式（テンプレート）を特徴としている。子どもができるだけ自主的に個人的行動や学業学習ニーズを同定し、課題をサポートする自己管理ツールを選び、個別計画のステップを作り、教室や家庭で即座に使えるツールをプリントできるようになっている。この説明では、「キッズツール」と「キッズスキル」のプログラムの詳しい情報を示すことにする。

キッズツール

「キッズツール」プログラムは、子どもが行動を決め、計画を立て、計画の実行ぶりをモ

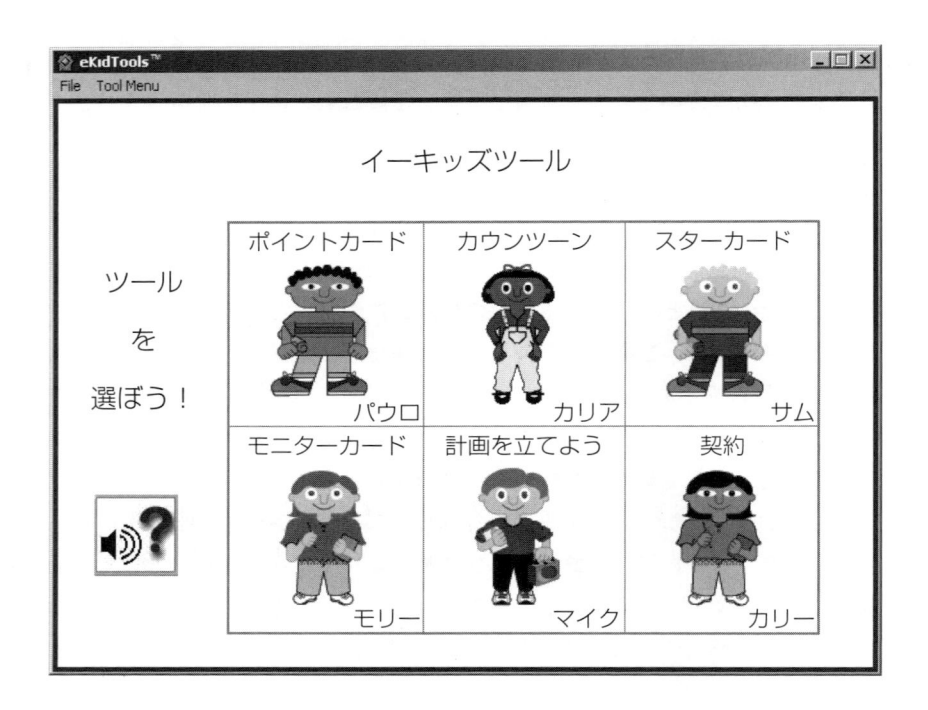

eKidTools

イーキッズツール

ツールを選ぼう！

ポイントカード	カウンツーン	スターカード
パウロ	カリア	サム
モニターカード	計画を立てよう	契約
モリー	マイク	カリー

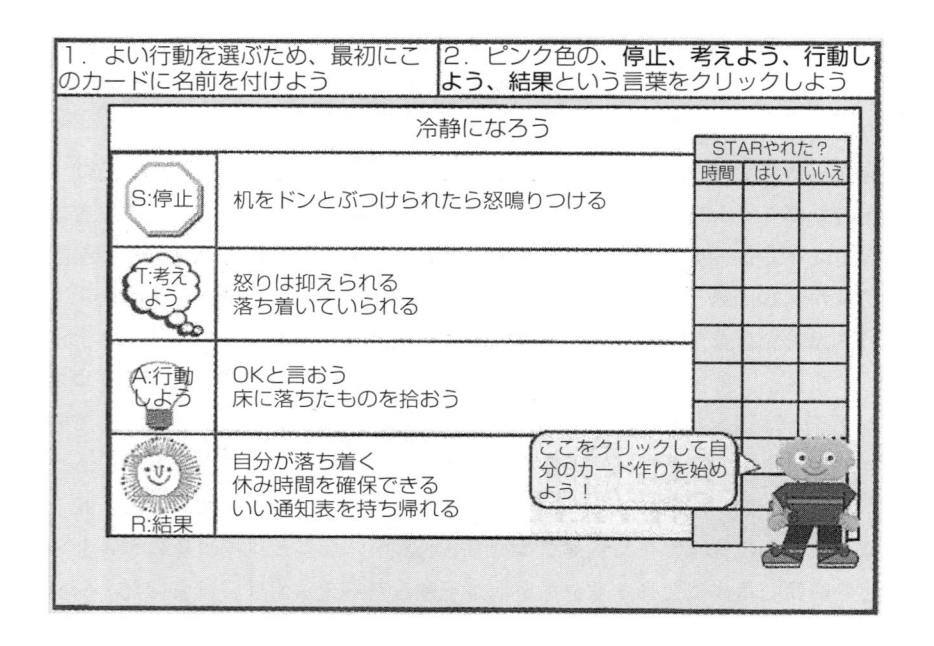

1. よい行動を選ぶため、最初にこのカードに名前を付けよう
2. ピンク色の、停止、考えよう、行動しよう、結果という言葉をクリックしよう

冷静になろう

STARやれた？ 時間 はい いいえ

- S:停止 — 机をドンとぶつけられたら怒鳴りつける
- T:考えよう — 怒りは抑えられる／落ち着いていられる
- A:行動しよう — OKと言おう／床に落ちたものを拾おう
- R:結果 — 自分が落ち着く／休み時間を確保できる／いい通知表を持ち帰れる

ここをクリックして自分のカード作りを始めよう！

ニターする自己管理スキルを支援する。キッズツールには3種または3水準の自己管理介入が含まれる。3つの水準のすべてにおいて、子どもが自分の行動改善計画を実行するとき、自分に向かって何を言うか、何を考えるかを重視する。

　子どもが共同制御（shared control）、ないし自己制御介入に移る前に、外的制御手続きによってまず問題行動に対する制御を確立する必要があるかもしれない。外的制御手続きでは、大人が適切な行動に向けて指示と構造を与える。この水準の介入のために利用できる「キッズツール」は、ポイントカードである。

　共同制御のテクニックは、子どもを励まして自己制御を発展させるための移行ステップを与える。重要なことは、問題を解決することと、行動を改善し学習する計画を設計することである。子どもと大人はこれらの手続きに共同参画する。この水準の介入のために利用できる「キッズツール」は、契約と、計画づくりカードと、問題解決立案ツールである。

　内的制御のテクニックは、さまざまな自己監視手続きによって与えるキューと構造を通じて子どもを援助する。

キッズスキル

　「キッズスキル」は、子どもを支援して、学校で整理整頓し、課題をやり遂げ、学習戦略を利用して成功できるようにさせる。「キッズスキル」は、コンピューターによる定型書式（テンプレート）を提供する。それによって、整理整頓し、新しい内容を学習し、新しい情報を整理し、テストを準備し、宿題をし、プロジェクトを完成させる。「キッズスキル」プログラムは、「キッズツール」プログラムを補完する。ツールを選択し、コンテンツを入力し、記録を保持し、大人が支援する点で、同じである。

ツール資源とスキル資源

　子どものためのコンピュータープログラムだけでなく、子どもの自己管理と学習戦略を支援する親と教師にも、ツールと戦略についての情報データベースが提供される。それぞれのデータベースには、個々の手続きに対する指針とヒントや、実行するステップや、子どもの年齢にふさわしい例や、トラブルシューティングのヒントや、関連資源の参考書が含まれる。ユーザーは、情報を検索し、メニューに戻って新しい戦略を選び、または検索機能を使って全データベースを検索することができる。

キッズツールとキッズスキルの論拠

　「キッズツール」と「キッズスキル」は、子どもがプラスの用語を使って社会的行動と学業行動を表現するように奨励する。重要なことは、積極的に行動して成功することであり、消極的行動や失敗を減らすことではない。例えば、「教室では大声で話すな」を覚えさせる

よりも、「自分の内面の声を活用しよう」と決意させた方がよい。通常場面や特別な場面で使える整理整頓の戦略と、学習戦略を子どもに教える。コンピューターツールが、子どもの行動と学習を支援する橋渡しの役目を果たす。この形態の支援テクノロジーがなぜ有効かといえば、「ふさわしい時期、ふさわしい形態、ふさわしい場所」で、学習を支援する直接教授と学習の足場とを子どもに与えるからである。

　これらの教材を成功させるためには、教師や親は第1に行動改善のテクニックと自己監視について説明しなければならない。行動とは自分がしたり考えたりすることであるという行動の概念を理解させ、行動に名前をつけさせ、行動が起こったか起こらなかったかをモニターする方法を理解させ、自分の行動に対して一定水準の責任をもつことが必要であることを教えなければならない。子どもは、整理整頓の戦略と学習の戦略をいつどのように使うか、そしてそれらの戦略をいろいろな場面に応用するとき自己監視テクニックをいつどう使うかを学習しなければならない。

子どもがキッズツールとキッズスキルを活用することを支援する

　子どもは自分に指示を出すため、セルフトーク・キューと、内言（inner speech）の使い方を教わらなければならない。「キッズツール」の1つ1つの自己管理手続きは、子どもが1人で使うことができるようになるまで、大人が教え、実演して見せ、練習させるようにしなければならない。「キッズスキル」の、整理整頓の戦略と学習の戦略は包括的であるが、1人で使えるようになる前に、ツールを応用するための教育と練習と教師の助けが必要である。子どもが必要なスキルを理解すれば、最小量の教師の支援によって、コンピュータープログラムを活用することができる。教師や親が継続的に支援すれば、その過程を子どもにとって確実に有効であり積極的なものにすることができる。
　教師は次のステップを使って、子どもが「キッズツール」と「キッズスキル」の使い方を学習するよう支援することができる。
　行動期待と課題期待を話し合う。　教師は期待についての話し合いを、場面や課題の要求を利用して始めることができる。子どもは自分が成功するために何をしなければならないかを言語化し、期待に応えるために取り組むべき問題は何かを突き止めることができる。子どもはツールを使う前に、その行動を実行して、課題を遂行することができなければならない。

　ソフトウエアツールを紹介する。ツールプログラムは、コンピューターとプロジェクターを使って、クラス全体に紹介するようにする。教師は利用できるツールのメニューを実際にやって見せ、それらの多様性を強調することができる。それにはプログラムの検索の仕方、ツールにコンテンツを入力する仕方、完成させたツールを保存しプリントアウトする仕方が含まれる。
　ツールの用法をモデル提示し実演する。　教師は特定の目的のためにあらかじめ選んでお

いたツールを使って、ソフトウエアがどのように稼働するかを実演して見せながら、子どもの入力を誘い出すようにする。完成したツールをディスプレーに表示し、プリントアウトして、子どもにコピーを配る。その実際の使い方についての話し合いは次のように行う。

ガイドつき練習を与える。 利用できるコンピューター設備を使って、集団練習用ラボか個別練習用または小集団練習用の教室において、教師が子どものツール開発をガイドし、監督するようにする。子どもがツールに書き込む前に、そのコンテンツを言語化させるとよいだろう。ガイドつき練習のステップの目的は、子どもが確実にソフトウエアを正しく使えるようにすることである。

個別練習を提供する。 子どもがツールの本当の使い方を知り、自分でツールを作り出して活用する機会を、教師が与えることができる。子どもが自力でツールを使うときは、子どものツール使用に対して教師が激励と強化を与え、スーパービジョン場面で成功する経験を提供するようにしなければならない。

般化を促進する。 教師は子どもが学校環境と家庭環境で、ツールの本当のニーズと用途を発見するよう支援する。教師は、ツール使用と問題解決をプロンプティングし、その手続きを他の教師や親に伝えて、支援することができる。

プログラムは無料で入手できる

プログラムは、http://kidtools.missouri.edu.のKTTSウエブサイトからウインドウズバージョンか、マッキントッシュバージョンを、無料でダウンロードすることができる。ビデオデモンストレーションと練習教材つき教師用訓練モジュールもこのサイトからダウンロードできる。3つのプログラムはすべて、www.iml.coe.missouri.edu.の「教授用教材ラボ」（Instructional Materials Laboratory）からCD-ROMを有料で購入することができる。KTSSプログラムは、US教育省特別支援教育プログラム局から一部資金援助を受けて開発された。

Adapted from "KidTools and KidSkills: Self-Management Tools for Children" by Gail Fitzgerald and Kevin Koury, 2006. In W. L. Heward, *Exceptional Children: An Introduction to Special Education*（8th ed., pp. 248-250）. Copyright 2006 by Pearson Education. Used by permission.

第1に、自己制御をまったく身に付けていない人のことを考えてみよう。スキナーの考えによれば、そういう人は、たとえ後で訪れる罰にその刺激が結び付いていたとしても、現下の刺激の犠牲になってしまう。チョコレートケーキを見れば食べてしまう。たばこを渡されれば吸ってしまう……。計画を立てても実行することができない。最近接の出来事に翻弄されるからである。強い風に吹かれて制御できずに漂う帆船のようなものである……。

他方の極には、巧みな自己管理者がいる。同様に目標を立てるが、それをかなえる能力が有り余るほどある。危険な強化子は取り除いておくことができる。自分の行動に影響する条件を突き止めて、それを自分に合うように変更する。優先順位を決めるときは、時間的に遠い可能性も考慮に入れる。風は吹いているが、船の行き先を定めて、その方向に進ませる。

この 2 人には著しい違いがある。前者はその現下の環境によって、ほとんど直線的に制御される。後者は重要な意味で、自分の人生を制御する…。
　自己制御スキルに欠けるその女性は、制御されていると感じる。彼女は自由意志を信じているかもしれない（それどころか、私たちの文化圏では彼女は確実にそう信じている）。しかし彼女の人生は手に負えなくなっている。自由意志という信念は、彼女のフラストレーションを悪化させるだけである。彼女は自分を苦境から助け出そうと決意することはできる。しかし「意志力」はまったく信用できないことが証明される。反対に自己制御者は、自分が制御していると感じる。皮肉なことに、彼はスキナーのように決定論を信じるかもしれないが、自分が制御していると感じるだけでなく、事実、さきの衝動的人物よりもはるかに自分の人生を制御している。(p. 560, 強調は原文)

(12) 自己管理は気持ちがいい

　最後に、しかし決して瑣末なことではないが、自己管理をなぜ学ぶかといえば、自分の人生を制御することは気持ちがいいからである。自分の環境を目的ある方向に、つまり望ましい行動をサポートしそれを維持する方向に設計できる人は、そうしない人よりもはるかに生産的であるばかりでなく、自分についても快感を覚えるようになる。セイモア（Seymour, 2002）は、週 3 回 30 分ランニングするという目的で自分に適用した自己管理介入について、彼女の個人的フィーリングをこう記している。

　私は過去 2 年半、罪の意識を感じ続けてきた。それは私のなかで激しく燃え盛っていた。昔は［元奨学金ソフトボールプレーヤーだった私は］1 日 3 時間（週 6 日）エクササイズしていた。エクササイズで学費を払っていたからだ…。しかし今やその随伴性は失われ、エクササイズは完全に無駄になった。しかし自分のプロジェクトを開始してからは、21 回中 15 回ランニングするようになった。自分がベースラインの 0 ％から、介入の71％へと変化した。それは幸せである。介入は成功したので、過去 2 年半感じていた罪悪感が拭い去られた。今はもっとエネルギーに満ち、体に新鮮さと強靭さを感じる。何とわずかな随伴性によって、生活の質をこれほど大きく向上させることができるだろうか。驚くべきことである。(p. 7-12)

Ⅲ　先行事象ベースの自己管理戦術

　本節と以下の 3 節では、行動研究者と臨床家が開発した、多くの自己管理戦術のいくつかについて解説する。自己管理戦術を表すための標準的な一連の名称や分類大系はまだつくられていないが、そのテクニックはしばしば、標的行動の先行事象か結果事象のいずれかを相対的に強調して提示される。先行事象ベースの自己管理戦術は、標的（制御される）行動の先行事象か刺激を操作することを主な特徴としている。先行事象ベースの自己管理に対するアプローチは、ときに、例えば、環境設計法（environmental planning）(Bellack & Hersen, 1997; Thoresen & Mahoney,

1974)や、状況誘発法（situational inducement）（Martin & Pear, 2003）などの一般的用語によって、一括して扱われる。それには次のような広範囲の戦術が含まれる。

- 望ましい（望ましくない）行動が、より頻繁に起こるように（起こらないように）、動機づけ操作を制御する。
- 反応プロンプトを与える。
- 行動連鎖の最初の数ステップを遂行して、後に望ましい行動を喚起する弁別刺激と直面させるようにする。
- 望ましくない行動のために必要な材料を除去する。
- 望ましくない行動を、限られた刺激条件に限定する。
- 望ましい行動を行うために、特定の環境を確保しておく。

1．動機づけ操作を制御する

　動機づけ操作の二重効果を理解する人は、自分の行動を自己管理しようとするとき、その知識を自分に有利になるように利用することができる。動機づけ操作（MO）とは、環境条件ないし事象である。それは（a）ある刺激、事物、事象の強化子としての有効性を変更する、そして（b）その刺激、事物、事象によって過去に強化されていたすべての行動の現下の頻度を変更する。MOのうち強化子の有効性を増大させ、その強化子を生みだした行動を喚起する効果をもつ操作を、確立操作（EO）という。MOのうち強化子の有効性を減少させ、その強化子を生み出してきた行動の頻度を弱める効果をもつ操作を、無効操作（AO）という[7]。

　MOを自己管理介入に組み入れる一般的戦略は、一定の動機づけ状態を作り出すように行動する（制御する行動）ことによって、標的行動（制御される行動）のその後の頻度を増加させる（減少を望んでいる場合は減少させる）ことである。素晴らしい料理を作ることで有名な人の家のディナーに招待された場合のことを想像してみよう。約束されている特別な食事から最大の喜びを引き出したいと思っているのに、すべては食べきれないかもしれないと悩んでいるとする。ランチを意図的に抜くこと（制御する行動）によって、その夕食を前菜からデザートまで食べ尽くす（制御される行動）ことができる可能性を高めるEOを作り出す。これとは反対に食料品店にショッピングに出かける直前に食事を摂る（制御する行動）ようにすれば、糖分と脂肪が多い内容をもつインスタント食品の強化子としての一時的価値を減らすAOとすることができる。そして、そのような品物をスーパーマーケットで買うこと（制御される行動）をより少なくするように導く可能性がある。

注7：動機づけ操作については、第16章において詳しく説明されている。

2．反応プロンプトを提供する

　望ましい行動を起こさせる特別のキュー（刺激）や、それを思い出させる合図として、後になって働く刺激をあらかじめ作っておくことは、最も広く応用されている、最も有効な自己管理のテクニックである。こういう反応プロンプトは、幅広いさまざまな形態をとることができる（例えば、視覚、聴覚、触覚、シンボル）。またそれは定期的に起こる出来事に対する永続的合図として設定することもできれば（例えば、カレンダーかPDAの毎週木曜日のところに「今夜ごみを出す！」と書き入れる）、レイリーンがポストイットに「今日はグレーのスーツ」と書いて、それを朝出勤するため着替えるとき必ず見る場所である衣装棚のドアに貼っておいたように、1回きりの出来事として設定することもできる。ダイエットする人は、しばしば、太りすぎの人の写真や、自分の魅力的でない写真を、冷蔵庫のドアやアイスクリームの隣や食器棚など、食べ物を探す場所ならどこにでも貼り出しておく。その写真を見ることは、別の制御反応を生み出す。例えば、食物から遠ざかる、友だちに電話する、散歩に出かける、「私は食べなかった！」グラフに1点書き加える。

　さまざまな行動に対する一般的反応プロンプトとして同一事物を使うこともできる。例えば、腕にゴムバンドをはめて、後刻一定の課題を遂行することを思い出させる合図として使う。しかし、この形式の反応プロンプトは、その物理的キューによってプロンプトしようとした課題は何だったかを、後になって思い出すことができないならば効果はない。一般的反応プロンプトを「装着する」とき、何らかの自己教示をしておくようにすれば、後刻そのキューを見たとき、遂行すべき課題を思い出す助けになる可能性がある。例えば、このテキストの著者の1人は、「メモリング」と呼ぶ小さなカラビナ（金属製の輪）を、一般的反応プロンプトとして使っている。その日の後半に別の場所で行う重要な課題を思いついたとき、そのカラビナをベルト通しかブリーフケースの握りに鋏んで、標的課題を自分に向かって3回言うようにする（例えば、「アルプスホールでナンシーにジャーナルを借りる」「アルプスホールでナンシーにジャーナルを借りる」「アルプスホールでナンシーにジャーナルを借りる」）。そうして、「メモリングを活性化させる」。後刻、関連場面で「メモリング」を見たとき、必ずといっていいほど、その標的課題を遂行するための有効な反応プロンプトの働きをしてくれる。

　キューを使えば、さまざまな場面と状況で、人が反復したいと思う行動を自発するようプロンプトすることができる。この場合は、補足的反応プロンプトを使って環境に風味をつけるようにする。例えば、ある父親が子どもたちともっと交流して褒める回数を増やしたいとする。その場合は図27.1に示すようなZAP!キューを、自分がいつも決まって目にする家中のさまざまな場所（電子レンジ、TVのリモコン）に貼り付け、また本のしおりとして使う。このZAP!キューを見ると、父親は必ず子どもにコメントするか質問し、また注目し賞賛するためのプラスの行動を見つけ出さなければならないことを思い出す。

　補足的反応プロンプトは、別の人々が提供することもできる。例えば、ワトソンとサープ（Watson & Tharp, 2007）は、ほぼ2カ月間禁煙してきて、ずっと禁煙したいと願っている男性が使っていた自己管理手続きのことを次のように記している。

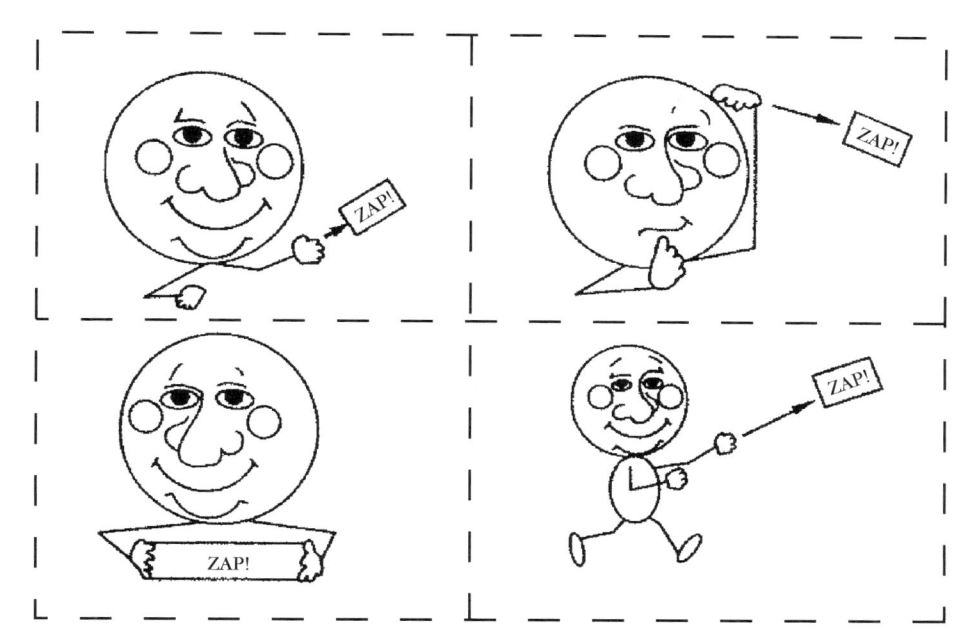

使い方：これらのZAP! キューを切り抜いて、自分の家かアパートの目立つ場所、たとえば冷蔵庫や、洗面所の鏡や、TVのリモコンや、子ども部屋のドアに貼り付けよう。ZAP! キューを見るたびに、自分が選んだ標的行動の1つを実行することを思い出させてくれるだろう。

図27.1　使った親たちが自分で選んだ養育行動を自発することを思い出させるための人為的キュー

Originally developed by Charles Novak. From *Working with Parents of Handicapped Children* by W. L. Heward, J. C. Dardig, and A.Rossett, 1979, p.26, Columbus, OH: Charles E. Merrill. Copyright 1979 by Charles E. Merrill. Reprinted by permission.

　彼は過去に何度か禁煙した。が、そのたびに逆戻りしていた。今度はなぜとりあえずは成功しているのか。過去に逆戻りして喫煙を再開した状況を突き止めて、対策を講じたからである。1つの問題場面はパーティーにいるときである。飲み物や、パーティーの雰囲気や、リラックスした感情が、「ほんのちょっと吸う」ことへの抗いがたい誘惑になっていた。それをきっかけにこれまでは習慣的喫煙に舞い戻ってしまった。ある夜、男と妻がパーティーに出かける準備をしていた。そのとき妻に「分かっていると思うけど、あそこにいくと僕はどうしても吸いたくて吸いたくて我慢できなくなるんだ。ちょっと君に頼んでいいかい？ もし僕が誰かにタバコをせびっているところを見たら、子どもたちが僕にどれほど喫煙から遠ざかってほしいと願っているか思い出させてほしいんだ」。(pp. 153-154)

3．行動連鎖の最初のステップを遂行する

　先行事象の操作を特徴とするもう1つの自己管理の戦術は、後になって標的行動を確実に喚起する弁別刺激（S^D）に間違いなく直面するように行動することを自らに課することである。オペラント行動は、その結果によって選択され維持されるが、多くの行動の生起は、弁別刺激の提示

と撤去によって、その瞬間その瞬間に制御される可能性がある。

　環境に反応プロンプトを追加するよりもっと直接的な自己管理戦術は、将来の行動が望ましい行動に対する強力な弁別刺激と接触するように、いま行動することである。多くの課題は反応連鎖から成り立つ。行動連鎖の１つ１つの反応は、環境の変化を生み出す。その変化は、それに先行した行動に対する条件性強化子として、またその連鎖の次の反応に対する弁別刺激（S^D）として、二重に作用する（第20章を参照）。行動連鎖の１つ１つの反応は、その連鎖が成功的に完結するためには、その関連弁別刺激が存在するとき、確実に生起しなければならない。時間上のある時点で、行動連鎖（自己管理反応）のパーツを遂行することによって、人はその連鎖の次の反応を喚起するS^Dと後になって直面するように、自分の環境を変化させたことになる。スキナー（Skinner, 1983b）は、この戦術の卓越した例を示した。

　　ある日、家を出る10分前に、天気予報を聞く。予報によれば、おそらく帰宅する前に雨が降る。傘を持っていく自分の姿が心に浮かぶ（この文は、文の言っていること、つまり傘を持っていく行動が心に浮かぶことを、文字通り意味する）。しかしいますぐは傘を持っていくことを実行することはできない。10分経ってから家を出る。そのときは傘を持っていくことを忘れているだろう。この種の問題を解決するためには、心に思い浮かんだとき、できるだけ多くの行動をすぐ実行しておくようにすることである。例えば、傘をドアの取っ手にぶら下げておく、ブリーフケースの握りに傘を刺し通しておく、あるいは何らかの方法で傘を持っていく過程をスタートさせる。(p. 240)

４．望んでいない行動のために必要な項目を取り除く

　先行事象ベースのもう１つの自己管理戦術は、環境を改変して望んでいない行動を起こりにくくさせ、もっといいことは、自発できないようにすることである。喫煙する人は自分のタバコを捨て、ダイエットする人はクッキーやチップスを家からも車からもオフィスからも全部取り除いておく。こうすれば少なくともその瞬間は、タバコを吸うことや、ジャンクフードを食べることを制御したことになる。有害なものを探し出して、再び手に入れることを抑えるためには、おそらくそのほかの自己管理の取り組み（例えば、元喫煙者が妻に自分がパーティーでタバコをせびるところを見たら反応プロンプトを与えてくれと頼むこと）も必要になるが、望んでいない行動をするために必要な品物を避けることは、よいスタートである。

５．望んでいない行動を狭い刺激条件に限定する

　行動に従事する場面や刺激条件を狭めると、それによって望んでいない行動の頻度を減らすことができる。狭められた場面が標的行動に対する刺激性制御を獲得する。またその場面へのアクセスが少なくなるか、さもなければ強化的でなくなる。そうなればなるほど、標的行動の起こる頻度は減ってくる。習慣的に顔に触って引掻いている男性がいたとする（男性はこの悪い習慣を

自覚している。妻がしばしばそのことで彼を非難し、止めるように言うからである）。顔に触る頻度を減らそうとして、男性は2つのことをしようと決断する。第1に、自分が顔に触っていることに気がついたら止める。第2に、トイレに行ける時は必ずトイレに行って、そこでだけ顔に触って引掻きたいだけ引掻く。

　ノーラン（Nolan, 1968）は、ある女性がたばこを止めるため、狭められた刺激条件を活用したケースについて報告した。女性は自分が一番頻繁にたばこを吸うのは、回りに他人がいるときと、テレビを見たり本を読んだり寝そべってリラックスしたりするときであることに気づいた。そこであらかじめ決められた場所に限ってそこでだけでたばこを吸い、またほかの活動がもつ潜在的に強化的な効果をその場所から除去することにした。彼女は特定の椅子を「スモーキングチェア」に指定して、そこに座るときはテレビを見たり簡単に会話に従事したりすることができないように、椅子を置く場所を定めた。そして家族に頼み、自分がスモーキングチェアに座っているときは、近づいて話しかけないようにしてもらった。彼女はこの手続きを忠実に守った。その結果、吸ったたばこの本数はベースライン段階の1日平均30本から12本に減った。このプログラムを始めて9日後に、彼女はスモーキングチェアに一層アクセスしにくくして、更に本数を減らしてみようと決心した。そこで椅子を地階に移した。喫煙本数は1日当たり5本に減った。スモーキングチェアプログラムを開始して1カ月後、彼女はたばこを完全に吸わなくなった。

　ゴールダイヤモンド（Goldiamond, 1965）は、同じような戦術を使って、妻とやり取りすると必ず不機嫌になる男性を援助した。男性の不機嫌な行動は「不機嫌スツール」に限定するよう教えられた。スツールはガレージに置くことにした。男性は不機嫌になりそうになると、必ずガレージに行き、スツールに座って好きなだけ不機嫌になり、不機嫌が直ったら椅子を離れるようにした。不機嫌になるとガレージのスツールに座らなければならないようにすると、男性の不機嫌は著しく減少した。

6．望ましい行動をするために特定の環境を確保しておく

　ある行動だけをする環境を確保するか、新たに設置するかする。そうすれば人は、断え間ない努力と集中を必要とする行動を、ある程度刺激性制御することができる。例えば、学生や大学教授が研究用の気の散らない特別な場所を選び、その場所では白昼夢にふけったり手紙を書いたりするなど、研究以外の行動はしないようにする。そうした結果、学生は研究の習慣を向上させ、大学教授は学問的生産性を向上させた（Goldiamond, 1965）。スキナー（Skinner, 1981b）は、意欲的な著述家にアドバイスを与えたとき、この種の刺激性制御の戦略を提唱した。

　　　同様に大切なことは、行動がそこで起こる状況です。大事なことは使いやすい場所を選ぶことです。執筆するために必要なすべての手段が用意されていなければなりません。ペン、タイプライター、録音機器、ファイル、書籍、快適な机とイス……。その場所は特定の種類の行動を制御しなければならないため、そこでは執筆以外は何であれしないようにします。(p.2)

一定の環境を唯一の活動のために充てることができるほど、裕福ではない人はどうすればいいか？　多目的場面をオン・オフできるように、特別な刺激配置をするようにすればよい。ワトソンとサープ（Watson & Tharp, 2007）は、次のような例を挙げた。

　　ある男性の部屋には机が1つだけある。そこで手紙を書き、小切手を切り、テレビを見、食事をするなど、いろいろな活動に使わなければならない。しかし集中して研究し執筆したいときは、必ずその机を壁から離し机の反対側に座るようにする。そんなふうに机の反対側に座ることが、集中した知的作業だけに結びつくキューとなった。(p. 150)

　ほとんどの学生が持っているのは、パソコン1台である。それを使って勉強するか、学術的な文章を書く。しかしまたそのパソコンで管理業務を行い、私的なメールを読み書きし、家業を行い、ゲームで遊び、オンラインショッピングし、インターネットを閲覧する。勉強し文章を書くときは、机の反対側に座った男の場合と同様に、コンピューターのデスクトップに特定の背景をディスプレーするようにすればよい。そのディスプレーは、コンピューターで勉強するか学術的な仕事だけをせよという合図になる。例えば、勉強したり執筆したりするために座るときは、コンピューターのデスクトップのスタンダードディスプレー（飼っている犬の写真など）を、例えば無地のグリーンに置き換える。そのグリーンデスクトップは、学術的な仕事だけをせよという信号になる。時間が経つと「学術的な仕事」用のデスクトップは、望ましい行動に対する一定の刺激性制御を獲得するようになる。もしその学生がコンピューターで勉強することを中止して、何か別のことをしたいと思ったときは、まずデスクトップの背景を切り替えなければならない。勉強時間が残っており、生産目標を達成していないのに画面を切り替えると、罪の意識が生まれる。勉強に戻れば、それから逃れられる。
　この刺激性制御の戦術はまた、競合する望ましくない行動のせいで、望ましい行動が満足できるほど自発されないとき、望ましい行動を増やすために利用することができる。あるケースでは、1人の不眠症の男性が、深夜ベッドに入っても、午前3時か4時まで眠れないので悩んでいると報告された。男性は眠る代わりに、いくつかの世俗的問題をくよくよ悩んだり、テレビを点けたりしていた。男性に対する治療は、次の教示を与えることだった。「疲れたらベッドに入りなさい。ただし眠れなかったらベッドにいてはいけません。自分の問題を考えたり、テレビを見たりしたければ、そうして構いません。ただしベッドから起きて、別の部屋に行ってからにしなさい。そこでまた眠くなったらベッドに戻って、再び眠るようにしてください。それでも眠れなかったら、また寝室から出ていかなければいけません」、と。このプログラムの最初の数日間は、1晩に4回から5回起きたと、男性は報告した。しかし2週間以内に、男性はベッドに行ってそのまま眠れるようになった。

Ⅳ　自己監視

　自己監視（self-monitoring）は、自己管理戦略のなかでほかの戦術よりもより多く、研究と臨

床的応用のテーマになってきた。**自己監視**（自己記録、自己観察ともいう）は、人が自分の行動を組織的に観察し、標的行動の生起、非生起を記録する手続きである。自己監視は、最初はクライエントだけが観察し記録することのできる行動（例えば、摂食、喫煙、爪噛み）についてのデータを収集する臨床査定の方法と考えられていたが、それがしばしばリアクティブ効果を生みだすため、すぐにそれ自体が主要な治療的介入になった。第３章と４章で論じたように、リアクティビティー（reactivity）とは、査定や測定の手続きが人の行動に及ぼす効果である。一般に、観察と測定の方法が目立てば目立つほど、リアクティビティーの可能性も大となる（Haynes & Horn, 1982; Kazdin, 2001）。標的行動を観察し記録する本人が、行動改善プログラムの対象となるとき、観察し記録する行動の顕著さは最大となり、リアクティビティーの可能性が非常に高くなる。

　研究者の測定システムから起こるリアクティビティーは、研究では制御されない変動性の典型となる。そのためできるだけ最小に止めなければならない。しかし、臨床の観点からすれば、自己監視のリアクティビティー効果は歓迎すべきことである。自己監視はしばしば行動を改善するが、それだけでなくその変化は通常、教育的、処遇的に望ましい方向に向かう（Hayes & Cavior, 1977, 1980; Kirby, Fowler, &Baer, 1991; Malesky, 1974）。

　行動療法家は、成人のクライエントに自己監視させて、過食を減らし、喫煙を減らし（Lipinski, Black, Nelson, & Ciminero, 1975; McFall, 1977）、爪噛みを止めさせた（Maletzky, 1974）。自己監視のおかげで、障害のある子もない子も、教室で課題によりよく取り組むようになり（Blick & Test, 1987; Kneedler & Hallahan, 1981; Wood, Murdock, Cronin, Dawson, & Kirby, 1998）、勝手な発言と攻撃性を減らし（Gumpel & Shlomit, 2000; Martella, Leonard, Marchand-Martella, & Agran, 1993）、さまざまな教科領域における成績を向上させ（Harris, 1986; Hundert & Bucher, 1978; Lee & Tindal, 1994; Maag, Reid, & DiGangi, 1993; Moxley, Lutz, Ahlborn, Boley, & Armstrong, 1995; Wolfe, Heron, & Goddard, 2000）、宿題を仕上げさせた（Trammel, Schloss, & Alper, 1994）。クラス担任は自己監視を利用して、授業中のプラスの発言を増加させた（Silvestri, 2004）。

　ブローデンら（Broden, Hall, &Mitts, 1971）は、教室における自己監視を扱った最初に活字になった論文の１つにおいて、自己記録が２人の８年生の行動に及ぼす効果を分析した。ライザは歴史でDをとり、講義形式の授業において拙劣な勉強行動を示した。観察者は教室の後ろに座って、10秒瞬間タイムサンプリングを使い、ライザを毎日30分観察した（ライザには観察していることは伝えなかった）。７日間のベースラインの結果、ライザが勉強行動（例えば、教師の顔を見る、適切なときにノートを取る）を示したのは、観察インターバルの平均30％にすぎなかった。スクールカウンセラーとは２回面接したが、そのときは「真剣にやります」と約束していた。第８セッションに入る前に、カウンセラーはライザに10個の四角が３列書かれた紙を渡した（図27.2を参照）。そして歴史の授業で「勉強行動をしていると思ったら」記録するように指示した。このとき勉強行動のいくつかの側面について話し合った。勉強とは何によって構成されるか、その定義についても話し合われた。

```
┌─────────────────────────────────────────────┐
│                                    ────     │
│                                    日付      │
│                                             │
│  ┌─┬─┬─┬─┬─┬─┬─┬─┬─┬─┬─┐                    │
│  │+│+│−│−│+│+│−│+│−│+│                     │
│  └─┴─┴─┴─┴─┴─┴─┴─┴─┴─┴─┘                    │
│                                             │
│  ┌─┬─┬─┬─┬─┬─┬─┬─┬─┬─┬─┐                    │
│  │−│+│−│ │ │ │ │ │ │ │                     │
│  └─┴─┴─┴─┴─┴─┴─┴─┴─┴─┴─┘                    │
│                                             │
│  ┌─┬─┬─┬─┬─┬─┬─┬─┬─┬─┬─┐                    │
│  │ │ │ │ │ │ │ │ │ │ │                     │
│  └─┴─┴─┴─┴─┴─┴─┴─┴─┴─┴─┘                    │
└─────────────────────────────────────────────┘
```

この頁の上段に四角が何列かあります。授業中のいろいろな時間に（自分がそう思ったときはいつでも、しかしすべての四角に一度には記入しないこと）、自分が勉強していたら「＋」、していなかったら「−」と書きましょう。例えば、四角に記入しようと思ったら、直前の数分間に自分が勉強していたか自問して、勉強していたら「＋」、勉強していなかったら「−」を書きましょう。

図27.2　8年生の女子生徒が使った自己記録用紙の例

From "The Effect of Self-Recording on the Classroom Behavior of Two Eighth-Grade Students" by M. Broden, R. V. Hall, and B. Mitts, 1971, *Journal of Applied Behavior Analysis, 4*, p. 193. Copyright 1971 by the Society for the Experimental Analysis of Behavior, Inc. Reprinted by permission.

　　ライザは毎日その紙片を教室に持っていき、もし自分が勉強しているか最後の数分間勉強していたら「＋」と記録し、そのとき自分が勉強していないと思ったら「−」と記録するように言われた。(p. 193)

　図27.3はライザの自己監視の結果を示す。彼女の勉強行動の水準は78％まで上昇した（独立の観察者によって測定された）。そして自己記録1ではほぼ同じ水準にとどまった。ベースライン2で自己記録をやめると、すぐベースライン水準にまで減少した。自己記録2の段階では、平均80％になった。自己記録プラス賞賛の段階では、歴史の授業で男性教師はライザにできるだけ注目して、彼女の勉強行動を可能な限り賞賛した。この条件段階におけるライザの勉強行動の水準は88％に増加した。

　図27.3の下段のグラフは、セッションごとに観察者が記録したライザに対する教師の注目回数を示す。教師の注目の頻度は、実験の最初の4段階において、一見してライザの勉強行動とはまったく相関しなかった。この事実は、教師の注目が（それはしばしば子どもの勉強行動に強い影響を与える）交絡変数ではなく、ライザの勉強行動は自己記録手続きの結果である可能性が最も高いことを示している。しかしながら、自己監視の影響は次の変数によって交絡されていた可能性がある。すなわち、ライザは毎日、学校が終わる前に自己記録の紙片をカウンセラーに返しており、週例の子どもとカウンセラーの面接では、高率の＋マークのついた記録紙片をカウンセラーによって褒められていた。その影響も無視できない。

第27章 自己管理

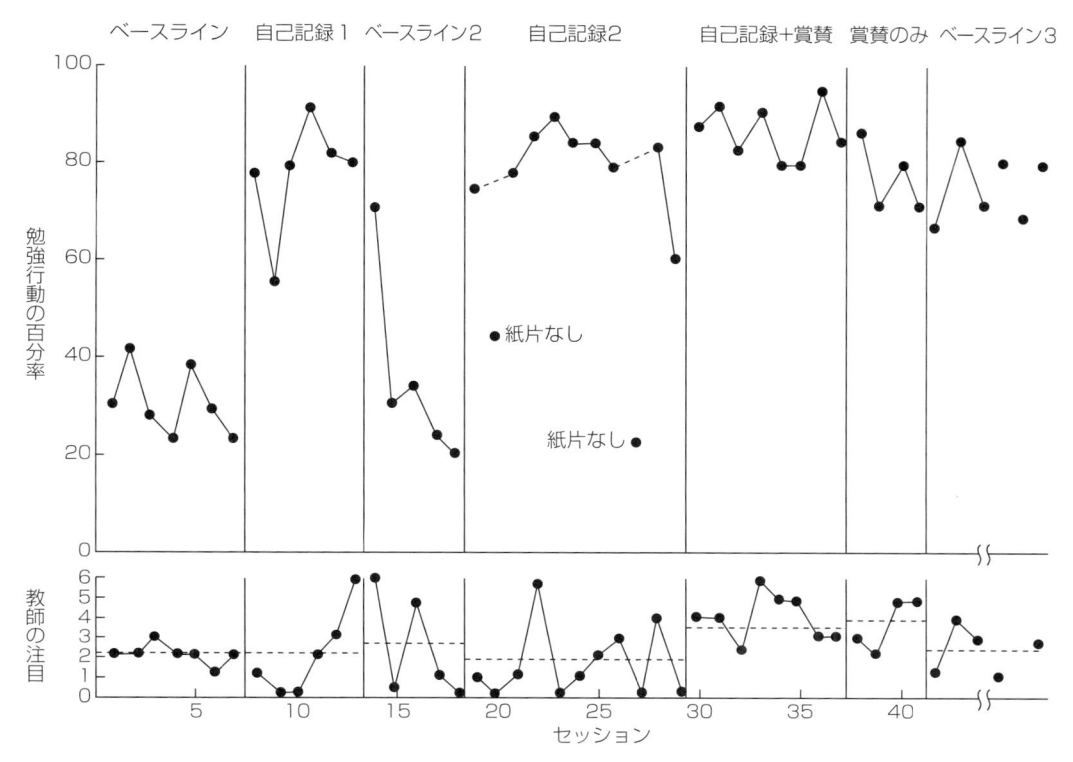

図27.3 8年生の女子生徒が歴史の授業で注目していた観察インターバルの百分率

From "The Effect of Self-Recording on the Classroom Behavior of Two Eighth-Grade Students" by M.Broden, R.V. Hall, and B.Mitts, 1971, *Journal of Applied Behavior Analysis, 4*, p. 194. Copyright 1971 by the Society for the Experimental Analysis of Behavior, Inc. Reprinted by permission.

　ブローデンら（Broden et al., 1971）の報告した第2の実験では、授業中ひっきりなしに勝手に発言していた8年生のスチューに対して、自己監視が使われた。1分当たりの勝手な発言数を計算するため、独立の観察者が10秒部分インターバル記録手続きを使って、昼食の前と後の数学の授業におけるスチューの行動を記録した。自己記録は最初、昼食前の数学の授業に適用された。教師はスチューに2インチ×5インチの長方形のマークの付いた1枚の紙片を手渡した。教示は「自分が無断発言するたびにマークをつけてね」（p. 196）だった。スチューは、その記録紙片を使って自己記録し、昼食の後にそれを返すように言われた。記録紙片の上段には、子どもの名前と日付を書く欄があった。それ以外のスチューに対する教示は使われなかった。また彼の行動に対する結果やそのほかの随伴性は何も適用されなかった。自己記録はやがて、昼食後の数学の授業にも適用された。昼食前の数学の授業では、スチューのベースライン段階の1分当たりの無断発言率は1.1回だった。自己記録するようになると、1分当たりの無断発言率は0.3回になった。昼食後の授業におけるスチューの自己記録を始める前の平均無断発言率は1.6回、自己記録を始めてからは1分当たり0.5回になった。
　スチューの無断発言の減少と自己監視手続きの間には明瞭な関数関係のあることが、リバーサ

ルデザインと多層ベースラインデザインの組み合わせによって実証された。しかし、実験の最終段階では、スチューは自己記録を行っていても、最初のベースライン水準と同率の無断発言をしていた。ブローデンら（Broden et al., 1971）は、最後の実験段階において自己記録が生み出した影響が消失したのは、「無断発言率の違いに随伴性が1度も適用されなかったため、紙片の有効性が失われた」（p. 198）という事実によってもたらされた可能性があることを示唆した。また自己記録の結果としてもたらされたとされた無断発言の最初の減少は、スチューが教師に対して抱いた何らかの形の強化に対する期待という交絡変数が混入したことによってもたらされた可能性もある。

これらの2つの実験から想像されるように、自己監視を直接的な「クリーンな」手続きとして単離することは非常に困難である。それは必ずといってよいほどほかの随伴性を必要としている。にもかかわらず、自己監視を含むさまざまな複合的手続きが、しばしば行動改善に有効であることが実証されてきた。しかしながら、自己監視が標的行動に及ぼす影響は一時的であり、わずかなものにとどまる場合があり、望ましい行動改善を維持するためには、強化随伴性を適用することが必要になる可能性がある（例えば、Ballard & Glynn, 1975; Critchfield & Vargas, 1991）。

1．自己評価

自己監視はしばしば目標設定と自己評価と組合わされる。**自己評価**（self-evaluation）（自己査定 [self-assessment] ともいう）を用いる人は、自分の遂行を事前に決定した目標や基準と比較する（例えば、Keller , Brady, & Taylor, 2005; Sweeney et al., 1993）。例えば、グロッシーとヒューワード（Grossi & Heward, 1998）は、発達障害の4人のレストラン訓練生に、生産目標を選択し、自分の作業を自己監視し、自分の遂行を競争的生産性基準（すなわち、障害のないレストラン従業員が競争場面において課題を遂行する典型的割合）に照らして自己評価することを教えた。この研究において職務課題に含めたのは、深鍋と平鍋をゴシゴシ洗うこと、食器洗い器に食器を積み込むこと、床をモップで掃除しゴミを履き出すことだった。

1人1人の訓練生に対する自己評価訓練は、5部構成の約35分の3回のセッションによって行われた。（1）なぜ早く作業すればよいかについての論拠（例えば競争社会で就職口を見つけて維持する）、（2）目標設定（訓練生は自分のベースライン・パフォーマンスの簡単な折れ線グラフを見せられ、競争基準と比較され、生産目標を設定するようプロンプトされた）、（3）タイマーやストップウオッチの使い方、（4）自己監視と、陰影ゾーンで示された競争基準のグラフ上に自己記録データを書き入れる方法、（5）自己評価（競争基準と比較して自分の作業を自己評価する、例えば、「陰影ゾーンには入っていない。もっと作業を速くしなくちゃ」「これでいい、陰影ゾーンに入っている」など）。訓練生が連続3日間自分の目標を達成すると、新しい目標を選択させた。そのときは4人の訓練生全員が競争的範囲に収まる目標を選択した。

訓練生4人全員の労働生産性は、自己評価介入の関数として増加した。図27.4は、1人の参加者の結果を示す。20歳男性チャドは、軽度知的障害と脳性麻痺と発作障害を持っていた。研究前の3カ月間、チャドは食器洗いの職務部門で2つの作業課題、すなわち調理用の深鍋と平鍋を

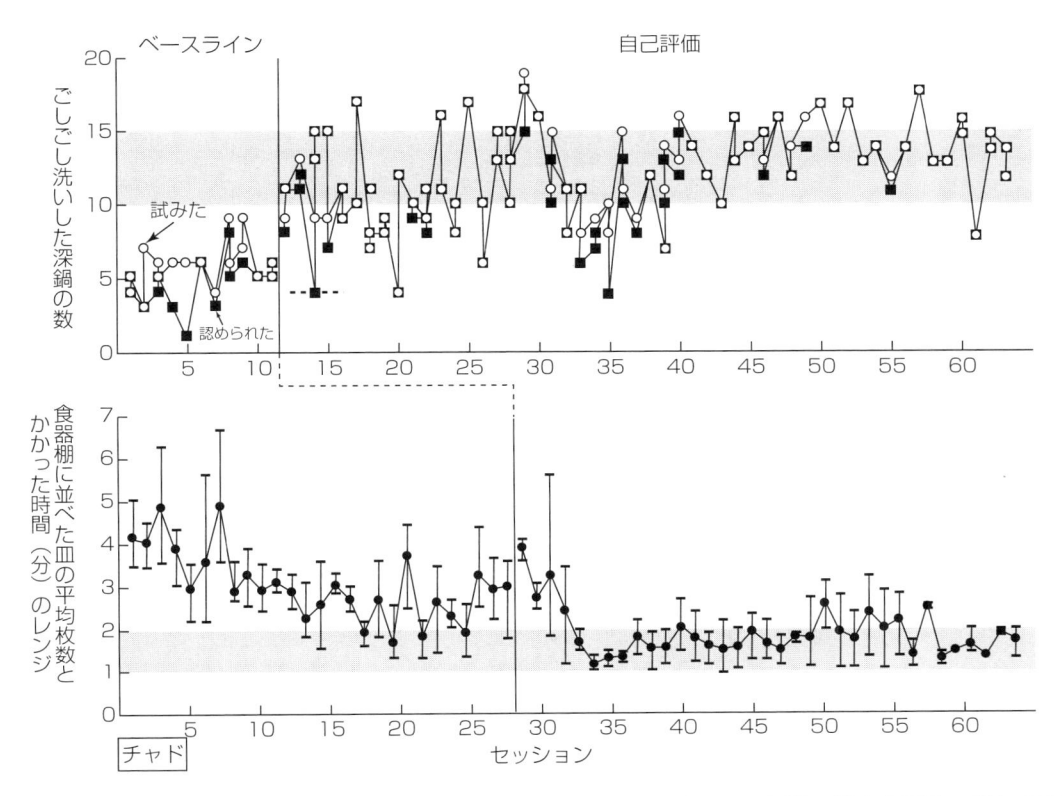

図27.4 ベースラインと自己評価段階で10分の間にごしごし洗いした深鍋の数と食器洗い機に食器を積み込むためにかかった平均時間数とレンジ（分）。陰影ゾーンは障害のないレストラン従業員の競争的遂行レンジを示す。水平破線はチャドが自己選択した目標。非破線はチャドの目標が競争的遂行のレンジ内に収まったことを示す。グラフ下段のデータポイントを貫通する垂直線はチャドの4〜8試行の遂行レンジを示す

From "Using Self-Evaluation to Improve the Work Productivity of Trainees in a Community-Based Restaurant Training Program" by T. A. Grossi and W. L. Heward, 1998, *Education and Training in Mental Retardation and Developmental Disabilities, 33*, p. 256. Copyright 1998 by the Division on Developmental Disabilities. Reprinted by permission.

ゴシゴシ洗うこと、食器洗い機の棚に食器を並べること（空の食器洗い器の棚に汚れた食器を並べるための6段階行動連鎖）の訓練を受けてきた。この研究全体を通じて、深鍋のゴシゴシ洗いは、毎日のランチの営業の前と後の10分間の観察セッションにおいて測定された。食器並べは、訓練生が食器棚を食器で一杯にするのにどれくらいかかったかを、ストップウオッチを使って秒単位で測定した。ランチシフトの一番忙しい時間にセッション当たり4〜8ラックを計測した。ベースライン段階のそれぞれの観察セッション終了後、チャドは自分の作業の正確さと質に関するフィードバックを受けた。遂行の生産性に関しては、ベースライン段階では、フィードバックは与えられなかった。チャドはベースライン段階では、10分ごとに平均4.5個の深鍋と平鍋のゴシゴシ洗いをした。ベースラインの15試行で、10個から15個の競争範囲に入った試行はなかった。チャドの深鍋洗いの割合は、自己評価の段階では平均11.7個の深鍋に増加した。89回の自己評価試行の76％が、競争範囲と同じかそれを上回った。ベースライン段階ではチャド

は、1つの食器棚に食器を載せるのに平均3分2秒かかった。そしてベースライン97試行のうち、競争基準1〜2分の範囲内に収まったのは19％にすぎなかった。自己評価の段階になると、1つの食器棚に食器を載せる時間は改善され、平均1分55秒に減った。そして自己評価の114試行のうち70％が競争基準範囲内に収まった。研究が終わるまでに、4人の訓練生のうち3人が、作業遂行の時間を計り記録することは気に入ったと答えた。1人は、自分の作業時間の計測と記録は「ストレスが強すぎる」と述べたが、自己監視はほかの人々に作業ができることを示すために役立ったと述べた。

2. 強化つき自己監視

自己監視はしばしば自分が選択したか教師が選択した目標の達成に対する強化手続を含む介入パッケージの成分に含められる（例えば、Christian & Poling, 1997; Dunlap & Dunlap, 1989; Olympia et al., 1994; Rhode, Morgan, & Young, 1983）。その強化子は自分が与えることもあれば、教師が与えることもある。例えばケーゲルら（Koegel et al. 1992）は、6歳から11歳の4人の自閉症児に、人々から質問されたら（例えば「今日は誰が学校まで車に乗せてきてくれたの？」）正しく答えて、基準とされた回答数を自己記録し、それから自分で強化子を入手することを教えた。

マーテラら（Martella et al., 1993）の自己監視介入では、成分として教師の与える強化が使われた。彼らは軽度知的障害の12歳男児ブラッドが、授業中に自発する否定的発言数（例えば「このくそったれ計算機は嫌だ」「数学は頭にくる」）を減らすよう援助した。ブラッドは2つの授業中の否定的発言を自己記録し、その数値をグラフに記録し、その数値を教育実習生の計測数と比較した。もしブラッドの自己記録データが実習生のデータと80％かそれ以上一致していたら、「小さな」強化子のメニュー（25セントかそれ以下の値段の品物）のなかから自分で選んでそれを入手した。もしブラッドの自己記録データが訓練者のデータと一致し、連続4セッション徐々に減少する基準水準と同一かそれを下回る場合は、「大きな」（25セント以上の）強化子（図28.12）を選ぶことが認められた。

3. なぜ自己監視は有効か？

自己監視の有効性を説明する行動メカニズムは十分理解されていない。行動理論家のなかには、自己監視は望ましい行動を強化するか、望ましくない行動に罰を与える働きをする自己評価発言を喚起するために、行動改善にとって有効であるとする者もいる。コーテラ（Cautela, 1971）は、自分の日課を仕上げたことをグラフに記録する子どもは、日課の遂行を強化する働きをする内潜的言語反応（covert verbal responses）（例えば「ぼくはいい子だ」）を自発するという仮説を作った。マロット（Malott, 1981）は、自己監視が遂行を改善するのは、彼の言う罪障感の制御のせいであるとした。望ましいとはいえない行動を自己監視すると、内潜的な罪障感の発言が生まれる。その罪障感は自分の遂行を改善することによって回避できる。言い換えれ

ば、自分の行動が「悪い」と罪障感が生まれる。その罪障感の逃避と回避による負の強化によって、標的行動が強められるのである。

　2人の有名な作家によって使われた自己監視のテクニックの記述は、マロットの罪障感制御仮説と明らかに一致した。小説家のアンソニー・トロロプ（Anthony Trollope）は、1883年の自伝でこう述べている。

　　　新しい著作に取りかかるとき、私は必ず日記帳を用意した。日記帳は週ごとに分けた。その日記を、自分が著作を書き上げるため自分に許した期限の間、ずっと記録し続けることにした。日記には、日々自分が書き上げた頁数を書き入れた。そうすると、自分が1日か2日怠けてしまうと必ず怠惰の記録がそこにあり、私の顔をじっと見つめた。そして仕事を増やして不足分を補うよう私に要求した……。私は自分に週当たり非常に沢山の頁数を割り当てた。平均頁数はだいたい40頁だった。それまで少ないときは20頁になったこともあったが、そのあとは112頁に跳ね上がった。そして頁という単語ではあいまいだったので、1頁を250語で埋めることにした。その語数は、監視していないと、落ちていく傾向があった。そこで、1語書くごとにすべての語数を数えることにした……。私の前にはいつもその記録があった。足りない頁数によってすぎていった1週間は、私から見れば腹の立つ奴だった。それが1カ月ともなれば面目丸つぶれとなり、私の心は悲しみに沈んでいたものだった。（出典：Wallace, 1977, p. 518）

　罪障感制御は、また伝説的なアーネスト・ヘミングウェー（Ernest Hemingway）をやる気にさせるためにも役立った。小説家アーヴィング・ウォーレス（Wallace, 1977）は、ヘミングウェーが利用した自己監視のテクニックについて、ジョージ・プリムプトン（George Plimpton）が書いた記事からの以下のような引用を報告した。

　　　彼は（「自分を甘やかさないために」）自分の日々の進歩についての記録を、段ボールの荷箱の側面で作ってガゼルの頭部の鼻の下に飾り付けた大きなグラフに書き入れた。日々の単語の出力を示すグラフ上の数は、450、575、462、1250、それから512に戻っていた。高い数値はヘミングウェーが翌日メキシコ湾流で罪障感に悩まされずに釣りに没頭するために余分な仕事をした日々を表していた。（p. 518）

　自己監視の結果、標的行動に変化が起きるとき、正確にはどんな行動原理が働いているかは、多くの自己監視手続きが私的で内潜的な行動から構成されているため、はっきりとは分からない。自己監視には私的出来事にアクセスする問題に加えて、通常そのほかの変数によっても交絡される。自己監視には、しばしば強化と罰、またはその両方がはっきりと含まれるか（例えば「今週10マイル走れば、映画に行ってもいい」）、または暗々裏に含まれる（例えば「自分が摂取したカロリー記録を妻に見せなければならない」）自己管理パッケージの一部になる。しかしながら自己管理は、含まれる行動原理のいかんにかかわらず、しばしば自分の行動を改善する有効な手続きになる。

4．自己監視のガイドラインと手続き

実践家は自己管理を子どもやクライエントに適用するとき、次の提言を考慮すべきである。

（1）自己監視を容易にさせる教材を提供する

　自己管理が難しくて煩わしく、多大の時間を必要とするときは、よくてもせいぜい効果がなく、参加者に嫌われ、最悪の場合は行動に否定的影響が起こる恐れがある。参加者には、自己監視をできるだけ簡単で有効なものにするような教材と装置を提供するようにしなければならない。第4章で解説した行動測定用のすべての装置と手続き（例えば、紙と鉛筆、リストカウンター、利用しやすい計算機、タイマー、ストップウオッチ）は、自己監視のためにも使うことができる。例えば、授業時間に子どもに向かって与える褒め言葉の数を自己監視したいと思う教師は、授業を始める前にポケットに10個の小銭を忍ばせておくようにすればよい。自分が子どもの行動を褒めるたびに、小銭を1つ他方のポケットに移すようにする。

　大部分の自己監視の応用のために使われる記録書式は、極めて単純にすることができるし、またそうすべきである。自己記録の書式は、図27.2に示したような一連の長方形か正方形のようなものになる。それらはしばしば有効である。参加者はさまざまなインターバルにおいて、ある種の瞬間的タイムサンプリング手続きによって、プラスかマイナスを書くか、イエスかノーに○をつけるか、うれしい顔か悲しい顔に×印をつけるかする。あるいはちょうど終わったばかりのインターバルに示した反応数の総数を記録するようにすればよい。

　特別な課題や行動の連鎖に対して、記録書式をつくることができる。ダンラップとダンラップ（Dunlap & Dunlap, 1989）は、学習障害児に繰り上がりか繰下りのある引き算問題を解くために使うステップを自己監視するよう教えた。子どもたちにはそれぞれ、個別化されたステップチェックリスト（例えば「下段の数より小さい上段の数にはすべてアンダーラインを引こう」「アンダーラインを引いた数の隣の数だけ線を引いて消して1つ少ない数にしよう」[p. 311]）が与えられた。それらは特定の種類の間違いを犯す子どもをプロンプトするように設計されていた。子どもたちは各ステップの隣に＋か－を記入して、自分の作業を自己監視した。

　ロー（Lo, 2003）は、行動障害のリスクのある小学生らに図27.5に示した記入用紙を使って、自分が静かに勉強したかどうかを自己監視し、自分の作業を評価し、個別自習活動の間に教師の援助を受けるための既定の順序に従うことを教えた。その用紙は、1人1人の子どもの机にテープで止められ、子どもに期待された行動を思い出させる覚えとして、またそれらの行動を自己記録するための道具としての役割を果たした。

　「カウンツーン」は、自己管理のための記入用紙である。それは一連の漫画形式の枠組みによって、随伴性を例示している。カウンツーンは、年少の子どもに、どの行動を記録するかだけでなく、子どもがもし遂行基準を達成したらどんな結果が随伴するかを思い出させる。デーリーとラナリー（Daly & Ranalli, 2003）は、6枠のカウンツーンを作った。それは子どもが不適切な行動と、非両立型の適切な行動を自己記録することを可能にするものだった。図27.6に示したカウ

第27章　自己管理

ンツーンでは、F1からF4までのフレームは、算数問題に取り組んでいる子どもに、フレームF5でカウントされる適切な行動を示す。随伴性を満足させる算数問題の基準数（このケースでは10）は、フレームF5で同様に示されている。フレームF2は、友だちと話している子どもに、F3では数えるべき不適切な行動を表す。子どもはその随伴性を満たすためには、6回以上お喋りしてはいけない。「何が起こるか」フレーム（F6）では、子どもが随伴性の両方のパーツを満たすことによって獲得できる報酬を表す。デーリーとラナリーは、子どもに自己管理スキルを教えるカウンツーンの作り方と使い方の詳しいステップを示した。

自己管理の記入用紙はまた、日々の多くの課題も自己記録できるように設計することもできる。例えば、高校レベルの生徒を教える教師は、ヤングら（Young et al. 1991）が開発した「教室パフォーマンス記録」（Classroom Performance Record, CPR）を使えば、生徒に自分の課題と、宿題の完成と、獲得したポイントと、市民性得点の監視をするよう援助することができる。この記入用紙はまた、生徒にクラスでの現在の地位、その学期の予想成績、成績改善のための有益なヒントも提供する。

（2）補足的キューとプロンプトを提供する

自己記録用具には、子どもの机にテープで貼った記録用紙、ダイエットする人がシャツのポケットに入れて持ち歩くカロリー計算用はぎ取り式メモ用紙（ノートパッド）、教師が腕にはめるゴルフカウンターなどがあり、それらは自己監視を思い出させる継続的リマインダーとして機能するが、自己監視を促す追加プロンプトやキューがしばしば役立つ。研究者と実践家は、自己監視のためのキューとプロンプトとして、さまざまな聴覚的、視覚的、触覚的刺激を活用してきた。

聴覚プロンプトは、事前に録音した信号や発信音

図27.5　小学生が自分は静かに勉強したか、教師の援助を求める決められた方法に従ったかを自己監視するために利用した記入用紙

From "Functional Assessment and Individualized Intervention Plans: Increasing the Behavioral Adjustment of Urban Learners in General and Special Education Settings" by Y. Lo, 2003.Unpublished doctoral dissertation.Columbus, OH: The Ohio State University. Reprinted by permission.

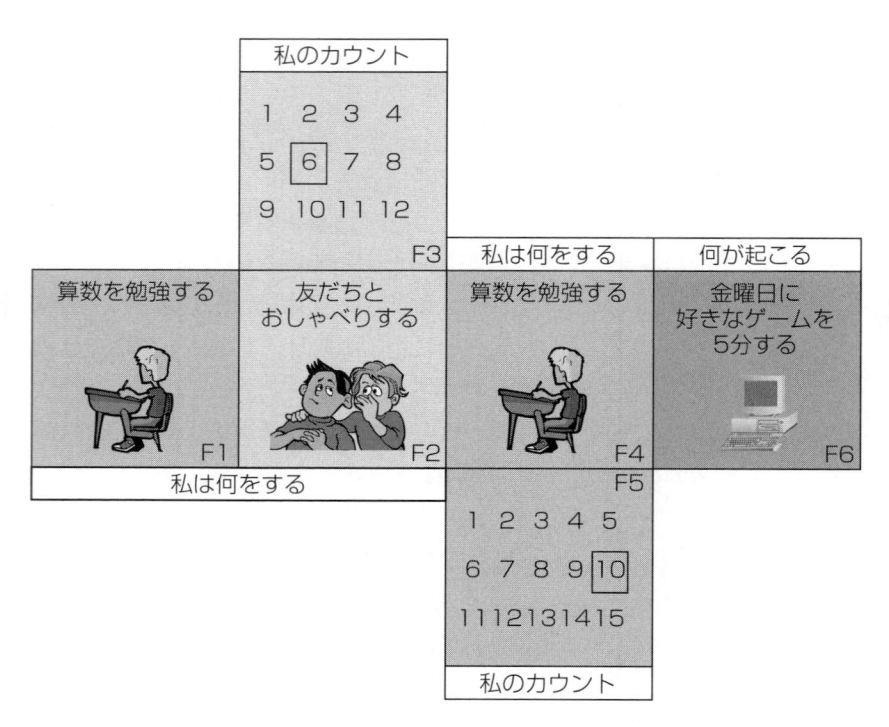

図27.6 カウンツーンの例。これを子どもの机にテープで貼って、標的行動と、自己記録の必要と、随伴性を満たした場合の結果についてのリマインダーとして使うことができる

From "Using Countoons to Teach Self-Monitoring Skills" by P. M. Daly and P. Ranalli, 2003, *Teaching Exceptional Children*, 35 (5), p. 32. Copyright 2003 by the Council for Exceptional Children. Reprinted by permission.

という形式で利用され、教室の自己監視のキューとして幅広く活用されてきた（例えば、Blick & Test, 1987; Todd, Horner, & Sugai, 1999）。例えば、グリンら（Glynn, Thomas, & Shee, 1973）の研究では、参加した小学2年生らが、テープレコーダーのビープ音を聞いた瞬間に、自分が課題に取り組んでいると思ったら、一連の正方形にチェックマークをつけた。ビープ音は30分の授業の間に無作為のインターバルで合計10回鳴らされた。ハラハンら（Hallahan, Lloyd, Kosiewicz, Kauffman, & Graves, 1979）はテープレコーダーを使い、無作為のインターバルで再生した発信音を8歳男児に聞かせ、「私は注目しているか？」という見出しの下のイエスまたはノーの欄の脇に、チェックマークを付けさせた。

ルードウィック（Ludwig, 2004）は、視覚的キューを使った。それらを教室の掲示板に書いてプロンプトとし、幼稚園児に自分の生産性を自己記録させた。朝の自習活動のとき、教師が教室の壁の大きなホワイトボードに、項目や問題や質問をプリントして提示し、子どもには個別ワークシート上にそれらの答えを書かせた。自習活動はテーマによって14に区分され、さまざまなカリキュラム領域（例えば、綴り、読解、足し算引き算問題、お話の時間、お金）にまたがるようにした。実験者は、それぞれの区分の終わりに、1〜14個のスマイルフェースを描いた。黒板に描かれた番号つきのスマイルフェースは、1人1人の子どもの自己監視カードに描かれた番号つきの14個のスマイルフェースに対応していた。

触覚プロンプトも、いつ自己記録するかを知らせる合図として使うことができる。例えば、モウティヴ・エイダー（MotiveAider www.habitchange.com）は、小さな電子機器であり、固定時間または変動時間インターバルによって振動する。そのインターバルのプログラムは、ユーザーが作成する。この機器は優れた道具であり、振動によって人に合図を送って自己監視させたり、別の自己管理課題を遂行させたりする。あるいは子どもやクライエントの行動に注目するように実践家をプロンプトすることもある[8]。

自己監視のプロンプトは、どんな形であれ、できるだけ目立たないようにして、参加者やその場にいる人々を混乱させないようにしなければならない。一般的ルールとして、実践家は自己管理介入の初期には自己監視に対するプロンプトを頻繁に与え、参加者が自己監視に慣れてくるとともに、徐々に頻度を減らすようにする。

（3）標的行動の最も重要な側面を自己監視する

自己監視は測定行為である。しかし第4章で概観したように、標的行動はさまざまな次元によって測定することができる。自己監視は標的行動のどの次元を対象にすべきか？ 望ましい変化がその価値通りに実現するためには、人の自己管理プログラムの目標に向かって最も直接的で重要な進歩をもたらすような標的行動の次元を自己監視すべきである。例えば、食物の摂取量を減らして減量したいと願う男性は、1日を通して自分が食べ物を口に入れる回数（カウント）、1回ごとの食事における1分当たりの回数（率）、食卓に座った時間から最初の1口を摂取するまでにどれだけの時間が経過したか（反応潜時）、1口と1口の間どれくらい休みを入れるか（反応間時間）、食事にどれくらい時間がかかるか（持続時間）を測定することができる。これらの次元の日々の1つ1つの測度は、その男性に自分の摂食行動についての一定の量的情報を提供するが、どの次元も彼が毎日摂取するカロリー総数の数字ほど、彼の目標に直接的に関係しているとは言えないだろう。

いくつかの研究は、子どもが課題従事行動（on-task behavior）を自己監視すべきか、それとも学業的生産性（academic productivity）を自己監視すべきかという問題を検討した。ハリス（Harris, 1986）は、この研究の流れにおいて最も頻繁に引用される研究の1つを遂行した。彼女は学習障害の4人の小学生に、綴り字の練習をしているときの自分の課題従事行動か、または自分が完了した学業反応数を自己監視するように教えた。注目条件（課題従事行動）の自己監視では、子どもたちは「自分は注目していたか？」と自問した。そしてテープ録音された発信音を聞いたときカードのイエスまたはノーの欄の下に必ずその答えをチェックした。生産性条件（学業反応数）の自己監視では、子どもは練習期間の終わりまでに綴り終わった単語数をカウントした。どちらの自己監視手続きも、4人の子どもすべての課題従事行動を増加させた。しかしながら、4人中3人は生産性の自己監視の方が、課題従事行動の自己監視よりも、結果としてより高

注8：フロートら（Flaute, Peterson, Van Norman, Riffle, & Eakins, 2005）は、モウティヴ・エイダーを使って、教室における行動と生産性を改善する20の事例を解説した。

い学業反応率をもたらした。

　同様の結果は、課題従事行動かまたは生産性の自己監視の差異的効果を比較するほかの研究でも報告されている（例えば、Maag et al., 1993; Lloyd, Bateman, Landrum, & Hallahan, 1989; Reid & Harris, 1993）。どちらの手続きも課題従事行動を増加させるが、子どもは課題従事行動を自己記録するよりも学業反応を自己監視するときの方がより多くの課題を完了させる傾向を示す。更に、ほとんどの子どもは課題従事行動よりも学業的生産性を自己監視する方が好きである。

　一般に、子どもが課題従事しているかどうかよりも、学業的生産性の測度（例えば、解こうとした問題や項目数、正答数）を自己監視するように教えることが推奨される。これは自己監視によってであれ、条件的強化によってであれ、課題従事行動はたとえ増加したとしても、それに付随して生産性の増加という結果が起こるとは限らないからである（例えば、Marholin & Steinman, 1977; McLaughlin & Malaby, 1982）。それとは対照的に、生産性が向上するときは、課題従事行動の改善も必ずといっていいほど起こる。しかしながら、1人の子どもの課題から外れた持続的な妨害的行動が教室にいるその子自身やほかの子どもにとって問題となるときは、課題従事行動を自己監視する方が、少なくとも最初はより多くの恩恵をもたらす可能性がある。

（4）早期に頻繁に自己監視する

　一般に、1つ1つの標的行動の生起はできるだけ早く自己記録すべきである。しかしながら人が増やしたいと願う行動を自己記録する行為が「行動の流れ」（Critchfield, 1999）を妨げないようにしなければならない。自然的反応所産や人為的反応所産（例えば、学業ワークシートへの解答、書いた語）を生み出す標的行動の自己監視は、セッションを終わった後の永続的所産（第4章を参照）を使って行うことができる。

　行動のなかには、たとえ標的行動そのものは起こっていなくても、その関連側面を自己監視できるものがある。人が減らしたいと願っている望ましくない行動につながる行動連鎖の初期の反応を自己記録することは、連鎖の最終行動を記録するよりも、標的行動を望ましい方向に改善するうえでより有効である可能性がある。例えば、ローゼンスキー（Rozensky, 1974）は、過去25年間ヘビースモーカーだった女性が、タバコを1本吸うごとに時間と場所を記録するようにしたとき、喫煙率にほとんど変化が起こらなかったことを報告した。次に彼女は同じ情報を得るために、自分を喫煙へと導く行動連鎖の始まり、すなわちタバコに手を伸ばす、箱からタバコを取り出すなどに気づくたびに、記録することを開始した。彼女はこの形式の自己監視を開始すると、ほんの数週間で喫煙を止めてしまった。

　一般に、行動改善プログラムの開始段階では、自己監視をより頻繁に行うべきである。もし遂行が改善したら、それとともに、自己監視の頻度を減らすようにすればよい。例えばロードら（Rhode et al., 1983）は、行動障害児に、学校に居る間、15分インターバルごとに、自分がどこまで学級規則に従い、どこまで学業課題を正しく完遂したかの程度を（0～5点尺度で）インターバルの終わりに自己評価することを始めさせた。研究が進むにつれて、自己評価インターバルは、最初の20分ごとから30分ごとに、次いで1時間に1度へと、徐々に長くしていった。最終

的には、自己評価カードは取り去られ、子どもは自分の自己評価を言葉で報告するようになった。最後の自己評価条件では、平均2日に1回（すなわちVR-2日スケジュールで）、自分の学業的努力と学級規則へのコンプライアンスを言葉で自己評価した。

（5）正確な自己監視を強化する

　自己監視の正確さと、記録される行動の改善の有効性との間には、ほとんど相関がないことを、一部の研究が見出している（例えば、Kneedler & Hallahan, 1981; Marshall, Lloyd, & Hallahan, 1993）。正確な自己監視は、行動改善の十分条件でもなければ、必要条件でもないようである。例えば、ハンダートとブッカー（Hundert & Bucher, 1978）は、子どもが自分の算数の自己採点を非常に正確にできるようになっているのに、算数そのものの成績は改善しなかったことを見出した。他方、ブローデンら（Broden et al., 1971）の研究では、ライザの行動とスチューの行動は、自己記録データと独立の観察者のデータとが滅多に一致しなくとも、どちらも改善した。

　それにもかかわらず、正確な自己監視は望ましい。とくに参加者が自己記録のデータに基づいて、自己評価ないし結果の自己適用を行うときはそうである。

　一部の研究は、年少児が正確さを褒められるなど、特定の外的随伴性がなくても、自分の行動を正確に自己記録できることを示しているが（例えば、Ballard & Glynn, 1975; Glynn, Thomas, & Shee, 1973）、ほかの研究者は子どもの自己記録と独立の観察者が収集したデータとの一致度が低いことを報告している（Kaufman & O'Leary, 1972; Turkewitz, O'Leary, & Ironsmith, 1975）。自己記録の正確さに影響する可能性のある1つの要因は、自己報告得点を強化に使うことである。サントグロッシら（Santogrossi, O'Leary, Romanczyk, & Kaufman, 1973）は、子どもが自分自身の業績を評価し、その自分が行った評価を使ってトークン強化の水準を決定することを許されるとき、その自己監視の正確さは時間とともに劣化することを見出した。同様にハンダートとブッカー（Hundert & Bucher, 1978）は、子どもが以前に自分の算数の課題を正確に自己採点していたが、より高い得点が景品と交換できるようになると、自分の点数をより誇張して採点することを見出した。

　年少児の自己監視の正確さを増すためにこれまでに使われて成功してきた2つの方法がある。1つは、子どもが独立の観察者のデータと一致する自己記録データを生み出すことに対して報酬を与えることであり、もう1つは子どもの自己採点報告を抜き取り検査することである。ドラブマンら（Drabman, Spitalnik, & O'Leary, 1973）は、これらの手続きを使って行動障害児に自分自身の教室行動を自己評価することを教えた。

　　これから今までとは違うことが起こりますよ。もしみんなが自分で採点した点数が、先生のつけた点数よりも1点多いか1点少ないなら、みんなは自分のつけた点数を全部持っていていいです。でももしみんなの点数が先生の点数よりもプラス1点かマイナス1点を超えて違っていたら、みんなは自分のつけた点数を全部失うことになります。それだけではありません。みんなの

つけた点数が先生のつけた点数とぴったり一致したら、ボーナス点をもらえます。(O'Leary, 1977, p. 204)

　子どもは自分自身の行動を確実に評価できることを証明した。すると教師は、子どもの名前を書いたくじを帽子に入れて、授業の終わりにそのなかから50%だけをひき、教師の採点と照合することを開始した。それから33%、次は25%、次は12%だけを取り出して照合するようにした。研究の最後の12日間は、どの子どもの自己採点も教師の点数と照合されなかった。照合の削減期間と最後の照合なしの期間のすべてにおいて、子どもは自己評価を正確に遂行し続けた。ロードら（Rhode et al., 1983）は、同様の一致点検削減法（faded matching technique）を利用した。

V　自分が適用する結果

　自分の行動の生起（または非生起）に特定の結果を随伴させる計画を設計することは、自己管理に対する1つの基本的アプローチである。本節では人が自分で強化し、自分で罰するために利用してきた若干の戦術を展望する。第1に「自己強化」という概念によって提起される概念上の若干の問題を簡単に検討する。

1．自己強化は可能か？

　スキナー（Skinner, 1953）は、自己強化をオペラント強化の原理と同義語と考えるべきではないと指摘した。

> 　自己制御におけるオペラント強化の役割ははっきりしない。ある意味では、強化はすべて自分が与えるものである。なぜなら反応は強化を「生み出す」とみなされる可能性があるからである。しかし「自分自身の行動を強化すること」は、それ以上のことを意味する……。オペラント行動の自己強化は、個人が意のままに強化を獲得することができるにもかかわらず、特定の反応を自発するまでは強化を行わないということを前提としている。これは人間が特定の任務を完了するまでは、自分に対してあらゆる社会的接触を否定するようなケースに当たるかもしれない。この種のことは疑いなく起こる。しかしそれはオペラント強化か？　大まかに見ればそれは別の人の行動を条件づける手続きに似ている。しかし、覚えておかなければならないことは、個人はどんな瞬間にも、今している仕事を中断して、強化を入手するかもしれないということである。われわれは彼がそうしないことを説明しなければならない。もしかすると、そうした寛大な行動は、仕事をまさに完成させたとき以外は、（例えば非難によって）罰されてきたのかもしれない。(pp. 237-238)

　ゴールダイヤモンド（Goldiamond, 1976）は、自己強化についての自らの議論において、スキナーの例を継承して次のように述べた。すなわち、人が「いかさまをせずに課題に取り組む」と

いう事実は、「社会的接触による本人の自己強化（それは仕事の完了を条件として自分に強化を入手できるようにすることであるが）に頼るだけでは、説明することができない」（p. 510）、と。言い換えれば、制御する反応（このケースでは仕事を完了するまで自分に社会的接触を許さないこと）に影響する変数は何かが説明されなければならないということである。原因としてただ自己強化を挙げるだけでは説明的虚構になる。

　問題は「自己強化」と名づけられる手続きが、しばしば強化の定義的効果と似たような仕方で行動を変化させる働きをするかどうかにあるのではない。自己強化の手続きは確かに行動を変化させる。しかしながら自己強化の例を注意深く検討していくと、正の強化の単純な適用以上のもの、あるいはそれとは異なるものが含まれていることが分かってくる（例えば、Brigham, 1980; Catania, 1975, 1976; Goldiamond, 1976a, 1976b; Rachlin, 1977）。自己強化（自己罰も同様に）は、専門用語としては、間違った名称である。そして問題は一部の著者が言うような（例えば、Mahoney, 1976）、単なる意味論上の問題ではない。行動改善の戦術の有効性を、十分理解された行動原理以外の何か、あるいはそれに追加される何かが作用しているときに、その原理のせいにすることは、その戦術のよりいっそうの理解のためのカギとなる重要な変数を見過ごすことになる。ある行動エピソードが自己強化のケースとして同定されてしまえば、そのエピソードの分析を完了したものとみなすことは、そのほかの重要な変数の更なる探究を排除することになる。

　われわれはマロット説（Malott, 2005a; Malott & Harrison. 2002; Malott & Suarez, 2004）に賛成する。パフォーマンス・マネジメント随伴性は、自分が設計し実行するにしろ、ほかの人々によって設計され実行されるにしろ、強化と罰の随伴性のルール支配アナログ（rule-governed analog）とみなすのが最適であると、マロットは主張した。反応から結果までの時間遅延が大きすぎるからである[9]。マロット（Malott, 2005a）は、負の強化と罰の随伴性のアナログとしての自己管理随伴性について、次のような例を示した。

> 　ある随伴性、すなわち、私は毎日1250カロリー以上摂取したら、例えば、嫌いなルームメートや嫌いな慈善事業など、誰でもいいからいいかげんに5ドル提供することにしよう［について考えて見よう］。われわれの多くにとって、愛する慈善事業に寄付するための5ドルを失うことは、そう考えるだけで十分嫌悪的であり、過食を罰するだろう。［この］随伴性は、ペナルティ（罰）の随伴性そのものではなく、そのアナログである。なぜなら、実際の5ドル喪失は、ふつう、1250カロリーという1日の制限量を超過して1分以上経ってから、起こるからである。このようなペナルティ・アナログ随伴性は、望ましくない行動を減らすために有効である。そして望ましい行動を増やすためには、回避（負の強化）随伴性のアナログが有効である。すなわち、毎日私は1時間エクササイズして、罰金の5ドル支払いを回避する。しかし、もしその1時間を深夜までに完了しなければ、5ドルは支払わなければならないことになる（p. 519、強調は原文、カッコ内の語は追加）。

注9：強化における即時性の重要性は、第11章で論じている。

2．望ましい行動を増やすために自己適用する結果

　人は正の強化と負の強化のアナログを適用することによって、自己管理プログラムの標的行動の将来の頻度を増やすことができる。

（1）正の強化の自己管理アナログ

　学童を対象としたいくつかの自己強化の研究がある。それらの研究では正の強化が使われた。それは参加者が自分の遂行の自己査定をもとにして、自己決定したトークン数やポイントや自由時間（分）を獲得するというものだった（Ballard & Glynn, 1975; Bolstad & Johnson, 1972; Glynn, 1970; Koegel et al., 1992; Olympia et al., 1994）。バラードとグリン（Ballard & Glynn., 1975）による研究では、小学3年生がベースライン条件の後、自分の作文のいくつかの側面（文章数、記述語数、行為語数）を自己採点し、自己記録することを教えられた。しかしながら、子どもが毎日自分の作文の集計用紙を提出していたにもかかわらず、測定されたどの変数にも、自己監視によってはまったく効果が起こらなかった。次いで子どもはノートブックを渡された。そこに自分の点数を書き入れた。その点数はそれぞれの子どもが毎日自分の選ぶ活動に使える時間と交換することができた。交換比率は1点当たり1分だった。この自己強化手続きによって、3つの従属変数のそれぞれに著しい増加が起こった。

　自分で適用する強化は、自分で与えなくてもよい。学習者は反応すればその結果として、別の人がその強化子を提供するという結果を生み出すことができる。例えば、自分がリクルートする強化に関する研究において、子どもは自分の業績を定期的に自己評価し、次にそれを担任の先生に示して、フィードバックや支援をリクエストすることを教えられた（例えば、Alber, Heward, & Hippler, 1999; Craft, Alber, & Heward, 1998; Mank & Horner, 1987; Smith & Sugai, 2000）。ある意味では、子どもは教師の注目をリクルートすることによって、自分の強化子を適用している。教師の注目はしばしば賞賛やそのほかの形式の強化を生み出す（レビュー論文として次の文献を参照。Alber & Heward, 2000）。

　トッドら（Todd et al., 1999）は1人の小学生に、自己監視、自己評価、自己リクルート強化からなる自己管理システムの活用の仕方を教えた。カイルは学習障害と診断された9歳男児で、読みと算数と言語技術の特別支援教育サービスを受けていた。カイルの個別教育プログラム（IEP）には、問題行動（例えば、個別活動と集団活動の妨害、級友に対するからかいとあざけり、性的に不適切な発言）についての目標もいくつか含まれていた。担任による目標設定と日々の評価は有効ではないことが実証された。「アクションチーム」が機能査定（第24章を参照）を行い、自己管理システムを含むサポート計画を設計した。

　カイルは2回の個別訓練15分セッションによって、自己管理システムの活用法を教えられた。そのセッションで彼は多数のロールプレーによって課題従事行動と課題から外れた行動の実例と非実例を練習した。そして教師の注目と賞賛をリクルートする正しい方法を学習した。カイルは、自己監視については、片耳のイヤフォンで50分のカセットテープを聴いた。テープには

事前に13のチェックポイント（例えば「チェック・ワン」「チェック・ツー」）が、VI 4分スケジュール（3〜5分のレンジのチェックポイント間インターバル）で録音されていた。カイルがチェックポイントを聴くたびに、＋（自分が静かに勉強して、手や足や事物を自分だけに向けていた）か、0（仲間をからかう、およびまたは静かに勉強していない）を自己記録カードにマークした。

トッドら（Todd et al., 1999）は、カイルが教師の賞賛をどのようにリクルートし、カイルの特別プログラムをどのように教室全体の強化システムに統合したかを、次のように説明した。

> カイルはカードに＋の印をつける。それが3つになると、そのたびに挙手するか（学習指導の時間）、教師のところに歩み寄るか（集団プロジェクトの時間）する。そして、自分のパフォーマンスについてのフィードバックを教師に要求した。教師はカイルの善行を承認した。そして自己監視カードにマークをつけて、次の新しい3つのプラス印をどこから始めるべきかを教えた。これらのセッション内随伴性に加えて、カイルは毎回授業の終わりに、0が2つだけだったら、セルフマネージャーとしてのステッカーも獲得することができた。このステッカーは、教室の子ども全員も、適切な行動を条件として獲得することができた。それは週1回の教室のご褒美のためにプールされた。これらのステッカーはすべてひとまとめにされたため、カイルのステッカーは子どもたち全員から高く評価され、仲間から積極的に注目される機会を生み出した。(p. 70)

自己管理の第2段階（自己管理2）は、第1段階と同様だった。第3段階（自己管理3）になると、カイルは95分テープを使った。それには、事前にVI 5分スケジュール（4分から6分のレンジ）によって、16個のチェックポイントが録音されていた。カイルが自己管理システムを使うとき、問題行動をしていたインターバルの百分率は、ベースラインレベルよりはるかに低くなった（図27.7を参照）。また課題従事行動と学業達成において大きな増加が認められた。この研究の重要な成果は、カイルの教師がより頻繁に褒めるようになったことである。重大なことは、自己管理介入が授業B（図27.7の下段のグラフ）では、教師の希望によって始められたことである。カイルが授業Aで自己監視と教師賞賛のリクルーティングを開始すると、成績が即座に「劇的に改善」したことに教師が気づいたからである。この成果は自己管理介入の社会的妥当性を示す強力な証拠である。

（2）負の強化の自己管理アナログ

成功する多くの自己管理介入には、負の強化のアナログである自己決定型逃避回避随伴性が含まれている。自己管理に関するマロットとハリソン（Malott & Harrison, 2002）の名著『取りかかれば先延ばしは終わる』（*I'll Stop Procrastinating When I get Around To It*）において取り上げられた事例研究の大部分は、人が標的行動を自発すれば嫌悪的出来事を回避できるという逃避と回避の随伴性を特徴としている。例えば、次の表を見てみよう。

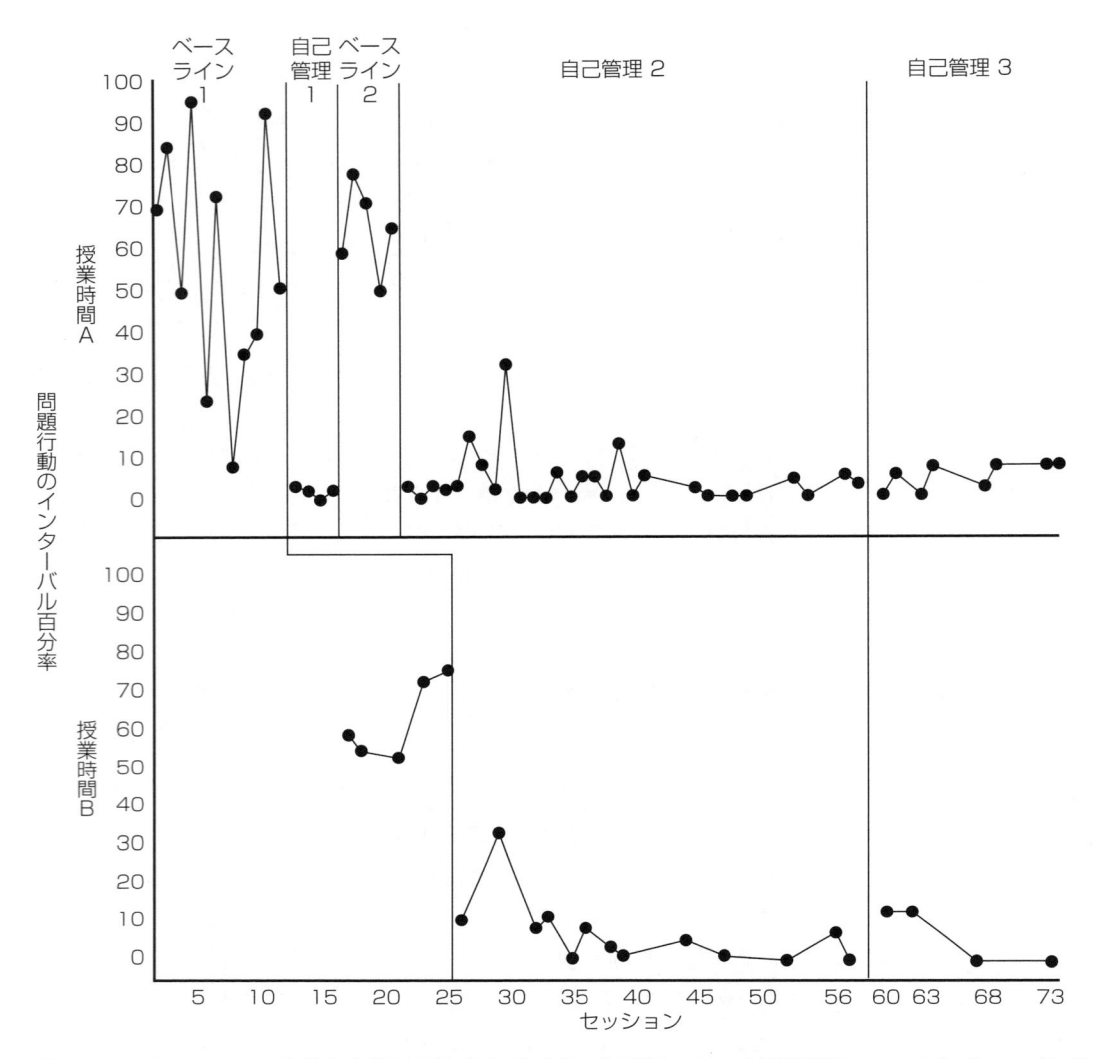

図27.7　ベースライン条件と自己管理条件における9歳男児の2つの授業時間での10分プローブに生じた問題行動

From "Self-Monitoring and Self-Recruited Praise: Effects on Problem Behavior, Academic Engagement, and Work Completion in a Typical Classroom" by A. W. Todd, R. H. Horner, and G. Sugai, 1999, *Journal of Positive Behavior Interventions*, *1*, p. 71. Copyright 1999 by Pro-Ed, Inc. Reprinted by permission.

標的行動/目標	自己管理随伴性
毎日日記をつけ、日々起こった興味深い出来事を、両親への手紙に、毎週書き送ることを忘れないようにする。	日記を書き忘れた日は、皿洗いや洗濯など、友人の雑用をしなければならないようにした（Garner, 2002）。
1回30分、週3回ジョギングする。	毎日のジョギングが週3回未満だったら、日曜夜10時、負担金3ドルを支払わなければならないことにした。数えてよい走りは1日当たり1回に限ることにした（Seymour, 2002）。
週日、午後11時までに、ギターの練習を30分行う。	毎日練習しなかったら、その週末の日曜夜11時に、腹筋運動を50回することにする（Knittel, 2002）。

　負の強化を使って自分の行動を制御することに不安を感じる人々がいる。そういう心配に応えて、マロット（Malott, 2002）は自己管理プログラムに「愉快な嫌悪性制御」を組み込めばよいと次のように主張した。

　　嫌悪性制御は嫌悪的である必要はない！　あなたが愉快な嫌悪性制御手続きを使うために、必要だと私が思うものがある。嫌悪的結果、つまり罰は、必ず小さいものにしなければならない。そして罰は、通常、回避するようにしなければならない。つまり、その回避反応は、回避手続きを実施している限り、ほとんどの場合、その人がすぐできる反応でなければならない。
　　私たちの日々の生活は、そういう回避手続きで満ちあふれている。それにもかかわらず、それで私たちが惨めになることはない。戸口を通り抜けるたびに、戸口の側柱に衝突しないように回避しなければ、怪我をする恐れがあるとしても、そのたびに、不安発作に襲われることはない。また食べ残しを外に放置して腐らせることを避けるために冷蔵庫に入れるにしても、そのたびに恐怖で冷や汗をかくことはない。したがって、それは私たちを「自己管理のルール」、すなわち、どっちみち自分がしたいと思うことを、回避手続きを使って自分にさせることに躊躇するな、へと導く。ただしその嫌悪的結果は、できるだけ小さなものにしよう（ただし小さくしすぎて効果を失くしてしまうことのないようにしよう）。そして反応はやりやすいものにしよう。(p. 8-2)

3．望ましくない行動を減らすために自己適用する結果

　正の罰か負の罰のアナログとしての自己適用型の行動結果によって、望ましくない行動の頻度を減らすことができる。

（1）正の罰の自己管理アナログ

　人は望んでいない行動を起こすたびに、苦痛刺激や嫌悪的活動の開始を随伴させることによって、望んでいない行動の頻度を減らすことができる。マホーニー（Mahoney, 1971）は、強迫観

念に悩む男性が、腕に厚いゴムバンドを装着した事例研究を報告した。男は強迫観念を経験すると、そのたびにゴムバンドを弾いて、短時間の痛い感覚を自分の腕に与えた。15歳の少女は、2年半にわたって脅迫的に髪の毛を引き抜くため、はげができてしまうほどだった。彼女もその習慣をやめさせるため、自分の腕にゴムバンドを弾くという自己適用型の手続きを条件的に適用した（Mastellone, 1974）。別の女性は、自分の髪の毛を引き抜くか、そうする衝動に駆られるかするたびに、15回の腹筋運動を行って、髪の毛を引き抜く行動を中止させた（MacNeil & Thomas, 1976）。パウエルとアズリン（Powell & Azrin, 1968）は、蓋を開けると電気ショックが1秒間起こる特別なタバコケースをデザインした。その装置を自己管理プログラムのパーツとして利用する人に求められる制御反応は、そのケースを携行して、タバコを吸うときは、自分で箱からとり出したタバコだけにすることだった。

　自分が適用する積極的練習型過剰修正手続き（positive practice overcorrection）もまた、自己適用型の正の罰の例になる。例えば、3人称単数現在形でダズント（doesn't）と言わなければならないときにドント（don't）と言ってしまう（例えば、"She don't like that one"）10代の少女は、自分の言い間違いの頻度を減らすため、自己適用型の正の罰という形態を利用した（Heward, Dardig, & Rossett, 1979）。ダズントと言うべきときにドントという自分を観察するたびに、少女は言い直したばかりの完全な文章を連続10回、正しい文法によって反復するようにした。少女はリストカウンターを装着して、自分の話し言葉を聞いて、自分が積極的練習型手続きを使った回数を記録することを、それによって思い出させるようにした。

（2）負の罰の自己管理アナログ

　負の罰の自己適用型アナログでは、標的行動の生起を条件として、強化子の喪失（レスポンスコスト）か、特定期間の強化へのアクセスの拒否（タイムアウト）が起こるように設計する。最も広く適用されている自己適用型のレスポンスコスト手続きは、標的行動が起こるたびに少額の罰金を支払うことである。ある研究では、喫煙者がタバコに火をつけるたびに、1ドル紙幣を破り捨てるようにすることによって、喫煙率を減少させた（Axelrod, Hall, Weis, & Rohrer, 1971）。レスポンスコスト手続きはまた、小学生によっても効果的に利用されている。子どもは不適切な社会的行動をしたり（Kaufman & O'Leary, 1972）、悪い学業成績をとったりすると（Humphrey, Karoly, & Kirshenbaum, 1978）、それを条件として、トークンをいくつ失うようにすべきかを自主的に決定した。

　ジェームズ（James, 1981）は、年齢6歳以来どもりの激しかった18歳男性に対して、話す行動からのタイムアウトを活用することを教えた。若者は自分がどもっていることを観察したら必ず即刻最低2秒間、話を中断させることにした。2秒経つとまた話を始めてよいことにした。彼のどもりは著しく減少した。もし話すことが強化的であるとするならば、この手続きはタイムアウト（例えば、好きな活動に自分が従事することを一定期間認めないこと）として作用した可能性がある。

4．自己適用型行動結果のための提言

自己適用型の行動結果を設計し実践する人は、次の提言を考慮する必要がある。

（1）小さな、与えやすい結果を選ぼう

自己管理プログラムで使う報酬と罰は、どちらも小さくて与えやすいものにすべきである。自己管理プログラムを設計するときよく見られる誤りは、大きくて壮大な結果を選ぶことである。大きな報酬（または非常に嫌悪的な出来事の脅威）を約束することは、自己決定型の遂行基準を達成するように動機づけると考えられるかもしれないが、大きな行動結果はしばしばプログラムの成功に対して逆効果をもたらす。自己選択型の報酬と罰の結果は、費用がかかり、複雑であり、時間をとり、厳しすぎるものにすべきではない。もしそのような結果ならば、人はそれらを即座に、一貫性をもって、与えることができないか（壮大な報酬の場合）、進んで与えようとはしない（厳しい嫌悪的な出来事の場合）だろう。

一般に、即座にしかも頻繁に入手できる小さな行動結果を使う方がよい。これは行動結果を弱化子として機能させようとするときとくに重要になる。それを最も有効にするためには、減らす標的となる行動が自発されるたびに、即座に与えなければならないからである。

（2）有意義な満たしやすい強化基準を設定しよう

自己適用型の結果を含む随伴性を設計する場合は、実践家が強化随伴性を子どもやクライエントに適用する場合によく犯す2つの同じ誤りを防ぐようにしなければならない。すなわち、（1）期待を非常に低く設定する。そのため自己適用型の報酬の獲得をめざして現在の遂行水準を改善する必要がなくなる。または、（2）最初の遂行基準を高く設定しすぎる（より広く見られる誤り）。こうして自己管理を完全に断念させるもとになる消去随伴性を効果的にプログラミングしてしまうことになる。どんな強化ベースの介入であれ、それを有効にさせるカギは、最初の基準の設定の仕方にある。すなわち、人の行動を早く強化に接触させ、続けて強化するようにするには、ベースライン水準を上回る改善を要求することである。第11章で解説した基準設定公式は、こうした設定の指針になる。

（3）「不正な強化」を除去しよう

不正な強化（bootleg reinforcement）とは、随伴性が求める反応要件を満たしていないのに、特定の報酬ないし同等のほかの強化物や出来事にアクセスすることである。自己管理プロジェクトでよく見られる失敗の原因である。こっそりもち込む報酬の心地よい供給を入手する人は、反応を条件として報酬を手に入れるため、身を粉にして頑張ることはまずない。

不正な強化は、自己管理プログラムにおいて、報酬として日々欲する活動や楽しみを活用する

ときによく起こる。日常の期待や喜びを提供するのは簡単であるが、日々楽しむものを差し控えることは難しいと感じるだろう。例えば、1日の終わりに、ピーナツをつまんでビールを飲み、テレビのベ︎ー︎ス︎ボ︎ー︎ル︎・︎ト︎ゥ︎ナ︎イ︎ト︎を見てリラックスしてきた男性が、自己管理プログラムの要件を満たすことを条件としてこの種の日々の楽しみを入手するようにすれば、一貫性をもってそうすることは難しいかもしれない。

　このような形の不正な強化と戦う1つの方法は、自己管理プログラムの前から人が日常的に楽しんできた活動や品物に、何らかの遂行基準を満たすことを条件としてアクセスすることは止めにして、通常よりすこし優れた代替物や活動を提供するようにすることである。例えば、先に示したシナリオの男性は、遂行基準を満たすたびに、毎日あるブランドのビールを飲んでいたとする。その場合はそのブランドのビールではなく、冷蔵庫の後ろにリザーブしておいたビールのコレクションのなかから自慢のビールを選ぶというようにすればよい。

（4）必要なら誰かに結果の提示の制御を頼もう

　効果的ではない大部分の自己管理プログラムはなぜ失敗するか？　それは制御する行動が制御される行動をコントロールできないからではない。制御する行動を制御する随伴性が、十分強力に作用しないからである。言い換えれば、本人が制御する行動を首尾一貫して十分に自発しないため、効果が現れないのである。本来自分がするはずだった行動はほとんど遂行したと合理化して、いずれにしても自分が決めた報酬を入手してしまうことを、どうすれば阻止できるだろうか？　自分が決めた嫌悪的結果を適用し損なわないようにするためには、何をすればよいだろうか？　どちらの問いに対しても、答えはあまりにもしばしば何もない、である。

　自分の行動を本当に改善したいと願いつつ、自分が決めた結果を与えることを最後までやり通すことが難しい人は、別の人に協力してもらって、パフォーマンスマネージャーとして行動してもらうことである。セルフマネージャーは、次のようにすれば、確実に自分の設計した行動結果を忠実に適用することができる。すなわち、遂行基準を達成しない自分に対する結果は嫌悪的であるが、その結果を実行するよう依頼した相手には強化子であるような、そういう随伴性を作ることである。そして、その随伴性を任された第1の人物が、計画した通り実行できないときは、セルフマネージャーは別の人物を探し出して、その職務を遂行してもらうようにしなければならない。マロットとハリソン（Malott & Harrison, 2002）は、こう述べている。

　　　クリスティーは、集塵型ルームランナーのベルトの上を1日20分、週6日間、歩きたいと思った。彼女は夫にパフォーマンス契約者になってもらおうとした。しかし彼は厳しさが不足していた。いつも彼女を可哀そうだと思っていた。そこで彼女は夫を解雇して息子を雇用することにした。彼女は20分歩くことに失敗すると、そのたびに息子のためにベッドメーキングすることにした。そして息子は情け容赦なかった（p. 18-7）。

　カンファー（Kanfer, 1976）は、この種の自己管理を決︎定︎型︎自︎己︎制︎御︎（decisional self-control）

と呼んだ。すなわち、人は自分の行動を改善するため最初の意思決定を行い、どう達成するかを設計する。しかし、制御反応を自発しない恐れを回避するため、手続きは第２者に委せる。カンファーは決定型自己制御と延引型自己制御（protracted self-control）を区別した。延引型自己制御では、人は望んでいる行動改善を実現するため、自己剥奪（self-deprivation）を一貫して行う。ベラックとハーセン（Bellack & Hersen, 1977）は、決定型自己制御は「一般に延引型自己制御より望ましいとは考えられない。永続的なスキルや資源を個人に提供しないからである」（p. 111）と述べた。

　他人の助けを借りる自己管理プログラムは、セルフマネージャーがすべてを取り仕切るプログラムより望ましくないという考え方にわれわれは賛成しない。第１に、随伴性が誰か他人に委される自己管理プログラムは、随伴性の適用において他人の方がより一貫性を示すため、「独力でする」ことを試みるよりもいっそう効果的である。そのうえ、自分が標的行動を選び、遂行基準を設定し、自己監視と自己評価のシステムを決定し、自己設計した行動結果を誰か他人が適用するようお膳立てした自己管理プログラムにおいて成功を収めれば、その体験を通じて人は将来活用する自己管理スキルの大きなレパートリーを獲得しているからである。

（５）いつもシンプルにしておこう

　手の込んだ自己管理随伴性は、必要でない限り設計すべきではない。ほかの人々に成り代わってデザインする行動改善プログラムに適用されるルールと同じ一般的ルール（複雑さと押し付けがましさは最小でありながら効果的な介入を使用せよ）は、自己管理プログラムにもあてはまる。ベラックとシュワルツ（Bellack & Schwartz, 1976）は、自己適用型の行動結果の使用に関して、次のように警告した。

> 必要ないところに複雑な手続きを加えることは、プラスの影響よりマイナスの影響を及ぼす可能性が高くなる。もう１つ言えることは、われわれの経験によれば、露骨な自己強化手続きは、くどくどしく、子どもっぽく、そして「いかさま」であると、多くの人々に受けとられる。(p. 137)

　自己強化手続きは複雑である必要はまったくない。われわれの経験からすれば、自分のパフォーマンス・マネジメント随伴性を創作し実践することは、より多くの人々によって、くどくて子どもっぽいというよりも、面白いと感じられる。

Ⅵ　そのほかの自己管理戦術

　そのほかの自己管理戦略は、行動分析研究のテーマとなってきたが、４項随伴性によって分類することは簡単ではない。それらには、自己教示、習慣反転、自己指導型系統的脱感作、集中練習が含まれる。

1．自己教示

　人は自分に向かって四六時中語りかけている。自分の行動に対して、激励（例えば「お前はこれができる。前にもそれをやっている」）や、祝いの言葉（例えば「ダリル、すばらしいショットだ！　あの5番アイアン、実に上手かったな！」）や、警告（例えば「それはそれ以上言わないほうがいい。お前は彼女の感情を傷つけている」）を与える。それだけでなく、特定の教示（例えば「底のロープを真ん中まで引き上げろ」）も与える。

　そのような自己陳述は、別の行動の生起に影響を与える制御反応（言語的媒介）として働く可能性がある。**自己教示**（self-instruction）は、自分で作り出す言語反応である。それは、こっそり言うにしろ、公然と言うにしろ、望んでいる行動に対して反応プロンプトとして作用する。自己管理戦術としての自己教示は、しばしば行動連鎖ないし課題順序をはじめから終わりまで導くために使われる。

　ボルンシュタインとケヴィロン（Bornstein & Quevillon, 1976）が行った研究は、自己教示の積極的、持続的な効果の証拠としてよく引用される。彼らは多動な幼稚園男児3人に、教室での課題をやり通すよう設計した一連の4種類の自己教示を教えた。

1．質問：割り当てられた課題について問う（例えば「先生は僕に何をさせたいんだろう？」）

2．回答：自問した質問に答える（例えば「僕にはあの絵を真似て描く（コピーする）ことが求められている」）

3．言語化：子どもが手元の課題をはじめから終わりまでやり遂げるよう導く（例えば「OK、まずここに線を引いて……」）

4．自己強化：（例えば「僕はあの課題を本当によくやった」）

　子どもは2時間のセッションによって、自己教示の使い方を教わった。使ったのは、マイケンバウムとグッドマン（Meichenbaum & Goodman, 1971）の開発した一連の訓練ステップだった。

1．実験者が自分に聞こえるように話しながら、課題のモデルを提示した。

2．実験者が言語教示を与えながら、子どもが課題を遂行した。

3．子どもは自分に聞こえるように話し、実験者は囁くようにそっと教示を与え、子どもが課題を遂行した。

4．子どもは教示を自分に囁くようにそっと与え、実験者は声を出さず唇を動かすだけで、子どもが課題を遂行した。

5．子どもは声を出さず唇を動かすだけで、課題を遂行した。

6．子どもはカバート・インストラクション（内密の教示）によって自分の演技を導きながら、課題を遂行した。（p.117から翻案）

　その訓練セッションでは、線や図の模写などの簡単な運動課題から、ブロックデザインや分類課題のようなもっと複雑な課題まで、さまざまな教室の課題が使われた。自己教示訓練を受けると、子どもは即座に課題従事行動において著しい改善を示した。改善した行動は、かなり長期間にわたって維持された。著者らは、訓練場面で獲得され教室に広がった般化は、訓練中子どもに「君らは先生と勉強していると思ってね、実験者とではなく」と話した結果である可能性があることを示唆した。そして、課題従事行動の原因は、行動の罠という現象（Baer & Wolf, 1970）に、すなわち、まず自己教示がよりよい行動を生み出し、次にその行動が教師の注目を生み出し、その注目が課題従事行動を維持したことにあるという仮説を提出した。

　自己教示を評価する研究のなかには、ボルンシュタインとケヴィロンによって得られた印象的な結果を生み出せずに終わったものもあったが（例えば、Billings & Wasik, 1985; Friedling & O'Leary, 1979）、ほかの研究は一般に希望を与える結果を生み出した（Barkley, Copeland, & Sivage, 1980; Burgio, Whitman, & Johnson, 1980; Hughes, 1992; Kosiewicz, Hallahan, & Graves, 1982; Peters & Davies, 1981; Robin, Armel, & O'Leary, 1975）。自己教示訓練によって、高校生が親しい友人と見知らぬ友人に対して会話を開始する頻度が増加した（Hughes, Harmer, Killian, & Niarhos, 1995; 図28.5を参照）。

　障害のある従業員が、自分の発する言語プロンプトと自己教示を自分に与えて、職務遂行を自己管理することを学習した（Hughes, 1997）。例えば、セイレンドら（Salend, Ellis, & Reynolds, 1989）は、自己教示戦略を使って重度知的障害の4人の成人に、「働きながら話す」ことを教えた。女性たちが櫛をビニール袋につめながら、「櫛を上へ、櫛を下へ、櫛を袋へ、袋を箱へ」と自分に対して言語化すると、生産性が劇的に向上した。ヒューズとラッシュ（Hughes & Rusch, 1989）は、営繕サプライ会社で働く2人の支援つき従業員に、4つの陳述で構成される自己教示手続きを使うことによって、問題をどう解決するかを教えた。

1．問題の陳述（例えば、「テープが空」）

2．問題を解決するために必要な反応の陳述（例えば、「もっとテープが必要」）

3．自己報告（例えば、「修理した」）

4．自己強化（例えば、「上手」）

　オリアリーとデュビー（O'Leary & Dubey, 1979）は、自己教示訓練の文献レビュー論文において、子どもへの有効性に影響を与えるように見える4要因を示して、次のように要約した。

　　自己教示は、次の条件を満たせば、有効な自己制御手続きのように思われる。第1に、子ども

が教示手続きを実際に実行する。第2に、子どもがそれら［自己教示］を使って、自分が上手にできるようになっている行動に影響を与える。第3に、子どもが過去に自己教示を守ったことを強化する。第4に、最も結果を受けやすい行動に教示の焦点を絞る。（p. 451）

2．習慣反転

スキナー（Skinner, 1953）は、自己制御の最初の考察で、自己管理戦術の1つとして、「何か別のことをする」を挙げた。ロビンら（Robin, Schneider, & Dolnick, 1976）は、1つの興味深い応用において、情緒行動障害の11人の小学生に、タートルテクニックを使って、攻撃的行動を制御することを教えた。そのテクニックでは、子どもは両手両足を引っ込め、体にぴったりつけ、頭を机に置き、筋肉を緩め、自分が亀だというイメージを作った。子どもが誰かと攻撃的なやり取りをしそうになると感じたとき、自分自身に腹が立って癇癪を起こすと感じたとき、あるいは教師かクラスメートが「タートル！」と叫んだとき、必ずこのタートル反応を用いるように教えられた。

アズリンとナン（Azrin & Nunn, 1973）は、自ら習慣反転（habit reversal）と呼んだ介入を開発した。その介入においては、クライエントは自分の神経症的習癖を自己監視し、問題行動と両立しない行動に従事する（すなわち何か別のことをする）ことによって、その行動連鎖をできるだけ早く阻止するよう教えられた。例えば、爪を噛む人なら、指の爪を噛み始める自分を観察したとき、その手を使って硬い拳骨を作り、2～3分そのままにしている（Azrin, Nunn, & Frantz, 1980）。臨床介入としての**習慣反転**は、典型的には、多成分処遇パッケージとして適用される。それに含まれるのは、反応検知と反応に先行して引き金となる出来事を同定する手続きを含む自己認識訓練と、競合反応訓練と、自己適用型の行動結果を含む動機づけテクニックと、社会的支援システムと、治療的改善の般化と維持を促進する手続きである（Long et al., 1999）。習慣反転は、幅広く多様な問題行動に対して、極めて有効な自己管理戦術であることが証明されている。習慣反転の手続きと研究のレビューについては、ミルテンバーガーらの論文（Miltenberger, Fuqua, & Woods, 1998）を参照されたい。

3．自己指示型系統的脱感作

系統的脱感作は、不安や恐怖やフォビアに対して広く利用される行動療法の治療法である。その特徴は代替行動に従事する（すなわち何か別のことをする）自己管理戦略である。**系統的脱感作**（systematic desensitization）は、最初はウォルピ（Wolpe, 1958, 1973）によって開発された。それは、1つの行動、通常は筋弛緩を、望ましくない行動（恐怖と不安）に置き換えることを伴う。クライエントは最も恐くない状況から最も恐い状況に至る階層表を作る。次いで、これらの不安を生み出す状況をイメージしながら、リラックスすることを学習する。最初は恐ろしさが最小の状況をイメージし、次いで恐ろしさが2番目の状況をイメージする……、というように進めてゆく。図27.8はネコ恐怖を制御しようとする人なら作ると考えられる不安刺激階層表であ

図27.8　系統的自己脱感作に使えるネコ恐怖のイメージシーンの順序

指示
1. 自宅の安全な環境のなかで快適な椅子に座りTVを見ている。
2. キャットフードのコマーシャルを見ている。ネコは登場しない。
3. コマーシャルが続いており、今度はネコがフードを食べている。
4. 1人の男性がネコを愛撫している。
5. 1人の男性がネコを抱いて愛撫している。
6. 1人の女性がネコを抱いており、ネコが女性の手と顔を舐めている。
7. 家の窓の外を眺めていると、1匹のネコが芝生を横切って道路に歩いてゆくのが見える。
8. 家の前で座っていると、1匹のネコが歩道を横切って道路に歩いていくのが見える。
9. 家の庭に座っていると、1匹のネコが歩道を歩いていくのが見える。
10. 1匹のネコが4～5メートル先を歩いていく。
11. 友だちがネコを抱き上げて、ネコと遊んでいる。
12. 友だちが3メートル先にいて、ネコが彼の顔を舐めている。
13. 友だちがネコを抱きながら、1.5メートルまで近づく。
14. 友だちが0.6メートルのところに立ってネコと遊んでいる。
15. 友だちが「ネコを撫でてみたい？」と聞く。
16. 友だちが手を伸ばして、ネコを差し出す。
17. 彼がネコを地面に下ろすと、ネコが自分のほうに歩み寄って来る。
18. ネコが自分の足に体をこすり付けてくる。
19. ネコがのどをごろごろ鳴らしながら自分の両足の間を歩く。
20. 自分が手を下に伸ばしてネコに触る。
21. 自分がネコを撫でる。
22. 自分がネコを抱き上げて撫でる。(p. 71)

From "Self-Directed Systematic Desensitization: A Guide for the Student, Client, and Therapist" by W. W. Wenrich, H. H. Dawley, and D. A. General, 1976, P. 71. Copyright 1976, by Behaviordelia, Kalamazoo, MI. Used by permission.

る。深い弛緩と不安感ゼロを維持しながら、1つ1つのシーンを詳しくイメージして、階層表を完全に体験できたら、徐々に自分を現実生活（in vivo）状況に晒すことに着手する。

　深い筋弛緩を達成し、不安恐怖喚起状況の階層表を作成して妥当性を立証し、自己指示型の系統的脱感作プログラムを適用する詳しい手続きについては、マーチンとペア（Martin & Pear, 2003）や、ウェンリックら（Wenrich, Dawley, & General, 1976）を参照されたい。

4．集中練習

　望ましくない行動を遂行することを自分に向かって繰り返し繰り返し強制することは、**集中練習**（massed practice）というテクニックである。それはときにその行動の将来の頻度を減らす。ウォルフ（Wolff, 1977）は、この形式の治療法について興味深い事例を報告した。対象は20歳の女性であり、自分のアパートに入るたびに13種類の儀式化された強迫的な特殊なセキュリティーチェックの所作を行っていた（例えば、ベッドの下をのぞく、クローゼットをチェックする、キッチンを覗き込む）。彼女は次のような自分のプログラムを開始した。すなわち、わざと13種類のステップを正確な順序でやり通し、それからその完全な儀式を4回反復していった。

これを１週間行ったあと、もし自分がアパートをチェックしたいならばそうすることを許したが、どんなチェックの仕方をしようと必ず全部の所作を５回やり通すことを自分に課した。間もなくチェック行動を強迫的にすることは治まった。

Ⅶ 有効な自己管理プログラムを行うための提言

　以下に示す提言を自己管理プログラムの設計と実践に組み込むようにすれば、成功する可能性は高まるはずである。これらの指針はいずれも実験分析によって厳密に検討されたものではない。つまり、自己管理に関する研究はまだずっとさきの話である。しかしそれぞれの提言は、応用行動分析学のほかの領域においてその有効性が実証された手続きと、自己管理の文献において一般に報告されている「最良の実践」と一致するものである（例えば、Agran, 1997; Malott & Harrison, 2002; Martin & Pear, 2003; Watson & Tharp, 2007）。

1．目標を特定し、改善すべき行動を定義しよう。

2．行動の自己監視を始めよう。

3．自然の随伴性と競争する随伴性を作りだそう。

4．自分の行動を変えるという誓約を公表しよう。

5．自己管理のパートナーを得よう。

6．自分の自己管理プログラムを継続的に評価し、必要ならば設計し直そう。

１．目標を特定し標的行動を定義しよう

　自己管理プログラムは、個人的目的や目標と、その目的や目標を達成するために必要な特定の行動改善を突き止めることから始める。子どもやクライエントのために標的行動を選んで（第３章を参照）、自己決定した標的行動の改善のリストの社会的重要性を査定し、それらの重要性に優先順位をつけるとき、実践家が考慮しなければならない疑問と問題があり、人はそれらの大部分を利用することができる。

２．行動の自己監視を始めよう

　標的行動を定義したら、できるだけ早く自己監視を開始しなければならない。ほかのどんな形の介入であれ、それを実行する前に、自己監視をすることは、第７章で解説したベースラインデータの収集がもたらす利益と同等の利益をもたらす。

1．自己監視は、個人に対して、標的行動の前と後に起こる出来事、すなわち効果的な介入の設計のために役立つ可能性のある先行事象-行動-結果事象の相互関係についての情報を、鋭く観察するように仕向ける。

2．自己監視によるベースラインデータは、自己適用型の行動結果のための最初の遂行基準を決めるうえで、重要なガイダンスを提供する。

3．自己監視によるベースラインデータは、その後にどんな介入をするにせよ、その効果を評価するための客観的基礎を提供する。

自己管理の更なる戦術を採用することなく、できるだけ速やかに自己監視を開始するもう1つの理由は、自己監視するだけでも行動の望ましい改善を達成できる可能性があるからである。

3．非効果的な自然の随伴性と競争する人為的随伴性を作ろう

自己監視単独では望ましい行動改善をもたらさないとき、次にとるべきステップは、効果のない自然的随伴性と競合する人為的随伴性を設計することである。人が標的行動の1つ1つの生起に対して（またはおそらく非生起に対して）明確かつ即時的な結果を与える随伴性を適用すれば、以前はとらえにくかった自己管理の目標を達成する確率を著しく増大させることになる。例えば、喫煙者が自分の吸ったたばこを1本1本自己記録して、条件的賞賛と報酬と罰金を科する自己管理パートナーにそれを報告するとする。そういう喫煙者は、自分の喫煙行動に対して、自然の随伴性が与える結果よりももっと有効な、即時的な、頻繁な行動結果を設計したことになる。この場合の自然の随伴性は、将来の肺がんと肺気腫という脅威であるが、どちらもタバコを1本吸い、また1本吸っても、感知できるほどのより差し迫った、または起こりそうな脅威にはならない。

4．公表しよう

自己管理プログラムの目的を公開して共有すれば、自己管理に対する取り組みの有効性を高めることができることがある。ある人が目標をほかの人々と共有するか、将来の自分の行動についての予測を人々に知らせたとする。そのときその人は、目標達成における成功または失敗に対する潜在的結果、すなわち賞賛か激しい非難を設計したことになる。自分はどんなことをするつもりか、それを完成させる最終期限はいつかを、具体的な言葉によって公式に表明しなければならない。公的誓約という考え方を更に一歩進めて、公的に掲示することのもつ強力な潜在的能力について考えてみよう（例えば、終身在職権をまだ獲得していない若手の大学教員は、所属学科長か学部長が目にしてコメントできる場所に、自分の著作一覧表を掲示することができる）。

マロット（Malott, 1981）は、これを「自己管理の公的注目の原理」と呼んだ。

目標を公式に声明することは成績を改善する。では公的誓約によって約束された社会的随伴性は、どのようにして改善を生み出すか？　その社会的随伴性は、成功の報酬価値と、失敗の嫌悪的価値を高める。私はそう思う。しかしそうした結果は、おそらく問題解決を直接強化するには遅すぎるだろう。その代わり、それらは子どもが非常に大事なときに自分から宣言するルール、すなわち「もし自分が目標を達成しなければ、私は馬鹿に見える。しかしもし目標を達成すれば、実にすごい奴に見える」の一部になるにちがいない。こうしたルールは、今度は課題従事行動の即時的自己強化と、課題から外れた行動の自己罰にとってのキューとして働く。（VolumeⅡ, No. 18, p. 5）

　スキナー（Skinner, 1953）もまた、人が自己管理の目標を重要な他者と共有するときに働く行動原理を理論化した。

　予言を実現させなければ、嫌悪的刺激を与える人々の面前で決意表明をする。それは決意した行動を強める可能性を高める行動結果を設計することである。予言した通りに行動することによってのみ、自分の決意を翻せば起こる嫌悪的結果から逃れることができる。（p. 237）

5．自己管理のパートナーをつかまえよう

　自己管理の交換の取り決めをすることは、もう1人の人を巻き込むためのとてもよい方法である。自己管理のプロジェクトがどう進行しているかについてその人から与えられる差異的フィードバックは、行動結果として有効になる。2人の人がいて、それぞれが長期目標か、いつもと同じ遂行課題を抱えている。その2人が1日1回または週1回のベースで、お互いに話し合うことに同意する。スケジュールは、それぞれの標的行動によって、またそれぞれの進歩によって決定される。2人は自己監視から得られたデータを見せ合い、パフォーマンスを条件とした言葉による賞賛か忠告、そしておそらくそれ以上に有形の結果を交換することができる。マロットは自己管理の交換の成功例を報告した。その交換では彼と同僚のどちらかが、自己決定した一連の日々のエクササイズか家事か執筆の課題のどれか1つを完了しないと、そのたびにお互いに1ドル支払うことにした。毎朝2人は電話で連絡して、それまでの24時間に遂行したパフォーマンスを報告し合った。

　博士課程の一群の学生が、自分自身と相手が試験のために勉強し、研究を完成させ、課題を執筆することを相互に助けるために、「論文クラブ」という自己管理集団を組織した（Ferreri et al., 2006）。それぞれのグループメンバーは、週例ミーティングにおいて、自分が標的にした「学問的行動」に関するデータ（例えば、毎日執筆した語数や、勉強した時間数を描いたグラフ）を見せ合った。グループメンバーは、お互いに相手から、勤勉に勉強し続けることへの激励と、達成への賞賛という形式の社会的支援を受け取った。彼らは自己管理介入のデザインに関して、お互いに行動コンサルタントの役割を果たした。そしてときどきお互いに報酬と罰を与えた。グループメンバーの6人はすべて、自分たちが設定したスケジュール以内に、学位論文を執

6．必要に応じてプログラムを継続的に評価し再設計しよう

　　自己管理プロジェクトを初めて試したときは、うまくいかないかもしれない。しかもそれはときどき確実に破綻する。そのためセロテープか風船ガムを用意して、破れたところをもう1度修復する準備をしておかなければならない。

　　　　　　　　　　　　　　　　　　　　　　　―マロットとハリソン（Malott & Harrison, 2002, p. 18-7）

　大部分の自己管理プログラムの開発と評価には、個人的問題の解決に対して実用主義的な、データベースのアプローチが反映される。それは実験分析と制御を強調した厳密な研究を行うこと以上のことを表わしている。しかしながら、セルフマネージャーは、研究者と同様に、データによって導かれるべきである。プログラムが満足に作動していないことをデータが示している場合は、その介入を再設計しなければならない。

　大部分の自己管理プロジェクトを評価するためには、ABデザインで十分である。自分の行動を定義し観察し記録しグラフ化することを学習した人々にならば、自己実験によって自らの自己管理の取り組みを評価する方法を簡単に教えることができる。単純なABデザイン（第7章）は、事前と事後という形式で分かりやすい結果の説明を提供する。それは、通常、自己評価にとって十分である。自己管理介入とその効果の間の関数関係を実験的に究明することは、自分の行動を改善するという実用主義的目標にとっては通常二次的になる。しかしながら、これには基準変更デザイン（第9章）が適している。しばしば、個人的パフォーマンスの改善の一部になるパフォーマンスの段階的増加に適しているだけでなく、その介入と標的行動の改善の間の関係を、より明瞭に実証し理解するためにも好都合だからである。

　自己管理プロジェクトは、データベースで評価するだけでなく、それに加えて社会的妥当性の次元（Wolf, 1978）の点からも評価すべきである。人々に自己管理を教える実践家は、子どもやクライエントに対して自分の自己管理の取り組みの社会的妥当性を査定するよう援助することができる。介入はどのくらい実際に役立ったか、自己管理プログラムは自分の行動に測定されない仕方で影響を与えたと思うか、プロジェクトは楽しめたか、などのテーマを扱う質問のチェックリストを提供することによって援助できるのである。

　どんな行動改善プログラムでも、その社会的妥当性の最も重要な1つの側面は、その結果（標的行動の測定された改善）が、参加者の生活に実際にどの程度違いを生み出したかである。自己管理プログラムの結果の社会的妥当性を査定する1つのアプローチは、マロットとハリソン（Malott & Harrison, 2002）が恩恵測度（benefit measure）と名づけたものについてのデータを収集することである。例えば、次の項目を測定する。

- 食べる量が減ったか、エクササイズが増えたかという恩恵測度としての減った体重（ポンド数）。

- 吸ったタバコの本数を減らした成果として改善した肺の容量（多くの薬局で手に入る廉価な装置に基づく１秒当たりの立法センチメートルとして測定されたピーク気流量）。
- 毎日ジョギングしたマイル数の恩恵としての１マイル走行にかかる時間数の減少。
- エアロビクスエクササイズの恩恵としての安静時の低い心拍数と早い回復時間。
- 勉強の成果としての外国語演習試験における高得点。

恩恵測度がもたらす積極的な結果は、自己管理介入の社会的妥当性を査定することに加えて、自己管理を継続して忠実に行うことに対して報酬を与え、それを強める結果として役立つ。

本章で解説した多くの戦術と提言を網羅した自己管理の減量プログラムの説明を、ボックス27.2「私の負担を軽くして」によって例示する。

ボックス27.2
私の負担を軽くして：
減量の自己管理プログラム

　ジョーは、63歳、男性。最近医者からメタボリックシンドロームの警告を受けた。身長５フィート11インチ（180センチ強）、体重195ポンド（約88キロ）、太りすぎ。175ポンド（79キロ）まで減量せよ。そうしなければ、健康上深刻な問題が起こる恐れあり、と。ジョーは芝刈りと庭の手入れ、ストーブ用の原木伐りと薪割り、草刈りとウサギの世話、そのほか農家の多くの雑用をこなしている。しかしその驚異的食欲（長い間「郡で最高」と評価されていた）は悪い結果をもたらした。医者からの警告と、最近高校の同級生が亡くなった事実から、ジョーは心穏やかでなくなり、息子のサイコロジストとともに、減量の自己管理プログラムを設計することにした。

　ジョーのプログラムに盛り込まれた主成分は次の通りだった。先行事象操作型戦術、自己監視、自己評価、随伴性契約、自己選択し自己提示する行動結果、近しい人々による随伴性管理。

目標

　体重195ポンド（88キロ）を毎週１ポンド（450グラム）ずつ落としていき、175ポンド（79キロ）まで減量する。

目標達成に必要な行動改善

　摂取カロリー量を１日最大2100カロリーに減らす。

ルールと手続き

1. 毎朝、着衣し朝食を摂る前に体重計に乗る。そして浴室の鏡にテープで止めた「ジョーの体重」グラフに数値を記入する。

2. 1日中、メモ用紙、鉛筆、カロリー計算機をポケットに入れて持ち歩く。摂取した**すべて**の食べ物と液体（水は除く）の種類と量を、摂取**直後**に記録する。

3. 毎晩、就寝前に、その日摂取したトータルカロリーを加算して、浴室の鏡にテープで止めた「ジョーの食物摂取」グラフに数値を記入する。

4. 減量の有り無しにかかわらず、以上の1～3までのステップは**免責しない**。

即時的随伴性と結果

- ポケットのカロリー計算機、メモ用紙、鉛筆は、継続して入手できる反応プロンプトを与える。

- 摂取した食物と飲物のすべてを記録する行為は、即時的結果を与える。

- 食べようと思った食物を食べなかったら、メモ用紙にスターマークをつけて、自己賞賛（「よくやった！　ジョー」）を与える。

1日単位の随伴性と結果

- その日摂取した総カロリー数が2100カロリーを超えない場合は、「ジョーのガーデン瓶」に50セント入れる。

- 2100カロリーを超えた場合は、「ジョーのガーデン瓶」から1ドル徴収する。

- 連続3日間カロリー基準を守れた場合は、「ジョーのガーデン瓶」にボーナスの50セントを追加する。

- カロリー基準を守れた日は、毎日妻のヘレンに契約書に頭文字の署名をしてもらう。

週単位の随伴性・結果

- 毎週日曜夜、その週の毎日の摂取カロリー数を、事前に日付と宛先を書いて切手を貼った郵便はがきに記入する。ヘレンはその自己記録の正直さをチェックして頭文字の署名を行い、月曜日に投函してビルとジルに郵送する。

- 毎週月曜日に、それまでの7日間の少なくとも6日間、トータル摂取カロリーが基準内に収まっていれば、「ジョーの報酬メニュー」から、好きな品物か活動を1つ入手する。

間欠的随伴性・結果

- １日のカロリー制限の範囲内で食物摂取を行い、「ジョーのガーデン瓶」にもお金が十分たまったら、春季ベジタブルガーデン用の種と苗を購入してよい。
- オハイオ州の息子の家への５月期訪問の間、週当たり最低１ポンド（450グラム）の体重減量が続いていれば、自分の選ぶレストランで、ゲストの待遇を受けることができる。

長期的結果

- 気分がすっきりする。
- かっこよくなる。
- 一層健康になる。
- 一層長生きできる。

結果

　ジョーはこのルールと手続きとしばしば格闘しなければならなかった。しかし彼はこの自己管理プログラムを守り、16週（４カ月）で12ポンド（10キロ）減量することができた（体重173ポンド達成）。このレポートを書いている今、ジョーの自己管理の冒険から26年が経過している。ジョーはいまもディナーテーブルで頑張っており、減少した体重を維持し、ガーデニングを楽しみ、バーバーショップコーラスで歌い、ラジオでカブスの野球試合を楽しんでいる。

Ⅷ　行動が行動を変える

　エプスタイン（Epstein, 1997）は、自己管理について大衆向けに自分が書いた本を引用してこう述べた。

　　だらしなく生活している若者（たばこを吸い、酒を飲み、食べすぎ、ものを失くし、ずるずる先延ばしするなど）が、両親や教師や友人にアドバイスを求めています。しかし誰も助けてやることができません。そこで若者は、伯父さんのアンクル・フレッド（図々しくも、フレッド・スキナーをモデルにしました）を思い出しました。伯父さんの人生は、いつも完全調和しているように見えます。相次ぐ訪問の間に、アンクル・フレッドは、自己管理の３つの「秘訣」を教えてくれました。全部 M が付きます。「きみの環境をモディファイ（修正）しなさい」「きみの行動をモニター（監視）しなさい」「メイクコミットメント（誓約）しなさい」。フレッドはまた「自己管理の原理」も明らかにして、説明してくれました。「行動が行動を変える」です。若者は訪問す

るたびに、戻ってくると新しいテクニックを試してみます。すると彼の生活はよい方向に徹底的に変わりました。彼はある意味で、公立学校において、自己管理のテクニックの訓練を受けた、際立って創造的な、洞察力に富む子どもたちの教室を見物しているようです。もちろんこれはフィクションですが、そのテクノロジーはしっかりした科学的証拠に基づいており、可能性はすぐ手の届くところにあります。(p.563, 強調は原文)

　行動分析家は、50年以上前のスキナー（Skinner, 1953）の自己制御の概念分析を基にして、さまざまな能力をもつ学習者に、幾多の自己管理の戦術と方法を開発してそれらをどう応用するかを教えてきた。これらの努力と研究結果の根底にあるのは、単純ながら深遠な原理、すなわち行動が行動を変える、である。

まとめ

行動の制御者としての「自己」

1. 私たちは行動の原因を、行動の直前に起こる出来事に求めようとする。そして直前の環境に原因となりそうな変数が見つからない場合、行動の原因をその人の内部に求めたがる。

2. 意志力とか欲望などは仮説的構成概念である。実はそれはフィクションである。そうしたフィクションを作っても行動の理解には近づけない。循環論法に陥るだけである。

3. スキナー（Skinner, 1953）は自己制御を、2反応現象としてとらえた。1つは制御する行動であり、それがもう1つの行動、つまり制御される行動の生起確率を変化させるように、さまざまな変数に影響を与えることであるとした。

4. われわれは自己制御より自己管理という言葉を用いる。それは行動修正戦術の自分への適用を意味する。その戦術とは行動に望ましい変化をもたらす戦術である。

5. 自己管理は相対的概念である。行動改善プログラムは、少量の自己管理を伴うプログラムもあれば、百パーセントの自己管理プログラム（本人が完全に自分で構想し、設計し、実践するプログラム）もある。本人がプログラムを制御するのはその一部だけか全部か？　その連続線上にプログラムを並べることができる。

6. 自己制御と自己管理は、行動系の文献では互換的に使われるが、われわれは自己管理を使うことを推奨する。自己管理とは、自分の後の行動を改善することを目的として人がある行動

を自発することを意味する。

- 自己制御という言葉は、行動の最終的制御が個人の内部にあるかのような印象を与える恐れがある。しかし自己制御の原因要因は個人の内部ではなく、環境と関わるその人の経験のなかに見出されるべきである。

- 自己制御という言葉は、「個人の内側に［独立の］自己があるか、外部の行動を内側から制御する自己［が存在する］」（Baum, 1994, p. 157）かのようなイメージを与えかねない。

- 自己制御はまた、「満足を先に延ばす」個人の能力を表すものとして使われる。それは価値の低い目前の報酬を得るために行動するのではなく、将来得られるより高価な報酬を手に入れるために行動することによって実現されることを意味する。自己制御は自己管理に含まれる1つの例である。

自己管理の応用、長所、利益

7．自己管理の4つの効用は：

- 日々の生活をより有効に、より効率的に生きられるようにする。

- 自分の悪い習慣を破棄して、よりよい習慣を新たに獲得する。

- とても難しい課題を、1歩1歩やり遂げる。

- 個人的な生き方（ライフスタイル）の目標を達成する。

8．自己管理スキルの学習と教授には、次のような長所と利益がある。

- 自己管理を使えば、外部の人々が関われない行動、本人しかアクセスできない行動に影響を与えることができる。

- 外部の行動改善実行者（例えば教師）は、しばしば行動の重要な生起例を見過ごす。

- 自己管理は、行動の改善を般化させ維持させてくれる。

- 自己管理スキルのわずかなレパートリーがたくさんの行動を制御できる。

- 能力の異なるさまざまな人々が自己管理スキルを学習し活用することができる。

- 課題を自己選択し、達成基準を自己設定すると、一部の人々はよりよく遂行する。

- 優れた自己管理スキルをもつ人々は、より効果的、効率的なグループ環境に貢献する。

- 子どもに自己管理スキルを教えることは、他のカリキュラム領域における有意義な練習を

- 自己管理こそ、教育の究極目標である。
- 自己管理は、社会に利益をもたらす。
- 自己管理は、人に自由な感情を味あわせる。
- 自己管理は、本人を気持ちよくさせる。

先行事象ベースの自己管理戦術

9. 先行ベースの自己管理戦術とは、標的行動すなわち制御される行動が起こる前に起こる出来事や刺激を操作することである。

    - 望んでいる（または望んでいない）行動をより起こる（より起こらない）ようにするため、動機づけ操作を行う。
    - 反応プロンプトを与える。
    - 行動連鎖の最初の数ステップを遂行させ、後に望ましい行動を喚起する弁別刺激に遭遇するようにさせる。
    - 望ましくない行動を引き起こす材料を、事前に取り除いておく。
    - 望ましくない行動は、狭く限られた刺激条件のもとでしか起こらないように仕組む。
    - 望ましい行動を引き起こすためだけに使う特別な環境を用意する。

自己監視

10. 自己監視とは、改善したい行動を自分で観察し記録する手続きである。

11. 自己監視は、最初はクライエント本人にしか分からない行動についてのデータを収集するための臨床的査定方法として開発された。ところが自己監視させると、それだけで望ましい行動改善が起こることが分かった。そこで自己監視単独で、自己管理として活用しようという考えが発展した。

12. 自己監視は、単独で活用される場合があるが、たいていは「目標設定」と「自己評価」と組みあわせてプログラミングされる。「自己評価」する人は自分の遂行を、あらかじめ設定しておいた目標と比較することによって自己評価する。したがって、目標設定をあらかじめ組み込んでおく必要がある。

13. 自己監視はより大きな介入のパーツとして活用される。より大きな介入には、自己選択した目標、ないしは教師が選択した目標を達成できたら強化するというプログラムがある。

14. 自己監視が実際にはどれほど有効だったかを突き止めることは難しい。なぜなら、自己監視手続きは、必然的に私的出来事（潜在的な言語行動）を含むからである。私的出来事には明示的、暗示的な強化随伴性が含まれる。

15. 子どもたちに自分の行動を自己監視し、自己記録させるようにするためには、フェーディングつきのマッチングテクニック（一致点検削減法）が必要である。このテクニックでは、最初の段階では、大人が観察し記録したデータと、子どもが観察し記録したデータがぴったり一致したとき報酬を与えるようにする。すると子どもは教師の評価基準を推量して、自分の評価基準をそれに似させようと努力するようになる。大人の記録と子どもの自己記録との照合は、徐々に減らしてゆくようにする。最終的には、自分1人で行動をモニタリングできるようにさせる。

16. 自己監視では、自己監視の正確さはあまり問わなくてもよい。自己監視が正確にできなくても、自己監視すること自体がプラスに働くことがある。

17. 望ましい自己監視プログラムの特徴と成分は次の通りである。

    - 自己監視をしやすくするための記録表とか、メモ用紙のような道具を与える。

    - 補足的手がかりやプロンプトを与える。

    - 標的行動の最も重要な次元を自己監視させる。

    - 自己監視は最初の段階で頻繁に行わせる。しかし増やす標的として選んだ望ましい行動の流れを妨げないようにする。

    - 正確な自己監視を強化する。

自分が適用する結果

18. 自己強化や自己弱化は、専門用語としては誤りである。行動は自己適用した結果によっても改善することができるが、制御する反応にはいろいろな変数が影響するため、それらの変数が自己管理戦術を単なるオペラント強化のストレートな適用以上のものにする。

19. 正負の強化と正負の弱化のアナログとしての自己適用型の随伴性は、自己管理プログラムに組み込むことができる。

20. 自己適用型の結果を伴う自己管理プログラムを設計するときは、

- 与えやすい小さな結果を選ぶ。

- 有意義なしかし達成しやすい強化基準を設定する。

- 「不正な強化」が起こらないようにする。

- 必要ならば、誰か他人に結果の施与を、管理してもらうようにする。

- 複雑性と侵入性のできるだけ少ない、効果的な随伴性を使う。

そのほかの自己管理戦術

21. 自己教示（自分に対して話すこと）は、別の行動の生起に影響を与える制御行動としての役割を果す可能性がある（言語媒介）。

22. 習慣反転は、多成分からなる処遇パッケージである。クライエントは自分がもっている望ましくない習慣を自己監視し、その問題行動とは両立しない行動を実行することによって、その行動連鎖をできるだけ早い段階で妨害するよう教えられる。

23. 系統的脱感作は、不安、恐れ、恐怖症に対する行動療法の治療である。それは望んでいない行動、例えば恐怖と不安に対して、別の行動、通常は筋肉の弛緩を置き換える手続きである。自己適用型の系統的脱感作では、①最小の恐怖から最大の恐怖までの階層表を作る、②次にこれらの不安喚起状況をイメージしながら、リラックスすることを学習する。ただし最初は最小の不安とし、次いで少し大きい不安とするというようにする。

24. 集中練習、すなわち望ましくない行動を自分に繰り返し強制的に実行させる手続きは、それによってその望ましくない行動の将来の頻度を減らすことができる。

有効な自己管理プログラムを行うための提言

25. 自己管理プログラムを設計し実践するための6段階は以下の通りである。

ステップ1：目標を特定し、改善すべき行動を定義する。

ステップ2：行動の自己監視を開始する。

ステップ3：自然の随伴性と競合する人為的随伴性を作る。

ステップ4：行動を改善するという自分の誓約を公表する。

ステップ5：自己管理を支えてくれるパートナーを見つけ出す。

ステップ6：プログラムを継続して評価し、必要ならば設計し直す。

行動が行動を変える

26. 自己管理の根本にある基本原理は、行動が行動を変える、である。

第 12 部

般性の行動改善を促進する

　社会的に重要な行動は、意図的に改善することができる。これまでの章では、基本的な行動原理とそれらの原理に由来する行動改善の戦術を、適切な行動を増加させ、望ましい刺激性制御を達成し、新しい行動を教え、問題行動を減らすために、実践家がいかにして活用することができるかを説明した。最初の行動改善を達成するためには、特別な手続きが必要である。それはしばしば侵入的であり、費用がかかり、またさまざまなほかの理由から永遠に継続させることができないか継続させるべきではない手続きである。しかしほとんど必ず重要になることは、その新しく生み出した行動改善を継続させることである。同様に、多くの場合、新しい反応パターンを生み出すために必要な介入は、その新しい行動が学習者に利益をもたらすすべての環境において実行することは不可能である。また学習者が必要とする標的行動の具体的形態のすべてを直接教えることも、一定のスキル領域においては不可能である。介入が終結してからも継続し、介入が行われた場面や刺激状況とは別の重要な場面や刺激状況においても出現し、およびまたは直接教えなかった他の関連行動にも広がるような行動改善を生み出すことが求められる。そういう介入を設計し実践し評価すること以上に、実践家が直面するチャレンジングで重要な課題は他にない。第28章では、般性の行動改善の主な種類を定義し、それを達成するために応用行動分析家が使う戦術と戦略を説明する。

第28章
行動改善の般化と維持

キーワード

行動の罠、人為的随伴性、人為的媒介刺激、一般事例分析、般化、被験者間般化、般化プローブ、般化場面、弁別できない随伴性、インストラクション場面、ラグ強化スケジュール、多範例訓練、日常（自然）に存在する随伴性、共通刺激のプログラミング、反応般化、反応維持、場面・状況般化、十分な例を教える、ゆるやかに教える

行動分析士資格認定協会®BCBA® & BCaBA®
第4版課題リスト©

	I 基本的な行動分析学のスキル
D-01	正負の強化を使う。
D-02	適切なパラメーターと強化スケジュールを使う。
D-08	不連続試行とフリーオペラント計画を使う。
E-01	先行事象、例えば動機づけ操作や弁別刺激の操作に基づく介入を使う。
E-03	インストラクションとルールを使う。
F-01	自己管理の戦略を使う。
	II クライエントを中心に据えた専門家としての責任
G-01	ケース開始にあたって、記録と利用手できるデータをレビューする。
G-06	クライエントを支援し、およびまたはサービスを提供する他の人々と協力して、行動分析学のサービスを提供する。
I-07	選好査定を設計し実行して、推定される強化刺激を同定する。
J-06	支援的環境に基づいて介入戦略を選択する。
J-07	環境と資源の制約に基づいて介入戦略を選択する。
J-08	介入の社会的妥当性に基づいて介入戦略を選択する。
J-12	維持をプログラミングする。
K-02	行動改善手続きを実行する責任者の行動を制御する随伴性を同定し、それに従って介入を設計する。
K-09	日常環境におけるクライエントの行動レパートリーを維持するため、人々からの支援を確保する。
K-10	サービスが必要なくなったら、きちんとした終結を設計する。
	III 基礎知識
FK-10	行動、反応、反応クラス

©2012 行動分析士資格認定協会®（BACB®）. 不許複製。この文書の最新版は、www.bacb.comから入手できる。この文書の転載、複写、配布の請求と、この文書についての質問は、BACBに直接問い合わせられたい。

担任の先生がシェリーに学校の宿題を提出する仕方を教えた。宿題を出されたときは、宿題には多くの成分が含まれているので、1つ1つの成分をきちんと仕上げてから提出しよう。それから次の活動に取り掛かろう、と。この手順をシェリーに教える介入をしてから今日で3週間である。しかし「終わりました」と言ってシェリーが提出した宿題は、1つ1つの成分がほとんど仕上げられていなかった。宿題の1つ1つの成分を仕上げるまで粘り強く取り組む行動は、介入開始前と同様に不十分であり、改善されなかった。

リカードは、はじめて競争の激しい職場に就労した。ビジネス街のオフィスで、コピー機のオペレーターとして働くという仕事である。彼はこれまではすぐ注意散漫になり、持久性に欠けていた。そんな長い個人史をもっていたが、職業訓練センターで訓練を受けていたときは、コピー室で、1人で1度に何時間も働き続けることができるようになった。しかし、就労してみるとリカードは、また数分もしないうちに人々から注目を得ようとして、作業を頻繁に中断するようになってしまった。雇用主はそれをこぼしており、リカードは間もなく失職しそうである。

ブライアンは自閉症と診断された10歳男児である。個別教育プログラムで標的として教えるのは機能的言語とコミュニケーションスキルである。指導の一環としてブライアンに「こんにちは、ご機嫌いかが？」と挨拶することを教えた。今やブライアンは、人に会うと必ず「こんにちは、ご機嫌いかが？」と言うようになった。しかしブライアンの両親は、息子の言葉が紋切型になっていて、オウムのようだと心配している。

　以上に示した3つの事例は、どれもよくある教育の失敗である。社会的に重要な行動の行動改善は、たいていは時間を経ても持続し、すべての関連場面と状況で学習者がそれを使用し、ほかの関連反応の改善も付随して起こるからである。今日教室で子どもにお金の数え方と両替の仕方を教えたとする。もし子どもがそれらを学習したとすれば、明日はコンビニで、翌月はスーパーで、お金を数え、両替ができるはずである。初学の文章の書き手に、学校で幾つかの優れた文章を書くことを教えたとする。これからは家族や友だちにメモや手紙を書けるようにならなければならない。もし実績がこの基準を下回るならば、ただ残念であるというだけでは済まされない。明らかに、最初に行ったインストラクション（教育または指導）が、必ずしも完全に成功したとは言えなかったことになるからである。

　最初の事例では、シェリーの宿題完遂能力は、時間が経過しただけで失われた。リカードの事例では、背景の変化が彼を失職に至らしめた。職業訓練センターで獲得した優れた労働習慣は、地域社会の職場に就いた途端に完全に失われた。ブライアンは新しい挨拶のスキルを使ったが、その形式が限られていたため、現実世界ではうまく機能しなかった。非常に現実的な意味で、彼らが受けたインストラクションは、3人全員にとって役立つものではなかった。

　般性の成果（generalized outcome）をつくり出すように、介入を設計し実践し評価する。これほど応用行動分析家にとって挑戦的で重要な課題はない。本章では般性の行動改善（generalized behavior change）の主な種類を定義するとともに、研究者と実践家が般性の行動改善をもたら

すために最もよく使う戦略と戦術について解説する。

I 般性の行動改善：定義と主要な概念

　ベア、ウォルフ、リズリー（Baer, Wolf, & Risley, 1968）が、生まれたばかりの応用行動分析学を解説したとき、この学問の7つの決定的な特徴を示したが、その1つが行動改善の一般性（generality of behavior change）だった。

　　　もし行動改善が時間を経ても持続することが証明され、それが起こりうる幅広く多様な環境において出現し、幅広く多様な関連行動に広がるとすれば、その行動改善は一般性を持つといえる。(p. 96)

　ストークスとベア（Stokes & Baer, 1977）もまた、大きな影響を与えた展望論文「般化の潜在的テクノロジー」において、般化（generalization）を次のように定義した。そのとき強調したのは、般性の行動改善の3つの側面、すなわち時間間、場面間、行動間の般化だった。

　　　（般化とは）関連行動が異なる非訓練条件のもとで（すなわち、被験者を超えて、場面を超えて、人々を超えて、行動を超えて、およびまたは時間を超えて）、場面ごとに同じ出来事を設計する（スケジューリングする）ことなしに、起こることである。したがって、訓練範囲外の改善のために余計な訓練操作を必要としないときは、般化であると主張してよいだろう。あるいは何らかの余計な操作が必要だったとしても、そのコストが直接介入のコストを明らかに下回る場合は、般化であると主張してよいかもしれない。同じような効果を生み出すために、同じような出来事を必要とする場合は、般化とは言えない。(p. 350)

　般性の行動改善に対するストークスとベアの実用主義的方向性は、応用行動分析学にとっては好都合であることが証明された。彼らはただ、もし訓練された行動が別の時間や別の場所において再訓練を必要とせず完全に起こるなら、あるいは直接教えていなかった機能的に関連する行動が起こるならば、般性の行動改善が起こったと述べたのである。以下の各節では、般性の行動改善の3つの基本的形態、すなわち反応維持、場面/状況般化、反応般化の定義と例を示す。応用行動分析家は、般化という成果を記述するために、さまざまな多くの用語を使う。ボックス28.1「ときに混乱と過ちを招く般化の専門用語に関する考え方」において、それらの用語について考察する。

1．反応維持

　反応維持（response maintenance）とは、介入によって標的行動が学習者の行動レパートリーに初めて出現し、それからその介入の一部か全部が終了した後、その標的行動を学習者がどこま

ボックス28.1
ときに混乱と過ちを招く般化の専門用語に関する考え方

　応用行動分析家は、直接的介入の付随物、ないし副産物として起こる行動改善を表すため多くの用語を充ててきた。残念ながら、中には意味が重複したり、いろいろな意味が含まれていたりするため、混乱と誤解を招く用語がある。例えば、維持（maintenance）は、介入を除去または終了しても、なお存続する行動改善を表す用語として、最も頻繁に使われる。しかしそれはまた、処遇を中止するか部分的に除去するという条件を表す広く知られた名称でもある。応用行動分析家は、行動測度（すなわち、従属変数）としての反応維持（response maintenance）と、環境条件（すなわち、独立変数）としての維持（maintenance）を区別しなければならない。プログラム化された随伴性がもはや効力を失った後も継続して起こる反応を表すために、行動分析関連文献において使われる維持以外の用語には、耐久性（durability）、行動持続性（behavioral persistence）、そしてこれは誤りであるが消去抵抗（resistance to extinction）＊がある。

　非訓練性の場面や刺激条件において起こる行動改善を表すため、応用行動分析学の文献で使われる用語には、刺激般化（stimulus generalization）、場面般化（setting generalization）、訓練の転移（transfer of training）、または単に般化（generalization）がある。多くの応用介入によって達成される般性の行動改善を表すために刺激般化を使うことは、専門用語としては誤りである。刺激般化とは、一定の刺激の存在下で強化されてきた反応が、消去条件下で、別のしかし類似した刺激が存在するところで、頻度の増加を伴って、起こる現象を表す（Guttman & Kalish, 1956; 第17章を参照）。刺激般化は特定の行動過程を表す専門用語である。その使用はそうした例に限るべきである（Cuvo, 2003; Johnston, 1979）。

　付随的効果（collateral effects）、副作用（side effects）、反応変動性（response variability）、誘導（induction）、同時的行動変化（concomitant behavior change）。これらはしばしば直接訓練されなかった行動の生起を意味する用語として使われる。ことを更に複雑にしているのは、般化がしばしば3種類すべての般性の行動改善を表す包括的用語として使われることである。

　ジョンストン（Johnston, 1979）は、般化（特定の行動過程を表す用語）を使って、般化場面におけるあらゆる望ましい行動改善を記述することによって起こる幾つかの問題を検討した。

　　　この種の用法は、誤解を招く恐れがある。実際には多数の異なる現象を記述し、説明し、

＊　反応維持は消去条件下で測定できる。その場合、継続する反応の相対頻度が、消去抵抗という用語によって正しく記述される。しかし、大部分の応用状況において反応維持を消去抵抗によって記述することは正しくない。なぜなら処遇後の環境では、ふつう、標的行動の生起の一部に後続して強化が随伴するからである。

制御する必要があるときに、ただ1つの現象が作動しているかのように暗示するからである。……われわれには人を非インストラクション場面で望ましい仕方で行動させるための戦術のレパートリーがある。刺激般化と反応般化の貢献が最適になるように注意深く手続きを設計するとしても、それによってそれらのレパートリーを使い尽くすことなど到底できるものではない。非インストラクション場面において行動的な影響を最大にするためには、あ̇ら̇ゆ̇る行動原理と過程を注意深く考慮する必要がある。われわれがそのことを認識すれば、われわれの成功はもっと頻繁に起こるようになるだろう。(pp. 1-2)

　一貫性を欠いたまま「般化の専門用語」を使うと、般性の成果の有無に影響を与える原理と過程に関して、研究者と実践家を誤った仮説と結論に導く恐れがある。それにもかかわらず、応用行動分析家は、恐らく**般化**を二重目的用語（dual-purpose term）として、すなわちあるときは行動改善の種類を表す用語として、またあるときは行動改善をもたらす行動過程を表す用語として、使い続けるだろう。ストークスとベア（Stokes & Baer, 1977）は、定義における違いを彼らが認識していることを、次のようにはっきり示した。

　　　ここでわれわれが作った般化の概念は、基本的には実用主義的な概念である。それは伝統的な概念化（Keller & Schoenfeld, 1950; Skinner, 1953）に忠実にしたがってはいない。ここでの議論は、いろいろな意味で、専門用語に関する多くの論争を回避する。(p. 350)

　ベア（Baer, 1999）は、一方でプログラム化された行動改善を維持し拡大するため、日常的（自然）に存在する強化随伴性を利用することを論じながら、般化という用語を使うことを彼がなぜ好むかを説明した。

　　　それはここで述べた最善のテクニックである。そして面白いことにそれは教科書の「般化」の定義にはふさわしいとはいえない。それは強化のテクニックである。そして教科書の般化の定義は、強化されない行動改善である。それはほかの直接に強化された行動改善の結果として起こるものである。……［しかし］われわれは、般̇化という言葉の教科書的な意味ではなく、実用主義的な使用法を扱っている。われわれはこの言葉を実用主義的に使うことに対して相互に強化し合う。そしてそれはこれまでのところわれわれのためにうまく働いてくれている。そのためわれわれは、おそらくこの不正確な用法を使い続けるだろう。(p. 30, 強調は原文)

　われわれは般性の行動改善という用語を、改善をもたらす原理や過程ではなく、行動改善の種類に焦点を合わせた用語として使うことにする。それは行動分析学の専門用語の正確な使用を促進するためであり、そして興味ある現象は通常多くの行動原理と手続きがもたらす成果であるということを思い出させる合図にするためである。

で遂行し続けるかの程度のことである。例えば、

- サヤカは、分数を足したり引いたりするとき、最小公分母（LCD）をうまく見つけ出すことができない。担任の先生がサヤカにLCDを発見するステップを文献カードに書かせ、必要なときにそのカードを参照するように教えた。サヤカはLCDキューカードを使い始め、算数問題の答えの正確さが改善された。そのキューカードを使って1週間後、サヤカはもう必要ないといい、先生にそれを返した。翌日サヤカは分数の加減算のテストですべての問題のLCDを正しく計算した。

- ロレーンは住宅造園会社の最初の仕事で、同僚から長い柄の道具を使ってタンポポを根こそぎ引き抜く方法を教えられた。ロレーンはそれ以上教えられなくても、1カ月後その道具を正しく使い続けている。

- デレクは7年生のとき、1人の教師から自分の課題を書き留めて、それぞれの授業のための教材を別々のフォルダーに保存する方法を教えられた。デレクは大学2年生になっても、それらの整理スキルを学業に適用し続けている。

これらの例は、般性の行動改善が、相対的な特徴をもっていることを表している。キューカードによる介入が終わって1日後のサヤカの算数のテストの成績と、デレクによる何年も昔に学習した整理スキルの継続的使用は、反応維持を明白に示していた。新しく学習された行動がどれほど長期間維持されなければならないかは、その行動がその人の人生において、どれくらい重要かによって左右される。人が電話番号を聞いてひそかに3回復唱し、数分後に電話を見つけてその番号を覚えていて正しくダイヤルできたとすれば、十分長く維持されたことになる。そのほかの行動、例えばセルフケアや社会的スキルは、人のレパートリーのなかで生涯にわたって維持されなければならない。

2．場面／状況般化

標的行動を直接訓練された刺激条件とは異なる刺激条件の下で、その行動が自発される場合、場面／状況般化（setting/situation generalization）が起こる。われわれは**場面/状況般化**を、学習者がインストラクション場面とは別の場面か刺激状況において、標的行動を自発する程度として定義する。例えば、

- シャズは、工場から新しい電動車イスが届くのを待つ間、コンピューターシミュレーションプログラムと操縦桿を使って、間もなく届く車イスの操作の仕方を学習していた。新しい車イスが到着するやいなや、シャズは操縦桿をつかんで、即座に玄関ホールをビュービュー往来させ、高速回転で小さな円を完全に描き切った。

- ロレーンは花壇と被覆栽培領域にある雑草を抜去する仕方を教えられた。ロレーンは花壇に行く途中芝生を横切るとき、一度もインストラクションされていないのに、芝生からタンポポやそのほかの大きな雑草を抜去し始めた。
- 先生がブランディーに10個のC-V-C-E語（例えば、*bike, cute, made*）の読み方を教えた。するとブランディーは、1度もインストラクションされていないC-V-C-E語（例えば、*cake, bite, mute*）を読むことができた。

ヴァン・デン・ポルら（van den Pol et al., 1981）の研究は、場面・状況般化の卓越した事例を示している。彼らは重複障害の3人の若者に、ファストフード店で、1人で食事することを教えた。3人はすべて以前にレストランで食べたことはあったが、助けを受けずに食事を注文したり、支払ったりしたことはなかった。研究者らは、まずファストフード店で食事を注文して、支払って、食事するために必要なステップについて課題分析を行った。インストラクションは、3人の教室のなかで行った。客とレジ係のやりとりのシミュレーションで起こる各ステップをロールプレーさせ、ファストフード店で客が順次遂行する様子を映した写真スライドを見せて、それについて質問して応答させた。課題分析の22のステップは、店を見つける、注文する、支払う、食べて店を出る、の4大成分に分割された。参加者は各成分のステップを教室で習得すると、「2ドルから5ドル相当の無作為に決めた数の紙幣を渡され」、地元の店で「ランチを食べに行ってきなさいと教示された」（p. 64）。観察者らが、その店に駐在して、課題分析された各ステップの1人1人の遂行を記録した。これらの般化プローブは、訓練前（ベースライン）と訓練後（フォローアップ）にも行われたが、その結果を図28.1に示す。教室からの般化の程度は、大部分のプローブに使われた特定のマクドナルド店をベースに査定したが、それだけでなく研究者らはバーガーキング店でも、フォローアッププローブ（これも維持測度）を行った。

この研究は、般性の行動改善を査定し促進するために大部分の応用行動分析家によって使われる実用主義的アプローチを示している。般性の反応が望まれる場面には、インストラクション環境で実施された介入の1つかそれ以上の成分を含めることができるが、すべての成分を含めることはできない。もし新しい環境で行動改善を生み出すために、完全な介入プログラムが必要となるならば、場面/状況般化が起こったと主張することはできない。しかし、訓練プログラムの成分の一部が般化場面で有意義な行動改善をもたらす場合は、場面/状況般化を主張することができる。ただし般化場面で使われる成分が、訓練環境においてそれだけでは行動改善をもたらすためには不十分だったことを証明することができればよい。

例えば、ヴァン・デン・ポルらは、聴覚障害のある参加者3人に、教室の中で、補綴的注文器具（prosthetic ordering device）の使い方を教えた。その器具は、質問（「……はおいくらですか？」）と、一般的な品物の名前（例えば、大きなハンバーガー）と、レジ係が反応を書き込むスペースとが、事前に印刷されている色鉛筆つきラミネート厚紙用紙だった。多少のお金と補綴的注文器具を持たせただけでは、1人で食事を注文し、購入し、食べることはできなかった。しかし、ガイドつき練習と、ロールプレーと、社会的強化（「よくやった！　両替を要求すること

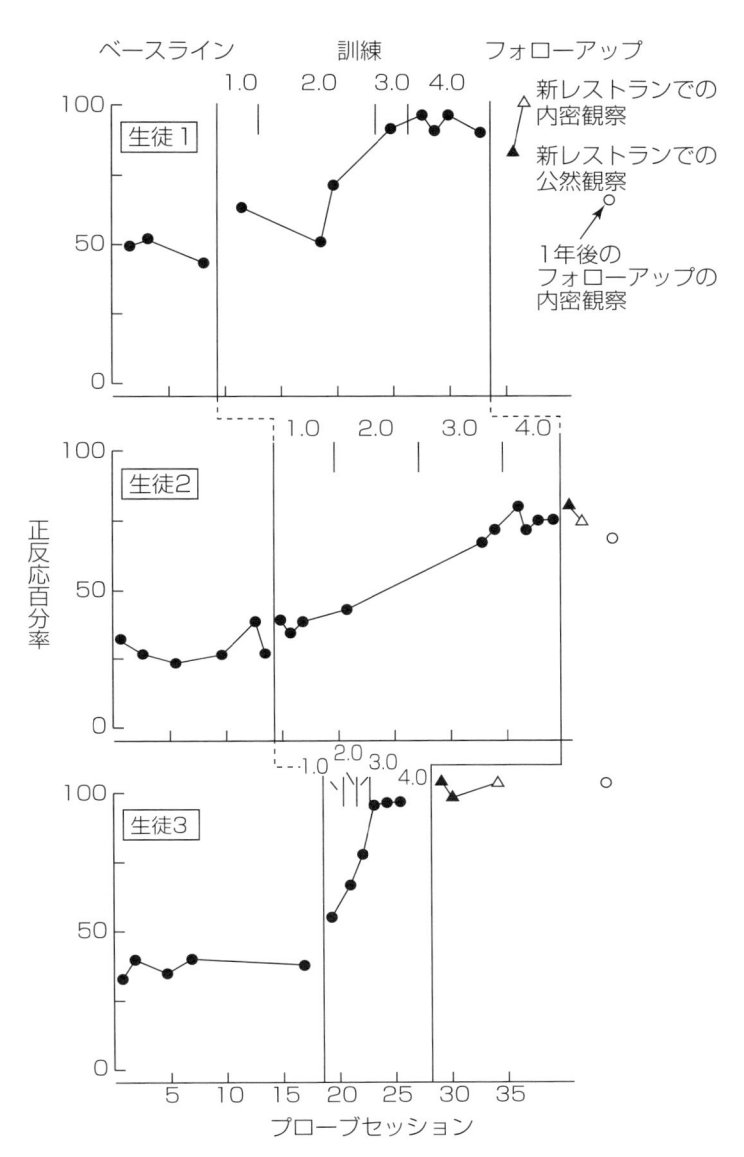

図28.1 ファストフード店で食事を注文するために必要なステップを教室で教えている最中とその前後に3人の障害生徒が正しく遂行したステップの百分率。フォローアップの黒三角は、バーガーキング店で典型的観察手続きによって行ったプローブ、白三角は観察していることを教えずにバーガーキング店で行ったプローブ、白丸は別のマクドナルドで訓練1年後に行った内密のプローブを表す。

From "Teaching the Handicapped to Eat in Public Places: Acquisition, Generalization and Maintenance of Restaurant Skills" by R. A. van den Pol, B. A. Iwata, M. T. Ivanic, T. J. Page, N. A. Neef, and F. P. Whitley, 1981, *Journal of Applied Behavior Analysis, 14*, p. 66. Copyright 1981 by the Society for the Experimental Analysis of Behavior, Inc. Reprinted by permission.

を忘れなかったね」[p. 64]）からなる教室でのインストラクションと、修正的フィードバックと、補綴的注文器具つき復習セッションによって、インストラクション場面で望ましい行動を確立した後は、参加者3人はそのカードによる助けによるだけで、レストランで食事を注文し代金を支払い食事をすることができた。

（1）インストラクション場面と般化場面を区別する

インストラクション場面（instructional setting）とは、インストラクションが起こる総体としての環境を意味する。それには、学習者による標的行動の獲得と般化に影響を及ぼす可能性のある、計画された環境側面と、計画されなかった環境側面のすべてが含まれる[1]。計画された成分とは、はじめに行動改善を実現し般化を促進するために、教師によって計画された刺激と出来事である。算数の授業のインストラクション場面における計画された成分としては、例えば、授業中に出題すべき特定の算数問題と、これらの問題の形式と配列が含まれる。インストラクション場面における計画されなかった側面とは、教師が気づいていないか、それが標的行動の獲得と般化に影響するとは考えていなかった成分である。例えば、文章題における*どのくらい*という句が、子どもの足し算の使用に対する刺激性制御を獲得してしまい、その問題を正しく解くためには、別の算数操作をしなければならないときでも、それを足し算にしてしまう可能性がある。あるいは、インストラクションのとき最初に必ず引き算問題をさせられていたため、文章題の各頁の最初の問題を子どもは必ず引き算として解こうとするかもしれない。

般化場面（generalization setting）とは、インストラクション場面とは何らかの意味で違っていながら、そこで標的行動が遂行されることが望まれている任意の場所、または刺激状況である。多くの重要な標的行動に、多くの般化場面が存在する。教室で足し算と引き算の文章題を解くことを学んだ子どもは、同様の問題を、家庭やお店や野球のダイヤモンド上で、友だちと一緒に解決できなければならない。

図28.2は、6つの標的行動のインストラクション場面と般化場面の例を示している。人があるスキルを学んだ場所から物理的に離れた環境でそのスキルを使うとき、図28.2の行動1から3までのように、その出来事は場面般化の例として、たやすく理解することができる。しかしながら、多くの重要な般性の所産は、インストラクション場面と般化場面の違いがもっと微妙なところで起こる。般化場面はインストラクションの行われた場所とは異なるどこかの場所でなければならないと考えるのは誤りである。子どもはしばしば、学習したものを維持し般化させるべき場所と同じ場所で、インストラクションを受ける。言い換えれば、インストラクション場面と般化場面は、同じ物理的場所を共有する可能性があり、またしばしば共有している（図28.2の行動4から6のように）。

注1：本章で示す大多数の例は学校を中心としているため、教育用語を使っている。*インストラクション*は、ここでの目的からすれば、処遇、介入、セラピーと同義語とみなすことができる。したがって*インストラクション場面*は、臨床場面、治療場面と同義語とみなすことができる。

図28.2　6つの標的行動のインストラクション場面と般化場面の例

インストラクション場面	般化場面
1．特別支援教師が、特別支援学級で、質問したとき、挙手する。	1．通常学級教師が、通常学級で、質問したとき、挙手する。
2．学校でスピーチセラピストと会話の訓練をする。	2．街の中で仲間と話す。
3．ホームコートの練習試合で、バスケットボールをパスする。	3．対戦相手のコートにおける試合で、バスケットボールをパスする。
4．学校の机上で、縦書きの足し算問題を解く。	4．学校の机上で、横書きの足し算問題を解く。
5．不正解の選択肢数がない文章題の宿題を解く。	5．不正解の選択肢数のある文章題の宿題を解く。
6．地域の職場で、監督のいるときに、包装密封機を操作する。	6．地域の職場で、監督のいないときに、包装密閉機を操作する。

（2）場面/状況般化と反応維持を区別する

　どんな場面/状況般化の測定であれ、それが行われるのは、何らかのインストラクションを行った後である。そのため、場面/状況般化と反応維持は同じであるとか、少なくともそれらは分離できない現象であるという主張が成り立つかもしれない。大部分の場面／状況般化の測度は、反応維持についての情報を提供する。そして逆もまた同じである。例えば、ヴァン・デン・ポルら（van den Pol et al., 1981）が行った、バーガーキング店と2番目のマクドナルド店における訓練後般化プローブは、場面/状況般化（すなわち、新しいレストラン）と、最長1年の反応維持とに関するデータを提示した。しかしながら、場面／状況般化と反応維持の間には、機能的な区別がある。それぞれのアウトカムは、永続的な行動改善をプログラミングして保証するための、若干異なる一連の難しい問題（チャレンジ）を提起する。教室やクリニックで生み出された行動改善が、般化場面において少なくとも1度は起こり、それから起こることが止んだとすれば、あきらかに反応維持の欠如ということになる。

　ケーゲルとリンコーヴァー（Koegel & Rincover, 1977）が行った実験は、場面/状況般化と反応維持の機能的な違いを例示した。参加者は3人の年少自閉症児だった。それぞれ、無言語か、反響言語か、場面に不適切な言語をもっていた。小さな部屋で1対1のインストラクション・セッションが行われた。訓練者と子どもは、机を挟んで向かい合って座った。それぞれの子どもに、一連の模倣反応（例えば、訓練者が「あなたの鼻（耳）触って」と言うか、「こうやって」と言って、万歳したり、拍手したりする）を教えた。40分の各セッションは、インストラクション場面での10訓練試行のブロックと、木々に囲まれた戸外に立った見知らぬ大人が行う10試行のブロックとを、交替させて行うというものだった。インストラクション場面での正反応にはすべ

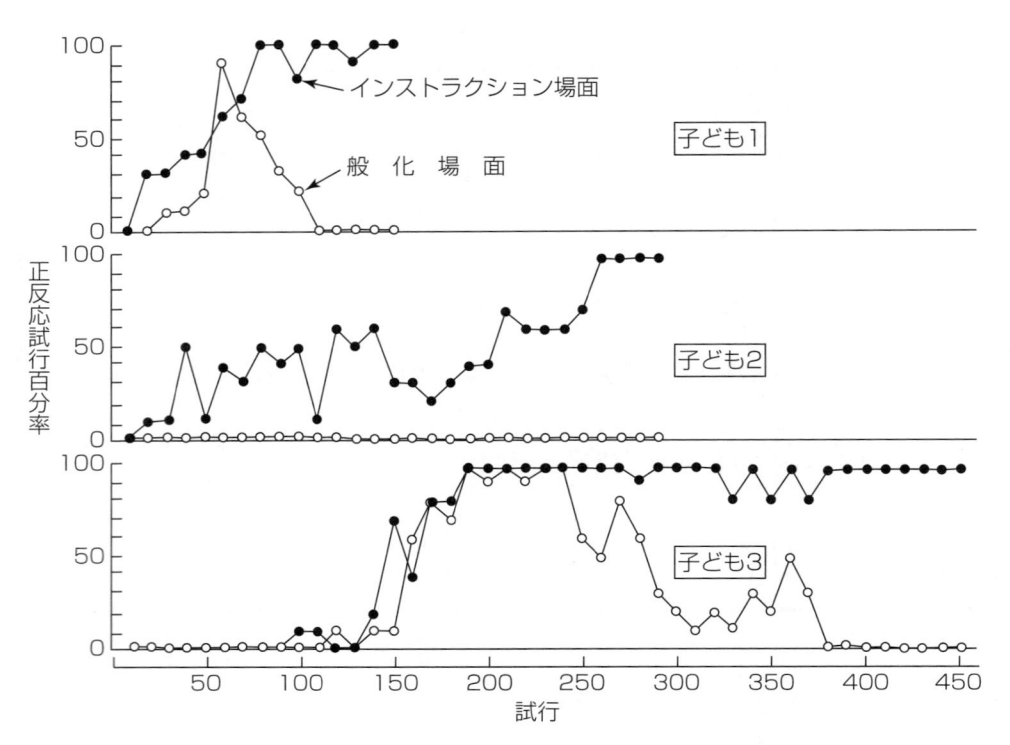

図28.3 インストラクション場面10試行ブロック、般化場面10試行ブロックを交互に行った場合の3人の子どもの正反応。

From "Research on the Differences between Generalization and Maintenance in Extra-Therapy Responding" by R. L. Koegel and A. Rincover, 1977, *Journal of Applied Behavior Analysis, 10*, p. 4. Copyright 1977 by the Society for the Experimental Analysis of Behavior, Inc. Reprinted by permission.

て、キャンディーと社会的賞賛が随伴した。般化試行では、教室と同様のインストラクションとモデルプロンプトが与えられたが、般化場面での正反応には強化やそのほかの反応結果は一切随伴しなかった。

図28.3は、それぞれの子どものインストラクション場面と般化場面における正反応試行の百分率を示す。3人の子どもはすべて、インストラクション場面では模倣モデルに反応することを学習した。実験の最後の般化場面で示した正反応は、3人ともすべて0％だった。しかし理由は違っていた。子ども1と子ども3は、インストラクション場面で遂行が改善すると、般化場面でも正反応を自発し始めた。しかしその般化した反応は、維持されなかった（たぶん般化場面における消去条件の結果だろう）。子ども2はインストラクション場面で獲得した模倣反応を外部場面には一切般化させなかった。したがって、実験の最後に示された0％の正反応は、子ども1と子ども3では反応維持の欠如を表し、子ども2のでは場面間般化の失敗を表している。

3．反応般化

　われわれは**反応般化**（response generalization）を、訓練されていない行動（訓練された標的行動と機能的に等価な行動）を学習者が自発する程度と定義する。言い換えれば、反応般化においては、ほかの反応に適用された随伴性の関数として、プログラム化された随伴性を一切適用されなかった行動形態が出現する。例えば、

- トレーシーは、兄の芝刈りビジネスを手伝って余分なお金を稼ぎたいと思った。兄はトレーシーに、芝刈り機を並行列に押して芝生の上を行きつ戻りつしながら、一方から他方へとだんだん進めていくように教えた。トレーシーは、芝生によっては、最初に芝生の周辺をカットして、それから芝刈り機を芝生の中心に向けて、同心円の形で内側へと推し進めると、同じ速さで刈れることを発見した。

- ロレーンは、長い雑草除去ツールを使って、雑草を除去することを教えられた。彼女は移植ごてや素手で雑草を除去することは教わりも言われもしなかったが、ときどきそうした。

- マイケルの母は彼に電話による連絡の受け方を教えた。電話で話を聞いたら、脇にある鉛筆と便箋を使って、相手の名前、電話番号、用件を書き取るように指示した。ある日帰宅した母は、マイケルのテープレコーダーが電話の隣にあるのに気づいた。再生ボタンを押すとマイケルの声で「おばあちゃんから電話。水曜にママに夕食をつくってほしいって。ストーンさんから電話。電話番号は555-1234。保険の支払い期限が来たって」。

　本書第8章で述べたゲッツとベア（Goetz & Baer, 1973）の3人の幼稚園女児による積み木積みの研究は、反応般化の好例である。ベースライン段階では、教師が積み木で遊ぶ子どもの隣に座り、遊ぶ様子をよく見ているが、意見は何も言わなかった。どんな特殊な積み方で積み木を積んでも、感激も示さなければ批判もしなかった。次の実験段階では、セッション中これまで積み木でつくったことのなかった新しい形態をつくるように置くか置き直すかすると、そのたびに教師が熱意と関心をもって言葉かけをした（例えば「まあ、それ素敵ね、新しい形ね！」）。次の実験段階になると、セッション中につくった同じ形態を反復してつくると、そのたびにそれを褒めた（例えば「まあ素敵。また同じアーチができたわ！」）。研究の最後の段階では、再び異なる積み木の形をつくることを条件として、記述的な賞賛を与えた。3人はすべて、形態の多様さ（form diversity）が強化されると、ベースライン段階や、同形反復強化段階よりも、積み木を使ってより新しい形態をつくるようになった（図8.7を参照）。

　強化を生み出したのは、特定の反応（すなわち、教師の与えた個々の賞賛の事実に先行して起こった実際の積み木の形態）だったにもかかわらず、その機能的特徴（すなわち、子どもが前につくった積み木の形態とは違っていること）を共有するほかの反応の頻度が、教師の賞賛の関数として増加した。その結果、違う形態を強化する段階では、それぞれの新しい形態そのものは一度も出現したことがなく、それゆえ以前に強化されたことはあり得なかったにもかかわらず、な

お子どもは積み木で新しい形態をつくった。新しい形態という反応クラスに属する少数のメンバーを強化することが、その新しい形態という同じ反応クラスのほかのメンバーの頻度を増加させたのである。

4．般性の行動改善：相対的で混合的な概念

　前に挙げたいくつかの例が示す通り、般性の行動改善は相対的な概念である。それは連続線上に存在すると考えてよい。連続線上の一端には、大量の般性の行動改善を生み出す介入が存在する。すなわち、1つの介入のすべての成分が終了した後に、学習者はすべての関連する場面のすべての適切な機会において、新しく獲得した標的行動だけでなく、以前レパートリー内に観察されなかった機能的に関係する複数の行動も自発し、しかもそれを無限に行う可能性がある。般性のアウトカムの連続線上の他端には、ごく少量の般性の行動改善が位置づけられる。つまり学習者はその新しいスキルを、限られた範囲の非訓練場面においてのみ、そして何らかの人為的な反応プロンプトや結果が適用されるときにのみ使う。

　われわれは般性の行動改善の基本的3形態のそれぞれを、その定義的特徴を単離するために、独立して提示した。しかしそれらはしばしば重複するし、組み合わされて起こる。場面/状況間、行動間の般化なしに、反応維持を生み出すことは可能である（すなわち、標的行動は訓練された同じ場所で、訓練の随伴性が終了した後に、継続して起こる）が、場面間般化の意味のある測度には何であれ、ある程度の反応維持が伴う。そして般性の行動改善の3形態のすべてが、同じ生起例のなかに現れることはよくあることである。例えば、小型機械工場の月曜日の比較的静かなシフトにおいて、ジョイスのスーパーバイザーが、助けがほしいときは「ジョンソンさん、私は助けが必要です」と大声で呼んで、助けてもらうようにすることを教えた。ジョイスは、週の後半に（反応維持）、工場のフロアが非常に騒々しいとき（場面/状況般化）、片手を前後に振って（反応般化）、スーパーバイザーに合図を送った。

5．般性の行動改善はつねに望ましいとは限らない

　組織的インストラクションの標的にしなければならないほど重要な行動であって、反応維持が望ましくないような行動をイメージすることは難しい。しかしながら、望んでいない場面/状況般化と反応般化はしばしば起こる。そして実践家はそういう望んでいない所産を阻止しまたは最小にするように、介入計画を設計する必要がある。望ましくない場面/状況般化は、2つの一般的形態をとる。過剰般化と、誤った刺激性制御である。

　過剰般化（overgeneralization）は、専門用語ではないが、有効な記述用語である。それは、広すぎる刺激クラスによって、行動が制御されるようになるという結果を意味する。インストラクションで使われた例や状況と何らかの形で類似した刺激であるが、その行動にとって適切ではない場面で起こる刺激が存在するときに、学習者が標的行動を自発する。例えば、子どもが *division, mission, fusion* という書記素-sionをもつ単語の綴りを学習したとする。その子ども

は、「*fraction*と綴って」と言われるとf-r-a-c-s-i-o-nと綴る。

　誤った刺激性制御（faulty stimulus control）では、不適切な先行刺激によって標的行動が限局的な制御を受けるようになる。例えば、子どもが「ナタリーは本を3冊持っています。エイミーは5冊持っています。2人は全部で何冊持っていますか？」という文章題を解くために、問題のなかの数字を足して答えを出すことを学んだとする。その子は、問題に「全部で」という言葉があると、何でも文章題のなかの数字を足して答えてしまう（例えば、「コーニーはキャンディーを3つ持っています。アマンダとコーニーは全部でキャンディーを8つ持っています。アマンダはキャンディーをいくつ持っていますか？」）[2]。

　望ましくない反応般化は、次の場合に起こる。学習者が訓練していないが機能的に等価な反応を示したとする。そうした反応が、劣悪な遂行や望ましくない結果を生み出す場合である。例えば、小型機械工場でジャックのスーパーバイザーが、ジャックにボール盤を両手で操作することを教えたとする。ボール盤を両手で操作することが最も安全であるという理由からである。しかしジャックはときどき、片手でボール盤を操作する。片手による反応は、両手による反応と、機能的に等価である。どちらの反応形態も、ボール盤による製品圧断をもたらす。しかし片手による反応は、ジャックの健康と工場の安全記録を危険にさらす。また、さきの例ではトレーシーが芝生を同心円的矩形に刈り上げた。そのとき、兄の顧客らのなかに芝生の外見を好ましいと思わない者が出てくる恐れがある。

6．そのほかのタイプの般性の成果

　行動分析関連文献には、反応維持、場面/状況般化、反応般化のカテゴリーには簡単には納まらないほかのタイプの般性アウトカムが報告されている。例えば、個人のレパートリーの複雑なメンバーには、第17章で解説した刺激等価関係（Sidman, 1994）のように、明白な直接的条件づけをほとんどしていないのに速やかに出現するものがある。そうした速やかな学習であって、ほかの出来事の般性の結果であるように思われるもう1つの学習は、随伴性内転（contingency adduction）と呼ばれてきた。最初に一連の条件下で選択されシェーピングされた行動が、別の一連の随伴性にリクルートされ、人のレパートリーのなかで新しい機能を帯びるようになる過程のことである（Andronis, 1983; Johnson & Layng, 1992）。

　ときどき、1人かそれ以上の人に適用された介入が、その随伴性によって直接処遇されなかったほかの人々の行動改善をもたらすことがある。**被験者間般化**（generalization across subjects）とは、ある介入によって直接処遇されなかった人々の行動が、ほかの人々に適用された処遇随伴性の関数として変化することである。この現象は、代理強化（vicarious reinforcement）（Bandura, 1971; Kazdin, 1973）、波紋効果（ripple effect）（Kounin, 1970）、溢れ出し効果（spillover effect）（Strain, Shores, & Kerr, 1976）のようにさまざまな関連語、ないし類義語によ

注2：教材のデザインの不備から起こる誤った刺激性制御の例と、それらの不備を突き止めて修正するための提言は、ヴァルガス（Vargas, J. S., 1984）の論文に示されている。

って記述されてきたが、これは処遇効果の般化を査定するもう1つの次元を提供する。例えば、ファントゥソとクレメント（Fantuzzo & Clement, 1981）は、算数の授業中に教師提示型、または自己提示型のトークン強化を受けた1人の子どもから、隣に座っていたもう1人の同級生に行動改善が般化した程度について検討した。

ドラブマンら（Drabman, Hammer, & Rosenbaum, 1979）は、基本的な4種類の般性処遇効果、（a）時間間（すなわち、反応維持）、（b）場面間（すなわち場面/状況般化）、（c）行動間（すなわち、反応般化）、（d）被験者間、を組み合わせて、彼らのいう般化地図（generalization map）という概念的枠組みをつくった。それぞれの種類の般化のアウトカムを二分法（すなわち、存在または不在）としてとらえることによって、またすべての可能な4つのカテゴリーの順列を組み合わせることによって、ドラブマンらは、維持（クラス1）から、被験者-行動-場面-時間間の般化（クラス16）までの、般性の行動改善の16のカテゴリーに到達した。クラス1般化は、標的被験者の標的行動が処遇場面において、どんな「実験制御型随伴性」（experiment-controlled contingencies）であれ、それが終了した後にも継続して起こるとき、証拠づけられる。クラス16般化は、ドラブマンら（Drabman et al., 1979）が「究極の形態」と呼ぶものであり、「非標的被験者の非標的行動の改善が処遇場面における随伴性を取り去ったとき、別の場面で持続するという変化」（p.213）によって、証拠づけられる。

ドラブマンらは、「いかなるヒューリスティック（発見的）なテクニックによるにしろ、分類は恣意的である可能性がある」（p.204）ことを認識していたが、一定の行動事象がその16のカテゴリーの個々の要件を満たすかどうかを突きとめるための客観的に記述したルールを示した。般性の行動改善が、ドラブマンらが詳述したように、はっきり分けられた広範囲の現象によって構成されるか否かは別として、彼らの般化地図は行動改善の幅広い効果を記述してコミュニケーションする客観的枠組みを示した。例えば、スティーヴンソンとファントゥソ（Stevenson & Fantuzzo, 1984）は、小学5年男児に自己管理のテクニックを教えてその効果を検討した研究において、般化地図の16カテゴリーのうちの15について測定した。彼らはインストラクション場面（学校）における標的行動（算数の成績）に及ぼす介入の効果を測定しただけでなく、家庭における算数行動と、家庭と学校における妨害行動と、両方の場面において処遇されなかった同級生の両方の行動と、それらの行動のすべての維持も査定した。

II 般性の行動改善を計画する

> 一般に、般化はプログラミングすべきものであり、期待したり悲観したりすべきものではない。
> ——ベア、ウォルフ、リズリー（Baer, Wolf, & Risley, 1968, p.97）

ストークスとベア（Stokes & Baer, 1977）は、般性の行動改善に関して公表された270本の研究をレビューして次のように結論づけた。すなわち、実践家はつねに「般化は何らかの形態のプログラミングなしには起こらないと仮定すべきである……。無料の般化などという動物が存在しないように。つまり般化は決して自然に起こるわけではなく、つねにプログラミングを求めら

れているように振る舞うべきである」(p. 365)、と。もちろん、何らかの種類と程度の般化は、通常、計画しようとしまいと起こる。計画されなかった、そしてプログラミングされなかった、そうした般化であっても十分である可能性はある。しかしそれではしばしば不十分である。とくに応用行動分析家が支援する多くの学習者（学習問題と発達障害のある子どもと成人）の場合はそうである。そして計画されなかった般性の所産は、点検せずに放置すれば、望ましくない所産になる恐れがある。

最適な般性の所産を実現するためには、思慮深い組織的な設計が必要である。この設計は次の主要な２つのステップで開始する。すなわち、（１）日常の（自然な）強化随伴性を満たすような標的行動を選ぶ。（２）標的行動と、インストラクション終了後にそれが起こるべき（そして起こるべきではない）場面/状況について望んでいるすべてのバリエーションとを特定する。

１．日常に存在する（自然な）強化随伴性を満たす標的行動を選ぶ

> 日々の環境は、私たちに自然に見える、安定した、信頼できる、働き者の強化の源泉、ほとんどすべての行動に対する強化の源泉で満ちている。
>
> ―ドナルド M. ベア（Donald M. Baer, 1999, p. 15）

提案した教育目標は、学習者にとって適切であり、または機能的である（役に立つ）か？　この問いを確かめるため、多くの基準が提案されている。例えば、障害児のための標的行動を選ぶ重要な基準としてしばしば挙げられるのは、スキルの年齢相応性と、それがノーマリゼーション（正常化）を象徴する程度である（例えば、Snell & Brown, 2006）。これらの個々の基準については、標的行動を選んで優先順位をつける際に考慮すべきそのほかの多くの問題とともに、第３章で考察した。しかし機能性（functionality）の最終基準は、結局ただ１つしか存在しない。すなわち、行動が機能的であるのは、結局その行動が学習者にどこまで強化を生み出すかの程度による。この基準は、その行動がその人の健康や福祉にとってどんなに重要であろうとも、あるいは教師や家族や友人や学習者自身がその行動をどんなに望ましいと思おうとも、適用できる。繰り返して言えば、もし行動が学習者に強化をもたらさなければ、行動は機能的であるとは言えない。別の言い方をすれば、行動は少なくともときに強化子によって後続されることがなければ維持されない。

アイオウンとアズリン（Ayllon & Azrin, 1968）は、この基本的真実を認識したうえで、標的行動の選択にあたっては、実践家は行動の適切性のルール（relevance-of-behavior rule）に従うべきであると提言した。このルールは、「改善すべき行動は、介入後の環境において強化子を生み出すものだけを選ぼう」である。ベア（Baer, 1999）は、この基準の重要性を確信して、実践家に向けて同様のルールに留意すべきであることを提案した。

> よいルールとは、どんな意図的な行動改善も日常の（自然な）強化共同体を満たさないなら行うな、である。このルールを侵すことは、自分が願っている行動改善を維持し拡大することを、

自らの手によって無限に危うくすることである。このルールを破るときは、自覚してそうすべきである。将来必要になることを必ず進んでするように、そしてできるようにしよう。(p. 16, 強調は原文)

　行動にとって日常の（自然な）強化随伴性（natural contingency of reinforcement）が存在するなら、どんな行動の般化と維持をプログラミングするにしろ、それはどんな特定の戦術を使う場合でも、般化場面で起きている強化随伴性に学習者が接触するのにちょうど十分な頻度でその行動を自発させるようにすることである。それ以後の行動の般化と維持は、確実ではないにしろ、ほぼ間違いなく起こる。例えば、自動車のハンドル、アクセル、ブレーキの操作方法について、基本的なインストラクションを受ければ、それ以後は動く自動車と道路を含む日常の（自然な）強化と罰の随伴性が、有効なハンドル操作と加速とブレーキ操作を選択して維持する。ハンドルとアクセルとブレーキの基本操作に関して補助訓練セッションが必要となるドライバーはまずいないだろう。

　われわれは、**日常（自然）に存在する随伴性**（naturally existing contingency）を、行動分析家や実践家の改善への努力から独立して作動する任意の強化（または罰）随伴性として定義する。これは日常（自然）に存在する随伴性を行動分析家の努力の不在によって定義した、実用主義的で機能的な概念である。日常（自然）に存在する随伴性に含まれるのは、社会的媒介なしに作動する随伴性（例えば、凍った歩道を急ぎ足で歩くと、滑ったり転倒したりして、しばしば罰される）と、般化場面においてほかの人々によって計画され実施される社会的に媒介された随伴性である。ある特別支援教育教師が、子どもに一連の社会的、学業的な標的スキルを教える。その子どもにとって通常学級は般化場面である。その教師の視点からすれば、通常学級の教師が実践するトークンエコノミーは、後者のタイプの日常（自然）に存在する随伴性の例である[3]。そのトークンエコノミーが通常学級の教師によって人為的に設計されていたとしても、それはすでに般化場面において作動しているため、日常（自然）に存在する随伴性である。

　われわれは**人為的随伴性**（contrived contingency）を、標的とした行動改善の獲得、維持、およびまたは般化を実現するため、行動分析家や実践家が設計し実行する強化随伴性のすべてと定義する。さきの例におけるトークンエコノミーは、それを設計し実践する通常学級の教師の視点からすれば、人為的随伴性である。

　現実には、実践家はしばしば困難な課題を課される。すなわち、重要なスキル、つまりそれに対して頼りにできる日常（自然）に存在する強化随伴性がまったく見出せないスキルを教えなければならないのである。そうしたケースでは、標的行動の般化と維持は、人為的随伴性によって、おそらく無限にサポートされなければならない。実践家はその事実を認識して、そのために計画しなければならない。

注3：トークンエコノミーは、第26章で解説されている。

2．行動と、行動が起こるべき（起こるべきではない）場面/状況の、望んでいるすべてのバリエーションを特定する

　般性の所産を設計するこの段階では、望んでいる必要な行動改善のすべて、そして直接訓練が終ったあと学習者が標的行動を自発しなければならない環境と刺激条件のすべてを同定する（Baer, 1999）。一部の標的行動においては、個々の反応バリエーションごとに、最も重要な刺激性制御が明白に定義され（例えば、C-V-C-E 語の読み）、数において制限される（例えば、掛け算の事実）。しかし多くの重要な標的行動においては、学習者は数多くの場面と刺激条件に遭遇し、そこで多種多様な反応形態をとる行動が求められる可能性がある。行動分析家は、インストラクションの前に、これらの可能性について考慮する。そうすることによってのみ、それらに対して学習者を準備させる最良のチャンスを伴う介入を設計することができる。

　ある意味では、般性の所産を設計するこの成分は、子どもにテストに出るすべての問題の内容や書式について知らせずに、将来のテストの準備をさせることに似ている。般化場面に存在する刺激条件と強化随伴性が、学習者にそのテストを提供する。設計にあたっては、期末試験はどの範囲までカバーするか（問題の種類と形式）、ひっかけ問題はあるか（例えば標的反応が起こるべきでないときに、それを引き起こす恐れがある混乱刺激）、学習者は自分の新しい知識やスキルを別のやり方で使う必要があるか（反応般化）を判断しなければならない。

（１）改善の必要がある行動をすべて列挙する

　改善の必要のある標的行動のあらゆる形態について、リストをつくらなければならない。これは簡単な課題ではない。しかしながら教育課題の完全な全体像を事前に把握するためには必要な仕事である。例えば、標的行動が年少の自閉症の男児ブライアンに人々への挨拶を教えることであるならば、「こんにちは、ご機嫌いかが？」のほかに、さまざまな挨拶を学習させなければならない。ブライアンはまた、例えば質問に答える、順番を守る、話題を続けるなど、会話を開始して参加するためのほかの多くの行動も必要になる。彼はまた自分のことをいつ誰に対して紹介するかについても教えられなければならない。実践家は望んでいる行動の形態のすべてについての完全なリストをつくる。そうすることによって初めて、どの行動は直接教え、どの行動は般化に委ねるかについて、意味のある決定をすることができる。

　実践家は、リストアップした行動改善のすべてについて反応般化が望ましいか、それはどの程度までかを決めなければならない。そしてそれから、般性の所産として期待したい標的行動のバリエーションの優先順位のリストをつくる必要がある。

（２）標的行動が起こるべき場面と状況をすべて列挙する

　最適な般化を実現するためには、学習者に標的行動を自発させる望ましい場面と状況のすべてについて、リストをつくる必要がある。ブライアンは同年齢の子どもと、大人と、男性と、女性

に対して自分を紹介し、話をする必要があるか？　家で、学校で、食堂で、運動場で、彼らと話す必要があるか？　会話することが適切な機会でありそうに見えながらそうでない状況（例えば、知らない大人が近づいてキャンディーを差し出す）、そしてそれに対する代替反応が必要であるような状況（例えば、歩み去る、知り合いの大人を探す）に直面するか？　（この種の分析はしばしば、教えるべきスキルリストに更に追加の行動を追加する）。

　すべての考えられる状況と場面が同定されたら、それらの重要性とクライエントがそれらに遭遇する可能性によって、優先順位をつけるようにしなければならない。優先順位をつけた環境については、更に分析を進める必要がある。これらのさまざまな場面や状況において、通常、どんな弁別刺激が標的行動を呼び起こすか？　これらの非訓練環境では、標的行動に対して典型的にはどんな強化スケジュールが適用されるか？　それぞれの場面において、標的行動の自発を条件として、どんな種類の強化子が起こる可能性があるか？　行動分析家はこれらの疑問のすべてに対して、客観的観察によって、さもなければ少なくともよく考えた推量によって答えを出したときにのみ、今後の課題指導の全体像の把握を開始することができる。

（3）介入前の設計は価値があるか？

　今述べた情報のすべてを獲得するためには、相当の時間と努力が必要である。限られた資源のことを考えれば、なぜ直ちに介入を設計し、標的行動を改善する試みを始めないのか？　多くの行動改善は、訓練された行動の時間と場面とそのほかの行動に対する般化を計画しプログラミングしなくても、般化を示すことは事実である。被験者にとって真に有効な標的行動が選択され、そしてそれらの行動が般化場面に関連する弁別刺激のもとで、高水準の習熟にまで達しているならば、般化の可能性は高くなる。しかし、さまざまな場面における一定の行動の高水準の習熟とは何によって構成されるか？　関連場面のすべてにおいて、関連するすべての弁別刺激とは何か？　関連場面のすべてとは何か？

　組織的な計画がなければ、実践家は通常これらの重大な問題に対する答えを知ることができない。標的にするほど十分に重要な行動であって、般性の所産の必要はごく限られていて、そうした問題に対する答えが明白であるような行動はまずない。自分を人に紹介するブライアンに関する行動や、場面や、人々について、ざっと考えてみただけでも、インストラクション計画に組み入れなければならない非常に多くの要因が明らかになった。より徹底した分析を行えば、更に多くの要因が出てくるだろう。それどころか、完全な分析によって、ある人かほかの人に教えるべきより多くの行動が、時間と資源の許す以上に、必ず明らかになるだろう。そしてブライアン（人に向かって挨拶し、自己紹介することを学んでいる10歳男児）は、例えば、身辺自立のスキル、学業スキル、リクリエーションと余暇のスキルなど、ほんの２、３の例を挙げただけでも、ほかの多くのスキルをほぼ確実に学ばなければならない。それではなぜ、どっちみちすべてを教えることはできないのに、最初にすべてのリストをつくるのか？　なぜ単に訓練して期待しては

いけないのか？[4]

ベア（Baer, 1999）は、行動改善のすべての形態と、これらの行動改善が起こるすべての状況をリストアップすることがもたらす6つの可能な恩恵を説明した。

1. 前方に広がる問題の全領域が分かり、それに対応する教育プログラムが備えるべき領域が分かる。

2. 問題の全領域よりも少なく教える場合は、選択によってそうする。一部の行動形態が重要だった可能性があったことを忘れたからとか、行動改善が起こるべき状況と起こるべきでない状況が何かほかにあったことを忘れたからとかという理由でそうするわけではない。

3. 完璧とはいえない教育プログラムによって、完璧ではない一連の行動改善が起こったとしても、驚かなくてすむことになる。

4. 学習すべきものがあっても、それより少なく教えることが実際的であり、できることであるなら、それを理由にしてそう決断することができる。

5. 教えるべき一番大切なことは何かを決めることができる。また望んでいる行動のほかの一部の形態の間接的発達と、望んでいる状況のほかの一部におけるその行動の間接的生起であって、直接教えないか教えることができないものを助長するように、その行動を教えることを決定することができる。

6. しかし上述の番号1に含まれる完全なプログラムよりも、番号5で説明されたオプションを選んだ場合は、望ましい行動改善をすべて直接教えていれば、望んでいた所産はより確かなものになったであろうことを承知したうえで、そうすることになる。自分ができる最善のことは、自分が直接引き起こさない行動改善を助長することである。したがって、番号5のオプションは、必要に迫られたからか、さもなければ可能性やコストや恩恵をよく考慮したうえでよく考えられたギャンブルとしてか、選んだということになる。

行動分析家は、直接教えるのはどの行動であり、それらの行動をどの状況や場面で教えるかを決定すれば、訓練しなかった行動と場面に対する般化を実現するための戦略と戦術について考える準備が整ったことになる。

III 般性の行動改善を促進する戦略と戦術

般性の行動改善を促進する方法の概念体系と分類法について、さまざまな著者が説明してきた（例えば、Egel, 1982; Horner, Dunlap, & Koegel, 1988; Osnes & Lieblein, 2003; Stokes & Baer, 1977;

注4：維持と般化の促進計画を開発し実践することなしに新しい行動を教えることが非常にしばしば行われる。そのため、ストークスとベア（Stokes & Baer, 1977）は、それを般化に対する「訓練して期待する」アプローチと呼んだ。

図28.4　般性の行動改善を促進する戦略と戦術

関連刺激条件と反応要件の全範囲を教える
　1．十分な刺激事例を教える
　2．十分な反応事例を教える

インストラクション場面を般化場面と類似させる
　3．共通の刺激をプログラムする
　4．ゆるく教える

標的行動の般化場面における強化との接触を最大にする
　5．標的行動を日常に（自然に）存在する強化随伴性（naturally existing contingencies of reinforcement）によって求められる遂行レベルまで教える
　6．弁別できない随伴性を教える
　7．行動の罠を設定する
　8．般化場面にいる人々に標的行動を強化するよう依頼する
　9．学習者に強化をリクルートすることを教える

般化を媒介する
　10．媒介刺激を考案する
　11．自己管理スキルを教える

般化させることを訓練する
　12．反応の変動性（ばらつき）を強化する
　13．学習者に般化させるよう教示する

Stokes & Osnes, 1989）。本書で示す概念体系は、それらの著者やそのほかの人々の業績から影響を受けるとともに、われわれが般性の所産を促進する手続きを設計し、実践し、評価した経験と、それらを使うことを実践家に教えた経験に基づいている。般性の行動改善を効果的に促進するための数々の方法とテクニックが実証され、それらにさまざまな名称が与えられてきたが、大部分の戦術は次の５つの戦略的アプローチに分類することができる。

- 関連する刺激条件と反応要件の全範囲を教える。

- インストラクション場面を般化場面と類似させる。

- 標的行動の般化場面における強化との接触を最大にする。

- 般化を媒介する。

- 般化させることを訓練する。

以下の節では、応用行動分析家がこれらの５つの戦略を遂行するために使ってきた13の戦術（図28.4を参照）を説明し、その例を挙げることにする。それぞれの戦術は個別に説明するが、般性の行動改善を促進する努力のほとんどすべては、これらの戦術を組み合わせることを必要としている（例えば、Ducharme & Holborn, 1997; Grossi, Kimball, & Heward, 1994; Hughes, Harmer, Killina, & Niarhos, 1995; Ninness, Fuerst, & Rutherford, 1991; Trask-Tyler, Grossi, & Heward,

1994)。

1. 関連刺激条件と反応要件の全範囲を教える

　　教師が般性の行動改善を確立したいと思うとき最もよく犯す誤りは、最善の行動改善の例を1
　　つ教え、その例から子どもが般化させることを、子どもに期待することである。
　　　　　　　　　　　　　　　　　　　　　　　　―ドナルド M. ベア（Donald M. Baer, 1999, p. 15）

　最も有効にするためには、最も重要な行動群を広範囲の刺激条件にわたって、さまざまな仕方で遂行させるようにしなければならない。ある人が、読みと、算数と、会話と、料理に長けていたとしよう。その人は、何千というさまざまな単語が読め、どんな数の組み合わせの加減乗除でもやってのけ、会話するときは関連する適切な大量のコメントが言え、何百もの料理のたくさんの材料を計量し、組み合わせ、調理することができる。そうした広範囲のパフォーマンスを学習者が遂行するよう支援することは、実践家にとってまことに大きな挑戦である。
　この挑戦に対する1つのアプローチは、将来その行動が必要になるすべての場面/状況において、標的行動のすべての望ましい形態を学習者に教えることである。このアプローチならば、反応般化と場面/状況般化をプログラミングする必要はなくなる（唯一の問題として反応維持だけが残る）。しかしそれはめったにできることではないし、また現実的でもない。教師は、子どもが将来遭遇するかもしれないすべての印刷された活字について直接的インストラクションを与えることはできない。あるいは子どもが将来つくりたいと願うかもしれないすべての料理を調理するために必要なすべての動作（計量する、注ぐ、かき混ぜる、いためる）を子どもに教えることはできない。起こりうるすべての例を教えることができるスキル領域の大部分ですら（例えば、異なる1桁×2桁の掛け算問題900題についてインストラクションを与えようと思えばできないことはない）、そうすることは多くの理由から現実的ではない。少なからぬ理由は、そのほか多くの算数問題だけでなく、ほかのカリキュラム領域のスキルもまた、子どもは学習しなければならないからである。
　十分な例を教える（teaching sufficient examples）という一般的戦略は、起こりうる刺激と反応のすべての例の部分集合（サブセット）に子どもが反応することを教えて、それから訓練していない例の遂行を査定することである[5]。例えば、子どもが繰り下がりのある2桁引く2桁の引き算問題を解く能力が般化したかどうかは、これまでインストラクションもガイドつき練習も与えたことのなかった同種の問題を数題解かせれば、査定することができる。もしこの**般化プローブ**（generalization probe）によって、教えなかった例に子どもが正しく反応することが判明すれば、このクラスの問題のインストラクションを終わることができる。もしこの般化プローブで子どもの成績が思わしくなければ、実践家は更なる追加例を教えて、それから教えていない新しい

注5：この般性の行動改善を促進する戦略を表すためによく使われるそのほかの用語には、十分な範例を訓練する（training sufficient exemplars）（Stokes & Baer, 1977）、多角的に訓練する（training diversely）（Stokes & Osnes, 1989）がある。

一連の例を使って再度子どもの成績を査定する。新しい例を教え、教えなかった例でプローブするというこのサイクルは、般化場面で遭遇する刺激条件と反応要件の全範囲を代表する未訓練事例に、子どもが一貫して正しく反応するまで、継続して行われる。

（1）十分な刺激例を教える

十分な刺激例を教える（teaching sufficient stimulus example）という名前の場面/状況般化の促進戦術では、子どもが2例以上の先行刺激条件に正しく反応するまで教え、それから教えなかった刺激例への般化をプローブする。インストラクション項目そのものか、その項目を教える環境文脈についての何らかの次元を変更するときは、そのたびにその教育プログラムに別の刺激例を組み込むようにする。異なるインストラクションの例を同定して、プログラミングすることができる4つの次元について、例を挙げてみよう。

- 教える特定の項目（例えば、掛け算：7×2、4×5；アルファベット音：a, t）
- 項目を教える刺激文脈（例えば、縦書き、横書き、文章題による掛け算問題の提示、単語の最初と最後にtがくる場合—tab, bat—の t という発音）
- インストラクションを実施する場面（例えば、学校での大集団、共同学習集団、家庭）
- 教育する人（例えば、学級担任、同級生、親）

一般的ルールとして、実践家がインストラクションにおいて数多くの例を使えば使うほど、訓練していない例や状況に学習者が正しく反応する可能性が高まる。十分な般化が起こるために、それまでにどれだけの例を教えなければならないか？ その実際の数は、教える標的行動の複雑さや、使う教育手続きや、さまざまな条件下で子どもが標的行動を自発する機会や、日常に存在する強化随伴性や、般性の反応に対する強化の個人史などの諸要因の関数として変動する。

時には、わずか2例を教えるだけで、教えていない例に対する十分な般化が起こることがある。ストークスら（Stokes, Baer, & Jackson, 1974）は、重度知的障害がありめったに人を認識したり挨拶したりしない4人の子どもに挨拶反応を教えた。筆頭著者は、寄宿舎の助手を務めていたが、彼が訓練者になって無条件性強化子（ポテトチップとM&M）と褒め言葉を使い、挨拶反応（手を挙げて、最低2回、前後に振る）をシェーピングした。それからこの最初の訓練者は、子ども1人1人に、さまざまな場面で（例えば、プレールーム、廊下、寄宿舎、中庭）、1日3回から6回の接触を人為的に設定して、新しく学習した手振り反応を維持した。この研究を通じて、23人もの多くの異なるスタッフメンバーが、1日の異なる時間帯に、異なる場面で、子どもたちに組織的にアプローチして、彼らが手振り反応によって挨拶するかどうか記録した。もし子どもが手振り反応のプローブ者に挨拶したら、プローブ者は「ハロー、（子どもの名前）」といって、反応した。1人の子どもに対して1日当たり約20回の般化プローブが行われた。

子どもの1人（ケリー）は、ただ1人の訓練者に対して挨拶反応を学習すると、ほかのスタッフメンバーとの大部分の接触においてその反応を適切に使うようになり、良好な場面/状況般化を示した。しかし残り3人は、元のトレーナーには実質的にはすべての機会において挨拶し続けていたにもかかわらず、スタッフメンバーに対しては、ほとんど挨拶することができなかった。2人目の訓練者を追加すると、その結果3人の挨拶行動は、ほかのスタッフメンバーにも幅広く般化した。ストークスら（Stoke et al., 1974）の研究は、少なくとも2つの理由で重要である。第1に、多くの例（このケースでは人々）に対する場面/状況般化を継続的に査定する有効な方法を実証した。第2に、この研究はときによってはわずか2例をプログラミングすることによって、幅広い般化を生み出しうることを示した。

（2）十分な反応例を教える

　さまざまな反応形態を使って練習することは、望ましい反応形態を確実に獲得する助けとなり、訓練していない形態の反応般化を促進する。この戦術は、しばしば**多範例訓練**（multiple exemplar training）と呼ばれ、通常、刺激バリエーションと反応バリエーションの両方を組み入れる。多範例訓練を利用して行動の獲得と般化を達成した例を挙げておこう。自閉症児の感情行動（Gena, Krantz, McClannahan, & Poulson, 1996）、障害成人の料理スキル（Trask-Tyler, Grossi, & Heward, 1994）、家事スキル（Neef, Lensbower, Hockersmith, Depalma, & Gray, 1990）、職業スキル（Horner, Eberhard, Sheehan, 1986）、日常生活スキル（Horner, Williams, & Steveley, 1987）、手伝いのリクエスト（Chadsey-Rush, Drasgow, Reinoehl, Halle, & Collet-Klingenberg, 1993）。

　ヒューズら（Hughes et al, 1995）の研究には、中度知的障害の4人の女子高生が参加した。介入は彼らの言う**多範例自己教示訓練**（multiple-exemplar self-instructional training）であり、それが女子高生の同級生との会話の獲得と般化に及ぼす影響を査定した。4人がこの研究に参加するよう勧められたのは、4人が同級生に向かって会話を始めたり、同級生から4人への話しかけに応答したりする程度が「低率か皆無」であり、またほとんど視線合わせを維持しなかったからだった。4人の1人、タニヤは最近レストランの仕事を断わられた。「就職面接で寡黙であり視線合わせをしなかった」（p.202）からだった。

　ヒューズらの介入の主成分は、多種多様な会話の切り出し方と、異なるピアティーチャー（同級生の先生役）と話すことを練習することだった。通常学級からリクルートされた10人のボランティアのピアティーチャーが、4人に会話スキルを教える手伝いをした。ピアティーチャーは男子生徒と女子生徒であり、学年は高校1年生から3年生まで、アフリカ系アメリカ人、アジア系アメリカ人、ヨーロッパ系アメリカ人の民族を代表していた。4人は、少数の台本化された会話の出だし言葉を学習する代わりに、通常学級の生徒が使う会話の出だし言葉の貯蔵リストから選んだ、会話の切り出し方の例を使うことを練習した。更に、4人は発言を個人的に脚色するよう奨励された。また以後の会話で使われる可能性のある会話発言の数と範囲を増やしていくことによって、反応般化をさらに促進した。

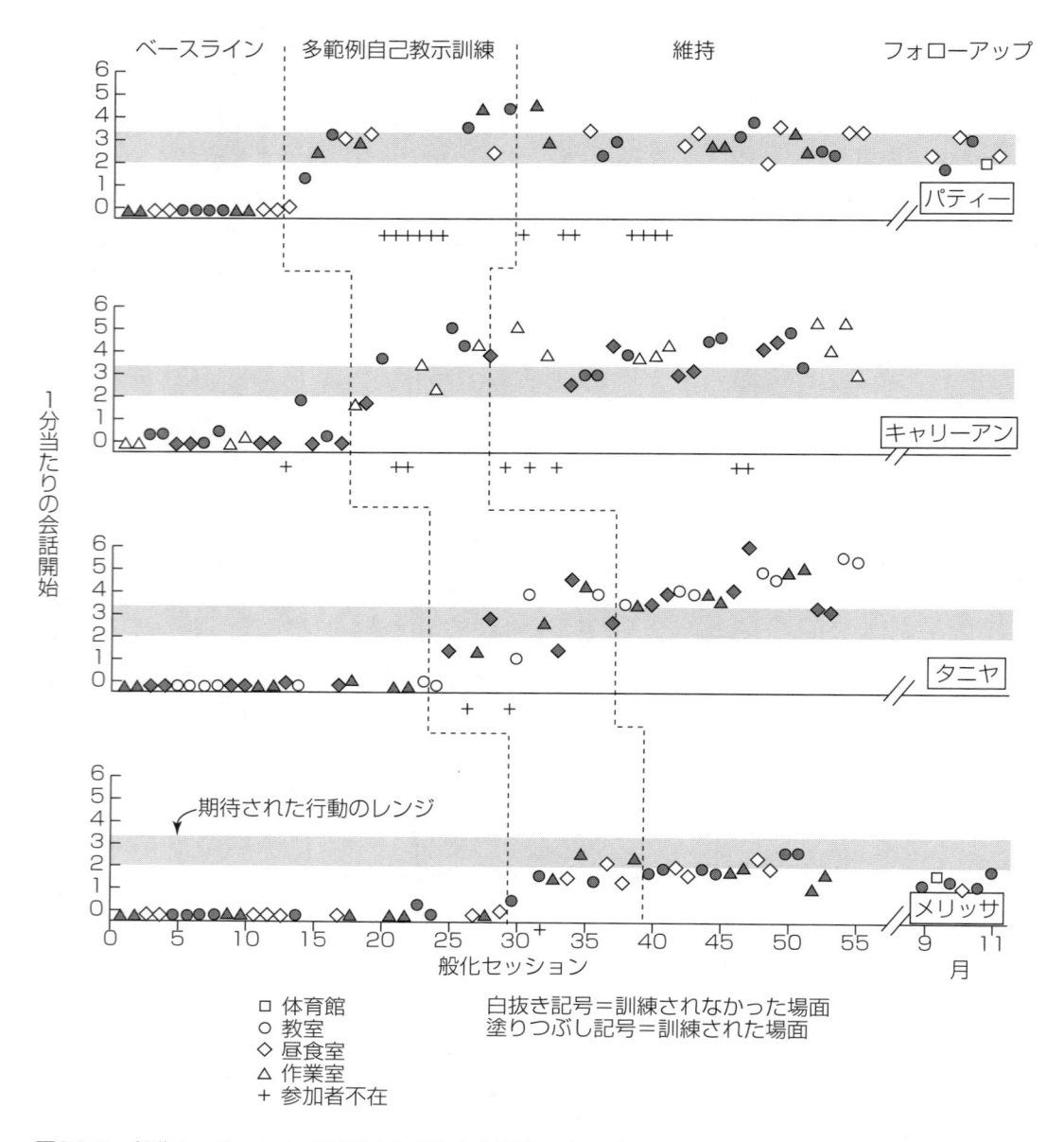

図28.5　般化セッションにおける4人の障害高校生の障害のないパートナーと障害のあるパートナーに対する1分当たりの会話開始。陰影ゾーンは普通教育の生徒による標準的な遂行を表す。

From "The Effects of Multiple-Exemplar Training on High-School Students' Generalized Conversational Interactions" by C. Hughes, M. L. Harmer, D. J. Killina, and F. Niarhos, 1995, *Journal of Applied Behavior Analysis, 28*, p. 210. Copyright 1995 by the Society for the Experimental Analysis of Behavior, Inc. Reprinted by permission.

多範例訓練の訓練前と、訓練中と、訓練後に、個々の参加者の自己教示、視線合わせ、会話の
パートナーに対する開始と応答の使用について、般化プローブが行われた。個々の参加者に対す
る会話のパートナーの務めを果たした32人のさまざまな生徒のうち23人は、その学校の生徒集
団の全範囲の特徴（例えば、性別、年齢、民族、障害のあるなし）を代表していた。そして研究
に参加する前は、4人の参加者を知っていた生徒もいれば、知らなかった生徒もいた。4人の参
加者全体の会話の開始率は、多範例訓練の間に通常学級の生徒のそれに近いレベルにまで増加し
た。それは介入が完全に終了した後も、その比率で維持された（図28.5を参照）。

（3）一般事例分析

学習者に多くの例題に正しく反応することを教えても、教えていない例題に対する般性反応を
自動的に生み出すことにはつながらない。般化と弁別を最適な程度にまで達成するためには、イ
ンストラクションで使う特定の例題に対して細心の注意を払わなければならない。単に例題なら
ばよいというわけではない。最適に有効なインストラクション・デザインとなるためには、日常
環境の刺激状況と反応要件の全範囲を代表する教育例題を選ぶ必要がある[6]。**一般事例分析**
（general case analysis）（一般事例戦略ともいう）は、般化場面における刺激バリエーションと反
応要件の全範囲を代表する教育例題を選ぶための組織的な方法である（Albin & Horner, 1988;
Becker & Engelmann, 1978; Engelmann & Carnine, 1982）。

ホーナーらによる一連の研究は、学習者が将来般化場面で遭遇する一連の刺激バリエーション
と反応要件を組織的に見本抽出する教育例題が重要であることを実証した（例えば、Horner,
Eberhard, & Sheehan, 1986; Horner & Mc Donald, 1982; Horner, Williams, & Steveley, 1987）。この
研究の流れに属する1つの古典的研究において、スプレーグとホーナー（Sprague & Horner,
1984）は、一般事例インストラクションが、中度から重度の知的障害の6人の高校生の自動販
売機の般性使用に及ぼす効果を評価した。従属変数は地域にある10台の別々の販売機の般化プ
ローブにおいて、個々の高校生が正しく操作した自動反応連鎖（すなわち、適切な数のコインを
入れる、望む品物を目指して機械を始動させる、など）を正しく遂行しなければならなかった。
研究者は般化査定用に使う10台の自動販売機を選んだ。それらの販売機での1人1人の生徒の
パフォーマンスが「オレゴン州ユージーンで、＄.20から＄.75の食物と飲み物を販売する自動販
売機のすべてに及ぶ」（p. 274）パフォーマンスを表す指標としての役割を果たすからだった。
般化プローブのために使われた自動販売機のなかで、インストラクションで使われた自動販売機
と同じものは1台もなかった。

単一ベースラインプローブ（single baseline probe）によって、それぞれの生徒に地域の10台
の自動販売機器の操作能力が欠けていることを確かめた後、研究者らのいう「単一事例インスト

注6：ジーグフリード・エンゲルマンとダグラス・カーナイン（Engelmann & Carnine, 1982）の著書
『インストラクションの理論：原理と応用』（*Theory of Instruction: Principles and Applications*）は、
効果的、効率的なカリキュラムデザインのための教育例題の選択と順序づけに関する完璧な洗練された
著作の1つである。

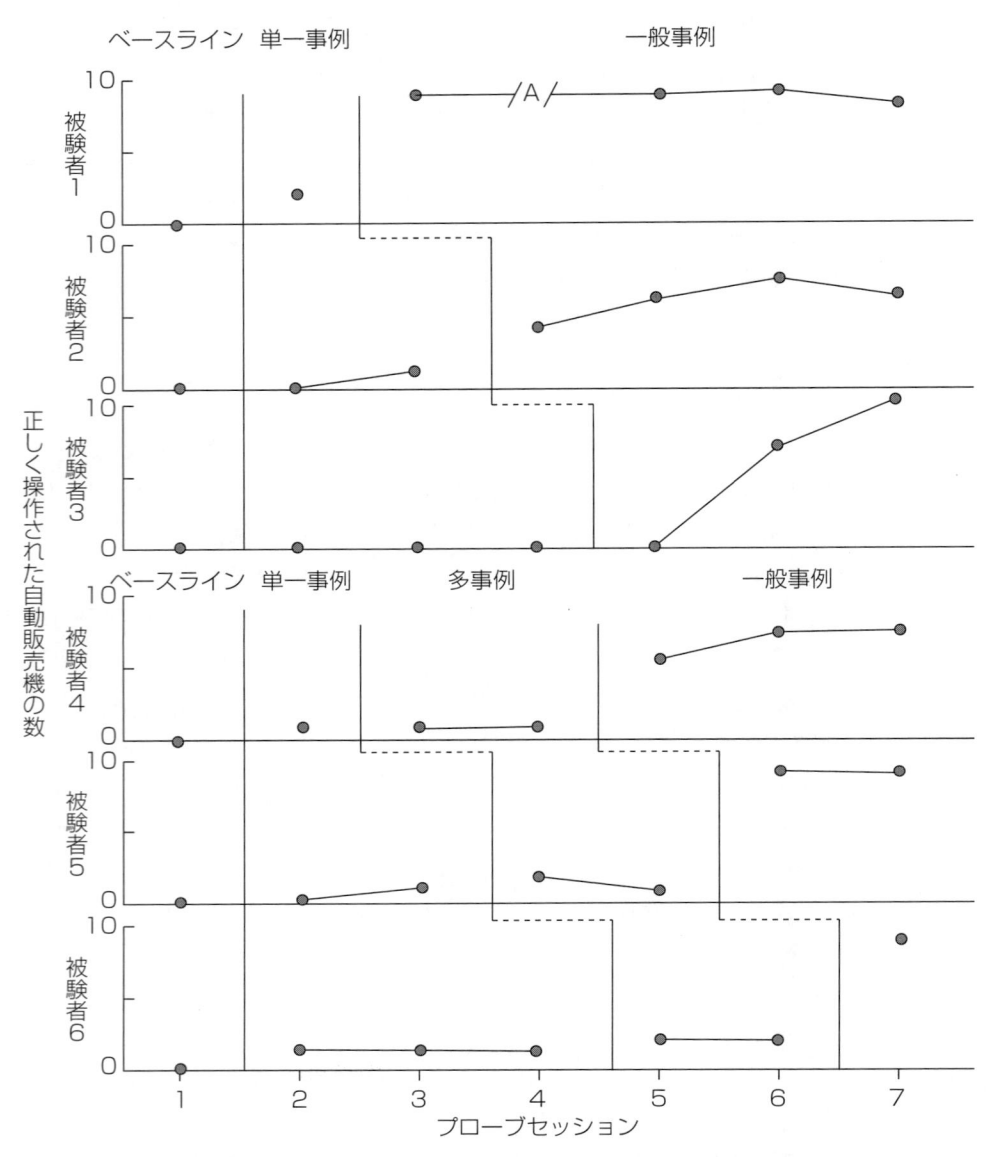

図28.6 各段階とプローブセッションにおいて生徒が正しく操作した、訓練していないプローブ用の自動販売機の数

From "The Effects of Single Instance, Multiple Instance, and General Case Training on Generalized Vending Machine Use by Moderately and Severely Handicapped Students" by J. R. Sprague and R. H. Horner, 1984, *Journal of Applied Behavior Analysis, 17*, p. 276. Copyright 1984 by the Society for the Experimental Analysis of Behavior, Inc. Reprinted by permission.

ラクション」（single-instance instruction）という条件が開始された。この条件では、個々の生徒は、単一の自動販売機について、1人で連続2日間、連続3回正しく試行できるようになるまで、個別に訓練された。それぞれの生徒は、この訓練機で誤りなく操作することを学習したが、単一事例インストラクションに後続する般化プローブでは、地域の自動販売機で成功することはほとんどなかったことが明らかになった（図28.6のプローブ・セッション2を参照）。連続般化プローブにおける生徒2，3，5，6の連続的成績不良は、単一例題による過剰学習が必ずしも般化の助けにならないことを示唆している。単一事例インストラクションから得られた貧弱な般化を示す更なる証拠は、単一事例インストラクション後に生徒全員が全8回のプローブ試行の7回において正しく反応したのは、生徒が訓練された販売機に最もよく似た自動販売機、「プローブ機1」においてだったという事実である。

次に、生徒4，5，6に対して多事例訓練（multiple-instance training）を行った。多事例訓練における指導手続きと遂行基準は、単一事例の訓練条件と同じだった。ただしそれぞれの生徒は、3台の新しい販売機のすべてにおいて、基準に達するまでインストラクションを受けた。スプレーグとホーナー（Sprague & Horner, 1984）は、多事例インストラクションのために、わざとお互いによく似ていて、地域の自動販売機を特徴づける刺激バリエーションと反応要件の範囲を見本抽出していない自動販売機を選んだ。3台の追加販売機で訓練基準に達した生徒4，5，6は、その後もなお地域の販売機を操作することができなかった。多事例インストラクションに続く6回のプローブセッションで、これらの生徒は60回の全試行中9回しか、正しく完遂させることができなかった。

そこで研究者らは、生徒間多層ベースラインの形式で一般事例インストラクションを導入した。この条件は多事例インストラクションと同じだったが、ただし一般事例訓練において使われた3台の異なる自動販売機は、単一事例販売機と組み合わせると、地域の自動販売機に見られる刺激条件と反応要件の全範囲にわたる練習を生徒に提供した。しかしながら、訓練用の販売機は、いずれも般化プローブにおいて使われたどの販売機とも正確に同じではなかった。一般事例販売機で基準に達すると、6人の生徒はすべて訓練されたことのない10台の販売機のパフォーマンスにおいて著しい改善を示した。スプレーグとホーナー（Sprague & Horner, 1984）は、一般事例インストラクション後の最初の般化プローブにおいて生徒3が示した成績不良は、彼がそれまでのプローブセッションで形成した硬貨投入の儀式的パターンから生じたのではないかと推測した。そこでプローブセッション5と6の間に硬貨投入ステップの反復練習を挿入した。すると生徒3のその後の般化用販売機における成績は、著しく改善された。

（4）否定的な、「するな」の教育例題

可能なすべての条件や刺激に対して般化が起こることが、望ましいといえることはめったにない。子どもに新しいスキルや一片の知識を何時どこで使うかを教えたとする。そうすれば子どもは同時にこの新たに学んだ行動を何時どこで使わないかを知ったことにはならない。例えば、ブライアンは、過去1時間以内に挨拶してしまった人には、「こんにちは、ご機嫌いかが？」と言

表28.1　カフェテリアスタイルのレストランで障害生徒にテーブルを片づける方法を教えるために使った6つの訓練例題

訓練例題	人の存在と占有	人が食べている、またはいない	食器。空・一部・新しい食物	残飯。存在または不在	残飯と食器の位置	正反応
1	0人+占有	N/A	一部	存在	テーブル、椅子	片づけない
2	0人	N/A	一部	存在	テーブル、床、椅子	片づける
3	2人	食べている	新しい食物	存在	テーブル、椅子、床	片づけない
4	0人	N/A	空	存在	テーブル、床	片づける
5	1人	食べていない	空	存在	椅子、床	片づける
6	2人	食べていない	空	存在	テーブル	片づける

From "Teaching Generalized Table Bussing: The Importance of Negative Teaching Examples" by R. H. Horner, J. M. Eberhard, and M. R. Sheehan, 1986, *Behavior Modification, 10,* p. 465. Copyright 1986 by the Sage Publication, Inc. Used by permission.

うべきではないことを学ぶ必要がある。学習者は反応することが適切であることを知らせる刺激条件と、反応することが適切ではないことを知らせる刺激条件とを弁別するように、教えられなければならない。

「それをするな」の教育例題（"don't do it" teaching example）を肯定的例題（positive example）のなかに混ぜ込んだインストラクションでは、行動するのが適切な刺激条件と、標的行動を自発すべきでない刺激条件（すなわち$S^{\triangle}$）を弁別する練習を提供する。これは多くの概念やスキルを習得するために必要な刺激性制御を鮮明にする（Engelmann & Carnine, 1982）[7]。

ホーナーら（Horner, Eberhard, & Sheehan, 1986）は、中・重度知的障害の4人の高校生にカフェテリアスタイルのレストランでテーブルを片づける方法を教えるとき、訓練プログラムに「するな」例題を組み込んだ。生徒がテーブルを正しく片づけるためには、すべての食器と金属食器具と生ごみを、テーブルの表面とイスとテーブルの下と周囲の床面から除去し、テーブルの表面を拭き、イスを真っ直ぐに直して、汚れた食器と生ごみを適切な置場に置かなければならない。更に生徒はカードを使って空になった食器は食べ終えたかどうかを客に尋ねることも教えられた。3つの場面は、1つは訓練用、残り2つは般化プローブ用に設定され、サイズと家具の特徴と配置の点で違いがあった。

生徒はそれぞれの訓練試行で次に示すテーブルの刺激特徴に注目するよう要求された。すなわ

注7：子どもがいつ反応すべきでないか（すなわち$S^{\triangle}$）を弁別することに役立つ教育例題は、負の例題（negative example）と呼ばれ、正の例題（すなわちS^{D}）と対比させられることがある。しかしわれわれがこの概念を実践家に教えたとき、負の教育例題（negative teaching example）という用語は、教師が学習者にその標的行動をどのように遂行してはならないかをモデリングするか見せることを暗示すると、彼らは語った。行動によっては、望んでいる行動形態（トポグラフィー）を教えるとき、一定の行動をどのように遂行してはならないかについてのモデル（すなわち、負の例題）を示すことが、役立つかもしれない。しかし「するな」の例題（"don't do it" example）の役割は、反応することが不適切である場合を知らせる先行条件（行動ではなく刺激事象）を学習者が弁別するよう支援することである。

ち、(a) 人がテーブルに着いているかどうか、(b) 人がテーブルで食べているかどうか、(c) 食器上の食物の量およびまたは状態、(d) テーブルに残飯があるかどうか、(e) テーブルの残飯とおよびまたは汚れた食器の位置。訓練は、カフェテリアスタイルのレストランで出遭う可能性のある条件範囲を代表する6つのテーブルタイプを伴った30分セッションによって構成された。1人の訓練者が、正しいテーブルの片づけのモデルを提示し、正しい反応をプロンプトし、生徒が間違ったら止めさせ、状況を再設定し、更なるモデリングと補助を与えた。6つの訓練例題は、片づけるべき4つのテーブルと、片づけるべきでない2つのテーブルによって構成された（表28.1を参照）。

般化プローブセッションは、訓練には使われなかった2つのレストランで行われた。生徒1人1人に15卓のテーブルが提示された。それらは、カフェテリアスタイルのレストランに雇用されれば遭遇する可能性のある範囲のテーブルの種類を代表するように選択された。15のプローブ・テーブルは、片づけるべき10卓と、片づけてはならない5卓のテーブルによって構成された。その結果、片づけてはならないテーブルを含む一般事例インストラクションと、「正しく反応したプローブ・テーブルの百分率の即座の顕著な改善」(p.467)との間には関数関係が存在することが示された。

特定の反応の適切な条件と不適切な条件を弁別しなければならないときは、負の教育例題が必要である。実践家は、「反応は般化場面でつねに適切か？」という問いを問うべきである。もし答えがノーであれば、「いまはそれをするな」教育例題（"don't do it now" example）をインストラクションのパーツとして含めなければならない。

教育場面や状況は、自然にまたは自動的に十分な数と範囲の負の例題を含んでいるか？ この重要な問いに答えるために、教育状況を分析しなければならない。実践家はいくつかの負の教育例題を人為的につくらなければならないかもしれない。実践家は、日常（自然）環境が十分な負の例題を容易に明示すると仮定してはならない。日常環境で訓練しても、学習者は訓練後の般化環境において遭遇する可能性のある刺激状況にさらされることは保証されない。例えば、ホーナーら（Horner et al., 1986）は、上述のテーブル片づけの教育に関する研究において、「生徒が自然に手に入れられなかったテーブルのタイプに確実にアクセスさせるため、数日は訓練者が1つかそれ以上のテーブルタイプを積極的に設定しなければならなかった」(p. 464)と述べた。

2．インストラクション場面を般化場面に類似させる

　　カリフォルニア州立大学フレズノ校（FSU）のフットボールコーチ、パット・ヒルは、自チームのフレズノ・ステイト・ブルドッグズにとって、オハイオスタジアムは初体験であると楽しみにしている。ブルドッグズがオハイオスタジアムに遠征するのは初めてのことだ。ヒルは番組制作会社を雇い、先週のFSUスタジアムでの練習で、2時間のセッション中、オハイオ州戦闘歌を約90デシベルで流し続けた。「われわれは多少の騒音と雰囲気づくりをして、ライブゲームの感じを出した」とヒルは語った。

―コロンバス・ディスパッチ紙（2000年8月27日付）

　般化を促進する基本的戦略は、学習者が般化場面で遭遇する可能性のある刺激をインストラクション場面に組み込むことである。インストラクション環境と般化環境の類似性が大きければ大きいほど、般化場面で標的行動が自発される可能性も大きくなる。刺激般化の原理を詳しく述べれば、以前に行動が強化された刺激条件に非常に似た刺激が存在するとき、行動が自発される可能性は高くなるが、訓練刺激と著しく異なる刺激条件のもとでは、その行動が自発される可能性は低くなる、ということである。

　刺激般化は相対的現象である。すなわち、刺激の時空間的配置がインストラクションのときあったそれと似ていれば似ているほど、訓練された反応が自発される確率は高まる。その逆もまた真である。インストラクション場面と著しく異なっている般化場面は、標的行動に対する十分な刺激性制御を示さない可能性がある。そうした場面はまた、その新奇さが学習者を混乱させ驚かせるため、標的行動を妨げるような刺激を含んでいる。インストラクションの間に般化場面に普通に見られる刺激を学習者に経験させることは、そうした共通する刺激が標的行動に対するある程度の刺激性制御を獲得する可能性を高め、般化場面で遂行を妨げる可能性のある刺激の存在に対して準備させる。この基本的戦略を応用行動分析家が実行するために使ってきた戦術が２つある。共通刺激をプログラミングする、ゆるく教える、である。

（1）共通刺激をプログラミングする

　共通刺激をプログラミングする（programming common stimuli）とは、般化場面の典型的特徴（typical feature）をインストラクション場面に組み込むことである。行動分析家はこの戦術に特別な用語を与えてきたが、多くの分野で成功を収める実践家は、このテクニックを般性の行動改善を促進するために利用してきた。例えば、コーチや音楽教師や舞台演出家は、スクリメージ（同一チームの２組の間でする練習試合）や、モックオーディション（模擬演奏審査）や、ドレスリハーサル（本番の衣装を着けた最終稽古）を行う。運動選手やミュージシャンや俳優に、「現実の世界」にできるだけ近づけてシミュレーションした光景、音声、素材、人々、手続きが含まれている場面において、重要なスキルを演じさせるためである。

　ヴァン・デン・ポルら（van den Pol et al., 1981）は、障害のある３人の若者に、ファストフード店で食事を注文して食べる方法を教えるとき、共通刺激をプログラミングした。研究者らは実在のレストランの数多くの品物と写真を使い、教室を実在のレストランの条件に近づけた。教室の壁にさまざまなマクドナルド・サンドイッチの写真と名前を載せたプラスチック表示板を掲示し、テーブルを並べ替えて模擬「カウンター」をつくり、注文と代金支払いのロールプレーをさせ、実在するレストランで撮影した客が遭遇する可能性のある正と負（「そうするな」）の例題の60枚の写真スライドを示して、生徒に反応させた。

　なぜ骨を折ってわざわざ般化場面をシミュレーションするのか？　なぜ当の般化場面のその場所で直接インストラクションを行い、学習者にその場の重要な側面のすべてを確実に経験させよ

うとしないのか？

　第1に、日常場面でインストラクションを行うことは、必ずしも可能でもなければ、実際的でもない。生徒を地域ベースの場面に輸送するためには、多くの資源と時間が必要になるだろう。

　第2に、地域ベースの訓練は、同じ場面で後に遭遇する可能性のあるあらゆる種類の事例を生徒に経験させることにはならないかもしれない。例えば、授業時間帯に、食料品のショッピングや道路の横断について、現場でインストラクションを受ける生徒は、夕方に典型的に見られるレジでの長蛇の列や、交通混雑のパターンを経験しないかもしれない。

　第3に、日常場面におけるインストラクションは、教室でのインストラクションよりも効果的でも効率的でもないかもしれない。なぜなら現場では訓練者が出来事の自然な流れを中断して、必要な訓練試行の最適数と順序を人為的に仕組むことができないからである（例えば、Neef, Lensbower, Hockersmith, DePalma, & Gray, 1990）。

　第4に、シミュレーション場面でインストラクションを行う方がより安全にやれる可能性がある。とくに標的行動を潜在的に危険な環境で遂行しなければならなかったり、間違って遂行すれば厳しい行動結果が待ち受けていたり（例えば、Miltenberger et al., 2005）、学習問題をもつ子どもや人々が複雑な手続きを遂行しなければならなかったりした場合はそうである。もしその手続きによって体を傷つける恐れがあったり、練習中の間違いに潜在的危機が潜んでいたりする場合は、シミュレーション訓練を使うべきである。例えば、ニーフら（Neef, Parrish, Hannigan, Page, & Iwata, 1990）は人形を使って、神経原性膀胱合併症児に自己カテーテル法を練習させた。

　共通刺激のプログラミングは、単純な2段階過程である。(a) 般化場面を特徴づけている顕著な刺激を突きとめ、(b) それらの刺激をインストラクション場面に組み込む。共通刺激にすべき般化場面の可能な刺激を突き止めるため、実践家は直接観察するか、場面に詳しい人々に質問するかする。実践家は般化場面で観察を行い、訓練に組み込むことが重要かもしれない環境の顕著な特徴を書き留めなければならない。実践家が直接観察できない場合は、直接体験による般化場面の知識をもつ人々（問題になっている般化場面で生活しているか、仕事をしているか、そのほか何らかの方法でその場面に詳しい人々）に面接するか、チェックリストを示すかすることによって、その場面の間接的知識を得るようにすればよい。

　もし般化場面に、インストラクション場面では再現したり、シミュレーションしたりできない重要な刺激が含まれている場合は、少なくとも訓練試行の一部を般化場面で実施しなければならない。しかしながら実践家は、先に指摘した通り、インストラクションを地域ベースで行えば、学習者が般化場面に共通する重要な刺激のすべてに必ずさらされると仮定すべきではない。

（2）ゆるく教える

　応用行動分析家は、介入手続きの直接の効果を最大にするため、それらを制御し標準化する。そしてほかの人々がその手続きの効果を解釈し再現することができるようにする。しかし教育手続きを「精密に反復される一握りの刺激や形式に限定することは、実は学習されるレッスンの般化をそれに応じて制限する」（Stokes & Baer, 1977, p. 358）。般性の行動改善は、厳密な刺激性制

御と弁別の対極に存在する。そうみなすことができればできるほど、般化を促進する1つのテクニックは、インストラクションのときできるだけ多くの重要ではない先行刺激の次元に変化をもたせることである。

ゆるく教える（teaching loosely）ということは、教育セッション中に、そしてセッションの間で、インストラクション場面の重要でない側面（noncritical aspects）をランダムに変化させることである。これには般化に資する2つの長所ないし論拠が存在する。

第1に、ゆるく教えれば、標的行動に対して、重要ではない刺激の1つか少数の一群が、独占的制御を獲得する可能性が減る。インストラクション場面には存在するが、般化場面には必ずしも存在しない刺激の制御下に、何らかの事情で組み込まれる標的行動は、般化場面では自発されない恐れがある。この種の誤った刺激性制御の2つの事例を挙げてみよう。

- **教師の指示に従う**：　教師が大声を挙げて厳しい表情で指示を出し、子どもがその指示に従うことを強化されていたとする。子どもにそういう履歴がある場合、そうした重要ではない変数（大声、厳しい表情）の一方か両方を伴わない指示には、従わない可能性がある。子どもが教師の指示に従うための弁別刺激は、教師の発言の内容でなければならない。

- **自転車の鎖歯車セットを組み立てる**：　自転車工場の新しい従業員が、後部の鎖歯車セットの組み立て方を、何の気なしに緑の鎖歯車の上に赤の鎖歯車が、青の鎖歯車の上に緑の鎖歯車が来るというように組み立てることを学習したとする。たまたま従業員が訓練されたその日に、自転車の特定のモデルが、そのように組み立てられたためだった。しかし鎖歯車の正式の組み立ては、個々の鎖歯車の色には関係しない。適切な変数は鎖歯車の相対的サイズである（すなわち、最大の鎖歯車を底部に、次に大きいものをその上に、というように組み立てる）。

重要でない刺激の存在と不在を、インストラクションのとき、組織的に変動させるようにする。そうすれば、上記の2例に含まれていた、教師の声の調子や、鎖歯車の色のような、機能的には不適切な（見当違いの）要因が、標的行動の制御を獲得するチャンスを減らすことができる（Kirby & Bickel, 1988）。

ゆるく（ルーズに、大雑把に）教える第2の論拠は、インストラクションのとき、重要ではない幅広く多様な刺激を含めようにすれば、インストラクションのときあった刺激の少なくとも一部が、般化場面に含まれる可能性が高まることである。この意味で、ゆるく教えることは、共通刺激をプログラミングするある種の包括的努力としての働きをする。そして学習者の遂行が「奇妙な」刺激によって妨げられ、「狂わされる」可能性を減らす。

前の2つの例にゆるく教えることを適用するとすれば、次のことをしなければならないだろう。

- **教師の指示に従う**：　インストラクションのとき、教師はさきに挙げた要因（例えば、声の

調子、顔の表情）のすべてに変化をもたせる。それにプラスして、立ちながら、座りながら、教室の別の場所から、1日の別の時間に、子どもが1人でいるとき、集団でいるとき、その子から目を背けているとき、指示を与える。いずれの場合も、強化の条件は教師の指示の内容でなければならない。重要でない特徴のどれかのあるなしは関係させない。

- 自転車の鎖歯車のセットを組み立てる：　新しい従業員を訓練するとき、幅広く多様な色の鎖歯車を含む鎖歯車セットを使う。そして、部品鎖歯車を変動する順序で渡し、工場の現場が忙しいときに、作業交代の異なる時間に、音楽が流れているときと流れていないときになど、さまざまに変動する条件のもとで組み立て作業を行わせる。強化の条件は、鎖歯車の相対的サイズによって、正しく組み立てることとする。こうした重要でない要因のどれかのあるなしや数値は関係させないようにする。

　ゆるく教えることは、単独型の戦術としてはめったに使われないが、非常に変わりやすい多様な場面や状況への般化が望ましいときは、しばしばはっきりした介入成分になる。例えば、ホーナーら（Horner et al., 1986）は、ゆるく教えることをテーブル片づけの訓練プログラムに組み込んだ。それは、テーブルの位置や、テーブルに着いている人々の数や、食物が完全にまたは部分的に食べられているかの程度や、残飯の量と場所などを、組織的に、しかし無作為に変動させることによって行われた。ヒューズら（Hughes et al, 1995）は、ピアティーチャーを変動させること、そして訓練セッションの場所を変動せることによって、ゆるく教えることを組み込んだ。ゆるく教える戦略は、しばしば、言語の環境教授法、偶発教授法、自然教授法を活用する言語訓練プログラムにおいて、目に見える特徴になっている（例えば、Charlop-Christy & Carpenter, 2000; McGee, Morrier, & Daly, 1999; Warner, 1992）。

　ゆるく教えることの単独活用の効果を評価する研究はほとんど報告されていない。1つの例外は、キャンベルとストレメル-キャンベル（Campbell & Stremel-Campbell, 1982）による研究である。彼らは中度知的障害の2人の子どもが新しく獲得した言語の般化を促進する一戦略として、ゆるく教えることの効果を評価した。子どもたちは「wh」質問（例えば「何してる？」）、「はい・いいえ」リバーサル質問（例えば「これ私のですか？」）、立言（例えば「これらは私のもの？」）における *is* と *are* の正用法を教えられた。それぞれの子どもは、言語訓練セッションを2回受けた。それらはほかのインストラクション活動の文脈において、すなわち1つめは学業課題の間に、2つめは身辺自立課題の間に行われた。子どもは広く多様な日常に起こる刺激をベースにして、言語相互作用を始動させることができた。そして教師はインストラクション教材をわざと間違ったところに置いたり、間接的なプロンプトを提示したりして、子どもからの発言や質問を喚起することができた。1日2回の自由遊び時間の間に2人の言語使用の般化プローブを行った結果、ゆるく教えるセッションで獲得された言語構造が、著しく般化したことが明らかになった。

　更なる「ゆるやかさ」を導入するときは、その前にかなり限られた、単純化された、一貫した条件のもとでの、学習者による標的行動の遂行を確立しなければならない。複雑で困難なスキル

を教えるとき、このことはとりわけ重要になる。重要でない刺激（機能的に無関係な刺激）だけを「ゆるやかに」しなければならない。般化場面において弁別刺激（S^D）として、または「それをするな」例題（S$^\triangle$）として確実に機能する刺激を、実践家はうっかりゆるめてはならない。いつ反応しいつ反応すべきでないかを知らせるうえで重要な役割を果たすことが分かっている刺激は、教育例題としてインストラクション・プログラムに組織的に組み込むようにしなければならない。1つのスキルにとって機能的に無関係な刺激かもしれない刺激条件は、もう1つのスキルの決定的に重要なS^{D}かもしれない。

　ベア（Baer, 1999）は、インストラクション場面と手続きにおいて、重要でない側面を変動させるという考えを論理的限界にまで推し進めて、ゆるやかに教えるためのアドバイスを次のように提示した。

- 2人以上の教師を使おう。
- 2つ以上の場所で教えよう。
- さまざまなポジションから教えよう。
- 声の調子を変えよう。
- 言葉の選び方を変えよう。
- 刺激をさまざまなアングルから、時には一方の手で、時にはもう一方の手で刺激を提示しよう。
- あるときはほかの人々に提示させ、別のときには提示させないようにしよう。
- 日によって服装をまったく変えよう。
- 強化子を変えよう。
- 時には明るい光線のもとで、時にはほのかな明かりのもとで教えよう。
- 時にはうるさい場所で、時には静かな場所で教えよう。
- どんな場面でも、飾り付けを変え、家具を変え、それらの位置を変えよう。
- 自分が教え、自分以外の誰もが教える時間を、1日の間に変えよう。
- 教える場面の温度を変えよう。
- 教える場面の匂いを変えよう。
- 可能な限界のなかで、教えるコンテンツを変えよう。

- これらすべてを、できるだけ頻繁に、そして予測できないようにやろう。(p.24)

　もちろん、ベア（Baer, 1999）は、教師が教えるあらゆる行動において、これらの要因全部を変えなければならないと提案したわけではなかった。しかし教えることのなかにかなりの程度の「ゆるやかさ」を加えることは、訓練して希望するのではなく、般化をプログラミングしようとする教師の、総合的な努力の重要な成分である。

3．般化場面で強化との接触を最大にする

　学習者が新しく獲得した標的行動を、日常に存在する強化随伴性を伴う般化場面において自発させることに実践家が成功したとしても、その行動が強化と接触することが十分でないならば、般化と維持は短命に終わる恐れがある。そうしたケースでは、実践家の般化促進の取り組みは、標的行動を般化場面の強化に確実に接触させることを中心にしなければならない。本章で説明する般性の行動改善の13の戦略のなかの5つは、標的行動が般化場面で強化されるように何らかの形で設計するか人為的に仕組むことに関係している。

（1）自然随伴性が要求する水準まで行動を教える

　ベア（Baer, 1999）は、日常の（自然の）強化随伴性を利用しようとするとき、実践家がよく犯す誤りは、標的行動が随伴性に接触できるほど十分に教えることをしていないことであるとした。

> 　ときに般化が必要であるかのように見える行動改善は、より多く教えることを必要としているだけである可能性がある。試しに子どもを流暢にさせることに取り組んでみよう。そして般化のためにそれ以上の支援が必要かどうか確かめてみよう。流暢さとは次のいずれかまたは全部のことである。つまり、高率の遂行、高度に正確な遂行、速い反応潜時、反応機会の提供、力強い反応。(p. 17)

　新しい行動は般化場面で起こるが、日常に存在する強化随伴性には接触できていない可能性がある。般化場面における強化との接触を損なわせるよく知られた変数がある。行動の正確さ、行動次元の品質（すなわち、頻度、持続時間、反応潜時、大きさ）、行動の形態（トポグラフィー）である。新しい行動を日常に存在する強化随伴性に確実に接触させるためには、実践家はこれらの変数の1つかそれ以上において、学習者の遂行（パフォーマンス）をより強くする必要がある。例えば、自席で仕上げる練習問題用紙を課されたとき、子どもの行動が次の次元と一致すれば、たとえ子どもに練習問題用紙の各項目を正確に仕上げる能力があったとしても、課題を完遂して強化と接触することは、まず起こりえない。

- 反応潜時が長すぎる。　問題の説明文を読み始める前に、5分間「白昼夢」にふける子どもは、時間までに仕上げて強化を獲得できない恐れがある。
- 反応率が低すぎる。　自主的な自習課題の説明文を同級生は1分以内で読めるのに5分かかる子どもは、時間までに仕上げて強化を獲得することができない恐れがある。
- 持続時間が短かすぎる。　直接の監督なしには1度に5分しか勉強できない子どもは、5分を超える自主勉強が必要な課題は何であれ完成できない。

　この種の般化の問題を解決することは必ずしも単純ではないが、周りくどくはない。行動改善の流暢さを高めることである。すなわち学習者は標的行動を、日常起こっている随伴性に見合う比率で、より正確に、より短い反応潜時によって、およびまたはより大きな規模で自発するように、教えられなければならない。般化の設計には、存在する強化基準にアクセスするために必要な遂行水準を突き止めることを含めなければならない。

（2）弁別できない随伴性をプログラムする

　応用行動分析家は、学習者が標的行動を自発したら、一貫して即座に行動結果が得られるように、介入を意図的に設計して適用する。学習者が新しい行動を獲得することを支援するためには、一貫した即時的な行動結果がしばしば必要であるが、しかしそうした随伴性そのものが、般化と維持を妨げる恐れがある。組織的インストラクションの典型的要素である、明瞭で予測可能な、即時的な行動結果は、般性の反応に対して実は逆に作用する恐れがある。このことが最も起こりやすいのは、新しく獲得されたスキルがまだ日常に存在する強化随伴性に接触しておらず、したがって学習者が般化場面ではインストラクション随伴性がいつ不在かを弁別できるときである。般化場面における制御随伴性の存否が学習者に分かりきっていて、予測できるときは（「さあ、ゲームは終わりだ。いまここで反応する必要なし」）、学習者は般化場面では反応を止めてしまい、実践家が懸命に発展させた行動改善は、日常に存在する強化随伴性に接触できるようになる前に、起こらなくなってしまう可能性がある。

　弁別できない随伴性（indiscriminable contingency）とは、学習者が次に自発する反応が強化をもたらすかどうかを識別できない随伴性である。般化と維持を促進する戦術として、弁別できない随伴性をプログラミングするためには、次の条件を満たす随伴性を考案する必要がある。(a) 般化場面における標的行動の生起のすべてではないが一部を条件として強化を行う。(b) どの反応が強化をもたらすかを学習者は予測できない。

　弁別できない随伴性をプログラミングする基本的論拠は、標的行動を般化場面において日常に存在する強化随伴性に十分接触させるため、十分頻繁にかつ長期にわたって、学習者に反応し続けさせることである。それ以後は、般化を促進するため人為的に仕組む随伴性をプログラミングする必要性は、現実的価値を失うだろう。応用行動分析家は、弁別できない随伴性をプログラミングするため、2つの関連するテクニックを利用する。間欠強化スケジュールと、遅延性報酬で

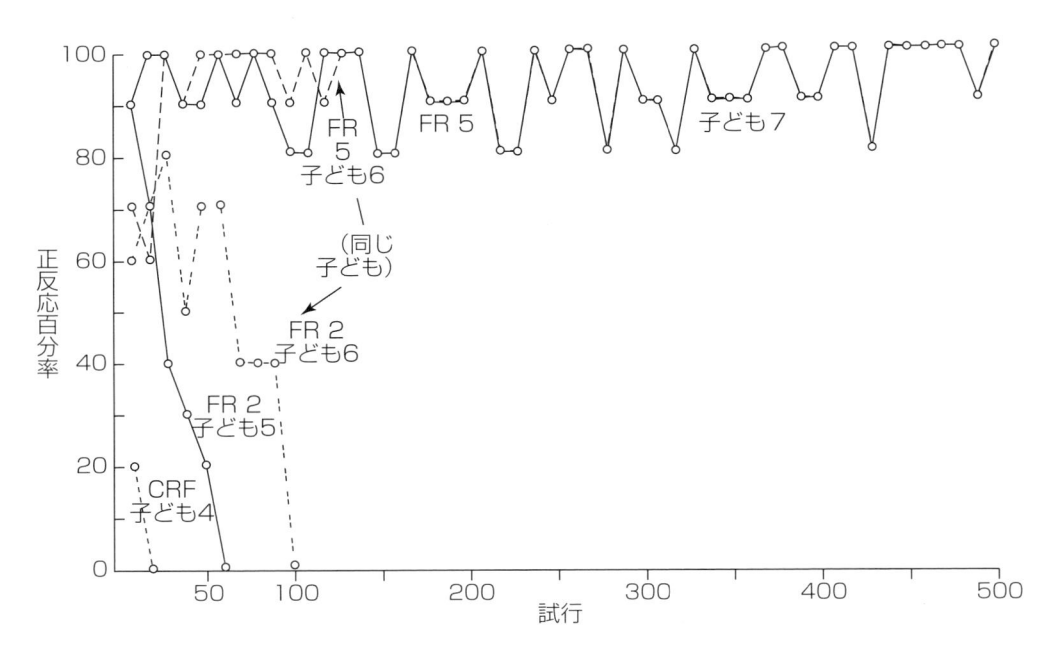

図28.7　般化場面において3人の子どもが示した、インストラクション場面の最終セッションで使われた強化スケジュールの関数としての正反応百分率

From "Research on the Differences between Generalization and Maintenance in Extra-Therapy Responding" by R. L. Koegel and A. Rincover, 1977, *Journal of Applied Behavior Analysis, 10*, p. 8. Copyright 1977 by the Society for the Experimental Analysis of Behavior, Inc. Reprinted by permission.

ある。

　間欠強化スケジュール。　新たに学習された行動は、しばしば、日常に（自然に）存在する強化随伴性に接触するまでは、般化場面において一定期間、繰り返し生起しなければならない。その間は、般化場面において自発される反応に対して、消去条件が存在する。インストラクション場面の行動に対する、現行のまたはそれに最も近い強化スケジュールは、般化場面で強化されるためにどれほど多くの反応を自発しなければならないかを決定するために重要な役割を果たす。連続強化スケジュール（CRF）を適用されていた行動は、消去のもとでは非常に限られた反応維持を示す。もはや強化を獲得できなくなると、反応は急速に強化以前の水準に減ってしまう可能性がある。その一方で、間欠強化スケジュールの履歴をもつ行動は、しばしば、強化がもはや手に入らなくなっても、その後比較的長期間にわたって自発され続ける（例えば、Dunlap & Johnson, 1985；Hoch, McComas, Thompson, & Paone, 2002）。

　ケーゲルとリンコーヴァー（Koegel & Rincover, 1977, 実験Ⅱ）は、間欠強化スケジュールが般化場面の反応の維持に及ぼす効果を実証した。参加者は、自閉症と重度・最重度知的障害の診断を受けた、年齢7歳から12歳までの6人の男児だった。彼らは前に般化に関する研究に参加しており、その実験で使われたセラピーの外部場面において、般性反応を示していた（Rincover & Koegel, 1975）。本章ですでに述べたケーゲルとリンコーヴァー（Koegel & Rincover, 1977）に

よる実験Ⅰと同様に、それぞれの子どもと訓練者が小さな部屋でテーブルに座って1対1の訓練試行を行い、般化試行は木々に囲まれた戸外の芝生のうえで、見知らぬ大人によって行われた。二種類の模倣反応クラスは、(a) 模倣モデルと言語教示（「こうやって」）に応じて示す非言語模倣（例えば、万歳）と、(b) 例えば「君の鼻に触って」のような言語教示に応じて示す身体部分へのタッチング、だった。それぞれの子どもは、模倣反応を獲得した後に、3つの強化スケジュール、すなわちCRF、FR 2、FR 5のなかから無作為に選んだ1つのスケジュールを使って、追加試行を受けた。これらの追加訓練試行を終って初めて子どもたちは戸外に連れ出され、反応維持の査定を受けた。戸外に出ると、子どもの正反応が0％まで減るか、または連続100試行に対して80％かそれ以上の正反応を維持するまで、試行が行われた。

　インストラクション場面で、直前までCRFスケジュールで訓練された行動は、般化場面において速やかに消去した（図28.7）。般性反応は、インストラクション場面でFR 2によって訓練された行動ではより長く起こり、FR 5スケジュールにシフトされた行動では、更に長く起こった。これらの結果が明らかに示すとおり、インストラクション場面における強化スケジュールは、般化場面において強化されないとき起こる反応に対して、予測可能な影響を及ぼした。すなわち、インストラクション場面におけるスケジュールが疎であればあるほど、般化場面における反応維持はより長くなるということである。

　すべての間欠強化スケジュールに共通する決定的特徴は、ほんの一部の反応だけが強化されることである。ということは、もちろん、一部の反応は強化されない状態に置かれることを意味する。したがって、間欠強化スケジュールのもとで発展した行動に対して消去が適用され、その期間中に反応がなぜ維持されるかについての1つの可能な説明は、強化が手に入らないことを弁別することがもはや相対的に難しくなることである。したがって、間欠強化スケジュールの予測不能性が、スケジュール終了後の行動の維持を説明するかもしれない。

　実践家は、弁別できないすべての強化随伴性は間欠強化を伴うが、すべての間欠強化スケジュールが弁別できないわけではないことを認識しなければならない。例えばケーゲルとリンコーヴァー（Koegel & Rincover, 1977）が用いたFR 2とFR 5の強化スケジュールは間欠スケジュールだったが、多くの学習者はすぐ自分の次の反応に強化が後続するかどうかを弁別することができただろう。それとは対照的に、VR 5のスケジュールによって行動が支持されている子どもの場合は、自分の次の反応が強化されるかどうかを突きとめることができなくなる。

　遅延性報酬。　ストークスとベア（Stokes & Baer, 1977）は、どんな場面で行動が強化されるかを弁別できないことは、次の反応が強化されるかどうかを弁別できないことと似ているとした。彼らはシュワルツとホーキンス（Schwarz & Hawkins, 1970）の実験を引用した。その実験では、小学6年の女児が毎日放課後、その日の算数の授業における自分の行動のビデオテープを見せられた。そして姿勢がよくなり、顔に触る回数が減り、人に聞こえる大きさの声で話すことを条件として、賞賛とトークン強化が与えられた。放課後の強化は、算数の授業中に自発された行動のみを条件として与えられたが、綴りの授業においても類似の改善が認められた。般化データは、綴りの授業における少女の行動から作成されたビデオテープから収集されたが、それを本

人に見せることはなかった。ストークスとベアは、強化が遅延されたがゆえに（賞賛とトークンを生みだした行動は、算数の授業において自発されたが、報酬は放課後まで与えられなかった）、その子が強化のためにいつ遂行改善を要求されるかを弁別することは困難だったという仮説を提出した。彼らは、標的行動の場面間般化は、反応から強化までの遅延に見られる弁別不能性という特徴によって起こったことを示唆した。

　遅延性報酬と間欠強化スケジュールは、次の２つの点で似ている。(a) 標的行動を自発するたびに強化されるわけではない（強化は一部の反応だけに後続して起こる）。(b) 現在の反応が強化を生み出すことを学習者に知らせる明白な刺激は存在しない。遅延性報酬の随伴性と間欠強化との違いは、前者が標的行動の生起直後に結果を随伴させるのではなく、一定時間経過後に報酬を与える（すなわち、反応から報酬への遅延）点にある。遅延性報酬は、学習者が般化場面で早い時期に標的行動を遂行したことを条件として与えられる。効果的な遅延性報酬の随伴性においては、学習者は強化を獲得するためにはいつ（またはどこで、それはその随伴性の詳細に依存する）標的行動を自発しなければならないかを弁別することはできない。その結果、後で報酬を受ける最善のチャンスをつかむためには、学習者は「終日いい子にする」（Fowler & Baer, 1981）必要がある。

　フリーランドとノエル（Freeland & Noell, 1999, 2002）は、類似した２つの研究において、遅延性報酬が子どもの算数の成績に及ぼす効果を検討した。２つめの研究の参加者は、２人の小学３年女児で、担任から算数をみてほしいと照会されてきた。２人の子どもの標的行動は、合計すると18までになる１桁の足し算問題に答えを書くことだった。研究者らは多層処遇リバーサルデザインを使って、毎日５分の勉強時間の間に１桁の足し算問題の答として書いた正しい数字（例えば、「５＋６＝？」に対して、２桁の正しい答え「11」を書くこと）に及ぼす５つの条件の効果を比較した。

- ベースライン：緑色の練習問題用紙。プログラミングされた行動結果なし。自分の好きなだけ、たくさんのまたはわずかの問題に取り組むように言われる。

- 強化：青色の練習問題用紙で、最上部に「お楽しみ箱」からご褒美を選ぶために必要な正しい解答数を表す目標数が示されている。１人１人の目標数は、直前の３枚の練習問題用紙の正しい解答数の中央値。練習問題用紙はすべてセッションが終わるごとに採点された。

- 遅延２：白色の目標つき練習問題用紙。２つのセッションが終わるごとに、それぞれの子どもが完遂した２枚の練習問題用紙から無作為に１枚選んで採点。強化は研究のその時点までの３連続セッションの最高の中央値を満たすことを条件とした。

- 遅延４：白色の目標つき練習問題用紙、および遅延２と同様の手続き。ただし４セッション完了するまで採点は行われなかった。そのときそれぞれの子どものそれまでの４枚の練習問題用紙の１枚が無作為に選ばれ採点された。

- 維持：前と同じ白色の目標つき練習問題用紙。どの練習問題用紙も採点されず、成績に対す

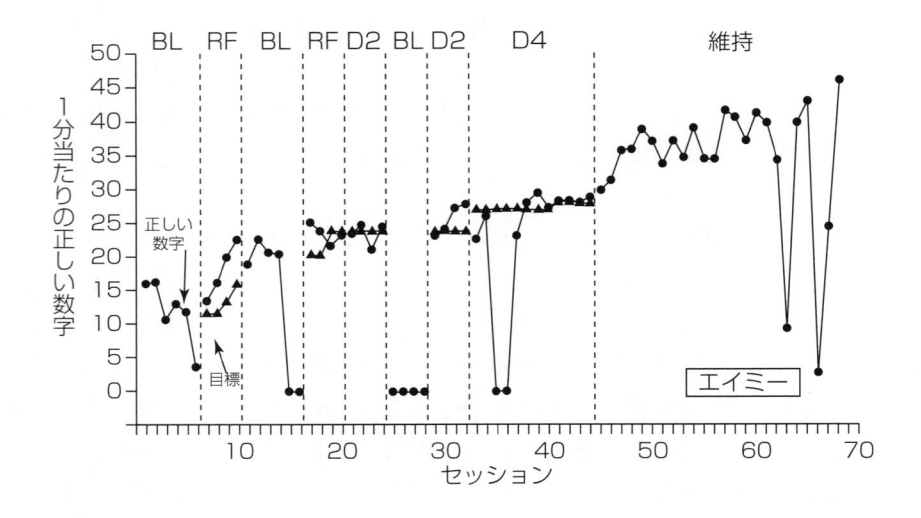

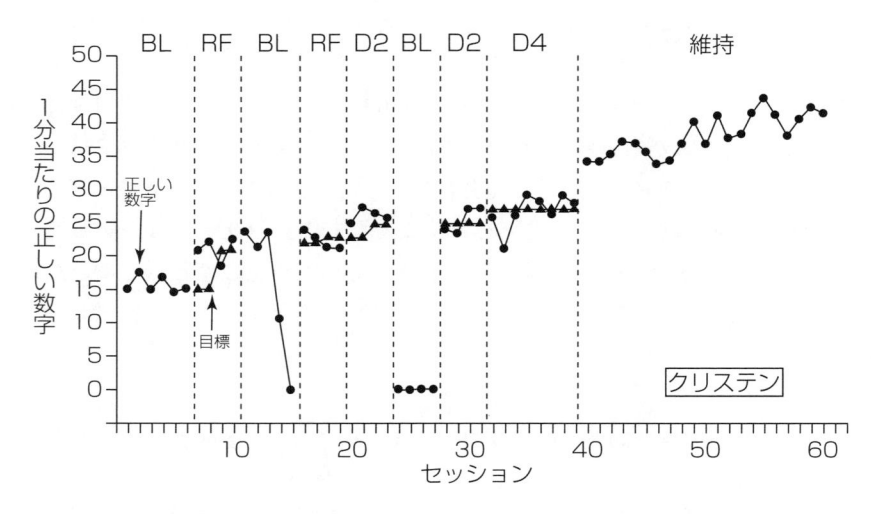

図28.8　2人の小学3年生が、ベースライン（BL）、各セッション後に無作為に選んだ1枚のワークシートにおける遂行を条件とした強化（RF）、毎2セッション（D2）後、毎4セッション（D4）後に無作為に選んだワークシートにおける遂行を条件とした強化において、1分当たりに示した正しい数字の数

From "Programming for Maintenance: An Investigation of Delayed Intermittent Reinforcement and Common Stimuli to Create Indiscriminable Contingencies" by J. T. Freeland and G. H. Noell, 2002, *Journal of Behavioral Education, 11*, p. 13. Copyright 2002 by Human Sciences Press. Reprinted by permission.

るフィードバックもご褒美も与えられなかった。

　この研究のそれぞれの条件において色違いの練習問題用紙を使ったことが、子どもに強化の可能性を予測することを容易にした。緑色の練習用紙は、どれだけ多くの正しい解答数を書いても「お楽しみ箱」もフィードバックもないことを意味した。しかしながら、白色の練習問題用紙のとき自分の遂行基準を満たせば、ときどき強化が与えられた。この研究は、インストラクション場面の随伴性を般化場面で実施されている随伴性「のように見えさせる」ことが重要であることを示す強力な証拠を、次の2つの方法によって示している。(a) 子どもは2人とも、ベースライン条件を再導入すると遂行の著しい減少と、2番目のベースライン復帰中の即時的低下を示した。そして (b) 2人は維持条件では、強化が得られなかったにもかかわらず、算数問題を高率でやり遂げ続けた（図28.8を参照）。

　遅延性の（弁別不能な）随伴性が適用されると、子どもはすべて強化段階と同じ水準かそれを超える正反応水準を示した。子どもが維持条件にさらされると、エイミーは18セッションにわたって高水準の反応を維持し、最後の6セッションにおいて遂行は変動した。クリステンは24セッションにわたって、徐々に増加する遂行率を示した。これらの結果は、弁別できない随伴性による行動は、予測できるスケジュールと同じ比率によって、より大きな消去抵抗をもって、維持される可能性があることを実証した。

　遅延性の行動結果は、広い範囲の標的行動の場面/状況般化と反応維持を促進するために活用されてきた。例えば、自閉症者の学業課題と職業課題（Dunlap, Koegel, Johnson, & O'Neill, 1987）、幼児のおもちゃ遊び、社会的働きかけの開始、健康なおやつの選択（R. A. Baer, Williams, Osnes, & Stokes, 1984; Osnes, Guevremont, & Stokes, 1986）、レストランの従業員の同僚からの働きかけへの適切な応答（Grossi et al., 1994）、読み書き課題の遂行（Brame, 2001; Heward, Heron, Gardner, & Prayzer, 1991）、など。

　遅延性の行動結果を有効に活用すれば、いつ随伴性が作動し、いつ作動しないかを弁別する学習者の能力を弱める（ときによっては除去しさえする）ことができる。その結果、学習者はいつも「いい子にする」（すなわち、標的行動を自発する）ことが求められる。もし効果的な随伴性が、場面間と標的行動間の弁別を不可能にすることができれば、学習者はまた、あらゆるところ、あらゆる関連スキルにおいて、「いい子にする」ようにしなければならないだろう。これらの例はそれぞれ、無作為に選んだ子どもの遂行を条件として、クラス全体に報酬を与えるようにすれば、相互依存型随伴性（第26章を参照）としての特徴を示すことにもなる。

- **スピナーとサイコロ**。次に示すような手続きを使えば、教科の自習時間をより効果的にすることができる。数分ごとに（例えば、VI 5分スケジュール）、教師が (a) 無作為に子どもの名前を選ぶ、(b) その子の机に歩み寄り、その子にスピナー（回転式矢印）を回させるか、1対のサイコロを振らせる、(c) その子が現在取り組んでいる練習問題用紙の問題か項目を、スピナーかサイコロの数の分だけ逆向きに数えさせる、(d) その問題か項目が正解になっていたら、その子にトークンを与える。子どもたちが、即座に課題の勉強に取りかか

り、自習時間の間ずっと素早くしかし注意深く勉強すれば、この弁別不能な随伴性のもとで、強化子を獲得する可能性は最も高くなる。

- 物語の事実を思い出すゲーム。多くの教師は、1日に20〜30分を持続的な黙読時間（sustained silent reading, SSR）に充てる。その時間子どもは自分の選んだ本を静かに読むことができる。物語の事実を思い出すゲームは、SSRの間子どもたちに目的をもって本を読むことを奨励することができる。SSRの時間の終わりに、教師は何人かの子どもを無作為に選んで、自分の読んでいた本のことについて質問する。例えば、エリザベス・ウインスロップの『屋根裏の城』（The Castle in the Attic）の第3章を読んでいる子どもなら、「ウイリアムはシルバーナイトにどんな食べ物をあげましたか?」（答えはベーコンとトースト）と質問する。正しく答えられれば教師にほめられ、クラスから喝さいを受け、クラス全体に対する報酬につながる瓶のなかのビー玉を獲得する。子どもたちは自分がいつ呼ばれ、どんな質問をされるか分からない（Brame, Bicard, Heward, & Greulich, 2007）。

- 同じ番号の人は一緒に。協同学習集団（子どもたちが協同学習活動に協力して取り組む小集団）は効果的であるかもしれないが、教師はすべての子どもに参加を動機づける手続きを使わなければならない。同じ番号の人は一緒に（numbered head together）というテクニックは、子どもたち全員を確実に積極的に参加させることができる（Maheady, Mallete, Harper, & Saca, 1991）。子どもたちを3〜4人の異質グループに着席させる。1人1人の子どもに、1か2か3か4の番号をつける。教師はクラス全体に質問する。各グループは問題を討論し答えを考え出す。それから、教師は無作為に1〜4の番号を選ぶ。そしてその番号の子を1人かそれ以上指名する。大事なことはそのグループの誰もが、問題の答えを知っていることである。この戦略はグループのなかに競争より協力を促進する。すべての子どもが答えを知っていなければならない。そのためグループメンバーは、答えが分かるまで相互に助け合わなければならない。そればかりかその背後にある、どのように、そしてなぜについても理解していなければならない。最後に、この戦略は個人的責任を奨励する。

- 間欠的評価。たいていの子どもは、作文の練習は十分受けていない。そして子どもが文章を書くときは、彼らが受け取るフィードバックはしばしば有効ではない。この理由の1つは、教室の1人1人の子どもの毎日の作文についての詳しいフィードバックを提供することは、最も献身的な教師が与えることのできる時間と努力以上のものを要求する可能性があることである。間欠評価（intermittent grading）と呼ばれる手続きは、この問題に対する1つの解決策を提案する（Heward, Heron, Gardner, & Prayzer, 1991）。子どもたちは毎日10分から15分間文章を書く。しかし教師はすべての子どもの作文用紙を読んで評価する代わりに、無作為に選んだ20〜25％の子どもたちの日々の作文について、詳しいフィードバックを与える。自分の作文用紙を評価された子どもは、個別の遂行基準に基づいてポイントを獲得する。そして選ばれ、評価された作文用紙の出来栄え（質）を条件として（例えば、評価された5枚中4枚の作文用紙の書き手が彼らの個別基準を満たしていれば）、クラス全体にボー

ナスポイントが与えられる。評価された子どもの作文用紙は、次の授業におけるインストラクション例題の情報源として活用することができる。

遅延性報酬戦術が般化と維持の促進に成功するかどうかは、(a) 随伴性の弁別不可能性（すなわち、般化場面で正確にいつ標的行動を自発することが後になって報酬を生み出すかを学習者は正確に言うことができない）と、(b) 自分が以前に標的行動を自発することと後で報酬を受け取ることとの間の関係を学習者が理解していること、にかかっている。遅延性報酬の介入は、重度知的障害の学習者の一部に対しては効果がないかもしれない。

弁別できない随伴性をプログラミングするためのガイドライン。 実践家は弁別できない随伴性を実践するときは、以下に示すガイドラインを考慮すべきである。

- 新しい行動を獲得する最初の段階か、ほとんど使われていなかった行動を強める場合は、連続強化を使おう。

- 学習者の遂行に基づいて強化のスケジュールを疎化しよう（第13章を参照）。強化スケジュールが疎であればあるほど、それはより弁別しにくくなる（例えばFR 5スケジュールは、FR 2スケジュールよりも、より弁別しにくい）。そして変動強化スケジュール（例えばVRとVIスケジュール）は、固定スケジュール（例えばFRとFIスケジュール）よりも、より弁別しにくい。

- 遅延性報酬を使うときは、最初は標的行動に後続して即座に強化子を与え、徐々に反応から強化への遅延を増やしていこう。

- 遅延性報酬を与えるたびに、以前に遂行した特定の行動に対する報酬を受けているということを、学習者に説明しよう。そうすれば、学習者がその随伴性を記述するルールを理解し、それを強めるのに役立つ。

実践家がインストラクションにおいて使う強化子を選ぶときは、学習者が般化場面で獲得することになる強化子と同じ強化子を使うよう試してみるか、最終的にそれにシフトするようにすべきである。強化子そのものが、標的行動に対する弁別刺激として作用する可能性がある（例えば、Koegel & Rincover, 1977）。

（3）行動の罠をつくる

強化随伴性のなかにはとくに強力なものがある。それは長期にわたって継続する著しい行動改善を生み出す。ベアとウォルフ（Baer & Wolf, 1970）は、そういう随伴性を**行動の罠**（behavior trap）と呼んだ。彼らはねずみ捕り器をアナロジーとして使い、持家の居住者がネズミに対して

比較的少量の行動制御を行使する（ネズミにチーズの臭いをかがせる）だけで、著しい（この場合は完全な）般化と維持を伴う行動改善を生み出すことを説明した。

　　　持家の居住者は、もちろん、罠を使わなくてもネズミを殺すことができる。ネズミの穴の外側で辛抱強く待ち、ネズミが回避できるよりも速くネズミをつかみ、それからその不幸な動物にさまざまな形式の力を加え、望んでいる行動改善を達成する。しかしこれを遂行するためには、少なからぬ能力が要求される。すなわち、強靭な忍耐力、素晴らしい運動性協調、異常な手先の器用さ、よく抑制された神経質さ。それに反して、罠を使う持家の居住者にはごくわずかの才能が要求されるだけである。ただチーズをあてがって、次にネズミがチーズの匂いを嗅ぎそうな場所に罠を置くだけで、実際にはネズミの将来の行動の般性の改善を保証したことになる。
　　　罠の核心を行動用語で言えば、それは罠に入るためには比較的単純な反応だけが必要であり、しかも一旦入ってしまえば、般性の行動改善を生み出すことに抵抗できないことである。ネズミにとって、罠に入る反応は単にチーズの匂いを嗅ぐだけである。そこから先はすべて自動的に進む。(p. 321, 強調追加)

　罠による行動の捕獲は、誰もがときどき経験する、かなりありふれた現象である。行動の罠は、われわれが「まさに十分手に入らない（やれない）」活動においてとくに歴然としている。最も効果的な行動の罠は、4つの基本的特徴を共有している。(a) それらには、子どもを罠に「おびき寄せる」ためのほとんど抗しがたい強化子という「餌が付いている」。(b) その罠にはまるために必要なのは、すでに行動のレパートリーのなかにある低努力反応である。(c) 罠の内部にある相互に関連した強化随伴性が、標的とされた学業スキルおよびまたはソーシャルスキルを子どもに獲得させ、拡大させ、維持させるよう動機づける (Kohler & Greenwood, 1986)。(d) 飽和効果があったとしても、子どもはほとんどそれを示さないため、長い間効果を残存させることができる。

　「気乗りしない」ボウラーのケースを考えてみよう。若い男性が友人のボウリングチームの補欠要員として代理を務めるよう説得される。彼はいつもボウリングをダサいと考えている。そして、テレビではとても簡単に見えるため、どうしたらボウリングを本物のスポーツなどと考えられるのかが理解できない。にもかかわらず、助けると思ってこの1回だけ引き受けることにした。その夕方、いつも彼が考えていたほどボウリングは簡単ではないことを学んだ（彼は体育系の挑戦に対して強化歴をもっていた）。そして彼が知り合いになりたいと思った何人かは、熱心なボウラーだった（すなわちそれは男女混合ダブルスだった）。1週間以内に彼は特注のボウリング用のボールとバッグとシューズを買った。単独で2回練習した。そして次のリーグ戦のシーズンに登録した。

　この気乗りしないボウラーの例は、行動の罠の基本的特徴、すなわち簡単に入れるが、出ることが難しいことを表している。日常に存在する行動の罠には、アルコール依存症や薬物依存や非行など、不適応行動につながる恐れのあるものもある。日常用語の悪循環とは、有害な行動の罠のなかで作動する日常的な（自然の）強化随伴性を意味する。しかしながら実践家は、子どもが

積極的で、建設的な知識とスキルを発達させる助けとなる行動の罠を作る方法を習得することができる。アルバーとヒューワード（Alber & Heward, 1996）は、成功する罠を作るためのガイドラインを提唱した。そして子どもが野球カードで遊ぶ強い好みを生かして行動の罠を仕組んだ、次の小学校の先生の例を示した。

> カーロスは、読みと算数で苦労している多くの小学5年生と同様に、学校は退屈なやりがいのないところだと思っている。彼自身の数少ない友だちとともに、カーロスは休み時間ですらほとんど一時的救済にならないと感じている。担任のグリーン先生は、カーロスを大好きな野球カードから引き離すため、インストラクション活動を何度中断しなければならなかったかを、遠の昔に数え切れなくなっていた。そしてある日、グリーン先生はアルファベット表記の授業の最中に、カーロスの野球カードを没収するため、彼の机に近づいた。そのとき、カーロスがすでにナショナルリーグの左腕投手のすべての名前をアルファベットで表記していることを発見した！ グリーン先生はカーロスの学業発達を点火させる秘密を発見した。
>
> カーロスはグリーン先生が自分の野球カードを机に置くことを許してくれただけでなく、授業中に「それで遊ぶこと」を奨励してくれたことを知って驚くとともに、感動で身震いした。間もなくグリーン先生は、野球カードをカリキュラムの全域の学習活動のなかに組み入れた。算数では、カーロスは平均打率を計算した。地理ではすべてのメジャーリーガーの生まれ故郷の州を探し出した。言語技術では大好きなプレーヤーに署名入りの写真をリクエストする手紙を書いた。カーロスは学業面で著しく改善するとともに、学校についての態度の改善も目覚ましかった。
>
> そのうえ、カーロスの野球カードの知識とカードを使って誰もができる素晴らしいことのすべてに対して何人かの級友が興味をもち始めたとき、カーロスに取って学校は真に楽しい場所になった。グリーン先生は、カーロスが学級に野球カードクラブをつくる手助けをした。そして、先生は彼とその新たな友だちにカードをカリキュラムに統合する新しい方法を考えさせた。彼らがその挑戦に応えたため、それが新しいソーシャルスキルを発達させ練習させる機会を与えた。(p. 285)

（4）般化場面にいる人々に行動を強化するよう依頼する

> 問題は簡単かもしれない。日常（自然）の［強化］共同体が眠っているので、それを目覚めさせ、作動させるだけでよい。それ以上は必要ない。
>
> —ドナルド M. ベア（Baer, 1999, p. 16）

学習者が標的行動をどれほど頻繁にまたは上手に遂行しても、般化場面にある潜在的に有効な強化随伴性がときに入手できる形で作動しないことがある。随伴性はあるが眠っている。この種の問題に対する1つの解決策がある。般化場面にいる主要人物に向かって、学習者は新しいスキルを獲得して使おうと努力している、そしてあなた方に助けを求めている、その努力にあなた方が注意を向けてやればそれは非常に役に立ちまた意義がある、そう説明してやるのである。

例えば、特別支援教育の教師がリソースルームで、子どもに反復練習の機会とフィードバック

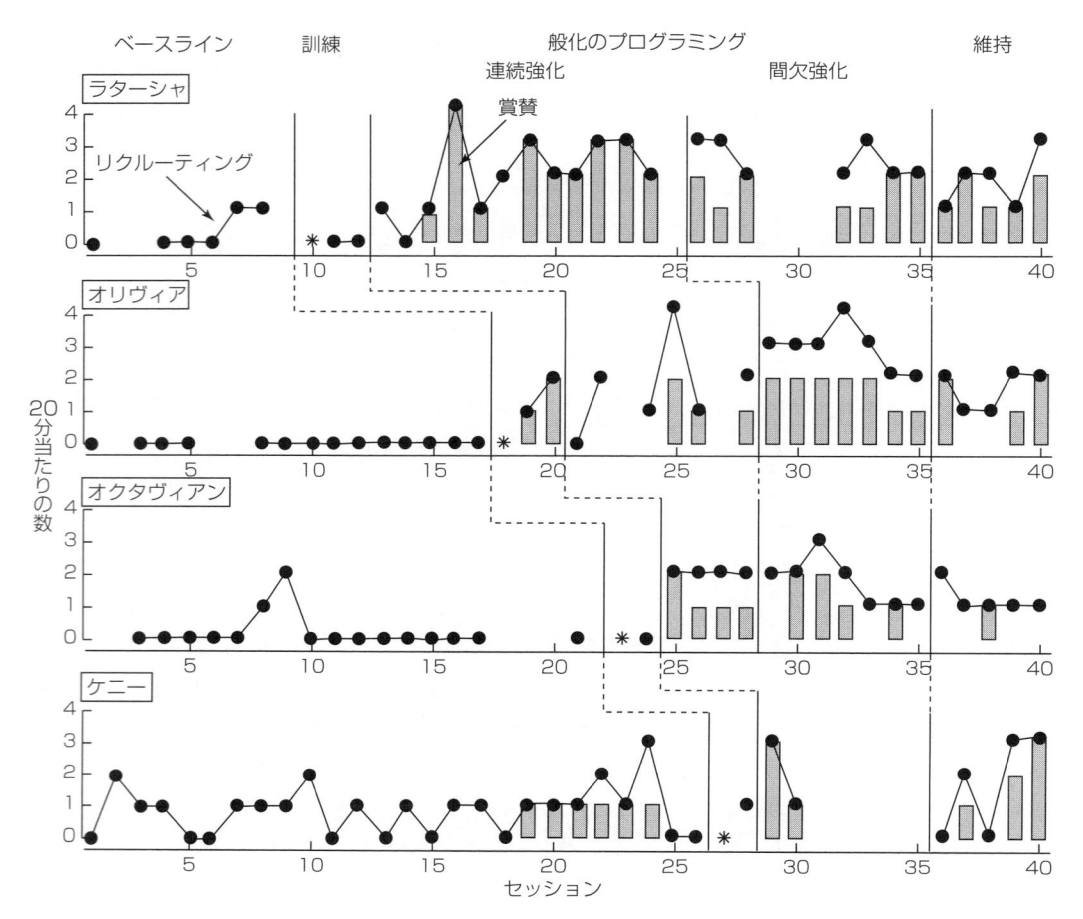

図28.9 20分の自習セッション当たりのリクルート反応（データポイント）と教師の賞賛（棒グラフ）の数。標的リクルーティング率は1セッション当たり2〜3反応。星印は個々の子どもがリソースルームで訓練された時を示す

From "Teaching Elementary Students with Developmental Disabilities to Recruit Teacher Attention in a General Education Classroom: Effects on Teacher Praise and Academic Productivity" by M. A. Craft, S. R. Alber, and W. L. Heward, 1998, *Journal of Applied Behavior Analysis, 31*, p. 407. Copyright 1998 by the Society for the Experimental Analysis of Behavior, Inc. Reprinted by permission.

を与えて、クラス討論に参加する方法を学習できるよう支援してきたとする。そのとき教師はその行動改善プログラムについての情報をその子の参加する通常学級の先生方に知らせる。そしてその子が通常学級に参加しようとしたら、その妥当な努力をすべて見逃さず強化してほしいと依頼するのである。通常学級の先生方からの少量の条件的注目と賞賛は、新しいスキルの望ましい般化を達成するうえで必要なことのすべてかもしれない。

般性の行動を促進するこの簡単なしかししばしば有効なテクニックは、ストークスら（Stokes et al., 1974）による研究によって明らかにされた。その研究では、子どもが手を振る反応に対して、スタッフメンバーが「ハロー、（子どもの名前）」と言って応答した。1人1人の子どもに対してその種の般化プローブが毎日約20回行われた。

ウイリアムズら（Williams, Donley, & Keller, 2000）は、自閉症の2人の幼稚園児の母親に、子どもが隠された事物について質問する（例えば、「あれなあに?」「見せて?」）ことを学習できるように、親がそのモデルと反応プロンプトと強化を与えてやるように、明白なインストラクションを行った。

　重要な人々が条件的賞賛と注目を与えてやるようにすれば、般化環境にすでに用意されているほかの戦略の有効性を増大させることができる。ブロデンら（Broden, Hall, & Mitts, 1971）はこのことを、第27章で述べた自己監視の研究において実証した。研究者らは、8年生リサの歴史の授業の勉強行動が自己記録によって改善したことを確かめてから、歴史の授業におけるリサの勉強行動をできるだけ賞賛するようリサの教師に依頼した。この「自己記録＋賞賛」の条件では、リサの勉強行動の水準は、平均88％に増加した。そしてその後の「賞賛のみ」の条件においても、ほぼ同じ高さの水準で維持された（図27.3を参照）。

（5）学習者に強化のリクルートを教える

　潜在的に強力でありながら眠ったままの日常の（自然な）強化随伴性を「目覚めさせる」もう1つの方法は、重要な人々から強化をリクルートすることを学習者に教えることである。例えば、セイモアとストークス（Seymour & Stokes, 1976）は、非行少女らが寄宿制施設の職業領域において、もっと生産的に労働するよう教育した。しかし彼女らの労働の質のいかんにかかわらず、施設のスタッフは賞賛や積極的交流を一切行わなかった。そのことが、観察によって明らかにされた。少女らの改善された労働行動を確実に般化させるために切望されていた日常の（自然な）強化共同体は機能していなかった。この困難を克服するため、実験者らは少女らにスタッフメンバーの注目を自分らの労働に向けさせるための簡単な反応の使い方について訓練した。スタッフが望ましい労働に対して与える賞賛はこの戦略によって増加した。かくして、少女らに追加反応を教えると、それを強化のリクルートのために使うことができるようになり、そうすることが標的行動を日常の（自然な）強化子に接触させることを可能にさせ、それが望ましい行動改善を拡大し維持するために役立ったのである。

　さまざまな年齢と能力の子どもが、教室場面と地域場面で、広範囲の課題の遂行に対して、教師と仲間から注目をリクルートすることを学習した。すなわち、発達遅滞の就学前児の予備学業課題の遂行と移動中の課題の継続（Connell, Carta, & Baer, 1993; Stokes, Fowler, & Baer, 1978）のほか、学習障害児（Alber, Heward, & Hippler, 1999; Wolford, Alber, & Heward, 2001）、行動障害児（Morgan, Young, & Goldstein, 1983）、知的障害児（Craft, Alber, & Heward, 1988）の通常学級における学業課題遂行、および知的障害中学生の職業訓練場面における労働遂行の改善（Mank & Horner, 1987）、など。

　クラフトら（Craft et al., 1998）は、子どもが教師の注目をリクルート（募集、勧誘）するリクルート訓練（recruitment training）が学業課題に及ぼす影響を査定した。特別支援教育の教師（第1著者）が、4人の小学生に対して、通常学級の教師の注目をいつ・どのように・どれほど頻繁にリクルートするかを訓練した。訓練は特別支援学級においてモデリング、ロールプレー、

誤反応修正、賞賛を使って行われた。子どもは自分の勉強ぶりを先生に見せるか、先生に助けを求めるかすることを、教材 1 頁当たり 2 〜 3 回程度行うこと、そして「これでどうですか？」「これでいいですか？」などの適切な発言を行うことを教えた。

　子どものリクルート行動と教師の賞賛発言の頻度に関するデータを、通常学級で行われる毎日20分のホームルーム時間に収集した。この時間、通常学級の子どもは、普通教育の教師から出題されたさまざまな自習課題（読み、言語技術、算数）に取り組んだ。一方特別支援教育児 4 人は、特別支援教育の教師から出題された綴り練習問題用紙に取り組んだ。これらの手続きは実験開始前に準備されていた。子どもはホームルーム時間の課題に関して教師の助けが欲しいときは、先生のデスクまで行って助けを求めた。

　図28.9は、リクルート訓練が、子どものリクルート行動の頻度と、通常学級の先生から受けた賞賛発言の数に与えた効果を示す。4 人の子どものリクルート行動は、ベースライン段階の20分セッションの平均0.01〜0.8から、訓練後の1.0〜2.7へと増加した。子どもが教師から受けた賞賛発言は、ベースライン段階のセッション当たり0.1〜0.8から、訓練後の1.0〜1.7へと増加した。この介入の最終的な意味と所産は、4 人全員の学業学習の量が増加し、正確さが改善したことによって示された（図6.9を参照）。

　リクルート行動に関する研究の展望と、重要な人々による強化をリクルートすることを子どもに教えるための提言については、アルバーとヒューワード（Alber & Heward, 2000）の論文を参照されたい。ボックス28.2「先生見て、全部やったよ！」には、教師の注目をリクルートすることを子どもに教えるための提言が示されている。

4．般化を媒介する

　般性の行動改善を促進するもう 1 つの戦略は、標的行動をインストラクション場面から般化場面に確実に転移させるための媒体（手段）としてはたらく事物か人間を準備することである。この戦略を実行するための 2 つの戦術がある。媒介刺激を人為的につくることと、自己管理によって自らの般化を媒介させることである。

（1）媒介刺激を人為的につくる

　般化を媒介する 1 つの戦術は、インストラクション場面に存在する刺激であって、般化場面で学習者の標的行動の遂行を確実にプロンプトするか、それを助ける働きをする刺激の制御下に、標的行動を組み込むことである。この重要な役割を担うために選ばれる刺激は、すでに般化場面に存在する刺激である。あるいはそれはインストラクション・プログラムに新たに追加される新しい刺激であって、それがその後学習者とともに般化場面に同伴するものである。それが般化場面の日常に（自然に）存在する成分であれ、インストラクション場面に追加される成分であれ、般化を効果的に媒介するためには、**人為的につくられた媒介刺激**（contrived mediating stimulus）は、(a) インストラクションのとき標的行動に対して機能的でなければならない、そ

ボックス28.2
「先生見て、全部やったよ！」
子どもに教師の注目のリクルートを教える

　教室はすこぶる忙しい場所である。最も誠実な教師であれ、子どもの重要な学業的行動や社会的行動を簡単に見逃す可能性がある。研究の示すところによれば、教師は静かに生産的に勉強している子どもよりも妨害する子どもに対してより注目する可能性が高い（Walker, 1997）。助けを必要としている子ども、とくにあまり助けを求めない学業不振の子どもに気がつくことは教師にとって困難である（Newman & Golding, 1990）。

　通常学級の教師は、インストラクションを障害児に適応させることを期待されているが、これは必ずしも期待通りに実行されない。シャムら（Schumm et al., 1995）がインタビューした中等学校レベルの教師の大部分は、障害児は自分に必要な助けを獲得する責任を子ども自身がもつべきであると考えていた。したがって、障害児が教師の注目と支援を礼儀正しくリクルートする方法を知ることは、障害児がより自立して機能し、彼らの受けるインストラクションの質に積極的に影響を与える助けとなる。

誰にリクルート行動を教えるか？

　たいていの子どもは教師の賞賛とフィードバックのリクルーティングを学ぶことによって恩恵を被ると思われるが、リクルート訓練のための理想的な候補者が何人かいる。

　　引っ込み思案のウイラメナ。ウイラメナは教師に何かを要求することはまずない。彼女は非常に静かで行儀がいいため、教師はときどき彼女が教室にいることを忘れてしまう。

　　あわて者のハリー。ハリーは通常、教師が課題の説明を終わる前に、課題の半分を仕上げている。自分の業績にサッと目を通すと、誰よりも先にそれを提出する。しかし彼の業績はしばしば不完全であり、間違いだらけであるため、先生からの多くの褒める言葉を聞くことはない。ハリーは自己チェックと自己修正を含むリクルート訓練から大きな恩恵を受けるだろう。

　　叫ぶシェリー。シェリーは自分の課業を終わったところである。彼女はそれを先生に見てもらいたい。今すぐに！　しかしシェリーは手を上げない。教室中に聞こえるような大声をあげて教師の注目を引き付け、ほとんどの同級生を妨害する。シェリーは教師の注目を懇請する適切な方法を教えられなければならない。

　　うるさくせがむピート。ピートはいつも挙手して、先生が机に来るのを静かに待ち、それから礼儀正しく「これで正解ですか？」と質問する。この型通りの手順を、20分の授

業の間に12回以上も繰り返す。先生はうるさくて仕方がないと感じる。プラス志向の教師の注目がしばしば叱責に変わる。ピートに対するリクルート訓練で教えるのは、教師に注目を合図する回数を制限することだろう。

どう始めるか

1. **標的行動を突き止める。** きれいに読みやすく書く、正確に作業する、与えられた課業をやり遂げる、移動時はきちんと片づける、協力集団で活動するとき貢献するなど、重要でありそれゆえに強化される可能性の高い標的行動に対する教師の注目をリクルートしなければならない。

2. **自己査定を教える。** 子どもは教師の注目をリクルートする前に、自分の課業を自己査定しなければならない（例えば、スーは自らに「私の課業は完成しているか？」と自問する）。子どもが完成している課業サンプルと完成していない課業サンプルを確実に区別することができるようになったら、学業スキルのステップないし成分の回答キーないしチェックリストを使って、自分の課業の正確さをチェックする方法や、教師に見てもらうよう依頼する前に2〜3項目チェックする方法を学習することができる。

3. **適切なリクルート行動を教える。** 子どもにいつ、どのように、どれくらい頻繁にリクルートするか、また先生に注目されたらその後どう応じるかを教える。

    - **いつ？** 子どもは自分の課業のかなりの部分を完了して自己チェックしたら、教師に注目してもらうため合図を送らなければならない。子どもはいつ教師の注目を得ようとしてはならないかについても、教えられなければならない（例えば教師が別の子どもと作業しているとき、別の大人に話しかけているとき、ランチの数を数えているとき）。

    - **どのように？** 伝統的な挙手の方法は、すべての子どものリクルート行動のレパートリーに加えられなければならない。注目を得るためのそのほかの方法は、通常学級の教師の好みと慣例にしたがって教えるようにする（例えば、子どもの机に小さな旗を立てさせ、助けが必要であることを合図させる。子どもが助けとフィードバックを求めて、教師の机に自分のノートや答案やレポートをもってくるまで待つ）。

    - **どれほど頻繁に？** 閉じこもりのウイラミナが教師の注目を得ることを学習するのを支援している間は、うるさくせがむピートに構ってはならない。子どもがどれほど頻繁にリクルートすべきかは、教師と活動（例えば、個別自習、協同学習集団、一斉教授）次第で変化する。教室を直接観察することは、リクルート行動の最適の割合を決定する最善の方法である。通常学級の教師に、いつどのように、どのような頻度で子どもが援助を求めることが好ましいかを尋ねることもよいアイデアであ

第28章　行動改善の般化と維持

- 何と言うか？　子どもには、教師から積極的なフィードバックを引き出す可能性のある複数の発言を教えなければならない（例えば、「私のワークを見てください」「私はよくやりましたか？」「これでどうですか？」）。それは簡潔にする。しかし子どもに言葉の合図を変動させ、オウムのように話すことのないように教える。

- どう反応するか？　子どもは教師のフィードバックに対して、視線を合わせ、笑顔をつくって「ありがとうございます」と言い、応答しなければならない。教師に対する礼儀正しい感謝は、教師にとっては非常に強化的であり、次のときは一層積極的に注目する公算を強めることになる。

4. 完全な順序をモデリングしロールプレーする。リクルート行動の論拠（例えば、先生はあなたがよくできたときはうれしい、あなたはもっと多くの勉強を仕上げられる、あなたの成績は改善する）を示すことから開始する。モデリングしながら考えを声に出して示すことは、リクルート行動の順序を示すよい方法である。それぞれのステップを遂行しながら、「オーケー、全部終わった。これから、それをチェックしよう。答案に名前を書いたか？　書いた。問題をすべて解いたか？　解いた。順序をすべて踏んだか？　踏んだ。オーケー。先生はちょうど今忙しそうではない。挙手して、先生が私の机に来るまで、静かに待っていよう」。もう1人の子どもに通常学級の教師のふりをさせ、挙手したときあなたのところまでやってこさせる。「ピーターソン先生、私のワークをみてください」。先生役が「やあ、とてもよくやったね」。それから笑顔で「ピーターソン先生、ありがとう」という。子どもがすべての順序を、連続数試行正しく遂行するまで、褒めことばでロールプレーし、修正へフィードバックを与える。

5. 子どもに代替反応を準備させる。もちろん、子どもが試すすべてのリクルート行動が、教師から賞賛されるわけではない。一部のリクルート反応には批判が伴うことすらある（例えば「これは全部だめ。次のときはもっと注意しよう」）。ロールプレーを使って、子どもにこうした可能性に対して準備できるようにさせよう。礼儀正しい反応を練習させよう（例えば「これを手伝ってくださりありがとうございます」）。

6. 通常学級への般化を促進する。どんなリクルート訓練の取り組みであれ、その成功は子どもが新しいスキルを通常学級で実際に使うかどうか次第である。

Adapted from : "Recruit it or lose it! Training students to recruit contingent teacher attention" by S. R. Alber and W. L. Heward, 1997, *Intervention in School and Clinic*, 5, pp. 275-282. Used with permission.

して（b）般化場面に簡単に移動可能でなければならない（Baer, 1999）。機能的である（functional）ということは、その媒介刺激が学習者による標的行動の遂行を確実にプロンプトするか、助けるということである。移動可能（可搬型）である（ポータブルである）ということは、その媒介刺激が学習者とともに重要な般化場面ならどこにでも簡単に移動できるということである。

　日常に存在する般化場面の特徴であって、人為的媒介刺激として使われるものは、物理的事物か人間である。ヴァン・デン・ポルら（van den Pol et al., 1981）は、人為的媒介刺激としてどのファストフード店にも共通する特徴となるペーパーナプキンを利用した。彼らは子どもにペーパーナプキンが食物を置く唯一の場所であることを教えた。研究者らはこうして子どもにきれいなテーブルと汚いテーブルを弁別させ、きれいなテーブルだけに座らせ、あるいは汚いテーブルを拭かせることを教える場合に起こる付加的課題や困難を取り除き、そのうえでそれらの行動の般化と維持をプログラミングした。ナプキンの特別な使用法を考案することによって、訓練しなければならない反応はただ１つだけとなり、次いでナプキンはその行動の媒介刺激としての役割を果たすようになった。

　教育場面と社会的般化場面の両者に共通する刺激を選ぶ場合、実践家は人間を利用することを考えるべきである。人間は社会的場面の必須の特徴であるが、そのうえ移動可能な存在であり、また多くの行動にとって重要な強化の源泉でもある。ストークスとベア（Stokes & Baer, 1976）の研究は、インストラクション場面で学習者の標的行動の獲得に機能的役割を果たした人物が、般化場面に存在することによって起こる行動喚起効果の潜在的効果を示す好個の一例である。学習障害の２人の幼稚園児が、ピアチューター（同輩の個別指導者）として相互に教え合いながら、単語認識スキルを学習した。しかしどちらの子も、一緒にスキルを学んだピアが般化場面で同席するまでは、非訓練場面においてそれらの新しいスキルの確実な般化を示すことはなかった。

　人為的に考案された媒介刺激のなかには、反応プロンプトよりもはるかに多くの働きをするものがある。すなわち、それらは学習者の標的行動の遂行を手助けする補綴装置である。そういう装置は、複雑な行動の般化と維持を促進するためにとくに効果的である。また複雑な状況を単純化することによって、反応連鎖を延長させることができる。どこにでもある３つの形態は、キューカード、写真型活動スケジュール、自己操作型プロンプト装置である。

　スプレーグとホーナー（Sprague & Horner, 1984）の研究では、子どもにキューカードを与えて、人の補助なしに子どもが自動販売機を操作することを支援した。キューカードの１面には、食物とドリンクのロゴ（標識図案）が、他面には価格と対になった何枚かの25セント硬貨の写真が描かれていた。それらはインストラクションと般化プローブの段階で利用されただけでなく、プログラムの終了時にも子どもによって保持された。研究終了後18ヵ月のフォローアップでは、６人のうち５人がその時点でもキューカードを携行して、１人で自動販売機を利用していたことが明らかになった。

　マクダフら（MacDuff, Kranz, & McClannahan, 1993）は、年齢９歳から14歳の４人の自閉症の男児に、電気掃除機かけやテーブルセッティングなどの家事の生活スキルや、手で操作するおも

ちゃなどの余暇活動を遂行するとき、写真型活動スケジュールを利用することを教えた。写真型活動スケジュールを訓練される前は、4人は、

> 身辺自立や、家事や、余暇の活動を完了するため、継続的なスーパービジョンと言語プロンプトに頼っていた……。スーパービジョンする大人の言語プロンプトがなくなると、刺激性制御はグループホームで入手できる写真や教材に転移したようだった。研究が終わると、4人の男児はすべて、家庭生活と余暇の複雑なレパートリーを、1時間にわたって示すことができるようになった。その間4人はしばしば大人からのプロンプトなしに課題を変更し、グループホームのほかのエリアに移動した。訓練終了後は写真型活動スケジュールが……、持続的な活動従事を促進するための機能的な弁別刺激となり、新しい活動順序と今までにない余暇教材に対して般性反応を発展させた。(pp. 90, 97)

広範囲の年齢と知的レベルの学習者が、重度知的障害児も含めて、個人用オーディオ再生装置を利用して、さまざまな学業課題や職業課題や家事課題を1人で遂行することを学習できることを、非常に多くの研究が証明している（例えば、Briggs et al., 1990; Davis, Brady, Williams, & Burta, 1992; Grossi, 1998; Mechling & Gast, 1978; Post, Storey, & Karabin, 2002; Trask-Tyler, Grossi, & Heward, 1994）。「ウォークマンスタイル」のテーププレイヤーや iPod などの個人的音楽機器の流行は、周囲の人々を強要したり煩わせたりせずに、私的で正常な方法によって、一連の自己提示型の反応プロンプトを聞き取ることを可能にする。

（2）自己管理スキルを教える

般性の行動改善を媒介する潜在的に最も有効なアプローチは、すべてのインストラクション場面と般化場面につねに存在する1成分、すなわち学習者自身の肩にかかっている。第27章では、人が自分自身の行動を修正するために利用するさまざまな自己管理戦術を解説した。自己管理を使って般性の行動改善を媒介する論理はこうである。もしも学習者に1つの行動（本来の標的行動ではなく別のもう1つの行動、自己管理の観点から言えば制御反応）、すなわち、あらゆる関連場面と、あらゆる適切な時間に、あらゆる関連形態によって、標的行動をプロンプトするか強化する行動を教えることができれば、標的行動の般化は保証される。しかしベアとファウラー（Baer & Fowler, 1984）が警告したように、

> 子どもに何らかの重要な行動改善の般化を媒介するよう設計された自己制御反応を与えても、それらの媒介反応が実際に使われるようになるという保証はない。それらは結局のところただの反応である。すなわち、般化と維持を意図している当の行動改善がまさに必要としているのと同様に、それらもまた般化と維持を必要としている。1つの行動をセットアップして、ほかの行動の般化を媒介させることには成功するだろう。しかしそれはまた、2つの反応の般化を保証するという問題を意味するだろう。そこでは以前われわれがちょうど1つの般化を保証するという問

題をもっていたようにである！ (p. 149)

5．般化させることを訓練する

　もし般化をそれ自体1つの反応と考えるならば、それにはほかのオペラントと同様に、強化随伴性を配備しなければならない。
　　　　　　　　　　　　　　　　　　　　―ストークスとベア（Stokes & Baer, 1977, p. 362）

　「般化させる」ことの訓練（train "to generalize"）は、般性の行動改善のプログラミングの1つである。それはストークスとベア（Stokes & Baer, 1977）によって提唱された8つの積極的戦略の概念図式に含まれる（そのなかには、戦略でない戦略、「訓練して希望する」も入れられている）。「般化させる」という言葉に引用符が付されているのは、著者らが「般化させる」を1つのオペラント反応として扱う可能性について仮説を提出していること、そして「行動派の人々が般化を行動そのものよりも、行動改善の成果とみなそうとする好みをもつこと」（p. 363）を認識していたことを示している。ストークスとベアのレビュー論文の発表以来、基礎研究と応用研究は、彼らの仮説の実用主義的価値を実証した（例えば、Neuringer, 1993, 2004; Ross & Neuringer, 2002; Shahan & Chase, 2002）。応用行動分析家が使ってきたのは2つの戦術、すなわち「反応の変動性を強化する」、「般化させることを学習者にインストラクションする」だった。

（1）反応の変動性を強化する

　反応の変動性（response variability）は、人の問題解決に役立つ可能性がある。標準的反応形態では強化を獲得できないとき、即興のバラエティに富んだ反応を自発できる人は、遭遇する問題を解決する可能性が高い（例えば、Arnesen, 2000; Marckel, Neef, & Ferreri, 2006; Miller & Neuringer, 2000; Shahan & Chase, 2002）。反応の変動性はまた、今までにないか、創造的であるという理由から、高く評価される行動を生み出す可能性がある（例えば、Goetz & Baer, 1973; Pryor, Haag, & O'Leary, 1969）。反応の変動性は、より狭い反応形態では入手できない強化と随伴性の源泉に、人を接触させる可能性がある。そうした随伴性に接触する結果起こる更なる学習は、人のレパートリーを一層拡大する。
　望ましい反応般化をプログラミングする1つの直接的方法は、反応の変動性（ばらつき）が起こったとき、それを強化することである。反応の変動性と強化の間の随伴性は、ラグ強化スケジュール（Lee, McComas, & Jawar, 2002）によって公式化することができる。**ラグ強化スケジュール**（lag reinforcement schedule）においては、ある定義された仕方で、前の反応（ラグ1スケジュール）か、または前の反応の特定された数（ラグ2スケジュール）と、反応が異なることを条件として強化が行われる。カミラリとハンレイ（Camilleri & Hanley, 2005）は、ラグ強化随伴性を使って、通常に発達する2人の女児のバリエーションに富む教室活動の選択を増加させた。2人がこの研究に参加するよう選ばれたのは、彼女らが自分の時間の大部分を、カリキュラム内の

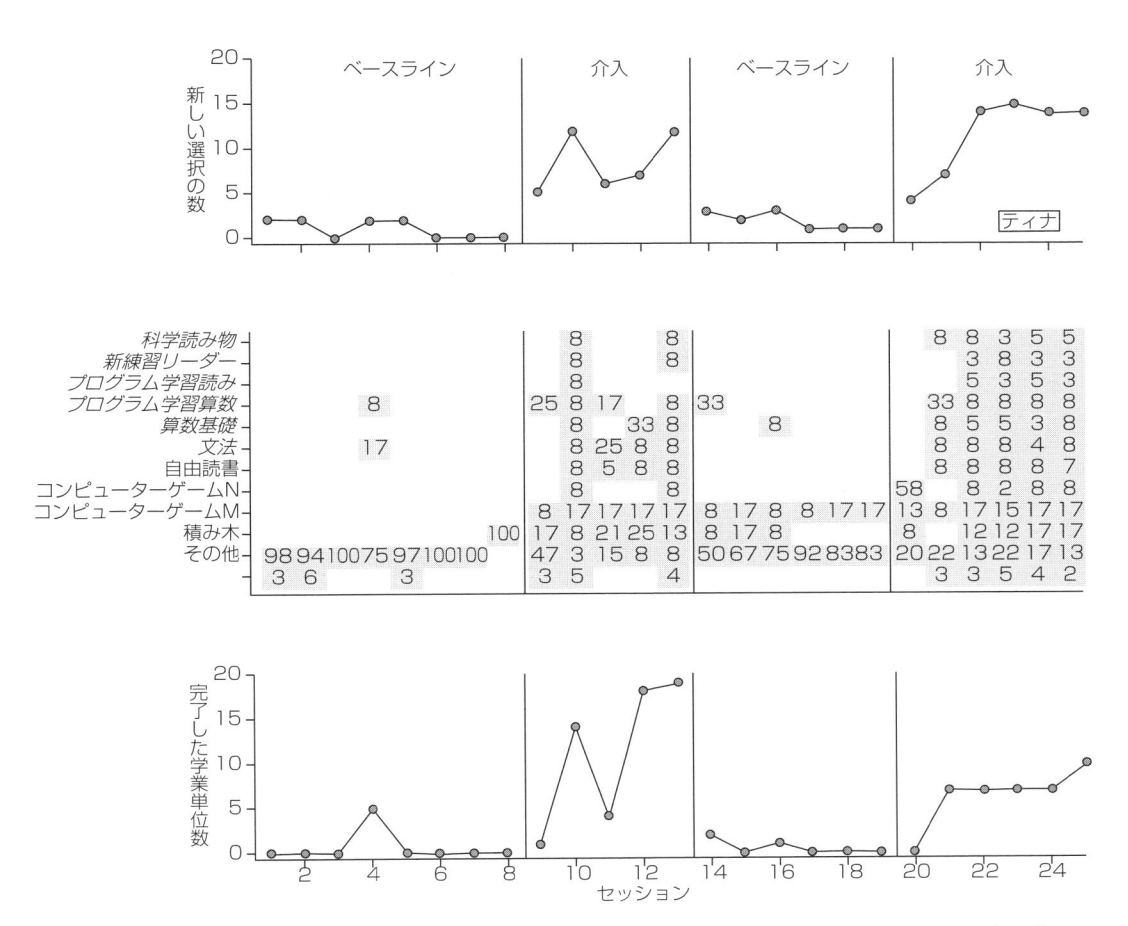

図28.10 新しい活動を選択した数（上段）、プログラム化された（イタリック体）活動とプログラム化されない活動への従事百分率（中段、陰影部分はある程度従事した活動）、および完了した学業単位数（下段）

From "Use of a Lag Differential Reinforcement Contingency to Increase Varied Selections of Classroom Activities" by A. P. Cammilleri and G. P. Hanley, 2005, *Journal of Applied Behavior Analysis*, 38, p. 114. Copyright 2005 by the Society for the Experimental Analysis of Behavior, Inc. Reprinted by permission.

特定のスキルの組み合わせを結果として生み出すように組織的に設計されていない活動に従事して過ごしていたからだった。

　それぞれ60分のセッションの始めに、2人はどの活動を選択してもよい、いつでも活動をスイッチしてよい、と伝えられた。5分ごとにタイマーがなり、活動の選択がプロンプトされた。ベースライン段階では、どんな活動を選択しても、プログラミングされた結果は一切随伴しなかった。介入はラグ強化スケジュールによって構成された。ラグ強化スケジュールでは、最初の活動選択と、以後の個々の新手の選択に後続して、教師から子どもへの緑色カードの手渡しが行われた。その緑色カードは、後に教師による2分間の注目（世話）と交換することができた（その結果は、ラグ12随伴性となった。この随伴性はセッション内に12の活動すべてが選択されるとリセットされた）。

ベースライン段階の活動選択には、ほとんど変動性が見られなかった。どちらの女児も、積み重ねできる積み木に強い好みを示していた（図28.10は1人の女児の結果を示す）。ラグ随伴性が導入されると、どちらの女児も即座にもっと多様な活動を選択して、それに従事するようになった。研究者らは「この時間配分におけるシフトの間接的であるが重要な所産は、完遂された学業単位の数の著しい増加だった」(p. 115) と述べている。

（2）般化させることを学習者にインストラクションする

　般性の行動改善を促進するあらゆる戦術のなかで、最も簡単で最も安価な戦術は、「被験者に般化の可能性について話をし、そうするよう要請すること」(Stokes & Baer, 1977, p. 363) である。例えば、ニンネスら (Ninness et al., 1991) は、情緒障害の3人の中学生に、ランチルームから教室に歩いていく間に、教室で学んだ自己管理手続きを自分の行動の自己査定と自己記録に活用するようはっきり教えた。ヒューズら (Hughes et al., 1995) は、同様の手続きを用いて般化を促進した。「それぞれの訓練セッションを終わるとき、ピアティーチャーは参加者に、誰かに話をしたくなったら、自己教示を忘れないようにと、注意を与えた」(p. 207)。同様に、ウォルフォードら (Wolford et al., 2001) は、学習障害の中学生に協同学習集団の間に仲間から援助をリクルートする方法を特別支援学級で教えたが、その個々の訓練セッションの終わりに、言語技術の授業における協同学習集団の間に、援助を最低2回以上4回未満リクルートするようプロンプトした。
　般化が起こり、般化自体が般化すればするほど、人は新しく獲得したスキルを般化させることに習熟する。すなわち、ストークスとベア (Stokes & Baer, 1977) のいう、「般化した般化者」(generalized generalizer) になる。

Ⅳ　成功する介入を修正し終了する

　最も成功する行動改善プログラムであっても、介入を無期限に継続することは不可能である。また実際的でもないし、望ましいことでもない。成功する介入を取り止めることは、組織的に行われなければならない。それは最も重要な般化場面において学習者が遂行する標的行動によって、導かれなければならない。介入の人為的条件から典型的な日々の環境に段階的にシフトすることは、学習者が新しい行動パターンを維持させる可能性を増大させる。介入成分をどのくらいの期間で、どれほど早く取りやめるかを決定するとき、実践家は、例えば、介入の複雑さや行動が改善した容易さやスピード、新しい行動に対する日常に（自然に）存在する強化随伴性の入手可能性などの諸要因を考慮しなければならない。
　介入条件から介入後環境へのこのシフトは、次の成分の1つかそれ以上を修正することによって行うことができる。それぞれは3項随伴性の1つのパーツを表す。

- 先行事象、プロンプト、またはキュー関連刺激

第28章　行動改善の般化と維持

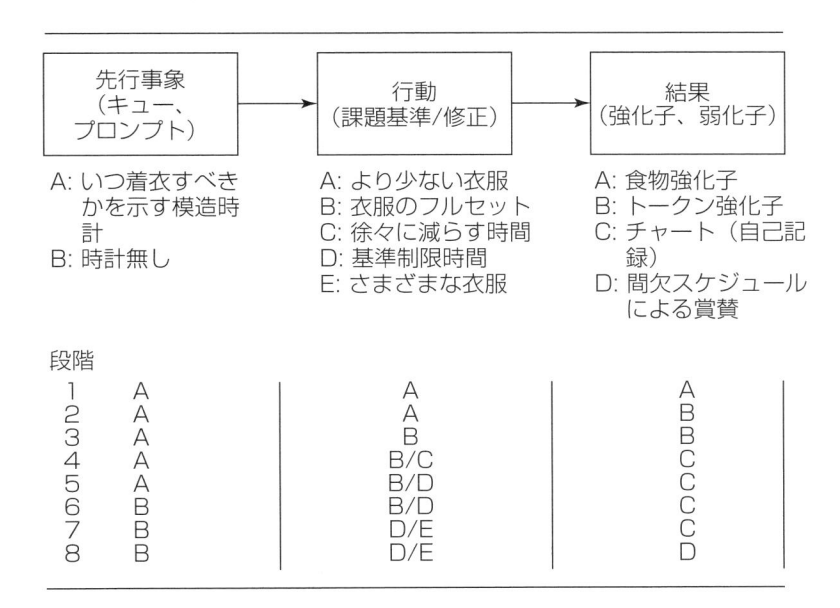

```
┌──────────────┐     ┌──────────────┐     ┌──────────────┐
│  先行事象    │ ──► │   行動       │ ──► │   結果       │
│ （キュー、   │     │ （課題基準/  │     │ （強化子、   │
│  プロンプト）│     │   修正）     │     │   弱化子）   │
└──────────────┘     └──────────────┘     └──────────────┘
```

A: いつ着衣すべき　　A: より少ない衣服　　A: 食物強化子
　　かを示す模造時　　B: 衣服のフルセット　B: トークン強化子
　　計　　　　　　　　C: 徐々に減らす時間　C: チャート（自己記
B: 時計無し　　　　　D: 基準制限時間　　　　　録）
　　　　　　　　　　　E: さまざまな衣服　　D: 間欠スケジュール
　　　　　　　　　　　　　　　　　　　　　　　による賞賛

段階
　1　　A　　　　　　　A　　　　　　　　A
　2　　A　　　　　　　A　　　　　　　　B
　3　　A　　　　　　　B　　　　　　　　B
　4　　A　　　　　　　B/C　　　　　　　C
　5　　A　　　　　　　B/D　　　　　　　C
　6　　B　　　　　　　B/D　　　　　　　C
　7　　B　　　　　　　D/E　　　　　　　C
　8　　B　　　　　　　D/E　　　　　　　D

図28.11　発達障害成人の朝の自立着衣の維持般化を促進するプログラム成分を修正し除去する例

- 課題要件と基準

- 行動結果または強化変数

　介入成分を取り止める順序は、ほとんど違いをつくらないが、大部分のプログラムでは、介入の重要な先行事象または結果事象の成分を取り止める前に、すべての課題関連要件を介入後の環境におけるそれとできるだけ同様にすることが、おそらく最善であろう。このようにすれば学習者は、完全な介入が撤回された後に要求されることになる流暢さと同じ水準で、標的行動を自発していることになる。

　何年も前に、私たちの研究室の1つにおいて、ある大学院生によって遂行された行動改善プログラムは、プログラムの成分をいかにして徐々に組織的に撤退させることができるかを例示している。発達障害の成人男子が、1人で衣服を着るために必要なスキルをもっていたにもかかわらず、毎朝服を着るまでに、とてつもない長い時間を費やしていた（ベースライン段階では40分から70分かかっていた）。介入は工作用紙でつくった時計をベッドのわきにつるすことから開始された。その模造時計には、彼が完全に洋服を着て強化を受けるまでの時間を表す針がセットされていた。この男性は時計を読むことはできなかったが、近くにある本当の時計の針の位置が模造時計の針と一致するかどうかを弁別することはできた。最初の成功する公算を強めるため、課題に関連する2つの介入成分が導入された。第1に、毎朝身につける衣類を、より少なくより簡単なものにした（例えば、靴ひものついた靴の代わりに、ベルトのないつっかけタイプの浅い靴）。第2に、彼のベースライン遂行に基づいて、プログラムの目的は10分以内に完全に着衣することだったにもかかわらず、最初は服を着るために30分が与えられた。最初は食物強化子を

1067

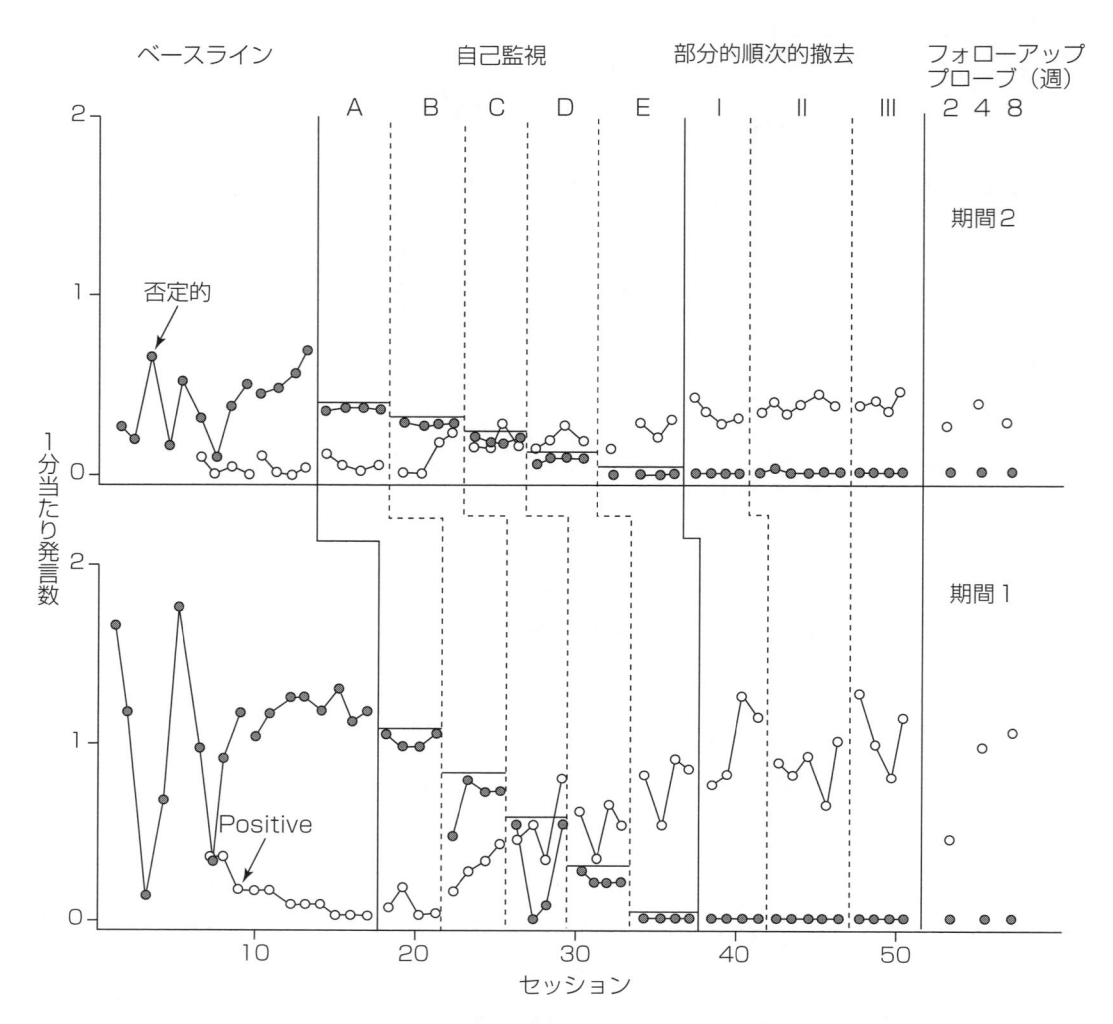

図28.12 ベースライン、自己監視、部分的順次的撤去条件における障害少年の2つの授業における否定的発言（黒丸データポイント）と肯定的発言（白丸データポイント）の数。自己監視段階の水平線は教師が与えた強化基準の変更を示す。

From "Self-Monitoring Negative Statements" by R. Martella, I. J. Leonard, N. E. Marchand-Martella, and M. Agran, 1993, *Journal of Behavioral Education, 3*, p. 84. Copyright 1993 by Human Sciences Press. Reprinted by permission.

言語賞賛と対にして、連続強化スケジュールによって、与えられた。図28.11は、介入のそれぞれの側面（先行事象、行動、行動結果）がどのように修正され、最終的には完全に撤去されたか、そしてその男性がプログラムの終わりまでには日常に存在するスタッフメンバーからの間欠的賞賛のスケジュール以外には、必要以上の時計やグラフや人為的強化の助けなしに、10分以内に完全に衣類を着用するようになったかを示している。

　ラッシュとカズディン（Rush & Kazdin, 1981）は、彼らのいう「部分的順次的撤去」（partial-sequential withdrawal）、すなわち反応維持を同時に査定しながら、介入成分を組織的に撤去していく方法について説明した。マーテラら（Martella, Leonard, Marchand-Martella, & Agran, 1993）

は、この部分的順次的撤去を使って、軽度知的障害の12歳児ブラッドが、教室の活動中に発する否定的発言（例えば、「このくそったれ電卓は嫌いだ」「数学なんてくだらねえ」）の数を減らすことを援助するために適用した自己監視介入のさまざまな成分を撤去した。その自己管理介入の成分は、ブラッドが（a）２つの授業時間において否定的発言を記入用紙に自己記録する、（b）数値をグラフに記入する、（c）「小さな」強化子のメニュー（25セントかそれ以下の品物）から自分が選んだものを受け取る、（d）自己記録データが訓練者と一致し、連続４セッションの間に漸減する基準水準と同じか下回る場合は「大きな」強化子（25セント以上）を選ぶことを許される、というものだった。ブラッドの否定的発言の頻度が減ると、研究者は４段階の部分的順次的介入撤去を開始した。第１段階では「大きな」強化子を図示することと、それを獲得させることを取り止めた。第２段階では、ブラッドは毎日「小さな」強化子を受け取るため、２つの授業時間の両方において、否定的発言をゼロに抑えることを要求された。第３段階では、ブラッドはどちらの授業時間でも、以前のように授業ごとに１枚の記入用紙を使う代わりに、両方の授業において同じ記録用紙を使い、それとともに小さな強化子はもはや提供されなくなった。そして第４段階（フォローアップ条件）では、介入のすべての成分が除去された。ただし、自己監視記入用紙は残され、基準数は強調されなかった。ブラッドの否定的発言は、介入の漸次的部分的撤去の間、ずっと低いままにとどまった（図28.12を参照）。

　成功した行動改善プログラムの終了に関しては、注意書きを添えておくことが望ましい。社会的に重要な行動の改善を達成することは、応用行動分析学を特徴づける目的である。更に、そのように改善した行動は維持されなければならない。またほかの関連場面や行動に般化しなければならない。ほとんどの例において、行動改善の最適な般化を達成するためには、介入成分の全部ではなくても大部分を除去しなければならない。しかしながら子どもが重要な行動を学習することを支援する責任をもつ実践家や親やそのほかの人々は、潜在的に有効な介入が必要とされた行動改善を生み出すかどうかよりも、そうした介入が最終的に撤去されるか、どうしたら撤去されるかに、より強い関心をもつ場合がある。提案された介入が最終的に撤去され、または日常（自然な）環境に溶け込むことがいかに重要であるか、また本書全体を通じて推奨されているすべてと一致しているかを考えてみよう。そして明らかに、選択が潜在的に等しい有効性をもつ２つそれ以上の介入の間の選択である場合、日常環境に最も似ており、かつ最も除去しやすく中止しやすい介入が、最優先されなければならない。しかしながら重要な行動改善がなされないままに放置されるべきではない。なぜなら改善を達成するために必要とされた介入の完全な撤去は、決して可能ではないからである。一定の行動を維持するためには何らかのレベルの介入が必ず必要になる。そうした場合、必要なプログラミングを継続する試みがなされなければならない。

　スプレーグとホーナー（Sprague & Horner, 1984）の般性の自動販売機の使用を教育する研究は、この点を示すもう１つの例を提供する。中度から重度の知的障害をもつ６人の生徒がこのプログラムに参加した。彼らは他人の助けなしに自動販売機を操作する助けとするため、キューカードが与えられた。そのキューカードの一面にはドリンクのロゴが、他面には価格と対にされた25セントの写真が、印刷されていた。それらはインストラクションと般化プローブのときに使われただけでなく、プログラムの終了時にも生徒によって保存された。６人の生徒のうちの５人

は、研究が終了して18カ月後も、キューカードを携行して、1人で自動販売機を利用していた。

Ⅴ　般性のアウトカムを促進する指導方針

　どんな特定の戦術が選択され適用されるかのいかんにかかわらず、般性の行動改善を促進する実践家の努力は、次に挙げる5つの指導指針を順守することによって、強められると考えられる。

- 般化の必要をできるだけ最小にする。
- インストラクション以前、最中、以後に般化プローブを行う。
- 周囲の重要な人々をできるだけ巻き込む。
- できるだけ最も侵入的でなく、最も費用のかからない戦術によって、般化を促進する。
- 重要な般性の所産を達成するために必要な介入戦術を人為的に考案する。

1. 般化のニーズを最小にしよう

　実践家は、できるだけ、教えなかったスキルや場面や状況に対する般化の必要を減らすべきである。そうするためには、どの行動改善が最も重要かについて、思慮深い組織的な査定が必要である。実践家は、学習者にとって、また学習者がそれらのスキルを使うことによって最も頻繁に恩恵を受けることになる場面と状況にとって、最も頻繁に必要となる知識とスキルに優先順位をつけなければならない。実践家は学習者が現在機能している環境に加えて、学習者が近い将来、そして人生の後半において機能することになる環境を考慮しなければならない。

　最も重要な行動改善は、不確かな般化のテクノロジーに委ねるべきではない。最も重要なスキルと場面と刺激の組み合わせを、必ず直接教えなければならない。できれば最初に教えるべきである。例えば、障害のある若い成人に公共バスシステムに乗ることを教える訓練プログラムでは、教育例題としてその人が最も頻繁にたどるバスルート（例えば家、学校、職場、地域余暇センターの往復）を使うようにしなければならない。学習者がごくたまにしか訪れない終点までのルートについて直接的インストラクションを与える代わりに、それらのルートは般化プローブとして使うようにしよう。訓練されたルートに関して高水準の反応維持を達成することは、なお課題となるだろう。

2. インストラクション以前、最中、以後に般化をプローブしよう

　般化プローブは、インストラクションの以前、最中、以後に行うべきである。

（1）インストラクション以前にプローブしよう

　インストラクションを始める前に般化プローブを行えば、学習者が般化場面で求められる行動の一部か全部をすでに遂行していることが分かり、それによって教育課題の範囲を減らすことができる。学習者がインストラクション場面で特定の行動を遂行しないからといって、それを般化場面で行うことはない、あるいは行えないと仮定することは誤りである。インストラクション以前の般化プローブのデータは、インストラクション以後の学習者の標的行動の遂行が実際に般化の成果であることを知る唯一の客観的ベースである。
　インストラクション以前のプローブは、般化場面で働く随伴性の観察を可能にする。そうした情報の知識は、より有効な処遇やインストラクションに役立つだろう。

（2）インストラクションの最中にプローブしよう

　インストラクションの最中に行う般化プローブは、般化が起こったか、いつ起こったか、そしてインストラクションは終了できるか、いつできるか、またはその焦点を獲得から維持にシフトできるか、いつできるかを明らかにする。例えば、子どもがほんのわずかの例外に関してインストラクションを受けた後、教えていない特定の種類の代数方程式の例題を解けることを知って、インストラクションを次の種類の方程式にシフトする教師は、追加の例題を提示し続ける教師よりも、より多くの代数プログラムを効果的に教えるだろう。
　インストラクションの最中におけるプローブの結果によって、般化が起こっていないかどうか、それによってインストラクションの戦略の変更を必要とするかどうかが示される。例えば、スプレーグとホーナー（Sprague & Horner, 1984）が、1人の生徒の最初の般化プローブにおける成績不振は硬貨を投入する儀式的パターンによってもたらされたことを観察したとき、彼らは訓練セッションに硬貨を挿入するステップの反復練習を組み入れた。それによって般化課題における生徒の成績は著しく改善した。
　プローブは、学習者が新しい知識やスキルを活用する機会を人為的に設けることによって、しばしばより効率的になる可能性がある。例えば、学習者が般化環境において、その新しい会話スキルを使用する機会が自然に起こるのを待つ（そしておそらく見逃す）代わりに、実践家は学習者にアプローチするために、「サクラ」の仲間の協力を求めることができる。ニンネスら（Ninness, Fuerst, & Rutherford, 1991）は、人為的な般化プローブを使った。そこでは中学生が一連の自己管理スキルを使用する程度をテストするため、挑発されたり注意転導されたりした。
　計画された般化プローブは、獲得と般化の一次的測度としても使うことができる。例えば、ミルテンバーガーら（Miltenberger et al., 2005）は、子どもが見つけだせる家庭と学校の場所に拳銃を置くことによって、子どもの拳銃安全スキルを測定し教育する機会を計画した。もし子どもが拳銃を見つけたとき標的安全スキル（すなわち、けん銃に触らない、けん銃から離れる、そして大人に話す）を実行しなかったならば、訓練者がその部屋に入ってゆき、現場での訓練セッションを行い、子どもに何ができたはずだったかを質問し、すべての順序を5回リハーサルした。

（3）インストラクション以後にプローブしよう

　インストラクションが終わった後に般化プローブを行うことによって、反応維持の程度を明らかにすることができる。インストラクションが終わった後にどれくらい長くプローブを行うべきかという問題は、例えば標的行動の重篤性や、本人の生活の質にとっての行動改善の重要性や、今までのプローブによって獲得された反応維持の強さと一貫性などの諸要因によって、答えを求めなければならない。長期にわたる維持の査定の必要は、重度の行動問題にとってはとりわけ決定的に重要になる。一部のケースにおいては、数カ月または数年にわたる維持プローブが必要となるかもしれない（例えば、Derby et al., 1997; Foxx, Bittle, & Faw, 1989; Wagman, Miltenberger, & Woods, 1995）。

　もし反応と維持の組織的プローブを行うことが難しすぎるか、不自然すぎるように思われるならば、実践家は子どもやクライエントにとっての標的行動の相対的重要性について考慮しなければならない。もしも行動が介入の標的にするほど重要であるならば、その介入の般性の所産を査定することは、査定がどういう努力を要求するにせよ、そうするだけの価値がある。

3．周囲の重要な人々を巻き込もう

　　すべての人々は、あらゆる種類の行動改善のための、潜在的な教師である。あなたが「教師」や「行動分析家」と呼ばれていたとする。その理由だけから、意図的な行動改善を行う能力について、排他的特権をもつわけではない。それどころか、そういう特権の可能性はない。人に接触する人はすべて、ほかのすべての人の行動に対して、その改善とその維持の両方に貢献する。

　　　　　　　　　　　　　　　　　　　　　　　　　―ドナルド　M. ベア（Baer, 1999, p. 12）

　般性の所産をめざす教育は大変な仕事である。それゆえ実践家は、できるだけ多方面から援助を受けるようにすべきである。重要な行動がプロンプトされ強化される場所と時間には、ほぼ必ず人々が存在する。そして社会的行動が標的となるとき、その名が示す通り、そこに人々が存在する。

　ほとんどすべての行動改善プログラムにおいて、参加者と行動分析家以外の人々が密接に関係する。プログラムを成功させるためには、そうした人々の協力が極めて重要である。フォックス（Foxx, 1996）は、成功する行動改善介入のプログラミングにおいては、「10％は何をすべきかを知っている。90％は人々にそれをしてもらっている……。多くのプログラムでは、これらのパーセンテージが逆転してしまうために失敗する」（p. 230）。フォックスは、成功するためにはスタッフにプログラムを一貫して忠実に実践してもらうことが必要であり、そのことの困難さと重要性に言及しているが、周囲の重要な人々を巻き込むことについても同じことが言える。

　ベア（Baer, 1999）は、行動改善プログラムに進んで関与するか、巻き込まれる可能性のある人々を積極的なサポーターか、または寛容さを示す人として、突き止めようと提案した。積極的なサポーターとは、般化場面に日常的に（自然に）存在していて、特定の事柄を遂行することに

よって、標的行動の般化と維持を促進する手助けをする人である。積極的サポーターは、学習者が新しいスキルを使ったり練習したりする機会を設定し、行動のためのキューと反応プロンプトを与え、その標的行動の遂行に強化を与える。そうすることによって、望ましい般性の所産を促進する手助けをする。

重度障害の子どもに独立して食事することを教える行動改善プログラムの積極的サポーターについて考えてみよう。そのなかには、学校の食堂にいる1人か2人のキーパーソンや、子どもに定期的に関わるボランティアや指導補助者や、子どもの両親や、年長のきょうだいなどが含まれる。これらの人々は、教育チームにとってなくてはならないメンバーである。最適な般化を生み出すためには、積極的サポーターらは、彼らの共有する般化環境において、学習者が新しいスキルを使う機会をたくさんもてるように、注意を払わなければならない。そして標的行動に伴わせる結果として、その般化環境において彼らが制御する日常の（自然な）強化子（例えば、賞賛、接触、笑顔、交友）を活用しなければならない。積極的サポーターのリストを、学校の教職員や家族や同級生に限る必要はない。またおそらく望ましいことでもない。彼らは般化が望まれているすべての環境や状況において、いつも存在して活用できるとは限らない。

寛容さを示す人とは、般化場面に存在する人である。そして般化計画を妨げるような行動はしないことに同意する人である。寛容さを示す人には、学習者が般化環境において新しいスキルを使うことになることを伝えて、そのことに寛容であってほしいとお願いする。独立して食事するプログラムでは、寛容さを示す人のリストには、子どもの家族のメンバーや、学校の食堂のスタッフや、同級生の一部のメンバーが含まれるだろう。行動分析家は、家庭と学校環境を超えて、その子が公共の飲食店でテーブルや食事エリアをともにする一般大衆が果たす可能な役割についても、考えておかなければならない。家庭と学校の慣れ親しんだ随伴性を超えて最初の試みをするとき、学習者の最初のだらしなさとのろまさ（大部分の人々と比べればつねにだらしなくのろまである可能性がある）が、結果としてその新しい食事のスキルを罰する恐れのある他人からのさまざまな反応を招くかもしれない。じっと見つめられ、笑われ、話題にされ、急ぐように言われ、助けてあげようと提案すらされるだろう。それらは般化の可能性を弱める。確かに、行動分析家は、さまざまな教職員や家族メンバーならば、進行中の食事プログラムについて情報を与え、子どもが独立して食事しようとする試みを邪魔しないように求めることができる。しかし社会全般となると問題は別である。すべての人々にプログラムの情報を伝えることは不可能である。しかしながら、学習者が般化場面で遭遇することになる不寛容な行動の種類を考慮することによって、そうした不寛容な条件のもとでの練習を教育プログラムに含めるように設計することはできる。学習者が失礼な発言を無視し、1人で食べ続けることに対して強化が随伴するように、インストラクション試行を組み立てるようにすればよい。

4. できるだけ最小侵入的な、最小コスト的な戦術を使おう

行動分析家は、般化を促進するために、より侵入的で費用の高い戦術を使う前に、侵入性の低い、費用の安い戦術を使うべきである。前に記したように、般化場面で新しいスキルを使うよう

に子どもにただ催促する。そうすることは、般化を促進する可能性のあるすべての方法のなかで、最も簡単で最も費用の安い方法である。実践家は般化させるよう学習者に言って聞かせれば、望ましい所産が得られるなどと決して仮定してはならないが、そういう簡単で無料の戦術を含めることに失敗してはならない。同様に、般化場面に最も関連する特徴の一部をインストラクション場面に組み込むこと（すなわち共通刺激のプログラミング）は、しばしば必要とされる般化を生み出すために役立つ。また日常（自然）場面でインストラクションするよりも、より安い費用で済ませることができる（例えば、Neef, Lensbower et al., 1990; van den Pol et al., 1981）。

　費用の安い戦術を利用することは、教育に使える限られた資源の優れた保護になるが、それだけでなく侵入性が低く可動部分の少ない介入は、取り除くこともより簡単である。組織的な般化プローブを行えば、般化は起こったか、より複雑で侵入的な介入とサポートは必要かが明らかになる。

5．重要な般性の成果を実現するために必要な介入戦術を人為的につくろう

　実践家は侵入性にこだわるあまり、学習者に対して重要な所産をもたらす潜在的に有効な介入や手続きを実行することに失敗してはならない。それゆえ、必要ならば、実践家は先に示した指針を無視して、学習者が重要な知識とスキルを般化させ維持することを可能にするために必要な、できるだけ多くのインストラクションと般化の戦術を、人為的に考案すべきである。

　行動分析家は、般化の欠如を嘆き、般性の行動改善を示す能力がないと、学習者を非難するよりはむしろ、標的行動を拡大し維持するために必要となる可能性があるなら、どんな社会的に妥当な随伴性であっても、それを設計することに力を尽すべきである。

6．ドン・ベアの英知の最後の言葉

　行動実践家が直面する一番困難で重要な課題は、学習者が社会的に重要な行動において般性の改善を達成するよう支援することである。行動改善は、最初はいかに重要であったとしても、もし時間とともに存続せず、適切な場面と状況において自発されず、さまざまな形態（トポグラフィー）が望ましいときに限られた形態でしか自発されないとすれば、学習者にとってほとんど価値がない。

　ストークスとベア（Stokes & Baer, 1977）が「般化の潜在的テクノロジー」と呼んだ知識ベースは、過去30年の研究を経て、般性の行動改善を促進する一層顕在的で有効な、一連の戦略と戦術へと発展し進歩した。これらの方法の知識は、本書全体を通じて解説してきた基本原理と行動改善戦術の知識と相まって、人々が健康で幸福で生産的な人生を楽しめるように支援するための強力なアプローチを行動分析家に提供する。

　本章を閉じるに当たり、ドン・ベア（Baer, 1999）による二重に賢明な観察を書き留めておくことにする。彼はそのなかで、人の経験（この場合は教訓の本質）と、その経験から学んだことや、学ばなかったこととの間の関係についての基本的な真理を指摘した。ベアは、彼より前のス

第28章　行動改善の般化と維持

キナーと同様に、われわれがそう行動すべきであると思った通りに学習者が行動しないことを非難してはならないと、賢明に注意してくれた。

　　何ごとかの一面を学ぶということは、その残りを知るということを決して意味しない。何かをいま上手にできるということは、今後必ずそれを上手にできるということを決して意味しない。1つの誘惑に毅然と抵抗することは、いま品性と精神力と規律があることを決して意味しない。したがって、頭の回転が鈍く、学習障害であり、未熟であるのは、その学習者の側のせいではない。なぜならこの点に関して、学習者はすべて似たり寄ったりだからである。すなわち般性の教訓を教えられない限り、何人といえども般性の教訓を学習することはできない。(p. 1) [強調は原著]

まとめ

般性の行動改善：定義と主要な概念

1．般性の行動改善が起こったといえるのは、訓練された行動がほかの時間やほかの場所で起こり、それらの時間と場所において全面的に再訓練する必要がない場合か、または直接教えていない機能的に関連する行動が起こる場合である。

2．反応維持とは、その行動を学習者のレパートリーに初めて出現させるもとになった介入の一部または全部が停止された後に、学習者が行動を遂行し続ける程度のことである。

3．場面/状況般化とは、学習者がインストラクション場面とは別の場面か状況において、標的行動を自発する程度のことである。

4．インストラクション場面とは、そこでインストラクションが起こる環境のことである。それには学習者の標的行動の獲得と般化に影響する可能性をもつ、計画された、または計画されなかったすべての環境側面が含まれる。

5．般化場面とは、インストラクション場面と何らかの意味で違っている場面であり、そこで標的行動の遂行が望まれている場面、ないし刺激状況である。

6．反応般化とは、訓練された反応と機能的に等価な、訓練されていない行動を、学習者が自発する程度のことである。

7. 介入のなかには、時間を超え、場面を超え、行動を超えて、重要な幅広い般性の効果を生み出すものがある。ほかの介入は耐久性と広がりに限りがある限局性の行動改善を生み出す。

8. 望ましくない場面/状況般化には、2つの一般的形態がある。過剰般化、すなわち行動が広すぎる刺激クラスの制御下に組み込まれること、そして誤った刺激性制御、すなわち無関係な先行刺激の制御下に組み込まれることである。

9. 訓練されていないが機能的に等価な学習者の何らかの反応が、望ましくないアウトカムを生み出すとき、望んでいない反応般化が起こる。

10. そのほかの種類の般性アウトカム（例えば、刺激等価性、随伴性内転、被験者間般化）は、反応維持、場面/状況般化、反応般化のカテゴリーには簡単には適合しない。

11. 般化地図は、さまざまな種類の般性の行動改善を組み合せ、カテゴリー化する概念的枠組みである（Drabman, Hammer, & Rosenbaum, 1979）。

般性の行動改善を計画する

12. 般性の行動改善を促進する第1段階は、日常に（自然に）存在する強化随伴性を満たすような標的行動を選ぶことである。

13. 日常に（自然に）存在する随伴性とは、任意の強化（または弱化）随伴性であり、それは行動分析家や実践家による努力とは独立に作用するものである。それには、ほかの人々によって人為的に考案され、そして関連場面においてすでに実施されている社会的に媒介された随伴性が含まれる。

14. 人為的に考案された随伴性とは、標的とされた行動改善の獲得と維持およびまたは般化を達成するために、行動分析家によって設計され実践される強化（弱化）随伴性である。

15. 般化の設計には、望まれたすべての行動改善と、学習者が直接訓練終了後に標的行動を自発しなければならないすべての環境を同定することが含まれる。

16. 設計のリストを開発する恩恵には、教育課題の範囲を一層よく理解すること、そして直接教授の対象となる最も重要な行動改善と場面に優先順位をつける機会に恵まれることが含まれる。

般性の行動改善を促進する戦略と戦術

17. 研究者らは、ストークスとベア（Stokes & Baer, 1977）が「般化の潜在的テクノロジー」と呼んだものを、般性の行動改善を促進する一層顕在的で有効な一連の戦略と戦術へと発展させ前進させてきた。

18. 十分な例題を教えるという戦略は、すべての可能な刺激と反応の例の部分集合を教え、それから訓練しなかった例についての学習者による遂行を査定することを要求する。

19. 般化プローブとは、直接訓練しなかった場面およびまたは刺激状況において、学習者による標的行動の遂行を測定することである。

20. 十分な刺激事例を教えるためには、先行刺激の2つ以上の例に対して正しく反応することを教え、それから教えなかった刺激例に対する般化をプローブする必要がある。

21. 一般的ルールとして、実践家がインストラクションの間により多くの例題を使えば使うほど、訓練しなかった事例や状況に対して学習者が正しく反応する可能性が高くなる。

22. 多様な反応形態を学習者に練習させることは、望ましい反応形態の獲得を保証するために役立ち、そして反応般化を促進する。しばしば多範例訓練と呼ばれるこの戦術は、通常、おびただしい数の刺激例と反応バリエーションを含んでいる。

23. 一般事例分析とは、般化場面における全範囲の刺激バリエーションと反応要件を代表する例題を選択し教授する組織的な方法である。

24. 否定的な、すなわち「それをするな」の教育例題は、学習者がそこでは標的行動を遂行すべきではないという刺激状況を同定するために役立つ。

25. 最少差異の否定的教育例題は、肯定的教育例題と多くの特徴を共有するが、それは過剰般化と誤った刺激性制御によって起こる「般化エラー」を取り除くために役立つ。

26. インストラクション場面と般化場面が類似していればいるほど、標的行動が般化場面で自発される可能性はより強まる。

27. 共通刺激のプログラミングは、般化場面において典型的に見出される刺激特徴を、インストラクション場面に含めることを意味する。実践家は、般化場面における直接観察によって、そして般化場面をよく知っている人々に質問することによって、共通刺激にすることのでき

る刺激を同定することができる。

28. ゆるく教えることは、教育セッション内とセッション間で、インストラクション場面の重要でない側面を無作為に変動させることである。それは、（a）重要でない刺激の1つか少数の一群が標的行動に対して排他的制御を獲得する可能性を減らす、（b）学習者の遂行が、般化場面における「奇妙な」刺激の存在によって妨げられ、または「狂わされる」ことをできるだけ起こさせないようにする。

29. 新しく学習された行動は、十分教えられていないために、既存の強化随伴性に接触できないという可能性がある。この種の般化の問題を解決するためには、学習者に日常的に（自然に）起こる強化随伴性によって要求される比率、正確さ、形態（トポグラフィー）、潜時、持続時間、およびまたは大きさで、標的行動を自発するように教えることにする。

30. 間欠強化スケジュールと遅延性報酬の使用は、弁別できない随伴性をつくり出す可能がある。それは学習者が次の反応は強化を生み出すかどうかを弁別することを難しくさせることによって、般性反応を促進する。

31. 行動の罠は次の4つの定義的特徴をもつ強力な強化随伴性である。すなわち、（a）ほとんど抗しがたい強化子によって「おびき寄せる」。（b）その罠にはまるためには、すでに行動のレパートリーに存在する低努力反応だけが必要である。（c）罠の内部にある相互に関連した強化随伴性が、子どもに標的スキルを獲得させ、拡大させ、維持させる動機づけとなる。（d）それらは長い間効果を残存させることができる。

32. 存在しているが働いていない強化随伴性を目覚めさせる1つの方法は、般化場面のキーパーソンに、学習者による標的行動の遂行に対して注目と賞賛を与えてほしいと依頼することである。

33. 日常の（自然な）強化随伴性を目覚めさせるもう1つの戦術は、学習者に般化場面で強化をリクルートする方法を教えることである。

34. 般化を媒介する1つの戦術は、標的行動を人為的に考案されたインストラクション場面の刺激の制御下に組み込み、般化場面における学習者の標的行動の遂行を確実にプロンプトするか、その助けとなるようにすることである。

35. 学習者に自己管理スキルを教えて、それを使って標的である行動改善を、あらゆる関連場面で、あらゆる時間に、プロンプトして維持することができるようにすることは、般性の行動改善を媒介する潜在的に最も有効なアプローチである。

36. 般化させることを訓練する戦略は、「般化させること」を、ほかのオペラントと同様に、強化随伴性によって選択され維持される1つのオペラント反応クラスとして扱うことが前提となる。

37. 反応般化を促進する1つの戦術は、反応の変動性を強化することである。ラグ強化スケジュールでは、前の反応とは何らかの定義された仕方で異なっているか（ラグ1スケジュール）、前の反応の特定の数と異なっている（ラグ2またはそれ以上）反応を条件として、強化を与えることである。

38. 般性の行動改善を促進する最も簡単で最も安価な戦術は、学習者に般化の有用性を話して聞かせ、そうするようにインストラクションすることである。

成功する介入を修正し終了する

39. 最も成功する行動改善プログラムの場合、その介入を無期限に継続することは不可能であり、実践的でもなければ望ましいことでもない。

40. 正式の介入手続きから普通の日常環境へのシフトは、訓練プログラムの3成分、すなわち、（a）先行事象、プロンプト、またはキュー関連刺激、（b）課題修正と基準、（c）行動結果または強化変数を、徐々に撤去することによって達成することができる。

41. 重要な行動改善は、十分達成されないまま放置すべきではない。なぜならそれを達成するために必要な完全な介入の撤去は決して可能にならないからである。一定の行動を維持するためには何らかの水準の介入がつねに必要である。その場合、必要なプログラミングを継続するように努力しなければならない。

般性のアウトカムを促進する指導方針

42. 般性の行動改善を促進する努力は、次の5つの指導指針を遵守することによって強められるだろう。

- 般化の必要をできるだけ最小にする。
- インストラクション中とその前後に般化プローブを行う。
- 周囲の重要な人々をできるだけ巻き込む。
- 可能な限り、最も侵入的でない、最も費用のかからない戦術によって、般化を促進する。

- 重要な般性のアウトカムを達成するために必要な介入戦術を人為的に考案する。

第 13 部

倫 理

　第13部では、これまでの章で取り上げた行動改善の戦術と手続きを、倫理的実践の領域という文脈に当てはめる。第29章「応用行動分析家の倫理の考察」で、ホセ・マルティネス-ディアス、トム・フリーマン、マット・ノーマンド、ティモシー・E・ヘロンは、研究者や実践家や介護者が倫理的実践に関する次の3つの基本的問い、（1）なすべき正しいこととは何か？　（2）なす価値のあるものとは何か？　（3）よい実践家であるとはどういう意味か？に取り組むことを援助する。3人は、倫理的行動を定義し、潜在的な倫理的衝突を処理する戦術を同定し、専門的行為の指針と規範を説明し、人がいかにして行動分析家としての専門的能力を実現し、維持し、拡大できるかについての提言を行う。

第29章
応用行動分析家の倫理の考察

キーワード

守秘義務、利害の衝突、行動の倫理規範、倫理、インフォームド・コンセント（説明と同意）

行動分析士資格認定協会®BCBA® & BCaBA®
第4版課題リスト©

Ⅱ　クライエントを中心に据えた専門家としての責任	
G—06	クライエントを支援し、およびまたはサービスを提供するほかの人々と協力して行動分析学のサービスを提供する。
G—07	応用行動分析学の自らの専門能力の範囲内において実践する。必要ならば、コンサルテーションやスーパービジョンや訓練を受け、または照会する。
J—08	介入の社会的妥当性に基づいて介入戦略を選択する。支援を確保する。
K—01	行動サービスの継続的な証拠書類の作成を行う。
K—02	行動改善手続きを実行する責任者の行動を制御する随伴性を同定し、それに従って介入を設計する。

©2012　行動分析士資格認定協会®（BACB®）。不許複製。この文書の最新版は、www.bacb.comから入手できる。この文書の転載、複写、配布の請求と、この文書についての質問は、BACBに直接問い合わせられたい。

本章はホセ・A・マルティネス-ディアス（J. A. Martinez-Diaz）、トーマス・R・フリーマン（T. R. Freeman）、マシュー・ノーマンド（M. Normand）、ティモシー・E・ヘロン（T. E. Heron）が執筆した。

第29章 応用行動分析家の倫理の考察

　教育実践や臨床実践では、しばしば倫理的なジレンマ（板挟み）が表面化する。次のような状況を考えてみよう。

- 田舎の私立の営利を目的とした地域ベースの発達障害者ホームに入居している人がいる。その人が所長のところにやってきて、町の近くのアパートに引っ越したいという。彼が引っ越してゆけば、施設の収益が減る。更に引っ越し費用もかかる（例えば、転居費、将来の現地でのスーパービジョン）。また入居者が借りられるあたりは、住民に危険が起こる恐れのある地域である。この入居者の転居の申し出に、所長は利害の衝突から起きる判断の偏りが生じないようにしながら、どうすれば倫理的に対応することができるか？

- ジュリアンは重度障害児である。激しい自傷行動（SIB）（例えば、頭部強打、眼球えぐり）を頻繁に起こしている。そのSIBを減らすため、これまで多くのポジティブ・アプローチや、ポジティブに減らすアプローチが試みられてきた。しかしどれも成功しなかった。そこで支援コーディネーターが、オプションとして「自傷行動抑制装置」（SIBIS）を提案した。しかし両親は、SIBISの電気ショックで息子が傷つくことを恐れて反対している。ポジティブな試みは失敗したという証拠書類がある。そのことを考えると、SIBISの治療を始めようという提言は、適切な倫理的な行動方針といえるか？

- 個別教育プログラム（IEP）の年次会議の過程で、学区の1人の管理職が情緒障害児の両親に、学校ベースの応用行動分析学（ABA）のサービスを提供しない改訂版IEPを受け入れさせようと「誘導」していることに、初任教師のドウアティ先生が気づいた。ほかの大多数のチームメンバーはそのABAサービスを提供するよう進言している。ABAのサービスを提供することになれば、財政的に苦しい学区が、更に費用を負担しなければならないことになる。管理職はそのことを懸念して、会議を誘導しているようにドウアティ先生には思われた。ドウアティ先生は初任教師である。もしここで発言すると、校長からの好意も、ひいては教職も失うようなことになるかもしれない。彼女はそのことで悩んでいる。そうかといって黙って何も発言しなければ、子どもは必要なサービスを受けられなくなる。ドウアティ先生は、どうすれば子どもの擁護者として行動しながら、教員の資格を失わずに済ませることができるだろうか？

　行動分析家は、これらのそれぞれの状況において、いかに倫理的に対応すべきだろうか？　本章では、こうした状況をとりまき、またその基にある問題を取り上げることにする。最初に、倫理とは何か、なぜそれが重要であるかを考える。次に、専門的実践のための倫理的行動と、行動分析学の基準（behavior analysis standard）を示す。それによって実践家は日々の実践で起こる倫理的ジレンマを切り抜けて適切に対処する方法を知ることができる。最後に、クライエントに対するサービスという文脈（例えば、インフォームドコンセントと利害衝突）において、倫理の問題を考察する。

I 倫理とは何か、それはなぜ重要か？

1. 倫理の定義

倫理（ethics）とは、「するべき正しい行動とは何か？」「する価値のあるものとは何か？」「よい行動分析家であるとはどういう意味か？」（Reich, 1988; Smith, 1987, 1993）という3つの基本的問いに取り組む行動と実践と決定のことである。個人的、専門的な実践は、これらの問いを導きとして、人々が身体的、社会的、心理的、家庭的、個人的状況を改善することを支援するという主要な目的を実現するために行う。コーリーら（Corey, Corey, & Callahan, 1993）の言う通り、「倫理的に実践する基本的な目的は、クライエントの福祉を向上させることである」（p. 4）。

（1） するべき正しい行動とは何か？

するべき正しい行動とは何か？ この問題に取り組むことは、結局、次の影響領域を検討することである。すなわち、①善悪についての自分の個人史（personal history）、②応用行動分析学の実践の文脈（context of practice）（それには合法的・違法的問題と倫理的・非倫理的問題が含まれる）、③成文化された倫理的行為規則（codified ethical rules of conduct）という影響領域である。更に、するべき正しい行動とは何かをどのようにして決めるかは、つぎの3点によって論理的に導き出される。すなわち、①われわれにケアを託した人々の福祉を本来的に守るためほかの応用行動分析家や専門家によって首尾よく用いられ定着している原理と方法と決定、②専門職の福利、そして最終的には、③文化のサバイバル（Skinner, 1953, 1971）、の3点である。

最初に、何が倫理的（善）行動か、非倫理的（悪）行動かは、究極的には文化の実践（cultural practice）に関係していると言いたい。したがってそれは、文化の違いと時間の経過によって影響を受けることを免れない。ある文化で容認されることは、ほかの文化では容認されない。ある時点で容認されることは、20年後にはまったく容認されない。

個人史 査定と介入をどう進めるかを決定するとき、すべての応用行動分析家は、自分が過去に同様の状況において決定した個人史の影響を受ける。しかし分析家が訓練と経験を積めば、おそらく、自分の個人的、文化的背景によって持ち越される否定的なバイアスや傾向は相殺される。例えば、行動分析家にきょうだいがいて、その子が自傷行動（SIB）をしていたとする。そしてその実践家が、重い自傷行動をする子どもをもつ家族の支援の仕方について意思決定する問題に直面したとする。その実践家はきょうだいを助けるために両親が使った（使わなかった）手続きの記憶に影響される可能性がある。両親は罰を使ったか？ 家族の集まりにきょうだいを参加させたか？ 適切なプログラムとサービスを探したか？ しかし、さまざまな査定と介入の訓練を積めば、その分析家はそうした個人的経験のもたらす潜在的影響を乗り越えて、臨床的に適切な治療選択肢を公平に探究することに同意し、それを優先するようになるだろう。

更に実践家が受けてきた幼児期の文化的ないし宗教的な養育が、正しい行動方針の決定に影響を与える可能性がある。行動分析学の正式な訓練を受ける以前に、実践家が「ムチを惜しめば子どもがだめになる」という考えを支持する家庭文化において養育されていたとする。その彼がもし「大きくなれば直っていく」という哲学を支持する家庭文化において養育されていたとすれば、重度の行動を別のやり方で処理するかもしれない。しかしながらその後に受ける訓練によって、よりバイアスの少ない、情報に基づいた、一連の原理が浮かび上がってくる可能性がある。

最後に、重度の問題行動を伴うほかのケースについて、人が専門的な訓練と経験を受けていたとすれば、そのことが方法B（例えば、過剰修正）より方法A（例えば、分化強化手続き）を好むかどうかについて影響を与える可能性がある。行動分析家は、自らの個人史（履歴）が意思決定に及ぼす一要因となる可能性を認識しなければならない。更に実践家は、自分の個人的背景のために不適切で効果のない介入を選択することのないように注意しなければならない。こうした可能性によって被る影響を減らし、個人史と背景が専門的知識や経験よりも意思決定に影響しないようにするためにはどうすればよいだろうか？　実践家はスーパーバイザーや同僚に助けを求め、研究文献をレビューし、ケーススタディを調べることができる。そうすることによって、過去に成功した行動指針を見つけ出すか、そのケースから自分を外すかするようにする。

　実践の文脈　応用行動分析家は、学校や、家庭や、地域場面や、職場や、そのほかの日常環境において仕事をする。これらの環境のルールは、多くの行動（例えば、出席、病欠）に影響を与える。そのルールには、実践家が法律問題と倫理問題を区別するために役立つように設計された政策綱領（policy statement）が含まれている。例えば、合法的であるが非倫理的な実践というものがある。専門的機密を破る、サービス料の代わりに家族の高価な家具や衣装などの「家宝」を受け取る、年齢18歳以上のクライエントと合意のうえで性的な関係をもつなどは、合法的ではあるが非倫理な行動の例である。非合法的でかつ非倫理的な行動というものもある。例えば、個人的スキルや約束したサービスを偽って伝える、サービスを提供している間にクライエントの所持品を盗む、クライエントを肉体的、感情的、性的、社会的に虐待する、年齢18歳未満のクライエントと合意のうえで性的関係をもつなどはすべて非合法的であり、かつ非倫理的な行動である（Greenspan & Negron, 1994）。行動分析家が、これらの法的、倫理的区別を弁別できれば、有効なサービスを提供することもできる。またクライエントに対して集中的な気配りをし続けることができる。更に法律や専門的な行動基準に抵触するということもない。

　行動の倫理規範　すべての専門団体は、**行動の倫理規範**（ethical codes of behavior）を作成するか採択している。これらの規範は、その団体のメンバーが行動方針を決定し、専門的義務を果たすとき、考慮すべきガイドラインを示している。またこれらのガイドラインは、規範からの逸脱に対して段階的制裁措置（例えば、懲戒、問責、団体からの除名）を科する基準も用意している。国際行動分析学会は、アメリカ心理学会の倫理規範を採択している。この点についての更なる議論は、本章の後半で行うことにする。

（2）する価値のあるものとは何か？

　する価値のあるものとは何か？　この問題は、実践の目的と目標に直接的に関連している。「われわれは何を成し遂げようとしているのか？」「われわれはそれをどう成し遂げようとしているのか？」「する価値のあるものとは何か？」の決定には、言うまでもなく社会的妥当性（social validity）と、費用便益比（cost-benefit ratio）と、存在する緊急事態（existing exigencies）とが関与する。

　社会的妥当性　社会的妥当性の問いは次のことを問う。「その目標（goal）は計画した行動改善の介入にとって、好ましいか？」。「その手続き（procedure）は、人々から喜ばれ、最善の処遇の実践に合致するよう調整されているか？」（Peters & Heron, 1993）。最後に「その結果（result）は、有意義な、重要な、持続できる改善を示しているか？」（Wolf, 1978）。例えば、子どもに読みを教える。これは望ましい目標である。これにはほとんどの人がまず同意する。直接教授を使うか、効果が測定できるほかの有効なインストラクションの方法を使うかして教える。これは手続きにおいて合理的である。また結果として読みの改善が見られれば、この結果は社会的に重要である。新しい読みのスキルは、その人の人生にプラスの影響を与えるからである。しかしながら、あらゆる場面のあらゆるスキルについて、同様の主張をすることはできない。移動や視覚や聴覚に問題のある人がいる。その人に道路の安全標識を教える。それはその人にとって本当に価値があるだろうか？　アルツハイマーの患者さんに、歴代の合衆国の大統領の名前の順序を覚えさせる。これはどうだろうか？　発達障害の成人に塗り絵遊びを教える。なぜそうするのか？　自閉症の小学1年生に、春と秋のファッションを身につけた女性を弁別させる。そのため、1日20分かけて1対1の不連続試行教授を行う。それは必要か？　四肢麻痺の子に、鉛筆を握って字を書く標準的方法を学ばせる。そうする必要は本当にあるだろうか？　これらの個々のケースにおいては、その処遇の目標と、手続きと、結果についての現在と将来の価値ははっきりしない。適切なプログラミングとテクノロジーの進歩をもってすれば、移動や視覚や聴覚に問題のある人に道路の安全標識を教えることはできる。アルツハイマーの患者に歴代大統領の名前の順序を教えることはできる。四肢麻痺の人に鉛筆を正しく握るスキルを教えることもできる。しかし倫理的観点からすれば、問題は「それは達成すべきか？　そしてそうする価値があるか？」である。

　費用便益比　費用便益比の決定は文脈的である。そして、処遇ないし介入を計画し、実践し、評価すること（すなわち費用サイド）と、その人の将来の潜在的利益を推定すること（すなわち便益サイド）の間のバランスをとる必要がある。言葉を換えて言えば、個人に対する潜在的利益は、そのサービスの提供に要する短期的、長期的費用を正当化するか？　例えば、学習障害児を州外の授業料の高い私立学校に通学させるとする。(a) それに匹敵するサービスが、近隣の公立学校制度において無償で提供され、(b) 子どもの学習と社会的行動に表れる結果が、よく見積もっても確実とはいえないとする。そのとき、それに時間と費用と情緒的な資源を充てる価値が

あるだろうか？　発達障害の11学年生を学力重視の進学中心のプログラムに留まらせるとする。そのために実践家が努力したとする。もし実用的カリキュラムのプログラムに切り替えたとすれば、その子の雇用可能性と自給自足と自立を促す可能性がある。その場合、実践家の努力（財政的費用プラス時間）は、そうするだけの価値があるか？　倫理的に言えば、そのようなことをしなくても公的支援によってそれらを提供することができるならば、学区のお金を使って州外の私的サービスを受けさせる決定は支持しがたい。同様に、実用的カリキュラムモデルによって、より適切な短期的、長期的目標を達成する可能性があるのに、学力重視のプログラムによって苦痛刺激を増大させる確立操作に子どもをさらす決定は擁護しにくい。スプレーグとホーナー（Sprague & Horner, 1991）は、費用対便益という厄介な問題に取り組むため、決定は委員会が行うこと、そして成果に最も高い関心をもつ人の視点を最大限に考慮するようにすることを提案した。彼らはまた、意見（オピニオン）と入力（インプット）を序列化して、可能な最も幅広い視点が得られるようにすべきであるということも提案した。

　存在する緊急事態　行動のなかには、有効な解決法をできるだけ早く発見するよう実践家に要求するものがある。自傷行動をする子ども、摂食問題をもつ子ども、重度妨害行動を示す子どもが、そうした事例に該当する。これらの行動を改善することは、本人やほかの人々にもたらす危害の可能性を減らすこととなるため価値がある。大部分の実践家は、こういう考え方に同意する。更にほとんどの実践家は、行動しないことによって更なる悪条件を招く恐れがあることに同意するだろう。したがって、倫理的観点からすれば、当然さほど問題にならない行動に介入する前に、もっと深刻な行動に介入することを考慮しなければならない。しかしながら、そうした深刻な行動が即座の迅速な処遇を余儀なくさせたとしても、状況倫理（situational ethics）の考え方を採用するように奨励しているわけではない。この場合、短時間に早い結果を約束するが、長い目でみれば悪影響をもたらす恐れがある。状況倫理ではそのことが十分考慮されていないからである。要するに、潜在的処遇の有効性と、侵入性と、起こりうる有害な副作用と、自立に関わる重要な問題とを、同時に考慮しなければならない。そのことがたとえ介入を一時的に遅らせたとしても、そうしなければならない（Sprague, 1994）。

（3）よい行動分析家であるということはどういう意味か？

　よい行動分析家であるためには、専門的な行動規範に従うことが必要であるが、実はそれ以上のことが求められている。国際行動分析学会（Association for Behavior Analysis International）と行動分析士資格認定協会（Behavior Analyst Certification Board）の綱領を厳守することは必要であるがそれだけでは十分ではない。クライエントの福祉を意思決定の最前線におくことですら十分とはいえない。黄金律（「すべて人にせられんと思うことは人にもまたそのごとくせよ」）は、世界中の実質的にはすべての文化と宗教において重視されている規範である。しかしそれに従うことですら十分とはいえない（Maxwell, 2003）。よい実践家であるということは、自らを律する、すなわち自主規制する（self-regulating）ことである。つまり、倫理的な実践家は、長い

時間をかけて、自分の決定を基準と照合しながら調整する方法を探求する。価値と随伴性と権利と責任を統合して、十分な情報を得たうえでこれらの組み合わせを考察することを、確実に行うためである（Smith, 1993）。

2．倫理はなぜ重要か？

　行動分析学の実践家は、倫理原則（ethical principles）に従う。それは、(a) われわれにケアを託している人々に社会的に重要な「有意義な」行動の改善をもたらし（Hawkins, 1984）、(b) 害悪（例えば、劣悪な処遇、自傷）を減らすかまたは取り除き、(c) 学会や専門団体の倫理基準（ethical standard）に従うためである。倫理の羅針盤がなければ、実践家は行動方針が道徳的に正しいか間違っているかを判断するとき、ふらついてしまうだろう。あるいは、行動するしないをご都合主義や、プレッシャーや、根拠のない優先性に基づいて決定する状況倫理の世界に嵌っているかどうかを判断するとき、迷いが生じる恐れがある（Maxwell, 2003）。例えば、章のはじめに示した教師の場合、応用行動分析学のサービスを支持しないようにという管理職のプレッシャーにいやいや従い、また同僚教師が自分たちの考えを主張すると自分も毅然とした態度を取るようになったとする。その場合は状況倫理が作用していた可能性がある。

　更に、倫理的に実践すれば、人に適切なサービスを提供することができるという可能性が高まる。それゆえに倫理的実践は重要である。その結果として個人と文化は向上する。そのような改善を生み出す実践は、ゆっくり時間をかけてサバイバルして成文化され、倫理的な行為規則（ethical rules of conduct）として結晶する。これらの規範は、新しい環境問題やジレンマや疑問に反応しながら時間をかけて選択され修正されていく。

II　応用行動分析家の専門的実践の基準

1．専門的職業基準とは何か？

　専門的職業基準（professional standards）とは成文化されたガイドライン（指針）、ないしは実践規則（rules of practice）である。それは団体と関連して行う実践に対して方向性を与える。専門団体や、資格認定協会（certification board）ないしライセンス認定協会（licensing board）は、その専門職を統治する基準を作成し改善し改訂する。それは変化する動的環境においてメンバーが適切に行動するための指針（パラメーター）を与える。実際には、団体はまず調査特別委員会を設置して基準を起草させる。その基準は各理事会とメンバーにレビューされて承認される。大部分の専門団体は、行為規則（rule of conduct）を規定するだけではなく、規則に従わないメンバーに対して制裁措置を加える。重大な規範逸脱（code violation）には、団体からの除名や、資格証明書（certification）や開業許可（licensure）の取消が行われる。

　応用行動分析家の専門的職業行為（professional conduct）と、倫理的実践（ethical practice）の基準は、次に示す相互補完的に関連する5種類の公文書によって記述される。

- サイコロジストの倫理原則と行為規範（American Psychology Association, 2002）
- 効果的な行動的処遇を受ける権利（Association for Behavior Analysis, 1989）
- 効果的な教育を受ける権利（Association for Behavior Analysis, 1990）
- 行動分析士の責任ある行動指針（Behavior Analyst Certification Board, 2001）
- BACB第4版課題リスト（Behavior Analyst Certification Board, 2012）

2．サイコロジストの倫理原則と行為規範—アメリカ心理学会

アメリカ心理学会は、1953年に初めてその倫理規範（code of ethics）を、サイコロジストの倫理基準（Ethical Standards of Psychologists）（American Psychological Association, 1953）として発表した。この規範は、この分野の変化する特徴を反映して、1959年から2002年までの間に8回改訂され公表された。国際行動分析学会は専門的実践を導くため、1988年に初めてアメリカ心理学会の倫理規範（American Psychological Association, 2002）を採択した。図29.1にその規範の土台となる5つの一般原則と、10の倫理基準領域を示す。

3．効果的な行動処遇を受ける権利

国際行動分析学会は、クライアントの権利を規定した2つのポジションペーパー（所信表明文書）を公刊した。学会は1986年に調査特別委員会を組織して、行動的処遇を受ける人々の権利と、どうすれば行動分析家がクライアントに適切なサービスを確実に提供できるかを調査させた。調査特別委員会は、2年間その研究に取り組んだ。そして、クライアントの6つの基本的権利の概要を明らかにして、行動的処遇の倫理的かつ適切な適用について方向性を与える基礎とした（図29.2を参照）（Van Houten et al., 1988）。

4．効果的な教育を受ける権利

国際行動分析学会はまた効果的な教育を受ける権利（Association for Behavior Analysis, 1989）というポジションペーパー（所信表明文書）を採択した。調査特別委員会の報告書全文（Barrett et al., 1991）は、ABA評議会（ABA Executive Council）に受理された。図29.3に示した短縮版は、その後一般会員の大多数の投票によって承認され、現在は国際行動分析学会（ABAI）の公式方針となっている。この見解表明は、基本的には、査定と教育介入について、次のことを要求する。すなわち、(a) 有効性を実証した確かな研究に基づくこと、(b) 行動と環境事象との間の関数関係を取り扱うこと、(c) 組織的・継続的に監視し評価すること、である。実験で実証された証拠と、査定結果に基づいて、有効性の可能性が高いときにのみ、介入を考慮する。

図29.1　サイコロジストの倫理原則と行為規範

一般原則	倫理基準
原則A: 利益を与え害をなさぬこと 原則B: 忠実性と責任 原則C: 完全性（人間的信頼性） 原則D: 正義 原則E: 人権および人間の尊厳への敬意	1．倫理問題の解決 2．能力（コンピテンス） 3．人間関係 4．プライバシーと機密性 5．広告その他の公的発言 6．記録の保存と料金 7．教育訓練 8．研究と発表 9．査定 10．治療

Adapted from "Ethical Principles of Psychologist and Code of Conduct," by the American Psychological Association, 2002. Retrieved November 11, 2003, from www.apa.org/ethics/code2002.html. Copyright 2002 by the American Psychological Association. Adapted with permission from the author.

図29.2　効果的処遇を受ける権利

1．人は治療的環境を享受する権利を有する。
2．人は自分の幸福が最優先されるサービスを受ける権利を有する。
3．人は能力のある行動分析家から処遇を受ける権利を有する。
4．人は機能的な（実際に役立つ）スキルを教えるプログラムを適用される権利を有する。
5．人は行動査定と継続的評価を受ける権利を有する。
6．人は入手できる最も有効な処遇手続きを受ける権利を有する。

Adapted from "the Right to Effective Behavioral Treatment," by the Association for Behavior Analysis, 1989. Retrieved November 11, 2006, from www.abainternational.org/ABA/statements/treatment.asp. Copyright 1989 by the Association for Behavior Analysis. Adapted with permission.

図29.3　効果的な教育を受ける権利

1．子どもの総合的な教育文脈には、次のものを含めなければならない。
　a．学業達成と向上を奨励し維持し、それらの目標と矛盾する行動を抑制する、社会的・物理的な学校環境。
　b．思いやりと個別的対応によって、子どもを処遇する学校。それらは思いやりある家族によって提供されるものに匹敵しなければならない。
　c．両親の養育スキルと教育スキルに対する支援と訓練を提供する学校プログラム。
　d．学校における子どもの成功を奨励し維持するように作用する家庭における行動結果と注目。
2．カリキュラムとインストラクションの目標は、
　a．累積的な習得を促進することが実証され、その文化において長期的な価値をもつ、妥当性が実証されたインストラクションの目的の階層や順序と、測定できる遂行基準に基づいていなければならない。
　b．流暢な遂行における正確さの次元と速さの次元を含めた習得基準を特定していなければならない。
　c．長期短期の個人的職業的成功と、1度習得したら日々の生活の日常の行動結果によって維持される目標を含んでいなければならない。

> d. 明白に測定されたインストラクションの目標として、スキルと知識の長期的保持と維持を含めるようにしなければならない。
> 3. 査定と子どものプレースメントは、
>   a. 「情緒障害」や「学習障害」などの分類名よりも、スキルや知識の実際のレベルに基づいて有用な意思決定を行うための、目標基準に十分準拠した、査定と報告の方法が伴ってなければならない。
>   b. 開始時に測定されたエントリースキルと、階層構造化されたカリキュラムの順序の特定の水準のために必要な前提スキルとの間の一致に基づいたプレースメントを含んでいなければならない。
> 4. インストラクションの方法は、
>   a. 子どもがインストラクションの目標を自分のペースで習得することができ、また、毎日少なくとも一部のインストラクションセッションにおいては、子どもたちがマイペースでできるだけ素早く頻繁に反応できるようにしなければならない。
>   b. 子どもがカリキュラムの各段階でスキルと知識を習得できるように、十分な練習の機会を与えなければならない。
>   c. 間違いを修正するように、およびまたは反応頻度を増加させるように設計され、そして個別の遂行に合せて調整された行動結果を、子どもに望ましいアウトカムを達成させるまで、与えるようにしなければならない。
>   d. 集団インストラクションが望ましいアウトカムを生み出すことができなかった場合は、個別インストラクションを使用することも含めて、個人の学習と遂行の測度に敏感になり、またそれに応じて調整するようにしなければならない。
>   e. この文書に記載された有効な特徴を具現化するプログラムを用いて、スキルの習得を促進するために最も進歩した機器をいつも使用しなければならない。
>   f. 測定可能な有効性を備えた、科学的に妥当な、インストラクションの手続きとプログラムと教材を使用することに関して、パフォーマンスベースの訓練と、管理監督的支援と、評価をきちんと受けている教師によって、提供されなければならない。
> 5. 測定と総括的評価に必要なものは、
>   a. 客観的なカリキュラムベースの遂行の測度を使った意思決定。
>   b. 主観的評定や、集団基準に準拠した比較や、アルファベットによる評価よりも、客観的に測定された個別のアチーブメントと進歩についての報告。
> 6. 成功の責任については、以下のことを明記しなければならない。
>   a. 子どものアチーブメントの客観的測度によって決定される、教職員に対する金銭的、操作的な行動結果。
>   b. 教師と、管理職と、全般的な教育のプログラムは、子どもの成功に責任を負う。そして子どもが最高のパフォーマンスレベルを達成するまで、プログラムを改善する。
>   c. 子どもと親は学校と学校プログラムを教育ニーズが満たされるまで改善することを認められ、また奨励されなければならない。

Adapted from "the Right to Effective Education," by the Association for Behavior Analysis, 1990. Retrieved November 11, 2006, from www.abainternational.org/ABA/statements/treatment.asp. Copyright 1990 by the Association for Behavior Analysis. *The Behavior Analyst*, 1991, Volume 14 (1), pages 79-82 show full report. Adapted with permission.

5. 行動分析士の責任ある行動の指針

　行動分析士資格認定委員会（BACB）の行動分析士の責任ある行動の指針（2010）は、主要な10領域の専門的実践と倫理的行動をめぐる具体的期待を示している（図29.4を参照）。BACBの指針は、ほかのさまざまな倫理指針に準拠しており、またそれらとの間には一貫性がある。そのなかには、ベルモント報告（「生物医学研究と行動研究における人間被験者の保護に関する全米委

図29.4　行動分析士資格認定委員会®による行動分析士の責任ある行動の指針

```
1.0  行動分析士の責任のある行動
     1.01 科学的知識への信頼
     1.02 能力
     1.03 専門職開発（継続教育）
     1.04 正直さ
     1.05 専門的、科学的関係
     1.06 二重関係と利害対立
     1.07 搾取関係
2.0  クライエントに対する行動分析士の責任
     2.01 クライエントの定義
     2.02 クライエントの受け入れ
     2.03 責任
     2.04 コンサルテーション
     2.05 第三者からのサービスの要求
     2.06 クライエントの権利と特権
     2.07 守秘義務を守る
     2.08 記録を保存する
     2.09 公表
     2.10 処遇の有効性
     2.11 自らの専門的・科学的業績の文書をつくる
     2.12 記録とデータ
     2.13 料金と支払協定とコンサルテーション条件
     2.14 サービス料金を支払う人々に対する報告の正確さ
     2.15 照会と料金
     2.16 サービスの中止または終結
3.0  行動を査定する
     3.01 行動査定の同意を得る
     3.02 機能査定
     3.03 査定結果を説明する
     3.04 記録についてクライエントの同意を得る
     3.05 プログラムの目的を述べる
4.0  行動分析士と個別行動改善プログラム
     4.01 プログラムの成功の条件を述べる
     4.02 実践を排除する環境条件
     4.03 実践を妨げる環境条件
     4.04 介入について同意を得る
     4.05 強化・弱化（罰）
     4.06 有害な強化子を避ける
     4.07 継続してデータ収集を行う
     4.08 プログラムの修正
     4.09 プログラムの修正への同意
     4.10 最少制約手続き
     4.11 終結の基準
     4.12 クライエントとの関係を終結する
5.0  教師およびまたはスーパーバイザーとしての行動分析士
     5.01 合法的訓練プログラムとスーパービジョン業務経験を設計する
     5.02 訓練の制限
     5.03 教科やスーパービジョンの目標を示す
     5.04 科目（コース）の要件を述べる
     5.05 評価の要件を述べる
     5.06 子ども（学生）・スーパーバイジーの遂行についてフィードバックを与える
     5.07 子ども（学生）・スーパーバイジーに役立つようにフィードバックを与える
```

            5.08 子ども（学生）・スーパーバイジーの行動を強化する
            5.09 教育ではできるだけ行動分析学の原理を活用する
            5.10 スーパーバイジーの要件
            5.11 適切な訓練とスーパービジョンを与え、安全への予防措置を講じる
      6.0 行動分析士と職場
            6.01 職務上の義務
            6.02 従業員の行動と環境相互作用を査定する
            6.03 コンサルテーションの準備をする
            6.04 従業員への介入
            6.05 従業員の健康と幸せを向上させる介入
            6.06 組織との対立
      7.0 行動分析学の学問分野に対する行動分析士の倫理的責任
            7.01 行動分析学の原理を支持する
            7.02 行動分析学を普及させる
            7.03 これらの指針に精通する
            7.04 非有資格者の虚偽の陳述を阻止する
      8.0 同僚に対する行動分析士の責任
            8.01 行動派、非行動派による倫理的違反行為に対処する
      9.0 社会に対する行動分析士の倫理的責任
            9.01 社会における行動原理の応用の促進
      9.02 科学的探究の促進
      9.03 公的発言
            9.04 他の人々の公的発言に対する対応
            9.05 誤った虚偽の発言を避ける
            9.06 メディア発表とメディアベース・サービスへの出演
      10.0 行動分析士と研究
            10.01 学識と研究
            10.02 教育目的のための秘密情報の使用
            10.03 法律と規制にしたがって研究を行う
            10.04 十分説明したうえで同意を得ること（インフォームドコンセント）
            10.05 研究における虚偽の回避
            10.06 参加者への将来の使用の通知
            10.07 参加者や環境への支障を最小にする
            10.08 研究参加者への制約
            10.09 参加者の自主性を保証する
            10.10 いつでも辞退できることを参加者に伝える
            10.11 研究終了後の感想の聴取
            10.12 研究についての参加者の質問に答える
            10.13 文書による同意
            10.14 余分の単位
            10.15 参加者への謝礼
            10.16 参加者の報酬の保留の説明
            10.17 補助金申請研究の審査に関わった研究者の研究行為
            10.18 動物研究
            10.19 データの正確さ
            10.20 原著者と研究成果
            10.21 研究貢献者の承認
            10.22 筆頭著者と共著者
            10.23 既発表データをオリジナルデータとして発表することの禁止
            10.24 研究結果発表後のデータの留保の禁止

From the Behavior Analyst Certification Board's "Guideline for Responsible Conduct for Behavior Analysts," 2010. Copyright© 2001-2010 by BACB®. All rights reserved. Used by permission.（訳注：2004年版の改訂に従い最新版（2010）を提示）

員会」起草）（The National Commission for the Protection of Human Subjects of Biomedical and Behavioral Research, 1979）と、行動分析学と関連領域の9つの異なる専門団体（例えば、American Psychological Association, 2002; Florida Association for Behavior Analysis, 1988; National Association of School Psychologists, 2000; National Association of Social Workers, 1996）が作成し採択した倫理規範が含まれている。

6．BACB（行動分析士資格認定委員会）第4版課題リスト

　BACB第4版課題リストには、認定行動分析士（certified behavior analyst）に期待される知識とスキルと属性が記されている。その課題リストは、「基本的な行動分析学のスキル」「クライエントを中心に据えた責任」「基礎知識」の3部によって構成されている。「基本的な行動分析学のスキル」では、行動分析士がクライエントに対して遂行する基本的なスキルと手続きが扱われている。「クライエントを中心に据えた責任」では、行動分析学の臨床への応用に関する課題が示され、ほとんどすべての臨床場面に適用されなければならない課題が含まれている。これら1、2部には合わせて11の内容領域に属する合計116の課題が含まれている。そして「基礎知識」には、これらの課題を遂行するために事前に理解しておくべき、基本原理と概念が示されている[1]。本章では、これらの課題を中心にして検討を加えていくことにする。

Ⅲ　専門的能力を確実に習得する

　応用行動分析学の専門的能力（professional competence）は、学術的訓練（academic training）によって獲得される。それには、正規の講義、スーパービジョンつき実習、指導者つき専門職経験が含まれる。多くの優れた行動分析家は、大学の心理学部、教育学部、社会福祉学部、そのほかの福祉サービス学部に設置された、修士・博士レベルのプログラムによって養成されてきた[2]。

　ABAプログラム認定および資格認定機関（ABA accreditation and certification body）は、行動分析士のための最低限のカリキュラムとスーパービジョン経験の要件を特定している。国際行動分析学会（1993, 1997）と、行動分析士資格認定委員会（Behavior Analyst Certification Board, BACB）はともに、行動分析学の訓練の構成要素は何かについての最低基準を定めた。国際行動分析学会は、大学の養成プログラムを認定し、行動分析士資格認定委員会（BACB）は、個人の実践家を検定して資格を付与する。実践家は資格認定基準（certification criteria）を満たすだけでなく、認定試験（certification examination）に合格しなければならない。BACBは大規模な職務分析を行い、「行動分析士課題リスト」を開発した（Behavior Analyst Certification Board, 2012）。それはすべての行動分析士が習得すべき最低限の内容を明記している（BACB, 2012；

注1：第4版課題リストは、本書の付録として収録されている。
注2：行動分析学の大学院プログラムをもつ大学のリストは、ABA行動分析学大学院訓練要覧を参照。

Shook, Johnston, & Mellichamp, 2004; cf. Martinez-Diaz, 2003)[3]。

1．資格証明書と開業許可証を取得する

　行動分析学のサービスを受けようとする潜在的消費者は、少なくとも訓練と能力の最低基準を満たしている開業行動分析士を識別できなければならない（Moore & Shook, 2001; Shook & Favell, 1996; Shook & Neisworth, 2005）。これまでは、個人開業の大部分の行動分析家は、心理学、教育学、ないし臨床社会福祉学の開業許可証（license）をもっていた。一般の人々には、開業許可証をもっている専門家が、応用行動分析学の特定の訓練を受けていたかどうかを確認する方法がなかった（Martinez-Diaz, 2003）。1999年、BACBは合衆国とほかの国々において、修了証明書（certificate）を伴う行動分析家の資格認定（credentialing）を開始した。BACB資格認定プログラムのもとになったのは、フロリダ州で長年実践されてきた革新的な資格認定プログラムだった（Shook, 1993; Strain, Hemingway, & Hartsfield, 1993）。

2．自分の能力の範囲で実践する

　行動分析家は自分の受けた専門的訓練や経験や能力の範囲内で実践しなければならない。例えば、発達障害の成人について豊富な経験をもつ専門家は、自らのサービスをこの分野に限定しなければならない。自閉症スペクトラム障害と診断された幼児に対する指導を突然始めるべきではない。同様に、青年期の若者や若い成人について豊富な経験をもつ分析家は、自らの経験の枠外にある就学前のクライエントに関わることを始めるべきではない。その全キャリアが就学前やホームベースの場面の子どもに限定されてきた人は、組織行動管理の領域のサービスの提供を始めるべきではない。

　自分の能力の領域の範囲内でさえ、自分の訓練や経験を上回る状況に遭遇した実践家は、別の行動分析家やコンサルタントに照会すべきである。専門的訓練が十分でないならば、ワークショップやセミナーや授業をはじめ、それ以外の継続教育活動にも参加して、より高い能力を獲得することができる。可能ならば分析家は、メンター（信頼のおける指導者）やスーパーバイザーや同僚など、高度の訓練と専門職開発を提供できる人々と、連携して仕事をするようにすることが望ましい。

3．専門的能力を維持し拡大する

　行動分析家は、自分の分野の進歩の情報をつねに入手し続ける倫理的責任を負う。例えば、先行介入、関数分析、動機づけ操作など、1990年代における概念の進歩と技術革新は、臨床実践

注3：資格認定要件（certification requirements）と過程に関する情報は、BACBウエブサイト、www.BACB.comで入手できる。訳注：課題リストは更新され、第3版（2014年のテストまで）、第4版（2015年のテストから）が公表されている。

と教育実践に極めて大きな意義をもたらした。行動分析家は継続教育の単位を取得し、専門学会に出席して発表し、専門文献を読み、自分のケースをピアレビュー委員会（同業専門家が査読、評価、意見提示を行う会合）と監視委員会（oversight committee）に提出することによって、自らの専門能力を維持し拡大することができる。

（1）継続教育単位

行動分析家は、継続教育単位（continuing education unit, CEU）の修得単位を発行する訓練イベントに出席することによって、専門能力を向上させることができる。BACBは資格認定書を3年ごとに更新している。その間にCEUの最低数を取得するよう義務づけている。CEUの単位は、国際行動分析学会やその地方支部の全国会合や地方会合におけるワークショップや、BACBによってCEU提供機関として認定された大学やそのほかの機関の主催するイベントに出席して、獲得することができる。継続教育単位は、その行動分析家が関連分野の自覚と、知識と、およびまたはスキルを、自らのレパートリーの中に追加したことを証明する。

（2）学会への参加と発表

地方や州や全国の会合に出席して発表することは、すべての行動分析家のスキルを向上させる。「何事かを教える必要に迫られてみなければ、本当のところそれをよく学習したとはいえない」という格言は、価値を持ち続けている。それゆえに、会合に参加して発表することは、実践家がそのスキルを洗練するために役立つのである。

（3）専門文献購読

個人研究（self-study）は、絶え間なく変化する分野に通暁し続けるための基本的方法である。すべての行動分析家は、雑誌『応用行動分析誌』（*Journal of Applied Behavior Analysis*）と、『行動分析家』（*Behavior Analyst*）を定期的に購読するだけでなく、自分の専門領域と関心領域に特化した行動関係の文献を勉強しなければならない。

（4）監視とピアレビューの機会

行動分析家が難しい問題にアプローチするときは、その問題に対処するために自分のもっている範囲内のスキルとテクニックを適用する。例えば、頻繁に激しく自分の顔をたたく行動の履歴をもつ子どものケースについて考えてみよう。適切な事物を手に持たせ（object holding）それを分化強化して、それが有効になってくると、子どもにヘルメットや防護装置を被らせることを伴う介入はフェーディングされる可能性がある。ヘルメットのフェーディングは、そのテクニックが概念的に体系的であり、基本的な行動原理に基づいており、出版された研究文献に何らかの

形で関連づけられており、現在のケースにおいて有効であるならば、その限りにおいて倫理的問題を引き起こすことはない。しかしながら、最もテクニックに長じていて、専門家としての用心深さももっている実践家であっても、治療ドリフト（忠実な再現からのずれ）や誤りに導く恐れのある随伴性を免れることはできない。これこそ監視（取り締まり）とピアレビュー（同業専門家による査読や評価）が関与する場所である。

多くの州には、特定の状況において監視を与えることを要求する法律がある。その特定の状況は、取り組みの対象となる行動の種類と重篤さか、提案される手続きの制約性のいずれかによって定義される。こうした特定の法的管轄区域における法律が、行動分析学のサービスのコンシューマーだけでなく、行動分析家自身をもいかに保護しようとも、その法律のあるなしによってピアレビューと監視の過程に対するわれわれの熱意が左右されるようなことがあってはならない。

研究成果を行動分析学の共同体の外部の同僚集団に提示するときは、その手続きが適用すべき臨床的、専門的基準にしたがっていることを示す明瞭な証明を示さなければならない。更に、そうしたプレゼンテーションは、行動分析家に次のような機会も提供することになる。すなわち、行動の成果を明確にし、解釈しやすい図形を使って表示し、そして教育上、臨床上のさまざまな選択がなぜなされたかを、明瞭で合理的な言語を使って説明する。

4．専門性を主張し立証する

熱心すぎる行動分析家は、ときにオペラントとレスポンデントの原理の優越性を確信しすぎて、現実的ではない先制的な主張をすることがある。例えば「あなたの息子さんを確実に助けてあげられます」と主張する。これはほとんど非倫理的な主張とかわらない。もっと倫理的に適切な言い方は、例えば「息子さんと似たプロフィールをもつほかのお子さんを指導して成功したことがあります」である。もし行動分析家が、標的行動の治療の有効性についての専門文献と、行動が果たす機能（例えば、注目、逃避）と、特定のクライエントの母集団とに十分通暁しているならば、根拠のない大げさな主張をする可能性はより減ることになる。

この専門職基準の2つめの側面は、自分がもっていない資格認定書やライセンスや教育経験や訓練を自分はもっているというイメージを売り込むことと関係している。自分には応用行動分析学の経験や合法的な資格認定書があると不当に主張することはつねに非倫理的であり、多くの州において違法とされる恐れがある。

Ⅳ　クライエントサービスにおける倫理の問題

先に述べたように、応用行動分析学はほかの学問と倫理的問題の多くを共有する。しかし一部の倫理問題は、行動分析学のサービスを考慮するとき迫られる選択に限って生じる。例えば嫌悪的手続きの使用を決めるときは、それを実践する前に、検討しなければならない複雑な倫理的問題が提起される（Herr, O'Sullivan, & Dinerstein, 1999; Iwata, 1988; Repp & Singh, 1990）。

ここでの議論はBACBの基準に関わる最も一般的な倫理問題の領域に限定して進めているが、

図29.5　インフォームドコンセントの記入用紙の例

インフォームドコンセント記入用紙
A.B.A.テクノロジー法人

クライエント＿＿＿＿＿＿＿＿＿＿＿＿＿＿＿＿＿　生年月日＿＿＿＿＿＿＿＿＿＿＿

同意する権限の表明：私は上に名前を挙げたクライエントに関わる査定、情報公開、すべての法律問題に対して、法的に同意する権限を私がもつことをこの文書によって証明する。私は、要求があれば、この申し立てを支持する適正な法的文書を、A.B.A.テクノロジー法人に提供する。私は更にまた本契約書によって法的後見人（保護者）としての私の地位に変化が生じれば、直ちにA.B.A.テクノロジー法人にこの地位の変化を知らせ、更にまた上に名前を挙げたクライエントの後見人の職務を引き継いだ人ないし人々の氏名、住所、電話番号を知らせる。

処遇の同意：私は上に名前を挙げたクライエントに対して、行動処遇がA.B.A.テクノロジー法人とそのスタッフによって提供されることに同意する。私は使われる手続きが、行動に改善を生み出すため、先行事象と結果事象を操作することによって構成されることを理解している。処遇の当初は、処遇の提供される環境か（例えば、消去急騰）、ほかの場面において（例えば、「行動対比」）行動が悪化する可能性があるだろう。身体的プロンプティングと手動ガイダンスが、行動処遇の一部として、使われる可能性があるだろう。使われる実際の処遇手続きについては、すでに説明を受けている。

私はこの同意をいつ破棄してもよいことを理解している。しかしながら、すでにとられたアクションに対する同意については破棄できない。この同意の写しは原本と同様に有効である。

親/後見人：＿＿＿＿＿＿＿＿＿＿＿＿＿＿＿＿　日付＿＿＿＿＿＿＿＿＿＿＿
立会人：＿＿＿＿＿＿＿＿＿＿＿＿＿＿＿＿＿　日付＿＿＿＿＿＿＿＿＿＿＿

From *ABA Technologies, Inc.*, by José A. Martinez-Diaz, Ph.D., BCBA, 129 W. Hibiscus Blvd., Melbourne, FL. Used with permission.

学生や実践家にはBACBのガイドライン（指針）と課題リストの目標を読み、幅広い基準の全範囲にわたって、自分の倫理的視点とスキルを維持するように強くお勧めしたい。

1．インフォームドコンセント

インフォームドコンセント（informed consent）とは、サービスの潜在的受け手や、研究の参加者が、どんな査定や処遇を受けるにしろ、その前に査定や処遇に対して明白な同意（permission）を与えることを意味する。インフォームドコンセントは、同意を得る以上のことを必要とする。参加者に対してまず全面的開示と情報提示を行い、その後に同意が与えられなければならない。図29.5はそうした情報提示が行われるインフォームドコンセント・レターの例である。

インフォームドコンセントが妥当であると判断されるためには、その前に次の3つのテストに合格しなければならない。(a) その人は自分に決定する能力があることを証明しなければならない、(b) その人の決定は、自由意思によるものでなければならない、(c) その人は、その処遇のすべての顕著な側面について、適切な知識をもっていなければならない。

（1）決定する能力

参加者が情報を得たうえで決定する能力があるとみなされるために必要なことが3つある。(a) 知識を獲得するために適切な知的過程または能力をもつ、(b) 自分の選ぶものを選んで表明する能力がある、(c) 意思決定の合理的過程に携わる能力があることである。例えば「知的過程または能力」のような概念は、行動分析家から見れば心理主義的（mentalistic）な概念である。そして介入前能力（preintervention capacity）を検査するための同意された評価ツールなどは存在しない。能力が疑われるのは、人が「推論し、想起し、選択し、行為の結果を理解し、将来の計画を立てるうえで、能力が損なわれまたは限定されている」（O'Sullivan, 1999, p.13）場合だけである。もし障害（disability）が自分の行為の結果を理解する能力に悪影響を与えているとき、人は知的能力が奪われている（mentally incapacitated）とみなされる（Turnbull & Turnbull, 1998）。

ハーレイとオサリヴァン（Hurley & O'Sullivan, 1999）に従えば、「インフォームドコンセントを与える能力は流動的な概念であり、個々人と提案される手続きとともに変動する」（p. 39）。ほとんど、またはまったくリスクをもたらさないような正の強化プログラムに参加する場合であれば、人は参加することに同意する能力があるかもしれない。しかし例えばレスポンスコストと過剰修正の組み合せのような、より複雑な処遇に含まれる複雑さを理解する能力はもっていないかもしれない。したがって実践家は、ある水準でインフォームドコンセントを与えることができるクライエントが、提案された処遇の複雑さが変わっても、なおインフォームドコンセントを与えることができると仮定してはならない。

能力は、法律上の文脈と、行動上の文脈の双方において、考えなければならない。裁判所は、能力とは人が「手続きと、その危険性と、そのほかの関連情報の特徴を合理的に理解すること」（Kaimowitz v. Michigan Department of Mental Health, 1973, as cited in Neef, Iwata, & Page, 1986, p. 237）であるという見解を保有している。発達障害の人々に関して言えば、能力の鑑定は、特別な問題を提起する。そして発達障害の人々に関して能力の問題が起こったときは、行動分析家は必ず法律の専門家に相談するようにする。そうすれば、きっと利益が得られるだろう。

人の能力が失われた、または決定する能力を喪失した（incapacitated）と判断された場合は、代理人（surrogate）か、後見人（guardian）のいずれかから、インフォームドコンセントを得るようにすればよい。

　　代理人の同意　代理人の同意（surrogate consent）とは、能力の失われた人が何を欲したかという知識を拠り所にして、別の個人すなわち代理人が、能力を喪失したとされた人になり代わって、判断を下す権限を与えられる法的過程のことである。ほとんどの場合、代理人は家族の構成員か親友が務めることになる。

ほとんどの州では、代理人の権限は制限されている。クライエントが処遇を積極的に拒否している場合は、代理人に処遇を許可する権限は与えられない（例えば、発達障害の成人が、歯科医

図29.6　能力が失われた人に代わってインフォームドコンセントを与えることを決めるとき代理人が考慮すべき要因

その人の願いが分かりまたは推測できる人の場合に考慮すべき要因
1．その人の現在の診断と予後
2．その人が表明した、問題になっている処遇についての好み
3．その人の宗教的、個人的な関連する信条
4．その人の医学的処遇についての行動と態度
5．別の個人に行われる同様の処遇についてのその人の態度
6．自らの疾患と処遇が、家族と友人に与える影響についてのその人が表明した懸念

その人の願いが分からないかおそらく知りえない人の場合に考慮すべき要因
1．処遇が、その人の肉体的、感情的、知的機能に及ぼす影響
2．処遇によって、またはその処遇を差し控え除去することによってその人が被る肉体的苦痛
3．疾患の結果として、または処遇の結果として、その人が被る辱め、尊厳の喪失、依存状態
4．処遇が、その人の平均余命に与える影響
5．処遇を施した場合と、処遇を施さなかった場合の、その人の回復の可能性
6．処遇のリスク、副作用、恩恵

Adapted from "Informed Consent for Health Care" by A. D. N. Hurley & J. L. O'Sullivan, 1999, In R. D. Dinerstein, S. S. Herr, & J. L. O'Sullivan (Eds.), *A Guide to Consent*, Washington DC, American Association on Mental Retardation, pp. 50-51. Used by permission.

院の椅子に座ることを拒否すれば、代理人は鎮静剤による治療に同意することはできない）。あるいは、避妊手術や、堕胎や、一定の精神障害に対する治療（例えば、電気ショック療法、向精神薬療法）（Hurley & O'Sullivan, 1999）など、意見の分かれる医療手続きに対しても同じことが言える。

　能力が失われた人にとって、ベルチャータウン州立学校教育長 対 サイケウィッツ（*Superintendent of Belchertown State School v. Saikewicz*, 1977）の画期的訴訟は、自分の決定ができない人に代わって代理人がインフォームドコンセントを与えることを決めるときに考慮しなければならない要因を明確にした（Hurley & O'Sullivan, 1999）。図29.6は代理人の2つの主要な関心領域において必要とされる情報のリストである。すなわち、(a) 能力が失われているが、本人の願いが知りうるかまたは推測されうる人に代わってに行う意思決定。(b) 本人の願いが不明でありおそらく知りえない人（例えば、最重度障害者）に代わって行う意思決定。

　後見人の同意　後見人の同意（guardian consent）は、後見人、すなわち裁判所が個人の法的親権保持者（legal custodian）として指名した人から取りつける。後見人の職務は複雑な法律問題であり、州ごとに異なってる。したがって、ここでは2つの主なポイントだけを述べることにする。第1に、処遇が必要であると判断されるが、しかし能力のないクライエントが処遇を拒否するため、代理人では不適当であるという場合に、後見人の責任が求められる。後見人の責任の程度が大きくなればなるほど、本人の自分自身の人生に対する法的制御はより小さくなる。個人がより自立的になることを援助することが行動分析学の目標であるという理由から、後見人に責任を要求するという決定は、どのレベルであれ、最も限定された仕方で問題を解決するために行使すべき最後のオプションとしてのみ、考慮しなければならない。

第2に、後見人の責任は、何であれ、裁判所が適切であると判断したことだけに限られる。ほとんどの州では、基本的に、正式の資格をもった後見人（full guardian）が、個人の人生のすべての重要な決定に責任を負う。裁判所は、個人の権利の保護に関して、限られた一時的な後見人の責任（limited or temporal guardianship）がより適切であると判断するかもしれない。後見人の責任は、財政問題や医療問題のみに適用され、そして非常に具体的な問題が生じた場合（例えば手術の必要）に限って、引き続き有効となる可能性がある。すべての後見人の職務の訴訟において、裁判所は究極的な意思決定の機関であり、そして後見人の責任の取り消しや、誰を後見人にさせるかについての決定も含めて、いかなる措置も講じる可能性がある（O'Sullivan, 1999）。

（2）自由意思による決定

　強制や脅しや何らかの不当な影響がない状態において、しかもいつでも取り下げることができることを理解したうえでなされる同意は、自由意思によるものとみなされる。イェル（Yell, 1998）が述べたように「同意の取り消しは、同意に対して示した最初の拒否と同じ効果をもつ」（p. 274）。

　家族構成員、医師、サポートスタッフ、そのほかの人々は、同意を与えるか拒否するという個人の意思に強い影響を与える可能性がある（Hayes, Adams, & Rydeen, 1994）。例えば、発達障害の人は、学際的なチームミーティングの場で大きな決定を下すよう求められるかもしれない。そのとき将来のクライエントに質問する仕方が、同意が完全に自由意思によるものとは言えないことを示唆することがある（例えば「あなたはこの介入によって、私たちに助けてほしいと思っているんですよね？」）。

　実践家は個人の同意が自由意思によるものであることを保証するため、査定と処遇に関係する話題をプライベートに、そして独立した擁護者（independent advocate）がいるところで、話し合うようにしてもよい。更に、厳しい時間制限なしに話し合うことも、反応させようとするプレッシャーを減らすことにつながる。最後に、同意を与えるよう求められている人が誰であれ、同意が自由意思によるものであることを保証するため、すべてのオプションについて、信頼する友人と一緒に考え、話し合い、見直す時間を与えるようにしなければならない。

（3）処遇の知識

　これからサービスを受け、または研究に参加しようとしている個人は、次の諸点について、明瞭な非専門的な言葉による情報を与えられなければならない。(a) 計画されている処遇のすべての重要な側面。(b) 計画されている手続きのすべての潜在的なリスクと恩恵。(c) すべての潜在的な代替処遇。(d) 継続される処遇をいつでも拒否することができる権利。受け手は自分に与えられた情報についての質問に正しく答えられなければならない。そしてその手続きを自分の言葉で説明できなければならない。例えば介入パッケージの一部にタイムアウト手続きが含まれるとする。この場合クライエントは、タイムアウトがどう作動するかについてすべて説明でき、

図29.7　クライエントがインフォームドコンセントを確実に与えるために必要な情報

<u>必要な書類の収集</u>
以下に示すさまざまな方針についての情報を理解して合意したことを示す書類のすべてに署名し、日付を書いて、提出しなければならない。

<u>伝えられ、話し合われる問題</u>
1. 守秘義務とその限界—情報はどう使われるか、誰に開示されるか
2. 処遇提供者の資格
3. 処遇の危機要因と便益
4. 手続きの性質と代替手段
5. サービスの詳細の調整
   - 金銭問題—料金体系、請求書作成発送、支払方法、保険問題、そのほかの費用
   - コミュニケーション—予約と予約の間の電話やポケットベルなどによる連絡方法
   - 予約取り消しと果たせなかった予約
   - サービスの終結
6. クライエントと行動分析家の責任

Adapted from "Ethical and Risk Management Issues in the Practice of ABA" by E. Cipani, S. Robinson, and H. Toro (2003). Paper presented at the annual conference of the Florida Association for Behavior Analysis, St. Petersburg. Adapted with permission of the authors.

そして「私は人をたたけばトラブルに巻き込まれる」といえるだけでなく、それ以上のことを説明することができなければならない。図29.7に、将来のクライエントが自由意思によるインフォームドコンセントを確実に与えるために必要な、更なる情報の概要を示す（Cipani, Robinson, & Toro, 2003）。

（4）同意なしの処遇

ほとんどの州には、可能な処遇手続きが必要でありながら、個人からインフォームドコンセントが得られない場合に、一連の措置が正当であることを認める規定がある。普通、命に関わるような緊急事態の場合や、切迫した深刻な損害の危機要因が存在する場合は、コンセントが認められる可能性がある。教育の事例で言えば、学区はサービス（例えば、特別支援教育のプログラミング）が必要であり望ましいという決定を下すが、親がそれを拒否する場合、その学区は不服審査から調停を経て、最終的には裁判制度に至る漸進的な訴求権をもつ（Turnbull & Turnbull, 1998）。州法の間には、同意が否定される事例に関して違いが認められる。それゆえ実践家は、現在の地方と州の法令を閲覧しておく必要がある。更に州法に関連する行政規則は変更されることがある。そのため実践家は、定期的閲覧が必要であることを認識しておかなければならない。

2．守秘義務

専門的関係（professional relationship）は、**守秘義務**（confidentiality）を要求する。それはサ

図29.8　情報公開の書式

A.B.A.テクノロジー法人
情報公開と査定の同意書式

クライアント＿＿＿＿＿＿＿＿＿＿＿＿＿＿＿＿＿　　生年日＿＿＿＿＿＿＿＿＿＿
親・後見人氏名＿＿＿＿＿＿＿＿＿＿＿＿＿＿＿＿＿＿＿＿＿＿＿＿＿＿＿

私は上に名前を挙げたクライエントが、A.B.A.テクノロジー法人による査定に参加することに同意する。私は上に名前を挙げた個人の査定を次の場所で行わせることに同意する（関係する場所を丸で囲む）。

家庭　　学校　　そのほか：＿＿＿＿＿＿＿

私は上に名前を挙げたクライアントの査定に関与する個々人が、上に名前を挙げた場所において、保護責任をもつことを理解し同意する。個々人が査定を調整するため、以下の機密記録を、上に名前を挙げた場所において、保護責任を有する個々人に公開することを許可する。

評価/査定：＿＿＿＿＿＿＿＿＿＿＿＿＿＿＿＿＿＿＿＿＿＿＿＿＿＿＿＿＿＿＿
＿＿＿＿＿＿＿＿＿＿＿＿＿＿＿＿＿＿＿＿＿＿＿＿＿＿＿＿＿＿＿＿＿＿＿＿＿
IEPまたはそのほかの記録：＿＿＿＿＿＿＿＿＿＿＿＿＿＿＿＿＿＿＿＿＿＿＿＿
そのほか：＿＿＿＿＿＿＿＿＿＿＿＿＿＿＿＿＿＿＿＿＿＿＿＿＿＿＿＿＿＿＿＿

私はこれらの記録に精神医学およびまたは薬物とアルコール飲料に関する情報が含まれることを理解する。これらの記録にはまた血液感染性の病原菌（例えば、HIV, AIDS）のことが含まれることを理解する。私はこの同意をいつでも破棄してかまわないが、しかしすでに講じられた行為についての同意は破棄できないことを理解する。この公開の写しは原本と同様に有効である。**この同意はサービス終了後、30日を過ぎれば自動的に無効となる。**

親・後見人氏名：＿＿＿＿＿＿＿＿＿＿＿＿＿＿＿＿　　日付＿＿＿＿＿＿＿＿＿＿

From *ABA Technologies, Inc.*, by José A. Martinez-Diaz, Ph.D., BCBA, 129 W. Hibiscus Blvd., Melbourne, FL. Used with permission.

ービスを受けている個人、またはサービスを受けたことのある個人に関する情報はすべて、当人がその情報の開示に明白な同意を与えない限り、いかなる第三者とも話し合ったり、そのほかの方法で利用させたりしてはならないということを意味する。守秘義務は行動分析家の専門的な倫理基準であるが、それはまた州によっては法的な要件にもなっている（Koocher & Keith-Spiegel, 1998）。図29.8は、情報公開（release of information, ROI）の標準書式を示している。ROIは何を共有し公開してよいかを、そしてその公開の有効期限を明確に示すものであり、そのことに留意しなければならない。

（1）守秘義務の限界

　クライエントに対するサービスを始めるに当たっては、守秘義務の限界についてクライエントに十分に説明しておかなければならない。例えば、虐待状況と個人やほかの人々に対する差し迫

図29.9 虐待報告調書の書式

A.B.A.テクノロジー法人
守秘義務法／虐待報告調書

クライエント_____

私は上に名前を挙げたクライエントの査定と処遇が、厳格な機密性をもって扱われなければならないことに関するすべての情報を理解する。クライエントに関する情報は、口頭であれ文書であれ、クライエントの法定後見人の文書による同意の表明なしに、ほかの機関や個人に公開されることはない。法律によって、守秘義務の規則は以下の条件においては適用されない。

1. もし未成年者、障害者、高齢者の虐待または放置が報告され、または疑われる場合は、関係する専門家はそれを児童家庭局に調査のために報告することを要求される。
2. もしサービスの過程において、関係する専門家が、誰かの生命が危険にさらされるという情報を受けた場合は、その専門家は将来犠牲になりうる者に対して、警告を与える義務をもつ。
3. われわれの記録、われわれの下請け契約者の記録、またはスタッフの供述書が、裁判所の命令によって召喚される場合、われわれは要求された情報を提供するか、法廷に出廷してクライエントに関する質問に答えることを要求される。

この同意は以下に署名された日時の1年後をもって失効する。

親・後見人_____　　日付_____

From *ABA Technologies, Inc.*, by Josè A. Martinez-Diaz, Ph.D., BCBA, 129 W. Hibiscus Blvd., Melbourne, FL. Used with permission.

った危害の事実が判明している場合は、守秘義務は適用されない。すべての専門家は、全州において子どもの虐待疑惑を、また大部分の州において老人の虐待疑惑を、報告しなければならない。図29.9に虐待の報告が要求されていることをクライエントに伝えるための典型的書式を示す。

すでに述べたように、開業している行動分析家が、その個人かほかの個人に対して切迫した深刻な危害の可能性があることに気づいた場合は、守秘義務はもはや適用されない。そうしたケースでは、監督者か管理者かそのほかの介護者に、差し迫った被害を報告して、適切な予防措置が講じられるようにすることが倫理にかなっている。

（2）守秘義務の不履行

守秘義務の不履行はほとんどの場合、次の主な2つの理由から起こる。(a) 誰かを危害から保護するために、不履行が意図的になされる。または (b) 不履行は意図的ではなく、不注意や怠慢や守秘義務の性質に関する誤解の結果としてなされる。意図的な注意義務の不履行は、差し迫った危害や危険が起こりうるという信頼できる情報が入手できたとき正当化される。例えば、ある生徒が学校に銃を持ってきたことを知った信頼できる生徒が、教師のところにやってきたとき

は、将来犠牲になりうる者を守るために守秘義務を破ってもよい。そういう不履行は、より大きな利益のために（すなわち、ほかの人々を差し迫った危害から保護するために）意図的になされる。意図しなかった不履行は、教師が子どもの成績についての機密情報をうっかり親に知らせ、しかしその情報を求めていた親が、その子にとっての事実上の法廷後見人（de facto legal guardian）であることを確認しなかった場合に起こる。この2番目の種類の不履行を避けるためには、実践家はサービス提供のあらゆる段階において、情報提供に関して警戒を怠ってはならない。

守秘義務に関して守るべきよいルールとは「もしある状況において守秘義務が適用されるかどうか不明ならば、適用されると仮定せよ」である。守秘義務を守るための対策としては、書類戸棚に施錠する、コンピューターファイルへのアクセスにパスワードを要求する、暗号化されていない情報をワイヤレスシステムの間で送信することを避ける、クライエントに関する情報を提供する前に、代理人または法定後見人としての個人の地位を確認する、などが含まれる。

3．クライエントの尊厳と健康と安全を保護する

尊厳と健康と安全の問題は、しばしば、人々がそこで生活し労働する環境にある随伴性と物理的構造に集中する。行動分析家はこれらの問題を強く意識しなければならない。フェイヴェルとマギムゼイ（Favell & McGimsey, 1993）は、尊厳と健康と安全を保障する処遇環境の好ましい特徴のリストを示した（図29.10を参照）。

尊厳は次の問いと向き合うことによって考えることができる。「私はその人の選択を尊重しているか？」「プライバシーのための十分な空間を与えているか？」「その人の障害にとらわれずその先を見通して、尊敬をこめてその人を遇しているか？」。行動分析家は、自分の果たすべき役割を明らかにすることによって、クライエントの尊厳を保証する助けになることができる。行動分析家は、オペラント行動原理を使って学習者にスキルを教える。学習者はそのスキルを使って自分の日常環境の随伴性に対する一層効果的な制御を確立することができる。人は誰でも、はい、いいえと答える権利だけでなく、時には何も言わない権利も有する（Bannerman, Sheldon, Sherman, & Harchik, 1990を参照）。

倫理的な行動サービスを届けるための中心的原理は選択である。行動用語でいえば、選択するという行為は、行動選択肢と刺激選択肢の両方が可能であり、どちらも入手できるようにすることが必要である（Hayes et al., 1994）。実践家はクライエントに行動選択肢を与えなければならない。そして人は、その選択肢が要求する行為を実行することができなければならない。人が部屋から出ていくためには、肉体的にドアを開けることができなければならない。そしてドアは閉鎖されたり、施錠されたりしていてはならない。刺激選択肢（stimulus alternative）とは、選べる刺激項目が2つ以上同時に存在することを意味する（例えば、オレンジやナシの代わりにリンゴを食べることを選ぶ）。ポイントは、公平な選択のためには、クライエントに選択肢があること、それぞれの選択肢が実行できること、そして選んだ選択肢がもたらす自然な結果を経験できることである。

図29.10　好ましい処遇環境を定義する

1. 環境は魅力的である。強化がいつでも手に入る。問題行動は減らされる。強化随伴性は効果的である。環境は当然人道的である。
2. 役に立つスキルを教えて維持される。環境は机上の事務や記録によって判断されるのではなく、観察された訓練と進歩の証拠によって判断される。偶発教授によって日常環境がスキル獲得と維持の支援を可能にする。
3. 問題行動は改善される。行動と手続きの双方に対する純粋に機能的なアプローチが、効果的な介入を導く。形態（トポグラフィー）による恣意的なレッテルは、機能に基づく個別化された定義によって置き換えられる。
4. 環境は最少制約選択肢である。この場合も、移動と活動する自由という媒介変数をベースにして、機能的に定義される。地域場面は、実際には、その行動的な効果次第で、施設場面よりもより制約的になる可能性がある。
5. 環境は安定している。スケジュール、プログラム、仲間、介護者などの変化は、最少におさえられる。スキルは維持される。一貫性と予測可能性がある。
6. 環境は安全である。物理的安全性は際立っている。監督と監視は適切である。適切なプログラム手続きが機能に準拠していることが、同分野の専門家の評価によって保証される。
7. そこに住むことをクライエントが選ぶ。クライエントの選択の決定のために努力する。代替環境を実際にちょっと経験してみることができる。

Adapted from "Defining an Acceptable Treatment Environment" by J. E. Favell and J. E. McGimsey, 1983. In R. Van Houten & S. Axelrod (Eds.), *Behavior Analysis and Treatment* (pp. 25-45). New York: Plenum Press. Copyright 1993 by Plenum Press. Used with permission.

4．クライエントがアウトカムと行動改善の目標を選ぶよう支援する

　アウトカムという言葉は、行動分析学のサービスの最終目標としてクライエントが見つけたライフスタイルの改善を意味する。それは、1つにはその個人にとっての生活の質の問題を意味する（Felce & Emerson, 2000; Risley, 1996）。就職する、大切な人と愛し合う関係を築く、個人的目標を追求する、地域ベースの活動に従事する、自立して生活する。これらはアウトカムの例である。改善するために選んだ行動は、最終的には実践家や介護者にではなく、その個人に利益をもたらすものでなければならない。ピーターソンら（Peterson, Neef, Van Norman, & Ferreri, 2005）は、彼らの主張を次のように簡潔に表現した。

　　なぜ選択の機会を与えるのか？　しばしば挙げられる1つの理由は、それが自己決定や、エンパワーメントのような、社会的価値と一致することである……。われわれはまた、子どもにとって利益となる選択をするよう奨励する条件を整え、自分の選択に影響を与える諸要因を認識できるように援助すれば、子どもたちに最大の「自信を与える」（エンパワー）ことができると主張する。（P. 126）

　この分野が始まって間もないころ、行動分析家は標的として（クライエントではなく）スタッフに最大の利益をもたらすような行動を選んだ。それは正当に批判された（例えば、Winett &

Winkler, 1972)。例えば、素直で従順な成人にすることによって保護作業所を成功させる。それは労働に関連した実用的なスキルやソーシャルスキルに十分注意を向けない限り適切な目標とは言えない。行動プログラムには従順さは広く見出されるが、それ単独では適切なゴールとはいえない。従順な行動を教えることが倫理的に正しいとされるためには、それがそのほかの実用的スキルないしソーシャルスキルの発達を促進し、次いでそれらのスキルがより高いレベルの独立を達成するために役に立つといえなければならない。

　人々が適切なアウトカムと標的行動を倫理的な枠組みのなかで選択するよう手助けするためには、強化子査定に影響を与える変数と、査定で強化子として同定された刺激の機能と、そしてこれらの変数が選択するときどう相互に影響し合うかについて、実践家が徹底的に理解する必要がある。ピーターソンら（Peterson et al., 2005）の言う通りである。

　　　選択する行為は、もしかすると好きな強化子へのアクセスを可能にする点においてのみ有効なのかもしれない。人の好みに影響する変数を査定することは、有益な選択を促すための努力に役立つとわれわれは仮定する。(p. 132)

5．記録を保存する

　行動分析家は、行動改善に関するデータのほかに、自分とクライエントとの相互作用の記録も作成しなければならない。査定データ、面接記録、経過記録（カルテ）は、秘密扱いにすべきクライアントの記録の一部である。以下に示す記録保存に関するポイントは、アメリカ心理学会のサイコロジストの倫理原則と行動規範（APA, 2002）にしたがっている。

- 記録を誰かに使わせるときは、その前にクライエントか（判事から別の命令がなされない限り）その後見人から、権利放棄証書を入手しなければならない。

- 記録は安全な場所に保管しなければならない。

- よく管理された記録は、将来のサービスの提供を促進する。また機関や施設の要件を満たし、正確な請求書の作成と送付を保証する。更に将来の研究を可能にさせ、法律的要件に適合する。

- 記録の廃棄は完全に行わなければならない（シュレッダーに掛けることが最善だろう）。

- 安全ではない媒体を通じて機密文書を電送すること（例えば、公共区域のファックス回線、電子メール）は、「医療保険の相互運用性と説明責任に関する法律」（HIPAA）の規定（1996）によって、禁じられている。

V　クライエントを擁護する

1．なくてはならない必要とされるサービスを提供する

　行動分析家は、サービスの開始に先立って、照会された患者がこのさきの処遇アクションを必要としているかどうかを確かめる責任をもつ。このことは実践家に対して最初の倫理的挑戦をもたらす。すなわち、そのケースを受け容れるか拒否するかを決めなければならない。処遇を提供する決定は、2つの順次的決定へと分解できる。（1）現在の問題は行動介入に適しているか？（2）提案した介入は成功するか？

（1）問題は行動処遇に適しているか？

　行動分析家は、行動介入は果して必要であり、適切であるかどうかを決定するため、次の質問に対する答えを求めなければならない。

1．問題は突然現れたか？
　a．問題には医学的原因がある可能性があるか？
　b．医学的評価はなされているか？
2．問題はクライエントのものか、それとも誰かほかの人のものか？（例えば、小学4年生までは行儀のよかった子どもが、5年生になって家では行儀がいいのに、突然「行動問題」を示した。おそらく問題は単純に教師を交代させるだけで解決するだろう）
3．ほかの介入は試されているか？
4．問題は本当に存在するか？（例えば、ある親が食事のたびに出すすべての食物を「摂食拒否する」3歳の子どものことを深刻に心配する）
5．問題は簡単に、あるいは非公式に解決できるか？（例えば、同じ3歳児が、終日開けっ放しの勝手口から「脱走する」）
6．問題はほかの学問領域によってよりよく対処できる可能性があるか？（例えば、脳性まひの子には、行動的処遇より補装具が必要かもしれない）
7．その行動問題は緊急事態と考えられるか？

（2）提案した介入は成功するか？

　介入は成功する可能性があるか？　この問いを考えるときは、問うべき問題は次の通りである。

1．クライエントは喜んで参加するか？
2．クライエントの周りの介護者は喜んで参加するか、あるいは参加することができるか？
3．その行動の治療は、研究文献では成功しているか？
4．公衆は支援しそうか？
5．その行動分析家は、その問題を処遇する適切な経験をもっているか？
6．そのプログラムの実践に参加する可能性の高い人々は、重要な環境随伴性を適切に制御しているか？

　これらの問いのすべてに対する答えがイエスならば、その行動分析家は自分の役目を引き受けることができる。もしもこれらの問いのどれかに対する答えがノーならば、その行動分析家は処遇の開始を辞退することを真剣に考えるべきである。

2．科学的方法を採用する

　科学の本質とは何か？　それは行動の研究と改善にどう応用されるか？　この一般的問題については第1章で論じた。では科学的方法は倫理とどのように関係するだろうか？　この問題について言えば、実践家は測定できる有効性を備えた、研究に裏づけられた方法を用い、そして新しい実践についてはそれらを実行に移す前にまずそのテストにかけて有効性を査定してから実行するようにする。宇宙工学技術者ジェームズ・エーベルグ（James Oberg）がかつて言ったように、「科学においては、常に他人の意見を受け容れる広い心をもつことは長所であるが、しかしあまり広すぎて脳が抜け落ちてしまうようなことがあってはならない」（Sagan, 1996, p. 187による引用）。処遇計画と介入方法が有効であるという主張が広まり、批判的な検討がなされないままに公衆に受け入れられるようになってくると、科学的方法を採用することが重要になってくる（Shermer, 1997）。セーガン（Sagan, 1997）の考えによれば、並外れた主張には、並外れた証拠が必要である。
　ヒューワードとシルヴェストリ（Heward & Silvestri, 2005）は、並外れた証拠の必須の成分について更に詳しく考案した。

　　並外れた証拠とは何か？　最も厳密な意味では、そして教育効果があるという主張を評価するときは採用しなければならないという意味では、証拠とは主張や理論や実践の有効性を検証するための科学的方法の適用がもたらすアウトカムである。証拠は並外れてよくテストされるとき、並外れたものになる……。さらに並外れた証拠は、反復再現を要求する。ただ1度の研究や、逸話や、理論的論文は、その知見がどれほど印象的であれ、その著作がどれほど複雑であれ、実践

の根拠にはならない。(p. 209)

　応用行動分析家は自らの実践の根拠を、科学的文献と、行動の直接的で頻繁な測定という2つの情報源に求めなければならない。文献に基づくデータは、介入についての最初の決定に情報を与える。しかしながら、倫理的に実践するということは、同じような問題に取り組んできたほかの専門家に相談するというコンサルテーションがしばしば必要であることをも意味する。

　同業の専門家によって査読され、評判のよい雑誌に発表された科学的報告は、有効な介入戦略に関する客観的情報の強力な源泉である。同じ分野の専門家によって査読された、定評ある文献とは異なるデータと直面したとき、実践家はその状況を更に詳細に調べる義務を負う。実践家は、重要な変数やその相互作用の組み合わせを調べることによって、個人に恩恵をもたらすうえでの違いを見つけ出すだろう。

　教師や問題行動を処置する人々の数だけ、インストラクション戦略や行動処遇をめぐるアイデアも多く存在する。残念ながら、多くのアイデアはまだ妥当性の実験的検証を十分受けていない。例えば、教育界で人気のある考え、すなわちスキルを反復練習させることは、子どもの学習への動機づけを破壊し、究極的には学校を不幸にするという説を取り上げてみよう（例えば、Heron, Tincani, Peterson, & Miller, 2005; Kohn, 1997）。この哲学には、大衆を引き付ける力があるが、それにもかかわらず、その裏づけはなされていない。何十年もの間、注意深く反復して追求された研究によって、スキルの習得にとって反復練習が必要な要素であることが実証されている（Binder, 1996; Ericsson & Charness, 1994）。

　主流の文化に浸透しているもう1つの、検証されていない主張の例を、自閉症の治療領域に見出すことができる。1990年代、ファシリテーティド・コミュニケーション（facilitated communication）というテクニックが、自閉症の人々に対する驚異的な突破口として歓呼のうちに迎えられた。それまでコミュニケーション・スキルをもっていなかった子どもが、ファシリテーターの助けによって、今やときに洗練された言語によって、コミュニケーションできるようになったと主張する報告が現れた。そのファシリテーターは、子どもの手をキーボードの上に導き、子どもがメッセージをタイプすることをガイドした。非常に多くの実験の結果、メッセージをタイプしたのはファシリテーターであり、子どもではなかったことが証明された（例えば、Green & Shane, 1994; Szempruch & Jacobson, 1993; Wheeler, Jacobson, Paglieri, &Schwartz, 1993）。

　注意深く制御された科学的研究は、必死の親と教師の間で一般的な認識になっている考えが誤りであることを証明した。行動分析家にとって、倫理的実践の拠り所となるのは、信頼できる証拠、反復して研究された証拠に基づく、効果的なサービスを提供することである。

（1）エビデンスベースの最良の実践と最少制約選択肢

　倫理的に推進される行動分析学の必須成分は、介入と関連実践を証拠に基づかせ（エビデンスベースなものにし）、そして最も強力で最も侵入性の低い方法を第一に使わなければならないと

いうことである。その上、介入計画は体系的にデザインされ、実践され、評価されなければならない。もし個人に進歩が見られなければ、データシステムを見直して、必要な介入の修正が必要かどうかを突き止めなければならない。もし進歩が見られれば、介入を徐々に減らしてゆき、般化と維持を査定するようにしなければならない。介入のあらゆる段階において、処遇の決定は、データと直接観察とによってなされなければならない。

（2）利害の衝突

利害の衝突（conflict of interest）は、主要な当事者が単独でか、または家族や友人や仲間と関連して、相互作用のアウトカムに対して既得権利をもつときに起こる。最もよく見られる衝突の形態は、二重役割関係という形で発生する。セラピストとして行動する人が、クライエントや、家族の構成員や、クライエントの近しい仲間と、セラピーとは別の関係に入るか、または将来そうした関係に入ることを約束するとき、衝突が起こる。これらの関係は、財政的なもの、個人的なもの、専門的なもの（例えば、別のサービスを提供する）、またはそのセラピストにとって何らかの形で別の恩恵がもたらされるものである。

査定と介入の段階で、行動分析家は直接的で頻繁な観察を行う。そのことから、さまざまな日常場面において、クライエント（そしてしばしば家族のメンバーや、他の専門家や、介護する人や）との間の親密な関係に引き込まれていく。個人的関係は、専門的境界を超えて、形成されていく可能性がある。家族の構成員が一方的なギフトを提供したり、パーティーやそのほかの行事に招待したりする。あらゆる相互作用において、行動分析家は自分の行動を警戒の目で監視し、個人的、専門的境界を越えることを警戒すべきである。これはとくに、自宅のなかで処遇が行われるときに当てはまることである。サービスの文脈においては、どんな種類の個人的関係であれ、それはただちに倫理的紛糾に発展するため、避けるようにしなければならない。

そのほかにも専門的な利害の衝突が起こる可能性がある。例えば教師は、一領域における遂行が他領域における行動に影響を与える恐れがあるため、学校外で同時に学生の雇用者になってはならない。スーパーバイジーが潜在的な恋愛関係のパートナーになることは、禁じられなければならない。ピアレビュー委員会（同領域の専門家による審査委員会）のメンバーは、自分自身の業績や、スーパーバイジーの業績の審査に参加してはならない。利害の衝突に関連して従うべき一般的ルールは、衝突を避けよ、である。実践家は疑問があれば、スーパーバイザーや信頼できる経験豊富な親友に相談すべきである。

VI 結論

倫理的に実践することは挑戦的であり、どうなっていくか分からない恐れがある。決定や一定の行動方針のもたらす悪影響をすべて予測することは必ずしもできないからである。更に倫理的に実践することは難しい仕事である。実質的にはすべてのケースに対して、警戒と、自己監視と、動的なガイドラインと原則の適用が要求されるからである。

本章で最初に述べた教師の例に戻れば、あの所長や支援コーディネーターや教師は、あの先どう進めればよかっただろうか？　こうすればいいといううまい解決法はあり得ない。にもかかわらずこれらの実践家は、どうすればいいか分からず途方に暮れる必要はない。われわれの考えを言おう。倫理的挑戦は、源泉が何であれ、本章で最初に提示した3つの問い、すなわち「するべき正しい行動とは何か？」「する価値のあるものとは何か？」「よい実践家であるということはということを意味するか？」に立ち返ってみよう。そうすることによって、最もよく対処することができる。これらの3つの問いを、自らの意思決定の中心に位置づけて用いる行動分析家は、そのジレンマに対応するための根拠をもつことになる。更に、これらの問いに誠実に、率直に、偏見をもたずに取り組むことは、実践家が多くの潜在的な倫理的陥穽を回避して、クライアントや子どもや介護の受け手を、自らの努力の中心に据え続けるうえで役立つだろう。

最後に、倫理的に実践することによって、また科学的な方法と応用行動学の原理と手続きと次元をしっかり守り続けることによって、実践家は意思決定の情報としていつでも使える、妥当性と正確性と信頼性を備えた信頼できるデータの源泉をもつことになる。その結果として実践家は、応用行動分析学の最初のそして今もなお続く約束、すなわち実験的行動分析学を社会的に重要な問題に適用するという約束を、実現させる可能性を更に高めることができる。

まとめ

倫理とは何か、それはなぜ重要か？

1．倫理とは、3つの基本的な原理的問い、「するべき正しい行動とは何か？」「する価値のあるものとは何か？」「よい行動分析家であるとはどういう意味か？」に取り組む、行動と実践と決定を表す。

2．倫理は重要である。なぜなら、行動方針が道徳的に正しいか誤っているかを実践家が決定する助けとなり、便宜主義や、プレッシャーや、優先事項の要求にかかわりなく、行動するよう決定する助けになるからである。

3．倫理的実践は、(a) クライエント、(b) 専門職自身、(c) 全体としての文化、という3者の幸福を守ろうとするほかの行動分析家と専門家に由来する。その実践は長い時間をかけて成文化され、倫理的な行為規則となり、変化する世界に応じて変化してゆく。

4．文化的、宗教的経験を含む個人史は、実践家が任意の状況において行動方針をどう決めるかに影響を与える。

5. 開業している行動分析家は、自らがそこで働く特定の場面と、それらの場面に適用される具体的規則と倫理基準について自覚しなければならない。行動は違法であるが倫理的であり、合法であるが非倫理的であり、違法でありかつ非倫理的であることもあるだろう。

応用行動分析家の専門的実践の基準

6. 専門団体は、その構成員の意思決定を導く、正式に承認された行動声明、専門的行動の規範、ないし倫理的行動基準を採択する。また、それらの基準は、綱領からの逸脱が生じた場合は、制裁措置を与える。

7. クライエントの福利は、倫理的意思決定の中心にある。

8. 行動分析家は、自分の専門的行為が確実に自主的に規制するものとなるように対策を講じなければならない。

9. 専門的基準やガイドラインや実践規則は、団体に関連する実践を行うための指令(指針)を与える声明文書である。

10. 行動分析家は、倫理的行動に関する5つの公文書によって導かれる。「サイコロジストの倫理原則と行為規範」(APA, 2002)、「効果的な行動的処遇を受ける権利」(ABA, 1989)、「効果的な教育を受ける権利」(ABA, 1990)、「行動分析士の責任ある行動の指針」(BACB, 2001)、「行動分析士課題リスト」(BACB, 2012)。

専門的能力を確実に習得する

11. 応用行動分析学の専門能力は、正式の学術的訓練によって獲得される。それには、講義、スーパービジョンつき実習、指導者つき専門職経験が含まれる。

12. 行動分析家はすべての専門的、個人的相互作用において、正直であり、正確でなければならない。

クライエントサービスにおける倫理の問題

13. インフォームドコンセントが妥当であるとみなされる前に、3つのテストに合格しなければならない。決定する能力、自由意思による決定、処遇の知識である。

14. 守秘義務とは、行動分析家が自分にケアを託している人についての情報を人に話したり、そ

のほかの方法で公開したりしてはならないことを要求する専門的基準である。情報は本人かその後見人から正式の許可を得たときにのみ公開することができる。

15. 開業している行動分析家は、クライエントの尊厳と健康と安全を保護する責任をもつ。選択する権利、プライバシーの権利、治療的処遇環境を享受する権利、処遇を拒否する権利を含むさまざまな権利を、観察し保護する必要がある。

16. サービスを受ける個人は、治療目標の選択と承認において援助を受ける機会を与えられなければならない。アウトカムの選択は、何よりもまずサービスを受ける個人に恩恵をもたらすことを条件として行われなければならない。

17. サービスの記録は保管し保存して、機密文書として扱われればならない。

18. 行動分析家がサービスの提供を決定する場合は、サービスは必要であり、医学的原因は除去され、処遇環境はサービス提供を支援し、成功への合理的期待が存在するということを確認しなければならない。

19. 利害の衝突の源泉はすべて回避しなければならない。とくに二重の関係は回避すべきである。

クライエントを擁護する

20. 処遇を提供する選択は、2組の決定ルールに分けることができるだろう。(1) その問題は行動介入に適しているということを判断する。(2) 介入が成功するかどうかを評価する。

21. 利害の衝突は、主な当事者が単独で、または家族や友人や仲間と関連して、介入のアウトカムに既得権利をもつときに発生する。

訳者あとがき

　本書は、クーパー、ヘロン、ヒューワード著『応用行動分析学第2版』(Cooper, J. O., Heron, T. E., & Heward, W. L. *Applied behavior analysis*, 2nd ed., 2007) の翻訳です。

　本書のニックネームは「ホワイトブック」。白を強調したブックデザインで、アイドルのビートルズのホワイトアルバムになぞらえてそう呼ばれています。

　応用行動分析学は、行動原理から導き出された戦術を、社会的に重要な行動の改善のために組織的に応用し、実験を通じて行動の改善に影響した変数を同定する科学です。本書はこの応用行動分析学を、正確に、総合的に、かつ最新の成果を盛り込んで現代的に説明することを目指した解説書です。執筆者はクーパー、ヘロン、ヒューワード。しかし、それだけではありません。この第2版には、新たに第一線の寄稿者が書き下ろした5つの章が収められています。「第12章　負の強化」（イワタ、スミス）、「第16章　動機づけ操作」（マイケル）、「第24章　行動機能査定」（ニーフ、ピーターソン）、「第25章　言語行動」（サンドバーグ）、「第29章　倫理」（マルティネス-ディアス、フリーマン、ノーマンド、ヘロン）です。本書はその分量と範囲と論述の徹底性から、まさに専門書としての性格を備えていますが、しかし本書を読むためには特別な前提知識を必要とせず、また本書を読むだけではこの新しい科学をマスターすることができないという理由から、著者らはこれを入門教科書として位置づけています。この学問の創始者ドナルド・ベアは、応用行動分析学を習得するためには約3000ページの読書と、数年のスーパービジョン付き実習が必要であると考えていたことが、本書の中で紹介されています。

　本書には、行動分析士の資格を取得するために必要な学習課題、すなわち行動分析士資格認定協会（BACB）が選定した最新の学習課題リスト（第4版、2012）が付録として収録されています。原著では第3版が使われていましたが、訳者の希望で同協会の最高責任者ジェームズ・カー博士と3人の原著者にお願いして、第3版ではなく最新の第4版を収録することについて、ご快諾をいただきました。本書が日本で行動分析士を目指す人々に広く愛読され活用されることを願っています。

　原著の出版は2007年。その年私はヒューワード教授の主著『特別支援教育』を監訳して、明石書店から上梓したところでした。そのお祝いの小宴で、ヒューワード教授は出たばかりの本書を披露されました。間もなく石井昭男社長と当時の編集長大江道雅氏が、この学術書も明石書店からぜひ刊行したいと提案してくださいました。

　それから早くも6年、やっと日本語版ホワイトブックを完成させることができます。英文で770頁もの分厚い本書を日本語に変換するのは大変な難事業であり、そのためには並外れた努力が必要です。幸い若い優秀な研究者と臨床家が翻訳に協力してくださいました。山本崇博（第3

章）、鈴木雅之（第11、12、13章）、藤原　啓、根本彩紀子（第14章）、山本麻衣子（第16章）、中野良哉（第18、19、20章）、加藤明子（第23章）、石幡　愛（第25章）の諸君です。彼らの協力がなければ、とうにこの仕事に立ち向かう気力は失われていたことでしょう。これらの方々に心から御礼申し上げます。

　いただいた草稿の文章を整え、残りの章を新たに訳出して、全29章の最終草稿のワードファイルを編集部に送付したのは2012年6月初旬。明石書店は本書のために有能な3人の専属のコピーエディターをつけてくださいました。瀬戸由美子さん、小林聡子さん、尾崎実夏さん。お三方が点検して赤を入れた最初のファイルが届いたのが昨年8月20日。それから6カ月。最後の29章の修正版を私が返送したのが今年2月28日。本当にお世話になりました。お三方なしに本書を完成させることはできませんでした。この間、温かく見守って下さった前編集長大江道雅氏と現編集長の神野斉氏に、心から御礼申し上げます。

　本書は一般財団法人高久国際奨学財団の出版助成をいただきました。助成について打診を受けたのは昨年秋のことでした。高久眞佐子理事長は、イヴァ・ロヴァス/中野良顯訳『自閉症児の教育マニュアル』（ダイヤモンド社、2011年）をご覧になり、私たちのCREST 5カ年研究「応用行動分析による発達促進のメカニズムの解明」（2005年〜2011年）の自閉幼児の個別指導を直に見学されて、その上でこういう仕事こそぜひ支援したいとおっしゃってくださいました。子どもの学習を効果的に支援する教育科学を模索して50年、来談者中心療法から応用行動分析学へとたどり着いて40年、その歩みを理解して励まして下さる財団の出現に驚くとともに、喜びと感謝の気持ちでいっぱいです。

　私が応用行動分析学の自閉症臨床に触れたのは1978年、フルブライト留学生としてUCLAのロヴァス教授の研究室で学ぶ機会を得たときでした。フランツホール5階の研究室で、ベア、ウォルフ、リズリーの「応用行動分析学のいくつかの次元」をわくわくしながら翻訳したことがいまは懐かしく思い出されます（後に行動分析研究会編『ことばの獲得』川島書店所収）。

　「読みやすい日本語に」を目標にしてこの仕事に取り組んできましたが、何よりもまず自分がよく理解しなければ実現できないことを悟りました。読者のみなさんのご批正をお願い申し上げる次第です。本書が日本の応用行動分析学の健全な発展に役立つことを強く願っています。

2013年4月12日
中野　良顯

＜付録＞
行動分析士資格認定協会®

第4版課題リスト©

序論

　BACB第4版課題リスト©は、次の3部によって構成される。
　第Ⅰ部、基本的な行動分析学のスキルは、クライエントのすべてではなく、一部のクライエントを対象として実践する開業行動分析士が遂行する課題である。
　第Ⅱ部、クライエントを中心に据えた責任には、すべてのクライエントを対象として、大部分の臨床場面において適用されなければならない課題が含まれている。
　第Ⅲ部、基礎知識には、行動分析士として実践に入る前に習得しておかなければならない概念が含まれている。この部分に記載する主題は、実践家が遂行する課題ではない。むしろ上のⅠ、Ⅱ部で述べた課題を遂行するために理解しておくべき基本的概念である。
　このリストは、指導者には資源を、志願者には学習手段を提供する。協会認定行動分析士®（BCBA）と協会認定準行動分析士®（BCaBA）の志願者は、これらの主題を完全に理解しておく必要がある。
　協会認定行動分析士®（BCBA）と協会認定準行動分析士®（BCaBA）の認定試験で使われるテスト問題はすべて、「基本的な行動分析学のスキル」と、「クライエントを中心に据えた責任」の2つの部において挙げた課題に関係する。BCBAとBCaBAの認定試験の試験問題には、これら2つの部に含まれるすべての課題について、志願者の知識を評価するための問題が1〜2題含まれることになる。「基礎知識」の部で扱われている主題は、特定数の問題によって、直接査定されることはないだろう。しかしそれらは、関連課題の問題を通じて、間接的に査定されることになるだろう。例えば、第Ⅱ部「クライエントを中心に据えた責任」の課題J-11「刺激般化と反応般化をプログラムする」についての試験問題には、第Ⅲ部「基礎知識」の第36項「反応般化を定義しその例をあげる」か、第37項「刺激般化を定義しその例をあげる」が含まれるだろう。
「倫理的専門的行為」（Ethical and professional Conduct）は、この課題リストのそれぞれの部に含まれている。BACB「専門的懲罰倫理基準」（Professional Disciplinary and Ethical Standards）と、「行動分析家の責任ある行為のためのガイドライン」（Guidelines for Responsible Conduct for Behavior Analysts）は、この課題リストの不可欠の必携文書である。BACB有資格者は、この専門的懲罰倫理基準に従って実践し、行為のためのガイドラインと一致するように自らの実践を構築しなければならない。志願者はこれらの文書を完全に理解するよう要求されている。それには「第4版課題リスト©」で同定された課題の専門的実践に関連する倫理的行為の重要性が含まれるが、それだけに限定されるものではない。**結果として試験には、特定の課題に関わる倫理問題を扱う問題が含まれることになるだろう。**

第Ⅰ部：基本的な行動分析学のスキル	
A．測定	
A-01	頻度（すなわち、カウント）を測定する。
A-02	比率（すなわち、単位時間当たりのカウント）を測定する。
A-03	持続時間を測定する。
A-04	潜時を測定する。
A-05	反応間時間（IRT）を測定する。
A-06	生起百分率を測定する。
A-07	基準達成試行を測定する。
A-08	観察者間一致（同意）を査定し解釈する。
A-09	測定手続きの正確性と信頼性を評価する。
A-10	等間隔グラフを使ってデータを設計し、描画し、解釈する。
A-11	データを表示するため累積記録を使ってデータを設計し、描画し、解釈する。
A-12	連続的測定手続き（例えば、事象記録法）を設計し、実行する。
A-13	非連続的測定手続き（例えば、部分インターバルと全インターバルタイムサンプリング、瞬間タイムサンプリング）を設計し、実行する。
A-14	選択測度を設計し、実行する。
B．実験デザイン	
B-01	応用行動分析学の次元（Baer, Wolf, & Risley, 1968）を使い、介入が本来行動分析学的か否かを評価する。
B-02	行動分析学の文献の論文をレビューし解釈する。
B-03	独立変数が従属変数に及ぼす影響を実証するため、独立変数を組織的に設計する。
B-04	実験変数除去、およびまたはリバーサルデザインを使う。
B-05	交替処遇（すなわち、マルチエレメント）デザインを使う。
B-06	基準変更デザインを使う。
B-07	多層ベースラインデザインを使う。
B-08	多層プローブデザインを使う。

付録：行動分析士資格認定協会　第4版課題リスト

B-09	デザイン成分の組み合わせを使う。
B-10	成分分析を行い、介入パッケージの有効成分を判定する。
B-11	パラメトリック分析を行い、独立変数の有効なパラメトリック値を判定する。

C．行動変化についての考慮

C-01	強化の好ましくない起こりうる影響について述べ、それに備えて計画する。
C-02	弱化の好ましくない起こりうる影響について述べ、それに備えて計画する。
C-03	消去の好ましくない起こりうる影響について述べ、それに備えて計画する。

D．行動改善の基本成分

D-01	正負の強化を使う。
D-02	適切なパラメーターと強化スケジュールを使う。
D-03	プロンプトとプロンプトフェーディングを使う。
D-04	モデリングと模倣訓練を使う。
D-05	シェーピングを使う。
D-06	連鎖化（チェーニング）を使う。
D-07	課題分析を使う。
D-08	不連続試行とフリーオペラント計画を使う。
D-09	言語査定の基礎として言語オペラントを使う。
D-10	エコーイック訓練を使う。
D-11	マンド訓練を使う。
D-12	タクト訓練を使う。
D-13	イントラバーバル訓練を使う。
D-14	聞き手訓練を使う。
D-15	弱化子を同定する。
D-16	正負の弱化を使う。
D-17	弱化の適切なパラメーターとスケジュールを使う。
D-18	消去を使う。

D-19	強化と弱化、および消去の組み合わせを使う。
D-20	反応に依存しない（時間ベースの）強化スケジュールを使う。
D-21	分化強化（例えば、DRO, DRA, DRI, DRL, DRH）を使う。
E．特別な行動改善手続き	
E-01	先行事象、例えば動機づけ操作や、弁別刺激の操作に基づく介入を使う。
E-02	弁別訓練手続を使う。
E-03	インストラクションとルールを使う。
E-04	随伴性契約（例えば、行動契約）を使う。
E-05	独立型、相互依存型、依存型の集団随伴性を使う。
E-06	刺激等価性の手続きを使う。
E-07	行動対比効果を考慮する。
E-08	対応法則を使い、選択に影響する要因を理解する。
E-09	高確率・低確率要求連続を設計する。
E-10	プレマックの原理を使う。
E-11	対提示手続きを使って、新しい条件性強化子と弱化子を作る。
E-12	無謬学習手続きを使う。
E-13	見本合わせ手続きを使う。
F．行動改善システム	
F-01	自己管理の戦略を使う。
F-02	トークンエコノミーシステムやそのほかの条件性強化システムを使う。
F-03	直接教授を使う。
F-04	精密教授を使う。
F-05	個別化教授システム（PSI）を使う。
F-06	偶発教授を使う。
F-07	機能的コミュニケーション訓練を使う。
F-08	拡大コミュニケーションシステムを使う。

付録：行動分析士資格認定協会　第4版課題リスト

第Ⅱ部：クライエントを中心に据えた専門家としての責任

G．問題の同定

G-01	ケース開始にあたって、記録と利用手できるデータをレビューする。
G-02	クライエントに影響する可能性のある生物学的/医学的変数を考慮する。
G-03	照会された問題を同定するためクライエントの予備査定を行う。
G-04	行動概念を日常言語によって説明する。
G-05	私的出来事も含む行動を、行動分析学の用語（心理主義の用語ではなく）によって記述する。
G-06	クライエントを支援し、およびまたはサービスを提供するほかの人々と協力して行動分析学のサービスを提供する。
G-07	応用行動分析学における自分の専門能力の範囲内において実践する。必要ならば、コンサルテーションやスーパービジョンや訓練を受け、または照会する。
G-08	行動分析学のサービスの必要を減らすような環境改善を同定し実行する。

H．測定

H-01	観察し記録すべき行動の次元と詳細な業務計画（ロジスティックス）が決まったら、代表的なデータを収集するための測定システムを選択する。
H-02	観察し記録する期間のスケジュールを選択する。
H-03	関連する量的関係を効果的に伝えるためのデータ表示法を選択する。
H-04	レベル、トレンド、変動性の変化を評価する。
H-05	観察された変数間の時間的関係（セッション内と間、時系列）を評価する。

I．査定

I-01	観察でき測定できる用語で行動を定義する。
I-02	観察でき測定できる用語で環境変数を定義する。
I-03	個別化された行動査定手続きを設計し実行する。
I-04	機能査定手続きの全範囲を設計し実行する。
I-05	観察されたデータを整理し、分析し、解釈する。
I-06	確立し、維持し、増加させ、または減少させるべき行動について提言する。
I-07	選好査定を設計し実行して、推定される強化刺激を同定する。

	J．介入
J-01	観察でき測定できる用語で介入目標を述べる。
J-02	可能な介入を査定結果と入手できる最善の科学的証拠に基づいて同定する。
J-03	課題分析に基づいて介入戦略を選択する。
J-04	クライエントの好みに基づいて介入戦略を選択する。
J-05	クライエントの現在のレパートリーに基づいて介入戦略を選択する。
J-06	支援的環境に基づいて介入戦略を選択する。
J-07	環境と資源の制約に基づいて介入戦略を選択する。
J-08	介入の社会的妥当性に基づいて介入戦略を選択する。
J-09	処遇の有効性を実証するため、実験デザインを使うときは、実際的、倫理的問題を同定し対処する。
J-10	行動を減らすときは、確立しまたは増加させるべき望ましい代替行動を選択する。
J-11	刺激般化、反応般化をプログラミングする。
J-12	維持をプログラミングする。
J-13	適切な場合は介入目標として行動カスプを選ぶ。
J-14	インストラクション手続きを設計して、生成的学習（すなわち派生関係）を促進する。
J-15	意思決定はさまざまな書式で表示されたデータに基づいて行う。

	K．実行、運営、スーパービジョン
K-01	行動サービスの継続的な証拠書類を作成する。
K-02	行動改善手続きを実行する責任者の行動を制御する随伴性を同定し、それに従って介入を設計する。
K-03	行動査定と行動改善の手続きを実行する責任者に対して、コンピテンシーベースの訓練を設計し活用する。
K-04	有効な遂行監視（パフォーマンスモニタリング）と、強化システムを設計し活用する。
K-05	手続きの完全性を監視するシステムを設計し活用する。
K-06	行動改善の実行者にスーパービジョンを提供する。
K-07	行動プログラムの有効性を評価する。
K-08	行動分析学のサービスに対する直接的間接的な消費者からの支援を確保する。

K-09	日常環境におけるクライエントの行動レパートリーを維持するため、人々からの支援を確保する。
K-10	サービスが必要なくなったら、きちんとした終結を設計する。

第Ⅲ部：BACB第4版課題リスト©に伴う基礎知識

行動分析学の哲学的前提に従って説明し行動する

FK-01	行動の法則性
FK-02	選択主義（系統発生的、個体発生的、文化的）
FK-03	決定論
FK-04	経験主義
FK-05	倹約性
FK-06	実用主義（プラグマティズム）
FK-07	行動の環境による（心理主義とは対立するものとしての）説明
FK-08	徹底的行動主義と方法論的行動主義を区別する。
FK-09	概念行動分析学、実験行動分析学、応用行動分析学、行動サービス配信を区別する。

定義し例を示す

FK-10	行動、反応、反応クラス
FK-11	環境、刺激、刺激クラス
FK-12	刺激等価性
FK-13	反射関係（US-UR）
FK-14	レスポンデント条件づけ（CS-CR）
FK-15	オペラント条件づけ
FK-16	レスポンデント - オペラント相互作用
FK-17	無条件性強化
FK-18	条件性強化
FK-19	無条件性弱化

FK-20	条件性弱化
FK-21	強化スケジュール、弱化スケジュール
FK-22	消去
FK-23	自動強化、自動弱化
FK-24	刺激性制御
FK-25	単一刺激の多重機能
FK-26	無条件性動機づけ操作
FK-27	条件性動機づけ操作
FK-28	推移的、再帰的、代理的動機づけ操作
FK-29	弁別刺激と動機づけ操作を区別する
FK-30	動機づけ操作と強化効果を区別する
FK-31	行動随伴性
FK-32	近接性
FK-33	関数関係
FK-34	条件性弁別
FK-35	刺激弁別
FK-36	反応般化
FK-37	刺激般化
FK-38	行動契約
FK-39	行動モメンタム
FK-40	対応法則
FK-41	随伴性形成行動
FK-42	ルール支配行動

言語オペラントを区別する

FK-43	エコーイック
FK-44	マンド

FK-45	タクト
FK-46	イントラバーバル
測定概念	
FK-47	行動の測定可能な次元（例えば、比率、持続時間、潜時、または反応間時間）を同定する。
FK-48	連続的測定手続きと非連続的測定手続き（例えば、部分インターバルおよび全インターバル記録、瞬間タイムサンプリング）を使う長所と短所を述べる。

用語集

アーティファクト（artifact） それが測定される仕方のせいで存在するように見えるが、実際に起こったこととは対応しない所産ないし結果。

安定したベースライン（stable baseline） 上方または下方に向かうトレンドを示す証拠をまったく示さないデータ。すべての測度が、比較的小さな範囲の数値に収まっている（**定常状態反応**を参照）。

維持（maintenance） 応用行動分析学では、2つの違う意味がある。(a) 介入の一部またはすべてが終了した後に、学習者が標的行動すなわち従属変数または行動の特徴を継続して遂行する程度（すなわち反応維持）。(b) 処遇すなわち独立変数または実験条件が中止されるか部分的に除去される条件。

依存型集団随伴性（dependent group contingency） 集団全員に対する強化が、その集団の1人のメンバーの行動、または大きな集団から選ばれた小集団のメンバーの行動によって左右される随伴性。

一般的（タクト）拡張（generic [tact] extention） 新奇刺激によって喚起されるタクト。その刺激はもとの刺激に関係した関連性のあるすべての決定的な特徴を共有する。

一般事例分析（general case analysis） 教育事例を同定し選択する組織的過程。その事例は般化場面における刺激バリエーションと反応要求の全範囲を代表する（**多範例訓練**と、**十分な例を教える**、を参照）。

逸話的観察（anecdotal observation） 直接的で継続的な観察の1形態。この方法では、観察者は興味対象であるすべての行動と、クライアントの日常環境で起こるそれらの行動の先行条件と結果を、それらが起こる通りに、記述的に、時間順序通りに、説明して記録する（ABC記録法ともいう）。

インストラクション場面（instructional setting） インストラクションが行われる環境。学習者の標的行動の獲得と般化に影響を与える可能性のある、意図されたものも意図されなかったものも含んだ環境のすべての側面が含まれる（**般化場面**と比較せよ）。

インターバル別IOA（interval-by-interval IOA） インターバル記録、またはタイムサンプリング測定によって収集されるデータに対する観察者間一致の指標。所定のセッションや測定期間について、2人の観察者の個々の観察インターバルの行動の生起または非生起の記録を比較し、一致したインターバル数を全インターバル数によって除算して100倍して算出する。ポイント別IOAまたは全インターバルIOAともいう（**記録されたインターバルIOA**および**記録されなかったインターバルIOA**と比較せよ）。

インターバルDRL（interval DRL） DRLを実行する手続きの1つ。全セッションを等間隔のインターバルに分割し、そのインターバルの間の反応数が基準限度と等しいかそれを下回る場合、それぞれのインターバルの終わりに強化が与えられる（**低反応率分化強化[DRO]**参照）。

イントラバーバル（intraverbal）　基本的言語オペラントの1つ。言語弁別刺激によって喚起され、その言語刺激と部分ごとの対応（ポイント-ツゥ-ポイント・コレスポンデンス）がない。

インフォームドコンセント（informed consent）　サービスを受ける潜在的な受け手か、研究に参加する可能性のある参加者が、査定や処遇を受ける前に、明白な許可を与えること。効果と副作用を全面的に開示しなければならない。個人が同意を与えるためには、(a) 意思決定する能力があることを示す、(b) 自由意思によって行う、(c) その処遇の顕著な側面すべてについて適切な知識をもっている、ことが必要である。

隠喩的（タクト）拡張（metaphorical [tact] extension）　新奇刺激によって喚起されるタクト。その刺激はもとの刺激の関連特徴のすべてではなく一部を共有する。

A-Bデザイン（A-B design）　2段階実験デザイン。処遇前ベースライン条件（A）と、それに続く処遇条件（B）から構成される。

A-B-Aデザイン（A-B-A design）　3段階実験デザイン。最初のベースライン段階（A）で定常状態反応を獲得してから、処遇条件（B）を実行する介入段階に進む。そこで行動は変化し、定常状態反応を獲得する。それから独立変数を除去してベースライン条件（A）に復帰して、反応が最初のベースライン段階で観察されたレベルに「反転」するかどうか確かめる（**A-B-A-Bデザイン、リバーサルデザイン、実験変数除去デザイン、**参照）。

A-B-A-Bデザイン（A-B-A-B design）　(1) 定常状態反応（または反治療的傾向）が得られるまでの最初のベースライン段階（A）、(2) 処遇変数が実行され、その結果行動が変化し、定常状態反応が得られるまでの最初の介入段階（B）、(3) 独立変数を除去することによって、反応が最初のベースライン段階で観察された水準まで「反転」するかどうかを確かめるための、ベースライン条件への復帰（A）、(4) 最初の処遇効果が再現されるかどうかを確かめるための第二の介入段階（B）、によって構成される実験デザイン（**リバーサルデザイン、実験変数除去デザイン**ともいう）。

ABC記録法（ABC recording）　**逸話的記録法**を参照。

永続的所産による測定（measurement by permanent product）　行動が起こった後に、その行動が環境にもたらした影響を記録することによって行動を測定する方法。

エコーイック（echoic）　反応との部分ごとの対応（point-to-point correspondence）と形式的類似性がある言語弁別刺激によって喚起される反応を必要とする基本的言語オペラント。

応用行動分析学（ABA）（applied behavior analysis [ABA]）　行動原理から導き出された戦術を社会的に重要な行動に適用して、実験を用いて行動の改善の原因となる変数を同定する科学。

オートクリティック（autoclitic）　2次的言語オペラント。このオペラントでは、話し手自身の言語行動の何らかの側面が話し手のさらなる言語行動のS^{D}かMOとして機能する。オートクリティック関係は、言語行動についての言語行動とみることができる。

オペラント行動（operant behavior） 行動に後続する結果の関数として選択され、維持され、刺激性制御下に組み込まれる行動。個々人のオペラント行動のレパートリーは、その人の環境との相互作用の歴史（個体発生）の所産である。

オペラント条件づけ（operant conditioning） オペラント学習が起こる基本過程。行動に後続する結果（反応の直後に伴う刺激変化）が、将来の同様の動機づけ条件と環境条件の下での同種の行動の頻度を増加させ（強化）、または減少させる（弱化）（**動機づけ操作、弱化、強化、反応クラス、刺激性制御**を参照）。

折れ線グラフ（line graph） デカルト平面に基づいて、2本の垂線が交差することによって形成される二次元領域。平面内のどのポイントも、交差する2本の線によって描かれる2つの次元の間の特定の関係を表す。応用行動分析学においてデータを表示する最も一般的なグラフ書式。

回避随伴性（avoidance contingency） 反応することによって刺激の提示を阻止するか延期させる随伴性（**逃避随伴性**と比較せよ）。

外的妥当性（external validity） 研究の結果がほかの被験者や、場面や、行動に及ぶ一般性の程度。

概念形成（concept formation） 刺激クラス内の刺激般化と、刺激クラス間の弁別を必要とする刺激性制御の複雑な例。

カウント（count） 行動の生起数の単純な数え上げ（tally）。カウントの測度を報告するときは、観察期間、またはカウント時間を必ず記録するようにしなければならない。

カウント時間（counting time） 自発された反応数のカウントを記録した時間帯。

科学（science） 基本仮定としての決定論、基本ルールとしての経験主義、基本戦略としての実験、信憑性の要件としての再現、価値としての倹約性、従うべき良心としての哲学的懐疑をよりどころとする、自然現象を理解するための組織的アプローチ（記述、予測、制御によって証拠づけられる）。

各インターバルカウント平均ＩＯＡ（mean count-per-interval IOA） 一連のより小さな計測時間から構成される測定期間に、2人の観察者が報告したカウントの一致の平均百分率。

各インターバル完全IOA（exact count-per-interval IOA） 2人の観察者が同じカウントを記録した全インターバルの百分率。事象記録法によって収集される大部分のデータセットに対する最も厳密なIOA（観察者間一致）の記述。

各インターバル平均持続時間ＩＯＡ（mean duration-per-interval IOA） 生起当たり持続時間データのIOAの1つの指標。また一定のセッションや測定期間について計算される全持続時間データに対するIOAの、より保守的で通常より有意義な査定。それは2人の観察者が標的行動の1つ1つの生起について報告した持続時間の一致の平均百分率を算出して計算される。

確立操作（establishing operation, EO） 一部の刺激、事物、事象の強化子としての有効性を確立する（増加させる）動機づけ操作。例えば、食物遮断は、食物を有効な強化子として確立する。

下降ベースライン（descending baseline）

反応測度のトレンドが時間とともに下降することを示すデータ経路（**上昇ベースライン**と比較せよ）。

過剰修正（overcorrection）　正の弱化に基づく行動改善戦術の1つ。学習者は問題行動を条件として、その行動によって生じた損傷の修復に直接または論理的に関係する行動に従事するよう要求される。過剰修正の形態には、原状回復型過剰修正と積極的練習型過剰修正がある（**積極的練習型過剰修正**、**原状回復型過剰修正**を参照）。

仮説的構成概念（hypothetical construct）　推定されるが観察されない過程や存在（例えば、フロイトのイド、自我、超自我）。

課題分析（task analysis）　複雑なスキルや一連の行動を、教えることのできるより小さな単位に分解する過程。またこの過程の結果を表す。

価値変更効果（動機づけ操作の）（value-altering effect [of a motivating operation]）　動機づけ操作の結果として生じる刺激、事物、事象の強化の有効性の変化。例えば、食物の強化能力は、食物遮断と食物摂取の結果として変更される。

カリブレーション（測定器の精度の基準量による調整）（calibration）　測定システムの正確性を評価するために使われるあらゆる手続き。そして誤差の原因が発見されたとき、その情報を使って測定システムを修正し、改善する手続き。

感覚消去（sensory extinction）　感覚に起こる結果を隠蔽するか除去することによって、自動強化で維持されている行動を消去状態に置く過程。

間隔を空ける反応DRL（Spaced-responding DRL）　最低限の反応間時間（IRT）によって間隔を空けた個々の標的行動の生起に対して強化が随伴するDRL実行手続き（**低反応率分化強化[DRL]**を参照）。

喚起効果（動機づけ操作の）（evocative effect [of motivating operation]）　同じ動機づけ操作によって強化の有効性が高まる刺激によってこれまで強化されてきた行動における現在の頻度の増加。例えば、食物遮断は、これまで食物によって強化されてきた行動を喚起する（行動の現在の頻度を増加させる）。

環境（environment）　生命個体か、生命個体の参照部分が存在する現実状況の集合体。環境がなければ行動は起こり得ない。

観察値（observed value）　観察測定システムによって生み出される測度。観察値は、研究者やほかの人々が研究について解釈し結論を引き出すためのデータとして役立つ。

観察者ドリフト（observer drift）　観察者が研究している間に測定システムの使い方に意図しない変化が起こり、結果として測定誤差が生じること。しばしば観察者が訓練を受けた後に、標的行動の本来の定義についての解釈を変更することを伴う。

観察者のリアクティビティー（observer reactivity）　自分の報告するデータをほかの人々が評価していることを意識することによって起こる観察者が報告するデータへの影響（**測定バイアス**と**観察者ドリフト**も参照）。

間欠強化スケジュール（INT）（intermittent schedule of reinforcement [INT]）　行動の全部ではなく一部の生起を条件として強化が生じる強化随伴性。

1129

間接的機能査定（indirect functional assessment）　問題行動を起こす人をよく知っている人々（例えば、教師、親、介護者、およびまたは本人）から情報を収集するために使われる構造化面接、チェックリスト、評定尺度、または質問紙。問題行動と相互関連する日常（自然の）環境の条件や事象を同定するために利用される。

間接的測定（indirect measurement）　測定される行動が興味の対象である行動とは何らかの違いがあるときに発生する。収集されたデータと興味の対象である現実の行動との間の関係について推論することが要求される。そのため、直接的査定に比べて妥当性が低いと見なされる。

関数関係（functional relation）　機能関係ともいう。1つの実験（または一群の関連実験）の結果を要約する言語陳述。その陳述では、研究中の現象の生起を、その実験で特定され制御された1つかそれ以上の変数の関数として記述される。その実験では、ある事象（従属変数）の特定の変化は、別の事象（独立変数）の操作によって起こり、その従属変数の変化はほかの諸要因（交絡変数）の結果によって起こる可能性が低い。行動分析学では、$b=f(x1), (x2), …$として表される。bはその行動であり、$x1$、$x2$などは、その行動がその関数である環境変数である。

関数分析（行動機能査定の一部としての）（functional analysis [as part of functional behavior assessment]）　問題行動の目的（機能）の分析。人の日常活動を代表する先行事象と結果事象が実験デザインの内部で設計され、それらが問題行動に与える独立した影響が観察され測定されるように計画する。典型的には、4つの条件、すなわち3つのテスト条件——条件的注目、条件的逃避、1人きり——と、対照条件（強化子が自由に入手できて人に何の要求も課さないため問題行動は少ないと予想される条件）から構成される。

換喩的（タクト）拡張（metonymical [tact] extension）　もとの刺激形態の関連特徴を何1つ共有しない新奇刺激によって喚起されるタクト。

聞き手（listener）　言語行動に対して強化を与える人。聞き手は言語行動を喚起する聴衆の役割も果たす（話し手と比較せよ）。

基軸行動（pivotal response）　一度学習されると、訓練されていないほかの行動にも、それに応じた修正や共変化を生み出すような行動。

記述的行動機能査定（descriptive functional behavior assessment）　日常（自然）場面で起こる条件において、問題行動と先行事象と結果事象を直接観察すること。

基準達成試行（trial-to-criterion）　事象記録法の特殊な形態。人があらかじめ設定した正確さや熟達度の水準を達成するために必要な反応数、または練習機会の数という測度。

基準変更デザイン（changing criterion design）　最初のベースライン段階に続いて、強化または罰の基準が漸次的、段階的に変化してゆく一連の処遇段階が起こる実験デザイン。実験的制御は、それぞれの新しい基準に合わせて、反応レベルが変化する程度によって証拠づけられる。

機能変更効果（オペラント関係に関連する）（function-altering effect [relevant to operant relations]）　強化、弱化、消去の手続きによって、または弱化からの回復の

手続きによってもたらされた、生命個体のMOと刺激と反応の関係のレパートリーに見られる比較的永続的な変化。レスポンデント機能変更効果は、先行刺激の対提示と対提示解除の結果としてもたらされる。

機能的コミュニケーション訓練（FCT）（functional communication training [FCT]）　先行介入の1つ。通常、確立操作（EO）によって引き起こされる問題行動の代替行動として、適切なコミュニケーション行動が教えられる。代替行動分化強化（DRA）が伴う。

機能的に等価な（functionally equivalent）　同じ機能や目的を果たす。トポグラフィーの違う行動が同じ結果を生み出すならば、それらは機能的に等価である。

逆向連鎖化（backward chaining）　一つの連鎖の最後の行動以外の行動はすべて訓練者が行い、最後の行動だけを学習者が遂行し、そうして連鎖を完了したことを条件として強化される教育手続き。学習者がその連鎖の最後のステップを遂行する能力があることが証明されたら、訓練者はその連鎖の最後の2つの行動以外はすべて遂行し、その最後の2つのステップは学習者が自発して連鎖を完了させて強化される。この順序は、学習者がその全連鎖を1人で完了するまで続けられる。

共通刺激をプログラミングする（programming common stimuli）　インストラクション場面を般化場面に類似させることによって、場面／状況般化を促進する戦術。それは2段階過程であり、（1）般化場面を特徴づける顕著な刺激を同定し、（2）それらの刺激をインストラクション場面に組み込むことから構成される。

強化（reinforcement）　反応の直後に後続して刺激変化が起こり、同様の条件下における同種の行動の将来の頻度を増加させるとき生じる（**負の強化、正の強化**を参照）。

強化スケジュール（schedule of reinforcement）　強化のための環境準備と反応要件とを特定するルール。強化随伴性についての記述。

強化後反応休止（postreinforcement pause）　強化の後に反応が一定期間不在になること。通常、固定間隔（FI）と固定比率（VR）の強化スケジュールによって引き起こされる効果。

強化子（reinforcer）　行動が起こる直前にそれに先行して起こり、行動の将来の頻度を増加させる刺激変化（**条件性強化子、無条件性強化子**を参照）。

強化子確立効果（動機づけ操作の）（reinforcer-establishing effect [of a motivating operation]）　動機づけ操作を原因として起こる刺激、事物、事象の強化の有効性の増加。例えば、食物遮断は食物の強化能力を確立する（増加させる）。

強化子査定（reinforcer assessment）　標的反応が起こることを条件として1つかそれ以上の刺激を提示して、その強化子としての有効性を測定するためのさまざまな直接的、経験的な方法。

強化子無効効果（動機づけ操作の）（reinforcer-abolishing effect [of a motivating operation]）　動機づけ操作を原因として起こる刺激、事物、事象の強化の有効性の減少。例えば、食物摂取は食物の強化能力を無効にする（減少させる）。

強化の履歴（history of reinforcement）　強化の歴史。一般に人の学習経験のすべてを

表す包括的用語であるが、より厳密に言えば人のレパートリーの特定の反応クラスないし側面についての過去の条件づけを表す（**個体発生**を参照）。

局所反応率（local response rate）　総反応率が計算されたより大きな期間の一部に含まれるより小さな期間の平均反応率（**総反応率**を参照）。

記録されたインターバルIOA（scored-interval IOA）　どちらか一方の観察者が行動の生起を記録したインターバルだけをもとにした観察者間一致指標。2人の観察者が行動の生起に同意したインターバル数を、どちらか一方または両方が行動の生起として記録したインターバル数で除して100倍して算出する。記録されたインターバルIOAは、低率で起こる行動のための一致の測度として推奨される。偶然による一致が極めて高いインターバルを無視するからである（**インターバル別IOA**と、**記録されなかったインターバルIOA**を参照）。

記録されなかったインターバルIOA（unscored-interval IOA）　どちらかの観察者が行動の非生起を記録したインターバルのみに基づく観察者間一致指標。2人の観察者が行動は起こらなかったことに同意したインターバル数を、一方または両方の観察者がその行動の非生起として記録したインターバル数で除して100倍して算出する。記録されないインターバルIOAは、偶然による一致が大いに起こりうるインターバルを無視するため、高率で起こる行動のための一致測度として推奨される（**インターバル別IOA**、**記録されたインターバルIOA**と比較せよ）。

グラフ（graph）　データを表示する視覚的形式。一連の測定と関連変数の間の関係を表す。

クリッカー訓練（clicker training）　プライヤー（Pryor, 1999）が普及させた用語。聴覚刺激の形態による条件性強化を使って行動をシェーピングすること。手動操作機器を押すとクリック音が出る。訓練者はクリック音とほかの強化形態（例えば、食物のご褒美）を対提示して、クリック音を条件性強化子にする。

計画的無視（planned ignoring）　タイムアウトを実行する手続きの1つ。標的行動の生起を条件として社会的強化子（通常は注目、身体接触、言語的交流）を短期間差し控える手続き。

経験主義（empiricism）　興味の対象である現象を客観的に観察すること。客観的観察は「科学者の個人的偏見、好み、個人的意見から独立している…経験的方法による結果は、それらが誰の観察に対しても開かれており、個々の科学者の主観的信念に依存しないため、客観的である」（Zuriff, 1985, p. 9）。

継続的測定（continuous measurement）　観察期間の間興味の対象である反応クラスに含まれるすべての例が検出されるように行われる測定。

形態の類似性（formal similarity）　先行制御刺激と反応ないし反応所産が、（a）同じ感覚モードを共有する（刺激も反応も視覚、聴覚、または触覚）か、（b）お互いに物理的に類似しているときに起こる事態。形態の類似性をもつ言語行動は、エコーイック、テキストコピーイング、サインランゲージに関連する模倣である。

系統的脱感作（systematic desensitization）　不安、恐れ、恐怖症に対する行動療法の治療法。1つの反応、一般に筋弛緩を、望ん

でいない行動、すなわち恐れと不安に置き換える。クライアントは最も恐ろしくない状況から最も恐ろしい状況へという順序で、不安を起こさせる状況をイメージしながら、リラックスすることを練習する。

系統発生（phylogeny）　種の自然進化の歴史（個体発生と比較せよ）。

結果（consequence）　興味の対象である行動に後続して起こる刺激変化。結果には、特に現在の動機づけ状態と直接関連している結果は、将来の行動に重要な影響を及ぼすものがある。そのほかの結果はほとんど影響を与えない。（**弱化子**、**強化子**を参照。）

結果による選択（selection by consequence）　オペラント条件づけの根本をなす基本原理。その基本的教義は、あらゆる形態の（オペラント）行動が、簡単なものから複雑なものまで、すべて個人の生涯における行動結果によって選択され、形成され、維持されるという考え。結果による選択というスキナーの概念は、ダーウィンの種の進化における遺伝子構造の自然選択の概念と対応している。

決定論（determinism）　宇宙は法則性をもっている規則正しい場所であり、そこでは現象がほかの事象と関係して起こり、行き当たりばったりに偶発的には起こらないとみなす仮定。

嫌悪刺激（aversive stimulus）　一般に、不愉快なまたは有害な刺激。より専門的に言えば、(a) 過去にそれを終結させた行動を喚起する機能をもち、(b) 行動の後に提示すると弱化子として機能し、(c) 行動に続いて撤去されると強化子として機能する刺激変化ないし条件、である。

言語行動（verbal behavior）　聞き手によってその強化が媒介される行動。音声言語行動（例えば水を飲むために「水ください」という）と、非音声言語行動（水を入手するため水の入ったコップを指さす）の両方が含まれる。思考、文法、作文、理解など通常言語やトピックスとして扱われている主題を網羅する。

原状回復型過剰修正（restitutional overcorrection）　過剰修正の1形態。問題行動を起こすと、それ条件として、それによって起こった損害を学習者が修復するか、または環境を元の状態に戻し、それから環境を問題行動の前にあったよりもはるかに良い条件にするため、追加の行動を行うよう要求される（**過剰修正**と、**積極的練習型過剰修正**を参照）。

減少効果（動機づけ操作の）（abative effect [of a motivation operation]）　同じ動機づけ操作によって強化能力が高められる刺激によって強化されてきた行動の現在の頻度が減少すること。例えば、食物摂取が、食物によって強化されてきた行動（の現在の頻度）を減少させる。

倹約性（parsimony）　より複雑なまたは抽象的な説明を考慮する前に、簡単で論理的な説明を実験または概念によって排除しておくという実践。

高確率（高-p）要求連続（high-probability [high-*p*] request sequence）　先行介入の一つ。標的課題（低-p要求）を要求する直前に、学習者の個人史において従順さを示した履歴をもつ2～5の簡単な課題（高-p要求）を立て続けに提示すること。**散在要求**、**課題前要求**、**行動モメンタム**ともいう。

後件肯定（affirmation of consequent）　3段

階形式の論法。真の先行事象と結果事象の命題（もしAならばB）から出発して、次のように展開する。(1) もしAが真ならばBも真である、(2) Bは真であることが判明した、(3) 従ってAは真である。Aの真実性はほかの要因による可能性もあるが、適切な実験はもしAならばBの可能性を数回にわたって肯定する。そして、行動に見られる変化の原因が、独立変数以外の要因である可能性をそのたびに減らしていく。

高次条件づけ（higher order conditioning）中性刺激（NS）と条件刺激（CS）の対提示による条件反射の形成。2次条件づけともいう。

交替スケジュール（alternative schedule）交替スケジュールの成分である基本スケジュール、すなわち比率スケジュールか間欠スケジュールを満たせば必ず強化される。成分スケジュールのどちらの要件が最初に満たされるかは関係ない。

交替処遇デザイン（alternating treatment design）2つ以上の条件（その1つは無処遇の比較条件の可能性がある）が、反応水準とは無関係に、速やかに交替して（例えば、セッションごと、または日ごとに交替して）起こる実験デザイン。条件間、または条件内で起こる反応の違いは、それらの条件の影響のせいによるものとみなされる（**並立スケジュールデザイン、マルチエレメントデザイン、多元スケジュールデザイン**ともいう）。

行動（behavior）生きている生命個体の活動。人間の行動には、人々が行うことのすべてが含まれる。専門的定義では「生命個体が環境に対して働きかける（インタラクションする）部分。生命個体の身体の一部の空間的位置を時間軸に沿って他の位置に感知できるように移動させることによって特徴づけられ、その結果少なくとも環境の1側面に知覚できる変化を生み出す」（Johnston & Pennypacker, 1993a, p. 23）（**オペラント行動、レスポンデント行動、反応クラス**を参照）。

行動改善戦術（behavior change tactic）1つかそれ以上の行動原理から引き出されるテクノロジーとして一貫性を持つ行動改善の方法（例えば、他行動分化強化、レスポンスコスト）。被験者、場面間、およびまたは行動間の十分な一般性を有するため、その体系化と普及が正当化される。

行動カスプ（behavioral cusp）人を新しい環境や、強化子や、随伴性や、反応や、刺激性制御にさらすゆえに、それ自体の固有な変化を優に超える突然の劇的な結果を有する行動（**基軸行動**を参照）。

行動間多層ベースラインデザイン（multiple baseline across behaviors design）同じ被験者が同じ場面で示す2つかそれ以上の異なる行動に処遇変数を適用する多層ベースラインデザイン。

行動機能査定（FBA）（functional behavior assessment [FBA]）問題行動が本人のどんな目的（機能）に役立っているかについての情報を収集するために行う組織的な査定方法。その結果はその問題行動を減らし、適切な行動を増やすための介入のデザインの指針として利用される。

行動契約（behavior contract）**随伴性契約**を参照。

行動原理（principle of behavior）行動と1つかそれ以上の制御変数との間の関数関係を述べた陳述。生命個体、種、場面、行動、時間のすべてにわたる一般性を備えて

いる（例えば、消去、正の強化）。同じ関数関係を実証する多くの実験によって推論される経験的一般化。

行動査定（behavioral assessment）　行動に先行し後続することによって行動を制御する可能性のある変数を同定するための全範囲の調査方法（観察、面接、テスト、先行変数または結果変数の組織的操作）を含んだ査定形式。行動査定は、標的となる可能性のある行動を取り巻く資源、資産、重要な人々、競合随伴性、維持要因と般化要因、可能性のある強化子およびまたは弱化子を発見するために設計される。

行動主義（behaviorism）　行動の科学の哲学。行動主義にはさまざまな形態がある（**方法論的行動主義、徹底的行動主義**を参照）。

行動対比（behavioral contrast）　2成分からなる多元スケジュールにおいて、1成分の反応率を増加させるか減少させる変化が、変更されなかった他成分の反応率を反対方向に付随的に変化させる現象。

行動チェックリスト（behavior checklist）　特定のスキルの記述（通常は階層的に順序づけたもの）と、それぞれのスキルが観察されなければならない条件を示すチェックリスト。中には、1つの特定の行動やスキル領域を査定するためにデザインされるものもある。そのほかのチェックリストは多くの行動やスキル領域を取り扱う。大部分は反応を評定するためのリッカート尺度を用いる。

行動の適切性のルール（relevance of behavior rule）　人の日常（自然な）環境において強化を生み出す可能性のある行動のみを改善の標的とすべきであるというルール。

行動の倫理規範（ethical code of behavior）　行動方針を決定したり、専門的任務を遂行したりするとき、専門団体のメンバーに対して指針を与える声明書。規範からの逸脱に対して段階的制裁措置（例えば、懲戒、問責、除名）を加えることのできる基準（スタンダード）。

行動の罠（behavior trap）　強化随伴性の相互に関係のある共同体。とりわけ強力な、大規模で永続的な行動改善を生みだすような共同体となる可能性がある。有効な行動の罠は4つの必須の特徴を共有する；（a）子どもは罠に「誘い込む」ほとんど抵抗できない強化子によって「おびき寄せ」られる。（b）罠にはまるために必要なものは、すでに子どものレパートリーに存在するわずかに努力すればよい反応だけである。（c）一旦その罠にはまると、相互に関係のある強化随伴性が、標的となる学業的スキルや社会的スキルを獲得し拡張し維持するように、子どもを動機づける。（d）子どもは飽和効果をほとんど示さないため、それらの随伴性は長期にわたって有効であり続ける可能性がある。

行動変更効果（動機づけ操作の）（behavior-altering effect [of a motivating operation]）　同じ動機づけ操作で有効性が変更される刺激によって、これまで強化されてきた行動の現在の頻度が変わること。例えば、食物で強化されてきた行動の頻度は、食物遮断か食物摂取によって増加するか、減少する。

行動モメンタム（behavioral momentum）　強化条件の変更後に見られる反応率と、その変化への抵抗を記述するための隠喩。モメンタム（勢い、はずみ）の隠喩は、**高確率（高-p）要求連続**によってもたらされる効果を記述するためにも使われてきた。

行動連鎖（behavior chain）　一連の反応。その順序に含まれる個々の反応は、刺激変化を生み出す。その刺激変化は、その反応に対する条件性強化子として、また連鎖の次の反応に対する弁別刺激として働く。連鎖の最後尾の反応に対する強化は、その連鎖の以前のすべての反応が生み出した刺激変化の強化の有効性を維持する。

行動連鎖妨害戦略（behavior chain interruption strategy）　参加者が連鎖の決定的な成分を自主的に遂行するスキルを頼りにする介入。その連鎖をときどき妨害して、別の行動が自発できるようにする。

高反応率分化強化（DRH）（differential reinforcement of high rates [DRH]）　強化スケジュールの1つ。前のインターバルでの個人の遂行に基づいて、あらかじめ決定されたインターバルの終わりに、そのインターバルで自発される反応数が徐々に増加していく基準を上回ること（例えば5分当たり3反応以上、5分当たり5反応以上、5分当たり8反応以上）を条件として、強化が与えられる。

交絡変数（confounding variable）　従属変数に影響を与えることが知られているかまたは疑われている、制御されていない要因。

個体発生（ontogeny）　生命個体の生涯にわたる発達の歴史（**強化の履歴**を参照；**系統発生**と比較せよ）。

固定間隔（FI）（fixed interval [FI]）　強化スケジュールの1つ。前の反応が強化され、一定時間経過後に初めて自発される反応に対して強化が与えられるスケジュール（例えば、FI 3分スケジュールでは3分経過後の最初の反応が強化される）。

固定間隔DRO（FI-DRO）（fixed-interval DRO [FI-DRO]）　固定時間のインターバルの終わりに強化が入手可能となり、それぞれのインターバルの間に問題行動が起こらないことを条件として与えられるDRO手続き。

固定時間スケジュール（fixed-time schedule, FT）　行動遂行を条件的に要求しない刺激（noncontingent stimulus）を提示するスケジュール。強化提示から次の強化提示までの時間インターバルは同一に保たれる。

固定瞬間DRO（fixed-momentary DRO, FM-DRO）　DRO手続きの1つ。特定の瞬間ごとに強化が入手できる。その瞬間は固定時間量によって分割され、それらの瞬間に問題が起こらないことを条件として強化が与えられる。（**他行動分化強化 [DRO]** を参照。）

固定比率（fixed ratio [FR]）　強化スケジュールの1つ。強化されるために一定数の反応をすることが要求される（例えばFR 4スケジュールでは、4番目の反応ごとに強化される）。

混合スケジュール（mix）（mixed schedule [mix]）　複合強化スケジュールの1つ。通常は2つかそれ以上の基本的強化スケジュール（成分）がランダムな順序で、交替して起こる。どの弁別刺激もそれぞれのスケジュール成分の存在、不在とは相関せず、強化はどの時点でもそのとき作動している成分の反応要件を満たすことによって与えられる。

再帰性条件性動機づけ操作（CMO-R）（reflexive conditioned motivating operation [CMO-R]）　何らかの悪化または改善に先行することによってMOの有効性を獲得した刺激。その例は、典型的な逃

避-回避手続きの警告刺激であり、それ自身の停止を強化として確立し、停止を達成したすべての行動を喚起する。

再現（replication）（a）効果の信頼性を評価し、内的妥当性を高めるため、実験中に条件を反復すること。（**ベースライン論理、予測、立証**を参照。）（b）先行研究の成果がほかの被験者や場面や行動に対してもつ一般性を評価するため、全実験を反復すること（**直接再現、外的妥当性、組織的再現**を参照）。

再現性（repeatability）　時系列でみた場合、行動が繰り返し起こる可能性がある事実を指す（すなわち、行動は数えることができる）。すべての行動測定がそこから派生する3つの次元量の1つ（**カウント、頻度、比率、セラレーション、時間的広がり、時間上の場所**を参照）。

最終行動（terminal behavior）　シェーピングの最終的所産。

3項随伴性（three-term contingency）　オペラント行動の分析の基本的分析単位。先行刺激、行動、結果事象の間の時間的関係、そして恐らくは依存的関係を包含する。

散布図（scatterplot）　2次元グラフの1つ。x軸とy軸によって描かれる変数に関するデータの集合の個々の測度の相対的分布を表す。散布図のデータポイントは結合しない。

恣意的刺激クラス（arbitrary stimulus class）　同じ反応を喚起するが、物理的形態には相互に類似性がないか、「より大きい」「の下の」などのような関係性の側面を共有しない先行刺激（例えば、ピーナッツ、チーズ、ココナッツミルク、鳥の胸肉が、「タンパク質源」という反応を喚起するならば、恣意的刺激クラスのメンバーである）（**特徴的刺激クラス**と比較せよ）。

シーケンス効果（sequence effects）　被験者が先行する条件を体験した結果、一定の条件で被験者の行動に影響が生じること。

シェーピング（shaping）　分化強化を使って一連の徐々に変化する反応クラスを生み出すこと。それぞれの反応クラスは、最終行動に向かう漸次的接近反応である。現存する反応クラスのメンバーは、それらが最終行動により近似するがゆえに分化強化の対象として選択される（**分化強化、反応クラス、反応分化、漸次的接近反応**を参照）。

視覚分析（visual analysis）　実験条件内部と間の変動性と水準とトレンドをグラフ化したデータの目視検査を伴う、行動研究と処遇プログラムの結果を解釈するための組織的アプローチ。

時間上の場所（temporal locus）　あらゆる行動の生起例は、ほかの出来事との関係において、時間上の一定の時点で起こるという事実を表す（すなわち行動は時間に置いていつ起こるかを測定することができる）。しばしば反応潜時と反応間時間（IRT）に関して測定される。すべての行動測定がそこから派生する行動の3つの次元量の1つ（**再現性、時間的広がり**を参照）。

時間的広がり（temporal extent）　行動のあらゆる生起例は、一定量の時間の間に起こるという事実を指す。すべての行動測定がそこから引き出される行動の3つの次元量の1つ（**再現性**と**時間上の場所**を参照）。

刺激（stimulus）　「生命個体に、その受容器細胞を通じて影響を与えるエネルギー変化」（Michael, 2004, p. 7）。

刺激クラス（stimulus class）　形態や（例えば、大きさ、色）、時間や（例えば、先行事象、結果事象）、機能（例えば、弁別刺激）の次元に沿って特定された共通成分を共有する刺激群。

刺激デルタ（S△）（stimulus delta [S△]）　過去にそれが存在するとき、一定の行動が強化を生み出さなかった刺激（**弁別刺激** [S^D] と比較せよ）。

刺激と刺激の対提示（stimulus-stimulus pairing）　2つの刺激を同時に、通常反復して何試行も提示する手続き。しばしば一方の刺激が他方の刺激の機能を獲得するという結果をもたらす。

刺激性制御（stimulus control）　行動の頻度や潜時や持続時間や大きさが、先行刺激の存在または不在によって変化する状況（**弁別、弁別刺激**を参照）。

刺激選好査定（stimulus preference assessment）　人が好む刺激と、それらの相対的選好度の評価（高低）と、それらの評価が有効であり続ける条件と、強化子として推定される価値とを判定するために使われるさまざまな手続き。

刺激等価性（stimulus equivalence）　ある刺激と刺激の関係に対する反応を強化すると、その後に未訓練の未強化の刺激と刺激の関係に対して正確な反応が出現すること。等価性の定義を満たすためには、反射性、対称性、推移性を明白に実証する必要がある。

刺激般化（stimulus generalization）　刺激が存在するとき反応が強化され、その先行刺激がその反応を喚起する歴史をもつとき、同じ種類の行動はその先行制御刺激と類似する物理的特性を共有する刺激によって、喚起される傾向をもつ。

刺激般化勾配（stimulus generalization gradient）　特定の刺激条件が存在するとき強化された行動が、ほかの刺激が存在するとき自発される程度を表すグラフによる描写。その勾配は刺激般化と刺激性制御（または弁別）の相対的度合いを表す。テスト刺激の間の緩やかな勾配は、高度の刺激般化と、訓練刺激と他の刺激との相対的に低い弁別を表す。訓練刺激と一致する最高点から急激に降下する勾配は、高度の刺激性制御（弁別）と、相対的にわずかな刺激般化を表す。

刺激弁別訓練（stimulus discrimination training）　伝統的手続きでは1つの行動と2つの先行刺激条件を必要とする。反応は1つの刺激条件S^Dが存在するとき強化され、別の刺激S△が存在するとき強化されない。

試行別ＩＯＡ（trial-by-trial IOA）　不連続試行データのＩＯＡ指標。試行ごとまたはアイテムごとの観察者のカウント（0または1）を比較することをベースにする。全カウントＩＯＡが示す指標よりもより控えめで有意義な不連続試行データの指標をもたらす。

自己監視（self-monitoring）　人が自分の行動を組織的に観察し、標的行動の生起、非生起を記録する手続き（自己記録、ないし自己観察ともいう）。

自己管理（self-management）　行動に望ましい改善をもたらす行動改善戦術を個人的に適用すること。

自己教示（self-instruction）　自分が生み出す潜在的または顕在的な言語反応。望んでいる行動に対するルール、または反応プロ

ンプトとして機能する。自己教示は、自己管理の戦術としては、行動連鎖や課題順序の最初から最後まで、本人を導くことができる。

自己契約（self-contract）　人が自分自身との間で結ぶ随伴性契約。自分が選んだ課題と報酬、および課題完遂の自己監視と報酬の自己提示を組み入れる。

自己制御（self-control）　2つの意味がある。（a）より小さな報酬をもたらす反応を自制し、より大きな（またはより高品質の）遅延性の報酬をもたらす反応を自発して、そのことによって「満足を遅延させる」個人の能力（衝動の制御と考えられることもある）、（b）人が先々の行動を変化させるために（すなわち自分自身の行動を自己管理するために）、一定の仕方で行動すること。スキナー（Skinner, 1953）は、自己制御を2反応現象として概念化した。制御する反応は、制御される反応の確率を変化させるように、変数に影響を与える（**自己管理**を参照）。

自己評価（self-evaluation）　人が自分の標的行動の遂行を、あらかじめ決定した目標や基準と比較する手続き。しばしば自己管理の1成分となる。自己査定ともいう。

事象記録（event recording）　行動が起こる度数の計算やカウントを収集するための測定手続き。

持続時間（duration）　行動が起こる時間のトータルな範囲を表す測度。

自動強化（automatic reinforcement）　人々の社会的媒介とは無関係に起こる強化（例えば、虫刺されを掻くことが、痒みを和らげる）。

自動性（強化の）（Automaticity [of reinforcement]）　行動が、人の意識とは関係なく、結果によって修正される事実を指す。強化が「働く」ためには、人は自分の行動と強化的結果との間の関係を認識したり言語化したりする必要はない。あるいは結果を知る必要すらない（**自動強化**と対比せよ）。

自動弱化（automatic punishment）　人々の社会的媒介とは無関係に起こる弱化（すなわち、反応の所産が、社会的環境とは無関係に弱化子として働く）。

実験（experiment）　興味の対象である現象（従属変数）の何らかの測度を、2つかそれ以上の異なる条件の下で注意深く制御し比較すること。それぞれの条件は、一時にただ1つの要因だけが異なっている。

実験行動分析学（experimental analysis of behavior [EAB]）　B. F. スキナーによって創始された、行動それ自体を主題とする行動の研究のための自然科学的アプローチ。方法論的特徴として、反応率を基本的従属変数とする、反応クラスを明白に定義して反復的または継続的に測定する、グループデザインに代わって被験者内で実験的比較を行う、統計的推論に代わってグラフ化されたデータを視覚分析する、組織的な理論検証よりも行動と環境にある制御変数との間の関数関係の記述を強調する、などが含まれる。

実験デザイン（experimental design）　独立変数の存在と不在（または数値の違い）がもたらす効果を有意義に比較できるような、研究における諸条件の特定の種類または順序。

実験の問い（experimental question）　実験することによって研究者が何を知ろうとし

ているかを表す陳述。疑問形式で提示される可能性があり、出版された報告では、ほとんどの場合、実験の目的の記述として見出される。実験デザインのあらゆる側面は、実験の問い（研究の問いともいう）に従う。

実験的制御（experimental control） 2つの意味がある。(a) 関数関係を納得がいくまで証明する実験の成果。環境の特定の側面（独立変数）を操作して、行動（従属変数）に予測可能な変化を確実に生み出せるとき、実験的制御が達成されることを意味する。(b) 研究者が独立変数を提示し、撤去し、またはその数値を変動させて、またすべての交絡変数と剰余変数を除去するか一定に保つかすることによって、独立変数の正確な制御を維持する程度（**交絡変数、剰余変数、独立変数**を参照）。

実験変数除去デザイン（withdrawal design） 一部の著者によってA-B-A-Bデザインの同義語とした使われる用語。行動改善の維持を促進するために、有効な処遇が順次または部分的に除去される実験を記述するためにも使われる（**A-B-A-Bデザイン、リバーサルデザイン**を参照）。

自発的回復（spontaneous recovery） 消去と関連した行動効果。行動の頻度が強化前の水準にまで減るか、完全に停止した後に、その行動が突然生起し始めること。

社会的妥当性（social validity） 標的行動が適切であり、介入手続きが好ましく、標的行動と付随的な行動における重要で有意義な改善が生み出される程度。

遮断（deprivation） 生命個体が特定の種類の強化子を摂取したかそれに接触したかして、それ以後どれほどの時間が経過したかという面からみた生命個体の状態。強化子の有効性を増大させるための手続きを指すこともある（例えば、セッションに入る前に、人間の強化子へのアクセスを、特定期間差し控えさせること）（**動機づけ操作**を参照；**飽和**と比較せよ）。

弱化（punishment） 反応の直後に刺激変化が起こり、同様の条件下におけるその種の行動の将来の頻度を減少させるとき起こる（**負の弱化、正の弱化**を参照）。

弱化子（punisher） 刺激変化の直前に先行した行動の将来の頻度を減少させる刺激変化（**嫌悪刺激、条件性弱化子、無条件性弱化子**を参照）。

弱化手続きからの回復（recovery from punishment procedure） 前に弱化された反応の種類が、弱化の結果を伴わずに起こること。この手続きは前に強化された行動の消去と似ており、弱化の効果を取り消す効果を持つ。

守秘義務（confidentiality） 当人が情報の開示に対して明白な許可を与えない限り、サービスを受けまたは過去に受けた人に関する情報は、ほかの人や集団に話すか、ほかの方法で利用させることはしないという限りにおける信頼状況を表す。

習慣反転（habit reversal） 指の爪噛みや、筋肉の痙攣（チック）など、好ましくない習慣を減らすために使う多成分処遇パッケージ。通常、処遇に含まれるのは、反応を検出し、反応に先行して反応の引き金となる出来事を同定する手続きを含む自己認識訓練、競合反応訓練、そして動機づけテクニック（自己適用型行動結果、社会的支援システム、処遇による進歩の般化と維持を促進する手続きを含む）である。

集団随伴性（group contingency） 集団全員

に対する強化が、(a) 集団の中の1人か、(b) 大集団から選ばれた小集団のメンバーか、(c) 集団の個々のメンバーによる、基準を満たす行動によって左右される随伴性（**依存型集団随伴性、独立型集団随伴性、相互依存型集団随伴性**を参照）。

集中練習（massed practice）　自主的な行動改善の技法。人が望んでいない行動（例えば強迫的儀式）を自分自身に繰り返し強制的に行わせると、その行動の将来の頻度が減少することがある。

十分な例を教える（teaching sufficient examples）　般性の行動改善を促進する戦略。学習者に関連する刺激と反応の例のすべての内の部分集合に反応することを教え、それから学習者の未訓練の例についての遂行を査定すること（**多範例訓練**を参照）。

従属変数（dependent variable）　実験における変数。独立変数の操作の結果として変化するかどうかを判定するために測定される変数。応用行動分析学においては社会的に重要な行動の何らかの測度を意味する（**標的行動**を参照、**独立変数**と比較せよ）。

馴化（habituation）　繰り返し提示される刺激に対して反応が減少すること。誘発刺激が短い時間間隔で反復提示される関数として、レスポンデント行動が減少することを記述するために最もよく使われる。また研究者の中には、オペラント行動のセッション内における変化に、この概念を適用しようと提言する者もいる。

瞬間タイムサンプリング（momentary time sampling）　正確に特定された時間インターバルにおいて、行動の存在または不在を記録する測定法。

順向連鎖化（forward chaining）　行動連鎖を教える1つの方法。学習者をプロンプトして課題分析の最初の行動をするよう教える。連鎖の残りのステップは訓練者が完遂する。学習者が連鎖の最初のステップを行う能力があることを示せば、次に連鎖の最初の2つの行動を遂行するよう教える。そして訓練者が連鎖を完遂する。学習者が全連鎖を1人で完遂するまでこの過程を続ける。

処遇ドリフト（treatment drift）　実験の独立変数が、研究の後の段階で、初めの段階での適用とは別様に適用されるという望ましくない状況。

処遇の完全性（treatment integrity）　独立変数が計画され記述された通りに正しく適用され、計画された処遇が行われる間に計画されなかったそれ以外の変数が、不注意に適用されることがない程度。**手続きの忠実性**ともいう。

消去（オペラント）（extinction [operant]）　以前は強化されていた行動が強化されなくなること（すなわち、反応が従来のように強化を生み出さなくなること）。主な影響は、その行動の頻度が、強化される以前の水準に達するまで、または生起が最終的に止むまで、減少すること（**消去急騰、自発的回復**を参照、**反応消去**と比較せよ。）

消去急騰（extinction burst）　消去手続きが最初に実行されたとき、反応頻度が増加すること。

消去抵抗（resistance to extinction）　消去中にオペラント行動が自発される相対的な頻度。

条件刺激（CS）（conditioned stimulus [CS]）　条件反射の刺激成分。無条件刺激

1141

(US) かまたはほかのCSと対提示され、それ以後においてのみレスポンデント行動を誘発するようになる、かつて中性的だった刺激変化。

条件性強化子（conditioned reinforce）　かつて1つ以上の他の強化子と対提示されたため、強化子として機能するようになった刺激変化。2次性または学習性強化子と呼ぶこともある。

条件性弱化子（negative punisher）　かつて中性的だったが、1つ以上のほかの負の強化子と以前に対提示されたため、弱化子として機能するようになった刺激変化。2次性、または学習性の弱化子と呼ばれることもある（**無条件性弱化子**と比較せよ。）

条件性動機づけ操作（CMO）（conditioned motivating operation［CMO］）　価値変更効果が学習の履歴に依存する動機づけ操作。例えば、鍵が掛かっているドアと鍵の関係のため、鍵がかかったドアを開けなければならないことは、鍵を強化子としてより有効にするCMOであり、そのような鍵を獲得した行動を喚起する。

条件的（contingent）　標的行動が生起した後にのみ与える強化（または弱化）を表す。

条件的観察（contingent observation）　タイムアウトを実行する手続き。人を現在の場面のなかの別の場所に移す。進行中の活動は観察できるが、強化を入手する権利は奪われる。

条件反射（conditioned reflex）　学習された刺激と反応の機能的関係。先行刺激（例えば冷蔵庫のドアが開く音）とそれが誘発する反応（例えば唾液分泌）によって構成される。それぞれの人の条件反射のレパートリーは、その人の環境との相互作用の履歴の所産である（個体発生）（**レスポンデント条件づけ、無条件反射**を参照。）

条件付き確率（conditional probability）　標的行動が所定の状況において起こる可能性（尤度）。(a) 特定の先行変数に先行される行動の生起比率と、(b) 特定の結果に後続される問題行動の生起比率を計算することによって算出される。条件付き確率は0.0から1.0のレンジにある。条件つき確率が1.0に近ければ近いほど、標的行動と先行変数と結果変数の関係はより強くなる。

上昇ベースライン（ascending baseline）　反応測度が時間経過とともに増加傾向を示すデータ経路。

剰余変数（extraneous variable）　想定外の環境変動を予防するため一定に保っておくべき環境場面の全ての側面（例えば、採光、温度）。

人為的随伴性（contrived contingency）　標的行動の変化の獲得、維持、または般化を達成するために、行動分析家か実践家によって設計され実践される任意の強化（弱化）随伴性。

人為的に作られた媒介刺激（contrived mediating stimulus）　インストラクション場面で標的行動に対して機能的になるようにさせ、後に般化場面においてその学習者が標的行動を遂行するようにプロンプトし、または補助するように作用する刺激のすべて。

真の値（true value）　自然に存在するままの事象の何らかの次元量の真の姿の量的記述として認められる測度。真の値を得るためには、「考えられるあらゆる誤差の源泉を確実に回避または除去するための、特

別のまたは並外れた予防措置」(Johnston & Pennypacker, 1993a, p.136) が必要である。

信憑性（believability）　研究者が自他に対して、データは信頼できるものであり解釈するに値すると説得する程度。観察者間一致（IOA）の測度は、応用行動分析学において最もしばしば使われる信憑性の指標である（**観察者間一致［IOA］**参照）。

信頼性（測定の）（reliability [of measurement]）　測定の一貫性、とくに同じ出来事の反復測定が、同じ数値を生み出す程度を表す。

心理主義（mentalism）　行動を説明する1つのアプローチ。行動の次元とは別の心の次元、ないし「内部」の次元が存在すると仮定し、この次元で起こる現象が行動の一定の形態の直接的原因となるか、少なくともそれを媒介すると仮定する立場。

推移性（transitivity）　刺激と刺激の間の別の2つの関係（例えば、A＝BとB＝C）を訓練した結果出現する派生的な（すなわち、訓練されていない）刺激と刺激の関係（例えばA＝C、C＝A）。例えば推移性は、以下の（1）と（2）に示す2つの刺激と刺激の関係を訓練した後、それ以上のインストラクションや強化をしなくても、（3）に示す関係が出現する。（1）もしA（例えば、口語の自転車）＝B（例えば、書き文字の自転車）（図17.3を参照）、そして（2）B（自転車の絵）＝C（例えば、書き文字の自転車）（図17.4を参照）ならば、（3）C（書き文字の自転車）＝A（口語の自転車）（図17.5を参照）（**刺激等価性**を参照、**反射性、対称性**と比較せよ）。

水準（level）　一連の行動測度がそこに収斂する縦軸上の値。

随伴性（contingency）　オペラント行動とそれを制御する変数の間の依存的な、または時間的な関係を言う。

随伴性リバーサル（contingency reversal）　トポグラフィーの違う2つの反応に対する強化随伴性を入れ替えること。例えば、行動AがFR 1の強化スケジュールの強化を生み出し、行動Bが強化の差し控え（消去）を生み出すとすれば、随伴性リバーサルは、行動Aが消去を生み出し、行動BがFR 1の強化スケジュールの強化を生み出すように随伴性を変更することである。

随伴性契約（contingency contract）　特定の行動を完遂することと特定の強化子を入手する権利との間の条件的関係を明記した関係者間の（例えば、親と子の間の）相互合意文書。

スケジュールの疎化（schedule thinning）　反応比率か時間インターバルの長さを徐々に増やしていくことによって、強化随伴性を変えていくこと。その結果、反応当たり、時間当たり、または両方当たりのより低率の強化が生じる。

正確性（測定の）（accuracy [of measurement]）　観察された数値、すなわち出来事を測定して得られたデータが、自然（日常）に存在する事象の真実の状態、ないし真実の数値と一致する程度（**観察値、真の値**を参照）。

制限時間（limited hold）　FIまたはVIインターバルが経過した後の限定された時間の間にだけしか強化が入手できない状況。もし標的反応が制限時間内に起こらなければ強化は差し控えられ、新しいインターバルが開始される（例えば、30秒制限時間付きFI 5分スケジュールでは、5分経過した後

の最初の正反応が、5分インターバル終了後の30秒の間に起こるときにのみ強化される）。

制限時間付き行動連鎖（behavior chain with a limited hold）　強化されるためには、それまでに行動連鎖を完了しなければならない時間インターバルを特定して示す介入。

生態学的査定（ecological assessment）　環境と行動の間の複雑な相互関係の存在を認める査定手続き。生態学的査定は、多くの場面と人々からデータを収集する方法である。

正の強化（positive reinforcement）　行動の直後に刺激が提示され、その行動の将来の同様の条件下での頻度を増加させるときに起こる（**負の強化**と比較せよ）。

正の強化からのタイムアウト（time-out from positive reinforcement）　正の強化を獲得する機会を、特定した時間の間、条件的に撤去するか、正の強化子にアクセスさせないこと。負の弱化の1形態（**タイムアウト**ともいう）。

正の強化子（positive reinforcer）　その提示または開始が強化として働く刺激（**負の強化子**と比較せよ）。

正の弱化（positive punishment）　行動の直後に刺激を提示し、その行動の将来の頻度を減少させる。タイプⅠ弱化ともいう（**負の弱化**と比較せよ）。

成分分析（component analysis）　処遇条件の有効成分と、処遇パッケージの中のさまざまな変数の相対的貢献度と、およびまたは介入の必要十分な成分を同定するために設計される実験。成分分析は多くの形態をとるが、基本的戦略は1つかそれ以上の成分を省略して介入を実践する、継続する段階の間で行う反応水準を比較することである。

積極的練習型過剰修正（positive practice overcorrection）　過剰修正の1形態。学習者は標的行動の生起を条件として、行動の正しい形態、または問題行動と両立しない行動を、特定の回数だけ反復して行うよう要求される。教育的成分を伴う（**過剰修正、原状回復型過剰修正**を参照）。

説明的虚構（explanatory fiction）　仮想の変数または仮説的変数。しばしば観察された現象をそれによって説明すると主張する当該の現象の別名という形式をとり、その現象の機能的説明や理解には何ひとつ貢献しない。例えば、ある生命個体がなぜ点灯して食物が入手できるとき梃子を押し、なぜ消灯していて食物が入手できないとき梃子を押さないかを、「知能」や「知的認識」を使って説明する場合のように。

セラレーション（celeration）　時間とともに起こる反応率の変化（加速または減速）。それによって反応が加速または減速している（乗算している、または除算している）因数として表現される。標準セラレーションチャート上にトレンドラインとして表示される。セラレーションは、加速または減速している反応率を特定的には指示しない一般的用語である（**標準セラレーションチャート**を参照）。

セラレーション・トレンドライン（celeration trend line）　セラレーション・トレンドラインは、それによって比率がセラレーション期間に乗算されまたは除算される因数として測定される（例えば、週率、月率、年率、10年率）（**セラレーション**を参照）。

セラレーション期間（celeration time period）　セラレーションが標準セラレーションチャート上に示される時間単位（例えば、週ごと、月ごと）（セラレーションとセラレーション・トレンドライン参照）。

全インターバル記録（whole-interval recording）　行動を測定するタイムサンプリング法の１つ。観察期間を一連の短い時間インターバル（普通５〜15秒）に分割する。観察者はそれぞれのインターバルの終わりに、標的行動がそのインターバルの間ずっと起こっていたかどうかを記録する。多くの行動が実際に起こっていた観察期間の割合を過小評価する傾向がある。

全カウントＩＯＡ（total count IOA）　事象記録データの一番簡単なＩＯＡの指標。測定期間に個々の観察者によって記録された全カウントを比較することをベースにする。２人の観察者によるカウントのうち小さい方を大きい方で割り100倍して算出する。

全課題連鎖化（total-task chaining）　順向連鎖化のバリエーション。学習者はそれぞれのセッションにおいて連鎖の中の１つ１つの行動の訓練を受ける。

先行介入（antecedent intervention）　随伴性とは無関係な先行刺激（**動機づけ操作**）を操作する行動改善戦略（**非条件的強化、高確率要求連続、機能的コミュニケーション訓練**を参照。先行性制御、すなわち随伴性に依存する結果事象を操作して刺激性制御に影響を与える、行動改善介入と比較せよ）。

先行刺激クラス（antecedent stimulus class）　共通の関係を共有する一連の刺激。先行刺激クラスに属する刺激はすべて、同じオペラント行動を喚起するか、同じレスポンデント行動を誘発する（**恣意的刺激クラス、特徴的刺激クラス**を参照）。

先行事象（antecedent）　興味ある行動に先立って存在するか、先だって起こる環境条件、または刺激変化。

潜時（latency）　反応潜時を参照。

全持続時間ＩＯＡ（total duration IOA）　全持続時間測定のＩＯＡの関連指標。観察者によって報告された２つの持続時間の短い方を長い方で割り100倍して算出する。

漸次的接近反応（successive approximations）　シェーピングの過程で分化強化の結果として出現する新しい反応クラスの連続。１つ１つの漸次的反応クラスは、その形態において、それが置き換わる反応クラスより、最終行動により近似している。

前方飛躍型逆向連鎖化（backward chaining with leaps ahead）　逆向連鎖化のうち課題分析における一部のステップを省略する手続き。長い行動連鎖を教えるとき、省略するステップが、学習者のレパートリーに存在することを示す証拠がある場合、教える効率を高めるため使われる。

相互依存型集団随伴性（interdependent group contingency）　集団全員に課された遂行基準を、すべての成員が満たさなければ、誰も強化されない随伴性。

総反応率（overall response rate）　一定期間の最初から最後までに起こる反応率（**局所反応率**を参照）。

測定バイアス（measurement bias）　無作為にではなく起こる測定誤差。出来事の真の値をデータが一貫して上回るか下回る不正

確な測定形態。

組織的再現（systematic replication）　研究者が先行研究の1つかそれ以上の側面を意図的に変化させて行う実験。先行研究の結果を再現する組織的再現は、先行研究の結果の信頼性を立証するばかりでなく、異なる条件の下で同じ効果を獲得できることを証明することによって、先行研究の結果の外的妥当性も高める。

対応法則（matching law）　並立強化スケジュールにおいて入手できる選択への反応の配分。選択の間の反応の比率は、それぞれの選択肢から受け取る強化の比率に対応するように比例して配分される。

対称性（symmetry）　学習者が、そのための事前訓練や、そうすることに対する強化を受けたことがないのに、合わせた見本と比較刺激の可逆性（例えば、もしA=BならB=A）を実演してみせる刺激と刺激の関係の1つ。対称性は、次のような見本合わせ手続きによって証明されるだろう。学習者は、話し言葉の自動車（見本刺激A）を提示されたら、比較刺激の自動車の絵（比較B）を選択するよう教えられる。自動車の絵（見本刺激B）を提示されると、追加の訓練や強化を受けないのに、学習者は比較刺激の話し言葉の自動車（比較A）を選択する。（**刺激等価性**を参照、**反射性**、**推移性**と比較せよ。）

代替行動分化強化（DRA）（differential reinforcement of alternative behavior [DRA]）　問題行動を減らす手続き。減らす標的とされた行動に代る望ましい代替行動に強化を与え、問題行動の生起例には強化を差し控えること（例えば、減らす標的とされた行動が勝手にしゃべることである場合は、学業ワークシートの項目を仕上げることに強化を与えるようにする。）

タイプⅠエラー（Type I error）　独立変数が従属変数に影響を与える関係は存在しないにもかかわらず、そういう関係が存在すると研究者が結論づけるとき起こるエラー。偽陽性（**タイプⅡエラー**と比較せよ）。

タイプⅡエラー（Type II error）　独立変数が実際には従属変数に影響を与えているのに、そういう関係は存在しないと研究者が結論づけるとき起こるエラー。偽陰性（**タイプⅠエラー**と比較せよ）。

タイムアウトリボン（time-out ribbon）　非排除型タイムアウトを実行する手続き。子どもはリボンか腕輪を装着する。それは強化を受ける弁別刺激となる。問題行動を条件としてリボンは取り去られ、社会的強化子やそのほかの強化子へのアクセスを特定期間入手することができない。タイムアウトが終わると、リボンや腕輪は子どもに返され、タイムインが始まる。

タイムサンプリング（time sampling）　特定の時間インターバルにおける行動の存在または不在を測定すること。連続的な高率の行動に対して最も有効である（**瞬間タイムサンプリング、部分インターバル記録、全インターバル記録**を参照）。

代理性条件性動機づけ操作（CMO-S）（surrogate conditioned motivating operation [CMO-S]）　別のMOとの対提示によってMOとしての有効性を獲得し、対提示されたMOと同じ価値変更効果と行動変更効果を持つ刺激。

タクト（tact）　非音声弁別刺激によって喚起され、般性条件性強化が後続する、基本的言語オペラントの1つ。

多元スケジュール（mult）（multiple

schedule［mult］）複合強化スケジュールの1つ。通常はランダムな順序で、交替して起こる、2つかそれ以上の基本的強化スケジュール（成分）によって構成される。弁別刺激がそれぞれのスケジュール成分の存在または不在と相関し、また強化は作動している成分の反応要件を満たすときはいつでも与えられる。

他行動分化強化（DRO）（differential reinforcement of other behavior［DRO］）問題行動を減らす手続きの1つ。特定時間の間、または特定時間の瞬間に（すなわち瞬間DRO）、問題行動が起こらないことを条件として、強化が与えられる。**ゼロ反応率分化強化**、ないし**省略訓練**ともいう（**固定間隔DRO、固定瞬間DRO、変動間隔DRO、変動瞬間DROを参照**）。

多重制御（言語行動の）（multiple control［of verbal behavior］）多重制御には2種類ある。（a）単一の言語反応が2つ以上の変数の関数であるとき、収束的多重制御が起こる。（b）何が話されるかには、2つ以上の先行制御の源泉がある。単一の先行変数が2つ以上の反応の強さに影響を与えるとき発散的多重制御が起こる。

多重処遇リバーサルデザイン（multiple treatment reversal design）2つかそれ以上の実験条件をベースラインおよびまたは実験条件相互で比較するため、リバーサル戦術の実験方法と論理を用いる何らかの実験デザイン（例えば、A-B-A-B-C-B-C、A-B-A-C-A-D-A-C-A-D、A-B-A-B-B＋C-B＋C）。

多重処遇干渉（multiple treatment interference）被験者の行動に1つの処遇が及ぼす効果が、同じ研究で実施される別の処遇の影響によって交絡されること。

多層プローブデザイン（multiple probe design）多層ベースラインデザインのバリエーション。その特徴は、ベースライン段階で間欠測定、ないしプローブを行うことである。それは被験者が前のステップを学習する前に、後ろのステップの遂行を改善することができるとは考えにくいスキル順序に、インストラクションが及ぼす効果を評価するために使われる。

多層ベースラインデザイン（multiple baseline design）実験デザインの1つ。ベースライン条件で最初に2つかそれ以上の行動を同時に測定する。次にそれらの行動の1つに処遇変数を適用し、ほかの行動はベースライン条件を適用したままにしておく。最初の行動に最大の改善が記録された後、そのデザインに含まれるほかのそれぞれの行動に処遇変数を順次適用する。もし処遇変数を導入したとき、しかもそのときだけ、1つ1つの行動が同様の変化を示すならば、実験的制御が証明されることになる。

他動性条件性動機づけ操作（ＣＭＯ－Ｔ）（transitive conditioned motivating operation［CMO-T］）1つの環境変数。学習の履歴の結果、ほかの刺激の強化の有効性を確立し（無効にし）、ほかの刺激によって強化されてきた行動を喚起する（減少させる）。

多範例訓練（multiple exemplar training）学習者にさまざまな刺激条件や、反応バリエーションや、反応トポグラフィーを用いた練習を行わせて、刺激制御反応を確実に獲得させるインストラクション。場面/状況般化と反応般化の両方を促進するために使われる。（**十分な例を教えるを参照**。）

妥当性（測定の）（validity［of measurement］）測定から得られたデー

タが興味の対象である標的行動と、それを測定する理由とに直接関連する程度。

単一被験者デザイン（single-subject design）　ベースライン論理と呼ばれる実験的推論の形式を使って、独立変数が個別被験者の行動に及ぼす効果を実証する多種多様な研究デザイン（単一事例デザイン、被験者内デザイン、イントラサブジェクト・デザインともいう）（**交替処遇デザイン、ベースライン論理、基準変更デザイン、多層ベースラインデザイン、リバーサルデザイン、定常状態戦略**を参照）。

遅延性多層ベースラインデザイン（delayed multiple baseline design）　多層ベースラインデザインのバリエーション。1つの行動（または場面、ないし被験者）に最初のベースラインと、おそらく介入も、開始する。それからさらなる行動に対するその後のベースラインを、時差式にまたは遅延して開始する。

中心分割推移線（split-middle line of progress）　データの全般的トレンドを示すグラフ化された一連のデータポイントを結んで引かれた線。図示されたデータを折半し、各半分の垂直中央と水平中央の交点を結んで引かれ、次いですべてのデータポイントの半分がそのライン上か上方に、半分がライン上か下方に来るように上方または下方に調整する。

中性刺激（ＮＳ）（neutral stimulus ［NS］）　レスポンデント行動を誘発しない刺激変化（**条件刺激［ＣＳ］、無条件刺激［ＵＳ］**と比較せよ）。

聴衆（audience）　誰であれ言語行動を喚起する弁別刺激として機能する人。異なる聴衆は、強化の履歴に違いがあるため、同じ主題について、異なる言語行動を制御する可能性がある。10代の若者は、仲間に話すときと親に話すときでは、同じ出来事を異なる話し方で話す可能性がある。

直接再現（direct replication）　研究者が先行実験の条件を正確に再現しようとする実験。

直接測定（direct measurement）　測定される行動が、研究の焦点となる行動と同一の場合に生じる（**非直接測定**と比較せよ）。

衝立型タイムアウト（partition time-out）　タイムアウトを実行するための排除型手続きの1つ。標的行動の生起を条件として、人はタイムイン場面から退出することなく、視界を遮る壁や、遮蔽物や、障壁の向こう側に留め置かれること。

対提示解除（unpairing）　2種類ある。（ａ）すでに有効な刺激と対提示されることによってこの機能を獲得した刺激を単独で生起させること、または（ｂ）有効な刺激が不在なときも存在するときもその刺激を生起させること。どちらの種類の対提示解除も、対提示の結果を取り消す。条件性強化子となった刺激を単独で生起させること。条件性強化子が不在なときも存在するときも、その無条件強化子を生起させること。

DRI/DRAリバーサル・テクニック（DRI/DRA reversal technique）　強化の効果を実証する実験技法。それは非強化（ベースライン）条件の代わりに、比較条件として、非両立行動または代替行動（DRI/DRA）の分化強化を用いる。DRI/DRA条件の間は、強化条件において強化として使われる刺激変化は、標的行動と両立しないか、標的行動に代替する特定の行動が生起することを条件として与えられる。DRI/DRA条件の間よりも強化条件の間により高い反応

水準が起これば、行動の変化は単なる刺激事象の提示やそれとの接触の結果ではなく、条件的強化の結果であることを実証する（DROリバーサルテクニック、および非条件的強化［NCR］を参照）。

DROリバーサルテクニック（DRO reversal technique） 比較条件として非強化（ベースライン）条件を使う代わりに、他行動分化強化（DRO）を使うことによって強化の効果を実証する実験技法。DRO条件の間は、強化条件における強化として使われる刺激変化は、標的行動が特定の期間不在であることを条件として提示される。DRO条件のときよりも、強化条件のときにより高い反応水準が見られれば、行動の変化は単なる刺激事象の提示やそれとの接触ではなく、条件的強化の結果であることが実証される（DRI/DRA リバーサル・テクニック、および非条件的強化［NCR］リバーサル・テクニックと比較せよ）。

逓減率分化強化（DRD）（differential reinforcement of diminishing rate ［DRD］） 強化スケジュールの1つ。前のインターバルにおける個人の遂行を基準にして、あらかじめ決定されたインターバルの終わりに、そのインターバルに自発された反応数が徐々に減っていく基準を下回ること（例えば5分当たり5反応未満、5分当たり4反応未満、5分当たり3反応未満）を条件として、強化が与えられる。

定常状態戦略（steady state strategy） 行動に及ぼす剰余変数の影響を除去するか制御しようと試みながら、被験者を一定の条件に繰り返しさらして、次の条件を導入する前に、安定した反応パターンを獲得すること。

定常状態反応（steady state responding） 一定期間にわたって、測定された次元量において、比較的わずかな変動を示す反応パターン。

低反応率分化強化（DRL）（differential reinforcement of low rates［DRL］） 強化スケジュールの1つ。（a）前の反応から最少の反応間時間（IRT）によって隔てられた標的行動のそれぞれの生起の後に強化が伴うか、（b）あらかじめ決定された基準を超えない期間内の反応数を条件として強化が行われる。実践家はDRLスケジュールを使って、頻繁に起こりすぎる行動の比率を減少させる。しかし、その行動は学習者のレパートリーの中に維持されなければならない。（フルセッションDRL、インターバルDRL、間隔を空ける反応DRL参照）。

テキストコピーイング（copying a text） 基本的言語オペラントの1つ。制御反応と部分ごとの対応があり形式的類似性がある非音声的言語弁別刺激によって喚起される。

テクスチュアル（textual） 基本的言語オペラントの1つ。刺激と反応所産の間に、部分ごとの対応はあるが、形態的類似性はない言語弁別刺激によって喚起される反応を伴う。

データ（data） 測定の結果。通常、定量化できる形態によって示される。応用行動分析学においては、行動の何らかの定量化できる次元の測度を表す。

データ経路（data path） 連続的データポイントの間に見られる行動のレベルとトレンド。一定のデータセットの個々のデータの中心から、同じデータセットの次のデータポイントの中心へと直線を引くことによって作られる。

哲学的懐疑（philosophic doubt） あらゆる

科学理論と知識の真実性と妥当性を絶えず疑うべきであるとする態度。

手続きの忠実性（procedural fidelity） **処遇の完全性**を参照。

徹底的行動主義（radical behaviorism） 思考や感情などの私的出来事も含めてすべての人間行動を、その人の履歴（個体発生）と種の履歴（系統発生）における制御変数によって理解しようとする行動主義の徹底的な形態。

動機づけ操作（MO）（Motivating Operation [MO]） 環境変数の１つ。(a) １部の刺激、事物、事象の強化の有効性、または弱化の有効性を変更し（増加させるか減少させ）、(b) その刺激、事物、事象によって強化され、または弱化されていたすべての行動の現在の頻度を変更する（増加させるか減少させる）（**減少効果、無効操作（AO）、行動変更効果、喚起効果、確立操作（EO）、価値変更効果**を参照）。

逃避型消去（escape extinction） 負の強化によって維持されている行動が、嫌悪刺激の終結によって後続されないとき、逃避型消去に置かれる。人が標的行動を自発しても、嫌悪状況から逃避することはできない。

逃避随伴性（escape contingency） 反応することが進行中の刺激を終結させる（それからの逃避を生み出す）ような随伴性（**回避随伴性**と比較せよ）。

トークン（token） 適切な行動を条件としてご褒美として与えられ、バックアップ強化子と交換するための媒体として作用する事物。

トークンエコノミー（token economy） 参加者が、特定の行動に対する即時的結果として、般性条件性強化子（例えば、トークン、チップ、ポイント）を獲得するシステム。参加者はトークンを貯めて、バックアップ強化子のメニューから品物や活動を選んでそれらと交換する（**般性条件性強化子**を参照）。

特徴的刺激クラス（feature stimulus class） 共通の物理的形式や構造（例えば、木でできている、4本足、丸い、青い）、ないし共通の相対的関係（例えば、より大きい、より熱い、より高い、の隣りに）を共有する刺激（**恣意的刺激クラス**と比較せよ）。

独立型集団随伴性（independent group contingency） 遂行基準はすべての集団メンバーに提示され、強化はその基準を満たしたメンバーだけに与えられる随伴性。

独立変数（independent variable） 独立変数を変化させれば、従属変数に確実な変化を生み出せるかどうかを実験で確かめるため、研究者が組織的に操作する変数。応用行動分析学では、それは通常、従属変数に先行するか後続する環境事象ないし条件になる。ときに介入とか処遇変数と呼ばれる（**従属変数**と比較せよ）。

トポグラフィー（topography） 行動の物理的形状または形態。

トポグラフィーによる定義（topography-based definition） 標的反応クラスの生起例を、その行動の形態または形状によって定義する。

トランスクリプション（transcription） 基本的言語オペラントの１つ。筆記する、タイプで打つ、指で綴るなどの反応を喚起する口頭言語刺激を伴う。テクスチュアルのように、刺激と反応所産の間に部分ごとの

対応があるが形態の類似性はない。

トレンド（trend）　データ経路がたどる全般的方向。それは、そのトレンドの回りのデータポイントの方向性（増加する、減少する、またはゼロトレンド）と、程度（徐々に、または急峻に）と、変動性の度合いによって記述される。トレンドは変化しない条件下における行動の将来の測度を予測するときに利用される。

内的妥当性（internal validity）　行動の変化が独立変数の関数であり、制御されない変数や未知の変数の結果ではないことを、納得のいくように実験が証明する程度（**外的妥当性**と比較せよ）。

何も知らない観察者（naive observer）　研究目的およびまたは実験条件の一定段階や観察期間に何が行われているかを知らされない観察者。実験内容を知らない観察者によって収集されたデータは、観察者の予想によって歪められる可能性が少ない。

二重盲検対照（double-blind control）　被験者と観察者が、処遇変数の存在か不在を突きとめることができないようにする手続き。被験者の期待や、親と教師の期待や、人々による異なる扱いや、観察者のバイアスの結果による交絡（別の要因の関与）を除去するために使われる。

日常に（自然に）存在する随伴性（naturally existing contingency）　行動分析家や実践家の努力とは無関係に作用する強化（弱化）随伴性。ほかの人々によって人為的に設計された、そして関連場面ですでに実行されている社会的に媒介された随伴性を含む（**人為的随伴性**と比較せよ）。

ノーマライゼーション（normalization）　哲学の原理としては、障害のある人々が、障害の程度や種類の如何にかかわらず、できる限り、物理的、社会的に統合されるべきであるとする信念。介入へのアプローチとしては、できる限り文化的にノーマルな個人的行動を確立しおよびまたは維持するため」（Wolfenberger, 1972, p. 28）、漸次的により普通の場面と手続きを用いるようにすること。

話し手（speaker）　マンド、タクト、イントラバーバル、オートクリティックなどを自発することによって言語行動に従事する人。話し手は、サインランゲージ、身振り、合図、書き言葉、符号、絵、またはあらゆる形態の言語行動を使う人でもある（**聞き手**と比較せよ）。

排除型タイムアウト（exclusion time-out）　標的行動が起こることを条件として、人が現在の環境から、特定された期間、物理的に排除されるタイムアウト実行手続き。

破格的（タクト）拡張（solecistic［tact］extension）　適切なタクト関係とはほんの間接的にしか関連しない刺激特性によって喚起される言語反応（例えば、ヨギベラによって滑稽に誤用された古典的なことば「野球の90％はメンタルだ。残る半分が肉体さ」）。

バックアップ強化子（backup reinforcer）　強化子として働き、トークンによって購入できる有形の事物、活動、または特権。

ハビリテーション（habilitation）　短期的・長期的な強化子が最大となり、短期的・長期的な弱化子が最小となるように、人のレパートリーが変化したとき、ハビリテーション（適応）が起こる。

場面/状況般化（setting/situation generalization）　インストラクション場面

とは異なる場面や刺激状況において、学習者が標的行動を自発する程度。

場面間多層ベースラインデザイン（multiple baseline across settings design）　2つかそれ以上の異なる場面や状況や期間において、同じ被験者の同じ行動に処遇変数が適用される多層ベースラインデザイン。

パラメトリック分析（parametric analysis）　独立変数の一連の数値が示す差異的効果を突き止めるために設計された実験。

般化（generalization）　さまざまな行動過程と行動改善の所産を表す一般的用語（**般化勾配、般性の行動改善、反応般化、反応維持、場面/状況般化、刺激般化**を参照）。

般化場面（generalization setting）　インストラクション場面とは何らかの意味で異なっており、かつそこで標的行動を遂行することが望まれている場所、または刺激状況。

般化プローブ（generalization probe）　直接の訓練を与えなかった場面およびまたは刺激状況で、学習者による標的行動の遂行を、何らかの形で測定すること。

反射（reflex）　先行刺激とそれが誘発するレスポンデント行動によって構成される刺激反応関係（例えば、明るい光－瞳孔の収縮）。無条件反射と条件反射は、有害な刺激から守り、内的バランスを調節するために役立ち、生殖を促進する（**条件反射、レスポンデント行動、レスポンデント条件づけ、無条件反射**を参照）。

反射性（reflexivity）　刺激と刺激の関係の種類の1つ。学習者は事前に何の訓練も強化もされていないのに、見本刺激と同じ比較刺激を選ぶ（例えばA＝A）。反射性は、次の見本合わせの手続きによって証明される。見本刺激は木の絵である。3枚の比較刺激は、ネズミの絵とクッキーの絵と見本刺激に使われた木の絵の複製である。学習者は過去に木の絵と木の絵を合わせることに対する特定の強化を受けていないにもかかわらず木の絵を選ぶ（**般性同一性マッチング**ともいう）（**刺激等価性**を参照。**推移性、対称性**と比較せよ）。

般性条件性強化子（generalized conditioned reinforcer）　ほかの多くの強化子と対提示された結果として、その有効性がいかなる特定の形態の強化のための確立操作にも依存していない条件性強化子。

般性条件性弱化子（generalized conditioned punisher）　ほかの多くの弱化子と対提示された結果として、特定の種類の弱化に対する動機づけ条件の制御から自由であるため、大部分の条件の下で弱化として機能する刺激変化。

般性の行動改善（generalized behavior change）　直接教えられていなかった行動の改善。般性の所産は、反応維持、刺激/場面般化、反応般化の基本的3形態の1つ、またはその組み合わせという形をとる。

半対数グラフ（semilogarithmic chart）　対数で尺度化されたy軸をもつ2次元グラフ。垂直軸上の等しい距離は均等な割合の行動の改善を表す（**標準セラレーションチャート**を参照）。

反応（response）　行動の特定のクラスや種類の単独例ないし生起。専門的定義は「生命個体の効果器の振る舞い。効果器は、環境を機械的、化学的、またはほかのエネルギー変換という点から変更するために特化した遠心性神経線維の末端器官である」

（Michael, 2004, p. 8）（**反応クラス**を参照）。

反応クラス（response class） さまざまなトポグラフィーの反応の集まり。それらはすべて環境に同じ効果をもたらす。

反応維持（response maintenance） 行動が学習者のレパートリーに初めて出現する原因となった介入の一部またはすべてが終結した後に、学習者がその標的行動を遂行し続ける程度。しばしば維持、持続可能性、行動固執と呼ばれる。（誤って）消去抵抗と呼ばれることがある（**反応般化**と**場面/状況般化**と比較せよ）。

反応間時間（IRT）（interresponse time [IRT]） 時間上の場所の測度。連続する2反応の間の経過する時間として定義される。

反応遮断仮説（response-deprivation hypothesis） 1つの行動に条件的にアクセスすることが、もう1つの行動に従事することへの強化として機能するかどうかを予測するモデル。その条件的行動にアクセスすることが、ベースラインレベルの従事と比べて、活動の制限を示すかどうかをベースにする（**プレマック**の原理を参照）。

反応潜時（response latency） 時間上の場所の測度。刺激開始（例えば、課題指示、合図）から反応開始までに経過した時間。

反応阻止（response blocking） 学習者が問題行動を始めるや否や、標的とされた行動の完遂を阻止するため、セラピストが物理的に介入すること。

反応般化（response generalization） 訓練された標的行動と機能的に等価な訓練されていない反応を学習者が自発する程度（**反応維持**と、**場面/状況般化**と比較せよ）。

反応分化（response differentiation） 分化強化が生み出す行動の変化。現在の反応クラスの強化されたメンバーはより高頻度で起こり、強化されないメンバーはより低頻度で起こる（消去される）。総体的結果は、新しい反応クラスの出現である。

ヒーロー手続き（hero procedure） 依存型集団随伴性の別称（すなわち、集団のために一個人が報酬を稼ぐ）。

B-A-Bデザイン（B-A-B design） 処遇条件から始まる3段階実験デザイン。最初の処遇段階（B）において定常状態反応が得られてから、独立変数がないときに反応が変化するかどうかを確かめるため処遇変数を除去する（A）。それから、最初の処遇段階で得られた反応レベルを再現する意図をもって、処遇変数を再導入する（B）。

被験者間多層ベースラインデザイン（multiple baseline across subjects design） 同じ場面にいる2人かそれ以上の被験者（または集団）の同じ行動に対して処遇変数が適用される多層ベースラインデザイン。

被験者間般化（generalization across subjects） 介入によって直接処遇されなかった人々の行動が、ほかの人々に適用された処遇随伴性の関数として、変化すること。

非純粋タクト（impure tact） MOと非音声刺激の両方によって喚起される反応を伴う言語オペラントの1つ。したがって、その反応は一部はマンドであり、一部はタクトである（**マンド**と**タクト**を参照）。

非条件的強化（ＮＣＲ）（noncontingent reinforcement） 既知の強化特性をもつ刺

激が、行動とはまったく無関係に固定時間（ＦＴ）スケジュール、または変動時間（ＶＴ）スケジュールによって提示される手続き。しばしば問題行動を減らすための先行介入として使われる（**固定時間スケジュール［ＦＴ］**、**変動時間スケジュール［ＶＴ］**を参照）。

非条件的強化（NCR）リバーサルテクニック（noncontingent reinforcement [NCR] reversal technique）　無強化（ベースライン）条件の代わりに、対照条件として非条件的強化（NCR）を使うことによって、強化の効果を実証する実験的制御の技法。NCR条件の間は、強化条件において強化として使う刺激変化は、被験者の行動とは無関係に、固定時間または変動時間スケジュールによって提示される。NCR条件よりも強化条件において高水準の反応が起これば、行動の変化は条件的強化の結果であり、単にその刺激事象の提示またはそれとの接触の結果ではないことが実証される（**DRI/DRAリバーサル・テクニック**、**DROリバーサル・テクニック**と比較せよ）。

非排除型タイムアウト（nonexclusion timeout）　タイムアウトを実行する手続きの１つ。標的行動の生起を条件として、人がその場面にとどまるものの、特定の期間、強化へのアクセスができない。

百分率（percentage）　同じ次元量を組み合わせることによって、例えばカウント（数÷数）や、時間（持続時間÷持続時間、潜時÷潜時）によって作る比率（すなわち割合）。100当たりの部分の数として表現される。普通は反応総数（またはその反応が起こりうる機会やインターバル）当たりの一定の種類の反応数の比率として表現される。百分率は100あたりの比例量を表す。

標準セラレーションチャート（Standard Celeration Chart）　24時間に１回（毎分0.000695回）の低さから、毎分1000回の高さまでの反応率に対応できる、垂直軸上の６つの10進法（または×10、÷10）サイクルを備えた乗除チャート。それはセラレーション、すなわち行動の比率が単位時間あたり掛け算されるか割算される因数の標準化図示を可能にする。

標的行動（target behavior）　介入のために選択される反応クラス。機能かトポグラフィーによって定義することができる。

比率（rate）　観察時間当たりのカウント（回数）の割合。しばしば標準時間単位当たりの（例えば、毎分、毎時、毎日）カウントとして表される。そして記録された反応の数を、観察が行われる標準時間単位の数によって除することによって算出される。頻度と互換的に使われる。割合はカウントと時間（すなわちカウント時間）の異なる次元を組み合わせて作られる。異なる次元の量によって作られる割合は、その次元の性質を保持する。行動測定における比率と頻度は、同義語である（**百分率**と比較せよ）。

比率挫折（ratio strain）　より密な強化スケジュールからより疎な強化スケジュールに移行するとき、比率要求の突然の増加に関連して起こる行動効果。よく起こる効果には、回避、攻撃、反応の予測できない休止や停止が含まれる。

非両立行動分化強化（DRI）（differential reinforcement of incompatible behavior [DRI]）　問題行動を減らす手続きの１つ。減らす標的となった行動とトポグラフィーにおいて両立できない行動に強化を与え、問題行動の生起例に後続する強化を差し控えること（例えば、席に座ることは、

部屋を歩き回ることと両立しない)。

非連続測定(discontinuous measurement)
興味の対象となる反応クラスの一部の生起例が検出されないように行われる測定。

頻度(frequency) 観察時間あたりのカウントの比率。しばしば標準時間単位(例えば1分、1時間、1日)当たりのカウントとして表される。そして反応が記録された数を、観察が行われた標準時間単位の数によって割ることによって算出される。

フェーディング(fading) 現在の行動を維持させつつ、行動を制御する先行刺激(例えば、形、大きさ、位置、色)の特徴を、徐々に新しい刺激に変化させる手続き。刺激の特徴は、フェードイン(強める)することも、フェードアウト(弱める)こともできる。

不可逆性(irreversibility) 実験条件は前の段階の条件と同じであるにもかかわらず、前の段階で観察された反応水準を再現できないとき起こる状況。

複合スケジュール(compound schedule)
連続強化(CRF)、4つの間欠強化スケジュール(FR, VR, FI, VI)、さまざまな反応比率分化強化(DRH, DRL)、および消去の2つ以上の成分からなる強化スケジュール。これらの基本的スケジュールに由来する成分は連続的に、または同時的に、弁別刺激とともに、または弁別刺激なしに起こる可能性がある。強化は、それぞれのスケジュール成分の要件を、独立にまたは全成分を組み合わせて、満たすことを条件として行われるかもしれない。

付随的行動(adjunctive behavior) ほかの行動に対する定期的(周期的)強化スケジュールがもたらす付随的(2次的)効果として起こる行動。強化が与えられる可能性が低い時間に強化スケジュールによって誘導される時間つぶし、または暫定的活動(例えば、だらだら過ごす、無駄話する、喫煙する、飲酒する)。スケジュール誘導性行動ともいう。

負の強化子(negative reinforcer) その終結(または強さの減少)が強化として機能する刺激(**正の強化子**と比較せよ)。

負の弱化(negative punishment) 行動の直後に刺激の除去(または刺激の強さの減少)が起こり、それが同様の条件下における同様の反応の将来の頻度を減少させる。タイプII弱化ということもある(**正の弱化**と比較せよ)。

負の条件性強化子(conditioned negative reinforcer) 以前に1つ以上の負の強化子と対提示されたため、負の強化子として機能するようになった、以前は中性的だった刺激変化(**負の強化子**を参照、**負の無条件性強化子**と比較せよ)。

負の無条件性強化子(unconditioned negative reinforcer) 種の進化(系統発生)の発展の結果として、負の強化子として機能するようになった刺激。以前の学習は含まれていない(例えば、電撃、大きな騒音、強い光、極端な気温、体に対する強い圧力)(**負の強化子**を参照、**負の条件性強化子**と比較せよ)。

部分インターバル記録法(partial-interval recording) 行動を測定するタイムサンプリング法の1つ。観察期間を一連の短い時間インターバル(普通は5〜10秒)に分割する。観察者はそのインターバルのどこかの時点で標的行動が起こったかどうかを記録する。部分インターバル記録法ではそのインターバルに行動が何回起こったか、

行動がどのぐらい長く起こったかは問題にならない。インターバルのどこかの時点で起こったことだけを問題にする。実際に行動が起こった観察期間の割合を過剰に評価する傾向がある。

部分ごとの対応（point-to-point correspondence）　刺激と反応または反応所産との間の関係。言語刺激の最初・途中・最後と、言語反応の最初・途中・最後とが一致する。部分ごとの対応をもつ言語関係は、エコーイック、テキストコピーイング、サインランゲージに関わる模倣、テクスチュアル、トランスクリプションである。

プラシーボ対照（placebo control）　処遇変数の存在または不在を被験者が見破ることを防ぐ手続き。被験者にとってはプラシーボ条件が処遇条件と同じように見える（例えば、偽薬 ─ プラシーボ・ピル ─ は不活性物質を含有するが、処遇薬物を含有する薬と全く同様の外観と手触りと味がする）（**二重盲検対照**を参照）。

プランド・アクティヴィティ・チェック（プラチェック）（planned activity check [PLACHECK]）　瞬間タイムサンプリングのバリエーションの1つ。観察者は集団の1人1人が特定の時点で標的行動をしたかどうかを記録する。「集団行動」の測度を提供する。

フリーオペラント（free operant）　参加者の時空間における最少の移動を生み出すオペラント行動。フリーオペラントは、ほとんどいつでも自発することができる。それは不連続であり、それを完遂するためには最少の時間を必要とし、幅広い反応率を生み出すことができる。応用行動分析学における例としては、(a)　1分カウント期間に読む単語数、(b)　6秒間当たりの手でたたく数、(c)　3分内の一筆書きの文字数（**不連続試行**と比較せよ）。

フリーオペラント回避（free-operant avoidance）　スケジュール化された嫌悪刺激が開始される前のインターバルのどこかの時点で反応すれば、嫌悪刺激の提示を遅延させる随伴性（**弁別回避**と比較せよ）。

フルセッションDRL（full-session DRL）　DRLを実行する手続きの1つ。そのセッション中に自発された反応総数が基準制限を超えないとき、そのセッションの終わりに強化が与えられる（**低反応率分化強化 [DRL]** 参照）。

プレマックの原理（Premack principle）　低頻度行動の生起を条件として、高確率行動に従事する機会を与えることが、低頻度行動に対する強化として機能することを述べた原理（**反応遮断仮説**も参照せよ）。

不連続試行（discrete trial）　反応率が反応を自発する特定の機会によって制御されるオペラント。それぞれの不連続反応は、反応する機会が存在するとき起こる。不連続試行、制限されたオペラント、制御されたオペラントは、同じ概念を表す専門語である（**フリーオペラント**と比較せよ）。

分化強化（differential reinforcement）　反応クラスに含まれる反応のうち、何らかの次元（すなわち、頻度、トポグラフィー、持続時間、反応潜時またはマグニチュード）における特定の基準を満たす反応だけを強化し、そのほかの反応をすべて消去状態に置くこと（**代替行動分化強化、非両立行動分化強化、他行動分化強化、弁別訓練、シェーピング**を参照）。

並立スケジュール（concurrent schedule [conc]）　2つかそれ以上の強化随伴性

（成分）が、2つ以上の行動に対して、独立に、そして同時に作動する強化スケジュール。

ベースライン（baseline）　実験条件の1つ。この条件では独立変数は提示されない。ベースライン段階で収集されるデータは独立変数の効果を判定するための基礎である。必ずしもインストラクションや処遇が不在であるわけではなく、実験上関心のある特定の独立変数だけが不在であることを意味する比較条件。

ベースライン論理（baseline logic）　単一被験者実験デザインに内在する実験的推論を表すために使われることがある用語。予測、立証、再現の3成分が必要である（**定常状態戦略**を参照）。

変動間隔（VI）（Variable Interval [VI]）　無作為にまたは予測できない順序で起こる、変わりやすい持続時間の経過に後続して起こる最初の正反応に強化を与える強化スケジュール。そのスケジュールを記述するためにインターバルの平均持続時間が使われる（例えば、VI 10分スケジュールでは、強化は直前に強化された反応から平均10分経過した後の最初の反応に与えられる。しかし最後に強化された反応に続いて経過する時間は、30秒あるいはそれ以下から、25分かそれ以上にまで及ぶ可能性がある）。

変動間隔DRO（VI-DRO）（Variable Interval DRO [VI-DRO]）　変動する持続時間のインターバルの終わりに強化が入手可能となり、そのインターバルの間に問題行動が不在であることを条件として強化が提示されるDRO手続き（**他行動分化強化[DRO]** を参照）。

変動時間スケジュール（VT）（variable-time schedule [VT]）　非条件的刺激（non contingent stimulus）の提示から次の提示までのインターバルは、一定時間の回りを無作為に変動する非条件的刺激の提示スケジュール。例えばVT 1分スケジュールでは、強化提示から提示までのインターバルは5秒から2分に及ぶ可能性があるが平均インターバルは1分である。

変動瞬間DRO（VM-DRO）（variable momentary DRO [VM-DRO]）　特定の瞬間に強化が入手可能であり、それらはランダムな順序による変動する時間量によって分離され、そしてその時に問題が起こらないならば強化が与えられるDRO手続き（**他行動分化強化[DRO]** を参照）。

変動性（Variability）　行動の多くの測度が異なる結果（アウトカム）を生み出す頻度と範囲。

変動比率（VR）（variable ratio [VR]）　強化を受けるためには変動する反応数を自発することが要求される強化スケジュール。要求される反応数は、およそ無作為数で変動する。このスケジュールを記述するために、強化に必要な平均反応数が使われる（例えばVR 10 スケジュールでは、強化を受けるためには平均10反応を自発しなければならないが、最後に強化された反応の後に要求される反応数は1から30、またはそれ以上に及ぶ可能性がある）。

変動ベースライン（variable baseline）　狭い範囲の数値内に安定して収まらず、明白なトレンドを示さないデータポイント。

弁別オペラント（discriminated operant）　ある先行条件下でのほうが、他の先行条件下でよりも、より頻繁に生起するオペラント（**弁別刺激 [S^D]、刺激性制御**を参照）。

弁別刺激（S^D）（discriminative stimulus [S^D]）その刺激が存在するとき、ある種の反応が強化され、その刺激が存在しないとき、同じ種類の反応をしても強化されない刺激。この分化強化の履歴が、S^Dがその行動の瞬間の頻度を増加させる理由である（**分化強化、刺激性制御、刺激弁別訓練、刺激デルタ［S^Δ］**を参照）。

弁別性回避（discriminated avoidance）ある信号が存在する時に反応することが、それからの逃避が強化子となるような刺激を開始させない随伴性（**弁別刺激、弁別オペラント、オペラント回避、刺激性制御**も参照）。

弁別不能の随伴性（indiscriminable contingency）次の反応が強化を生み出すかどうかを学習者が弁別できないようにする随伴性。般性の行動改善を促進するため、実践家は間欠強化スケジュールと遅延性報酬という形式の弁別不能の随伴性を活用する。

方法論的行動主義（methodological behaviorism）公的に観察できない行動事象は科学の世界の範囲外に置くとする哲学的立場。

飽和（satiation）オペラント行動の頻度が減少すること。行動に後続した強化子との継続的接触、または摂取の結果として生じると推定される。また強化子の有効性を減少させる手続き（例えば、セッションに先立って、人に多量の強化刺激を与える）を表す（**動機づけ操作**を参照、**遮断**と比較せよ）。

棒グラフ（bar graph）行動データをまとめる簡単で万能なグラフ形式。折れ線グラフの特徴の大部分を共有するが、時間の始めから終わりまでの連続的な反応測度を表す明確なデータポイントを有しないところが異なる。

ボーナス・レスポンスコスト（bonus response cost）標的行動の生起を条件として、あらかじめ決められた量を取り上げられることになる強化子のたくわえを提供するレスポンスコスト実行手続き。

マグニチュード（magnitude）反応が自発される強さまたは激しさ。ある反応クラスの生起を定義し立証するときに使われる重要な量的パラメーターを提供する。それらの基準を満たす反応は、頻度、持続時間、潜時など、1つかそれ以上の基本的または派生的な測度によって測定され報告される。大きさ（アンプリチュード）と呼ばれることもある。

マルチエレメントデザイン（multielement design）**交替処遇デザイン**を参照。

マンド（mand）基本的言語オペラントの1つ。MOによって喚起され、特定の強化によって後続される。

見本合わせ（matching-to-sample）条件性弁別と刺激等価性を研究する手続き。見本合わせ試行では、まず参加者が反応して、その結果見本刺激が提示されるか明らかにされる。次に、その見本刺激は除去されるかまたは除去されないこともあるが、2つまたはそれ以上の比較刺激が提示される。参加者は次に比較刺激から1つの刺激を選ぶ。見本刺激と一致する比較刺激を選ぶ反応は強化され、一致しない比較刺激を選ぶ反応は全く強化されない。

無効効果（abolishing operation, AO）刺激、事物、または事象の強化の有効性を減らす動機づけ操作。例えば、食物の強化の有効性は、食物を摂取する結果として、無

効になる。

無条件性強化子（unconditioned reinforcer）生命個体としてその刺激を学習した履歴とは関係なく、その直前に起こるすべての行動の頻度を増やすような刺激変化。無条件性強化子は、種の進化（系統発生）の発展の所産である。（1次性、または無学習性強化子ともいう）（**条件性強化子**と比較せよ）。

無条件性弱化子（unconditioned punisher）生命個体としてその刺激を学習した履歴とは無関係に、その直前に起こるすべての行動の頻度を減らす刺激変化。無条件性弱化子は、種の進化（系統発生）の発展の所産である。種のすべての成員は多かれ少なかれ無条件性弱化子の提示による弱化の影響を受けやすい（一次性、または無学習性弱化子ともいう）（**条件性弱化子**と比較せよ）。

無条件性動機づけ操作（unconditioned motivating operation）その価値変更効果を学習の履歴に依存しない動機づけ操作。例えば、食物遮断は何の学習履歴も必要とせず、食物の強化の有効性を増加させる。

無条件反射（unconditioned reflex）先行刺激と（例えば、口中の食物）それが誘発する反応（例えば、唾液分泌）によって構成される無学習性の刺激と反応の機能的関係。所与の種の系統発生的進化の所産。生物学的に無傷な種のすべての成員は、同じ無条件反射のレパートリーを備えて生まれてくる（**条件反射**を参照）。

模倣（imitation）音声言語行動を除く新規モデルとしての役割を果たす、身体動作によって制御される行動。その行動はモデルと形式的に類似しており、モデルが生起した直後に（例えば、モデル提示の数秒以内に）起こる。模倣行動は、新規の先行事象（すなわちそのモデル）に後続して自発される新しい行動である（**形式的類似性**を参照。**エコーイック**と比較せよ）。

ゆるく教える（teaching loosely）教えるセッション内とセッション間で機能的に重要ではない刺激を無作為に変動させること。（a）単一のまたは小集団の重要ではない刺激が標的行動に対して排他的な制御を獲得する可能性を減らすか、（b）学習者による標的行動の遂行が、般化場面において「ゆるい」刺激に遭遇して邪魔されるか、「狂わされる」可能性を減らすかすることによって、場面/状況般化を促進する。

予測（prediction）今は未知の、または将来予測される結果（アウトカム）についての陳述。実験的推論の3成分、またはベースライン論理の1つ。単一被験者研究デザインで使われる（**再現**、**立証**を参照）。

ラグ強化スケジュール（lag schedule of reinforcement）強化スケジュールの1つ。前の反応（例えばラグ1）とはある特定の仕方によって（例えば、異なるトポグラフィー）異なる反応を条件として強化されるか、または前の反応の特定の数（例えば、ラグ2またはそれ以上）とは異なることを条件として強化される。

リアクティビティー（reactivity）観察と測定の手続きが、測定される行動に与える影響。測定手続きが人目を引くとき、特に観察される人が観察者の存在と目的に気づいているとき、リアクティビティーが最も起こる可能性がある。

利害の衝突（conflict of interest）責任があるかまたは信頼される立場にある人が、自分の義務を公平にまっとうすることをむずかしくさせる、競合する専門的、個人的利

害を有する状況。

立証（verification） 単一被験者研究デザインで使われる実験的推論、またはベースライン論理の3成分の1つ。ベースライン反応の以前のレベルは、独立変数が導入されなければ変化しないままにとどまることを実証することによって達成される。元の予想の正しさを立証することによって、何らかの制御されない（交絡）変数が行動における観察された変化の原因である可能性を減らす（**予測、再現**を参照）。

リバーサルデザイン（reversal design） 反応を以前の条件で獲得したレベルに「反転させる」ことによって、研究者が独立変数の効果を立証しようとする実験デザイン。独立変数が除去される（A-B-A-B）か、その焦点がリバースされる（例えばDRI/DRA）実験デザインが含まれる（**A-B-Aデザイン、A-B-A-Bデザイン、B-A-B、DRI/DRAリバーサルテクニック、非条件的強化（NCR）リバーサルテクニック**を参照）。

倫理（ethics） 「するべき正しい行動とは何か？」「する価値のあるものとは何か？」「行動分析学のよい実践家であるということはどういう意味か？」などの基本的、根本的問いに対処する行動、実践、意思決定。

累進強化スケジュール（progressive schedule of reinforcement） 個人の行動とは無関係に1つ1つの連続的な強化機会を組織的に疎化するスケジュール。累進比率（PR）と累進間隔（PI）スケジュールでは、等差数列か等比数列を使って疎化する。

累積記録（cumulative record） グラフの1種で、自発された反応の累積数を垂直軸に表すもの。データ経路の勾配が急峻であればあるほど、反応率は大きくなる。

累積記録器（cumulative recorder） 反応率をリアルタイムで示す累積記録（グラフ）を自動的に描き出す装置。反応が自発されるたびに、一定のスピードで連続して動く紙をペンが横断して上方に動く。

ルール支配行動（rule-governed behavior） ルール（すなわち、先行事象と行動と結果事象の随伴性についての言語陳述）によって制御される行動。人間の行動（例えば、シートベルト着用）を、時間的に離れている結果か、または起こりそうにないが潜在的に重要な結果（例えば、自動車事故の怪我を回避する）の間接的制御下に組み込むことを可能にする。随伴性形成行動は、時間的に接近した制御された結果によって選択され維持される行動を表す用語であるが、それとしばしば対比させて使われる。

レスポンスコスト（response cost） 強化子の条件的喪失（例えば、罰金）。行動の頻度の減少を生み出す。負の弱化の一形態。

レスポンデント行動（respondent behavior） 反射における反応。先行刺激によって誘発され、または引き起こされる行動（**反射、レスポンデント条件づけ**を参照）。

レスポンデント消去（respondent extinction） 無条件刺激（US）なしに条件刺激（CS）を反復提示すること。CSは徐々に条件反応を誘発する能力を失い、最終的には個体のレパートリーの中に条件反射がもはや現れなくなる。

レスポンデント条件づけ（respondent conditioning） 刺激と刺激を対提示する手続き。中性刺激が条件反応を誘発する条件

刺激になるまで、中性刺激（NS）と無条件刺激（US）を対提示する（古典的またはパヴロフ型条件づけともいう）（**条件反射、高次条件づけ**を参照）。

レパートリー（repertoire）　人が遂行できる行動のすべて。特定の場面や課題（例えば、ガーデニング、数学問題の解決）と関連する一連の行動。

レベルシステム（level system）　一部のトークンエコノミーシステムで使われる成分。参加者は標的行動に関する現在のレベルを満たすことを条件として、レベル階層を上昇または下降する。それぞれのレベルで要求される遂行基準と行動の洗練化ないし困難性は、以前のレベルのそれより引き上げられる。参加者がより高いレベルに進むにつれて、より望ましい強化子、より大きな特権、より大きな自由へのアクセスを獲得する。

連結スケジュール（tandem schedule）　連結スケジュールは、混合スケジュールと同じように、連鎖成分と関連する弁別刺激を使わないこと以外は、連鎖スケジュールと同じ強化スケジュール（**連鎖スケジュール、混合スケジュール**を参照）。

連鎖スケジュール（chained schedule）　2つまたはそれ以上の基本的スケジュールの反応要件を、強化が与えられる前に特定の順序で満たさなければならない強化スケジュール。弁別刺激はそのスケジュールのそれぞれの成分と相互に関係している。

連鎖化（chaining）　行動連鎖を教えるさまざまな手続き（**逆向連鎖化、前方飛躍型逆向連鎖化、行動連鎖、順向連鎖化**を参照）。

練習効果（practice effects）　ベースライン測度を収集できるように、行動を反復して遂行する機会を設けるとその結果遂行が改善すること。

連続強化（CRF）（continuous reinforcement [CRF]）　標的行動の個々の生起に対して強化を与える強化スケジュール。

廊下型タイムアウト（hallway time-out）　タイムアウトを実行する手続き。不適切な行動を起こしたことを条件として、子どもは一定時間、教室から近くの廊下に追放される。

参考文献

Achenbach, T. M., & Edelbrock, C. S. (1991). *Manual for the Child Behavior Checklist.* Burlington: University of Vermont, Department of Psychiatry.

Adams, C., & Kelley, M. (1992). Managing sibling aggression: Overcorrection as an alternative to timeout. *Behavior Modification, 23,* 707-717.

Adelinis, J. D., Piazza, C. C., & Goh, H. L. (2001). Treatment of multiply controlled destructive behavior with food reinforcement. *Journal of Applied Behavior Analysis, 34,* 97-100.

Adkins, V. K., & Mathews, R. M. (1997). Prompted voiding to reduce incontinence in community-dwelling older adults. *Journal of Applied Behavior Analysis, 30,* 153-156.

Andronis, P. T. (1983). *Symbolic aggression by pigeons: Contingency coadduction.* Unpublished doctoral dissertation, University of Chicago, Department of Psychiatry and Behavior Analysis, Chicago.

Agran, M. (Ed.). (1997). *Self-directed learning: Teaching self-determination skills.* Pacific Grove, CA: Brooks/Cole.

Ahearn, W. H. (2003). Using simultaneous presentation to increase vegetable consumption in a mildly selective child with autism. *Journal of Applied Behavior Analysis, 36,* 361-365.

Ahearn, W. H., Clark, K. M., Gardenier, N. C., Chung, B. I., & Dube, W. V. (2003). Persistence of stereotypic behavior: Examining the effects of external reinforcers. *Journal of Applied Behavior Analysis, 36,* 439-448.

Ahearn, W. H., Kerwin, M. E., Eicher, P. S., Shantz, J., & Swearingin, W. (1996). An alternating treatments comparison of two intensive interventions for food refusal. *Journal of Applied Behavior Analysis, 29,* 321-332.

Alber, S. R., & Heward, W. L. (1996). "GOTCHA!" Twenty-five behavior traps guaranteed to extend your students' academic and social skills. *Intervention in School and Clinic, 31* (5), 285-289.

Alber, S. R., & Heward, W. L. (2000). Teaching students to recruit positive attention: A review and recommendations. *Journal of Behavioral Education, 10,* 177-204.

Alber, S. R., Heward, W. L., & Hippler, B. J. (1999). Training middle school students with learning disabilities to recruit positive teacher attention. *Exceptional Children, 65,* 253-270.

Alber, S. R., Nelson, J. S., & Brennan, K. B. (2002). A comparative analysis of two homework study methods on elementary and secondary students' acquisition and maintenance of social studies content. *Education and Treatment of Children, 25,* 172-196.

Alberto, P. A., & Troutman, A. C. (2006) *Applied behavior analysis for teachers (7th ed.).* Upper Saddle River, NJ: Merrill/Prentice Hall. Alberto, P. A., Heflin, L. J., & Andrews, D. (2002). Use of the timeout ribbon procedure during community-based instruction. *Behavior Modification, 26* (2), 297-311.

Albin, R. W., & Horner, R. H. (1988). Generalization with precision. In R. H. Horner, G. Dunlap, & R. L. Koegel (Eds.), *Generalization and maintenance: Life-style changes in applied settings* (pp. 99-120). Baltimore: Brookes.

Alessi, G. (1992). Models of proximate and ultimate causation in psychology. *American Psychologist, 48,* 1359-1370.

Alexander, D. F. (1985). The effect of study skill training on learning disabled students' retelling of expository material. *Journal of Applied Behavior Analysis, 18,* 263-267.

Allen, K, E., Hart, B. M., Buell, J. S., Harris, F. R., & Wolf, M. M. (1964). Effects of social reinforcement on isolate behavior of a nursery school child. *Child Development, 35,* 511-518.

Allen, K. D., & Evans, J. H. (2001). Exposure-based treatment to control excessive blood glucose monitoring. *Journal of Applied Behavior Analysis, 34,* 497-500.

Allen, L. D., Gottselig, M., & Boylan, S. (1982). A practical mechanism for using free time as a reinforcer in the classroom. *Education and Treatment of Children, 5* (4), 347-353.

Allison, J. (1993). Response deprivation, reinforcement, and economics. *Journal of the Experimental Analysis of Behavior, 60,* 129-140.

Altschuld, J. W., & Witkin, B. R. (2000). *From needs assessment to action: Transforming needs into solution strategies.* Thousand Oaks, CA: Sage.

Altus, D. E., Welsh, T. M., & Miller, L. K. (1991). A technology for program maintenance: Programming key researcher behaviors in a student housing cooperative. *Journal of Applied Behavior Analysis, 24,* 667-675.

American Psychological Association. (1953). *Ethical standards of psychologists.* Washington, DC: Author.

American Psychological Association. (2001). *Publication Manual of the American Psychological Association* (5th ed.). Washington, DC: Author

American Psychological Association. (2002). *Ethical principles of psychologists and code of conduct.* Washington, DC: Author. Retrieved November 11, 2003, from www.apa.org/ethics/code2002.html.

American Psychological Association. (2004). Ethical principles of psychologists and code of conduct. Retrieved October 21, 2004, from www.apa.org/ethics.

Andersen, B. L., & Redd, W. H. (1980). Programming generalization through stimulus fading with children participating in a remedial reading program. *Education and Treatment of Children, 3,* 297-314.

Anderson, C. M., & Long, E. S. (2002). Use of a structured descriptive assessment methodology to identify variable affecting problem behavior. *Journal of Applied Behavior Analysis, 35,* 137-154.

Andresen, J. T. (1991). Skinner and Chomsky 30 years later OR: The return of the repressed. *The Behavior Analyst, 14,* 49-60.

Ardoin, S. P., Martens, B. K., & Wolfe, L. A. (1999). Using high-probability instruction sequences with fading to increase student compliance during transitions. *Journal of Applied Behavior Analysis, 32,* 339-351.

Armendariz, F., & Umbreit, J. (1999). Using active responding to reduce disruptive behavior in a general education classroom. *Journal of Positive Behavior Interventions, 1,* 152-158.

Arndorfer, R. E., Miltenberger, R. G., Woster, S. H., Rortvedt, A. K., & Gaffaney, T. (1994). Home-based descriptive and experimental analysis of problem behaviors in children. *Topics in Early Childhood Special Education, 14,* 64-87.

Arndorfer, R., & Miltenberger, R. (1993). Functional assessment and treatment of challenging behavior: A review with implications for early childhood. *Topics in Early Childhood Special Education, 13,* 82-105.

Arnesen, E. M. (2000). *Reinforcement of object manipulation increases discovery.* Unpublished bachelor's thesis, Reed College, Portland, OR.

Arntzen, E., Halstadtro, A., & Halstadtro, M. (2003). Training play behavior in a 5-year-old boy with developmental disabilities. *Journal of Applied Behavior Analysis, 36,* 367-370.

Ashbaugh, R., & Peck, S. M. (1998). Treatment of sleep problems in a toddler: A replication of the faded bedtime with response cost protocol. *Journal of Applied Behavior Analysis, 31,* 127-129.

Association for Behavior Analysis. (1989). *The right to effective education.* Kalamazoo, MI: Author. Retrieved November 11, 2006, from www. abainternational.org/ABA/statements/ treatment.asp.

Association for Behavior Analysis. (1990). *Students' right to effective education.* Kalamazoo, MI: Author. Retrieved November 11, 2006, from www. abainternational.org/ABA/statements/ treatment.asp

Association for Behavior Analysis. (1993, 1997). *Guidelines for the accreditation of programs in behavior analysis.* Kalamazoo, MI: Author. Retrieved December 2, 2003, from www. abainternational. org/sub/behaviorfield/education/ accreditation/index.asp.

Association for Persons with Severe Handicaps. (1987, May). Resolution on the cessation of intrusive interventions. *TASH Newsletter, 5,* 3.

Atwater, J. B., & Morris, E. K. (1988). Teachers' instructions and children's compliance in preschool classrooms: A descriptive analysis. *Journal of Applied Behavior Analysis, 21,* 157-167.

Axelrod, S. A. (1990). Myths that (mis)guide our profession. In A. C. Repp & N. N. Singh (Eds.), *Perspectives on the use of nonaversive and aversive interventions for persons with developmental disabilities* (pp. 59-72). Sycamore, IL: Sycamore.

Axelrod, S., Hall, R. V., Weis, L., & Rohrer, S. (1971). *Use of self-imposed contingencies to reduce the frequency of smoking behavior.* Paper presented at the Fifth Annual Meeting of the Association for the Advancement of Behavior Therapy, Washington, DC.

Ayllon, T., & Azrin, N. H. (1968). *The token economy: A motivational system for therapy and rehabilitation.* New York: Appleton-Century-Crofts.

Ayllon, T., & Michael, J. (1959). The psychiatric nurse as a behavioral engineer. *Journal of the Experimental Analysis of Behavior, 2,* 323-334.

Azrin, N. H. (1960). Sequential effects of punishment. *Science, 131,* 605-606.

Azrin, N. H., & Besalel, V. A. (1999). *How to use positive practice, self-correction, and overcorrection* (2nd ed.). Austin, TX: Pro-Ed.

Azrin, N. H., & Foxx, R. M. (1971). A rapid method of toilet training the institutionalized retarded. *Journal of Applied Behavior Analysis, 4,* 89-99.

Azrin, N. H., & Holz, W. C. (1966). Punishment. In W. K. Honig (Ed.), *Operant behavior: Areas of research and application* (pp. 380-447). New York: Appleton-Century-Crofts.

Azrin, N. H., & Nunn, R. G. (1973). Habitreversal for habits and tics. *Behavior Research and Therapy, 11,* 619-628.

Azrin, N. H., & Powers, M. A. (1975). Eliminating classroom disturbances of emotionally disturbed children by positive practice procedures. *Behavior Therapy, 6,* 525-534.

Azrin, N. H., & Wesolowski, M. D. (1974).

Theft reversal: An overcorrection procedure for eliminating stealing by retarded persons. *Journal of Applied Behavior Analysis, 7,* 577-581.

Azrin, N. H., Holz, W. C., & Hake, D. C. (1963). Fixed-ratio punishment by intense noise. *Journal of the Experimental Analysis of Behavior, 6,* 141-148.

Azrin, N. H., Hutchinson, R. R., & Hake, D. C. (1963). Pain-induced fighting in the squirrel monkey. *Journal of the Experimental Analysis of Behavior, 6,* 620.

Azrin, N. H., Kaplan, S. J., & Foxx, R. M. (1973). Autism reversal: Eliminating stereotyped self-stimulation of retarded individuals. *American Journal of Mental Deficiency, 78,* 241-248.

Azrin, N. H., Nunn, R. G., & Frantz, S. E. (1980). Habit reversal vs. negative practice treatment of nail biting. *Behavior Research and Therapy, 18,* 281-285.

Azrin, N. H., Rubin, H., O'Brien, F., Ayllon, T., & Roll, D. (1968). Behavioral engineering: Postural control by a portable operant apparatus. *Journal of Applied Behavior Analysis, 1,* 99-108.

Babyak, A. E., Luze, G. J., & Kamps, D. M. (2000). The good student game: Behavior management for diverse classrooms. *Intervention in School and Clinic, 35* (4), 216-223.

Bacon-Prue, A., Blount, R., Pickering, D., & Drabman, R. (1980). An evaluation of three litter control procedures: Trash receptacles, paid workers, and the marked item techniques. *Journal of Applied Behavior Analysis, 13,* 165-170.

Baer, D. M. (1960). Escape and avoidance response of preschool children to two schedules of reinforcement withdrawal. *Journal of the Experimental Analysis of Behavior, 3,* 155-159.

Baer, D. M. (1961). Effect of withdrawal of positive reinforcement on an extinguishing response in young children. *Child Development, 32,* 67-74.

Baer, D. M. (1962). Laboratory control of thumbsucking by withdrawal and representation of reinforcement. *Journal of the Experimental Analysis of Behavior, 5,* 525-528.

Baer, D. M. (1970). An age-irrelevant concept of development. *Merrill-Palmer Quarterly, 16,* 238-245.

Baer, D. M. (1971). Let's take another look at punishment. *Psychology Today, 5,* 5-32.

Baer, D. M. (1975). In the beginning, there was the response. In E. Ramp & G. Semb (Eds.), *Behavior analysis: Areas of research and application* (pp. 16-30). Upper Saddle River, NJ: Prentice Hall.

Baer, D. M. (1977a). Reviewer's comment: Just because it's reliable doesn't mean that you can use it. *Journal of Applied Behavior Analysis, 10,* 117-119.

Baer, D. M. (1977b). "Perhaps it would be better not to know everything." *Journal of Applied Behavior Analysis, 10,* 167-172.

Baer, D. M. (1981). A hung jury and a Scottish verdict: "Not proven." *Analysis and Intervention in Developmental Disabilities, 1,* 91-97.

Baer, D. M. (1982). Applied behavior analysis. In G. T. Wilson & C. M. Franks (Eds.), *Contemporary behavior therapy: Conceptual and empirical foundations* (pp. 277-309). New York: Guilford Press.

Baer, D. M. (1985). [Symposium discussant]. In C. E. Naumann (Chair), *Developing response classes: Why reinvent the wheel?* Symposium conducted at the Annual Conference of the Association for Behavior Analysis, Columbus, OH.

Baer, D. M. (1987). Weak contingencies, strong contingencies, and too many behaviors to change. *Journal of Applied Behavior Analysis, 20,* 335-337.

Baer, D. M. (1991). Tacting "to a fault". Journal of Applied Behavior Analysis, 24, 429-431.

Baer, D. M. (1999). *How to plan for generalization* (2nd ed.). Austin, TX: Pro-Ed.

Baer, D. M. (2005). Letters to a lawyer. In . L. Heward, T. E. Heron, N. A. Neef, S. M. Peterson, D. M. Sainato, G. Cartledge, R. Gardner, III, L. D. Peterson, S. B. Hersh, & J. C. Dardig (Eds.), *Focus on behavior analysis in education: Achievements, challenges, and opportunities* (pp. 3-30). Upper Saddle River, NJ: Merrill/Prentice Hall.

Baer, D. M., & Bushell, Jr., D. (1981). The future of behavior analysis in the schools? Consider its recent pact, and then ask a different question. *School Psychology Review, 10*(2), 259-270.

Baer, D. M., & Fowler, S. A. (1984). How should we measure the potential of selfcontrol procedures for generalized educational outcomes? In W. L. Heward, T. E. Heron, D. S. Hill, & J. Trap-Porter (Eds.), *Focus on behavior analysis in education* (pp. 145-161). Columbus, OH: Charles E. Merrill.

Baer, D. M., & Richards, H. C. (1980). An interdependent group-oriented contingency system for improving academic performance. *School Psychology Review, 9,* 190-193.

Baer, D. M., & Schwartz, I. S. (1991). If reliance on epidemiology were to become epidemic, we would need to assess its social validity. *Journal of Applied Behavior Analysis, 24,* 321-234.

Baer, D. M., & Sherman, J. A. (1964). Reinforcement control of generalized imitation in young children. *Journal of Experimental Child Psychology, 1,* 37-49.

Baer, D. M., & Wolf, M. M. (1970a). Recent examples of behavior modification in preschool settings. In C. Neuringer & J. L. Michael (Eds.), *Behavior modification in clinical psychology* (pp. 10-55). Upper Saddle River, NJ: Prentice Hall.

Baer, D. M., & Wolf, M. M. (1970b). The entry into natural communities of reinforcement. In R. Ulrich, T. Stachnik, & J. Mabry (Eds.), *Control of human behavior* (Vol. 2, pp. 319-324). Glenview, IL: Scott, Foresman.

Baer, D. M., Peterson, R. F., & Sherman, J. A. (1967). The development of imitation by reinforcing behavioral similarity of a model. *Journal of the Experimental Analysis of Behavior, 10,* 405-416.

Baer, D. M., Wolf, M. M., & Risley, T. R. (1968). Some current dimensions of applied behavior analysis. *Journal of Applied Behavior Analysis, 1,* 91–97. 〔ベア・ウォルフ・リスレー、「応用行動分析の現在のいくつかの次元」中野良顕訳『ことばの獲得』p.196-210、川島書店、1983年〕

Baer, D. M., Wolf, M. M., & Risley, T. (1987). Some still-current dimensions of applied behavior analysis. *Journal of Applied Behavior Analysis, 20,* 313-327.

Baer, R. A. (1987). Effects of caffeine on classroom behavior, sustained attention, and a memory task in preschool children. *Journal of Applied Behavior Analysis, 20,* 225-234.

Baer, R. A., Blount, R., L., Detrich, R., & Stokes, T. F. (1987). Using intermittent reinforcement to program maintenance of verbal/nonverbal correspondence. *Journal of Applied Behavior Analysis, 20,* 179-184.

Baer, R. A., Tishelman, A. C., Degler, J. D., Osnes, P. G., & Stokes, T. F. (1992). Effects of self- vs. experimenter-selection of rewards on classroom behavior in young children. *Education and Treatment of Children, 15,* 1-14.

Baer, R. A., Williams, J. A., Osnes, P. G., & Stokes, T. F. (1984). Delayed reinforcement as an indiscriminable contingency in verbal/nonverbal correspondence training. *Journal of Applied Behavior Analysis, 17,* 429-440.

Bailey, D. B. (1984). Effects of lines of progress and semilogarithmic charts on ratings of charted data. *Journal of Applied Behavior Analysis, 17,* 359-365.

Bailey, D. B., Jr., & Wolery, M. (1992). *Teaching infants and preschoolers with disabilities* (2nd ed). Upper Saddle River, NJ: Merrill/Prentice Hall.

Bailey, J. S. (2000). A futurist perspective for applied behavior analysis. In J. Austin & J. E. Carr (Eds.), *Handbook of applied behavior analysis* (pp. 473-488). Reno, NV: Context Press.

Bailey, J., & Meyerson, L. (1969). Vibration as a reinforcer with a profoundly retarded child. *Journal of Applied Behavior Analysis, 2,* 135-137.

Bailey, J. S. & Pyles, D. A. M. (1989). Behavioral diagnostics. In E. Cipani (Ed.), *The treatment of severe behavior disorders: Behavior analysis approach* (pp. 85-107). Washington, DC: American Association on Mental Retardation.

Bailey, S. L., & Lessen, E. I. (1984). An analysis of target behaviors in education: Applied but how useful? In W. L. Heward, T. E. Heron, D. S. Hill, & J. Trap-Porter (Eds.), *Focus on behavior analysis in education* (pp. 162-176). Columbus, OH: Charles E. Merrill.

Ballard, K. D., & Glynn, T. (1975). Behavioral self-management in story writing with elementary school children. *Journal of Applied Behavior Analysis, 8,* 387-398.

Bandura, A. (1969). *Principles of behavior modification.* New York: Holt, Rinehart & Winston.

Bandura, A. (1971). Vicarious and self-reinforcement processes. In R. Glaser (Ed.), *The nature of reinforcement.* New York: Academic Press.

Bannerman, D. J., Sheldon, J. B., Sherman, J. A., & Harchik, A. E. (1990). Balancing the rights to habilitation with the right to personal liberties: The rights of people with developmental disabilities to eat too many doughnuts and take a nap. *Journal of Applied Behavior Analysis, 23,* 79-89.

Barbetta, P. M., Heron, T. E., & Heward, W. L. (1993). Effects of active student response during error correction on the acquisition, maintenance, and generalization of sight words by students with developmental disabilities. *Journal of Applied Behavior Analysis, 26,* 111-119.

Barker, M. R., Bailey, J. S., & Lee, N. (2004). The impact of verbal prompts on child safety-belt use in shopping carts. *Journal of Applied Behavior Analysis, 37,* 527-530.

Barkley, R., Copeland, A., & Sivage, C. (1980). A self-control classroom for hyperactive children. *Journal of Autism and Developmental Disorders, 10,* 75-89.

Barlow, D. H., & Hayes, S. C. (1979). Alternating treatments design: One strategy for comparing the effects of two treatments in a single behavior. *Journal of Applied Behavior Analysis, 12,* 199-210.

Baron, A., & Galizio, M. (2005). Positive and negative reinforcement: Should the distinction be preserved? *The Behavior Analyst, 28,* 85-98.

Baron, A., & Galizio, M. (2006). The distinction between positive and negative reinforcement: Use with care. *The Behavior Analyst, 29,* 141-151.

Barrett, B. H., Beck, R., Binder, C., Cook, D. A., Engelmann, S., Greer, R. D., Kyrklund, S. J., Johnson, K. R., Maloney, M., McCorkle, N., Vargas, J. S., & Watkins, C. L. (1991). The right to effective education. *The Behavior Analyst, 14* (1), 79-82.

Barrish, H. H., Saunders, M., & Wolf, M. M. (1969). Good behavior game: Effects of individual contingencies for group consequences on disruptive behavior in a classroom. *Journal of Applied Behavior Analysis, 2,* 119-124.

Barry, A. K. (1998). *English grammar: Language as human behavior.* Upper Saddle River, NJ: Prentice Hall.

Barton, E. S., Guess, D., Garcia, E., & Baer, D. M. (1970). Improvement of retardates' mealtime behaviors by timeout procedures using multiple baseline techniques. *Journal of Applied Behavior Analysis, 3,* 77-84.

Barton, L. E., Brulle, A. R., & Repp, A. C. (1986). Maintenance of therapeutic change by momentary DRO. *Journal of Applied Behavior Analysis, 19,* 277-282.

Barton-Arwood, S. M., Wehby, J. H., Gunter, P. L., & Lane, K. L. (2003). Functional behavior assessment rating scales: Intrarater reliability with students with emotional or behavioral disorders. *Behavior Disorders, 28,* 386-400.

Baum, W. M. (1994). *Understanding behaviorism: Science, behavior, and culture.* New York: Harper Collins.

Baum, W. M. (2005). *Understanding behaviorism: Science, behavior, and culture* (2nd ed.). Malden, MA: Blackwell Publishing.

Bay-Hinitz, A. K., Peterson, R. F., & Quilitch, H. R. (1994). Cooerrative games: A way to modify aggressive and cooperative behaviors in young children. *Journal of Applied Behavior Analysis, 27,* 435-446.

Becker, W. C., & Engelmann, S. E. (1978). Systems for basic instruction: Theory and applications. In A. Catania & T. Brigham (Eds.), *Handbook of applied behavior analysis: Social and instructional processes.* New York: Irvington.

Becker, W. C., Engelmann, S., & Thomas, D. R. (1975). *Teaching 2: Cognitive learning and instruction.* Chicago: Science Research Associates.

Behavior Analyst Certification Board. (2001). *Guidelines for responsible conduct for behavior analysts.* Tallahassee, FL: Author. Retrieved November 11, 2003, from http://bacb.com/consum_frame.html.

Behavior Analyst Certification Board. (2005). *Behavior analyst task list, third edition.* Tallahassee,

FL: Author. Retrieved November 11, 2003, from http:// bacb.com/ consum_frame.html.

Belfiore, P. J., Skinner, C. H., & Ferkis, M. A. (1995). Effects of response and trial repetition on sight-word training for students with learning disabilities. *Journal of Applied Behavior Analysis, 28,* 347-348.

Bell, K. E., Young, K. R., Salzberg, C. L., & West, R. P. (1991). High school driver education using peer tutors, direct instruction, and precision teaching. *Journal of Applied Behavior Analysis, 24,* 45-51.

Bellack, A. S., & Hersen, M. (1977). *Behavior modification: An introductory textbook.* New York: Oxford University Press. Bellack, A. S., & Schwartz, J. S. (1976). Assessment for self-control programs. In M. Hersen & A. S. Bellack (Eds.), *Behavioral assessment: A practical handbook* (pp. 111-142). New York: Pergamon Press.

Bellamy, G. T., Horner, R. H., & Inman, D. P. (1979). *Vocational habilitation of severely retarded adults.* Austin, TX: Pro-Ed.

Bender, W. N., & Mathes, M. Y. (1995). Students with ADHD in the inclusive classroom: A hierarchical approach to strategy selection. *Intervention in School & Clinic, 30* (4), 226-234.

Bennett, K., & Cavanaugh, R. A. (1998). Effects of immediate self-correction, delayed self-correction, and no correction on the acquisition and maintenance of multiplication facts by a fourth-grade student with learning disabilities. *Journal of Applied Behavior Analysis, 31,* 303-306.

Bicard, D. F. & Neef, N. A. (2002). Effects of strategic versus tactical instructions on adaptation to changing contingencies in children with ADHD. *Journal of Applied Behavior Analysis, 35,* 375-389.

Bijou, S. W. (1955). A systematic approach to an experimental analysis of young children. *Child Development, 26,* 161-168.

Bijou, S. W. (1957). Patterns of reinforcement and resistance to extinction in young children. *Child Development, 28,* 47-54.

Bijou, S. W. (1958). Operant extinction after fixed-interval schedules with young children. *Journal of the Experimental Analysis of Behavior, 1,* 25-29.

Bijou, S. W., & Baer, D. M. (1961). *Child development: Vol. 1. A systematic and empirical theory.* New York: Appleton-Century-Crofts.

Bijou, S. W., & Baer, D. M. (1965). *Child development: Vol. 2. Universal stage of infancy.* New York: Appleton-Century-Crofts.

Bijou, S. W., Birnbrauer, J. S., Kidder, J. D., & Tague, C. (1966). Programmed instruction as an approach to teaching of reading, writing, and arithmetic to retarded children. *The Psychological Record, 16,* 505-522.

Bijou, S. W., Peterson, R. F., & Ault, M. H. (1968). A method to integrate descriptive and experimental field studies at the level of data and empirical concepts. *Journal of Applied Behavior Analysis, 1,* 175-191.

Billings, D. C., & Wasik, B. H. (1985). Self-instructional training with preschoolers: An attempt to replicate. *Journal of Applied Behavior Analysis, 18,* 61-67.

Billingsley, F., White, D. R., & Munson, R. (1980). Procedural reliability: A rationale and an example. *Behavioral Assessment, 2,* 247-256.

Binder, C. (1996). Behavioral fluency: Evolution of a new paradigm. *The Behavior Analyst, 19,* 163-197.

Binder, L. M., Dixon, M. R., & Ghezzi, P. M. (2000). A procedure to teach self-control to children with attention deficit hyperactivity disorder. *Journal of Applied Behavior Analysis, 33,* 233-237.

Birnbrauer, J. S. (1979). Applied behavior analysis, service, and the acquisition of knowledge. *The Behavior Analyst, 2,* 15-21.

Birnbrauer, J. S. (1981). External validity and experimental investigation of individual behavior. *Analysis and Intervention in Developmental Disabilities, 1,* 117-132.

Birnbrauer, J. S., Wolf, M. M., Kidder, J. D., & Tague, C. E. (1965). Classroom behavior of retarded pupils with token reinforcement. *Journal of Experimental Child Psychology, 2,* 219-235.

Bishop, B. R., & Stumphauzer, J. S. (1973). Behavior therapy of thumb sucking in children: A punishment (time out) and generalization effect? What's a mother to do? *Psychological Reports, 33,* 939-944.

Bjork, D. W. (1997). *B. F. Skinner: A life.* Washington, DC: American Psychological Association.

Blew, P. A., Schwartz, I. S., & Luce, S. C. (1985). Teaching functional community skills to autistic children using nonhandicapped peer tutors. *Journal of Applied Behavior Analysis, 18,* 337-342.

Blick, D. W., & Test, D. W. (1987). Effects of self-recording on high school students' on-task behavior. *Learning Disability Quarterly, 10,* 203-213.

Bloom, L. (1970). *Language development: Form and function in emerging grammars.* Cambridge, MA: MIT Press.

Bloom, M., Fischer, J., & Orme, J. G. (2003). *Evaluating practice: Guidelines for the accountable professional* (4th ed.). Boston: Allyn & Bacon.

Bolin, E. P., & Goldberg, G. M. (1979). Behavioral psychology and the Bible: General and specific considerations. *Journal of Psychology and Theology, 7,* 167-175.

Bolstad, O., & Johnson, S. (1972). Self-regulation in the modification of disruptive classroom behavior. *Journal of Applied Behavior Analysis, 5,* 443-454.

Bondy, A., & Frost, L. (2002). *The Picture Exchange Communication System.* Newark, DE: Pyramid Educational Products.

Boring, E. G. (1941). Statistical frequencies as dynamic equilibria. *Psychological Review, 48,* 279-301.

Bornstein, P. H., & Quevillon, R. P. (1976). The effects of a self-instructional package on overactive preschool boys. *Journal of Applied Behavior Analysis, 9,* 179-188.

Bosch, S., & Fuqua, W. R. (2001). Behavioral cusps: A model for selecting target behaviors. *Journal of Applied Behavior Analysis, 34,* 123-125.

Bourret, J., Vollmer, T. R., & Rapp, J. T. (2004). Evaluation of a vocal mand assessment and vocal mand procedures. *Journal of Applied Behavior Analysis, 37,* 129-144.

Bowers, F. E., Woods, D. W., Carlyon, W. D., & Friman, P. C. (2000). Using positive peer reporting to improve the social interactions and acceptance of socially isolated adolescents in residential care: A systematic replication. *Journal of Applied Behavior Analysis, 33,* 239-242.

Bowman, L. G., Piazza, C. C., Fisher, W., Hagopian, L. P., & Kogan, J. S. (1997). Assessment of preference for varied versus constant reinforcement. *Journal of Applied Behavior Analysis, 30,* 451-458.

Boyajian, A. E., DuPaul, G. J., Wartel Handler, M., Eckert, T. L., & McGoey, K. E. (2001). The use of classroom-based brief functional analyses with preschoolers at risk for attention deficit hyperactivity disorder. *School Psychology Review, 30,* 278-293.

Boyce, T. E., & Geller, E. S. (2001). A technology to measure multiple driving behaviors without self-report or participant reactivity. *Journal of Applied Behavior Analysis, 34,* 39-55.

Boyle, J. R., & Hughes, C. A. (1994). Effects of self-monitoring and subsequent fading of external prompts on the ontask behavior and task productivity of elementary students with moderate mental retardation. *Journal of Behavioral Education, 4,* 439-457.

Braam, S. J., & Poling, A. (1982). Development of intraverbal behavior in mentally retarded individuals through transfer of stimulus control procedures: Classification of verbal responses. *Applied Research in Mental Retardation, 4,* 279-302.

Braine, M. D. S. (1963). The ontogeny of English phrase structure: The first phrase. *Language, 39,* 1-13.

Brame, P. B. (2001). *Making sustained silent reading (SSR) more effective: Effects of a story fact recall game on students' off-task behavior during SSR and retention of story facts.* Unpublished doctoral dissertation, The Ohio State University, Columbus, OH.

Brame, P., Bicard, S. C., Heward, W. L., & Greulich, H. (2007). *Using an indiscriminable group contingency to "wake up" sustained silent reading: Effects on off-task behavior and recall of story facts.* Manuscript submitted for publication review.

Brantley, D. C., & Webster, R. E. (1993). Use of an independent group contingency management system in a regular classroom setting. *Psychology in the Schools, 30,* 60-66.

Brantner, J. P., & Doherty, M. A. (1983). A review of timeout: A conceptual and methodological analysis. In S. Axelrod & J. Apsche (Eds.), *The effects of punishment on human behavior* (pp. 87-132). New York: Academic Press.

Brethower, D. C., & Reynolds, G. S. (1962). A facilitative effect of punishment on unpunished behavior. *Journal of the Experimental Analysis of Behavior, 5,* 191-199.

Briggs, A., Alberto, P., Sharpton, W., Berlin, K., McKinley, C., & Ritts, C. (1990). Generalized use of a self-operated audio prompt system. *Education and Training in Mental Retardation, 25,* 381-389.

Brigham, T. A. (1980). Self-control revisited: Or why doesn't anyone read Skinner anymore? *The Behavior Analyst, 3,* 25-33.

Brigham, T. A. (1983). Self-management: A radical behavioral perspective. In P. Karoly & F. H. Kanfer (Eds.), *Self-management and behavior change: From theory to practice* (pp. 32-59). New York: Pergamon Press.

Brobst, B., & Ward, P. (2002). Effects of public posting, goal setting, and oral feedback on the skills of female soccer players. *Journal of Applied Behavior Analysis, 27,* 247-257.

Broden, M., Hall, R. V., & Mitts, B. (1971). The effect of self-recording on the classroom behavior of two eighth-grade students. *Journal of Applied Behavior Analysis, 4,* 191-199.

Brothers, K. J., Krantz, P. J., & McClannahan, L. E. (1994). Office paper recycling: A function of container proximity. *Journal of Applied Behavior Analysis, 27,* 153-160.

Browder, D. M. (2001). *Curriculum and assessment for students with moderate and severe disabilities.* New York: Guilford Press. Brown, K. A., Wacker, D. P., Derby, K. M., Peck, S. M., Richman, D. M., Sasso, G. M., Knutson, C. L., & Harding, J. W. (2000). Evaluating the effects of functional communication training in the presence and absence of establishing operations. *Journal of Applied Behavior Analysis, 33,* 53-71.

Brown, R. (1973). *A first language: The early stages.* Cambridge, MA: Harvard University Press.

Brown, R., Cazden, C., & Bellugi, U. (1969). The child's grammar from I to III (pp. 28-73). In J. P. Hill (Ed.), *The 1967 symposium on child psychology.* Minneapolis: University of Minnesota Press.

Brown, S. A., Dunne, J. D, & Cooper, J. O. (1996) Immediate retelling's effect on student retention. *Education and Treatment of Children, 19,* 387-407.

Browning, R. M. (1967). A same-subject design for simultaneous comparison of three reinforcement contingencies. *Behavior Research and Therapy, 5,* 237-243.

Budd, K. S., & Baer, D. M. (1976). Behavior modification and the law: Implications of recent judicial decisions. *Journal of Psychiatry and Law, 4,* 171-244.

Burgio, L. D., Whitman, T. L., & Johnson, M. R. (1980). A self-instructional package for increasing attending behavior in educable mentally retarded children. *Journal of Applied Behavior Analysis, 13,* 443-459.

Bushell, D., Jr., & Baer, D. M. (1994). Measurably superior instruction means close, continual contact with the relevant outcome data. Revolutionary! In R. Gardner,

III, D. M. Sainato, J. O. Cooper, T. E. Heron, W. L. Heward, J. Eshleman, & T. A. Grossi (Eds.), *Behavior analysis in education: Focus on measurably superior instruction* (pp. 3-10). Pacific Grove, CA: Brooks/Cole.

Byrd, M. R., Richards, D. F., Hove, G., & Friman, P. C. (2002). Treatment of early onset hair pulling as a simple habit. *Behavior Modification, 26* (3), 400-411.

Byrne, T., LeSage, M. G., & Poling, A. (1997). Effects of chlorpromazine on rats' acquisition of lever-press responding with immediate and delayed reinforcement. *Pharmacology Biochemistry and Behavior, 58,* 31-35.

Caldwell, N. K., Wolery, M., Werts, M. G., & Caldwell, Y. (1996). Embedding instructive feedback into teacher-student interactions during independent seatwork. *Journal of Behavioral Education, 6,* 459-480.

Cameron, J. (2005). The detrimental effects of reward hypothesis: Persistence of a view in the face of disconfirming evidence. In W. L. Heward, T. E. Heron, N. A. Neef, S. M. Peterson, D. M. Sainato, G. Cartledge, R. Gardner, III, L. D. Peterson, S. B. Hersh, & J. C. Dardig (Eds.), *Focus on behavior analysis in education: Achievements, challenges, and opportunities* (pp. 304-315). Upper Saddle River, NJ: Merrill/Prentice Hall.

Cammilleri, A. P., & Hanley, G. P. (2005). Use of a lag differential reinforcement contingency to increase varied selections of classroom activities. *Journal of Applied Behavior Analysis, 38,* 111-115.

Campbell, D. T., & Stanley, J. C. (1966). *Experimental and quasi-experimental designs for research.* Chicago: Rand McNally. Campbell, R. C., & Stremel-Campbell, K. (1982). Programming "loose training" as a strategy to facilitate language generalization. *Journal of Applied Behavior Analysis, 15,* 295-301.

Carr, E. G., & Durand, V. M. (1985). Reducing behavior problems through functional communication training. *Journal of Applied Behavior Analysis, 18,* 111-126.

Carr, E. G., & Kologinsky, E. (1983). Acquisition of sign language by autistic children II: Spontaneity and generalization effects. *Journal of Applied Behavior Analysis, 16,* 297-314.

Carr, E. G., & Lovaas, I. O. (1983). Contingent electric shock as a treatment for severe behavior problems. In S. Axelrod & J. Apsche (Eds.), *The effects of punishment on human behavior* (pp. 221-245). New York: Academic Press.

Carr, J. E., & Burkholder, E. O. (1998). Creating single-subject design graphs with Microsoft Excel. *Journal of Applied Behavior Analysis, 31* (2), 245-251.

Carr, J. E., Kellum, K. K., & Chong, I. M. (2001). The reductive effects of non-contingent reinforcement: Fixed-time versus variable-time schedules. *Journal of Applied Behavior Analysis, 34,* 505-509.

Carr, J. E., Nicolson, A. C., & Higbee, T. S. (2000). Evaluation of a brief multiplestimulus preference assessment in a naturalistic context. *Journal of Applied Behavior Analysis, 33,* 353-357.

Carroll, R. J., & Hesse, B. E. (1987). The effects of alternating mand and tact training on the acquisition of tacts. *The Analysis of Verbal Behavior, 5,* 55-65.

Carter, J. F. (1993). Self-management: Education's ultimate goal. *Teaching Exceptional Children, 25*(3), 28-32.

Carter, M., & Grunsell, J. (2001). The behavior chain interruption strategy: A review of research and discussion of future directions. *Journal of the Association for Persons with Severe Handicaps, 26* (1), 37-49.

Carton, J. S., & Schweitzer, J. B. (1996). Use of token economy to increase compliance during hemodialysis. *Journal of Applied Behavior Analysis, 29,* 111-113.

Catania, A. C. (1972). Chomsky's formal analysis of natural languages: A behavioral translation. *Behaviorism, 1,* 1-15.

Catania, A. C. (1975). The myth of self-reinforcement. *Behaviorism, 3,* 192-199.

Catania, A. C. (1976). Self-reinforcement revisited. *Behaviorism, 4,* 157-162.

Catania, A. C. (1992). B.F. Skinner, Organism. *American Psychologist, 48,* 1521-1530.

Catania, A. C. (1998). *Learning* (4th ed.). Upper Saddle River, NJ: Prentice Hall.

Catania, A. C., & Harnad, S. (Eds.). (1988). *The selection of behavior: The operant behaviorism of B. F. Skinner: Comments and controversies.* New York: Cambridge University Press.

Catania, A. C., & Hineline, P. N. (Eds.). (1996). *Variations and selections: An anthology of reviews from the* Journal of the Experimental Analysis of Behavior. Bloomington, IN: Society for the Experimental Analysis of Behavior.

Cautela, J. R. (1971). Covert conditioning. In A. Jacobs & L. B. Sachs (Eds.), *The psychology of private events: Perspective on covert response systems* (pp. 109-130). New York: Academic Press.

Cavalier, A., Ferretti, R., & Hodges, A. (1997). Self-management within a classroom token economy for students with learning disabilities. *Research in Developmental Disabilities, 18* (3), 167-178.

Cavanaugh, R. A., Heward, W. L., & Donelson, F. (1996). Effects of response cards during lesson closure on the academic performance of secondary students in an earth science course. *Journal of Applied Behavior Analysis, 29,* 403-406.

Chadsey-Rusch, J., Drasgow, E., Reinoehl, B., Halle, J., & Collet-Klingenberg, L. (1993). Using general-case instruction to teach spontaneous and generalized requests for assistance to learners with severe disabilities. *Journal of the Association for Persons with Severe Handicaps, 18,* 177-187.

Charlop, M. H., Burgio, L. D., Iwata, B. A., & Ivancic, M. T. (1988). Stimulus variation as a means of enhancing punishment effects.

Journal of Applied Behavior Analysis, 21, 89-95.

Charlop-Christy, M. H., & Carpenter, M. H. (2000). Modified incidental teaching sessions: A procedure for parents to increase spontaneous speech in their children with autism. *Journal of Positive Behavioral Interventions, 2,* 98-112.

Charlop-Christy, M. H., & Haymes, L. K. (1998). Using objects of obsession as token reinforcers for children with autism. *Journal of Autism and Developmental Disorders, 28* (3), 189-198.

Chase, P. N. (2006). Teaching the distinction between positive and negative reinforcement. *The Behavior Analyst, 29,* 113-115.

Chase, P. N., & Danforth, J. S. (1991). The role of rules in concept learning. In L. J. Hayes and P. N. Chase (Eds.), *Dialogues on verbal behavior* (pp. 205-225). Reno, NV: Context Press.

Chase, P., Johnson, K., & Sulzer-Azaroff, B. (1985). Verbal relations within instruction: Are there subclasses of the intraverbal? *Journal of the Experimental Analysis of Behavior, 43,* 301-314.

Chiang, S. J., Iwata, B. A., & Dorsey, M. F. (1979). Elimination of disruptive bus riding behavior via token reinforcement on a "distance-based" schedule. *Education and Treatment of Children, 2,* 101-109.

Chiesa, M. (1994). *Radical behaviorism: The philosophy and the science.* Boston: Authors Cooperative.

Chomsky, N. (1957). *Syntactic structures.* The Hague: Mouton and Company.

Chomsky, N. (1959). Review of B. F. Skinner's *Verbal behavior. Language, 35,* 26-58.

Chomsky, N. (1965). *Aspects of a theory of syntax.* Cambridge, MA: MIT Press.

Christian, L., & Poling, A. (1997). Using self-management procedures to improve the productivity of adults with developmental disabilities in a competitive employment setting. *Journal of Applied Behavior Analysis, 30,* 169-172.

Christle, C. A., & Schuster, J. W. (2003). The effects of using response cards on student participation, academic achievement, and on-task behavior during whole-class, math instruction. *Journal of Behavioral Education, 12,* 147-165.

Ciccone, F. J., Graff, R. B., & Ahearn, W. H. (2006). Stimulus preference assessments and the utility of a moderate category. *Behavioral Intervention, 21,* 59-63.

Cipani, E. C., & Spooner, F. (1994 *). Curricular and instructional approaches for persons with severe disabilities.* Boston: Allyn & Bacon.

Cipani, E., Brendlinger, J., McDowell, L., & Usher, S. (1991). Continuous vs. intermittent punishment: A case study. *Journal of Developmental and Physical Disabilities, 3,* 147-156.

Cipani, E., Robinson, S., & Toro, H. (2003). Ethical and risk management issues in the practice of ABA. Paper presented at annual conference of the Florida Association for Behavior Analysis, St. Petersburg.

Clark, H. B., Rowbury, T., Baer, A., & Baer, D. M. (1973). Time out as a punishing stimulus in continuous and intermittent schedules. *Journal of Applied Behavior Analysis, 6,* 443-455.

Codding, R. S., Feinberg, A. B., Dunn, E. K., & Pace, G. M. (2005). Effects of immediate performance feedback on implementation of behavior support plans. *Journal of Applied Behavior Analysis, 38,* 205-219.

Cohen, J. A. (1960). A coefficient of agreement for nominal scales. *Educational and Psychological Measurement, 20,* 37-46.

Cohen-Almeida, D., Graff, R. B., & Ahearn, W. H. (2000). A comparison of verbal and tangible stimulus preference assessments. *Journal of Applied Behavior Analysis, 33,* 329-334.

Cole, G. A., Montgomery, R. W., Wilson, K. M., & Milan, M. A. (2000). Parametric analysis of overcorrection duration effects: Is longer really better than shorter? *Behavior Modification, 24,* 359-378.

Coleman-Martin, M. B., & Wolff Heller, K. (2004). Using a modified constant prompt-delay procedure to teach spelling to students with physical disabilities. *Journal of Applied Behavior Analysis, 37,* 469-480.

Conaghan, B. P., Singh, N. N., Moe, T. L., Landrum, T. J., & Ellis, C. R. (1992). Acquisition and generalization of manual signs by hearing-impaired adults with mental retardation. *Journal of Behavioral Education, 2,* 175-203.

Connell, M. C., Carta, J. J., & Baer, D. M. (1993). Programming generalization of in-class transition skills: Teaching preschoolers with developmental delays to self-assess and recruit contingent teacher praise. *Journal of Applied Behavior Analysis, 26,* 345-352.

Conners, J., Iwata, B. A., Kahng, S. W., Hanley, G. P, Worsdell, A. S., & Thompson, R. H. (2000). Differential responding in the presence and absence of discriminative stimuli during multi-element functional analyses. *Journal of Applied Behavior Analysis, 33,* 299-308.

Conroy, M. A., Fox, J. J., Bucklin, A., & Good, W. (1996). An analysis of the reliability and stability of the Motivation Assessment Scale in assessing the challenging behaviors of persons with developmental disabilities. *Education and Training in Mental Retardation and Developmental Disabilities, 31,* 243-250.

Cooke, N. L. (1984). Misrepresentations of the behavioral model in preservice teacher education textbooks. In W. L. Heward, T. E. Heron, D. S. Hill, & J. Trap-Porter (Eds.), *Focus on behavior analysis in education* (pp. 197-217).

Columbus, OH: Charles E. Merrill.
Cooper, J. O. (1981). *Measuring behavior* (2nd ed.). Columbus, OH: Charles E. Merrill.

Cooper, J. O. (2005). Applied research: The separation of applied behavior analysis and precision teaching. In W. L. Heward, T. E. Heron, N. A. Neef, S. M. Peterson, D. M. Sainato, G. Cartledge, R. Gardner, III, L. D. Peterson, S. B. Hersh, & J. C. Dardig (Eds.), *Focus on behavior analysis in education:*

Achievements, challenges, and opportunities (pp. 295-303). Upper Saddle River, NJ: Prentice Hall/Merrill.

Cooper, J. O., Kubina, R., & Malanga, P. (1998). Six procedures for showing standard celeration charts. *Journal of Precision Teaching & Celeration, 15* (2), 58-76.

Cooper, K. J., & Browder, D. M. (1997). The use of a personal trainer to enhance participation of older adults with severe disabilities in a community water exercise class. *Journal of Behavioral Education, 7,* 421-434.

Cooper, L. J., Wacker, D. P., McComas, J. J., Brown, K., Peck, S. M., Richman, D., Drew, J., Frischmeyer, P., & Millard, T. (1995). Use of component analysis to identify active variables in treatment packages for children with feeding disorders. *Journal of Applied Behavior Analysis, 28,* 139-153.

Cooper, L. J., Wacker, D. P., Thursby, D., Plagmann, L. A., Harding, J., Millard, T., & Derby, M. (1992). Analysis of the effects of task preferences, task demands, and adult attention on child behavior in outpatient and classroom settings. *Journal of Applied Behavior Analysis, 25,* 823-840.

Copeland, R. E., Brown, R. E., & Hall, R. V. (1974). The effects of principal-implemented techniques on the behavior of pupils. *Journal of Applied Behavior Analysis, 7,* 77-86.

Corey, G., Corey, M. S., & Callanan, P. (1993). *Issues and ethics in the helping professions* (4th ed.). Pacific Grove, CA: Brooks/Cole.

Costenbader, V., & Reading-Brown, M. (1995). Isolation timeout used with students with emotional disturbance. *Exceptional Children, 61* (4), 353-364.

Cowdery, G., Iwata, B. A., & Pace, G. M. (1990). Effects and side effects of DRO as treatment for self-injurious behavior. *Journal of Applied Behavior Analysis, 23,* 497-506.

Cox, B. S., Cox, A. B., & Cox, D. J. (2000). Motivating signage prompts safety belt use among drivers exiting senior communities. *Journal of Applied Behavior Analysis, 33,* 635-638.

Craft, M. A., Alber, S. R., & Heward, W. L. (1998). Teaching elementary students with developmental disabilities to recruit teacher attention in a general education classroom: Effects on teacher praise and academic productivity. *Journal of Applied Behavior Analysis, 31,* 399-415.

Crawford, J., Brockel, B., Schauss, S., & Miltenberger, R. G. (1992). A comparison of methods for the functional assessment of stereotypic behavior. *Journal of the Association for Persons with Severe Handicaps, 17,* 77-86.

Critchfield, T. S. (1993). Behavioral pharmacology and verbal behavior: Diazepam effects on verbal self-reports. *The Analysis of Verbal Behavior, 11,* 43-54.

Critchfield, T. S. (1999). An unexpected effect of recording frequency in reactive self-monitoring. *Journal of Applied Behavior Analysis, 32,* 389-391.

Critchfield, T. S., & Kollins, S. H. (2001). Temporal discounting: Basic research and the analysis of socially important behavior. *Journal of Applied Behavior Analysis, 34,* 101-122.

Critchfield, T. S., & Lattal, K. A. (1993). Acquisition of a spatially defined operant with delayed reinforcement. *Journal of the Experimental Analysis of Behavior, 59,* 373-387.

Critchfield, T. S., & Vargas, E. A. (1991). Self-recording, instructions, and public self-graphing: Effects on swimming in the absence of coach verbal interaction. *Behavior Modification, 15,* 95-112.

Critchfield, T. S., Tucker, J. A., & Vuchinich, R. E. (1998). Self-report methods. In K. A. Lattal & M. Perone (Eds.), *Handbook of research methods in human operant behavior* (pp. 435-470). New York: Plenum.

Cromwell, O. (1650, August 3). Letter to the general assembly of the Church of Scotland. Available online: http://en.wikiquote.org/wiki/Oliver_Cromwell

Crosbie, J. (1999). Statistical inference in behavior analysis: Useful friend. *The Behavior Analyst, 22,* 105-108.

Cushing, L. S., & Kennedy, C. H. (1997). Academic effects of providing peer support in general education classrooms on students without disabilities. *Journal of Applied Behavior Analysis, 30,* 139-151.

Cuvo, A. J. (1979). Multiple-baseline design in instructional research: Pitfalls of measurement and procedural advantages. *American Journal of Mental Deficiency, 84,* 219-228.

Cuvo, A. J. (2000). Development and function of consequence classes in operant behavior. *The Behavior Analyst, 23,* 57-68.

Cuvo, A. J. (2003). On stimulus generalization and stimulus classes. *Journal of Behavioral Education, 12,* 77-83.

Cuvo, A. J., Lerch, L. J., Leurquin, D. A., Gaffaney, T. J., & Poppen, R. L. (1998). Response allocation to concurrent fixed-ratio reinforcement schedules with work requirements by adults with mental retardation and typical preschool children. *Journal of Applied Behavior Analysis, 31,* 43-63.

Dalton, T., Martella, R., & Marchand Martella, N. E. (1999). The effects of a self-management program in reducing off-task behavior. *Journal of Behavioral Education, 9,* 157-176.

Daly, P. M., & Ranalli, P. (2003). Using countoons to teach self-monitoring skills. *Teaching Exceptional Children, 35* (5), 30-35.

Dams, P-C. (2002). A little night music. In R. W. Malott & H. Harrison, *I'll stop procrastinating when I get around to it: Plus other cool ways to succeed in school and life using behavior analysis to get your act together* (pp. 7-3-7-4). Kalamazoo, MI: Department of Psychology, Western Michigan University.

Dardig, J. C., & Heward, W. L. (1976). *Sign here: A contracting book for children and their families.* Kalamazoo, MI: Behaviordelia.

Dardig, J. C., & Heward, W. L. (1981a). A systematic procedure for prioritizing IEP goals. *The Directive Teacher, 3,* 6-8.

Dardig, J. C., & Heward, W. L. (1981b). *Sign here: A contracting book for children and their parents* (2nd ed.). Bridgewater, NJ: Fournies.

Darwin, C. (1872/1958). *The origin of species* (6th ed.). New York: Mentor. (Original work published 1872)

Davis, C. A., & Reichle, J. (1996). Variant and invariant high-probability requests: Increasing appropriate behaviors in children with emotional-behavioral disorders. *Journal of Applied Behavior Analysis, 29,* 471-482.

Davis, C. A., Brady, M. P., Williams, R. E., & Burta, M. (1992). The effects of self-operated auditory prompting tapes on the performance fluency of persons with severe mental retardation. *Education and Training in Mental Retardation, 27,* 39-50.

Davis, L. L., & O'Neill, R. E. (2004). Use of response cards with a group of students with learning disabilities including those for whom English is a second language. *Journal of Applied Behavior Analysis, 37,* 219-222.

Davis, P. K., & Chittum, R. (1994). A group-oriented contingency to increase leisure activities of adults with traumatic brain injury. *Journal of Applied Behavior Analysis, 27,* 553-554.

Davison, M. (1999). Statistical inference in behavior analysis: Having my cake and eating it too. *The Behavior Analyst, 22,* 99-103.

Dawson, J. E., Piazza, C. C., Sevin, B. M., Gulotta, C. S., Lerman, D. & Kelley, M. L. (2003). Use of the high-probability instructional sequence and escape extinction in a child with food refusal. *Journal of Applied Behavior Analysis, 36,* 105-108.

De Luca, R. B., & Holborn, S. W. (1990). Effects of fixed-interval and fixed-ratio schedules of token reinforcement on exercise with obese and nonobese boys. *Psychological Record, 40,* 67-82.

De Luca, R. B., & Holborn, S. W. (1992). Effects of a variable-ratio reinforcement schedule with changing criteria on exercise in obese and nonobese boys. *Journal of Applied Behavior Analysis, 25,* 671-679.

De Martini-Scully, D., Bray, M. A., & Kehle, T. J. (2000). A packaged intervention to reduce disruptive behaviors in general education students. *Psychology in the Schools, 37* (2), 149-156.

de Zubicaray, G., & Clair, A. (1998). An evaluation of differential reinforcement of other behavior, differential reinforcement of incompatible behaviors, and restitution for the management of aggressive behaviors. *Behavioral Interventions, 13,* 157-168.

Deaver, C. M., Miltenberger, R. G., & Stricker, J. M. (2001). Functional analysis and treatment of hair twirling in a young child. *Journal of Applied Behavior Analysis, 34,* 535-538.

DeCatanzaro, D., & Baldwin, G. (1978). Effective treatment of self-injurious behavior through a forced arm exercise. *Journal of Applied Behavior Analysis, 1,* 433-439.

DeHaas-Warner, S. (1992). The utility of self-monitoring for preschool on-task behavior. *Topics in Early Childhood Special Education, 12,* 478-495.

Deitz, D. E. D. (1977). An analysis of programming DRL schedules in educational settings. *Behavior Research and Therapy, 15,* 103-111.

Deitz, D. E. D., & Repp, A. C. (1983). Reducing behavior through reinforcement. *Exceptional Education Quarterly, 3,* 34-46.

Deitz, S. M. (1977). An analysis of programming DRL schedules in educational settings. *Behavior Research and Therapy, 15,* 103-111.

Deitz, S. M., & Repp, A. C. (1973). Decreasing classroom misbehavior through the use of DRL schedules of reinforcement. *Journal of Applied Behavior Analysis, 6,* 457-463.

Deitz, S. M. (1982). Defining applied behavior analysis: An historical analogy. *The Behavior Analyst, 5,* 53-64.

Deitz, S. M., & Repp, A. C. (1983). Reducing behavior through reinforcement. *Exceptional Education Quarterly, 3,* 34-46.

Deitz, S. M., Slack, D. J., Schwarzmueller, E. B., Wilander, A. P., Weatherly, T. J., & Hilliard, G. (1978). Reducing inappropriate behavior in special classrooms by reinforcing average interresponse times: Interval DRL. *Behavior Therapy, 9,* 37-46.

DeLeon, I. G., & Iwata, B. A. (1996). Evaluation of a multiple-stimulus presentation format for assessing reinforcer preferences. *Journal of Applied Behavior Analysis, 29,* 519-533.

Deleon, I. G., Anders, B. M., Rodriguez Catter, V., & Neidert, P. L. (2000). The effects of noncontingent access to single-versus multiple-stimulus sets on self-injurious behavior. *Journal of Applied Behavior Analysis, 33,* 623-626.

DeLeon, I. G., Fisher, W. W., Rodriguez-Catter, V., Maglieri, K., Herman, K., & Marhefka, J. M. (2001). Examination of relative reinforcement effects of stimuli identified through pretreatment and daily brief preference assessments. *Journal of Applied Behavior Analysis, 34,* 463-473.

DeLeon, I. G., Iwata, B. A., Conners, J., & Wallace, M. D. (1999). Examination of ambiguous stimulus preferences with duration-based measures. *Journal of Applied Behavior Analysis, 32,* 111-114.

DeLeon, I. G., Iwata, B. A., Goh, H., & Worsdell, A. S. (1997). Emergence of reinforcer preference as a function of schedule requirements and stimulus similarity. *Journal of Applied Behavior Analysis, 30,* 439-449.

DeLissovoy, V. (1963). Head banging in early childhood: A suggested cause. *Journal of Genetic Psychology, 102,* 109-114.

Delprato, D. J. (2002). Countercontrol in behavior analysis. *The Behavior Analyst, 25,* 191-200.

Delprato, D. J., & Midgley, B. D. (1992). Some fundamentals of B. F. Skinner's behaviorism. *American Psychologist, 48,* 1507-1520.

DeLuca, R. V., & Holborn, S. W. (1992). Effects of a variable-ratio reinforcement schedule with changing criteria on exercise in obese and nonobese boys. *Journal of Applied Behavior Analysis, 25,* 671-679.

DeMyer, M. K., & Ferster, C. B. (1962). Teaching new social behavior to schizophrenic children. *Journal of the American Academy of Child Psychiatry, 1,* 443-461.

Derby, K. M., Wacker, D. P., Berg, W., DeRaad, A., Ulrich, S., Asmus, J., Harding, J., Prouty, A., Laffey, P., & Stoner, E. A. (1997). The long-term effects of functional communication training in home settings. *Journal of Applied Behavior Analysis, 30,* 507-531.

Derby, K. M., Wacker, D. P., Sasso, G., Steege, M., Northup, J., Cigrand, K., & Asmus, J. (1992). Brief functional assessment techniques to evaluate aberrant behavior in an outpatient setting: A summary of 79 cases. *Journal of Applied Behavior Analysis, 25,* 713-721.

DeVries, J. E., Burnette, M. M., & Redmon, W. K. (1991). AIDS prevention: Improving nurses' compliance with glove wearing through performance feedback. *Journal of Applied Behavior Analysis, 24,* 705-711.

Dewey, J. (1939). *Experience and education.* New York: Macmillan.

Dickerson, E. A., & Creedon, C. F. (1981). Self-selection of standards by children: The relative effectiveness of pupil-selected and teacher-selected standards of performance. *Journal of Applied Behavior Analysis, 14,* 425-433.

Didden, R., Prinsen, H., & Sigafoos, J. (2000). The blocking effect of pictorial prompts on sight-word reading. *Journal of Applied Behavior Analysis, 33,* 317-320.

Dinsmoor, J. A. (1952). A discrimination based on punishment. *Quarterly Journal of Experimental Psychology, 4,* 27-45.

Dinsmoor, J. A. (1995a). Stimulus control: Part I. *The Behavior Analyst, 18,* 51-68.

Dinsmoor, J. A. (1995b). Stimulus control: Part II. *The Behavior Analyst, 18,* 253-269.

Dinsmoor, J. A. (2003). Experimental. *The Behavior Analyst, 26,* 151-153.

Dixon, M. R., & Cummins, A. (2001), Self-control in children with autism: Response allocation during delays to reinforcement. *Journal of Applied Behavior Analysis, 34,* 491-495.

Dixon, M. R., & Falcomata, T. S. (2004). Preference for progressive delays and concurrent physical therapy exercise in an adult with acquired brain injury. *Journal of Applied Behavior Analysis, 37,* 101-105.

Dixon, M. R., & Holcomb, S. (2000). Teaching self-control to small groups of dually diagnosed adults. *Journal of Applied Behavior Analysis, 33,* 611-614.

Dixon, M. R., Benedict, H., & Larson, T. (2001). Functional analysis and treatment of inappropriate verbal behavior. *Journal of Applied Behavior Analysis, 34,* 361-363.

Dixon, M. R., Hayes, L. J., Binder, L. M., Manthey, S., Sigman, C., & Zdanowski, D. M. (1998). Using a self-control training procedure to increase appropriate behavior. *Journal of Applied Behavior Analysis, 31,* 203-210.

Dixon, M. R., Rehfeldt, R. A., & Randich, L. (2003). Enhancing tolerance to delayed reinforcers: The role of intervening activities. *Journal of Applied Behavior Analysis, 36,* 263-266.

Doke, L. A., & Risley, T. R. (1972). The organization of day care environments: Required vs. optional activities. *Journal of Applied Behavior Analysis, 5,* 453-454.

Donahoe, J. W., & Palmer, D. C. (1994). *Learning and complex behavior.* Boston: Allyn and Bacon.

Dorigo, M., & Colombetti, M. (1998). *Robot shaping: An experiment in behavior engineering.* Cambridge, MA: MIT Press.

Dorow, L. G., & Boyle, M. E. (1998). Instructor feedback for college writing assignments in introductory classes. *Journal of Behavioral Education, 8,* 115-129.

Downing, J. A. (1990). Contingency contracting: A step-by-step format. *Teaching Exceptional Children, 26* (2), 111-113.

Drabman, R. S., Hammer, D., & Rosenbaum, M. S. (1979). Assessing generalization in behavior modification with children: The generalization map. *Behavioral Assessment, 1,* 203-219.

Drabman, R. S., Spitalnik, R., & O'Leary, K. D. (1973). Teaching self-control to disruptive children. *Journal of Abnormal Psychology, 82,* 10-16.

Drasgow, E., Halle, J., & Ostrosky, M. M. (1998). Effects of differential reinforcement on the generalization of a replacement mand in three children with severe language delays. *Journal of Applied Behavior Analysis, 31,* 357-374.

Drash, P. W., High, R. L., & Tudor, R. M. (1999). Using mand training to establish an echoic repertoire in young children with autism. *The Analysis of Verbal Behavior, 16,* 29-44.

Ducharme, D. W., & Holborn, S. W. (1997). Programming generalization of social skills in preschool children with hearing impairments. *Journal of Applied Behavior Analysis, 30,* 639-651.

Ducharme, J. M., & Rushford, N. (2001).Proximal and distal effects of play on child compliance with a brain-injured parent. *Journal of Applied Behavior Analysis, 34,* 221-224.

Duker, P. C., & Seys, D. M. (1996). Long-term use of electrical aversion treatment with self-injurious behavior. *Research in Developmental Disabilities, 17,* 293-301.

Duker, P. C., & van Lent, C. (1991). Inducing variability in communicative gestures used by severely retarded individuals. *Journal of Applied Behavior Analysis, 24,* 379-386.

Dunlap, G., & Johnson, J. (1985). Increasing the independent responding of autistic children with unpredictable supervision. *Journal of Applied Behavior Analysis, 18,* 227-236.

Dunlap, G., de Perczel, M., Clarke, S., Wilson, D., Wright, S., White, R., & Gomez, A. (1994). Choice making to promote adaptive behavior for students with emotional and behavioral challenges. *Journal of Applied Behavior Analysis, 27,* 505-518.

参考文献

Dunlap, G., Kern-Dunlap, L., Clarke, S., & Robbins, F. R. (1991). Functional assessment, curricular revision, and severe behavior problems. *Journal of Applied Behavior Analysis, 24,* 387-397.

Dunlap, G., Koegel, R. L., Johnson, J., & O'Neill, R. E. (1987). Maintaining performance of autistic clients in community settings with delayed contingencies. *Journal of Applied Behavior Analysis, 20,* 185-191.

Dunlap, L. K., & Dunlap, G. (1989). A self-monitoring package for teaching subtraction with regrouping to students with learning disabilities. *Journal of Applied Behavior Analysis, 22,* 309-314.

Dunlap, L. K., Dunlap, G., Koegel, L. K., & Koegel, R. L. (1991). Using self-monitoring to increase independence. *Teaching Exceptional Children, 23*(3), 17-22.

Dunn, L. M., & Dunn, L. M. (1997). *Peabody Picture Vocabulary Test- III.* Circle Pines, MN: American Guidance Service.

Durand, V. M. (1999). Functional communication training using assistive devices: Recruiting natural communities of reinforcement. *Journal of Applied Behavior Analysis, 32,* 247-267.

Durand, V. M., & Carr, E. G. (1987). Social influences on "self-stimulatory" behavior: Analysis and treatment application. *Journal of Applied Behavior Analysis, 20,* 119-132.

Durand, V. M., & Carr, E. G. (1992). An analysis of maintenance following functional communication training. *Journal of Applied Behavior Analysis, 25,* 777-794.

Durand, V. M., & Crimmins, D. (1992). *The Motivation Assessment Scale.* Topeka, KS: Monaco & Associates.

Durand, V. M., Crimmins, D. B., Caufield, M., & Taylor, J. (1989). Reinforcer assessment I: Using problem behavior to select reinforcers. *Journal of the Association for Persons with Severe Handicaps, 14,* 113-126.

Duvinsky, J. D., & Poppen, R. (1982). Human performance on conjunctive fixed-interval fixed-ratio schedules. *Journal of the Experimental Analysis of Behavior, 37,* 243-250.

Dyer, K., Schwartz, I., & Luce, S. C. (1984). A supervision program for increasing functional activities for severely handicapped students in a residential setting. *Journal of Applied Behavior Analysis, 17,* 249-259.

Ebanks, M. E., & Fisher, W. W. (2003). Altering the timing of academic prompts to treat destructive behavior maintained by escape. *Journal of Applied Behavior Analysis, 36,* 355-359.

Eckert, T. L., Ardoin, S., P., Daly, III, E. J., & Martens, B. K. (2002). Improving oral reading fluency: A brief experimental analysis of combining an antecedent intervention with consequences. *Journal of Applied Behavior Analysis, 35,* 271-281.

Ecott, C. L., Foate, B. A. L., Taylor, B., & Critchfield, T. S. (1999). Further evaluation of reinforcer magnitude effects in noncontingent schedules. *Journal of Applied Behavior Analysis, 32,* 529-532.

Edwards, K. J., & Christophersen, E. R. (1993). Automated data acquisition through time-lapse videotape recording. *Journal of Applied Behavior Analysis, 24,* 503-504.

Egel, A. L. (1981). Reinforcer variation: Implications for motivating developmentally disabled children. *Journal of Applied Behavior Analysis, 14,* 345-350.

Egel, A. L. (1982). Programming the generalization and maintenance of treatment gains. In R. L. Koegal, A. Rincover, & A. L. Egel (Eds.), *Educating and understanding autistic children* (pp. 281-299). San Diego, CA: College-Hill Press.

Elliot, S. N., Busse, R. T., & Shapiro, E. S. (1999). Intervention techniques for academic problems. In C. R. Reynolds & T. B. Gutkin (Eds.), *The handbook of school psychology* (3rd ed., pp. 664-685). New York: John Wiley & Sons.

Ellis, E. S., Worthington, L. A., & Larkin, M. J. (2002). *Executive summary of the research synthesis on effective teaching principles and the design of quality tools for educators.* [available online: http://idea.uoregon.edu/~ncite/documents/techrep/tech06.html]

Emerson, E., Reever, D. J., & Felce, D. (2000). Palmtop computer technologies for behavioral observation research. In T. Thompson, D. Felce, & F. J. Symons (Eds.), *Behavioral observation: Technology and applications in developmental disabilities* (pp. 47-59). Baltimore: Paul H. Brookes.

Engelmann, S. (1975). *Your child can succeed.* New York: Simon & Shuster.

Engelmann, S., & Carnine, D. (1982). *Theory of instruction: Principles and applications.* New York: Irvington.

Engelmann, S., & Colvin, D. (1983). *Generalized compliance training: A direct-instruction program for managing severe behavior problems.* Austin, TX: Pro-Ed.

Epling, W. F., & Pierce, W. D. (1983). Applied behavior analysis: New directions from the laboratory. *The Behavior Analyst, 6,* 27-37.

Epstein, L. H., Beck, B., Figueroa, J., Farkas, G., Kazdin, A., Daneman, D., & Becker, D. (1981). The effects of targeting improvement in urine glucose on metabolic control in children with insulin dependent diabetes. *Journal of Applied Behavior Analysis, 14,* 365-375.

Epstein, R. (1982). *Skinner for the classroom.* Champaign, IL: Research Press.

Epstein, R. (1990). Generativity theory and creativity. In M. A. Runco & R. S. Albert (Eds.), *Theories of creativity* (pp. 116-140). Newbury Park, CA: Sage.

Epstein, R. (1991). Skinner, creativity, and the problem of spontaneous behavior. *Psychological Science, 2,* 362-370.

Epstein, R. (1996). *Cognition, creativity, and behavior: Selected essays.* Westport, CT: Praeger.

Epstein, R. (1997). Skinner as self-manager. *Journal of Applied Behavior Analysis, 30,* 545-568.

Ericsson, K. A., & Charness, N. (1994). Expert performance. Its structure and acquisition. *American Psychologist, 49* (8), 725-747.

Ervin, R., Radford, P., Bertsch, K., Piper, A., Ehrhardt, K., & Poling, A. (2001). A descriptive analysis and critique of the empirical literature on school-based functional assessment. *School Psychology Review, 30,* 193-210.

Eshleman, J. W. (1991). Quantified trends in the history of verbal behavior research. *The Analysis of Verbal Behavior, 9,* 61-80.

Eshleman, J. W. (2004, May 31). *Celeration analysis of verbal behavior: Research papers presented at ABA 1975-present.* Paper presented at the 30th Annual Convention of the Association for Behavior Analysis, Boston, MA.

Falcomata, T. S., Roane, H. S., Hovanetz, A. N., Kettering, T. L., & Keeney, K. M. (2004). An evaluation of response cost in the treatment of inappropriate vocalizations maintained by automatic reinforcement. *Journal of Applied Behavior Analysis, 37,* 83-87.

Falk, J. L. (1961). Production of polydipsia in normal rats by an intermittent food schedule. *Science, 133,* 195-196.

Falk, J. L. (1971). The nature and determinants of adjunctive behavior. *Physiology and Behavior, 6,* 577-588.

Fantuzzo, J. W., & Clement, P. W. (1981). Generalization of the effects of teacher- and self-administered token reinforcers to nontreated students. *Journal of Applied Behavior Analysis, 14,* 435-447.

Fantuzzo, J. W., Rohrbeck, C. A., Hightower, A. D., & Work, W. C. (1991). Teacher's use and children's preferences of rewards in elementary school. *Psychology in the Schools, 28,* 175-181.

Farrell, A. D. (1991). Computers and behavioral assessment: Current applications, future possibilities, and obstacles to routine use. *Behavioral Assessment, 13,* 159-179.

Favell, J. E., & McGimsey, J. E. (1993). Defining an acceptable treatment environment. In R. Van Houten & S. Axelrod (Eds.), *Behavior analysis and treatment* (pp. 25-45). New York: Plenum Press.

Favell, J. E., Azrin, N. H., Baumeister, A. A., Carr, E. G., Dorsey, M. F., Forehand, R., Foxx, R. M., Lovaas, I. O., Rincover, A., Risley, T. R., Romanczyk, R. G., Russo, D. C., Schroeder, S. R., & Solnick, J. V. (1982). The treatment of self-injurious behavior. *Behavior Therapy, 13,* 529-554.

Favell, J. E., McGimsey, J. F., & Jones, M. L. (1980). Rapid eating in the retarded: Reduction by nonaversive procedures. *Behavior Modification, 4,* 481-492.

Fawcett, S. B. (1991). Social validity: A note on methodology. *Journal of Applied Behavior Analysis, 24,* 235-239.

Felce, D., & Emerson, E. (2000). Observational methods in assessment of quality of life. In T. Thompson, D. Felce, & F. J. Symons (Eds.), *Behavioral observation: Technology and applications in developmental disabilities* (pp. 159-174). Baltimore: Paul H. Brookes.

Felixbrod, J. J., & O'Leary, K. D. (1973). Effects of reinforcement on children's academic behavior as a function of self-determined and externally imposed systems. *Journal of Applied Behavior Analysis, 6,* 241-250.

Felixbrod, J. J., & O'Leary, K. D. (1974). Self-determination of academic standards by children: Toward freedom from external control. *Journal of Educational Psychology, 66,* 845-850.

Ferguson, D. L., & Rosales-Ruiz, J. (2001). Loading the problem loader: The effects of target training and shaping on trailer-loading behavior of horses. *Journal of Applied Behavior Analysis, 34,* 409-424.

Ferrari, M., & Harris, S. (1981). The limits and motivational potential of sensory stimuli as reinforcers for autistic children. *Journal of Applied Behavior Analysis, 14,* 339-343.

Ferreri, S. J., Allen, N., Hessler, T., Nobel, M., Musti-Rao, S., & Salmon, M. (2006). *Battling procrastination: Self-managing studying and writing for candidacy exams and dissertation defenses.* Symposium at 32nd Annual Convention of the Association for Behavior Analysis, Atlanta, GA.

Ferreri, S. J., Neef, N. A., & Wait, T. A. (2006). *The assessment of impulsive choice as a function of the point of reinforcer delay.* Manuscript submitted for publication review.

Ferster, C. B., & DeMyer, M. K. (1961). The development of performances in autistic children in an automatically controlled environment. *Journal of Chronic Diseases, 13,* 312-345.

Ferster, C. B., & DeMyer, M. K. (1962). A method for the experimental analysis of the behavior of autistic children. *American Journal of Orthopsychiatry, 32,* 89-98.

Ferster, C. B., & Skinner, B. F. (1957). *Schedules of reinforcement.* Englewood Cliffs, NJ: Prentice Hall.

Fink, W. T., & Carnine, D. W. (1975). Control of arithmetic errors using informational feedback and graphing. *Journal of Applied Behavior Analysis, 8,* 461.

Finney, J. W., Putnam, D. E., & Boyd, C. M. (1998). Improving the accuracy of self-reports of adherence. *Journal of Applied Behavior Analysis, 31,* 485-488. Fisher, R. (1956). *Statistical methods and statistical inference.* London: Oliver & Boyd.

Fisher, W. W., & Mazur, J. E. (1997). Basic and applied research on choice responding. *Journal of Applied Behavior Analysis, 30,* 387-410.

Fisher, W. W., Kelley, M. E., & Lomas, J. E. (2003). Visual aids and structured criteria for improving visual inspection and interpretation of single-case designs. *Journal of Applied Behavior Analysis, 36,* 387-406.

Fisher, W. W., Kuhn, D. E., & Thompson, R. H. (1998). Establishing discriminative control of responding using functional and alternative reinforcers during functional communication training. *Journal of Applied Behavior Analysis, 31,* 543-560.

Fisher, W. W., Lindauer, S. E., Alterson, C. J., & Thompson, R. H. (1998). Assessment and treatment of destructive behavior maintained by stereotypic object manipulation. *Journal of Applied Behavior Analysis, 31,* 513-527.

Fisher, W. W., Piazza, C. C., Bowman, L. G., & Almari, A. (1996). Integrating caregiver report with a systematic choice assessment to enhance reinforcer identification. *American Journal on Mental Retardation, 101,* 15-25.

Fisher, W. W., Piazza, C. C., Bowman, L. G., Hagopian, L. P., Owens, J. C., & Slevin, I. (1992). A comparison of two approaches for identifying reinforcers for persons with severe and profound disabilities. *Journal of Applied Behavior Analysis, 25,* 491-498.

Fisher, W. W., Piazza, C. C., Bowman, L. G., Kurtz, P. F., Sherer, M. R., & Lachman, S. R. (1994). A preliminary evaluation of empirically derived consequences for the treatment of pica. *Journal of Applied Behavior Analysis, 27,* 447-457.

Fisher, W. W., Piazza, C. C., Cataldo, M. E., Harrell, R., Jefferson, G., & Conner, R. (1993). Functional communication training with and without extinction and punishment. *Journal of Applied Behavior Analysis, 26,* 23-36.

Flaute, A. J., Peterson, S. M., Van Norman, R. K., Riffle, T., & Eakins, A. (2005). Motivate me! 20 tips for using a MotivAiderR to improve your classroom. *Teaching Exceptional Children Plus, 2* (2) Article 3. Retrieved March 1, 2006, from http://escholarship.bc.edu/ education/tecplus/vol2/iss2/art3.

Fleece, L., Gross, A., O'Brien, T., Kistner, J., Rothblum, E., & Drabman, R. (1981). Elevation of voice volume in young developmentally delayed children via an operant shaping procedure. *Journal of Applied Behavior Analysis, 14,* 351-355.

Flood, W. A., & Wilder, D. A. (2002). Antecedent assessment and assessment-based treatment of off-task behavior in a child diagnosed with Attention Deficit Hyperactivity Disorder (ADHD). *Education and Treatment of Children, 25* (3), 331-338.

Flora, S. R. (2004). *The power of reinforcement.* Albany: State University of New York Press.

Florida Association for Behavior Analysis. (1988). *The behavior analyst's code of ethics.* Tallahassee, FL: Author.

Forthman, D. L., & Ogden, J. J. (1992). The role of applied behavior analysis in zoo management: Today and tomorrow. *Journal of Applied Behavior Analysis, 25,* 647-652

Foster, W. S. (1978). Adjunctive behavior: An underreported phenomenon in applied behavior analysis? *Journal of Applied Behavioral Analysis, 11,* 545-546.

Fowler, S. A., & Baer, D. M. (1981). "Do I have to be good all day?" The timing of delayed reinforcement as a factor in generalization. *Journal of Applied Behavior Analysis, 14,* 13-24.

Fox, D. K., Hopkins, B. L., & Anger, A. K. (1987). The long-term effects of a token economy on safety performance in open-pit mining. *Journal of Applied Behavior Analysis, 20,* 215-224.

Foxx, R. M. (1982). *Decreasing behaviors of persons with severe retardation and autism.* Champaign, IL: Research Press. Foxx, R. M. (1996). Twenty years of applied behavior analysis in treating the most severe problem behavior: Lessons learned. *The Behavior Analyst, 19,* 225-235.

Foxx, R. M., & Azrin, N. H. (1972). Restitution: A method of eliminating aggressive-disruptive behavior of retarded and brain damaged patients. *Behavior Research and Therapy, 10,* 15-27.

Foxx, R. M., & Azrin, N. H. (1973). The elimination of autistic self-stimulatory behavior by overcorrection. *Journal of Applied Behavior Analysis, 6,* 1-14.

Foxx, R. M., & Bechtel, D. R. (1983). Overcorrection: A review and analysis. In S. Axelrod & J. Apsche (Eds.), *The effects of punishment on human behavior* (pp. 133-220). New York: Academic Press.

Foxx, R. M., & Rubinoff, A. (1979). Behavioral treatment of caffeinism: Reducing excessive coffee drinking. *Journal of Applied Behavior Analysis, 12,* 335-344.

Foxx, R. M., & Shapiro, S. T. (1978). The timeout ribbon: A non-exclusionary timeout procedure. *Journal of Applied Behavior Analysis, 11,* 125-143.

Foxx, R. M., Bittle, R. G., & Faw, G. D. (1989). A maintenance strategy for discontinuing aversive procedures: A 52-month follow-up of the treatment of aggression. *American Journal on Mental Retardation, 94,* 27-36.

Freeland, J. T., & Noell, G. H. (1999). Maintaining accurate math responses in elementary school students: The effects of delayed intermittent reinforcement and programming common stimuli. *Journal of Applied Behavior Analysis, 32,* 211-215.

Freeland, J. T., & Noell, G. H. (2002). Programming for maintenance: An investigation of delayed intermittent reinforcement and common stimuli to create indiscriminable contingencies. *Journal of Behavioral Education, 11,* 5-18.

Friedling, C., & O'Leary, S. G. (1979). Effects of self-instructional training on second- and third-grade hyperactive children: A failure to replicate. *Journal of Applied Behavior Analysis, 12,* 211-219.

Friman, P. C. (1990). Nonaversive treatment of high-rate disruptions: Child and provider effects. *Exceptional Children, 57,* 64-69.

Friman, P. C. (2004). Up with this I shall not put: 10 reasons why I disagree with Branch and Vollmer on *behavior used as a count noun. The Behavior Analyst, 27,* 99-106.

Friman, P. C., & Poling, A. (1995). Making life easier with effort: Basic findings and applied research on response effort. *Journal of Applied Behavior Analysis, 28,* 538-590.

Friman, P. C., Hayes, S. C., & Wilson, K. G. (1998). Why behavior analysts should study emotion: The example of anxiety. *Journal of Applied Behavior Analysis, 31,* 137-156.

Fuller, P. R. (1949). Operant conditioning of a vegetative organism. *American Journal of Psychology, 62,* 587-590.

Fuqua, R. W., & Schwade, J. (1986). Social validation of applied research: A selective review and critique. In A. Poling & R. W. Fuqua (Eds.), *Research methods in applied behavior analysis* (pp. 265-292). New York: Plenum Press.

Gable, R. A., Arllen, N. L., & Hendrickson, J. M. (1994). Use of students with emotional/behavioral disorders as behavior change agents. *Education and Treatment of Children, 17* (3), 267-276.

Galbicka, G. (1994). Shaping in the 21st century: Moving percentile schedules into applied settings. *Journal of Applied Behavior Analysis, 27,* 739-760.

Gallagher, S. M., & Keenan, M (2000). Independent use of activity materials by the elderly in a residential setting. *Journal of Applied Behavior Analysis, 33,* 325-328.

Gambrill, E. (2003). Science and its use and neglect in the human services. In K. S. Budd & T. Stokes (Eds.), *A small matter of proof: The legacy of Donald M. Baer* (pp. 63-76). Reno, NV: Context Press.

Gambrill, E. D. (1977). *Behavior modification: Handbook of assessment, intervention, and evaluation.* San Francisco: Jossey-Bass.

Garcia, E. E. (1976). The development and generalization of delayed imitation. *Journal of Applied Behavior Analysis, 9,* 499.

Garcia, E. E., & Batista-Wallace, M. (1977). Parental training of the plural morpheme in normal toddlers. *Journal of Applied Behavior Analysis, 10,* 505.

Gardner, III, R., Heward, W. L., & Grossi, T. A. (1994). Effects of response cards on student participation and academic achievement: A systematic replication with inner-city students during whole-class science instruction. *Journal of Applied Behavior Analysis, 27,* 63-71.

Garfinkle, A. N., & Schwartz, I. S. (2002). Peer imitation: Increasing social interactions in children with autism and other developmental disabilities in inclusive preschool classrooms. *Topics in Early Childhood Special Education, 22,* 26-38.

Garner, K. (2002). Case study: The conscientious kid. In R. W. Malott & H. Harrison, *I'll stop procrastinating when I get around to it: Plus other cool ways to succeed in school and life using behavior analysis to get your act together* (p. 3-13). Kalamazoo, MI: Department of Psychology, Western Michigan University.

Gast, D. L., Jacobs, H. A., Logan, K. R., Murray, A. S., Holloway, A., & Long, L. (2000). Pre-session assessment of preferences for students with profound multiple disabilities. *Education and Training in Mental Retardation and Developmental Disabilities, 35,* 393-405.

Gaylord-Ross, R. (1980). A decision model for the treatment of aberrant behaviorin applied settings. In W. Sailor, B. Wilcox, & L. Brown (Eds.), *Methods of instruction for severely handicapped students* (pp. 135-158). Baltimore: Paul H. Brookes.

Gaylord-Ross, R. J., Haring, T. G., Breen, C., & Pitts-Conway, V. (1984). The training and generalization of social interaction skills with autistic youth. *Journal of Applied Behavior Analysis, 17,* 229-247.

Gee, K., Graham, N., Goetz, L., Oshima, G., & Yoshioka, K. (1991). Teaching students to request the continuation of routine activities by using time delay and decreasing physical assistance in the context of chain interruption. *Journal of the Association for Persons with Severe Handicaps, 10,* 154-167.

Geller, E. S., Paterson, L., & Talbott, E. (1982). A behavioral analysis of incentive prompts for motivating seat belt use. *Journal of Applied Behavior Analysis, 15,* 403-415.

Gena, A., Krantz, P. J., McClannahan, L. E., & Poulson, C. L. (1996). Training and generalization of affective behavior displayed by youth with autism. *Journal of Applied Behavior Analysis, 29,* 291-304.

Gentile, J. R., Roden, A. H., & Klein, R. D. (1972). An analysis-of-variance model for the intrasubject replication design. *Journal of Applied Behavior Analysis, 5,* 193-198.

Gewirtz, J. L., & Baer, D. M. (1958). The effect of brief social deprivation on behaviors for a social reinforcer. *Journal of Abnormal Social Psychology, 56,* 49-56.

Gewirtz, J. L., & Pelaez-Nogueras, M. (2000). Infant emotions under the positive-reinforcer control of caregiver attention and touch. In J. C. Leslie & D. Blackman (Eds.), *Issues in experimental and applied analyses of human behavior* (pp. 271-291). Reno, NV: Context Press.

Glenn, S. S. (2004). Individual behavior, culture, and social change. *The Behavior Analyst, 27,* 133-151.

Glenn, S. S., Ellis, J., & Greenspoon, J. (1992). On the revolutionary nature of the operant as a unit of behavioral selection. *American Psychologist, 47,* 1329-1336.

Glynn, E. L. (1970). Classroom applications of self-determined reinforcement. *Journal of Applied Behavior Analysis, 3,* 123-132.

Glynn, E. L., Thomas, J. D., & Shee, S. M. (1973). Behavioral self-control of ontask behavior in an elementary classroom. *Journal of Applied Behavior Analysis, 6,* 105-114.

Glynn, S. M. (1990). Token economy: Approaches for psychiatric patients: Progress and pitfalls over 25 years. *Behavior Modification, 14* (4), 383-407.

Goetz, E. M., & Baer, D. M. (1973). Social control of form diversity and the emergence of new forms in children's block-building. *Journal of Applied Behavior Analysis, 6,* 209-217.

Goetz, L., Gee, K., & Sailor, W. (1985). Using a behavior chain interruption strategy to teach communication skills to students with severe disabilities. *Journal of the Association for Persons with Severe Handicaps, 10,* 21-30.

Goh, H-L., & Iwata, B. A. (1994). Behavioral persistence and variability during extinction of self-injury maintained by escape. *Journal of Applied Behavior Analysis, 27,* 173-174.

Goldiamond, I. (1965). Self-control procedures in personal behavior problems. *Psychological Reports, 17,* 851-868.

Goldiamond, I. (1974). Toward a constructional approach to social problems: Ethical and constitutional issues raised by applied behavior analysis. *Behaviorism, 2,* 1-85.

Goldiamond, I. (1976a). Self-reinforcement. *Journal of Applied Behavior Analysis, 9,* 509-514.

Goldiamond, I. (1976b). Fables, armadyllics, and self-reinforcement. *Journal of Applied Behavior Analysis, 9,* 521-525.

Gottschalk, J. M., Libby, M. E., & Graff, R. B. (2000). The effects of establishing operations on preference assessment outcomes. *Journal of Applied Behavior Analysis, 33,* 85-88.

Grace, N. C., Kahng, S., & Fisher, W. W. (1994). Balancing social acceptability with treatment effectiveness of an intrusive procedure: A case report. *Journal of Applied Behavior Analysis, 27,* 171-172.

Graf, S. A., & Lindsley, O. R. (2002). *Standard Celeration Charting 2002.* Poland, OH: Graf Implements.

Gray, J. A. (1979). *Ivan Pavlov.* New York: Penguin Books.

Green, C. W., & Reid, D. H. (1996). Defining, validating, and increasing indices of happiness among people with profound multiple disabilities. *Journal of Applied Behavior Analysis, 29,* 67-78.

Green, C. W., Gardner, S. M., & Reid, D. H. (1997). Increasing indices of happiness among people with profound multiple disabilities: A program replication and component analysis. *Journal of Applied Behavior Analysis, 30,* 217-228.

Green, G., & Shane, H. C. (1994). Science, reason, and facilitated communication. *Journal of the Association for Persons with Severe Handicaps, 19,* 151-172.

Green, L., & Freed, D. W. (1993). The substitutability of reinforcers. *Journal of the Experimental Analysis of Behavior, 60,* 141-158.

Greene, B. F., Bailey, J. S., & Barber, F. (1981). An analysis and reduction of disruptive behavior on school buses. *Journal of Applied Behavior Analysis, 14,* 177-192.

Greenspan, S., & Negron, E. (1994). Ethical obligations of special services personnel. *Special Services in the Schools, 8* (2), 185-209.

Greenwood, C. R., & Maheady, L. (1997). Measurable change in student performance: Forgotten standard in teacher preparation? *Teacher Education and Special Education, 20,* 265-275.

Greenwood, C. R., Delquadri, J. C., & Hall, R. V. (1984). Opportunity to respond and student academic achievement. In W. L. Heward, T. E. Heron, D. S. Hill, & J. Trap-Porter (Eds.), *Focus on behavior analysis in education* (pp. 58-88). Columbus, OH: Merrill.

Greer, R. D. (1983). Contingencies of the science and technology of teaching and pre-behavioristic research practices in education. *Educational Researcher, 12,* 3-9.

Gresham, F. M. (1983). Use of a home-based dependent group contingency system in controlling destructive behavior: A case study. *School Psychology Review, 12* (2), 195-199.

Gresham, F. M., Gansle, K. A., & Noell, G. H. (1993). Treatment integrity in applied behavior analysis with children. *Journal of Applied Behavior Analysis, 26,* 257-263.

Griffen, A. K., Wolery, M., & Schuster J. W. (1992). Triadic instruction of chained food preparation responses: Acquisition and observational learning. *Journal of Applied Behavior Analysis, 25,* 193-204.

Griffith, R. G. (1983). The administrative issues: An ethical and legal perspective. In S. Axelrod & J. Apsche (Eds.), *The effects of punishment on human behavior* (pp. 317-338). New York: Academic Press.

Grossi, T. A. (1998). Using a self-operated auditory prompting system to improve the work performance of two employees with severe disabilities. *Journal of The Association for Persons with Severe Handicaps, 23,* 149-154.

Grossi, T. A., & Heward, W. L. (1998). Using self-evaluation to improve the work productivity of trainees in a community-based restaurant training program. *Education and Training in Mental Retardation and Developmental Disabilities, 33,* 248-263.

Grossi, T. A., Kimball, J. W., & Heward, W. L. (1994). What did you say? Using review of tape-recorded interactions to increase social acknowledgments by trainees in a community-based vocational program. *Research in Developmental Disabilities, 15,* 457-472.

Grunsell, J., & Carter, M. (2002). The behavior change interruption strategy: Generalization to out-of-routine contexts. *Education and Training in Mental Retardation and Developmental Disabilities, 37* (4), 378-390.

Guilford, J. P. (1965). *Fundamental statistics in psychology and education.* New York: McGraw-Hill.

Gumpel, T. P., & Shlomit, D. (2000). Exploring the efficacy of self-regulatory training as a possible alternative to social skills training. *Behavioral Disorders, 25,* 131-141.

Gunter, P. L., Venn, M. L., Patrick, J., Miller, K. A., & Kelly, L. (2003). Efficacy of using momentary time samples to determine on-task behavior of students with emotional/behavioral disorders. *Education and Treatment of Children, 26,* 400-412.

Gutowski, S. J., & Stromer, R. (2003). Delayed matching to two-picture samples by individuals with and without disabilities: An analysis of the role of naming. *Journal of Applied Behavior Analysis, 36,* 487-505.

Guttman, N., & Kalish, H. (1956). Discriminability and generalization. *Journal of Experimental Psychology, 51,* 79-88.

Haagbloom, S. J., Warnick, R., Warnick J. E., Jones, V. K., Yarbrough, G.

L., Russell, T. M., et al. (2002). The 100 most eminent psychologists of the 20th century. *Review of General Psychology, 6,* 139-152.

Hackenberg, T. D. (1995). Jacques Loeb, B. F. Skinner, and the legacy of prediction and control. *The Behavior Analyst, 18,* 225-236.

Hackenberg, T. D., & Axtell, S. A. M. (1993). Humans' choices in situations of time-based diminishing returns. *Journal of the Experimental Analysis of Behavior, 59,* 445-470.

Hagopian, L. P., & Adelinis, J. D. (2001) Response blocking with and without redirection for the treatment of pica. *Journal of Applied Behavior Analysis, 34,* 527-530.

Hagopian, L. P., & Thompson, R. H. (1999). Reinforcement of compliance with respiratory treatment in a child with cystic fibrosis. *Journal of Applied Behavior Analysis, 32,* 233-236.

Hagopian, L. P., Farrell, D. A., & Amari, A. (1996). Treating total liquid refusal with backward chaining and fading. *Journal of Applied Behavior Analysis, 29,* 573-575.

Hagopian, L. P., Fisher, W. W., Sullivan, M. T., Acquisto, J., & Leblanc, L. A. (1998). Effectiveness of functional communication training with and without extinction and punishment: A summary of 21 inpatient cases. *Journal of Applied Behavior Analysis, 31,* 211-235.

Hagopian, L. P., Rush, K. S., Lewin, A. B., & Long, E. S. (2001). Evaluating the predictive validity of a single stimulus engagement preference assessment. *Journal of Applied Behavior Analysis, 34,* 475-485.

Hake, D. F., & Azrin, N. H. (1965). Conditioned punishment. *Journal of the Experimental Analysis of Behavior, 6,* 297-298.

Hake, D. F., Azrin, N. H., & Oxford, R. (1967). The effects of punishment intensity on squirrel monkeys. *Journal of the Experimental Analysis of Behavior, 10,* 95-107.

Hall, G. A., & Sundberg, M. L. (1987). Teaching mands by manipulating conditioned establishing operations. *The Analysis of Verbal Behavior, 5,* 41-53.

Hall, R. V., & Fox, R. G. (1977). Changingcriterion designs: An alternative applied behavior analysis procedure. In B. C. Etzel, J. M. LeBlanc, & D. M. Baer (Eds.), *New developments in behavioral research: Theory, method, and application* (pp. 151-166). Hillsdale, NJ: Erlbaum.

Hall, R. V., Cristler, C., Cranston, S. S., & Tucker, B. (1970). Teachers and parents as researchers using multiple baseline designs. *Journal of Applied Behavior Analysis, 3,* 247-255.

Hall, R. V., Delquadri, J. C., & Harris, J. (1977, May). Opportunity to respond: A new focus in the field of applied behavior analysis. Paper presented at the Midwest Association for Behavior Analysis, Chicago, IL.

Hall, R. V., Lund, D., & Jackson, D. (1968). Effects of teacher attention on study behavior. *Journal of Applied Behavior Analysis, 1,* 1-12.

Hall, R. V., Panyan, M., Rabon, D., & Broden. D. (1968). Instructing beginning teachers in reinforcement procedures which improve classroom control. *Journal of Applied Behavior Analysis, 1,* 315-322.

Hall, R., Axelrod, S., Foundopoulos, M., Shellman, J., Campbell, R. A., & Cranston, S. S. (1971). The effective use of punishment to modify behavior in the classroom. *Educational Technology, 11* (4), 24-26.

Hall, R.V., Fox, R., Williard, D., Goldsmith, L., Emerson, M., Owen, M., Porcia, E., & Davis, R. (1970). Modification of disrupting and talking-out behavior with the teacher as observer and experimenter. Paper presented at the American Educational Research Association Convention, Minneapolis, MN.

Hallahan, D. P., Lloyd, J. W., Kosiewicz, M. M., Kauffman, J. M., & Graves, A. W. (1979). Self-monitoring of attention as a treatment for a learning disabled boy's off-task behavior. *Learning Disability Quarterly, 2,* 24-32.

Hamblin, R. L., Hathaway, C., & Wodarski, J. S. (1971). Group contingencies, peer tutoring and accelerating academic achievement. In E. A. Ramp & B. L. Hopkins (Eds.), *A new direction for education: Behavior analysis* (Vol. 1, pp. 41-53). Lawrence: University of Kansas.

Hamlet, C. C., Axelrod, S., & Kuerschner, S. (1984). Eye contact as an antecedent to compliant behavior. *Journal of Applied Behavior Analysis, 17,* 553-557.

Hammer-Kehoe, J. (2002). Yoga. In R. W. Malott & H. Harrison (Eds.), *I'll stop procrastinating when I get around to it: Plus other cool ways to succeed in school and life using behavior analysis to get your act together* (p. 10-5). Kalamazoo, MI: Department of Psychology, Western Michigan University.

Hammill, D., & Newcomer, P. L. (1997). *Test of language development-3.* Austin, TX: Pro-Ed.

Hanley, G. P., Iwata, B. A., & Thompson, R. H. (2001). Reinforcement schedule thinning following treatment with functional communication training. *Journal of Applied Behavior Analysis, 34,* 17-38.

Hanley, G. P., Iwata, B. A., Thompson, R. H., & Lindberg, J. S. (2000). A component analysis of "stereotypy and reinforcement" for alternative behavior. *Journal of Applied Behavior Analysis, 33,* 299-308.

Hanley, G. P., Piazza, C. C., Fisher, W. W., Contrucci, S. A., & Maglieri, K. A. (1997). Evaluation of client preference of function-based treatment packages. *Journal of Applied Behavior Analysis, 30,* 459-473.

Hanley, G. P., Piazza, C. C., Keeney, K. M., Blakeley-Smith, A. B., & Worsdell, A. S. (1998). Effects of wrist weights on self-injurious and adaptive behaviors. *Journal of Applied Behavior Analysis, 31,* 307-310.

Haring, T. G., & Kennedy, C. H. (1990). Contextual control of problem behavior. *Journal of Applied Behavior Analysis, 23,* 235-243.

Harlow, H. R. (1959). Learning set and error factor theory. In S.

Kock (Ed.), *Psychology: A study of science* (Vol. 2, pp. 492-537). New York: McGraw-Hill.

Harrell, J. P. (2002). Case study: Taking time to relax. In R. W. Malott & H. Harrison, *I'll stop procrastinating when I get around to it: Plus other cool ways to succeed in school and life using behavior analysis to get your act together* (p. 10-2). Kalamazoo, MI: Department of Psychology, Western Michigan University.

Harris, F. R., Johnston, M. K., Kelly, C. S., & Wolf, M. M. (1964). Effects of positive social reinforcement on regressed crawling of a nursery school child. *Journal of Educational Psychology, 55,* 35-41.

Harris, K. R. (1986). Self-monitoring of attentional behavior versus self-monitoring of productivity: Effects on on-task behavior and academic response rate among learning disabled children. *Journal of Applied Behavior Analysis, 19,* 417-424.

Hart, B., & Risley, T. R. (1975). Incidental teaching of language in the preschool. *Journal of Applied Behavior Analysis, 8,* 411-420.

Hart, B. M., Allen, K. E., Buell, J. S., Harris, F. R., & Wolf, M. M. (1964). Effects of social reinforcement on operant crying. *Journal of Experimental Child Psychology, 1,* 145-153.

Hartmann, D. P. (1974). Forcing square pegs into round holes: Some comments on "an analysis-of-variance model for the intrasubject replication design". *Journal of Applied Behavior Analysis, 7,* 635-638.

Hartmann, D. P. (1977). Considerations in the choice of interobserver reliability estimates. *Journal of Applied Behavior Analysis, 10,* 103-116.

Hartmann, D. P., & Hall, R. V. (1976). The changing criterion design. *Journal of Applied Behavior Analysis, 9,* 527-532.

Hartmann, D. P., Gottman, J. M., Jones, R. R., Gardner, W., Kazdin, A. E., & Vaught, R. S. (1980). Interrupted timeseries analysis and its application to behavioral data. *Journal of Applied Behavior Analysis, 13,* 543-559.

Harvey, M. T., May, M. E., & Kennedy, C. H. (2004). Nonconcurrent multiple baseline designs and the evaluation of educational systems. *Journal of Behavioral Education, 13,* 267-276.

Hawkins, R. P. (1975). Who decided that was the problem? Two stages of responsibility for applied behavior analysts. In W. S. Wood (Ed.), *Issues in evaluating behavior modification* (pp. 195-214). Champaign, IL: Research Press.

Hawkins, R. P. (1979). The functions of assessment. *Journal of Applied Behavior Analysis, 12,* 501-516.

Hawkins, R. P. (1984). What is "meaningful" behavior change in a severely/ profoundly retarded learner: The view of a behavior analytic parent. In W. L Heward, T. E. Heron, D. S. Hill, & J. Trap-Porter (Eds.), *Focus on behavior analysis in education* (pp. 282-286). Upper Saddle River, NJ: Prentice-Hall/Merrill.

Hawkins, R. P. (1986). Selection of target behaviors. In R. O. Nelson & S. C. Hayes (Eds.), *Conceptual foundations of behavioral assessment* (pp. 331-385). New York: Guilford Press.

Hawkins, R. P. (1991). Is social validity what we are interested in? *Journal of Applied Behavior Analysis, 24,* 205-213.

Hawkins, R. P., & Anderson, C. M. (2002). On the distinction between science and practice: A reply to Thyer and Adkins. *The Behavior Analyst, 26,* 115-119.

Hawkins, R. P., & Dobes, R. W. (1977). Behavioral definitions in applied behavior analysis: Explicit or implicit? In B. C. Etzel, J. M. LeBlanc, & D. M. Baer (Eds.), *New developments in behavioral research: Theory, method, and application* (pp. 167-188). Hillsdale, NJ: Erlbaum.

Hawkins, R. P., & Dotson, V. A. (1975). Reliability scores that delude: An Alice in Wonderland trip through the misleading characteristics of interobserver agreement scores in interval recording. In E. Ramp & G. Semp (Eds.), *Behavior analysis: Areas of research and application* (pp. 359-376). Upper Saddle River, NJ: Prentice Hall.

Hawkins, R. P., & Hursh, D. E. (1992). Levels of research for clinical practice: It isn't as hard as you think. *West Virginia Journal of Psychological Research and Practice, 1,* 61-71.

Hawkins, R. P., Mathews, J. R., & Hamdan, L. (1999). *Measuring behavioral health outcomes: A practical guide.* New York: Kluwer Academic/Plenum.

Hayes, L. J., Adams, M. A., & Rydeen, K. L. (1994). Ethics, choice, and value. In L. J. Hayes et al. (Eds.), *Ethical issues in developmental disabilities* (pp. 11-39). Reno, NV: Context Press.

Hayes, S. C. (1991). The limits of technological talk. *Journal of Applied Behavior Analysis, 24,* 417-420.

Hayes, S. C. (Ed.). (1989). *Rule-governed behavior: Cognition, contingencies, and instructional control.* Reno, NV: Context Press.

Hayes, S. C., & Cavior, N. (1977). Multiple tracking and the reactivity of self-monitoring: I. Negative behaviors. *Behavior Therapy, 8,* 819-831.

Hayes, S. C., & Cavior, N. (1980). Multiple tracking and the reactivity of self-monitoring: II. Positive behaviors. *Behavioral Assessment, 2,* 238-296.

Hayes, S. C., & Hayes, L. J. (1993). Applied implications of current JEAB research on derived relations and delayed reinforcement. *Journal of Applied Behavior Analysis, 26,* 507-511.

Hayes, S. C., Rincover, A., & Solnick, J. V. (1980). The technical drift of applied behavior analysis. *Journal of Applied Behavior Analysis, 13,* 275-285.

Hayes, S. C., Rosenfarb, I., Wulfert, E., Munt, E. D., Korn, D., & Zettle, R. D. (1985). Self-reinforcement effects: An artifact of social standard setting? *Journal of Applied Behavior Analysis, 18,* 201-214.

Hayes, S. C., Zettle, R. D., & Rosenfarb, I. (1989). Rule-following. In S. C. Hayes (Ed.), *Rule-governed behavior: Cognition, contingencies, and instructional control* (pp. 191-220). New York: Plenum Press.

Haynes, S. N., & Horn, W. F. (1982). Reactivity in behavioral observation: A methodological and conceptual critique. *Behavioral Assessment, 4,* 369-385.

Health Insurance Portability and Accountability Act (HIPAA). (1996). Washington, DC: Office for Civil Rights. Retrieved December 14, 2003, from http://aspe.hhs.gov/admnsimp/pl104191.htm>http://aspe.hhs.gov/admnsimp/pl104191.htm.

Heckaman, K. A., Alber, S. R., Hooper, S., & Heward, W. L. (1998). A comparison of least-to-most prompts and progressive time delay on the disruptive behavior of students with autism. *Journal of Behavior Education, 8,* 171-201.

Heflin, L. J., & Simpson, R. L. (2002). Understanding intervention controversies. In B. Scheuermann & J. Weber (Eds.), *Autism: Teaching does make a difference* (pp. 248-277). Belmont, CA: Wadsworth.

Helwig, J. (1973). *Effects of manipulating an antecedent event on mathematics response rate.* Unpublished manuscript, Ohio State University, Columbus, OH.

Heron, T. E., & Harris, K. C. (2001). *The educational consultant: Helping professionals, parents, and students in inclusive classrooms* (4th ed.). Austin, TX: Pro-Ed.

Heron, T. E., & Heward, W. L. (1988). Ecological assessment: Implications for teachers of learning disabled students. *Learning Disability Quarterly, 11,* 224-232.

Heron, T. E., Heward, W. L., Cooke, N. L., & Hill, D. S. (1983). Evaluation of a class-wide peer tutoring system: First graders teach each other sight words. *Education and Treatment of Children, 6,* 137-152.

Heron, T. E., Hippler, B. J., & Tincani, M. J. (2003). *How to help students complete classwork and homework assignments.* Austin, TX: Pro-Ed.

Heron, T. E., Tincani, M. J., Peterson, S. M., & Miller, A. D. (2005). Plato's allegory of the cave revisited. Disciples of the light appeal to the pied pipers and prisoners in the darkness. In W. L. Heward, T. E. Heron, N.A. Neef, S. M. Peterson, D. M. Sainato, G. Cartledge, R. Gardner, III, L. D. Peterson, S. B. Hersh, & J. C. Dardig (Eds.), *Focus on behavior analysis in education: Achievements, challenges, and opportunities* (pp. 267-282), Upper Saddle River, NJ: Merrill/Prentice Hall.

Herr, S. S., O'Sullivan, J. L., & Dinerstein, R. D. (1999). *Consent to extraordinary interventions. In R. D. Dinerstein, S. S. Herr, & J. L. O'Sullivan (Eds.), A guide to consent* (pp. 111-122). Washington DC: American Association on Mental Retardation.

Herrnstein, R. J. (1961). Relative and absolute strength of a response as a function of frequency of reinforcement. *Journal of the Experimental Analysis of Behavior 4,* 267-272.

Herrnstein, R. J. (1970). On the law of effect. *Journal of the Experimental Analysis of Behavior 13,* 243-266.

Hersen, M., & Barlow, D. H. (1976). *Single case experimental designs: Strategies for studying behavior change.* New York: Pergamon Press.

Heward, W. L. (1978, May). *The delayed multiple baseline design.* Paper presented at the Fourth Annual Convention of the Association for Behavior Analysis, Chicago.

Heward, W. L. (1980). A formula for individualizing initial criteria for reinforcement. *Exceptional Teacher, 1* (9), 7, 9.

Heward, W. L. (1994). Three "low-tech" strategies for increasing the frequency of active student response during group instruction. In R. Gardner, D. M. Sainato, J. O. Cooper, T. E. Heron, W. L. Heward, J. Eshleman, & T. A. Grossi (Eds.), *Behavior analysis in education: Focus on measurably superior instruction* (pp. 283-320). Monterey, CA: Brooks/Cole.

Heward, W. L. (2003). Ten faulty notions about teaching and learning that hinder the effectiveness of special education. *The Journal of Special Education, 36* (4), 186-205.

Heward, W. L. (2005). Reasons applied behavior analysis is good for education and why those reasons have been insufficient. In W. L. Heward, T. E. Heron, N. A. Neef, S. M. Peterson, D. M. Sainato, G. Cartledge, R. Gardner, III, L. D. Peterson, S. B. Hersh, & J. C. Dardig (Eds.), *Focus on behavior analysis in education: Achievements, challenges, and opportunities* (pp. 316-348). Upper Saddle River, NJ: Merrill/Prentice Hall.

Heward, W. L. (2006). *Exceptional children: An introduction to special education* (8th ed.). Upper Saddle River, NJ: Merrill/Prentice Hall.〔ウィリアム L. ヒューワード、『特別支援教育』中野良顯、小野次朗、榊原洋一監訳、明石書店、2007年〕

Heward, W. L., & Cooper, J. O. (1992). Radical behaviorism: A productive and needed philosophy for education. *Journal of Behavioral Education, 2,* 345-365.

Heward, W. L., & Eachus, H. T. (1979). Acquisition of adjectives and adverbs in sentences written by hearing impaired and aphasic children. *Journal of Applied Behavior Analysis, 12,* 391-400.

Heward, W. L., & Silvestri, S. M. (2005a). The neutralization of special education. In J. W. Jacobson, J. A. Mulick, & R. M. Foxx (Eds.), *Fads: Dubious and improbable treatments for developmental disabilities.* Mahwah NJ: Erlbaum.

Heward, W. L., & Silvestri, S. M. (2005b). Antecedent. In G. Sugai & R. Horner (Eds.), *Encyclopedia of behavior modification and cognitive behavior therapy, Vol. 3: Educational applications* (pp. 1135-1137). Thousand Oaks, CA: Sage.

Heward, W. L., Dardig, J. C., & Rossett, A. (1979). *Working with parents of handicapped children.* Upper Saddle River, NJ: Merrill/Prentice Hall.

Heward, W. L., Heron, T. E., Gardner, III, R., & Prayzer, R. (1991). Two strategies for improving students' writing skills. In G. Stoner, M. R.

Shinn, & H. M. Walker (Eds.), *A school psychologist's interventions for regular education* (pp. 379-398). Washington, DC: National Association of School Psychologists.

Heward, W. L., Heron, T. E., Neef, N. A., Peterson, S. M., Sainato, D. M., Cartledge, G., Gardner, III, R., Peterson, L. D., Hersh, S. B., & Dardig, J. C. (Eds.). (2005). *Focus on behavior analysis in education: Achievements, challenges, and opportunities.* Upper Saddle River, NJ: Prentice Hall/Merrill.

Hewett, F. M. (1968). *The emotionally disturbed child in the classroom.* New York: McGraw-Hill.

Higbee, T. S., Carr, J. E., & Harrison, C. D. (1999). The effects of pictorial versus tangible stimuli in stimulus preference assessments. *Research in Developmental Disabilities, 20,* 63-72.

Higbee, T. S., Carr, J. E., & Harrison, C. D. (2000). Further evaluation of the multiple-stimulus preference assessment. *Research in Developmental Disabilities, 21,* 61-73.

Higgins, J. W., Williams, R. L., & McLaughlin, T. F. (2001). The effects of a token economy employing instructional consequences for a third-grade student with learning disabilities: A data-based case study. *Education and Treatment of Children, 24* (1), 99-106.

Himle, M. B., Miltenberger, R. G., Flessner, C., & Gatheridge, B. (2004). Teaching safety skills to children to prevent gunplay. *Journal of Applied Behavior Analysis, 1,* 1-9.

Himle, M. B., Miltenberger, R. G., Gatheridge, B., & Flessner, C., (2004). An evaluation of two procedures for training skills to prevent gun play in children. *Pediatrics, 113,* 70-77.

Hineline, P. N. (1977). Negative reinforcement and avoidance. In W. K. Honig & J. E. R. Staddon (Eds.), *Handbook of operant behavior* (pp. 364-414). Upper Saddle River, NJ: Prentice Hall.

Hineline, P. N. (1992). A self-interpretive behavior analysis. *American Psychologist, 47,* 1274-1286.

Hobbs, T. R., & Holt, M. M. (1976). The effects of token reinforcement on the behavior of delinquents in cottage settings. *Journal of Applied Behavior Analysis, 9,* 189-198.

Hoch, H., McComas, J. J., Johnson, L, Faranda, N., & Guenther, S. L. (2002). The effects of magnitude and quality of reinforcement on choice responding during play activities. *Journal of Applied Behavior Analysis, 35,* 171-181.

Hoch, H., McComas, J. J., Thompson, A. L., & Paone, D. (2002). Concurrent reinforcement schedules: Behavior change and maintenance without extinction. *Journal of Applied Behavior Analysis, 35,* 155-169.

Holcombe, A., Wolery, M., & Snyder, E. (1994). Effects of two levels of procedural fidelity with constant time delay with children's learning. *Journal of Behavioral Education, 4,* 49-73.

Holcombe, A., Wolery, M., Werts, M. G., & Hrenkevich, P. (1993). Effects of instructive feedback on future learning. *Journal of Behavioral Education, 3,* 259-285.

Holland, J. G. (1978). Behaviorism: Part of the problem or part of the solution? *Journal of Applied Behavior Analysis, 11,* 163-174.

Holland, J. G., & Skinner, B. F. (1961). *The analysis of behavior: A program for self-instruction.* New York: McGraw-Hill.

Holman, J., Goetz, E. M., & Baer, D. M. (1977). The training of creativity as an operant and an examination of its generalization characteristics. In B. C. Etzel, J. M. LeBlanc, & D. M. Baer (Eds.), *New developments in behavioral research: Theory, method, and practice* (pp. 441-471). Hillsdale, NJ: Erlbaum.

Holmes, G., Cautela, J., Simpson, M., Motes, P., & Gold, J. (1998). Factor structure of the School Reinforcement Survey Schedule: School is more than grades. *Journal of Behavioral Education, 8,* 131-140.

Holth, P. (2003), Generalized imitation and generalized matching to sample. *The Behavior Analyst, 26,* 155-158.

Holz, W. C., & Azrin, N. H. (1961). Discriminative properties of punishment. *Journal of the Experimental Analysis of Behavior, 4,* 225-232.

Holz, W. C., & Azrin, N. H. (1962). Recovery during punishment by intense noise. *Journal of the Experimental Analysis of Behavior, 6,* 407-412.

Holz, W. C., Azrin, N. H., & Ayllon, T. (1963). Elimination of behavior of mental patients by response-produced extinction. *Journal of the Experimental Analysis of Behavior, 6,* 407-412.

Homme, L., Csanyi, A. P., Gonzales, M. A., & Rechs, J. R. (1970). *How to use contingency contracting in the classroom.* Champaign, IL: Research Press.

Honig, W. K. (Ed.). (1966). *Operant behavior: Areas of research and application.* New York: Appleton-Century-Crofts.

Hoover, H. D., Hieronymus, A. N., Dunbar, S. B. Frisbie, D. A., & Switch (1996). *Iowa Tests of Basic Skills.* Chicago: Riverside.

Hopkins, B. L. (1995). Applied behavior analysis and statistical process control? *Journal of Applied Behavior Analysis, 28,* 379-386.

Horner, R. D., & Baer, D. M. (1978). Multiple-probe technique: A variation on the multiple baseline design. *Journal of Applied Behavior Analysis, 11,* 189-196.

Horner, R. D., & Keilitz, I. (1975). Training mentally retarded adolescents to brush their teeth. *Journal of Applied Behavior Analysis, 8,* 301-309.

Horner, R. H. (2002). On the status of knowledge for using punishment: A commentary. *Journal of Applied Behavior Analysis, 35,* 465-467.

Horner, R. H., & McDonald, R. S. (1982). Comparison of single instance and general case instruction in teaching of a generalized vocational skill. *Journal of the Association for Persons with Severe Handicaps, 7* (3), 7-20.

Horner, R. H., Carr, E. G., Halle, J., McGee, G., Odom, S., & Wolery, M. (2005). The use of single-subject research toidentify evidence-based practice in special education. *Exceptional Children, 71,* 165-179.

Horner, R. H., Day, M., Sprague, J., O'Brien, M., & Heathfield, L. (1991). Interspersed requests: A nonaversive procedure for reducing aggression and self-injury during instruction. *Journal of Applied Behavior Analysis, 24,* 265-278.

Horner, R. H., Dunlap, G., & Koegel, R. L. (1988). *Generalization and maintenance: Life-style changes in applied settings.* Baltimore: Paul H. Brookes.

Horner, R. H., Eberhard, J. M., & Sheehan, M. R. (1986). Teaching generalized table bussing: The importance of negative teaching examples. *Behavior Modification, 10,* 457-471.

Horner, R. H., Sprague, J., & Wilcox, B. (1982). Constructing general case programs for community activities. In B. Wilcox & G. T. Bellamy (Eds.), *Design of high school programs for severely handicapped students* (pp. 61-98). Baltimore: Paul H. Brookes.

Horner, R. H., Williams, J. A., & Steveley, J. D. (1987). Acquisition of generalized telephone use by students with moderate and severe mental retardation. *Research in Developmental Disabilities, 8,* 229-247.

Houten, R. V., & Rolider, A. (1990). The use of color mediation techniques to teach number identification and single digit multiplication problems to children with learning problems. *Education and Treatment of Children, 13,* 216-225.

Howell, K. W. (1998). *Curriculum-based evaluation: Teaching and decision making* (3rd ed.). Monterey, CA: Brooks/Cole.

Hughes, C. (1992). Teaching self-instruction using multiple exemplars to produce generalized problem-solving by individuals with severe mental retardation. *Journal on Mental Retardation, 97,* 302-314.

Hughes, C. (1997). Self-instruction. In M. Agran (Ed.), *Self-directed learning: Teaching self-determination skills* (pp. 144-170). Pacific Grove, CA: Brooks/Cole.

Hughes, C., & Lloyd, J. W. (1993). An analysis of self-management. *Journal of Behavioral Education, 3,* 405-424.

Hughes, C., & Rusch, F. R. (1989). Teaching supported employees with severe mental retardation to solve problems. *Journal of Applied Behavior Analysis, 22,* 365-372.

Hughes, C., Harmer, M. L., Killian, D. J., & Niarhos, F. (1995). The effects of multiple-exemplar self-instructional training on high school students' generalized conversational interactions. *Journal of Applied Behavior Analysis, 28,* 201-218.

Hume, K. M., & Crossman, J. (1992). Musical reinforcement of practice behaviors among competitive swimmers. *Journal of Applied Behavior Analysis, 25,* 665-670.

Humphrey, L. L., Karoly, P., & Kirschenbaum, D. S. (1978). Self-management in the classroom: Self-imposed response cost versus self-reward. *Behavior Therapy, 9,* 592-601.

Hundert, J., & Bucher, B. (1978). Pupils' self-scored arithmetic performance: A practical procedure for maintaining accuracy. *Journal of Applied Behavior Analysis, 11,* 304.

Hunt, P., & Goetz, L. (1988). Teaching spontaneous communication in natural set tings using interrupted behavior chains. *Topics in Language Disorders, 9,* 58-71.

Hurley, A. D. N., & O'Sullivan, J. L. (1999). *Informed consent for health care.* In R. D. Dinerstein, S. S. Herr, & J. L. O'Sullivan (Eds.), *A guide to consent* (pp. 39-55). Washington DC: American Association on Mental Retardation.

Hutchinson, R. R. (1977). By-products of aversive control In W. K. Honig & J. E. R. Staddon (Eds.), *Handbook of operant behavior* (pp. 415-431). Upper Saddle River, NJ: Prentice Hall.

Huybers, S., Van Houten, R., & Malenfant, J. E. L. (2004). Reducing conflicts between motor vehicles and pedestrians: The sep arate and combined effects of pavement markings and a sign prompt. *Journal of Applied Behavior Analysis, 37,* 445-456.

Individuals with Disabilities Education Act of 1997, P. L. 105-17, 20 U.S.C. para. 1400 *et seq.*

Irvin, D. S., Thompson, T. J., Turner, W. D., & Williams, D. E. (1998). Utilizing response effort to reduce chronic hand mouthing. *Journal of Applied Behavior Analysis, 31,* 375-385.

Isaacs, W., Thomas, I., & Goldiamond, I. (1960). Application of operant conditioning to reinstate verbal behavior in psychotics. *Journal of Speech and Hearing Disorders, 25,* 8-12.

Iwata, B. A. (1987). Negative reinforcement in applied behavior analysis: An emerging technology. *Journal of Applied Behavior Analysis, 20,* 361-378.

Iwata, B. A. (1988). The development and adoption of controversial default technologies. *The Behavior Analyst, 11,* 149-157.

Iwata, B. A. (1991). Applied behavior analysis as technological science. *Journal of Applied Behavior Analysis, 24,* 421-424.

Iwata, B. A. (2006). On the distinction between positive and negative reinforcement. *The Behavior Analyst, 29,* 121-123.

Iwata, B. A., & DeLeon, I. (1996). The functional analysis screening tool. Gainesville, FL: The Florida Center on Self-Injury, The University of Florida.

Iwata, B. A., & Michael, J. L. (1994). Applied implications of theory and research on the nature of reinforcement. *Journal of Applied Behavior Analysis, 27,* 183-193.

Iwata, B. A., Dorsey, M. F., Slifer, K. J., Bauman, K. E., & Richman, G. S. (1994). Toward a functional analysis of self-injury. *Journal of Applied Behavior Analysis, 27, 197-209. (Reprinted from Analysis and Intervention in Developmental Disabilities, 2,* 3-20, 1982).

Iwata, B. A., Pace, G. M., Cowdery, G. E., & Miltenberger, R. G. (1994). What makes extinction work: An analysis of procedural form and function. *Journal of Applied Behavior Analysis, 27,* 131-144.

Iwata, B. A., Pace, G. M., Dorsey, M. F., Zarcone, J. R., Vollmer, T. R., Smith, R. G., Rodgers, T. A., Lerman, D. C., Shore, B. A., Mazaleski, J. L., Goh, H., Cowdery, G. E., Kalsher, M. J., & Willis, K. D. (1994). The functions of self-injurious behavior: An experimental-epidemiological analysis. *Journal of Applied Behavior Analysis, 27,* 215-240.

Iwata, B. A., Pace, G. M., Kissel, R. C., Nau, P. A., & Farber, J. M. (1990). The Self-Injury Trauma (SIT) Scale: A method for quantifying surface tissue damage caused by self-injurious behavior. *Journal of Applied Behavior Analysis, 23,* 99-110.

Iwata, B. A., Smith, R. G., & Michael, J. (2000). Current research on the influence of establishing operations on behavior in applied settings. *Journal of Applied Behavior Analysis, 33,* 411-418.

Iwata, B. A., Wallace, M. D., Kahng, S., Lindberg, J. S., Roscoe, E. M., Conners, J., Hanley, G. P., Thompson, R. H., & Worsdell, A. S. (2000). Skill acquisition in the implementation of functional analysis methodology. *Journal of Applied Behavior Analysis, 33,* 181-194.

Jacobs, H. E., Fairbanks, D., Poche, C. E., & Bailey, J. S. (1982). Multiple incentives in encouraging car pool formation on a university campus. *Journal of Applied Behavior Analysis, 15,* 141-149.

Jacobson, J. M., Bushell, D., & Risley, T. (1969). Switching requirements in a Head Start classroom. *Journal of Applied Behavior Analysis, 2,* 43-47.

Jacobson, J. W., Foxx, R. M., & Mulick, J. A. (Eds.). (2005). *Controversial therapies for developmental disabilities: Fads, fashion, and science in professional practice.* Hillsdale, NJ: Erlbaum.

James, J. E. (1981). Behavioral self-control of stuttering using time-out from speaking. *Journal of Applied Behavior Analysis, 14,* 25-37.

Jason, L. A., & Liotta, R. F. (1982). Reduction of cigarette smoking in a university cafeteria. *Journal of Applied Behavior Analysis, 15,* 573-577.

James, J. E. (1981). Behavioral self-control of stuttering using time-out from speaking. *Journal of Applied Behavior Analysis, 14,* 25-37.

Johnson, B. M., Miltenberger, R. G., Egemo-Helm, K. R., Jostad, C., Flessner, C. A., & Gatheridge, B. (2005). Evaluation of behavior skills training for teaching abduction prevention skills to young children. *Journal of Applied Behavior Analysis, 38,* 67-78.

Johnson, B. M., Miltenberger, R. G., Knudson, P., Egemo-Helm, K., Kelso, P., Jostad, C., & Langley, L. (2006). A preliminary evaluation of two behavioral skills training procedures for teaching abduction-prevention skills to school children. *Journal of Applied Behavior Analysis, 39,* 25-34.

Johnson, K. R., & Layng, T. V. J. (1992). Breaking the structuralist barrier: Literacy and numeracy with fluency. *American Psychologist, 47,* 1475-1490.

Johnson, K. R., & Layng, T. V. J. (1994). The Morningside model of generative instruction. In R. Gardner, D. M., III, Sainato, J. O., Cooper, T. E., Heron, W. L., Heward, J., Eshleman, & T. A. Grossi (Eds.), *Behavior analysis in education: Focus on measurably superior instruction* (pp. 173-197). Pacific Grove, CA: Brooks/Cole.

Johnson, T. (1973). *Addition and subtraction math program with stimulus shaping and stimulus fading.* Produced pursuant to a grant from the Ohio Department of Education, BEH Act, P.L. 91-203, Title VI-G; OE G-0-714438(604). J. E. Fisher & J. O. Cooper, project codirectors.

Johnston, J. M. (1979). On the relation between generalization and generality. *The Behavior Analyst, 2,* 1-6.

Johnston, J. M. (1991). We need a new model of technology. *Journal of Applied Behavior Analysis, 24,* 425-427.

Johnston, J. M., & Pennypacker, H. S. (1980). *Strategies and tactics for Human Behavioral Research.* Hillsdale, NJ: Erl-baum.

Johnston, J. M., & Pennypacker, H. S. (1993a). *Strategies and tactics for human behavioral research* (2nd ed.). Hillsdale, NJ: Erlbaum.

Johnston, J. M., & Pennypacker, H. S. (1993b). *Readings for Strategies and tactics of behavioral research* (2nd ed.). Hillsdale, NJ: Erlbaum.

Johnston, M. K., Kelly, C. S., Harris, F. R., & Wolf, M. M. (1966). An application of reinforcement principles to the development of motor skills of a young child. *Child Development, 37,* 370-387.

Johnston, R. J., & McLaughlin, T. F. (1982). The effects of free time on assignment completion and accuracy in arithmetic: A case study. *Education and Treatment of Children, 5,* 33-40.

Jones, F. H., & Miller, W. H. (1974). The effective use of negative attention for reducing group disruption in special elementary school classrooms. *Psychological Record, 24,* 435-448.

Jones, F. H., Fremouw, W., & Carples, S. (1977). Pyramid training of elementary school teachers to use a classroom management "skill package." *Journal of Applied Behavior Analysis, 10,* 239-254.

Jones, R. R., Vaught, R. S., & Weinrott, M. (1977). Time-series analysis in operant research. *Journal of Applied Behavior Analysis, 10,* 151-166.

Journal of Applied Behavior Analysis. (2000). Manuscript preparation checklist. *Journal of Applied Behavior Analysis, 33,* 399. Lawrence, KS: Society for the Experimental Analysis of Behavior.

Kachanoff, R., Leveille, R., McLelland, H., & Wayner, M. J. (1973). Schedule induced behavior in humans. *Physiology and Behavior, 11,* 395-398.

Kadushin, A. (1972). *The social work interview.* New York: Columbia University Press.

Kahng, S. W., & Iwata, B. A. (1998). Computerized systems for collecting real time observational data. *Journal of Applied Behavior Analysis, 31,* 253-261.

Kahng, S. W., & Iwata, B. A. (2000). Computer systems for collecting real-time observational data. In T. Thompson, D. Felce, & F. J. Symons (Eds.), *Behavioral observation: Technology and applications in developmental disabilities* (pp. 35-45). Baltimore: Paul H. Brookes.

Kahng, S. W., Iwata, B. A., DeLeon, I. G., & Wallace, M. D. (2000). A comparison of procedures for programming non-contingent reinforcement schedules. *Journal of Applied Behavior Analysis, 33,* 223-231.

Kahng, S. W., Iwata, B. A., Fischer, S. M., Page, T. J., Treadwell, K. R. H., Williams, D. E., & Smith, R. G. (1998). Temporal distributions of problems behavior based on scatter plot analysis. *Journal of Applied Behavior Analysis, 31,* 593-604.

Kahng, S. W., Iwata, B. A., Thompson, R. H., & Hanley, G. P. (2000). A method for identifying satiation versus extinction effects under noncontingent reinforcement schedules. *Journal of Applied Behavior Analysis, 33,* 419-432.

Kahng, S. W., Tarbox, J., & Wilke, A. (2001). Use of multicomponent treatment for food refusal. *Journal of Applied Behavior Analysis, 34,* 93-96.

Kahng, S., & Iwata, B. A. (1999). Correspondence between outcomes of brief and extended functional analyses. *Journal of Applied Behavior Analysis, 32,* 149-159.

Kahng, S., Iwata, B. A., Fischer, S. M., Page, T. J., Treadwell, K. R. H., Williams, D. E., & Smith, R. G. (1998). Temporal distributions of problem behavior based on scatter plot analysis. *Journal of Applied Behavior Analysis, 31,* 593-604.

Kahng, S., Iwata, B. A., & Lewin, A. B. (2002). Behavioral treatment of self-injury, 1964 to 2000. *American Journal of Mental Retardation, 107* (3), 212-221.

Kame'enui, E. (2002, September). *Beginning reading failure and the quantification of risk: Behavior as the supreme index.* Presentation to the Focus on Behavior Analysis in Education Conference, Columbus, OH.

Kanfer, F. H. (1976). *The many faces of self-control, or behavior modification changes its focus.* Paper presented at the Fifth International Banff Conference, Banff, Alberta, Canada.

Kanfer, F. H., & Karoly P. (1972). Self-control: A behavioristic excursion into the lion's den. *Behavior Therapy, 3,* 398-416.

Kantor, J. R. (1959). *Interbehavioral psychology.* Granville, OH: Principia Press.

Katzenberg, A. C. (1975). *How to draw graphs.* Kalamazoo, MI: Behaviordelia.

Kauffman, J. M. (2005). *Characteristics of emotional and behavioral disorders of children and youth* (8th ed.). Upper Saddle River, NJ: Merrill/Prentice Hall.

Kaufman, K. F., & O'Leary, K. D. (1972). Reward, cost, and self-evaluation procedures for disruptive adolescents in a psychiatric hospital school. *Journal of Applied Behavior Analysis, 5,* 293-309.

Kazdin, A. E. (1973). The effects of vicarious reinforcement on attentive behavior in the classroom. *Journal of Applied Behavior Analysis, 6,* 77-78.

Kazdin, A. E. (1977). Artifact, bias, and complexity of assessment: The ABCs of reliability. *Journal of Applied Behavior Analysis, 10,* 141-150.

Kazdin, A. E. (1978). *History of behavior modification.* Austin: TX: Pro-Ed. Kazdin, A. E. (1979). Unobtrusive measures in behavioral assessment. *Journal of Applied Behavior Analysis, 12,* 713-724.

Kazdin, A. E. (1980). Acceptability of alternative treatments for deviant child behavior. *Journal of Applied Behavior Analysis, 13,* 259-273.

Kazdin, A. E. (1982). *Single case research designs: Methods for clinical and applied settings.* Boston: Allyn and Bacon.

Kazdin, A. E. (1982). Observer effects: Reactivity of direct observation. *New Directions for Methodology of Social and Behavioral Science, 14,* 5-19.

Kazdin, A. E. (2001). *Behavior modification in applied settings (6th ed.).* Belmont, CA: Wadsworth. Kazdin, A. E., & Hartmann, D. P. (1978). The simultaneous-treatment design. *Behavior Therapy, 9,* 912-922.

Kee, M., Hill, S. M., & Weist, M. D. (1999). School-based behavior management of cursing, hitting, and spitting in a girl with profound retardation. *Education and Treatment of Children, 22* (2), 171-178.

Kehle, T. J., Bray, M. A., Theodore, L. A., Jenson, W. R., & Clark, E. (2000). A multi-component intervention designed to reduce disruptive classroom behavior. *Psychology in the Schools, 37* (5), 475-481.

Keller, C. L., Brady, M. P., & Taylor, R. L. (2005). Using self-evaluation to improve student teacher interns' use of specific praise. *Education and Training in Mental Retardation and Developmental Disabilities, 40,* 368-376.

Keller, F. S. (1941). Light aversion in the white rat. *Psychological Record, 4,* 235-250.

Keller, F. S. (1982). *Pedagogue's progress.* Lawrence, KS: TRI Publications

Keller, F. S. (1990). Burrhus Frederic Skinner (1904-1990) (a thank you). *Journal of Applied Behavior Analysis, 23,* 404-407.

Keller, F. S., & Schoenfeld, W. M. (1950/1995). *Principles of psychology.* Acton, MA: Copley Publishing Group.

Keller, F. S., & Schoenfeld, W. N. (1995). *Principles of psychology.* Acton, MA: Copley Publishing Group. (Reprinted from Principles of psychology: A systematic text in the science of behavior. New York: Appleton-Century-Crofts, 1950)

Kelley, M. E., Piazza, C. C., Fisher, W. W., & Oberdorff, A. J. (2003). Acquisition of cup drinking using previously refused foods as positive and negative reinforcement. *Journal of Applied Behavior Analysis, 36,* 89-93.

Kelley, M. L., Jarvie, G. J., Middlebrook, J. L., McNeer, M. F., & Drabman, R. S. (1984). Decreasing burned children's pain behavior: Impacting the trauma of hydrotherapy. *Journal of Applied Behavior Analysis, 17,* 147-158.

Kellum, K. K., Carr, J. E., & Dozier, C. L. (2001). Response-card instruction and student learning in a college classroom. *Teaching of Psychology, 28* (2), 101-104.

Kelshaw-Levering, K., Sterling-Turner, H., Henry, J. R., & Skinner, C. H. (2000). Randomized interdependent group contingencies: Group reinforcement with a twist. *Psychology in the Schools, 37* (6), 523-533.

Kennedy, C. H. (1994). Automatic reinforcement: Oxymoron or hypothetical construct. *Journal of Behavioral Education, 4* (4), 387-395.

Kennedy, C. H. (2005). *Single-case designs for educational research.* Boston: Allyn and Bacon.

Kennedy, C. H., & Haring, T. G. (1993). Teaching choice making during social interactions to students with profound multiple disabilities. *Journal of Applied Behavior Analysis, 26,* 63-76.

Kennedy, C. H., & Sousa, G. (1995). Functional analysis and treatment of eye poking. *Journal of Applied Behavior Analysis, 28,* 27-37.

Kennedy, C. H., Meyer, K. A., Knowles, T., & Shukla, S. (2000). Analyzing the multiple functions of stereotypical behavior for students with autism: Implications for assessment and treatment. *Journal of Applied Behavior Analysis, 33,* 559-571.

Kennedy, G. H., Itkonen, T., & Lindquist, K. (1994). Nodality effects during equivalence class formation: An extension to sight-word reading and concept development. *Journal of Applied Behavior Analysis, 27,* 673-683.

Kern, L., Dunlap, G., Clarke, S., & Childs, K. E. (1995). Student-assisted functional assessment interview. *Diagnostique, 19,* 29-39.

Kern, L., Koegel, R., & Dunlap, G. (1984). The influence of vigorous versus mild exercise on autistic stereotyped behaviors. *Journal of Autism and Developmental Disorders, 14,* 57-67.

Kerr, M. M., & Nelson, C. M. (2002). *Strategies for addressing behavior problems in the classroom* (4th ed.). Upper Saddle River, NJ: Merrill/ Prentice Hall.

Killu, K., Sainato, D. M., Davis, C. A., Ospelt, H., & Paul, J. N. (1998). Effects of high-probability request sequences on preschoolers' compliance and disruptive behavior. *Journal of Behavioral Education, 8,* 347-368.

Kimball, J. W. (2002). Behavior-analytic instruction for children with autism: Philosophy matters. *Focus on Autism and Other Developmental Disabilities, 17* (2), 66-75.

Kimball, J. W., & Heward, W. L. (1993). A synthesis of contemplation, prediction, and control. *American Psychologist, 48,* 587-588.

Kirby, K. C., & Bickel, W. K. (1988). Toward an explicit analysis of generalization: A stimulus control interpretation. *The Behavior Analyst, 11,* 115-129.

Kirby, K. C., Fowler, S. A., & Baer, D. M. (1991). Reactivity in self-recording: Obtrusiveness of recording procedure and peer comments. *Journal of Applied Behavior Analysis, 24,* 487-498.

Kladopoulos, C. N., & McComas, J. J. (2001). The effects of form training on foul-shooting performance in members of a women's college basketball team. *Journal of Applied Behavior Analysis, 34,* 329-332.

Klatt, K. P., Sherman, J. A., & Sheldon, J. B. (2000). Effects of deprivation on engagement in preferred activities by persons with developmental disabilities. *Journal of Applied Behavior Analysis, 33,* 495-506.

Kneedler, R. D., & Hallahan, D. P. (1981). Self-monitoring of on-task behavior with learning disabled children: Current studies and directions. *Exceptional Education Quarterly, 2* (3), 73-82.

Knittel, D. (2002). Case study: A professional guitarist on comeback road. In R. W. Malott & H. Harrison (Eds.), *I'll stop procrastinating when I get around to it: Plus other cool ways to succeed in school and life using behavior analysis to get your act together* (pp. 8-5-8-6). Kalamazoo, MI: Department of Psychology, Western Michigan University.

Kodak, T., Grow, L., & Northrup, J. (2004). Functional analysis and treatment of elopement for a child with attention deficit hyperactivity disorder. *Journal of Applied Behavior Analysis, 37,* 229-232.

Kodak, T., Miltenberger, R. G., & Romaniuk, C. (2003). The effects of differential negative reinforcement of other behavior and noncontingent escape on compliance. *Journal of Applied Behavior Analysis, 36,* 379-382.

Koegal, R. L., & Rincover, A. (1977). Research on the differences between generalization and maintenance in extra-therapy responding. *Journal of Applied Behavior Analysis, 10,* 1-12.

Koegel, L. K., Carter, C. M., & Koegel, R. L. (2003). Teaching children with autism self-initiations as a pivotal response. *Topics in Language Disorders, 23* (2), 134-145.

Koegel, L. K., Koegel, R. L., Hurley, C., & Frea, W. D. (1992). Improving social skills and disruptive behavior in children with autism through self-management. *Journal of Applied Behavior Analysis, 25,* 341-353.

Koegel, R. L., & Frea, W. (1993). Treatment of social behavior in autism through the modification of pivotal social skills. *Journal of Applied Behavior Analysis, 26,* 369-377.

Koegel, R. L., & Koegel, L. K. (1988). Generalized responsivity and pivotal behaviors. In R. H. Horner, G. Dunlap, & R. L. Koegel (Eds.), *Generalization and maintenance: Life-style changes in applied settings* (pp. 41-66). Baltimore; Paul H. Brookes.

Koegel, R. L., & Koegel, L. K. (1990). Extended reductions in stereoptypic behavior of students with autism through a self-management treatment package. *Journal of Applied Behavior Analysis, 23,* 119-127.

Koegel, R. L., & Williams, J. A. (1980). Direct versus indirect response-reinforcer relationships in teaching autistic children. *Journal of Abnormal Child Psychology, 8,* 537-547.

Koegel, R. L., Koegel, L. K., & Schreibman, L. (1991). Assessing and training parents in teaching pivotal behaviors. In R. J. Prinz (Ed.), *Advances in behavioral assessment of children and families* (Vol. 5, pp. 65-82). London: Jessica Kingsley.

Koehler, L. J., Iwata, B. A., Roscoe, E. M., Rolider, N. U., & O'Steen, L. E. (2005). Effects of stimulus variation on the reinforcing capability of nonpreferred stimuli. *Journal of Applied Behavior Analysis, 38,* 469-484.

Koenig, C. H., & Kunzelmann, H. P. (1980). *Classroom learning screening.* Columbus, OH: Charles E. Merrill.

Kohler, F. W., & Greenwood, C. R. (1986). Toward a technology of generalization: The identification of natural contingencies of reinforcement. *The Behavior Analyst, 9,* 19-26.

Kohler, F. W., Strain, P. S., Maretsky, S., & Decesare, L. (1990). Promoting positive and supportive interactions between preschoolers: An analysis of group-oriented contingencies. *Journal of Early Intervention, 14* (4), 327-341.

Kohn, A. (1997). Students don't "work"—they learn. *Education Week,* September 3, 1997. Retrieved January 1, 2004, from www.alfiekohn.org/teaching/edweek/sdwtl.htm.

Komaki, J. L. (1998). When performance improvement is the goal: A new set of criteria for criteria. *Journal of Applied Behavior Analysis, 31,* 263-280.

Konarski, E. A., Jr., Crowell, C. R., & Duggan, L. M. (1985). The use of response deprivation to increase the academic performance of EMR students. *Applied Research in Mental Retardation, 6,* 15-31.

Konarski, E. A., Jr., Crowell, C. R., Johnson, M. R., & Whitman T. L. (1982). Response deprivation, reinforcement, and instrumental academic performance in an EMR classroom. *Behavior Therapy, 13,* 94-102.

Konarski, E. A., Jr., Johnson, M. R., Crowell, C. R., & Whitman T. L. (1980). Response deprivation and reinforcement in applied settings: A preliminary report. *Journal of Applied Behavior Analysis, 13,* 595-609.

Koocher, G. P., & Keith-Spiegel, P. (1998). *Ethics in psychology: Professional standards and cases.* New York, Oxford: Oxford University Press.

Kosiewicz, M. M., Hallahan, D. P., Lloyd, J. W., & Graves, A. W. (1982). Effects of self-instruction and self-correction procedures on handwriting performance. *Learning Disability Quarterly, 5* (1), 71-78.

Kostewicz, D. E., Kubina, R. M., Jr., & Cooper, J. O. (2000). Managing aggressive thoughts and feelings with daily counts of non-aggressive thoughts and feelings: A self-experiment. *Journal of Behavior Therapy and Experimental Psychiatry, 31,* 177-187.

Kounin, J. (1970). *Discipline and group management in classrooms.* New York: Holt, Rinehart & Winston.

Kozloff, M. A. (2005). Fads in general education: Fad, fraud, and folly. In J. W. Jacobson, R. M. Foxx, & J. A. Mulick (Eds.), *Controversial therapies in developmental disabilities: Fads, fashion, and science in professional practice* (pp. 159-174). Hillsdale, NJ: Erlbaum.

Krantz, P. J., & McClannahan, L. E. (1993). Teaching children with autism to initiate to peers: Effects of a script-fading procedure. *Journal of Applied Behavior Analysis, 26,* 121-132.

Krantz, P. J., & McClannahan, L. E. (1998). Social interaction skills for children with autism: A script-fading procedure for beginning readers. *Journal of Applied Behavior Analysis, 31,* 191-202.

Krasner, L. A., & Ullmann, L. P. (Eds.). (1965). *Research in behavior modification: New developments and implications.* New York: Holt, Rinehart & Winston.

Kubina, R. M., Jr. (2005). The relations among fluency, rate building, and practice: A response to Doughty, Chase, and O'Shields (2004). *The Behavior Analyst, 28,* 73-76.

Kubina, R. M., & Cooper, J. O. (2001). Changing learning channels: An efficient strategy to facilitate instruction and learning. *Intervention in School and Clinic, 35,* 161-166.

Kubina, R. M., Haertel, M. W., & Cooper, J. O. (1994). Reducing negative inner behavior of senior citizens: The one-minute counting procedure. *Journal of Precision Teaching, 11* (2), 28-35.

Kuhn, S. A. C., Lerman, D. C., & Vorndran, C. M. (2003). Pyramidal training for families of children with problem behavior. *Journal of Applied Behavior Analysis, 36,* 77-88.

La Greca, A. M., & Schuman, W. B. (1995). Adherence to prescribed medical regimens. In M. C. Roberts (Ed.), *Handbook of pediatric psychology* (2nd ed., pp. 55-83). New York: Guildford.

LaBlanc, L. A., Coates, A. M., Daneshvar, S. Charlop-Christy, Morris, C., & Lancaster, B. M. (2003). *Journal of Applied Behavior Analysis, 36,* 253-257.

Lalli, J. S., Browder, D. M., Mace, F. C., & Brown, D. K. (1993). Teacher use of descriptive analysis data to implement interventions to decrease students' problem behaviors. *Journal of Applied Behavior Analysis, 26,* 227-238.

Lalli, J. S., Casey, S., & Kates, K. (1995). Reducing escape behavior and increasing task completion with functional communication training, extinction, and response chaining. *Journal of Applied Behavior Analysis, 28,* 261-268.

Lalli, J. S., Livezey, K., & Kates, D. (1996). Functional analysis and treatment of eye poking with response blocking. *Journal of Applied Behavior Analysis, 29,* 129-132.

Lalli, J. S., Mace, F. C., Livezey, K., & Kates, K. (1998). Assessment of stimulus generalization gradients in the treatment of self-injurious behavior. *Journal of Applied Behavior Analysis, 31,* 479-483.

Lalli, J. S., Zanolli, K., & Wohn, T. (1994). Using extinction to promote response variability. *Journal of Applied Behavior Analysis, 27,* 735-736.

Lambert, M. C., Cartledge, G., Lo, Y., & Heward, W. L. (2006). Effects of response cards on disruptive behavior and participation by fourth-grade students during math lessons in an urban school. *Journal of Positive Behavioral Interventions, 8,* 88-99.

Lambert, N., Nihira, K., & Leland, H. (1993). *Adaptive Behavior Scale-School* (2nd ed.). Austin, TX: Pro-Ed.

Landry, L., & McGreevy, P. (1984). The paper clip counter (PCC): An inexpensive and reliable device for collecting behavior frequencies. *Journal of Precision Teaching, 5,* 11-13.

Lane, S. D., & Critchfield, T. S. (1998). Classification of vowels and consonants by individuals with moderate mental retardation: Development of arbitrary relations via match-to-sample training with compound stimuli. *Journal of Applied Behavior Analysis, 31,* 21-41.

Laraway, S., Snycerski, S., Michael, J., & Poling, A. (2001). The abative effect: A new term to describe the action of antecedents that reduce operant responding. *The Analysis of Verbal Behavior, 18,* 101-104.

Larowe, L. N., Tucker, R. D., & McGuire, J. M. (1980). Lunchroom noise control using feedback and group reinforcement. *Journal of School Psychology, 18,* 51-57.

Lasiter, P. S. (1979). Influence of contingent responding on schedule-induced activity in human subjects. *Physiology and Behavior, 22,* 239-243.

Lassman, K. A., Jolivette, K., & Wehby, J. H. (1999). "My teacher said I did good work today!": Using collaborative behavioral contracting. *Teaching Exceptional Children, 31* (4), 12-18.

Lattal, K. A. (1969). Contingency management of toothbrushing behavior in a summer camp for children. *Journal of Applied Behavior Analysis, 2,* 195-198.

Lattal, K. A. (1995). Contingency and behavior analysis. *The Behavior Analyst, 18,* 209-224.

Lattal, K. A. (Ed.). (1992). Special issue: Reflections on B. F. Skinner and psychology. *American Psychologist, 47,* 1269-1533.

Lattal, K. A., & Griffin, M. A. (1972). Punishment contrast during free operant responding. *Journal of the Experimental Analysis of Behavior, 18,* 509-516.

Lattal, K. A., & Lattal, A. D. (2006). And yet . . .: Further comments on distinguishing positive and negative reinforcement. *The Behavior Analyst, 29,* 129-134.

Lattal, K. A., & Neef, N. A. (1996). Recent reinforcement-schedule research and applied behavior analysis. *Journal of Applied Behavior Analysis, 29,* 213-220.

Lattal, K. A., & Shahan, T. A. (1997). Differing views of contingencies: How contiguous. *The Behavior Analyst, 20,* 149-154.

LaVigna, G. W., & Donnellen, A. M. (1986). *Alternatives to punishment: Solving behavior problems with nonaversive strategies.* New York: Irvington.

Layng, T. V. J., & Andronis, P. T. (1984). Toward a functional analysis of delusional speech and hallucinatory behavior. *The Behavior Analyst, 7,* 139-156.

Lee, C., & Tindal, G. A. (1994). Self-recording and goal-setting: Task and math productivity of low-achieving Korean elementary school students. *Journal of Behavioral Education, 4,* 459-479.

Lee, R., McComas, J. J., & Jawor, J. (2002). The effects of differential and lag reinforcement schedules on varied verbal responding by individuals with autism. *Journal of Applied Behavior Analysis, 35,* 391-402.

Lee, V. L. (1988). *Beyond behaviorism.* Hillsdale, NJ: Erlbaum.

Leitenberg, H. (1973). The use of singlecase methodology in psychotherapy research. *Journal of Abnormal Psychology, 82,* 87-101.

Lenz, M., Singh, N., & Hewett, A. (1991). Overcorrection as an academic remediation procedure. *Behavior Modification, 15,* 64-73.

Lerman, D. C. (2003). From the laboratory to community application: Translational research in behavior analysis. *Journal of Applied Behavior Analysis, 36,* 415-419.

Lerman, D. C., & Iwata, B. A. (1993). Descriptive and experimental analysis of variables maintaining self-injurious behavior. *Journal of Applied Behavior Analysis, 26,* 293-319.

Lerman, D. C., & Iwata, B. A. (1995). Prevalence of the extinction burst and its attenuation during treatment. *Journal of Applied Behavior Analysis, 28,* 93-94.

Lerman, D. C., & Iwata, B. A. (1996a). Developing a technology for the use of operant extinction in clinical settings: An examination of basic and applied research. *Journal of Applied Behavior Analysis, 29,* 345-382.

Lerman, D. C., & Iwata, B. A. (1996b). A methodology for distinguishing between extinction and punishment effects associated with response blocking. *Journal of Applied Behavior Analysis, 29,* 231-234.

Lerman, D. C., & Vorndran, C. M. (2002). On the status of knowledge for using punishment: Implications for treating behavior disorders. *Journal of Applied Behavior Analysis, 35,* 431-464.

Lerman, D. C., Iwata, B. A., & Wallace, M. D. (1999). Side effects of extinction: Prevalence of bursting and aggression during the treatment of self-injurious behavior. *Journal of Applied Behavior Analysis, 32,* 1-8.

Lerman, D. C., Iwata, B. A., Shore, B. A., & DeLeon, I. G. (1997). Effects of intermittent punishment on self-injurious behavior: An evaluation of schedule thinning. *Journal of Applied Behavior Analysis, 30,* 187-201.

Lerman, D. C., Iwata, B. A., Shore, B. A., & Kahng, S. W. (1996). Responding maintained by intermittent reinforcement: Implications for the use of extinction with problem behavior in clinical settings. *Journal of Applied*

Behavior Analysis, 29, 153-171.

Lerman, D. C., Iwata, B. A., Smith, R. G., Zarcone, J. R., & Vollmer, T. R. (1994). Transfer of behavioral function as a contributing factor in treatment relapse. *Journal of Applied Behavior Analysis, 27,* 357-370.

Lerman, D. C., Iwata, B. A., Zarcone, J. R., & Ringdahl, J. (1994). Assessment of stereotypic and self-injurious behavior as adjunctive responses. *Journal of Applied Behavior Analysis, 27,* 715-728.

Lerman, D. C., Kelley, M. E., Vorndran, C. M., & Van Camp, C. M. (2003). Collateral effects of response blocking during the treatment of stereotypic behavior. *Journal of Applied Behavior Analysis, 36,* 119-123.

Lerman, D. C., Kelley, M. E., Vorndran, C. M., Kuhn, S. A. C., & LaRue, Jr., R. H. (2002). Reinforcement magnitude and responding during treatment with differential reinforcement. *Journal of Applied Behavior Analysis, 35,* 29-48.

Levondoski, L. S., & Cartledge, G. (2000). Self-monitoring for elementary school children with serious emotional disturbances: Classroom applications for increased academic responding. *Behavioral Disorders, 25,* 211-224.

Lewis, T. J., Powers, L. J., Kelk, M. J., & Newcomer, L. L. (2002). Reducing problem behaviors on the playground: An intervention of the application of school-wide positive behavior supports. *Psychology in the Schools, 39* (2), 181-190.

Lewis, T., Scott, T. & Sugai, G. (1994). The problem behavior questionnaire: A teacher-based instrument to develop functional hypotheses of problem behavior in general education classrooms. *Diagnostique, 19,* 103-115.

Lindberg, J. S., Iwata, B. A., Kahng, S. W., & DeLeon, I. G. (1999). DRO contingencies: Analysis of variable-momentary schedules. *Journal of Applied Behavior Analysis, 32,* 123-136.

Lindberg, J. S., Iwata, B. A., Roscoe, E. M., Worsdell, A. S., & Hanley, G. P. (2003). Treatment efficacy of noncontingent reinforcement during brief and extended application. *Journal of Applied Behavior Analysis, 36,* 1-19.

Lindsley, O. R. (1956). Operant conditioning methods applied to research in chronic schizophrenia. *Psychiatric Research Reports, 5,* 118-139.

Lindsley, O. R. (1960). Characteristics of the behavior of chronic psychotics as revealed by free-operant conditioning methods. *Diseases of the Nervous System (Monograph Supplement), 21,* 66-78.

Lindsley, O. R. (1968). A reliable wrist counter for recording behavior rates. *Journal of Applied Behavior Analysis, 1,* 77-78.

Lindsley, O. R. (1971). An interview. *Teaching Exceptional Children, 3,* 114-119.

Lindsley, O. R. (1985). *Quantified trends in the results of behavior analysis.* Presidential address at the Eleventh Annual Convention of the Association for Behavior Analysis, Columbus, OH.

Lindsley, O. R. (1990). Precision teaching: By teachers for children. *Teaching Exceptional Children, 22,* 10-15.

Lindsley, O. R. (1992). Precision teaching: Discoveries and effects. *Journal of Applied Behavior Analysis, 25,* 51-57.

Lindsley, O. R. (1996). The four free-operant freedoms. *The Behavior Analyst, 19,* 199-210.

Linehan, M. (1977). Issues in behavioral interviewing. In J. D. Cone & R. P. Hawkins (Eds.), *Behavioral assessment: New directions in clinical psychology* (pp. 30-51). New York: Bruner/Mazel.

Linscheid, T. R, Iwata, B. A., Ricketts, R. W., Williams, D. E., & Griffin, J. C. (1990). Clinical evaluation of the self-injurious behavior inhibiting system (SIBIS). *Journal of Applied Behavior Analysis, 23,* 53-78.

Linscheid, T. R., & Meinhold, P. (1990). The controversy over aversives: Basic operant research and the side effects of punishment. In A. C. Repp & N. N. Singh (Eds.), *Perspectives on the use of non-aversive and aversive interventions for persons with developmental disabilities* (pp. 59-72). Sycamore, IL: Sycamore.

Linscheid, T. R., & Reichenbach, H. (2002). Multiple factors in the long-term effectiveness of contingent electric shock treatment for self-injurious behavior: A case example. *Research in Developmental Disabilities, 23,* 161-177.

Linscheid, T. R., Iwata, B. A., Ricketts, R. W., Williams, D. E., & Griffin, J. C. (1990). Clinical evaluation of SIBIS: The self-injurious behavior inhibiting system. *Journal of Applied Behavior Analysis, 23,* 53-78.

Linscheid, T. R., Pejeau C., Cohen S., & Footo-Lenz, M. (1994). Positive side effects in the treatment of SIB using the Self-Injurious Behavior Inhibiting System (SIBIS): Implications for operant and biochemical explanations of SIB. *Research in Developmental Disabilities, 15,* 81-90.

Lipinski, D. P., Black, J. L., Nelson, R. O., & Ciminero, A. R. (1975). Influence of motivational variables on the reactivity and reliability of self-recording. *Journal of Consulting and Clinical Psychology, 43,* 637-646.

Litow, L., & Pumroy, D. K. (1975). A brief review of classroom group-oriented contingencies. *Journal of Applied Behavior Analysis, 3,* 341-347.

Lloyd, J. W., Bateman, D. F., Landrum, T. J., & Hallahan, D. P. (1989). Self-recording of attention versus productivity. *Journal of Applied Behavior Analysis. 22,* 315-323.

Lloyd, J. W., Eberhardt, M. J., Drake, G. P., Jr. (1996). Group versus individual reinforcement contingencies with the context of group study conditions. *Journal of Applied Behavior Analysis, 29,* 189-200.

Lo, Y. (2003). *Functional assessment and individualized intervention plans: Increasing the behavior adjustment of urban learners in general and special education settings.* Unpublished doctoral dissertation. Columbus, OH: The Ohio State University.

Logan, K. R., & Gast, D. L. (2001). Conducting preference assessments and reinforcer testing for individuals with profound multiple disabilities: Issues and procedures. *Exceptionality, 9* (3), 123-134.

Logan, K. R., Jacobs, H. A., Gast, D. L., Smith, P. D., Daniel, J., & Rawls, J. (2001). Preferences and reinforcers for students with profound multiple disabilities: Can we identify them? *Journal of Developmental and Physical Disabilities, 13*, 97-122.

Long, E. S., Miltenberger, R. G., Ellingson, S. A., & Ott, S. M. (1999). Augmenting simplified habit reversal in the treatment of oral-digital habits exhibited by individuals with mental retardation. *Journal of Applied Behavior Analysis, 32*, 353-365.

Lovaas, O. I. (1977). *The autistic child: Language development through behavior modification.* New York: Irvington.

Lovitt, T. C. (1973). Self-management projects with children with behavioral disabilities. *Journal of Learning Disabilities, 6*, 138-150.

Lovitt, T. C., & Curtiss, K. A. (1969). Academic response rates as a function of teacher-and self-imposed contingencies. *Journal of Applied Behavior Analysis, 2*, 49-53.

Lowenkron, B. (2004). Meaning: A verbal behavior account. *The Analysis of Verbal Behavior, 20*, 77-97.

Luce, S. C., & Hall, R. V. (1981). Contingent exercise: A procedure used with differential reinforcement to reduce bizarre verbal behavior. *Education and Treatment of Children, 4*, 309-327.

Luce, S. C., Delquadri, J., & Hall, R. V. (1980). Contingent exercise: A mild but powerful procedure for suppressing inappropriate verbal and aggressive behavior. *Journal of Applied Behavior Analysis, 13*, 583-594.

Luciano, C. (1986). Acquisition, maintenance, and generalization of productive intraverbal behavior through transfer of stimulus control procedures. *Applied Research in Mental Retardation, 7*, 1-20.

Ludwig, R. L. (2004). *Smiley faces and spinners: Effects of self-monitoring of productivity with an indiscriminable contingency of reinforcement on the on-task behavior and academic productivity by kindergarteners during independent seatwork.* Unpublished master's thesis, The Ohio State University.

Luiselli, J. K. (1984). Controlling disruptive behaviors of an autistic child: Parentmediated contingency management in the home setting. *Education and Treatment of Children, 3*, 195-203.

Lynch, D. C., & Cuvo, A. J. (1995). Stimulus equivalence instruction of fraction-decimal realations. *Journal of Applied Behavior Analysis, 28*, 115-126.

Lyon, C. S., & Lagarde, R. (1997). Tokens for success: Using the graduated reinforcement system. *Teaching Exceptional Children, 29* (6), 52-57.

Maag, J. W., Reid, R., & DiGangi, S. A. (1993). Differential effects of self-monitoring attention, accuracy, and productivity. *Journal of Applied Behavior Analysis, 26*, 329-344.

Mabry, J. H., (1994). Review of R. A. Harris' *Linguistic wars*. *The Analysis of Verbal Behavior, 12*, 79-86.

Mabry, J. H., (1995). Review of Pinker's *The language instinct*. *The Analysis of Verbal Behavior, 12*, 87-96.

MacCorquodale, K. (1970). On Chomsky's review of Skinner's *Verbal behavior*. *Journal of the Experimental Analysis of Behavior, 13*, 83-99.

MacCorquodale, K., & Meehl, P. (1948). On a distinction between hypothetical constructs and intervening variables. *Psychological Record, 55*, 95-107.

MacDuff, G.S. Krantz, P. J., & McClannahan, L. E. (1993). Teaching children with autism to use photographic activity schedules: Maintenance and generalization of complex response chains. *Journal of Applied Behavior Analysis, 26*, 89-97.

Mace, F. C. (1996). In pursuit of general behavioral relations. *Journal of Applied Behavior Analysis, 29*, 557-563.

Mace, F. C., & Belfiore, P. (1990). Behavioral momentum in the treatment of escapemotivated stereotypy. *Journal of Applied Behavior Analysis, 23*, 507-514.

Mace, F. C., Hock, M. L., Lalli, J. S., West, B. J., Belfiore, P., Pinter, E., & Brown, D. K. (1988). Behavioral momentum in the treatment of noncompliance. *Journal of Applied Behavior Analysis, 21*, 123-141.

Mace, F. C., Page, T. J., Ivancic, M. T., & O'Brien, S. (1986). Effectiveness of brief time-out with and without contingency delay: A comparative analysis. *Journal of Applied Behavior Analysis, 19*, 79-86.

MacNeil, J., & Thomas, M. R. (1976). Treatment of obsessive-compulsive hairpulling (trichotillomania) by behavioral and cognitive contingency manipulation. *Journal of Behavior Therapy and Experimental Psychiatry, 7*, 391-392.

Madden, G. J., Chase, P. N., & Joyce, J. H. (1998). Making sense of sensitivity in the human operant literature. *The Behavior Analyst, 21*, 1-12.

Madsen, C. H., Becker, W. C., Thomas, D. R., Koser, L., & Plager, E. (1970). An analysis of the reinforcing function of "sit down" commands. In R. K. Parker (Ed.), *Readings in educational psychology* (pp. 71-82). Boston: Allyn & Bacon.

Maglieri, K. A., DeLeon, I. G., Rodriguez-Catter, V., & Sevin, B. M. (2000). Treatment of covert food stealing in an individual with Prader-Willi Syndrome. *Journal of Applied Behavior Analysis, 33*, 615-618.

Maheady, L., Mallete, B., Harper, G. F., & Saca, K. (1991). Heads together: A peer-mediated option for improving the academic achievement of heterogeneous learning groups. *Remedial and Special Education, 12* (2), 25-33.

Mahoney, M. J. (1971). The self-management of covert behavior: A case study. *Behavior Therapy, 2,* 575-578.

Mahoney, M. J. (1976). Terminal terminology. *Journal of Applied Behavior Analysis, 9,* 515-517.

Malesky, B. M. (1974). Behavior recording as treatment. *Behavior Therapy, 5,* 107-111.

Maloney, K. B., & Hopkins, B. L. (1973). The modification of sentence structure and its relationship to subjective judgments of creativity in writing. *Journal of Applied Behavior Analysis, 6,* 425-433.

Malott, R. W. (1981). *Notes from a radical behaviorist.* Kalamazoo, MI: Author.

Malott, R. W. (1984). Rule-governed behavior, self-management, and the developmentally disabled: A theoretical analysis. *Analysis and Intervention in Developmental Disabilities, 6,* 53-68.

Malott, R. W. (1988). Rule-governed behavior and behavioral anthropology. *The Behavior Analyst, 11,* 181-203.

Malott, R. W. (1989). The achievement of evasive goals: Control by rules describing contingencies that are not direct acting. In S. C. Hayes (Ed.), *Rulegoverned behavior: Cognition, contingencies, and instructional control* (pp. 269-322). Reno, NV: Context Press.

Malott, R. W. (2005a). Self-management. In M. Hersen & J. Rosqvist, (Eds.), *Encyclopedia of behavior modification and cognitive behavior therapy (Volume I: Adult Clinical Applications)* (pp. 516-521). Newbury Park, CA: Sage.

Malott, R. W. (2005b). Behavioral systems analysis and higher education. In W. L. Heward, T. E. Heron, N. A. Neef, S. M. Peterson, D. M. Sainato, G. Cartledge, R. Gardner III, L. D. Peterson, S. B. Hersh, & J. C. Dardig (Eds.), *Focus on behavior analysis in education: Achievements, challenges, and opportunities* (pp. 211-236). Upper Saddle River, NJ: Merrill/Prentice Hall.

Malott, R. W., & Garcia, M. E. (1991). The role of private events in rule-governed behavior. In L. J. Hayes & P. Chase (Eds.), *Dialogues on verbal behavior* (pp. 237-254). Reno, NV: Context Press.

Malott, R. W., & Harrison, H. (2002). *I'll stop procrastinating when I get around to it: Plus other cool ways to succeed in school and life using behavior analysis to get your act together.* Kalamazoo, MI: Department of Psychology, Western Michigan University.

Malott, R. W., & Suarez, E. A. (2004). *Elementary principles of behavior (5th ed.).* Upper Saddle River, NJ: Prentice Hall. Malott, R. W., & Trojan Suarez, E. A. (2004). *Elementary principles of behavior* (5th ed.). Upper Saddle River, NJ: Prentice Hall.

Malott, R. W., General, D. A., & Snapper, V. B. (1973). *Issues in the analysis of behavior.* Kalamazoo, MI: Behaviordelia. Malott, R. W., Tillema, M., & Glenn, S. (1978). *Behavior analysis and behavior modification: An introduction.* Kalamazoo, MI: Behaviordelia.

Mank, D. M., & Horner, R. H. (1987). Self-recruited feedback: A cost-effective procedure for maintaining behavior. *Research in Developmental Disabilities, 8,* 91-112.

March, R., Horner, R. H., Lewis-Palmer, T., Brown, D., Crone, D., Todd, A. W. et al. (2000). *Functional Assessment Checklist for Teachers and Staff (FACTS).* Eugene, OR: University of Oregon, Department of Educational and Community Supports.

Marckel, J. M., Neef, N. A., & Ferreri, S. J. (2006). A preliminary analysis of teaching improvisation with the picture exchange communication system to children with autism. *Journal of Applied Behavior Analysis, 39,* 109-115.

Marcus, B. A., & Vollmer, T. R. (1995). Effects of differential negative reinforcement on disruption and compliance. *Journal of Applied Behavior Analysis, 28,* 229-230.

Marholin, D., II, & Steinman, W. (1977). Stimulus control in the classroom as a function of the behavior reinforced. *Journal of Applied Behavior Analysis, 10,* 465-478.

Marholin, D., Touchette, P. E., & Stuart, R. M. (1979). Withdrawal of chronic chlorpromazine medication: An experimental analysis. *Journal of Applied Behavior Analysis, 12,* 150-171.

Markle, S. M. (1962). *Good frames and bad: A grammar of frame writing* (2nd ed.). New York: Wiley.

Markwardt, F. C. (2005). *Peabody Individual Achievement Test.* Circle Pines, MN: American Guidance Service.

Marmolejo, E. K., Wilder, D. A., & Bradley, L. (2004). A preliminary analysis of the effects of response cards on student performance and participation in an upper division university course. *Journal of Applied Behavior Analysis, 37,* 405-410.

Marr, J. (2003). Empiricism. In K. A. Lattal & P. C. Chase (Eds.), *Behavior theory and philosophy* (pp. 63-82). New York: Kluwer/Plenum.

Marshall, A. E., & Heward, W. L. (1979). Teaching self-management to incarcerated youth. *Behavioral Disorders, 4,* 215-226.

Marshall, K. J., Lloyd, J. W., & Hallahan, D. P. (1993). Effects of training to increase self-monitoring accuracy. *Journal of Behavioral Education, 3,* 445-459.

Martella, R., Leonard, I. J., Marchand-Martella, N. E., & Agran, M. (1993). Self-monitoring negative statements. *Journal of Behavioral Education, 3,* 77-86.

Martens, B. K., Hiralall, A. S., & Bradley, T. A. (1997). A note to teacher: Improving student behavior through goal setting and feedback. *School Psychology Quarterly, 12,* 33-41.

Martens, B. K., Lochner, D. G., & Kelly, S. Q. (1992). The effects of variable-interval reinforcement on academic engagement: A demonstration of matching theory. *Journal of Applied Behavior Analysis, 25,* 143-151.

Martens, B. K., Witt, J. C., Elliott, S. N., & Darveaux, D. (1985). Teacher judgments concerning the acceptability of school-based interventions. *Professional Psychology: Research and Practice, 16,* 191-198.

Martin, G., & Pear, J. (2003). *Behavior modification: What it is and how to do it* (7th ed.). Upper Saddle River, NJ: Prentice Hall.

Martinez-Diaz, J. A. (2003). *Raising the bar.* Presidential address presented at the annual conference of the Florida Association for Behavior Analysis, St. Petersburg.

Mastellone, M. (1974). Aversion therapy: A new use of the old rubberband. *Journal of Behavior Therapy and Experimental Psychiatry, 5,* 311-312.

Matson, J. L., & Taras, M. E., (1989). A 20-year review of punishment and alternative methods to treat problem behaviors in developmentally delayed persons. *Research in Developmental Disabilities, 10,* 85-104.

Mattaini, M. A. (1995). Contingency diagrams as teaching tools. *The Behavior Analyst, 18,* 93-98.

Maurice, C. (1993). *Let me hear your voice: A family's triumph over autism.* New York: Fawcett Columbine.

Maurice, C. (2006). The autism wars. In W. L. Heward (Ed.), *Exceptional children: An introduction to special education* (8th ed., pp. 291-293). Upper Saddle River, NJ: Merrill/Prentice Hall.

Maxwell, J. C. (2003). *There's no such thing as "business" ethics: There's only one rule for decision making.* New York: Warner Business Books: A Time Warner Company.

Mayer, G. R., Sulzer, B., & Cody, J. J. (1968). The use of punishment in modifying student behavior. *Journal of Special Education, 2,* 323-328.

Mayfield, K. H., & Chase, P. N. (2002). The effects of cumulative practice on mathematics problem solving. *Journal of Applied Behavior Analysis, 35,* 105-123.

Mayhew, G., & Harris, F. (1979). Decreasing self-injurious behavior. *Behavior Modification, 3,* 322-326.

Mazaleski, J. L., Iwata, B. A., Rodgers, T. A., Vollmer, T. R., & Zarcone, J. R. (1994). Protective equipments as treatment for stereotypic hand mouthing: Sensory extinction or punishment effects? *Journal of Applied Behavior Analysis, 27,* 345-355.

McAllister, L. W., Stachowiak, J. G., Baer, D. M., & Conderman, L. (1969). The application of operant conditioning techniques in a secondary school classroom. *Journal of Applied Behavior Analysis, 2,* 277-285.

McCain, L. J., & McCleary, R. (1979). The statistical analysis of the simple interrupted time series quasi-experiment. In T. D. Cook & D. T. Campbell (Eds.), *Quasi-experimentation: Design and analysis issues for field settings.* Chicago: Rand McNally.

McClannahan, L. E., & Krantz, P. J. (1999). *Activity schedules for children with autism: Teaching independent behavior.* Bethesda, MD: Woodbine House.

McClannahan, L. E., McGee, G. G., Mac-Duff, G. S., & Krantz, P. J. (1990). Assessing and improving child care: A person appearance index for children with autism. *Journal of Applied Behavior Analysis, 23,* 469-482.

McConnell, M. E. (1999). Self-monitoring, cueing, recording, and managing: Teaching students to manage their own behavior. *Teaching Exceptional Children, 32* (2), 14-21.

McCord, B. E., Iwata, B. A., Galensky, T. L., Ellingson, S. A., & Thomson, R. J. (2001). Functional analysis and treatment of problems behavior evoked by noise. *Journal of Applied Behavior Analysis, 34,* 447-462.

McCullough, J. P., Cornell, J. E., McDaniel, M. H., & Mueller, R. K. (1974). Utilization of the simultaneous treatment design to improve student behavior in a first-grade classroom. *Journal of Consulting and Clinical Psychology, 42,* 288-292.

McEntee, J. E., & Saunders, R. R. (1997). A response-restriction analysis of stereotypy in adolescents with mental retardation: Implications for applied behavior analysis. *Journal of Applied Behavior Analysis, 30,* 485-506.

McEvoy, M. A., & Brady, M. P. (1988). Contingent access to play materials as an academic motivator for autistic and behavior disordered children. *Education and Treatment of Children, 11,* 5-18.

McFall, R. M. (1977). Parameters of self-monitoring. In R. B. Stuart (Ed.), *Behavioral self-management* (pp. 196-214). New York: Bruner/Mazel.

McGee, G. G., Krantz, P. J., & McClannahan, L. E. (1985). The facilitative effects of incidental teaching on preposition use by autistic children. *Journal of Applied Behavior Analysis, 18,* 17-31.

McGee, G. G., Morrier, M., & Daly, T. (1999). An incidental teaching approach to early intervention for toddlers with autism. *Journal of the Association for Persons with Severe Handicaps, 24,* 133-146.

McGill, P. (1999). Establishing operations: Implications for assessment, treatment, and prevention of problem behavior. *Journal of Applied Behavior Analysis, 32,* 393-418.

McGinnis, E. (1984). Teaching social skills to behaviorally disordered youth. In J. K. Grosenick, S. L. Huntze, E. McGinnis, & C. R. Smith (Eds.), *Social/affective interventions in behaviorally disordered youth* (pp. 87-112). De Moines, IA: Department of Public Instruction.

McGonigle, J. J., Rojahn, J., Dixon, J., & Strain, P. S. (1987). Multiple treatment interference in the alternating treatments design as a function of the intercomponent interval length. *Journal of Applied Behavior Analysis, 20,* 171-178.

McGuffin, M. E., Martz, S. A., & Heron, T. E. (1997). The effects of self-correction versus traditional spelling on the spelling performance and maintenance of third grade students. *Journal of Behavioral Education, 7,* 463-476.

McGuire, M. T., Wing, R. R., Klem, M. L., & Hill, J. O. (1999). Behavioral strategies of individuals who have maintained long-term weight losses. *Obesity Research, 7,* 334-341.

McIlvane, W. J., & Dube, W. V. (1992). Stimulus control shaping and stimulus control topographies. *The Behavior Analyst, 15,* 89-94.

McIlvane, W. J., Dube, W. V., Green, G., & Serna, R. W. (1993). Programming conceptual and communication skill development: A methodological stimulus class analysis. In A. P. Kaiser & D. B. Gray (Eds.), *Enhancing children's communication* (Vol. 2, pp. 243-285). Baltimore: Brookes.

McKerchar, P. M., & Thompson, R. H. (2004). A descriptive analysis of potential reinforcement contingencies in the preschool classroom. *Journal of Applied Behavior Analysis, 21,* 157.

McLaughlin, T., & Malaby, J. (1972). Reducing and measuring inappropriate verbalizations in a token classroom. *Journal of Applied Behavior Analysis, 5,* 329-333.

McNeish, J., Heron, T. E., & Okyere, B. (1992). Effects of self-correction on the spelling performance of junior high students with learning disabilities. *Journal of Behavioral Education, 2,* 17-27.

McPherson, A., Bonem, M., Green, G., & Osborne, J. G. (1984). A citation analysis of the influence on research of Skinner's *Verbal behavior. The Behavior Analyst, 7,* 157-167.

McWilliams, R., Nietupski, J., & Hamre-Nietupski, S. (1990). Teaching complex activities to students with moderate handicaps through the forward chaining of shorter total cycle response sequences. *Education and Training in Mental Retardation, 25* (3), 292-298.

Mechling, L. C., & Gast, D. L. (1997). Combination audio/visual self-prompting system for teaching chained tasks to students with intellectual disabilities. *Education and Training in Mental Retardation and Developmental Disabilities, 32,* 138-153.

Meichenbaum, D., & Goodman, J. (1971). The developmental control of operant motor responding by verbal operants. *Journal of Experimental Child Psychology, 7,* 553-565.

Mercatoris, M., & Craighead, W. E. (1974). Effects of nonparticipant observation on teacher and pupil classroom behavior. *Journal of Educational Psychology, 66,* 512-519.

Meyer, L. H., & Evans, I. M. (1989). *Nonaversive intervention for behavior problems: A manual for home and community.* Baltimore: Paul H. Brookes.

Michael, J. (1974). Statistical inference for individual organism research: Mixed blessing or curse? *Journal of Applied Behavior Analysis, 7,* 647-653.

Michael, J. (1975). Positive and negative reinforcement, a distinction that is no longer necessary; or a better way to talk about bad things. *Behaviorism, 3,* 33-44.

Michael, J. (1980). Flight from behavior analysis. *The Behavior Analyst, 3,* 1-22.

Michael, J. (1982). Distinguishing between discriminative and motivational functions of stimuli. *Journal of the Experimental Analysis of Behavior, 37,* 149-155.

Michael, J. (1982). Skinner's elementary verbal relations: Some new categories. *The Analysis of Verbal Behavior, 1,* 1-4.

Michael, J. (1984). Verbal behavior. *Journal of the Experimental Analysis of Behavior, 42,* 363-376.

Michael, J. (1988). Establishing operations and the mand. *The Analysis of Verbal Behavior, 6,* 3-9.

Michael, J. (1991). *Verbal behavior: Objectives, exams, and exam answers.* Kalamazoo, MI: Western Michigan University.

Michael, J. (1992). *Introduction I. In Verbal behavior* by B. F. Skinner (Reprinted edition). Cambridge, MA: B. F. Skinner Foundation.

Michael, J. (1993). *Concepts and principles of behavior analysis.* Kalamazoo, MI: Society for the Advancement of Behavior Analysis.

Michael, J. (1993). Establishing operations. *The Behavior Analyst, 16,* 191-206.

Michael, J. (1995). What every student of behavior analysis ought to learn: A system for classifying the multiple effects of behavioral variables. *The Behavior Analyst, 18,* 273-284.

Michael, J. (2000). Implications and refinements of the establishing operation concept. *Journal of Applied Behavior Analysis, 33,* 401-410.

Michael, J. (2003). *The multiple control of verbal behavior.* Invited tutorial presented at the 29th Annual Convention of the Association for Behavior Analysis, San Francisco, CA.

Michael, J. (2004). *Concepts and principles of behavior analysis* (rev. ed.) Kalama-zoo, MI: Society for the Advancement of Behavior Analysis.

Michael, J. (2006). Comment on Baron and Galizio. *The Behavior Analyst, 29,* 117-119.

Michael, J., & Shafer, E. (1995). State notation for teaching about behavioral procedures. *The Behavior Analyst, 18,* 123-140.

Michael, J., & Sundberg, M. L. (2003, May 23). *Skinner's analysis of verbal behavior: Beyond the elementary verbal operants.* Workshop conducted at the 29th Annual Convention of the Association for Behavior Analysis, San Francisco, CA.

Miguel, C. F., Carr, J. E., & Michael, J. (2002). Effects of stimulus-stimulus pairing procedure on the vocal behavior of children diagnosed with autism. *The Analysis of Verbal Behavior, 18,* 3-13.

Millenson, J. R. (1967). *Principles of behavioral analysis.* New York: Macmillan.

Miller, A. D., Hall, S. W., & Heward, W. L. (1995). Effects of sequential 1-minute time trials with and without inter-trial feedback and self-correction on general and special education students' fluency with math facts. *Journal of Behavioral Education, 5,* 319-345.

Miller, D. L., & Kelley, M. L. (1994). The use of goal setting and contingency contracting for improving children's homework performance. *Journal of Applied Behavior Analysis, 27,* 73-84.

Miller, D. L., & Stark, L. J. (1994). Contingency contracting for improving adherence in pediatric populations. *Journal of the American Medical Association, 271* (1), 81-83.

Miller, N., & Dollard, J. (1941). *Social learning and imitation.* New Haven, CT: Yale University Press.

Miller, N., & Neuringer, A. (2000). Reinforcing variability in adolescents with autism. *Journal of Applied Behavior Analysis, 33,* 151-165.

Miltenberger, R. (2004). *Behavior modification: Principles and procedures* (3rd ed.). Belmont, CA: Wadsworth/Thomson Learning.

Miltenberger, R. G. (2001). *Behavior modification: Principles and procedures* (2nd ed.). Belmont, CA: Wadsworth/ Thomson Learning.

Miltenberger, R. G., & Fuqua, R. W. (1981). Overcorrection: A review and critical analysis. *The Behavioral Analyst, 4,* 123-141.

Miltenberger, R. G., Flessner, C., Gatheridge, B., Johnson, B., Satterlund, M., & Egemo, K. (2004). Evaluation of behavior skills training to prevent gun play in children. *Journal of Applied Behavior Analysis, 37,* 513-516.

Miltenberger, R. G., Fuqua, R. W., & Woods, D. W. (1998). Applying behavior analysis to clinical problems: Review and analysis of habit reversal. *Journal of Applied Behavior Analysis, 31,* 447-469.

Miltenberger, R. G., Gatheridge, B., Satterlund, M., Egemo-Helm, K. R., Johnson, B. M., Jostad, C., Kelso, P., & Flessner, C. A. (2005). Teaching safety skills to children to prevent gun play: An evaluation of in situ training. *Journal of Applied Behavior Analysis, 38,* 395-398.

Miltenberger, R. G., Rapp, J., & Long, E. (1999). A low-tech method for conducting real time recording. *Journal of Applied Behavior Analysis, 32,* 119-120.

Mineka, S. (1975). Some new perspectives on conditioned hunger. *Journal of Experimental Psychology: Animal Behavior Processes, 104,* 143-148.

Mischel, H. N., Ebbesen, E. B., & Zeiss, A. R. (1972). Cognitive and attentional mechanisms in delay of gratification. *Journal of Personality and Social Psychology, 16,* 204-218.

Mischel, W., & Gilligan, C. (1964). Delay of gratification, motivation for the prohibited gratification, and responses to temptation. *Journal of Abnormal and Social Psychology, 69,* 411-417.

Mitchell, R. J., Schuster, J. W., Collis, B. C., & Gassaway, L. J. (2000). Teaching vocational skills with a faded auditory prompting system. *Education and Training in Mental Retardation and Developmental Disabilities, 35,* 415-427.

Mitchem, K. J., & Young, K. R. (2001). Adapting self-management programs for classwide use: Acceptability, feasibility, and effectiveness. *Remedial and Special Education, 22,* 75-88.

Mitchem, K. J., Young, K. R., West, R. P., & Benyo, J. (2001). CWPASM: A classwide peer-assisted self-management program for general education classrooms. *Education and Treatment of Children, 24,* 3-14.

Mole, P. (2003). Ockham's razor cuts both ways: The uses and abuses of simplicity in scientific theories. *Skeptic, 10* (1), 40-47.

Moore, J. (1980). On behaviorism and private events. *Psychological Record, 30,* 459-475.

Moore, J. (1984). On behaviorism, knowledge, and causal explanation. *Psychological Record, 34,* 73-97.

Moore, J. (1985). Some historical and conceptual relations among logical positivism, operationism, and behaviorism. *The Behavior Analyst, 8,* 53-63.

Moore, J. (1995). Radical behaviorism and the subjective-objective distinction. *The Behavior Analyst, 18,* 33-49.

Moore, J. (2000). Thinking about thinking and feeling about feeling. *The Behavior Analyst, 23* (1), 45-56.

Moore, J. (2003). Behavior analysis, mentalism, and the path to social justice. *The Behavior Analyst, 26,* 181-193.

Moore, J. W., Mueller, M. M., Dubard, M., Roberts, D. S., & Sterling-Turner, H. E. (2002). The influence of therapist attention on self-injury during a tangible condition. *Journal of Applied Behavior Analysis, 35,* 283-286.

Moore, J., & Cooper, J. O. (2003). Some proposed relations among the domains of behavior analysis. *The Behavior Analyst, 26,* 69-84.

Moore, J., & Shook, G. L. (2001). Certification, accreditation and quality control in behavior analysis. *The Behavior Analyst, 24,* 45-55.

Moore, R., & Goldiamond, I. (1964). Errorless establishment of visual discrimination using fading procedures. *Journal of the Experimental Analysis of Behavior, 7,* 269-272.

Morales v. Turman, 364 F. Supp. 166 (E.D. Tx. 1973).

Morgan, D., Young, K. R., & Goldstein, S. (1983). Teaching behaviorally disordered students to increase teacher attention and praise in mainstreamed classrooms. *Behavioral Disorders, 8,* 265-273.

Morgan, Q. E. (1978). *Comparison of two "Good Behavior Game" group contingencies on the spelling accuracy of fourth-grade students.* Unpublished master's thesis, The Ohio State University, Columbus.

Morris, E. K. (1991). Deconstructing "technological to a fault". *Journal of Applied Behavior Analysis, 24,* 411-416.

Morris, E. K., & Smith, N. G. (2003). Bibliographic processes and products, and a bibliography of the published primary-source works of B. F. Skinner. *The Behavior Analyst, 26,* 41-67.

Morris, R. J. (1985). *Behavior modification with exceptional children: Principles and practices.* Glenview, IL: Scott, Foresman.

Morse, W. H., & Kelleher, R. T. (1977). Determinants of reinforcement and punishment. In W. K. Honig & J. E. R. Staddon (Eds.), *Handbook of operant behavior* (pp. 174-200). Upper Saddle River, NJ: Prentice Hall.

Morton, W. L., Heward, W. L., & Alber, S. R. (1998). When to self-correct? A comparison of two procedures on spelling performance. *Journal of Behavioral Education, 8,* 321-335.

Mowrer, O. H. (1950). *Learning theory and personality dynamics.* New York: The Ronald Press Company.

Moxley, R. A. (1990). On the relationship between speech and writing with implications for behavioral approaches to teaching literacy. *The Analysis of Verbal Behavior, 8,* 127-140.

Moxley, R. A. (1998). Treatment-only designs and student self-recording strategies for public school teachers. *Education and Treatment of Children, 21,* 37-61.

Moxley, R. A. (2004). Pragmatic selectionism: The philosophy of behavior analysis. *The Behavior Analyst Today, 5,* 108-125.

Moxley, R. A., Lutz, P. A., Ahlborn, P., Boley, N., & Armstrong, L. (1995). Self-recording word counts of freewriting in grades 1-4. *Education and Treatment of Children, 18,* 138-157.

Mudford, O. C. (1995). Review of the gentle teaching data. *American Journal on Mental Retardation, 99,* 345-355.

Mueller, M. M., Moore, J. W., Doggett, R. A., & Tingstrom, D. H. (2000). The effectiveness of contingency-specific prompts in controlling bathroom graffiti. *Journal of Applied Behavior Analysis, 33,* 89-92.

Mueller, M. M., Piazza, C. C., Moore, J. W., Kelley, M. E., Bethke, S. A., Pruett, A. E., Oberdorff, A. J., & Layer, S. A. (2003). Training parents to implement pediatric feeding protocols. *Journal of Applied Behavior Analysis, 36,* 545-562.

Mueller, M., Moore, J., Doggett, R. A., & Tingstrom, D. (2000). The effectiveness of contingency-specific and contingency nonspecific prompts in controlling bathroom graffiti. *Journal of Applied Behavior Analysis, 33,* 89-92.

Murphy, E. S., McSweeny, F. K., Smith, R. G., & McComas, J. J. (2003). Dynamic changes in reinforcer effectiveness: Theoretical, methodological, and practical implications for applied research. *Journal of Applied Behavior Analysis, 36,* 421-438.

Murphy, R. J., Ruprecht, M. J., Baggio, P., & Nunes, D. L. (1979). The use of mild punishment in combination with reinforcement of alternate behaviors to reduce the self-injurious behavior of a profoundly retarded individual. *AAESPH Review, 4,* 187-195.

Musser, E. H., Bray, M. A., Kehle, T. J., & Jenson, W. R. (2001). Reducing disruptive behaviors in students with serious emotional disturbance. *School Psychology Review, 30 (2), 294-304.*

Myer, J. S. (1971). Some effects of non-contingent aversive stimulation. In R. F. Brush (Ed.), *Aversive conditioning and learning* (pp. 469-536). NY: Academic Press.

Myles, B. S., Moran, M. R., Ormsbee, C. K., & Downing, J. A. (1992). Guidelines for establishing and maintaining token economies. *Intervention in School and Clinic, 27 (3),* 164-169.

Nakano, Y. (2004). Toward the establishment of behavioral ethics: Ethical principles of behavior analysis in the era of empirically supported treatment (EST). *Japanese Journal of Behavior Analysis, 19* (1), 18-51.

Narayan, J. S., Heward, W. L., Gardner R., III, Courson, F. H., & Omness, C. (1990). Using response cards to increase student participation in an elementary classroom. *Journal of Applied Behavior Analysis, 23,* 483-490.

National Association of School Psychologists. (2000). *Professional conduct manual: Principles for professional ethics and guidelines for the provision of school psychological services.* Bethesda, MD: NASP Publications.

National Association of Social Workers. (1996). The NASW code of ethics. Washington, DC: Author.

National Commission for the Protection of Human Subjects of Biomedical and Behavioral Research. (1979). *The Belmont Report: Ethical principles and guidelines for the protection of human subjects of research.* Washington, DC: Department of Health, Education, and Welfare. Retrieved November 11, 2003, from http://ohsr.od.nih.gov/mpa/bel mont.php3.

National Reading Panel (2000). *Teaching children to read: An evidence-based assessment of the scientific research literature on reading and its implications for reading instruction: Reports of the subgroups.* (NIH Pub No. 00-4754). Bethesda, MD: National Institute of Child Health and Human Development. [Available at: www.nichd.nih.gov.publications/nrp. report/htm]

National Reading Panel. www.nationalread ingpanel.org. Retrieved November 29, 2005, from www.nationalreadingpanel. Org

Neef, N. A., Bicard, D. F., & Endo, S. (2001). Assessment of impulsivity and the development of self-control by students with attention deficit hyperactivity disorder. *Journal of Applied Behavior Analysis, 34,* 397-408.

Neef, N. A., Bicard, D. F., Endo, S., Coury, D. L., & Aman, M. G. (2005). Evaluation of pharmacological treatment of impulsivity by students with attention deficit hyperactivity disorder. *Journal of Applied Behavior Analysis, 38,* 135-146. Neef, N. A., Iwata, B. A., & Page, T. J. (1980).

The effects of interspersal training versus high density reinforcement on spelling acquisition and retention. *Journal of Applied Behavior Analysis, 13,* 153-158.

Neef, N. A., Lensbower, J., Hockersmith, I., DePalma, V., & Gray, K. (1990). In vivo versus stimulation training: An interactional analysis of range and type of training exemplars. *Journal of Applied Behavior Analysis, 23,* 447-458.

Neef, N. A., Mace, F. C., & Shade, D. (1993). Impulsivity in students with serious emotional disturbance: The interactive effects of reinforcer rate, delay, and quality. *Journal of Applied Behavior Analysis, 26,* 37-52.

Neef, N. A., Mace, F. C., Shea, M. C., & Shade, D. (1992). Effects of reinforcer rate and reinforcer quality on time allocation: Extensions of matching theory to educational settings. *Journal of Applied Behavior Analysis, 25,* 691-699.

Neef, N. A., Markel, J., Ferreri, S., Bicard, D. F., Endo, S., Aman, M. G., Miller, K. M., Jung, S., Nist, L., & Armstrong, N. (2005). Effects of modeling versus instructions on sensitivity to reinforcement schedules. *Journal of Applied Behavior Analysis, 38,* 23-37.

Neef, N. A., Parrish, J. M., Hannigan, K. F., Page, T. J., & Iwata, B. A. (1990). Teaching self-catheterization skills to children with neurogenic bladder complications. *Journal of Applied Behavior Analysis, 22,* 237-243.

Neisser, U. (1976). *Cognition and reality.* San Francisco: Freeman.

Nelson, R. O., & Hayes, S. C. (1981). Theoretical explanations for reactivity in self-monitoring. *Behavior Modification, 5,* 3-14.

Neuringer, A. (1993). Reinforced variation and selection. *Animal Learning and Behavior, 21,* 83-91.

Neuringer, A. (2004). Reinforced variability in animals and people: Implication for adaptive action. *American Psychologist, 59,* 891-906.

Nevin, J. A. (1998). Choice and momentum. In W. O'Donohue (Ed.), *Learning and behavior therapy* (pp. 230-251). Boston: Allyn and Bacon.

Newman, B., Buffington, D. M., Hemmes, N. S., & Rosen, D. (1996). Answering objections to self-management and related concepts. *Behavior and Social Issues, 6,* 85-95.

Newman, B., Reinecke, D. R., & Meinberg, D. (2000). Self-management of varied responding in children with autism. *Behavioral Interventions, 15,* 145-151.

Newman, R. S., & Golding, L. (1990). Children's reluctance to seek help with school work. *Journal of Educational Psychology, 82,* 92-100.

Newstrom, J., McLaughlin, T. F., & Sweeney, W. J. (1999). The effects of contingency contracting to improve the mechanics of written language with a middle school student with behavior disorders. *Child & Family Behavior Therapy, 21* (1), 39-48.

Newton, J. T., & Sturmey, P. (1991). The Motivation Assessment Scale: Interrater reliability and internal consistency in a British sample. *Journal of Mental Deficiency Research, 35,* 472-474.

Nihira, K., Leland, H., & Lambert, N. K. (1993). *Adaptive Behavior Scale- Residential and Community* (2nd ed.). Austin, TX: Pro-Ed.

Ninness, H. A. C., Fuerst, J., & Rutherford, R. D. (1991). Effects of self-management training and reinforcement on the transfer of improved conduct in the absence of supervision. *Journal of Applied Behavior Analysis, 24,* 499-508.

Noell, G. H., VanDerHeyden, A. M., Gatti, S. L., & Whitmarsh, E. L. (2001). Functional assessment of the effects of escape and attention on students' compliance during instruction. *School Psychology Quarterly, 16,* 253-269.

Nolan, J. D. (1968). Self-control procedures in the modification of smoking behavior. *Journal of Consulting and Clinical Psychology, 32,* 92-93.

North, S. T., & Iwata, B. A. (2005). Motivational influences on performance maintained by food reinforcement. *Journal of Applied Behavior Analysis, 38,* 317-333.

Northup, J. (2000). Further evaluation of the accuracy of reinforcer surveys: A systematic replication. *Journal of Applied Behavior Analysis, 33,* 335-338.

Northup, J., George, T., Jones, K., Broussard, C., & Vollmer, T. R. (1996). A comparison of reinforcer assessment methods: The utility of verbal and pictorial choice procedures. *Journal of Applied Behavior Analysis, 29,* 201-212.

Northup, J., Vollmer, T. R., & Serrett, K. (1993). Publication trends in 25 years of the *Journal of Applied Behavior Analysis. Journal of Applied Behavior Analysis, 26,* 527-537.

Northup, J., Wacker, D., Sasso, G., Steege, M., Cigrand, K., Cook, J., & DeRaad, A. (1991). A brief functional analysis of aggressive and alternative behavior in an outclinic setting. *Journal of Applied Behavior Analysis, 24,* 509-522.

Novak, G. (1996). *Developmental psychology: Dynamical systems and behavior analysis.* Reno, NV: Context Press.

O'Brien, F. (1968). Sequential contrast effects with human subjects. *Journal of the Experimental Analysis of Behavior, 11,* 537-542.

O'Brien, S., & Karsh, K. G. (1990). Treatment acceptability, consumer, therapist, and society. In A. C. Repp & N. N. Singh (Eds.), *Perspectives on the use of non-aversive and aversive interventions for persons with developmental disabilities* (pp. 503-516). Sycamore, IL: Sycamore.

O'Donnell, J. (2001). The discriminative stimulus for punishment or SDp. *The Behavior Analyst, 24,* 261-262.

O'Leary, K. D. (1977). Teaching self-management skills to children. In D. Upper (Ed.), *Perspectives in behavior therapy.* Kalamazoo, MI: Behaviordelia.

O'Leary, K. D., & O'Leary, S. G. (Eds.). (1972). *Classroom management: The successful use of behavior modification.* New York: Pergamon.

O'Leary, K. D., Kaufman, K. F., Kass, R. E., & Drabman, R. S. (1970). The effects of loud and soft reprimands on the behavior of disruptive students. *Exceptional Children, 37,* 145-155.

O'Leary, S. G., & Dubey, D. R. (1979). Applications of self-control procedures by children: A review. *Journal of Applied Behavior Analysis, 12,* 449-465.

O'Neill, R. E. Horner, R. H., Albin, R. W., Sprague, J. R., Storey, K., & Newton, J. S. (1997). *Functional assessment for problem behavior: A practical handbook* (2nd ed.). Pacific Grove, CA: Brooks/Cole.

O'Reilly, M. F. (1995). Functional analysis and treatment of escape-maintained aggression correlated with sleep deprivation. *Journal of Applied Behavior Analysis, 28,* 225-226.

O'Reilly, M., Green, G., & Braunling-McMorrow, D. (1990). Self-administered written prompts to teach home accident prevention skills to adults with brain injuries. *Journal of Applied Behavior Analysis, 23,* 431-446.

O'Sullivan, J. L. (1999). Adult guardianship and alternatives. In R. D. Dinerstein, S. S. Herr, & J. L. O'Sullivan (Eds.), *A guide to consent* (pp. 7-37). Washington DC: American Association on Mental Retardation.

Odom, S. L., Hoyson, M., Jamieson, B., & Strain, P. S. (1985). Increasing handicapped preschoolers' peer social interactions: Cross-setting and component analysis. *Journal of Applied Behavior Analysis, 18,* 3-16.

Oliver, C. O., Oxener, G., Hearn, M., & Hall, S. (2001). Effects of social proximity on multiple aggressive behaviors. *Journal of Applied Behavior Analysis, 34,* 85-88.

Ollendick, T. H., Matson, J. L., Esvelt-Dawson, K., & Shapiro, E. S. (1980). Increasing spelling achievement: An analysis of treatment procedures utilizing an alternating treatments design. *Journal of Applied Behavior Analysis, 13,* 645-654.

Ollendick, T., Matson, J., Esveldt-Dawson, K., & Shapiro, E. (1980). An initial investigation into the parameters of overcorrection. *Psychological Reports, 39,* 1139-1142.

Olympia, D. W., Sheridan, S. M., Jenson, W. R., & Andrews, D. (1994). Using student-managed interventions to increase homework completion and accuracy. *Journal of Applied Behavior Analysis, 27,* 85-99.

Ortiz, K. R., & Carr, J. E. (2000). Multiple-stimulus preference assessments: A comparison of free-operant and restricted-operant formats. *Behavioral Interventions, 15,* 345-353.

Osborne, J. G. (1969). Free-time as a reinforcer in the management of classroom behavior. *Journal of Applied Behavior Analysis, 2,* 113-118.

Osgood, C. E. (1953). *Method and theory in experimental psychology.* New York: Oxford University Press.

Osnes, P. G., Guevremont, D. C., & Stokes, T. F. (1984). If I say I'll talk more, then I will: Correspondence training to increase peer-directed talk by socially withdrawn children. *Behavior Modification, 10,* 287-299.

Osnes, P. G., & Lieblein, T. (2003). An explicit technology of generalization. *The Behavior Analyst Today, 3,* 364-374.

Overton, T. (2006). *Assessing learners with special needs: An applied approach* (5th ed.). Upper Saddle River, NJ: Prentice Hall.

Owens, R. E. (2001). *Language development: An introduction* (5th ed.). Boston: Allyn & Bacon.

Pace, G. M., & Troyer, E. A. (2000). The effects of a vitamin supplement on the pica of a child with severe mental retardation. *Journal of Applied Behavior Analysis, 33,* 619-622.

Pace, G. M., Ivancic, M. T., Edwards, G. L., Iwata, B. A., & Page, T. J. (1985). Assessment of stimulus preference and reinforcer value with profoundly retarded individuals. *Journal of Applied Behavior Analysis, 18,* 249-255.

Paclawskyj, T. R., & Vollmer, T. R. (1995). Reinforcer assessment for children with developmental disabilities and visual impairments. *Journal of Applied Behavior Analysis, 28,* 219-224.

Paclawskyj, T., Matson, J., Rush, K., Smalls, Y., & Vollmer, T. (2000). Questions about behavioral function (QABF): Behavioral checklist for functional assessment of aberrant behavior. *Research in Developmental Disabilities, 21,* 223-229.

Page, T. J., & Iwata, B. A. (1986). Interobserver agreement: History, theory, and current methods. In A. Poling & R. W. Fuqua (Eds.), *Research methods in applied behavior analysis* (pp. 92-126). New York: Plenum Press.

Palmer, D. C. (1991). A behavioral interpretation of memory. In L. J. Hayes & P. N. Chase (Eds.), *Dialogues on verbal behavior* (pp. 261-279). Reno NV: Context Press.

Palmer, D. C. (1996). Achieving parity: The role of automatic reinforcement. *Journal of the Experimental Analysis of Behavior, 65,* 289-290.

Palmer, D. C. (1998). On Skinner's rejection of S-R psychology. *The Behavior Analyst, 21,* 93-96.

Palmer, D. C. (1998). The speaker as listener: The interpretations of structural regularities in verbal behavior. *The Analysis of Verbal Behavior, 15,* 3-16.

Panyan, M., Boozer, H., & Morris, N. (1970). Feedback to attendants as a reinforcer for applying operant techniques. *Journal of Applied Behavior Analysis, 3,* 1-4.

Parker, L. H., Cataldo, M. F., Bourland, G., Emurian, C. S., Corbin, R. J., & Page, J. M. (1984). Operant treatment of orofacial dysfunction in neuromuscular disorders. *Journal of Applied Behavior Analysis, 17,* 413-427.

Parrott, L. J. (1984). Listening and understanding. *The Behavior Analyst, 7,* 29-39.

Parsons, M. B., Reid, D. H., Reynolds, J., & Bumgarner, M. (1990). Effects of chosen versus assigned jobs on the work performance of persons with severe handicaps. *Journal of Applied Behavior Analysis, 23,* 253-258.

Parsonson, B. S. (2003). Visual analysis of graphs: Seeing *is* believing. In K. S. Budd & T. Stokes (Eds.), *A small matter of proof: The legacy of Donald M. Baer* (pp. 35-51). Reno, NV: Context Press.

Parsonson, B. S., & Baer, D. M. (1978). The analysis and presentation of graphic data. In T. R. Kratochwill (Ed.), *Single subject research: Strategies for evaluating change* (pp. 101-165). New York: Academic Press.

Parsonson, B. S., & Baer, D. M. (1986). The graphic analysis of data. In A. Poling & R. W. Fuqua (Eds.), *Research methods in applied behavior analysis* (pp. 157-186). New York: Plenum Press.

Parsonson, B. S., & Baer, D. M. (1992). The visual analysis of graphic data, and current research into the stimuli controlling it. In T. R.

Kratochwill & J. R. Levin (Eds.), *Single subject research design and analysis: New directions for psychology and education* (pp. 15-40). New York: Academic Press.

Partington, J. W., & Bailey, J. S. (1993). Teaching intraverbal behavior to preschool children. *The Analysis of Verbal Behavior, 11,* 9-18.

Partington, J. W., & Sundberg, M. L. (1998). *The assessment of basic language and learning skills (The ABLLS).* Pleasant Hill, CA: Behavior Analysts, Inc.

Patel, M. R., Piazza, C. C., Kelly, M. L., Ochsner, C. A., & Santana, C. M. (2001). Using a fading procedure to increase fluid consumption in a child with feeding problems. *Journal of Applied Behavior Analysis, 34,* 357-360.

Patel, M. R., Piazza, C. C., Martinez, C. J., Volkert, V. M., & Santana, C. M. (2002). An evaluation of two differential reinforcement procedures with escape extinction to treat food refusal. *Journal of Applied Behavior Analysis, 35,* 363-374.

Patterson, G. R. (1982). *Coercive family process.* Eugene, OR: Castalia. Patterson, G. R., Reid, J. B., & Dishion, T. J. (1992). *Antisocial boys. Vol. 4: A social interactional approach.* Eugene, OR: Castalia.

Pavlov, I. P. (1927). *Conditioned reflexes: An investigation of the physiological activity of the cerebral cortex* (W. H. Grant, Trans.). London: Oxford University Press.

Pavlov, I. P. (1927/1960). *Conditioned reflexes* (G. V. Anrep, Trans.). New York: Dover.

Pelaez-Nogueras, M., Gewirtz, J. L., Field, T., Cigales, M., Malphurs, J., Clasky, S., & Sanchez, A. (1996). Infants' preference for touch stimulation in face-to-face interactions. *Journal of Applied Developmental Psychology, 17,* 199-213.

Pelios, L., Morren, J., Tesch, D., & Axelrod, S. (1999). The impact of functional analysis methodology on treatment choice for self-injurious and aggressive behavior. *Journal of Applied Behavior Analysis, 32,* 185-195.

Pennypacker, H. S. (1981). On behavioral analysis. *The Behavior Analyst, 3,* 159-161.

Pennypacker, H. S. (1994). A selectionist view of the future of behavior analysis in education. In R. Gardner, III, D. M. Sainato, J. O. Cooper, T. E. Heron, W. L. Heward, J. Eshleman, & T. A. Grossi (Eds.), *Behavior analysis in education: Focus on measurably superior instruction* (pp. 11-18). Monterey, CA: Brooks/Cole.

Pennypacker, H. S., & Hench, L. L. (1997). Making behavioral technology transferable. *The Behavior Analyst, 20, 97-108. Pennypacker, H. S., Gutierrez, A., & Lindsley, O. R. (2003). Handbook of the Standard Celeration Chart.* Gainesville, FL: Xerographics.

Pennypacker, H. S., Koenig, C., & Lindsley, O. (1972). *Handbook of the Standard Behavior Chart.* Kansas City: Precision Media.

Peters, M., & Heron, T. E. (1993). When the best is not good enough: An examination of best practice. *Journal of Special Education, 26* (4), 371-385.

Peters, R., & Davies, K. (1981). Effects of self-instructional training on cognitive impulsivity of mentally retarded adolescents. *American Journal of Mental Deficiency, 85,* 377-382.

Peterson, I., Homer, A. L., & Wonderlich, S. A. (1982). The integrity of independent variables in behavior analysis. *Journal of Applied Behavior Analysis, 15,* 477-492.

Peterson, N. (1978). *An introduction to verbal behavior.* Grand Rapids, MI: Behavior Associates, Inc.

Peterson, S. M., Neef, N. A., Van Norman, R., & Ferreri, S. J. (2005). Choice making in educational settings. In W. L. Heward, T. E. Heron, N. A. Neef, S. M. Peterson, D. M. Sainato, G. Cartledge, R. Gardner, III, L. D. Peterson, S. B. Hersh, & J. C. Dardig (Eds.), *Focus on behavior analysis in education: Achievements, challenges, and opportunities* (pp. 125-136). Upper Saddle River, NJ: Merrill/Prentice Hall.

Pfadt, A., & Wheeler, D. J. (1995). Using statistical process control to make databased clinical decisions. *Journal of Applied Behavior Analysis, 28,* 349-370.

Phillips, E. L., Phillips, E. A., Fixen, D. L., & Wolf, M. M. (1971). Achievement Place: Modification of the behaviors of predelinquent boys with a token economy. *Journal of Applied Behavior Analysis, 4,* 45-59.

Piaget, J. (1952). *The origins of intelligence in children.* (M. Cook, Trans.). New York: International University Press.

Piazza, C. C., & Fisher, W. (1991). A faded bedtime with response cost protocol for treatment of multiple-sleep problems in children. *Journal of Applied Behavior Analysis, 24,* 129-140.

Piazza, C. C., Bowman, L. G., Contrucci, S. A., Delia, M. D., Adelinis, J. D., & Goh, H-L. (1999). An evaluation of the properties of attention as reinforcement for destructive and appropriate behavior. *Journal of Applied Behavior Analysis, 32,* 437-449.

Piazza, C. C., Fisher, W. W., Hagopian, L. P., Bowman, L. G., & Toole, L. (1996). Using a choice assessment to predict reinforcer effectiveness. *Journal of Applied Behavior Analysis, 29,* 1-9.

Piazza, C. C., Moses, D. R., & Fisher, W. W. (1996). Differential reinforcement of alternative behavior and demand fading in the treatment of escape maintained destructive behavior. *Journal of Applied Behavior Analysis, 29,* 569-572.

Piazza, C. C., Roane, H. S., Kenney, K. M., Boney, B. R., & Abt, K. A. (2002). Varying response effort in the treatment of pica maintained by automatic reinforcement. *Journal of Applied Behavior Analysis, 35,* 233-246.

Pierce, K. L., & Schreibman, L. (1994). Teaching daily living skills to children with autism in unsupervised settings through pictorial self-management. *Journal of Applied Behavior Analysis, 27,* 471-481.

Pierce, W. D., & Epling, W. F. (1999). *Behavior analysis and learning*

(2nd ed.). Upper Saddle River, NJ: Prentice Hall/Merrill.

Pierrel, R., & Sherman, J. G. (1963). Barnabus, the rat with college training. *The Brown Alumni Monthly (Feb.),* Brown University.

Pindiprolu, S. S., Peterson, S. M. P., Rule, S., & Lignuaris/Kraft, B. (2003). Using web-mediated experiential case-based instruction to teach functional behavioral assessment skills. *Teacher Education in Special Education, 26,* 1-16.

Pinker, S. (1994). *The language instinct.* New York: Harper Perennial. Pinkston, E. M., Reese, N. M., Leblanc, J. M., & Baer, D. M. (1973). Independent control of a preschool child's aggression and peer interaction by contingent teacher attention. *Journal of Applied Behavior Analysis, 6,* 115-124.

Plazza, C. C., Bowman, L. G., Contrucci, S. A., Delia, M. D., Adelinis, J. D., & Goh, H.-L. (1999). An evaluation of the properties of attention as reinforcement for destructive and appropriate behavior. *Journal of Applied Behavioral Analysis, 32,* 437-449.

Poche, C., Brouwer, R., & Swearingen, M. (1981). Teaching self-protection to young children. *Journal of Applied Behavior Analysis, 14,* 169-176.

Poling, A., & Normand, M. (1999). Noncontingent reinforcement: An inappropriate description of time-based schedules that reduce behavior. *Journal of Applied Behavior Analysis, 32,* 237-238.

Poling, A., & Ryan, C. (1982). Differential-reinforcement-of-other-behavior schedules: Therapeutic applications. *Behavior Modification, 6,* 3-21.

Poling, A., Methot, L. L., & LeSage, M. G. (Eds.). (1995). *Fundamentals of behavior analytic research.* New York: Plenum Press.

Poplin, J., & Skinner, C. (2003). Enhancing academic performance in a classroom serving students with serious emotional disturbance: Interdependent group contingencies with randomly selected components. *School Psychology Review, 32* (2), 282-296.

Post, M., Storey, K., & Karabin, M. (2002). Cool headphones for effective prompts: Supporting students and adults in work and community environments. *Teaching Exceptional Children, 34,* 60-65.

Potts, L., Eshleman, J. W., & Cooper, J. O. (1993). Ogden R. Lindsley and the historical development of Precision Teaching. *The Behavior Analyst, 16* (2), 177-189.

Poulson, C. L. (1983). Differential reinforcement of other-than-vocalization as a control procedure in the conditioning of infant vocalization rate. *Journal of Experimental Child Psychology, 36,* 471-489.

Powell, J., & Azrin, N. (1968). Behavioral engineering: Postural control by a portable operant apparatus. *Journal of Applied Behavior Analysis, 1,* 63-71.

Powell, J., Martindale, B., & Kulp, S. (1975). An evaluation of time-sample measures of behavior. *Journal of Applied Behavior Analysis, 8,* 463-469.

Powell, J., Martindale, B., Kulp, S., Martindale, A., & Bauman, R. (1977). Taking a closer look: Time sampling and measurement error. *Journal of Applied Behavior Analysis, 10,* 325-332.

Powell, T. H., & Powell, I. Q. (1982). The use and abuse of using the timeout procedure for disruptive pupils. *The Pointer, 26,* 18-22.

Powers, R. B., Osborne, J. G., & Anderson, E. G. (1973). Positive reinforcement of litter removal in the natural environment. *Journal of Applied Behavior Analysis, 6,* 579-586.

Premack, D. (1959). Toward empirical behavioral laws: I. Positive reinforcement. *Psychological Review, 66,* 219-233.

President's Council on Physical Fitness. www.fitness.gov.

Progar, P. R., North, S. T., Bruce, S. S., Di-novi, B. J., Nau, P. A., Eberman, E. M., Bailey, J. R., Jr., & Nussbaum, C. N. (2001). Putative behavioral history effects and aggression maintained by escape from therapists. *Journal of Applied Behavioral Analysis, 34,* 69-72.

Pryor, K. (1999). *Don't shoot the dog! The new art of teaching and training* (rev. ed.). New York: Bantam Books.〔カレン・プライア『うまくやるための強化の原理－飼いネコから配偶者まで』河嶋孝・杉山尚子訳, 二瓶社, 1998年〕

Pryor, K. (2005). *Clicker trained flight instruction.* Retrieved April 10, 2005, from http://clickertraining.com/training/ humans/job/flight_training.

Pryor, K., Haag, R., & O'Reilly, J. (1969). The creative porpoise: Training for novel behavior. *Journal of the Experimental Analysis of Behavior, 12,* 653-661.

Pryor, K., & Norris, K. S. (1991). *Dolphin societies: Discoveries and puzzles.* Berkeley: University of California Press.

Rachlin, H. (1970). *The science of self-control.* Cambridge: Harvard University Press.

Rachlin, H. (1974). Self-control. *Behaviorism, 2,* 94-107.

Rachlin, H. (1977). *Introduction to modern behaviorism* (2nd ed.). San Francisco: W. H. Freeman.

Rachlin, H. (1995). *Self-control.* Cambridge: Harvard University Press.

Rapp, J. T., Miltenberger, R. G., & Long, E. S. (1998). Augmenting simplified habit reversal with an awareness enhancement device. *Journal of Applied Behavior Analysis, 31,* 665-668.

Rapp, J. T., Miltenberger, R. G., Galensky, T. L., Ellingson, S. A., & Long, E. S. (1999). A functional analysis of hair pulling. *Journal of Applied Behavior Analysis, 32,* 329-337.

Rasey, H. W., & Iversen, I. H. (1993). An experimental acquisition of maladaptive behaviors by shaping. *Journal of Behavior Therapy and Experimental Psychiatry, 24,* 37-43.

Readdick, C. A., & Chapman, P. L. (2000). Young children's perceptions of time out. *Journal of Research in Childhood Education, 15* (1), 81-87.

Reese, E. P. (1966). *The analysis of human operant behavior.* Dubuque, IA: Brown.

Rehfeldt, R. A., & Chambers, M. C. (2003). Functional analysis and treatment of verbal perseverations displayed by an adult with autism. *Journal of Applied Behavior Analysis, 36,* 259-261.

Reich, W. T. (1988). Experiential ethics as a foundation for dialogue between health communications and health-care ethics. *Journal of Applied Communication Research, 16,* 16-28.

Reid, D. H., Parsons, M. B., Green, C. W., & Browning, L. B. (2001). Increasing one aspect of self-determination among adults with severe multiple disabilities in supported work. *Journal of Applied Behavioral Analysis, 34,* 341-344.

Reid, D. H., Parsons, M. B., Phillips, J. F., & Green, C. W. (1993). Reduction of self-injurious hand mouthing using response blocking. *Journal of Applied Behavior Analysis, 26,* 139-140.

Reid, R., & Harris, K. R. (1993). Self-monitoring attention versus self-monitoring of performance: Effects on attention and academic performance. *Exceptional Children, 60,* 29-40.

Reimers, T. M., & Wacker, D. P. (1988). Parents' ratings of the acceptability of behavior treatment recommendations made in an outpatient clinic: A preliminary analysis of the influence of treatment effectiveness. *Behavioral Disorders, 14,* 7-15.

Reitman, D., & Drabman, R. S. (1999). Multifaceted uses of a simple timeout record in the treatment of a noncompliant 8-year-old boy. *Education and Treatment of Children, 22* (2), 136-145.

Reitman, D., & Gross, A. M. (1996). Delayed outcomes and rule-governed behavior among "noncompliant" and "compliant" boys: A replication and extension. *The Analysis of Verbal Behavior, 13,* 65-77.

Repp, A. C., & Horner, R. H. (Eds.). (1999). *Functional analysis of problem behavior: From effective assessment to effective support.* Belmont, CA: Wadsworth.

Repp, A. C., & Karsh, K. G. (1994). Laptop computer system for data recording and contextual analyses. In T. Thompson & D. B. Gray (Eds.), *Destructive behavior in developmental disabilities: Diagnosis and treatment* (pp. 83-101). Thousand Oaks, CA: Sage.

Repp, A. C., & Singh, N. N. (Eds.). (1990). *Perspectives on the use of nonaversive and aversive interventions for persons with developmental disabilities.* Sycamore, IL: Sycamore.

Repp, A. C., Barton, L. E., & Brulle, A. R. (1983). A comparison of two procedures for programming the differential reinforcement of other behaviors. *Journal of Applied Behavior Analysis, 16,* 435-445.

Repp, A. C., Dietz, D. E. D., Boles, S. M., Dietz, S. M., & Repp, C. F. (1976). Differences among common methods for calculating interobserver agreement. *Journal of Applied Behavior Analysis, 9,* 109-113.

Repp, A. C., Harman, M. L., Felce, D., Vanacker, R., & Karsh, K. L. (1989). Conducting behavioral assessments on computer collected data. *Behavioral Assessment, 2,* 249-268.

Repp, A. C., Karsh, K. G., Johnson, J. W., & VanLaarhoven, T. (1994). A comparison of multiple versus single examples of the correct stimulus on task acquisition and generalization by persons with developmental disabiliteis. *Journal of Behavioral Education, 6,* 213-230.

Rescorla, R. (1988). Pavlovian conditioning: It's not what you think it is. *American Psychologist, 43,* 151-160.

Reynolds, G. S. (1961). Behavioral contrast. *Journal of the Experimental Analysis of Behavior, 4,* 57-71.

Reynolds, G. S. (1968). *A primer of operant conditioning.* Glenview, IL: Scott, Foresman.

Reynolds, G. S. (1975). *A primer of operant conditioning* (Rev. ed.). Glenview, IL: Scott, Foresman.

Reynolds, N. J., & Risley, T. R. (1968). The role of social and material reinforcers in increasing talking of a disadvantaged preschool child. *Journal of Applied Behavior Analysis, 1,* 253-262.

Rhode, G., Morgan, D. P., & Young, K. R. (1983). Generalization and maintenance of treatment gains of behaviorally handicapped students from resource rooms to regular classrooms using self-evaluation procedures. *Journal of Applied Behavior Analysis, 16,* 171-188.

Richman, D. M., Berg, W. K., Wacker, D. P., Stephens, T., Rankin, B., & Kilroy, J. (1997). Using pretreatment assessments to enhance and evaluate existing treatment packages. *Journal of Applied Behavior Analysis, 30,* 709-712.

Richman, D. M., Wacker, D. P., Asmus, J. M., Casey, S. D., & Andelman, M. (1999). Further analysis of problem behavior in response class hierarchies. *Journal of Behavior Analysis, 32,* 269-283.

Ricketts, R. W., Goza, A. B., & Matese, M. (1993). A 4-year follow-up of treatment of self-injury. *Journal of Behavior Therapy and Experimental Psychiatry, 24* (1), 57-62.

Rincover, A. (1978). Sensory extinction: A procedure for eliminating self-stimulatory behavior in psychotic children. *Journal of Abnormal Child Psychology, 6,* 299-310.

Rincover, A. (1981). *How to use sensory extinction.* Austin, TX: Pro-Ed.

Rincover, A., & Koegel, R. L. (1975). Setting generality and stimulus control in autistic children. *Journal of Applied Behavior Analysis, 8,* 235-246.

Rincover, A., & Newsom, C. D. (1985). The relative motivational properties of sensory reinforcement with psychotic children. *Journal of Experimental Child Psychology, 24,* 312-323.

Rincover, A., Cook, R., Peoples, A., & Packard, D. (1979). Sensory extinction and sensory reinforcement principles for programming multiple adaptive behavior change. *Journal of Applied Behavior Analysis, 12,* 221-233.

Rindfuss, J. B., Al-Attrash, M., Morrison, H., & Heward, W. L. (1998, May). *Using guided notes and response cards to improve quiz* and exam scores in an eighth grade American history class. Paper presented at 24th Annual Convention of the Association for Behavior Analysis, Orlando, FL.

Ringdahl, J. E., Kitsukawa, K., Andelman, M. S., Call, N., Winborn, L. C., Barretto, A., & Reed, G. K. (2002). Differential reinforcement with and without instructional fading. *Journal of Applied Behavior Analysis, 35,* 291-294.

Ringdahl, J. E., Vollmer, T. R., Borrero, J. C., & Connell, J. E. (2001). Fixed-time schedule effects as a function of baseline reinforcement rate. *Journal of Applied Behavior Analysis, 34,* 1-15.

Ringdahl, J. E., Vollmer, T. R., Marcus, B. A., & Roane, H. S (1997). An analogue evaluation of environmental enrichment: The role of stimulus preference. *Journal of Applied Behavior Analysis, 30,* 203-216.

Riordan, M. M., Iwata, B. A., Finney, J. W., Wohl, M. K., & Stanley, A. E. (1984). Behavioral assessment and treatment of chronic food refusal in handicapped children. *Journal of Applied Behavior Analysis, 17,* 327-341.

Risley, T. (1996). Get a life! In L. Kern Koegel, R. L. Koegel, & G. Dunlap (Eds.), *Positive behavioral support* (pp. 425-437). Baltimore: Paul H. Brookes.

Risley, T. (2005). Montrose M. Wolf (1935-2004). *Journal of Applied Behavior Analysis, 38,* 279-287.

Risley, T. R. (1968). The effects and side effects of punishing the autistic behaviors of a deviant child. *Journal of Applied Behavior Analysis, 1,* 21-34.

Risley, T. R. (1969, April). *Behavior modification: An experimental-therapeutic endeavor.* Paper presented at the Banff International Conference on Behavior Modification, Banff, Alberta, Canada.

Risley, T. R. (1997). Montrose M. Wolf: The origin of the dimensions of applied behavior analysis. *Journal of Applied Behavior Analysis, 30,* 377-381.

Risley, T. R. (2005). Montrose M. Wolf (1935-2004). *Journal of Applied Behavior Analysis, 38,* 279-287.

Risley, T. R., & Hart, B. (1968). Developing correspondence between the nonverbal and verbal behavior of preschool children. *Journal of Applied Behavior Analysis, 1,* 267-281.

Roane, H. S., Fisher, W. W., & McDonough, E. M. (2003). Progressing from programmatic to discovery research: A case example with the overjustification effect. *Journal of Applied Behavior Analysis, 36,* 23-36.

Roane, H. S., Kelly, M. L., & Fisher, W. W. (2003). The effects of noncontingent access to food on the rate of object mouthing across three settings. *Journal of Applied Behavior Analysis, 36,* 579-582.

Roane, H. S., Lerman, D. C., & Vorndran, C. M. (2001). Assessing reinforcers under progressive schedule requirements. *Journal of Applied Behavior Analysis, 34,* 145-167.

Roane, H. S., Vollmer, T. R., Ringdahl, J. E., & Marcus, B. A. (1998). Evaluation of a brief stimulus preference assessment. *Journal of Applied Behavior Analysis, 31,* 605-620.

Roberts-Pennell, D., & Sigafoos, J. (1999). Teaching young children with developmental disabilities to request more play using the behavior chain interruption strategy. *Journal of Applied Research in Intellectual Disabilities, 12,* 100-112.

Robin, A. L., Armel, S., & O'Leary, K. D., (1975). The effects of self-instruction on writing deficiencies. *Behavior Therapy, 6,* 178-187.

Robin, A., Schneider, M., & Dolnick, M., (1976). The turtle technique: An extended case study of self-control in the classroom. *Psychology in the Schools, 13,* 449-453.

Robinson, P. W., Newby, T. J., & Gansell, S. L. (1981). A token system for a class of underachieving hyperactive children. *Journal of Applied Behavior Analysis, 14,* 307-315.

Rodgers, T. A., & Iwata, B. A. (1991). An analysis of error-correction procedures during discrimination training. *Journal of Applied Behavior Analysis, 24,* 775-781.

Rohn, D. (2002). Case study: Improving guitar skills. In R. W. Malott & H. Harrison, *I'll stop procrastinating when I get around to it: Plus other cool ways to succeed in school and life using behavior analysis to get your act together* (p. 8-4). Kalamazoo, MI: Department of Psychology, Western Michigan University.

Rolider, A., & Van Houten, R. (1984). The effects of DRO alone and DRO plus reprimands on the undesirable behavior of three children in home settings. *Education and Treatment of Children, 7,* 17-31.

Rolider, A., & Van Houten, R. (1984). Training parents to use extinction to eliminate nighttime crying by gradually increasing the criteria for ignoring crying. *Education and Treatment of Children, 7,* 119-124.

Rolider, A., & Van Houten, R. (1985). Suppressing tantrum behavior in public places through the use of delayed punishment mediated by audio recordings. *Behavior Therapy, 16,* 181-194.

Rolider, A., & Van Houten, R. (1993). The interpersonal treatment model. In R. Van Houten & S. Axelrod (Eds.), *Behavior analysis and treatment* (pp. 127-168). New York: Plenum Press.

Romanczyk, R. G. (1977). Intermittent punishment of self-stimulation: Effectiveness during application and extinction. *Journal of Consulting and Clinical Psychology, 45,* 53-60.

Romaniuk, C., Miltenberger, R., Conyers, C., Jenner, N., Jurgens, M., & Ringenberg, C. (2002). The influence of activity choice on problem behaviors maintained by escape versus attention. *Journal of Applied Behavioral Analysis, 35,* 349-362.

Romaniuk, C., Miltenberger, R., Conyers, C., Jenner, N., Roscoe, E. M., Iwata, B. A., & Goh, H.-L. (1998). A comparison of noncontingent reinforcement and sensory extinction as treatments for self-injurious behavior. *Journal of Applied Behavior Analysis, 31,* 635-646.

Romeo, F. F. (1998). The negative effects of using a group contingency system of classroom management. *Journal of Instructional Psychology, 25* (2), 130-133.

Romer, L. T., Cullinan, T., & Schoenberg, B. (1994). General case training of requesting: A demonstration and analysis. *Education and Training in Mental Retardation, 29,* 57-68.

Rosales-Ruiz, J., & Baer, D. M. (1997). Behavioral cusps: A developmental and pragmatic concept for behavior analysis. *Journal of Applied Behavior Analysis, 30,* 533-544.

Roscoe, E. M., Iwata, B. A., & Goh, H.-L. (1998). A comparison of noncontingent reinforcement and sensory extinction as treatments for self-injurious behavior. *Journal of Applied Behavior Analysis, 31,* 635-646.

Roscoe, E. M., Iwata, B. A., & Kahng, S. (1999). Relative versus absolute reinforcement effects: Implications for preference assessments. *Journal of Applied Behavior Analysis, 32,* 479-493.

Rose, J. C., De Souza, D. G., & Hanna, E. S. (1996). Teaching reading and spelling: Exclusion and stimulus equivalence. *Journal of Applied Behavior Analysis, 29,* 451-469.

Rose, T. L. (1978). The functional relationship between artificial food colors and hyperactivity. *Journal of Applied Behavior Analysis, 11,* 439-446.

Ross, C., & Neuringer, A. (2002). Reinforcement of variations and repetitions along three independent response dimensions. *Behavioral Processes, 57,* 199-209.

Rozensky, R. H. (1974). The effect of timing of self-monitoring behavior on reducing cigarette consumption. *Journal of Consulting and Clinical Psychology, 5,* 301-307.

Rusch, F. R., & Kazdin, A. E. (1981). Toward a methodology of withdrawal designs for the assessment of response maintenance. *Journal of Applied Behavior Analysis, 14,* 131-140.

Russell, B., & Whitehead A. N. (1910-1913). *Principia mathematica.* Cambridge, MA: University Press.

Ruth, W. J. (1996). Goal setting and behavioral contracting for students with emotional and behavioral difficulties: Analysis of daily, weekly, and total goal attainment. *Psychology in the Schools, 33,* 153-158.

Ryan, C. S., & Hemmes, N. S. (2005). Effects of the contingency for homework submission on homework submission and quiz performance in a college course. *Journal of Applied Behavior Analysis, 38,* 79-88.

Ryan, S., Ormond, T., Imwold, C., & Rotunda, R. J. (2002). The effects of a public address system on the off-task behavior of elementary physical education students. *Journal of Applied Behavior Analysis, 35,* 305-308.

Sagan, C. (1996). *The demon-haunted world: Science as a candle in the dark.* New York: Ballantine.

Saigh, P. A., & Umar, A. M. (1983). The effects of a good behavior game on the disruptive behavior of Sudanese elementary school students. *Journal of Applied Behavior Analysis, 16,* 339-344.

Sainato, D. M., Strain, P. S., Lefebvre, D., & Rapp, N. (1990). Effects of self-evaluation on the independent work skills of preschool children with disabilities. *Exceptional Children, 56,* 540-549.

Sajwaj, T., Culver, P., Hall, C., & Lehr, L. (1972). Three simple punishment techniques for the control of classroom disruptions. In G. Semb (Ed.), *Behavior analysis and education.* Lawrence: University of Kansas.

Saksida, L. M., Raymond, S. M., & Touretzky, D.S. (1997). Shaping robot behavior using principles from instrumental conditioning. *Robotics and Autonomous Systems, 22,* 231-249.

Salend, S. J. (1984b). Integrity of treatment in special education research. *Mental Retardation, 22,* 309-315.

Salend, S. J., Ellis, L. L., & Reynolds, C. J. (1989). Using self-instruction to teach vocational skills to individuals who are severely retarded. *Education and Training of the Mentally Retarded, 24,* 248-254.

Salvy, S.-J., Mulick, J. A., Butter, E., Bartlett, R. K., & Linscheid, T. R. (2004). Contingent electric shock (SIBIS) and a conditioned punisher eliminate severe head banging in a preschool child. *Behavioral Interventions, 19,* 59-72.

Salzinger, K. (1978). Language behavior. In A. C. Catania & T. A. Brigham (Eds.), *Handbook of applied behavior analysis: Social and instructional processes* (pp. 275-321). New York: Irvington.

Santogrossi, D. A., O'Leary, K. D., Romanczyk, R. G., & Kaufman, K. F. (1973). Self-evaluation by adolescents in a psychiatric hospital school token program. *Journal of Applied Behavior Analysis, 6,* 277-287.

Sarakoff, R. A., & Strumey, P. (2004). The effects of behavioral skills training on staff implementation of discrete-trial teaching. *Journal of Applied Behavior Analysis, 37,* 535-538.

Saraokoff, R. A., Taylor, B. A., & Poulson, C. L. (2001). Teaching children with autism to engage in conversational exchanges: Script fading with embedded textual stimuli. *Journal of Applied Behavior Analysis, 34,* 81-84.

Sasso, G. M., Reimers, T. M., Cooper, L. J., Wacker, D., Berg, W., Steege, M., Kelly, L., & Allaire, A. (1992). Use of descriptive and experimental analysis to identify the functional properties of aberrant behavior in school settings. *Journal of Applied Behavior Analysis, 25,* 809-821.

Saudargas, R. A., & Bunn, R. D. (1989). A hand-held computer system for classroom observation. *Journal of Special Education, 9,* 200-206.

Saudargas, R. A., & Zanolli, K. (1990). Momentary time sampling as an estimate of percentage time: A field validation. *Journal of Applied Behavior Analysis, 23,* 533-537.

Saunders, M. D., Saunders, J. L., & Saunders, R. R. (1994). Data collection with bar code technology. In T. Thompson & D. B. Gray (Eds.), *Destructive behavior in developmental disabilities: Diagnosis and treatment* (pp. 102-116). Thousand Oaks, CA: Sage.

Savage, T. (1998). Shaping: The link between rats and robots. *Connection Science, 10* (3/4), 321-340.

Savage-Rumbaugh, E. S. (1984). Verbal behavior at the procedural level in the chimpanzee. *Journal of the Experimental Analysis of Behavior, 41,* 223-250.

Saville, B. K., Beal, S. A., & Buskist, W. (2002). Essential readings for graduate students in behavior analysis: A survey of the JEAB and JABA Boards of Editors. *The Behavior Analyst, 25,* 29-35.

Schepis, M. M., Reid, D. H., Behrmann, M. M., & Sutton, K. A. (1998). Increasing communicative interactions of young children with autism using a voice output communication aid and naturalistic teaching. *Journal of Applied Behavior Analysis, 31,* 561-578.

Scheuermann, B., & Webber, J. (1996). Level systems: Problems and solutions. *Beyond Behavior, 7,* 12-17.

Schleien, S. J., Wehman, P., & Kiernan, J. (1981). Teaching leisure skills to severely handicapped adults: An age-appropriate darts game. *Journal of Applied Behavior Analysis, 14,* 513-519.

Schlinger, H., & Blakely, E. (1987). Function-altering effects of contingency-specifying stimuli. *The Behavior Analyst, 10,* 41-45.

Schoenberger, T. (1990). Understanding and the listener: Conflicting views. *The Analysis of Verbal Behavior, 8,* 141-150.

Schoenberger, T. (1991). Verbal understanding: Integrating the conceptual analyses of Skinner, Ryle, and Wittgenstein. *The Analysis of Verbal Behavior, 9,* 145-151.

Schoenfeld, W. N. (1995). "Reinforcement" in behavior theory. *The Behavior Analyst, 18,* 173-185.

Schumm, J. S., Vaughn, D., Haager, D., McDowell, J., Rothlein, L., & Saumell, L. (1995). General education teacher planning: What can students with learning disabilities expect? *Exceptional Children, 61,* 335-352.

Schuster, J. W., Griffen, A. K., & Wolery, M. (1992). Comparison of simultaneous prompting and constant time delay procedures in teaching sight words to elementary students with moderate mental retardation. *Journal of Behavioral Education, 7,* 305-325.

Schwartz, B. (1974). On going back to nature: A review of Seligman and Hager's *Biological Boundaries of Learning. Journal of the Experimental Analysis of Behavior, 21,* 183-198.

Schwartz, I. S., & Baer, D. M. (1991). Social validity assessments: Is current practice state of the art? *Journal of Applied Behavior Analysis, 24,* 189-204.

Schwarz, M. L., & Hawkins, R. P. (1970). Application of delayed reinforcement procedures to the behavior of an elementary school child. *Journal of Applied Behavior Analysis, 3,* 85-96.

Schweitzer, J. B., & Sulzer-Azaroff, B. (1988). Self-control: Teaching tolerance for delay in impulsive children. *Journal of the Experimental Analysis of Behavior, 50,* 173-186.

Scott, D., Scott, L. M., & Goldwater, B. (1997). A performance improvement program for an international-level track and field athlete. *Journal of Applied Behavior Analysis, 30,* 573-575.

Seymour, F. W., & Stokes, T. F. (1976). Self-recording in training girls to increase work rate and evoke staff praise in an institution for offenders. *Journal of Applied Behavior Analysis, 9,* 41-54.

Seymour, M. A. (2002). Case study: A retired athlete runs down comeback road. In R. W. Malott & H. Harrison, *I'll stop procrastinating when I get around to it: Plus other cool ways to succeed in school and life using behavior analysis to get your act together* (p. 7-12). Kalamazoo, MI: Department of Psychology, Western Michigan University.

Shahan, T. A., & Chase, P. N. (2002). Novelty, stimulus control, and operant variability. *The Behavior Analyst, 25,* 175-190.

Shermer, S. (1997). *Why people believe weird things.* New York: W. H. Freeman.

Shimamune, S., & Jitsumori, M. (1999). Effects of grammar instruction and fluency training on the learning of the and a by native speakers of Japanese. *The Analysis of Verbal Behavior, 16,* 3-16.

Shimmel, S. (1977). Anger and its control in Greco-Roman and modern psychology. *Psychiatry, 42,* 320-327.

Shimmel, S. (1979). Free will, guilt, and self-control in rabbinic Judaism and contemporary psychology. *Judaism, 26,* 418-429.

Shimoff, E., & Catania, A. C. (1995). Using computers to teach behavior analysis. *The Behavior Analyst, 18,* 307-316.

Shirley, M. J., Iwata, B. A., Kahng, S. W., Mazaleski, J. L., & Lerman, D. C. (1997). Does functional communication training compete with ongoing contingencies of reinforcement? An analysis during response acquisition and maintenance. *Journal of Applied Behavior Analysis, 30,* 93-104.

Shook, G. L. (1993). The professional credential in behavior analysis. *The Behavior Analyst, 16,* 87-101.

Shook, G. L., & Favell, J. E. (1996). Identifying qualified professionals in behavior analysis. In C. Maurice, G. Gr & S. C. Luce (Eds.), *Behavioral intervention for young children with autism: A manual for parents and professionals* (pp. 221-229). Austin, TX: Pro-Ed.

Shook, G. L., & Neisworth, J. (2005). Ensuring appropriate qualifications for applied behavior analyst professionals: The Behavior Analyst Certification Board. *Exceptionality 13* (1), 3-10.

Shook, G. L., Johnston, J. M., & Mellichamp, F. (2004). Determining essential content for applied behavior analyst practitioners. *The Behavior Analyst, 27,* 67-94.

Shook, G. L., Rosales, S. A., & Glenn, S. (2002). Certification and training of behavior analyst professionals. *Behavior Modification, 26* (1), 27-48.

Shore, B. A., Iwata, B. A., DeLeon, I. G., Kahng, S., & Smith, R. G. (1997). An analysis of reinforcer substitutability using object manipulation and self-injury as competing responses. *Journal of Applied Behavior Analysis, 30,* 439-449.

Sideridis, G. D., & Greenwood, C. R. (1996). Evaluating treatment effects in single-subject behavioral experiments using quality-control charts. *Journal of Behavioral Education, 6,* 203-211.

Sidman, M. (1960). *Tactics of scientific research.* New York: Basic Books.

Sidman, M. (1960/1988). *Tactics of scientific research: Evaluating experimental data in psychology.* New York: Basic Books/ Boston: Authors Cooperative (reprinted).

Sidman, M. (1971). Reading and auditoryvisual equivalences. *Journal of Speech and Hearing Research, 14,* 5-13.

Sidman, M. (1994). *Equivalence relations and behavior: A research story.* Boston: Author's Cooperative.

Sidman, M. (2000). Applied behavior analysis: Back to basics. *Behaviorology, 5* (1), 15-37.

Sidman, M. (2002). Notes from the beginning of time. *The Behavior Analyst, 25,* 3-13.

Sidman, M. (2006). The distinction between positive and negative reinforcement: Some additional considerations. *The Behavior Analyst, 29,* 135-139.

Sidman, M., & Cresson, O., Jr. (1973). Reading and crossmodal transfer of stimulus equivalences in severe retardation. *American Journal of Mental Deficiency, 77,* 515-523.

Sidman, M., & Stoddard, L. T. (1967). The effectiveness of fading in programming a simultaneous form discrimination for retarded children. *Journal of the Experimental Analysis of Behavior, 10,* 3-15.

Sidman, M., & Tailby, W. (1982). Conditional discrimination vs. matching-to-sample: An expansion of the testing paradigm. *Journal of the Experimental Analysis of Behavior, 37,* 5-22.

Sigafoos, J., Doss, S., & Reichle, J. (1989). Developing mand and tact repertoires with persons with severe developmental disabilities with graphic symbols. *Research in Developmental Disabilities, 11,* 165-176.

Sigafoos, J., Kerr, M., & Roberts, D. (1994). Interrater reliability of the Motivation Assessment Scale: Failure to replicate with aggressive behavior. *Research in Developmental Disabilities, 15,* 333-342.

Silvestri, S. M. (2004). *The effects of self-scoring on teachers' positive statements during classroom instruction.* Unpublished doctoral dissertation. Columbus, OH: The Ohio State University.

Silvestri, S. M. (2005). *How to make a graph using Microsoft Excel.* Unpublished manuscript. Columbus, OH: The Ohio State University.

Simek, T. C., O'Brien, R. M., & Figlerski, L. B. (1994). Contracting and chaining to improve the performance of a college golf team: Improvement and deterioration. *Perceptual and Motor Skills, 78* (3), 1099.

Simpson, M. J. A., & Simpson, A. E. (1977). One-zero and scan method for sampling behavior. *Animal Behavior, 25,* 726-731.

Singer, G., Singer, J., & Horner, R. (1987). Using pretask requests to increase the probability of compliance for students with severe disabilities. *Journal of the Association for Persons with Severe Handicaps, 12,* 287-291.

Singh, J., & Singh, N. N. (1985). Comparison of word-supply and word-analysis error-correction procedures on oral reading by mentally retarded children. *American Journal of Mental Deficiency, 90,* 64-70.

Singh, N. N. (1990). Effects of two error-correction procedures on oral reading errors. *Behavior Modification, 11,* 165-181.

Singh, N. N., & Katz, R. C. (1985). On the modification of acceptability ratings for alternative child treatments. *Behavior Modification, 9,* 375-386.

Singh, N. N., & Singh, J. (1984). Antecedent control of oral reading errors and self-corrections by mentally retarded children. *Journal of Applied Behavior Analysis, 17,* 111-119.

Singh, N. N., & Singh, J. (1986). Increasing oral reading proficiency: A comparative analyst off drill and positive practice overcorrection procedures. *Behavior Modification, 10,* 115-130.

Singh, N. N., & Winton, A. S. (1985). Controlling pica by components of an over-correction procedure. *American Journal of Mental Deficiency, 90,* 40-45.

Singh, N. N., Dawson, M. J., & Manning, P. (1981). Effects of spaced responding DRI on the stereotyped behavior of profoundly retarded persons. *Journal of Applied Behavior Analysis, 14,* 521-526.

Singh, N. N., Dawson, M. J., & Manning, P. (1981). The effects of physical restraint on self-injurious behavior. *Journal of Mental Deficiency Research, 25,* 207-216.

Singh, N. N., Singh, J., & Winton, A. S. (1984). Positive practice overcorrection of oral reading errors. *Behavior Modification, 8,* 23-37.

Sisson, L. A., & Barrett, R. P. (1984). An alternating treatments comparison of oral and total communication training with minimally verbal, mentally retarded children. *Journal of Applied Behavior Analysis, 17,* 559-566.

Skiba, R., & Raison, J. (1990). Relationship between the use of timeout and acade-mic achievement. *Exceptional Children, 57* (1), 36-46.

Skinner, B. F. (1938). *The behavior of organisms.* New York: Appleton-Century-Crofts.

Skinner, B. F. (1938/1966). *The behavior of organisms: An experimental analysis.* New York: Appleton-Century. (Copyright renewed in 1966 by the B. F.

Skinner Foundation, Cambridge, MA.)

Skinner, B. F. (1948). *Walden two.* New York: Macmillan.〔スキナー『心理学的ユートピア』宇津木保・宇津木正訳、誠信書房、1969年〕、〔スキナー『ウォールデン・ツー―森の生活』宇津木保訳、誠信書房、1983年〕

Skinner, B. F. (1948). Superstition in the pigeon. *Journal of Experimental Psychology, 38,* 168-172.

Skinner, B. F. (1953). *Science and human behavior.* New York: MacMillan.〔スキナー『科学と人間行動』河合 伊六監訳、二瓶社、2003年〕

Skinner, B. F. (1956). A case history in scientific method. *American Psychologist, 11,* 221-233.

Skinner, B. F. (1957). *Verbal behavior.* New York: Appleton-Century-Crofts.

Skinner, B. F. (1966). Operant behavior. In W. K. Honig (Ed.), *Operant behavior: Areas of research and application* (pp. 12-32). New York: Appleton-Century-Crofts.

Skinner, B. F. (1967). B. F. Skinner: An autobiography. In E. G. Boring & G. Lindzey (Eds.), *A history of psychology in autobiography* (Vol. 5, pp. 387-413). New York: Irvington.

Skinner, B. F. (1969). *Contingencies of reinforcement: A theoretical analysis.* New York: Appleton-Century-Crofts.〔スキナー『行動工学の基礎理論―伝統的心理学への批判』玉城政光監訳、佑学社、1976年〕

Skinner, B. F. (1971). *Beyond freedom and dignity.* New York: Knopf.〔スキナー、『自由への挑戦―行動工学入門』波多野進・加藤秀俊訳、番町書房、1972年〕

Skinner, B. F. (1974). *About behaviorism.* New York: Knopf.〔スキナー『行動工学とはなにか―スキナー心理学入門』犬田充訳、佑学社、1975年〕

Skinner, B. F. (1976). *Particulars of my life.* Washington Square, NY: New York University Press.

Skinner, B. F. (1978). *Reflections on behaviorism and society.* Upper Saddle River, NJ: Prentice Hall.

Skinner, B. F. (1979). *The shaping of a behaviorist.* Washington Square, NY: New York University Press.

Skinner, B. F. (1981a). Selection by consequences. *Science, 213,* 501-504.

Skinner, B. F. (1981b). How to discover what you have to say? A talk to students. *The Behavior Analyst, 4,* 1-7.

Skinner, B. F. (1982). Contrived reinforcement. *The Behavior Analyst, 5,* 3-8.

Skinner, B. F. (1983a). *A matter of consequences.* Washington Square, NY: New York University Press.

Skinner, B. F. (1983b). Intellectual self-management in old age. *American Psychologist, 38,* 239-244.

Skinner, B. F. (1989). *Recent issues in the analysis of behavior.* Columbus, OH: Merrill.

Skinner, B. F., & Vaughan, M. E. (1983). *Enjoy old age: A program of self-management.* New York: Norton.

Skinner, C. H., Cashwell, T. H., & Skinner, A. L (2000). Increasing tootling: The effects of a peer-mediated group contingency program on students' reports of peers' prosocial behavior. *Psychology in the Schools, 37* (3), 263-270.

Skinner, C. H., Fletcher, P. A., Wildmon, M., & Belfiore, P. J. (1996). Improving assignment preference through interspersing additional problems: Brief versus easy problems. *Journal of Behavioral Education, 6,* 427-436.

Skinner, C. H., Skinner, C. F., Skinner, A. L., & Cashwell, T. H. (1999). Using interdependent contingencies with groups of students: Why the principal kissed a pig. *Educational Administration Quarterly, 35* (Suppl.), 806-820.

Smith, B. W., & Sugai, G. (2000). A self-management functional assessment-based behavior support plan for a middle school student with EBD. *Journal of Positive Behavior Interventions, 2,* 208-217.

Smith, D. H. (1987). Telling stories as a way of doing ethics. *Journal of the Florida Medical Association, 74,* 581-588.

Smith, D. H. (1993). Stories, values, and patient care decisions. In C. Conrad (Ed.), *Ethical nexus* (pp. 123-148). Norwood, NJ: Ablex.

Smith, L. D. (1992). On prediction and control: B. F. Skinner and the technological ideal of science. *American Psychologist, 47,* 216-223.

Smith, R. G., & Iwata, B. A. (1997). Antecedent influences of behavior disorders. *Journal of Applied Behavior Analysis, 30,* 343-375.

Smith, R. G., Iwata, B. A., & Shore, B. A. (1995). Effects of subject- versus experimenter-selected reinforcers on the behavior of individuals with profound developmental disabilities. *Journal of Applied Behavior Analysis, 28,* 61-71.

Smith, R. G., Iwata, B. A., Goh, H., & Shore, B. A. (1995). Analysis of establishing operations for self-injury maintained by escape. *Journal of Applied Behavior Analysis, 28,* 515-535.

Smith, R. G., Russo, L., & Le, D. D. (1999). Distinguishing between extinction and punishment effects of response blocking: A replication. *Journal of Applied Behavior Analysis, 32,* 367-370.

Smith, R., Michael, J., & Sundberg, M. L. (1996). Automatic reinforcement and automatic punishment in infant vocal behavior. *The Analysis of Verbal Behavior, 13,* 39-48.

Smith, S., & Farrell, D. (1993). Level system use in special education: Classroom intervention with prima facie appeal. *Behavioral Disorders, 18* (4), 251-264.

Snell, M. E., & Brown, F. (2000). *Instruction of students with severe disabilities* (5th ed.). Upper Saddle River, NJ: Merrill Prentice Hall.

Snell, M. E., & Brown, F. (2006). *Instruction of students with severe disabilities* (6th ed.). Upper Saddle River, NJ: Prentice Hall.

Solanto, M. V., Jacobson, M. S., Heller, L., Golden, N. H., & Hertz, S. (1994). Rate of weight gain of inpatients with anorexia nervosa under two behavioral contracts. *Pediatrics, 93* (6), 989.

Solomon, R. L. (1964). Punishment. *American Psychologist, 19,* 239-253.

Spies, R. A., & Plake, B. S. (Eds.). (2005). *Sixteenth mental measurements yearbook.* Lincoln, NE: Buros Institute of Mental Measurements.

Spooner, F., Spooner, D., & Ulicny, G. R. (1986). Comparisons of modified backward chaining: Backward chaining with leaps ahead and reverse chaining with leaps ahead. *Education and Treatment of Children, 9* (2), 122-134.

Spradlin, J. E. (1966). Environmental factors and the language development of retarded children. In S. Rosenberg (Ed.), *Developments in applied psycholinguist research* (pp. 261-290). Riverside, NJ: MacMillian.

Spradlin, J. E. (1996). Comments on Lerman and Iwata (1996). *Journal of Applied Behavior Analysis, 29,* 383-385.

Spradlin, J. E. (2002). Punishment: A primary response. *Journal of Applied Behavior Analysis, 35,* 475-477.

Spradlin, J. E., Cotter, V. W., & Baxley, N. (1973). Establishing a conditional discrimination without direct training: A study of transfer with retarded adolescents. *American Journal of Mental Deficiency, 77,* 556-566.

Sprague, J. R., & Horner, R. H. (1984). The effects of single instance, multiple instance, and general case training on generalized vending machine used by moderately and severely handicapped students. *Journal of Applied Behavior Analysis, 17,* 273-278.

Sprague, J. R., & Horner, R. H. (1990). Easy does it: Preventing challenging behaviors. *Teaching Exceptional Children, 23,* 13-15.

Sprague, J. R., & Horner, R. H. (1991). Determining the acceptability of behavior support plans. In M. Wang, H. Walberg, & M. Reynolds (Eds.), *Handbook of special education* (pp. 125-142). Oxford, London: Pergamon Press.

Sprague, J. R., & Horner, R. H. (1992). Covariation within functional response classes: Implications for treatment of severe problem behavior. *Journal of Applied Behavior Analysis, 25,* 735-745.

Sprague, J., & Walker, H. (2000). Early identification and intervention for youth with antisocial and violent behavior. *Exceptional Children, 66,* 367-379.

Spreat, S., & Connelly, L. (1996). Reliability analysis of the Motivation Assessment Scale. *American Journal on Mental Retardation, 100,* 528-532.

Staats, A. W., & Staats, C. K. (1963). *Complex human behavior: A systematic extension of learning principles.* New York: Holt, Rinehart and Winston.

Stack, L. Z., & Milan, M. A. (1993). Improving dietary practices of elderly individuals: The power of prompting, feedback, and social reinforcement. *Journal of Applied Behavior Analysis, 26,* 379-387.

Staddon, J. E. R. (1977). Schedule-induced behavior. In W. K. Honig & J. E. R. Staddon (Eds.), *Handbook of operant behavior* (pp. 125-152). Upper Saddle River, NJ: Prentice Hall.

Stage, S. A., & Quiroz, D. R. (1997). A meta-analysis of interventions to decrease disruptive classroom behavior in public education settings. *School Psychology Review, 26,* 333-368.

Starin, S., Hemingway, M., & Hartsfield, F. (1993). Credentialing behavior analysts and the Florida behavior analysis certification program. *The Behavior Analyst, 16,* 153-166.

Steege, M. W., Wacker, D. P., Cigrand, K. C., Berg, W. K., Novak, C. G., Reimers, T. M., Sasso, G. M., & DeRaad, A. (1990). Use of negative reinforcement in the treatment of self-injurious behavior. *Journal of Applied Behavior Analysis, 23,* 459-467.

Stephens, K. R., & Hutchison, W. R. (1992). Behavioral personal digital assistants: The seventh generation of computing. *The Analysis of Verbal Behavior, 10,* 149-156.

Steuart, W. (1993). Effectiveness of arousal and arousal plus overcorrection to reduce nocturnal bruxism. *Journal of Behavior Therapy & Experimental Psychiatry, 24,* 181-185.

Stevenson, H. C., & Fantuzzo, J. W. (1984). Application of the "generalization map" to a self-control intervention with school-aged children. *Journal of Applied Behavior Analysis, 17,* 203-212.

Stewart, C. A., & Singh, N. N. (1986). Overcorrection of spelling deficits in mentally retarded persons. *Behavior Modification, 10,* 355-365.

Stitzer, M. L., Bigelow, G. E., Liebson, I. A., & Hawthorne, J. W. (1982). Contingent reinforcement for benzodiazepine-free urines: Evaluation of a drug abuse treatment intervention. *Journal of Applied Behavior Analysis, 15,* 493-503.

Stokes, T. (2003). A genealogy of applied behavior analysis. In K. S. Budd & T. Stokes (Eds.), *A small matter of proof: The legacy of Donald M. Baer* (pp. 257-272). Reno, NV: Context Press.

Stokes, T. F., & Baer, D. M. (1976). Preschool peers as mutual generalization-facilitating agents. *Behavior Therapy, 7,* 599-610.

Stokes, T. F., & Baer, D. M. (1977). An implicit technology of generalization. *Journal of Applied Behavior Analysis, 10,* 349-367.

Stokes, T. F., & Osnes, P. G. (1982). Programming the generalization of children's social behavior. In P. S. Strain, M. J. Guralnick, & H. M. Walker (Eds.), *Children's social behavior: Development, assessment, and modification* (pp. 407-443) Orlando, FL: Academic Press.

Stokes, T. F., & Osnes, P. G. (1989). An operant pursuit of generalization. *Behavior Therapy, 20,* 337-355.

Stokes, T. F., Baer, D. M., & Jackson, R. L. (1974). Programming the generalization of a greeting response in four retarded children. *Journal of Applied Behavior Analysis, 7,* 599-610.

Stokes, T. F., Fowler, S. A., & Baer, D. M. (1978). Training preschool children to recruit natural communities of reinforcement. *Journal of Applied Behavior Analysis, 11,* 285-303.

Stolz, S. B. (1978). *Ethical issues in behavior modification.* San Francisco: Jossey-Bass.

Strain, P. S., & Joseph, G. E. (2004). A not so good job with "Good job." *Journal of Positive Behavior Interventions, 6* (1), 55-59.

Strain, P. S., McConnell, S. R., Carta, J. J., Fowler, S. A., Neisworth, J. T., & Wolery, M. (1992). Behaviorism in early intervention. *Topics in Early Childhood Special Education, 12,* 121-142.

Strain, P. S., Shores, R. E., & Kerr, M. M. (1976). An experimental analysis of "spillover" effects on the social interaction of behaviorally handicapped preschool children. *Journal of Applied Behavior Analysis, 9,* 31-40.

Striefel, S. (1974). *Behavior modification: Teaching a child to imitate.* Austin, TX: Pro-Ed.

Stromer, R. (2000). Integrating basic and applied research and the utility of Lattal and Perone's *Handbook of Research Methods in Human Operant Behavior. Journal of Applied Behavior Analysis, 33,* 119-136.

Stromer, R., McComas, J. J., & Rehfeldt, R. A. (2000). Designing interventions that include delayed reinforcement: Implications of recent laboratory research. *Journal of Applied Behavior Analysis, 33,* 359-371.

Sugai, G. M., & Tindal, G. A. (1993). *Effective school consultation: An interactive approach.* Pacific Grove, CA: Brooks/Cole.

Sulzer-Azaroff, B., & Mayer, G. R. (1977). *Applying behavior-analysis procedures with children and youth.* New York: Holt, Rinehart & Winston.

Sundberg, M. L. (1983). Language. In J. L. Matson, & S. E. Breuning (Eds.), *Assessing the mentally retarded* (pp. 285-310). New York: Grune & Stratton.

Sundberg, M. L. (1991). 301 research topics from Skinner's book *Verbal behavior. The Analysis of Verbal Behavior, 9,* 81-96.

Sundberg, M. L. (1993). The application of establishing operations. *The Behavior Analyst, 16,* 211-214.

Sundberg, M. L. (1998). Realizing the potential of Skinner's analysis of verbal behavior. *The Analysis of Verbal Behavior, 15,* 143-147.

Sundberg, M. L. (2004). A behavioral analysis of motivation and its relation to mand training. In L. W. Williams (Ed.), *Developmental disabilities: Etiology, assessment, intervention, and integration.* Reno, NV: Context Press.

Sundberg, M. L., & Michael, J. (2001). The value of Skinner's analysis of verbal behavior for teaching children with autism. *Behavior Modification, 25,* 698-724.

Sundberg, M. L., & Partington, J. W. (1998). *Teaching language to children with autism or other developmental disabilities.* Pleasant Hill, CA: Behavior Analysts, Inc.

Sundberg, M. L., Endicott, K., & Eigenheer, P. (2000). Using intraverbal prompts to establish tacts for children with autism. *The Analysis of Verbal Behavior, 17,* 89-104.

Sundberg, M. L., Loeb, M., Hale, L., & Eigenheer, P. (2002). Contriving establishing operations to teach mands for information. *The Analysis of Verbal Behavior, 18,* 14-28.

Sundberg, M. L., Michael, J., Partington, J. W., & Sundberg, C. A. (1996). The role of automatic reinforcement in early language acquisition. *The Analysis of Verbal Behavior, 13,* 21-37.

Sundberg, M. L., San Juan, B., Dawdy, M., & Arguelles, M. (1990). The acquisition of tacts, mands, and intraverbals by individuals with traumatic brain injury. *The Analysis of Verbal Behavior, 8,* 83-99.

Surratt, P.R., Ulrich, R.E., & Hawkins, R. P. (1969). An elementary student as a behavioral engineer. *Journal of Applied Behavior Analysis.* 85-92.

Sutherland, K. S., Wehby, J. H., & Yoder, P. J. (2002). An examination of the relation between teacher praise and students with emotional/behavioral disorders' opportunities to respond to academic requests. *Journal of Emotional and Behavioral Disorders, 10,* 5-13.

Swanson, H. L., & Sachse-Lee, C. (2000). A meta-analysis of single-subject-design intervention research for students with LD. *Journal of Learning Disabilities, 38,* 114-136.

Sweeney, W. J., Salva, E., Cooper, J. O., & Talbert-Johnson, C. (1993). Using self-evaluation to improve difficult-toread handwriting of secondary students. *Journal of Behavioral Education, 3,* 427-443.

Symons, F. J., Hoch, J., Dahl, N. A., & McComas, J. J. (2003). Sequential and matching analyses of self-injurious behavior: A case of overmatching in the natural environment. *Journal of Applied Behavior Analysis, 36,* 267-270.

Symons, F. J., McDonald, L. M., & Wehby, J. H. (1998). Functional assessment and teacher collected data. *Education and Treatment of Children, 21* (2), 135-159.

Szempruch, J., & Jacobson, J. W. (1993). Evaluating the facilitated communications of people with developmental disabilities. *Research in Developmental Disabilities, 14,* 253-264.

Tang, J., Kennedy, C. H., Koppekin, A., & Caruso, M. (2002). Functional analysis of stereotypical ear covering in a child with autism. *Journal of Applied Behavior Analysis, 35,* 95-98.

Tapp, J. T., & Walden, T. A. (2000). A system for collecting and analysis of observational data from videotape. In T. Thompson, D. Felce, & F. J. Symons (Eds.), *Behavioral observation: Technology and applications in developmental disabilities* (pp. 61-70). Baltimore: Paul H. Brookes.

Tapp, J. T., & Wehby, J. H. (2000). Observational software for laptop computers and optical bar code readers. In T. Thompson, D. Felce, & F. J. Symons (Eds.), *Behavioral observation: Technology and applications in developmental disabilities* (pp. 71-81). Baltimore: Paul H. Brookes.

Tapp, J. T., Wehby, J. H., & Ellis, D. M. (1995). A multiple option observation system for experimental studies: MOOSES. *Behavior*

Research Methods Instruments & Computers, 27, 25-31.

Tarbox, R. S. F., Wallace, M. D., & Williams, L. (2003). Assessment and treatment of elopement: A replication and extension. *Journal of Applied Behavior Analysis, 36,* 239-244.

Tarbox, R. S. F., Williams, W. L., & Friman, P. C. (2004). Extended diaper wearing: Effects on continence in and out of the diaper. *Journal of Applied Behavior Analysis, 37,* 101-105.

Tawney, J., & Gast, D. (1984). *Single subject research in special education.* Columbus, OH: Charles E. Merrill.

Taylor, L. K., & Alber, S. R. (2003). The effects of classwide peer tutoring on the spelling achievement of first graders with disabilities. *The Behavior Analyst Today, 4,* 181-189.

Taylor, R. L. (2006). Assessment of exceptional students: *Educational and psychological procedures* (7th ed.). Boston: Pearson/Allyn and Bacon.

Terrace, H. S. (1963a). Discrimination learning with and without "errors." *Journal of the Experimental Analysis of Behavior, 6,* 1-27.

Terrace, H. S. (1963b). Errorless transfer of a discrimination across two continua. *Journal of the Experimental Analysis of Behavior, 6,* 223-232.

Terris, W., & Barnes, M. (1969). Learned resistance to punishment and subsequent responsiveness to the same and novel punishers. *Psychonomic Science, 15,* 49-50.

Test, D. W., & Heward, W. L. (1983). Teaching road signs and traffic laws to learning disabled students. *Science Education, 64,* 129-139.

Test, D. W., & Heward, W. L. (1984). Accuracy of momentary time sampling: A comparison of fixed- and variable-interval observation schedules. In W. L. Heward, T. E. Heron, D. S. Hill, and J. Trap-Porter (Eds.), *Focus on behavior analysis in education* (pp. 177-194). Columbus, OH: Charles E. Merrill.

Test, D. W., Spooner, F., Keul, P. K., & Grossi, T. (1990). Teaching adolescents with severe disability to use the public telephone. *Behavior Modification, 14,* 157-171.

Thompson, R. H., & Iwata, B. A. (2000). Response acquisition under direct and indirect contingencies of reinforcement. *Journal of Applied Behavior Analysis, 33,* 1-11.

Thompson, R. H., & Iwata, B. A. (2001). A descriptive analysis of social consequences following problem behavior. *Journal of Applied Behavior Analysis, 34,* 169-178.

Thompson, R. H., & Iwata, B. A. (2003). A review of reinforcement control procedures. *Journal of Applied Behavior Analysis, 38,* 257-278.

Thompson, R. H., & Iwata, B. A. (2005). A review of reinforcement control procedures. *Journal of Applied Behavior Analysis, 38,* 257-278.

Thompson, R. H., Fisher, W. W., Piazza, C. C., & Kuhn D. E. (1998). The evaluation and treatment of aggression maintained by attention and automatic reinforcement. *Journal of Applied Behavior Analysis, 31,* 103-116.

Thompson, R. H., Iwata, B. A., Conners, J., & Roscoe, E. M. (1999). Effects of reinforcement for alternative behavior during punishment of self-injury. *Journal of Applied Behavior Analysis, 32,* 317-328.

Thompson, T. J., Braam, S. J., & Fuqua, R. W. (1982). Training and generalization of laundry skills: A multiple probe evaluation with handicapped persons. *Journal of Applied Behavior Analysis, 15,* 177-182.

Thompson, T., Symons, F. J., & Felce, D. (2000). Principles of behavioral observation. In T. Thompson, F. J. Symons, & D. Felce (Eds.), *Behavioral observation: Technology and applications in developmental disabilities* (pp. 3-16). Baltimore: Paul H. Brookes.

Thomson, C., Holmber, M., & Baer, D. M. (1974). A brief report on a comparison of time sampling procedures. *Journal of Applied Behavior Analysis, 7,* 623-626.

Thoresen, C. E., & Mahoney, M. J. (1974). *Behavioral self-control.* New York: Holt, Rinehart & Winston.

Timberlake, W., & Allison, J. (1974). Response deprivation: An empirical approach to instrumental performance. *Psychological Review, 81,* 146-164.

Tincani, M. (2004). Comparing the Picture Exchange Communication System and sign language training for children with autism. *Focus on Autism and Other Developmental Disabilities, 19,* 152-163.

Todd, A. W., Horner, R. W., & Sugai, G. (1999). Self-monitoring and self-recruited praise: Effects on problem behavior, academic engagement, and work completion in a typical classroom. *Journal of Positive Behavior Interventions, 1,* 66-76, 122.

Todd, J. T., & Morris, E. K. (1983). Misconception and miseducation: Presentations of radical behaviorism in psychology textbooks. *The Behavior Analyst, 6,* 153-160.

Todd, J. T., & Morris, E. K. (1992). Case histories in the great power of steady misrepresentation. *American Psychologist, 47,* 1441-1453.

Todd, J. T., & Morris, E. K. (1993). Change and be ready to change again. *American Psychologist, 48,* 1158-1159.

Todd, J. T., & Morris, E. K. (Eds.). (1994). *Modern perspectives on John B. Watson and classical behaviorism.* Westport, CT: Greenwood Press.

Touchette, P. E., MacDonald, R. F., & Langer, S. N. (1985). A scatter plot for identifying stimulus control of problem behavior. *Journal of Applied Behavior Analysis, 18,* 343-351.

Trammel, D. L., Schloss, P. J., & Alper, S. (1994). Using self-recording, evaluation, and graphing to increase completion of homework assignments. *Journal of Learning Disabilities, 27,* 75-81.

Trap, J. J., Milner-Davis, P., Joseph, S., & Cooper, J. O. (1978). The effects of feedback and consequences on transitional cursive letter formation. *Journal of*

Applied Behavior Analysis, 11, 381-393.

Trask-Tyler, S. A., Grossi, T. A., & Heward, W. L. (1994). Teaching young adults with developmental disabilities and visual impairments to use tape-recorded recipes: Acquisition, generalization, and maintenance of cooking skills. *Journal of Behavioral Education, 4,* 283-311.

Tucker, D. J., & Berry, G. W. (1980). Teaching severely multihandicapped students to put on their own hearing aids. *Journal of Applied Behavior Analysis, 13,* 65-75.

Tufte, E. R. (1983). *The visual display of quantitative information.* Chesire, CT: Graphics Press.

Tufte, E. R. (1990). *Envisioning information.* Chesire, CT: Graphics Press. Turkewitz, H., O'Leary, K. D., & Ironsmith, M. (1975). Generalization and maintenance of appropriate behavior through self-control. *Journal of Consulting and Clinical Psychology, 43,* 577-583.

Turnbull, H. R., III., & Turnbull, A. P. (1998). *Free appropriate public education: The law and children with disabilities.* Denver: Love.

Tustin, R. D. (1994). Preference for reinforcers under varying schedule arrangements: A behavioral economic analysis. *Journal of Applied Behavior Analysis, 28,* 61-71.

Twohig, M. P., & Woods, D. W. (2001). Evaluating the duration of the competing response in habit reversal: A parametric analysis. *Journal of Applied Behavior Analysis, 34,* 517-520.

Twyman, J., Johnson, H., Buie, J., & Nelson, C. M. (1994). The use of a warning procedure to signal a more intrusive timeout contingency. *Behavioral Disorders, 19*(4), 243-253.

U. S. Department of Education. (2003). *Proven methods: Questions and answers on No Child Left Behind.* Washington, DC: Author. Retrieved October 24, 2005, from www.ed.gov/nclb/methods/whatworks/doing.html.

Ulman, J. D., & Sulzer-Azaroff, B. (1975). Multi-element baseline design in educational research. In E. Ramp & G. Semb (Eds.), *Behavior analysis: Areas of research and application* (pp. 371-391). Upper Saddle River, NJ: Prentice Hall.

Ulrich, R. E., & Azrin, N. H. (1962). Reflexive fighting in response to aversive stimulation. *Journal of the Experimental Analysis of Behavior, 5,* 511-520.

Ulrich, R. E., Stachnik, T. & Mabry, J. (Eds.). (1974). *Control of human behavior (Vol. 3), Behavior modification in education.* Glenview, IL: Scott, Foresman and Company.

Ulrich, R. E., Wolff, P. C., & Azrin, N. H. (1962). Shock as an elicitor of intraand inter-species fighting behavior. *Animal Behavior, 12,* 14-15.

Umbreit, J., Lane, K., & Dejud, C. (2004). Improving classroom behavior by modifying task difficulty: Effects of increasing the difficulty of too-easy tasks. *Journal of Positive Behavioral Interventions, 6,* 13-20.

Valk, J. E. (2003). *The effects of embedded instruction within the context of a small group on the acquisition of imitation skills of young children with disabilities.* Unpublished doctoral dissertation, The Ohio State University.

Van Acker, R., Grant, S. H., & Henry, D. (1996). Teacher and student behavior as a function of risk for aggression. *Education and Treatment of Children, 19,* 316-334.

Van Camp, C. M., Lerman, D. C., Kelley, M. E., Contrucci, S. A., & Vorndran, C. M. (2000). Variable-time reinforcement schedules in the treatment of socially maintained problem behavior. *Journal of Applied Behavior Analysis, 33,* 545-557.

van den Pol, R. A., Iwata, B. A., Ivancic, M. T., Page, T. J., Neef, N. A., & Whitley, F. P. (1981). Teaching the handicapped to eat in public places: Acquisition, generalization and maintenance of restaurant skills. *Journal of Applied Behavior Analysis, 14,* 61-69.

Van Houten, R. (1979). Social validation: The evolution of standards of competency for target behaviors. *Journal of Applied Behavior Analysis, 12,* 581-591.

Van Houten, R. (1993). Use of wrist weights to reduce self-injury maintained by sensory reinforcement. *Journal of Applied Behavior Analysis, 26,* 197-203.

Van Houten, R. (1994). The right to effective behavioral treatment. In L. J. Hayes, G. J. Hayes, S. C. Moore, & P. M. Gjezzi (Eds.), *Ethical issues in developmental disabilities* (pp. 103-118). Reno, NV: Context Press.

Van Houten, R., Axelrod, S., Bailey, J. S., Favell, J. E., Foxx, R. M., Iwata, B. A., & Lovaas, O. I. (1988). The right to effective behavioral treatment. *The Behavior Analyst, 11,* 111-114.

Van Houten, R., & Doleys, D. M. (1983). Are social reprimands effective? In S. Axelrod & J. Apsche (Eds.). *The effects of punishment on human behavior* (pp. 45-70). New York: Academic Press.

Van Houten, R., & Malenfant, J. E. L. (2004). Effects of a driver enforcement program on yielding to pedestrians. *Journal of Applied Behavior Analysis, 37,* 351-363.

Van Houten, R., Malenfant, J. E., Austin, J., & Lebbon, A. (2005). The effects of a seatbelt-gearshift delay prompt on the seatbelt use of motorists who do not regularly wear seatbelts. *Journal of Applied Behavior Analysis, 38,* 195-203.

Van Houten, R., Malenfant, L., & Rolider, A. (1985). Increasing driver yielding and pedestrian signaling with prompting, feedback, and enforcement. *Journal of Applied Behavior Analysis, 18,* 103-110.

Van Houten, R., & Nau, P. A. (1981). A comparison of the effects of posted feedback and increased police surveillance on highway speeding. *Journal of Applied Behavior Analysis, 14,* 261-271.

Van Houten, R., & Nau, P. A. (1983). Feedback interventions and driving speed: A parametric and comparative analysis. *Journal of Applied Behavior Analysis, 17*, 253-281.

Van Houten, R., Nau, P. A., Mackenzie-Keating, S. E., Sameoto, D., & Colavecchia, B. (1982). An analysis of some variables influencing the effectiveness of reprimands. *Journal of Applied Behavior Analysis, 15*, 65-83.

Van Houten, R., Nau, P. A., & Marini, Z. (1980). An analysis of public posting in reducing speeding behavior on an urban highway. *Journal of Applied Behavior Analysis, 13*, 383-395.

Van Houten, R., & Retting, R. A. (2001). Increasing motorist compliance and caution at stop signs. *Journal of Applied Behavior Analysis, 434*, 185-193.

Van Houten, R., & Retting, R. A. (2005). Increasing motorist compliance and caution at stop signs. *Journal of Applied Behavior Analysis, 34*, 185-193.

Van Houten, R., & Rolider, A. (1988). Recreating the scene: An effective way to provide delayed punishment for inappropriate motor behavior. *Journal of Applied Behavior Analysis, 21*, 187-192.

Van Houten, R., & Rolider, A. (1990). The role of reinforcement in reducing inappropriate behavior: Some myths and misconceptions. In A. C. Repp & N. N. Singh (Eds.), *Perspectives on the use of nonaversive and aversive interventions for persons with developmental disabilities* (pp. 119-127). Sycamore, IL: Sycamore.

Van Norman, R. K. (2005). *The effects of functional communication training, choice making, and an adjusting work schedule on problem behavior maintained by negative reinforcement.* Unpublished doctoral dissertation, The Ohio State University, Columbus.

Vargas, E. A. (1986). Intraverbal behavior. In P. N. Chase & L. J. Parrott (Eds.), *Psychological aspects of language* (pp. 128-151). Springfield, IL: Charles C. Thomas.

Vargas, J. S. (1978). A behavioral approach to the teaching of composition. *The Behavior Analyst, 1*, 16-24.

Vargas, J. S. (1984). What are your exercises teaching? An analysis of stimulus control in instructional materials. In W. L. Heward, T. E. Heron, D. S. Hill, & J. Trap-Porter (Eds.), *Focus on behavior analysis in education* (pp. 126-141). Columbus, OH: Merrill.

Vargas, J. S. (1990). B. F. Skinner—The last few days. *Applied Behavior Analysis, 23*, 409-410.

Vaughan, M. (1989). Rule-governed behavior in behavior analysis: A theoretical and experimental history. In S. C. Hayes (Ed.), *Rule-governed behavior: Cognition, contingencies, and instructional control* (pp. 97-118). New York: Plenum Press.

Vaughan, M. E., & Michael, J. L. (1982). Automatic reinforcement: An important but ignored concept. *Behaviorism, 10*, 217-227.

Vollmer, T. R. (1994). The concept of automatic reinforcement: Implications for behavioral research in developmental disabilities. *Research in Developmental Disabilities, 15* (3), 187-207.

Vollmer, T. R. (2002). Punishment happens: Some comments on Lerman and Vorndran's review. *Journal of Applied Behavior Analysis, 35*, 469-473.

Vollmer, T. R. (2006, May). *On the utility of automatic reinforcement in applied behavior analysis.* Paper presented at the 32nd annual meeting of the Association for Behavior Analysis, Atlanta, GA.

Vollmer, T. R., & Hackenberg, T. D. (2001). Reinforcement contingencies and social reinforcement: Some reciprocal relations between basic and applied research. *Journal of Applied Behavior Analysis, 34*, 241-253.

Vollmer, T. R., & Iwata, B. A. (1991). Establishing operations and reinforcement effects. *Journal of Applied Behavior Analysis, 24*, 279-291.

Vollmer, T. R., & Iwata, B. A. (1992). Differential reinforcement as treatment for behavior disorders: Procedural and functional variations. *Research in Developmental Disabilities, 13*, 393-417.

Vollmer, T. R., Marcus, B. A., Ringdahl, J. E., & Roane, H. S. (1995). Progressing from brief assessments to extended experimental analyses in the evaluation of aberrant behavior. *Journal of Applied Behavior Analysis, 28*, 561-576.

Vollmer, T. R., Progar, P. R., Lalli, J. S., Van Camp, C. M., Sierp, B. J., Wright, C. S., Nastasi, J., & Eisenschink, K. J. (1998). Fixed-time schedules attenuate extinction-induced phenomena in the treatment of severe aberrant behavior. *Journal of Applied Behavior Analysis, 31*, 529-542.

Vollmer, T. R., Roane, H. S., Ringdahl, J. E., & Marcus, B. A. (1999). Evaluating treatment challenges with differential reinforcement of alternative behavior. *Journal of Applied Behavior Analysis, 32*, 9-23.

Wacker, D. P., & Berg, W. K. (1983). Effects of picture prompts on the acquisition of complex vocational tasks by mentally retarded adolescents. *Journal of Applied Behavior Analysis, 16*, 417-433. Wacker, D. P., Berg, W. K., Wiggins, B., Muldoon, M., & Cavanaugh, J. (1985).Evaluation of reinforcer preferences for profoundly handicapped students. *Journal of Applied Behavior Analysis, 18*, 173-178.

Wacker, D., Steege, M., Northup, J., Reimers, T., Berg, W., & Sasso, G. (1990). Use of functional analysis and acceptability measures to assess and treat severe behavior problems: An outpatient clinic model. In A. C. Repp & N. N. Singh (Eds.), *Perspectives on the use of nonaversive and aversive interventions for persons with developmentaly disabilities* (pp. 349-359). Sycamore, IL: Sycamore.

Wagman, J. R., Miltenberger, R. G., & Arndorfer, R. E. (1993). Analysis of a simplified treatment for stuttering. *Journal of Applied Behavior Analysis, 26*, 53-61.

Wagman, J. R., Miltenberger, R. G., & Woods, D. W. (1995). Long-term follow-up of a behavioral treatment for stuttering. *Journal of Applied Behavior Analysis, 28,* 233-234.

Wahler, R. G., & Fox, J. J. (1980). Solitary toy play and time out: A family treatment package for children with aggressive and oppositional behavior. *Journal of Applied Behavior Analysis, 13,* 23-39.

Walker, H. M. (1983). Application of response cost in school settings: Outcomes, issues and recommendations. *Exceptional Education Quarterly, 3,* 46-55.

Walker, H. M. (1997). *The acting out child: Coping with classroom disruption* (2nd ed.). Longmont, CO: Sopris West.

Wallace, I. (1977). Self-control techniques of famous novelists. *Journal of Applied Behavior Analysis, 10,* 515-525.

Ward, P., & Carnes, M. (2002). Effects of posting self-set goals on collegiate football players' skill execution during practice and games. *Journal of Applied Behavior Analysis, 35,* 1-12.

Warner, S. F. (1992). Facilitating basic vocabulary acquisition with milieu teaching procedures. *Journal of Early Intervention, 16,* 235-251.

Warren, S. F., Rogers-Warren, A., & Baer, D. M. (1976). The role of offer rates in controlling sharing by young children. *Journal of Applied Behavior Analysis, 9,* 491-497.

Watkins, C. L., Pack-Teixteira, L., & Howard, J.S. (1989). Teaching intraverbal behavior to severely retarded children. *The Analysis of Verbal Behavior, 7,* 69-81.

Watson, D. L., & Tharp, R. G. (2007). *Self-directed behavior: Self-modification for personal adjustment* (9th ed.). Belmont, CA: Wadsworth/Thomson Learning.

Watson, J. B. (1913). Psychology as the behaviorist views it. *Psychological Review, 20,* 158-177.

Watson, J. B. (1924). *Behaviorism.* New York: W. W. Norton.

Watson, P. J., & Workman, E. A. (1981). The nonconcurrent multiple baseline across-individuals design: An extension of the traditional multiple baseline design. *Journal of Behavior Therapy and Experimental Psychiatry, 12,* 257-259.

Watson, T. S. (1996). A prompt plus delayed contingency procedure for reducing bathroom graffiti. *Journal of Applied Behavior Analysis, 29,* 121-124.

Webber, J., & Scheuermann, B. (1991). Accentuate the positive . . . eliminate the negative. *Teaching Exceptional Children, 24* (1), 13-19.

Weber, L. H. (2002). The cumulative record as a management tool. *Behavioral Technology Today, 2,* 1-8.

Weeks, M., & Gaylord-Ross, R. (1981). Task difficulty and aberrant behavior in severely handicapped students. *Journal of Applied Behavior Analysis, 14,* 449-463.

Wehby, J. H., & Hollahan, M. S. (2000). Effects of high-probability requests on the latency to initiate academic tasks. *Journal of Applied Behavior Analysis, 33,* 259-262.

Weiher, R. G., & Harman, R. E. (1975). The use of omission training to reduce self-injurious behavior in a retarded child. *Behavior Therapy, 6,* 261-268.

Weiner, H. (1962). Some effects of response cost upon human operant behavior. *Journal of Experimental Analysis of Behavior, 5,* 201-208.

Wenrich, W. W., Dawley, H. H., & General, D. A. (1976). *Self-directed systematic desensitization: A guide for the student, client, and therapist.* Kalamazoo, MI: Behaviordelia.

Werts, M. G., Caldwell, N. K., & Wolery, M. (1996). Peer modeling of response chains: Observational learning by students with disabilities. *Journal of Applied Behavior Analysis, 29,* 53-66.

West, R. P., & Smith, T. G. (2002, September 21). *Managing the behavior of groups of students in public schools: Clocklights and group contingencies.* Paper presented at The Ohio State University Third Focus on Behavior Analysis in Education Conference, Columbus, OH.

West, R. P., Young, K. R., & Spooner, F. (1990). Precision teaching: An introduction. *Teaching Exceptional Children, 22,* 4-9.

Wetherington, C. L. (1982). Is adjunctive behavior a third class of behavior? *Neuroscience and Biobehavioral Reviews, 6,* 329-350.

Whaley, D. L., & Malott, R. W. (1971). *Elementary principles of behavior.* Englewood Cliffs, NJ: Prentice Hall.

Whaley, D. L., & Surratt, S. L. (1968). *Attitudes of science.* Kalamazoo, MI: Behaviordelia.

Wheeler, D. L., Jacobson, J. W., Paglieri, R. A., & Schwartz, A. A. (1993). An experimental assessment of facilitated communication. *Mental Retardation, 31,* 49-60.

White, A., & Bailey, J. (1990). Reducing disruptive behaviors of elementary physical education students with sit and watch. *Journal of Applied Behavior Analysis, 23,* 353-359.

White, D. M. (1991). *Use of guided notes to promote generalized notetaking behavior of high school students with learning disabilities.* Unpublished master's thesis. Columbus, OH: The Ohio State University.

White, G. D. (1977). The effects of observer presence on the activity level of families. *Journal of Applied Behavior Analysis, 10,* 734.

White, M. A. (1975). Natural rates of teacher approval and disapproval in the classroom. *Journal of Applied Behavior Analysis, 8,* 367-372.

White, O. (2005) Trend lines. In G. Sugai & R. Horner (Eds.), *Encyclopedia of behavior modification and cognitive behavior therapy, Volume 3: Educational applications.* Pacific Grove, CA; Sage Publications.

White, O. R. (1971). *The "split-middle": A "quickie" method of trend estimation* (working paper No. 1). Eugene: University of Oregon, Regional Center for Handicapped Children.

White, O. R., & Haring, N. G. (1980). *Exceptional teaching* (2nd ed.). Columbus, OH: Charles E. Merrill.

Wieseler, N. A., Hanson, R. H., Chamberlain, T. P., & Thompson, T. (1985). Functional taxonomy of stereotypic and self-injurious behavior. *Mental Retardation, 23,* 230-234.

Wilder, D. A., & Carr, J. E. (1998). Recent advances in the modification of establishing operations to reduce aberrant behavior. *Behavioral Interventions, 13,* 43-59.

Wilder, D. A., Masuda, A., O'Conner, C., & Baham, M. (2001). Brief functional analysis and treatment of bizarre vocalizations in an adult with schizophrenia. *Journal of Applied Behavior Analysis, 34,* 65-68.

Wilkenfeld, J., Nickel, M., Blakely, E., & Poling, A. (1992). Acquisition of lever press responding in rats with delayed reinforcement: A comparison of three procedures. *Journal of the Experimental Analysis of Behavior, 51,* 431-443.

Wilkinson, G. S. (1994). *Wide Range Achievement Test-3.* Austin, TX: Pro-Ed.

Wilkinson, L. A. (2003). Using behavioral consultation to reduce challenging behavior in the classroom. *Preventing School Failure, 47*(3), 100-105.

Williams, C. D. (1959). The elimination of tantrum behavior by extinction procedures. *Journal of Abnormal and Social Psychology, 59,* 269.

Williams, D. E., Kirkpatrick-Sanchez, S., & Iwata, B. A. (1993). A comparison of shock intensity in the treatment of longstanding and severe self-injurious behavior. *Research in Developmental Disabilities, 14,* 207-219.

Williams, G., Donley, C. R., & Keller, J. W. (2000). Teaching children with autism to ask questions about hidden objects. *Journal of Applied Behavior Analysis, 33,* 627-630.

Williams, J. A., Koegel, R. L., & Egel, A. L. (1981). Response-reinforcer relationships and improved learning in autistic children. *Journal of Applied Behavior Analysis, 14,* 53-60.

Williams, J. L. (1973). *Operant learning: Procedures for changing behavior.* Monterey, CA: Brooks/Cole.

Windsor, J., Piche, L. M., & Locke, P. A. (1994). Preference testing: A comparison of two presentation methods. *Research in Developmental Disabilities, 15,* 439-455.

Winett, R. A., & Winkler, R. C. (1972). Current behavior modification in the classroom: Be still, be quiet, be docile. *Journal of Applied Behavior Analysis, 5,* 499-504.

Winett, R. A., Moore, J. F., & Anderson, E. S. (1991). Extending the concept of social validity: Behavior analysis for disease prevention and health promotion. *Journal of Applied Behavior Analysis, 24,* 215-230.

Winett, R. A., Neale, M. S., & Grier, H. C. (1979). Effects of self-monitoring on residential electricity consumption. *Journal of Applied Behavior Analysis, 12,* 173-184.

Witt, J. C., Noell, G. H., LaFleur, L. H., & Mortenson, B. P. (1997). Teacher use of interventions in general education settings: Measurement and analysis of the independent variable. *Journal of Applied Behavior Analysis, 30,* 693-696.

Wittgenstein, L. (1953). *Philosophical investigations.* New York: Macmillan.

Wolery, M. (1994). Procedural fidelity: A reminder of its functions. *Journal of Behavioral Education, 4,* 381-386.

Wolery, M., & Gast, D. L. (1984). Effective and efficient procedures for the transfer of stimulus control. *Topics in Early Childhood Special Education, 4,* 52-77.

Wolery, M., & Schuster, J. W. (1997). Instructional methods with students who have significant disabilities. *Journal of Special Education, 31,* 61-79.

Wolery, M., Ault, M. J., Gast, D. L., Doyle, P.M., & Griffen, A. K. (1991). Teaching chained tasks in dyads: Acquisition of target and observational behaviors. *The Journal of Special Education, 25*(2), 198-220.

Wolf, M. M. (1978). Social validity: The case for subjective measurement or how applied behavior analysis is finding its heart. *Journal of Applied Behavior Analysis, 11,* 203-214.

Wolf, M. M., Risley, T. R., & Mees, H. L. (1964). Application of operant conditioning procedures to improve the behaviour problems of an autistic child. *Behavior Research and Therapy, 1,* 305-312.

Wolfe, L. H., Heron, T. E., & Goddard, Y. I. (2000). Effects of self-monitoring on the on-task behavior and written language performance of elementary students with learning disabilities. *Journal of Behavioral Education, 10,* 49-73.

Wolfensberger, W. (1972). *The principle of normalization in human services.* Toronto: National Institute on Mental Retardation.

Wolff, R. (1977). Systematic desensitization and negative practice to alter the aftereffects of a rape attempt. *Journal of Behavior Therapy and Experimental Psychiatry, 8,* 423-425.

Wolford, T., Alber, S. R., & Heward, W. L. (2001). Teaching middle school students with learning disabilities to recruit peer assistance during cooperative learning group activities. *Learning Disabilities Research & Practice, 16,* 161-173.

Wolpe, J. (1958). *Psychotherapy by reciprocal inhibition.* Stanford, CA: Stanford University Press.

Wolpe, J. (1973). *The practice of behavior therapy* (2nd ed.). New York: Pergamon Press.

Wong, S. E., Seroka, P., L., & Ogisi, J. (2000). Effects of a checklist on selfassessment of blood glucose level by a memory-impaired woman with Diabetes Mellitus. *Journal of Applied Behavior Analysis, 33,* 251-254.

Wood, F. H., & Braaten, S. (1983). Developing guidelines for the use of punishing interventions in the schools. *Exceptional Education Quarterly, 3,* 68-75.

Wood, S. J., Murdock, J. Y., Cronin, M. E., Dawson, N. M., & Kirby, P. C. (1998). Effects of self-monitoring on on-task behaviors of at-risk middle school students. *Journal of Behavioral Education, 9,* 263-279.

Woods, D. W., & Miltenberger, R. G. (1995). Habit reversal: A review of applications and variations. *Journal of Behavior Therapy and Experimental Psychiatry, 26* (2), 123-131.

Woods, D. W., Twohig, M. P., Flessner, C. A., & Roloff, T. J. (2003). Treatment of vocal tics in children with Tourette syndrome: Investigating the efficacy of habit reversal. *Journal of Applied Behavior Analysis, 36,* 109-112.

Worsdell, A. S., Iwata, B. A., Dozier, C. L., Johnson, A. D., Neidert, P. L., & Thomason, J. L. (2005). Analysis of response repetition as an error-correction strategy during sight-word reading. *Journal of Applied Behavior Analysis, 38,* 511-527.

Wright, C. S., & Vollmer, T. R. (2002). Evaluation of a treatment package to reduce rapid eating. *Journal of Applied Behavior Analysis, 35,* 89-93.

Wyatt v. Stickney, 344 F. Supp. 387, 344 F. Supp. 373 (M.D. Ala 1972), 344 F. Supp. 1341, 325 F. Supp. 781 (M.D. Ala. 1971), *aff'd* sub nom, Wyatt v. Aderholt, 503 F. 2d. 1305 (5th Cir. 1974).

Yeaton, W. H., & Bailey, J. S. (1983). Utilization analysis of a pedestrian safety training program. *Journal of Applied Behavior Analysis, 16,* 203-216.

Yell, M. (1994). Timeout and students with behavior disorders: A legal analysis. *Education and Treatment of Children, 17* (3), 293-301.

Yell, M. (1998). *The law and special education.* Upper Saddle River, NJ: Merrill/Prentice Hall.

Yell, M. L., & Drasgow, E. (2000). Litigating a free appropriate public education: The Lovaas hearings and cases. *Journal of Special Education, 33,* 206-215.

Yoon, S., & Bennett, G. M. (2000). Effects of a stimulus-stimulus pairing procedure on conditioning vocal sounds as reinforcers. *The Analysis of Verbal Behavior, 17,* 75-88.

Young, J. M., Krantz, P. J., McClannahan, L. E., & Poulson, C. L. (1994). Generalized imitation and response-class formation in children with autism. *Journal of Applied Behavior Analysis, 27,* 685-697.

Young, R. K., West, R. P., Smith, D. J., & Morgan, D. P. (1991). *Teaching self-management strategies to adolescents.* Longmont, CO: Sopris West.

Zane, T. (2005). Fads in special education. In J. W. Jacobson, R. M. Foxx, & J. A. Mulick (Eds.), *Controversial therapies in developmental disabilities: Fads, fashion, and science in professional practice* (pp. 175-191). Hillsdale, NJ: Erlbaum.

Zanolli, K., & Daggett, J. (1998). The effects of reinforcement rate on the spontaneous social initiations of socially withdrawn preschoolers. *Journal of Applied Behavior Analysis, 31,* 117-125.

Zarcone, J. R., Rodgers, T. A., & Iwata, B. A., (1991). Reliability analysis of the Motivation Assessment Scale: A failure to replicate. *Research in Developmental Disabilities, 12,* 349-360.

Zhou, L., Goff, G. A., & Iwata, B. A. (2000). Effects of increased response effort on self-injury and object manipulation as competing responses. *Journal of Applied Behavior Analysis, 33,* 29-40.

Zhou, L., Iwata, B. A., & Shore, B. A. (2002). Reinforcing efficacy of food on performance during pre- and postmeal sessions. *Journal of Applied Behavior Analysis, 35,* 411-414.

Zhou, L., Iwata, B. A., Goff, G. A., & Shore, B. A. (2001). Longitudinal analysis of leisure-item preferences. *Journal of Applied Behavior Analysis 34,* 179-184.

Zimmerman, J., & Ferster, C. B. (1962). Intermittent punishment of SL responding in matching-to-sample. *Journal of the Experimental Analysis of Behavior, 6,* 349-356.

Zuriff, G. E. (1985). *Behaviorism: A conceptual reconstruction.* New York: Columbia University Press.

事項索引

【あ】

ROI（情報公開）書式　1103
IRT（反応間時間）　139, 166, 201, 531, 789, 794-795
INT　～間欠強化（INT）を参照
IOA　～観察者間一致（IOA）を参照
アイオワ基本スキルテスト　93
アカウンタビリティ　33, 129
アクセス行動　101
アクセラレーション　238, 135
『アチーブメントプレイス』（Philips et al.）　917
悪化（定義）　640
アーティファクト（人工産物）　162, 182
アナログ型言語条件づけ　456, 557
溢れ出し効果　1023
アメリカ心理学会倫理規範　589, 1085, 1089
誤った主張　1097
誤った刺激性制御　1022-1023, 1039
安定したベースライン　285, 333

【い】

EAB（実験行動分析）　12, 16-18
依存型集団随伴性　931-932
1次性強化子　70, 455
1次性弱化子　556
一貫性　767
一般事例分析　1035
逸話的観察　94-96
医療保険の相互運用性と説明責任に関する法律（HIPAA）　1107
インストラクション場面　1018
インターバル当たり平均カウントIOA（観察者間一致）　199
インターバルごとのIOA（観察者間一致）　202-205
インタビュー　89-92
イントラバーバル・オペラント　872, 883-884
インフォームド・コンセント　1098-1102
隠蔽　671
隠喩的拡張　879

【う】

VI-DRO（変動間隔DRO）　785-787
VM-DRO（変動瞬間DRO）　787
『ウォールデン・ツー』（スキナー）　19
ウォレス、アーヴィング　975

【え】

AABT（行動療法振興学会）　589
AO（無効操作）　447, 805, 806, 963
永続的所産　163-169, 196
永続的所産による測定　163-169
HIPPA（医療保険の相互運用性と説明責任に関する法律）　1107
ABA　～応用行動分析学を参照
A-B-Aデザイン　302, 307
ABAの公共的性質　34
ABAの将来性　38
A-B-A-B-A-Bデザイン　307
A-B-A-Bデザイン　302, 305-307
ABS-RC（適応行動尺度─居住社会版）　93
ABS-S（適応行動尺度─学校版）　93
ABC記録　94-96
A-B　292, 999
ABCナラティヴ記録　835
ABC連続記録　832-834
エキスパートの評価　408-409
エコーイック・オペラント　687, 867, 870,

1213

883
エコーイック訓練　890-892
SITS（自傷外傷尺度）　409-410
SIBIS（自傷行動抑止装置）　576
S^D　〜弁別刺激（S^D）を参照
S^{DP}（弱化の弁別刺激）　554
x軸　221, 245-248
NS（中性刺激）　54
NCR　〜非条件的強化（NCR）を参照　808
エビデンスベースの実践　128-129, 1110
FI-DRO（固定間隔DRO）　784
FM-DRO（固定瞬間DRO）　787
FCT　〜機能的コミュニケーション訓練（FCT）を参照
FBA　〜行動機能査定（FBA）を参照
MAS（動機づけ査定尺度）　839
エラー修正戦略　－負の強化と　505
『エンジニアドクラスルーム』（ヒューイット）　917

【お】

応用（その意味）　272, 287
応用行動分析学（ABA）
　　特徴　28-36
　　定義　36, 863
　　および行動分析学の発展　12-24
　　科学と　3-13
応用行動分析誌（JABA）
　　の創刊　28
　　概念分析からクライアントの治癒へのドリフト　425
　　正の強化の初期の実験　435
　　の第1巻　463
　　関数分析について　831
　　自己教育（セルフスタディ）と　1096
　　その中の社会的強化の研究　462
大きさ（amplitude）　761

大きさ（magnitude）　145, 558, 580, 702
オーディオテープ記録　164-165, 189, 196
オートクリティック関係　884-886
「落ちこぼれ防止法, 2001」　128
オッカムの剃刀（カミソリ）　10
オデッセイ（ホーマー）　947
おばあちゃんの法則　459
オペラント・アグレッション（攻撃性）　565
オペラント行動
　　B. F. スキナーと　16-18, 57-59
　　条件性強化子と条件性弱化子　71-73
　　定義　56-57
　　弁別オペラントと3項随伴性　73-75
　　強化　65-67
　　レスポンデント行動と比較した　58
　　結果による選択　57-60
オペラント条件づけ
　　結果　64
　　定義　60-63
　　弁別オペラントと3項随伴性　73-75
　　弱化　67-69
　　強化〜強化も参照　65-67
　　強化子と弱化子として機能する刺激変化　69-73
オペラント随伴性　〜随伴性を参照
親　〜周囲の重要な人々を参照
折れ線グラフ　221-227, 241-252
音声言語行動　867

【か】

懐疑、科学の態度としての　11-12, 271
外受容器　50
回数　131
改善（定義）　640
外的妥当性
　　定義　272

直接的組織的再現と　414-417
　　　集団デザイン研究と　275, 279, 411-413
　　　概観　411, 423-424
介入　－独立変数としての　281-282
介入評定プロフィール　405
介入前　334
概念形成　662-665
概念の完全性　－ABAの特徴としての　31
回避　620, 643
カイモウイッツ対ミシガン州精神保健局　1099
カウントゥーン　976
科学　3-13, 424, 1109
『科学と人間行動』（スキナー）　20, 700, 874, 944
各インターバルIOA（観察者間一致）　202
各インターバルカウント完全IOA（観察者間一致）　199-200
学習性強化子　71, 456
学習性弱化子　556
学習セット　691
学習を学習する現象　691
各反応平均IRTIOA（観察者間一致）　202
各反応平均潜時IOA（観察者間一致）　202
隔離型タイムアウト　597
確立刺激（SE）　648
確立操作（EO）　447-449, 495, 627, 764, 963
下降ベースライン　285
過剰修正　573-576
過剰般化　1022-1023, 1039
カスプ　102-103
仮説（定義）　363, 840-842
仮説的構成概念　17
家族　〜周囲の重要な人々を参照
課題従事　105
課題分析　725-729, 745
課題前要求　813

価値変更効果　627, 634
学校強化調査スケジュール（子どもの選好調査）　468
活動性強化子　459
カリキュラムデザイン　27
カリキュラムベースの査定　94
カリブレーション　190
簡易刺激査定　473
間隔スケジュール　516-517, 524-529
感覚強化子　458, 517
感覚消去　758
間隔DRL　795
間隔DRO　784
間隔を空ける反応DRH　531
間隔を空ける反応DRL　531, 794-795
喚起効果　627
環境　47-52
環境設計　962
間欠強化（INT）
　　　適用する　542-544
　　　行動維持のための　67, 515
　　　消去　763-764
　　　固定スケジュールと変動スケジュール　517
　　　般化の可能性と　1047, 1049
　　　自然発生的強化への発展のための　516
　　　弱化のための　559, 582
　　　比率スケジュールと間隔スケジュール　516-517
　　　スケジュール・バリエーション　530-534
　　　疎化　529-530, 790
完結スケジュールの弱化の相対的効果　559
観察　6
観察者
　　　のバイアス　395, 188
　　　への影響　395

と観察者間一致（IOA）　194-210, 195
　　の訓練　186-188
観察者間一致（IOA）
　　計算する方法　197-207
　　得るための必要条件　195
　　その使用　395, 205
　　ビデオテープとオーディオテープによる
　　　記録と　165
観察者ドリフト　187, 395
観察者リアクティビティー　189
観察値　177-178
監視（取り締まり）－の適法性　1096-1097
関数関係　5, 22, 411-412
関数分析　828-832, 841
間接教授　101
間接的機能査定　836-839
間接的査定　89
間接的な行動　105
完全性　165
換喩的拡張　879
関与　－刺激選好査定の試行ベースの方法　471

【き】

偽陰性　421-422
聞き手　866, 873, 883
基軸行動　103-104
記述-科学的理解のレベルとしての　4, 126, 271
記述的行動機能査定　832-836
基準設定（基準変更デザインも参照）　989
基準準拠査定　94
基準達成試行　142-143
基準変更デザイン　370-377, 989-999
キッズスキル（ソフトウエア）　957
機能査定面接　837, 844, 848
機能的コミュニケーション訓練（FCT）　225, 584, 778, 815-819
機能的等価性　842
機能に基づく定義　114-115
機密保持（守秘義務）　96, 1102-1105
逆向連鎖化　724-725, 735-739
教育－その目標としての自己管理　956
強化　〜負の強化、正の強化も参照
　　の恣意性　450-451
　　自動　452-455
　　の自動性　64, 450
　　ベースラインデータと　285
　　不正な　989-990
　　定義　60, 446
　　遅延性　489, 1048-1053
　　の効果　65
　　消去と　765
　　フィードバックと　445-446
　　般化と　1045-1058
　　の歴史（履歴）　79
　　について講演や執筆でよく見られる誤り　444-447
　　場面間多層ベースラインデザインにおける　349
　　と非条件的強化（NCR）リバーサルテクニック　311-314
　　弱化と　67-69
　　と標的行動の選択　98
　　報酬　495, 497
　　による自己管理　974, 982-983
強化後の反応休止　518, 525
強化子
　　形態的特徴による分類　458-464
　　起源による分類　455-457
　　定義　60
　　同定する（強化子査定、刺激選好査定も参照）　465-480
　　人為的に対して自然的　445, 489-490

負の　495-498
　　　正の　437
強化子確立効果　632, 636
強化子査定
　　　並立スケジュール　474, 535-536
　　　定義　474
　　　多元スケジュール　476-477
　　　累進比率スケジュール　477-480
　　　弱化と　579-580
　　　のために累進スケジュールを使う　533
強化子率　484
強化スケジュール
　　　付随的行動と　543-544
　　　応用（適用）場面における　521-524, 542-546
　　　連鎖化と　745
　　　複合　〜複合スケジュールを参照
　　　定義　515
強化の自動性　64, 450
強化の歴史（履歴）　79
強化の罠　949
強化無効効果（操作）　632, 636, 641
競合行動分析　88
教室遂行記録（CPR）　977
教師の注目をリクルートすることを教える　1059-1061
偽陽性　421-422
共通刺激をプログラミングする　1040-1041
共通特徴　881
強度（インテンシティ）　〜大きさ（magnitude）を参照
共同制御　78
局所反応率　233
記録されないインターバルIOA（観察者間一致）　203-205
記録したインターバルIOA（観察者間一致）　203-205

記録をつける　〜データ−その収集を参照

【く】

偶然　385
偶然論　7
クライエントのアウトカムの選択　87
グラフ　126, 220-230, 248, 251
グラフ表示
　　　の恩恵（利点）　218
　　　定義　218
　　　内的妥当性と　417
　　　の解釈　252-261
　　　IOA報告のための　208
　　　の種類　220-241
クリッカートレーニング　708-709
群間デザイン　279
群間比較アプローチ　382-383
訓練　〜機能的コミュニケーション訓練（FCT）も参照
　　　クリッカー　708-709
　　　多角的に　1031
　　　エコーイック　890-892
　　　般化のための　1064-1066
　　　言語　650
　　　マンド　888-890
　　　多重反応　895
　　　の観察者　186-188
　　　専門的　〜専門的基準を参照
　　　刺激弁別　661-665
　　　十分な範例　1031
　　　タクト　892-893
　　　般化に対する訓練して期待するアプローチ　1029
　　　の転移　1013
訓練の転移　1013

1217

交絡変数　5, 272, 393-402
広領域アチーブメントテスト（WRAT）　93
国際行動分析学会　587, 589, 1085, 1089-1091
個人差　79
個体発生　59
固定間隔（FI）強化スケジュール　517-518, 524-526, 763-764
固定間隔DRO（FI-DRO）　784
固定時間（FT）スケジュール　806, 810
固定瞬間DRO（FM-DRO）　787
固定比率（FR）強化スケジュール　763-764
子どもの行動チェックリスト（CBCL）　93
子ども版機能査定面接　837, 845
個別被験者の行動　－群間比較アプローチに対する　382-387
混合スケジュール（mix）　539
コンセント～インフォームド・コンセントを参照
コンピューターテクノロジー
　　バーコードデータ収集システム　153
　　それによってグラフを作る　252, 257
　　データ収集と分析のための　169-170
　　シェーピングのためのシミュレーション　717

【さ】

サイコロジストの倫理原則と行動規範（アメリカ心理学会）　1089, 1107
再帰性条件性動機づけ操作（CMO-R）　642, 643-647
再現
　　交替処遇デザインと　320
　　レプリケーション（実験の再現）　9-10, 113
　　基準変更デザインと　370
　　による交絡変数の制御　394
　　直接　414
　　と群間比較アプローチ　386-387
　　行動の測定可能な特徴としての　47, 129
　　に基づく測度　131-136
　　多層ベースラインデザインと　343, 345-346
　　概観　295-296
　　公表論文の手続き部分の記述の　426
　　実験を繰り返すこと　295
　　リバーサルデザインにおける　304-307
　　組織的　414-417
再現性　47, 130
最小から最大へのプロンプト　675-676, 700
罪障感制御　974
最少制約選択肢　586-589, 1110
財政的問題～費用便益分析、費用も参照　79, 169
最大から最小へのプロンプト　675
査定　～行動査定、強化子査定、刺激選好査定を参照
3項随伴性　73-75, 669
散在要求　813
散布図　241, 836, 840

【し】

CRF（連続強化）～連続強化（CRF）を参照。
CRP（条件的強化遅延）　783
CS（条件刺激）　54
恣意的刺激クラス　664
CPR（教室遂行記録）　977
CBCL（子どもの行動チェックリスト）　93
シェーピング
　　反応トポグラフィー間とトポグラフィー内の　704-707
　　の長所と限界　706-707

クリッカー訓練と　708-709
コンピューターシミュレーションと　716-717
定義　700-704
分化強化と　701
促進する　708
実践する　709-715
パーセンタイルスケジュールと　715-716
ロボット工学と　717
刺激フェーディングとの対比　707
漸次的接近反応と，701-702
ジェントルリマインダー　157, 525
資格認定　1095
視覚分析
　条件間の　259-261
　条件内の　253
　定義　252
　継続的な　281
　タイプⅠエラーとタイプⅡエラー　421-422
時間計測（タイミング）　153-154, 200-202
時間軸上の近接性　75
時間上の場所　47, 130, 138-139
時間遅延　676
時間的関係　64
時間的広がり　47, 130, 136-138
刺激
　刺激変化の行動的機能　51-52
　定義　9-50
　の形態の次元　50
　高選好（HP）　471
　低選好（LP）　471
　中選好（MP）　471
　差し替え型多刺激法、非差し替え型多刺激法　472
　対刺激（強制選択）法　471
　私的　880-882
　単一（漸次選択）刺激法　471
　強化子、弱化子として働く刺激変化　69-73
　の時間上の位置　51
　のバリエーション　745-746
刺激クラス　50
刺激形状変形　678
刺激性制御
　先行刺激　74, 442, 657-659, 803-806
　の発展に影響する要因　669-671
　自己管理と　966
　刺激弁別訓練　661-665
　刺激等価性　665-669
　刺激般化と　660-661
　の転移　674-681
　プロンプトを使って発展させる　671-674
　刺激性制御チェックリスト　837
刺激性制御を転移させる　674-676
刺激選好査定
　交替処遇デザインと　329
　好みを質問する　467-469
　DRI/DRAと　780
　フリーオペラント観察　469-470
　選択と活用のためのガイドライン　473,
　概観　466-467
　試行ベースの方法　470-473
刺激選択肢　1105
刺激停止　495
刺激デルタ（S$^{\triangle}$）　442, 657, 662, 1038
刺激と刺激の対提示　54
刺激般化　660-661, 1013, 1040
刺激般化勾配　660-661
刺激反応（S-R）心理学　16
刺激フェーディング　677, 707
刺激プロンプト　673-674

刺激弁別（S^D）訓練　661-664
刺激等価性　1023
次元量　125, 130
試行ごとのIOA（観察者間一致）　200
自己監視　90, 97, 968-982, 1057
自己管理
 長所と便益　952-962
 先行事象ベースの自己管理戦術　962-968
 の応用　949-951
 行動が行動を変える原理　1002
 定義　945-947
 般性の行動改善と　1063
 プログラムのガイドライン　996-1002
 習慣反転　994
 ローカス・オヴ・コントロールと　942-944
 集中練習　995-996
 自己適用型の結果　982-991
 セルフコントロールとの対比　947-948
 スキナーのセルフコントロールと　944
 系統的脱感作　994
 減量プログラムの例　1000
自己強化　982-983
自己教示　964, 992-994
自己記録　976-982, 1057
自己契約　910
自己受容器　50
自己制御　944-948
事後測定　163-169
自己罰　988, 998
自己評価（自己査定）　972
自己報告　180
自傷外傷尺度（SITS）　409-410
事象記録　150-153, 197-200
自傷行動抑止装置（SIBIS）　576
指針　－弱化のアプローチのための　589

自信を与えること（empowerment）　34
自然的フリーオペラント観察　470
持続可能性　1013
持続時間　136-138, 142, 702
実験　8, 9, 276-284
実験行動分析誌　126
実験行動分析学（EAB）　12, 16-18, 38
実験的制御
 交替処遇デザインと　320
 分化強化と　775
 二重盲験対照法　397
 内的妥当性と　391-402
 科学的理解のレベルとして　5, 271
 測定と　126
 多層ベースラインデザインと　368
 プラシーボ対照　396
 正の強化のための　480-483
 場面　280-281
実験デザイン〜交替処遇デザイン、基準変更デザイン、多層ベースラインデザイン、リバーサルデザインを参照
 実験における組み合わせ分析戦術　389-391
 実験における柔軟性　387-391
 集団対個別被験者　382-387
 内的妥当性（内的妥当性を参照）
 概観　282-284
 実験デザイン
実験の再現（レプリケーション）　9-10
実験の問い　276-278
実験変数　〜介入を参照
実験を行う　－態度はすべての科学の分野に適用される　8-9, 271
叱責　568
質問紙　90
私的出来事　22, 880-882
児童用強化調査（生徒選好調査）　468

自動弱化　877, 878
自動強化
　　複雑な言語行動　877-878
　　初期の言語獲得における　453-455
　　消去と　758
　　場面間多層ベースラインにおける　349
　　非条件的強化と　808
　　正の強化と
　　社会的に媒介される強化と対比して　501
死人テスト　47
自発的回復　763
社会政治的問題　79
社会妥当性　176-177
　　介入の好ましさ　405-406
　　査定方法　406-410
　　行動改善の基準としての　119
　　カスプと　103
　　目標を決める　402-403
　　倫理と　1086
　　ABA研究の評価と　423
社会的学習理論　22
社会的強化子　462-464, 598, 823-825
社会的考慮、介入の除去とリバーサルデザイン　318
社会的注目　695-696
弱化（罰）の弁別刺激（SDP）　554
弱化（罰）までの遅延インターバル　582
弱化
　　自動　877, 878
　　DRO、DRIと組み合わせる　791
　　条件性弱化子　556-557
　　条件的刺激提示による　68
　　正の強化子の条件的除去による　68
　　の定義と性質　550
　　の弁別効果　554
　　の効果　558-564, 775

　　倫理的考慮　585-589
　　正の弱化の介入例　567-578
　　効果的に用いるためのガイドライン　578-585
　　負の　68, 554
　　負の強化と対比して　497-498
　　正の　67-68, 547, 552-553, 567-578
　　からの回復　554-555
　　の副作用と問題　564-567
　　無条件性弱化子　556
弱化子　62, 556-557, 579-581
弱化手続きからの回復　554-555, 630
遮蔽　671
周囲の重要な人々　90-92, 101, 769, 1072
習慣反転　994
従属変数　221, 271, 418
集団基準準拠検査　93
集団随伴性　929-939
集団－自己管理と　954-955
集団タイムアウト随伴性　599
集中練習　995-996
重度障害者用強化子査定（RAISD）　468
柔軟性－実験デザインにおける　387-391
十分な例を教える　1031
収束的多重制御　882
宿命論　7
馴化　53
瞬間タイムサンプリング　159
瞬間DRO　784
循環論　21, 440-442, 944
順向連鎖化　724-725, 732-733
シーケンス効果　311, 333
消去（EXT）
　　自動強化で維持される行動の　758
　　負の強化で維持される行動の　757-758
　　正の強化で維持される行動の　756-757

定義　67, 515, 753
　　　その効果的活用　765-771
　　　その効果　760-763
　　　用語の誤用　754
　　　その手続き上と機能上の形態　754
　　　レスポンデント条件反射の　753
　　　反応阻止と　507-571
　　　その副作用　480-481, 768
　　　消去抵抗に影響する変数　763-765
状況誘発法　963
状況倫理　1087
消去急騰　507, 761
消去抵抗　763-764, 1013
条件　223
条件刺激（CS）　54, 657-658
条件付き確率　834-835
条件性強化子　71-73, 456-457
条件性弱化子　71-73, 556-557
条件性動機づけ操作（CMO）　641
　　　定義
　　　再帰性（CMO-R）　642, 643-647
　　　代理性（CMO-S）　642
　　　他動性（CMO-T）　642, 647-650
条件性誘発子（CE）　54
条件的　75
条件的観察　599-600
条件的強化遅延（CRP）　783
条件的賞賛と注目　27, 487-488
条件的注目条件　849
条件的電気刺激　576-578
条件的練習　571-572
条件反射　54
条件変更線　222
条件ラベル　222
上昇ベースライン　285
衝動性　948
消費者の意見　408

情報公開（ROI）の書式　1103
剰余変数　280
将来性（ABA）　38
除去デザイン　302
処遇　〜介入を参照
処遇ドリフト　397
処遇の完全性　397-402, 165
処遇満足度評定用紙（TARF）　405-406
処遇パッケージ〜パッケージ介入を参照
食物強化子　458
人為的強化子　489
人為的随伴性　1026
人為的媒介刺激　1058-1063
人為的フリーオペラント観察　469-470
身体的ガイダンス　673
人道的処遇　585-586
真の値　177-178, 191
信憑性　195
信頼性　178, 185-189
心理言語学　864, 865
心理主義（メンタリズム）　20

【す】

推移性　666
他動性条件性動機づけ操作（CMO-T）　642, 647
推移線　257
垂直軸　221, 245-248
随伴性
　　　直接と間接　485-486
　　　弁別オペラントと　73-75
　　　逃避と回避　498
　　　集団　929-939
　　　弁別不能の　1046-1053
　　　3項　443
　　　2項　437
随伴性依存型先行事象　804

1224

随伴性契約
  応用　906-910
  成分　903-905
  定義　903
  開発　910-913
  評価　914-916
  実践　905-906, 913-914
随伴性ダイヤグラム　74
随伴性独立型先行事象　805
随伴性内転　77, 1023
随伴性リバーサル　842
水平軸　221, 245-248
『数学原理』（ホワイトヘッド）　864
スキナー B. F.
  『行動主義について』　20, 874
  『有機体の行動』　18
  実験行動分析学　16-18
  『結果ということ』
  とオペラント行動　16-18, 57
  の徹底的行動主義　19-24, 880, 942
  とレスポンデント行動　17
  『科学と人間行動』　20, 874, 944
  セルフコントロールと　944
  『言語行動』　865, 874
  『ウォールデン・ツー』　19
スケジュール疎化　529-530, 559, 790, 797, 810-812, 817-819
図のキャプション　－折れ線グラフの　223, 251

【せ】

正確さ（正確性）　177, 185-189
生起当たり平均持続時間IOA（観察者間一致）　201
制御　〜実験的制御、刺激性制御を参照
制限時間　529
制限付き行動連鎖　724

成熟　393-394
生態学的査定　96
正の強化　823-825
  自動　824
  強化子を分類する　455-464
  レスポンスコストと組み合わせる　615-617
  の制御手続き　480-483
  定義　437
  の効果的活用　483-489
  消去と　756-757
  強化子を同定する　465-480
  負の強化と対比して　495-497
  による非条件的強化　807
  オペラント行動と　65-67
  の留保　437-455
  社会的（注目）　823
  有形の　824
正の強化からのタイムアウト　68
正の強化子　437
正の弱化　68, 554, 590
正の弱化子　556
成分分析　283, 389
精密教授　238
接近反応－刺激選好査定の試行ベースの方法における　470-471, 473
積極的練習型過剰修正　574-575
接触　－試行ベースの刺激選好査定法における　470-473
セッティング因子　627
説明的虚構　20, 944, 948
セラレーション　238, 257, 134-136
セラレーション期間　135
セラレーショントレンドライン　135
ゼロ反応分化強化または除外訓練　〜DRO（他行動分化強化）を参照。
全インターバルIOA（観察者間一致）－全課

題連鎖化　202
全インターバル記録法　155-157
全カウントIOA（観察者間一致）　198
全課題提示　734
先件-後件（AならばB）命題　290-292
先行介入　803-806, 825
先行刺激クラス　662-663
先行事象（antecedent）　51
先行事象-行動-結果事象の相互関係　284
先行事象　〜動機づけ操作、刺激性制御も参照　803-804
先行制御　804
潜時　138, 142, 200
全持続時間　136-138
全持続時間IOA（観察者間一致）　201
漸次的接近反応　377, 701-702
漸進的時間遅延　676
選択、行動　−サービス配信における　1105
選択フォーマット　467
選択理論　59
前注目スキル　670
全般的反応率　233
前方飛躍型逆向連鎖化　739
専門用語　444-447
専門的能力　1094-1097
戦略ツール（ソフトウエア）　957

【そ】

総括的評価　127
相関　4-5, 271
相互依存型集団随伴性　932-935
総合的理解表現語彙検査　887
総称的拡張　879
疎化　529-530, 559, 790, 797, 810-812, 817-819
即時性　439, 558, 618, 688

測定
　の正確性　177, 185-189
　応用研究における　28-29
　アーティファクト　161-162, 180
　コンピューター支援　169-170
　連続的／非連続的　182-184
　長期間の連続的な
　の定義と機能　125-129
　直接的、非直接的　180-181
　事象記録法　150-153
　観察者間一致（OA）　〜観察者間一致（IOA）を参照
　大きさ　145
　百分率　140-141
　永続的所産による　163-169
　の信頼性　178, 185-189
　反復　47, 130-136, 274, 394
　自己監視と　976-982
　時間の広がり　47, 130, 137-138
　時間軸上の場所　47, 130, 138-139
　タイムサンプリング　154-162
　時間計測（タイミング）　153-154
　トポグラフィー　143-145
　基準達成試行　142-143
　の妥当性　176-177
測定バイアス　178
組織的再現　414-417
尊厳−クライアントの尊厳の保護　1105-1106

【た】

ダーウイン、チャールス　59
対応法則　536-538
代替行動　105
対（強制選択）刺激　471-472
『大事なこと』（スキナー）　450
対称性　666

代数和　78
対提示解除　643
タイプⅠ弱化、タイプⅡ弱化～レスポンスコスト、タイムアウトも参照
タイプⅠエラー、タイプⅡエラー　421-422
タイムアウト
　　行動改善手続きとしての　68
　　定義　597
　　の望ましい側面　604
　　の効果的な活用　605
　　排除型　602
　　機能的コミュニケーション訓練（FCT）と　816
　　MOと　634
　　非排除型　598
　　自己管理と　988
タイムアウトリボン　601-602
タイムアウトルーム　603-604
タイムサンプリング
　　のIOA（観察者間一致）を算出する　202-205
　　の説明　154-162
　　測定のアーティファクトと　161-162
　　瞬間　159
　　部分インターバル記録法　157-159
　　プランド・アクティビティ・チェック（PLACHECK）　160-161
　　全インターバル記録法　155-157
代理強化　1023
代理性条件性動機づけ操作（CMO-S）　642
代理人の同意　1099
タクト　867-870, 881, 883
タクト拡張　878-880
多元（強化）スケジュール（mult）　476-477, 538, 566
多刺激法（差し替え型、非差し替え型）　472-473

多重機会法　－課題分析　729-731
多重処遇干渉　334
多重処遇リバーサルデザイン　309-311, 314
多重制御　882-884
多層プローブ技法　290
多層プローブデザイン　290, 354-358
多層ベースラインデザイン
　　行動間　279, 346-347
　　場面間　281, 347-350
　　被験者間　351-354, 394
　　の長所と短所　368-370
　　についての仮定　363-368
　　遅延性　358-363
　　不可逆性と　317
　　多層プローブデザイン　354-358
　　の操作と論理　341-346
脱感作　－系統的　994
縦座標　221
妥当性　～社会的妥当性も参照　176-177
多反応訓練　895
多範例訓練　1033
WRAT（広領域アチーブメントテスト）　93
単一機会法　729
単一（漸次選択）刺激法　471
単一被験者デザイン　278
段階　223
段階的ガイダンス　675
談話による記述－IOA報告のための　207

【ち】

チェックリスト　92-93
遅延性エコラリア　878
遅延性強化　488-489, 1048-1053
遅延性多層ベースラインデザイン　358-363
遅延性模倣　688
中心分割推移線法　257
中性刺激（NS）　54

中選好（MP）刺激　471
注目すること　691-692
注目消去　755
中立的行動　〜オペラント行動を参照
直接再現　414
直接査定　89, 97, 180
直接測定　180
チョムスキー、ノーム　865
治療場面　1018

【つ】
衝立型タイムアウト　603

【て】
DRI　〜分化強化を参照
DRI/DRAリバーサルテクニック　314-316
DRA　〜分化強化を参照
DRH　〜分化強化を参照
DRL　〜分化強化を参照
DROリバーサルテクニック　314
DRD　〜分化強化を参照
TARF（処遇満足度評定用紙）　405-406
DNR　〜分化強化を参照
TLVCR（低速度撮影ビデオテープレコーダー）　165
停止　438, 495
定時間遅延（CTD）　676, 733
定常状態戦略（交替処遇デザイン、リバーサルデザインも参照）　284, 290
定常状態反応　284
低選好（LP）刺激　471
低速度撮影ビデオテープレコーダー（TLVCR）　165
データ
　　棒グラフ　227-230
　　グラフ表示の利点　218-220
　　その収集　584, 608, 620, 696
　　累積記録　230-235
　　定義　217
　　グラフ表示の解釈　252-263
　　折れ線グラフ　221-227, 241-252
　　散布図　241
　　半対数チャート　235-241
　　データにおける変動性　275-276, 385-386
データ経路　223-227, 250
データポイント　223, 250, 255
テープレコーダー　－持続時間を測定するための　153
DRO　〜分化強化を参照
手がかり（キュー）〜反応プロンプトを参照
適応行動　104
適応行動尺度　―学校版（ABS-S）　93
適応行動尺度　―居住社会版（ABS-RC）　93
テキスト・コピーイング　871, 883
テクスチュアル・オペラント　878, 883
テクノロジーの反復可能性　－ABAの特徴としての　31
デセラレーション　135, 238
哲学的懐疑　11-12
手続きの忠実性　397
徹底的行動主義　880, 942
デフォルトテクノロジー　591-592, 827

【と】
等間隔垂直軸　222
動機づけ操作（MO）
　　先行介入と　803-806
　　行動変更効果と　627
　　の特徴　627
　　条件性動機づけ操作（CMO）　641
　　定義　70, 443, 447-449, 627
　　行動分析学にとっての意義　650

マンドと　868
　　動機づけ関係と弁別関係　630-631
　　自己管理戦術と　962-968
　　無条件性動機づけ操作（UMO）　631-641
　　の価値変更効果　627
動機づけ査定尺度（MAS）　839
洞窟の比喩（プラトン）　129
統計的制御　385
同時処遇デザイン　〜交替処遇デザインを参照
同等達成　878
逃避消去　757-758
逃避随伴性　498
逃避と回避　498-499, 565
トークン　916
トークンエコノミー　457, 916-929, 1026
トークン強化　27
破格的拡張　879
特徴的刺激クラス　664, 879
独立型集団随伴性　930
独立変数　221, 282-284, 395-402
トポグラフィー　56, 143-145, 702, 825
トポグラフィーに基づく定義　115-116
トランスクリプション　〜訓練の項を参照
トレンド　256-258
トレンドライン　256, 135
トロロープ、アンソニー　975

【な】

内受容器　50
内的妥当性　272
何も知らない観察者　188

【に】

ニーズ査定調査　90
2項随伴性　437

2次条件づけ　56
2次性強化子　71, 456
2次性弱化子　556
二重盲験対照法　397
日常に存在する随伴性　1045
認知言語理論　864
認知行動修正　22

【ね】

年齢相応　104

【の】

能力　−インフォームド・コンセントを与える　1099
ノーマライゼーション　104
ノンパラメトリック　282

【は】

バーコードデータ収集システム　153
パーセンタイルスケジュール　715
ハード課題　813
バイアス　395
排除型タイムアウト　602
パヴロフ、イヴァン、ペトローヴィッチ　53-54
罰金　615
バックアップ強化子　916, 921
パッケージ介入　283, 316
発散的多重制御　882
罰則原理　68
話し手　866
ハビリテーション　98
場面　280-281, 394
場面／状況般化　1013, 1015
波紋効果　1023
パラメトリック分析　282
般化

1229

交替処遇デザインと　334
　　　ABAの付加的特徴　33
　　　定義と用語法　1012, 1022
　　　ドンベアによる　1074
　　　外的妥当性と　279, 411, 423-424
　　　消去効果　760-763
　　　促進するためのガイドライン　1070-1075
　　　インストラクション場面を般化場面に類似させる　1039-1045
　　　般化場面における標的行動の強化との接触を最大にする　1045-1058
　　　媒介する　1058-1063
　　　修正し終了する　1066-1070
　　　多層ベースラインデザインと　368
　　　を計画する　1024-1029
　　　反応般化　1021-1022
　　　反応維持　1012-1015
　　　自己管理と　953
　　　場面／状況般化　1015
　　　関連刺激条件と反応要求の全範囲を教える　1031-1039
　　　のための訓練　1064-1066
　　　の種類　1023-1024
　　　UMOと　636
　般化地図　1024
　般化場面　1018
　般化プローブ　183, 1031, 1070-1072
　般化を媒介する　1058-1063
　反射　17, 52
　反射性　666
　般性条件性強化子　457
　般性条件性弱化子　557
　般性模倣　691
　半対数チャート　235-241
　ハンドタリー・デジタルカウンター　150
1230　反応　－定義　48

　反応維持　1012-1015
　反応間時間（IRT）　139, 166, 201, 531, 789
　反応クラス　48
　反応遮断仮説　461
　反応縮小　881
　反応阻止　569-571
　反応潜時　138
　反応トポグラフィー　48, 704-706
　反応のバリエーション　747, 1013
　反応般化　423, 1021-1022
　反応プロンプト　486, 672-673, 696, 977-979
　反応分化　701

【ひ】

　ピア媒介型タイムアウト　599
　ピアレビュー　1096, 1110
　B-A-Bデザイン　307
　BCIS　行動連鎖妨害戦略（BCIS）を参照
　PBQ（問題行動質問紙）　839
　ピーボディ個別アチーブメントテスト-RNU　93
　ピーボディ絵画語彙検査III　887
　ヒーロー手続き　932
　非音声言語教示　672
　非音声的言語行動　867
　非学習性強化子　70, 455
　非学習性（生得性）弱化子　556
　非強化　～消去（EXT）を参照
　被験者　278
　被験者間般化　1023
　被験者と対比しての参加者　278
　被験者内（単一被験者）分析法　273
　被験者内（被験者内部）実験デザイン　278, 302, 305, 386-387
　非純粋タクト　884
　非条件的強化（NCR）　806, 809-811
　非条件的強化（NCR）リバーサルテクニック

311-314, 481, 483
非直接的測定　180-181
ビデオテープ　164-165, 189, 687, 713
非同時性多層ベースラインデザイン　366
非排除型タイムアウト　598
ヒポクラテスの誓い　585
百分率　140-141
表　－IOAを報告するための　208
費用　1073-1074
評価
　　行動分析　424-426
　　随伴性契約　914
　　内的妥当性　417-422
　　社会的妥当性　422-423
　　総括的　127
　　理論的意義と概念的センス　424
　　トークンエコノミーの　928-929
標準化　－測定と　281
標準検査　93-94, 409-410
標準サンプル　406, 408
標準セラレーションチャート　237-241, 135-136
標的行動
　　の社会的重用性を査定する　97-108
　　定義　112-119
　　般化と　1026, 1045-1058
　　優先順位をつける　108-112
　　強化と　100, 561
　　行動の適切性のルール　1025
　　選択と同定　88
　　行動改善の基準を定める　119-120
費用便益分析　169, 1086
開かれた質問の査定　467
比率　～百分率を参照
比率挫折　530
比例性（プロポーショナリティ）　141
非連続測定　182-184

頻度　65, 125, 131-134, 761, 629, 702

【ふ】
フィードバック－強化と　445-446
フェーディング　～刺激フェーディングを参照
不可逆性　317, 332
複合スケジュール　535-541, 543
副作用　1013
付随的行動改善　1013
付随的効果　1013
付随的行動　543-544
負の強化
　　の応用　504-510
　　自動的　824
　　の特徴　499-503
　　定義　495-498
　　逃避随伴性と回避随伴性　498-499
　　使用における倫理的考慮　510
　　消去と　757-758
　　による非条件的強化　807
　　概観　65-67
　　対正の強化　495-497
　　弱化遂行者の行動に対する負の強化　567
　　対弱化　497-498
　　社会的　824-825
　　社会的対自動的　501
　　終了または除去と　438
負の社会的強化　501
負の弱化　68
負の弱化子　556
負の条件性強化子　500
負の無条件性強化子　500
部分インターバル記録法　157-159
部分ごとの対応　870
プライヤーのシェーピング10則　709

プラシーボ対照　396
プラダーウィリー症候群　662
プラトン　129
ブランド・アクティヴィティ・チェック（PLACHECK）　160-161
フリーオペラント　133-134
フリーオペラント回避　498
フリーオペラント観察　469-470
プリムプトン、ジョージ　975
フルセッションDRL　795
プレマックの原理　459, 470, 906, 951
不連続試行　134
プローブ　183, 1070-1072
プログラム学習　27
フロム、エーリッヒ　450
プロンプト　486, 671-674, 816
分化強化
　　その基本的説明　775-776
　　負の分化強化（DNR）　509-510
　　代替（または非両立）行動の負の分化強化（DNRAまたはDNRI）　778
　　DRA（代替行動の）　314-316, 482, 583, 605, 614, 776-782, 815
　　DRD（逓減率の）　532
　　DRH（高反応率の）　531, 938
　　DRO/リバーサルテクニック　482
　　DRI/DRAリバーサルテクニック　314-316
　　DRI（非両立行動の）　583, 605, 776-782
　　DRL（低反応率の）　139, 531, 792-795, 938
　　DRO（他行動の）　314, 482, 583, 779, 783
　　シェーピングと　700-704, 775
文化の問題、および倫理行動　1084
分析　29, 270, 424-426
分離－交替処遇デザインと　322

【へ】
平均レベルライン　255, 259
併発反応　881
並立スケジュール（conc）　474-476, 535-538
並立スケジュールデザイン～交替処遇デザインを参照
ベースライン論理　284-296, 343, 371, 419-420, 996
ベースライン　284-288, 333
ヘミングウエー、アーネスト　975
ベルチャータウン州立学校校長サイケウイッツ　1100
ベルモント報告（行動分析士資格認定協会）　1091
便益測度　999
変数
　　制御変数の複雑さ　77-79
　　交絡変数　272, 393-402
　　相関と　4-5, 221
　　従属変数　271, 418
　　剰余変数　280
　　独立変数　271, 280-284, 395-402
変動インターバルDRO（VI-DRO）　785-787
変動間隔（VI）強化スケジュール　527, 764
変動時間（VT）スケジュール　806, 810
変動瞬間DRO（VM-DRO）　787
変動性　254, 275-276, 385-386
変動比率（VR）強化スケジュール　519-524, 764
変動ベースライン　287
弁別オペラント　443, 689
弁別性回避　498
弁別刺激（S^D）
　　交替処遇デザインと　320
　　と条件刺激（CS）　657-658
　　定義　442
　　弁別性回避と　498

その例　74
　　MOと　630, 643
　　負の強化と　495
　　弱化（罰）との関連での　534, 639
　　自己管理と　965
弁別できない随伴性　1046-1053

【ほ】
棒グラフ　220, 227-230
報酬　495, 497
法的問題　79, 96, 609, 1085
方法論的行動主義　22
飽和　70
ボーナスレスポンスコスト　615, 618
ホムンクルス　948
ホワイトヘッド、アルフレッド・ノース　864

【ま】
マルチエレメントデザイン　～交替処遇デザインを参照
マンド
　　オートクリティック　885
　　CMO-Rと　644-645
　　定義　329
　　言語訓練と　630
　　スキナーと　329, 867-869, 883
マンド訓練　888-890

【や】
「密売される」強化　394, 989-990
見本合わせ　668-669

【む】
無効効果（操作）（AO）　447, 627, 805, 806, 963
無条件刺激（US）　54

無条件性強化子　70-71, 455-456
無条件性弱化子　70-71
無条件性動機づけ操作（UMO）　631-641
無条件性誘発子（UE）　54

【め】
迷信行動　451
メジアンレベルライン　255, 259
目立つ査定　97, 169
面接　89-92, 836, 839
メンタリズム（心理主義）　20

【も】
モーティブエイダー　157, 525, 850, 979
目標　120, 402, 403

【ら】
モデリング　566, 672-673
モデル－模倣と　687
模倣　686-697, 770, 883
モラレス対ターマン　609
問題行動質問紙（PBQ）　839

【ゆ】
US（無条件刺激）　54
有機体の行動：実験的分析（Skinner）　18
有形強化子　459, 824
有効性　32, 120
誘導　1013
ゆるい指導－ゆるく教えるを参照
ゆるく教える　1041-1045

【よ】
よい行動ゲーム　617, 935
よい子どもゲーム　935-937
横座標　221
予測

交替処遇デザインと　320
　　　基準変更デザインと　371
　　　科学的理解のレベルとして　4-5, 271
　　　測定と　288-290, 126
　　　多層ベースラインデザインと　341
　　　リバーサルデザインにおける　304-307
予測不能性　－レスポンスコストの効果の　621
予防－FBAと　827-828
4項随伴性　669

【ら】
ライセンス（資格要件、開業許可証）　94, 1095
ラグ強化スケジュール　1064
楽観主義　34-36
ラベリング、グラフ　249

【り】
リアクティビティー　97, 169, 189, 969
利害衝突　1111
リストカウンター　150
率～強化スケジュールも参照　125, 131-134, 142
リッカート尺度　837
立証
　　達成するとき　292-295
　　交替処遇デザインと　320
　　多層ベースラインデザインと　341, 343-344, 367
　　リバーサルデザインにおける　302-307
　　リバーサルデザイン
　　　A-B-AデザインとA-B-A-Bデザイン　302-307
　　　A-B-A-B-A-Bデザイン　307
　　　B-A-Bデザイン　307
　　　DRI/DRAリバーサルテクニック　314

　　　DROリバーサルテクニック　314-316, 482
　　　教育上、臨床上の問題　318
　　　倫理的懸念　318
　　　不可逆性　316
　　　多重処遇　309-311
　　　非条件的強化（NCR）リバーサルテクニック　311-314
　　　と正の強化　480-483
　　　における予測、立証、再現　291, 304-307
　　　社会的問題　318
『量的情報のビジュアルデスプレイ』（タフト）　245
臨床場面　1018
倫理
　　クライエントの擁護　1108-1111
　　年齢の相応しさ　104
　　権威と許諾問題　88
　　クライエントサービス　1097-1107
　　行動規範　1085, 1089
　　機密保持　96, 1102-1105
　　利害の衝突　1111
　　実践の文脈　1085
　　費用便益分析　1086
　　定義　1084
　　尊厳、健康、安全の問題　1105-1106
　　専門的能力を確保する　1094-1097
　　存在する緊急事態　1087
　　消去と　770
　　倫理的実践の重要性　1088
　　インフォームド・コンセント　1098-1102
　　記録維持　1107
　　測定と　129
　　分析家の個人史　1084
　　行動改善プログラムの実行妨げる　79-

80
　　専門的基準　1088-1094
　　リバーサルデザイン　318
　　クライアントのアウトカムの選択
　　　1106-1107
　　社会的妥当性と　1086
　　負の強化の使用　510
　　弱化（罰）の使用　585-589
　　タイムアウトの使用　609
　　介入除去とリバーサルデザイン　319

【る】
累進インターバル（PI）強化スケジュール
　　533
累進強化スケジュール（PR）　532-533
累進比率スケジュール強化子査定　477-480
累積記録　230-235
累積記録器　230
ルール　440
ルール支配行動　906

【れ】
例を教える　1035-1037
レスポンスコスト
　　ほかのアプローチと組み合わせる　613-
　　　614
　　定義　609
　　の望ましい側面　610
　　の効果的な活用　617-620
　　方法　614-617
　　MOと　637
　　概観　68
　　使用によって生じる可能性がある影響
　　　621
　　自己管理と　988
レスポンデント・アグレション（攻撃性）
　565

レスポンデント行動　52-56
レスポンデント消去　54-56
レスポンデント条件づけ　53-54
レパートリー　49, 76-77
レパートリー変更効果　630
レベル　255
レベルシステム　917-919
連結（強化）スケジュール　539-540
連鎖化
　　習得レベルを査定する　729-731
　　逆向　724-725, 735-739
　　制限時間付き行動連鎖　724
　　修正アプローチを選択する　739-740
　　行動連鎖の定義　722-724
　　そのパフォーマンスに影響を与える要因
　　　744-747
　　順向　724-725, 732-733
　　妨害し止めさせる　740-744
　　使用する論拠　724-725
　　課題分析　725-729,
　　全課題　734
連鎖スケジュール　538-539
練習　36-38
練習効果　289, 333
連続強化（CRF）
　　定義　487, 515
　　DRA/DRIを伴う　781
　　消去と　763-764
　　般化可能性と　1048
　　弱化（罰）と　559, 570, 582
連続測定　274, 182-184
連続弱化スケジュール（FR1）　559, 507, 582

【ろ】
廊下型タイムアウト　603
ローカス・オヴ・コントロール　－自己管理
　と　942-944

ロボット工学　717
論理積スケジュール（conj）　540
論理和（強化）スケジュール　540

【わ】
ワイアット対スティックニー　609
y軸　221, 245-248

人名索引

【A】

Abt, K. A., 146
Achenbach, T. M., 93
Acquisto, J., 416
Adams, C., 574
Adams, M. A., 1101
Adelinis, J. D., 535, 569, 571, 610-611, 613
Adkins, V. K.（アドキンス, V. K.）, 163, 672
Agran, M., 372, 944, 956, 969, 996, 1068
Ahearn, W. H.（エイハーン, W. H.）, 164, 277, 389, 472, 504-505
Ahlborn, P., 969
Al-Attrash, M., 278
Alber, S. R.（アルバー, S. R.）, 4, 163, 207, 230, 232, 277, 307, 325, 329, 351, 567, 676, 952, 984, 1055-1058, 1061
Alberto, P. A.（アルバート, P. A.）, 70, 493, 601, 785
Albin, R. W., 1035
Alessi, G.（アレッシ, G.）, 456, 557
Alexander, D. F., 389
Allen, K. D.（アレン, K. D.）, 372-376
Allen, K. E., 462
Allen, L. D.（アレン, L. D.）, 785, 932
Allison, J.（アリソン, J.）, 458
Almari, A., 468
Alper, S., 969
Alterson, C. J., 221-222, 307, 454
Altschuld, J. W., 90
Altus, D. E., 19
Aman, M. G., 396, 417
Amari, A., 737, 738
Andelman, M. S., 78, 783
Anders, B. M., 809
Anderson, C. M.（アンダーソン, C. M.）, 36, 307, 757-758
Anderson, E. G., 39, 163
Anderson, E. S., 402
Anderson, M., 761, 772
Andresen, J. T., 865
Andrews, D., 601, 952
Andronis, P. T., 77, 887, 1023
Anger, A. K., 39
Ardoin, S. P.（アードイン, S. P.）, 164, 813
Arguelles, M., 887
Armel, S., 993
Armendariz, F.（アーメンダリス, F.）, 161, 253, 417
Armstrong, L., 969
Arndorfer, R., 831, 839
Arnesen, E. M., 1064
Arntzen, E.（アーンツェン, E.）, 358
Ashbaugh, R.（アシュボー, R.）, 307, 812, 611, 613, 618
Asmus, J. M., 78, 761, 772
Atwater, J. B., 5
Ault, M. H., 94, 832
Ault, M. J., 733
Austin, J., 39, 702
Axelrod, S., 416, 551, 558, 827, 988
Axtell, S. A. M.（アクステル, S. A. M.）, 38
Ayllon, T.（アイオウン, T.）, 27, 41-42, 100, 498, 553, 561, 1025
Azrin, N. H.（アズリン, N. H.）, 67, 98, 100, 292, 498-499, 550, 553-555, 557-559, 561, 564-569, 573-576, 58, 585, 988, 994, 1025

【B】

Babyak, A. E., 935
Bacon-Prue, A., 387

Baer, A., 559, 582
Baer, D. M.（ベア, D. M.）, 13, 25, 27-33, 35-36, 42, 56, 70, 78, 97-98, 100, 102-103, 113, 118-119, 127, 133, 164, 182, 210, 218, 220, 244, 257, 270-272, 276, 278, 283, 289-290, 295, 302-303, 312, 314-317, 341, 345, 346, 354, 357, 368, 370, 377, 398, 402-403, 412, 421-422, 424-425, 449, 452, 480, 488, 556, 559, 582, 588, 690-691, 698, 770, 868, 878, 886, 934, 953, 969, 1012, 1014, 1021, 1024-1025, 1027, 1029, 1031-1032, 1041, 1044-1045, 1048-1049, 1053, 1055, 1057, 1062-1064, 1066, 1072, 1074, 1077
Baer, R. A.（ベア, R. A.）, 360, 954
Baggio, P., 308
Baham, M., 777
Bailey, D. B., 257, 767
Bailey, J. S.（ベイリー, J. S.）, 39, 137, 360, 387, 389, 445, 458, 600, 837, 894
Bailey, S. L., 98
Baldwin, G., 571
Ballard, K. D.（バラード, K. D.）, 972, 981, 984
Bandura, A.（バンデューラ, A.）, 566, 1023
Bannerman, D. J., 1105
Barber, F., 137, 445
Barbetta, P. M., 325
Barker, M. R., 387, 389
Barkley, R., 993
Barlow, D. H.（バーロー, D. H.）, 320, 334, 369, 412
Barnes, M., 558
Baron, A.（バロン, A.）, 68, 496-497
Barrett, B. H.（バレット, B. H.）, 1089
Barrett, R. P.（バレット, R. P.）, 391-392
Barretto, A., 783
Barrish, H. H.（バリッシュ, H. H.）, 345, 935-936
Barry, A. K., 863
Bartlett, R. K., 578
Barton, E. S.（バートン, E. S.）, 346
Barton, L. E., 788
Barton-Arwood, S. M.（バートン-アーウッド, S. M.）, 839
Bateman, D. F., 980
Batista-Wallace, M., 687
Batstone, D., 955
Baum, W. M.（バウム, W. M.）, 24, 59, 63, 440, 552-553, 556, 590, 948-949, 957
Bauman, K. E., 452, 503, 803
Bauman, R., 159
Baxley, N., 963
Bay-Hinitz, A. K., 389
Bechtel, D. R., 573
Becker, W. C., 27, 568, 1035
Behrmann, M. M., 360
Belfiore, P. J.（ベルフィオーレ, P. J.）, 163, 325-326, 813, 815
Bell, K. E., 346
Bellack, A. S.（ベラック, A. S.）, 962, 991
Bellamy, G. T.（ベラミー, G. T.）, 745-747
Bellugi, U., 869
Bender, W. N., 612
Benedict, H., 307, 776-777
Bennett, G. M.（ベネット, G. M.）, 453, 878, 892
Bennett, K., 952, 955
Benyo, J., 955
Berg, W. K., 853
Berry, G. W., 730, 731
Besalel, V. A.（ベサレル, V. A.）, 573-576
Bicard, D. F., 140, 396, 416-417, 535, 948
Bicard, S. C., 1052
Bickel, W. K., 1042

Bigelow, G. E., 302
Bijou, S. W.（ビジュー, S. W.）, 13, 19, 27, 56, 70, 94, 452, 556, 832, 868, 878, 886
Billings, D. C., 993
Billingsley, F., 397
Binder, C., 238, 1110
Binder, L. M., 533, 948
Birnbrauer, J. S.（バーンブラウアー, J. S.）, 27, 412, 415, 424-425
Bishop, B. R.（ビショップ, B. R.）, 599
Bittle, R. G., 1072
Bjork, D. W.（ビョーク, D. W.）, 19
Black, J. L., 969
Blakely, E., 439, 624
Blew, P. A., 389
Blick, D. W., 953, 969, 978
Bloom, L., 864
Bloom, M.（ブルーム, M.）, 125
Blount, R., 387
Boles, S. M., 194, 197
Boley, N., 969
Bolin, E. P., 945
Bolstad, O., 984
Bondy, A.（ボンディ, A.）, 330
Bonem, M., 866
Boney, B. R., 146
Boozer, H., 346
Boring, E. G.（ボーリング, E. G.）, 385
Bornstein, P. H.（ボルンシュタイン, P. H.）, 992-993
Borrero, J. C., 809
Bosch, S.（ボッシュ, S.）, 98, 103
Bourret, J.（ブーレット, J.）, 88, 486
Bowers, F. E., 389
Bowman, L. G.（ボーマン, L. G.）, 465, 468, 485
Boyajian, A. E., 842

Boyce, T. E.（ボイス, T. E.）, 241, 244
Boyd, C. M., 180
Boylan, S., 785, 932
Boyle, M. E., 163
Braam, S. J., 355-357, 894
Braaten, S., 589
Bradley, L., 417
Bradley, T. A., 4
Brady, M. P.（ブラディ, M. P.）, 972, 1063
Braine, M. D. S., 878
Brame, P., 1051-1052
Brantley, D. C.（ブラントレー, D. C.）, 929-931
Brantner, J. P., 606
Braunling-McMorrow, D., 358
Bray, M. A., 610, 903, 906, 916
Brendlinger, J., 559
Brennan, K. B., 163
Brethower, D. C., 566
Briggs, A., 1063
Brigham, T. A.（ブリガム, T. A.）, 947, 983
Brobst, B., 39
Brockel, B., 839
Broden, D., 463
Broden, M.（ブロデン, M.）, 280, 464, 969-972, 981, 1057
Brothers, K. J.（ブラザーズ, K. J.）, 39, 163, 387
Broussard, C., 467
Brouwer, R., 360, 362
Browder, D. M., 94, 673, 832
Brown, D. K., 832
Brown, F., 87, 105, 711, 713, 727, 729-730, 1025
Brown, K. A., 816
Brown, R. E., 360, 869, 877
Brown, S. A.（ブラウン, S. A.）, 192-193, 210

Browning, L. B., 536
Browning, R. M.（ブラウニング, R. M.）, 320
Brulle, A. R., 788
Bucher, B.（ブッカー, B.）, 969, 981
Bucklin, A., 839
Budd, K. S., 98
Buell, J. S., 462
Buffington, D. M., 947
Buie, J., 600
Bumgarner, M., 954
Bunn, R. D., 169
Burgio, L. D., 58, 581, 993
Burkholder, E. O.（バークホールダー, E. O.）, 252
Burnette, M. M., 39, 220
Burta, M., 1063
Bushell, D., 33, 127, 218, 302
Busse, R. T., 933
Butter, E., 578
Byrd, M. R., 604
Byrne, T., 439

【C】

Caldwell, N. K., 358, 735, 676
Caldwell, Y., 734
Call, N., 783
Callahan, P., 1084
Cameron, J., 66
Cammilleri, A. P.（カミラリ, A. P.）, 1064-1065
Campbell, D. T.（キャンベル, D. T.）, 382
Campbell, R. A., 551
Campbell, R. C.（キャンベル, R. C.）, 1043
Carlyon, W. D., 389
Carnes, M.（カーンズ, M.）, 115, 346, 348
Carnine, D. W.（カーナイン, D. W.）, 220, 1035, 1038

Carpenter, M. H., 1043
Carples, S., 360
Carr, E. G.（カー, E. G.）, 508-509, 816, 869
Carr, J. E.（カー, J. E.）, 252, 417, 453, 465, 469, 471-473, 803, 810, 878
Carroll, R. J., 891, 892
Carta, J. J., 1057
Carter, C. M., 103
Carter, J. F., 956
Carter, M.（カーター, M.）, 741-742
Cartledge, G., 307, 417, 441-442
Carton, J. S.（カートン, J. S.）, 916-917
Casey, S. D., 78, 761, 772
Cashwell, T. H., 929-930
Catania, A. C.（カタニア, A. C.）, 14, 19, 24, 497, 552, 715-716, 865, 947, 983
Caufield, M., 780
Cautela, J. R.（コーテラ, J. R.）, 974
Cavalier, A.（キャヴァリア, A.）, 919
Cavanaugh, J., 853
Cavanaugh, R. A., 417, 952, 955
Cavior, N., 969
Cazden, C., 869
Chadsey-Rusch, J., 1033
Chamberlain, T. P., 838
Chambers, M. C.（チェインバース, M. C.）, 767
Chapman, P. L.（チャプマン, P. L.）, 606
Charlop, M. H.（チャーロップ, M. H.）, 58, 581
Charlop-Christy, M. H.（チャーロップ-クリスティ, M. H.）, 920-921, 1043
Charness, N., 1110
Chase, P. N.（チェイス, P. N.）, 440, 486, 497, 543, 657, 886, 1064
Chiang, S. J.（チャン, S. J.）, 785-786
Chiesa, M., 15, 24

Childs, K. E., 837

Chittum, R., 929

Chomsky, N.（チョムスキー, N.）, 864, 865

Chong, I. M., 810

Christian, L., 953, 974

Christle, C. A., 302, 417

Christophersen, E. R.（クリストファーセン, E. R.）, 165

Chung, B. I., 164

Ciccone, F. J., 472

Ciminero, A. R., 969

Cipani, E. C., 559, 706, 1102

Clair, A.（クレア, A.）, 791

Clark, E., 906

Clark, H. B., 559, 582

Clark, K. M., 164

Clarke, S., 837

Clement, P. W.（クレメント, P. W.）, 1024

Codding, R. S., 399

Cody, J. J., 569

Cohen, J. A.（コーエン, J. A.）, 197

Cohen, S., 576

Cohen-Almeida, D.（コーエン-アレイダ, D.）, 472

Colavecchia, B., 568

Cole, G. A., 558

Coleman-Martin, M. B.（コールマン-マーチン, M. B.）, 358

Collet-Klingenberg, L., 1033

Colombetti, M.（コロンベティ, M.）, 717

Colvin, D.（コルヴィン, D.）, 813

Conaghan, B. P.（コナハン, B. P.）, 673

Conderman, L., 346

Connell, J. E., 809

Connell, M. C., 1057

Connelly, L., 831

Conners, J.（コナーズ, J.）, 471, 562, 563, 671

Conroy, M. A., 839

Contrucci, S. A., 810, 818

Conyers, C., 306

Cook, R., 760

Cooke, N. L., 66, 399

Cooper, J. O.（クーパー, J. O.）, 6, 24, 36, 66, 135, 144-145, 181, 192, 238, 241, 412, 952, 954

Cooper, K. J., 673

Cooper, L. J.（クーパー, L. J.）, 389, 842

Copeland. A., 993

Copeland, R. E., 360

Corey, G.（コーリー, G.）, 1084

Corey, M. S., 1084

Cornell, J. E., 332

Costenbader, V., 597

Cotter, V. W., 666

Coury, D. L., 396, 417

Cowdery, G. E.（カウダリー, G. E.）, 307, 812, 389, 552, 772, 775, 785-786, 789-790

Craft, M. A.（クラフト, M. A.）, 207, 230, 232, 351, 984, 1056-1057

Craighead, W. E., 97

Cranston, S. S.（クランストン, S. S.）, 346, 551

Crawford, J., 839

Creedon, C. F.（クリードン, C. F.）, 954

Cresson, O., Jr., 666

Crimmins, D. B., 780, 838

Cristler, C.（クリストラー, C.）, 346

Critchfield, T. S.（クリッチフィールド, T. S.）, 38-39, 180, 414, 439, 565, 666, 887, 972, 980

Cromwell,O.（クロムウェル, O.）, 11

Cronin, M. E., 969

Crossman, J., 458

Crowell, C. R., 461

Csanyi, A. P., 910
Cullinan, T., 740
Culver, P., 568
Cummins, A., 533
Curtiss, K. A.（カーチス, K. A.）, 954
Cushing, L. S., 349
Cuvo, A. J.（クーヴォ, A. J.）, 146, 358, 536, 538, 663, 565, 1013

【D】

Daggett, J.（ダゲット, J.）, 391
Dahl, N. A., 5
Dalton, T., 349
Daly, E. J., III, 164
Daly, P. M.（デイリー, P. M.）, 956, 976-978
Daly, T., 1043
Dams, P-C., 951
Danforth, J. S., 440
Dardig, J. C.（ダーディグ, J. C.）, 110, 236, 574, 904, 910-912, 914, 965, 988
Darveaux, D., 405
Darwin, C.（ダーウィン, C.）, 59, 80, 82
Davies, K., 993
Davis, C. A., 351, 813-815, 1063
Davis, L. L., 417
Davis, P. K., 929
Davis, R., 610
Dawdy, M., 887
Dawley, H. H., 995
Dawson, J. E.（ドーソン, J. E.）, 757
Dawson, M. J., 558, 794-795
Dawson, N. M., 969
Day, M., 813
Deaver, C. M.（ディーヴァー, C. M.）, 307, 759
Decesare, L., 930
Degler, J. D., 954

DeHaas-Warner, S., 954
Deitz, D. E. D.（デイツ, D. E. D.）, 531-532, 798
Deitz, S. M.（デイツ, S. M.）, 425, 532, 792-793
Dejud, C., 307
DeLeon, I. G.（デレオン, I. G.）, 307, 351, 416, 454, 465, 471-473, 477-480, 559, 560, 662, 784, 787-788, 807, 809-810, 812, 838
DeLissovoy, V., 825
Delprato, D. J.（デルプラト, D. J.）, 8, 38
Delquadri, J. C., 318, 333, 572, 955
De Luca, R. V.（デルカ, R. V.）, 39, 107, 185, 372, 518-521
De Martini-Scully, D., 903
DeMyer, M. K.（デマイヤー, M. K.）, 27
DePalma, V., 1033, 1041
Derby, K. M., 842, 1072
De Souza, D. G., 565
DeVries, J. E., 39, 220
Dewey, J.（デューイ, J.）, 791, 956
de Zubicaray, G.（デ・ズビカレイ, G.）, 791
Dickerson, E. A.（ディッカーソン, E. A.）, 954
Didden, R.（デイデン, R.）, 226, 335,
Dietz, D. E., 194, 197
Dietz, S. M., 194, 197
DiGangi, S. A., 953, 969
Dinerstein, R. D., 1097
Dinsmoor, J. A.（デインスムーア, J. A.）, 9, 271, 554, 657, 668, 671, 681
Dishion, T. J., 566
Dixon, J., 334
Dixon, M. R.（ディクソン, M. R.）, 307, 351, 366, 414, 533, 776-777, 780, 948
Dobes, R. W.（ドゥービス, R. W.）, 118
Doggett, R. A., 343

Doherty, M. A., 606
Doke, L. A.（ドーク，L. A.），160
Doleys, D. M., 568
Dollard, J.（ダラード，J.），878
Dolnick, M., 994
Donahoe, J. W.（ドナホー，J. W.），76, 878
Donelson, F., 417
Donley, C. R., 1057
Donnellen, A. M., 586
Dorigo, M.（ドリゴ，M.），717
Dorow, L. G., 163
Dorsey, M. F., 452, 503, 785, 803
Doss, S., 890
Dotson, V. A., 194, 197, 203
Downing, J. A., 910, 914, 921
Doyle, P. M., 733
Dozier, C. L., 417, 507-508
Drabman, R. S.（ドラブマン，R. S.），318, 387, 568, 608, 704, 981, 1024, 1076
Drake, G. P., Jr., 387
Drasgow, E., 39, 1033
Drash, P. W., 891
Dubard, M., 225, 227, 277
Dube, W. V., 164, 664, 677
Dubey, D. R.（デュビー，D. R.），993
Ducharme, D. W., 1030
Ducharme, J. M., 805
Duggan, L. M., 461
Duhn, S. A. C., 765
Duker, P. C.（デューカー，P. C.），369, 576
Dunbar, S. B., 93
Dunlap, G.（ダンラップ，G.），126, 349, 571, 953, 974, 976, 1029, 1047, 1051
Dunlap, L. K.（ダンラップ，L. K.），837, 953, 974, 976
Dunn, E. K., 399, 887
Dunn, L. M., 887

Dunne, J., 192
DuPaul, G. J., 842
Durand, V. M.（デュランド，V. M.），366, 508-509, 780, 816-817, 838, 869
Duvinsky, J. D.（ダヴィンスキー，J. D.），541
Dyer, K.（ダイヤー，K.），160

【E】

Eachus, H. T., 389
Eakins, A., 979
Ebanks, M. E., 805
Ebbesen, E. B., 489
Eberhard, J. M., 1033, 1038
Eberhardt, M. J., 387
Eckert, T. L., 164, 842
Ecott, C. L., 414
Edelbrock, C. S., 93
Edwards, G. L., 329, 471
Edwards, K. J.（エドワーズ，K. J.），165
Egel, A. L.（エーゲル，A. L.），485, 1029
Eicher, P. S., 277, 389, 504-505
Eigenheer, P., 343
Ellingson, S. A., 137, 225, 228, 345, 452, 613, 791
Elliott, S. N., 933, 405
Ellis, C. R., 673
Ellis, E. S., 955
Ellis, J., 17-18, 74, 437
Ellis, L. L., 993
Emerson, E., 169-170, 1106
Emerson, M., 610
Endicott, K., 343
Endo, S., 140, 396, 417, 948
Engelmann, S.（エンゲルマン，S.），27, 456, 459, 557, 813, 1035, 1038
Epling, W. F.（エプリング，W. F.），12, 543-544
Epstein, L. H., 253

Epstein, R.（エプスタイン, R.）, 19, 77, 441, 942, 945, 947, 956-957, 1002
Ericsson, K. A., 1110
Ervin, R., 827, 831
Eshleman, J. W., 238, 865, 866
Esveldt-Dawson, K., 574
Esvelt-Dawson, K., 329
Evans, I. M., 117
Evans, J. H.（エバンス, J. H.）, 273-376

【F】
Fairbanks, D., 387
Falcomata, T. S.（ファルコマータ, T. S.）, 309, 414
Falk, J. L., 543
Fantuzzo, J. W.（ファントゥソ, J. W.）, 468, 1024
Faranda, N., 534, 536-537
Farber, J. M., 409
Farrell, A. D., 170
Farrell, D. A.（ファレル, D. A.）, 737-738
Favell, J. E.（ファヴェル, J. E.）, 585, 589, 794, 1095, 1105-1106
Faw, G. D., 1072
Fawcett, S. B.（フォーセット, S. B.）, 403, 408
Feinberg, A. B., 399
Felce, D., 169-170, 184, 1106
Felixbrod, J. J., 954
Ferkis, M. A., 328, 326
Ferrari, M., 458
Ferreri, S. J., 416, 998, 1064, 1106
Ferretti, R., 919
Ferster, C. B.（ファースター, C. B.）, 13, 27, 230, 232, 234, 527, 535, 542, 559, 764, 791, 794
Figlerski, L. B., 903

Fink, W. T., 220
Finney, J. W.（フィニー, J. W.）, 180, 458
Fischer, J., 125
Fisher, R., 412
Fisher, W. W.（フィッシャー, W. W.）, 38, 221-222, 307, 347, 350, 416, 454, 458, 465, 469, 776, 778, 805, 816, 818, 852, 471, 578-579, 584, 610-611, 613, 759
Fixen, D. L., 456, 917
Flaute, A. J.（フロート, A. J.）, 846, 854, 979
Fleece, L.（フリース, L.）, 703-704
Flessner, C. A., 277, 417
Fletcher, P. A., 163
Flood, W. A.（フラッド, W. A.）, 908
Flora, S. R., 65
Foate, B. A. L., 414
Footo-Lenz, M., 576
Forthman, D. L., 39
Foster, W. S.（フォスター, W. S.）, 543-544
Foundopoulos, M., 551
Fowler, S. A.（ファウラー, S. A.）, 97, 133, 953, 969, 1049, 1057, 1063
Fox, D. K., 39
Fox, J. J., 389, 839
Fox, R. G., 370-372, 610
Foxx, R. M.（フォックス, R. M.）, 11, 68, 128, 552, 573-575, 601, 1072
Frantz, S. E., 994
Frea, W. D., 103, 954
Freed, D. W., 479
Freeland, J. T.（フリーランド, J. T.）, 1049-1050
Fremouw, W., 360
Friedling, C., 993
Friman, P. C.（フライマン, P. C.）, 39, 48, 389, 414, 572, 587, 604, 776
Frisbie, D. A., 93

Frost, L.（フロスト, L.）, 330
Fuerst, J., 1030, 1071
Fuller, P. R.（フラー, P. R.）, 21, 41
Fuqua, R. W.（フクア, R. W.）, 98, 100, 355-357, 402, 452, 575, 816, 994

【G】

Gable, R. A., 930
Gaffaney, T. J., 146, 536, 839
Galbicka, G.（ガルビッカ, G.）, 712, 715-716
Galensky, T. L., 225, 228, 345, 452
Galizio, M.（ガリツィオ, M.）, 68, 496-497
Gallagher, S. M., 39
Gambrill, E.（ギャンブリル, E.）, 33, 90
Ganzell, S. L., 309
Gansle, K. A., 397
Garcia, E. E., 346, 688
Garcia, M. E., 440, 906
Gardenier, N. C., 154
Gardner, R., III, 163, 307, 417, 1051-1052
Garfinkle, A. N., 687
Garner, K., 987
Gast, D. L.（ガスト, D. L.）, 153, 318, 364, 377, 458, 465, 587, 675, 733, 1063
Gatheridge, B., 417
Gatti, S. L., 829
Gaylord-Ross, R.（ゲイロード-ロス, R.）, 309, 501, 503, 586, 608
Gee, K., 740-741
Geller, E. S.（ゲラー, E. S.）, 241, 302, 244, 302
Gena, A., 346, 1033
General, D. A., 274, 995
Gentile, J. R., 421
George, T., 467
Gewirtz, J. L., 449, 456, 462
Ghezzi, P. M., 533, 948

Gilligan, C., 948
Glenn, S. S.（グレン, S. S.）, 17-18, 52, 59-60, 70, 74, 77, 437
Glynn, E. L.（グリン, E. L.）, 954, 978, 981, 984
Glynn, S. M., 916
Glynn, T.（グリン, T.）, 972, 981, 984
Goddard, Y. I., 955, 969
Goetz, E. M.（ゲーツ, E. M.）, 164, 17-316, 1021, 1064
Goetz, L., 488, 740-741
Goff, G. A., 137, 389
Goh, H. L.（ゴー, H. L.）, 454, 477-478, 502-507, 535, 761-762, 768, 812
Goldberg, G. M., 945
Golden, N. H., 903
Goldiamond, I.（ゴールダイアモンド, I.）, 105, 674, 705, 947, 967, 982-983
Golding, L., 1059
Goldsmith, L., 610
Goldstein, S., 1057
Goldwater, B., 708, 714
Gonzales, M. A., 910
Good, W., 839
Goodman, J.（グッドマン, J.）, 992
Gottschalk, J. M.（ゴットシャルク, J. M.）, 228, 230, 465, 473-474
Gottselig, M., 785, 932
Goza, A. B., 578
Grace, N. C., 578
Graf, S. A.（グラフ, S. A.）, 135, 241
Graff, R. B., 228, 233, 465, 472
Graham, N., 740
Grant, S. H., 4
Graves, A. W., 978, 993
Gray, J. A., 54
Gray, K., 1033, 1041

Green, C. W.（グリーン, C. W.）, 181, 292, 536, 569

Green, G., 358, 664, 866, 1110

Green, L., 479

Greene, B. F.（グリーン, B. F.）, 137, 146, 445

Greenspan, S., 1085

Greenspoon, J., 17-18, 75, 437

Greenwood, C. R., 33, 127, 421, 955, 1054

Greer, R. D., 412

Gresham, F. M.（グレシャム, F. M.）, 397-398, 400, 932

Grier, H. C., 220

Griffen, A. K.（グリフェン, A. K.）, 733

Griffin, J. C., 360, 576, 578, 789

Griffin, M. A., 566

Griffith, R. G., 589, 704

Gross, A. M., 440

Grossi, T. A.（グロッシ, T. A.）, 142, 163, 307, 345, 403, 410, 417, 727, 736, 954, 972-973, 1030, 1033, 1051, 1063

Grow, L., 329, 414

Grunsell, J.（グランゼル, J.）, 534, 536-537, 741-742

Guenther, S. L., 534

Guess, D., 346

Guevremont, D. C., 1051

Guilford, J. P.（ギルフォード, J. P.）, 140

Gumpel, T. P., 954, 969

Gunter, P. L.（ガンター, P. L.）, 159-160, 839

Gutierrez, A., 237, 240-241

Gutowski, S. J.（ガトウスキー, S. J.）, 227, 229

Guttman, N.（ガットマン, N.）, 660, 661

【H】

Haag, R., 1064

Haagbloom, S. J., 19

Hackenberg, T. D.（ハッケンバーグ, T. D.）, 12, 38, 75, 78, 462, 435

Haertel, M. W., 181, 952

Hagopian, L. P.（ハゴピアン, L. P.）, 39, 416, 465, 471, 569, 571, 737-738

Hake, D. C., 557-559, 569

Hale, L., 890

Hall, C., 568

Hall, G. A.（ホール, G. A.）, 890

Hall, R. V.（ホール, R. V.）, 27, 280, 318, 333, 346, 360, 370-372, 375-376, 435-436, 463-464, 550-551, 568, 571-572, 610-611, 955, 969-971, 988, 1057

Hall, S. W., 419

Hallahan, D. P.（ハラハン, D. P.）, 969, 978, 980-981, 993

Halle, J., 39, 1033

Halstadtr, A., 358

Halstadtr, M., 358

Hamblin, R. L.（ハンブリン, R. L.）, 938

Hamdan, L., 89

Hamlet, C. C.（ハムレット, C. C.）, 416

Hammer, D., 1024, 1076

Hammer-Kehoe, J., 951

Hammill, D., 887

Hamre-Nietupski, S., 725-726, 733

Hanley, G. P.（ハンレー, G. P.）, 235, 237, 345, 451, 486, 663, 807-808, 811, 818-819, 1064-1065

Hanna, E. S., 565

Hannigan, K. F., 1041

Hanson, R., 838

Harchik, A. E., 1105

Haring, N. G., 238, 260

Haring, T. G.（ハリング, T. G.）, 389-390, 465

Harlow, H. R., 691

Harman, M. L., 170

Harman, R. E., 783
Harmer, M. L., 993, 1030, 1034
Harnad, S., 24
Harper, G. F., 1052
Harrell, J. P., 951
Harris, F. R., 462
Harris, J., 955
Harris, K. R.（ハリス，K. R.），954, 969, 979-980
Harris, S., 458
Harrison, C. D., 471-472
Harrison, H.（ハリソン，H.），983, 985, 990, 996, 999
Hart, B. M.（ハート，B. M.），345, 360, 462, 890
Hartmann, D. P.（ハートマン，D. P.），194, 197, 320, 370, 372, 375, 376, 421
Hartsfield, F., 1095
Harvey, M. T., 366
Hathaway, C., 938
Hawkins, R. P.（ホーキンス，R. P.），36, 88-89, 97-98, 100-101, 109, 118, 144-145, 164-165, 194-197, 203, 346, 396, 402, 423, 1048-1049, 1088
Hawthorne, J. W., 302
Hayes, L. J.,1101
Hayes, S. C.（ヘイズ，S. C.），39, 320, 425, 440, 947, 969
Haymes, L. K.（ヘイメス，L. K.），920-921
Haynes, S. N., 97, 169, 969
Heathfield, L., 601, 813
Heckaman, K. A.（ヘッカマン，K. A.），329, 676
Heflin, L. J., 128, 601
Heller, L., 903
Helwig, J. J.（ヘルウィッグ，J. J.），133, 145
Hemingway, M., 1095

Hemmes, N. S., 387, 947
Hendrickson, J. M., 930
Henry, D., 4
Henry, J. R.,929
Heron, T. E.（ヘロン，T. E.），21, 96, 129, 163, 325, 399, 413, 417, 955, 969, 1051-1052, 1081-1082, 1086, 1110
Herr, S. S., 1097
Herrnstein, R. J.（ヘアンスタイン，R. J.），538
Hersen, M.（ハーセン，M.），320, 369, 412, 962, 991
Hertz, S., 903
Hesse, B. E., 891-892
Heward, W. L.（ヒューワード，W. L.），4, 11, 24, 26-27, 33-35, 39, 51, 66, 79, 89, 96, 110, 142, 159, 163, 207, 230, 232, 236, 277-278, 307, 325, 329, 351, 359, 361, 363, 389, 399, 403, 410, 412, 417, 419, 445, 483-484, 567, 574, 576, 676, 904, 910-912, 914, 952, 954-956, 965, 972-973, 984, 988, 1030, 1033, 1051-1052, 1055-1058, 1061, 1063, 1109
Hewett, A., 576
Hewett, F. M.（ヒューイット，F. M.），917
Hieronymus, A. N., 93
Higbee, T. S.（ヒグビー，T. S.），465, 471-472, 474
Higgins, J. W.（ヒギンズ，J. W.），346, 917-918, 921
High, R. L., 891
Hightower, A. D., 468
Hill, D. S., 399
Hill, J. O., 107
Hill, S. M., 602
Himle, M. B., 417
Hineline, P. N.（ハインライン，P. N.），24, 495, 504
Hippler, B. J., 4, 163, 277, 712, 984, 1057

1247

Hiralall, A. S., 4
Hobbs, T. R.（ホッブス, T. R.）, 360
Hoch, H.（ホック, H.）, 534, 536-537, 1047
Hoch, J., 5
Hockersmith, I., 1033, 1041
Hodges, A., 919
Holborn, S. W.（ホルボーン, S. W.）, 39, 107, 185, 372, 518-521, 1030
Holcomb, S.（ホウルカム, S.）, 142, 351, 489, 533
Holcombe, A., 400
Hollahan, M. S.（ホラハン, M. S.）, 154
Holland, J. G., 13, 98
Holmber, M., 182
Holmes, G., 468
Holt, M. M.（ホルト, M. M.）, 360
Holth, P.（ホルツ, P.）, 689
Holz, W. C.（ホルツ, W. C.）, 67, 550, 554,-555, 557, 561, 564-569, 559, 58, 585
Homer, A. L., 397
Homme, L., 910, 914
Honig, W. K., 13
Hooper, S., 329, 676
Hoover, H. D., 93
Hopkins, B. L., 346
Horn, W. F., 97, 169, 969
Horner, R. D.（ホーナー, R. D.）, 290, 354, 356 357, 370, 377
Horner, R. H.（ホーナー, R. H.）, 15, 77, 128, 417, 587, 591, 745-747, 812-813, 815, 984, 986, 1029, 1033, 1035-1039, 1043, 1057, 1062, 1069, 1071, 1087
Hove, G., 604
Howard, J. S., 894
Howell, K. W., 94
Hoyson, M., 369
Hrenkevich, P., 142

Hughes, C.（ヒューズ, C.）, 947, 993, 1030, 1033-1034, 1043, 1064
Hume, K. M., 458
Humphrey, L. L., 988
Hundert, J.（ハンダート, J.）, 955, 969, 981
Hunt, P., 740
Hurley, A. D.（ハーレイ, A. D.）, 1099-1100
Hurley, C., 954
Hutchinson, R. R., 510, 564, 569
Hutchison, W. R., 887
Huybers, S., 416

【I】

Imwold, C., 366
Inman, D. P., 745-747
Ironsmith, M., 981
Irvin, D. S.（アーヴィン, D. S.）, 114
Isaacs, W.（アイザックス, W.）, 705, 708
Itkonen, T., 565
Ivanic, M. T., 329, 398, 471, 58, 581, 1017
Iversen, I. H.（イヴァーセン, I. H.）, 707
Iwata, B. A.（イワタ, B. A.）, 5, 137, 169-170, 194, 197, 225, 228, 230, 234-235, 237, 277, 302, 307, 313, 318, 329, 345, 351, 360, 389, 409-410, 416, 425, 437, 448-449, 451-452, 454, 458, 461-462, 469, 471-475, 477-478, 480-483, 494-497, 502-503, 507-508, 543, 550, 552, 558-560, 562-563, 569-571, 576, 578, 58-581, 588, 591, 595, 625, 673, 754-755, 760-763, 765-768, 775, 778, 784-789, 791, 803, 806-812, 816, 818, 827-828, 831, 835, 838-839, 842, 844 1041, 1097, 1099

【J】

Jackson, D., 27, 435-436,463
Jackson, R. L., 1032
Jacobs, H. A., 387, 471

Jacobson, J. M., 302
Jacobson, J. W., 11, 128, 1110
Jacobson, M. S., 903
Jamieson, B., 369
James, J. E.（ジェームス, J. E.）, 988
Jarvie, G. J., 318
Jason, L. A.（ジェイソン, L. A.）, 309, 311
Jawar, J., 1064
Jenner, N., 306
Jenson, W. R., 610, 906, 917, 952
Jitsumori, M., 886
Johns, J. C., 145
Johnson, A. D., 507-508
Johnson, B. M., 417
Johnson, H., 600
Johnson, J. W., 142, 1047, 1051
Johnson, K. R.（ジョンソン, K. R.）, 77, 444, 886, 1023
Johnson, L., 534, 536-537
Johnson, M. R., 461, 993
Johnson, S., 984
Johnston, T., 679, 680, 681
Johnston, J. M.（ジョンストン, J. M.）, 4, 6, 10, 14, 46-47, 49, 130-131, 135, 138, 141, 177-179, 191, 196, 217-218, 235, 244, 253, 259, 270, 273, 275, 277, 279, 282-284, 287-288, 290, 292, 311, 333, 363, 366, 367, 383-387-412-414, 1013, 1095
Johnston, R. J., 372
Johnston, M. K., 462
Jolivette, K., 914
Jones, F. H., 360, 568
Jones, K., 467
Jones, M. L., 794
Jones, R. R., 263, 421
Joseph, G. E.（ジョセフ, G. E.）, 34
Joseph, S., 144

Joyce, J. H., 543
Jurgens, M., 306

【K】

Kachanoff, R., 543
Kadushin, A., 90
Kahng, S. W.（カーング, S. W.）, 169-170, 241, 307, 351, 451, 454, 473, 475, 578, 614, 763, 784, 787-788, 807, 810-812, 816, 818, 836, 842
Kalish, H.（カリシュ, H.）, 660-661
Kame'enui, E., 712
Kamps, D. M., 935
Kanfer, F. H.（カンファー, F. H.）, 947, 990
Kantor, J. R., 627
Kaplan, S. J., 574
Karabin, M., 1063
Karoly, P.（カロリー, P.）, 947, 988
Karsh, K. G., 142, 169, 582
Kass, R. E., 568
Kates, D., 569
Kates, K., 221, 571, 661
Katz, R. C., 775
Katzenberg, A. C., 245
Kauffman, J. M.（カウフマン, J. M.）, 129, 978, 981
Kaufman, K. F., 568, 988
Kazdin, A. E.（カズディン, A. E.）, 12, 54, 97, 302, 316, 320, 489, 575-576, 708, 739, 775, 969, 1023, 1068
Kee, M., 602
Keenan, M., 39
Keeney, K. M.（キーニー, K. M.）, 610-614
Kehle, T. J., 610, 903, 906, 916
Keilitz, I., 356
Keith-Spiegel, P., 96, 1103
Kelk, M. J., 351, 934

Kelleher, R. T.（ケラハー, R. T.）, 68, 72-73, 557
Keller, C. L., 972
Keller, F. S.（ケラー, F. S.）, 13, 19, 60, 485, 498, 625, 624, 662, 753, 755, 761, 764, 571, 765, 1014
Keller, J. W., 1057
Kelley, M. E.（ケリー, M. E.）, 139, 230, 484, 778, 780, 810
Kelley, M. L.（ケリー, M. L.）, 318, 347, 350, 389, 677, 782, 908-909
Kellum, K. K., 417, 810
Kelly, C. S., 462
Kelly, L., 159-160
Kelly, S. Q., 327, 529-530
Kelshaw-Levering, K.（ケルショー-レヴァリング, K.）, 929-930, 933
Kennedy, C. H.（ケネディ, C. H.）, 205-207, 225-226, 233, 279, 309, 310, 329, 343, 349, 366, 389-390, 454, 465, 565, 758, 759, 825
Kenney, K. M., 146, 611
Kern, L., 571, 837, 840, 845
Kerr, M. M.（カー, M. M.）, 599, 839, 932, 1023
Kerwin, M. E., 277, 389, 504-505
Keul, P. K., 345, 727, 736
Kidder, J. D., 27
Kiernan, J., 372
Killian, D. J., 993
Killina, D. J., 1030, 1034
Killu, K.（キルー, K.）, 351, 813-814
Kimball, J. W., 17-18, 24, 403, 445, 1030
Kirby, K. C., 97, 969, 1042
Kirby, P. C., 969
Kirkpatrick-Sanchez, S., 558
Kirschenbaum, D. S., 988
Kissel, R. C., 409
Kistner, J., 704

Kitsukawa, K., 783
Kladopoulos, C. N., 144, 224, 351
Klatt, K. P., 449
Klein, R. D., 421
Klem, M. L., 107
Kneedler, R. D., 969, 981
Knittel, D., 987
Knowles, T., 225-226, 825
Kodak, T.（コダック, T.）, 329, 414, 807
Koegel, L. K.（ケーゲル, L. K.）, 103-104, 953-954, 974, 984
Koegel, R. L.（ケーゲル, R. L.）, 103, 485, 571, 953-954, 1019-1020, 1029, 1047-1048, 1051-1052
Koehler, L. J., 474
Koenig, C. H., 256
Kohler, F. W., 930
Kohn, A., 1110
Kollins, S. H., 38-39
Kologinsky, E., 687
Komaki, J. L.（コマキ, J. L.）, 98, 180, 186
Konarski, E. A., Jr.（コナルスキー, E. A., Jr.）, 461-462
Koocher, G. P., 96, 1103
Koser, L., 568
Kosiewicz, M. M., 978, 993
Kostewicz, D. E., 181, 952
Kounin, J., 1023
Kozloff, M. A., 413
Krantz, P. J.（クランツ, P. J.）, 39, 163, 208, 345, 346, 351-353, 387, 391, 672, 677, 691, 1033, 1062
Krasner, L. A., 13
Kubina, R. M., Jr., 132, 181, 238, 241, 952
Kuerschner, S., 416
Kuhn, D. E., 759, 816
Kuhn, S. A. C., 39, 139, 230, 778, 780

Kulp, S., 159
Kunzelmann, H. P., 256

【L】

LaBlanc, L. A., 687
LaFleur, L. H., 399
Lagarde, R.（ラガード, R.）, 919
LaGreca, A. M., 180
Lalli, J. S.（ラリー, J. S.）, 221, 343, 569, 571, 661, 832
Lambert, M. C., 417
Lambert, N., 93
Landrum, T. J., 673, 980
Landry, L.（ランドリー, L.）, 150
Lane, K. L., 839
Lane, S. D.（レイン, S. D.）, 565-666
Langer, S. N., 241, 836
Laraway, S.（ララウェイ, S.）, 601-602, 625-622
Larkin, M. J., 955
Larowe, L. N.（ラロウ, L. N.）, 938
Larson, T., 776-777
LaRue, R. H., Jr., 139, 230, 484, 765, 778, 780
Lasiter, P. S., 543
Lassman, K. A., 914
Lattal, A. D., 497
Lattal, K. A.（ラッタル, K. A.）, 24, 38, 75, 313, 439, 497, 543, 566
LaVigna, G. W., 586
Layng, T. V. J.（レイン, T. V. J.）, 77, 444, 886-887, 1023
Le, D. D., 571
Lebbon, A., 39
Leblanc, J. M., 770
LeBlanc, L. A., 416, 687
Lee, C., 969
Lee, N., 387, 389

Lee, R., 1064
Lee, V. L., 24
Lefebvre, D., 954
Lehr, L., 568
Leitenberg, H., 302
Leland, H., 93
Lensbower, J., 1033, 1041, 1074
Lenz, M., 574
Leonard, I. J., 969, 1068
Lerch, L. J., 146
Lerman, D. C.（ラーマン, D. C.）, 38, 39, 139, 230, 282, 309, 416, 477, 484, 533, 543, 558, 559, 561, 569-571, 579, 582-583, 591, 754-755, 760-761, 763, 765-768, 775, 778, 780, 810, 816, 835, 844
LeSage, M. G., 194, 197, 302, 439
Lessen, E. I., 98
Leurquin, D. A., 146, 536
Leveille, R., 543
Levondoski, L. S., 307
Lewin, A. B., 471
Lewis, T. J.（ルイス, T. J.）, 351, 838, 929, 933-934
Libby, M. E., 228, 233, 465
Lieblein, T., 1029
Liebson, I. A., 302
Lignuaris/Kraft, B., 832
Lindauer, S. E., 221-222, 307, 454
Lindberg, J. S.（リンドバーグ, J. S.）, 307, 345, 673, 784, 787-788, 805, 808
Lindquist, K., 565
Lindsley, O. R.（リンズリー, O. R.）, 27, 135, 237, 241, 257
Linehan, M.（ラインハン, M.）, 87
Linscheid, T. R.（リンシャイド, T. R.）, 309, 311, 360, 564-569, 576-578, 789
Liotta, R. F.（リオッタ, R. F.）, 309

Lipinski, D. P., 969

Litow, L., 929

Livezey, K., 221, 569, 571, 661

Lloyd, J. W.（ロイド, J. W.）, 387, 947, 978, 980-981

Lo, Y.（ロー, Y.）, 95, 417, 976-977

Lochner, D. G., 327, 529-530

Locke, P. A., 472

Loeb, M., 890

Logan, K. R.（ローガン, K. R.）, 465, 471

Long, E. S.（ロング, E. S.）, 165, 307, 452, 471, 613, 757-758, 994

Lovaas, O. I., 871

Lovitt, T. C.（ロヴィット, T. C.）, 954, 956

Lowenkron, B., 78

Luce, S. C.（ルース, S. C.）, 160, 318, 389, 571-572

Luciano, C., 894

Ludwig, R. L.（ルードウィック, R. L.）, 978

Luiselli, J. K., 571

Lund, D., 27

Lutz, P. A., 969

Luze, G. J., 935

Lynch, D. C., 565

Lyon, C. S.（ライオン, C. S.）, 919

【M】

Maag, J. W., 953, 969, 980

Mabry, J. H., 27, 864

MacCorquodale, K.（マコークデイル, K.）, 21

MacDonald, R. F., 836

MacDuff, G. S.（マクダフ, G. S.）, 345, 1062

Mace, F. C.（メイス, F. C.）, 221, 398, 489, 661, 813-815, 832, 948

Mackenzie-Keating, S. E., 568

MacNeil, J., 988

Madden, G. J., 543

Madsen, C. H.（マッドセン, C. H.）, 568

Maglieri, K. A.（マグリーリ, K. A.）, 662, 818

Maheady, L., 33, 127, 1052

Mahoney, M. J.（マホーニー, M. J.）, 945, 962, 983, 987

Malaby, J., 980

Malanga, P., 241

Malenfant, J. E.（マーレンファント, J. E.）, 39, 350, 387, 389, 416

Malesky, B. M., 969

Mallete, B., 1052

Maloney, K. B., 346

Malott, R. W.（マロット, R. W.）, 14, 47, 65, 68, 70, 274, 439-440, 552, 554, 906, 947, 950, 954, 974-975, 983, 985, 987, 990, 996-999

Mank, D. M., 984, 1057

Manning, P., 558, 794-795

March, R., 93

Marchand-Martella, N. E., 349, 372, 969, 1068

Marckel, J. M., 1064

Marcus, B. A.（マーカス, B. A.）, 400, 454, 465, 509-510, 535, 776, 778, 781, 842

Maretsky, S., 930

Marholin, D., II, 309, 980

Marini, Z., 416

Markle, S. M., 27

Markwardt, F. C., 90

Marmolejo, E. K., 417

Marr, J.（マー, J.）, 181, 497

Marshall, A. E., 956, 981

Martella, R.（マーテラ, R.）, 349, 372, 969, 974, 1068

Martens, B. K.（マーテンス, B. K.）, 4, 164, 327, 405, 529-530, 813

Martin, G.（マーチン, G.）, 716, 742, 963, 995-996

Martindale, A., 159
Martindale, B., 159
Martinez-Diaz, J. A. （マルティネス-ディアス, J. A.）, 1081-1082, 1095, 1098, 1103-1104
Martz, S. A., 163
Mastellone, M., 987
Masuda, A., 777
Matese, M., 578
Mathes, M. Y., 612
Mathews, J. R., 89
Mathews, R. M. （マシューズ, R. M.）, 672
Matson, J. L., 329, 558, 574
Mattaini, M. A. （マタイニ, M. A.）, 74
Matthews, R., 163
Maurice, C., 11, 128
Maxwell, J. C., 1087-1088
May, M. E., 366
Mayer, G. R. （マイヤー, G. R.）, 554, 569
Mayfield, K. H. （メイフィールド, K. H.）, 486
Mazaleski, J. L., 307, 806, 816
Mazur, J. E., 38, 776
McAllister, L. W., 346
McCain, L. J., 257
McClannahan, L. E. （マクナラハン, L. E.）, 39, 163, 208, 345, 346, 351-353, 387, 391, 672, 677, 691, 1033, 1062
McCleary, R., 224, 257
McComas, J. J., 5, 38-39, 144, 351, 488, 534, 536-537, 582, 1047
McConnell, M. E., 956
McCord, B. E. （マッコード, B. E.）, 137, 225, 227, 345, 791
McCullough, J. P., 332
McDaniel, M. H., 332
McDonald, L. M., 241, 836
McDonald, R. F., 241
McDonald, R. S., 1035

McDowell, L., 559
McEntee, J. E. （マケンティー, J. E.）, 153, 169
McEvoy, M. A. （マッキボイ, M. A.）, 459
McFall, R. M., 969
McGee, G. G. （マギー, G. G.）, 345, 391, 1043
McGill, P., 625, 637, 659, 887
McGimsey, J. F. （マギムゼイ, J. F.）, 585, 589, 794, 1105-1106
McGoey, K. E., 842
McGonigle, J. J., 334
McGreevy, P. （マグリーヴィ, P.）, 150
McGuffin, M. E., 163
McGuire, J. M., 938
McGuire, M. T., 107
McIlvane, W. J., 664, 677
McKerchar, P. M. （マッカーチャー, P. M.）, 5
McLaughlin, T. F., 255, 345, 346, 372, 456, 903, 907, 917-918, 980
McLelland, H., 543
McNeer, M. F., 318
McNeish, J., 325
McPherson, A., 866
McSweeny, F. K., 39
McWilliams, R. （マックウィリアムズ, R.）, 725-726, 732-733, 745
Mechling, L. C., 1063
Meehl, P., 21
Mees, H. L., 702
Meichenbaum, D. （マイケンバウム, D.）, 992
Meinberg, D., 954
Meinhold, P., 564
Mellichamp, F., 1095
Mercatoris, M., 97
Methot, L. L., 194, 197, 302
Meyer, K. A., 225-226
Meyer, L. H., 117

Meyerson, L., 458

Michael, J.（マイケル, J.）, 12, 15, 26-27, 48, 50, 53-54, 63-66, 68, 70-71, 76, 96, 218, 312, 412, 422, 425, 437, 439-440, 443, 446-447, 452-453, 462, 487, 496-497, 551-555, 558, 601, 625-622, 636, 642, 658-659, 688, 803, 865, 870, 877-878, 882, 884, 889, 892, 893

Middlebrook, J. L., 318

Midgley, B. D., 8

Miguel, C. F., 453, 878, 892

Milan, M. A., 220, 558

Millenson, J. R.（ミレンソン, J. R.）, 561

Miller, A. D.（ミラー, A. D.）, 21, 413, 419-420, 1110

Miller, D. L.（ミラー, D. L.）, 389, 903, 908-909

Miller, K. A., 159-160

Miller, N.（ミラー, N.）, 878, 1064

Miller, W. H., 568

Milner-Davis, P., 144

Miltenberger, R. G.（ミルテンバーガー, R. G.）, 67, 70, 89, 165, 306, 307, 389, 417, 452, 461, 552, 557, 575, 613, 739, 759, 766, 807, 816, 831, 839, 994, 1041, 1071-1072

Mineka, S., 636

Mischel, W., 948

Mitchem, K. J., 955

Mitts, B., 280, 969-971, 1057

Moe, T. L., 673

Mole, P., 10

Montgomery, R. W., 558

Moore, J. F., 343, 402

Moore, J. L., 674

Moore, J. W.（ムーア, J. W.）, 24, 225, 227, 277

Moran, M. R., 921

Morgan, D. P., 406-407, 956, 974, 1057

Morgan, Q. E.（モーガン, Q. E.）, 322-324, 326

Morren, J., 827

Morrier, M., 1043

Morris, E. K., 5, 11, 16, 19, 26, 66, 425

Morris, N., 346

Morris, R. J.（モリス, R. J.）, 118

Morrison, H., 278

Morse, W. H.（モース, W. H.）, 68, 72-73, 557

Mortenson, B. P., 399

Morton, W. L., 277, 325

Moses, D. R., 778

Motes, P., 468

Mowrer, O. H., 452, 878

Moxley, R. A., 63, 74, 886, 956, 969

Mudford, O. C.

Mueller, M. M.（ミュラー, M. M.）, 163, 225, 227, 277, 343, 399

Mueller, R. K., 332

Muldoon, M., 853

Mulick, J. A., 11, 128

Munson, R., 397

Murdock, J. Y., 969

Murphy, E. S., 39

Murphy, R. J.（マーフィー, R. J.）, 308, 318

Musser, E. H.（マッサー, E. H.）, 610-611, 615, 619, 916, 924

Myer, J. S., 510

Myles, B. S.（マイルス, B. S.）, 921-922

【N】

Nau, P. A., 409, 416, 568

Neale, M. S., 220

Neef, N. A.（ニーフ, N. A.）, 38, 140, 230, 234, 396, 416-417, 484, 489, 535, 543, 821-822, 948, 1017, 1033, 1041, 1064, 1074, 1099, 1106

Negron, E., 1085

Neidert, P. L., 507-508, 809

Neisser, U., 877

Neisworth, J., 1095

Nelson, C. M.（ネルソン，C. M.），599-600, 932

Nelson, J. S., 163

Nelson, R. O.（ネルソン，R. O.），947, 969

Neuringer, A., 312, 1064, 1064

Nevin, J. A., 80, 542

Newby, T. J., 309

Newcomer, L. L., 351, 929, 934

Newcomer, P. L., 887

Newman, B.（ニューマン，B.），947, 954,

Newman, R. S., 1059

Newsom, C. D., 458, 839

Newstrom, J.（ニューストローム，J.），345, 903, 906-907

Newton, J. T., 839

Niarhos, F., 993, 1030, 1034

Nickel, M., 439

Nicolson, A. C., 465, 471

Nietupski, J., 725-726, 733

Nihira, K., 93

Ninness, H. A. C.（ニンネス，H. A. C.），1030, 1066, 1071

Noell, G. H.（ノエル，G. H.），397, 399, 829, 835, 1049-1050

Nolan, J. D.（ノーラン，J. D.），967

Norman, J. E., 145

Normand, M.（ノーマンド，M.），806, 1081-1082

Norris, K. S., 708

North, S. T., 449

Northup, J.（ノーサップ，J.），65, 319, 414, 467-468, 471, 842

Novak, 864, 868, 878

Nunes, D. L., 308

Nunn, R. G.（ナン，R. G.），994

【O】

Oberdorff, A. J., 458

O'Brien, F., 333, 498, 553

O'Brien, M., 813

O'Brien, R. M., 903

O'Brien, S., 398, 582

O'Brien, T., 704

Ochsner, C. A., 677

O'Conner, C., 777

Odom, S. L., 369

O'Donnell, J.（オドンネル，J.），554

Ogden, J. J., 39, 237

Ogisi, J., 672

Okyere, B., 325

O'Leary, K. D.（オリアリー，K. D.），27, 568, 954, 981-982, 988, 993

O'Leary, S. G.（オリアリー，S. G.），27, 49, 993

Oliver, C. O., 805

Ollendick, T. H., 329, 574

Olympia, D. W.（オリンピア，D. W.），952, 954, 974, 984

O'Neill, R. E.（オニール，R. E.），88, 417, 837, 844, 848, 1051

O'Reilly, J., 1064

O'Reilly, M. F.（オレイリー，M. F.），506

Ormond, T., 366

Ormsbee, C. K., 921

Ortiz, K. R.（オーティス，K. R.），465, 469, 473

Osborne, J. G.（オズボーン，J. G.），39, 163, 496, 498, 575, 866

Osbourne, J. G., 314

Oschsher, C. A., 782

Oxford, R., 558

Osgood, C. E., 878

1255

Oshima, G., 740

Osnes, P. G., 360, 954, 1029-1031, 1051

Ospelt, H., 351, 813-814

Ostrosky, M. M., 39

O'Sullivan, J. L.（オサリヴァン, J. L.）, 1097, 1099-1101

Ott, S. M., 613

Overton, T., 94

Owen, M., 610

Owens, R. E., 863

【P】

Pace, G. M.（ペイス, G. M.）, 307, 309, 318, 329, 389, 399, 409, 471-472, 552, 568, 775, 785-786

Packard, D., 770

Pack-Teixteira, L., 894

Paclawskyj, T. R., 838

Page, T. J., 194, 197, 230, 234, 329, 398, 471, 1017, 1041, 1099

Paglieri, R. A., 1110

Palaez-Nogueras, M.（ペレス-ノゲラス, M.）,

Palmer, D. C.（パーマー, D. C.）, 17, 76, 878, 886

Panyan, M.（パンヤン, M.）, 346, 463-464, 702

Paone, D., 1047

Parker, L. H.（パーカー, L. H.）, 349

Parrish, J. M., 1041

Parrott, L. J., 874

Parsons, M. B., 292, 536, 569, 954

Parsonson, B. S.（パーソンソン, B. S.）, 218, 244, 257

Partington, J. W.（パーティントン, J. W.）, 330, 452-453, 871, 878, 887, 889, 891-892, 894-895

Patel, M. R.（パーテル, M.）, 677, 782

Paterson, L., 302

Patrick, J. 159-160

Patterson, G. R., 566

Paul, J. N., 351, 813, 814

Pavlov, I. P.（パヴロフ, I. P.）, 17, 53

Pear, J.（ペア, J.）, 716, 742, 963, 995-996

Peck, S. M.（ペック, S. M.）, 307, 318, 611, 613, 668

Pejeau, C., 576

Pelios, L., 827, 831

Pennypacker, H. S.（ペニーパッカー, H. S.）, 4, 6, 10, 14, 46-47, 49, 59, 130-131, 135, 138, 141, 177-182, 191, 196, 217-218, 235, 237, 240-241, 244, 253, 259, 270, 274-275, 277, 279, 282-284, 287-288, 290, 292, 311, 333-363, 366-367, 383-387, 412-414, 422, 426

Peoples, A., 760

Peters, M., 417, 589, 1086

Peters, R., 993

Peterson, I.（ピーターソン, I.）, 397, 399-400, 690

Peterson, N., 885

Peterson, R. F., 94, 314, 389, 832

Peterson, S. M.（ピーターソン, S. M.）, 21, 413, 821-822, 832, 979, 1106-1107, 1110

Pfadt, A., 421

Phillips, E. A.（フィリプス, E. A.）, 456, 917

Phillips, E. L., 456, 917

Phillips, J. F., 292 , 569

Piaget, J., 864

Piazza, C. C.（ピアツァ, C. C.）, 146, 458, 465, 468-469, 471-472, 474, 535, 613, 677, 700, 778, 782, 805, 818

Piche, L. M., 472

Pickering, D., 386

Pierce, W. D.（パース, W. D.）, 12, 543-544

Pierrel, R. 736

Pindiprolu, S. S., 832

Pinker, S., 864

Pinkston, E. M.（ピンクストン, E. M.）, 770

Plager, E., 568

Plake, B. S., 93

Poche, C. E., 360-362, 387

Poling, A.（ポーリング, A.）, 194, 197, 205, 302, 439, 572, 587, 601, 625-622, 790, 806, 894, 953, 974

Poplin, J., 930, 933

Poppen, R. L.（ポッペン, R. L.）, 146, 536, 541

Porcia, E., 610

Post, M., 1063

Potts, L., 238

Poulson, C. L., 314, 346, 672, 691, 1033

Powell, I. Q.（パウエル, I. Q.）, 605

Powell, J. R.（パウエル, J. R.）, 988, 569

Powell, T. H.（パウエル, T. H.）, 605

Powers, L. J., 351, 929, 934

Powers, M. A., 574, 575

Powers, R. B., 39, 163

Prayzer, R., 1051-1052,

Premack, D.（プレマック, D.）, 434, 459, 470, 491, 951

Prinsen, H., 226, 335

Progar, P. R.（プロガー, P. R.）, 540-541, 787

Pryor, K. W.（プライヤー, K. W.）, 708-711, 1064

Pumroy, D. K., 929

Putnam, D. E., 180

Pyles, D. A. M., 837

【Q】

Quevillon, R. P.（ケヴィロン, R. P.）, 992-993

Quilitch, H. R., 389

Quiroz, D. R., 929

【R】

Rabon, D., 464

Rachlin, H.（ラックリン, H.）, 947, 983

Raison, J., 603-606

Ranalli, P.（ラナリー, P.）, 956, 976-978

Randich, L., 489, 948,

Rapp, J. T., 88, 165, 486

Rapp, N., 954

Rasey, H. W.（レイシー, H. W.）, 707

Raymond, S. M., 717

Readdick, C. A.（レディック, C. A）, 606

Reading-Brown, M., 597

Rechs, J. R., 910

Redmon, W. K., 39, 88, 220

Reed, G. K., 783

Reese, E. P.（リース, E. P.）, 13, 567

Reese, N. M., 770

Reever, D. J., 169

Rehfeldt, R. A.（レーフェルト, R. A.）, 38-39, 488-489, 582, 767, 948

Reich, W. T., 1084

Reichenbach, H.（ライケンバック, H.）, 569, 576-578

Reichle, J., 815

Reid, D. H.（リード, D. H.）, 181, 360, 536, 569, 948, 954,

Reid, J. B., 566

Reid, R., 953, 969, 980,

Reimers, T. M., 404-405

Reinecke, D. R., 954

Reinoehl, B., 1033

Reitman, D.（ライトマン, D.）, 440, 608

Repp, A. C.（レップ, A. C.）, 15, 142, 169-170, 194, 197, 532, 775, 788, 792-793, 1097

Repp, C. F., 194, 197

Retting, R. A., 416

Reynolds, C. J., 993

Reynolds, G. S.（レイノルズ, G. S.）, 569-566, 722-723, 763, 783

Reynolds, J.（レイノルズ, J.）, 314, 954

Rhode, G.（ロード, G.）, 406-407, 974, 980, 982

Richards, D. F., 604

Richards, H. C.（リチャーズ, H. C.）, 934

Richman, D. M.（リックマン, D. M.）, 78, 761, 766

Richman, G. S., 503, 803

Richman, S., 803

Ricketts, R. W., 360, 576, 578, 789

Riffle, T., 979

Rincover, A.（リンコーバー, A.）, 425, 452, 458, 758, 760, 1019-1020, 1047-1048, 1053

Rindfuss, J. B.（リンドファス, J. B.）, 278

Ringdahl, J. E.（リングダール, J. E.）, 400, 454, 465, 535, 543, 776, 781-783, 809-810, 842

Ringenberg, C., 306

Riordan, M. M.（リオーダン, M. M.）, 458

Risley, T. R.（リズリー, T. R.）, 12, 28, 32, 42, 113, 160, 272, 278, 292, 302-304, 314, 341, 345, 360, 402, 425, 462, 480, 565, 702, 890, 953, 1012, 1024, 1106

Roane, H. S.（ローン, H. S.）, 146, 347, 349, 350, 400, 454, 465, 471, 473, 477, 533, 535, 776, 778, 781, 842

Roberts, D. S., 225, 227, 229, 277, 839

Roberts-Pennell, D., 743

Robin, A. L.（ロビン, A. L.）, 993-994

Robinson, P. W.（ロビンソン, P. W.）, 309

Robinson, S., 1102

Roden, A. H., 421

Rodgers, T. A., 307, 839

Rodriguez-Catter, V., 662, 809

Rogers-Warren, A., 403

Rohn, D., 951

Rohrbeck, C. A., 468

Rohrer, S., 988

Rojahn, J., 334

Rolider, A.（ロリダー, A.）, 389, 583, 674, 761, 783, 791, 837

Rolider, N. U., 416, 474

Roll, D., 498, 553

Roloff, T. J., 277

Romanczyk, R. G., 559, 582, 981

Romaniuk, C.（ロマニウク, C.）, 305-306, 536, 805, 807

Romeo, F. F., 930

Romer, L. T., 740

Rortvedt, A. K., 839

Rosales-Ruiz, J.（ロザレス-ルイス, J.）, 98, 102-103

Roscoe, E. M.（ロスコー, E. M.）, 345, 454, 473-476, 562, 563, 808, 812

Rose, J. C.（ローズ, J. C.）, 565

Rosen, D., 947

Rosenbaum, M. S., 1024, 1076,

Rosenfarb, I., 440

Ross, C., 1064

Rossett, A., 236, 574, 965, 995,

Rothblum, E., 704

Rotunda, R. J., 366

Rowbury, T., 559, 582

Rozensky, R. H.（ローゼンスキー, R. H.）, 980

Rubin, H., 498, 553

Rubinoff, A., 372

Rule, S., 832

Ruprecht, M. J., 308

Rusch, F. R.（ラッシュ, F. R.）, 302, 316, 993

Rush, K. S.（ラッシュ, K. S.）, 471, 838, 1068

Rushford, N., 805

Russell, B., 864
Russo, L., 571
Ruth, W. J.（ルース, W. J.）, 904, 906-908
Rutherford, R. D., 1030, 1071,
Ryan, C. S.（ライアン, C. S.）, 387, 790
Ryan, S., 366
Rydeen, K. L., 1101

【S】

Saca, K., 1052
Sachse-Lee, C., 444
Sagan, C.（セーガン, C.）, 11, 129, 1109
Saigh, P. A., 416
Sailor, W., 740-741
Sainato, D. M., 351, 813-814, 954
Sajwaj, T., 568
Saksida, L. M.（サクシーダ, L. M.）, 717
Salend, S. J.（セイレンド, S. J.）, 993
Salva, E., 954
Salvy, S. J.（サルヴィ, S. J.）, 578
Salzberg, C. L., 346
Salzinger, K., 866
Sameoto, D., 568
San Juan, B., 887
Santana, C. M., 677, 782
Santogrossi, D. A.（サントグロッシ, D. A.）, 981
Sarakoff, R. A., 399
Sarokoff, R. A.（サロコフ, R. A.）, 672
Sasso, G. M., 834
Saudargas, R. A., 159, 169
Saunders, J. L., 169-170
Saunders, M. D., 169-170, 345, 935-936
Saunders, R. R.（ソーンダース, R. R.）, 153, 169-170
Savage, T.（サヴェッジ, T.）, 717
Savage-Rumbaugh, E. S., 887

Schauss, S., 839
Schepis, M. M., 360
Scheuermann, B.（ショイヤーマン, B.）, 779, 929
Schleien, S. J., 372
Schloss, P. J., 969
Schneider, M., 994
Schoenberg, B., 740, 874
Schoenfeld, W. N.（ショーンフェルド, W. N.）, 13, 60, 73, 625, 624, 662, 753, 755, 761, 764, 1014
Schoenberger, T., 874
Schreibman, L., 103
Schuman, W. B.,180
Schumm, J. S.（シャム, J. S.）, 1059
Schuster, J. W., 302, 417, 733
Schwade, J.（シュエイド, J.）, 402
Schwartz, A. A., 1110
Schwartz, B., 60
Schwartz, I. S., 160, 402
Schwartz, J. S.（シュワルツ, J. S.）, 991
Schwarz, M. L.（シュワルツ, M. L.）, 144-146, 164-165, 346, 396, 1048
Schweitzer, J. B.（シュバイツァー, J. B.）, 489, 916-917, 948
Scott, D.（スコット, D.）, 708, 714
Scott, L. M., 708, 714
Scott, T., 838
Serna, R. W., 664
Seroka, P. L., 672
Serrett, K., 65
Sevin, B., 662
Seymour, F. W.（セイモア, F. W.）, 1057
Seymour, M. A.（セイモア, M. A.）, 962, 987
Seys, D. M.（ザイス, D. M.）, 576
Shade, D., 489, 948,
Shahan, T. A., 75, 657, 1064,

Shane, H. C., 1110

Shantz, J., 277, 389, 504-505

Shapiro, E. S., 574, 933

Shapiro, S. T. （シャピロ, S. T.）, 311, 601

Shee, S. M., 954, 978, 981

Sheehan, M. R., 1033, 1038

Sheldon, J. B., 449, 1105

Shellman, J., 551

Sheridan, S. M., 952

Sherman, J. A. （シャーマン, J. A.）, 314, 449, 690, 736, 1105

Shermer, S., 1109

Shimamune, S., 886

Shimmel, S., 945

Shimoff, E. （シモフ, E.）, 715-716

Shirley, M. J., 816-817

Shlomit, D., 954, 969,

Shook, G. L., 1095

Shore, B. A., 137, 277, 416, 449, 454, 469, 502-503, 559, 560, 763

Shores, R. E., 1023

Shukla, S., 225-226, 825

Sideridis, G. D., 421

Sidman, M. （シドマン, M.）, 10, 12-13, 15, 77, 128, 218, 270, 275-276, 278, 283, 288, 317, 333, 372, 383-386, 388, 414-415, 424, 439, 465, 473, 489, 565, 666, 669, 677, 954, 1023

Sigafoos, J., 335, 740, 839

Silvestri, S. M. （シルヴェストリ, S. M.）, 51, 115-116, 165, 852-854, 969, 1109

Simek, T. C., 903

Simpson, A. E., 159

Simpson, M. J. A., 159

Simpson, R. L., 128

Singer, G., 813

Singer, J., 813

Singh, J. （シン, J.）, 228-230, 574

Singh, N. N. （シン, N. N.）, 327-329, 334, 558, 574, 663, 775, 794-795, 1097

Sisson, L. A. （シッソン, L. A.）, 391-392

Sivage, C., 993

Skiba, R., 603, 606

Skinner, A. L., 929-930

Skinner, B. F. （スキナー, B. F.）, 6-7, 10-14, 16-24, 41, 46, 48, 56, 59-60, 63-65, 68, 70, 73-77, 99, 106, 133, 218, 230, 232, 234, 271, 273, 276, 280, 283, 299, 329, 435, 438, 441, 445, 450-454, 474, 490, 517, 527, 535, 542, 625, 627-628, 637, 668,-669, 864, 865-874, 877-884, 886-887, 896, 700-702, 707, 722, 753, 755, 764, 768, 791,794 906, 942-945, 947-948, 961-962, 966-967, 982, 994, 998, 1003, 1014, 1074-1075, 1084

Skinner, C. F., 929-930

Skinner, C. H., 163, 930, 933

Slifer, K. J., 452, 503, 803

Smalls, Y., 838

Smith, B. W., 984

Smith, D. H., 1084, 1088

Smith, D. J., 956

Smith, L. D., 445

Smith, N. G., 19

Smith, R. G. （スミス, R. G.）, 39, 437, 454, 469, 494, 502-503, 571, 625, 806, 844, 878, 892

Smith, S. （スミス, S.）, 917, 919

Smith, T. G. （スミス, T. G.）, 599

Snapper, V. B., 274

Snell, M. E., 87, 105, 711, 713, 727, 729-730, 1025

Snycerski, S., 601, 625

Snyder, E., 400

Solanto, M. V., 903

Solnick, J. V., 425

Solomon, R. L., 576
Sousa, G., 343, 758, 759
Souza, G.（ソーザ, G.）, 233, 309-310, 329, 454
Spies, R. A., 93
Spitalnik, R., 981
Spooner, D., 739
Spooner, F.（スプーナー, F.）, 238, 706, 727, 736, 739
Spradlin, J. E., 666, 760, 878
Sprague, J. R.（スプレイグ, J. R.）, 77, 566, 812-813, 1035-1037, 1062, 1069, 1071, 1087
Spreat, S., 831
Staats, A. W., 452, 878
Staats, C. K., 452, 878
Stachnik, T., 27
Stachowiak, J. G., 346
Stack, L. Z., 220
Staddon, J. E. R., 543
Stage, S. A., 929
Stanley, A. E., 458
Strain, S., 1095
Stark, L. J., 903
Steege, M. W., 307
Steinman, W., 980
Stephens, K. R., 887
Sterling-Turner, H. E., 225, 227, 277, 929
Steuart, W., 574
Steveley, J. D., 1033
Stevenson, H. C.（スティーヴンソン, H. C.）, 1024
Stewart, C. A., 574
Stitzer, M. L., 302
Stoddard, L. T., 677
Stokes, T. F.（ストークス, T. F.）, 12, 954, 1012, 1014, 1024, 1029-1033, 1041, 1048, 1051, 1056-1057, 1062, 1064, 1066, 1074, 1077
Stolz, S. B.（シュトルツ, S. B.）, 318, 370, 938
Storey, K., 1063
Strain, P. S.（ストレイン, P. S.）, 34-35, 334, 369, 930, 954, 1023, 1095
Stremel-Campbell, K.（ストレメル-キャンベル, K.）, 1043
Stricker, J. M., 307, 759
Striefel, S.（ストリーフェル, S.）, 691-694, 698
Stromer, R.（ストローマー, R.）, 38-39, 227, 488, 582, 657
Strumey, P., 399
Stuart, R. M., 309
Stumphauzer, J. S.（スタンハウザー, J. S.）, 599
Sturmey, P., 839
Suarez, E. A.（シュアレス, E. A.）, 983
Sugai, G. M., 90, 838, 978, 984, 986
Sullivan, M. T., 416
Sulzer, B., 569
Sulzer-Azaroff, B.（サルツァー-アザロフ, B.）, 14, 320, 332, 336, 489, 554, 886, 948
Sundberg, C. A., 452-453, 878, 892
Sundberg, M. L.（サンドバーグ, M. L.）, 330, 343, 452-454, 862, 866, 871, 878, 882, 887, 890-895
Surratt, P. R., 97
Surratt, S. L.（スラット, S. L.）, 7-8, 10
Sutherland, K. S., 4
Sutton, K. A., 360
Swanson, H. L., 444
Swearingen, M., 360, 362
Swearingin, W., 277 389, 504-505
Sweeney, W. J., 345, 903, 907, 954, 972,
Symons, F. J., 5, 184, 241, 836
Szempruch, J., 1110

【T】

Tague, C. E., 27
Tailby, W.（テイルビー, W.）, 666
Talbert-Johnson, C., 954
Talbott, E., 302
Tang, J., 805
Tapp, J. T., 154, 165, 169-170
Taras, M. E., 558
Tarbox, J., 614
Tarbox, R. S. F.（タルボー, R. S. F.）, 38, 414
Tawney, J., 318, 364
Taylor, B. A., 414, 672
Taylor, J., 780
Taylor, L. K., 307
Taylor, R. L., 87, 972
Terrace, H. S.（テラス, H. S.）, 674, 678
Terris, W., 558
Tesch, D., 827
Test, D. W.（テスト, D. W.）, 159, 345, 410, 727-733, 734-736, 953, 969, 978
Tharp, R. G.（サープ, R. G.）, 944, 947, 964, 968, 996
Theodore, L. A., 906
Thomas, D. R., 27, 568
Thomas, I., 705
Thomas, J. D., 954, 978, 981
Thomas, M. R., 988
Thomason, J. L., 507-508
Thompson, A. L., 1047
Thompson, R. H.（トムソン, R. H.）, 5, 39, 302, 307, 313, 451, 454, 480, 483, 562-564, 568, 673, 579-58, 583, 588, 759, 775, 807, 811, 816
Thompson, T. J.（トムソン, T. J.）, 114, 184, 193, 355-357, 838
Thomson, C.（トムソン, C.）, 182-184

Thomson, R. J., 137, 345, 791
Thoresen, C. E.（ソアセン, C. E.）, 945, 962
Tillema, M., 70
Timberlake, W.（ティンバーレイク, W.）, 461
Tincani, M. J.（ティンカーニ, M. J.）, 21, 329-331, 413, 712, 1110
Tindal, G. A., 90, 969
Tingstrom, D. H., 163, 343
Tishelman, A. C., 954
Todd, A. W.（トッド, A. W.）, 978, 984-986
Todd, J. T., 11, 16, 66
Toole, L., 465
Toro, H., 1102
Touchette, P. E.（タチェット, P. E.）, 241, 309, 836
Touretzky, D. S., 717
Towney, J. W.（タウニー, J. W.）, 377
Trammel, D. L., 969
Trap, J. J.（トラップ, J. J.）, 144
Trask-Tyler, S. A.（トラスク-タイラー, S. A.）, 142, 410, 1030, 1033, 1063
Trojan Suarez, E. A.（トロジャン・シュアレス, E. A.）, 47, 65, 68, 70, 439-440, 552, 554
Troutman, A. C.（トラウトマン, A. C.）, 70, 489, 785
Troyer, E. A., 309
Tucker, B.（タッカー, B.）, 346
Tucker, D. J., 730, 731
Tucker, J. A., 180
Tucker, R. D., 938
Tudor, R. M., 891
Tufte, E. R.（タフト, E. R.）, 227, 244, 245
Turkewitz, H., 981
Turnbull, A. P., 1099, 1102
Turnbull, H. R., III, 1099, 1102
Turner, W. D., 114

Twohig, M. P.（トゥーヒグ, M. P.）, 164, 277, 410
Twyman, J., 600

【U】
Ulicny, G. R., 739
Ullmann, L. P., 13
Ulman, J. D.（ウルマン, J. D.）, 320, 332, 336
Ulrich, R. E., 27, 97, 569
Umar, A. M.（ウマー, A. M.）, 416
Umbreit, J.（アンブレイト, J.）, 161, 253, 307, 417
Usher, S., 559

【V】
Valk, J. E., 151-152, 156, 852-854
Van Acker, R., 4
Vanacker, R., 170
Van Camp, C. M., 571, 810-812
Van den Pol, R. A.（ヴァン・デン・ポル, R. A.）, 1016-1017, 1019, 1040, 1062, 1074
VanDerHeyden, A. M., 829
Van Houten, R. V.（ヴァン・ホーテン, R. V.）, 39, 119-120, 146, 350, 387, 389, 402-403, 406, 416, 568, 583, 588, 674, 761, 783, 791, 837, 1089
VanLaarhoven, T., 142
van Lent, C., 369
Van Norman, R. K.（ヴァン・ノーマン, R. K.）, 400, 405, 408-409, 846, 854, 979, 1106
Vargas, E. A., 866, 972,
Vargas, J. S.（ヴァルガス, J. S.）, 19, 886, 1023
Vaughan, M. E., 877-878, 440, 452
Vaught, R. S., 263, 421
Venn, M. L., 159-160
Vollmer, T. R.（ヴォルマー, T. R.）, 38, 65, 75, 78, 88, 307, 400, 435, 448-449, 452, 454, 458, 462, 465, 467, 486, 509-510, 535, 549-550, 590-591, 625, 761, 767, 776, 778, 780-782, 797, 806, 809, 838, 842, 844
Vorndran, C. M.（ヴォーンドラン, C. M.）, 39, 139, 230, 477, 484, 533, 558, 571, 579, 583, 591, 765, 775, 778, 780, 810
Vuchinich, R. E., 180

【W】
Wacker, D. P.（ワッカー, D. P.）, 78, 404-405, 761, 766, 842, 853
Wagman, J. R., 1072
Wahler, R. G., 389
Wait, T. A., 417
Walden, T. A., 165
Walker, H. M., 566, 620
Wallace, I., 975
Wallace, M. D., 38, 115, 471, 566, 620, 761, 766-767, 807, 810, 812
Ward, P.（ウォード, P.）, 39, 115, 140, 346, 348
Warner, S. F., 1043
Warren, S. F.（ウォーレン, S. F.）, 403
Wartel Handler, M., 842
Wasik, B. H., 993
Watkins, C. L., 894
Watson, D. L.（ワトソン, D. L.）, 944, 947, 964, 968, 996
Watson, J. B.（ワトソン, J. B.）, 12, 16, 41
Watson, P. J., 366
Watson, T. S.（ワトソン, T. S.）, 350, 386
Wayner, M. J., 543
Webber, J.（ウエバー, J.）, 779, 929
Weber, L. H., 235
Webster, R. E.（ウエブスター, R. E.）, 929-931
Weeks, M.（ウイークス, M.）, 309, 501, 503

Wehby, J. H.（ウイービー, J. H.）, 4, 154, 169, 241, 836, 839, 914

Wehman, P., 372

Weiher, R. G., 783

Weiner, H.（ウイーナー, H.）, 416

Weinrott, M., 263, 421

Weis, L., 988

Weist, M. D., 598

Wenrich, W. W.（ウェンリック, W. W.）, 995

Werts, M. G.（ワーツ, M. G.）, 142, 358, 676, 734, 735

Wesolowski, M. D.（ウェソローキー, M. D.）, 292, 573

West, R. P.（ウエスト, R. P.）, 238, 346, 599, 955-956

Wetherington, C. L., 543

Whaley, D. L.（ウエイリー, D. L.）, 7-8, 10, 14, 68

Wheeler, D. J., 421

Wheeler, D. L., 1110

White, A., 351, 360, 600

White, D. R.（ホワイト, D. R.）, 397

White, G. D., 97

White, M. A.（ホワイト, M. A.）, 4

White, O. R.（ホワイト, O. R.）, 238, 257, 260

Whitehead, A. N.（ホワイトヘッド, A. N.）, 864-865

Whitley, F. P., 1017

Whitman, T. L., 461, 993

Whitmarsh, E. L., 829

Wickenfeld, J., 439

Wieseler, N. A., 838

Wiggins, B., 853

Wilder, D. A.（ワイルダー, D. A.）, 417, 610-611, 613, 777, 780, 803, 908

Wildmon, M., 163

Wilke, A., 614

Wilkinson, G. S., 93

Wilkinson, L. A.（ウイルキンソン, L. A.）, 903, 907

Williams, C. D.（ウイリアムズ, C. D.）, 756, 757, 766

Williams, D. E., 114, 360, 558, 576, 578, 789

Williams, G.（ウイリアムズ, G.）, 1057

Williams, J. A., 360, 485, 1033, 1051

Williams, J. L.（ウイリアムズ, J. L.）, 536, 538

Williams, L., 38, 115

Williams, R. E., 1063

Williams, R. L., 346, 456, 917-918

Williams, W. L., 414

Williard, D., 610

Wilson, K. G., 39

Wilson, K. M., 610

Winborn, L. C., 783

Windsor, J., 472

Winett, R. A., 98, 220, 402, 1106

Wing, R. R., 107

Winkler, R. C., 98, 1107

Winton, A. S.（ウイントン, A. S.）, 329, 334, 574

Witkin, B. R., 90

Witt, J. C., 399, 405

Wittgenstein, L.（ヴィトゲンシュタイン, L.）, 194

Wodarski, J. S., 938

Wohl, M. K., 458

Wohn, T., 343

Wolery, M.（ウォレリー, M.）, 142, 358, 399-400, 587, 675-676, 733, 733-735

Wolf, M. M.（ウォルフ, M. M.）, 27-28, 32, 42, 113, 271, 278, 295, 302-304, 312, 314, 317, 336, 341, 345-346, 402, 410, 423, 457, 462-463, 480, 702, 917, 935-936, 953, 1012, 1024, 1053, 1086

Wolfe, L. A., ~~
Wolfe, L. ~~
Wolfen~~
Wo~~ (ォルフ, R.), 995
~~, K.（ウォルフ-ヘラー, K.）, 358
~~f.（ウォルフォード, T.）, 1057, 1066
~~J.（ウォルピ, J.）, 994
~~erlich, S. A., 397
~~g, S. E.（ウォン, S. E.）, 672
~~ood, C. L., 26
Wood, F. H., 589
Wood, S. J., 969
Woods, D. W.（ウッズ, D. W.）, 164, 277, 389, 410, 452, 816, 994, 1072
Work, W. C., 468
Workman, E. A., 366
Worsdell, A. S.（ワースデル, A. S.）, 345, 477-478, 505, 507-508, 808, 818
Worthington, L. A., 955
Woster, S. H., 839
Wright, C. S.（ライト, C. S.）, 797

【Y】

Yeaton, W. H., 389
Yell, M. L.（イエル, M. L.）, 608, 1101
Yoder, P. J., 4
Yoon, S.（ユーン, S.）, 453, 878, 892
Yoshioka, K., 740
Young, J. M.（ヤング, J. M.）, 691
Young, K. R., 238, 346, 406-407, 955, 974, 1057,
Young, R. K.（ヤング, R. K.）, 956, 977

【Z】

Zane, T., 413
Zanolli, K.（ザノリ, K.）, 159, 343, 391

Zarcone, J. R., 307, 543, 806, 839, 844
Zeiss, A. R., 489
Zettle, R. D., 440
Zhou, L., 137, 277, 389, 449
Zimmerman, J., 559
Zuriff, G. E., 8, 14, 21

著者について

ジョン・クーパー（John Cooper）、ティモシー・E・ヘロン（Timothy Heron）、ウイリアム・ヒューワード（William Heward）は、3人合わせると88年間、オハイオ州立大学の教授を務めた。3人は協力して、特別支援教育の学級担任教師と、そのリーダーの育成に携わってきた。3人の活動を導いたものは、応用行動分析学（applied behavior analysis）という学問の哲学原理、科学原理、テクノロジー原理だった。3人と同僚がオハイオ州立大学に創設した特別支援教育と応用行動分析学の博士課程プログラムは、国際行動分析学会によって最初に認定された博士課程プログラムである。ジョンとティムとビルは、それぞれ在職中に、オハイオ州立大学の最高の栄誉、名誉校友教育殊勲賞を受賞した。

ジョン・O・クーパー Ed.D. オハイオ州立大学教育学名誉教授。ジョンの研究関心は、精密教授、内的行動、流暢さの形成、言語行動である。テキスト『行動を測定する（第2版）』（Measuring Behavior, Second Edition）など多くの著作がある。スタンダード精密協会元理事長、国際行動分析学会評議会応用部門元代表。

ティモシー・E・ヘロン Ed.D. オハイオ州立大学教育学名誉教授。ティムの研究関心は、チュータリングシステム、障害児の通常学級への統合、コンサルテーション、およびインストラクションに対する自己修正アプローチである。共著テキスト『教育コンサルタント：統合学級の専門家と親と子どもを支援する（第4版）』（The Educational Consultant: Helping Professionals, Parents, and Students in Inclusive Classrooms, Fourth Edition, 2001）がある。

ウイリアム・L・ヒューワード Ed.D., BCBA オハイオ州立大学教育学名誉教授。ビルの研究関心は、新しく学習したスキルの般化と維持の促進、集団教授の有効性の促進、通常学級における学業的成功の改善である。『特別支援教育（第10版）』（Exceptional Children: An Introduction to Special Education, 10th Edition, Merrill/Prentice Hall, 2013）など、5冊の著作がある。国際行動分析学会元会長 & フェロー、アメリカ心理学会第25部会2006年フレッド・S・ケラー行動教育賞受賞。

著者紹介

章の執筆者

トーマス・R・フリーマン（Thomas R. Freeman）M.S., BCBA　学区行動分析士。フロリダ州障害者機関行動分析学ローカルサービス計画検討委員会座長。フロリダ工科大学大学院応用行動分析学講師（インストラクター）。プレイズワークス会社社長。行動分析学の研究と応用の経験は25年以上に及び、フロリダ州とマサチューセッツ州のコミュニティーベースの、居住施設のさまざまなスーパーバイザー職と臨床専門家を務める。またボルネオのオランウータン、ハワイのハシナガイルカの長期動物行動研究に参加した。ハワイ大学ハムバッククジラ研究プロジェクトの現地ディレクター。トムの関心は、法的・専門的問題、消費者参加型プログラム開発戦術と学際的チーム構築、精神科サービスと行動サービスの連携。

ブライアン・A・イワタ（Brian A. Iwata）Ph.D., BCBA　フロリダ大学心理学精神医学教授。指導学生とともに、研究方法論、発達障害、重度行動障害の関数分析と処遇に関する200本以上の論文や章を執筆。ブライアンは『応用行動分析誌』（*Journal of Applied Behavior Analysis*）元編集長、国際行動分析学会、アメリカ心理学会第33部会、行動分析振興学会、実験行動分析学会、フロリダ行動分析学会の元会長。NIHとNIMHの研究部門の座長も務めた。全米知的障害協会、国際行動分析学会、アメリカ心理学会、サイコロジカル・サイエンス学会フェロー。

ホセ・マルティネス-ディアス（Jose Martinez-Diaz）Ph.D. BCBA　フロリダ工科大学大学院応用行動分析学プログラム准教授、学科主任。ABAテクノロジー会社社長。行動分析士資格認定協会評議員会委員、フロリダ行動分析学資格認定ピアレビュー委員会委員。フロリダ行動分析学会元会長。行動分析学の卓越サービスと振興に対するチャールズ・H・コックス賞受賞。主な関心分野は、専門的・法律的問題、スーパービジョン、管理、概念的・哲学的問題、言語行動、行動処遇における動機づけ操作の役割。ウエストバージニア大学で博士号取得。

ジャック・マイケル（Jack Michael）Ph.D.　ウエスタンミシガン大学心理学部名誉教授。同大学において38年間教育に携わる。主な学問的関心は、言語行動、動機づけに関する基礎理論、行動分析学の専門用語。国際行動分析学会の創設に貢献し、第3代会長を務める。著書に、すべての行動分析家の必読書『行動分析学の概念と原理』（*Concepts and Principles of Behavior Analysis*, 2004）などがある。現在、『言語行動分析誌』（*The Analysis of Verbal Behavior*）編集長。国際行動分析学会、アメリカ心理学会フェロー。国際行動分析学会行動分析学殊勲貢献賞、アメリカ心理学会第25部会2002年ドン・ヘイク賞（実験行動分析学と応用行動分析学のギ

ャップを埋める研究)、ウエスタン・ミシガン大学教授2大最高賞(殊勲ファカルティスカラー賞と殊勲ティーチング賞)など、多くの称号と表彰を受ける。

ナンシー・A・ニーフ(Nancy A. Neef) Ph．D． オハイオ州立大学特別支援教育教授。『応用行動分析誌』編集長、実験行動分析学会会長、国際行動分析学会評議会委員、出版委員会座長。発達障害、研究方法論、インストラクション・テクノロジーの分野で60本以上の論文や章を執筆。最近の中心的研究の多くは、注意欠陥多動性障害の査定と処遇の基礎研究の拡張と応用。ウエスタンミシガン大学名誉校友心理学功績賞、アメリカ心理学会第25部会2006年応用行動分析学卓越研究賞受賞。

マシュー・ノーマンド(Matthew Normand) Ph．D．, BCBA フロリダ工科大学応用行動分析学プログラム講師。ウエスタンニューイングランドカレッジ心理学士号、ウエスタンミシガン大学行動分析学修士、フロリダ州立大学心理学MS．およびPh.D.。『言語行動分析誌』『早期集中行動介入誌』(*Journal of Early and Intensive Behavior*) 編集委員。臨床家として、子どものさまざまな行動問題をめぐる学校と家族を支援。主要な研究関心は、基本的行動原理の社会的に重要な問題(自閉症、肥満、その他の地域保健問題)に対する応用、言語行動。

ステファニー・M・ピーターソン(Stephanie M. Peterson) Ph．D．, BCBA ウエスタンミシガン大学心理学準教授。主な研究関心は、重度問題行動の処遇と、問題行動の関数分析における、強化の選択と並立スケジュール、および教育的介入と教員研修への行動分析学の応用。『応用行動分析誌』『行動分析家』(*The Behavior Analyst*) 元編集委員。現在は『子どもの教育と処遇誌』(*Education and Treatment of Children*) 上席編集者。

リチャード・G・スミス(Richard G. Smith) Ph．D. BCBA ノーステキサス大学行動分析学部准教授、学科主任。フロリダ大学修士号、博士号取得。主な研究関心は、発達障害者の行動障害の査定と処遇。具体的焦点領域は、動機づけ変数、関数分析手続きの進歩、行動介入の影響の基盤となる基本原理を検討するための特別な研究デザインの活用。『応用行動分析誌』前副編集長。アメリカ心理学会第25部会1997年新人研究者革新的重要研究 B. F. スキナー賞、テキサス知的障害協会2000年研究賞受賞。

マーク・L・サンドバーグ(Mark L. Sandberg) Ph．D．, BCBA 個人開業認定心理士。専門は言語研究、自閉症児に対する言語査定と介入プログラム開発。『言語行動分析誌』創設者、元編集長。北カリフォルニア行動分析学会元会長。国際行動分析学会出版委員会元委員長。3冊の共著書『自閉症その他の発達障害児に言語を教える』(*Teaching Language to Children with Autism or Other Developmental Disabilities*)、『基本的言語学習スキル査定:ABLLS』(*The Assessment of Basic Language and Learning Skills: The ABLLS*)(ジェイムズ・W・パーティントン James W. Partington と共著)、『言語行動リプリント集成』(*A Collection of Reprints on*

Verbal Behavior）（ジャック・マイケル Jack Michael と共著）がある。2001年ウエスタンミシガン大学名誉校友心理学功績賞など複数の賞を受賞。

【訳者紹介】

中野 良顯（なかの・よしあき）

　NPO法人教育臨床研究機構理事長。東京教育大学大学院博士課程教育学研究科修了。東京学芸大学助教授、筑波大学教授、上智大学教授、東京成徳大学大学院特任教授を経て現在に至る。フルブライト・フェロー（カリフォルニア大学ロサンゼルス校ロヴァス研究室）、日本行動分析学会元理事長（2003-2005）、公益財団法人松尾育英会理事、一般財団法人高久国際奨学財団理事、常陸太田大使、千葉県スクール・アドバイザー。

　著書論文に、『自閉症児の教育マニュアル：決定版・ロヴァス法による行動分析治療』（翻訳）ダイヤモンド社、『こどもの上手な教え方（改訂新版）』（共著）NPO法人教育臨床研究機構、『こどもの上手な教え方：課題集』（共著）NPO法人教育臨床研究機構、『特別支援教育』（監訳）明石書店、『新・生徒指導ガイド：開発・予防・解決的な教育モデルによる発達援助』（共著）図書文化、『校内暴力』（編著）開隆堂出版、『キャリア教育概説』（共著）東洋館出版社、『うつ病、パーソナリティ障害、不安障害、自閉症への対応』（共著）金子書房、『よくわかる軽度発達障害』（共著）ミネルヴァ書房、『ピア・サポート：豊かな人間性を育てる授業づくり』図書文化、『自閉症を克服する：行動分析で子どもの人生が変わる』（監訳）NHK出版、『学校カウンセリングと人間形成』（編著）学文社、『スクールカウンセリング・スタンダード：アメリカのスクールカウンセリングプログラム国家基準』（翻訳）図書文化、『これならできる教師の育てるカウンセリング』（共編著）東京書籍、『スクール・カウンセリグの国家モデル：能力開発型プログラムの枠組み』（翻訳）学文社、『LD・ADHD・アスペルガー症候群「気がかりな子」の理解と指導』（共著）金子書房、「行動倫理学の確立に向けて：EST時代の行動分析の倫理」（日本行動分析学会『行動分析学研究』19巻1号、18-51頁）、「応用行動分析とサイエンティスト・プラクティショナー・モデル」（日本行動分析学会編『行動分析学研究アンソロジー 2010』星和書店、80-95頁）、「通常学級における特別支援教育−応用行動分析学による対応」（『指導と評価』2013年6月号）、などがある。

応用行動分析学

2013年6月10日　初版第1刷発行
2024年7月20日　初版第5刷発行

著　者	ジョン・O・クーパー
	ティモシー・E・ヘロン
	ウイリアム・L・ヒューワード
訳　者	中　野　良　顯
発行者	大　江　道　雅
発行所	株式会社　明石書店
〒101-0021	東京都千代田区外神田6-9-5
	電　話　03 (5818) 1171
	Ｆ　Ａ　Ｘ　03 (5818) 1174
	振　替　00100-7-24505
	https://www.akashi.co.jp
組　版	朝日メディアインターナショナル株式会社
装　丁	明石書店デザイン室
印刷・製本	モリモト印刷株式会社

（定価はカバーに表示してあります）

ISBN978-4-7503-3826-2

イラスト版
子どもの認知行動療法

《6〜12歳の子ども対象　セルフヘルプ用ガイドブック》

子どもによく見られる問題をテーマとして、子どもが自分の状態をどのように受け止めればよいのか、ユーモアあふれるたとえを用いて、子どもの目線で語っています。問題への対処方法も、世界的に注目を集める認知行動療法に基づき、親しみやすいイラストと文章でわかりやすく紹介。絵本のように楽しく読み進めながら、すぐに実行に移せる実践的技法が満載のシリーズです。保護者、教師、セラピスト、必読の書。

① だいじょうぶ 自分でできる　心配の追いはらい方ワークブック
② だいじょうぶ 自分でできる　怒りの消火法ワークブック
③ だいじょうぶ 自分でできる　こだわり頭[強迫性障害]のほぐし方ワークブック
④ だいじょうぶ 自分でできる　後ろ向きな考えの飛びこえ方ワークブック
⑤ だいじょうぶ 自分でできる　眠れない夜とさよならする方法ワークブック
⑥ だいじょうぶ 自分でできる　悪いくせのカギのはずし方ワークブック
⑦ だいじょうぶ 自分でできる　嫉妬の操縦法ワークブック
⑧ だいじょうぶ 自分でできる　失敗の乗りこえ方ワークブック
⑨ だいじょうぶ 自分でできる　はずかしい！[社交不安]から抜け出す方法ワークブック
⑩ だいじょうぶ 自分でできる　親と離れて飛び立つ方法ワークブック

著：①〜⑥ ドーン・ヒューブナー　⑦〜⑨ ジャクリーン・B・トーナー、クレア・A・B・フリーランド
　　⑩ クリステン・ラベリー、シルビア・シュナイダー
絵：①〜⑥ ボニー・マシューズ　⑦ デヴィッド・トンプソン　⑧〜⑩ ジャネット・マクドネル
訳：上田勢子　　　　　　　　　　　　　　　　　　　　　　　B5判変型　◎1500円

〈価格は本体価格です〉

シリーズ

心理治療計画実践ガイド

■B5判／並製　■全5巻

臨床現場で使える
思春期心理療法の治療計画
The Adolescent Psychotherapy Treatment Planner

アーサー・E・ヨングスマ・ジュニア、L・マーク・ピーターソン、ウィリアム・P・マキニス 著　田中康雄 監修　西川美樹 訳　◎5500円

学業不振から精神疾患や自殺まで、思春期における幅広い問題に対処する心理治療計画の策定を簡略化・迅速化するために、症状の定義、長期目標と短期目的、治療的介入を詳説した実践ガイド。DSM-IV-TR準拠。

臨床現場で使える
思春期心理療法の経過記録計画
The Adolescent Psychotherapy Progress Notes Planner

アーサー・E・ヨングスマ・ジュニア、L・マーク・ピーターソン、ウィリアム・P・マキニス、ディヴィッド・J・バーグハウス 著　田中康雄 監修　坂本律 訳　◎6500円

既刊書の『臨床現場で使える思春期心理療法の治療計画』に対応する経過記録計画。学業不振、発達障害から虐待、自殺まで思春期における33の病態に対する治療計画とクライエントの状態評価・介入評価を詳解した実践ガイド。

教育現場で使える
スクールカウンセラーとスクールソーシャルワーカーのための支援計画
The School Counseling and School Social Work Treatment Planner

アーサー・E・ヨングスマ・ジュニア、サラ・エディソン・ナップ 著　田中康雄 監修　東眞理子 訳　◎6000円

精神保健の専門家が、感情面で困難を抱える生徒たちにカウンセリングと治療上の支援を提供するための手引書。不安、離婚、性行動や貧困、自殺など30の問題に対し、生徒の自主性と能力を伸ばすことに重点をおいた、長期・短期目標の設定、介入計画の作成といった治療的介入法を示す。

●

【以後続刊】

臨床現場で使える **小児期心理療法の治療計画**
The Child Psychotherapy Treatment Planner

臨床現場で使える **小児期心理療法の経過記録計画**
The Child Psychotherapy Progress Notes Planner

〈価格は本体価格です〉

※タイトルは変更する場合があります

自閉症の人の機能的行動提起アセスメント（FBA）
問題提起行動を理解する
ベス・A・グラスバーグ、ロバート・H・ラルー著　門眞一郎訳
◎2500円

自閉症の人の問題提起行動の解決
FBA（機能的行動アセスメント）に基づき支援する
ベス・A・グラスバーグ著　門眞一郎訳
◎2500円

自閉症とその他の神経発達症のESSENCE（エッセンス）
併存症、評価、および介入について再考する
クリストファー・ギルバーグ著　田中康雄、畠中雄平監修　石川ミカ訳
◎2200円

自閉症スペクトラム障害とセクシュアリティ
なぜぼくは性的問題で逮捕されたのか
トニー・アトウッド、イザベル・エノー、ニック・ドゥビン著　田宮聡訳
◎2500円

自閉症スペクトラム障害とアルコール
依存の始まりから回復まで
マシュー・ティンズリー、サラ・ヘンドリックス著
長尾早江子監修　呉みどりヶ丘病院翻訳チーム訳　田宮聡翻訳協力
◎2400円

自閉症スペクトラム症（ASD）社員だからうまくいく
才能をいかすためのマネージメントガイド
マーシャ・シャイナー、ジョーン・ボグデン著　梅永雄二訳
◎2400円

カモフラージュ
自閉症女性の知られざる生活
サラ・バーギエラ著　ソフィー・スタンディング絵
田宮裕子、田宮聡訳
◎2000円

児童期・青年期のADHD評価スケール ADHD-RS-5〔DSM-5準拠〕
チェックリスト、標準値とその臨床的解釈
ジョージ・J・デュポールほか著　市川宏伸、田中康雄、小野和哉監修　坂本律訳
◎3200円

子どもと青少年のためのマインドフルネス&アクセプタンス
新世代の認知／行動療法実践ガイド
L・A・グレコ、S・C・ヘイズ編著　武藤崇監修　伊藤義徳、石川信一、三田村仰訳
◎3600円

ヴィゴツキー理論でのばす障害のある子どものソーシャルスキル
日常生活と遊びがつくる「発達の社会的な場」
アーラ・ザクレーピナ著　広瀬信雄訳
◎2400円

発達相談と新版K式発達検査
子ども・家族支援に役立つ知恵と工夫
大島剛、川畑隆、伏見真里子、笹川宏樹、梁川恵、衣斐哲臣、菅野道英、宮井研治、大谷多加志、井口絹世、長嶋宏美著
◎2400円

医療・保健・福祉・心理専門職のためのアセスメント技術を高めるハンドブック［第2版］
ケースレポートの方法からケース検討会議の技術まで
近藤直司著
◎2400円

医療・保健・福祉・心理専門職のためのアセスメント技術を深めるハンドブック
精神力動的な視点を実践に活かすために
近藤直司著
◎2000円

家庭や地域における発達障害のある子のポジティブ行動支援PTR-F
子どもの問題行動を改善する家族支援ガイド
グレン・ダンラップほか著　神山努、庭山和貴監訳
◎2800円

心理教育教材「キックスタート、トラウマを理解する」活用ガイド
問題行動のある知的・発達障害児者を支援する
本多隆司、伊庭千惠著
◎2000円

非行少年に対するトラウマインフォームドケア
修復的司法の理論と実践
ジュダ・オウドショーン著　野坂祐子監訳
◎5800円

〈価格は本体価格です〉

E-13	見本合わせ手続きを使う。
F．行動改善システム	
F-01	自己管理の戦略を使う。
F-02	トークンエコノミーシステムやそのほかの条件性強化システムを使う。
F-03	直接教授を使う。
F-04	精密教授を使う。
F-05	個別化教授システム（PSI）を使う。
F-06	偶発教授を使う。
F-07	機能的コミュニケーション訓練を使う。
F-08	拡大コミュニケーションシステムを使う。

第Ⅱ部：クライエントを中心に据えた専門家としての責任

G．問題の同定	
G-01	ケース開始にあたって、記録と利用手できるデータをレビューする。
G-02	クライエントに影響する可能性のある生物学的/医学的変数を考慮する。
G-03	照会された問題を同定するためクライエントの予備査定を行う。
G-04	行動概念を日常言語によって説明する。
G-05	私的出来事も含む行動を、行動分析学の用語（心理主義の用語ではなく）によって記述する。
G-06	クライエントを支援し、およびまたはサービスを提供するほかの人々と協力して行動分析学のサービスを提供する。
G-07	応用行動分析学における自分の専門能力の範囲内において実践する。必要ならば、コンサルテーションやスーパービジョンや訓練を受け、または照会する。
G-08	行動分析学のサービスの必要を減らすような環境改善を同定し実行する。
H．測定	
H-01	観察し記録すべき行動の次元と詳細な業務計画（ロジスティックス）が決まったら、代表的なデータを収集するための測定システムを選択する。
H-02	観察し記録する期間のスケジュールを選択する。
H-03	関連する量的関係を効果的に伝えるためのデータ表示法を選択する。
H-04	レベル、トレンド、変動性の変化を評価する。
H-05	観察された変数間の時間的関係（セッション内と間、時系列）を評価する。
Ⅰ．査定	
I-01	観察でき測定できる用語で行動を定義する。
I-02	観察でき測定できる用語で環境変数を定義する。
I-03	個別化された行動査定手続きを設計し実行する。
I-04	機能査定手続きの全範囲を設計し実行する。
I-05	観察されたデータを整理し、分析し、解釈する。
I-06	確立し、維持し、増加させ、または減少させるべき行動について提言する。
I-07	選好査定を設計し実行して、推定される強化刺激を同定する。
J．介入	
J-01	観察でき測定できる用語で介入目標を述べる。
J-02	可能な介入を査定結果と入手できる最善の科学的証拠に基づいて同定する。
J-03	課題分析に基づいて介入戦略を選択する。
J-04	クライエントの好みに基づいて介入戦略を選択する。
J-05	クライエントの現在のレパートリーに基づいて介入戦略を選択する。
J-06	支援的環境に基づいて介入戦略を選択する。
J-07	環境と資源の制約に基づいて介入戦略を選択する。
J-08	介入の社会的妥当性に基づいて介入戦略を選択する。
J-09	処遇の有効性を実証するため、実験デザインを使うときは、実際的、倫理的問題を同定し対処する。
J-10	行動を減らすときは、確立しまたは増加させるべき望ましい代替行動を選択する。
J-11	刺激般化、反応般化をプログラミングする。
J-12	維持をプログラミングする。
J-13	適切な場合は介入目標として行動カスプを選ぶ。